U0925394

铁路货车轮轴技术概论

刘吉远　陈　雷　编著
杨绍清　主审

中国铁道出版社

2009年·北　京

内 容 简 介

本书分为10篇，全面总结了铁路货车轮轴技术发展历程，系统阐述了轮轴设计原理、生产制造技术及工艺、检修工艺、检测技术、轮轴技术管理体系及安全防范体系，同时介绍了国外铁路货车轮轴技术、工艺的发展情况。本书是国内第一部全面、系统论述我国铁路货车轮轴设计、制造、检修、检测及安全防范、管理体制及制度等技术发展的书籍，许多内容为编者多年来所进行的科研成果的总结，具有创新性、规范性、服务性、资料性、系统性和理论性。

本书是了解中国铁路货车轮轴技术和管理的窗口，也是铁路行业不可多得的参考书。

图书在版编目(CIP)数据

铁路货车轮轴技术概论/刘吉远，陈雷编著. —北京：中国铁道出版社，2009.11

ISBN 978-7-113-10470-2

Ⅰ. 铁… Ⅱ. ①刘…②陈… Ⅲ. 铁路车辆：货车-轮轴 Ⅳ. U270.331

中国版本图书馆CIP数据核字(2009)第176052号

书　　名：**铁路货车轮轴技术概论**

作　　者：刘吉远　陈　雷　编著

责任编辑：薛　淳　韦和春　聂清立　王明容

封面设计：郑春鹏

责任校对：孙　玫

责任印制：郭向伟

出版发行：中国铁道出版社（100054，北京市宣武区右安门西街8号）

网　　址：http://www.tdpress.com

印　　刷：北京捷迅佳彩印刷有限公司

版　　次：2009年10月第1版　2009年10月第1次印刷

开　　本：880 mm×1 230 mm　1/16　印张：55　字数：1843千

书　　号：ISBN 978-7-113-10470-2/U·2555

定　　价：200.00元

前言

铁路货车是铁路货物运输的重要装备，在国民经济发展中起着重要的作用。随着我国铁路运输事业的发展，货车技术也有了较快的发展。自20世纪60年代，货车载重由30 t提高到50 t，商业运行速度50～80 km/h。到20世纪80年代，货车载重由50 t提高到60 t，商业运行速度80 km/h。20世纪90年代末至21世纪初，研发了时速为120 km的转K1、转K2、转K3、转K4型提速转向架，并实施了转8A型转向架提速改造方案，时速120 km P_{65}型行包快运棚车和X_{2K}型集装箱等快运专用平车投入运用，25 t轴重全钢浴盆式运煤专用敞车投入运用考验。2006年，铁路货车实现升级换代，新造货车载重由60 t提高到70 t，轴重提高到23 t、25 t，研发了转K5、转K6型等提速转向架，载重70 t通用货车、载重80 t专用货车大量投入使用。目前我国铁路货车保有量已达到70万辆。

铁路货车轮轴是货车的最重要部件，承担着货车导向、移动和承载的功能，是直接关系到铁路货车安全的最关键部件。货车轮轴技术促进了货车技术的发展。从新中国成立到1998年，用了40年的时间，货车轮轴全面实现滚动轴承化。货车轴重由11 t提高到21 t，到2006年，轴重提高到23 t、25 t；车轴材质由40钢发展到50钢，车轴结构由轴颈根部带有卸荷槽发展到无卸荷槽，大大提高了车轴的运行安全性；轴承由钢保持架轴承发展到塑钢保持架紧凑型轴承；淘汰了铸铁车轮和逐步淘汰辐板孔车轮，采用辗钢和铸钢车轮，并发展到提速减重车轮。截至目前，我国铁路每年使用新车轮达60万片、新轴承80万套、新车轴35万根，检修轮对160万条，检修轴承100万套。

铁路货车轮轴的安全和寿命不仅与轮轴设计、制造工艺、检修有关，而且与运用条件有紧密关系。轮轴设计不仅要考虑货车使用需求，而且还要充分考虑轮轨关系、线路工况、桥梁等诸多因素；轮轴材料和生产技术即钢水冶炼、浇铸、锻轧、热处理、机械加工、探伤检查及组装等等决定了轮轴质量、决定了轮轴的使用寿命和安全性。目前，中国铁路是全世界运输效率最高的铁路，占全世界6%的营业里程完成了全世界25%的运输工作量，特别是实施提速、重载战略以来，我国铁路在对既有线改造的基础上，实现了动车、客车及货车的共线运行，这就要求货车必须保证绝对安全，货车轮轴的安全尤为重要。因此，为了适应铁路运输，特别是货车提速、重载的需要，为了使铁路货车工作者更好地了解和掌握铁路货车轮轴基础知识和发展趋势，铁道部运输局装备部组织编写了《铁路货车轮轴技术概论》一书。本书全面总结了铁路货车轮轴技术发展历程，科学、系统地阐述了轮轴设计原理、生产制造技术及工艺、检修工艺、检测技术、轮轴技术管理体系及安全防范体系，同时介绍了国外铁路货车轮轴技术、工艺的发展情况。本书是国内第一部全面、系统论述我国铁路货车轮轴设计、制造、检修、检测及安全防范、管理体制及制度等技术发展的书籍，许多内容为编者多年来所进行的科研成果的总结，具有创新性、规范性、服务性、资料性、系统性和理论性。本书是了解中国铁路货车轮轴技术和管理的窗口，也是铁路行业不可多得的参考书。

四方车辆研究所、中国铁道科学研究院金化所、马鞍山钢铁公司、大同爱碧玺铸造有限公司、晋西车轴股份有限公司、太原重工集团公司轮轴分公司、太钢不锈钢股份有限公司、瓦房店轴承股份有限公司、北京南口斯凯孚铁路轴承有限公司、舍弗勒(宁夏)有限公司、上海联合滚动轴承有限公司、成都天马铁路轴承有限公司、洛阳 LYC 铁路轴承股份有限公司、北京隆轩橡塑有限公司、张家口时代橡胶制品有限公司、南车二七车辆有限公司和北京铁路局等单位为本书的编写在人员、资料等方面给予了大力支持。

本书的编写,是在那些曾经从事铁路货车轮轴技术和管理工作的同志们多年沉淀、积累的基础上完成的,尽管他们没有亲自参加编写,但他们当年编制的技术管理文件和保存的珍贵材料,丰富了本书的内容;田缙谟、谈大同、宋凤书、陈伯施等老领导对铁路货车轮轴技术和管理的快速发展发挥了重要的领导作用,在此一并表示衷心的感谢!

本书由铁道部运输局装备部杨绍清主审,刘吉远、陈雷编著。参加编写人员:铁道部运输局装备部余明贵、王春山、赵长波、黄毅、周磊;四方车辆研究所刁克军、刘会英、张澎湃、刘新明;中国铁道科学研究院金化所张斌、项彬、黎连修、王夕明、付秀琴、张弘、刘鑫贵、潘安徽;北京铁路局车辆处郎顺明;南车二七车辆有限公司孙蕾;大同爱碧玺铸造有限公司李彧、宋国祥、于学峰;马鞍山钢铁股份有限公司安涛、吴耀光、龚志翔、李翔、许章泽、吴永中、王世付、肖峰;晋西车轴股份有限公司吴海英;太原重工集团轮轴分公司王群娣;太原钢铁集团公司王玉玲;瓦房店轴承股份有限公司曲荣君;北京南口斯凯孚铁路轴承有限公司程刚、严长杰;舍弗勒(宁夏)有限公司包小俊;上海联合滚动轴承有限公司陈爱华;成都天马铁路轴承有限公司李勇;洛阳轴承集团公司常洪;北京隆轩橡塑有限公司戴树林、刘凤山、刘向东;张家口时代橡胶制品有限公司张利强。

由于经验和水平有限,书中难免存在疏漏之处,恳求广大读者和业内人士批评指正,并及时将使用中出现的问题告知我们。

作　者

目 录

第三篇　辗钢车轮制造技术

第四篇　铸钢车轮制造技术

第五篇　车轴制造技术

第六篇　轴承制造技术

第七篇　铁路货车轮轴组装、检修技术及管理制度

第八篇　无损检测和5T技术

第九篇　轮 轴 故 障

第十篇　轮轴技术展望

绪 论

铁路货车轮轴是货车的最重要部件，承担着货车承载、走行的功能，是直接关系到铁路货车安全的最关键部件。货车轮轴技术促进了货车技术的发展。从新中国成立到1998年，用了40年的时间，滑动轴承全部升级换代为滚动轴承，货车轮轴全面实现滚动轴承化。货车轴重由11 t提高到21 t，到2006年，轴重提高到23 t、25 t。车轴材质由40钢发展到50钢，车轴轴身结构由变截面的纺锤形发展到等截面的平直形；轴颈根部由带卸荷槽发展到无卸荷槽，缩短了轴颈载荷中心到根部的距离，大大提高了车轴的运行安全性。轴承结构由传统型发展到紧凑型，由钢保持架发展到工程塑料（塑钢）保持架，由接触式油封发展到迷宫式密封。采用辗钢和铸钢车轮，淘汰了铸铁车轮，并正在逐步淘汰辐板孔车轮，由斜直辐板发展到S形和盆形辐板，并发展到提速减重车轮。截止2008年底，我国铁路货车每年使用新车轮达60万片、新轴承80万套、新车轴35万根，检修轮对160万条，检修轴承100万套。目前，随着我国铁路货车快速、重载的发展，已经开始研发30 t及以上轴重铁路货车轮轴，并在新工艺、新材料、新技术等方面开展了有针对性的研制工作。

一、铁路货车轮轴技术发展

1. 车轮

(1)车轮标准的形成。中国铁路车轮规模化生产发展至今已历经40多年，其产品从单一逐步趋于多样化，同时为满足不同时期的铁路运输需求，新产品新技术也在不断研制和开发当中。

1964年冶金部、铁道部制订了TB 455—1964《车辆用轧制车轮试生产暂行技术条件》，1988年1月国家标准局正式颁布了我国第一个车轮产品国家标准GB 8601—1988《铁路用辗钢整体车轮》。该标准把车轮分为A、B两级，货车车轮型号为ϕ840B、ϕ840C、ϕ840D、ϕ840E，辗钢车轮为斜辐板形式，辐板上设有两个直径为45 mm的工艺孔，车轮材质为CL60。1984年以前，我国货车辗钢车轮踏面一直采用锥形轮缘踏面外形，该外形的缺点是轮缘磨耗比较严重，为了减轻轮缘磨耗，1984年研制成功的LM型磨耗形轮缘踏面外形，在铁路货车车轮上开始推广使用。1991年，研制成功S形辐板车轮，对车轮的结构做了重大修改，强度高，耐热性能良好。

1996年铁道部开始实施提速战略，GB 8601—1988辗钢车轮标准已经不能适应我国铁路的发展对车轮使用性能的要求，为此铁道部在参考国外车轮标准的基础上，制订了适用于中国铁路运输时速120 km辗钢货车车轮的铁道部行业标准TB/T 2817—1997《铁道车辆用辗钢整体车轮技术条件》，采用了S形辐板取代了货车车轮的斜辐板结构形式，取消了辐板孔，轮辋厚度为65 mm，型号HDS。为满足减轻簧下质量的要求，设计了轮辋厚度为50 mm的S形辐板车轮，21 t轴重的为HDSA型，25 t轴重的为HESA型，这两种车轮于2001年投入运用。1999年铁道部制订了TB/T 1013—1999《碳素钢铸钢车轮技术条件》，该技术条件加入了部分破坏性理化检验项目要求，铸钢车轮材质为ZL-B，车轮型号为840HDZ。根据降低车轮重量的要求，2000年8月，设计出新产品840HDZA型铸钢车轮；2001年3月设计出新型薄轮辋840HDZB型铸钢车轮；2003年1月，自主设计的第一种铸钢车轮为轴重25 t的840HEZB型车轮，新设计了840HDZC型薄轮辋铸钢车轮。2006年，新设计了840HDZD、840HEZD型铸钢车轮。

(2)车轮生产能力的形成。建国初期，我国还没有自己的车轮生产制造厂，1949年10月，戚墅堰铁路工厂曾组织了冷铸生铁轮的试制工作，1964年7月29日，我国第一个热轧辗钢整体车轮在马鞍山钢铁公司车轮轮箍厂轧制成功，马鞍山钢铁股份有限公司成为中国铁路车轮最重要的生产基地。20世纪80年代后期至90年代中期，随着中国铁路运输事业的不断发展，对车轮的需求也不断增加，车轮供不应求，造成“以轮定产”的局面，为此，铁道部开始从国外进口车轮，以缓解车轮供应紧张的局面。90年代初，大同机车厂开始了铸钢车轮研制。1997 年 12 月，太原重型机械(集团)有限公司引进了国外的设备，经过改造建成了中国第二条辗钢整体车轮生产线，并在国内首先按 TB/T 2817—1997《铁道车辆用辗钢整体车轮技术条件》试制成功了构造速度为 120 km/h 的 HDS 新型货车车轮。1998 年 5 月 17 日，大同爱碧玺铸造有限公司引进国外技术生产出了我国第一个铸钢货车车轮，随后，大同、太重开始批量生产车轮。这两个车轮厂的批量生产，不仅大大缓解了国内车轮生产的紧张态势，而且推动了车轮技术的进步与发展。2007 年 11 月，我国第四家铁路货车车轮制造企业即信阳同合车轮有限公司建成投产。

2. 车轴

我国铁路货车车轴最初装用滑动轴承，有 A 型、B 型、C 型和 D 型及其他类型车轴，由国内生产厂家制造。1963 年制定了 TB 450—1963《车辆用车轴型式尺寸》，规定了 4 种使用滑动轴承的 B 型、C 型、D 型和 E 型车轴，轴身为变截面的纺锤形；材质为碳素结构钢，符合 TB 451—1963《车辆和煤水车用车轴技术条件》的规定。随着铁路货车由滑动轴承向滚动轴承转化，20 世纪 70 年代修订的 TB 450—1979《车辆用车轴型式尺寸》(试行)在 4 种滑动轴承的基础上增加了使用滚动轴承的 RB_2 型、RC_2 型、RD_2 型、RE_2 型、RC_3 型、RD_3 型、RC_4 和 RD_4 等 8 种车轴，轴身为等截面的平直形。1983 年确定为正式标准 TB 450—1983《车辆用车轴型式尺寸》，车轴的轴身均为等截面的平直形；材质为专用优质碳素结构钢即 40 钢，符合 TB 451—1986《车辆和煤水车用车轴技术条件》的规定。1991 年 TB 450—1983 被纳为国家标准 GB/T 12814—1991《铁道车辆用车轴型式与基本尺寸》，规定了 B 型、C 型、D 型、E 型、F 型、G 型、RB_2 型、RC_2 型、RD_2 型、RD_{2A} 型、RE_2 型、RC_3 型、RD_3 型、RC_4 型、RD_4 型和 RE_3 型等 16 种车轴的基本尺寸，1996 年 TB 451—1986 修订为 TB/T 451—1996《车辆和煤水车用车轴技术条件》。针对 40 钢车轴技术性能的不足，从 20 世纪 80 年代初开始，我国铁路开展了碳的质量分数(含碳量)为 0.5% 的 50 钢车轴的研究，以期提高车轴疲劳强度，延长车轴的使用寿命，最终成功地研发了 LZ50 车轴钢，制订了 TB/T 2945—1999《铁道车辆用 LZ50 钢车轴及钢坯技术条件》。2002 年 GB/T 12814—1991 修订为 GB/T 12814—2002《铁道车辆用车轴型式与基本尺寸》，取消了 C 型、RC_2 型和 RE_3 型，增加了 RE_{2A} 型、RD_{3A} 型、RD_{4A} 型、RD_{3B} 型车轴，车轴材质为 LZ40 和 LZ50 钢。2007 年将 GB/T 12814—2002 转为 TB/T 3169—2007。

1963 年制定标准时，因当时国内磨削工艺设备落后，轴颈根部只能采用有卸荷槽的一种形式；修订标准 TB 450—1983、GB/T 12814—1991 和 GB/T 12814—2002 时，虽仍受国内磨削设备限制，但考虑到今后的技术进步，货车车轴轴颈根部设计了两种有卸荷槽(A、C 型)和一种无卸荷槽(B 型)形式。

由于货车滚动轴承采用冷压装方式安装和退卸，因此车轴轴颈表面发生损伤的数量逐步增加，为做到物尽其用，1993 年 RD_2 型车轴开始生产 K1、K2 等级车轴，K1 等级车轴的轴颈直径比原型减少 0.5 mm，K2 等级车轴的轴颈直径比原型减少 1 mm。

随着铁路货车载重的增加及速度的提高，带有卸荷槽的车轴，在轴颈卸荷槽部位发生了多起冷切事故，2003 年 3 月起停止车轴等级修并报废正在使用的等级修车轴。2004 年对 RD_2 型车轴轴颈卸荷槽进行了研究改进，仅采用了比原型车轴轴颈直径减少 0.5 mm 的 D1 等级修，并严格规定了车轴轴颈的加工工艺。

为满足载重 70 t 铁路货车的使用需求，2005 年设计研发了 25 t 轴重的 RE_{2B} 型车轴，其轴颈根部和防尘板座根部仅采用了无卸荷槽一种形式，并缩短了轴颈载荷中心到根部的距离，材质为 LZ50 车轴钢。采用成形磨削的先进加工工艺，保证加工后的轴颈根部形状和表面粗糙度完全符合图样要求，消除了过去车轴在轴颈加工时因设备落后造成的卸荷槽深度、形状和表面粗糙度不符合图样而给货车运用安全带来的隐患，同时提高了车轴制造合格率，降低了轮轴的检修成本。

3. 滚动轴承

(1)轴承基本结构

我国铁路货车最初装用滑动轴承，为减少列车的起动阻力和运行阻力，增加列车牵引吨位；减少燃轴事故，保证行车安全；提高运行速度，加快车辆周转；节省白合金，降低运营成本；延长货车检修周期，我国从 1965 年开始进行滚动轴承的试验研究工作，设计的 97826 型及 97726 型无轴箱双列圆锥滚子轴承装车运行考验。1973 年，为加快货车滚动轴承化进程，决定从国外引进铁路货车轴承技术，在北京南口建立生产厂生产 197726 型轴承。

在货车滑动轴承向滚动轴承转化的初期，由于未能确定哪种形式轴承最适合我国的使用条件要求和线路状况，铁道部决定采取多种型号轴承装车运行试验，因此国外公司的轴承也相继装车运行考验。轴承类型分为有轴箱短圆柱型轴承、无轴箱圆锥滚子滚动轴承、无轴箱短圆柱滚子轴承；轴承型号分为国产的 97720、197720、97726、197726、97730、42726ET、152726ET、172726T、172726YT、172826E 型，FAG 公司的 197726A 型、NSK 公司的 197726B 型、NSK 公司的 172826A 型、NTN 公司的 197726C 型等。

通过运行考验，197726 型轴承基本符合我国的环境条件和线路状况，铁道部决定我国货车批量装用 197726 型无轴箱双列圆锥滚子轴承，从此该型轴承成为我国货车轴承的主型产品。为加快我国滚动轴承化的速度，1986 年铁道部决定对当时使用滑动轴承的货车进行逐步改造，装用滚动轴承，这是我国货车实现滚动轴承化的一个重要转折点，从此滚动轴承在铁路货车上大量装车使用。该轴承自 2002 年 1 月起停止生产。

1999 年 10 月，我国研发出了具有自主知识产权的 352226X2-2RZ 型轴承，该型轴承滚子每列为 20 粒，比 197726 型轴承少 1 粒，滚子素线采用对数曲线全凸度，内圈滚道采取圆弧全凸度设计，内圈大挡边采用斜挡边，采用橡胶迷宫式密封，采用钢保持架。2001 年 1 月批量生产 352226X2-2RZ 型轴承，2004 年 9 月采用我国自行设计和研发的工程塑料保持架。目前国内轴承厂（北京南口斯凯孚铁路轴承有限公司除外）均生产该型轴承，该型轴承也是我国铁路货车上保有量最多的轴承。

2003 年，我国自主研发的工程塑料保持架通过了评审，并于 2004 年 9 月开始在 352226X2-2RZ 型新造轴承上装用，同时对 197726 型轴承内圈进行改进设计，实现了 197726 型轴承换装工程塑料保持架的历史性突破，至此结束了我国铁路货车轴承装用钢保持架的历史。

随着我国铁路事业的快速发展和车辆的大编组、高速、重载的发展趋势，研制一种适应 25 t 轴重、运行速度达到 120 km/h 的轴承迫在眉睫。因此，我国一边采用引进国外轴承装车使用，一边研究国产品牌。

2002 年 12 月，具有自主知识产权的 353130X2-2RZ 型轴承产品设计图样通过了技术评审。2003 年在北京环形线完成了 120 km/h 可靠性试验考验。2005 年 7 月在大秦线进行运用考验。该轴承内圈挡边为斜挡边，内滚道为圆弧全凸度形式，滚子端面为球基面，素线为对数曲线全凸度形式，采用工程塑料保持架，每列 23 个滚子，采用铁道车辆滚动轴承Ⅳ型润滑脂和迷宫式橡胶油封。2007 年 7 月，该轴承进行批量生产，代替进口的 TBU150 型、TAROL150 型及 AP150 型轴承。

2005 年 3 月，在 353130X2-2RZ 型轴承的基础上，研发了 25 t 轴重铁路货车用 353130A 型轴承，2005 年 9 月装车运用。该轴承适用于轴颈中心到轴颈根部的距离为 110 mm 的车轴，轴承内部结构与 353130X2-2RZ 型轴承相同，取消了密封座和内油封，通过改变前盖、后挡的结构和橡胶件组成混合迷宫密封装置，能够防止油脂的泄漏以及外界杂质进入轴承内，以适应现有的检修体制和检修设备。2006 年 5 月，因引进 353130B 型轴承而停止生产 353130A 型轴承。

2006 年 1 月，铁道部与瑞典 SKF 公司合作，引进了 CTBU150 型紧凑型轴承技术，建立了 353130B 型轴承的标准，实现了 353130B 型轴承的国产化。

353130B 型轴承取消了密封座；每列 23 个滚子，采用了低摩擦式的 LL 型油封，油封的固定件安装在轴承外圈的两端牙口上，旋转件安装在轴承内圈的大挡边外径上，这种新概念的油封保证了低的摩擦扭矩，同时也能够防止油脂的泄漏以及微动磨蚀颗粒和其他杂质进入轴承内；在后挡与轴承内圈大端面之间安装了一个塑钢隔圈，消除了内圈和后挡接触面产生的微动磨蚀；在保持架的兜孔上，留有独特的检查兜孔，能够很方便地检查内圈滚道和大挡边的状态；中隔圈部位与内组件部位均有注脂量要求。

1996 年，北京南口斯凯孚铁路轴承有限公司开始生产我国 197726 型轴承。1998 年 1 月，斯凯孚公司对 197726 型轴承提出了第一步改进设计，改进设计主要包括轴承制造质量的改进，采用塑钢保持架。改进后的轴承型号为 SKF197726 型轴承，仅在该公司生产。1999 年 4 月，在第一步改进的基础上又在油脂和密封两个方面进行了改进。采用密封罩与油封一体化的接触式密封结构，采用铁道车辆滚动轴承Ⅱ(A)型润滑脂。1998 年 6 月，从 SKF 公司进口的 TBU150 型轴承装车使用，该轴承为密封式双列圆锥滚子轴承，采用接触式密封装置和整体塑钢保持架；每列 23 个滚子，采用圆弧全凸度设计。2004 年 5 月，北京南口斯凯孚铁路货车轴承有限公司按照 SKF 公司的 TBU150 图纸在国内生产，定型为 SKF353130-2RS。

1998 年 7 月，从 TIMKEN 公司进口的 AP150 型轴承装车使用，2000 年，从 TIMKEN 公司进口的 AP130 型轴承开始装车使用，两种型号轴承为密封式双列圆锥滚子轴承，采用 HDL 型液动迷宫式低转矩密封装置和整体钢保持架。2003 年 5 月，从 FAG 公司进口的 TAROL150 型滚动轴承装车使用，该轴承为密封式双列圆锥滚子轴承，采用密封罩与油封一体化的接触式密封结构和整体塑钢保持架；每列 23 个滚子，采用圆弧全凸度设计。

(2) 轴承材质

轴承套圈材质一直使用 G20CrNi2MoA 渗碳轴承钢，滚子采用 GCr15 高碳铬轴承钢，冶炼方式均为电渣重熔或真空脱气。由于标准不统一，理解存在分歧，2006 年 7 月，铁道部统一和提高了货车轴承用渗碳轴承钢及高碳铬轴承钢的技术要求，并对电渣重熔和真空脱气两种工艺都进行了明确的规定，对 4 种主要元素指标进行了调整，提高了对氧含量的控制。

(3) 润滑脂

轴承油脂最初使用国产铁道车辆滚动轴承Ⅰ型润滑脂，1983 年 9 月开始，在 197726 型滚动轴承上使用日本进口的 RB320 润滑脂；1991 年 1 月开始，在各型轴承上使用铁道车辆滚动轴承Ⅱ型润滑脂；2003 年 3 月开始使用铁道车辆滚动轴承Ⅳ型润滑脂。2005 年 7 月开始用铁道车辆滚动轴承Ⅳ型脂代替铁道车辆滚动轴承Ⅱ(A)型润滑脂。

SKF197726 型滚动轴承在 1998 年 7 月从铁道车辆Ⅱ型润滑脂改用Ⅱ(A)型润滑脂。Ⅱ(A)型润滑脂使用中有的变为深棕色，有的变为黑色，使用寿命不能满足使用要求，2005 年 7 月 SKF197726 型滚动轴承也开始使用铁道车辆Ⅳ型润滑脂。

(4)轴端螺栓密封圈

引进日本 197726 型轴承时，没有轴端螺栓密封圈。为防止水从前盖与螺栓配合面进入车轴端面，再从密封座补油孔进入轴承内部，加装了圆柱形及改进的圆锥形螺栓密封圈。由于圆柱(圆锥)形螺栓密封圈的刚度过大，抵消了轴端螺栓的拧紧力矩，造成使用中轴端螺栓出现松动，1993 年 9 月 197726 型轴承取消了螺栓密封圈。1997 年 1 月在推广橡胶迷宫式密封装置时，加装了低刚度的 V 形螺栓密封圈。随着前盖与螺栓配合面加工质量的提高，取消了轴端螺栓密封圈。

(5)密封罩

最初的密封罩是通过压力成形的，密封罩的外径面上的凸台通过挤压形成。由于压力成形的特点，外径的椭圆度比较大，凸台形状不符合要求，使密封罩的实际配合过盈量不足或凸台尺寸不符合要求，压装中被剪切及检修中密封罩允许整形后使用，都造成了密封罩在使用中松动甚至脱落。为此，增加了密封罩的厚度，在冲压成形后，对外径面进行加工，以保证外径的椭圆度和凸台尺寸；又规定在检修中一律更换新的密封装置，大大减少了密封罩的松动，基本消除了密封罩的脱落。

(6)工程塑料保持架的应用

轴承保持架最初使用 08AlT 或 B275TZ 钢板冲压成型，钢保持架因其结构、材质、工艺等先天性因素的影响，导致轴承转动顺时性差，易造成卡滞。钢保持架一旦裂损，仅仅运行几公里就可能发生切轴，不易防范。工程塑料保持架具有良好的耐磨性、耐腐蚀、自润滑、抗冲击性、质量小、成本低，特别是应急安全性好，即使在无油状态，由于工程塑料保持架自润滑的特点，能够维持滚动轴承正常运转一段时间。1998 年 1 月开始，在 SKF197726 型滚动轴承上装用工程塑料(俗称塑钢)保持架，仅在该公司使用；同期我国也开始研发工程塑料保持架，并由北京隆轩橡塑有限公司成功批量生产，2004 年 9 月开始，国内各轴承厂在新造及大修的 352226X2-2RZ 型滚动轴承上装用工程塑料保持架；2005 年 6 月开始，在 197726 型轴承大修时，装用工程塑料保持架。通过对轴承内圈小挡边外径尺寸进行补充加工后，实现了换装工程塑料保持架要求。至此，352226X2-2RZ 和 197726 型钢保持架轴承换装工程塑料保持架从技术上有了可靠的保证。

除在新造轴承上采用工程塑料保持架外，2006 年 1 月开始，在货车厂修时，凡装有钢保持架的 352226X2-2RZ 型轴承结合轴承一般检修全部换装工程塑料保持架，在货车段修或车轮厂进行轮对厂修时，凡退卸的装有钢保持架的 352226X2-2RZ 型轴承，结合轴承一般检修换装工程塑料保持架；2006 年 6 月开始，对退卸的、已经过大修的装用钢保持架 197726 型轴承返原厂进行检修，换装工程塑料保持架。2007 年，强制性淘汰 352226X2-2RZ 型和 197726 型轴承钢保持架，货车厂、段修时，凡 352226X2-2RZ 型和 197726 型钢保持架轴承全部退卸，结合一般检修或大修换装工程塑料保持架。截至目前，上述钢保持架轴承全部淘汰完毕。

(7)迷宫式密封代替接触式密封

轴承密封最初使用的是接触式密封,由于接触式密封唇口与密封座过盈配合,在旋转时因摩擦造成轴承运转温度过高,油封唇口老化。因弹性降低,又加快了油封唇口磨耗,密封性能差。1997年1月在国产的新造或大修铁路轴承上全部使用迷宫式密封装置。

2005年10月开始在SKF197726型新造、大修轴承全部使用迷宫式密封或LL型密封装置(LL油封)。迷宫式密封使油脂或外部异物通过小间隙、长流程、多曲路、多气室时增大流动阻力和能量消耗。该密封结构转矩小、低摩擦、温升比较低、密封性能稳定,现已在铁路货车轴承上广泛使用。

(8)换装橡胶分体迷宫式密封或LL型油封

为解决已装用接触式密封的SKF197726型轴承运转热过高的问题,从2007年4月开始在货车段修时,对2004年1月至2005年9月期间新造、大修和2004年1月至2005年8月期间一般检修的SKF197726型轴承全部退卸做一般检修,全部换装352226X2-2RZ型轴承用橡胶分体迷宫式密封。从2008年6月开始在货车段修时,对2003年1月至2005年9月期间新造、大修和2003年1月至2005年8月期间一般检修的SKF197726型轴承全部退卸做一般检修,全部换装352226X2-2RZ型轴承用橡胶分体迷宫式密封。

二、我国铁路货车轮轴设计制造与检修体制

新中国成立60年以来,我国铁路货车轮轴有了突飞猛进的发展,从建国初期依赖于进口,到目前通过原始创新、集成创新、引进消化吸收再创新,我国铁路货车轮轴逐步走出了一条完全自主知识产权并全部实现国产化的发展之路。

铁路货车轮轴研发设计主要依托于四方车辆研究所和中国铁道科学研究院金化所,各铁路局、货车造修工厂、铁路货车轮轴部件生产厂参加和配合。四方车辆研究所主要负责货车轮轴的设计、试验,中国铁道科学研究院金化所主要负责货车轮轴材料方面的研发、试验,同时两个研究所还承担铁路货车轮轴故障的研究。

铁路货车轮轴生产由专业化生产厂承担。目前车轮共4个生产厂家,年生产货车车轮能力总计约100万片;车轴共9个生产厂家,年生产能力总计约45万根;轴承共9个生产厂家,新造轴承年生产能力约120万套,大修年生产能力90万套;完全满足我国铁路货车制造、检修用轮轴需要。

铁路货车轮轴检修实行以专业化集中修为主,以状态修、换件修为辅的检修管理体制,结合货车定期检修进行。铁路货车轮轴定期检修分为厂修和段修,目前我国有18个铁路局的19个轮轴车间,17个货车造修工厂承担铁路货车轮轴新组装和检修工作。

铁路货车轴承检修分为一般检修和大修。轴承一般检修在经过铁道部批准的铁路货车检修工厂、车辆段的检修车间或车轮车间、轴承制造(大修)单位进行,轴承的大修必须在经过铁道部批准的轴承制造(大修)单位进行。目前我国有18个铁路局的25个轴承一般检修单位和12个货车检修工厂承担轴承一般检修工作,有8个轴承造修厂承担轴承大修工作。

三、铁路货车轮轴产品制造工艺技术发展

轮轴产品制造工艺技术是实现其设计要求的根本保证,也是保证产品制造质量最重要的因素。轮轴产品制造工艺技术有其特殊性。

车轮铸造技术:我国铸钢车轮采用电弧炉炼钢、石墨铸型表面挂砂衬、雨淋式浇口浇注、中央冒口集中补缩的铸钢车轮生产技术,并采用相共振控制超探技术进行探伤,其产品具有尺寸精度高、浇注操作简单、车轮内部质量稳定、制造成本低等特点。

整体辗钢车轮制造技术:整体辗钢车轮是指成形过程采取锻压-辗轧工艺制造的整体车轮。辗钢车轮热成形工艺过程主要包括预成形、成形、轧制和冲孔压弯等。一般采用成形压力机+车轮轧机+压弯压力机的方式。

车轴锻造技术:车轴锻造采用的是热锻,目前我国锻造车轴的成形方式有两种,一种为径向精密锻造,另一种为自由锻造条件下的锻造,所采用的设备分别为径向精密锻造机(简称精锻机)和快速锻造液压机组(简称快锻机),均能保证锻件精度。

车轴机械加工技术:车轴轴颈、轮座、防尘板座终加工采用数控外圆磨床、数控成形磨床在半精加工基础上进行车轴的精加工,特点是加工精度高,实现加工与检测一体化,能够满足设计要求。

轴承热处理技术:热处理是提高铁路货车轴承产品质量、延长使用寿命、提高机械效能的重要手段。套圈采用渗碳热处理,有效渗碳硬化层、表面硬度与心部硬度、金相组织等均是控制的关键,采用的渗碳设备有推盘式连续炉、密封箱式多用炉、井式炉等。滚动体热处理方式是淬火+低温回火,热处理后滚动体的金相组织、硬度、脱碳层、回火稳定性必须符合技术要求。

轴承表面磷化处理技术:磷化处理是指将零件放入磷酸盐溶液中进行浸泡,使金属表面获得不溶于水的磷酸盐薄膜的这一过程。其目的是使产品表面附有一层磷化膜,色泽光亮,均匀同一,具有防腐蚀性能。按磷化成膜体系主要分为:锌系、锌钙系、锌锰系、锰系、铁系、非晶相铁系六大类。

油封制造技术:轴承油封是金属和橡胶材料的组合件,生产工艺特殊,关键制造工艺主要有骨架的制造,骨架的处理,包括磷化和涂黏合剂,混炼胶的制造,硫化工艺及最终橡胶剪修。

工程塑料保持架制造技术:目前工程塑料保持架在制造中采用了增强增韧聚酰胺(尼龙)材料,采用螺杆式注塑机和注塑模具成形,然后对通过检验的产品进行后处理,再进行成品检验,最后进行封装。

轮轴组装技术:目前我国铁路货车轮轴组装技术逐步实现"检修及加工数控化、检测及组装自动化、过程管理信息化"的要求,车轮、车轴及轴承零部件加工实现数控化,轮对、轴承零部件逐步实现自动检测或自动在线检测,轮对组装逐步实现全自动组装,过程管理实施信息化,最终达到"以装备保工艺、以工艺保质量、以质量保安全"的目标。

四、我国铁路货车轮轴发展方向

1. 我国铁路货车轮轴产品形成系列化

新中国成立以来,我国铁路货车轮轴从 11 t 轴重、21 t 轴重的滑动轴承轮轴,发展到 21 t 轴重的滚动轴承轮轴,以及目前的 25 t 轴重的紧凑型滚动轴承轮轴,经历了三个发展阶段,形成了我国铁路货车轮轴产品的系列化。目前我国铁路货车装用的主要是 21 t 轴重的滚动轴承轮轴和 25 t 轴重的紧凑型滚动轴承轮轴,这两个系列轮轴占我国铁路货车轮轴的 99.7%。其中 25 t 轴重的紧凑型滚动轴承轮轴适用于轴重 23 t、载重 70 t 和轴重 25 t、载重 80 t 的货车。现在已经开始研发 30 t 轴重铁路货车轮轴的车轮、车轴和轴承产品,适用于轴重 27 t、总重 110 t 和轴重 30 t、总重 120 t 的货车。这样一来,我国铁路货车轮轴将形成三个系列产品,即 21 t、25 t 及 30 t 轴重的货车轮轴。轮轴产品系列化,有利于技术管理,有利于维修运用,能够减少轮轴造、修装备投入,降低造、修成本。

2. 建立铁路货车轮轴标准体系

铁路货车轮轴标准体系内容应包括设计规范、制造工艺技术、评价标准和维修制度。设计规范主要是采用什么样的标准,什么样的设计理念等;制造工艺技术就是采用什么样的工艺及工艺性如何,工序能力指数是否合理等等;评价标准就是货车轮轴的安全性、适用性、经济性如何,是否满足货车装用需要等等;维修制度就是采用定期检修还是状态修,特别是检修限度的来源和制定的根据。我国铁路货车轮轴与世界发达国家相比,主要是设计及研发的能力有差距,在试验方面也显得不足,制造和维修技术基本相当,某些方面,我国的制造和维修技术还要优于世界发达国家。

3. 我国铁路货车轮轴技术发展展望

铁路货车发展方向是快速和重载,因此轮轴发展方向也是快速和重载。快速轮轴适用于速度 160 km/h 及以上的货车装用;大轴重轮轴满足 27 t 轴重及以上的货车装用。快速车轮和大轴重车轮的研发,要考虑车轮结构形式包括车轮直径、辐板形式、踏面形状等,车轮材质,货车制动方式,轮轨关系和运用工况等等;快速车轴和大轴重车轴的研发,要考虑车轴结构形式如采用空心轴等,车轴材质如采用合金钢等;快速轴承和大轴重轴承的研发,要考虑轴承结构、材质、轴承脂的寿命,轴承零部件的加工、组装工艺和维修等等。

第一篇

轮轴结构设计及实物试验

产品的质量和经济效益取决于设计、制造和管理的综合水平，而产品设计则是关键。没有高质量的设计，就不可能有高质量的产品；没有经济观念的设计者，绝不可能设计出性能价格比好的产品。据统计，产品质量事故，约有50%是设计不当造成的；产品的成本60%～70%取决于设计。因产品设计不当引起的问题将是普遍的。特别是铁路轮轴产品，其用量较大，一旦出现设计问题后果将非常严重。因此轮轴产品的设计尤其重要。

要想检验产品的性能是否达到了规定的要求、了解新产品的性能——如疲劳极限、可靠性、寿命等，对不同设计方案——如不同构造、不同制造工艺等进行比选，都需要进行试验。但在很多情况下，小试样试验无法真实，全面地模拟实物零部件的使用条件，也就无法真实地反映零部件的全部性能，因此对实物零部件进行试验还是必不可少的。

第一章
车　轮

第一节　基 础 知 识

一 、抗疲劳设计基本概念

(一)疲劳应力

飞机和桥梁结构,车轴和钢轨,汽车底盘等各种结构和零部件在使用中所承受的载荷往往是变化的,相应地,所承受的应力也是变化的,习惯上把这种变化的载荷称之为疲劳载荷,把相应的应力称为疲劳应力,而把载荷和应力随时间变化的历程分别称为载荷谱和应力谱。当载荷谱或应力谱的幅值和频率都不变时称为常幅疲劳或者是常幅加载。常幅加载又可分为对称循环(如对称弯曲,或扭转和剪切等)、脉动循环(脉动拉伸或拉—零循环)、波动拉伸(拉—拉循环)和波动拉压(拉—压循环),见图 1-1-1。

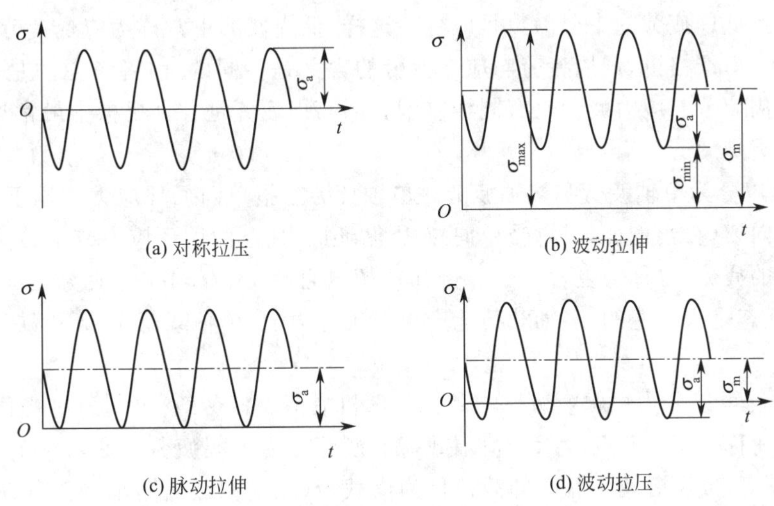

图 1-1-1　常幅载荷的种类

应力循环的性质是由循环应力的平均应力 σ_m 和交变的应力幅 σ_a 所决定的。平均应力 σ_m 是应力循环中不变的静态分量,它的大小是:

$$\sigma_m = \frac{\sigma_{max} + \sigma_{min}}{2} \tag{1-1-1}$$

式中　σ_{max}——循环中的最大应力;

　　σ_{min}——循环中最小应力。

应力幅 σ_a 是应力循环中变化的分量,它的大小是

$$\sigma_a = \frac{\sigma_{max} - \sigma_{min}}{2} \tag{1-1-2}$$

由此可见

$$\sigma_{max}=\sigma_m+\sigma_a$$
$$\sigma_{min}=\sigma_m-\sigma_a \tag{1-1-3}$$

其应力范围是

$$\Delta\sigma=2\sigma_a=\sigma_{max}-\sigma_{min} \tag{1-1-4}$$

应该指出：σ_{max}，σ_{min}，σ_a 和 σ_m 中有两个是独立的。

应力循环的特征用循环特征 R 来表示，即

$$R=\frac{\sigma_{min}}{\sigma_{max}} \tag{1-1-5}$$

R 指代数值比，σ_{min}为代数最小值。这样，对称循环的 $R=-1$，脉动循环的 $R=0$，波动拉伸 $1>R>0$，波动拉压的 $R<0$。对于静载可以看作是交变应力的特例，其 $R=+1$。

在常幅或变幅加载过程中，其应力可以是正弦波，可以是其他波形，如三角波、矩形波等。

（二）疲劳分类

1. 按研究对象可以分为材料疲劳和结构疲劳。材料疲劳研究材料的失效机理、化学成分和微观组织对疲劳强度的影响，标准试样的疲劳试验方法和数据处理方法，材料的基本疲劳特性，环境和工况的影响，疲劳断口的宏观和微观形貌等，其特点是使用标准试样进行试验研究。结构疲劳则以整机为研究对象，研究它们的疲劳性能、抗疲劳设计方法、寿命估算方法和疲劳试验方法，形状、尺寸和工艺因素的影响，以及提高其疲劳强度的方法。

2. 按失效周次可以分为高周疲劳和低周疲劳。材料在低于其屈服强度的循环应力作用下，经 $10^4\sim10^5$ 以上循环产生的失效称为高周疲劳；材料在接近或超过其屈服强度的应力作用下，低于 $10^4\sim10^5$ 次塑性应变循环产生的失效成为低周疲劳。高周疲劳与低周疲劳的主要区别在于塑性应变的程度不同。高周疲劳时，应力一般比较低，材料处在弹性范围，因此其应力与应变是成正比的。低周疲劳则不然，其应力一般都超过弹性极限，产生了比较大的塑性变形，所以应力与应变不成正比。对于低周疲劳，采用应变作参数时，可以得出较好的规律，因此，低周疲劳的主要参数是应变。这样，低周疲劳也常称为应变疲劳。与此相应，高周疲劳也常称为应力疲劳。但严格讲，低周疲劳与应变疲劳的含义是不同的，前者考虑的是失效周次，后者考虑的是控制参数量。高周疲劳与应力疲劳也有同样差别。因高周疲劳是各种机械中最常见的，故简称疲劳，通常所说的疲劳一般指高周疲劳。

3. 按应力状态可以分为单轴疲劳和多轴疲劳。单轴疲劳是指单向循环应力作用下的疲劳，这时零件只承受单向正应力或单向切应力，例如，只承受单向拉-压循环应力、弯曲循环应力或扭转循环应力。多轴疲劳系指多向应力作用下的疲劳，也称为复合疲劳。例如弯扭复合疲劳、双轴拉伸疲劳、三轴应力疲劳、拉伸-内压疲劳等，多轴应力状态是很普遍的，多轴载荷能产生多轴应力，在单轴载荷作用下，缺口处的应力状态也往往是多轴的。

4. 按载荷变化情况可以分为恒幅疲劳、变幅疲劳、随机疲劳。疲劳载荷中，所有峰值载荷均相等和所有谷值载荷均相等的载荷称为恒幅载荷。承受恒幅载荷的疲劳称为恒幅疲劳。疲劳载荷中，所有峰值载荷不等，或所有谷值载荷不等，或两者均不相等的载荷称为谱载荷（或变幅载荷），承受谱载荷的疲劳称为变幅疲劳。疲劳载荷中，峰值载荷和谷值载荷及其序列是随机出现的谱载荷称为随机载荷，承受随机载荷的疲劳称为随机疲劳。随机疲劳的幅值和频率都是随机变化的，而且是不确定的，所以它不能用一个简单的数学表达式来描述。一般要从幅域、时域和频域三方面来描述、分析其统计特性。

5. 按载荷工况和工作环境可以分为常规疲劳、高低温疲劳、热疲劳、热-机械疲劳、腐蚀疲劳、接触疲劳、微动磨损疲劳和冲击疲劳。在温室、空气介质中的疲劳称为常规疲劳。低于室温的疲劳称为低温疲劳，高于室温的疲劳称为高温疲劳。高于蠕变温度时，存在着蠕变和疲劳的交互作用。温度循环变化产生的热应力所导致的疲劳称为热疲劳。温度循环与应变循环叠加的疲劳称为热-机械疲劳。腐蚀环境与循环应力（应变）的复合作用所导致的疲劳称为腐蚀疲劳，它又可分为气相疲劳和水介质疲劳。滚动接触零件在循环接触应力作用下，产生局部永久性累积损伤，经一定的循环次数后，接触表面发生麻点、浅层或深层剥落的过程称为接触疲劳。过盈配合零件，由于接触面间的微幅相对振动造成的磨损和疲劳的联合作用所导致的疲劳称为微动磨损疲劳。重复冲击载荷所导致的疲劳称为冲击疲劳。

(三)疲劳极限和疲劳图

1. S-N 曲线

疲劳失效以前所经历的应力或应变循环数称为疲劳寿命，一般用 N 表示。试样的疲劳寿命取决于材料的力学性能和施加的应力水平。一般说来，材料的强度极限愈高，外加的应力水平愈低，试样的疲劳寿命就愈长；反之，疲劳寿命就愈短。表示这种外加应力水平和标准试样疲劳寿命之间关系的曲线称为材料 S-N 曲线(图 1-1-2)，简称为 S-N 曲线。因为这种曲线通常都是表示中值疲劳寿命与外加应力间的关系，所以也成为中值 S-N 曲线。又因为这种曲线为德国人 Wŏhler A. 首先提出，所以又称为 Wŏhler 曲线。

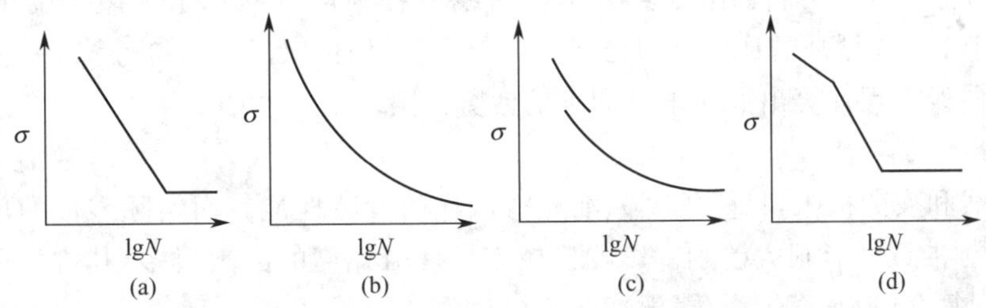

图 1-1-2 材料 S-N 曲线的主要形式

S-N 曲线通常取最大应力 σ_{max} 为纵坐标，但也常取应力幅 σ_a 为纵坐标。S-N 曲线中的疲劳寿命通常都使用对数坐标，而应力则有时取线性坐标，有时取对数坐标，二者均统称为 S-N 曲线。S-N 曲线的左段在双对数坐标中一般是一条直线，在单对数坐标中一般不为直线，但由于用直线表示比较简便，在单对数坐标中也常简化为直线。S-N 曲线的右段则可以分为两种形式，第一种形式[图 1-1-2(a)]有一明显的水平区段，为结构钢和钛合金的典型形式；第二种形式[图 1-1-2(b)]没有水平区段，是有色金属和腐蚀疲劳的典型形式。

S-N 曲线的左段有时也会出现断开[图 1-1-2(c)]和转折[图 1-1-2(d)]。断开可能是由于裂纹尖由平面应力状态转变为平面应变状态和由穿晶破坏转为晶间破坏等原因所引起。转折点则往往是不同破坏区域的交界点，如循环蠕变与低周疲劳的交界点，低周疲劳与高周疲劳的交界点等。

S-N 曲线的左段，常用如下形式的公式表达：

$$\sigma^m N = C \qquad [1\text{-}1\text{-}6(a)]$$

式中的 m 和 C 均为材料常数。将上式两边取对数得：

$$m\lg\sigma + \lg N = \lg C \qquad [1\text{-}1\text{-}6(b)]$$

可见，式[1-1-6(b)]相当于 S-N 曲线的左段在双对数坐标上为直线，$1/m$ 为 S-N 曲线的负斜率。

在中、长寿命区($N>10^4$)，S-N 曲线还可以使用下面的三参数函数公式来统一表达：

$$N(\sigma - A)^{m'} = D \qquad (1\text{-}1\text{-}7)$$

式中 A——无限寿命时的疲劳极限，在对称循环下即 $\sigma_{-1\infty}$；

m'——斜率参数；

D——常数。

2. 疲劳极限

对于结构钢和钛合金等 S-N 曲线上有水平区段的材料，与此水平区段相应的最大应力 σ_{max} 称为材料疲劳极限，简称疲劳极限。S-N 曲线上的水平区段，意味着在与它相应的应力水平下，试样可以承受很多次循环而永不破坏。因此，可以把疲劳极限定义为疲劳寿命很大时的中值疲劳强度。结构钢 S-N 曲线的转折点一般在 10^7 次以前，因此，一般认为，结构钢试样只要经过 10^7 次循环不破坏，则可以承受很多次循环而永不破坏。

在 S-N 曲线上，非水平区段对应的最大应力 σ_{max} 称为条件疲劳极限。对于腐蚀疲劳和有色金属，其 S-N 曲线没有水平区段，因此不存在真正的疲劳极限。但是，在 $10^7 \sim 10^8$ 次循环以后，其 S-N 曲线渐趋平坦，因此一般以 10^7 或 10^8 次循环失效时的最大应力 σ_{max} 作为条件疲劳极限，这时的失效循环数称为循环基数。循环基数取为 10^7 次循环时，可以不特别注明。循环基数取为其他循环数时，必须同时注明循环基数，因此，对于有色金属和腐蚀疲劳等没有水平区段的情况，当未注明循环基数时，意味着循环基数为 10^7 次循环。但这时的疲劳极限仍为条件疲劳极限，而不像结构钢和钛合金在常温空气介质下那样的真正疲劳极限。

材料疲劳极限随加载方式和应力比的不同而异。因为决定材料疲劳强度的是应力幅 σ_a，所以一般都以对称循环下的疲劳极限作为材料的基本疲劳极限。材料的对称弯曲疲劳极限用 σ_{-1} 表示，对称拉-压疲劳极限用 σ_{-1l} 表示，对称扭转疲劳极限用 τ_{-1} 表示。符号中的下标 -1 表示应力比 $R=-1$。又因三者中以对称弯曲疲劳试验最为方便，所以一般都以对称弯曲疲劳极限来表征材料的基本疲劳性能，许多手册中给出的材料疲劳性能数据往往只限于对称弯曲疲劳极限 σ_{-1}。矩形截面对称平面弯曲载荷下的疲劳极限一般与圆试样旋转弯曲下的疲劳极限接近相等，因此二者往往不加区别。

但是，S-N 曲线的水平区段实际上也并非真正水平。高周次(10^9)的疲劳试验表明，当试验周次继续增加时，试样的疲劳强度仍在不断下降，只是降低得不明显而已。因此，通常得出的疲劳极限，只是 10^7 时的疲劳极限，并非真正的疲劳极限。而使用三参数 S-N 曲线方程则可以推算出无限寿命下的疲劳极限，即式(1-1-7)中的 A。由于 10^7 次循环的疲劳极限已经沿用至今，我们仍以通常的符号 σ_{-1} 表示，而用 A 或 $\sigma_{-1\infty}$ 来表示由三参数 S-N 曲线方程计算出的无限寿命下的疲劳极限。

（四）影响疲劳强度的因素

材料的 S-N 曲线和疲劳极限，只能代表标准光滑试样的疲劳性能。而实际零件的尺寸、形状和表面情况是各式各样的，与标准试样有很大差别。影响机械零件疲劳强度的因素很多，其中主要的有：尺寸、形状、表面情况、平均应力、复合应力、腐蚀介质、温度等。

1. 缺口效应

在机械零件中，由于结构上的要求，一般都存在由槽沟、轴肩、孔、拐角、切口等截面变化。为方便起见，这些截面变化我们统称之为缺口。在这些缺口处，不可避免地要产生应力集中，而应力集中又必然使零件的局部应力提高。当零件承受静载荷时，由于常用的结构材料都是延性材料，有一定的塑性，在破坏以前有一个宏观塑性变形过程，使零件上的应力重新分配，自动趋于均匀化。因此，缺口对零件的静强度一般没有多大影响。而对疲劳破坏情形则完全不同，这时截面上的名义应力尚未达到材料的屈服极限，因此破坏以前不产生明显的宏观塑性变形，没有像静载荷破坏前那样的载荷重新分配过程。这样便使得应力集中处的疲劳强度比光滑部分为低，常常成为零件的薄弱环节。因此，抗疲劳设计时必须考虑缺口效应。

1）理论应力集中系数

应力集中提高零件局部应力的作用可以用理论应力集中系数表征。缺口处的最大局部应力 σ_{max} 与名义应力 σ_n 的比值称为理论应力集中系数，一般用 K_t 表示，即

$$K_t=\sigma_{max}/\sigma_n \tag{1-1-8}$$

由于它只与零件的几何形状有关，不受材料影响，因此也称为形状系数。理论应力集中系数可以用弹性力学的解析方法求出，也可以用光测弹性力学实验应力分析方法求出。解析方法只能求出某些简单形状零件的理论应力集中系数，对于形状复杂的零件，往往需要使用试验方法或有限元法。

2）疲劳有效应力集中系数

应力集中降低疲劳强度的作用与它提高零件局部应力的作用并不相同。应力集中降低疲劳强度的作用可以用疲劳有效应力集中系数来表征。疲劳有效应力集中系数 K_f 为光滑试样的疲劳极限 σ_{-1} 与静截面尺寸及终加工方法相同的缺口试样的疲劳极限 σ_{-1K} 之比，即

$$K_f=\sigma_{-1}/\sigma_{-1K} \tag{1-1-9}$$

疲劳有效应力集中系数主要取决于应力集中系数 K_t，但还与材料性质、缺口形式和缺口半径及缺口深度有关，不过 K_t 的影响比其他因素大。

疲劳有效应力集中系数一般小于理论应力集中系数。二者不相等的原因是，应力集中提高局部应力的同时，也使最大应力处的应力梯度增大，并且将裂纹萌生位置限制在最大应力点附近的较小范围，而后两种因素都使其疲劳强度提高。

2. 尺寸效应

试样和零件的尺寸对其疲劳强度影响很大。一般说来，零件和试样的尺寸增大时疲劳强度降低。这种疲劳强度随零件尺寸增大而降低的现象称为尺寸效应。

尺寸效应的大小用尺寸系数 ε 来表征。ε 的定义为：当应力集中和终加工方法相同时，尺寸为 d 的试样或零件的疲劳极限 σ_{-1d} 与几何相似的标准尺寸试样的疲劳极限 σ_{-1} 之比，即：

$$\varepsilon=\sigma_{-1d}/\sigma_{-1} \tag{1-1-10}$$

对于中低强度钢，标准尺寸试样的直径 d_0 常取为 9.5 mm，对于高强度钢，d_0 常取为 7.5 mm 或 6 mm。引起尺寸效应的因素很多，归纳起来，可以分为两大类：(1)工艺因素；(2)比例因素。由于冶炼、锻造、热处理与机械加工过程引起的尺寸效应属于工艺因素。大型零件的铸造质量一般都比小零件为差，锻压比也比小零件为小。大型零件热处理的冷却速度比小零件慢，相对淬透深度比小零件浅。机械加工时的发热情况也与小零件不同。上述种种情况都使得大型零件的材质较小零件为差，疲劳强度较小零件为低，这就是工艺因素导致尺寸效应的原因。

当大小零件的坯料大小和制造工艺相同，亦即材质情况相同时，其疲劳强度也不相同。这种排除了材质差别的尺寸效应称为绝对尺寸效应或比例因素。尺寸效应的成因，是由于金属为多晶体，由许多强弱不等、位向不同的小晶粒组成，而且金属内必然存在有大小不同的缺陷，零件的尺寸越大，出现薄弱晶粒与大缺陷的概率越大。由于疲劳强度的局限性，从而使其疲劳强度愈低。

尺寸系数一般用试验曲线确定，也可用下式计算：

$$\varepsilon=\left(\frac{V}{V_0}\right)^{-0.034} \tag{1-1-11}$$

式中 V——零件承受 95%最大应力的材料容积；

V_0——与零件几何相似的标准尺寸试样承受 95%最大应力的材料容积。

3. 表面状态的影响

金属切削加工不仅是一个使制件得到一定尺寸和形状的过程，而且与热处理一样，对于金属的性质(更确切地说，是对于制件表面的性质)也有重要影响。

在疲劳设计中，零件的表面状况和环境介质对疲劳强度的影响用表面系数 β 表示。表面系数又分为表面加工系数 β_1、腐蚀系数 β_2 和表面强化系数 β_3。

(1)表面加工系数的影响

具有某加工表面的标准光滑试样与磨光(国外为抛光)的标准光滑试样疲劳极限之比称为表面加工系数，即：

$$\beta=\frac{\sigma_{-1S}}{\sigma_{-1}} \tag{1-1-12}$$

式中 σ_{-1S}——具有某加工表面的标准光滑试样的疲劳有限(MPa)；

σ_{-1}——磨光(国外为抛光)的标准光滑试样疲劳极限(MPa)。

表面加工系数很难定量分析，一般都通过试验得出。图 1-1-3 给出了 8 种材料表面加工系数与材料抗拉强度及加工方法的关系曲线。

(2)腐蚀的影响

腐蚀介质与循环应力交互作用，能大大降低材料和零件的疲劳强度。腐蚀介质和静应力共同作用产生的腐蚀破坏称为应力腐蚀；腐蚀介质与循环应力先后作用产生的疲劳破坏称为预腐蚀疲劳；腐蚀介质与循环应力同时作用产生的腐蚀-机械破坏现象称为腐蚀疲劳。应力腐蚀也是一种由缓慢的裂纹扩展而导致的破坏过程，它与疲劳破坏过程很相似，这时只有静应力，而无循环应力，所以又称为静疲劳。预腐蚀疲劳时腐蚀介质与循环应力未同时作用，它只是两种过程的机械组合。而腐蚀疲劳则是一种腐蚀介质循环应力联合作用、相互促进的破坏过程。在腐蚀疲劳时，循环应力增强介质的腐蚀作用，而腐蚀介质又加快了循环应力下的疲劳破坏，因而二者共同作用比分别作用更加有害。

与空气疲劳相比，腐蚀疲劳有以下特点：

①腐蚀疲劳时，由于腐蚀疲劳的作用，裂纹往往很快萌生，疲劳裂纹扩展寿命占总寿命的大部分。由于疲劳裂纹扩展的离散性较小，因而腐蚀疲劳的离散性较空气中为小。

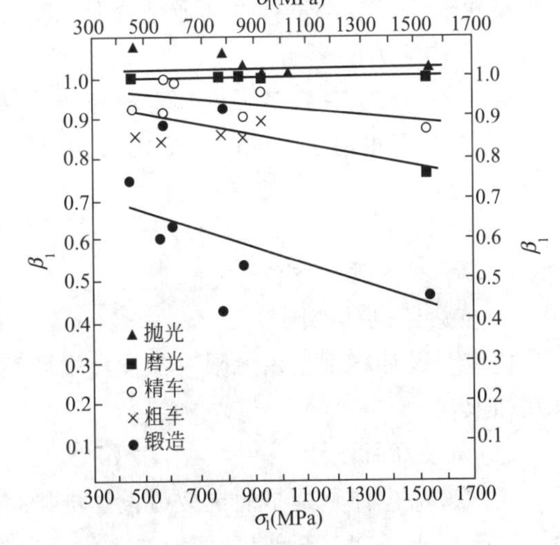

图 1-1-3 8 种材料的 β_1-σ_b 表面加工系数曲线

②由于腐蚀介质的附加作用，腐蚀疲劳中形成的裂纹数较常规疲劳为多，具有很多从腐蚀损坏区段发展成的初始裂纹。

③腐蚀疲劳的 S-N 曲线比空气中为低，且没有水平区段（见图 1-1-4）. 因此，腐蚀疲劳不存在真正的疲劳极限，一般以 10^7 次循环时的条件疲劳极限作为腐蚀疲劳极限，以 σ_{-1cor} 表示。也可以使用其他周次作为循环基数，如 10^8 等，但这时需要同时注明其循环基数。

④腐蚀疲劳强度与加载频率关系极大，频率越低，疲劳强度降低越大。而在空气疲劳时，频率在相当大范围内变化对疲劳强度影响不大。

⑤拉伸时的疲劳强度比压缩时小得多。在有腐蚀介质情况下，延性金属对正压力敏感，平均应力使腐蚀疲劳强度有较大提高。

⑥经常发生晶间断裂，这是晶界上杂质较多，腐蚀损伤往往沿晶界优先扩展所致。

⑦整体强化提高疲劳强度的效果较差，而表面强化效果较好。

对于腐蚀疲劳，按照腐蚀介质的状态和性质，又可分为气相疲劳和水介质疲劳。严格地讲，只有在真空中的疲劳才是纯疲劳，空气本身就是腐蚀介质，材料在空气中疲劳强度比真空中为低。材料在真空疲劳、空气疲劳、预腐蚀疲劳和腐蚀疲劳时 S-N 曲线的定性关系如图 1-1-4 所示。

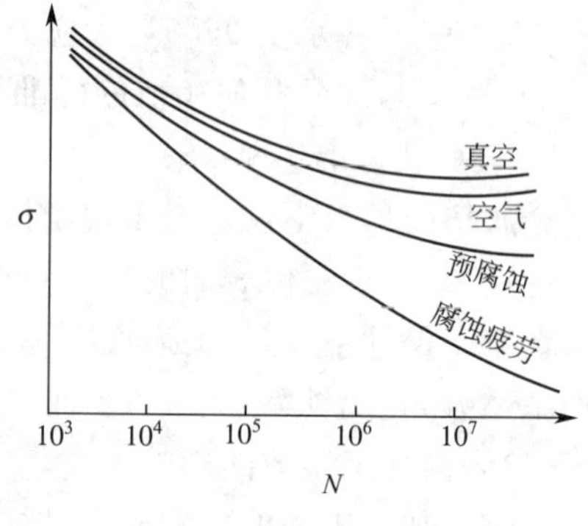

图 1-1-4　4 种不同环境下的相对疲劳特性

由图 1-1-4 可以看出，腐蚀介质对腐蚀强度的影响与循环次数 N 有关。在短寿命时，上述 4 种情况的疲劳强度相差较小，而长寿命时则有很大差别，这时按照疲劳强度由高到低的顺序为：真空疲劳、空气疲劳、预腐蚀疲劳、腐蚀疲劳。长寿命时的腐蚀疲劳强度随试样材料和腐蚀介质不同，可以是空气疲劳强度的 10%～100%。碳钢和中低碳合金钢在腐蚀介质中疲劳极限降低 1/3～8/9，而不锈钢仅降低 10%。

(3)表面强化的影响

表面层的性质对零件的静强度影响不大，但对其疲劳强度却影响较大。因此表面强化是提高零件疲劳强度的有效方法。

表面强化提高零件的疲劳强度的主要原因，是在表面层建立了压缩残余应力和使表面层硬化。应力梯度越大，表面强化效果越显著，因此，弯曲和扭转载荷下的强化效果比拉-压时大，缺口试样强化效果又远比光滑试样显著。表面强化效果还与材料性质和循环应力高低有关。屈服极限低的材料残余应力容易释放，因此强化效果比屈服极限高的材料差。同样，低周疲劳时循环应力超过屈服极限，残余应力容易释放，强化效果比高周疲劳时差。

现在使用的表面强化方法有：火焰淬火、感应淬火、渗碳、渗氮、氰化、喷丸、滚压、锤击和超载拉伸。我国货车车轮表面一般都进行喷丸强化处理。喷丸强化可以提高疲劳极限 10%以上。

4. 平均应力的影响

拉伸平均应力使疲劳强度和寿命降低，压缩平均应力使疲劳强度和寿命增加。对于拉伸对疲劳强度的影响，许多学者提出了不同的表达式，其中 Goodman 的表达式被工程界广泛采用。其表达式为：

$$\sigma_a=\sigma_{-1}\left(1-\frac{\sigma_m}{\sigma_b}\right) \tag{1-1-13}$$

(五)抗疲劳设计方法

1. 抗疲劳设计准则

抗疲劳设计准则已由无限寿命设计发展到损伤容限设计，但各种准则各有其不同的应用范围，并不能完全互相取代。

(1)无限寿命设计

无限寿命设计是最早的抗疲劳设计准则，它要求零构件的设计应力低于其疲劳极限，从而具有无限寿命。对于要求长期安全使用，而对自重没有严格要求的机械，它仍然是一种合理的设计准则。它的强度条件是，对于应力幅和平均应力不随时间变化的等幅交变应力状态，零件的工作应力小于其疲劳极限；对于应力幅和平均应力随时间变化的变幅交变应力状态，当交变应力中超过疲劳极限的过载应力数值不大、作用次数很少时，可将这些应力忽略，而让其余次数较多的交变应力中的最大者小于零件疲劳极限。

本节只介绍单轴设计方法，多轴疲劳设计方法在第二节中结合车轮强度设计进行介绍。

①对称循环正应力下强度条件：

$$n_\sigma=\frac{\sigma_{-1}}{\frac{K_f}{\varepsilon\beta}\sigma_a}\geqslant[n] \tag{1-1-14}$$

②非对称循环正应力下强度条件：

$$n_\sigma=\frac{\sigma_{-1}}{\frac{K_f}{\varepsilon\beta}\sigma_a+\varphi_\sigma\sigma_m}\geqslant[n] \tag{1-1-15}$$

式中 n_σ——正应力下工作安全系数；

K_f——疲劳有效应力集中系数；

ε——尺寸系数；

β——表面状态系数；

φ_σ——正应力下平均应力影响系数；

σ_m——正应力下平均应力；

σ_a——正应力幅；

σ_{-1}——对称循环光滑试样弯曲疲劳极限。

(2)安全寿命设计(有限寿命设计)

实用中称按有限寿命设计为安全寿命设计。有限寿命设计只保证零构件在规定的使用期限内能够安全使用，因此，它允许零构件的工作应力超过其疲劳极限，从而自重可以减轻。它是当前许多机械产品的主导设计准则。如航空发动机、汽车等对自重有较高要求的产品都广泛使用这种设计准则。安全寿命设计必须考虑安全系数，以考虑疲劳数据的分散性和其他未知因素的影响。

有限寿命设计与无限寿命设计安全系数公式相同，只是将疲劳极限 σ_{-1} 换成给定寿命 N 下材料 S-N 曲线中的疲劳强度 σ_{-1N}。

(3)破损-安全设计

破损-安全设计准则是由航空工程师制定的。它允许结构中出现裂纹，但在设计中要采取断裂控制措施，如采用多通道设计和设置止裂板等，以确保裂纹在被检测出来而未修复之前不致造成结构破坏。压力容器设计中的“破裂前渗漏”就是这种设计准则的一种体现。

2. 现行的抗疲劳设计方法

现在广泛使用的抗疲劳设计方法有以下几种：名义应力法，局部应力应变法，损伤容限设计，概率疲劳设计。

(1)名义应力法

以名义应力为基本设计参数的抗疲劳设计法称为名义应力法，是最早使用的抗疲劳设计方法，也称为常规疲劳设计或影响系数法。其设计思路是：从材料的 S-N 曲线进行抗疲劳设计。当使用 S-N 曲线的水平区段——疲劳极限进行设计时称为无限寿命设计。当使用 S-N 曲线的倾斜部分进行抗疲劳设计时称为名义有限寿命设计。

(2)局部应力应变法

以应变集中处的局部应力、应变为基本设计参数的抗疲劳设计方法称为局部应力应变法。它的设计思路是：零构件的破坏都是从应变集中部位最大应变处起始，并且在裂纹萌生以前都要产生一定的局部塑性变形，而局部塑性变形是疲劳裂纹萌生和扩展的先决条件，因此，决定零构件疲劳强度和寿命的是应变集中处的最大局部应变。只要最大局部应力应变相同，疲劳寿命就相同。因而有应变集中的零构件的疲劳寿命，可以使用光滑试样的循环应力-应变曲线和应变-寿命曲线进行计算，也可以使用局部应力应变相同的光滑试样进行疲劳试验来模拟。

(3)损伤容限设计

这种抗疲劳设计方法是破损-安全设计准则的体现和改进。它假定零构件内存在有初始裂纹，而应用断裂力学方法来估算其剩余寿命，并通过试验来校验，确保在使用期(或检修期)内裂纹不致扩展到引起破坏的程度，从而有裂纹的零构件在其使用期内能够安全使用。它适用于裂纹扩展缓慢而断裂韧度高的材料。美国空军曾在某些合同中规定采用这种抗疲劳设计方法。

(4)概率疲劳设计

概率疲劳设计是根据零构件的工作应力与疲劳强度相联系的统计方法而进行的抗疲劳设计方法，是概率统计方法与抗疲劳设计相结合的产物，也称为疲劳可靠性设计。

二、有限元基本方法

(一)概　述

有限元法是随着电子计算机的发展而迅速发展起来的一种现代计算方法，通俗地说，有限元法就是一种计算机模拟技术，使人们能够在计算机上用软件模拟一个工程问题的发生过程而无需把东西真的做出来。这项技术带来的好处就是，在图纸设计阶段就能够让人们在计算机上观察到设计出的产品将来在使用中可能会出现什么问题，不用把样机做出来在实验中检验会出现什么问题，可以有效降低产品开发的成本，缩短产品设计的周期。

有限元法也叫有限单元法(Finite Element Method，FEM)，它是 20 世纪 50 年代首先在连续体力学领域——飞机结构静、动态特性分析中应用的一种有效的数值分析方法，用以求得结构的变形、应力、固有频率以及振型。由于这种方法的有效性，有限单元法的应用已从线性问题扩展到非线性问题，分析的对象从弹性材料扩展到塑性、黏弹性、黏塑性和复合材料，从连续体扩展到非连续体。有限元法最初的思想是把一个大的结构划分为有限个称为单元的小区域，在每一个小区域里，假定结构的变形和应力都是简单的，小区域内的变形和应力都容易通过计算机求解出来，进而可以获得整个结构的变形和应力。事实上，当划分的区域足够小，每个区域内的变形和应力总是趋于简单，计算的结果也就越接近真实情况。理论上可以证明，当单元数目足够多时，有限单元解将收敛于问题的精确解，但是计算量相应增大。为此，实际工作中总是要在计算量和计算精度之间找到一个平衡点。有限元法中的相邻的小区域通过边界上的结点连接起来，可以用一个简单的插值函数描述每个小区域内的变形和应力，求解过程只需要计算出结点处的应力或者变形，非结点处的应力或者变形是通过函数插值获得的，换句话说，有限元法并不求解区域内任意一点的变形或者应力。

作为一种高效能、常用的计算方法，有限元法可应用于以任何微分方程所描述的各类物理场中。经过半个多世纪的发展和在工程实际中的应用，有限元法被证明是一种行之有效的工程问题的模拟仿真方法，解决了大量的工程实际问题，为工业技术的进步起到了巨大的推动作用。但是有限元法本身并不是一种万能的分析、计算方法，并不适用于所有的工程问题。对于工程中遇到的实际问题，有限元法的使用取决于如下条件：产品实验或制作样机成本太高，实验无法实现，而有限元计算能够有效地模拟出实验效果、达到实验目的、计算成本也远低于实验成本时，有限元法才成为一种有效的选择。

(二)基本方法

1. 单元及单元位移函数

人为地把连续体划分成有限个单元或者说把连续体离散成为一个离散的结构物。该结构物由有限个有限大小的构件在有限多的节点上相互连系而组成，称这有限大小的构件为有限单元，简称单元，各单元间彼此连接点称为节点。

在弹性平面问题中最简单的单元是三角形单元，其次四边形单元。弯曲板单元有四边形单元、三角形单元。在空间问题中，可以采用四面体单元、三棱体单元、六面体单元，见图 1-1-5。这些单元是常应变单元和一次单元，高次单元是在上述单元的各边的中点增加节点，如图 1-1-5 中的 6 节点三角形单元。

连续体弹性力学有限元法的计算机模型是由若干个单元组成的一种替代结构物。把分割成许多单元的分割线称为网格，当网格划分变细时，替代结构物更加真实地模拟原结构物。图 1-1-6 是一车轮的计算网格。

在每个单元内假定一个简单的函数作为单元位移函数或应力函数，这个简单的函数可以是一次的、二次的或更高次的。不同的单元类型对应不同的位移或应力等函数。划分网格应根据物体的结构和受力情况合理地选择单元类型。

有各种有限元方法，有的假定单元位移函数，有的假定应变、应力函数，又有的为前二者的组合。许多建

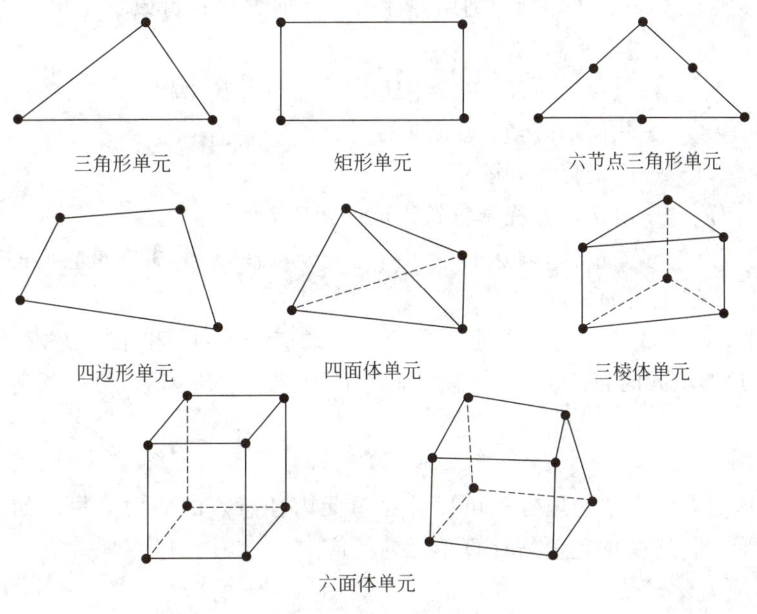

图 1-1-5 单元类型

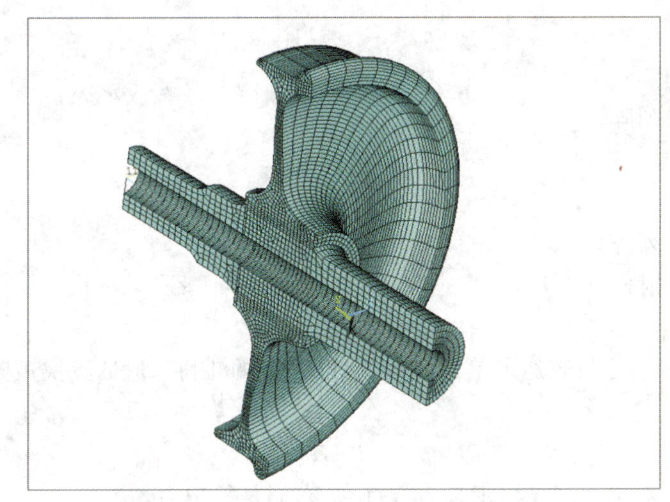

图 1-1-6 车轮计算网格

立在假定位移函数基础上的有限元法是很成功的，而且具有广泛的适应性，所以我们仅介绍这种方法。

设单元内任意点的位移由下式给出

$$\{f\}=\begin{Bmatrix} u \\ v \\ w \end{Bmatrix}=[N]\{d\} \tag{1-1-16}$$

式中 $\{f\}$——单元内任意的位移分量列阵；

$\{d\}$——单元的节点位移分量列阵；

$[N]$——形状函数矩阵，它是以$\{d\}$表示$\{f\}$的转换矩阵；

u,v,w——单元内任意点的位移分量。

在有限元法中，荷载的移置，应力矩阵及单元刚度矩阵的建立，都依赖于假定位移场——单元位移函数。因此，为了得到满意的解答，必须使假定的位移场逼近连续体的真实位移形态。如果假定的单元位移场与连续体的真实位移场完全一致，则有限元解便是精确解。桁架和钢架的单元位移场与杆件的变形是一样的，因而桁架和钢架的有限元法解答是精确的。在连续体有限元法中，一般假定的位移场不会等于真实的位移场，得到的是近似解答。

2. 应变

在假定了单元位移函数式(1-1-16)之后，利用弹性力学几何方程式可以算出单元内任意点的应变，以矩阵表示为

$$\{\varepsilon\}=[H]\{f\}=[H][N]\{d\}=[B]\{d\} \tag{1-1-17}$$

式中　$[B]=[H]\{N\}$，$[B]$——几何矩阵，它是 x，y 的函数；

$\{\varepsilon\}$——应变分量列阵；

$[H]$——由几何方程微分符组成的矩阵。

式(1-1-17)是用单元的节点位移分量$\{d\}$表达的单元内应变分量$\{\varepsilon\}$，$[B]$矩阵是它们的转换矩阵。在有限元位移法中，$[B]$矩阵是一个很重要的矩阵。

在弹性平面问题中，$\{\varepsilon\}$是 3×1 阶，其中的三个元素为线应变 ε_x、ε_y 和角应变 γ。由于一个节点具有二个自由度，因此当用三角形单元时，$\{d\}$是 6×1 阶，而$[B]$便是 3×6 阶。对于梁、板等问题，在$\{\varepsilon\}$中包含了曲率 κ_x，κ_y，…。

3. 应力

借助公式(1-1-17)，用弹性力学物理方程可以计算单元内任意点的应力分量。如果单元内存在初应变$\{\varepsilon_0\}$的话，则由实际应变与初应变的差值来计算单元内的应力。

在线弹性范围内，应力公式是

$$\{\sigma\}=[D](\{\varepsilon\}-\{\varepsilon_0\})=[D][B]\{d\}-[D]\{\varepsilon_0\}=[S]\{d\}+\{\sigma_0\} \tag{1-1-18}$$

而

$$[S]=[D][B] \tag{1-1-19}$$

$$\{\sigma_0\}=-[D]\{\varepsilon_0\} \tag{1-1-20}$$

式中　$\{\varepsilon\}$——应力分量列阵；

$\{\varepsilon_0\}$——初应变分量列阵；

$[D]$——弹性矩阵；

$[S]$——应力矩阵；

$\{\sigma\}$——初应力分量列阵。

如果不存在初变$\{\varepsilon_0\}$，则式(1-1-18)变为

$$\{\sigma\}=[S]\{d\} \tag{1-1-18$'$}$$

式(1-1-18)是用节点位移分量表达了单元应力分量，其中的矩阵$[S]$是转换矩阵，它与单元的物理性质和几何尺寸有关。

4. 单元刚度矩阵

在单元分析中，把节点对单元的作用定义为节点力，它们是集中力。

设单元具有 g 个自由度，其节点位移及其对应的节点力具体表达为

$$\{d\}=[d_1 d_2 d_3 \cdots d_g]^{\mathrm{T}} \tag{1-1-21}$$

$$\{F\}=[F_1 F_2 F_3 \cdots F_g]^{\mathrm{T}} \tag{1-1-22}$$

根据虚功原理建立起节点位移和节点力之间的关系如下：

$$\{F\}=[k]\{d\}+\{F_0\} \tag{1-1-23}$$

$$[k]=\int_v [B]^{\mathrm{T}}[D][B]\mathrm{d}V \tag{1-1-24}$$

$$\{F_0\}=-\int_v [B]^{\mathrm{T}}[D]\{\varepsilon_0\}\mathrm{d}V \tag{1-1-25}$$

式中　$[k]$——单元刚度矩阵，是用单元节点位移分量表达节点力分量的转换矩阵，通过它建立起节点位移和节点力之间关系式(1-1-23)，该式是单元的物理方程式。$[k]$的物理意义就像弹簧刚度系数那样，它的一列元素的含义是，当单元的某一节点沿一个坐标方向产生单位位移时，所发生的各节点力分量。

$\{F_0\}$——由初应变引起的节点力分量列阵。

5. 等效节点荷载

在有限元位移法中建立的是节点平衡方程，因而必须把作用在单元上的外加荷载按静力等效原则转化成节点荷载。对任意变形体的静力等效原则是，转化后的节点荷载与原荷载在任意虚位移上的虚功相。按

节点荷载计算，对结构应力或内力的影响根据圣维南原理是局部的。

设在单元内的任意一点 $M(x,y,z)$ 上作用有荷载 P，其载荷分量用列阵表示为 $\{P\}$。由 $\{P\}$ 转化为节点荷载，节点荷载分量用列阵表示为 $\{R_e\}$。

根据静力等效原理得到等效节点荷载公式

$$\{R_e\}=[N]^{T}\{P\} \tag{1-1-26}$$

6．整体平衡方程及总刚度矩阵

在利用式(1-1-26)把作用在单元中间的外荷载转化成了节点荷载或外荷载作用在节点上和利用式(1-1-23)算得了各单元的节点载荷之后，就可在公共坐标上在节点上建立平衡方程。不管是内部节点、边界节点或具有支承的节点，都必须在外荷载(包括支承反力)作用下处于平衡状态。

设任意节点 i 连接着 m 个单元。则节点 i 的平衡方程为：

$$\begin{aligned} &F_{i1}^{1}+F_{i1}^{2}+\cdots F_{i1}^{m}=P_{i1} \\ &F_{i2}^{1}+F_{i2}^{2}+\cdots F_{i2}^{m}=P_{i2} \\ &\cdots\cdots \\ &F_{ig}^{1}+F_{ig}^{2}+\cdots F_{ig}^{m}=P_{ig} \end{aligned} \tag{1-1-27}$$

式中 F_{it}^{L}——i 表示结构整体的节点号，t 表示相对于节点 i 的自由度号，L 表示相对于节点 i 的单元号，此处的 F 表示单元对节点的作用力；

P_{it}——作用在节点 i 上的第 t 个自由度方向的节点荷载分量。

方程组(1-1-27)是对节点 i 建立的 g 个平衡方程，g 为节点自由度数。出现在方程中的未知量是节点位移分量或包括支承反力。对结构整体可以建立起 n 个类似式(1-1-27)的平衡方程组，把所有的方程按结构的自由度编号排列到一起，写成矩阵形式为：

$$[K]\{u\}=\{P\} \tag{1-1-28}$$

式中

$$[K]=\begin{bmatrix} K_{11} & K_{12} & K_{13}\cdots K_{1q} \\ K_{21} & K_{22} & K_{23}\cdots K_{2q} \\ \cdots & \cdots & \cdots \\ K_{q1} & K_{q2} & K_{q3}\cdots K_{qq} \end{bmatrix} \tag{1-1-29}$$

$$\{u\}=[u_1 \quad u_2 \quad u_3\cdots u_q]^{T} \tag{1-1-30}$$

$$\{P\}=[P_1 \quad P_2 \quad P_3\cdots P_q]^{T} \tag{1-1-31}$$

其中 $[K]$——总刚度矩阵，q 阶方阵，其中 q 为节点自由度数与节点数 n 的乘积；

K_{ij}——沿结构的第 j 个自由度方向产生单位位移时，在第 i 个自由度方向发生的节点力分量；

$\{u\}$——结构的节点位移分量按结构自由度顺序排列的列阵；

$\{P\}$——结构的节点荷载分量按结构的自由度顺序排列的列阵。

7．支承条件及支承反力

总刚度矩阵表示了结构的整体刚度，它由结构本身的刚度和支承条件来决定。如果，在结构的总刚度矩阵中未考虑支承条件的影响，它是一个对称的奇异矩阵。

由线性代数知识，奇异矩阵对应的代数方程组是没有确定解答的；由力学知识，对于没有支承的悬空结构，即使所受的外力自身构成一个平衡力系，其位移解答也是任意不定的。为了得到确定的位移解答，在力学分析中必须正确的设置支承以固定结构，并且必须把该支承条件引进到总刚度矩阵中。引进支承条件后总刚度矩阵是一个对称的正定的非奇异矩阵。

8．求解方程组

在引进支撑条件后求解(1-1-29)方程组，变可得到节点位移列阵。有了节点位移之后就可根据式(1-1-17)和式(1-1-18)得到单元的应变和应力。

(三)关于非轴对称荷载的轴对称结构问题

对于像车轮这种轴对称结构承受非对称荷载的问题属于三维问题，在圆柱坐标系下，结构上仕意点的三个位移分量 u,v,w，不仅与坐标 r,z 有关，而且与 θ 有关。但由于其具有轴对称结构的特点，可应用半解析法，将三维问题退化成二维问题，即准三维问题。

有限元半解析法是，对一个三维问题，将其中一些基本参数沿某一坐标方向展成级数，如把位移和荷载展成级数，这些参数在这个坐标方向是用解析函数表示的，而在另外的方向仍然采用一般的有限元法表示。

在本节中，将位移和荷载在 θ 方向展成傅氏级数。对于作用在轴对称结构上的任意荷载 $P(r,\theta,z)$ 可以用沿坐标 r,θ,z 的三个分量 $R(r,\theta,z)$，$T(r,\theta,z)$ 和 $Z(r,\theta,z)$ 表示。对此三个荷载分量又可以在坐标 θ 方向展成傅氏级数，即半解析函数

$$\begin{aligned}R(r,\theta,z)&=R_0(r,z)+\sum_{i=1}^{n}R_i(r,z)\cos i\theta+\sum_{i=1}^{n}R_i^1(r,z)\sin i\theta\\T(r,\theta,z)&=T_0(r,z)+\sum_{i=1}^{n}T_i(r,z)\sin i\theta+\sum_{i=1}^{n}T_i^1(r,z)\cos i\theta\\Z(r,\theta,z)&=Z_0(r,z)+\sum_{i=1}^{n}Z_i(r,z)\cos i\theta+\sum_{i=1}^{n}Z_i^1(r,z)\sin i\theta\end{aligned}\tag{1-1-32}$$

式中　R_0，Z_0——与 θ 无关，为轴对称荷载；

T_0——与 θ 无关，为扭转荷载，使结构产生扭转变形；

其余项——与 θ 有关，为非轴对称荷载，使结构产生整体和局部弯曲变形，称之为弯曲荷载。

对结构上任意一点的位移分量 u，v w，其半解析函数为

$$\begin{aligned}u(r,\theta,z)&=u_0(r,z)+\sum_{i=1}^{n}u_i(r,z)\cos i\theta+\sum_{l=1}^{l}u_l^1(r,z)\sin i\theta\\v(r,\theta,z)&=v_0(r,z)+\sum_{i=1}^{n}v_i(r,z)\sin i\theta+\sum_{i=1}^{n}v_i^1(r,z)\cos i\theta\\w(r,\theta,z)&=w_0(r,z)+\sum_{i=1}^{n}w_i(r,z)\cos i\theta+\sum_{i=1}^{n}w_i^1(r,z)\sin i\theta\end{aligned}\tag{1-1-33}$$

其中 u_0，w_0 是轴对称位移分量，v_0 是环向扭转位移，它们都与 θ 无关，其余 6 个综合项都是一般的三维位移，而 u_i，u_i^1，v_i，v_i^1，w_i，w_i^1 只是 r，z 函数。对于特定的角度 θ，上述问题变成 n 个二维问题的叠加。因此对于车轮这种轴对称结构非轴对称载荷问题只需在一个断面上划分网格，将载荷 R、T、Z 按(1-1-32)式展成傅氏级数即可。展开项数越多计算结构越精确。

三、热传导微分方程和边值条件

当弹性体的温度有所改变时，它的每一部分一般都将由于温度的升高或降低而趋于膨胀或收缩。但是，由于弹性体所受的外在约束，以及各个部分之间的相互约束，这种膨胀或收缩并不能自由地发生，于是就产生温度应力，即所谓变温应力。实际上，这个应力是变温引起的，一定的变温才相应于一定的应力。

为了计算弹性体内的温度应力，须进行两方面的计算：(1)按照热传导理论，根据弹性体的热学性质、内部热源、初始条件和边界条件，计算弹性体内各点在各瞬时的温度，而前后两个温度场之差就是弹性体的变温。(2)按照“热弹性力学”，根据弹性体的变温来求体内各点的温度应力。

(一)关于温度场和热传导的一些概念

热量从物体的一部分传递到另一部分，或从一个物体传入与之相接触的另一物体，都称为热传导。在热传导理论中，和在弹性力学中一样，不考虑物体的微粒构造，而把物体当做是连续介质。

一般而论，在热传导的过程中，物体内各点的温度随着各点的位置和时间的不同而变化，因而温度 T 是位置坐标和时间 t 的函数：

$$T=T(x,y,z,t)\tag{1-1-34}$$

在任一瞬时，所有各点的温度值的总体，称为温度场。

一个温度场，如果它的温度随时间而变，就称为不稳定温度场或非定常温度场；如果它的温度不随时间而变，就称为稳定温度或定常温度场。

(二)热传导微分方程

热传导微分方程的建立，是以如下的热量平衡原理为依据的：在任意一段时间内，物体的任一微小部分所积蓄的热量(亦即温度增高所需的热量)，等于传入该微小部分的热量加上内部热源所供给的热量。其微

分方程是：

$$\frac{\partial T}{\partial t}-\frac{\lambda}{c\rho}\Delta^2 T=\frac{w}{c\rho} \tag{1-1-35}$$

式中 λ——热传导系数；

c——材料比热；

ρ——材料密度；

w——物体内部热源。

（三）温度场的边值条件

为了能够求解热传导微分方程，从而求得温度场，必须已知物体在初瞬时的温度分布，即所谓初始条件。同时还必须已知初瞬时以后物体表面与周围介质之间进行热交换的规律，即所谓边界条件。初始条件和边界条件合称为边值条件。初始条件是时间边值条件，而边界条件是空间边值条件。

初始条件一般表示为如下的形式：

$$(T)_{t=0}=f(x,y,z)$$

在某些特殊情况下，在初瞬时，温度为均匀分布，即

$$(T)_{t=0}=C$$

其中 C 是常数。

边界条件可以四种方式给出。

第一类边界条件是：已知物体表面上任意一点在所有各瞬时的温度，即

$$T_s=f(t)$$

其中 T_s 是物体表面的温度。在最简单的情况下，上式成为

$$T_s=C$$

即，物体表面的温度保持不变。

第二类边界条件是：已知物体表面上任意一点的法向热流密度，即

$$(q_n)_s=f(t)$$

第三类边界条件是：已知物体边界上任意一点在所有各瞬时的运流（对流）散热情况。按照热量的运流定律，在单位时间内从物体表面传向周围介质的热流密度，是和两者的温度成正比的，即

$$(q_n)_s=\beta(T_s-T_e)$$

其中 T_e 是周围介质的温度。β 称为运流散热系数，或简称为散热系数。散热系数 β 依赖于周围介质的密度，黏度，流速，流态，还依赖于物体表面的曲率及糙率，它的数值范围是很大的。

第四类边界条件是：已知物体和与之接触的另一物体以热传导方式进行热交换的情况。通常都假定接触是完全的，即，物体表面的温度 T_s 和接触体表面的温度 T_e 相同，即

$$T_s=T_e$$

第二节 车轮结构设计

车轮结构完全由车轮直径，轮辋、轮毂尺寸，毂辋距，辐板形状，轮缘踏面外形所决定。每个尺寸或每部位形状都有其特殊意义。进行车轮设计时需要对这些尺寸或形状进行研究确定。下面分别进行论述。

一、直 径

车轮直径对其本身及整个车辆都有较大影响。一方面车轮直径越大，车辆重心越高，车辆动力学性能越差。另一方面，增大车轮直径，可以降低轮轨的接触应力，降低车轮磨耗速率，增加车轮的热容量，提高踏面制动热负荷的承受能力。因此车轮直径大小应根据车辆情况综合确定。但总的来说，车辆轴重越大，车轮直径应越大，以提高车轮的热容量和增加轮轨接触面积，减少踏面损伤和磨耗。另外，车轮直径的取值还应注意规格的标准化系列化问题，以利于车轮制造和检修。目前国内货车车轮直径大多为 840 mm，特殊货车车轮直径为 915 mm。

二、轮　　辋

轮辋宽度尺寸主要取决于轮轨的搭载量。当轮对运行在曲线上时，外侧车轮轮缘靠近钢轨，内侧轮缘远离钢轨。只有内侧车轮踏面在钢轨上的搭载量足够，才能保证轮对不脱轨。

《铁路技术管理规程》规定，当曲线半径在 300 m 以下时，轨距应加宽 15 mm。因此，最大轨距为 1 435＋15＋6＝1 456 mm(其中：名义轨距为 1 435 mm，最大公差为 6 mm)。轮对最小内侧距为 1 354 mm，轮缘最小厚度为 23 mm，车轮踏面外侧倒角 5 mm，钢轨头部圆弧半径 R13 mm，钢轨内侧磨耗 2 mm，轨枕弯曲、道钉松动等引起轨距扩大 8 mm，重车时车轴微弯引起轮对内侧距离减小 2 mm ，轮轨安全搭载量按 7 mm 考虑，根据上述数据算得轮辋最小宽度应为 120 mm，考虑到车辆过驼峰时实施的制动，车轮外侧面磨损 5 mm，则轮辋最小宽度应为 125 mm。目前我国铁路货车车轮轮辋宽度为 135～140 mm。

轮辋厚度通常指新轮辋厚度。我国铁路对正常服役的车轮的判废依据是轮辋剩余厚度，当轮辋剩余厚度小于等于 23 mm 时车轮报废。新轮辋厚度与轮辋报废限度之差为轮辋有效磨耗厚度。轮辋越厚，有效磨耗厚度就越大，但车轮自重也大。有效磨耗厚度越厚，车轮使用寿命越长，新旧车轮直径差就越大。

车辆检修时，为了满足车辆之间悬挂要求，经常需要在心盘、旁承等位置增加调平垫板。如果新旧车轮直径差过大，所需增加的垫板相应加厚。这样心盘螺栓就容易折断，同时也将增加检修工作量。

轮辋质量占车轮质量较大的比例，即轮辋质量在很大程度上决定了车轮质量。特别是铸钢车轮，由于浇铸工艺原因，轮辋质量越大，就要求辐板越厚，车轮质量将更大。车轮为簧下质量，其质量的增加对轮轨垂向动作用力有较大的影响。

为了提高轮辋硬度以提高其使用寿命，生产中车轮踏面进行淬火处理。由于淬火工艺特性，淬硬深度受到限制。轮辋越厚，内部硬度越低，耐磨性能越来越差。虽然车轮使用寿命随着轮辋厚度的增加而延长，但延长的比例越来越小。

从车轮的使用寿命的角度来考虑轮辋应越厚越好。但从车轮重量和新旧车轮直径差的角度来考虑轮辋厚度应越小越好。轮辋厚度尺寸大小各有利弊，应根据车辆具体使用条件及上述各种影响因素综合确定。

目前国内货车车轮轮辋厚度有 50 mm 和 65 mm 两种。

三、轮　　毂

车轮和车轴靠过盈配合组装在一起，轮毂的主要作用是将车轮牢牢地固定到车轴上，其尺寸主要由轮轴配合所需要的紧固力所决定。我国车辆车轮轮毂长度名义尺寸均为 178 mm，轮毂厚度随轴重的不同而变化。在轮毂长度尺寸和轮轴间配合过盈量一定的情况下，轮毂厚度越厚，车轮质量就越大，轮轴间的紧固力也越大。合理的轮毂厚度应该是：在满足轮轴紧固力要求的前提下厚度尽可能地小，以减轻车轮质量。

四、毂 辋 距

毂辋距指轮辋内侧面与轮毂内侧面间的轴向距离，该值与轮对内侧距、车轴两轮座之间的距离有关，因此在选取毂辋距时不能仅从车轮的角度考虑，应根据轮对内侧距与车轴协调考虑。目前国内货车车轮该值为 68 mm。

五、辐板形状

辐板的强度直接关系到行车安全，因此车轮辐板应有足够的强度。辐板形状对车轮的结构强度和刚度有较大的影响。较小的径向刚度可使车轮具有较大的弹性，可以改善制动热负荷作用下车轮的应力状态和降低轮轨动作用力，因此辐板的径向刚度应适当地小。辐板的轴向刚度应尽量大，否则车轮将产生较大的轴向变形。轴向变形过大会改变轮轨正常接触位置和轮缘角度，影响车辆运行性能，增加爬轨的可能性。一个好的辐板形状，可以在不增加自重的条件下大幅度地提高车轮的结构强度，改善车轮的刚度。因此辐板是车轮结构设计和优化的重点部位。

国内外普遍采用的辐板形状有：直辐板、S 形辐板、波浪形辐板、盆形辐板，见图 1-1-7。

直辐板与其他各形辐板相比，优点是质量小，缺点是径向刚度过大、轴向刚度较小，不是一个好的辐板形

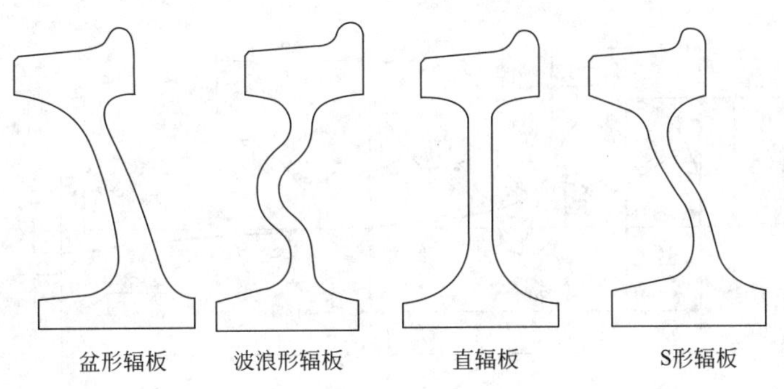

图 1-1-7 主要辐板形状

状。但尽管如此,在轮盘制动的情况下必须采用直辐板,以便安装制动盘。

S 形和盆形辐板可使得车轮具有合理的刚度和较低的热应力。将辐板设计成 S 形或盆形的主要目的是为了降低热应力。踏面制动车轮一般都采用这两种辐板形状。但由于 S 形辐板不利于钢水的流动,因此不适合铸钢车轮,铸钢车轮大都采用盆形辐板。

波浪形辐板与 S 形辐板在结构上的区别主要是辐板的偏心量(靠近轮辋处辐板的中心线与靠近轮毂处辐板的中心线之间的轴向距离)不同,造成这种差别的原因主要是车轮的毂辋距不同。波浪形辐板车轮径向刚度较小,与 S 形相比波浪形辐板车轮轴向刚度和应力较大。

辐板形状既可用优选法设计也可用优化法设计,不管采用什么方法,良好的辐板性能是唯一的目标。另外在车轮辐板设计时,要校核辐板是否与车辆下部限界发生干涉。

六、轮缘踏面外形

轮缘踏面外形设计时应考虑与轨头外形的配合,理想的轮轨型面配合状态能有效地降低接触应力和磨耗,有助于改善列车通过曲线性能,有效地提高列车失稳的临界速度。同时设计的新踏面应尽量与磨耗后的形状接近,以降低修正踏面时金属切削量。轮缘踏面外形的设计原则是:

(1)如果轮缘踏面与钢轨发生两点接触,那么必然要有一个点发生滑动,滑动的点将发生严重磨耗,因此应尽量避免轮缘踏面与钢轨发生两点接触。此外,轮对处于任何位置时,轮轨接触点处的车轮和钢轨横向截面曲率半径差不要过大,以增大轮轨之间的接触面,减小接触应力,从而降低轮轨磨耗量和轮轨疲劳破坏。

(2)保证轮对在直线轨道上运行时有较高的临界速度,这就要求轮对在横移量不大时,车轮踏面接触点处的等效斜率小,即左右轮接触点处的半径差小,这样轮对在直线上运行时不易发生蛇行运动。

(3)曲线通过性能好,即轮对在曲线上运行时,轮对和轨道之间应保持较小的冲角,这就要求轮对在横移量较大时,车轮踏面接触点处的等效斜率要大,即左右轮接触点处的半径差要大,这样有利于轮对位置复原,从而可以减轻轮缘磨耗、轨道侧磨和轮对对曲线的冲击。

(4)在运用中,由于磨耗、剥离、擦伤等原因,轮缘踏面需要经常旋修,如果磨耗后的形状与轮缘踏面初始形状差别较大,那么旋修时旋掉的金属量就多,这样会降低车轮的使用寿命,因此在进行轮缘踏面设计时,既要考虑上述各种性能因素也要考虑经济因素。

轮缘须有一定高度,过低易发生脱轨;若轮缘设计的过高,当踏面磨耗深度较大时轮缘顶部可能触碰钢轨鱼尾板螺栓或鱼尾板肩部。轮缘高度一般在 26～30 mm 之间。考虑通过道岔安全,车轮轮径越小,轮缘应越高。轮缘有防止车轮脱线的功能,为防止低速车轮爬轨和高速车轮跳轨,轮缘外侧面与水平面之间应有足够的轮缘角,一般在 70°左右,过小容易爬轨,不能保证安全;过大使修复外形时切削量增加,且当轮对有冲角时轮缘顶部易与钢轨发生接触。

轮缘踏面形状主要取决于线路情况和列车运行速度,而与车轮本身的结构无关。当运行的线路和列车的速度没有较大变化时,即使车轮结构发生了变化,其踏面形状也无需改变。通常情况下踏面采用标准形状。车轮设计计算标准中一般不包括轮缘踏面外形设计计算。

目前国内货车只有一种轮缘踏面外形,即 LM 型,见图 1-1-8。

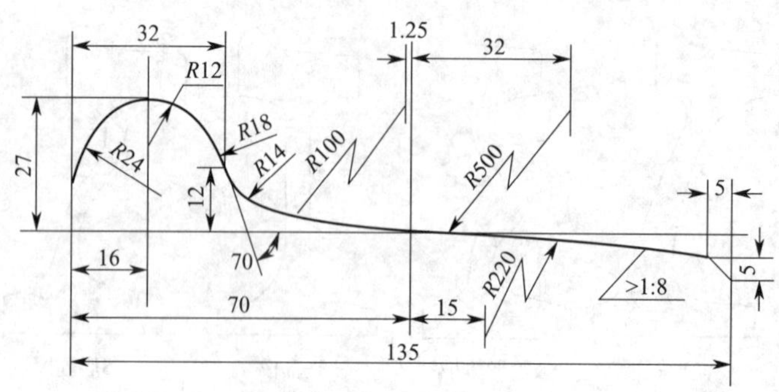

图 1-1-8 LM 型轮缘踏面外形

第三节 车轮强度设计计算方法

本节主要介绍为优化辐板形状或校核车轮的强度而进行计算。至于为优化轮缘踏面外形而进行的轮轨关系分析计算这里不进行介绍。

一、载荷工况

在实际运行中，车轮的受力状态比较复杂。对于踏面制动的货车车轮，其所承受的载荷主要有径向、轴向和周向轮轨力，踏面制动热负荷，轮轴间的作用力，离心力。

随着轮轨接触点的改变，轮轨力在踏面上的作用位置在不断地发生变化。计算中一般只计算典型位置和最不利的位置。由于周向轮轨力对车轮强度的影响很小，考虑这个载荷之后将给计算带来较大麻烦，因此车轮强度计算中一般不予考虑。根据车轮受力情况，可将上述各种载荷组成不同的载荷工况：直线运行工况、曲线运行工况、道岔道口工况、直线制动工况、曲线制动工况。

在车轮设计计算中通常考虑这 5 种载荷工况，各种载荷工况及其所包含的载荷如表 1-1-1 所示。表中的轮轨力可参照 UIC510-5 取如下数值：

F_z——径向轮轨力，$F_z=1.25P$；

F_{y2}——车辆在曲线上运行时轴向轮轨力，$F_{y2}=0.7P$；

F_{y3}——车辆通过道岔道口时轴向轮轨力，$F_{y3}=0.42P$；

ω——车轮转动的角速度，$\omega=v/R$，当列车速度不高时不必考虑；

P——车轮作用在轨道上的静载荷；

v——车辆最高运行速度；

R——车轮半径；

W——承受踏面制动时车轮温度场。

表 1-1-1 车轮强度计算载荷工况及所包含的载荷

工况	所包含的载荷
直线运行工况	F_z、ω
曲线运行工况	F_z、F_{y2}、ω
道岔道口工况	F_z、F_{y3}、ω
直线制动工况	F_z、ω、W
曲线制动工况	F_z、F_{y2}、ω、W

上述各载荷工况中的机械载荷应作用在同一断面内，各载荷在断面内的作用位置见图 1-1-9。

前面的车轮温度场 T 是由踏面制动产生的，在车轮强度计算之前需首先进行制动热负荷下车轮温度场 T 的计算。

热负荷是由列车实施踏面空气制动产生的。列车制动方式一般分为紧急制动和常用制动，而常用制动又可分为停车制动、调速制动和长大坡道保压制动(以下简称坡道制动)。虽然紧急制动功率较大，但其制动时间短，产生的总热量并不多。而且由于时间短来不及向轮辋内部传导，轮辋内部温度并不高，只是踏面温度较高。而且很快将散掉，因此紧急制动只对车轮踏面有较大影响甚至损伤。但这种影响或损伤是车轮结构设计所不能解决和改善的，只能通过减小制动功率和改善车轮材料来解决。因此车轮结构设计中不必考虑紧急制动热负荷，频繁制动的地铁和轻轨车轮除外。停车制动和调速制动功率都较小，制动时间短，对车轮影响小，因此在车轮结构设计中也不必考虑，频繁制动的地铁和轻轨车轮除外。坡道制动虽然功率不大，但其制动时间长，传递给车轮的总热量较多。它将使轮辋产生较高的温度，对车轮的影响是非常大的。因此车轮设计时必须考虑该热负荷。为计算车轮在制动热负荷作用下的应力,必须首先计算车轮在坡道制动下的温度场,将计算的该温度场 T 作为车轮强度计算的载荷。

坡道制动热负荷一般用制动功率 W 和制动时间 t 来描述:

$$W=F\cdot\mu\cdot v$$

式中 F——制动过程中作用在一个车轮上的闸瓦压力;

μ——制动过程中闸瓦瞬时摩擦系数;

v——制动过程中车辆瞬时速度。

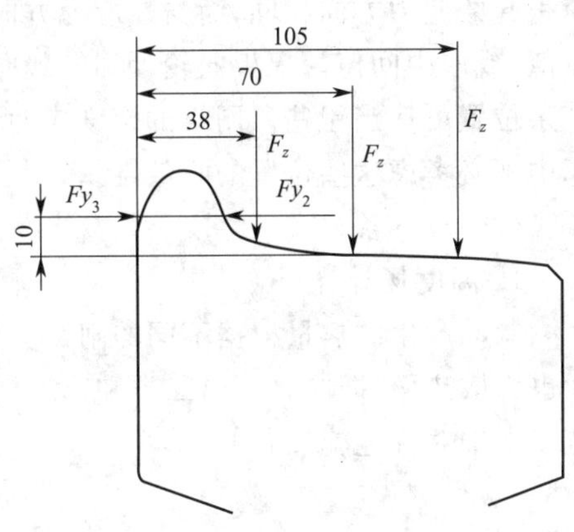

图 1-1-9 载荷在断面内的作用位置

我国铁路覆盖区域广泛,坡度情况比较复杂。在实际运用中,货车一般都采用循环制动和缓解方式下坡,但不同的坡道所采取的制动方式是不同的。列车下坡时,为减轻车辆制动强度,一般机车都要实施动力制动。不同型号的机车所承担的制动功率有较大差别,因此制动工况比较难以确定。计算中制动功率和制动时间可根据实际坡道制动工况选取,也可按表 1-1-2 取值。表 1-1-2 是根据大秦线延庆—茶坞坡道 25 t 轴重货车空气制动工况计算的。在延庆—茶坞坡道上,采用循环制动和缓解方式进行下坡,整个坡道进行 4 次制动,每次制动和缓解时间如表 1-1-2 所示。表中的 4 次制动和 3 次缓解属于一次制动过程。制动时间内制动功率如表 1-1-2 中数值,缓解时间内制动功率为 0。

表 1-1-2 大秦线延庆—茶坞坡道 25 t 轴重货车空气制动工况

制动缓解闸次	1	2	3	4
21 t 轴重制动功率(kW)	25	21	21	27
25 t 轴重制动功率(kW)	30	25	25	32.5
30 t 轴重制动功率(kW)	36	30	30	38
制动时间(s)	420	138	240	132
缓解时间(s)	282	312	372	

二、有限元模型

由于结构和所承受的载荷比较复杂,车轮的应力和温度场必须采用有限单元法进行计算。温度场和应力场应采用相同几何模型和相同的网格。

(一)几何模型

运行状态下车轮的应力由三种应力叠加而成,一种是制造的残余应力,一种是轮轴过盈配合而产生内应力,另一种是运用载荷下的应力。第三种应力是动应力,是车轮的主要应力。制造应力的计算比较复杂,设计时一般不计算这个应力,在确定许用应力时加以考虑。后两种应力在车轮设计时应进行计算。由于车轮与车轴是过盈装配在一起的,因此车轮强度计算不能只以单个车轮为对象,必须模拟轮轴过盈配合,应采用过盈装配的车轮车轴作为计算的几何模型。我们的计算目标只是车轮,并不关心车轴,因此为节省计算工作量又不影响计算结果,可只取包括轮座的一段车轴和一个车轮进行计算。货车车轮多数为轴对称的。对于轴对称车轮,其制动热负荷作用下温度和热应力场是轴对称的;机械载荷作用下车轮应力场是非轴对称的,在不考虑周向轮轨力的情况下车轮应力场关于载荷作用面对称。因此对于轴对称车轮可将一段车轴和一个车轮的二分之一结构作为计算的几何模型。辐板厚度应取设计的最小值,轮辋厚度取运行磨损到限时的尺寸值,其余部位可取设计的名义尺寸。

(二)有限单元网格

车轮是三向应力状态,应使用块体单元进行网格划分。应尽量采用高次单元。对于轴对称车轮,可以利用车轮结构的对称性,在强度计算中使用模拟轴对称结构非轴对称载荷的特殊单元,在轮轴的一个断面上划分网格;相应的温度场计算应采用轴对称单元。

一般软件具备模拟轮轴之间过盈配合的手段,如 ANSYS 软件强度计算中的接触单元。轮轴之间的装配过盈量是一个范围,过盈量数值对车轮的应力有一定的影响。一般情况下,过盈量引起的内应力与机械载荷引起的应力方向相同，而与热应力方向相反。因此进行车轮强度设计和校核时应根据具体情况选取过盈量值，或取中间值。辐板向轮辋和轮毂向轮毂过渡处、辐板几何形状突变处、孔边、轮轴配合面网格应较密，其余位置可适当粗些。网格的密度应使计算结果(温度和应力)达到收敛，机械载荷作用点附近难以收敛，计算中不必考虑这些位置的收敛性。

(三)边界条件

1. 温度场计算

制动产生的热量根据不同的闸瓦类型一般可按 85%～100%输入给车轮。在制动过程中踏面既为传热面也为散热面，即同时是第二类和第三类边界条件，在缓解过程中踏面仅为散热面。热流密度 q 在踏面闸瓦宽度上轴对称地施加。

$$q=W/S$$

式中　W——热流量；

S——闸瓦在踏面一周上扫过的面积。

轴对称车轮对称面为绝热面，其余外表面(踏面和轮毂孔除外)均为散热面。车轴外表面(与车轮接触面除外)亦为散热面，但因温度较低可以作为绝热面处理。

计算瞬态温度场的时间步长对结果有较大影响，因此计算中时间步长的设置应使结果达到收敛。

2. 应力场计算

前面 5 种载荷工况中的机械载荷均以集中力的方式施加在同一个断面的踏面上，轴对称车轮只需在一个断面上施加，非轴对称车轮要在多个断面上施加，施加载荷的断面越多计算结果越接近真实情况。当轴对称车轮采用半解析法计算时，计算结果的收敛性与傅氏级数展开项数有关，因此所计算的傅氏级数展开项数要使得计算结果收敛。热负荷为温度计算结果中使得热应力取得最大值时刻的温度场。

对称面上施加对称约束，轴的一个端面限制三个方向的线位移。

三、等效应力计算方法

(一)静强度等效应力计算方法

静强度等效应力用 σ_{es} 表示，$\sigma_{es}=\frac{\sqrt{2}}{2}\sqrt{(\sigma_1-\sigma_2)^2+(\sigma_2-\sigma_3)^2+(\sigma_3-\sigma_1)^2}$　(1-1-36)

式中　σ_1、σ_2、σ_3 为主应力。

(二)疲劳等效应力计算方法

1. 应力循环

在车辆运行过程中，由于车轮的转动，使得作用在踏面上的各种轮轨力的作用位置始终在踏面圆周上变化，这样即使各种轮轨力的数值恒定不变，车轮上各点的应力也将随着车轮的转动而呈高频循环交变应力，这种交变应力能够对车轮造成疲劳损伤。另一方面，车轮在其整个寿命周期内无规律的交替地承受着表 1-1-1 中 5 种载荷工况，这样即使车轮不转动，各点的应力也将随载荷工况的交替变化而呈循环交变应力。这两种交变应力的叠加也可构成一种交变应力循环。

综上分析，可将车轮的应力变化情况归纳为下列 4 种应力循环：

应力循环 1：直线制动工况下由车轮转动而引起的交变应力，其对车轮的损伤为高周疲劳损伤，应按无限寿命设计。

应力循环 2：曲线制动工况下由车轮转动而引起的交变应力，其对车轮的损伤为高周疲劳损伤，应按无限寿命设计。

应力循环 3：直线运行、曲线运行和道岔 3 个机械载荷工况之间的循环应力再叠加上车轮转动的交变应力的合成应力，因其循环次数也较多，这种交变应力对车轮的损伤也视为高周疲劳损伤，应按无限寿命设计。

应力循环 4：直线运行、曲线运行、直线制动、曲线制动 4 个载荷工况之间的循环交变应力再叠加上车轮转动的交变应力的合成应力。这个应力循环次数较少，可按有限寿命设计。

为了计算上述 4 种交变应力循环，需要依次在车轮整个圆周的 n 个断面上施加表 1-1-1 规定的 5 种载荷工况，则车轮上每个点可得到 $5\times n$ 组应力张量(每个断面施加 5 种载荷工况，共有 n 个断面)。车轮上任意一点的上述 4 种交变应力循环需从这 $5\times n$ 组应力张量中提取，具体提取方法如下：

应力循环 1：由车轮上任意一点在 n 个直线制动工况下的 n 组应力张量构成。

应力循环 2：由车轮上任意一点在 n 个曲线制动工况下的 n 组应力张量构成。

应力循环 3：由车轮上任意一点 n 个直线工况、n 个曲线工况、n 个道岔工况下的 $3\times n$ 组应力张量构成。

应力循环 4：由车轮上任意一点 n 个直线工况、n 个曲线工况、n 个直线制动工况、n 曲线制动工况下的 $4\times n$ 组应力张量构成。

对于轴对称车轮可以只在任意一个断面上施加规定的 5 种载荷工况，如果一个圆周上有 m 个节点，可通过同一圆周上 m 个节点的 $5\times m$ 组应力张量提取各点的应力时间循环。具体提取方法如下：

应力循环 1：由同一圆周上 m 个点直线制动工况下的 m 组应力张量构成。

应力循环 2：由同一圆周上 m 个点曲线制动工况下的 m 组应力张量构成。

应力循环 3：由同一圆周上 m 个点直线工况、曲线工况、道岔工况下的 $3\times m$ 组应力张量构成。

应力循环 4：由同一圆周上 m 个点直线工况、曲线工况、直线制动工况、曲线制动工况下的 $4\times m$ 组应力张量构成。

2. 疲劳等效应力计算方法

车轮各点的应力为多轴应力状态，但材料的疲劳性能通常都是在单轴应力状态下测试的。为了使车轮工作应力与材料性能建立联系，通常将多轴应力等效为单轴应力或直接用某一方向的单轴应力进行校核。Crossland、Sines 准则就是将多轴疲劳应力等效为一个等效疲劳应力；对于车轴对称车轮，UIC510-5 标准则采用主应力方向的应力进行疲劳强度评定。这里也根据主应力方向的疲劳等效应力对车轮的设计进行评定，主应力方向的疲劳等效应力计算方法如下：

由于一组应力张量有 3 个主应力，因此车轮上每个点在每种循环下有 3 个等效应力 σ_{ed1}、σ_{ed2}、σ_{ed3}。车轮上每个节点某一应力循环下 3 个等效应力计算公式如下：

对于 $i=1,2,3$

$j=1,2,\cdots,n$

（n—某个应力循环中应力张量总数，j—每组应力循环中第 j 组应力张量）

提取 $\sigma_{i,j}$（$\sigma_{i,j}$—某个应力循环中第 j 组应力张量的第 i 个主应力）

对应每个 $\sigma_{i,j}$ 计算 $\sigma_{i,k,\mathrm{pro}}$，$k=1,2,\cdots,n$

（$\sigma_{i,k,\mathrm{pro}}$—同一应力循环中第 k 组应力张量在 $\sigma_{i,j}$ 方向的最小正应力）

应力幅 $\sigma_{ai,j,k}=(\sigma_{i,j}-\sigma_{i,k})/2$

平均应力 $\sigma_{mi,j,k}=(\sigma_{i,j}+\sigma_{i,k})/2$

等效应力
$$\sigma_{edi}=\max\left[\frac{1}{\varepsilon\beta}\sigma_{ai,j}+\psi_\sigma\sigma_{mi,k}\right] \tag{1-1-37}$$

式中 β——表面加工系数；

ε——尺寸系数；

ψ_σ——不对称循环系数。

如果每个循环中只取主应力的最大值方向的应力计算疲劳等效应力，计算过程可作如下简化，且得到的计算结果也基本能够代表车轮的疲劳应力状态。

车轮上每个点每种应力循环下 3 个等效应力 σ_{ed1}、σ_{ed2}、σ_{ed3} 简化计算公式如下：

等效应力：
$$\sigma_{edi}=\frac{1}{\varepsilon\beta}\sigma_{ai}+\psi_\sigma\sigma_{mi} \tag{1-1-38}$$

式中 σ_{ai}——应力幅，$\sigma_{ai}=(\sigma_{i\max}-\sigma_{i\min})/2$

σ_{mi}——平均应力，$\sigma_{mi}=\max[0,(\sigma_{i\max}+\sigma_{i\min})/2]$

$i=1,2,3$

$\sigma_{1\max}=\max(\sigma_{1,j})$

$\sigma_{1\min}=\min(\sigma_{k1})$

$\sigma_{2\max}=\max(\sigma_{2,j})$

$\sigma_{2\min}=\min(\sigma_{k2})$

$\sigma_{3\max}=\max(\sigma_{k3})$

$\sigma_{3\min}=\min(\sigma_{3,j})$

$\sigma_{1,j}$、$\sigma_{2,j}$、$\sigma_{3,j}$—分别为某应力循环中第 j 组应力张量的第一、第二和第三主应力；

σ_{k1}—为某应力循环中第 k 组应力张量 $\sigma_{1\max}$ 方向的最小正应力

σ_{k2}—为某应力循环中第 k 组应力张量 $\sigma_{2\max}$ 方向的最小正应力

σ_{k3}—为某应力循环中第 k 组应力张量 $\sigma_{3\min}$ 方向的最大正应力

$j=1,2,3,\cdots,n$，n—某一应力循环中应力张量组数。

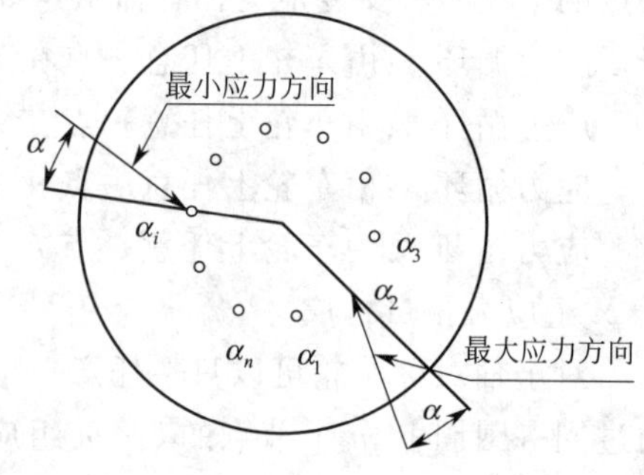

图 1-1-10　柱坐标表示的各主应力的方向

当车轮为轴对称结构且载荷仅施加在一个断面上时，各主应力的方向用柱坐标表示及计算，见图 1-1-10。

四、评估准则

由于热负荷没有确定，许用应力还有待确认，因此现阶段还不能对车轮的强度进行绝对评定，而是采用相对比较法对车轮的强度进行评估，即将新设计的车轮与运行情况正常的车轮的强度进行比较，比较的参量为静强度和疲劳强度等效应力。参加比较的车轮可以是不同的运行条件，计算工况应根据各自的运行条件确定。如果新设计的车轮的强度不比参考轮低，则认为新车轮亦能满足运用要求。

第四节　国外车轮设计计算标准简介

目前，国内还没有有关车轮强度设计计算标准。国内外的车轮设计主要参照 AAR-S660《ANALYTIC EVALUATION OF LOCOMOTIVE AND FREIGHT CAR WHEEL DESIGNS》，UIC 510-5-2007《TECHNICAL APPROVAL OF SOLID WHEELS》，EN 13979-1-2003《Railway applications—Wheelsets and bogies—Monobloc wheels—Technical approval procedure—Part1：forged and rolled wheels》进行，因此本节对这几个标准也分别进行介绍。

（一）AAR S660-2007

在 AAR S660-2007 标准中，规定了车轮强度计算的力学模型、载荷工况、计算及评定方法。

1. 目标

这个标准的目标是提供一个附加方法，以帮助评价在正常铁路运用和维护条件下车轮的设计性能。评价的方法是通过比较不同设计车轮的应力来达到的。用以比较的数据库中既包括现场性能优良的车轮设计，也包括运用中失效率较高的车轮设计。

2. 背景与局限

可以用不同的软件进行车轮计算。如果应力比较是在不同设计的车轮间进行，那么车轮设计载荷数值和作用方式必须规定，计算精度也须规定。

设计中的载荷不代表运行中的最大可能载荷，也不代表是运行中的典型条件。所选用的载荷值是在特殊条件下极少发生的、但不会导致车轮失效的载荷水平。

3. 载荷工况

标准中规定了下列 5 种载荷工况：

垂直载荷 V_1＋横向载荷 L_1，

垂直载荷 V_2，

热负荷 T_h，

V_2+T_h，

$V_1+L_1+T_h$。

上述各式中载荷大小是钢轨最大静载荷的函数。机械载荷为：垂直载荷取钢轨静载荷的两倍，横向载荷等于钢轨最大静载荷。热载荷与钢轨最大静载荷成比例。表 1-1-3 为现行批准载荷示例。载荷作用位置见图 1-1-11。

表 1-1-3 车轮载荷值

车轮型号	垂直载荷 $V_1=V_2$(lb)	横向载荷(lb)	热载荷(20 min 制动马力 100%进入车轮)
125 t:直径 38 in	78 750	39 375	41.92
110 t:直径 36 in	71 500	35 750	38
100 t:直径 28-30-33 in	65 750	32 875	35.00
70 t:直径 33 in	55 000	27 500	29.28
直径 28 in 一次磨耗	48 750	24 375	25.95
机车:直径 40 in 及以上	70 000	35 000	37.00

注:in 为英寸,lb 为英磅。

对于窄轮缘,V_1、L_1 的作用位置距轮辋内侧面距离为 $1\dfrac{9}{32}$ in,热负荷 T_h 作用宽度的中心线距轮辋内侧面距离为 $3\dfrac{7}{32}$ in。

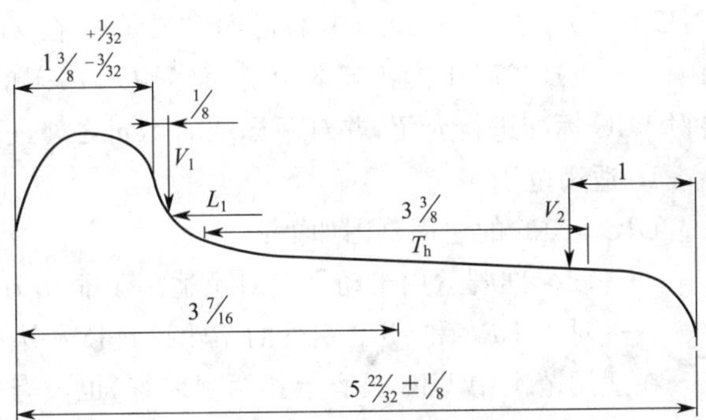

图 1-1-11 货车宽轮缘钢制车轮假定的载荷作用位置(单位:英寸)

4. 车轮几何结构

(1)新轮

轮辋宽度为标称值,轮辋厚度为新轮的最小值,辐板和轮辋圆角形状和位置保持不变;应按公称之半尺寸进行计算。

(2)报废限度轮辋厚度(轮辋磨耗到限车轮)

应将新轮踏面和轮辋几何形状径向向内平移,使滚动圆达到报废限度;应进行热负荷 T_h、$V_1+L_1+T_h$ 工况计算。

(3)材料性能和边界条件

——温度计算所需要的数据:

初始温度:假设为 75 ℉

密度:假设为 0.283 lb/in^3

比热:假设为线性关系:

$$c_P=0.102+0.000052T(\text{BTU/1b}\cdot ℉)$$(译注:BTU 为英国热量单位)

导热系数:假设为线性关系:

$$K=28.1-0.0060T(\text{BTU/hr}\cdot\text{ft}\cdot ℉)$$

对流系数:假设为常数

$$h=4\text{BTU}/(\text{h}\cdot\text{ft}^2\cdot ℉)$$

辐射率:不需要。在这些计算中对车轮表面热辐射的影响忽略不计。

——应力计算需要的数据:

弹性模数:假设为 29 000 000 lb/in^2

泊松比:假设为 0.30

热膨胀系数:假设为线性关系:

$$\alpha=[6.0+0.002(T-75)]\mu\text{in}/(\text{in}\cdot \text{F}^\circ)$$

——边界条件

在 1 in 半径上在径向和轴向固定所有轮毂孔节点(即将轮毂孔半径减小到 1 in,再将轮毂孔上节点的径向和轴向位移)。

(4)计算精度

计算结果必须精确而且必须是收敛的。必须对收敛性进行检查。精度可以比照一组标准计算结果来确定。

(5)结果

应力计算结果以等效应力表示,等效应力计算公式见(1-1-36)。

由于在机械载荷与热负荷联合作用下轮辋的计算很复杂，因此轮辋只给出热应力计算结果，辐板表面应给出上述各载荷工况下的计算结果。

由上述介绍可以看出，该标准存在下列局限或不足：

(1)对所设计的车轮的性能只能进行相对评价，不能进行绝对评价。

(2)用于进行比较的参量是静态应力，而不是动应力。实际上，车轮的损坏属于疲劳破坏，而不是静态损坏。而车轮结构的静强度不能很好地反映车轮的疲劳强度。因此对于车轮还是进行疲劳强度评估为宜。

由于 AAR-S660 标准中的载荷是极少条件下发生的，因此不适宜根据该载荷的计算结果对车轮强度进行绝对评价。

(二)UIC510-5-2007 和 EN13979-1-2003

UIC510-5 和 EN13979-1 都是车轮技术认证程序，两个标准主要内容基本一致，UIC510-5 标准概要中说明：UIC510-5 是 EN13979-1 的说明和补充。在 UIC 510-5 标准中经常直接引用 EN13979-1。由于 UIC 510-5 与 EN13979-1 内容基本相同，而 UIC 510-5 的表述比 EN13979-1 详细清楚、适用范围广，因此这里主要对 UIC 标准进行介绍，并对两标准的不同之处进行说明。

1. 适用范围

UIC 510-5 的适用范围如下：

——该标准既适用于动力轮对也适用于非动力轮对车轮。

——对于 ER8 和 ER9 钢种的车轮进行技术认可时，应提供踏面初始缺陷和发展情况资料。

在适用范围中 UIC 只有上述两项内容，也没有引用 EN13979-1。

EN13979-1 的适用范围如下：

——该欧洲标准规定满足欧洲路网要求的铁路客货车非动力车轴用整体车轮的技术要求。

——对动轴车轮或降躁车轮，技术要求可以改动和补充。

——对轻轨车和轨道电车可以使用厂方和用户同意的其他标准或文件。

——该欧洲标准仅用于新设计车轮。

——这些技术要求用于评估对于确定使用条件的设计选择的正确性。

——该欧洲标准用于 prEN 13262 规定的锻制和辗制车轮的品质要求。

2. 主要内容

这两个标准从下面四个方面对车轮的设计进行评估：

(1)几何方面：相同应用下不同方案的互换性；

(2)热力学性能方面：控制车轮变形且确保制动不造成车轮破坏；

(3)机械性能方面：确保辐板不发生疲劳裂纹；

(4)声学方面；为使用中不引起麻烦，确保方案选择与基准车轮相同。

这两个标准将车轮在机械载荷和制动热负荷作用下的性能分开评估。机械载荷作用下车轮的疲劳强度主要通过有限元计算评估。在计算结果不满足标准要求的情况下再进行台架疲劳试验。试验载荷和试验过程应在辐板上再现车轮全部寿命中的应力(方向、大小和循环次数)，应力根据现车测试结果确定。

而车轮的热力学性能是通过台架或线路试验进行评估的。对车轮噪声的评估是通过计算进行的，但这两个标准只要求新设计的车轮的噪声不比参考轮高即可，并没有绝对判据。

长大坡道的制动热负荷是大多数货车车轮必然承受的载荷，由于其计算参数不能完全确定，这个标准在车轮设计阶段不考虑制动热负荷，使得这个标准存在很大的局限性。

下面只对两标准中机械载荷作用下车轮的疲劳强度的计算评估方法进行介绍。

3. 机械性能评估

(1)施加的力

①超常载荷(EN13979-1 没有这一项)

垂直力 $F_{z\lim}=90+Q$，Q 为轮载荷，kN；

横向力 $F_{y\lim}=\alpha(10+P_0/3)$，$P_0$—轴载荷，kN；对于所以轨道车辆：$\alpha=1$，

垂直载荷还规定了极限值，极限值与速度的关系见表 1-1-4。

表 1-1-4　垂直载荷极限值与速度的关系

速度(km/h)	$v<160$	$160\leqslant v<200$	$200\leqslant v<250$	$250\leqslant v<300$	$300<v$
F_{zlim}(kN)	200	190	180	170	160

②运用载荷

运用载荷又分常规载荷和非常规载荷。

——常规载荷:当曲线半径小于等于 800 m 的线路长度小于总线路的 24%时为常规载荷,否则为非常规载荷。

常规载荷各工况载荷值如下,非常规载荷根据 ERRI B 169/RP 12 确定,非摆式车还可根据附录 G 确定(这里略)。

运用常规载荷分为三种载荷工况:即表 1-1-1 中的前 3 种载荷工况。

——工况 1:直线(轮对对中)

$$F_z=1.25P$$

$$F_{y1}=0$$

——工况 2:曲线(轮缘靠钢轨)

$$F_z=1.25P$$

$$F_{y2}=0.6P \quad \text{对非导向轮对}$$

$$F_{y2}=0.7P \quad \text{对导向轮对}$$

对于摆式车——加速度(a_q)>1 m/s^2

$$F_{y2}=0.8P \quad \text{对非导向轮对}$$

$$F_{y2}=0.9P \quad \text{对导向轮对}$$

——工况 3:道岔和道口(轮缘内侧面接触钢轨)

$$F_z=1.25P$$

$$F_{y3}=0.6F_{y2}=0.36P \quad \text{对非导向轮对}$$

$$F_{y3}=0.6F_{y2}=0.42P \quad \text{对导向轮对}$$

式中　P 为静轴载荷的一半。各力的作用位置同图 1-1-9。

(2)计算方法

计算中不仅要考虑上述各种载荷,还要考虑离心力和平均过盈量产生的应力。

①应用范围

由于使用了单轴疲劳准则,这个计算方法只适用于轴对称车轮。对于非轴对称车轮(如辐板带孔车轮)应采用新的疲劳准则,如 Crossland dang Van 或及相应的许用应力。

② 网格

——辐板取最小尺寸,轮辋取磨耗到限尺寸。

——车轮网格的划分应使得计算应力与测试应力有较好的符合性。(The mesh for the wheel must ensure a good correlation between the calculated nominal permissible stresses and their measured equivalents.)

③动应力变化量 $\Delta\sigma_{ij}$ 计算方法

在这两个标准中,根据主应力方向的单轴应力——动应力变化量 $\Delta\sigma_{ij}$ 对车轮的疲劳强度进行评估。动应力变化量 $\Delta\sigma_{ij}$ 计算方法如下:

如果在车轮辐板内(外)侧面半径为 R 的一周上划分了 n 个节点(或计算了 n 个截面应力),那么该圆周的动应力变化量 $\Delta\sigma_{ij}$ 分别为:

$$\Delta\sigma_{11}=\sigma_{11\max}-\sigma_{11\min}$$

$$\Delta\sigma_{12}=\sigma_{12\max}-\sigma_{12\min}$$

$$\Delta\sigma_{21}=\sigma_{21\max}-\sigma_{21\min}$$

$$\Delta\sigma_{22}=\sigma_{22\max}-\sigma_{22\min}$$

式中　$\sigma_{11\max}$——在 3 个工况下、在 n 个节点中的最大的 σ_1;

$\sigma_{22\max}$——在 3 个工况下、在 n 个节点中的最大的 σ_2;

$\sigma_{12\max}$——在最大的 σ_1 所在的工况下、在 n 个节点中的最大的 σ_2；

$\sigma_{21\max}$——在最大的 σ_2 所在的工况下、在 n 个节点中的最大的 σ_1；

$\sigma_{ij\min}$——将 3 个工况下、n 个节点的 $3n$ 个应力张量分别向 $\sigma_{ij\max}$ 方向投影，$\sigma_{ij\min}$ 为这 $3n$ 个投影值中的最小值；$i=1,2,j=1,2$；

σ_1、σ_2、σ_3——主应力。

(3)判据

①超常载荷

每个节点的 VON MIESS 应力小于等于材料的弹性极限。

EN13979-1：

在运行载荷下每个节点的 VON MIESS 应力小于等于材料的弹性极限。

②运用载荷

对于辐板机加工车轮：辐板上所有点的 $\Delta\sigma_{ij}\leqslant 360$ MPa；

对于非辐板机加工车轮：辐板上所有点的 $\Delta\sigma_{ij}\leqslant 290$ MPa；

$i=1,2,j=1,2$。

第五节　车轮形式与基本尺寸

一、车轮形式

目前，国内在役的货车车轮主要有 3 大类：第 1 类是 S 形辐板辗钢车轮，其基本形式见图 1-1-12，技术条件符合 TB/T 2817 的规定。第 2 类是盆形辐板铸钢车轮，其基本形式见图 1-1-13，技术条件符合 TB/T 1013—1999 的规定。第 3 类是辐板上带有工艺孔的斜辐板或称小 S 形辐板车轮，其基本形式见图 1-1-14，

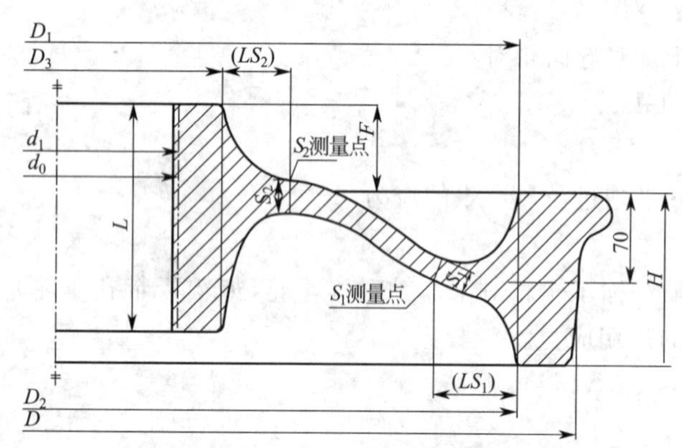

图 1-1-12　S 形辐板辗钢车轮形式

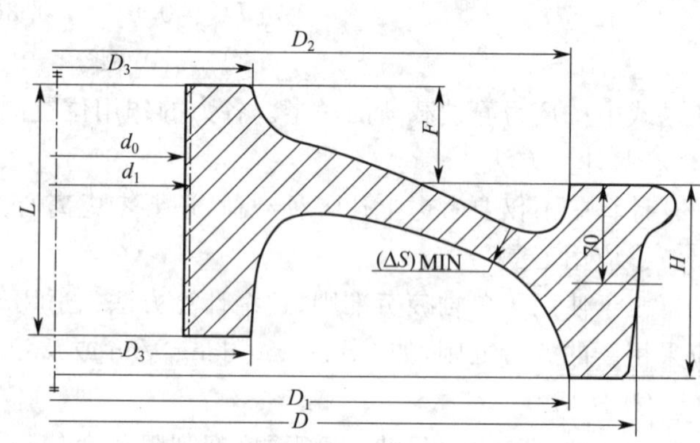

图 1-1-13　铸钢车轮形式

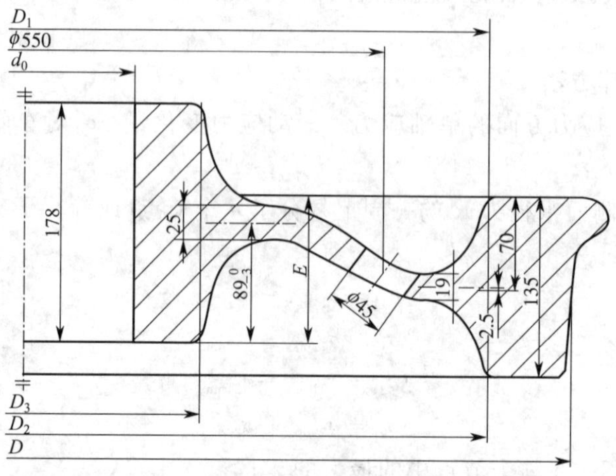

图 1-1-14　斜辐板或称小 S 形辐板碾钢车轮形式

技术条件符合 GB 8601—1988 的规定，该类车轮已不再生产。

二、车轮基本尺寸

(一)S 形辐板的辗钢车轮基本尺寸(表 1-1-5)

表 1-1-5

规格型号		滚动圆外径 D	轮辋内侧内径 D_1	轮辋外侧内径 D_2	轮毂孔径 d_1	轮毂外径 D_3	毂长 L	辋宽 H	毂辋距 F	辐板厚度		测量参考尺寸 LS_1	测量参考尺寸 LS_2	理论重量 (kg)	材质
										S_1	S_2				
ϕ840	HESA	840^{+6}_{0}	740^{0}_{-4}	740^{0}_{-4}	206	286^{+4}_{0}	178±3	135^{+5}_{+2}	68^{+2}_{0}	20^{+3}_{0}	26^{+3}_{0}	90	53	314	CL60
	HDSA	840^{+6}_{0}	740^{0}_{-4}	740^{0}_{-4}	194	264^{+4}_{0}	178±3	135^{+5}_{+2}	68^{+2}_{0}	19^{+3}_{0}	25^{+3}_{0}	85	55	306	CL60
	HDS	840^{+10}_{0}	710^{0}_{-10}	710^{0}_{-10}	194	274^{+5}_{0}	178±3	135^{+3}_{0}	68^{+2}_{0}	19^{+5}_{0}	25^{+5}_{0}	73	50	348	CL60
	HBS	840^{+10}_{0}	710^{0}_{-10}	710^{0}_{-10}	155	235^{+5}_{0}	178±3	135^{+3}_{0}	68^{+2}_{0}	19^{+5}_{0}	25^{+5}_{0}	73	50	342	CL60
ϕ915	KDS	915^{+6}_{0}	785^{0}_{-6}	785^{0}_{-4}	194	274^{+5}_{0}	178±2	135^{+3}_{0}	68^{+2}_{0}	19^{+3}_{0}	25^{+3}_{0}	70	69	391	CL60

(二)铸钢车轮基本尺寸(表 1-1-6)

表 1-1-6

型号	滚动圆外径 D	轮辋内侧内径 D_1	轮辋外侧内径 D_2	轮毂孔径(粗) d_0	轮毂孔径(精) d_1	轮毂外径 D_3	轮毂长度 L	车轮轮辋宽度 H	毂辋距 F	辐板厚度(最薄处) ΔS	理论重量 (kg)	材质
HEZD	840^{+6}_{0}	740^{0}_{-4}	740^{0}_{-4}	198^{0}_{-4}	206	282±4	178±3	135^{+5}_{+2}	68^{+2}_{0}	22^{+6}_{0}	325	ZL-B
HDZD	840^{+6}_{0}	740^{0}_{-4}	740^{0}_{-4}	186^{0}_{-4}	194	263±4	178±3	135^{+5}_{+2}	68^{+2}_{0}	21^{+6}_{0}	315	ZL-B
HDZB	840^{+6}_{0}	740^{0}_{-8}	740^{0}_{-8}	186^{0}_{-4}	194	260^{+6}_{-2}	178±3	135^{+5}_{+2}	68^{+2}_{0}	23^{+6}_{0}	330	ZL-B
HDZC	840^{+6}_{0}	740^{0}_{-8}	740^{0}_{-6}	186^{0}_{-4}	194	260^{+6}_{-2}	178±3	135^{+5}_{+2}	68^{+2}_{0}	20^{+6}_{0}	310	ZL-B
HEZB	840^{+6}_{0}	740^{0}_{-6}	740^{0}_{-6}	198^{0}_{-4}	206	278^{+10}_{0}	178±3	135^{+5}_{+2}	68^{+2}_{0}	21^{+6}_{0}	322	ZL-B
HDZA	840^{+6}_{0}	710^{0}_{-8}	710^{0}_{-8}	186^{0}_{-4}	194	260^{+6}_{-2}	178±3	135^{+5}_{+2}	68^{+2}_{0}	25^{+6}_{0}	371	ZL-B
HDZ	840^{+10}_{0}	710^{0}_{-10}	710^{0}_{-10}	186^{0}_{-4} 198^{0}_{-4}	194 206	289^{+5}_{-2}	178±3	135^{+5}_{0}	68^{+2}_{0}	25^{+6}_{0}	385	ZL-B

(三)带辐板孔的斜辐板辗钢车轮基本尺寸(表 1-1-7)

表 1-1-7

规格型号		外径 D	轮辋内侧内径 D_1	轮辋外侧内径 D_2	轮毂孔径 d_0	轮毂外径 D_3	毂辋距 E	理论重量 (kg)
ϕ840	B	840	710	710	138	241	110	344
	D				170	273		351
	E				186	279	105	353
ϕ915	PD	915	785	785	170	273	110	394

第二章
车　轴

第一节　车轴结构设计

一、设计基本原则

1. 应尽量选用标准规定的车轴。

2. 当标准规定的车轴不能满足需要、必须设计新车轴时，应首先根据车辆用途，选定车轴材质。

3. 为使新设计的车轴具有良好的疲劳强度性能，设计中宜采用有突悬量的阶梯形车轴。

(1)压配合部位应使用阶梯轴形式，其阶梯比应选择合理。

(2)轮毂内端面应突出车轴阶梯部台肩，有效突悬量应选择合理。

(3)阶梯轴轮座内侧圆弧曲率半径应选择合理。

(4)选择合适的配合过盈量。

4. 根据车辆需求提出的有关参数，按照规范进行车轴受力分析。计算车轴的受力和计算截面上的力矩。凡具有装配应力集中，截面尺寸变化造成的几何应力集中，最大弯矩区域或最小直径截面处均应列为计算截面。

5. 选择轴身直径和轴颈直径，计算其他截面直径。

6. 计算截面上的应力应小于许用应力。

二、强度计算方法

国内一般采用 TB/T 2705《车辆车轴设计与强度计算方法》、日本标准 JIS E 4501《铁道车辆车轴强度——设计方法》和欧洲标准 EN 13103《铁路应用——轮对轴箱——非动轴——设计方法》等 3 种标准对已确定的车轴基本结构设计进行强度计算。在计算时要考虑轴重、速度、车辆重心高度、制动方式、制动力大小、轴颈载荷中心距、车轴材质特性(疲劳许用应力)等参数。

(一)按 TB/T 2705《车辆车轴设计与强度计算方法》

1. 有突悬量的阶梯形车轴关联尺寸的确定

(1)配合部位的阶梯比 D/d 在 1.10～1.14 范围内选用。

(2)轮毂内端面突出车轴阶梯的有效突悬量应大于 3 mm。

(3)阶梯轴轮座内侧圆弧曲率半径 $\rho/D=0.20\sim0.40$ 范围内选用。

2. 计算载荷的确定

对设计的车轴进行计算时要考虑以下几类载荷：

垂向静载荷——车辆自重及载重引起的垂向静载荷(kN)；

垂向动载荷——因线路不平顺等原因，引起车辆振动而产生的垂向动载荷(kN)；

垂向附加载荷——横向载荷引起轴颈上的垂向附加载荷(kN)；

横向载荷——作用在车辆上的风力和离心力等引起的横向载荷(kN)。

在计算中,无论是哪一类载荷,均以集中力方式作用。

表 1-2-1　动荷系数

使用最高速度(km/h)	垂向动荷系数 α_z	横向动荷系数 α_y
120 以下	0.4	0.3
120～160	0.5	0.4

(1)垂向静载荷

$$P_1=1/2(p-q)=T/2$$

式中　P_1——作用在每侧轴颈上的垂向静载荷(kN);

p——轴重引起的垂向静载荷(kN);

q——轮对自重引起的垂向静载荷(kN);

T——作用在每根车轴上的垂向静载荷(kN)。

(2)垂向动载荷

$$P_2=\alpha_z\cdot P_1$$

式中　P_2——作用在每侧轴颈上的垂向动载荷(kN);

α_z——垂向动荷系数,见表 1-2-1。

(3)垂向附加载荷

由风力、离心力等横向载荷引起的左、右轴颈上的增、减垂向载荷,它们的值大小相等,符号相反。

$$P_3=\pm\alpha_y\cdot P_1\cdot T\cdot h/L_2$$

式中　P_3——由横向动载荷引起的作用在左、右轴颈上的垂向附加载荷,左侧轴颈取正值,右侧轴颈取负值(kN);

α_y——横向动荷系数见表 1-2-1;

h——由车辆重心(载重状态下)到车轴中心线之间的距离(m);

L_2——左、右轴颈载荷 P_L、P_R 作用线间的距离(m)。

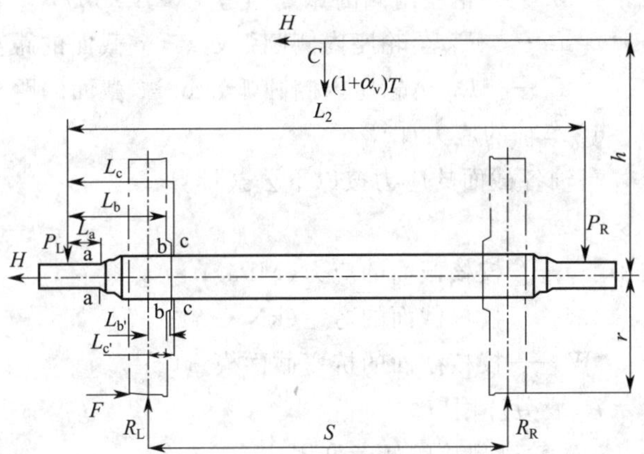

图 1-2-1　载荷及作用位置示意图

(4)横向载荷

$$H=\alpha_y\cdot T$$

式中　H——作向在一个轮对上的横向载荷,简化为作用在一侧车轴轴颈中心线上,见图 1-2-1(kN)。

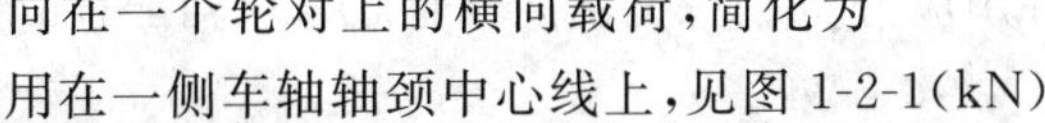

3. 作用在轴上的总载荷

(1)作用在左轴颈上的垂向总载荷

$$P_L=P_1+P_2+P_3=(1+\alpha_z)T/2+\alpha_y\cdot T\cdot h/L_2$$

式中　P_L——作用在左轴颈上的垂向总载荷(kN)。

(2)作用在右轴颈上的垂向总载荷

$$P_R=P_1+P_2+P_3=(1+\alpha_z)T/2-\alpha_y\cdot T\cdot h\cdot L_2$$

式中　P_R——作用在右轴颈上的垂向总载荷(kN)。

4. 钢轨对左、右车轮的反力

(1)横向反力

$$F=H=\alpha_y\cdot T$$

式中　F——左侧车轮的横向反力(假设右侧车轮的横向反力为零)(kN)。

(2)左侧车轮垂向反力

$$R_L=(1+\alpha_z)T/2+\alpha_y\cdot T\cdot(h+r)/S$$

式中　R_L——左侧车轮垂向反力(kN);

r——车轮半径(m);

S——轮对滚动圆之间的距离(m)。

(3)右侧车轮垂向反力

$$R_R=(1+\alpha_z)T/2-\alpha_y\cdot T\cdot(h+r)/S$$

式中　R_R——右侧车轮垂向反力(kN)。

5. 车轴的弯矩计算

对所确定的计算截面，按以下公式计算出各校核截面的弯矩：

(1)轴颈根部(a—a 截面)

$$M_a = P_L \cdot L_a$$

式中　M_a——轴颈根部的弯矩(kN·m)；

L_a——P_L 至轴颈根部 a—a 截面的距离(m)。

(2)轮座内侧边缘处（b—b 截面）

$$M_b = P_L \cdot L_b + F \cdot r - R_L \cdot L_b'$$

式中　M_b——轮座内侧边缘处的弯矩(kN·m)；

L_b——P_L 至轮座内侧边缘处 b—b 截面的距离(m)；

L_b'——R_L 至轮座内侧边缘处 b—b 截面的距离(m)。

(3)轮座内侧圆弧处(c—c 截面)

$$M_c = P_L \cdot L_c + F \cdot r - R_L \cdot L_c'$$

式中　M_b——轮座内侧圆弧处的弯矩(kN·m)；

L_c——P_L 至轮座内侧圆弧处 c—c 截面的距离(m)；

L_c'——R_L 至轮座内侧圆弧处 c—c 截面的距离(m)。

6. 车轴的应力计算

车轴各截面的应力按以下公式计算：

$$\sigma = M/W$$

式中　σ——校核截面的应力(MPa)；

M——校核截面的弯矩(kN·m)；

W——校核截面的抗弯截面模量(m^3)。

7. 疲劳许用应力

(1) 轮座部位的疲劳许用应力

轮座与车轴配合的形式不同，轮座的疲劳许用应力$[\sigma_{-1}]_G$ 也不同。轮座与车轴配合的形式见图 1-2-2。对应的轮座的疲劳许用应力$[\sigma_{-1}]_G$ 见表 1-2-2。

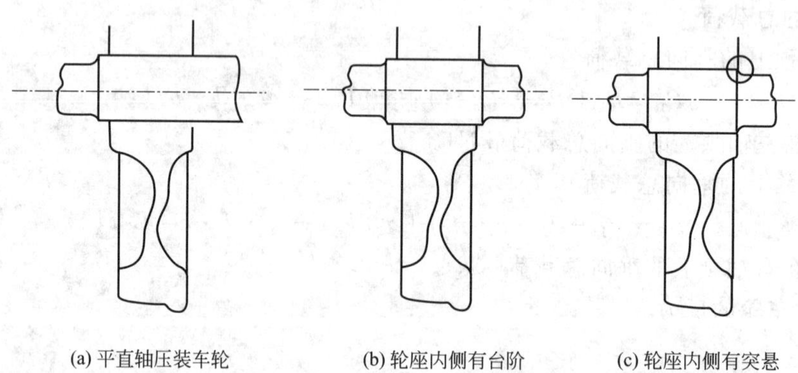

图 1-2-2　轮座与车轴配合的形式

(2)非轮座部位的疲劳许用应力$[\sigma_{-1}]_G$

①轴颈部位疲劳许用应力

装有滚动轴承时，对 LZ 钢取$[\sigma_{-1}]_G = 98.1$ MPa；对 LZW 钢取$[\sigma_{-1}]_G = 116.2$ MPa。

装有滑动轴承时，按无压配合部位选取。

②无压配合部位的疲劳许用应力

对 LZ 钢取$[\sigma_{-1}]_G = 137$ MPa；对 LZW 钢取$[\sigma_{-1}]_G = 162$ MPa。

表 1-2-2　轮座的疲劳许用应力$[\sigma_{-1}]_G$　单位：MPa

材质	图 1-2-2(a)	图 1-2-2(b)和(c)
LZ	84.6	98.1
LZW	100.2	116.2

8. 对在检修中直径允许减小的部位，应

按规程规定的最大减小量进行复验。

（二）按日本标准 JIS E 4501《铁道车辆——车轴强度设计方法》

日本标准 JIS E 4501 标准中的车轴受力图与我国标准 TB/T 2705 的类似，但附加力比例系数与我国的不同，且仅规定了轮座部位的强度计算方法。附加力比例系数见表 1-2-3。

表 1-2-3 附加力比例系数

铁路系统	适用区分	v(km/h)	α_V	α_L
系统 1	SA	200 以上 350 以下	$0.0027v$	$0.030+0.00060v$
	A	150 以上 280 以下	$0.0027v$	$0.030+0.00085v$
系统 2	A	60 以上 160 以下	$0.0027v$	$0.040+0.0012v$
		60 以下	0.16	0.11
	B	60 以上 130 以下	$0.0052v$	$0.060+0.0018v$
		60 以下	0.31	0.17

表 1-2-3 中将适用的铁路系统区分为高速铁道系统（以下称为系统 1）和既有铁道系统（以下称为系统 2）。同时，又根据车辆和线路状态加以区分。

在系统 1 中，区分 SA 为已经对最高速度 350 km/h 以下使用的车辆和线路给予特殊考虑的场合。区分 A 为车辆和线路适用最高速度 280 km/h 的场合。

在系统 2 中，区分 A 是车辆和线路状态符合最高速度 160 km/h 要求的场合。区分 B 适用于最高速度 130 km/h 以下、区分 A 以外的场合。

我国货车车辆的使用条件基本上与 JIS E 4501 系统 2 中 A 类规定相当，计算中选取垂向动荷系数 $\alpha_V=0.0027v$，水平动荷系数 $\alpha_L=0.040+0.0012v$。

对照 TB/T 2945 及 JIS E 4502 有关规定，LZW 钢的机械性能与日本规范中的第二类钢相当。JIS E 4501 规定第二类钢轮座部位疲劳许用应力 $[\sigma_{-1}]_G=103$ MPa，故对 LZW 钢进行轮座部位计算时的许用应力 $[\sigma_{-1}]_G$ 取 103 MPa。

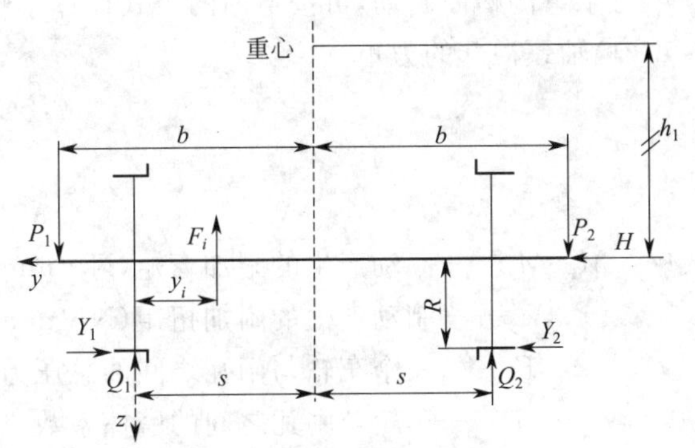

图 1-2-3 车轴受力简图

（三）按照欧洲标准 EN 13103《铁路应用——轮对和转向架——非动力车轴设计方法》

1. 计算载荷的确定

（1）车轴受力简图见图 1-2-3。

（2）图 1-2-3 中的力值计算见表 1-2-4。

表 1-2-4 力值计算

除了导向轴之外所有的车轴	$P_1=(0.625+0.075h_1/b)m_1g$
	$P_2=(0.625-0.075h_1/b)m_1g$
	$Y_1=0.3m_1g$
	$Y_2=0.15m_1g$
	$H=Y_1-Y_2=0.15m_1g$
导向轴	$P_1=(0.625+0.0875h_1/b)m_1g$
	$P_2=(0.625-0.0875h_1/b)m_1g$
	$Y_1=0.35m_1g$
	$Y_2=0.175m_1g$
	$H=Y_1-Y_2=0.175m_1g$
所有车轴	$Q_1=1/(2s)(\{[P_1(b+s)-P_2(b-s)+(Y_1-Y_2)R]-F_i(2s-y_i)\}$
	$Q_2=1/(2s)(\{[P_1(b+s)-P_2(b-s)+(Y_1-Y_2)R]-F_iy_i]\}$

表中 P_1——作用在大载荷轴颈上的垂直力（N）；

P_2——作用在小载荷轴颈上的垂直力（N）；

Y_1——增载侧车轮受轨道的横向反力（N）；

Y_2——减载侧车轮受轨道的横向反力（N）；

m_1——作用在轴颈上的质量，等于车辆轴重减轮对质量（kg）；

g——重力加速度（m/s^2）；

II——车轴所受横向力（平衡 Y_1 和 Y_2 的力）（N）；

Q_1——位于大载荷轴颈端车轮上的垂直反作用力（N）；

Q_2——位于小载荷轴颈端车轮上的垂直反作用力(N)；

F_i——位于两车轮间的簧下部分(制动盘、齿轮等)质量施加力(N)；

h_1——载荷中心到车轴中心线的高度(mm)；

$2b$——车轴载荷作用点的距离(mm)；

$2s$——车轮滚动圆间距离(mm)；

R——车轮滚动圆名义半径(mm)；

y_i——车轮滚动圆和力 F_i 之间的距离(mm)。

2. 各截面因载荷引起的弯矩

对于单侧踏面制动，可按下面的公式计算车轴各截面因载荷引起的弯矩。

(1)轴颈根部的弯矩

$$M_x = P_1 y$$

式中 M_x——质量 m_1 产生的弯距(N·mm)；

y——计算截面距 P_1 的距离(mm)。

(2)轮座内侧的弯矩

$$M_x = P_1 y - Q_1(y - b + s) + Y_1 R$$

3. 各截面因制动引起的附加弯扭矩

对于单侧踏面制动，可按下面的公式计算车轴各截面因制动引起的附加弯扭矩。

(1)轴颈根部的力矩

$$M'_x = F_f \Gamma y$$

$$M'_y = 0$$

$$M'_z = F_f(1 + \Gamma) y$$

式中 M'_x、M'_z——制动产生的附加弯矩(N·mm)；

M'_y——制动产生的附加扭矩(N·mm)；

F_f——一个车轮与闸瓦之间的总压力(N)；

Γ——车轮与闸瓦之间的摩擦系数。

(2)轮座内侧的力矩

$$M'_x = F_f \Gamma (b - s)$$

$$M'_y = 0.3 P' R$$

$$M'_z = F_f(1 + \Gamma)(b - s)$$

4. 各截面的合成力矩

$$M_R = (M_x^2 + M_y^2 + M_z^2)^{1/2}$$

$$M_x = M_x + \sum M'_x$$

$$M_y = \sum M'_y$$

$$M_z = \sum M'_z$$

式中 M_R——合成力距(N·mm)；

M_x、M_z——合成弯距(N·mm)；

M_y——合成扭距(N·mm)。

5. 确定轴的各个部分几何特征尺寸

(1)各截面的应力

对于实心车轴(见图 1-2-4a)：$\sigma = K \cdot M_R / W = K \times 32 \times M_R / (\pi \cdot d^3)$

对于空心车轴(见图 1-2-4b)：

在外表面：$\sigma = K \cdot M_R / W = K \times 32 \times M_R \cdot d / [\pi \cdot (d^4 - d'^4)]$

在内孔：$\sigma = K \cdot M_R / W = K \times 32 \times M_R \cdot d' / [\pi \cdot (d^4 - d'^4)]$

式中 W——截面抗弯模量，$W = \pi d^3 / 32(m^3)$；

d——车轴截面直径(mm)；

d'——内孔直径(mm)；

K——疲劳应力集中系数，在圆柱形的实心轴表面和空心轴内、外表面上，应力集中系数 K 等于 1。然而，截面的每一个变化都会产生一个应力增量，为了计算应力增量，应力集中系数 K 可在图 1-2-5 和图 1-2-6 中查到，它是通过 r/d、D/d 的两个比值来获得。当车轮或制动盘被压装在轴座上时，轴的直径 D 就假定为等于轮毂的直径。

其中 r——过渡圆弧半径(mm)；

d——计算应力集中的圆柱部分直径(mm)；

D——其他圆柱部分直径(mm)。

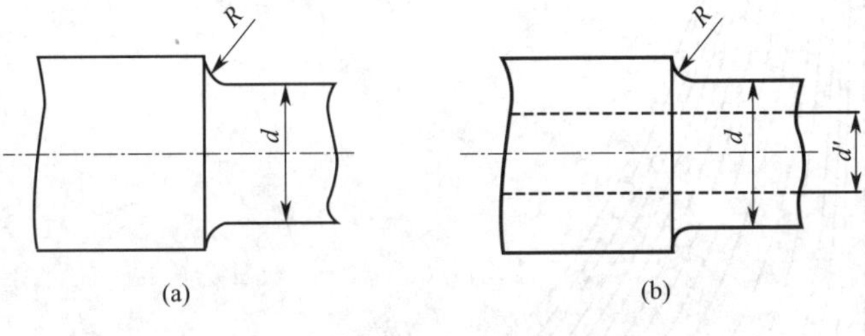

图 1-2-4

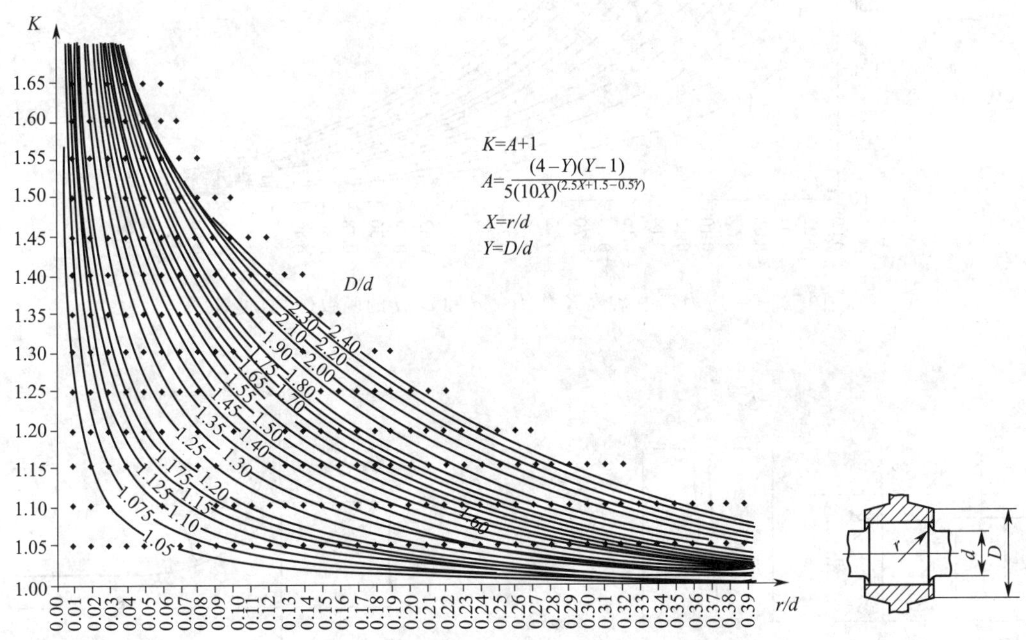

图 1-2-5 应力集中系数 K 作为 r/d 和 D/d 的函数

(2)确定轴颈和轴身直径

在选择轴颈和轴身直径时，首先参考与其相连接部件的尺寸。

对于实心车轴：$\sigma=K\cdot M_R/W=K\times32\times M_R/(\pi\cdot d^3)$

对于空心车轴：$\sigma=K\cdot M_R/W=K\times32\times M_R\cdot d/[\pi\cdot(d^4-d'^4)]$

(3)根据轴颈或轴身直径确定各截面的直径

①防尘板座直径

防尘板座直径(d_2)一般应比轴颈直径(d_1)大 30 mm，在轴颈和防尘板座间用圆弧过渡，见图 1-2-7。

②防尘板座和轮座间的过渡

防尘板座和轮座间一般用 $R25$ mm 的圆弧过渡，如果在这个过渡处为了得到较小的应力值可以采用更大的圆弧半径。

③轮座

达到检修极限时轮座与轴身的直径比不能小于 1.12。在新造状态下，轮座与轴身的直径比推荐值为不

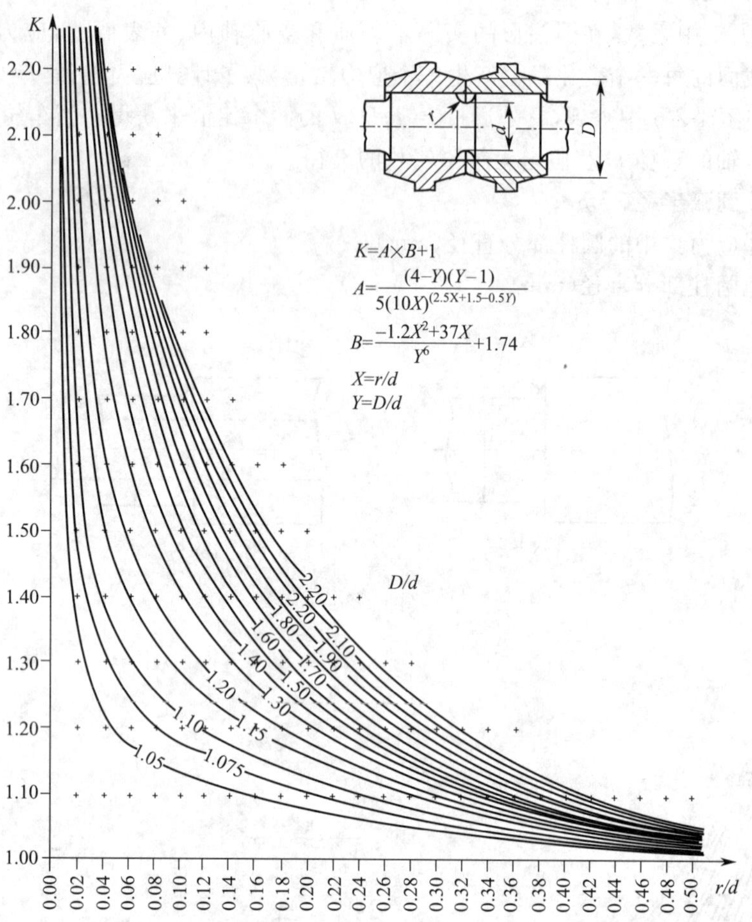

图 1-2-6　应力集中系数 K 作为 r/d 和 D/d 的函数(凹槽底部)

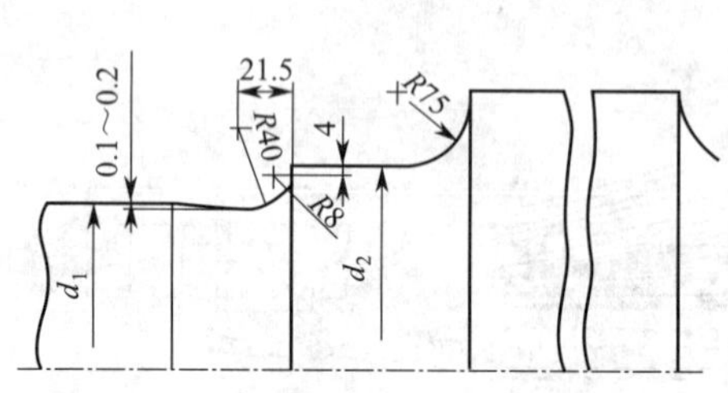

图 1-2-7　轴颈和防尘板座间的圆弧过渡

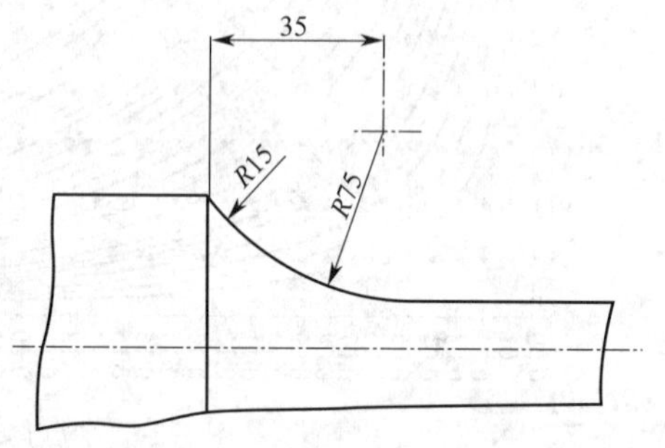

图 1-2-8　轴身和轮座间的过渡圆弧

小于 1.15。

④轮座和轴身的过渡

在轴身和轮座间，为了降低 K 值，推荐在轴身侧的过渡圆弧半径值至少为 75 mm。为保持检修中车轮相对于轮座的突悬，在轮座和 $R75$ mm 圆弧间又增加了 $R15$ mm 的圆弧，见图 1-2-8。

6. 许用应力

许用应力由车轴的疲劳极限除以安全系数"S"，车轴各部位的疲劳极限是不同的。A1N 钢在 EN13260 和 EN13261 标准中规定的疲劳极限和在 EN13103 标准中规定的最大许用应力见表 1-2-5。

我国 LZW 钢的性能与 A1N 基本相当，故最大许用应力取与 A1N 钢相同。

随着计算机的发展，基于弹性力学的有限元分析已广泛用于设计计算。近来，杂志上曾介绍用有限元计算车轴的事例，但国内外都没有将其上升为标准。因而目前车轴设计一般不采用有限元方法。

表 1-2-5 A1N 钢

单位:MPa

轴型		非压入配合	压入配合	轴颈处压入配合	轴的内腔表面
实心轴	疲劳极限	200	120	—	—
	许用应力	166	100	—	—
空心轴	疲劳极限	200	110(除了轴颈处)	94	80
	许用应力	166	92	78	67

第二节 车轴形式和基本尺寸

一、车轴形式

车轴形式见图 1-2-9。

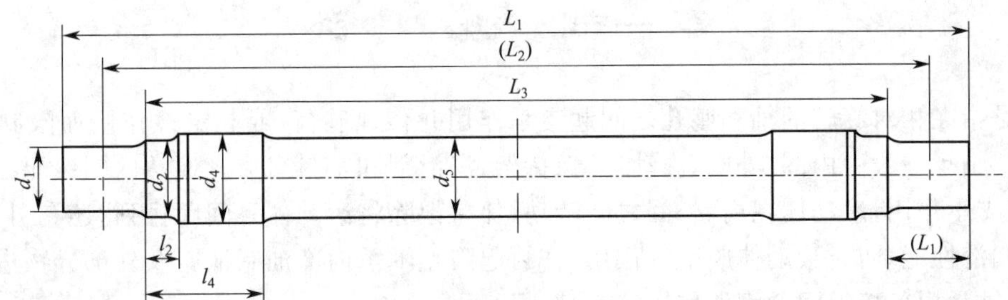

图 1-2-9 车轴形式

二、车轴基本尺寸

车轴基本尺寸见表 1-2-6。

表 1-2-6 车轴基本尺寸

车轴型号	尺寸(mm)										计算重量(kg)
	d_1	d_2	d_4	d_5	L_1	(L_2)	L_3	(l_1)	l_2	l_4	
RE_{2B}	$150^{+0.068}_{+0.043}$	$180^{+0.085}_{+0.058}$	210^{+1}_{-2}	184^{+2}_{0}	$2\ 181^{+1}_{0}$	1 981	1761±1	210	83	266.5	451
RE_{2A}	$150^{+0.068}_{+0.043}$	$180^{+0.085}_{+0.058}$	210^{+1}_{-2}	184^{+2}_{0}	$2\ 191^{+1}_{0}$	1 981	1 731±1	230	68	251.5	451
RE_2	$150^{+0.068}_{+0.043}$	$180^{+0.085}_{+0.058}$	206^{+1}_{-2}	184^{+2}_{0}	$2\ 166^{+1}_{0}$	1 956	1 686±1	240	48	229	440
RD_2	$130^{+0.052}_{+0.025}$	$165^{+0.085}_{+0.058}$	194^{+1}_{-2}	174^{+2}_{0}	$2\ 146^{+1}_{0}$	1 956	1 706±1	220	53	239	380
RD_{2Y}	$130^{+0.068}_{+0.043}$	$165^{+0.20}_{+0.12}$	194^{+1}_{-2}	174^{+2}_{0}	$2\ 146^{+1}_{0}$	1 956	1 706±1	220	53	239	380
RB_2	$100^{+0.045}_{+0.023}$	$127^{+0.085}_{+0.058}$	155^{+1}_{-2}	138^{+2}_{0}	$2\ 062^{+1}_{0}$	1 905	1 688±1	187	44	230	232
RD_3	$130^{+0.068}_{+0.043}$	$165^{+0.20}_{+0.12}$	194^{+1}_{-2}	174^{+2}_{0}	$2\ 146^{+0.5}_{0}$	1 956	1 756±0.5	195	78	264	383

第三章
轴　承

第一节　概　　述

轴承功能是指在相对旋转的轴和座孔之间起支承作用并传递载荷，或起定位作用而限制轴和座孔间的轴向相对位移。轴承一般由内圈、外圈、滚动体、保持架、润滑剂和密封组成。通常内圈装配在轴上并与轴一起旋转；外圈起支承作用；滚动体在内、外圈之间转动，保持架除将滚动体等间距排列，还有引导滚动体运动，改善轴承内部润滑性能，防止滚动体脱落等作用；密封起防止轴承内部油脂泄露及外部异物进入轴承内部的作用；油脂保证轴承内各接触间的润滑作用，减少磨损。

一、轴承的种类

轴承的种类基本可按表 1-3-1 划分。

表 1-3-1　轴承的种类

<table>
<tr><th colspan="2">种类</th><th>润滑机理</th><th>传递负荷的中介物</th><th>类别</th></tr>
<tr><td colspan="2" rowspan="2">滚动轴承</td><td rowspan="2">弹性流体润滑</td><td rowspan="2">油、脂、固体、滚动体</td><td>球轴承</td></tr>
<tr><td>滚子轴承</td></tr>
<tr><td rowspan="7">滑动轴承</td><td>自润滑轴承</td><td>自体边界润滑</td><td>油、脂、固体</td><td>含油轴承
塑料轴承
固体润滑轴承</td></tr>
<tr><td rowspan="6">流体轴承</td><td rowspan="2">流体动压轴承</td><td>油、脂</td><td>液体动压轴承</td></tr>
<tr><td>气体</td><td>气体动压轴承</td></tr>
<tr><td rowspan="2">流体静压轴承</td><td>油</td><td>液体静压轴承</td></tr>
<tr><td>气体</td><td>气体静压轴承</td></tr>
<tr><td rowspan="2">流体动压与静压轴承</td><td>油</td><td>液体动静压轴承</td></tr>
<tr><td>气体</td><td>气体动静压轴承</td></tr>
<tr><td colspan="2">磁力轴承</td><td>电磁力</td><td>—</td><td>—</td></tr>
</table>

滚动轴承是广泛应用的机械基础件，世界主要工业国都已大批量专业化生产，因此滚动轴承的标准化、系列化、通用化在国际上已逐步完善、统一。随着科学技术的飞速发展，滚动轴承的设计应用理论、制造水平、材料科学也在不断的更新与发展。

随着空间技术的发展，虽然许多其他类型的轴承已经开始得到应用，但仅适用于某种特定的场合。而滚动轴承的应用范围不会受到其他类型轴承那样的限制，也就是说和其他类型轴承相比，滚动轴承具有下列几方面的特殊优点：

1. 滚动轴承摩擦力矩远低于普通流体动压轴承，因此摩擦损耗即热量损耗很低。
2. 滚动轴承的起动摩擦（静摩擦）力矩仅略高于它的旋转摩擦（动摩擦）力矩。

3. 滚动轴承对载荷变化的敏感性小于普通流体动压轴承。
4. 滚动轴承仅需要少量的润滑剂便能正常运转。某些滚动轴承还具有长寿命润滑功能。
5. 滚动轴承的轴向尺寸小于流体动压轴承。
6. 一定范围内,载荷、速度和工作温度的改变并不明显影响良好的滚动轴承性能。
7. 所设计的大多数滚动轴承能同时承受径向和轴向联合载荷。
8. 对于给定的滚动轴承,在很大的载荷和速度范围内都具有良好的性能。

二、滚动轴承结构类型分类

滚动轴承的种类繁多,在我国国家标准中基本分为:

(一)按其所能承受的载荷方向或公称接触角的不同,分为:

1. 向心轴承——主要用于承受径向载荷的滚动轴承,其公称接触角从0°到45°。按公称接触角不同又分为:

(1)径向接触轴承——公称接触角0°的向心轴承;

(2)角接触向心轴承——公称接触角大于0°到45°的向心轴承。

2. 推力轴承——主要用于承受轴向载荷的滚动轴承,其公称接触角大于45°到90°。按公称接触角不同,又分为:

(1)轴向接触轴承——公称接触角90°的推力轴承;

(2)角接触推力轴承——公称接触角大于45°但小于90°的推力轴承。

(二)按其滚动体的种类,分为:

1. 球轴承——滚动体为球;

2. 滚子轴承——滚动体为滚子。

滚子轴承按滚子种类,又分为:

(1)圆柱滚子轴承——滚动体是圆柱滚子的轴承;

(2)滚针轴承——滚动体是滚针的轴承;

(3)圆锥滚子轴承——滚动体是圆锥滚子的轴承;

(4)调心滚子轴承——滚动体是球面滚子的轴承。

(三)按其能否调心,分为:

1. 调心轴承——滚道是球面形的,能适应两滚道轴心线间的角偏差及角运动的轴承;

2. 非调心轴承(刚性轴承)——能阻抗滚道间轴心线角偏移的轴承。

(四)按滚动体的列数,分为:

1. 单列轴承——具有一列滚动体的轴承;

2. 双列轴承——具有两列滚动体的轴承;

3. 多双列轴承——具有多于两列的滚动体并承受同一方向载荷的轴承。如:三列、四列轴承。

(五)按其部件能否分离,分为:

1. 可分离轴承——具有可分离部件的轴承;

2. 不可分离轴承——轴承在最终配套后,套圈均不能任意自由分离的轴承。

(六)按其结构形式可分为多种结构类型。

滚动轴承结构类型分类结构见图1-3-1。

三、滚动轴承尺寸大小分类

按其外径尺寸大小,分为:

1. 微型轴承——公称外径尺寸范围为26 mm以下的轴承;

2. 小型轴承——公称外径尺寸范围为28～55 mm的轴承;

3. 中小型轴承——公称外径尺寸范围为60～115 mm的轴承;

4. 中大型轴承——公称外径尺寸范围为120～190 mm的轴承;

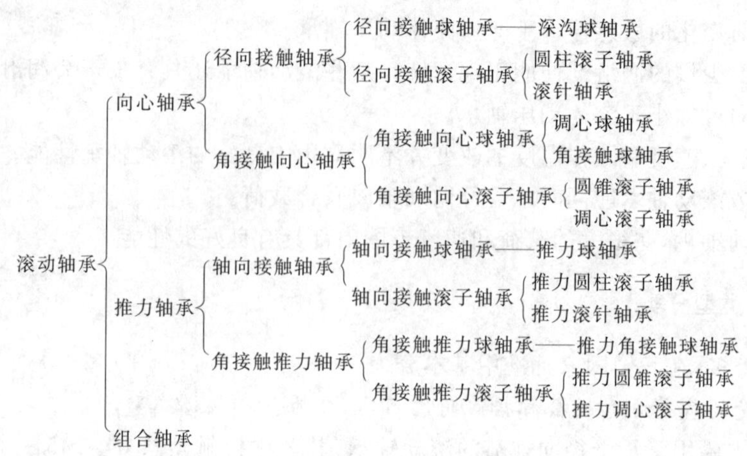

图 1-3-1 滚动轴承结构类型分类结构

5. 大型轴承——公称外径尺寸范围为 200～430 mm 的轴承；

6. 特大型轴承——公称外径尺寸范围为 440 mm 以上的轴承。

第二节 轴承结构设计

轴承在设计中要考虑工作条件如载荷、转速、安装空间、环境条件、轴和相关配合件的刚度；使用的技术要求如寿命、精度、噪声、摩擦和工作温度、润滑、维护、安装和拆卸。一般情况下，滚动轴承的设计可按下列步骤进行：

一、选择轴承类型

主要根据载荷的种类、方向和大小选择轴承的类型。我国铁路货车轴承既要承受径向力，又要承受轴向力，选用的轴承是双列圆锥滚子轴承。

二、计算额定动载荷 C_r

(一)额定动载荷 C_r 的定义

在内圈旋转、外圈静止的条件下，一套滚动轴承所能承受的恒定的径向载荷为额定动载荷。在该载荷作用下，90%的轴承寿命能够达到或超过 100 万转。

(二)计　算

由实际载荷计算出当量动载荷，再根据轴承要求的寿命计算出所需的额定动载荷 C_r 值。

$$C_r = b_m f_c (iL_{we}\cos\alpha)^{7/9} Z^{3/4} D_{we}{}^{29/27}$$

式中 C_r——径向额定动载荷(kN)；

b_m——当代常用高质量淬硬轴承钢和良好加工方法的额定系数，与轴承类型和不同设计有关；

f_c——与轴承零件几何形状、制造精度及材料有关的系数；

i——滚子列数；

L_{we}——滚子有效接触长度(mm)；

α——公称接触角；

Z——每列滚子个数；

D_{we}——滚子平均直径(mm)。

三、选择轴承尺寸

根据标准、样本或类比查出相近的轴承型号，并可根据需要对外径或宽度进行调整。

(一)内部基本尺寸和精度

根据轴承外形尺寸，输入边界条件，按照程序计算轴承外圈滚道直径，内圈滚道直径和滚道宽度，滚子大小端直径和长度，保持架相关尺寸；根据轴承使用条件确定各部位的精度，并由标准查出相关数值。

（二）内圈大挡边与滚子球基面的接触位置

为保证内圈大挡边与滚子端面间有良好的润滑状态及运转稳定性，内圈大挡边设计成锥挡边，滚子端面设计成球基面，其接触点基本上位于内圈大挡边的中部。

（三）内圈滚道、外圈滚道和滚子素线凸度

滚子素线与内外圈滚道接触时产生边缘应力效应，承受重载荷、偏载或轴向力尤其突出，见图 1-3-2。为缓解接触边缘应力效应，延长轴承使用寿命，内外圈滚道和滚子素线一般都设计有凸度量。

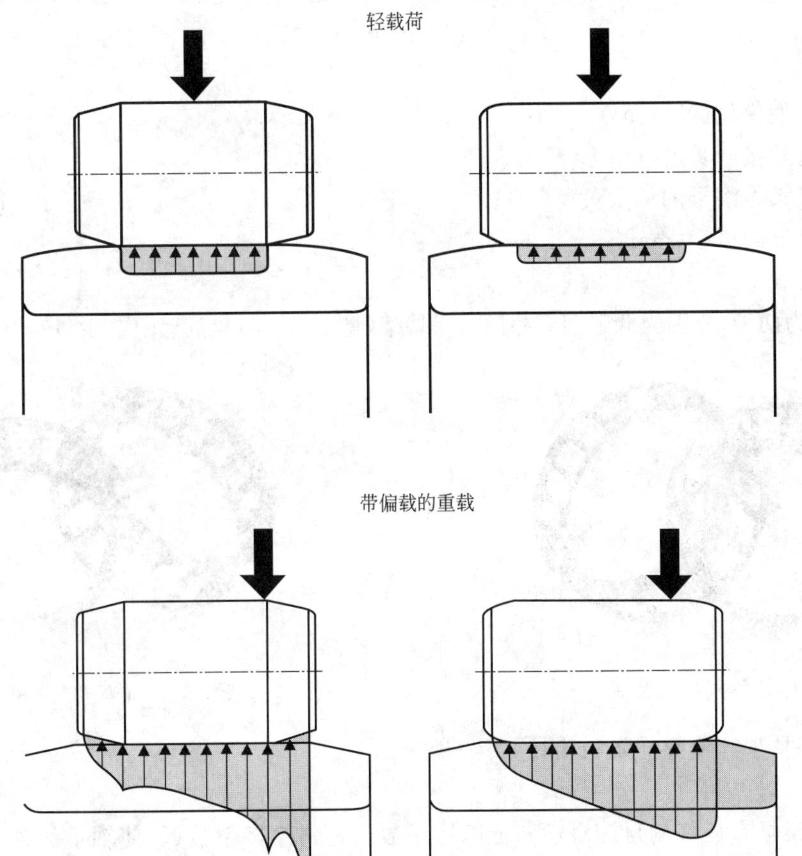

图 1-3-2　滚子的边缘应力效应

1. 内圈滚道凸度

内圈滚道凸度一般设计成圆弧全凸度，凸度值一般为 0.003～0.006 mm。通过该凸度值及滚道长度计算出圆弧的半径。

2. 外圈滚道凸度

外圈滚道凸度若设计成全凸度也是比较好的，但考虑加工设备的适应性，一般不设计成全凸度，而是规定了滚道直线度的要求，一般直线度要求为 0～0.005 mm。

3. 滚子素线对数曲线

根据 lundberg 理论，滚子素线各点的凸度值按对数曲线方程（$x \neq L_{we}/2$ 时）计算：

$$Y=2\cdot\frac{(1-\nu^2)}{\pi E}\cdot\frac{W}{L_{we}}\cdot\ln\frac{1}{1-(2x/L_{we})^2}\quad(\text{mm})$$

式中　ν——材料泊松比，$\nu=0.3$；

E——材料弹性模量（N/mm^2）；

L_{we}——滚子有效接触长度(mm)；

W——承受最大力滚子的最大负荷(N)；

x——滚子素线距中心的距离(mm)。

4. 滚子素线对数曲线全凸度

根据 ZYB9 滚动轴承设计主导文件——圆锥滚子轴承设计方法，滚子对数曲线最大凸度($x=L_{we}/2$ 时)采用如下方程：

$$Y=2\frac{(1-\nu^2)}{\pi\cdot E}\cdot\frac{W}{L_{we}}\left(1.1932+\ln\frac{L_{we}}{2a}\right)\quad(\text{mm})$$

$$a=2\times[2W\cdot(1-\nu^2)/(\pi\cdot E\cdot R\cdot L_{we})]^{1/2}$$

$$R=2\times D_{pw}/[(D_{pw}-D_{we})\cdot D_{we}]$$

$$D_{pw}=D_{we}[\sin(\alpha-\psi)/\text{tg}\psi]$$

式中 ν——材料泊松比，$\nu=0.3$；

E——材料弹性模量(N/mm^2)；

L_{we}——滚子有效接触长度(mm)；

W——承受最大力滚子的最大负荷(N)；

D_{pw}——滚子组节圆直径(mm)。

5. 选择保持架

保持架基本分为两种，分别为低碳钢板冲压的保持架(见图 1-3-3)和工程塑料注塑的保持架(见图 1-3-4)。

图 1-3-3 钢板冲压保持架

图 1-3-4 工程塑料注塑保持架

(1)工程塑料保持架与钢保持架的比较

①自润滑性

工程塑料保持架具有良好的自润滑性和低摩擦系数。材料摩擦系数低，使轴承组件间保持极低的摩擦力，轴承发热和磨损保持最低水平；塑料的自润滑性使轴承在缺乏润滑剂的条件下，保持架也具有优异的运转性能，使轴承能继续工作一段时间也不会卡死，解决了钢保持架裂损引发的短时间热切轴问题。

②轻量化、高速化

塑料的低密度决定了工程塑料保持架与钢保持架相比是非常轻的，使工程塑料保持架与钢保持架相比具有低惯性，有利于提高轴承高速运转性能。

③耐磨耗性

工程塑料保持架由于不会产生促进润滑脂老化的钢铁磨耗粉末，可提高润滑脂寿命，有利于长期免维修。

④提高疲劳强度

铁道车辆用轴承保持架的破损多数是由于振动冲击引起的，由于工程塑料保持架具有足够的强度、良好的耐冲击性，因此可以提高其使用过程中的疲劳强度。

⑤安全性

工程塑料保持架采用精密注塑模具通过注塑机一次成型，制造精度高，可以避免轴承运用中出现的旋转单向性问题，并具有应急安全性的特点，可以在轴承异常温度升高情况下，延长轴承从发热到热切的时间，能够有效的延缓切轴事故的发生。

⑥使用温度

工程塑料保持架的使用温度范围小于钢保持架的温度范围，不适合在温度较高或较低的场合使用。

(2)由于工程塑料保持架的优越性,我国铁路货车轴承已全部淘汰钢保持架,全部采用工程塑料保持架。

四、检查额定静载荷 C_{or}

(一)额定静载荷 C_{or} 的定义

轴承静止时的载荷能力,由允许的永久变形量决定。经验表明,轴承在大多数应用场合,最大载荷滚动体和滚道接触中心处可以允许有滚动体直径 0.000 1 倍的总永久变形量,而不至于对轴承以后的运转产生有害影响,将引起如此大小永久变形量的当量静载荷规定为轴承的额定静载荷。

(二)计 算

根据轴承结构和尺寸计算出额定静载荷 C_{or} 值,检查额定静载荷是否大于当量静载荷。

$$C_{or}=44(1-D_{we}\cdot\cos\alpha/D_{pw})iZL_{we}D_{we}\cos\alpha$$

式中 C_{or}——额定静载荷(kN);

D_{we}——滚子平均直径(mm);

D_{pw}——滚子组节圆直径(mm);

i——滚子列数;

L_{we}——滚子有效接触长度(mm);

α——公称接触角;

Z——每列滚子个数。

五、检查极限转速 n_j

(一)极限转速 n_j 的定义

轴承在一定载荷、润滑条件下允许的最高转速。

轴承的工作转速一般低于轴承的极限转速。

(二)计 算

由于与轴承类型、尺寸和精度、载荷大小和方向、润滑剂种类、润滑方式和润滑剂数量、游隙、保持架结构及冷却方式等因素有关,不可能有精确的计算方法来确定各类轴承的极限转速,只能根据使用经验和试验结果提出计算极限转速的经验公式。

在当量动载荷 $P<0.1C_r$(C_r 为轴承额定动载荷),润滑和冷却条件正常,向心轴承仅承受径向载荷,精度等级为 P_0 级时,轴承的极限转速可近似表达为:

$$n_j=f_1A/D_m$$

式中 n_j——极限转速(r/min);

D_m——轴承平均直径(mm);

$$D_m=0.5(d+D)$$

d——内径(mm);

D——外径(mm);

f_1——尺寸系数,可以从图 1-3-5 中根据 D_m 值查出;

A——结构系数,可以根据轴承类型、润滑剂及润滑方式查出,双列圆锥滚子轴承在锂基脂润滑条件下,A=200 000~220 000。

(三)极限转速的影响因素

1. 载荷大小

当轴承在 $P>0.1C_r$ 当量动载荷下运转时,滚动体与滚道接触面的接触应力增大、温度升高,将影响润滑性能,因此极限转速需乘以降低系数 f_2,可以根据图 1-3-6 中 C/P 值查出。

2. 载荷种类及方向

如果向心轴承同时承受径向与轴向负荷的联合作用,由于承受载荷的滚动体数增加,摩擦发热增大,因此极限转速需乘以降低系数 f_3,可以根据图 1-3-7 中 F_a/F_r 值查出。

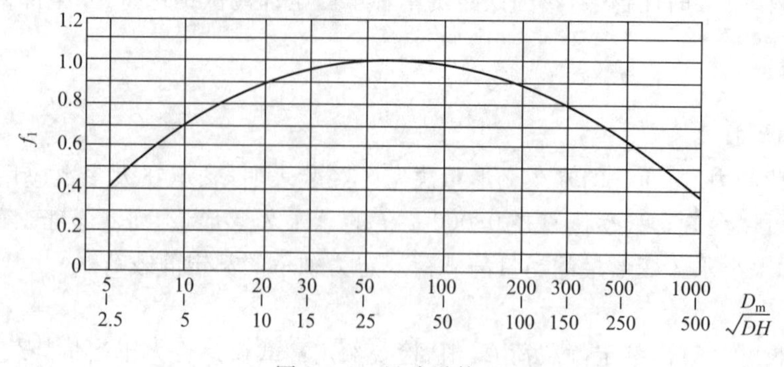

图 1-3-5 尺寸系数 f_1

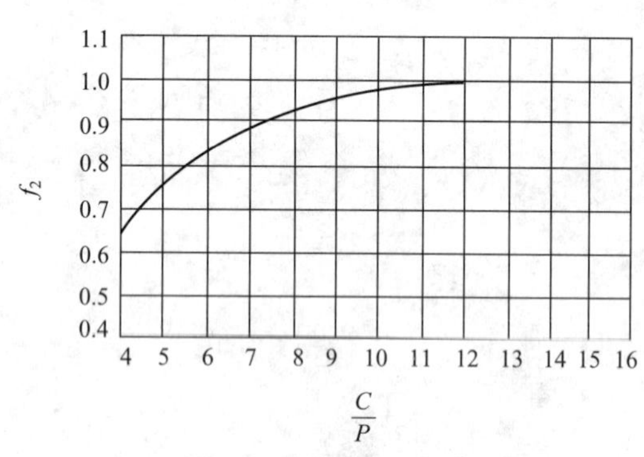

图 1-3-6 降低系数 f_2

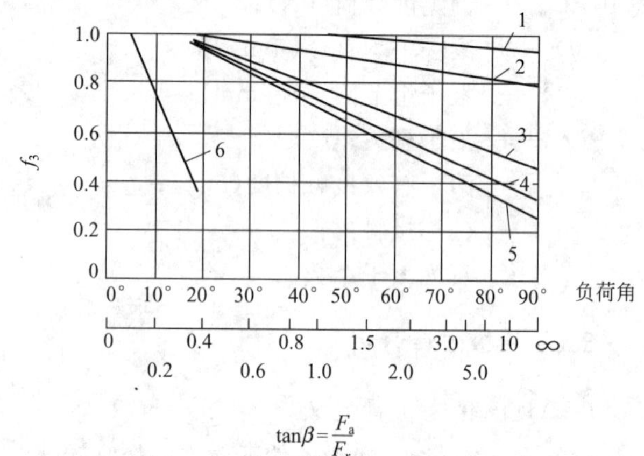

图 1-3-7 降低系数 f_3

1—角接触球轴承；2—深沟球轴承；3—圆锥滚子轴承；4—调心球轴承；5—调心滚子轴承；6—圆柱滚子轴承

3. 精度等级

上述计算结果是在精度等级为 P0 级得出的，如果提高精度等级，可提高轴承的极限转速。

4. 润滑剂和润滑方式

上述计算结果是在锂基脂润滑条件得出的，如果采用其他润滑剂和润滑方式，也可改变轴承的极限转速。

六、选择轴承游隙

游隙是滚动轴承的重要质量指标，其大小对轴承的载荷分布、振动、噪声及寿命有相当大的影响。在选择时应考虑轴承内圈与轴的配合、轴承外圈与轴箱（承载鞍）的配合、载荷及工作温度引起原始游隙的变化。

JB/T 8236《滚动轴承 双列和四列圆锥滚子轴承游隙及调整方法》标准中，滚动轴承径向游隙共分 1、2、0、3、4、5 组，游隙值依次由小到大。其中 0 组为标准游隙，适用一般工作条件，应优先选用；1、2 组游隙适用于旋转精度要求高或严格控制轴向位移的场合；3、4、5 组适用于轴承与轴配合过盈量较大或内外圈温差较大的场合。游隙过大会使轴承受力的滚子数量减少，大大降低轴承的实际寿命；游隙过小易在温度等影响条件下被卡死。对于滚子轴承，应保持少量的工作游隙。一般来说，轴承最小径向游隙的确定应考虑以下几个主要因素：

（一）配合过盈量的影响

由于轴承内圈与轴颈配合使内圈向外膨胀，造成径向游隙减小；外圈与承载鞍无全周配合，可不考虑对游隙的影响。可近似由下式计算：

$$\Delta d=\Delta[d/(d+3)]\cdot d/d_i$$

式中 Δd——由过盈量引起的内圈滚道直径扩张量(mm)；

Δ——内圈内径与车轴轴颈直径配合过盈量(mm)；

d——内圈内径(mm)；

d_i——内圈外径(mm)。

(二)工作温度的影响

由于内外圈温度差的影响，造成径向游隙减小。可近似由下式计算：

$$\Delta T=\alpha[d_i(T_i-T)+D_{we}(T_i+T_0)-D(T_0-T)]$$

式中 ΔT——由温度差引起的径向游隙减小量(mm)；

α——材料线性膨胀系数(1/℃)；

T_i——内圈温度(℃)；

T_0——外圈温度(℃)；

T——环境温度(℃)；

D_{we}——滚子平均直径(mm)；

d_i——内圈外径(mm)；

D——外圈外径(mm)。

(三)内外圈滚道几何形状的影响

内外圈滚道的直径变动量也可以造成径向游隙减小，可近似由下式计算：

$$\Delta V=(V_{Dep}+V_{dip})/2$$

式中 ΔV——由内外圈滚道直径变动量引起的径向游隙减小量(mm)；

V_{Dep}——外圈单一径向平面内滚道直径变动量(mm)；

V_{dep}——内圈单一径向平面内滚道直径变动量(mm)。

七、选择轴承预紧或压紧

为降低轴承振动、噪声或防止轴承内圈移动，可对轴承进行预紧或压紧。

八、选择轴承精度等级

轴承基本等级分为P0、P6、P5、P4和P2。一般情况下，优先选择普通级轴承，也可根据需要选择高精度级的轴承。

九、选择润滑剂

轴承润滑剂的选择主要取决于轴承运用中的载荷(径向和轴向)、转速、温度，以及外部环境条件。针对我国铁道货车滚动轴承的使用条件，润滑剂选用脂润滑脂，并满足以下的基本要求。

1. 良好润滑性能，减少轴承摩擦磨损，确保轴承正常使用寿命。
2. 良好机械安定性，润滑脂在使用时受到机械剪切作用和在冲击振动负荷下，稠度不会明显变化，不变稀流失，满足货车运行速度的使用要求。
3. 良好的胶体安定性，在受热和受压力条件下，润滑脂保持稳定的胶体结构和一定的分油。
4. 良好的防锈性，防止轴承因潮湿环境和轴承冷凝结水而产生腐蚀。
5. 良好的抗氧化性能，延长润滑脂的使用寿命，满足货车运行里程使用要求。
6. 良好的高温使用性能，在高温条件下，保持轴承接触面具有一定油膜厚度。
7. 良好的低温性能，在低温条件下，不影响铁道车辆的正常启动和运行。
8. 良好的密封橡胶相容性，使用周期内，橡胶体积、硬度、黏结强度不发生明显变化。
9. 良好的抗水性能，润滑脂在遇水或潮湿的环境中使用，不能有明显的乳化现象，保持良好的润滑性能。
10. 不含对环境有害的物质和对轴承性能有影响的机械杂质。

十、选择密封形式

密封要具有防止轴承内部润滑剂泄露及外部异物进入轴承内部，防止密封罩松动、油封脱落，耐磨、耐老化、寿命长，密封性能良好、稳定可靠的特性。

（一）接触式密封

接触式密封的密封原理从油膜润滑理论到边界润滑理论，目前比较公认的是交替润滑理论，即唇口与密封座接触表面既有干接触，又有边界润滑和油膜润滑，三者交替存在。我国铁路货车滚动轴承上开始使用的是接触式密封，靠油封主副唇口与密封座间产生过盈配合而达到接触密封的目的，见图 1-3-8。该密封结构在使用中暴露出一些问题：由于密封唇口与密封座过盈配合，在旋转时因摩擦造成轴承运转温度过高，油封唇口老化。因弹性降低，又加快了油封唇口磨耗。虽然弹簧产生抱紧力，但密封效果仍会下降，造成轴承内部的油脂泄露，外部异物会进入轴承内部，导致轴承产生早期故障。除 197720 型轴承仍使用外，其他轴承已不再使用。

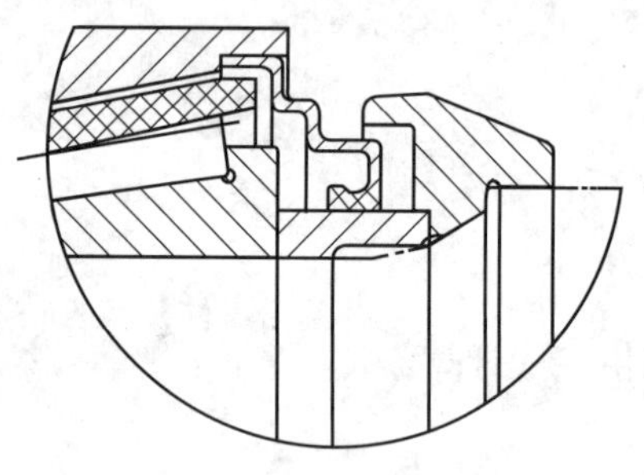

图 1-3-8　接触式密封结构

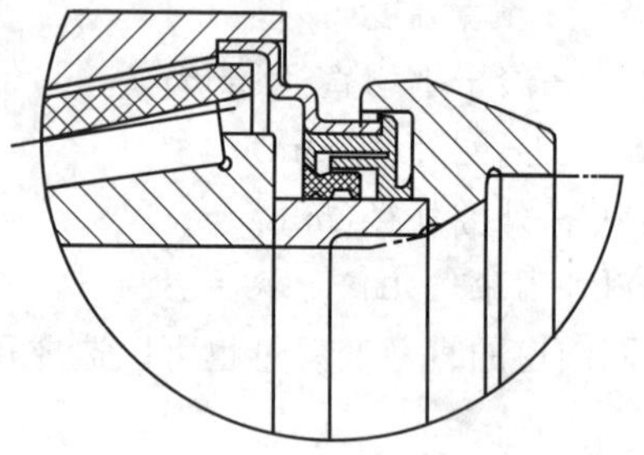

图 1-3-9　橡胶分体迷宫式密封

（二）迷宫式密封

迷宫式密封装置原理是增加轴向、径向通道，改变流动方向及扩大空间，使被密封的油脂或外部异物通过小间隙、长流程、多曲路、多气室时增大流动阻力和能量消耗，从而达到双向密封的作用。该密封结构转矩小、低摩擦，温升比较低，密封性能稳定。

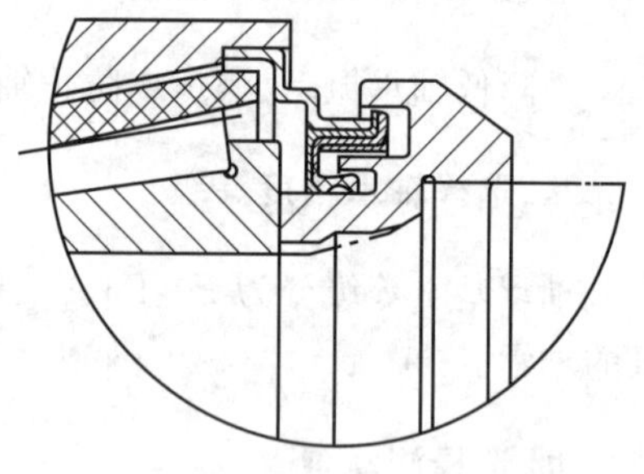

图 1-3-10　橡胶与金属分体迷宫式密封

1. 分体迷宫式密封

(1)橡胶分体迷宫式密封

由带金属骨架的内油封与外油封组成，内油封与外油封以过盈配合分别压装在密封座和密封罩上，见图 1-3-9；1997 年 1 月在 197726 型轴承上使用，随后在 352226X2-2RZ 型及 353130X2-2RZ 型轴承上使用。

(2)橡胶与金属分体迷宫式密封

由压装在密封罩上的橡胶件和前盖、后挡组成混合迷宫密封装置，见图 1-3-10。2005 年 7 月在 353130A 型轴承上使用。

2. 组合迷宫式密封

(1)LL 密封

LL 密封为迷宫唇式密封，其结构形式是橡胶直接硫化在密封罩并压装在相对静止的轴承外圈上，与压装在轴承内圈大挡边外径（或密封座）上的金属冲压件组成密封，见图 1-3-11。2005 年 10 月在 SKF197726 型及 SKF 353130-2RS 型轴承上使用，2006 年在 353130B 型轴承上使用。

(2)HDL 型密封

HDL 型密封为迷宫唇式密封结构，其结构型式是低转矩的橡胶直接硫化在密封罩并压装在相对静止的轴承外圈上，与压装在密封座上的金属冲压件组成密封，密封在唇口有特殊的泵压结构设计，把唇口特别设计成一定角度的斜面，可以将油脂返回到储油区及油封的唇边，减少油脂的泄漏。见图 1-3-12。在 AP150 型、AP130 型轴承上使用。

（三）密封形式选用

密封形式应根据轴承的使用条件、润滑剂种类选用。为减少因密封接触摩擦产生的温度对铁路运输秩序的影响，我国铁路货车轴承基本选用迷宫式密封。

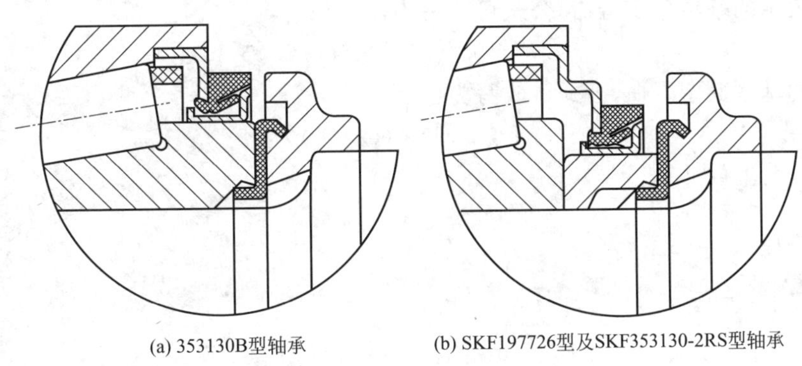

图 1-3-11　LL 密封

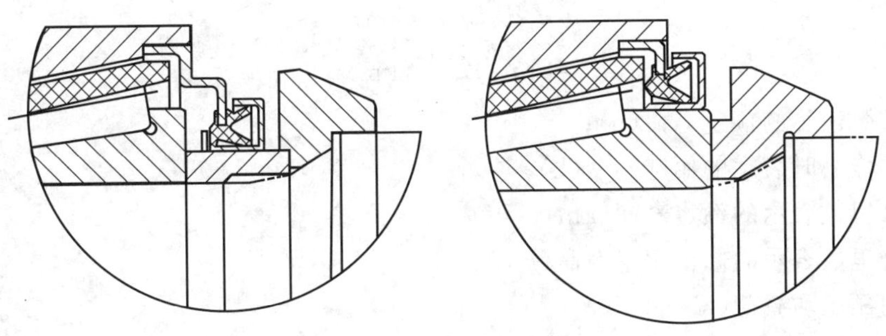

图 1-3-12　HDL 密封

十一、检查轴向载荷能力

轴承工作的轴向载荷应低于轴承轴向载荷能力的允许值。

十二、确定轴承注脂量

轴承注脂量应考虑轴承的空间、运转速度和检修周期，我国铁路货车轴承一般按轴承内部净空间的30％～50％考虑。

十三、检修周期及寿命

根据轴承的使用环境，规定轴承检修的方式及检修间隔，规定轴承的使用寿命。

十四、实物检查

对轴承零部件进行外观、几何尺寸、几何精度、理化性能及无损检查，对成套轴承主要进行旋转精度的检查，应符合设计图纸或技术条件的要求。

十五、试验验证

为验证轴承设计和制造水平，对成套轴承按照标准或技术规范进行台架运转试验。

第三节　轴承基本额定寿命和修正额定寿命

一、基本额定寿命

指一批轴承中 90％的轴承在疲劳剥落前能够达到或超过的总转数(以 10^6 转计)，或在一定转数下的工作小时数。

以转数表示的基本额定寿命，由公式计算：

$$L_{nn}=(C_r/P_r)^{\varepsilon}\times 10^6$$

以工作小时数表示的基本额定寿命，公式可改写为：

$$L_{nh}=10^6/(60n)\times(C_r/P_r)^{\varepsilon}$$

以公里数表示的基本额定寿命，公式可改写为：

$$L_{nk}=\pi D\times(C_r/P_r)^{\varepsilon}$$

铁道车辆一般按公里数计算。

二、修正额定寿命

修正额定寿命按下式计算：

$$\begin{aligned}L_{nks}&=a_1a_2a_3\times\pi D\times(C_r/P_r)^{\varepsilon}\\&=a_1a_2a_3L_{nk}\quad(\text{km})\\&=a_1a_{23}L_{nk}\quad(\text{km})\\&=a_1a_{xyz}L_{nk}\quad(\text{km})\end{aligned}$$

式中　L_{nn}——以转数表示的额定寿命(n)；

L_{nh}——以工作小时表示的额定寿命(h)；

L_{nk}——以公里数表示的额定寿命(km)；

L_{nks}——以公里数表示的修正额定寿命(km)；

C_r——径向额定动载荷(kN)；

P_r——当量径向动载荷(kN)；

ε——寿命指数，对球轴承 $\varepsilon=3$，对滚子轴承 $\varepsilon=10/3$；

n——工作转数(r/min)；

D——车轮直径(mm)；

a_1——可靠度寿命修正系数；

a_2——材料与设计系数；

a_3——使用条件系数；

a_{23}——合并系数。

(一)可靠度寿命修正系数 a_1

轴承在不同用途和要求下的可靠性，可靠度寿命修正系数见表 1-3-2。不同可靠度寿命修正系数也可按公式计算。

表 1-3-2　可靠度寿命修正系数

可靠度 S	L_{nk}	a_1	可靠度 S	L_{nk}	a_1
90	L_{10k}	1	97	L_{3k}	0.44
95	L_{5k}	0.62	98	L_{2k}	0.33
96	L_{4k}	0.53	99	L_{1k}	0.21

$$a_1=[\ln(100/S)/\ln(100/90)]^{2/3}$$

(二)材料与设计系数 a_2

材料的化学成分、冶炼方法、热处理方法、制造工艺及内部几何形状与精度都对轴承寿命有较大的影响，可根据选用材料和设计状态进行合理的修正。

(三)使用条件系数 a_3

轴承的寿命不仅与所承受的载荷有关，还与润滑、转速、运转温度、密封性能有关，可根据使用条件进行合理的修正。

(四)合并系数 a_{23}

由于在实际使用中 a_2 和 a_3 是相互关联的，因此许多轴承公司采用了一个合并系数 a_{23}。

三、影响轴承寿命的其他因素

(一)温 度

上述额定动载荷计算公式是在轴承外圈工作温度低于 120 ℃的条件下确定的，如果工作温度超过 120 ℃，则滚动体与滚道接触处的温度有可能超过轴承零件的回火温度，轴承零件将丧失原有的尺寸稳定性，零件的硬度降低，使轴承的额定动载荷降低，可按下面公式计算：

$$C_{rT}=f_T C$$

式中 C_{rT}——工作温度为 T ℃时轴承的额定动载荷(kN)；

C——常规轴承的额定动载荷(kN)；

f_T——温度系数见表 1-3-3(℃)。

表 1-3-3 温度系数

轴承工作温度(℃)	<120	125	150	175	200	225	250	300
f_T	1	0.95	0.90	0.85	0.80	0.75	0.70	0.60

(二)游 隙

上述额定动载荷计算公式是在轴承工作径向游隙等于零的条件下确定的，如果轴承的工作游隙大于零或小于零，对轴承的额定动载荷有所影响，尤其在小于零时，轴承发热量大，轴承寿命下降得很快。

(三)硬 度

上述额定动载荷计算公式是在轴承零件的硬度在 58～64 HRC 的范围内确定的，硬度高于 64 HRC，轴承的承受冲击能力下降，易产生裂损；硬度低于 58 HRC，轴承的承载能力下降，如果轴承零件的实际硬度低于 58 HRC，额定动载荷可通过大量实验确定，经验公式为：

$$C_{rH}=C_r(\mathrm{HRC}/58)^{3.6}$$

式中 C_{rH}——实际硬度下轴承的额定动载荷(kN)；

C_r——常规轴承的额定动载荷(kN)；

HRC——实际洛氏硬度值。

第四节 轴承形式和基本尺寸

一、轴承代号

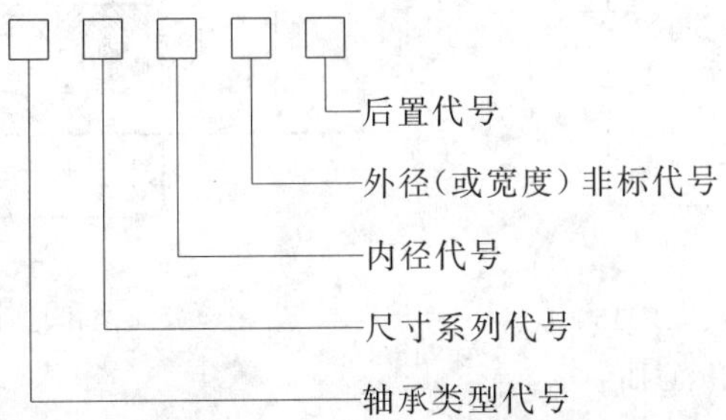

例如：轴承代号：352226X2-2RZ

35——双列圆锥滚子轴承；

22——尺寸系列代号；

26——数值乘以 5 等于内径 130 mm；

X2——宽度非标准代号；

-2RZ——两面带橡胶密封圈(非接触式)。

注：可根据本行业的特点，外径（或宽度）非标代号省略；后置用一个字母表示结构变化，如 353130A、353130B。

二、轴承形式

（一）353130B、CTBU150 型轴承（见图 1-3-13）

（二）353130A 型轴承（见图 1-3-14）

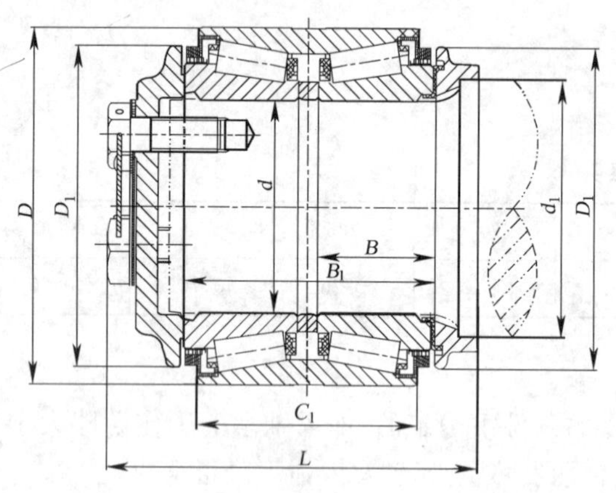

图 1-3-13　353130B、CTBU150 型轴承组成示意图

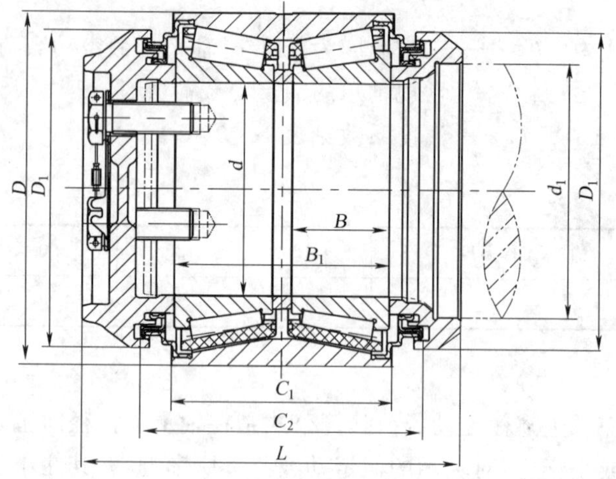

图 1-3-14　353130A 型轴承组成示意图

（三）SKF353130-2RS 型、TBU150 型、SKF197726 型轴承（见图 1-3-15）

（四）AP150 型、AP130 型轴承（见图 1-3-16）

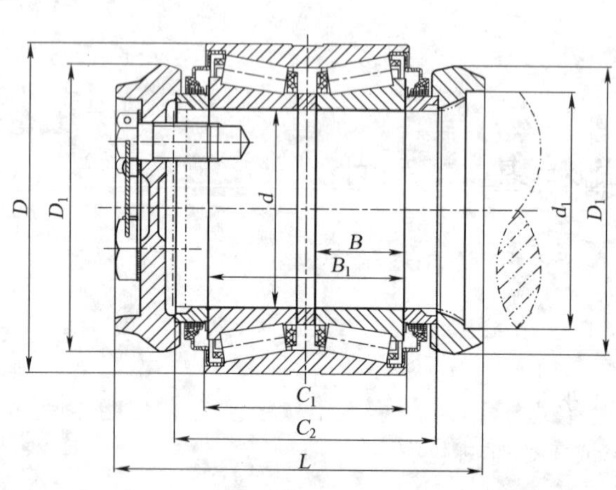

图 1-3-15　SKF353130-2RS 型、TBU150 型、SKF197726 型轴承组成示意图

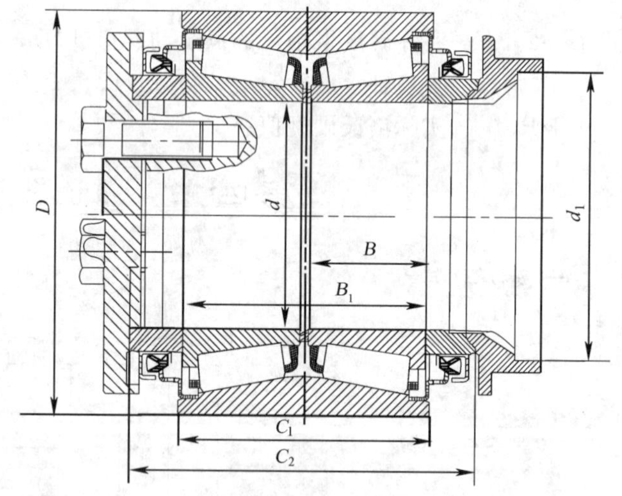

图 1-3-16　AP150 型、AP130 型轴承组成示意图

（五）TAROL150 型轴承（见图 1-3-17）

（六）353130X2-2RZ 型、352226X2-2RZ 型、197726TN 型轴承（见图 1-3-18）

（七）197720 型、197730 型轴承（见图 1-3-19）

三、基本尺寸

轴承基本尺寸见表 1-3-4。

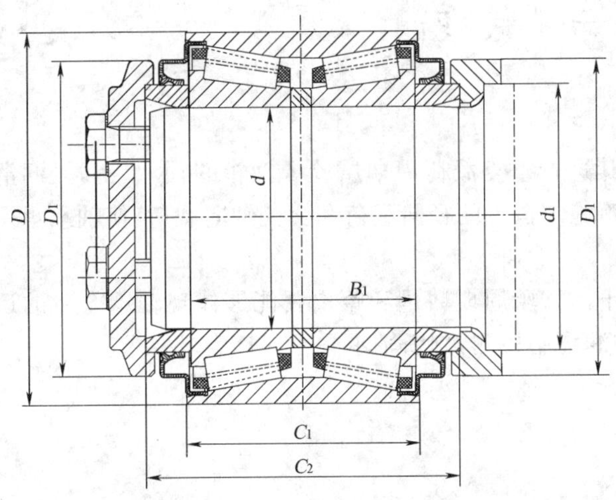

图 1-3-17 TAROL150 型轴承组成示意图

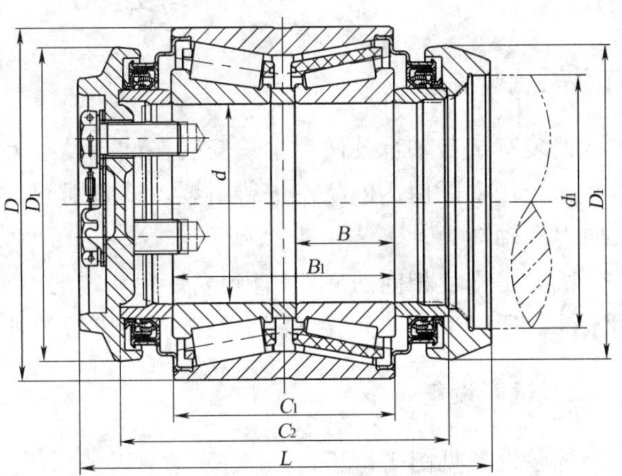

图 1-3-18 353130X2-2RZ 型、352226X2-2RZ 型、197726TN 型轴承组成示意图

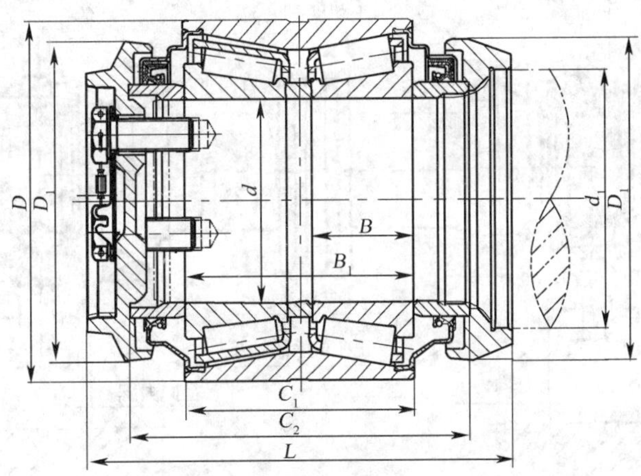

图 1-3-19 197720 型、197730 型轴承组成示意图

表 1-3-4 轴承基本尺寸

轴承型号	基本尺寸(mm)									滚子数量	轴承计算重量(kg)
	d	d_1	D	D_1	B	B_1	C_1	C_2	L		
353130B、CTBU150	150	180	250	225	83.15	180.6	160	—	265.3	23	32.30
353130A	150	180	250	224	71	156	160	206	275	23	30.67
353130X2-2RZ	150	180	250	223	71	156	160	224	290	23	33.79
353130-2RS、TBU150	150	180	250	219	70.1	154.5	160	206.5	289.8	23	31.2
TAROL150	150	180	250	219	—	154.5	160	216.5	—	23	—
AP150	150	180	250	—	69.85	153.65	160	—	—	23	—
352226X2-2RZ	130	165	230	205	67	150	150	222	278	20	28.79
SKF 197726	130	165	230	205	67	150	150	222	278	20	27.73
197726TN	130	165	230	205	67	150	150	222	278	20	28.84
AP130	130	165	230	—	69.5	144	150	206	—	20	—
197720	100	127	182	167	52	117	117	189	231	20	15.66
197730	150	180	270	235	79	170	170	246	304	18	—

第五节　轴 承 试 验

一、试验原理

把装有试验轴承的两个轴箱安装在试验设备上，使其进行重复载荷周期试验。轴箱的轴承、密封、润滑脂和轴箱按实际使用的状态进行组装。试验期间，在轴箱施加恒定的径向载荷和交变轴向载荷，使轴承承受径向力和轴向力。

试验是重复相同的周期，直到累计到一定的距离为止。试验周期数量和距离要能够体现轴承今后的运用条件。通过试验期间温度测量及试验完成后的轴承和润滑脂检测，判断轴承是否能够满足要求。

二、试验设备

试验设备见图 1-3-20。

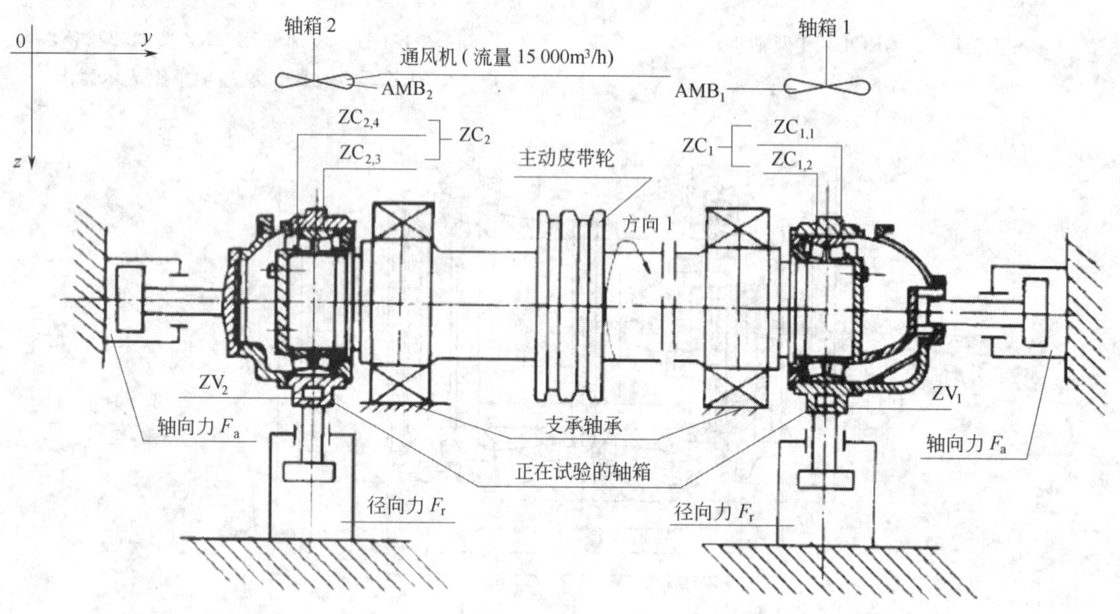

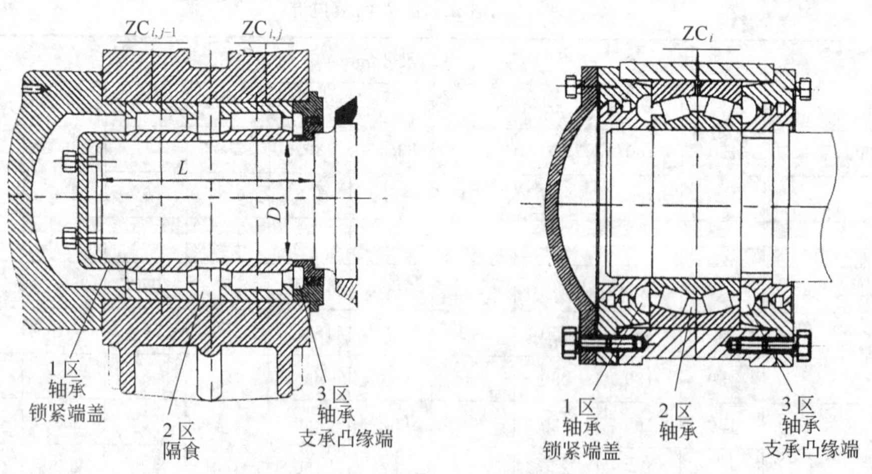

图 1-3-20　试验设备结构原理

(1)试验设备应能模拟运行条件并能确保准确地检测被试轴箱的温度，同时把试验设备的影响降低到最小的程度，特别是要避免两个轴箱的相互干扰。

(2)试验设备使轴箱沿着方向 z 承受一恒定径向力；使轴箱以 0.1 Hz 的频率经受交变轴向力。在每个方向施加轴向力的持续时间为 4.8 s。见图 1-3-21。

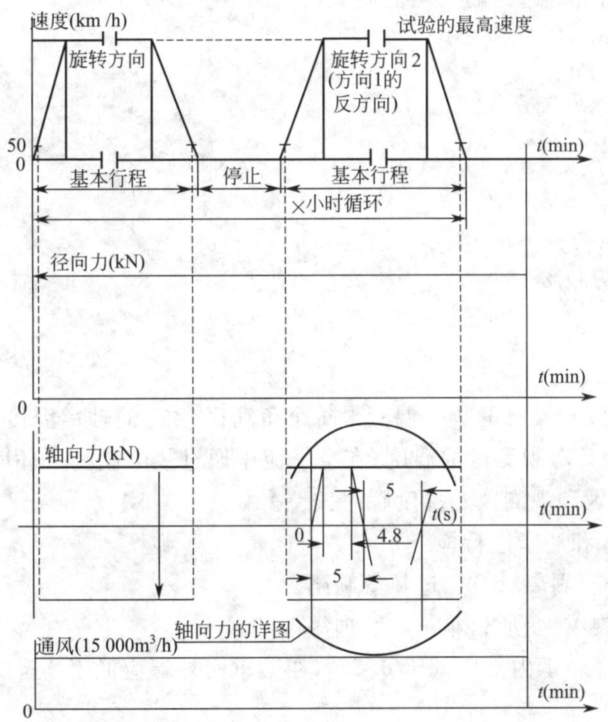

图 1-3-21 试验加载方式

(3)每个轴箱上有一个通风装置,总的通风量为 15 000 m^3/h,轴箱在同一水平面上的相对风速为 30 km/h。

(4)测量温度的传感器。

三、试验方法

(一)根据车辆速度和总模拟走行里程,装有新滚动轴承的轴箱将按以下转动循环进行试验:

1. 运行速度不大于 200 km/h 的车辆采用 8 h 转动循环

(1)3 h 50 min 向一个方向转动,其中 3 h 40 min 以最高速度转动,停止驱动 10 min,保持通风。

(2)3 h 50 min 向另一方向转动 ,其中 3 h 40 min 以最高速度转动,停止驱动 10 min,保持通风。

2. 运行速度大于 200 km/h 的车辆采用 4 h 转动循环

(1)1 h 45 min 向一个方向转动,其中 1 h 30 min 以最高速度转动,停止驱动 15 min,保持通风。

(2)1 h 45 min 向另一方向转动,其中 1 h 30 min 以最高速度转动,停止驱动 15 min,保持通风。

(二)静态径向力

$$F_r = 1.2 \times 1/2 \times 9.81/10^3 \times m_1 = 0.6 \times 9.81/10^3 \times m_1$$

式中 F_r——静态径向力(kN);

1.2——安全系数;

1/2——考虑有关与轴箱的值而规定的系数;

9.81——重力加速度(m/s^2);

m_1——轴颈上的质量(kg)。

(三)交变轴向力

$$F_a = 1.2 \times 1/2 \times 0.5 \times \{0.85[10 + 9.81(m_1 + m_2)/(3 \times 10^3)]\}$$
$$= 0.255 \times [10 + 9.81(m_1 + m_2)/(3 \times 10^3)]$$

式中 F_a——交变轴向力(kN);

1.2——安全系数;

1/2——考虑有关与轴箱的值而规定的系数;

0.5——考虑实际运用中所遇到的平均值而规定的系数；

9.81——重力加速度(m/s^2)；

(m_1+m_2)——轴重(kg)。

(四)转 速

$$n=110\times v_{max}/(6\times\pi\times D_{min})$$

式中 n——运转转速(r/min)；

v_{max}——运行速度(km/h)；

D_{min}——车轮磨耗到限的直径。

四、测量与检查

(一)通过一个与轴承外圈相接触的热电偶测量每个负荷区(ZC)的轴承温度；通过贴在轴箱体上的一个热电偶测量轴箱发热探测器(ZV)观测区的温度；在空气流中通过热电偶测量环境温度(AMB)。

(二)测量两个轴箱负荷区和观测区的温度瞬时偏差。

(三)试验结束后，对轴承和油脂进行检查。

1. 轴承套圈和滚子不得有剥离、锈坑、过热等缺陷。

2. 保持架不得有断裂、裂纹、变形和非正常磨损等缺陷。

3. 润滑脂中铁的含量，在轴承内部应低于0.5%，在轴承两外端应低于1%。

五、试验温度规定

(一)在整个试验期间应进行温度测量，测得每个转动循环的最高温度，建议环境温度20 ℃，如果环境温度偏离该数值，可按照公式$\theta_{有效}=\theta_{测量}-(\theta_{环境}-20\ ℃)$再现负荷区和观测区的有效温度。

(二)轴箱各部位的试验温度符合表1-3-5的规定。

(三)标准对比

1. 标准的相同点

UIC515-5、EN12082、NF F18-201、NF F18-202、TB/T 3000(等效NF F18-201)、TB/T 3017(等效NF F18-202)标准在径向载荷、轴向载荷、试验周期、冷却风速等方面相同。

2. 标准的不同点

(1)试验程度

UIC515-5、EN12082、NF F18-202、TB/T 3017标准规定的是耐久试验，须累计到规定的里程，而NF F18-201、TB/T 3000标准规定的是性能试验。

(2)运转速度

UIC515-5、EN12082标准均在最高运营速度增加10%作为运转速度，而NF F18-201、NF F18-202、TB/T 3000、TB/T 3017仅在最高运营速度$v>200$ km/h时增加10%作为运转速度。

(3)运转速度分级

UIC515-5、EN12082标准运转速度级分为$v\leqslant200$ km/h及$v>200$ km/h两个，而NF F18-201、NF F18-202、TB/T 3000、TB/T 3017标准运转速度级分为$v\leqslant160$ km/h、160 km/h$<v\leqslant200$ km/h及$v>200$ km/h三个。

(4)温度规定

在$v>200$ km/h速度级下，UIC515-5、EN12082、NF F18-202、TB/T 3017标准规定的温度相同；在$v\leqslant200$ km/h度级下，UIC515-5、EN12082标准规定的温度与在$v\leqslant160$ km/h度级下，NF F18-202、TB/T 3017标准规定的温度基本相同；在160 km/h$<v\leqslant200$ km/h速度级下，NF F18-202、TB/T 3017标准规定的温度与在$v\leqslant200$ km/h度级下UIC515-5、EN12082标准规定的温度有差别，规定温度低一些。

(5)试验累计里程

在各速度级下，NF F18-201、TB/T 3000标准规定完成30个循环周期。

在$v\leqslant200$ km/h速度级下，UIC515-5、EN12082、NF F18-202、TB/T 3017标准均为60×10^4 km；在$v>$

表 1-3-5 UIC515-5、EN12082、NF F18-202、TB/T 3017 标准规定的试验温度

项别 \ 标准别	UIC515-5、EN12082		NF F18-202、TB/T 3017		
	$v\leqslant 200$ km/h	$v>200$ km/h	$v\leqslant 160$ km/h	$160<v\leqslant 200$ km/h	$v>200$ km/h
径向载荷	$0.6\times 9.81/10^3\times m_1/(\mathrm{kN})$；$m_1$：轴颈载荷(kg)				
轴向载荷	$0.255\times[10+9.81(m_1+m_2)/(3\times 10^3)]/(\mathrm{kN})$；$(m_1+m_2)$：轴重(kg)				
通风量	每个轴箱总的通风量为 1500 m^3/h，轴箱在同一水平面上的相对风速为 30 km/h				
试验循环周期	3 h 50 min 向一个方向转动，其中 3 h 40 min 以最高速度转动，停止转动 10 min；再 3 h 50 min 向另一个方向转动，其中 3 h 40 min 以最高速度转动，停止转动 10 min	1 h 50 min 向一个方向转动，其中 1 h 30 min 以最高速度转动，停止转动 10 min；再 1 h 50 min 向另一个方向转动，其中 1 h 30 min 以最高速度转动，停止转动 10 min	3 h 50 min 向一个方向转动，其中 3 h 40 min 以最高速度转动，停止转动 10 min；再 3 h 50 min 向另一个方向转动，其中 3 h 40 min 以最高速度转动，停止转动 10 min		1 h 45 min 向一个方向转动，其中 1 h 30 min 以最高速度转动，停止转动 15 min；再 1 h 45 min 向另一个方向转动，其中 1 h 30 min 以最高速度转动，停止转动 15 min
累计里程	60×10^4 km	UIC：100×10^4 km；EN：80(或 100)×10^4 km	60×10^4 km		80×10^4 km
环境温度 20 ℃时，在前 20 个循环周期中轴承负荷区内的最高温度	≤100 ℃		≤100 ℃	≤85 ℃	≤100 ℃
除前 20 个循环周期外，环境温度 20 ℃时，在每个循环周期中轴承负荷区内的最高温度	≤90 ℃；最多 1%的循环周期最高温度在 90～100 ℃之间		≤100 ℃	≤65 ℃；最多 1%的循环周期最高温度在 65～85 ℃之间	≤90 ℃；最多 1%的循环周期最高温度在 90～100 ℃之间
环境温度 20 ℃时，在前 20 个循环周期中轴箱发热探测器观测区内的最高温度	UIC：≤80 ℃ EN：/		≤70 ℃	≤75 ℃	≤80 ℃
除前 20 个循环周期外，环境温度 20 ℃时，在每个循环周期中轴箱发热探测器观测区内的最高温度	≤70 ℃；最多 1%的循环周期最高温度在 70～80 ℃之间		≤70 ℃	≤55 ℃；最多 1%的循环周期最高温度在 55～75 ℃之间	≤70 ℃；最多 1%的循环周期最高温度在 70～80 ℃之间
除前 20 个循环周期外，当两个轴箱中最热轴箱的最高温度≥50 ℃时，在每个循环周期中负荷区测得的两个轴箱温度的最大温差	≤15 ℃；最多 1%的循环周期最大温差在 15～25 ℃之间	≤20 ℃；最多 1%的循环周期最大温差在 15～25 ℃之间	≤15 ℃；最多 1%的循环周期最大温差在 15～25 ℃之间	≤15 ℃；最多 1%的循环周期最大温差在 15～25 ℃之间	≤20 ℃；最多 1%的循环周期最大温差在 15～25 ℃之间
当两个轴箱中最热轴箱的最高温度≥50 ℃时，在每个循环周期中轴箱发热探测器观测区测得的两个轴箱温度的最大温差	≤15 ℃；最多 1%的循环周期最大温差在 15～25 ℃之间	≤20 ℃；最多 1%的循环周期最大温差在 15～25 ℃之间(UIC 不包括前 20 个循环周期)	≤15 ℃；最多 1%的循环周期最大温差在 15～25 ℃之间	≤15 ℃；最多 1%的循环周期最大温差在 15～25 ℃之间	≤20 ℃；最多 1%的循环周期最大温差在 15～25 ℃之间
除前 20 个循环周期外，对每个轴箱，在两个连续基本循环之间，负荷区测得的最高温度差	≤10 ℃；最多 1%的循环周期最大温差在 10～15 ℃之间	≤20 ℃；最多 1%的循环周期最大温差在 20～25 ℃之间	≤10 ℃；最多 1%的循环周期最大温差在 10～15 ℃之间	≤10 ℃；最多 1%的循环周期最大温差在 10～15 ℃之间	≤20 ℃；最多 1%的循环周期最大温差在 20～25 ℃之间
现场运用试验时间	2 年或 60×10^4 km	100×10^4 km	—		

200 km/h 速度级下，UIC515-5 标准为 100×10^4 km；EN12082 标准为 80×10^4 km，按协议可为 100×10^4 km；NF F18-202、TB/T 3017 标准为 80×10^4 km。

(6)现场运用试验

UIC515-5、EN12082 标准还规定了现场运用试验时间，在 $v\leqslant 200$ km/h 速度级下，试验时间为 2 年或运用里程 60×10^4 km，在 $v>200$ km/h 速度级下，试验运用里程为 100×10^4 km，而 NF F18-202、TB/T 3017 没有此规定。

第四章
轮 轴

第一节 车轮与车轴组装

一、设计要求

轮对内侧距离(1 353±2)mm,任意三处差不大于1 mm;轮对内侧距离小于规定尺寸时不得向外侧压调;轮对内侧距离比规定的最小内侧距离小1 mm及以内或因车轮辗制不均匀而致使内距任意三处相差超过规定时,可旋修轮辋内侧面调整。轮位差不大于3 mm同一轮对的两车轮直径差不大于1 mm;同一车轮相互垂直的直径差不大于0.5 mm;采用轮对偏心测量器测量同一车轮踏面与轴颈面在同一直径线上测量的两点距离,差值不大于0.6 mm。

二、组装要求

车轮与车轴配合过盈量为轮座直径的0.8‰~1.5‰。轮对压装最终压力按轮毂孔直径计算,每100 mm直径尺寸的压装压力:40钢车轴为343~539 kN;50钢车轴为343~588 kN。

第二节 轴承与车轴组装

一、设计要求

(一)轴承内圈内径与车轴轴颈的配合

为了保证滚动轴承的正常运转,防止轴承内圈与车轴之间发生滑动和磨损,达到轴承预期的寿命,轴承内圈内径与车轴轴颈外径应有适当的过盈配合。配合面间的过盈量在装配后和工作中是变化的,受力和温差引起的变形越大,其过盈量的变化越大。在一般条件下,由于内圈滚道受载变形和热膨胀变形使得内圈变大,导致内圈与轴之间的过盈量减小。因此,在选择配合时一般将内圈与轴的配合选的较紧一些。但是轴承内外圈属薄壁精密零件,容易发生弹性变形,在较大过盈量及载荷作用下,内外圈滚道表面形状趋向于支撑面的形状,影响轴承运转精度。为了保证支撑精度、轴承使用性能及寿命,应合理地选择有效过盈量,一般按下面两种方法确定配合过盈量。

1. 标准选择

按照GB/T 275《滚动轴承与轴和外壳的配合》标准可选择轴承配合。标准中规定了铁路机车车辆轴箱轴承使用旋转内圈时,在重载荷下车轴轴径ϕ130 mm选择n6级的公差带,过盈量为0.027~0.077 mm;车轴轴径ϕ150 mm选择P6级的公差带,过盈量为0.043~0.093 mm。

2. 最小过盈量估算法

根据轴的加工精度、轴承的载荷大小及工作温度估算最小过盈量,或对已选配合进行最小过盈量的校核计算。

(1)加工精度(粗糙度)的影响

由于安装表面存在微小的峰谷，使得孔与轴之间的过盈量要比名义过盈量略为减小，对于磨削轴，其有效过盈量可近似由下式计算：

$$\Delta d_y=\Delta[d/(d+3)]$$

式中 Δd_y——有效过盈量(mm)；

Δ——名义过盈量(mm)；

d——内圈内径(mm)。

(2)载荷的影响

在载荷的作用下，内圈在径向受到压缩，由此引起的过盈量减小可近似由下式计算：

$$\Delta d_F=0.25\times10^{-3}[d/(9.8B)\cdot F_r]^{1/2}$$

式中 Δd_F——由载荷引起的过盈量减少值(mm)；

B——内圈与轴颈的有效接触宽度(mm)；

F_r——径向载荷(N)。

(3)温度的影响

轴承运转时，内圈的温度一般高于相邻零件的温度，因此轴承内圈因热膨胀引起的过盈量减小可近似由下式计算：

$$\Delta d_T=0.001\,5\times10^{-3}\Delta Td$$

式中 Δd_T——由温差引起的过盈量减少值(mm)；

ΔT——轴承内部与周围环境温度差(℃)。

(4)名义过盈量的计算

考虑以上基本因素，最小过盈应满足 $\Delta d_y-\Delta d_F-\Delta d_T\geqslant0$ 的条件。

对上式整理后，名义过盈量可近似由下式计算：

$$\Delta\geqslant\frac{d+3}{d}\times10^{-3}\times\left(0.25\sqrt{\frac{d}{9.8B}\cdot F_r}+0.001\,5\Delta T\cdot d\right)$$

(二)轴承外圈外径与承载鞍内鞍面的配合

轴承外圈外径面与承载鞍内鞍面之间的配合也是非常重要的，一方面重载时尽可能多的滚子参与承载，降低滚子与套圈的接触应力，另一方面在受到冲击时外圈与承载鞍间能够产生蠕动，防止外圈同一位置长期承载造成早期疲劳破坏。轴承外圈外径面与承载鞍内鞍面的配合状态及承载鞍的承载方式对接触应力和蠕动都会产生影响。

二、压装要求

轴承的压装力与轴颈和轴承表面的摩擦系数、有效接触面积、表面接触压力等因素有关，而摩擦系数与轴颈和轴承表面的粗糙度、磷化膜、润滑形式等有关；而表面压力又与材料的弹性模量、配合过盈量及轴承尺寸有关；另外车轴轴颈表面的圆柱度、轴承表面圆柱度和引导倒角、轴颈与轴承内孔间圆柱度匹配、压装机的压装速度及气候等也产生一定的影响。

在上述因数中，摩擦系数的影响较大且变化复杂，很难精确估计，所以压装力的计算值与实际值有很大出入。比较准确的值应根据试验求得的摩擦系数后再求压装力，但是实际操作困难；或以计算为初步根据，再经大量实践后予以修正，压装力的初步计算可按下面公式：

$$P_y=1/2\times10^{-3}\times\mu\cdot\pi\cdot B\cdot E\cdot[1-(d/d_m)^2]\cdot\Delta$$

式中 P_y——轴承压装力(kN)；

μ——摩擦系数；

d_m——内圈平均直径(mm)；

E——材质的弹性模量(N/mm^2)。

第三节 轮轴形式和基本尺寸

一、轮轴形式

轮轴形式见图 1-4-1。

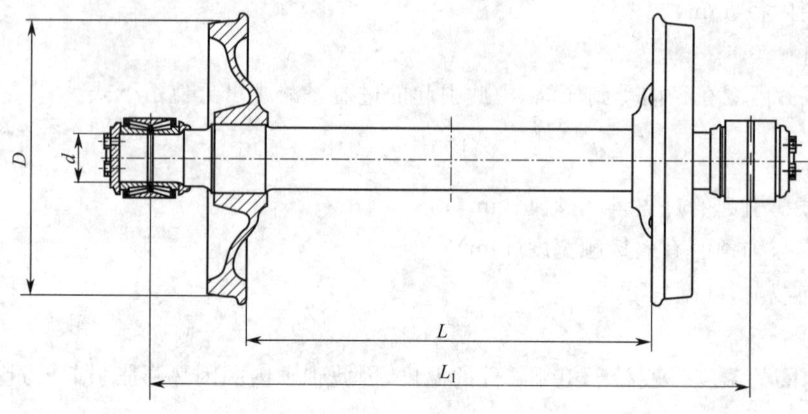

图 1-4-1 轮轴形式

二、轮轴基本尺寸

轮轴基本尺寸见表 1-4-1。

表 1-4-1 轮轴基本尺寸

轮对型号	轮对基本尺寸 $d\times D\times L_1\times L$ (mm×mm×mm×mm)	车轴型号	车轮型号	轴承型号	适用转向架型号
RE_{2B}	150×840×1 981×1 353	RE_{2B}	HESA、HEZB、HEZD	353130B 353130A	转 K5、 转 K6
RE_{2A}	150×840×1 981×1 353	RE_{2A}	HESA、HEZB、HEZD	353130X2-2RZ 353130-2RS TBU150 TAROL150 AP150	转 K5、 转 K6
RE_2	150×840×1 956×1 353	RE_2	E	197730	—
RD_2	130×840×1 956×1 353	RD_2	D、HDS、HDSA、 HDZ、HDZA、HDZB、 HDZC、HDZD	352226X2-2RZ SKF197726 197726TN AP130	转 8A、转 8G 转 8AG、 转 K1、转 K2、 转 K3、转 K4
RB_2	100×840×1 905×1 353	RB_2	HBS	197720	转 9

第五章

实物轮轴试验

由于小试样无法反映实物部件的全部性能，在实际应用中还需要进行实物试验。如轮轴配合部位的疲劳性能及车轮耐热裂性能不仅取决于材料成份、几何形状和制造工艺，轮轴配合部位属于微动磨损疲劳，它的疲劳劳强度还与配合压力、尺寸大小、微动幅度等因素有关。车轮的耐热裂性能与车轮直径、轮辋厚度、闸瓦材质、试验环境等有很大关系。小试样试验无法模拟这些因素，也就不能真实的反映实物部件的性能。因此在很多情况下还需要对实物进行试验。实物试验的目的不同，试验的性质和试验方法也不同。常见的轮轴实物试验有疲劳性能检验、疲劳极限测试、寿命确定、可靠性考查、结构和工艺方案比较等等。

第一节　疲劳性能检验

在实际运行中承受动载荷的重要部件，应在其产品技术条件中对疲劳性能提出要求。轮轴就是这样的部件。欧盟标准EN13260《Railway application——Wheelsets and bogies——Wheelsets——Products requirements》、EN13261《Railway application——Wheelsets and bogies——Axles——Products requirements》、EN13262《Railway application——Wheelsets and bogies——Wheels——Products requirements》分别对轮对、车轴和车轮产品的疲劳性能提出了要求，并规定了相应的试验方法。为了检验轮轴产品的疲劳性能是否符合技术条件的要求，需要对实物产品进行疲劳试验。试验载荷(即试验应力)根据技术条件确定，而不是根据实际运用工况确定。为了缩短试验周期，试验应力往往都远大于部件实际运用中的应力。在这种情况下，若用实际轮对进行试验，试验应力将达不到规定的数值。因此只能用特殊的方式对特定的部位进行试验。

本节结合EN13260、EN13261、EN13262标准对实物轮轴疲劳性能检验进行介绍。

一、车轴疲劳性能检验

(一)试验部位及相应的疲劳极限

EN13261规定的试验区域有2个，轴身表面和空心车轴内孔表面，其疲劳极限分别为F1和F2。

F1——轴身表面疲劳极限，实心车轴和空心车轴均为F1。

F2——空心车轴内孔表面疲劳极限。

EA1N和EA4T材料的疲劳极限F1和F2值见表1-5-1。

表1-5-1中的疲劳极限是EN13261标准要求的车轴必须达到的疲劳性能指标。因此为了检验车轴产品是否符合标准要求，需要对轴身表面和空心车轴内孔表面进行疲劳试验。

(二)试验试样

表1-5-1　EA1N和EA4T材料的疲劳极限

	EA1N	EA4T
F1(MPa)	200	240
F2(MPa)	80	96

一般情况下试验样品不是完整的实物轴结构，而是根据试验台结构和试验需要而设计的试样，这是车轴的实物疲劳试验与其他部件试验不同的地方。所谓的实物就是试验考查的部位与实际车轴相同，即考查的部位(裂纹可能出现的部位)的几何形状和表

面粗糙度应与实际车轴相同，试样的制造工艺与实际车轴相同。其他部位在试验状态下要有较高的疲劳强度，以避免试验过程中由于非考查部位破坏而使得试验终止。

对于F2部位试样，表面应加工出一个如图1-5-1所示的槽，槽底为R0.04 mm的圆角，该尺寸加工存在较大难度，若槽形状加工偏差较大，将会影响试验结果和评定结论，一定要保证槽底加工尺寸。这个试验并不要求槽一定在空心轴内孔上，可以在实心轴外表面加工槽，只要槽的结构形状和试验应力满足规定即可。

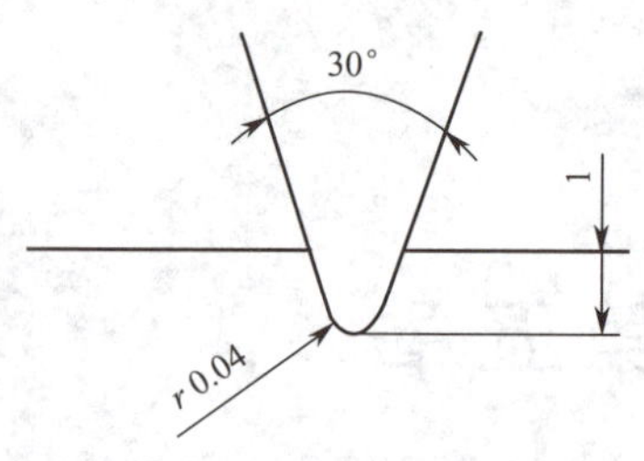

图1-5-1 F2试样表面槽形式尺寸

(三)试验方法

试验时令裂纹可能萌生的区域的应力等于表1-5-1的疲劳极限，标准要求试验载荷根据试验应力采用传统的梁理论计算，在梁理论不适用的位置采用应变计实际测量。目前，欧洲有关单位都根据实测F1部位应变确定试验载荷。标准对试验台结构没有规定，目前国内外常用的试验台及试验方式有3种，分别见图1-5-2～图1-5-5。

试验方式1为：试验车轴与模拟车轮的法兰通过过盈装配的方式组成试样组件，通过螺栓将试样组件固定在试验台法兰上，在试验轴的端部安装轴承。电机通过试验台主轴带动试验台法兰和试样组件旋转，伺服液压系统控制作动器通过轴承对车轴试样施加恒定的垂向载荷。

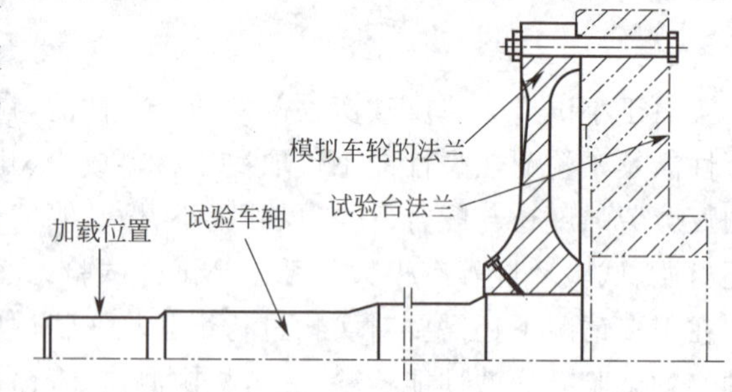

图1-5-2 车轴疲劳试验方式1——试样与法兰及试验台之间的连接

图1-5-4所示的试验方式也将试验轴与模拟车轮的法兰过盈装配在一起，与第1种试验方式不同的是，法兰固定，在试样轴端部安装一部偏心转子电机。试验时轮轴组件固定不动，偏心转子电机在轴颈部位旋转，进而在试验部位产生循环交变应力。可通过调整电机速度来调整试验应力值。

图1-5-3 车轴疲劳试验方式1——试验台

图1-5-4 车轴疲劳试验方式2

试验方式3为简支梁形式，将轴的两端支撑，中间垂直加载。

需要注意的是，无论采用哪种试验方式，法兰毂的尺寸应与实际车轮毂相当，以模拟车轮对轴的影响。试验所用工装特别是法兰应有足够的疲劳强度，以避免试验过程中发生破坏。试样力臂长度越长，试验载荷就越小；试样的跳动越大，相应的试验载荷的波动越大。一般来讲，试样力臂短一些、试验载荷大一些为好，这样可以减小载荷的相对误差。试验载荷的大与小是相对试验台的额定载荷而言的，并没有一个绝对范围。试样设计时要综合考虑这些因素。

(四)试验数量和结果判定

每个部位试验件数为3根，每件试验循环次数10^7。试验结束车轴被考查部位不得产生裂纹。

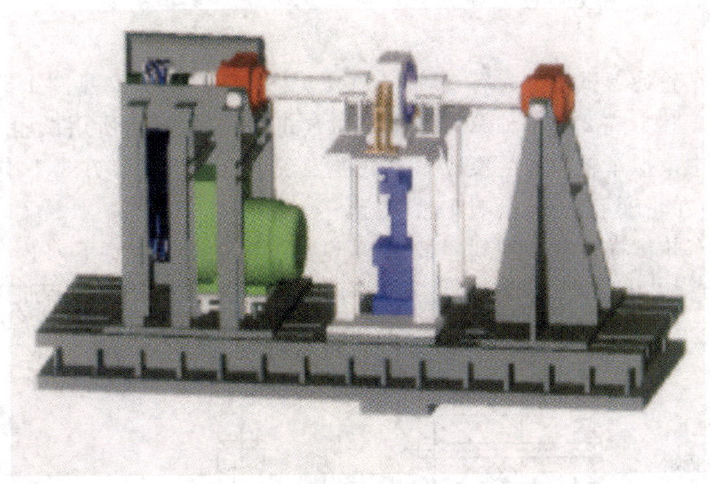

图 1-5-5　车轴疲劳试验方式 3

二、车轮疲劳性能检验

(一)试验部位及试验应力

车轮疲劳试验部位为辐板上径向应力最大值所在的位置,对于 ER6、ER7、ER8、ER9 材料试验应力均为:

辐板经过机加工的车轮:±240 MPa

辐板未经过机加工的车轮:±145 MPa

(二)试验试样

试验试样为成品车轮。

(三)试验程序和试验方式

1. 试验程序

在试验之前应先采用有限单元法对车轮试验状态下的应力分布进行计算。根据计算结果确定辐板最大径向应力所在位置。试验时在辐板最大径向应力所在位置粘贴应变计,并进行应变测量。根据测量的应变计算径向应力。当应变计为径向和周向两臂应变花时,按下列公式计算径向应力:

$$\sigma_r = \frac{E}{1-\nu^2} \times (\varepsilon_r + \nu\varepsilon_\theta) \tag{1-5-1}$$

采用两向应变花测量应力时,应变花的两个臂应严格处于径向和周向方向,以减小因应变计方向不正带来的误差。为了减小这个误差可以采用三向应变花测量应力。当采用三向应变花测量应力时,按下列公式计算径向应力:

当径向应变计处于拉伸位置时:

$$\sigma_{rl} = \sigma_1 = \frac{E}{2(1-\nu)}(\varepsilon_r + \varepsilon_\theta) + \frac{E\sqrt{2}}{2(1+\nu)}\sqrt{(\varepsilon_r - \varepsilon_{45^\circ})^2 + (\varepsilon_\theta - \varepsilon_{45^\circ})^2} \tag{1-5-2}$$

当应变计处于压缩位置时:

$$\sigma_{ry} = \sigma_2 = \frac{E}{2(1-\nu)}(\varepsilon_r + \varepsilon_\theta) - \frac{E\sqrt{2}}{2(1+\nu)}\sqrt{(\varepsilon_r - \varepsilon_{45^\circ})^2 + (\varepsilon_\theta - \varepsilon_{45^\circ})^2}$$

$$\sigma_a = \frac{\sigma_{rl} - \sigma_{ry}}{2}$$

$$\sigma_m = \frac{\sigma_{rl} + \sigma_{r1y}}{2}$$

当 $\sigma_m > 0$ 时:$\sigma_{eq} = \dfrac{\sigma_a}{1 - \dfrac{\sigma_m}{R_m}}$

当 $\sigma_m \leqslant 0$ 时:$\sigma_{eq} = \sigma_a$

其中:E 和 ν 分别为车轮材料的弹性模量和泊松比,ε_r、ε_θ 和 ε_{45° 分别为径向、周向和 45°方向应变,R_m 为材料

的抗拉强度。根据测量的径向等效应力 σ_{eq} 确定试验载荷。

2. 试验方式

目前国内外常见的车轮疲劳试验方式有三种，方式 1 见图 1-5-6，方式 2 见图 1-5-4，方式 3 见图 1-5-7。

车轮疲劳试验方式 1 和方式 2 与车轴疲劳方式 1 和方式 2 几乎一致，所用试验台是同一个。它们的主要区别在于将车轴试验中模拟车轮的法兰换成车轮试样。在车轮疲劳试验方式 1 中增加了一个工装垫板，用以固定车轮试样，以免在轮辋上钻孔，影响车轮性能。

试验时同样需要将车轮试样过盈装配到一根轴上，设计装配轴时要注意下列 2 点：

(1)对于方式 1 和方式 2，同车轴疲劳试验一样，要合理确定试验力臂长度，保证车轴疲劳强度。

(2)要保证轮座直径尺寸与实际车轴一致，以保证轮轴过盈量对车轮的影响不变。

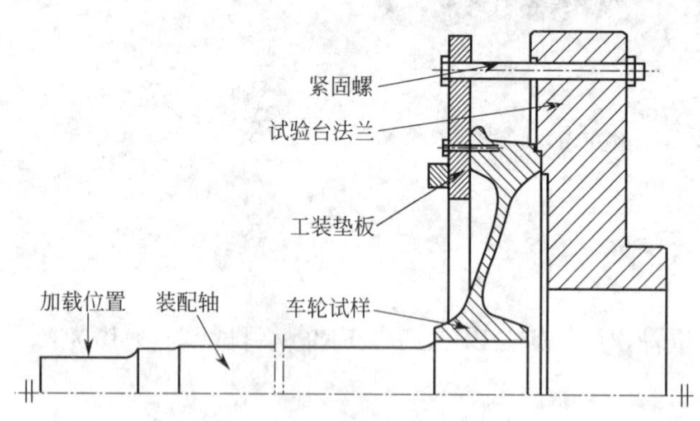

图 1-5-6　车轮疲劳试验方式 1

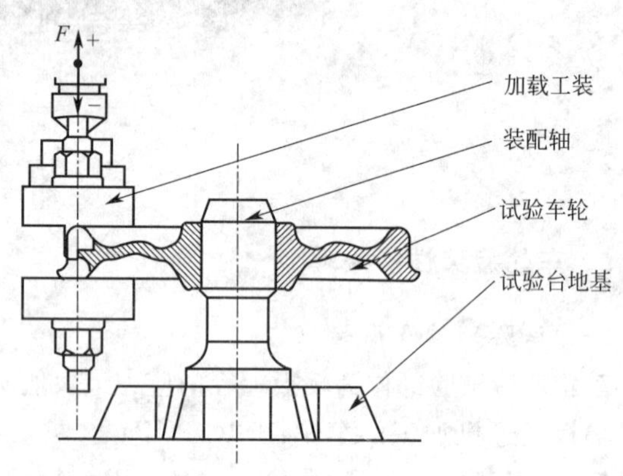

图 1-5-7　车轮疲劳试验方式 3

车轮疲劳试验方式 3 的试验原理为：试验车轮和装配轴过盈装配，并将装配轴固定，加载工装夹紧轮辋，伺服油压系统控制做动器上下往复运动，车轮辐板承受循环交变弯曲应力。

3. 三种试验方式的主要区别

方式 1 和方式 2 基本一致，方式 3 与前两者区别较大。主要区别有 3 方面：

(1)方式 1 和方式 2 的试验部位为整个辐板，而方式 3 仅为一个断面。从理论上讲，方式 1 和方式 2 比方式 3 更容易产生裂纹。

(2)方式 3 比较容易实现对称循环，即循环比 $R=-1$。而方式 1 和方式 2 略有不对称性。

(3)试验方式 1 和方式 2 的试验频率高，大约在 10～15 Hz 之间；试验方式 3 的试验频率低，大约只有几赫兹。

(四)试验数量和结果判定

试验件数为 2 个，每件试验循环次数 10^7。在上述试验条件下车轮辐板不得产生裂纹。

三、轮对疲劳性能检验

(一)试验部位及疲劳极限

EN13260 规定的试验区域有 2 个，轮轴配合部位和空心轴轴颈与轴承配合部位，但实心轴与空心轴轮轴配合部位的疲劳极限是不同的。实心轴该位置的疲劳极限用 F3 表示，空心轴用 F4 表示，轴颈部位的疲劳极限用 F5 表示。表 1-5-2 给出了各种材料各部位的疲劳极限。

表 1-5-2　各种材料各部位的疲劳极限

	EA1N,EA1T	EA4T
F3,MPa	120	144
F4,MPa	110	132
F5,MPa	94	113

(二)失效形式

上述考查部位都是两个部件压配合部位，它们的失效机理与常规疲劳不同。其失效机理是两块材料相互压紧，同时承受与压紧力相垂直方向的载荷，由于接触面间的微小往复错动而发生疲劳失效，称这种失效形式为微动磨损疲劳。工程中发生微动磨损疲劳的情况有：压配合，销钉连接，螺栓连接，铆接，压紧的钢板弹簧等。

微动磨损可以大大降低高周疲劳强度，Mann(曼)指出，微动磨损疲劳强度可以低达材料疲劳强度的 5%～10%。对低周疲劳来说，由于它以裂纹扩展寿命为主，微动磨损的影响不大。

微动磨损是由于配合表面在压力作用下，相配合的微凸体不断的断裂所致。其疲劳机制为：在法向载荷与循环切应力的作用下，微凸体接触面上的氧化膜破裂，产生了金属与金属的强烈粘附。这时，如果循环切应力尚不足以使焊接点分离，则焊接点就会分布在更大的面积上，使焊接区边缘产生很高的应力集中，从而使裂纹萌生。而相邻的裂纹汇合以后，又会使这些粘结的微凸体断裂，引起点蚀，使金属从一个表面迁移到另一个表面。这时也会产生局部高温，使断裂金属的微小碎片发生氧化，形成氧化粒子。对于大多数金属，这些氧化粒子都比金属本身硬，它们落在配合表面之间时，便引起磨粒磨损和擦伤。在微动循环变形下，以上过程反复进行，从而使裂纹扩展，疲劳强度降低，并引起两表面配合不良。

配合表面间的法向压力对微动磨损疲劳强度有重要影响。对于钢和铝、钛、镍合金，当法向压力增加到 50 MPa 时，微动磨损疲劳强度大大降低；当压力超过 50 MPa 以后，疲劳强度不再继续下降。

由于氧化粒子是金属的氧化物组成，因此，氧的存在使微动磨损加剧。在干摩擦情况下，微动磨损量最大。润滑剂能减轻微动磨损损伤，但并不能大大提高其微动磨损疲劳强度，二硫化钼的作用比油脂稍好一些。

喷丸、表面滚压和氮化等能够建立压缩残余应力的表面强化方法，能大大提高材料的微动磨损疲劳强度，有时能完全消除微动磨损的不利影响。渗碳和表面淬火也能起有利作用，在配合表面间加软材料作夹层或涂层（如纯铝垫片和四氟乙烯涂层等），也能提高抗微动磨损疲劳性能。

（三）试验试样

对于轮轴配合部位，由于微动磨损疲劳的特殊性，试样必须能够模拟试验部位的实际情况，但并不强制使用轮对作为试验试样。可将一个车轮或类似尺寸（特别是轮毂）的部件压装或热装在试样轴的轮座上。考查部位应与实际车轴的几何尺寸、环境、表面粗糙度相同，过盈量应与实际轮对相符。对于轴颈部位，应安装相应的轴承内圈。

（四）试验方法

试验时令裂纹可能萌生的区域的应力等于表 1-5-2 的疲劳极限，试验载荷根据应力采用传统的梁理论计算。标准对试验台结构没有规定，目前国内外常用的试验台及试验方式与车轴疲劳试验相同。

（五）试验数量和结果判定

每个部位试验件数为 3 个，每个件试验循环次数 10^7。试验结束后车轴被考查部位不得产生裂纹。

第二节　疲劳极限测试

对于承受动载荷的重要部件，一般都在其产品技术条件中对疲劳性能指标提出了要求，并在设计规范中给出疲劳许用应力。疲劳性能指标和疲劳许用应力是根据疲劳极限提出和确定的。

不同材料成分、不同的结构形状和不同制造工艺，部件的疲劳极限是不同的。因此对于采用新材料或新工艺制造的部件需要进行实物疲劳极限测试，为确定设计规范中的许用应力和制造技术条件中疲劳性能指标提供依据。虽然部件结构形状对疲劳强度有较大影响，但因其变化种类繁多，不可能对每种变化都进行疲劳试验。结构形状的变化对疲劳强度的影响用应力集中系数来反映。

一、测试方法

部件的疲劳极限是部件本身的固有属性，是部件的极限能力。它与运用载荷大小无关，因此试验中并不根据运用载荷确定试验应力。

本节仅介绍 10^7 次循环时的疲劳极限 σ_{-1} 的测定方法。

（一）常规的单点试验法

一般是先根据材料的抗拉强度 σ_b 估算出一个疲劳极限值，然后再比估算值高一定百分数的应力水平下开始进行疲劳试验，以后再根据前一根试样的疲劳寿命，逐步降低应力进行下一根试样的疲劳试验，直至有一根试样试验到试验基数以后不发生断裂为止。不断试样与相邻应力水平的应力平均值即为其疲劳极限。

用常规法进行疲劳试验时，一般要准备 10 根材料和尺寸均相同的一组试样，5～7 根试样供疲劳试验用，其余用作备品。

为了提高疲劳极限的可靠度，测定疲劳极限时应当有两根试样达到试验基数以后不破坏，试样数不足两个时应补做试验。

由试验数据绘制 S-N 曲线时，可使用如图 1-5-8 所示的逐点描迹法。这时应力通常使用线性坐标，寿命使用对数坐标。将数据点画在坐标上以后，用曲线板将它们连成光滑曲线。在连接过程中，应力求做到使曲线均匀地通过各数据点，曲线两侧的数据点与曲线的偏离应大致相等。

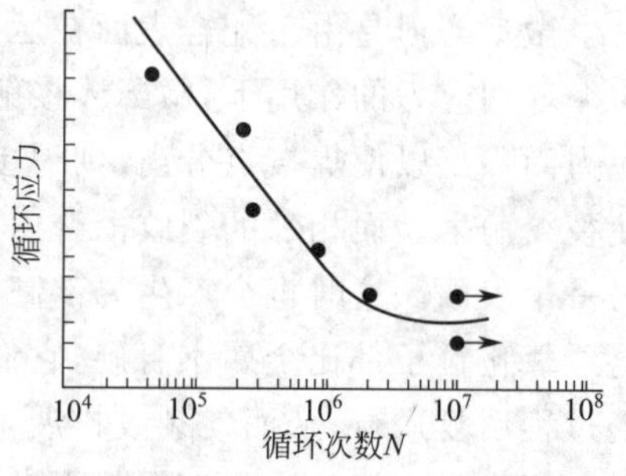

图　1-5-8

（二）小子样升降法

由于疲劳性能的分散性，用常规法求出的疲劳极限值不是很精确。要想求得精确的疲劳极限，必须使用升降法。国外提出的大子样升降法需要使用较多的试样，试样一般不得少于 30 根。为了减少试样，高镇同教授在“配对”的理论上，提出了可以节约试样的小子样升降法，目前国内多使用这种方法测定疲劳极限。下面介绍高镇同教授提出的小子样升降法。

试验前先用常规法或估算法估算出粗略的疲劳极限值，然后根据估算出的疲劳极限值确定应力级差。试验时先在略高于疲劳极限估算值的应力下开始试验。若第一根试样在达到试验基数以前破坏，则下根试样的试验应力降低一个级差；若第一根试样在达到试验基数时未破坏（即越出），则下一根试样的试验应力增加一个级差。以后的试样，也都按与此相同的方法继续进行试验。图 1-5-9 为用这种方法进行试验得出的一个典型的升降图。图中“×”表示破坏，“○”表示越出。

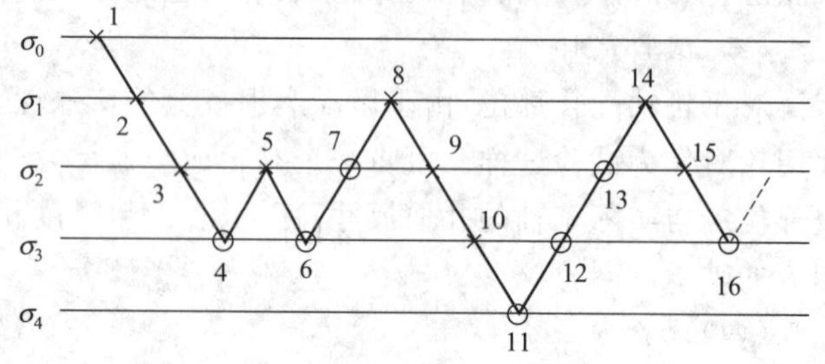

图 1-5-9　升降图示例

在处理试验结果时，在出现第一对相反结果以前的数据均应舍弃，这些试样为无效试样。如图 1-5-9 中的点 3 和 4 是出现的第一对相反结果，因此数据点 1 和点 2 均应舍弃。而第一次出现的相反结果 3 和 4 和应力平均值 $(\sigma_3+\sigma_4)/2$ 就是一个常规法疲劳极限值。同样，第二次出现的相反结果点 5 和点 6 的应力平均值，和以后出现的相邻相反数据点的平均值也都相当于常规疲劳极限值。将这些用配对法得出的疲劳极限数据作为疲劳极限的数据点进行统计处理，即可得出疲劳极限的平均值和标准差。这时的平均值 σ_{-1} 和标准差 $S_{\sigma-1}$ 计算公式为：

$$\sigma_{-1}=\frac{1}{k}\sum_{i=1}^{k}\sigma_i=\frac{1}{n}\sum_{j=1}^{l}v_j\sigma_j \tag{1-5-3}$$

$$S_{\sigma-1}=\sqrt{\frac{\sum\limits_{i=1}^{k}\sigma_i^2-\frac{1}{k}\left(\sum\limits_{i=1}^{k}\sigma_i\right)^2}{k-1}} \tag{1-5-4}$$

式中　k——配成的对子数；

n——有效试样数；

l——应力水平级数；

σ_i——用配对法得出的第 i 对疲劳极限值；

σ_j——第 j 级应力水平的应力值；

v_j——第 j 级应力水平上的有效试样个数，不论试样断否均包括在内。

当最后一个数据点的下一根试样恰好回到第一个有效数据点时，则有效数据点恰能互相配成对子。因此，用小子样升降法进行试验时，一般应试验到最后一个数据点与第一个有效数据点恰好衔接，这样才能保证式（1-5-3）后面的等式成立。

当试验第 8 根试样时，其试验应力与无效数据点 2 相同，这时则由于无效数据点 2 尚未利用，可以把这个数据点移过来作为第 8 个数据点，而不再在此应力水平重新试验另一根试样，其他未利用过的无效试样也都可以按此方法加以利用。但每个数据点只能利用一次，且只能在需要在该应力水平下试验时才能加以利用。小子样升降法所需要的试样数一般不多于 14～20 个。试验时的应力增量，最好应选择得使试验在 4 级应力水平下进行。

（三）步 进 法

它是一种改进的升降法，由 KynprRBueB N. B. 提出。它所需的试样数比升降法少一半，但总的试验时间比升降法增加。因此，这种方法适用于试样数量不足或特别贵重的大型试样。另外，这种方法只适用于低于疲劳极限的应力下不产生断裂和损伤的材料。

用这种方法进行疲劳试验时，试样数应在 3 个以上。第一根试样在略低于疲劳极限估计值的应力下进行试验，如果它在达到试验基数时不破坏，则仍用此试样提高一级应力（级差 ＝10 MPa）继续进行试验，如此继续下去，直至第一根试样破坏。第二根试样也按上述方法逐级提高应力进行试验，其第一级应力要比第一根试样的破坏应力低一级。以后的试样均在比前几次试验的最低破坏应力低一级的应力水平下开始试验，再按前述方法逐级提高应力直至破坏。

每根试样均可定出一个疲劳极限值，它等于破坏应力减去半个级差。一组试样疲劳极限的平均值即为所求的疲劳极限值。如果一组试样中的试样数较多，则可以使用升降法中的计算公式来计算疲劳极限的平均值和标准差。由于这种方法每根试样都试验到破坏，因而每根试样都可以确定出一个疲劳极限值，所需的试样数比升降法少一半。

二、LZ50 钢车轴轴身部位疲劳极限测试

国内在图 1-5-3 所示的试验台上对 LZ50 钢车轴轴身部位的疲劳极限进行了测试，试验具体情况如下：

由于我国车轴的薄弱位置都在轮座上，如果直接按实物车轴进行试验，试样肯定在轮座处断裂，达不到试验目的。因此试样减小了轴身直径。试样被试部位结构见图 1-5-10。

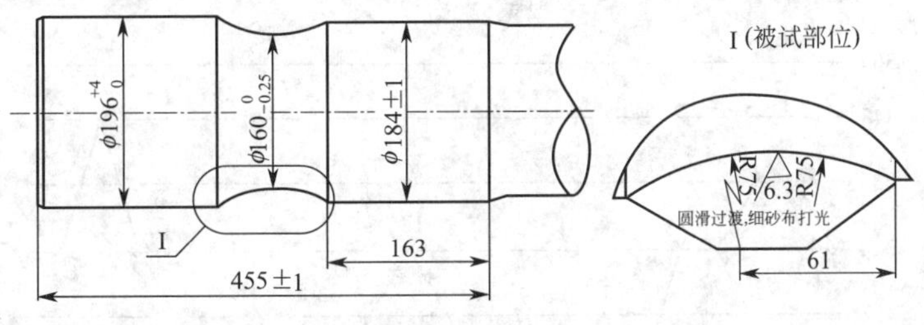

图 1-5-10　试样

所有试样均为同一熔炼号、同一热处理炉号，均为合格产品。其化学成分见表 1-5-3，机械性能见表 1-5-4。试验结果见表 1-5-5。

表 1-5-3　化学成分

w(C)	w(Mn)	w(Si)	w(P)	w(S)	w(Cr)	w(Ni)	w(Cu)	w(TAl)
0.48	0.70	0.24	0.007	0.003	0.08	0.06	0.07	0.029

表 1-5-4　机械性能

抗拉强度(MPa)	屈服强度(MPa)	延伸率(%)	断面收缩率 ψ(%)	晶粒度
645	345	29	52	7-8 级

表 1-5-5　LZ50 钢车轴疲劳试验结果

序号	轴编号	名义应力(MPa)	循环次数(万)	疲劳源距盘座边缘距离	结果
1	32023	238	24.6	65 mm	断
2	32020	218	1 000		未
3	32012	228	15	66 mm 碰伤处	断
4	32020	228	52	70 mm	断
5	32020	218	1 000		未
6	32024	228	33.9	65 mm	断
7	32019	218	1 000		未
8	32015	228	53	68 mm	断

表 1-5-5 中名义应力为图 1-5-10 中距盘座 67 mm 处(断裂位置附近)的名义应力。

7 号试样运输过程中被碰伤,伤痕约长 15 mm、宽 2 mm,刚好处在高应力区。最终车轴从碰伤处断裂,裂纹穿过伤痕。

从表 1-5-5 可以看出,试验结果比较集中。序号 4、6、8 号试样在试验应力 228MPa 下均在几十万次发生断裂,而 2、5、7 号试样在试验应力 218 MPa 下在 10^7 以内均未发生断裂。虽然试样数量比较少,但结果比较集中,根据升降法原理可得该轴的疲劳极限(10^7)为 223MPa(50%可靠度)。

三、30NiCrMoV12 材料的车轴疲劳极限测试

国外对 30NiCrMoV12 材料的车轴轴身向轮座过渡处进行了疲劳极限测试,试样图纸见图 1-5-11,试验方式同图 1-5-5,试验结果见图 1-5-12。50%可靠度下的疲劳极限为 316 MPa。

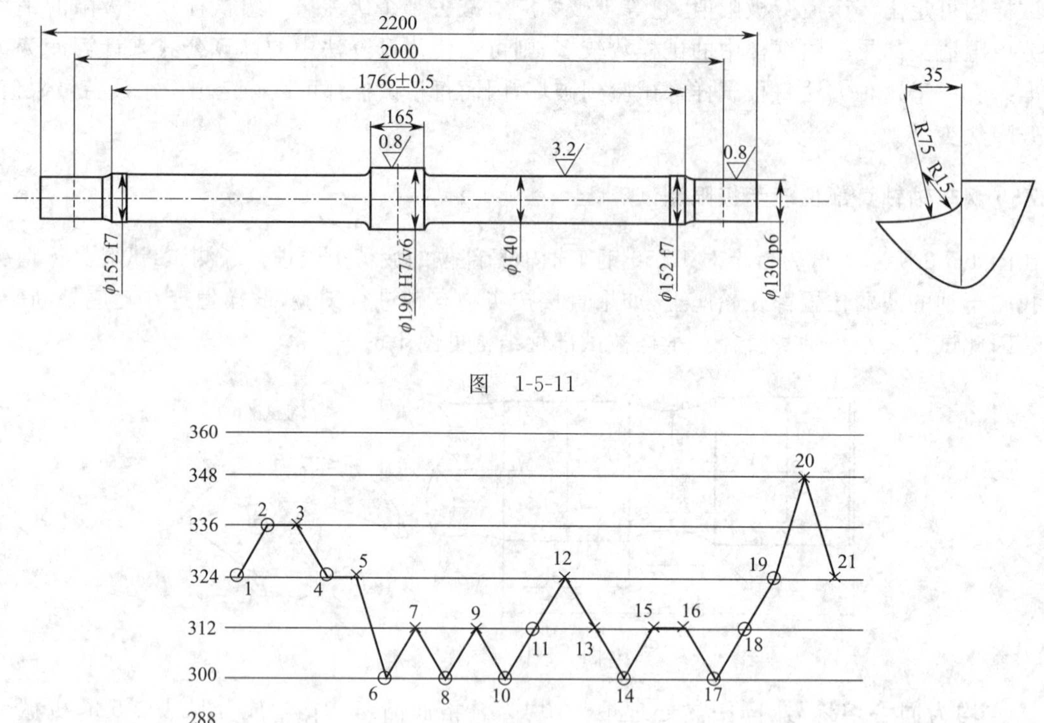

图 1-5-11

图 1-5-12 试验结果

第三节 疲劳性能比较试验

第一章已介绍了车轴不同的结构形状、不同的加工工艺对轮轴的疲劳强度都有较大影响,而这些影响很难用小试样模拟。因此需要进行实物试验。这种试验没有特定的试验方法,应根据比较的目的制定相应的试验方案,如国内 21 t 轴重货车 RD_2 型车轴轴颈根部比较试验。

由于各种原因,RD_2 型车轴轴颈根部曾有不同的结构形状和不同表面加工工艺,有两种材质;在运用中轴颈根部存在腐蚀现象,并在腐蚀坑中发现 Na 离子。为对这些问题进行研究和比较,进行了如下实物车轴比较试验:

(1)车轴轴颈根部表面进行辊压强化、辊光和磨削加工工艺对疲劳性能影响;

(2)LZ50 和 LZ40 车轴钢疲劳性能比较;

(3)轴颈根部有退刀槽和无退刀槽结构形状的比较;

(4)在盐水腐蚀下有无防腐措施和在大气条件下车轴疲劳强度的比较。

实际车轴与试验试样轴颈根部结构相同,见图 1-5-13。LZ40 钢试样符合《车辆用车轴型式与基本尺寸》、TB451—86《车辆和煤水车用车轴技术条件》,LZ50 钢试试样符合《铁道车辆用 50 钢车轴技术条件(暂行)》。辊压强化方案辊压深度为 0.03～0.04 mm。

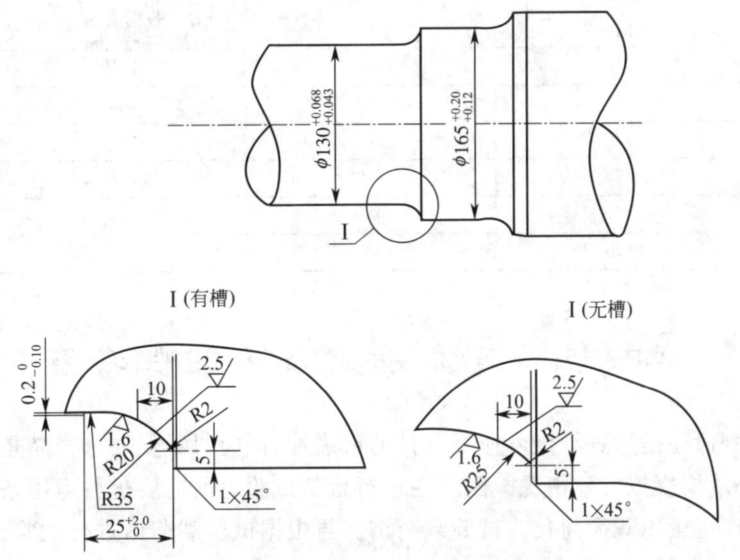

图 1-5-13　车轴及试样轴颈根部形状

前 3 项试验采用 2 个应力等级,第一级应力为 205MPa,第二级应力为 221 MPa。若被试车轴在 205 MPa 应力下循环 500 万次未断,则再在 221 MPa 应力下继续试验,若再经过 500 万次仍不断裂,则停止试验。试验结果见表 1-5-6。

表 1-5-6　试验方案和试验结果

方案	σ_{01} (MPa)	σ_1 (MPa)	σ_{02} (MPa)	N_{01} (万)	N_{02} (万)	疲劳源起因	备注
方案 1 (无槽 40 钢 辊光)	205	270		51			断裂
	205			60			断裂
	205	292		51			断裂
	205	270		47			断裂
方案 2 (无槽 40 钢 磨削)	205	285		39			断裂
	205			45			断裂
方案 3 (有槽 40 钢 磨削)	205			36			断裂
	205			44			断裂
方案 4 (有槽 40 钢 辊压)	205	270		359		加工刀痕	断裂
	205	265		278		加工刀痕	断裂
	205		221	500	87	冶金缺陷	断裂
	205		221	500	183	冶金缺陷	断裂
	218	286		91		晶粒粗大	断裂
	193	261	233	937	17		断裂
	209	265		130		辊压坑	断裂
	203	275	221	1548	125		断裂
	209	279		839			未断*
方案 5 (有槽 50 钢 辊压)	205	273	221	600	500		未断
	205	275	221	500	500		未断
	205	261	221	500	79	冶金缺陷	断

注:σ_{01}为第一级名义应力,σ_1 为第一级实测应力,σ_{02}为第二级名义应力,N_{01}为 σ_{01} 下的循环次数,N_{02}为 σ_{02} 下的循环次数。 *——839 万次后因机器故障轴发生弯曲,停止了试验。

进行腐蚀试验时,在车轴以 840r/min 转速旋转的同时向车轴退刀槽处以 10 mL/min 的流速滴盐水,盐水的浓度为 3.5%。试验前在方案 7 两轴轴颈根部涂抹 PR-1 型防锈脂,并用纱布包裹,以防止防锈脂被盐水冲掉。试验结果见表 1-5-7。

表 1-5-7 试验方案和试验结果

方案	试验应力 σ(MPa)	循环次数 N_1 (万)	疲劳源数	备注
方案 6 有槽 40 钢 辊光 腐蚀	170	135	1 周	断裂
	170	133	1 周	断裂
方案 7 有槽 40 钢 辊光 防腐	170	321	1 周	断裂
	170	470	1 周	断裂
方案 8 有槽 40 钢 辊光	170	1 000		未断
	170	1 000		未断

第四节 寿命确定及可靠性考查

无论是确定部件寿命还是考查给定寿命下部件的可靠性，试验时不仅要求样品是实物的，试验工况也要等同实际情况，试验环境要模拟实际情况。因此在进行台架试验之前需要进行运用条件下载荷测试，再根据等寿命或等可靠性原理将运用载荷简化为试验载荷谱。再根据试验载荷谱进行试验。这种试验是非常有意义的，也是比较困难的。它的难点在于大量运行中载荷谱的测试及等效试验谱的制定。

EN13979-1 标准要求，车轮在制动热负荷下的结构设计可靠性采用实物车轮制动试验方法评估，其试验要求和方法如下：

一、试验流程

整个试验分三个阶段：试验台制动试验、车轮破坏试验台试验和现车制动试验。从一个阶段到另一个阶段的过渡取决于前一个的试验结果。虽然进行该项试验的目的主要是评估车轮设计可靠性，但第二阶段的车轮破坏试验的结果也与材料和制造工艺有关。

三个阶段的每个阶段，都应对新轮辋(名义车轮直径)和磨耗轮辋(磨耗到限车轮直径)车轮进行试验。在每种场合，不论新轮辋和磨耗轮辋，试验车轮的辐板几何形状都应在公差范围内热力学性能最不利的形状。

三个阶段试验的进行条件以及流程如图 1-5-14 所示。

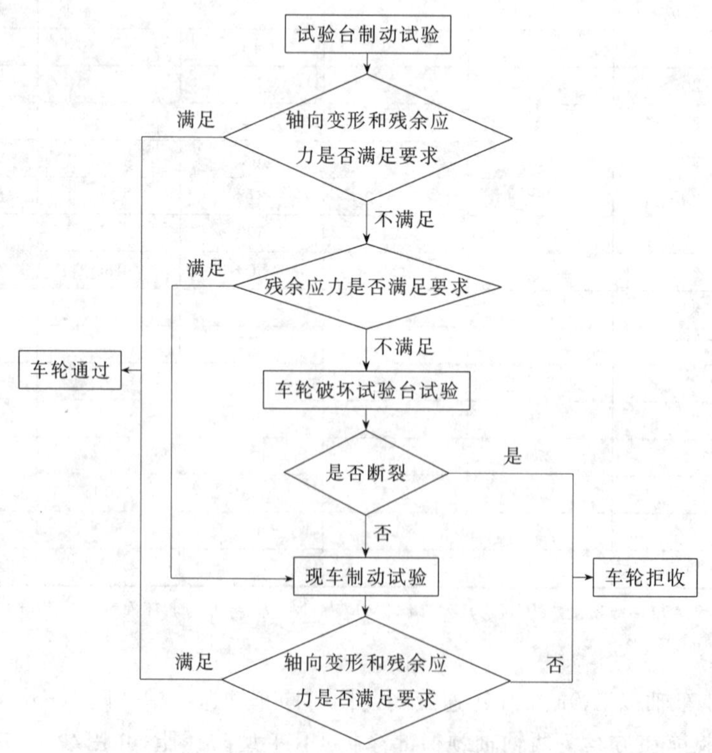

图 1-5-14 三个阶段试验的进行条件以及流程

二、试验台及其工作方式

国内外制动试验台大体类似，见图 1-5-15。这类试验台都包含电机、试验台主轴、惯性轮（图 1-5-15 黄色罩中）、制动装置这些最基本结构。电机、惯性轮和试验车轮均安置在主轴上。试验时，电机带动惯性轮和试验车轮转动，制动装置通过闸瓦对车轮实施制动。惯性轮用来模拟车辆惯性。

图 1-5-15 制动试验台

三、第一阶段——试验台制动试验

（一）试验过程及试验参数

1. 闸瓦磨合

在正式试验前应进行车轮与闸瓦的磨合，直到接触面积超过 80%为止，磨瓦每闸次的制动功率和制动时间要小于正式试验。

2. 正式制动试验

进行 10 次制动或者按照规定的次数进行制动试验。试验制动功率 P_b、制动时间 t_b、制动速度 v_b 如下：

$$P_b = 1.2P_a$$

$$t_b = t_a$$

$$v_b = v_a$$

其中：t_a、v_a 和 P_a 为实际运行中车轮所承受的制动功率、制动时间和列车制动速度。

制动试验时，参数允许的变化范围为：

瞬态功率：$\pm 10\% P_b$，可通过测量扭矩或踏面处摩擦力来获得瞬时功率。

平均功率：$\pm 5\% P_b$

制动时间：$\pm 2\% t_b$

线性速度：$\pm 2\% v_b$

通过惯性轮来模拟车轮的动能。

每次循环制动试验之前都需测量轮辋温度，保证轮辋最高温度低于 50 ℃。试验时，需进行吹风冷却，风速为 $v_b/2$ 的试验速度，出风口距车轮距离约为 700 mm。

（二）测量参数及测量方法

应测量试验过程中轮辋的最大轴向变形、冷却后轮辋的残余轴向变形及残余应力。

测量轴向变形需在轮辋中部圆周上均匀布置 3 个测点，轴向变形等于 3 个测点的平均值。

残余应力有两种测量方法，分别为破坏方法和非破坏方法。

破坏方法可采用切割法，如 prEN13262《Railway applocations—Wheelsets and bogies—wheels—Product requirements》附录 C“用于测定踏面深处圆周残余应力变化的应变仪测量法（破坏性方法）”所提到的方法；在轮辋处粘贴应变计，并按照一定的次序对车轮剖分，将各次剖分后的应变测量值代入规定的公式，进而获得车轮轮辋处残余应力。

非破坏方法，可以采用超声波法测量，测量仪器的横波贯穿整个轮辋厚度。在整个圆周方向上每隔 120°布置一个测量截面；对于新车轮的每个测量截面，从滚动圆下 15 mm 处起，每隔 15 mm 确定一个测点，测量每个测点处的残余应力 σ_j；对于磨耗到限车轮的每个测量截面，至少要在轮辋中央处布置一个测点并测量残余应力。轮辋整体残余应力 σ_r 通过下列公式确定。

在每个测量截面处的残余应力 σ_i：

$$\sigma_i = \frac{1}{n}\sum_{j=1}^{n}\sigma_j \tag{1-5-5}$$

整个轮辋上的残余应力 σ_r：

$$\sigma_{r}=\frac{1}{3}\sum_{i=1}^{3}\sigma_{i} \tag{1-5-6}$$

（三）判　　据

新轮辋：

制动中轮辋最大轴向位移：−1～+3 mm；

冷却后残余应力大小：

$\sigma_{rn} \leqslant +(\sum r-50)$ MPa 三测值的平均值；

$\sigma_{in} \leqslant +\sum r$ MPa 对于每次测量；

冷却后轮辋最大轴向位移：−0.5～+1.5 mm；

磨耗轮辋：

制动中轮辋最大轴向位移：−1～+3 mm；

冷却后轮辋残余应力大小：

$\sigma_{rw} \leqslant +\sum r$ MPa 三测值的平均值；

$\sigma_{iw} \leqslant +(\sum r+50)$ MPa 对于每次测量；

冷却后轮辋最大轴向位移：−0.5～+1.5 mm。

符合 prEN13262 的 ER6 和 ER7 材料的车轮，$\sum r=200$ MPa。

在车轮设计中，如果第一阶段试验结果超出标准规定的限度，应该修改设计，继续进行第二和第三阶段试验的可能性很小，因此这里不进行介绍。

第二篇

轮轴材料应用技术

所谓材料，是指经过某种加工，具有一定结构、组分和性能，并可应用于一定用途的物质。材料科学是研究材料的组织结构、性质、生产流程和使用效能，以及它们之间相互关系的科学，是多学科交叉与结合的结晶，是一门与工程技术密不可分的应用科学。研究与发展材料的目的在于应用，而材料必须通过合理的工艺流程才能制备出有实用价值的材料来，通过批量生产才能成为工程材料。在将实验室的研究成果变成实用的工程材料过程中，材料的制备工艺、检测技术、计算机技术等起着重要的作用。材料的实用研究构成了材料科学与技术的结合点。

在实践中，人们按用途把材料分成结构材料和功能材料，结构材料主要是利用其强度、韧性、力学及热力学等性质达到使用要求。功能材料则主要利用其声、光、电、磁、热等性能达到使用要求。按化学成分分类，则可把材料分为金属材料、有机高分子材料、无机非金属材料及复合材料等。

铁路货车轮轴系统除轴承润滑油脂、高分子材料保持架及橡胶密封外的制造材料均为金属材料构成，“金属”在《辞海》中被解释为：“具特有光泽而不透明(对可见光强烈反射的结果)，富有展性、延性及导热性、导电性的这一类物质。”在元素周期表中，左下角绝大部分是金属的领域，仅右上角才是非金属的地盘，也就是说在人类至今认识的 109 种化学元素中，非金属只有 22 种，而金属元素有 87 种，在总体的化学元素中占了近 80%。可以说金属在我们的生产生活中是无处不在的。轮轴作为铁路货车重要的部件，其材料的质量、等级及高可靠性是轮轴安全稳定运用的重要保障。

本篇中重点介绍的目前中国铁路广泛使用的车轮及车轴钢材料均为普通碳素钢，意即碳含量小于 1.35%，除铁、碳、硅、锰和限量以内的磷、硫等杂质元素及残余元素外，基本不含其他合金元素的钢。碳素钢的性能主要取决于含碳量，含碳量增加，钢的强度、硬度升高，塑性、韧性和可焊性降低。与其他钢类相比，碳素钢使用最早，成本低，性能范围宽，用量最大。近期新研制的贝氏体车轮钢并不属于这个范畴，应归类为合金钢，本篇介绍的轴承钢归类为特殊钢系列。目前对特殊钢尚无统一的定义和概念，一般认为特殊钢是指具有特殊的化学成分(合金化)、采用特殊的工艺生产、具备特殊的组织和性能、能够满足特殊需要的钢类，与普通钢相比，特殊钢具有更高的强度和韧性、物理性能、化学性能、生物相容性和工艺性能。轴承中的润滑油脂、高分子材料保持架及橡胶密封均属于非金属材料系列，非金属材料通常指以无机物及有机物为主体的材料。

为判定某种材料的相关特性是否满足应用需要，最根本的是实验检测技术，材料的发展在很大程度上依赖于检测技术的提高。每一种新仪器和测试手段的发明创造，都对当时新材料的出现和发展起到了促进作用。1863 年，光学显微镜用于金属材料的研究。随后又出现了电子显微镜、扫描电镜、高分辨率电镜，其点分辨率在 0.2 nm(纳米，$1\ nm=1\times10^{-9}\ m$)左右，足以观察到原子，为研究材料的内部组织结构提供了先决条件。而后又出现扫描透射电镜、扫描隧道显微镜，不但可以观察到原子，分析出微小区域的化学成分和结构，还可用来进行原子加工，为在微观结构上设计新材料打下了基础。

本篇对轮轴系统的车轮钢、车轴钢、轴承钢材料的物理化学特性、冶炼及热处理特点、相关疲劳断裂特性进行了重点论述，介绍了各类材料的技术发展历程，阐述了在钢中可能存在的宏观低倍及微观组织缺陷及其带来的危害性，同时介绍了轴承润滑油脂、工程塑料保持架材料这类非金属材料的物理化学特点及其技术发展的过程。

第一章
轮轴材料基本性能

第一节　钢中的化学元素及其作用

一、主要化学元素的作用

（一）碳

碳是钢中最主要和最基本的元素，它对机械性能和工艺性能有非常明显的影响。一般说来，亚共析碳素钢随着含碳量的增加，基体组织（珠光体和铁素体）中的珠光体含量增多，钢的强度（屈服强度、抗拉强度、硬度）提高，塑韧性降低。当碳含量达到钢的共析成分（约0.77%）时，钢的基体组织为全珠光体；当碳含量超过钢的共析成分时，钢中开始出现渗碳体组织。此时钢的强度不再有明显增加，但塑韧性将显著变坏，因此，各国车轮和车轴钢的碳含量一般控制在共析点以下，就是为了保证钢有较高综合力学性能。

在高碳铬轴承钢中，碳是保证轴承钢的淬透性、硬度值及耐磨性的重要元素之一。货车轴承滚子用钢为GCr15，其碳含量为0.95%～1.10%。碳含量过低，其淬透性、硬度值都达不到要求，碳含量过高，即超过1.10%，其硬度值不仅提高不多，反而会产生大块的碳化物，降低了性能。

渗碳轴承钢中，碳含量对渗碳淬火后零件心部硬度和淬透性起着决定性的作用，套圈用的渗碳轴承钢G20CrNi2MoA，其碳含量在0.08%～0.30%，其既能满足耐冲击，又保证了足够的强度。

（二）硅

硅是钢中常见的元素之一。硅能固溶于铁素体而强化铁素体基体，提高钢的强度和硬度，还能提高屈强比（屈服强度/抗拉强度）及疲劳强度与抗拉强度的比值，但当其含量超过3%时，又会降低钢的塑性和韧性。硅含量不是很高时，对钢的延展性和韧性影响不大。

钢中加入适量的硅，可以强化铁素体，提高强度、弹性极限和淬透性，改善抗回火软化组织。根据在钢中的含量不同，硅可以是以夹杂物形式残存于钢中，也可以是以合金元素的作用而存在于钢中。在钢的冶炼过程中随脱氧剂硅铁而进入钢中或者由生铁中残存下来，这时的硅是作为一种杂质元素形式而存在，一般在钢中的含量小于0.40%。由于硅是一种与氧亲合力很强的元素，所以炼钢时将其作为脱氧剂——硅铁而加入钢中，在钢中形成SiO_2并以非金属夹杂物的形式残存在钢中，这种氧化物硬而脆，在严重聚集的情况下往往是疲劳伤损的核心所在，这就必然影响着钢的质量。

硅在高碳铬轴承钢中，使钢的过热敏感性、裂纹及脱碳倾向性增大，硅含量过高，既超过0.80%，将使钢在球化退火状态的切削和冷加工性能变坏。

硅在渗碳轴承钢中，硅和锰的复合作用能显著提高渗碳层的抗回火稳定性，硅含量越高，抗回火性能越好。我国铁路货车轴承用高碳铬和渗碳轴承钢硅含量控制在0.15%～0.40%之间。

（三）锰

锰是碳化物的形成元素，能代替部分铁原子形成$(Fe\cdot Mn)_3C$型碳化物，这种碳化物加热时易溶于奥氏体，回火时易析出和聚集。同时，锰又是良好的脱氧剂和脱硫剂，能固定钢中硫的形态并形成对钢的性能危害较小的MnS或(Fe・Mn)S，减少或抑制FeS的生成，可以提高其性能和洁净度，因此在工业用钢中一般都含有一定数量的锰，它能消除或减弱因硫引起的热脆性，从而改善钢的热加工性能。锰也能溶于铁素体而强化铁素体基体，提高钢的强度、硬度和淬透性，但会使钢的延展性和韧性略有降低。另外锰还会使钢的耐锈蚀性能降低。因此，要适当控制钢中锰含量，使钢的综合性能达到最佳。

锰在渗碳轴承钢中，对渗碳性能有显著影响，锰含量增加，渗碳性能提高。铁路货车用渗碳轴承钢锰含量在0.40%～0.70%。

（四）铬

铬作为合金元素加入轴承钢中主要是提高钢的淬透性、耐腐蚀性能，同时对提高钢的强度、硬度、耐磨性、弹性极限和屈服极限起着重要的作用。

铬是碳化物的形成元素，在高碳铬轴承钢中，铬能显著改变钢中碳化物颗粒大小及分布，铬使高碳铬轴承钢的碳化物变得细小、分布均匀，并能扩大球化退火的温度范围，铬还能减小钢的过热倾向和表面脱碳速度，货车轴承滚子用的高碳铬轴承钢铬含量在1.35%～1.65%之间，铬含量再高会因残余奥氏体量增加反而降低硬度，过高的铬含量也容易形成大块的碳化物，大块难熔的碳化物使钢的韧性降低，导致轴承寿命下降。

铬在渗碳轴承钢中可以调整淬透性、提高渗碳层耐磨性，并能改善钢的力学性能，同时铬还能使钢的热处理工艺稳定，获得良好的渗碳性能。货车轴承套圈用的渗碳轴承钢铬含量在0.40%～0.60%之间。

在车轮和车轴钢中，铬是作为残余元素加以控制的，其含量分别不大于0.25%和0.03%。铬和铁形成连续固溶体，与碳形成多种碳化物，能改善钢的抗氧化作用，提高钢的耐腐蚀抗力，同时可提高钢的淬透性和强韧性。

（五）镍

在渗碳轴承钢中，镍是作为合金元素加入的，在钢中能降低表面吸收碳原子的能力，加速碳原子在奥氏体中的扩散，减少渗碳层中的碳浓度，镍可以减慢渗碳速度，提高钢的韧性。铁路货车用渗碳轴承钢镍含量在1.60%～2.00%。在高碳铬轴承钢中，镍是作为残余元素受到限制。铁路货车用高碳铬轴承钢镍含量小于等于0.30%。

在车轮和车轴钢中，镍是作为残余元素加以控制的。相关技术条件中规定，其镍的含量应分别不大于0.25%和0.30%。镍和碳不形成化合物，镍能细化钢的晶粒度，改善钢的低温韧性。镍已广泛用于轴承钢、不锈钢、耐热钢等等重要用途的产品，作为碳素钢中的合金元素，应该只在不能用其他元素来获得所需要的性能时，才考虑使用它。

（六）铜

铜在低合金钢中的突出作用是改善抗大气腐蚀能力。铜在铁中的溶解度不大，不和碳形成碳化物。含铜超过0.6%的钢，有时甚至是含铜0.2%～0.3%的钢，在强氧化气氛中高温加热时，由于选择性氧化的结果，会在表面富集一薄层熔点低于1 100 ℃的富铜合金，此层合金在约1 100 ℃时熔化并浸蚀钢表面层的晶界，使钢在热轧加工时开裂。此外，钢中的铜不能在冶炼过程中去除，用含铜废钢重复冶炼时，其中的残余含铜量势必越集越多。基于以上原因，在车轮和车轴钢技术条件中分别规定了残余元素铜的含量限度。

（七）硫

硫在通常情况下是有害元素。硫使钢产生热脆性，降低钢的延展性和韧性，在锻造和轧制时造成裂纹。硫对钢的热脆性影响主要是因为硫及其生成的FeS熔点都很低，钢坯在1000 ℃进行热加工时，分布在晶界的FeS将熔化，并以液态膜形式破坏晶粒间的结合，轻微锻造就会引起开裂。图2-1-1为FeS在45钢中晶界的分布。硫对焊接性能也不利，降低耐腐蚀性。所以通常要求硫含量小于0.055%，优质钢要求小于0.040%。在车轴钢、车轮钢生产中要求硫含量小于0.030%，在轴承钢生产中要求硫含量小于0.020%。

为了避免硫引起热脆现象，通常在钢中加入一定量的锰元素，使硫与锰生成高熔点的MnS。图2-1-2是钢中的裂纹与C、Mn/S之间的关系。从图中可以看出Mn/S越大钢中出现的裂纹几率就越小。

压力加工后MnS沿轧制方向呈条状分布，使材料的各向异性增加。因此应尽可能地降低车轴钢中的硫含量，以保证其性能。

硫对轴承钢疲劳寿命的影响，目前主要有三种观点：一种是认为适当提高钢中的硫化物含量有利于疲劳寿命的提高；另一种是硫化物含量增大会降低疲劳寿命；还有一种观点是硫化物含量与疲劳寿命影响不大。

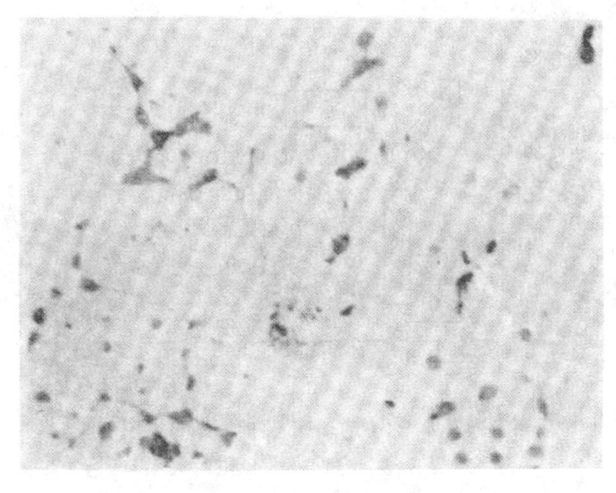

图 2-1-1　45 钢中 FeS 分布于奥氏体晶界

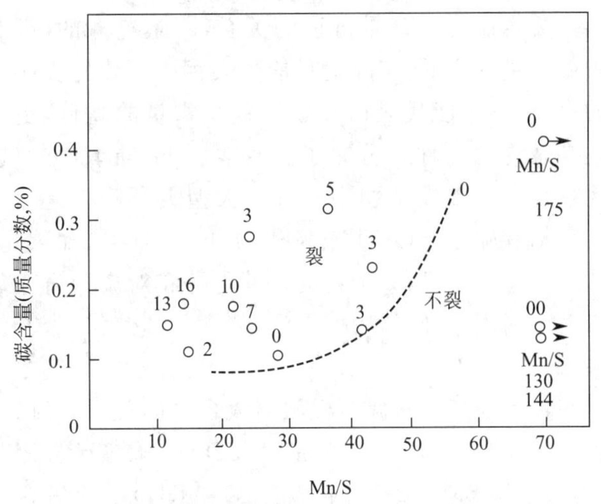

图 2-1-2　裂纹与碳、Mn/S 之间的关系

(图中数字是每一显微断面上的裂纹数)

认为有益的观点，用“共生理论”解释，这种观点认为钢液在凝固过程中，低熔点的硫化物粘着在氧化物表面上，形成硫化物包围氧化物的共生夹杂物，它能够松弛拉应力，能够协调变形，减少氧化物的有害作用。这种是建立在氧化物较多的情况下，但是随着冶炼水平的提高，钢中氧含量的大幅度降低，硫化物的有害作用显现出来了，钢中硫含量较低，并不意味着大颗粒夹杂物的完全消失。硫与钢中的其他金属元素化合而生成硫化物。在钢锭的凝固过程中，随着钢液的凝固，而在钢液最后凝固的部分聚集，出现较多的硫化物夹杂。低熔点的硫化物如 FeS(1 190 ℃)在钢液凝固时沿晶界析出，形成连续的或不完全连续的网状组织；高熔点的硫化物如 MnS(1 600 ℃)在钢液凝固以前或凝固过程中就形成颗粒状的夹杂物分布在晶粒内部，或在晶界上形成不连续的网状组织。硫化物夹杂的存在，降低材料的塑性和韧性。

(八)磷

在一般情况下，磷是钢中有害元素，增加钢的冷脆性，使焊接性能变坏，降低塑性，使冷弯性能变坏。因此通常要求钢中含磷量小于 0.045%，优质钢要求更低些。在车轴钢、车轮钢中要求钢中的含磷量小于 0.030%，在轴承钢中要求钢中的含磷量小于 0.025%。

磷对钢的低温韧性不利，随着钢中磷含量的增加，韧脆转变温度升高，同温度下的冲击韧性降低。磷的这种脆化作用主要是因磷易偏析于晶界，从而降低晶界的表面能，其次磷还可能在晶界上形成磷共晶型非金属夹杂，造成晶界脆化。另外，研究表明磷的这种有害作用还与钢中的碳元素有关，随着钢中的碳含量增加，磷的有害作用增大，这是因为钢中的碳促进磷偏析所致。

图 2-1-3 列出磷对含碳为 0.35%的钢在不同温度下的冲击韧性的影响。从图中可以看出磷对冲击韧性的影响非常大。

(九)氧

氧也是在钢的冶炼过程中不可能完全去掉的残存元素，其在钢中的溶解度很小，几乎全部以氧化物形式存在，如 FeO，Fe_2O_3，Fe_3O_4，SiO_2，MnO，Al_2O_3，CaO，MgO 等，并且往往形成复合氧化物或硅酸盐。这些非金属夹杂物的存在，会使钢的性能下降，其影响程度与夹杂物的大小、数量和分布有关。

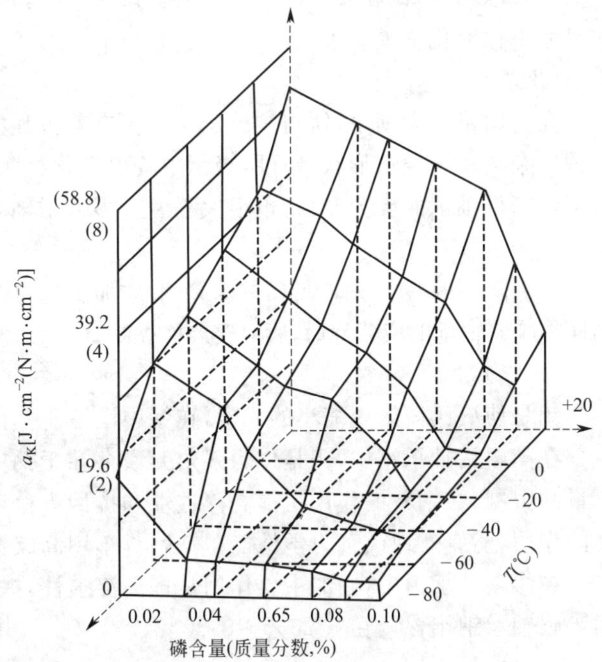

图 2-1-3　磷含量对含碳 0.35%钢冲击韧性的影响

轴承钢中的氧含量与疲劳寿命之间的关系，国内外的试验结果大体一致。但是应当指出的是，氧含量

与疲劳寿命的关系是辩证的关系，不是绝对的，因为钢中氧含量的高低，实际上只能代表钢中氧化物夹杂数量的多少，它不能代表硫化物和氮化物量的高低，更不用说夹杂物的尺寸及分布了。通常，一个轴承件的破坏，往往是由许多夹杂物中的一个大型夹杂物引起。这些夹杂物有硫化物(A类)、氧化物(B、C、D类)和氮化物。从这个意义上说，夹杂物的尺寸与分布对疲劳寿命影响最大。因此，不同的冶炼方法，氧含量即使相同，其疲劳寿命也完全不一样。图2-1-4表示各种不同炼钢方法生产的轴承钢其弯曲疲劳极限与氧含量的关系，可以看出氧含量大约为20×10^{-6}的钢材(LD+RH)疲劳极限相当好，而采用Si-Ca处理的钢材(EF+RH)尽管氧含量很低($5\sim10\times10^{-6}$)，由于其形成了危害严重的CaO类夹杂，疲劳极限并不高，有关试验研究也证明了这一点。电渣重熔钢的氧含量(18.6×10^{-6})和夹杂物含量虽然较高，但它的夹杂尺寸细小，分布均匀，其疲劳寿命比低氧含量(8.2×10^{-6})的炉外精炼钢高。

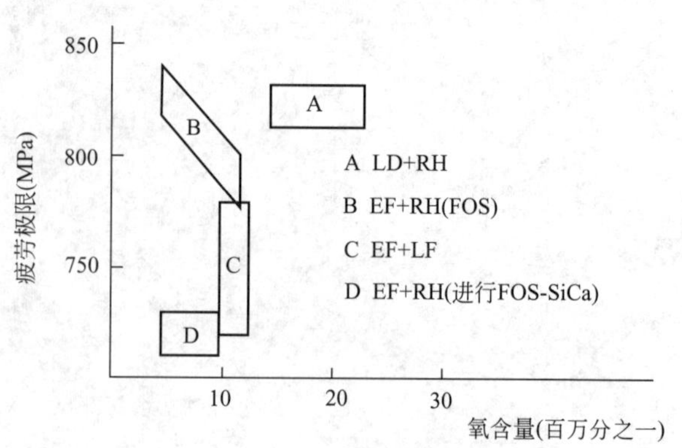

图2-1-4 不同炼钢工艺的GCr15钢中总氧含量与弯曲疲劳极限的关系

据此，只能将氧含量看作是特定工艺范围内疲劳极限的一个相关参数。只有在同一冶炼方法和大量试验条件下，才有可能确定氧含量和疲劳性能之间的关系。

(十)氢

钢中的氢一般是冶炼过程中由锈蚀含水的炉料带入或从含有水蒸气的炉气中吸入，钢中氢含量一般甚微，对组织看不出有什么影响。但对钢的危害却是很大的。因此一般作为有害元素而加以清除。氢在固态钢中的溶解度很小，并能在钢中引起"氢脆"，使钢的塑性下降，脆性增大，引起在钢件内部产生细微裂纹缺陷(即"白点")，使钢的延伸率显著下降，尤其是断面收缩率与冲击韧性降低得更多。

(十一)氮

在冶炼时，氮随炉料进入钢中，然而氮在钢中总是少量存在的，常被认为是一种杂质。

钢中残留氮含量虽少，但对钢的力学性能却会产生显著的影响。氮在α-Fe中的溶解度随温度下降而急剧降低，使之过饱和，随后即会产生时效硬化，使强度、硬度提高，韧性降低，缺口敏感性增加。

钢中残留的氮含量较高时，会导致钢的宏观组织的疏松，甚至形成气泡。

在轴承钢中，钛和氮形成一种碳氮化钛夹杂物，是一种硬而脆的夹杂物，影响着钢的疲劳寿命，在相同的尺寸下比氧化物更有害。

(十二)钛

在高碳铬轴承钢中，钛与溶解于钢中氮有着极强的亲和力，常以TiN、TiNC夹杂物的形式存在于钢中，这种夹杂物呈现棱角形状，坚硬，当钢中其他氧化物明显减少的情况下，这种夹杂物对轴承的影响尤为突出，它不仅降低轴承的疲劳寿命，也很大程度上影响了轴承的粗糙度。铁路货车用高碳铬轴承钢钛含量控制在小于等于0.003%。

在渗碳轴承钢中，对于低碳的渗碳钢，添加少量的钛可以细化晶粒，但是避免不了的含钛夹杂物的存在，也同样影响着轴承的疲劳寿命，所以要严格控制钛含量。铁路货车用渗碳轴承钢钛含量在小于等于0.003%。

(十三)钼

钼是使奥氏体区域缩小的元素，在钢中固溶于基体或形成碳化物。

在高碳铬轴承钢中，钼是作为残余元素存在于钢中，钼虽然在钢中是残余元素，但它在此类钢中不受到含量的限制，在钢中的作用是提高淬透性和抗回火稳定性，还具有细化退火组织，减少淬火变形，提高疲劳强度的作用，能有效地改善力学性能。铁路货车用高碳铬轴承钢钼含量小于等于0.08%。

在渗碳轴承钢中，钼的主要作用是提高淬透性，提高韧性、耐磨性和渗碳性能，改善力学性能。铁路货车用渗碳轴承钢钼含量在0.20%～0.30%。

(十四)铝

铝是钢中常用的脱氧剂。车轴钢对非金属夹杂物的要求非常高，需尽可能地脱除钢中的氧，铝作为脱氧剂可以达到理想的效果。

另外，钢中加入少量的铝还可细化晶粒。钢中加入铝可与钢中氮形成细小、弥散的 AlN 第二相阻止奥氏体晶粒长大。铝过低，形成的 AlN 少，奥氏体晶粒容易长大。但当钢中铝过高时，一方面，由于固溶铝高，促进晶粒长大；另一方面由于其浓度梯度大，扩散较快，析出的 AlN 颗粒较大，从而导致铝细化晶粒的作用降低。车轴钢中铝含量一般控制在 0.02%～0.05%。

铝还具有抗氧化性和抗腐蚀性能，铝与铬、硅合用，可显著提高钢的高温不起皮性能和耐高温腐蚀的能力。但铝对钢的热加工性能及切削加工性能不利。

(十五)其他残留元素

砷、铅、锡、锑等在轴承钢中被视为有害元素，它们在钢中含量很少，称为微量元素，均属于低熔点有色金属，在轴承钢中容易引起轴承部件表面出现软点、硬度不均，有关砷、铅、锡、锑等元素对轴承钢的性能的影响报道很少，早前瑞典 SKF 公司对轴承钢标准中这些元素含量作了限制，目前我国轴承钢的标准也对这些元素的含量进行了相应规定，$w(\mathrm{As})\leqslant 0.04\%$、$w(\mathrm{Sn})\leqslant 0.03\%$、$w(\mathrm{Pb})\leqslant 0.002\%$、$w(\mathrm{Sb})\leqslant 0.005\%$。

总之，严格控制钢的化学成分，是保证产品冶金质量、热处理工艺稳定性和热处理质量、成品性能以及满足产品使用条件的重要保证和途径。

二、轮轴用钢化学成分的技术要求

在铁道行业标准和国家标准中，均对车轮、车轴和轴承钢的熔炼分析化学成分范围提出了要求，详见表 2-1-1。

表 2-1-1　轮轴用钢化学成分(熔炼分析)

相关标准	牌号		w(C)	w(Mn)	w(Si)	w(P)	w(S)	w(Cr)	w(Ni)	w(Mo)
TB/T 2817	CL60		0.55～0.65	0.50～0.80	0.17～0.37	≤0.035	≤0.040	≤0.25	≤0.25	—
TB/T 1013	ZL-B		0.57～0.67	0.60～0.85	>0.15	≤0.035	≤0.040	—	—	—
TB/T 2945	LZ50		0.47～0.57	0.60～0.90	0.17～0.40	≤0.030	≤0.030	≤0.30	≤0.30	—
TB/T 451	LZ40		0.37～0.45	0.50～0.80	0.17～0.35	≤0.040	≤0.045	≤0.30	≤0.30	—
技术条件(暂行)	G20CrNi2MoA	电渣重熔	0.17～0.23	0.40～0.70	0.15～0.40	≤0.020	≤0.020	0.40～0.60	1.60～2.00	0.20～0.30
		真空脱气	0.19～0.23	0.45～0.65	0.20～0.35	≤0.025	≤0.025	0.40～0.60	1.65～2.00	0.20～0.30
	GCr15	电渣重熔	0.95～1.05	0.25～0.45	0.15～0.35	≤0.025	≤0.020	1.35～1.65	≤0.30	≤0.08
		真空脱气	0.95～1.05	0.25～0.45	0.15～0.35	≤0.025	≤0.015	1.35～1.60	≤0.25	≤0.10

相关标准	牌号		w(Cu)	w(Sn)	w(As)	w(Pb)	w(Sb)	w(Ca)	w(Ti)	w(O)	w(Al*)
TB/T 2817	CL60		≤0.25	—	—	—	—	—	—	—	—
TB/T 1013	ZL-B		—	—	—	—	—	—	—	—	—
TB/T 2945	LZ50		≤0.25	—	—	—	—	—	—	—	0.020～0.050
TB/T 451	LZ40		≤0.25	—	—	—	—	—	—	—	—
技术条件(暂行)	G20CrNi2MoA	电渣重熔	≤0.20	—	—	—	—	≤0.001	≤0.005	—	0.010～0.050
		真空脱气	≤0.20	≤0.03	≤0.04	≤0.002	≤0.005	≤0.001	≤0.003	≤0.0015	0.010～0.050
	GCr15	电渣重熔	≤0.25	≤0.03	≤0.04	≤0.002	≤0.005	≤0.001	≤0.003	—	—
		真空脱气	≤0.30	≤0.03	≤0.04	≤0.002	≤0.005	≤0.001	≤0.003	≤0.0012	≤0.050

* 指钢中总铝含量。

第二节　钢的低倍组织缺陷及其危害

铁路用车轮和车轴钢坯以热轧状态交付给轮、轴生产厂，这种热轧状态的钢坯中不允许存在残余缩孔、白点、分层、裂纹、气泡和夹渣等低倍组织缺陷。相关标准中对于车轮和车轴钢坯中低倍组织缺陷的控制提出了具体要求。例如：车轴坯对疏松和偏析按分类有相应的级别控制要求，详见 2-1-2。

表 2-1-2　低倍组织疏松和偏析的级别要求

铸坯种类	尺寸(mm×mm)	一般疏松(级)	中心疏松(级)	锭型偏析(级)	点状偏析(级)
模铸坯	≤250×250	≤2.5	≤2.5	≤2.5	≤2.0
模铸坯	>250×250	≤3.0	≤3.0	≤3.0	≤2.5
连铸坯	≤250×250	≤2.0	≤2.0	—	≤2.0

钢的低倍组织可直接反映出它在冶炼、浇注和(锻)轧制等生产过程中产生的肉眼可见的缺陷。其检验方法通常采用钢坯的横向试片酸浸试验法。下面分别介绍几种主要缺陷。

一、缩　孔

纯金属与合金绝大多数在冷凝过程中由于体积收缩而在铸锭或铸件心部形成管状(或喇叭状)或分散的孔洞，称为缩孔。

当液态金属注入铸型时，与冷型壁接触而迅速凝固，形成紧靠型壁的金属外壳，而心部则仍保持液体状态；随后继续冷却，心部金属才继续凝固。如果将冷凝过程分成若干阶段，则可用图 2-1-5 金属锭凝固示意图来说明金属凝固而形成缩孔的过程。

当液体金属注入铸型(A)后，最先形成凝固层 a，其内部完全与液体金属相接。由于 a 层的凝固而使金属的体积收缩，液体金属表面下降到 b 线。由于液体金属表面的下降，在随后继续冷却凝固时就形成开口的圆筒 a'；此时金属体积由发生收缩，液体表面再下降到水平线 c。随后又凝固成开口的圆筒 a''，液体金属表面再下降到 d；……直到整个铸型中的金属完全凝固为止。此时在铸锭的心部就可观察到由于收缩而形成的喇叭形孔洞——缩孔。缩孔的体积通常相当于液体金属和固体金属的体积之差。

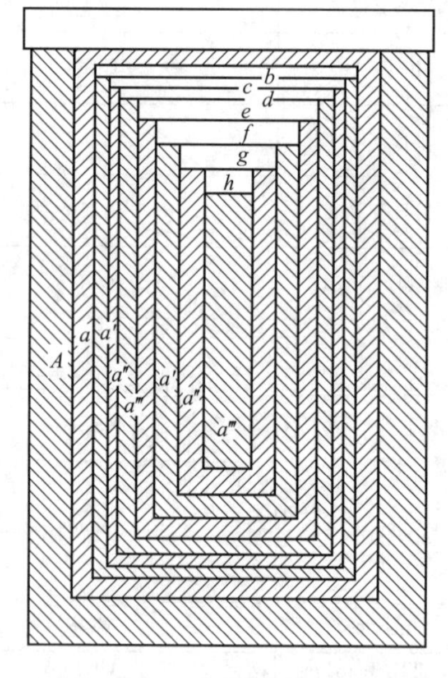

图 2-1-5　金属锭凝固示意图

铸件中存在缩孔将显著地降低其力学性能，甚至在使用过程中还会发生断裂或其他事故。有缩孔存在的钢锭在热加工(如锻轧)时可能会因缩孔中的气体受外力而挤破表层，引起喷溅伤人的严重事故。虽经轧制而未能良好焊合的缩孔须完全切除，否则在后续加工过程中会导致其他的缺陷，例如板材或带材中的分层现象。但切除残余缩孔又必然会造成金属材料的相应损耗。

综上所述，缩孔的存在不仅会浪费大量金属，并可能因此而造成严重的事故，因此对消除铸锭和铸件中的缩孔进行了不少研究工作。如在铸锭时采用下列一项或几项措施，可以缩小或消除缩孔：

(1)采用适宜的浇注温度；

(2)低速浇注；

(3)浇注上大下小并带有保温帽的钢锭；

(4)采用底部较厚、顶部较薄的钢锭铸型；

(5)在浇注完毕后用电弧保温帽加热。

此外，采用连续铸锭法不仅有助于消除钢锭中的缩孔，并能与轧制工序结合而进行连续生产。

二、气　　泡

金属在熔融状态时能溶解大量的气体。在冷凝过程中由于溶解度随温度的降低而急剧地减小，致使气体从液态金属中释放出来。此外，大多数气体在液体金属中的溶解度又远较在固态金属中为大，故金属在结晶时亦会释放大量的气体。若此时金属已完全凝固，则气体不易逸出，有一部分就包容在还处于塑性状态的金属中，而形成了气孔。这种气孔称为气泡。

气泡的成分、形状和分布部位因金属的种类、生产条件和气泡的形成原因等不同而有变化。对于一般金属，气泡内最常见的气体成分为 CO、H_2、CO_2、O_2 以及各种碳氢化合物等。就钢铁而言，其产生气泡的最主要来源系液态金属中的氧化物同碳相互作用而形成 CO。有时，当在熔液中加入增碳剂时，则作用更为剧烈。

铸件中最常见的气泡是圆形或椭圆形的，有时亦呈喇叭形。但如产生在钢锭边缘一带的气泡则常垂直于型壁。

气泡在固体金属的各个部位上均有可能发现，而最常见的系存在于原始晶粒的各个晶粒的表面之间以及枝晶的轴间空隙内。在后一种情况，气体占据了收缩空隙的位置，并加剧了收缩疏松的程度；此时，气泡的形状不是圆形或椭圆形，而倾向于呈网络状的分布。如果铸件或铸锭的冷却时间很长，则大量析出的气体常处于最后凝固的心部或在截面最厚处的收缩空隙内。由于气体的存在而产生压力，这将影响到液态金属的正常补给。

在浇注时因气体卷入而引起的气泡，其外形常同金属中由于气体析出而产生的圆形或椭圆形的气泡相似，但就气泡壁的颜色而言，则往往有着显著的差别。由液态金属中析出的气体(多半为 CO、H_2 等)通常同金属不起作用，所以气泡壁具有光亮的金属光泽(除非有足够浓度的氧化性气体存在)；但因空气卷入而引起的气泡，则常由于金属在高温时与空气中的氧化作用而发生氧化，致使气泡壁呈现暗蓝色或褐黑色。

在钢锭表面或表面附近的气泡，称为皮下气泡(也有人将其分别称为表面气泡与皮下气泡)。这种气泡很小，通常系由于锭型生锈或涂料不当而产生。

气泡的有害影响，可概述如下：(1)气泡减少金属铸件的有效截面，且由于其缺口效应，大大地降低了材料的强度。因此，在一般情况下，具有相当数量气泡的铸件是不能用作重要部件的。由于气泡不能直接观察到，故在必要时需用无损检验法对铸件进行逐个检查。(2)当铸锭表面存在着气泡时，在热加工中它们可能被氧化，以致在随后的操作过程中不能焊合而形成细纹或裂缝。

防止或消除气泡的措施：消除镇静钢中气泡最重要的措施，是在浇铸以前将钢液彻底脱氧。此外，将钢液在盛钢桶中静置足够的时间，也是减少气泡的重要措施之一。

三、疏　　松

铸件与铸锭内部通常是不致密的，往往存在着很多因收缩或其他原因而引起的细小孔隙，这些孔隙称为疏松。大的疏松在经切削加工后表面上用肉眼或低倍放大镜即能观察到，而小的疏松则须经侵蚀后才能发现，甚至需用显微镜进行观察。

在有色金属铸件中，有时会发现沿晶界分布的疏松，这种疏松称为晶间疏松。在黑色金属中虽亦可发现这种疏松，但为数较少。此外，在铸件及铸锭中，有时还会发现在树枝晶的晶轴间存在着疏松，这种疏松称为枝间疏松。

产生疏松的主要原因与缩孔相同，也是由于金属凝固时的体积收缩所造成。因此，在缩孔附近一般常存在着较多的疏松。

疏松的形成与金属的冷凝速度有密切关系。如果金属在浇注后冷凝较快，则不易产生集中的缩孔而形成散布的疏松，亦即金属呈多孔状。

晶间疏松与枝间疏松实际上都是一种显微缩孔。因金属冷凝时均以树枝晶的形式结晶，在树枝晶的晶轴凝固后金属的体积发生收缩，以致晶轴间的金属熔液不足而又得不到补充，从而形成了晶轴间的显微缩孔，即枝间疏松。当各个晶粒基本上凝固后，由于晶粒间的金属熔液不足而又得不到补充时，则形成晶粒间的显微缩孔，即晶间疏松。

钢材在热加工过程中，疏松情况可得到很大程度的改善，但如由于原钢锭的疏松较为严重，压缩比不足以及孔型设计不当等原因，则在热加工后较严重的疏松也会存在。在接近原钢锭的缩孔处，疏松一般较为严重。此外，如原钢锭中存在着较多的气泡，而在热轧过程中焊合不良，或沸腾钢中的气泡分布不良，以致影响焊合，亦可能形成疏松。

疏松的存在具有较大的危害性，可概述如下：

钢材中如存在疏松，亦会降低其力学性能，但因在热加工过程中一般能减少或消除疏松，故疏松对钢材性能的影响比对铸件小。

在一般情况下，疏松区域的夹杂亦较集中。

金属中如存在较严重的疏松，对机械加工后的光洁度有一定的影响。

钢材在热加工时可采用下列方法以减少或消除疏松：①提高钢材的压缩比；②设计适宜的孔型；③采用合理的切头率，避免其过低而未能将残余缩孔及缩孔附近的严重疏松切除。

四、偏　　析

合金在冷凝过程中，由于某些因素的影响而形成的化学成分不均匀现象，称为偏析。合金中产生的偏析有以下几种：

1. 区域偏析

在浇铸铸锭(或铸件)时，由于通过铸型壁强烈的定向散热，在进行着凝固的合金内便形成一个较大的温差。凝固不是在铸锭(铸件)的整个截面上同时进行，而是在同铸型壁接触的外层先开始。于是富集高熔点组元的初生晶体，便紧靠型壁析出，而同晶体接触区域中的熔液则富集着低熔点组元。在有利的条件下，在心部凝固之前，边缘区域熔液与心部熔液的成分会调整一致。结果就必然导致外层区域富集高熔点组元，而心部则富集低熔点组元，同时也富集着凝固时析出的废金属杂质和气体等。这种偏析称为区域偏析。

区域偏析倾向的大小，除取决于合金凝固温度范围与合金元素或杂质元素的扩散速度外，生产工艺条件有着很大的影响，即浇注温度愈高、浇注速度愈大、冷却速度愈小，就愈易促成偏析。

在钢锭的横截面上经常可见到呈方框形的偏析，称为方形液析。其存在位置，有时较接近于钢锭的表面，有时则较近心部，而一般以处于心部与边缘的中间位置最为普遍。其分布具有一定的宽度；有时还会出现几个呈同心的方框。在方形液析区内，富集着非金属夹杂物和其他杂质。其形成原因，主要是当钢锭由外壁开始逐渐向心部进行凝固时，夹杂物和其他杂质也随着逐渐向心部移动。但当凝固至一定的厚度，此时心部的温度已较低，于是在余下的液态金属的各部分同时形成核心并开始凝固，以致已移动到中途的夹杂物和杂质难以继续前进，遂停留起来而形成了方形液析。有时，在钢锭加工成为坯料或甚至成为很细的棒材或线材之后，仍保留着原来的锭型而未完全消失。

钢锭中存在区域偏析，特别是硫偏析和磷偏析，强烈地降低钢的质量，并为以后的加工造成种种困难，甚至导致材料的严重损害和所制机件在使用中的破坏。如硫偏析能破坏金属的连续性，在钢锻造时引起热脆，在轧制钢板时产生夹层，严重地影响到钢板的冷弯性能。承受交变载荷的零件，在使用中，硫偏析往往为引起疲劳断裂的主要原因之一。磷偏析则使钢具有冷脆性，并促进钢的回火脆性。在热加工时，偏析区域随之变形，如锻造或轧制工艺不当时，偏析区域便会开裂。

2. 锭型偏析

在酸浸试片上呈腐蚀较深的，并由暗点和空隙组成的，与原锭型横截面形状相似的框带，一般为方形。锭型偏析产生原因为在钢锭结晶过程中由于结晶规律的影响，柱状晶区与中心等轴晶区交界处的成分偏析和杂质集聚所致。

3. 点状偏析

在酸浸试片上呈不同形状和大小的暗色斑点。不论暗色斑点与气泡是否同时存在，这种暗色斑点统称点状偏析。当斑点分散分布在整个截面上时叫一般点状偏析；当斑点存在于试片边缘时叫做边缘点状偏析。点状偏析产生原因为一般认为结晶条件不良，钢液在结晶过程中冷却较慢产生成分偏析。当气体和夹杂物大量存在时，使点偏严重。

五、白　　点

白点的特征一般是在酸浸试片除边缘区域外的部分表现为锯齿形的细小发丝状裂缝。呈放射状、同心圆形或不规则形态分布。在纵向断口上依其位向不同呈圆形或椭圆形亮点或细小裂缝。

通常，具有白点的钢材其纵向抗拉强度和屈服强度降低并不多，但延伸率和断面收缩率则显著降低。其产生原因是钢中含氢量高，经热加工后在冷却过程中，由于组织应力而产生的裂缝。评定原则以裂缝长短、条数而定。

关于白点是由于组织应力所造成的理论如下：因钢中存在枝晶偏析，在枝晶的晶轴内合金元素较贫乏，而在晶轴间则较富集，以致晶轴内与晶轴间材料的相变时间不同。这样就形成了组织应力。它在钢内的分布极不均匀。在含锰、镍、铬等合金元素的结构钢中，因合金元素的偏析而显著地增加了组织应力。随冷却速度与化学不均匀性的增加，组织应力也相应地增加，当它超过钢的强度时，即产生裂缝。

故可认为形成白点的主要原因系氢与组织应力的共同作用。

六、翻　　皮

翻皮在酸浸试片上有的呈亮白色弯曲条带，并在其上或周围有气孔和夹杂物。有的呈不规则的黑细线条；有的是由密集的空隙和夹杂组成的条带。

产生原因：在浇注过程中表面氧化膜翻入钢液中，凝固前未能浮出所造成。

七、异金属夹杂物(肉眼可见)和夹渣

异金属夹杂物在酸浸试片上颜色与基体组织不同，无一定形状的金属块。有的与基体组织有明显界限，有的界限不清。产生原因是由于冶炼操作不当，合金料未熔化好；或浇注系统中掉入异金属所致。

夹渣在酸浸试片上呈不同形状和颜色的颗粒。产生原因是冶炼或浇注系统的耐火材料或脏物进入并留在钢液中所致。

八、低倍组织缺陷的检测

低倍组织缺陷的检测主要包括两类：无损检测法和宏观检验法。无损检测法有 X 射线探伤法、γ 射线探伤法和超声波探伤法；宏观检验法有断口检验法和酸浸检验法。

车轴钢坯低倍组织缺陷的检验方法通常采用钢坯的横向试片酸浸试验法。将试片的检验面加工至表面粗糙度 $R_a 0.4 \mu m$ 左右，置入 50% HCl 水溶液中，加热至 70 ℃，保温 10～30 min(具体时间视钢种而定)，洗净吹干后，即可检查该检验面上是否有缺陷存在，以及按相关标准对缺陷进行评定。

第三节　钢中的非金属夹杂物

一、金属中的夹杂物

金属中的夹杂物，按其来源大体可分为两类。

(1)内生夹杂物：金属在冶炼、浇注和冷凝过程中，由于内部各成分之间，或金属与炉气、容器等接触所引起的化学反应而形成的产物；以及金属在冷凝或温度下降时因溶解度减小等原因而析出的颗粒。这类夹杂物通常是很难避免的。

(2)外来夹杂物：在金属生产过程中，从设备或容器上剥落下来而掺入金属内的杂质，如耐火材料等。有时也可能因操作疏忽而有外来的金属落入，形成异金属的外来夹杂。

金属中的夹杂物通常以非金属夹杂较为常见。常见的非金属夹杂物一般又可分为硫化物、氧化物、氮化物和硅酸盐等。绝大多数非金属夹杂物没有金属光泽，不同的夹杂物具有不同色泽与形状，其熔点和性质亦各不相同。非金属夹杂物在反射光下的色泽随显微镜观察时所用光源的性质不同而有改变，只有在暗场或偏光下才能看到夹杂物的固有色彩。

非金属夹杂物的化学组成、数量和分散度等与所用炉料的成分和洁净度密切有关，并随耐火材料与嵌填

物的质量、金属的熔炼方法、熔炼期间的成渣状态特别是脱氧情况、浇铸方法和条件等因素而改变。此外，随铸件的重量和形状不同，非金属夹杂物的分布和数量亦有相当大的改变。

钢中硫和磷的含量因酸性炉或碱性炉熔炼的钢不同而有变动。碱性炉中熔炼的钢，含有硫和磷各约0.03%左右；而酸性炉中熔炼的钢所含硫和磷量较高，但碱性炉钢则含有较多量的氧。用硅、锰脱氧的镇静钢中，以含有锰的硅酸盐或铁锰硅酸盐夹杂物较为普遍；用铝脱氧的钢中，以 Al_2O_3 夹杂物较为常见。铸造金属中的夹杂物很难均匀地分布，在大多数情况下，由于偏析而使夹杂物集中于钢锭或铸件的心部。仅密度较小的夹杂物能上浮而凝集于钢锭的上部，比重较大的夹杂物则仍保持于金属的各个部分。当然，熔融金属的黏度对夹杂物的上浮与否作用更大。

外来夹杂物通常均较粗大，且其形状不定。外来异金属夹杂物在化学组成和组织上与母体金属也是不同的，因此，当它暴露于工件的切削加工面时，可借其不同的色泽而予以区别；若用酸予以揩拭，则因其受侵蚀的程度不同而更为显著。

夹杂物的危害性取决于它们存在于母体金属中的形状、大小和分布情况，以及其熔点和其他物理化学性质。

夹杂物以连续的网络状或以串链状存在时，由于它破坏了母体金属的连续性，从而降低了金属的塑性和强度，使金属在经受锻、轧或其他加工时，易在夹杂物处形成裂纹。金属中的夹杂物可以被看作为金属内部的锐角，会导致应力集中，而过早地造成疲劳损坏。

二、钢的成分对非金属夹杂物含量的影响

钢中夹杂物的绝大部分属于内生夹杂物，其类型和组成主要取决于脱氧制度和钢的成分。对碳素钢而言，夹杂物的类型主要取决于脱氧制度；但对一些合金钢，特别是对含有与氧、硫、氮亲合力很强的合金元素的合金钢而言，钢的成分的变化对夹杂物的影响十分显著。通常铝对氧，锰对硫都是亲合力很强的元素，它们在钢中存在，对其中的氧化物和硫化物的影响很大。但由于在大多数碳素镇静钢与合金钢中总含有一定量铝和锰，且铝、锰含量往往高于与钢中氧和硫结合的需要量。所以对于与氧、硫亲和力较铝、锰弱的元素(例如铬、钒等)而言，当其含量变化不太大时，它们对氧化物和硫化物夹杂就没有明显影响。有些微量元素的存在对夹杂物没有明显影响，例如硼，而有些微量元素，例如稀土和钙，它们的存在对夹杂物的影响却十分显著。由此可见，冶炼方法和钢的成分固然影响夹杂物的类型和组成，但是影响夹杂物的根本因素是与氧、硫、氮亲合力强的元素的含量。凡是与氧、硫、氮亲合力很强的元素含量的变化，将对夹杂物的影响很强烈；若与氧、硫、氮亲合力弱的元素，特别是比铁更弱的元素，例如镍、钴等，即使它们的含量变化很大，对夹杂物也不产生明显影响。

钢中夹杂物的含量，与其中的氧、硫含量成比例。而形成哪类氧化物、硫化物，则与钢中氧、硫亲合力最强或较强元素的含量有关，也就是与各种化合物标准生成自由能的大小有关。

三、钢中非金属夹杂物的测定

鉴别金属中夹杂物的方法可分为宏观的和微观的两大类：

(1)宏观鉴别法：较为常见的有断口鉴别法，硫印、酸浸和热蚀，以及超声波鉴定法等。可以帮助了解大截面金属中夹杂物的分布情况。

(2)微观鉴别法：经常采用的有化学分析法、岩相法、金相法、X射线和电子显微镜观察等，用以考察夹杂物的种类、形状和性质，其中以金相法使用最为广泛。

用金相法鉴别夹杂物时，只须将金属制成磨片，不经浸蚀而先在明场中观察夹杂物的形状、色泽和分布情况，再在暗场和偏光下观察夹杂物的透明度、固有色彩和方向性。然后用不同的浸蚀剂观察夹杂物的受浸蚀程度。为了决定夹杂物的种类和性质，以上几种方法常相辅而行。

四、常见的非金属夹杂物类型

钢中常见的内在夹杂物有脆性夹杂物(氧化物及脆性硅酸盐)、塑性夹杂物(硫化物及塑性硅酸盐)、点状不变形夹杂物和氮化物。

氧化物：钢中常见的氧化物 Al_2O_3 是铝脱氧时所产生细小难熔、高硬度的脆性夹杂物，这种夹杂物热加

工后不变形，而是沿加工方向分布成短线状颗粒带在明视场下呈灰色。过多的 Al_2O_3 降低钢的疲劳强度。

硫化物：钢中常见的硫化物是 FeS、MnS 及两者的固溶体（FeS·MnS）。硫化物属于塑性夹杂物，具有很高的塑性，热加工后沿加工方向延伸成条状分布，在明视场下呈灰色。低熔点的 FeS 及 FeS 与 FeO 的共晶体一般分布于晶粒边界，在加热过程中，会导致钢产生热脆。

硅酸盐：钢中常见的硅酸盐，有硅酸亚铁（$2FeO \cdot SiO_2$）、硅酸亚锰（$2Mn \cdot SiO_2$）和锰铁硅酸盐（$mFeO \cdot nMnO \cdot PSiO_2$）等。硅酸盐分脆性硅酸盐和塑性硅酸盐。脆性硅酸盐热加工后沿加工方向成为短线状颗粒带，类似氧化物；塑性硅酸盐热加工后沿加工方向延伸成条状。硅酸盐一般外形不规则、较粗大，在明视场下呈暗灰色。

点状不变形夹杂物：点状不变形夹杂物主要由镁尖晶石和含钙的铝酸盐所构成，此外还有含铝、钙、锰的硅酸盐。点状不变形夹杂物热加工后仍不变形，仍然保持较规则的圆形。

氮化物：在含钒车轮钢中，钒容易和氮结合成稳定的氮化物夹杂。氮化物热加工中不变形，多呈方形、长方形，在明视场下有淡黄和金黄色彩。

非金属夹杂物的危害：钢中的非金属夹杂物，破坏了金属的连续性，降低钢的机械性能、物理性能、化学性能及工艺性能；塑性夹杂物过高会引起钢的热脆性；钢中较多的非金属夹杂物，淬火时会引起应力集中而形成裂纹，降低疲劳强度；夹杂物的存在会使试件在腐蚀介质中在有夹杂物的地方先引起点腐蚀。

五、车轮、车轴钢中非金属夹杂物的技术要求

非金属夹杂物会对车轮和车轴的使用性能产生影响，因此，现行标准中对 A 类（硫化物）、B 类（氧化铝）、C 类（硅酸盐）和 D 类（球状氧化物）四种金属夹杂物的级别做出明确要求，具体如表 2-1-3 所示。

表 2-1-3　车轮和车轴钢非金属夹杂物级别要求

夹杂物类型	A(硫化物类)	B(氧化铝类)	C(硅酸盐类)	D(球状氧化物类)
CL60 车轮钢	≤3.0	≤1.0	≤3.0	≤3.0
LZ40 车轴钢	≤3.0	≤3.0	—	≤3.0
LZ50 车轴钢	≤2.5	≤2.5	≤2.5	≤2.5

以上技术指标要求仅针对经过锻轧处理的车轮或车轴件，因此，用于铸钢车轮的 ZL-B 车轮钢中非金属夹杂物级别要求标准中未规定。

第四节　常规力学性能

一、静态力学性能

在静态拉伸加载断裂过程中，材料首先承受弹性变形，达到屈服后再继续加载均为塑性变形，然后是局部缩颈到断裂。作为重要部件的车轮和车轴，在使用过程中主要是整体弹性变形，不允许发生屈服后的塑性变形。因此，在分析静态性能时，应着重在均匀塑性变形以前的阶段。

金属材料静态性能的常规指标主要有屈服强度 σ_s，抗拉强度 σ_b，延伸率 $\delta(\%)$ 及断面收缩率 $\psi(\%)$。

（一）屈服强度

屈服点 σ_s：在拉伸过程中，载荷不增加或开始下降，试样还继续伸长时的恒定载荷（如图 2-1-7a 的 P_s）、最大或首次下降的最小载荷（如图 2-1-7b 的 P_{su}、P_{sl}）所对应的应力，分别为材料的屈服点、上屈服点 σ_{sl}。具有上、下屈服点的材料规定以下屈服点作为材料的屈服点，并以 σ_s 表示。

$$\sigma_s = \frac{P_s}{F_o} \tag{2-1-1}$$

式中 P_s 是载荷不增加或开始下降，试样还继续伸长的恒定载荷或首次下降的最小载荷；F_o 是试样的原始截面积。

屈服点是具有屈服现象的材料特有的强度指标。屈服点 σ_s 的载荷可借助于试验机的测力计刻度盘的指针或拉伸曲线上的纵坐标来确定。测力刻度盘的指针停止转动或第一次往回转的最小载荷，就是指针法确定的 P_s。在拉伸图上找出屈服平台的恒定载荷或第一次下降的最小载荷。就是图示法确定的 P_s。

屈服强度 $\sigma_{0.2}$：除退火或热轧的低碳钢和中碳钢等少数金属材料有屈服现象外，大多数金属材料都没有屈服点。因此，规定产生 0.2%残余伸长的应力，作为屈服强度，以 $\sigma_{0.2}$ 表示。

$$\sigma_{0.2}=\frac{P_{0.2}}{F_o} \tag{2-1-2}$$

式中 $P_{0.2}$ 为产生 0.2%残余伸长的载荷。

屈服强度 $\sigma_{0.2}$ 和屈服点一样，表征金属发生明显塑性变形的抗力，可用图解法或引伸计法测定。

图解法：在自动记录装置绘出的载荷—伸长曲线上(见图 2-1-6)，自弹性直线段与横坐标上交点 O 起，截取 $0.2\%\,l_o$ 一段残余伸长的距离 OD，再从 D 点作平行于弹性直线段的 Ds 线，交拉伸曲线于 s 点。对应于 s 点的载荷，便是规定屈服强度 $\sigma_{0.2}$ 的载荷 $P_{0.2}$，即可算出 $\sigma_{0.2}$ 值。拉伸曲线的伸长坐标与试样实际伸长量的比例不应低于 50 倍。

引伸计法：可参考国家标准 GB 228。

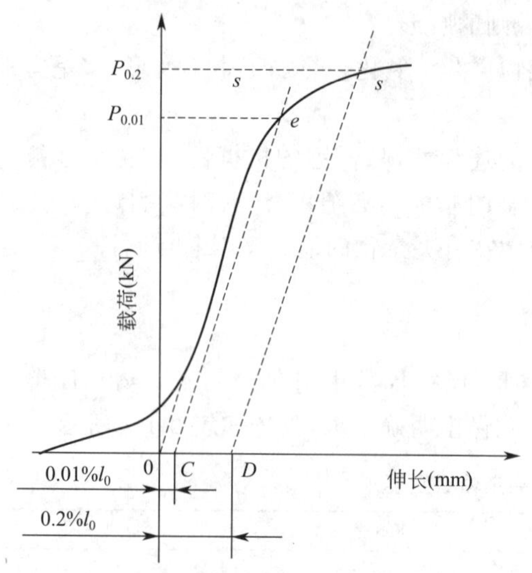

图 2-1-6 图解法确定 $\sigma_{0.01}$ 及 $\sigma_{0.2}$

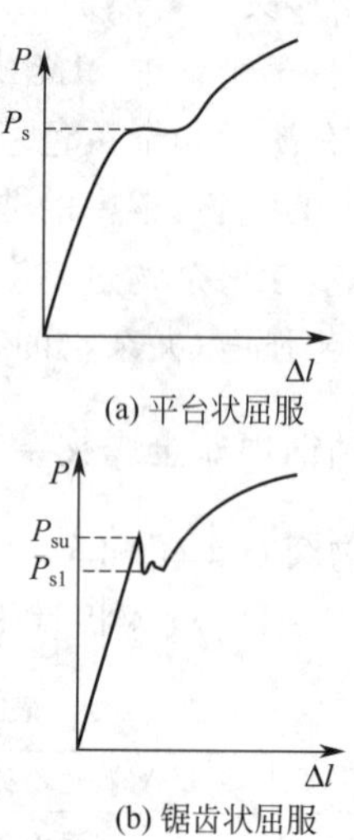

图 2-1-7 屈服点的确定

对只能承受弹性变形的整体车轮、车轴来讲，表征材料在弹性范围内吸收能量大小的量为弹性比能 $=\sigma_s^2/(2E)$，式中 E—弹性模量，是材料常数。所以 σ_s 值愈大，弹性比能越高，表示材料承受弹性变形的能力越强。由表 2-1-4 可知，57-Ⅱ钢的弹性比能比 40-Ⅰ钢高出 13%，而 57-Ⅰ钢比 40-Ⅰ钢高出 40%。

表 2-1-4 车轴钢的机械性能测试数据

编号 \ 性能	抗拉强度 σ_b(MPa)	屈服强度 σ_s(MPa)	伸长率 δ_4(%)	断面收缩率 ψ(%)	冲击韧性 a_k(J/cm²)		备注
					四个平均	单个最低	
57-Ⅱ	745	353	24.0	38.0	47.9	41.9	台式炉
50-Ⅱ	647	343	24.0	44.0	56.8	54.6	台式炉
A50-Ⅱ	637	353	27.0	51.0	65.8	63.7	推杆式炉
45-Ⅱ	637	343	24.0	47.0	63.5	59.5	台式炉
57-Ⅰ	715	392	22.2	38.0	44.6	40.3	台式炉
50-Ⅰ	657	370	22.6	35.7	45.8	42.8	台式炉
45-Ⅰ	657	353	22.8	36.0	58.2	52.8	台式炉
40-Ⅰ	578	333	25.0	49.0	72.5	55.9	台式炉
LZ40 (TB 451)	≥598	—	≥20.0 (δ_5)	—	≥39.0	≥29.0	仅列最高强度系列
LZ50 (TB 2945)	≥610	≥345	≥22.0	≥37	—	—	

表中编号说明：

编号前边的数字表示碳的百分数含量，Ⅰ—表中一次正火；Ⅱ—表示二次正火加回火。

(二)抗拉强度(强度极限)

抗拉强度(强度极限)σ_b 是由试样拉断前最大载荷所决定的条件临界应力，即试样所能承受的最大载荷除以原始截面积，以 σ_b 表示。

$$\sigma_b=\frac{P_b}{F_o} \tag{2-1-3}$$

式中 P_b 为拉断前试样所能承受的最大载荷。

对塑性材料来说，在 P_b 以前试样为均匀变形，试样各部分的伸长基本上是一样的；在 P_b 以后，变形将集中于试样的某一部分，发生集中变形，试样上出现缩颈，由于缩颈处截面积急剧减小，试样能担负的载荷减少，所以按试样原始截面积 F_o 计算出来的条件应力，也随之减少，如图 2-1-8 中曲线 1 所示。在 P_b 以后，如果改用缩颈处的瞬时截面积 F_x 去除此时的载荷，得到的真实应力 $S\left(S=\frac{P}{F_x}\right)$ 也是随变形度增加而增大的，如图 2-1-8 中曲线 2 所示。这说明产生缩颈以后，变形抗力将继续增加，进一步产生加工硬化。

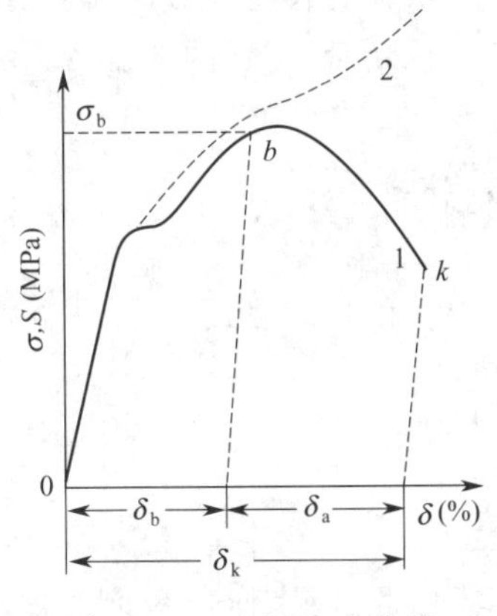

图 2-1-8　σ(或 S)-δ 曲线

1—条件应力；2—真实应力

尽管如此，强度极限 σ_b 在技术上还是很重要的。它的物理意义是表征材料对最大均匀变形的抗力，表征材料在拉伸条件下所能承受的最大载荷的应力值，工程上通常称为抗拉强度，它是设计和选材的主要依据之一，也是材料的重要机械性能指标。从工程使用观点来看，要求局部缩颈前的均匀变形能达到最大值为佳。因为在均匀塑性变形过程中不会出现裂纹，所以抗拉强度的大小也就间接地反映了材料不出现裂纹的最大承载能力。结合车轴部件来看，虽然整体上受弹性变形，但局部应力-应变集中的地方，也难免不发生塑性变形，应用强度较高的材料对防止局部出现裂纹是有益的。

测定抗拉强度比较容易。拉伸试验时测力计刻度盘的惰针停留位置，直接读出最大载荷 P_b，代入式(2-1-3)是 σ_b。

(三)塑性指标及其测定

断裂前金属发生塑性变形的能力叫做塑性。塑性指标常用金属断裂时的最大相对塑性变形来表示。如拉伸时的伸长率 δ 和断面收缩率 ψ。

1. 伸长率 δ_k(或 δ)

伸长率 δ_k 是断裂后试样标距长度的相对伸长值，它等于标距的绝对伸长 $\Delta l_k=l_k-l_o$ 除以试样的原标距长度 l_o，用百分数(%)表示。

$$\delta_k=\frac{l_k-l_o}{l_o}\times 100\% \tag{2-1-4}$$

式中　l_o——试样的原标距长度(mm)；

l_k——试样断裂后的标距长度(mm)；

Δl_k——断裂后试样的绝对伸长(mm)。

通常，δ_k 即以 δ 表示之，但此时必须注意，伸长率 δ 与相对伸长不同含义。

图 2-1-9 上方的影线表示试样上塑性变形的分布情况。可以看出，缩颈处(断裂位置)变形最大；距离断裂位置愈远，变形愈小。断裂位置是对 δ 值有影响的，其中以断在正中的试样所得的伸长率最大。为了便于比较，规定以断在标距的中央 1/3 段试样的伸长率为测量标准；如断在标距的两端的 1/3 段时，则要求用位移法换算成相当于断在正中时的伸长率。

根据测定伸长率的需要，在试样上先画出标距，并分为 10 个格。(1)如断口到邻近标距端点大于 $\frac{1}{3}l_o$ 时，直接测量的两端点间距离就是 l_k；(2)如断口到邻近标距端点小于或等于 $\frac{1}{3}l_o$ 时，要用位移法换算，如图 2-1-9 所示。先在长段上从断口处 O 截取一段 OC，其长度等于 $\frac{1}{2}$ 或稍大于(不大于 1 个格)$\frac{1}{2}$ 标距的总格数；再由 C 向断口方向截取一段

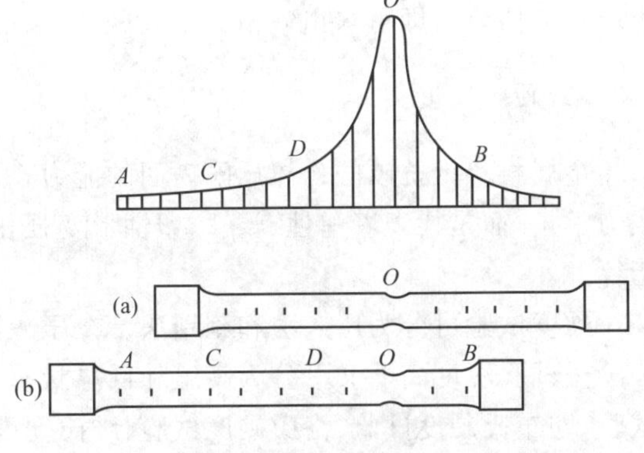

图 2-1-9　用位移法确定 δ

(a)断口在正中；(b)断口在标距一端

CD，令 CD 的格数等于 C 到邻近标距端点 A 的格数 CA；断裂后 $BC+CD$ 的长度便是 l_k。这样处理就相当于把 CD 移到试样标距的另一端，接到 B 处，变为断口在正中。

试样的长度和截面尺寸对 δ 是有影响的，可分析如下：

拉断后，试样的伸长 Δl_k 由均匀伸长 Δl_B 和缩颈处的集中伸长 Δl_u（参见图 2-1-8）两部分组成，即：

$$\Delta l_k=\Delta l_B+\Delta l_u$$

根据试验结果：

$$\Delta l_B=\beta l_o,\Delta l_u=\gamma\sqrt{F_o}$$

式中 β 和 γ 是常数，对同一金属制成的几何形状相似的试样恒为定值，所以：

$$\Delta l_k=\Delta l_B+\Delta l_u=\beta l_o+\gamma\sqrt{F_o}$$

$$\delta=\frac{\Delta l_K}{l_o}=\frac{\beta l_o+\gamma\sqrt{F_o}}{l_o}=\beta+\gamma\frac{\sqrt{F_o}}{l_o}$$

由此可见，伸长率 δ 除决定于 β 和 γ 外，尚受试样尺寸的影响，随着 $\frac{\sqrt{F_o}}{l_o}$ 的减小而减小。为了使同一种材料不同尺寸的试样得到一样的伸长率，必须取 $\frac{\sqrt{F_o}}{l_o}=$ 常数，即试样必须按比例地增加或减小其长度和截面积。为此，我国相关标准中选定 $\frac{l_o}{\sqrt{F_o}}=5.65$ 或 11.3，对圆形试样来说即相当于 $\frac{l_o}{d_o}=5$ 或 10，前者称为短试样，后者为长试样。用 $l_o=5d_o$ 试样测出的伸长率，以 δ_5 表示。用 $l_o=10d_o$ 试样测定的伸长率，以 δ_{10} 或 δ 表示。按上述两种比例关系制作的拉伸试样，称为比例试样。标距长度为原截面积间不是上述两种关系者，称为非比例试样。非比例试样是根据制品的尺寸和材质决定的所得结果不能和 δ_5 或 δ 相互比较。应该指出，同一材料的 δ_5 和 δ_{10} 数值是不相等的，因而不能直接用 δ_5 和 δ_{10} 进行比较。从公式 $\delta=\beta+\gamma\frac{\sqrt{F_o}}{l_o}$ 可以看出：因 β、γ 为常数，δ 值则取决于 $\frac{\sqrt{F_o}}{l_o}$ 之大小，由于短试样的 $\frac{\sqrt{F_o}}{l_o}=\frac{1}{5.65}$；长试样的 $\frac{\sqrt{F_o}}{l_o}=\frac{1}{11.3}$；短试样的 $\frac{\sqrt{F_o}}{l_o}$ 数值比长试样的大一倍，故 δ_5 大于 δ_{10}，一般，$\delta_5=(1.2\sim1.5)\delta_{10}$。由于短试样可以节约原材料且加工较方便，故目前各国标准中有优先选取短试样的趋势，我国也逐步向这方面统一。

2. 断面收缩率 ψ

断面收缩率 ψ 是断裂后试样截面的相对收缩值，它等于截面的绝对收缩 $\Delta F_K=F_o-F_K$ 除以试样的原始截面积 F_o，也是用百分数(%)表示的。

$$\psi=\frac{F_o-F_K}{F_o}\times100\% \tag{2-1-5}$$

式中　F_K——试样断裂后的最小截面积。

ψ 的测定，对于圆试样比较简单，将断的试样对接起来，测出它的最小直径 d_k（从相互垂直方向测两次，再取平均值）后，即可求出 ψ 值。由式(2-1-5)可见，ψ 和试样尺寸无关。

二、硬　　度

金属材料抵抗硬的物体压陷表面的能力，称为硬度。硬度不像强度、伸长率等，它不是一个单纯的物理或力学量，而是代表着弹性、塑性、塑性形变强化率、强度、韧性等一系列不同的物理量组合的一种综合性能指标。

硬度试验可分为压入法和刻划法。在压入法中根据加载速度不同又可分为静载荷压入法和动载荷压入法。按试验温度高低又可分为高温和低温状态下的硬度试验。目前生产中使用最多的是静载荷压入法硬度试验，即布氏硬度试验、洛氏硬度试验、维氏硬度试验和显微硬度试验。由于各种硬度试验所根据的原理不同，各组成物理量在不同的方法中所起的作用不同，所得的结果将出现很大差别，因此用不同试验方法所得的硬度值没有简单准确的换算关系，现在使用的一些换算公式和对照表，是根据同类金属材料，在相同状态下和一定硬度范围内进行比较试验之后所得到的大量数据，经过分析、比较、归纳得到的经验关系，它们有一定的实用价值，但在要求准确的数据时不能采用。

硬度试验方法比较简单易行，在试样很小不便于做其他力学性能试验时，利用硬度试验可得到有价值的参考数据，故在生产、科研实验中，硬度试验是不可缺少的标准试验方法。

为了能用硬度试验代替某些机械性能试验，生产上需要一个比较准确的硬度与强度的换算关系。实践证明，金属材料的各种硬度值之间，硬度值与强度值之间具有近似的相应关系。因为硬度值是由起始塑性变形抗力和继续塑性变形抗力决定的，材料的强度越高，塑性变形抗力越高，硬度值也就越高。

三、冲击性能

冲击试验特点是利用缺口试样在高应变率、弯曲加载、低温条件下最大限度地保证材料处于脆性状态，由此来评定材料的抗断性能。这种试验测试简便，试样尺寸小，低温试验易于进行。在检验材料内部缺陷、比较热处理工艺及确定脆性转变温度等方面有广泛的应用。其冲击韧性指标是目前作为衡量材料抵抗动载破坏能力的主要指标。然而，冲击试验给出的冲击功 A_k 是弹性、塑性和撕裂能之总和，故它是一项将材料的强度和缺口塑性结合在一起的断裂功耗指标。两种强度相差悬殊的材料，可能其 A_k 值大致相等，但高强度材料的缺口塑性实际上远小于低强度材料，所以它的大小并不真正反映材料的韧脆性质，只是在一定范围有相互比较的意义，而不能作为断裂设计的定量指标。冲击值 a_k 是单位面积上的 A_k 值，没有明确的物理意义。采用示波冲击试验能显示整个断裂过程中各部分能量的大小。可针对构件服役要求和对各部分能量需求程度来对材料性能进行评定，以便使材料的韧性得到更充分发挥。

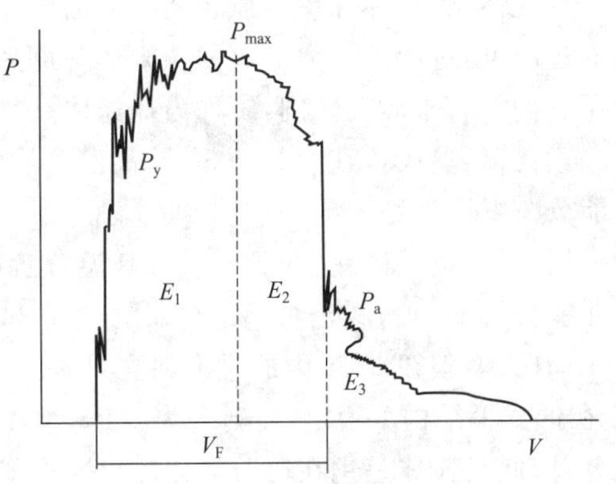

图 2-1-10　示波冲击 P-V 曲线示意图

从获得的大量示波图形中可归纳出典型载荷—位移曲线，即所谓的 P-V 曲线，如图 2-1-10 所示。该曲线所包围的面积表示试样在冲击过程中所吸收的总能量 E，它可分解为三部分：(1)最大载荷 P_{max}之前的能量 E_1，即形成裂纹所需要的弹性和塑性变形功；(2)超过最大载荷到突然断裂的载荷 P_F 之间的能量 E_2，它代表裂纹快速扩展所需的能量；(3)E_3 为材料阻止脆性裂纹扩展的能量。总能量为

$$E=E_1+E_2+E_3$$

详细测定和比较这三部分能量，对分析其断裂过程及选材是有用的。

四、轮、轴常规力学性能要求

现行铁路标准中对车轮和车轴的常规力学性能均做了明确的技术要求，具体指标如表 2-1-5 所示。

表 2-1-5　车轮和车轴常规力学性能指标要求

产品	钢牌号	拉伸试验				踏面下 30 mm 硬度(HBW)	轮辋表面硬度(HBW)	常温冲击功(U 形缺口)(J)
		抗拉强度 σ_b(MPa)	屈服强度 σ_s(MPa)	伸长率 δ_4(%)	断面收缩率 ψ(%)			
车轮	CL60	≥910	—	≥10	≥14	265～320	270～341	≥16
车轮	ZL-B	≥910	—	≥4	—	≥265	277～341	≥10
车轴	LZ40	≥549～569 >569～598 >598	—	≥22* ≥21* ≥20*	—	—	—	≥59* ≥49* ≥39*
车轴	LZ50	≥610	≥345	≥22	≥37	—	—	

注*：LZ40 的伸长率要求为 δ_5，冲击功的单位为 J/cm²。

第五节 车轮、车轴钢的金相组织

一、钢的金相组织

钢的金相组织取决于钢的化学成分和热处理工艺(奥氏体化加热温度和冷却速度)。

车轮、车轴钢均属于亚共析钢,经过热处理后的显微组织为珠光体和铁素体组织。

铁素体:碳与合金元素溶解在α-Fe中的固溶体。铁素体性能接近纯铁,硬度低(约为80～100 HBW),塑性好。固溶有合金元素的铁素体能提高钢的强度和硬度。在723 ℃时,碳在铁素体中溶解为0.02%,在常温下为0.008%。铁素体仍然保持α-Fe的体心立方晶格,在金相组织中具有典型纯金属的多面体金相特征。

珠光体:铁素体和渗碳体相间排列的层片状组织,片层一般稍弯曲。珠光体的片间距取决于奥氏体分解时的过冷度,过冷度越大形成的珠光体片间距越小。按片间距的大小,又可分为珠光体、索氏体和屈氏体。由于它们没有本质上区别,统称为珠光体。

索氏体:奥氏体在600～650 ℃高温分解的产物,硬度约为240～320 HBW,用高倍显微镜放大1 000倍才能分辨Fe_3C片。

屈氏体:奥氏体在550～600 ℃高温分解的产物,硬度约为330～400 HBW,用电子显微镜放大10 000倍才能分辨Fe_3C片。

马氏体:碳在α Fe中的过饱和固溶体。当钢高温奥氏体化之后,若快速冷却至马氏体点以下时,由于γ-Fe在低温下结构不稳定,便转变为α-Fe,但冷却速度快,钢中原子来不及扩散,保留了高温时母相奥氏体的成分,因此马氏体是钢在奥氏体化后快速冷却到马氏体点之下发生无扩散性相变的产物。马氏体处于亚稳定状态,由于碳在α-Fe中过饱和,使α-Fe的体心立方晶格发生了畸变,形成了体心正方晶格。马氏体具有很高的硬度(约为640～760HB),很脆,冲击韧性低,断面收缩率和延伸率几乎近等于零。由于过饱和的碳使晶格发生畸变,因此马氏体的比容较奥氏体大,钢中马氏体形成时产生很大的相变应力。马氏体在金相组织中,互成一定角度的白色针状结构。正常的淬火工艺下,获得的马氏体大部分为细针或隐形针状。

贝氏体:过冷奥氏体在中温区间(约250～450 ℃)相变产生的过饱和的铁素体和渗碳体混合物。贝氏体形成的温度不同,组织特征也不相同。在接近珠光体形成温度所生成的组织叫上贝氏体,其特征为由晶粒边界开始向晶内同一方向平行排列的α-Fe片,片间夹着渗碳体颗粒,在金相组织中呈羽毛状,由于方位不同,羽毛可对称或不对称。在300 ℃附近形成的组织叫下贝氏体,在金相组织中黑针状。上、下贝氏体只是形状和碳化物分布不同,没有质的区别。上贝氏体的强度小于同一温度形成的细片状珠光体,脆性也较大。下贝氏体与相同温度的回火马氏体强度相近,下贝氏体的性能优于上贝氏体,有时甚至优于回火马氏体。

魏氏体:亚共析钢因为过热而形成的粗晶奥氏体,在一定的过冷条件下,除了在原来奥氏体晶粒边界上析出块状α-Fe外,还有从晶界向晶粒内部生长的片状α-Fe。这种片状α-Fe与原来的奥氏体有着一定的结晶位向关系。这些在晶粒中出现的互成一定角度或彼此平行的片状α-Fe即为通常所称的亚共析钢的魏氏体。过热的亚共析钢在较快的冷却速度下容易产生魏氏体。魏氏体严重时会使钢的冲击韧性、断面收缩率下降,使钢变脆。实际生产中可采用完全退火使之消除。

带状组织:经热加工后的碳素结构钢显微组织中,铁素体和珠光体沿加工方向平行成层分布的条带组织,称为带状组织。带状组织使钢的机械性能呈各向异性,并降低钢的冲击韧性和断面收缩率。

当化学成分正常和热处理工艺正常时,车轮踏面热处理强化层的金相组织应是细珠光体(又称淬火索氏体)和极少量的铁素体,其余部位则为珠光体和少量的铁素体见图2-1-11。当化学成分、热处理工艺不正常或使用不当时,出现的非正常金相组织主要有马氏体、贝氏体、屈氏体、魏氏体、粗大的珠光体、网状渗碳体、条带状组织等,以及上述某几种组织的混合相组织。

50钢、40钢车轴材质横向组织见图2-1-12和图2-1-13。

二、钢的晶粒度

1. 奥氏体晶粒度

图 2-1-11　车轮组织(珠光体和少量铁素体)

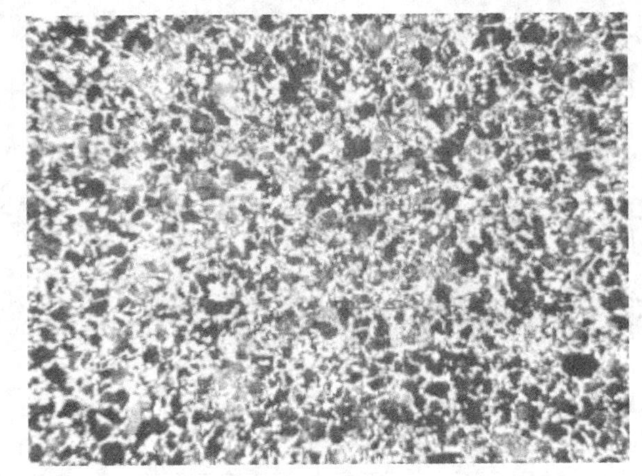
图 2-1-12　50 钢车轴材质横向典型组织

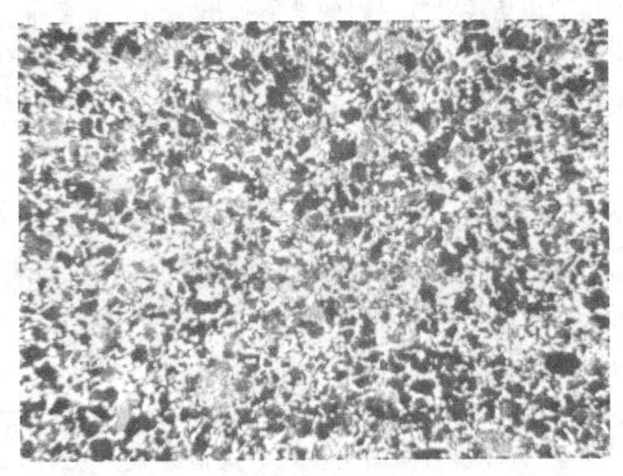
图 2-1-13　40 钢车轴材质横向金相组织

奥氏体晶粒度是在标准规定的试验条件下所得到的晶粒尺度,用来衡量钢的奥氏体晶粒长大的倾向。

2. 实际晶粒度

实际晶粒度是指钢在交货状态下所具有的实际晶粒大小。

钢中晶粒大小,直接影响钢的力学性能,评定晶粒大小的方法称晶粒度测定法。影响奥氏体晶粒度的因素很多,加热温度和时间起着决定性作用。温度升高,保温时间越长,晶粒度越大;合金元素、原始组织状态、热加工、热处理等对奥氏体晶粒度也有一定的影响。

轮、轴钢均对实际晶粒度级别提出了要求,见表 2-1-6。

表 2-1-6　轮、轴产品的晶粒度要求

产品	钢牌号	晶粒度(级)
车轮	CL60	≥6
车轮	ZL-B	—
车轴	LZ40	≥5
车轴	LZ50	≥6

三、钢的金相组织分析手段

金相组织分析通常是采用光学金相显微镜、显微硬度计、扫描电子显微镜和能谱仪、透射电子显微镜、电子探针等。常用仪器的主要用途见表 2-1-7。

表 2-1-7　常用仪器主要用途

放大倍数	主要用途	
	常用放大倍数	应用范围
光学金相显微镜	20～1000	金相组织和晶粒度的鉴别和形貌观察
显微硬度计	20～600	各种组织的硬度测量
扫描电子显微镜和能谱仪	10～10000	表面形貌观察,微区成分定性和半定量分析
透射电子显微镜	500～800000	相结构和形貌分析
电子探针	500～2000	形貌观察和相结构的微区成分定量分析

第二章
车轮、车轴材料特性

铁路货车车轮与车轴的独特运用条件对其材料的性能提出了特殊的要求，如断裂性能、疲劳性能、残余应力等。对于车轮而言还要求其具备一定的磨耗性能、接触疲劳性能；对于车轴，断裂韧性和疲劳性能是非常重要的性能指标。

第一节　断 裂 性 能

在对车轮、车轴用材料进行选材和性能评价时，断裂性能研究是极其重要的一个方面。无论是对其进行断裂理论研究还是实验测试方法的研究，都属于断裂力学学科的应用范畴。

众所周知，工程设计中是用屈服强度确定结构材料的许用应力。一般认为机件在许用应力以下工作就不会发生塑性变形，更不会发生断裂。然而事实并非如此。高强度材料有时会在远低于屈服强度的状态下发生脆性断裂。中、低强度材料的重型件及大型结构件也有类似断裂事故发生。上述情况迫切要求从理论上和实践上加以说明和解决，以确保机件运转的安全可靠性。断裂力学就是为适应这一要求而发展起来的一门学科。这门学科以裂纹体为研究对象，它的基本假设是物体中存在着裂纹或类似裂纹的缺陷，这与连续介质力学认为材料是完整的、连续的有着原则的区别。断裂力学运用连续介质力学的弹塑性理论，考虑了材料的不连续性，来研究材料和机件中裂纹扩展的规律，确定能反映材料抵抗裂性能的指标及其测试方法，以控制和防止机件的断裂。

断裂力学分为线弹性断裂力学和弹塑性断裂力学。线弹性断裂力学是以弹性理论为基础，并广泛地被工程实践所验证，得出许多有规律性的结论。断裂韧性就是断裂力学认为能反映材料抵抗裂纹失稳扩展能力的性能指标。

一、线弹性状态的断裂韧性

(一)裂纹尖端的应力场强度因子

应用弹性力学理论，研究含有裂纹材料的应力应变状态和裂纹扩展规律，就构成所谓“线弹性断裂力学”。线弹性断裂力学认为，材料在脆性断裂前基本上是弹性变形，其中应力应变关系是线性关系。在这样的条件下，就可以用材料力学和弹性力学的知识来分析裂纹扩展的规律。

1. 裂纹尖端的应力场分析

如图 2-2-1 所示，在一无限宽板内有一条长 $2a$ 的中心贯穿裂纹，在无限远处受双向应力 σ 的作用。现在我们来讨论这种特定情况下裂纹前端的应力场。

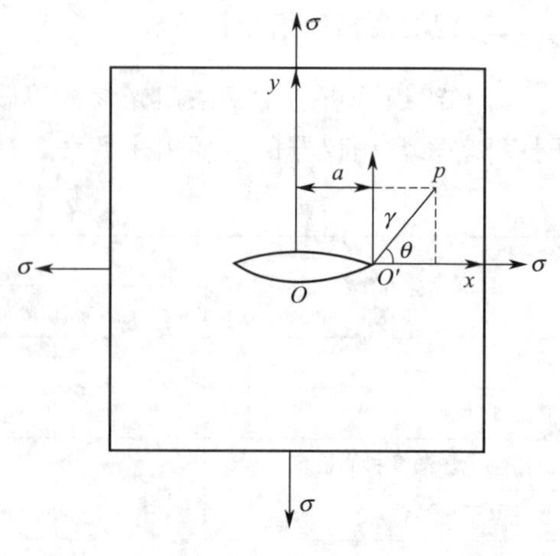

图 2-2-1　双向应力作用下的张开型裂纹

对于图 2-2-1 所提的问题，在弹性力学中可看作是一个平面问题，可以根据平面问题的求解方法来求出裂纹尖端各点的应力分量和应变分量。

根据弹性力学分析，对于裂纹前端的任意一点 $P(r, \theta)$，其各应力分量如下：

$$\left.\begin{aligned}\sigma_x&=\sigma\sqrt{\frac{\pi a}{2\pi r}}\cos\frac{\theta}{2}\left(1-\sin\frac{\theta}{2}\sin\frac{3\theta}{2}\right)=\frac{K_{\mathrm{I}}}{\sqrt{2\pi r}}\cos\frac{\theta}{2}\left(1-\sin\frac{\theta}{2}\sin\frac{3\theta}{2}\right)\\ \sigma_y&=\sigma\sqrt{\frac{\pi a}{2\pi r}}\cos\frac{\theta}{2}\left(1+\sin\frac{\theta}{2}\sin\frac{3\theta}{2}\right)=\frac{K_{\mathrm{I}}}{\sqrt{2\pi r}}\cos\frac{\theta}{2}\left(1+\sin\frac{\theta}{2}\sin\frac{3\theta}{2}\right)\\ \sigma_z&=\nu(\sigma_x+\sigma_y)\\ \tau_{xy}&=\sigma\sqrt{\frac{\pi a}{2\pi r}}\sin\frac{\theta}{2}\cos\frac{\theta}{2}\cos\frac{3\theta}{2}=\frac{K_{\mathrm{I}}}{\sqrt{2\pi r}}\sin\frac{\theta}{2}\cos\frac{\theta}{2}\cos\frac{3\theta}{2}\end{aligned}\right\}\tag{2-2-1}$$

式中 θ 与 r——P 点的极坐标，由它们确定 P 点相对于裂纹尖端的位置；

σ——远离裂纹并与裂纹面平行的截面上的正应力(名义应力)。

上式是裂纹尖端附近的应力场的近似表达式，愈接近裂纹尖端，精确度愈高，即上式适用于 $r \ll a$ 的情况。

由式(2-2-1)可知，在裂纹延长线上(即 x 轴上)，$\theta=0$，$\sin\theta=0$，

$$\left.\begin{aligned}\sigma_y&=\sigma_x=\frac{K_{\mathrm{I}}}{\sqrt{2\pi r}}\quad r\ll a\\ \tau_{xy}&=0\end{aligned}\right\}\tag{2-2-2}$$

即在该面上切应力为零，拉伸正应力最大，故裂纹容易沿该平面扩展。

2. 应力场强度因子 K_{I}

各应力分量中均有一个共同因子 K_{I}($K_{\mathrm{I}}=\sigma\sqrt{\pi a}$)。对于裂纹前端的任意给定点，其坐标 r,θ 都有确定值，这时该点的应力分量完全决定于 K_{I}。因此，K_{I} 表示在名义应力作用下，含裂纹体处于弹性平衡状态时，裂纹前端附近应力场的强弱。也就是说，它的大小就确定了裂纹前端各点的应力大小，故 K_{I} 是表示裂纹前端应力场强弱的因子，简称应力场强度因子。

式(2-2-1)中的 $K_{\mathrm{I}}=\sigma\sqrt{\pi a}$ 是对无限大宽板试样并带有中心穿透裂纹的特殊条件下推导出来的。当试样的几何形状、尺寸以及裂纹扩展方式变化时，虽然式(2-2-1)仍然成立，但式中 K_{I} 就改变了，在一般情况下 K_{I} 为：

$$K_{\mathrm{I}}=Y\sigma\sqrt{a}\tag{2-2-3}$$

式中 a 为裂纹长度的 $\frac{1}{2}$。Y 是一个和裂纹形状、加载方式以及试样几何因素有关的量，它是一个无量纲的系数，有中心穿透裂纹的无限宽板 $Y=\sqrt{\pi}$。K_{I} 的单位是 $\mathrm{MPa}\cdot\mathrm{m}^{\frac{1}{2}}$。

当 $r\to 0$ 时，全部应力分量均趋于无限大。这就是说，在裂纹尖端($r=0$ 的点)，其应力场具有奇异性，因此 K_{I} 就是用来描述这种奇异性的力学参量。

3. 裂纹的三种扩展方式

对于含有裂纹的机件，当外加作用力不同时，裂纹扩展的方式有三种类型：张开型、滑开型和撕开型，如图 2-2-2 所示。

(1)张开型(Ⅰ型) 如图 2-2-2(a)所示，其外加应力垂直裂纹面，即为正应力时，在该应力作用下，裂纹尖端张开，并在与外力垂直的方向上扩展(外力沿 y 轴方向，裂纹扩展沿 x 轴方向)。

(2)滑开型(Ⅱ型) 如图 2-2-2(b)所示，在剪切应力作用下，裂纹上下两面平行滑开，此时裂纹体上下两半滑动的方向，与裂纹扩展的方向均沿 x 轴方向。

(3)撕开型(Ⅲ型) 如图 2-2-2(c)所示，在 z 轴方向剪应力作用下，裂纹面上下错开，此时裂纹沿 x 轴方向扩展。

由于裂纹存在三种扩展方式，其相应的应力场强度因子也会不同，为了加以区别，分别以 K_{I}、K_{II}、K_{III} 表示之。上面讨论的 K_{I} 就是在正应力作用下，裂纹在张开型扩展时的应力场强度因子。在工程构件中，张

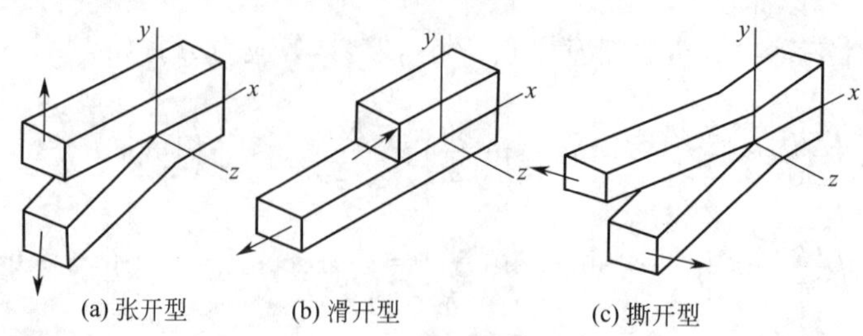

图 2-2-2　裂纹扩展的三种类型

开型扩展是最危险的，容易引起低应力脆断，材料对这种裂纹扩展的抗力最低。因此即使是其他型式的裂纹扩展，也常按Ⅰ型处理，这样会更安全，以后我们讨论时均指这种类型。

（二）平面应力与平面应变

上面我们所讨论的无限宽板如果板的厚度不同，受拉伸时体内的应力状态也不相同。当板很薄时，将出现所谓的平面应力状态；而当板很厚时，则出现平面应变状态。

1. 平面应力

受力物体内部的任一点，一般情况下存在三个主应力 $\sigma_1,\sigma_2,\sigma_3$。如果在某种情况下，三个主应力中的一个为零，例如 $\sigma_3=0$，那么这一点的应力状态，我们就称为平面应力状态。

一张很薄的钢板，在侧边受到均匀力作用时，如图 2-2-3 所示，就可视为一种平面应力状态。因为前后板面与空气接触，没有外力作用，板面上的内应力分量 $\sigma_z,\tau_{zx},\tau_{zy}$ 全部为零，另外由于板很薄，可以认为在垂直板厚方向的各平面内，上述三应力分量均为零，而体内存在的三个应力分量 $\sigma_x,\sigma_{xy},\tau_{xy}$ 均不等于零。故薄板就可认为是处于平面应力状态。

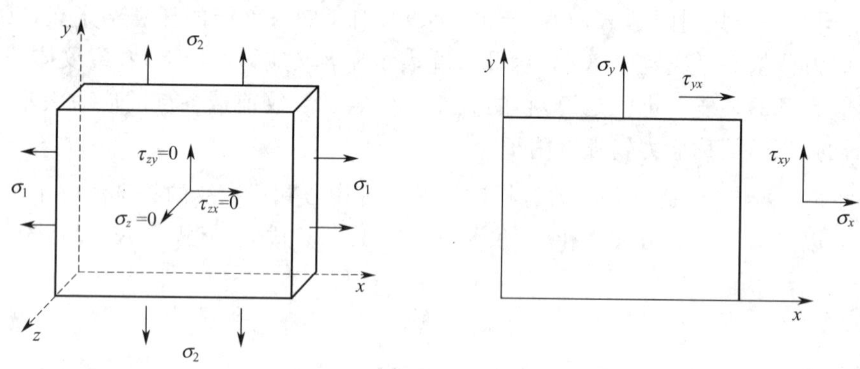

图 2-2-3　平面应力状态

在平面应力状态下，z 方向将发生收缩变形，其应变 $\varepsilon_z=-\dfrac{\nu}{E}(\sigma_x+\sigma_y)$，式中 ν 为泊松系数。所以在平面应力状态下，三个方向的应变分量均不为零。

2. 平面应变

如果物体受力时，某一方向上被固定，使之在这一方向上物体不能变形，如沿 z 轴固定，则 $\varepsilon_z=0$ 此时体内的应变分量只有三个，即 ε_x、ε_y、γ_{xy}，它们都限于 xoy 平面内，故这种应力状态称为平面应变应力状态。

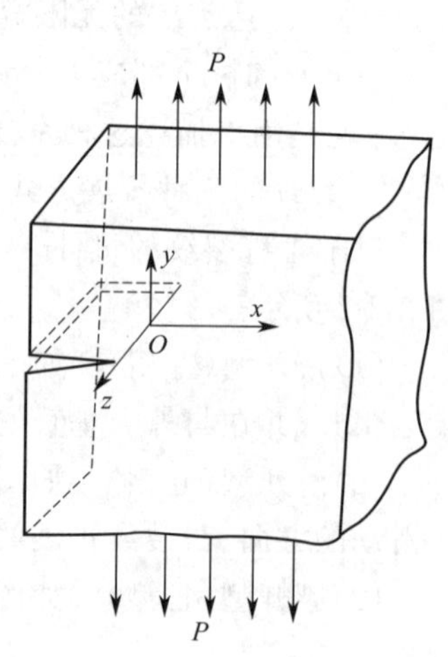

图 2-2-4　受均匀拉力的有裂纹宽板

图 2-2-4 为一受均匀拉力 P 作用，并带有裂纹的宽板，当板的厚度足够大时，其裂纹尖端即处于平面应变状态。因为离裂纹尖端较远处的金属变形很小，它将约束裂纹尖端区沿 z 方向的收缩，这就相当于沿 z 方向被固定，裂纹尖端区沿 z 方向没有变形，可见厚板裂纹前端处于平面应变状态。

因为 $\varepsilon_z=0$，根据广义虎克定律

$$\varepsilon_z=\frac{1}{E}[\sigma_z-\nu(\sigma_x+\sigma_y)]$$

$$\sigma_z=\nu(\sigma_x+\sigma_y)$$

这就是说，在平面应变状态下，裂纹前端处于三向拉应力状态，这时材料塑性变形比较困难，裂纹容易扩展，显得特别脆，因而是一种危险的应力状态。

(三)断裂韧性和脆断判据

1. 金属的断裂韧性 K_{IC}

一个有裂纹的机件(或试样)上的拉力逐渐加大，或裂纹逐渐扩展时，裂纹尖端的应力场强度因子 K_{I} 也随之逐渐增大，当 K_{I} 达到临界值时，机件中的裂纹将产生突然的失稳扩张。这个应力场强度因子 K_{I} 的临界值，称为临界应力场强度因子，它也就是材料的断裂韧性。如果裂纹尖端处于平面应变状态，则断裂韧性和数值最低，称之为平面应变断裂韧性，用 K_{IC} 表示。它反映了材料抵抗裂纹失稳扩展即抵抗脆性断裂的能力，是材料的一个机械性能指标。

当外加应力 $\sigma=\sigma_{\mathrm{C}}$ 时，裂纹发生突然失稳扩张，即达到临界状态，这时的应力场强度因子 K_{I}，在数值上就等于材料的平面应变断裂韧性 K_{IC}，故

$$K_{\mathrm{IC}}=Y\cdot\sigma_{\mathrm{C}}\sqrt{a} \tag{2-2-4}$$

式中 a 为裂纹长度的 $\frac{1}{2}$。

断裂韧性 K_{IC} 是评定材料阻止宏观裂纹失稳扩展能力的一种机械性能指标，它和裂纹本身的大小、形状无关，也和外加应力大小无关。如外加应力为零时，$K_{\mathrm{I}}=0$，而材料本身的 K_{IC} 并不随 σ 的大小变化。K_{IC} 是材料本身的特性，只和材料的成分、热处理及加工工艺有关。

2. 脆性断裂判据

通过上面的讨论，我们知道对于一个带裂纹的物体来说，其裂纹前端的应力场强弱，可用 K_{I} 来定量描述(Ⅰ型裂纹扩展)，而材料抵抗裂纹失稳扩展的能力(平面应变状态下)可用 K_{IC} 来评定。由这两个量的相对大小我们就可以评定带裂纹体是否会发生失稳脆断，其脆断判据如下：

$$K_{\mathrm{I}}=Y\sigma\sqrt{a}\geqslant K_{\mathrm{IC}} \tag{2-2-5}$$

若上式成立，则构件将发生失稳脆断。

(四)裂纹尖端塑性区及其修正

由式(2-2-1)可知，当 $r\rightarrow 0$ 时，$\sigma_y\rightarrow\infty$，这就是说裂纹尖端应力为无穷大。但实际金属中不可能出现这种情况，因为当应力超过材料的屈服极限时，材料将屈服，发生塑性变形，从而使裂纹尖端区的应力松弛。由于屈服区的存在，在屈服区内其应力—应变关系已不遵循线弹性力学规律。但若屈服区很小，经过适当修正后，线弹性力学仍然有效。要解决这一问题，就必须首先估算屈服区的尺寸，然后提出修正方法。

1. 裂纹前端屈服区大小

在单向拉伸的情况下，当外加应力等于材料的屈服极限 σ_{s} 时，材料就会屈服。但对于含裂纹构件，由于裂纹前端出现三向应力，此时的屈服条件就必须采用最大剪应力判据或形状改变能判据。通常采用较多的是形状改变能判据，当复杂应力状态的形状改变能密度等于单向拉伸屈服时的形状改变能密度时，材料就屈服。此判据的表达式为：

$$(\sigma_1-\sigma_2)^2+(\sigma_2-\sigma_3)^2+(\sigma_3-\sigma_1)^2=2\sigma_{\mathrm{s}}^2 \tag{2-2-6}$$

式中 σ_{s} 为材料屈服极限，σ_1，σ_2，σ_3 为三个主应力，它与应力分量 σ_x，σ_y，τ_{xy} 有关，从而可得出：

$$\sigma_1=\frac{K_{\mathrm{I}}}{\sqrt{2\pi r}}\cos\frac{\theta}{2}\left[1+\sin\frac{\theta}{2}\right] \tag{2-2-7}$$

$$\sigma_2=\frac{K_{\mathrm{I}}}{\sqrt{2\pi r}}\cos\frac{\theta}{2}\left[1-\sin\frac{\theta}{2}\right] \tag{2-2-8}$$

对于平面应力问题：

$$\sigma_3=0 \tag{2-2-9}$$

将式(2-2-7)、(2-2-8)、(2-2-9)代入式(2-2-6)，经过运算即可得出：

$$r=\frac{K_{\mathrm{I}}^2}{2\pi\sigma_{\mathrm{s}}^2}\left[\cos^2\frac{\theta}{2}\left(1+3\sin^2\frac{\theta}{2}\right)\right] \tag{2-2-10}$$

式(2-2-10)决定了裂纹前端塑性区的形状和大小，把不同θ值代入即可得出塑性区的边界，如图2-2-5所示。

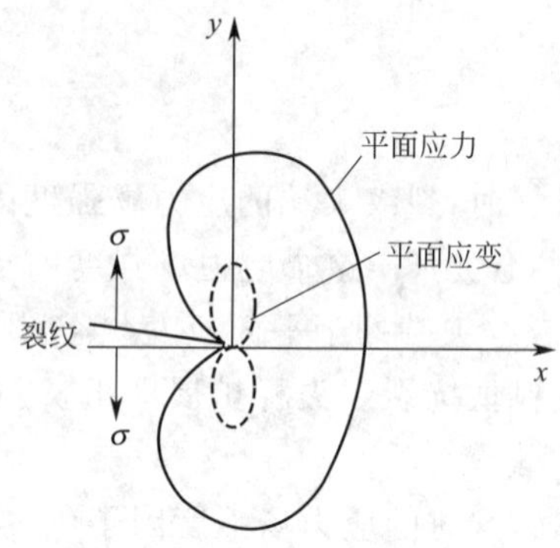

图2-2-5 裂纹尖端的塑性区边界

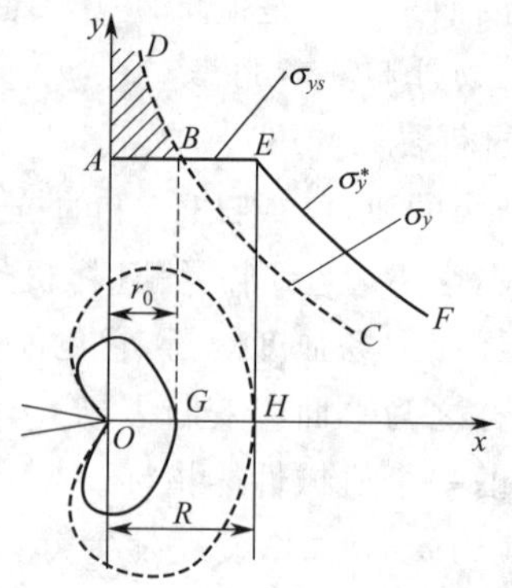

图2-2-6 应力松弛后的屈服区

由式(2-2-10)可知，当$\theta=0$时，即在x轴上，其塑性区宽度为r_0：

$$r_0=\frac{K_{\mathrm{I}}^2}{2\pi\sigma_s^2} \tag{2-2-11}$$

对于平面应变来说，由于$\sigma_3=\nu(\sigma_1+\sigma_2)$，其塑性区宽度为$r_0$：

$$r_0=\frac{K_{\mathrm{I}}^2}{2\pi\sigma_s^2}(1-2\nu)^2 \tag{2-2-12}$$

通常把塑性区的最大主应力σ_1叫做有效屈服应力，用σ_{ys}表示。可以证明，平面应力状态下，$\sigma_{ys}=\sigma_s$，而平面应变状态$\sigma_{ys}=\frac{\sigma_s}{1-2\nu}$。但实际上，对于平面应变来说，$\sigma_{ys}$没有这样大，例如对于厚板，虽然在板内裂纹尖端处于平面应变状态，而前后板面仍处于平面应力状态。故一般取平面应变下的有效屈服应力为$\sigma_{ys}=\sqrt{2\sqrt{2}}\sigma_s$。考虑到这一情况，平面应变状态的塑性区尺寸要比式(2-2-12)中确定的大些，其值为：

$$r_0=\frac{K_{\mathrm{I}}^2}{4\sqrt{2}\pi\sigma_s^2} \tag{2-2-13}$$

对照(2-2-11)与(2-2-13)可见，平面应变条件下的塑性区，小于平面应力条件下的塑性区。

2. 应力松弛对塑性区尺寸的影响

上面讨论指出，由于裂纹尖端应力集中，使应力场强度加大，当它超过材料的有效屈服应力σ_{ys}时，裂纹前端就会屈服，产生塑性变形，并计算了塑性区尺寸。但是上面忽略了一个重要现象，即裂纹尖端一旦屈服，屈服区内的最大主应力恒等于有效屈服应力σ_{ys}，也就是将原来的应力峰削平，屈服区内多出来的那部分应力(它等于图2-2-6中画斜线的面积ABD)就要松弛掉，这部分松弛掉的应力传给了屈服区周围的区域，从而使这些区域内应力值升高，若这些区域的应力σ_y高于有效屈服应力σ_{ys}时，则它也会发生屈服。这就是说，屈服区内应力松弛的结果使屈服区进一步扩大，屈服区宽度由r_0增加至R，如图2-2-6所示，图中DBC为裂纹尖端σ_y的分布曲线，AEF为考虑到屈服区应力松弛后的σ_y^*分布曲线。

根据能量分析结果，可以计算出：

$$\left.\begin{aligned}R&=\frac{1}{\pi}\left(\frac{K_{\mathrm{I}}}{\sigma_s}\right)^2 \quad (\text{平面应力})\\ R&=\frac{1}{2\sqrt{2}\pi}\left(\frac{K_{\mathrm{I}}}{\sigma_s}\right)^2 \quad (\text{平面应变})\end{aligned}\right\} \tag{2-2-14}$$

将式(2-2-14)、(2-2-11)及(2-2-13)对比，可以看出，由于应力松弛的结果，均使塑性区扩大了一倍。同时，也可以看出，不论是平面应力状态，还是平面应变应力状态，屈服区尺寸均正比于$\left(\frac{K_{\mathrm{I}}}{\sigma_s}\right)^2$，在临界状态下则正比于$\left(\frac{K_{\mathrm{IC}}}{\sigma_s}\right)^2$。$K_{\mathrm{IC}}$和$\sigma_s$均为材料性能指标，所以可根据它来确定裂纹前端的临界塑性区尺寸，在后面讨论K_{IC}测试时，就是根据这一参量来确定试样尺寸的。

3. 塑性区修正

由于裂纹前端塑性区的存在，其应力场分布就必然发生变化，这时应力场应如何来计算呢？大量实验证明，当材料的 σ_s 值较高，而 K_{IC} 又较低时，R 值是很小的；或者 R 本身虽不很小，但由于试件的尺寸很大，相对来说 R 仍可看作很小。在这种情况下，裂纹前端大部分区域为弹性区，只是发生了小范围屈服，对于这种情况，只要稍加修正，线弹性断裂力学分析结果仍然适用。

修正的简单办法是引入"有效裂纹尺寸"的概念。其基本思路是，把塑性区松弛应力场的作用，等效地看成是裂纹长度增加 r_y 而松弛了弹性应力场的作用。也就是说，塑性区的存在，相当于裂纹长度增加，从而引入有效裂纹长度 $a+r_y$ 来代替原有裂纹长度，就可不再考虑塑性区的影响，原来推导出的线弹性应力场的公式就仍然适用。

下面我们来分析有效裂纹长度 $a+r_y$ 如何确定。

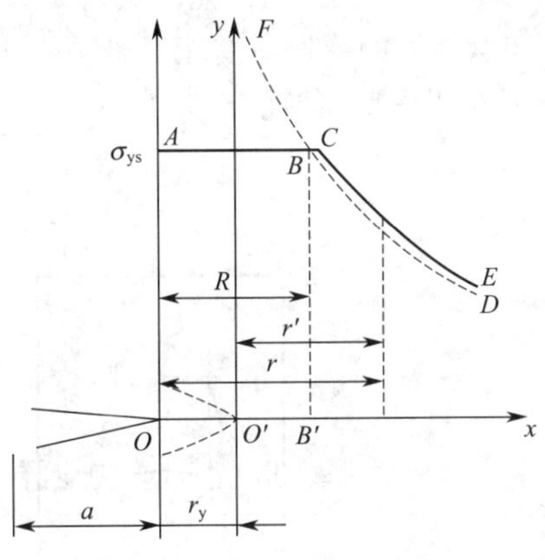

图 2-2-7 有效裂纹长度计算图

上述分析可知，当裂纹前端出现塑性区之后，其应力分布将由图 2-2-7 中的虚线 FCE 变为实线 $ABCD$。当引入有效裂纹 $a+r_y$ 后，实际上相当于裂纹尖端由 O 点移至 O'，此时就可不考虑塑性区的影响，仍用线弹性力学来处理。根据式(2-2-2)有效裂纹前端的应力分布为 $\sigma'_y=K_I/\sqrt{2\pi r'}$，式中 r' 是 O' 点的坐标。如 O 点的坐标为 r，由于 OO' r_y，故 $r'=r+r_y$，则有效裂纹前端应力 $\sigma'_y=K_I\ \sqrt{2\pi(r-r_y)}$（图 2-2-7 中虚线表示）应当和真实裂纹塑性区之外（$r>R$）的应力相等。即在 $r\geqslant R$ 的区域，图 2-2-7 中虚线与实线重合，而且也只有重合，有效裂纹长度才能正确表示原有裂纹加塑性区应力松弛的综合作用。这就是说，在 $r=R$ 处真实裂纹的应力 $\sigma_y=\sigma_{ys}$ 应等于有效裂纹在此处的应力 $\sigma'_y=K_I/\sqrt{2\pi(R-r_y)}$，由两者列成等式即可求出 r_y，即

$$\sigma_{ys}=\frac{K_I}{\sqrt{2\pi(R-r_y)}},r_y=R-\frac{1}{2\pi}\left(\frac{K_I}{\sigma_{ys}}\right)^2$$

根据上面所给出的 σ_{ys} 及 R 值代入上式可得

$$\left.\begin{aligned} r_y&=\frac{R}{2}=\frac{1}{2\pi}\left(\frac{K_I}{\sigma_s}\right)^2 \quad (\text{平面应力})\\ r_y&=\frac{1}{4\sqrt{2}\pi}\left(\frac{K_I}{\sigma_s}\right)^2 \quad (\text{平面应变})\end{aligned}\right\} \tag{2-2-15}$$

因此，对于小范围屈服的问题，引进有效裂纹长度来代替真实裂纹长度后，式(2-2-1)中所给出的应力场计算公式仍然适用，塑性区的影响就不再考虑，它的影响已经包含在有效裂纹之中。只是须特别注意，这时式(2-2-3)中的裂纹长度 a 要用有效裂纹长度 $a+r_y$ 代替，即

$$K_I=Y\sigma\ \sqrt{a+r_y} \tag{2-2-16}$$

二、裂纹扩展的能量率 G_I

线弹性断裂力学处理带裂纹体的问题，有两种方法：其一是上面我们所讨论的应力场分析法；另一种是能量分析法，这就是本节所要讨论的问题。

根据热力学定律，我们知道，自然界一切过程的进行必须遵守能量守恒原理，而且一切自发进行的过程，一定使系统本身的能量降低。裂纹失稳扩展是一个自发进行的过程，我们只要分析裂纹扩展过程中的能量变化，建立平衡方程，就可以获得裂纹失稳扩展时的能量判据。这种分析方法，较为直观，能更清楚地揭示断裂韧性的物理意义。

（一）格里菲斯缺口强度理论

格里菲斯理论的基本出发点就是认为材料中原来就存在裂纹，由于裂纹存在将引起应力集中，如图 2-2-8 所示，裂纹尖端处的应力将比平均应力高很多，当此处正应力达到理论强度值时，裂纹将迅速扩张而断裂，因此断裂时的平均应力远小于理论强度值。应该指出，裂纹存在造成应力集中，加大了局部地区的应力值，导致低应力断裂，而不是因为裂纹存在降低了原子间的结合力。

裂纹的扩展是受能量条件所支配的。从热力学观点来看，凡是使能量降低的过程都将自发进行，凡使能量升高的过程必将停止，除非外界提供能量。格里菲斯从能量平衡的观点计算了裂纹自动扩张时的应力值，即计算了带裂纹体的强度。他认为裂纹扩展时的动力是裂纹形成时物体所放出的弹性应变能，因为它使物体能量降低，而裂纹扩展的阻力是裂纹扩展时新增加的表面能。裂纹扩展时的能量变化曲线如图 2-2-9 所示，曲线 1 表示释放的弹性应变能，是负值；曲线 2 表示增加的裂纹表面能，是正值；曲线 3 表示总的能量变化，是弹性能与表面能的代数和。由图可见，当裂纹尺寸小于 $2a_c$ 时，裂纹扩展时表面能 w 随裂纹长度 a 的增加而快速增加，弹性能 v 的释放却变化较小。由于阻力大于动力，裂纹不能自动扩展，当裂纹尺寸大于 $2a_c$ 时，释放的弹性应变能开始快速增加，致使裂纹长大时，总的能量变化开始降低，因而裂纹将会自动扩展。以下介绍格里菲斯的计算方法。

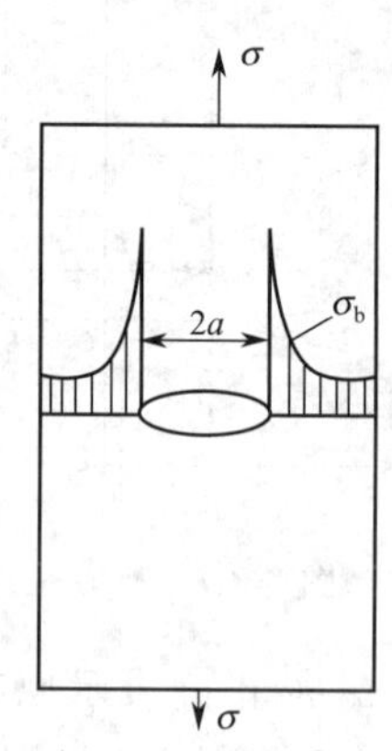

图 2-2-8 裂纹处的应力集中

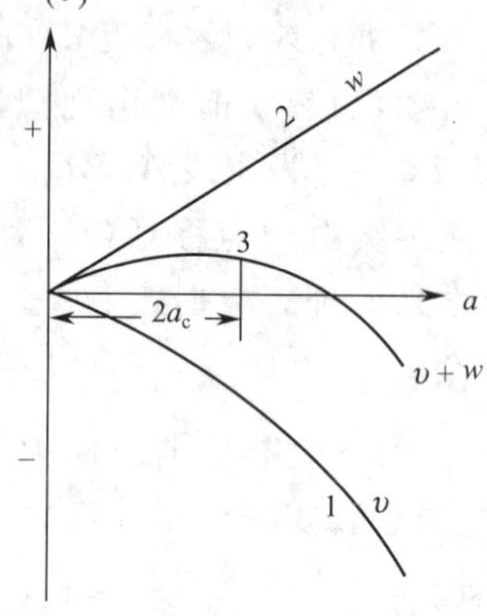

图 2-2-9 裂纹扩展尺寸与能量变化关系

设单位厚度的无限宽薄板上存在长度为 $2a$ 的裂纹，该板受均匀单向应力 σ 作用使裂纹伸长，如图 2-2-8 所示。按弹性理论计算，裂纹释放出来的弹性应变能为：

$$v=-\frac{\sigma^2\pi a^2}{E} \tag{2-2-17}$$

式中 E 为材料的弹性模数，负号表示物体能量减少。

另一方面，裂纹扩展时，表面增大，表面能增加，令 γ 为单位表面上的表面能，则当形成 $2a$ 长裂纹时，由于裂纹有两个表面，故增大的表面能为：

$$w=4a\gamma \tag{2-2-18}$$

此时物体中总能量的变化为：

$$v+w=-\frac{\sigma^2\pi a^2}{E}+4a\gamma \tag{2-2-19}$$

由图 2-2-9 可见，当裂纹达到临界长度 $2a_c$ 时，总能量的变化达到极大值，根据求极值的方法，即可求出裂纹达到临界长度 $2a_c$ 时，带裂纹体的断裂强度 σ_c，即令：

$$\frac{\partial}{\partial a}(v+w)=\frac{\partial}{\partial a}\left(-\frac{\sigma^2\pi a^2}{E}+4a\gamma\right)=0$$

从而求得：

$$\sigma_c=\left(\frac{2E\gamma}{\pi a}\right)^{1/2} \tag{2-2-20}$$

比较格里菲斯缺口断裂强度和理论断裂强度可知，两者形式很相近，只是前者用 $\pi a/2$ 代替了后者的 a_0，作为数量估计，设 $a_0\approx10^{-9}$ cm，若 $a=10^{-1}$ mm，则 $\sigma_c\approx10^{-4}\sigma_m$。由此可见，存在 10^{-1} mm 长的裂纹，强度大为降低。

格里菲斯公式只适用于脆性固体，如玻璃、金刚石、超高强度钢等。也就是只适用于那些裂纹尖端塑性变形可以忽略的情况。

(二)G_I 的物理意义

格里菲斯理论从材料中存在宏观裂纹这一事实出发，根据能量平衡条件，成功地说明了材料实际强度与裂纹尺寸之间的关系。

格里菲斯公式的数学表达式为：

$$\sigma_c=\left(\frac{2E\gamma}{\pi a}\right)^{1/2}$$

或写成

$$\sigma_c\sqrt{\pi a}=常数 \tag{2-2-21}$$

式(2-2-21)与(2-2-4)相比，可知 $\sigma_c\sqrt{\pi a}$ 也可作为评定材料脆性断裂的机械性能指标。

上述能量分析法也可以这样来解释：裂纹扩展单位面积时，系统所提供的弹性能量 $\frac{\partial U}{\partial A}$ 是推动裂纹扩展的动力，其所需要提供的能量为裂纹扩展阻力。通常把裂纹扩展单位面积由系统所提供的弹性能量叫做裂纹扩展力，或称为裂纹扩展时的能量释放率，简称能量释放率，以 G_{I} 表示（Ⅰ表示Ⅰ型裂纹扩展）。G 与外加应力、试样尺寸和裂纹尺寸有关，单位为 N/m。在格里菲斯裂纹体中，其值为：

$$G_{\mathrm{I}}=-\frac{\partial U}{\partial A}=-\frac{\partial}{\partial(2a)}\left(-\frac{\sigma^2\pi a^2}{E}\right)=\frac{\sigma^2\pi a}{E} \tag{2-2-22}$$

在临界状态下的裂纹扩展能量释放率记作 G_c（表示平面应力状态下的断裂韧性）：

$$G_c=\frac{\sigma^2(\pi a_c)}{E}=2\gamma \tag{2-2-23}$$

由上式可知，临界状态下的裂纹扩展能量释放率数值等于临界裂纹扩展阻力。G_c 愈大，材料抵抗裂纹扩展的能力也愈大，故 G_c 是材料抵抗裂纹失稳扩展的度量，也叫做材料的断裂韧性。

实际上，对金属材料来说，裂纹扩展时，裂纹前端不可避免要产生塑性变形，因而裂纹扩展时释放的弹性能不仅要支付表面能增加，而且要支付屈服区的塑性变形功 U_p，而且 U_p 往往大于 γ，故式(2-2-23)中的 γ，应改为 $(\gamma+U_p)$ 即：

$$G_c=2(\gamma+U_p) \tag{2-2-24}$$

（三）应力场强度因子 K_{I} 与裂纹扩展力的关系

设一无限宽板上有长为 $2a$ 的穿透裂纹，在裂纹远处受均匀正应力 σ 作用。根据线弹性断裂力学理论计算，这个穿透裂纹尖端的应力场强度因子为：

$$K_{\mathrm{I}}=\sigma(\pi a)^{1/2} \tag{2-2-25}$$

对于这种裂纹，根据能量分析，其能量释放率 G_{I} 为：

$$G_{\mathrm{I}}=\frac{\sigma^2\pi a}{E} \tag{2-2-26}$$

对比式(2-2-25)与(2-2-26)可知，在平面应力情况下：

$$G_{\mathrm{I}}=\frac{K_{\mathrm{I}}^2}{E} \tag{2-2-27}$$

在平面应变下：

$$G_{\mathrm{I}}=\frac{(1-v^2)K_{\mathrm{I}}^2}{E} \tag{2-2-28}$$

上述公式是根据带裂纹的无限宽板这种特定情况下推导出来的。对于一般的含裂纹体，根据弹性理论也可以推导出上述结果。

在裂纹失稳的临界状态下有：

$$G_{\mathrm{I}c}=\frac{K_{\mathrm{I}C}^2}{E}（平面应力）$$

$$G_{\mathrm{I}c}=\frac{(1-v^2)}{E}K_{\mathrm{I}C}^2（平面应变）$$

对于某一给定材料，裂纹的表面能 γ 和失稳扩展时所消耗的塑变功 U_p 都是材料常数，与裂纹大小、形状及外载情况无关，所以 $G_{\mathrm{I}C}$ 是材料本身的固有性能。

由以上分析可知，要使裂纹失稳扩展，必须使裂纹扩展力 G_{I} 大于或等于临界点的阻力 $G_{\mathrm{I}C}$，即：

$$G_{\mathrm{I}}\geqslant G_{\mathrm{I}C} \tag{2-2-29}$$

这就是断裂判据，满足上述方程，构件即发生失稳断裂。

三、弹塑性状态的断裂韧性

K_{I} 和 G_{I} 是根据裂纹前端处于线弹性状态所得到的力学参量，K_{IC} 和 G_{IC} 是相应的性能指标，因此，在使用这些参量和性能指标时，必须首先注意所研究的问题是否满足这一基本假定。对于金属材料来说，裂纹前端不可避免地要发生屈服。若屈服区尺寸较小，即小范围屈服的情况下，引入有效裂纹的概念加以修正，线弹性断裂力学分析仍然适用。如对超高强度钢来说，由于它的 σ_s 很高，K_{IC} 又较低，故 $R=\frac{1}{2\sqrt{2}\pi}\left(\frac{K_{\mathrm{Ic}}}{\sigma_s}\right)^2$ 的绝对值很小，纵然对于小尺寸构件，也能满足小范围屈服的要求。对于工业上广泛使用的中、低强度钢，由于 σ_s 低，K_{IC} 又较高，此时 R 的尺寸就较大，因此只有对于那些截面很大的中、低强度钢构件（如大型发电机转子、轧辊等），其相对塑性区才较小，才能按小范围屈服处理。但一般中小型零件，塑性区尺寸就很大，甚至裂纹前端整体都已屈服。虽然对于大型构件来说，线弹性断裂力学仍然适用，但测试 K_{IC} 为保证小范围屈服的条件，这些中、低强度钢的测试试样必须做得很大，甚至重量达到数百公斤，这样试样不但浪费材料和资金，而且所需的大型试验机也难以找到，因此，迫切需要采用小试样来测定材料的断裂韧性。由于小试样中裂纹扩展前会产生整体屈服，从而要求发展弹塑性断裂力学。

目前应用最广的是裂纹顶端张开位移（即 *COD*）理论与 J 积分理论。下面分别介绍。

（一）裂纹顶端张开位移 *COD*

人们在研究船舶事故时发现，厚船板的断裂具有 90％以上的结晶状断口，而从同一板上截取的小试样打断后观察，却具有完全的纤维状韧性断口，为什么会有如此大的差别呢？有人推断，是由于不同板厚对裂纹尖端的塑性变形约束不同的缘故。厚板对塑性变形的约束大，塑性变形困难，因此，裂纹前端的应力场强度会加大，而与应力成正比的应变量也会增大。当弹性应变量达到某一临界值 ε_c 时，材料便会发生断裂，因而可用 ε_c 来作为表征材料断裂韧性的参量。但试验发现 ε_c 很小，测量困难，而裂纹顶端的张开位移（*COD* 或 δ）可间接表示应变量大小，因此可用临界 *COD*（用 δ_c 表示）来评定材料的断裂韧性。这就是引入 *COD* 判据的基本思路。

1. 线弹性条件下的 *COD*

在第一节讨论塑性区修正时，我们引入了有效裂纹长度的概念，当裂纹从 a 变为 $a+r_y$ 时，裂纹顶点由 O 移至 O'，如图 2-2-10 所示。由于裂纹扩展了 r_y，原来的裂纹顶点 O 就要张开，其张开位移（图中的 $2V$）就是裂纹顶端张开位移，用 δ 表示。当裂纹处于临界失稳状态时，临界 *COD* 用 δ_c 表示。

裂纹原顶点的张开位移为 $2V$，V 为在正应力 σ_y 的作用下沿 y 方向的位移量，可以根据线弹性断裂力学的应力场分析求出，从而也就求出了 δ：

$$\delta=2V=\frac{4}{\pi}\cdot\frac{G_{\mathrm{I}}}{\sigma_s} \tag{2-2-30}$$

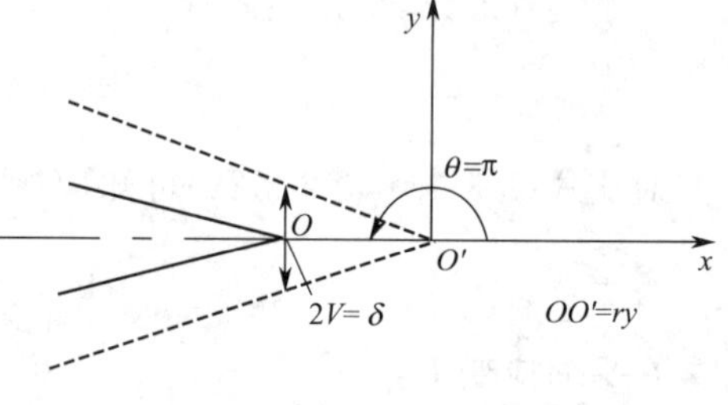

图 2-2-10　裂纹顶端张开

在临界状态下：

$$\delta_c=\frac{\pi}{4}\cdot\frac{G_{\mathrm{Ic}}}{\sigma_s} \tag{2-2-31}$$

因为是小范围屈服，$G_{\mathrm{I}}\geqslant G_{\mathrm{IC}}$ 可作为断裂判据，由式（2-2-31）可见 δ_c 与 G_{IC} 具有等价性，故 δ_c 也可作为小范围屈服时的断裂韧性，和 G_{IC} 及 K_{IC} 一样都是材料常数，可以互换。若 $\delta\geqslant\delta_c$ 构件将断裂，这就是断裂判据。

2. 带状屈服模型（D-M 模型）

引入裂纹张开位移的目的，主要是为了解决大范围屈服或整体屈服的问题。实验证明在大范围屈服的条件下 δ 仍然有意义，而且可以测量出来。但此时 G_{I} 和 K_{I} 都已不再适用，因此，在弹塑性状态下要用 *COD* 来作为断裂判据，就需要找到在弹塑性变形条件下 *COD* 和构件工作应力及裂纹尺寸之间的联系，这里讨论的 D-M 模型就是为了解决这个问题。同时还必须用实验证明，小试样测出的 δ_c 与试件尺寸无关，也就是说构件的 δ_c 就是小试样上测到的 δ_c，目前这一问题已初步解决，*COD* 作为弹塑性状态下的判据已经得到应用。

对于一个受单向均匀拉伸的薄板，中间有一长 $2a$ 的穿透裂纹，如图2-2-11所示。D-M模型认为，裂纹两边的塑性区呈尖劈形向两边伸展，裂纹加塑性区的总长为 $2c$，在塑性区上下两个表面上作用有均匀的拉应力，其数值为 σ_s。具体说，在长为 $2a$ 的裂纹面上不受力作用，在 $(-c,-a)$ 和 (a,c) 之间的塑性区 ρ 上分布有均匀压应力 $-\sigma_s$，以防止两个表面分离，因为塑性区周围仍为广大的弹性区所包围(由此可见，D-M模型只适用于大屈服，而不适用于全屈服)，因此，仍可用弹性力学方法来解决这个问题，这里只给出结果。有D-M模型解出平面应力条件下裂纹顶端张开位移 δ 为：

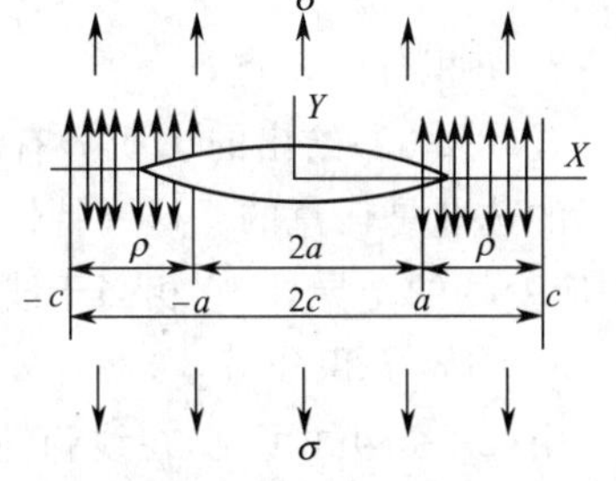

图 2-2-11　带状屈服模型

$$\delta=\frac{8\sigma_s a}{\pi E}\cdot\ln\sec\left(\frac{\pi\sigma}{2\sigma_s}\right) \tag{2-2-32}$$

在裂纹开始扩展的临界条件下：

$$\delta_c=\frac{8\sigma_s a}{\pi E}\cdot\ln\sec\left(\frac{\pi\sigma_c}{2\sigma_s}\right) \tag{2-2-33}$$

这便是D-M模型所给出的 COD 表达式。若将式(2-2-32)进行级数展开，并只取第一项，则可得：

$$\delta=\frac{G_{\mathrm{I}}}{\sigma_s}=\frac{K_{\mathrm{I}}^2}{E\sigma_s} \tag{2-2-34}$$

式(2-2-32)为D-M模型导出的的 δ、K_{I}、G_{I} 的关系式。K_{I}、G_{I} 在临界条件下的 K_{IC}、G_{IC} 是材料性能，所以 δ_c 也是材料性能。δ_c 为那些测 K_{I} 有困难的中、低强度钢提供了依据。

(二)J　积　分

为了解决中、低强度钢大范围屈服或整体屈服后的弹塑性破坏，许多学者将裂纹扩展力 G_{I} 的概念延伸，提出了 J_{I} 和 J_{IC} 的定义及测试方法。通常简称 J 积分。下面我们介绍J积分的定义、特点以及临界 J 积分——J_{IC}。

1. J 积分的定义

对于单位厚度的试样中有贯穿裂纹的情况，我们曾得到裂纹扩展力的公式 $G_{\mathrm{I}}=-\frac{\partial U}{\partial a}$，式中 U 为试样的内能，或称势能

$$U=E-W \tag{2-2-35}$$

式中　E 为应变能，W 为外力做的功。设 ω 为应变能密度，则：

$$E=\int\mathrm{d}E=\int\omega\mathrm{d}A=\iint\omega\mathrm{d}x\mathrm{d}y \tag{2-2-36}$$

若试样边界这一特定积分回路，Γ^* 上作用有张力 T，且边界 Γ^* 上各点的位移是 u，则整个试样边界上外力做的功为：

$$W=\int\mathrm{d}W=\int_{\Gamma^*}\cdot\boldsymbol{u}\cdot\boldsymbol{T}\mathrm{d}s \tag{2-2-37}$$

由式(2-2-35)，可以得到：

$$U=E-W=\iint\omega\mathrm{d}x\mathrm{d}y-\int_{\Gamma^*}\boldsymbol{u}\cdot\boldsymbol{T}\mathrm{d}s$$

可以证明

$$G=-\frac{\partial U}{\partial a}=\int_{\Gamma}\left(\omega\mathrm{d}y-\frac{\partial\boldsymbol{u}}{\partial x}\cdot\boldsymbol{T}\mathrm{d}s\right) \tag{2-2-38}$$

其中 Γ^* 为裂纹下表面反时针走向裂纹上表面的任意一条路径，如图2-2-12所示。

式(2-2-38)只是在线弹性条件下成立，但在大范围屈服条件下，等式右边的积分仍存在，并称之为 J 积分，即：

$$J=\int_{\Gamma}\left(\omega\mathrm{d}y-\frac{\partial\boldsymbol{u}}{\partial x}\cdot\boldsymbol{T}\mathrm{d}s\right) \tag{2-2-39}$$

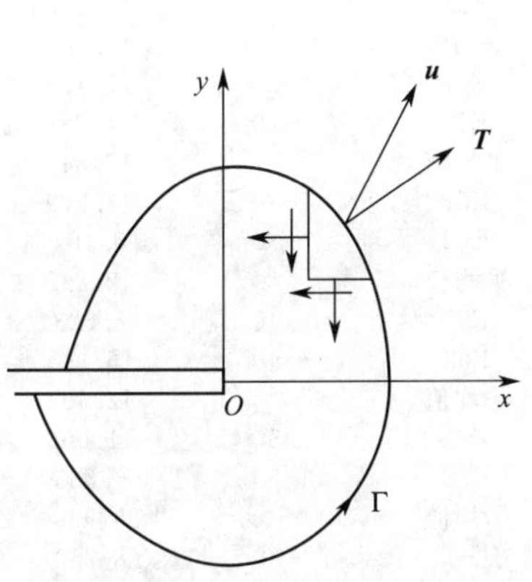

图 2-2-12　J 积分的定义

这就是 J 积分的定义。故 J 积分是围绕裂纹尖端的任意积分回路的能量

线积分。

2. J 积分的特点

式(2-2-39)给出的 J 积分有许多特点,其中较重要的是:第一,J 积分的数值与积分路径无关,即 Γ 积分路径的选取是任意的。这一特性称为 J 积分的守恒性。第二,J 积分可以描述在弹塑性状态下,裂纹前端应力-应变场的奇异性,它相当于线弹性状态下的 K_{I} 的作用。

3. 临界 J 积分(J_{IC})

由(2-2-38)式可见,在线弹性状态下,J 积分就等于裂纹扩展抗力 G_{I},即:

$$\left.\begin{aligned} J=G_{\mathrm{I}}&=\frac{K_{\mathrm{I}}^2}{E} \quad (\text{平面应力}) \\ J=G_{\mathrm{I}}&=\frac{(1-v^2)K_{\mathrm{I}}^2}{E} \quad (\text{平面应变}) \end{aligned}\right\} \tag{2-2-40}$$

由于 $K_{\mathrm{I}} \geqslant K_{\mathrm{IC}}$,$G_{\mathrm{I}} \geqslant G_{\mathrm{IC}}$是线弹性状态下的断裂判据,根据推理,$J_{\mathrm{I}} \geqslant J_{\mathrm{IC}}$也是断裂判据。但是在弹塑性状态下利用 $J_{\mathrm{I}} \geqslant J_{\mathrm{IC}}$作为断裂判据是否合理,还只能用实验来证明。

应当指出,由于塑性变形不可逆,不允许卸载,而裂纹扩展就意味着部分卸载,故 J 积分原则上不能处理裂纹扩展问题。临界值 J_{IC}指的是裂纹开始扩展的开裂点,而不是裂纹失稳扩展点。

由于在线弹性状态下,$J=G_{\mathrm{I}}$,故 J 积分的量纲和 G_{I} 量纲完全相同。

四、车轮钢的断裂韧性

断裂韧性是材料抵抗断裂的能力,主要受断裂前材料的变形能力所影响,与裂纹扩展前位错在外力作用下运动聚集的能量及裂纹尖端附近塑性区的大小及形状等因素密切相关,而与裂纹扩展后裂纹运动所消耗的能量无关。J 积分是一个围绕裂纹尖端与积分路径无关的积分,可以用来描述裂纹场的强度,其动态启裂临界点 J_{1d}可作为反映实际断裂过程的参量。

采用标准型 V 缺口(CVN)型试样进行动态断裂韧性 J_{1d}和 K_{1d}试验,该方法简单且工作效率高,只要缺口类型一致,动态断裂韧性 J_{1d}和 K_{1d}试验结果完全可以用以比较不同成分、轧制或热处理制度下车轮钢的动态断裂韧性韧脆转变性能。

车轮辐板断裂韧性试验结果见表 2-2-1,W_p/W_t 和 J_{1d}随温度的变化关系见图 2-2-13,F_{gy}和 F_m随温度的变化关系见图 2-2-14,K_{1d}和 W_t 随温度的变化关系见图 2-2-15。

表 2-2-1 车轮辐板动态断裂韧性试验结果

试样号	试验温度(℃)	F_m(kN)	F_m/F_{gy}	W_i(J)	W_p(J)	W_t(J)	J_{1d}(kJ·m^{-2})	K_{1d}(MPa·m$^{1/2}$)
E11	14	17.582	1.058 3	10.788	3.112	13.900	196.88	208.02
E12	14	17.269	1.196 6	5.132	3.542	8.674	93.66	143.47
平均值		17.426	1.127 4	7.960	3.327	11.287	145.27	175.74
E21	0	16.738	1.093 1	6.035	2.639	8.674	110.14	155.58
E22	0	17.335	1.070 3	7.725	4.552	12.277	140.98	176.03
平均值		17.037	1.081 7	6.880	3.596	10.476	125.56	165.80
E31	−10	9.524	1.000 0	1.733	1.58	3.313	31.63	83.37
E32	−10	17.408	1.075 9	6.734	2.72	9.454	122.90	164.35
平均值		13.466	1.037 9	4.234	2.150	6.384	77.26	123.86
E41	−20	17.192	1.000 0	4.826	2.733	7.559	88.07	139.13
E42	−20	17.888	1.000 0	6.185	2.835	9.020	112.88	157.51
平均值		17.540	1.000 0	5.506	2.784	8.290	100.48	148.32
E51	−30	14.979	1.000 0	3.771	2.349	6.120	68.82	122.99
E52	−30	9.464	1.000 0	1.552	1.518	3.070	28.32	78.90
平均值		12.222	1.000 0	2.662	1.934	4.595	48.57	100.94
E61	−40	8.628	1.000 0	1.613	1.376	2.989	29.44	80.43
E62	−40	16.305	1.000 0	4.321	2.558	6.879	78.86	131.65
平均值		12.467	1.000 0	2.967	1.967	4.934	54.15	106.04
E71	−50	11.006	1.000 0	2.565	1.728	4.293	46.81	101.43
E72	−50	6.865	1.000 0	1.147	1.117	2.264	20.93	67.83
平均值		8.936	1.000 0	1.856	1.423	3.279	33.87	84.63
E81	−60	8.259	1.000 0	1.907	1.325	3.232	34.80	87.46
E82	−60	8.397	1.000 0	1.833	1.399	3.232	33.45	85.74
平均值		8.328	1.000 0	1.870	1.362	3.232	34.13	86.60

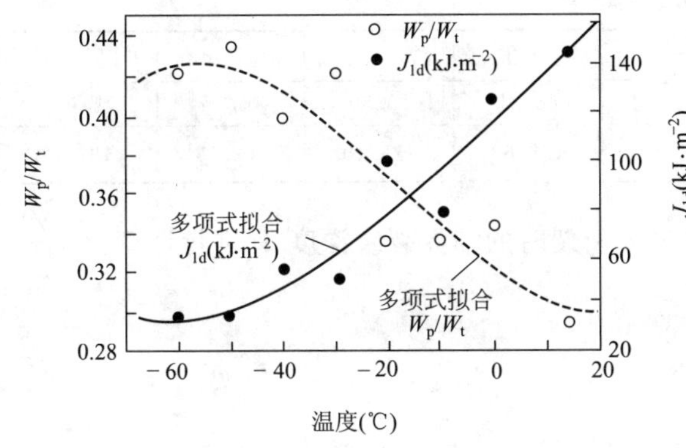

图 2-2-13　车轮辐板 W_p/W_t 和 J_{1d} 与温度的关系

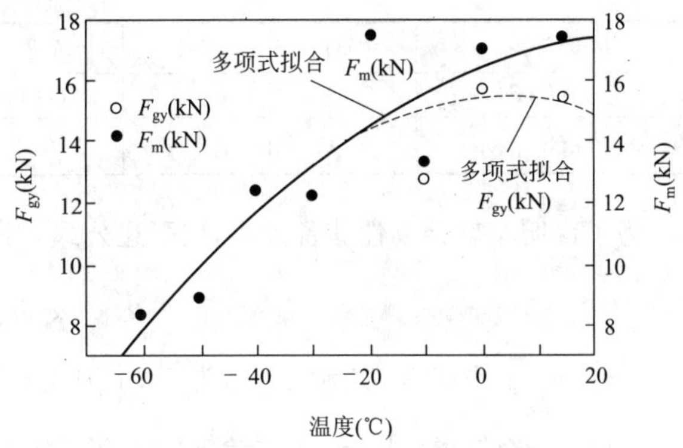

图 2-2-14　F_{gy} 和 F_m 随温度的变化

由图 2-2-13 可见，W_p/W_t 反映了裂纹扩展能量占总冲击能量的比例，它的大小反映了材料脆化程度的高低，动态断裂韧性 J_{1d} 随温度变化没有明显的转折点，两条曲线的交点恰好是 J_{1d} 降至室温的一半与 W_p/W_t 升至室温的一半的交点，以两条曲线的交点作为动态断裂韧性韧脆转变温度，约为－16 ℃。

由图 2-2-14 可见，常温时 F_{gy} 和 F_m 相差较大，说明裂纹在扩展前材料发生了一定的塑性变形，试样存在加工硬化过程，断裂以韧性断裂为主，随着温度的降低，两条曲线逐渐靠近，直至重合，$F_{gy}=F_m$，材料的动态屈服应力使试样最大应力集中处具备了解理断裂的条件，两条曲线交点可以确认为动态断裂韧性 J_{1d} 韧脆转变点，约为－25～－30 ℃。随着温度的进一步降低，材料抵抗裂纹形成的能力下降，断裂过程为完全解理脆性断裂。

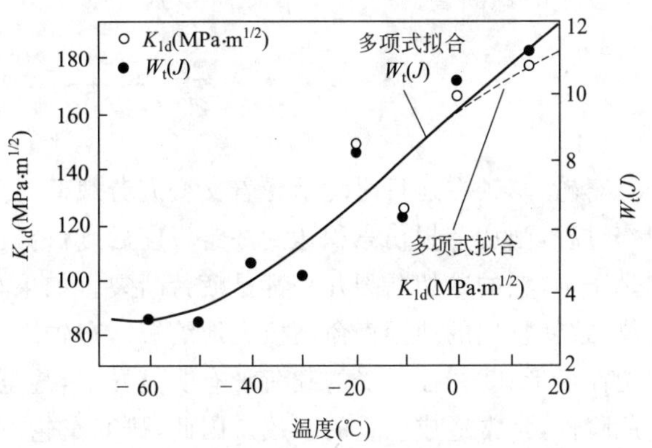

图 2-2-15　K_{1d} 和 W_t 随温度的变化

由图 2-2-15 可见，K_{1d} 和 W_t 均随温度的降低而降低，但两者之间并不同步。常温时两者差距较大，裂纹形成后试样并没有立即断裂，需要外界继续提供能量使裂纹扩展，从能量的角度看，总冲击能量能够达到产品标准的要求，断裂韧性却并不理想。当试验温度降至约－20 ℃时，两条曲线重合，K_{1d} 和 W_t 呈现同步的趋势，断裂以脆性断裂为主，此温度以下的总冲击能量可以用作评价车轮辐板动态断裂韧性的优劣，转变点约为－20 ℃。

五、车轴钢的断裂韧性

我国货车车轴用钢为中碳钢，属于中、低强度材料，由于 σ_s(Rel)较低，K_{IC} 较高，故塑性区尺寸 $R=\frac{1}{4\sqrt{2}\pi}\left(\frac{K_{IC}}{\sigma_{0.2}}\right)^2$ 的绝对值很大，在通常试样尺寸下难以满足小范围屈服的要求。要满足平面应变条件，就必须有尺寸很大的试样，其相对塑性区才很小，这就给 K_{IC} 的测试带很大的困难，因而断裂韧度测定采用了 J_R 阻力曲线方法，这种方法不仅能判别材料的抗开裂性能，而且能评定抗裂纹扩展的性能。这一测试方法可以提供表征材料起裂特征的 $J_{0.05}$，也可以获得反映材料抗裂纹扩展能力的 J 积分条件值 $J_{0.2}$。

对车轴钢而言，开始出现裂纹并不意味着即发生断裂。裂纹的扩展有一段过程，应当采用便于测量，趋于稳定又有明确物理意义的条件起裂值 $J_{0.05}$ 或 $K_{0.05}$ 作为断裂韧性指标更为合理。取表观裂纹扩展量 $d_a=0.05$ mm 时相应的 J 积分值定为 $J_{0.05}$，按公式

$$K_{0.05}=\sqrt{\frac{E}{1-\upsilon^2}J_{0.05}} \tag{2-2-41}$$

换算出车轴的断裂韧度 $K_{0.05}$。式中：$E=20.6\times10^4$ MN/m²，$\upsilon=0.3$。将测定值 $J_{0.05}$ 和换算值 $K_{0.05}$ 列入表 2-2-2。

表 2-2-2 断裂韧度换算

试样编号	40-Ⅰ	45-Ⅰ	45-Ⅱ	50-Ⅰ	50-Ⅱ	A50-Ⅱ	57-Ⅰ	57-Ⅱ
$J_{0.05}$(kJ/m^2)	78.99	67.50	73.01	56.06	68.21	73.50	46.45	47.04
$K_{0.05}$(MN/m$^{\frac{3}{2}}$)	13.11	123.07	127.98	112.14	123.69	128.40	102.08	102.72

为了说明车轴钢韧性储备大小，按下述公式，对裂纹体失稳断裂时的临界裂纹深度 a_c 进行计算：

$$a_c=\frac{K_{\mathrm{IC}}^2 Q}{(1.95\sigma_c)^2} \tag{2-2-42}$$

式中 σ_c——工作应力，实际测量值为 78.4 MN/m^2；

Q——裂纹形状因子，按试验轴 LD$_3$-99 号裂纹断面尺寸$\frac{a}{2c}$及$\frac{\sigma_c}{\sigma_{0.2}}$的值，查出形状因子 $Q=1.24$；

K_{IC}——取 $K_{0.05}$ 计算。

计算结果表明，a_c 值均在 550 mm 以上，远远大于车轴直径。也就是说，在常温下 40 钢和 50 钢车轴均不会发生失稳断裂。

第二节 疲 劳 性 能

车轮、车轴在运行时均承受着交变疲劳载荷。随着运行时间的延长，其上各部分产生着渐变的疲劳累积损伤过程，当疲劳损伤累积达到一定程度后，就诱发了疲劳裂纹，进而疲劳裂纹经过扩展，最后导致断裂。特别是车轴，它的冷切断裂几乎都是疲劳断裂。如果车轮、车轴的某个区域有损伤或缺陷，那么就更容易萌生裂纹，致使它们的使用寿命被极大地缩短。车轴冷切断裂的特点是：①发生在常温下；②裂断部位没有明显的塑性变形；③往往承受的载荷没有明显异常，甚至载荷较低；④断裂时比较突然。因此，冷切断裂具有很大的危险性，常常造成严重的事故。因此，研究车轮、车轴材料的疲劳性能，寻找提高材料疲劳抗力的途径，对防止疲劳断裂事故的发生有着重大的意义。

一、裂纹扩展速率

（一）裂纹扩展速率

根据断裂力学理论，金属材料的断裂韧性 $K_{\mathrm{IC}}=\sigma\sqrt{a}Y$，说明当材料的 K_{IC} 一定时，零件的应力 σ 和它本身存在的裂纹长度 a 受上述公式的制约。现取 σ 为纵坐标，a 为横坐标作图，便得如图 2-2-16 所示的曲线。

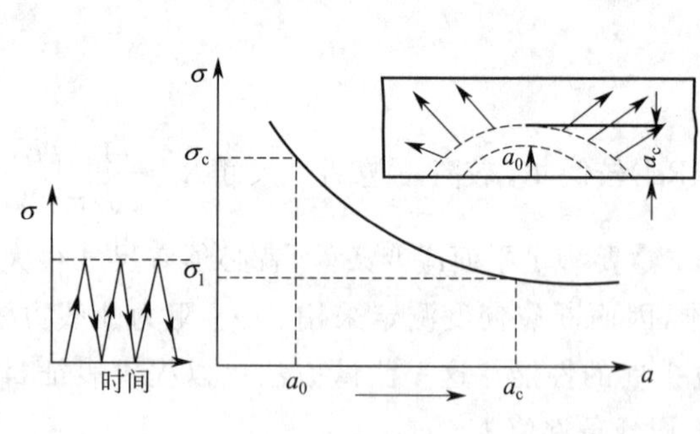

图 2-2-16 疲劳裂纹亚临界扩展和构件寿命

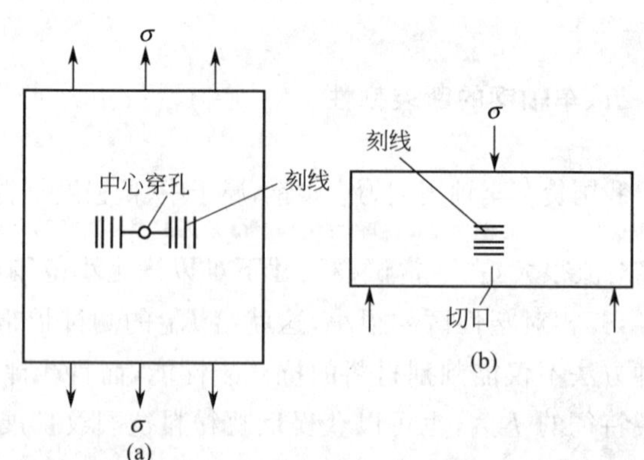

图 2-2-17 疲劳裂纹扩展速率测定

(a)中心穿透裂纹板材试样；(b)三点弯曲单边切口试样

设试样有一表面半椭圆裂纹，其深度为 a_0，试样在交变应力 σ_1 下工作。在 σ_1 下所对应的临界裂纹尺寸为 a_c，由于 a_0 小于 a_c，故此时 $K_{\mathrm{I}}(=\sigma_1\sqrt{a_0}Y)<K_{\mathrm{IC}}(=\sigma_1\sqrt{a_c}Y)$，试样不会断裂。在交变应力作用下，裂纹不断地扩展，当裂纹扩展到临界值 a_c 时，裂纹前沿的应力场强度因子 K_{I} 达到 K_{IC}，裂纹失稳扩展试样发生断裂。在裂纹到达 a_c 以前，疲劳裂纹的这种缓慢扩展，通常称为疲劳裂纹的亚临界扩展。疲劳裂纹扩展速

率就是指这一阶段的扩展快慢。

材料的疲劳裂纹扩展速率，通常采用中心穿透裂纹板材试样（也有用三点弯曲单边切口试样的），如图2-2-17所示，在固定应力条件下进行测定。试样先用钼丝切缝。在交变应力作用下，裂纹由产生到扩展，疲劳裂纹的长度(a)可事先在试样抛光表面的刻线上读出，或用光学放大镜，或用电位法、涡流法、声发射等方法测出，应力交变周次 N 可由疲劳试验机给出。根据测得的 N 和 a 对应数据，绘出如图2-2-18所示的曲线。

对应给定的裂纹长度 $a_i, a_j, \cdots$，可测出曲线上 $b_i, b_j, \cdots$ 各点的斜率 $\frac{\Delta a}{\Delta N}$ 即 $(\mathrm{d}a/\mathrm{d}N)a_i$，它表示应力交变一周裂纹扩展的长度，即疲劳裂纹扩展速率。由曲线看出，裂纹愈长，则疲劳裂纹扩展速率愈快。这是因为，裂纹尖端 K_1 不断增加的缘故。因此，应该用 ΔK 作为分析疲劳裂纹扩展速率的依据才是比较合理的。

在交变应力下，对应于 $\sigma_{最大}$、$\sigma_{最小}$，裂纹尖端有相应的 $K_{最大}$ 及 $K_{最小}$ 值，裂纹是在 $\Delta K = K_{最大} - K_{最小} = \Delta\sigma\sqrt{a}Y$ 下扩展的。在恒应力条件下，$\Delta\sigma$ 不变，根据不同的 a_i 值可以计算出相应的 $(\Delta K)a_i$ 值。然后，取 $\frac{\mathrm{d}a}{\mathrm{d}N}$—$\Delta K$ 对应数据在双对数坐标上绘出如图2-2-19所示之曲线。

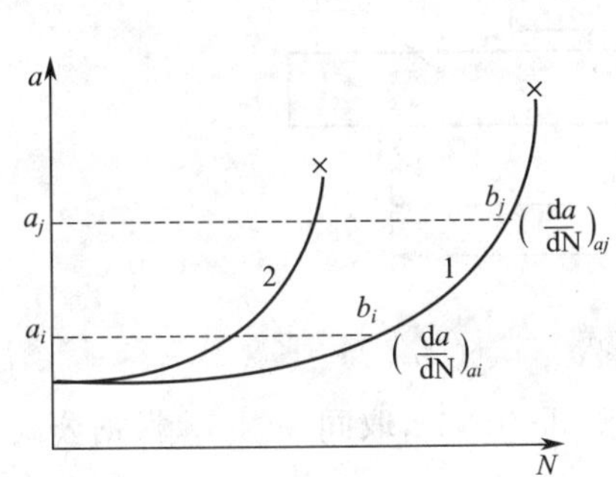

图2-2-18 疲劳裂纹扩展过程中的 a-N 曲线和 $\frac{\mathrm{d}a}{\mathrm{d}N}$ 值（1，2表示两个试样的结果）

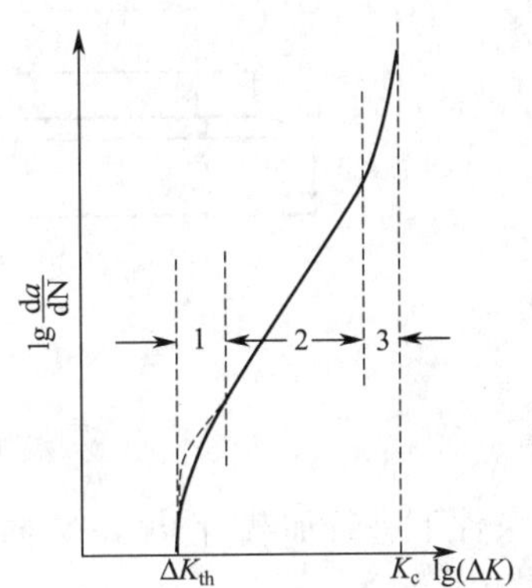

图2-2-19 疲劳裂纹扩展过程的三个阶段

图2-2-19所示的曲线可近似用三段直线来表示，这样就把疲劳裂纹扩展速率 $\frac{\mathrm{d}a}{\mathrm{d}N}$ 和 ΔK 的关系曲线分为三个区段。

1区：直线很陡，将直线外延，达到相当于 $\mathrm{d}a/\mathrm{d}N = 10^{-6} \sim 10^{-7}$ mm/周所对应的 ΔK 值，记为 ΔK_{th}，叫做应力场强度因子范围门槛值，它表示在这样的 ΔK 之下，裂纹扩展得很慢，实际上就认为它不扩展了，故 ΔK_{th}，是疲劳裂纹不扩展的 ΔK 最大值（临界值）。ΔK 低于此值，疲劳裂纹便不会发生扩展。

ΔK_{th} 值很小，通常只有材料断裂韧性的5～10%。ΔK_{th} 是材料的一个重要参数。对于一些要求无限寿命绝对安全可靠的零件（如核电站设备的重要零件），就要使它们工作的 ΔK 值低于 ΔK_{th}。

2区：由图2-2-19中2区的直线关系可写出下式（即Paris公式）：

$$\frac{\mathrm{d}a}{\mathrm{d}N} = c(\Delta K)^n \tag{2-2-44}$$

式中 c 及 n 为材料常数，可由实验确定。式(2-2-44)表明，疲劳裂纹扩展速率主要决定于裂纹尖端应力场强度因子范围 ΔK，其他如交变频率，应力不对称度等则是次要因素。只要测出常数 c 及 n 值，便掌握了这种材料疲劳裂纹扩展速率的规律。此外，式(2-2-44)也可以在给定的 ΔK 下，比较不同热加工工艺对 $\mathrm{d}a/\mathrm{d}N$ 的影响，从而筛选疲劳裂纹扩展速率最小的工艺。

多数实验指出，Paris公式中的常数 c 及 n 值对于合金的显微组织不敏感，不同热处理组织的合金，它们的 c 及 n 值变化并不显著。但合金的显微组织对于疲劳的无裂纹寿命以及疲劳总寿命还是有相当大的影响的。

3区：由图2-2-19看出，3区是疲劳裂纹的快速扩展阶段，当裂纹尖端应力强度因子达到材料的 K_c 或 K_{1c} 时，试样发生断裂。

（二）车轮钢的裂纹扩展速率

采用Ⅱ型试件（图2-2-20）对车轮钢的裂纹扩展速率进行研究，在试件中部开有3 mm的小窄槽，中部截面仍为矩形，尺寸为4 mm ×10 mm，其截面积减小为原来的1/10，这将大大提高裂纹面上的剪切应力值，从

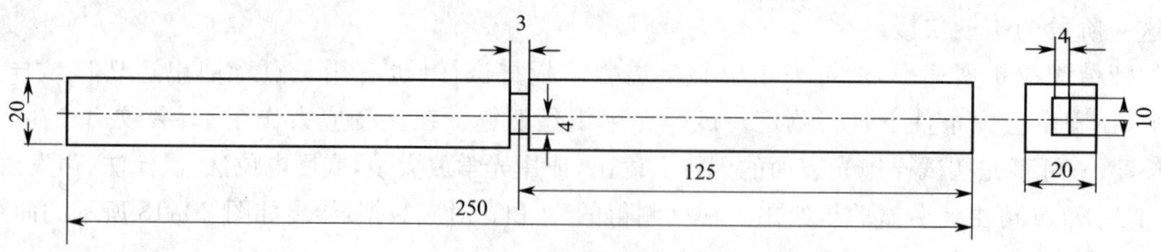

图 2-2-20 Ⅱ型试件

而使裂纹优先扩展。预制裂纹长度(包括线切割缺口)约 4 mm。

Ⅱ型试件的加载方式如图 2-2-21 所示,采用较简单的四点剪切方式,保证裂纹 OO' 上所受弯矩为零,即只受纯剪切应力。

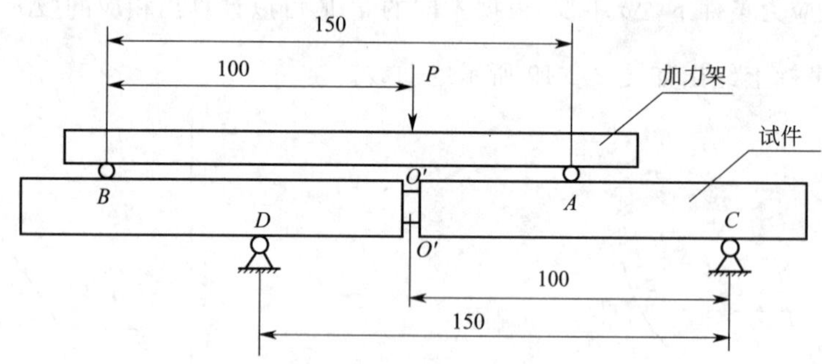

图 2-2-21 Ⅱ型试件加载方式

在规定条件下进行加载,作出 a-N 曲线,用中值法(割线法)求$(\mathrm{d}a/\mathrm{d}N)_t$,取同一组 a_t,根据公式

$$\Delta K_{\mathrm{II}}=\frac{\Delta P}{3BW}\sqrt{\pi a}f_2\left(\frac{a}{W}\right)$$

可获得一组相应的$(\Delta K_{\mathrm{II}})_i$ 值,然后绘出$\frac{\mathrm{d}a}{\mathrm{d}N}-\Delta K_{\mathrm{II}}$关系曲线,如图 2-2-22 所示,$\Delta K_{\mathrm{II}}\leqslant 12.6\ \mathrm{MPa\cdot m^{1/2}}$为第Ⅰ段,$\Delta K_{\mathrm{II}}>12.6\ \mathrm{MPa\cdot m^{1/2}}$为第Ⅱ段。

对第Ⅱ段曲线,根据最小二乘法,用一次线性回归方法求出 Paris 公式为:

$$\frac{\mathrm{d}a}{\mathrm{d}N}=2.094\times10^{-16}(\Delta K_{\mathrm{II}})^{5.479}$$

从理论上讲门槛值 ΔK_{th}应是裂纹扩展速率为零时的最大应力强度因子幅值,但这一点在试验中是得不到的。因此,只能从工程实际需要和试验技术条件出发,将$\frac{\mathrm{d}a}{\mathrm{d}N}=10^{-10}\ \mathrm{m\cdot c^{-1}}$时所对应的 ΔK_{II}值定为车轮钢的门槛值。

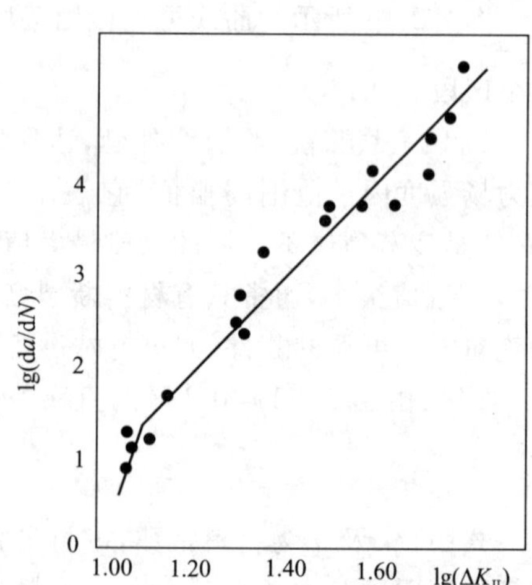

图 2-2-22 车轮钢$\frac{\mathrm{d}a}{\mathrm{d}N}-\Delta K_{\mathrm{II}}$关系曲线

根据求得的 Paris 公式,令$\frac{\mathrm{d}a}{\mathrm{d}N}=10^{-10}$,可求得:

$$\Delta K_{\mathrm{th}}=10.9\ \mathrm{MPa\cdot m^{1/2}}$$

在图 2-2-23 上将第Ⅱ段直线外延到与$\frac{\mathrm{d}a}{\mathrm{d}N}=10^{-10}$对应的那条水平线相交,交点的横坐标值约为 10.9 MPa·m$^{1/2}$,与上面计算结果基本一致。

用三根试件测试车轮钢的断裂韧性 K_{IIC},最后求得 $K_{\mathrm{IIC}}=56.7\ \mathrm{MPa\cdot m^{1/2}}$。

计算了车轮的疲劳扩展寿命,根据公式:

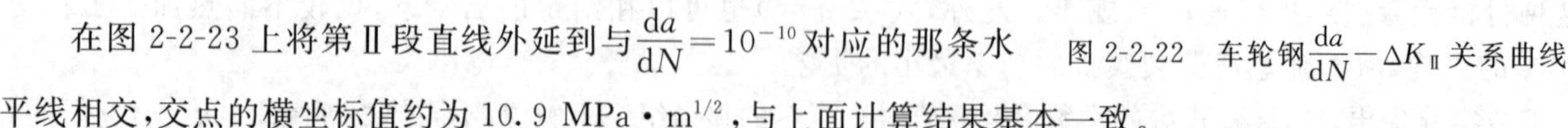

$$\Delta K_{\mathrm{II}}=1.12\tau_{\max}\sqrt{\pi a}$$

在 $\tau_{\max}=103.4$ MPa 作用下,求得不扩展的裂纹临界尺寸为:

$$a_0=\left[\frac{\Delta K_{\mathrm{th}}}{1.12\tau_{\max}\sqrt{\pi}}\right]^2=3.482\ \mathrm{mm}$$

发生失稳扩展的裂纹临界尺寸为：

$$a_c=\left[\frac{\Delta K_{\mathrm{II}C}}{1.12\tau_{\max}\sqrt{\pi}}\right]^2=94.25\ \mathrm{mm}$$

宏观断口分析表明，轮辋裂纹的扩展主要为稳定扩展，符合 Paris 公式：

$$\frac{da}{dN}=2.094\times10^{-16}(\Delta K_{\mathrm{II}})^{5.479}$$

将上式积分并将 ΔK_{II} 代入，得：

$$N=\int_{a_0}^{a_c'}\frac{da}{2.094\times10^{-16}(1.12\tau_{\max}\sqrt{\pi a})^{5.479}}$$

其中 a_c' 是失效裂纹尺寸，$a_c'=7.614\times10^{-2}$ m，代入上式求得疲劳寿命为：

$$N=11\ 050\ 669$$

值得注意的是，此处只计算了车轮的疲劳寿命，而车轮的实际寿命应包括裂纹萌生寿命和扩展寿命两部分，且前者所占比例较大，因此，该结果的正确性还需要进一步的实验验证，但其至少可作为定性结论用以指导车轮疲劳寿命的估算。

（三）车轴钢的裂纹扩展速率

车轴的总寿命是由裂纹萌生寿命和裂纹扩展寿命组成的；为全面比较不同车轴材质的使用寿命，还应比较车轴材质的疲劳裂纹扩展寿命。为此，测定了在循环应力为 $R=0.1$ 时，50 车轴钢的疲劳裂纹扩展门槛值和疲劳裂纹扩展速率，并与 40 车轴钢的门槛值和裂纹扩展速率进行比较。

试验采取三点弯曲试样，尺寸为 15 mm×30 mm×120 mm 及 20 mm×24 mm×96 mm 两种。预制疲劳裂纹长度为 0.3 mm，在带有数字显示的 10 t 高频疲劳试验机进行疲劳试验，频率为 120 次/s；用两台 30 倍读数显微镜同时观察试样两面的裂纹长度，精度为 0.01 mm。

大量研究结果表明，材料的门槛值 ΔK_{th} 受很多因素影响，如循环应力比 R、加载历程、频率、裂纹长度 a、裂纹相对长度 a/W 及温度、介质等。其中，循环应力比 R 的影响最大。

门槛值 ΔK_{th} 从理论上讲应是裂纹扩展速率 da/dN 为零时的最大应力强度因子幅值，但这一点在实验中是得不到的，从工程实际需要和试验技术条件出发，将 $da/dN=10^{-7}$ mm/周时所对应的 ΔK 值定为车轴材料的门槛值 ΔK_{th}，即当循环次数为 2×10^6 次，裂纹扩展量 Δa 约 0.2 mm 时的 ΔK 值定为门槛值 ΔK_{th}。

采用降载法，以消除裂纹尖端疲劳纯化的影响，每次降载后的裂纹扩展量均应超过前期荷载所产生的塑性区尺寸，以防止过载效应的影响，当裂纹扩展速率降到接近 $10^{-7}\sim10^{-6}$ mm/周时，每次应力幅值 ΔP 的递减幅度应尽量减少，一般 ΔP_i 为 ΔP_{i-1} 的 90%左右。

三点弯曲试样的应力强度因子幅值 ΔK 采用下式计算：

$$\Delta K=\frac{\Delta PY}{B\sqrt{W}}(S/W=4) \tag{2-2-45}$$

式中

$$Y=\left[7.51+3.00\left(\frac{a}{W}-0.05\right)^2\right]\sec\left(\frac{\pi a}{2W}\right)\cdot\sqrt{\tan\left(\frac{\pi a}{2W}\right)} \tag{2-2-46}$$

式中　ΔP——载荷幅值；

Y——形状系数；

B——试样宽；

W——试样高。

裂纹扩展速率的测定是在应力比 $R=0.1$，应力幅 ΔP 因定的条件下进行的，记录循环周次 N_i 和与其对应的裂纹长度 a_i（$i=1$、2、3……），使用计算机对 a-N 曲线进行拟合，最后得到 da/dN 与 ΔK 的关系曲线。

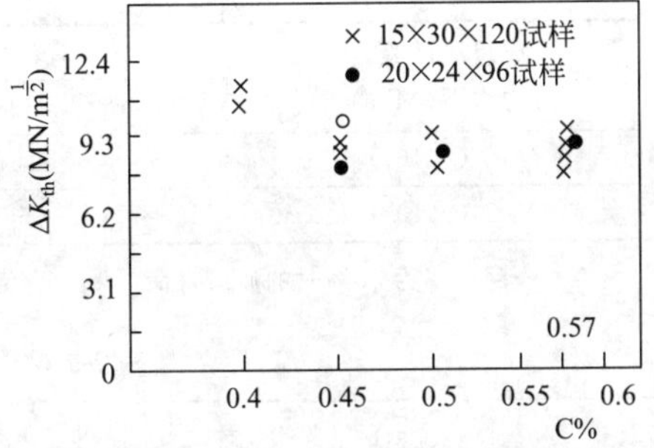

图 2-2-23　0.4%C，0.50%C，0.57%C 车轴钢的 ΔK_{th}

1. 车轴钢裂纹扩展门槛值测定

各种材质的门槛值测定结果如图 2 2 23 所示。对每种材质试验数据取平均值，结果列于表 2-2-3。可见，含碳量从 0.4%升到

0.45%时 ΔK_{th}值基本相同。对于同一种材质来说，尺寸相差不大的试样对 ΔK_{th}的测定值影响不大，两种不同热处理工艺对 ΔK_{th}的影响也不大。

对 40 车轴钢不同 R 下的 ΔK_{th}测试中，证明了 ΔK_{th}随 R 而变化，为此，若在承受交变载荷的构件中就用 ΔK_{th}，就必然要考虑 R 的影响，不仅要测出 ΔK_{th}值，还应找出 ΔK_{th}随 R 的变化规律。ΔK_{th}测定结果列入表 2-2-4。

表 2-2-3　各种材质的 ΔK_{th}值(R=0.1)

材质	40-Ⅰ	45-Ⅰ、Ⅱ	50-Ⅰ、Ⅱ	57-Ⅰ、Ⅱ
ΔK_{th}(MN/m$^{\frac{3}{2}}$)	10.02	8.93	9.70	8.62

表 2-2-4　ΔK_{th}测定结果

应力比 R	0.10	0.50	0.77
ΔK_{th}(MN/m$^{\frac{3}{2}}$)	10.02	6.44	4.33

ΔK_{th}随 R 的变化如图 2-2-24。由图可以看也，二条线的交点为 R_{cl}。当 $R<R_{cl}$时，ΔK_{th}随 R 的增大而减少。当 $R>R_{cl}$时，ΔK_{th}不随 R 而变化，$\Delta K_{th}=\Delta K_0$=常数。

由图 2-2-25 中又可以看出，只需测出二个 R 值对应下的 ΔK_{th}来就可以用作图法找出在应用上有很大价值的 R_{cl}。

2. 车轴钢裂纹扩展速率测定结果

测定不同材质车轴钢的裂纹扩展率，其结果通过计算机处理数据后得到下述表达式[参考资料]：

40-Ⅰ：$da/dN=2.0687\times10^{-17}\cdot\Delta K^{6.4434}$ mm/周

45-Ⅰ：$da/dN=4.0607\times10^{-15}\cdot\Delta K^{5.1493}$ mm/周

45-Ⅱ：$da/dN=4.1899\times10^{-16}\cdot\Delta K^{5.7869}$ mm/周

50-Ⅰ：$da/dN=6.5766\times10^{-17}\cdot\Delta K^{6.1960}$ mm/周

50-Ⅱ：$da/dN=3.6108\times10^{-16}\cdot\Delta K^{5.8847}$ mm/周

57-Ⅰ：$da/dN=6.2633\times10^{-14}\cdot\Delta K^{4.6477}$ mm/周

57-Ⅱ：$da/dN=8.6417\times10^{-16}\cdot\Delta K^{5.6800}$ mm/周

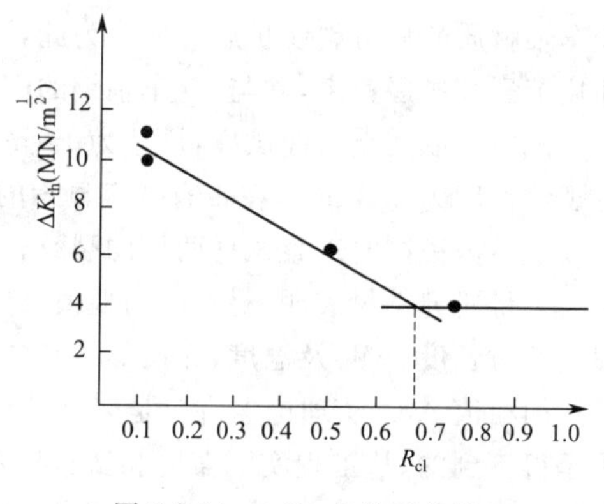

图 2-2-24　ΔK_{th}-R 关系曲线

经比较可看出，当含碳量在 0.40%～0.57%范围内变化时，随碳量增加，da/dN 值略有升高，但升高的幅度很小，基本可看作是在同一个分散带的上下限之间变动。

二、车轮钢的疲劳性能

从机械应力情况来看，若车轮每年运行 10 万 km 则相当于应力循环次数为 4.3×10^7 周次，这属于低应力高周疲劳。所以，分析车轮辐板的弯曲疲劳性能具有重要的意义。

(一)辗钢车轮

辐板光滑圆柱形弯曲疲劳试样在指定存活率下的疲劳寿命试验结果如表 2-2-5，具有指定存活率的疲劳极限试验结果如表 2-2-6，其 p-S-N 曲线如图 2-2-25，修正的 Goodman 疲劳极限线图如图 2-2-26。

表 2-2-5　辗钢车轮辐板弯曲疲劳寿命

成组法试验 应力水平(MPa)	σ_1	σ_2	σ_3
	328.8	299.8	292.5
N_{50}*(×10³)	167.8	488.6	1 009.0
N_{95}*(×10³)	56.5	120.7	578.8

* N_{50}—存活率为 50%时的疲劳寿命；N_{95}—存活率为 95%，置信度为 95%时的疲劳寿命

表 2-2-6　辗钢车轮辐板具有指定存活率的疲劳极限

试样形状	σ_{-1}(MPa)，指定寿命 $N_0=10^7$	
	存活率 50%	存活率 95%，置信度 95%
光滑圆柱试样 d=75 mm，L=40 mm	279.1	253.1

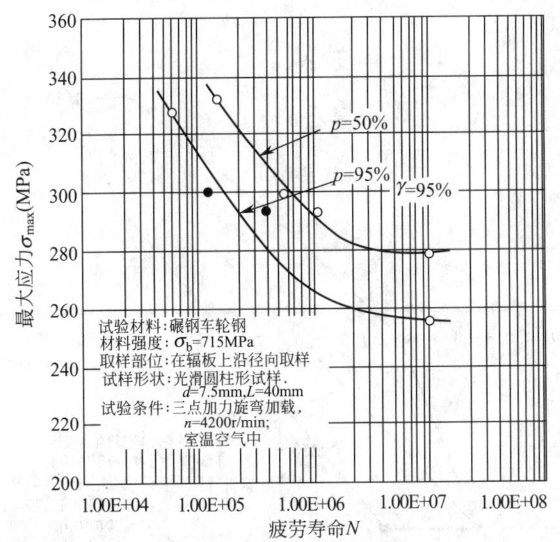

图 2-2-25　p-S-N 曲线

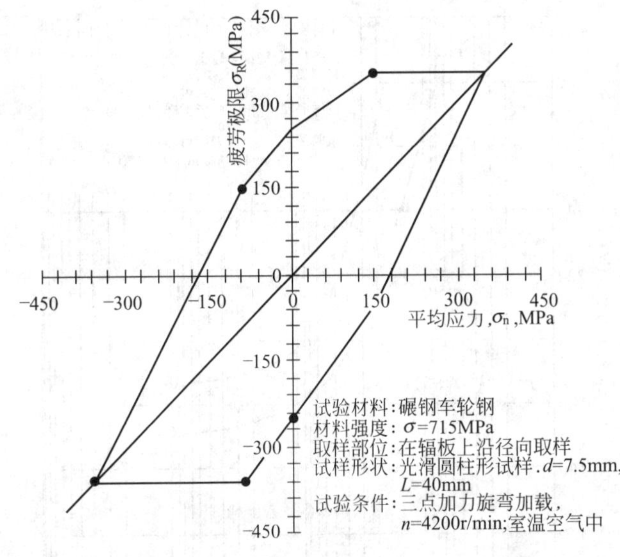

图 2-2-26　修正的 Goodman 疲劳极限线图

(二)铸钢车轮

辐板光滑圆柱形弯曲疲劳试样在指定存活率下的疲劳寿命试验结果如表 2-2-7 所示，具有指定存活率的疲劳极限试验结果如表 2-2-8，其 p-S-N 曲线如图 2-2-27，修正的 Goodman 疲劳极限线图如图 2-2-28。

表 2-2-7　铸钢车轮辐板弯曲疲劳寿命

成组法试验应力水平(MPa)	σ_1	σ_2	σ_3
	270.83	241.82	212.89
N_{50} *（$\times 10^3$）	196.1	276.9	645.3
N_{95} *（$\times 10^3$）	95.5	137.8	243.0

* N_{50}—存活率为 50%时的疲劳寿命；N_{95}—存活率为 95%，置信度为 95%时的疲劳寿命

表 2-2-8　铸钢车轮辐板具有指定存活率的疲劳极限

试样形状	σ_{-1}(MPa)，指定寿命 $N_0=10^7$	
	存活率 50%	存活率 95%，置信度 95%
光滑圆柱试样 $d=75$ mm，$L=40$ mm	185.7	169.6

三、车轴受力状态与疲劳断口特征

(一)受力状态

旋转弯曲载荷是车轴在运行中承受的主要载荷形式。车体的重量通过轴承施加在车轴两端轴颈上，力的方向朝下；而通过车轮施加在车轴轮座的支撑力方向向上，这样，在轴身、轮座、防尘挡板座和轴颈处均形成弯曲载荷。应力分布为沿轴向的拉压应力。在轴表面，上部最高点为最大拉应力，沿圆周向下逐步衰减到零，再变成压应力，逐步增加，直到下部最低点为最大压应力。沿径向深度方向，表面应力最大，中心为零。由于车轴在运行时不断旋转，轴表面确定位置上发生周期性的拉、压应力，即是一种交变载荷(图 2-2-29)。

扭转载荷在车轴中是第二位的。主要是在过弯道时(特别是小半径曲线上)产生。相同的转角，内股道上的车轮走的距离短，而外股道上的车轮走的距离长，因而，在车轴上就产生了扭转力矩，形成扭转载荷。此外，机车动轴在启动时承受较大的扭转载荷。扭转载荷产生的最大剪切应力有两个方向：圆周方向和车轴纵向。同样，在轴表面应力最大，沿径向深度方向递减，到轴中心则衰减为零。但轴表面各处的应力的绝对值是一样的(图 2-2-30)。扭转载荷的主应力作用的平面与轴向成 45°。

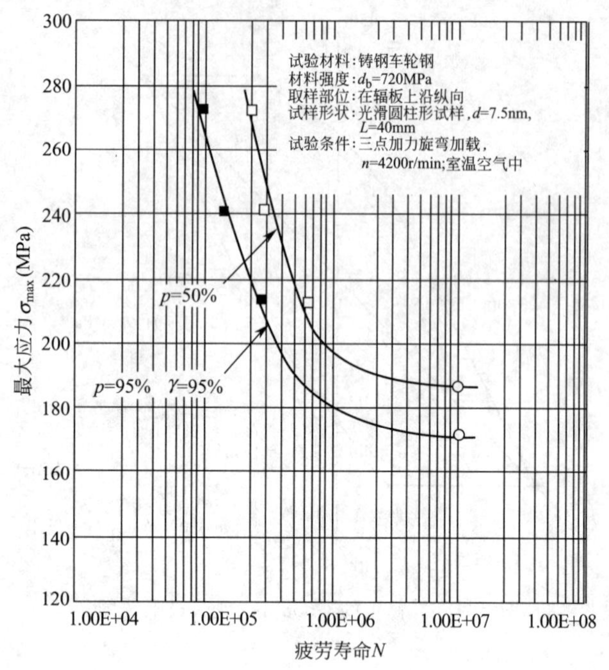

图 2-2-27 p-S-N 曲线

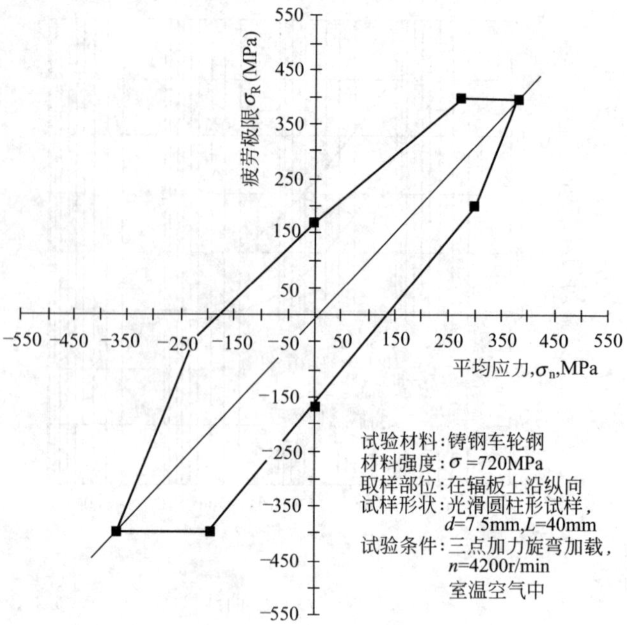

图 2-2-28 修正的 Goodman 疲劳极限线图

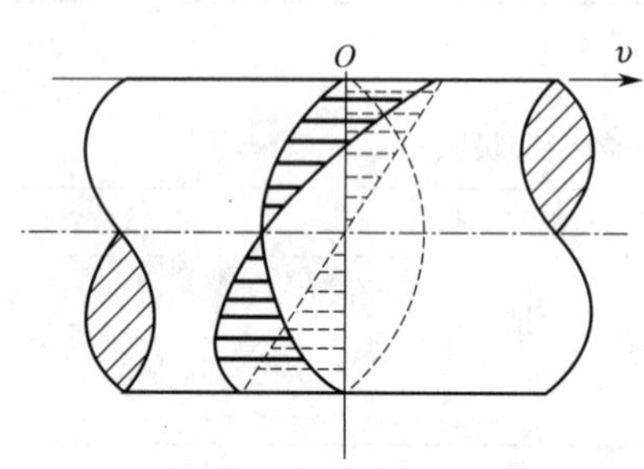

图 2-2-29 旋转弯曲载荷的应力分布

粗实线——沿表面；虚细线——沿径向深度

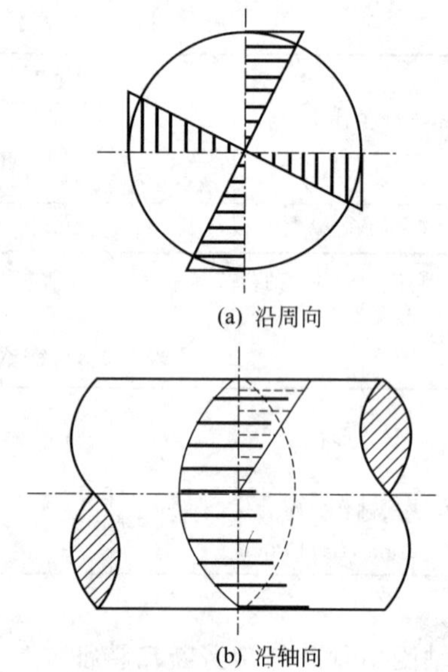

图 2-2-30 扭转载荷形成的两个最大剪切应力

（二）车轴疲劳宏观断口

车轴应是一种具有高的安全可靠性、长寿命的部件，设计工作应力较低、疲劳寿命很长，属于高周疲劳。加之，车轴的韧塑性较好，车轴又有好的对称性，所以车轴断口具有疲劳断裂最完整过程的特点。然而，由于车轴的内部缺陷和表面损伤的种类、尺寸和分布不同，以及载荷谱的随机性，使得车轴疲劳断口的形貌和具体特征千差万别，这里将主要形貌特征归纳如下：

车轴疲劳断口一般可明显地划分为三个区域：

1. 疲劳裂纹源区：它的断口面平坦、细密；经常有发自疲劳裂纹源的放射纹；疲劳裂纹源区常被氧化、腐蚀、变黑。

(1)若疲劳裂纹源在断口内部，必然在疲劳裂纹源处有严重的冶金缺陷。

(2)若疲劳裂纹源为单源，断口为垂直于轴向的平断口，则车轴承受的载荷以旋转弯曲载荷为主；若疲劳裂纹源为单源，断口与轴向大体上成 45°的斜断口，则车轴承受的载荷以扭转为主。

(3)若断口周边有多处疲劳裂纹源，则意味着在下面的三个条件中至少应满足一条：

高载荷形成的高应力；

有较大的应力集中；

有多处严重的缺陷或损伤。

(4)在多疲劳源的条件下，断口为多个与轴向成 45°的裂纹面组成的棘轮状，说明车轴承受着较大的扭转载荷。

(5)若沿断口边缘有线状裂纹源，则一般在线状裂纹源处存在着严重的线状缺陷或线状损伤，或高的应力集中。

(6)在变截面处，若存在环形周向线状缺陷或高的应力集中，则必然会产生皿形断口(直径较粗的断口面成凹形)。

2. 疲劳裂纹扩展区：它在车轴断口上占的面积往往较大。经常有垂直于裂纹扩展方向的“弧线”(疲劳条带)，而且疲劳条带的间距随裂纹数扩展逐步增加。疲劳条带在有的文献中称为“海滩状花样”或“贝纹状花样”。一般在疲劳裂纹扩展区的后期，断口较前期粗糙。

(1)在疲劳裂纹扩展区，疲劳条带明显，有时甚至为波浪起伏状，说明疲劳裂纹扩展到该位置时，车轴承受的载荷大小或载荷类型的组合发生了较大变化；

(2)在疲劳裂纹扩展区的断口边缘，若有纵向裂纹、掉块发生，说明疲劳裂纹扩展到该位置时，承受一定的扭转载荷；

(3)疲劳裂纹扩展越过断口中心时，若疲劳条带弧线反向，说明此时旋转弯曲载荷较大。

3. 瞬时断裂区：该区断口常为纤维状，起伏大；位于断口边缘时，常形成剪切唇；断裂发生时，为银灰色。

(1)瞬时断裂区的面积愈大，说明车轴断裂时，承受的载荷愈大；

(2)断口边缘的瞬时断裂区相对于单疲劳裂纹源的偏转角度与车轴的旋转方向和旋转速度有关；

(3)在周边线状裂纹源的条件下，载荷愈大，瞬时断裂区愈接近断口中心。

四、车轴钢的疲劳裂纹萌生寿命

提高车轴使用寿命的最好的方法是防止裂纹萌生。因为一根车轴，它的总寿命 N_f 由裂纹萌生寿命 N_i 和裂纹扩展寿命 N_P 组成。即 $N_f=N_i+N_P$，如图 2-2-31 所示；以机车主动轴为例，若每年运行 10 万 km，相当于应力循环次数为 4.26×10^7 周次。这属于低应力的高周疲劳，其裂纹萌生寿命 N_i 接近总寿命 N_f，也就是说，要提高车轴的寿命，必须提高裂纹萌生的寿命，即防断首先要防裂，这是解决车轴断裂的根本措施。仅就车轴材质来讲，必须选用疲劳强度高，而塑性又能满足标准规定的材料。所谓疲劳强度高的材料，首先是指抗裂纹萌生能力强的材料。因此，需进行材料疲劳裂纹萌生规律的实验研究，以材料的抗裂纹萌生能力作为选材的依据。

(一)疲劳裂纹萌生寿命

在部件受弯曲应力和扭转应力时，表面应力最大，疲劳裂纹常常首先在表面萌生。对光滑表面，引起开裂有三种形式：①滑移带引起的表面粗糙。②晶界上应变严重失调(即应变不相容)。③表面夹杂物或不均匀性。但在大部分工程结构中，由上述三种原因引起的疲劳裂纹并不多见，因为任何一个实物部件，不可避免地要存在各种缺口和几何形状不连续性，这些地区的应力、应变集中是萌生疲劳裂纹的主要原因。

通过对断轴的镶入部表面金相、电镜分析，发现轮座镶入部横向疲劳裂纹起源于擦伤腐蚀坑。这相当于裂纹萌生在缺口这一应力-应变集中的地方。大量实物断裂分析表明，由缺口引起疲劳裂纹占整个疲劳裂纹萌生的首位。对车轴钢裂纹萌生规律的研究，不仅对车轴是必要的，而且对铁路上其他重要零部件断裂规律的研究也是一项很有意义的工作。

各种缺口根部这一关键地区的应力分量必然与缺口深度和尖端曲率半径有关。为描述缺口附近的应力场，要引用 Creager 公式：

$$\sigma_{xx}=\frac{K_{\mathrm{I}}}{\sqrt{2\pi r}}\left[\cos\frac{\theta}{2}\left(1-\sin\frac{\theta}{2}\sin\frac{3\theta}{2}\right)-\frac{\rho}{2r}\cos\frac{3\theta}{2}\right]$$

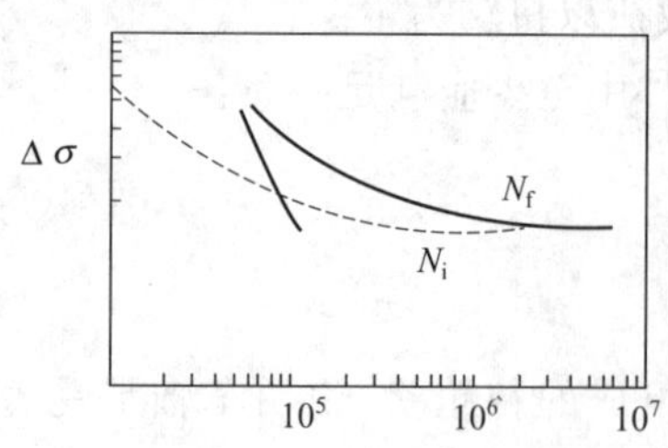

图 2-2-31 Δσ-N 关系示意图

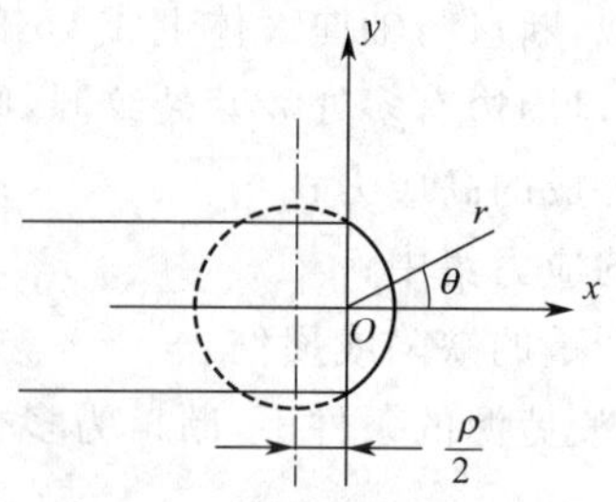

图 2-2-32 缺口根部各参量示意图

$$\sigma_{yy}=\frac{K_{\mathrm{I}}}{\sqrt{2\pi r}}\left[\cos\frac{\theta}{2}\left(1+\sin\frac{\theta}{2}\sin\frac{3\theta}{2}\right)+\frac{\rho}{2r}\cos\frac{3\theta}{2}\right]$$

$$\tau_{xy}=\frac{K_{\mathrm{I}}}{\sqrt{2\pi r}}\left[\sin\frac{\theta}{2}\left(\cos\frac{\theta}{2}\cos\frac{3\theta}{2}\right)-\frac{\rho}{2r}\sin\frac{3\theta}{2}\right]$$

式中各符号的意义参看图 2-2-32。

由上式可见，缺口根部附近的应力分量仍然取决于应力强度因子 K_{I}（与的缺口深度有关），此外也与缺口根部曲率半径 ρ 有关。由于 $r\geqslant\frac{1}{2}\rho$，所以上式等号右边不能无限增大，各应力分量不存在奇异性问题。

考虑缺口中心平面上的缺口尖端，$\theta=0$，$r=\frac{1}{2}\rho$。则上式可简化为：

$$\sigma_{yy}=\frac{2K_{\mathrm{I}}}{\sqrt{\pi\rho}},\sigma_{xx}=\tau_{xy}=0$$

σ_{yy} 实际上就是缺口根部的最大应力 $\sigma_{\max}$，在疲劳应力时，

$$\Delta\sigma_{\max}=\frac{2\Delta K_{\mathrm{I}}}{\sqrt{\pi\rho}}=1.128\frac{\Delta K_{\mathrm{I}}}{\sqrt{\rho}}$$

$\Delta\sigma_{\max}$ 是缺口根部最大应力范围，它等于缺口根部的名义工作应力范围 $\Delta\sigma$ 与缺口应力集中系数 K_t' 的乘积，即

$$\Delta\sigma_{\max}=k_t\Delta\sigma$$

K_t' 是 Neuber 应力集中系数。

为了求出疲劳裂纹萌生循环数 N_i 与 $\Delta K_{\mathrm{I}}\sqrt{\rho}$ 之间关系，Barnby 等人根据实验总结出如下经验公式：

$$N_i=B\left(\frac{\Delta K_{\mathrm{I}}}{\sqrt{\rho}}\right)^m$$

取对数后有：

$$\lg N_i=\lg B+m\lg(\Delta K_{\mathrm{I}}/\sqrt{\rho})$$

其中 B、m（负值）分别为材料常数，$-m=\sigma_s/275+1.9$，$\lg B=-4.1m$，这个公式表明，随 $\Delta K_{\mathrm{I}}/\sqrt{\rho}$ 或 $\Delta\sigma_{\max}$ 减小，N_i 继续增大。然而实际上并非如此，当 $\Delta\sigma_{\max}$ 小到极限值时，将不再在缺口根部萌生出疲劳裂纹。不萌生疲劳裂纹时所对应的最大 $\Delta\sigma_{\max}$，记为 $(\Delta\sigma_{\max})_{th}$，称为疲劳裂纹萌生门槛值，这是材料的一个重要参数，是工程部件防裂的重要指标。因为一个部件或试样要发生完全断裂，必须经过三个关键步骤，即：

$$\left(\frac{\Delta K_{\mathrm{I}}}{\sqrt{\rho}}\right)_{th}\rightarrow\Delta K_{th}\rightarrow K_{\mathrm{IC}}$$

只有产生了疲劳裂纹之后，当裂纹扩展时，其对应的应力强度因子大于 ΔK_{th}，才能达到失稳断裂 K_{IC}，在设计选材时，使其缺口或等效缺口根部的 $\Delta K_{\mathrm{I}}/\sqrt{\rho}$ 或 $\sigma_{\max}$ 小于材料的 $(\Delta K_{\mathrm{I}}/\sqrt{\rho})_{th}$ 或 $(\Delta\sigma_{\max})_{th}$ 值，就不会出现疲劳裂纹，因而就更不会断裂。上述三个重要参数，都是材料的常数。目前，国内外对 K_{IC}、ΔK_{th} 进行了较多的研究和报道，而对 $(\Delta K_{\mathrm{I}}/\sqrt{\rho})_{th}$ 或 $(\Delta\sigma_{\max})_{th}$ 研究甚少，为研究车轴钢的裂纹萌生规律，必须通过各种缺口疲劳试验，找出不同应力集中系数下的裂纹萌生强度与寿命的关系，测出各种材料的 $(\Delta\sigma_{\max})_{th}$，并以此选材是十分重要的。

（二）实验方法及结果

沿车轴轴向取样，制成旋转弯曲疲劳试验的标准光滑试样和三点弯曲疲劳试验的各种缺口试样。试样厚度 B、高度 W、跨度 S 分别为 15 mm、30 mm、120 mm，缺口形状五种，缺口深度从 1～5 mm，根部曲率半径从 0.08～5 mm 范围变化，最小缺口采用线切割制取，其他缺口根部用金钢砂研磨。试样缺口尺寸见表 2-2-9。

表 2-2-9 试样缺口尺寸(mm)

缺口深(D)	5	1	3	3	3
曲率半径(ρ)	5	1	1	0.5	0.08

实验从高载荷做起，逐渐降低载荷，求出各种材质不同缺口尖端最大应力 $\Delta\sigma_{max}$ 与 N_i 之间关系及对应的疲劳裂纹萌生门槛值 $(\Delta K_I/\sqrt{\rho})_{th}$ 或 $(\Delta\sigma_{max})_{th}$，取裂纹长度为 0.3 mm（从缺口根部算起）作为疲劳裂纹萌生长度。

两种疲劳试验结果如下：光滑试样旋转弯曲疲劳试验结果见表 2-2-10，由上述数据看出：57-Ⅰ、57-Ⅱ疲劳强度 σ_{-1} 比 40－Ⅰ提高 30%左右。

表 2-2-10 光滑试样旋转弯曲疲劳试验结果

试样编号	疲劳极限 σ_{-1}(MPa)	备 注
40-Ⅰ	216	Ⅰ：一次正火
45-Ⅰ、Ⅱ	235	Ⅱ：二次正火，一次回火
50-Ⅰ、Ⅱ	255	40：0.40%C 45：0.45%C
57-Ⅰ、Ⅱ	284	50：0.50%C 57：0.40%C

缺口试样的三点弯曲疲劳试验结果如图 2-2-33，由图可看出，随 $K_t'\Delta\sigma$ 下降，N_i 增大，两者呈半对数关系；当 $K_t'\Delta\sigma$ 下降至极限值时，N_i 可无限增大，此时的 $K_t'\Delta\sigma=\sigma_{max}$ 称作疲劳裂纹萌生门槛值，并记作 $(\Delta\sigma_{max})_{th}$。当缺口尖端的最大应力范围 $\Delta\sigma_{max}\leqslant(\Delta\sigma_{max})_{th}$ 时，不会在缺口根部产生疲劳裂纹。

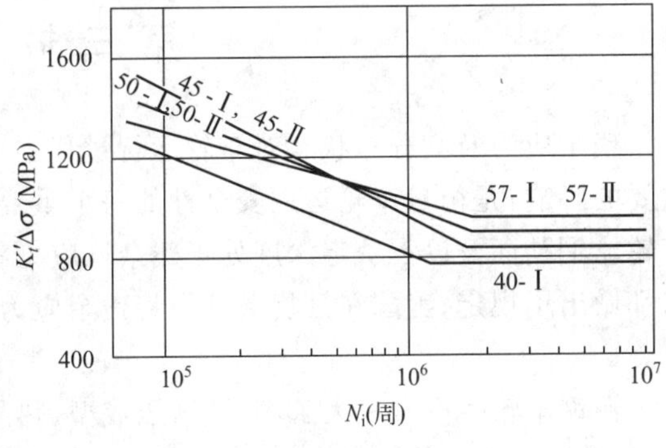

图 2-2-33 缺口试样的 $K_t'\Delta\sigma$-N_i 关系曲线

各种车轴钢材质的 $(\Delta\sigma_{max})_{th}$ 值如下：（缺口根部曲率半径 $\rho=0.5\sim5$ mm）。

40-Ⅰ：$(\Delta\sigma_{max})_{th}=767.34\ \mathrm{MN/m^2}$

45-Ⅰ、Ⅱ：$(\Delta\sigma_{max})_{th}=813.40\ \mathrm{MN/m^2}$

50-Ⅰ、Ⅱ：$(\Delta\sigma_{max})_{th}=874.16\ \mathrm{MN/m^2}$

57-Ⅰ、Ⅱ：$(\Delta\sigma_{max})_{th}=958.44\ \mathrm{MN/m^2}$

（三）缺口敏感性

对中、低强度钢，由于韧性储备较大，所以静态力学性能不太重要，主要是疲劳性能和缺口敏感性。车轴钢的疲劳试验结果，表明随碳含量的提高，疲劳强度增大，缺口敏感性也增大的净效应。50 车轴钢光滑试样和缺口试样的疲劳极限均优于 40 车轴钢，由线切割缺口试样的试验结果可以看出，只有当理论应力集中系数 K_t 大于或等于 13 的时候，50 车轴钢的缺口敏感性才明显增大。这种极端情况在实际车轴上是难以遇到的。一般情况下的应力集中系数不大于 3。

从 57-Ⅰ、57-Ⅱ比 40-Ⅰ的光滑试样 σ_{-1} 及缺口试样疲劳裂纹萌生门槛值 $(\Delta\sigma_{max})_{th}$ 分别提高 30%及 25%看出，在 $K_t'<5$ 时，缺口敏感性虽略有增加，但定性地说，在中碳钢范围内，随含碳量增加，缺口敏感性变化不大，这就消除了中碳钢范围内，随强度增大，缺口敏感性也增大，其净效应为负的顾虑。也为选取强度高的车轴钢材料提供了可靠的依据。

（四）疲劳应力集中系数 K_t' 的选取

根据 Creager 公式给出的缺口尖端附近应力场分布可以看出，在裂纹平面上，$Q-0$，则缺口尖端的最大应力范围 $\Delta\sigma_{max}$ 为：

$$\Delta\sigma_{\max}=\frac{2\Delta K_{\mathrm{I}}}{\sqrt{\pi\rho}}=K_t'\Delta\sigma$$

如何选取 K_t' 是处理大量实验数据的关键。目前常引用的应力集中系数公式为：

$$K_t=1+2\sqrt{D/\rho}$$

$$K_f=(1+7.69\sqrt{D/\rho})^{1/2}$$

$$K_t=1+(K_t-1)/(1+a/\rho)，a\ 为材料常数$$

$$K_t=1+\sqrt{D/\rho}$$

用以上四种应力集中系数都不能将各种缺口尖端的最大应力范围 $\Delta\sigma_{\max}$ 与 N_i 之间关系拟合成一条曲线；由图 2-2-34 给出的各种材质的对应曲线是采用 Neuber 集中系数图解法得到的。这种方法能把 $\rho=0.5\sim5$ mm 的各种深度缺口尖端的 $\Delta\sigma_{\max}2N_i$ 关系处理成一条曲线，这就给工程应用带来极大的方便。只要知道缺口根部的最大名义应力和缺口大小及形状，便可以从曲线上查出其对应的疲劳裂纹萌生寿命 N_i 及求出该种材质 $(\Delta\sigma_{\max})_{th}$。

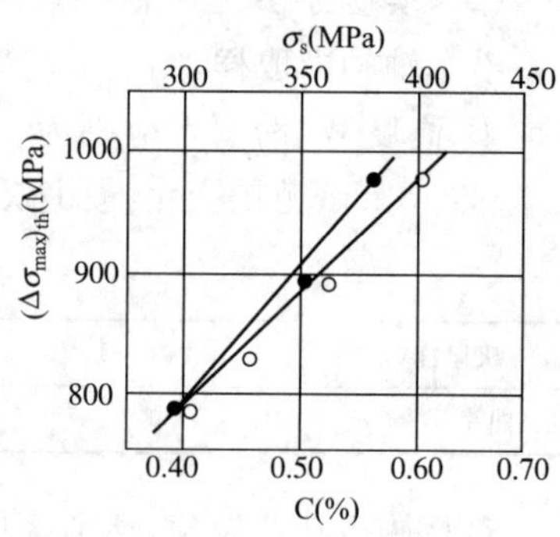

图 2-2-34　$(\Delta\sigma_{\max})_{th}$ 与钢中碳含量及屈服强度的关系

●—$(\Delta\sigma_{\max})_{th}$ 和(C%)的关系；

○—$(\Delta\sigma_{\max})_{th}$ 和 σ_3 的关系

（五）$(\Delta\sigma_{\max})_{th}$ 与 C%，σ_s 的关系

疲劳裂纹萌生门槛值 $(\Delta\sigma_{\max})_{th}$ 与钢中 C% 和屈服强度 σ_s 存在如下关系

$$(\Delta\sigma_{\max})_{th}=400+1\,000(\mathrm{C\%})$$

$$(\Delta\sigma_{\max})_{th}=200+2\sigma_s$$

上面两个表达式的误差均小于 4%。

上面的关系用作图法表示，示于图 2-2-34。

第三节　残 余 应 力

残余应力及其分布状态对车轮运行过程中可能出现的踏面裂纹形成、扩展及金属剥落等使用状态有着重要的影响，是衡量车轮运用安全性的一个重要指标。国外对车轮产品内部的残余应力早就开始关注，要求车轮轮辋踏面及以下一定深度处于残余压应力状态，并由此形成了标准。现行的欧洲标准对测试方法和要求都做出了规定；美国在订货条件中将残余应力的大小作了限制；我国的车轮标准也对残余应力做出了的规定。

辗钢车轮生产有三大工序，即锻压成型、热处理和机械加工。其中锻压过程中虽然产生了较大的残余应力，但其在随后的等温退火处理以及热处理加热时已经基本消除或均匀化，不会遗留到最终产品上；而机械加工仅在浅表面(<100 μm)形成不大于 10 MPa 的残余拉应力，对整体分布的影响可以忽略不计。因此可以认定，热处理过程形成的残余应力最终成为产品的残余应力，同样，对于铸钢车轮也是如此。

车轮淬火过程温度和组织变化极不均匀，将导致热应力和组织应力非常显著。由于热应力和组织应力的共同作用使得车轮的内应力分布变得复杂。在复杂应力的作用下，当车轮内部等效应力大于屈服应力时将发生塑性变形，且塑性变形很不均匀。不均匀的塑性变形是随后的回火及冷却过程导致残余应力存在的根本原因之一。

目前，常用的车轮残余应力测试方法主要有两种切割法。第一种切割法是在轮缘对侧的平面上位于轮辋厚度的中心处做两个相距 100 mm 的标记，然后从轮缘顶部开始直达轮毂孔进行径向切割，切缝应在两个标记中间，通过测量两个标记之间距离的减缩来检验压应力的存在。按照现行的标准，内部应力释放后，两个标记之间距离的缩小值应大于 1 mm。第二种切割法是通过测量切割前后车轮的应变来计算车轮的残余应力。按照现行有关标准，在车轮踏面表面附近测得的残余压应力值应在 80～150 MPa 范围内，残余压应力在踏面下 35～50 mm 之间某一点应降低为零。滚动圆切线下残余应力分布

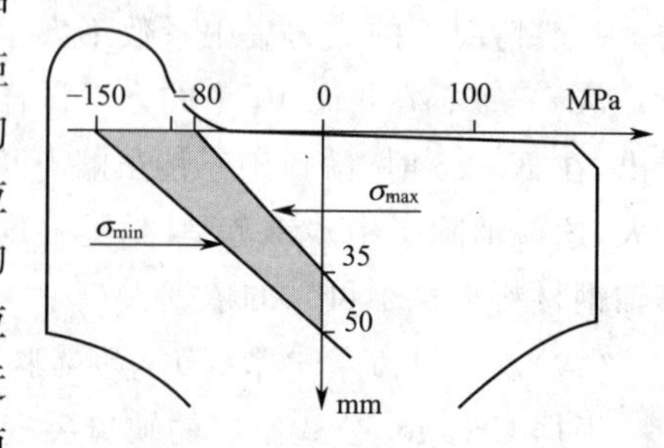

图 2-2-35　残余应力值分布区域

要求范围见图 2-2-35。

第一种切割法较为简便易行，因此现场多采用这种方法对车轮的残余应力进行检验。

第四节　磨 耗 性 能

磨损（耗）是车轮在使用中形成的主要损伤类型之一。除了一部分车轮因轮辋疲劳裂纹、制动热裂纹、擦伤、脆性崩裂等非正常失效外，在正常情况下，车轮的使用寿命主要由于磨损到限而中止。车轮踏面和轮缘的磨损在未达到极限值以前对运行安全可能不会有很大影响，但减小车轮的磨损有较大的经济意义。随着长大货物列车的发展和轴重的增大，车轮的磨损将日趋严重。所以铁路的科研和使用部门在实验室内和使用现场进行了大量材质性能和使用条件对车轮磨损影响的使用研究，并随着摩擦、磨损基础理论的发展，有关的研究也在不断的深入。

一、磨损的基本特征

磨损（耗）是相对运动物体的表面上，材料从运转表面上的逐步损耗。它是发生在相互作用表面上的一种十分复杂的现象。表面材料的这种逐渐损耗是由于应力作用的结果。在不同的磨耗系统中，由于材料性能、环境、作用力的大小和作用方式的不同，材料从表面磨耗的机制可能不同，从而产生四种不同类型的磨损：黏着磨损、磨粒磨损、表面疲劳磨损和微动磨损等。车轮使用过程中可能发生的磨损形式是前三种。下面分别就这四种磨损形式进行简单介绍。

（一）黏着磨损

黏着磨损是在法向加载下，两个接触表面相对运动时产生的。在宏观光滑的表面上，从微观尺度看总是粗糙不平的，当两个没有受到污染的表面贴合时，接触的将只是表面上一些比较高的突点。它们支承着整个法向载荷，承受很大的压应力，使很多微突体发生塑性变形。随之使已接触的微体的接触面积增大，并且参加接触的突点的数目也会增多，一直到所有接触的突点足以承受全部外加载荷又不再发生变形为止。如果接触表面不存在表面膜，则两个接触表面将通过原子或分子间的作用力发生黏着。当这两个表面相对滑动时，黏合（或焊合）点将被剪掉。如果剪断正好发生在界面上，就不会发生磨损；若剪断发生在距界面一定距离部位，则一个物体表面的金属就会转移至另一个物体的表面，从而发生黏着磨损。未受污染的金属对之间的黏着磨损受金属材料的晶体结构、晶体表面取向、材料中内聚力、材料中的合金元素（如 C、S）、材料的相结构以及材料表面氧化膜、润滑膜等的因素的影响。

研究中建立了黏着磨损的磨损方程。如上所述，当两个宏观光滑表面接触时，从微观尺度看，接触的实际上只是一些微突点。假设这些微突点大小相同，接触后每一个接触突点上的接触面均是半径为 a 的圆，则每个突点的接触面积为 πa^2，假设当滑动距离为 $2a$ 表面完全擦过该微突点时，将形成一个半径为 a 的半球形磨粒，则磨粒的体积为 $\frac{2}{3}\pi a^3$。当滑动距离为 L 时，产生的总的体积磨损量 V 为：

$$\frac{V}{L}=\sum_{1}^{n}\frac{\frac{2}{3}\pi a^3}{2a}=\frac{1}{3}\sum_{1}^{n}\pi a^3=\frac{\pi a^3}{3}n \tag{2-2-47}$$

式中 n 为接触点的总数。

若微突点产生屈服时的压力为 P_y，则各个接触突点所支承的总载荷 W 为

$$W=P_y\cdot\pi a^2\cdot n \tag{2-2-48}$$

将(2-2-47)式代入(2-2-48)式整理后得：

$$V=\frac{WL}{3P_y} \tag{2-2-49}$$

上式是在假设各个微突点在接触滑动后都产生一个磨粒的条件下的结果，若只有百分之 K 的接触突点产生了磨粒，则(2-2-49)式改写为：

$$V=K\frac{WL}{3P_y} \tag{2-2-50}$$

式中 K 是一个接触突点产生一个磨粒的几率，通常称为磨损系数，是表征磨损特性的很重要的参数。假定屈服压力 P_y 与材料的压入硬度 H 相等，则(2-2-50)式改写为：

$$V=K\frac{WL}{3H}\quad 或\quad \frac{V}{L}=K\frac{W}{3H} \tag{2-2-51}$$

由上式可看出：材料的磨损量与行程、载荷成正比，与材料的硬度成反比。

（二）磨粒磨损

磨粒磨损主要出现于下列两种情况：一是粗糙而坚硬的表面贴着软表面滑动；另一种情况是由游离的坚硬粒子在两个摩擦面之间滑动而产生磨损。因此，在黏着磨损过程中，如果产生的磨损碎片坚硬且是游离状态，就将出现磨粒磨损。

根据磨损具体条件的不同，磨粒磨损常可分成凿削式磨粒磨损、高应力磨粒磨损、低应力磨粒磨损三种类型。

1. 凿削式磨粒磨损

凿削式磨损中包含有大颗粒磨料，而且这些磨料还具有尖锐的棱角。磨损的结果是从金属表面大颗粒地去掉金属，材料的表面上有严重的凿槽或犁沟。

2. 高应力磨粒磨损

当原来尺寸较大的磨料不断地被碾碎时，将出现高应力磨粒磨损。所以也称高应力碾碎式磨粒磨损。显然，这种情况下，磨料与金属表面接触处的最大压应力大于磨料的压碎强度。其结果是金属材料的表面被拉伤，韧性较好的材料产生塑性变形或疲劳，脆性材料则发生碎裂或剥落。

3. 低应力磨粒磨损

低应力磨粒磨损是在应力不超过磨料本身压碎强度时产生的。磨损结果在金属表面上产生擦伤。

磨粒磨损中，形成磨屑的机制有三种：显微切削、推碾（犁）与显微裂纹。当无尖锐棱角的磨粒通过塑性材料表面时，磨粒经过处的材料将发生塑性变形，并被推碾至碾沟的两侧。被推碾到磨沟两侧的材料经多次磨粒通过作用后，可能由于低周疲劳而断裂，也可能以剥层磨损机制而形成磨屑。

纯粹的显微切削作用是由于法向应力作用下尖锐的硬颗粒压入磨损面，同时又在切应力作用下犁削表面而产生的。结果在表面形成沟槽或犁沟。在纯切削作用下，磨损体积应等于犁沟的体积。

受压的磨粒在运动时可能形成很高的局部应力集中，在磨粒前沿的材料中出现很高的剪切和拉伸应力。随着这一运动过程的继续，材料中形成微裂纹，微裂纹扩展、合并直至与表面分离而形成磨屑。对于脆性材料的磨粒磨损，这一过程可能比较重要，但在塑性材料中，显微推碾与切削机制可能占主导地位。

用显微切削模型推导出的磨粒磨损方程为

$$\frac{V}{L}=K\frac{W}{H} \tag{2-2-52}$$

由上式可见，磨粒磨损方程与黏着磨损方程十分相似。若磨损系数 K 为常数，则由(2-2-52)式可得出磨粒磨损时，磨损率与载荷成正比，与材料的硬度成反比。但试验中发展，磨粒磨损系数 K 并不总是常数，它和磨粒硬度 H_a 与被磨损材料硬度 H_m 的相对大小有关，一般可分为三个区域：

(1)低磨损区：大致相当于 $1.25H_a<H_m$。该范围内磨损系数 $K\propto H_m-6$。

(2)过渡磨损区：大致相当于 $0.8H_a<H_m<1.25H_a$，该范围内磨损系数 $K\propto H_m-25$。

(3)高磨损区：大致相当于 $H_m<0.8H_a$，在该范围内磨损系数 K 才基本保持恒定。

在生产实际中最关注的是高磨损区中发生的磨损。

（三）表面疲劳磨损

表面疲劳磨损一般发生在滚动或滚动－滑动接触条件下，在纯滚动的情况下摩擦系数可以忽略。表面疲劳磨损和黏着及磨粒磨损的区别在于后两者产生的条件是两个表面的直接接触。如果两个表面被润滑膜完全隔开，且不含磨粒，则黏着与磨粒磨损机制就不起作用。但两个由润滑膜隔开的表面在滚动中可受到通过润滑膜传递的应力。计算表明，其中最大压应力发生在表面上，而最大切应力发生在表面以下一定深度处。表面疲劳磨损是表面或亚表面中疲劳裂纹形成及扩展而最后形成片状磨屑的过程。裂纹往往在最大切应力处形成。如果除了滚动还有滑动存在，则裂纹形核位置会移向表面，在最大切应力区内存在夹杂物时，将更加促进疲劳裂纹的形成。

应该指出,表面疲劳和整体材料的疲劳特性之间是有差别的。首先,在滚动接触时,失效寿命起伏很大;其次,在整体材料疲劳时,通常存在疲劳极限。对一给定材料而言,在某一极限应力以下,材料具有无限长的寿命。但表面疲劳中没有发现存在这样一个极限应力值。

(四)微动磨损

当两个互相压紧的金属表面之间发生低幅振动时,就会出现微动磨损。它不是一种独立的磨损机制。它的出现往往是几种磨损机制共同作用的结果。例如,微动磨损刚开始时可能是黏着磨损过程,当磨屑被氧化后,也可能出现磨粒磨损。可以看出,腐蚀和氧化对微动磨损有很大的影响。而在某些材料中,可能是剥层磨损机制控制了微动磨损颗粒的形成,即当两个不同硬度的滑动表面接触时,法向和切向力将通过接触点的黏着和推碾作用传递。经过多次重复作用,较软表面上的突点将变形、断裂,而形成一个相对光滑的表面,从而两个表面的接触将成为突点-平面接触。硬突点在软表面上施加的表面推碾力将使软表面及亚表面产生塑性变形。随着表层塑性变形的累积,在表面下几微米到几十微米的亚表层中将萌生微裂纹。进一步的加载和变形将使裂纹扩展、合并。当这些扩展的裂纹在某些薄弱位置切向表面时,就有一个薄的片状磨屑从表面剥落下来,试验表明,在某些微动磨损中,表面金属磨耗主要是通过上述的剥层磨损机制进行的。

材料的摩擦和磨损是发生在相对运动的接触界面上的复杂现象,有关的专著对摩擦、磨损的基础理论有较详尽的阐述。

二、车轮的磨耗

(一)影响车轮磨耗的基本因素

车辆在运行过程中,由于轮轨相互作用及不同的运行状态引起滚动、滑动摩擦导致车轮的磨损。车轮的磨损是发生在与钢轨相互作用表面上的一种十分复杂的现象,受很多因素的影响。如车轮的材质性能(化学成分、组织、硬度和断裂韧性等);加载条件(车辆的吨位等);黏着/润滑;与钢轨相对运动方式(纯滚动,滚动-滑动);制动和闸瓦;运行环境(潮湿程度、油污和气氛等);线路条件和状态(直线、弯道、养护良好程度等);轮/轨的断面形状等。尽管影响车轮磨损的因素很多,在不同的运行条件下磨损的机制也有所不同,但根据摩擦应力的类型和大小、车轮的材质和运行条件是可以区别各种磨损过程的,并且在轮轨系统中,一般情况下滚动、滑动或滚动-滑动的磨损占主要地位。

(二)车辆吨位和车轮黏着对车轮磨耗的影响

车辆运行中主要在零度冲击角的直线上行驶,此时影响车轮磨耗的主要因素为车辆的吨位和黏着系数。针对这种运行状态已进行了大量的滚动接触磨耗的研究,其中大部分是在 Amsler 磨耗试验机上进行的,即将车轮和钢轨加工成 ϕ30～40 m、厚 10 mm 左右的圆柱形试样进行滚动或滚动-滑动接触试验。Amsler 磨耗试验对评价某些参量对磨耗的影响和比较不同材质的耐磨性能给出较好的结果。但由于试样很快发生塑性变形和磨耗使接触面发生了变化而不能正确地模拟轮轨接触状态,所以不能通过小试样试验获得定量的轮轨相互作用的数据。车轮实物磨耗试验最为接近使用实际情况,但试验条件和参数不易控制,至今未见系统的吨位和黏着系数对车轮磨耗影响的结果。

S. Kumar 等应用 IIT-GMEMD 轮轨模拟试验设备系统地进行了车辆吨位和黏着系数对轮轨磨耗影响的试验。用 AAR 标准 B 级车轮钢加工成直径为 203 mm(8 英寸)的车轮,用 C 级(含碳量 0.67%～0.77%,与钢轨相当)ϕ915 mm 车轮模拟钢轨,其外形均按实际尺寸的 1/4.5 缩小,试验以赫兹模拟进行,模拟了在直线上清洁、干燥的运行状态。共进行了两组试验。

第一组:研究了不同吨位货车模拟在直线线路上运行的轮轨磨耗,具体试验条件见表 2-2-11。

第二组:进行了黏着系数 μ 为 0.15、0.25、0.35 和 0.5 下的试验,试验条件见表 2-2-12。

试验时大小轮子分别由 300 马力和 1 000 马力的电机驱动,传输给两个试样的动力可精确控制,可在持续运转中调节牵引力或制动力,用不同的仪器测定垂直、横向和纵向力以及黏着、蠕滑值和两个试样的旋转速度。当试样达到运行速度后,控制所需的牵引力以达到不同的黏着值。每次试验都精确控制切向力使所选择的黏着值和垂直负荷为常量。在货车试验中,切向力保持在一极低的值以保证满足自由滚动的条件。

表 2-2-11 吨位影响试验的试验条件

模拟的货车	轴重(t)	试验负荷(N)	应力(MPa)	硬度(HBW)		大轮子(钢轨)循环次数
				钢轨	车轮	
空车	8.5	1 334	624	217	295	100 000
55 t	19	2 891	1 270	224	283	33 000
70 t	26	3 781	1 406	224	283	105 000
						45 000
95 t	32	4 426	1 455	217	283	120 000
				224		45 000
125 t	39	4 893	1 531	224	283	45 000

表 2-2-12 黏着影响试验

(毛重/轮:145 kN;试验负荷 3 941 N;最大赫兹应力:1 420 MPa)

黏着系数	牵引负荷(N)	硬度(HBW)		大轮子(钢轨)循环次数
		钢 轨	车 轮	
0.15	592	217	295	50 000
0.25	983	224	283	90 000
	943	217	295	100 000
0.35	1 379	217	283	30 000
		211	295	100 000
0.50	1 970	224	295	100 000

1. 车辆吨位对车轮磨耗的影响

在模拟不同车辆吨位下车轮的磨耗与试验循环数(作为钢轨试样的大轮子的旋转数)的关系示于图 2-2-36 中。

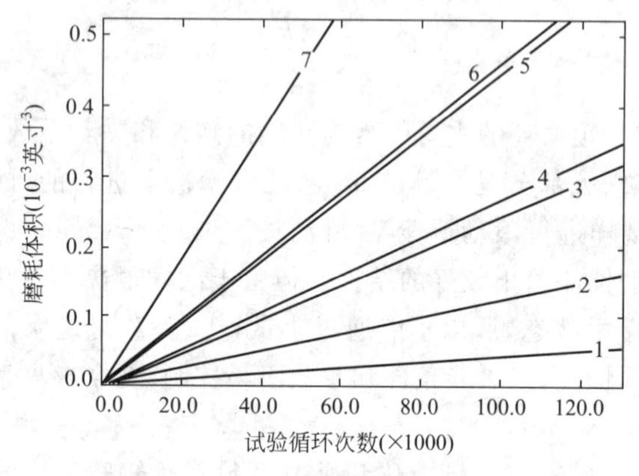

图 2-2-36 不同吨位下车轮磨耗体积与试验循环次数间的关系

1—空车;2—55 t 货车旧轮;3—70 t 货车新轮;4—70 t 货车旧轮;5—95 t 货车新轮;6—95 t 货车旧轮;7—125 t 货车旧轮

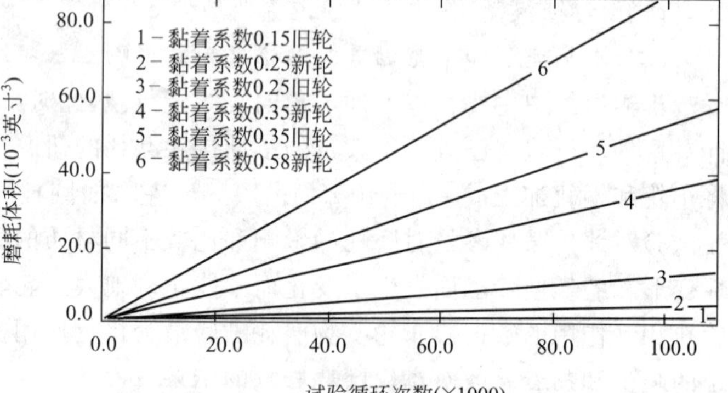

图 2-2-37 不同黏着系数下车轮磨耗体积与试验循环数间的关系

图 2-2-37 中的数据表明,车辆在直线上以自由滚动状态运行时,车轮的磨耗量较小,但其磨耗率(图中直线的斜率)随着车辆吨位而增大,在同一车辆吨位下其磨耗体积随着运行距离(循环次数)的增大线性地增加,但其磨耗率保持不变。

2. 黏着对车轮磨耗的影响

图 2-2-38 为牵引车轮在不同黏着系数下的磨耗体积随试验循环数的变化关系,图中的数据表明牵引车轮的磨耗要比自由滚动车辆的车轮的磨耗大 1～2 个数量级,与钢轨的磨耗大致相同。图 2-2-38 为车轮和

钢轨的磨耗率与黏着系数的关系曲线。

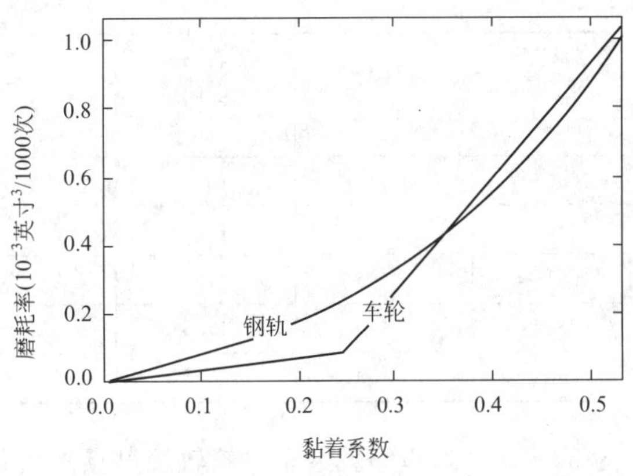

图 2-2-38 磨耗率与黏着系数间的关系

由图可以看出,在黏着系数 $\mu<0.25$ 时,车轮的磨耗比较小,但当 $\mu>0.25$ 后,磨耗率随着 μ 的增大而急剧增大。

对于自由滚动车轮(车辆)最大剪切应力发生在表面下大约接触椭圆半长轴的 0.5 倍处,但牵引力矩施加于车轮时,最大剪切应力的位置移向表面。当 $\mu=0.3$ 时最大剪切应力发生在钢轨表面上。因此,在正常情况下由最大剪切应力引起的塑性变形位于表面下一定深度处,当 $\mu\geqslant 0.3$ 时,塑性流变将发生在表面,致使钢轨在刚投入运行就很快在表面上产生很严重的加工硬化,在以后的运行中钢轨表面不再产生进一步的应变,较大的磨耗颗粒以较快的速率形成,因而增加了表面的粗糙度,促使了车轮磨耗率增大。

(三)车轮外形对磨耗的影响

在磨耗型车轮踏面推广之前,我国铁路上走行的绝大部分车轮都是标准型踏面外形,它是一种有 1∶20 斜度的锥形踏面。通过对现场使用情况的调查和计算分析发现,标准型踏面在使用中(特别是使用初期)轮轨接触点不连续,当轮对通过曲线产生较大横向偏移时,轮轨处于两点接触状态,在两个接触点中,一个接触点处于滚动状态,则另一个接触点必须产生滑动,而使磨耗加剧。同时在车轮受侧向力时,轮缘与钢轨之间将发生刚性冲击;在轮对中心横向偏移过程中,轮轨接触点在踏面上的变化范围很小,造成局部磨耗。由于锥形踏面车轮存在这些缺点,很多国家对车轮踏面形状进行了研究和改进。在研究中共同发现一个规律,即无论踏面和钢轨的初始形状如何,在经过一定时间的运用磨耗后,它们都将分别趋向于形成一种稳定的形状,即磨耗后的形状。以这种磨耗后的稳定形状作为新设计车轮的初始形状,称之为磨耗车轮踏面形状。

四方车辆研究所进行了机车、车辆车轮磨耗情况的现场调查和测绘、轮轨接触几何关系的匹配计算、受力状态分析和减磨机理的研究后,设计了车轮磨耗轮缘踏面外形,铁道部于 1988 年 1 月 16 日发布 TB 1967—1987《机车车辆用车轮磨耗型轮缘踏面外形》进行了推广应用。

现场运行考核试验结果表明,磨耗型轮缘踏面外形车轮的轮缘磨耗比标准型踏面车轮减少 30%~40%。日本于 1983 年对磨耗型踏面和锥形踏面车车轮在地铁进行一年运行试验结果为:锥形踏面车轮的轮缘和踏面的磨耗量分别是 0.31 mm/104 km 和 0.20 mm/104 km,而磨耗型踏面车轮则分别为 0.14 mm/104 km 和 0.15 mm/104 km,试验结果表明,磨耗型车轮的耐磨性得到了明显的改善。

磨耗型轮缘踏面外形的车轮的耐磨性能得到改善是由于具有较理想的轮轨匹配特性,改善了轮对受力和轮轨接触条件,主要表现在以下几个方面:

1. 磨耗型踏面的轮对通过曲线时,轮轨为一点接触,即引导点和承载点合二为一,减少了轮缘与曲线外股轨头内侧面的滑动摩檫,因而减少了轮缘磨耗。

2. 通过合理选取踏面的圆弧半径、圆心坐标等几何参数,使磨耗型踏面有理想的斜度特性和横向复原力特性,在标准轨距下,轮对中心相对于轨道中心的横向位移量 Y 约在 4 mm 范围内,两条曲线呈线性变化,此时等效斜度 λ_e 为常数,当 $Y>4$ mm 时,曲线呈非线性剧增,左右轮滚动半径迅速增大,能适应曲线上内外轨的长度差,使外轨的轮轨相对滑动减少。同时横向复原力也迅速增大,有利于轮对回复到中心位置,因此,减少了通过曲线时的轮缘磨耗。

3. 经计算标准型踏面和磨耗型踏面自由轮对通过曲线时的剩余轮轨间隙(相应曲线半径下轮轨名义间隙与横向位移量 Y_0 之差)列于表 2-2-13,表中的数据表明,标准型踏面几乎在所有的曲线半径下都发生轮缘与钢轨相接触,而磨耗型踏面的自由轮对一般都能以非轮缘导向通过曲线,即保持轮轨间一点接触。

4. 磨耗型踏面有较宽的磨耗带。计算表明,标准型踏面轮对中心横向偏移 $Y=4$ mm 时,轮轨接触点在车轮踏面下的变化范围仅为 8 mm,在钢轨上几乎不变;当 Y 值较大时,接触点在车轮踏面上和钢轨上都有一个突变,即出现两点接触。而磨耗型踏面轮对中心横向偏移 $Y=4$ mm 时,接触点在车轮踏面上的变化范围为 19 mm,在轨面上的变化范围为 11.5 mm,当 $y=8.5$ 时,车轮踏面上接触点的变化范围为 49 mm,轨面

表 2-2-13 $r_0=525$ mm(名义轮径)

曲线半径(m)	轨距(mm)	轮轨一侧名义间隙(mm)	TB 型踏面		SY-50 型踏面		
			Y_0(mm)	剩余间隙(mm)	$(\Delta r+\Delta')/2$(mm)	Y_0(mm)	剩余间隙(mm)
650	1 435	8	12.15	接触	0.605	4.05	3.95
451	1 440	10.5	17.569	接触	0.879	7.1	3.4
351	1 445	13	22.649	接触	1.138	10.4	2.6
250	1 450	15.5	31.9	接触	1.41	14.1	1.4
150	1 450	15.5	53.175	接触	2.686	16.15	接触

上为 33 mm。所以磨耗型车轮轮轨接触点的变化范围大,能减少踏面磨耗。

5. 计算和轮轨静载接触试验结果表明,磨耗型踏面可使轮轨接触应力减少 30%左右,从图 2-2-39 给出的磨耗率与轮轨接触应力间的关系可见,轮轨的磨耗率随着接触应力的降低而变小。磨耗型车轮轮缘踏面外形与钢轨有良好的匹配特性,减少了轮轨的磨耗,延长了车轮的使用寿命,并在节省材料、维修工时及能源等方面都有显著效果。

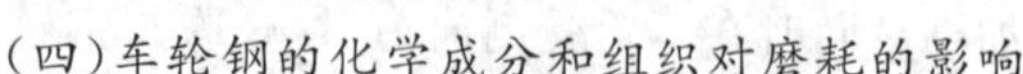

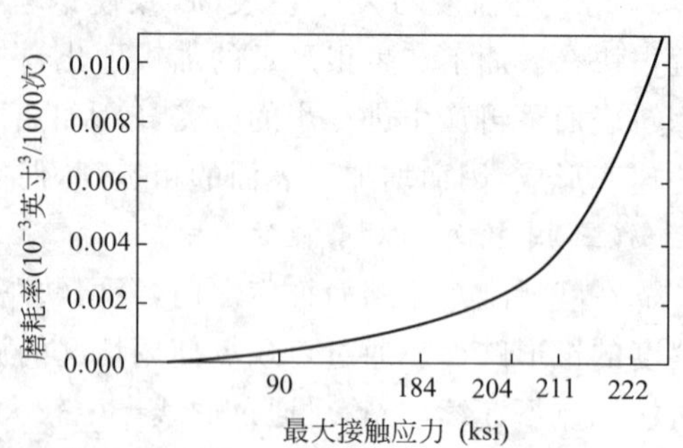

图 2-2-39 磨耗率与轮轨接触应力间的关系

(四)车轮钢的化学成分和组织对磨耗的影响

车轮的材质性能对其耐磨性有较大的影响,通常车轮的耐磨性是通过提高硬度来达到的。珠光体钢的耐磨性强烈地依赖它的碳含量。但是用提高碳含量和硬度来改善车轮的耐磨性,将不可避免地降低了车轮的断裂韧性和抗热裂性能。因此,阐明化学成分、硬度和显微组织对车轮钢磨耗的影响有较重要的意义。

表 2-2-14 车轮钢的化学成分 %

代 号	w(C)	w(Si)	w(Mn)	w(P)	w(S)	w(Cr)	备 注
1	0.63	0.24	0.66	0.029	0.022	—	—
2	0.67	0.32	0.73	0.022	0.015	—	—
3	0.60	0.28	0.76	0.023	0.021	—	细化晶粒
4	0.66	0.33	0.65	0.009	0.010	—	细化晶粒
5	0.69	0.28	0.76	0.026	0.024	—	细化晶粒
6	0.70	0.28	0.75	0.036	0.026	—	细化晶粒
7	0.64	0.53	0.76	0.014	0.012	0.43	细化晶粒
8	0.73	0.52	0.84	0.013	0.007	0.50	细化晶粒
9	0.70	0.63	0.78	0.009	0.005	0.19	细化晶粒
10	0.74	0.63	0.80	0.008	0.004	0.20	细化晶粒
11	0.72	0.60	0.83	0.015	0.004	0.64	细化晶粒
12	0.45	0.31	0.73	0.014	0.015	1.0	Mo:0.31
13	0.71	0.26	0.67	0.035	0.021	—	钢 轨

表 2-2-15 试样的热处理工艺及其硬度

代号	热处理	硬度	代号	热处理	硬度	代号	热处理	硬度
1	850 ℃→RQ 490 ℃→AC	284	4-H4	850 ℃→OQ 400 ℃→AC	399	9	As Roll	326
2	As Roll	308	5-L	850 ℃→OQ 520 ℃→AC	321	10	As Roll	320
3-L	850 ℃→OQ 500 ℃→AC	293	5-H	850 ℃→OQ 450 ℃→AC	340	11-L1	As Roll	319

续上表

代号	热处理	硬度	代号	热处理	硬度	代号	热处理	硬度
3-H	850 ℃→OQ 400 ℃→AC	321	6-L1	As Roll	269	11-L2	As Roll	292
4-L1	850 ℃→FC	219	6-L2	As Roll	260	11-H	As Roll	352
4-L2	850 ℃→AC	256	6-H	As Roll	331	12-L	850 ℃→FC	212
4-H1	850 ℃→OQ 650 ℃→AC	246	7-H	850 ℃→OQ 500 ℃→AC	357	12-H1	850 ℃→WQ 670 ℃→AC	256
4-H2	850 ℃→OQ 600 ℃→AC	271	8-L	850 ℃→OQ 500 ℃→AC	337	12-H2	850 ℃→OQ 550 ℃→AC	367
4-H3	850 ℃→OQ 500 ℃→AC	339	8-H	850 ℃→OQ 450 ℃→AC	371	—	—	—

Kenji Hirakawa 等对车轮钢的化学成分和显微组织进行了较系统的研究。试验中的车轮钢化学成分见表 2-2-14。表中 1 号、2 号为标准车轮钢，3 号～6 号加入微量铝、铌、钒元素，使车轮钢的晶粒细化，7 号～11 号加入微量硅、铬使其具有较好的淬硬性和固溶强化，以使其得到较高的硬度。12 号为合金车轮钢。在各钢种车轮轮辋切取试块分别进行如表 2-2-15 所示的不同冷却速度和回火温度的热处理后，加工成直径 30 mm 的磨耗试样，与钢轨试样配对在 Amsler 磨耗试验机上进行了滑动率为 3%和 10%的磨耗试验。试验在 780 N 接触负荷下连续进行。经 5×10^5 旋转周次后，试样的失重列于表 2-2-16。

表 2-2-16　经 5×10^5 旋转周次后试样的失重

代 号	失重 (g)	代 号	失重 (g)
1	1.39	8-L	0.40
2	1.13	8-H	0.46
3-L	1.54	9	0.31
3-H	3.75	10	0.43
4-L1	1.32	11-L1	0.42
4-L2	0.62	11-L2	0.42
5-L	0.69	11-H	0.37
5-H	0.93	1*	1.81
6-L1	0.96	2*	1.09
6-L2	0.33	4-L1*	3.55
6-H	0.83	4-L2*	1.82
7-L	0.50	7-L*	1.36
7-H	0.63	7-H*	1.33

*为 10%滑差。

1. 硬度的影响

可以看出，车轮的耐磨性随着硬度增大而提高。表 2-2-17 中 3-H、5-H 等的数据表明，由于降低回火温度获得的较高硬度并不能改善铁素体、珠光体组织车轮钢的耐磨性，而用提高冷却速率得到较高硬度的铁素体珠光体组织能明显地提高其耐磨性。

2. 化学成分的影响

根据试验数据可以看出，试样失重与碳含量之间关系总的趋势是车轮钢的耐磨性随着碳含量的提高而增大，这是由于对于较高碳含量的铁素体珠光体组织的车轮钢有较高的强度和硬度所致。

用硅、铬合金化的车轮钢，由于硅的固溶强化，硅、铬提高淬硬性，所以比相同碳含量的标准车轮钢有较高的耐磨性。而用铝和微量铌、钒细化晶粒的钢与标准车轮钢有近乎相同的耐磨性。这表明车轮钢的奥氏体晶粒尺寸对耐磨性无明显的影响。

3. 显微组织的影响

试验数据表明，车轮钢的耐磨性强烈地依赖于珠光体片层间距。淬火冷却速率对珠光体片层间距有很大影响，所以增大淬火时的冷却速率可提高车轮钢的耐磨性，而降低回火温度提高硬度不能改善车轮的耐磨性可能是由于珠光体片层间距不依赖于回火温度的缘故。

车轮钢中珠光体体积分数越大，其耐磨性越好。在相同的珠光体体积分数下，合金车轮钢的耐磨性优于标准车轮钢和细化晶粒车轮钢，其原因是在相同的冷却速率下合金车轮钢的珠光体变细，并且铁素体为硅固溶强化。

当硬化率过高时，车轮钢中形成了较小的贝氏体相，尽管铁素体、珠光体和较小的贝氏体的混合组织的硬度很高，但对其耐磨性没有什么改善。由于贝氏体的体积分数十分有限，因此，无法得出贝氏体对车轮钢的耐磨性是有利还是有害的结论，但 Ichinose 等在钢轨钢的研究中指出，在合金钢轨钢中，贝氏体的耐磨性与其他组织相比是较差的。

车轮钢淬火后，由不同回火温度和时间得到不同硬度的回火马氏体组织，随着回火温度的升高，位错密度减小、析出的碳化物颗粒增大，所以其硬度降低。对于碳素车轮钢，在整个硬度范围内，铁素体珠光体组织的耐磨性都比相同硬度马氏体组织高约三倍；合金车轮钢的磨耗特性不受显微组织的影响，而只受硬度的影响。

根据上述研究结果，从车轮磨耗的角度比较理想的车轮钢应有适当的碳含量，使其有较高的硬度，同时加入微量细化晶粒的元素改善使断裂韧性，使车轮对黏着磨损和润滑条件下的表面疲劳磨损都具有较好的抗力，从而达到耐磨的目的。

三、轮轨硬度匹配

如前所述，车轮的磨耗受很多因素的影响，但车轮和钢轨作为一对摩擦副都存在磨耗问题，如何减少轮轨系统的磨耗一直是铁路和冶金部门关心和研究的课题，寻求适当的轮轨硬度匹配就是其中一方面的内容。

在轮轨硬度对轮轨系统磨耗的影响以及轮轨硬度匹配关系领域内，近二十年来做了不少工作，下面就实验室内试验和现场试验两个方面的研究结果作一简要介绍。

（一）实验室试验

有关研究表明，在轮轨系统中，提高钢轨的硬度，钢轨的磨耗减少，同时也减少了车轮的磨耗；提高车轮的硬度，在车轮磨耗减少的同时，钢轨的磨耗也有所降低。马钢钢研所在车轮与钢轨的磨耗试验研究中数据也表明，当车轮硬度较低时，不仅车轮的磨耗大，钢轨的磨耗也大，提高车轮的硬度，车轮和钢轨的磨耗都减少。当车轮的硬度大于钢轨并进一步增大时，钢轨的磨耗降低到某一值后就不再随车轮硬度的提高而变化。

铁科院金化所选取了六种国产钢轨以及取自车轮的试样，粗加工后 840 ℃淬火，以不同温度回火获得不同的硬度(HB)：240、270、300、340 和 360，然后精加工成试样，在 M-200 磨耗试验机上进行试验，试样间的蠕滑率为 7.7%，接触应力为 510 MPa 和 730 MPa 两个水平，用以表征钢轨踏面和轨侧相对车轮的磨耗。全部试验均为干磨损，用称重法多次测定稳态磨损率后取其平均值。

轧态和经热处理的 U71Mn 钢轨与不同硬度车轮的磨损试验结果表明，两种钢轨的磨耗率随着车轮硬度的增加而增大。在两个应力水平下，对硬度不同的钢轨，当车轮的硬度约为 295 HBW 时，均有一转折点，亦即当车轮的硬度超过 295 HBW 时能有效地缓和轮缘磨损。

1984 年马钢的试验研究认为：就当时国内使用的普通钢轨的硬度为 260～290 HBW，车轮踏面硬度在 280～330 HBW 范围内磨耗性能较好，其相应的轮轨硬度比值为 1.06～1.25。

（二）现场试验

美国 FAST 试验在数据处理时，将 2 850 m 不同半径的曲线折合成同一半径的曲线 2 514 m，然后计算出在 FAST 环行线上每运行一周车轮轮缘上每一点与钢轨接触 219 次，而钢轨内圆角上每一点与车轮接触 160 次，因此车轮轮缘经受磨耗次数为钢轨的 1.4 倍，1MGT 车辆约需运行 580 km，这样就确保在轮轨系统中以相同的单位估算磨耗。经试验用轮辋表面硬度加 20 HBW 作为轮缘的硬度，然后用 FAST 提供钢轨和车轮磨耗的数据绘制成图 2-2-40，图中纵坐标为磨耗的对数值，横坐标为钢轨车轮硬度比的对数值，图中车轮的硬度是不变的(都使用 U 级车轮)，而钢轨有多种硬度不同的钢轨钢，图 2-2-40 中的曲线可用来确定整个轮轨系统的磨耗。

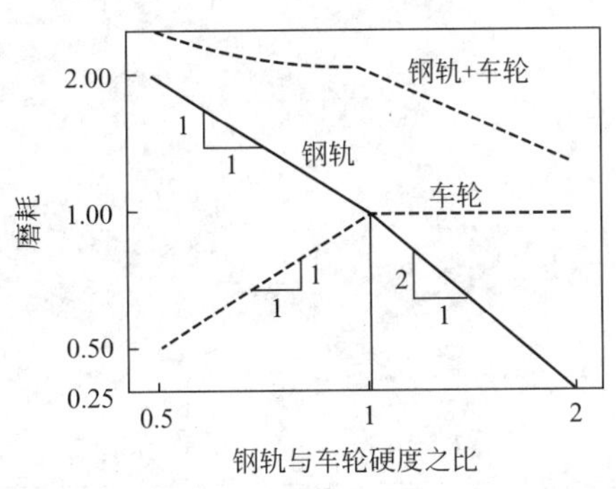

图 2-2-40 轮轨磨耗状况的综合描绘

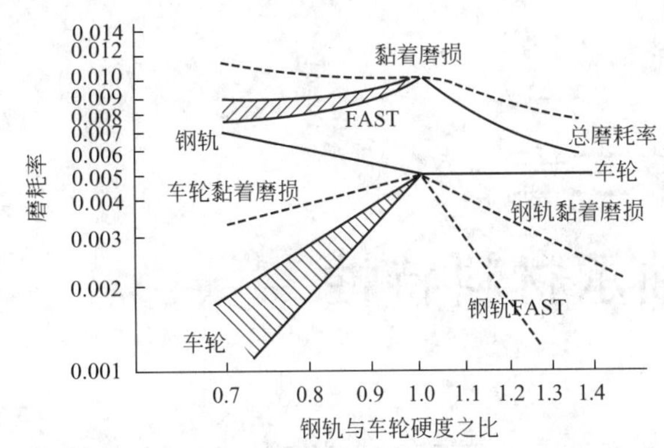

图 2-2-41 黏着磨耗和 FAST 的磨耗率随钢轨/车轮硬度比的变化

将黏着磨耗和 FAST 中的数据，以磨耗率的对数随钢轨/车轮硬度比值对数(其中钢轨的硬度值不同而车轮硬度值固定)的变化绘成图 2-2-41，从图中看出，钢轨/车轮硬度小于 1 时，随硬度比的增大，钢轨的磨耗率减少，而车轮的磨耗率增大，对黏着磨耗，钢轨磨耗率变化直线的斜率为－1，而车轮为＋1，但对 FAST 的数据，车轮磨耗率直线的斜率在＋3～＋5 之间。

轮轨系统的磨耗率是每一硬度比值下钢轨和车轮磨耗率的总和，在图 2-2-42 中看出，系统最大的磨耗率发生在硬度比值为 1 处(即轮、轨硬度相等时)。对于黏着磨耗硬度比从 1 增加到 1.4 系统的磨耗率降低了 27%，而从 FAST 观测到的数据，在硬度比 1.4 处系统的磨耗率比硬度比 1 处降低了 44%。

由上述现场试验结果可以看出：

当车轮硬度固定而钢轨/车轮的硬度比小于 1 时(即钢轨较软)，随着钢轨硬度的增大，钢轨的磨耗率减少，而车轮的磨耗率增大；当钢轨的硬度增大到和车轮的硬度相等时，钢轨和车轮的磨耗率也相同。使钢轨/车轮硬度比大于 1 时(钢轨比车轮硬)，钢轨硬度继续增大，钢轨的磨耗率随着其硬度的增大以更快的速度减小，而车轮的磨耗率保持不变。

考察整个轮轨系统的总磨耗率，轮轨硬度相同时，轮轨的总磨耗率最大；当钢轨/车轮硬度比为 0.9 时，轮轨总磨耗率降低约 18%，此时车轮的磨耗率小于钢轨的磨耗率；当钢轨/车轮硬度比为 1.1 和 1.2 时，轮轨总磨耗率分别降低约 20%和 30%，此时车轮的磨耗率不变，但都大于钢轨的磨耗率。

以 C 级车轮替代 U 级车轮，FAST 试验中钢轨的磨耗率稍有增大，但车轮的磨耗率降低。从实验室的试验结果来看，车轮的硬度应比钢轨硬度高 10%左右，而现场试验结果则认为钢轨的硬度应高于车轮的硬度时整个轮轨系统的磨耗率较低，即实验室的试验结果要求有较高的车轮硬度，我们认为这可能是由于实验室的试验条件与现场有差异，并且大多数实验室试验都用降低回火温度得到较高硬度的车轮试样，而降低回火温度未能改变试样的珠光体片层间距等组织状态，所以虽然提高了硬度，但对耐磨性能不会有明显的改善等因素造成的。

第三章
轴承材料特性

高碳铬轴承钢自1901年问世以来，使用已有百年的历史，在世界各国轴承钢总产量中占80%以上。1913年由美国最先将高碳铬轴承钢纳入标准，经过几十年的发展已经形成了完整的高碳铬轴承钢系列。我国使用的轴承钢标准YB9-68中有5个高碳铬轴承钢钢号，用于铁路货车的高碳铬轴承钢主要是GCr15。GCr15钢综合性能良好，淬火和回火后具有高硬度、高耐磨性和高接触疲劳寿命，同时热加工变形性能好，球化退火后具有良好的可切削性能，但不足的是对白点形成敏感，有回火脆性倾向。随着科学技术的进步，冶炼技术及产品质量也在不断的提高，我国从20世纪80年代开始就逐步采用炉外精炼技术，大大降低了高碳铬轴承钢的气体含量。

渗碳轴承钢是优质低碳或中碳合金钢，可用于制造承受冲击负荷较大的轴承。渗碳轴承钢的使用可以追溯至1899年，美国的铁姆肯公司为了制造承受重复冲击或弯曲应力的轴承，研制圆锥滚子轴承时，使用了表面渗碳钢，主要在汽车上使用较多。日本是在1922年开始使用表面渗碳钢，随着技术的改进和提高及使用范围的扩大，目前使用最多的是铬钢，其次是铬钼钢，这类表面渗碳钢有良好的冷加工性与疲劳寿命。我国最早是在20世纪50年代开始使用渗碳钢，起初用于汽车齿轮上。70年代末80年代初，我国采用电渣重熔工艺生产的渗碳钢G20CrNi2MoA开始用于铁路货车轴承套圈的制造，这起源于1978年我国开始提高铁路货车速度，要求逐步由滚动轴承代替滑动轴承，并开始引进国外渗碳轴承生产线，套圈即采用G20CrNi2MoA制造，并于1982年正式制定了渗碳轴承钢国家标准。

第一节　轴承钢材料基本性能

基于对轴承的工作条件和破坏情况的分析，对轴承钢的性能有下列要求：(1)具有高的接触疲劳强度和抗压强度；(2)经热处理后必须具有高而均匀的表层硬度(一般硬度要求为58～65 HRC)；(3)高的弹性极限，防止在高载荷作用下轴承发生过量的塑性变形；(4)一定的韧性，防止轴承在承受冲击载荷作用下发生破坏；(5)良好的尺寸稳定性，防止轴承在长期存放或使用中因尺寸变化而降低精度；(6)一定的抗腐蚀性能，在大气和润滑剂中应不易生锈或被腐蚀，保持表面的光洁度；(7)良好的工艺性能，如冷、热成型性能，切削性能，磨削性能，热处理工艺性能等等，以便适应大批量、高效率、高质量生产需要。

对于我国铁路货车轴承而言，大多在较严峻的条件下使用，为了延长轴承的使用寿命，运用中避免出现疲劳破损、磨损、腐蚀、烧伤、剥落及噪声等，除了对轴承的制造高精密度要求外，更重要的是保证轴承钢的高硬度、高耐磨性、静态和动态强度及组织稳定等材料特性。

对于高碳铬轴承钢，《铁路货车轴承用电渣重熔高碳铬轴承钢技术条件(暂行)》和《铁路货车轴承用真空脱气高碳铬轴承钢技术条件(暂行)》中规定热轧软化退火材的硬度应不大于241 HBS，热轧球化退火材的硬度应为190～240 HBS，冷拉退火材的硬度应为210～260 HBS，或按订单。

对于渗碳轴承钢，《铁路货车轴承用电渣重熔渗碳轴承钢技术条件(暂行)》中规定以退火状态交货的钢棒硬度应不大于229 HBS(具体的交货状态应在合同中注明)。用热处理毛坯制成的试样测定钢棒纵向力学性能应符合表2-3-1。

表 2-3-1　电渣重熔渗轴承钢钢棒纵向力学性能要求

试样直径(mm)	热处理工艺		力学性能			
	淬火	回火	抗拉强度(MPa)	延伸率(%)	断面收缩率(%)	冲击吸收功 A_{kV}(J)
25	860～900 ℃油淬 780～820 ℃油淬	170～200 ℃ 回火后空冷	≥980	≥13	≥45	≥63

《铁路货车轴承用真空脱气渗碳轴承钢技术条件(暂行)》中规定以退火状态交货的钢棒硬度应不大于229 HBS(具体的交货状态应在合同中注明)。用热处理毛坯制成的试样测定钢棒纵向力学性能应符合表2-3-2。

表 2-3-2　真空脱气渗碳轴承钢钢棒纵向力学性能要求

试样直径(mm)	热处理工艺		力学性能			
	淬火	回火	抗拉强度(MPa)	延伸率(%)	断面收缩率(%)	冲击吸收功 A_{kV}(J)
25	860～900 ℃油淬 770～820 ℃油淬	150～200 ℃ 回火后空冷	≥981	≥15	≥40	≥69

一般来说,轴承的使用在抗拉或冲击性能方面都不至于达到破坏的程度。因为轴承钢的工作表面都是高硬度状态,所以上述力学性能只是轴承钢作为原材料的基本特性,并非轴承零件的使用特性。

第二节　组 织 特 征

一、微观组织特征及形态

铁路货车用滚动轴承滚子采用 GCr15 高碳轴承钢,属于过共析钢,其一个很重要的组成部分,其分布和尺寸直接影响着轴承的性能,因此国内及国外的一些标准都对碳化物尺寸以及形态进行了等级规定。套圈采用的 G20Cr2Ni4A 渗碳钢,退火态下主要为铁素体＋珠光体组织,同时还存在碳化物网状、碳化物带状、碳化物液析。

二、碳化物及其对钢性能的影响

淬火轴承钢中碳化物的数量、形貌、大小、分布,既受到钢的化学成分和淬火前原始组织的影响,又受奥氏体化条件的影响,有关碳化物对轴承寿命的影响研究较少。碳化物是硬脆相,除了对耐磨性有利之外,承载时因会(特别是碳化物呈非球形)与基体引起应力集中而产生裂纹,从而会降低韧性和疲劳抗力。淬火碳化物除了自身对钢的性能产生影响之外,还影响淬火马氏体的含碳量和氤含量及分布,从而对钢的性能产生附加影响。

碳化物除了数量对材料性能有影响之外,尺寸、形貌、分布也对材料性能产生影响。为了避免轴承钢中碳化物的危害,要求碳化物少(数量少)、小(尺寸小)、匀(大小彼此相差很小,而且分布均匀)、圆(每粒碳化物皆呈球形)。

碳化物对疲劳寿命的影响是十分明显的,特别是随着冶炼、浇铸等技术的进步,在钢中氧含量及氧化物夹杂含量极低的情况下,碳化物的作用就显得更为重要了。

碳化物的颗粒大小、形状、数量及分布状况都影响疲劳寿命,因此要求轴承钢材中碳化物颗粒细小,形状规则,而且分布均匀。当存在粗颗粒碳化物时,钢的淬硬值、压坏值、接触疲劳寿命都要恶化。J·E·梅雷廷恩和 J·F·修厄尔在测定疲劳寿命与碳化物颗粒大小与分布的关系的试验中发现,碳化物细小,分布均匀,疲劳寿命较好(见图 2-3-1)。

对于碳化物的不均匀性常用碳化物颗粒平均间距(MSP)来衡量,日本不二越钢厂在研究轴承钢的碳化物时,测定了 MSP 与疲劳寿命的关系,并建立起碳化物颗粒平均距离(MSP)与疲劳寿命的回归方程:

$$Y=435.12\times10^{6}-98.25\times10^{6}\chi$$

式中 Y——疲劳寿命；

χ——碳化物颗粒平均距离(μm)。

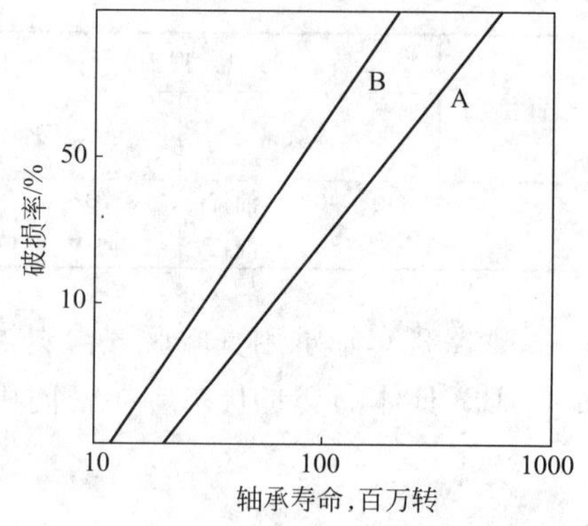

图 2-3-1 轴承钢中细小和粗大碳化物球化组织的疲劳性能对比

A—细小球化组织的；B—粗大球化组织的

用型号 6305 的滚动轴承的内外套圈作试样，在承受径向交变负荷的寿命试样机上做了试验，结果表明，碳化物颗粒最大和最小两者之间的平均寿命相差大约 2.0 倍。有人用平均碳化物颗粒分别为 0.6 μm 和 1.4 μm 的细颗粒和粗颗粒碳化物的钢，将马氏体含碳量固定在 0.5%，做推力片寿命试验，试验结果表明细颗粒材料比粗颗粒材料显著要好，平均寿命(L_{50})大约为 2.5∶1，之所以粗颗粒碳化物比细颗粒碳化物寿命差是由于轴承钢在淬火温度下，奥氏体的含碳量不是充分均匀的。在碳化物附近的奥氏体和远离碳化物的奥氏体之间存在着碳的浓度差。碳化物颗粒越大，这种浓度差也越大。而浓度高和浓度低的地方寿命都不好，这样平均寿命自然也低。由此可见，碳化物的形态和分布状态对轴承的寿命有明显的影响，碳化物颗粒越细小，轴承钢的疲劳寿命越高。

(一)网状碳化物的形成

轴承钢在热加工后的冷却过程中，过剩的碳化物在晶界析出形成网状，即为网状碳化物。这是钢材的一种组织缺陷，通常热加工终了温度越高，随后冷却越慢时，网状碳化物也越严重。

(二)网状碳化物对钢性能的影响

轴承钢中网状碳化物的存在，削弱了金属间的结合力，使钢的力学性能下降，尤其是冲击韧性下降，脆性增加，易引起沿晶开裂，降低钢的耐磨性，控制终轧温度，加速轧后冷却或通过正火予以消除和改善网状碳化物的形成。

(三)带状碳化物的形成

轴承钢中的带状碳化物是从奥氏体中析出的先共析二次碳化物，轧制后沿轧制方向伸展而成的碳化物富集带。

(四)带状碳化物对钢性能的影响

高碳铬轴承钢通常会出现带状碳化物，带状组织严重时会使轴承部件调质后硬度和组织不均匀，降低钢材的力学性能，同时也降低轴承的使用寿命。采用扩散退火工艺，可消除或减少树枝状偏析，改善钢的带状碳化物组织。

(五)液析碳化物的形成

轴承钢中液析碳化物是在钢锭凝固时产生的碳与合金元素的偏析，尤其是在树枝晶之间最后剩余的残液内，碳元素的富集程度很高，铬元素的富集程度也很高，富集重量百分比可高达15%左右，为钢中平均铬含量的大约10倍，这就达到了共晶浓度，它将以共晶方式形成大块的共晶碳化物，这种碳化物特征为粗大连续的块状。

(六)液析碳化物对钢性能的影响

液析碳化物轴承钢中的一种有害组织缺陷。液析碳化物在轧制后易碎裂，沿轧制方向呈小块碳化物形态，液析碳化物硬度高、脆性大，使得轴承部件在热处理时容易产生淬火裂纹，轴承部件在运用中液析碳化物容易脱落，这样造成轴承的耐磨性和疲劳强度的下降。采用合理锭型，适当降低浇注温度及加大凝固速度，使得钢锭高温均热或扩散退火，这样可消除液析碳化物缺陷。

三、轴承钢中的非金属夹杂物

轴承钢中的非金属夹杂物来源于原材料、脱氧产物、熔渣和耐火材料及出钢和浇铸过程中的二次氧化产物。钢中非夹杂物是影响轴承寿命的重要因素，也是衡量轴承钢质量的一项重要的技术指标。近年来轴承钢生产已大量采用连铸，在连铸操作中采取了防止二次氧化、防止钢包的炉渣进入中间包、在中间包内促使钢中夹杂物上浮，以及防止结晶器内的保护渣卷入钢中等措施。铁路货车轴承由于使用条件苛刻，对轴承钢的非金属夹杂物和碳化物分布要求较高，因而供铁路货车轴承用的轴承钢采用电渣重熔冶炼。虽然改善了夹杂物的分布和数量，但是夹杂物的存在仍然是不可避免的，钢中夹杂物的存在普遍被认为是有害的。轴承钢中的夹杂物有 A、B、C、D 四类，四类夹杂物对钢的性能有着一定的影响，主要表现在对钢的强度、延展性、韧性和疲劳强度等方面的影响。

四、带状组织

渗碳轴承钢的组织往往具有带状特征，由此而引起力学性能的方向性。

带状组织是枝晶偏析被延伸后得到的结果。随浸蚀剂不同，在显微镜下观察到的带状组织或者属于原始带状（也称一次带状），或者属于二次带状。一次和二次带状之间既互相联系又相互区别。

一次带状所显示的是合金元素枝晶偏析在热变形钢中被延伸、拉长后，因成分不均匀而引起显微组织的变化。为显示一次带状，需采用显示树枝状晶的含 $CuCl_2$ 试剂进行浸蚀。由于原枝干和枝间在成分上有差别，引起不同程度的浸蚀，从而在光学显微镜下分别具有不同的衬度。二次带状所显示的才是晶体学意义上的显微组织，可采用硝酸酒精溶液或苦味酸酒精溶液浸蚀。一般来说，由树枝状偏析所引起的一次带状不管钢材的热履历如何，均不同程度地存在着。其原因是合金元素的扩散系数很小，即使钢在经受过专门的扩散退火后也很难将枝晶偏析消除。至于钢的二次带状，它是否存在需视情况而定。这就是说，在同样的一次带状的情况下，既可以不出现二次带状组织也可以出现二次带状组织，而且二次带状组织同一次带状偏析之间可以有不同的继承关系。

通常，如果不做特殊说明时，带状组织是指二次带状组织，即经过硝酸酒精浸蚀后所显示的显微带状组织。

渗碳轴承钢经过加热退火，以纵截面作为观察面，磨制抛光后用 4％硝酸酒精溶液浸蚀，显示出先共析铁素体加珠光体组织，其中先共析铁素体呈条带状，相间地分布在以珠光体为主的组织上（如图 2-3-2 所示）。整体组织具有明显的带状特征，这就是二次带状组织。

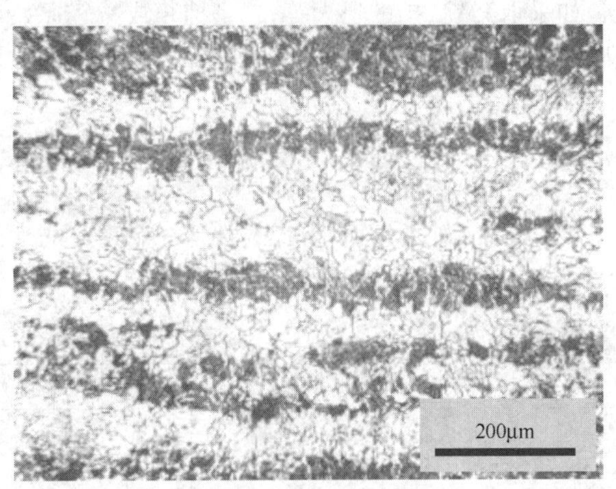

图 2-3-2　渗碳轴承钢中的带状组织

一次带状来源于凝固过程的枝晶偏析，而二次带状的显微组织形成于最后一次热处理工序的冷却过程，是固态相变后的结果。在钢锭凝固和热处理之间所经历的热变形起到将枝晶偏析延伸成条带的作用。一次带状出现在先，二次带状形成于后。二次带状是在一次带状的基础上产生的，于是也就产生了二次带状和一次带状之间的关系问题。其中，首先需要搞清楚的是组织条带和偏析条带如何在组织上相互对应，即在二次带状中所观察到先共折铁素体条带是出现在偏析条带的原枝干的位置上还是出现在偏析条带原枝间的位置上。

在二次带状的场合下，同一次带状时一样，以带中所分布的非金属夹杂物作为位置特征的标记，可以很方便地辨别出所考察的那个显微组织带是处在原枝干还是枝间。已知其中分布有氧化物和硅酸盐的带相当于原枝干，而其中分布有硫化物者相当于枝间。

二次带状有两种情况。第一种情况是，在先共析铁素体的条带中分布着硅酸盐，同时，在珠光体为主的组织条带中分布有硫化物。这就是说，先共析铁素体条带承袭了原枝干位置，而主要为珠光体的条带出现在原枝间。这种二次带状其碳浓度的分布与当初钢锭凝固时碳的枝晶偏析相一致，故称为“顺态”的二次带状。第二种情况与第一种情况相反，在先共析铁素体的条带中观察到硫化物，而在珠光体为主的条带中含有硅酸盐。这就是说，在第二种情况下，珠光体为主的条带出现在原枝干部位，而先共析的铁素体条带出现在原技间。在这第二种二次带状的情况下碳的浓度分布与当初碳和合金元素的枝晶偏析是相反的，所以称为“逆态”的二次带状。

综合以上，当钢材在接受热处理加热时，奥氏体中碳的浓度已相对均匀，但代位原子的元素浓度尚未均匀。考虑到各个元素对 A_3 的影响以及全部代位原子对 A_3 的综合影响，以及被保留下来的各代位元素的枝状偏析，一般来说，奥氏体中相当于原枝间处和相当于原枝干处的合金元素浓度是不等的。通过碳的迅速扩散，在各处碳的活度相等时，碳的浓度是不等的；碳和代位元素各自对 A_3 温度影响的综合结果，局部 A_3 温度值也将是有差异的。依偏析元素种类、偏析程度的不同,原枝间处局部奥氏体的 A_3 温度值可以高于、等于或低于原枝干处局部奥氏体的 A_3 温度。当钢从奥氏体相区冷却时,铁素体将在 $A_3(A_{r3})$ 温度较高的局部区域先产生。而这优先析出先共析铁素体的局部区域依据原始枝晶(带状)偏析情况不同,可以是枝干,也可以是支间,或者谁也显不出优先。先共析铁素体优先在哪里形核并长大,哪里就成为先共析铁素体条带存在之处。伴随着先共析铁素体的形核、长大,碳被排挤(扩散)到附近局部 $A_3(A_{r3})$ 温度较低的奥氏体区域。先共析铁素体从过饱和的奥氏体中脱溶出来这一固态相变(扩散型)过程起到了使碳重新分布的作用,碳从固态相变前在奥氏体中的相对均匀分布变成了固态相变后因相变产物优先选择位置而引起的并与枝晶偏析形态相联系的新的碳浓度分布的不均匀性。

为形成低碳钢的铁素体、珠光体带状组织,伴随先共析铁素体析出,碳需要扩散输运的距离就是热变形钢中一次带状组织的条带之间的宽度。先共析铁素体析出过程中碳能否实现以上所说的那样长距离的扩散输运,与钢的冷却速度(脱溶相变速度)有关。由此可见,一次带状的条带宽度和冷却速度是影响二次带状形成的重要因素;冷却速度和一次带状条件宽度之间的某种配合会为二次带状的形成创造最适宜的条件。

带状组织不仅限于低碳钢中铁素体、珠光体带状一种。由于类似的原因,在高碳钢中会形成碳化物带状。此外,还有其他一系列不同形式的显微带状组织,如淬火钢中马氏体百分数不等的条带,残余奥氏体量不等的条带,马氏体—贝氏体条带等。

带状组织使钢的力学性能产生方向性,使钢的横向范性和韧性指标降低,也使钢的被切削加工性变坏,使其具有方向性等。

为减轻或消除亚共析钢中铁素体、珠光体带状,可以采取两个措施:一是减轻原始的枝晶偏析和一次带状,如采取扁锭、扩散退火等;二是抑止或减轻原始(一次)带状对二次带状的影响,如在钢的成分设计中使提高和降低钢 A_3 温度的元素及其含量互相搭配;改变轧后冷却速度;选择合适的工艺进行正火处理等。

第三节 淬透性能

对于渗碳轴承钢而言,淬透性是一个重要的性能指标要求。《铁路货车轴承用电渣重熔渗碳轴承钢技术条件(暂行)》中规定钢棒的末端淬透性应符合表 2-3-3。

表 2-3-3 电渣重熔渗碳轴承钢末端淬透性要求

热处理制度	距末端距离(mm)	硬度(HRC)
900～940 ℃正火 900～940 ℃水冷端淬	1.5	41～48
	9.0	≥30

《铁路货车轴承用真空脱气渗碳轴承钢技术条件(暂行)》中规定钢材的末端淬透性应符合表 2-3-4。

表 2-3-4 真空脱气渗碳轴承钢末端淬透性要求

热处理制度	距末端距离(mm)	硬度(HRC)
895～905 ℃正火 895～905 ℃水冷端淬	1.5	43～48
	3.0	42～47
	5.0	38～45
	7.0	35～42
	9.0	32～39
	11.0	29～36
	13.0	27～34
	15.0	25～32

钢的淬透性是指钢在淬火处理时能够获得马氏体组织的倾向,它是钢材固有的一种属性,它取决于钢的淬火临界冷速的大小。淬透性是正确选用钢材和制订热处理工艺的重要依据之一。如果工件淬透,则其表层与心部性能均匀一致,能充分发挥钢材的机械性能潜力;如果未淬透,则表里的性能便存在差异,尤其在回

火后，心部的强韧性将比表层低，影响工件的使用性能。因此多数结构零件都希望能在淬透的情况下使用。

淬透性的确定主要有以下几种方法：断口检验法、U 曲线法、临界直径法和末端淬火法。其中末端淬火法(简称端淬法)是目前使用最广泛的一种方法。端淬法采用的试样及试验原理如图 2-3-3。

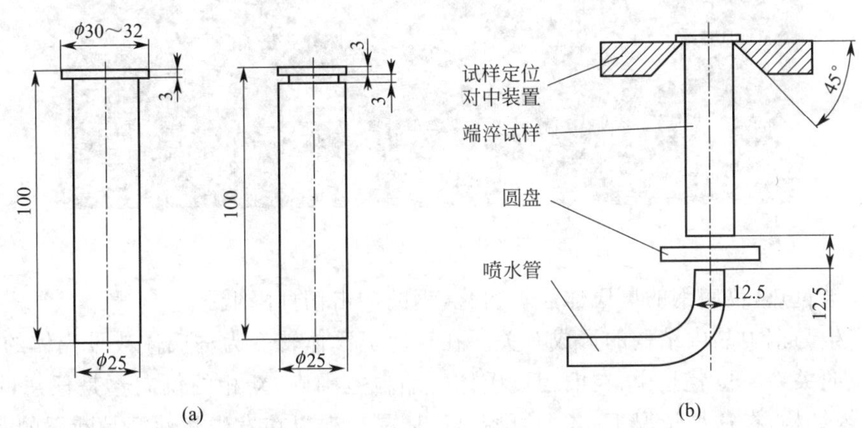

图 2-3-3 端淬试样(a)及试验原理(b)

为了使试验条件标准化，在 GB225 中对试验设备的要求和试验规范等均作了详细规定。

第四节 断 口

断口结构是轴承钢的质量的重要标志之一。通过断口检验可以发现钢中缺陷，检查出生产和加工工艺中可能存在的问题。

通常用两种方式对断口进行分类。一种方式是根据引起断裂的那个负荷的特征来分类，据此，断口分为静力拉伸断口、冲击弯曲断口、断裂韧性断口、高温持久试验断口、疲劳断口等。另一种方式是根据断口形貌的特征分类的。即用肉眼或使用放大镜观察断口形貌，将钢的断口区分为以下几种类型：结晶状断口、纤维状断口、剪切断口、萘状断口、石状断口、片层状断口等。前三种属于断口的基本形态，其中结晶状断口是脆性断口。纤维状断口、剪切断口属于塑性断口。其余像萘状断口、石状断口、片层状断口及其他断口只不过是基本断口形态的变异，属于断口缺陷。

高碳铬轴承钢经淬火＋回火热处理后的正常断口为结晶状断口，属于脆性断口，在用肉眼或借助于放大镜进行观察时，能看出整个断口是由无数多“结晶颗粒”构成的。结晶状断口又分为两类，一类叫脆性穿晶断口，另一类是脆性沿晶断口(亦称晶间断口)。在脆性穿晶断口场合下，当改变断口表面相对于入射光线的倾斜角度时，能看到“结晶颗粒”的闪光，这表明这种断口是由许许多多具有很大反射能力的细晶小平面组成，每个小平面(颗粒)的法线方向彼此互有差别，闪光的颗粒使断口(新鲜的)富有金属光泽。在脆性沿晶断口虽然也能看到“结晶颗粒”，但是颗粒基本上没有闪光。穿晶断口和沿晶断口这样两种脆性断口形貌表明，在脆断时，裂纹可以沿着两种途径扩展：一种是沿着晶粒的一定的结晶学平面发展，穿过晶粒；另一种就是沿晶界发展。

沿着一定的结晶学平面断裂这个现象称为解理，作为断裂面的这个一定的结晶学平面称为解理面。解理断裂一般是在没有显著塑性变形的情况下发展的，但也可以在经过了相当的塑性变形之后出现。经过塑性变形之后，单晶体的解理面会成为弯曲的。体心立方点阵金属的解理面通常是{100}，那些在单晶体状态下发生解理断裂的金属在多晶体状态时也会发生解理断裂。

下面重点对高碳铬轴承钢中可能出现的非正常断口形式进行探讨。

一、萘状断口

萘状断口(见图 2-3-4)是钢的一种脆性穿晶断口。当改变断口相对于入射光线的倾角时，在断口上可以看到许多具有弱金属光泽的亮点，类似萘晶的颗粒。萘状断口是钢的一种断口缺陷，它的出现意味着热加工

图 2-3-4 萘状断口

或热处理过程中曾被过热，致使钢的奥氏体晶粒粗化，钢的冲击韧性降低。

萘状断口的产生与钢中晶内结构的形成有关。在过冷奥氏体转变为马氏体或贝氏体的场合下，在新、旧相之间有严格的位向关系。也就是说，在旧相奥氏体的晶粒范围内，新相的位向不是任意的，而是有择优取向的，即存在着晶内结构，在这种情况下，各个原始奥氏体晶粒得以在发生脆性穿晶断裂的断口上反映出来。在钢具有细小奥氏体晶粒的场合下，可得到普通的结晶状穿晶断口，不属于萘状断口。一旦钢被过热，奥氏体变得很粗大，钢的脆性转化温度显著升高，即使在室温进行冲击也不难得到脆性穿晶断口。这种粗大晶粒的脆性穿晶断口就是萘状断口。

改正萘状断口的关键在于切断相变过程中的晶体学位向遗传。只有这样，最初过热所产生的粗大奥氏体晶粒才不致对“后代”产生影响。切断晶体学位向遗传的办法之一是采取重复退火或重复正火。在退火或正火时，新相同旧相之间也有位向关系，但不像淬火时位向关系那样严格。退火或正火时，加热并冷却的每一次循环都将引起取向关系的某种程度的破坏，使最后组织与原始粗大奥氏体晶粒之间不再存在位向联系，这样，也就摆脱了粗大晶粒对最后组织通过晶体学位向遗传所产生的影响，即消除了萘状断口。

通过一次加热就使萘状断口得到改正是可能的，为此，应将钢加热到稍超过奥氏体的再结晶温度，通过奥氏体的再结晶来切断晶体学位向遗传。

二、石状断口

石状断口(见图 2-3-5)属于脆性沿晶(奥氏体)粗晶粒断口，它是钢被过烧和烧毁的重要标志。具有石状断口的钢，即使是在淬火并高温回火的组织状态下，其冲击韧性也较低。

图 2-3-5 石状断口

随着加热温度升高，钢中将依次出现过热、过烧和烧毁现象。钢被过烧时不仅奥氏体晶粒已粗化，奥氏体晶界性质也发生了某种变化，削弱了晶界对断裂的抗力，致使出现沿粗大奥氏体晶界的脆断。当钢被加热到远高于 Ac_3 的某一定温度之上时钢才会被过烧。此一定温度称为该钢的过烧温度。加热温度进一步提高，有可能出现晶界熔化，由此引起晶界成分和组织的改变，造成晶界脆性。出现晶界熔化的最低加热温度称为该钢的烧毁温度。钢在烧毁温度以上加热，钢的晶界曾被熔化时，称钢已被烧毁。经过烧和烧毁的钢即使随后经过一系列正常热处理工序(如正火、淬火和回火)后，在断裂时仍然出现石状断口。同时，钢的韧性显著降低。同过热相比，过烧和烧毁产生的后果更为稳定，几乎无法改正，而成为永久性的冶金缺陷。

从钢材材料角度看，产生过烧的根源在于硫化物在奥氏体中的溶解度随温度降低而减小。这样，在加热温度升高时，硫化物更多地向奥氏体溶解，温度降低以后，硫化物会重新沉淀析出。当硫化物沿奥氏体晶界析出后，改变了晶界的性质，导致断裂时裂纹沿奥氏体晶界发展，这就是过烧。当钢在过烧温度以上加热时，钢中硫化物含量越低，未溶的可用作冷却时硫化物析出核心的硫化物粒子的数目就越少，在这种情况下，硫比物就更多地在奥氏体晶界析出。

三、层状断口

层状断口(见图 2-3-6)出现在横向试片经折断后的纵向面上，表现为层状结构，它是热变形钢的一种冶金缺陷。按断口形貌，层状断口分为木纹状断口和台阶层状断口两种。有时，在层状断口面上还能观察到许多与片层平行的光亮细线。

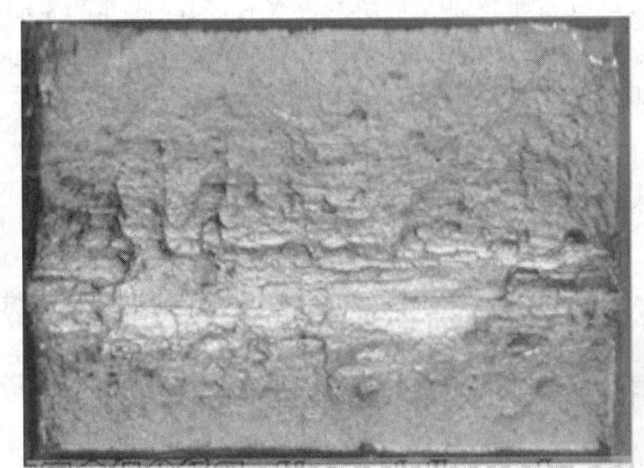

图 2-3-6　层状断口

以下一些组织因素能引起层状断口：

(1)被延伸拉长了的塑性非金属夹杂物和呈点链状分布的脆性夹杂物；

(2)呈带状分布的偏析区域，它是树枝状晶偏析经热变形压延后得到的结果；

(3)焊合程度不同的、已被辗平、拉长了的疏松和气泡；

(4)由显微偏析引起的带状显微组织。

层状断口的出现与上述所有这些组织因素有关。在给定的具体情况下，其中某一个组织因素起主要作用。依各个因素强弱程度的不同，层状断口的形貌也有差别。层状断口上的亮线通常是因为偏析带中含非金属夹杂物较多引起的；断口上大量小叠层在多数情况下是显微疏松造成的；木纹的出现与经过压延的一连串小型夹渣和氧化物夹杂有关。

具有层状断口时，钢的横向力学性能降低，降低的程度视层状断口的严重程度而定，在一个很宽的范围内变动。力学性能的降低主要反映在横向伸长率、横向面缩率和横向冲击值等性能指标上。其中，最敏感的是横向面缩率。层状断口一般对钢的强度指标影响很小。在层状断口的不同形态中，木纹层状最有害。当木纹层状断口出现时，钢的横向塑性的损失最大。在相同的层状断口情况下，钢的力学性能仍可在一个相当大范围内变动。所以，生产中一般不是仅仅凭层状断口的检查结果来决定钢材是否合格，而是同时参考力学性能的检测结果。具体作法是，当层状断口轻微时，判定钢合格；严重时，钢报废；居中时，补充做横向试样拉伸试验，若横向范性指标较高，钢评为合格，否则，评为不合格。

具有层状断口的钢，其工艺性能一般较低。在锻造锻粗过程中，容易在四周撕裂；如果锻造的温度偏低，容易在钢坯端部鼓肚处出现劈口；热处理时，容易产生纵向淬火裂纹；在冷弯、热弯、冲压时容易产生裂纹。

消除或减轻层状断口的根本和最有效的方法是提高钢液洁净度和改善钢锭组织。

第五节　疲劳强度和断裂韧性

一、疲劳强度

轴承钢的强度分为两个方面，强度如硬度、抗拉强度、压缩强度、韧性等；动态强度如磨损、滚动接触疲劳等。静态强度直接能反映材料的基本强度特性，如抗拉强度、压缩强度与冲击值。一般来说，轴承的使用在抗拉、压缩或冲击性能方面，都不致达到破断的程度。因为轴承钢是在高硬度下使用，所以上述性能是钢的基本特性，但并非主要特性。

动态强度反映轴承钢的疲劳寿命，尤其滚动接触疲劳是主要影响因素。接触疲劳是滚动轴承在接触应力长时间反复作用下表面产生针状或痘状、麻点剥落所引起的一种疲劳剥落的损坏现象。轴承钢其化学成分、气体含量、夹杂物、碳化物、硬度和显微组织等是影响疲劳寿命的重要因素。

二、断裂韧性值(K_{IC})

有关断裂韧性有众多研究报告发表，其要点如下，在60HRC以上的圆沟状缺口试片进行拉伸试验时，缺口形状系数(应力集中系数)和拉伸时缺口敏感度几乎一致。由于切口敏感性高而发生疲劳裂纹时，裂纹底部产生非常大的应力集中，以致会突然破裂，从而求出断裂韧性 K_{IC}，其公式如下：

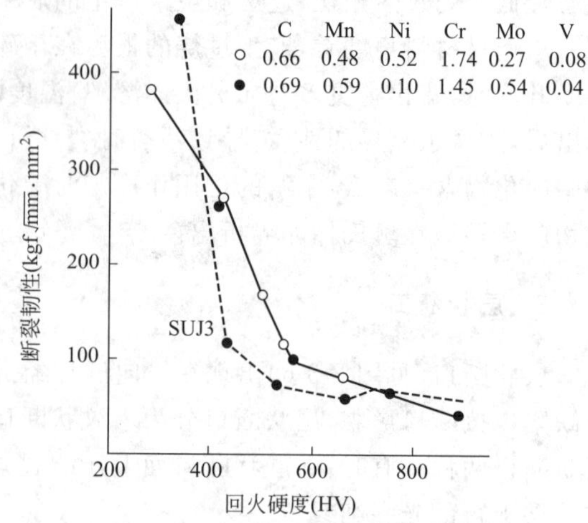

图 2-3-7 回火硬度对裂纹韧性值的影响

$$K_{IC}=F\sigma\sqrt{\pi a}$$

式中，F 为形状系数；σ 为应力；a 为裂纹长度。

高碳铬轴承钢在淬回火状态的 K_{IC} 大致是 500 MPa・$\sqrt{\mathrm{mm}}$，在拉伸试验或弯曲疲劳试验时，将 a 值逆算为 10～30 μm，很容易推论而知非金属夹杂物是脆性破坏的起点。

日本在1989年研究了淬回火温度对 K_{IC} 值下降的影响，回火温度几乎没有影响。但是回火温度在大范围内变化时，K_{IC} 值随回火硬度上升而下降，如图 2-3-7 所示。

第六节 接触疲劳

接触疲劳也常被称为接触磨损，是滚动轴承中最为普遍和常见的失效形式，其典型特征为点蚀及剥离。因为它也是在循环载荷作用下产生的表面失效形式，其过程同样包括裂纹的萌生、扩展及最后断裂，与整体的疲劳断裂有很多相似之处，可以算作材料疲劳断裂的一种特殊形式，就其本质来讲，它也完全符合磨损的一般规律，即发生接触、摩擦，造成表面累计损伤并形成磨屑，特别是后来不仅在滚动接触，而且在滑动接触及其他接触形式中，也都发现了表面疲劳过程，因此接触疲劳完全可以被认为是一种独立的，而已是相当普遍的磨损形式。近年来，很多摩擦学的权威人士把各种磨损形式的机理归结为四种最基本的机制，即接触疲劳、磨粒磨损、黏着磨损及腐蚀(摩擦化学)磨损，并认为各种不同的磨损现象不外乎是四种基本机制单独的或综合的表现，这种观点的形成是磨损科学领域的一个重大进展，这对轴承失效的研究也具有指导意义。

在这个认识的基础上，可以把接触疲劳定义为“当两个接触体相对滚动或滑动时，在接触区形成的循环应力超过材料的疲劳强度的情况下，在表面层将引发裂纹、并逐步扩展，最后使裂纹以上的材料断裂剥落下来的磨损过程”。既然它是一个疲劳过程，那么与整体疲劳破坏有什么区别呢？概括地说可列举如下：整体疲劳的裂纹源都是从表面开始的，而接触疲劳的裂纹，由于接触应力场分布的特点，除去从表面萌生以外，还可能从亚表层内产生。另外，两者裂纹扩展的途径也有明显的区别。整体疲劳的裂纹一般都是从表面沿与外加应力成45°角的方向扩展，超过两三个晶粒后转向与应力垂直的方向。而接触疲劳的裂纹扩展方向或是平行于表面、或是与表面成一定角度(一般约为10°)，而且只限于在表面层内扩展。

在整体疲劳中，一般都存在明显的疲劳极限，即对某一种材料都有一个应力极限，低于这个极限，疲劳寿命可以认为是无限的。而接触疲劳则尚未发现这样的疲劳极限。有个经验公式可以表示疲劳失效时间 t 与最大接触应力 σ_m 之间的数值关系：

$$t=常数/\sigma_m^9$$

在点接触或线接触的情况下，由于接触应力可以达到很高的数值，所以接触疲劳寿命要比整体疲劳低得多。

关于接触疲劳产生的原因和机理，一直是个有争议的问题，迄今还没有明确一致的结论。这里介绍几种比较重要的接触疲劳理论。

由疲劳裂纹扩展成为点蚀剥离的理论最早是在1935年由韦(S. Way)提出来的。他认为润滑油由于接触压力而产生的高压油波快速进入表面裂纹，对裂纹内壁产生强大的液体冲击。同时上面的接触面又将裂纹口堵住，使裂纹内的油压进一步增高，于是裂纹便向纵深扩展。裂纹的缝隙愈大，作用在裂纹壁上的压力也愈大，裂纹与表面之间的小块金属如同悬臂梁一样受到弯曲作用，当其根部强度不足时，就会折断，在表面形成小坑，这就是"点蚀"。如图2-3-8所示。

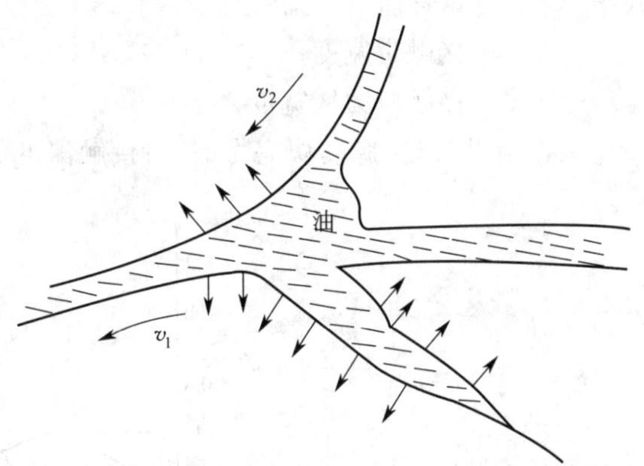

图 2-3-8　韦提出的点蚀产生机理

总结韦的研究结论是：发生点蚀的必要条件是使用润滑油；如果油的黏度高于一定值，由于油不容易进入裂纹，点蚀将不会产生；非常光滑的接触表面不容易产生点蚀；热处理状态对点蚀有显著的影响。关于接触疲劳裂纹产生的起始位置，韦认为裂纹首先出现在接触表面。

在韦之后，有人提出一种由于摩擦温度形成接触疲劳的理论。当两圆柱体接触时，由于表面粗糙不平，接触区某些部位压力很大，必然发生塑性变形，并产生瞬时高温，因此接触区的金属组织发生变化并产生体积膨胀效应，使表层金属隆起，于是在表面层形成裂纹或分层，然后在润滑油的作用下形成接触疲劳。

凡凯梯西(V. C. Venkaktsh)和拉曼耐逊(S. Ramanathan)认为接触疲劳主要发生在接触表面下的最大剪应力处。接触应力分布如图 2-3-9 所示。

他们用位错理论解释接触疲劳的产生。出于剪应力的作用，在次表层产生位错运动，位错在夹杂物或晶界等障碍处堆积。在滚动过程中，由于剪应力的方向发生变化，所以位错运动一会儿向前，一会儿向后。由于位错的切割，形成空穴，空穴集中形成空洞，最后成为裂纹。裂纹产生的判据可表示为：

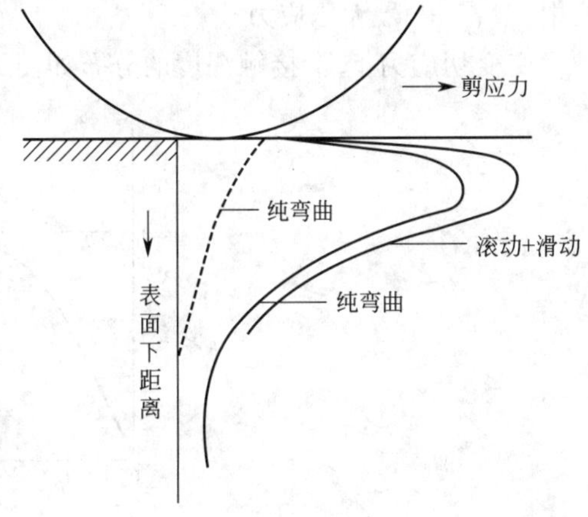

图 2-3-9　接触应力分布

$$\tau > \frac{2}{\beta}\sqrt{\frac{\gamma E}{D}}$$

式中　τ——临界切应力；

γ——表面能和裂纹扩展到邻近晶粒的塑性变形功；

E——弹性模量；

D——平均晶粒直径；

β——常数。

1978年弗治塔(K. Fujlta)和约西塔(A. Yoshida)用镍铬渗碳钢比较系统地研究了纯滚动及滚滑条件下的接触疲劳磨损问题，探讨了深层剥落裂纹形成及扩展的机理，并用弹性理论进行了应力分析。他们发现不同渗碳层厚度的试样，其剥离裂纹的形式都是相间的，与接触状态、赫兹应力和渗层厚度无关。剥离裂纹在接触表面下较浅的部位首先形成，然后通过重复的滚动接触引起的弯曲可以产生二次裂纹和三次裂纹，使剥离层底部加深，最后裂纹扩展到两端而发生断裂，形成较深的剥离坑(约 0.3～0.85 mm)。

一般情况下，剥离裂纹是由次表层的循环切应力所引起，所以在解释剥离产生的原因时常采用最大切应力 $\tau_{yz}^{45^\circ}$ 或正交切应力 τ_{yz} 来说明。$\tau_{yz}^{45^\circ}$ 是脉动应力，τ_{yz} 是交变应力。裂纹的形成与 τ_{yz} 达到最大值的部位相对应。

脉动切应力 $\tau_{yz}^{45^\circ}$ 可表示为

$$\tau_{yz}^{45^\circ} = \frac{2P}{\pi B b^2}\left(z - \frac{z^2}{\sqrt{z^2+b^2}}\right)$$

式中　P——试样所受或荷；

B——接触带宽度；

b——接触应力区宽度之半。

根据赫兹理论，脉动切应力 $\tau_{yz}^{45°}$ 沿接触深度的分布如图 2-3-10 所示。

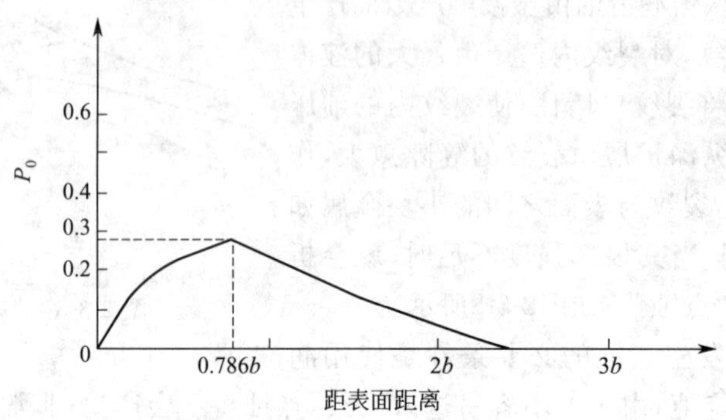

图 2-3-10　$\tau_{yz}^{45°}$ 沿接触深度的分布

在接触表面下深度为 0.786b 处，$\tau_{yz}^{45°}$ 达最大值，即 $z=0.786b$ 时

$$(\tau_{yz}^{45°})_{\max}=0.3P_0$$

式中　P_0——最大压应力。

交变切应力 τ_{yz} 沿接触深度的分布如图 2-3-11 所示。

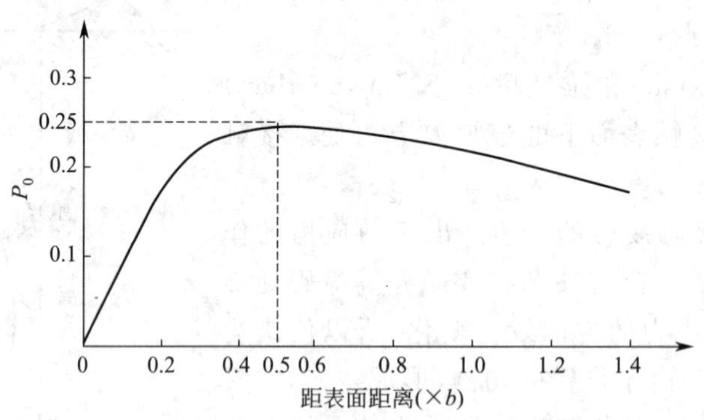

图 2-3-11　τ_{yz} 沿接触深度的分布

在接触表面下深度为 0.5b 处，τ_{yz} 达最大值。即 $z=0.5b$ 时

$$(\tau_{yz})_{\max}=0.25P_0$$

材料在接触疲劳过程中，由于加工硬化等原因，表层和亚表层的组织和性能发生变化，同时，对于货车轴承而言，内、外圈采取表面渗碳的热处理工艺，其组织和性能在整个截面上是不均匀的，因此 $(\tau_{yz}^{45°})_{\max}$ 或 $(\tau_{yz})_{\max}$ 处未必是材料最危险的地方。材料的裂纹开始形成点应该与切应力对材料强度之比或其比值的振幅达到极大位的位置一致。因为材料的强度一般与硬度成正比，所以可以认为 $\tau_{yz}^{45°}/\mathrm{Hv}$ 或 τ_{yz}/Hv 是剥落失效的控制参数。

20 世纪 70 年代，苏(N. P. Suh)提出剥层理论，并在以后不断地加以完善。他的模型是，当两个滑动表面接触，硬表面上的微凸体在软表面上滑过时，软表面上的接触点将经受一次循环载荷，由于产生塑性变形，金属材料表面将出现很多位错。但在最表层的位错(深度约为几十微米)由于映象力的作用而消失。所以金属表面的位错密度常比内部的位错密度小。当微凸体在接触表面反复滑动时，在表层下面一定深度处将产生位错塞积，并形成空位。金属材料中的夹杂物和第二相质点等缺陷往往是裂纹形成的地方，如图 2-3-12 所示。

裂纹形成以后，一般都是平行于表面扩展，微凸体每滑过一次，裂纹经受一次循环载荷，就在同样深度向前扩展一个微小的距离。当裂纹扩展到一定的临界尺寸时，在裂纹与表面之间的材料由于切应变而以薄片的形式剥落下来。

也有人认为两滚动元件接触时，由于表面粗糙不平，局部压力很大，接触表面发生塑性变形，接触区可能产生很高的温度。在这种高温和高压的作用下，接触区的金属组织和性能将会发生变化。例如经热处理后的货车轴承组件表层组织是马氏体基体和弥散分布的细粒状碳化物。经滚动接触后，发现碳化物减少，出现"白色组织"。这可能是由于高的接触应力，产生塑性变形以及形成的瞬时高温使碳化物溶解，随后由于整体金属和润滑油的冷却作用使其淬火。

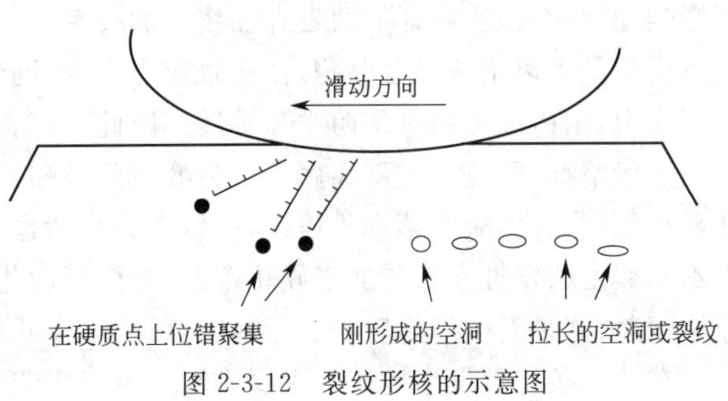

图 2-3-12 裂纹形核的示意图

在接触疲劳中，除去循环应力作用以外，材料还经受了复杂的摩擦过程，可以引起表面层一系列的物理化学变化，诸如残余应力、组织结构、缺陷特征、表面温度、塑性变形以及各种机械及物理性能变化等。这种情况不但使接触疲劳比整体疲劳处于更恶劣的工作条件中，而且使疲劳过程变得非常复杂。所以一般人认为疲劳磨损主要是接触应力作用的问题，这只有处在完全弹流润滑状态，即油膜能把两个接触表面完全分开的情况下才是近似正确的。如果处在部分弹流及边界润滑条件，就不能不考虑由于材料的直接接触所引起的一系列表面现象及其对疲劳过程的影响。

接触应力的计算比起整体疲劳断裂应力强度因子的计算要复杂得多，这不但是因为前者本身就是固体力学中的一个较难的领域，而且是由于一系列的因素都会影响根据理想光滑表面接触的假设条件(如材料是均匀的、各向同性的、只发生弹性变形等)计算出来的结果。这些因素包括：材料的不均匀性，材料表面的特征，载荷分布及接触的不连续性，油膜建立情况，切向力的大小等等。

铁路货车轴承疲劳故障就其特征而言，可分为两类，一是在金属内部产生的疲劳起源，二是在金属表面产生的局部疲劳起源。两类起源的产生机理是有明显差异的。

按照赫兹理论，在椭圆形接触区域内将形成压应力，压应力值沿曲面的轴向、法向变化，在两个方向的中分角区域内呈剪切应力形式，剪切应力最大值出现在一定深度上。在这种剪切应力作用范围内，若有非金属夹杂物、气体和金属晶格缺陷，金属之间会在剪应力的反复作用下产生滑移。这种滑移作为疲劳源会在一定条件下随剪切应力作用次数的增加而逐步扩展，最终导致疲劳破坏。

表面疲劳损伤的大致发展过程如下：

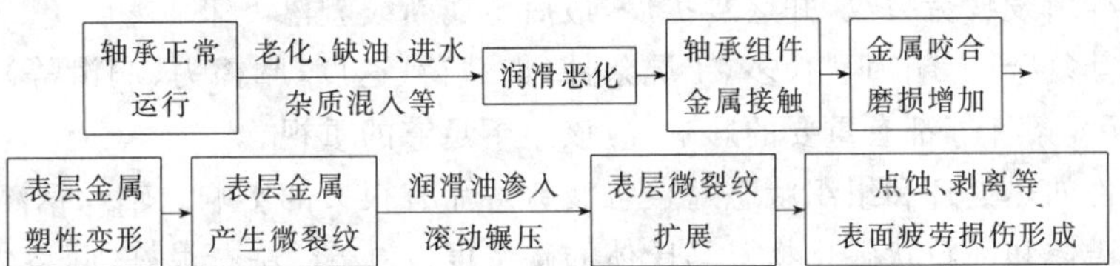

表面疲劳具有目视可察的特点，但对于轴承而言，由于其组件的工作环境密闭，一般也难于及时发现。不过，多数轻微的表面疲劳缺陷尚不足以影响轴承的安全运行，这也是经验上人们敢于把 90%轴承安全运行寿命作为额定寿命的依据。

起源于表层内的疲劳剥离多与轴承材料的纯净度有关，因为根据理论计算分析的结果，在轴承滚道表面下 1 mm 左右的范围内由于接触应力而产生的剪切应力达到最大值，在这个区域内，如果存在材料微观缺陷(如夹杂物、孔洞等)，则该微观缺陷将成为萌生疲劳裂纹的起源。尤其是当微观缺陷位于轴承组件相对薄弱的位置时，产生裂纹的几率将会大增加。近期内曾连续出现的几起轴承外圈滚道块状剥离案例很可能与此有关。

铁路货车滚动轴承是一种典型的承受接触疲劳的零件，长期的生产经验证明，采用高纯度的钢材是提高其接触疲劳寿命的关键。冶炼方法的影响主要反映在钢中的非金属夹杂物及气体含量上。非金属夹杂物破坏了金属的连续性，容易形成应力集中和引发疲劳裂纹。钢中氢气容易引起氢脆和氢致裂纹。氮原子和氮化物可以起钉扎位错运动的作用，从而促进裂纹的萌生。所以生产轴承钢时，不但要求尽量减少非金属夹杂物与气体的含量，而且要求严格控制均匀而弥散的第二相质点。

由于抗接触疲劳性能是材料的一个系统性能，因此很难总结出一个简单的材料组织结构对接触疲劳性能影响的规律，但实践证明两者存在密切的关系。如钢中残余奥氏体量对其接触疲劳性能影响很大，增加残余奥氏体量可以增大接触面积，使接触应力下降，同时会发生形变强化和应变诱发马氏体相变，提高表面残余压应力，阻碍疲劳裂纹的萌生与扩展。因此一定含量的残余奥氏体对提高接触疲劳寿命是有益的。

一般情况下，点蚀与剥离属于应力疲劳的范畴。在这种形式的接触疲劳中，裂纹的萌生是主导过程，因此材料硬度越高，裂纹越难于萌生，接触疲劳寿命也越长。在实际的滚动或滑动接触过程中，表面层总会发生不同程度的塑性变形与加工硬化现象，即循环硬化会使表层硬度提高，从而使实际起作用的已不是材料的原始硬度，而是发生硬化后的实际硬度。

在油润条件下发生擦伤的主要机制是应变疲劳。在这种情况下，疲劳裂纹的扩展阶段是影响疲劳寿命的主要因素。硬度越高，裂纹扩展速率越快。因此，硬度对擦伤的影响与其对点蚀剥离的影响正好相反，即硬度越高，擦伤越容易发生。同时，较高的材料硬度在同样的工况条件下还会通过形成较高的摩擦温度，导致疲劳裂纹的加速扩展。

实际的加工表面不可能是理想的光滑表面，总会形成一定的粗糙度。这种微小的表面起伏对于疲劳磨损有着十分重要的影响。表面粗糙度影响的实质可用微观点蚀理论进行解释。即由于实际加工表面的微凸体接触，使理想光滑表面上的赫兹应力分布发生了所谓的"调幅现象"，使一个椭圆分布的应力场变成了很多分散的微观应力场，从而引发了很多微观点蚀。微观点蚀的出现往往构成了宏观点蚀裂纹的起源。因此表面光洁度的提高有利于接触疲劳寿命的延长。

对于接触疲劳寿命，润滑状态的影响同样不可忽视。黏度是润滑油的一个最重要的性能。大量研究工作证明，接触疲劳寿命一般都是随润滑油黏度的提高而增加。由于润滑油的黏度是随压力而变的，因此在接触区的实际黏度将比常压下的黏度更为重要。

环境对于接触疲劳有很大影响，因为接触疲劳只限于表面层，表面积与承受应力体积的比值比一般整体疲劳要大得多。因此，环境的因素在这种情况下具有更大的影响。例如润滑油中带有水分，可以加速疲劳裂纹的扩展，导致滚动轴承的过早接触疲劳失效；表面吸附氢原子可以降低表面能，并使裂纹在较低应力下扩展，也会引起早期接触疲劳；在高温下润滑油的分解，会在高应力区造成酸性物质的堆积，降低接触疲劳寿命，会使轴承寿命下降。

接触疲劳剥离的发展过程可分为两个阶段，即在材料表面或表层形成裂纹和裂纹的扩展。当两个接触体相对滚动或滑动时，在接触区将造成很大的应力和塑性变形。由于交变应力长期反复的作用，便在材料表面或表层的薄弱环节处引发疲劳裂纹，并逐步扩展，最后金属断裂剥落下来。

接触疲劳过程极其复杂，影响因素很多，工况条件（如载荷、速度、摩擦力、润滑等）、材料的组织结构、性能参数、表面状况及环境条件等都有重要的影响，应该给予足够的重视。

货车轴承滚动组件的热处理和组织状态对接触疲劳寿命有很大的影响。轴承钢淬火及低温回火后的显微组织是隐针（晶）马氏体和细粒状碳化物。马氏体的碳浓度以 0.5%左右最好，固溶体的碳浓度过高，易形成粗针状马氏体，脆性较大，而且残余奥氏体量增多，接触疲劳寿命降低。马氏体中的碳浓度过低，则基体的强度、硬度降低，也影响接触疲劳寿命。轴承钢中的未溶碳化物以小、匀、少、圆为好。

对于用渗碳钢制作的内、外圈组件，也要求渗碳层中的马氏体细小、碳化物细小，且均匀分布，这样接触疲劳寿命较高。若渗碳组件表面脱碳，由于强度、硬度降低，也影响接触疲劳寿命。适当的增加渗碳层的厚度，可以使疲劳裂纹在硬化层内产生，而避免在硬化层与心部的过渡区形成。适当提高渗碳件心部的强度和硬度，也有利于提高抗接触疲劳磨损的能力。因此货车轴承套圈的心部硬度一般控制在 32～48HRC 左右较好。

关于钢中残余奥氏体的作用，存在几种完全不同的观点。

第一种观点认为残余奥氏体可以改善钢的接触疲劳性能。有人认为在接触应力作用下，含残余奥氏体多的试样接触表面易产生塑性变形，接触宽度加大，单位面积上的接触应力下降，因而提高接触疲劳寿命。图 2-3-13 是接触疲劳寿命与组织之间的关系。

有人认为残余奥氏体含量多能提高接触疲劳寿命是由于塑性变形造成加工硬化。从缓和接触应力方面考虑，残余奥氏体含量在 10%～25%最合适，如果超过 30%，则硬度降低太多，强度也下降。

第二种观点认为残余奥氏体降低接触疲劳寿命。原因是材料的接触疲劳强度是随着抗拉强度的增大而提高。如图 2-3-14。

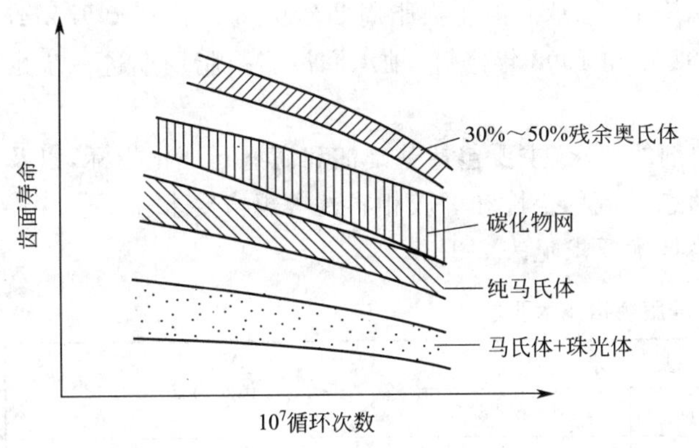

图 2-3-13 接触疲劳寿命与组织之间的关系

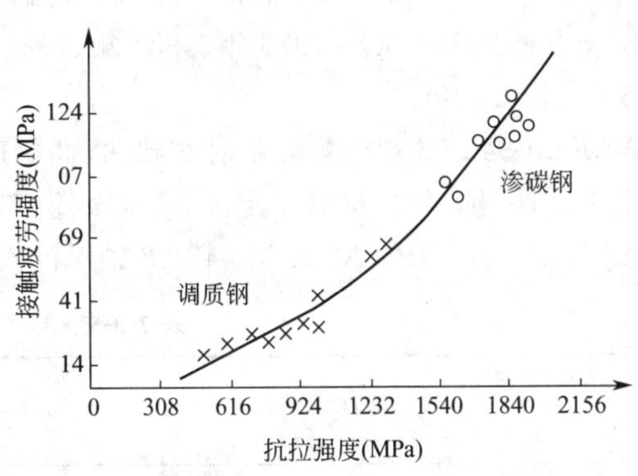

图 2-3-14 材料的接触疲劳强度与抗拉强度的关系

第三种观点认为零件的工况条件不同，残余奥氏体的作用也不同，不能一概而论。

第七节 轴承润滑脂

一、润滑脂的组成和作用

润滑脂主要由基础油、稠化剂、添加剂三部分组成。一般润滑脂中基础油含量约为 75%～90%，稠化剂含量约为 10%～20%，添加剂的含量在 0～10%。

基础油是润滑脂分散体系中的分散介质，它对润滑脂的低温性能、蒸发性能、抗氧化性能有较大影响。一般润滑脂多采用中等黏度及高黏度的矿物润滑油作为基础油，也有一些润滑脂为适应在苛刻条件下工作的机械润滑及密封的需要，采用合成润滑油作为基础油，如酯类油、硅油、聚 α-烯烃等。

稠化剂是润滑脂的重要组分，稠化剂分散在基础油中，并形成润滑脂的结构骨架，使基础油被吸附和固定在结构骨架中。润滑脂的抗水性及耐热性主要由稠化剂所决定。用于制备润滑脂的稠化剂有两大类，分别是皂基稠化剂（即脂肪酸金属盐）和非皂基稠化剂（烃类、无机类和有机类）。

皂基稠化剂分为单皂基稠化剂（如锂皂稠化剂）、混合皂基稠化剂（如锂钙皂稠化剂）、复合皂基稠化剂（如复合锂皂稠化剂）三种。90%的润滑脂是用皂基稠化剂制成的。

润滑脂添加剂是这样一些化学物质，将其以相对少量加入润滑脂中，即可以显著改善润滑脂的某些性质，或者赋予润滑脂某些原来并不具备的新的性质。润滑脂添加剂主要包括抗氧剂、防锈剂、极压抗磨剂等。

机械上最广泛使用润滑脂润滑的典型零部件是滚动轴承，据估计，约有 80%以上的滚动轴承和 20%的滑动轴承是以润滑脂润滑的。润滑脂的作用主要是润滑、保护和密封。轴承润滑脂的具体作用如下：

(1)减少轴承滚动面间、滚动体和保持架间、套圈挡边和滚子端面间产生的摩擦；

(2)排除轴承部件摩擦时所散发的热，并将热均匀地分布于轴承各部分；

(3)防止轴承零部件表面锈蚀；

(4)填充密封装置固定零件和旋转零部件之间的间歇，以防止灰尘、水分、气体、及其他有害物质侵入到轴承部件内；

(5)减少轴承工作的噪声。

二、润滑脂的发展

(一)国外情况

美国是铁路运输发达的国家，也是铁路货车滚动轴承润滑脂研究先进的国家。自 20 世纪 50 年代货车滚动轴承化以来，美国铁路协会（AAR）对轴承润滑脂标准进行了大量研究工作。1953 年 AAR 制定了 AAR-M-917 滚动轴承润滑脂规格，最初轴承润滑脂换脂周期为一年。经 1956 年、1960 年、1963 年和 1964 年修订，AAR 制定了 AAR-M-917-64 轴承润滑脂规格，润滑脂稠化剂由钙钠基润滑脂发展为锂基润滑脂。到 20 世纪 70 年代 AAR-M-917 B 级轴承润滑脂换脂周期延长至 4 年。

1976 年 AAR 制订了 AAR-M-942 货车滚动轴承润滑脂规格，并于 1979 年后完全取代 AAR-M-917 规格。AAR-M-942 规格提高了润滑脂基础油，可延长轴承寿命，轴承润滑脂换脂周期延长到 5 年或 50 万 km，并且现场不再润滑。又经 1978 年、1981 年、1989 年、1992 年和 1998 年修订，轴承润滑脂换脂周期进一步延长至 80 万 km。

AAR M-942-98 规格修订了对基础油、稠化剂、添加剂的要求，主要包括基础油和润滑脂理化指标，以及润滑脂防锈性、抗氧性、机械安定性、高温滚筒安定性、动态机械稳定性和橡胶相容性等规格要求。

AAR M-917-64B、AAR M-942-98 轴承润滑脂规格技术要求见表 2-3-5。

表 2-3-5　AAR 轴承润滑脂规格技术要求

项　目	要　求		试验方法
	M-917-64B	M-942-98	
工作锥入度(25℃)，0.1mm	290～320	265～385	ASTM D-217
滴点，℃	≥163	≥163	ASTM D-566 ASTM D-2265
延长工作锥入度(10 万次与 60 次差)，0.1mm	−25～+25	−15～+15	ASTM D-217
水分，%	≤0.5	≤0.1	ASTM D-128
防锈性，级	≤2	≤0	ASTM D-6138 ASTM D-1743
高温滚筒试验(82℃，96h)，0.1mm	—	290～340	AAR-M-942 Appendix C
氧化安定性(99℃)，MPa 100h 压力降 500h 压力降	≤0.069 ≤0.17	≤0.069 ≤0.17	ASTM D-942
动态机械稳定性	—	通过	AAR-M-942 Appendix A
橡胶相容性	—	通过	AAR-M-942 Appendix B
基础油运动黏度，mm^2/s	≥10 (98.9℃)	≥14 (100℃)	ASTM D-445

(二)国内情况

我国铁道车辆滚动轴承润滑脂从 20 世纪 70 年代末期的钙钠基润滑脂发展到目前的铁道车辆滚动轴承Ⅳ型润滑脂，经历了钙钠基润滑脂、锂基润滑脂、锂钙基润滑脂、极压锂钙基润滑脂的发展过程，润滑脂的性能得到了极大提高，产品质量达到了国外同类产品的先进水平，轴承润滑脂换脂周期可达 8 年或 80 万 km，满足了我国铁道车辆滚动轴承化，提速、重载、安全运行的需要。

1. 铁道车辆滚动轴承Ⅰ型润滑脂

在 20 世纪 70 年代末，为解决钙钠基润滑脂机械安定性差，使用中甩油流失，遇潮湿易变乳白色，使用周期短的缺点，我国研制了铁道车辆滚动轴承Ⅰ型润滑脂，其技术要求见表 2-3-6。

表 2-3-6　铁道车辆滚动轴承Ⅰ型润滑脂技术要求

项　目	要　求	试验方法
外观	棕色均匀油膏	目测
针入度(25℃)，0.1mm	235～265	GB/T269
滴点，℃	≥170	GB270
游离碱，NaOH%	≤0.15	SY2707
压力分油，%	≤15	GB392
相似黏度(−20 ℃，10 s^{-1})，Pa·s	≤2 000	GB2720
延长工作锥入度(10 万次与 60 次差)，0.1 mm	≤25	GB/T269
腐蚀(紫铜，钢片，100 ℃，3 小时)	合格	SY2710
水分，%	≤痕迹	GB512

铁道车辆滚动轴承Ⅰ型润滑脂采用12-羟基硬脂酸和三压硬脂酸锂皂稠化石蜡基30号机械油，并添加结构改善剂、抗氧剂、防锈剂制成，具有较好的机械安定性、胶体安定性。该润滑脂于1978年8月通过铁道部的技术鉴定，作为铁道车辆滚动轴承的专用润滑脂，从20世纪80年代初期到20世纪90年代初期，在铁路机车车辆上得到了推广应用，满足了当时客车段修期为一年半(30万km)，机车架修期为2年(20万km)的使用要求。

2. 铁道车辆滚动轴承Ⅱ型润滑脂

20世纪80年代初，为满足我国铁路货车滚动轴承化的要求，我国研制了铁道车辆滚动轴承Ⅱ型润滑脂。

铁道车辆滚动轴承Ⅱ型润滑脂是非极压型润滑脂，采用12-羟基硬脂酸锂皂稠化深度脱蜡、深度精制的石蜡基矿物基础油，并加有抗氧、防锈剂制成，具有良好的机械安定性、胶体安定性、抗磨性、抗水性、防锈性、抗氧性、耐高低温性和低挥发性等特性。其理化性能基本符合美国AAR-M-942规格，实际使用性能达到国外同类产品先进水平，轴承润滑脂换脂周期达到5年或50万km。

铁道车辆滚动轴承Ⅱ型润滑脂于1989年通过铁道部技术鉴定，1990年起在全路铁道车辆滚动轴承上使用。

在铁道车辆滚动轴承Ⅱ型润滑脂的研究过程中，研制单位突破了锂钙基润滑脂制造工艺关，发明了高温"一步法制备锂钙基润滑脂的新工艺"，并于1988年获得我国发明专利。

20世纪90年代，我国制订了铁道车辆滚动Ⅱ型润滑脂铁道部标准，1996年TB/T 2548—1995《铁道车辆滚动轴承Ⅱ型润滑脂》标准开始实施，其技术要求见表2-3-7。

表2-3-7　TB/T 2548—1995《铁道车辆滚动轴承Ⅱ型润滑脂》的技术要求

项　目	要　求	试验方法
外观	褐色至棕褐色均匀油膏	目测
工作锥入度，0.1 mm	290～320	GB/T269
延长工作锥入度(10万次与60次锥入度之差)，0.1 mm 不加水 加水%	 ≤25 ≤40	GB/T269
滴点，℃	≥170	GB/T4929
游离碱，NaOH%	≤0.15	SH/T0329
游离有机酸，mgKOH/g	无	SH/T0329
水分，%	≤痕迹	GB/T512
钢网分油(100 ℃，24 h)，%	≤5.0	SH/T0324
腐蚀(T2铜片，100 ℃，24 h)	铜片无黑色或绿色	GB/T7326乙法
防腐蚀性(52 ℃，48 h)，级	≤1	GB/T5018
极压性能(四球机法)，P_B值，N	≥510	SH/T0202
抗磨性能(四球机法)(392 N，60 min)，磨痕直径，mm	≤0.65	SH/T0204
相似黏度(−20 ℃，10 s^{-1})，Pa·s	≤2 000	SH/T0048
氧化安定性(99 ℃，500 h，0.758 MPa)，压力降，MPa	≤0.17	SH/T0325
蒸发量(99 ℃，22 h)，%	≤0.50	GB/T7325
杂质含量，个/mm^3 10 μm以上 25 μm以上 75 μm以上 125 μm以上	 ≤5 000 ≤3 000 ≤500 ≤0	SH/T0336

3. 铁道车辆滚动轴承Ⅳ型润滑脂

为满足铁路货车提速、重载以及延长检修周期的需要，在1996年我国开始研制铁道车辆滚动轴承Ⅳ型润滑脂。2001年10月铁道车辆滚动轴承Ⅳ型润滑脂通过了铁道部科技司组织的技术鉴定。2003年3月铁道车辆滚动轴承Ⅳ型润滑脂取代铁道车辆滚动轴承Ⅱ型润滑脂在全路货车和沈阳、北京、郑州和上海铁路局的客车上推广使用。

铁道车辆滚动轴承Ⅳ润滑脂是极压型润滑脂，它由高级脂肪酸锂钙皂稠化深度精制的石蜡基矿物油，同时加入抗氧、防锈、极压抗磨等添加剂制成，具有良好的极压抗磨性、抗氧性、防锈性、抗水性和机械安定性及寿命长等特点，其技术要求见表 2-3-8。

表 2-3-8　铁道车辆滚动轴承Ⅳ型润滑脂技术要求

项　　目	要　　求	试验方法
外观	褐色至棕褐色均匀油膏	目测
工作锥入度，0.1 mm	265～295	GB/T269
延长工作锥入度(10 万次与工作锥入度之差)，0.1 mm	－25～＋25	GB/T269
滴点，℃	≥180	GB/T4929
腐蚀(T2 铜片，100 ℃，24 h)	铜片无黑色或绿色	GB/T7326 乙法
钢网分油(100 ℃，24 h)，%	5.0	SH/T0324
水分，%	≤痕迹	GB/T512
蒸发量(99 ℃，22 h)，%	≤2.0	GB/T7325
水淋流失量(38 ℃，1 h)，%	≤4.0	SH/T0109
防腐蚀性(52 ℃，48 h)，级	≤1	GB/T5018
相似黏度(－20 ℃，10 s^{-1})，Pa・s	≤1800	SH/T0048
极压性能(四球机法)，P_B 值，N	≥696	SH/T0202
极压性能(梯姆肯法)，OK 值，N	≥178	SH/T0203
抗磨性能(四球机法)(392 N，60 min)，磨痕直径，mm	≤0.60	SH/T0204
氧化安定性(99 ℃，500 h，0.758 MPa)，压力降，MPa	≤0.10	SH/T0325
滚筒安定性(80 ℃，50 h)，剪切后锥入度与工作锥入度之差，0.1 mm	≤70	SH/T0122
杂质含量，个/cm^3		SH/T0336
10 μm 以上	≤5 000	
25 μm 以上	≤3 000	
75 μm 以上	≤500	
125 μm 以上	≤0	

轴承台架及现场运用考验表明，铁道车辆滚动轴承Ⅳ润滑脂理化性能指标基本符合美国铁路协会 AAR-M-942-98 规格要求，综合性能指标优于铁道车辆滚动轴承Ⅱ型润滑脂，达到国外同类产品先进水平，可以满足铁路客车运行速度不大于 200 km/h，轴重不大于 17 t，铁路货车运行速度不大于 160 km/h，轴重不大于 23 t；或铁路货车运行速度不大于 140 km/h，轴重不大于 25 t，工作温度在－40～120 ℃范围的铁道车辆滚动轴承的润滑，能有效的降低轴承磨损，延长轴承的使用寿命，轴承润滑脂换脂周期达 8 年或 80 万 km。

三、铁道车辆滚动轴承Ⅳ润滑脂性能特点

随着我国铁路提速、重载的不断发展，货车运行速度达到 120 km/h，轴重达到 25 t。速度和轴重的提高，加大了货车轴承的冲击和振动负荷，要求轴承润滑脂具有良好的理化性能和实际使用性能。

(一)稠　　度

稠度反映润滑脂的软硬程度，是润滑脂选用的重要依据。我国润滑脂稠度等级与国际上广泛采用的美国润滑脂协会(NLGI)的等级相一致。根据润滑脂锥入度值范围，稠度划分为九个等级，见表 2-3-9。锥入度值越大，润滑脂越软，即稠度越小，越易变形和流动；锥入度值越小，则润滑脂越硬，即稠度越大，越不易变形和流动。

铁道车辆滚动轴承一般选用 1～3 号稠度润滑脂。AAR-M-942 规格规定稠度等级为 1.5 号，即锥入度范围为 290～320(0.1 mm)，AAR-M-942-98 规格修改了稠度要求，涵盖 0、1、2 号三个稠度等级规格，锥入度范围在 265～385(0.1 mm)之间。我国铁道车辆滚动轴承Ⅳ型润滑脂稠度等级为 2 号，即锥入度为 265～295(0.1 mm)。

表 2-3-9 润滑脂稠度等级

稠　度	锥 入 度	外　观	应　用
000	445～475	流体	齿轮脂
00	400～430	半流体	
0	355～385	很软	
1	310～340	较软	轴承脂
2	265～295	中	
3	220～250	微硬	
4	175～205	较硬	
5	130～160	很硬	硬干油
6	85～115	非常硬	—

(二)高低温性能

润滑脂的高温性能主要决定于稠化剂的类型，它可根据润滑脂滴点来确定。一般润滑脂使用温度上限在滴点以下 20～30 ℃。AAR-M-942 规格要求润滑脂滴点不低于 163 ℃，我国铁道车辆滚动轴承Ⅳ型润滑脂规格要求滴点不低于 180 ℃，高温使用上限可达到 120 ℃，短期使用温度可达到 130 ℃。

润滑脂的低温性能主要决定于基础油黏度和黏度指数，一般中等黏度矿物油锂基润滑脂低温使用温度可达到 −30 ℃。AAR-M-942 规格要求润滑脂 40 ℃基础油黏度在 162～205 mm^2/s 之间，黏度指数在 80 以上，我国铁道车辆滚动轴承Ⅳ型润滑脂要求基础油黏度大于 130 mm^2/s，黏度指数在 85 以上，使用温度可达到−40 ℃。

润滑脂的低温性能可以采用相似黏度测定，铁道车辆滚动轴承Ⅳ型润滑脂在温度−20 ℃，剪切速率 10 s^{-1}下的相似黏度要求小于 1 800 Pa·s。

(三)机械安定性

机械安定性是轴承润滑脂的一项重要指标，它表示润滑脂在使用过程中，在机械剪切作用下，抵抗稠度变化的能力。机械安定性差的润滑脂，使用中容易变稀甚至流失，影响润滑脂的使用寿命。润滑脂机械安定性采用 10 万次延长工作锥入度方法测定。AAR-M-942 轴承润滑脂规格和我国铁道车辆滚动轴承Ⅳ型润滑脂都有控制润滑脂机械安定性的指标，要求 10 万次延长工作锥入度与 60 次工作锥入度差不超过±25(0.1 mm)。AAR-M-942-98 规格要求新型润滑脂延长工作锥入度控制在±15(0.1 mm)范围之内。

(四)胶体安定性

胶体安定性是指润滑脂在受热和受压力条件下胶体结构保持稳定的能力。铁道车辆滚动轴承Ⅳ润滑脂采用 SH/T0324《润滑脂钢网分油测定法(静态法)》，规格要求在 100 ℃，24 h 试验后，润滑脂钢网分油不大于 5%。AAR-M-942 规格无胶体安定性指标要求。

(五)防腐蚀性

防腐性是指润滑脂防止金属锈蚀的能力。润滑脂的稠化剂和基础油本身不会腐蚀金属，金属腐蚀的原因很多，主要原因是由于轴承进水或润滑脂氧化产生酸性物质所致。一般而言，过多的游离有机酸、碱都会引起腐蚀。

AAR-M-942 规格采用 ASTM D 1743 防锈试验方法，规定防锈试验达到 1 级为合格，2 级为不合格，AAR-M-942-98 规格采用 ASTM D 6138 动态潮湿条件下润滑油脂防腐蚀试验方法，要求试验达到 0 级。

我国铁道车辆滚动轴承Ⅳ型润滑脂采用 GB/T 5018《润滑脂防腐蚀性试验法》和 GB/T 7326《润滑脂铜片腐蚀试验》两种方法测定防腐蚀性能。在 52 ℃，48 h 轴承防锈试验后，规格要求轴承外圈滚道锈蚀状态 1 级为合格，2 级为不合格。在 100 ℃，24 h 铜片腐蚀试验后，规格要求铜片无变色现象为合格。

GB/T 5018—2008《润滑脂防腐蚀性试验法》试验结果判定方法与 GB/T 5018—1985 有所不同，仅分为合格和不合格两级，不分其他级别。GB/T 5018—2008 的合格级约与 GB/T 5018—1985 的 1 级相同。

(六)氧化安定性

润滑脂在储存与使用时抵抗大气氧化作用的能力称为氧化安定性。润滑脂的氧化安定性与基础油、稠化剂及添加剂有关，很大程度上取决于基础油的氧化安定性。因皂基稠化剂中金属元素对氧化的催化作用，润滑脂的氧化安定性要比其基础油差，因此润滑脂中普遍加入抗氧剂，以提高润滑脂的抗氧化性能。润滑脂氧化的结果是产生腐蚀性产物、胶质，以及破坏润滑结构的物质，会引起金属部件的腐蚀，使润滑脂的使用寿命降低。润滑脂的氧化还与使用温度有直接关系，一般认为润滑脂在 70 ℃以下，使用寿命很长，70 ℃以上，温度每升高 10～15 ℃使用寿命缩短一半。

AAR-M-942 规格采用 ASTM D 942 方法，测定润滑脂的氧化安定性，规定在 99 ℃，100 h 氧弹试验后，压力降不大于 0.069 MPa，500 h 氧弹试验后压力降不大于 0.17 MPa。

我国铁道车辆滚动轴承Ⅳ润滑脂采用 SH/T 0325《润滑脂氧化安定性测定法》测定氧化安定性，规格要求在 99 ℃，500 h 试验后压力降不大于 0.10 MPa。

(七)极压抗磨性能

抗磨性是指润滑剂在轻负荷和中等负荷条件下能在摩擦表面形成油膜，防止摩擦部件磨损的能力。铁道车辆滚动轴承Ⅳ型润滑脂采用 SH/T 0204《润滑脂极压抗磨性能测定法(四球机法)》测定抗磨性能，规格要求在负荷为 392 N，转速为 1 200 r/min 的四球试验机上，运转 60 min 后，试验钢球磨痕直径不大于0.6 mm。

极压性是指润滑剂在低速高负荷或高速冲击条件下，即在所谓极压条件下防止摩擦部件发生烧结、擦伤的能力。对重载铁道车辆滚动轴承润滑脂，极压性非常重要，可以防止轴承运用中擦伤。目前极压性能普遍采用 SH/T 0202《润滑脂极压性能测定法(四球机法)》和 SH/T 0203《润滑脂极压性能测定法(梯姆肯试验机法)》测定极压性，用 P_B 值和 OK 值两项指标表示润滑脂的极压性能。铁道车辆滚动轴承Ⅳ型润滑脂规格要求 P_B 和 OK 值分别大于 696 N 和大于 178 N。AAR-M-942 规格无极压抗磨性能指标要求。

(八)抗水性

润滑脂的抗水性表示润滑脂在大气潮湿条件下抵抗吸水的能力。抗水性差的润滑脂容易吸收大气中水分，造成润滑脂性能下降，甚至乳化而流失。

铁道车辆滚动轴承Ⅳ型润滑脂采用 SH/T 0109《润滑脂抗水淋性能测定法》，规格要求水淋流失量不大于 4%。AAR-M-942 规格无抗水性指标要求。

第八节　保持架用工程塑料材料

我国铁路货车圆锥滚子轴承原来大量采用金属材料制造。金属保持架由于材质、工艺等影响，在使用中金属保持架经常发生裂损故障，导致轴承无法正常工作。20 世纪 70 年代后材料技术的发展，特别是高分子复合材料技术的发展，使得工程塑料代替金属材料生产保持架成为可能，工程塑料已在全世界范围内被广泛用于滚动轴承。

一、保持架用工程塑料基本特性

轴承对保持架材料性能及其结构要求较高，世界各大轴承公司都对这一课题进行了广泛的研究，目前在工程塑料保持架领域已具有成熟的理论和实践经验，同时研究结果表明工程塑料保持架的性能优劣，除了与保持架的结构设计等有关之外，更为重要的是选择合适的工程塑料材料，尽管市场上塑料名目繁多，但适用于作保持架的却为数极少。对于保持架用工程塑料，对其性能有如下要求：

1. 材料具有较高的强度，应避免保持架发生破损；
2. 材料具有适当的韧性，材料通过自身的微小变形，能够吸收外界的振动和冲击能量，避免裂损；
3. 抗化学腐蚀，轴承中普遍使用润滑油脂，工程塑料必须能够长时间在此类润滑介质中工作；
4. 自润滑性好，耐磨损，能够确保滚动体长期稳定运转；
5. 温度适用性好，轴承运转过程中，保持架可能长期处于较高的温度环境中，这就要求材料在相当宽的温度范围内保持高强度、高韧性；
6. 材料热胀冷缩小，确保保持架成品尺寸稳定，防止由于材料热胀冷缩导致轴承出现卡滞现象。

二、保持架用工程塑料种类

(一)聚酰胺

聚酰胺通常称为尼龙(PA)，尼龙是最早使用的能承受较高负荷的工程塑料之一，它具有如下优越性能:机械性能优异,拉伸强度高、韧性好;使用温度范围宽,长期使用温度可为－40～100 ℃;耐磨性能好,摩擦系数低,具有优异的自润滑性能;耐油、耐烃类、脂类等有机溶剂,耐弱碱,但不耐酸和氧化剂、醇类等极性溶剂;易于加工成型。

尼龙材料存在吸水性高、尺寸稳定性差、脆性大等不足,但随着材料改性技术的发展,其不足可以通过增强、增韧等改性方法克服。保持架用工程塑料主要有尼龙1010、玻璃纤维增强尼龙66、玻璃纤维增强尼龙6和尼龙46等。

1. 尼龙1010

尼龙1010为半透明、表面光亮的结晶或微黄色颗粒,主要应用在带式输送机托辊轴承尼龙保持架和部分纺织轴承尼龙保持架。

2. 玻璃纤维增强尼龙66

尼龙66为半透明或不透明的乳白色、结晶树脂,在较宽的温度范围内有较高的强度、韧性、刚性,耐蠕变、耐疲劳、耐磨、自润滑性能优良、耐油性突出等特性。

尼龙66用玻璃纤维增强后,机械强度和刚性提高2倍以上,耐磨性更好,热变形温度提高到240 ℃以上,长期使用温度可达到120 ℃,吸湿性和模塑收缩率大为下降,使之便于制造精密的机械零件,玻璃纤维增强的尼龙66作为保持架原料其用量占塑料保持架材料用量90%以上。国外著名的轴承公司如SKF、FAG、NSK等已经大量选用玻纤增强尼龙66制造轴承保持架。

3. 玻璃纤维增强尼龙6

玻璃纤维增强的尼龙6在性能上与尼龙66在玻璃纤维增强后基本一致的,只是尼龙6的熔点相对偏低些,在220 ℃左右,而尼龙66的熔点为260 ℃,玻纤增强的尼龙6在价格上较尼龙66便宜,在使用温度、压力、速度不高的情况下,作为轴承保持架材料的性价比较尼龙66高。

4. 高性能尼龙46

尼龙46是一种高性能尼龙,1935年发明于实验室中,但直到20世纪80年代才得到它的工业化产品。它的高度对称键结构使它具有高达70%的结晶度(尼龙66约为50%)和快速结晶速度,正是基于这一材料结构特征,尼龙46的熔点达到295 ℃。而且它的耐热性、耐化学性能、高温条件下的机械性能和耐磨性能远远超越了一般的工程塑料,如尼龙6、尼龙66及芳香族尼龙等。

玻纤增强的尼龙46由于它优异的耐温性能(长期使用温度可达180 ℃以上)、与金属材料作用的摩擦系数低、耐磨耗、耐蠕变、耐冲击等性能而被广泛地应用于高端的轴承保持架领域,SKF、NSK等国际轴承公司也都将尼龙46应用在更高温度要求、更高压力或更紧凑型的轴承中,尼龙46材料性能较尼龙6、尼龙66好得多,但成本较高。

(二)聚酰亚胺(PI)

聚酰亚胺具有优异的综合性能,单醚酐型聚酰亚胺可在－180～230 ℃下长期使用,在高温下具有突出的力学性能和耐磨性能,尺寸稳定性好。许多高速、高精度、长寿命的精密微型仪器轴承保持架采用单醚酐型聚酰亚胺材料制造,使用效果很好。

以聚酰亚胺为基料,填充四氟乙烯的多孔含油聚酰亚胺制造的保持架用于高精度长寿命陀螺仪器轴承上,使该种轴承达到了自润滑长期使用的要求。聚酰亚胺材料的缺点是原料成本过高,其工艺是模压加工,生产效率低,只适合小批量生产。

(三)聚四氟乙烯(PTFE)

聚四氟乙烯是无极性直链型结晶性聚合物,该聚合物为白色、无味、无毒粉状物,PTFE耐高温性能好,可在－180～230 ℃温度下长期使用;耐磨性能好,其静摩擦系数是塑料中最小的,自润滑性能优良。强酸、强碱、强氧化剂、油脂、酮、醚、醇等即使在高温下对它也不起作用。但作为轴承保持架材料,还存在以下不足,如线膨胀系数大,尺寸稳定性差,导热差,易产生局部过热,硬度低,耐磨耗性差,极限PV值低,且在较大载荷下表现出“冷流”在连续载荷作用下容易发生塑性变形,回弹性差,机械强度低,材料有极高熔体黏度,难以用普通热塑性加工方法加工。

(四)玻纤增强聚醚醚酮(PEEK)

普通工程塑料长期在热环境下会发生老化,老化后材料的强度和弹性等机械性能均会下降。材料老化过程中,材料所处的温度、经历的时间和接触的介质(润滑剂)均是影响材料性能下降的至关重要因素。表面看来,保持架的寿命随温度和润滑剂侵蚀性的升高而缩短。某些介质的侵蚀性极强,使得温度较高的场合就不能采用玻纤增强聚酰胺66制成的保持架,使用玻纤增强聚醚醚酮,可以满足对高速、化学侵蚀或高温有着严格要求的应用场合。PEEK的性能之所以不同凡响,是因为其突出的强度和韧性、广泛的工作温度范围、高度的耐化学腐蚀性能和耐磨性以及易于加工性得到了完美的结合。不但如此,在高达200 ℃的温度下,这种材料并未显示出因温度和润滑油添加剂造成的老化迹象。凭借这些出众的特性,PEEK保持架完全适用于滚珠和滚动体轴承(如混合或高精度轴承)以及某些定制汽车轴承种类。

三、工程塑料保持架材料的选用

20世纪70年代开始,德国铁路已经在圆锥滚子轴承上试验工程塑料保持架,至80年代末期,工程塑料保持架已作为标准件在欧洲铁路轴承上普遍采用;1994年至1995年间,装有工程塑料保持架的德国SKF公司的短圆柱滚子轴承开始进入我国试用,1997年以后,SKFl97726型圆锥滚子轴承率先在国内批量装用工程塑料保持架。

在2004年以前,我国铁路货车95%以上轴承普遍采用金属材质的保持架,金属保持架需采用钢板冲压成筐形结构,因结构、材质质量、冲压工艺性等因素的影响,金属保持架在应用中经常发生裂损故障,以至酿成燃轴和切轴事故,成为货车轴承中最突出的薄弱环节,严重影响货车行车安全。工程塑料保持架因具有良好的耐磨损、耐腐蚀、自润滑和足够的强度、抗冲击等材料特性和良好的制造工艺性,特别是应急安全性突出,已成为铁路轴承技术的一个发展趋势,为满足我国铁路提速客货车轴承的使用性能和可靠性,填补国内工程塑料保持架上的空白,从1999年开始,铁道部组织开发研制了适合中国铁路提速货车使用的工程塑料保持架,2004年9月,开始批量装车使用。

(一)工程塑料保持架材料选型要求

首先,工程塑料保持架材料的选择必须符合我国铁路货车轴承当前国情,我国铁路货车轴承最大的两个特征是巨大的保有量及苛刻的运行环境。保有量大要求保持架材料最好为通用类工程塑料,并且成型工艺要简单,前面所述的聚酰亚胺、聚四氟乙烯等材料不但价格昂贵,且成型工艺为复杂压制工艺,此类材料用来生产货车轴承保持架,不仅价格昂贵,而且产能极低,不适合工业化生产;材料的性能必须满足轴承苛刻运行工况的要求,必须选用高性能、工艺性好的工程塑料材料。

为了选出最合适的材料并保证其在轴承寿命范围内使用完全可靠,选材主要进行了以下几个方面的工作:(1)积极跟踪近些年国内外工程塑料领域的最新发展动向,寻找可能出现并规模化生产的保持架用新技术工程塑料;(2)参考国外轴承工程塑料保持架的成功经验;(3)对多种工程塑料材料的拉伸强度、弯曲强度、压缩强度、抗冲击等力学性能进行大量试验,分析材料性能与保持架工况要求的匹配性。

实践证明,装用尼龙66材料保持架的轴承具有以下优点:轴承使用寿命长,使用过程中噪声、温升低,运转平稳,自润滑性能好。试验证明当轴承内因无润滑剂而温升到一定高度时,塑料保持架因高温熔化可起到润滑剂的作用,可维持轴承在一段时间内正常运转。

(二)工程塑料保持架材料的主要成分

根据我国国情以及国外保持架开发的经验,增韧的强化材料更适合我国铁路货车轴承用工程塑料保持架的使用要求。为保证良好的保持架成品性能,合金材料必须包含以下成分:基体材料、增强体系、增韧剂、增塑剂、阻燃剂、热稳定剂、UV安定剂、碳黑、润滑剂、聚合物改良剂等。

1. 尼龙66基体材料

国内外尼龙66的生产厂家较多,市面上产品种类也非常多,但是通过试验发现不同厂家尼龙66性能相差较大,特别是国内产品与国外大公司产品性能相差更大,因此从保证使用可靠性角度出发,优先使用国外进口尼龙66基材,采用尼龙66要综合考虑可应用性和可加工性,要对其分子量和分子量分布进行控制,通常将其分子量调整为15 000~30 000,若分子量太大,成型加工性能变差,分子量低或分子量分布宽,其物理机械及热性能均下降。

对尼龙材料来说,特别要注意材料中水分的控制,有微量水等存在时,尼龙66在高温注射时就显示出明显的分解倾向,从而导致成品性能下降。

2. 增强材料及其含量

最为通用的增强材料是表面通过活性剂改性的玻璃纤维，尼龙 66 中加入玻璃纤维增强后，其材料力学性能、尺寸稳定性、耐热性、抗蠕变性、耐老化性能、耐疲劳强度有明显提高。玻璃纤维增强尼龙 66 的成型工艺与未增强时大致相同，但因流动较增强前差，所以注射压力和注射速度要适当提高，机筒温度提高 10～40 ℃。由于玻纤在注塑过程中会沿流动方向取向，引起力学性能和收缩率在取向方向上增强，导致制品变形翘曲；因此，模具设计时，浇口的位置、形状要合理，工艺上可以提高模具的温度，制品取出后可放入热水中让其缓慢冷却。

保持架材料对加入玻纤的比例需要控制，加入量越大，尽管部分力学性能指标有大幅度的提高，但韧性会下降较多，工艺性变差，同时对注塑机的塑化元件的磨损越大，因此填充量不是越高越好，填充量使得材料满足强度、韧性、尺寸稳定性、耐热性综合指标优良即可。

加入玻璃纤维增强材料时，玻璃纤维必须先用偶联剂进行处理，否则玻纤与尼龙的界面粘合能较小，容易从尼龙基体中拔出。偶联剂通过与玻璃纤维增强材料表面的某些基团反应，又与基体树脂反应，在两者之间形成一个传递应力的界面层，大大增强玻纤与尼龙 66 之间的粘合强度，改善材料性能明显。

3. 增韧材料(增韧剂)

增韧剂的加入可以大幅度提高材料的抗冲击开裂性能，轴承在运转过程中，保持架经常会受到来自滚动体的冲击力，采用增韧改性技术，提高保持架抵抗外力冲击的能力而自身不破损，对保持架的正常运转是非常重要的。目前，高档的尼龙增韧材料被国外公司所垄断，国产增韧剂在增加材料韧性的同时其他力学性能指标及材料的热性能下降较多，见表 2-3-10 所示，随着增韧剂添加量提高到 30%，大幅度提高抗冲击能力的同时，抗弯曲强度下降 50%。

表 2-3-10　普通增韧剂添加量与物性性能关系

物理性能 \ 添加量	0	20	30	测试方法
密度(g/cm^3)	1.14	1.10	1.07	GB4472
弯曲强度(MPa)	105	74	58	GB1042
缺口冲击强度(kJ/m^2)	0.62	6.4	34.8	GB1043

国外增韧剂材料尽管价格很高，但效果好，高性能增韧剂具有如下特点：增韧剂加入提高韧性同时，但其他物理性能下降较少，特别是强度；增韧的效果好，也就是说加入量少就能满足韧性要求；以上两个特征目前也是国产尼龙 66 增韧剂的发展方向。目前较为常用的高性能尼龙增韧剂有：(1)PEBAX，耐低温尼龙 66 增韧，即使达到－40 ℃，材料仍保持良好韧性；(2)SEBS1901(软段为氢化的聚丁二烯)，属于商品化的 SEBS 接枝材料；(3)沙林树脂，沙林树脂是乙烯-(甲基)丙烯酸锌盐、钠盐、锂盐等离子键聚合体，通过它改性后的尼龙 66 材料具有优异的低温抗冲击韧性、良好的抗磨损、刮擦性能、出色的抗化学药品性能和优异的熔融强度(熔融下拉伸不断裂)。

4. 增塑剂

增塑剂是为了增加尼龙 66 的塑性、改善加工性、赋予制品柔韧性的物质。增塑剂通常是一些高沸点、难以挥发的黏稠液体或低熔点的固体，一般不与塑料发生反应。添加增塑剂可降低塑料的玻璃化温度，使硬而刚性的塑料变得软而坚韧，一般地说，在高聚物中加入增塑剂后，因削弱了高分子之间的相互作用力，会导致材料的断裂强度下降，强度的降低值与加入的增塑剂量成正比，同时也能降低材料的屈服强度，在一定程度上可提高材料的韧性。增塑剂的种类很多，有通用增塑剂、耐寒增塑剂、耐热增塑剂、阻燃增塑剂等，尼龙 66 所带的微量水分对高分子链上带有亲水基团的尼龙 66 来说是也一种增塑剂，尼龙 66 吸水后模量和强度明显下降，断裂伸长率和冲击强度提高。但是尼龙 66 吸水过多会严重变形而影响其尺寸稳定性，即在吸水量超过某一临界值后，不仅强度下降，韧性也会变坏。

5. 热稳定材料

保持架可能在较高温度下长期运转，普通尼龙材料在长期热环境下会发生老化，质地变脆，导致性能急剧下降，热稳定剂的加入可以保证尼龙在长期受热环境下性能稳定，最大限度防止材料老化变质。保持架材料中增加热稳定材料作用如下：

(1)有力的保护保持架抵抗苛刻条件下的脆化和机械性能的过早下降；

(2)在 150 ℃下提供长期热稳定性；

(3)在酸性或者碱性条件下极大地改善抗水解性能；

(4)非常有效的抵抗热的油、脂的腐蚀；

(5)在加工过程中有效地保护尼龙不降解；

(6)非常好的兼容性，耐萃取性优异。

目前效果较好的热稳定剂是 BRUGGOLEN® H20/H2002，该热稳定剂的存在可使得尼龙变成棕色，它对尼龙有极好的热防护效果和兼容性。可以被用在所有深色的尼龙中，它的高效率不仅适用于非增强型尼龙，也适用于增强型尼龙中，特别是玻璃纤维增强类尼龙。

(三)保持架用高强增韧尼龙材料物理机械性能

表 2-3-11 针对国内外不同强化方法的尼龙 66 材料进行了性能对比，不同体系中加入的玻纤均采用偶联剂处理；其中 A3 采用 25%玻璃纤维增强，但材料没有加入增韧弹性体；ZYT—1 采用 33%玻璃纤维增强，ZYT—2 和 GC-1 均采用 25%玻璃纤维增强，这三种材料体系中均加入橡胶增韧弹性体，有些机械性能有所下降，但材料的冲击强度(韧性)大幅度提高。

表 2-3-11　保持架原料的实测性能

内　　容	单位	A3	ZYT-1	ZYT-2	GC-1
拉伸强度	MPa	154.5	151.7	121	118
弯曲强度	MPa	194	188.6	179	181
压缩强度	MPa	176	166	118	121
简支梁冲击强度(23 ℃缺口)	kJ/m^2	9.16	17.2	30	27
简支梁冲击强度(−50 ℃缺口)	kJ/m^2	7.94	8.4	11.3	10.6
玻纤含量	%	25	33	25	25
硬度(球压痕)	MPa	132.5	113	106	101
热变形温度	℃	265	270	261	263
吸水率	%	0.45	0.76	0.75	0.81
密度	g/cm^3	1.33	1.29	1.27	1.27

(四)保持架用工程塑料原材料的热稳定性及与润滑脂的兼容性

保持架长期工作在油脂环境中，在运行中有一定的温度，应考察润滑脂对运行中保持架性能的影响。将 A3 材料的测试样条分别置于 180 ℃的热空气中 200 h 和 140 ℃的Ⅱ型油脂介质中长达 1 000 h，前者考察保持架材料的热稳定性及热老化特型，后者考察材料的耐热介质及与油脂的相容特型。试验结果见表 2-3-12。

表 2-3-12　A3 玻璃纤维增强尼龙材料在不同温度及油脂条件下的性能变化

项　　目	未老化	180 ℃，200 h	Ⅱ型脂 140 ℃，1 000 h
拉伸强度(MPa)	154.5	117.5	141.8
弯曲强度(MPa)	194	161.8	182.6
简支梁缺口冲击强度(kJ/m^2)	9.16	6.5	6.44

在Ⅱ型脂中 140 ℃放置 1 000 h、热空气 180 ℃下放置 200 h 均已超出保持架正常工作氛围，从表 2-3-12 中数据可以看出，样品置于油脂中 140 ℃高温长时间老化与 180 ℃短期老化比较，前者性能下降幅度很小，说明即使在热脂中玻璃纤维增强尼龙材料也能满足保持架的使用工况要求。

第九节　油封材料

为了保证轴承的正常运转，对内防止轴承润滑脂的外泄，对外防止外部沙粒等杂质进入，油封起到将轴承的油腔与外界隔离的作用。早期的轴唇圈的唇部材料是由皮革定型而成，二次世界大战期间，合成橡胶开始应用于机械密封。主要品种有丁腈橡胶、丙烯酸酯橡胶和氟橡胶，此外还选用硅橡胶、聚氨酯、氢化丁腈橡胶、聚四氟乙烯油封唇口部分用等。机械密封从结构上分，可分为有骨架式、无骨架式、包胶式和包铁式。而以骨架式油封用的最多，目前铁路货车用油封就是骨架式油封。

20 世纪 70 年代末，国内开始试制橡胶油封应用于 197726 滚动轴承上。骨架采用低碳钢，橡胶采用丁腈橡胶。1979 年，第一批接触式橡胶油封用于 197726 轴承开始装车试验，应用于 21t 轴重车辆。通过改进后，该油封应用于铁路货车 20 多年。目前，云南的米轨铁路仍在使用 197720 接触式橡胶油封。1993 年，四方车辆研究所设计了迷宫式油封，1994 年开始装车试验，1998 年，352226X2-2RZ 迷宫式橡胶油封大批量应用，代替了 197726 接触式油封。2005 年，353130A 紧凑型迷宫式橡胶油封，批量应用于 C_{70} 型货车上。2006 年下半年，国内开始制造引进技术的 353130B 型轴承，其密封为组合迷宫式橡胶油封。

一、丁腈橡胶

在轴承中，轴承油封是对润滑脂起密封作用。铁路润滑脂主要由基础油、稠化剂、添加剂三部分组成。基础油主要有合成润滑油和矿物油。在通用橡胶中，丁腈橡胶的耐油性最好。丁腈橡胶(NBR)有以下特点：

(1)NBR 最大特点是耐油性(特别是耐矿物油、动植物油、液体燃料和溶剂)优异。研究表明，NBR 的耐油性与丙烯腈含量密切相关，随着丙烯腈含量的增大，丁腈胶的耐油性显著提高。丁腈橡胶的耐油性仅次于聚硫橡胶和氟橡胶，而优于氯丁橡胶。由于氰基有较高的极性，因此丁腈橡胶对非极性和弱极性油类基本不溶胀，但对芳香烃和氯代烃油类的抵抗能力差。

(2)NBR 的耐热性比天然橡胶等通用橡胶要好，它能在 120 ℃下长期使用。丁腈橡胶因含有丙烯腈结构，不仅降低了分子的不饱和程度，而且由于氰基的较强吸电子能力，使烯丙基位置上的氢比较稳定，故耐热性优于天然、丁苯等通用橡胶，选择适当配方，最高使用温度可达 130 ℃，在热油中可耐在 150 ℃高温。

(3)NBR 具有良好的耐低温性能，其玻璃化温度可低至－55 ℃，而且其耐寒性随着丙烯腈含量的增大而降低，与耐油性成反比关系。

(4)耐油橡胶中，NBR 的机械性能最为优异。NBR 的机械性能在很大程度上依赖于丙烯腈的含量，硫化胶的拉伸强度、定伸应力、硬度以及耐磨性随丙烯腈含量增加而提高，而回弹性则降低。丁腈橡胶的极性增大了分子间力，从而使耐磨性提高，其耐磨性比天然橡胶高 30%～45%。

表 2-3-13　NBR 在溶剂中的体积溶胀百分数(T=50 ℃，t=72 h)

	NBR-28	NER-33	NBR-38	CR	NR	SBR
汽油	15	10	6	55	250	140
1 号	−1	1.5	−2	−5	60	12
3 号	10	3	0.5	65	200	130
70%异辛烷、30%甲苯	53	41	28	—	—	—
二甲苯	150	100	80	300	350	320

缘于以上的优良性能，NBR 作为最通用的耐油橡胶，获得了广泛的应用，主要用于以下几个方面：①软管、衬垫、油封等与润滑油和燃油等油类接触的汽车用橡胶制品；②胶辊和鞋类等要求机械特性、耐药品性的橡胶制品；③树脂改性材料和粘合剂等。

丁腈橡胶的极性以及反式-1，4 结构，使其结构紧密，透气率较低，它和丁基橡胶同属于气密性良好的橡胶。

(5)丁腈橡胶因丙烯腈的引入而提高了结构的稳定性，因此耐化学腐蚀性优于天然橡胶，但对强氧化性酸的抵抗能力较差。

(6)丁腈橡胶是非结晶性橡胶，无自补强性，纯胶硫化胶的拉伸强度只有 3.0～4.5 MPa。因此必须经补强后才有使用价值,炭黑补强硫化胶的拉伸强度可达 25～30 MPa,而优于丁苯橡胶。

(7)丁腈橡胶由于分子链柔性差和非结晶性所致,使硫化胶的弹性、耐寒性、耐屈挠性、抗撕裂性差,变形生热大。耐油性较好的丁腈橡胶其耐寒性比一般通用橡胶差些,脆性温度为－10～－20 ℃。

(8)丁腈橡胶的极性导致其成为半导胶,不适于作电绝缘材料使用,其体积电阻只有 108～109 Ω·m,介电系数可达 7～12,为电绝缘性最差者。

(9)丁腈橡胶因具不饱和性而易受到臭氧的破坏,加之分子链柔性差,使臭氧龟裂扩展速度较快。尤其制品在使用中与油接触时,配合时加入的抗臭氧剂易被油抽出,造成防护臭氧破坏的能力下降。

(10)丁腈橡胶因分子量分布较窄,极性大,分子链柔性差,以及本身特定的化学结构,使之加工性能较差。表现为塑炼效果低,混炼操作较困难,混炼加工中生热高,压延、压出的收缩率和膨胀率大,成型时自黏性较差,硫化速度慢等。

(11)丁腈橡胶属于高价格橡胶之一。由于丁腈橡胶既有良好的耐油性,以保持有较好的橡胶特性,因此广泛用于各种耐油制品。

此外,许多特种丁腈橡胶,依其特性不同,又各有其专门用途。如羧基丁腈橡胶,由于引入了丙烯酸结构,可提高强力、耐磨及粘合性能;部分交联丁腈橡胶,由于引入了二乙烯基苯,可改进加工性能,有利压延、压出操作,减少半成品的收缩率和膨胀率;氢化丁腈橡胶(又称高饱和丁腈橡胶),其硫化胶在保持优异耐油性的基础上,提高了耐热性能。它的耐热性介于氯磺化聚乙烯、氯醚橡胶和三元乙丙橡胶之间,比普通丁腈橡胶的耐温约高 40 ℃;低温性能优于丙烯酸酯橡胶;耐胺性和耐蒸汽性优于氟橡胶,与三元乙丙橡胶相似;压缩永久变形性接近乙丙橡胶;压出性能优于氟橡胶。

丁腈橡胶还可与其他橡胶或塑料并用以改善各方面的性能。

二、轴承用橡胶油封的使用要求

(一)油封的使用环境条件

环境温度:－45～＋120 ℃。

接触介质:锂基润滑脂、中强碱水(浓度不大于 6%,时间不超过 10 min,温度不高于 80 ℃)。

使用寿命要求:货车滚动轴承橡胶油封的质量与性能应能在上述使用环境条件下保证一个厂修期或 5 年。

(二)橡胶油封的物理性能

根据 GB 7040《旋转轴唇形密封圈用胶料》,制定了铁道部运装货车[1999]424 号文《铁路货车滚动轴承橡胶油封技术条件》,以及《353130B 型轴承用 LL 油封技术条件》(运装货车[2006]401 号)的要求,橡胶物理性能要求详见表 2-3-14 和表 2-3-15。

表 2-3-14　迷宫油封的橡胶物理性能

物理性能	单位	胶料 THN-92 性能指标	试验方法
硬度,(邵尔 A)	度	75±5	GB/T531
扯断强度	MPa	≥11	GB/T528
扯断伸长率	%	≥150	GB/T528
压缩永久变形(热空气,100 ℃×22 h,压缩率 20%)	%	≤50	GB/T7759
热空气老化(120 ℃×24 h) 硬度变化 扯断强度变化率 扯断伸长变化率	 度 % %	 ＋10 －20 －30	GB/T3512
耐液体(100 ℃×24 h) 1 号标准油　体积变化率 3 号标准油　体积变化率	 %. %	 －10～＋5 0～＋20	GB/T1690
脆性温度　不高于	℃	－45	GB/T1682
耐碱系数(抗张积)(介质:碱水浓度 6%,温度: 80 ℃,时间 1 h)		0.85	GB/T1690

表 2-3-15　353130B 型轴承油封的橡胶物理性能

序号	性　能	单位	指标	试验方法
1	硬度　邵尔 A 拉伸强度　最小(C 试样) 扯断伸长率　最小(C 试样) 密度公差	度 MPa % g/cm^3	75±5 10 250 ±0.03	ASTMD2240 ASTMD412 ASTMD412 ASTMD297
2	热空气老化性能　125 ℃×70 h 硬度变化 拉伸强度变化率　最大(C 试样) 扯断伸长率变化率　最大(C 试样)	 度 % %	 0～+15 −30 −60	ASTMD573 ASTMD2240 ASTMD412 ASTMD412
3	耐 Ronex MP 润滑脂性能 100 ℃×7 天 硬度变化 体积变化 拉伸强度变化率　最大(C 试样) 扯断伸长率变化率　最大(C 试样)	 度 % % %	 −12～+12 −15～+15 −50 −50	ASTMD471 ASTMD2240 ASTMD471 ASTMD412 ASTMD412
4	压缩永久变形 100 ℃×22 h (B 试样)	%	25	ASTMD395
5	玻璃化转变温度(用 DSC 测试)　不高于	℃	−25	UNI EN ISO11357-1/-2
6	高温性能 100 ℃×1 000 h　硬度变化　最大	度	10	ASTMD573

注:密度值由制造方根据生产配方确定,胶料的颜色为灰色。

三、轴承用油封材料型号

以往减震器油封胶料中的生胶,多选用中等丙烯腈含量的 NBR-26,这对耐热、耐磨、耐油要求较高的油封来说,往往很难达到指标要求。若要提高胶料的耐热性、耐磨性和耐油性,则应选用高丙烯腈含量的丁腈橡胶如 NBR-33。但 NBR-33 的低温性能和弹性不能满足油封的技术要求。综合平衡应选择中高丙烯腈的丁腈橡胶(丙烯腈含量为 40%)或高丙烯腈和低丙烯腈丁腈橡胶并用,例如 NBR-40 并用 NBR 26 或 NBR18 比较合理。这样不仅能满足耐热、耐磨、耐油的要求,而且还兼顾了胶料的低温性能。并用少量的 NBR-26 还可改善胶料的弹性,在减震油中有适当的体积膨胀,对保证油封唇部的过盈量和自润滑性有利。

第三篇

辗钢车轮制造技术

车轮是人类在搬运东西的劳动实践中逐渐地发现的，是人类最古老、最重要的发明之一。直到青铜时代之前，车轮都是采用木材制成。金属的使用使得车轮的性能取得了长足的进步。钢铁出现后，木轮逐渐发展成为钢制车轮。

19 世纪初，乔治・史蒂文森的“火箭号”蒸汽机车及其牵引的 33 辆车辆就采用了铁质车轮。自此火车车轮就一直使用钢铁制造，但制造工艺和制造方法一直在演变着。从最早的生铁车轮发展为熟铁车轮，以及早期的铸钢车轮。这些铸造车轮，直到20 世纪初期大吨位锻压设备的使用，诞生了最早的锻造车轮之前，一直是车轮界的主宰。20 世纪 20 年代，英格兰的泰勒发明了车轮轧机，解决了生产效率的问题，出现了真正意义的辗钢车轮，并一举取代了铸造车轮，成为当年火车车轮的唯一生产工艺。20 世纪 50～60 年代美国人发明了新型铸钢工艺，并生产了现代铸钢车轮，以其低廉的成本在货车车轮领域崭露头角。随后两种工艺长期在世界上并存。目前，辗钢车轮是铁路机车车辆应用最广泛的车轮。

在 1964 年之前，我国使用的辗钢车轮都是进口的所谓“洋轮”。1964 年，我国依靠独立自主在马鞍山钢铁公司建成我国第一条辗钢车轮生产线。1998 年，太原重工引进国外设备建成我国第二条辗钢车轮生产线。2003 年和 2008 年，马钢又相继建成了第三条和第四条车轮生产线。至此我国成为世界上辗钢车轮生产能力最大的国家之一。

本篇主要介绍辗钢车轮的生产工艺和设备，并简要介绍了国外车轮生产线的情况。

第一章

辗钢车轮制造技术概述

整体辗钢车轮是指成型过程采取锻压-辗轧工艺制造的整体车轮，也称辗钢车轮。“整体”是为了与“带箍车轮”等分体车轮区分。后者原来主要用于机车等大型车轮，如东风$_{4D}$型内燃机车，韶山$_3$、韶山$_4$ 型电力机车等；也有用于车辆车轮的，如泰国国铁的车辆等依然采用“带箍车轮”。另外，一些“消音车轮”、“弹性车轮”等专利设计车轮，也采用了分体车轮。作为火车、轨道交通车轮的主导产品，整体辗钢车轮可以应用于世界所有的铁路和运行方式。

“辗钢”主要是与铸钢车轮的区分。后者的成型工艺采用了直接铸造成型工艺，一般用于货车，使用铸钢车轮的地区包括美洲、澳洲、南非，以及亚洲的中国、印度等国家。

目前世界上主要生产辗钢车轮的国家和工厂，以及采用的生产工艺见表 3-1-1。国内外主要车轮企业的冶炼-铸造技术与设备见表 3-1-2。

表 3-1-1 世界主要辗钢车轮生产线

序号	生产线	预成型	成型	轧制	压弯冲孔
1	马钢 1 线	3 000 t 水压机	8 000 t 水压机	卧式轧机	3 000 t 水压机
2	马钢 2 线	9 000 t 油压机		立式轧机	5 000 t 油压机
3	马钢 3 线	3 150 t 油压机	6 300 t 油压机	立式轧机	3 150 t 油压机
4	太重钢轮生产线	6 300 t 水压机	300 t 冲孔机	卧式轧机	2 500 t 水压机
5	法国 Valdunes	6 300 t 水压机	冲孔机	带芯棒立式轧机	
6	德国 BVV	8 000 t 水压机(含冲孔)		立式轧机	2 000 t
7	意大利 Luchini 1 号线	7 200 t 水压机		立式轧机	2 000 t 水压机
8	意大利 Luchini 2 号线	9 000 t 油压机		立式轧机	5 000 t 油压机
9	西班牙 CAF	9 000 t 油压机		立式轧机	5 000 t 油压机
10	美国 Standard Steel	10 000 t 压力机		立式轧机	4 000 t 压力机
11	俄罗斯下塔基尔	5 000 t 油压机	9 000 t 油压机	立式轧机	5 000 t 油压机
12	乌克兰	2 000 t 水压机+5 000 t 水压机	10 000 t 水压机	六辊卧式轧机	4 500 t 水压机
13	日本住友金属	3150 t 压力机		700 t 旋转锻造压力机	
14	俄罗斯维克萨	10 000 t 压力机		卧式轧机	3 000 t 压力机

表 3-1-2 国内外主要车轮生产企业车轮钢生产装备一览表

钢坯生产厂	车轮钢生产流程	冶炼装备	精炼装备	铸造装备
法国 Dunkerque	EAF+LF+RH+垂直连铸	85 t 交流电弧炉	LF 精炼炉+RH 真空炉	垂直圆坯连铸机(最大直径 ϕ325 mm)
意大利 Lucchini	EAF+LF+VD(VAD)+模铸	60 t 交流电弧炉	LF 精炼炉+ VD-VOD 真空炉	直桶圆锭模铸(最大直径 ϕ485 mm)
西班牙 CAF	EAF+LF+VD+模铸	35 t 交流电弧炉	LF 精炼炉+ VD 真空炉	圆锭模铸

续上表

钢坯生产厂	车轮钢生产流程	冶炼装备	精炼装备	铸造装备
日本住友金属	BOF+RH-PB+弧形连铸(模铸)	210 t 转炉	RH-PB 精炼炉	弧形圆坯连铸机(最大直径 ϕ360 mm)+圆锭模铸
德国克虏伯	BOF+LF+VD+弧形连铸	206 t 转炉	LF 精炼炉+VD 真空炉	弧形圆坯连铸机
中国马钢	BOF+LF+VD+弧形连铸	120 t 转炉	LF 精炼炉+VD 真空炉	弧形圆坯连铸机(最大直径 ϕ450 mm)
中国太钢	EAF+LF+VD+模铸	60 t 交流电弧炉	LF 精炼炉+VD 真空炉	圆锭模铸

辗钢车轮制造生产线所采用的典型制造工艺包括:炼钢、热成形、热处理、机加工以及检测。车轮钢是用于生产列车车轮产品的钢种,按用途可分为:客车轮用钢、货车轮用钢、整体机车车轮用钢等;按化学成分可分为碳素钢和低合金钢两大类,其中碳素钢为目前世界上最常用的钢种。按我国钢种分类标准,目前世界上所采用的车轮钢的碳含量均在 0.40%～0.80%之间,属于中、高碳优质碳素钢类。近年来,我国开展了“贝氏体”车轮的研究,在这一领域的研究处于世界先进水平,试制的货车用贝氏体车轮已经在环行线进行过实验,取得了良好的开局。

炼钢工艺包括炼钢、炉外精炼、浇注三部分。炼钢工艺可以选用平炉、转炉和电炉中的任一种。目前平炉已经基本淘汰,各个炼钢厂基本选用了后两种工艺,但前苏联在 1987 年也曾经试验过电渣重熔工艺。炉外精炼的种类较多,目前车轮钢精炼一般采用 LF 工艺,脱气采用 VD 或者 RH 型真空脱气工艺。浇注工艺有模铸锭和连铸坯两种。其中模铸锭包括圆锥锭、圆柱锭、六角锭、16 角锭等多种形式,早期也有方锭经过锻造或开坯成圆坯的。连铸圆坯有采用弧形连铸和垂直连铸两种。

按照一定的配尺切割好的钢坯按炉号(或批号)顺序送入加热炉内进行轧前加热。加热好的轮坯进入变形区域进行成型工序,钢坯的出炉温度一般小于 1 250 ℃。

辗钢车轮热成形工艺过程主要包括预成型、成型、轧制和冲孔压弯几个工步。表 3-1-1 所述生产线除日本的住友金属采用的成型工艺为压力机+旋转锻造法生产车轮的专利技术以外,均采用了成型压力机+车轮轧机+压弯压力机的方式。其主要区别有两点:成型压力机的变形方式和车轮轧机的形式。

成型工序的功能是将圆形坯料经过镦粗、预成型和成型工步,成型为车轮的基本形状,其中轮毂、轮毂孔部位成型结束,辐板和轮辋部分金属分配完成,且成基本形状。其变形方式一般分为预成型和成型工步,根据各生产厂的工艺不同,有的是在一台压机的两个工位上完成,如马钢 2 线、太重、法国瓦顿(Valdunes)、德国波鸿(BVV)等;有的是在两台压机上完成,如马钢 1、3 号线,俄罗斯、乌克兰工厂的生产线。

车轮轧机的作用是将车轮辐板辗轧扩径,轮辋轧制到指定高度,并形成踏面和轮缘。车轮轧机按照工件轴心的方向进行划分,工件对称轴与地面垂直的称为“卧式轧机”,平行的称为“立式轧机”。目前世界上新建及改造的车轮生产线均采用了立式车轮轧机,卧式轧机主要在俄罗斯、乌克兰工厂、马钢 1 号线、太重等工厂。两者均属于多辊特殊轧制轧机。在扩径和轮缘形成过程中,二者变形区金属流动方式存在稍许差异。

辐板压弯工序,起到平整轮辋,且将辐板压弯变形到所需要的位置,大多数生产厂还在这一步完成轮毂孔冲孔。冲孔压弯方式分为压力机和旋转锻造机两种形式。其中旋转锻造机为日本住友金属的专利技术,全世界也仅有住友金属采用这种方式。旋转锻压机是将车轮轧机、压弯和冲孔三道工序合成一道工序,一次性辗压成型辐板、轮辋,并完成冲孔。这项技术原来多用于环形件的轧制成型,住友金属将其发展到车轮成型工艺,并形成专利技术。而多数厂家采用的压弯冲孔压力机工艺,则是通过模具直接将辐板压弯到指定位置,并通过双工位的冲头将轮毂孔内的金属,通过剪切变形完成冲孔。

完成热变形的轮坯,温度为 850～950 ℃,控制冷却速度,一般有缓冷和等温工艺,将车轮缓慢冷却到室温,等待下一步的生产。

车轮的使用性能是通过力学性能等间接指标来表述的,因此车轮需要得到怎样的使用性能,是需要选择化学成分与合理的热处理工艺相结合,得到相应的力学性能,来确定其适用于何种运输条件的。在选定化学成分后,采用何种热处理工艺就成了车轮的关键工序。火车车轮热处理的主流工艺为轮辋淬火+回火。早期还有一些生产厂采用过轮辋浸入式淬火+回火工艺,以及正火等工艺。淬火方式上也有连续式淬火、间歇淬火、立式淬火、卧式淬火等。我们介绍的是主流工艺,即轮辋淬火+回火。

车轮的淬火＋回火工艺，是把车轮毛坯加热到奥氏体化温度 Ac_3＋30 ℃～50 ℃以上，并保温一定的时间，使各部位温度均匀，组织全部转变为奥氏体。然后采用车轮淬火设备将轮辋通过喷水处理，冷却致低于转变温度以下，然后在 500 ℃左右进行回火的工艺。经过这一处理工序，车轮轮辋得到稳定均匀的细珠光体＋铁素体组织，CL60 钢车轮轮辋断面硬度在 270～340 HBW 之间，抗拉强度在 1 000 MPa 左右，车轮整体表现为残余压应力状态。有些车轮会在浅表层有少许的贝氏体以及回火索氏体组织，但一般在后续加工时被去除掉。

热处理后的车轮需要进行常规性能解剖检测。一般需要对每个炉号，同一热处理批次的车轮，随机取样进行解剖。目前铁标车轮检查的主要内容有：残余应力、化学成分、拉力、冲击、组织、低倍、高倍夹杂物等。国家标准中还有落锤试验等内容。

解剖检验合格的车轮坯将进入最后的成品加工工序。由于车轮是饼型回转体零件，因此绝大多数的厂家均采用专用或通用立式车床进行车轮加工。车床的选择根据各厂的工艺不同有较大的不同。一般有单机式、单机组合式以及生产线等几种。另外，随着轨道交通和高速客车的营运，以及轮对技术的发展，还需要一些专用机床进行诸如注油孔、消音槽、幅板孔等特种加工。

与其他钢材不同的是，车轮在线检测是作为一项工序存在的。加工到最终尺寸的车轮，要 100％经过众多的检测项目才能完成生产工序。车轮的在线检测内容较多，尤其是以 UIC812-3 标准为基础的质量体系。主要内容涉及静平衡检测、硬度、外观肉眼检查、超声波探伤、磁粉探伤、关键尺寸检查等。对于采用 AAR 标准体系的车轮，还需要进行辐板的喷丸强化。

总之，车轮的生产是一种非常复杂的流程性生产。介于钢铁材料的大规模单一性生产和机械零件的批量化生产之间，具有两种典型生产流程的特性。因此其生产组织也是比较复杂的。后面将详细介绍每一种生产方式和生产工序的特点，并加以讨论。

第二章
辗钢车轮的炼钢工艺及设备

第一节 国内外辗钢车轮冶炼—铸造工艺技术装备综述

一、国内外车轮钢冶炼工艺装备情况

目前，世界上主要车轮钢生产企业的生产工艺按流程基本分为以下两大类：

一是：高炉铁水→铁水预处理→氧气顶底复吹转炉冶炼→精炼炉精炼→VD(RH)炉脱气→圆坯连铸(圆锭模铸)以铁水为主要炼钢原料的长流程生产模式，如日本住友、中国马钢采用该流程。

二是：电弧炉冶炼→精炼炉精炼→VD(RH、VOD)炉脱气→圆坯连铸(圆锭模铸)的以废钢为主要炼钢原料的短流程生产模式，如法国、意大利、中国太钢等。

从冶炼炉型本身对车轮钢的影响角度来看，并无实质上区别，只是生产的效率和成本问题。国外用于车轮钢的冶炼多采用电炉工艺，如法国、意大利等，我国和日本采用转炉工艺，这主要同各国的冶金制造技术的发展、应用以及冶金资源状况等有关。另外由于车轮用途和制造工艺特点，国外车轮制造企业并无自己的车轮用原料的生产厂(车间)，而是采用钢坯外购的方式。表 3-1-2 列举了国内外主要车轮制造企业的车轮钢生产流程及装备情况。

二、车轮钢冶炼装备及工艺特点

国内外车轮钢钢水的冶炼装备基本为平炉、转炉、电炉三大类型，随着世界炼钢技术的发展，平炉因高能耗、高污染、低产能而被先进的转炉、电炉工艺所取代，目前世界上车轮钢的冶炼炉主要为交流电弧炉和氧气顶吹转炉两种类型。从目前电炉和转炉生产技术看，尽管是两种不同的生产工艺，但随着炉外精炼技术的发展，转炉和电炉不再是传统的转炉与电炉炼钢，而是仅为车轮钢冶炼流程中一个钢水初炼工序，钢水进一步的合金化、成分的微调、脱氧脱气，去除夹杂及夹杂物处理则转移到下一道炉外精炼工序进行，因此，无论是转炉还是电炉冶炼，只要能具备优质、稳定的原材料，合理的生产工艺，配合精细操作控制，电炉冶炼车轮两种炉型均能生产出高质量的车轮钢。电炉和转炉冶炼主要装备和工艺特点对比如下。

1. 电炉炼钢装备及工艺特点

电炉炼钢是利用电能作热源来进行冶炼的，这里所说的电炉一般是指交流电弧炉和直流电弧炉，目前世界上车轮钢电炉冶炼设备均为交流电弧炉。交流电弧炉主要由炉体部分、供电系统、辅助系统组成。随着电炉的超高功率化和炉外精炼技术的应用，近年来电弧炉的外围技术发展很快，采用了水冷炉壁、水冷炉盖、助燃烧嘴、偏心炉底出钢、底吹气搅拌、氧枪吹氧、水冷复合电极、电极喷水冷却、废钢预热、铁水热装、计算机应用等技术。图 3-2-1 为电炉结构。

随着世界钢铁生产的发展，电炉钢的比例不断提高，目前占世界钢产量的 30%左右，尤其以电炉—连铸为特点的电炉短流程工艺的确立，使电炉钢得到了很大的发展。电炉炼钢是目前世界各国生产特殊钢的主要方法，它具有一系列的优点：

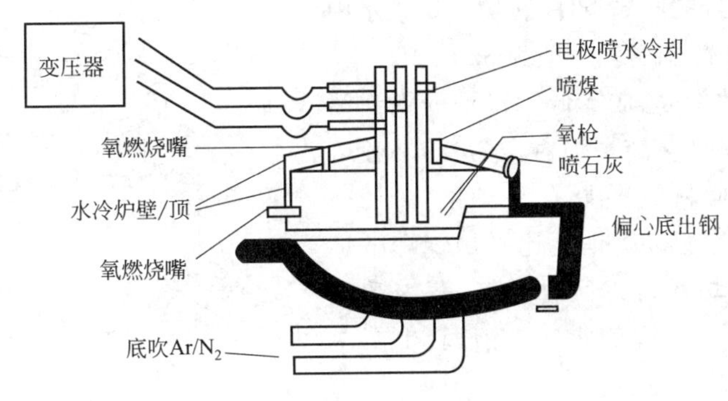

图 3-2-1　电炉结构图

(1)电炉炼钢的设备比较简单,投资少,基建速度以及资金回收快。

(2)因电炉炼钢的热源来自于电弧,温度高达 4 000～6 000 ℃,并直接作用于炉料,所以热效率较高,一般在 65%以上。此外,在冶炼过程中,提高钢液温度灵活,容易冶炼含有难熔元素 W、Mo 等高合金钢。

(3)电炉炼钢不仅可去除钢中的有害气体与夹杂物,还可脱氧、去硫、合金化等,故能冶炼出高质量的特殊钢。此外,电炉钢的成分易于调整与控制,也能熔炼成分复杂的钢种,如不锈耐酸、耐热钢及其他高温合金等。

(4)电炉炼钢可采用冷装或热装,不受炉料的限制,并可用较次的炉料熔炼出较好的高级优质钢或合金。电炉还能将高合金废料进行重熔或返回冶炼,从而可回收大量的贵重合金元素。

(5)适应性强,可连续生产,也可间断生产,就是经过长期停产后恢复也快。

目前,由于炼钢电炉的大型化、超高功率化及冶炼工艺的强化,并与不断发展完善的二次精炼和连铸连轧技术相配套,已形成了自动化、机械化水平高、能耗低的专业生产体系,使得它在钢的生产中更具有竞争力。

电炉炼钢的缺点有:

(1)电弧是点热源,炉内温度分布不均匀,熔池各部位的温差也较大。

(2)炉气或水分,在电弧的作用下,能离解出大量的 H、N,而使钢中的气体含量增高。电炉钢一般含氢约为$(3\sim5)\times10^{-6}$,含氮$(40\sim100)\times10^{-6}$。

(3)由于电炉冶炼主要原料废钢混杂,电炉钢的残余有害元素无法有效控制。

2. 转炉炼钢装备及工艺特点

转炉冶炼是世界上最主要的炼钢装备,传统的转炉炼钢过程是将高炉来的铁水经混铁炉混匀后兑入转炉,并按一定比例装入废钢,然后降下水冷氧枪以一定的供氧、枪位和造渣制度吹氧冶炼。当达到吹炼终点时,提枪倒炉,测温和取样化验成分,如钢水温度和成分达到目标值范围就出钢,然后,钢水吊运至送模铸场或连铸车间铸锭。

近年来,随着炼钢技术的快速发展,以及用户对钢材性能和质量的要求越来越高,钢材的应用范围越来越广,同时钢铁生产企业也对提高产品产量和质量、扩大品种、节约能源和降低成本越来越重视。在这种情况下,转炉生产工艺流程发生了很大变化,铁水预处理、复吹转炉、炉外精炼、连铸技术的发展,打破了传统的转炉炼钢模式。目前由单纯用转炉冶炼发展为铁水预处理—复吹转炉吹炼—炉外精炼—连铸这一新的工艺流程。这一流程以设备大型化、现代化和连续化为特点。氧气转炉已由原来的主导地位变为新流程的一个环节,主要承担钢水脱碳和升温的任务了。

转炉冶炼装备主要由炉体、支承装置、倾动机构、供氧系统、上料设备、辅助设备等组成,图 3-2-2 为转炉装备示意图。

转炉炼钢的原材料分为金属料、非金属料和气体。金属料包括铁水、废钢、铁合金,非金属料包括造渣料、熔剂、冷却剂,气体包括氧气、氮气、氩气、二氧化碳等。

氧气顶吹转炉炼钢工艺有如下优越性:

(1)吹炼速度快、生产率高。氧气顶吹转炉吹炼过程中,铁水中的 Si、Mn、P、C 等元素的氧化速度非常快。顶吹转炉的生产周期一般为 30～40 min。

(2)冶炼的品种多、钢水质量好。氧气顶吹转炉可以冶炼全部平炉冶炼的钢种和部分电炉冶炼的钢种,有碳素钢、低合金钢、中合金钢等。由于炉外精炼技术的发展,转炉几乎可冶炼全部的钢铁产品。由于转炉冶炼炉内反应剧烈，具有较好的脱气条件，转炉冶炼钢水中氮含量一般为$(20\sim40)\times10^{-6}$，氢含量一般为3.0×10^{-6}。

(3)原材料消耗少、热效率高、成本低。转炉的钢铁消耗一般在1 100～1 300 kg/t钢；转炉炉衬寿命长，一般可达上万次，从而吨钢耐火材料消耗只有平炉的30%～50%，所以氧气顶吹转炉的燃料动力消耗比平炉钢和电炉钢都低。此外，氧气顶吹转炉还可以回收煤气、蒸汽和烟尘加以利用，有可能实现零能耗或负能耗炼钢，其生产率又高，所以氧气顶吹转炉钢的成本低。

(4)基建投资省、建设速度快。氧气顶吹转炉的炉体轻且结构简单，厂房占地面积少，基础工程简单，因此投资省，建设速度快。

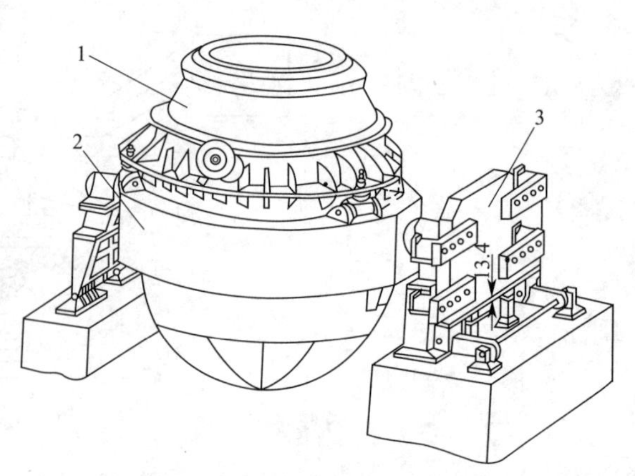

图 3-2-2 转炉装备示意图

1—炉体；2—支承装置；3—倾动机构

(5)氧气顶吹转炉容易与连续铸钢相匹配。氧气顶吹转炉炼钢生产周期短，且比较均衡，有利于与连铸相匹配协调，比较容易实现多炉连浇，利于提高铸机的作业率，也利于实现自动控制和综合利用。

三、车轮钢精炼装备及工艺特点

1. 炉外精炼技术概述

炉外精炼技术是当今冶金技术中一个重要组成部分和关键技术，是生产优质钢的必要手段，是炼钢—炉外精炼—浇铸生产过程中一个必不可少的重要环节，尤其是炉外精炼与连铸相匹配，它既充当了初炼炉与连铸机之间的缓冲器，同时为连铸机提供适合需要的钢水，是保证连铸生产顺利进行、扩大连铸品种、提高铸坯质量的重要步骤。

所谓炉外精炼技术(又称二次精炼技术)是指将转炉、电炉初炼的钢水转移到另一个容器(钢包或中间罐内)中进行精炼的过程。因此，炉外精炼把传统的炼钢过程分两步进行：

首先是初炼。在氧化性气氛下进行炉料的熔化、脱磷、脱碳和合金化；其次是精炼。在真空、惰性气氛或可控气氛下进行脱氧、脱硫、去除夹杂、夹杂物变性、微调成分、控制钢水温度等。

尽管炉外精炼方法多样，但却存在许多共同点。按炉外精炼技术的作用可分为：渣洗、真空脱气、搅拌、升温、喂线或喷粉、过滤等，许多精炼装置具备上述的一种或多种精炼效能。

(1)渣洗：获得洁净钢并能适当进行脱氧、脱硫的最简便的精炼手段。

(2)真空：将钢水置于真空室内，由于真空作用使反应向生成气相方向移动，达到脱气、脱氧、脱碳等的目的，是炉外精炼中广泛应用的一种方法。

(3)搅拌：通过搅拌扩大反应界面，加速反应过程，提高反应速度，以及均匀钢水成分和温度，促进夹杂物上浮和钢渣反应。搅拌方法：吹氩搅拌，电磁搅拌。

(4)加热：调节钢水温度的一项重要手段，使炼钢与连铸更好地衔接。加热方法：电弧加热，化学热法。

(5)喷吹：将反应剂加入钢液内的一种手段，喷吹或喂线的冶金功能取决于精炼剂的种类。它们完成脱碳、脱硫、脱氧、合金化和控制夹杂物形态等精炼任务。

(6)过滤：随着技术的进步出现的一种新的精炼手段，如利用陶瓷过滤器将钢中的氧化物夹杂等过滤掉。

最为常见的精炼方法有CAS、CAS-OB、LF、RH、RH-PB、RH-OB、VD、VOD等，各种精炼方法示意图如图3-2-3所示。

在现代化钢铁生产流程中，二次精炼的作用主要是：

(1)承担初炼炉原有的部分精炼功能，在最佳的热力学和动力学条件下完成部分炼钢反应，提高单体设备的生产能力。

(2)均匀钢水，精确控制钢种成分。

(3)精确控制钢水温度，适应连铸生产的要求。

(4)进一步提高钢水纯净度，满足成品钢材性能要求。

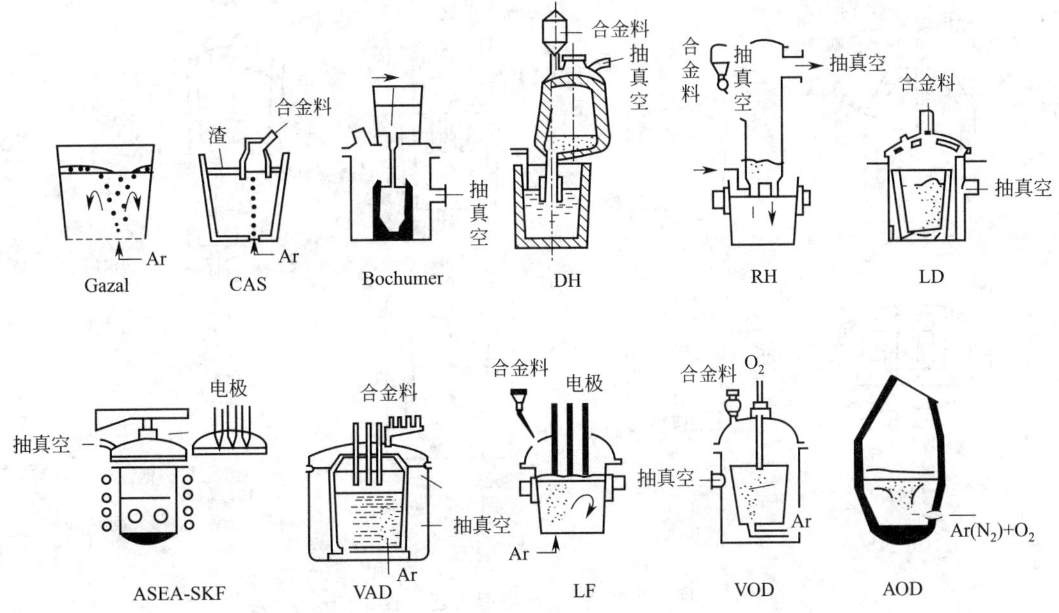

图 3-2-3 各种主要的精炼方法示意图

(5)作为炼钢与连铸间的缓冲,提高炼钢车间整体效率。

表 3-2-1 给出各种二次精炼设备的冶金功能及比较。可以看出,精炼设备通常分为两类:一是基本精炼设备,在常压下进行冶金反应,可适用于绝大多数钢种,如 LF、CAS-OB、AOD 等;另一类是特种精炼设备,在真空下完成冶金反应,如 RH、VD、VOD 等只适用于某些特殊要求的钢种。

表 3-2-1 各种二次精炼设备的冶金功能

精炼工艺	精炼设备	搅拌	升温	合金化	精炼功能					生产调节
					脱气	脱碳	渣洗	喷粉	夹杂物处理	
非真空处理	CAS-OB	▲	▲	▲	—	—	□	—	△	▲
	CAB	□	▲	□	—	—	□	—	□	□
	LF	△	▲	▲	—	—	▲	—	▲	△
	AOD	▲	▲	△	□	△	△	—	△	□
真空处理	RH	▲	△	▲	▲	▲	□	▲	△	▲
	VD	△	—	▲	▲	□	△	—	△	△
	VOD	△	△	▲	▲	▲	△	▲	△	△

▲ 强 △ 一般 □ 较弱 —不具备

洁净钢生产按炼钢—精炼—连铸工艺所推荐的工艺流程和控制技术如图 3-2-4 所示。

2. 车轮钢炉外精炼技术

车轮钢是铁路列车车辆运行的行走部件,其质量的好坏直接影响列车运行的安全和高效。为了保证车轮钢具有较高的内在质量,国内外对车轮钢的精炼技术一直给予高度重视。目前世界上车轮钢的精炼装置主要有 LF、ASEA-SKF、LFV、VD、RH 几大类。基本精炼工艺流程有两类:

①LF+VD 工艺:如意大利 Lucchini、中国马钢公司、德国克虏伯、西班牙 CAF 等;

②LF+RH 工艺:如日本住友金属、法国 Valdunes 等。

(1)LF 钢包精炼炉

LF 炉(Ladle Furnace)一般被称为钢包精炼炉,是 20 世纪 70 年代初开发,现已大量推广应用并成为当代最主要的炉外精炼设备。LF 炉通过电弧加热、炉内还原气氛、造白渣精炼、气体搅拌等手段,强化热力学和动力学条件,使钢水在短时间内达到脱氧、脱硫、合金化、升温等综合精炼效果。确保达到钢水成分准确、温度均匀、夹杂物充分上浮净化钢水的目的,同时很好地协调炼钢和连铸工序,保证多炉连浇的顺利进行。

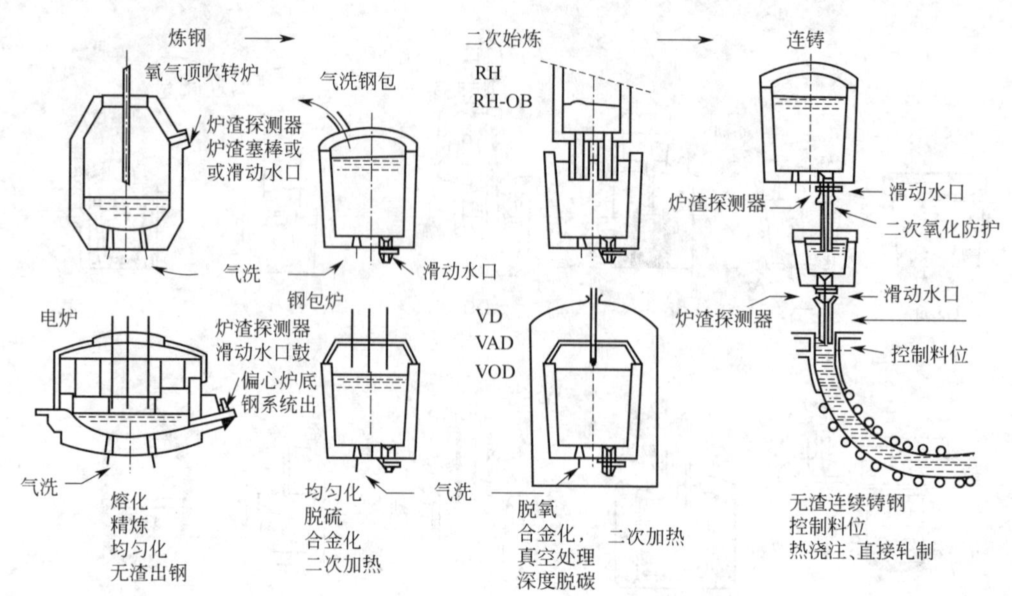

图 3-2-4 洁净钢生产工艺流程

LF 炉是以电弧加热为主要技术特征的常压下的炉外精炼方法，包括电极加热系统、合金与渣料加料系统、底透气砖吹氩搅拌系统、喂线系统、炉盖冷却水系统、除尘系统、测温取样系统、钢包及钢包车控制系统等。LF 精炼装置示意图见图 3-2-5。

LF 炉主要有如下独特的精炼功能：

①埋弧加热。LF 炉采用石墨电极加热，加热时电极插入渣层中进行埋弧加热，因而辐射热小，减少对包衬的损坏，热效率高。

②氩气搅拌。通过钢包底吹氩气搅拌加速钢-渣之间的物质传递，利于脱氧、脱硫反应的进行，并促进夹杂物的上浮去除，特别是对 Al_2O_3 类型的夹杂物上浮去除更为有利。同时加速钢水温度和成分的均匀，达到精确地调整钢水的成分。

③炉内还原气氛。钢包与炉盖密封起到隔绝空气的作用，加之石墨电极氧化产生 CO 气体，炉内形成了还原气氛，钢水在还原条件下进一步脱氧、脱硫及去除非金属夹杂物，并避免增氮。

④白渣精炼。LF 炉精炼的白渣是 $w(FeO) \leqslant 0.8\%$ 的还原渣。通过高碱度的还原渣，借助氩气搅拌，实现有效的扩散脱氧、脱硫和去除非金属夹杂物。

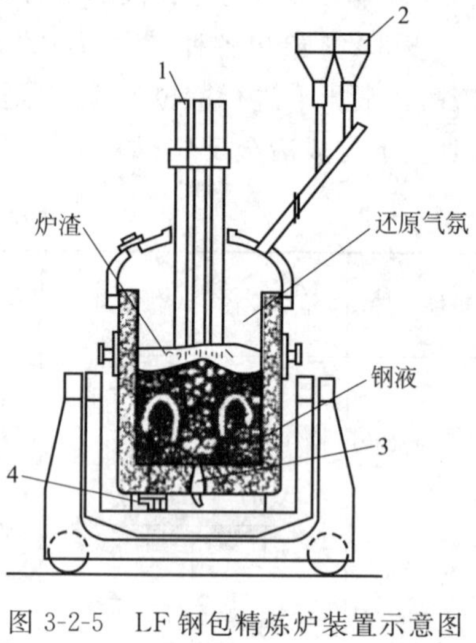

图 3-2-5 LF 钢包精炼炉装置示意图
1—电极；2—合金料仓；
3—透气砖；4—滑动水口

⑤LF 炉上述精炼功能互相渗透，互相促进。炉内的还原气氛，在加热条件下的吹氩搅拌，提高了白渣的精炼能力，创造了一个理想的精炼环境，从而使钢的质量显著提高。

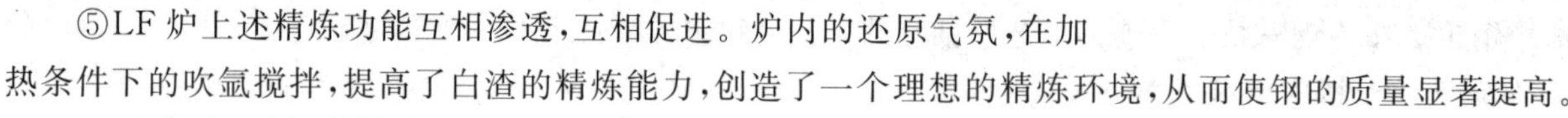

(2)RH 真空循环脱气法

RH 法又称真空循环脱气法，是德国鲁尔钢铁公司(Ruhrstahl A·G)和海拉斯公司(Heraeus)两家公司 1957 年共同发明的，故简称 RH 法。在该装置中，钢液的真空脱气在一座特殊的真空室中进行。这个真空室内砌有耐火砖衬，其底部有两个用耐火材料制成的并可插入钢液中的管子，当向其中一根管中通入驱动气体，就能促使钢包中的钢液，经真空室而循环。这种循环做到了用一个较小的真空设备，分批处理大量钢液。RH 法脱气效果好，处理过程中降温少，处理容量的适应性强，所以发展较快，应用较广。RH 多配备于大吨位的转炉和板坯连铸车间，主要用于生产低碳、超低碳钢等。

RH 法可分为轻处理和本处理。轻处理就是充分发挥 RH 具有的搅拌、脱碳、去氢功能，在低真空条件下对未脱氧钢水进行短时间处理，同时将钢水温度，成分调整到适于浇铸条件的工艺。而本处理处理时间长，主要是实现深脱碳的目的。一般单纯 RH 已不多见，为了更好发挥 RH 功能，RH 多配置吹氧、喷粉装置以提高 RH 深脱碳和脱硫及夹杂物控制能力，最为典型的有 RH-OB、RH-PB 等。

RH 法的设备主要由以下几个部分组成，RH 装备示意图见图 3-2-6。

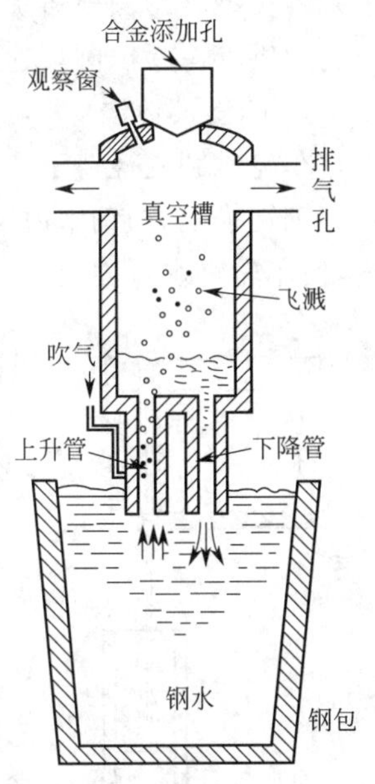

图 3-2-6　RH 法装置示意图

①真空槽：其形状如图所示，下部为钢液升降管，中部有吹气孔，上部有排气孔，连接真空泵，顶部为合金添加孔。

②钢包移动及升降装置：为了把钢包送到真空室下方，无论真空室垂直升降还是固定不动式，都需要钢包移动台车，固定不动式的钢包台车还要有钢包的液压升降装置，以便把升降管插入钢液内。

③排气装置(真空泵)：通常使用蒸气喷射泵排气能力要能保证在 0.5 mmHg 压力下，达到 200～400 kg/h左右。

④加热装置：为了减少脱气过程中的钢液温降和防止喷溅钢液滴粘结在真空室内壁上，真空室要进行预热，预热方式可采用气体或液体燃料通过预热孔喷入燃料燃烧的方式，也可以采用插入电加热器的方式。

⑤合金添加装置：合金添加装置安装在真空室的顶端，主要是一个密封料斗。合金可以预先加入料斗，也可以在脱气过程中加入料斗，然后经过振动给料器加入真空室。

RH 法有以下精炼功能：

①真空脱碳：在 25 min 处理周期内可生产出[C]≤0.002%的超低碳钢水。

②真空脱气：可生产[H]≤1.5×10^{-6}，[N]≤20×10^{-6}的纯净钢水。

③脱硫、磷：RH 法脱硫效果较差，但若配置喷粉装置(RH-PB)处理后可生产出[S]≤0.001%、[P]≤0.002%的超低硫、磷钢。

④均匀钢水温度：可保持连铸中间包钢水温度波动不大于 5 ℃。

⑤均匀钢水成分和去除夹杂物：可生产出 T、O≤15×10^{-6}的超纯净钢。

(3) 真空脱气法

VD 法(Vacuum Degassing)称为真空脱气法，是由美国芬克尔父子公司(A. Finkl & Sons)将简单的钢包吹氩与真空脱气相结合，形成一种钢包真空处理方法。它是在真空度为 13.33～266.64 Pa 下精炼，有很好的去气和脱氧效果。VD 法具有脱氧、脱气、脱硫及合金化等功能。主要用于生产中高碳钢、轴承钢、钢帘线钢等钢种。

钢包脱气法只有钢包上部一层钢液与真空作用，所以脱气效果差。而 VD 法的精炼手段是吹氩搅拌与真空相结合，真空状态下吹氩搅拌钢液，一方面增加了钢液与真空的接触界面积；另一方面从包底上浮的氩气泡吸收钢液内溶解的气体，加强了真空脱气效果，脱氢率可达到 42%～78%，同时上浮的氩气泡还能黏附夹杂物，促使夹杂物从钢液中排除。使钢的纯净度提高，清除钢的白点和发纹缺陷。

VD 真空脱气法具有如下精炼效果：

①脱氧：经 VD 法精炼后钢中全氧含量在$(12\sim27)\times10^{-6}$之间，溶解氧含量一般为$(7\sim15)\times10^{-6}$，溶解氧的脱除率平均为 82%。

②脱氢：脱氢率平均 55%，氢含量为可达 2.0×10^{-6}以下。

③温度均匀：处理前不同部位的温差为±20 ℃，处理后为±3 ℃。

④夹杂物形态有了根本改善：VD 脱气配合喂线处理，可以有效脱除钢中夹杂物，使 Al_2O_3 夹杂物得到充分变性上浮排除，有效解决车轮钢踏面剥离破损质量问题。

⑤脱硫：VD 法在真空条件下，吹氩使钢渣反应重复，脱硫率可达 40%以上。

目前，国内外冶炼生产企业所配置的二次精炼设施，都以 LF+VD 为主，其主要为生产高、中碳钢、弹簧钢、合金钢等。RH 较多配备于大吨位的转炉和板坯连铸车间，主要生产低碳、超低碳钢等。对比 RH、VD 法生产车轮钢，RH 法脱氢效果优于 VD 法，但 VD 法脱氧、脱氮、脱硫效果则优于 RH 法。同时 VD 法较 RH 法在投资、运行费用等方面均具有明显优势，针对车轮钢特点及质量要求，选用 VD 法较佳。

四、车轮钢浇铸技术

钢的浇铸技术，就是把在炼钢炉中熔炼和炉外精炼所得到的合格钢水，经过盛钢桶及中间罐等浇注设备，注入到一定形状和尺寸的钢锭模或结晶器中，使之凝固成为钢锭或钢坯。车轮钢的浇铸方式一般分为以下几种类型;(1)圆模铸锭;(2)采用圆坯连铸机连铸成圆坯;(3)钢锭经初轧开坯或预锻造圆钢坯。当今世界车轮用钢坯主要以圆坯连铸和圆模铸锭法为主。

1. 圆锭模铸法

车轮钢圆锭浇铸工艺,是指将转炉、电炉冶炼出的钢水注入钢水包,经钢水二次精炼出的合格钢水后吊运到钢锭模上方,钢水由钢水包底部水口注入中注管,钢液再由中注管、汤道,自钢锭模的下部进入钢锭模内,使车轮钢水凝固成钢锭,钢锭后经脱模、钢锭表面清理后成合格的车轮用钢锭的过程。

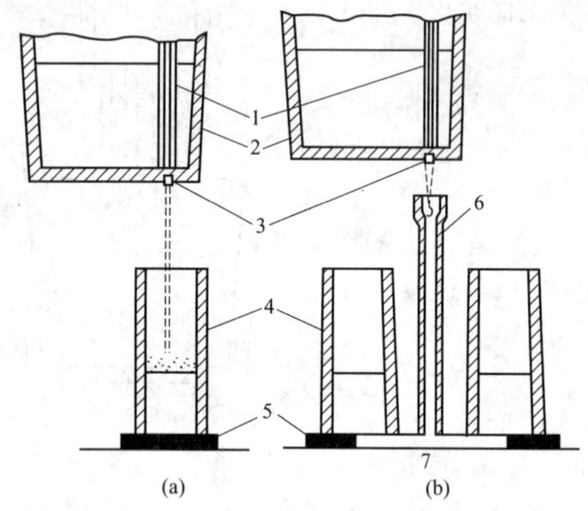

图 3-2-7 模铸的上注与下注法示意图

1—塞棒;2—钢包;3—水口;4—钢锭模;5—底盘;6—中注管;7—汤道

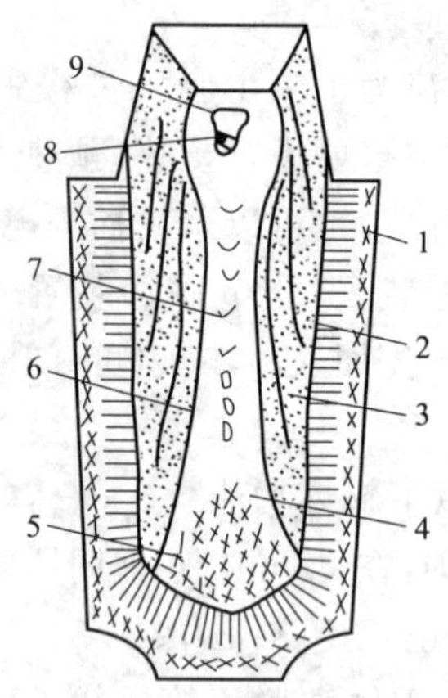

图 3-2-8 车轮钢钢锭结构及偏析示意图

1—细小等轴晶带;2—柱状晶带;3—过渡晶带;4—粗大等轴晶带;5—负偏析沉积锥体;6—∧形偏析;7—∨形偏析;8—缩孔下正偏析区;9—缩孔

此外,根据钢液由钢包桶注入钢锭模的方式不同,又将模铸分为上注法和下注法。钢液由钢锭模上口直接注入模内者称为上注[见图 3-2-7(a)];钢液经中注管、汤道从模底进入模内者称为下注[见图 3-2-7(b)]。车轮钢的浇铸一般采用下注法浇铸。

模铸的主要设备、辅助材料为:钢包、钢锭模、底板(盘)、铸锭车、中注管、保温帽;辅助材料有汤道、中注管等内耐火材料,保护渣、绝热板等。

下注法具有如下优点:能同时浇注若干支钢锭;钢液在模内上升平稳,钢锭表面质量好;有利于钢中气体向上排出,是最常用的模铸方法。其缺点是:铸锭准备工作复杂;增加浇注系统耐火材料的消耗量,导致钢锭成本增加;由于钢液对耐火材料的浸蚀,可能使钢中夹杂物增加;钢锭上部钢液温度低,不利于钢液的补缩,使钢液内部质量不如上注。

上注法的优点是:铸锭准备工作简单;耐火材料消耗少,钢水收得率高,钢锭成本低;由于耐火材料浸蚀产生的夹杂物少,浇注速度比下注快,注温可比下注低;由于模内高温钢液始终位于钢锭上部,并可反复进行添注,因此,有利于减少翻皮、缩孔和疏松等缺陷,钢锭内部质量好。上注法的缺点是:一次只能浇一支或2～4 支(采用中间罐)钢锭;开浇时易引起飞溅,造成结疤、皮下气泡等缺陷;同时,由于钢水对模底的冲刷,容易烧坏钢锭模和底板,钢模消耗较高。为减轻上注时钢液的压力,可采用中间漏斗或中间盛钢桶,以降低其液面高度,使钢液入模速度下降;为防止钢液飞溅,还可采取将模底做成球形,锭模内表面喷以涂料以及模内放置防溅筒等措施。

采用哪一种浇注方法,应根据钢锭大小、钢种特点和生产条件等合理选择。对表面质量要求严格的钢,宜采用下注;对内部质量要求较高钢宜采用上注。小钢锭适于下注;沸腾钢适于下注,半镇静钢适于上注。

车轮钢是铝镇静钢,其钢锭的结构及偏析示意图见图 3-2-8。镇静钢锭具有组织致密,无分散气泡,成分比较均匀,轧成的钢材具有较良好和均匀的机械性能。但钢锭头部有缩孔,切头损失大,成材率低。

车轮钢钢锭的主要缺陷可笼统的分为两大类:一类是表面缺陷,一类是内部缺陷。

表面缺陷有:裂纹、结疤、重皮、气泡、翻皮、截痕等。在钢锭加工时,这些缺陷会引起表皮开裂现象。此类缺陷比较容易发现,程度较轻时可以清理。

内部缺陷有:缩孔、疏松、偏析、夹杂、白点、内裂等。这类缺陷,对钢材性能的危害很大,甚至使钢报废。车轮钢钢锭的主要缺陷及其成因、防止方法见表 3-2-2。

表 3-2-2 车轮钢锭的主要缺陷、成因及防止措施

缺陷名称	轧后特征	缺陷成因	防止或减少缺陷的措施
裂纹		钢锭模设计不合理;脱模过早	改进锭模设计;防止脱模后冷却太快,不用高温锭模
拉裂		锭模与保温帽间或底盘间产生飞边;钢锭模内壁不平	改善锭模管理,完善摆模作业
表面夹杂(大型夹杂)		注温、注速低;清洁工作不好;耐火材料质量差;锭模内壁不良	合适的浇注制度;改进锭模管理,做好清洁工作;改进耐火材料质量
翻皮结疤	裂纹局部分层	模内钢液面氧化膜裸露、注流注入偏心等引起飞溅;浇注初期冷溅	合适的液面保护剂;正确的浇注操作;用防溅筒
皮下气泡	纵裂纹角部裂纹	脱氧不良;注速过慢;添加物或涂料潮湿;钢中气体含量过高	正确脱氧;对添加剂和涂料烘烤;控制合适注速;降低钢中气体含量
截痕	裂纹	浇注中断事故;低温低速浇注	防止各种浇注事故;采用合适的浇注工艺
缩孔	严重内裂	锭模设计不合理;注速过快,注温不合适,补注不良	改进锭模设计,高宽比 H/D 适当;正确补注操作;采用合适的绝热板、防缩剂等
疏松	内裂纹	粗大树枝晶间搭桥,使某些空间得不到补缩,有气体或夹杂物存在	良好补注,采取加速结晶措施,减少钢中气体和夹杂
发纹	沿轧制方向出现细长的裂纹	钢中气体和非金属夹杂物过高	降低钢中气体和夹杂物含量
白点	内部向微裂纹	钢中含氢量过高	使炉料干燥,改进冶炼工艺;采用真空处理、氩气搅拌等措施

2. 圆坯连铸法

(1)圆坯连铸机概述

圆坯连铸法:是指将冶炼的合格车轮钢水,经由钢水包注入中间包,后经中间包水口注入由引锭杆头封堵的水冷结晶器内,后经引锭杆牵引下带液芯钢坯经由喷水二冷冷却、铸坯矫直并完全凝固后,按要求切割成不同要求的定尺长度圆坯的过程。

连铸机的种类繁多,按铸坯铸机结构的外形可把连铸机分为立式、立弯式、多点弯曲的立弯式、直结晶器的弧型、弧型、多半径弧型(椭圆形)和水平型等。几种用于工业生产的连铸机型简图见图 3-2-9。

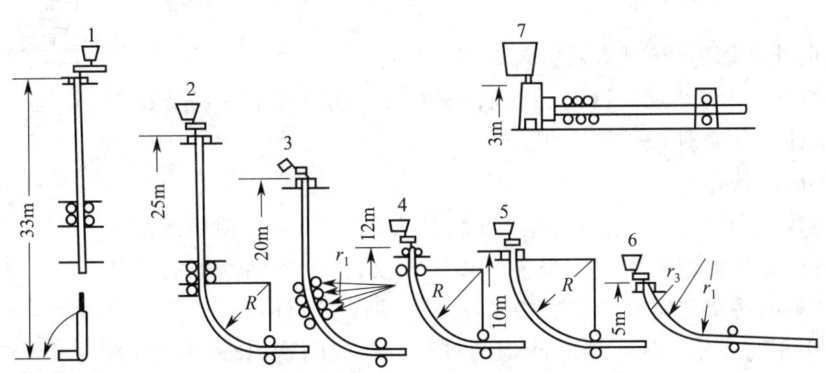

图 3-2-9 连铸机机型简图

1—立式;2—立弯式;3—直结晶器多点弯曲;4—直结晶器弧型;5—弧型;6—多半径弧型(椭圆形);7—水平式

圆坯连铸有多种类型,目前世界上用于生产车轮轮箍钢圆坯主要有水平连铸机、全弧形连铸机、立式连铸机、旋转连铸机等类型。连铸的主要设备、材料为:钢包、钢包回转台、中间包、结晶器、二冷装置、钢坯矫直机、铸坯输送辊道、钢坯切割装置、出坯装置等。

(2)圆坯连铸机特征

同其他连铸机型相比较，圆坯连铸生产技术难度更大。连铸方坯时，因其棱角冷却快而先行凝固，能形成坚固的结构。连铸圆坯与方坯比，凝固相同的金属量散热量小，使圆坯凝固壳过早而不规则脱离结晶器壁，产生气隙，使得坯壳冷却不均匀，厚薄不一，成为浇铸圆坯面临的主要困难。而根据制管或其他产品生产的要求，连铸圆坯不得存在影响产品质量的表面、内部缺陷。为此，圆坯连铸机结构必须满足圆坯质量要求。弧形圆坯连铸机的主要特征有：

①提供纯净钢水是保证铸坯质量的关键之一。应用无渣出钢技术，严禁钢渣进入钢包，控制钢中含铝量在0.005%～0.020%之间，以0.005%为最佳；采用真空处理或吹氩搅拌纯净钢水，加CaSi处理改变夹杂物的形态及促进上浮到渣中，控制中间包钢水含氧量为0.005 0%以下。尤其以降低钢中含硫量最重要，要求含硫量为0.020%以下。

②采用大容量中间包、深熔池并设挡渣墙，中间包水口吹惰性气体等措施，降低钢中夹杂物。

③大包至中间包间采用长水口并用保护渣覆盖液面，浇注时采用氩气密封。中间包至结晶器采用浸入式水口加保护渣，防止钢的二次氧化，减少钢中夹杂物。选用黏度、熔点、成分适宜的保护渣，使结晶器内壁和凝固壳之间起到良好润滑和传热，铸坯在结晶器内均匀冷却，防止产生裂纹

④为减少大型夹杂物，增加冶金长度，防止铸坯矫直时产生内部和表面裂纹，铸机的曲率半径随圆坯直径加大而加大。浇注直径200 mm以下圆坯，铸机的曲率半径可取8.0～10 m，而浇注直径200 mm以上圆坯，铸机的曲率半径应取12 m以上。

⑤当液面波动大时，保护渣卷入铸坯内形成夹杂，并易形成表面裂纹，采用结晶器钢液面自动控制，减少表面缺陷。结晶器倒锥度的选择十分重要，要求结晶器的倒锥度与铸坯凝壳收缩相适应。其倒锥度值对小断面为1%，大断面为1.2%。根据结晶器传热的测定，含碳量低的钢种，因冷却收缩明显而要求结晶器有较大的锥度，相反，对含碳量高的钢种则要求较小的锥度。

⑥铸坯导向装置是在结晶器出口设有足辊，为更好支撑铸坯，使其不致变形，二冷区第一段四面都有导辊，足辊和每一段所有导辊为V字形辊，其余各段无侧导辊。二冷区采用弱冷却，比水量为0.3～0.8 L/kg钢，使铸坯均匀冷却表面温度平缓下降，矫直时控制铸坯表面温度在1 000 ℃以上。这样使铸坯激冷层厚度增加，柱状晶减少，中心等轴晶增加，可防止铸坯内部及表面裂纹。

⑦采用电磁搅拌技术增加铸坯等轴晶率和减少中心偏析。尤其是对提高中高碳钢坯的质量有重要意义。

⑧为防止铸坯通过拉矫辊被压扁，通过采用最佳辊子孔型形状。可以使各种尺寸铸坯通过拉矫机时，压痕小于1 mm。采用多点矫直技术，使铸坯矫直时延伸率控制在0.2%以下。

⑨圆坯切割为防止断面剪切变形，采用火焰切割装置。

⑩采用步进式冷床，使铸坯均匀冷却，提高圆坯的平直度，对于一些特殊钢种，要求对铸坯冷却速度控制时，采用缓冷措施。

(3)圆坯连铸坯凝固特点

同模铸相比，连铸是个快速冷却过程，铸坯在结晶器冷却后，铸坯使用冷却水直接冷却，所以其凝固速度比模铸钢锭大得多。相比较模铸，由于结晶器的冷却强度比模铸大，铸坯的激冷层比钢锭的激冷层厚，晶粒更细，而且还可以得到没有侧枝的细柱状晶。由于铸坯始终处于强制冷却的过程，所以柱状晶比较发达，容易形成凝固桥，在凝固桥下部有中心缩孔和疏松形成。连铸坯小钢锭结构形成示意图见图3-2-10。

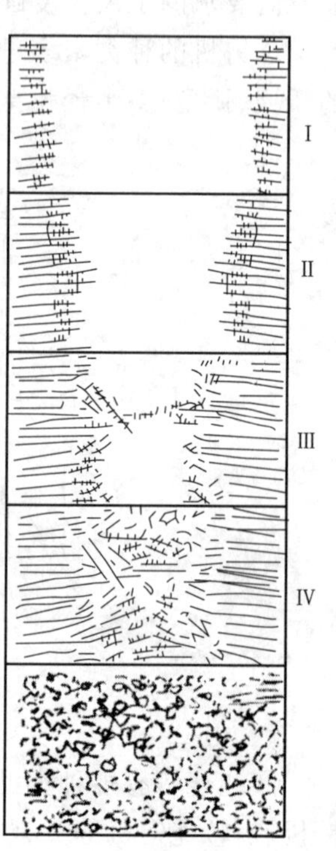

图3-2-10 连铸坯小钢锭结构形成示意图

从连铸机机型对铸坯质量影响看，立式(垂直)连铸机铸坯凝固组织对称性好，弧形连铸机凝固组织存在明显不对称性，内弧的柱状晶要较外弧发达，中心等轴晶区域偏向外弧，所以针对车轮钢，易采用立式连铸机、立弯式连铸机或大弧半径弧形连铸机。

圆坯质量缺陷按不同部位可分为表面缺陷和内部缺陷，表面缺陷主要有：裂纹、夹渣、结疤、针孔、鼓肚、划痕等；内部缺陷主要有：中心疏松、偏析、裂纹、缩孔

等。通过采用合理的浇铸工艺，如浇铸温度、拉坯速度、二冷工艺、拉矫工艺、电磁搅拌工艺等可以进一步改善和提高铸坯凝固组织。

(4)圆坯连铸优势

连铸技术的开发与应用是炼钢生产技术一个重大进步，对钢铁工业的发展产生重大影响。目前世界上主要车轮生产企业多采用连铸工艺，如日本、法国等，马钢也于2002年建成投产了世界最大的车轮专用ϕ450 mm弧形圆坯连铸机。尤其是随着多种连铸新技术、新工艺开发与应用，如中间罐冶金技术、无氧化保护浇注技术、电磁搅拌技术、二次冷却技术、耐火材料技术、操作技术等，实现了连铸机的高效率、高质量、高效益的生产。对比连铸和模铸工艺，连铸工艺具有较短的工艺流程、高的金属收得率、高的生产效率、低的生产成本、低的劳动强度、较高的自动化控制水平、优良的铸坯质量等。如今高的连铸比已成为衡量一个钢铁厂、企业的炼钢技术水平的重要技术指标，因此推广应用连铸生产技术，是一必然趋势。

清洁的工艺流程：较之模铸，连铸具有流程短、二次污染少的特点。模铸的浇注系统的耐火材料、敞口浇注对钢的二次污染无法避免，针对模铸工艺生产的车轮钢容易出现剥离、掉块问题，其主要工艺因素就是由于模铸系统的二次污染导致车轮钢存在大型夹杂所致。对比两种工艺生产的车轮钢内在质量表明，连铸工艺生产的车轮钢具有全氧及内在夹杂含量低，尤其是大型夹杂含量低的显著特点。

优良内在质量：连铸工艺是钢水连续凝固的过程，在稳定科学的连铸操作控制下，所生产的铸坯内在质量具有高的洁净度、低的成分偏析、高的等轴晶比例等特点及铸坯长度方向质量均匀一致。对比模铸工艺，由于采用锭模浇注，必然存在钢锭所固有的锭型偏析、严重的缩孔、钢锭高度方向质量不一致性等缺陷。

高的金属收得率：连铸根本上消除了模铸中注管和汤道的残钢疏松，提高了钢水的收得率，同时省去了钢锭的保温帽，不需要切除钢锭的头部，成坯率可提高10%以上；按100 t钢水用模铸浇注成2.886 t圆锭和ϕ450 mm连铸坯(连浇平均按3炉计算)，使用连铸工艺可得到95 t的合格钢坯，使用模铸只能得到85 t钢坯。同时铸坯定尺长度可根据不同车轮产品需求，确定不同的定尺，大大方便了车轮轧制的配料，同时有效提高铸坯的综合利用率。

(5)车轮对钢坯质量的要求及控制技术

车轮对钢坯的质量要求，是以车轮最终质量要求为准则，即以满足车轮最终产品所允许的铸坯缺陷的严重程度，其含义为：

①铸坯纯净度(夹杂物数量、形态、分布、气体等)。

②铸坯纯净度主要决定于钢水进入结晶器前处理过程，目前通常采取合适的炉外精炼、中间包冶金、保护浇注等措施，提高钢水的纯净度。

③铸坯表面缺陷(裂纹、夹渣、气孔等)。

④铸坯的表面缺陷主要决定于钢水在结晶器凝固过程。它与结晶器坯壳形成、结晶器液面波动、浸入式水口设计、保护渣性能等因素有关。

⑤铸坯内部缺陷(裂纹、偏析、夹杂等)。

⑥铸坯的内部缺陷主要决定于在二次冷却区铸坯冷却过程和铸坯支撑、矫直系统。

⑦因此，为了获得良好的铸坯质量，可根据车轮钢种和产品的不同要求，在冶炼、精炼、连铸的不同阶段选取合理的工艺技术，对铸坯质量进行有效控制。

(6)车轮用坯制造工艺的选择

采用何种工艺和钢坯制造技术，是同车轮使用条件、内在质量需求、冶炼装备条件、车轮制造装备和技术等密切相关。目前世界上车轮用钢坯主要为圆坯模铸锭、连铸圆坯两大类，各车轮制造厂根据车轮产品类型，原料供给和制造条件，选择钢锭或连铸圆坯。

①钢坯冶炼条件：如意大利Lunchini炼钢部分仅有圆锭模铸条件，其所生产的车轮则均采用模铸圆锭。国内车轮制造在2002年开始淘汰了模铸工艺，采用大圆坯作为车轮产品的主要原料。到2006年，基本淘汰了模铸工艺。

②车轮产品类型：国外车轮生产厂多根据车轮产品类型，选择不同的钢坯类型。如法国Valdunes小直径的车轮采用小断面连铸坯，大直径车轮则采用模铸圆锭。这是由于受其钢坯采购制造厂的能力所限，敦科

尔克炼钢厂的垂直连铸机最大圆坯直径仅为 ϕ325 mm，无法用来制造大直径车轮产品。

作为车轮生产钢坯的模铸和连铸工艺，从技术本身而言，模铸和连铸工艺技术水平均能满足车轮目前产品质量需求，所不同的是，模铸工艺能耗高、成本高、工序长、效率低、成坯率的低，钢锭通体的均匀性差，连铸属于高效、低成本工艺，铸坯通体均匀性好。因此，随着冶炼技术和连铸技术不断的快速发展，连铸工艺取代模铸工艺是今后发展的必然趋势。未来的车轮用钢坯生产流程必然是以转炉(电炉)—炉外精炼—圆坯连铸为主。

第二节 我国车轮用钢生产技术的发展

从 1963 年用平炉冶炼、圆模注锭生产我国车轮专用钢以来，到新近开发时速 200～300 km/h 的高速动车组车轮，截止到 2009 年，我国车轮生产已有 47 年历史。以 1996 年我国铁路首次大提速以来，全国干线火车的速度和载重量在近 3 年成倍翻番，车轮的速度先后进行了 6 次大提速，尤其去年以动车组和高速客运专线的开行，车轮对钢的质量提出越来越高的要求。而以大秦线 25 t 轴重货车，和 2 万 t 长大货车为标志的重载运输的发展，对车轮同样提出了极高的要求。

火车车轮用钢的技术标准，从 1988 年以前执行铁道部、冶金部的“两部”协议；到执行 1997 年前的国家标准 GB 8601—1988、GB 8602—1988；现在执行铁道部的 TB/T 2708—1996、TB/T 2817—1997 标准。行将颁布实施的新铁标，更是将我国车轮标准与当今世界最先进的欧洲标准接轨。

马钢车轮用钢的发展历程，代表了世界上车轮用钢的发展，也代表了我国车轮用钢发展的前沿。总结马钢生产车轮用钢的历史，可分为四个阶段：

第一阶段，1963—1987 年，工艺流程为：平炉-模铸，少量精炼。

第二阶段，1988—1995 年，工艺流程为：平炉—喷粉、喂线—模铸，各类精炼技术得到了较大的应用和发展。

第三阶段，1996—2002 年，工艺流程为：平炉—倒包—SKF 炉、喂线—模铸，精炼技术基本成型。

第四阶段，2002 年至今，工艺流程为：铁水预处理—顶底复吹转炉—LF＋VD 精炼炉—圆坯连铸机，圆坯连铸技术开始大量应用，以及计算机自动化炼钢技术的采用，在大生产实现的数据中，随机取样科学分析，可以代表产品质量的真实水平。以技术创新和加强管理并驾齐驱，实现产品升级换代。当前炼钢生产突出的问题是提高车轮钢的纯净度。要从原料、铁合金、辅料开始，到铸锭钢水的凝固，保证每一道生产工序的洁净。

以 195 t 平炉炼钢和圆模铸锭的生产车轮用钢方式，于 2002 年淘汰。取而代之的是自动化转炉炼钢、LF＋VD 的炉外处理、圆坯连铸机浇铸钢坯，车轮用钢的生产工艺技术将有根本的变革，传统的一步“留碳法”冶炼，转至为两步的“增碳法”冶炼，钢水在完全密闭的状态下，结晶过程由连铸技术替代遭受污染的模铸。使钢水的洁净度进一步提高。

1. 第一阶段(1963—1987 年)：平炉—模铸

(1)冶炼铸锭工艺

前期以煤气作燃料，以矿石作氧化剂，平炉装入大量的冷废钢铁，冶炼镇静钢的方法制造车轮。中期以重油作燃料，以平炉顶吹氧气，铁水和废钢装入法，采用炉外脱氧，冶炼镇静钢的方法制造车轮。1973 年在钢包底部，采用滑动水口浇钢技术。1976 年，平炉扩大容积，改用双枪顶吹氧工艺。浇注采用三位一体的工艺。帽口使用绝热板，模壁挂保护渣(CB)，浇完后加发热剂。

(2)执行标准

车轮生产执行中华人民共和国铁道部和冶金部颁布的《关于车辆用轧制车轮试生产暂行技术条件》(TB 455—1964)。钢种牌号及成分要求见表 3-2-3。

表 3-2-3 钢种牌号及成分要求

化学成分组成(%)		w(C)	w(Si)	w(Mn)	w(P)	w(S)
车轮牌号	Ⅰ	0.50～0.60	0.17～0.37	0.50～0.80	⩽0.045	⩽0.040
	Ⅱ	0.55～0.65	0.17～0.37	0.50～0.80		

该阶段金相组织没有高倍要求，低倍要求为：不得有白点，肉眼可见的气孔、分层、内裂、气泡等，明显的非金属夹杂及严重偏析和疏松。

(3)产品实物质量

1963—1987 年，共生产车轮钢 314.34 万 t。所提供的火车车轮使用时速为 40～80 km/h。

通过对该阶段一百多炉车轮钢数据的随机抽样，进行化学成分、机械性能、钢中夹杂及气体含量数理统计和分析，结果见表 3-2-4、表 3-2-5、表 3-2-6，成分控制见图 3-2-11。

该阶段钢锭的主要缺陷是翻皮。

表 3-2-4　车轮钢化学成分

指标	熔炼成分(%)				
	w(C)	w(Si)	w(Mn)	w(P)	w(S)
max	0.65	0.31	0.76	0.051	0.038
min	0.55	0.17	0.57	0.011	0.012
AVG	0.601	0.264	0.669	0.020	0.0215
σ	0.0305	0.0279	0.045	0.005	0.006
C_{PK}	0.547	1.193	1.102	0.899	1.036

注：因碳、磷在出钢后超出标准规定，判废炉次占 4%的比例。

表 3-2-5　车轮钢水成分(%)分析表

	w(C)	w(Si)	w(Mn)	w(P)	w(S)
平均值	0.616	0.676	0.265	0.021	0.022
标准偏差	0.041	0.046	0.028	0.006	0.006
最小值	0.540	0.570	0.170	0.011	0.012
最大值	0.700	0.800	0.310	0.051	0.038

表 3-2-6　气体含量统计

气体种类	[N]	[H]	[O]	T.O
含量区间($\times10^{-6}$)	80～100	7	30～40	40～270
平均含量($\times10^{-6}$)	90	8～10	35	70

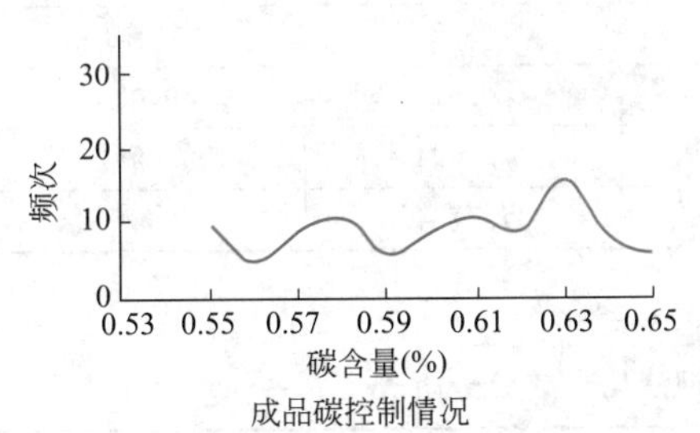

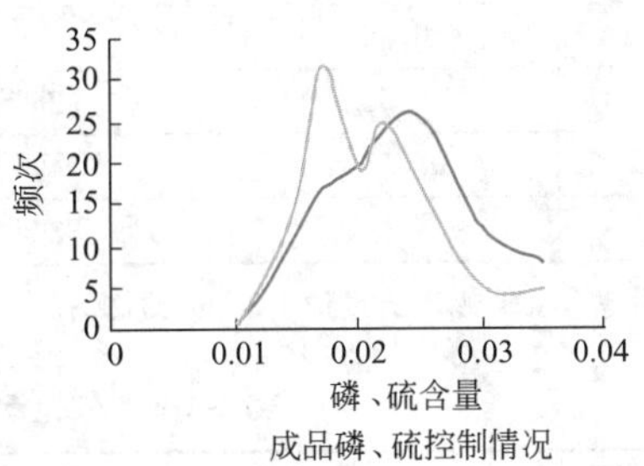

图 3-2-11　成分控制情况

2. 第二阶段(1988—1995 年)：平炉—喷粉、喂线—模铸

(1)冶炼铸锭工艺

以重油为原料，热装中型高炉铁水，用氧气顶吹平炉冶炼。采用全炉外脱氧工艺。

1988—1995 年，该阶段的重大技术改进是采用两种炉外处理工艺。

1988 年，从瑞典 Scandinervia Lance 公司引进喷粉处理设备，用瓶装氩气作载气，在 SL 喷粉站向钢液深处喷吹 Ca-Si 粉。钢水质量得到明显提高。

1993 年，炉外处理中采用喂线技术，主要喂 Al 线和 Ca-Si 线，喂线直径为 10～12 mm，喂线量为 1.2～1.4 kg/t。

在钢包底部安置了透气砖，用瓶装氩气，通过汇流排进行吹氩。

铸锭工艺继续采用保温帽、保护渣、发热剂三位一体的技术。只是该阶段采用了新型保护渣 MC15。

(2)执行标准

车轮钢生产执行中华人民共和国国家标准《铁路用碾钢整体车轮及铁路用粗制轮箍》(GB 8601～8602—1988)。该标准中提出车轮钢采用平炉、电炉、转炉冶炼的镇静钢制造。车轮钢质量的评判分出了 A 级和 B 级。钢种牌号及成分要求见表 3-2-7。

表 3-2-7 钢种牌号及成分要求

牌号	化学成分(%)					
	w(C)	w(Si)	w(Mn)	w(P)		w(S)
				A	B	
CL60	0.55～0.65	0.17～0.37	0.50～0.80	不大于 0.35	不大于 0.40	0.40
LG60	0.55～0.65	0.17～0.37	0.50～0.80			
LG65	0.60～0.70	0.17～0.37	0.50～0.80			

金相组织对低倍组织和高倍组织均有要求。成品车轮进行超声波探伤检查。低倍组织要求不得有白点、缩孔残余、分层、裂纹、翻皮、异型偏析及异金属夹杂物。高倍组织要求 A 级车轮的非金属夹杂物平均级别(不变形硅酸盐除外)应不大于 4 级，其中条状氧化物不大于 1 级。B 级车轮的非金属夹杂物检查结果仅供参考。A 级车轮和 B 级客车轮应进行超声波探伤检查。超声波探伤检查采用直径为 3.2 mm 的人工平底孔，缺陷指示值应不小于规定的当量缺陷值。

(3)产品实物质量

1988—1995 年共生产车轮钢 128.97 万 t。其中喷粉车轮钢 9.22 万 t，喂线车轮钢 17.7 万 t。所提供的火车车轮使用速度为 70～110 km/h。

通过对该阶段一百多炉车轮钢数据的随机抽样(主要指喷粉车轮)，进行化学成分、机械性能、钢中夹杂及气体含量数理统计和分析，化学成分见表 3-2-8、表 3-2-9、表 3-2-10，成分控制情况如图 3-2-12 所示。

表 3-2-8 化学成分表

指标	熔炼成分(%)				
	w(C)	w(Si)	w(Mn)	w(P)	w(S)
max	0.65	0.36	0.80	0.036	0.027
min	0.55	0.17	0.58	0.013	0.002
AVG	0.61	0.26	0.68	0.02	0.01
σ	0.0259	0.0403	0.0424	0.0051	0.0064
C_{PK}	0.6441	0.8275	1.1784	0.675	1.3885

注：因碳、磷在出钢后超出标准规定，判废炉次占 3%的比例。

表 3-2-9 车轮钢钢液化学成分分析表

成　分	w(C)	w(Si)	w(Mn)	w(P)	w(S)
平均值	0.610	0.259	0.677	0.025	0.013
标准偏差	0.026	0.040	0.043	0.005	0.006
最小值	0.550	0.170	0.580	0.013	0.002
最大值	0.650	0.360	0.800	0.036	0.027

表 3-2-10 气体含量水平

气体种类	[H]	[N]	T.O	夹杂物总量
含量($\times10^{-6}$)	5～7	70～100	30～50	30～60
平均值($\times10^{-6}$)	6.5	80	40	50

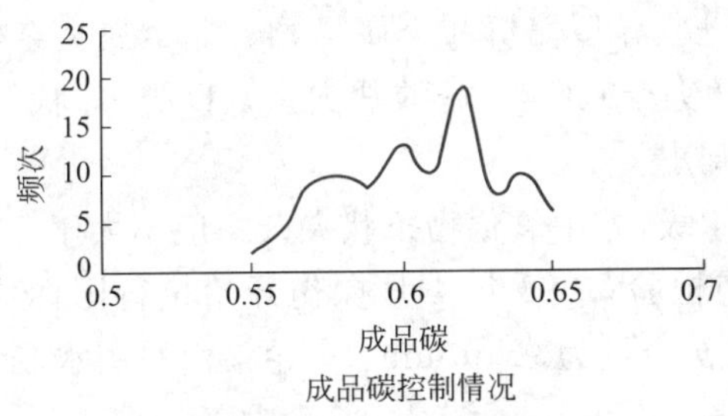

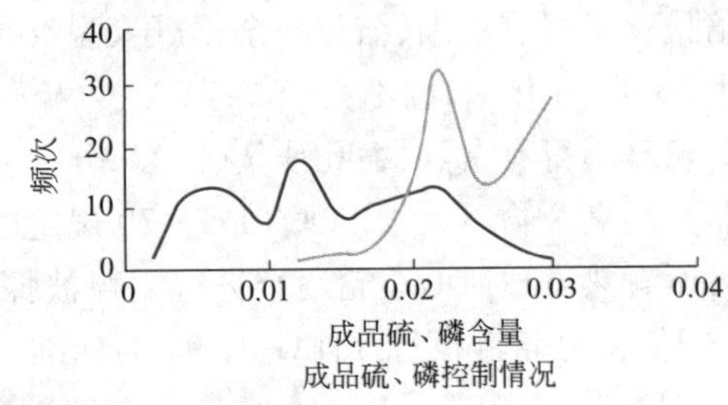

图 3-2-12　成分控制情况

1984 年 6 月开始对 915 客车轮采用 ϕ3.2 mm 平底孔探头抽检探伤，规定部位在轮辋；车轮的探伤合格率为 99.46%～99.87%。1993 年 1 月 915 客车轮采用 ϕ3.2 mm 平底孔探头抽检探伤，探伤合格率为 72.7%～73.8%。

3. 第三阶段(1996—2002 年)：平炉—倒包—SKF 炉、喂线—模铸

(1)冶炼铸锭工艺

以筑路油替代重油为燃料，热装 2 500 m^3 高炉低 P、低 S 高热铁水，降低生产成本。加大平炉炼钢用氧强度，采用无铝出钢技术，精炼炉复合脱氧新工艺。平炉炼钢只控制初炼钢水温度、成分，成分最终精调整在 SKF 炉的 LF 工位进行。

采用倒桶除渣技术，除去全部氧化渣，重新加入按钢种要求配备的渣料。

炉外处理采用引进国外公司制造的 SKF 精炼炉。精炼炉包括 LF 和 VD 两个工位，LF 工位进行加热、电磁搅拌(EMS)、成分微调和造还原渣(FeO%<1)。VD 工位结合底吹 Ar 抽真空，真空度小于 66.6 Pa，充分去除钢中气体。

精炼炉处理完后，根据要求进行喂线，主要喂直径为 10～12 mm 的 Al 线和 Ca-Si 线。

采用复合脱氧剂，对工艺进行改进完善。在车轮钢冶炼中目前使用有钙系脱氧剂和 Si-Al-Ba 复合脱氧剂，节约了用铝，提高了钢质。

浇注过程除传统工艺使用的保温帽、发热剂(Si-Al)、保护渣(MC15)外，也采取了一系列新的工艺技术措施：

①在整脱锭车间采用机械刷模器，清扫钢锭模内腔的壁渣；

②在整模车间中注管芯用定位砖，雨天防潮每板模具盖雨布；

③控制渣量和覆盖剂加入量，使浇注温度的波动≤4.5 ℃；

④采用钢包下气帘隔离法或中注管上座砖法吹氩气保护浇注；

⑤钢锭帽部采用园盖板覆盖，减少温度损失，延长液态钢水的凝固时间。

(2)执行标准

车轮钢生产执行中华人民共和国铁道行业标准，《铁路快速客车辗钢整体车轮技术条件》(TB/T 2708—1996)和《铁道车辆用辗钢整体车轮技术条件》(TB/T 2817—1997)。轮箍钢生产执行中华人民共和国铁道部标准《铁道机车用粗制轮箍技术条件》(TB 1882—1987)。

此时大量生产 KKD 快速客车轮用钢、HDS 重载货车轮用钢。还按照国内外客户订货标准要求，生产了 R7、R8、R9 地铁车轮和 ID65 大直径出口车轮。车轮的牌号和化学成分见表 3-2-11。

表 3-2-11　车轮的牌号和化学成分

牌号	化 学 成 分(%)				
	w(C)	w(Si)	w(Mn)	w(P)	w(S)
CL60	0.55～0.65	0.17～0.37	0.50～0.80	≤0.035	≤0.040
LG60	0.50～0.60	0.20～0.42	0.60～0.90	≤0.035	≤0.040
LG65	0.60～0.70	0.20～0.42	0.60～0.90	≤0.035	≤0.040

金相组织除了低倍组织、高倍组织有要求外，对非金属夹杂物的级别提出要求，成品车轮进行更高标准的超声波探伤检查。

车轮低倍检验不得有白点、缩孔残余、分层、裂纹、翻皮、异型偏析和金属异物。非金属夹杂物的级别应符合如下要求：B类（氧化铝）应不大于1级，A类（硫化物夹杂）、C类（硅酸盐夹杂）、D类（球状氧化物）分别不大于3级。轮箍不得有白点、缩孔残余、内裂、分层或翻皮。

车轮的非金属夹杂物不大于ГОСТ1778-70规定的4级，其中氧化物条状夹杂物应不大于1级。

此阶段对所有热处理后的车轮逐个进行超声波探伤检验，1993年1月探伤开始执行国标ϕ3.2 mm当量。1998年3月，部分轮箍执行TJLG-01-99的标准，探伤当量为ϕ2.0 mm。车轮踏面采用水浸法超声波探伤。

(3)实物质量水平

1996—1999年10月共生产车轮钢29.02万t。所提供的火车车轮使用速度为120～200 km/h。

此阶段车轮质量有了较大提高，1997年6月，车轮质量体系通过《IS9002生产安装质量保证体系》认证。1998年，获得《美国铁路协会车轮质量保证规范》认证。通过对该阶段一百多炉车轮钢数据的随机抽样（主要指真空处理后的车轮），进行化学成分、机械性能、钢中夹杂及气体含量数理统计和分析，结果见表3-2-12、表3-2-13、表3-2-14、表3-2-15，成分控制情况如图3-2-13所示。

注：此阶段因碳、磷在出钢后超出标准规定，判废炉次占1/1000的比例。

表3-2-12 化学成分

指标	熔炼成分(%)				
	w(C)	w(Si)	w(Mn)	w(P)	w(S)
max	0.65	0.32	0.78	0.030	0.024
min	0.58	0.22	0.68	0.008	0.002
AVG	0.617	0.280	0.772	0.0163	0.0111
σ	0.015	0.029	0.021	0.0046	0.0042
C_{PK}	1.10	1.59	2.38	1.367	1.912

表3-2-13 1998—1999年精炼车轮钢化学成分(%)

	w(C)	w(Si)	w(Mn)	w(P)	w(S)
平均值	0.617	0.280	0.722	0.016	0.011
标准偏差	0.015	0.021	0.021	0.005	0.004
最小值	0.580	0.220	0.680	0.008	0.002
最大值	0.650	0.320	0.780	0.030	0.024

表3-2-14 高倍检验

类型	高倍非金属夹杂物			
	A	B	C	D
max	3.0	1.5	0.5	0.5
min	0.5	0.5	0	0.5

表3-2-15 气体含量水平

气体种类	[H]	[N]	T.O	夹杂物总量
含量($\times10^{-6}$)	0.7～3.5	40～80	15～30	20～40
平均值($\times10^{-6}$)	2.0	65	22	27

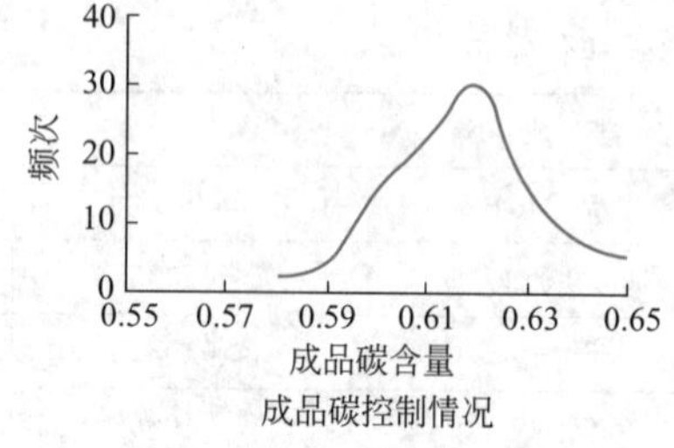

成品碳控制情况

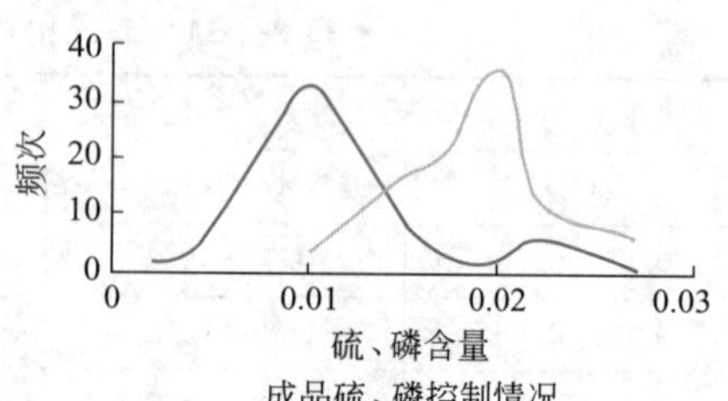

成品硫、磷控制情况

图3-2-13 成分控制情况

1998年6月开始对货车轮全部探伤。1998年3月开始提高标准，对轮箍采用ϕ2.0当量探头探伤。

4. 第四阶段(2002年至今):铁水预处理—顶底复吹转炉—LF+VD精炼炉—圆坯连铸机

(1)冶炼圆坯工艺

现在车轮钢的炼钢厂要建有铁水预处理站,对铁水实施脱硫、脱磷,用机械手进行扒渣,取样、测温,结果报告炉前。

所用各种原辅料,如废钢、合金、石灰、氧化铁皮等质量符合要求,准确计量,入坑、入斗、入高位料仓。

自动化控制炼钢过程。顶吹氧底吹氩,熔池高拉碳激烈沸腾,利用烟气自动分析系统,不倒炉出钢,然后溅渣护炉。

转炉使用长寿出钢口,做到钢流不散,采用下渣检测技术和挡渣技术,使钢渣分离,阻止炼钢炉终点高氧化性炉渣进入钢包。

精炼炉钢包直接接受钢水,在LF工位造渣、增碳、调整成分、提温,在VD工位抽真空钢水脱气、精调成分、控温、出站。

用圆坯连铸机浇钢,中间包钢液面使用保护渣,浸入式水口保护浇钢,在连铸结晶器上使用钢水液面控制器和电磁搅拌器,使钢水免遭污染并再次净化,生产出高质量无缺陷的车轮用圆坯。

(2)执行标准

车轮用钢,达到国际标准主要难点就是钢液纯净度。只有建立纯净钢生产体制,才能使其具有优良的加工性能、机械性能和使用性能。

通过严格控制钢水碳含量波动范围(≤0.02%),及其他元素含量波动范围,采用微合金化成分设计和控制凝固过程技术,提高钢的强度。

降低钢中[H]、[N]、[S]、[P]、T[O],特别是降低钢中脆性夹杂物,提高钢的低温冲击韧性、耐疲劳韧性和时效性能。

按标准执行钢水脱氧工艺,控制钢水成分和去除夹杂物,改善钢的切削性能、提高钢的耐磨、深冲等机械性能。

通过对该阶段一百多炉车轮钢数据的随机抽样,进行化学成分、机械性能、钢中夹杂及气体含量数理统计和分析,结果见表3-2-16、表3-2-17、表3-2-18。成分控制情况如图3-2-14所示。

表3-2-16　熔炼化学成分

最大质量百分含量(%)											
钢牌号	钢代号	w(C)	w(Si)	w(Mn)	w(P)	w(S)	w(Cr)	w(Mo)	w(Ni)	w(V)	w(Cr+Mo+Ni)
CL50	Ⅰ	0.55	0.40	0.80	0.025	0.020	0.30	0.08	0.30	0.06	0.50
CL60	Ⅱ	0.65	0.40	0.80	0.025	0.020	0.30	0.08	0.30	0.06	0.50
CL65	Ⅲ	0.67	1.00	1.20	0.025	0.020	0.30	0.08	0.30	0.06	0.50
CL70	Ⅳ	0.77	1.00	1.20	0.025	0.020	0.30	0.08	0.30	0.06	0.50

表3-2-17　钢水中H含量

车轮钢级别	1级和2级	3级
钢水氢含量	$\leqslant 2.0\times10^{-6}$	$\leqslant 3.0\times10^{-6}$

表3-2-18　车轮非金属夹杂物分级

夹杂物类型	非金属夹杂物级别			
	1级(车轮级别)		2级、3级(车轮级别)	
	粗系(最大)	细系(最大)	粗系(最大)	细系(最大)
A(硫化物类)	1.5	1.5	2.0	2.5
B(氧化铝类)	1	1.5	1.5	2
C(硅酸盐类)	1	1.5	1.5	2
D(球状氧化物类)	1	1.5	1.5	2
B+C+D	2	3	3	4

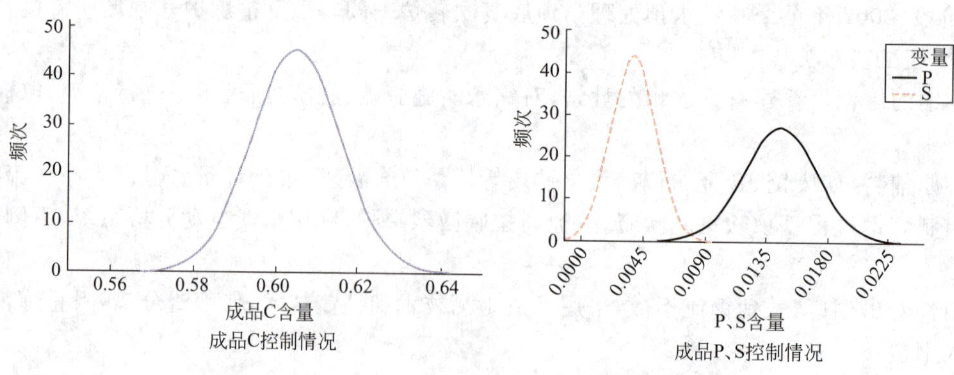

图 3-2-14 成分控制情况

(3)实物质量水平

车轮产品是钢铁冶金和机械加工生产的组合。随环境保护和知识经济的发展，世界产业结构的调整给我们带来了机遇，改造后的我国车轮生产线已具备世界上最为先进的生产工艺技术，成为世界一流的车轮生产基地。

我们积极参与国际市场的竞争，以客户的订单要求为标准组织生产，车轮钢质量达到国际先进水平，可以满足国内外客户不同层次的需要。化学成分见表 3-2-19、表 3-2-20，高倍检验见表 3-2-21、表 3-2-22。

表 3-2-19 化学成分

指标	熔炼成分(%)				
	$w(C)$	$w(Si)$	$w(Mn)$	$w(P)$	$w(S)$
max	0.63	0.34	0.80	0.020	0.0082
min	0.58	0.24	0.72	0.0091	0.0005
AVG	0.605	0.273	0.745	0.0145	0.0038
σ	0.011	0.018	0.0159	0.0026	0.0016
C_{PK}	1.43	1.90	1.16	1.32	0.77

从化学成分上看，C 控制的精度逐步提高，标准偏差在减小，钢种有害元素 P 和 S 控制较好。

表 3-2-20 钢水化学成分(%)描述性统计

	$w(C)$	$w(Si)$	$w(Mn)$	$w(P)$	$w(S)$
平均	0.605	0.273	0.745	0.014	0.004
标准误差	0.001	0.002	0.001	0.000	0.000
标准差	0.011	0.018	0.016	0.003	0.002

表 3-2-21 高倍检验

类型	高倍非金属夹杂物			
	A	B	C	D
max	2.5	1.5	0.5	0.5
min	0.5	0.5	0	0.5

表 3-2-22 高倍检验气体含量水平

气体种类	[H]	[N]	T.O
含量($\times10^{-6}$)	0.5～2.5	30～65	10～20
平均值($\times10^{-6}$)	1.3	43	15

第三节 平炉—模铸工艺技术及设备

一、平炉炼钢法

近年来，随着氧气顶吹转炉、顶底复吹转炉的迅速发展和大型超高功率电炉的投产，平炉已基本被取代。日本早已在 1977 年取消了平炉；美国平炉钢产量的比例，从 1980 年的 20%下降到 1990 年的 3.6%；世界平炉钢产量占钢总产量的比例，20 世纪 50 年代为 82％，1990 年仅占 15.5％了。原苏联和东欧国家虽然平炉钢所占比例仍较高(1990 年原苏联为 51.7％；捷克 39.1％；匈牙利 42.2％；波兰 27.9％)，但已不再新建平炉，并对平炉作了较大改进。我国在大力发展氧气转炉的同时，根据国情，对平炉提出了“停止新建，适当改造，合理用氧，节能增产，逐步取代”的方针。至 1990 年底，我国平炉钢占全国钢产量的比例，已由 1964 年的 62.26％下降到 19.83％。

平炉炼钢可按不同的方法分类，见表 3-2-23。

表 3-2-23　平炉炼钢分类

类　别		特　点
按耐火材料分类	碱性平炉	炉底及堤坡使用碱性耐火材料，造碱性渣，熔炼中能去除硫磷
	酸性平炉	炉底及堤坡使用酸性耐火材料，造酸性渣，熔炼中不能去除硫磷
按构造分类	倾动式	熔炼室可前后倾动，造渣操作方便，适用于硫、磷高的原料；可分罐出钢，设备复杂，投资大，热效率低
	固定式	其特点与倾动式相反
按操作分类	矿石法	金属抖全部使用生铁，必须加入大量铁矿石，钢的成本高
	废钢矿石法	装入部分废钢，其余全是生铁，其比例一般占 80％左右，因此装料期加入部分铁矿石
	废钢法	金属料主要是废钢及部分生铁增碳，装料时不加铁矿石，生铁 30％～40％
	增碳法	装入的金属料全部为废钢。为提高钢中含碳量，必须加入增碳剂(焦炭或烟煤)
按燃料分类	气体燃料	炉子设备复杂，使用低发热值气体燃料时，需要蓄热室预热；使用高发热值的天然气，需要火焰增碳和裂化
	液体燃料	使用液体燃料时，炉子设备可大大简化

1. 平炉炼钢的熔炼工艺

(1)工艺特点

任何一种炼钢方法，其完成炼钢任务的基本手段都是向熔池供热、供氧，来使熔池升温并进行氧化精炼以达到炼钢的目的。平炉炼钢法，在供氧和供热方式上与其他炼钢方法有很大的不同，因而使其具有如下的特点：

①平炉供热必须依靠外来热源，而且是利用蓄热原理来预热燃料和助燃空气的；即使使用高发热值燃料，空气也仍需预热，否则达不到炼钢所需的高温。因此，平炉炉体结构庞大，热损失大，热效率低。

②平炉的供氧有炉气供氧、矿石供氧及氧气供氧等方式。熔炼室中的炉气存在着自由氧及燃烧后生成的 CO_2、H_2O 等，故炉气是氧化性气体，自始至终对金属熔池进行着氧化。

③加热金属所需的热量和氧化杂质元素所需的氧，都是通过炉渣向金属中传递的。因此，炉渣的状态对熔炼过程起着重要的作用。同时，这种传氧、传热方式也就使平炉冶炼时间特别长。

④平炉熔炼室中，炉气—炉渣—金属之间始终存在着很大的氧压差。当燃料完全燃烧时，炉气中氧的分压在 102～104 Pa 之间，而熔池含碳时，FeO 分解压为 104～105 Pa，炉气与熔池间的氧压差 107～108 倍。因此，炉气中的氧能不断地经炉渣向金属熔池输送。

⑤熔池为浅碟形。平炉熔池形成后，炉渣位于炉气和钢液之间，炼钢的物理化反应在炉气、炉渣和钢液之间进行，为促进传热、传氧加速反应的进行，关键是增大气、渣、金属间的接触面积。为此，平炉采用浅碟形熔池。但随之而来的缺点便是散热面积大，热损失大。

⑥平炉用氧强化。随着制氧设备和氧气转炉炼钢的发展，平炉也普遍采用氧来强化冶炼。平炉用氧基本上可分为两类：

第一，用氧强化燃料燃烧。如火焰富氧，使用炉顶氧-燃喷枪等。此类方法提高了火焰温度，强化了炉内热交换，但冶炼过程并没有发生实质性变化。

第二，直接向熔池吹氧。般有三种方法：炉门吹氧(从炉门插入吹氧管)、顶吹氧和埋入式深吹氧(氧枪埋入熔池下的后墙面)，目前最常用的是顶吹氧法。

向熔池直接吹氧后，氧气代替了大量矿石，使碳—氧反应的热效应从原来的吸热变为放热反应。

加冷矿时：

$$\frac{2}{3}(\mathrm{Fe_2O_3})+2[\mathrm{CO}]=2\{\mathrm{CO}\}+\frac{3}{4}[\mathrm{Fe}] \tag{3-2-1}$$

$$\Delta H=+4.4\times10^5(\mathrm{kJ}) \tag{3-2-2}$$

吹氧脱碳：

$$\{\mathrm{O_2}\}+2[\mathrm{C}]=2\{\mathrm{CO}\} \tag{3-2-3}$$

$$\Delta H=-2.2\times10^7(\mathrm{kJ}) \tag{3-2-4}$$

因此，吹氧后加速了炉料的熔化和杂质的氧化；脱碳速度成倍增加；熔池升温迅速，升温速度可达 2～2.5 ℃/min；同时，显著地改善了熔池反应的动力学条件，利于磷、硫的去除，缩短了冶炼时间。特别是顶吹氧法，采用水冷喷枪，提供了大幅度提高供氧强度的可能性，已成为平炉用氧强化的主要方法。我国从 1979 年全面推广平炉顶吹氧工艺，取得了增产节能的明显效果。

(2)工艺过程

废钢矿石法是应用最广泛的平炉炼钢操作方法。金属料中生铁约占 50%～80%，由于生铁带入大量杂质，为加速供氧，在装料时装入约占金属料重 12%～20%的铁矿石作氧化剂，故称为废钢矿石法。其熔炼过程分为补炉、装料(包括加热和兑铁水)、熔化、精炼、脱氧和出钢。在实际操作中，各期往往交错进行，不能截然分开。

①补炉期。通常从上炉出完钢至下炉加入第一槽料的一段时间，称为补炉期。补炉期主要对渣线以下、出钢口、炉坡等处进行修补。补炉操作必须做到高温、正压、快速、准确，以保证炉料烧结好。炉子的其他部分穿插在熔化末期和精炼、出钢过程中修补。常用的补炉料有镁砂、镁砂粉、熟白云石、氧化铁皮等。

②装料期。从装入冷料到兑完铁水，这段时间称为装料期。装料之前必须进行配料计算，确定矿石和石灰加入量，以保证得到合适的熔毕碳和熔毕炉渣碱度。熔毕碳是指炉料完全熔化后金属的含碳量。它通常应比所炼钢种平均含碳量高出 0.25%～0.80%，以保证精炼期能顺利进行各项操作。平炉装料期约占总熔炼时间的 20%～30%。炉料包括散状料(矿石、石灰、石灰石等)和金属料(轻、重废钢及铁水或生铁块等)。炉料应按一定次序依次从几个炉门装入炉内，非金属料导热性差，必须高温快装，铺平散开，分层烧透；金属料导热性好，要高温快装不必分层加热。若冷装生铁块则加在最上层；若热装铁水，则需待冷料装完并加热到表面开始熔化时，再将铁水兑入。

③熔化期。从兑完铁水到炉料全部熔化完毕，这段时间称为熔化期，约占总熔炼时间的 30%～50%。为缩短熔化期，应向平炉供给最大热量，并采用吹氧强化措施。熔化期的重要操作是及时放出初期渣和提前造渣，以达到去除磷、硫并获得合适熔毕碳的目的，同时为精炼操作创造良好条件。当炉料全部熔清后，取样分析 C、P、S 等的含量，以确定精炼期操作。当温度和炉渣均达到规定要求时，熔化期结束进入精炼期。

④精炼期。自熔毕到脱氧(炉内脱氧)或出钢(炉外脱氧)，这段时间称为精炼期。精炼期主要任务是：调整钢液成分，使 C、P、S 含量达到脱氧前要求；充分去除钢中气体和非金属夹杂物；将钢液加热到出钢要求的温度。精炼期是炼好一炉钢的关键阶段，通常又将其分为矿石沸腾期和纯沸腾期。炉料熔毕后，当熔池加热至规定温度即可加矿进行精炼，同时提高炉渣碱度。利用碳—氧反应产生的沸腾作用，促进 P、S 的去除，排除钢中气体并均匀钢液温度和成分。这阶段称为矿石沸腾。最后一批矿石或渣料加完至脱氧前，保持熔池均匀沸腾一段时间，以进一步去除气体和非金属夹杂物，并加热熔池使其达到规定的出钢温度。这阶段称为纯沸腾。

⑤脱氧和出钢。纯沸腾结束，钢水温度和成分符合钢种规格要求，即可进行脱氧和出钢。脱氧可在炉内或钢包内进行。

2. 平炉设备构造

(1)单床平炉

平炉炉体由上、下两部分组成。上部结构包括熔炼室、炉头，下部结构包括沉渣室、蓄热室、换向阀及排烟系统等。上下两部分由上升道连接。以炉门中心线为界，平炉两边是完全对称的。如图 3-2-15 所示。

①熔炼室

熔炼室是加热和熔炼的空间，为平炉的主要部分。由炉底、前后墙及炉顶等耐火材料砌体所组成，并用钢结构加固。

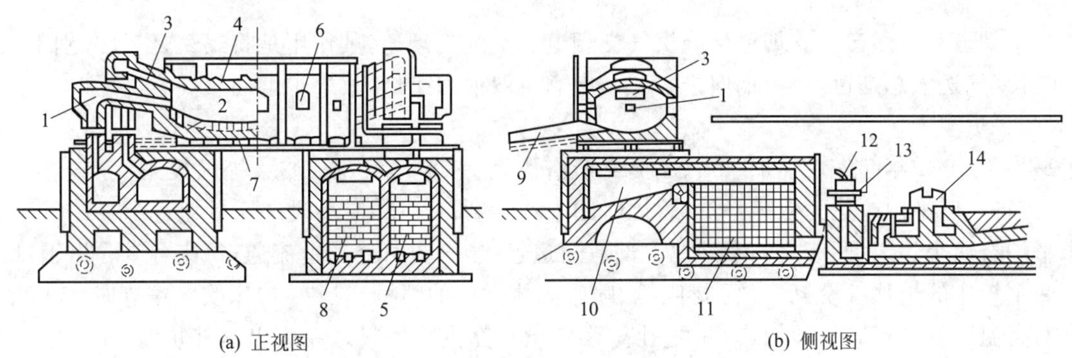

图 3-2-15　平炉构造

1—煤气喷出口；2—熔炼室；3—空气喷出口；4—炉顶；5—煤气蓄热室；6—装料口；7—炉底；8—空气蓄热室；9—出钢槽；10—沉渣室；11—蓄热室；12—空气调节阀；13—空气换向阀；14—煤气换向阀

熔池由炉门坎水平面以下的炉坡和炉底所组成，为浅碟形。熔池底部中央至后墙设有出钢口。与后墙外的出钢槽相连。

碱性平炉炉底，一般由石棉板绝热层、轻质黏土砖层、黏土砖层、镁砖层和镁砂打结层组成。

包括前墙和后墙。前墙由炉门、炉门框和垛墙组成。为便于加料和补炉，根据炉子容量大小，设有 3～7 个炉门。前后墙均用镁砖砌筑。为提高寿命和便于修补，前墙向外倾斜 10°～15°，后墙内侧与水平面成 48°～55°倾角。如在炉后兑铁水，后墙上还设有受铁口。

从熔炼室的前墙上面到后墙上面的拱顶为主炉顶。由于受高温火焰的冲刷，特别是用氧强化冶炼后，火焰温度增高；再加之熔渣喷溅的浸蚀和维护的困难，使炉顶成为平炉炉体结构中最薄弱的环节。故通常所称平炉炉龄即指炉顶的使用寿命。炉顶寿命主要取决于耐火材料质量，冶炼工艺操作和炉顶结构参数等。目前广泛采用碱性优质耐火材料，如铬镁砖、铝镁砖等。

②炉头及上升道

平炉熔炼室两端各连有一个炉头。炉头与熔炼室以火焰喷出口为界，并包括一部分上升道，是平炉构造中最重要的一部分。

炉头起着燃烧器和排除废气通道的双重作用。即向熔炼室引入燃料和空气，并使它们充分混合、燃烧，形成具有良好刚性及铺展性的高温火焰；同时，能使熔炼室的废气顺利排出。

目前国内外已广泛采用高发热值燃料，如重油、天然气等。燃料无需预热，而是由高压油枪或煤气烧嘴以超音速(400～500 m/s)喷入熔炼室。因此，炉头结构简化了，采用单上升道即可。碱性平炉的炉头和上升道均用镁砖砌筑。

③沉渣室

渣室在上升道下面与蓄热室相连。其作用是排气时沉积废气中的渣尘，以免堵塞格子砖，影响热交换。废气自上升道进入沉渣室时，由于气流方向改变，体积扩大，使流速下降，因而使其夹带的大部分粗粒渣尘沉积下来。

④蓄热室

蓄热室内排列着一定高度和适当格孔尺寸的砖格子，上部与沉渣室相通，下部则通向烟道。

高温废气通过蓄热室时，将其大部分热量传给格子砖，使其加热；换向后，格子砖又将热量传给通入的冷空气或煤气，使其升温。这样不断循环工作。废气进入蓄热室温度通常为 1 500～1 550 ℃，开蓄热室时约 500～700 ℃；而空气及煤气经蓄热室加热后的温度为 1 000～1 300 ℃。可见蓄热室工作的好坏直接影响着平炉的技术经济指标。但在平炉用氧强化后，蓄热室的作用明显下降。

砖格子上部通常用抗渣性能好、耐火度高的砖，如高铝砖、铬镁砖、镁铝砖等；砖格子下部一般用黏土砖。

⑤换向装置

平炉是利用蓄热原理进行工作的，必须定时更换火焰方向，所以需有换向设备。对其要求是：不漏气，阻力小，结构简单，坚固和便于检修。现代平炉特别是用氧强化冶炼后，换向阀一般多采用闸板阀。

⑥烟道

烟道分支烟道和总烟道。支烟道又分煤气支烟道和空气支烟道，其作用是将煤气、空气分别引入各自的蓄热室，并将废气送入总烟道，再由烟囱排空。烟囱靠自然抽力排烟，故平炉烟囱较高。

(2)双床平炉

双床平炉于1964年起先后在加拿大、原捷克斯洛伐克、南非、原苏联、波兰等国投入生产。我国鞍钢也曾于1966年将一座平炉改建为双床平炉，熔炼时间平均为2 h 26 min，小时产钢量超过100 t。

双床平炉有两个炉床，两床之间在熔池上部有通道连接，气流可经通道流通，每床各有一出钢口，可从炉前放渣。两个炉床的炉顶各设氧枪、氧-燃喷枪、喷吹固体微粒的喷枪。当A炉床吹氧精炼时，B床则利用精炼床排出的高温废气进行装料和加热，并可用氧-燃喷枪补充供给燃料。A床出钢补炉时，B床兑铁水，然后废气改由B床流向A床，加热A床炉料，如此交替进行。

双床平炉与一般平炉相比，生产率高；省去了蓄热室，并将沉渣室改为活动渣车，使平炉结构大大简化；炉龄长，耐火材料消耗低；燃料消耗低、热效率高；基建费用低。但生产组织复杂，氧耗大，铁损高，开、堵出钢口频繁。

二、模铸钢锭法工艺概述

模铸法，是将盛在盛钢桶内的钢水注入具有一定形状和尺寸的钢锭模中铸成钢锭的方法。钢锭还需经过初轧机轧制成钢坯，然后再进一步轧制成各种钢材。

1. 铸锭工艺

(1)铸锭方法

模铸法根据浇注系统的摆放位置，可分为坑铸和车铸。坑铸，是将钢锭模摆放在铸坑内的固定底板上进行浇注，浇铸作业全在铸锭跨内进行。这种方法生产效率低，劳动条件差和铸锭质量难以保证。因此，国内仅在一些小型、老式炼钢车间采用。车铸，是将钢锭模摆放在固定于铸车上的底板上进行浇注的。车铸除在铸锭跨内进行浇注钢液外，其他作业如脱模、整模等均在另外的厂房内进行，从而克服了坑铸的缺点。但车铸占地面积大，基建投资多，多在大型、新建车间采用。

此外，根据钢液由盛钢桶注入钢锭模的方式不同，又将模铸分为上注法和下注法两种。钢液由钢锭模上口直接注入模内者称为上注；钢液经中注管、汤道从模底进入模内者称为下注。

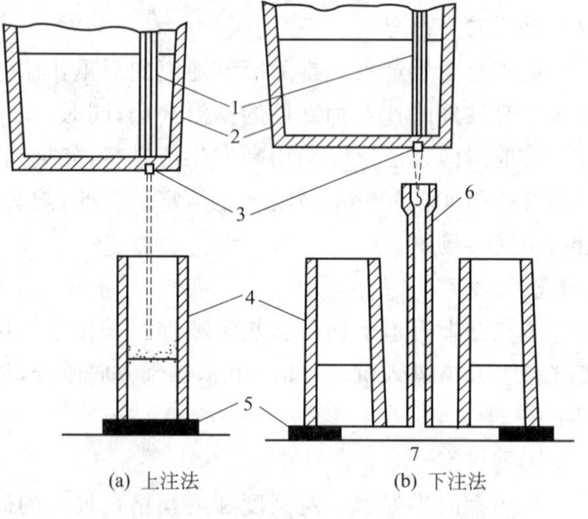

图 3-2-16　上注法和下注法
1—塞棒；2—钢包；3—水口；4—钢锭模；5—底盘；6—中注管；7—汤道

下注法具有如下优点：能同时浇注若干钢锭；钢液在模内上升平稳，钢锭表面质量好；有利于钢中气体向上排出，因此，国内各厂普遍采用。其缺点是：铸锭准备工作复杂；增加浇注系统耐火材料的消耗量（一般为25 kg/t钢），汤道金属损失约4 kg/t钢，导致钢锭成本增加；由于钢液对耐火材料的浸蚀，可能使钢中夹杂物增加；钢锭上部钢液温度低，不利于钢液的补缩，使钢液内部质量不如上注。

上注法的优点是：铸锭准备工作简单；耐火材料消耗少，钢水收得率高，钢锭成本低；由于耐火材料浸蚀产生的夹杂物少；浇注速度比下注快，注温可比下注低；由于模内高温钢液始终位于钢锭上部，并可反复进行添注，因此，有利于减少翻皮、缩孔和疏松等缺陷，钢锭内部质量好。上注法的缺点是：一次只能浇一支或2～4支（采用中间罐）钢锭；开浇时易引起飞溅，造成结疤、皮下气泡等缺陷；同时，由于钢水对模底的冲刷，容易烧坏钢锭模和底板，钢模消耗较高。为减轻上注时钢液的冲压力，可采用中间漏斗或中间盛钢桶，以降低其液面高度，使钢液入模速度下降；为防止钢液飞溅，还可采取将模底做成球形，锭模内表面喷以涂料以及模内放置防溅筒等措施。

采用哪一种浇注方法，应根据钢锭大小、钢种特点和生产条件等合理选择。如对表面质量要求严格的不锈钢、硅钢、轧制薄板的钢等，宜采用下注；对内部质量要求较高的轴承钢、炮钢等宜采用上注；对于高碳钢，因其体积收缩大、线收缩性小，可快速上注；而低碳钢体积收缩小、线收缩性大，因此下注更适宜；小钢锭适于下注；沸腾钢适合于下注，半镇静钢适合于上注。

(2)铸锭工艺流程

铸锭工艺流程由生产准备、浇注钢锭和钢锭处理三个步骤组成。

生产准备是在浇钢前将盛钢桶清理干净并烘烤好，特别是刚砌好内衬的钢包，必须充分干燥去除水分；要根据钢种要求选好合适的水口，安装时要使水口孔垂直，塞棒与水口接触紧密，控制机构灵活好用；底板与中注管的修砌要平整、严密，汤道砖内清洁无杂物；钢模使用前要仔细检查，有严重裂纹的不能使用，在底板上摆放位置正确且平稳；安装好保温帽或挂板。一切准备妥当，将铸车开到浇注操作线上等待浇钢。

进行钢锭浇注应首先使钢液镇静，并控制注温、注速，必要时尚需采取保护措施，严格操作程序。

钢液在盛钢桶内的镇静：从出完钢到开始浇注，钢液在盛钢桶内静置的时间，称为镇静时间。镇静的主要作用是使钢液的脱氧和合金化完全，成分进一步均匀；使脱氧产物和其他外来夹杂物充分上浮排除，以纯净钢质；均匀钢液温度，出钢温度过高时，则可适当延长镇静时间，以降低浇注温度。

镇静时间长短应根据钢种特点、盛钢桶容量、浇注方法、出钢温度等来确定，一般为 5～10 min。

注温和注速：浇注温度和浇注速度是浇注工艺的两个基本参数，应严格加以控制。

合适的注温是保证钢液顺利浇注成合格钢锭的前提条件，可根据钢种、锭型和浇注方法来确定。一般用下式表示：

$$T=T_1+\Delta T \tag{3-2-5}$$

式中 T——浇注温度(指开浇时钢包内的钢水温度)(℃)；

T_1——钢种的液相线温度即钢的熔点(℃)；

ΔT——钢水的过热度(℃)。

为使钢水有足够的流动性，开始浇注的温度必须高于钢水的熔点，即必须有过热度 ΔT，其大小应根据钢种、锭型、浇注方法来选择。如低碳钢(含碳 0.1%～0.3%)及低合金钢热裂倾向性大，ΔT 应小些；含 Al、Ti、Cr 的钢种，钢水发黏流动性差，ΔT 应高些；高 Si 高 Mn 的钢种流动性好，ΔT 可低一些；大钢锭 ΔT 可低些；小钢锭 ΔT 可高些；下注法 ΔT 高些(高 30～60 ℃)；上注法 ΔT 可低些(低 10～20 ℃)。总之，合适的注温应能保证浇最后一盘钢锭时，模内钢水仍具有等于或高于钢种的液相线温度，使钢水在模内流动正常。根据经验，ΔT 一般波动在 80～120 ℃之间。

浇注速度是指单位时间注入锭模的钢液量(重量注速，kg/s)，或指单位时间锭模内钢液面上升的高度(浇注线速度，mm/min)，通常采用后一种表示方法。注速的确定必须综合考虑浇注温度、浇注方法和钢种，其原则是：高温慢注，低温快注；上注快注，下注慢注；裂纹倾向性大的钢种慢注，含易氧化元素的钢种快注。

浇注速度主要通过选择不同的水口直径来控制。浇注过程中可以根据需要通过调节塞棒的启闭程度，在一定范围内进行调节。

保护浇注：近年来对钢的质量要求日益提高，炉外精炼得到广泛应用。但大部分经过精炼后的纯净钢液是在大气中浇注，由于钢液的二次氧化和从空气中吸收氢、氮等，使钢水再次受到污染，几乎使冶炼中所作各种去气、去夹杂的努力前功尽弃。因此，为防止钢液再次污染，解决各种钢锭的表面质量问题，对从盛钢桶水口流出的注流和钢锭模内上升的钢液面采取保护措施的做法，得到普遍应用。

保护浇注按所选的保护介质可分为无渣保护和有渣保护浇注。主要是用在钢锭模内进行的保护浇注。其中，无渣保护是借助可燃材料或气体，在模内造成还原性或惰性气氛保护钢液面不被空气氧化。有渣保护则是用加入模内的各种固体或液体渣料，通过产生还原气隔绝空气，还兼有捕集钢流中浮起的非金属夹杂物的作用，如图 3-2-17 所示。而注流气体保护，则是防止注流的二次氧化，一般是用氮气或氩气密封气流。密封方法很多，如图 3-2-18 所示。

保护浇注方法分类：

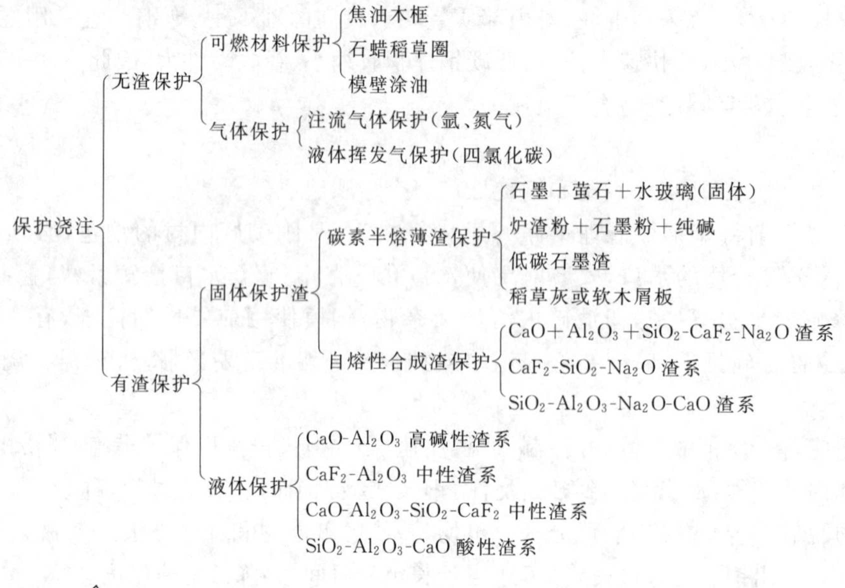

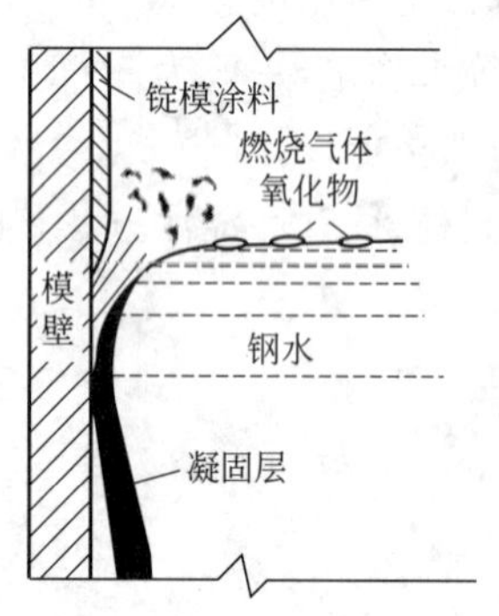

图 3-2-17 模壁涂料的作用

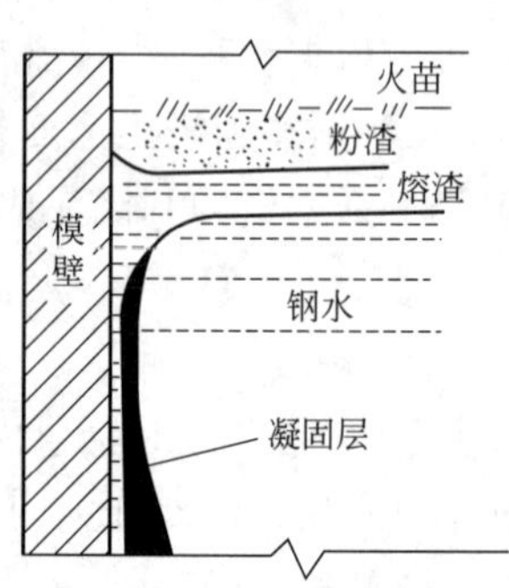

图 3-2-18 下注钢锭粉渣保护层的形成

浇注操作：不同的钢种，其操作方法亦不相同。浇注镇静钢可采用上注法或下注法，如图 3-2-19 所示。

上注法：盛钢桶水口中心必须对准锭模中心，使钢流落在两对角线的交叉点上，避免冲刷模壁和减少结疤。开浇后 3～5 s 内，将注速均匀地开到满流并保持圆柱形。若注流呈喇叭形，则钢流易被氧化，注流会洒在模壁上，恶化表面质量。当钢液上升到钢锭模与保温帽接口下 100 mm 时，应开始缓慢而均匀地减速。保温帽部分应细流填注，使钢液能很好地充填钢锭本体，使缩孔集中到保温帽内。保温帽注满后应及时加入保温剂。

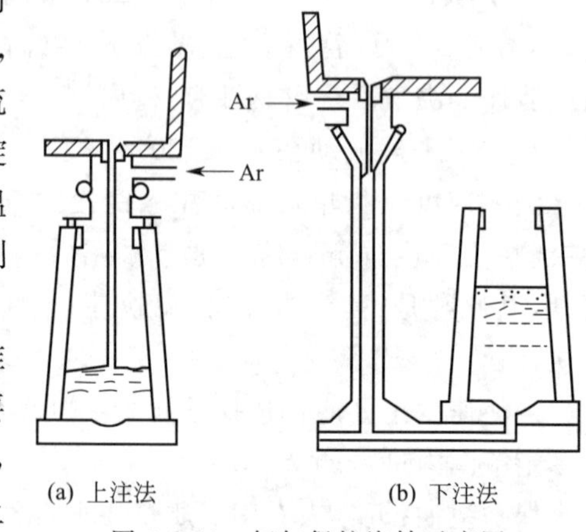

图 3-2-19 氩气保护浇铸示意图

下注法：其操作基本与上注法相同。浇注时，水口中心对准中注管中心，避免注流冲刷中注管砖和造成漏钢事故。开浇要稳，使钢水缓慢充满并充分加热流钢砖的汤道，然后均匀加速，使钢水在模内平稳上升，以避免飞溅。如钢锭模是上大下小，上部应比下部有较快的注速。若用石墨保护剂，应在浇注前用袋装好放入模内。

钢锭的冷却和退火是必要的。浇注完毕后应停歇一定时间，以待钢液在锭模内凝固。凝固后的钢锭温度仍然很高，对于普通镇静钢，当其完全凝固后即可脱模。但对于某些碳素钢或合金钢钢锭，若凝固后的冷却太快，将因内外冷却速度相差悬殊，在钢锭内部产生很大的内应力而引起开裂。因此，钢锭完全凝固之后，尚需根据钢种特点，采取缓冷或退火措施。其目的在于消除钢锭的内应力（包括热应力和组织应力）；使硬度较高的钢锭软化，便于精整；使钢锭的组织及成分均匀化等。

钢锭的冷却方法，一般可分为模冷、坑冷和热送等几种。对于冷却过程发生相变的钢种，须采取不同方式进行退火。一些钢种的冷却和退火制度见表 3-2-24。

表 3-2-24　部分钢种的冷却和退火制度

冷却方式	钢　　种	技术要求
模冷	08～35；10～35Mn；15～20Cr；15～20Mo；15CrMo；20CrNi；弹簧钢；奥氏体钢；铁索体钢	钢锭在模内缓冷到 400 ℃下脱模
坑冷	10～85；40～70Mn；30～50MnB；30～50B；30～50Cr；T_7～T_{13}；40～50CrNi；20～40Mn_2；中碳合金结构钢；调质钢；易淬硬钢种；易产生白点钢种	温度大于 700 ℃的热钢锭置于缓冷坑内加盖缓冷，钢锭温度低于 300 ℃后出坑
热送	所有能保证钢锭表面质量的钢种，都可在红热时送入加热炉	送加热炉时，钢锭表面温度应大于 700 ℃
退火	马氏体高合金钢进行(900±20)℃高温退火；马氏体或半马氏体合金钢进行(680±20)℃的低温退火；除马氏体外的中、低碳合金钢进行(820±20)℃的中温退火	

最后进行钢锭的检查及精整，钢锭送往加工车间前，应检查其质量。表面有缺陷的钢锭，需经修整后，才能送去热加工。修整时，应根据钢锭的物理性能和表面缺陷的特征等，选择适当的方法。

表面夹杂、结疤和裂纹等缺陷不严重的钢锭，一般用风铲或火焰清理；硬度和韧性大的钢种，用砂轮打磨。用砂轮清理时，要防止产生局部过热现象，以免重新产生裂纹。含 Cr、Ni、Ti、Al 等元素较多、液态时黏度很大的钢种，可在车床上剥去钢锭表皮，以清除表面缺陷和查明皮下裂纹。对于布氏硬度(HBW)值大于 265 的钢种，剥皮前应进行软化退火。

热送钢锭时，加工前无法对钢锭进行检查和精整，应在加工之后对钢坯进行检查，包括低倍组织检验、机械性能试验等。

2. 铸锭设备

铸锭设备主要包括：盛钢桶、钢锭模、保温帽、中注管和底板等。

(1)盛钢桶

盛钢桶是盛钢水以进行浇注的主要设备，又称钢包。盛钢桶的容积，应足够容纳全部钢水和部分保温用渣液，此外，还应有 10％左右的余量，以适应钢水量的波动。

盛钢桶的外壳由钢板焊成，略带锥度，内衬耐火材料；桶壁装有耳轴，供吊运、支撑钢包用；桶侧还装有塞棒升降传动机构，控制钢流的浇注；桶底留有一个镶嵌水口砖用的圆孔。图 3-2-20 为盛钢桶及塞棒系统图。

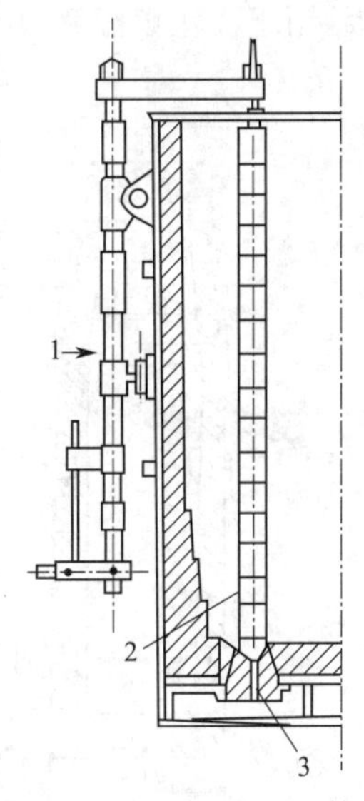

图 3-2-20　盛钢桶及塞棒系统

1—塞棒操纵装置；2—塞棒；3—水口

浇注钢流控制系统有两种类型：塞棒水口和滑动水口。塞棒控制系统包括塞棒操纵装置、塞棒和水口三部分。塞棒又由铁芯、袖砖和塞头组成。注钢时，利用塞棒来启闭水口并控制钢流的大小，故要求塞头必须严密堵住水口眼。

近年来。随着钢液在盛钢桶内精炼和脱气处理等新技术的应用，需要提高出钢温度和延长钢液在盛钢桶内的停留时间。在这种情况下，塞棒装置已不能适应要求，生产中已普遍采用滑动水口。

滑动水口装置主要由上、下水口和上、下滑板组成，其工作原理如图 3-2-21 所示。上水口和上滑板均固定在盛钢桶底壳上，下水口和下滑板则固定在滑动盒中。操作时，通过滑动机构错动两块滑板位置来控制水口的启闭和钢流的大小。目前广泛采用的滑动水口有两种类型：一类是滑动作直线运动；另一类是作旋转运动，也称旋转水口。图 3-2-22 为前一种类型滑动水口装置简图。

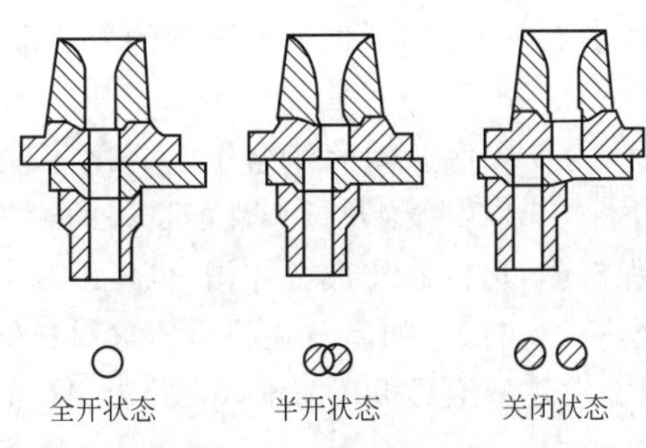

图 3-2-21　滑动水口工作原理

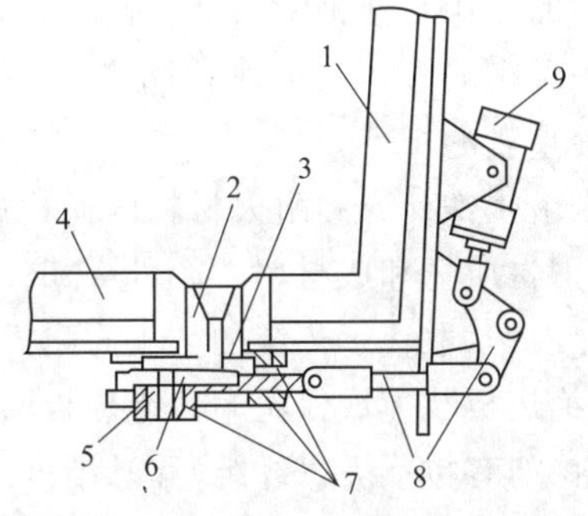

图 3-2-22　滑动水口结构简图

1—盛钢桶衬砖；2—上水口；3—上滑板砖；4—盛钢桶底衬砖；5—下水口；6—下滑板砖；7—盖板；8—驱动装置；9—油压缸

滑动水口的使用，可以简化盛钢桶的准备工作，改善劳动条件，节约耐火材料，加快盛钢桶的周转，并减少由于塞棒断头等造成的事故，为实现浇注的机械化和自动化创造了条件。

(2)钢锭模和保温帽

钢锭模是浇注时承受钢液的模子，大多用铸造生铁铸成。其使用寿命波动较大，一般为 60～80 次左右。采用球墨铸铁铸造的钢锭模，使用寿命较长。

钢锭模的尺寸及断面形状，取决于钢种、用途和初轧机能力等。钢锭重量，由几百公斤至几百吨。国外曾浇过 500t 重的钢锭，国内浇注过 200～250 t 的钢锭。

从钢锭模纵断面形状来看，钢锭模可分为上大下小和上小下大两大类。上大下小带保温帽、有底的钢锭模[图 3-2-23(a)]，用于浇注镇静钢；上注时在模底孔加钢质底塞，下注时则安装耐火材料质注口砖。上小下大不带保温帽、无底钢锭模，[图 3-2-23(b)]，用来浇注沸腾钢。此外，还有瓶口模[图 3-2-23(c)]，用于浇注沸腾钢或半镇静钢。近年来，为了简化铸锭生产工序，一些炼钢车间．在上小下大的钢锭模上部挂装绝热板，用于浇注镇静钢。

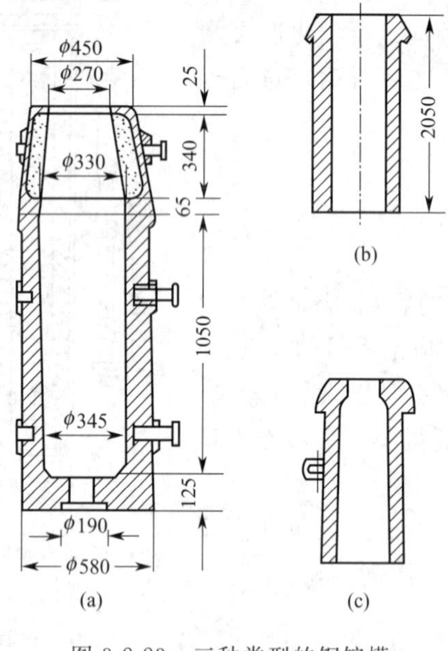

图 3-2-23 三种类型的钢锭模

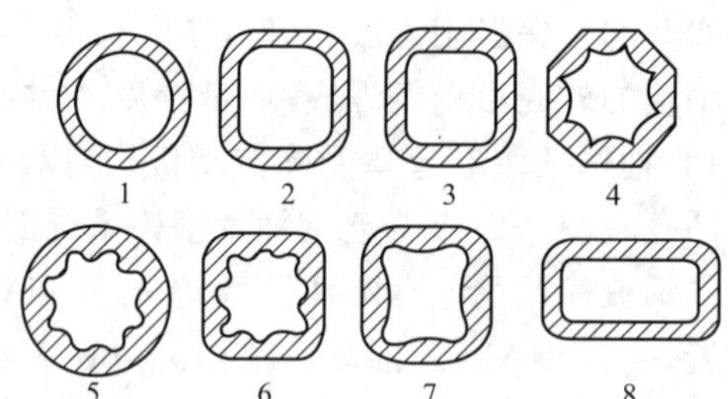

图 3-2-24 钢锭模断面形状

1—圆形；2—凸边方形；3—方形；4—多边形；
5—波纹圆形；6—波纹方形；7—凹边方形；8—扁形

钢锭模横断面形状有圆形、正方形、矩形、多边形等，边形又有直边、凹边、凸边、波纹形等(见图 3-2-24)。正方形锭适于轧制型钢和线材；矩形锭适于轧制板材；多边形锭多用于锻造；圆形锭供轧制钢管、车轮和轮箍等。直边形钢锭模制造容易，钢锭热加工时不易产生折叠。故使用最广；波纹边锭模制造困难，且波峰易烧坏，故实际应用不广。

保温帽的作用是使钢锭头部较长时间处于液态，以便充填钢锭本体因收缩而产生的缩孔，从而得到致密的钢锭。保温帽的容积与钢种、钢水温度、钢锭大小，保温帽形状、内衬的导热性以及保温剂的发热量有关，一般占钢锭重量的 12%～20%。

保温帽由生铁外壳和耐火材料内衬构成，如图 3-2-25 所示。为发挥保温帽的补缩作用，减小保温帽容积，以提高钢材质量和成材率。20 世纪 60 年代末以来，保温帽内衬广泛采用绝热保温性能良好的绝热保温帽或发热保温帽，取代了传统的粘土质耐火砖帽。绝热或发热保温帽，可以制作成整体帽，也可以制成绝热板，由数块绝热板装配成保温帽。绝热板的制作，一般由粉状绝热耐火材料(如高氧化铝质耐火材料等)、纤维绝热材料(如有机或无机纤维)和黏结剂经配制加工成型而得。发热型绝热板还需配入发热材料(如铝粉)及氧化剂(如铁矿粉)等。

另外，与保温帽内衬相配合，在浇注快结束时，往往还在保温帽顶部加入防缩孔剂，减少钢锭顶端钢液的热损失。防缩孔剂的类别，根据其性能和外形的不同，可分为发热型或非发热型；膨胀型或非膨胀型；粉状或

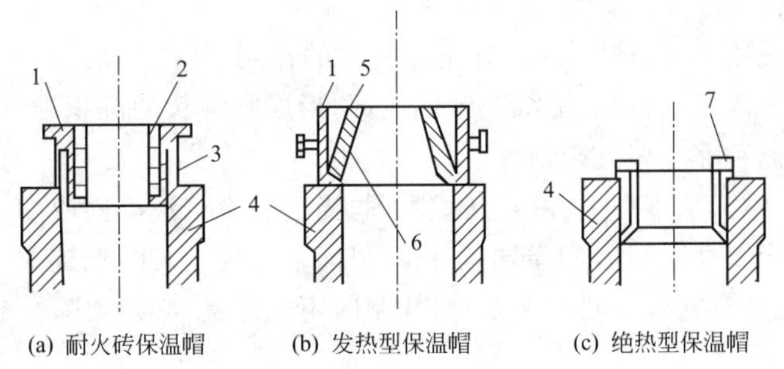

图 3-2-25　保温帽的保温方式

1—金属框；2—耐火砖；3—木片；4—钢锭模；5—绝热层；6—发热层；7—绝热板

板状等。防缩孔剂的材质组成与绝热板大致相似。

(3)底板和中注管

采用下注法浇注时，盛钢桶内钢液通过中注管经由分流砖、流钢砖流入各个钢锭模内。中注管由漏斗砖、注管砖和铸铁外壳组成。为保证钢液能注满钢锭模，中注管应比锭模和保温帽高出 400～600 mm，以保证浇注时钢液有足够的静压力。

底板用生铁铸成。上注法底板的作用是承托钢锭模，其表面无沟槽。下注法底板铸有下凹的坑槽，以安放分流砖和流钢砖。分流砖上口与中注管相接。侧口与流钢砖相通。流钢砖上面有孔与锭模相通。按底板沟槽的分布可分为树枝形底板(图 3-2-26)和放射形底板(图 3-2-27)等类型。前者适用于浇注数量多而重量小的钢锭；后者则适用于浇注数量较少而重量较大的钢锭。

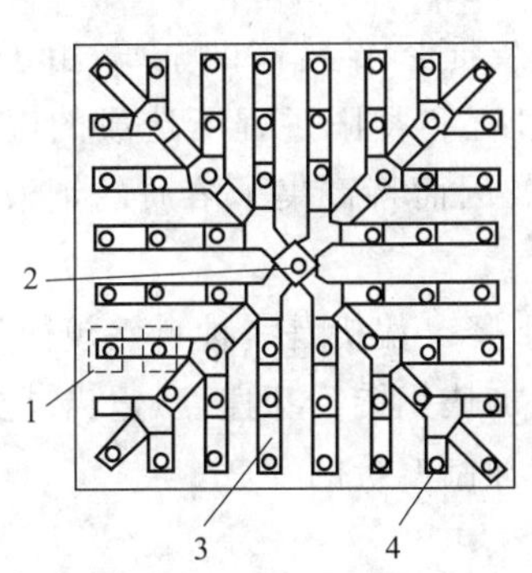

图 3-2-26　树枝形底板

1—锭模位置；2—中心分流砖；3—流钢砖；4—钢液注入口

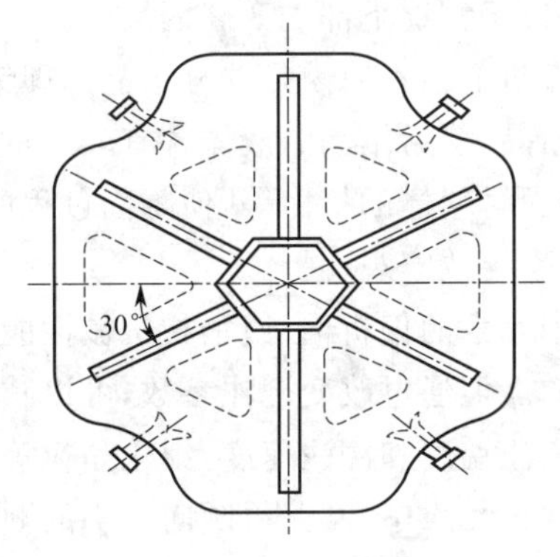

图 3-2-27　放射形底板

3. 钢锭结构特点及主要缺陷

镇静钢是完全脱氧钢，钢液在凝固过程中不析出 CO 气体，在模内平静地凝固。因此，钢锭组织致密，无分散气泡。成分比较均匀，轧成的钢材具有较良好和均匀的机械性能。所以对机械性能要求较高和较稳定的合金钢和高、中碳钢以及部分低碳钢，都冶炼成镇静钢。但镇静钢头部有缩孔，开坯时切头损失大，成材率低。同时，炼钢耗用的脱氧剂较多，浇注时采用带保温帽的锭模，耐火材料消耗增加，钢锭成本高。

(1)镇静钢钢锭结构

典型镇静钢钢锭的结构，如图 3-2-28 所示，由下列几个不同结构特点的结晶带所组成。

①钢锭表面的细小等轴晶带(激冷层)。高温钢液注入锭模后，与模壁接触的钢液表层受到锭模的强烈冷却，获得较大的过冷度。同时，模壁表面粗糙处起着结晶核心的作用，因此形成大量晶核，其形核速度远大于晶核长大速度，因而形成不同取向的细小等轴晶粒构成的表面层。此层厚度一般为几毫米。

②柱状晶带。激冷层形成后，锭模温度升高，特别是凝固的外壳与模壁间产生空隙，使热阻加大，钢液过冷度减小。只有那些垂直于模壁、伸向锭心的晶体树枝主干，热流路程最短，散热温度最快，于是形成一个向模壁定向传热而垂直于模壁的柱状晶带。其厚度决定丁浇注温度与钢锭尺寸。

③中心等轴晶带。随着柱状晶的生长，散热速度显著减慢，使中心钢液几乎同时达到同一过冷度而凝

固，形成锭心粗大等轴晶带。

④沉积堆(带)。在钢液凝固过程中，由于对流和重力的作用，使一些最初形成的纯度较高的晶体和一些碎断的枝晶，下沉至钢锭底部，形成圆锥状的沉积堆。其中大部分是细小的等轴晶和非金属夹杂物。

⑤缩孔。在钢锭模内，钢液从下向上、由外向里凝固，当下层冷钢液凝固收缩时，上层热钢液向下充填；当表壳凝固后，上部中心钢液仍向下补缩，因此，钢锭头部形成缩孔和疏松，在缩孔区存在较多较大夹杂物，轧制时不能焊接，必须切除。

(2)钢锭的偏析

钢锭内部化学成分的不均匀性，称为偏析。高于钢锭平均成分时，称为正偏析；低于钢锭平均成分时，称为负偏析。

偏析可分为显微偏析和宏观偏析。显微偏析是指树枝晶体的枝干与枝晶间成分的不均匀性，只能通过显微镜才能鉴别，又称为树枝状偏析。宏观偏析是钢锭局部成分不均匀性，可用钻样分析进行鉴定，也可通过硫印、酸浸等低倍检验判断，故又称低倍偏析或区域偏析。

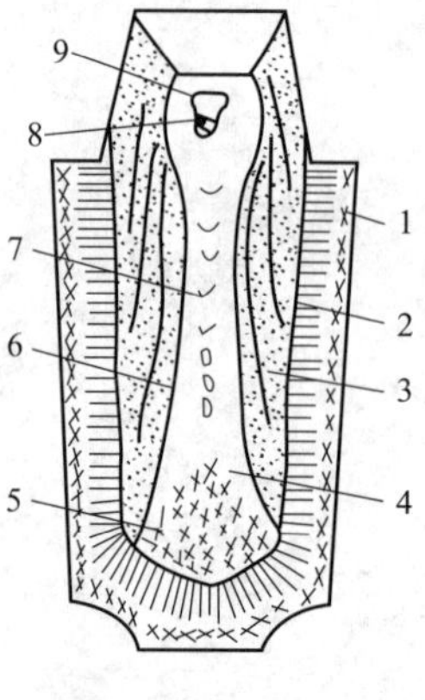

通过硫印检查钢锭纵断面，可以观察到镇静钢钢锭有三个明显的偏析带(见图 3-2-28)，即∧形偏析带、∨形偏析带和底部锥形负偏析带。

图 3-2-28　镇静钢钢锭结构及偏析示意图

1—细小等轴晶带；2—柱状晶带；3—过渡晶带；4—粗大等轴晶带；5—负偏析沉积锥体；6—∧形偏析；7—∨形偏析；8—缩孔下正偏析区；9—缩孔

∧形偏析带主要是S、P、C的正偏析，分布在柱状晶带和锭心粗大等轴晶带的中间过渡带。∨形偏析是S、P的正偏析，分布在锭心等轴晶带，位于缩孔之下。在∨形偏析区还常常同时形成中心疏松。锥形负偏析带含S、P夹杂较少，但含有大颗粒球形硅酸盐和铝酸盐夹杂物。具有细小等轴晶结构，位于钢锭下部1/3高区域内。

造成偏析的根本原因是选分结晶。即钢液凝固时，含C、P、S等杂质少、纯度高的金属，由于熔点较高而首先开始结晶，使后结晶的液体含有较多的杂质。同时，由于浇注过程和凝固过程所造成的温度和浓度差等，以及凝固时气体的析出等，使凝固过程的钢液一直处于流动状态，因而将富集了溶质的钢液带到未凝固的区域，结果导致宏观偏析。

钢锭中元素的偏析，会使钢材机械性能不均匀，韧性、耐腐蚀性下降。偏析是一种自然规律，要完全消除是不可能的。但通过改变浇注参数，可以减轻偏析。一般来说，通过加快钢锭冷却速度，适当减少钢锭重量，适当降低浇注温度和浇注速度，细化晶粒等措施，都可以不同程度的抑制偏析的发展。

钢中常见元素中，其偏析倾向大小的顺序为：S、P、C、Si、Mn。

(3)镇静钢钢锭的主要缺陷

镇静钢钢锭的缺陷可笼统的分为两大类：一类是表面缺陷，一类是内部缺陷。属于表面缺陷的有：裂纹、结疤、重皮、气泡、翻皮、截痕等。在钢锭加工时，这些缺陷会引起表皮开裂现象。此类缺陷比较容易发现，程度较轻时可以清理，只是要消耗人力，占用作业面积，损失金属。属于内部缺陷的有：缩孔、疏松、偏析、夹杂、白点、内裂等。这类缺陷，对钢材性能的危害很大，甚至使钢报废。有的不易发现，将造成后部加工的浪费，甚至潜藏在产品内，遗患于使用过程中。

镇静钢钢锭的主要缺陷、成因及防止方法见表 3-2-25。

表 3-2-25　镇静钢钢锭的主要缺陷、成因及防止措施

缺陷名称	轧后特征	缺陷成因	防止或减少缺陷的措施
裂纹		钢锭模设计不合理；脱模过早	改进锭模设计；防止脱模后冷却太快，不用高温锭模
拉裂		锭模与保温帽间或底盘间产生飞边；钢锭模内壁不平	改善锭模管理，完善摆模作业
表面夹杂(大型夹杂)		注温、注速低；清洁工作不好；耐火材料质量差；锭模内壁不良	合适的浇注制度；改进锭模管理，做好清洁工作；改进耐火材料质量
翻皮结疤	裂纹局部分层	模内钢液面氧化膜裸露注流注入偏心等引起飞溅；浇注初期冷溅	合适的液面保护剂；正确的浇注操作；用防溅筒
皮下气泡	纵裂纹角部裂纹	脱氧不良；注速过慢；添加物或涂料潮湿；钢中气体含量过高	正确脱氧；对添加剂和涂料烘烤；控制合适注速；降低钢中气体含量

续上表

缺陷名称	轧后特征	缺陷成因	防止或减少缺陷的措施
截痕	裂纹	浇注中断事故;低温低速浇注	防止各种浇注事故;采用合适的浇注工艺
缩孔	严重裂纹	锭模设计不合理;注速过快,注温不合适,补注不良	改进锭模设计,高宽比 H/D 适当;正确补注操作;采用合适的绝热板、防缩剂等
疏松	内裂纹	粗大树枝晶间搭桥,使某些空间得不到补缩;有气体或夹杂物存在	良好补注,采取加速结晶措施,减少钢中气体和夹杂
发纹	沿轧制方向出现细长的裂纹	钢中气体和非金属夹杂物过高	降低钢中气体和夹杂物含量
白点	内部微裂纹	钢中含氢量过高	使炉料干燥,改进冶炼工艺;采用真空处理、氩气搅拌等措施

第四节　转炉—连铸工艺技术及装备

一、氧气转炉炼钢

氧气转炉炼钢法就是使用转炉(Converter),以铁水作为主原料,以纯氧作为氧化剂,靠杂质的氧化热提高钢水温度,一般在 30～40 min 内完成一次精炼的快速炼钢法。在我国,小转炉主要采用氧气顶吹转炉炼钢法,大中型转炉主要采用复合吹炼法。国内车轮钢冶炼 120 t 转炉采用的是顶底复合吹炼转炉炼钢法。

1. 顶底复吹转炉炼钢工艺

顶底复吹转炉炼钢工艺主要包含装料、供氧、造渣、温度及终点控制、脱氧及合金化等内容。

(1)装料制度

①装入次序

一般先兑铁水后装废钢:这种装入顺序可以避免废钢直接撞击炉衬,但炉内留有液态残渣时,兑铁水容易导致喷溅;先装废钢后兑铁水:采用这种装入顺序虽然会使废钢直接撞击炉衬,但由于目前国内各钢厂均普遍采用了溅渣护炉技术,运用此法可防止兑铁水喷溅,但补炉后冶炼的第一炉仍建议采用前面的装入顺序。

②准确控制铁水废钢比

准确控制铁水和废钢的装入量有利于减少渣料和氧气的消耗,各厂家根据实际成本和铁水热量确定合理的铁水废钢比,一般在 5%～10%左右。

目前国内采用三种控制装入量的方法,即定量装入量、定深装入量和分阶段定量装入法。定量装入量是指整个炉役期间,保证金属料装入量不变;定深装入量是指整个炉役期间,随着炉子容积的增大依次逐渐增大装入量,保证每炉的金属熔池深度不变;分阶段定量装入法是指将炉子按炉膛的扩大程度划分为若干阶段,每个阶段实行定量装入法。分阶段定量装入法兼有两者的优点,是生产中最常见的装入制度。

(2)供氧制度

转炉冶炼要完全依靠氧气、吹氧制度是否合理,直接决定了生产的节奏和冶炼成本的高低。

①供氧压力

供氧压力应保证射流出口速度达到超声速,并使喷头出口处氧压稍高于炉膛内的炉气压力。目前,中型转炉的供氧压力为 0.8～1.0 MPa。

②氧气流量

氧气流量指在单位时间内向熔池供氧的数量,常用标准状态下体积量度,其单位为 m^3/min 或 m^3/h。氧气流量是根据吹炼每吨金属料所需要的氧气量、金属装入量、供氧时间等因素决定。即

$$\text{氧气流量}=\frac{\text{单位金属的需氧量}(m^3/t\times\text{金属装入量})(t)}{\text{供氧时间}(min)} \tag{3-2-6}$$

还可按照下述简单公式计算:

$$\text{氧气流量 } Q=\frac{\{w[C]_{铁}\times\text{铁水比}-w[C]_{终}\}\times 9.333}{\eta_{氧}\times\text{供氧时间}}\times\text{装入量} \tag{3-2-7}$$

式中　$w[C]_{铁}$——铁水中的碳含量(%);

铁水比——金属料终铁水所占之百分比,一般大于 70%;

$w[C]_{终}$——吹炼终点钢水终的碳含量(%)；

9.333——系数，氧化 $w[C]$ 为 1% 的耗氧量；

$\eta_{氧}$——考虑到其他元素的氧化，取 0.70～0.75。

$$\eta=\frac{0.933\times 碳氧化量}{实际供氧量}\times 100\% \tag{3-2-8}$$

以上两式表明，所炼钢种，吹氧时间与氧流量(供氧量)有密切关系，以及为什么根据供氧量能判断吹炼终点，国内中型转炉一般供氧流量在 18 000～24 000 m^3/h。

③供氧强度

供氧强度指在单位时间内每吨钢的耗氧量，它的单位是 $m^3/(t\cdot min)$。

$$供氧强度\ I=\frac{氧气流量(标志)(m^3/min)}{装入量(t)} \tag{3-2-9}$$

供氧强度的大小根据转炉的公称吨位，炉容比来确定。主要受炉内喷溅的影响，通常在不影响喷溅的情况下可试用较大的供氧强度。国内中型转炉的供氧强度一般为 3.2～3.8 $m^3/(t\cdot min)$。

④供氧时间

供氧时间根据经验来确定，主要是从转炉吨位的大小、原料条件、造渣制度、吹炼钢种等情况来综合考虑的，中小型转炉的单渣操作供氧时间一般为 12～15 min。

⑤枪位

氧枪高度即枪位，是指氧枪喷头与静止熔池表面之间的距离，不考虑吹炼过程实际熔池面的剧烈波动。

转炉枪位与炉子吨位、喷头参数、原料条件、冶炼钢种、炉型以及操作习惯等因素有关。枪位的确定，主要考虑两个因素：一是氧射流要有一定的冲击面积；二是氧射流应有一定的冲击深度，但保证不能冲击炉底。

⑥供氧操作

目前供氧操作有两种类型。一种是恒压变枪操作，即在一炉钢的吹炼过程中，其氧压保持不变，只是通过调节枪位来改变氧气流股与熔池的相互作用以控制吹炼。这种吹炼方式在化渣时的氧气利用率较低，氧耗相对较高。另一种是恒枪变压操作，即在一炉钢的吹炼过程中，枪位基本上保持不变，只是通过调节氧压(氧流量)来控制吹炼过程，其氧气的利用率高。由于在短时间内频繁调整氧气压力对氧气调节设备的要求较高，在我国多数转炉采用的是恒压变枪操作，但近年来采用恒枪变压操作的转炉数量也在增加。

(3)造渣制度

氧气转炉炼钢的供氧时间仅有十几分钟，在此期间必须形成具有一定碱度、良好流动性、合适的 T(Fe) 和 MgO 含量、正常泡沫化的熔渣，以保证炼出合格的优质钢水，并尽量减少对炉衬的侵蚀。

转炉炼钢造渣的目的是去除磷和硫、减少喷溅、保护炉衬、降低终点氧。造渣的主要材料是石灰，另外还有白云石、萤石、矿石、烧结矿、氧化铁皮及合成造渣剂等。

①石灰加入量的确定

石灰的加入量是根据铁水中硅和磷的含量及炉渣的碱度 R 来确定的。

当铁水中的磷含量≤0.3%时，用公式(3-2-10)表示碱度，则

$$R=\frac{CaO}{SiO_2} \tag{3-2-10}$$

$$石灰加入量=\frac{2.14[\%Si]}{\%CaO_{有效}}\times R\times 1\,000(kg/t) \tag{3-2-11}$$

式中 $\%CaO_{有效}$——石灰中的有效 CaO。

$$\%CaO_{有效}=\%CaO_{石灰}-R\times\%SiO_{2石灰} \tag{3-2-12}$$

当铁水含 P＞0.3%时，则

$$R=\frac{\%CaO}{\%SiO_2+0.634\times\%P_2O_5} \tag{3-2-13}$$

$$石灰加入量=\frac{2.14\times[\%Si]+1.34\times[\%P]}{\%CaO_{有效}}\times R\times 1\,000(kg/t) \tag{3-2-14}$$

当用白云石造渣时，应酌情减少一部分石灰量。而当用矿石作冷却剂时，则应补加石灰以中和脉石中的SiO_2。其计算方法为：

$$石灰补加量=\frac{R\times\%SiO_{2矿石}}{\%CaO_{有效}}(kg/kg_{矿}) \qquad (3\text{-}2\text{-}15)$$

②成渣速率

由于转炉的冶炼时间短，快速成渣就显得非常重要。这里，石灰的溶解是决定冶炼速率的重要因素。

开始吹氧时，由于渣中的主要成分是SiO_2、MnO、FeO，因而是酸性渣。加入石灰后，石灰的溶解速率可用下式来表示：

$$J=K(CaO+1.35MgO-1.09SiO_2+2.75FeO+1.9MnO-39.1) \qquad (3\text{-}2\text{-}16)$$

成渣时，虽然容易形成难溶渣$2CaO\cdot SiO_2$，但由于FeO、MnO、MgO的存在可降低炉渣的黏度，破坏$2CaO\cdot SiO_2$的形成，石灰的溶化进程被加速了。

采用软烧活性石灰、加矿石和萤石以及采取吹氧措施都可提高成渣的速率。

③造渣方法

根据铁水成分和所炼钢种来确定造渣方法。常用的造渣方法有单渣法、双渣法和双渣留渣法。

单渣法是指整个吹炼过程中只造一次渣，中途不倒渣、不扒渣，直到吹炼终点出钢。

双渣法是指整个吹炼过程中需要倒出或扒出约1/2～1/3的炉渣，然后加入渣料重新造渣。根据铁水成分和所炼钢种的要求，也可以多次倒渣造新渣。

双渣留渣法是指将双渣法操作的高碱度、高氧化铁、高温、流动性好的终渣留一部分在炉内，然后在吹炼第一期结束时倒出，重新造渣。

(4)温度制度

温度制度主要是指炼钢过程的温度控制和终点温度控制。

①出钢温度

不同钢种要求的出钢温度不同。出钢温度首先取决于所炼的钢种，钢种不同，其液相线温度也不同，它可根据钢种的化学成分而定，钢液的液相线温度也可用经验公式计算。出钢温度还需考虑从出钢到浇注各阶段的温降，这样出钢温度的确定可依据下式：

$$T_{出}=T_{液}+\Delta T+\Delta T_{过程} \qquad (3\text{-}2\text{-}17)$$

式中　$T_{液}$——液相线温度(℃)；

ΔT——钢液过热度(℃)；

$\Delta T_{过程}$——出钢到浇注过程温降(℃)。

②吹炼过程的温度控制

在吹炼过程中，要求炉温不能忽高忽低，要均衡地升温，同时满足各时期的温度要求。见表3-2-26。

表3-2-26　各吹炼时期温度控制

吹炼时期	前　期	中　期	后　期
一般控制的温度范围	前期结束温度为1 450～1 550 ℃，大炉子、低碳钢取下限；小炉子、高碳钢取上限	1 550～1 600 ℃，中、高碳钢取上限，因后期挽回温度时间少	1 600～1 680 ℃，决定于所炼钢种
根据操作工艺特点进行调节的原则	为了前期脱磷，温度可适当低些。为了脱硫，温度可适当高些，少加些冷却剂	为了脱磷，温度可低些；为了脱硫，温度可高些；但温度过低不利于脱硫，温度过高，不利于脱磷	应均匀升温，达到钢种要求的出钢温度。温度过高，钢水中气体含量增高，炉子寿命降低。温度过低，不能形成高碱度流动性良好的熔渣

③终点控制和出钢

终点控制是转炉吹炼末期的重要操作。终点控制主要是指终点温度和成分的控制。由于脱磷、脱硫比脱碳操作复杂，总是尽可能提前让磷、硫达到终点所需的范围，因此，终点的控制实质就是脱碳和温度的控制，把停止吹氧又俗称为“拉碳”。

达到终点的具体表现为：钢中碳含量达到所炼钢种要求的控制范围；钢中[P]、[S]含量低于规定下限要求的一定范围；出钢温度保证能顺利进行精炼和浇铸；达到钢种要求控制的氧含量。

因此,目前采用经验控制吹炼终点的办法和转炉的自动控制,尤其是转炉的终点预报,可以具有较高的终点命中率。

转炉出钢时间为 2～6 min,采用红包出钢和挡渣出钢法、自 1970 年日本人发明挡渣球法挡渣出钢后,先后又出现了多种挡渣出钢方式,其目的是有利于准确控制钢水成分,减少钢水回磷,特别是降低钢中夹杂物含量,提高钢包精炼效果。

目前,采用的挡渣法有挡渣球法、挡渣塞法、气动挡渣器法、气动吹渣法等。

(5)脱氧及合金化制度

在转炉吹炼过程中,由于不断向金属熔池吹氧,当吹炼终点时,钢液中必然残留一定数量溶解氧,吹炼结束后,如果不将氧脱除到一定程度,就不能顺利浇注,也不能得到结构合理的铸坯。因此在出钢前或者在出钢及其以后的过程中根据钢种要求选择合适的脱氧剂及其加入量,加入到钢水中使其合乎规定的脱氧程度,这个操作称为脱氧。在脱氧的同时,也使钢水中硅、锰及其他合金元素的含量达到成品钢的规格,达到合金化的目的。

在实际钢水中,C-O 反应没有达到平衡,钢水中的实际氧含量,其差值 $\omega(\Delta[O])=\omega[O]_{实际}-\omega[O]_{平衡}$ 称为钢水的氧化性。钢水的脱氧,就是选择一些与氧亲和力大的合金元素加入钢水中,使其降低钢水的氧化性。脱氧剂的选择应满足下列原则:具有一定的脱氧能力;脱氧产物不溶于钢水中,并易于上浮派出;来源广,价格低。

根据以上原则,在生产实际中常用的脱氧剂为铝、硅、锰及它们组合的硅锰、硅铝合金等,其脱氧能力的大小次序是 Al>Si>Mn。

向钢种加入一种或几种合金元素,使其达到成品钢成分规格要求的操作过程称为合金化。实际上,在多数情况下,脱氧和合金化是同时进行的,加入钢中的脱氧剂一部分消耗于钢的脱氧,转化为脱氧产物而排出,另一部分则为钢水所吸收,起合金化作用。而加入钢中的大多数合金元素,因其与氧亲和力比铁强,也必然起一定的脱氧作用。可见,在实践中往往不大可能把脱氧和合金化,脱氧元素和合金元素截然分开。

冶炼一般合金钢或低合金钢时,合金加入量的计算方法与脱氧剂基本相同。但由于加入合金种类较多,必须考虑各种合金带入的合金元素量,计算公式为:

$$合金加入量=\frac{\omega(E)_{规格中限}-[\omega(E_{残余})+\omega(E_{其他合金带入})]}{(E_{合金})\times\eta_E}\times出钢量 \tag{3-2-18}$$

冶炼高合金钢时,合金加入量较大,加入的合金量对钢水量和终点成分的影响不能忽略,计算时也应给以考虑。

(6)溅渣护炉制度

溅渣护炉目前是生产中的常规操作,是维护炉衬的主要手段。它是利用 MgO 含量达到饱和或过饱和的炼钢终点渣,通过高压氮气的吹溅,使其在炉衬表面形成一层高熔点的熔渣层,并与炉衬很好地黏结。通过溅渣形成的溅渣层其耐蚀性较好,同时可抑制炉砖表面的氧化脱碳,又能减轻高温熔渣对炉衬砖的侵蚀冲刷,从而保护炉衬,提高炉衬使用寿命。

2. 转炉设备

我国炼车轮系列钢的转炉主要设备参数如下:

(1)转炉主要技术参数

转炉本体技术参数见表 3-2-27。

表 3-2-27 转炉本体技术参数

序　号	名　称	代　号	单　位	数　值
1	转炉公称容量	T	t	120
2	转炉平均炉产钢水量	T_1	t	120
3	炉膛直径	d	mm	4 460
4	熔池深度	h	mm	1 400
5	炉膛直径/容池深度	d/h		3.19

续上表

序　号	名　称	代　号	单　位	数　值
6	转炉有效工作容积	V	m^3	102.5
7	单位容量有效容积(炉容比)	V/T		0.85
8	炉口直径	d_o	mm	2 740
9	炉口直径/炉膛直径	d_o/d		0.614
10	炉子有效内高	$H_{内}$	mm	7 650
11	出钢口直径	d_c	mm	130
12	出钢口角度		(°)	0
13	炉子有效内高/炉膛直径	$H_{内}/d$		1.72
14	炉壳全高	H	m	8 950
15	炉壳外径	D	m	6 140
16	炉壳全高/炉壳外径(高径比)	H/D		1.458
17	炉底总厚度	h_1	mm	950
18	炉衬总厚度	h_2	mm	740(其中大面处 820)

(2)氧枪

枪身参数及工作点喷头标高见表 3-2-28,喷头参数见表 3-2-29。

表 3-2-28　枪身参数及工作点喷头标高

炉型	枪身长(mm)	外管(mm)	中管(mm)	内管(mm)	换枪点(m)	待吹点(m)	开闭氧点(m)	下极限(m)	开闭氮点(m)
120t	20 165	ϕ273×13	ϕ219×8	ϕ159×6	24.100	16.300	12.60 9.47	8.570	9.70 8.70

表 3-2-29　喷头参数

炉型	孔型	出口直径(mm)	中心夹角	扩张角	马赫数	工作氧压(MPa)	设计流量(m^3/h)
120 t	四孔拉瓦尔	48.5	12°	3°22″	2.0	0.8～1.0	32 628

二、钢包炉精炼(LF)

LF(Ladle Furnace)是日本大同特殊钢公司于 1971 年开发的。钢包炉精炼法采用的是氩气搅拌,在大气压力下进行石墨电极埋弧加热和有渣精炼。LF 炉具有加热功能,可以为连铸提供温度合格的钢液,以保证连铸生产的顺行,因而是连接转炉与连铸工序之间的韧性环节。

1. 工艺部分

LF 炉精炼工艺的主要环节包括:①钢包准备(烘烤至 1 200 ℃)。②造渣。合理造渣可以达到脱硫、脱氧、脱磷甚至脱氮的目的,还可以吸收钢液中的夹杂物并控制形态,形成的泡沫渣(或称为埋弧渣)可淹没电极,采用埋弧加热可提高热效率,减少耐火材料被侵蚀的程度。③电极加热。LF 炉加热过程应采用低电压、大电流的操作,开始加热时,炉渣尚未熔化完全,此时的加热速度应慢一些,随后再提高加热速度。④搅拌。LF 精炼期间,搅拌目的是为了均匀钢液的成分和温度,加快传热和传质,强化钢渣反应,并加速夹杂物的上浮去除过程。

经过 LF 处理生产的钢可以达到很高的质量水平:

(1)脱硫率大于 50%～70%,可生产出 $\omega[S]\leqslant 0.01\%$ 的钢,如果处理时间充分,甚至可达到 $\omega[S]\leqslant 0.005\%$ 的水平;

(2)可以生产高纯度钢,钢中夹杂物总量可降低 50%,大颗粒夹杂物几乎全部能去除;钢中含 $\omega[O]$ 量可达到 0.002%～0.003% 的水平;

(3)钢水升温速度可以达到 4～5 ℃/min;

(4)五年度控制精度±(3～5)℃;

(5)钢水成分控制精度高,可以生产出诸如 $\omega[C]\pm 0.01\%$、$\omega[Si]\pm 0.02\%$、$\omega[Mn]\pm 0.02\%$ 等元素含量

范围很窄的钢。

2. 设备部分

LF 主要由以下部分组成:加热电力系统;钢包;吹起系统;测温取样系统;控制系统;合金料和合成渣料添加装置;适应一些初炼炉需要的扒渣工位;适应一些低硫及超低硫钢种需要的喷粉工位;用于较大炉体的水冷系统。

LF 的加热以石墨电极与钢水之间产生的电弧热为热源,分为交流钢包炉和直流钢包炉,目前国内基本上是用交流钢包炉。

我国生产车轮系列钢用的 LF 炉主要设备技术参数如下:

公称容量	95 t
处理钢水量(max)	120 t
变压器额定容量	18 MV·A
一次侧电压	33 kV
二次侧电压	334-295-178 V 13 级有载调压
二次侧额定电流	35 228 A
升温速度(平均)	4.5 ℃/min (加热 10 min 后,95 t 钢水时)
电极直径	ϕ400 mm
电极极心心圆直径	ϕ700 mm
电极升降行程(最大)	2 500 mm
电极升降速度	
自动	6.0/4.8 m/min 上升/下降
手动	6.0/4.8 m/min 上升/下降
精炼钢包车行驶速度	2～20 m/min
精炼钢包车载重	180 t
钢包炉炉盖升降行程	600 mm
升降速度	50 mm/s
测温取样枪行程	4 000 mm
移动速度	3～30 m/min
钢包底吹氩氩气流量	45 m^3/h(最大)
氩气系统压力	0.8～1.0 MPa
顶吹枪行程	6 935 mm
顶吹枪速度	10 m/min
双线喂线机喂线速度	1～5 m/s
包芯线规格	ϕ13 mm

三、真空脱气法(VD 法)

这种方法是美国芬克尔(Finkl)公司 1958 年首先提出来的,所以也叫芬克尔法,在我国一般简称为 VD (Vacuum Degassing)法。

1. 工艺部分

VD 法的精炼手段是吹氩搅拌与真空相结合,真空状态下吹氩搅拌钢液,一方面增加了钢液与真空的接触界面积;另一方面从包底上浮的氩气泡吸收钢液内溶解的气体,加强了真空脱气效果,脱氢率可达到 42%～78%,同时上浮的氩气泡还能黏附夹杂物,促使夹杂物从钢液中排除。使钢的纯净度提高,清除钢的白点和发纹缺陷。

将钢包座入真空室内,接通吹氩管吹氩搅拌,测温取样,再盖上真空盖,启动真空泵,大约 10～15 min 后可达到工作真空度 66.7 Pa,在真空下保持 10 min 左右,达到脱气、去夹杂、均匀成分和温度的作用,整个精炼时间约 30 min,吹氩搅拌贯穿整个精炼过程。

经过 VD 后,要达到以下精炼效果:

①脱氧：经 VD 法精炼后钢中全氧含量在$(12\sim27)\times10^{-6}$之间，溶解氧含量一般为$(2\sim10)\times10^{-6}$，溶解氧的脱除率平均为 82%；

②脱氢：脱氢率平均 55%；

③温度均匀：处理前不同部位的温差为±20 ℃，处理后为±3 ℃；

④夹杂物形态有了根本改善；

⑤脱硫：VD 法因缺少加热手段，精炼过程不能造新渣脱硫，脱硫率只有 20%左右。

2. 设备部分

VD 设备一般不单独使用，而是与 LF 配合使用。所用钢包比普通钢包稍深一些，使钢包液面以上留有 800～1 000 mm 的净空高度。包底装有透气元件，真空盖上装有加料设备，可以在真空下添加合金料。

对 VD 的基本要求是保持良好的真空度；能够在较短的时间内达到要求的真空度；在真空状态下能够良好地搅拌；能够在真空状态下测温取样；能够在真空下加入合金料。一般来说，VD 设备需要一个能够安放 VD 钢包的真空室。

VD 设备主要部件有以下部分：水环泵；蒸汽喷射泵；冷凝器；冷却水系统；过热蒸汽发生系统；窥视孔；测温取样系统；合金加料系统；吹氩搅拌系统；真空盖与钢包盖及其移动系统；真空室地坑；充氮系统；回水箱。

我国生产车轮系列钢用的 VD 炉主要设备参数如下：

布置形式	双罐位、半高架式
额定容量	100 t，最大 110 t
真空罐外径	ϕ6 000 mm
真空罐盖外径	ϕ6 460 mm
真空罐总高	6 650 mm
真空罐盖车轨距	7 150 mm
真空罐盖车行程	16 000 mm
罐盖提升高度(max)	500 mm
真空罐盖车行走速度	最大 20 m/min VVVF
液压站系统压力	12 MPa(介质水—乙二醇)
真空泵抽气能力	400 kg/h(67 Pa，20 ℃干空气)
真空泵工作真空度	67 Pa
极限真空度	13 Pa
冷态抽气时间	5 min(从 1 个大气压抽至 67 Pa)

四、圆坯连铸机

1954 年第一台浇注圆坯的 4 流连铸机在德国曼内斯曼公司(Mannesmann)建成。1965 年 4 流圆坯弧形连铸机在德国埃斯维特尔钢厂(Eschweiter)建成投产。我国从 20 世纪 80 年代以后相继建成了圆坯(ϕ60～500 mm)连铸机。

1. 工艺部分

(1)钢水的准备

连续铸钢是钢水处于运动状态下，采取强制冷却的措施成型并连续生产铸坯的过程。连铸的工艺特点决定了它对钢水质量的要求极为严格，主要表现在钢水的成分、温度、脱氧程度和纯净度四个方面。

①钢液温度的控制

合适的连铸钢水温度是保证连铸生产工艺能否正常进行和产品质量的重要前提和基础，不能过低或过高。钢水温度过低，会在钢包或中间包中结瘤冻结，导致浇注中断并恶化铸坯表面质量。钢水温度过高，会使铸坯柱状晶发达，促进中心偏析、疏松和裂纹等缺陷的发展。同时，会加剧钢水自身的二次氧化及对钢包包衬、水口耐火材料的熔损，从而污染钢水。此外，温度过高时，只能采用低速浇注，这将降低连铸机生产率。因此，连铸钢水具备合适的温度既是保证连铸生产正常的前提，又是获得良好铸坯质量的基础。所以，不论是从连铸顺行还是从铸坯质量来说，都必须把钢水浇注温度控制在一个较窄的适宜范围内。这就不仅要求各炉次间的钢水温度要相对稳定，而且要求同一钢水包中的钢水温度要相当均匀，在浇注过程中温度变化甚小。这是连铸在钢水温度控制上不同于模铸的一个特点，也是炼钢—连铸工艺的难点。

浇注温度与铸坯表面和内部质量有密切关系，而能满足两者要求的温度区域比较窄，因此浇注温度与目标温度值之间不能相差太大，其波动范围最好控制在±5 ℃之间。但由于生产上变化因素很多，往往出现钢液温度偏低或偏高，所以必须设法在钢包和中间包内调节钢液温度。

连铸生产中浇注温度即中间包钢水温度，包括两部分 T_L 和 ΔT，即：

$$T_H = T_L + \Delta T \tag{3-2-19}$$

式中 T_H——合适浇注温度(℃)；

T_L——液相线温度(℃)；

ΔT——钢液的过热度(℃)。

钢水液相线温度的确定。钢水的液相线温度是确定浇注温度的基础，它取决于钢水中所含元素的性质和含量。下式可在实际计算中引用：

$$T_L = 1\ 536 - \{88\omega(\mathrm{C}) + 8\omega(\mathrm{Si}) + \omega(\mathrm{Mn}) + 30\omega(\mathrm{P}) + 25\omega(\mathrm{S}) + 5\omega(\mathrm{Cu}) + 4\omega(\mathrm{Ni}) + 1.5\omega(\mathrm{Cr}) + 2\omega(\mathrm{Mo}) + 2\omega(\mathrm{V}) + 7\} \tag{3-2-20}$$

钢液的过热度。钢液的过热度主要根据浇注的钢种、钢包和中间包的热状态、中间包的容量和形状、中间包内衬材质、铸坯断面钢水纯净度和铸坯内部质量等诸因素综合考虑确定。

钢水从出钢到浇注过程温度变化如图 3-2-29 所示。

$$\Delta t = \Delta t_1 + \Delta t_2 + \Delta t_3 + \Delta t_4 + \Delta t_5 \tag{3-2-21}$$

式中 Δt——钢水从出钢到浇注过程总温度变化；

Δt_1——钢水从炼钢炉流人钢包过程中的温降；

Δt_2——出钢后到处理前钢水在镇静和运输过程中的温降；

Δt_3——钢水在钢包处理或炉外精炼过程的温降；

Δt_4——钢水在处理后到开浇前的过程温降；

Δt_5——钢水从钢包注入中间包的温降。

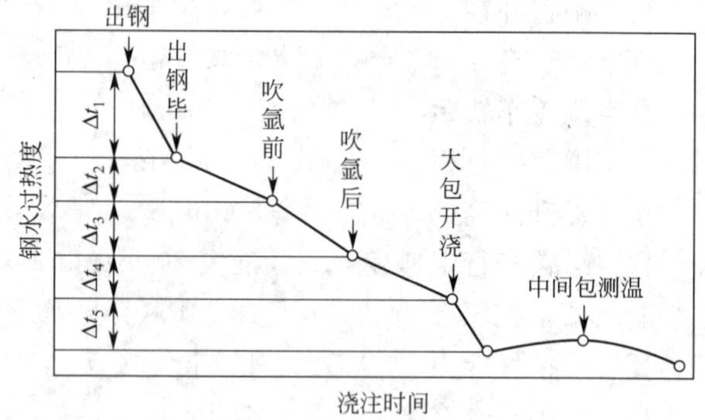

图 3-2-29 从出钢到浇注过程温度变化

②钢液成分的控制

碳含量控制：碳是对组织性能影响最大的元素，尤其是需要在热处理状态下使用的钢，其影响更为突出。因此，钢水含碳量必须精确控制。多炉连浇时，各炉、包次之间钢水含(C)量的差别要求小于 0.02%，同时碳对钢的热裂纹敏感性有重要影响，ω(C)=0.10%～0.15%的碳素钢对热裂纹敏感性最大，为了减小钢的热裂纹敏感性，通常将钢水的含 ω(C)量避开 0.10%～0.15%范围。

硅、锰含量控制：硅、锰含量既影响钢的机械性能，又影响钢水的可浇性。因此，首先要求把钢中的硅、锰含量控制在较窄的范围，以保证连浇炉次硅、锰含量的相对稳定；同时尽量提高 ω(Mn)/ω(Si)比值，改善钢水的流动性。

硫、磷含量控制：硫对钢的热裂纹敏感性有突出影响。(S)含量在 0.015%～0.035%范围内变化时，随硫含量的增加，钢的延伸率显著降低。而在相同硫含量下，随着 ω(Mn)/ω(Si)的提高，钢的高温塑性明显改善。

磷在钢水结晶过程中偏析倾向大，从而使晶界脆化，使钢的热裂倾向增加。

其他元素含量控制：钛不锈钢中的钛和铝镇静钢中的铝，都易发生二次氧化而使钢水的可浇性变坏，并且恶化铸坯的内部和表面质量，连铸这类钢时必须对液面和注流严加保护。

钒、铌等元素可提高钢的强度和韧性，但它们会使钢的低温脆性区变宽，难以浇注。

铜和锡在铸坯冷却过程中，由于氧化铁皮的形成且在晶界处富集，从而形成表面热裂纹。以废钢为原料的电炉供应钢水时，必须对钢中的铜、锡含量加以限制，通常采用加入纯净废钢的稀释法、兑热铁水法或精选废钢法，控制钢水中的 ω(Cu)在 0.2%以下，ω(Sn)在 0.02%以下。

(2)开浇操作

连铸机开浇操作是指钢液到达浇铸平台直至钢液注入结晶器，拉坯速度转人正常这一段时间内的操作。开浇操作是连铸操作中比较重要的操作，对于稳定连铸操作，提高生产率，减少事故的发生具有现实意义。

①开浇操作要点

开浇操作要做到快和稳。所谓“快”是钢包，中间包就位要快，钢包开浇要快，减少钢液温度损失；“稳”是中间包开浇要稳，拉矫机起动要稳，防止开浇时结晶器拉漏。

浇铸平台测温：测量浇铸平台钢包内钢液温度是保证连铸机不浇铸“过高”和“过低”的钢液，为开浇操作过程控制中间包开浇时间、起步时间等提供操作参数，为连铸拒浇提供依据。浇铸平台测温时，要认真操作，测温枪插入钢包内钢液的深度要保持在 300～400 mm，测温地方要在钢包中部，以防测温不准确而影响开浇操作的正常进行。

钢包开浇：采用滑动水口控制钢包注流时，其开浇有两种情况：一是自然引流，即打开滑动水口时，钢液自动从水口中流出。二是不能自然引流，采用人工引流，即用氧气将水口烧开。

中间包钢液控制：中间包钢液面控制是钢包开浇后，尽量使中间包钢液快速升高，达到中间包开浇的钢液高度。这有利于减少中间包钢液温度的损失，保证中间包顺利开浇。

对于不正常的情况，中间包钢液面高度控制有所不同。如浇铸平台测量钢液温度较低，钢包引流时间长和设备事故使钢液等待时间过长时，中间包钢液面较低就进行中间包开浇。

中间包开浇：中间包开浇是指打开中间包水口，使钢液注入结晶器这段过程的操作。中间包开浇的主要目的是使钢液平稳注入结晶器，保证起步时间和拉坯顺利进行。在正常情况下，中间包开浇操作尽量做到平稳，即钢液平稳注入引锭头沟槽，在结晶器内根据起步时间的长短慢慢上升。中间包开浇不能过猛。开浇过猛，钢液易冲动堵引锭头材料和冲熔引锭头，造成开浇拉漏和脱引锭困难；同时易造成结晶器挂钢和起步时间不能保证。

在掌握中间包开浇平稳的基础上，对于采用滑动水口或塞棒控制中间包注流的，还要进行“试滑”或“试棒”操作，检查控制系统是否灵活，防止开浇后注流控制不好而影响操作。

对于不正常情况，要想保证开浇成功，其中间包水口的控制就更重要。对于钢液温度低或水口烘烤不良的情况，中间包开浇时，可将水口开得大些，增加水口处钢液的冲击力，防止钢液结冷钢，同时起步时间可缩短，拉坯速度增快。如果钢液温度较高，中间包开浇时，水口要控制小些，增加起步时间。

起步时间的控制：起步时间是指钢液注入结晶器到拉矫机开始拉坯这段时间。起步时间是保证连铸在结晶器内凝固成足够厚度的坯壳所必需的时间。坯壳的凝固厚度与钢液温度、钢种、连铸坯断面等因素有关。当浇铸的连铸坯断面较大或浇铸的钢液温度较高时，采用起步时间的上限控制；当浇铸的连铸坯断面较小或浇铸的钢液温度较低时，采用起步时间的下限控制。起步时间一般在 30～90 s 之间。

开浇过程的拉坯速度控制：连铸机的起步拉坯速度可采用预先选定某一拉速（0.1 m/min）或不预先选定从零开始拉速两种方法。一般对于大断面采用不预先选速的操作方法较好。开浇拉坯速度的控制是升速要平稳，过程要慢。

当温度不正常时，如钢液温度较低时，连铸机的起步拉速和升速过程都可相应提高，在保证不拉漏的前提下，尽量提高拉坯速度。

②开浇过程操作

开浇过程如下：各岗位最后检查各自的准备工作和各种仪表情况，确认准备工作做好了。钢液到达浇铸平台后，浇钢工进行测温操作。当测温符合要求，指挥吊车将钢包稳定地放置在钢包回转台或其他支承设备上。将准备好的中间包及中间包车开到浇注位置，对中落位。如采用冷中间包浇铸时，立即将引流砂（或硅钙粉）放人中间包水口里。利用钢包回转台或其他支承设备，使钢包处于浇注位置。结晶器接通冷却水。钢包开浇，如采用钢包注流保护浇注，当钢包开浇正常后，关闭钢包水口，迅速将预先准备好的保护管套入水口，确保保护管与钢包水口在一条中心线上，人工压住操纵杆（或采用机械手安装长水口）打开钢包水口，确认注流正常后，将平衡重锤挂上，立即接上吹氩管并打开吹氩阀门。当中间包液面达到 1/2 高度时，向中间包加入覆盖渣，如采用钢包注流保护浇注时，钢液面淹没保护管下口就可加入覆盖渣，加人数量视具体情况而定，一般要求均匀覆盖中间包钢液面，厚度为 1 030 mm。当中间包钢液面达到开浇要求后，打开塞棒或滑动水口，或拉开悬在中间包水口外面的石棉绳，中间包开浇。一旦中间包开浇，主控室操作工以 5 s 为单位向机长报出时间，以确认起步时间；浇钢工用捞渣耙压住水口侧孔的钢流，严防结晶器挂钢，或接通结晶器润滑油。当结晶器钢液面淹没浸入式水口侧孔时，迅速向结晶器内推人保护渣，其加入数量以完全覆盖钢液表面为原则。当到了起步时间，结晶器钢液面距上口 100 mm 时，启动拉矫机开始拉坯。注意结晶器是否振动，同时启动抽蒸汽风机，按从上到下顺序逐步打开各段的二次冷却水。一旦开始拉坯，主室操作工以 10 s 为单位重新向机长报告时间，以便机长对开浇的拉坯速度进行控制。拉坯后，引锭工要严密监视引锭杆的运行情况，发现异常及时处理。

(3)正常浇注操作

正常浇注操作是指连铸机开浇、拉坯速度转入正常以后，到本浇次最后一炉钢包钢液浇完为止这段时间的操作。正常浇注操作的主要内容是拉坯速度的控制，冷却制度的控制，保护浇注及液面控制，脱锭操作和切割操作。

①拉坯速度的控制

拉坯速度是正常浇注操作中的重要控制参数。中间包内钢液温度是控制和调节拉坯速度的关键。其大小直接影响到钢液的凝固速度及内部质量。显然，在连铸坯断面一定的情况下，提高拉速可以提高连铸机的生产能力。但是，拉速过高会造成结晶器出口处坯壳厚度不足，难以承受拉坯力和钢液的静压力，以致坯壳被拉裂甚至拉漏。因此，拉坯速度必须和中间包内钢液温度密切配合。提高拉速应以获得良好的坯结构和保证正常操作为前提，在这一前提下，尽可能提高拉速。当铸机工作稳定后的拉速，又称为工作拉速。稳定的拉速是实现顺利连浇和保证铸坯质量的重要前提。当铸坯的液相深度等于冶金长度的拉速，称为最大拉速。它是连铸机设备本身允许达到的最高拉速，是衡量设备最大生产能力的依据。最大拉速为工作拉速的 1.15～1.2 倍。

当采用多流浇注时，在浇注过程中，由于钢液注入位置的影响，中间包各流水口的流速有一定的差别，因而各流的拉坯速度不同，距钢液注入点较远的水口流速比距钢液注入点近的水口流速要小。在实际生产中，对距钢液流入点较远的水口，可适当加大水口孔径；而钢液注入点较近的水口，可适当缩小或维持正常水口孔径，以保持各流的拉坯速度相对均衡。

②影响拉速的因素

影响拉速的因素有：钢种的影响，铸坯断面形状及尺寸的影响，拉速对铸坯质量的影响，结晶器导热能力的限制，注温及钢中硫磷含量的影响，以及拉坯力的限制。

除了上述因素外，其他如结晶器振动，保护渣性能，二冷强度，结晶器传热能力等对拉速也有一定的影响。因此，应根据情况和浇注工艺条件，选择既能发挥连铸机生产能力又能保证铸坯质量的合适的拉速。

③拉速的调整和控制

研究表明，稳定的拉速是保证连铸坯质量和顺利进行连铸机操作的重要工艺条件。而拉速的控制首先是依据钢液的浇注温度、钢种、中间包容量等因素制定一合理拉速，然后通过控制中间包内钢液液面的高度来调节，这是因为液面过高，不易保持注流圆整，而且冲击力较大，造成钢流在结晶器中飞溅和冲击初生坯壳，影响凝固坯壳的均匀性；包内液面过低，注流不易稳定，如果液面低于临界高度时，在水口上方的液面上会出现漏斗形漩涡，从而将钢液面上覆盖的渣层卷入结晶器，严重影响铸坯的质量。因此，为了保证铸坯的质量和顺利地进行连铸操作，各工厂根据铸坯断面、钢种、中间包容量、注温等因素使中间包钢水高度(钢液量)保持稳定，以获得稳定的拉速。为此，现代连铸机都有自动控制中间包钢水面高度(钢液量)的装置，当浇注参数发生波动时，可自动控制钢包滑动水口或塞棒的开启程度，使中间包钢液量始终不变，为稳定拉速创造条件。

(4)冷却制度的控制

在正常浇注过程中，冷却制度的控制包括两方面：结晶器冷却制度的控制和二次冷却段冷却制度的控制。前者决定结晶器中初生凝固坯壳的形成厚度和连铸坯的一些表面缺陷；后者决定连铸坯的内部组织和内部缺陷。

①结晶器冷却制度

结晶器的作用是保证坯壳在结晶器出口处有足够的厚度，以承受钢液的静压力，防止拉漏，同时又要使坯壳在结晶器内冷却均匀，防止表面缺陷的发生。为了保证钢液在短时间内形成坚固外壳，要求结晶器有相应的冷却强度，这就要求结晶器有合适的冷却水量。冷却水过小，将降低结晶器的冷却强度，影响拉坯速度的提高，且易使结晶器内壁温度升高，缩短结晶器的使用寿命。反之，冷却水量过大会使坯壳过早收缩，从而使结晶器与坯壳间过早形成气隙，减少了铸坯向结晶器的传热，也将影响提高拉坯速度。

②二冷区冷却制度

从结晶器出来的铸坯，其芯部仍是液体。为使铸坯在进入矫直点前或在切割前完全凝固，就必须在二冷区进一步对铸坯进行冷却。为使二冷系统能对铸坯表面温度进行均匀控制，应尽量使水雾均匀覆盖在铸坯表面。然而，由于二冷喷水的复杂性，铸坯表面温度的波动客观上是不可避免的。因此，良好的二冷系统控制是避免和减轻大的急剧温降的重要环节。

二次冷却强度：铸坯在凝固时，由于热应力产生的内部裂纹，随着冷却强度的减小和喷水区的延长而减少，即在二冷区采取弱冷制度冷却铸坯，使铸坯在二冷区保持高温运行，对减少中、高碳钢和合金钢的内部裂纹时尤为重要。二次冷却强度随着钢种、铸坯断面尺寸、铸机类型、拉坯速度等参数不同而变化，通常波动在0.5～1.5 L/kg之间。

二次冷却耗水量可按下式计算：

$$Q=W\times G \tag{3-2-22}$$

式中　Q——二冷区水量(m^3/h)；

W——二冷区冷却强度(m^3/t)；

G——连铸机理论小时产量(t/h)。

在二冷区内，沿铸坯方向随着距结晶器距离的增加，通过铸坯表面散失的热量逐渐减少，相应二冷段的喷水量也逐渐减少。二冷区冷却水的分配主要是根据钢种、铸坯断面、钢的高温状态的力学性能等并通过实践确定的。二冷水量的分配方案有：等表面温度变负荷给水；分段按比例递减给水；等负荷（等传热系数）给水。二冷区的冷却还应根据钢种的高温脆性曲线来考虑，以保证铸坯质量。

曲线分为三个区域：

高温区：从液相线以下 50～1 300 ℃。在此区域内，钢的塑性和强度都很低，若钢中磷、硫量高时更加剧了钢的脆性。

中温区：在 900～1 300 ℃范围内，钢的强度取决于晶界析出的硫化物、氧化物数量和形态；球状分布可明显提高其强度。

低温区：700～900 ℃的钢处于 $\gamma\rightarrow\alpha$ 相变温度区，钢的延展性最低，即脆性“口袋区”。若有 AlN、Nb(CN)的质点沉淀于晶界处，在此温度范围内矫直铸坯将大大降低钢的延展性，加剧裂纹形成。如在此温度范围内矫直铸坯，极易产生裂纹。

每种钢都有一条相应的脆性曲线。只不过口袋区因钢种成分不同有的移动而已；因此无论碳素钢还是合金钢，铸坯的矫直温度都应避开脆性口袋区，选择延伸性最好的温度区域。

基于以上原因，二冷区的冷却制度分为“热行”与“冷行”：热行也称软冷却，在矫直前铸坯表面温度达到900 ℃以上，其二冷水量一般为0.5～1.0 L/kg；冷行又称硬冷却，铸坯维持在 700～650 ℃，避开了脆性口袋区，冷却水量高一些，一般在 2～2.5 L/kg。

(5)保护浇注及液面控制

在正常浇注过程中，正确进行保护操作是防止钢液二次氧化，改善连铸坯质量的重要措施；正确地控制中间包液面和结晶器液面是稳定拉坯速度，保证连铸操作顺利进行的重要前提。

钢包到中间包注流的保护；中间包液面控制及保护；中间包到结晶器注流的保护；结晶器内液面控制及保护。

(6)多炉连浇技术

多炉连浇技术包括同钢种连浇、异钢种连浇、不同断面连浇（即断面调宽技术）等。多炉连浇是提高连铸机的作业率，提高连铸坯产量及连铸比，降低金属损失的重要措施，使连铸机的优点得到了充分的发挥。

多炉连浇操作主要有：更换钢包的操作，快速更换中间包的操作，中间包定径水口快速更换技术，中间包长寿技术，快速更换浸入式水口技术及异钢种连浇的操作。

(7)停浇操作

停浇操作是指钢包钢液浇完，中间包钢液浇完，连铸坯送出连铸机及浇铸完检查和清理的操作。停浇操作的主要内容是钢包浇完操作、降速操作、封顶操作、尾坯输出操作及浇注完的清理和检查。

2. 设备部分

连铸设备必须保证连铸工艺过程的顺利进行，它主要是由连铸机和相关的附属设备组成的。

(1)钢包

钢包又称盛钢桶、钢水包和大包等，是用于盛钢水的，并且在钢包中还要对钢水进行精炼处理等工艺操作。钢包是由外壳、内衬和注流控制机构三部分组成的。

钢包外壳是由锅炉钢包焊接而成，桶壁和桶底钢板厚度约在 14～30 mm 和 24～40 mm 之间。为了保证烘烤水分的顺利排除，在钢包外壳上钻有 8～10 mm 的小孔。此外，盛钢桶外壳腰部还焊有加强筋和加强箍。

钢包的内衬是由保温层、永久层和工作层组成的。保温层靠近钢板，厚度约为 15～20 mm，主要是用于减少热量损失，常采用石棉板砌筑；为了防止钢水将钢包烧穿，在保温层内还有一层永久层，其厚度约为60～90 mm，这一层采用轻质或中质浇注料浇注；钢包的工作层直接与钢水、渣接触，它会直接受到机械冲刷和急冷急热的作用，容易产生剥落，钢包的寿命就与这一层的质量有关，这一层通常采用综合砌筑的方式，即钢包的包底刚玉浇注料或包铝砖，包壁采用铝镁浇注料或铝镁碳砖，而渣线部位采用镁碳砖。

钢包的滑动水口的开启用来控制钢流的大小，用于控制中间包液面的高度。滑动水口由上水口、上滑板、下水口、下滑板组成。在操作过程中，下滑板的移动可用来调节上下注孔的重合程度进而控制注流的大小，其调节方式有两种，即液压方式和手动方式。滑动水口由于要承受高温钢渣的冲刷、钢水静压力和急冷急热作用，因此要求耐火材料要耐高温、耐冲刷、耐急冷急热和有良好的抗渣性，并有足够的高温强度。目前，使用较多的是高铝质、镁质、镁铝复合质等材料，也有采用沥青浸煮的滑板来提高滑板的使用寿命的。

长水口位于钢包和中间包之间，生产时现场有一套专用长水口安装装置，以使其挂在下水口上，从而防止钢包与中间包间的注流被二次氧化，同时也能避免注流飞溅和敞开浇铸的卷渣问题。长水口的材质主要是熔融石英质和铝碳质两种。

(2)钢包回转台

钢包回转台能够在转臂上承接两个钢包，一个用于浇铸，另一个处于待浇状态。回转台可以减少换包时间，有利于实现多炉连浇，同时回转台本身也可以完成异跨运输。钢包回转台有直壁式和双臂式两种。直壁式回转台是将两个钢包分别置于回转台一直壁的两端，能同时做回转和升降动作，而双壁式回转台的每个臂可单独旋转 90°，各臂可单独升降，钢包回转台有各自独立的称量系统。

钢包回转台的传动装置由交流电动机和气动事故电动机组成。正常操作时，电动机带动主减速机，主减速机输出端的小齿轮又带动转臂底盘上的叶轮，使回转台转动。当发生事故时，交流电动机停止工作，启动气动电动机，通过主减速机使回转台进行旋转。两套装置相互连锁，当一套工作时，另一套自动关闭。回转台转臂的升降有机械和液压两种方式。

(3)中间包

中间包是用来承接钢包钢水的过渡装置，位于钢包与结晶器之间，它能够稳定钢流，减少钢液对结晶器内凝固坯壳的冲刷，使钢水在中间包内有合理的流动状态，适当增加中间包内钢水的停留时间会有利于钢水中夹杂物的上浮；对于多流的连铸机，中间包还具有分流作用；同时，中间包内的钢水在钢水换包时起到衔接作用。

中间包的容量一般为钢包容量的 20%～40%。通常情况下，钢水在中间包内停留 6～9 min，这样才能保证钢中夹杂物的上浮。为此，中间包有向大型化方向发展的趋势，容量可达 60～80 t，钢液的深度可达 1 000～1 200 mm。在保证中间包内钢水散热最小的前提下，中间包要力求简单，制造方便，它一般为矩形或梯形。在多流连铸机上，为减少钢水注流产生的涡流，钢包长水口的注入点与中间包水口必须保持一定距离，一般不小于 500 mm，并要尽可能做到钢水注入点与中间包各水口距离相等，为此，人们发展了异型中间包，如 T 型、V 型等中间包。

为了保证钢水在中间包内有一定的停留时间，通常在中间包内设有挡墙，挡墙的位置、形状、数量的设置可以通过水模实验来确定，以确保钢水在中间包内保持的平均停留时间大于 5 min。

(4)结晶器

结晶器是连铸机的重要组成部分,连铸坯的许多缺陷就与结晶器的操作和设计因素有关。钢水在结晶器内冷却,形成初生坯壳,这一过程是在坯壳与结晶器壁连续相对运动的条件下完成的,因此要求结晶器具有良好的导热性和刚性,且还要有耐磨性和高的使用寿命。

结晶器按结构可分为整体结晶器、管式结晶器和组合结晶器。圆坯采用的是管式结晶器。管式结晶器是由冷拔异型无缝钢管、钢质水套、足辊等组成的。铜管与钢质内套间设有 3～5 mm 的水缝,也称冷却水缝,用以通冷却水,冷却水的流速为 6～10 m/s。

结晶器液面自动控制通常采用磁感应法、热电偶法、红外线法和同位素法等来监测。常采用 Cs-137 同位素控制方法。这种同位素法是由放射源、探测器、信号处理及输出显示等部分组成。结晶器钢液面高度的自动控制系统,包括钢液面检测装置、控制器及操作执行装置等。在装有放射源的结晶器壁上,加一块活动保护板;放射源的储存和运送必须在随设备供货的专门屏蔽桶内,保证操作人员的安全。

结晶器振动装置在连铸过程中扮演非常重要的角色。结晶器的上下往复运行,实际上起到了“脱模”的作用。由于坯壳与铜板间的黏附力因结晶器振动而减小,因而防止了在初生坯壳表面产生过大应力而导致裂纹的产生或引起更严重的后果。当结晶器向下运动时,因为“负滑脱”作用,可“愈合”坯壳表面裂痕,并有利于获得理想的表面质量。目前结晶器的振动有正弦振动和非正弦振动两种方式。正弦波式振动的速度与时间的关系为一条正弦曲线。正弦振动用一简单的偏心轮连杆机构就能实现。可以提高振动频率、减小振痕,改善铸坯质量。正弦振动方式在连铸机上被广泛采用。

(5)结晶器电磁搅拌装置

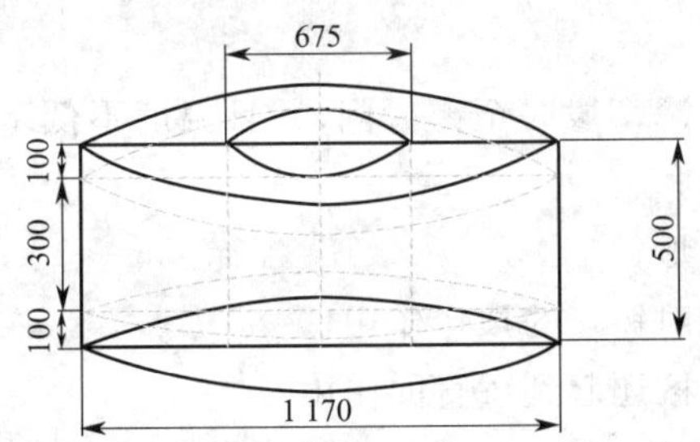

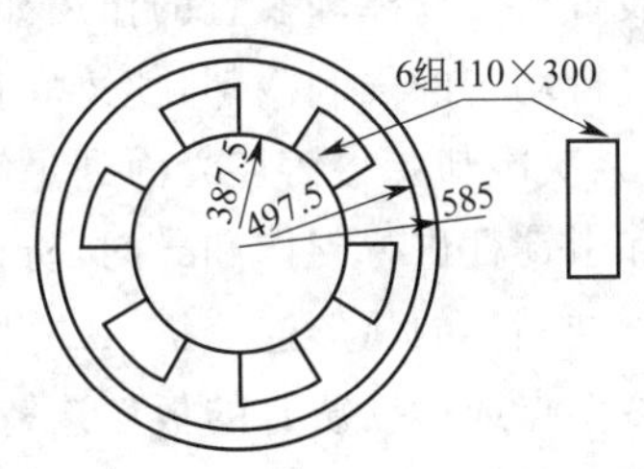

图 3-2-30　EMS 结构参数

结晶器电磁搅拌可分为内置式和外置式两种。内置式搅拌器主要特点是搅拌器线圈和铁芯安装在结晶器外,结晶器的内套和外套都是非磁性结构。外置式搅拌器线圈的冷却水一般是由独立循环冷却水系统供水。圆坯连铸机常采用三相两极式外置电磁搅拌器。EMS 结构参数如图 3-2-30 所示,EMS 在连铸机中的位置如图 3-2-31 所示。

电磁搅拌按工作磁场形式大致上可分为两种:旋转磁场式搅拌和直线移动磁场式电磁搅拌(又叫线性搅拌),前者一般用于方坯和圆坯坯连铸等过程,而后者主要用于板坯连铸。

旋转磁场式电磁搅拌的工作原理类似于交流电动机。通三相交流电(有时采用两相供电),在磁极间产生旋转磁场,旋转磁场在铸坯钢液内产生感应电流,进而在钢液内产生旋转力矩,使钢液产生旋转运动。图 3-2-32(a)给出了旋转电磁搅拌器的基本原理示。

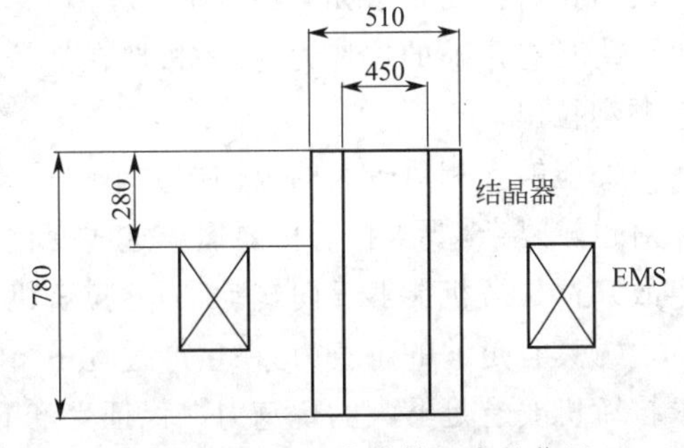

图 3-2-31　EMS 在连铸机中的位置

线性电磁搅拌其工作方式与直线电动机类似。即定子铁芯上的绕组通交流电,在磁极间激发行波磁场,行波磁场在铸坯钢液内产生感应电流,从而在铸坯内产生电磁力矩,形成线性搅拌。一般线性电磁搅拌的行波磁场方向平行于铸坯的宽面方向。图 3-2-32(b)给出了板坯线性搅拌方式的基本原理示意图。

电磁搅拌技术是在不接触钢液的情况下,通过电磁感应力的作用,影响连铸铸坯内部的钢液流动,进而影响铸坯内部钢液的温度传递、溶质传递和凝固坯壳生成过程,达到改善铸坯质量的目的。主要是:改善铸

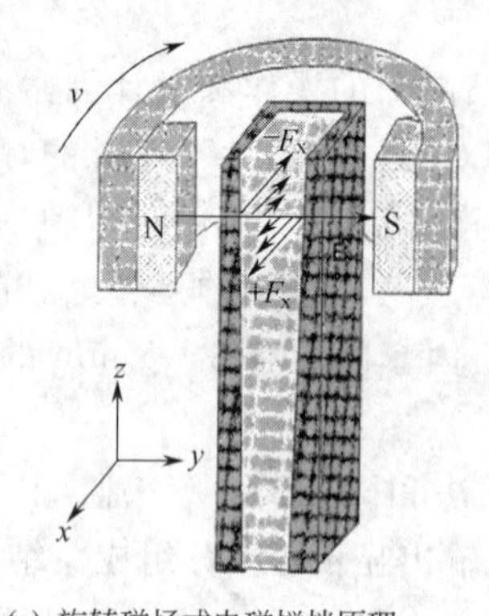
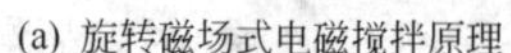
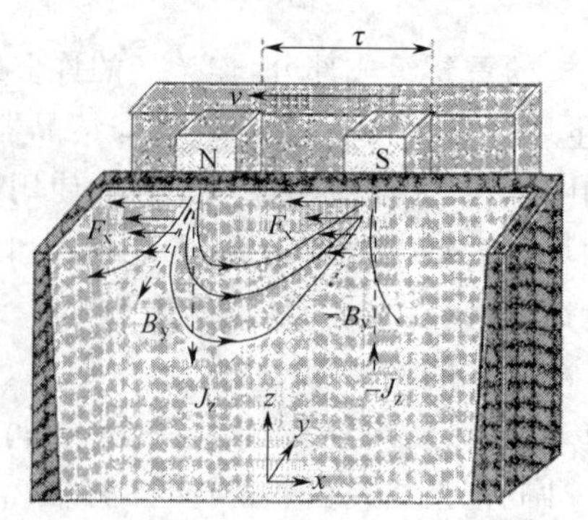

(a) 旋转磁场式电磁搅拌原理　　(b) 线性电磁搅拌原理

图 3-2-32　电磁搅拌原理示意图

坯表面及表层质量、改善铸坯结晶组织、消除中心缩孔、减轻中心偏析等。

(6)二次冷却装置

钢液进入结晶器之后，在水冷结晶器的作用下，凝固成具有一定形状和厚度的坯壳。一般钢液在结晶器里冷却成具有一定厚度坯壳的过程称为一次冷却；坯壳出结晶器之后受到的冷却称为二次冷却。由于钢液熔点高，热容量大而导热性差，经过一次冷却后，铸坯虽然已经成形，但其坯壳较薄，只有 10～20 mm，如果这种带液芯的铸坯不继续冷却和采用一定方式支撑。那么，带液芯的高温铸坯在钢液静压力下就会产生变形，甚至漏钢，所以，还必须对铸坯进行一次强制冷却。二次冷却装置就是在结晶器之后，对铸坯进行第二次冷却和支撑的装置。二次冷却装置的作用如下：

①对铸坯进行均匀的强制冷却，使铸坯在出二次冷却段时全部凝固，并且温度不低于 900 ℃为宜；如果是带液芯矫直，二次冷却要将铸坯凝固到足够的厚度；

②对铸坯和引锭杆进行支撑和导向，防止铸坯变形；

③对于带直结晶器的弧形连铸机，二冷区还完成对铸坯的顶弯作用；

④对于许多多点或连续矫直的板坯连铸机，二冷区还起到矫直的作用。

圆坯的二次冷却装置比较简单，通常在弧形段的上部喷水，下半段不喷水，整个弧形段有很少的夹辊。可分为足辊冷却区、1 段冷却区、2 段冷却区。足辊区的水量占二冷总水量的 40%，而其他冷却区的水量占总水量的 60%。

(7)拉坯矫直装置

各种连铸机都必须配有拉坯机。弧形连铸机生产的铸坯必须是直铸坯，当铸坯出拉坯机后必须进行矫直。实际生产过程中拉坯和矫直在同一机组里完成的，这一机组称为拉坯矫直机(简称拉矫机)。

对拉矫机的要求如下：

①具有足够的拉坯力，拉矫机要在浇铸过程中克服结晶器、二冷区、矫直辊、切割小车等系列阻力，将铸坯顺利拉出；

②能够在相对较大的范围内调节拉速，由于所浇铸铸坯的断面变化很大，钢种变化也很频繁，生产工艺相对也较复杂，要求拉矫机要适应这些变化，能够大范围地调节拉速，同时在上引锭或特殊情况(如处理滞坯事故)时，拉矫机能够反向转动，因此拉矫机要有双向调节功能。

③具有足够的矫直力，在生产过程中，铸坯的温度可能因为事故的原因较低，并且浇铸的断面较大，这要求拉矫机要有足够大的矫直力以保证生产的顺利进行；

④在结构上除允许铸坯断面有一定的变化和具有输送引锭杆的作用外，还应能使未经矫直的冷铸坯通过。

⑤方坯连铸机拉矫机多采用一点矫直，大圆坯、大方坯连铸机拉矫机多采用多点矫直，板坯连铸机拉矫机多采用连续矫直。

(8)引锭装置

引锭装置包括引锭杆、引锭头和引锭杆存放装置。引锭头是结晶器的“活底”，开浇前要将引锭头深入结晶器内 1/4 左右，用引锭头堵住结晶器下口。浇铸开始后，所注入的钢液与引锭头部凝结在一起，通过拉矫机的牵引，铸坯会随引锭杆连续地从结晶器下口拉出，直到铸坯通过拉矫机，与引锭杆脱钩为止。引锭装置完成任务后，引锭杆被送至引锭杆存放处，以便下个浇次使用。引锭杆按机构形式可分为挠性引锭杆和刚性引锭杆，按安装方式又可分为下装引锭杆和上装引锭杆。

引锭杆一般做成链式，它又可分为长节距和短节距两种。长节距引锭杆由若干节弧形链板铰接而成，其节距的长度一般在 800～1 200 mm，每节弧形链板的外弧半径刚好等于连铸机的曲率半径。这种引锭杆应用范围较广，特别适合在多辊拉矫机的连铸机上使用。

引锭杆的装入方式有上装和下装两种，现在连铸机的 板坯多采用上装引锭杆，而方坯、圆坯多采用下装引锭杆。上装引锭杆是将引锭杆从连铸机上端经结晶器送入的。当一个浇次结束，尾坯离开结晶器一定距离后，就可以从结晶器上口装入引锭杆。装引锭杆可以和拉尾坯同时进行，因此，上装引锭杆能缩短送引锭的辅助时间，这可将浇铸前的准备时间缩短近一半，明显提高了连铸机的作业率。上装引锭杆可采用小车式、引锭杆摆动台和引锭杆导入等。下装引锭杆是在开浇前，由专用的驱动装置通过轨道将引锭杆送入拉辊，再从拉辊送入结晶器的。下装引锭杆必须在整个浇钢结束后进行，铸机中不能有铸坯，这种引锭方式会增加浇铸前的准备时间。

(9)铸坯的切割装置

连铸机中的切割装置应具有以下两点功能要求：

①切割装置能够比较准确地把矫直后的铸坯，按照用户或下步工序的要求切割成定尺或数倍定尺长的铸坯；

②与经拉矫拉出的铸坯同步运动，并在与铸坯同步运动中完成切割，切割动作应具有一定的速度，以防止铸坯切割时出现弯曲和其他缺陷。

目前连铸机上常用的切割装置主要有火焰切割机、机械剪和液压剪三种。

火焰切割机由车架及车体走行装置、同步机构、切割枪横移装置、切割枪、边部检测器等组成。火焰切割机利用预热氧气和可燃气(乙炔、丙烷、天然气、焦炉煤气、氢气等)混合燃烧的火焰，将切缝处的金属熔化，同时用高压氧气把熔化的金属吹掉，直至把铸坯切断。

机械剪切设备简称机械剪或剪机，由于剪机是在运动过程中进行的，所以连铸机上用的剪机又称飞剪。采用机械剪切，设备较大，但其剪切速度快，剪切时间只需 2～4 s，定尺精度高，特别是生产定尺较短的铸坯时，因其无金属损耗且操作方便，在小方坯连铸机上应用较为广泛。

(10)铸坯输出装置

输出装置的任务是吧切成定尺的铸坯冷却，精整、出坯，以保证连铸机的连铸生产。由于钢种、产量、铸坯断面尺寸和定尺长度以及对铸坯质量要求的不同，输出设备也不同。一般情况下，输出装置包括疏松辊道、铸坯的横移装置、铸坯的冷却装置、铸坯表面清理装置、铸坯的吊具、打号机、去毛刺机和自动称量装置等等。

马钢圆坯连铸机是引进达涅利的设备，主要技术参数如下：

机型：弧型三点五机架矫直

半径：12 m

断面规格：　ϕ450 mm、ϕ380 mm

定尺长度：　ϕ450 mm：3 500～6 500 mm

　　　　　　ϕ380 mm：3 900～6 500 mm

拉速：

　机械设备拉速：　0.25～4.0 m/min

　工作拉速：　ϕ450 mm：0.35～0.55 m/min

　　　　　　　ϕ380 mm：0.50～0.70 m/min

　最大拉速：　ϕ450 mm：0.58 m/min

　　　　　　　ϕ380 mm：0.90 m/min

冶金长度(在最大拉速时)：　26.91 m

矫直半径:12.0/16.5/30 m
流间距:1 800 mm
平均浇注时间: ϕ380:62 min
ϕ450:58 min
浇注准备时间: 82 min
大包回转台:
回转半径:4 800 mm
承载能力:2×180 t
回转速度:正常:1 r/min,事故:0.5 r/min
允许回转角度:±360°
回转驱动方式:VVVF 电机驱动,22 kW
事故状态回转方式:气动马达驱动
升降行程:670 mm
升降速度:1 m/min
中间罐:△形罐,带挡渣桶
容量:18 t
液相深度: 1 000 mm
水口间距: 1 800 mm
中间罐车: 高低轨、液压升降、液压对中
承载质量: 45 t
行走速度: 2～20 m/min
行车电机: 2×5.5 kW/台车
升降行程: 450 mm
升降速度: 30 mm/s
对中行程: 160 mm
对中调节速度:3 mm/s
铸流切断装置: 每个中包两套
行程: 225 mm
压力: 16 MPa
空气压力: 0.6 MPa
塞棒开闭机构:
控制方式: 人工操作/侍服电机驱动
塞棒行程: 100 mm
液面控制精度:±3 mm
响应时间: 0.15 s
结晶器:
长度:780 mm,厚度:30 mm
足辊: 4 个 ϕ120 mm
喷嘴: 2 排 16 个
振动台:
结构形式: 短臂四连杆
振幅: 0～16 mm
振频: 25～350 r/min
二冷段、0 段: 勿压
长度:2 420 mm,弯曲半径:12 m

支撑辊数：　4 排×4 个　ϕ120 mm
喷嘴：　6 排×6 个
二冷段固定扇行段：
长度：　4 400 mm
弯曲半径：　12 m
导向管：　6 个 ϕ200 mm
喷嘴：　6 排　36 个
拉矫机：
拉速：　0.25～4 m/min
辊子：　主动辊：　5
直径:500 mm
辊身长度:420 mm
压力：　1～16 MPa
揉性引锭杆：
引锭杆本体：　200×320 mm
长度：　19.99 m
引锭杆头长：　2.77 m
引锭杆总长：　22.76 m
中间辊道：
辊道长度：　8 000 mm
辊间距：　1 500 mm
辊子：
数量：　6+1 串动辊
辊径：　315 mm
辊身长度:500 mm
传送速度:0.25～4.0 m/min
串动辊液压缸：
行程：　900 mm
压力：　10 MPa
引锭杆自动脱离装置：
液压缸行程：　240 mm
液压缸压力：　10 MPa
火焰切割机：
切割行程：　3 800 mm
最低切割温度:600 ℃
切割速度：　250 mm/min
输送辊道：
辊道长度：　≈17 m
辊子：
数量:14+1 活动式
直径:315 mm
辊身长度:450 mm
辊间距:1 400 mm
传送速度:4～20 m/min
出坯辊道：

辊道长度： 7 m

辊子：

数量：5 个

直径：315 mm

长度：450 mm

传送速度：4～20 m/min

横向移钢机：

最大铸坯长度：6.5 m

轨道中心距： 9 m

轨道长： 14.525 m

横移速度： 90 m/min

升降速度： 15 m/min

横移行程： 7.4 m

铸坯称重装置：

称重液压缸：

直径：100 mm

行程：100 mm

压力：12 MPa

称量精度：±0.1%

圆坯收集台架：

收集能力： 110 t

坯料长度： 3.5～6.5 m

水梁长： 13.5 m

电磁搅拌器：

电压： 380 V

功率(max)： 145 kV·A

频率： φ380 mm：2.5 Hz，φ450 mm：2Hz

最大电流 550 A

工作电流：φ380 mm：400 A，φ450 mm：350 A

第三章
辗钢车轮钢坯的准备及加热

第一节　车轮钢坯准备

一、钢坯种类

钢坯种类、尺寸和形状的选择，对车轮生产的效率、质量和生产成本都有很大的影响。一般钢锭的断面尺寸越小，所能提供的车轮锻压比也就越大，这在消除铸坯过程中断面的偏析，消除铸态的组织结构，有较为积极的意义。但同时也给轧钢的工艺选择和设备选型带来一定的麻烦。因此，各工厂在进行生产线设计时，都要综合考虑这两方面的因素，给出优化的答案。

以前车轮生产主要采用的是模铸锭。进入 21 世纪后，由于连铸技术的飞速发展，辗钢车轮大量采用了连铸圆坯作为原料。连铸坯的使用，大大提高了材料的利用率，并且在产品质量上也有了较大的提高。

钢水通常采用底铸法浇成重量在 2～3 t 左右的钢锭。模铸锭根据形状的不同，国内主要采用的有圆形的锥形锭和圆柱锭两种。国外也有采用多角钢锭和波纹钢锭的。美国标准钢公司还曾经采用大钢锭在初轧机上轧制成 ϕ350～460 mm 的钢坯用于车轮生产的。

一般连铸圆坯的尺寸从 ϕ330～500 mm 不等，一般根据产品的投料重量的不同，选择 2～3 个尺寸做为常用的坯料尺寸。我国的车轮生产大量选用的是 ϕ380 mm 和 ϕ450 mm 的连铸圆坯，而生产货车的车轮都是采用的前者。

二、钢坯准备

钢坯准备就是按照产品的投料重量把钢锭或连铸圆坯分割成小的辗钢车轮钢坯的过程。

对于钢锭的切割，一般采用多刀架切锭机切割，然后采用液压机将其折断。由于国内基本上不用钢锭，所以国内基本淘汰了这种工艺和设备。

钢锭的头尾需要有效清除，以确保浇注带来的结晶缺陷不能带到产品中去。一般钢锭切尾为 50～70 mm，切口宽度为 20～24 mm，靠近帽口的部分切割带不小于 20 mm。

连铸圆坯的引锭头部和每组的尾部在炼钢厂就要用火焰切割去除。一般头部每流切掉 2～3 m，而尾部切掉 1 m 左右。切割的长度以切掉浇注的缩孔残余为准，没有一定的标准。

连铸圆坯的切割采用锯切方法。锯切选用的设备有带锯和圆盘冷锯等。每根圆坯的端面是由火焰切割留下的，因此需要切掉火焰的热影响区，一般为 70 mm 左右。带锯的刀缝宽度为 3～5 mm，圆盘冷锯的切口宽度为 8～9 mm。

连铸圆坯原料准备的技术要求：

①成品坯料重量误差：≤±2.5 kg；

②锯切垂直度：≤6/380 mm；

③成品坯长公差范围≤±3 mm。

典型带锯床的技术参数见表 3-3-1，圆盘冷锯的技术参数见表 3-3-2。

第二节 车轮钢坯加热工艺原理

一、钢坯加热目的

钢坯加热的主要目的是提高钢的塑性，降低变形抗力，使轧制所需的功率减小，减少轧辊的磨损，此外还可以消除铸坯（锭）的一些组织缺陷和应力。

表 3-3-1 带锯技术参数

技术参数	合济 H-460HA	斯汇明 GZ4265-1	技术参数	合济 H-460HA	斯汇明 GZ4265-1
最大切割直径	460 mm	520 mm	锯条宽度	41 mm	41 mm
锯带速度	无级变速	40,50,60 mm/min	锯条长度	5 450 mm	6 600 mm
进刀压力	—	5.5～6.5 MPa	锯条寿命	2 m^2/根(42CrMo)	2 m^2/根(42CrMo)
锯带涨紧压力	4.5 MPa	4.5～5.0 MPa	45 钢的最大进给量	80 cm^2/min	80 cm^2/min

表 3-3-2 圆盘冷锯技术参数

技术参数	HK-1500E-132 圆盘锯	KSS1250 圆盘锯	技术参数	HK-1500E-132 圆盘锯	KSS1250 圆盘锯
最大切割直径	520 mm	450 mm	锯切垂直度	0.5/100 mm	0.5/100 mm
锯片	1 360～1 600 mm	1 270 mm	锯切长度精度	±1 mm	±1 mm
原始坯料长度	3 900～6 500 mm	3 900～6 500 mm	锯切节奏	约 4 min/刀	约 4 min/刀
成品坯料长度	250～900 mm	250～900 mm	锯片寿命	100 刀/片(CL60)	90 刀/片(CL60)
成品坯料重量误差	±2.5 kg	±2.5 kg	CL60 钢的最大进给量(ϕ380 mm)	0.15 mm/tooth	0.13 mm/tooth

二、加热工艺制定原则

钢坯加热工艺制度包括加热温度、加热速度、加热时间和温度制度。由于钢种不同、化学成分不同、技术特性不同、质量检验标准不同等因素的影响，需根据具体情况来制定加热工艺制度。加热温度是指钢锭、钢坯的出炉温度。钢锭或钢坯的加热温度应沿长度和断面上保证均匀。加热速度是指钢在单位时间内的温度变化。温度制度是指金属加热时，炉温随时间的变化情况。

因此加热工艺制度应满足以下要求：加热温度及加热时间必须适合于该加热钢种性能，同时要考虑到钢坯的尺寸、外形和重量；钢坯按工艺制度加热后能保证达到规定的温度，并且沿长度和断面上温度达到均匀；钢坯在规定工艺制度下加热时不会产生加热缺陷，同时达到预期的生产效率。

1. 钢坯加热温度范围的确定

钢坯的加热温度范围主要与其化学成分和组织状态有关。从轧制生产的角度考虑希望尽量提高钢坯加热温度以降低轧制时的变形抗力，但要受钢坯过热、过烧的限制，它一般要低于钢的熔点 100～150 ℃，对于碳钢，由铁-碳平衡状态图可以看出加热温度应该随碳含量的升高而降低。目前世界车轮钢主要以碳素钢为主（ER7、ER8、ER9、AAR-L、AAR-A、AAR-B、AAR-C 等），因此可以很好的参照碳素钢锻造温度范围来确定相应的车轮钢坯加热温度。碳素钢锻造温度范围如图 3-3-1 所示。

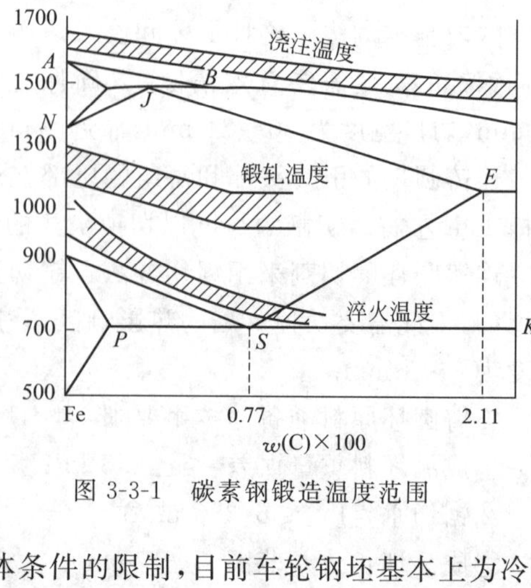

图 3-3-1 碳素钢锻造温度范围

钢锭由于液态凝固时得到的晶粒组织比较稳定，过热倾向较小，因此钢锭的加热温度比同钢种的钢材或钢坯可以高 20～50 ℃。

2. 钢坯入炉温度的确定

从合理利用能源及提高生产效率的角度看，钢锭（坯）最好能在热态下装炉加热。但是，由于生产工艺过程要求和各种具体条件的限制，目前车轮钢坯基本上为冷钢入炉加热。冷钢装炉时，对于导热性质和原始应力状况不同的钢坯，其入炉温度的要求是不同的。导热性差和原始应力大的钢坯其入炉温度要低，否则会因为加热速度过快而产生裂纹报废。文献有对高碳、高锰合金车轮钢坯由于入炉温度过高而产生裂纹的报道。因此控制入炉温度，合理调节钢坯开始的加热速度十分必要。总之，钢的入炉温度要根据钢的种类及其导热性、断面尺寸等因素来确定。

3. 钢坯的加热速度确定

所谓钢的加热速度可以理解为加热的快慢。加热速度可以钢温在单位时间内的变化度数(℃/min)或单位时间内的加热厚度(cm/min)表示。从提高产量出发，我们希望加热速度愈快愈好，加热速度愈快，加热总时间愈短，炉子生产效率就愈高，燃料消耗也相应减少。但加热速度不能任意提高，它主要受钢的允许温差限制。如图 3-3-2 所示，在 700～800 ℃以下时钢坯处于Ⅲ区"热脆"区，钢坯在此温度区域的特点是钢温低、塑性差，钢的内外温差大，热应力大，同时在此区域发生组织转变，组织应力亦大，当应力超过抗拉强度时，钢内部就会产生裂纹。因此，在低温阶段加热速度不宜太快，以免产生加热缺陷。这个阶段称为预热阶段。

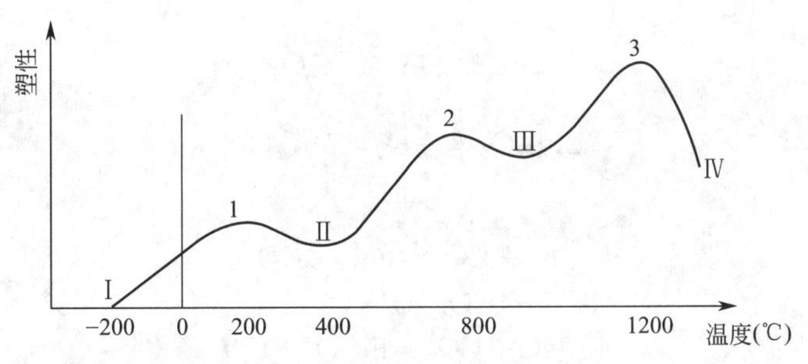

图 3-3-2 碳素钢塑性曲线

当钢温升到 700～800 ℃以后，一方面钢的塑性显著增加，导热性能改善；另一方面钢温升高使钢的氧化脱碳速度加快，因此在 700～800 ℃以后可尽量提高钢坯加热速度减少加热时间，这个阶段称为加热阶段。

当钢的表面刚刚加热至温度要求时，其中心温度一般未达到要求，特别是加热大断面钢坯时，内外温差更大。为了使钢温均匀，当钢坯表面加热到要求温度后，还要继续保温一段时间，这个阶段称为均热阶段。

4. 钢坯的加热时间确定

加热时间是指把钢坯加热到工艺要求温度(包括均热)需要的总时间。它受钢种、钢坯尺寸、炉内布料方式、炉型结构、供热能力、加热速度等许多因素的影响。确定加热时间要考虑加热的均匀性，保证钢在加热过程中消除或减轻铸造缺陷，尽可能减少氧化、脱碳，防止过热、过烧等缺陷。

确定加热时间方法有理论计算和根据实际资料用经验公式确定两种，而目前马鞍山钢铁公司用科学的方法就是用黑匣子跟踪测量钢坯在炉内的温度变化情况，然后定加热时间。

钢在室式炉内的加热时间经验公式如下：

$$T_{总}=\phi\times\kappa\times S\times\sqrt{S} \quad (3\text{-}3\text{-}1)$$

式中 $T_{总}$——加热时间(h)；

S——钢的厚度(或圆坯直径)(m)；

ϕ——钢坯布料方式对加热时间的影响系数；

K——钢种的加热系数。

钢在连续加热炉内的加热时间经验公式。

$$T_{总}=(7+0.05S) \quad (3\text{-}3\text{-}2)$$

式中 $T_{总}$——加热时间(h)；

S——钢的厚度(或圆坯直径)(cm)。

第三节 车轮钢坯加热缺陷及其预防纠正

钢坯(钢锭)加热时，由于操作不当，往往发生表面氧化、脱碳、过热、过烧、烧化、粘钢及温度不均匀等缺陷，不但影响轧钢质量，同时严重影响产品质量。因此加热时应当避免这些缺陷的产生。

一、钢坯的氧化

加热时，钢表面与高温炉气接触，铁和炉气的氧化性气体如氧气、二氧化碳、水蒸气、二氧化硫等发生化学反应，生成铁的氧化物，成为一次氧化铁皮，这一过程称为钢的氧化。在轧制过程中表面氧化铁皮脱落，热的钢表面与水和空气接触，还会产生新的氧化铁皮，称为二次氧化铁皮。

1.钢的氧化过程

炉内的钢坯(锭)随着温度升高，钢表面与高温炉气中的氧气、二氧化碳、水蒸气等起作用，先生成一层薄薄的氧化铁皮，而后钢中的铁离子通过氧化铁皮向外扩散，而炉气中的氧离子通过氧化铁皮向内扩散，使氧化反应继续进行。

钢被氧化时的化学反应式如下：

与氧的反应

$$3Fe+\frac{1}{2}O_2=Fe_3O_4 \tag{3-3-3}$$

$$2Fe_3O_4+\frac{1}{2}O_2=3Fe_2O_3 \tag{3-3-4}$$

与二氧化碳的反应

$$Fe+CO_2=FeO+CO \tag{3-3-5}$$

$$3Fe+4CO_2=Fe_3O_4+4CO \tag{3-3-6}$$

$$3FeO+CO_2=Fe_3O_4+CO \tag{3-3-7}$$

$$2Fe_3O_4+CO_2=3Fe_2O_3+CO \tag{3-3-8}$$

与水汽的反应

$$Fe+H_2O=FeO+H_2 \tag{3-3-9}$$

$$3Fe+4H_2O=Fe_3O_4+4H_2O \tag{3-3-10}$$

$$3FeO+H_2O=Fe_3O_4+H_2O \tag{3-3-11}$$

$$2Fe_3O_4+H_2O=3Fe_2O_3+H_2O \tag{3-3-12}$$

一般氧化铁皮由三层组成，最外层是三氧化二铁(Fe_2O_3)约占整个氧化铁皮厚度的2%，中层四氧化三铁(Fe_3O_4)约占整个氧化铁皮厚度的18%，里层氧化亚铁(FeO)约占整个氧化铁皮厚度的80%。氧化铁皮结构断面示意如图3-3-3所示。

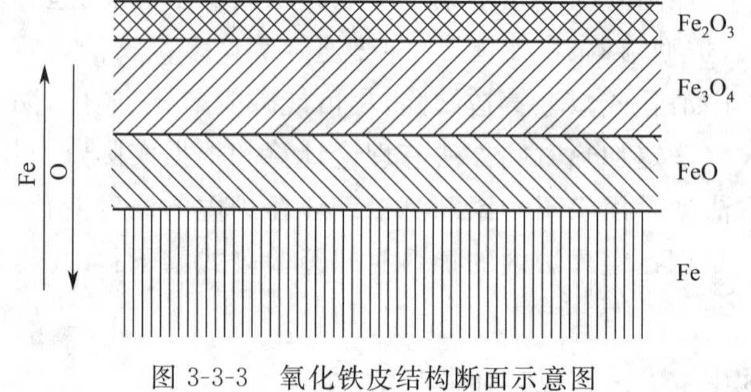

图3-3-3　氧化铁皮结构断面示意图

2.影响钢的氧化过程

氧化铁皮的构造、特性除与钢的化学成分有关外，还受加热温度、加热时间和炉内气氛等因素的影响。通常在低温阶段加热时氧化铁皮生成较少，当加热到600～700 ℃时氧化铁皮开始生成。在900～1 000 ℃时氧化速度急剧增加，氧化铁皮生成量增加。如果以900 ℃的氧化速度为1，1 100 ℃时增大到3.5，1 300 ℃增大到7.0。一般来说，加热温度愈高、加热时间愈长、炉内氧化气氛愈长，生成的氧化铁皮量就越多。氧化铁皮量与加热温度、加热时间的关系可见图3-3-4、图3-3-5。

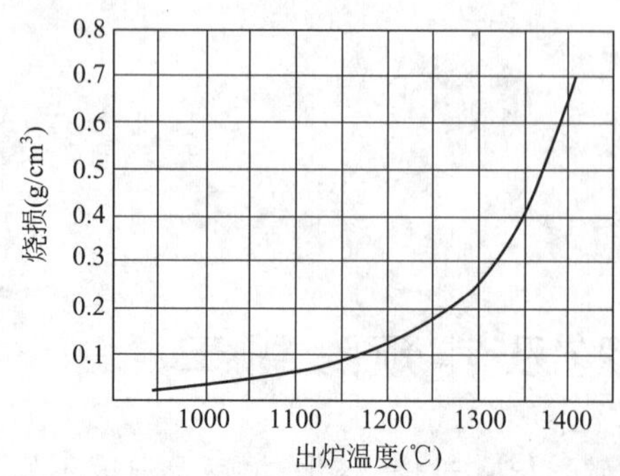

图3-3-4　加热温度与烧损的关系

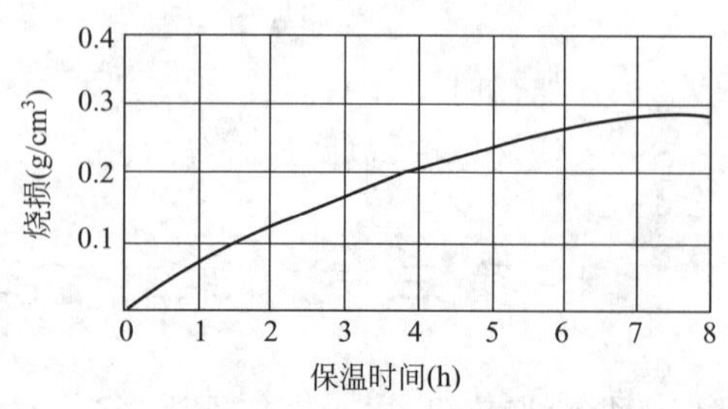

图3-3-5　加热时间与烧损的关系

3.钢坯氧化对车轮轧钢生产的影响

(1)造成金属烧损,影响车轮成材率;

(2)使钢坯加热效率降低。因为氧化铁皮覆盖在钢的表面降低钢的导热系数,影响加热速度;

(3)影响炉底材料寿命,使之容易损坏。因为氧化铁皮呈碱性,它对炉底酸性黏土砖有侵蚀作用;

(4)在轧制时如果除去不彻底,易产生麻坑、折叠等轧制缺陷;

(5)氧化烧损严重时会使钢坯烧损量过大而使车轮料轻而报废。

二、钢坯的脱碳及防止措施

钢坯加热时表层含碳量降低,甚至完全不含碳的现象称之为脱碳。碳直接决定钢的机械性能的成分,如果表面脱碳后,钢的强硬度将会大幅降低甚至造成废品。

1.影响钢脱碳的因素

脱碳与钢的化学成分(含碳量高低、合金元素种类及含量)、加热温度、加热时间、炉内气氛密切关系。碳钢在 1 000～1 200 ℃其脱碳速度加快。温度越高、加热时间越长,脱碳就越严重。钢在高温下长时间保温比在低温下保温其脱碳层要厚的多,如图 3-3-6、图 3-3-7 所示。

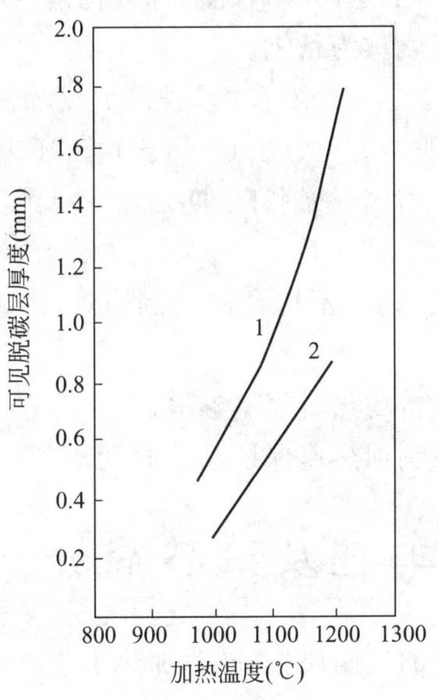

图 3-3-6 加热温度对脱碳的影响

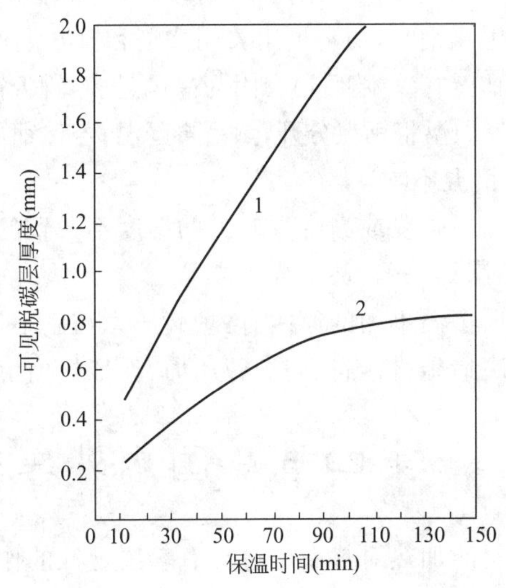

图 3-3-7 保温时间对脱碳的影响

钢的含碳量越高越容易脱碳,合金元素对脱碳的影响是:Al、Co、W 能促进脱碳;Cr、Mn、B 减少脱碳;Ni、Si、V 对脱碳影响不大。

炉气成分是指炉气中的氧、氢、二氧化碳和水蒸气的含量多少。它们将与钢中的渗碳体发生如下反应:

$$2Fe_3C+O_2=6Fe+2CO \tag{3-3-13}$$

$$Fe_3C+2H_2=3Fe+CH_4 \tag{3-3-14}$$

$$Fe_3C+CO_2=3Fe+2CO \tag{3-3-15}$$

$$Fe_3C+H_2O=3Fe+H_2+CO \tag{3-3-16}$$

2.减少钢脱碳的措施

减少钢坯脱碳的主要措施是进行快速加热,缩短钢在高温区的停留时间;正确选择加热温度,避开强烈脱碳的温度范围;恰当控制和调节炉内气氛;长时间停轧应按制度降温或将钢坯取出。

三、钢坯的过烧、过热及防止措施

1.钢坯的过热

过热就是当加热温度超过 Ac_3 后,在长时间高温情况下,钢的晶粒过度长大,从而引起晶粒间的结合力减弱,钢的机械性能变坏,塑性大大降低。防止过热的有效措施就是采取快速加热方法,降低加热温度和缩短保温时间。过热的钢坯(锭)可以经过退火来挽救。

2. 钢坯的过烧

过烧是钢坯长时间处于高温和氧化气氛中，氧渗透到钢内部杂质集中的晶粒边界处，使晶界氧化或被熔化，形成脆壳，严重破坏钢的晶间结合力，使钢失去本身的强度和塑性的现象。

过烧的钢坯在轧制过程中会产生严重的开裂甚至碎裂成块。过烧的端口多数失去金属光泽。过烧的钢坯只能报废，无法挽救。防止过烧的措施是：

(1)根据不同的钢种选择合理的加热温度和加热制度；

(2)高温区采用略带还原性气氛控制；

(3)严格执行停轧降温制度。

四、化钢、粘钢及温度不均匀的防止方法

1. 化钢、粘钢

当钢坯加热温度达JE线(固液相共存温度)以上时，钢的表面会发生熔化，或有时钢温虽然不高但因保温时间太长或有大量的氧化性气体存在(空气、水蒸气等)使钢表面迅速氧化放出大量热量使表层温度升高达到氧化铁皮的熔化温度(1 300～1 350 ℃)，这时氧化铁皮开始熔化，这两种情况都称为化钢。熔化的钢液或氧化铁皮流入钢坯之间的缝隙在温度降低时凝固，把钢粘在一起就称为粘钢。

发生化钢时，切不可用关闭烧嘴和打开烟道闸板的降温方法，这会使冷空气大量进入炉膛，钢坯更迅速氧化，化钢更严重。随后还会因为冷风过多，钢温降低，发生粘钢。一般的处理方法是：当化钢后还未发生粘钢，应先保持炉温将钢坯分开，然后再降温；若粘钢严重时，应保持炉温，设法将粘钢打击撬开，然后调整温度。

2. 钢温不均

钢坯在长度或高度方向上的温度不一致的现象称为温度不均。钢温不均会使轧制困难，产生车轮外径小、充不满等缺陷，甚至成为废品。

造成钢温不均的原因有：炉膛压力控制不当，钢坯上下供热不均，均热时间不够等。

解决措施：恰当控制炉膛压力，保证炉内上下供热平衡，严格控制加热速保证均热时间。

第四节　国内外车轮钢坯加热工艺及设备简介

坯料的加热对热变形过程有着决定性的作用，直接关系到车轮的轧制质量，同时加热工艺及设备的选择还要考虑到压轧线的生产能力及生产过程中的各项经济指标。

前苏联主要用天然气作为加热炉燃料，在其他国家煤气、重油也广泛被用于钢坯加热炉燃料。

国内外车轮钢坯加热主要有三种形式：

1. 连续式加热炉＋室式炉

此种加热方法曾在前苏年的多个生产厂内应用，后来逐渐被淘汰。

钢坯先在连续式加热炉内加热至1 100～1 170 ℃出炉，然后进入室式炉内进行均热至开轧温度1 220～1 240 ℃出炉轧制。

钢坯在上述炉中加热，特别在室式炉内加热，有许多不足之处，主要是加热制度控制很复杂且不稳定。同时，对于一座连续式加热炉要配备好几座室式加热炉与之匹配。所以此种加热方式在近年来逐渐被淘汰。

2. 隧道式炉加热炉

英国皮奇-托泽钢铁公司曾使用隧道式加热炉，隧道炉被分为四段，以煤气作为燃料，有15节装料小车，其中13节经常装满钢坯(每节小车装9节钢坯)加热5～7 h后，温度可达1 200 ℃。钢坯开轧前，须在室式炉内再次加热到1 250 ℃左右。

3. 环形加热炉

环形加热炉的坯料在旋转的炉底上移动。旋转机构并不布置在炉膛中，装在炉内的料坯间有一定的间隙，以使其尽量加热均匀；吸入炉内的冷空气减小到最少。鉴于环形加热炉在车轮钢坯加热中的上述优点，目前已经被广泛应用于世界各国的钢坯加热。

我国车轮钢坯典型加热工艺及设备以马钢辗钢车轮生产线为例，其钢坯加热设备有环形钢坯加热炉 4 座（1# ～3# 加热炉直径 28 m，6# 加热炉直径 26 m），这 4 座环形加热炉分别供三条车轮生产线和一条环件轮箍生产线的钢坯轧制加热用。

各环形加热炉的技术指标和示意图分别见表 3-3-3 和图 3-3-8，图 3-3-9。

表 3-3-3　马钢车轮钢坯加热炉主要技术指标

车轮钢坯加热炉	2 号炉	3 号炉	6 号炉
燃烧介质	高炉与焦炉混合煤气		
工作制度	连续式		
炉壁外径	28 m	28 m	26 m
炉壁内径	19.38 m	19.38 m	17.90 m
炉膛高度	1.40 m	1.40 m	1.55 m
炉膛宽度	3.400 m	3.400 m	3.200 m
炉底可布料长度	68.400 m		63.500 m
装炉能力	270～300 块（3 排）		270～300 块（4 排）
炉内隔墙最低高度	700 mm		
允许工件尺寸（最大）	ϕ380～480 mm		KKD-A 钢坯
炉子生产能力	最大 33 t/h		85 个/h
加热温度	700～1 310 ℃		
烧嘴类型	平焰烧嘴 MPQ-150×2　1/2		亚高速烧嘴 MYS-150　52 个
烧嘴个数	60 个		54 个
单个烧嘴燃烧能力	1.84 GJ/h		
烧嘴分布状况（个）	均热段 14，加热Ⅱ段 20 加热Ⅰ段 14，预热段 12		均热段 14，加热Ⅱ段 18 加热Ⅰ段 15，预热段 7
煤气正常使用压力	4 000～8 000 Pa		
正常生产煤气压力下限	2 500 Pa		
煤气平均消耗量	5 000 m^3/h		
煤气最大消耗量	7 500 m^3/h		
要求煤气的理论燃烧值	9 210 kJ/m^3		
正常生产空气使用压力	4 000～6 000 Pa		
正常生产空气压力下限	3 000 Pa		

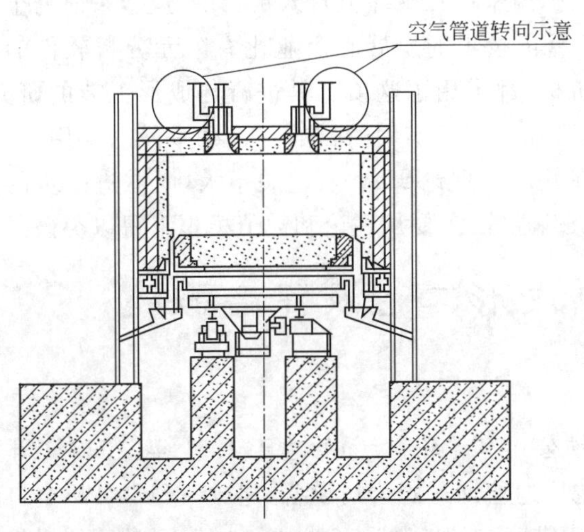

图 3-3-8　钢坯环形加热炉截面示意图

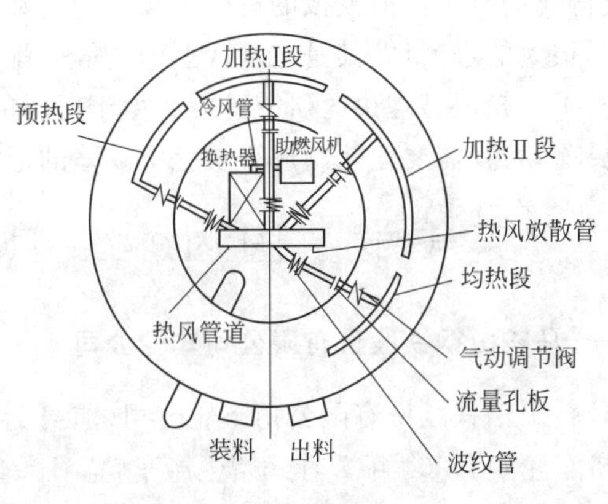

图 3-3-9　钢坯环形加热炉平面示意图

第四章
辗钢车轮的热成形工艺及设备

与铸钢车轮成形方法为铸造不同的是，辗钢车轮的热成形是锻造-轧制方法组合而成的。在全世界20余家辗钢车轮生产厂中，各家的热成形设备都有各自的特点，没有一家或一条生产线是完全一致的，但是基本的原则是一样的。正是因为各有千秋，才使得在为数不多的火车车轮生产厂，也如其他钢材热成形工艺一样，万紫千红，五彩斑斓。使得车轮热成形的思想百花齐放百家争鸣。

辗钢车轮的热成形，从流程上讲由三个部分组成：预成型及成型、轧制扩径、压弯冲孔，其中轧制扩径工序大多数由多辊特种轧机完成，只有日本住友的生产线为将后两个工序合并在一台设备——摆动辗压机上完成的。而成型和压弯冲孔都是在液压机上完成的。虽然液压介质有所不同，但基本原理都是一样的。

车轮轧机有两种形式：卧式轧机和立式轧机，它们是按照轮坯在轧制成形过程中对称轴线的走向来划分的。轮坯轴线垂直于地平面的轧机成为卧式轧机，轮坯轴线平行于地平面的轧机为立式轧机。在历史上最先发明和进入工业性应用的是卧式轧机，它是在20世纪初由英国人Taylor发明的专利产品，后来英国、美国、俄罗斯和东欧以及我国马钢的第一条生产线都采用了这种设备。德国人瓦格纳在希特勒时期发明了立式轧机，后来经过长期发展形成了立式轧机的专利，目前更多的设备都采用的各个时期的立式轧机，世界上也只有SMS-Wagner公司生产这种轧机。20世纪90年代以后新建或改造的生产线也大都采用了这类轧机。

世界上各条生产线上的预成型和成型设备各有特点，工艺上也有较多变化。各家对车轮成型理解上的区别，也主要集中在对预成型、成型的差异上。在设备选型配置、工艺安排、模具设计等方面都存在差异。

对压弯压力机的配置基本相同，但对冲孔的配置上有一些差别。这些差别不影响辗钢车轮热成形工艺的制定。

在设备的配置上，早期的压力机主要是水压机，即压力传输的介质是高压水。西欧和我国的新造压力机是油压机。在解决了高温液压油的安全和密封问题以后，油压机以其准确的位置、压力控制，以及对设备冲击小等特点，成为压力机的主力机型。

在工艺研究上，采用实物试验仍然是有效的方法之一。国内采用在钢坯上打入销钉的方法，来研究金属的流动规律，是一种传统的，但是最有效的方法。新世纪计算机技术的发展和商业化有限元分析软件的普及，使得我们有了数值模拟的有效手段。国内数家单位和机构，都采用了这项工具进行热成形工艺的研究，取得了很大的进展，尤其是在预成型的金属分配的研究上，已经达到了实用的目的。这些手段的采用，也大大促进了车轮成型理论的研究进展。由于问题的复杂性，在轧制的理论研究上，进展不大，尚需进一步的努力。目前，尤其需要在轧制成型过程中缺陷的形成，如折叠、偏心等，需要从理论和数值模拟上得以突破。

第一节　国内外辗钢车轮热成形工艺及设备概述

一、马鞍山钢铁股份有限公司车轮公司

马鞍山钢铁股份有限公司车轮公司（前身为马鞍山钢铁公司车轮轮箍厂）始建于1961年，1963年开始生产机车轮箍，1964年7月开始生产车轮。1994年，引进德国迪德斯海姆公司设备，建成VF120RW全自动数控车轮加工线；2003年，引进德国SMS公司技术和设备建成第二条轧制生产线；2006年，引进德国黑根赛特公司的设备建成RQQ全自动数控车轮加工线；2007年，再次建成第二条RQQ-1全自动数控车轮加工线；

2008年,引进关键设备,自主建成第三条车轮轧制生产线。目前拥有3条车轮生产线、两条车轮热处理线、3条车轮加工线、4条检测线及匹配设备。具备制造各类车轮及轮形件90万件的年生产能力,是目前世界上生产能力最大的辗钢车轮制造企业。其中第三条轧制生产线是迄今为止世界上最后建成的辗钢车轮生产线,同时也是流程最短、自动化信息化程度最高、专业性最强的生产线。炼钢工序采用铁水预处理、转炉冶炼、LF+VD精炼及三机三流圆坯连铸。后面我们主要以马钢车轮工艺为主进行工艺及设备的介绍,此处不详述。

二、太原重工钢轮公司

1997年,太原重型机械(集团)有限公司引进原加拿大钢轮厂(CSW)车轮生产主要设备,发挥自己的优势进行改进改造,自行设计、再建成功的中国第二条辗钢整体车轮生产线,即太重钢轮生产线(TSW)。TSW生产线由冶炼、锻造、轧制、热处理、机加工、在线检验(无损检测)和性能试验等设备组成,生产规格为ϕ610~ϕ1 300 mm。1997年12月,通过铁道部组织专家认证,1998年1月1日起投入批量生产。

TSW所使用的原料是由电弧炉冶炼、精炼炉精炼并经真空脱气的钢水,然后浇铸成带冒口的圆柱形钢锭或连铸坯。经锯切下料,制成不同定尺要求的钢坯。加热后的钢坯通过一台高压水除鳞装置后,有效地清除钢坯各表面的氧化铁皮,最大限度地减少了氧化铁皮压入的缺陷。

TSW锻轧生产线由热成型、冲孔、轧制和压弯四机组组成。60MN模锻水压机由美国Watson-Stiliman设计、Vikers公司制造,具有三梁四柱四缸下拉式结构。七辊卧式车轮轧机由Taylor兄弟公司和Kendall工程公司设计,美国BLISS公司制造。两个斜辊各由一台294.2 kW电机驱动、一个主辊由一台110.32 kW电机驱动。经改造后的三套可控硅直流伺服传动系统可以实现各辊调速,轧制负荷匹配。压紧辊进给力的控制由一套电液伺服系统自动调节,设定的终轧位置由LVDT连续检测控制,主辊则保持电液伺服恒压力控制。30MN压弯水压机由加拿大Dominion工程公司制造,具有三梁四柱双动式结构,压机的行程位置采用了电液伺服位置闭环控制加机械限程系统。

三、乌克兰Nizhnedneprovsk轧管厂

该厂名称是Nizhnedneprovsk轧管厂,位于乌克兰的第聂伯彼得罗夫斯克,车轮、轮箍、环件只是总厂的一个车间,年生产能力有60万件,产品为ϕ650~ϕ1 270 mm车轮和ϕ700~ϕ1 500 mm轮箍环件,所用原料由该厂自行生产的精炼圆柱锭,直径ϕ500 mm,重量3.4 t,据称含氢量小于2×10^{-6}。从20世纪90年代到21世纪初的10余年内曾向中国大量出口机车轮和KKD车轮,但近年来已基本退出中国市场。

加热工序有两座ϕ30 m的环形加热炉,第一座炉子进行预加热,出炉温度800℃,加热2~7 h,第二座加热炉出炉温度大于1 240 ℃,加热2.7~7 h,每座加热炉装料78个角度,每个角度4块,两座加热炉均用机械手上下料,炉子之间通过交错式辊道连接,这样的加热方式既可以缩短加热时间以提高产量、又可以提高坯料加热质量避免快速加热。加热好的坯料由辊道输送到通过式高压水除鳞机去除氧化铁皮,再由辊道输送到轧制线。轧线5机组组成:20 MN水压机镦粗、50 MN水压机定径和上压痕、10 MN水压机成形、六辊卧式轧机(两个主辊、没有抱辊)轧制,45 MN水压机(双动、上梁两侧装有冲孔缸)压弯冲孔。这一条轧制线自1974年投产以后,在自动化控制方面进行过一些改造,所以现场的操作工相对较少。该厂的主要设备配置是在二战后成型的,因而其生产工艺及设备与马钢改造前很相近。

四、俄罗斯威克萨(Vyksa Steel Works)车轮厂

俄联邦冶金公司United Metallurgical Company (OMK)下属威克萨车轮厂(VSW),2005年产量约80万件,产品有20个规格(ϕ710~ϕ1 250 mm)。2004年,马钢第二条压轧线建成后,俄罗斯建成下塔基尔车轮厂。压轧线由四机组组成:50 MN预成形、90 MN成形、立式轧机和50 MN压弯,2006年正式生产,日产量达1 500件。

五、德国波鸿(BVV)车轮厂

波鸿公司(Bochumer Verein Verkehrstechnik)位于德国鲁尔工业区波鸿市(杜塞尔多夫市附近),成立于1842年,其前身为德国蒂森·克虏伯钢铁集团公司锻造部。目前该公司由锻造部、修理部和机加工部三部分组成,主要生产车轮、车轴等铁路产品,并进行轮对组装。车轮年生产能力在20万件。

该公司轮坯生产工厂有两台 280 t 转炉冶炼，采用顶部吹氧、底部吹氩、氮惰性气体方式，其原材料组成为铁矿石和 20%废钢，对铁水均进行脱硫预处理，冶炼过程中采用真空脱气和炉外精炼。轮坯锻造在 BVV 公司内进行，其工艺过程为：采用全自动圆盘锯床对连铸坯按工艺要求进行切割、称重和喷涂标记；坯料在环形连续式加热炉中加热，燃料采用城市煤气，加热炉直径为 20 m；加热后坯料由机械手从加热炉内取出，采用高压水除表面氧化铁皮；进入 60 MN 水压机进行墩粗、冲孔和轮辋、辐板、轮毂初成形（后改造为 80 MN）；进入立式辗扩机进行轧制；然后在 20 MN 压力机上压弯成形；进入激光检测工位台在热状态下进行形位尺寸检测（抽样人工测），采集的数据与控制台电脑里储存的车轮毛坯尺寸进行比对，合格后进入自动打钢印工位。

六、法国瓦顿（Valdunes）车轮厂

法国的高速列车一直在世界上处于领先的地位，使用的都是 VALDUNES 生产的车轮。2007 年 4 月 3 日在行驶试验中达到 574.8 km/h，创下了新的世界铁路轨道运行速度记录。该厂生产车轮使用的钢坯主要来自附近的一个炼钢厂，85 t 电炉，冶炼＋LF＋RH，年产 40 万 t，20%用于车轮，连铸坯直径最大ϕ325 mm，长度 6～7 m，大直径车轮使用模铸锭。

压轧线配置：开放式高压水除鳞、63 MN 水压机、冲孔压力机、带芯棒立式轧机、压弯压力机以及激光测量机和热打印机，人工热检后进入 4 条隧道窑缓冷。轧线小时产量约 55 件，年产 20 万～25 万件。

坯料卧放在环行炉中加热，加热好的坯料由固定式机械手传递，在高压水除鳞机中进行两端面的除鳞；然后送入 63 MN 预成型、成形压力机，压力机上台带有旋转臂，下台移动、有 2 个工作台，第一次压下使用旋转臂上带的镦粗板，镦粗板下悬挂有定径环，坯料基本不用压力机自带的夹钳对中，靠定径环实现坯料的预分配均匀，预成型后坯料随定径环被上台带起，下工作台移动，上台先将坯料磕入下模内，旋转臂开出，上成形模压下进行成形。成形坯预先冲出轴孔是为了配合后续的老式轧机穿芯棒，轧制时车轮摆动较大，偏心较大。轧制后的车轮翻转成竖直状态每 4 件放在一个小车中，进入隧道窑缓冷，然后车轮毛坯运往热处理、加工厂区。该厂研发能力很强，开展冶金动力、机械工程和声学震动研究，与多所法国研究机构及高校合作研究。高速客车车轮产品质量一流。

七、西班牙 CAF 车轮厂

这是一家集团公司，车轮生产仅是一个车间，主要生产各种机车和车辆车轮，年产量约为 12 万件，主要供应西班牙及欧洲市场。

车轮生产使用的该公司内部的模铸锭，钢厂一座 36 t 电炉，LF＋VD 炉外精炼；切锭机床下料，芯径ϕ60～ϕ70 mm，两座室式炉加热坯料，坯料卧放加热，一台机械式除鳞机，50 MN 预成型、成形压力机，一台很老的瓦格纳立式轧机及一台最新的 SMS 立式轧机同时使用，一台 20 MN 的压弯压力机，由一台移动式机械手来出料并完成各机组之间坯料的传递。轧制毛坯质量差，通过加大加工余量来实现全加工车轮的生产。该厂 2006 年的改造计划配置为：一座内径 15 m 的环行加热炉（外径约 20 m）＋新的 90 MN 油压机＋SMS 立式轧机＋旧的 50 MN 原成形压力机改为压弯压力机，预计改造完后年产量 10 万件。轧制后的毛坯轮直接空冷，然后进入后续工序。目前该厂有 6 座淬火加热井式炉、4 个淬火台、6 座回火井式炉，加热炉采用天然气加热，回火炉采用电加热。

八、意大利卢齐尼集团（The Lucchini Group）

卢齐尼集团是欧洲仅有的几家提供高高速铁路整套产品的制造商，生产产品包括高速车轮、车轴、钢轨及铸件。

采用两个 60 t 功率为 40 MVA 的电炉冶炼，LF 精炼炉（AESA－SKF），用于车轮的最大圆锭直径为 485 mm。

为了节约能源，模铸圆锭在浇铸出来未完全冷却时（400℃左右）进行热锯切，切割后的车轮坯进入环形炉加热，然后取出进行高压水除鳞，进入 7 200 t 水压机进行镦粗，再由 SMS 立式轧机进行轧制，最后在 2 000 t水压机进行压弯及冲孔。热处理采用步进式隧道淬火加热炉和回火炉。实验室具备较完善的检测设备和手段，同时具备为开发低噪声车轮所需的实验室和试验台。

第二节　辗钢车轮热成形原理

整体辗钢车轮热成形采用锻压—轧制生产方式，工艺流程包括预成形、成形、轧制和冲孔压弯等工步，其中轧制前的锻压成形工步形成车轮轮毂、压制辐板及轮辋主要部位，轧制工步获得轮辋和轮缘尺寸，压弯冲孔工步获得热坯所需要的形位尺寸。

一、车轮预成形原理

车轮产品尺寸有变化多样的特点，特别是轮辋和轮毂尺寸异常时，其热模锻成形变得相对复杂。预成形工步起到预先分配轮毂、轮辋的金属体积的作用，这点在大直径车轮成形时尤为重要。压力机模锻时是以静压力来锻压的，并且压力机是以一次行程完成终锻工步，因而金属易于沿水平方向流动，而不易于去填充上下型腔。可见，成形前合理分配轮毂、轮辋的金属体积至关重要。

传统的车轮产品设计中，预成形工步通过经验公式计算金属流动半径，确定预成形模面形状，进而设计预成形工艺。由于流动半径的不准确，导致流向轮毂、轮辋的金属体积分配不合理，成形时轮毂、轮辋上下模腔充满困难，严重时导致热成形废品。

近年来，有限元方法(FEM)随着计算机技术的发展已经在材料加工领域得到深入的应用和发展。FEM法可以将材料变形过程的变形体内部及成形工具几乎所有的力能参量可视化地显示出来。该方法不仅节省研究时间，降低了研究成本，提高了研究精度，还能够方便地按照预期控制变形工具，这样能深入研究车轮成形过程的金属流动规律。利用数值模拟具有经济性、安全性、预见性等特点，对车轮热成形过程数值模拟，分析金属流动规律，找出金属流动分流面，进而确定金属流动半径的大小，准确设计预成形工艺。

在 MSC/SuperForm 平台上，根据马钢压轧二线 90 MN 压力机设备工艺参数，对 840 车轮预成形进行模拟分析。马钢车轮公司使用的坯料冷尺寸 $\phi380\times L$。840 车轮预成形及成形工艺模具尺寸如图 3-4-1 所示。

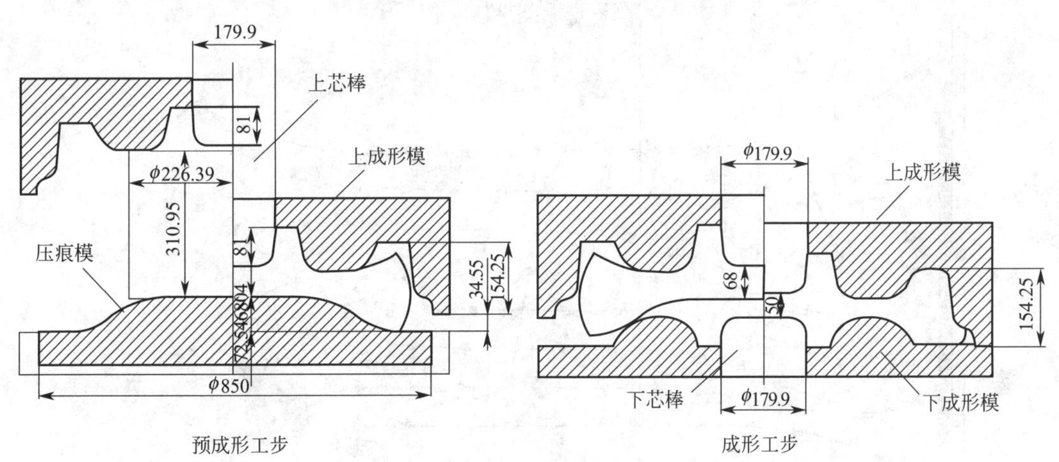

图 3-4-1 840 车轮预成形及成形工艺模具图

车轮预成形边界条件可视为轴对称，坯料初始温度 1 250 ℃，材质为 C60 钢，在 MSC/SuperForm 中建立车轮预成形分析的轴对称热力耦合模型。840 车轮预成形数值模拟几何模型如图 3-4-2 所示。

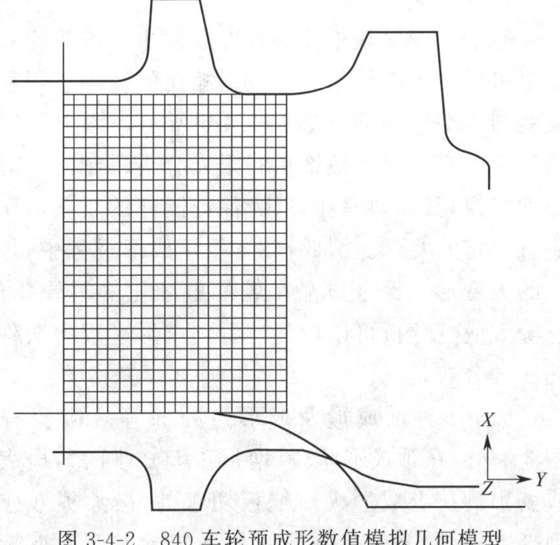

图 3-4-2 840 车轮预成形数值模拟几何模型

由于在预成形过程中金属变形剧烈，采用自动网格再造功能在预成形过程中根据网格畸变程度对网格进行再造。为了研究金属的流动规律，在坯料区域划分了流线网格。为了研究金属粒子的迁移轨迹，在模型中设定了不同的粒子区域。上模压下速度 50 mm/s，840 车轮预成形和成形计算增量步 800 步。

模拟结果的后处理文件中，选择金属粒子流动方向监测，从预成形坯在成形工步节点流动方向可以看出存在金属流动分流面，其内侧金属流向轮毂，外侧金属流向轮辋。由于成形工步压力机能力的制约，当轮毂提前过充满时，模具很难再压下，往往导致辐板增厚，轮辋金属量欠缺，直至热成形车轮外径过小，造成轮缘踏面缺陷废品。对压轧二线车轮热成形模拟，其节点流向图如图 3-4-3 所示，辐板成形过程金属节点流动方向如图 3-4-4 所示，捕捉节点位置的流动半径为 230 mm。

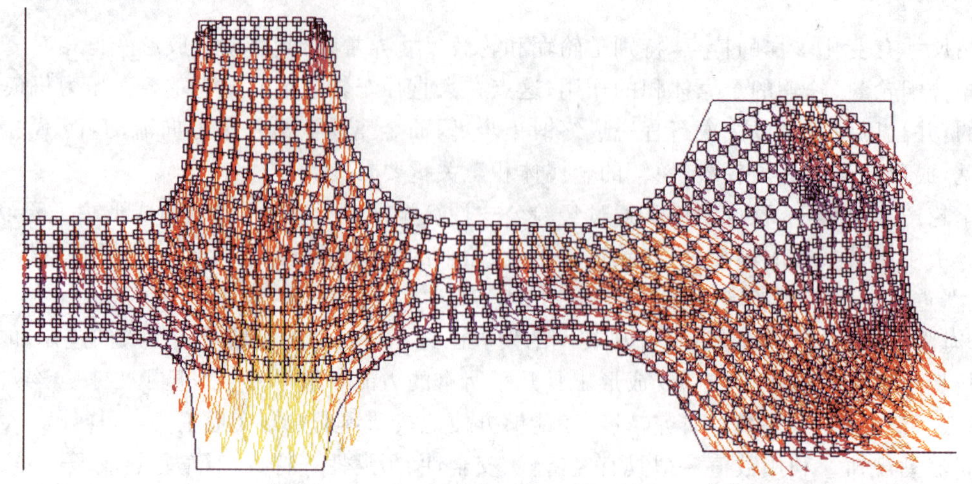

图 3-4-3 车轮成形工步金属节点流向图

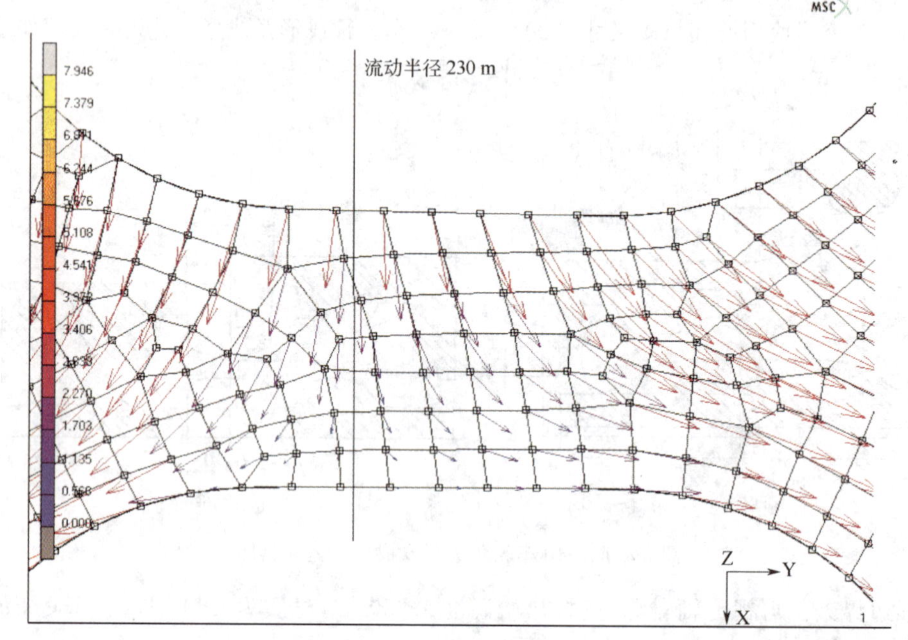

图 3-4-4 车轮辐板成形过程金属节点流动图

等效应变反映了变形强度的大小。等效应变的分布也可反映出锻件不同部位压缩比的大小。累积等效应变与压缩比的关系如图 3-4-5 所示。图中曲线是根据理想状态下无摩擦镦粗有限元分析得到的。对大型锻件来说，其坯料是铸坯，为保证锻件的质量对压缩比应有一定的要求。因此，在车轮预成形过程中，坯料心部的大变形是保证成品车轮晶粒细化的重要条件，通过等效应变分析可以清楚地看到成形过程中锻件中压缩比的分布状态。

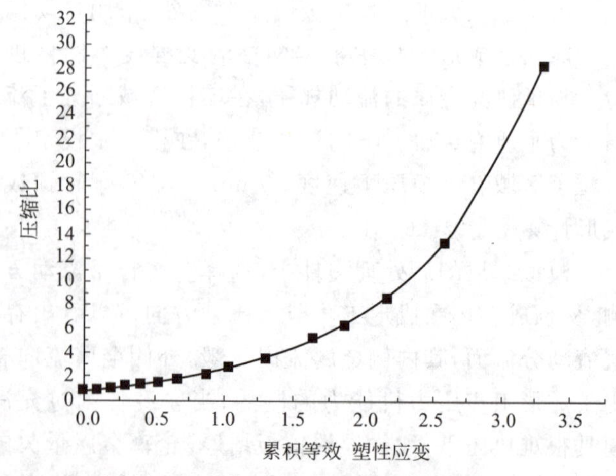

图 3-4-5 累积等效应变与压缩比的关系

840 车轮预成形及成形过程的等效应变分布见图 3-4-6。在预成形阶段(增量步 500 步时)，最大等效应变出现在上成形模对辐板切入处，最大等效应变达到 3.504，位于上芯棒下部和下芯棒上部靠近轮毂孔侧、轮毂上部及镦粗侧面鼓出部分区域的等效应变较小，最小等效累积塑性应变只有 0.129。此阶段轮毂上部已充满，轮毂与轮辋处的金属已经完成预分配。在成形结束时（增量步 600 步）辐板处等效应变最大，达到 3.997。此时一个很明显的特点是轮毂下部要比轮毂的上部的等效应变大，轮毂上部、靠近芯棒的局部区域及邻近踏面的局部区域等效应变较小，最小值只有 0.246。此阶段大量金属沿径向经辐板流向轮辋及沿轴向流向轮毂下部。

从图 3-4-6 还可看出：金属在成形模模腔中填充状况较好，在预成形和成形阶段，金属的流动和轮毂、轮

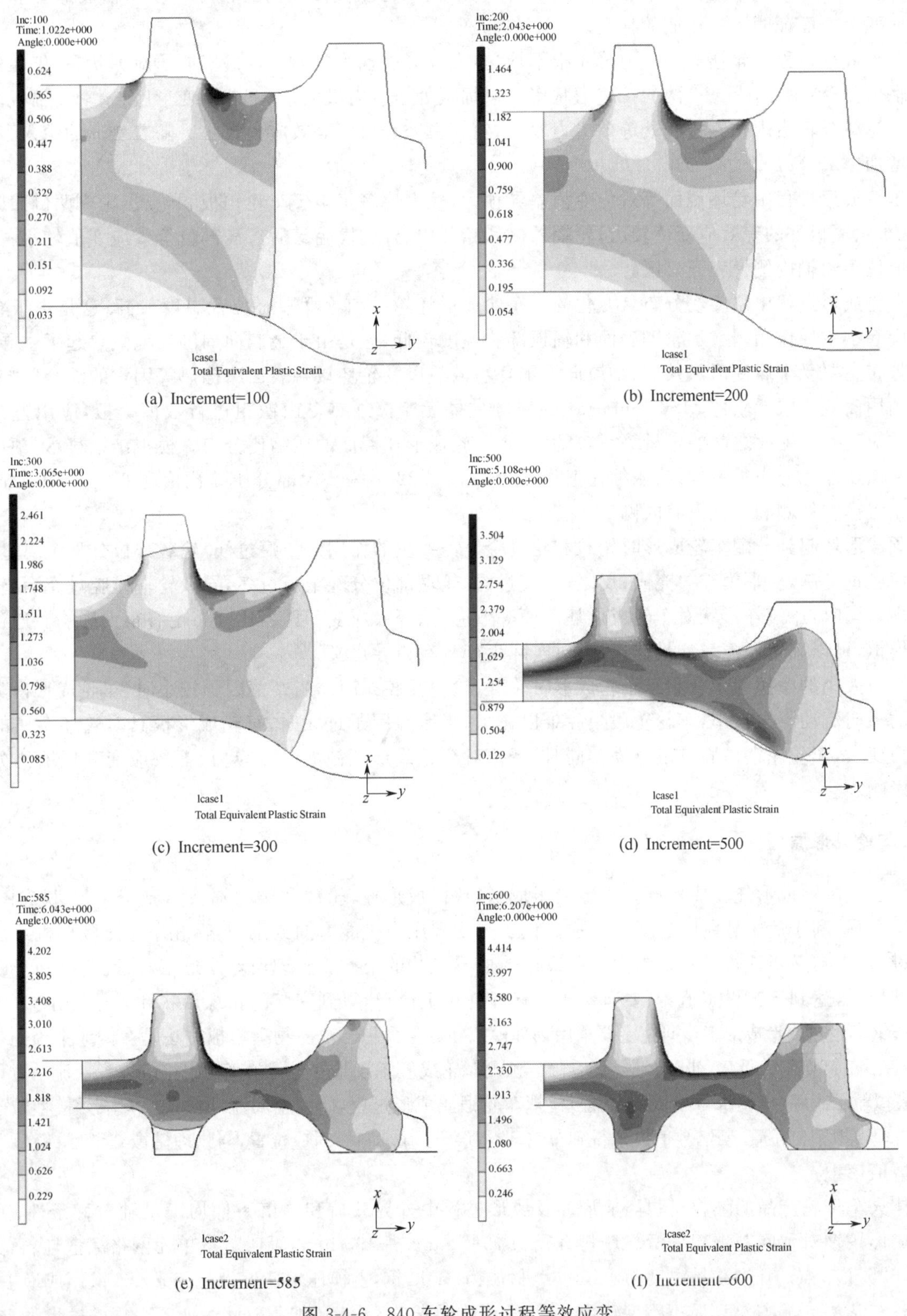

(a) Increment=100　(b) Increment=200

(c) Increment=300　(d) Increment=500

(e) Increment=585　(f) Increment=600

图 3-4-6　840 车轮成形过程等效应变

辋中金属的分配也比较合理。

通过对车轮预成形工步的数值模拟，主要有以下结论：

1.车轮成形过程金属流动规律受到坯料尺寸、预成形坯形状、加工温度、接触摩擦、冲压速度、模腔尺寸形状等工况的影响，通过有限元数值模拟的方法可以得到一个特定工况的轮坯金属流动网格图、流线图和节点速度矢量图，分析轮坯辐板、轮毂和轮辋的模腔充满过程，从而得到该工况的车轮成形过程金属流动规律。

2.车轮成形过程轮坯辐板部位存在一个分流面，分流面内侧金属流向轮毂模腔；分流面外侧金属流向轮辋模腔。在轮坯金属流动过程，分流面向轮毂方向移动。从轮坯截面径向位移分布图和辐板部位节点的摩擦力方向两个方面证明了分流面的存在。

3.车轮成形过程中轮坯截面应力分布很不均匀，大部分表现为(－，－，－)三向压应力状态，仅在轮毂外侧和轮辋内侧存在(－，＋，＋)两向拉应力状态。以辐板处压应力最大，上下芯棒变形区、轮辋与辐板内外侧过渡处和轮毂与辐板内外侧过渡处等效应力较大，轮辋模腔开口区等效应力较小。随着变形的深入，等效应力有所增加。

4.车轮成形过程中轮坯截面等效应变值差异很大，较大值多集中于车轮辐板和轮毂、轮辋两侧凹圆弧过渡处，且车轮辐板处的等效应变值较大；轮辋外侧和轮毂内、外侧模腔最后充满部位等效应变值较小；等效应变最小值位于轮辋内侧模腔开口区。

5.车轮成形过程中温度场分布是变化的。车轮成形坯轮毂和轮辋中心位置温度较高，这是由于金属变形热效应起了主导作用；轮毂、轮辋表面和辐板部位温度较低，这是由于金属向周围环境散热起了主导作用。温度场分布主要受金属变形热效应、金属向周围环境散热以及轮坯接触表面摩擦热等因素的综合影响。

6.利用商业有限元软件 MSC/Superform 对圆柱体无摩擦绝热自由镦粗进行数值模拟，应用公式拟合求出等效应变和压缩比之间的定量关系，从而得到车轮成形坯截面的压缩比分布。模拟结果显示，预成形工步车轮端面压缩比分布很不均匀，压缩比值从 3.46 到 15.22 不等。大部分压缩比值在 6 以上，压缩比较小值位于轮毂模腔外侧和轮辋模腔内侧。

7.预成形坯起到分配车轮成形时轮毂和轮辋金属需要量的作用。压痕过浅，轮毂部位分配金属过多，导致轮毂模腔过充满，轮辋模腔欠充满；反之，压痕过深，轮辋部位分配金属过多，导致轮辋模腔过充满，轮毂模腔欠充满。同时，压痕坯形状对车轮成形坯截面等效应力、等效应变和压缩比分布也有很大影响。通过有限元数值模拟，可以确定压痕坯的最佳尺寸，对实际生产具有指导意义。

8.恰当大小的摩擦因子有利于车轮成形时轮毂、轮辋孔腔充满。当摩擦因子较小时，车轮成形模具对轮坯金属的径向流动阻力较小，车轮轮毂模腔难以充满；当摩擦因子过大时，车轮成形模具对轮坯金属的径向流动阻力变大，车轮轮辋模腔难以充满。同时，摩擦对车轮成形坯截面等效应力、等效应变和压缩比分布也有很大影响。

二、车轮成形原理

形状合理的预成形坯在成形压力机上锻压成形，获得成形坯，轮毂和压制辐板达到工艺尺寸要求，轮辋金属分配合理，利于后步轧制时轮缘的形成。该工步受到压力机能力的约束，是辗轧车轮热成形机组能力匹配的关键工步，与后步轧机扩径量参数一并决定热成形工艺的架构。合理设计成形工艺，既要有利于成形压力机顺利压下，达到工艺设定值，又要有利于轮坯在轧机上成形，得到完好的轮缘形状和外径尺寸。

对辗钢车轮热成形成形工步研究主要采用物理模拟和数值模拟方法。物理模拟方法是在钢坯中预先打入销钉，成形后沿销钉切割大低倍，研究金属流动规律，预测车轮成形坯各部位金属在坯料中相应位置及流动过程。利用数值模拟粒子跟踪(Particle Tracking)功能，模拟车轮锻压成形过程，研究金属流动模式。有限元模型粒子取样位置与物理模拟销钉位置一致，数值模拟得到车轮坯金属粒子在坯料中对应位置，与物理模拟结果相一致。

1.数值模拟

整体火车车轮产品的坯料、模具、成形坯及成形过程中外界载荷和约束条件均满足轴对称条件，因此车轮锻压成形按轴对称问题进行分析。坯料直径为 ϕ386 mm，高 495 mm，用四节点单元网格离散坯料，共 786 个单元，925 个节点。坯料初始温度为 1 250 ℃，材质为 CL60 钢，上模压下速度为 50 mm/s。锻压成形中，工件表面正应力很大，故选择剪切摩擦模型较为合理，摩擦因子取 0.3～0.5，加载时间为 4.3 s，总增量步为 125 步。

由于变形剧烈，变形热较大，故计算采用热力耦合的方式。

传热边界条件主要考虑工件与模具间的接触传热及工件与环境间的对流传热，工件与模具间的接触传热系数取 12 kW/(m^2 · ℃)，工件与环境间的对流传热系数取 0.12 kW/(m^2 · ℃)。

模具视作恒温刚性体。关于变形热效应的影响，Wertheimer 认为对于大多数金属，变形功的 90%转化为热量。

整体火车车轮锻压成形过程中，金属发生了大位移变形，有限元数值模拟时采用了网格再造技术，因此研究金属的流动规律及金属迁移轨迹必须采用粒子跟踪的方法。FEM 数值模拟坯料节点分布图如图 3-4-7 所示，其分布位置与文献物理模拟销钉分布一致。

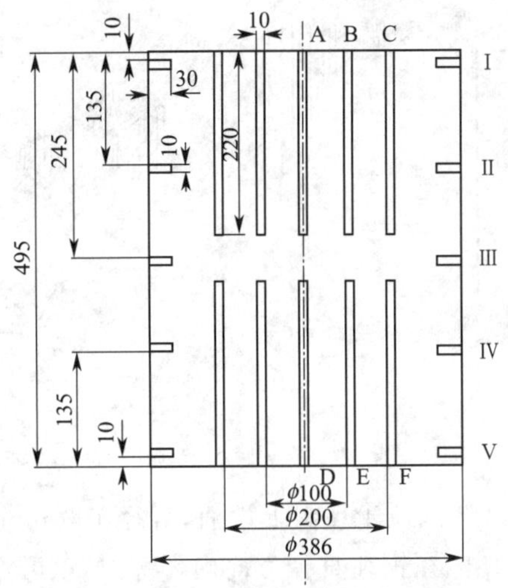

图 3-4-7 车轮坯料节点分布

模拟结果显示：

Ⅰ-Ⅴ区金属粒子形成成形坯轮辋，条状粒子于轮辋周边依次呈环状分布。Ⅰ区金属粒子跟踪如图 3-4-8 所示，Ⅱ-Ⅴ区金属粒子跟踪如图 3-4-9 所示。

Ⅰ区是钢坯上端角部，常因高压水除鳞致使初始温度偏低且分布不均，也有氧化铁皮粘连现象，模拟结果显示Ⅰ区金属粒子流向成形坯外辐板表层形成压制辐板，从粒子位移跨度大看出该区变形剧烈。

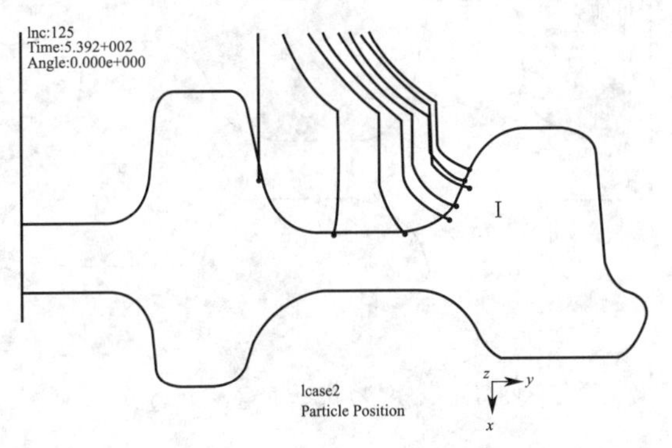

图 3-4-8 Ⅰ区金属粒子轨迹

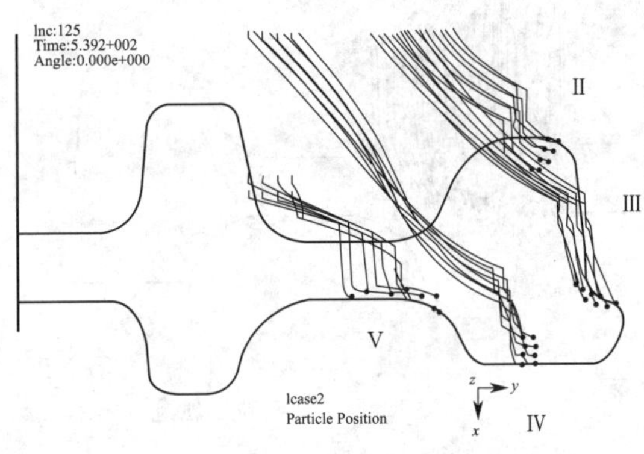

图 3-4-9 Ⅱ-Ⅴ区金属粒子轨迹

Ⅴ区位于钢坯下端角部，由于加热时坯料竖立放置，导致该区为"阴"面，故加热温度不均匀，也是氧化皮不易除净部位。模拟结果看出，该区金属粒子流向成形坯内侧面辐板与轮辋过渡圆弧区，与Ⅰ区对应形成辐板内侧面。

Ⅱ区位于钢坯上半部中位，金属流动到成形坯轮辋外端面，垂直表面方向切入成形坯。

Ⅲ区是钢坯正中部位，该区金属在车轮预成形工步中处于周向拉应力状态，金属粒子最终形成轮缘喉部，粒子呈切入成形坯方向分布。

Ⅳ区位于钢坯下半部中位，金属粒子形成轮辋内侧面，该区域在后部轧制工序易形成折叠缺陷，金属粒子垂直内辋面切入轮辋。

(1)B-F 区金属粒子形成轮毂及辐板轮辋中部

C 区位于坯料上端面，直径 200 mm，深 220 mm 处，即 C 区是钢坯直径方向正中部位。该区金属粒子轨迹如图 3-4-10 所示。

C 区金属粒子流动位移较大，从钢坯表面沿垂直方向，最上端形成轮毂外端面。中部金属粒子形成辐板内层，该部位粒子流动位移很大，C 区条形节点中段形成辐板，模拟结果显示金属变形非常剧烈。C 区条形节点下部金属粒子流向辐板过渡圆弧及轮辋中心部位。

F 区位于坯料下端面，直径 200 mm，深 220 mm 处，F 区也是钢坯直径方向正中部位，与 C 区轴向对称。该区金属粒子流动位移较大，从钢坯下表面沿垂直方向，最下端形成轮毂内端面。中部金属粒子形成辐板中心层，该部位粒子流动位移很大，F 区条形节点中段形成辐板，该区域金属变形非常剧烈。F 区条形节点上段部金属粒子沿着辐板中心线达到轮辋中心部位。该区金属粒子轨迹如图 3-4-11 所示。

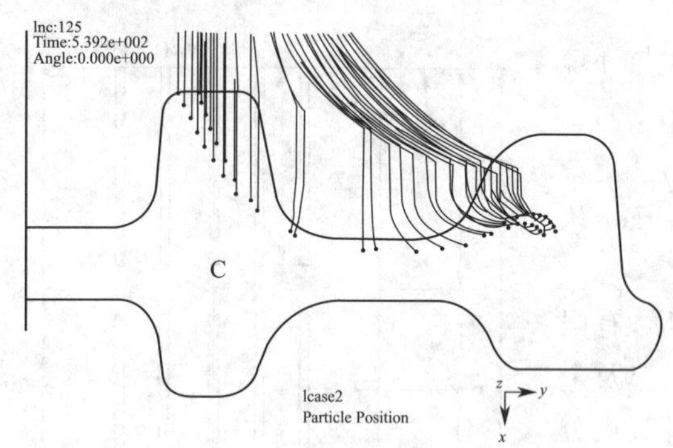

图 3-4-10 C 区金属粒子轨迹

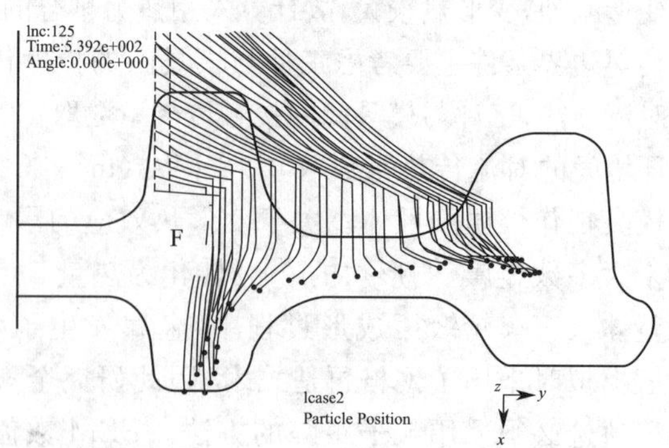

图 3-4-11 F 区金属粒子轨迹

B 区位于坯料上端面，直径 100 mm，深 220 mm 处，E 区位于坯料下端面，直径 100 mm，深 220 mm 处。B、E 区在钢坯直径方向内环部位，该区金属粒子流动位移较小，形成成形坯轮毂中心区域。B、E 区节点轨迹如图 3-4-12 所示。

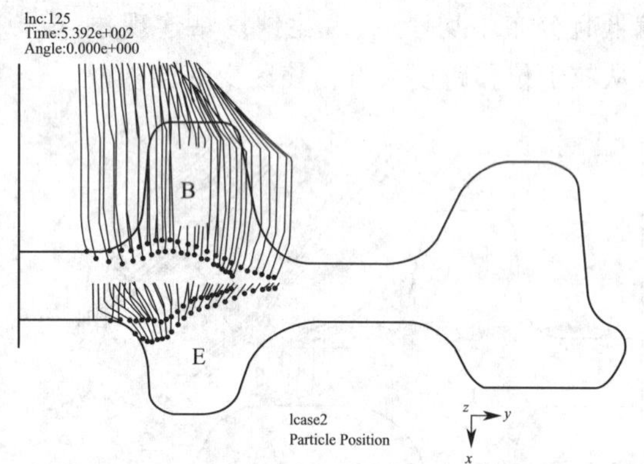

图 3-4-12 B、E 区金属粒子轨迹

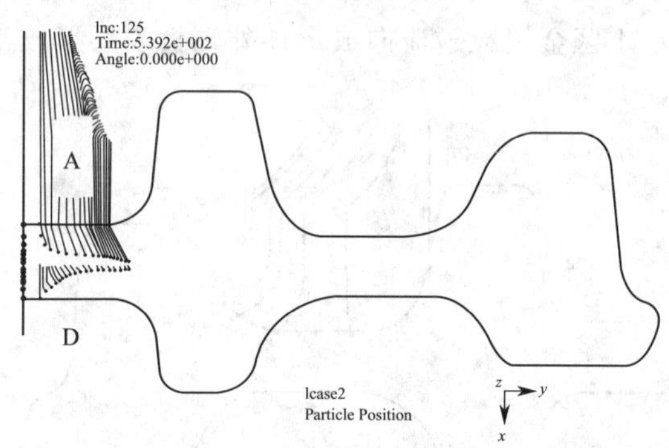

图 3-4-13 A、D 区金属粒子轨迹

(2)A-D 区金属粒子形成冲块

A 区和 D 区位于钢坯正中心，是连铸坯中心疏松夹杂出没的区域，模拟结果显示该区金属粒子流向轮毂中心孔冲块位置，如图 3-4-13 所示。变形过程中该区条形节点沿径向强烈延伸，沿轴向强烈压缩，形成冲块。压弯冲孔时中心疏松区的金属部分被冲去，有利于车轮质量控制。

通过数值模拟得到了车轮轮毂、辐板及轮辋金属粒子在坯料中相应位置。FEM 数值模拟结果与物理模拟销钉分布模式一致。数值模拟方法能快捷地预测车轮热成形过程金属粒子流动位置，为分析车轮成形缺陷产生原因提供依据。

2. 物理模拟

选取在线生产的车轮钢坯，打入 A3 钢销钉，埋钉位置及编号同数值模拟坯料相似，如图 3-4-14 所示。正常生产后，实验钢坯经过加热、锻压、轧制和压弯，取各工步坯料做好标记，沿销钉位置切割大低倍，获得低倍试样，观察低倍组织。成形坯的低倍图如图 3-4-15 所示，轧制坯低倍图如图 3-4-16 所示。

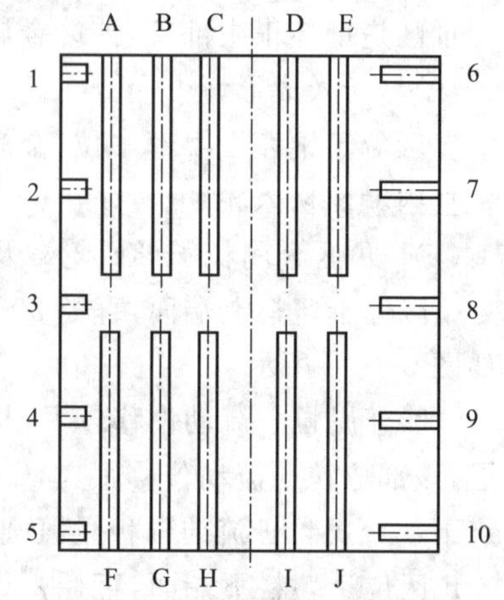

图 3-4-14 物理模拟钢坯销钉图

可以看出：垂直销钉显示锻压过程金属沿着径向外流，C、H 形成轮毂内孔。B、G 形成内外轮毂。A、F 从轮毂 D3 一直延伸至压制辐板。侧向销钉形成轮辋轮缘及外辐板。正中位 8 流向轮缘，此后轧制坯也是轮缘。7 在踏面上，轧制后位于踏面。钢坯交角 6 成形时流向 D2 和轧制辐板交界处，轧制时形成外侧轧制辐板。销钉 9 流向轮辋内侧，轧制后仍然在轮辋内侧。10 是钢坯下断面交角，成形时流向压制辐板内侧。销钉分布图对应轮坯位置见表 3-4-1。

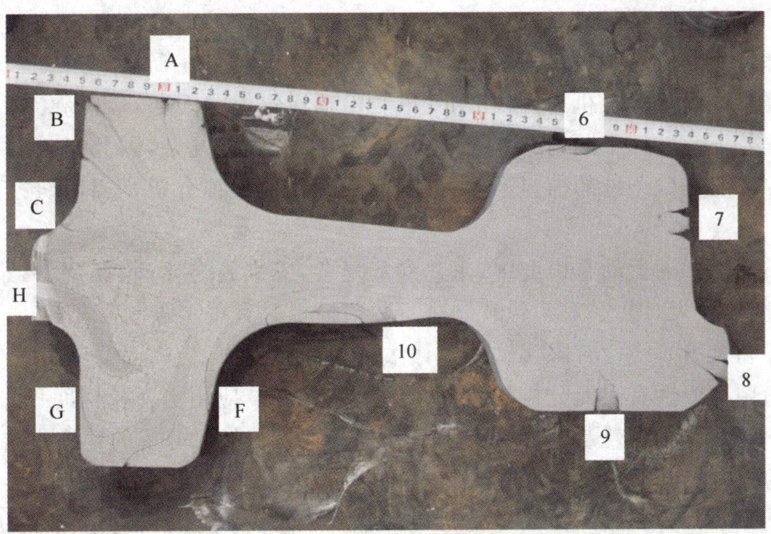

图 3-4-15　成形坯低倍图

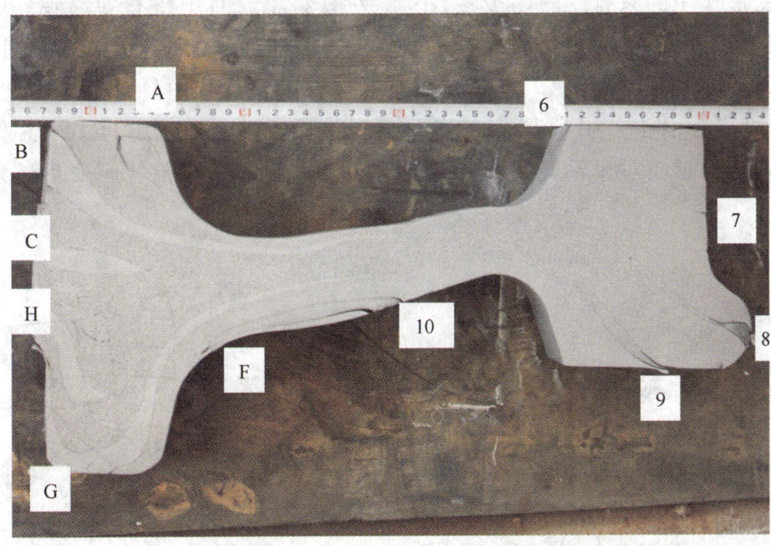

图 3-4-16　轧制坯低倍图

表 3-4-1　销钉分布图对应轮坯位置

销钉编号	钢坯位置	成形坯位置	轧制坯位置
C	上端面 ϕ90	垂直轮毂内孔侧面	
H	下端面 ϕ90	垂直轮毂内孔侧面	
B	上端面 ϕ210	外毂与孔交接	
G	下端面 ϕ210	内毂与孔交接	
A	上端面 ϕ330	外 R50 延伸至辐板	
F	下端面 ϕ330	内 R50 延伸至辐板	
8	侧面正中部	轮缘	轮缘
7	侧面距上端面 168	踏面上	踏面上
9	侧面距下端面 168	轮辋内侧	轮辋内侧
6	上端面尖角处	D2 和轧辐板交界处	外侧轧制辐板
10	下端面尖角处	压制辐板内侧	过度辐板处

三、车轮轧制原理

车轮轧制是车轮生产中的一个重要工步。车轮轧制的作用是对模锻后的轮坯进行轧制扩径，使辐板延展，并完成轮辋、轮缘及踏面的精确成形。

车轮轧制过程参与变形工具较多，马钢压轧一线卧式轧机有七个轧辊，二、三线立式轧机有 9 个轧辊，变形过程中车轮受力复杂。以立式轧机为例，轧制变形时除辐板辊位置固定外，其余各辊随着车轮轧制扩径作相对运动。轧制过程轧坯旋转几十圈，相当于多道次轧制，影响因素复杂，因此车轮的轧制变形规律用理论解析法很难研究。在缺乏实验条件的前提下，借助于有限元数值模拟分析是当前研究车轮轧制变形的理想手段。

车轮轧制过程由于工具的运动自由度多、工艺参数复杂，三维旋转体(轮坯)变形条件的非对称性，轧制周期长，辐板的延展变形很大，因此，对车轮轧制进行数值模拟时有很多难题需要解决。

随着计算机硬件和大型非线性有限元软件计算水平的高速发展，使得对复杂的车轮轧制有限元分析成为可能。采用大型商用非线性有限元分析软件 MSC/SuperForm，应用更新拉格朗日法(Updated Lagrange)建立弹塑性材料模型对 840 车轮轧制进行三维模拟分析。对于有限元分析的建模主要困难是变形工具运动的描述和网格畸变的处理。经过深入的研究，开发了描述变形工具运动的用户子函数：使轧制过程轧边斜辊的轴线始终对准轮坯中心。为克服网格畸变的影响，成功实现了手工网格再造技术，使得模拟能够顺利进行。

车轮轧制时，起变形作用的只有左右辐板辊、主辊、左右斜辊。对中辊和导向辊(共 4 个)只是起到保持轧制的稳定作用。在模拟过程中，为了提高计算效率省去了对中辊和导向辊，为了保证轧制稳定，在轮毂中心孔插入一个与孔径相同外径的“芯辊”。该芯辊在模拟过程中随轮坯直径的增大只沿 z 方向运动，从而保证轧制过程轧件旋转稳定。由于采用了虚拟的芯辊，模拟过程轮坯应力状态与实际生产过程会有差别，但芯辊不影响塑性变形，因此不影响对车轮轧制的变形规律的分析。840 车轮轧制变形数值模拟几何模型如图 3-4-17 所示。

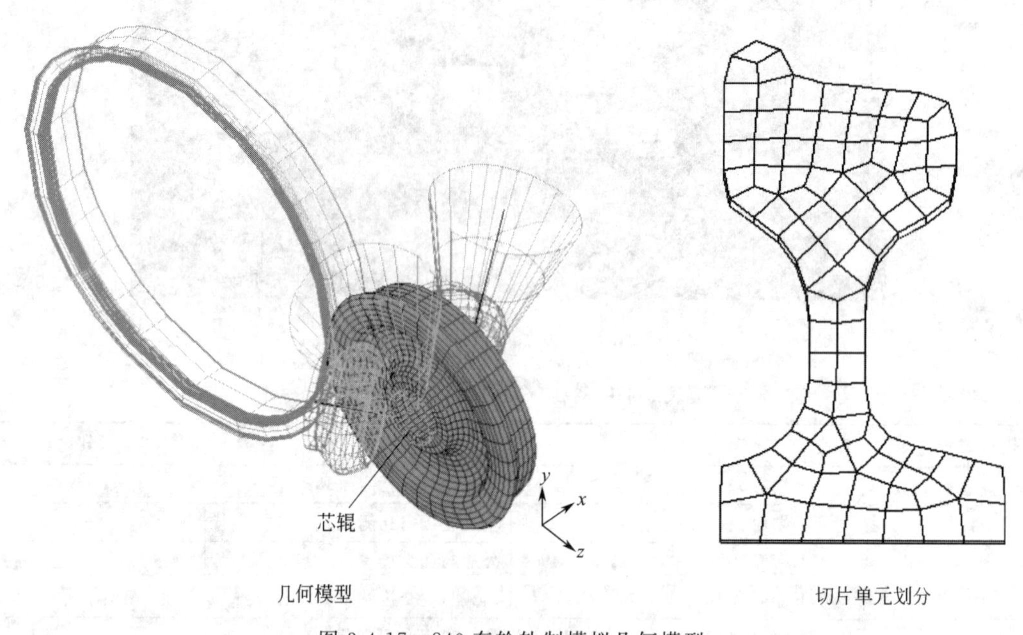

图 3-4-17 840 车轮轧制模拟几何模型

轧制过程中，轮坯的中心随轮坯外径的扩大沿 z 方向移动，且轧边斜辊的轴线始终指向轮坯中心。因此模拟过程中，应允许“芯辊”有位移，且要控制轧边斜辊随“芯辊”一道运动。通过研究分析，编写了用户子程序 Motion. f 来根据模拟计算过程中受力情况来控制“芯辊”的移动及轧边斜辊的移动。模拟过程中辐板辊位置不变，主辊缓慢沿 z 轴方向移动，其速度采用表格形式给出。随轮坯直径的扩大，芯辊在 z 方向受一推力(也有可能受拉力)，在每增量步计算时，计算芯辊受力大小，当力大于一定量(如 5 000 N)时，将芯辊沿 z 方向移动微小位移(0.1 mm)。为保证轧边辊的轴线指向轮坯中心(即芯辊中心)，轧边辊沿 z 方向随芯辊发生同等的位移。这样随轮坯直径的扩大，芯辊沿 z 方向逐渐位移，基本保证芯辊在 z 轴方向受力很小，符合轧制时轮坯的受力条件。

根据车轮坯料轴对称的特性对于单元进行划分，首先在 x-y 面划分轮坯剖面单元。车轮轧制时变形集中于轮辋和辐板，轮毂基本没有变形，为减小计算量，在单元划分时，轮毂处网格可以划得稍稀，在轮缘处形状复杂，网格划得稍密。然后将平面单元网格绕轮坯中心以 x 方向为轴线旋转扩展(Expand)，每 10°扩展一次，共扩展 36 次。840 轮坯初始单元总数 3 024 个。

对于变形工具的运动的描述全部采用表格形式。实际轧制过程中，各主要变形工具的运动由操作人员控制。特别是辐板辊的进给速度及轧边辊的压下速度均是由经验控制。模型中左右辐板辊为主动辊，转速 14.5 r/s，其余为被动辊，摩擦因子设为 0.4。辐板辊的进给速度如图 3-4-18 所示。

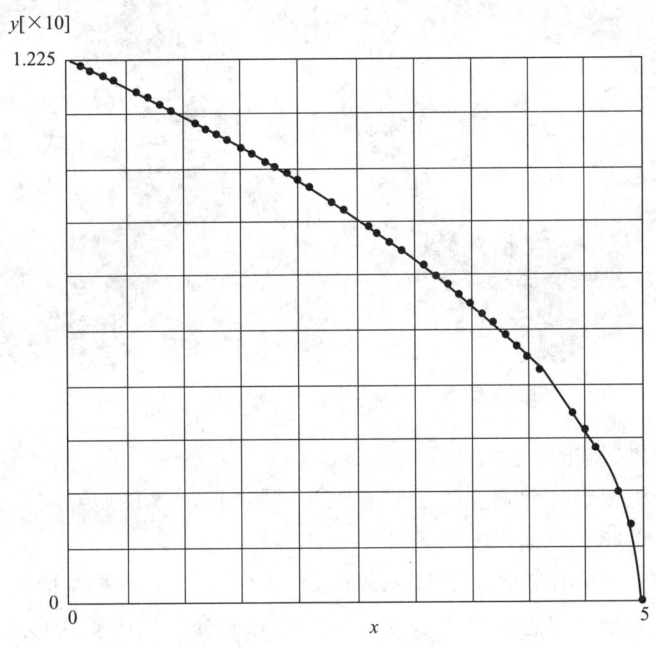

图 3-4-18　辐板辊的进给速度

材质在软件材料库中选择 C60，相当于车轮钢 CL60。初始轧制温度设为 1 100 ℃。模拟设置主辊的位置保持不变，由于斜辊的总压下较小(5.4 mm)，对于斜辊的压下速度设为 1 s 内(轮坯旋转了 3 圈)斜辊完成总压下。

由于车轮轧制过程中，随着辐板的延展，轮辋变形较大，轧制中、后期轮辋与辐板连接处的单元畸变很大，后续计算准确度将受严重影响，甚至无法继续计算。对三维旋转体工件采用 SuperForm 中现有的自动网格再生技术将无法控制单元的形状、分布及数量。要实现网格再造，只能使用手工网格再造技术(Manual Remesh)。具体方法是在模拟到一定程度后，通过 Rezone 保留轧件形状，再将轧件进行网格再划分，生成 .mesh 文件；再适当修改上次模型的有关参数，利用重启动，使用"User Defined 3D"选项，程序将会用 .mesh 文件中的网格单元进行继续运算，并继承上次计算的有关应力、应变、温度、速度等参量。整个加载时间为 5 s，增量步为 3 000 步。

轧制前期，轮辋的变形不深透，车轮变形属于表面变形。整个轧制过程，轮辋的外侧应变比内侧应变要大得多。辐板的延展变得强烈，轮辋的宽展很不均匀，轮辋外侧的变形尤为剧烈。轮辋轴向变形如图 3-4-19 所示。

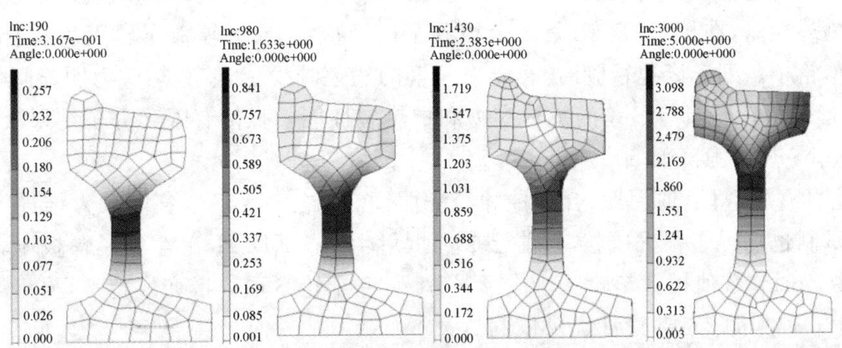

图 3-4-19　840 车轮轧制坯轮辋轴向变形分布

随轧制的进行，辐板辊的扩径作用逐渐明显，轧制变形主要集中于轮辋处，轮辋外侧的变形明显大于轮辋内侧的变形。轮辋内外侧变形分布如图 3-4-20 所示。

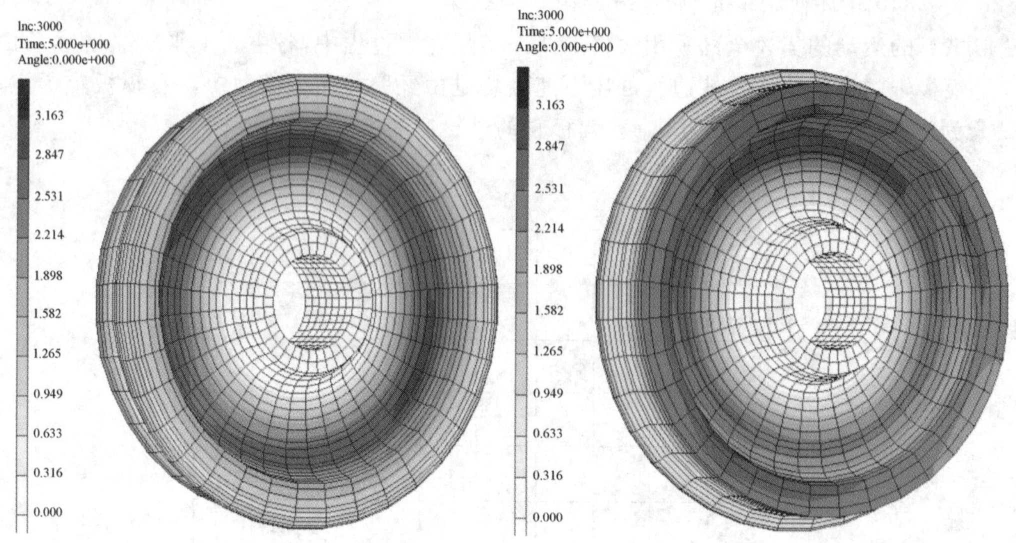

图 3-4-20 840 车轮轧制坯轮辋内外侧变形分布

研究轧制变形模拟结果，得出以下结论：

1. 对 9 辊立式车轮轧机变形过程建立了三维有限元模拟模型，该模型对实际轧制过程进行了合理的简化，模型计算稳定，计算结果能有效地反映车轮轧制规律。

2. 车轮轧制的变形主要集中在轮坯的轮辋及辐板处，在辐板与轮辋的连接处及轮辋外端表面塑性应变最大。轧制初期轮辋的变形没有渗透到轮辋心部。轮辋的外侧变形比内侧变形大。

3. 从变形的网格可以发现，车轮在轧制中变形区网格会沿轧制方向发生周向扭曲，在辐板处最为明显，说明车轮轧制过程金属沿轮坯周向流动明显。

4. 得出车轮轧制过程各辊的受力，主辊轧制力有波动地上升，最大轧制力达到 120 t。

5. 轧制过程中，轮坯经过辐板辊变形区及轧边斜辊变形区轮辋内外侧的变形量不同，外侧的变形量明显大于内侧的变形量。

6. 车轮轧制过程中，每道次(圈)工具所给的变形量很小，变形很难渗透，表面变形很大，相当于高件非对称轧制。

四、车轮压弯成形原理

辗钢整体车轮压弯冲孔工步获得形位尺寸达标的热车轮坯，该工步在热成形时主要有辐板弯曲变形和轮辋辋面平整。对于直辐板车轮，压弯时辐板变形量小，而具有 S 形辐板的车轮压弯时变形量较大，给辐板形位尺寸达标带来困难，故以 S 形辐板成形过程来论述压弯成形原理。

1. S 形辐板车轮优点

随着铁路运输向高速重载方向发展，直辐板车轮已不能满足使用要求，S 形辐板车轮以其优良的结构强度、机械性能、抗热裂性能，在机车、客车、货车上得到了广泛应用，S 形辐板车轮因为有合理的辐板形状，故其刚度比直辐板车轮小。列车高速行驶时，车轴对轮辋的约束减少了，使其热应力明显降低。尤其在使用合成闸瓦刹车时，S 形辐板车轮具有显著的抗热应力和抗热裂性能。弹性有限元分析结果表明：用 S 形辐板代替直形辐板，可使车轮热应力降低 50％ 。

S 形辐板车轮具有先进性、通用性、合理性和经济性，20 世纪 90 年代，各国大力推广 S 形辐板车轮。我国 S 形辐板车轮研制也取得了很大成就，目前已成功批量生产 KKD、H36 等 S 形辐板车轮。借助商业有限元软件 MSC/Superform，数值模拟车轮压弯成形过程，研究车轮 S 形辐板变形特点，得出 S 形辐板产生较大变形的位置，可为车轮热成形工艺设计提供依据。

2. S 形辐板的制造

车轮热成形过程包括镦粗定径、压痕、成形、轧制、冲孔、压弯等工步。成形工步获得车轮压制辐板(内辐板),轧制辐板(外辐板)在车轮轧机上辗压扩径获得。压弯成形工步将车轮直形辐板压制成S形辐板。S形辐板成形过程如图3-4-21所示。

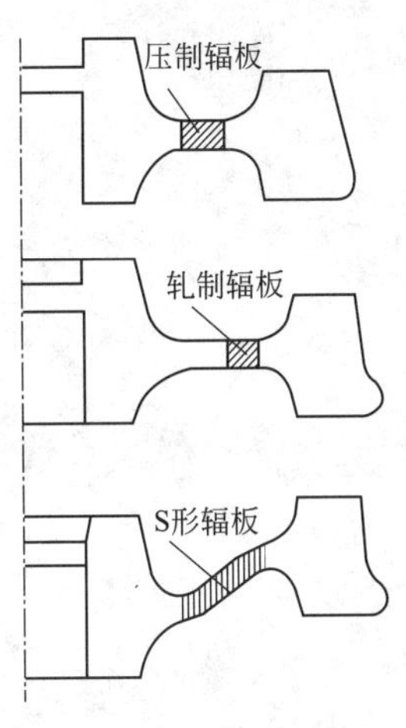

图3-4-21　车轮热成形时S形辐板形成过程

3. S形辐板车轮设计难点

车轮压弯时,上压弯模与车轮在从辐板到轮毂过渡段上相接触,而下压弯模则在与辐板到轮辋的过渡处相接触。压弯时,轧制坯近乎直的辐板压弯拉伸成S形辐板,辐板中心线长度伸长,辐板拉伸剧烈,变形分布不均匀,沿径向辐板厚度拉缩量差别很大。

为了节约金属,提高车轮成材率,车轮热成形设计时尺寸公差和机械加工余量应尽量小些。同时这个数值一定要合理,因为公差和余量过小时,会产生辐板黑皮,影响产品质量。此外,热处理工步对踏面淬火时,轮壳相对轮辋存在淬火下沉。下沉量的波动和偏心原因,也容易产生辐板黑皮,现场生产时常因辐板局部黑皮造成大量废品。

综上所述,S形辐板车轮设计难点是车轮辐板厚度余量的设置,首先必须选择正确的下沉量。其次,找出压弯成形工步变形大的部位,给拉缩量大的部位预先预留金属,即在成形工步预留金属于压制辐板上,在轧机轧制工步预留金属于轧制辐板上。

4. S形辐板车轮压弯成形过程数值模拟

(1)数值模拟模型的建立

用有限元软件MSC/ Superform对S形辐板车轮压弯成形工步热力耦合数值模拟。以马钢压轧一线车轮产品为模拟对象,参照压弯工步模具实际参数。模具压下速度为50 mm/s。利用车轮产品轴对称性,将轧制坯用四节点单元网格离散,共224个单元,274个节点。材料的物理性质(热传导系数、热容和热膨胀系数)是随温度变化的,变形抗力是热力学参数(变形程度、变形速度和变形温度)的函数,这些材料数据均由模拟软件的材料库中读取。初始条件和边界条件:车轮压弯工步温度设为1 050 ℃。模具与工件间接触摩擦遵循剪切摩擦定律,摩擦因子设为0.5。传热边界条件主要考虑工件与模具间的接触传热及工件与环境间的对流传热,工件与模具间的接触传热系数取12 kW/(m^2 ·℃),工件与环境间的对流传热系数取0.12 kW/(m^2 ·℃)。

模具视作恒温刚性体。关于变形热效应的影响,Wertheimer认为对于大多数金属,变形功的90%转化为热量 。S形辐板车轮压弯数值模拟模型如图3-4-22所示。

(2)压弯成形过程金属流动及变形分布

用有限元软件数值模拟车轮S形辐板压弯成形过程,得出车轮辐板压弯时金属流动有如下特点:轮毂金属不发生变形流动,仅相对轮辋整体移动。轮辋靠近辐板处金属有较大拉缩,此处金属是S形辐板金属增量的来源之一。轮辋外侧靠近踏面和轮缘部位的金属几乎不发生变形流动,但压弯变形过程中轮辋整体存在较大的扭转。随着直辐板压弯成S形辐板,金属节点沿车轮径向位移逐渐增大,靠近轮辋处达到最大。辐板厚度存在拉缩,拉缩部位位于压制辐板内侧和轧制辐板外侧。

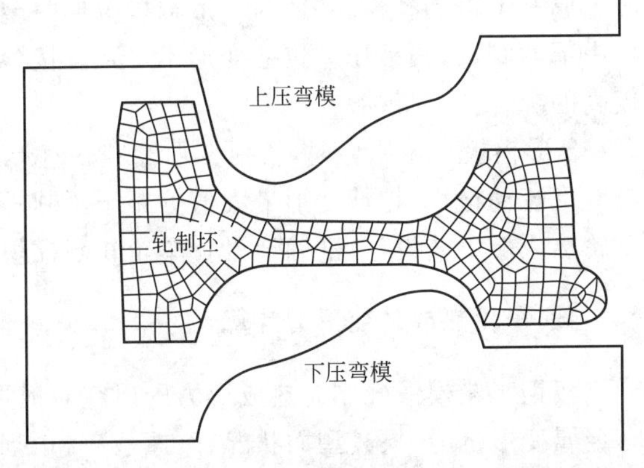

图3-4-22　压弯数值模拟模型

等效应变是变形强度的综合反映,等效应变沿S形辐板分布很不均匀,变形随着时间的推移逐渐增大,由辐板表面向内渗透,压弯结束时,等效应变最大值达0.252,位于压制辐板内侧和轧制辐板外侧。两个最大变形区与最大拉缩部位保持一致,和压弯模圆弧对称线呈45°分布。等效应变分布如图3-4-23所示。

5. S形辐板热成形设计

传统设计方法认为S形辐板金属的增加量完全来源于轧制坯直辐板,基于此,设计时将S形辐板金属体积沿车轮轴向等值移动,得到轧制坯直辐板,以下称这种辐板设计方法为“等值移动法”。研究用数值模拟方

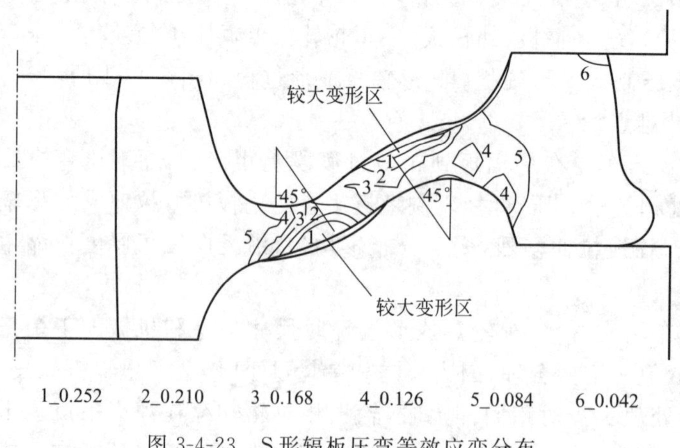

图 3-4-23 S形辐板压弯等效应变分布

法得到S形辐板成形时拉伸变形的分布，找到较大拉缩区位置，预先给予金属补偿，从而设计出轧制坯直辐板，称为“数值模拟法”。图 3-4-24 为两种设计方法示意图。

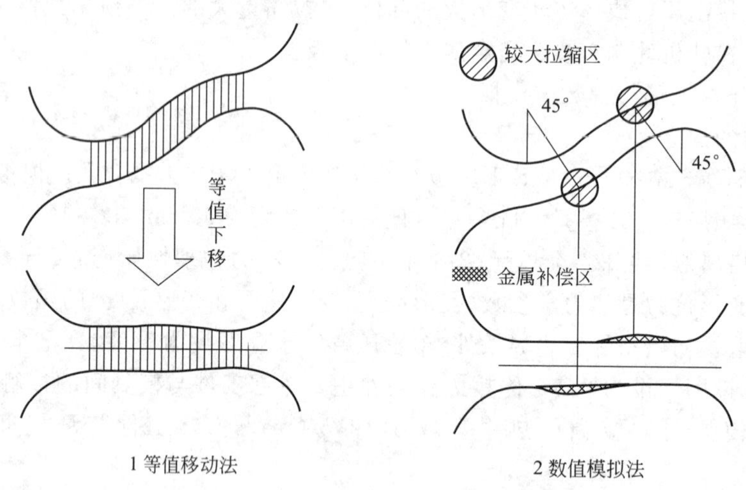

图 3-4-24 S形辐板设计方法比较

实际上，“等值移动法”得到的压弯辐板形状较差，预留的金属余量集中在过渡辐板中部，在被拉缩的区域金属并未得到补偿，其认为S形辐板拉伸时金属沿轴向等值下移是不贴切的，其金属补偿量均匀分布于辐板中部两侧，与辐板压弯拉缩变形不一致。按“数值模拟法”设计S形辐板车轮，相对于“等值移动法”获得了较高的综合技术指标。

S形辐板车轮压弯时，辐板变形剧烈。直形的轧制坯辐板通过压弯模具拉延成S形辐板，轮毂和轮辋金属变形流动很小，拉伸变形最大值分布于压制辐板内侧和轧制辐板外侧。数值模拟结果指导具有S形辐板车轮热成形工艺设计，准确地设置车轮轧制辐板和压制辐板的余量，可以提高车轮产品的合格率和成材率。

五、车轮热成形变形力计算

辗钢车轮模锻轧制时热成形力的研究对成形工艺和设备维护尤为重要。热模锻时影响压力的因素主要有金属变形抗力、模具型面状况、摩擦系数和变形温度等，相当轧制变形要简单些，利用有限元软件模拟结果分析模锻力也很有效。

1. 辗钢车轮锻造压力计算

辗钢车轮在压力机上完成预成形、成形和冲孔压弯工序。预成型金属变形类似镦粗，要求的压力较大，成型工序变形最复杂，所需要压力也最大。

辗钢车轮锻造成形时，变形金属对压力机产生的压力，并不稳定，而是时刻变化的，而且在工序结束时达到最大。从需要的压力观点来看，也正是在这一瞬间，形成了最不利的条件，以模腔内锻压的应力状态代替了自由锻压的应力状态。

压力机的吨位 T，可根据下面的方程式求出：

$$T=pF \tag{3-4-1}$$

式中　p——变形最终瞬间作用于与锻压方式相垂直的平面上的换算平均单位压力；

F——坯料横截面在上述平面上的投影面积。

金属同变形工具接触表面单上的单位流动压力分布是不均匀的。它的性质可根据塑性变形金属的力学原理从原理上加以确定。这个课题就要求找出主要应力、金属的物理常数、变形坯料尺寸和形状之间的关系。

传统的解决这个课题的分析方法是根据对塑性介质沿接触表面流动的不同概念得出的。但是在所有方法中，计算单位压力时，都要同时解出某一单独部分上的动平衡微分方程式和塑性方程式。

C·N·古布金提出了车轮坯圆柱体镦粗时单位流动应力计算图，现介绍如下。

分出两个径向平面和两个同心弧所夹的无限小的部分，如图 3-4-25 所示，并注明这部分在变形过程中产生的力作用下的平衡条件。

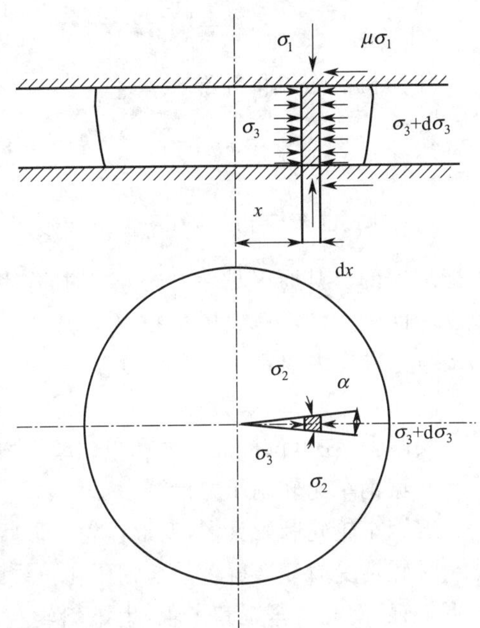

图 3-4-25　镦粗时轮坯无限小部分应力作用示意图

现将各种力在 x 轴上的投影，列成应力平衡方程式。

$$\sigma_3 x\alpha h-(\sigma_3+\mathrm{d}\sigma_3)(x+\mathrm{d}x)\alpha h+2\sigma_2\sin\frac{\alpha}{2}h\mathrm{d}\alpha-2\sigma_1\mu x\alpha\mathrm{d}x=0 \tag{3-4-2}$$

鉴于是轴向对称变形，所以

$$\sigma_2=\sigma_3 \tag{3-4-3}$$

因 α 角很小，取 $\sin\frac{\alpha}{2}=\frac{\alpha}{2}$，并且第二级的数值很小，可略去不计，变换后即得：

$$\mathrm{d}\sigma_3=-2\sigma_1\mu\frac{\mathrm{d}x}{h} \tag{3-4-4}$$

对于对称轴的课题，塑性方程式的形式如下：

$$(\pm\sigma_{\max})-(\pm\sigma_{\min})=\sigma_s \tag{3-4-5}$$

上式所包括的两个应力均为压缩应力。解算上题所需的方程组可列成下述形式：

$$\mathrm{d}\sigma_3=-2\sigma_1\mu\frac{\mathrm{d}x}{h} \tag{3-4-6}$$

$$(\pm\sigma_{\max})-(\pm\sigma_{\min})=\sigma_s \tag{3-4-7}$$

将塑性方程式中的 σ_3 值代入微分方程式，得出：

$$\mathrm{d}(\sigma_1-\sigma_s)=-2\sigma_1\mu\frac{\mathrm{d}x}{h} \tag{3-4-8}$$

$$\frac{\mathrm{d}\sigma_1}{\sigma_1}=-2\mu\frac{\mathrm{d}x}{h} \tag{3-4-9}$$

$$\sigma_1=Ce^{-\frac{2\mu x}{h}} \tag{3-4-10}$$

根据 $x=\frac{d}{2}$ 时，$\sigma_3=0$ 和 $\sigma_3=\sigma_s$ 的条件，来计算任意常数 C。

则

$$\sigma_s=Ce^{-\frac{2\mu d}{h}} \tag{3-4-11}$$

$$C=\sigma_s e^{\frac{\mu d}{h}} \tag{3-4-12}$$

因而：

$$\sigma_1=\sigma_s e^{\frac{2\mu}{h}\left(\frac{d}{2}-x\right)} \tag{3-4-13}$$

将整个面积上所得标准应力积分，并除以金属同变形工具接触表面，即可求出换算的平均单位压力：

$$p=\frac{P}{F} \tag{3-4-14}$$

或
$$p=\frac{1}{F}\int_0^{\frac{d}{2}}\sigma_1 2\pi x\mathrm{d}x=\frac{4}{\pi d^2}\int_0^{\frac{d}{2}}2\sigma_s\pi e^{\frac{2\mu}{h}\left(\frac{d}{2}-x\right)}x\,\mathrm{d}x=2\sigma_s\frac{h^2}{\mu^2d^2}\left(e^{\frac{\mu d}{h}}-1-\frac{\mu d}{h}\right)\tag{3-4-15}$$

压力机的压力将等于：

$$T=pF=\sigma_s\frac{\pi h^2}{2\mu^2}\left(e^{\frac{\mu d}{h}}-1-\frac{\mu d}{h}\right)\tag{3-4-16}$$

C·N·古布金指出，在$\frac{d}{h}$比值较大时，以上公式得出的结果是不能理解的。其原因是导出这公式时，作者是从一个假设出发的，即仅在中间轴上才没有金属微粒移动现象，也就是接触表面上的摩擦力τ与标准应力成正比：

$$\tau=\mu\sigma_1\tag{3-4-17}$$

实际上，在单位标准压力和单位摩擦力之间，有更复杂的关系。

2.辗钢车轮轧制压力计算

辗钢车轮轧制工具多，变形体轮坯形状各异，其变形力相对普通轧制时轧辊受力复杂得多。马钢压轧一线卧式轧机主要变形工具为上下斜辊、南北压紧辊和主辊，上下斜辊与压紧辊组成变形区，完成扩径轧制和轮缘踏面。卧式轧机轧辊布置如图3-4-26所示。

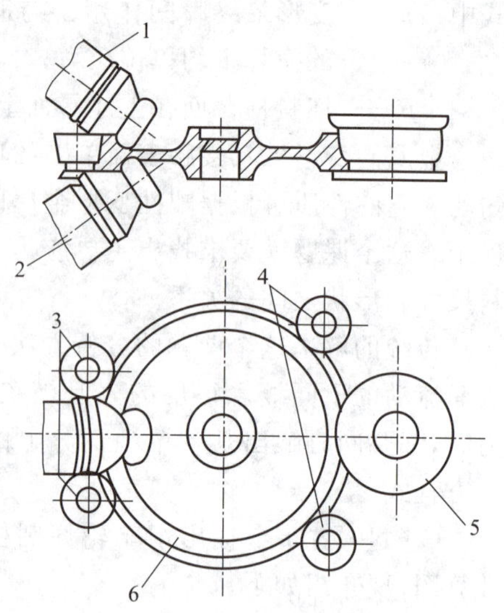

图3-4-26 马钢压轧一线卧式轧机轧辊布置图

1—上斜辊；2—下斜辊；3—压紧辊；4—抱辊；5—主辊

马钢压轧二、三线立式轧机结构是一致的，主要变形工具有主辊、左右辐板辊和左右斜辊，5个轧辊，上下定心辊和导向辊仅起稳定轧制作用。立式轧机工作如图3-4-27所示。

图3-4-27 马钢立式车轮轧机辗轧车轮图

立式轧机主辊、辐板辊及斜辊于同一截面构成孔形，如图3-4-28所示。

图3-4-29表示车轮扩径前和扩径后的变化关系。可以看出，成形坯与轧制坯尺寸变化主要有三个方面：辐板长度、辋厚和辋高。由于辐板长度增长了1，直接形成了车轮直径上的扩大；轮辋部分也发生了变化，辋高变矮($h_R<h_F$)，辋厚变窄($\delta<\Delta$)，整个轮辋部位的体积减小。但由于辋厚的减少(即Δ-δ)远小于辐板长度的增加(即1)，所以，车轮直径仍是增加的。

图3-4-30展示的是整体辗钢车轮轧制过程轮坯受力及金属流动方向。为了方便说明，此处将参与变形作用的主辊、辐板辊及斜辊放在了同一截面，虽然实际轧辊的布局是分散的，但因为它们在同一车轮圆周上促进变形，因此可以等同于在同一截面上构成孔型。可以看出，在由主辊、辐板辊和斜辊构成的孔型内，只有两个辐板辊之间留有空隙，此处空隙正好是车轮的辐板部位。开轧后，辐板辊和斜辊的位置是固定不动的，只有主辊在不断向前推进，在车轮径向挤压轮辋。在此情况下，轮辋部位的金属只有通过辐板辊之间的空隙流出，形成新的辐板。因此，在轧制过程中，轮辋部位逐渐减小，辐板逐渐增长，最终形成扩径。

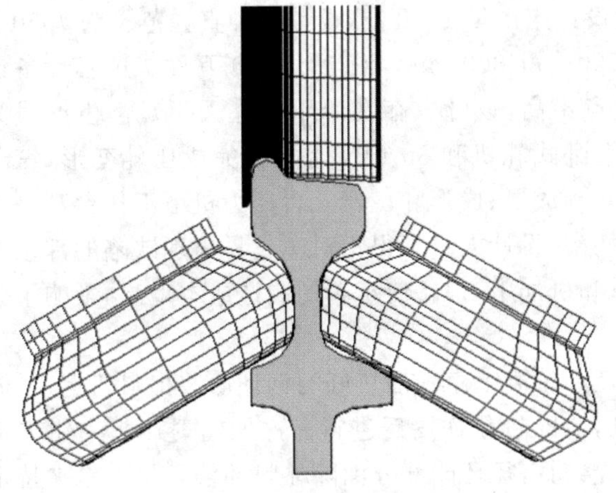

图 3-4-28 立式轧机轧制变形孔型图

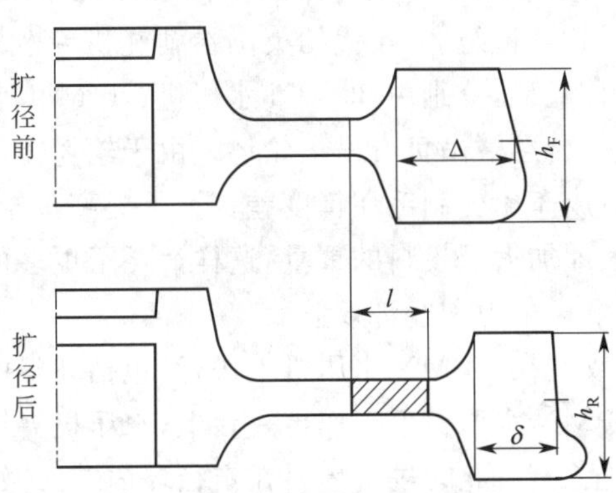

图 3-4-29 辗钢车轮轧制过程坯形变化示意图

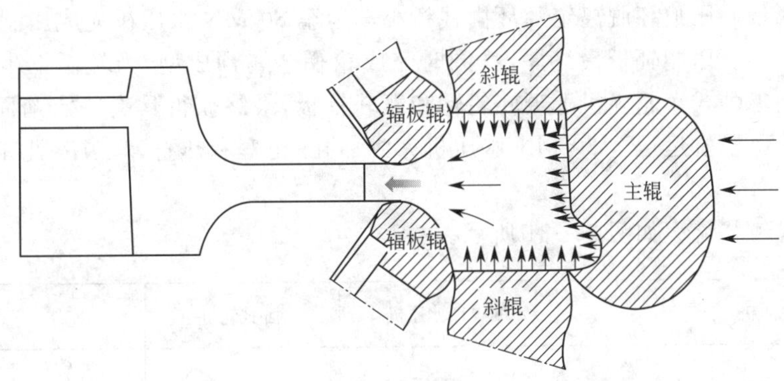

图 3-4-30 车轮辗轧变形过程受力示意图

综上所述，对于卧式、立式两种轧机，其辗轧变形有类似之处，即将变形区分为轮辋高向压下变形、内径扩径辐板压下变形、踏面轮缘变形。下面以轮辋变形说明变形力计算方法。

辗轧轮辋变形量小仅 3～5 mm，主要是建立稳定轧制状态需要。故轮辋高向压下变形类似于轧制中高件变形，可用连续介质力学变分法得出的式(3-4-18)来进行计算：

$$p/1.15\sigma_s=0.916\sqrt{H_c/l} \tag{3-4-18}$$

式中，p 为单位平均压力(N/mm²)；σ_s 为车轮钢单位变形抗力(MPa)；H_c 为车轮轮辋高度(mm)；l 为变形区接触弧长度，其计算公式为：

$$l=\sqrt{R\Delta h} \tag{3-4-19}$$

式中，R 为轧辊半径(mm)；Δh 为轮坯一次压下量(mm)。

为了精确计算 σ_s，还要考虑变形温度、变形程度和变形速度的影响，变形速度 U_m 按式(3-4-20)计算。

$$U_m=(v_B/l)\ln(H/h) \tag{3-4-20}$$

式中，h 为轧件轧后高度(mm)；H 为轧件轧前高度(mm)；l 为变形区接触弧长度(mm)；v_B 为轧辊与变形体接触部位置线速度(mm/s)，按式(3-4-21)计算。

$$v_B=\omega\times 2\pi R/60 \tag{3-4-21}$$

式中，ω 为轧辊转速(r/min)；R 为轧辊半径(mm)。

如以变形温度 1 050 ℃，变形速度 3～4 s^{-1}，变形程度 5%，查表得车轮钢的单位变形抗力为 60 MPa。则轧制力 P 按式(3-4-22)计算，单位为牛顿。

$$P=p\times s_1 \tag{3-4-22}$$

式中，p 为单位平均压力(N/mm²)；s_1 为辗轧变形区接触面积(mm²)。

第三节 我国辗钢车轮典型热成形工艺介绍

一、马钢车轮压轧一线工艺介绍

马钢车轮压轧一线是国内科技人员在 20 世纪 60 年代初的特殊时期，克服了重重困难自行设计制造的。

1964 年 7 月 29 日成功轧制了我国第一个车轮。该生产线设计年产量 17 万吨，设计品种直径范围为 ϕ650～ϕ1 050 mm。近几年，为了市场的需要，该范围已扩大到 ϕ500～ϕ1 300 mm，年产量达 40 万件。这套设备设计是参照 20 世纪 30 年代的英国泰勒轧机专利设计的，起点不高，设计上存在着不少先天不足。生产线为“四机组”成形，分别由 30 MN 水压机、80 MN 水压机、七辊卧式轧机和 30 MN 水压机完成压轧变形，三台栈桥及一台悬臂吊负责吊运轮坯。由于轮坯传递的原因，其预成形、成形和压弯三台压力机下工作台都是移动的，造成车轮轧制毛坯精度差。为了提高车轮生产的合格率，设计人员不得不对车轮易出现缺陷的部位增加余量，即加大了投料的重量，这样消耗了更多的加工工时和机加工刀具，使车轮的制造成本增高，影响了公司的市场竞争力和经济效益。

预成型在 30 MN 水压机上进行，包括坯料的镦粗、定径和压痕工序。加热好的钢坯由装出料机运送，放置在 30 MN 水压机下工作台一台上，水压机夹钳抱料放正，清除氧化铁皮后进行一次镦粗，接着，夹钳夹持定径环至一台，此时进行坯料在定径环内二次镦粗并定径，浮动定径环能部分消除坯料的偏心。夹钳夹持定径环(此时坯料在定径环内)放到下一个工作台，即升降台上进行压痕，预成型对坯料金属预分配，使轮毂轮辋获得相当比例的金属量。压痕坯脱离定径环由栈桥小车运至 80 MN 水压机完成压制成型工步，此工步获得轮毂的热成形最终尺寸及压制辐板最终厚度，同时完成轮辋金属预成型，为轧制工步作准备。经 80 MN 水压机成型的坯料在七辊卧式车轮轧机上辗轧轮辋和辗轧辐板，最终获得具有一定踏面和轮缘外形的直辐板粗制车轮。轧制轮坯由栈桥运送至 30 MN 水压机完成冲孔、压弯和热打印工序，此工步获得形位尺寸合理的车轮热坯。

马钢车轮压轧一线工艺流程如图 3-4-31 所示。

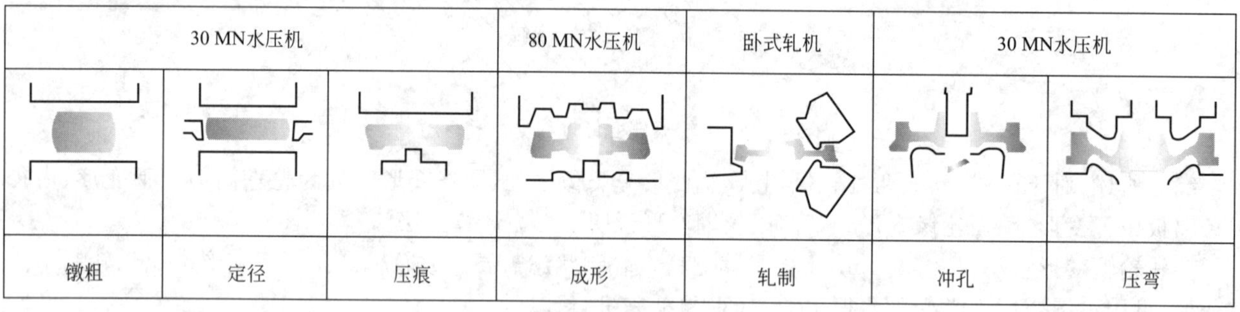

30 MN水压机			80 MN水压机	卧式轧机	30 MN水压机	
镦粗	定径	压痕	成形	轧制	冲孔	压弯

图 3-4-31 马钢车轮压轧一线工艺流程

二、马钢车轮压轧二线工艺介绍

为适应中国铁道事业迅猛发展，从 1999 年开始，马钢公司对车轮压轧区改造的方案进行了反复论证，在与国内外相关厂商多次技术和价格交流后，最终确定了易地改造的压轧二线“三机组”车轮成形方案。

压轧二线“三机组”方案是因为场地、投资等客观条件的限制。德国 SMS 公司承担了新轧线全套设备的设计，并制造了车轮轧机等关键设备，一重承担了水压机的制造。德方仅提供关键设备和成形工艺方案的框架。二线建成后，“三机组”车轮成形工艺的优化、模具设计、产能达标、产品成本的降低等存在一系列问题，没有得到有效解决。投产之初，模具成本较高，产品合格率低下。

马钢车轮公司将引进的“三机组”设备与马钢已有的“四机组”车轮一线成形技术相结合，利用有限元数值模拟技术和车轮热辗轧成形原理对“三机组”工艺方案中的金属变形规律进行系统研究。对模具进行了彻底的改造，解决了模具消耗过高和频繁失效的问题，通过工业试验，寻找合适的国产模具钢替代外方引进的 H13、H11 模具钢，既降低了成本，又能保证模具质量。在功能不变的情况下，拆分模具，使得模具制造简便，成本降低。改变外方的 90 MN 压力机工作模式，降低设备运行的负荷。研制的新上脱模方式，获得专利(专利号:200710019857)。优化“三机组”车轮成形工艺，研制了一套较“四机组”结构紧凑、工艺新颖的“三机组”生产辗钢车轮的系列(成套)技术。

马钢压轧二线“三机组”辗钢车轮生产线由 90 MN 油压机、1 250 立式车轮轧机和 50 MN 油压机组成，两台旋转式机械手和两台桥式机械手负责轮坯运送，一台高压水除磷机清除氧化铁皮，热打印在 50 MN 油压机模具上完成。

整个工艺流程由料机放置钢坯到受料台开始，液压推杆对中定位X点，1号机械手夹至高压水除磷机，除磷后1号机械手取出钢坯送至90 MN油压机一台，对中装置让轮坯对中后完成预成型工步，获得轮毂轮辋金属预分配的预成型坯。压力机上模台抬起，对中装置夹持预成型坯提升，工作台移动，至二台中心位置，上模压下得到成形坯，轮毂和压制辐板成形完毕。成形坯由2号机械手夹持送至车轮轧机，两个导向辊和两个对中辊将成形坯固定至轧制位置，同时主辊、两个斜辊和两个辐板辊动作接触压住成形坯，各主动辊启动开始轧制，其中主辊轧制踏面形状、斜辊保证辋高、辐板辊决定辐板形状，轧制过程中激光测量机对钢坯进行测量，到达设定值后轧制结束。轧制终点控制可采用三种方法：控制外径、控制内径、内外径同时控制。各轧辊均安装位置传感器，与激光测量机连锁由主机控制。轧制后得到直辐板的轧制坯，轧制辐板厚度达标，轮辋和轮缘尺寸理想。再由3号机械手送至50 MN油压机完成压弯和冲孔等工序，得到形位尺寸要求的热毛轮。4号机械手将车轮送至70 MN冷床。马钢车轮压轧二线工艺流程如图3-4-32所示。

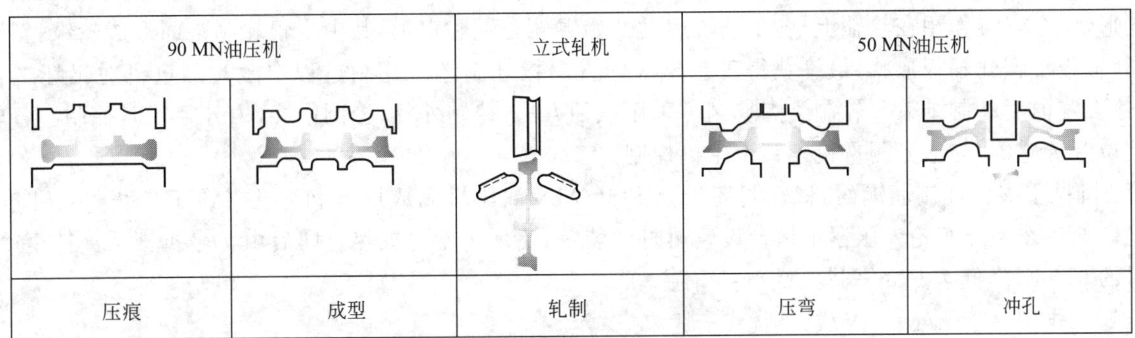

图 3-4-32 马钢车轮压轧二线工艺流程

相对于压轧一线，压轧二线热成形工艺变动主要有：

首先，预成形和成形工步进行了最大的变动，二线预成形工序为一步成形，取消了镦粗、压痕和定径工序，压力机没有定径环，只有成形工序，装备上大大简化，减少了一台压力机。

其次是轧制，二线采用立式车轮轧机，将一线卧式轧机的斜辊一分为二，变为斜辊和辐板辊，从而实现轧制平稳且不易出折叠；实现不等厚辐板的轧制；轧辊通用性增强，节约成本。

第三，轧机对尺寸的控制也由车轮一线凭操作工经验和手感改为二线激光测距控制，对车轮尺寸的控制达到了毫米级。

第四，压轧二线的50 MN压弯压力机采用了内侧面朝上的压弯方式，由于压力较大，可以实现全辐板压弯。

第五，三线压力机模锻中心控制采用X形导向滑板定位，相对于压轧一线圆立柱控制定位准确易于调整。

三、马钢车轮压轧三线工艺介绍

2006年马钢辗钢车轮压轧三线正式立项，该生产线除车轮轧机由德国SMS设计制造，其余设备立足国内制造，车轮热成形工艺由马钢自主研发。压轧三线车轮热成形在“四机组”上完成，分别为31.5 MN预成形油压机、63 MN成形油压机、915DRAW轧机和31.5 MN压弯油压机。相对已有的两条生产线，它具有“固定工作台”和“四机组热成形”的特点，代表了辗钢整体车轮热成形方式的发展趋势。加热至奥氏体变形区的车轮坯料由机械手送到除鳞机，高压水彻底清除氧化铁皮。除鳞后，3号机械手取出钢坯送至31.5 MN油压机定台，机械手定中心后，完成预成形，上模台抬起，上顶出装置顶下预成形坯。此工步形成接近成形坯的坯形，为下道工序提供合理的坯料。既要保证上下轮壳充满，又要金属外排充分，利于成形坯轮缘形成及外辋面充满，同时成形环接触面要有足够长度，便于机械手夹持。

马钢车轮压轧三线工艺流程如图3-4-33所示。

4号机械手夹持轮坯踏面，取出预成形坯，送至63 MN油压机定台。机械手定中心后，油压机压下完成轮坯成形工步，上模台抬起，上顶出装置顶出车轮，同时下顶起装置顶起成形坯。该工步形成车轮轮毂和压制辐板，提供合适的轮辋形状和足够的轮缘长度，为轧制做准备。

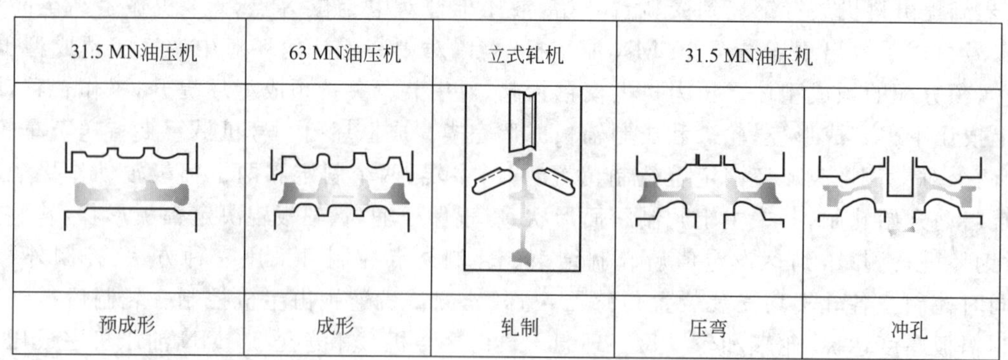

图 3-4-33 马钢车轮压轧三线工艺流程

5 号机械手取出成形坯，送至车轮轧机。两个导向辊和两个对中辊夹持成形坯，主辊和两个辐板辊组成变形孔形，两个斜辊作用在轮辋上，各主动辊启动开始辗轧轮辋和辐板，其中主辊轧制踏面形成轮缘，斜辊保证辋高，辐板辊辗轧辐板形状，最终获得工艺要求的直辐板轧制坯。轧制过程中激光测量机对钢坯进行测量，到达设定值后轧制结束。轧制终点控制可采用三种方法：控制外径、控制内径、内外径同时控制。各轧辊均安装位置传感器，与激光测量机连锁由主机控制。

6 号机械手夹持轧制坯辋面，将轧制坯送至 31.5 MN 油压机完成压弯和冲孔。该工步获得尺寸准确、形位达标的热态毛坯车轮。压弯下模台设置热打印装置，毛坯车轮完成热打印后由 7 号机械手夹持至冷床，由轧后的 950 ℃降低至 620 ℃进入缓冷坑等温。

压轧三线相对于压轧一、二线，其优点有：

(1)三线“四机组”分别完成预成形、成形、轧制和压弯工步，预成形由独立的 31.5 MN 油压机完成。压轧二线“三机组”的预成形和成形都在 90 MN 油压机上完成，两个工步共用上模台。相对于此，三线“四机组”给预成形工艺设计提供了空间，利于优化轮坯模锻时金属流动，获得理想的成形坯。

(2)压轧三线三台油压机均采用固定工作台，轮坯在车轮压轧三线四机组间由机械手传递，压力机上下模台中心精度±1 mm。固定工作台有利于模锻中心稳定，从而大大提高轮坯尺寸精度，投产后可以减少金属投料，降低机加工量，降低产品制造成本。20 世纪 60 年代投产的车轮压轧一线也是“四机组”成形，分别由 30 MN 水压机、80 MN 水压机、七辊卧式轧机和 30 MN 水压机完成压轧变形，三台栈桥及一台悬臂吊负责吊运轮坯。由于轮坯传递的原因，其预成形、成形和压弯三台压力机下工作台都是移动的，造成车轮轧制毛坯精度差。2003 年投产的压轧二线由于改造场地的原因，预成形和成形工步在一台压力机上完成，上模台共用，下台上两个模台移动工作。实际生产中压力机移动工作模台上下中心差通常在±3 mm，且较难调整。

(3)三线采用立式轧机完成车轮轧制，三线“四机组”车轮压轧工艺采用 915DRAW 九辊立式轧机，轧机形式同二线轧机。立式轧机由九个轧辊组成，左右辐板辊主动，其他轧辊被动。立轧可以实现轧制平稳且不易出折叠。相对于一线车轮压轧线七辊卧式轧机，将原先的斜轧辊一分为二，变为斜辊和辐板辊，轧机各轧辊功能单一，结构独立，易于调整，解决了轧辊通用的问题；实现了车轮辋板距的调整；可以轧制不等厚辐板；同时，模具更换变得方便。轧机对尺寸的控制也由车轮老线的凭操作工经验和手感改为激光测距控制，利于车轮尺寸控制。

四、太重钢轮生产线工艺介绍

第一道工序为坯料的镦粗及预成形，该工序在 60 MN 水压机上进行。加热好的钢坯由出料手从环形加热炉中夹出后，经除磷装置去除钢坯表面氧化皮，放置在 60 MN 水压机下镦粗板上，由液压对中装置将坯料对中后进行镦粗，坯料镦粗到合适高度后，进行预成形工序，该工序由分流马达及电液伺服微调系统控制其位置，防止坯料偏心。此工序后车轮轮毂基本成形，靠近轮毂的部分辐板也已成形；第二道工序是冲孔工序，该工序在 10 MN 水压机上进行，主要完成轮坯的冲孔；第三道工序为车轮的轧制工序，轧制在七辊卧式轧机上进行，该工序后车轮轮辋及踏面基本成形；第四道工序为压弯工序，该工序主要是辐板成形、轮辋整形、打印标记，该工序之后得到最终的热态车轮毛坯。流程图如图 3-4-34 所示。

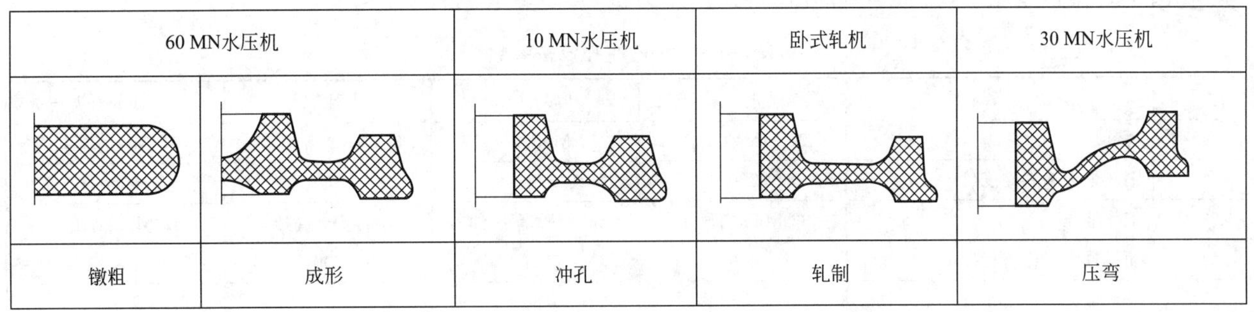

图 3-4-34　太重钢轮生产线工艺流程

第四节　辗钢车轮生产线典型设备参数及压力机工作原理

1. 辗钢车轮生产线典型设备参数

我国主要辗钢车轮生产线预成形设备采用压力机，主要参数见表 3-4-2。

表 3-4-2　预成形设备参数

序号	生产线	马钢 1 线	马钢 2 线	马钢 3 线	太重钢轮厂
1	公称压力	30 MN 水压机	90 MN 油压机	31.5 MN 油压机	60 MN 水压机
2	钢坯最大来料高度(mm)	1 100	1 200	800	900
3	工作液压	32 MPa 高压水	32 MPa 高压油	32 MPa 高压油	32 MPa 高压水
4	动梁最大工作行程(mm)	1 370	1 350	700	914
5	受料最大直径(mm)	450	450	380	450
6	压制周期(s/个)	37.5	35	33	30

我国主要辗钢车轮生产线成形设备采用压力机，主要参数见表 3-4-3。

表 3-4-3　成形设备参数

序号	生产线	马钢 1 线	马钢 2 线	马钢 3 线	太重钢轮厂
1	公称压力	80 MN 水压机	90 MN 油压机	63 MN 油压机	60 MN 水压机
2	钢坯最大来料高度(mm)	400	910	400	900
3	工作液压	32 MPa 高压水	32 MPa 高压油	32 MPa 高压油	32 MPa 高压水
4	动梁最大工作行程(mm)	550	1 350	550	914
5	受料最大直径(mm)	1 000	1 200	900	1 000
6	压制周期(s/个)	27	26	23	35

我国主要辗钢车轮生产线轧制设备参数见表 3-4-4。

表 3-4-4　轧制设备参数

序号	生产线	马钢 1 线	马钢 2 线	马钢 3 线	太重钢轮厂
1	轧机形式	卧式	立式	立式	卧式
2	型号		1 250 DRAW	915 DRAW	
3	轧辊个数(个)	7	9	9	7
4	轧制规格(mm)	ϕ500～ϕ1 300	ϕ725～ϕ1 300	ϕ700～ϕ950	ϕ630～ϕ1300
5	轧制周期(s/个)	28	34	36	33
6	主辊行程(mm)	1 200	1 200	1 000	889
7	扩径量(mm)	35～150	40～150	40～120	35～150
8	工作液压(MPa)	16	16	16	20
9	主辊最大轧制力(kN)	1 800	1 800	1 800	1 600

我国主要辗钢车轮生产线压弯冲孔设备采用压力机，主要参数见表 3-4-5。

表 3-4-5 压弯冲孔设备参数

序号	生产线	马钢 1 线	马钢 2 线	马钢 3 线	太重钢轮厂
1	公称压力	30 MN 水压机	50 MN 油压机	31.5 MN 油压机	30 MN 水压机
2	钢坯最大来料高度(mm)	360	1 000	360	300
3	工作液压	32 MPa 高压水	32 MPa 高压油	31.5 MPa 高压油	32 MPa 高压水
4	动梁最大工作行程(mm)	610	800	700	610
5	受料最大直径 (mm)	1 350	1 350	950	1 350
6	压制周期(s/个)	32	36	33	30

2. 辗钢车轮热成形压力机工作原理

(1)马钢压轧一线压力机工作原理

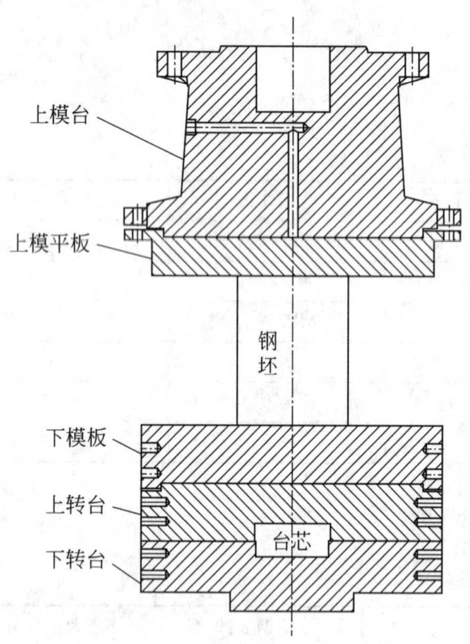

图 3-4-35 2 号 30 MN 水压机镦粗、定径

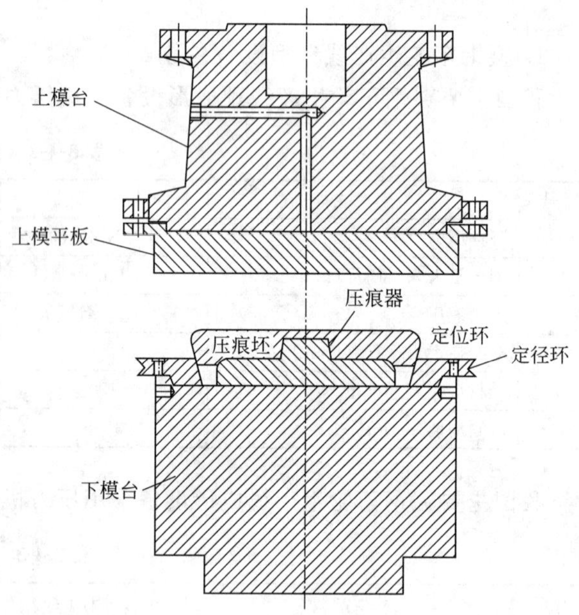

图 3-4-36 2 号 30 MN 水压机压痕

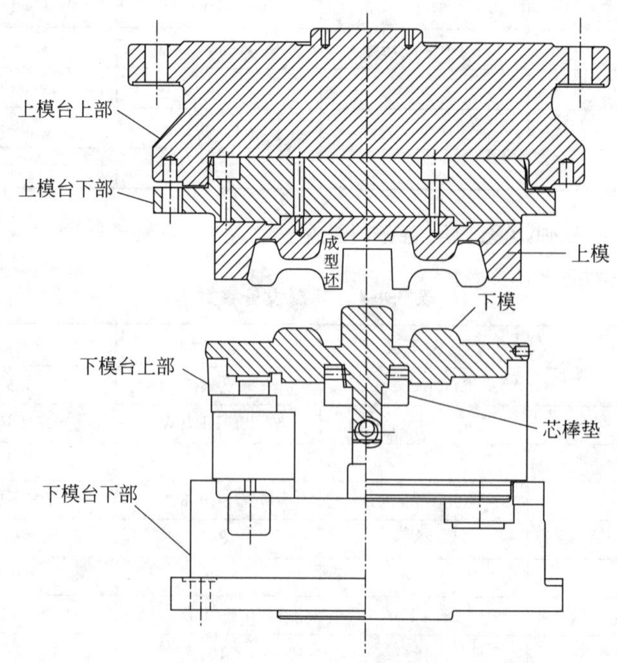

图 3-4-37 80 MN 水压机成形

(2)马钢压轧二线压力机工作原理

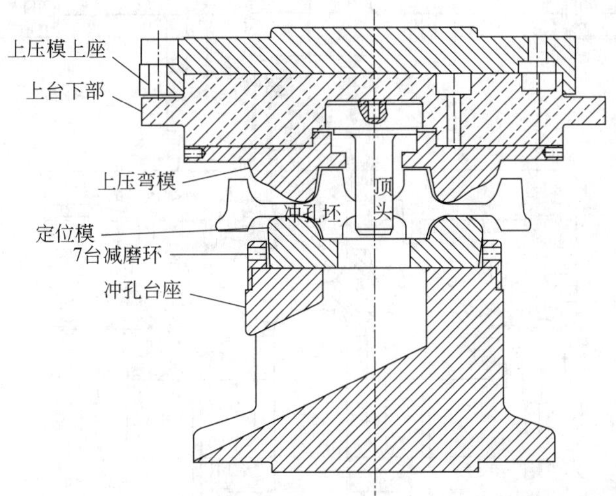

图 3-4-38 3 号 30 MN 水压机冲孔

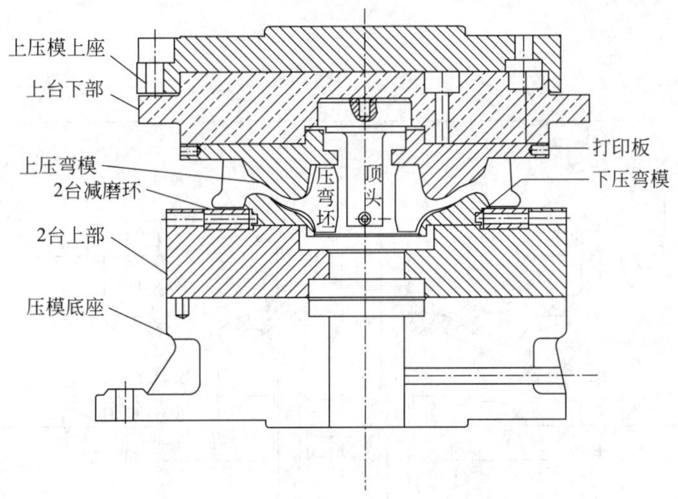

图 3-4-39 3 号 30 MN 水压机压弯

(3)马钢压轧三线压力机工作原理

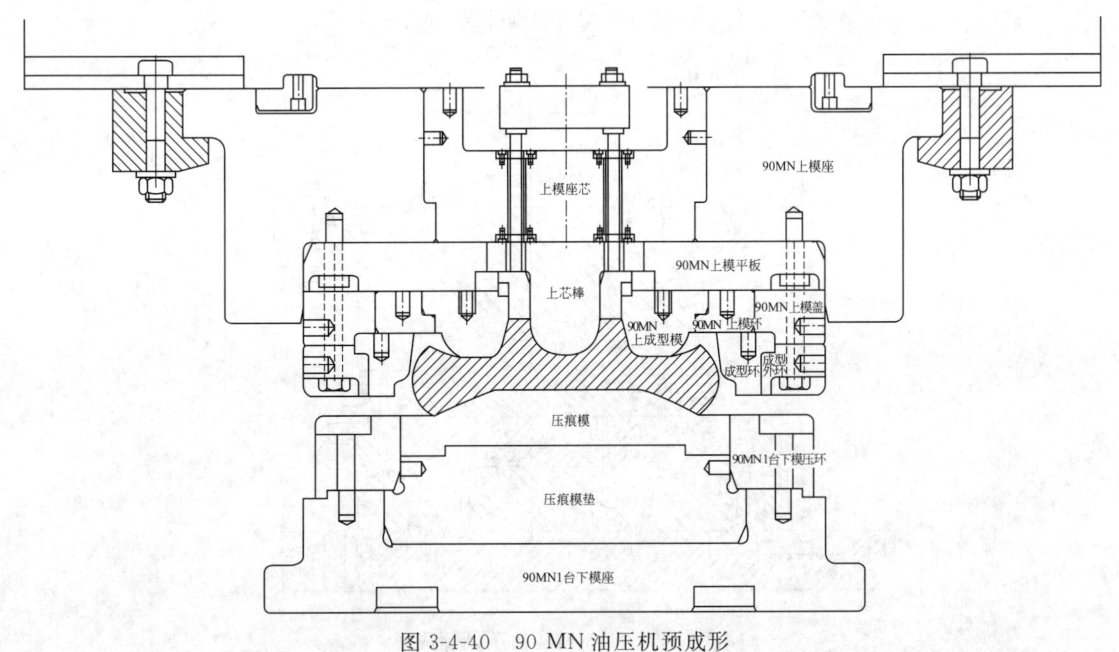

图 3-4-40 90 MN 油压机预成形

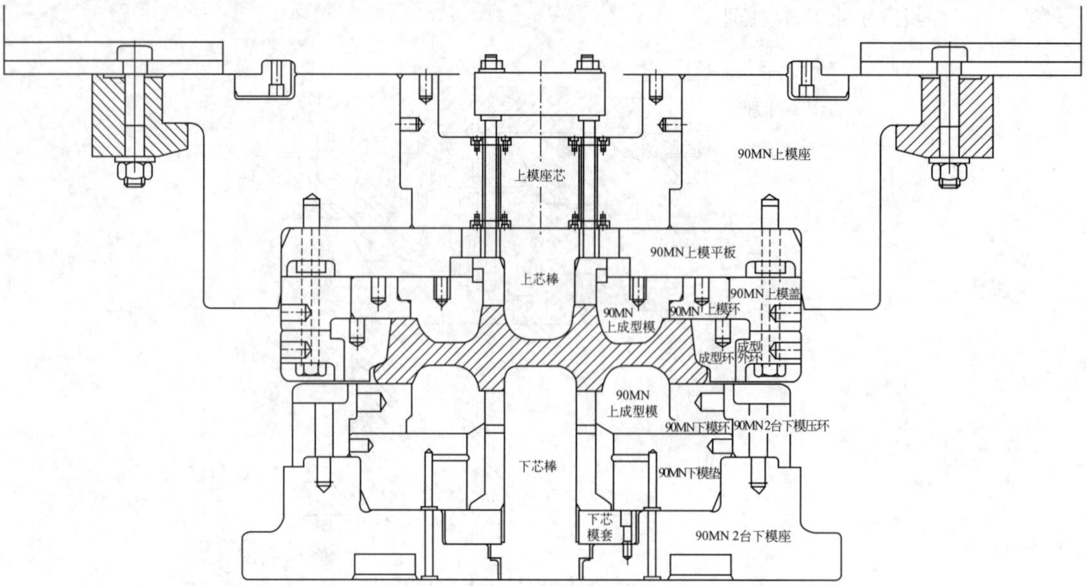

图 3-4-41　90 MN 油压机成形

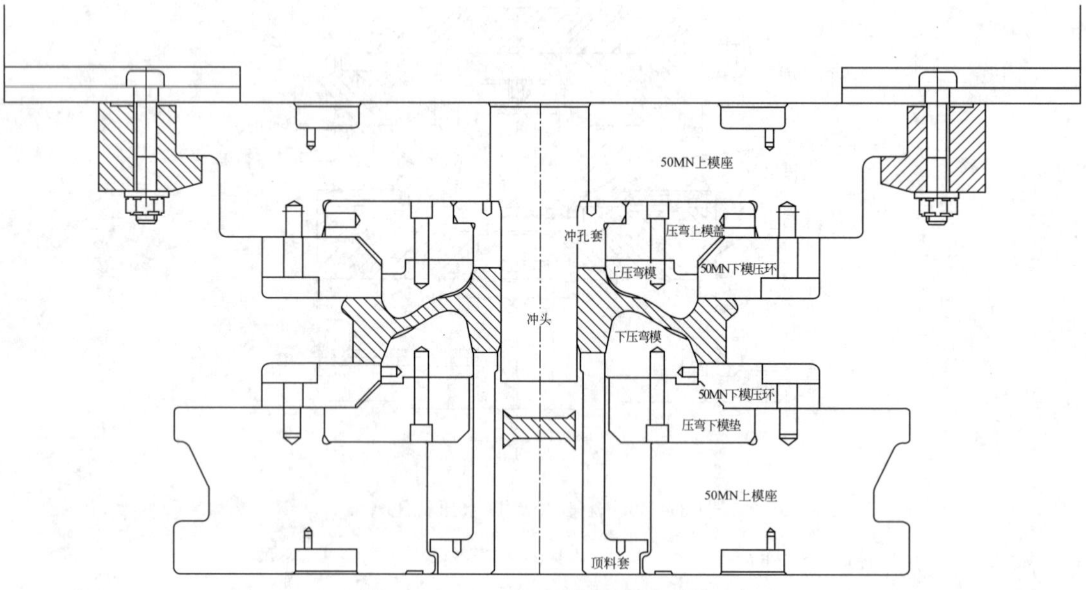

图 3-4-42　50 MN 油压机压弯冲孔

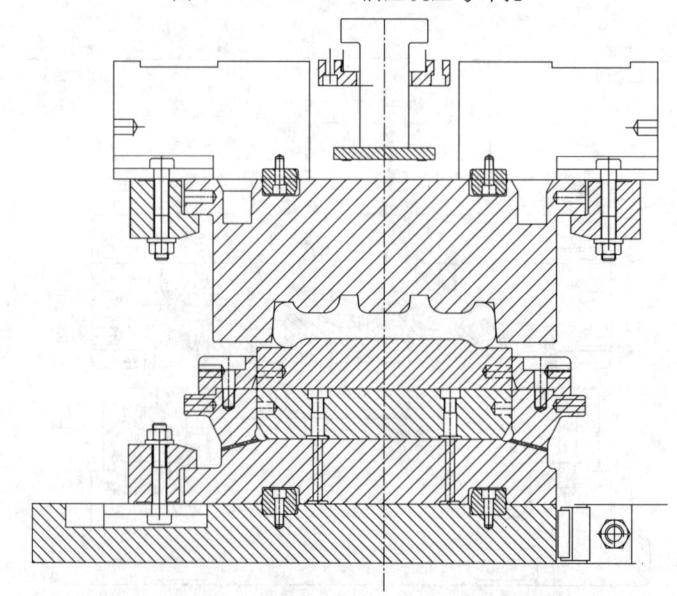

图 3-4-43　31.5 MN 油压机预成形

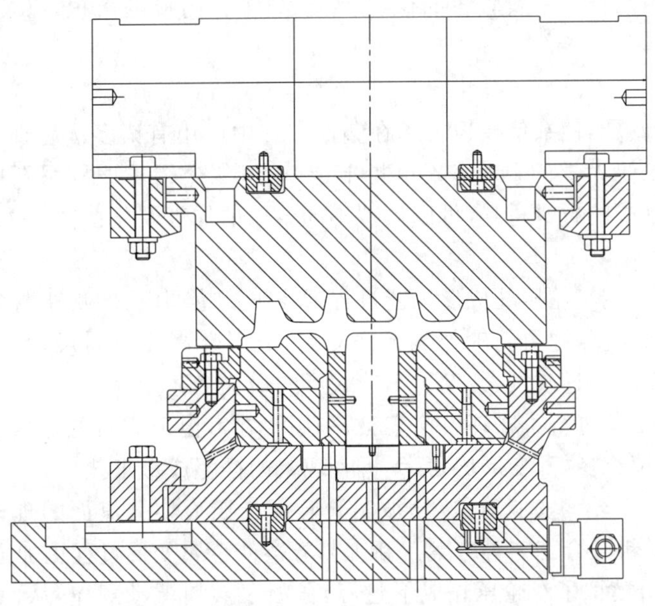

图 3-4-44　63 MN 油压机成形

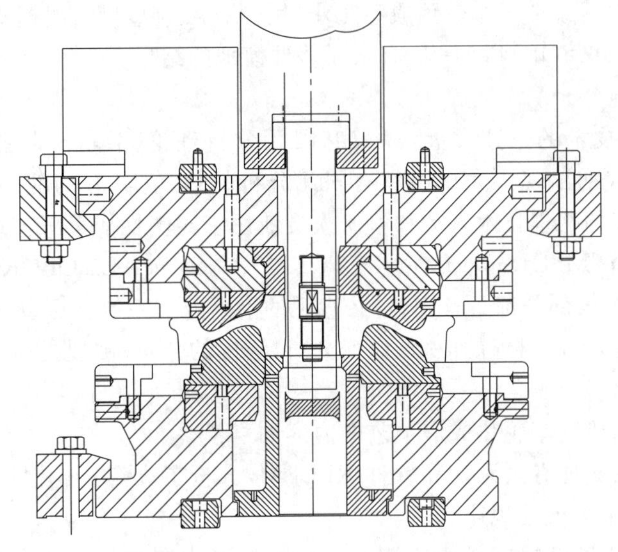

图 3-4-45　31.5 MN 油压机压弯冲孔

第五节　辗钢车轮热成形工艺研究综述

人们对整体辗钢车轮热成形工艺研究方法主要有生产经验法、物理模拟法、数值模拟法等三种。

1. 生产经验法

在科研手段较落后的情况下，车轮生产者凭借生产经验，对车轮成形工艺做了大量研究改进，研究内容如下：

通过对车轮生产每一工序后的轮坯进行剖析，找出了车轮偏心的原因，提出了要克服偏心，就要控制加热条件，增加高压水冲洗氧化铁皮能力，改进水压机工作台结构，以及改进 30 MN 水压机的压痕器。

通过生产实践，发现采用校偏压弯模纠正 ϕ915KKD 规格车轮的偏心问题很有成效。由于压痕是车轮生产中的重要工步，压痕量的大小决定流向轮毂和部分辐板的金属量。对压痕工艺实践摸索，章国胜得出压痕时定径环内孔合理斜度为 $\alpha=15°\sim18°$时，比较容易满足金属排出比(金属排出比＝压痕排出金属量/定径环包容金属量)为 15%～40%的坯料压痕的需要，从而轧制时不易形成踏面折叠。

对太重钢轮厂七辊卧式车轮轧机调整参数进行了分析计算，确定了斜辊、车轮与主辊间的速度关系与斜辊中锥锻处的截面曲线方程，计算了斜辊各部位、压紧辊与车轮的接触面积，以及斜辊各段的水平、垂直分力。

2. 物理模拟法

尽管计算机科学飞速发展，使数值模拟技术在塑性加工中应用有诸多优越性，但迄今为止，它尚不可能完全取代物理模拟，丹麦工业大学的 N. BAY 也指出这一点，他介绍了该校用石蜡进行的塑性加工物理模拟，采用不同成分添加剂制成的石蜡材料，可以模拟不同金属的加工硬化特性。物理模拟应用于车轮成形工艺的内容如下：

利用铅和塑泥模拟了马钢车轮压轧成形工艺过程。找出了轮辋内、外侧外端充不满的原因，即成形环斜度大，且与压痕坯斜度方向相反，导致轮辋外侧无法充满；成形环高度方向尺寸偏小，使金属易于沿径向流动，轮辋内侧外端无法充满。通过改进，开发了车轮成形的最佳工艺流程。

对火车车轮辗轧成形工艺进行了物理模拟实验，采用铅在室温下进行热辗成形。通过对金属流动的分析，得出了金属流动合理、填充良好、变形均匀、无折叠现象的摆辗成形工艺。

用塑泥材料，以 ϕ915C 车轮为实验对象，模拟实验验证了压痕坯分流面的理论计算结果。从而制定出镦粗定径联合工艺、压痕镦粗联合工艺等方案。新工艺方案使金属变形过程更加合理，具有许多优点。

D. GUY 等用蜡泥塑料模拟了车轮压轧成形过程，分析了金属流动规律，从而改进了锻压模具，克服了车轮边部缺陷，并成功地应用于现场。

B. C. Miller 等用蜡泥塑料模拟了车轮预成型工步，用带彩层的塑料蜡泥模拟了锻压过程中金属的流动规律。同时，还验证了其用 DEFORMTM-2D 有限元软件模拟的结果。

3. 数值模拟法

随着计算机硬件、软件技术的飞速发展，以及有限元分析理论、数值分析技术和计算机技术的进步，20 世纪 60 年代末至 70 年代初出现了大型通用有限元分析软件，它具有功能强大、使用方便、计算结果可靠、效率高等特点，越来越多的工程技术人员和科研人员使用它对塑性成形工艺过程进行研究。著名的大型通用商业有限元分析软件有：MSC/Superform、DEFORM、ANSYS、AUTOFORM、COSMOS、ABAQUAS、NASTRAN 等。这些软件绝大部分都具有完整的、直观的前后处理系统。可以直观地在计算机屏幕上观察材料变形和流动的详细过程，了解材料的应力、应变分布，温度的分布，破裂、折叠等形成过程，以及成形后的残余应力分布。

用有限元数值模拟技术研究车轮热成形工艺的内容如下：

开发了二维非稳态刚粘塑性有限元计算软件 RPEEM，分析了火车车轮锻造中预锻和终锻两个工步的成形过程，研究了车轮成形金属流动规律。

B. C. Miller 等用 DEFORMTM^{-2D}商业有限元软件模拟了火车车轮压轧变形过程，并将模拟结果与物理模拟进行了比较。对热加工过程的温度场进行了模拟，利用 Cockcroft&Catham 断裂理论进行了穿孔模拟，发现高温度梯度冷却模具对金属流动产生很大影响，综合各种因素预测了表面折叠缺陷。

借助商业有限元软件 MARC/Superform 对整体辗钢车轮热成形各工步进行了弹塑性有限元热力耦合数值模拟。研究内容包括车轮预成型和成型过程金属流动规律、应力场、应变场、温度场以及轮坯压缩比的获得，定量分析了摩擦因素和压痕定尺对车轮预成型过程的影响。

K. Davey 等综合分析了有限元数值模拟在火车车轮成形中的应用问题，认为目前对车轮轧制问题进行数值模拟还存在较大困难，这是由于数值模拟计算量大和有限元网格再生的原因。

总之，通过对车轮成形工艺的研究，优化了车轮压轧工艺参数，改善了车轮成形金属流动状况，改进了车轮的性能，提高了车轮表面质量和尺寸精度。

第五章
辗钢车轮的热处理工艺与设备

货车车辆的最重要的工作条件之一就是车轮能够更长时间地使用,减少车轮的磨损和各类失效,延长车轮的使用寿命。这样可以有效地提高车辆的使用效率,降低使用费用。为达到此目的,近些年我国开展了大量旨在提高车轮内在质量的研究与实践。

提高车轮的寿命有两种途径:

(1)选择车轮钢的化学成分,使之具有较高的硬度;

(2)对车轮的整个轮辋踏面进行有效热处理。

一般车轮轧后对温度变化的控制,都可以视为车轮的热处理过程。这个过程一般分为两个部分:轧后的冷却控制,车轮的热处理(淬火-回火)过程。通过这两个工艺的不同组合,形成了车轮历史上的不同的热处理进程。

目前采用最多的是轧后缓冷(等温)+轮辋的调质处理。国内的四条生产线和国外的主要生产线均采用这样的工艺。这种从战后发展起来的车轮热处理工艺,在各家工厂都有不同的工艺和设备进行保证,并且形成了各自的技术特点和技术诀窍。不仅是车轮研究最活跃的部分,也是取得车轮生产专利或技术秘密最多的工艺。

第一节　钢铁材料热处理基本原理

一、相的概念

所谓"相"是指固态合金中,各组成元素的原子在合金中相互作用的结果而形成的具有一定化学成分,一定晶格结构,并有界面分开的某种组成物。不同的相,由于化学成分和晶格结构不同,因此具有不同的性能。

在铁碳合金中,铁与碳的相互作用,能够形成属于固溶体类型的铁素体 F 相和奥氏体 γ 相,也能形成属于金属化合物类型的渗碳体 Fe_3C 相。铁素体、奥氏体和渗碳体都是构成铁碳合金的相。虽然铁素体和奥氏体都是固溶体,但他们的结构和成分各不相同,因此是两个不同的相。铁的同素异构转变 $\gamma\text{-Fe} \longleftrightarrow \alpha\text{-Fe}$ 又叫固态相变,临界点亦可称为相变温度或相变点。

铁素体和奥氏体是钢铁材料的两个基本组成体,由于它们各自不同的特点,虽然都是间隙固溶体,但铁素体是体心立方晶格结构,而奥氏体是面心立方晶格结构,铁素体是较低温度下的组织形式,奥氏体是高温下的组织形式。它们二者强度都很低,塑性都很好。铁素体有磁性,奥氏体没有磁性。铁素体有低温脆性,而奥氏体没有。最主要的是它们的溶碳能力不同。铁素体的溶碳能力比奥氏体小。

二、铁碳组织

铁碳合金组织可分为宏观组织和显微组织。宏观组织是指直接用肉眼或低倍放大镜观察到的金属材料断口形式、晶粒大小及各种宏观缺陷(缩孔、夹杂、白点、裂纹等)。

显微组织是指借用显微镜(50~2 000 倍)所观察到的材料内部的构造,也就是显微组织。

合金的组织是各种相以不同的数量和形式构成的,构成铁碳合金的组织除了铁素体、渗碳体和奥氏体这些单项组成体外,还有　种重要的组成体,叫做珠光体。珠光体是铁素体和渗碳体两相在一定条件下,片层相间的机械混合物。由于珠光体本身包含了铁素体和渗碳体两相,因此它不像铁素体、渗碳体及奥氏体那样的单相组成体。

三、铁碳合金相图

工业生产上用的钢铁材料，主要是铁和碳的合金。碳的含量是影响组织性能的一个重要因素。另外，加热温度和冷却速度也决定了钢的组织和性能。

铁碳合金状态图中有两个坐标轴。纵坐标表示温度。自下而上表示温度升高。横坐标表示合金含碳量，自左向右表示含碳量增加。图上每一点表示某一定含碳量的合金在该温度下所处的状态。如图 3-5-1 所示。

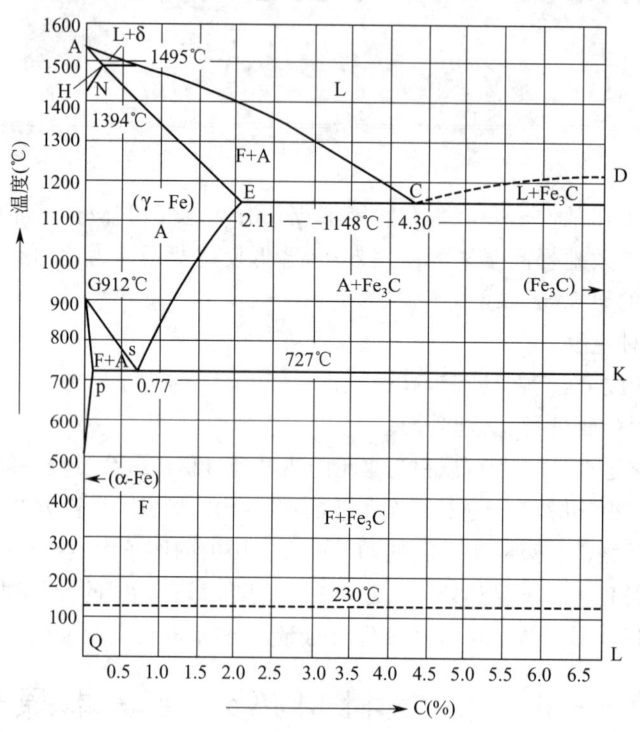

图 3-5-1 铁碳合金状态图

1. 碳钢在常温下的组织

(1)含碳量为 0.77%的钢，其室温组织是由单一的珠光体组成，称为共析钢。

(2)含碳量低于 0.77%的钢，其室温组织是由铁素体＋珠光体，称为亚共析钢。

(3)含碳量高于 0.77%的钢，其室温组织是由珠光体＋渗碳体所组成，称为过共析钢。

2. 临界点及符号

钢在加热或冷却过程中，其内部组织发生的转变的温度叫做临界温度或称临界点。在铁碳平衡状态图中临界点有 A_1(PSK) 线，A_3(GS)线，A_{cm}(ES)线。

A_1—PSK 线在状态图上是一条水平线，温度是 727 ℃。它表示含碳量自 0.0218%至 6.67%的铁碳合金在冷却时都要通过 PSK 线发生共析转变，奥氏体＋铁素体＋渗碳体。这种转变得到的产物是机械混合物珠光体，也叫共析体。

A_3—GS 线，纯铁在加热到 912 ℃时发生同素异构转变，即由 α-Fe 变成 γ-Fe。但 γ-Fe 中渗入碳形成奥氏体后转变情况就和纯 γ-Fe 不同了。一是奥氏体转变温度要降低，奥氏体含碳量越高，则转变温度逾低。GS 线就是表示奥氏体的含碳量对其同素异构转变温度的影响线；二是，奥氏体中溶碳以后，不仅转变温度会降低，而且会使转变在一个温度范围内形成(纯铁是在恒定 912 ℃下转变完毕)。GS 线实际上是不同含碳量的合金在冷却时奥氏体开始转变为铁素体临界点的连线，常以 A_3 表示。

A_{cm}—ES 线是碳在奥氏体中的饱和溶解度曲线，又叫 A_{cm} 线。E 点表示碳在奥氏体中的极限溶解量，比值相当于 2.11%碳(1 147 ℃)，当温度降低时，碳在奥氏体的饱和溶解度沿 ES 线变化，温度降到 727 ℃的 S 点时，此时奥氏体中的含碳量为 0.77%。因此含碳量大于 0.77%的铁碳合金，当冷却到 ES 线(A_{cm})相交温度时，将由奥氏体中析出渗碳体，析出渗碳体后的奥氏体其含碳量逐步沿着 ES 线降低，温度降到 727 ℃，含碳量降到 0.77%。为了区别从液体中直接结晶出来的一次渗碳体,故称其为二次渗碳体,这种渗碳体往往分布在原奥氏体晶界上形成网状。

根据铁碳合金状态图可以看出,不同成分的铁碳合金在不同温度下,有不同的组织状态。因此,铁碳合金状态图可以作为我们制定碳钢热处理工艺的参考依据。

四、奥氏体的冷却转变

钢加热到奥氏体状态,用不同的介质冷却,奥氏体在不同的过冷度下转变的产物在组织和性能上有很大差别。这种现象不能用铁碳合金状态图来解释。为了揭示在这些冷却条件下过冷奥氏体转变的规律。

最初的方法是将奥氏体过冷到低于 A_1 的不同温度,在等温状态下观察转变产物、转变量与等温时间的关系(即进行过冷奥氏体等温转变的研究),得到过冷奥氏体等温转变的曲线(简称 C 曲线)如图 3-5-2 所示。

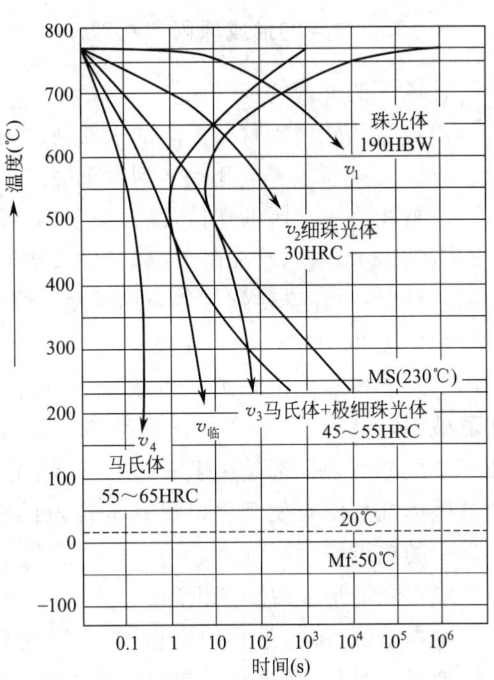

图 3-5-2 亚共析钢 C 曲线图

1. C 曲线的理解

C 曲线纵轴表示等温温度,横轴表示冷却时间。

过冷奥氏体在不同温度的等温分解时都有一个孕育期。孕育期随等温温度的改变而改变。在曲线的“鼻尖”上部温度范围,孕育期随温度升高而延长,在“鼻尖”下部温度范围,孕育期随温度下降而延长。

2. C 曲线的区域划分

根据等温转变后的最终组织不一样,可以将 C 曲线划分为珠光体相变、贝氏体相变和马氏体相变三个区域。

珠光体转变区域:

从 A_1 至 550 ℃温度范围内,奥氏体等温分解为片状铁素体和片状渗碳体的机械混合物,称为片状组织。等温转变温度逾低,形成的铁素体和渗碳体就越细,按片层的粗细分别称为珠光体、索氏体和屈氏体。

珠光体、索氏体和屈氏体都是铁素体和渗碳体的机械混合物,差别仅在于片层粗细不同,并没有本质差异,片层越细,硬度越高,这三种组织统称为珠光体型组织。

贝氏体转变区域:

从 C 曲线鼻子相应的温度至马氏体点的温度范围内,过冷奥氏体发生贝氏体转变。贝氏体过饱和碳的铁素体和渗碳体非片层状的混合物,其形态和、性能以及形成过程都和珠光体不同。按形态不同,将贝氏体分为上贝氏体和下贝氏体。

马氏体转变区域:

在马氏体转变开始点 M_s 与马氏体转变终了点 M_f 之间发生马氏体转变。马氏体实质上是过饱和碳的 α-Fe 固溶体。

马氏体转变是在一定范围内进行的,随着温度的不断降低,马氏体量逐渐增加,但是即使冷到马氏体转变终了温度,也不是所有奥氏体全部转变成马氏体,总有一部分奥氏体保留在钢中,这部分奥氏体称为残余奥氏体。

但实际生产时,大部分的冷却方式都为连续冷却,车轮淬火也是采用连续水冷的工艺。它与等温转变的不同在于奥氏体是在低于 A_1 某一个温度范围内完成其组织的转变过程。但由于连续冷却转变曲线的测定比较困难,所以在生产实践中常把代表连续冷却的冷却速度线(如 v_1、v_2、v_3)画在 C 曲线上,根据它与 C 曲线相交的位置,便可估计得到的组织和性能。

第二节 车轮轧后冷却原理

车轮轧后一般需要缓冷或均匀化处理过程,其目的就是在于预防白点的出现,消除部分轧制应力,为车轮的最终热处理创造条件。因此,车轮轧后冷却研究的目的就是任何最有效地去除钢中的气体,降低白点产生的可能性。

一、车轮白点的形成原因和机理

1.白点的外观特征

白点是热轧后钢材最危险的内部缺陷，在调质热处理后的纵向断面上呈圆形、椭圆形银白色斑点，故得名白点。其直径在零点几毫米到数十毫米之间。如图3-5-3所示。

白点相当于尖锐的切口，既破坏了钢材的连续性，又造成严重的应力集中，从而降低钢的强度，特别是大大降低钢的韧塑性，白点还会使钢在热处理时发生淬火开裂，或在使用过程中发生突发性的严重破坏性事故。1910—1916年美国铁路发生多次钢轨破断事故，第一次世界大战时不少武器破损，1953—1956年美国发生的多起大型火力发电站毁坏事故原因之一都是由于零件中产生了白点引起的。因此各国标准规定对发现并已确认为白点的钢材必须报废。钢材中的白点必须杜绝。

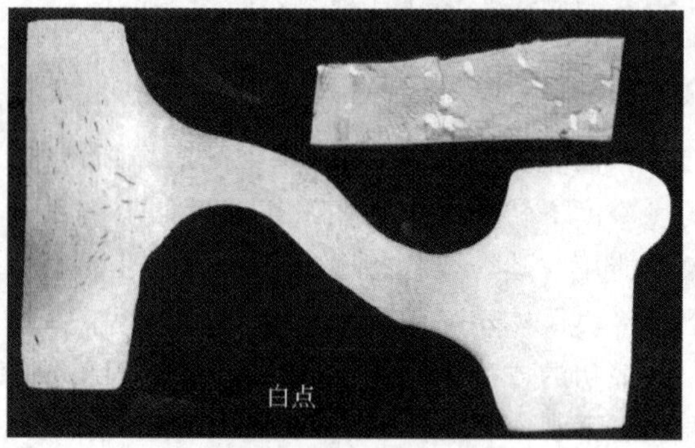

图3-5-3 车轮白点形貌

2.白点的形成原因及机理

钢在冶炼、浇铸过程中，氢通过不同途径进入钢液中，在钢液凝固过程中，这些过饱和固溶在钢液中的氢，来不及逸出钢锭表面，部分的氢合成氢气扩散到钢锭的微小间隙中，当钢锭被热轧时微小间隙被压缩。氢被部分重新固溶到奥氏体中，轧后的轧件在随后的冷却过程中由奥氏体转变为铁素体和珠光体，氢在珠光体中的溶解度急剧下降。这时如果冷却速度较慢，使氢有足够的时间向外扩散和均匀化，就不致产生白点；如果冷却速度很快，则大部分氢以原子或离子形式过饱和的保留在固溶体中，当温度降低到150～200 ℃以下时，过饱和的氢就会向附近的微间隙扩散并聚集成氢分子，聚集到一定程度的氢分子会产生巨大的压力，这种压力和钢的热应力、组织应力相结合超过金属的抗拉强度时就会使金属发生脆性断裂，从而形成白点脆断。

影响白点形成的因素主要有：

(1)氢：一般认为氢含量对白点形成有着主要影响。对于高硫钢(S＞0.02%)和高氧(氧化物)钢，当氢含量低于$(1.5 \sim 2.0) \times 10^{-6}$时，钢中很少看到有氢致白点。随着氢含量提高，白点的数量和大小也增大。

(2)锻件尺寸(应力)：锻件尺寸一般说来，随着锻件横断面尺寸放大，产生白点的倾向也增大。这是因为凝固过程中氢不易扩散逸出，更可能形成偏析而且热应力可能更大。

(3)奥氏体转变：在200 ℃以上未观察到白点产生。任何被允许在200 ℃以下转变的奥氏体通常使白点产生几率增加，因为氢在奥氏体中的溶解度比在铁素体中大，导致局部氢含量增加。当这种富氢的奥氏体转变成一种韧性差的相变产物(如未回火马氏体)时，产生白点的危险性显著地增大。

(4)强化元素：任何使钢强化及降低塑性的元素都能增加白点形成敏感性。

(5)偏析：氢偏析、钢材合金元素、夹杂物的偏析都会促进钢中白点的产生。

二、国内外车轮厂轧后防白点的措施

1.太原重机集团钢轮公司(太重)：轧后落垛在台车炉内进行等温处理，处理制度为600 ℃×4 h。

2.大同爱碧玺铸造有限公司(大同)：铸造成形后置于钢桶中缓冷，缓冷时间大于12 h。

3.信阳同合铸钢有限公司(同合)：铸造成形后置于钢桶中缓冷，缓冷时间大于12 h。

4.法国：轧后进入无热源的隧道炉缓冷，隧道炉同时成为车轮向下道工序流动的通道。

5.德国：轧后车轮直接落地空冷。

6.日本：早期采用轧后进入悬挂式隧道炉中缓冷，通过炉顶顶盖的开、闭控制炉内温度，炉内温度不超过550 ℃；20世纪80年代后期采用台车炉缓冷。

7.美国：辗钢车轮厂轧后：①落垛后码放在料场，加铁罩进行缓冷；②落垛后放入缓冷坑内(不加热)，加盖进行缓冷。

8.俄罗斯和乌克兰：轧后落垛在井式炉内进行等温处理，处理制度为600 ℃×4 h。

三、国内对车轮轧后防白点工艺研究

车轮作为大型锻件，对轧后防止白点的产生工艺是一个持续的研究过程。1978 年以前，经过反反复复得研究，确定了采用轧后落垛→630 ℃等温处理 4.5 h 的工艺。1978 年后等温时间改为 3.5 h。1996 年以前，这一工艺可靠性很高。随着炼钢技术的发展和节能减排的要求，也是为了更为有效地提高车轮的内在质量，2002 年以来，国内陆续开展了车轮钢中氢行为理论和试验研究，以及有效轧后控制冷却工艺的研究，得到了一些结论，提高了我国对钢中氢行为的认识水平。

关于车轮钢中氢行为的研究理论和试验过程复杂，理论抽象，超出了本书的范围，因此我们只对得出的主要结论介绍如下：

1. 700～400 ℃之间，氢扩散能力相差不到 1 倍（$1.38\times10^{-4}/2.34\times10^{-4}$ cm^2/s），溶解度却相差 5 倍

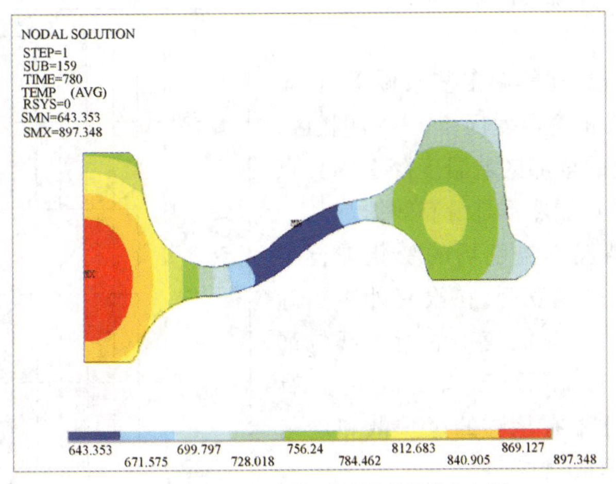

(a) 轧后进入等温炉前温度分布图

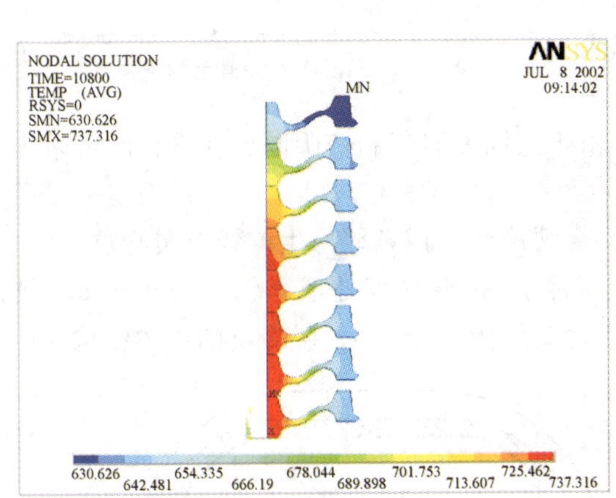

(b) 等温 3 h温度分布

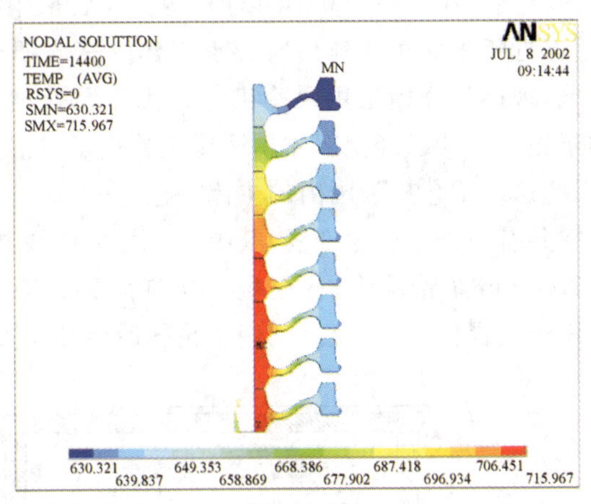

(c) 等温 4 h温度分布

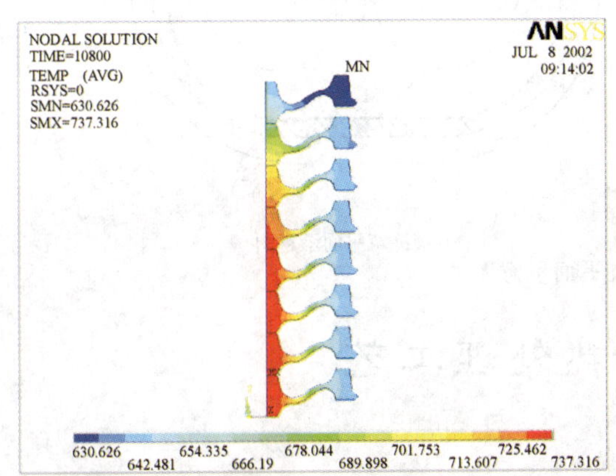

(d) 等温 5 h温度分布

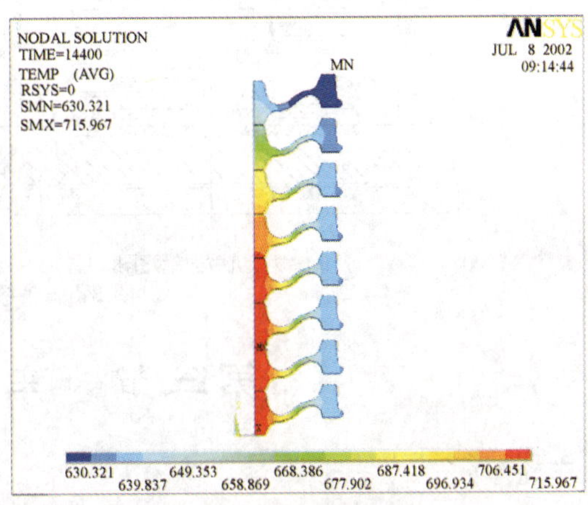

(e) 等温 6 h温度分布

图 3-5-4　车轮等温温度分布

(1.665×10⁻⁶/0.315×10⁻⁶),可见,在很大的温度区间,氢具有很强的扩散能力,而从溶解度与扩散系数的配合情况看,600 ℃以下应该更好,因为过饱和氢量增加,使参与扩散的氢量增加。

2.在低温范围(<300 ℃),过饱和氢的再分布受氢陷阱(即缺陷)控制。如氢陷阱数量显著减少(如高洁净度钢),在某些强的不可逆陷阱(如微孔隙)中聚积的氢量就会显著增多,在氢偏析区,聚积程度更大。

3.不管采用何种防白点处理工艺,要想把大量的氢从钢中排入大气都是非常困难的,也是不现实的,因此,防白点工艺的主要作用是促进氢的均匀化分布,使氢在低温时的再分布不致产生严重的局部聚积。对于高洁净度钢,由于能分配氢的陷阱数量减少,防止氢偏析就更为重要。

4.防白点处理有效与否,关键要看在给定工艺条件下氢行为是否合理。α、γ相并存的情况必须避免。

采用有限元分析方法对我国的货车车轮,在传统的等温工艺和缓冷工艺的去氢时间准数进行研究对比。在等温工艺下(600 ℃左右保温)计算得到温度场变化如图 3-5-4 所示。

从温度场的变化中可以看出,在等温工艺条件下,货车车轮内经过 3~5 h 后,轮毂内部最高温度仍在α+γ两相区;等温 6 h 后,才能保证货车车轮的全部区域温度降至临界点以下。因此,等温工艺对消除白点显然不是最有效的。

对国外的轧后直接缓冷情况下温度场的变化进行了同样的研究,结果见图 3-5-5。研究发现,在没有外来热源和有效地保护下,车轮在轧后 2 h 就能使得的所有部位都降低到临界点以下,而轧后 12 h 后,所有部位仍然有 250 ℃以上的温度,这样就保证了有足够的氢扩散和均匀化的时间,来保证车轮中不会形成白点。

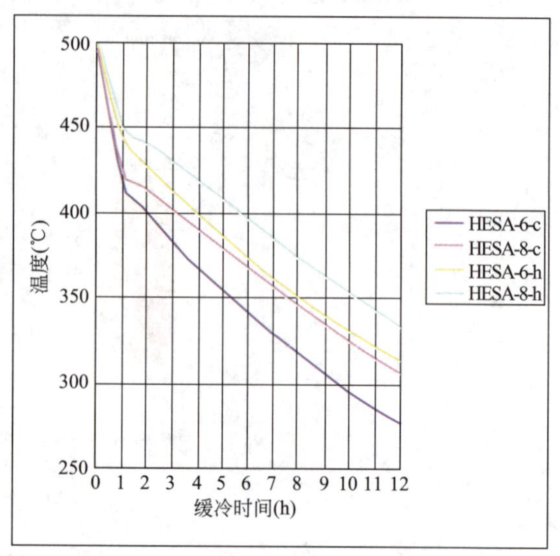

图 3-5-5 HESA 车轮轧后缓冷温度分布图

国内辗钢车轮厂在 2008 年以前,均在轧后采用等温处理,但随着近年来对车轮轧后防白点工作的深入研究和大量的实践,现逐步开始采用缓冷工艺替代等温处理。其中马钢的车轮生产线已经全部才用缓冷坑替代了等温炉。由于大同爱碧玺和信阳同合在设计时就采用了缓冷工艺,因此这一工艺成为国内的主流工艺。

马钢共有三条车轮生产线,其中 1、2 号生产线共用一套缓冷线。该条缓冷生产线有缓冷坑 72 座。尺寸按照 1 250 mm 车轮设计。3 号生产线的缓冷线有 48 座缓冷坑,按照最大处理车轮直径 950 mm 设计。缓冷坑不用煤气提供热源,直接利用车轮轧后余热缓冷。缓冷时间为大于 8 h。缓冷坑的炉体结构见图 3-5-6。

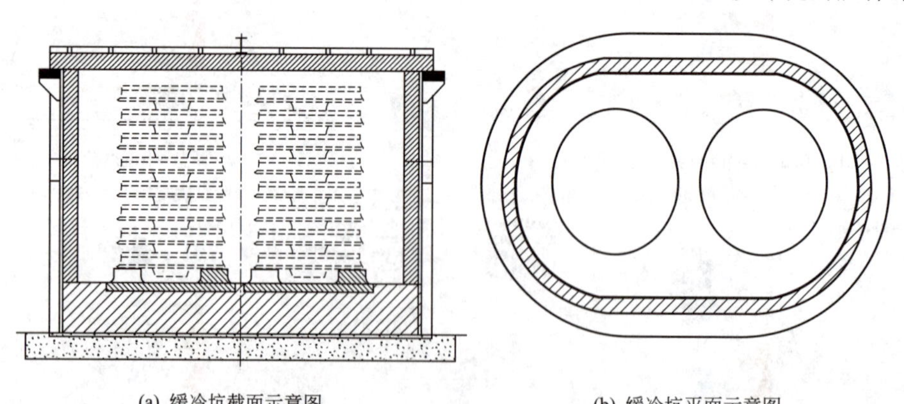
(a) 缓冷坑截面示意图　(b) 缓冷坑平面示意图

图 3-5-6 缓冷坑平面示意图

第三节 车轮热处理工艺

一、车轮淬火

1.淬火的目的

淬火是把钢件加热到奥氏体化温度(Ac_3或Ac_1)以上(亚共析钢 Ac_3＋30～50 ℃,共析钢 Ac_1＋30～50 ℃,过共析钢采用 Ac_1～Ac_m之间),在这温度保温一段时间,使工件各部位温度均匀,组织全部转变为奥氏体,然后迅速在冷却介质中冷却。

车轮淬火的目的是提高车轮的强度和硬度,增加其耐磨性,同时获得良好的综合机械性能和残余应力分布。

2.车轮淬火工艺参数的选择

淬火加热温度,淬火加热时间,冷却介质及其温度和淬火冷却时间是影响车轮性能的基本参数。

(1)淬火加热温度的确定

目前世界车轮含碳量范围一般在 0.47%～0.77%,且以优质碳素钢为主,根据图 3-5-7 可以得出车轮的加热温度范围 Ac_3＋30～50 ℃,同时适当考虑温度损失。这样可以使钢转变完全并获得成分均匀的奥氏体,从而淬火后可以得到组织与性能均匀的细珠光体型组织。对于轮毂和辐板部分的组织晶粒的改善,也需要加热到这样的温度,才能保证使钢中原来晶粒粗大及不正常的组织转变成均匀的奥氏体,在空气中冷却后得到细晶粒和没有热应力的较细的珠光体类型组织,这样的组织韧性较高。

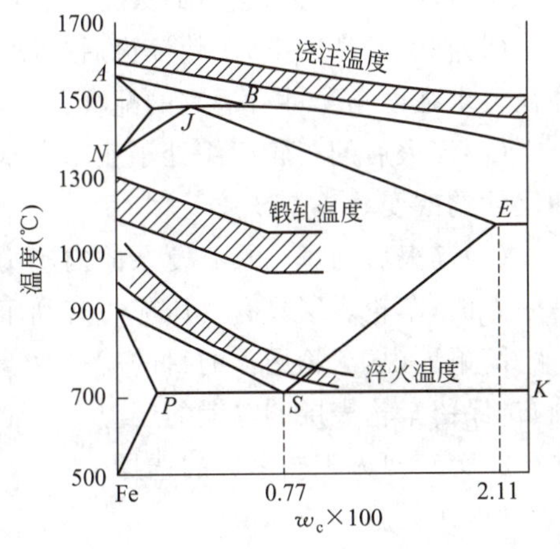

图 3-5-7　车轮钢淬火温度范围

根据实验测出 CL60 车轮钢的 Ac_3平均值为 765 ℃,其加热温度为应该大于 815 ℃。但一般加热规程中规定,车轮的加热温度略高于计算值。这是考虑了加热炉的特性(特性不同,加热时的炉温和钢温差不一样)和仪表的测量误差,以及车轮出炉后到淬火台上的热损失,只有这样才能保证钢的组织完全相变成奥氏体,其成分是均匀一致的。另外加热炉的仪表温度为炉气的温度,比车轮的实际温度要高一些。因此,工艺过程规定的加热炉表头温度一般比计算的温度高 20 ℃左右。但如果加热炉实际加热温度过高,则会引起奥氏体晶粒的长大,因而淬火的组织晶粒也是粗大的,这样的组织冲击韧性很低,冲击试验往往不合要求。

(2)淬火加热时间的确定

加热时间是一个很重要的工艺参数。为了使车轮钢在加热过程中完成组织转变,除加热到所要求温度外,还要在此温度下保温一段时间。保温时间越长,钢的奥氏体转变越彻底,越均匀。奥氏体越均匀,在淬火时,奥氏体转变形核率越低,转变过冷度越大,最后得到的珠光体组织就会越细。但保温时间过长,车轮表层的氧化层会越厚,生产效率会越低。因此确定一个合理的保温时间,对提高产品质量和提高生产率有很大的现实意义。

根据车轮尺寸和形状,从理论上计算一个恰当的加热时间是比较困难的,实际生产中的加热时间一般根据实验和生产经验数据而定。

国内已经广泛运用俗称“黑匣子”的高温温度测试跟踪测温技术,来跟踪记录车轮各个部位在加热炉内的变化试验结果,然后制定合适的加热时间。充分做到加热时间制定的科学合理性。黑匣子跟踪测温装置如图 3-5-8 所示。

(3)淬火介质及淬火冷却时间的确定

车轮钢就其含碳量来讲是属于中碳钢,这样的淬透性是较小的。因此,淬火介质的冷却能力要求大些。显然,水的冷却能力要比油大些。一般各国的车轮热处理淬火介质都使用水,水淬火后强度、硬度都能达到要求。

如用油淬火,油的冷却能力低,车轮不易淬硬,淬火后车轮硬度和强度都差,这样会缩短车轮使用寿命。另外,油在淬火过程中大量蒸发使劳动条件变坏,工件外面黏附不清洁,成本又高,所以不能采用。

图 3-5-8　黑匣子跟踪测温装置

水的温度不同，其冷却能力差别很大，水温高时冷却能力较低，而水温低时冷却能力很大。因此，在淬火时选择适当的水温是必要的。水温对硬度的影响比淬火温度对硬度的影响要大些。为满足车轮轮缘硬度和强度要求，选择水温在 15～35 ℃，较为合适。但对于强硬度要求严格的车轮或淬透性小(如在欧洲广泛采用的 ER7 钢)和大截面车轮需要更严格限制淬火水温度范围。水温对冷却能力的影响如图 3-5-9 所示。

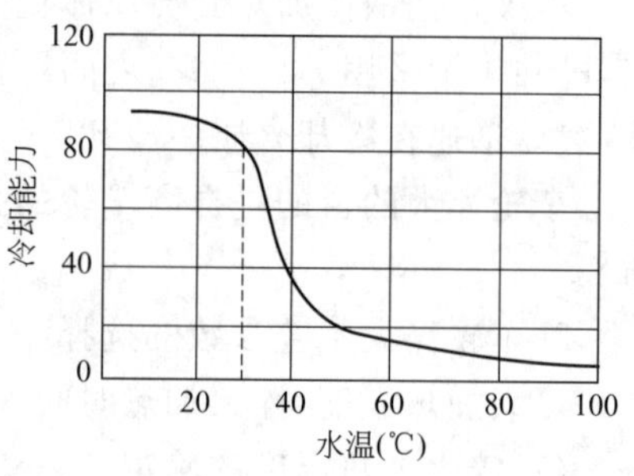

图 3-5-9 水温对冷却能力的影响

二、车轮回火

1. 回火的目的

车轮淬火后，必须进行回火处理。这是因为：

(1)在通常情况下，车轮淬火后强度与硬度虽有很大提高，但塑性与韧性却明显下降，而实际使用的车轮往往要求强度与塑性有适宜的配合；

(2)淬火后的车轮组织处于亚稳定状态，它具有自发的向稳定组织转变的趋势，因而将引起车轮的性能和尺寸的改变。

(3)淬火后的车轮具有复杂的内应力，这些内应力如不及时降低或消除，将导致车轮形位尺寸不稳定。另一方面，车轮表层具有的压应力有利于车轮疲劳抗力的改善。为此表层压应力在淬火时应予以保留。

简单地说，车轮回火的目的就是改善车轮的综合机械性能，满足标准要求，改善车轮淬火后的残余应力分布，保留车轮表层的轮辋的压应力。

2. 车轮回火工艺参数的选择

(1)回火温度的确定

车轮回火的性能主要决定于回火温度，因此车轮回火温度是回火工序中最主要的参数。首先应该明确车轮回火有自回火过程。在淬火台上踏面轮缘喷水淬火冷到较低温度，但轮毂、辐板部分只在空气中冷却，冷却后的温度自然很高，淬火后轮毂、辐板的热量向外侧传递，已经淬火的部分必定会发生自回火过程。一般轮辋在进回火炉前自会获得最高温度可达 400～450 ℃，不同车轮自回火温度不一样，断面越大的车轮自回火温度越高。

从提高车轮塑性和韧性，消除淬火残余应力观点看，这是选择适当回火温度的前提。车轮在淬火后获得的是淬火索氏体组织，这种组织随着回火温度的升高，大约在 450 ℃以上硬度才开始显著下降，组织的转变才有利于塑性的提高，并且残余应力也容易得到消除和扩散。

所以选择回火温度就是要在保证消除残余应力和足够的塑性、韧性的条件下，保证车轮具有足够的强度和硬度。也就是要保证车轮的强度、硬度、延伸率、断面收缩率都达到标准要求。

(2)回火时间的确定

车轮回火的保温时间应保证车轮内外温度均匀，保证内部组织转变充分进行，这样才能有效地消除车轮淬火产生的复杂内应力，特别是降低车轮辐板的残余拉应力，同时又保留车轮轮辋残留的压应力，调节车轮的强度和塑性的匹配，使车轮回火后的性能符合标准要求。

国内对采用最先进的黑匣子跟踪测温试验确定，车轮在回火炉内的升温和均温时间。采用在车轮轮辋、辐板、轮毂部位买入测温热电偶的方法，然后将测温黑匣子连随车轮一道进入回火炉内，并在炉内按既定的回火工艺执行，得到温度曲线如图 3-5-10 所示。

从上图可以看出入炉 1.5 h 后车轮各部位的温度基本达到均匀，同时考虑到车轮的形状较复杂，内应力分布比较复杂，及回火过程中原子的扩散过程，现一般将车轮回火时间采用 4～5 h 比较合理。

第四节 车轮热处理缺陷产生原因及预防方法

车轮热处理过程中，由于操作不当，或其他种种原因，往往会造成车轮在淬火、回火过程中产生下面一些缺陷。

1. 晶粒粗大

粗晶是热处理操作不当造成的缺陷。车轮的晶粒度规定一般为细于 6 级，晶粒度在 1～4 级范围均

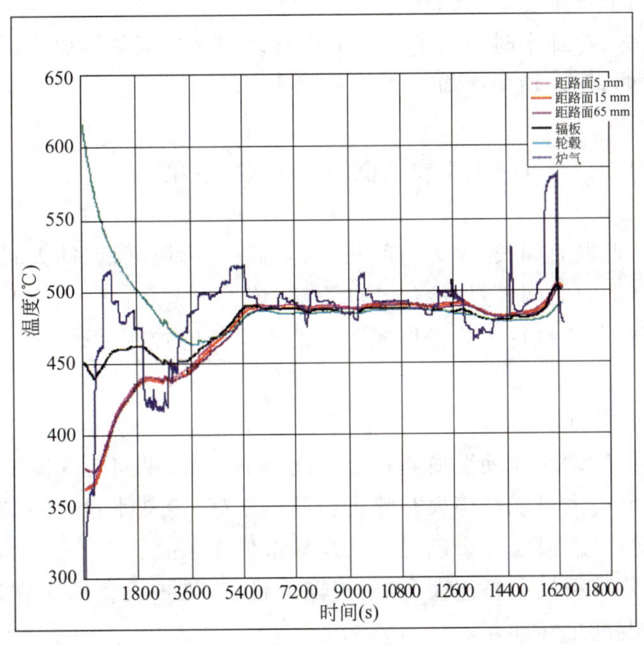

图 3-5-10 黑匣子测得车轮不同部位回火时温度

属粗大晶粒。晶粒粗大使材质塑性变差，疲劳极限降低，车轮的使用寿命缩短。车轮粗晶组织见图 3-5-11。

产生原因：晶粒粗大是由于车轮在淬火加热过程中，加热温度过高、保温时间过长造成的。

预防办法：加热温度、加热时间参数要严格执行工艺规定。发生设备故障时，必须按规定调整炉温。

图 3-5-11 车轮粗晶组织

图 3-5-12 车轮表面脱碳

2. 氧化、脱碳

加热过程中钢的表层金属含碳量减少，甚至不含碳的现象叫脱碳。脱碳深度叫脱碳层。参见图 3-5-12。钢的氧化指钢材与炉内氧气、二氧化碳及水发生发应，表面生成氧化铁皮。

产生原因：车轮在加热过程中，进入炉内的空气过多，加热温度过高，在高温加热区停留的时间过长造成的。

预防办法：减少冷空气吸入，减少气体中的有害成分。调整好空气、煤气配比，控制好炉膛压力，使炉内造成还原性气氛。严格控制加热温度、加热时间。

3. 变形、裂纹

车轮在淬火后造成变形，出现裂纹，导致车轮的性能降低。淬火不当所产生的工件开裂，使淬火时热处理应力人于工件材料的抗拉强度所致。

产生原因：冷却时间过长，冷却水温度低，使淬火应力增大。或者是加热及冷却不均，冷却速度过快，在热应力和组织应力复杂作用下产生变形、开裂。

预防办法：冷却水温度低、冷却水时间按工艺规定执行。加热时调整好炉况，保证各个部位的加热均匀。冷却时，调整好喷嘴喷水方向，保证均匀冷却。

4. 硬度值偏高或偏低

车轮淬火、回火后，经取样检查往往发生硬度值偏高或偏低现象。

产生原因：

偏高：淬火加热温度高，保温时间长，淬火时间长，水温低；回火温度低、回火时间短造成。

偏低：淬火加热温度低，保温时间不足；冷却速度不够，淬火水温高，回火温度过高。

预防办法：在淬火过程中严格执行工艺操作规程。回火操作时控制好炉温，保证加热时间，杜绝淬火后硬度偏低的事故发生。

5. 车轮轮辋断面硬度不均匀

车轮在进行取样检验时，发现断面硬度横向各点之间差值过大，纵向硬度梯度过大等现象。

产生原因：横向硬度差值过大可能是淬火时淬火台调整不好，冷却水没有均匀喷射到整个踏面；纵向硬度梯度过大是因为淬火时间过短，或在淬火过程中出现异常停淬事故。

预防办法：在淬火前按要求精确调整淬火台，检查淬火设备，维护设备的正常运行。按工艺要求控制淬火时间，保证淬火后车轮硬度满足标准要求。

6. 韧塑性指标偏低

车轮在力学性能检验时，往往会出现 A%，Z%，或冲击功偏低的情况。

产生原因：韧塑性指标偏低有钢质方面的原因，也有热处理方面的原因。在淬火加热过程中温度偏高，加热时间偏长或回火温度偏低、回火时间不足都会导致韧塑性偏低。

预防办法：在强硬度指标满足的前提下，可以适当降低淬火加热温度或抬高回火温度，延长回火时间。另外在淬、回火操作过程中要严格执行工艺操作规程。

第五节　国内外车轮热处理工艺及设备介绍

世界上各车轮生产厂的车轮热处理和机械加工次序大体上分为三种方式：先热处理后机械加工，如法国、英国、日本、美国等；先机械加工后热处理，再精加工，如俄罗斯李卜克内西厂、维克逊厂和我国车轮厂；先机械加工后热处理．采用这种工艺的有乌克兰下塔吉尔厂。

生产实践证明，采用第三种生产方式往往会产生一些弊端，如热处理后车轮产生变形，影响成品车轮的尺寸精度，即使进行了返修，也会出现花皮现象，这在车轮质量要求越来越高的供货条件下，是很难满足要求的。其唯一的优点是车轮在热处理前硬度较低，刀具消耗较小。采用第二种两次加工的生产方式，即将车轮大部分需要切削的金属先切削掉．然后热处理，热处理后再进行一次少切削量的精加工，这种工艺的优点是消除了变形，又适当降低了刀具消耗，但其缺点是增加了工序之间的周转运输量，占厂房面积也随之增大。车轮生产工艺经过多年的发展变化，当今世界上绝大多数车轮厂都采用了第一种生产方式，即先热处理后机械加工工艺。日本住友大坂厂为适用这种工艺，采用了硬质合金盘形刀，每个可加工 8 个车轮，损耗并不很大。因此，采用一还是二可以视各厂的自身状况需求而定。

目前国内外车轮淬火前加热设备主要有：环形加热炉和隧道式加热炉，前者实际上也是一种隧道式加热炉。为了精确控制炉内的温度，一般沿长度方向把加热炉划分成多个控制段。根据功能划分为 1～2 个预热段，2～6 个加热段，1～2 个均热段。车轮从装料炉门进入，分别经历预热、加热、均热后即完成加热过程，后从出料炉门出料冷却淬火。环形加热炉如图 3-5-13 所示。

由于车轮钢就其含碳量来讲基本上是属于中碳钢，淬透性较小，因此各国一般都选用冷却能力较强的水作为淬火介质。根据车轮冷却淬火方式的不同可分为三种淬火法。

(1)整体车轮淬火后回火[图 3-5-14(a)]；

(2)轮辋踏面淬火后回火(卧式)[图 3-5-14(b)]；

(3)立式车轮淬火后回火[图 3-5-14(c)、图 3-5-14(d)]。

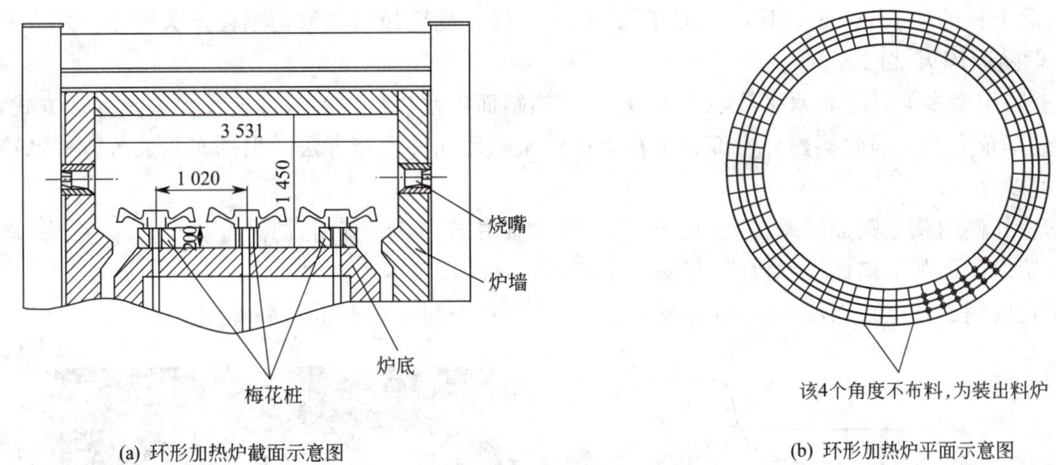

(a) 环形加热炉截面示意图　(b) 环形加热炉平面示意图

图 3-5-13 环形加热炉平面示意图

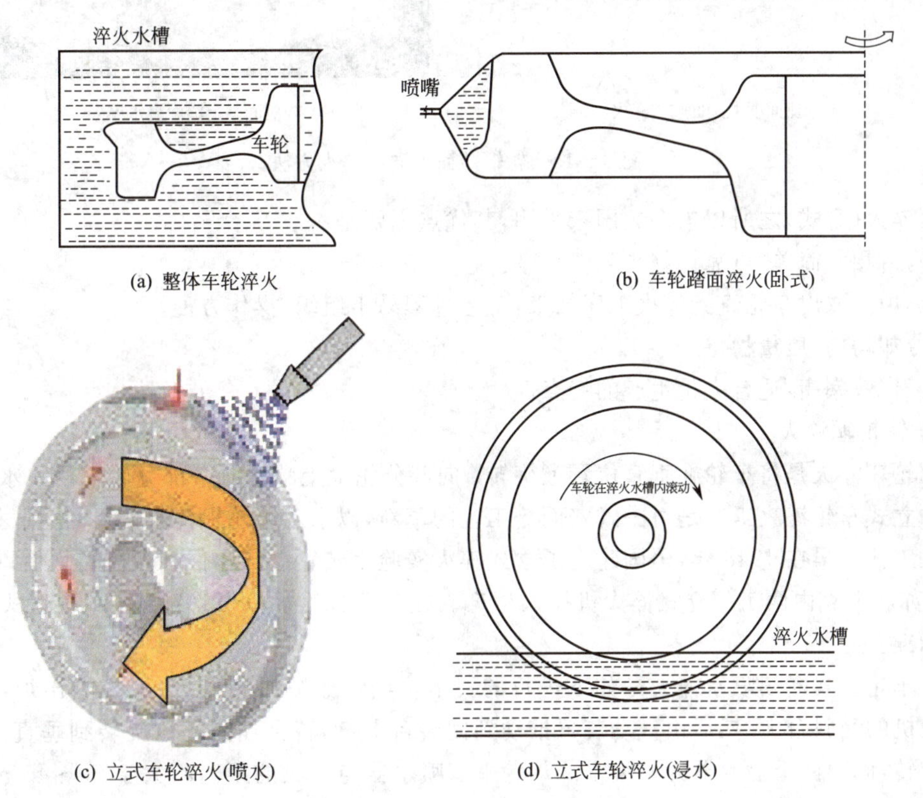

(a) 整体车轮淬火　(b) 车轮踏面淬火(卧式)

(c) 立式车轮淬火(喷水)　(d) 立式车轮淬火(浸水)

图 3-5-14 各种车轮淬火方法

1. 整体车轮淬火

车轮作为铁路车辆的重要零件，要求整体车轮、特别是轮辋的综合机械性能得到确切保证。由于车轮形状复杂，轮辋、轮壳与辐板截面之间尺寸差异显著，使整体车轮淬火工艺实施十分困难。所以此种淬火方法仅为过去少数国家曾经采用(如法国)，并见诸各种标准：国际铁路联盟 UIC812-3-84；北美铁路协会 AAR M107-78。此种淬火方法不能推广的原因主要为：

(1)车轮轮辋、辐板、轮壳组成的横截面形状过于复杂；

(2)工艺技术较难组织；

(3)淬火后，车轮应力分布复杂；

(4)挠曲变形大，加大了切削余量；

(5)车轮制造成本高；

(6)生产现场极难维持洁净；

(7)腹板保护困难，难以适应批量生产的要求。

例如：北美铁路协会 AAR M107-79 对于 L、A、B、C 级车轮已经明确取消整体淬火的热处理方式。

2. 轮辋踏面淬火(卧式)

国际上采用最多的是车轮水平放在淬火台上，实施踏面喷水(浸水)的一种连续淬火热处理方式，本方法适合大批量车轮生产。因此国内外大部分车轮生产厂家采用此种生产方法。根据车轮放置方式和冷却方式的不同又可以分为：

(1)车轮外侧面朝上踏面喷水淬火[见图 3-5-15(b)]：中国、苏联、英国、德国等。

(2)车轮内侧面朝上踏面喷水淬火[见图 3-5-15(a)]：法国、日本等。

(3)车轮内侧面朝上踏面浸水淬火[见图 3-5-15(b)]：意大利 Lucchini 最新专利。

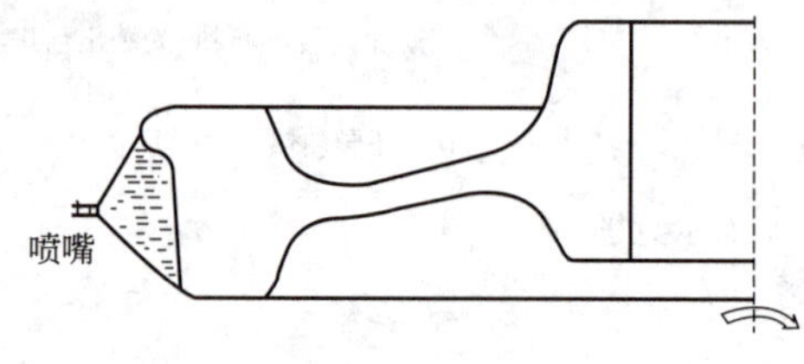

(a) 内侧面朝上踏面喷水淬火

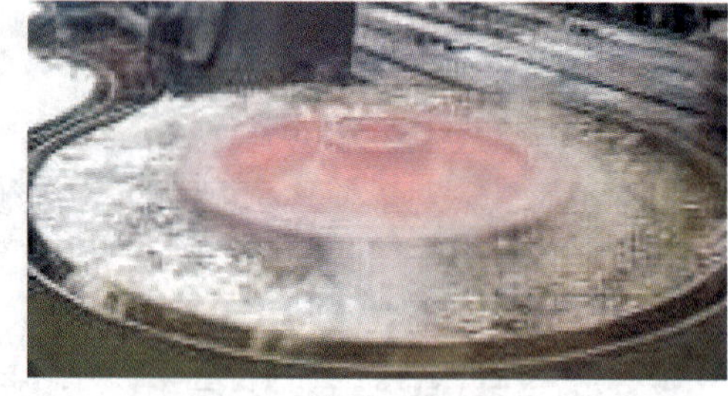

(b) 内侧面朝上踏面浸水淬火

图 3-5-15　轮辋踏面不同的淬火方法

轮辋踏面淬火(卧式)之所以被多数国家采用，其优点主要是：

(1)设备构造相对简单，可靠性好；

(2)从加热炉中取出车轮直到淬火工序结束，工艺过程易于组织，操作方便；

(3)踏面冷却均匀，质量稳定；

(4)淬火工作效率高，适合大量生产的特点。

3. 立式车轮轮辋淬火

立式车轮轮辋淬火是将车轮在垂直位置上旋转，向部分轮辋上喷水或一部分轮辋浸入水槽里的一种断续淬火方式。立式车轮淬火工艺是对卧式踏面淬工艺的革新，以求改善轮辋淬火效果，挖掘材料的性能稳定性的缓慢淬火工艺。早在 1948 年，美国建立了立式淬火实验室装置，之后，伯利恒公司坎伯雷工厂应用于生产。1978 年，苏联卜克内西工厂立式淬火机投入生产。在苏联标准 GOST10791—81 中正式将立式淬火方法列入国家标准。

文献记载车轮立式断续喷水淬火是如下进行的。车轮经环形炉加热到 850℃左右出炉，由地上装料机将其放到淬火机的受料台上，然后由气动装置推动到回转台上，回转台连同车轮旋转到垂直位置，车轮借助传动辊开始旋转，同时两个喷水器开始喷水冷却轮辋。喷水器与车轮的距离不大于 30～40 mm。淬火时不得用水冷却轮辋至辐板的过渡处。水压一般控制在 0.2～0.3 MPa，水温 25～30 ℃，单机耗水量 30～50 m^3/h，淬火冷却时间随车轮的碳当量改变而变化。

另一种立式淬火方式是车轮竖立在淬火水槽中淬火的，车轮在立在淬火水槽中匀速转动，车轮浸入淬火介质中的深度决定轮辋的淬火深度。

4. Lucchini 新热处理生产线介绍

Lucchini Sidermeccanica 的新热处理线是由 ELTI 设计和制造的，以改善产品质量。下面简要介绍新线的布局，并同老线进行了比较。图 3-5-16 为新热处理线的工艺布局。由图可见：

奥氏体化加热炉 (TT1)：保证产品能够可控升温，直到达到要求的奥氏体化温度并进行保温。

淬火水槽 (n：6 个)：对车轮外表面(轮辋)快速水冷和轮箍全淬火。

回火炉 (F21)：对淬硬的产品通过其回火调整机械性能、韧性和残余应力。

吊装系统：在加热炉和淬火槽进行吊装作业。

(1)奥氏体化加热炉

工件入炉后向前运动，同时在液压缸的作用下支撑部件(走动梁)可以进行水平和垂直运动。

用耐火钢制造的支撑部件能够抬起热态车轮，以帮助热煤气向内毂孔扩散，从而保证车轮各部位温度均匀。

加热室分为不同长度的五个区域，每个区域均能够通过热电偶来自动控制温度。

多对自由火焰蓄热燃烧喷嘴被安装在加热炉的侧墙上进行加热，该燃烧喷嘴为平焰式，能够获得最佳的热交换效果。

燃烧嘴是脉冲式的：可以通过区域控制处理器来调整提供的热量。脉冲运动能够在燃烧室内产生高涡流，保证加热和保温时的温度均匀。

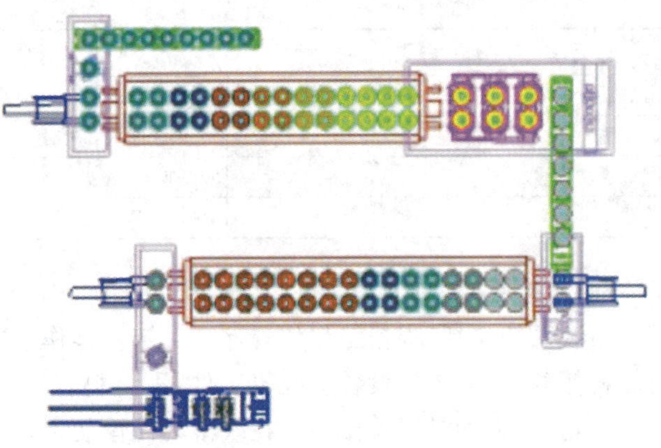

图 3-5-16　车轮轮箍新热处理生产线布局

每个燃烧嘴均有陶瓷蓄热装置，能够将燃烧的瓦斯和助燃物混合，这些物质能够蓄热，并将热量传输给助燃的空气，从而改善热效率。

蓄热式燃烧装置明显优于传统型：

①好的产品质量；

②热效率改善，增加 20%～25%；

③生产率提高，同相同长度的传统加热炉相比，增加 20%～30%。

当燃烧室的温度达到较高水平时(大约 800 ℃)，燃烧空气和天然气直接进入燃烧室，同燃烧产物充分混合，从而能够获得大面积的燃烧扩散效果。火焰会消失，促进温度峰值出现的 NO_x 产物被去处，从而保护环境。

(2)淬火水槽

每个淬火水槽每次只能处理一件车轮。车轮淬火时水同车轮的滚动表面接触。车轮的高度位置通过垫片进行机械定位，不同的车轮其垫片尺寸也不同。水流在车轮的四周沿切线喷射到车轮上，能够避免工件表面产生蒸气泡，从而保证热交换的均匀性。水位由安装在槽周向上的金属挡板控制，如水位超出该高度，则水流自动外溢。淬火水槽主要技术参数见表 3-5-1。

表 3-5-1　淬火水槽技术参数

水槽数量	6
水槽直径	1 700 mm
水流速	300 m^3/h
喷水方向	切向
N°每个水槽处理车轮的数量	1

(3)回火加热炉

除燃烧嘴外，其余同奥氏体化加热炉一样：因为不需要特别高的温度，所以用传统的高速脉冲式燃烧嘴代替了蓄热式燃烧嘴。脉冲式燃烧嘴工作时能够在炉内产生高涡流，确保不同区域的温度均匀。主要技术参数见表 3-5-2。

表 3-5-2　奥氏体化加热炉回火加热炉技术参数

加热炉种类	奥氏体化加热炉	回火炉
加热炉类型	走动梁连续式	走动梁连续式
燃料	CH_4	CH_4
内部长度	21 160 mm	24 160 mm
内部宽度	3 850 mm	3 850 mm
内部高度(炉顶-炉床)	1 900 mm	1 900 mm
装料方式	2 排装料，3 件一垛	2 排装料，3 件一垛
N°炉内车轮垛数	14×2	16×2
N°炉内车轮数量	84	96
加热类型	自由火焰，两侧加热	自由火焰，两侧加热
入炉温度	20～300 ℃	80～450 ℃

续上表

加热炉种类	奥氏体化加热炉	回火炉
出炉温度	≤950 ℃	≤600 ℃
燃烧嘴	蓄热脉冲式，13 对	脉冲式，34 个
燃烧嘴功率	400 kW	100 kW
总功率	5 200 kW	3 400 kW

(4)吊装系统

吊装系统包括：根据工作位置，装料/卸料操作依靠采用单钳或双钳机械手进行工作，能够完成各个工序装卸料任务，如从传送设备上收集工件，进出料、梁、淬火槽、倾斜机构等。装料/卸料装置（进料—出料），对于车轮上/下梁是很重要的。在线滚动传输装置，对于储料，输送车轮，将车轮放置在正确的位置，进入回火加热炉是很重要的。倾斜机构，对于车轮进库时将车轮调整到垂直位置是很重要的。所有的处理系统均通过液压传动，并且能够自动控制。

从以上的设备的简单介绍看，该条新热处理生产线能够全部实现自动化操作：除了简单的和预先设置的操作外，在正常条件下，在工件进入奥氏体化加热炉之前通过桥式起重机放置在输送带上，不需要人工干涉。这种方式易于操作和保证了热处理循环的重复性好。

图 3-5-17～图 3-5-22 是这条新热处理生产线的一些图片。

图 3-5-17 输送带和机械手

图 3-5-18 奥氏体加热炉装料设备

图 3-5-19 淬火槽区机械手

图 3-5-20 淬火槽位置

图 3-5-21 回火炉装料设备

图 3-5-22 回火炉卸料设备

5. 我国典型车轮热处理设备介绍

进入 21 世纪，我国的辗钢车轮生产厂开始对车轮热处理淬火线进行了改造和扩能，使得车轮的性能和质量有了重大的提升。

(1)淬火加热设备

改造后的淬火加热炉在燃烧系统、炉体结构、布料加热方式、操作系统以及装出料系统方面较老炉型都有较大改进，已接近国际先进水平。主要增设两台助燃风机；供热烧嘴采用亚高速烧嘴（带烧嘴砖），烧嘴安装在内外侧炉墙上；炉顶结构为吊挂平顶，炉顶及上部炉墙为耐火纤维，下部炉墙及炉底采用浇注料结构，特别是炉底放置了定位精确的梅花桩，将车轮件托起悬空加热，可以缩短加热时间，减小阴阳面温差，实现轮件的快速加热及加热温度的均匀性；装出料操作由两台高精度机械手完成，加热炉操作系统由计算机集散控制系统控制。投产后的淬火炉自动化程度高，便于调节及控制，能有效地保证淬火加热质量，节能降耗。而且可以使用低压煤气，低热值煤气，安全上也有了更可靠的保障。但对员工的文化素质、判断反应能力、实际操作技能以及工作责任心提出了更高的要求，对设备检修、日常操作维护也提出了更高的要求。淬火加热炉及装料机械手如图 3-5-23所示。

图 3-5-23　淬火加热炉及装料机械手

图 3-5-24　淬火台及出料机械手

(2)车轮淬火台

对配套改造的车轮淬火台的结构进行了重新设计，可实现强喷、弱喷、间隙等淬火方式及组合。淬火台的水温、水压有仪表记录并可对水压、水量适时控制，淬火时间通过计算机控制可精确到秒。车轮热处理区的改造完成，将大大提高车轮的内在力学性能，提高硬度均匀性，降低硬度波动。淬火台及出料机械手如图 3-5-24 所示。

(3)回火炉

配套改造的回火炉也均采用了计算机集散控制系统进行控制，分五段加热方式对炉温进行调节和监控，工艺炉温热电偶控制范围为±10℃。图 3-5-25 为回火炉外观，图 3-5-26 为回火炉截面示意图。

图 3-5-25　回火加热炉

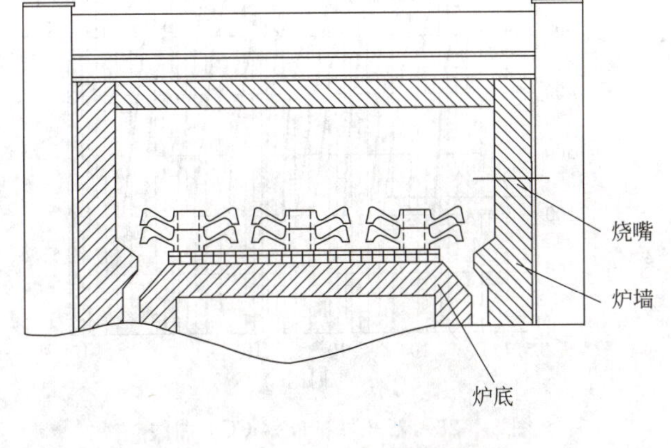

图 3-5-26　回火炉截面示意图

第六节 我国车轮热处理工艺研究进展

为适应我国目前高速重载货运的需要，在国家“863”高科技计划的资助下，国内车轮界借助现代材料技术的最新进展，开展了大量研究工作，开发了 CL65、CL70 重载车轮用钢新材料，为我国重载运输做出了贡献。

一、CCT 曲线在新钢种开发中的应用

车轮钢连续冷却转变曲线（CCT 曲线），是确定钢种特性，制定合理热处理工艺的关键曲线。在开发耐磨、抗热损车轮新钢种中发挥了至关重要的作用。

1. 钢种转变特性参数试验

首先对设计的钢种，为了了解不同加热速率条件下各种车轮钢的转变特性，在氩气气氛中将试样以一定的加热速率（0.04 ℃/s 、10 ℃/s、100 ℃/s）进行加热，测定不同加热速率下各试验钢种的奥氏体转变开始温度、奥氏体转变结束温度（Ac_1、Ac_3），试验结果见表 3-5-3，图 3-5-27 为不同加热速率下奥氏体转变开始温度变化情况。

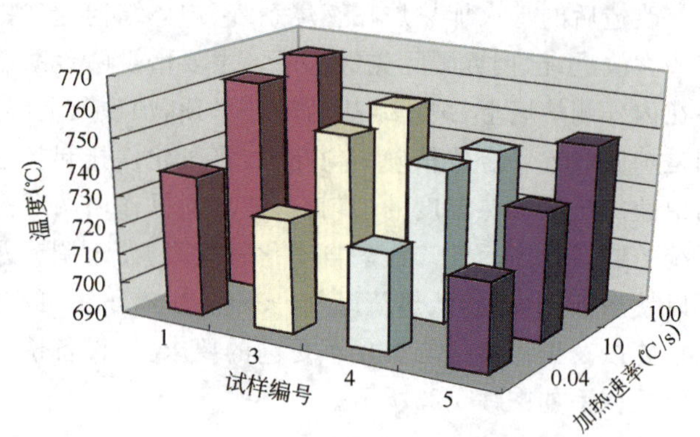

图 3-5-27 不同加热速率下的车轮钢奥氏体开始形成温度（Ac_1）

表 3-5-3 不同加热速率下的钢种转变特性

编号	加热速率 100 ℃/s		加热速率 10 ℃/s		加热速率 0.04 ℃/s	
	Ac_1	Ac_3	Ac_1	Ac_3	Ac_1	Ac_3
车轮钢 1	765	818	762	802	738	801
车轮钢 3	752	803	749	797	728	792
车轮钢 4	741	802	743	792	724	789
车轮钢 5	748	810	734	778	720	780

2. 连续冷却转变曲线的测定

从热处理态车轮轮辋上取样进行 CCT 曲线的测定，见图 3-5-28 和图 3-5-29。试样的加热速度是 50 ℃/s，奥氏体化温度为 900 ℃，并以小于 1 ℃/s 的升温速度测量了相变临界点 Ac_1 和 Ac_3。

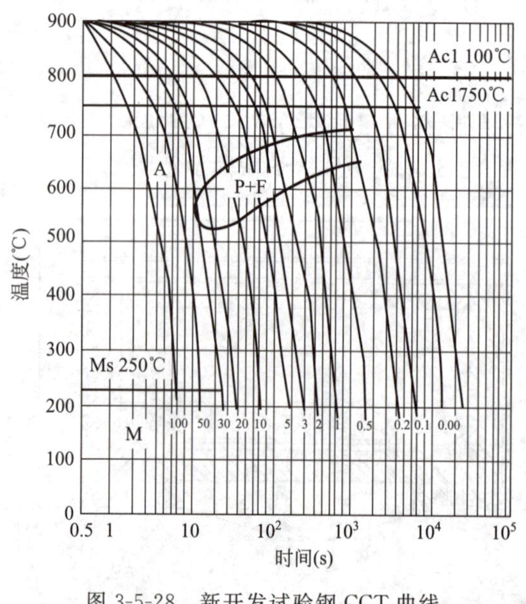

图 3-5-28 新开发试验钢 CCT 曲线

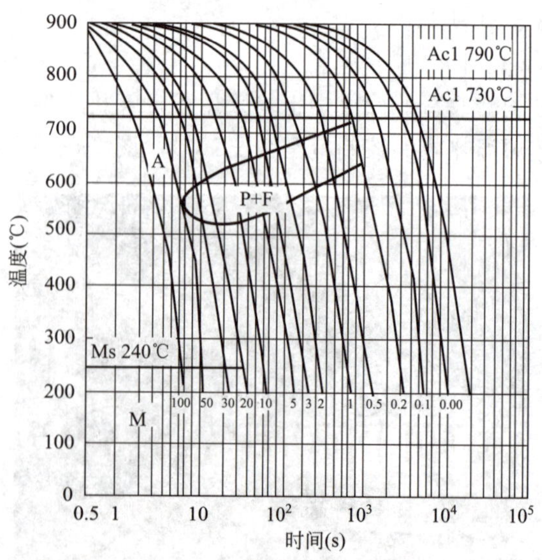

图 3-5-29 CL60 钢 CCT 曲线

可以看出，试验钢和 CL60 钢的临界冷却速度分别为 25 ℃/s 、50 ℃/s，且 CCT 曲线右移，说明由于调

整了试验钢的合金元素的加入，同 CL60 钢相比，试验钢的淬透性有所增加，这为大工业生产中热处理工艺的确定提供了有利的条件，为此，对不同冷却速度下硬度变化情况及其相应的显微组织进行了研究。硬度变化情况见图 3-5-30，不同冷速下的显微组织变化情况见图 3-5-31。

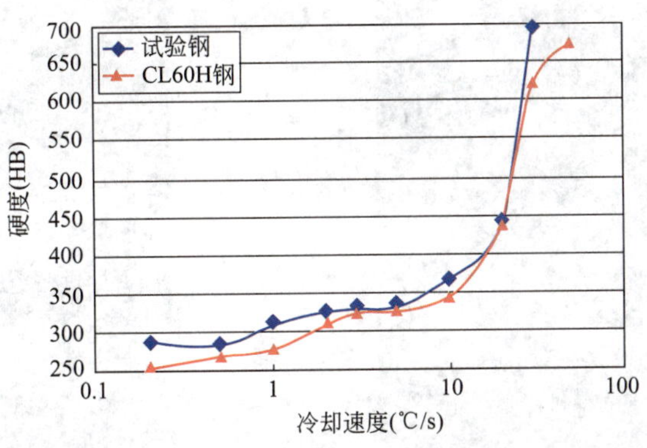

图 3-5-30　不同冷却速度下的硬度变化情况

0.2 ℃/s

0.5 ℃/s

1 ℃/s

2 ℃/s

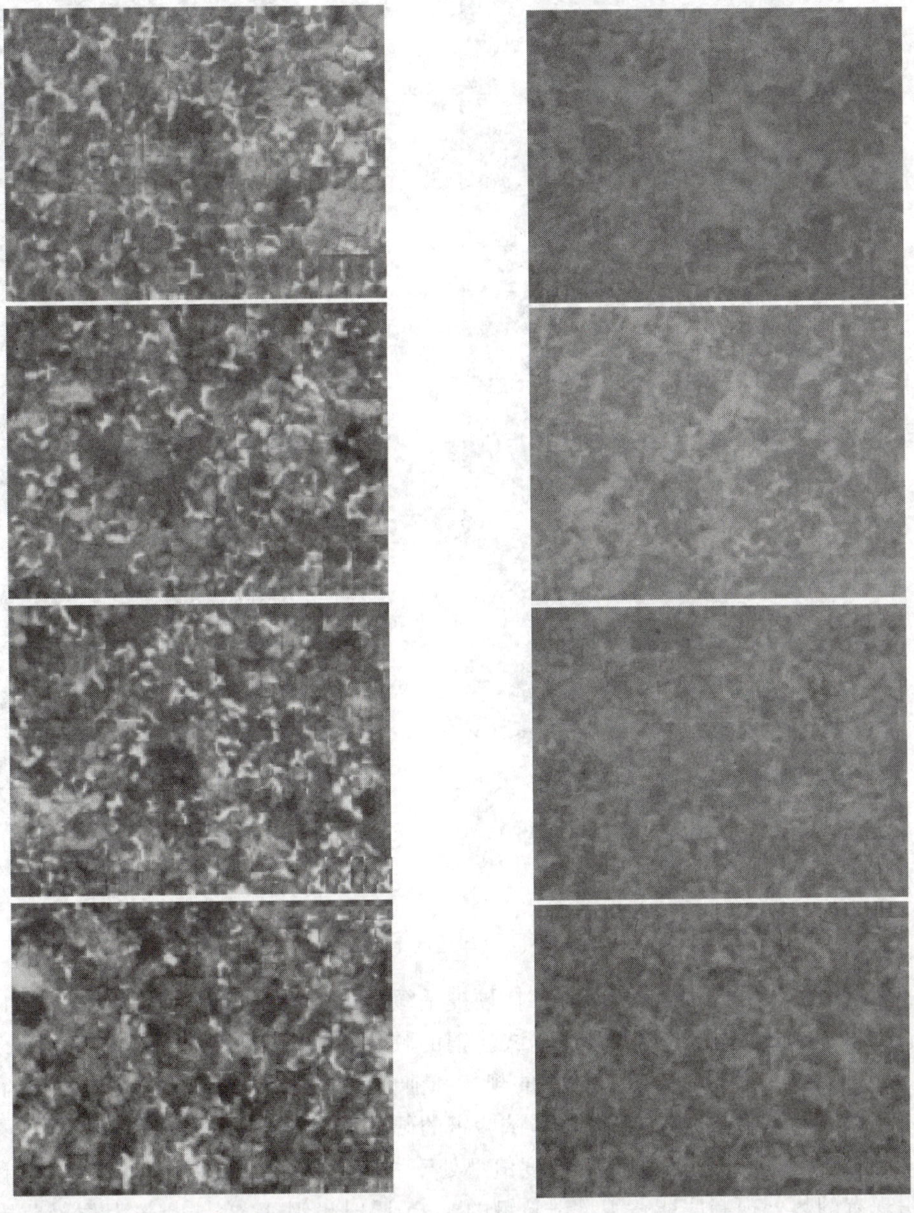

图　3-5-31

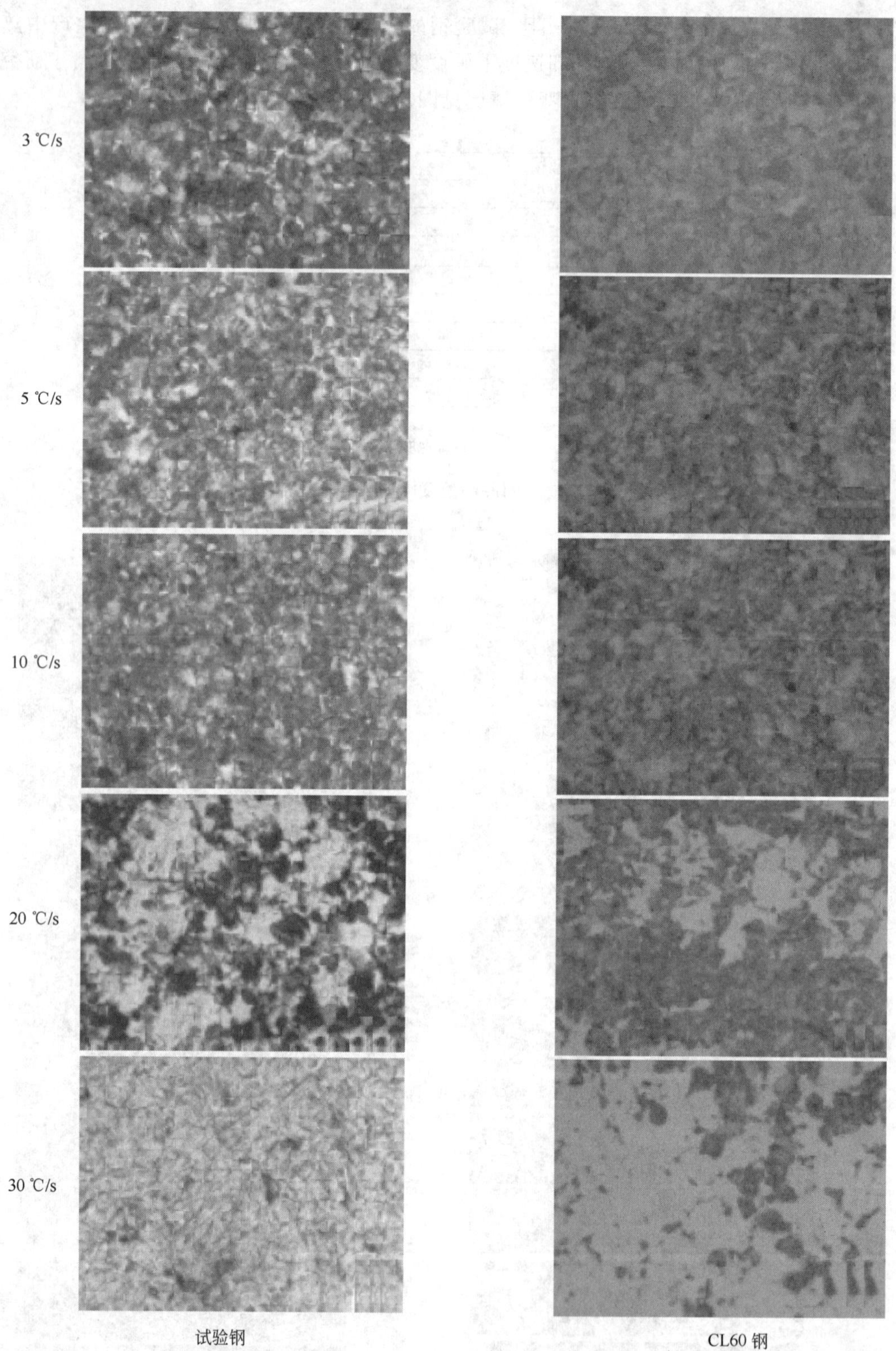

图 3-5-31 不同冷却速度下的显微组织变化情况

从图 3-5-30 可见，在小于某一冷却速度时，硬度呈缓慢增加趋势。当冷速达到一定的临界冷却速度时，硬度值开始迅速增加。根据上图可以判断，试验钢的临界冷速为 5～10 ℃/s，CL60 钢的临界冷却速度为 10～20 ℃/s，这种临界冷速和组织转变关系的规律和前面对 CCT 曲线的分析是相吻合的。

从图 3-5-30 可见，在相同的冷却速度下，试验钢的硬度值明显高于 CL60 钢。而且，同 CL60 钢相比，在 1～10 ℃/s 的较宽冷速范围内，试验钢的硬度值都处于一个近似平台的水平，即这个范围硬度随冷速波动不敏感，这表明现有的热处理制度能够满足试验钢的要求，同时也说明，在一个较大位置范围内试验钢能够获得更均匀的强度和硬度分布状态。

二、“黑匣子”测温技术在车轮加热、热处理过程中广泛运用

以前车轮加热、热处理工艺时间参数的确定，基本都是依靠书本上的理论计算和一些经验值而定，这些数值往往受环境、钢种、工件形状、炉况等的变化而很难准确确定，所以不合理的加热、热处理时间不仅仅造成能源的浪费，而且对车轮的加热、热处理性能产生很多不利的影响。

随着高温跟踪测试技术的发展，我国科研工作者充分利用这种俗称“黑匣子”的高温温度测试仪和记录仪，对车轮的热处理生产工序进行了跟踪测温，得到了第一手资料，从而为科学合理制定车轮加热、热处理工艺提供了技术依据。这些数据也为有限元模拟热处理过程提供了基础数据和验证。

1. 环形加热炉钢坯黑匣子测温。

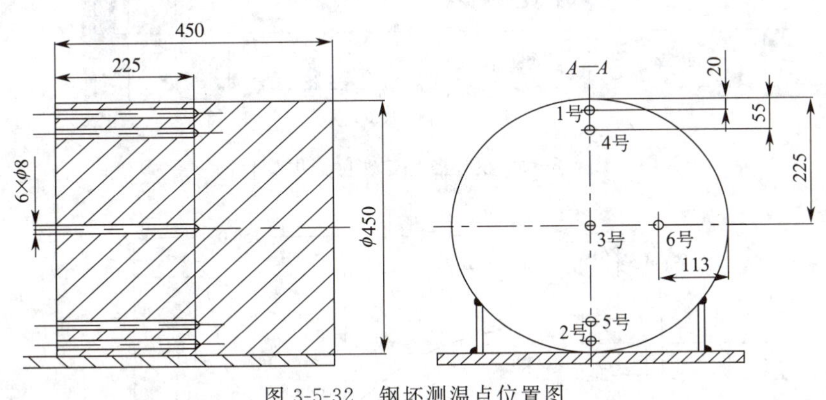

图 3-5-32　钢坯测温点位置图

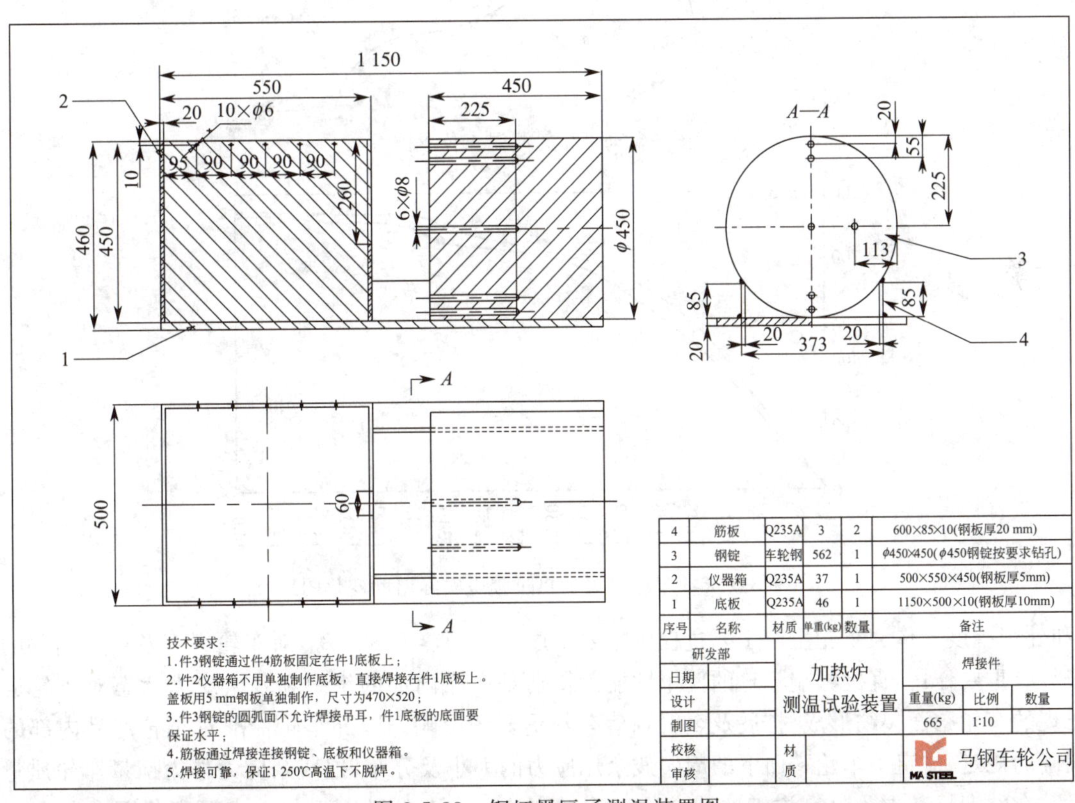

4	筋板	Q235A	3	2	600×85×10(钢板厚20 mm)
3	钢锭	车轮钢	562	1	φ450×450(φ450钢锭按要求钻孔)
2	仪器箱	Q235A	37	1	500×550×450(钢板厚5mm)
1	底板	Q235A	46	1	1150×500×10(钢板厚10mm)
序号	名称	材质	单重(kg)	数量	备注

研发部		加热炉测温试验装置	焊接件		
日期			重量(kg)	比例	数量
设计			665	1:10	
制图					
校核		材质	MA STEEL 马钢车轮公司		
审核					

图 3-5-33　钢坯黑匣子测温装置图

2. 车轮淬火前加热黑匣子测温。

3. 车轮淬火冷却速度黑匣子测温。

4. 车轮回火过程黑匣子测温。

三、车轮热处理过程的有限元模拟技术研究

随着火车向高速重载方向发展，对火车车轮的质量提出了越来越高的要求，既要保证内在质量又要保证形

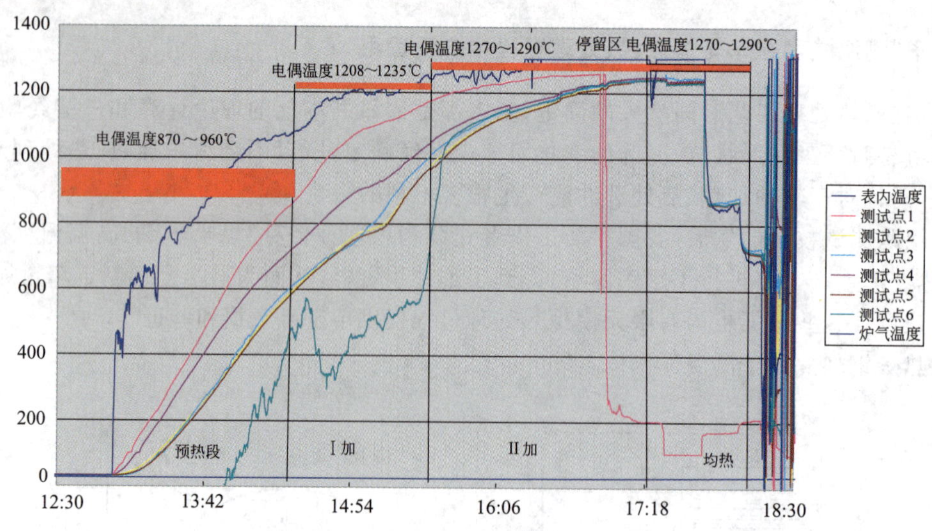

图 3-5-34 钢坯各部位实际温度变化图

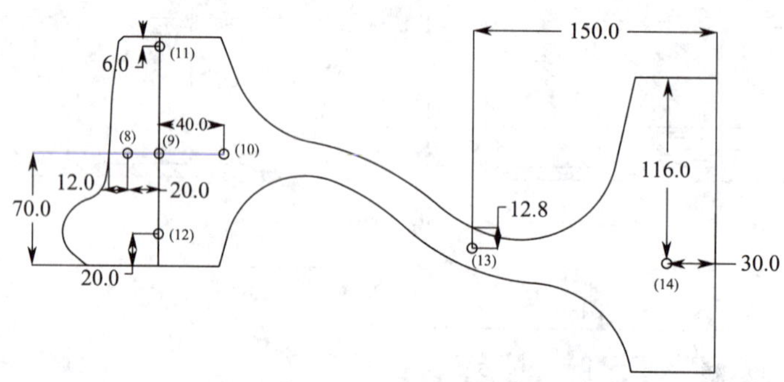

图 3-5-35 车轮测温点位置图

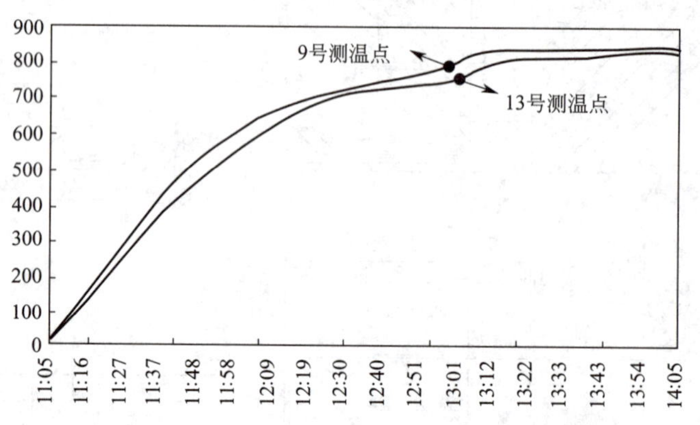

图 3-5-36 车轮淬火加热过程中实际温度变化图

状、尺寸和外观精度。作为车轮生产工艺过程中重要工序之一的热处理过程，对车轮组织及产品内部的应力产生及分布具有重要作用，直接影响车轮的使用性能。特别是产品内部的组织和残余应力状态对车轮运行过程中可能出现的车轮踏面裂纹形成、扩展及金属剥落有着重要的影响。国外车轮标准对车轮产品内部的残余应力有着明确的规定，规定了车轮踏面下的周向残余压应力的大小及分布，把残余应力作为衡量车轮质量的重要标准之一。在欧洲标准中还附有详细的残余应力测试方法。在车轮踏面下的一定深度范围内分布残余压应力，残余压应力将会抵消车轮运行过程中出现的拉应力。车轮产品的残余应力主要是在车轮压轧成形后的淬火及回火热处理过程中形成的。在车轮热处理过程中，由于热应力和组织应力的综合作用，车轮局部会发生塑性变形，在生产中表现出车轮轮毂出现沉降。轮毂沉降是车轮热处理过程中不可避免的现象。在工艺设计上对热处理沉降的估计不准确，往往会导致机加工时大量金属的浪费，增加机加工负荷，甚至会出现车轮的局部地方加工不到而导致废品。因此，需要对车轮热处理过程车轮内部应力变化和变形进行深入研究。

采用有限元数值模拟方法，研究了车轮热处理过程中温度场、残余应力场、组织场等过程研究。其中热

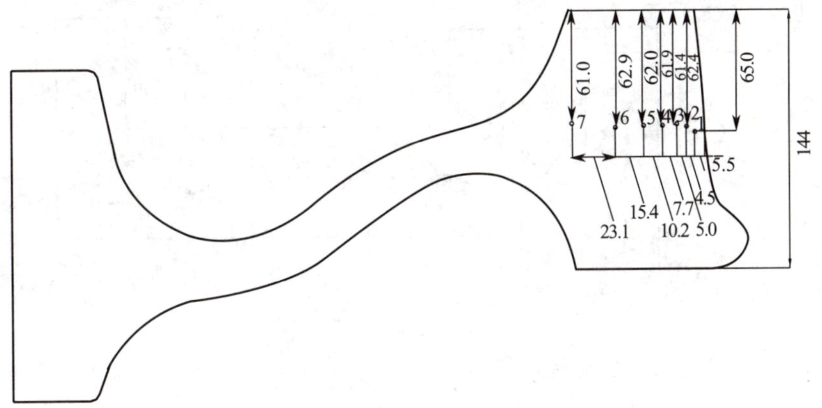

图 3-5-37 淬火冷却车轮测温点位置图

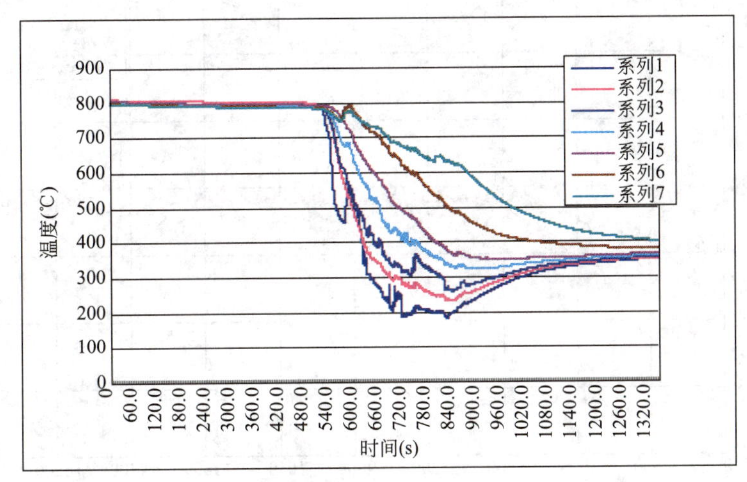

图 3-5-38 车轮淬火冷却过程各部位温度变化图

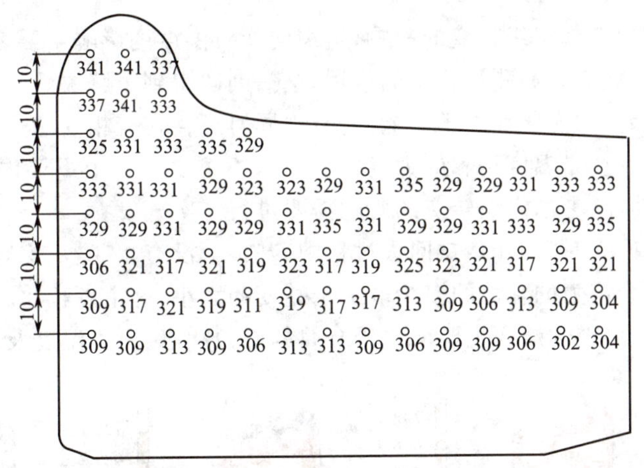

图 3-5-39 对应个冷却速度下的硬度分布图

处理过程温度场的研究是研究工件在热处理过程中各场量变化规律的基础。工件的温度场直接影响组织转变,同时也将对工件内应力及残余应力和热处理变形产生很大的影响。而在当前的试验条件下对工件温度场的实测还是一个比较困难的工作,其主要原因在于工件在热处理过程中不能做接触式的实测,只能破坏工件预先装测温元件,试验难度较大。这种测试也仅限于获得工件内部有限几个点温度变化情况,无法获得整个工件内部温度场的分布,并且测试试验过程复杂并以破坏工件为代价。因此,采用数值模拟的方法对热处理过程的温度场进行研究有着极大的优越性。

热处理过程的温度场计算,是在一定的初始条件和边界条件下,工件内热传导问题。同时热处理过程必

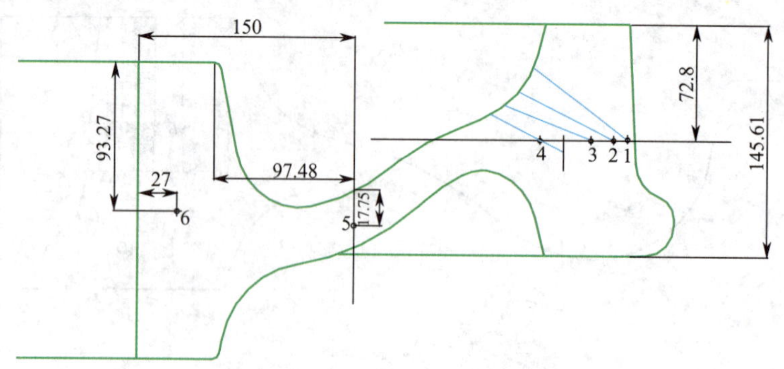

图 3-5-40 回火车轮测温点位置图

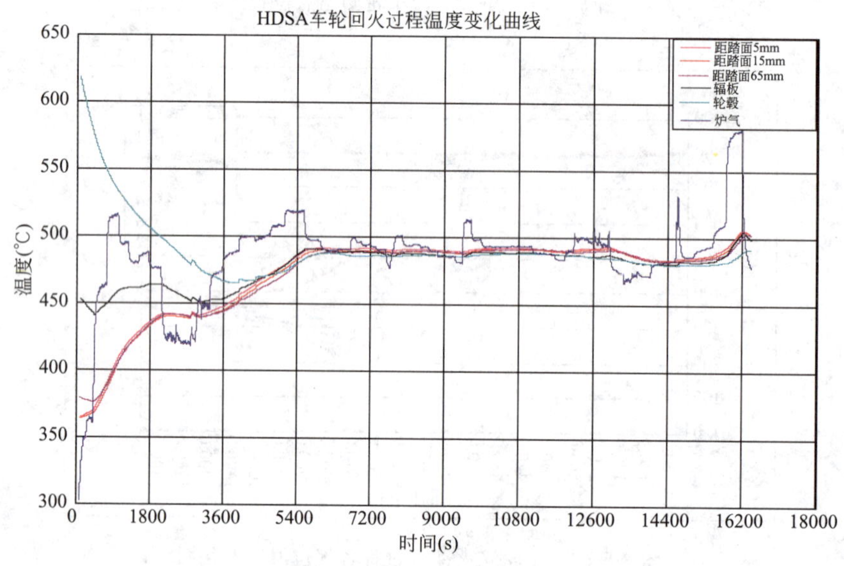

图 3-5-41 车轮回火过程各部位温度变化图

有相应的组织转变，计算时要考虑组织转变的影响，组织转变对温度的影响主要表现在热物性参数的变化和相变潜热的释放上。借助一些工具和测试技术的应用，这一问题得到了解决。

组织转变伴随着物性参数的变化和力学性能的变化，同时还存在着相变潜热的释放，这对工件冷却过程的温度场也将产生很大的影响，是温度场和应力场模拟时必不可少的一个重要内容。而现有商用有限元软件中只具有热力耦合计算功能，考虑组织转变的影响需要进行二次开发。

车轮回火温度 500 ℃，回火时间 4 h。在回火过程中，基本上没有相变，从宏观表现看金属发生黏弹性蠕变，残余应力部分释放。残余应力的释放的多少取决于蠕变的大小，这个过程比较复杂。国内研究了这一影响，并对蠕变进行力学分析，黏弹性蠕变主要取决于金属的应力状态、回火温度及回火时间。

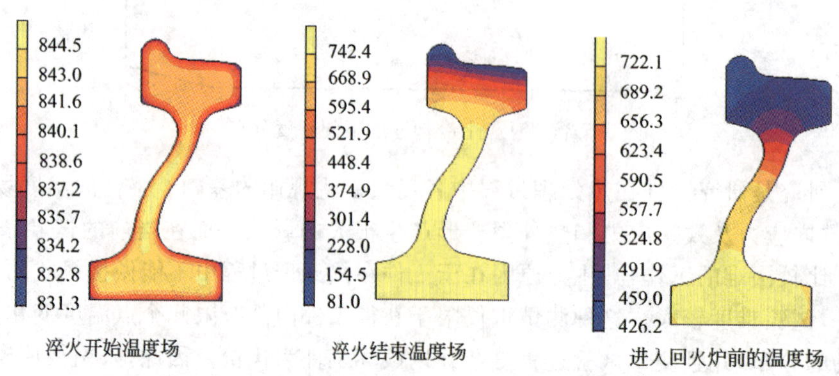

图 3-5-42 HDSA 车轮淬火过程温度场变化

对 HDSA 货车车轮的计算，淬火过程温度场如图 3-5-42 所示，HDSA 车轮淬火、回火及空冷过程的周向应力变化如图 3-5-43 所示，淬火冷却过程踏面下不同深处位置的周向应力变化如图 3-5-44 所示，热处理及冷却过程踏面下不同深度周向应力变化如图 3-5-45 所示，最终的残余应力等值分布图如图 3-5-46 所示。

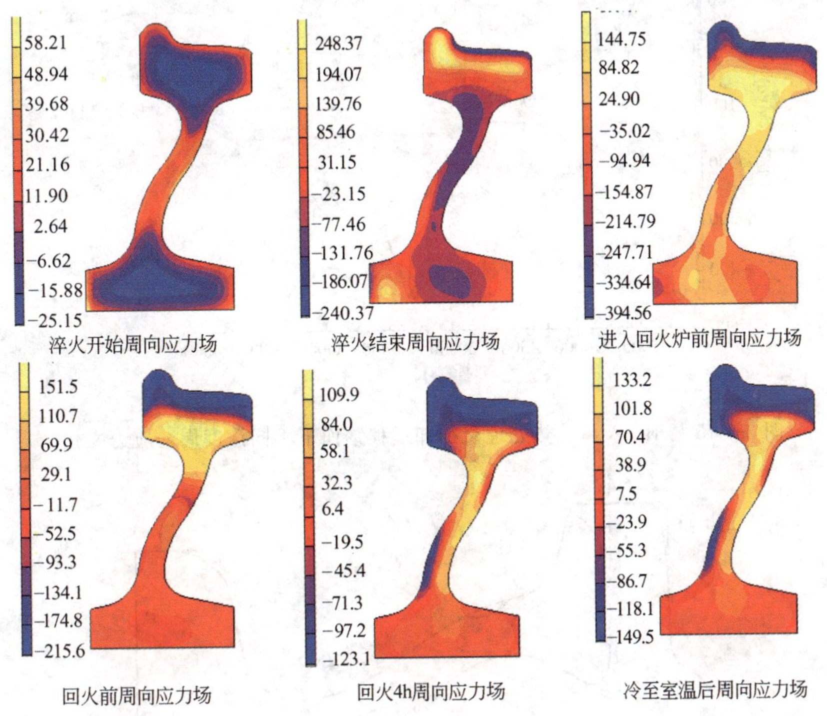

图 3-5-43　HDSA 车轮淬火、回火及空冷过程的周向应力变化

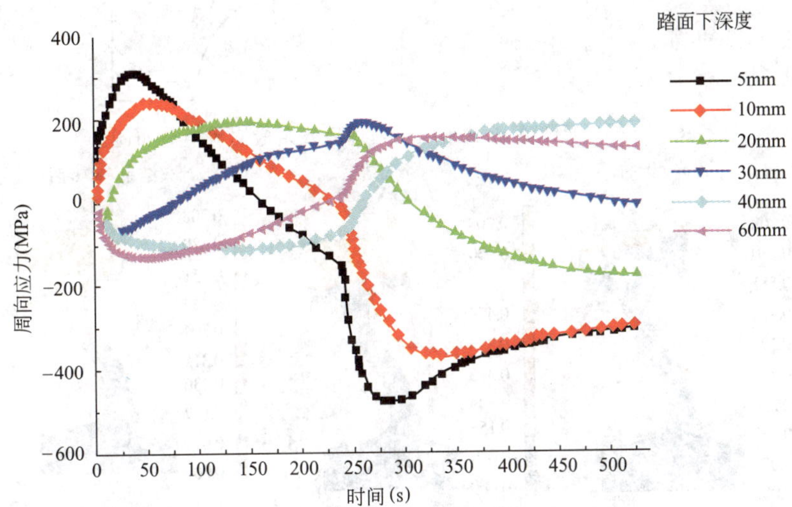

图 3-5-44　HDSA 车轮淬火冷却过程踏面下不同深处位置的周向应力变化

车轮淬火的目的是提高车轮的硬度和强度，增加踏面的耐磨性，获得较好的综合机械性能。车轮在淬火冷却过程中将出现先共析体素体、珠光体、贝氏体、马氏体相变。图 3-5-47 为 HDSA 车轮淬火冷却过程不同时刻铁素体、珠光体、贝式体及马氏体分布图。

在从淬火加热炉到淬火台的过程中，由于时间较短温度变化较小，基本没有发生组织转变。铁素体、珠光体分布区域在淬火冷却过程中由踏面向轮辋深处及辐板不断扩大。马氏体只在轮缘表层上有少量分布。贝氏体在轮缘、踏面表层少量分布，贝氏体含量稍大于马氏体，且马氏体和贝氏体的转变基本在淬火开始后的 60 s 内完成，在随后的淬火冷却过程中，马氏体和贝氏体的含量基本没有变化。淬火结束时，车轮组织以铁素体和珠光体为主，珠光体的含量大于铁素体。

轮辋处铁素体的含量约为 20%，珠光体的含量约为 70%。在车轮淬火冷却结束进入回火炉前（淬火后空冷 420 s），相变还没有完全完成。根据车轮大小不同，在轮毂处还分布有没有来得及转变的奥氏体。

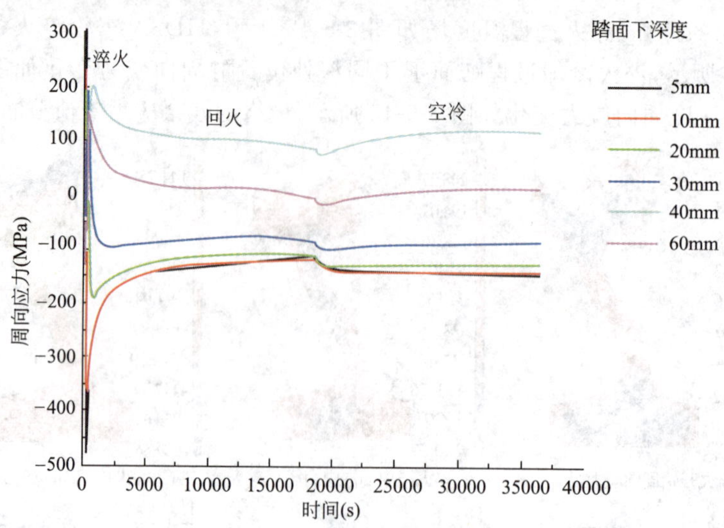

图 3-5-45 HDSA 车轮热处理及冷却过程踏面下不同深度周向应力变化

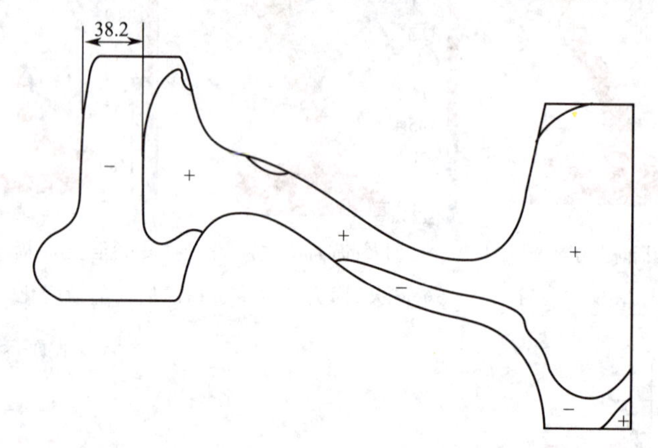

图 3-5-46 HDSA 成品车轮热处理后残余应力等值分布图

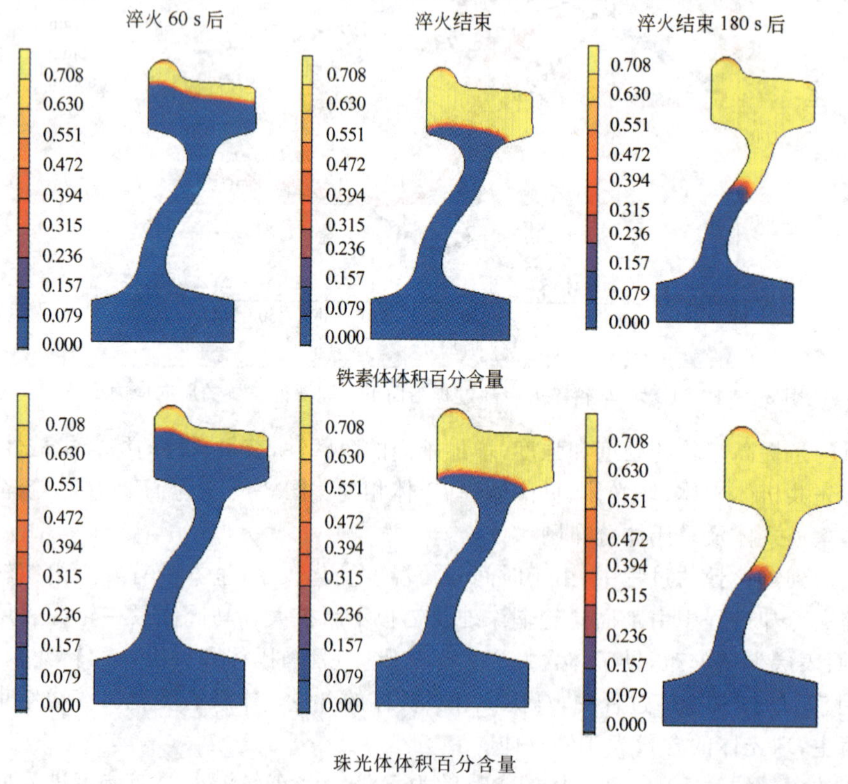

图 3-5-47

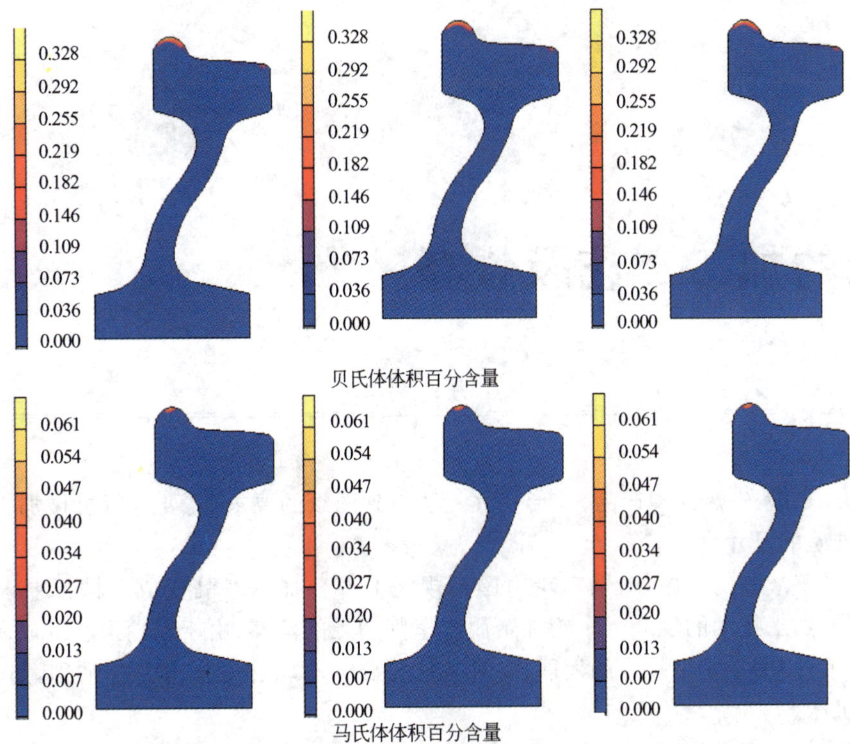

图 3-5-47　HDSA 车轮在热处理过程中的组织变化

第六章
辗钢车轮的加工工艺及设备

辗钢车轮的毛坯是锻压-热处理产品，外形尺寸无法得到图纸的要求，需要进行机械加工，消除表面脱碳层和轧制面，得到准确的尺寸。

随着铁路提速重载战略的实施，辗钢车轮由国标规定的部分加工产品变成了铁标要求的全加工产品。随之而来的就是车轮加工技术的发展。车轮加工属于车削加工的范畴，由于车轮形状的限制，一般都采用立式车床进行加工。另外，由于轮轴技术的发展，各种特殊需要的车轮加工技术需要采用，如车轮注油孔的加工，需要一些特种机床。

最早期的辗钢车轮加工机床以手工操作为主，后来逐步过渡到机械仿形机床，且都是单机作业方式，以人工劳动为主。这类机床工作效率低，劳动强度大，对操作工的技术水平的依赖大，不同人员生产无法实现质量的均衡性，已逐步淘汰。

进入 20 世纪 90 年代以来，由于计算机技术的应用，数控加工技术得以飞速发展，数控加工中心、数控专用机床或通用机床进入了车轮加工行业，计算机集成制造系统和集散控制系统的采用，使得车轮生产线的组和成为可能，极大地提高了车轮的加工质量和加工效率。另外，为了保证小批量产品的加工，由单机按照功能进行组合的机床组也大量的应用，比较突出的是由 2 台或 3 台通用或专用机床组成，每台机床完成单一的功能。

1993 年，马钢车轮轮箍厂建成了我国第一条车轮数控加工线，该生产线由 12 台双刀架数控机床、4 台机械手以及辅助设备组成。这条生产线同时也是世界上第一条按照生产线概念建成的全自动车轮专用生产线。随后，国内机床行业参照引进的机床试制数控机床，逐步开发了一些单刀架数控通用机床、双刀架数控机床等。1996 年，太原重工车轮厂建成，引进了一些斯奈德机床组成的小机组。2004 年，马钢引进了第二条车轮全自动加工生产线，专门用于生产货车轮。2007 年，引进了第三条车轮全自动加工线。生产效率得以大幅度提高，质量也得到保证。

第一节　辗钢车轮加工工艺

一、辗钢车轮加工工艺概述

机加工工艺过程可概括地定义为加工对象性能的变化，它包括几何形状、硬度、状态等地变化。车轮的生产工艺流程，是将炼钢厂提供的钢锭，按照产品不同的规格、形状、性能、外观和内在质量等要求，采用不同的工艺过程，生产出符合一定质量标准的产品。这种工艺过程分为质量不变和质量减少过程。车轮的加工则属于质量减少过程。其实质是通过刀具从车轮的轧制坯料上切除一定的金属后，使车轮的外形尺寸及形位公差符合标准规定。

车轮的加工工艺，是多工序的工艺流程。对不同规格、型号的车轮各工序加工尺寸的确定，加工基准的选择，装夹方式的采用，切削用量的确定，机床各部的调整等是非常重要的。

二、辗钢车轮加工工艺流程

1. 辗钢车轮的状态交货

(1)未加工(锻制或轧制)状态：除为满足订单中规定的技术要求而进行的机械加工外没进行任何机械加工。

(2)粗加工状态(按需方要求)：车轮已进行了机械加工，但尚未进行最终机械加工。

(3)半精加工状态：车轮某些部分已经进行了精加工，而除了轮毂孔外其他部分还需进行最终机械加工。

(4)精加工状态：车轮进行了精加工(除轮毂孔外所有部分)。

(5)待装配状态：包括轮毂孔在内的车轮的所有部位都进行了精加工。

针对不同的交货状态要安排不同的加工工艺已满足产品的要求，现以精加工状态交货的车轮为例说明车轮的加工工艺。

辗钢车轮的加工一般可以分为两个阶段，第一阶段在热处理前，我们称之为车轮的粗加工；第二阶段是在车轮的热处理后，是对性能满足交货条件的车轮毛坯进行全面的切削加工，使其满足最终交货的需要。

2. 车轮的粗加工

车轮的粗加工是对轧制毛坯进行初步的修整，其作用为去除踏面部分过多的余量，使车轮外形符合下一工序的要求，使热处理时的踏面余量分布均匀，以保证车轮踏面的组织性能的均匀性，为后续的加工提供合适的基准。粗加工一般对车轮的踏面、轮辋外侧面和轮毂孔进行必要的加工。合理的选择粗加工时的基准和余量，将会对车轮的热处理性能、表面组织以及后续加工的合格率和消耗有着极大的影响。

粗加工基准的选择有两个出发点，一是保证各加工表面有足够的余量，二是保证不加工面尺寸符合图纸要求。

辗钢车轮粗加工时基准的选择需要考虑因素有：

(1)基准重合原则，尽可能选择轧制时的基准作为粗基准。

(2)选取余量较均匀的部位为粗基准。

(3)粗基准一般不能重复使用。

粗加工的尺寸选择：

(1)考虑热处理设备的需求。

(2)考虑热处理后表面硬度的分布。

(3)考虑热处理后表面组织的分布。

3. 车轮的半精加工和精加工

随着车轮要求的提高，绝大多数辗钢车轮都需要在热处理后进行半精加工或精加工，以使车轮的形状、表面质量以及形位公差满足图纸的需要。

影响表面粗糙度的因素：

(1)几何因素

由于刀具切削刃的几何形状、几何参数、进给运动及切削刃本身的粗糙度等原因，未能将被加工表面上的材料层完全干净地去除掉(只有当刀具上带有刀具的副偏角 $k_r'=0$ 的修光刃且进给量小于修光刃宽度时，理论上才不产生残留面积)，在已加工表面上遗留下残留面积，残留面积的高度构成了表面粗糙度 R_z。

当 $f\leqslant 2r_e\sin k_r'$，残留面积是由圆弧过渡刃构成。此时式中：f 为进给量(mm/r)；r_e 为刀尖圆弧半径。

当 $2r_e\sin k_r'\leqslant f\leqslant(r_e/\sin k_r')[1-\cos(k_r+k_r')]$ 残留面积是由刀尖圆弧过渡刃和直线副切削刃构成。此时 $R_z=r_e[1-\sin(k_r'+b)]\times 1\,000$，$\sin b=1-(f/r_e)\sin k_r'$，式中 k_r，k_r' 为刀具的主偏角、副偏角。

当 $f>(r_e/\sin k_r')[1-\cos(k_r+k_r')]$，残留面积是由刀尖圆弧过渡刃和二直线主、副切削刃构成。此时，当 $r_e\to 0$ 时，残留面积是由主、副 2 条直线切削刃构成。此时，刀具切削刃的粗糙度由于直接复映在加工表面上，所以刀具切削刃的粗糙度值，应低于加工表面要求的粗糙度值。

实际上加工表面的粗糙度总是大于按以上计算的残留面积的高度，只有切削脆性材料或高速切削塑性材料时，实际加工表面的粗糙度才比较接近残留面积的高度，说明影响表面粗糙度的还有其他原因。

(2)积屑瘤

积屑瘤的产生，是由于切屑在切削过程中的塑性流动及刀具与切屑的外摩擦超过了内摩擦，在刀具和切屑间很大的压力作用下造成切削底层与刀具前面发生冷焊。积屑瘤对表面粗糙度的影响有两方面：①它能刻划出纵向的沟纹来；②它还会在破碎脱落时黏附在已加工表面上。其主要原因是：当积屑瘤处在生长阶段时，它与前刀面的黏结比较牢，因此积屑瘤在已加工表面上刻划纵向沟纹的可能性大于对已加工表面的黏附。当积屑瘤处于最大范围以及消退阶段，它已经不很稳定。这时它一方面虽然还时而刻划沟纹，但更多的是黏附在已加工表面上。

(3)鳞刺

鳞刺是指已加工表面上鳞片状的毛刺,是用高速钢刀具低速切削时,经常见到的一种现象。鳞刺一般是在积屑瘤增长阶段的前期里形成的。甚至在没有积屑瘤的时候,以及在更低一些的切削速度范围内也有鳞刺发生。刀具的后角小的时候特别容易产生鳞刺。鳞刺对已加工表面质量有严重的影响,它往往使表面粗糙度等级降低 2～4 级。鳞刺的成因是前刀面上摩擦力的周期变化造成的。

(4)振动

切削过程中如果有振动,表面粗糙度就会显著变大。振动是由于径向切削力 Fr 太大,或工件系统的刚度小而引起的。

(5)其他因素

副切削刃对残留面积的挤压,使残留面积向与进给相反方向变形,使残留面积顶部歪斜而产生毛刺,加大了表面粗糙度。过渡刃圆弧部分的切削厚度是变化的,近刀尖处的切削厚度很小。当进给量小于一定限度后,这部分的切削厚度小于刃口圆弧所能切下的最小厚度时,就有部分金属未能切除,就会使表面粗糙度增大。切削脆性材料时,产生崩碎切屑,切屑崩碎时的裂缝深入到已加工表面之下,使粗糙度增大。此外,排屑状况、机床设备的精度和刚度等,也会影响已加工表面的表面粗糙度。

目前,车轮加工刀具基本采用可转位刀具,其刀尖圆弧和进给量以及粗糙度之间的关系可参考表 3-6-1。

表 3-6-1 刀尖圆弧、进给量和粗糙度的关系

刀尖圆角(mm)	圆刀片(mm)	R_a/R_z(μm)					
		0.4/1.6	1.6/6.3	3.2/12.5	6.3/25	8/32	32/100
		进给量(mm)					
0.2		0.05	0.08	0.13			
0.4		0.07	0.11	0.17	0.22		
0.8		0.10	0.15	0.24	0.30	0.38	
1.2			0.19	0.29	0.37	0.47	
1.6				0.34	0.43	0.54	1.08
2.4				0.42	0.53	0.66	1.32
	6	0.20	0.31	0.49	0.62		
	8	0.30	0.36	0.56	0.72		
	10	0.25	0.40	0.63	0.80	1.00	
	12		0.44	0.69	0.88	1.10	
	16		0.51	0.80	1.01	1.26	2.54
	20			0.89	1.13	1.42	2.94
	25				1.26	1.58	3.33

第二节 辗钢车轮加工的单体设备及功能介绍

由于车轮的加工面多为曲面,车轮的本身形状又是盘形件,车轮加工的主要设备为仿形立式车床。根据仿形控制方式的不同,可以分为电气仿形车床和数控车床两类。随着控制技术的发展,电气仿形已经基本被数控技术所取代。

为提高效率,车轮精加工多采用双刀架数控立车。根据精加工的工艺不同,可将加工形式分为单机完成,两机组和三机组的形式。单机完成车轮全表面加工的机床代表性的为德国 Hegenscheidt 公司生产的 RQQ 机床系列,车轮的内外侧面在同一台机床上完成。

一、RQQ 机床简介

RQQ 机床是德国 NSH(NILES-SIMONS-HEGENSCHETIDT)公司生产的双刀架数控立车,专业用于火车车轮的加工。其特点是可以在同一台设备上完成车轮的两个侧面的加工，可以单机使用，也可以组成生产线使用。机床的刚性好，加工效率高；两侧刀架各带有12把刀的刀库，可以方便的配置加工时所需的各种刀具；带有刀具监控系统，可以有效地监控加工过程中的刀具状况，为机床和工件提供保护。

1. RQQ车轮加工中心的技术参数

卡盘　卡盘直径：1 370 mm
卡盘回转直径：1 450 mm
在$P=90$转时最大夹持力：400 kN
最大转速：370 r/min
夹爪行程：82 mm

夹紧缸　行程：144 mm
编码器系统：非接触夹持行程编码器

RQQ主传动装置：西门子电动机1PH7 286-C-155/191 kW(100/60%负载)
主轴的最大速度=400 r/min，效率=0.90
总传动比$i_1=22,839$，$i_2=6,257$

横刀架X/U　三相交流伺服电动机，同步皮带传动、滚珠进给丝杆
X/U-刀架的进给速率：0.01～10 mm/r
快速进给速率：24 m/min
编码器系统：绝对旋转编码器

立刀架滑枕Z/W　三相交流伺服电动机，同步皮带传动、滚珠进给丝杆
Z/W刀架的进给速率：0.01～10 mm/r
快速进给速率：24 m/min
编码器系统：绝对旋转编码器
液压刀具夹持机构
在80转时夹持力：64～86 kN
切削力，左边刀具接收器：65 kN
切削力，右边刀具接收器：75 kN

工作区域安全门　传动装置SV：三相交流伺服电动机：1FK7 060-5AF71-1EH0
行星齿轮传动装置：LP 090-M01-7-111，Alpha-Getriebebau

刀具更换器　每个刀库的刀位数量：12
同时更换的刀具数量/更换器：2
刀具更换时间(依刀具重量而定)：10 s

刀具系统采用CAPTO C8 XL系统。RQQ车轮加工机床如图3-6-1所示。

图3-6-1　RQQ车轮加工机床

表3-6-2　RQQ机床使用的刀具

刀片使用范围	规格
粗加工	RCMX3209
精加工	RCMX2507
镗孔	SNMM2507

2. RQQ 的刀具及刀具监控系统

RQQ 机床使用的是 SANDVIK Coromant Cputo C8X 刀具系统，刀具选用见表 3-6-2。

CTM 刀具监控系统是对刀具磨损导致进给驱动转矩增加和因此导致功率消耗的增加进行监控，该措施不需要安装传感器，并且可以确保每次加工操作进给量可以被明确的选择。刀具磨损监控系统让换刀程序在正确的时间执行。CTM 刀具监控曲线图如图 3-6-2 所示。

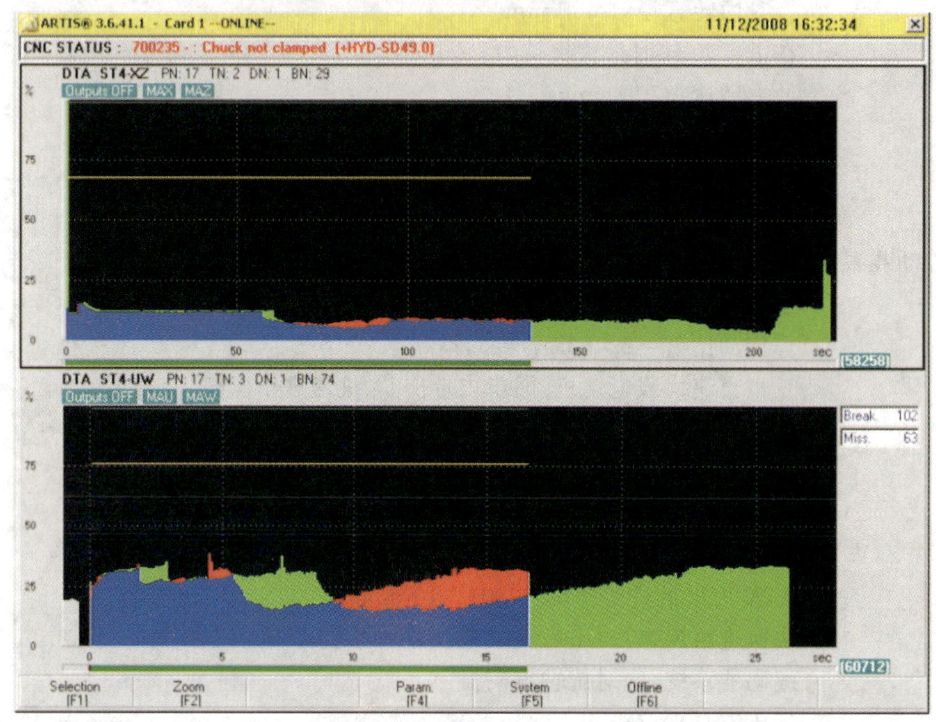

图 3-6-2 CTM 刀具监控曲线图

3. 车轮加工的夹具

RQQ 机床的工装能够实现车轮同时进行正反两面的加工，主要依靠滑块的大行程和合理的夹具设计。这样设计不仅可以把车轮的形位误差控制到最小且保证尺寸的一致性，还减少了倒运、上下料时间，使生产节奏更加紧凑，极大地提高了生产效率。

RQQ 机床的夹具工装夹紧车轮示意图如图 3-6-3 所示。

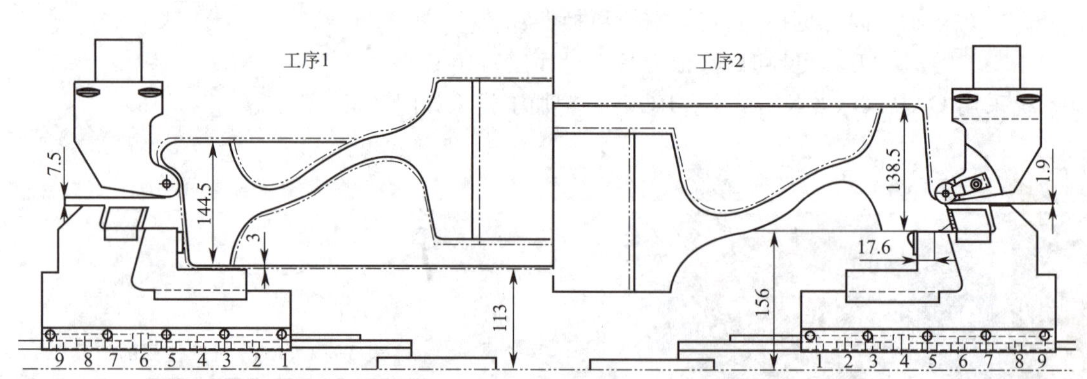

图 3-6-3 RQQ 机床的夹具工装夹紧车轮示意图

车轮在 RQQ 机床上的加工工艺如图 3-6-4 所示。

二、二机组机床

二机组的代表机床为德国 DIEDESHEIM 生产的 VF120RW 机床，车轮的内外侧面在两台机床上完成。VF120RW 由德国公司生产，为双刀架数控立式车床。两侧刀架带有 4 工位转塔，配有自动换刀系统和刀具监控系统，适合直径在 1 100 mm 以下各种型号车轮的加工。

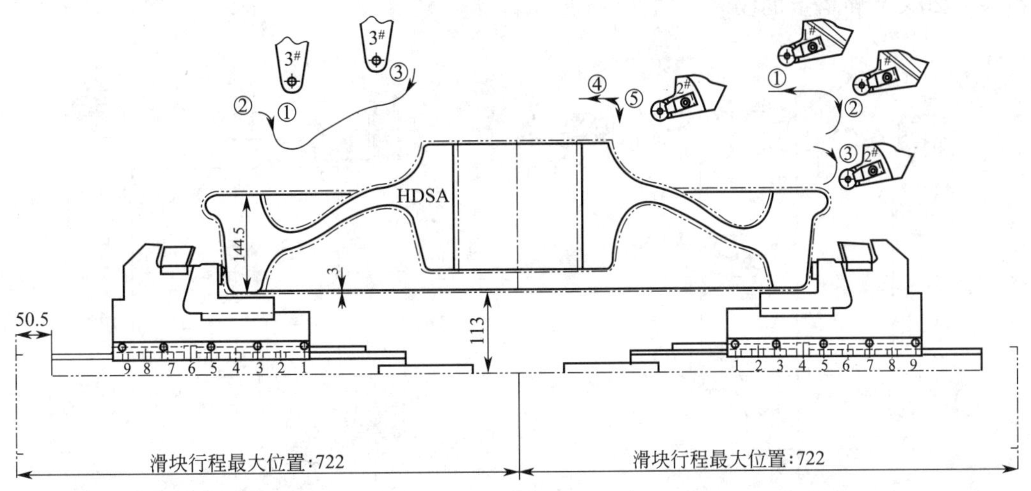

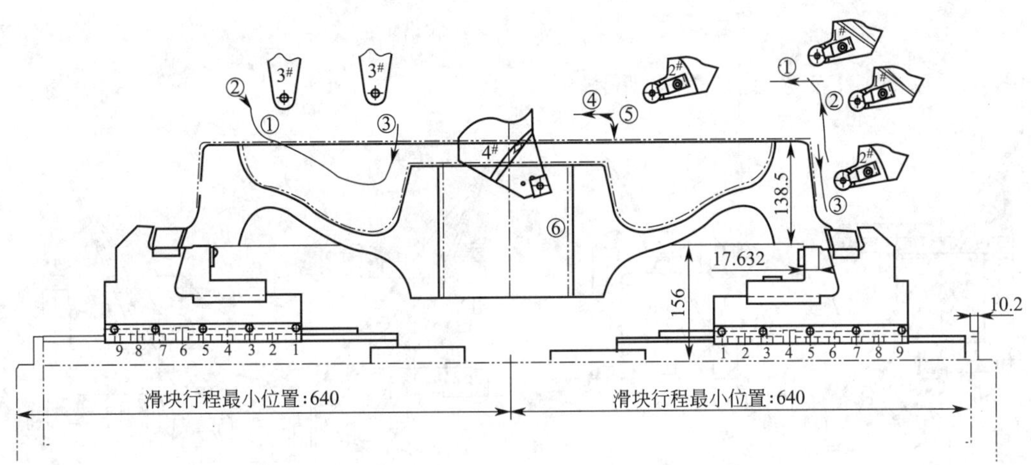

图 3-6-4　RQQ 机床上的车轮加工工艺

主要设备技术参数

VF120RW 数控车床

最大切削直径	ϕ1 300 m
最大回转直径	ϕ1 580 m
刀架垂直行程	700 mm
刀架水平行程	700 mm
主电机最大功率	150 kW
主变速换挡传动比	4.17
主轴最大转速	400 r/min
最大转矩(100 K 负载)	47 700 N·m
主轴平面轴承	ϕ710 mm
花盘中心直径	ϕ630 mm
主轴顶边尺寸	840 mm
刀架快速移动速度	14 m/min
刀架进刀速度	0～14 m/min
左刀架 z 轴最大动力	32 000 N
右刀架 z 轴最大动力	40 000 N
左刀架 x 轴最大动力	32 000 N
右刀架 x 轴最大动力	40 000 N

刀具在 VF120RW 转塔上的安装如图 3-6-5 所示。

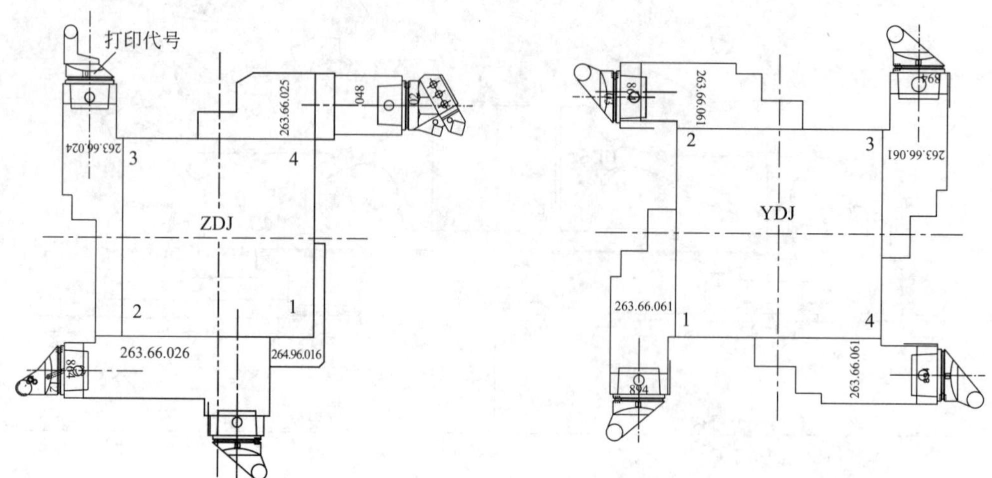

图 3-6-5 刀具在 VF120RW 转塔上的安装

VF120RW 机床的加工工艺如图 3-6-6 所示。

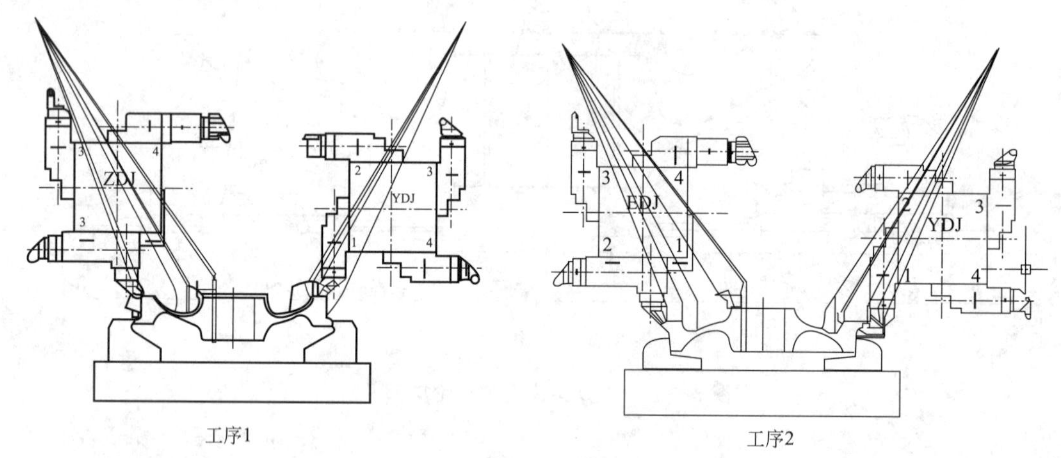

图 3-6-6 VF120RW 机床的加工工艺

三、三机组机床

三机组的工艺有两种，一种是 SNYDER 机床组成的三机组，加工顺序为：加工踏面和外侧面所有部位→加工轮缘和内侧轮毂部分→加工内辐板、镗孔；另一种是采用标准的数控立车或是普通立车进行数控改造生产，其工艺为加工内侧所有部位、镗孔→加工外侧所有部位→加工踏面轮缘。

三机组加工的机床要求较低，但相对来说效率低，重复装夹次数多，加工质量相对 RQQ、VF120 这些设备来说有一定的差距。SNYDER 机床如图 3-6-7 所示，先镗孔后三机组方式的装夹如图 3-6-8 所示。

第三节 辗钢车轮加工成线设备

随着技术的不断发展和规模生产的需要，数控车轮加工生产线应运而生。数控立车配合机械手以及其他运输设备组成的生产线，实现从上料以后车轮的全自动生产，大大提高了劳动生产率，降低了工人的劳动强度。

一、VF120 机床数控加工生产线

1. VF120 机组是专为车轮的加工而设计的。每天三班制运行，每年 330 个工作日，90％的工作效率，年产量可达 30 万件成品车轮。

2. VF120 机床是德国 DIEDESHEIM 公司专门为车轮加工设计的机床，是具有高的刚性、高精度的机床。

3. VF120 机组采用了封闭式的湿式切削加工，安装了先进的刀具监控系统及自动换刀系统，左、右侧刀

图 3-6-7 SNYDER 机床

图 3-6-8 先镗孔后三机组方式的装夹图

架各有一个刀库，可以实时监控加工情况，这样既安全环保，又节省人力、降低刀具消耗。三台双刀架机床仅需两人操作即可。

4. 在 VF120 机组加工的每件车轮，不仅可以把车轮的形位误差更好的控制并且保证尺寸的一致性，而且倒运、上下料都是流水线生产，使生产节奏更加紧凑，极大地提高了生产效率。

5. VF120 机组的工装很先进，能够满足车轮直径在 700～1 100 mm 的装卡加工需要，并且装卡稳定可靠，具有很高柔性的机床。

6. VF120 机床可以通过检测施加传感器上的力，能对车轮毛坯余量自动在线测量、分析，实现每个毛坯车轮的差异化加工，即高效灵活的自动流水线生产。

7. VF120 机组车轮装卸料装置包括四台独立的机械手，每台机械手为 3 台立车上下料。充当立车和辊道运输系统(1 条进料，1 条出料)之间的媒介。此机械手可以快捷的移动，实现车轮运输的快捷、定位的准确。

8. VF120 机组的每一台机床都是两个刀架同时加工，并且采用非常优化的数控加工程序，生产效率极高。

二、RQQ 机床数控加工生产线

2004 年和 2006 年，马钢又引进了两条新的车轮精加工生产线，分别为 RQQ 和 RQQ-1 生产线，RQQ 生产线主体分为三个单元，每个单元包括 4 台机床和 1 台机械手，年产达 40 万件(以 840HDSA 计)的 ϕ840 mm和 ϕ915 mm 车轮精加工，生产线的设计主要为了满足这两种外径车轮的大批量和高度自动化的生产需要，在同一台机床完成车轮所有部位的精加工(轮毂孔为粗镗)，并且在线更换车轮品种时，机床不需要更改工装，大大缩短了车轮加工的辅助时间。

在 RQQ 生产线成功达产的基础上，为了适应多品种小批量的车轮生产需求，又引进了 RQQ-1 车轮生产线，主体分为两个单元，每个单元包括 4 台机床和 1 台机械手，RQQ-1 生产线能够对直径在 ϕ840 mm 至

ϕ1 250 mm 范围内所有车轮进行精加工，设计年产达 26 万件车轮(以 840HDSA 计)。同样也保持着高度自动化生产的特点，但在连续生产的车轮品种直径变化较大时，需要对机床的工装进行调整，部分时候需要同时调整机械手工装。更换车轮规格时，需要设定生产线控制参数，同时要清空此类车轮后才能加工下一种车轮。

RQQ 和 RQQ-1 生产线由数控车床，机械手，冷却液集中过滤系统，排屑机以及辊道等几个部分组成，生产线的控制系统为 Sinumerik 840DE CNC 控制系统。数控车床是由德国 Hegenscheidt-MFD 公司生产的双刀架数控立式车床，能对车轮进行全加工，是生产线的核心部分。其生产线的组成单元及数量见表3-6-3。

表 3-6-3 RQQ(RQQ-1)生产线的组成单元及数量

组成单元名称	数量		组成单元名称	数量	
	RQQ 生产线	RQQ-1 生产线		RQQ 生产线	RQQ-1 生产线
RQQ 机床	12 台	8 台	成品辊道	1 条	1 条
桥式机械手	3 台	2 台	排削系统(往复式排削机)	2 套	2 套
冷却液集中过滤系统	1 套	1 套	MCIS 数据管理系统	1 套	1 套
毛坯辊道	1 条	1 条			

RQQ 生产线布局如图 3-6-9 所示，RQQ-1 生产线布局如图 3-6-10 所示。

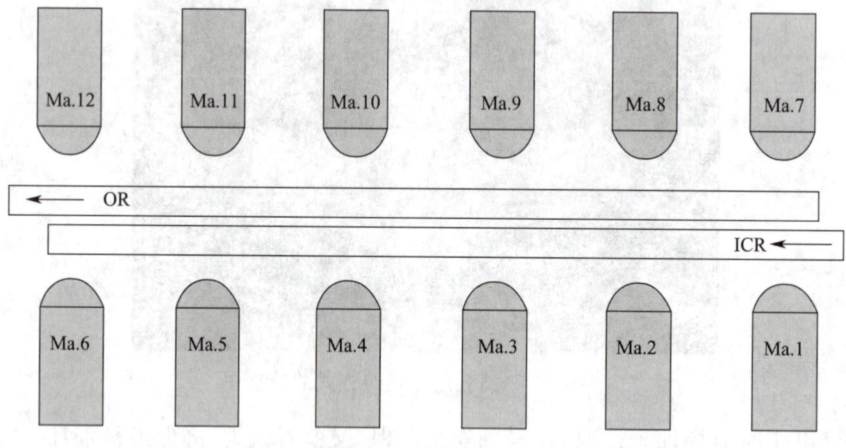

图 3-6-9 RQQ-1 生产线布局

Ma.—机床；ICR—进料辊道；OR—出料辊道

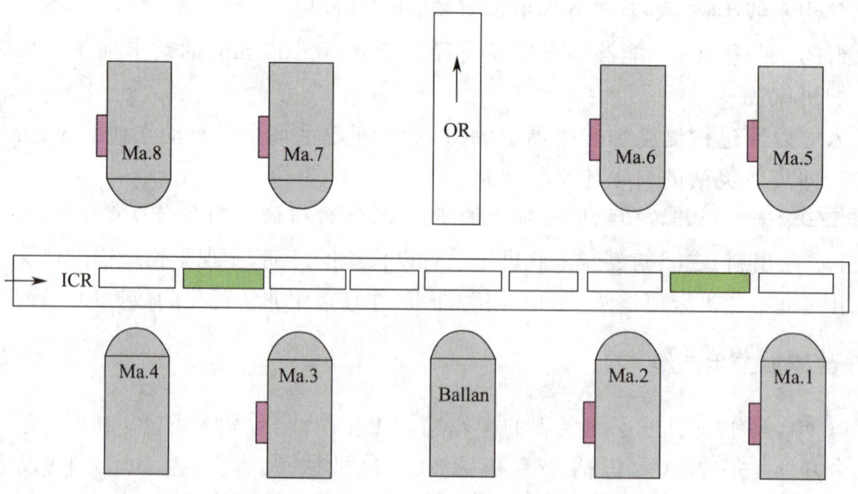

图 3-6-10 RQQ-1 生产线布局

Ma.—机床；ICR—进料辊道；OR—出料辊道；Ballan—静平衡机

机械手的技术数据如下：

机械手的上料能力：1 000 kg

z 轴提升行程：1 000 mm

z 轴速度：0.8 m/s

x 轴行程：大约 10 000 mm

x 轴速度：1.5 m/s

y 轴行程：40 000 mm

y 轴速度：1.5 m/s

机械手翻转车轮如图 3-6-11 所示。

图 3-6-11 机械手翻转车轮

一个完整的工作循环介绍：每台机床前的进料辊道有一个停止位，在运输辊道的上方有两个料台，一个为毛坯料台，一个为成品料台。毛坯工件在进料辊道上到达机床前方的停止位，机械手抓取毛坯车轮放到毛坯料台，将机床内加工好的车轮抓取出放至成品料台，接下来将毛坯料台上的工件送到机床的卡盘卡紧，进行第一道工序加工，然后将加工好的工件从成品料台送到出料辊道上（条件：辊道上有空余空间），车轮在机床内的第一道工序结束后，机械手将工件取出在机床前翻转 180°送到机床卡盘上重新卡紧，进行第二道工序的加工，然后从毛坯辊道抓取下一未加工车轮放到毛坯料台上。开始一个新的循环。RQQ 生产线如图 3-6-12 所示。

图 3-6-12 RQQ 生产线

数据管理系统：生产线中机床、机械手和辊道都用以太网电缆连接到数据库管理系统，数据库管理系统通过以太网连接电缆接到公司主机上。生产线服务器可以从公司服务器或本地 PC 接收生产指令，能将生产信息和设备运行日志及时传送到公司服务器。硬件结构如下：

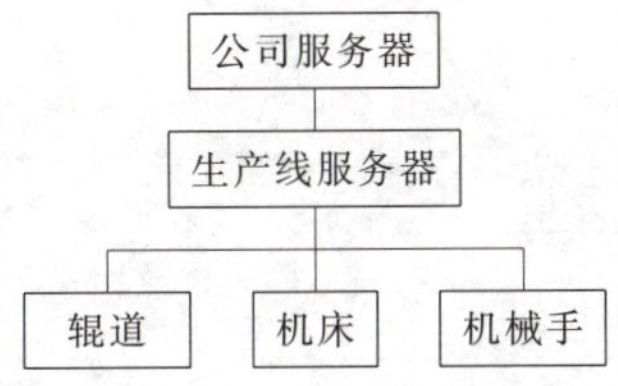

第四节 辗钢车轮特种加工设备

RBO 机床是用于加工车轮注油孔和精镗孔的专用加工机床，由一个 6 工位钻孔单元和一个镗孔单元构成。

RBO 镗床采用 SIMENS 850 数控操作系统，控制 5 轴。可以同时加工车轮注油孔和轮毂孔精加工。RBO 机床工艺参数见表 3-6-4。

表 3-6-4　RBO 机床工艺参数表

用　　途	钻车轮注油孔、精镗车轮轮毂孔	用　　途	钻车轮注油孔、精镗车轮轮毂孔
花盘直径	ϕ1 500 mm	W 轴移动长度	500 mm
工件范围	踏面直径 ϕ600～ϕ1 350 mm	钻油孔转速	10～1 000 r/min
镗孔范围	ϕ125～ϕ215 mm	常用麻花钻规格(mm)	ϕ11.7、ϕ11.8、ϕ14.5、ϕ15、ϕ6、ϕ5、ϕ3
镗孔最大毂长	250 mm	常用锪钻规格(mm)	ϕ25、ϕ26、ϕ30
注油孔角度范围	43°～65°(轮毂孔轴线与注油孔轴线夹角)	常用丝锥规格	G1/4、RP1/4、3/8BSP、M16×1.5
U 轴移动长度	650 mm	制造厂家	德国 Hegenscheidt 公司

第七章

辗钢车轮在线检测工艺及设备

第一节　国内外在线检测工艺及设备概况

目前，国内外车轮生产线的最终检验主要包括：轮辋表面布氏硬度测试、超声波检测、磁粉探伤、表面质量检查、外形尺寸检测。检测项目涉及力学性能、内部和外部完好性、外形尺寸。对于运行速度较高的精加工车轮产品，需做静平衡试验，确保车轮的剩余不平衡值不超过限制，为组装后的轮对达到动平衡要求创造条件。一些车轮技术条件还要求在磁粉探伤后对车轮辐板表面进行抛丸强化处理，以提高车轮辐板抗疲劳的强度。20 世纪 90 年代，在成功开发出剩余应力电磁超声测量仪器后，法国的 Valdunes 车轮制造厂和德国的 Bochumer 车轮制造厂首先将其应用于对新制车轮轮辋内部剩余应力的非破坏性检验。自 2000 年 prEN13262 推出后，越来越多的车轮生产厂开始采用超声波检测技术来对车轮的剩余应力进行评价。

从 20 世纪到现在，车轮在线检测技术、工艺和设备的发展明显表现出如下特征：

1. 检测手段由人工检测转变为自动设备检测，不仅提高了质量检验的效率，而且提高了质量检验的可靠性。但表面质量和外形尺寸目前仍普遍依靠人工检测。

2. 各检测项目由分散实施转变为连线流水作业。早期，由于产品质量生产控制水平较低，各工序产生的不合格品数量较多，将一些检测项目安排在紧接相应工序之后（如轮辋表面硬度测试紧接热处理工序之后，外观和尺寸检查紧接机加工之后），有利用及时发现不合格品，尽早对其返修/返工，可以达到提高生产效率和减少不合格品损失的目的。随着生产规模的扩大、产品质量水平的上升以及检测自动化程度的提高，将所有最终检验项目集中在产品完工后实施则更有利于提高生产效率和质量检验的效力。目前，国内外最典型的车轮检测线流程如图 3-7-1 所示。

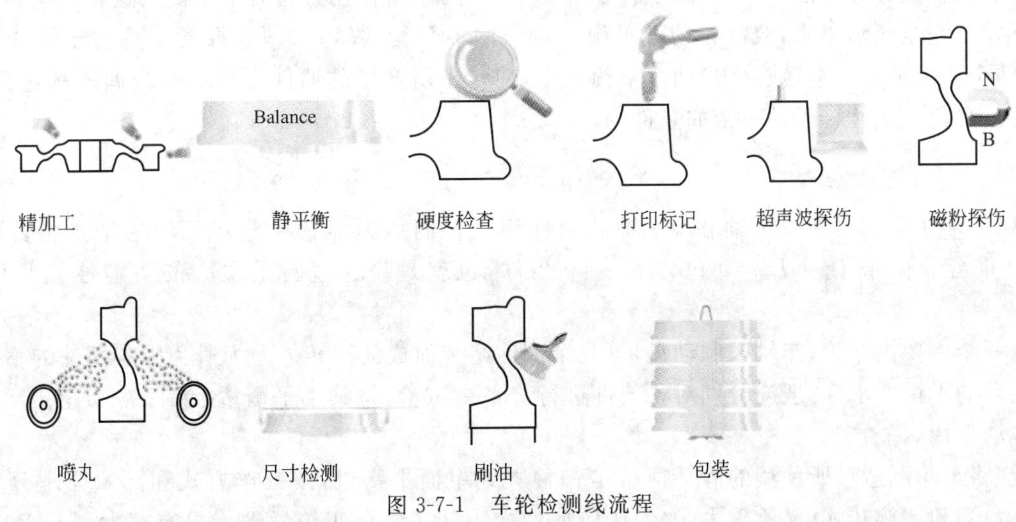

图 3-7-1　车轮检测线流程

3. 随着车辆运行速度或载重的提高，以及生产和检测技术的进步，对车轮产品的质量要求也相应提高，检测方面表现为检测项目增多、检测精度提高。例如，对于运行速度小于等于 80 km/h 的车轮，一般不需要进行静平衡试验；对于速度大于 120 km/h 但小于等于 200 km/h 的车轮，最大许用剩余不平衡值为 75 g・m。最大许用剩余不平衡值越小，要求静平衡试验机的精度越高。又如，对于运行速度小于等于 200 km/h 的车轮，超声波检测不允许存在大于等于 ϕ3 mm 或 ϕ2 mm 平底孔当量大小的缺陷；对于运行速度大于 200 km/h 的车轮，超声波检测不允许存在大于等于 ϕ1 mm 平底孔当量大小的缺陷。当超声波检测的参照基准为 ϕ1 mm 时，就对超声波检测的灵敏度提出了很高的要求。

车轮在线检测项目中，超声波检测技术进步最大。首先，多通道超声波检测仪器的出现，不仅为实现自动探伤提供了必备条件，而且使得采用足够多的探头对车轮轮辋进行两个方向的充分覆盖扫查成为可能，扩大了检测区域，提高了检测效率。其次，20 世纪 90 年代，随着计算机技术和数字化电子技术的进步，越来越成熟的数字超声波检测仪器开始广泛地投入使用。与模拟超声波检测仪器相比，数字超声波检测仪器具有抗干扰能力强、通道数多、设置可存储和调用、距离波幅自动补偿、缺陷大小和位置自动计算、缺陷图像显示、结果自动保存等优势。数字超声波检测仪器的应用，大大提高了超声波检测的自动化程度。第三，20 世纪末，一些超声波检测新技术，如相控阵超声波检测技术、电磁超声波检测技术、超声波应力检测技术等，开始被应用于车轮生产和使用中的检验和试验，丰富了车轮无损检测的手段，并应用中表现出其特有的优点和作用。

第二节 静平衡测试

任何转子在围绕其轴线旋转时，由于相对于轴线的质量分布不均匀而产生离心力。这种不平衡离心力作用在转子轴承上会引起振动，产生噪声和加速轴承磨损，以致严重影响产品的性能和寿命。

平衡就是“检查并在必要时调整转子质量分布，以保证在对应的工作转速频率下，剩余不平衡或者轴颈震动和(或)作用于轴承的力在规定限值内的工艺过程”。简单来说，平衡包括了平衡测试和平衡校正。平衡测试是通过平衡机来完成，平衡校正往往借助于钻床、铣床和点焊机等其他辅助设备，或用手工方法完成。有些平衡机已将校正装置做成为平衡机的一个部分。

平衡分为静平衡和动平衡。对于轴向尺寸较小的盘类(宽径比 $b/D<0.2$)转子，如铁路车轮、齿轮、飞轮等，其所有质量都可以认为在垂直于轴线的同一平面内。这种转子的不平衡是因为其质心位置不在回转轴线上，且其不平衡现象在转子静止时就能够显示出来，故称为静不平衡。对于这种不平衡转子，只须重新分布其质量，使质心移到回转轴线上即可达到平衡，这种平衡称为静平衡。静平衡条件为：

$$e=0 \tag{3-7-1}$$

其中，e 为转子质心到旋转轴的距离，称为质心偏移。

对于轴向尺寸较大的转子($b/D\geqslant0.2$)，如铁路轮对、电机转子和机床主轴等，其质量就不能再被认为分布在同一平面内。这种转子的不平衡，除了存在静不平衡外，还会存在力偶的不平衡。这种不平衡在转子运转的情况下才能完全显示出来，故称为动不平衡。对于动不平衡的转子，须选择两个垂直于轴线的平衡基面，并在这两个面上适当加上(或除去)两个平衡质量，使转子所产生的惯性力和惯性力偶矩都达到平衡，这种平衡称为动平衡。刚性转子动平衡的条件为：

$$I_{zx}=I_{yz}=0 \tag{3-7-2}$$

其中，I_{zx} 和 I_{yz} 为分别相对于 z-x 轴和 y-z 轴的惯性积。它们均为零意味着转子的一个主惯性轴(z 轴)应与旋转轴重合。由于 $I_{zx}=I_{yz}=0$ 包含了 $e=0$ 条件，也就是说通过转子质心的主惯性轴与旋转轴重合。

轮对是一个主要由车轮、车轴(、制动盘)等几个部件组装而成的回转体。为避免因各部件的不平衡量过大而无法轮对的平衡要求，一般应分别对各部件进行静平衡试验，将其不平衡量控制在一定范围内，组装后再进行整体动平衡。

目前，铁路车轮制造厂所使用的静平衡机是一种立式单面平衡机，按工作方式和测量原理分为旋转式(又称离心力式)和非旋转式(又称重力式)。比较典型的旋转式铁路车轮静平衡机有意大利 CEMB 公司制造的 VUCN 型，如图 3-7-2 和 VUBS 型，而比较典型的非旋转式铁路车轮静平衡机有美国 SCHENCK 公司制造的 CBWH 型，如图 3-7-3 所示。

图 3-7-2 意大利 CEMB 公司制造的旋转式铁路车轮静平衡机

图 3-7-3 美国 SCHENCK 公司制造的非旋转式铁路车轮静平衡机

旋转式平衡机又可分为软支承平衡机、硬支承平衡机。平衡转速高于转子一支承系统固有频率的称为软支承平衡机。这种平衡机的支承刚度小，传感器检测出的信号与支承的振动位移成正比。平衡转速低于转子一支承系统固有频率的称为硬支承平衡机，这种平衡机的支承刚度大，传感器检测出的信号与支承的振动力成正比。CEMB 制造的铁路车轮静平衡机就是一种采用了压电传感器技术的硬支承平衡机。

旋转式静平衡机的测量原理是建立在旋转惯性离心力平衡的基础之上的。它由一个安装在旋转主轴上的压电晶体传感器来测量转子由于不平衡分布质量而产生的呈正弦函数变化的离心力，并通过矢量分析得出不平衡幅值。而不平衡相位角度的测量则是通过一个高灵敏度的接近开关，在测量主轴转速的同时，相应测得不平衡点在正交曲线上的相位角度。由于采用压电式力传感器无需任何弹性部件，因此这是一种刚性很好的系统，其抗干扰冲击能力强。另外，压电材料的适用范围广且性能稳定，一个大型平衡机也能平衡非常轻的转子，精度和用一个小型平衡机获得的一样，因此对于不同重量的工件仅需要做一次标定，且一次标定后可以不需要再标定。

非旋转式静平衡机的测量原理是建立在重力-位移平衡的基础之上。它由 4 根弹簧构成的万向弹性系统置于双层底盘（平衡盘）之下，两对弹簧相互垂直布置，一对弹簧允许上盘绕有 2 个支点的 x 轴倾斜，另一对弹簧允许上下盘绕有 2 个支点的 y 轴倾斜，如图 3-7-4 所示。因此，这种结构（Quadra-flex）能让底盘向任何方向倾斜。被测工件置于底盘的夹爪平面上，由于工件偏移质点的重力作用，使工件随着悬浮心轴向质心方向倾斜，从而构成 x 和 y 两个方向的运动。两个长摆动体与该弹簧系统相连，将底盘倾斜位移传递给安

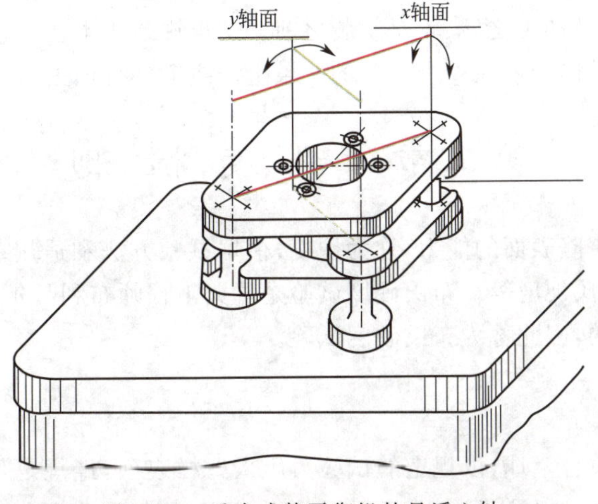

图 3-7-4 重力式静平衡机的悬浮心轴

装在底盘的两个LVDT(线性可变差动变压器),与不平衡量成正比的位移信号通过房大,并经测量系统的矢量分析,计算出工件不平衡量的大小和相位。这种测量系统呈软特性,弹簧的线性度和它的抗疲劳性能以及系统的抗干扰冲击能力直接影响测量精度。而且,采用弹性元件传感器最不利的一点是:它是通过簧板来感应工件重力的不平衡方位,簧板的刚性强时,对于平衡非常轻的转子或剩余不平衡值小的转子,则灵敏度低,甚至不能测量到;簧板的刚性弱时,则不适用于很重的转子。

单面立式平衡机的主要性能有:被平衡的最大转子质量、最小可达剩余不平衡度 e_{mar}(g·mm/kg)、不平衡量减少率URR(%)、不平衡力偶干扰比 I_{sc}〔g·mm/(g·mm^2)〕、测量时间 s。其中,最小可达剩余不平衡度 e_{mar} 是平衡机能使转子达到的剩余不平衡度的最小值,它是衡量平衡机最高平衡能力的指标;不平衡量减少率URR是经过一次校正后所减少的不平衡量与初始不平衡量之比,它是衡量平衡效率的指标;不平衡力偶干扰比 I_{sc} 描述的是转子的偶不平衡对静平衡指示的影响。JB/T 9392—2002中规定 $e_{mar}\leqslant8$(g·mm/kg)、URR≤85%、$I_{sc}\leqslant1/2\ 000$[g·mm/(g·mm^2)]。

平衡的目的是使制造的转子的剩余不平衡量在规定的极限范围内,为此宜对各类误差进行控制并在剩余不平衡量的测量中计算出来,以确保符合限值的规定。最大许用剩余不平衡量越小的转子,对平衡误差的评价越为重要。

平衡误差分为系统误差、随机误差和标量误差。其中系统误差主要包括平衡机测量系统的固有误差和被测工件定位基准加工精度引起的误差。目前,平衡机的测量灵敏度和最小可达的剩余不平衡量都足够小(例如,CEMB制造VUBS型静平衡机的测量灵敏度不超过100 g·mm,最小可达剩余不平衡度不超过1 g·mm/kg),同时夹具偏心误差可以自动校正,所以平衡试验系统误差应主要考虑源自工件定位基准面形位偏差的影响。以915KKD车轮为例,理论质量为386 kg,轴孔相对滚动园的径向跳动公差为0.2 mm,采用轴孔夹紧做静平衡时,由于轴孔径向跳动造成的定位偏心而带来的不平衡量最大可能值为 $U=m\cdot e=386\times0.2=77.2$(g·m)。仅此一项,就超出产品技术条件规定的最大许用剩余不平衡值75 g·m。

对于铁路车轮制造厂做静平衡试验时应该选择车轮的什么部位作为定位基准,目前尚无标准明确规定。早期,多数车轮制造厂采用的是轴孔夹紧方式。现在,越来越多的人认识到采用车轮的踏面滚动圆作为静平衡试验的定位基准是正确的。

车轮静平衡试验是在车轮制造厂,而不是在轮对组装厂进行的。车轮制造厂出厂的车轮,除轴孔多为半精加工状态,其他部位一般为精加工状态。到了轮对组装厂,将根据车轴的轮座加工尺寸和预留的过盈量,以车轮滚动圆为装卡找正基准对车轮轴孔进行组装前精加工。在车轮制造厂做静平衡试验的目的仅仅是判定车轮是否达到了最大许用剩余不平衡值要求,为轮对动平衡达到要求创造条件。若以轴孔为定位基准,则对轴孔加工精度提出了过高的要求。但在组装前重新加工轴孔时,轴孔相对滚动圆的径向跳动值及其出现的相位随着车轮被第二次装卡和机床加工精度变化而发生了变化,使得车轮制造厂过高的车轮轴孔加工精度以及标记的车轮剩余不平衡量的方位失去了意义。

鉴于无论是车轮制造厂还是轮对组装厂,车轮轴孔的精加工总是以滚动圆为装卡找正的基准,所以对于轴孔没有精加工的车轮来说,选择滚动圆作为静平衡试验的定位基准是合理。若是以轴孔作为定位基准进行静平衡试验,则应放在轴孔精加工之后、轮对组装之前。这也许是日本住友、法国Valdunes等车轮和轮对制造厂家将车轮和轮对甚至转向架放在一个工厂的一条生产线上进行加工、检测和组装的原因之一。

第三节 硬度检测

金属材料抵抗硬的物体压陷表面的能力,称为硬度,根据试验方法和适用范围不同,硬度又可分为布氏硬度、洛氏硬度、维氏硬度、肖氏硬度等。布氏硬度试验是瑞典工程师布利聂尔于1900年在研究热处理对轧制组织的影响过程中提出来的,因此称为布氏硬度试验。

一、布氏硬度测量原理

用一定直径的钢球或硬质合金球,以规定的试验力压入式样表面,经规定保持时间后卸除试验力,测量钢球在试样表面压出的压痕直径 d,计算出压痕面积,算出载荷 P 与压痕面积的比值,这个比值所表示的硬度就是布氏硬度，用符号 HB 表示，计算公式如 3-7-3。布氏硬度的测量原理如图 3-7-5 所示。

$$HB = P/F \tag{3-7-3}$$

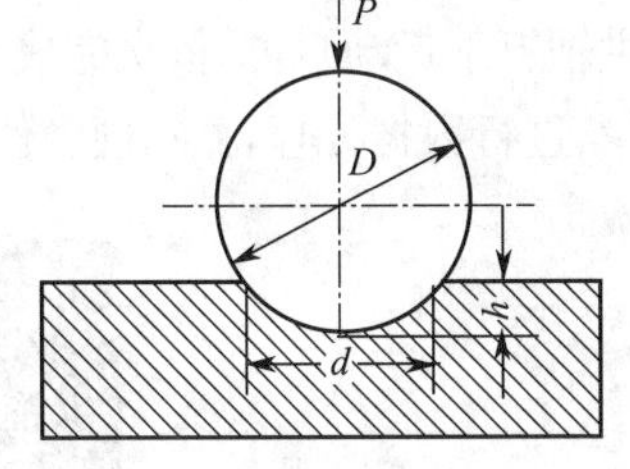

图 3-7-5　布氏硬度的测量原理

式中　HB——布氏硬度（kgf/mm^2）；

P——所施加的负荷（kgf）；

F——压痕的球形表面积（mm^2）。

根据立体几何可知，压痕球形表面积：

$$F = \pi D h$$

式中　D——钢球压头直径（mm）；

h——压痕深度（mm）。

于是

$$HB = \frac{F}{\pi D h} \tag{3-7-4}$$

上式说明：P、D 一定时，HB 与 h 成反比，既 h 越大，HB 越低，反之亦然。

但是，由于存在着因钢球压入试样表面时引起的凸、凹压痕，还由于存在着压痕深度的弹性恢复和钢球压头的弹性压缩，所以要对压痕深度 h 值进行精确的测量是很困难的。因此在实际工作中，是通过几何方法求出压痕直径 d 与 h 值的关系，再利用此关系制出布氏硬度值查对表供试验中使用。

$$H = \frac{D - \sqrt{D^2 - d^2}}{2} \tag{3-7-5}$$

$$HB = \frac{2P}{\pi D(D - \sqrt{D^2 - d^2})} \tag{3-7-6}$$

式中　P——所施加的负荷（kgf）；

D——钢球压头直径（mm）；

d——压痕直径（mm）。

布氏硬度的压头钢球直径有 ϕ2.5 mm，ϕ5 mm，ϕ10 mm 三种，载荷有 15.6 kg、62.5 kg、182.5 kg、250 kg、750 kg、1 000 kg、3 000 kg 七种。可根据材料的软硬不同选择配合使用。为了在不同直径的压头和不同载荷下进行测试时，同一种材料的布氏硬度值相同。压头的直径与载荷之间要满足相似原理。相似原理是指在均质材料中，只要压入角 ϕ（即从压头圆心压痕两端的连线之间的夹角）不变，则不论压痕大小，金属的平均抗力相等。

布氏硬度的表示方法是若用 ϕ10 mm 钢球，在 3 000 kg 载荷下保持 10 s，测得的布氏硬度值表示为字母 HB 加上所测得的硬度值，例如 HB400。在用其他的试验条件进行试验时，符号 HB 应以相应的指数注明钢球直径、负荷大小及保荷时间。例如：在采用 5 mm 直径的钢球、250 kg 的负荷，保荷时间为 30 s 的试验条件下，测定的硬度值为 100，则以 HB5/250/30＝100 表示。

二、辗钢车轮表面布氏硬度检验方法

车轮轮辋表面布氏硬度检验由闭环控制的液压系统施加 3 000 kg 实验力，10 mm 合金钢球在 3 000 kg 载荷下保持约 12 s 的时间在车轮外辋表面距踏面 5～10 mm 范围内压出一个压痕，再由 CCD 自动摄取压痕，通过直接测量压痕直径，系统自动得出车轮表面布氏硬度，不需要任何的补偿或修整系数，该系统的检验方法更符合布氏硬度检验标准的定度要求，可以获得好的测量精度。同时系统可实现自动读取、判断、记录、传输检测结果的功能。

技术指标：

试验力值偏差　　　≤±1%

自动示值误差　　　≤±2%　　（≥225 HBW）

典型车轮钢轮辋表面硬度见表 3-7-1。

表 3-7-1　典型车轮钢轮辋表面硬度

钢　号	布氏硬度范围 HBW 10/3000
CL50	245～285
CL60	277～341
CL65	285～350
CL70	310～363
R6	229～262
R7	241～277
R8	255～285
R9	262～311

三、车轮在线布氏硬度计设备结构及功能

在线硬度计由主机、强电柜、弱电柜和液压站四大部分组成。

主机采用门式结构主要由机座、主轴机构、主横梁部件、副横梁部件、上定位部件、主底梁部件、副底梁部件、立柱部件、滚道部件、工作台升降部件、压头水平移动部件、CCD 图像捕捉系统等部分组成。功能是使主机稳固可靠，主轴上下运动自如，依次完成“加预荷”、“加主荷”、“保荷”、“卸预荷”、“卸主荷”、“复位”。CCD 摄像头“取压头位图像”进行数据处理，显示硬度值，保证整个测试过程顺利进行。在线硬度测试过程如图 3-7-6 所示。

图 3-7-6 在线硬度测试过程

液压站的主要组成部分主要包括：油箱、各种功能阀、油泵、电机、配油板、冷却装置等，其功能是在计算机的控制下，由各种功能阀产生相应动作，使主机完成测试动作，与电器配合完成工作循环，并能保持油压稳定。

CCD 图像捕捉系统功能如图 3-7-7 所示。

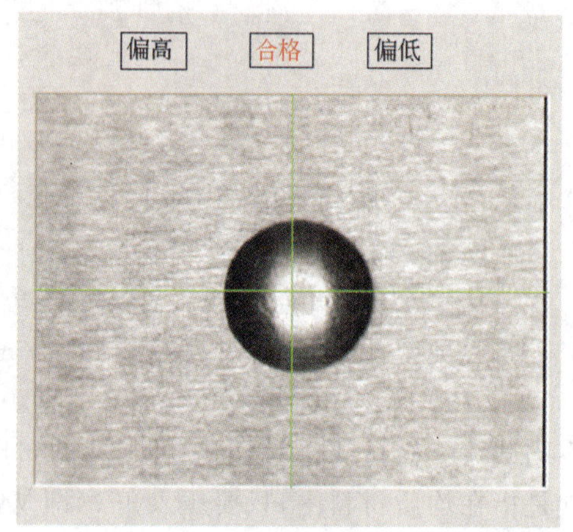

图 3-7-7 CCD 图像捕捉系统功能

该系统 CCD 采用一种高感光度的半导体材料制成，能把光线转变成电荷，通过模数转换器芯片转换成数字信号，数字信号经过压缩以后由相机内部的闪速存储器或内置硬盘卡保存，因而可以轻而易举地把数据传输给计算机，并借助于计算机的处理手段。CCD 由许多感光单位组成，通常以百万像素为单位。当 CCD 表面受到光线照射时，每个感光单位会将电荷反映在组件上，所有的感光单位所产生的信号加在一起，就构成了一幅完整的画面。

图像处理软件对所得图像进行分析处理，确定压痕的边界并计算出测量范围内的像素数量，根据事先标定的每个像素的大小，自动完成压痕 x、y 轴及对角线测量，测出压痕直径，将所得压痕的直径代入布氏硬度计算公式计算出布氏硬度值并通过计算机显示出来从而得出硬度值并保存硬度值。

第四节 超声波探伤

一、超声波探伤方法的基本原理及其分类

超声波探伤是一种利用进入弹性介质的高频机械波（频率大于 20 000 Hz）对被检对象的表面和内部缺陷进行检查的无损检测方法。

超声波探伤用仪器的种类繁多，但在实际的探伤过程，脉冲反射式超声波探伤仪应用的最为广泛。一般在均匀的材料中，缺陷的存在将造成材料的不连续，这种不连续往往又造成声阻抗的不一致，超声波在两种不同声阻抗的介质的交界面上将会发生反射，反射回来的能量的大小与交界面两边介质声阻抗的差异和交界面的取向、大小有关。脉冲反射式超声波探伤仪就是根据这个原理设计的。

根据信号显示方式的不同，脉冲反射式超声波探伤仪可分为 A、B、C 三种类型，又称 A 扫描、B 扫描、C 扫描。其中，A 扫描是最基本的方式。所谓 A 扫描显示方式，是在显示屏中横坐标的一定位置显示一个反射波，横坐标反映了缺陷在被检测材料中的深度，反射波的高度和形状因不同的缺陷而不同，反映了缺陷的大小和性质。

根据超声波产生方式的不同，目前超声波探伤用探头（传感器、换能器）主要有压电超声波探头和电磁超声波探头。前者需要耦合介质让探头发射的超声波传播到被检材料和让探头接收来自被检材料的超声波，而后者无需耦合介质。

根据耦合方式的不同，超声波探伤方法可分为接触法和液浸法。接触法是指探头与被检对象表面接触扫查的一种方法。采用压电超声波探头时，探头与扫查表面之间需要一层耦合剂薄膜；而采用电磁超声波探头时，则无需耦合剂。液浸法是指探头与被检对象表面之间充有一定厚度的液体(常用水)作为耦合剂的一种方法。

随着无损检测技术的发展，一种被称为“相控阵”的技术开始被越来越多地应用于工业超声波探伤方法中。它采用多晶片阵列探头及功能强大的软件来控制超声波的产生和接收，并显示材料内部结构的图像(类似于医用超声波图像)。

为了提高检测的效率和可靠性，生产中产品质量检查、使用中设施和设备的零部件检查更多地采用了针对具体检测对象的专用自动超声波探伤设备。

二、车轮超声波探伤设备

对于车轮制造厂和车辆制造厂所用的车轮/轮对超声波探伤设备，其组成主要包括：数字式超声波探伤仪、探头及探头装置、车轮/轮对输送装置、车轮/轮对转动装置、供水装置(水浸法超探设备还包括一个水槽)。见图 3-7-8～图 3-7-10。

图 3-7-8　加拿大 NDT 技术公司制造的 UMS280 型车轮超声波探伤设备(接触式)

图 3-7-9　德国 IZFP 制造的 RWI 型车轮超声波探伤设备(水浸式)

图 3-7-10　K&K 公司(美国)研制的 PAUT 型车轮相控阵超声波探伤设备

为适应对车轮的多个部位同时进行探伤，数字式超声波探伤仪一般有多个同时工作发射/接收板，每个板又有 4 或 8 个通道。通道总数的选择以满足能够完全覆盖扫查技术条件和工艺要求的检查区域为准。为保证多通道循环工作时不漏检，每个发射/接收板的通道循环周期应以单个通道的重复频率满足在一定的扫查速度下不漏检为准。

对于货车车轮，技术条件一般只要求对轮辋进行超声波探伤，即分别从轮辋侧面和踏面对轮辋进行径向和轴向探伤。但作为车轮制造厂，为加强对产品质量的控制，往往还增加了轮缘和轮毂部位的探伤。为此，加拿大 NDT 技术公司制造的 UMS208 型车轮超声波探伤设备所采用的超探仪通道总数达到了 24 个，具有 1 件/min 的探伤节奏。而德国 IZFP 制造的 RWI 型车轮超声波探伤设备，由于采用了探头移动方式，超探仪通道总数仅需 10 个，但其探伤节奏有所下降。

探头一般为压电超声波直探头，探头频率为 2～5 MHz。对于接触式超探设备，为减少探头下盲区深度，可采用双晶式直探头。对于水浸式超探设备，一般选择一定焦距的水浸式聚焦探头。

转动装置必须保证车轮平稳转动，探头装置必须保证探头相对车轮平稳移动。探头的扫查速度应小于 150 mm/s，车轮转速一般小于 2 r/min。

用作耦合剂的水，必须保证水层或水膜稳定、无气泡。为防止水在冬天结冰、延缓车轮锈蚀、使水完全润湿车轮表面，水中可添加防冻剂、防锈剂、润湿剂等。

由 GE 名下的 K&K 公司(美国)研制的 PAUT 型车轮相控阵超声波探伤设备，近些年在国内、外也得到了较为普遍应用。对于轮辋探伤，它仅需要两个最大长度为 113 mm、共 128 个晶片、可按每 16 个晶片组成 1 个虚拟探头的相控阵探头分别布置在轮辋侧面和踏面。具有探头装置简单、调节容易、声束覆盖面大、C 扫描成像直观等优点。

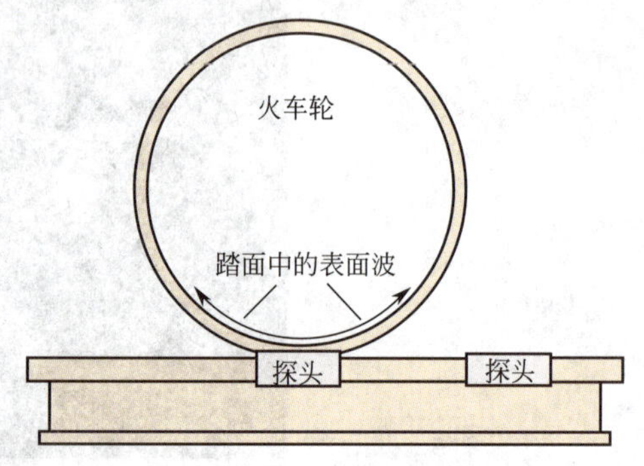

图 3-7-11　车轮踏面表面波探伤

在车轮在役检查方面，车轮踏面电磁超声表面波探伤方法已在国外得到广泛应用。这种方法不仅可以弥补传统方法存在踏面检测盲区的不足，还可以将其装设在铁道线上，对行驶中的列车车轮实现动态探伤。它是在钢轨中埋设电磁超声波探头，当列车行进和车轮滚动通过探头时，依靠表面波的自行传播能力，在车轮接触探头的瞬间完成对车轮踏面的检测。由于这种方法在一点探伤时存在着发射波入射点和透过波对应点的检测盲区，要实现对车轮踏面无盲区检查，需要在每侧铁轨上相隔 1/4 车轮周长处分别埋设 2 个电磁超声探头，做两次互补检查。见图 3-7-11。

第五节　磁 粉 探 伤

磁粉探伤的原理是利用铁磁材料被磁化后，在表面和近表面的缺陷处磁力线发生变形，逸出工件表面形成磁极并吸附磁粉粒子，从而显示出缺陷的位置、形状和大小，磁粉探伤不能用来检查工件内部缺陷。

我国某公司开发的 CJW-6000 型车轮荧光数字化磁粉探伤机，是应用于铁路车辆车轮的专用磁粉探伤设备，该设备采用三相磁化线圈组成在复合磁化回路，可对火车车轮进行复合磁化，有效保证对车轮踏面、轮辋、辐板、轮辕等部位磁场覆盖。设备采用计算机控制程序实现了状态图实时监控、PLC 端口实时监控、磁粉探伤机日常性能校验功能、探伤数字化操作、探伤数据网络管理、支持网络 MES 接口(支持 MES 网络设定，MES 脱网工作模式，及联网工作模式等)。在电路上采用 PLC 可控硅触发技术，PLC 自动控制，抗干扰能力强，能完成工件的转动、喷淋、充磁、退磁等功能，设备采用在线式结构机械手穿芯机构平移、升降为了实现精确定位采用了全数字交流伺服系统控制，车轮的在线传输采用了大推力油缸，升降控制还配有专用同步机构有效保证了设备平稳运行。图 3-7-12 是车轮荧光数字化磁粉探伤机。

车轮轮对荧光磁粉探伤缺陷识别系统采用 8 路摄像头采集火车车轮、轮对工件表面图像，其中 4 个拍摄轮毂的图像，4 个拍摄车轴的图像，8 路图像数据通过接口输入处理器进行处理，最后结果由显示设备输出，这里的处理器使用的是最新双核酷睿 2 处理器。全自动荧光磁粉探伤缺陷识别系统由于其检测灵敏度高，检测工艺简单、可靠，因此得到了广泛的应用。图 3-7-13 采用荧光磁粉探伤缺陷识别。

图 3-7-12　车轮荧光数字化磁粉探伤机

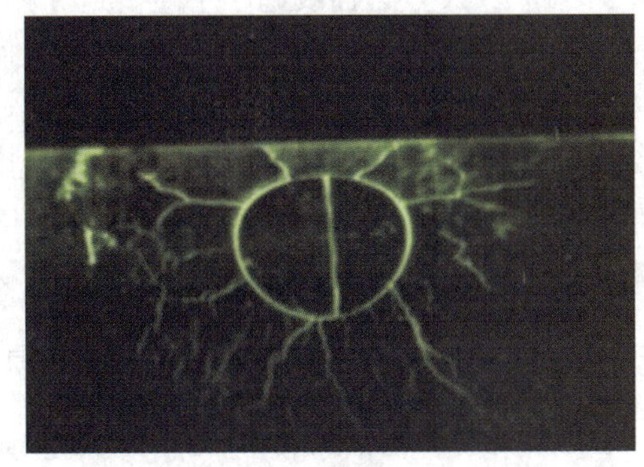

图 3-7-13　荧光磁粉探伤缺陷识别

第六节　抛　　丸

一、抛丸原理

抛丸过程就是大量弹丸喷射到工件表面上的过程(见图 3-7-14)，而弹丸喷射到工件表面上有如无数小锤对表面锤击，因此，金属零件表面产生极为强烈的塑性形变，使零件表面产生一定厚度的冷作硬化层，称为表面强化层，此强化层会显著地提高工件的疲劳强度。

抛丸时，弹丸打击零部件的动量为：

$$E=mv \tag{3-7-7}$$

式中　m——弹丸的质量；

v——弹丸的运动速度。

抛丸强度与弹丸的质量和运动的速度成正比。弹丸的直径越大、运动速度越快，强化层越深，反之越浅。同时，垂直打击的强化较一定角度斜打击的强度要大。角度越小，形成的凹痕越浅。

强化抛丸参数分为抛丸工艺参数和抛丸效果参数。抛丸工艺参数包括：

弹丸参数：弹丸尺寸、形状、材质、硬度及密度。

抛丸参数：弹丸抛射速度、抛射角度、抛射时间、流量等。

抛丸效果参数包括：试片弧高值、覆盖率。

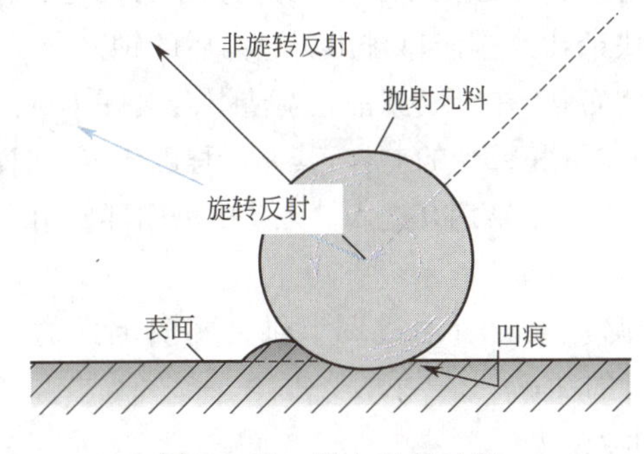

图 3-7-14　抛丸过程示意

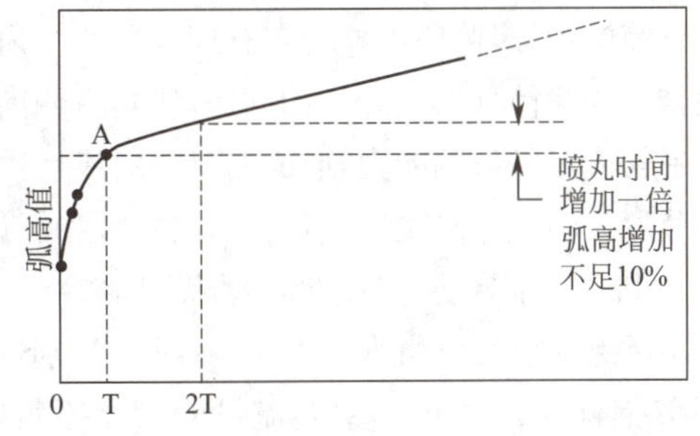

图 3-7-15　抛丸试验弧高-时间曲线

抛丸试验是在钢丸、钢丸抛射速度、抛射角度、单位时间流量一定的条件下，通过不同的时间对试片进行抛丸来获得弧高-时间曲线。试片类型一般根据所要求的抛丸强度来选择的。车轮的抛丸选用 C 型试片。

二、抛丸试验方法

1. 把试片的光亮面向上，紧固在夹具上。
2. 将试片置于一定的弹丸流射参数下进行抛丸，并记下抛丸的时间或其等当量值。
3. 从夹具上取下试片，用量规测量弧高值。

4. 用不同的抛丸时间重复上述操作，直至获得的弧高值数据可以绘出曲线如图 3-7-15 所示。

图 3-7-15 中 A 点是曲线趋于平缓的饱和点。所对应的弧高值则可作为特定工艺所要求的抛丸强度。

若从曲线查得的抛丸强度测量值没有进入所希望的范围，就须改变机器设置值：

(1)如要达到较大的弧高值，当钢丸的型式已定时可用较大的丸粒速度或用较大的粒径。

(2)若要较小的弧高值，则用较小的丸粒速度或用较小的粒径。

速度的改变可以通过改变飞轮转速实现。有时可调正丸粒流的方向，但是最为有效的抛丸硬化处理是丸粒流的主流束垂直喷向所欲抛丸硬化部件的关键地段。

三、辗钢车轮抛丸机主要设备构成及工作原理

车轮抛丸机主要包括抛丸器、抛丸室、密封副室、分离器、提升机、螺旋输送机、转轮和拨轮装置、旋振筛、平台、漏斗、格网、供丸系统、除尘系统、气动系统、电控系统等。

抛丸器(俗称抛头)是一种采用离心力把弹丸高速抛出的装置。根据电机连接方式不同分为直接连接式和皮带连接式。

抛丸器主要由叶轮、叶片、分丸轮、定向套及主轴组成。分丸轮、叶片、叶轮固定在主轴上与主轴一起作高速旋转，定向套则固定在护罩体上，不作转动。调整定向套的位置就可以改变弹丸的抛出方向。

抛丸器的工作原理：当弹丸经输丸管进入后，被高速旋转的分丸轮预加速，经定向套窗口到达高速旋转的叶片上，并沿着叶片的长度方向加速运动直至离开叶片抛出，抛出的弹丸成一扇状流束打击车轮的辐板表面。抛丸器的工作原理如图 3-7-16 所示。

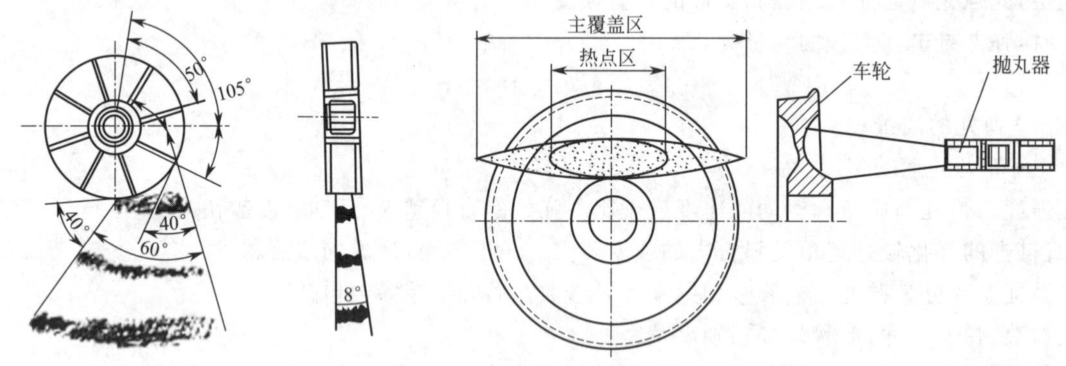

图 3-7-16　抛丸器的工作原理

分离器：车轮抛丸机采用的是一种流幕式分离器。由提升机输送来的丸渣混合料经分离器本身的螺旋输送装置送至滚筒筛中，滚筒筛内外均布有螺旋叶片。内螺旋叶片将大块杂物经排渣口排出。过筛后的钢丸、砂粒和粉尘的混合物经滚筒外螺旋叶片的推送，使其沿分离器长度方向均匀布料，并形成流幕。丸渣混合物在下降过程中受到水平气流对颗粒的吹力，形成偏斜的曲线运动轨迹，因颗粒的比重和粒径的差异，其偏斜程度不同，从而使丸渣得以分离。粉尘被除尘器吸走；碎丸、砂粒和氧化皮等进入废料桶中；合格钢丸进入储丸斗中供循环使用。

提升机：顶部驱动，平皮带传动提升料斗。

供丸系统：采用气缸驱动供丸闸门。分别给抛丸器和旋振筛供丸。可通过调节供丸闸门上面的手动闸板来调节钢丸流量大小。钢丸流量的大小不得超过抛丸器电机的功率。

螺旋输送机：在抛丸室下面，用来把底舱钢丸输送到提升机处。

旋振筛：一种筛分装置，由筛网、弹簧、底座、重锤和振动电机组成。调节上、下重锤的相位角，可改变物料在筛面的运动轨迹。调节上、下重锤的配重，可产生不同的振动力。

除尘系统：采用二级除尘。即一级惯性除尘和二级布袋除尘。

除尘原理：起动抽风机后，灰尘被吸入管道。经过旋风式除尘器时，尘粒的速度减慢，较大较重的尘粒落入除尘器底部，作第一次除尘。轻小的尘粒沿管道继续前行，送至袋式脉冲除尘器作进一步除尘。细小的灰尘被气流带上，净空气穿过滤袋布经喇叭管进入净气室排出，灰尘则积附在滤布上。为了保证工作情况的稳定，除尘器内的压力应在 1176～1470Pa 之间，因此滤袋的灰层必须有规律地进行清理。滤袋的清灰采用压缩空气动力，由脉冲控制器进行控制，作有规律的喷吹清理。喷吹周期通过调节控制器来实现。落下的灰尘

由螺旋排灰装置排出箱外。

第七节　在线剩余应力检测

车轮在热处理过程中轮辋内部产生残余压应力，这种圆周方向的压应力对于防止车轮运行疲劳而出现裂纹十分重要。因此，车轮制造厂需对新制车轮进行应力测试来检验产品质量和评价热处理效果。

目前，轮辋内部残余应力的测试方法主要有以下三种：

1. 切口法

首先在轮辋外侧面轮辋厚度一半处标记两个点，其间距为 100 mm。然后从轮缘到轴孔沿径向切开一道缝，缝宽不小于 2 mm。测量两个标点之间的距离。若切割后标点间距比原距离缩小，表明轮辋内部存在压应力，且收缩量越大压应力越大。反之，若切割后标点间距比原距离扩大，表明轮辋内部存在拉应力。应力水平可以根据 $\sigma=E\cdot\varepsilon$ 公式来估计(式中，E 为杨氏模量，ε 为周向收缩率)。

2. 应变片法

首先在轮辋表面的特定位置(同一截面位置)粘贴应变片，然后逐步实施切割，让轮辋中的残余应力逐步释放，并通过应力片测量局部变形来测得每次切割引起的残余应力状态的变化。再用线性插值法计算轮辋内部状态的变化。由此可以得出轮辋一个截面处的周向残余应力分布情况。

3. 超声波法

切口法和应变片法都属于破坏性试验方法。切口法操作简单，但只能反映整个轮辋内部周向残余应力综合水平，不能反映应力分布情况，检测精度低。应变片法能够反映轮辋一个截面处的周向残余应力的分布情况，检测精度高，但操作复杂。因此，批量生产检验中一般采用切口法，而应变片法多用于工艺评价和型式试验。

20 世纪 90 年代，一种非破坏性测试方法被用于对铁路车轮轮辋内部残余应力的评价，它就是超声波检测方法。它具有操作方便、检测精度好、且具有再现性，由于非破坏性特点，可以用于车轮的生产在线检测和使用跟踪检测。

超声应力测量方法，是利用超声波在材料中传播时由于应力引起的声双折射效应测量出超声波传播路径的平均应力水平。具体来说，就是根据材料中的应力引起材料的声学各向异性，平行和垂直于应力方向偏振的横波在材料中沿垂直于周向应力的传播，两波的速度差(由于声程试验，所以速度差于时间差成正比)与应力值和材料组织各向异性成正比。若材料组织结构的各向异性为已知，则可算出其应力值。

$$B=\frac{2(t_{\mathrm{rad}}-t_{\mathrm{cir}})}{t_{\mathrm{rad}}+t_{\mathrm{cir}}} \tag{3-7-8}$$

$$\sigma_{\mathrm{cir}}-\sigma_{\mathrm{rad}}=\frac{B-B_0}{C_{\mathrm{A}}} \tag{3-7-9}$$

$$\sigma_{\mathrm{cir}}-\sigma_{\mathrm{rad}}=\frac{k(t_{\mathrm{rad}}-t_{\mathrm{cir}})}{t_{\mathrm{cir}}} \tag{3-7-10}$$

式中，t_{rad}、t_{cir} 分别为径向偏振横波与周向偏振横波的传播时间；σ_{cir}、σ_{rad} 分别为周向和径向主应力；B_0 为无应力状态下由于材料的组织结构各向异性引起的双折射率，可以通过试验测得；C_{A} 为近似的声弹性模量；k 为声弹性常数。

在某一测量点测得的结果表示作用在该测量点声场范围内的主应力差的平均值。

虽然上述公式含有径向应力，但以往的测量结果表明整个轮辋的径向应力非常低，所以可以由上述公式计算出轮辋的周向应力水平。

超声波由于材料中应力引起双折射现象早在 1989 年就被 Berson 和 Raelson 发现了。1967 年，Crecraft 就发表了利用超声波测量工件内应力的论文。但超声波测量残余应力方法直到 20 世纪 90 年代才得到实际应用。其中主要原因是受声波传播时间测量精度的影响。超声波的声弹效应是一种弱效应，相对材料组织结构各向异性引起的声速变化来说，应力引起的声速变化量十分微小。因此，时间差的测量精确非常关键。在超声波测量残余应力方法的实际应用中，一方面需要灵敏度和精度都很高的测量技术和仪器装置，另一方面在抗干扰技术、补偿技术、应力常数标定和无应力状态双折射率标定等都与提高检测精度密切相关。超声波检测仪器的计算机化或数字化，以及电磁超声传感器(EMT)的应用，很好地解决了上述两方面的问题。其中，数字超声波检测仪器可以实现信息自动处理；而电磁超声传感器比压电超声传感器(PET)更容易产生垂直入射的横波，同时由于使用EMT时无需耦合剂,所以排除了耦合剂厚度对声波传输时间的影响。目前,较为成功的超声测残余应力系统是德国Fraunhofer无损检测研究所(IZFP)研制的UER和UER-T,如图3-7-17所示。

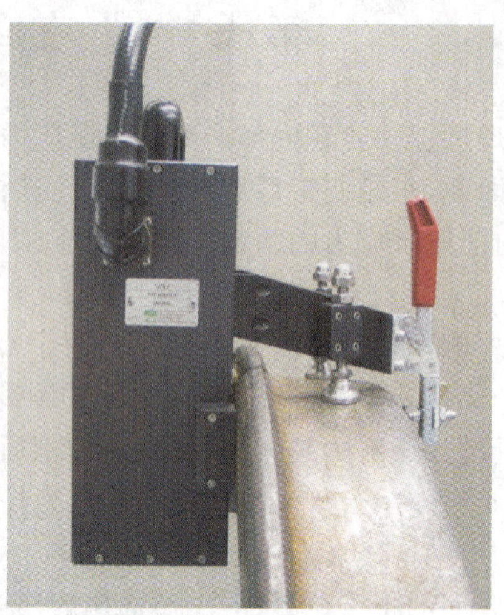

图3-7-17 残余应力电磁超声测量系统UER-T

它可以通过移动探头位置进行多点测量,测出踏面下不同距离处的轮辋周向应力,从而得出轮辋内部残余应力的分布情况,如图3-7-18、图3-7-19所示。

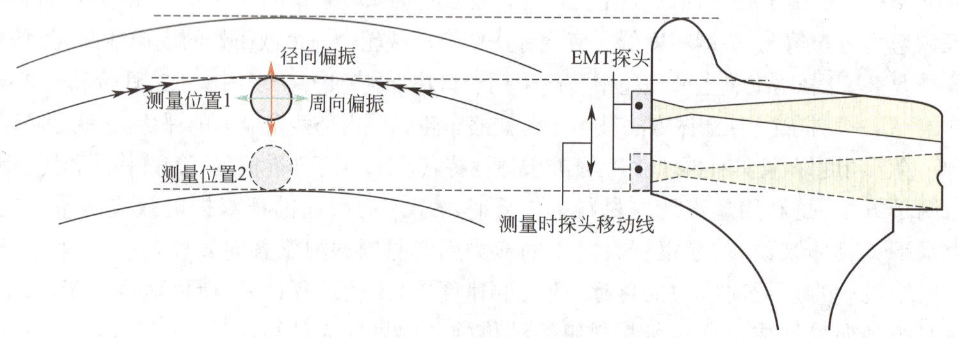

图3-7-18 轮辋内部残余应力测量方法

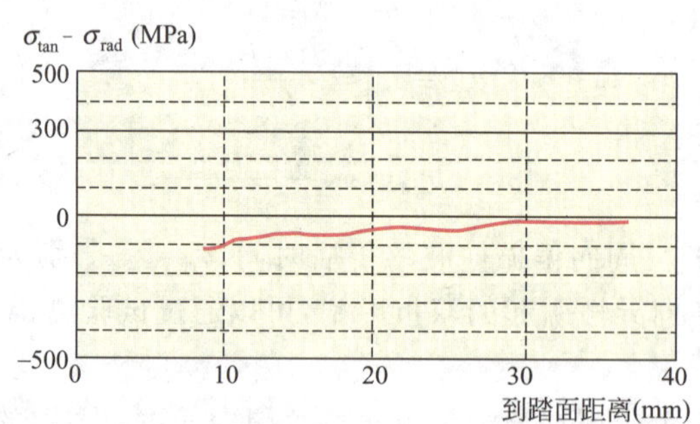

图3-7-19 新制车轮轮辋内部残余应力状况

该系统在给定的材料声弹常数的精确度为5%条件下,对于在−350～+550 MPa范围内的应力,测量的分辨力为20 MPa,精确度为10%。

第八节 尺寸及外观检测方法

一、概 述

车轮几何尺寸、形位误差、粗糙度及外观检测是车轮经机械加工后出厂前主要检测项目,由于车轮外形的特殊性,其检测采用的检器具大多为专用,如车轮外径测量使用的滚动圆外径尺,车轮轮辋厚度差检测使用的轮辋厚度尺等,均为车轮相关部位几何尺寸、形位公差测量而专门设计制作的量具。

车轮的几何尺寸及形位误差一般包括表 3-7-2 中所列项目。几何尺寸的检测项目通过使用通用及专用量具的测量实现，形位误差的检测项目中，除轮缘踏面外形及辐板外形通过检查样板检查外，其余项目一般采用首件车轮三坐标检测进行验证，并通过数控机床精度检测及工装调整得以保证。

表 3-7-2　车轮成品几何尺寸及形位误差检测项目

序号	检测项目		检测器具	备注
1	车轮滚动圆直径 D		滚动圆外径尺	距轮辋内侧面 70 mm
2	车轮轮辋内侧内径 D_1		轮辋内径尺	
3	车轮轮辋外侧内径 D_2			
4	车轮轮辋厚度差 δ		轮辋厚度尺	多点测量，计算差值
5	轮辋宽度 H		游标卡尺	轮辋内侧面为基准
6	车轮辐板厚度	同半径厚度差	测厚仪	
		S_1		
		S_2		
7	轮毂外径 D_3		轮毂外径尺	
8	轮毂孔径 d_0		游标卡尺	
9	轮毂长度 L		游标卡尺或深度尺	以轮毂端面为基准
10	内侧辋毂距 F		内侧辋毂距尺	以轮辋内侧面为基准
11	车轮滚动圆圆度 Y		首件车轮 三坐标检测	
12	轮辋内侧面端面跳动 n			
13	轮毂孔粗加工径向跳动 m			
14	轮缘踏面外形		轮缘踏面检查样板	
15	辐板外形		内外侧辐板检查样板	

二、辗钢车轮成品几何尺寸检测

1. 车轮滚动圆直径 D 的测量

(1)量具的配备(图 3-7-20)

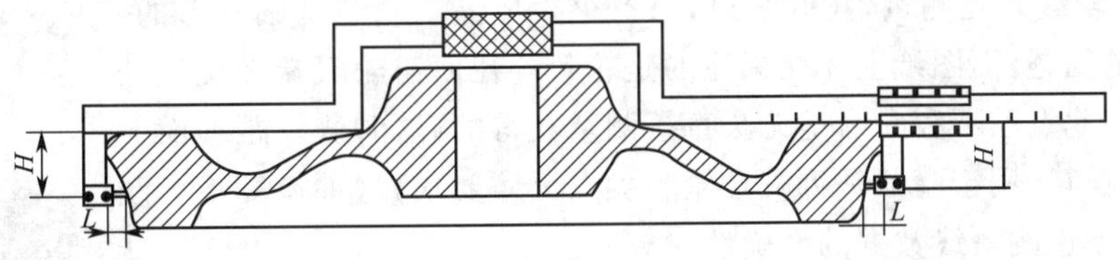

图 3-7-20　车轮滚动圆外径尺

(2)测量方法

以车轮成品的内辋面为基准，测量距内辋面 H 处车轮成品外径。这里的 H 指的是按标准、协议、技术条件等规定值，如铁标规定 70 mm，NTC860M 车轮的 75 mm，都是滚动圆的定位尺寸。

(3)检测要点

车轮成品的外径测量指的是滚动圆直径的测量，而非其他测量点的直径测量，由于车轮踏面一般都不是规则的圆柱形或圆锥形，车轮辋高在实际的生产过程中存在波动，因而只有按图纸中标注的滚动圆位置去进行测量才能满足设计及用户的需要。

因此，车轮成品外径的测量应该严格采用滚动圆外径尺进行测量，避免任何形式的换算。

由于不同车轮滚动圆定位尺寸及外径会有较大的区别，这就要求滚动圆外径尺必须分类(按外径的大小分)，且尺头与定位间距可调整，保证测量点处的直径是规定的滚动圆。

车轮成品外径的测量有别于精加工工序外径测量。由于加工过程中分内外工序完成，工序测量往往无法实现滚动圆直径的测量，而采用以外辋面为基准，测量距外辋面　定距离的某处外径值，这一外径值即使通过换算，也不能保证与滚动圆的测量值相等，换算误差取决于成品车轮辋高的波动，波动越大，换算误差越大。

2. 辋高(轮辋宽度)H、孔径 d_0、毂长 L、内外轮毂外径 D_3 测量

(1)量具的配备

辋高 H、孔径 d_0、毂长 L 测量:游标卡尺。

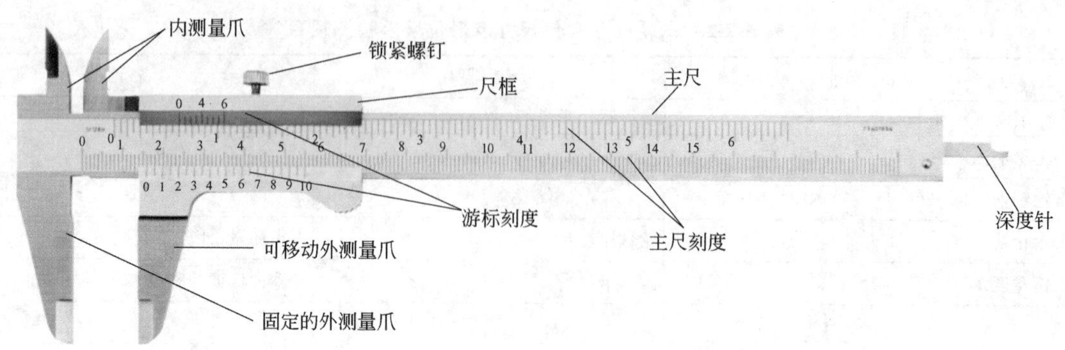

图 3-7-21 游标卡尺

内外轮毂外径 D_3 测量:轮毂外径尺。

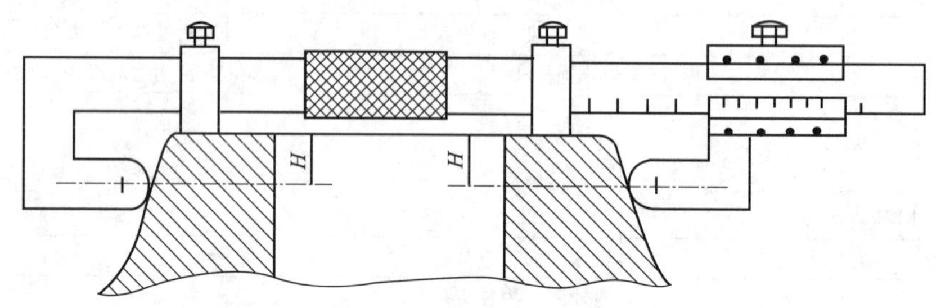

图 3-7-22 轮毂外径尺

(2)检测要点

辋高(轮辋宽度)H、孔径 d_0、毂长 L、内外轮毂外径 D_3 测量比较简单,值得注意的是,辋高测量时,必要时应当抽样多点测量,以验证轮辋端跳不超差;孔径测量时,必要时应当抽样内外两侧测量,验证孔径圆柱度不超差;对于轮毂外径测量,我们知道,只有很少成品的轮毂是圆柱形的,因而就存在测量点的问题,而图纸上往往标注的是轮毂外径面与轮毂端面交点处直径(经倒角加工后,此点已不存在),是无法直接测量获得的,这时测量距毂面一定距离处的外径,经换算,用于验证是否符号轮毂尖点尺寸要求,这种换算不会改变相应数据的波动,不影响最终数据的准确性。

3. 辐板厚度测量

(1)量具的配备(图 3-7-23)

(2)检测要点

对于辐板同半径厚度差,可采用同半径多点测量求差。

图 3-7-23 测厚仪

4. 内毂辋距测量

(1)量具的配备(图 3-7-24)

(2)检测要点

可采用的替代方法是大量程游标卡尺(1 000 mm 以上)加深度尺的测量方法,此种方法在一定程度上会增加测量误差。在执行铁标(或内毂辋距公差较大)的成品车轮批量检测时,为减少更换量具的时间,提高检测效率可采用此替代方法。

三、车轮成品形位误差检测

目前,车轮成品的轮缘、踏面及内外侧辐板的外形可通过现场使用检查样板进行检测。

轮辋内径与踏面的同轴度可通过现场测量三点轮辋厚度求差的方法进行检验。

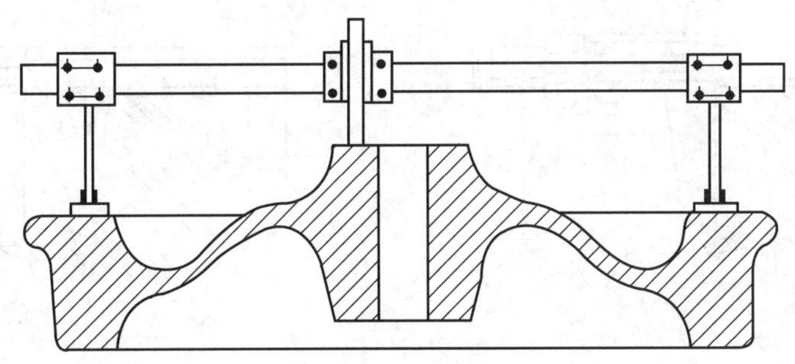

图 3-7-24　内毂辋距尺

其余形位公差项目车轮公司未实现现场检验。车轮其他形位公差的测量一般委托有检验设备和资质的单位或实验室在三坐标测量仪上测量。

1. 轮缘、踏面外形及内外侧辐板外形检测

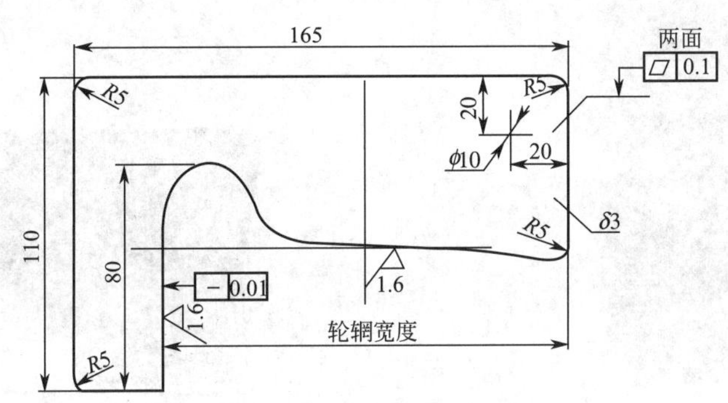

图 3-7-25　车轮轮缘踏面检查样板

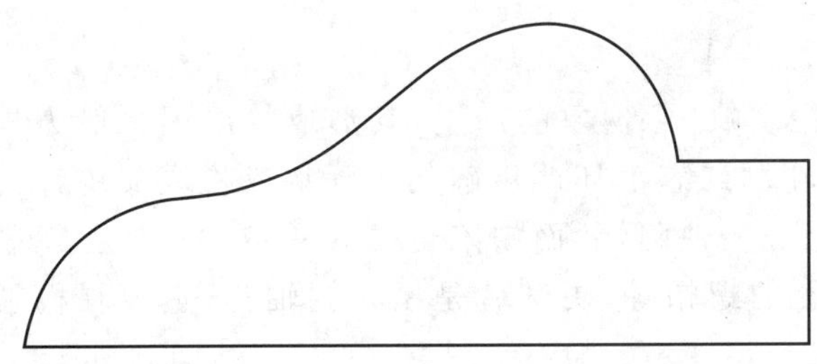

图 3-7-26　车轮内侧辐板检查样板

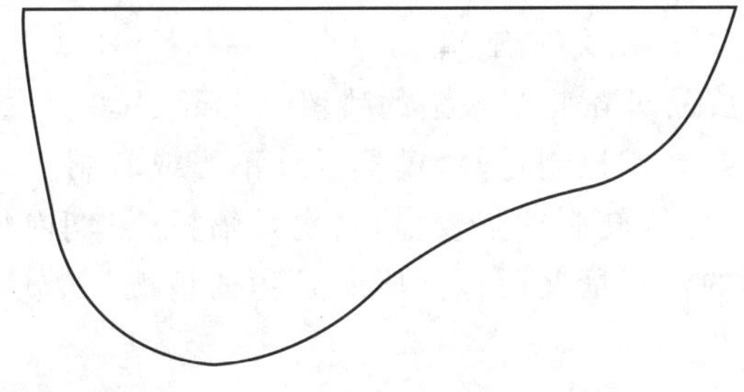

图 3-7-27　车轮外侧辐板检查样板

(1)检测方法

轮缘踏面外形检查用轮缘踏面样板贴靠于车轮成品轮缘踏面上，通过观察光隙或用塞尺、塞针检测样板局部间隙。内外侧辐板外形的检测方法同上。

(2)检测要点

轮缘踏面外形及内侧辐板外形检测其基准为内辋面。

2. 内外侧轮辋厚度(轮辋厚度差)测量

轮辋厚度测量目的是为了验证内外侧轮辋厚度差，采用同侧轮辋厚度多点(不少于 3 点)测量求差，取最大差值。

四、车轮成品粗糙度及外观检测

1. 粗糙度检测

用于车轮已加工表面的粗糙度检测。

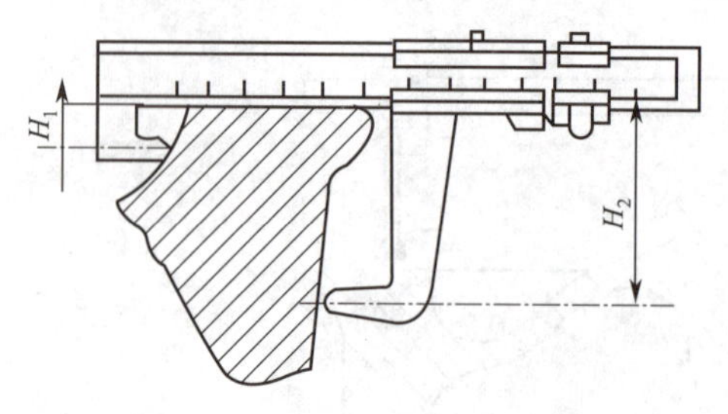

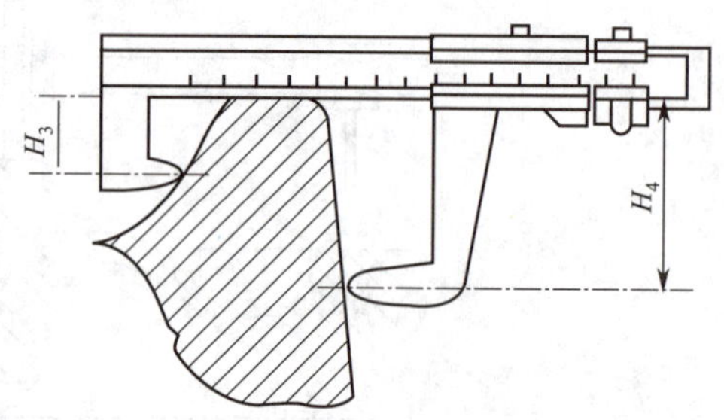

图 3-7-28 内侧轮辋厚度尺、外侧轮辋厚度尺

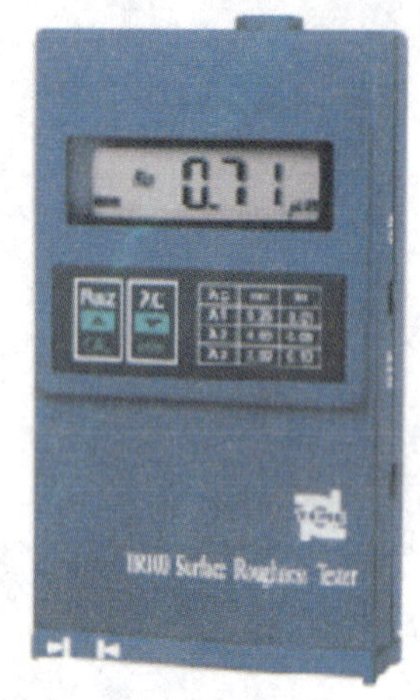

图 3-7-29 粗糙度仪

图 3-7-30 粗糙度对照样板

2. 外观缺陷检查

(1)轧制类缺陷

成品车轮轧制缺陷的残留，将导致"黑皮"、"凹陷"及"缺肉"现象的产生，其形成的原因一般为投料的设计或控制过轻、模具设计不当或轧制生产失控、轧制红态毛坯严重磕伤等。从成检废品统计情况看，轮缘轧制缺陷较多，其次是辐板、轮辋内径和轮毂外径缺陷，毂面缺陷也占有一定的比例。轧制缺陷的极端情况还包括压入异物的情况，如轧制毛坯上的螺帽等，更甚者是压入铜轴瓦，造成辐板裂纹。

图 3-7-31 车轮成品轮缘"缺肉"

图 3-7-32 车轮成品外侧辐板"凹陷"

(2)加工类缺陷

加工缺陷包括成品车轮精加工接刀台超差、局部挖刀、二次黑皮、二次白皮、表面粗糙度超差、加工部位遗漏等。

图 3-7-33 车轮成品内侧辐板“黑皮”

图 3-7-34 车轮成品未加工报废限

(3)运输类损伤

成品车轮的磕碰伤及划伤主要是在车轮的运输过程中造成,如倒垛砸伤、吊具磕伤及划伤、辊道磨痕等。

(4)表面锈蚀防护不当

成品车轮的表面锈蚀,目前是车轮公司较为显著的问题,尤其是精品车轮,客户对车轮的外观要求高,而此类车轮往往在后期的注油孔、辐板孔的加工工期长,如忽视表面防护,极易产生表面锈蚀,极大影响了车轮的外观。

图 3-7-35 车轮表面碰伤

图 3-7-36 车轮表面锈蚀

(5)其他缺陷

①成品车轮标识缺陷,包括标识字深过浅、缺漏字符、少笔画等。

②静平衡标识错打、漏打等。

五、车轮外径在线自动测量技术

目前,车轮公司第三条压轧生产线已进入试生产阶段,其投入正式生产后,车轮的年生产能力将到达110 万件。成品的最终检测将成为全流程中的瓶颈。

为解决此瓶颈问题,同时降低检验人员的劳动强度,车轮公司与成都量工具集团有限公司合作,共同研发并试制了车轮外径在线自动测量仪。此自动测量仪的样机已试制完成,待安装测试。

车轮外径自动测量测量范围在 ϕ841～ϕ1 106 mm,可涵盖所有铁标车轮及部分出口车轮的外径自动检测。测量节奏时间小于 1 min,与 VF120 数控生产线最快生产节奏时间相匹配。检测的车轮外径数据将通过车轮公司 MES 系统完成检测数据网络管理。

第四篇

铸钢车轮制造技术

铁路货车用铸钢车轮的研制起始于20世纪50年代，首先在美国开展，相继推广到加拿大、墨西哥、澳大利亚、南非、印度等国家。

铸钢车轮的生产工艺采用石墨或者石墨与砂衬组合经特殊设计的铸造模型，轮坯各部位可按设计要求的冷却速度顺序凝固，避免了传统浇注过程易于出现的铸造缺陷，而且得到较为理想的晶粒组织，提高了车轮的使用功能。这种工艺是冶炼技术与铸造技术以及热处理工艺各自发展而结合运用的产物。

铸钢车轮制造生产线包括冶炼、造型、热处理、机加工和质量检验等工序。按我国钢种分类标准，目前采用的车轮钢的碳含量在0.50%～0.80%之间，属于中、高碳优质碳素钢类。

车轮是铁路车辆重要的行走部件，车轮质量与行车安全有着直接的关系。车轮质量包括外在质量和内在质量两个方面。车轮的内在质量除与钢的冶金质量有密切的关系外，还与车轮的热处理质量有着不可分割的关系。正确选择制造车轮的材料和对车轮适当机加工和热处理，才能满足车轮的使用要求。

本篇介绍了我国铸钢车轮的发展概况、设计及使用标准、铸钢车轮的特点，重点介绍了铸钢车轮的生产过程、工艺过程控制及主要设备，并对CAE在新产品开发设计中的应用、主要缺陷及其产生原因进行了分析。

第一章
铸钢车轮的发展概况

1954年以前美国铁路主要使用辗钢车轮，同时也使用冷铸生铁轮，当时美国有两家冷铸生铁轮厂和五家辗钢车轮厂。1951—1954年美国GRIFFIN公司和ABC公司分别研究了用石墨成型控制压力浇注工艺和用挤压法或刮板法石墨铸型型腔附挂陶瓷或砂衬工艺生产铸钢车轮，1956年北美铁路协会(AAR)认可M-208铸钢车轮技术条件，试用铸钢车轮。1957年美国铸钢车轮生产量达到40万片，1960年铸钢车轮在客车和内燃机车上试用，1961年AAR批准36英寸铸钢车轮在100 t和125 t车上试用，1963年冷铸生铁车轮被淘汰，含碳量0.65%～0.80%的铸钢车轮开始大量生产。

20世纪70年代美国采用先进的铸造技术生产大直径、厚轮辋的铸钢车轮的同时，改进了车轮辐板外形的试验表明新设计的铸钢车轮在抗失效能力方面比普通车轮约大5倍。1978年新的曲线辐板铸钢车轮设计正式纳入美国铁路标准，1982年美国生产车轮都采用了曲线辐板，1988年起AAR规定所有辗钢车轮和铸钢车轮必须采用曲线辐板和热处理工艺。

1996年，我国引进美国ABC公司铸钢车轮制造技术，由铁道部大同机车厂与美国ABC铁路产品中国投资公司共同投资成立了中国第一家铸钢车轮制造厂——大同爱碧玺铸造有限公司(简称DACC)，开始大量生产铸钢车轮并投入使用。2007年底，在河南信阳建成第二家铸钢车轮厂——信阳同合车轮有限公司。

第二章
铸钢车轮设计及使用标准

车轮的使用性能不仅取决于车轮制造材料和组织性能，关键还取决于结构设计上的特点和对具体使用条件的适用性。在合理选择制造车轮材料和保证这些材料经过工艺处理后的质量和特性的基础上，需对车轮结构进行优化设计。美国ABEX公司在铁道传动测力计上模拟牵引试验证明，铸钢车轮采用的曲面型/深盆型辐板形式对车轮应力的改善具有显著的效果，其最大的有效应力比传统直辐板约小5倍。也正是通过这一轮型设计上的优化，大大降低或改善了车轮在制动时由于踏面的升温产生的热应力，从而减少了车轮热损伤倾向，从根本上提高了车轮的耐用性和安全性，这是铸钢车轮得以迅速发展和倍受客户欢迎的主要原因之一。AAR在1994年、1995年进行的失效模式分析统计，直辐板车轮已被市场淘汰，而曲面型车轮设计在统计上被证实更优秀。我国生产的铸钢车轮按照TB/T 1013—1999《碳素钢铸钢车轮技术条件》、AAR M-107/M-208《碳素钢车轮规范》、AAR S-660《机车和货车轮设计分析评定方法》进行设计。

第三章

我国铸钢车轮产品的发展历程

我国大量生产铸钢车轮的时间较晚，直到 20 世纪 90 年代，引进美国 ABC 公司的铸钢车轮制造技术之后，才开始大量生产铸钢车轮并投入使用。1996 年 4 月，大同机车厂与美国 ABC 铁路产品中国投资公司共同投资成立大同爱碧玺铸造有限公司，设计能力年产 16 万片铸钢车轮。我国在引进美国 ABC 公司铸钢车轮制造技术的基础上，经过十几年的消化吸收和自主创新，已经可以独立设计、生产直径 750～1 050 mm 各种型号规格的铸钢车轮。

1998 年 7 月开始批量生产轮辋厚度为 65 mm 的 840HDZ 型铸钢车轮。为满足中国铁路货车对减轻簧下重量的要求，2000 年 8 月，在原 840HDZ 铸钢车轮生产的基础上，设计生产了 840HDZA 型铸钢车轮。2001 年 3 月，设计生产了轮辋厚度为 50 mm 的薄轮辋 840HDZB 型铸钢车轮。2003 年 1 月，我国开始自主完成铸钢车轮的设计，自主设计的第一种铸钢车轮为轴重 25 t 的 840HEZB 型重载铸钢车轮。并重新设计了轴重为 21 t 的 840HDZC 型薄轮辋车轮，车轮设计重量为 310kg，比 840HDZB 型车轮减少重量约 20 kg。

2007 年 4 月，为了解决在役铸钢车轮（HDZ、HDZA、HDZB、HDZC、HEZB 型）磨耗到一定限度时与 GB 146.1—1983《标准轨距铁路机车车辆限界》规定的车辆下部限界发生干涉的问题，在 840HDZC、840HEZB 铸钢车轮基础上，设计了 840HDZD、840HEZD 型铸钢车轮。

我国自引进铸钢车轮制造技术以来，还先后出口了约 7 万片 CE28、CJ33、CH36、CJ36 和 IR33 等轮型的铸钢车轮。

2007 年年底，信阳同合车轮有限公司建成投产，成为我国第二家铸钢车轮生产企业。

图 4-3-1 为我国部分铸钢车轮产品示意图，图 4-3-2 为铸钢车轮表面凸印标记示意图。

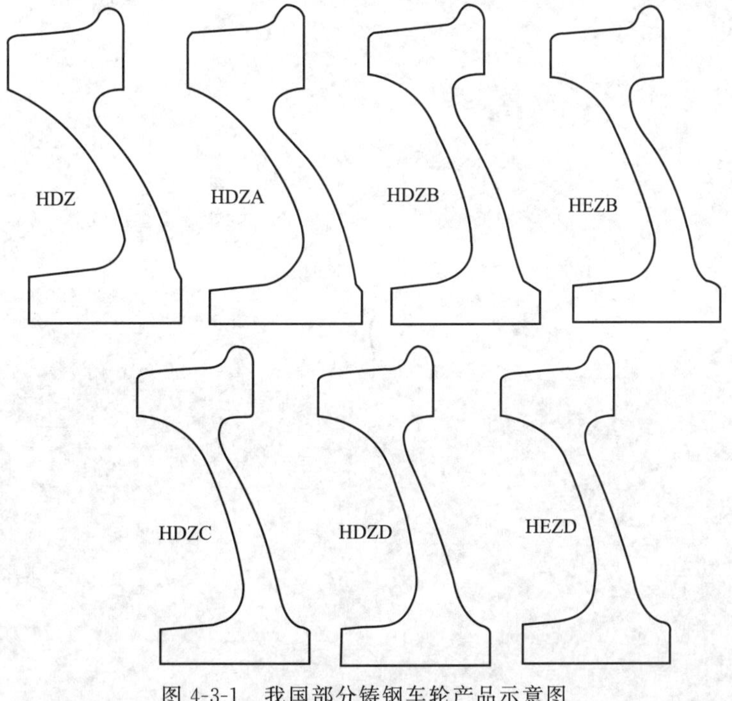

图 4-3-1　我国部分铸钢车轮产品示意图

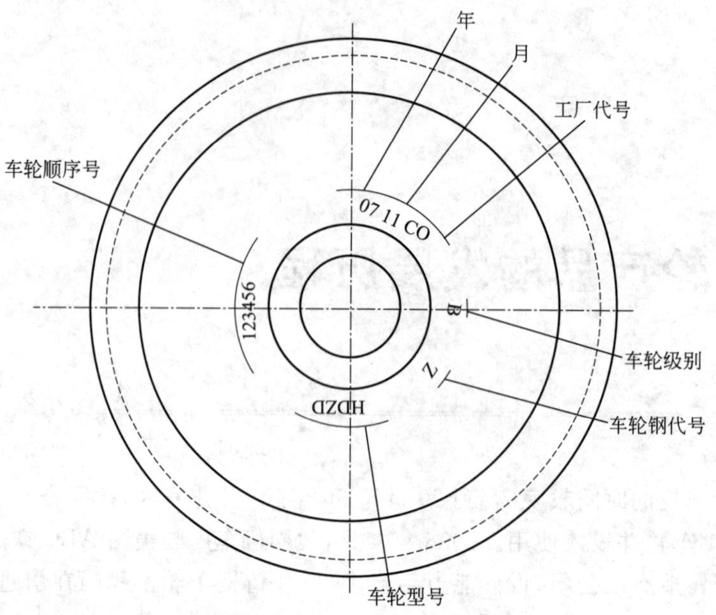

图 4-3-2 铸钢车轮凸铸标记示意图

第四章
铸钢车轮制造技术

铸造是金属液态成形的一种方法，它能铸造各种尺寸、形状复杂的毛坯或零件，铸造具有适应性广、成本低廉的优点，是机械零件毛坯或零件成品热加工的一种重要工艺方法。铸造的实质就是材料的液态成形，由于液态金属易流动，所以各种金属材料都能用铸造的方法制成具有一定尺寸和形状的铸件，并使其形状和尺寸尽量与零件接近，以节省金属，减少加工余量，降低成本。因此，铸造在机械制造工业中占有重要地位，据统计在一般的机械设备中，铸件占机器总重量的45%～90%，作为铁路货车重要走行部件的铸钢车轮也日益发挥着愈来愈重要的作用。

随着国民经济的迅速发展，我国铁路货运正向大型化和专用化的方向发展。车轮作为铁路车辆的重要走行部件，对其产品质量也提出了更高的要求。既要保证内在质量又要保证型式尺寸和外观质量，以充分满足行驶安全的要求。

目前国内外车轮按制造方法可以分为铸钢车轮和辗钢车轮。铸钢车轮生产技术主要分为格里芬(GRIFFIN)技术和ABC技术两大类。

第一节　格里芬技术

GRIFFIN技术是美国GRIFFIN公司发明的，采用电弧炉炼钢，石墨型压力浇注工艺的铸钢车轮生产技术。其产品具有尺寸精度高、表面质量好、铸造缺陷少、安全性好、制造成本低等特点，图4-4-1为GRIFFIN铸造工艺的合箱示意图。

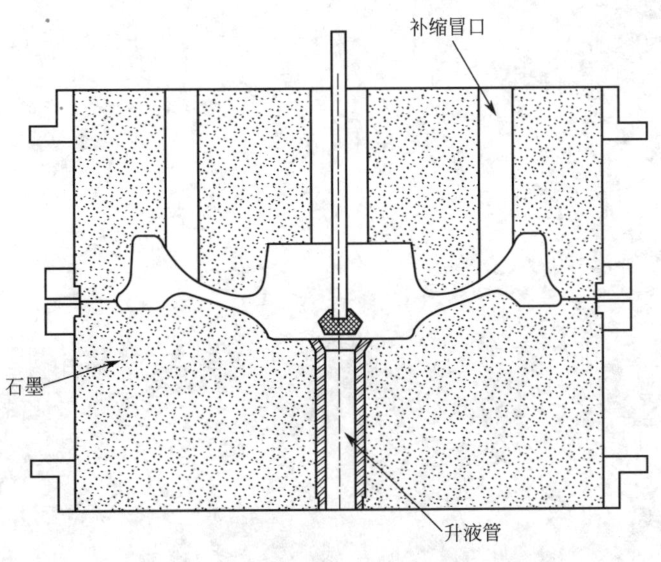

图4-4-1　GRIFFIN工艺合箱图

电炉炼好钢后，将钢水倒入钢水包中，吊到密封式钢包车上，盖上钢包盖。钢包盖上装有陶瓷制的钢水上升管，在盖子落好之时也同时插入到钢水中，上升管与密闭室衔接处周围是真空隔绝装置。钢水在压力作用下通过升液管注入石墨模铸型中，钢水注满型腔后，调低压缩空气压力，铸模中心的石墨止流柱塞芯杆下降，以防止钢水回流。铸型冷却 7～12 min，到一定温度进行开箱。将轮坯取出后进入隧道炉中控制冷却至规定温度出炉。空冷至室温后，清理止流柱塞和轮毂孔，去除补缩冒口，并用火焰切通轮毂孔。清理后轮坯输送至环形炉进行热处理。根据用户的要求分别进行正火和淬火，淬火后进行回火。轮坯热处理后，用抛丸机去除表面氧化皮，进行一系列的探伤。探伤合格后用镗孔机床加工轮毂孔。货车车轮镗孔后不再进行其他的机械加工，客车和机车车轮需进行全面机械加工。目前，GRIFFIN 技术已扩散到加拿大、印度、澳大利亚等国家。

第二节 ABC 技术

ABC 技术是美国 ABC 公司的专有技术，采用电弧炉炼钢、石墨铸型表面挂砂衬、雨淋式浇口浇注、中央冒口集中补缩的铸钢车轮生产技术。其产品具有尺寸精度高、浇注操作简单、车轮内部质量稳定、制造成本低等特点。ABC 技术已扩散到南非和巴西等国家。

我国引进的铸钢车轮制造技术是 ABC 技术，经过十几年的消化吸收和自主创新，在满足国际市场需求的前提下，形成了一套适合中国铁路运输条件的铸钢车轮制造技术。

第五章
铸钢车轮生产工艺

我国铁路货车车辆制造主要使用的车轮是铸钢车轮和辗钢车轮。铸钢车轮具有质量稳定、踏面耐磨性好、生产成本低及安全可靠等优点。

铸钢车轮的生产工艺流程图如图 4-5-1 所示。

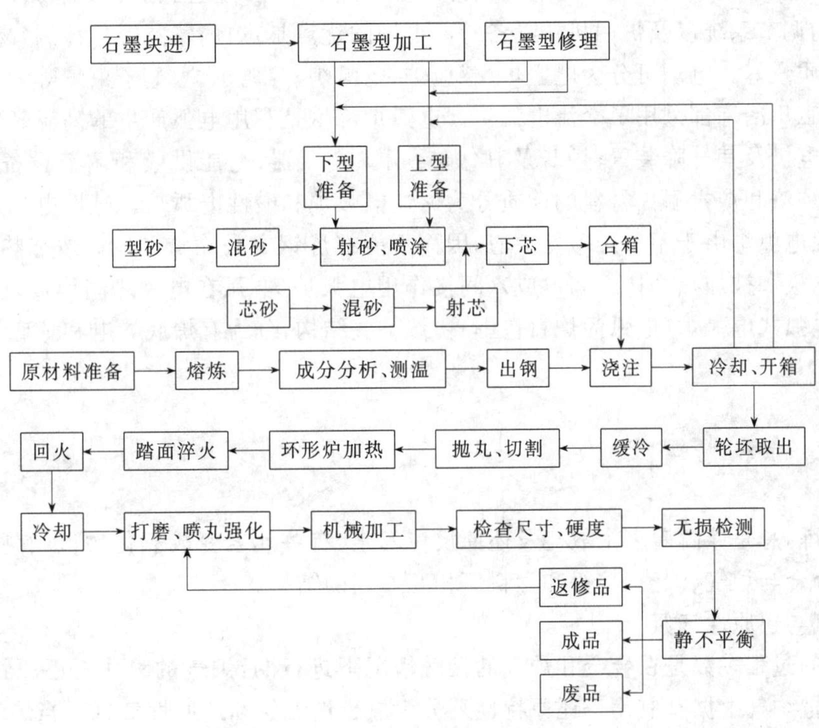

图 4-5-1　铸钢车轮工艺流程图

第一节　车轮钢冶炼

一、铸钢车轮化学成分及性能要求

我国目前铁路货车车辆上使用的铸钢车轮钢为 B 级碳素钢，钢号为 ZL-B。根据我国铁道行业标准《碳素钢铸钢车轮技术条件》(TB/T 1013—1999)，铸钢车轮钢的化学成分应符合表 4-5-1 的规定。

表 4-5-1　钢号及化学成分

代　号	钢号	化学成分(%)				
		w(C)	w(Mn)	w(P)	w(S)	w(Si)
Z	ZL-B	0.57～0.67	0.60～0.85	≤0.035	≤0.040	>0.15

成品车轮进行验证分析时测定的化学成分应符合表4-5-1的规定，其中化学成分允许偏差需满足GB/T 222—2006《钢的成品化学成分允许偏差》的要求，偏差如下：

C：$^{+0.04}_{-0.04}$；P：$^{+0.005}$；Mn：$^{+0.03}_{-0.03}$；S：$^{+0.005}$；Si：$^{+0.05}_{-0.05}$。

铸钢车轮经热处理后轮辋的力学性能应符合表4-5-2规定。

表4-5-2　力学性能

代　号	钢　号	拉伸试验		硬度(HB)		常温冲击功(U形缺口)(J)
		抗拉强度 σ_b(N/mm²)	延伸率 δ_4(%)	踏面下30 mm处硬度	表面硬度	
Z	ZL-B	≥910	≥4	≥265	277～341	≥10

车轮低倍试片上不得有白点、裂纹和金属异物。经热处理后车轮轮辋中应具有压缩残余应力，在用切割法进行残余应力检验时，切割后两个相距100 mm标记点间距离的缩小值不应小于1 mm。

二、冶炼设备

铸钢冶炼多为电炉冶炼。电炉是一种利用电热效应供热的冶金炉，包括炉体、电力设备、附属辅助电器、检测控制仪表、自动调节系统以及炉用机械设备等。电炉的优点是：炉内气氛容易控制，易实现自动化、机械化，热效率高，产品质量好。电炉可分为电阻炉、感应炉、电弧炉、等离子炉、电子束炉等。

我国铸钢车轮工厂冶炼都采用了交流电弧炉。电弧炉炼钢是利用电弧产生的高温来熔化炉料和提高钢液温度。电弧炉由电极及其升降装置、炉身及其倾转机构、变压器、电能供应和调节设备等基本部分组成。电弧炉依照所采用炉渣和炉衬耐火材料的性质分为碱性电弧炉和酸性电弧炉。碱性电弧炉具有较强的脱磷和脱硫的能力，酸性电弧炉由于不采用碱性炉渣，因而不能在炼钢中去除磷和硫。按加热方式，分为直接作用电弧炉(电弧在电极和被加热物体之间形成)、间接作用电弧炉(电弧在电极之间形成，同被加热物体相隔一定距离)和封闭电弧式电弧炉(电弧为炉料包围)。按炉底结构，分为有炉底导电和炉底不导电等型式。

三、冶炼技术

(一) 冶金原理知识

1. 氧化与还原

铸造合金的熔炼，总是伴随着多个氧化及还原反应发生，有些元素变成氧化物，也有些金属氧化物被还原，这些都是铸造合金与炉气、炉渣、炉衬和燃料等相互作用的结果。

(1)氧化性气氛与还原性气氛

铸造合金熔炼的过程多数是在合金和炉气的接触情况下进行的，炉气的氧化—还原特性对熔炼效果有着重要影响。人们把炉气根据其氧化—还原特性划分为氧化性气氛和还原性气氛。当炉气中CO_2、O_2含量占有一定比率时，其氧化性就强，则称为氧化性气氛。在燃料炉熔炼中，火焰呈微蓝色，表明燃烧比较完全，炉气湿度比较高。反之，燃烧不够完全，火焰发黄或伴有黑烟，炉气中有一定比率的CO、H_2和碳氢化合物，其还原性较强，称为还原性气氛。合金元素在氧化性气氛中容易被氧化，在还原性气氛中会受到一定程度的保护。

(2)金属的氧化趋势

大多数的金属元素在熔炼时都要受到氧化，但程度大有差异。这可以根据已经掌握的各元素的氧化物生成的自由能数据加以比较，用以判断这些元素在各种温度条件下被氧化的难易程度。

(3)脱氧

在合金的熔炼中，使金属液中的金属氧化物还原而去除氧的过程称为脱氧。生产中使用的脱氧方法主要有三种，即扩散脱氧、沉淀脱氧和真空脱氧。

①扩散脱氧

这种脱氧方法在电炉炼钢中有所应用，是通过含氧量低的渣，使钢-渣界面处或渣的下层发生氧的扩散，使钢液中的氧向渣中转移，通过扒渣—造新渣—扒渣……的过程而达到脱氧的目的。

②沉淀脱氧

把脱氧剂加入到金属液内，并采取措施使其充分扩散，直接和金属液接触并与金属液中的氧发生反应，形成的产物不溶于金属，且比重比金属小，能从金属液中排出，这种脱氧方法成为沉淀脱氧。原则上较活泼的元素可以做还原剂。对炼钢来说工业上常用 Al、Ca、Si 等。

③真空脱氧

通过真空熔炼手段，降低体系中的压力，使 CO 的分压降低、促使钢液中的[C]和[O]结合，生成 CO，达到钢液脱氧目的，这种脱氧方法称真空脱氧。

2. 金属的精炼净化

利用一定的物理化学原理和相应的工艺措施，去除液态金属和冶金中的有害气体和夹杂物的过程，称为金属的精炼净化。实际生产中常用的方法有，炉渣(熔剂)精炼、吹氩精炼、钢液氩一氧精炼、真空脱气处理、真空吹氩精炼、钢液真空吹氧精炼、钢包喷粉精炼和钢包炉精炼。

(1)炉渣(溶剂)精炼

利用炉渣和合金的相互反应或向合金液中加入某特制熔剂，通过造渣—除渣来净化合金的方法称为炉渣(熔剂)精炼。对铸钢是调控炉渣碱度，达到脱去有害杂质 S、P 元素；对有色金属，经常使用熔剂造渣精炼，除去合金中的气体。

① 铸钢的造渣精炼

炼钢炉渣含有多种氧化物、少量硫化物及其他一些化合物，主要成分是 FeO、CaO 和 SiO_2。其中 CaO 为碱性氧化物，SiO_2 为酸性氧化物，FeO 为中性氧化物。$CaO\% > SiO_2\%$时为碱性炉渣；$CaO\% = SiO_2\%$时为中性炉渣；$CaO\% < SiO_2\%$为酸性炉渣。常用如下公式表示：

$$R = \frac{CaO\%}{SiO_2\%}$$

R 被称为碱度，用 $R>1$、$R=1$ 和 $R<1$ 分别代表炉渣的碱性、中性、酸性。炉渣碱度高，则渣中 CaO 的活度就大，能促使钢液中的 S、P 向炉渣中转移，达到脱 S、脱 P 效果。不过，碱度太高，炉渣黏度过大，又不利于脱 S、脱 P，所以需适当调控炉渣碱度。

② 有色合金 Al、Cu 的熔剂精炼

铝合金熔炼中，加入某些能吸附或溶解 Al_2O_3 等氧化物，破坏液态合金表面形成的致密的铝氧化膜，既不和铝合金生反应，又使铝合金液和空气隔离，还可使铝合金液中气体顺利外逸，并把铝合金液中的夹杂物带到液面变成熔渣，从而达到使铝合金精炼的效果。这些物质总称为熔剂，其熔点要低，熔融后流动性要好，比重要小。熔剂常用的是碱金属或碱土金属的氯化物、氟化物及有关盐类的组合。

铜合金熔炼中，常加入高温下不稳定的高价氧化物如锰矿石、高锰酸钾、氧化铜作熔剂，利用它们高温时分解析出的氧溶解在铜液中。铜液中氧的浓度增大，氢的浓度随之降低，最终达到去氢效果。

(2)吹气精炼

在合金熔炼中，利用金属液中存在的气泡和人为吹入某些外来气泡，吸收合金液中的气体而加快上浮外逸，并促进和夹带非金属夹杂上浮，从而使合金净化的方法称为吹气精炼。

铸钢熔炼常用吹氩精炼和氩一氧联合吹入精炼。

① 钢包吹氩精炼

氩气是一种惰性气体，不溶于钢中，氩气通过透气装置吹入钢液后能形成无数细小的气泡，对于钢液中的氢、氧、氮来说，相当于一个真空室，可将它们带走，而达到脱气的目的。另外氩气泡的上浮引起钢液的搅动，能使钢液中分散的微小夹杂得到碰撞、聚集并吸附于气泡的表面排出，从而提高了夹杂的上浮速度，达到净化的目的。

钢包吹氩的主要作用有：

ⓐ 利用氩气泡气洗钢液能使钢中的氢、氮含量降低，并能使钢中的氧含量进一步降低。

ⓑ 利用氩气的搅拌作用，清除夹渣和夹杂，使钢液成分、温度均匀，偏析减少、提高脱氧剂和合金材料的收得率。

ⓒ 利用氩气的保护作用，可进一步避免或减少钢液的二次氧化。

钢包吹氩精炼适用于许多钢种，如结构钢、轴承钢、电工钢、不锈钢、耐热钢、钢管钢和阀门钢等。

②钢液氩—氧吹炼

钢液的氩氧联合吹炼简称 AOD 法(氩气—氧气—脱碳)，主要用于不锈钢的炉外精炼上。

氩氧吹炼的主要优点为：

ⓐ 钢液的氩氧吹炼可利用廉价的原料，如高碳铬铁、不锈钢车屑，能炼出优质的不锈钢，因此成本大大降低；

ⓑ 氩氧吹炼炉和电炉双炼能提高电炉的生产能力；

ⓒ 氩氧吹炼炉设备简单、基建投资和维修费用低；

ⓓ 氩氧吹炼炉操作简便，冶炼不锈钢时，铬的回收率高，约达 97%；

ⓔ 钢液经氩氧吹炼后，钢中的硫含量低；

ⓕ 钢液经氩氧吹炼，可节省脱氧剂，而且减少钢中非金属夹杂物的污染度，氢氮含量也都降低。

铝合金熔炼常用人为吹人惰性气体(Ar、N_2 等)或不溶于铝液的活性气体(Cl_2、C_2Cl_6、CCl_4 等)，通过多孔塞吹入，形成的气泡小而多。铝液中的氢可向这些初始无氧的小气泡内迁移，随气泡上浮逸出。

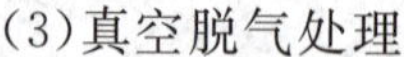

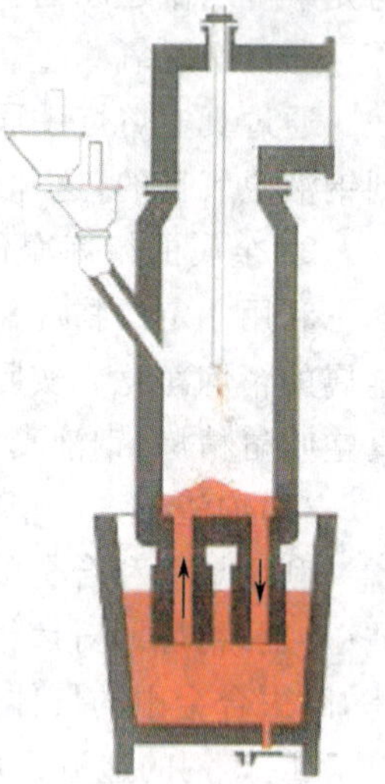

(3)真空脱气处理

钢液的真空处理根据应用在不同生产程序上，可分为炉内处理、出钢处理、包内处理和浇注处理。但根据使用和主要目的与设备的不同，处理方法目前已有百余种，常用的有钢包真空脱气法、倒包脱气处理法、真空提升脱气法(DH)和循环脱气处理法(RH)。图 4-5-2 为真空脱气示意图。

图 4-5-2 真空脱气示意图

(4)真空吹氩精炼

真空吹氩就是在真空处理的同时向钢液内进行吹氩的一种炉外精炼方法。既吸收真空处理和钢包吹氩两种方法的优点，又弥补了它们各自的缺点。

经过真空吹氩精炼钢材的性能具有良好的表现：

①能够减少钢材对淬火裂纹的敏感性；

②对氢气敏感的钢种热轧成 100 mm 厚的钢板后，在不采取特殊措施冷却后不发生缺陷；

③减少了钢板整平的困难；

除此之外，钢液的真空吹氩对其非金属夹杂物的去除也有显著的效果。

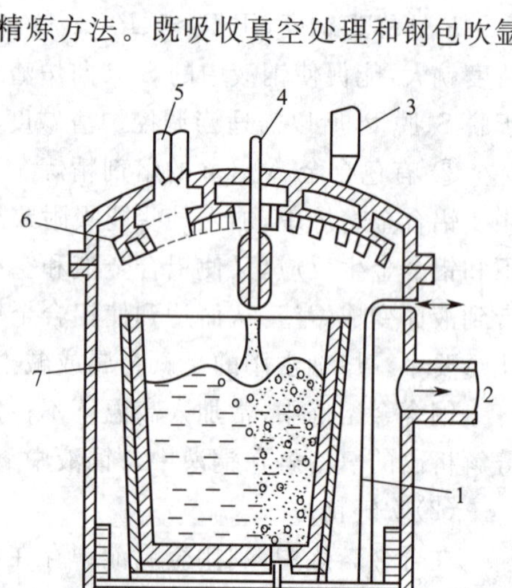

图 4-5-3 VOD 法装置示意图

1—吹氩装置；2—脱气真空室；3—铁合金加料装置；4—吹氧装置；5—取样和测量装置；6—保护盖；7—钢包

(5)钢液真空吹氧精炼

钢液的真空吹氧精炼又简称 VOD 法(真空—吹氧—脱碳)。它和 AOD 法几乎同时出现，主要用于冶炼不锈钢、耐热钢和其他各种合金钢。图 4-5-3 为 VOD 法装置示意图。

VOD 法的主要优点是在高真空下精炼，不仅钢中的有害元素含量低，而且气体含量也远远低于 AOD 法。而且还具有钢包吹氩、真空精炼或真空脱气等功能。

(6)钢包喷粉精炼

钢包喷粉的基本特征是利用氩气为载体将粉料直接喷射到钢液深部，因此冶金物料由传统的炉前分批分量的常规加入改为气体连续输送。所以钢包喷粉精炼将显著地改变钢液内的冶金反应的热力学和动力学条件，主要特点是：

①扩大了反应界面积；

②能连续、可控供料；

③解决了微合金化元素和难加元素的加入问题；

④包内熔体搅拌激烈；

⑤操作简便、容易掌握；

⑥设备简单，机械化程度高，应用范围广。

(7) 钢包电弧加热(LF)精炼

具有电弧加热装置的钢包精炼(LF)法是近年来应用较多的一种炉外精炼方法。这种精炼方法具有对钢液加热、清除气体和非金属夹杂物，脱硫等功能，从而能炼出高纯净度的钢液。图 4-5-4 为钢包精炼法生产流程图。

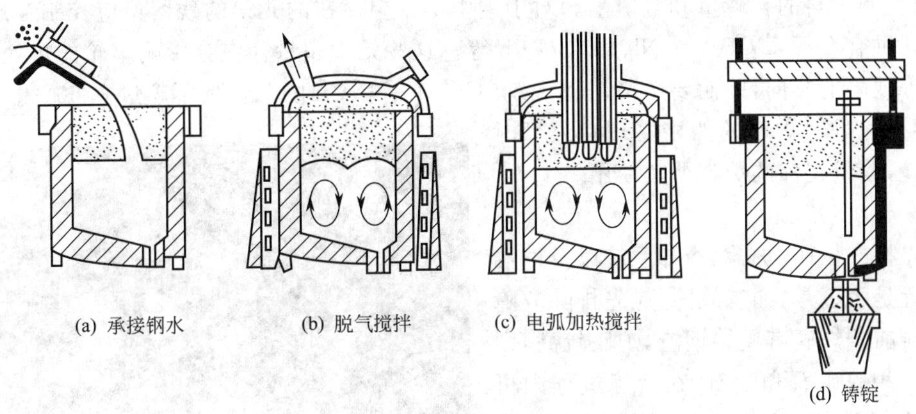

图 4-5-4 钢包精炼法生产流程图

LF 精炼装置由钢包、加热炉盖、真空炉盖、调整化学成分用原材料的添加装置、钢包移动装置以及除尘系统等部分所构成。精炼工艺过程：

①注入钢液　在不加炉盖情况下，将电弧炉(或平炉)炼出的合格钢液，倾注到 LF 炉的钢包中。

②加热钢液　LF 炉进入加热工位，降下加热炉盖，降下电极并通电，对钢液进行加热。在加热过程中进行测温，并通过调节电压、电流，将钢液温度提高至正常出钢温度以上 30～50 ℃。

③精炼钢液　将钢包移至精炼工位，降下除气炉盖，抽真空，并从钢包底部进行吹氩，进行精炼。精炼时间一般为 15～25 min。

④重新加热钢液　将钢包重新移至加热工位，进行最后的钢液化学成分和温度调整。

⑤出钢浇注　精炼完成后，往钢包中插入终脱氧剂，并出钢浇注。

LF 精炼具有良好的精炼效果，在正常操作条件下，可达到如下的精炼效果指标：

①除氢：低合金钢的除氢率可达 50%～60%，精炼后钢中[H]$\leqslant(2.5\sim3.0)\times10^{-6}$。

②脱氧：脱氧率为 40%左右。

③脱氮：脱氮率为 15%左右，钢中 N 可降至 50×10^{-6}。

④脱硫：脱硫率为 50%～60%，钢中含硫量可降至 0.005%以下。

⑤非金属夹杂物含量降低约 40%。

(二)铸钢车轮的冶炼过程

我国铸钢车轮冶炼采用碱性电弧炉氧化法炼钢工艺，即在电弧炉中吹氧实现大脱碳量的技术，能有效脱磷、脱硫、去除钢液中的气体和夹杂物，平均脱碳量大于 0.30%。在茶壶包和底注包中加入合金材料实现逐级脱氧，钢液中的氧含量从电弧炉、茶壶包、底注包逐步下降，初期电弧炉中钢液的氧含量为$(70\sim100)\times10^{-6}$，经过脱氧进入茶壶包中钢液的氧含量降至$(30\sim50)\times10^{-6}$，而底注包中钢液的氧含量可降到$(3\sim8)\times10^{-6}$。

碱性电弧炉氧化法冶炼车轮钢的工艺过程包括准备阶段(修补炉衬、配料及装料)、熔化期、氧化期、出钢、包内逐级脱氧等几个阶段，在这几个阶段中的技术要求及过程控制如下。

1. 准备阶段

(1)修补炉衬

炼钢过程中，炉衬材料受到高温炉渣及钢液的侵蚀破坏，故在每炼一炉钢后，都要修补炉衬。碱性电弧炉的补炉材料主要为喷补料和打结料。出钢后将炉内的残余钢渣扒净，用喷补料通过喷补机对炉墙(主要是渣线附近)、炉坡进行喷补，侵蚀严重的炉底部分用打结料修补。补炉操作的要点是：炉温高、操作快、补层薄,这样有利于补层的烧结。

(2)配料

熔炼用废钢多选用优质废钢,主要以铁路废钢为主,切割尺寸相对均匀,并且没有锈蚀或锈蚀程度较轻。废钢料按化学成分主要分为两类,一类为品种单一,化学成分稳定的废钢料,如轴头、重轨、道轨切头、报废车轮等;另一类为轻薄料,化学成分相对不稳定,如车体废钢、变形料等。

为了不致因脱磷和脱硫量过高而延长冶炼时间,所有的废钢料都要经过化学成分检验,不符合规定要求的严禁使用,以控制炉料的含磷量和含硫量。对于钢中不希望存在的元素的残留量应控制在规定限量之下,如钢中常见的几种合金元素 Cr、Mo、Ni、Cu、Sn、Pb 等。这些元素超量存在会影响车轮的热处理性能和增大车轮产生裂纹等缺陷的倾向,因而要严格控制,要求 Cr、Mo、Ni、Cu 的总含量不超过 0.50%。对钢中残留元素的控制,主要是通过对炉料的严格管理和入厂时的化学成分检验,含量超标的炉料严禁使用。

(3)装料

装料前应先检查炉体、炉盖、冷却系统以及电器设备和机械装置是否正常,如有故障,应先排除故障后再装料。装料前若炉底有凝结钢渣,炉底较高,则在炉底先加入一些铁矿石和萤石,在熔炼过程中可有效熔解掉炉底凝结的钢渣,增大电炉的钢容量。为保护炉底,减轻加料时炉底受炉料的冲击,并提前造渣、脱磷,应在炉底处先铺上一定数量的石灰。

图 4-5-5 加料过程

炉料熔清后碳含量不低于所设定的目标值。但由于炉料的平均含碳量在 0.60%～0.70%,相对偏低,并且在熔化过程中存在碳烧损的情况,因此在装料时炉内要添加炉底增碳剂,以提高炉料熔清后碳的含量。炉底增碳剂在加完石灰后加入,其加入量按炉料平均碳含量和炉料熔清碳含量目标值合理计算配比。用底开式料罐加料,废钢先用磁盘吊装入料罐,再往炉中加入。加料过程一般分为两次或多次加料,图 4-5-5 为熔炼过程中的加料过程。

2. 熔化期的技术措施

电炉通电熔化,待炉料熔清后取第一个试样进行化学分析,取样时应在熔池中心处舀取钢液。熔清时要求碳含量不小于目标值。若小于目标值,则需采取人工增碳的方法进行增碳。当炉料熔清后加入一些铁矿石进行脱硫、脱硅,铁矿石必须在低温(1 500 ℃以下)时加入,流出氧化渣后不得再加入铁矿石。在炉料熔化过程中,炉料中的铁和硅、锰、磷等元素被炉气中的氧所氧化,反应式为:

$$2Fe + O_2 \longrightarrow 2FeO$$

$$Si + O_2 \longrightarrow SiO_2$$

$$2Mn + O_2 \longrightarrow 2MnO$$

$$4P + 5O_2 \longrightarrow 2P_2O_5$$

氧化结果生成的 FeO、SiO_2、MnO、P_2O_5 等氧化物与加入的石灰化合而形成炉渣,覆盖住钢液表面。

3. 氧化期的技术要求及措施

氧化期的技术要求是有效的脱硅、脱磷、去除钢液中的气体和杂质,将含碳量调整到所要求的成分范围和提高钢液的温度。

(1)氧化脱硅:在钢液低温(1 500 ℃左右)下开始吹氧,并且边吹氧边流渣,在必要时还需进行放渣处理。通过流渣操作,可以有效脱硅、脱磷及钢液中的杂质。吹氧时所采用的吹氧管直径及吹氧最小压力都应合理控制。吹氧工作应尽量在低温下进行,以使吹氧过程达到最佳效果。硅的氧化有两种方式,反应式为:

$$Si + O_2 \longrightarrow SiO_2$$

$$Si + 2FeO \longrightarrow SiO_2 + 2Fe$$

(2) 脱碳精炼：脱碳是炼钢中的一个重要过程，碳的氧化造成钢液沸腾，可去除钢液中的气体和杂质，起到净化钢液的作用，并且沸腾所起到的搅拌作用，可使熔池中钢液的温度均匀。往钢液中吹氧脱碳的过程见示意图 4-5-6。图 4-5-7 为熔炼实际操作中的吹氧过程。

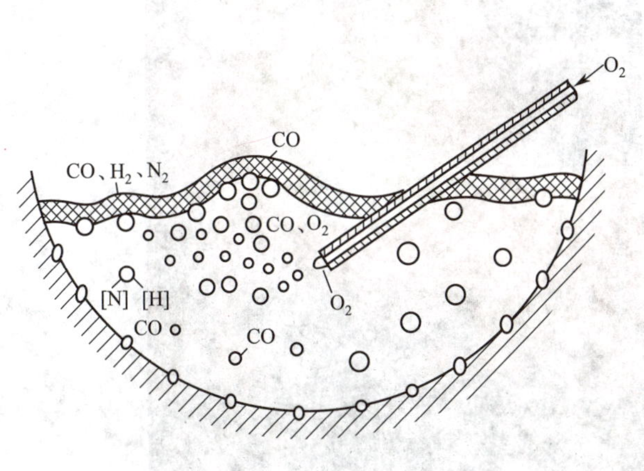

图 4-5-6 吹氧脱碳过程示意图

图 4-5-7 吹氧过程

在流出氧化渣后，根据化学成分、炉内渣量和渣子情况加入适量的石灰，石灰从炉门口加入。加入石灰后，在炉内钢渣界面短暂吹氧、化渣。吹氧管要插入熔池深部吹氧，造成熔池激烈氧化以搅拌钢水，并通过温度、吹氧、渣子碱度及钢水流动性等控制，造成泡沫渣。钢液碳含量接近出钢目标值时，取第二个试样(熔清后取第一个试样)进行化学分析，此时钢水温度不能太低。当钢液温度接近出钢温度时，取第三个试样进行分析，成分合格即可出钢。碳的氧化主要通过两种方式进行，反应式为：

$$2C+O_2 \longrightarrow 2CO$$

$$2Fe+O_2 \longrightarrow 2FeO$$

$$C+FeO \longrightarrow Fe+CO$$

脱碳精炼的控制目标：

(1)碳含量接近出钢目标值；

(2)硅含量小于等于 0.05%；

(3)炉渣碱度在 1.5%～2.5%之间。

4. 出钢的技术要求

出钢前分批在渣面上加碳粉，有利于渣中氧化铁(FeO)的还原和埋弧提温。出钢前倾转炉体流渣，要求要流出大部分渣子，以减少进入茶壶包内的渣量。出钢前要检查出钢口、出钢槽和茶壶包的状态，如有故障，应排除故障后再出钢，出钢时停止给电弧炉供电，然后倾转炉体将钢水注入茶壶包内，待钢水全部倒入茶壶包时，在茶壶包内取样进行化学成分检测，并在茶壶包渣面上和茶壶嘴内加入适量的覆盖剂进行保温，并防止表面钢水氧化。

5. 包内逐级脱氧的技术措施

茶壶包内加入合金材料进行初脱氧。在出钢往茶壶包内倒入钢水时，按顺序依次加入硅锰(MnSi)、硅铁(FeSi)和增碳剂。硅锰、硅铁和增碳剂的加入量，依据出钢前电弧炉内取样的化学成分结果合理计算加入，目标值是最终茶壶包内的碳、硅、锰含量符合标准要求。

底注包内加入合金材料进行终脱氧，并根据茶壶包的成分进行最终调整。当从茶壶包往底注包倒入钢水时，依据茶壶包内取样的化学成分结果合理计算碳、硅、锰、铝等的加入量，根据底注包中的钢水量依次加入，使最终底注包内的碳、硅、锰等含量符合标准要求。加入铝量太低容易造成脱氧不足，产生气孔；太高则引入新的杂质。钢液中的各项化学成分合格后，就可以用于铸钢车轮的浇注。图 4-5-8 为钢水的出钢过程和茶壶包倒包过程。

图 4-5-8 出钢和茶壶包倒包过程

第二节 造 型

我国铸钢车轮生产采用的是石墨挂砂衬、集中冒口补缩、顺序凝固等技术，其特点是借助于石墨良好的导热性和蓄热能力，达到对铸型中铸件（铸钢车轮）快速激冷的作用，以加快铸钢车轮轮缘、踏面和轮辋的冷却速度，使该部位组织细密，耐磨性好。同时借助于所挂砂衬与石墨导热性和蓄热能力的差异，实现对车轮顺序凝固的要求，从而避免了车轮缩孔、缩松等铸造缺陷。该工艺的另一特点是浇冒口位置重合，整个车轮除外轮毂头处有一重合的浇冒口外（经机加工后不留任何痕迹），再无任何其他补缩冒口，避免了设置边冒口给铸件冷却收缩时带来的阻力和因切割边冒口时人为造成的车轮裂纹等缺陷，这一点在传统的砂型铸造中是无法做到的。

我国铸钢车轮在实际生产中全部是自动化生产线流水作业，通过 PLC 控制辊道和链条传输系统运输砂箱，图 4-5-9 为铸钢车轮铸型的输送流水线。在生产过程中，包括模样加工、石墨型清理、预喷、射砂、下芯、终喷、合箱、浇注、开箱、取轮等工序，并且整个铸造生产过程形成一个闭环循环，具有成本低、生产效率高、工艺执行追溯性好、易查找废品原因等优点。

图 4-5-9 铸型输送线

一、模样加工

铸钢车轮的铸型是由石墨、砂衬和砂芯组合形成。车轮的轮辋、踏面和轮缘部位型腔由石墨加工而成，车轮辐板、轮毂部位型腔由挂在石墨上的局部砂衬形成，车轮轴孔由砂芯形成。

铸钢车轮的铸型分为上、下两箱，上箱形成车轮的外侧面，下箱形成车轮的内侧面。上、下箱石墨模样分别由数控机床加工而成，上、下箱石墨分别设置了排气通道，排气通道均匀的分布在挂砂槽附近。同时，为防止排气通道被砂子堵塞，在排气通道上安装排气塞。石墨型在使用过程中如有破损需修理时，必须先将排气塞清除后，再垂直铸型面沿厚度方向向下加工以去除破损部位。图 4-5-10 为石墨型加工过程及加工好的石墨型。

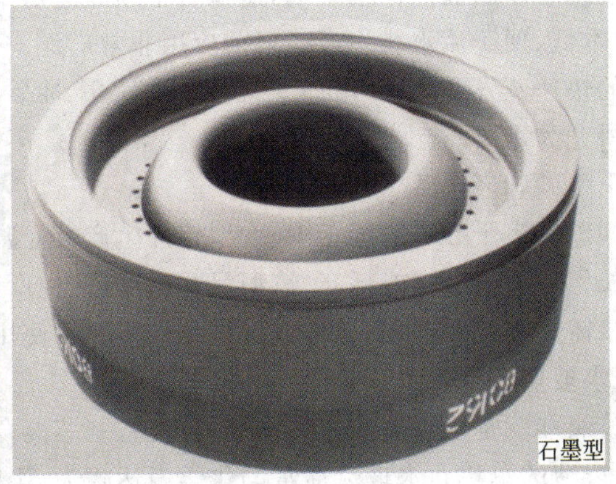

图 4-5-10　石墨型加工

挂在石墨上的砂衬是由上、下箱金属模样分别和上、下箱石墨模样配合形成空腔后由射砂机射制形成。金属模样也是通过数控机床加工而成，金属模样上需要设置排气通道，图 4-5-11 为金属模样图片。

图 4-5-11　金属模样图片

二、砂型制备

(一)造型材料概述

1. 造型材料和铸型种类

凡是用来制造铸型和型芯的材料统称为造型材料。造型材料有多种，常按构成铸型的主要材料的种类，将铸型分为砂型、泥型、石墨型、石膏型、陶瓷型、金属型等多个种类。其中砂型应用最广泛，把砂型铸造称为常规铸造，其他铸型铸造归结为特种铸造。通常所说的造型材料，一般说就是指的砂型造型材料。在此仅介绍砂型造型材料。

2. 型砂(含芯砂)的性能

砂型造型材料称为型砂(专为制芯的型砂也被称为芯砂)，也可称为造型混合料。因为液态金属浇入铸型,在型内冷却、结晶凝固,对铸型有冲刷、热蚀作用;在造型制芯及搬运、铸型装配及浇注后铸件的落砂清理操作中,应该便利操作,不易损坏;还需适应保证铸件质量、减少铸造缺陷的要求。所以,型砂需要具备必要的性能,常包括耐火性、热稳定性、化学稳定性、强度性能及可操作性、低发气性和透气性等多个性能指标。这些性能指标是靠型砂原材料,即原砂、黏结剂和添加剂的固有性能加以合理配方、合理混制工艺而达到的。型砂性能对砂型铸造生产非常重要,型砂原材料的选样和配方及混制工艺也至关重要。

3. 常用型砂种类

(1)黏土砂

用黏土作黏结剂的型砂称为黏土砂,常按铸型的干燥状态分为湿型砂、干型砂和表干砂。

①湿型砂

湿型砂多以膨润土作粘结剂,造型后不须经过烘干即直接合箱浇注。其特点是:生产效率高、能耗低、污染少、成本低、便于流水线生产。目前应用非常广泛。但湿型砂造型,在浇注前有水分的蒸发,在浇注时,更有水分的快速蒸发和迁移,增加了铸件产生气孔、冲砂、夹砂、粘砂等缺陷的可能性。所以,严格控制湿型砂性能显得尤为重要。

②干型砂和表干砂

干型砂和表干砂一般用于中、大型铸件生产,铸型、型芯经烘干或表层烘干后再装配合箱浇注。因其生产周期长、劳动条件差、能耗高、铸型尺寸精度差、生产管理繁杂等缺点,正逐渐被各种自硬砂所取代,仅在少数湿型砂铸造单位,在铸制单件或少数几件情况时使用。

(2)水玻璃砂

水玻璃砂就是以水玻璃作黏结剂的造型、制芯混合料。水玻璃是各种硅酸盐(包括硅酸钠、硅酸钾、硅酸锂等)水溶液的总称。水玻璃通常的化学表达式为 $M_2O \cdot mSiO_2 \cdot nH_2O$。其中 M 为 Na^+、K^+、Li^+ 等,m、n 为 M_2O、SiO_2、H_2O 三个组成物质的量的相互比例。其中钠水玻璃是铸造生产中最常用的水玻璃,又称“泡花碱”,它来源丰富、价格便宜。按硬化方法不同分为:CO_2 硬化水玻璃砂、真空置换法(VRH)水玻璃砂和酯硬化水玻璃砂。

①CO_2 硬化水玻璃砂

CO_2 硬化水玻璃砂是在造型、制芯完成后,吹 CO_2 气硬化的工艺方法。因其具有硬化快、生产效率高、铸型(芯)尺寸准确、铸件尺寸精度高、成本低、无毒、污染小等优点,在铸钢车间应用很广泛。当然这种砂型溃散性差,落砂困难,铸件清理工作量大,旧砂再生比较困难等也是致命的缺点。所以,提高其溃散性是铸造工作者长时间以来都千方百计设法克服的难题。

实践证明,在保证型砂强度满足要求的条件下,减少水玻璃加入量,能明显改善溃散性能,其中含泥量降低非常有效。在水玻璃砂中加溃散剂有一定效果。溃散剂分为有机材料和无机材料两类。属于有机类的有糠醛渣、羧甲基纤维素腐殖酸等有机纤维素类和葡萄糖、淀粉等糖类;属于无机类的有石墨粉、煤粉、石灰石粉、氧化铁、氧化镁和铝矾土等。

②真空置换法(VRH)水玻璃砂

真空置换法是 20 世纪 80 年代由日本人发明并已应用于生产的先进水玻璃砂工艺之一。其主要工作原理如图 4-5-12 所示,把造好的水玻璃砂型(芯)连同砂箱或芯盒一起放入真空室 5 中,启动真空泵 9,使真空室达到预定的真空度后,关闭阀 7 及真空泵,打开 CO_2 的气阀 4,使定量的 CO_2 气体充入真空室,关闭阀 4,使水玻璃黏结剂和 CO_2 气体反应一段时间。然后开启三通阀 7 使真空室与大气连通,完成砂型(芯)的整个硬化过程。由于这种方法能充分发挥水玻璃的黏结效果,在保证水玻璃砂硬化终强度的条件下,可大幅度降低水玻璃加入量,大大改善了水玻璃砂的溃散性,为落砂、清砂和旧砂再生带来便利;能节约 CO_2 用量;减少硬化时间,可提高效率。所以正受到铸造界的关注。

③酯硬化水玻璃砂

酯硬化水玻璃砂用有机酯作固化剂。在满足型砂强度条件下,相对 CO_2 砂来说,可大幅降低水玻璃加入量,溃散性大大改善,旧砂回用再生就不再困难。酯硬化水玻璃砂工艺类似于自硬树脂砂工艺:型(芯)砂较易混均,流动性好,易于紧实,铸型(芯)自硬且强度高等;与自硬树脂砂相比,它还具有如下优点:

ⓐ 选用的有机酯是一种低毒性、低黏度、成分均匀的有机液体;

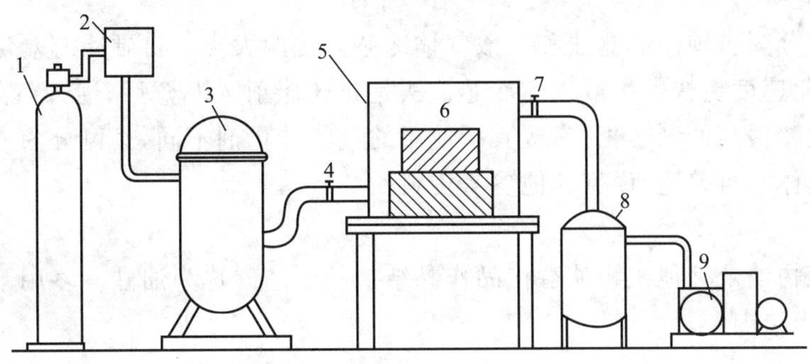

图 4-5-12 VRH 法示意图

1—液体 CO_2 瓶；2—汽化瓶；3—CO_2 储气罐；4—阀；5—真空室；6—芯盒；7—三通阀；8—水、粉尘分离器；9—真空泵

ⓑ 定量容易，使用方便，易与水玻璃形成均一的混合物；

ⓒ 由于水玻璃加入量的明显减少，提高了型(芯)砂的流动性和耐火度，可明显改善铸件的表面质量。

(3)树脂砂

树脂砂按造型、制芯工艺方法不同，可分为树脂自硬砂、壳型(芯)砂、热芯盒砂、温芯盒砂和冷芯盒砂。

①树脂自硬砂

树脂自硬砂是在常温下加入固化剂能够自行硬化的树脂黏结剂的铸造型砂。

树脂自硬砂根据使用固化剂种类的不同又分为酸固化呋喃树脂、酯固化碱性酚醛树脂和酚脲烷系列树脂。目前国内外是酸固化树脂占主导地位；酯固化碱性酚醛树脂目前在国内外重型、阀门、水泵、汽轮机及有色金属铸造等行业得到应用；酚脲烷系列树脂亦在部分铸造厂使用。

②壳型(芯)砂

壳型(芯)砂又称覆膜砂，是将热塑性酚醛树脂包覆在砂粒表面制成的一种型(芯)砂。覆膜砂一般采用固体颗粒状热塑性酚醛树脂，常用乌洛托品作固化剂，而且常加硬脂酸钙作润滑剂。

在铸造生产中，壳型(芯)直接承受液体金属作用的只有表面一层厚度仅为数毫米的砂壳，其余的砂只起支撑这一砂层壳的作用。壳型(芯)法具有较好的铸造工艺性能，特别有利于薄壁件的生产。

③热芯盒砂

所谓热芯盒法制芯，是将由原砂、液态热固性树脂黏结剂和催化剂配制成的芯砂，吹射入加热到一定温度的芯盒内，使贴近芯盒表面的芯砂受热，其黏结剂在很短时间即可缩聚而硬化。而且只要砂芯的表层有数毫米结成硬壳即可从芯盒取出，中心部分的芯砂利用余热和硬化反应放出的热量可自行硬化。热芯盒法在20世纪60年代后陆续在欧美等国被逐步开发应用，其发展速度极为迅速，至今它在全世界的汽车、拖拉机及柴油机等行业广泛应用。热芯盒法与壳型(芯)法相比，具有更高的生产率，制芯速率从几秒至数十秒；制芯用黏结剂成本低；芯砂的混砂设备简单，投资少。

热芯盒砂原砂粒度多用50/100，树脂常用尿醛与糠醇结合而成的高氮呋喃树脂，酚醛与糠醇缩合而成的无氮树脂或尿醛、酚醛和糠醇三者缩合而成的中、低氮树脂以及酚醛树脂。可根据铸件材质、结构尺寸情况，合理选用含氮量级别，确保铸件质量和良好的综合经济效益。一般用氯化铵水溶液或对甲苯磺酸溶液作固化剂。此外还有尿素、三氧化二铁、硼砂等附加物加入。

④温芯盒砂

温芯盒制芯工艺方法使用的芯砂称为温芯盒砂。一般使用游离甲醛小于0.3%的低氮或中氮的低黏度呋喃树脂，用强酸盐如硫酸铜、氯化铜等溶液作固化剂，常温下性能稳定，无自然固化现象、当温度达70～120 ℃时，分解出硫酸或盐酸，使树脂固化。树脂加入量为砂重的1%左右，固化剂加入量为树脂重的20%～30%。适合制造中等大小砂芯。

⑤冷芯盒砂

冷芯盒制芯工艺所使用的芯砂称为冷芯盒砂。由于它在常温下硬化，无需加热，砂芯在芯盒内成形并自行硬化，故它除了具有壳芯、热芯盒制芯工艺的有点外，还可以用铝合金、塑料芯盒或木质芯盒等，特别适用于中小批量和多品种的生产。

冷芯盒制芯工艺可分为自硬冷芯盒法和扩散气体冷芯盒法两大类。自硬冷芯盒法所用树脂砂与前述的树脂自硬砂相似，但硬化速度更快。扩散气体冷芯盒法是将树脂射入芯盒后，通入气体催化剂，使型芯很快硬化。这是一种生产效率很高的制芯工艺，按其所使用的气体催化剂不同，又可分为三乙胺冷芯盒法和二氧化硫冷芯盒法两种。具体不再赘述，详见其他参考资料。

(4)油砂

用干性或半干性植物油及其他矿物油替代品作黏结剂的型芯砂称为油砂。多用于制作薄细和形状复杂的型芯，可使铸件获得光洁内腔。

①植物油砂

植物油是油脂的一种，是由脂肪酸和丙三醇(甘油)分子组成。其中脂肪酸有饱和脂肪酸和不饱和脂肪酸两种。含饱和脂肪酸的油类，又称不干性油。该种油类不能用作铸造黏结剂。铸造最常用植物油黏结剂为桐油、亚麻油及改性米糠油等。该种黏结剂皆属于不饱和脂肪酸的油类，又称干性油。

植物油属于有机憎水黏结剂。其配制的芯砂流动性好、干强度高、溃散性极好。缺点是湿态强度太低，砂芯在烘干前和烘干时容易变形，影响尺寸精度；不易实现铸造过程的机械化和自动化；而且植物油贵而稀缺。常用糖浆、糊精、纸浆残液、膨润土等为添加物以提高湿强度。

②合脂砂

桐油或亚麻油等干性植物油是重要的工业原料，而且资源有限，价格较高，为此，国内于 1956 年起研究采用矿物油做铸造用芯砂黏结材料。曾先后研究和使用过石油沥青乳浊液、减压渣油、合成脂肪酸蒸馏残液等矿物油黏结剂，其中合脂黏结剂芯砂在铸造生产中得到了广泛应用。以合脂作为黏结剂配制的芯砂称为合脂砂。

合脂砂与植物油砂比较，干强度、吸湿性、退让性、溃散性与桐油砂相近。湿强度、流动性都不好，易黏附芯盒影响操作。合脂砂芯在室温和高温下有明显蠕变现象，影响铸件形状尺寸精度。但价格低廉，仍应用较多。

③渣油砂

制造砂芯的矿物油黏结剂除了合脂外，常用的还有渣油。渣油砂一般只用来造型芯。

渣油黏结剂是由减压渣油经稀释剂稀释后的一种铸造用黏结材料。随着渣油黏结剂加入量的增加，干强度逐渐增加。当砂粒周围形成一定厚度的薄膜后，再增加黏结剂，不但干强度不增加反而有下降的趋势，同时湿压强度和透气性下降，发气性增加。为了提高渣油黏结剂芯砂的湿态强度，便于制芯，一般在芯砂配比中加入一些膨润土、糊精和纸浆废液等附加物，但这些附加物会影响渣油芯砂的干强度，因此加入量不宜过多。

(二)我国铸钢车轮采用的造型工艺

1. 砂衬用砂混制

生产铸钢车轮用砂衬采用水玻璃砂造型，原砂为天然或人造石英砂。原砂的选取需根据钢种、轮型、铸型种类(湿型或干型)、黏结剂种类和造型方法(手工或机器)，在保证质量的前提下选用。铸钢车轮因浇注温度高，要求型砂的耐火度高，透气性好，所以原砂中 SiO_2 含量应高，杂质要少，粒度分布要合理。

水玻璃是应用最广泛的一种无机黏结剂，水玻璃砂混制非常方便，硬化主要是用化学硬化法，有以下优点：

(1)流动性好，易于紧实；

(2)硬化快，简化造型和制芯工艺，缩短生产周期，提高劳动生产率；

(3)铸造缺陷少，提高铸件质量；

(4)可以硬化后再起模，型、芯尺寸较准确，提高铸件尺寸精度；

(5)可不用干燥炉，节约能源，改善车间劳动条件。

混砂时原砂和水玻璃的温度要适中。原砂和/或水玻璃的温度太高，容易造成型砂脱水，影响砂衬的强度，造成车轮夹杂和粘砂而报废；原砂和/或水玻璃的温度太低，不利于砂型硬化。

原砂还要控制水分和含泥量。因水玻璃中已含有大量水分，故原砂水分要严格控制，一般采用经过烘干的原砂。因含泥量会影响水玻璃砂的干强度，而且含泥量大的原砂也降低型砂的透气性，所以型、芯砂对原砂的含泥量有严格的要求，一般含泥量要求低于 0.5%，考虑到铸钢车轮生产工艺的特殊性，要求原砂的含泥量更低。

混砂过程由连续式混砂机完成，如图 4-5-13 所示。连续式混砂机系统由带有螺旋叶片的轴和混砂槽以及原砂、水玻璃等原材料加入设备组成。带有螺旋叶片的轴被固定在混砂槽中，混砂机工作时，在螺旋叶片轴连续转动的同时按工艺要求配比均匀加入原砂、水玻璃等原材料。在混砂时，螺旋叶片的连续旋转会不断地把混好的水玻璃砂推向出砂口，流入射砂机中供射砂使用。型砂混制时间不宜过长，混砂时间过长，砂子因摩擦发热，使水玻璃脱水硬化导致干强度下降。

图 4-5-13　连续式混砂机

连续式混砂机要定时清洗，一般工作 8 h 至少清洗一次，连续式混砂机停止工作 30 min 以上也要进行彻底清洗。

型砂混制工艺流程为：

$$\text{原砂}+\text{水玻璃}\xrightarrow{\text{混制}}+\text{辅料}\xrightarrow{\text{混制}}\text{出料}$$

2. 射制砂衬

射砂设备使用专有射砂机，砂衬由射砂系统完成射制。射砂系统由射砂机、射砂机工作台、液压脱模缸、二氧化碳硬化系统等组成。射制砂衬时，金属模样被固定在射砂机工作台上，石墨型反扣在金属模样上，石墨型与金属模样之间通过定位装置保证相对配合位置准确。液压脱模缸将射砂机工作台连同金属模样、石墨型垂直顶起，石墨型进砂口与射砂机射砂头完全接触，再由压缩空气将射砂机中的水玻璃砂压射到石墨型中完成砂衬射制过程。砂衬射制完成后，由位于金属模样底部的气道将二氧化碳吹到砂衬表面以硬化砂衬，最后液压脱模缸下降，使金属模样与石墨型分离完成脱模过程。

射砂机压缩空气压力要求 0.4～1.0 MPa，压力太小容易造成射砂不足，砂衬紧实度不够高等缺陷，压力太大则导致砂衬强度增大，砂衬的退让性、透气性和溃散性差，影响脱模，并会导致车轮裂纹、气孔等缺陷。二氧化碳压力为 0.1 MPa 以上，硬化时间需要合理控制，防止过吹或欠吹现象，由于下箱砂衬的厚度和砂量比上箱要小，所以下箱砂衬的硬化时间比上箱要低。

每次砂衬射制完成后都应清理金属模样上的浮砂，防止在下次射砂时造成砂衬表面浮砂和干砂，影响砂衬表面质量。若金属模样表面不光滑则需在金属模样上刷一层脱模剂，以利于脱模，提高砂衬表面质量，同时刷脱模剂时应避免过量涂刷，否则过量的脱模剂会粘覆在砂衬表面，会影响车轮铸件表面质量和尺寸精度。

三、涂料喷涂

在铸造生产中，常在铸型型腔的表面和型芯的表面涂敷一层涂料。对于防止铸件表面缺陷，提高表面粗糙度，特别在砂型铸造中，防止铸件粘砂、冲砂，有着非常明显的效果。使用表面合金化涂料，可以使铸件表层合金化，提高铸件表层材质性能。所以，铸造涂料在铸造生产中非常重要。铸造涂料有多种分类方法，最常用的是按应用分为砂型(芯)涂料和金属型涂料两类，按其分散载体不同分为水基涂料、醇基涂料和有机溶剂自干涂料，还经常以其耐火骨料不同加以区分，如石墨涂料、锆英粉涂料等。

由于液态金属注入铸型，直接作用于涂料层，要求涂料需具备必要的性能。涂料的性能取决于各组分的特性及适宜的配方和合理的制备工艺，在实际生产中，必须对铸造涂料性能质量加以严格控制。

(一)涂料应具备的性能

1. 足够的耐火度和热化学稳定性。

2. 足够的表面强度及抗裂性能。

3. 良好的渗透性。涂刷后，能渗入型(芯)表面2～3层砂粒的深度。

4. 良好的悬浮性。在规定的时间内不分层、不沉淀、不结块并保持性能基本均一。

5. 良好的涂刷性和流平性，即涂刷爽滑，涂刷后无刷痕，不流淌。

6. 发气性低，发出气体对人类无害，不污染环境。

7. 特殊情况下要求特别性能，以达到特别功能。

(二)涂料的基本组成

涂料是多种物料的混合物，按各种物料对涂料性能的影响，总体上分为五个部分，可表示如下：

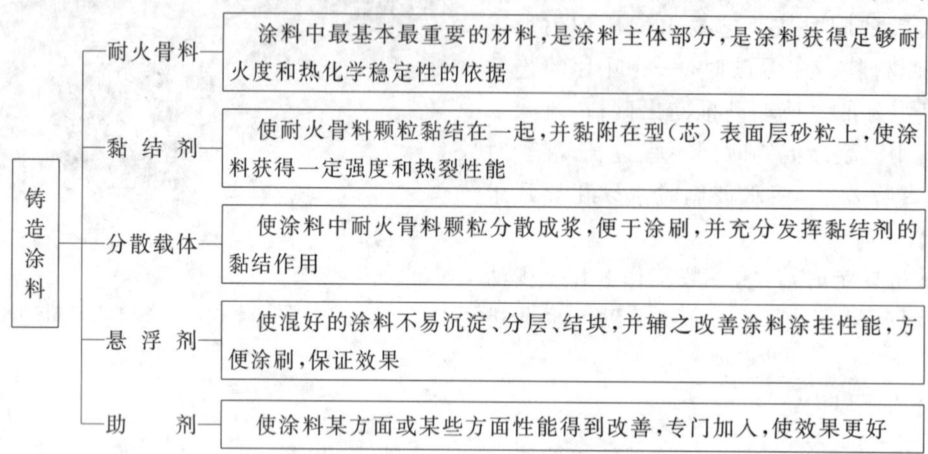

1. 耐火骨料

一般是270目以上的细粉状耐火材料，常用的有锆英粉、石墨粉、莫来石粉、铝矾土粉、橄榄石粉、刚玉粉、铬铁矿粉、滑石粉、叶蜡石粉、镁砂粉等。

2. 黏结剂

(1)水基涂料用黏结剂：常用常温黏结剂有羧甲基纤维素钠、海藻酸钠、水溶性合成树脂、聚乙烯醇、聚酯酸乙烯(白乳胶)、纸浆残液等。用以提高涂层高温强度的有黏土、膨润土、硅溶胶、水玻璃、聚合磷酸盐等。

(2)醇基涂料黏结剂：常用常温黏结剂有聚乙烯缩丁醛、松香、松香与酚醛树脂聚合物、漆片(虫胶)等。提高涂层高温强度的有热固性酚醛树脂、硅酸乙酯、锂膨润土及有机膨润土等。

3. 分散载体

(1)水基涂料载体：水基涂料以水作分散载体(最好使用软水)。

(2)醇基涂料和自干涂料载体：常用乙醇、异丙醇作醇基涂料分散载体，因沸点、蒸发速度的差异，异丙醇效果要好些，但价格较高。目前乙醇应用更广。

4. 悬浮剂

(1)水基涂料常用悬浮剂：膨润土、凹凸棒土、累托石、海泡石等。

(2)醇基涂料常用悬浮剂：锂膨润土、有机膨润土等。

5. 助剂

(1)渗透剂：可增强涂料对砂型(芯)表层的润湿能力，提高渗透性。多用低泡或无泡型表面活性剂。有离子型和非离子型，常用离子型有T80琥珀酸辛酯磺酸钠盐，OP-10烷基芳基聚氧乙烯醚(乳百灵)。常用非离子型JFC肪醇聚乙烯醚，对水基涂料有比较好的效果。

(2)防渗剂：醇基涂料的载体极易渗入砂型而影响涂刷和流平，需要考虑防渗。现常和悬浮剂一并使用，用聚乙烯缩丁醛可同时起到悬浮和防渗效果。

(3)消泡剂：涂料中加入有机物及涂料搅拌都会使涂料产生气泡，影响使用效果。加消泡剂使气泡破碎，气体外逸。常用消泡剂有正丁醇、正辛醇和正戊醇等。

(4)防腐剂：为了防止涂料中加入的有机物腐败变质，应加入防腐剂，常用的有甲醛水溶液(福尔马林)、三氯苯酚、五氯苯酚、苯甲酸钠、麝香草酚等。

(5)其他助剂：根据需要可添加其他助剂，满足需要。如着色剂、可便于区分涂料种类、改善观感和正确使用；再如芳香剂，可改善嗅感等。

(三) 涂料涂覆方法及适用范围

涂料的涂覆方法分为四种:浸涂、刷涂、淋(浇)涂、喷涂。它们各有优缺点,表 4-5-3 为四种施涂方法的比较。实际生产中,需根据型砂种类和砂型(芯)的大小、形状、生产批量、生产方式,结合涂料种类和性状合理选择涂覆方法。

表 4-5-3 施涂方法比较

施涂方法	特点	适用铸型(芯)	施涂工具或装置
刷涂	最传统也是最可靠的施涂方法。操作效率低,对工人的操作熟练程度要求高;铸型形状不限,涂料消耗少	砂型、砂芯	毛刷
浸涂	操作效率很高,初始阶段所须涂料多;仅适合一定的铸型(芯);与刷涂相比,所耗涂料多,其涂料浓度比刷涂低,但无刷痕;可实现涂料自动化	砂芯	浸涂槽
淋(浇)涂	操作效率高,无刷痕,可实现流涂自动化;与刷涂相比,所耗涂料多,其涂料浓度比刷涂低,对铸型(芯)形状有一定的限制	砂型、砂芯	流涂机
喷涂	操作效率较高,可实现喷涂自动化;与刷涂相比,其浓度稍低;喷嘴的维护麻烦;涂料飞散多	主要的铸型及一定形状的砂芯	有气或无气喷涂机

1. 浸涂法

将型芯浸没在涂料槽的涂料中,停留片刻取出,淋去多余涂料即可,如图 4-5-14 所示。此法涂层厚薄比较均匀,便于实现机械化操作,对大批量生产非常有利。比较适用于中小类砂芯,大型芯不宜,黏土砂型芯不宜,必须保护好型芯上的通气眼、通气道以及芯头部位。

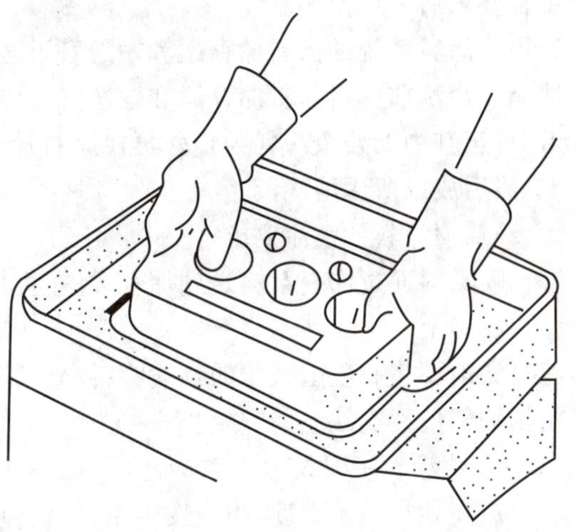

图 4-5-14 涂料槽固定浸涂法

2. 刷涂法

即人工用毛刷将涂料涂于铸型型腔和型芯表面,如图 4-5-15 所示,简单灵活,对单件小批生产的类型比较适用,中大型砂型及型芯也多用此法,可灵活掌握刷涂,对一些凹凸不平的部位可以补刷,确保质量,但效率低,劳动量大,对操作工的技术水平要求较高。

3. 淋(浇)涂法

即用低压泵将涂料抽出经过雨淋式喷嘴或喷淋头淋浇在砂型(芯)上。使其自行流淌形成涂层,多余涂料可流淌回涂料容器继续使用。此法用料省、效率高,但涂层厚度不易掌握,当型腔、型芯的结构复杂、凹凸较多时,难度就会增加,必须注意某些凹进部位的流淌堆积。必要时由人工配合以涂刷消除流淌不到和堆积现象。

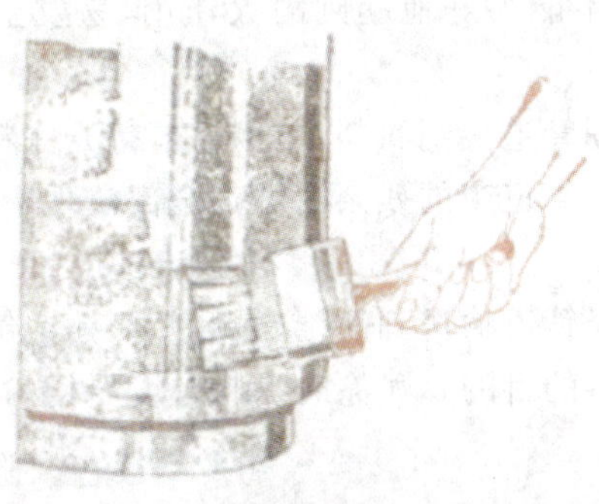

(a) 用硬刷刷涂

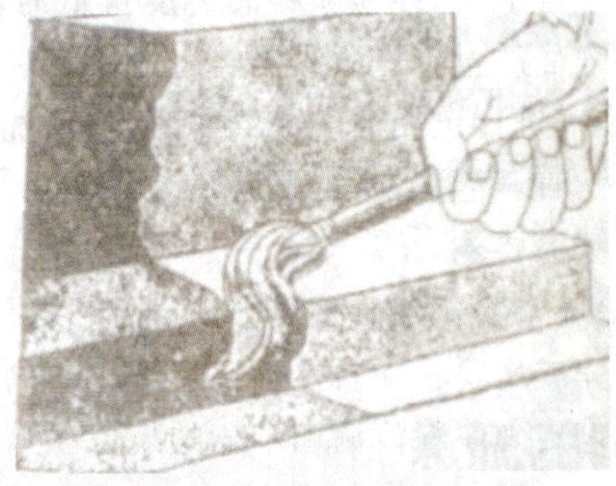

(b) 用软刷刷涂

图 4-5-15 涂料刷涂

4. 喷涂法

喷涂法分雾化喷涂和压力喷涂两种。雾化喷涂是通入压缩空气把涂料经软管送进涂料喷枪(可以用负压提升或压力输送),经空气和涂料混合后、从喷枪嘴喷出成雾状、并送达型腔或型芯表面,涂料黏附在型芯表面形成涂层。这种方法生产效率高,适合于大中型芯和大面积砂型及成批大量生产的类型。但所需压缩空气压力要高些，由于气垫回弹作用，凹下部位难喷均匀；涂料损耗率高、对操作环境有污染、挥发性强的涂料不宜使用。压力喷涂是用泵或压缩空气把涂料送到喷枪，靠涂料自身内压从喷枪嘴喷出而涂敷在型腔和型芯表面。这种方法所需压力不高，无气垫回弹，凹下部位也能喷涂均匀，溶剂挥发损耗少，不污染环境；铸型表面也比较光，显示了较多的优越性。

（四）铸钢车轮生产中的涂料喷涂

1. 预喷涂料主要技术要求

由于形成铸钢车轮轮辋、踏面、轮缘部位的石墨直接接触钢水，因此为防止钢水高温对石墨造成氧化导致石墨损坏，同时为缓解车轮轮辋、踏面、轮缘部位的石墨与砂衬之间在浇注时的瞬间温度差，防止车轮轮辋热裂纹缺陷产生，需要在车轮轮辋、踏面、轮缘部位的石墨上喷涂涂料，即预喷涂料。

(1)预喷涂料的配制

预喷涂料的主要配料为超细硅石粉、水和辅料。配制工艺如下所示：

$$水＋超细硅石粉\xrightarrow{搅拌}＋辅料1\xrightarrow{搅拌}＋辅料2\xrightarrow{搅拌}出料$$

在配制过程中观察辅料是否全部溶解，若没有全部溶解则适当延长搅拌时间。预喷涂料工艺参数经检验符合要求后才可使用。

预喷涂料系统的涂料储存罐和输送管道必须进行定期清洗、消毒，否则会堵塞涂料管道，降低预喷涂料的性能。清洗前先将涂料储存罐和输送管道中的所有剩余涂料排放干净，然后用水冲洗涂料储存罐及输送管道，直至其中无残余涂料为止。再在涂料储存罐中加入漂白粉和水作清洗用液，对管道循环冲洗 20 min 以上，然后放出所用清洗液。

(2)预喷涂料的喷涂要求

预喷涂料通过涂料泵输送到储存罐中，再由涂料泵经管道输送到喷枪，最后由压缩空气通过喷枪将涂料喷涂在石墨上。

喷涂前要将石墨上残留的预喷涂料和砂粒清除，喷涂时涂料厚度要均匀，涂料厚度太薄或太厚均会造成车轮轮辋部位裂纹缺陷的产生。

2. 终喷涂料主要技术要求

为提高砂衬的耐火度，防止发生粘砂、铁包砂现象，以及提高车轮表面质量，需要在砂衬的车轮辐板部位表面喷涂涂料，即终喷涂料。

(1)终喷涂料的配制

终喷涂料的主要配料为醇基膏状涂料和溶剂。配制时先将适量醇基膏状涂料加入到搅拌器中，再加入适量溶剂搅拌 30 min 以上，然后测定波美度，终喷涂料波美度和悬浮性经检验符合要求后才可使用。终喷涂料波美度偏高时，在喷涂完成后易发生涂料起皮现象，不利于车轮的表面质量，起皮的涂料若清理不干净时，还会导致车轮夹杂等缺陷；终喷涂料波美度偏低时，不能很好地起到耐火作用，易发生粘砂和铁包砂缺陷，也不利于车轮的表面质量。

终喷涂料系统也需进行定期清洗。清洗时，将清洗剂管道接到涂料泵进料口，打开涂料泵使清洗剂进入终喷管道中进行冲洗，直至清洗干净，然后关闭涂料泵，将管道中的残余清洗剂全部清理干净。

(2)终喷涂料的喷涂要求

终喷涂料通过涂料泵输送到储存罐中，再由涂料泵经管道输送到喷枪，最后由压缩空气通过喷枪将涂料喷涂在砂衬上，喷涂完成后要将涂料点燃以达到烘干涂料的目的。喷涂时涂料厚度要均匀，厚度应满足工艺要求，喷涂区域不允许出现涂料流淌和堆积的现象。

四、砂芯制备

1. 砂芯种类

铸钢车轮生产使用三种砂芯，分别为中芯、雨淋芯和浮芯。三种砂芯均是通过射芯机射制而成，中芯、浮芯和雨淋芯根据设备的不同可采用一次射制单个或多个的方式进行生产。

2. 芯砂混制

三种芯子使用芯砂原砂可为天然或人造石英砂，工艺要求平均粒度要比型砂用砂细，含泥量要求也更低。

芯砂混制工艺：

原料由原砂、水、树脂和辅料组成。根据设备要求，为确保芯砂混制均匀，原砂量以 400～500 kg 为宜。混制工艺为：

$$原砂+辅料\xrightarrow{干混}+水\xrightarrow{混}+树脂\xrightarrow{混}出砂$$

混制好的芯砂需要进行水分和干强度检测，合格后方可使用。

3. 砂芯的烘烤及储存

(1)浮芯

射制好的浮芯要均匀摆放在烘芯架上，然后装入烘芯窑中进行烘烤。烘烤前，烘芯窑先空窑升温至预定温度，然后再将装满浮芯的烘芯架运入烘芯窑中进行烘烤，运送烘芯架时要慢且要小心，避免浮芯在运送过程中发生震动而导致损坏。浮芯烘烤时，要求在预定温度下烘烤足够时间才可出窑。

烘烤好的浮芯出窑后要进行检查，查看有无欠烤、过烤、裂纹、孔洞及破裂等缺陷，若存在上述缺陷任意一种则须报废，不得使用。检查后若没有缺陷则需用工具清理浮芯周边，保证去除所有浮砂及飞边。清理后的浮芯要及时装进储芯柜中进行保温。

(2)雨淋芯

射制好的雨淋芯要小心放在烘芯架上，然后装入烘芯窑中进行烘烤。烘烤前，烘芯窑先空窑升温至预定温度，然后再将装满雨淋芯的烘芯架运入烘芯窑中进行烘烤，运送烘芯架时要慢且要小心，避免雨淋芯在运送过程中发生震动引起变形。雨淋芯烘烤时，要求在预定温度下烘烤足够时间才可出窑。

烘烤好的雨淋芯出窑后要进行检查，查看有无欠烤、过烤、裂纹、孔洞及破裂等缺陷，若存在上述缺陷任意一种则须报废，不得使用。检查后若没有缺陷则需用工具清理雨淋芯周边，保证去除所有浮砂及飞边，保证浇口和补缩孔形状完整且无浮砂。清理后的雨淋芯要及时装进储芯柜中进行保温。

(3)中芯

射制好的中芯小心摆放在烘芯架上，然后装入烘芯窑中进行烘烤。烘烤前，烘芯窑先空窑升温至预定温度，然后再将装满中芯的烘芯架运入烘芯窑中进行烘烤，运送烘芯架时要慢且要小心，避免中芯在运送过程中发生震动引起变形、破裂。中芯烘烤时，要求在预定温度下烘烤足够时间才可出窑。

图 4-5-16 砂芯储芯柜

烘烤好的中芯出窑后要进行检查，查看有无裂纹、破裂、变形、擦痕及射砂不足等缺陷，若存在上述缺陷任意一种则须报废，不得使用。

经检查完好的中芯需要在其圆周侧面上浸涂涂料，目的是提高中芯的耐火度。中芯浸涂涂料采用耐高温涂料。将耐高温涂料搅拌均匀后，测量浸涂涂料波美度，波美度在规定范围内方可进行中芯浸涂。

浸涂后的中芯必须置于烘芯窑内升温到一定温度后出窑，以保证涂料强度。烘烤浸涂后的中芯时，应保证烘芯窑排风通畅。

浸涂烘烤后的中芯须进行高度打磨，并用量具检测高度以符合要求。打磨后的中芯须清理表面的浮砂和涂料堆积。清理后的中芯要及时装进储芯柜中进行保温。三种砂芯在使用过程中都要注意防潮。图 4-5-16 为三种砂芯用的储芯柜。

五、合　箱

合箱前用风管将上下箱铸型表面的浮砂吹干净，然后将中芯放置在下箱铸型中芯芯座上，雨淋芯已在上箱砂衬终喷涂料前安放完毕。中芯放置完毕后，合箱机将上箱铸型平稳合在下箱铸型上，整个合箱过程完成，等待浇注。

合箱机通过自动控制系统和预设在上、下铸型上的导向、定位装置，保证在合箱时铸型的平稳和上下箱合箱位置准确，进而保证砂衬完整无损和车轮毛坯外形尺寸精度。合箱后的装配图如图 4-5-17 所示。

在合箱过程中应注意，上箱型腔在翻转时不应产生冲击，这样容易引起上箱砂衬与石墨型脱开，造成车轮辐板尺寸偏薄，车轮报废。同时，合箱时间也要合理控制，合箱太早容易在中芯表面上形成水分局部集中而使车轮产生气孔缺陷。这是因为，中芯的温度比砂衬低，若合箱后等待浇注时间过长，砂衬或周围的大气气氛中的水蒸气同低温度的中芯相遇或相接触，就会在中芯的表面上凝结成水分，造成水分局部集中，造成砂衬强度降低，浇注后车轮表面易产生侵入性气孔及粘砂现象。

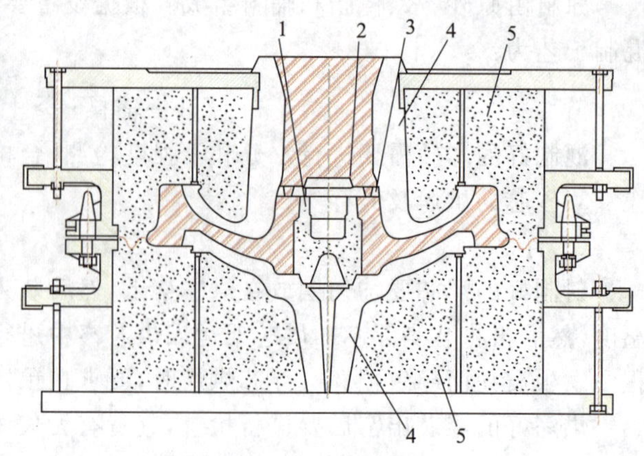

图 4-5-17 合箱示意图

1—中芯；2—浮芯；3—雨淋芯；4—砂衬；5—石墨

砂衬射制完成后到合箱的时间间隔要适当，时间过长不仅影响生产效率，也容易使砂衬返潮，造成砂衬强度降低，浇注后车轮表面易产生侵入性气孔及粘砂现象。这是因为 CO_2 水玻璃砂硬化后放置一段时间，水玻璃会和空气中的水蒸气和 CO_2 发生反应，使砂型表面粉化产生一层像霜似的白色物质，称为“白霜”，造成该处表面强度降低，浇注时易产生冲砂缺陷。这种白色物质是 $NaHCO_3$，发生的反应为：

$$Na_2CO_3+H_2O \longrightarrow NaOH+NaHCO_3$$

$$NaOH+CO_2 \longrightarrow NaHCO_3$$

$NaHCO_3$ 又随水分向外迁移形成在表面。

第三节 浇 注

一、浇注设备

我国铸钢车轮浇注设备主要包括茶壶包和底注包。冶炼好的钢水出钢时先将钢水倾倒在茶壶包内，再由茶壶包分包倒入底注包进行浇注。钢水在倒入茶壶包、底注包过程中可以进行化学成分调整，钢水在倾倒过程有利于渣子上浮，净化钢水。

茶壶包的形状像一把茶壶，钢水从茶壶包底部经茶壶嘴倒出，钢水中的渣子浮于茶壶包上部，因此从茶壶嘴倒出的钢水较为纯净。茶壶包从砌筑结构上分为包底安全层、包底工作层、包壁安全层、包壁工作层以及茶壶嘴工作层等部分。包底安全层和包壁安全层均由黏土砖砌筑，黏土火泥黏结和填充砖缝；包底工作层和包壁工作层均由铝镁碳砖砌筑，由铝镁火泥黏结和填充砖缝；茶壶嘴工作层由管状铝镁碳砖砌筑，由铝镁浇注料灌注缝隙。

茶壶包砌筑完毕后，须自然晾干 24 h 以上才可进行烘烤，烘烤达到所需温度后才可使用。

底注包为底注式钢水包，钢水从钢包底部流出浇入铸型，钢水的渣子浮于底注包上部，从底注包底部流出的钢水较为纯净。底注包从砌筑结构上分为包底安全层、包底工作层、包壁安全层、包壁工作层以及浇口等部分。包底安全层和包壁安全层均由黏土砖砌筑，由镁砂火泥黏结和填充砖缝；包底工作层由高铝砖砌筑，由耐火砌泥黏结和填充砖缝；包壁工作层由高铝砖和黏土砖间隔搭配砌筑，由耐火砌泥黏结和填充砖缝；浇口由成形水口砖砌筑，由耐火砌泥黏结和填充砖缝。底注包砌筑完毕后进行烘烤，烘烤达到所需温度后才可使用。

二、铸钢车轮浇注

我国铸钢车轮浇注采用重力浇注方法，采用底注包进行浇注。底注包注满第一包钢水后，打开浇注通道用钢水冲刷水口部位，以使水口充分预热，同时有效清除水口部位的杂质。

每次开工首次浇注前，石墨型必须先预热到一定温度，防止因石墨型温度太低造成车轮开裂。浇注温度应适中，合适的浇注温度能保证液态金属在同样冷却条件下，保持液态的时间长，可使液态金属黏度下降，流速加快，还能使铸型温度升高，金属散热速度变慢，从而提高金属液的充型能力。浇注温度太低，容易产生浇不足、缩孔和缩松等缺陷；浇注温度太高，会使金属的吸气量和总收缩量增大，易产生粘砂、缩孔、气孔、粗晶等缺陷。所以，在保证良好流动性的前提下应尽量降低浇注温度。底注包水口与铸型浇口距离应保持在合适的高度进行浇注。高度太大，钢水对铸型的冲击力加大，容易损坏雨淋芯。铸钢车轮采用"快速浇注法"进行浇注，即在浇注开始最大程度打开底注包浇注通道，保持最大液流充满铸型浇口直至浇注完毕。浇注速度太低容易造成铸件的冷隔、浇不足等缺陷，而且不利于杂质的上浮。图 4-5-18 为车轮浇注过程。

浇注过程中上、下箱铸型合箱后要通过弹簧夹紧装置夹紧，要严格控制夹紧时间。若夹紧时间太长，则容易使车轮轮辋部位产生裂纹。所有钢水浇注完毕后，将底注包快速、平稳翻转 180°，倒掉残余钢水和钢渣，包口朝下静置，尽可能多地倒掉包内残余钢渣。

图 4-5-18　铸钢车轮的浇注过程

图 4-5-19　车轮开箱过程

三、开　　箱

开箱时间是指从浇注完毕至开启上下箱铸型这段时间，开箱时间要严格控制，根据浇注温度、车轮轮型和车轮轴孔尺寸的不同开箱时间也不同，而且根据厂房温度的不同要做适当调整。若开箱时间不当会造成车轮内部裂纹、冒口与车轮粘连、气孔等缺陷而报废。图 4-5-19 为车轮的开箱过程。开箱时铸件在轮毂孔外侧面(即雨淋芯部位)断开，车轮留在下箱，冒口随上箱移走进入冒口清理过程。

如果车轮在铸型内停留的时间超过正常开箱时间时，车轮在凝固过程中由于收缩时受石墨铸型和砂衬的阻碍易产生裂纹缺陷，因此根据车轮结构和生产经验，车轮在铸型内停留的时间不宜太长，若超过规定时间车轮报废。

开箱后车轮从铸型中应及时取出，在清理完轴孔中芯残砂后及时入缓冷桶进行缓冷处理。从开箱至入缓冷桶这段曝空时间不能太长，应在规定时间内进入缓冷桶中，否则车轮会产生较大裂纹而报废。

第四节　车轮热处理

一、热处理原理

(一) 热处理概念

热处理是将钢在固态下加热到预定的温度，并在该温度下保持一段时间，然后以一定的速度冷却下来的一种热加工工艺(图 4-5-20)。其目的是改变钢的内部组织结构，以改善钢的性能。通过适当的热处理可以显著提高钢的机械性能，延长机器零件的使用寿命。恰当的热处理工艺可以消除铸、锻、焊等热加工工艺造成的各种缺陷，细化晶粒、消除偏析、降低内应力，使钢的组织和性能更加均匀。

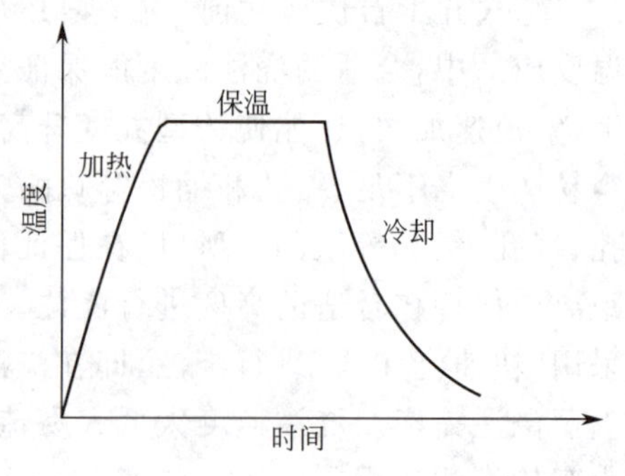

图 4-5-20　热处理工艺曲线

（二）铁碳合金相图

合金是指两种或两种以上的金属，或金属与非金属，经熔炼或烧结、或用其他方法组合而成的具有金属特性的物质。组成合金最基本的、独立的物质叫做组元。当不同的组元经熔炼或烧结组成合金时，这些组元间由于物理的和化学的相互作用，形成具有一定晶体结构和一定成分的相。而"相"是指合金中结构相同、成分和性能均一并以界面相互分开的组成部分。

碳钢和铸铁都是铁碳合金，是使用最广泛的金属材料。铁碳合金相图是研究铁碳合金的重要工具，了解与掌握铁碳合金相图，对于钢铁材料的研究和使用，各种热加工工艺的制订以及工艺废品原因的分析等方面都有很重要的指导意义。图 4-5-21 为以相组成表示的铁碳相图，图中各特性点的温度、碳浓度及意义列于表 4-5-4 中。

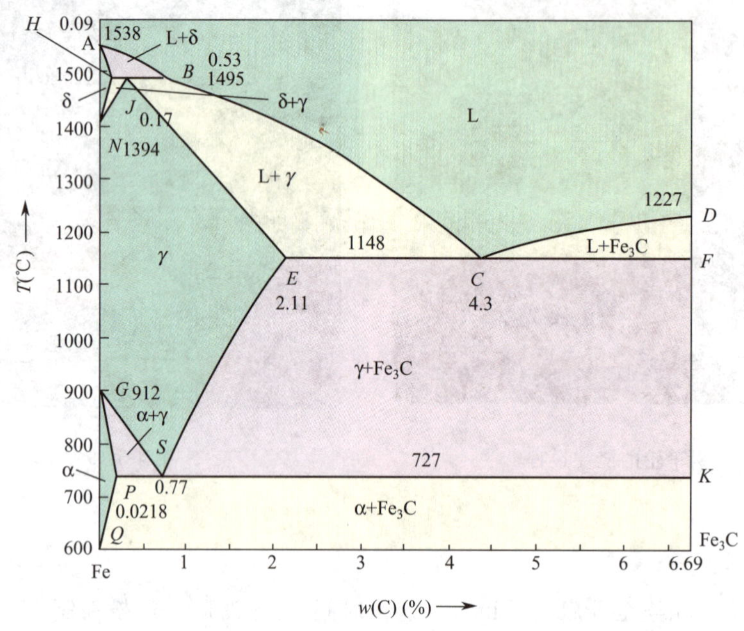

图 4-5-21　Fe-Fe_3C 合金相图

表 4-5-4　铁碳合金相图中的各特性点

符号	温度(℃)	$\omega_C\times100$	说　明	符号	温度(℃)	$\omega_C\times100$	说　明
A	1 538	0	纯铁的熔点	J	1 495	0.17	包晶点
B	1 495	0.53	包晶转变时液态合金的成分	K	727	6.69	渗碳体成分
C	1 148	4.30	共晶点	M	770	0	纯铁的磁性转变点
D	1 227	6.69	渗碳体的熔点	N	1 394	0	γ-Fe、δ-Fe 的转变温度
E	1 148	2.11	碳在 γ-Fe 中的最大溶解度	O	770	≈0.5	ω_C≈0.5%合金的磁性转变点
F	1 148	6.69	渗碳体的成分	P	727	0.021 8	碳在 α-Fe 中的最大溶解度
G	912	0	α-Fe、γ-Fe 的转变温度(A_3)	S	727	0.77	共析点(A_1)
H	1 495	0.09	碳在 δ-Fe 中的最大溶解度	Q	600	0.005 7	600℃时碳在 α-Fe 中的溶解度

铁素体和奥氏体是铁碳相图中两个十分重要的基本相。铁素体是碳溶于 α 铁中的间隙固溶体，为体心立方晶格，常用符号 F 或 α 表示。奥氏体是碳溶于 γ 铁中的间隙固溶体，为面心立方晶格，常用符号 A 或 γ 表示。铁素体的溶碳能力比奥氏体小得多。

1. 相图中三条重要的特征曲线：

(1)GS线

GS线又称为A_3线，它是在冷却过程中，由奥氏体析出铁素体的开始线，或者说在加热过程中，铁素体溶入奥氏体的终了线。

(2)ES线

ES线是碳在奥氏体中的溶解度曲线。当温度低于此曲线时，就要从奥氏体中析出次生的渗碳体，通常称之为二次渗碳体，因此该曲线又是二次渗碳体的开始析出线。ES线也叫A_{cm}线。

(3)PQ线

PQ线是碳在铁素体中的溶解度曲线。铁素体中的最大溶碳量，于727 ℃时达到最大值$\omega_C=0.021\ 8\%$。随着温度的降低，铁素体中的溶碳量逐渐减少，在300 ℃以下，溶碳量(ω_C)小于0.001%。因此当铁素体从727 ℃冷却下来时，要从铁素体中析出渗碳体，称之为三次渗碳体。

2. 相图中三种重要的转变：

(1)包晶转变(水平线HJB)

在1 495 ℃的恒温下，成分为$\omega_C=0.53\%$的液相与$\omega_C=0.09\%$的δ铁素体发生包晶反应，形成$\omega_C=0.17\%$的奥氏体，其反应式为：

$$L_B+\delta_H \xrightarrow{1\ 495\ ℃} \gamma_J$$

(2)共晶转变(水平线ECF)

在1 148 ℃的恒温下，由$\omega_C=4.3\%$的液相转变为$\omega_C=2.11\%$的奥氏体和渗碳体组成的混合物。其反应式为：

$$L_C \xrightarrow{1\ 148\ ℃} \gamma_E+Fe_3C$$

共晶转变所形成的奥氏体和渗碳体的混合物，称为莱氏体，以符号L_d表示。莱氏体是塑性很差的组织。

(3)共析转变(水平线PSK)

在727 ℃恒温下，由$\omega_C=0.77\%$的奥氏体转变为$\omega_C=0.0218\%$的铁素体和渗碳体组成的混合物，其反应式为：

$$\gamma_S \xrightarrow{727\ ℃} a_P+Fe_3C$$

共析转变的产物称为珠光体，用符号P表示。共析转变的水平线PSK，称为共析线，用符号A_1表示。

含碳量为0.77%的钢称为共析钢，其组织为单一的珠光体；低于0.77%的称为亚共析钢，其组织为铁素体+珠光体；高于0.77%的为过共析钢，其组织为珠光体+渗碳体。我国现有铸钢车轮用钢为亚共析钢，热处理后组织为珠光体+少量的铁素体，图4-5-22为亚共析钢的显微组织。

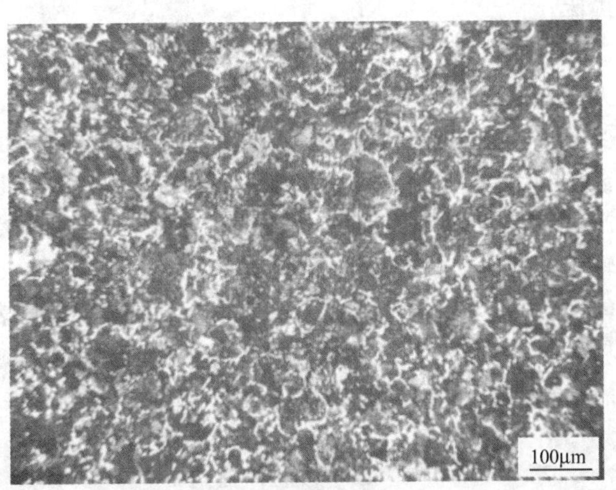

图4-5-22　亚共析钢显微组织

3. 钢在冷却时的转变

大多数热处理过程，首先必须把钢加热到奥氏体状态，然后以适当的方式冷却以获得所期望的组织和性能。通常把钢加热获得奥氏体的转变过程称为“奥氏体”化。应用不同的冷却介质，奥氏体在不同的过冷度下转变的产物在组织和性能上有很大差别。奥氏体在临界转变温度A_1以上是稳定的，不会发生转变。当低于临界温度时，奥氏体处于不稳定状态，冷却时要发生分解转变。这种在临界温度A_1点以下存在且不稳定的、将要发生转变的奥氏体，叫做过冷奥氏体。过冷奥氏体由于过冷度不同，将转变成不同类型的组织，或分解为珠光体、贝氏体，或转变为马氏体。图4-5-23为亚共析钢过冷奥氏体等温转变曲线，即C曲线。

珠光体的转变：

过冷奥氏体在C-曲线鼻温至 A_1 线之间较高温度范围内等温停留时，将发生珠光体转变，形成含碳量和晶体结构相差悬殊并和母相奥氏体截然不同的两个固态新相：铁素体和渗碳体。

根据奥氏体化温度和奥氏体化程度不同，过冷奥氏体可以形成片状珠光体和粒状珠光体两种组织形态。前者渗碳体呈片状，后者呈粒状。它们的形成条件、组织和性能均不同。片状珠光体根据片间距的大小，又分为珠光体、索氏体和屈氏体。它们都是铁素体和渗碳体组成的片层相间的机械混合物，界限是相对的，其差别仅仅是片间距粗细不同而已，都属于珠光体类型的组织。

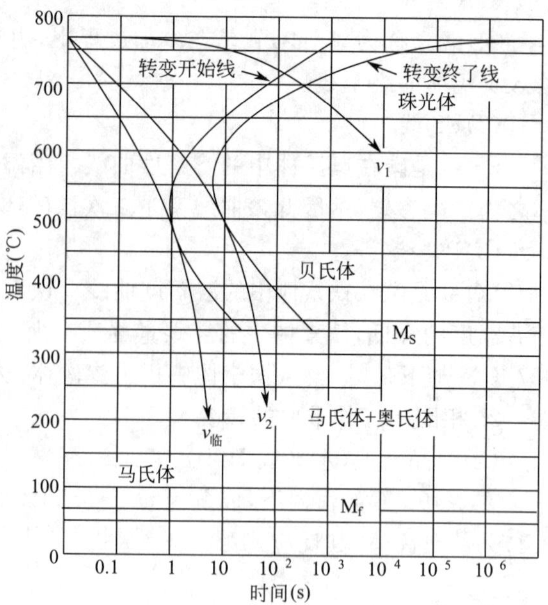

图 4-5-23 亚共析钢 C-曲线图

马氏体转变：

钢从奥氏体状态快速冷却，在较低温度下发生的无扩散型相变叫做马氏体转变。马氏体是高温奥氏体快速冷却，在抑制其扩散性分解的条件下形成的。因此要形成马氏体，第一，过冷奥氏体必须以大于临界淬火速度 $v_{临}$ 的速度冷却，以避免奥氏体向珠光体和贝氏体转变。第二，过冷奥氏体必须过冷到一定温度 M_S 点以下才能开始马氏体转变，这是马氏体转变的热力学条件决定的。

在马氏体转变开始点 M_S 与马氏体转变终了点 M_f 之间发生马氏体转变。马氏体转变是在一定范围内进行的，随着温度的不断降低，马氏体量逐渐增加，但是即使冷到马氏体转变终了温度，也不是所有奥氏体全部转变成马氏体，总有一部分奥氏体保留在钢中，这部分奥氏体称为残余奥氏体。

贝氏体转变：

钢在珠光体转变温度以下、马氏体转变温度以上的温度范围内，过冷奥氏体将发生贝氏体，转变，又称中温转变。贝氏体也是由铁素体和碳化物组成的机械混合物，在转变过程中发生碳在铁素体中的扩散。但贝氏体转变特征和组织形态又和珠光体不同。和马氏体转变一样，奥氏体向铁素体的晶格改组是通过切变方式进行的。新相铁素体和母相奥氏体保持一定的位向关系。但贝氏体是两相组织，通过碳原子扩散，可以发生碳化物沉淀。因此，贝氏体转变是有扩散、有共格的转变。按组织形态不同，贝氏体分为上贝氏体和下贝氏体。

等温转变曲线反映过冷奥氏体在等温条件下的转变规律，可以用来指导等温热处理工艺。但是，钢的正火、退火、淬火等热处理都是从高温连续冷却至低温。车轮的淬火过程是采用连续水冷的工艺。它与等温转变的不同在于奥氏体是在低于某一个温度范围内完成其组织的转变过程。连续冷却转变过程可以看成是无数个温度相差很小的等温转变过程。由于连续冷却时过冷奥氏体的转变是一个温度范围内发生的，故转变产物是不同温度下等温转变组织的混合。但是由于冷却速度对连续冷却转变的影响，使某一温度范围内的转变得不到充分地发展。图 4-5-23 中，钢的临界淬火速度 $v_{临}$ 是过冷奥氏体不发生分解直接得到全部马氏体(含残余奥氏体)的最低冷却速度。临界淬火速度表示钢接受淬火的能力，亦表示钢淬火获得马氏体的难易程度。根据钢件的材质、尺寸、形状及组织性能要求，参照钢的连续冷却曲线(CCT 曲线)，即可选择不同的冷却速度(如 v_1，v_2)和淬火介质来满足性能组织要求。

二、车轮热处理工艺及设备

(一)缓冷处理

开箱后铸钢车轮须进行缓冷处理，目前我国铸钢车轮缓冷的方法是将开箱后的车轮在很短的时间内装入缓冷桶中进行缓慢冷却后出桶。

铸钢车轮缓冷的目的：一是防止在空气中自然冷却发生裂纹、开裂现象；二是使车轮充分释放内部的氢、氮气体，防止白点的产生。

缓冷桶内部由耐火材料砌筑而成，外周包覆钢板加固。目前，每个缓冷桶最多装 16 个铸钢车轮。

图 4-5-24 为缓冷桶的示意图。

(二)环形炉加热处理

铸钢车轮缓冷处理完毕出桶后需进行抛丸清砂、轴孔冒口补贴切割,然后送入环形炉进行加热处理。加热的要求是保证车轮的轮毂中心处的晶粒全部奥氏体化,并为淬火做准备。

环形炉(图 4-5-25)在结构上共分为加热区和保温区,呈圆周分布。车轮分别进行加热和保温,沿步进轨道运行一周后完成加热。按车轮步进顺序,环形炉每个区根据要求设定不同的温度范围。环形炉每个区都设有烧嘴和热电偶,热电偶设为控制热电偶和检测热电偶。由计算机通过控制热电偶来控制烧嘴火焰的大小进行温度调节,通过检测热电偶实时监测炉内各区的实际温度。目前我国的铸钢车轮环形炉一般使用天然气或煤气做燃料进行加热。

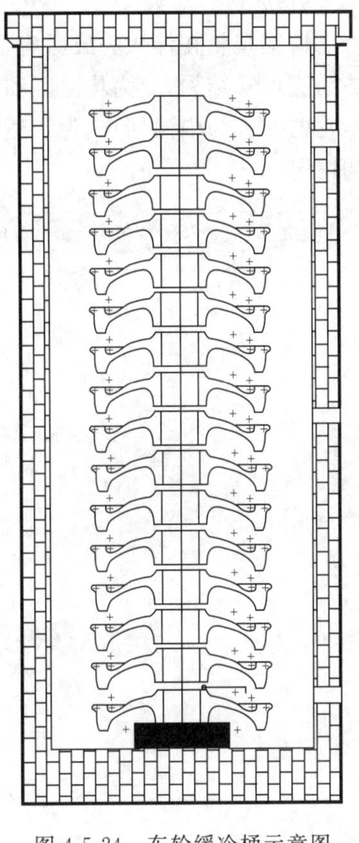

图 4-5-24 车轮缓冷桶示意图

环形炉各区温度以检测热电偶的检测值为判断温度是否符合要求的标准。为保证环形炉各区温度得到有效控制,以检测热电偶的检测值为基准,要求各区控制热电偶与检测热电偶的测量值不超规定的温度。

车轮在环形炉加热过程中,如果晶粒没有完全奥氏体化,将不会获得所要求的性能,同时应力也得不到有效释放,所以在环形炉加热过程中必须进行严格控制各区温度和加热、保温时间,不应出现过调和失调情况。

过调是指车轮在每个区超过上限温度的状况下停留超过一定时间。发生过调规定的车轮应重新进行环形炉加热、踏面淬火和回火处理,消除已长大的晶粒。

失调是指车轮在每个区低于下限温度的状况内停留超过一定时间。发生失调规定的车轮应重新放回到环形炉中进行加热处理。

(三)踏面淬火

车轮经环形炉加热处理后须立即进行踏面淬火,通过控制冷却以获得精细的珠光体,但不应有马氏体组织。

车轮踏面淬火使用淬火机床,用水作淬火冷却介质,水通过圆周均布在车轮踏面周围的喷嘴喷到车轮踏面上。喷嘴喷水淬火范围示意图如图 4-5-26 所示。淬火时,车轮水平放置,外侧面向上,用挡板将车轮外侧面进行完全密闭,防止水进入车轮辐板产生裂纹。

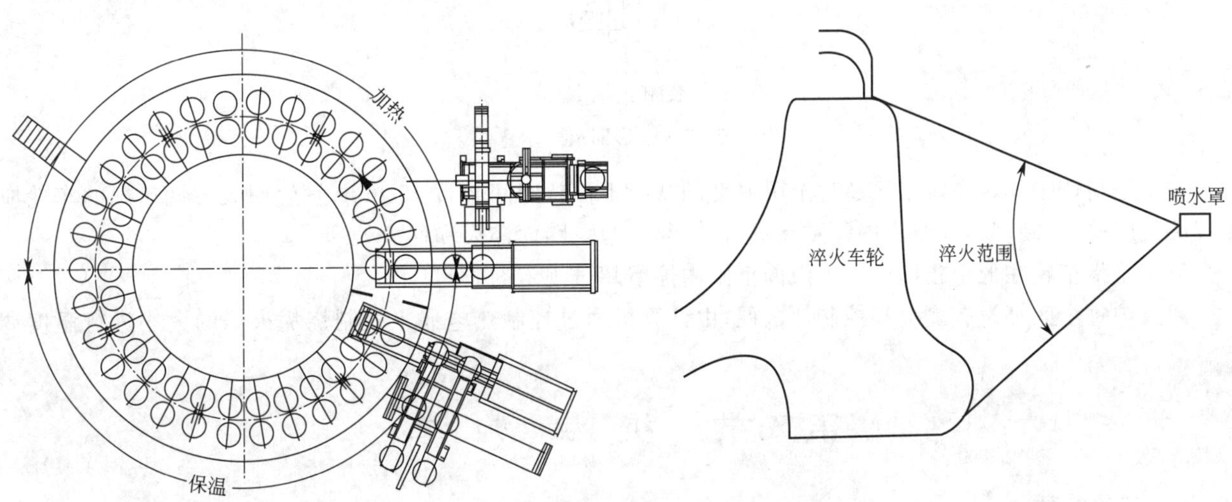

图 4-5-25 环形炉结构示意图

图 4-5-26 车轮淬火喷水覆盖示意图

通过控制水压、水温、淬火时间,以获得精细的珠光体和期望的淬火深度。淬火水温不应太高,太高则得不到所需的冷却速度,影响淬火时间,而且晶粒比较粗大;水温太低,冷却速度快,容易形成马氏体。如果水压、水温、淬火时间任意一项不符合要求，则车轮须进行重新热处理。

（四）回 火

铸钢车轮在淬火完成后应及时送入回火炉中进行回火处理，以消除应力和获得良好的综合性能。回火炉为隧道式结构，分为均温区和保温区，使用天然气或煤气做燃料加热，各区的分布状态见图 4-5-27。铸钢车轮的回火为中温回火，为了达到回火目的，各区的温度和停留时间应严格控制，要防止出现回火过调和失调情况。

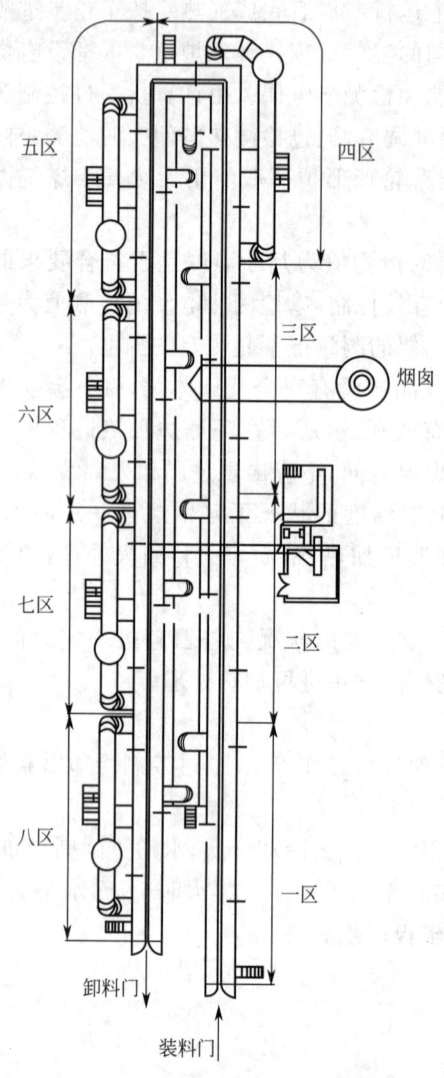

图 4-5-27 U形回火炉示意图

过调是指铸钢车轮在每个区超过上限温度的状况下停留时间超过 15 min，发生回火过调情况的车轮应作布氏硬度检查，硬度不合要求的须重新进行环形炉加热、踏面淬火和回火处理。

失调是指车轮在低于各区温度下限的范围内停留超过规定的时间。

回火炉每个区都设有烧嘴和控制热电偶，由计算机通过控制热电偶来控制烧嘴火焰的大小进行温度调节。

第五节 机 械 加 工

一、车轮打磨

在进行机械加工前应对车轮的非加工面进行打磨，提高车轮的外观质量。铸钢车轮的轮辋内外侧面、踏面、轮缘以及轮毂内外端面为加工面，其他铸造面为非加工面。车轮打磨要求对雨淋冒口、粘砂、砂眼、表面气孔以及飞边、毛刺等进行打磨，雨淋冒口打磨应保证其高度不超过 5 mm，其他打磨情况应保证打磨深度不超过 3 mm，并且要求打磨处与周围非打磨处圆滑过渡，防止出现打磨尖角、台阶而发生应力拐点和突变。

二、喷丸强化

铸钢车轮必须进行喷丸强化处理，使车轮表面发生加工硬化，从而提高对塑性变形的抗力和疲劳极限。

铸钢丸的要求应符合 SAE J827 标准和 TB/T 1013—1999 标准的规定，目前我国铸钢车轮喷丸强化所采用的铸钢丸为 No. 550 或更大的硬化钢丸。铸钢车轮喷丸强度用喷丸试片（Almen 试片）弧高表示，喷丸强度应保证在标准设计的车轮上靠近轮毂外侧圆角处的辐板和靠近轮辋内侧圆角处的辐板上产生不低于 0.2 mm 的 Almen C 型试片弧高，弧高测量按照 SAE J442 或 SAE J443 标准测量，最短的喷丸时间应保证完全覆盖 Almen C 型试片。

在生产中应在开工前进行喷丸强度和覆盖率的试验（图 4-5-28），试验合格后才可进行车轮的喷丸强化，必要时可增加试验频次，以保证车轮表面加工硬化程度和被打成凹坑或改变的均匀性、全部性。

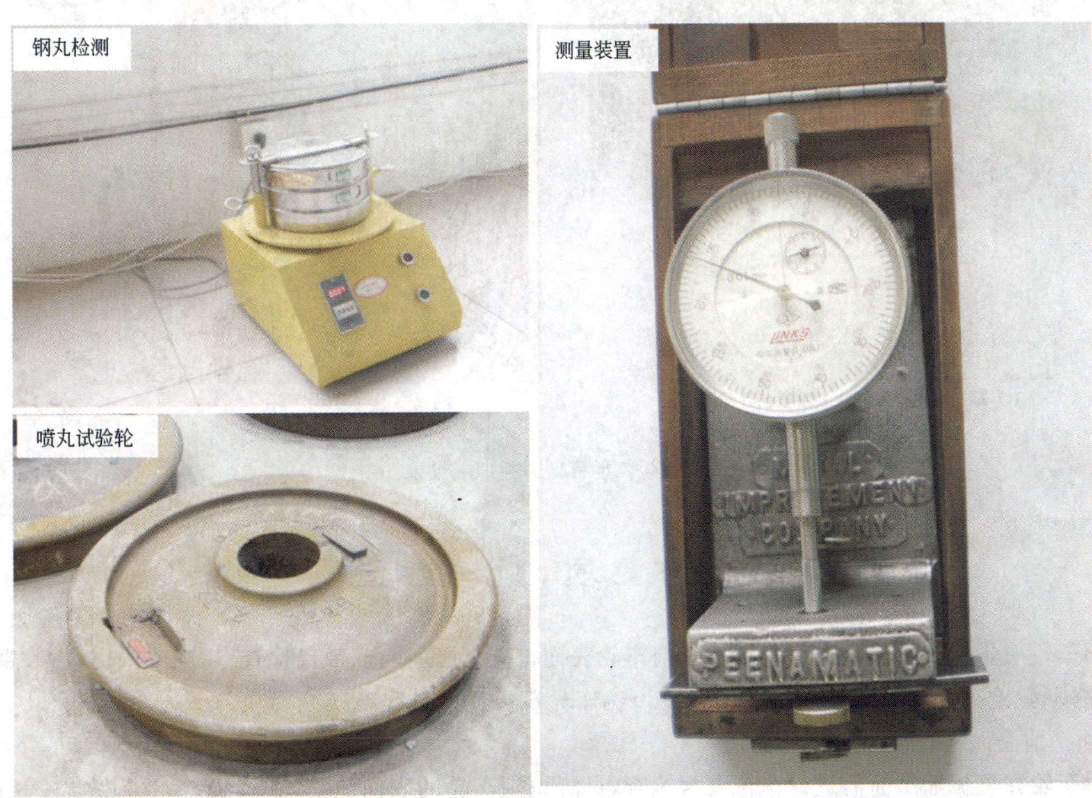

图 4-5-28　喷丸强度和覆盖率试验

三、机械加工

铸钢车轮机械加工按工艺流程包括基面机加、踏面加工、轴孔加工和去重加工。基面加工包括加工车轮轮辋内侧面（基准面）和轮毂内侧面；踏面加工包括加工踏面、轮缘、轮辋外侧面和轮毂外侧面；轴孔加工是指粗镗孔至铸钢车轮图纸尺寸；去重加工是指对静不平衡检测不符合标准的车轮通过在车轮内侧辐板和轮辋之间的过渡部位或在车轮外侧辐板进行偏心加工，以保证车轮静不平衡检测值符合标准。

铸钢车轮所有机械加工都采用数控机床来控制，以提高加工精度和缩短加工时间。图 4-5-29 为车轮的部分打磨和机加工过程。

(a) 车轮打磨

(b) 基面加工

(c) 踏面、轮辋外侧面、轮毂孔外侧面加工

(d) 镗孔

图 4-5-29 车轮打磨和加工过程

第六节 质量检查

铸钢车轮质量检查按工艺流程包括加工前车轮表面检查、硬度检查、带尺检查、超声波探伤检查、磁粉探伤检查、静平衡检查以及 X 光检查等。图 4-5-30 为车轮部分质检过程。

1. 加工前表面检查

铸钢车轮在机械加工前需进行车轮表面检查，目测识别车轮的表面缺陷，如辐板有粘砂、多肉、气孔、砂眼等缺陷须打磨处理时，将车轮转到打磨工序进行打磨处理，如轮辋有裂纹且加工不可去除或辐板有严重铸造缺陷须判定为废品的车轮直接在车轮上所废品标识进行报废处理。

2. 轮辋表面硬度检查

机械加工后的车轮需根据客户需要或热处理工艺规定全部或部分进行硬度检查，不符合硬度要求的车轮需进行重新热处理，但重新热处理次数不得多于两次。经过两次热处理，硬度还达不到要求的按报废处理。

3. 带尺检查

带尺检查即车轮滚动圆直径的检查，通过测定周长以判断车轮直径是否符合图纸要求。不符合的按报废处理。

4. 超声波探伤检查

通过超声波仪对车轮轮辋内部缺陷进行检查，检查内部存在的裂纹或夹层、缩孔、缩松、白点等缺陷的须对车轮进行报废处理。

(a) 带尺检查

(b) 超声波探伤

(c) 静不平衡检查

(d) 终检

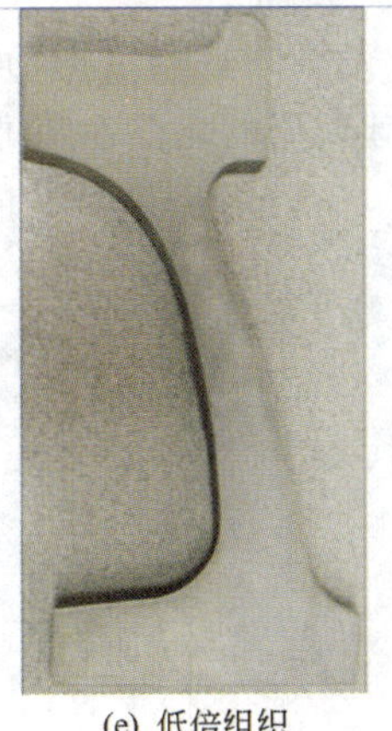
(e) 低倍组织

(f) 成品轮

图 4-5-30 车轮部分质检过程

5. 磁粉探伤检查

通过磁粉探伤对车轮轮辋、轮毂、辐板表面裂纹等缺陷进行检查，若检查存在裂纹缺陷的需对车轮进行返修或报废处理。

6. 静不平衡检查

使用静平衡机对铸钢车轮进行静态平衡检查，检查的残余静不平衡值不得超过 125 g · m，其标记为 E3，并在轮毂内侧面上用油漆做出径向条带（约 15 mm 宽，40 mm 长）标记。残余不平衡值超过 125 g · m 的车轮需进行去重加工，以保证残余不平衡值满足要求。

7. X 光检查

目前我国铸钢车轮 X 光检查一般采用计算机实时成像技术或胶片成像技术，检查车轮辐板内部裂纹、夹层、缩孔、缩松以及夹杂物等缺陷。

8. 低倍组织、力学性能、残余应力

铸钢车轮应按铁标规定进行低倍组织、力学性能、残余应力等抽样检验，每批车轮个数不得大于1 000个。

当低倍组织中发现白点、裂纹和金属异物，则该炉号车轮报废，同时在该检验批车轮中的另外炉号随机抽取双倍试样进行检验。

力学性能(轮辋表面硬度除外)、残余应力中有一项检验不合格时，可在同批其他车轮上取双倍试样复验，复验结果只要有一项不合格，该批车轮不合格，可对该批车轮重新进行热处理。

第七节　铸钢车轮信息系统

一、系统概述

铸钢车轮信息系统从车轮浇注开始建立，直到车轮出厂，在每个成品车轮上贴有单独并唯一的条形识别码。在整个车轮的生产过程中，浇注、开箱、缓冷、热处理、预检、终检、静不平衡、无损检测和发运记录等都在该系统中有明确的记录。从记录中可以很方便地查出每一个车轮的生产日期、生产班次、钢水熔炼炉次、化学成分、浇注温度、热处理温度和时间、机械加工数据、预检结果、终检结果及以上各工序的操作者等生产信息，对车轮的管理及日后的追溯提供了极大的方便。车轮信息系统的设计充分利用了铸钢车轮浇注工艺具有可重复性和可预见性的特点，因而在车轮信息系统中，可以对一些生产过程中的质量数据进行监控，对性能和结果的测量能力是该系统的标志之一。如果车轮的某一项质量指标不符合要求，操作工或检查工可以从车轮信息系统中自动得到提示，从而避免了人为的错误。车轮发运前，车轮信息系统通过相关程序对成品铸钢车轮进行最终验证，以保证发运的车轮全部符合要求。利用这一套严格的车轮信息系统，能够确保向顾客提供性能可靠、运行安全的铸钢车轮。

二、系统数据流程

铸钢车轮信息跟踪系统是根据铸钢车轮的工艺流程建立的，具有完整的数据结构，其系统数据流程(见图4-5-31所示)满足了铸钢车轮工艺流程的要求，保证了铸钢车轮基础数据的完整性和可靠性。

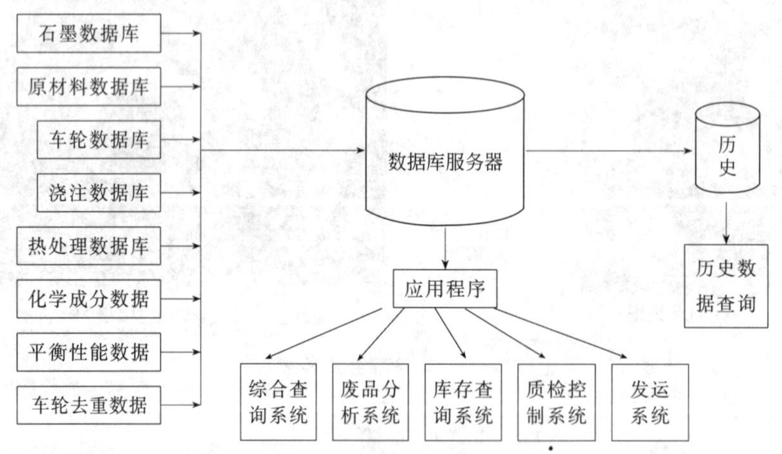

图4-5-31　车轮信息系统数据流程图

三、系统结构

铸钢车轮信息跟踪系统从结构上可分为两大部分，一是铸钢车轮生产数据的采集，二是车轮信息的分析和跟踪。

1. 数据采集

铸钢车轮的数据采集是通过计算机跟踪系统的录入程序将基础原始数据录入到车轮信息跟踪系统的数据库中。铸钢车轮在生产过程中所涉及到原材料的耐火材料、型砂、废钢数据，浇注过程中的时间、温度、化学成分、开箱、入筒和热处理过程中的温度、进出炉时间的数据，加工过程中的抛丸、预检、终检、超磁探、

X光、静不平衡、机械性能的数据，都要通过场地的计算机终端系统及时地记录到车轮信息数据库中，并按要求建立和形成它们相互之间的数据关系，这是我们跟踪系统的关键，也是跟踪系统的基础。

2. 跟踪系统

铸钢车轮跟踪系统是分析数据，跟踪产品生产质量的过程，这是铸钢车轮信息跟踪系统的核心。我们把车轮在生产中的工艺流程、工艺要求的主要参数和计算机系统融为一体，使生产车轮的全过程得到自动控制。

工艺控制部门、生产部门的工程技术人员可以通过综合查询系统、废品分析系统、质量控制系统对生产车轮的全过程中进行随时跟踪，对车轮的质量和产量情况及时作出反应，对影响车轮产品质量的各个环节及工艺过程发现的问题及时解决，保证车轮生产的每个环节都能得到有效的控制。

四、建立车轮信息系统的意义

1. 提高成品率，降低废品率

车轮信息系统最显著的特点就是能及时发现废品产生的规律性，从各种原材料、设备、操作工、工艺参数和环境等方面，查找废品原因，指导工程技术人员降低废品率。铸钢车轮信息系统，是废品率从20％降低到10％以下的一个重要原因。

2. 对新产品开发的全过程进行控制

新产品的开发速度是企业是否适应市场发展的标志，而开发的全过程是否能得到有效的控制又是一个企业开发工作是否成功的保证。车轮信息系统在新产品的开发过程中能合理地应用新产品的开发代码，在计算机系统中跟踪产品开发的全过程，发现问题能够及时调整。工程技术人员通过对开发代码的查询、分析、统计能及时地作出反应，修改图纸、修改工艺方案等，从而缩短开发周期，降低开发成本，提高企业在市场的竞争能力。

3. 对车轮信息进行跟踪

对每个车轮的信息进行跟踪是车轮信息跟踪系统的首要任务，本着对产品质量和用户负责的原则，系统通过各级计算机录入终端输入大量的详细的车轮基础数据，对产品进行跟踪，包括化学成分、浇注情况、热处理情况、加工情况、平衡性能的检查情况、无损检测的检查、入库日期、车轮去向等。每个车轮在每一个阶段的状态，在车轮信息系统中都有详细的记录，这些数据将永久的保存。保证每个车轮有一个完整的生产与质量控制记录。

4. 为产品销售提供完整的服务

铸钢车轮信息系统能及时跟踪发运车轮的流向，能为用户及时准确地提供完整的车轮信息档案。如车轮出现质量问题或质量疑议时，相关部门能够通过车轮信息系统查出过程控制的各种信息，确定有关部门的责任，及时反馈客户信息，让顾客满意。

5. 库存管理的及时性

及时掌握各种类型的车轮库存数量对于企业十分重要。车轮信息系统有一套完整的产品库存查询系统，它能及时地为各级部门提供各种车轮的库存情况。比如：生产部门所需的各类车轮的浇注数、未加工数、在制品数量、成品数，加工部门进入加工后的车轮数和车轮返工种类的数量，财务部门所需的成品入库情况和月底车轮库存情况。

第六章

CAE在车轮开发设计中的应用

计算机辅助工程(CAE,Computer Aided Engineering)是用计算机辅助求解复杂工程和产品结构强度、刚度、屈曲稳定性、动力响应、热传导、三维多体接触、弹塑性等力学性能的分析计算以及结构性能的优化设计等问题的一种近似数值分析方法。CAE从60年代初在工程上开始应用到今天,已经历了30多年的发展历史,其理论和算法都经历了从蓬勃发展到日趋成熟的过程,现已成为工程和产品结构分析中(如铁路、航空、航天、机械、土木结构等领域)必不可少的数值计算工具,同时也是分析连续力学各类问题的一种重要手段。随着计算机技术的普及和不断提高,CAE系统的功能和计算精度都有很大提高,各种基于产品数字建模的CAE系统应运而生,并已成为结构分析和结构优化的重要工具,同时也是计算机辅助4C系统(CAD/CAE/CAPP/CAM)的重要环节。CAE系统的核心思想是结构的离散化,即将实际结构离散为有限数目的规则单元组合体,实际结构的物理性能可以通过对离散体进行分析,得出满足工程精度的近似结果来替代对实际结构的分析,这样可以解决很多实际工程需要解决而理论分析又无法解决的复杂问题。其基本过程是将一个形状复杂的连续体的求解区域分解为有限的形状简单的子区域,即将一个连续体简化为由有限个单元组合的等效组合体;通过将连续体离散化,把求解连续体的场变量(应力、位移、压力和温度等)问题简化为求解有限的单元节点上的场变量值。此时得到的基本方程是一个代数方程组,而不是原来描述真实连续体场变量的微分方程组。求解后得到近似的数值解,其近似程度取决于所采用的单元类型、数量以及对单元的插值函数。根据经验,CAE各阶段所用的时间为:40%～45%用于模型的建立和数据输入,50%～55%用于分析结果的判读和评定,而真正的分析计算时间只占5%左右。针对这种情况,采用CAD技术来建立CAE的几何模型和物理模型,完成分析数据的输入,通常称此过程为CAE的前处理。同样,CAE的结果也需要用CAD技术生成形象的图形输出,如生成位移图、应力、温度、压力分布的等值线图,表示应力、温度、压力分布的彩色明暗图,以及随机械载荷和温度载荷变化生成位移、应力、温度、压力等分布的动态显示图。我们称这一过程为CAE的后处理。针对不同的应用,也可用CAE仿真模拟零件、部件、装置(整机)乃至生产线、工厂的运动和运行状态。

CAE(计算机铸造模拟和有限元分析)在新型车轮产品开发设计过程中为开发设计提供了极大的便利。CAE的应用可以优化车轮设计方案,优化工艺路线,提高工艺设计速度,降低新产品开发成本,减少不必要的重复性劳动。新产品开发的流程如图4-6-1所示。

现对车轮的铸造模拟过程和有限元分析过程作以详细介绍。

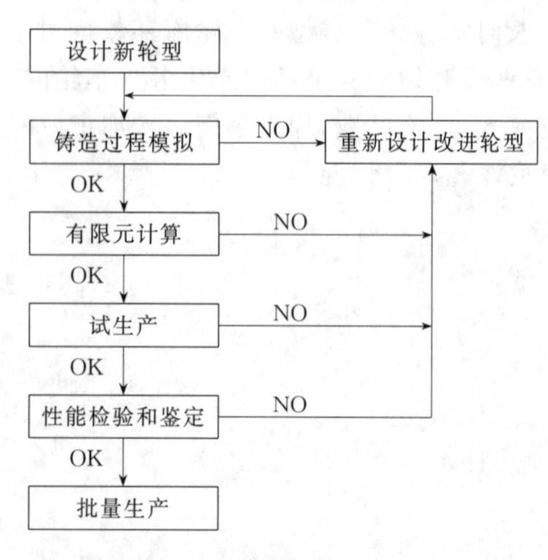

图4-6-1 新产品开发设计流程

第一节 车轮铸造过程数值模拟

一、铸造模拟软件

计算机技术的飞速发展,已使计算机成为自电力发明以来最具生产潜力的工具。数字化时代正一步步向我们走来。计算机辅助设计(CAD)、计算机辅助工程分析(CAE)、计算机辅助制造(CAM)等技术在工业领域得到了广泛的应用,并已成为各学科的技术前沿和最为活跃的研究领域。采用计算机模拟技术可以缩短产品试制周期40%,降低生产成本30%及提高材料利用率25%。

自1989年德国Aachen大学成功开发了MAGMA Soft铸造软件以来,出现了很多商业化的软件。目前发达国家都有自己的商业化模拟软件,如美国的Pro CAST、德国的MAGMA、比利时的View Cast等,并且已经与实际生产结合了起来,美国所有的汽车生产厂家及约30%的铸造企业都在使用凝固模拟软件,美国铸造厂家生产的一半以上的铸件采用凝固模拟程序。日本的东北大学和大阪大学在这方面的研究具有世界先进水平,但日本铸造企业在软件的使用上落后于美国,日本全国1500家铸造企业中,只有150家应用凝固模拟软件优化铸件浇注系统。凝固模拟在英国、法国、德国、瑞典和其他一些欧洲国家也得到了高度发展。表4-6-1列出了常用的一些铸造模拟软件。

表4-6-1 铸造工艺模拟软件

名 称	开 发 商	简 介
Pro CAST	美国UES公司	有限元软件,可模拟铸造过程中温度场、流场、应力场,可模拟充型过程和凝固微观组织结构、应力分析、电磁场等、软件提供了数据库、自动网格剖分和复杂的可视化工具,适用于各种铸造工艺设计
View Cast	比利时金属加工中心	铸造过程模拟辅助工艺设计商业软件,可模拟凝固过程温度场、固相分数、液态金属停止流动的时间以及充型过程中的速度场等,主要用于铸造缺陷预测和浇注系统设计
AFS Solidification System	美国Finite Solutions公司	三维有限差分程序,可模拟铸件的凝固过程,预测热节以及缩孔和缩松等,可进行铸造工艺优化设计
PAM-CAST/SIMULOR	法国Aluminum Pechiney	可模拟铸件充型和凝固过程,并能预测缩孔和疏松
MAGAMA SOFT	德国Aachen大学	以有限差分和有限元为基础的三维流体流动和热传导模拟软件包。可进行充型凝固过程模拟,预测缩孔、缩松等缺陷,能快速模拟复杂铸件
Cast CHECK	芬兰CASTech公司	三维有限差分软件,可以预测缩孔缩松等缺陷
NOVACAST	瑞典	有限差分软件,可以模拟三维温度场和流场
SOLDIA	日本小松制作所	有限差分软件,可以模拟充型、传热等过程,并继承了Niyama判据
Z-CAST	韩国生产技术研究院	主要模块有前处理、充型凝固过程模拟、后处理及热物性数据库。预测缩孔、缩松等缺陷,能快速模拟复杂铸件
华铸CAE	华中科技大学	可模拟铸件充型和凝固过程,并能预测缩孔和疏松

以比利时金属加工中心开发的商品化软件View Cast设计新车轮为例。View Cast是基于有限体积法,用于模拟计算铸件充型和凝固的应用软件。它能够显示充型的过程和相继的凝固过程,而且还能预测出可能产生收缩缩孔的位置。View Cast最大的特点就是自带冒口和浇注系统的设计计算,便于铸件缺陷的消除。

应用View Cast软件对铸件进行优化设计的流程如图4-6-2所示。

二、铸造过程数值模拟的关键问题

(一)数值计算方法

数值计算方法是铸造过程数值模拟的计算机数学基础。常用的数值求解方法绝大多数为有限差分法(Finite Difference Method简写为FDM)、有限元法(Finite Element Method简写为FEM)和有限体积法(Finite Volume Method简写为FVM)和控制体积有限差分法(Control Volume Finite Difference Method简写为CV-FDM)。

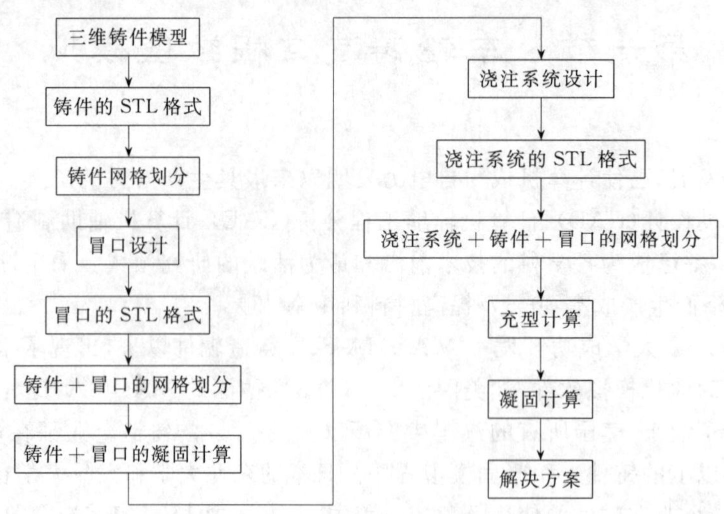

图 4-6-2 铸件优化设计流程图

有限差分法最早应用于传热计算，该方法具有差分公式导出容易、物理意义明确、数据准备简单和计算成本低等优点，目前已经成为应用最为广泛的一种数值方法，多数商业模拟软件采用该方法进行凝固模拟。而有限元法在针对具有复杂曲面结构的铸件进行凝固模拟方面具有很大的灵活性和实用性，且便于与应力场耦合计算，近年来发展很快。由于计算量较大对硬件的要求较高，长期以来有限元法在数值模拟领域应用并不广泛，但是近年来很多专家致力于这一方面的研究，并出现了商品化模拟软件，如美国的 ProCAST。直接差分法综合了有限元法拟合边界形状和有限差分法计算简便的优点，在日本获得广泛应用。

有限体积法(Finite Volume Method，FVM)又称为控制体积法，其基本思想就是将计算区域分为一系列不重复的控制体积(CV)，并使每个网格(CV 的边界)周围有一个 CV，得到一个 CV 的控制方程。

$$\frac{\partial(\rho\Phi)}{\partial t}+\mathrm{div}(\rho\mu\Phi)=\mathrm{div}(\Gamma_{\Phi}\mathrm{grad}\Phi)+S_{\Phi}$$

式中，ρ 为密度；μ 为流速矢量；其分量为 $\mu_i(i=x,y,z)$；Φ 为具有通量性质的物理场量，可以是标量(如温度 T)，也可以是矢量(如速度 μ_i)；Γ_{Φ} 为 Φ 的扩散系数；S_{Φ} 为 Φ 的源。

将以上控制方程对每一个 CV 积分，并利用 Gauss 散度公式即可得其积分形式的守恒方程，方程的物理意义是保证这些通量在 CV 内的守恒。

FVM 有以下特点：

1. 网格剖分灵活，几何误差小，便于处理自然边值条件。

2. 积分方程各项均有明确的物理意义，如上式中，各项依次代表某物理量 Φ 的瞬态项、对流项、扩散项和源项。

3. 只寻求网格点值而不考虑其值在网格点之间如何变化，工作量较小，计算精度较高(与 FEM 有同阶精度)。

4. 从积分形式方程出发的离散方程要求因变量 Φ 的积分守恒对任意一组 CV 均得到满足，整个计算区域的守恒性自然满足。

FVM 兼具有限单元法和有限差分的优点，计算简单而且精度较高，可广泛运用于解决各类工程问题，在具有“传输通量”性质的流体、热传导和电磁等领域均有应用。

(二)数学模型

铸件充型过程中液态金属的流动遵循流体动力学规律，可用质量守恒和动量守恒的基本控制方程来描述；而充型过程中金属液与铸型之间的热交换可用建立热量平衡方程来描述。上述问题有多种数值方法可以实现，最常用的是 SOLA-VOF 法，在铸件充型过程数值模拟中，将液态金属看作不可压缩流体其流动过程服从质量守恒和动量守恒，其数学形式就是连续性方程 Navier-Stokes 方程(简称 N-S 方程)。

1. 连续性方程

$$\frac{\partial\rho}{\partial t}+\nabla\rho V=0$$

2. N-S 方程

$$\frac{\partial \rho \Phi}{\partial t}+\nabla(\rho V \Phi)=\nabla(\mu \nabla \Phi)-\nabla P+\rho g$$

其中 ρ 为流体密度；μ 为运动黏度；P 为压力；g 为重力加速度；v 为速度矢量；Φ 为速度分量。

铸件/铸型系统的传热过程是通过高温金属的辐射传热、液态金属与铸型的对流换热、金属向铸型导热三种方式综合进行的。

1. 热传导：液态金属充满铸型后，金属和铸型之间的导热主要以不稳定导热方式进行。三维不稳定导热的控制方程为：

$$\rho C_p \frac{\partial T}{\partial t}=\frac{\partial}{\partial x}\left(\lambda \frac{\partial T}{\partial x}\right)+\frac{\partial}{\partial y}\left(\lambda \frac{\partial T}{\partial y}\right)+\frac{\partial}{\partial z}\left(\lambda \frac{\partial T}{\partial z}\right)+Q^*$$

式中：ρ 为密度(g/cm^3)；C_p 为定压比热容(J/kg)；T 为温度(K)；t 为时间(s)；λ 为热导率(W/m·K)；Q^* 为源项，$Q^*=\rho L\frac{\partial f_s}{\partial T}$；$L$ 为荣华潜热(J/kg)；f_s 为固相率；x,y,z 为坐标(m)。

2. 对流换热：液态金属与铸型内壁，铸型外壁与周围空气，以及液体金属内部都有对流换热过程。对流换热用 Newton 冷却定律描述。

$$q=a(T_f-T_w)$$

式中：a 为对流换热系数；T_f 为流体的特征温度；T_w 为固体边界温度。

对流换热比只有热传导复杂，在实际计算中常加以简化。

3. 辐射换热：铸件、铸型和大气之间的换热除传导和对流外，还有辐射换热，特别是在静止空气中冷却时，铸件或铸型表面与大气之间换热主要以辐射方式进行。辐射换热遵循 Stefen-Boltaman 定律：

$$q=\varepsilon \sigma_0 T_s^4$$

式中：T_s 为表面绝对温度；ε 为辐射温度；σ_0 为 Stefen-Boltzman 常数。

三、数值模拟计算过程与分析

(一)新设计轮型的凝固过程模拟

图 4-6-3 为一新设计轮型应用 View Cast 铸造模拟软件进行凝固模拟计算后的模拟结果。

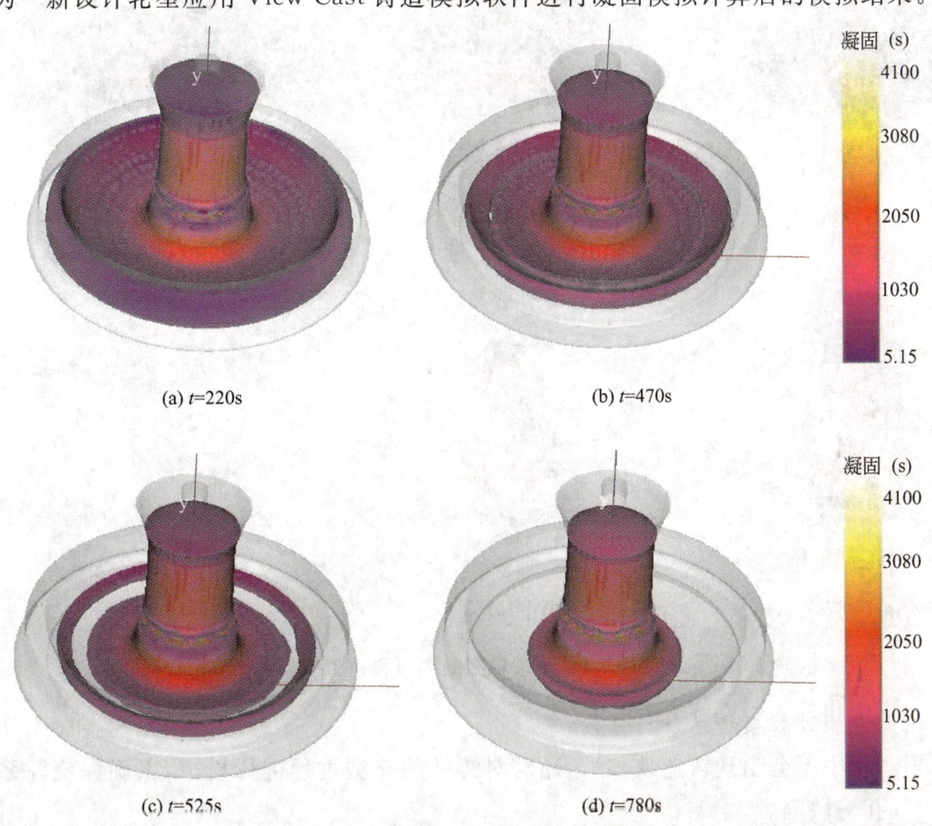

图 4-6-3 新设计轮型凝固过程模拟结果

从图中可以看出，钢液浇入型腔后，铸件开始凝固，车轮与石墨接触的踏面、轮缘部位最先凝固，然后从踏面逐步地向轮毂部位顺序凝固。由于轮型断面尺寸设计不是太合理，在车轮顺序凝固的过程中，辐板最薄处开始先于相邻部分凝固，导致轮辋向辐板过渡的部位形成孤立的“液岛”。随着凝固的继续，“液岛”凝固完全，其他未凝固的部位继续向轮毂顺序凝固。至充型后 $t=4\ 100$ s，铸件完全凝固，最后凝固的部位在轮毂处。从整个凝固过程看，铸件不是完全符合顺序凝固。在“液岛”处会产生一些铸造缺陷。为此轮型需要进行改进设计。

(二)改进轮型的凝固过程模拟

图 4-6-4 为改进轮型的凝固过程模拟结果。从图中可以看出，当钢水浇入铸型后，凝固过程便从车轮踏面部位向轮毂中心部位顺序凝固，在整个凝固过程中没有出现断开的现象和孤立的“液岛”。车轮凝固过程中，断面上温度梯度分布比较均匀，有利于车轮在凝固过程中冒口对轮辋部位的补缩，实现了铸件的顺序凝固。最后凝固的部位集中在冒口处，在后续的加工处理过程中，冒口处的缺陷被清除，得到质量优良的铸件。

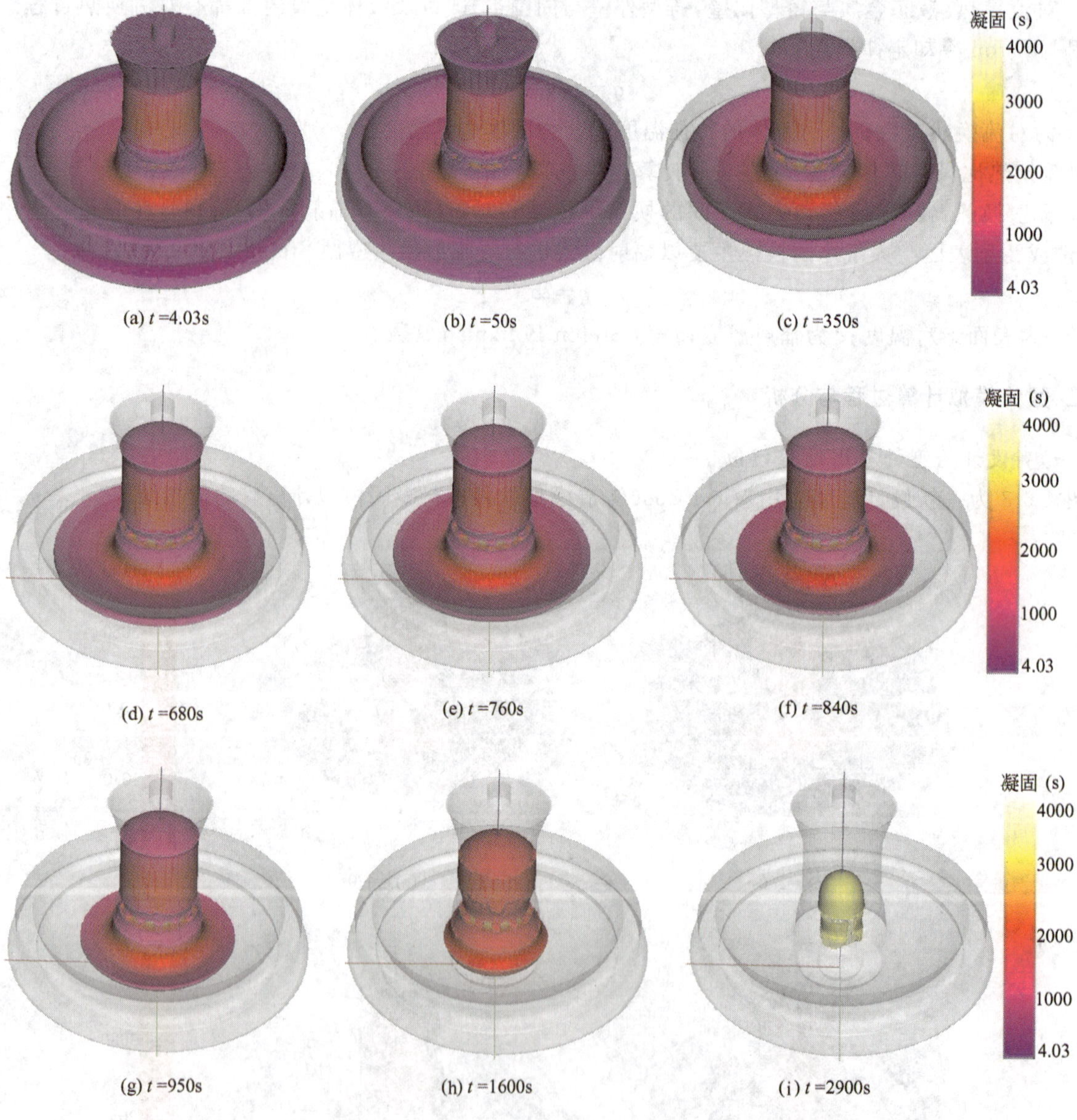
凝固 (s)
4000
3000
2000
1000
4.03
(a) t=4.03s
(b) t=50s
(c) t=350s
凝固 (s)
4000
3000
2000
1000
4.03
(d) t=680s
(e) t=760s
(f) t=840s
凝固 (s)
4000
3000
2000
1000
4.03
(g) t=950s
(h) t=1600s
(i) t=2900s

图 4-6-4 改进轮型凝固过程模拟结果

(三)改进轮型充型过程模拟结果与分析

在确保凝固过程中不会出现铸造缺陷后，还需对铸件的充型过程进行模拟，以确保浇注系统设计合理，不会引入夹渣、气孔等缺陷。

图 4-6-5 为改进轮型的充型过程模拟结果。从图中可以看出，金属液从浇口杯处浇入，沿雨淋孔分成多

股细流注入型腔，从而可减轻对铸型的冲击。由于雨淋孔处的阻隔作用，金属液首先充满浇口杯。当浇入铸件体积25%时，金属液开始从底部向斜上方浇注辐板，充型过程比较平稳。当浇入55%时，金属液流过辐板进入轮辋部位。由于轮辋处相对于辐板较低，金属液向下流动，出现了一些波动，但没有形成飞溅。之后，金属液平稳的浇入。在浇入75%时辐板充满，最后将是真正的“底注式”充填轮辋剩余部分。从这个过程来看，充型过程较为平稳，型腔内任一水平液面基本是等时间充填的，表明金属液在压力作用下自型腔底部逐层向上顺序充填铸型型腔。而且整个过程有利于夹杂物和渣的上浮。所以铸钢车轮的整个浇注系统的设计是合理的，可以满足铸件以及生产自动化的需要。

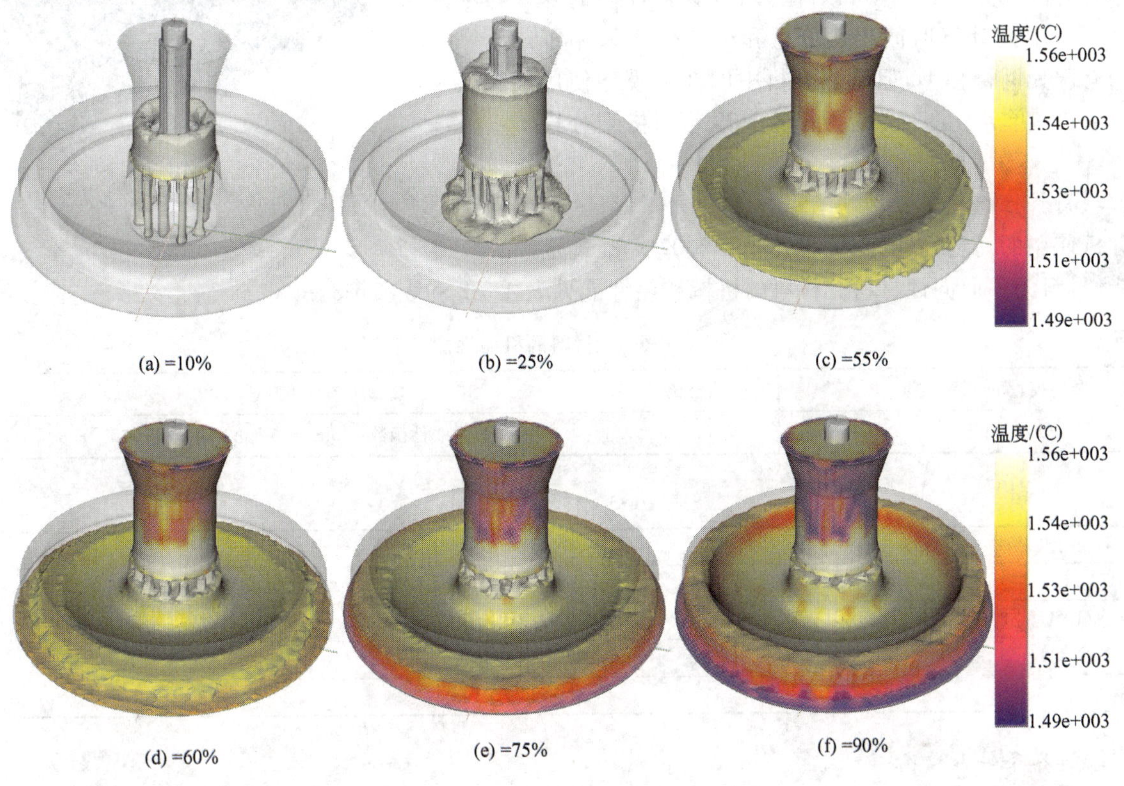

图4-6-5 改进轮型的充型过程模拟结果

第二节 车轮有限元分析

一、分析方法

有限元分析，是车轮新产品研发工作的重要工具和手段之一，通过对新设计开发的车轮进行有限元分析，可以进行车轮强度校核，优化轮型设计，进而确认新设计开发的车轮在正常的铁路运行条件下能否运行良好。有限元分析在新车轮的研发工作中能有效提高产品研发效率，降低产品研发成本。

目前，对车轮的强度校核国内还没有统一的标准，而国外车轮强度计算标准有三种：国际铁路联盟组织的UIC 510-5《整体车轮技术认可》、欧洲联盟标准EN13979-1《铁路应用—轮对和转向架—车轮—技术认可程序—部分1：轧制和铸造车轮》和北美铁路学会的AAR S 660-2007标准《机车和货车车轮设计分析评定方法》。

目前我国对铸钢车轮进行有限元分析依据的是AAR S 660-2007标准，AAR S 660-2007标准是采用类比法对新设计的车轮进行分析评定，即通过将新设计车轮与数据库中已知实地运行情况的既有车轮进行应力结果比较，以对新设计的车轮在正常的铁路运行条件下是否能够运行良好进行评定。目前，车轮有限元数据库已初步建成。

铸钢车轮有限元分析包括热载荷和机械载荷下的弹性应力分析，即瞬时热分析和静态结构分析，下面介绍如下：

（一）有限元建模

用 PLANE42(4 节点)单元生成一个车轮切片的 2-D 有限元模型。然后，2-D 有限元模型围绕车轮轴旋转，用 SOLID45(8 节点)单元生成一个车轮 3-D 有限元模型。根据计算机的资源、性能和计算精度的要求可以选择高阶、更多节点的单元进行车轮有限元建模。

由于车轮几何形状和载荷的对称性，可以只对一半车轮进行有限元分析，这样可以降低对计算机性能的要求和缩短有限元计算时间。热分析和机械分析采用了相同的有限元网格模型，但是热分析中的 3-D 模型使用了 SOLID 70 单元。图 4-6-6 为车轮有限元网格划分模型。

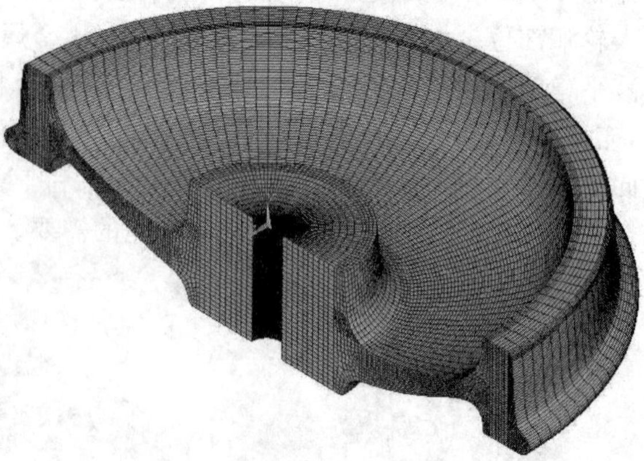

图 4-6-6　车轮有限元网格划分模型

（二）材料性能

分析使用的材料性能为 AAR S-660-2007 标准规定的性能，材料为各向同性材料。材料的机械和热性能见表 4-6-2 和表 4-6-3。

表 4-6-2　材料的机械性能

弹性模量 psi(磅/英寸^2)	泊松比	热膨胀系数（英寸/英寸·℉）
2.9E7	0.3	假设线性函数：alpha=[6+0.002×(T−75)]E-6

表 4-6-3　材料的热性能

密度(磅/英寸^3)	0.283
比热(BTU/磅·℉)	假设线性函数：CP=0.102+0.000052×T
热传导率(BTU/小时·英尺·℉)	假设线性函数：K=28.1−0.0060×T
对流系数(BTU/小时·英尺^2·℉)	假设恒定：h=4
初始温度(℉)	假设 75

（三）边界条件和载荷

在热分析中，表面对流系数作为相同的恒量值用于除对称横截面之外的所有车轮表面。在机械分析中，所有的毂孔节点固定在半径为 1 英寸的径向和轴向上。窄轮缘车轮载荷位置在图 4-6-7 中给出，宽轮缘载荷位置详见 AAR S-660-2007 标准。表 4-6-4 和表 4-6-5 列出了载荷参数和载荷工况。

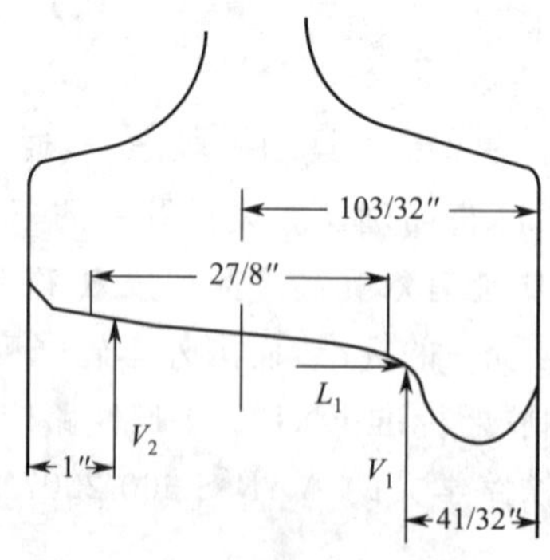

图 4-6-7　窄轮缘车轮载荷加载位置

表 4-6-4　车轮载荷参数

轮　型	垂向载荷 V(磅)	横向载荷 L(磅)	热载荷(马力)(施加 20 min，100%输入)
125 t，38 英寸直径	78 750	39 375	41.92
100 t，36 英寸直径	71 500	35 750	38.00
100 t，28、30、33 英寸直径	65 750	32 875	35.00

续上表

轮 型	垂向载荷V(磅)	横向载荷L(磅)	热载荷(马力)(施加20 min,100%输入)
70 t,33英寸直径	55 000	27 500	29.29
一次磨耗,28英寸直径	48 750	24 375	25.95
机车轮:40英寸直径及以上	70 000	35 000	37.00

表 4-6-5 载荷情况

载荷工况	载 荷	载荷工况	载 荷
1	V_1+L_1	4	V_2+TH
2	V_2	5	V_1+L_1+TH
3	TH		

二、分析结果

图4-6-8为车轮的温度分布图,车轮吸收的热量从踏面向辐板的进行热传导,温度分布决定于制动过程的时间和类型、车轮的几何形状和金属的性质。图4-6-9为热载荷引起的热应力分布图,最大应力位于外侧毂辐板圆角区。图4-6-10为垂向载荷V_2作用下的机械应力分布图。

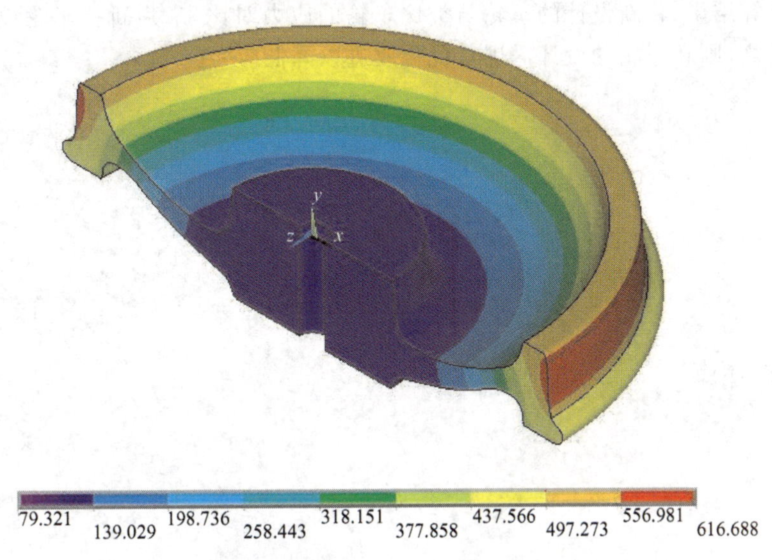

图 4-6-8 温度分布图

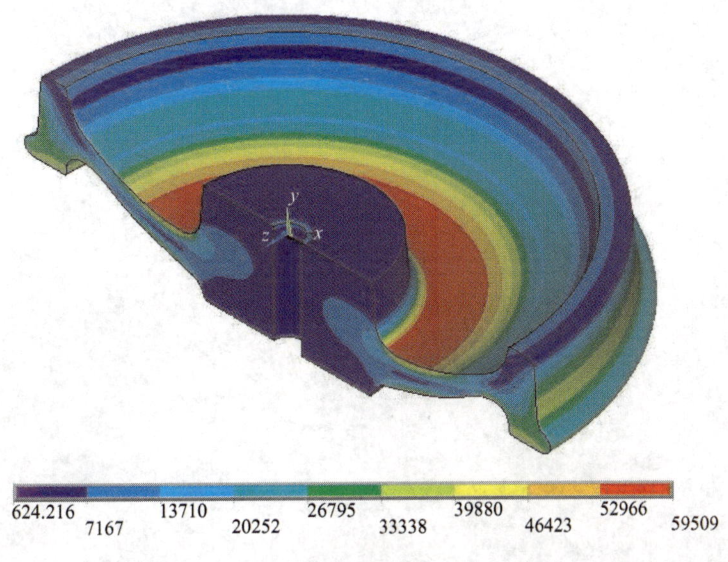

图 4-6-9 热应力分布图

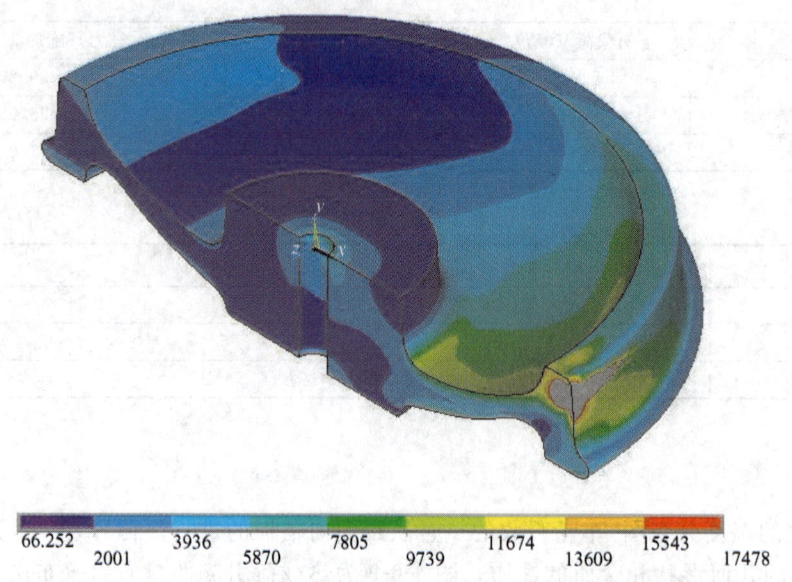

图 4-6-10 V_2 作用下的机械应力分布图

根据有限元的计算结果，将新设计的车轮与类比车轮的应力对比，来判断新车轮设计的可靠性，若新车轮的应力比类比车轮高，则新车轮的设计需进行优化改进以降低应力。

第七章
我国铸钢车轮生产主要设备

第一节 电 炉

铸钢车轮钢熔炼使用的是 HXY-10 和 HXY-20 溜槽出钢型三相交流电弧炉。图 4-7-1 为电炉结构示意图,其主要技术参数要求为:

额定容量:10~20 t/炉

实际出钢量:20~25 t/炉

变压器容量:6 300~9 000 kV·A/10 kV

炉壳直径:ϕ 3 800~ϕ4 000 mm

冶炼钢种:中碳和高碳钢

冶炼时间:2.5 h

电极直径:350 mm

电极分布圆直径:1 000 mm

电极最大上升速度:6 m/min

电极最大下降速度:6 m/min

三相阻抗不平衡度:<5%

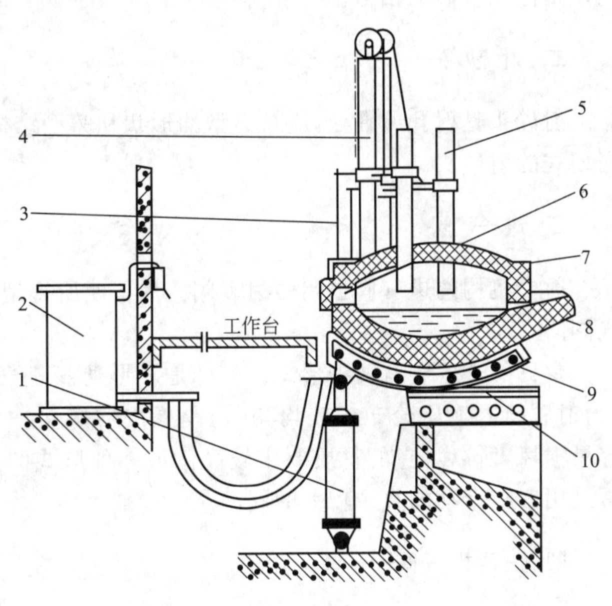

图 4-7-1 电弧炉结构

1—炉体倾转机构;2—配电设备;3—电缆;4—电极夹持与升降机构;5—石墨电极;6—操作孔;7—炉盖;8—出钢槽;9—炉体;10—炉体支承机构

电炉采用全水冷炉盖;铜钢复合导电横臂,蝶形弹簧电极夹持机构,电极夹紧力>10 t;大截面水冷电缆,每相 2 根 3000 型水冷电缆;两台电炉共用一套液压泵站,两套液压阀站分别设在两台炉旁,液压泵选用美国派克泵,倾炉采用美国派克比例阀,电极升降用伺服阀;油缸密封采用德国航空橡胶,液压罐采用不锈钢材料;高压开关采用手车式真空开关;液压站电气控制采用 PLC 电气控制系统;每台电炉的炉前操作采用一套 PLC 电气控制系统;每台电炉的电极调节系统采用一套 PLC 电气控制系统;上位机采用工控机,作为 PLC 的数据管理。

第二节 射 砂 机

射砂机由射砂机槽钢框式机架、射砂筒、射砂头、升降工作平台、升降驱动油缸、射砂阀、射砂头安装板、砂斗开闭阀、开模机构、CO_2 通入机构、模样进出小车及驱动机构、风缸及风动系统、液压站及液压系统组成。图 4-7-2 为射砂机结构原理图。

一、射 砂 筒

射砂筒多为圆柱形,用钢板焊成。为了避免筒体生锈,妨碍型砂流动,筒体大多镀铬,有的射砂筒则用不锈钢或黄铜做成。射砂筒与射砂腔之间的间隙约为5～12 mm。

射砂机上的射砂筒大多开有进气缝隙。缝隙分横缝和竖缝两种。横缝在筒的上部，约占筒高度的20%～25%，缝较宽(根据砂粒的不筒，宽约0.4～1.0 mm左右)，以利空气从砂柱顶上进入。竖缝较窄，在筒的下部，约占筒高度的75%～80%，使空气从筒的四周进入，搅动型砂，改变射砂时筒内气压分布，有利于型砂的松散和射出。

工作时，射砂筒壁上容易附着型砂，甚至堵塞缝隙，所以要经常拆卸下来，洗刷干净。因此，射砂筒应容易拆装。

射砂筒中应装有料位控制器。当射砂筒中型砂加到一定高度时，使供砂停止。当射砂筒中型砂已满，给料器停止。常见的是电阻式和电容式料位控制器。其原理是在射砂筒中插入一个或两个控制电极或圆形控制棒。当型砂加到一定的高度，改变了电极与射砂筒之间的电容或电阻时，就发出停止供砂的信号。

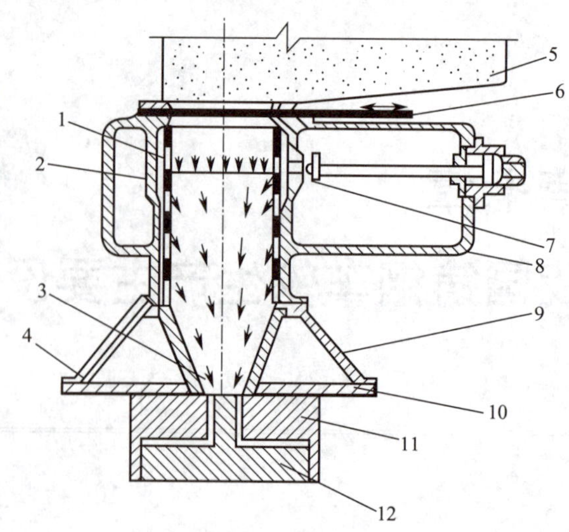

图 4-7-2 射砂机结构原理图

1—射砂筒；2—射膛；3—射砂孔；4—排气孔；5—砂斗；6—砂闸板；7—进气阀；8—贮气包；9—射砂头；10—射砂板；11—铸型；12—金属模

二、射 砂 头

射砂头是射孔所在处，应视砂型的形状和铸型结构的不同采用不同的形状。一般射砂机都备有几种不同型式的射砂头。

三、进 气 阀

射砂机构的进气阀也叫做射砂阀。为了使所得型砂紧实度高，要求进气速度快，所以进气阀应是快速进气阀门。

常见的进气阀有两种形式。一种是环形薄膜进气阀。这种阀的特点是气流从射砂腔顶上四面同时进入，射砂筒内气压分布比较均匀；但是橡皮薄膜多次开闭容易损坏，所以对它的材质要求较高。另一种形式的进气阀是用气缸带动的直径较大的阀门。

四、快速排气阀

射砂结束，进气阀门关闭后，要求排气迅速，否则将降低机器的生产率，所以要用快速排气阀。排气时，射砂筒内的高压空气高速向外排出，气流生成的冲击波往往产生很大的噪声。

五、贮气装置

为了保证射砂时，有足够的压缩空气进入射砂筒，需要又一个足够大的贮气装置，直接与进气阀相连接。有的用钢板焊成的贮气罐，接在进气阀上。有的则在射砂筒的外面包一个贮气包。

射砂机采用美国进口设备，如图4-7-3所示。射砂机通过一定压力的压缩空气把混制好的水玻璃砂射至石墨铸型内，经过CO_2硬化生产出符合工艺要求的砂型。根据金属模样不同分上箱射砂机和下箱射砂机两种。其主要技术参数为：

图 4-7-3 射砂机

射砂筒容量:70 kg
生产率:30 箱/台·小时
操作方式:手动、全自动

第三节　射　芯　机

一、雨淋芯射芯机

雨淋芯射芯机采用国产和美国进口设备。主要技术参数为:
射砂筒容量:12 kg
生产率:60 件/h
操作方式:手动、全自动

二、中芯射芯机

中芯射芯机主要技术参数为:
射砂筒容量:25 kg
生产率:60 件/h
操作方式:手动、全自动

三、浮芯射芯机

浮芯射芯机设备与雨淋芯射芯机设备相同。

第四节　环　形　炉

环形炉主要用于车轮淬火前的加热(见图 4-7-4)。环形炉系统主要由炉体、炉体机械、炉底水封系统、液压站、燃烧系统、供风系统、排烟系统、控制系统等部分组成。为了使该加热炉达到高产、低耗、长寿等设计理念,加热炉炉底采用整体浇注;转动炉底由支撑辊支撑,定心辊对活动炉底进行固定,防止炉底跑偏;炉底转动采用液压推动;装出料采用机械手进行装出料。炉温、炉压以及风燃气配比等热工参数均采用计算机控制;供热方式采用两段供热,即加热段和均热段,铸钢车轮在炉内的布料角根据工艺要求确定。

图 4-7-4　环形加热炉

其主要技术参数为:
外形尺寸:外径 ϕ17~ϕ19 m,内径 10~13 m
产量:24~30 片车轮/h
液压系统:液压驱动、装料炉门、装料机、取料机、料墩移动、炉底转动机构
辅助设备:送料单步移、装料机、出料机

其中外径 17m、内径 10m 的环形炉使用的风机参数如下：

助燃风机：型号 9-19NO. 7. 1D-3，风量 6 454 m^3/h，风压 11 807 Pa，电机型号 Y200L2-2，电机功率 37 kW

稀释风机：型号 4-72NO. 3. 2a-1，风量 1 975 m^3/h，风压 1 245 Pa，电机型号为 Y90L-2-B35

引风机：型号 Y4-73NO. 12 d，风量 19 000 m^3/h，风压 1 200 Pa，电机型号 Y225M-6，电机功率 30 kW

第五节　回　火　炉

经过淬火后的车轮进入回火工序，回火设备为悬链式回火炉。悬链式连续回火炉的装、出料炉门按序开闭，悬挂输送机在 PLC 的控制下开始传送，将已在炉外被专用的装轮机挂在悬挂输送机的专用耐热钢吊具上的车轮，通过悬链的运动传送到炉内，同时将最靠近出料炉门已完成回火热处理的车轮传送出炉外，悬挂输送机对吊具的传送结束，炉子的装、出料炉门关闭。此时完成一个完整的装、出料过程，PLC 开始等待下一个装、出料过程的开始。

一、回火炉炉体耐火材料组成

炉墙：采用折叠式硅酸铝耐火纤维组合块

炉底：采用轻质黏土砖、绝热砖

燃烧室：采用黏土质耐火砖，外层用机制纤维板隔热

炉顶：采用折叠式硅酸铝耐火纤维组合块，用金属紧固件固定在炉顶钢板上

炉门：采用硅酸铝耐火纤维毡隔热

循环烟气管道：采用黏土质隔热砖、机制纤维板绝热

总烟管：采用轻质黏土砖，机制纤维板绝热

分烟管：用硅酸铝环保纤维毯外包

二、主要技术参数

外形尺寸："U"形和"I"形，长 90 m 和 110 m 两种，炉内宽 1. 5 m

容量：每隔 1. 2 m 悬挂 1 个吊杆挂两个车轮，炉内 45 个和 80 个料位两种

产量：30 片和 60 片车轮/h

三、U 形回火炉的主要设备参数

悬挂式输送机：型号 WWJ6，配用电机 Y132M-4

燃烧控制：采用 DCS 双交叉限幅控制系统，分自动和手动两种

双轮重锤式张紧牵引链条型号及规格：X-678，间距 160 mm

离心式助燃风机：型号 9-19. NO. 6. 3A，压力 8 720 Pa，流量 7 730 m^3/h，配用电机 Y200L1-2，电机功率为 30 kW

气动装料炉门：气缸型号为 QGA125-300，炉门开启速度为 60 mm/s

第六节　抛　丸　机

铸钢车轮抛丸机共分两种，一是清理抛丸机，二是悬链式强化抛丸机。

一、清理抛丸机

清理抛丸机利用高速旋转的叶轮将钢丸抛向铸件，靠钢丸的冲击打掉铸件表面的粘砂和氧化皮。这种清理方法效果好，生产率高，劳动强度低，易自动化，因此在生产上得到了广泛的应用。图 4-7-5 为车轮清理抛丸机。

主要设备参数为：
抛丸器：200-5RK，电机功率 55 kW，抛丸量 800～890 kg/min
分离器：螺旋布料输送功率 4～7.5 kW，滚筒筛功率为 3～7.5 kW
斗式提升机：提升量 120～160 t/h、功率 7.5～15 kW
自转机构：转速 15～35 r/min、功率 1.5～2.2 kW
电控：西门子 PLC
生产效率：60 片车轮/h

二、悬链式强化抛丸机

悬链式强化抛丸机利用高速旋转的叶轮将钢丸抛向铸件，靠钢丸的冲击给铸钢车轮辐板表面进行强化处理，改善了辐板的疲劳强度，如图 4-7-6 所示。

图 4-7-5　清理抛丸机

图 4-7-6　强化抛丸机

主要设备参数为：
抛丸器：200-5RK，电机功率 55 kW，抛丸量 800～890 kg/min
分离器：螺旋布料输送功率 7.5 kW，滚筒筛功率为 7.5 kW
斗式提升机：提升量 160 t/h，功率 15 kW
自转机构：转速 15 r/min，功率 0.75 kW
电控：西门子 PLC
悬链：吊钩间距 1 600 mm，链条节距 20 mm
生产效率：60 片车轮/h

第七节　加工设备

一、数控机床加工原理

车轮的加工过程全部采用数控机床对车轮进行加工。数值控制（Numerical Control，NC），是用数字化信号进行控制的一种方法。数控技术是与机床的自动控制密切结合而发展起来的．如今数控技术已广泛应用于化工生产、石油精炼、造纸、钢铁生产等工艺流程控制以及其他各个方面。

近代大工业生产中，机械加工工艺过程实现自动化是提高产品质量和生产率的重要措施。许多企业采用凸轮、靠模及电气元器件等控制的自动机床、组合机床和专用生产线进行批量生产，收到了很好的效益。但在机械制造业中，单件及小批量生产的零件约占机械加工总量的 80%；而且随着科学技术和社会生产的迅速发展，零件形状复杂、改型频繁、精度要求提高的情况日渐突出，使用那些“刚性”自动化设备来生产就显得很不合理，甚至不可实现．数控机床的诞生，较好地解决了精密、复杂、多品种、单件或小批量机械零件加工自动化的问题。采用数控技术，或者说是装备了数控系统的机床，称为数控机床(Numerical control machine tools)。它是一种技术密集度和自动化程度都比较高的机电一体化加工装备。

数控机床大体由输入装置、数控装置、伺服系统(包括检测装置)和机床本体组成，如图4-7-7所示。

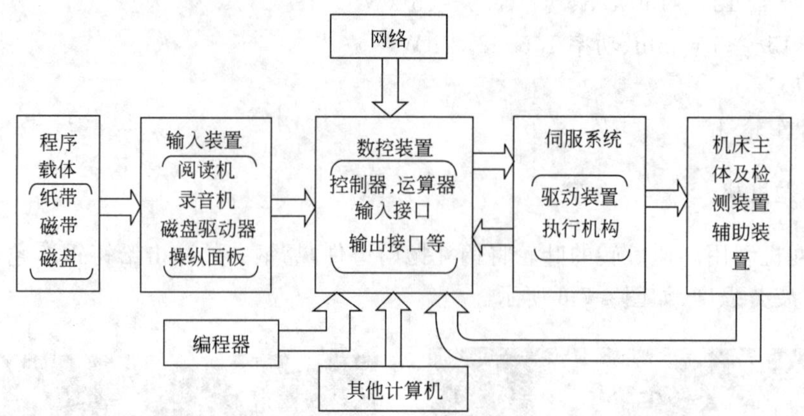

图4-7-7 数控机床的组成

二、数控机床加工特点

与普通机床相比，数控机床是一种机电一体化的高效自动机床，它具有以下特点：

1.具有广泛的适应性和较高的灵活性

更换加工对象，只需要重新编制和输入加工程序即可实现加工；在一些情况下，甚至只要修改程序中午部分程序段或利用某些特殊指令就可实现加上(例如利用缩放功能指令就可加工形状相同尺寸不同的零件)。这为单件、小批量多品种生产，产品改型和新产品试制提供了极大的方便，大大缩短生产准备及试制周期。

2.加工精度高，质量稳定

由于数控机床采用了数字伺服系统，数控装置每输出一个脉冲，通过伺服执行机构使机体移动部件产生相应的位移量(称为脉冲当量)，可达到1～0.1 μm；机床传动丝杆采用间隙补偿，螺距误差及其他传动误差可由闭环系统加以控制。因此数控机床能达到较高的加工精度。

3.加工生产率高

在数控机床上可选择最有利的加工参数，实现多道工序连续加工；也可实现多机看管。由于采取了加速、减速措施，使机床移动部件能快速移动和定位，大大节省加工过程中的空程时间。

4.可获良好的经济效益

虽然分摊在每个零件上的设备费较高，但生产效率高，单件、小批量生产时节省辅助时间，产品合格率高，组织生产过程在制品数量少等诸多有利方面，可使生产成本降低。

三、加工机床

1. 基面加工机床

基面加工就是对轮辋内侧面及轮毂头内侧面处的加工，整个加工过程采用同时加工一次成形。加工的目的就是确立基准面和定位面，为下一工序的加工做好准备。

基面加工机床采用美国进口和国产的立式双刀架数控机床。工件夹紧方式为液压驱动杠杆式三爪定心卡盘外卡，夹紧部位为踏面。

机床主要组成部分：定梁立柱，主传动工作台，左、右侧刀架，西门子840D多通道数控系统，液压系统，润滑系统，安全防护系统，排屑装置等。

主要设备技术参数：

工作台直径：1 100 mm

最大加工直径：1 050 mm

加工最大高度：280 mm

定位基准标高：100 mm

工作台转速(无极)：5～120 r/min

工作台卡爪高度(卡外圆踏面)：160 mm

加工最大工件重量：3 t

刀架最大行程(左、右刀架)垂直：300 mm

刀架最大行程(左、右刀架)水平：820 mm

刀架进给速度(无极)：0.1～100 mm/min

刀架快进速度：8 000 mm/min

进给最小位移量：0.01 mm/min

进给定位精度：0.04 mm/m

进给重复定位精度：0.03 mm/m

刀架最大切削力(左、右刀架)：63 kN

工作台最大扭矩：43 500 N·m

数控系统：SIEMENS840D

主电机功率(直流)：118 kW

液压系统压力：3～3.5 MPa

液压缸拉力：21 645 kgf

活塞最低速度：35 mm/s

活塞输出功率：13 kW

油缸启动最低工作压力：40psi(磅/平方英寸)

油缸行程：75 mm

2. 踏面加工机床

踏面加工机床采用美国进口和国产三刀架、多通道立式数控机床，通过输入的程序对踏面、轮辋外侧面和轮毂外侧面进行加工。其中两个刀架加工踏面，一个刀架粗加工，另一个刀架精加工。另外刀架加工轮辋外侧面和轮毂外侧面。

机床主要组成部分：定梁立柱，主传动工作台，左、右侧刀架，垂直刀架，西门子840D三通道数控系统，液压系统，润滑系统，安全防护系统，排屑装置等。

踏面机床的主要设备参数为：

工作台直径：1 100 mm

最大加工直径：1 050 mm

最小加工直径：700 mm

加工最大高度：280 mm

定位基准标高：160 mm

工作台转速(无极)：5～120 r/min

工作台卡爪高度(卡外圆踏面)：160 mm

加工最大工件重量：2 t

进给量(无极变速)：0.1～1 000 mm/min

垂直刀架最大切削力：73 kN

左侧刀架最大切削力：53 kN

右侧刀架最大切削力：7.6 kN

垂直刀架行程：水平 700 mm、垂直 220 mm

左、右刀架快进速度：4000 mm/min

垂直刀架快移速度：4000 mm/min

工作台最大扭矩：39 636.5 N·m

数控系统:SIEMENS840D

六轴交流伺服电机:M=55 N·m,n=2 000 r/min

主电机:功率 160 kW、n=400～ 1 600 r/min

3. 镗床

轴孔镗床采用双定位工作台,实现交换式加工,镗头直径可调节,生产效率较高的国产和美国进口专用镗床。

机床主要组成部分:主传动箱单元,立柱、镗头滑座单元,工作台、床身单元,移动轴液压驱动,液压夹紧单元,润滑单元等。

工作台直径:1 100 mm

最大加工直径:1 050 mm

最小加工直径:700 mm

加工最大高度:280 mm

定位基准标高:160 mm

加工最大工件重量:1.2 t×2

镗头主电机功率:55 kW

镗头快速移动速度:8 000 mm/min

工作台快速移动速度:10 000 mm/min

夹具:5 爪液压驱动、自动定心

最大切削余量:30 mm

第八节 探 伤 设 备

随着我国科学和工业技术的迅速发展,无损检测技术的应用范围十分广泛,已在机械制造、铁路、石油化工、造船、汽车、航空、航天和核能等工业中被普遍采用。

无损检测以不损害被检验对象的使用性能为前提,应用多种物理和化学现象,对各种工程材料、零部件、结构件进行有效地检验和测试,借以评价它们的连续性、完整性、安全可靠性及某些物理性能。无损检测包括:在探测材料或构件中是否有缺陷,并对缺陷的形状、大小、方位、取向、分布和内含物等情况进行判断;还能提供组织分布、应力状态以及某些机械和物理量等信息。其目的就是降低生产成本、提高安全可靠性和改进制造工艺。铸钢车轮制造生产中用到的无损检测方法主要有超声波检测、磁粉检测和 X 射线检测三种。

图 4-7-8 美国 GE 相控探伤仪

一、超声波探伤设备

铸钢车轮超声波探伤采用美国 GE 相控探伤机(图 4-7-8)和 DTJL-16 型超声波自动探伤机对车轮轮辋部位进行超声波检验。下面介绍 DTJL-16 型超声波自动探伤机的主要参数:

DTJL-16 型超声波自动探伤机专用于铁路车辆车轮探伤的大型设备,可对车轮的内侧面、外侧面,踏面进行全面探伤。其中,1 号,2 号,3 号探头对踏面全部扫描,内侧面 4 号,5 号探头,外侧 6 号探头进行扫描,达到踏面除轮缘外的全部扫描,内侧面 2 个探头,外侧面 1 个探头,达到车轮内外侧 100%的扫描,以达到 85%以上的整体扫描面积。

顶探头箱体由直径 ϕ50 mm 的导柱上下滑动,导套用 50 A 直线轴承配合,侧探头箱体由 ϕ40 mm 的导柱与导套配合,内有 40 A 直线轴承。顶探头、内侧探头、外侧探头箱体全部由液压油缸带动,限位开关控制行程。同时导柱上下固定座全部由关节轴承转动。而全部箱体导柱轴套用镗床整体镗孔，保证了关键环节的质量做到上下，前后的顺畅。

该设备构架主体可满足 ϕ710～ϕ1 050 mm 车轮探伤。

超声波探伤机工艺流程：

超声波探伤机处于待料状态时，自动给上工序一个信号→上工序接到信号→拨轮→车轮进入转动部位→上探头下→两侧探头同时向前移动夹紧钢轮轮辋面→顶探头下到踏面(由限位控制到适当位置停止前进)→辊轮旋转同时喷水，(车轮转动)→探头同时旋转→晶片平面平行于工作表面，超声波垂直入射到工件内，发现缺陷返回到晶片，经过同轴电缆线传到超探仪经过放大检波电信号显示到显示屏上→当钢轮转动一周多→自动停止工作→顶探头上移→两侧探头向后移动到设计的位置→喷水自动停止→拨轮机构拨轮到下工序→发出信号给上工序→进轮，这一过程大约 40 s 一个拍节。当有缺陷超标时自动报警，停止工作，退出车轮，做出规定标记。

DTJL-16 探伤机主要技术参数：

主体结构

尺寸：2 460 mm×3 202 mm×4 285 mm

材料：150 mm×150 mm×10 mm 无缝矩形钢管

轴承：直线轴承　40 A，50 A

关节轴承　GE35ES，GE45ES，GE25ES

压力轴承　51 210

平座轴承　ucp215

外球面轴承　ucfc210，ucfc215

导杆：ϕ40 mm×920 mm　侧探头垂直升降导杆

ϕ50 mm×1 270 mm　顶探头垂直升降导杆

ϕ40 mm×765 mm　侧探头水平移动导杆

弹簧：ϕ60 mm×105 mm　6 节

液压系统

型号：XT07255-1-100

额定工作压力：6 MPa

恒压变量柱塞泵：25P0Y14-B，最高压力 31 MPa

液压泵电机：Y132M-4-B35，功率 7.5 kW

电磁换向阀：AC 220 V

电机：AC 380 V，50 Hz

传动介质：46 号抗磨液压油

正常工作清洁度：NA9 级，(NAS1638 标准)

工作温度范围：30 ℃≤t≤55 ℃

控制部分

采用 SIMATIC、S7-315 可编程序控制器

中央处理单元：CPU315-2DP

负载电源：6ES7307-1EA00-0AA0

数字量输入模块：6ES7331-7XF00-0AB0

数字量输出模块：6ES7332-1BH0-0AA0

存储卡：6ES7953-8LG00-0AA0

断路器：3VU1640-1LS00

　　　　3VU1340-1MM00

　　　　3VU1340 1NH00

接触器：3TF482-0XM0

3TF3010-0XM0

3TF4211-0XM0

变频电机:XWDY-0.75-4-87

DTJL-16 超探仪主要技术指标

频率范围:0.5～15 MHz

衰减量:110 dB,0.1 dB、1 dB、5 dB 步进

动态范围:≥30 dB

垂直线性:≤4%

水平线性:≤1%

测量范围:0～1 000 mm

扫描延迟:0～500 mm

采样频率:100 MHz

水平分辨率:≥26 dB

灵敏度余量:对 200ϕ2 平底孔 2.5P20Z 波高达到荧光屏满幅度的 80%时,灵敏度余量应≥58 dB

噪声水平:最大增益状态下,不超过满屏的 15%

重复频率:250 Hz～1 kHz 平滑可调

报警:每通道有两个伤波以上闸门,声光联动

DAC 曲线:自动补偿,TCG+CRV;TCG 曲线

以 A 扫描为主:A、B 扫描按操作需求切换,对轮辋覆盖面达到 85%以上

生产拍节:≤40 s

环境:使用 5～45 ℃之间,相对湿度 20%～90%

信噪比≥22 dB

二、磁粉探伤设备

磁粉检测(探伤)是无损检测方法之一,它被广泛地应用于探测铁磁材料(如钢铁)的表面和近表面缺陷(裂纹、折叠、夹层、夹杂物及气孔)。

当铁磁材料被磁场强烈磁化后,如在材料表面或近表面存在与磁化方向垂直的缺陷(如裂纹)即会造成部分磁力线外溢,形成漏磁场。若在漏磁场施加磁粉或磁悬液,则漏磁场对磁粉产生吸引从而显示缺陷的痕迹。

磁粉检测对表面缺陷最灵敏,对表面以下的缺陷随埋藏深度的增加检测灵敏度迅速下降。采用磁粉检测方法检测磁性材料的表面缺陷,比用超声波或射线检测的灵敏度高,而且操作简便、结果可靠、价格便宜。因此它被广泛用于磁性材料表面和近表面缺陷的检测。

铸钢车轮使用的磁粉检测设备(图 4-7-9 所示)的主要参数:

图 4-7-9 车轮磁粉检测设备

(一)设　　备

车轮磁化位:在此工位用磁探线圈套住车轮,采用连续法对旋转的车轮进行磁化。包括基础框架、车轮旋转机构、停拨轮机构、两侧护轨等部分。工作周期为 30 s,空气压力为 0.55 MPa。

磁悬液搅拌双循环系统:包括磁粉搅拌罐、搅拌泵、循环泵、电磁阀双侧喷液管路系统等部分。

车轮检查位:在此工位检查车轮表面裂纹缺陷,包括基础框架、车轮旋转机构、停拨轮机构等部分。工作周期为 30 s,空气压力为 0.55 MPa。

操作方式：自动或手动。

电气控制：PLC。

（二）工艺参数

磁化线圈：130 匝交流线圈，操作电流强度大于 40 amps，电流低于 40 amps 报警器报警，励磁在车轮的最大截面上，喷液停止后磁铁带电上升。

喷液：车轮在线圈中按工艺规定要求转动，喷液停止后，车轮在磁铁中继续转动 1 周，然后磁铁带电上升。

试片：无损探伤标准试片，15/50 A。

灯光仪器：磁探灯架为 FC-100/F(230 V、50 Hz、0.9 A)，磁探灯泡为 BLE-100S/M，功率为 100 W，主要波长 3 400～4 000 埃。

剩磁检测：小于 7 Gs。

工作环境：采用磁探工作暗室，将整个磁化位和检查位包进去。

三、X 射线探伤设备

X 射线检测是利用各种射线源对材料的透射性能及不同材料的射线的衰减程度的不同，使底片感光成黑度不同的图像来观察的。射线检测用来检测产品的气孔、夹渣、铸造孔洞等立体缺陷。当裂纹方向与射线平行时就能被检查出来。

射线检测的优点是检测结果可作为档案材料长期保存。检测图像较直观，对缺陷尺寸和性质判断比较容易。因此，射线探伤已在化工、炼油、电站设备制造以及铁路、飞机、宇航、造船等工业中得到极为广泛的应用，对控制和提高产品的制造质量起了积极的作用，在现代工业中已成为一种必不可少的无损检测方法。

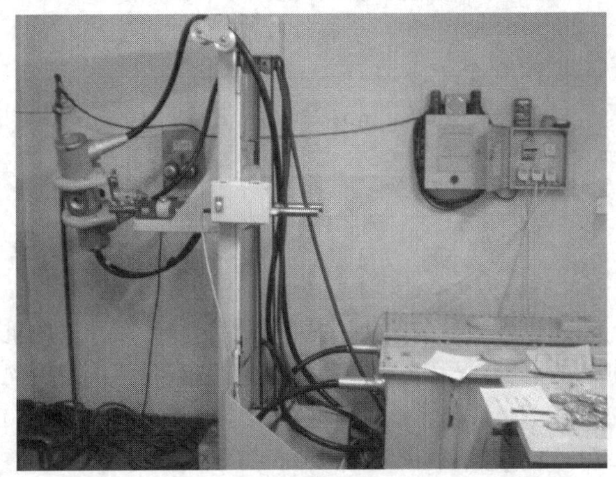

图 4-7-10　X 射线探伤仪

铸钢车轮检测过程中用的 X 射线探伤设备为 XYD-3010 型（见图 4-7-10）和 XYD-4510/2 型 X 射线检测仪。XYD-3010 型 X 射线检测仪主要技术参数为：

最大额定电压：300 kV

最大额定电流：10 mA(2 mA)

最大穿透 Fe：71 mm(50 mm)

焦点尺寸：3.6 mm×3.6 mm(1.9 mm×1.9 mm)

拍摄灵敏度：优于 1.5%

控制系统：HR-2000 控制器

第九节　直读光谱仪

采用德国 OBLF 公司生产的 GS1000 型（见图 4-7-11）和瑞士生产的 ARL3460 直读光谱仪对熔炼和浇注过程的钢水、废钢、车轮进行化学成分检测。

GS1000 型仪器为通用单基体火花直读光谱仪，可对固体金属材料作快速成分分析，可进行氮及固溶物分析，最多可达 32 个分析通道。光学系统采用 PMT 检测器，光谱范围覆盖全部典型材料。仪器装备有氩气冲洗火花台，开放式设计火花台适合不同形状和尺寸的样品分析。该仪器可靠性好，稳定性高，坚固耐用，分析速度快。

主要技术参数：

图 4-7-11 GS1000 型直读光谱仪

光学系统：焦距 500 mm，光栅刻线数依据用户分析要求而定
光室：采用真空保护，真空泵运转周期小于 5%
分析时间：分析一个钢铁样品为 15 s
操作温度：12～35 ℃
外形尺寸：600 mm×1 050 mm×1 210 mm
重量：300 kg

第十节 氮氢氧分析仪

先进检测设备的使用是产品控制和研究开发的重要保证。为了降低车轮产品中 N、H、O 等元素对车轮带来的危害，提高车轮产品的力学性能，我国采用美国 LECO 公司生产的氮氢氧联合测定仪 TCH-600，对车轮进行 N、H、O 含量的测定，并根据测定结果对生产工艺进行改进优化，它可以同时得到氮氢氧三个元素的结果，也可以单独作为氧氮分析和定氢分析，如图 4-7-12 所示。

一、分析方法

惰性气体脉冲加热熔融方式：O 用非色散红外吸收法检测；N 用 TCD 热导法检测；H 用非色散红外吸收法检测。

二、分析范围

氧：0.05×10^{-6}～5%；氮：0.05×10^{-6}～3%；氢：0.1×10^{-6}～0.25%。

三、参　数

标准样品重量：标准 1.0 g
分析精度(重现性)：O：0.025×10^{-6} 或 0.5%RSD
N：0.025×10^{-6} 或 0.5%RSD
H：0.05×10^{-6} 或 2%RSD
灵敏度(最小读数)：0.001×10^{-6}
分析时间：标准设置 90 s(可根据具体分析选择时间)
加热方式：脉冲电极加热炉
冷却方式：内外冷却循环水结合
分析模式：手动和自动

此外，我国还采用美国 LECO 公司生产的 Ia32 型夹杂物定量分析仪对车轮内部夹杂物的形态、种类进行分析，如图 4-7-13 所示。

图 4-7-12　TCH600 氮氢氧联合测定仪

图 4-7-13　夹杂物分析仪

第八章
铸造缺陷

第一节　铸造过程中常见的缺陷

一、缩孔和缩松

铸型内的熔融金属在凝固过程中，由于液态收缩和凝固收缩所缩减的体积得不到补充，在铸件最后凝固的部位形成孔洞。按孔洞的大小和分布可分为缩孔和缩松。

1. 缩孔

通常隐藏在铸件上部或最后凝固部位。缩孔容积较大而集中，形状不规则，孔壁粗糙。缩孔的形成过程如图 4-8-1 所示。

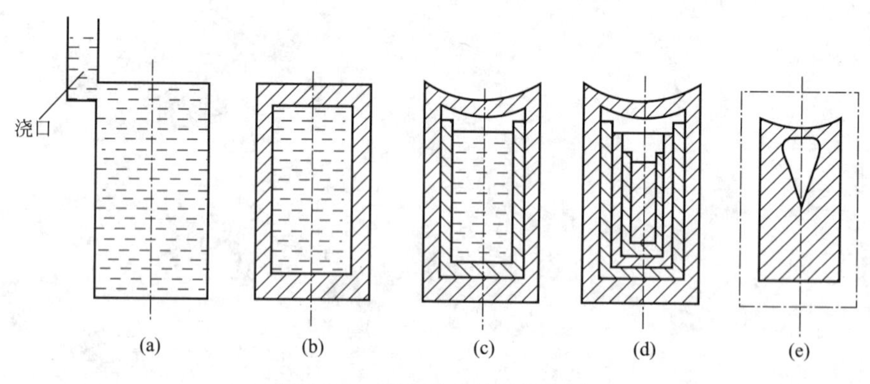

图 4-8-1　缩孔形成过程示意图

金属液填满铸型[图 4-8-1(a)]后，因铸型吸热，靠近型腔表面的金属很快就冷却到凝固温度，凝固成一层外壳[图 4-8-1(b)]，温度下降，合金由表及里逐层凝固，凝固层加厚，内部的剩余液体因液态收缩和凝固层的凝固收缩，体积下降，液面下降，铸件内部出现空隙[图 4-8-1(c)]，直到内部完全凝固，在铸件上部形成缩孔[图 4-8-1(d)]。已经形成缩孔的铸件继续冷却至室温时，因固态收缩使铸件的外形轮廓尺寸略有缩小[图 4-8-1(e)]。纯金属和共晶合金易形成集中缩孔。

2. 缩松

在铸件断面上出现的细小而分散的孔。多分布在铸件中心轴线处或缩孔下方。缩松形成的基本原因是由于合金的液态收缩和凝固收缩大于固态收缩。但是，形成缩松的条件是合金的结晶温度范围较宽，倾向于糊状凝固方式，缩孔分散；或者是在缩松区域内铸件断面的温度梯度小，凝固区域较宽，合金液几乎同时凝固，因液态和凝固收缩所形成的细小孔洞分散且得不到外部合金液的补充而造成的。缩松的形成过程如图 4-8-2 所示。

图 4-8-2(a)合金液充满型腔，向四处散热；图 4-8-2(b)铸件结壳后，内部有一个较宽的液、固共存区；图 4-8-2(c)、(d)为继续降温，固体不断长大，互相接触，合金液被固体分割成许多小封闭式液池；图 4-8-2(e)封

闭区液池凝固收缩时，得不到液体补充而形成许多小而分散的孔洞；图 4-8-2(f)为固态收缩。

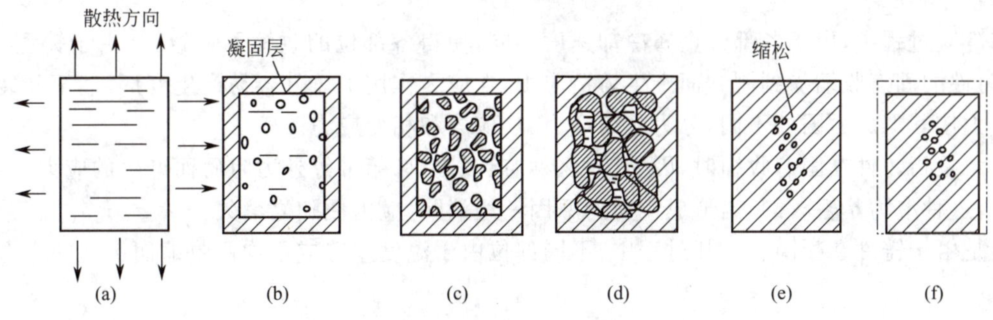

图 4-8-2 缩松形成过程示意图

缩孔、缩松都会使铸件力学性能下降，缩松还能影响铸件的致密性。因此，缩孔和缩松是铸件的重大缺陷，必须设法防止。

防止缩孔、缩松的基本方法是采用顺序凝固原则，也就是通过增设冒口、冷铁和补贴等一些工艺措施，使凝固顺序形成向着冒口的方向进行，即离冒口最远的部位先凝固，冒口最后凝固。如图 4-8-3 所示。按此原则进行凝固可以保证铸件各个部位的凝固收缩都能得到金属液的补充，从而将缩孔转移到冒口中，清理时将冒口切除，获得完整致密的铸件。

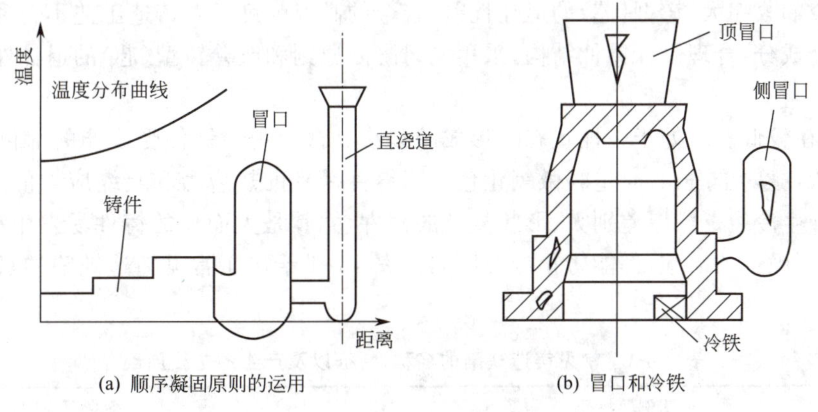

图 4-8-3 顺序凝固原则示意图

而铸钢车轮的浇注工艺很好的实现了顺序凝固的原则，图 4-8-4 为采用铸造模拟软件模拟车轮凝固后的缩孔、缩松分布图。图中显示铸钢车轮凝固后缩孔和缩松全部集中在冒口中，实际生产过程与模拟结果一致。

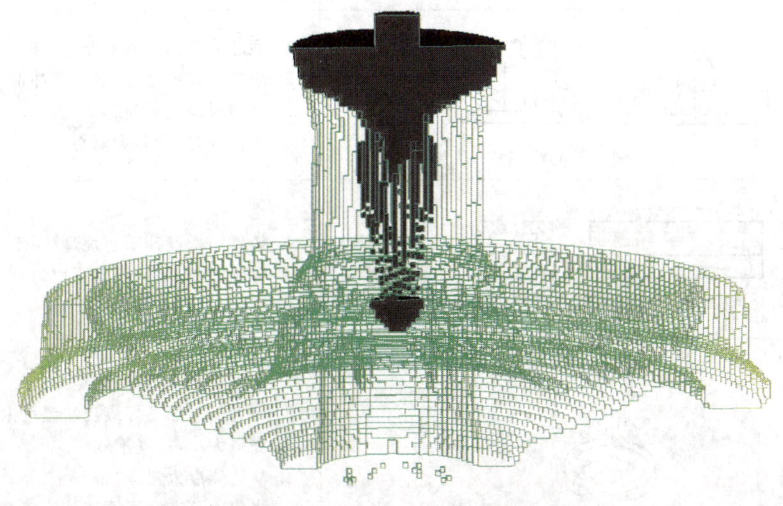

图 4-8-4 铸钢车轮缩孔、缩松分布

二、裂　　纹

铸件在冷凝过程中，由于各部分金属冷却速度不同，使得各部位的收缩不一致，又由于铸型和型芯的阻碍作用，使铸件的固态收缩受到制约而产生铸造应力，在应力作用下铸件容易产生变形，甚至开裂。

铸造应力按其形成原因的不同，分为收缩应力、热应力和相变应力。

收缩应力是指铸件在固态收缩时，因受铸型、型芯、浇冒口、箱带等外力阻碍而产生的应力。收缩应力一般为拉应力，这种应力是暂时的，当形成应力的原因一经消除，应力便随之消失。

热应力是由于铸件在凝固和冷却过程中，不同部位由于温度差造成不均衡收缩而引起的应力，是一种残留应力。

相变应力是由于铸件内各部分固态相变的先后次序不同，造成各部分体积发生不均衡变化而引起的应力。

铸造应力对铸件质量危害很大。它使铸件的精度和使用寿命降低。在存放、加工、甚至使用过程中应力重新分布，导致铸件变形或开裂。同时还降低铸件的耐腐蚀性，因此必须减小和消除它。减少和消除铸造应力的基本方法是采用合理的铸造工艺，使铸件的凝固过程符合同时凝固原则。对于重要的铸件，如车床床身等，必须采用自然时效或去应力退火等方法，将残余应力有效地去除。

当铸造内应力超过金属的强度极限时，铸件便产生裂纹。裂纹是严重的铸造缺陷，必须设法防止。裂纹按形成的温度范围分为热裂和冷裂两种。

热裂纹是在铸件凝固末期的高温下形成，其形状特征是裂纹短、缝隙宽、形状曲折、缝内呈氧化色。铸件的结构不合理，合金的收缩大，铸型(芯)的退让性差，合金的高温强度低及铸造工艺不合理等均可引起热裂。因此，合理调整合金成分，合理设计铸件结构，采用同时凝固原则和改善铸型(芯)的退让性，都是防止热裂的有效措施。

冷裂纹是铸件在较低温度处于弹性状态时形成的裂纹。常出现在铸件受拉伸的部位，其形状特征是裂缝小，呈连续直线状，缝内干净，有时呈轻微氧化色。当铸件受到的热应力和收缩应力的总和大于该温度下金属的强度时，则产生冷裂。壁厚差别大、形状复杂的铸件，尤其是大而薄的铸件易发生冷裂。凡是减小铸造内应力或降低合金脆性的措施，都能防止冷裂倾向。表4-8-1给出了常见铸造缺陷的名称、特征以及产生的主要原因。

表4-8-1　常见铸造缺陷的名称、特征以及产生的主要原因

类别	名称	图例及特征	主要原因
形状类缺陷	错型	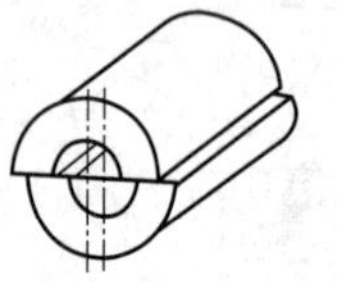 铸件在分型面处有错移	1. 形状合型时上、下砂箱未对准 2. 上、下砂箱未夹紧 3. 模样上、下半模有错移
	偏型	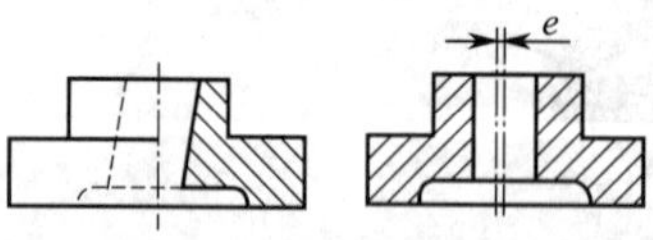 铸件上孔偏斜或轴心线偏移	1. 型芯放置偏斜或变形 2. 浇口位置不对，液态金属冲歪了型芯 3. 合型时碰歪了型芯 4. 制模样时，型芯头偏心
	变形	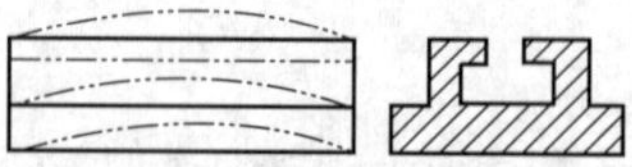 铸件向上、向下或向其他方向弯曲或扭曲	1. 铸件结构设计不合理，壁厚不均匀 2. 铸件冷却不当，冷缩不均匀
	浇不足	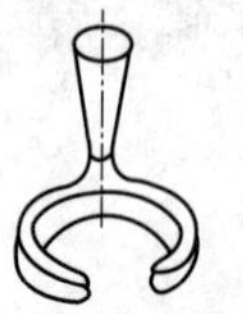 液态金属未充满铸型，铸件形状不完整	1. 铸件壁太薄，铸型散热太快 2. 合金流动性不好或浇注温度太低 3. 浇口太小，排气不畅 4. 浇注速度太慢 5. 浇包内液态金属不够

续上表

类别	名称	图例及特征	主要原因
形状类缺陷	冷隔	铸件表面似乎融合,实际未融透,有浇坑或接缝	1. 铸件设计不合理,铸壁较薄 2. 合金流动性差 3. 浇注温度太低,浇注速度太慢 4. 浇口太小或布置不当,浇注曾有中断
孔洞类缺陷	缩孔	铸件的厚大部分有不规则的粗糙孔形	1. 铸件结构设计不合理,壁厚不均匀,局部过厚 2. 浇、冒口位置不对,冒口尺寸太小 3. 浇注温度太高
	气孔	析出气孔多而分散,尺寸较小,位于铸件各断面上,侵入气孔数量较少,尺寸较大,存在于局部地方	1.熔炼工艺不合理、金属液吸收了较多的气体 2. 铸型中的气体侵入金属液 3. 起模时刷水过多,型芯未干 4. 铸型透气性差 5. 浇注温度偏低 6. 浇包工具未烘干
夹杂类缺陷	砂眼	铸件表面或内部有型砂充填的小凹坑	1. 型砂、芯砂强度不够,紧实较松,合型时松落或被液态金属冲垮 2. 型腔或浇口内散砂未吹净 3. 铸件结构不合理,无圆角或圆角太小
	夹渣	铸件表面上有不规则并含有融渣的孔眼	1. 浇注时挡渣不良 2. 混注温度太低,熔渣不易上浮 3. 浇注时断流或未充满浇口,渣和液态金属一起流入型腔
裂纹缺陷	裂纹	在夹角处或厚薄交接处的表面或内层产生裂纹	1. 铸件厚薄不均,冷缩不一 2. 浇注温度太高 3. 型砂、芯砂退让性差 4. 合金内含硫、磷较高
表面缺陷	粘砂	铸件表面粘砂粒	1. 浇注温度太高 2. 型砂选用不当,耐火度差 3. 未刷涂料或涂料太薄

第二节　铸钢车轮主要缺陷及其产生原因

一、辐板、轮毂、轮辋夹杂缺陷

夹杂缺陷多发生在车轮辐板和轮毂等部位，夹杂物大小、种类不一，夹杂物主要是砂子，其次是钢液中的渣子，与砂眼特征相似。其产生原因主要是：

1. 砂衬紧实度低或有松散的沙子。
2. 由于偏心浇注或钢水液流扩张产生对冒口壁的冲刷或侵蚀。
3. 预喷涂料或终喷涂料太厚，起皮剥落。
4. 钢液不纯净。
5. 砂芯破裂、飞边、毛刺等。

二、气孔缺陷

气孔多发生在车轮轮辋、轮缘和辐板内外侧面，气孔内壁表面呈光滑状态。其产生的主要原因是：

1. 砂衬中含有过量水分。
2. 钢水中含气量高或浇注过程中钢液带入大量气体。
3. 砂衬紧实度高导致透气性不好。
4. 石墨排气通道堵塞或通气不畅。
5. 终喷涂料未点燃。
6. 钢水温度或石墨型温度低。

三、轮辋裂纹缺陷

裂纹多发生在车轮轮辋内外侧与辐板连接部位，深度较低的裂纹可通过加工去除。其产生的主要原因是：

1. 砂衬强度高。
2. 浇注时上下箱铸型夹紧时间长。
3. 热轮曝空时间长。
4. 预喷涂料厚度薄。
5. 石墨型温度过高或过低。
6. 钢水温度过高。
7. 砂衬变形曲翘。

四、轴孔裂纹

轴孔裂纹分为轴向裂纹和周向裂纹两种，产生的主要原因是：

1. 开箱时间设定不当。
2. 中芯裂纹。
3. 中芯透气性差。
4. 对冷轮进行了冒口补贴切割。
5. 轮毂补缩不好。

五、表面粘砂或铁包砂缺陷

1. 终喷涂料厚度薄或喷涂不充分，覆盖不好。
2. 终喷涂料波美度低。
3. 砂衬紧实度低。
4. 原砂粒度大。

5. 钢水浇注温度太高。

6. 砂衬返潮。

图 4-8-5 为铸钢车轮常见的几种缺陷。

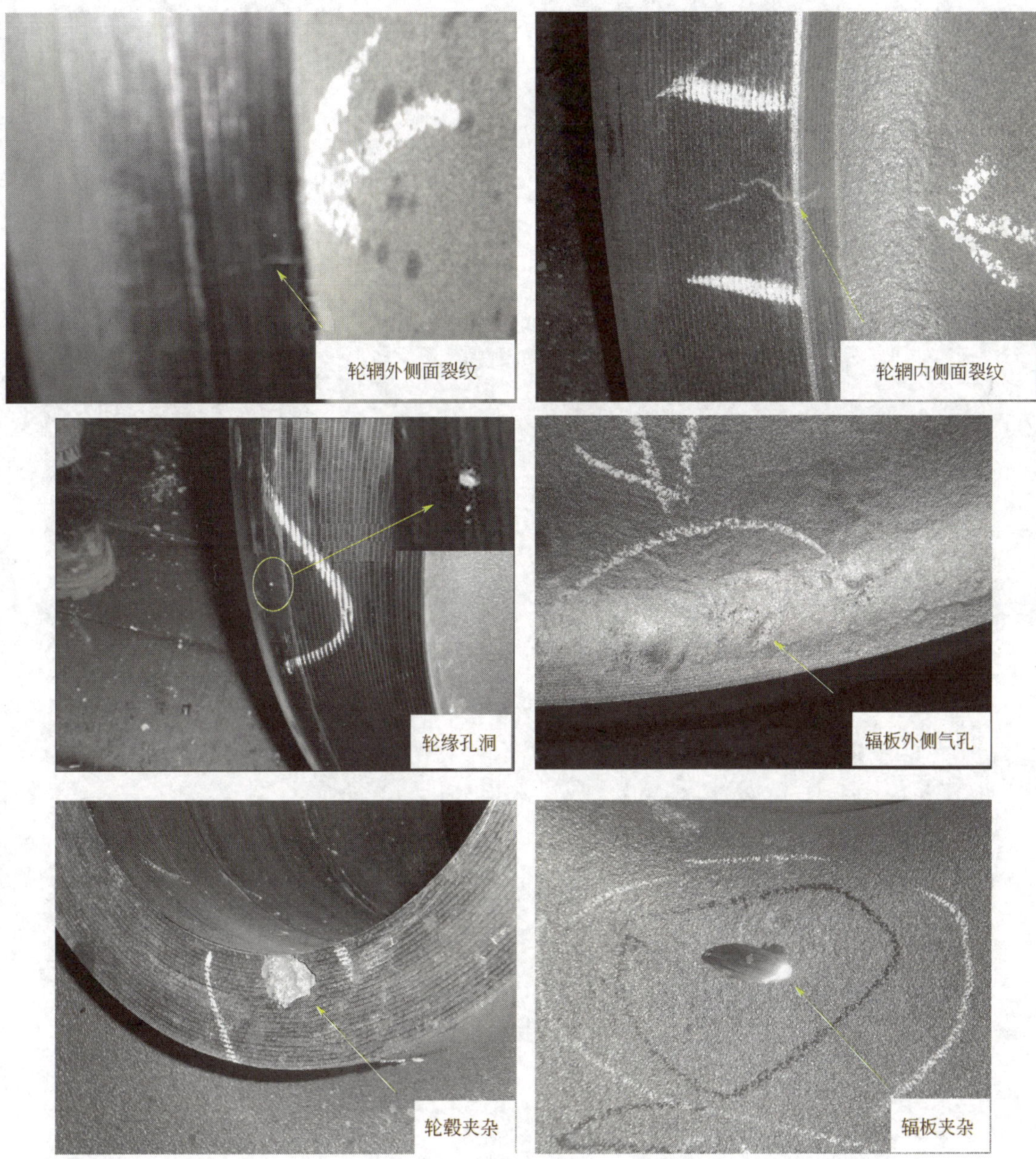

图 4-8-5 车轮生产过程常见缺陷

第五篇

车轴制造技术

铁路货车车辆用车轴是车辆走行部轮轴系统(包括一根车轴、两个车轮和两组轴承)的重要组成部分,是铁路货车车辆走行部最重要的部件之一,主要承受弯曲应力和扭转应力。

从车轴材质方面,我国铁路货车车轴采用优质碳素镇静钢,主要经历了LZ40和LZ50车轴两个阶段,自2000年1月起已全部采用LZ50车轴。从车轴结构形式方面,主要有滑动轴承车轴和滚动轴承车轴两种形式,自1983年起已全部采用滚动轴承车轴。

建国前,我国铁路货车主要靠进口美国、日本等国的车辆。建国后,我国开始自主设计制造车辆,车轴制造逐步标准化和规范化,1963年铁道部颁布了第一部车辆用车轴制造标准TB 451—1963《车辆和煤水车用车轴技术条件》,1999年铁道部批准实施TB/T 2945—1999《铁道车辆用LZ50钢车轴及钢坯技术条件》,是国内铁路货车车轴现行有效行业标准。

本篇主要介绍铁路货车车辆用LZ50车轴钢冶炼主要设备及工艺技术、车轴钢坯轧制设备及工艺技术、车轴制造主要设备及工艺、检测技术,以及制造过程中存在的主要问题和解决措施。

第一章 概 述

车轴是铁路机车、车辆走行部轮轴系统的重要组成部分，是铁路机车、车辆走行部最重要的部件之一，主要承受弯曲应力和扭转应力。

1999年颁布的TB/T 2945—1999《铁道车辆用LZ50钢车轴及钢坯技术条件》，该标准等效采用美国铁路协会AAR M-101-90《AXLES，CARBON STEEL，HEAT-TREATED Specification》标准，主要引用了AAR M-101-90中的F级车轴的制造要求，是我国现行货车车轴技术标准。

一、车轴型号说明

以我国货车车辆主要使用的RD_2、RE_{2A}和RE_{2B}型车轴为例，R代表滚动轴承车轴，D代表车轴型号，角标2代表货车，角标A或B代表相同轴重型号车轴增加结构形式的顺序号。

二、车轴各部位名称及作用

按照不同直径过渡部位的设计结构，货车车轴可分为有卸荷槽和无卸荷槽两类。无卸荷槽车轴各部位如图5-1-1所示，有卸荷槽车轴各部位如图5-1-2所示。

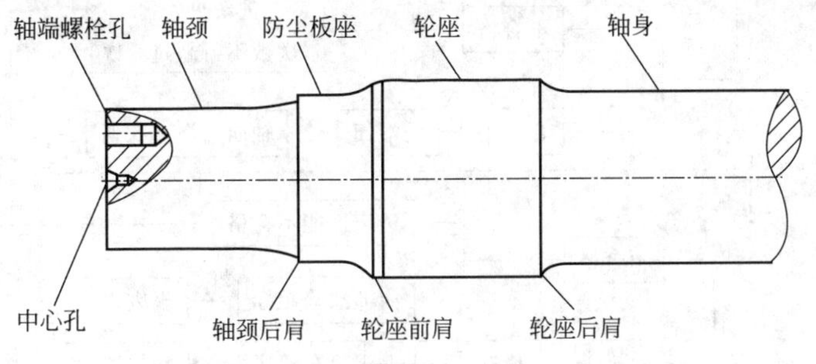

图5-1-1 无卸荷槽车轴各部位

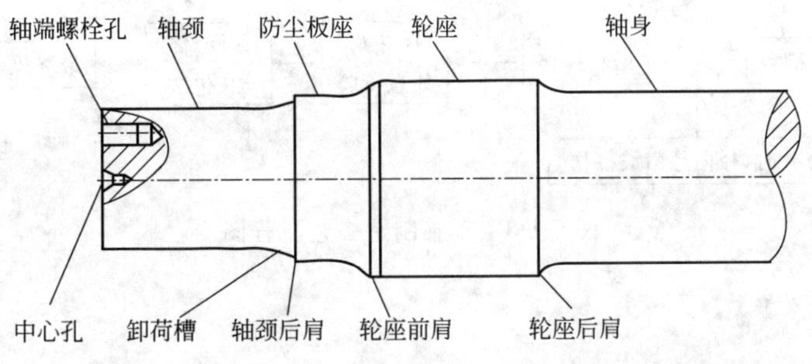

图5-1-2 有卸荷槽车轴各部位

1. 中心孔：加工车轴、车轮踏面时机床顶针孔的支点，并可以作为检查车轴轴颈、车轮圆度的中心。

2. 轴端螺栓孔:安装轴承前盖,防止滚动轴承外移窜出。

3. 轴颈:安装轴承。

4. 卸荷槽:在只能采用往复式磨削设备阶段,卸荷槽起退刀槽的作用。自 2007 年以来,车轴结构设计中,将卸荷槽改进为过渡圆弧。

5. 轴颈后肩:对轴承进行轴向定位。

6. 防尘板座:安装后挡,通过后挡与防尘板座的过盈配合,还可以防止外界杂质进入轴颈。

7. 轮座前肩:靠近防尘板座一端的轮座边缘。

8. 轮座:安装车轮。

9. 轮座后肩:靠近轴身一端的轮座边缘。

10. 轴身:车轴两轮座后肩之间的部分。

11. 轴端与轮座外端倒角:压装滚动轴承和车轮时起引导作用。

三、车轴制造工艺流程

目前,货车车轴用模铸(或连铸)钢坯经过轧制后的钢坯,再经过锻造、热处理、机械加工和检验、试验流程制造而成。其典型制造工艺流程见图 5-1-3。根据所选用的加工设备,也可以在粗车外圆前将车轴两端面加工到产品图要求的尺寸,这时可直接移打字头,而不必进行二次移打。

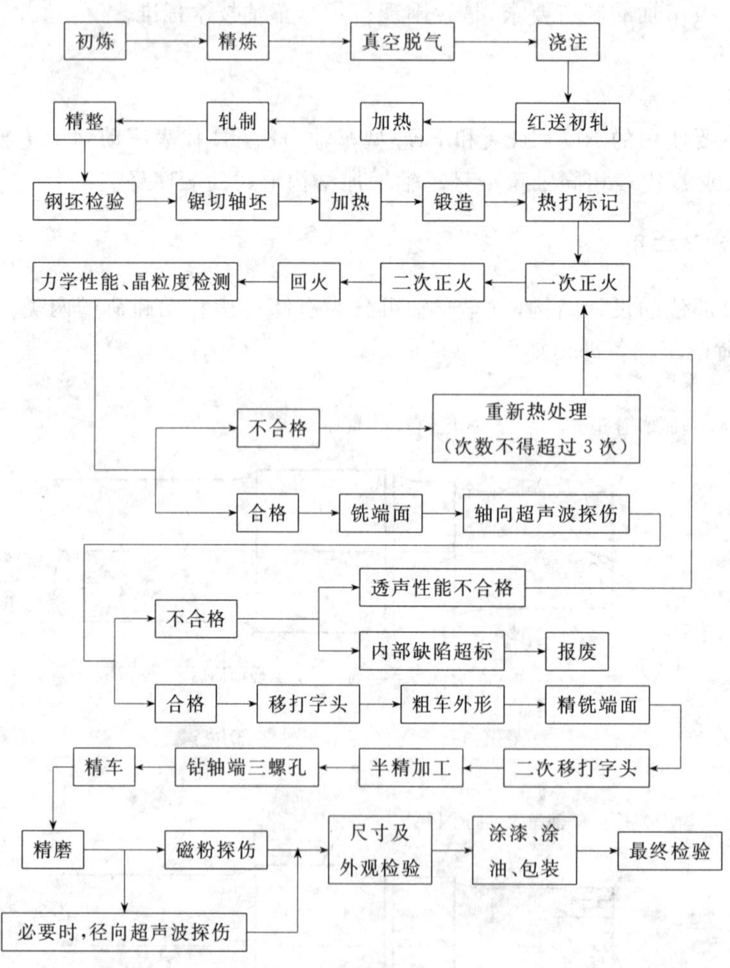

图 5-1-3 车轴制造工艺流程图

第二章
车轴钢制造技术

第一节　概　　述

车轴钢专用于生产铁道车辆车轴。按用途可分为货车轴用钢和客车轴用钢，按化学成分可分为碳素钢和低合金钢。其中货车和普通客车以碳钢为主，高速列车以合金钢为主。按我国钢种分类标准，目前世界上所采用的货车车轴钢的碳含量均在 0.35%～0.57%之间变动，属于中碳优质碳素钢类，高速列车采用低碳合金钢。近年来，随着铁路车辆高速化，合金钢空心车轴发展迅速。

目前，世界上车轴钢的生产工艺流程主要有两大类：一类是：高炉铁水→铁水预处理→转炉冶炼→精炼炉精炼→VD(RH)炉脱气→下铸钢锭(或连铸钢坯)。以铁水为主要炼钢原料的长流程生产车轴钢主要有日本、中国太钢、宝钢、攀钢。另一类是：电弧炉冶炼→精炼炉精炼→VD(RH)炉脱气→下铸钢锭(或连铸钢坯)。以废钢为主要炼钢原料的短流程生产模式，如法国、意大利、中国太钢等。

车轴炼钢工艺包括初钢—炉外精炼—真空脱气三部分。初炼工艺可以选用转炉和电炉中的任一种；炉外精炼的种类较多，目前我国车轴钢精炼一般采用 LF 工艺；真空脱气采用 VD 或者 RH 型真空脱气工艺。浇铸工艺主要采用模铸或连铸工艺。模铸锭包括方锭和矩形锭；连铸采用弧形连铸。车轴钢锭或按照一定的配尺切割好的连铸钢坯按炉号(或批号)顺序送入加热炉内进行轧前加热。加热好的钢锭或连铸钢坯在初轧机上轧制成性能、尺寸符合要求的车轴坯。

第二节　车轴钢冶炼技术

车轴钢初炼主要采用交流电弧炉和氧气顶吹转炉两种类型。从目前电炉和转炉生产技术看，尽管是两种不同的生产工艺，但随着炉外精炼技术的发展，转炉和电炉不再是传统的转炉与电炉炼钢，而是仅为车轴钢冶炼流程中一个钢水初炼工序，钢水进一步的合金化、成分的微调、脱氧脱气，去除夹杂及夹杂物处理则转移到下一道炉外精炼工序进行，因此，无论是转炉还是电炉冶炼，只要能具备优质、稳定的原材料，合理的生产工艺，配合精细操作控制，均能生产出高质量的车轴钢。

一、电炉炼钢

电炉一般是指交流电弧炉和直流电弧炉，目前多采用交流电弧炉。通常，一定容量的电炉匹配一定容量的变压器。变压器的功率水平用变压器的额定功率(kV・A)与电弧炉的额定容量(t)或实际平均出钢量(t)之比表示，功率越高，单位时间内输入电能也越高、熔化时间越短、升温越快。按照变压器的功率水平分类，电炉可分为：低功率电炉 100～200 kV・A/t；中等功率电炉(RP)200～400 kV・A/t；高功率电炉(HP)400～700 kV・A/t；超高功率电炉(UHP) 700～1 000 kV・A/t。

电弧炉主要由炉体部分、供电系统、辅助系统组成。

电弧炉炼钢是以电能作为热源，由炉用变压器供电，靠电极与炉料间放电产生电弧，使电能在弧光中转变为热能，用电弧的热量来熔化炉料并进行必要的精炼。

传统电炉冶炼的主要方法有氧化法、不氧化法和返回法三种，以氧化法使用最为广泛。氧化法是指整炉钢包括熔化期、氧化期、还原期、出钢全过程。但现代电炉冶炼工艺，电炉必须与炉外精炼相结合才能生产出成品钢液。电炉只是一个高效熔化器和氧化精炼器，完成熔化、加热、脱碳、脱磷的粗炼，还原期任务在炉外精炼过程中完成。

电炉冶炼熔化期是指从通电开始到炉料熔化这段时间，快速熔化炉料，缩短熔化期是快速炼钢关键技术之一。熔化期主要任务就是熔化废钢，进行初步脱磷、脱碳。

氧化期的任务是进一步脱磷、脱碳，去除钢中气体及非金属夹杂物和加热、均匀钢温到出钢温度，完成这些任务的手段主要靠碳的氧化沸腾作用。氧化期进行得好坏，对钢的质量影响很大。

随着各行各业对钢铁材料的要求越来越高，冶炼设备越来越先进，近年来电炉炼钢开发了许多新工艺：

1. 超高功率电炉

超高功率操作就是用增加单位时间内输入电能的方法，加强辐射作用，使废钢快速熔化，缩短熔化和升温时间，从而提高生产率。

2. 水冷炉盖和水冷炉壁技术

超高功率电炉的单位功率较高，电弧对炉壁和炉盖的热辐射强度极高，同时炉内温度分布的不平衡加剧，导致使用耐火材料砌筑的炉衬使用寿命大幅度地降低，严重影响了超高功率电炉性能发挥。

水冷炉壁和水冷炉盖技术应用可使耐火材料成本和喷补成本节省50%～75%，取消了渣线上耐火材料的修补作业，大大降低了操作工人的劳动强度，同时也大幅度地减少了热停工时间，生产率提高了8%～10%，电极消耗降低0.5kg/t，生产成本降低5%～10%。

3. 无渣出钢技术

超高功率电炉的冶炼工艺一个最大的特点是将还原期转移到炉外精炼炉中进行。这样，氧化渣就不能进入精炼炉，无渣出钢十分必要。另外，炉内液态钢水和高氧化性炉渣的存在为下一炉冶炼的初期脱磷提供了极好的条件，同时，还改善了熔化初期电弧的稳定性，使平均输入功率增加，促使供电制度改善及减小了对供电系统的干扰。

无渣出钢，必然导致留钢留渣操作。不足的是装炉量减少，但事实证明电弧炉的生产率却是增加的。

4. 偏心底出钢技术

传统的出钢槽出钢和中心底出钢均难以满足无渣出钢的要求。而偏心底出钢可彻底地做到：无渣出钢和留钢留渣操作；出钢快，钢流短，钢液温降少，吸气少，使出钢温度降低，缩短出钢时间，因而可缩短冶炼时间，降低电耗和电极消耗，提高生产率；钢渣与少量钢水留在炉内，为下一炉早期吹氧，早期脱磷造成了有利条件，还节约了大量能量。

5. 泡沫渣埋弧技术

所谓泡沫渣，就是在不增加渣量的条件下，使炉渣厚度增加，渣呈泡沫状。泡沫渣实际上就是熔渣中存在着大量的微小气泡，而且气泡的总体积大于液渣的体积，液渣成为渣中小气泡的薄膜而将各个气泡隔开，气泡自由移动困难而滞留在熔渣中。

泡沫渣工艺的出现，使得现代长弧操作，即“高电压、低电流”高功率因素操作成为可能。对于钢液熔池来说，泡沫渣对外起隔绝作用，防止热量向炉壁辐射，既减少了热能损失，又对炉壁起了保护作用。对内来说，电极下的渣子作为主要热源，通过以对流为主的传递形成向钢液传送热量，使升温阶段的效率大为提高。

6. 电炉底吹搅拌技术

在钢铁冶炼中，搅拌是加速冶金反应的重要手段，它促进钢、渣、气以及耐火材料间的反应，对均匀钢液成分和温度、加速合金的熔化和溶解、强化去除悬浮的夹杂、降低有害杂质、缩短冶炼时间、减少原材料消耗、降低成本都具有十分重要的作用。

用于冶金过程的搅拌方法通常可分为四类：机械搅拌，气体搅拌，电磁搅拌，吸吐搅拌。目前大多数电炉搅拌都采用气体（主要是氩气或氮气，少数也用天然气和CO_2）作为搅拌介质。气体从埋于炉底的接触式或非接触式多孔塞进入电炉内。少数情况也采用风口型式。

通常熔化期可强烈搅拌，在废钢完全熔化后，为抑制电极的摆动所引起的输入功率的稳定和钢水引起的电极的烧损，宜将搅拌气体流量减少到1/2～1/3，也有从均匀搅拌出发，采用熔清后并不减流量的方法而继续操作的方法，这对提高钢水收得率、降低电耗稍有利。

据报道，生产碳素钢的电弧炉采用底吹氩搅拌后电能可降低 10～12 kW·h/t。冶炼时间缩短 5～16 min。另外在提高合金和钢水回收率，减少氧气消耗，降低电极消耗量以及改善脱磷和脱硫等许多方面均收到了明显效果。

7. 碳氧喷枪、氧燃烧嘴技术

碳氧喷枪：在现代电炉上，为加速炉内废钢熔化、熔池脱碳和及时造泡沫渣，大量使用超音速氧枪，同时配有喷碳粉的枪。炉门碳氧枪分为两类：一是消耗式碳氧枪，另一类是水冷碳氧枪。消耗式碳氧枪在炉内活动空间大，可更早地开始切割废钢，且不用担心水冷碳氧枪会发生漏水事故，但操作时需要频繁更换吹氧管；水冷碳氧枪一次性投资大，操作中不能接触钢水与红热废钢，活动空间相对消耗式氧枪小，操作成本低，操作中更换枪头次数少。

氧燃烧嘴的作用：炉料熔化时，靠近炉壁处的两根电极之间冷区效应非常明显，此处熔化速度滞后于炉内其他部位，因此延长了熔化期。氧燃烧嘴技术可以向冷区供应热量，消除炉内“冷点”，加速废钢熔化。通常，对大型电炉，氧燃烧嘴吨钢每消耗 1 m^3 氧气相当于吨钢节省了 3～5 kW·h/t 的电能，并且缩短熔化时间 2 min。

8. 电炉热装工艺，增加铁水比，可增加铁水比利用物理热，增产、降耗、缩短冶炼时间，铁水比一般控制在 30%～70%。

二、转炉炼钢

氧气顶吹转炉炼钢法是 1952 年和 1953 年在奥地利的林茨(Linz)和多纳维茨(Donawiz)两地首先投入工业生产，所以也称 LD 法。

转炉冶炼装备主要由炉体、支承装置、倾动机构、供氧系统、上料设备、辅助设备等组成。转炉按炉衬的耐火材料性质分为碱性(用镁砂或白云石为内衬)和酸性(用硅质材料为内衬)转炉；按气体吹入炉内的部位分为底吹、顶吹和侧吹转炉；按吹炼采用的气体，分为空气转炉和氧气转炉。

转炉炼钢法不借助外加能源，仅靠转炉内液态生铁的物理热和生铁内各组分(如碳、锰、硅、磷等)与送入炉内的氧进行化学反应完成脱碳、脱磷和脱硫、去除杂质的任务，并将钢液加热到出钢(1 600 ℃或更高)温度。转炉炼钢主要以液态生铁为原料。

转炉炼钢的任务是将高炉来的铁水经混铁炉混匀后兑入转炉，并按一定比例装入废钢，然后降下水冷氧枪以一定的供氧、枪位和造渣制度吹氧冶炼。当达到吹炼终点时，提枪倒炉，测温和取样化验成分，如钢水温度和成分达到目标值范围就出钢，然后，钢水吊运至送模铸场或连铸车间铸锭。

早期的转炉炼钢工艺将脱硅、脱磷、脱硫等一系列化学反应集中在同一容器中进行。由于这些反应的热力学条件不同，有的甚至互相矛盾，再加上受到熔池中动力学条件的限制，使多种反应顾此失彼，难以完全进行。因此，不仅增加了操作难度，而且也限制了某些要求较高的钢种的生产。近年来，随着炼钢技术的快速发展、用户对钢材质量要求越来越高以及企业对节约能源和降低成本越来越重视，转炉生产工艺流程发生了很大变化，由单纯用转炉冶炼发展为铁水预处理—转炉冶炼—炉外精炼的工艺流程。氧气转炉已由原来的主导地位变为新流程的一个环节，主要承担钢水脱碳和升温的任务了。

采用铁水预处理可提高铁水质量和分散转炉的冶炼功能，减轻或取消转炉的脱磷、脱硫负担，从而使转炉的冶炼功能着重于脱碳和升温，提高钢的质量，具有单一化、专门化的特点。另外，由于减去了转炉的脱磷、脱硫操作，实现了少渣精炼，缩短了冶炼时间，增加了钢产量。自从铁水预处理工艺开发了“三脱”技术，即脱硅、脱磷、脱硫处理，根据铁水的具体条件和各元素反应的热力学及动力学条件，选择合适的喷吹粉剂，在不同的阶段和不同的容器中进行铁水预处理，为转炉的少渣精炼奠定了基础。

一般根据钢种的要求不同，铁水所需的预处理工艺也不同，例如转炉生产铬不锈钢需要铁水进行“三脱”(脱硅、脱磷、脱硫)处理，为转炉提供 P ≤0.020%，S≤0.012%的铁水。而对于 S≤0.03%的钢种，例如无取向硅钢、纯铁以及其他优碳钢等，必须铁水脱硫预处理。车轴钢采用铁水脱硫预处理工艺。

用优质铁水冶炼优质钢水，是提高产品质量、扩大品种、增加效率和增强产品竞争力的重要条件之一，也是生产低硫洁净钢的基础。表 5-2-1 示出了铁水经“三脱”处理后，硅、磷、硫含量的水平。

表 5-2-1 铁水经“三脱”处理后，硅、磷、硫含量的水平

铁 水	$w(S)$	$w(P)$	$w(Si)$
处理前	0.02%～0.07%	0.08%～0.20%	0.30%～1.25%
处理后	<0.005%	<0.01%	0.10%～0.15%

1.电炉流程的特点

(1)电炉炼钢配以 LF、VD 二次精炼生产特殊钢的优势在于使用化学中性的电弧作为热源，冶炼过程中加热与化学反应相互独立，从而保证优越的工艺柔性。又由于允许加入较多数量的合金，因而在生产高合金钢方面更具明显的优势。采用电炉炼钢工艺适合于生产小批量、多品种、合金量较高的钢种。

(2)由于电炉加热钢水会使熔池适量增碳，而电炉冶炼过程成分控制较为容易，故其优势钢类为中、高碳钢。

(3)电弧加热熔化炉料时，热量大部分是在被加热的炉料包围中产生的，而且无大量高温废气带走的热损失，所以热效率比转炉炼钢法要高。

(4)以废钢为原料的电炉流程，基建投资少、建设期短、综合能耗低、工艺灵活。

2.转炉流程的特点

(1)铁水的纯净度和质量稳定性均优于废钢；

(2)采用铁水预处理工艺，进一步提高铁水纯净度，使钢中 $w(S) \leqslant 0.005\%$，$w(P) \leqslant 0.01\%$；

(3)氧气转炉炼钢配以 RH 二次精炼的工序优势在于极高的生产速率和优异的纯净度，因而适于低碳/超低碳、低残余元素的钢种，尤其是批量很大，合金含量较低的钢种；

(4)转炉的终点控制水平高，渣钢反应比电炉更接近平衡；

(5)转炉钢水的气体含量低，钢中 $w(N) \leqslant 40 \times 10^{-6}$，$w(H) \leqslant 2 \times 10^{-6}$。

(6)转炉炼钢生产效率高、消耗低，比电炉钢的生产成本低 300～500 元/t。

三、精 炼

由于炼钢炉容量的不断扩大，超高功率电炉的普遍应用，连铸技术的迅速发展以及生产多种特殊钢和合金的需求，炼钢方法发生了巨大的变化，由一步炼钢法发展为两步炼钢，即炉内初炼和炉外精练。所谓炉外精炼技术是指将转炉、电炉初炼的钢水转移到另一个容器(钢包或中间罐内)中进行精炼的过程。精炼技术由于其具有提高钢质量、产量，降低成本，改善劳动条件等优点，发展极为迅速。

炉外精炼的目的主要有：

1.精确地控制钢的成分。

2.控制钢水成分和温度均匀一致，保证正常的连铸工艺与良好的钢坯和表面质量。

3.去除钢中气体(氢、氧)。

4.脱硫和磷到极低程度，以提高钢的冲击韧性，消除回火脆性，改善性能，特别是横向性能。

5.脱碳到极低程度，以提高钢的深冲性能、电磁性能和抗腐蚀性能。

6.控制硫化物和氧化物夹杂形状，消除水口堵塞，减少机械性能的方向差异。

车轴是铁路列车车辆运行的走行部件之一，其质量的好坏直接影响列车运行的安全和高效。为了保证铁路运行安全，国内外车轴钢均采用精炼技术。车轴钢精炼装置主要有 LF、VD、RH 等。精炼工艺流程主要有两类：LF+VD 和 LF+RH 工艺。

(一)LF 钢包精炼炉

LF 钢包精炼炉(Ladle Furnace)可以与电炉配合，以取代电炉的还原期，还可以与氧气转炉配合，生产优质钢。

LF 炉由盛钢桶、炉盖、电极加热系统、搅拌系统组成。通过安装在盛钢桶底部的透气砖吹入氩气，对钢液进行搅拌，完成钢—渣之间的反应。炉盖的作用是封闭精炼室以保持还原气氛。采用三相电极，通过电弧加热进行造渣及钢液升温，在钢包底部装有滑动水口进行浇注。

LF 炉精炼过程主要是在钢包内通过顶部电弧加热，底部吹氩搅拌，造还原渣，在还原气氛下进行脱氧、

脱硫，均匀和调整钢水温度和成分，去除夹杂。

LF 炉精炼过程可以分为前、中、后期三个阶段。前期阶段的主要任务是：向钢液提供热能，促使金属尽快熔化且均匀成分，保证取样的准确性；调整渣量、渣系，使包内渣子尽快熔化，并加入适量脱氧剂，精炼渣基本变白；尽快提升钢液温度，接近或基本达到精炼所需的温度要求。中期阶段的主要任务是：在保证取样准确的前提下，调整成分；微调渣量、渣系，保持白渣精炼，促使夹杂物上浮；保持所需的精炼温度，并为后期作准备。后期阶段的主要任务是：对钢液进行成分微调，完全达到成品成分要求（尽可能在中期完成此项任务）；对钢液进行终脱氧及夹杂物变性处理；进行软吹氩处理，使夹杂物聚集长大并上浮，进一步提高钢液纯净度；均匀成分、温度。在实际操作中，这三个阶段不是截然分开的，往往互相交叉。

LF 精炼过程的实质主要是氧含量控制、硫含量控制、夹杂物去除等。

氧含量控制：LF 精炼过程一方面要用脱氧剂最大限度地降低钢液中的溶解氧，在降低溶解氧的同时，进一步减少渣中不稳定氧化物（FeO＋MnO）的含量；另一方面要采取措施使脱氧产物上浮去除。LF 过程控制氧含量的措施主要是：用强脱氧元素铝脱氧，钢中的酸溶铝达到 0.03％～0.05％时，钢液脱氧完全，这时钢中的溶解氧几乎都转变成 Al_2O_3 而上浮去除；控制吹氩搅拌功率，以促进夹杂上浮，并防止钢液的二次氧化；喂一定量的 CaSi 线。

硫的控制：LF 可以造高碱度还原渣，渣量大，可达 25kg/t；采用电弧加热，炉渣温度高；可以控制吹氩量，保证较强烈搅拌钢水。LF 可以创造极为优越的脱硫热力学和动力学条件，适合于生产低硫、超低硫钢。一般硫含量小于 0.001％的超低硫钢都可以通过 LF 精炼生产。

夹杂物去除：LF 精炼全过程的吹氩搅拌不仅可以均匀成分和温度、促进炉内的冶金反应，提高脱硫效果，而且吹入的氩气泡可为 10 μm 或更小的不易排出的夹杂颗粒提供黏附的基体，使之黏附在气泡表面排入渣中，促进夹杂物去除。

经过 LF 炉精炼的钢可以达到深脱氧、深脱硫，同时精确控制温度和成分，精炼效果如下：

1. 脱硫：当炉渣脱氧良好和合适的搅拌情况下，30 min 脱硫率可达 65％～85％，可生产出硫含量≤0.002％的钢。

2. 脱氧：钢中含氧量可达到 $(10\sim30)\times10^{-6}$，与钢种、脱氧材料、钢包气密性有关。

3. 温度控制精度达到±3～5 ℃。

4. 钢中元素控制范围（％）可达到：C±0.01；Mn、Si、Cr±0.02；Ni、Mo±0.01；Al±0.0025。

钢包炉的精炼过程有时也可能带来一些副作用，应引起注意：

1. 增氢：与渣脱氧、H_2O 含量有关，同时与初始氢含量有关，一般增氢 $(1\sim2)\times10^{-6}$。

2. 增氮：主要与电弧加热和搅拌造成裸露钢水有关，一般增氮 $(5\sim10)\times10^{-6}$。

3. 增磷：与钢包内渣的成分和数量有关，一般增磷 0.000 5％～0.005％。

4. 增碳：由于三相电极或造渣材料中含碳造成，增碳 0.0000 8％～0.00015％/min。

5. 铝、硅损失：一般加热 15 min，铝含量减少 0.005％左右，硅含量减少 0.02％。

（二）RH 真空循环脱气法

RH（Ruhistahl-Heraeus）设备是将钢液连续地吸入到脱气室中进行真空处理的炉外精炼设备。RH 主要由真空室、钢包移动及升降装置、排气装置、加热装置、合金添加装置组成。

RH 设备在真空室下部设有与其相通的两根环流管，脱气处理时，仅将环流管插入钢液，靠脱气室抽真空的压差使钢液由管子进入脱气室，同时从两根管子之一（上升管）吹入驱动气体（通常为氩气），利用“气泡泵”原理抽引钢液通过脱气室和下降管产生循环运动，并在脱气室内脱除气体。这种循环做到了用一个较小的真空设备，分批处理大量钢液。

通过 RH 法真空脱气处理，可达到如下效果：

1. 脱氢：利用 RH 能使钢中氢降到 1.5×10^{-6} 以下。提高钢水的循环速度，延长精炼时间，能使钢水中的氢降至 1.0×10^{-6} 以下。

2. 脱氧：RH 真空精炼后（有渣精炼），钢水氧含量可达到 20×10^{-6} 以下，如和 LF 法配合，氧含量可降到 10×10^{-6} 以下。

3. 脱氮：RH 真空精炼时脱氮比较难，但在一定的条件下（强脱氧，大 Ar 流量，高真空度），也能使钢水的含氮量降低 20%左右。

4. 脱硫：向真空室内添加脱硫剂，能使钢水的含硫量降到$(12\sim15)\times10^{-6}$。

5. 脱碳：RH 真空脱碳，能使钢中的含碳量降到15×10^{-6}以下。

(三)VD 真空循环脱气法

VD (Vacuum-Degassing)装置主要由真空罐体、真空盖、真空脱气系统、吹氩搅拌系统、带升降、移动的小车系统、真空加料系统、真空测温、取样系统、电气、机械、仪表、计算机等构成。

VD 法的精炼手段是吹氩搅拌与真空相结合。真空状态下吹氩搅拌钢液，一方面增加了钢液与真空的接触面积；另一方面从包底上浮的氩气泡吸收钢液内溶解的气体，加强了真空脱气效果，同时上浮的氩气泡还能粘附夹杂物，促使夹杂物从钢液中排除。VD 真空脱气的主要影响因素有：真空度、真空保持时间、吹氩强度、炉渣状况。

通过 VD 真空脱气处理可达到如下效果：

1. 脱氢：脱氢率可达到 60%～90%。经真空精炼后的钢液，氢含量一般可以小于1.5×10^{-6}。

2. 脱氮：脱氮率可达到 20%～35%。经真空精炼后的钢液，氮含量一般可在$(40\sim80)\times10^{-6}$。

3. 脱氧：经真空精炼处理后钢液含氧量可达到$(5\sim15)\times10^{-6}$。

4. 去除钢中夹杂：钢液在真空中长时间搅拌，使钢中夹杂物充分聚集、长大、上浮。精炼后，钢中夹杂总量，尺寸和形态都得到明显的改善。

5. 成分的精确控制：碳元素一般控制范围(%)为±0.02。

四、车轴钢浇铸技术

钢的浇铸技术就是把钢水经过盛钢桶及中间罐等浇注设备，注入一定形状和尺寸的钢锭模或结晶器中，使之凝固成为钢锭。浇注的目的是获得结构致密、表面光洁、质量优良的钢锭。

浇注方法有模铸和连铸。模铸有下注法和上注法。车轴钢模铸采用下注法。钢水下注工艺是钢水由钢包底部水口注入中注管，再经中注管、汤道，自钢锭模的下部进入钢锭模内，凝固成钢锭。钢锭经脱模、表面清理或红送初轧机轧制。

下注法特点为：能同时浇注多根钢锭；钢水在锭模内由下向上平稳上升，飞溅少，钢锭表面质量较好；总的浇注时间短，因而允许钢水在盛钢桶内有足够的镇静时间，便于气体与夹杂的上浮，提高钢锭质量；由于钢水不直接冲击锭模，锭模寿命长，消耗低。

但下注法也有缺点，如钢水流经汤道被耐火材料玷污，降低了钢的质量；汤道和中注管也浪费了部分钢水；锭模工作量大，成本高；钢锭组织不如上注法浇注的质量致密。

下注钢锭的主要设备有：钢包、钢锭模、底板(盘)、注锭车、中注管、保温帽。辅助材料有：汤道、中注管等耐火材料、保护渣、绝热板等。

影响浇铸质量的主要因素：

(一)钢水镇静时间

钢水镇静可以改善钢锭质量。原因是：

1. 促使夹杂物充分上浮。出钢后，部分外来夹杂物和出钢渣被混入钢液中。如立即浇铸，这些物质就没有充分时间上浮而使钢中含有较多的非金属夹杂物。

2. 有利于气体排除。气体在钢中溶解度的多少与温度有关。镇静期间钢水的温度不断下降，气体溶解度也减少，从而减少了钢中的气体。

3. 均匀钢水成分。出钢后钢水仍在钢包内搅拌，这种搅拌有利于均匀成分，尤其当采用炉外沉淀脱氧时更为有利。

4. 通过镇静时间的降温可适当调整钢水温度，使其符合要求。

镇静会对钢质有一定好处，但镇静时间过长又会加重对钢包和塞杆的侵蚀，增加钢中夹杂，甚至造成浇铸事故。镇静时间一般取 5～10 min，具体依据以下几点确定：(1)出钢温度；(2)钢种质量要求；(3)浇铸方法；(4)钢水面渣层厚度；(5)盛钢桶内钢水动态；(6)盛钢桶衬情况。

(二)钢锭模参数

一般而言,影响钢锭质量的主要锭型参数为:锭型断面几何形状、钢锭的高宽比、锥度、帽容比等。

1. 锭型断面几何形状

镇静钢浇铸用钢锭内形断面有:正方形、矩形、多边形(六边形、八边形)和圆形。一般方形钢锭用来轧制各种型钢,应用最为广泛。矩形锭用于轧制各种板材,多边形钢锭用于锻造,圆形钢锭用来轧制管材和锻件。车轴钢生产主要采用方锭。

2. 钢锭的高宽比(H/D)

钢锭的断面与高度应有合适的比例。要根据锭重、钢种及加工方法来确定。一般钢锭越重其高宽比越小。一般轧制钢锭的高宽比为2.5～3.0,锻造钢锭为2.0～2.5。高宽比不合适,钢锭会产生缺陷。钢锭的高宽比过大,在下注时,由于浇注时间延长,模中上升的裸露液面冷却和氧化严重,增加钢锭的重皮缺陷。钢液静压力的增加也会使钢中气体和夹杂难以排出,加剧了钢锭产生纵裂的倾向。此外,高宽比过大还会使缩孔加深,中心疏松发展,甚至在钢锭中间产生二次缩孔等缺陷。高宽比过小,不仅使轧机能力下降,保温帽部分的相对重量也会增加,钢锭的收得率要下降。因此钢锭必须要有合适的高宽比。

3. 钢锭模单面锥度

锥度是指钢锭上下断面半径(方锭用边长的一半)之差和高度的比,用百分数表示的比值。因为它直接影响钢锭的内部质量及脱模的操作,锥度选择很重要。锥度为1%～1.5%,就已经能满足脱模要求了。但要保证上大下小带帽锭中心部分得到致密组织,减缓上部钢水的凝固,以减少缩孔和疏松的倾向,在不影响下道工序,造成加热、轧制不便的情况下,锥度尽可能大些。实践表明:钢锭模最合理的锥度是2.7%～3.5%。

4. 帽容比

保温帽的容积与钢种、钢水温度、钢锭大小,保温帽形状、内衬的导热性以及保温剂的发热量有关,一般占钢锭重量的10%～20%。

(三)钢锭模质量

为了保证浇铸出表面质量良好的钢锭,要求钢锭模内壁无锈。因为铁锈是铁的含水的氧化物(其主要成分可用 $Fe_2O_3 \cdot H_2O$ 来表示),当高温的钢水浇注入钢锭模后,铁锈就会进入钢水,增加钢中的氧化物夹杂,或与钢水中碳发生反应,生成一氧化碳气体,铁锈中的水也会在高温下分解为气体,造成表面气孔或较深的皮下气泡。

同时对钢锭模内壁的结渣和凸块必须清理干净,使之平整。钢锭模内壁出现砂眼、粗大的网状裂纹、裂缝、严重的结疤和凸瘤等缺陷应报废。因为在裂纹较宽和较深的情况下,钢液会进入裂纹中,冷凝后,会造成脱模困难、也会使钢锭在冷凝收缩时受阻、产生表面拉裂,有时还会出现跑钢。

(四)采用钢锭上部加帽口

一般液态钢密度约为7 t/m^3,而固态钢约为7.8 t/m^3,显然液态钢在钢锭模内凝固时,体积就要收缩,在浇上大下小镇静钢锭时,在钢锭头部就要形成缩孔和疏松。浇注不当,缩孔深度会向下发展,呈锥形深入钢锭内部,轻则减少钢锭的利用率,重则可能使钢锭整支报废。

如在钢锭上加帽口,由于帽口保温作用,使帽口内的钢液凝固较慢,在自重作用下,钢锭上部所产生的缩孔和疏松进行填充,使缩孔的体积减小且上移至帽口之中,使钢锭锭身部分组织致密,从而提高了钢锭的质量和利用率。

保温帽口是用导热性差,耐高温的耐火材料制成,如轻质黏土砖等。它可以降低进入帽口的钢液的冷却速度,保证这部分钢水能够最后凝固,起到补缩钢锭锭身的作用。

发热帽是在保温帽的基础上发展的,由发热剂和氧化剂混合制成。发热帽不仅能保温,而且能起发热作用,由于这一作用,它的帽口体积可比保温帽小,从而降低帽口的金属消耗。但所用材料(铝粉和硝石)成本高,而且是国防物资,所以大钢锭最好采用绝热帽口。

绝热帽口和保温帽口道理一样,只是所用材料的导热性更差一些。

(五)浇铸工艺参数

在设备条件一定和冶炼钢种确定时,浇铸工艺中最重要的两个参数就是浇注温度与浇注速度。

1. 浇注温度

确定合理的浇注温度(简称为注温)应根据钢种的熔点和各厂的生产设备等,确定一个合适的过热度。钢水必须高于液相线的某一温度进行浇注,这样才能保证钢水有足够的流动性,不至于中途凝结不能充满锭模。

过热度的确定要考虑以下几点:

(1)钢水流动性。要求到最后充填时,钢水仍有较好的流动性。因此,流动性差的钢种,过热度应大;流动性好的则过热度小些。

流动性较好的钢种有:碳工钢 T7 至 T13 等;流动性较差的钢种有:低碳结构钢 10 至 20 等;车轴钢流动性介于中间。

流动性好的钢种在浇注时容易发生跑钢、烫模。因此出钢温度最好控制在中下限,注温低些,在与其质量要求不矛盾时,注速要适当慢些。

流动性差的钢种注温低时容易浇注不起来。另外,表面质量也比较难保证,因此一般注温要偏高,在与质量要求不矛盾时,注速要适当快些。

(2)氧化倾向。氧化倾向大的钢种易结膜,影响表面质量,过热度大些可减少结膜。

(3)偏析倾向。过热会促进偏析的发展。因此,对钢的凝固区间大、偏析倾向大的钢种,过热度应小些。

(4)收缩倾向。对收缩倾向大的钢种,过热度应小些。

(5)裂纹敏感性。过热度大使激冷层变薄,柱状晶发展。因此,凡裂纹敏感性强的钢种,过热度要小些。

(6)浇注时间和温降速度。浇注时间要求从第一盘到最后一盘的钢水过热度都要合适。因此,浇注温度还与浇注时间和盛钢桶降温速度有关。为保证最后一盘钢水具有足够的过热度,确定开浇温度时必须加上整个浇注过程中的降温数值。

(7)浇注方法。下注要求温度比上注高些,小锭要比大锭高些。

浇注温度可用下式计算:

$$T_{浇注}=T_{熔点}+T_{过热}$$

式中　$T_{浇注}$——根据钢种决定的浇注温度;

$T_{熔点}$——钢种的液相线温度;

$T_{过热}$——根据钢种决定的浇注最小过热度,主要考虑炉容量、钢种、冶炼方法、浇注方法、锭型以及整个浇注过程中的温度下降值等。

适当的浇注温度对保证钢锭表面质量和内部质量非常重要。

温度过高,则在钢水凝固时,形成的钢锭外壳激冷层薄,易引起纵裂和横裂;影响钢锭的结晶,使钢锭的柱状晶发达;钢锭偏析严重;钢锭体积收缩量大,容易产生残余缩孔。注温高则注速要慢,钢液易散流,浇注时间长,钢水二次氧化机会多,质量受影响。

温度过低,则表面质量差,容易形成翻皮;夹杂不易上浮,内部夹杂或皮下夹杂增多;流动性差,钢液补缩困难,易产生残余缩孔和疏松。

2. 浇注速度

浇注速度(简称为注速)可以用钢水在模内上升速度(mm/min)来表示,或者用单位时间内注入钢水中的重量(t/min)来表示,也可以直接用模子(锭身和帽部)的浇注时间(min)来表示。注速要控制适当,注速过快或过慢都会影响钢的质量。

注速过快对钢质量的影响有:开流过快,造成翻皮或气孔,严重影响钢锭底部质量;锭身注速快,帽口补浇必然也快,易造成残余缩孔;接近帽口处,注速过快会引起横裂;使激冷层过薄,易产生裂纹,同时还易横裂。

注速过慢对钢质量的影响有:极易形成翻皮,并由翻皮而引起皮下气孔;浇注时间长,吸气和二次氧化多,影响钢的内在质量。

注速与注温、钢种、锭型等有直接关系。确定注速的基本原则为:

(1)注速与注温配合

注温与注速是浇注方面两个最重要的，两者密切相关，通常用“高温慢注”和“低温快注”来概括注温和注速之间的关系。因此，必须根据注温调节注速。这是由于注速过快的影响相当于注温过高，因为同一时间内带进模内的热量增加，模内平均温度就高，将使钢锭激冷层减薄，整个钢锭凝固时间延长，成分偏析加重，夹杂物增加，柱状晶比较发达，钢的收缩也增大。另外注速快导致模内钢水静压力增加快，钢中气体不易排出，也容易在钢锭中下部产生纵裂纹。但另一方面，注速快可加速钢水在模内的循环对流作用，模内钢液面不断更新，避免结膜、结壳造成的翻皮缺陷，故对表面质量又有好的影响。因此，注速对钢质量的影响要辩证的分析，在质量允许的条件下，应努力提高注速，以提高铸锭跨的生产率。

注速通常泛指钢液在模内的平均上升速度。在实际浇注过程中注速是变化的，通常尾部和头部均进行控制，锭身则采用全速浇注，即“两头小、中间大”的浇注制度。图 5-2-1 示出了注速沿钢锭高度的变化的示意图。

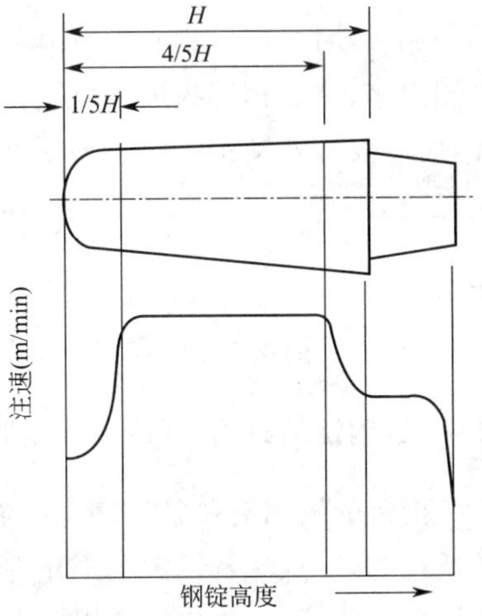

图 5-2-1 注速沿钢锭高度的分布

(2)与锭型配合

注速与钢锭模有关，锭型不同，平均注速也不同。钢锭断面愈大，平均线速度愈低。

(3)与钢种配合

在锭型一定的情况下，注速主要取决于钢种。按钢种浇注速度大致可以分为三类：慢速类、中速类、快速类。

中碳结构钢(如车轴钢)和含碳 0.2%左右的低碳钢等属于慢速类，要通过均匀慢注以加厚钢锭激冷层，减弱钢水对流循环，使钢液静压力增加均匀，防止产生热裂纹。此外，体积收缩大的钢种(如碳素工具钢和某些高合金钢)，也通常采用慢速浇注，在不妨碍帽部充填的前提下，适当降低进入锭模的钢液平均温度，以减少其收缩和疏松缺陷。

合金元素含量较多，特别是含容易氧化结膜或使钢水黏度增加元素的钢(如含 Cr、Al、Ti、V、Re 等元素的不锈钢、合金钢、硅钢等)属快速类，要通过快速浇注保证表面质量(这时往往要求注温也高)。同时，这类钢快注还可避免水口结瘤，使注流变细影响注速。对钢锭内部夹杂和碳化物要求严格的钢(如轴承钢、高速钢等)通过低温快注改善钢锭内部组织。

低合金钢浇注速度介于慢速和快速之间，属于中速类。

(六)采用保护浇注

浇注的目的就是获得结构致密、表面光洁、质量优良的钢锭，因此，除了控制注温、注速外，还必须选择适当的保护浇注措施。在钢锭模内钢液面上造成良好的保护层或保护气氛的方法称为保护浇注。

目前采用的保护浇注的方法：

1. 气体保护浇注：采用氩气、氮气等气体或利用石蜡草圈、木框或软木屑饼在模内钢液面上燃烧产生各种中性和还原性气体进行保护。

2. 液体保护浇注：采用各种成分的易熔合成渣进行保护。

3. 固体保护浇注：采用固体渣、稻草和石墨渣等进行保护。该法应用最广。

(七)钢锭红送

钢锭红送可以减少能耗、降低成本、加速模子周转、减少炉后薄弱环节和提高生产率。对许多钢种来说，采用热送就免去了缓冷、退火或均热炉降温装炉，简化工艺，因此，钢厂在可能的情况下多采用钢锭红送。

钢锭红送要求钢锭有较好的表面质量、各工序搞好配合，加速周转调度，保证快速脱锭，高温送锭。对马氏体钢或半马氏体钢必须高温装炉，以免发生马氏体转变。对某些珠光体钢，在 700～800 ℃之间激冷会形成裂纹，热装时如果不能保证高温装炉，可避开这个温度，待钢锭表面冷至 650 ℃左右，组织转变完成时再脱模装炉。

(八)动车时间

钢锭的凝固是从表面开始，逐渐深入到中间结束。随着不同钢种注温、注速和钢锭模温度的不同，钢液凝固快慢也不同。

如果动锭过早，钢水没有凝固好，由于振动而影响结晶，会使缩孔和疏松严重，甚至会使头部未凝固的钢水倒出来，造成钢锭报废。反之，如动车过迟，虽然凝固充分，但由于占据锭模时间过长，直接影响模子的周转，所以要规定动锭时间。钢锭凝固时间可以根据经验数据算出，即：

$$t=0.11R^2$$

式中　t——钢液完全凝固时间(min)；

R——钢锭半径，或方锭边长的一半(mm)。

五、钢锭的缺陷、形成原因及防止措施

钢锭的缺陷有些是后序可以消除或减轻的，因此必须控制其缺陷的严重程度；有些是后道工序无法消除或减轻的，这意味着钢锭上不允许有这种缺陷，必须清除或报废。所以各个钢厂都有根据自己的工艺流程、具体钢种的特点、用户的使用要求，制定的钢锭质量判定标准。

1. 钢锭表面横向裂纹

横裂是钢锭表面发生的横向裂纹。一般深度较浅可以通过研磨去除。

产生横裂的原因：

(1)镇静钢锭的保温帽安装的不好，钢锭在帽口下形成台阶，或帽口下沿与钢锭模间有较大缝隙，钢水钻到缝内形成飞边，待锭身收缩脱离钢锭模后，整个钢锭就悬挂在帽口线上，这时帽口线下容易出现横裂。

(2)钢锭模内表面粗糙等，钢锭粘在模上等造成局部悬挂，则在悬挂处下方易出现横裂。

(3)钢锭表面激冷层的厚度差别过大(如模温不均匀，注流偏一边，浇注中突然停止等原因)，激冷层厚处有较大的线收缩，这样厚区对薄区产生较大拉应力，加上钢锭内钢液静压力的作用，也可造成横裂。

防止办法：

(1)帽口和钢锭模必须严合、对正、帽口应光滑。

(2)浇注中注速要均匀。

(3)当钢液上升到帽口时要适当收流，以免钢水进入帽口接缝处过多，避免形成钢锭飞翅，严重妨碍钢锭的纵向收缩。

2. 钢锭表面纵向裂纹

纵裂是指钢锭表面发生的纵向裂纹。纵向裂纹倾向大的钢种有中碳钢和含铬等合金结构钢等。大型钢锭和圆形钢锭也较易产生纵裂。

纵裂产生原因主要是钢锭表面激冷层的薄弱处，不能承受钢水作用的静压力和在冷却过程中所产生的横向收缩力共同作用的结果。

钢锭表面的激冷层过薄主要是浇注时注速太快，注温过高，模子冷却能力不够造成的。至于冷却过程中所产生的横向收缩力则和钢锭冷却过程有关。钢锭脱模过早，缓冷不当都易使钢在凝固和冷却过程中产生热应力和组织应力过大而在锭身上部的角部、侧面产生纵裂纹。

此外，钢中气体多、脱氧不良的钢也容易产生纵裂。非金属夹杂的存在破坏了钢的连续性，降低了钢的强度，也是造成纵裂的一个原因。

防止表面纵向裂纹的方法：

(1)提高钢的内在质量和强度，特别是要注意钢的去气工作。氧化沸腾必须良好，避免持续脱碳，还原时间不宜过久，加强钢液搅拌。

(2)采用散热面大的钢锭模，注温、模温不能过高，注速不能过快。

(3)对合金元素高的、易产生裂纹的钢及时将钢锭退火或缓冷，且应尽量缩短脱模至装炉时间。

3. 钢锭表面的重皮

重皮与钢锭本身不是一个整体，经轧制重皮与钢锭一起延伸在钢锭表面形成疤皮缺陷。下注钢锭表面重皮主要是由于浇注速度控制不当所致。严格控制浇注速度便可避免该缺陷。

4. 钢锭表面夹杂

熔化的浇钢砖或脱氧渣等粘附在钢锭模内壁上，在钢锭凝固过程中被包在钢中形成夹杂（也叫夹渣）缺陷，这种缺陷在钢锭加热及轧制过程中不能消除。经过轧制，钢锭夹杂暴露在钢坯表面上，呈聚集状裂缝。防止办法有：选择合适的浇注温度促进夹杂上浮；钢液在盛钢桶中要有足够的镇静时间，便于夹杂上浮；采用优质耐火材料砌出钢槽、盛钢桶、中注管、汤道，所有浇注设备做到清洁干燥；控制合适的锭模温度；保护渣烘干。

5. 钢锭表面接痕

接痕，也叫截痕，接注等，是由于注流忽然变小或暂时间断，致使钢液面冷却和氧化结膜，随后钢水又穿过结膜重新上升，浇注钢锭，这时在停止上升处形成的氧化膜在钢锭表面形成一个环形的痕迹，叫做接痕。有接痕的钢锭轧制后会造成钢坯上出现夹层，甚至断裂，并容易造成设备事故，所以必须严格检验，确系接痕，应予判废。但有时由于注速不稳，在钢锭表面也形成一个环形痕迹，经修磨精整后，内部没有夹杂痕迹者，不应判为接痕。

为防止接痕要注意避免漏钢（底盘漏、钢包漏、模子漏、中注管漏）等。

6. 钢锭表面结疤

结疤是钢锭表面粘有金属壳皮和不规则的凸块，其形状呈粒状、壳皮和瘤子状。结疤多产生在钢锭下部。高度小于 2～3 mm 的结疤，经加热在轧制时随氧化铁皮的脱落而消除，不影响钢坯表面质量，可不清理。而高度大于 2～3 mm 的凸包应先清理，后轧制。

结疤产生的原因：

(1)下注时注速过快，钢流从模底溅射到钢锭模上，粘于模壁，其表面被氧化，待钢锭浇上来时，又贴在钢锭表面上。

(2)钢包水口偏斜或钢流发散，钢液喷溅在模壁上。

(3)钢锭上的凹陷造成。

所有这些结疤只要操作严密便可消除。

7. 钢锭角裂

角裂是指钢锭表面四角部位上发生的纵向裂纹，一般深度较浅，可以修磨去除。

角裂产生原因有：钢锭角部通常要受到两侧收缩产生的拉力作用，当角部钢壳强度较小时，经受不住两边的拉力作用，就会在角部出现裂纹。当钢锭模角部圆角半径小时，锭模对角部钢壳的冷却作用较大，角裂就不易产生。当圆角半径过大时，注速过快时就容易出现角裂。圆角半径过小，对于柱状晶严重的钢种也会产生角裂。

防治办法：首先改进钢锭模设计，其次防止注速过快。

六、连续铸钢及连铸设备

连续铸钢与普通模铸不同，它不是将高温钢水浇注到一个个的钢锭模内，而是将高温钢水连续不断地浇到一个或几个用强制水冷带有“活底”（叫引锭头）的铜模内（叫结晶器），钢水很快与“活底”凝结在一起，待钢水凝固成一定厚度的坯壳后，就从铜模的下端拉出“活底”，这样已凝固成一定厚度的铸坯就会连续地从水冷结晶器内被拉出来，在二次冷却区继续喷水冷却。带有液芯的铸坯，一边走一边凝固，直到完全凝固。待铸坯完全凝固后，用氧气切割机或剪切机把铸坯切成一定尺寸的钢坯。这种把高温钢水直接浇注成钢坯的新工艺，就叫连续铸钢。

连续铸钢设备主要由钢包（盛钢桶）回转台、钢水包、中间包（罐）、结晶器（一次冷却）、结晶器振动机构、二次冷却装置、拉坯（矫直）装置、切割装置和铸坯运出装置等 9 部分组成。

连铸机的分类：

1. 按连铸机外形分类：立式连铸机、立弯式连铸机、弧形连铸机、超低头（椭圆形）连铸机、水平连铸机，轮式连铸机等。

2. 按浇注铸坯断面分类：

(1)方坯连铸机：把断面小于或等于 150 mm×150 mm 叫小方坯，而大于 150 mm×150 mm 叫大方坯。在小方坯连铸中，把 120 mm×120 mm 做一个分界线，此值以上采用浸入式水口和保护渣浇注，此值以下采用敞开浇注或气体保护浇注。把矩形断面的长边与宽边比小于 3 的也叫方坯连铸机。

(2)板坯连铸机：铸坯断面为长方形。其宽厚比一般在 3 以上。

(3)圆坯连铸机：铸坯断面为圆形，直径 $\phi60\sim\phi400$ mm。

(4)异形坯连铸机：浇注异形断面如工字梁。

(5)方、板坯兼用连铸机：在一台铸机上，既能浇板坯又能浇方坯。

3. 按拉速分类：高拉速连铸机和低拉速连铸机。它们的主要区别在于：高拉速时铸坯带液芯矫直，低拉速时铸坯全凝固矫直。

4. 按钢水静压头分类：静压力较大的叫高头型连铸机如立式、立弯式连铸机。静压力较小的叫低头连铸机如弧形、椭圆、水平连铸机。

七、连续铸钢的操作过程

从炼钢炉(转炉、电炉)初炼好的钢水注入钢包的同时进行脱氧合金化，然后运至钢包精炼站，进行钢水温度和成分的调整，送到连铸平台。由于直接用钢包浇注，钢液流量难以控制，因此采用中间包暂时储存钢液，然后再浇入结晶器内。钢液在水冷结晶器内迅速冷却，形成外表为凝固坯壳内部是未凝固的钢水的铸坯。在结晶器下端出口处的凝固坯壳应有足够厚度，以保证内部钢液不流出来(钢液流出叫拉漏)。随着拉辊缓慢地将带液芯的铸坯从结晶器拉出，中间包内的钢水也同时连续地注入结晶器内。这样就可以得到很长的带液芯的铸坯。带液芯铸坯在二次冷却区接受喷水的强制冷却，当拉到规定位置时，铸坯内部完全凝固。然后将铸坯切割成规定的尺寸，由出坯装置送后续工序。

八、连铸钢水质量的基本要求

与传统的模铸相比，连铸对钢水质量提出了更严格的要求。具体讲，包括：

1. 钢水温度：连铸钢水的要求是 6 个字，即高温、稳定、均匀。由于连铸多了中间包热损失，故出钢温度比模注高 20～50 ℃。

2. 钢水纯净度：最大限度地降低有害杂质(如 P，S)和夹杂物含量，以保证铸机的顺行和提高铸坯质量。

3. 钢水的成分：保证加入钢水中的合金元素能够均匀分布，且把成分控制在较窄的范围内，保证产品性能的稳定。

4. 钢水的可浇注性：要保持适宜的稳定的钢水温度和脱氧程度，以满足钢水的可浇注性。如铝脱氧，钢水中 Al_2O_3 夹杂含量高，流动性差，容易造成中间包水口堵塞而中断浇注。

九、连铸坯的缺陷

连铸坯的缺陷有以下几种类型：

1. 表面缺陷

(1)面部纵裂：位于铸坯面部处，裂纹长度方向与铸坯轴心方向一致，分布不规则。

(2)面部横裂：常与振痕共生，位于振痕波谷处，为氧化皮覆盖，也有在铸坯面部的凹坑中心处产生。

(3)角部纵裂：对特钢方坯(或矩形坯)而言，一般指距离角部棱边 30 mm 以内及分布在角部棱边的纵向裂纹。

(4)角部横裂：位于角部，也有的贯穿两个面。有时位于角部振痕波谷处，往往被氧化皮覆盖。此外还有的发生在横向凹陷处。

(5)星状裂纹：又称龟状裂纹、网状裂纹，位于面部，一般覆盖在氧化皮下。主要是结晶器铜的剥落所致。

(6)表面夹渣：指在铸坯表面上随机分布的渣粒。可能是卷入的保护渣、外来的耐火材料、没有上浮的脱氧产物等。

(7)角部凹陷:位于铸坯角部棱边附近,大部分纵向分布。主要是冷却或收缩不均所致。

(8)面部凹陷:距离角部较远,有纵向和横向两种形式。

2. 内部缺陷

(1)皮下裂纹:一般在铸坯边部细等轴晶与柱状晶交界处并沿柱状晶向内扩展,并与表面垂直。其主要原因有:结晶器变形、局部摩擦力过大、对弧不准、结晶器及二冷区冷却不均、铸坯鼓肚等。

(2)中间裂纹:指沿铸坯柱状晶出现并沿柱状晶扩展的裂纹。对水平连铸的连铸坯中间裂纹垂直于坯表面,下半部偏多。其主要原因:铸坯由于冷却不均,出二冷区后表面温度回升产生热应力,在拉坯和矫直时铸坯承受的机械应力过大。此外,柱状晶过于发达也使得中间裂纹出现的几率增多。

(3)角部裂纹:在铸坯的角部,距表面有一定深度并与表面垂直,裂纹严重时沿对角线向内部扩展。主要原因是:铸坯在结晶器内、外冷却强度不当或冷却不均,造成连铸坯角部承受的应力超过钢的强度。

(4)中心裂纹:指在铸坯中心出现的裂纹。主要原因是凝固末期铸坯心部钢液凝固收缩产生的应力、铸坯鼓肚、二冷制度不当、矫直应力过大(或在钢的脆性区矫直)、浇注的钢水过热度偏高等,此外钢液气体含量高也易引起中心裂纹。

十、连铸坯主要缺陷产生原因及防止措施

1. 连铸坯横向裂纹

横向裂纹产生于结晶器初始坯壳形成振痕的波谷处,振痕越深,则横向裂纹越严重。

铸坯运行过程中,受到外力(弯曲、矫直、鼓肚及辊子不对中等)作用时,刚好处于低温脆性区的铸坯表面处于受拉伸应力作用状态,则在振痕波谷处就可能会产生裂纹。

防止措施:

(1)采用高频率、小振幅结晶器振动。

(2)合适的二次冷却水量。根据钢种不同,二冷配水量分布应使铸坯表面温度分布均匀,应尽量减小铸坯表面和边部的温度差。采用动态二冷配水模型。

(3)合适的保护渣。保护渣的用量和黏度既要保证减轻振痕,又要防止坯壳黏结。保护渣用量最少为 $0.3\ kg/m^2$。

(4)合适的铸坯矫直温度,以避开脆性区。

(5)矫直辊水平度管理。

2. 连铸坯纵向裂纹

发生纵向裂纹的主要原因是初生坯壳厚度不均匀,在坯壳薄的地方应力集中,当应力超过坯壳的抗拉强度时就产生裂纹。保护渣黏度的坯壳均匀性有很大的影响;钢中含碳量的影响也较大,当碳含量为0.1%~0.15%时,由于包晶反应,坯壳收缩严重产生气隙,易于产生裂纹;结晶器内钢水的流动状态,对于坯壳的均匀凝固也有一定的影响。

为了防止纵向裂纹的产生,除了针对上述因素采取相应措施外,采用预熔性保护渣、二冷区采用气水喷雾冷却等,对于坯壳的均匀生长和防止纵向裂纹的发生和扩展都有一定的作用。

3. 弧形连铸机铸坯内弧侧产生的横向裂纹

在弧形连铸机铸坯的内弧侧产生的横向裂纹,也是经常发生在铸坯表面深振痕的波谷处。对于Al含量高的钢种和含有Nb、Cu、Ni、N等微量元素的钢种较易出现这种裂纹。这种裂纹的发生是在钢的第三脆性区(700~900 ℃),沿粗大的奥氏体晶界有AlN、BN等化合物析出的结果。除此之外,结晶器锥度过大、振动参数不适当、二冷不均匀等,都会加剧横向裂纹的产生。

防止措施:

(1)减少振痕深度。

(2)严格控制钢中Al和N的含量。

(3)铸坯弱冷,高温矫直。

4. 连铸坯菱变

菱变发生的主要原因是因为在结晶器中，坯壳冷却不均匀、厚度差别大，从而使坯壳在结晶器和二冷区内引起不均匀收缩的缘故。当坯壳冷凝收缩时，铸坯角部(或面部)厚的地方收缩量大，而铸坯角部(或面部)薄的地方收缩量小，而在冷却强度大(收缩量也大)的角部，或两个面之间形成锐角；在冷却强度小(收缩量也小)的角部或两个面之间形成钝角。

防止措施：

(1)结晶器采用合适的锥度；

(2)增加出结晶器后铸坯四个角部的喷淋水量；

(3)结晶器以下 600 mm 距离准确对弧；

(4)强化冷却，消除结晶器间歇性沸腾。

5. 连铸坯鼓肚

带液芯的铸坯在连铸机运行过程中，由于钢水静压力的作用，铸坯宽面中心高温坯壳膨胀成为凸面。铸坯发生鼓肚后会使拉坯阻力增加，严重时还会使生产被迫中断，也容易损坏设备；同时铸坯发生鼓肚时，中心偏析也比较严重。

防止措施：

(1)降低连铸机高度；

(2)缩小辊间距；

(3)加大二冷强度，增加坯壳厚度和高温强度；

(4)支承辊严格对中，采用多节辊等，防止支承辊变形。

6. 连铸坯中间裂纹

中间裂纹发生的原因，主要是由于在二冷下段，铸坯表面温度回升所形成的，也可能与生产厂对弧不好有关。当铸坯经过喷水冷却区进入辐射冷却区(空冷区)时，铸坯中心向外传递，使铸坯表面温度回升，坯壳受热膨胀，凝固前沿引起张力应变。当某一局部位置的张力应变超过该处的极限变形值时，就产生中间裂纹。显然铸坯表面温度回升越多，这种裂纹发生的概率越大。当浇注温度高、拉速快、铸坯的柱状晶较发达时，也会助长这种裂纹的发生。

防止措施：

(1)合理的二次冷却制度，避免铸坯表面温度回升过快；

(2)低过热度浇注；

(3)适当降低拉速等。

7. 连铸坯中心裂纹

中心裂纹是由于凝固末期铸坯心部的收缩造成的。当铸坯即将完全凝固时，钢液中最后一部分潜热自中心散出，致使中心部位温度突然下降。此时由于中心温降比铸坯表面温降快，出现中心收缩，在中心处有较高的张应力发生。当此张应力施加于铸坯心部时，就产生了中心裂纹。

防止措施：

(1)适当的二次冷却条件，使处于液相穴末端的铸坯表面温度回升较小；

(2)减轻鼓肚，可使中心裂纹相对减少；

(3)减轻中心偏析，也可使中心裂纹少。

8. 连铸坯晶间裂纹

铸坯凝固过程中，微观偏析使得凝固前沿柱状晶间形成低熔点的液相薄膜，液相薄膜的存在大大减弱了凝固前沿抵抗变形的能力。这种情况下，凝固前沿一旦受到拉伸作用就容易沿柱状晶间开裂，形成内裂纹，即产生晶间裂纹。

防止措施：

(1)降低钢中易偏析元素 C、S、P 的含量；

(2)低过热度浇注；

(3)二冷冷却均匀；

(4)低拉速浇注。

第三节　车轴钢轧制技术

车轴钢锭或连铸坯由初轧机轧制成一定尺寸的钢坯,供车轴制造厂锻造成车轴。

一、初轧机设备

初轧机按其产品分类:有方坯初轧机和板坯初轧机,按其结构形式可分为二辊可逆式初轧机、万能板坯初轧机、三辊开坯机和钢坯连续式轧机。车轴钢多采用二辊可逆式方坯初轧机成材。初轧机由上下轧辊、机架、压下电机、压下装置、万能连接器等组成。初轧机结构见图 5-2-2。

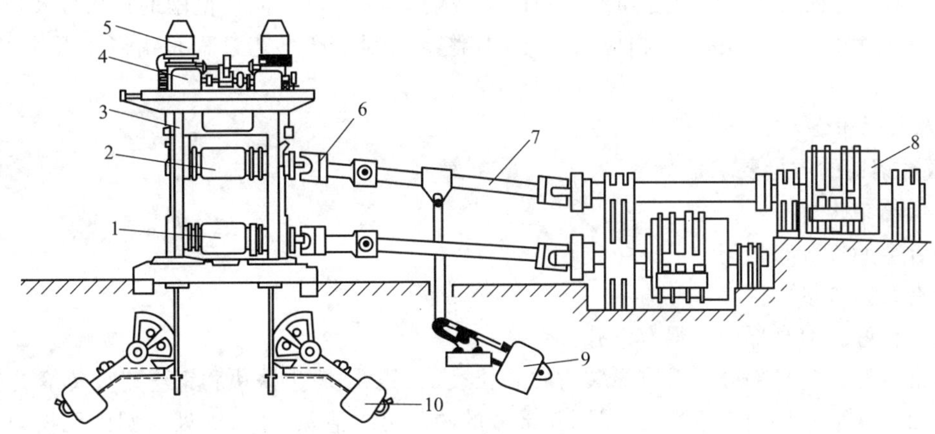

图 5-2-2　初轧机结构示意图

1—下轧辊;2—上轧辊;3—机架;4—压下电机;5—压下装置;6—万向连接器;7—连接轴;8—主传动电动机;9—连接轴重锤平衡;10—压下重锤平衡

二、初轧机的轧制任务

轧制是完成金属塑性变形的工序,是保证产品质量最重要的环节。主要完成两大任务,即精确成形、改善组织性能。

精确成形即要求产品形状正确、尺寸精度、表面完整光洁。对精确成形有决定性影响的因素是孔型设计(包括辊型设计及压下规程)和轧机调整。

改善钢材性能主要是改善钢材机械性能(强度、塑性、韧性等)、工艺性能以及特殊物理化学性能。

三、初轧机生产特点

1. 初轧机所用的原料是具有铸造组织的钢锭。其内部晶粒比较粗大且具有方向性,化学成分亦不均匀。均热和轧制可以破碎铸造组织,使其晶粒细化,成分趋于均匀,各项性能得以改善和提高。由于铸锭的组织应力较大,同时,由于断面较大,加热时容易产生较大的温度应力,故冷锭加热较热锭应慎重得多。对某些合金钢锭还需要较长的保温时间,以均匀组织和成分。

2. 轧制中钢锭断面高度与轧辊工作直径之比 H/D 较大,头几道的相对压下量 $\Delta h/H$ 又较小,因此变形不能深透,必然形成表面变形。除表面延伸形成"鱼尾"外,轧件侧表面还得产生双鼓形,该处和轧件心部将承受拉应力,而使该部容易产生拉裂,或使原有缺陷扩大。为此,在适当增大辊径的同时,在咬入和电机能力允许的条件下,应尽可能增大压下量,并适当增加翻钢道次以保证产品质量。

3. 可逆轧制

在一台轧机上的有限几个孔型内,要把大小、形状不同的钢锭迅速轧成多种规格的钢坯,就必须采取能快速逆转轧辊的可逆轧法,并采用共用性较大的平轧孔或箱形孔。

4. 压下量大和轧制扭矩大

目前,方坯和方—板坯初轧机道次压下量已分别达 130～150 mm 和 80～100 mm。轧制压力可达

2 000～4 000 t，最大轧制扭矩达(63～89)×10[4] N·m。方坯初轧机的轧辊直径已达1 270 mm，板坯初轧机轧辊达1 370 mm。方坯和板坯初轧机主电机功率已分别增大至9 000～14 000 kW。由于压下量很大，咬入问题显得比较突出，因此往往采用轧辊刻痕，钢锭用小头进钢和低速咬入的办法加以解决。

5. 钢锭重量和初轧坯断面较大

目前方坯初轧机的锭重已达10～16.5 t，板坯初轧机的锭重已达30～70 t。因此要求轧机上辊升高量大，升降速度快，轧辊、轧道强度高，耐冲击。

四、轧制工艺

正确地确定轧制工艺，对保证产品的质量和降低成本具有重要意义。

轧制生产的工艺过程很复杂。尽管随着轧制产品质量要求的提高、品种范围的扩大以及新技术、新设备的应用，组成工艺过程的各个工序会有相应的变化，但整个轧制生产工艺过程是由以下几个基本工序组成的：

(一)轧前原料的准备

一般来说，对钢锭的质量要求是：

1. 正确的低倍结构。

2. 杂质和合金元素分布均匀。

3. 气体和夹杂物含量要少。

4. 内部质量良好。锭身部分不得有缩孔。

5. 表面质量良好。锭身部分不得有纵裂、横裂、拉裂、飞翅、粘膜生铁块和钢渣耐火砖等夹杂。

6. 钢锭表面的缺陷允许加工清除(锭尾圆弧部分的缺陷可不清除)。清除处应圆滑无棱角，宽厚不小于深度的5倍。清除深度不超过平均边长的15%。

(二)钢锭的加热

钢锭脱模后用钢锭车运往初轧均热跨，用钳式吊车装入均热炉内加热。均热炉有蓄热式、换热式等多种，其中换热式又有中心烧嘴，四角烧嘴，上部烧嘴式等。后者结构简单，占用车间面积小，装炉量大，故得到了广泛应用。为了提高均热炉的生产能力，除适当扩大装入量外，利用热负荷，提高钢锭平均入炉温度，降低冷锭率等为有效措施，其中钢锭入炉温度影响最大。目前钢锭多采用红送初轧。

1. 钢锭加热的目的

(1)提高钢的塑性，降低变形抗力，便于轧制。因为钢锭在较高的温度下塑性好、变形抗力低，便于轧制时发生塑性变形。

(2)改善金属的内部组织和性能。可使钢锭的不均匀组织借助高温加热的扩散作用得到改善，有时甚至完全纠正钢锭的缺陷，使组织均匀，消除偏析。

(3)良好的加热能减少轧辊和其他设备零件的磨损，延长零件使用寿命，并能采用较大的压下量，减少轧制道次，提高轧机生产率。

不正确的加热制度可能引起金属强烈氧化、脱碳、过热、过烧等缺陷，降低钢的质量，导致废品。

2. 钢锭加热工序的重要参数

(1)加热温度

加热温度取决于钢锭所需的开轧温度。最高加热温度应考虑钢的熔点及防止过热和过烧等因素来决定，因此应根据钢种而定。碳素钢一般是随含碳量的增加，加热温度下降。不同含碳量的钢的加热温度见表5-2-2。

表5-2-2　不同含碳量的钢的加热温度

含碳范围	$w(C)<0.15\%$	$w(C)<0.30\%$	$w(C)<0.40\%$	$w(C)<0.50\%$	$w(C)<0.60\%$
加热温度(℃)	1 310±15	1 300±15	1 290±15	1 280±15	1 270±15

(2)加热速度

加热速度是指单位时间内钢的温度变化。加热速度应根据某温度范围内金属塑性和导热性来确定。

(3)加热时间

加热时间指金属装炉后加热到轧制要求的温度所需要的时间。合理的加热时间取决于原料的钢种、尺寸、装炉温度、加热速度及加热设备的性能与结构。

(4)钢锭红送热装炉

一般碳钢的热装炉温度取决于其含碳量,含碳量大于0.4%者,原料表面温度应在750～800 ℃,含碳量小于0.4%者,原料表面温度可高于600 ℃。含合金元素越多的钢,一般热装的温度也越高。

钢锭红送热装炉优点:大幅提高加热设备生产能力,降低能源消耗;减少了重复冷却和加热过程,钢锭中内应力较少。

(三)钢锭的轧制

钢锭轧制的任务是将方形或矩形断面的钢锭,用轧制方法改善钢锭表面气泡、树枝状组织及中心缩孔,使其焊合,轧制成规定的形状和尺寸。

钢锭轧制通常分为三个阶段:初期压下、中期轧制、精轧。

初期压下阶段是将均热后的钢锭表面层氧化铁皮剥落,并对表层的铸造组织进行破碎,同时辗平钢锭锥度。

中期轧制阶段进行内部组织的破碎及成形,可采用较大的压下量。

精轧阶段主要是轧成合乎技术要求的断面形状和规格尺寸,压下量取用相应小一些。

初轧机轧制工艺主要有:压下规程、轧制速度。

1. 压下规程

压下规程也称压下制度,就是将大断面的钢锭轧成小断面钢坯的变形制度。其内容主要包括钢坯的轧制道次、各道次的压下量以及翻钢次序和顺序。压下规程是初轧机轧制操作的主要依据。各道次的压下量是初轧及压下规程的核心。

压下规程的确定:

(1)轧制道次的确定

根据轧制时所用钢锭的断面尺寸和轧成钢坯的断面尺寸来确定轧制道次。

(2)翻钢程序

翻钢程序指在轧制过程中翻钢的次序和翻钢的次数。一般翻钢次数根据所需断面尺寸来确定。

(3)确定各道次的压下量

根据轧件在高度和宽度方向上的轧制道次和平均压下量,来确定各道次的压下量。

通常在一个方向上的道次压下量是逐渐减少的。为保证顺利咬入,不能超过最大允许压下量。各道次压下量应取整数,以便于操作。

2. 轧制速度

钢锭在初轧机上轧制特点是,轧件往复轧制,轧辊正反转动,随着轧件的咬入、轧制、抛出、轧辊速度不断变化。这种轧辊转动随轧制道次及在每一道次中随轧制过程而发生变化的规律称为初轧机的速度制度。各类初轧机因其设备条件不同而有不同的速度制度。

五、热加工缺陷、形成原因及防止措施

一般热加工造成的缺陷,包括由钢锭带来的,在热加工过程中暴露出来的,以及在热加工过程中由于加热、变形、冷却制度不当所造成的缺陷。

(一)表面裂缝

裂缝也称裂纹,一般呈直线形,有时分枝呈Y形,其方向多与轧制延伸方向一致。在显微组织上,裂缝的两侧均被氧化物覆盖,同时有脱碳。

产生原因:钢锭表面有未清理净的裂缝、非金属夹杂物等缺陷,在轧制中延伸、扩展、破裂并显露出来。

防止措施:首先要提高钢锭的冶金质量,减少表面缺陷,同时要对钢锭表面缺陷做彻底的清理,必要时还要通过酸洗或抛丸处理等方法使表面裂缝充分暴露出来,然后再进行清理。

(二)表面直裂

直裂为钢坯表面开裂,通常在表面中间,有时角部也有。严重时可贯穿钢坯的全长。低合金钢和碳素钢易发生直裂。

产生原因:直裂是由冷却应力引起的。如果钢锭浇注后冷却速度太快,当表面温度冷到 300℃以下,而中心部仍发生 γ 相向 α 相转变时,由于表面收缩,心部体积膨胀,使表面受到拉应力,这时表面温度较低,塑性也低,如果拉应力超过了钢的强度就有可能拉裂,形成纵向裂口。因此,直裂只发生在钢锭表面温度很低才装炉的"温装"钢锭或冷锭上。

防止措施:防止直裂的最有效的办法就是将钢锭红送(热装)加热。如果无法红送,就要缓缓冷却到室温;钢锭设计要合理,尽可能减少钢锭表面裂纹。

(三)红送裂

红送裂也称热装裂,在由热装钢锭轧成的钢坯表面上,沿晶界分布网状裂纹。低碳合金钢常见,中碳钢少见。

产生原因:当采取红送时,由于生产条件的限制,在镇静,脱模,运送等过程中,钢锭表面的温度常常会降至碳平衡图上的 GSE 和 PSK 之间(对于亚共析钢来说处于 A_{r3} 和 A_{r1} 之间),在钢锭表面层就会发生沿着奥氏体晶界析出铁素体(亚共析钢)。这时如果将钢锭由钢锭模中抽出、装炉、加热,就会沿晶界开裂,加热后轧制时这种裂纹就会扩大而出现在钢坯上。

防止措施:钢锭采用红送热装的工艺制度时要避开 GES 线和 PSK 线之间的温度范围装炉,即应采用在 900 ℃以上或 650 ℃以下。

(四)过烧裂口

烧裂在钢坯表面上呈横向开裂,龟裂状,裂纹开口大而深。裂口内有肉眼可见的粗大晶粒。金相组织表现出晶界氧化。烧裂多在棱角出现,严重时在面上也会出现。

产生原因:钢坯加热温度过高或在高温区停留时间过长,可引起过热,出炉轧制时开裂。在钢锭加热过程中棱角部位的温度往往高于面上的温度,因此棱角部位最容易烧裂;钢中硫、砷等含量过高时,会在晶界产生硫化物、砷化铁等低熔点夹杂物,更容易引起烧裂。

防止措施:严格按照规定制度加热。要防止钢坯加热温度过高,避免在高温区停留时间过长,当轧机有故障时要及时降温,以防止过热,在加热高碳钢时尤应注意;已经过热的钢坯要采取适当的降温措施,仍然可以减轻开裂的程度。如在均热炉发现钢锭过热时,应立即采取降温措施,让钢锭在均热炉里静止不动地冷却到 A_{r1} 以下,保温一段时间,再升温到出炉轧制。

(五)皱纹缺陷

钢坯表面上,沿轧制方向分布的密集细小的折皱,称为皱纹。

产生原因:在平辊或箱形孔中轧制时,如果在一个方向上连续压缩多次而不翻钢,就有可能由于侧面压下量过大而形成折皱;孔型设计不当,当断面变形不均匀,两侧压下过大,也可能在侧面上形成皱纹。

防止措施:首先要避免轧件在变形过程中,侧面产生过大的压下,因此,在平辊或箱形孔型轧制时要增加翻钢次数,在孔型轧制过程中孔型设计及调整要保证轧件在每个孔型中都不会因侧面压下过大而产生皱纹。

(六)应力裂纹

应力裂纹是指冷却应力裂纹,其表面形式为在钢坯表面发生裂纹,裂纹通常垂直深入表面。在显微断面上应力裂纹的尖端细微,并且沿晶界走向,裂口侧壁无氧化及脱碳。

产生原因:应力裂纹是钢坯在冷却过程中产生的。钢坯在轧后冷却过程中,如果速度太大,由于组织转变所引起的应力超过了金属的强度,就会导致表面裂纹。

防止措施:含碳量较高的钢或高合金钢应严格按照工艺规程缓慢冷却,使组织转变缓慢以减少组织应力。缓冷后应及时退火,以消除应力。条件具备时,轧后可以直接装炉退火。

(七)过热、过烧

过热就是当加热温度超过 Ac_3,钢的晶粒长大从而引起晶粒间的结合力减弱,钢材的机械性能恶化的现象。晶粒长大程度与加热温度和加热时间有关。加热温度越高，停留时间越长，晶粒长得越大。当加热温度接近固相线时晶粒迅速长大而产生过热。

影响过热的原因有：

1. 钢加热段温度过高，在均热段时间过长。

2. 钢中加入不同合金元素对钢的晶粒度及其长大趋势的影响不同。一般将钢通常使用的合金元素分为五类：

(1)强烈阻碍晶粒长大的元素：铌、钛、钒、铝等；

(2)中等阻碍晶粒长大的元素：钼、钨、铬；

(3)微弱阻碍晶粒长大的元素：镍、硅；

(4)不起明显作用：铜、钴。

(5)增大晶粒长大倾向的元素：碳、锰、磷、氧等。

上述合金元素对钢晶粒细化的作用，是指它们单独存在于钢中的情况，实际上工业用钢多为成分复杂的铁碳合金，不是单一元素的叠加。

一般钢的过热温度在 1 200～1 350 ℃之间，常见钢种的过热度见表 5-2-3。

表 5-2-3　常见钢种的过热度

钢　　号	过热温度(℃)	钢　　号	过热温度(℃)
45	1 300	35CrMo	1 350
42CrMo	1 300	20CrNi3A	1 150

过热的钢可以经过退火加以挽救，使之恢复到原来状态。

过烧也称烧毁，它是由于钢在高温加热或在强氧化介质中加热时，钢的晶界开始氧化和部分熔化，形成脆壳，严重破坏晶粒间联结的现象。过烧的钢在轧制时产生严重的开裂甚至裂成碎块，很多情况下过烧钢的断口会失去金属光泽。影响过烧的原因基本同过热，过烧的钢无法挽救，只能报废。

预防措施：

1. 严格控制加热温度。

2. 通过微合金化提高钢的过热温度也是有效措施之一。凡是能细化钢的奥氏体晶粒度，有效抑制钢的原始奥氏体晶粒长大的元素都有助于防止钢在高温时的过热和过烧。

六、钢坯的精整

钢坯精整是轧钢生产过程中不可缺少的工序。精整的目的是保证最终产品的质量。精整包括轧后的钢材冷却、热处理、矫直、酸洗、表面清理、分级、包装，一直到产品交库的全部操作过程。由于产品的技术要求不同，精整工序的内容也有很大差别。

1. 钢坯的剪切

(1)要切掉钢锭头部的缩孔部分或者劈头部分；

(2)要切掉钢锭尾部的未均匀变形部分；

(3)为了满足成品的定尺长度要求，钢坯必须切成定尺长度；

(4)由于受车间工艺及设备条件的限制钢坯也需要切断。

钢坯都在剪切机上切断。根据工艺要求不同，有的在轧制之前剪切，有的在轧制过程中剪切，有的在轧后剪切。

按照剪切钢坯温度不同，剪切可分为热剪和冷剪两类。热剪大部分都在作业线上进行，而冷剪可以在作业线外进行。

2. 钢坯冷却

一般在热轧以后常用的钢坯冷却方式有：水冷、空冷、缓冷等。冷却方式的选择根据钢种而定。对于白点敏感性强的钢材，必须采用极缓慢的冷却速度，在缓冷坑或保温炉中冷却。

3. 钢坯清理

钢坯表面缺陷清理的方法有：火焰清理、风铲清理、砂轮清理、机械清理、酸洗等。

(1)火焰清理

火焰清理的实质是利用乙炔(或煤气)和氧气燃烧的高温火焰，将原料表面的缺陷熔化后除掉，也就是有缺陷的那部分金属的氧化过程。乙炔等能燃烧的气体，在空气中燃烧时不能达到金属溶化温度。氧气能助燃，乙炔和氧气一起就能产生 2 000 ℃以上的高温火焰。这种火焰不但可以清理钢坯表面缺陷，而且还可以切割和焊接金属材料。

钢坯在火焰清理时，钢坯由冷却状态骤然增至熔化温度，清理之后金属又由高温熔融状态冷却下来，造成钢坯横断面上有很大的温度差。当组织转变和热应力之和超过金属本身强度时，钢坯便产生表面网状裂纹。为了防止出现这种裂纹，有的钢种需要规定火焰清理温度。

火焰清理生产效率高，成本低，是广泛采用的一种清理方法。

(2)风铲清理

风铲清理是用 500～600 kPa 的高压高速冲击以铲掉表面缺陷的方法。这种方法适用于在冷却状态下的高碳钢与合金钢钢坯的表面缺陷。

(3)砂轮清理

以快速转动的砂轮研磨钢坯表面缺陷，使缺陷得到清除的方法就是砂轮清理。砂轮清理适用于表面较浅缺陷的清理。砂轮清理机依照设备不同分为固定式、悬挂式和地上式三种。固定式砂轮机是砂轮在用传动皮带带动的工作轴上，要清理的钢材放在支承轴上(以便移动钢材)的清理方式，主要用于 40 mm 以下的方钢或圆钢，有时也用于 75 mm×75 mm～160 mm×160 mm 的合金钢及优质钢坯；悬挂式砂轮机用于清理钢锭、钢坯，断面比较大的型钢上的缺陷；地上式砂轮机主要用于清理钢板上的缺陷。

(4)机械清理

机械清理指用车床、刨床或铣床对原料表面进行切削加工，俗称“扒皮”。适用于对表面质量要求非常严格的钢坯。

(5)喷丸和酸洗

热轧钢坯表面都有不同厚度的氧化铁皮，钢坯表面缺陷不能全部暴露，影响钢坯的清理。为了减少钢材精整的工作量，必须提高钢坯清理质量，因此对表面质量要求较高的钢坯，在清理之前必须除掉表面的氧化铁皮。

去除氧化铁皮的方法，应用最普遍的方法是酸洗。酸洗是一种去掉钢坯表面的氧化铁皮的化学方法。钢坯浸入酸溶液中的溶解和剥离作用清理掉氧化铁皮，使缺陷暴露，便于清理。

近年来，新设计的车间正逐渐用机械喷丸法代替酸洗法清理钢坯表面的氧化铁皮。喷丸法实质是用压缩空气或机械设备把 0.2～0.5 mm 的金属颗粒(材质为铸铁、合金钢等)喷射到钢坯表面上，借以达到去除氧化铁皮的目的。

第四节　车轴钢坯的质量、影响原因及措施

一、低倍组织

(一)白　点

钢中白点是由氢所引起的一种内部裂纹缺陷，多在钢坯和钢材中部形成。在钢的纵向断口上呈现为圆形或椭圆形银白色斑点，故称为白点。在钢的横向酸浸低倍试片上为长短不一、比较平直的或呈锯齿状的细裂纹，所以这种缺陷也称发裂。白点是一种危险的冶金缺陷，是钢中不允许出现的缺陷。

1. 白点的检验方法

我国冶金和机械行业现行检验钢中白点方法有三个：

(1)酸浸低倍检验法，按照国家标准 GB 1979《结构钢低倍组织缺陷评级图》进行评定。

(2) 断口检验法 ，按照国家标准 GB 1814《钢材断口检验法》和 GB 2977《碳素钢和低合金钢断口检验法》及有关专业标准进行检验。

(3)超声波检验法，利用超声波探伤原理对钢坯进行抽检或在线检查，可确定有无白点及其所在位置。

2. 白点的形成规律及其成因

白点一般出现在钢坯或锻材(轧材)的芯部，通常距表面 20 mm 以上，很少有靠近或露出表面的情况，而且其分布规律常与钢坯(材)的外形相似。

白点的数量、尺寸及其分布情况与钢的氢含量、化学成分和热加工有关。钢中氢含量愈高，就愈容易形成白点。

不同牌号的钢形成白点倾向性不同。白点是中碳合金结构钢中所固有的缺陷，特别是常在大截面钢坯中出现。

白点与钢中缩孔、气泡等缺陷不同，它不是在钢的凝固过程中形成的，而是在轧(锻)后，当钢坯冷到比较低的温度才形成的。

白点的形成是钢中含氢过高和应力共同作用的结果，其中氢是主导作用。钢中含氢过高，则钢质变脆，如果钢中内应力足够大，当其超过钢的断裂强度时，就会引起断裂，形成白点。钢中内因力包括过饱和原子氢在缺陷处析出并形成分子氢所产生的巨大压力和相变时所产生的组织应力、形变应力和冷却应力等。

氢以原子或离子形式溶入液态或固态钢中。溶入固态时形成间隙固溶体。氢在钢中的溶解度随温度而变化(见图 5-2-3)。在铁的熔点和由 γ 固溶体转变为 δ 固溶体时，氢的溶解度发生突变。溶解在钢中的氢随着温度下降，其溶解度下降，因此，不断发生扩散逸出。

处在钢材表面附近的氢可容易扩散到钢材之外，而在钢材中间的氢则来不及扩散出来，因此，氢在其中处于过饱和状态中，这些过饱和的氢将向钢中缺陷处析集，并形成氢分子。由于一个氢分子的体积要比两个氢原子的体积大 15 倍，因此造成很大的内力，当其压力超过钢的断裂强度时，便引起钢的断裂，在缺陷处形成裂纹，即白点。

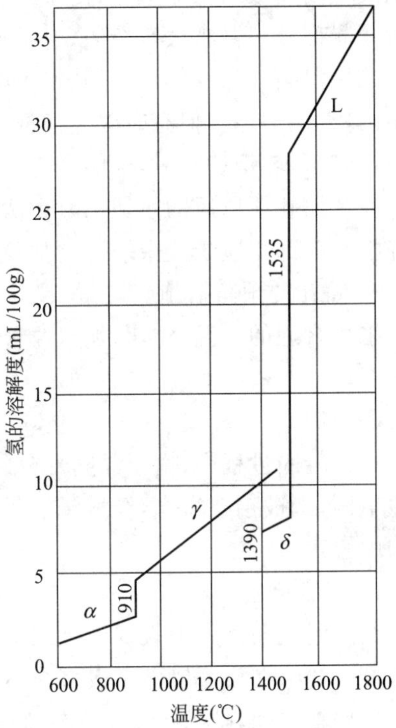

图 5-2-3　氢在铁中的溶解度与温度的关系

3. 白点对钢力学性能的影响

白点为钢中的细微裂纹，它破坏了钢的连续性，实为钢的内部缺口。在载荷作用下，白点裂口尖端处于高度应力集中状态，而且一般为三向拉应力状态，因而金属不易发生塑性变形，使钢的韧性、塑性大为降低，并往往成为疲劳裂纹源。白点是钢中不允许有的冶金缺陷。

4. 白点的防止措施

为防止白点出现，在工艺措施上，从两方面着手：一是尽可能降低钢液中的氢含量，并创造条件，使固体钢中的氢扩散出去；二是降低冷却速时在钢坯(材)中所产生的内应力，特别是组织应力。

为降低钢中的氢含量，必须严格执行冶炼和浇注工艺操作措施，尽可能堵塞可能进入钢液中氢的来路。为此，要采用合格的原料，即炉料要烘烤，少用或不用锈蚀严重的钢，要用新焙烧的或经过烘烤的石灰，使用经过烘烤的铁合金等。

炼钢工具要经过充分干燥和烘烤，浇注系统(钢水包、汤道、中注管、钢锭模等)要干燥。

精炼温度不宜过高，以防止过分吸收氢气。造渣时应选用新焙烧的石灰，造泡沫渣，埋弧操作。

采用真空脱气处理可显著降低钢中的氢含量。太钢对转炉冶炼的 LZ50 车轴钢水在 RH 开始、RH 结束以及浇注时取样进行了氢含量测试，结果见表 5-2-4。RH 开始时，钢中的氢含量最高，经过 RH 脱气处理后钢中氢含量明显降低(脱气率约 60%)，浇注时钢中氢含量又略微升高。也即，尽管经过真空处理后氢较低，但钢液有吸气倾向，浇注时应该吹氩气保护，避免钢液裸露吸气。

此外，采取轧后缓冷或者退火(Ac_1 以下 20～50 ℃)也可预防白点的产生。在缓冷过程中，即可使钢中氢得以充分扩散逸出，同时又保证奥氏体向珠光体的转变是在较高的温度下完成，因此，在钢中也不会因固态相变而产生大的组织应力。这样通过缓冷的钢一般情况下就不会再出现白点。但对于那些对白点非常敏感的高碳铬钢的大截面钢坯只是缓冷尚

表 5-2-4　LZ50 RH 开始、RH 结束、浇注时氢含量

RH 开始	RH 结束	浇注时
3.08	1.26	1.76
4.7	1.0	—
1.8	0.7	—
2.94	1.48	1.48

不足以保证钢中不出现白点，在轧(锻)后需要立即进行退火处理，以使氢得以从钢中扩散逸出。

(二) 残余缩孔

残余缩孔在钢材横向酸浸试样的中心部位，呈不规则的空洞或裂缝，在其上或附近常伴有严重的疏松、夹杂(夹渣)，或者成分偏析。

1. 残余缩孔的形成原因

钢液在钢锭模内冷却时，由高温到低温必然会发生体积收缩。先从钢锭外壳开始凝固收缩，此时未凝固的钢液逐渐向收缩部分填充，由于最后凝固部分的收缩得不到钢液填充，而形成宏观的空穴，叫缩孔。此外，最后冷凝部分还富集大量杂质(包括冲刷下来的耐火材料)。

在保温帽内加发热剂，以其发出的热量保持钢液在保温帽内最后凝固，从而保证孔洞状的缩孔集中在保温帽内，以便切掉。但有时因浇注补注不足，帽口设计不够大，钢水流动性不好或发热剂配比不当等原因造成缩孔较深，轧钢切头时，未能全部切除，这种深入到锭身部分的缩孔，就叫残余缩孔。

残余缩孔在以后的热加工时无法焊合，形成明显的中心裂缝故不允许存在。如果发现钢材有缩孔残余，允许将其头部相应于残余缩孔的部位切除，并重新取样，直至不出现为止。

2. 缩孔的预防措施

采用合理的注温、注速；加入改善钢液流动性的元素；帽口加入发热剂，加强帽口充填操作；保证适当的切头率。

(三)疏　　松

钢锭凝固过程中，由于晶间部分的液体最后凝固收缩留下的晶间空隙和凝固过程中气体上浮而造成的细微空洞，未被钢液填充，经酸浸蚀后显示出的一种不致密现象，称为疏松，根据它们的位置，可分为一般疏松和中心疏松。

1. 一般疏松

在酸浸横向试样上表现为组织不致密，整个截面出现分散的暗点和空隙。暗点多呈圆形或椭圆形海绵状印痕。孔隙在放大镜下观察多为不规则的空洞或圆形针孔。这些暗点和孔隙一般在粗大的树枝状晶的主轴与各次轴之间，疏松区发暗而轴部发亮。

一般疏松中的暗点之所以发暗是由于珠光体量明显增加，而暗点上的许多微孔则是因细小的非金属夹杂物和气体的聚集，经酸浸蚀后扩大而形成的。因此，暗点是碳、非金属夹杂物和气体的聚集而产生的。至于空隙，则是非金属夹杂物被酸溶解遗留下来的孔洞。

(1)形成原因

产生一般疏松的原因是钢液凝固时各结晶核心以树枝状晶形成长大，在树枝状晶主轴和支轴之间存在着的钢液凝固时产生的微孔隙和聚集一些低熔点组元、气体和非金属夹杂物。这些微孔隙和聚集的物质被酸腐蚀后呈组织疏松。

(2)改善措施

充分去除钢中的气体与夹杂；控制浇注温度和速度；增大轧制(锻造)压缩比。

2. 中心疏松

中心疏松在酸浸横向试样上表现为暗点和空隙都集中分布在中心部位。中心疏松和一般疏松的主要区别是，前者只存在于试样的中心部位而不是分散在整个截面上。如果缺陷严重，便出现一定数量的大孔隙。

(1)形成原因

中心疏松是钢锭最后结晶收缩产物。在钢锭凝固后期，中心区等轴晶充分长大，钢液很黏稠，流动性不好，富集大量夹杂物、气体和偏析组元，而粗大等轴晶的轴间由于没有钢液补充，最后凝固时出现分散的孔隙，因此中心疏松也称收缩疏松，它一般出现在帽口下部。

由于气体、低熔点杂质、偏析组元都在中心部位最后凝固，所以该部位易腐蚀，酸浸后出现一些孔隙和较小的暗点。

(2)改善措施

充分去除钢中的气体与夹杂；控制浇注温度和速度；增大轧制压缩比。

(四)锭型偏析

锭型偏析,在酸浸横向试样上表现为腐蚀较深、由暗点和孔隙组成、与原锭型横截面形状相似的框带。由于其形状一般为方形,所以又称方形偏析。

1. 形成原因

锭型偏析是钢锭结晶产物。在钢锭结晶过程中,柱状晶生长把低熔点组元、气体和杂质元素推向尚未冷凝的中心液相区。随着柱状晶发展,这些低熔点组元、气体和杂质元素不断增加。当钢锭结晶时便在柱状晶区和中心等轴区交界处形成偏析和杂质集聚框。锭型偏析框上的碳、硫、磷含量都比基体高,碳高约0.02%以上,硫、磷各高0.002%左右。

2. 改善措施

采用合适锭型、提高钢的纯净度、改善浇注工艺。

(五)非金属夹杂

在酸洗试片上,用肉眼或放大5~10倍放大镜可以见到的耐火材料、炉渣及其他非金属夹杂物,其分布无规律。低倍夹杂主要是外来夹杂。

夹杂来源:冶炼和设备上剥落的耐火材料;炉渣不能浮出液面。

改善措施:保证钢包质量、清洁流钢系统、强化夹杂物去除措施。

(六)翻　　皮

在酸浸试片的边缘或内部,可见到一种不规则的暗色疏松带,其周围常有氧化物夹杂和气孔存在,这种缺陷称为翻皮。翻皮多出现于钢锭上部和中部。

翻皮周围常聚有非金属夹杂物。当碳含量较高时,翻皮中的氧化铁会与碳发生反应而生成气孔。

1. 产生原因

翻皮是由于浇注温度偏低,钢液表面先凝固成氧化物薄膜,当注速忽然加大时上升的钢水把薄膜冲破或超过它使其卷入钢中形成的。

2. 改善措施

严格控制注温和注速;采用良好的保护浇注方法。

二、钢中非金属夹杂物

(一)非金属夹杂物的来源

钢中夹杂物来源可以归纳为:

1. 脱氧、脱硫产物,特别是一些比重比较大的产物没有及时排除。

2. 随着温度降低,硫、氧、氮等杂质的溶解度相应下降,于是这些脱溶的杂质元素与金属化合生成非金属夹杂物在钢中沉淀。

3. 带入钢液中的炉渣、熔渣或耐火材料。

4. 钢液被大气氧化形成氧化物。

通常,前两类夹杂物称为内生夹杂物,后两类夹杂物称为外来夹杂物。外来夹杂物系偶然产生,通常颗粒较大呈多角形,为成分复杂的氧化物,分布也没规律。内生夹杂物的类型和组成取决于冶炼的脱氧制度和钢的成分。对碳素钢而言,夹杂物的类型和组成取决于冶炼和脱氧方式;对一些合金钢,特别是对含有与氧、硫、氮亲和力很强的合金元素的合金钢而言,钢的成分变化对夹杂物的影响十分突出。

(二)非金属夹杂的分类

1. 氧化物

通常用放大100倍的显微镜观察钢材纵向断面时所见到的呈断续状的成串黑点,形如链状(脆性夹杂),即为钢的氧化物夹杂。

造成氧化物夹杂的原因是钢水脱氧操作不良,或是钢水被其他各种原因所污染。

减少钢中氧化物夹杂的措施是:

(1)炉衬条件必须良好,防止玷污钢水或使炉渣黏稠。

(2)渣况必须良好,主要是指渣的流动性和脱氧程度必须良好,必须将灰渣彻底破坏呈白渣才能放钢,还原渣量适当增大，还原时间在符合规定要求下尽量缩短。

(3)钢水温度必须控制得当。温度过低使渣钢反应差，脱氧不良；温度过高，侵蚀炉衬及浇注系统的耐火材料又会玷污钢水。

(4)氧化期做好沸腾工作，使钢中原始夹杂上浮。

(5)出钢及浇注过程严防二次氧化。

2. 硫化物

用显微镜观察钢材纵向剖面，见到有较为光滑的灰黑色条状夹杂，即为硫化物夹杂。硫化物夹杂主要以硫化铁(FeS)和硫化锰(MnS)以及它们的固溶体(FeS · MnS)的形式存在于钢中。在加热过程，晶粒边界上低熔点的 FeS 及其与 FeO 的共晶物导致钢产生热脆，从而影响钢的使用性能。造成原因主要是钢中硫和氧的含量过高所致，所以降低硫化物的首要措施是降低钢中硫含量和加强钢的脱氧。另外，控制钢中锰与硫的比值在一定水平之上，也可从一定程度上改善钢的性能。

3. 硅酸盐

硅酸盐是钢中常见的夹杂物，用硅铁和锰脱氧的钢中常见，如硅酸亚铁、硅酸亚锰等，热加工后形成沿变形方向延伸，在显微镜下观察呈灰黑色条状，一般外形不规则，较粗糙。其原因主要是脱氧操作不良(脱氧生成物浮不上去，留在钢中)或其他原材料、炉衬等玷污钢水所造成。减少硅酸盐的方法同氧化物。

4. 点状夹杂

用显微镜观察钢材纵向剖面所见的分散黑点即为钢的点状夹杂。这种夹杂没有塑性，在锻造加工过程中也不会变形。点状不变形夹杂物主要是镁尖晶石和铝酸钙所构成。此外，还含有铝、钙、锰的硅酸盐。其原因是用 Al_2O_3-CaO 渣系渣洗时，细小分散的渣粒混在钢液中来不及上浮；镁质炉衬与铝脱氧产物混入钢中；出钢时，还原渣未造好。

减少点状夹杂的措施为：保证足够的镇静时间；炉体良好；浇注时减少钢水二次氧化；采用吹氩软搅拌和真空精炼处理等技术。

第三章
车轴制造装备及工艺

第一节　车轴钢坯检验

目前，我国铁路车辆用车轴钢牌号为LZ50，代号为LZW，钢坯制造和检验应符合TB/T 2945－1999《铁道车辆用LZ50钢车轴及钢坯技术条件》。按照该技术标准的规定，车轴钢坯应使用电炉、碱性氧气转炉冶炼的优质碳素镇静钢制造，并应采用真空脱气处理，要求钢液氢含量〔H〕$\leqslant 2.5\times10^{-6}$，氧含量〔O〕$\leqslant 30\times10^{-6}$，浇注时应使用镇静钢钢锭模铸锭。钢坯可采用轧制或锻造等方法制造。轧制钢坯从钢锭(以钢锭最小断面计算)到钢坯的压延比(面积比)应不小于6∶1；锻制钢坯的锻压比(面积比)应不小于3∶1。

为了满足钢坯投料前进行检验的要求，标准规定同一冶炼炉中、不同钢锭头部轧制的所有钢坯必须标注“A”字。钢坯验收时，应从任意一根带“A”字的钢坯头部截取长度不小于300 mm的样坯，进行化学成分、低倍组织、非金属夹杂物、力学性能、晶粒度和外观及尺寸检验。

化学成分检验的取样部位按照GB 222、试验方法按照GB 223进行；低倍组织检验按照GB 226和GB 1979进行；拉伸试验按照GB 228或ASTM E8进行；非金属夹杂物检验按照GB 10561中的方法A和JK(或ASTM)标准评级图评定；晶粒度试验按照GB 6394或ASTM E 112进行。

各检验项目及技术指标的规定如下：

1. 熔炼成分

对每炉钢进行罐样分析，每种成分的含量应符合表5-3-1规定。

表5-3-1　车轴钢化学成分(熔炼分析)

名　称	w(C)	w(Mn)	w(Si)	w(P)	w(S)	w(Cr)	w(Ni)	w(Cu)	w(T·Al)
含量(%)	0.47～0.57	0.60～0.90	0.17～0.40	≤0.030	≤0.030	≤0.30	≤0.30	≤0.25	≥0.020

在钢坯上取样复验时，允许与熔炼分析有不超过表5-3-2规定的偏差。

表5-3-2　熔炼成分与钢坯成分的允许偏差

名　称	w(C)	w(Mn)	w(Si)	w(P)	w(S)
偏差值(%)	±0.02	±0.03	±0.02	+0.005	+0.005

2. 力学性能

用经一次正火处理的样坯制成的试样，测出钢的力学性能应符合表5-3-3的规定。

表5-3-3　钢的力学性能

性　能	R_m	R_{eL}	$A_{4.52}$(A_5)	Z
	MPa		%	
指标	≥610	≥345	≥21(19)	≥35

3. 晶粒度

晶粒度检验试样，应从拉伸试样未变形的大端垂直于轴线的横断面上截取，试样在金相显微镜下放大100倍观察，晶粒度应不低于5级。

4. 非金属夹杂物（表5-3-4）

表5-3-4　非金属夹杂物

项　目	A类(硫化物)	B类(氧化物)	C类(硅酸盐)	D类(球状氧化物)	A、C类合并评定
指标	≤2.5级	≤2.5级	≤2.5级	≤2.5级	≤3.0级

5. 低倍组织（表5-3-5）

表5-3-5　低倍组织

项　目	一般疏松	中心疏松	锭型偏析	点状偏析	其　他
指标	≤2.5	≤2.5	≤2.5	≤2.0	不得有肉眼可见的残余缩孔、白点、分层、裂纹、气泡和夹渣等

第二节　车轴钢坯下料

早期采用LZ40制造车轴期间，车轴钢坯可采用氧气火焰切割和锯切两种方式。但是，对于LZ50钢车轴，必须采用锯切等冷切割的方式下料，以避免热应力对钢坯端面质量的影响，杜绝因热切造成车轴端面一定范围内的裂纹。

第三节　车轴钢坯加热工艺及设备

一、车轴钢坯加热工艺

车轴锻造采用热锻工艺。为了提高金属的塑性，降低变形抗力，使金属易于流动并获得良好的锻后组织，钢坯锻造前必须按照规定的加热规范加热，我们称为锻前加热。锻前加热是整个锻造过程中的一个重要环节，对提高锻造生产率，保证锻件质量以及节约能源消耗等都有直接影响。

钢在加热过程中，随着温度不断升高会发生以下物理和化学变化。在组织结构方面，大多数钢不但发生组织转变，其晶粒还可能长大，严重时会产生过热或过烧。在力学性能方面，除了钢的塑性提高，变形抗力降低以外，同时还产生内应力，若内应力太大会导致钢的开裂。在物理性质方面，钢的一些物理参数都和温度有关，如导温系数、膨胀系数等，皆随温度的升高而变化。在化学状态方面，钢的表层与周围介质会发生氧化与脱碳化学反应，结果生成氧化皮与脱碳层，造成金属烧损，降低表层质量。

可见，钢在加热时所发生的变化，将直接影响到钢的锻造性能和锻件质量。为此必须合理制定加热规范，正确控制加热过程，从而保证加热质量。正确的加热规范应保证：钢坯在加热过程中不产生裂纹、不发生过热和过烧、温度均匀、氧化脱碳少、加热时间短和节省燃料等。总之，在保证加热质量的前提下，力求加热过程越快越好。

制定加热规范即是确定加热过程不同时期的加热炉温、升温速度和加热时间。通常将加热过程分为预热、加热、均热三个阶段。预热阶段主要是合理制定装炉时的炉温；加热阶段关键是正确选择升温加热速度；均热阶段则应保证钢坯温度均匀，确定保温时间。其中，均热段保温时间是钢坯加热的关键工艺参数，时间太短，达不到保温应有的作用；时间太长，除了降低生产效率外，还会影响锻件质量，所以，加热规范所确定的保温时间，有最小保温时间和最大保温时间。所谓最小保温时间，就是为使钢坯温差达到均匀程度要求所需的最短保温时间，主要是考虑生产效率和节约能源的问题；而最大保温时间是从考虑钢坯质量方面规定的，在实际生产中，由于设备故障或其他原因，使钢坯不能及时出炉，而在高温下停留时间太长会引起过热，为此规定了最大保温时间。最小保温时间与温度头（炉温和金属表面的温度差）和坯料直径有关（见图5-3-1），加热钢材时的温度头取40～80 ℃，钢坯断面温差应小于50～100 ℃。

以LZ50车轴钢坯为例，其化学成分与50钢基本相同，目前采用的钢坯截面尺寸一般为230 mm×230

mm 和 250 mm×250 mm 两种规格，有些需采用规格为 260 mm×260 mm 和 280 mm×280 mm 的钢坯。由于 50 钢导温性好，断面尺寸相对较小，所以装炉温度不受限制。而且，即使以最大可能的加热速度加热也不会超过所允许的加热速度，因此不必考虑钢坯允许的加热速度，而以最大可能的加热速度加热。但是，在制定加热规范时必须考虑均热保温，因为当钢坯表面温度加热到锻造温度时，中心温度仍然较低，断面温度差比较大，如立即出炉锻造，将会引起变形不均匀。另外，通过保温，还可以借助高温扩散作用使钢坯组织均匀化，这样，不但有利于锻造均匀变形，而且能提高钢的塑性。

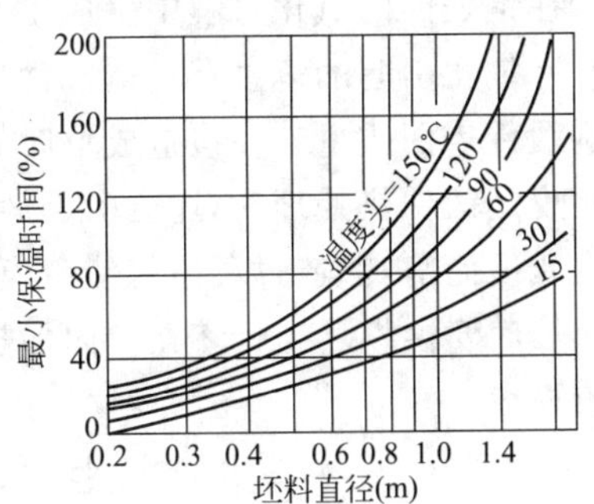

图 5-3-1　均热最小保温时间与温度头、坯料直径的关系（%表示最小保温时间为表面加热时间的百分数）

根据以上加热理论，我们对 LZ50 钢坯加热规范做出如下规定：采用三段加热规范，即把钢坯放在三个温度条件不同的区域（或时期）内加热，依次是预热段、加热段和保温段。

根据铁碳平衡相图，LZ50 钢锻造温度应控制在 800～1 200 ℃。因此加热过程中，炉内有效加热区的加热温度应控制在：预热段 540～1 250 ℃，加热段 1 050～1 250 ℃，保温段 1 150～1 250 ℃，再根据坯料截面尺寸和所采用的加热设备以及坯料在炉内的排布方式，确定总加热时间。

钢坯加热时间采用理论计算很复杂，并且准确性也不大，所以在生产实践中，一般采用经验公式计算，例如连续式加热炉加热钢坯常采用的经验公式为：

$$t=CS$$

式中　t——加热时间(h)；

S——钢坯厚度(cm)；

C——单位钢坯厚度加热所需要的时间(h/cm)，对于中碳钢和低中合金钢，$C=0.15\sim0.2$。

无论采用哪种设备加热，都应同时考虑保证总加热时间和保温段的加热时间。对于连续加热炉，应合理设计炉膛内各加热段有效加热区的长度。预热段、加热段和均热段各段长度的比例，可根据坯料加热计算中所得各段加热时间的比例以及类似炉子的实际情况决定。

三段式连续加热炉各段长度的比例分配大致如下：

均热段	$(15\% \sim 25\%)L_{有效}$
预热段	$(25\% \sim 40\%)L_{有效}$
加热(均热)段	$(25\%\sim40\%)L_{有效}$

以规格 250 mm×250 mm 的钢坯加热为例，应保证总加热时间不少于 240 min，钢坯达到保温温度后的加热时间（即保温时间）应不少于 150 min。

控制炉温的目的是更好地控制钢坯加热温度，我们称之为料温。结合前述钢坯温度头以及锻造温度的规定，我们将钢坯进入保温段的料温规定为 1 070～1 200 ℃，且要均匀，不允许有阴阳面，以保证钢坯锻造时不产生弯曲，并使锻件内部质量均匀性好。

二、车轴钢坯加热缺陷及防止措施

1. 钢坯的氧化及其危害和防止措施

钢加热到高温时，表层中的铁和炉气中的氧化性气体（如 O_2、CO_2、H_2O 和 SO_2）发生化学反应，结果使钢坯表层变成氧化铁（即氧化皮），这种现象称为氧化。

影响氧化的因素主要有：炉气成分、加热温度、加热时间和钢的化学成分。(1)炉气成分的影响：炉气的性质取决于燃料燃烧时空气的消耗量。当供给空气过多时，炉气性质为氧化性，形成较厚的氧化皮。相反，如供给空气不足时，炉气则呈现还原性，氧化皮很薄，甚至不产生氧化。(2)加热温度的影响：随着加热温度的升高，由于氧化扩散速度加快，因此氧化过程就越剧烈，结果形成的氧化皮也越厚。一般情况下，加热温度在低于 570～600 ℃时，氧化速度很慢；当温度超过 900～950 ℃以后，氧化急剧增加。(3)加热时间的影响：钢的加热时间越长，氧化扩散便越大，形成氧化铁则越多。特别是在高温阶段，加热时间的影响就更大。因此，采用快速加热，缩短加热时间，尤其是高温下的停留时间，对减少氧化损耗的作用很大。(4)钢的化学成分影响：当钢中含碳量大于0.3%时，随着钢的含碳量增加，形成的氧化皮将减少。这是因为含碳量高时，由于在钢表面的氧化过程中生成了CO，可削弱氧化性气体对钢表面的作用。

氧化引起的危害：(1)造成钢坯的烧损。钢坯每加热一次，就有1.5%～3%的金属被氧化烧损。(2)影响锻件表面质量。在锻造成形时如氧化皮被压入锻件表面，将降低锻件的表面质量和尺寸精度。表面有氧化皮的锻件热处理时，还会引起锻件表面组织和性能不均(如硬度不均)。(3)降低模具使用寿命。由于氧化皮质硬而脆，锻造过程中将使锻模磨损加剧。在机械加工时，若仍留在锻件表面，将使刀具加速变钝。(4)引起炉底腐蚀损坏。钢坯在炉内加热时，脱落的碱性氧化皮会与酸性耐火材料炉底发生化学反应，而使炉底软熔损坏。

由此可见，减少和防止钢坯在加热时的氧化，对节约钢材消耗，提高锻件精度和延长模具寿命等都具有十分重要的意义。为了减少氧化，采用煤气加热时，应合理匹配空气和煤气的流量比例，应尽量缩短高温下的保温时间。

2. 钢坯的脱碳及防止措施

钢在高温加热时，表层中的碳和炉气中的氧化性气体(如O_2、CO_2、H_2O)及某些还原性气体(如H_2)发生化学反应，造成钢坯表层的含碳量减少，这种现象称为脱碳。

脱碳过程是一个扩散过程，即一方面炉气中的氧向钢内扩散，而另一方面钢中的碳向外扩散。扩散结果使钢坯表层变成含碳量低的脱碳层。

影响氧化的因素同样影响脱碳，主要有：炉气成分、加热温度、加热时间和钢的化学成分。(1)炉气成分的影响：在炉气成分中，脱碳能力最强的是H_2O，其次CO_2、O_2，较弱是H_2。一般，在中性介质或弱氧化性介质中加热时，可以减少脱碳。(2)加热温度的影响：钢在氧化性炉气中加热，既产生氧化，也引起脱碳。加热温度在700～1 000 ℃时，由于表面氧化皮阻碍碳扩散，因此脱碳过程比氧化过程要慢。随着加热温度的升高，一方面氧化的速度迅速增加，另一方面脱碳的速度也加快，但此时氧化皮丧失保护作用，在达到某一定温度后，脱碳就比氧化更剧烈。(3)加热时间的影响：钢的加热时间越长，脱碳层厚度则越厚。但两者不成正比关系，当厚度达到一定值后，脱碳速度也将逐渐减慢。(4)钢的化学成分影响：钢中含碳量越高脱碳倾向就越大。

在加热时钢发生了脱碳，会使锻件表面变软，强度和耐磨性降低。为了保证脱层碳的厚度小于机械加工余量，应尽可能减少脱碳层厚度。

防止脱碳最直接有效的方法是要采用少或无氧化加热。

3. 钢坯加热中的过热、过烧及防止措施

当钢的加热温度超过某一特定温度，并在此温度停留的时间过长，会引起奥氏体晶粒迅速长大，这种现象称为“过热”。产生过热的钢，在同样的锻造条件下，冷却后晶粒仍然粗大。以LZ50钢为例，当过热严重时，冷却时由于奥氏体晶粒的分解会形成魏氏组织，导致钢的强度和冲击韧性降低。

通常，我们把过热分为“不稳定过热”和“稳定过热”。所谓“不稳定过热”，是由于单纯原奥氏体晶粒粗大形成的过热。这种过热用正火或退火热处理可以消除。所谓“稳定过热”，是指钢过热后除原奥氏体晶粒粗大外，沿奥氏体晶界(或孪晶界)大量析出第二相(包括杂质元素组成的化合物如硫化物、碳化物、氮化物等)质点或薄膜，以及促使原奥氏体晶界(或孪晶界等)或其他过热组织稳定化的因素。这种过热用一般的热处理方法不易改善或不能消除。

为了避免锻件产生稳定过热，在锻造工艺方面应采取以下措施：(1)严格控制加热温度，尽可能缩短高温保温时间，加热时坯料不要放在炉内局部加热区。(2)锻造时保证锻件有足够的变形量，以便在塑性变形过程中破碎过热形成的粗大奥氏体晶粒，并破坏其沿晶界析出相的连续网状分布。(3)控制冷却速度，应避免采用中等冷却速度。而要以快速冷却或缓慢冷却方法来控制第二相的析出程度，不析出第二相或析出相聚集成较大的质点都不易形成稳定过热。

当钢加热到接近熔化温度，并在此温度长时间停留，这时不但奥氏体的晶粒粗大，同时由于氧化性气体渗入到晶界，使晶间物质Fe、C、S发生氧化，形成易熔共晶体氧化物，这种现象称为“过烧”。以LZ50钢为例，其过烧温度为1 350 ℃。影响过烧的因素有：(1)加热温度越高和高温停留时间越长，过烧越容易发生，而且越严重。(2)炉子氧化气氛越强，过烧越容易发生。(3)钢的含碳量越高，发生过烧的温度越低。

过烧是钢致命的加热缺陷，产生过烧的钢，锻造时一击便碎。

避免过烧最重要的是要控制加热温度和在高温下的保温时间。

4. 钢坯加热的不均匀及防止措施

对车轴锻件质量影响最多的现象是钢坯加热不均匀。所谓“钢坯加热的均匀性”，是指经过加热和保温后的钢坯内外温度的一致性和钢坯各个面温度的一致性。在实际生产中，通常允许钢坯在出炉时有一定的温差，如果脱离实际，片面追求小的温差，将延长加热时间，增加燃料消耗量、降低产量；但是，如果温差过大，则将对锻造造成不利影响。

(1)上下面温度不均匀。上下面温度不均匀，经常都是下面温度较低。这是由于坯料在一面加热的炉子中单面加热造成，或者是在两面加热炉子中，下加热供热不足或在均热段停留时间过短所致。

采用端进、端出方式的步进式加热炉加热时，若出料时间太长，因炉门开启时间太长，冷空气吸入炉口，也会引起坯料前后两个面的温度不均匀。

通常又把各个面的温度不均匀统称为阴阳面。产生阴阳面的坯料，在锻造时因其延伸系数不一样，会造成锻件弯曲，甚至造成锻造设备故障。

为了避免阴阳面对锻件质量的影响，应定期检测加热炉的有效加热区。特别是对煤气加热炉，应适时观察煤气烧嘴是否在正常状态，以及各个烧嘴喷出的火焰温度和位置是否适当，并及时将其调节到正常的工作状态。

(2)内外温度不均匀。内外温度不均匀表现为坯料表面已达到或超过了加热温度，而中心还远远没有达到加热温度，即表面温度高，中心温度低，这主要是高温段加热速度太快和均热时间太短造成的。内外温度不均匀的坯料，在锻造时因其延伸系数不一样，会造成锻造温度降低速度快，相对缩短了锻造温度范围。锻造过程中的变形抗力增大，尤其是在锻造时间长时，钢坯温度会明显降低，甚至颜色变黑和变硬，如果继续锻造就有可能锻裂。对工装和设备的主要影响是：会加快锻锤的损坏或造成锻造设备故障。

要使钢坯内外温度一致性好，应采取适当延长保温时间的办法。

(3)长度方向温度不均匀。对于车轴钢坯加热，长度方向温度不均匀主要有两种情况：①两端温度高、中段温度低。这是因为两侧炉墙辐射造成的。所以对于较宽的炉子在加热时应适当减少两侧烧嘴的煤气量。②两端温度低、中段温度高。这种情况一般是侧出料的炉子由于两侧炉门经常打开，炉内吸进冷风造成的，因此在加热时应关闭两侧炉门，同时出料炉门开启时，应尽可能开得小一些，以防止炉内吸入冷风使坯料两端钢温降低。

5. 加热裂纹

加热裂纹分为表面裂纹和内部裂纹两种。

加热中的表面裂纹往往是由于原料表面缺陷(如皮下气泡、夹杂、裂纹等)消除不彻底造成的。原料的表面缺陷在加热时受温度应力的作用发展成为可见的表面裂纹，在锻造时则扩大成为产品表面的缺陷，此外过热也会产生表面裂纹。

加热中的内部裂纹则是由于加热速度过快以及装炉温度过高造成的。尤其是高碳钢和合金钢的加热，因为这些钢的导热性较差，在装炉温度过高或者加热过快的条件下，由于内外温差悬殊造成温度应力过大，致使被加热的金属内部不均匀膨胀而产生内部裂纹。

三、车轴钢坯加热设备

目前车轴钢坯加热，按钢坯在炉内的运动方式可分为：推钢式连续加热炉、步进式加热炉和环形加热炉，这些加热炉都属于连续加热炉，燃料均采用煤气。

在连续加热炉中，坯料不断地由炉温较低的一端(炉尾或进料口)装入，以一定的速度(或节拍)向炉温高的一端(炉头或出料口)移动，在炉内与炉气反向而行，当被加热的坯料达到所要求的温度时，便不断从炉内排除。在炉子稳定工作的条件下，炉气沿着炉膛长度方向由炉头向炉尾流动，沿流动方向炉膛温度和炉气温度逐渐降低，但炉内各点的温度基本上不随时间而变化。

1. 推钢式连续加热炉

推钢式加热炉是指由推钢机运料的加热炉。炉子的推钢长度等于炉内有效长度加上炉尾至推钢机推头工作位置之间的距离。

图 5-3-2 为一座推钢式三段连续加热炉。

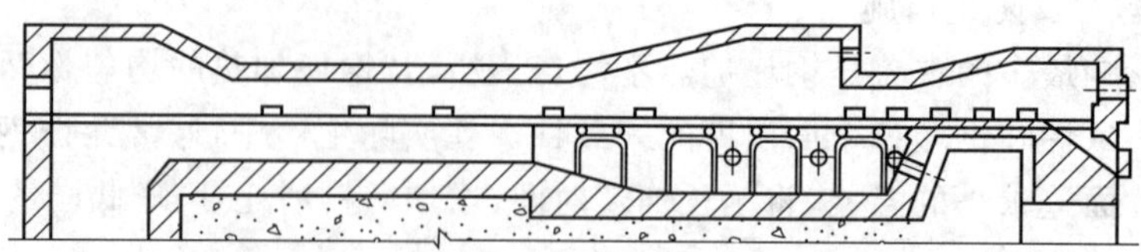

图 5-3-2　推钢式三段连续加热炉示意图

推钢式连续加热炉设计的主要依据是炉子的产量和推钢比。为了防止在推料过程中拱起、翻炉等事故的发生(如图 5-3-3 所示),炉子有效长度的确定要经过炉子允许最大推钢长度或允许推钢比的校核。

允许推钢比＝允许推钢长度/钢坯厚度

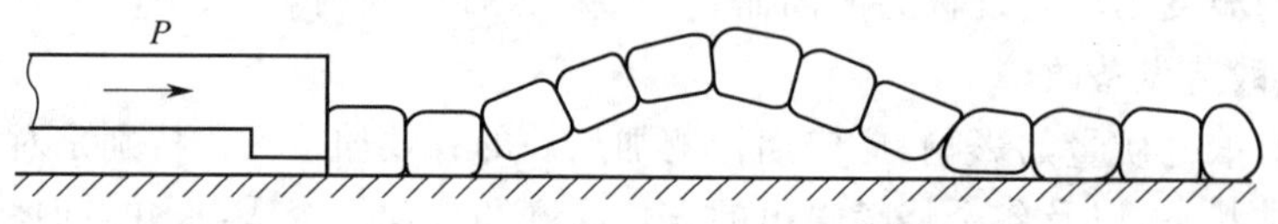

图 5-3-3　拱钢事故

可见,拱钢、翻炉事故除与推钢长度有关外,还与坯料厚度有关。坯料厚度愈小则愈易发生翻炉事故,此外坯料形状的规则程度亦有很大关系,不规则的料和炉底滑道不平都易造成翻炉事故。翻炉事故不仅难于处理,而且易损坏炉体,翻炉的钢要回炉重烧。

推钢式连续加热炉装料与出料方式有:端进端出、端进侧出和侧进侧出几种,其中主要是前两种,侧近侧出的炉子较少见。

一般加热炉都是端进料,坯料的入炉和推移都是靠推送机构进行的。炉内坯料有单排放置的,也有双排放置的,要根据坯料的长度、生产能力和炉子长度来确定。

出料的方式分侧出料与端出料两种,两者各有利弊。端出料的优点是:

(1)由炉尾推送机构直接推送出炉,不需要单独设出料机构,侧出料需要有出料机构。

(2)如坯料较宽时(如板坯),只能用端出料,若用侧出料,出料门势必开得很大;坯料太长也不宜用侧出料,因为这时出料机推杆的行程很大,占用车间面积太大。

为了克服端出料门吸入冷空气这一缺点,在出料口应采取一些封闭措施。常见的有:

(1)在出料口安装自动控制的炉门,开闭由机械传动,不出料时炉门是封闭的,出料时自动随推送机构一同联动而开启;

(2)在均热段安装反向烧嘴,即在加热段与均热段间的端墙或侧墙上,安装向炉前倾斜的烧嘴,喷入煤气形成不完全燃烧的火幕,一方面增加出料口附近的压力,另一方面吸入的冷空气可以参加燃烧;

(3)加大炉头端烧嘴向下的倾角,同时压低均热段与加热段的炉顶,利用烧嘴的射流驱散坯料表面低温的气体,均热段气体进入加热段时阻力加大,均热段内的炉压增加,对减少冷风吸入有一定的作用;

(4)在出料口挂满可以自由摆动的窄钢带或钢链,可以减少冷空气的吸入,并对向外的辐射散热起屏蔽作用。

目前只有加热小型坯料,或者加热质量要求较高的合金钢坯时,才采用侧出料方式。

2. 步进式加热炉

步进式加热炉也是一种机械化炉底炉,其炉底基本上分为两大部分:活动部分和固定部分。炉底下部有钢结构制成的梁,使炉底步进运动的机构安放在活动炉底下面。它依靠步进梁的有顺序的运动使加热坯料在炉内逐步地从炉尾移动到炉头,使坯料达到规定的温度后出炉。

在步进式加热炉内坯料的是运动和推钢式加热炉是不同的。推钢式加热炉内坯料是一根挨一根地由推钢机推动从炉尾一直推至炉头;而步进式加热炉内坯料运动步骤见图 5-3-4。

图 5-3-4(a)为坯料起始位置时的情况,这时活动炉底在坯料下面最低位置,坯料两端架在炉内的固定炉底上,以后在活动炉底升起将坯料托起如图 5-3-4(b)及图 5-3-4(c)所示,接着活动炉底水平移动 l 距离(向前

或向后运动），即将坯料向前移动 l 距离，如图 5-3-4(d)所示。接着活动炉底下降将坯料放在固定炉底上，如图 5-3-4(e)所示，最后活动炉底又回复到原来位置，如图 5-3-4(a)所示。由上可知，活动炉底运动的轨迹为一个矩形，(由 1234 或 4123 组成)，它运动一个循环的时间叫“周期”，它运动一次使坯料前进的距离叫“行程”(l)。

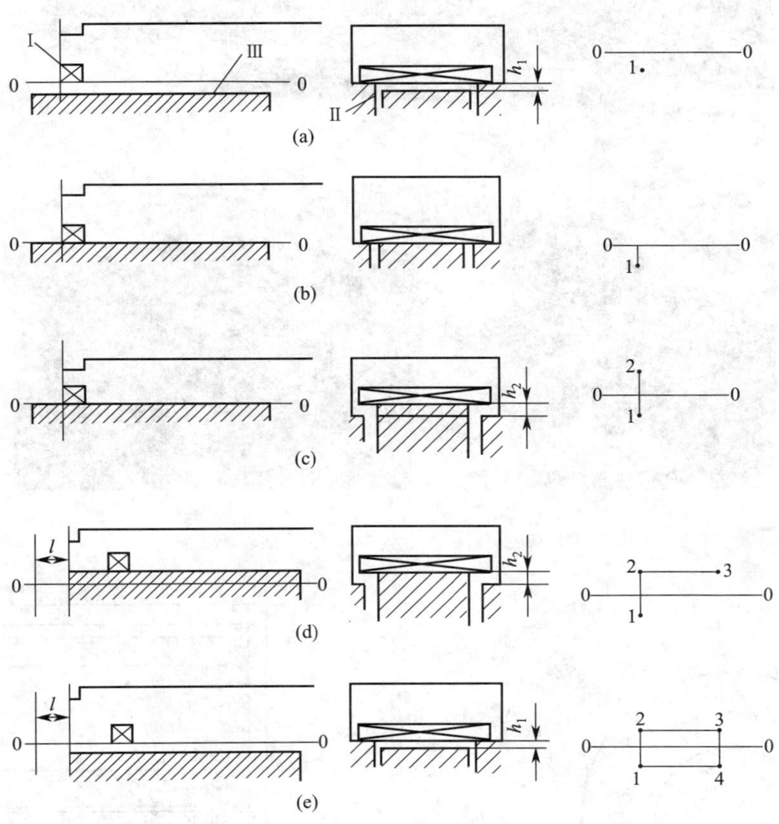

图 5-3-4　步进式加热炉步进运动机构图

Ⅰ—钢坯；Ⅱ—固定炉底；Ⅲ—活动炉底

步进炉加热的特点是：步进炉可以采取坯料之间分开的加热方式，这样加热速度快而且内外温度均匀，一般来说，在步进炉内可以实现三面或四面加热，但严格说起来这是不够确切的，因为相邻坯料之间的间隔还没有大到足以不考虑坯料彼此间的相互影响问题，但是加热面是增加了一些。同时，步进炉可以通过改变坯料之间的间距和水平行程的长短以及步进周期的时间来实现坯料的灵活加热。

和推钢式连续加热炉对比，步进式加热炉有着如下的优越性：

(1)加热灵活。在炉长一定的情况下，炉内坯料数量是可变的。而在推钢式加热炉中则是不可变的，那样加热时间就受到限制，例如炉子产量降低一半时，则炉内坯料加热时间就会延长一倍，这对有些钢种来说这是不利的。而步进式加热炉每小时的产量可以通过改变坯料间距离来达到改变或保持加热时间不变的目的。

(2)加热质量好。因为步进式加热炉可以使坯料间保留一定的间隙，这样扩大了坯料受热面，加热温度比较均匀。

(3)炉长不受限制。对推钢式加热炉，炉长受到推钢长度的限制，而步进式加热炉则不受限制。而且对于不利于推钢的细长坯料、圆棒、弯曲坯料等均可在步进式加热炉内加热。

(4)操作方便。改善了劳动条件，在必要时可以将炉内坯料全部或部分推出炉外。

(5)可以准确的控制坯料在炉内的位置，便于实现自动化操作。

步进式加热炉也存在一定的缺点，主要是造价高，设备制造和安装技术要求高，基建施工量大，要求机电设备维护水平高，在操作中要对炉底勤维护及时清查，经常保持动床和定床平直以防坯料跑偏。

3. 环形加热炉

环形加热炉(见图 5-3-5)的结构相当于把一个很长的侧出料单面加热的连续加热炉头尾相接，成为一个环形的炉子，但炉底不是固定的而是可以旋转的。它的平面图见图 5-3-6，截面图见图 5-3-7。

图 5-3-5　环形加热炉加热车轴坯料

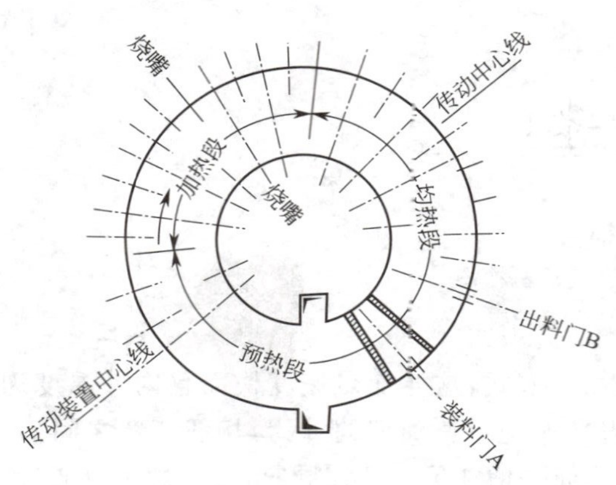

图 5-3-6　环形加热炉平面布置示意图

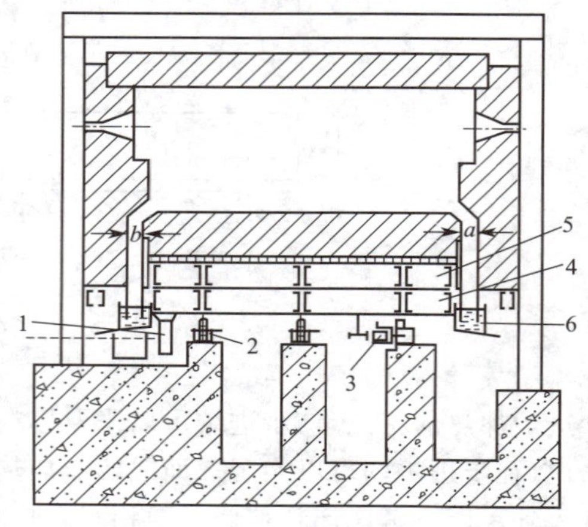

图 5-3-7　环形加热炉截面示意图

环形加热炉工作情况是这样的，被加热的坯料由加料机送入装料门放在炉底上，坯料随着炉底一起缓慢或有节拍地旋转。在炉子外侧和内测墙上装有一定数量的烧嘴或喷嘴，对坯料进行预热、加热及均热。被加热好的金属坯料最后从出料门由出料机取出供锻造用。

环形炉结构上最大的特点在于炉底结构。它要保证按需要的速度正常地旋转并和内外环固定炉墙保持一定的间隙而不卡死，在使用过程中炉子金属结构不致变形太大而妨碍炉底的正常旋转。

环形加热炉与其他连续加热炉相比较具有以下特性。

(1)环形加热炉炉底从均热段转到装料炉门再转到预热段时，这时炉底温度是很高的，它等于一个辅助的热源。对于普碳钢及合金钢来说，这是改善金属下部加热条件的有利条件。

(2)坯料由装料机装入，因此可以使相邻坯料间留有一定的间隙，这样的布料方式对均匀加热坯料是有利的，相邻坯料间的距离是需要可以改变，也可以结合锻造生产节拍，按规定的角度布料。

(3)环形加热炉展开后比较长，因此可以控制加热制度使其有较长一段炉膛进行均热，使坯料最终加热很均匀。

(4)由于炉子沿程较长，必须注意控制好炉膛压力。

(5)施工要求比较严格,要注意保证炉底严格定心和水平位置。沿圆周方向环隙大小均匀,炉底砖缝要小,这样才能保证炉子寿命长。

总之,环形加热炉以其燃料利用率高、生产效率高、坯料在炉内排布合理、适合方坯和圆坯加热、可自动调节和记录温度以及满足大批量、快节奏车轴锻造生产需要等特点为优势,正在逐步推广使用。环形加热炉的型号一般以其炉膛中径命名,比如:ϕ 12 m 环形加热炉,就是指炉膛中径为 ϕ12 m 的环形加热炉。炉膛中径、内径和外径的大小,不仅决定了可加热坯料的最大长度,而且决定了加热炉的生产效率。设计时,应以与其配套使用的锻造设备的生产效率为主要参考因素。

第四节 车轴锻造工艺及设备

一、车轴锻造温度选择

钢的锻造温度范围是指开始锻造的温度(始锻温度)和结束锻造时的温度(终锻温度)之间的一段区间。

确定锻造温度范围的基本原则是:要求钢在锻造温度范围内具有良好的塑性和较低的变形抗力;能锻出优质锻件;锻造温度范围尽可能宽一些,以便减少加热火次,提高锻件生产率。

确定锻造温度范围的基本方法是:以钢的平衡图为基础,再参考钢的塑性图、抗力图和再结晶图,由塑性、质量和变形抗力三个方面加以综合分析,从而定出始锻温度和终锻温度。

通过长时间生产实践和大量试验研究,现有钢种的锻造温度范围已确定,可从有关手册查阅。一般来讲,碳钢的锻造温度范围,根据铁—碳平衡图便可以直接确定。根据碳钢的锻造温度范围(如图 5-3-8 所示),一般将 LZ50 钢的始锻温度确定为 1 050～1 180 ℃,终锻温度确定为不低于 800 ℃。

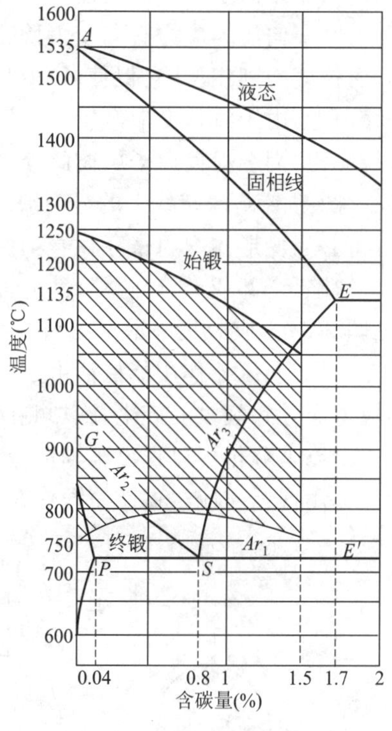

图 5-3-8 碳钢的锻造温度范围

二、车轴锻造工艺特点

1. 基本概念

(1)塑性变形 金属的变形方式有弹性变形和塑性变形两种,这两种变形是根据卸载时变形的恢复情况确定的。当卸载后,金属的变形完全恢复,则将这种变形称为弹性变形;如果卸载后,金属的变形没有完全恢复,有一定程度的残余变形,这种残余变形属于永久变形,则将这一残余变形称为塑性变形。

塑性变形是物体在外力作用下,应力超过材料屈服极限以后产生的变形,因此即使除去外力,也不能恢复到变形前的形状和尺寸。

(2)塑性成形方法 金属塑性成形方法是使金属在外力(通常是压力)作用下,产生塑性变形,获得所需形状、尺寸和组织、性能的制品的一种基本的金属加工技术,以往常称压力加工。金属材料经成形过程后,其组织、性能获得改善和提高。凡受交变载荷作用或受力条件恶劣的构件,一般都要通过塑性成形过程,才能达到使用要求。塑性成形是无切屑成形方法,因而能使工件获得良好的流线形状及合理的材料利用率。用塑性成形方法可使工件尺寸达到较高精度,具有很高的生产效率。

金属塑性成形方法的特点是利用金属的塑性,通过金属体积的转移,获得所需要形状、尺寸的产品。金属塑性成形方法大致可以分为轧制、拉拔、挤压、锻造以及冲压五大类。

(3)锻造 即靠锻压机的锻锤锤击工件,使其产生塑性变形以获得具有一定机械性能、一定形状和尺寸锻件的加工方法。

通过锻造能消除金属的铸态疏松,焊合孔洞,锻件的机械性能一般优于同样材料的铸件。机械中负载高、工作条件严峻的重要零件,除形状较简单的可用轧制的板材、型材或焊接件外,多采用锻件。

锻造按成形方法可分为:①开式锻造(自由锻)。利用冲击力或压力使金属在上下两个砧块间产生变形以获得所需锻件，主要有手工锻造和机械锻造两种。②闭模式锻造。金属坯料在具有一定形状的锻模膛内受压变形而获得锻件，可分为模锻、冷镦、旋转锻、挤压等。按变形温度锻造又可分为热锻（加工温度高于坯料金属的再结晶温度）、温锻（低于再结晶温度）和冷锻（常温）。

2. 应力状态对塑性的影响

具有不同主应力图（见图 5-3-9）的塑性变形方式所表现出的塑性也不同，主应力图中主应力的个数、正负以及主应力的数值都对金属的塑性变形发生着重要影响。

科学实验的结果表明，提高三向压缩应力状态，能充分发挥材料的塑性。应力状态中的压应力个数越多，数值越大，则塑性越好；反之，压应力数量少或数值小，或甚至存在拉应力，塑性就越差。这是因为：

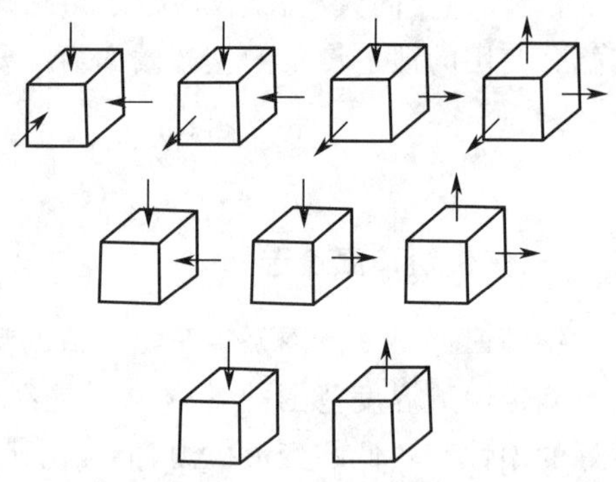
图 5-3-9 九种应力图

（1）拉伸应力会促使晶间变形，加速晶间的破坏；而压缩应力则阻止或减少晶间变形，随着三向压缩作用的增强，晶间变形愈加困难，因而提高了金属的塑性。

（2）三向压缩应力有利于消除由于塑性变形所引起的各种破坏；而拉应力则相反，它促使各种破坏的发展。例如，在某晶粒的滑移面上，由于滑移变形产生一个显微缺陷，若此时滑移面上作用着拉应力，则会促使原子层彼此分离，加速晶粒的破坏。反之，若作用着压应力，则有利于该缺陷的封闭和消除。（图 5-3-10 滑移线上的显微缺陷受拉应力和压应力作用的示意图）

（3）当变形体内原来存在着少量对塑性变形不利的杂质、液态相或者组织缺陷时，三向压缩作用能抑制这些缺陷，全部或部分地消除其危害。反之，在拉应力作用下，将在这些地方形成应力集中，促使金属的破坏（见图 5-3-11 应力集中示意图）。

（4）三向压缩作用能抵消由于不均匀变形所引起的附加应力。例如，圆柱体镦粗时，侧表面可能出现附加应力而导致裂纹的产生；施加侧向压力后，能抵消此附加拉应力而防止裂纹的产生。

由以上分析可以得出车轴锻造时，钢坯受三向压应力作用的结果优于两向压应力作用的状态，因此在设计和选用锻锤时应尽可能使锻件在三向压应力状态的成形。

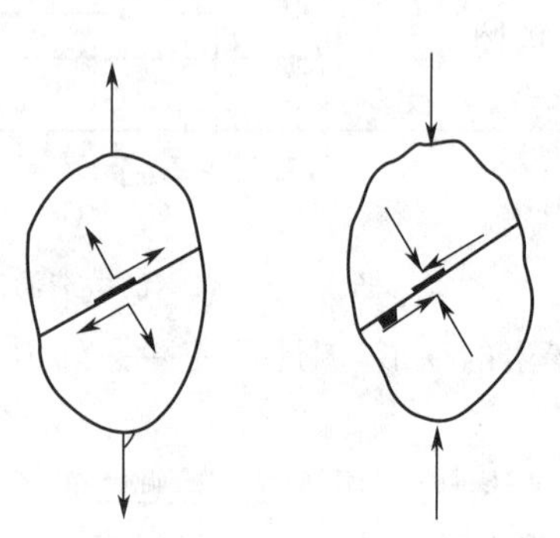
图 5-3-10 滑移线上的显微缺陷受拉应力和压应力作用的示意图

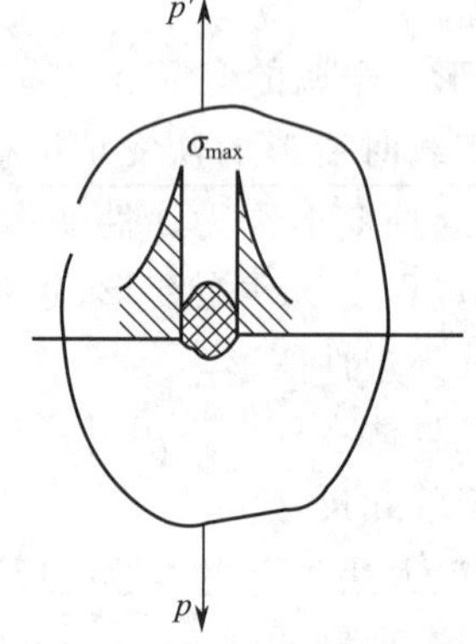

图 5-3-11 应力集中示意图

3. 车轴锻造工艺特点

车轴锻件基本结构见图 5-3-12。车轴锻造采用的是热锻。目前我国锻造车轴的成形方式有两种，一种为径向精密锻造，另一种为自由锻造条件下的锻造，其所采用的设备分别为径向精密锻造机（简称精锻机）和快速锻造液压机组（简称快锻机），其设备特点在下一节中做详细介绍。这里，我们先就其锻造工艺特点进行分析。

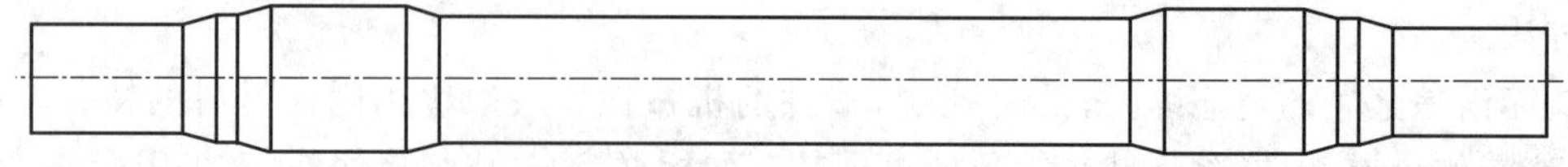
图 5-3-12 车轴锻件简图

径向精密锻造和自由锻造共同点是：锻造过程中，工件以一定速度间断性旋转，而锤头不旋转；同时工件在夹头或机械手夹持下以一定量轴向进给，轴坯以径向压缩和轴向伸长变形。

对于精锻机锻造车轴，其变形工艺特点是：

(1)具有互成90°的四个锤头，两两对击，使坯料在一个近似于封闭的径向受压的型腔内变形，变形区处于三向受压的应力状态(见图5-3-13精锻机锻锤结构简图)，因此具有良好的工艺性。由于每次锤击产生的变形量较小，所以表面层的塑性足以避免由于张应力产生的纵向裂纹，并能使锻件晶粒充分细化。坯料以从8°到15°连续过度的两个圆锥形闭合腔送进锤头圆形工作面，所以大大减小了坯料进入锤头处产生的纵向分力，有利于金属受压时沿轴向伸长，所有特别适合于轴、杆类零件的高效拔长工艺。而且旋转锻造过程中，坯料沿旋转方向的成形过程是先经过大约5°的倾斜工作面锻造，然后经过圆形工作面成形，不仅减少了坯料进入工作面的切向阻力，也有利于锻件锻造成规则的圆形截面，同时大大提高了锻锤的使用寿命。

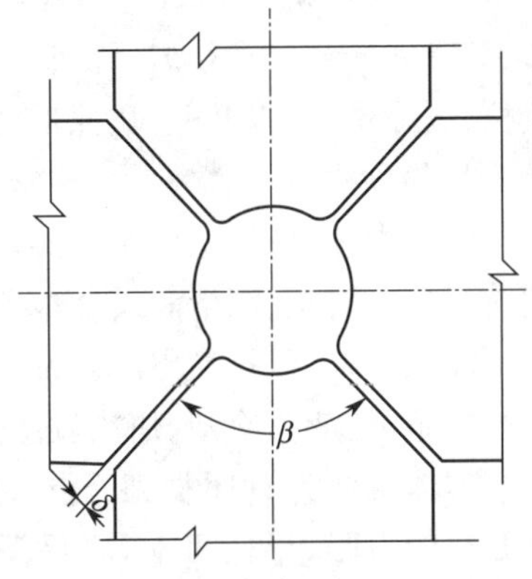

图5-3-13　精锻机锻锤结构简图

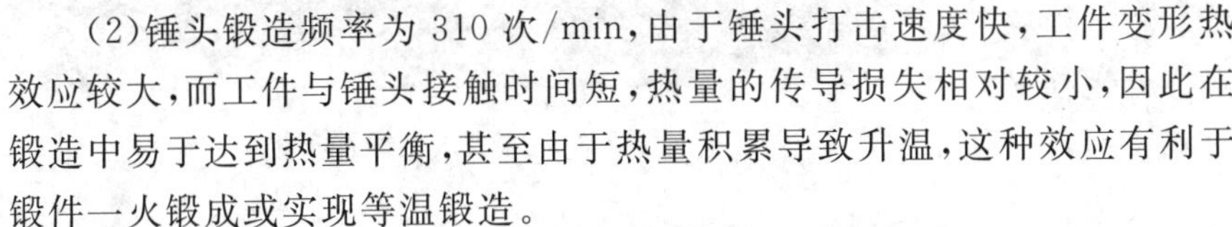

(2)锤头锻造频率为310次/min，由于锤头打击速度快，工件变形热效应较大，而工件与锤头接触时间短，热量的传导损失相对较小，因此在锻造中易于达到热量平衡，甚至由于热量积累导致升温，这种效应有利于锻件一火锻成或实现等温锻造。

(3)采用CNC控制，液压伺服阀调节，以及增量编码器状态信息反馈，使工件能按编制的程序获得高精度锻造毛坯，其径向尺寸的控制精度为0.1mm，轴向尺寸的控制精度为1mm，因此大大节约了钢材，由于加工余量的相对减少，提高了后续机械加工的生产效率，降低制造成本。

(4)精锻机锻造属于高频率脉冲加载多向锻打，其变形力较小，塑性变形区的应力场，随变形深度增加呈盾形分布逐次变窄，因而由应力产生之变形，亦呈现相仿的规律。

(5)由于精锻机锻造的变形实质是工件以一定的ΔD和ΔL多次锻击构成，每次锻打间歇时，坯料进行旋转和轴向送进，多次锤击的塑性变形区的累积构成该工步的总变形，因此合理选择工步参数ΔD和ΔL，就可以保证坯料沿轴向和切向具有较好的变形分布的均匀性。

(6)精锻机锻造车轴的过程包括了拉打和推打两种方式。拉打就是毛坯变形时，夹头逐渐远离锤头的变形方式。推打就是毛坯变形时，夹头逐渐靠近锤头的变形方式。拉打与推打相比，具有锻件不易弯曲、锻件轴向尺寸稳定和可加大一次压入量等优点。推打和拉打混合使用可减少工步，减轻拉打压力。采用小压入量推打，便于自行清理氧化皮。

对于快锻机锻造车轴，其变形工艺特点是：

(1)快锻机的锻锤由上下圆弧砧子构成，开始锻造时，由于上下圆弧砧子没有形成封闭，工件受力状态为两向压应力，但随着锻造过程砧子逐渐形成封闭，应力会转变为三向压应力，此时与精锻机锻造时工件的受力状态基本相同。

(2)锻造时可以采用手动或自动方式，也可以与操作机联动，径向尺寸精度可以控制在±1 mm。

(3)为了解决锻件弯曲的问题，一般需配备校直设备。

两种技术相比较，精锻技术和工艺自动化程度较高，节省轴坯材料和能耗，生产效率高，以RE_{2B}车轴为例，锻造一根轴只需5 min左右，但其核心设备精锻机目前仍需进口，设备造价比较高。而快锻技术属于传统的工艺技术，虽然锻打速度相对慢些，完成一根轴需要12 min左右，消耗材料也多一些，但快锻机组国产化较早，技术也非常成熟，设备投资成本较低。两种技术均能满足车轴产品质量的要求。

精锻机高频脉冲锻打的特点，使车轴心部材料的延伸较表面的慢一些，所以精锻机锻造的车轴锻件两个端面呈凹下状，而快锻机锻造的车轴锻件两端呈微突起状。

三、主要车轴锻造设备

目前，我国用于车轴锻造的设备有径向精密锻造机(简称精锻机)和快速锻造液压机组(简称快锻机)两种锻造设备。下面分别就其设备特性进行简单的介绍。

1. 快锻机

快锻机(见图 5-3-14)是我国自由锻造设备中最为先进,集机、电、液一体的大型设备。它生产效率高,控制精度好,节能节材,可大大改善工人劳动条件及环境条件,是目前自由锻造和锻造水压机的换代产品。

快速锻造液压机组一般主要由压机本体、全液压有机锻造操作机、砧库(直移式或回转式)、送料回转车、升降回转台、电器和计算机控制系统(操纵、显示、监控、故障诊断)以及通风、照明、排污、报警等功用设施等几部分构成。

图 5-3-14　快锻机锻造车轴

压机本体:包括上砧快换旋转装置、移动工作台、横向行移砧装置、润滑和尺寸检测装置等。

液压系统:包括动力源泵站系统、主控制系统、辅助控制站、充液及冷却、加热、过滤等系统。

本体机体为封闭框架下拉式。重心低、振动小、受偏载能力强,导向可靠,容易调整。横向行移砧装置、砧库和移动工作台配合时可快速方便地换砧。上砧快换旋转装置不仅可随时方便地换砧,而且可使上砧旋转 90°锻造。

操作机为全液压由轨直移摆动型,有侧移及上下倾斜功能,具有力矩大,动作灵活、控制准确等特点。

送料回转小车的作用是准确地给操作机送料和使锻件调头。

升降回转台一般设置在主机与操作机之间承接钢坯,并能通过旋转使锻件调头。可移式装料机可用于向加热炉内送出料及输送锻件。

以目前车轴锻造应用最多的 800 t 快锻液压机为例,压机为单缸、双立柱下拉式结构,由立柱通过外螺母及立柱的外锥台与上下横梁紧固,固定梁通过底座用螺栓连接在基础垫板上,压机立柱中间导向部分为方形截面,导向部分安装在固定梁上。其基本技术参数如下:

压机公称压力	8 MN
最大净空距	2 000 mm
最大行程	800 mm
锻造次数	25～30 次/min (精锻)
	80～85 次/min(快锻)
上/下型砧横移行程	450 mm/1 600 mm

2. 精锻机

目前我国车轴锻造使用的精锻机(见图 5-3-15)的主要组成部分为:机械部分和控制部分。机械部分包括两个夹头,上、下料装置,专用滚道,锻锤更换装置,锻锤调整装置。控制部分包括三轴线(两个夹头 A、B 轴线和锻锤中心线 R),CNC 控制装置,单独(手动)功能和可自由编程控制装置(PC)。

其主要部件有:锻造连杆的齿轮传动装置、锻造箱、锻锤调整装置、夹头、装料及卸料装置、专用滚道、油箱、油泵及过滤器、润滑系统、液压控制系统、压缩空气和冷却水系统、操作台及接线箱的操作元件和显示元件。其主要控制系统是 PC 和 CNC。通过控制 PC 单独功能可实现锻具更换、机床调整以及对紧急情况进行处理。通过控制 PC 和 CNC 系统,可实现 A、B、R 轴线的手动、半自动和完全自动操作,通过各轴线的协调动作完成锻造过程,保证锻件

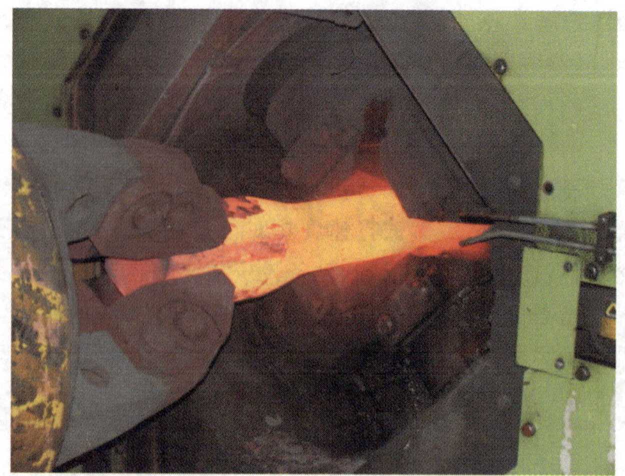

图 5-3-15　精密锻造机锻造车轴

尺寸、形状与工艺要求的一致性。锻件的精确程度主要取决于 A、B、R 轴线的同轴度，以及 A、B、R 三轴线动作的协调性。与锻造过程有关的机械主要部件功能方式如下：

(1)齿轮箱和锻造连杆的齿轮传动装置

在此装置内，四个连接齿轮通过连接圆盘与在四个偏心轴上紧固的转轮相连，以便由锻造电机驱动其实现往复运动。锻造电机共有两个，分别用于控制互相垂直的两组连杆的运动。

(2)锻造箱

锻造箱共有两个，在此装置内，4 个相互成 90°、并与工件轴线垂直的连杆由四个偏心轴驱动。这 4 个偏心轴置于调整箱内，通过旋转调整箱，偏心轴中心可在一定距离(以 500 t 精锻机为例，此距离为 105 mm)内实现位移，连杆的冲程也可按同样的位移数值得以调整。

每个锻造箱采用两个锁紧缸控制，目的是保证带有轴承间隙安装的调整箱在锻造时不颤动。

(3)锻锤调整装置

此调整装置主要由机床两侧的蜗轮蜗杆和锥形齿轮传动装置以及两个液压驱动马达组成。通过锻锤调整装置，可以准确地将锻锤位置按所需要的锻造直径调整到位。

(4)夹头和夹钳

夹头共有两个，置于锻造箱的两侧，是操纵工件的机械装置。在此装置前端，安装夹钳，用于直接夹持工件，它是夹持工件的工艺装置。夹钳应借助连接销安装在夹头装置的夹紧杆中。每个夹头中有 4 个夹紧杆，夹紧杆的打开和关闭，是通过 4 个夹紧缸完成的。同时，夹紧杆通过滑动面和滑动块围绕轴承销轴转动。

两个夹头(包括夹钳)分别用来夹持准备锻造的钢坯和锻造好一端的轴类锻件。为了便于区别，我们将其分别定义为坯料夹钳和锻件夹钳。为了适应夹持不同截面尺寸钢坯和不同直径锻件的要求，必须设计、制造形状和尺寸不同的系列夹钳。

在进行圆形截面工件锻造时，工件的旋转运动是通过电机和蜗轮蜗杆传动机构作用于夹头主轴得以实现的。夹头沿周向的慢速运动和精确分度运动依靠本身的专用马达和起始器开关实现，并依靠板簧的作用，缓冲夹头的冲力。所谓分度运动，是指将夹头调整到 45°或 90°的位置，以便于夹持方形截面钢坯。

夹头壳体后面装有一个缓冲制动器。在进行圆截面工件锻造时，该制动器接通时，由装在齿轮箱上的终端开关按锻锤节拍进行控制，以保证得到锻打和旋转运动的协调动作，即锻打时夹头不再沿周向旋转，而旋转和轴向进给时锻锤要在适当的开启位置，不能接触坯料。而在正常旋转或在分度时，制动器则脱开，可自由旋转或以规定的角度分度。这个功能使得工件旋转时不受锻造力的作用，从而实现了防止工件扭曲的目的。

夹头在轴向的运动是通过进给缸驱动，并以床身上的导轨为向导实现前、后运动。夹头终端位置、装料和卸料位置以及必要的快速进给切断，是由装在床身上的限位开关来保证的。限位开关的启动，是通过限位开关轮辐与夹头上的接通凸起部共同完成的。夹头位置实际值的确定，是由夹头经链条、链轮和齿轮传动装置驱动的同步脉冲发射器完成的。

(5)装料及卸料装置

装料和卸料装置的动作能够与锻造过程结合在一起，通过数控程序按锻造节拍实现连续自动装料和卸料。上料装置的功能是抓住由装料滚道送来的工件，将其摆入机器中心，再转交给坯料夹钳。卸料装置的功能是在指定的位置加紧由锻造夹钳完成锻造的工件，将其置于下料滚道上。

本装置主要由下列几部分组成：支架、液压可摆动式抓臂和在其上装设的抓钳箱。

(6)专用滚道

专用滚道用于钢坯及工件的传送。为了使由上料滚道传入的毛坯件在纵向上定位并借助上料装置准确地将钢坯转交给坯料夹钳，在此位置设置了一个工件置中装置或感应器，以确保坯料夹钳以规定的位置夹持钢坯。

(7)润滑系统

主润滑系统是一个集中的循环润滑系统，它提供锻造箱和齿轮箱内轴承和锤头调整装置的润滑油。两个夹头的润滑位置是由本身的循环润滑系统供油。

(8)液压控制系统

主要包括：液压系统供油装置、夹头进给系统、夹头夹紧系统、夹头旋转制动系统，锻锤调整系统，装料和卸料系统。

以 500 t 精锻机为例，其主要技术参数：

每个锻锤的锻造	500 t
锻锤数	4
锤击数	310 次/min
直径调整范围	210 mm
锻锤长度	515 mm
坯料最大尺寸	ϕ320 mm(265 mm 方)
上料装置：	
坯料直径	最小 70 mm
	最大 320 mm
坯料长度	最小 800 mm
	最大 1 700 mm
卸料装置：	
锻造后的工件长度	最小 1 500 mm
	最大 4 000 mm
轴向 A、B 控制精度	1 mm
周向 R 控制精度	0.1 mm
坯料夹头行程	3 800 mm
锻件夹头行程	5 400 mm
夹头负载力矩	12 kN·m
夹头快速进给速度	最大 500 mm/s
夹头进给速度	15～200 mm/s

精锻机锻造车轴的过程是由数控程序引导完成的，锻造数控程序的主要内容包括：

(1)程序名称

用规定位数的十进位数作为编程识别标记——程序名称。

(2)程序块地址号

每种车轴的锻造程序由一定数量的程序块组成。程序块地址号对程序顺序无影响，整个程序按程序块的先后顺序执行，然而程序块号只可以在一个程序内使用一次。

(3)路径信息

程序内的最大可编程路径取决于坯料将在机器各个轴线上移动的最大距离。输入精度对轴线 A 及 B 为 1 mm，对轴线 R 为 0.1 mm。

在锻造带有一定锥度的工件时，一般应从较小直径一端向大直径一端逐渐成形，由一定圆锥长度求得的锻锤轴线的定值以及锻造直径差均由 CNC 控制装置进行计算。

(4)速度地址

控制锻锤及夹头运动的比例方向控制阀的公称值是通过速度地址来编程的。以 500 t 精锻机为例，轴线速度在 0.6～12 m/min 的范围内变化，最大移动速度为 30 m/min。

(5)运动功能地址

通过对此功能地址的编程，可以实现对 A、B、R 轴线的分别和综合的匀速准确到位、加速准确到位、模糊到位控制。

(6)夹头功能地址

夹头主轴旋转以及换位是由夹头功能地址编程。根据其定义，可以实现对单个夹头连续旋转、两个夹头同时连续旋转、单个夹头在振荡制动器作用下以一定频率“停—转—停—转”、两个夹头在振荡制动器作用下以一定频率同时协调“停—转—停—转”、单个夹头转位到 45°位置或转位到 90°位置两个夹头同时转位到 45°位置或同时转位到 90°位置等动作的控制。

(7)夹头功能地址

夹头功能(夹持、释放、定中心)按夹头功能地址编程。

(8)辅助功能地址

通过对辅助功能编程,可实现程序无条件停止、有条件停止、程序结束、程序在某一规定的动作到位后继续、检索工件、夹头在规定条件下装料、锻造过程中是否进行喷雾、(某一夹头夹持工件锻造时)另一夹头是否辅助夹持工件、下一程序块的指令执行前是否需要延时等动作的控制。

正确的锻造程序是保证车轴锻件尺寸满足产品加工要求的关键,编制锻造程序的基本方法及原则是:

(1)绘制锻件图,并确定坯料规格、尺寸

根据锻锤设计结构和尺寸、热处理和机械加工所需的加工余量和余块等绘制锻件图,计算锻件重量,并增加适当的加热烧损量后确定所需的坯料重量、规格和长度。

(2)绘制成形工步图

根据锻造工艺基本理论并结合设备特点,以合理的夹头进给量和锻造压下量确定锻造成形工步数和每个成形工步的毛坯形状。径向锻轴都是逐段变形的,确定毛坯的变形过程也就是确定夹头和锤头的送进动作程序,一般用成形工步示意图表示成形过程。成形工步示意图用箭头表示,在箭头旁标注工步序号。实箭头表示变形过程,空箭头表示毛坯不变形而夹头或锤头仍作送进动作的过程。垂直于轴线的箭头表示径向送进,平行于轴线的箭头表示轴向送进。

(3)绘制热态锻件图,并注明编制程序所需的程序点及对应的最后尺寸(即路径信息)

根据成品锻件的形状,绘制出热态锻件图,以热态锻件尺寸为依据,用图解法和计算法结合,按锻造操作顺序确定每个成形工步的毛坯形状和尺寸,并得出编制程序所需的锻锤直径和夹头起始、终了位置数据。

为确保锻件尺寸符合锻件图的要求,应注意以下三个关键问题:一是计算前提,即每个工步开始和终了所用的坯料重量保持不变;二是上料后坯料夹钳所夹持的坯料长度与锻锤起始锻造位置的协调关系,因为这个关系决定了坯料夹钳夹持坯料进行锻造是可以成形的锻件(简称前半轴)尺寸;三是前半轴完成锻造后,未完全成形的坯料由坯料夹钳向锻件夹钳送料交接的位置,这个位置是保证整个车轴锻造完成后锻件各部位相对位置符合锻件图要求的前提条件。

四、车轴锻造常见问题及处理

车轴锻造常见的质量问题有:弯曲、前后半轴轴线不在同一条直线上、局部表面扭曲、裂纹、端面凹坑太深、各部位相对位置发生偏移、不成形等。

1. 弯曲。根据车轴整个轴线或局部的不平直情况,我们将其不平直量超过 3 mm 的现象称为弯曲。

根据生产实际经验,锻件弯曲的主要原因是坯料加热不均匀,特别是阴阳面坯料,由于其各个面的加热温度不同,所以其锻造时的变形抗力不同,变形抗力小的一面,锻造时的变形程度大,而变形抗力小的一面,锻造时的变形程度小,所以整个车轴轴线会发生弯曲。解决此问题的办法是适当延长坯料均热时间、缩短炉门开启时间和检查烧嘴状态,保证炉膛温度的均匀性等,以达到使坯料各个面加热温度均匀的目的。

有时锻件局部,特别是过度台阶处会发生弯曲,这种缺陷产生的主要原因是锻锤磨损严重或新制锻锤表面质量不符合图纸要求造成的,根本原因是坯料局部不能按理想的流线方向产生金属流动。解决此问题的办法是修复或更换锤头。

2. 前后半轴轴线不在同一条直线上。此问题多发生在精锻机锻造的车轴中,产生的主要原因是,锻造机锻锤的中心线和两侧的两个夹头中心线不同心,前半轴的轴线是由锻锤中心线和坯料夹钳的中心线决定的,而后半轴的轴线是由锻锤中心线和锻件夹钳的中心线决定的。所以,此时应立即停止锻造,调整三轴线的同心度。

3. 局部表面扭曲。此问题多发生在精锻机锻造的车轴中,产生的主要原因是,锻锤开启和压下频率与夹头进给、旋转和停止进给、旋转的频率不匹配。锻锤锻造时,夹头在某一短暂时间还处于夹紧状态,坯料同时受锻锤径向压力和夹头周向旋转力的作用,造成锻件局部表面的扭曲。发生此问题时,要对其进行纤维分布和金相显微试验,以确定其内部微观结构是否受到了破坏。

4. 裂纹。车轴锻造裂纹主要由坯料本身的表面缺陷经过锻造后扩展造成,因此,在投料前一定要仔细检查坯料表面质量，有条件时可对其进行磁粉探伤，以便及时发现原材料缺陷，降低生产成本。

5. 端面凹坑太深。此问题产生的主要原因是钢坯内外温度不均匀，因心部温度低于表面温度，锻造时心部延伸速度慢，而表面延伸速度快，所以产生中心凹坑。杜绝此问题的办法是适当延长保温时间，确保钢坯内外部加热温度的一致性。

6. 各部位相对位置发生偏移。这个问题主要是由于编制锻造程序时，未能精确计算好两个夹头的最佳交接位置。另一个可能的原因是，两夹头中，至少有一个夹头发生冲程现象，即夹头位置在某一程序段超出了程序规定的位置。所以，发现此问题时，要重新核实锻造程序的正确性，否则，应对夹头位置的准确性进行校准。

7. 不成形。即锻造过程中由于设备突发性故障，突然终止锻造程序，造成锻件未按规定的锻件尺寸成形的问题。出现此类问题，应记录好该坯料的相关信息，重新回炉加热后再次锻造。

五、锻后冷却工艺

车轴锻后采用自然空冷方式进行冷却。使用悬挂式热处理炉对车轴热处理时，为了便于安全操作，要将车轴表面温度降低到室温才允许钻吊装工艺孔，气后用专用吊具吊装入炉。使用步进式热处理时，可以将车轴降低到适当温度时入炉，按照碳素钢热处理装炉温度的规定，对于正火热处理，车轴表面温度必须降低到 500 ℃以下才可入炉；对于回火热处理，车轴表面温度必须降低到 250 ℃以下才可入炉。

第五节　车轴热处理工艺及设备

一、热处理工艺基本原理

改善钢的性能，有两个途径：一是调整钢的化学成分，加入合金元素，即合金化的办法；二是对钢实施热处理。这两者之间有着极为密切，相辅相成的关系。

热处理是一种重要的金属加工工艺，钢经过热处理，可以提高使用性能，改善工艺性能，达到充分发挥材料性能潜力，提高产品质量，延长使用寿命，提高经济效益的目的。但是，热处理只适用于固态下发生组织相变的材料，不发生固态相变的材料不能用热处理来强化。

钢的热处理是指将钢在固态下进行加热、保温和冷却三个基本过程，以改变钢的内部组织结构，从而获得所需性能的一种加工工艺。

在实际加热和冷却时，由于有过热或过冷现象，如图 5-3-16 所示，在平衡条件下钢的临界温度分别用 A_1、A_3、A_{cm} 表示，在加热时钢的临界温度分别用 Ac_1、Ac_3、Ac_{cm} 表示，而冷却时则分别用 A_{r1}、A_{r3}、A_{rcm}。A_1 在平衡状态下，奥氏体、铁素体、渗碳体或碳化物共存的温度，即一般所说的下临界点。A_3 亚共析钢在平衡状态下，奥氏体和铁素体共存的最高温度，即亚共析钢的上临界点。过共析钢在平衡状态下，奥氏体和渗碳体或碳化物共存的最高温度，即过共析钢的上临界点。

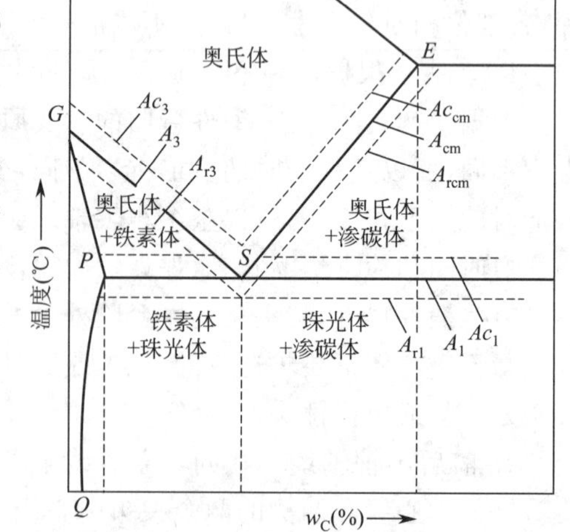

图 5-3-16　加热和冷却对临界转变温度的影响

对于大多数热处理工艺（如淬火，正火和退火等），其加热温度应高于钢的临界点 A_1、A_3、A_{cm}，使钢件具有奥氏体组织，然后以一定的冷却方式冷却，以获得所要求的组织和性能。

1. 钢在加热过程中的组织转变

钢通过加热（及保温）获得奥氏体组织的这一过程称为奥氏体化。

奥氏体的形成是通过形核及长大过程来实现的，基本过程可以描述为四个步骤，以共析碳钢（含碳量等于 0.77%的碳钢）为例，其形成过程如图 5-3-17 所示。

亚共析钢（含碳量低于 0.77%的碳钢）和过共析钢（含碳量高于 0.77%的碳钢）中奥氏体的形成过程，基本上与共析钢相同，但具有过剩相转变和溶解的特点。

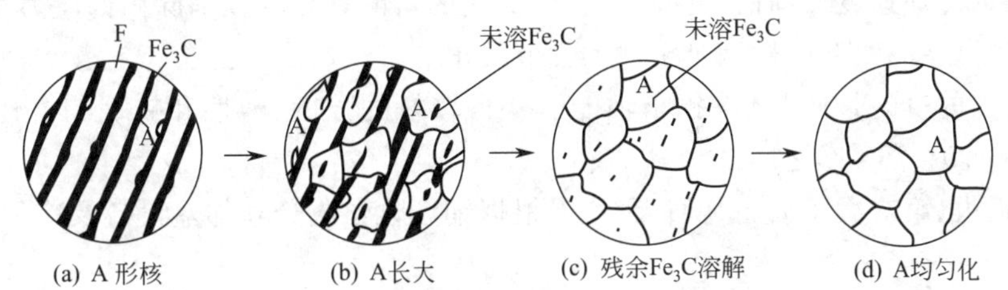

图 5-3-17　共析钢碳钢的奥氏体形成过程示意图

亚共析钢在室温平衡状态下的组织为珠光体和过剩铁素体。铁素体是碳溶于 α-Fe 中形成的间隙固熔体，用 F 表示。珠光体是共析产物 α-Fe 与渗碳体 Fe_3C 的机械混合物，用 P 表示。

亚共析钢缓慢加热到 Ac_1 时，珠光体转变为奥氏体；若进一步提高加热温度和延长保温时间，则过剩铁素体亦逐渐转变为奥氏体。在温度超过 Ac_3 时（Ac_3 为亚共析钢实际加热时，所有铁素体均转变为奥氏体的温度），过剩铁素体完全消失，全部组织为较细的奥氏体晶粒。若继续提高加热温度或延长保温时间，奥氏体晶粒将长大。

2. 过冷奥氏体的转变产物

钢的常温性能不仅与加热时获得的奥氏体晶粒大小、化学成分均匀程度有关，而且与奥氏体冷却转变后的最终组织有直接的关系。因此，钢在不同过冷度下可能转变为不同的组织。当奥氏体过冷到临界点以下时，就变成不稳定状态的过冷奥氏体。在不同过冷度下，过冷奥氏体将发生三种类型的组织转变，即珠光体类型组织转变、贝氏体类型组织转变和马氏体类型组织转变。现以共析钢为例，对三种转变分别进行讨论。

过冷奥氏体在 A_1 至 550 ℃温度范围内，将转变为珠光体类型组织。过冷奥氏体在 550 ℃至 Ms（马氏体转变开始温度）温度范围内，将转变为贝氏体类型组织。钢经奥氏体化后快速冷却，抑制其扩散性分解，在较低温度下（Ms～Mf）（共析碳钢在 30 ℃温度以下）发生的组织转变为马氏体类型组织转变，Ms 表示马氏体开始转变的温度，Mf 表示马氏体转变终了的温度。

二、车轴热处理工艺

目前，我国车轴采用 LZ50 钢制造，车轴热处理后的技术指标见表 5-3-6。

表 5-3-6　热处理后车轴力学性能和晶粒度

项目	R_m	R_{eL}	$A_{4.52}$（A_5）	Z	晶粒度和金相组织
	MPa		%		
指标	≥610	≥345	≥22(20)	≥37	不低于 6 级，整个试样显示为均匀的细晶粒组织。金相组织应为珠光体和铁素体

车轴力学性能试验的项目为拉伸试验。正常情况下，拉伸试验用试样的取样部位规定为车轴轴颈的延长体位于车轴中心线距表面一半距离的任一位置上，并与车轴轴线平行。晶粒度检验试样可在拉伸试样未变形的大端垂直于轴线的横断面上截取。拉伸试验方法按 GB 228 或 ASTM E8 的规定进行。晶粒度检验及评定应按 YB/T 5148 或 ASTM E112 的规定进行。

为了获得良好的强度、塑性和韧性综合性能以及晶粒度和金相组织的要求，结合 LZ50 钢车轴锻造后的组织特点，其热处理采用"两次正火＋回火"工艺。

正火是将锻件加热到高于临界温度（即将所有铁素体全部转变为奥氏体的温度，用 A_{C3} 表示）以上适当温度，并保持一定时间后，在空气中均匀冷却，得到珠光体＋铁素体组织的热处理工艺。

LZ50 钢车轴进行两次正火，其作用是不同的。第一次正火的目的是为了消除车轴锻件内部的变形应力，细化组织，特别是消除魏氏体组织，均匀成分，为第二次正火做好准备，所以第一次的热处理温度都比较高，一般将第一次正火的保温温度确定在 860～900 ℃之间；第二次正火的目的是细化晶粒，均匀组织，一般将第二次正火的保温温度确定在 790～850 ℃之间。

回火：是将经过正火热处理后的车轴重新缓慢加热到低于下临界点（用 A_1 表示）以下适当温度，并保持一定时间后，以适当的冷却速度冷却的热处理工艺。回火的目的是减少或消除内部应力，使工件既具有较高的强度，又具有良好的塑性和韧性，以满足工件的性能要求。

LZ50 钢车轴回火的目的是使 LZ50 钢车轴能够获得较好的强度、塑性和韧性综合性能，满足车轴的使用要求，一般确定在 470～560 ℃之间。

无论是第一次正火、第二次正火还是回火，均需根据钢坯化学成分和加热设备及冷却条件的不同做出更为恰当的选择。

对于 LZ50 钢车轴，无论是第一次正火还是第二次正火，入炉前，锻件温度都应冷却到 500 ℃以下。对于 LZ50 钢车轴，回火时车轴的入炉温度都应冷却到 250 ℃以下。

对于工件的热处理，不仅要规定科学的保温温度，同时还必须规定出相应温度下的保温时间(即炉温达到规定的保温温度后，需要保持的时间)。正火和回火保温时间必须结合所使用的热处理设备、装炉量和工件的直径等因素进行综合考虑和必要的工艺试验后才能做出更为合理的规定。

采用周期炉或连续炉对车轴分别进行正火和回火时的热处理工艺曲线，如图 5-3-18～图 5-3-20 所示。

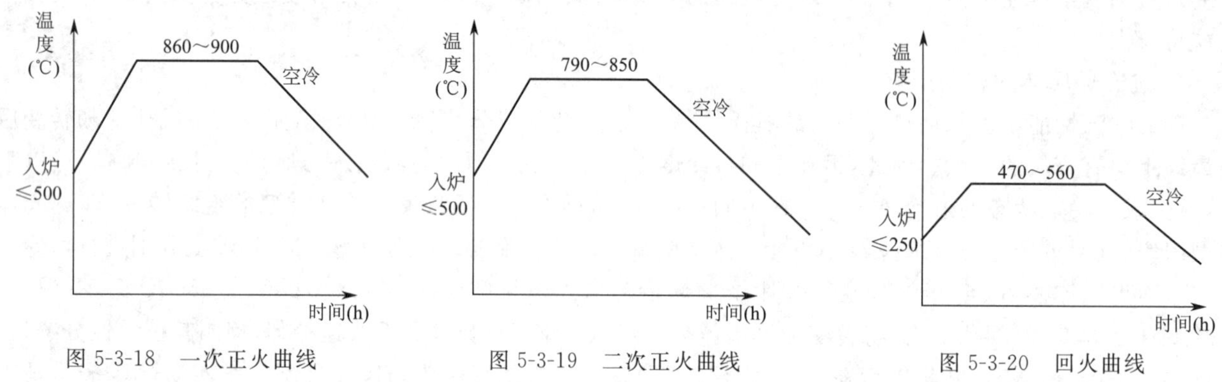

图 5-3-18　一次正火曲线　　图 5-3-19　二次正火曲线　　图 5-3-20　回火曲线

采用连续炉对车轴连续进行“两次正火＋回火”热处理时的工艺曲线如图 5-3-21 所示。

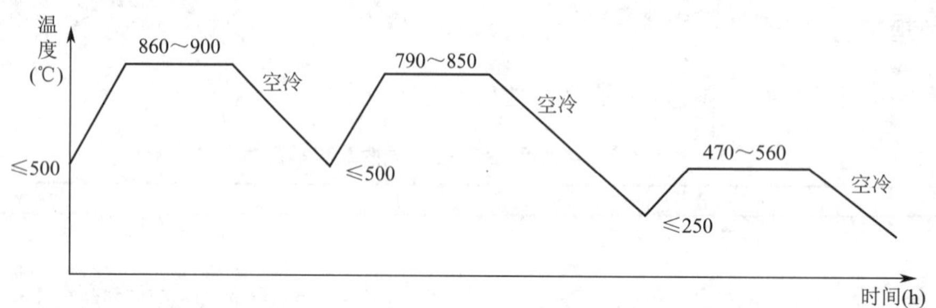

图 5-3-21　“两次正火＋回火”连续进行的热处理工艺曲线

三、主要车轴热处理设备

为了确保车轴热处理的效果，按照 TB/T 2945—1999 的规定，不允许使用台车式热处理炉进行正火处理。目前我国车轴热处理所使用的设备主要有煤气加热步进式正火炉、煤气加热步进式回火炉、井式电阻炉和连续悬挂式电阻炉。

1. 步进式正火炉、回火炉

步进式正火炉和回火炉(见图 5-3-22、图 5-3-23)均采用煤气加热，由于其进出料是不间断的，所以都属于连续炉的一种。其主要组成部分是炉体、喷嘴、静床、动床、控温系统和记录温度系统。炉膛尺寸按工件长度和直径大小、工件热处理规定的总加热时间和保温时间以及锻造、热处理连续生产时全线生产节拍等为主要设计依据，炉内加热区域一般分为预热区、加热一区、加热二区和均热区。动床的循环动作过程一般是下降→后退→进料→上升→前进→出料→再后退，车轴在动床上的排布方式是每根车轴独立放置于一个锯齿内，每相邻的两根车轴的间距约为 300 mm，同时锯齿设计的独特性可以保证每根车轴在前进过程中都能靠其自重以及来自锯齿的侧面压力旋转一定的角度，这些措施都可以保证车轴在炉内得到均匀加热，同时不弯曲。进出料方式有端进端出和端进侧出两种方式，选择何种进出料方式，更大程度上取决于现有工房的布局。在不受现有条件约束的情况下，应采用端进侧出方式，以保证车轴的保温效果不受出料的影响。工件加热的热能来自于喷嘴放散的火焰，每个布置于炉体两侧的喷嘴都可以按照设定的加热温度的要求自动调节流量，从而控制和自动调节温度。

步进式回火炉的炉底结构与步进式正火炉基本相同，但是因其所需温度较低，其加热方式与步进式正火炉的完全不同，不能将烧嘴直接安置在炉膛两侧或炉顶和炉底，采用了从炉顶向下鼓热风的加热方式，保证了车轴回火热处理所需的环境条件。

步进式正火炉的最大优点是可以利用锻件锻后冷却到规定温度后的余温直接进入热处理炉进行正火，也就是说可以实现锻造和热处理连续生产，从而提高了生产效率，同时降低了能源消耗。

目前，我国生产车轴的厂家，多数采用的是单台炉子作业的方式。2000 年建成投产的 LZ50 钢车轴热加工生产线上，结合我国、外车轴尺寸、规格特点和技术标准对车轴入炉温度的规定，设计完成了连续完成下料、锻造、一次正火、二次正火和回火的联动生产线，其中除下料工序外的其他工序，实现了锻造冷一次正火、正火后冷却、二次正火、正火后冷却和回火的半自动连续生产，不仅大大提高了生产效率，而且由于恰当利用了锻后预热和热处理后的预热，大大降低了能源消耗。步进式正火炉和回火炉都实现了自动调节和自动控制温度的功能，操作简便，控温精度高。

步进正火炉的预热段采用高速调温烧嘴供热。该型烧嘴的特点：(1)在较大范围内温度可调，直到满足加热工艺的要求。(2)炉温均匀。由于烧嘴使用时在烧嘴砖内基本上实现了完全燃烧，燃烧后的高温气体靠膨胀压力从烧嘴砖喷口高速射出，起到强制搅拌炉内气氛的作用，从而保证了炉温的均匀性。加热段和均热段采用平焰烧嘴供热，以确保该段所需的炉温及均匀性。平焰烧嘴燃烧时喷出的是紧贴在炉墙或炉顶内表面上的向上均匀伸展的圆盘形平火焰，能在相当大的平面内形成均匀的温度场。其传热机理是以对流方式传热给炉墙，以辐射方式传给钢坯，因此能实现均匀加热，避免工件过烧，在工艺允许的条件下可提高加热速度。因此该烧嘴不仅能节省燃料，而且能提高加热质量。

图 5-3-22　步进式正火炉热处理车轴

图 5-3-23　步进式回火炉热处理车轴

2. 井式电阻炉

井式电阻炉(见图 5-3-24)是一种周期性作业炉，是将车轴在吊挂状态下进行热处理的电加热设备。其最大特点是可以避免工件加热过程中的弯曲变形。其缺点是，由于其需要用专用的吊具或钻吊装孔将车轴悬挂起来装炉，所以锻件不仅不能从锻后直接进炉，还必须冷却到人工可操作的温度，从这方面讲，经济性比步进炉差一些。

顾名思义，井式电阻炉的结构就像一口水井，炉膛横断面有圆形、方形及长方形等几种，其炉口通常开在炉顶面，故利用车间的起重设备垂直装卸工件，操作比较方便，同时炉子的利用率较高。井式电阻炉占地面积小，井盖密封性好，热损失少。

井式电阻炉可建于地面上或地面下，但是由于炉子炉体较高，为便于操作，安装时一般均放于地坑中，只露出地面 600～700 mm。

井式电阻炉的发热体为电热元件。电热元件绕成型后安放在炉膛的扇形搁砖上。通常，在炉体内壁环绕能够满足使用要求的一定功率的电阻带，依靠通电电阻带的热能和热辐射加热工件，由于其炉膛较深，上下区域的散热条件很不一样，为保证整个炉膛上下温度均匀，减少炉膛上下的温度差，多采用分区温度控制，整个炉体分为上、中、下三个区域控制，各段的电热体单独供电每段均有一热电偶作为测温元件控制其温度。目前，大型井式电阻炉的功率已发展到1 000 kW，炉膛深度20～30 m。

井式电阻炉的炉盖有整体或对开式两种，采用手动或电动启闭，一般直径较小的炉子，手动启闭炉盖，而直径较大的炉子则采用电动启闭。为确保操作人员的安全，设有炉盖启闭连锁开关，此开关与控制柜电源连锁。当炉门开启时，电热炉的加热电源可自动断开。

使用这种热处理设备时，必须配置专用吊装工具，一般由吊杆、芯盘、小吊具和连接板或连接销组成，每个吊杆吊挂一个芯盘，每个芯盘上通过小吊具和连接板或连接销吊挂6～8根车轴，整个吊挂组以整体形式靠行车进出炉。

井式电阻炉的性能指标包括：电热元件的电阻、额定功率、空炉升温时间、空载功率、炉温均匀性等。

图5-3-25为井式电阻炉结构简图。

图5-3-24 井式电阻炉热处理车轴

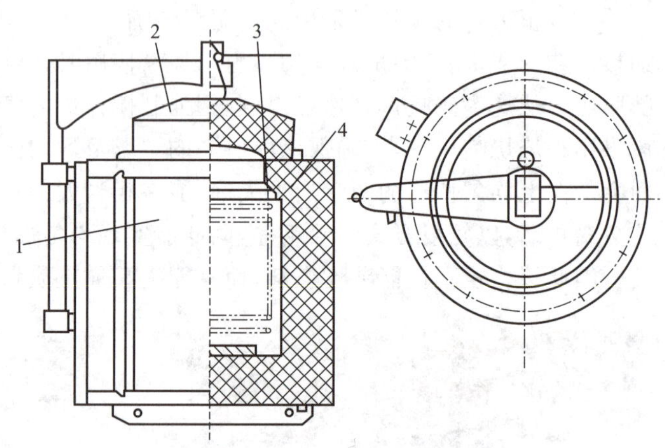

图5-3-25 井式电阻炉结构简图

1—炉膛；2—炉盖；3—电热元件；4—保温材料

3. 悬挂式连续电阻炉

悬挂式连续电阻炉(见图5-3-26)是一种连续性作业炉。其使用方式也是要用专用的吊具或钻吊装孔将车轴悬挂起来装炉，所以锻件不仅不能从锻后直接进炉，还必须冷却到人工可操作的温度。其最大特点是不仅可以避免工件加热过程中的弯曲变形，而且实现了连续生产，便于实现机械化和自动化操作，节省人力；多台炉子组合在一条生产线上时，还可以利用前道热处理的预热继续进行下一道热处理，不仅提高了生产效率，还可以大量节约能源动力消耗，提高热效率。

图5-3-26 悬挂式连续电阻炉热处理车轴

悬挂式连续电阻炉，一般建于地面上，也是靠环绕在炉体内壁的能够满足使用要求的一定功率的电阻带加热工件。

连续电阻炉的炉膛通常是直通式的，有两个炉门，一个进料门，一个出料门。工作时，被加热工件从进料门进入炉膛，沿着炉长方向移动，在移动中逐渐被加热，加热完毕后从出料门出炉。根据工艺要求，连续电阻炉的炉膛常分为几个加热段(区)，实行分段控温。

我国设计制造的1 860 kW车轴热处理悬挂式连续电阻炉，共分四个段，分别为预热段、加热段、均热一段和均热二段。每个段又分别分上、中、下三个区域控制温度的均匀性。可用于对车轴的正火和回火热处理。

目前我国部分车轴制造厂推广采用的此种炉型，按照车轴热处理的需要，将一次正火、二次正火和回火炉联动设置为一条热处理生产线，大大提高了生产效率和热效率。

目前，随着美国铁路协会AAR M-101技术标准的修订，以及未来我国LZ50钢车轴技术标准修订趋势对车轴经过“两次正火＋回火”后的屈服强度和抗拉强度提高5%的要求，从增大冷却速度可以提高屈服强度和抗拉强度的理论出发，许多车轴制造厂新建了包括一次正火后强制风冷、二次正火后强制风冷以及回火后强制风冷的全线联动控制积放式悬挂连续电阻热处理生产线，全线除装、卸料外，全部由自动控制系统控制。

该生产线设计占用空间小，工件在链式传动机构上一次性按规定节拍完成进、出料、加热、冷却全过程。整条生产线的动作按编制的程序自动运行，并能通过彩色显示屏显示小车所处的位置。

生产线各主要组成部分是：(1)悬挂输送机及积放站：悬挂输送机采用积放式，主要用来带动积放式小车运转移动；积放站主要放置备用及待修理的小车。(2)装卸料装置：由移动小车、翻转架、移动支架、支撑及顶升液压缸和控制系统等组成，用于完成车轴的装、卸料。(3)一、二次正火炉及冷却室：用来完成车轴的加热、保温和冷却过程。正火炉热源为电加热方式。冷却室由鼓风机、引风机和射流管等组成。正火冷却室利用强力风机鼓出的高压大流量空气，定向对车轴进行喷射，从而加大了空气与车轴的对流换热，加快了车轴的冷却，热空气经引风机排出排放于空中。鼓风机风量和风压采用变频器来控制，可根据车轴工艺要求，调节冷却速度。(4)回火炉及冷却室：起到消除正火后产生的应力的作用。为避免回火脆性及提高生产效率，回火采用吹风快冷。回火炉也采用电加热方式。冷却室由鼓风机、出风管、引风机等组成。

电气控制系统采用PLC可编程控制器对生产线各机械动作实施自动控制。温度控制采用周波过零触发控制技术，采用PID方式对各炉体炉温进行精确控制，与PLC通讯实施整个系统工作状态的控制。

在温度控制上，按进出料方向，可以将炉膛分为预热区、加热一区、加热二区和均热区；每个区域按上下方向又分为上、中、下三个区域。因此，加热温度的控制是按不同的加热区段分别进行上、中、下三个区域的控制。

4. 热处理炉运行质量测试

实际生产过程中，为了确保车轴热处理后的质量，减少能源消耗，降低生产成本，无论采用哪种热处理装备，都必须保证炉子在正常的运行状态。其中最重要的技术指标是炉温均匀性(也称保温精度)，它是保证热处理质量的重要条件之一。炉温均匀性是指电阻炉处于额定温度，并已达到热稳定状态下，空载时，同一时刻在规定测温区域最高与最低炉温的差。测量时，测温点数和测温位置要按炉型确定。通常测量5次，取5次最大温差的平均值作为炉温均匀性的指标。执行标准为GB/T 9452《热处理炉有效加热区测定方法》。

为了保证工件的加热效果，对任何热处理炉，还必须进行有效加热区的测定(测试标准也为GB/T 9425)。同时，还必须把有效加热区的温度偏差控制在允许温度偏差范围之内。LZ50钢车轴热处理炉，使用热电偶型测温装置，其温控系统温度指示综合误差应不超过设定温度的±1%。

按照GB/T 16923—1997的规定，正火热处理炉有效加热区的温度偏差值应为±25 ℃；按照GB/T 16924—1997的规定，回火热处理炉有效加热区的温度偏差值应为±20 ℃。随着热处理炉制造业的产品品质的提高，有效加热区的温度偏差范围的规定也在缩小。

四、车轴热处理常见问题及处理

LZ50钢车轴锻件经过“两次正火＋回火”热处理后，一般都能获得较好的强度、塑性和韧性，满足规定技术指标的要求。但是由于热处理工艺、化学成分偏差、热处理炉加热质量以及冷却条件等因素的影响，也有不合格品产生，主要表现在：(1)屈服强度或延伸率偏低；(2)晶粒度检验中出现混晶。为此，可以从以下几方面查找原因并提出重新热处理的工艺参数：

1. 保温温度的合理性。主要应考虑钢坯化学成分中碳含量与保温温度的匹配性。因为钢中含碳量愈高，奥氏体形成速度愈快。所以钢中含碳量对车轴热处理后的力学性能和晶粒度的影响较大，不同含碳量范围的车轴可以采用不同的保温温度。一般情况下，含碳量较低的车轴其两次正火的保温温度都应适当高一些，这样不仅可以得到强度、塑性指标的合理匹配，而且有利于形成合适的奥氏体晶粒度。但是，也要综合考虑加热温度过高，容易形成网状铁素体，从而降低车轴力学性能的问题。

2. 保温时间的合理性。在奥氏体形成过程中，铁素体比渗碳体先消失，因此奥氏体形成之后，还残存未溶渗碳体。这部分未溶的残余渗碳体将随着时间的延长，继续不断地溶入奥氏体，直至渗碳体全部消失。而且当残余渗碳体全部溶入奥氏体时，奥氏体中的含碳量仍然是不均匀的，在原来渗碳体处含碳量较高，而自原来渗碳体处含碳量较低。只有继续延长保温时间，通过碳的扩散，可使奥氏体的含碳量逐渐趋于均匀。

所以，当工件加热到保温温度时，一方面在铁素体转变为奥氏体后，在钢的奥氏体组织中尚存在一定量的渗碳体，为使其充分溶于奥氏体还需要延长等温保持时间；另一方面奥氏体晶粒尺寸随加热温度的升高和保温时间的延长而不断长大，所以为了获得均匀的细晶粒组织，必须选择合理的保温时间。

3. 冷却速度的合理性。生产实践证明，车轴正火后的冷却速度直接影响其力学性能，特别是屈服强度指标，相对增加冷却速度，可以提高车轴的屈服强度。应注意的问题是：(1)如果在 A_{r1}（钢高温奥氏体化后冷却时，奥氏体分解为铁素体和珠光体的温度）附近冷却速度过低或在 A_{r1} 以下长时间保温，会在先共析铁素体晶界上出现粗大渗碳体或在先共析渗碳体周围出现铁素体条，所以尽管采用强制冷却措施可以提高车轴的屈服强度，但对这种冷却条件下的冷却速度还是要合理控制的，否则不仅会降低强度，也会降低塑性，而且金相组织也不会受到影响；(2)冷却速度过慢会形成网状铁素体和网状渗碳体。

五、热处理后的冷却工艺

为了确保热处理后的冷却效果，除采用增加强制风冷室的冷却方式外，我们还可以采用喷雾冷却方式或吹风冷却方式。喷雾冷却即利用风机的风把从水管流出的水雾化后吹到工件上进行冷却。吹风冷却即在工件上直接吹风进行冷却。但是采用此方式冷却时，一定要使车轴各个位置得到均匀的喷雾效果，同时坚决杜绝将喷雾扩大为喷水。

第六节　车轴机械加工工艺及设备

对车轴的机械加工，主要是切削加工，即在切削机床上，利用切削工具和工件的相对运动，从工件上切除多余的金属层，使工件获得所要求的尺寸精度、几何形状精度、各表面相互位置精度和表面质量的加工。车轴的机械加工主要采用车削和磨削的方法。对于原来带轴颈卸荷槽的车轴，检修时该部位仍采用滚压工艺加工。

一、车轴加工关键技术要求

轴颈、防尘座、轮座是铁路货车车轴安装轴承、防尘挡圈和车轮的组装部分，是车轴加工过程中最关键也是最难保证的部分，其加工质量的好坏将直接影响车辆的运行品质和行车安全，因此保证这部分的尺寸公差和形位公差成为车轴加工工艺的关键所在。

以铁路货车用轴 RD_2 型车轴和 RE_{2B} 型车轴为例，货车车轴的加工精度要求如图 5-3-27 所示，即：轴颈和轮座部分圆柱度≤0.015 mm、径向跳动≤0.05 mm；轴肩的端面跳动≤0.02 mm；轴颈和防尘座直径尺寸精度小于 0.027 mm；轴颈、防尘座、轮座及圆弧部位表面粗糙度要求 R_a 1.6 μm；轴端螺纹孔位置度 0.2 mm、平行度 0.2 mm。

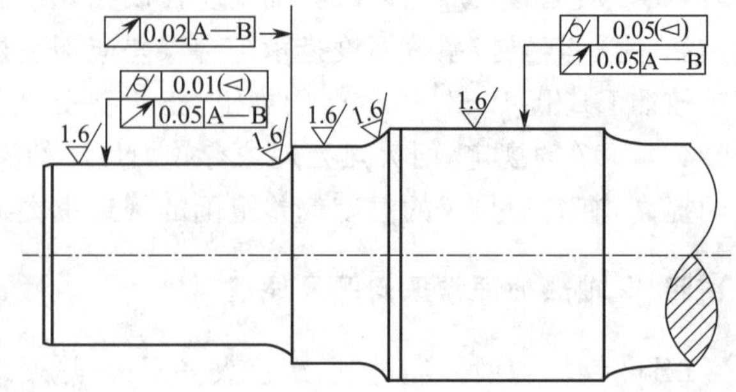

图 5-3-27　货车车轴的加工精度示意图

二、车轴加工工艺流程

货车车轴的加工面为端面、外圆表面、轴端螺纹孔，其中外圆表面是车轴的主要加工表面，因此要能合理地制订车轴的机械加工工艺规程，首先应了解外圆表面的各种加工方法。外圆表面常用的机械加工方法有车削、磨削和各种光整加工方法。车削加工是外圆表面最经济有效的加工方法，就其加工精度和经济精度来说，一般适于作为外圆表面粗加工和半精加工方法；磨削加工是外圆表面主要精加工方法，特别适用于精度和表面质量要求较高的零件。由于各种加工方法所能达到的加工精度、表面粗糙度、生产率和生产成本各不相同，因此必须根据具体情况，选用合理的加工方法，从而加工出满足技术要求的合格零件。

根据车轴的外圆表面的制造精度和最终加工要求，仅用一种方法是达不到其规定要求的，必须顺序地采取粗车、半精车、精车、磨削来逐步提高加工精度。

按照产品供货状态，可以将车轴划分为半精加工车轴和精加工车轴，其加工路线分别是：

1. 半精加工车轴加工路线

(1)采用普通车床加工外圆时，车轴半精加工工艺路线，可参照图 5-3-28、图 5-3-29 所示的两种路线加工，其主要区别在于中心孔和车轴全长加工方法不同。图 5-3-28 中的中心孔采用普通车床加工，全长尺寸在车床上采用车削加工方法完成；而图 5-3-29 中的中心孔采用铣端面、钻中心孔机床完成，全长尺寸用铣加工完成。

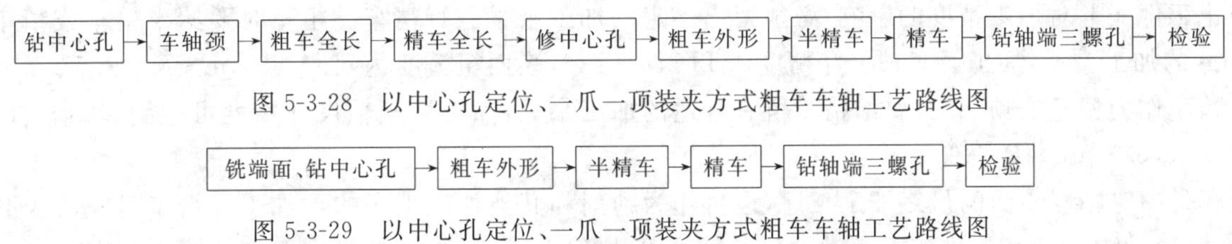

图 5-3-28　以中心孔定位、一爪一顶装夹方式粗车车轴工艺路线图

图 5-3-29　以中心孔定位、一爪一顶装夹方式粗车车轴工艺路线图

(2)采用液压仿形车床完成粗加工时，半精加工车轴的加工工艺路线如图 5-3-30 所示。增加精铣端面、修中心孔的原因是采用液压仿形车床进行粗车时，车轴两端面都应留有一定的加工余量(一般为 1～2 mm)，以便满足液压仿形车床两端卡盘顶夹方式的要求，但是粗车后必须通过精铣端面，使车轴全长加工到符合产品图纸要求的尺寸。

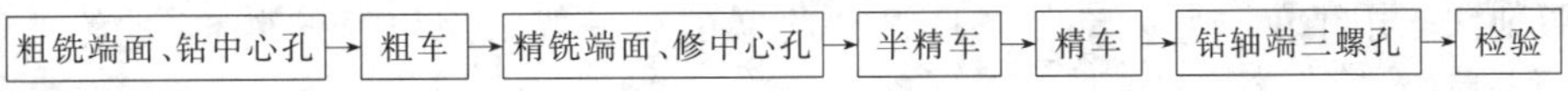

粗铣端面、钻中心孔→粗车→精铣端面、修中心孔→半精车→精车→钻轴端三螺孔→检验

图 5-3-30　以中心孔定位、两端夹盘顶夹装夹方式粗车车轴工艺路线图

(3)随着数控车床的普及，车轴半精车和精车外圆时，可以直接采用以中心孔定位和两端顶夹方式装夹。

2. 精加工车轴加工路线

采用数控车床和数控外圆磨床、数控成型磨床在半精加工基础上完成车轴的精加工。目前，新制车轴轴颈和防尘板座的过渡结构为圆弧，而且必须采用成型磨削工艺进行最终加工。这种设计结构和加工方法代替了原来轴颈和防尘板座以卸荷槽过渡的结构形式和采用数控切削加滚压加工卸荷槽的加工工艺。对于原有 RD_2 型轴颈有卸荷槽的车轴，检修加工过程中，可以采用数控切削加滚压的加工工艺，但是精车和滚压必须在同一数控车床上进行。卸荷槽精车后的表面粗糙度须达到 $R_a3.2\ \mu m$，滚压后的表面粗糙度须达到 $R_a1.6\ \mu m$。

精加工车轴的加工工艺路线如图 5-3-24 所示。

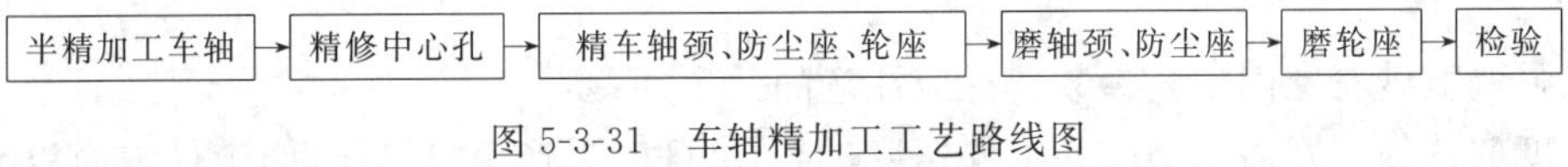

半精加工车轴→精修中心孔→精车轴颈、防尘座、轮座→磨轴颈、防尘座→磨轮座→检验

图 5-3-31　车轴精加工工艺路线图

三、车轴加工工艺技术

1. 定位基准

(1)以中心孔作为定位基准

车轴加工中一般以重要的外圆面如轮座作为初基准定位，加工出中心孔，再以车轴两端的中心孔作为定位精基准，因为车轴各外圆表面的径向跳动、端面螺纹位置度和平行度及轴肩的端面跳动是位置精度的主要项目，而这些表面的设计基准都是车轴的中心线，所以采用两端中心孔定位就能符合基准选择中的基准重合

原则，而且多数工序都采用中心孔作为定位基面，能最大限度地加工出多个外圆和端面，这也符合基准统一原则。

(2)以外圆和中心孔作为定位基准(一夹一顶)

用两中心孔定位虽然定心精度高，但刚性差，尤其是加工较重的工件时不够稳固，切削用量也不能太大。车轴进行粗加工时，为了提高刚度，可采用车轴的外圆表面和另一端中心孔作为定位基准来加工，这种定位方法能承受较大的切削力矩。

2. 车削加工

由于工件的结构和精度要求、生产批量和设备及规格的不同，车削加工阶段与步骤的选择也不同。正确的选择加工阶段，是保证工件加工质量、充分发挥设备潜力、提高加工效率的有效手段。

车轴车削加工主要分粗车、精车，目的是合理利用机床。粗车可以在精度低、功率大的车床上加工，精车可以在精度高的车床上加工。同时，精车放在最后，可以避免工件的碰伤。

粗车的目的是尽快地切去车轴毛坯硬皮和大部分加工余量，车出阶梯轮廓，使车轴接近最后的形状和尺寸。由于粗车时的加工余量大，切削深度和进给量也大，同时切削力、夹紧力也相对较大，工件易产生变形。为了防止工件变形对加工精度的影响，必须留出一定的加工余量进行精车。粗车时要给半精车或精车留有4～6 mm的加工余量，加工后车轴尺寸精度达IT11～IT13，表面粗糙度达到R_a 50 μm～R_a 12.5 μm。

半精车作为精车的预加工，要给精车留有合适的加工余量，加工后车轴尺寸精度可达到IT8～IT10，表面粗糙度R_a 6.3 μm～R_a 3.2 μm。

精车是中等精度表面的最终加工工序，也可作为磨削和其他加工工序的预加工。精车时一般为磨削留0.5～0.6 mm的磨削余量，加工后车轴的尺寸精度可达IT7～IT8，表面粗糙度R_a 1.6 μm～R_a 0.8 μm。

3. 磨削加工

磨削是车轴外圆表面加工的最终加工工序，加工后车轴的尺寸精度可达IT5～IT6，表面粗糙度R_a 0.32 μm～R_a 1.6 μm。

车轴磨削采用纵向往复磨削法和切入磨削法两种方式，但都属于外圆磨削。

纵向往复磨削法多用于单一圆柱部位的磨削。此磨削法一般采用较窄的砂轮，砂轮宽度可达50 mm左右。

切入磨削法对于车轴磨削来说，是一种新的工艺技术。其主要特点是采用宽砂轮，一次进给同时完成多个部位的磨削，工件旋转时，砂轮以慢速作连续的横向进给运动。此磨削法采用的宽砂轮，宽度可达300 mm，砂轮宽度的增大，使生产率大大提高，但是也同时增大了磨削力和磨削功率，产生的热量多，故需加强冷却。宽砂轮经成形修整后可磨削成形面，并能保证零件的形状精度，因而更适用于车轴的大批量生产和成形面磨削，铁路货车车轴轴颈与防尘座处卸荷槽变为圆弧后必须采用成形磨削，目前采用的主要方法是将宽砂轮修整成与工件型面完全吻合的反型面，然后用此砂轮切入磨削，以获得所需的工件形状。

采用切入磨削法磨削时，应注意的问题是砂轮硬度在圆周方向和轴向都要均匀一致，否则砂轮的不均匀磨损，会影响加工工件的精度和表面质量，为此常选用铬刚玉(PA)、棕刚玉(A)等韧性好、形状保持性好的磨料，粗磨时常选用46号粒度，精磨时选用60号粒度。宽砂轮硬度的选择很重要，硬度太高工件易烧伤，金属切除率低；太软则形状保持性不良，砂轮的消耗增加。一般在J～L范围内选择。此外，还应特别注意砂轮硬度的均匀性。

这里，重点强调宽砂轮磨削工艺参数选择应注意的几个问题：

(1)工件速度的选择。宽砂轮磨削的工件速度过高，磨削时易产生自激振动，工件表面粗糙度值增大，砂轮寿命低；工件速度太低，则易使工件烧伤。一般取砂轮速度与工件速度之比在120～200之间。工件直径较小时宜取较大值。

(2)径向进给速度的选择。径向进给速度主要受工艺系统刚性、工件形状精度的限制，当工艺系统刚性不足，工件精度要求高时，径向进给速度应选小值，否则工件变形大，不易保证精度要求。一般可在0.5～0.7 mm/min范围内选择。

(3)光磨时间选择。由于宽砂轮磨削的磨削力大，工艺系统的弹性变形也大。为获得较高的加工精度，光磨的时间应相应增加，直至光磨时火花基本消失为止。

另外，采用切入式成形磨削法时，磨削精度与砂轮修整质量以及磨损均匀性有密切关系。因此，对成形砂轮的修整，就不能用修整磨削内外圆柱面和平面所用砂轮的方法，而必须使用适当的专用工具来修整由一些曲线、圆弧、斜面等构成的成形砂轮的外廓。图 5-3-32 所示是外圆成形砂轮机械修整装置的基本结构。目前车轴制造厂多采用数控程序用金刚石笔在数控磨床上对砂轮进行修整，具有精度高、效率高、砂轮与磨床系统的匹配性好等特点。

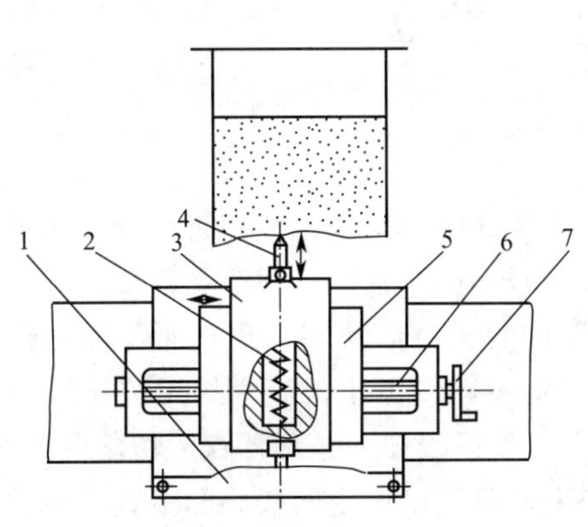

图 5-3-32　外圆成形砂轮修整装置

1—靠模；2—弹簧；3—滑座；4—金刚石刀；5—下滑座；6—丝杆；7—手柄

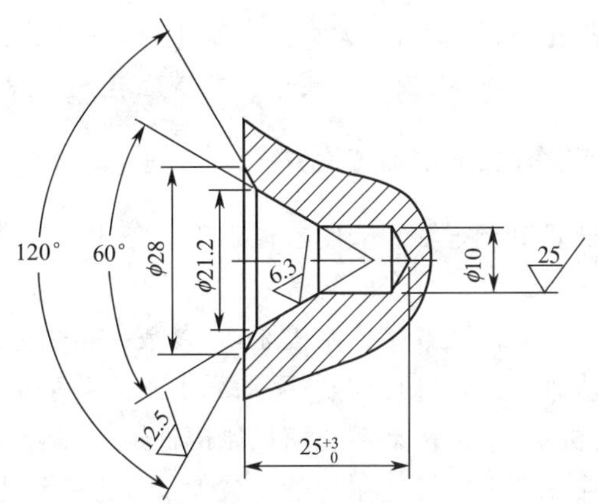

图 5-3-33　车轴中心孔

4. 轴端中心孔及三螺孔加工

加工轴类零件时，通常采用中心孔作为定位基准和支承。车轴中心孔（目前采用形式、尺寸如图 5-3-33 所示）也是车削后进行磨削加工的定位基准和检验基准，其加工质量的好坏直接影响车轴的加工精度，特别是磨削时，中心孔质量问题会造成车轴外圆面圆度或同轴度超差。为了保证车轴的各项精度达到规定要求，车轴加工中常常以中心孔和外圆表面交替作为定位基准，保证各工序加工的精度。其一般采用的顺序是：车（钻）中心孔——以中心孔定位，粗车、半精车、精车外圆——以外圆定位，精修中心孔——以中心孔定位，精磨外圆。目前，车轴中心孔的加工方法有两种，一种是在车床钻中心孔，另一种是在铣端面、钻中心孔机床上完成。前者采用外圆和中心孔交替作为定位基准进行钻孔；而后者采用中心架作为支承，以车轴最大直径（两轮座）作为外圆定位基准装夹。

以 RE_{2B} 型车轴为例，其轴端三螺孔如图 5-3-34 所示。三螺孔加工工艺流程一般为：钻孔——扩孔及倒角——攻丝。由于手动攻螺纹效率较低，并且质量也存在一定的问题，不适用于批量生产，所以在车轴实际生产中，主要是采用机攻螺纹，以保证车轴攻螺纹的质量和提高生产效率，降低生产成本。

目前，轴端三螺孔的加工方法有三种。一种是用车轴轴端三螺孔专用机床加工，它的主要工艺装置是三

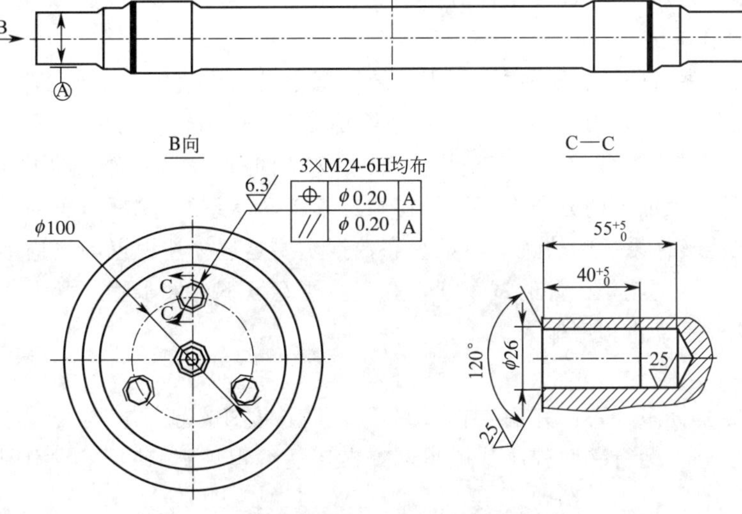

图 5-3-34　轴端三螺孔

孔钻箱，包括了分别以一定的截圆直径和圆周方向以120°平均分布的三个工位的钻底孔、扩孔及倒角、攻丝三组刀具，钻孔过程中，三组刀具依次分别工作，其优点是可以保证三螺孔成形后的位置度。第二种方法是用摇臂钻床加工，加工前要先画线定位三个孔的中心位置，然后逐个按"钻孔——扩孔及倒角——攻丝"顺序完成螺孔加工，这种方法最大的缺点是生产效率低。第三种方法是在数控加工中心加工，根据加工中心的能力，可以采用逐个加工螺孔和三个螺孔同时加工两种方式，但是由于使用了数控程序完成加工过程，不仅保证了三孔位置度，而且大大提高了生产效率。以西班牙DANOBAT轴端三螺孔数控加工中心为例，通过数控程序控制，可以同时完成车轴两端面各三个螺孔的加工。

四、车削、磨削加工设备

早期用于车轴制造的机械加工设备主要是普通车床和普通外圆磨床。后来也使用进口液压仿形车床对车轴外圆面进行粗车。随着数控机床的推广使用，数控机床已逐渐取代普通车床和普通磨床加工车轴。数控机床的全称是数字控制机床，它以数字指令方式控制机床个部件的相对运动和动作。而普通机床按手动和机动两种方式进行控制：手动靠手工摇动手把带动机床部件进行运动和停止；机动时，用按钮接通动力源(电动机)经机械传动系统使机床部件运动，运动的停止也是靠按钮和行程开关碰到挡铁后切断电路而实现。

数控机床的控制原理是将被加工零件图纸上的几何信息和工艺信息用规定的代码和格式编写成加工程序，然后将加工程序输入数控装置，按照程序的要求，经过数控系统信息处理、分配，使各坐标移动若干个最小位移量，实现刀具与工件的相对运动，完成零件的加工。

车轴加工中主要采用的数控机床是数控车床和数控磨床。

1. 数控车床的组成部分和工艺装置

目前用于车轴生产的数控车床主要是我国制造的数控机床。数控车床主要由机械和数控两大部分组成。机械部分包括床身、主轴、滑板、刀架、传动系统、液压系统和润滑系统等。数控系统由CPU单元、控制单元、伺服电机和各种接口等组成。

数控车床的工艺装备的作用是将工件定位和将刀具定位，包括夹持装置和夹刀装置。数控车床加工时，工件的一头(A头)被夹住，另一头(B头)由刀(刃)具作切削。夹持装置是指从与工件A头接触到与车床主轴端之间接触的零件；夹刀装置是指从刀具到回转刀台之间的零件。

广义讲，也可以将刀(刃)具和量具包括在工艺装置中。

数控车床使用最多的夹具是三爪自定心卡盘。一般为液压三爪卡盘，但也有与传统车床一样的手动三爪自定心卡盘。

数控车床使用最多的刀具为机夹刀。由于数控车床的精度高、主轴转速快，所以它用的机夹刀与传统车床用的机夹刀是不同的：前者精度高、品种多、价格也高。数控用车刀片常用的形状有80°等边菱形、55°等边菱形、35°等边菱形、三角形、正方形和圆形6种材质用得最多的是硬质合金基体加表面涂层，加工硬度较高的钢质和铸铁件可用陶瓷刀片，加工淬硬工件时常用立方氮化硼刀片。

2. 数控车加工程序及调试

数控车加工程序由程序名(号)、程序主体和程序结束指令三部分组成。车加工程序中有顺序字号(N)、准备功能字(G)、坐标值字(X、Z)、刀具功能字(T)、进给功能字(F)和辅助功能字(M)等7种程序字。编程坐标系的Z轴应与主轴回转中心线重合，离工件加长法相为正向；X轴与主轴回转中心线垂直、并与刀架横向移动方向平行，离工件外径加大的方向为正向。在确定车床坐标系的前提下，车削程序主要是指车刀上的某点(可称为注视点)在此坐标系中的轨迹。所谓程序数据主要是这个注视点的轨迹上各转折点的坐标值。

数控车加工程序的调试也就是工件的试车削。调试主要有以下十大步骤：

(1)按清晰、工整的程序单将程序输入机床。

(2)校对程序的输入。

(3)对刀。包括设定坐标系和对出并输入各刀的X、Z向长度补偿值。

(4)在"锁住"机械状态下运行一遍程序。此步可查出违反编程规则、使用非法代码、圆弧无法作出超程等错误。

(5)在不装夹工件的情况下单步运行几步。用F_0或25%倍率运行。此步是为检查坐标系和刀补值是否有误。

(6)在不装工件的情况下单步运行一遍程序。

(7)在不装工件的情况下连续运行一遍程序。快进仍用低倍率。仔细观察刀尖的运行路线和哪段工进哪段快进。

(8)装上工件,连续运行。仍用较低的倍率。原则上事先将刀补值向工件的实体反方向移一点(不能移动的部位除外)。

(9)测量工件并修改刀补值。不卸工件,在装夹状态检测所有能检测的部位。修改刀补值时应考虑让刀因素。

(10)修车工件。用100%的倍率。如修车后尺寸合格,不等于再车一件后尺寸也能合格(因为有让刀因素)。用新坯料车出一件合格工件后,调试才告完成。

(11)有轨迹显示功能的车床,调试时还可以简化一些,但要注意显示轨迹与刀尖实走轨迹有些部位是不一样的,即显示轨迹正确不等于刀尖实走轨迹正确。

在数控程序调试过程中,对刀对工件加工结果起关键作用,这里重点将如何对刀介绍如下。

对刀的目的是得到刀架在参考点位置时其上每把刀的假想刀尖点到工件坐标原点的距离值。工件坐标原点也是编程原点。其 X 向的位置必定在主轴的回转中心上,Z 向位置依具体情况选定。在对出每把刀位于参考点时其假想刀尖点到工件原点的距离后,就可以通过换算得到相邻两把刀的长短值(包括 X 向和 Z 向)。

用得到的这些尺寸数据来设定原点坐标系、变换(移动)坐标系、设定道具补偿值和编制和编制程序。

对刀的方法分手动、半自动和自动三种方式。目前采用的经济型数控车床和大多数多功能车床上均采用手动对刀。手动对刀的方法有三种。

第一种是靠近法对刀。即:将作为对刀件的某零件夹持在卡盘上,让其左端面靠近卡盘侧的定位面。事先测出对刀件的尺寸。找正后不让主轴转动。对外径刀的 X 向时,用手动方式将刀头向对刀件外径靠拢,到刀尖刚刚接触到外径时停下。将此时的 X 显示值与刀架位于参考点时的 X 显示值比较,其差值 ΔD 的绝对值就是这段距离的两倍(直径指定时)。此 ΔD 加上对刀件的外径 D 值就是这把刀 X 向参考点到工件坐标原点距离的两倍(直径指定时)。对端面及内外径刀的 Z 向时,用手动方式将刀头向对刀件的外端面靠拢,到刀尖刚刚接触到外端面时停下。将此时的 Z 显示值与刀架位于参考点时的 Z 显示值比较,其差值 ΔL 加上对刀件定的高度 H 值就是这把刀 Z 向参考点到卡盘侧定位面之间的距离。如果工件原点 Z 向就选在这个定位面上,那么 ΔL 加上 H 值就是这把刀 Z 向参考点到工件 Z 向原点的距离。如果工件原点 Z 向选在外端面,那么 ΔL 就是该刀 Z 向参考点到工件 Z 向原点的距离。此法对出的结果为包含加工时的让刀因素。

第二种是沾刀对刀法。其基本步骤与上法差不多。致使此法要让对刀件转起来(主轴打慢转),刀尖靠近对刀件时让沾到一点刀(即出很少很少切屑)后停下来,观察显示值和作与上法相同的计算。用此法对刀的精度要比用上法高一些,但此法对出的结果也未包含加工时的让刀因素。

第三种是试切对刀法。对外径刀的 X 向时,用手动方式或MDI方式试车一刀外径(车一小段能测量即可),将刀朝正 Z 方向退出(X向不能动)后让主轴停转,精测试车出的外径尺寸 D。将此时的 X 显示值与刀架位于参考点时的 X 显示值比较,其差值 ΔD 的绝对值就是这段距离的两倍(直径指定时)。D 加 ΔD 就是这把刀 X 向参考点到工件坐标原点距离的两倍(直径指定时)。对端面及内外径刀的 Z 向时是试切端面。用此法对刀比用上两种方法对刀要更准确些,其主要原因是用此法对出的结果已包含了加工时的让刀因素。

3. 数控车床加工工件的特点

与传统车床加工工件相比,用数控车床加工工件有如下主要特点:

(1)加工的尺寸精度高,在批量加工时尺寸的一致性好;

(2)由于数控车削一次装夹能加工许多部位,所以加工的位置精度高;

(3)加工的表面粗糙度小,在批量加工时表面粗糙度的一致性好;

(4)能加工复杂曲线轮廓的回转零件;

(5)能高效地加工各种螺纹;

(6)由于工序短、高转速和可使用恒线速度等原因,数控车加工的效率相当高。

4. 车轴专用数控磨床的基本组成及特点

近年来，随着车轴轴颈结构形式的改进，对车轴磨削加工提出了新的要求，特别是以圆弧代替卸荷槽后，必须采用成形磨削设备完成磨削加工（见图 5-3-35、图 5-3-36）。

图 5-3-35　成形砂轮切入磨削

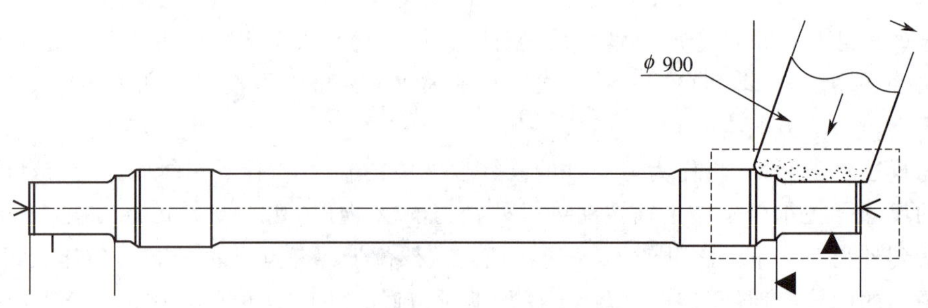

图 5-3-36　成形磨削设备加工车轴示意图

为确保磨削加工精度，车轴制造厂采用具有国际先进水平的进口数控磨床对车轴进行磨削加工，这些数控磨床的主要制造商是意大利 MORARA、美国 SIMMONS 和西班牙 DANOBAT，其共同特点是利用成形砂轮，砂轮（X 轴）和工作台（Z 轴）同时进给，提高了效率，保证最好的磨削质量。

这里主要以意大利制造的 GCH E /E 3000 CNC 型数控成形磨床（见图5-3-37）为主介绍车轴数控成形磨床的主要组成部分和性能。

图 5-3-37　意大利莫罗拉—德奇玛股份公司（MORARA）磨削设备

GCH E /E 3000 CNC 型数控成形磨床的主要功能是：采用双头成形砂轮切入磨削的方式加工车轴两端轴颈和轮座。其主要组成部分包括：主机、砂轮头架、砂轮主轴独立润滑系统、液压站、液压站温度控制系统、定时润滑系统、工件头架、V 型支架、金刚石修整笔、西门子 840D 数控系统及软件、拨料器、工件自动驱动装置、马波斯直径测量仪、马波斯轴向定位仪、马波斯 P7 砂轮动平衡、消空程和防撞系统、断电自动保护系统、便携式电子手轮、带空调和照明的电控柜、断电自动保护系统、自动开关门、吸油烟装置、压缩空气处理装置、冷却液管路系统、冷却液过滤系统、冷却液温度控制系统。

工件头架上装有点动按钮，具有定位停止功能、尾座使用内置式活顶尖或死顶尖、V 形支架可装卸并移动工件。

该设备主机的主要性能：

(1)机床床身

采用整体稳定的铸铁结构(在首次加工前，经过人工自然时效和应力释放)，整体肋装，机床具有很好刚性，经过有限元计算分析，结构适合砂轮台架和工作台的安装。

(2)机床台面冲洗

冷却液连续对机床台面进行冲洗，保持工作台面的清洁和温度的稳定。通过一个专用喷嘴，采用与冲洗砂轮同样的冷却液，对床身进行连续冲洗。

(3)1 号、2 号两个砂轮架(X_1 轴、X_2 轴)

砂轮架安装在淬硬的、带预负载的滚针导轨上。运动靠数字交流无刷电机驱动，滚珠丝杠通过一个同轴连接器与电机连接，控制使用带密封的光栅尺，轴向精度为 0.000 1 mm。砂轮主轴分别安装在液动压轴套上(“右装”砂轮、“左装”砂轮)，砂轮最大尺寸为：760 mm×305 mm×304.8 mm，1 号、2 号砂轮架的切入角度分别为＋20°、－20°。配有：砂轮电机(33 kW)、砂轮轮周速度恒定装置(包括交流变频器，以及用于 CNC 的软件程序)、砂轮动平衡装置，全自动，内置于主轴里。动平衡量 2 500 g/cm。独立的润滑系统，配备各种安全设施(检测油量，油温和油流经主轴的状况等)，并带有冷却系统以及异常报警功能。

(4)工作台(Z 轴)

工作台在 V-平组合型导轨上滑动，导轨上使用 TURCITE 不粘材料处理以消除粘涩现象。运动靠数字交流无刷电机驱动，滚珠丝杠通过一个同轴连接器与电机连接，控制由增量编码器完成，最小分辨率为 0.000 1 mm。工作台滑轨终端有塑性防护罩保护。

(5)工件头架

采用整体稳定的铸铁结构；

工件头架适合用两顶尖的磨削；

速度的连续变化由数字交流无刷电机来控制；

气浮装置使头架在沿工作台的纵向移动更加轻便；

在头架上装有点动开关，用以旋转工件找到拨销。

(6)尾座

带有由滚子轴承支撑的内装式活顶尖或死顶尖；顶尖前端的合金头不小于 ϕ45 mm；

微调装置，可对圆柱度进行修正；

轴向预紧力微调；

夹紧力可调整并能显示；

电子踏板液压开启控制；

利于尾座沿工作台方向移动的气浮装置。

(7)砂轮的修型装置

对 1 号砂轮和 2 号砂轮分别设置修型装置，采用金刚笔式数控修型，为避免影响工件装夹，分别安装在尾座上和头架后面，包括：修型笔的支架，适于砂轮径向和左侧修型的金刚笔、金刚头、专用冷却液喷嘴，具备砂轮修正后的自动补偿功能。

(8)V 形支架和拨料器

装卸工件用两个 V 形支架，外镶黄铜套表面滚花处理，以保护车轴。支架除了可以在高度方向进行调整外，还可以在水平方向进行调整。

通过液压系统用 1 个拨料器将工件推离头架。加工完成后车轴落回到支架上，拨料器推动工件脱离开拨孔销距离不小于 30 mm。

(9)数控系统

西门子 SINUMERIK 840D 数控系统，配备编程软件。

(10)直径测量仪

采用马波斯电子直径测量仪，测量连续表面(测量直径 100～270 mm)，具有自动测量控制和测量补偿功能，尾座部分附带标准体以校对测量仪，重复测量精度 0.2 μm。测量仪有两种运动：第一，数控轴控制的定位移动（W 轴）：它包括从左到右的来回移动：测量仪准确定位在两个位置，即两个砂轮的前面，这样可以测量轴的两端。第二，升降运动测量仪在线测量时处于“底位”，而在装卸工件和移动时，处于“高位”。注意，测量仪处于高位且在右端时，不会影响工件的装卸。

(11)轴向定位装置

用两个马波斯 MIDA touch-trigger 定位仪在磨削前给工件精确定位。定位精度 0.001 mm。包括两个砂轮进给消空程装置和两个砂轮防撞装置。在砂轮快速进给过程中，如工件磨削余量过大或编程错误，砂轮架能自动退回并报警。

(12)冷却液系统

包括电—气阀门，软管等。使用乳化液做冷却液（3%油、97%水）。冷却液箱带有泵，磁分离器和纸质过滤系统（1 400 L 的容量）。冷却液温度控制系统包括冷水机组。

(13)加工精度

最大磨削长度 3 000 mm；最大加工直径 450 mm；顶尖可承受的最大载荷 1 500 kg；砂轮 X 轴定位精度 0.004 mm、重复定位精度 0.002 mm；Z 轴定位精度 0.02 mm、重复定位精度 0.01 mm。

目前，已用于车轴加工的美国西蒙斯机床公司（SIMMONS）SG 803 型数控磨床，与意大利莫罗拉—德奇玛股份公司制造的 GCH E/E 3000 CNC 型数控成型磨床的主要区别在于：

(1)采用单头磨削加工方式，适用于车轴轴颈、圆弧、防尘座、轮座以及轴肩部位的磨削加工。砂轮切入角度为 0°。其他型号的西蒙斯数控磨床 CNC 编程和闭环伺服系统允许切入角度在 0°~30°之间切换。

(2)加工精度：最大磨削长度 3 000 mm；最大加工直径 508 mm；顶尖可承受的最大载荷 1 200 kg；砂轮“X”轴定位精度 0.000 5 mm，重复定位精度 0.001 5 mm；“Z”轴定位精度 0.000 5 mm，重复定位精度 0.001 5 mm；圆度 0.002 5 mm；圆柱度 0.003 mm；磨削圆柱面粗糙度 R_a0.4 μm，磨削圆弧面粗糙度 R_a0.6 μm；磨削工件的尺寸公差带：径向不大于 0.005 mm，轴向不大于 0.01 mm。

(3)控制系统全闭环运行，自动跟踪工件径向测量范围 ϕ44.5～ϕ500 mm，纵向全范围自动测量补偿；通过径向自动测量控制反馈完成砂轮成形修整和工件磨削闭环工作。

(4)具备大磨削量切入成形磨、纵向磨削、锥面磨削、端面磨削运行控制功能。

(5)配备了砂轮自动修正、自动补偿装置；具备冷却液系统、装置轴承润滑系统和控制箱系统温控功能；具有安全保护装置，当工件尺寸超差时，砂轮架自动退回并显示报警。

(6)数控系统采用 GE Fanuc oi 控制系统，但是其他型号的西蒙斯数控磨床还采用了西门子 840D 数控系统。

西班牙达诺巴特公司（DANOBAT）制造的车轴专用磨床，有单头磨削和双头磨削两种方式。适用于铁路车轴轴颈、防尘座、过渡圆弧和轮座的外径磨削。

5. 车轴专用数控磨床的编程

磨床加工的刀具是砂轮。为了实现成形磨削，必须将砂轮外形修整成与磨削部位相符的形状和尺寸才能进行磨削，因此对车轴专用数控磨床的编程与数控车床的编程不同，除了对磨削工件进行编程外，还必须对修整砂轮编程。其中磨削加工程序的编制与数控车削加工程序的编制方法基本相同，这里不再做详细的介绍；但是对修整砂轮的编程，不同的设备选用了不同的砂轮修正编程模式。例如：西班牙达诺巴特公司（DANOBAT）制造的车轴专用磨床砂轮修正程序是以西门子程序代码编程的，而美国西蒙斯数控磨床就更进一步，使用了更加简洁的操作界面来编制程序，这样减轻了操作者的工作，增加了机床的操作安全性能。因此，实际生产中，应根据所使用设备的说明书详细进行砂轮修正编程的学习和实践，才能保证磨削加工的质量。

五、车轴车削质量问题分析

车轴外圆车削加工后，经常出现的质量问题分析如下：

1. 工件尺寸精度达不到要求。主要原因是操作者粗心大意，在测量时发生差错，工件毛坯余量不够或留有黑皮。控制措施是增强操作者的责任心，提高操作技能；正确选用量具，注意热胀冷缩现象，提高测量技术；加工前要对毛坯尺寸和余量进行检查，正确选择定位基准。

2. 工件表面粗糙度达不到要求。其原因是刀具刃磨不合理或磨损超过磨损限度，刀具安装不正确，切削余量选择不合格，由于工艺系统刚性差产生振动或机床精度较差。防止措施是合理选择刀具前角、主偏角、副偏角和刀尖圆弧半径；选用润滑性能好的切削液；选用切削速度要避免产生切削瘤的速度区域；根据不同工件材料的切削加工特点，合理选择加工余量(一般材料选择 0.2～0.5 mm)；采用辅助支承增大刚性，调整车床各部间隙。

3. 工件圆度误差大。其原因是车床主轴与轴承间隙大，工件旋转时不平衡，卡盘在法兰盘上固定不紧，毛坯余量不均匀。防止措施是调整主轴与轴承间隙；车削工件时要加配重平衡；紧固卡盘固定螺钉；分粗车、半精车和精车，消除余量不均匀。

4. 车削后的工件有锥度。其原因是刀具磨损过快，用卡盘装卡后悬伸大、刚性差，车头或尾座偏位，车床大导轨在水平方向与主轴轴心线不平行。消除措施是选用耐磨性好的刀具材料；适当降低切削速度；采用顶尖支承；用试切或用检验棒调整车头与尾座轴线上床身大导轨平行。

5. 刀具崩刃或打刀。其原因有选取刀具材料的抗弯强度较低；刀具几何参数不合理；刀具安装过高或过低；切削用量选择不合理(切削深度太大造成闷车)；车削过程中停车未退出车刀；机床间隙大、工件或刀具刚性差引起振动而造成刀具损坏等。防止措施：在保证刀具耐磨性的情况下，尽可能选用抗弯强度高的刀具(如硬质合金中的细颗粒或微颗粒硬质合金)；根据切削条件合理选择刀具几何参数和切削用量，提高刀具刃磨与安装技术；根据切削要求，合理调整车床。

六、车轴磨削质量问题分析

车轴磨削工序是机械加工中最重要的也是最终的加工工序，磨削质量直接决定产品的合格与否。在磨削过程中，由于有多种因素的影响，零件表面容易产生各种缺陷。常见的缺陷及分析如下：

1. 表面直波纹

磨削后在车轴表面沿母线方向存在等距的直线痕迹，其深度小于 0.5 μm，是介于宏观和微观之间的形状误差，产生原因主要是由于砂轮与工件沿径向产生周期性振动所致。中心孔与顶尖接触不良，砂轮或电动机不平衡等原因都可能造成表面直波纹的产生。

2. 表面螺旋纹

磨削后的车轴表面呈现螺旋痕迹，痕迹的间距等于车轴每转的纵向进给量，产生原因主要是砂轮在磨削时其母线与工件接触不良。砂轮纵向进给量过大，修整砂轮和磨削时切削液供应不足，砂轮磨损、母线不直，砂轮主轴和头尾架轴线不平行等原因都可能造成表面螺旋纹的产生。

3. 拉毛(划伤或划痕)

车轴表面拉毛产生的主要原因是砂轮硬度太软，切削液不清洁，砂轮罩上磨屑落在砂轮与工件之间等。

4. 烧伤和裂纹

烧伤主要是由于磨削高温的作用，使车轴外圆表层金相组织发生变化，因而使表面硬度发生明显变化造成的。引起烧伤的因素有：砂轮太硬或粒度太细，磨削量过大、工件转速过低，切削液不充分等。

磨削裂纹和磨削烧伤均起因于磨削热，所以如何降低磨削热并减少其影响是磨削加工的重要问题。实际生产中：一是要减少磨削热的发生，二是要加速磨削热的传出。解决这些问题的主要途径是：选择合理的磨削参数，在保证表面粗糙度的前提下，适当减少砂轮速度和背吃刀量，适当提高进给量和工件速度；选择有效地冷却方法，如采用高压大流量冷却，或加装空气挡板，以减轻高速旋转的砂轮表面的高压附着气流作用，使冷却液能顺利地喷注到磨削区。

七、车轴端面三螺孔加工问题分析

采用车轴三螺孔专用加工设备加工三螺孔常见的不合格问题、原因分析及解决办法：

1. 位置度超差

(1)车轴中心线与攻丝动力头的三个攻丝主轴分度圆中心线不同轴。首先检查车轴的定位块是否松动，定位平面是否变形或有铁屑等异物；其次调整夹紧工作台的停止位置，是否偏前或偏后，以保证工件定位准确。

(2)底孔位置度、平行度超差。加工时应控制钻孔、扩孔工序主轴的径向跳动不大于 0.02 mm；装夹工件的夹具定位支撑面与钻床主轴中心或丝锥中心的垂直度误差不大于 0.05/100 mm；工件的螺纹底孔与丝锥同轴度一般不大于 0.05 mm。

(3)攻丝动力头的三攻丝主轴分度圆尺寸发生偏差，主要是丝锥主轴弯曲变形造成的，解决办法是调整三主轴分度圆尺寸或更换已弯曲主轴。

2. 螺纹通、止检查不合格

螺纹通、止检查是通过螺纹塞规对螺纹中径尺寸、螺纹误差、牙形角的一种综合判断，螺纹通、止不合格的原因主要有：中径尺寸偏大止不住；中径尺寸偏小通不过；牙形角超差使通、止不合格。

通过对车轴三孔螺纹质量及加工情况综合分析后，可以把原因归纳为以下五个方面：

(1)丝锥螺纹中径偏大。

(2)丝锥或攻丝卡头—丝锥系统与工件底孔同轴度偏大。螺纹底孔与攻丝卡头偏离中心线，在攻进一段距离后，由于阻力导致丝锥弯曲，继续攻丝会使中径扩大，降低螺纹精度；同时由于丝锥退出时受轴向阻力的作用，丝锥背刃产生刮削，导致中径偏大。

(3)丝锥背刃牙形槽中粘切削，导致丝锥中径尺寸改变。

(4)丝锥排屑不畅。

(5)润滑油过滤不好。

解决措施：

(1)改进丝锥结构，在铲背后加 20°～30°的外径后角，同时留 0.25～0.30 mm 宽的刃带。

(2)采用螺旋槽丝锥或倾斜容屑槽，避免切屑在容屑槽中挤压。

(3)选择黏度小而含活化元素的切削液。减小主轴间隙，缩短伺服电机与交流电机的换向时间差。

(4)调整工件与丝锥的同轴度，尽可能使同轴度偏差最小。

(5)丝锥进刀时避免冲击。

(6)对于中径尺寸偏小及牙形角超差情况，主要原因是丝锥精度不够高，可选择精度高的丝锥来解决。

3. 螺纹深度超差

(1)动力头进给行程设置过长或过短，可调整动力头进给行程设置。

(2)攻丝卡头内的弹簧刚度不足。丝锥在开始攻丝时是由攻丝卡头内的弹簧进行调解的，如果攻丝卡头内的弹簧刚度不足，攻丝动力头前进时丝锥会在底孔口处打滑而不能攻入，只有弹簧压缩到一定程度后才能使丝锥攻入，解决办法是更换弹簧压簧。

第七节 车轴检验、试验技术

一、力学性能试验

车轴拉伸试验用的试样取自车轴一端延长体，位于车轴中心线距表面一半距离的任意位置上，并与车轴轴线平行。车轴力学性能应符合表 5-3-7 规定。

表 5-3-7 车轴力学性能

性能	R_m	R_{eL}	$A_{4.52}(A_5)$	Z
	MPa		%	
指标	≥610	≥345	≥22 (20)	≥37

二、晶粒度试验

晶粒度检验试样，应从拉伸试样未变形的大端垂直于轴线的横断面上截取，试样在金相显微镜下放大 100 倍观察，试样应整个显示为均匀的细晶粒组织，晶粒度应不低于 6 级。

三、尺寸及表面粗糙度检验

车轴尺寸检验包括对车轴各部位长度、直径、过渡圆弧、中心孔、三螺孔及其形位公差的检测，表面粗糙度主要包括对车轴两端面、各部位外圆面、过渡圆弧、中心孔的表面粗糙度的检测。为了保证检测结果的正确性，所有量具要按规定的周期定期到具有资质的量具校准单位校准。在日常使用过程中，也要做适当的自校准。即通过检测已知尺寸的量规(量块)时产生的误差大小，来确定量具是否在正常工作状态。

以下就几种重要的车轴检测方法进行简单的介绍。

1. 半精加工和精加工车轴直径和长度尺寸检测。

对于半精加工车轴，由于各部位直径和长度公差较大，所以在大批量生产和检验中，一般采用专用量具——卡规检测，卡规按被测直径允许的最小值和最大值分通、止两个为一套，设计、制造时规定了其磨耗限度。同样的道理，采用专用量具——长度样板检测其长度尺寸，同一长度样板上用刻线表明其最大和最小尺寸，对于每个规定要求检测的长度尺寸，都根据其检测位置的形状特点，设计了相应的长度样板。车轴全长量具也可以设计为专用量具，其结构类似于游标卡尺，检测精度可达到 0.01 mm。而在小批量生产中，为了节约制造成本，缩短量具准备周期，在测量直径时，一般采用外径千分尺检验；而在测量长度尺寸时，一般采用深度尺或游标卡尺进行检验。

对于精加工车轴，由于经过磨削后的直径公差很小，检测精度要求高，所以必须使用通用量具检测。目前使用最多的是外径千分尺(检测精度为 0.01 mm)、电子数显外径千分尺(检测精度 0.001 mm)和进口 Marameter(检测精度 0.001 mm)。

2. 过渡圆弧检测。车轴各部位过渡圆弧的检测量具为圆弧样板或曲线样板。对于加工精度要求较低的部位，也可以靠数控车床的加工精度来保证，而不再设计制作专用量具。

3. 表面粗糙度检测。对于粗糙度要求不高的部位可用粗糙度对比块对比检测，但是对于粗糙度要求高的装配部位则应用粗糙度仪检测。例如：型号为 TR100 的表面粗糙度仪主要用于检测车轴端面或圆柱面的粗糙度；型号 TR200 的表面粗糙度仪主要用于检测车轴过渡圆弧处的表面粗糙度。

4. 形位公差检测。圆度误差可用千分尺测出工件同一截面内直径的最大差值之半来确定，也可用千分表借助 V 形铁来测量，若条件许可，可用圆度仪检验。圆柱度误差通常用千分尺测出同一轴向剖面内最大与最小值之差的方法来确定。径向跳动和轴向检验一般以轴两端顶尖孔为定位基准，用千分表测量。

5. 对于轴端三螺孔，采用三孔螺纹位置度专用量具的检测。其主要组成部分是样柱和量具体。量具体上，按照产品图纸中对三个螺孔的分布位置、大小和位置公差精度要求，设计了三个通孔；样柱的一端按螺纹检测要求设计为外螺纹，另一端为手柄，每个量具配置三个样柱。三孔位置度量具以外圆面或中心孔定位，但一般采用外圆定位方式。检测时，将量具体安装在车轴的端面，然后将三个样柱分别旋入轴端的三个螺孔中，如果都能顺利的旋入，为合格。否则为不合格。

另外，检测螺纹加工是否符合要求使用的量具是螺纹塞规。如果螺纹“通端”正好旋进，而“止端”旋不进，则说明所加工的螺纹符合要求，反之不合格。同时，在塞规上刻出螺纹最大、最小深度，塞规旋入螺孔后，通过观察其最大旋入深度相对于塞规刻线的位置判定螺纹深度合格与否。

6. 中心孔检测也是用专用量具进行。

四、磁粉探伤检验

车轴表面质量直接影响到车辆运行的安全系数和使用寿命，磁粉探伤是保证车轴表面和内表面无超标缺陷的无损检测方法。

关于磁粉探伤方法，根据工件的形状和所要求检测的缺陷，采用的磁化方法也各不相同。国际标准 ISO 6933《Railway rolling stock material——Magnetic particle acceptance testing》规定了各种不同的磁化方法。对于车轴而言，因其为直长轴类件，要求检测的缺陷主要是分别与车轴轴线方向平行和垂直的缺陷，所以在国外多采用直接通电法对车轴进行周向磁化，检测车轴表面和近表面纵向缺陷；而采用线圈法对车轴进行纵向磁化，检测车轴表面和近表面横向缺陷。由于车轴锻造采用的是径向锻造，锻造过程是工件轴向进给和径向压下的复合，尤其是在精锻机锻造过程中，工件旋转和锤头打击频率都很高，所以也可能产生与轴线方向有一定角度的缺陷，因而有必要对工件进行周向和纵向复合磁化，即同时对工件进行周向磁化和纵向磁化，以便同时检测车轴表面和近表面各个方向的缺陷。

1. 车轴磁粉探伤

我国铁路货车车轴磁粉探伤涉及的现行有效技术标准有两个，分别是 TB/T 1619—1998《机车车辆车轴磁粉探伤》和 TB/T 2945—1999《铁道车辆用 LZ50 钢车轴及钢坯技术条件》，其中 TB/T 2945—1999 是目前中国铁路货车车轴主要采用的技术标准，车轴磁粉探伤检测采用 CJW-3000Z 型车轴专用荧光磁粉探伤机，并满足以下要求：

(1)探伤方法采用湿法、连续法。

(2)磁化方法采用在车轴两端面直接通电和绕车轴外圆面分散分布一定数量的通电线圈所产生的复合磁化。

(3)磁化规范选用的磁场强度值范围是 2 400～3 200 A/m。基于周向磁化电流与磁场强度存在 $I=HD/320$[I——磁化电流(A)；H——磁场强度(A/m)；D——工件最大直径(mm)]的关系，CJW-3000Z 型车轴专用荧光磁粉探伤机通过调节和控制磁化电流的大小达到所需磁场强度大小的目的。该设备纵向磁化方法是分散分布的线圈法磁化，磁场强度最大值为 24 000 安匝，磁化电流选择原则是纵向磁化电流与周向磁化电流相匹配，并使粘贴在车轴各部位的 A1 15/50 型标准试片显示完整、清晰。

(4)采用黑光灯显示，检测工件表面得到的辐照度应不低于 800 $\mu W/mm^2$，同时黑光灯照射区域的白光照度应不大于 20 lx。为了达到规定的白光照度要求，CJW-3000Z 型车轴专用荧光磁粉探伤机增设了暗室。

(5)工件磁化和退磁均采用交流电。退磁后的剩磁值不得超过 560 A/m(7Gs)。

(6)根据车轴各部位在运行状态下所承受的不同受力条件，以及可能产生疲劳裂纹的程度，车轴磁粉探伤标准中对车轴不同部位允许存在的发纹规定了相应的质量验收标准。但是，车轴任何部位都不允许存在任何横向缺陷和纵向裂纹。

2. 车轴磁粉探伤过程中发现的主要缺陷

对新制车轴进行磁粉探伤主要目的是检查其表面和近表面缺陷。通常，磁粉探伤过程中发现的缺陷有：裂纹、发纹、划伤、折叠等。这些缺陷绝大多数是原材料缺陷残留或表面清理不彻底造成的。

实际检验过程中，争议最大的问题在于车轴表面裂纹和发纹的判定。因此，这里重点将裂纹和发纹的形成原因和其磁痕的主要特征进行对比。

(1)发纹

钢锭中的非金属夹杂物和气孔在轧制拉长时，随着金属变形伸长形成类似头发丝细小的缺陷称为发纹，它是钢中最常见的缺陷。发纹分布在工件截面的不同深度处，呈连续或断续的直线(锻件中的发纹沿金属流动方向分布，有直线和弯曲状)，长短不等，长者可达数十毫米，磁痕清晰而不浓密，两头是圆角，擦掉磁痕，目视发纹不可见。

(2)锻造裂纹

锻造裂纹产生的原因很多，属于锻造本身的原因有：加热不当、操作不正确、终锻温度太低、冷却速度太快等。加热速度过快时，因热应力而产生裂纹；锻造温度过低时，因金属塑性变差而导致撕裂。锻造裂纹一般都比较严重，具有尖锐的根部或边缘，磁痕浓密清晰，呈直线或弯曲线状。

我国货车车轴材料 LZ50 钢对钢坯加热的技术要求不是很高，一般采用快速加热将坯料加热到保温段温度 1 150～1 250 ℃，保证足够的保温时间即可。而且无论采用精锻机还是快锻机锻造，始锻温度一般控制为 1 050～1 200 ℃，都可以在 800 ℃以上一火次完成整个车轴的锻造，锻后空冷即可。所以在严格执行工艺技术要求的前提下，对车轴进行加热和锻造，造成裂纹的可能性几乎为零。

(3)热处理裂纹

热处理裂纹主要有淬火裂纹、渗碳裂纹和表面淬火裂纹。我们将工件淬火冷却时产生的裂纹称为淬火裂纹，它是由于钢在高温快速冷却时产生的热应力和组织应力超过钢的抗拉强度而引起的开裂，所以一般都产生在工件应力集中部位，如孔、键槽、尖角及截面突变处。淬火裂纹比较深，尾端尖，呈直线或弯曲线状，磁痕浓密清晰。

LZ50 钢车轴采用“两次正火＋回火”热处理，热处理过程产生裂纹的几率为零。但是在采用喷雾冷却时，应注意杜绝喷出的水珠太大，使喷雾变成喷水。

(4)磨削裂纹

工件进行磨削加工时，在工件表面产生的裂纹称为磨削裂纹。它是由于热处理和磨削不当等原因产生的。如由于砂轮太硬或粒度太细、磨削量过大、工件转速过低、切削液不充分等原因,可能产生磨削裂纹(或磨削烧伤),其根本原因是磨削热高。

磨削裂纹的方向一般与磨削方向垂直,由于热处理不当产生的磨削裂纹有的与磨削方向平行。磨削裂纹磁痕呈网状、鱼鳞状、放射状或平行状分布。磨削裂纹一般比较浅,磁痕轮廓清晰,均匀而不浓密。

(5)矫正裂纹

变形工件校直过程中产生的裂纹称为矫正裂纹或校正裂纹。校直过程施加的压力会使工件内部产生塑性变形。在应力集中处产生与受力方向垂直的矫正裂纹,裂纹中间粗,两头尖、呈直线形或微弯曲,一般单个出现,磁痕浓密清晰。

3. 裂纹和发纹缺陷磁痕显示比较

发纹和裂纹缺陷虽然都是磁粉检测中最常见的线性缺陷,但对工件使用性能的影响却完全不同,发纹缺陷对工件使用性能影响较小,而裂纹的危害极大,一般都不允许存在。因此,对它们进行对比分析,提高识别能力十分重要,其主要特征对比分析见表 5-3-8。

表 5-3-8　发纹和裂纹的对比分析

项　目	发　纹	裂　纹
产生原因	发纹是由于钢锭中的非金属夹杂物和气孔在轧制拉长时,随着金属变形伸长形成类似头发丝细小的缺陷	裂纹是由于工件淬火、锻造或焊接等原因,在工件表面产生的窄而深的 V 字形破裂或撕裂的缺陷
形状、大小和分布	发纹缺陷都是沿着金属纤维方向,分布在工件纵向截面的不同深度处,呈连续或断续的细直线,很浅,长短不一,长者可达到数十毫米	裂纹缺陷一般都产生在工件的应力集中部位的工件表面上,呈窄而深的 V 字形破裂,长短不一,通常边缘参差不齐,弯弯曲曲或有分岔
磁痕特征	磁痕均匀清晰而不浓密,直线形,两头呈圆角	磁痕浓密清晰,弯弯曲曲或有分岔,两头呈尖角
鉴别方法	擦掉磁痕,发纹缺陷目视不可见 在 2～10 倍放大镜下观察,发纹缺陷目视仍不可见 用刀刃在工件表面沿垂直磁痕方向来回刮,发纹缺陷不阻挡刀刃	擦掉磁痕,裂纹缺陷目视可见,或不太清晰 在 2～10 倍放大镜下观察,裂纹缺陷呈 V 字形开口,清晰可见 用刀刃在工件表面沿垂直磁痕方向来回刮,裂纹缺陷阻断刀刃

以下是对某根车轴磁粉探伤发现的表面缺陷及其高倍分析情况。车轴精加工后,在磁粉探伤时发现其外表面上有明显的磁痕显示(见图 5-3-38),经过对聚集磁粉处取样(纵截面)高倍观察,发现磁粉聚集处有夹杂物存在,夹杂物长度为 6.39 mm,夹杂物放大后的形貌见图 5-3-39～图 5-3-41。

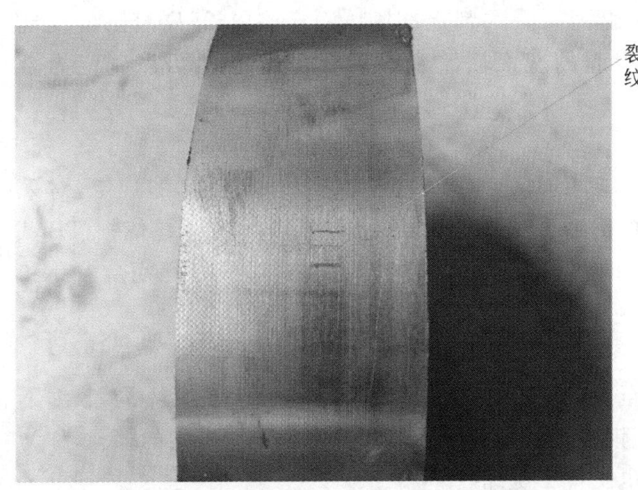

图 5-3-38　磁粉探伤发现的车轴表面缺陷

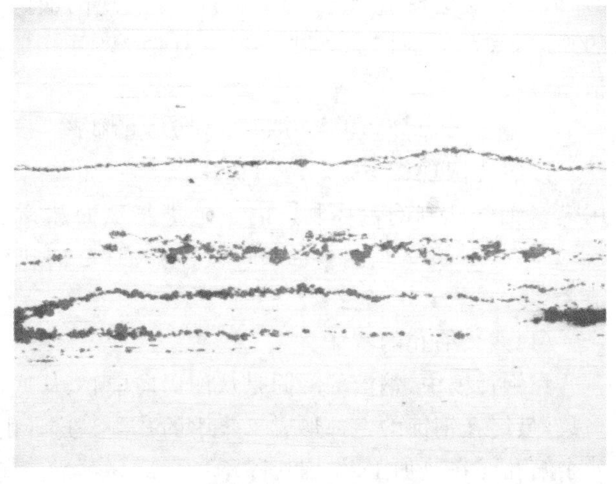
图 5-3-39　夹杂物形貌

五、超声波探伤检验

超声波探伤是保证车轴内部质量的无损检测方法。按照有关技术标准的规定,必须对车轴进行超声波探伤。

图 5-3-40 夹杂物形貌　　图 5-3-41 夹杂物形貌

1. 车轴超声波探伤

目前，中国铁路货车车轴超声波探伤主要采用的技术条件是 TB/T 2945—1999《铁道车辆用 LZ50 钢车轴及钢坯技术条件》，按照该技术条件的规定，必须在车轴力学性能检验合格并且加工两端面到规定的表面粗糙度条件下，对车轴进行透声性（车轴材质的均一性）检查和内部缺陷检查。

车轴探伤采用 A 型脉冲反射式超声波探伤仪和频率为 2.5 MHz、直径为 ϕ20 mm 的纵波直探头。对于透声性检查，扫查区域为车轴两端面，从中心到 $1/2R$（R 为车轴轴颈半径）的区域，区域边界以探头中心为准。对于内部缺陷检查，扫查区域为车轴两端面的全部范围，主要检测与车轴轴线垂直的缺陷，即通过纵向扫查检查车轴内部的横向缺陷。

某些车轴产品要求其超声波探伤应符合 TB/T 1618—2001《机车车辆车轴超声波检验》的要求，该技术标准规定的检测方法等效于国际标准 ISO 5948:1994《Railway rolling stock material——Ultrasonic acceptance testing》中所规定的方法。其中对车轴两端面扫查，检查车轴纵向透声性和横向内部缺陷的规定与 TB/T 2945—1999 的规定基本相同，增加了对车轴外圆面扫查，检查车轴轴向缺陷以及径向底面回波衰减量的检测要求，我们简称此项检查为径向探伤。由于标准制定时，我国还没有车轴专用的自动化探伤设备，所以该标准中的径向探伤，规定采用手工直接接触法，车轴内部允许存在的轴向缺陷的当量为 ϕ3 mm 平底孔，根据其分布位置的不同，采用距离—波幅曲线对其做出质量判定，同时对以车轴中心线为准，在 $0.25D$（D 为车轴轴颈直径）范围内、外发现的缺陷，做出了不同的判定准则。对于在 $0.25D$ 范围内发现的缺陷，采用底面回波衰减法进行复探，只要此缺陷引起的底面回波衰减量不超过 4dB，可以判定为合格品。

2. 新制车轴超声波探伤过程中发现的缺陷

按照我国现行技术标准 TB/T 2945—1999《铁道车辆用 LZ50 钢车轴及钢坯技术条件》的规定，对采用模铸钢锭轧制的钢坯制造的车轴进行纵向超声波探伤的合格率很高，基本上为 100%。在依据 TB/T 1618—2001《机车车辆车轴超声波检验》对车轴进行径向超声波探伤时，最常见的内部缺陷是残余缩孔和疏松。

(1)残余缩孔的特征

在钢锭模中，钢液的凝固是从四周向中心、从底部至上部（头部）逐步完成的，由于结晶先后不同，收缩不一致，最终在钢锭的上部形成了集中的孔洞。这种由于钢液在凝固时发生体积集中收缩而产生的缩孔，称为残余缩孔。在热加工时，因切除不尽而部分残留，有时也出现二次缩孔。

残余缩孔的酸浸低倍特征是：在酸浸试片的中心区域（多数情况）呈不规则的折皱裂纹或空洞，在其上或附近常伴有严重的疏松、夹杂物（夹渣）和成分偏析等。

对于只有残余缩孔的部位，在径向探伤时，出现单个缺陷波（见图 5-3-42），缺陷波的高度决定于与探头入射声束垂直的缺陷反射面的大小。这种缺陷一般存在于车轴的中心轴线上，即 $0.25D$（D 为车轴直径）的范围内，长度较长，而且连续性好，最长的可达到 1 000 mm，其当量大小一般大于 ϕ3 mm 平底孔。

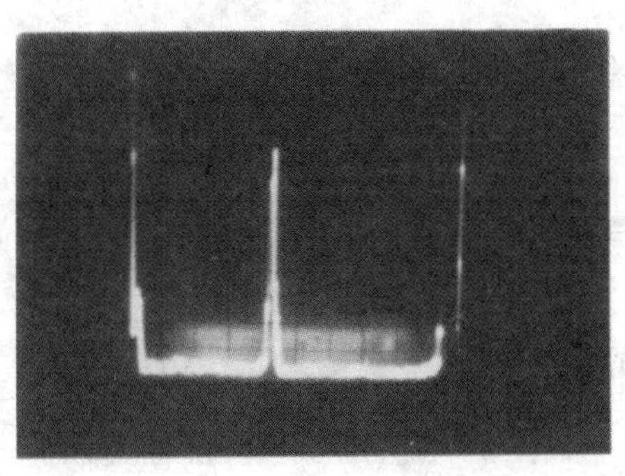
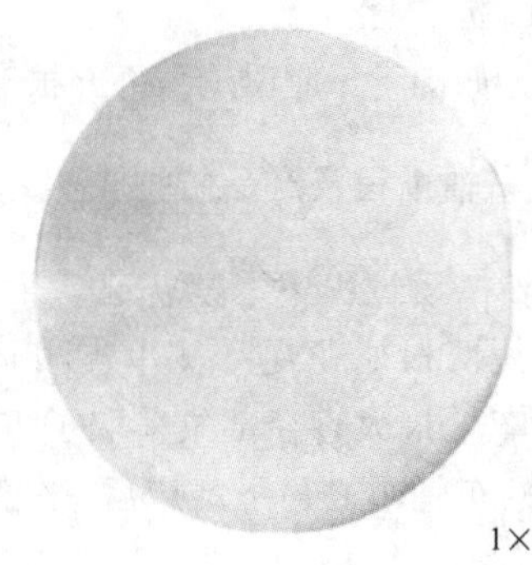

1×

图 5-3-42　车轴内部中心缩孔缺陷

(2)疏松的特征

疏松分为一般疏松和中心疏松。

一般疏松产生的原因是:钢液在凝固时,各结晶核心以树枝晶主轴和各次轴之间存在着钢液凝固时产生的微空隙和析集一些低熔点组元、气体和非金属夹杂物。这些微空隙和析集的物质经酸腐蚀后呈现组织疏松。而中心疏松产生的原因是:钢液在凝固时体积收缩引起的组织疏松及钢锭中心部位因最后凝固使气体析集和夹杂物聚集较为严重所致。

一般疏松的低倍特征是:在酸浸试片上表现为组织不致密,呈分散在整个截面上的暗点和空隙。暗点多呈圆形或椭圆形。空隙在放大镜下观察多为不规则的空洞或圆形针孔。这些暗点和空隙一般出现在粗大的树枝晶主轴和各次轴之间,疏松区发暗而轴部发亮,当亮区和暗区的腐蚀程度差别不大时则不产生凹坑。

中心疏松的低倍特征是:在酸浸试片的中心部位呈集中分布的暗点和空隙。它和一般疏松的主要区别在于空隙和暗点只存在于试样的中心部位,而不是分散在整个截面上。

对于残余缩孔和疏松同时存在的部位,除出现缺陷波外,可能由于其周围存在疏松,形成较多的草状波(见图 5-3-43)。

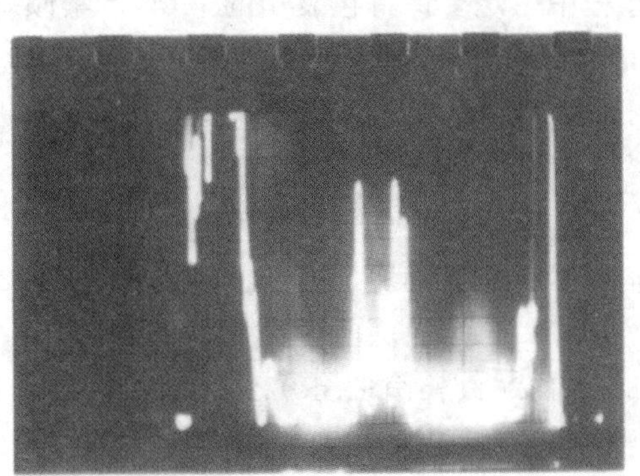

图 5-3-43　车轴内部残余缩孔和疏松缺陷

第八节　车轴加工过程和产品的防护

在生产过程中,为了保证车轴(特别是精加工车轴)在吊装、摆放、运输、储存过程中不受任何损伤,需要从以下几个方面采取相应的措施:

一、半精加工车轴过程及产品防护

1. 上、下车床以及装夹过程中严禁磕碰。为了达到此目的,通常在三爪卡盘内侧面增加薄铜套,以减轻车轴端面在装夹过程中的端面磕碰。

2. 检验合格的产品,按照技术文件的规定在其轴身部位涂刷快干醇酸清漆或其他指定使用的防锈油。

3. 用专用工具将防锈脂涂抹在轴端三螺孔和中心孔内。

4. 带好轴端面防护套。

5. 用五连环。如图 5-3-44 所示，每五根车轴为一组连接后，码垛摆放整齐。

二、半精加工车轴过程及产品防护

1. 精加工车轴吊运过程中严禁磕碰。为达到此目的，严禁用钢丝绳吊运精加工轴，必须采用两根尼龙绳平衡单支吊运车轴。严禁两支或更多支车轴集中吊运，除非对车轴最大直径部位采取了带防护套的措施。

2. 精加工好的车轴小心吊下磨床后，平稳放置在垫有尼龙板的放货架上，并且必须用垫板或垫圈将相邻的两支车轴隔离。

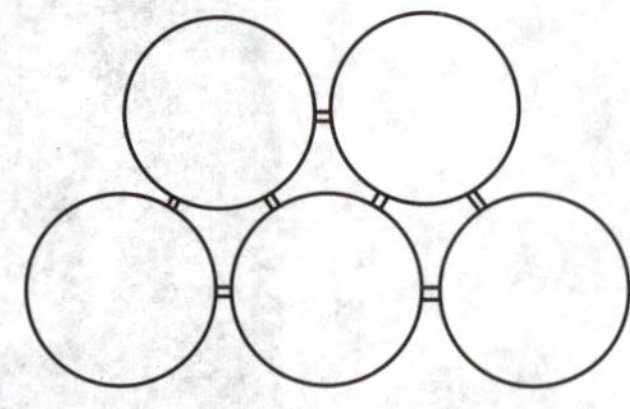

图 5-3-44　五连环结构包装形式

3. 检验合格后的产品在原位进行包装。若因特殊原因，需要在工房间转运车轴时，必须用平板车，而且车体上必须垫有能将车轴单独分离的支撑木，如图 5-3-45 所示。

4. 用毛刷将防锈油均匀地刷在车轴的外圆面和两端面；用专用工具将防锈脂涂抹在轴端三螺孔和中心孔内。

5. 用防潮袋将整个车轴包裹、密封，带好轴端防护套。

6. 将包裹好的车轴逐根小心吊放在准备到位的包装箱内。

7. 按包装箱产品图的规定将包装箱的上盖与箱体钉牢。

8. 将包装好的包装箱吊放在工房内的指定区域。注意防水、防潮，严禁撞击。

图 5-3-45　车轴转运方法

9. 转运包装箱采用叉车或平板车。起吊和运输过程中一定要保持包装箱的平衡，严禁倾斜和翻转。

第九节　国外车轴制造技术介绍

目前国际上比较有代表性的车轴制造相关标准（规范）有：美国 AAR M-101、欧洲 EN13261、国际铁路联盟 UIC811-1 和英国 BS 5892 第 1 部分（这两个标准将逐渐被 EN13261 取代）、韩国 KSR9220：2000、印度标准 IRS R-16/95、日本 JIS 5402。

下面将重点对有代表性的美国 AAR M-101、欧洲 EN13261、韩国 KSR9220：2000、印度标准 IRS R-16/95 和日本 JIS 5402 标准对车轴材质、热处理和力学性能检测等方面的主要规定做简单介绍。

一、美国"碳素钢热处理车轴规范"AAR M-101：2007《AXLES，CARBON STEEL，HEAT-TREATED Specification》

该技术规范适用于经热处理的客车、货车及机车轴，一般在北美、南美、澳洲和东南亚部分地区使用。

该技术规范规定的碳素钢车轴的分级如下：

F 级——二次正火和回火处理（所有车轴轴身直径超过 6 1/2 英寸的货车车轴）

G 级——淬火和回火处理

H 级——正火、淬火和回火处理

F、G 和 H 级车轴用于重载运输的机车车辆和其他设备。货车一般使用 F 级车轴，G 和 H 级车轴多用于客车、机车车轴。

车轴钢用平炉、电炉或氧气碱性转炉冶炼。车轴可以直接用钢锭或钢坯制造。在没有特殊规定时，要求从钢锭或连铸钢坯到锻件或挤压成型的总压缩比应不小于 3∶1。特别强调：连铸钢坯的制造工艺应确保坯锭内无中心缩孔和过量的偏析。

F 级车轴钢的化学成分与我国 LZ50 钢车轴基本相同，为 50 碳钢；G 和 H 级没有规定化学成分，只规定了力学性能。取样位置规定为车轴轴颈的延长体或车轴。其常规检验项目为：化学成分、力学性能、晶粒度。化学成分和力学性能技术指标见表 5-3-9、表 5-3-10、表 5-3-11。晶粒度检验试样，应从拉伸试样未变形的大端垂直于轴线的横断面上截取，试样在金相显微镜下放大 100 倍观察，应整个显示为均匀的细晶粒组织，晶粒度应不低于 5 级。试验应符合最新版本 ASTM E112 的规定。

表 5-3-9　化学成分（熔炼分析）

元素名称	F 级		G 和 H 级	
	最高(%)	最低(%)	最低(%)	最高(%)
碳	0.45	0.59	—	—
锰	0.60	0.90	0.60	0.90
磷	—	0.045	—	0.045
硫	—	0.050	—	0.050
硅	0.15	—	0.15	—

表 5-3-10　成品分析与熔炼分析的允许偏差

元素名称	允许偏差(超过最高限度或低于最低限度)(%)	元素名称	允许偏差(超过最高限度或低于最低限度)(%)
锰	0.030	硫	0.008
磷	0.008	硅	0.020

表 5-3-11　车轴最终热处理后的力学性能

级别	尺寸(英寸)(实心直径或厚度)		抗拉强度 R_m(psi)	屈服强度 $R_{p0.2}$(psi)	延伸率 $A_{4.52}$(%)	断面收缩率 Z(%)
	大于	不超过	最小	最小	最小	最小
F(二次正火＋回火)	—	8	88,000	50,000	22	37
G(淬火＋回火)	—	4	90,000	55,000	20	39
	4	7	85,000	50,000	20	39
	7	10	85,000	50,000	19	37
H(正火、淬火＋回火)	—	7	115,000	75,000	16	35
	7	10	105,000	65,000	18	35

注：(1)试验按照(ASTM A370)“钢制品机械试验标准方法和定义”进行，试验中应采用 B2 或更高级别的引伸计。(2)车轴力学性能检验用试样从车轴(或与车轴轴颈尺寸相同的延长体)中径部位截取，试样中心轴线要与车轴中心轴线平行。(3)试样取自车轴时，其力学性能指标应符合表 5-3-11 中规定。试样取自车轴延长体时，其抗拉强度和屈服强度应在表 5-3-11 中规定的指标基础上提高 5%。

二、欧洲“铁路应用—轮对和转向架—车轴—产品要求”EN13261:2003《Railway applications—Wheelsets and bogies—Axles—Product requirements》

该标准根据 CEN/CENELEC 内部规定，CEN 包括以下国家的国家标准机构：奥地利、比利时、捷克共和国、丹麦、芬兰、法国、德国、希腊、匈牙利、冰岛、爱尔兰、意大利、卢森堡、马耳他、荷兰、挪威、葡萄牙、斯洛伐克、西班牙、瑞典、瑞士和英国等。该标准本标准仅适用于根据 EN 13103 和 EN 13104 标准要求进行设计而成的车轴。标准中将车轴分为第 1 类车轴和第 2 类车轴两种类型。通常，第 1 类车轴适用于运行速度大于 200 km/h 的车辆。

标准规定了用于欧洲铁路的使用真空脱气钢轧制和锻造的实心或空心车轴的各项性能，其中 EA1N 这种材料是欧洲通用的材料。对于空心车轴来说，此标准仅适用于使用锻造或轧制车轴进行钻孔加工而成的空心车轴。另外，还规定了 EA1T 和 EA4T 车轴的各项性能。

标准规定批量生产时的常规检验项目为：化学成分、力学性能(抗拉强度、屈服强度、延伸率、冲击功)、非金属夹杂物、晶粒度。

该标准引用的主要技术标准有：

EN 13103　铁路标准—轮对和转向架—非动力轴—设计方法

EN 13104　铁路标准—轮对和转向架—动力轴—设计方法

EN 10002-1　金属材料—拉伸实验—第一部分:室温状态下的实验方法

EN 10045-1　金属材料—夏比冲击实验—第一部分:实验方法

ISO 643　钢—表面晶粒度的显微测定法

ISO/TR 9769　钢和铁;分析方法的可用性检查

ISO 14284:1996　钢和铁—化学成分分析所用试样的选取和制备(同样参见 CR 10261 标准)

ISO 4967　钢—非金属夹杂物的测定—使用标准图表的显微照相法

1. EA1N 车轴技术指标(N—代表车轴要经过"正火"热处理)

(1)力学性能

表 5-3-12、表 5-3-13、表 5-3-14 列出的力学性能指标是指实心轴最大直径中径部位或空心轴最大直径部位内外表面中心部位的性能。如果要在车轴的延长体上取样进行试验,其技术指标需与用户协商。

首件(或首批)生产时,还应分别从实心车轴(或空心轴)尽可能接近外表面部位和中心部位(或空心车轴尽可能接近外表面部位和内表面部位)取样进行拉伸试验和冲击试验。在实心车轴(或空心车轴)外表面处所取试样的测试值应大于或等于其中径部位取样试验值的 0.95 倍;在实心车轴的中心(或空心轴的内表面)部位所取试样的测试值应大于或等于其中径部位取样试验值的 0.8 倍。对于冲击功,任何部位三个试样测试值的平均值应不小于表 5-3-14 所列目标值,而且任何一个测试值都应不小于表 5-3-14 所列目标值的 70%。

表 5-3-12　产品分析时的化学成分(不同元素的最大百分含量)

w(C)	w(Si)	w(Mn)	w(P)[a]	w(S)[ab]	w(Cr)	w(Cu)	w(Mo)	w(Ni)	w(V)
0.40	0.50	1.20	0.020	0.020	0.30	0.30	0.08	0.30	0.06

a　定单中如允许,则最大含量可以为 0.025%;

b　根据钢材的制造方法可以在订单或询价时规定一个最小的硫含量,以防止产生氧裂。

表 5-3-13　拉伸试验的各项性能指标

R_{eH}(N/mm²)[a]	R_m(N/mm²)	A_5(%)
≥320	550～650	≥22

a　如果没有可以辨别的屈服强度可以显现,则可以测定其屈服应力 $R_{p0.2}$。

表 5-3-14　冲击试验的各项性能指标

纵向 K_U(J)	横向 K_U(J)
≥30	≥25

注:冲击试样为 U 形缺口试样,U 形缺口底部圆弧半径为 1 mm,缺口深度为 5 mm。

(2)金相组织和晶粒度

金相组织应为铁素体或珠光体。晶粒尺寸应不大于 ISO 643 标准中第 V 种图表中所示的晶粒。

试样取样位置为车轴最大截面处——实心车轴中径部位(或空心轴内、外径的正中部位),观察面为与轴中心线平行的面积为 200 mm² 的平面。

(3)非金属夹杂物

粗系夹杂物的最大值见表 5-3-15,细系夹杂物可不予考虑。

试样取样位置为车轴最大截面处——实心车轴中径部位(或空心轴内、外径的正中部位),观察面为与轴中心线平行的面积为 200 mm² 的平面。

表 5-3-15　非金属夹杂物最大级别

夹杂物类型	第 1 类车轴		第 2 类车轴	
	粗系	细系	粗系	细系
A 硫类	1.5	1.5	1.5	2
B 铝类	1	1.5	1.5	2
C 硅类	1	1.5	1.5	2
D 球状氧化物	1	1.5	1.5	2
B+C+D	2	3	3	4

2. EA1T 和 EA4T 车轴的特殊要求(T 代表车轴要经过“淬火＋回火”热处理)

(1)化学成分(表 5-3-16)

表 5-3-16 产品分析时的化学成分(不同元素的最大百分含量)

级别	w(C)	w(Si)	w(Mn)	w(P)[a]	w(S)	w(Cr)	w(Cu)	w(Mo)	w(Ni)	w(V)
EA1T	0.40	0.50	1.20	0.020	0.015	0.30	0.30	0.08	0.30	0.06
EA4T	0.22～0.29	0.15～0.40	0.50～0.80	0.020	0.015	0.90～1.20	0.30	0.15～0.30	0.30	0.06

a 询价或定单时可以允许最大含量为 0.025%。

(2)力学性能(表 5-3-17)

表 5-3-17 实心轴的中径部位(或空心轴内外表面正中部位)**拉伸性能指标**

级别	R_e(N/mm²)[a]	R_m(N/mm²)	A_5(%)
EA1T	≥350	550～700	≥24
EA4T	≥420	650～800	≥18

a 如果没有可以辨别的屈服强度可以显现,则可以测定其屈服应力 $R_{p0.2}$。

(3)冲击性能(表 5-3-18)

表 5-3-18 实心轴的中径部位
(或空心轴内外表面正中部位)**冲击功**

级别	纵向 K_U(J)	横向 K_U(J)
EA1T	≥40	≥20
EA4T	≥50	≥25

注:冲击试样为 U 形缺口试样,缺口底部圆弧半径为 1 mm,缺口深度为 5 mm

(4)金相组织和晶粒度

对于 EA1T 材料车轴,其金相组织为铁素体和珠光体。按照 ISO 643 标准评定时,晶粒度应该为 5 级或以上。

对于 EA4T 材料车轴,其金相组织为贝氏体/马氏体的回火组织。按照 ISO 643 标准评定时,晶粒度应该为 5 级或以上。

三、韩国“铁路车辆用车轴”KS R9220:2000

该标准规定的车轴分为 RSA1(拉伸强度为 588 N/mm²)和 RSA2(拉伸强度为 637 N/mm²)两种,包括了主动轴及从动轴(客、货车辆车轴、柴油机车及电力机车轴)。

该标准引用的主要技术标准有:

KS B 0801 金属材料拉伸试验片
KS B 0802 金属材料拉伸试验方法
KS B 0803 金属材料弯曲试验片
KS B 0804 金属材料弯曲试验方法
KS B 0809 金属材料冲击试验片
KS B 0810 金属材料冲击试验方法
KS B 1801 钢铁的分析方法通则
KS D 1802 钢铁中的磷量分析方法
KS D 1803 钢铁中的硫量分析方法
KS D 1804 钢铁中的碳量分析方法
KS D 1805 钢铁中的硅量分析方法
KS D 1806 钢铁中的锰量分析方法

该标准对于车轴原材料的规定——车轴所使用的钢锭及钢坯应是用平炉、电炉或转炉生产的镇静钢,钢锭应用减少气体含量的脱氧装置进行合适的脱气处理,钢锭的平均截面积应为锻造后车轴平均截面积的 4 倍以上。

表 5-3-19 车轴的热处理

车轴种类	热处理
RSA1	正火(淬火)或正火—回火
RSA2	淬火—回火

车轴应先锻造,再按表 5-3-19 进行热处理,然后进行机械加工。只在锻造后不立即进行热处理时,应缓慢冷却。

表 5-3-20　车轴的化学成分

元素	w(C)	w(Si)	w(Mn)	w(P)	w(S)
	(%)				
含量	0.35～0.48	0.15～0.40	0.40～0.85	≤0.035	≤0.040

注：必要时，进行 H、O_2 的分析试验，〔H〕≤2.5×10^{-6}，〔O〕≤40×10^{-6}。

表 5-3-21　车轴的机械性能

车轴种类	屈服点（N/mm^2）	拉伸强度（N/mm^2）	延伸率（%）	断面收缩率（%）	弯曲试验		冲击功（J）
					弯曲角度	内半径(mm)	
RSA1	≥295	≥590	≥20	≥30	180°	22	≥31
RSA2	≥345	≥640	≥23	45	180°	16	≥39

注：在热处理后不小于轴颈直径的车轴延长体上，沿轴向切取拉伸试验、弯曲试验及冲击试验用试样。

四、印度“铁路客车、货车车轴标准规范” IRS R-16/95《STANDARD SPECIFICATION for STEEL AXLES FOR CARRIAGES AND WAGONS》

该标准适用于印度国家所有规格的车轴，其中也包括了 EMU 拖车车轴。

1. 标准规定对钢的冶炼及压缩比的要求如下：

(1)钢用电炉或氧气碱性转炉冶炼的镇静钢。要求钢水中的氢含量不应大于 3×10^{-6}，钢材中的氮含量不应超过 70×10^{-6}。

(2)制造车轴的钢坯可以由钢锭轧制或锻造而成，但是最终必须锻造成型。一般要求钢锭最小截面积不得小于钢坯最大截面积的 2 倍，钢坯最小截面积不得小于锻后车轴最大截面积的 2 倍；如果钢锭最小截面积不小于车轴最大截面积的 5 倍，钢坯最小截面积到车轴最大截面积的比不小于 1.5 即可；用钢锭直接锻造车轴时，钢锭最小截面积不得小于车轴最大截面积的 3 倍。

(3)用连铸钢坯制造车轴时，最小压缩比应不小于 3∶1。

该标准引用的主要技术标准有：

IS-228　《钢的化学成分分析方法》

IS-1499　《金属夏比(U 形缺口)冲击试验方法》

IS-1608　《钢制产品拉伸试验方法》

IS-2853　《钢的奥氏体晶粒度评定方法》

2. 钢坯及车轴检验

标准规定的常规检验项目为：化学成分、力学性能(抗拉强度、屈服强度、延伸率、冲击功)、低倍检查、金相组织和晶粒度。

(1)化学成分

表 5-3-22　钢熔炼分析时的化学成分(不同元素的最大百分含量)

w(C)	w(Si)	w(Mn)	w(P)	w(S)	w(Cr)	w(Cu)	w(Mo)	w(Ni)	w(V)
0.37	0.15～0.46	1.12	0.04	0.04	0.30	0.30	0.05	0.30	0.05

注：P 和 S 合并含量不得大于 0.07。

在车轴上取样分析时，其化学成分与熔炼分析允许存在不超过表 5-3-23 规定的偏差。

表 5-3-23　熔炼成分与成品成分的允许偏差

元素名称	w(C)	w(Mn)	w(Si)	w(P)和 w(S)	w(Cr)和 w(Ni)	w(Cu)和 w(V)
偏差值(%)	+0.03	+0.06	+0.04	+0.005	+0.05	+0.02

(2)力学性能

车轴锻后应经过“正火”或“油淬火＋回火”热处理。车轴各项性能试验应在轮座部位进行，取样位置为

1/2 半径处。只有当同一冶炼炉的钢坯生产的车轴数量小于 15 根时，可以从车轴的延长体上取样进行拉伸试验和晶粒度试验。车轴力学性能指标见表 5-3-24。

表 5-3-24 力学性能的各项指标

热处理	屈服强度 R_e (N/mm²)	抗拉强度 R_m (N/mm²)	延伸率 A (%)	K_U 纵向(J)
正火	≥320	550～650	≥22	≥25
油淬火＋回火	≥350	550～700	≥24	≥40

注：冲击试样采用 U 形缺口试样，缺口底部圆弧半径为 1 mm，缺口深度为 5 mm。

(3)高倍检查

高倍检查用试样取自拉伸试验用试样，取样位置为车轴轮座，车轴热处理后应得到均匀、标准的组织结构。

(4)晶粒度

晶粒度试验用试样取自拉伸试验用试样，取样位置为车轴轮座，晶粒度不得低于 5 级。

(5)宏观检查

宏观检查用试样应取自车轴轮座，观察面为横截面，被检查面经过抛光后，在 5 倍或 5 倍以下放大镜下观察，不允许有任何不连续。

第十节 国外车轴其他检验、试验技术要求概述

一、残余应力测试

按照 EN13261:2003 标准的规定，在车轴生产的各个阶段，不允许形成能够使车轴在使用过程中产生变形或造成疲劳裂纹产生的残余应力。因此，必须对残余应力进行测试。

1. 测试方法

可以采用 X 射线衍射法或应变仪对车轴残余应力进行测试。

2. 测试目标值

——车轴表面残余应力小于或等于＋100 N/mm²。

——在车轴表面以下 2 mm 处选取两点对残余应力进行测试，其残余应力值的差应小于等于 40 N/mm²。

3. 试样和测量点的位置

试验所用车轴的加工应该为精加工状态，测量点的位置见图 5-3-46。

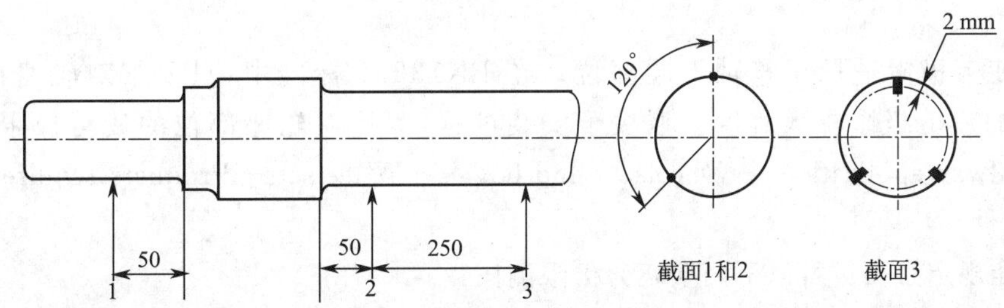

图 5-3-46 残余应力测量点示意图

二、硫印检验

按照欧洲铁路联盟 UIC811-1(1987)《TECHNICAL SPECIFICATION FOR THE SUPPLY OF AXLES FOR TRACTIVE AND TRAILING STIOCK》技术标准的要求，应采用(Banmann 法)对车轴进行硫印检验。试样观察面是车轴横截面。

三、疲劳性能测试

车轴在使用过程中是否可以具有良好的性能主要决定于疲劳性能。疲劳性能的验证是设计车轴结构、尺寸和验证设计正确性的必要条件。

EN13261:2003 标准规定了根据 EN 13103 和 EN 13104 标准进行车轴设计时，用于计算的最大许用应力值。

为了预测车轴是否能够承受使用条件下的应力，疲劳极限评价应从以下两个方面进行：1. 从材料方面来考虑，应采用简化试样进行测试，简化试样的形状不受产品几何结构的影响。2. 从产品方面来考虑，应采用全尺寸试样进行测试。全尺寸试样与最终产品的尺寸和制造方法相似，并且具有最终产品允许的制造缺陷。

简化试样疲劳极限测试是为了验证车轴制造所使用材料的切口效应与 EN 13103 和 EN 13104 标准中所规定的安全系数"S"的一致性，疲劳极限由以下两个方面获得：

——表面光滑的试样(疲劳极限 R_{fL})；

——带有切口的试样(疲劳极限 R_{fE})。

为了确定 R_{fL} 和 R_{fE}，试样上出现裂纹的部位的标称直径为 10 mm。试样的表面粗糙度 R_a 应小于或等于 0.4 μm，试样应从尽可能接近轴身表面的位置加工，如图 5-3-47 所示。

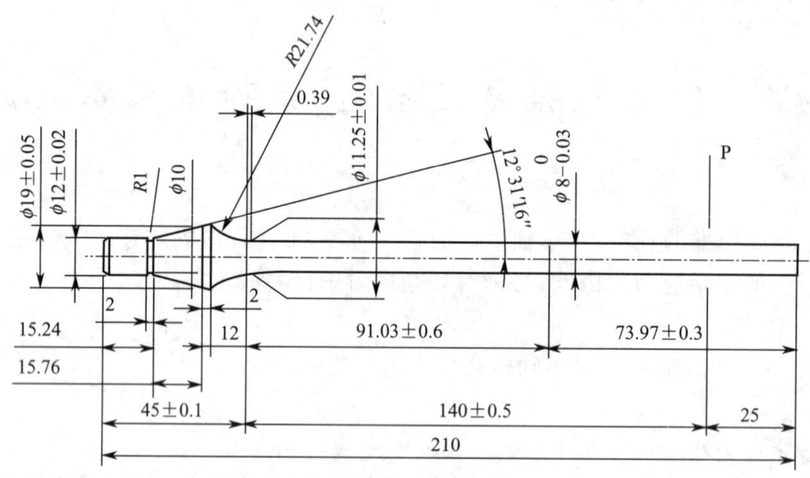

图 5-3-47　用于疲劳极限检测的简化试样

全尺寸试样疲劳极限测试是为了验证车轴疲劳性能与 EN 13103 和 EN 13104 标准中用来计算最大许用应力值的一致性。

全尺寸试样疲劳极限适用于车轴不同部位。在 EN13261 标准中，只要求对轴身的疲劳极限进行测试。因为轮座的疲劳极限更大程度上取决于安装过程，因此对轮座部位的疲劳极限测试应按照 EN 13260:2003《Railway applications—Wheelsets and bogies—Wheelsets—Products requirements》的相关规定进行。

EN13261 标准规定必须进行以下两项疲劳极限测试：

——轴身表面疲劳极限，F_1；

——对于空心轴须加测内径表面疲劳极限，F_2。

为了确定 F_1 和 F_2，试样上出现裂纹的区域应该与所要分析的车轴相应区域具有相似的几何形状和表面粗糙度。为了确定 F_2，试样表面应该有一个 1 mm 深的切口，所有试样的制备应该与车轴制造过程一致。

全尺寸试样的图纸可参考图 5-3-48。

测试目标值，见表 5-3-25。

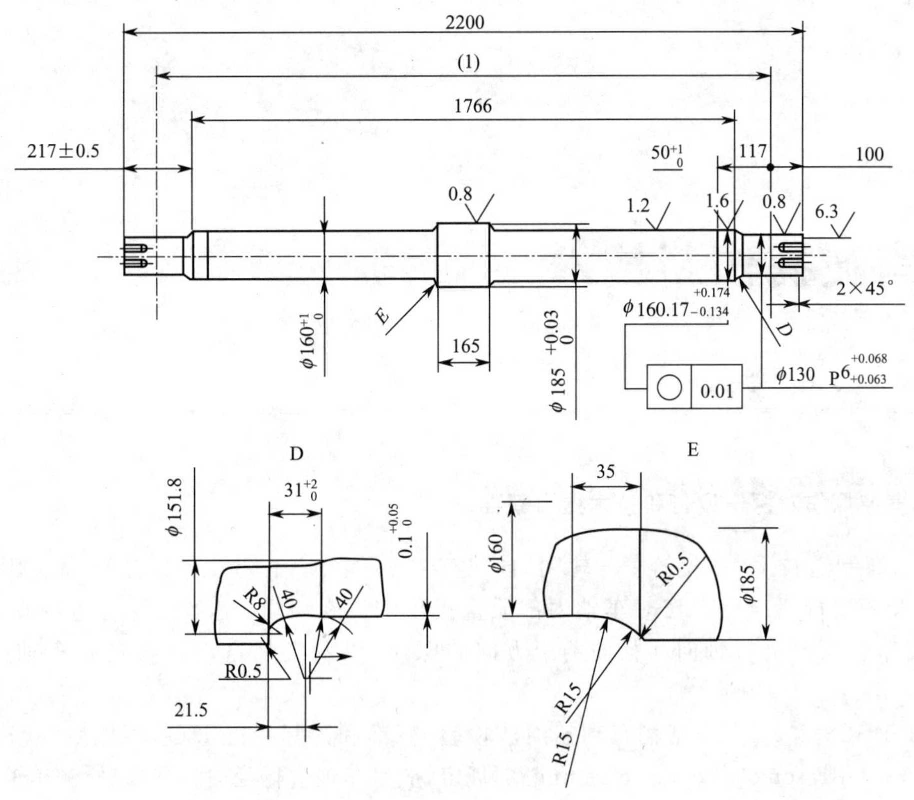

图 5-3-48 用于疲劳试验的全尺寸试样

表 5-3-25 疲劳极限值

材质	疲劳极限	F_1	F_2	R_{fL}	R_{fE}	$q=R_{fL}/R_{fE}$
		N/mm²				
EA1N	目标值	≥200	≥80	≥250	≥170	≤1.47
EA1T		≥200	≥80	≥250	≥170	≤1.47
EA4T		≥240	≥96	≥350	≥215	≤1.63

试验方法：试验采用可以在需要产生疲劳裂纹的区域形成旋转弯曲应力的设备。对于每一个 F_1 和 F_2 的确定，必须对 3 个试样进行试验，试验条件是：试样在相当于 F_1 和 F_2 的表面应力作用下，经过 10^7 次的循环，不出现裂纹。应力值是通过传统的"梁理论"计算的。如果梁理论不适用，则应该使用应变仪测量疲劳裂纹出现区域的应力值。确定 R_{fL} 和 R_{fE} 的条件是：经过 10^7 次循环后，试样不断裂的概率可以达到 50%。对于每一个极限值至少需要使用 15 个试样进行测试，并且用统计学的方法对试验结果进行分析。

第四章

车轴超声波探伤新技术

一、车轴超声波探伤对探伤设备和技术提出新要求

随着车轴钢坯制造技术由“模铸——轧制”向“连铸——轧制”工艺技术的拓展和应用，以及轮对压装后对车轴镶入部进行超声波探伤对车轴内部质量提出的潜在要求，使车轴径向超声波探伤的作用显得更加重要，对车轴同时进行轴向和径向两个方向的探伤，以及实现自动化探伤是车轴超声波探伤的发展趋势。

按照 TB/T 1618—2001《机车车辆车轴超声波检验》标准和国际标准 ISO 5948：1994《Railway rolling stock material——Ultrasonic acceptance testing》的规定，应对车轴进行径向扫查，以检测车轴内部纵向缺陷和径向底面回波衰减量是否符合规定的技术要求。

自动化探伤设备的使用，不仅可以大大提高检测效率，同时能降低人为因素造成的漏检。目前，我国已用于生产现场的车轴径向探伤机有 BLC-8Z 型铁路机车车辆车轴超声波自动探伤机和 JY-07A 型车轴全自动径向超声波探伤机。

二、JY-07A 型车轴全自动径向超声波探伤机基本结构

JY-07A 型车轴全自动径向超声波探伤机，其基本机构见图 5-4-1。

该探伤机由控制与管理系统、机械伺服系统和检测系统三部分组成，如图 5-4-2 所示。通过操作台可以实现所有自动或半自动检验工作。

该探伤机的上下料机构：车轴进入探伤机工作区后，可以实现自动上下料。采用一组双臂机械手抓取车轴。机械手上下料过程是：从初始位置垂直向下，抓取车轴⟶垂直上升到安全高度，水平移动到探伤水槽上方⟶垂直向下，把车轴平稳放置在驱动轮上，然后上升到安全高度⟶探伤过程⟶从安全高度垂直向下，抓取车轴⟶垂直上升到安全高度，水平移动到出料台上方⟶垂直向下，把车轴平稳放置在出料台，然后上升到安全高度⟶水平移动到初始位置。

图 5-4-1　JY-07A 型车轴全自动径向超声波探伤机基本机构

该探伤机的辅助机构：在扫描器运动以及上下料机构工作过程中，使用了传感器，可以保证自动操作的安全性和可靠性。在上料台车轴被抓取前，首先对车轴进行归正，可以保证车轴被安放在准确位置。在出料台上安装喷标机构，主机根据探伤结果执行喷标，同时有声光报警。

该探伤机的操作方式：探伤机具备自动探伤操作和半自动探伤操作两种方式。在进行自动探伤时，除发现缺陷需要复查外，均无须人工干涉即可实现探伤。在进行半自动探伤时，可以指定扫描器到指定工位，并

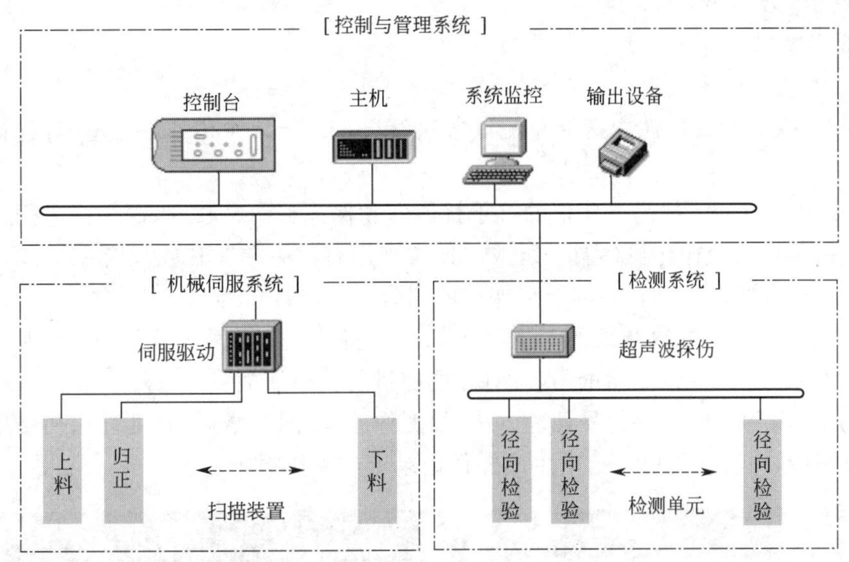

图 5-4-2 JY07-A 型车轴径向超声探伤机组成图

进行与自动探伤相同条件的探伤。有利于机构调整和缺陷复查。

三、JY-07A 型车轴全自动径向超声波探伤机的主要特点

1. 扫描方式:探伤过程中,车轴旋转、扫描器水平扫描。为达到快速探伤,扫描器采用 4 个,每个扫描器上安装 6 个探头。建立车轴的数学模型,满足对不同规格和尺寸的车轴进行检测的要求。同时,不同扫描器在数模控制下,完成车轴不同区域的探伤。当采用水膜法探伤时,可以在每一个工位探伤前首先进行测距,从而保证以恒定的耦合水膜厚度扫查车轴各个部位。图 5-4-3 为 JY-07A 型车轴全自动径向超声波探伤机扫描机构。

2. 主要技术参数:

(1)测量范围长度范围 0～3 000 mm,直径 ϕ100～ϕ300 mm。

在车轴直径公差范围为 3 mm、表面粗糙度为 R_a25 μm 的条件下,采用合理、可靠的耦合方式保证对车轴各部位(包括带锥度部位)的探伤效果。

(2)检测速度

在完全自动控制状态下,保证最小检测速度为 5 min/根(含上、下料时间)。

(3)准确率

按技术标准规定的对比试块调整好探伤灵敏度后,检测带有缺陷的车轴,自动检出缺陷的准确率为 100%。

图 5-4-3 JY-07A 型车轴全自动径向超声波探伤机扫描机构

(4)仪器及性能

超声波探伤仪符合 JB/T 10061—1999《A 型脉冲反射式超声波探伤仪通用技术条件》。应具有下列技术指标:

水平线性误差≤2%;

垂直线性误差≤6%;

频率范围 0.4～10 MHz;

系统灵敏度余量(2.5 MHz,纵波)≥46 dB;

探测(钢中纵波)深度 ≥3 500 mm;

衰减器总量≥100 dB;

钢中纵波纵向分辨力≥26 dB；

动态范围≥26 dB。

(5)探头

采用纵波直探头，探头的其他性能指标及测试方法符合 JB/T 10062—1999《超声探伤用探头性能测试方法》的要求。

3. 探伤仪和探伤方法：为了提高探伤仪的抗干扰能力和保证探伤灵敏度，探伤仪采用网络机结构形式。探伤仪由前置探伤机和控制台操作机(主机)组成。探头采用直声束单晶片收发合一形式，聚焦或非聚焦均可使用。耦合采用水浸方式。在车轴内部缺陷探伤的同时，进行透声检测。

4. 显示方式(见图 5-4-4)：参数调试界面显示 A 扫描。实时探伤界面显示 C 型或 B 型图像，同时显示探伤进程。结果显示为 A 型、B 型和 C 型的组合图像，能够进行波形回放。

5. 结果处理方式：采用图像数字信号处理方法(如图像滤波、图像增强等)处理探伤结果，能够自动区分缺陷图像和固有波图像，并自动提取。自动生成探伤记录卡或探伤报告。

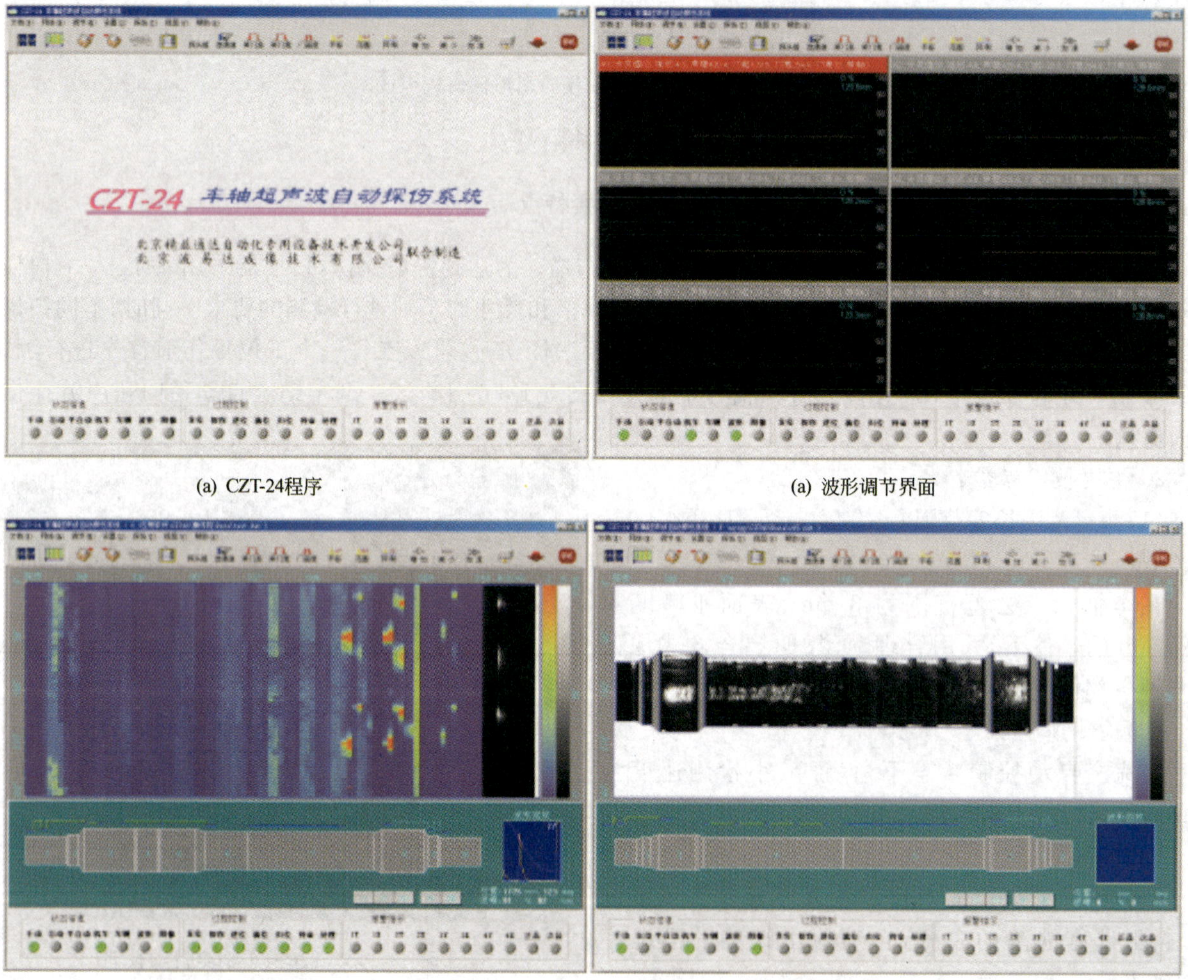

(a) CZT-24程序　　(a) 波形调节界面

(c) C图像显示　　(d) 车轴轮廓B型显示

图 5-4-4 显示方式

四、JY-07A 型车轴全自动径向超声波探伤机的现场应用情况

该设备于 2008 年 1 月通过项目验收，之后经过对 680 根车轴的探伤检验试运行，于 2008 年 8 月通过公司级鉴定。

应国际市场用户要求，在通过国外用户技术审查的前提下，该设备已广泛应用于依据欧洲标准 EN 13261：2003、国际标准 ISO 5948：1994 和印度 IRS R16-95 等技术标准和技术规范制造的出口车轴的径向超声波探伤，其使用情况和探伤效果如下：

1. 实现了上、下料与探伤全过程自动化，检测效率显著提高，可达到 2.5 min/根的效率。

2. 通过设计合理的驱动装置和建立车轴数学模型，保证系统对任意轴型车轴进行探伤的能力。

3. 实现了自动超声探伤的图像化，区别于传统的 A 型显示，使显示更为直观。

4. 使用双 CPU 系统，把超声信号采集和数据分析、波形显示及探伤结果处理分开，提高了探伤速度。

5. 采用探伤灵敏度高速切换技术，实现了同一探头一次扫描同时进行内部缺陷探伤和底波探测。

6. 探伤过程中，按数学模型，利用探头在每个工位探伤前进行测距，保持对各部位检测的水层厚度的一致性，保证了良好的耦合效果。

7. 保存探伤过程中的所有数据，可以实现对探伤全过程的真实回放。

8. 系统能够自动识别固有波形和缺陷波，排除了固有波形对准确判定缺陷的干扰。

9. 探伤效果。通过对自动化设备探伤后的车轴 100%进行手工复检，手工探伤结果和自动化探伤结论完全一致。对每根有缺陷的车轴进行两次自动化复查，缺陷的再现率为 100%。

第六篇

轴承制造技术

组成滚动轴承的零件有外圈、内圈、滚动体(我们通常也称其为滚子)和保持架,对于铁路车辆用轴颈轴承通常还有密封系统及所有轴承都离不开的润滑脂(油)等。对于不同的零件,其加工过程和方法也是不同的。对于同一种零件,由于其结构、精度等级的不同,其加工过程和方法也是有差异的。比如,客车轴承与货车轴承、重载轴承和高速轴承等。

对于铁路货车轴承来说,轴承的制造过程主要包括:锻造、车削加工、打印标记、热处理、磨削加工、探伤、表面磷化处理、油封及保持架制造和组装等。

由于铁路货车轴承特殊的运用环境及使用要求,我国对铁路货车轴承用钢也有特别的要求和选择。除滚动体采用高碳铬轴承钢外,为了满足货车车辆对货车滚动轴承有较大冲击载荷的使用要求,轴承套圈采用渗碳轴承钢制造。

第一章
轴承钢的冶炼

铁路轴承服役条件特殊，除要求接触疲劳寿命长、耐磨性高以外，还要求具有高的冲击韧性和尺寸稳定性。综合考虑以上诸因素，我国铁路货车滚动轴承用钢选定为高碳铬轴承钢和渗碳轴承钢，两类钢材均采用电渣重熔工艺或真空精炼工艺。冶炼过程控制的不同会对轴承钢的冶金质量产生不同影响。

第一节 冶 炼 方 法

根据对部件的要求程度及用途不同对钢材的冶炼要求也有所不同，我国轴承钢的冶炼方法有多种，有传统的冶炼方法酸性平炉冶炼、碱性平炉冶炼、碱性电弧炉冶炼等；随着对轴承钢质量要求的不断提高，又发展出炉外精炼、电渣重熔、真空熔炼等方法。

一、酸性平炉冶炼

酸性平炉的冶炼方法分为硅还原法和限制硅还原法。硅还原法生产的轴承钢除含氧化铝夹杂物较少外，完全消除了含氧化钙的点状夹杂物，瑞典 SKF 公司的 Hofors 工厂 30～120 t 酸性平炉就是用硅还原法冶炼轴承钢的。限制硅还原法使钢液的含硅量不超过 0.10%～0.12%，并有助于去除夹杂及气体，前苏联多用限制硅还原法生产轴承钢。

酸性平炉冶炼不具备去除硫、磷的条件，因此对于原材料的要求极为严格。在原材料条件极佳的情况下，既不在出钢前往炉中加钙-硅脱氧，也不在出钢时往钢包中加钙-硅脱氧，这样就大大减少了氧化铝夹杂物的含量，同时完全消除了含氧化钙的点状夹杂物，这是酸性平炉被动法冶炼轴承钢的优点。酸性平炉钢完全不存在 D 类的氧化物夹杂，且具有极其一致的洁净度，所以抗疲劳性能优良，但由于酸性平炉对原材料要求苛刻，生产效率低，到 20 世纪 70 年代后期，酸性平炉冶炼轴承钢的工艺完全被炉外精炼所代替。

二、碱性平炉冶炼

从传统的冶炼工艺来说，碱性平炉是在强烈的氧化性气氛下熔炼，钢的脱氧借助于直接向熔池或钢包加入块状金属脱氧剂，即所谓沉淀脱氧方法来完成。因此，碱性平炉不具备良好的脱硫及扩散脱氧的条件，钢中硫及夹杂物含量较高，很难达到高质量钢标准的要求。

曾有钢厂采用 100 t 碱性平炉与 20t 电炉相配合，以混合炼钢方式生产高碳铬轴承钢，也取得了不错的效果，能将平炉钢液的硫含量降低，氧含量也有一定程度的降低，钢的洁净度得到改善，但是氧及氧化铝夹杂物含量仍然很高，分散度大，点状夹杂物的出现率较高。

三、碱性电弧炉冶炼

到目前为止，我国仍有较多的高碳铬轴承钢采用碱性电弧炉冶炼，采用传统的熔化期、氧化期、还原期三期操作方法生产。但是，即便是有经验的操作人员，甚至在严格遵守操作规程的情况下也不可能很有把握地熔炼出符合标准的钢,特别是非金属夹杂物程度很不稳定。因此,点状夹杂物出现几率较高是碱性电弧炉传统熔炼工艺的特点。

四、炉外精炼

随着科学技术的发展,对轴承材料的要求也越来越高,传统的炼钢方法在钢中气体、非金属夹杂物和化学成分的波动范围等方面都不能满足需要。另一方面,高功率、超高功率电弧炉的出现为最大限度地利用变压器功率,客观上也要求将传统的集熔化、氧化、还原精炼于一炉的老三段式的工艺改为电弧炉熔化废钢,精炼移至钢包内完成的工艺。这一精炼工艺统称为炉外精炼。

众多的炉外精炼方法其工艺各异,但有它的共同特点。例如,有一个较为理想的精炼气氛,通常采用真空、惰性气氛或还原性气氛;搅拌钢液采用电磁感应搅拌、惰性气体搅拌或机械搅拌;钢液加热,为补偿精炼过程中钢液的温度损失,采用真空下的电弧加热(ASEA-SKF)、粗真空下的电弧加热(VAD)、非真空下的炉渣埋弧加热(LF)等。总之,炉外精炼应用真空、钢液搅拌、钢包加热、渣洗等组合技术,大大强化了冶金反应过程,最终达到提高钢的洁净度、控制夹杂物的性质和形态的目的。

时至今日,炉外精炼的手段有真空、吹氩搅拌、电磁搅拌、渣洗、喷粉、喂线等。作为炉外精炼装置,由于各种测试、称量技术的进步,设备及工艺日臻完善,功能更加齐全。炉外精炼技术与超高功率电弧炉相连,配合连铸,称为 20 世纪 80 年代的炼钢技术。炉外精炼技术的发展大致经历了脱气装置的诞生、加热装置的采用和精炼工艺的优化三个阶段,开发出多种精炼方法,形成了独立的工艺,并在持续开发中。

五、电渣重熔

电渣冶炼方法是从 1940 年美国人霍普金斯的一项发明专利发展起来的,后来前苏联广泛地用于电渣焊接,并逐渐演变为今天的电渣冶炼。我国自 20 世纪 60 年代初开始使用电渣重熔法冶炼轴承钢(当时称为军用甲组钢),并建立了工业电渣炉。到目前为止,我国铁路货车滚动轴承也一直采用电渣重熔轴承钢制造,电渣重熔是我国铁路货车轴承用钢最主要的冶炼方法。

电渣过程是利用电能将需要提纯的金属(制成自耗电极)在过热的熔渣内熔化、提纯,接着在水冷结晶器中强制冷却凝固成锭的一种重熔再精炼过程(简称 ESR),其原理如图 6-1-1 所示。

电流从变压器经短网至自耗电极、渣池、电渣锭、底水箱返回变压器形成回路,强大的电流在熔渣中放出电阻热,渣池达到 1700～1800 ℃的高温过热状态,使浸入渣池内的自耗电极溶化,细小的金属熔滴与高温渣相发生一系列物理化学反应后滴落于金属熔池内,由于四周水冷结晶器的强制冷却,钢液逐渐凝固成型。

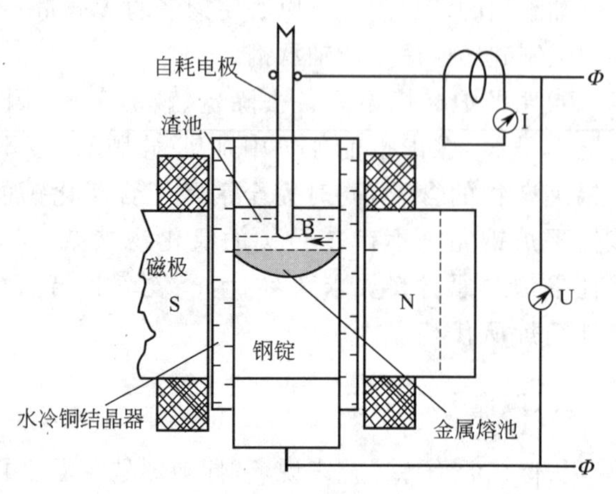

图 6-1-1　电渣重熔原理示意图

重熔过程中,金属在高温渣池内呈溶滴形式滴落,物理化学反应的热力学、动力学条件都是有利的,因而精炼效果好,钢液极为洁净。

电渣冶炼工艺主要是根据冶炼钢种选择合适的渣系和供电制度。高碳铬轴承钢选用较小的输入功率,渗碳轴承钢则应采用较高输入功率的冶炼工艺。电渣冶炼工艺制度中最为重要的就是电制度的制定。此外,较为关键的工艺参数还包括充填比、渣量等。

电渣重熔轴承钢的主要优点是洁净度高、组织细密、化学成分均匀、偏析少,高碳铬轴承钢经电渣重熔后,低倍组织、夹杂物、碳化物偏析等得到明显改善。但经电渣重熔冶炼的高碳铬轴承钢中残留夹杂物大多是氧化铝型的脆性夹杂物,阻碍其进一步提高轴承的疲劳寿命,同时由于气—渣—金属相的反应几乎达到了平衡,电渣冶炼钢中的含氧量在目前的大气条件下一般为(20～30)$\times 10^{-6}$,很难进一步降低。今后在采用电渣重熔冶炼高碳铬轴承钢时首先应着手改变自耗电极的冶炼工艺,如采用炉外精炼工艺生产自耗电极,同时改变脱氧制度(不采用铝 Al 脱氧),采用低碱度(弱酸性)渣系重熔,将残留于钢中的脆性夹杂物改变成以硅酸盐为主的塑性夹杂物。在冶炼锭型上采用冷却条件好的扁锭型以改善碳化物偏析。采用保护气氛装置以保证重熔过程不增加氧含量。以上措施均是今后电渣重熔冶炼高碳铬轴承钢的研究和改进方向。

20 世纪 70 年代末 80 年代初，我国炉外精炼设备及工艺尚不十分成熟的时候，采用电渣重熔工艺生产铁路货车轴承用渗碳钢 G20CrNi2MoA 是一个良好的开端，这也从一个方面证明电渣重熔工艺生产的渗碳轴承钢质量稳定、性能可靠、疲劳寿命高。

六、其他真空冶炼方法

近些年，国内外学者研究采用真空冶炼技术生产高质量的轴承钢。当前常用的真空冶炼方法主要有：真空感应熔炼（VIM）、真空自耗电炉重熔（VAR）、真空感应炉＋真空自耗电弧炉重熔（VIM＋VAR）、电渣重熔＋多次真空自耗重熔、电子束重熔（EBR）等。

真空感应熔炼的优点在于：从原料熔化、精炼和合金化到铸锭，整个冶金过程均在真空条件下进行，避免了金属与大气接触；在真空、高温条件下，碳具有很强的脱氧能力，而且脱氧产生一氧化碳又不断地被抽出系统之外，有利于脱氧反应的进行，避免了脱氧产物的玷污；有关真空感应熔炼合金钢所含元素的蒸发情况的研究表明，有害杂质元素铅、锑、铋等能蒸发去除；强烈的电磁感应搅拌作用对加速化学反应速度、温度和成分均匀化极为有利；与其他真空重熔方法相比，精炼时间可控，有利于脱氧产物的原材料及合金添加剂中带来的杂质的去除。因此，真空感应熔炼作为高纯度轴承用钢的熔炼得到了广泛应用。

真空自耗电弧炉重熔采用的设备主要由装有水冷结晶器的抽锭系统、电极密封升降系统和真空系统组成。为了提供高可靠性轴承所用材料，可以采用更复杂的技术对利用真空技术在炉子中冶炼的钢电极进行重熔，例如自耗电极真空重熔，这种工艺是将具有理想化学成分的一个电极置入一个周围用水冷却、内部为真空的铜模中。电弧产生于电极底面和同样合金成分的基板之间。在极高真空度下当电极损耗时，它会自动下降，并且控制电压以维持恒定的冶炼参数。因为对凝固方式进行了控制，所以重熔钢基本上无中心气孔和浇锭分凝。重熔钢改善了钢的力学性能，特别是横向力学性能。

随着技术发展，对轴承用钢性能的稳定性、均匀性可靠性及使用寿命的要求更加严格，目前一般真空一次熔炼或重熔方法已难以满足其综合性能的要求，为适应这一发展趋势，国内外广泛采用和研究各种真空双联熔炼工艺和多次真空自耗重熔方法。其中最佳配合之一就是用真空感应炉熔炼自耗电极坯，再经真空自耗重熔，简称双真空（VIM＋VAR）。用 VIM 法生产的钢作 VAR 真空电弧重熔（通常叫真空自耗）的电极，该电极自耗重熔后其洁净度又一次提高，同时改善内部组织结构使之更均匀。其氧含量达 8×10^{-6} 以下，材料致密度高，晶粒细小均匀，大大提高了力学性能。

前苏联曾采用多种方法精炼轴承钢，他们认为最有效的是电渣重熔＋多次真空自耗重熔双联工艺。用该法冶炼的轴承钢纯洁度高、致密度高、钢中稳定氧化物和氮化物少，钢的接触疲劳寿命高。

电子束重熔又称电子轰击炉熔炼，它可以有效地去除气体、夹杂物及有害元素，改善钢的结晶组织，提高钢与合金的热加工塑性及产品应用性能。其原理为在高真空条件下利用加热阴极发射电子，电子经电场和磁场聚集成电子束流并轰击阳极靶（自耗电极或熔池），熔化炉料或加热熔池。这种方法具有真空感应熔炼和真空自耗重熔两者的优点，主要表现在熔池钢液保持的时间可以控制，同时精炼的钢液又可快速结晶，避免金属与耐火材料接触可能产生的玷污。与其他方法相比，电子束重熔具有密度大、去除气体效果高的特点，因此该法主要用于精密轴承用钢和特种轴承材料的生产。

第二节　轴承钢冶金质量

决定轴承钢冶金质量的两个主要因素是非金属夹杂物和碳化物的均匀性与基体强度，它们是影响轴承寿命的重要因素。因此，提高轴承钢冶金质量的关键主要是尽量减少非金属夹杂物和改善碳化物的不均匀性。

一、非金属夹杂物

钢中非金属夹杂物的来源主要有两个方面：

1. 内生夹杂物：主要是冶炼过程中脱氧反应的产物，尺寸较小，大部分上浮进入渣中，尚有少部分来不及上浮而残留在钢中。其次，钢液在凝固过程中由于温度降低，氧和硫在钢液中及固态钢中溶解度降低，因而不断从钢中析出氧化物和硫化物。

2. 外来夹杂物：主要是冶炼和浇注过程中从原料带入钢液中的夹杂物，尺寸较大，如矿石中的脉石，废钢表面的泥砂和铁锈；炉体、钢包、出钢槽等内壁剥蚀下来的耐火材料；钢液混出造成的混渣；出钢和浇注时钢液二次氧化等外来原因形成的夹杂物，这些均为外来夹杂物。

此外，还有一种夹杂物是外来和内生相结合形成的。例如被冲入钢液里的细小炉渣成为内生夹杂物析出的核心，这样形成的夹杂物既有内生又有外来部分。同时外来夹杂物与钢液接触会发生化学反应，外来夹杂物的成分和结构会发生变化。因此要严格区分外来和内生夹杂物是困难的。

在正确冶炼和浇注的情况下，钢中的夹杂物绝大多数都是内生的。在整个冶炼和浇注过程中都有非金属夹杂物的形成。与此同时，也不断进行夹杂物的排除过程直到钢液凝固前为止。

氧化物系内生夹杂物显然是由氧引起的。钢液中的氧以两种形式存在：一种是溶解态；另一种是化合态，即氧和脱氧元素发生化学反应形成的产物，其中有少部分来不及排出而残留在钢中。氧在钢液中虽然有相当大的溶解度，但是固态钢对氧的溶解度很小，最后钢中的氧几乎全部以氧化物系夹杂物的形态存在。成品钢中氧化物系夹杂的数量随含氧量增加而提高。

由此可见，要减少钢中氧化物系内生夹杂物就要设法降低钢中的氧含量。除了防止二次氧化外，关键是钢液要彻底脱氧。目前电炉生产主要是采用扩散脱氧和沉淀脱氧方法。

钢的洁净程度不仅取决于元素的脱氧能力，而且还决定于夹杂物上浮排出的速度。夹杂物上浮排出速度愈快，残留在钢中的夹杂物就愈少，钢的洁净度就愈高。对同一类型夹杂物来说，夹杂物尺寸越大，浮力越大；钢液黏度越小，则夹杂物上浮速度就越快。但对于不同类型夹杂物来说，还必须考虑夹杂物与钢液之间的界面张力这个重要因素。生产实践表明，用铝脱氧比用硅、锰脱氧时铝的脱氧产物上浮速度要快得多。这就是因为不同类型的脱氧产物与钢液之间的界面张力不同的缘故。界面张力愈大，夹杂物上浮速度就愈快。一般说来，元素脱氧能力愈强，形成的脱氧产物愈稳定，它与钢液之间的界面张力就愈大。氧化铝夹杂物就具有这个特点，所以用铝脱氧比用硅、锰脱氧其铝的脱氧产物上浮速度快。铝由于具有脱氧能力强，所以生产上大多选用铝作为终脱氧剂。

残铝量对氧化物的数量以及氧化物和硫化物的组成和形态有显著影响。由图 6-1-2 看出，若钢中残铝量增加，则氧化物夹杂的总量增加。氧化物夹杂总含量在残铝量为 0.015%～0.020%时最小。球状氧化物夹杂含量的变化不是单调的，随钢中残铝量增加没有明显增加，而锐角氧化物夹杂含量随钢中残铝量增加而增加。

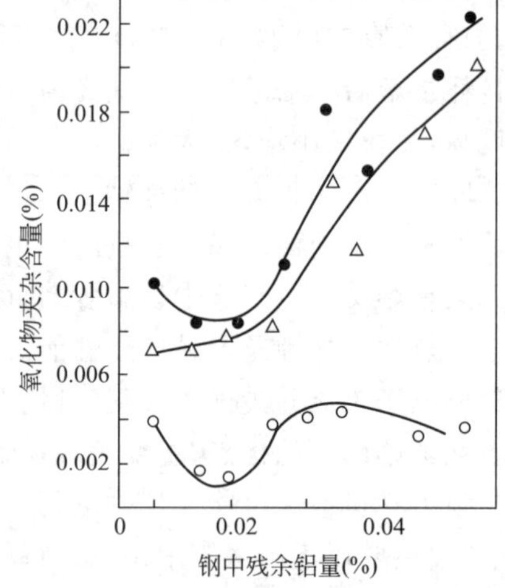

图 6-1-2　残铝量对氧化物含量的影响

随残铝量增加，氧化物夹杂的组成和形态发生变化。当残铝量在 0.010%以下时，氧化物夹杂主要是硅酸盐，在钢材中呈条带状或脆断状，主要成分是 $3CaO \cdot SiO_2$。残铝量增加到 0.015%时，硅酸盐大大减少，氧化物呈密集的点链状铝硅酸盐(链长达 200 μm)和单个粗大(达 40 μm)的球状夹杂。氧化物夹杂的主要成分是 $MgO \cdot Al_2O_3$ 并伴有 α 石英和 $3CaO \cdot 2SiO_2 \cdot CaF_2$。残铝量再增至 0.02%时，氧化物呈细小颗粒、点链状，主要是刚玉和脆裂的铝硅酸盐。在残铝量从 0.02% 增加到 0.07%时则铝硅酸盐、刚玉和尖晶石夹杂物的数量都有增加。

为了进一步减少轴承钢中的夹杂物和改善夹杂物的分布，以提高钢的疲劳寿命，应采用新冶炼技术和方法，如吹氩搅拌、真空脱气、真空熔炼、电渣重熔等。用真空自耗电极重熔法得到的钢含氧(O)量极低，洁净度高，对提高轴承钢的寿命很有效。真空脱气和真空浇注对降低钢中氧和减少氧化物夹杂也有效果。有资料指出，经真空脱气，钢的疲劳寿命比电炉钢提高 2 倍。

电渣重熔的电炉钢，钢中氧含量能减少一半，钢锭偏析减轻，硫的区域偏析几乎消除，钢的致密度提高，夹杂物细小均匀分布，夹杂物总污染程度减少约一半，疲劳寿命为一般电炉钢的 2.5～3.0 倍。电渣重熔对氮化物夹杂降低不多。

吹氩搅拌有一定脱氧效果，能减少钢中夹杂物，只要条件控制适当，夹杂物可减少约 60%，而且夹杂物分布均匀。另外瑞典采用的钢包精炼法有良好的效果。将电炉熔化的钢水注入钢包，先进行真空处理，然后再换上装有电极的盖子加热和精炼。经钢包脱气，钢中氢降到 0.000 2%以下，氧含量减少 40%～60%，并使钢液成分和温度均匀。

硫在钢液中的溶解度随钢液的温度和成分而变化，在室温固态钢中硫的溶解度极小。钢中的硫以硫化物形式存在。硫化物的量取决于钢中硫含量。而硫化物的成分决定于钢中锰和硫含量的比值。锰比铁对硫有较大的亲合力，加入锰将优先形成(Mn・Fe)S，当形成 MnS 时，每一份硫要消耗 1.7 份锰。硫化物的成分随钢液中 Mn/S 比值的变化而变化。在轴承钢中 Mn/S 值大于 10，硫化物成分基本上是 MnS。

硫化物的分布形态有三种类型。类型Ⅰ是以复合形式出现的，类型Ⅱ是晶界分布的，类型Ⅲ是均匀分布的。硫化物的类型影响钢的机械性能，类型Ⅱ相应于 ψ、δ、α_k 的最低值。

研究指出，硫化物不同类型与钢液中含氧量有关。

钢液凝固时，若含氧量较高，溶解硫的能力比较小，如果在较高温度就开始达到硫的饱和，氧化物和硫化物同时析出，形成复合夹杂物；或者液态的硅酸盐，其中同时富集硫和氧。随后冷却过程中从硅酸盐中再不断析出 MnS 和其他氧化物相。这是类型Ⅰ的情况。

如果加铝量增大，钢液中含氧量减少，此时钢液中硫的溶解度增加，在凝固过程中，开始时硫能保持在钢液中暂不析出，随着温度降低和结晶的进行，晶粒间的残液含硫量逐步升高，直到饱和，开始析出硫化物，以共晶或离异共晶的形式分布在初生晶界上。这是类型Ⅱ的情形。出现类型Ⅱ的临界含氧量为 0.005%，相当于残铝量为 0.002%～0.005%，依钢的成分而变动。

在残铝更高，含氧更低的情况下，出现类型Ⅲ。增加铝量会降低硫在钢液中的溶解度，促使硫化物在结晶开始前就析出。这种硫化物常以悬浮于钢液中细小的刚玉质点为核心进行沉淀。结晶出的硫化物颗粒有一定的晶体外形，分布是均匀的。

类型Ⅱ的硫化物经变形后，在钢材中呈长条带状。当残铝量增加，硫化物的塑性有所降低，钢材中硫化物断裂成扁豆状。类型Ⅲ相当于塑性夹杂物把脆性夹杂物包围起来，可能减弱脆性夹杂物对于接触疲劳寿命的有害影响。提高钢中硫含量，增加硫化物夹杂，可能使硫化物包围脆性氧化物的几率增大。在轴承钢中，利用一种夹杂物来减弱另一类夹杂物的有害影响，这是提高轴承钢接触疲劳寿命的另一个途径。

电炉钢在正确操作的情况下，出钢前钢液的质量是较洁净的，而经过出钢到铸锭过程中钢的洁净度有所降低。研究表明，在严重的情况下，夹杂物的数量增加 25%。这是由于耐火材料、二次氧化及混渣所造成的。因此，研究熔炼和浇注时钢液与耐火材料之间以及和大气之间的作用，并设法控制它，对提高轴承钢的纯净度有很重要的意义。

综上所述，钢液充分脱氧是减少氧化物系内生夹杂物的一个重要方面。但是钢中夹杂物受一系列操作因素的影响。为了减少钢中的夹杂物，还必须注意操作技术，正确执行冶炼各期的操作。控制好出钢和浇注温度。一般采用高温(1 580～1 620 ℃)氧化、中温(1 560～1 590 ℃)出钢、低温(1 520～1 540 ℃)浇注。掌握好镇静时间，一般控制在 8～12 min 之内，以保证夹杂物充分上浮排出。选择精料，在炉衬良好情况下进行冶炼。总之，从配料、冶炼至浇注各个环节都必须重视，才能获得洁净度更高的轴承钢。

二、碳化物的不均匀性

碳化物分布及颗粒大小的不均匀性可以视作一种缺陷，碳化物和马氏体界面易引起应力集中，成为裂纹的发源地。轴承钢淬火回火后的组织状态直接影响轴承的疲劳寿命。能否获得良好的淬火回火组织是与钢厂所提供的退火钢材中碳化物的均匀程度有很大关系。因此，为提高轴承钢的疲劳寿命，不仅需要严格控制钢中的非金属夹杂物，而且要重视改善碳化物的不均匀性。

1. 网状碳化物

高碳铬轴承钢属于过共析钢，在锻轧热加工之后的冷却过程中，由于碳在奥氏体中溶解度降低，过饱和的碳以碳化物的形态沿奥氏体晶界呈网状析出，随后的淬火不能完全把它消除。保留在轴承钢中的网状碳化物明显地增加零件的脆性，降低承受冲击载荷的强度。在动载荷的作用下，零件易沿晶界破坏。网状碳化物还增加零件淬火开裂倾向。因此轴承钢中的网状碳化物必须控制在允许范围以内。

研究指出，GCr15 钢中碳含量自 0.95%增加到 1.06%以及铬含量自 1.35%增加到 1.58%，在其他元素含量大体不变的情况下，网状碳化物平均级别相应的自 1.10 增加到 1.63 以及自 1.16 增加到 1.67 级，即碳的影响比铬强。钢中硫和磷对网状碳化物不发生有规律的影响，而硅和锰能产生破坏和减小网状碳化物的有利影响。因此，对于同一规格的轧材来说，GCr15SiMn 钢的网状碳化物级别一般比 GCr15 钢要低些。

网状碳化物级别如果不合格，可采用正火来消除。正火时须注意加热温度和冷却速度。加热温度太低起不到破除网状碳化物的作用。破除网状碳化物的合适温度为 920～950 ℃。正火时空冷往往不能阻止网状碳化物再度析出，为此需要采用水冷，即在水中冷至 600 ℃左右后再取出空冷。通过正火可以使网状碳化物得到改善，但是带来了碳化物粒度不均匀性问题。因此轧制过程防止网状碳化物的析出有很重要意义。这样可以不用正火而直接进行球化退火，既简化了工艺，又提高了球化组织质量。

2. 带状碳化物

带状碳化物是钢锭凝固时形成的枝晶偏析而引起的，在各枝晶之间，同时也在晶体二次轴之间富集碳和铬，从而引起成分和组织的不均匀性。钢锭经热变形时，这些富碳富铬的区域沿轧制方向被延伸，结果在钢材中就形成了带状碳化物。带状碳化物经 X 射线物相分析表明，为含铬的渗碳体$(Fe,Cr)_3C$。在碳化物带上含碳量高达 1.3%～1.4%，含铬量大于 2.0%；而带间含碳量只有 0.6%～0.7%，含铬量小于 1.0%，这证明带状碳化物确实是由富碳和富铬的枝晶偏析引起的。

与碳钢不同，合金钢在铸锭时不仅发生碳和其他常存元素硅、锰、硫、磷的偏折，而且还发生合金元素的偏析。如果碳的偏折和合金元素的偏析在同一方向起作用，那么在这种情况下，偏析对组织的影响就显得特别突出。铬轴承钢就属于这种情况，在 GCr15 钢中，由于铬的偏析倾向较大，而且铬和碳在同一处发生偏析，导致严重的带状碳化物偏析。大钢锭凝固过程缓慢，使得枝晶偏析得以发展，带状碳化物更为严重。钢锭最后凝固区域是非金属夹杂物和碳化物集聚的区域，在随后热加工过程中若均匀化作用不充分，就将形成钢材中严重的带状碳化物。

钢材中存在严重的带状碳化物对钢的组织、机械性能和疲劳寿命等方面均产生较大的影响。主要表现为不易获得均匀的粒状珠光体；淬火组织和硬度不均匀；钢材机械性能出现各向异性；降低轴承的接触疲劳寿命。此外，带状碳化物还会增加淬火变形和开裂的倾向，降低冷加工表面光洁度。

具有带状碳化物的轧材在随后的热变形加工过程中得不到改善，锻造后退火，将会使碳化物颗粒发生严重的聚集和长大现象，带状碳化物级别进一步增加。

为了降低带状碳化物的级别，所采取的主要措施就是钢锭或钢坯进行扩散退火。改善带状碳化物的措施与以下将要提到的液析碳化物基本相同。

3. 液析碳化物

钢锭凝固时所出现的液析碳化物是由于液相中碳及合金元素富集到了产生亚稳定莱氏体共晶而形成的。未消除的共晶碳化物在热加工时被压碎并沿轧向呈条带状分布。由于这种碳化物是液态偏析引起的，所以称为液析碳化物，它与细小颗粒的碳化物带在形成方式上有本质的不同。后者是从奥氏体析出的二次碳化物，前者是从钢液直接形成的一次碳化物。二者共同之点是均由偏析引起。当偏析程度小时，只出现带状碳化物；而偏析程度严重时就同时出现液析碳化物和带状碳化物。

电子探针和 X 射线物相分析等方法研究了液析碳化物的组成，证明巨大的液析碳化物主要是由含铬的渗碳体$(Fe,Cr)_3C$组成，此外还存在少量的$(Fe,Cr)_7C_3$碳化物。$(Fe,Cr)_3C$中含铬量约 20%，$(Fe,Cr)_7C_3$中含铬量大于 30%。用热分析法测定共晶碳化物开始熔化温度为 1 130±10 ℃，这就证明巨大液析碳化物确是由共晶反应所形成。一般认为巨大的液析碳化物不仅可以借二元共晶反应形成，也可以通过二元共晶反应形成，在后一种情况下，所形成的巨大液析碳化物是由$(Fe,Cr)_3C$和$(Fe,Cr)_7C_3$组成。

液析碳化物颗粒大、硬度高、脆性大，暴露在轴承表面容易引起剥落，加速轴承的磨损。巨大碳化物内部的晶界或者微裂纹是薄弱地带，往往成为疲劳裂纹的发源地。液析碳化物和带状碳化物一样引起轴承零件硬度的不均匀性和机械性能的方向性。同样，液析碳化物会增大零件淬火时的开裂倾向，因此对液析碳化物要严格控制。

为消除或改善液析碳化物，生产上可采取以下的措施：

(1)控制钢中铬和碳含量在中下限。钢中加入少量钒也可以减少液析。

(2)改进浇注工艺和选择合理锭型。选用合适的浇注温度和高的凝固速度可减少偏析。采用扁锭或急冷(包括连续铸锭)也有效果。

(3)采取较大的锻压比以破碎巨大的碳化物，使成分偏析在成材过程中通过多次加热和形变得到充分的扩散，以改善碳化物液析。

(4)通过扩散退火可以消除碳化物液析，加热到 1 150～1 160 ℃莱氏体共晶区域开始熔化、元素的扩散过程大大加快，液析碳化物能迅速消除。

第二章 锻造加工

轴承零件锻造加工的首要目的是将棒材或料段通过锻压加工，获得和零件形状相近的毛坯，以提高金属材料的利用率，节约原材料，减少加工余量，降低制造成本。同时通过锻压加工，部分消除金属的内在缺陷，改善金属组织，使金属流线分布合理，结构致密，以提高轴承的使用寿命。

锻造的实现就是借助于金属的塑性性能，使坯料在模具的压力或冲击作用下，成为具有一定形状和尺寸锻件的加工过程。通过锻造加工，不仅可使坯料成形，而且可使金属内部组织致密，从而改善了材料的机械性能，这也是锻造的一个重要优点。

第一节 下料准备

下料是锻造的第一道工序。下料质量的高低，即重量与尺寸的精确与否、断面的几何形状的好坏等，将直接影响锻造工艺和锻件的质量。

在轴承的锻造加工中，除了高速镦锻机等自动化设备外，一般压力机及锻锤锻造套圈，都先切成单个的料段。目前采用的下料方法有剪切(分热切和冷切)、蓝脆折断、热剁、锯切和车切，以热切下料最为普遍。

一、剪切下料

剪切下料分为热剪切和冷剪切两种。

冷剪切适用于经退火或软化退火的轴承钢棒料，料段的剪切质量好，不需加热，生产率高，但所需设备吨位大，原材料需是退火钢，成本高出10%，国内较少采用。

热剪切适用于常用的热轧未退火轴承钢棒料，切下的料段还较规整、重量还较准确，能满足现行锻造工艺的要求，且下料设备易获得，是一种较好的下料方法。

热切前钢材一般加热到700～900 ℃，也可到1 050～1 100 ℃，主要根据钢材直径、现有下料设备吨位而定。下料设备多数为压力机，也有是用剪床，原理是一样的。下料时，切料刀板沿设备的滑块上下往复运动，被切材料伸入固定在模座上的套筒内，刀板和套筒像剪刀一样把料段切下来，挡铁是用来控制下料料段的长度。

钢材的剪切过程经过三个连续的阶段：弹性阶段，刀板压向钢材，钢材产生弯曲，变形还在弹性变形范围内；塑性阶段，剪刃嵌入金属，金属内的应力超过屈服点，金属发生永久变形；剪断阶段，剪刀的刃边部分即应力最大处产生微裂纹，裂纹进一步扩大至断裂。在料段断面上可以看到很光(塑性变形区)和粗糙(脆性断裂区)二个区域。

钢材的剪切是通过上下剪刀作用给钢材一定剪力而实现剪断，由于两剪力不在一条线上，故产生一个力矩使钢材转动而造成倾斜剪切，影响料段端面质量；料段的变形伸长一方面给滑块以推力，另一方面使挡铁后移，使相对位置变化而造成下料重量误差。

热剪切下料料段的缺陷：

1. 料段的下料重量误差

轴承钢棒料公差范围波动太大、下料模具精度和工作时模具松动、剪刃磨损、热切温度波动范围太大等都会造成下料重量误差。另外,设备的精度与刚性、送料力的大小也会有一定的影响。

切下的料段重量不准确,直接影响锻件的尺寸精度和外观质量。重量过大,造成金属浪费,增加车加工量,锻造时锻模易胀裂,锻件出现飞边等,锻造设备易超负荷;重量过小,造成金属不够,使锻件报废。因此,料段重量必须控制在一定范围,下料公差约为下料重量的2%～3%,料径小,取大值,当料径小于30 mm时,下料公差还应放大。

2. 料段的端部缺陷

料段的端部缺陷主要有三种:一是料段端部被挤压扁,断面为椭圆形,剪切温度越高,被压扁越严重;二是剪断口为曲线状,断面不平,有较大的倾角,当剪刃磨损、切料套筒与钢材间的径向间隙过大或剪切间隙过大,这种缺陷更加明显;三是出现端部毛刺,由于剪刃变钝和间隙不合适造成的。第一、二种缺陷就是所谓的"马蹄形",使镦粗时料段立不正,镦料偏斜,料饼成椭圆形,影响后续工序加工。

二、蓝脆折断下料工艺

钢在低温区域有一个脆性区:在这个温度范围内,钢的塑性急剧降低,强度急剧升高。所以,将热轧未退火棒料,按锻件重量在长度方向上先车出V形口(使应力集中出现在V形口),然后加热到蓝脆温度(如GCr15钢的蓝脆温度为280～330 ℃),再用机械力折断,断口因氧化而呈现蓝色,故称这种下料方法为蓝脆折断下料。钢材不同,蓝脆温度范围也不同,即使同一种钢,只有原材料是锻造(热轧)组织状态时,其蓝脆现象才比较明显。

钢材一般采用火焰直接加热,由于蓝脆温度低、看不见,范围又窄,不易掌握,可采用以下几种方法来判断加热温度:

1. 根据料段断口的颜色来判断:如GCr15钢,当温度低于280 ℃时,断口呈白色或黄色,280 ℃时呈紫色,300 ℃时呈深蓝色,330 ℃时呈浅蓝色,高于330 ℃时呈灰色。

2. 采用低熔点金属试验法:高点温度用铅接触钢材,观察是否熔化来判别钢材温度是否超过327.4 ℃,低点用苍铅接触钢材,观察是否熔化来判别钢材温度是否超过271 ℃。

3. 涂料试验法:钢材加热前涂上专用涂料,观察涂料的颜色变化来判别加热温度。

蓝脆折断下料的优点是下料模具简单,料段断面质量好、重量误差小,能从断口上检验原材料内部的缺陷。缺点是需增加一道划口工序,加热温度控制要求较严等。

三、其他下料工艺

1. 热剁切下料

对于大型套圈锻件,或数量很少的套圈锻件的下料,往往采用在锤上热剁切的方法。它是用剁切、扣棍等自由锻通用工具下料,制造简单,但料段端面质量不好,重量误差大。

2. 锯切下料

锯床切割的下料方法,适用于退火状态的轴承钢,料段下料比较准确,但生产率低。由于有锯口的存在,原材料的利用率有一定的降低。

3. 车切下料

在车床上用车刀切断钢材,适用于直径较大的退火轴承钢,优缺点同锯切下料。

第二节　锻造的基本过程

轴承套圈、密封座、中隔圈及滚子的毛坯生产,一般是通过压力加工的方法来完成,而其中又以锻造最为普遍。

根据金属变形时的温度状况,锻造可分为热锻、温锻和冷锻三大类。热锻是指将金属加热到再结晶温度以上进行锻造加工;温锻是指室温以上到再结晶温度以下对金属的变形;冷锻是指金属在室温(不加热)下的变形。目前在铁路货车轴承套圈、密封座和中隔圈的锻造工艺中,绝大部分采用热锻。冷锻工艺一般用于滚子的毛坯生产。

轴承毛坯套圈的热锻工艺过程包括三个主要环节,即加热、下料和成形。其中锻造成形是毛坯套圈生产的中心环节。目前，在我国，锤上锻造、平锻机锻造和压力机锻造是三种主要的成形工艺，而且多数毛坯套圈由锻锤、平锻机或压力锻造预成型后，还需经过扩孔机辗扩成形，以提高套圈的尺寸精度和几何精度，提高其内在质量，便于车削加工并提高生产率。为了给后续工序创造更好的条件以实现车加工自动化，往往还在辗扩成形后再进行一次精整，或在毛坯套圈预热处理后进行一次精整。

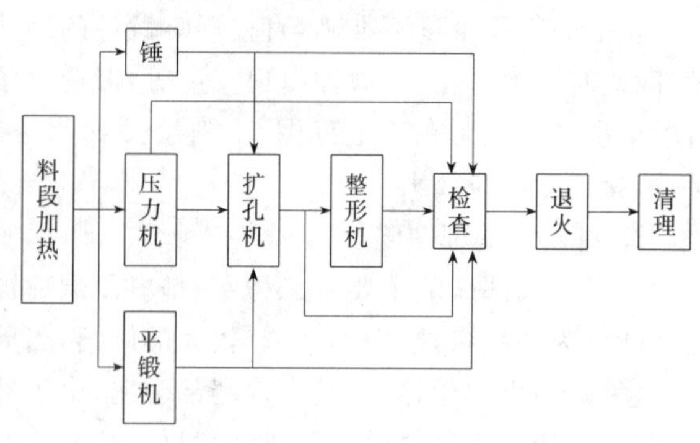

图 6-2-1 联线作业工艺流程图

现在的锻造生产中，一般是将加热炉、压力机（或锤、或平锻机）、扩孔机组成联线进行流水作业，毛坯在设备之间传送用传送带或在铁槽内滑动，下料多数单独进行。见图 6-2-1。

图 6-2-2 和图 6-2-3 是铁路货车轴承内外圈的锻造变形过程图。经过检查合格的棒料，按直径公差编组，通过中频电炉加热到锻造温度，由送料滚轮送入多工位压力机的侧剪机构切成料段，在压力机上进行镦粗、预冲孔、冲盲孔，并在扩孔机上辗轧扩孔，经整径机整形后取得到所需的毛坯套圈。

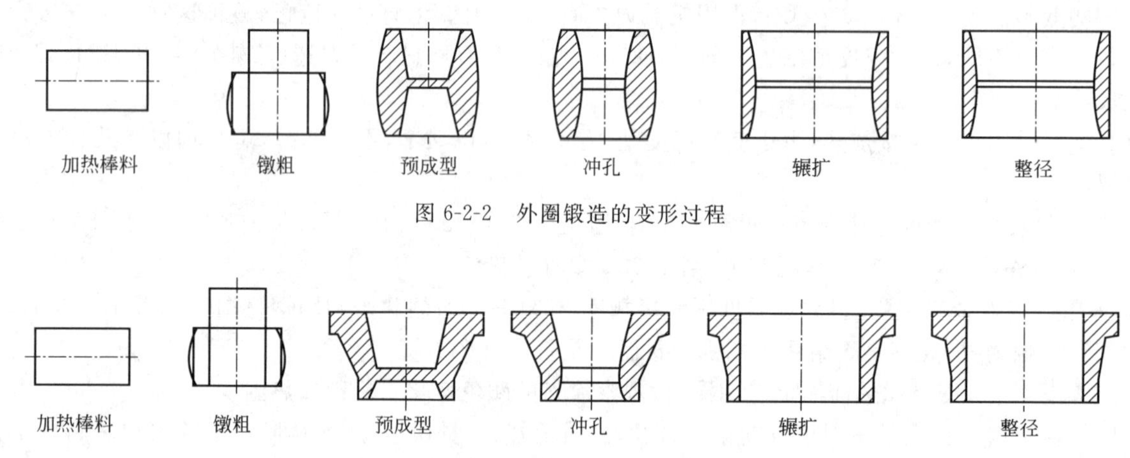

图 6-2-2 外圈锻造的变形过程

图 6-2-3 内圈锻造的变形过程

第三节 锻件的退火热处理

套圈成形后，为使车削加工易于进行，同时为了给最终热处理做组织上的准备，必须进行一次预先热处理，再经过喷丸清理锻件表面的氧化皮，即可供车削加工车间进行车加工。

一般锻后热处理的理想方式是正火加高温回火。这是因为正火温度高于淬火温度，锻造毛坯在加热保温过程中，发生重结晶奥氏体化过程，有利于碳、合金元素的均匀化和晶粒细化，既可改善切削性能，又可防止最终热处理后的变形或组织遗传；而高温回火则消除正火后锻造毛坯的热应力，使组织和硬度更趋均匀。对于渗碳轴承套圈来说，车加工后的最终热处理方式是在高于正火温度、长于正火时间渗碳，故正火就不是十分必要的了。如日本某轴承公司就不用正火加高温回火作预先热处理，而采用等温退火。退火后的硬度为 163～197HBW。

国内亦进行各种不同的预先热处理试验，毛坯套圈以高温回火，正火加高温回火，一般退火和等温退火四种方式进行预先热处理（材质 G20CrNi2MoA），对渗碳热处理后渗碳层深度、浓度、表面和心部硬度及显微组织、奥氏体晶粒度、机械性能和变形量都没有明显的影响。所以，渗碳轴承钢锻件的预先热处理只要能保证有良好的车削加工性能，根据现有的设备条件，选择其中一种方式进行预先热处理。从节省能源和提高生产效率来考虑，渗碳轴承毛坯套圈采用高温回火最为经济。

我国各轴承厂一般均以 GCr15 钢为大宗原料，毛坯的退火工艺为一般退火和等温退火，渗碳轴承毛坯如果与 GCr15 钢的退火工艺相同，无需增加新设备，以节约投资。也可利用锻造余热进行预先热处理，这对于提高生产效率和节约能源，效果更好。

轴承钢的退火有扩散退火、去应力退火和球化退火等几种类型。轴承套圈锻件的退火应采用球化退火。球化退火使组织变为均匀分布的细粒状的珠光体，为淬火提供最佳的原始组织；提高了塑性，降低硬度，便于切削加工。

一、珠光体形状、大小分布对性能的影响

珠光体是铁素体和渗碳体的混合物，其含碳量为0.8%。如果珠光体中渗碳体以片状存在时，就叫做片状珠光体。将片状珠光体经过球化退火后，渗碳体形成球状，这时就叫球状珠光体。GCr15轴承钢退火就是要获得这种球状的珠光体组织，而且要求是细小的、均匀分布的。珠光体形状、大小分布对加工性能的影响可从下面几种情况探讨：

1. 均匀的、细粒状的珠光体，相比粗粒状、片状的、粗片状的珠光体，热处理加热温度范围宽，温度容易控制；且塑性好，切削阻力小，便于切削加工。

2. 均匀分布、尺寸大小适宜的粒状珠光体，为以后的淬火提供了良好的组织状态，使得淬火温度范围宽，淬火后所得到的马氏体组织细小、均匀，不易产生过热及软点，为提高轴承内在质量打下良好的基础。

3. 若淬火前的原始组织为粗粒状、片状及粗片状的珠光体，则其过热敏感性大，加热温度不易控制，淬火后组织不均匀，使工件易变形和开裂，机械性能低劣；另外，片状珠光体硬度较球状珠光体高，塑性较差，切削阻力大，切削不易分离，使加工表面粗糙度值升高。零件的车加工精度很难保证，这种原始组织必须经正火后再次退火处理。

二、退火工艺三要素分析

将轴承套圈毛坯加热到稍高于临界点的温度(相变温度)，并在这一温度下停留一段时间，然后按一定的速度冷却下来得到均匀分布的、细小的、球状珠光体组织，这一过程称作退火。加热温度、保温时间、冷却速度是退火工艺的三个要素。

1. 退火加热温度的选择

GCr15轴承钢的退火加热温度范围应为780～810 ℃，通常采用(790±10)℃比较适宜。

GCr15钢加热温度超过730～765 ℃时，珠光体开始向奥氏体转变，温度愈高，奥氏体组织愈趋于均匀，未熔的碳化物越少，冷却后易形成片状珠光体组织。因此，840 ℃是退火温度的上限，超过了这个温度，退火组织中会出现粗片状的珠光体。简言之，如果温度偏高，工件就会过热，成为不合格品；如果温度偏低，锻造后的部分片状珠光体将被保留下来，不再结晶成细小的球状珠光体，硬度偏高而造成不合格。

2. 保温时间长短的选择

(1)选择的基本原则。GCr15钢在780 ℃时，珠光体向奥氏体的转变在5～10min内完成。即使锻造组织中有细的网状碳化物，在800 ℃以下有1 h，也能基本消除。但考虑到零件尺寸的大小，有效壁厚，装炉方法，装炉量，炉子功率等因素的影响，要保证组织转变基本完成所需要的最短时间。

(2)选择的方法。按有效厚度2 mm保温1 h来计算，由此再加一个修正值(考虑炉子的功率、炉膛大小、装炉方式和装炉量)，最后定出保温时间。

3. 冷却速度的选择

要最终得到合格的组织，很大程度上决定于冷却速度。冷却速度不同，就会得到不同性能的组织。在球化退火冷却时，发生珠光体转变，若冷却速度不同，所得到的珠光体的形态，碳化物形状、大小、分布状况也不相同，冷速大，碳化物细小、弥散，一般硬度偏高。冷却速度小，碳化物颗粒粗大，硬度偏低。

球状珠光体形成所需的冷却速度一般控制在10～30 ℃/h，为了确保球化质量，可采用冷却速度为15～20 ℃/h为标准。在实际生产过程中，受炉体保温性能、室温影响很大，一般来说冷却速度与室温关系密切，可根据季节温差，编制有两种工艺。或者根据任务紧迫，允许500 ℃出炉，300 ℃以下开箱。采用硅酸铝纤维毡修砌的箱式电炉，在炉门内与箱之间用硅酸铝纤维毡做一道隔墙，防止炉门散热，减少温差。装箱加盖加泥封进炉，应保证退火箱之间的间隙应有20 mm以上，应保证退火箱与电热体之间有50 mm以上的间隙。

抽样检查在炉前、炉中和炉后三个箱中，抽取上、中和下层的共9个工件作常规检查。

第四节　锻件的清理

清理的目的是去除套圈锻件的毛刺和氧化皮。当锻件毛刺尺寸超出锻件技术条件时，可以在砂轮上磨去，且一般在锻件退火前进行。锻件氧化皮一般在退火后进行，有卧式滚筒清理和抛丸滚筒清理两种。

一、卧式滚筒清理

将尺寸大小不同的许多轴承套圈锻件同时装入以 20～60 r/min 的转速回转的卧式滚筒中滚动和相互撞击，使氧化铍从锻件表面脱落，同时还能把锻件的毛刺和棱边磨光，为了加速清理，有时在滚筒内放入一些废钢球。清理时间一般为 10～20 min。此法简单易行，但清理质量差。

二、抛丸滚筒清理

将锻件装入以低速(2.5～3 r/min)转动的卧式密封滚筒内，粒度达 0.8～1.2 mm 的铁丸或钢丸，从高速转动的喷丸器叶片上抛出而冲到锻件上，使氧化皮因撞击而脱落下来。钢丸能自动循环，氧化皮通过吸尘器吸出，锻件撞击噪声小。

第五节　锻造的基本知识

一、锻件的余量和公差

锻件在机械加工时被切割掉的表面金属层叫做锻件余量(P)。它是为了保证获得成品的尺寸、表面粗糙度和机械性能而在锻造毛坯时将尺寸加大或减小的部分。

锻造公差锻件的实际尺寸与锻件的公称尺寸之间所允许的锻造误差范围称为锻造公差(Δ)，它是同一种锻件最大尺寸和最小尺寸之差。

1. 影响锻件余量大小的因素

锻件余量的大小有一个基本原则，就是必须使锻件经机械加工后能够去掉全部脱碳层(包括原材料表面的脱碳层)和表面缺陷，保证成品不出现软点和裂纹。国家相关标准规定，套圈淬火前脱碳层的深度不得超过每边磨加工流量的 2/3。磨加工后应获得所需要的成品尺寸、形状和表面粗糙度。当然，余量也不能大，以免浪费金属、增加机械加工时间，应有利于优质高产低消耗。

一般锻件余量需要考虑如下一些因素：

(1)去除原材料和锻件在锻压加热或退火过程中产生的脱碳层，端面和外表面为 0.4～1.2 mm，内表面为 0.2～1.0 mm。

(2)保证车加工时能完全去除锻件的表面缺陷如裂纹、折叠、凹坑和碰伤等，约 1～1.5 mm。

(3)车加工的公差：0.1～0.2 mm。

(4)热处理(渗碳、淬火、回火)后用于磨削的余量：0.2～0.7 mm。

(5)为消除锻件几何形状误差而去掉的金属量(壁厚差、椭圆度等)，等于车削时第一道工序车削表面实际余量的 30%。

对下列特殊情况应予考虑：

(1)对于深筒形、垫圈形、壁厚很薄或者很厚的套圈，要适当加大余量。

(2)大锻件应比小锻件余量大些。

(3)工作面处的余量应比非工作面处大些。

(4)形状复杂的或不易锻造的应比形状简单或易于锻造的余量大些。

(5)第一道车加工面余量应比夹紧面、定位面处大。

2. 锻件的余量、公差表

只从锻造的角度来看，锻件的公差范围似乎是愈大愈好，因为这样既省工，模具寿命也长；但对车加工却是沉重的负担，不但加工量大，而且夹紧定位也困难。因此，在制定锻造余量与公差时，应考虑到车加工工序的要求。除注意以上特殊情况外，还要顾及到锻压设备的精度、模具的制造和安装精度和锻造技术水平。表6-2-1是压力机上挤压锻件的余量和公差。

表 6-2-1 压力机上挤压锻件的余量和公差 单位：mm

套圈成品		锻件外径		锻件内径		锻件宽度	
外径	宽度	余量	公差	余量	公差	余量	公差
<50	<20	2	1	2.5	1	2.5	1.3
	>20～45	2.5	1	3	1	3	1.3
>50～80	<20	2.5	1.3	3	1.3	3	1.5
	>20～45	3	1.3	3.5	1.3	3.5	1.5
>80～110	<45	3	1.5	3.5	1.5	3.5	1.8
	>45	3.5	1.5	4	1.5	4	1.8

表 6-2-2 德国 Wagner 公司 Pda630 线锻件的余量公差标准 单位：mm

宽度 / 直径	20～40		41～63		64～80		81～100	
	直径余量和公差	宽度余量和公差	直径余量和公差	宽度余量和公差	直径余量和公差	宽度余量和公差	直径余量和公差	宽度余量和公差
100～160	3±0.5	3.5±0.5	3±0.6	3.5±0.6	4±0.7	4.5±0.7	5±1	5.5±1
161～250	3±0.6	3.5±0.6	4±0.7	4.5±0.7	4±0.8	5±0.8	5±1	5.5±1
251～315	4±0.7	4.5±0.7	4±0.9	4.5±0.9	5±1	5.5±1	5±1.2	5.5±1.2
316～350	5±0.8	5.5±0.8	5±1	5.5±1	5±1.2	5.5±1.2		

表 6-2-3 德国 Wagner 公司 VRW40 线(深筒形)锻件余量公差标准 单位：mm

直径 / 宽度	160～300		301～450		451～600	
	直径余量和公差	宽度余量和公差	直径余量和公差	宽度余量和公差	直径余量和公差	宽度余量和公差
100～200	6^{+2}_{-1}	8±2	$7^{+2.5}_{-1}$	9±3	8^{+3}_{-2}	10±4
201～300	$7^{+2.5}_{-1.5}$	9±3	8^{+3}_{-2}	10±4	$9^{+3.5}_{-2.5}$	11±5

表 6-2-4 日本某厂的余量、公差标准 单位：mm

外径	宽度	内圈			外圈、密封座、中隔圈		
		内径	外径	宽度	内径	外径	宽度
～150	～60	2.8±0.8	2.5±0.8	2.5±0.5	2.6±0.8	2.5±0.8	2.5±0.5
	61 以上	3.2±0.8	2.5±0.8	2.5±0.5	2.7±0.8	2.7±0.8	2.5±0.5
151～200	～60	3.3±1.1	3.0±0.9	3.0±0.7	3.0±1.1	3.0±0.9	3.0±0.7
	61 以上	3.5±1.1	3.0±0.9	3.0±0.7	3.0±1.1	3.2±0.9	3.0±0.7
201～260	～60	3.8±1.1	3.5±0.9	3.5±0.7	3.5±1.1	3.5±0.9	3.5±0.7
	61 以上	4.0±1.1	3.5±0.9	3.5±0.7	3.5±1.1	3.7±0.9	3.5±0.7

从表6-2-2至表6-2-4中可以看出，日本标准比较高，德国标准介于中日两国之间。

二、锻造温度范围的确定

要锻出优质的轴承套圈，必须使钢材获得良好的塑性状态，即在规定的温度范围内进行锻造。所谓锻造温度范围，主要是指始锻温度和终锻温度的区间范围。

从提高钢的塑性和降低变形抗力方面考虑，始锻温度可提高到铁一碳平衡图接近AE线（即始熔线）位置。如果温度太高，一是容易发生过热或过烧，二是浪费动力。一般的，亚共析钢的始锻温度为1 200～

1 250 ℃。

G20CrNi2MoA 渗碳钢是亚共析钢，始锻温度为 1 245 ℃；GCr15 轴承钢是过共析钢，其始锻温度一般定为 1 050～1 100 ℃。钢料加热超过一定温度时，奥氏体晶粒急剧长大，使机械性能降低，严重时，形成过烧。有的过热缺陷可用二次锻造或调质、正火来消除；有的则具有顽固性质，不能用热处理来消除。钢料加热温度更高时，高温的金属被炉气中的氧或其他氧化性气体渗透到晶粒之间，与铁、碳、硫等作用，形成了易熔的氧化物的共晶体，它破坏了晶粒之间的联系，大大降低了金属的强度；即使未形成共晶体，也会在晶粒周围形成脆壳，削弱晶粒间的联系，这种金属在锻造时一打就会破碎，其断面晶粒粗大，呈浅灰蓝色，这称之为金属过烧。过烧的金属无法挽救。只有严格控制炉温，并不使钢料在高温区的停留时间过长。电加热时尤其应注视温度指示仪表，及时调整电压和功率。

确定终锻温度时，既要保证钢在终锻前具有足够的塑性，又要使锻件能够获得良好的组织性能，因此，钢的终锻温度应高于再结晶温度，以保证锻后再结晶完全，使锻件得到细晶粒组织。

轴承钢中的网状碳化物是在锻后的冷却过程中形成。由于网状碳化物急剧地降低零件的强度和韧性，而随后的退火、回火很难将它完全消除。碳化物的不均匀分布以及终锻温度过高和锻后冷却速度太缓慢都会促使生成网状碳化物。终锻温度过高时奥氏体晶粒粗大，容易生成粗的网状组织。针对 G20CrNi2MoA 钢终锻温度一般控制在 870～900 ℃，GCr15 钢终锻温度一般控制在 800～860 ℃，此时锻件内部不会形成网状碳化物，而且组织最细，机械性能好。如终锻温度过高，则锻后晶粒继续长大，在冷却过程中析出碳化物，若冷速较低，就会形成粗大的碳化物网，降低钢的强度；而终锻温度低于 800 ℃时，由于碳化物开始析出，并在变形过程中与晶粒一起顺着变形的方向被拉长，形成条状组织，同样使钢的强度降低；若终锻温度低到 695 ℃以下，则将进入珠光体组织区域锻造，此时钢的塑性降低，组织变硬，变形抗力大，变形困难。

为了避免网状碳化物的形成，可在锻后一定的温度范围迅速冷却〈鼓风、喷雾、水冷等〉。但还应考虑白点的形成范围和减少锻件内应力，在 700 ℃以下应当缓慢冷却。

根据大量试验结果，常用的轴承钢锻造温度范围如表 6-2-5 所示。

表 6-2-5　常用轴承钢的锻造温度范围

钢种	钢号	始锻温度(℃)	终锻温度(℃)
铬轴承钢	GCr15，GCr15SiMn	1 050～1 150	800～850
渗碳钢	20	1 250	750
	G20CrNi2MoA	1 200～1 245	870～900
	G20Cr2Ni4A	1 180	850
	G12Cr2Ni4	1 180	850

在实际生产中，始锻温度较易控制，而终锻温度则与锻造工艺方法和设备状态诸因素有关。如多工位自动压力机工艺与冲孔—扩孔工艺相比，一般始锻温度均较高，而摩擦压力机联线的终锻温度则较低；就是同为压力机—扩孔工艺，也因产品不同而终锻温度各异：壁厚的套圈终锻温度高，壁薄的终锻温度低。所以在确定终锻温度时，要仔细地分析套圈成型的方法，使用的设备及温度降低的幅度，或用倒推法，由终锻温度加上锻造过程中的温度损失计算出始锻温度。

一般，始锻温度和终锻温度可用下列公式确定：

$$\text{始锻温度}\quad T_{始}=(0.85\sim0.90)T_{熔}(\mathrm{K})-273\ (℃)$$

$$\text{终锻温度}\quad T_{终}=(0.65\sim0.75)T_{熔}(\mathrm{K})-273(℃)$$

式中　$T_{熔}$(K)——金属熔化时的绝对温度，合金成分少的金属 $T_{熔}$(K)前系数取小值。

三、锻造加热和冷却规范

1. 加热速度

钢在单位时间内温度上升的度数称为加热速度。影响钢加热速度的因素有炉温、钢的化学成分、装炉方式、钢材尺寸大小等。

炉温越高，钢的加热速度越快，只要不产生裂纹，应尽量提高加热速度，以避免钢的氧化、脱碳和晶粒长大；钢的化学成分决定了其导热性能，导热性差的高合金钢加热速度必须缓慢或分两段加热；单件装炉可以用较少的时间加热，大批量堆放装炉，因受热不均匀，需较长的加热时间；尺寸大的钢材快速加热会造成内外层温差较大，易产生裂纹，应缓慢加热，如 ϕ120 mm 以上的轴承钢，一般应缓慢加热，或以较低的速度加热到 200 ℃左右，再以较快的速度加热到锻造温度。

2. 加热时间

钢在炉内的加热时间长短对金属的变形阻力、锻件质量有很大的影响。轴承钢的加热时间可按表 6-2-6 的经验公式估算，对于高碳、高合金钢，尚无成熟的计算方法，一般是缓慢加热，分两段加热并保温一定的时间，避免内部裂纹的产生。

表 6-2-6　轴承钢加热时间估算

轴承钢类别	加热时间估算公式
>ϕ120 mm 棒料	0～800 ℃　$t=0.4d$；800～1 150 ℃　$t=(0.2\sim0.3)d$
<ϕ120 mm 棒料	0～1 150 ℃　$t=(0.4\sim0.6)d$
平锻或一次下料锻造用棒料	0～1 150 ℃　$t=(0.4\sim0.5)d$
单独碾扩套圈锻件	0～950 ℃　$t=(0.6\sim0.8)s$

注：t 为加热时间(min)，d 为圆棒料直径或型钢最短边长(mm)，s 为套圈锻件的壁厚(mm)

3. 锻件的冷却

为了使锻件获得良好的组织，尽量减少网状碳化物的形成，或避免因冷却速度太快形成温度应力而使锻件开裂，锻件锻后应有合理的冷却速度。

对于轴承钢，主要是考虑网状碳化物的形成，要求冷却速度较快，当终锻温度高于 850 ℃时，应采用喷雾冷却，冷速在 50～250 ℃/min，待温度降至 700 ℃时，则可堆放起来冷却，因为此时金属内部不会析出碳化物，同时冷速稍慢可以消除高温快速时产生的一些温度应力。

四、锻件的技术要求

锻件的技术要求除了规定锻件所允许的几何形状误差外，对锻件的表面缺陷和内部缺陷的程度也有相应的要求。

(一)几何形状公差

1. 椭圆度。锻件横截面上最大与最小直径之差，它应在直径的锻造公差范围之内。

2. 壁厚差。锻件的最大与最小壁厚之差，应不大于第一道车削余量的 30%。

3. 锥度。锻件内径或外径两端面直径之差，应在相应直径的锻造公差范围之内。

4. 直角差。锻件内、外圆柱表面的轴线对基面产生的不垂直度，不得大于直径锻造公差之半。

5. 平行差。锻件的最大与最小宽度(高度)之差，应在相应宽度(高度)的锻造公差范围之内。

6. 端面凹心。在锻件同一纵向截面上最大与最小宽度(高度)之差，应在宽度(高度)的锻造公差范围之内。

(二)锻件缺陷分析

1. 缺陷的分类

按缺陷的类型来分，锻件的缺陷可以分为表面缺陷和内部缺陷两种形式。

(1)表面缺陷

①裂纹

有淬水裂纹的锻件为废品。其余如原材料的缺陷、锻造操作不当而产生的表面裂纹，其允许的深度不得超过脱碳层的总深度。

②垫坑

锻件的端面或内、外表面上留下的氧化皮凹坑和工具垫坑，其允许深度不得超过锻件的锻造公差的一半。

③毛刺

有时因模具设计不合理或操作不慎，产生毛刺，影响车加工装夹定位，甚至毁坏刀具。故作为车加工的基准面时不允许存在轴向毛刺，其余部位毛刺，应予修磨。

④缺肉

多因工艺不合理所致，有时温度过低也易造成。超过直径或宽度锻造公差的应予报废。

(2)内部缺陷

①网状碳化物

高碳铬轴承钢锻件在冷却过程中往往沿晶界形成网状碳化物，该碳化物是一种硬而脆的物质，降低了钢的冲击韧性，细小的网状碳化物可通过正火消除，粗大的网状碳化物不允许存在，应予报废。

②过热与过烧

过热的组织特征是晶粒粗大并伴之出现长针状铁素体(魏氏组织)。过烧的组织特征是出现晶界烧毁，并有多量氧化物等低熔点夹杂物形成。过热组织应通过高温正火使之改善，过烧的锻件则应报废。

2. 影响锻件质量的因素

有的锻件缺陷会影响后续工序的加工质量，有的则严重影响锻件的性能，降低所制成品件的使用寿命，甚至危及安全。因此，为提高锻件质量，避免锻件缺陷的产生，应采取相应的工艺对策，同时还应加强生产全过程的质量控制。

这里主要从三个方面对影响锻件质量的因素进行分析探讨：

(1)原材料对锻件质量的影响

原材料的良好质量是保证锻件质量的先决条件，如原材料存在缺陷，将影响锻件的成形过程及锻件的最终质量。如原材料的化学元素超出规定的范围或杂质元素含量过高，对锻件的成形和质量都会带来较大的影响，例如：S、B、Cu、Sn 等元素易形成低熔点相，使锻件易出现热脆。为了获得本质细晶粒钢，钢中残余铝含量需控制在一定范围内，含量过少，起不到控制晶粒长大的作用，常易使锻件的本质晶粒度不合格；含铝量过多，压力加工时在形成纤维组织的条件下易形成木纹状断口、撕痕状断口等。如原材料内存在缩孔残余、皮下气泡、严重碳化物偏析、粗大的非金属夹杂物(夹渣)等缺陷，锻造时易使锻件产生裂纹。原材料内的树枝状晶、严重疏松、非金属夹杂物、氧化膜、偏析带及异金属混入等缺陷，易引起锻件性能下降。原材料的表面裂纹、折叠、结疤等易造成锻件的表面裂纹。

(2)锻造工艺过程对锻件质量的影响

锻造工艺过程一般由以下工序组成，即下料、加热、成形、锻后冷却、酸洗及锻后热处理。锻造过程中如果工艺不当将可能产生一系列的锻件缺陷。加热工艺包括装炉温度、加热温度、加热速度、保温时间、炉气成分等。如果加热不当，例如加热温度过高和加热时间过长，将会引起脱碳、过热、过烧等缺陷。对于断面尺寸大及导热性差、塑性低的坯料，若加热速度太快，保温时间太短，往往使温度分布不均匀，引起热应力，并使坯料发生开裂。锻造成形工艺包括变形方式、变形程度、变形温度、变形速度、应力状态、工模具的情况和润滑条件等，如果成形工艺不当，将可能引起粗大晶粒、晶粒不均、各种裂纹、折叠等。锻后冷却过程中，如果工艺不当可能引起冷却裂纹、白点、网状碳化物等。

(3)锻件组织对最终热处理后的组织和性能的影响

在锻造的加热和冷却过程中有同素异构转变的材料，由于锻造工艺不当引起的某些组织缺陷或原材料遗留的某些缺陷，对热处理后的锻件质量有很大影响。现举例说明如下：

①有些锻件的组织缺陷，在锻后热处理时可以得到改善，锻件最终热处理后仍可获得满意的组织和性能。例如，在一般过热的结构钢锻件中的粗晶和魏氏组织，过共析钢和轴承钢由于冷却不当引起的轻微的网状碳化物等。

②有些锻件的组织缺陷，用正常的热处理较难消除，需用高温正火、反复正火、低温分解、高温扩散退火等措施才能得到改善。

③有些锻件的组织缺陷，用一般热处理工艺不能消除，结果使最终热处理后的锻件性能下降，甚至不合格。例如，严重的石状断口和棱面断口、过烧、不锈钢中的铁素体带、莱氏体高合金工具钢中的碳化物网和带等。

④有些锻件的组织缺陷，在最终热处理时将会进一步发展，甚至引起开裂。例如，合金结构钢锻件中的粗晶组织，如果锻后热处理时未得到改善，在碳、氮共渗和淬火后常引起马氏体针粗大和性能不合格；高速钢

中的粗大带状碳化物，淬火时常引起开裂。

应当指出，各种成形方法中的常见缺陷和各类材料锻件的主要缺陷都是有其规律的。不同成形方法，由于其受力情况不同，应力应变特点不一样，因而可能产生的主要缺陷也是不一样的。例如，坯料镦粗时的主要缺陷是侧表面产生纵向或45°方向的裂纹，锭料镦粗后上、下端常残留铸态组织等；矩形截面坯料拔长时的主要缺陷是表面的横向裂纹和角裂，内部的对角线裂纹和横向裂纹；开式模锻时的主要缺陷则是充不满、折叠和错移等。不同种类的材料，由于其成分、组织不同，在加热、锻造和冷却过程中，其组织变化和力学性能也不同，因而锻造工艺不当时，可能产生的缺陷也有其特殊性。例如，莱氏体高合金工具钢锻件的缺陷主要是碳化物颗粒粗大、分布不均匀和裂纹，高温合金锻件的缺陷主要是粗晶和裂纹等。

第六节　轴承锻造常用设备简介

轴承套圈常用锻造设备有锻造加热炉、空气锤、压力机和辗扩机等。

一、锻造加热炉

加热对锻件的内在质量、材料利用率、生产效率、能源消耗、工作条件、劳动强度、环保等均有很大的影响。加热质量的好坏，取决于加热设备的结构形式及燃料的种类。目前国内加热炉按燃料种类可划分为煤炉、油炉、煤气炉和电炉四种，其中煤炉生产的锻件占整个产量的一半，电炉不到10%。

1. 半煤气炉

半煤气炉由半煤气发生炉和加热炉组成。煤在半煤气发生炉内，经过不完全燃烧(不完全燃烧产物包括炽热的煤气和煤的馏分)，从煤气燃烧口送入加热室，在送入过程中通入空气与之混合进行燃烧。

它的结构简单，热效率比反射炉高，劳动条件较反射炉大为改善，但对煤的质量要求较高，不宜采用易结渣的煤。

2. 煤气炉

煤气炉结构形式很多，常用的中小型煤气炉大多为移动式上排烟的。其燃烧过程是煤气和空气在燃烧装置中经过很好的混合后，从喷口喷入加热室内燃烧，燃烧产生的烟从出料口附近的烟道向上排出。

它具有热效率高、炉型较简单、操作方便、卫生条件好等一系列优点。

二、空 气 锤

空气锤由工作部分(活塞、锤杆和砧铁)、动力传动部分(电机、带轮、曲拐轴等)、操纵部分及机身(压缩缸、工作缸、立柱和底座)组成，曲拐轴的旋转运动使压缩缸内的空气被压缩或膨胀，这空气通过工作缸与压缩缸间相通的气道及控制气道的阀，进入工作缸的上腔或下腔，从而控制锤杆的运动。

使用空气锤来生产轴承套圈锻件，主要是小批量、较大套圈的锻件，有自由锻和锤上模锻，工作时吸排气噪声大，冲击振动剧烈。

三、压 力 机

压力机是预成型的主要设备，包括曲柄压力机，液压机等。

曲柄压力机主要由工作机构(由曲柄、连杆、滑块组成)、传动系统(电机、带轮、传动轴等组成)和机身组成，电机通过带轮使曲轴旋转，曲轴的曲拐通过连杆带动滑块作上下运动，从而进行工作。曲柄压力机适合于钣金件的冲压、套圈锻件的模锻(特别是流水线生产)等。

液压机主要是由机械传动部分、压力工作站、信号控制部分等构成。相对曲柄压力机来说，它有动力平稳，变形均匀，振动小等优点，但是效率相对较低，是大型套圈预成型的理想设备。

四、辗 扩 机

辗扩机由工作部分(辗压轮、汽缸、辗压辊组成)、控制部分(信号辊、气阀、控制系统等)、机身组成。工作时环坯套在辗压辊上，旋转着的辗压轮在气缸压力的作用下压向环坯，与环坯接触后开始变形，同时环坯和辗压辊在摩擦力的作用下旋转，环坯受压缩而壁厚减薄，直径扩大，当环坯的外径增大与预先调整好位置的信号辊接触时，信号辊发出信号，气缸切换，辗压轮向上回程，卸料机构将锻件推出，完成套圈的辗扩工艺。

随着设计和制造技术的发展，辗扩机的发展也很快。现造主要有三种大类：一是芯棒基础位置不动，碾压轮旋转并做相对的移动，最终通过进给确定壁厚。二是碾压轮旋转，但相对位置不动，芯棒套上热成型的预坯做相对运动，最终通过进给确定壁厚。三是芯棒和碾压轮都不做相对运动，只是碾压轮和芯棒都围绕各自中心旋转，这两个中心有一定的偏心。这个偏心就确定两者之间的间隙有最大和最小。通过调节最小间隙，就可以获得需要的工件壁厚。

第七节　国内外轴承锻造的发展动态

轴承的种类很多，套圈的形状各不相同，加之尺寸范围又比较大，生产批量也不同，故而轴承锻造成形工艺也是多种多样的。目前，除了一些传统的方法，如压力机单件锻造、套锻、空气锤自由锻、热扩孔等以外，也有一些较为先进的工艺及其装备。

一、下料技术

在一些小型轴承的毛坯加工时，国外轴承行业采用高速镦锻机、平锻机带侧滑块的多工位压力机等锻造生产线较多，这些生产线直接用棒料锻造轴承套圈，因而下料的数量相对较少。为了提高下料的几何精度和重量精度，一是对棒料实行径向压紧，二是提高剪切速度。这些下料设备的自动化程度较高，一般都具有上下料、送料、自动排除料头、自动检测等装置。

由于传统的下料方法基本上是开式剪切，下料质量差，其重量差在5%左右，端面倾斜度远大于3°。因此，国内各厂家都在探索一些新的方法。

对于国内多数厂家来说，一般是应用单点压力机配合模具进行剪切下料的，因此，在模具的改进上做了许多有益的工作。下料质量主要是受剪切时棒料的轴向窜动和翘曲的影响，为此，出现了套筒式剪切模和约束剪切模，即使剪切定刀片和动刀片的形状与棒料截面形状相同，以限制剪切时棒料的翘曲和刀片对棒料剪切时的压扁，使剪切质量得到明显提高，实际生产中，对冷下料重量差可控制在1%，压塌深度为0.5 mm，端面倾斜度小于2°，对于热下料重量差可控制在2%之内，端面倾斜度小于3°；约束剪切模，即以径向夹紧的方式使棒料的翘曲、轴向窜动和切口压扁均受到限制。这种方式有的仅在定刀端夹紧，有的在定刀端和动刀端均予以夹紧，其夹紧方式有气缸式的，也有机构联动的。刀片均采用与棒料截面形状相同的形状，另外，这种模具还可带有自动送进装置。这种方式的下料重量差可控制在1%以内，端面倾斜度小于2°。

铁路货车轴承锻件下料时，使用棒料热剪切机的在逐步增多，基本上是以生产线的形式运行。采用中频感应加热、自动上料、自动进料、自动检测(个别的带有)等，自动化程度高，并且剪切机具有径向夹紧装置、机身刚性好、挡料自动调整等功能，剪切质量也较以前的老式剪切机有了很大提高，可达到剪切重量误差不大于1.5%，端面倾斜度在3°以内。

带锯下料在国内外均有使用，国内货车轴承企业一般采用这种下料方式。由于带锯采用高刚性的结构，切削力稳定且棒料夹紧可靠等，从而使下料重量精确，端面质量好，并且棒料尺寸范围的限制小，特别适合较大棒料直径尺寸的下料。

二、可控硅中频感应电炉加热

感应加热比起燃煤、燃油等火焰加热具有更多的优点。20世纪70年代以前，主要是中频发电机组做电源；20世纪70年代以后，中频可控硅电源得到广泛的应用。

可控硅中频感应加热的原理是：利用可控硅将交流电整流，再逆变成交流电；当中频交流电通过感应线圈时，在线圈周围产生了交变磁场，线圈内的棒料在交变磁场的作用下，其内部产生了一个感应电势，在感应电势作用下，棒料内有电流流动，金属棒料因本身的电阻而使电能转变成热能，于是温度升高。

感应炉(图6-2-4)由10个感应器组成。每个箱体长600 mm，箱体之间相距200 mm。每2个感应器串联后再并到中频回路母线上，与电容形成谐振回路，感应器之间由水冷轴传动辊子借摩擦力使棒料前进。棒料输入端有一对压力送进辊子，将棒料送入感应器内加热，进入压力机切料工位的棒料，随着压力机的节拍作间隙前进运动，而后面的棒料则作匀速前进运动，所有传动辊子由一只可控硅调速的直流电机传动，可以无级调速，以与压力机的节拍一致。

当进行生产时，先由感应炉的料架将成捆的棒料散开（由一个液压缸顶起料架，落下时捆摆台将成堆的棒料散开），经过自动拨料机构，将棒料拨至送料辊道上，再经过拨料叉，棒料翻转到送料辊道上，由送料辊子将棒料送入感应线圈中去，进行加热。

图 6-2-4　中频感应加热炉

利用可控硅中频感应加热有以下优点：

1. 产品质量好。感应加热氧化轻微，无脱碳，易于控制和调整温度，棒料受热温度均匀，表面质量和几何精度易保证。

2. 生产效率高。感应加热比火焰加热速度快得多，节省时间。如加热 ϕ120 mm 棒料所需时间为油炉的 1/4～1/6。

3. 材料消耗少。由于感应电炉和主机组成自动生产线，长棒料加热后直接切断、成型，免除了带锯下料的锯口损失。

4. 无污染，劳动条件好。火焰炉需人工上、下料，劳动强度大，条件恶劣；而感应炉可远距离操作，噪声很小，利于环保生产。

5. 减少了动力消耗。电加热比油炉加热便宜，也有利于环保。

三、锻造成形及辗扩技术

轴承套圈锻造早期是空气锤、蒸汽锤或者夹板锤等通用锻压设备上进行的。20 世纪 50 年代中期开始采用煤气炉或重油炉加热坯料，用平锻工艺或平锻-辗扩工艺（两次加热）。20 世纪 50 年代末，建立了锤—压力机—扩孔机流水线，即锤上冲孔—扩孔工艺，现在仍有许多轴承厂作为主要的锻造工艺。

在压力机上锻造轴承毛坯套圈，除一些小型锻件能直接锻造成形外，一般均把压力机和扩孔机联起来，组成流水作业或自动生产线，一火锻成，由压力机锻制预成形毛坯，而后经扩孔机辗扩成形，获得毛坯套圈。这样可降低压力机锻造的要求，充分发挥压力机的效率和生产能力，同时利用了辗扩工艺的优点，提高毛坯套圈的几何精度和内在质量，全面提高毛坯套圈的生产水平。

20 世纪 60 年代以后，一些国家普遍采用压力机—扩孔机联线工艺，一次加热锻造外圈、内圈锻件，或同一型号的内外圈锻件，工件的传送由传送带进行，形成较先进的生产工艺，使轴承套圈锻造技术和生产能力大大提高了一步。如：用于外圈锻件生产的深筒双内锥形锻件生产线（图 6-2-5）和用于内圈锻件生产的外锥（梯）形锻件生产线（图 6-2-6），是由大型液压机、辗扩机和双立柱整径机组成，该生产线配备了感应加热炉，由德国瓦格拉（Wagner）公司制造。

压力机锻造套圈的工艺较多，主要有以下几种：挤压工艺，挤压辗扩工艺，套锻工艺和塔形工艺等。我国大量采用的是挤压辗扩工艺，对于中、大型以上的毛坯套圈尤其合适。

轴承套圈的生产过程中，使用联线的方式很多。多数中小型套圈，基本都是压力机和辗扩机组成的生产

图 6-2-5　德国瓦格拉(Wagner)公司外圈锻造生产线

图 6-2-6　德国 Wagner 公司内圈锻造生产线

联线。对于铁路轴承的套圈，一般外圈使用空气锤和辗扩机组成的联线，部分增加整径设备。内圈多采用压力机和辗扩机组成的联线。从工艺保证产品质量的角度分析，中频感应加热炉、压力机、辗扩机、整径机组成的联线是目前最好的生产方式之一。它能有效的形成锻件内部流线，锻合原材料的部分缺陷，形成稳定的内部组织。

它的优越性表现在：

1. 生产效率高。按变形工步配置的流水作业或自动生产线设备，班生产量比锻锤可高 50%到一倍，而操作人员比锤上少得多，工艺也灵活，可采用多工位大吨位压力机锻造，也可采用单工位小吨位多台压力机联线生产。

2. 材料利用率高。由于工艺定型后模具的工作尺寸较稳定，故锻件余量小，几何精度高，可以节约金属，材料利用率可达 54%～60%，减少机械加工工时。

3. 锻件质量好。料段在锻模中受挤压成形，几何精度高，锻件表面光洁，内部组织紧密，经辗扩的锻件，其纤维组织沿锻件截面纵向分布，符合轴承的使用要求，有利于提高轴承的使用寿命。

4. 工艺稳定性好。它不像锤上锻造那样对操作者技术要求高，劳动强度也轻，且安全，有利于新工人早日独立操作，收效快。国外已经出现无人操作的电子计算机控制的自动生产线。

第八节　圆锥滚子成型加工

圆锥滚子成型加工方法有：冷镦、热锻(温锻)和车削等。其中，用冷镦取得滚子毛坯是较为经济、效率较高、滚子内在质量较好，也较为先进的一种方法，已被广泛采用，同时也应用于我国铁路货车轴承的滚子成型加工。棒料直径大的滚子多在单轴或多轴自动车床上用集中工序法车削或在普通车床上用分散工序法车削。热锻成形多用于制造大型滚子毛坯。

下面我们仅就冷镦滚子的加工进行分析介绍。常见冷镦圆锥滚子的形状见图 6-2-7。

一、冷镦滚子的优点

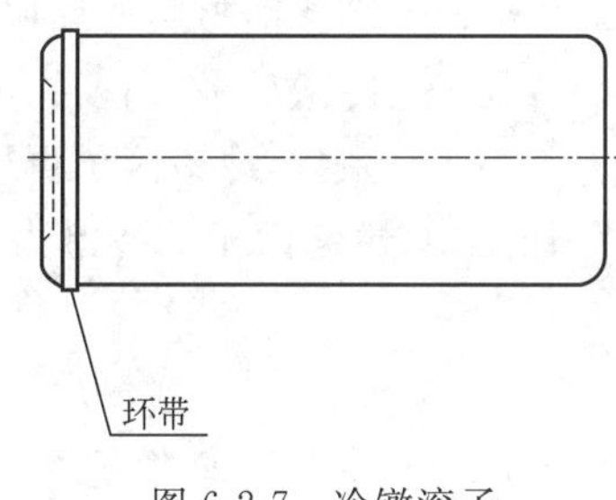

图 6-2-7　冷镦滚子

冷镦滚子是在室温下利用模具迫使金属料段产生塑性流动，充满凹模与冲头(凸模)构成的空间。

1. 提高滚子的力学性能

由于冷镦时金属在室温下产生塑性变形，这就必然产生冷作硬化，而且棒料的原有纤维不被切断，金属内部若有少许缺陷也可被压实，有利于提高滚子的强度。

2. 节约原材料

冷镦本身是一种少、无切屑的塑性成形方法，若工艺上处理的好，环带可以很小，从而可以大大节约金属材料。

3. 生产率高

一般冷镦机的自动化程度都较高，操作简单，只要调整好，生产效率是比较高的，一般 50～100 个/min。

4. 滚子形状尺寸精确，表面粗糙度值低

冷镦滚子的形状和尺寸精度主要是由模具和机床调整精度来保证的；冷镦过程中，金属材料表面在高压下受到模具光滑表面的挤压，滚子表面粗糙度值较低，一般 R_a 为 0.25～2.0 μm；如果加工调整得好，质量稳定，滚子甚至可不经软磨而直接热处理。

二、冷镦滚子的工艺性

因为冷镦使用的是圆柱形棒料段，所以在冷镦圆锥滚子时，成形之前除滚子小端倒角区域和柱心部分受三向压应力外，大部分基体均受一向压应力和两向拉应力，越靠近滚子大端其拉应力越大。实验表明，拉应力会导致金属晶间变形，使金属塑性下降；压应力有利于晶内变形而可提高金属的塑性。因此，当毛坯或模具形状尺寸设计的不合理、材料质量不佳、冷镦工艺不当时，冷镦滚子往往在大端倒角处出现开裂。

另外，在冷镦过程中，由于毛坯料与模具表面间的摩擦、材料内部组织不均，以及模具的形状尺寸不合理，会引起冷镦滚子内部产生附加应力。它会降低金属的塑性，增加金属的变形抗力，在滚子内部产生残余应力。其残余应力会引起滚子的形状尺寸变化和降低工艺性能等。尤其是外摩擦所引起的附加应力，对冷镦滚子质量和加工工艺带来不利影响。外摩擦主要发生在滚子小端倒角的轴向区域，它降低了滚子倒角处的内、外质量，增加了模具磨损和降低模具寿命。因此，在冷镦过程中应尽量减小工件与模具间的摩擦，在冷镦中影响摩擦的主要因素是材料性能、模具的结构形状、表面质量及润滑效果。由于冷镦滚子是在室温下进行，所以滚子变形抗力很大，特别是在料段充满模具空间使滚子毛坯成形时，整个滚子实体基本上全部是受三向压应力，这时变形抗力极大，滚子尺寸越大冷镦滚子时的作用力就越大，因此，冷镦滚子的尺寸大小往往受到冷镦设备功率和模具强度的限制。另外，当滚子冷镦变形程度超过金属材料本身最大许可变形程度时，滚子圆周表面就会形成裂纹，造成废品。因此，对不同形状尺寸的滚子应当选择合理的变形程度。

一般冷镦变形程度 ε 常用冷镦后的最大横截面积 $A_{终}$(环带处)和冷镦前的棒料横断面积 $A_{初}$ 之差与 $A_{终}$ 之比求出，即：

$$\varepsilon=\frac{A_{终}-A_{初}}{A_{终}}=(1-d^2/D^2)\times100\%$$

式中　d——棒料直径；

D——环带直径。

对于制造滚子的常用材料 GCr15，其在冷镦时的最大许可变形程度 ε 约为 55%～65%。

正确地确定冷镦力的大小，对保证冷镦滚子的加工质量、合理选用设备功率、正确地设计模具结构等都是十分重要的。影响冷镦力的主要因素有：工件材料的力学性能，滚子尺寸、形状和变形程度，冷镦方式，模具的结构形状和制造精度，润滑条件等。

一般冷镦力的大小可用下列简化公式计算：

$$p=\beta\sigma_s D^2$$

式中　P——总的冷镦力(N)；

σ_s——冷镦前材料的屈服强度(MPa)；

D——冷镦后最大直径(mm)；

β——系数，冷镦滚子可取5～6.5范围。

实际加工中，冷镦滚子的冷镦力和剪切料段的力多由下列经验公式得出：

$$P_{镦}=2\ 520D^2$$

$$P_{剪}=1\ 570d^2$$

式中　D——冷镦后最大直径(mm)；

d——原材料直径(mm)。

冷镦过程中，工件的变形不仅有塑性变形，同时还伴有弹性变形的成分。实践表明，滚子出模后，在弹性恢复力的作用下，滚子要向外膨胀，这一现象称为“回跳”。回跳量的大小取决于滚子材料性质、冲压方式、模具结构开头和滚子尺寸大小等。在进行有关工艺设计时应注意回跳的影响。

三、滚子冷镦方法

冷镦滚子的质量一般来讲，随镦击次数的增加而提高。这是因为一次冷镦成形的滚子毛坯，变形剧烈，变形程度大，产生的附加应力也大，内部变形不均，对滚子内在质量有影响；而且滚子形状也不很规则，回跳量大，尺寸分散大，对后续工序加工不利。但多次镦击方法，生产效率低，设备复杂，价格高，模具数量多且要求精度高，一般对批量大、形状复杂的滚子才比较合适，而对一般圆锥滚子冷镦采用双击冷镦方法较为适宜。但目前我们轴承工业的状况，单击冷镦仍是冷镦滚子的主要形式。目前采用的冷镦滚子方法有以下几种：

1. 单工位单击卧式冷镦

它是冷镦滚子中应用最广泛的一种方法，其主要优点是生产效率和自动化程度较高，加工成本较低。但模具温升高，而且加工过程循环很快，模具来不及散热，要在温升高、压力大的条件下工作，其容腔会扩大，使滚子尺寸分散增大。

图6-2-8为单工位冷镦过程示意图。

冷镦滚子最大直径	25 mm
切料最大直径	24.5 mm
切料最大长度	60 mm
滑块行程数	70次/min
电动机功率	37 kW
电动机转速	975 r/min
工作载荷	约1 500 kN

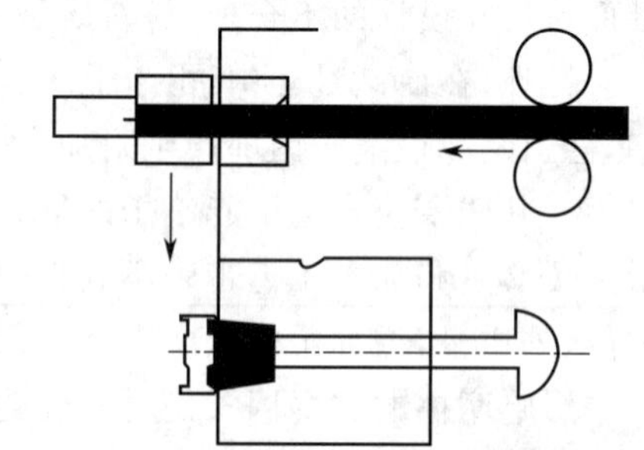
图6-2-8　单工位冷镦过程

冲头凹膜的材料应具有足够的强度及耐磨、耐腐蚀、耐高温、膨胀系数小等性能，通常可采用Cr12MoV、GCr15等模具钢或W6Mo5Cr4V2高速钢制造。

2. 单工位单击立式冷镦

它是利用普通立式压力机进行生产的。在冷镦前，棒料要经过落料(剪切成料段)、磨料和窜毛刺等工序，然后才能放入凹模。用压力机同样能得到合格的滚子毛坯，但工艺路线长、效率低。

3. 单工位双击卧式冷镦

它是在专门的自动冷镦机上进行的。其特点是料段在一个凹模内要分别用二个冲头镦击两次成形。这种方法由于使滚子分两次成形，每次的变形程度都较小，滚子的内、外质量都较好，环带小、分布均匀，模具使用寿命也较长，是一种比前两种先进的冷镦方法，尤其适合于圆锥滚子毛坯的生产。

4. 多工位卧式冷镦

这是近年来发展起来的新技术，目前只有少数大厂有能力采用。工作时，由于料段要经过三个或四个工位的镦击，使滚子毛坯做到了逐步成形，其变形均匀，附加应力很小，且下料精确，所以冷镦的滚子内、外质量都很好。从目前生产情况看，它比较适合用于批量大的圆柱、圆锥和球面滚子的毛坯生产。

四、冷镦滚子应注意的问题

1. 滚子的材料和磷化处理。滚子冷镦的材料有冷拔棒料和冷拔盘料两种。用盘料冷镦对节约钢材和提高质量大有好处。其供应范围盘料直径≤10 mm，棒料直径<27 mm。

冷镦的质量与材料的硬度有密切关系。硬度过低，切料变形大，产生毛刺，滚子倒角垫伤；硬度过高，容易使凹模卡伤，滚子冷镦后推不出凹模，产生压饼现象，导致凹模损坏；另外，滚子也容易产生裂纹。

冷镦材料常进行磷化处理。就是用化学的方法在材料表面生成一种海绵状磷酸盐薄膜，呈灰色片状结晶，质地疏松，有吸附力，能把肥皂水、润滑液吸到表层来共同起润滑作用，使模具表面摩擦、磨损减少，不容易出现金属黏着、卡伤和划痕，从而提高了模具寿命。

2. 棒料冷镦前应注意的问题和直径的确定。冷镦前棒料应进行校直和倒角（即轧尖或磨料头，以便棒料能被自动送进切料筒）。对尺寸公差大的棒料还要进行分组，一般分组差不大于0.6 mm，否则滚子毛坯的尺寸分散太大。另外，要选择配套的冷镦工具和合适的冷镦设备等。棒料直径的选择是冷镦工序一个很重要的问题。直径过大，将造成凹模型腔内的表面卡伤，降低模具使用寿命；直径过小，又产生切料段在凹模内歪边和欠镦等滚子毛坯质量问题。

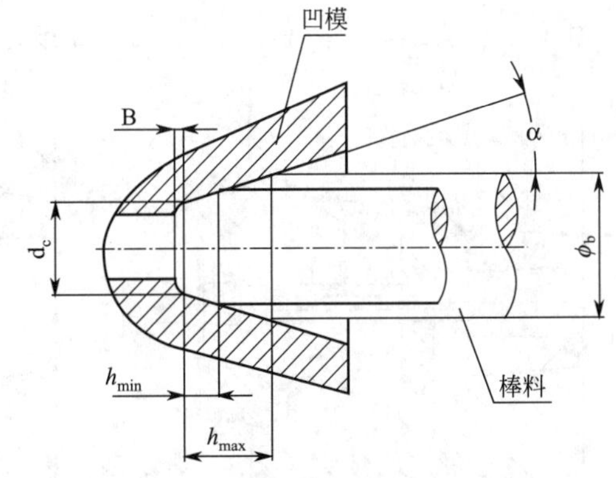

图 6-2-9 圆锥滚子棒料尺寸与凹模尺寸

圆锥滚子棒料直径尺寸与凹模尺寸应相配，棒料端面和凹模端面间的夹持高度 h 应该在2.5～8 mm的范围内，其关系见图6-2-9。

$$h_{min}=\frac{(\phi_b-\Delta)-(d_c-0.25)}{2}\times\cot\alpha\geqslant 2.5\ \text{mm}$$

$$h_{max}=\frac{\phi_b-d_c}{2}\cot\alpha\leqslant 8\ \text{mm}$$

式中 α——凹模角度；

ϕ_b——棒料段最大直径；

Δ——棒料公差；

d_c——凹模工作孔底端直径；

0.25——凹模公差。

h 的数值与滚子直径、长度和角度大小有关。棒料直径 p 一般可以取离开凹模倒角轴向坐标的直径加0.2～0.3 mm为宜（短滚子取小值，长滚子取大值）。依这个关系就可以计算出棒料直径 ϕ 的尺寸：

$$\phi=d_c+2\tan\alpha\times B+(0.2\sim0.3)$$

对于大锥角的滚子，为使冷镦时料坯定位不歪斜，最好把凹模设计成两个角度，夹持料坯的部分取1°30′，其余部分半锥角再与成品滚子相同。

滚子在单击自动冷镦机上镦压成形，要经过进料、切断、打入凹模、成形及推出凹模等五个工步才能完成，而整套冷镦圆锥滚子所使用的工具中影响冲压质量的主要是凹模，凹模是将坯料冲压成形中的静止零件，在冲压过程中，要承受很大的压力，容易产生磨损、下沉或开裂。

冷镦滚子的模具有多种结构形式。图6-2-10是一种冲头的轴向剖面结构，具体工作形面有图示的几种

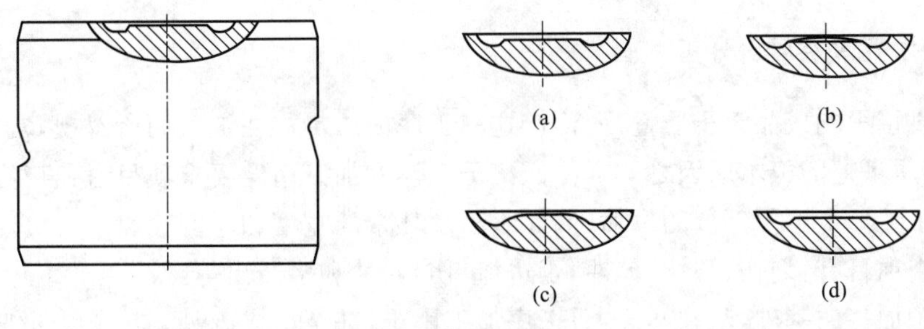

图 6-2-10 冲头及冲头凹模的结构形状

形状，其中图 6-2-10(a)比较合理和常用。凹模的结构有两种形式，一种是整体模具，另一种是组合模具。通常组合模工作性能好，使用寿命长。

20 世纪 80 年代的组合模结构主要由 6 部分组成，如图 6-2-11 所示。

3. 中模 1 和后模 2 以一定的锥度压入凹模体 4 中，他们之间存在较大的过盈量。通过锁紧螺母 6 旋紧后，形成一个凹模组装单元。由于他们之间存在着较大的过盈量，产生较大的预紧力。这种预紧力可以部分抵消冲压时所产生的冲击膨胀力，从而提高模具的寿命，减少工作过程中的中模和后模开裂。

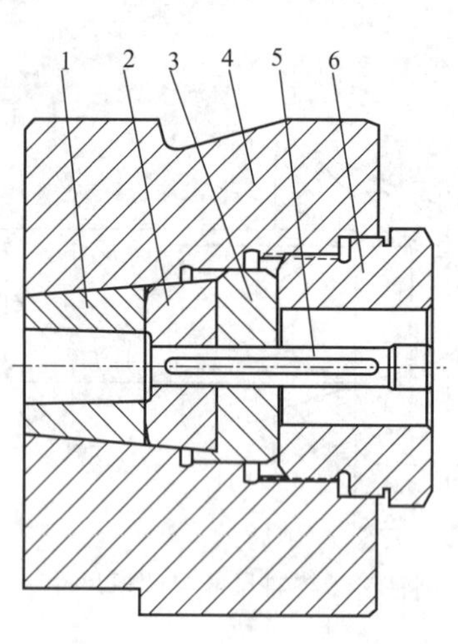

图 6-2-11　组合模

1—中模；2—后模；3—垫块；
4—凹模体；5—踢出杆；6—锁紧螺母

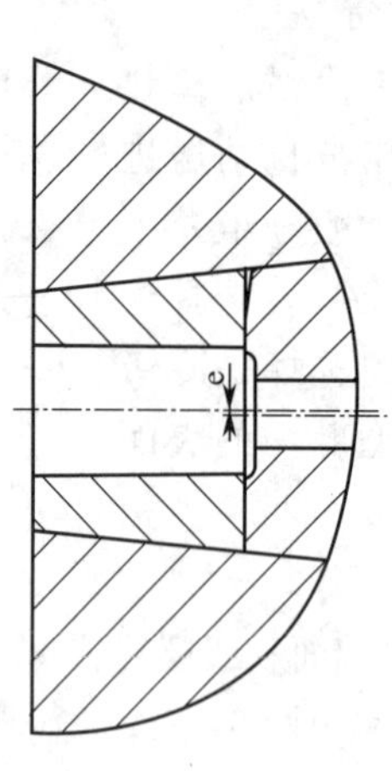

图 6-2-12　中模和后模

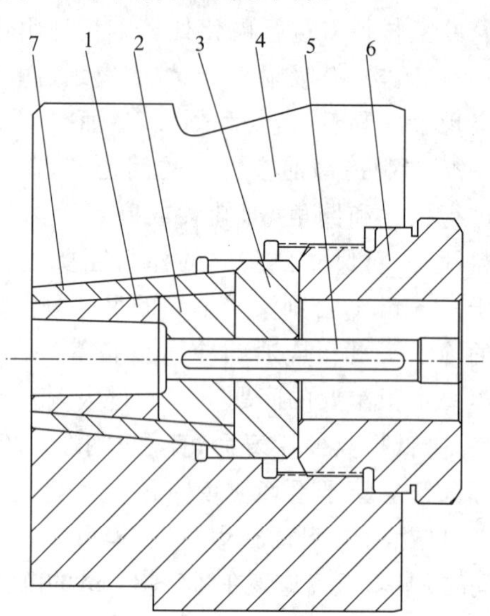

图 6-2-13　新型组合模

1—中模；2—后模；3—垫块；4—凹模体；
5—踢出杆；6—锁紧螺母；7—过渡套

4. 考虑到凹模型腔的倒角与锥面的连接处材料变形和摩擦力大，易产生应力集中，因而把分型面选择在倒角 R 与圆锥面的连接处。此种凹模型腔的结构基本上保证了模具寿命。

随着对滚子冲压质量要求越来越高，在生产中，越来越凸现出一个问题，即在装配六体组合模时，由于原模具结构不尽完善，模具的加工精度不够，模具的相互位置公差较大，模具受压后的变形不均匀等因素，中模 1 和后模 2 之间在装配时产生装配误差。旋紧锁紧螺母 6 后，往往造成中模中心与后模中心产生偏移(图6-2-12)。

滚子在冲压后表现形状为小头倒角偏、位移大，测量小头位移往往在 0.25 mm 以上，对于产品要求高的滚子往往造成报废。冷镦的垫伤废品的偏心急剧增加。有时还会产生踢出不顺畅，已经镦好的滚子不能顺畅踢出，第二个滚子产生叠加冷镦，造成故障停机，严重时会损伤设备。经过实践总结及分析，对六体组合模结构进行了改进，新型组合模如图 6-2-13 所示，即在中模 1 和后模 2 之间加上一个过渡套 7，当阴模体进行多次压装后，由于预紧力的不够，通过更换过渡套 7，使中模和后模在过渡套内进行第一次装配，保证原有的预紧力，然后通过压力机对阴模体 6 与过渡套 7 进行第二次装配后再旋紧锁紧螺母，以确保装配质量。

新型的组合模消除了由于装配所造成的中模与后模的偏心，防止了小头倒角偏，保证了滚子的质量，提高了劳动生产率，取得了良好的经济效益。

五、滚子冷镦技术要求及质量分析

冷镦成形工序直接影响成品滚子质量，而恰恰这一工序的质量往往被人们所忽视，常常依赖于后工序来修正，这是造成滚子质量差的根本原因之一。冷镦滚子毛坯的加工精度要求项目有：直径尺寸、长度尺寸、角度、滚动面形状、滚子毛坯上下两部分的位移、端面跳动及环带的宽度和厚度等。

表面质量的检查项目有：划伤、裂纹、欠冲、歪边、垫伤、卷冲和多凸出等。

冷镦工序是滚子加工的基础，基础不好，后工序加工困难，甚至造成废品。滚子冷镦时以每分钟 50～70 件甚至 100 件以上的镦打速度生产，工作条件随时都有可能变化，几分钟的疏忽就能造成较大的损失。因此，掌握生产规律和缺陷产生的原因，对提高冷镦质量有着重大的意义。

至于冷镦的加工精度，主要与模具的结构形状、制造精度、使用状况和机床的工作性能、调整水平等因素有关。

下面分析较常见的几个表面质量问题：

1. 欠冲：切下的料段金属未能充满模具型腔。

影响因素：(1)剪切工具选择不当，使料段变形太大，冷镦时造成欠冲；(2)剪切工具相互配合间隙过大；(3)剪切工具刃口太钝；(4)棒料直径尺寸过小；(5)材料硬度过低使料段产生凹心；(6)润滑油或污物堵塞在模具内某部分，使金属在这部分无法充满；(7)凹模工作孔过深，使金属在深处流动困难等。

滚子欠冲或压形长度超差，主要发生在大头、小头和大端面部位。主要原因是棒料和切料胎之间的间隙大，送料长度不均匀，棒料直径尺寸相差大，材料太硬，冲头与凹模距离调整不当以及刀板钝，或材料较软切料变形大。压型料段距模底太近得不到充分变形，同一批料或同一盘冷拔料尺寸相差较大，采用盘圆料的切料模前端工作部分太长，送料阻力大。滚子大端压欠，还可能是穴径太大所致，穴径太大引起周边直径下沉量增大而呈现压欠，磨削后形成所谓的“双眼皮”，造成直接废品。

解决方法：(1)根据棒料的大小，选择合适的切料套筒和切料刀板，以减少切料时料段在直径方向上的变形量，一般可使棒料和切料套筒的间隙保持在0.1～0.15 mm之间。(2)调整切料刀板和切料套筒两端面间的间隙，以消除由于料段产生的弯曲变形和端面不平整引起滚子毛坯产生外径上的压欠和毛刺等现象。一般可使两端面的间隙保持在0.3～0.6 mm之间。(3)切料过程中要勤检查切料刀板和切料套筒的刃口，出现刃口损坏等异常现象要及时更换。(4)通过增加滚子小头外径上的磨量来达到减少欠冲废品。

2. 卡伤(划伤)：外径卡伤是由于送料卡头夹料歪，冲进凹模时被卡伤，由于卡伤太深，冷镦后留下卡伤痕迹；外径碰伤多是由于滚子由凹模中推出时，因冲力太大，推出后撞到有尖棱的部件上而形成的。

产生原因：(1)模具工作表面的粗糙度差，表面硬度不足；(2)棒料硬度过高或棒料直径过大而划伤模具表面；(3)润滑不良；(4)金属毛刺被带入模具内等。

3. 卷冲、垫冲：卷冲产生原因是剪切工具的轴向间隙过小，致使在切料端面挤错产生毛刺，冷镦时，毛刺被压入滚子毛坯表面而形成。

垫伤产生原因：在剪切或切断打入凹模时产生的金属微粒，在冷镦时压入冷镦滚子表面等。另一个重要的原因是中模和后模在装配过程中，由于加工精度，装配预紧力下的收缩不均匀等因素，冲击过程中，中模和后模的分离间隙，造成滚子踢出后，有细丝状的残留垫伤下一个滚子。

4. 残磁对滚子质量的影响：直径20 mm以下的棒料在校直过程中残磁较重，造成冷镦后滚动表面垫伤明显增多，增加了废品率。磨棒料工序一般都为2～3遍，原材料长4～6 m，外径拉伤较重，残磁达1～10 mT，造成冷镦垫伤较多。切料长度超差较大，且因多数压力机本身属于单工位或双工位成型，滚子环带偏、单边高度高，且极不均匀，端面有凹心。滚子直径、长度余量大，直径为0.6～0.7 mm，长度为0.6～0.7 mm(多工位冷镦机能比较好的控制余量，甚至可以取消软磨)，这是一个急需解决的问题。滚动体在加工过程中，工序间也存在残磁的影响。试验证明：原材料在校直与磨外径之后残磁增加，滚动体经软磨、硬磨加工后残磁增幅减小，而圆锥滚子磨球基面采用电磁吸盘时，残磁又明显增大。具体表现在：(1)原材料有残磁废品高达5%，返修品在15%以上，严重导致外径过磨，影响外径表面质量；(2)滚动体有残磁存在时，其表面会吸附金属铁屑微粒，很难清洗干净，影响成品的洁净度和动态性能；(3)残磁严重时，会影响终磨超精表面粗糙度，滚子两端面粗糙度值不均匀。这些都表明加工工序间的残磁客观存在，并对毛坯成型和成品质量造成危害。

5. 模具对滚子质量的影响：冷镦模具质量好坏直接影响冷镦滚子的质量。冷镦滚子模具采用组合式，分别在卧式自动冷镦和普通式压力机上加工时，由于模具材料的性能问题，内孔胀量较大，压型时切料长度需要随时调整，压型长度也难以保证。特别是较大滚子去环带下刃口的直径很难确定，胀量大的滚子去环带时外径极易拉伤，严重的会使大头倒角“掉肉”。以普通压力机为例，压型环带下直径公差设计要求$D_{0}^{+0.3}$，而冷镦模具使用一段时间后，模具内孔尺寸增大，实际水平为$D_{0}^{+0.6}$。也就是说，冷镦余量实际为设计余量加上模具胀量，即最大约为0.9 mm，势必导致软磨的磨量加大，造成滚了倒角偏小。为此，应采用具备耐磨、耐冲击和耐疲劳的新型模具材料。

6. 倒角质量：主要有突出、卷冲和垫伤等。产品倒角质量问题的主要原因是凹模的倒角处破裂，部分疲劳剥离（俗称掉底），刀板钝，切料毛刺大，料屑被带进冲模后未及时清除所致。

7. 滚动体小端滚动表面与倒角连接处有“飞边”：原因是在实际生产中，有时因环带薄，生产又急用，常常将下模整体磨去 0.2～0.3 mm，由于冲模都是组合模具，模具外形体是重复使用的，待下次组装新模具时，导致芯套与外体存在差值。在生产中使用，芯套与芯底之间出现缝隙，严重时芯套高出外体表面而无法使用。

8. 滚子无凹穴、环带过宽等：无凹穴就是没有凹槽，主要是由于切料质量不好和短料（俗称短件）造成的。环带过宽是送料太长，多余的料未挤出，所以环带变宽，这样的毛坯滚子因为环带又厚又宽，影响窜环带（或磨削等）的效率。当环带窜光后，又造成小头和大头倒角变大，往往造成成品滚子倒角坐标超差。环带过宽会使长度超差，过窄会使长度不够。如果切料长度正常，环带过宽还可能使端面缺料，造成磨量不足而报废。如果发现环带过窄，可能是切料长度不足，因而影响两端和滚动面部分缺料。通过检查环带，可以判断切料是否正常，冲头和凹模中心是否重合，冲头到凹模的距离是否正确，它能提供冷镦质量信息，所以环带的外观检查是很重要的。

9. 滚动体环带上部与下部位移量过大及滚动体端面垂直差过大：造成的主要原因是材料直径小或下模直径大，夹料不稳，上模外观尺寸小或上模浅，裹不住料，冲头和凹模不同轴心等。

造成的主要原因是由于机床调整不当，导致上、下模两端面不平行，上、下模自身端面不平行或上模自身垂直差过大，阴模和阳模的中心调整不到位。在冷镦工序，小端外径对大端的外径同心度是必须测量的一个指标。

一般来说，滚子、内圈、外圈三者对轴承质量的影响比例为 7∶2∶1，可见滚子的质量对轴承的影响之大。在生产实际中影响滚动体压型质量的因素很多，需要我们不断分析，并根据各自的实际情况采取相应的措施，提高冷镦滚子的质量，降低设备的损耗，延长模具的寿命等。

第三章 车削加工

目前，铁路货车轴承零件热锻件毛坯制造出来以后的加工仍然是由技术切削方法来完成。铁路货车轴承制造的主要特点是“生产批量大，加工质量高”，仅通过车削加工难以满足零件加工质量的最终要求。因此，在轴承制造中，车削加工通常是整个零件冷加工过程的第一个环节，而不是最终环节。货车轴承零件车削加工劳动量一般占套圈全部加工劳动量的 25%～30%，所用车床数量按照工艺布局确定，且多为高效率的自动化或半自动化车床，如 C7220、CZ7232、KDM-14 等，此外也有专用车床和车削自动线。近年来，随着数控技术的发展，数控车床也开始在铁路货车轴承套圈车削加工中广泛应用起来。

在轴承套圈的整个制造工程中，车削加工既要受到上工序锻件制造质量的影响，又要为下工序的加工质量和加工效率提供可靠保障。毛坯锻件制造的尺寸不准确、形状不规则、氧化变质层过深等，会造成材料利用率低，同时车削加工效率也会降低，这些都将造成生产成本的增加。车削加工如果不好，会影响热处理质量，造成热处理淬火变形大、原始缺陷显现而报废等；还会造成磨削加工调整困难，加工质量不稳定，甚至磨出废品，降低磨加工生产效率。

另外，铁路货车轴承套圈的有些表面，如倒角、油沟、外圈牙口槽、外圈字槽、外圈外内径、内圈大内径、小挡边，以及密封座的斜坡、标志线、中隔圈的内外径等车削加工就是最终加工，其车削质量的好坏将直接影响到轴承的成品零件质量。

总之，套圈车削加工工序关系到材料利用率、生产效率、加工成本，甚至影响到轴承成品质量、使用寿命和轴承在轮轴上的压装质量。因此，车削加工在铁路货车轴承零件的制造过程中有着不容忽视的地位和作用，应该得到重视并不断研究探索和改进。

当然，精化毛坯是轴承零件锻件毛坯的发展方向，随着轴承工业的发展，轴承零件锻件毛坯的少切削或无切削工艺及装备会有较大的发展，这必将大大减少车削加工的工作量。但从目前来看，在轴承工业全面推行零件的精化毛坯还不同程度地存在着许多问题，还需一个较长的发展过程，并且精化毛坯也不可能完全代替车削加工，尤其是我们铁路轴承行业，精确的外圈牙口和内圈油沟及大内径等尺寸和形状必须靠车削加工来保证。另外，车削加工也正随着数控技术和刀具的发展而拓宽其应用领域，如在数控车床上采用陶瓷刀具或立方氮化硼(CBN)刀具车削淬硬的套圈来取代粗磨。

第一节 车削加工的内容及分类

一、车削加工的内容

车削加工在轴承套圈类零件的整个制造工程中，起着承上启下的作用，既要对锻件进行加工，塑造零件成形，又要为零件的打字、热处理、磨削加工等打造好基础。其完成的主要任务就是：

1. 去除锻件毛坯表面坚硬的氧化变质层(黑皮)；
2. 经济地获得套圈的形状、尺寸和位置精度；
3. 去除多余的金属量，对待磨削加工的表面均匀地预留 定厚度的磨削余量；
4. 加工好非磨削加工的表面，如倒角、沟、槽等，保证零件成品质量。

铁路货车轴承套圈类零件车削加工具体内容就是车削外径、内径、端面、滚道、牙口、外内径(也叫中径)、内外径(也叫挡边外径)、挡边、油沟、斜坡、倒角等;必要时增加切断,还有在零件的端面或外径按照要求进行的产品标志打印,简单说就是车削加工零件所有的内、外表面,为下工序打好基础。加工内容示意见图 6-3-1。

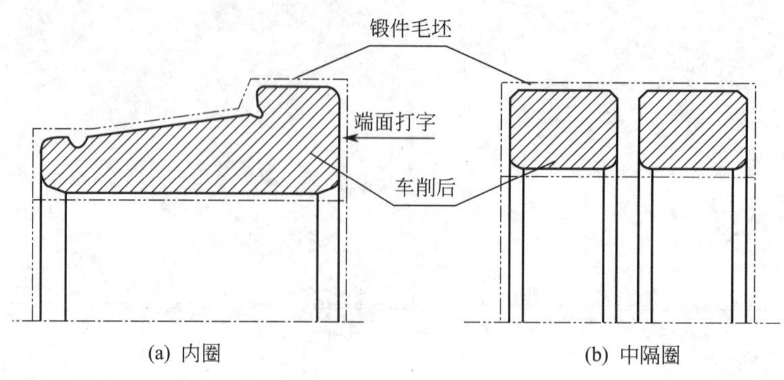

图 6-3-1 车削加工的内容

二、车削加工的方法分类

依据产品零件结构类型和尺寸,毛坯的形状,加工设备的类型、性能和精度,生产批量的大小和生产工艺能力等的不同,其车削加工的工作繁简程度是不同的。而车削加工方法的选择是十分重要的,大致分有两类,即集中工序车削法和分散工序车削法。

1. 集中工序车削法

集中工序车削法,简单地说就是在一台设备上,采用多种刀具,设定顺序,用一种或几种刀具同时加工零件的几个表面,在一次循环中加工好一个或几个零件的一半或全部表面(包括切断面的内外倒角)。这种方法适合于批量加工,可以缩短生产周期;工件装卡次数较少,有效保证表面间的位置精度,可以减少换刀次数,缩短加工的辅助时间,相应减少操作人员数量。这种方法一般依靠数控车床得以实现其优越性。

集中工序车削法有以下特点:

(1)减少了加工工序数量,因而减少了适用设备和工、卡、量、刀具,大大缩短了工时,节约了人力、生产面积和能源等。

(2)减少了工序间所必须的工作储备量及工序间的装卸、运输、检查环节,简化了生产管理和计划工作。

(3)一次或两次装卡循环中能完成套圈的绝大部分或全部的车削工作,减少了套圈的装夹定位误差和装夹定位的辅助时间,提高了套圈各表面间的相对位置和尺寸精度,提高了生产效率。

(4)有利于各制造阶段的自动化连接,缩短生产周期,降低了生产成本,适合大批量生产。

(5)对车床、刀、卡、辅具等工艺装备和工件的毛坯质量均有较高的要求。

2. 分散工序车削法

分散工序车削法就是在一台车床上,采用一种或少数几种刀具,一次装卡中,只加工一个零件的一个或少数的几个面,全部车削加工需要在连线的多台车床上完成。密封座、中隔圈等简单形状的零件用这种方法进行流水线加工,生产效率较高。

分散工序车削法的特点如下:

(1)可以采用刚性好、功率大的高效率专用车床来加工,便于选取最佳工艺参数,可以高速大进给(一次进给)切削,减少消耗在进给上的机动时间,提高了生产效率。

(2)对单机可实行自动上、下料,自动进给和自动测量,机床容易操作和保养,因而对工人的技术水平要求相对不高,便于熟练掌握。

(3)对套圈毛坯件要求不高,一般对各类形式、大小、精度、批量不一的毛坯都能适用。

由于分散工序车削法工序多,工艺路线长,车削加工时间和工序间停贮、运输、检查、装卸等时间长,一个套圈的加工须经多机、多工序、多次装夹定位、多人操作和检查。由此带来定位误差大、加工精度不易保证。同时,作业面积大、辅助工序亦多,也相对增加了人、财、物和能源的消耗。

第二节　车削加工原理

切削金属时，刀具前刀面的推挤与切削刃的切割，使金属层变成切屑并与工件分离而形成了已加工表面，这个过程叫做切削过程。在切削过程中会出现一系列的物理现象，如变形、切削力、切削热和刀具的磨损等。人们研究和掌握这些物理现象的发生和变化规律，可正确设计、刃磨和合理使用刀具，充分发挥刀具的切削能力，寻找新的刀具材料，进一步研究工艺方法。

一、切削要素和切屑的形成

1. 切削要素

切削要素可分为工艺性切削和物理性切削要素两类。

(1)工艺性切削要素

工艺性切削要素又称切削用量三要素，其中包括切削速度 v、进给量 f 和背吃刀量 a_p。这是关系到加工质量、刀具磨损、机床动力消耗以及生产效率高低的重要因素，必须选择合理。

(2)物理性切削要素

物理性切削要素又称切削横截面参数。切削层是指工件每转一转，正被切削刃切削的那一层，而切削层横截面是指被工件的轴向界面所截的截面，如图 6-3-2 所示。它表明切削过程中的物理性质，包括切削厚度 h_D、切削宽度 b_D 和切削面积 A_D。

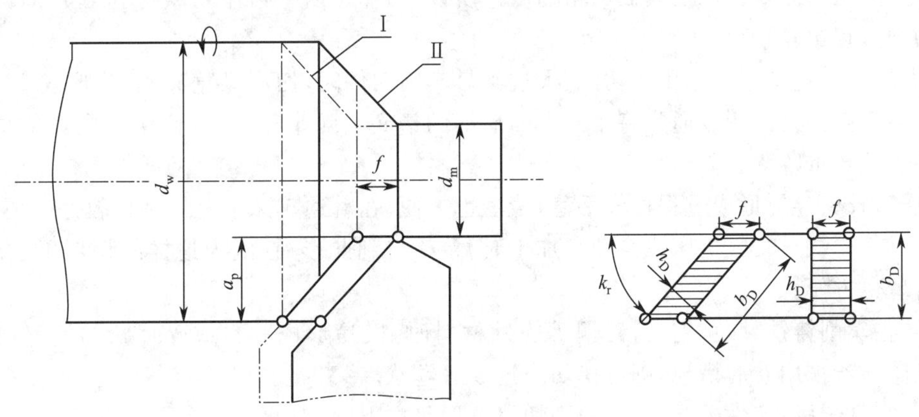

图 6-3-2　车削外圆时切削层的参数

切削厚度 h_D 表示被切下来的切削层的厚度。当车外圆(刃倾角 $\lambda_S=0°$)时：$h_D=f\sin k_r$。h_D 的大小反映出切削刃单位长度上的工作量，对切削层的变形，切削的形成、切削力、刀具的磨损及工件的已加工表面粗糙度等的影响极大。圆弧刃切削时，切削层各点的切削厚度不等。

切削宽度 b_D 表示切削表面沿主切屑刃方向上的长度，$b_D=a_p/\sin k_r$。它直接表示出主切削刃的工作长度，在一定的条件下增大主切削刃工作长度能提高生产率，使切屑变薄，同时又改善了散热条件。

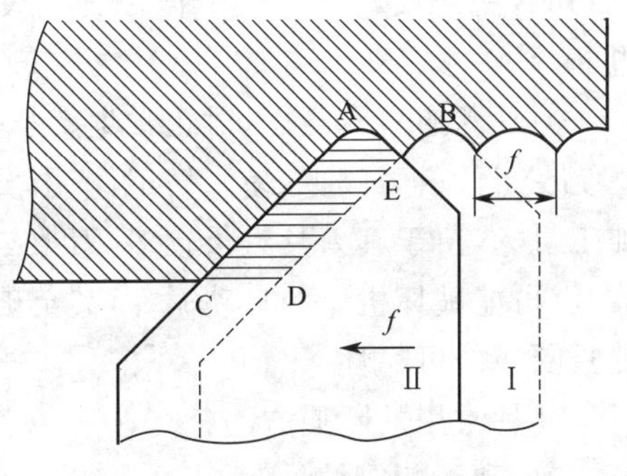

图 6-3-3　残留面积

切削面积是切削层在基面 P_r 内的面积，分为名义切削面积、实际切削面积和剩余切削面积。

① 名义切削面积 A_D(图 6-3-3 中 ABCD 所示)

$$A_D=fa_p=b_Dh_D$$

② 实际切削面积 A_{De} 等于名义切削面积 A_D 减去剩余切削面积 ΔA_D 所得之差，即

$$A_{De}=A_D-\Delta A_D$$

③ 剩余切削面积 ΔA_D(图 6-3-3 中 ABE 所示)。是指当刀具副偏角 $k_r'\neq 0$ 时，切削刃从位置Ⅰ移至位置Ⅱ后，残留在已加工表面上的不平部分的截面面积。因为剩余切削面积

ΔA_D 的值极小，所以通常在计算实际切削面积时，还是以名义切削面积 A_D 来计算，ΔA_D 可略去不计。但是，它却是影响工件表面粗糙度的主要因素之一。

2. 切屑的形成过程与切屑形状

金属切削层变为切屑的过程分为四个阶段

(1)挤压阶段　当车刀接触工件后，使金属受到挤压力而局部发生弹性变形。

(2)滑移阶段　当刀具继续前进，使工件材料受到更大的挤压力，切削层发生塑性变形，金属晶体沿一定方向产生滑移，但尚未分离。

(3)挤裂阶段　刀具继续前进，工件材料内应力和应变不断增大，当应力达到断裂点时，金属在某一界面上产生裂痕，称挤裂线。由于应力达到材料的极限强度，金属晶体开始分离，并形成切屑。

(4)切离阶段　工件材料出现裂痕后，继续受到挤压，在刀具的前刀面上发生剧烈摩擦之后，使其与工件表面分离，在刀具前刀面上形成切屑流出。

根据工件材料、刀具几何参数和切削用量等的具体情况，切屑形状一般有：带状屑、C 形屑、崩碎屑、宝塔状卷屑、发条状卷屑、长紧螺卷屑等。

①带状屑　高速切削塑性金属材料时，如不采取断屑措施，极易形成带状屑，此形屑连绵不断，常会缠绕在工件或刀具上，易划伤工件表面或打坏刀具的切削刃、甚至伤人，因此一般情况下应尽量避免形成带状屑。不过有时也希望得到带状屑，以使切屑能顺利排出，例如在立式镗床上镗盲孔时。

②C 形屑　车削一般的碳钢、合金钢材料时，如采用带有断屑槽的车刀则易形成 C 形屑。C 形屑没有带状屑的缺点，但 C 形屑多数是碰撞在车刀后刀面或工件表面而折断的。切屑时高频率的碰断和折断会影响切削过程的平稳性，从而影响已加工表面的粗糙度。所以，精加工时一般不希望得到 C 形屑，而多希望得到长螺卷屑，使切削过程比较平稳。

③发条状卷屑　在重型车床上用大切深、大进给量车削钢件时，切屑又宽又厚，若形成 C 形屑则容易损伤切削刃，甚至会飞崩伤人。所以通常将车刀上断屑槽的槽底圆弧半径加大，使切屑成发条状，在加工表面上碰撞折断，并靠其自重坠落。

④长紧卷屑　长紧卷屑形成过程比较平稳，清理也方便，在普通车床上是一种比较好的屑形。

⑤宝塔状卷屑　数控加工、机床或自动线加工时，希望得到此形屑，因为这样的切屑不会缠绕在刀具和工件上，而且清理也方便。

⑥崩碎屑　在车削铸铁、脆黄铜、铸青铜等脆性材料时，极易形成针状或碎片状的崩碎屑，既易飞溅伤人、又易研损机床。若采用卷屑措施，则可使切屑连成短卷状。

总之，切削加工的具体条件不同，希望得到切屑的形状也不同，但不论什么形状的切屑，都要断屑可靠。

3. 断屑

切削沿刀具前刀面流出时，其低层长度大于外层长度，会发生卷曲现象，当切削厚度 h_D 很小时，切屑以卷曲的形式离前刀面。当切屑厚度 h_D 很大时，切屑变厚，在车刀前刀面上滑动的距离增长，当切屑继续向前滑动，碰到断屑槽的台阶时，在反作用力的作用下，使切屑产生弯曲变形，于是剧烈地卷曲而改变流向，进而折断。如果卷曲变形的程度不能使切屑折断，就改变方向继续卷曲，作螺旋回转运动，当碰到刀具、工件等障碍物时，受到较大的另一个作用力而使它折断。切屑折断的过程是卷曲、碰撞、折断，螺旋屑因其自重而甩断。

刀具断屑可靠与否，对正常生产与操作者安全都有着重大影响。例如，在切削加工中，长条带状切屑会缠绕在工件或刀具上，易刮伤工件，引发刀具破损，甚至影响工人安全。对于数控机床(加工中心)等自动化加工机床，由于其刀具数量较多，刀架与刀具联系密切，断屑问题就显得更为重要，只要其中一把刀断屑不可靠，就可能破坏机床的自动循环，甚至破坏整条自动线正常运转，所以在设计、选用或刃磨刀具时，必须考虑刀具断屑的可靠性。

几种常用的断屑方法：

(1)利用断屑槽

刀具上的断屑槽不仅对切屑起附加变形的作用，而且还能实现控制切屑的卷曲与折断。只要断屑槽的形状、尺寸及断屑槽与主切削刃的倾斜角合适，断屑则是可靠的。不论是焊接式刀具还是机夹式刀具，是重磨式刀具还是不重磨式刀具都可采用。为了适用不同的切削用量范围，硬质合金可转位刀片上压制有多种形状及不同尺寸的断屑槽，既经济又简便。这种方法是切削加工中应首选的方法，也是应用最广泛的方法。这种方法不足之处是刀具合理几何参数的确定，受到断屑要求的牵制。

(2)利用断屑器

断屑器有固定式和可调节式两种。可调节式断屑器是在车刀前刀面上装一个挡屑板，切屑沿刀具的前面流出时，因受挡屑板所阻而弯曲折断。断屑器的位置和与前刀面的夹角可按需要设计和调整，以保证在给定的切削条件下，断屑稳定可靠。这种断屑器常用于大、中型机床的刀具上。

(3)利用断屑装置

断屑装置类型很多，一般可分为机械式、液压式和电气式等，断屑装置成本高，但断屑是稳定可靠的，一般只用于自动线上。车削时，切屑通过导屑通道流出，被不断旋转的盘形切断器强行割断，然后从排屑道排出，切断器由传动轴带动。

(4)利用在工件表面上的预先开槽

按工件直径大小不同，预先在被加工表面上沿工件轴向开出一条或数条沟槽，其深度略小于切削深度，使切出的切屑形成薄弱截面，从而折断。这样既保证了可靠的断屑，又不影响工件已加工表面的粗糙度。即使加工韧性较大的材料时，断屑效果也很好。

(5)改变刀具几何参数和调整切削用量

根据切屑折断原理，对于切削刀具，减小刀具前角、增大主偏角、在主切削刃上磨出负倒棱、改变主切削刃形状，或者降低切削速度、加大进给量等都能促使切屑折断。但是，采取这些方法断屑，常会带来如生产率下降、工件表面质量恶化、切削力增大等一些不良后果，故而在自动线上很少采用，有时只作为断屑的辅助手段。

此外，采用切削液可以降低切屑的塑性和韧性，也有利于断屑。提高切削液压力更能促使切屑折断，孔加工中，有时就采用这种方法。

二、切 削 力

总切削力是在一次切削工件时所产生的全部切削力的合力，用 F 表示，也就是在切削加工时，工件材料抵抗刀具切削所产生的阻力。切削力大小相等，方向相反的同时作用在刀具、工件、夹具、刀架和机床上，使整个工艺系统受载荷，同时又消耗了很大的机床功率，产生很高的切削热而磨损刀具。

切削时，切削层与工件表面发生弹性变形和塑性变形，于是就有一个金属层的变形阻抗力作用在刀具上；又有因刀具与工件之间的相对运动而产生一种摩擦阻力作用在刀具上。他们分别是：垂直作用在刀具前刀面和后刀面上的弹性变形阻抗力和塑性变形阻抗力；分别作用在刀具前刀面和后刀面上的摩擦阻力。见图 6-3-4。

总切削力 F 是一个空间力，可将它分解为三个彼此垂直的分力 F_f、F_p、F_c：

主切削力 F_c 是垂直于基面且与切削速度相同方向的主要分力，即为总切削力 F 作用在切削速度方向的分力。也称切向力或垂直分力。

背向力 F_p 是作用在吃刀量方向的分力，它垂直于进刀方向，故称径向分力。

进给力 F_f 是作用在进给运动方向的分力，也称轴向分力。

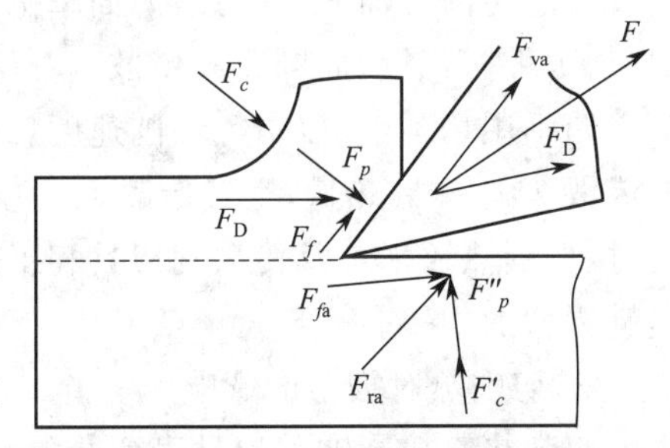

图 6-3-4　切削力的来源

根据力的合成与分解关系，$F=\sqrt{F_c^2+F_p^2+F_f^2}$。

影响切削力的因素最主要的有工件材料、刀具角度和切削用量三个方面。

1. 工件材料的影响

工件材料的影响较大，其强度和硬度越高，变形阻力越大，切削力也就越大。不同的金属材料，即使强度相同，切削力也不一定相等。同一种材料的工件制造方法不同，切削力也不相等。在切削过程中，金属发生变形，就消耗掉大部分能量。因此工件材料的韧性和塑性越好，切屑与刀具的摩擦就越大，于是耗能也多，切削力就大。

2. 刀具的影响

(1)前角的影响。前角增大时切削层容易从前刀面流出，切屑变形小，使切削力下降。反之，使切削力上升。

(2)主偏角(k_r)的影响。当主偏角 k_r 增大时，切削进给力 F_f 增加，切削背向力 F_p 减小。当 k_r 减小时，切削进给力 F_f 减小。

(3)刀尖圆弧半径(γ_ε)的影响。当 γ_ε 增加时，使切削层横截面内的曲线增加，这就产生了两种作用：一是因曲线截面的切削层不易流出成为切屑，使变形增加，F_f、F_p 和 F_c 都增加；二是切削层截面内的曲线增加会使主偏角的平均值减小，于是 F_c 和 F_p 增加而 F_f 减小。在一般条件下，当 γ_ε 增大时，F_c 略有增加，F_p 增加较多，而 F_f 几乎不变。因此，刀尖圆弧不能太大，否则径向切削力会剧烈增大，使工件容易弯曲变形。

(4)刃倾角(λ_s)的影响。当 γ_ε 在±5°范围内变化时对切削力影响不大，但沿负方向再增大，将使 F_c、F_p 增加而 F_f 减小，尤其对 F_p 影响最大。这主要因为作用在前刀面上的变形抗力垂直于前刀面，当 λ_s 值改变后，就改变了变形抗力的方向。

(5)后角的影响。切削力随着后角的增大而减小。刀具磨损后，后角减小，切屑变形加剧，刀具与工件摩擦剧烈增加，使切削力增大，尤其是 F_c 和 F_f 增加最多。

3. 切削用量的影响

背吃刀量 a_p 与进给量 f 的乘积是切削横截面积，切削横截面积的大小影响切削力。当 a_p 增加 1 倍时，切割推挤用力就将增加 1 倍，故 F_c 增加 1 倍；当 f 增大 1 倍时，推挤力不是成倍增加，F_c 只增加 70%左右。

切削速度也有影响。用高速钢刀具切削时，切削速度因受刀具材料的限制而变动范围不大，故对切削力变化的影响不大。但在使用硬质合金刀具切削时，切削速度变化范围扩大到 15～20 倍，故对切削力的变化有很大的影响。在切削塑性材料时，切削力随着切削速度的大小而变化。切削线速度在 15～20m/min 时，形成积屑瘤达到最大峰值，刀具实际前角增大很多，因而切削力降到最小。再增大切削线速度，则积屑瘤逐渐减小，刀具实际前角减小，切削力将增大，而当线速度增大到一定数值后(约 70m/min 以上)，切削温度升高，摩擦及切屑变形减小，切削力略有降低。切削脆性材料时，切削力随着切削速度的增加而减小，因为这时的金属变形小，切屑不压在刀面上。

三、切削热与切削温度

1. 切削热的来源和传散

切削热是切削过程中的重要物理现象之一，它来源于切削层金属发生弹性变形和塑性变形产生的热量以及切屑与前刀面、工件与后刀面摩擦产生的热量。切削过程中消耗的功绝大部分转化为热能，切削热通过切屑、工件、刀具和周围介质传散。

如不用切削液、以中等切削速度切削钢件时，切屑带走 50%～80%热量，工件传散 10%～40%热量，车刀传散 3%～9%热量，空气传散 1%左右热量。车削过程中经切屑传散的热量最多，其次是工件。当高速切削时，切削热还来不及传散到刀具和工件上去时就被切屑带走了。若采取强力冷却，那么周围介质所传散的热量要增加很多。

2. 切削热对加工的影响

切削热直接影响着刀具寿命并限制切削速度的提高。切削热对传到刀具上的热量若冷却不充分而超过一定限度时，使刀具切削部分软化或产生局部"退火"降低硬度，并迅速磨损(特别是高速钢车刀、成形刀)。

切削热使工件变形、降低加工精度。在车刀刀头部分温度可达 700～1 000 ℃，一部分热传给刀具和工件，使之产生热变形，由于热胀冷缩使加工尺寸超差，产生废品。

3. 切削温度和对加工的影响

切削温度一般是指切削区域的平均温度，它的高低由产生热和传散热两方面综合影响的结果。例如，车削不锈钢和高温合金时，变形产生的热量较多，工件材料的热导率低，热量不易传散，所以切削温度较高。切削过程中切削区各处的温度是不同的，形成一个温度场分布在切屑和工件等处，这个温度场影响切屑变形、积屑瘤的大小、加工表面质量、加工精度和刀具的磨损等，还影响切削速度的提高。一般说来，切削区的金属经过剪切变形以后成为切屑，随之又进一步与刀具前面发生剧烈摩擦，所以温度场中温度分布的最高点不是在正压力最大的刃口处，而是在前面上距刃口一段距离的地方。切削区的温度分布情况，须用人工热电偶法或红外测温法等测出，用自然热电偶法测出的温度仅是切削区的平均温度。

切削温度高是刀具磨损的主要原因，它将限制生产率的提高；切削温度还会使加工精度降低，使已加工表面产生残余应力以及其他缺陷。切削时，切削温度虽然很高，但是对工件材料硬度及强度的影响并不很大，对剪切区域的应力影响也不很明显。切削温度也有有利的一面，适当地提高切削温度，对提高硬质合金的韧性是有利的。可以利用切削温度自动控制切削速度或进给量，以及刀具磨损。

高速切削时更要重视切削热的影响，应将切削温度控制在最佳范围内，合理选取切削用量。因此研究和重视切削热有重要的意义。

四、套圈材料的切削加工性能

对材料进行切削加工的难易程度或可能性好坏，称为材料的切削加工性能。所谓切削容易是指切削时，刀具磨损小，寿命高；切削力小，切削动力消耗少；已加工表面质量好。材料切削加工性能的好坏，一般是以保证加工质量为前提，在一定刀具寿命条件下的切削速度来衡量。

影响工件材料切削加工性能的有化学成分、金相组织、力学与物理性能、冶炼过程及轧制方法、表面状况和热处理过程与方法等诸种因素。

就化学成分而言，渗碳钢、高碳铬轴承钢、普通碳素钢中的各种合金元素，都对切削加工性能有影响。

碳的影响。碳钢的强度和硬度随碳含量的增加而提高，塑性和韧性降低。低碳钢的塑性及韧性高，高碳钢的强度及硬度高，中碳钢处于两者之间。碳的含量过高或过低，对切削加工都不利，一般碳含量在0.25%～0.3%最有利于切削。碳含量低于0.25%的低碳钢及低碳合金钢，塑性及韧性高，强度及硬度低，切削时消耗功率大，切屑容易粘结刀具，加快刀具的磨损，已加工表面粗糙度不好，不易断屑，故切削加工性能较差。若在切削之前进行正火，适当提高硬度，可改善其切削加工性能。碳含量高于0.8%的碳钢，其金相组织为珠光体加渗碳体，硬度高，刀具易磨损。

一般加入合金元素可提高材料的物理力学性能，但会降低钢的导热性，使切削温度升高，因而对切削加工性能不利。

铬(Cr)能提高钢的硬度、强度、耐磨性和降低已加工表面的表面粗糙度值，含量低于0.5%时，韧性影响不大，含量小于26%时，韧性随含量增加而增高，高于26%时，韧性会急剧下降。

镍(Ni)能提高硬度、韧性和热强度，导热性明显下降，对切削加工很不利。含量超过8%就成了奥氏体不锈钢，切削起来就更困难。

钒(V)能细化钢的晶粒度，在低碳钢中含有钒时，其强度和硬度无明显提高。若在中、高碳钢中含有钒时，则其强度和硬度均有较明显的提高。此外，还可以改善钢的塑性和韧性。

钼(Mo)与锰(Mn)、硅(Si)类似，但比锰的影响程度较弱，能提高强度和韧性，明显地提高热强度，但降低了导热性。钼含量在0.15%～0.4%范围内时，对切削加工性能有利。尤其对淬火钢影响较显著，故在淬火硬度较大的钢中增加钼，可提高钢的切削加工性。

硫(S)是对切削加工性能影响最大的元素之一。在不影响力学性能的前提下，可增加硫的含量至0.07%，以改善加工性，使之成为易切钢。

磷(P)对加工性能有利。若铁素体中夹杂有磷化铁，则硬度增加，塑性下降，若含量为0.3%时，表面粗糙度值可降低；如同时又加入硫，切削性能显著提高。

金相组织中各相的分布、晶粒的形状和大小对材料的切削加工性能都有影响，硬质点多、形状尖锐、非金属夹杂物多，易磨损刀具，加工性能差。如珠光体针状硬度最高而球状硬度最低，片状越细，硬度越高，对刀具的磨损也越大，断续细网状的片状珠光体组织加工性最好。因此高碳钢可通过球化退火处理，提高材料切削加工性能。晶粒的大小对加工性能也有影响，中、高碳钢若使晶粒粗化，增大塑性，则可改善切削，低碳钢则应为细晶粒，加工性能好，已加工表面粗糙度值也可降低。

材料物理性能主要指热导率和线膨胀率。热导率低，散热慢，产生热变形大，刀具磨损快。线膨胀率大，尺寸变化大，精度差，使刀具磨损加大，也容易引起振动。

材料的力学性能包括硬度、抗拉强度、弹性模量、塑性、韧性等，对切削加工性能都有影响。

材料的硬度是影响加工性能的重要因素，硬度越高，加工性越差。强度高，切削力大，切削温度高，振动和摩擦都大，材料的加工性能就差。材料塑性大，则切削变形大，摩擦大，切削力和切削热就大，容易产生积屑瘤和加工硬化现象，而且不易断屑，加工性能差；但是如果材料塑性太小，易使切削热集中于切削刃附近，加工性能也差。材料韧性高，切削力大，易发生硬化，并且切屑容易与刀具粘结，加工性能差，难以断屑，表面粗糙度也不好。

工件经退火热处理后能消除内应力和降低硬度，经回火热处理后可以把片状珠光体转变为细晶粒，都有利于切削加工，低碳钢材料可通过正火、调质热处理提高硬度，改善切削加工性能。

货车轴承零件所用材料当中，相比而言，中碳钢硬度及强度均比低碳钢有所提高，而塑性及韧性较低，切削加工性能最好，高碳铬轴承钢的导热性差，加工硬化率较高，切削加工性能最差，在一定的刀具寿命条件下，其切削速度比加工其他同类型等级的钢材要低10%～15%。为提高切削加工性能，除需经球化退火外，还可加入易切削元素。

五、切 削 液

金属切削液在金属切削、磨削加工过程中具有相当重要的作用，在机械加工中应用极为广泛。选用合适的金属切削液，能降低切削温度60～150 ℃，降低表面粗糙度数值1～2级，减少切削阻力15%～30%，成倍地提高刀具的使用寿命，并能把铁屑从切削区冲走，因而提高了生产效率和产品质量。

1. 切削液的作用

(1)冷却作用。切削液能带走切削区内的大量热，改善散热条件，减小摩擦而减少了一些摩擦热，降低了切削区的温度，减小了热变形及刀具磨损，降低了刀具的消耗和生产成本。水的冷却性能比油好，乳化液介于两者之间。

(2)润滑作用。切削液渗入工件与刀具之间，形成物理性或化学性吸附膜，减小摩擦而起到润滑作用。能抑制积屑瘤的生长，改善材料的切削加工性能和已加工表面质量，减小金属分子间的结合力，使切削比较容易进行。切削液有良好的渗透性及润滑性，能形成耐高温、高压和在剧烈摩擦时而不被破坏的润滑膜，使润滑作用持久。同时，切削液能流进切削区内，渗透入金属表层微小裂缝中，促使其扩大，有利于切削，减小了切削力。

(3)清洗作用。切削液流动性好，能冲刷刀具和工件上的细微切屑，降低工件表面粗糙度值。清洗性能的好坏与切削液的渗透性、流动性和使用的压力有关。往其中加入大量的表面活性剂，可以提高清洗效果，并给予一定压力，保持一定流量来提高冲刷能力。

(4)防锈作用。使其能附在金属表面上形成一种保护膜，使金属不易受到腐蚀。

切削液的冷却、润滑、清洗、防锈四个性能不是完全孤立的，存在相互制约的关系。如切削油的润滑、防锈性能较好，但冷却、清洗性能差；水溶液的冷却、清洗性能较好，但润滑和防锈性能差。

2. 切削液的要求

切削液要满足以下要求：

(1)冷却性要好。冷却性能的好坏，取决于其导热性、比热容、汽化热和汽化速度、流量流速等。

(2)润滑性要好。有较强的黏度和吸附性以及坚固的氧化膜。润滑性能的好坏取决于黏度和含表面活性物质的多少。

(3)渗透性、流动性和洗涤性要好，要有助于排屑。

(4)有防蚀性。要对金属材料具有一定的防止腐蚀性能。

(5)稳定性好。能保存时间长，不沉淀变质，不易燃烧。

(6)环境保护要求。不危害人体健康，不污染环境，也不腐蚀机床。

(7)具有良好的透明性。加工时能便于观察工件表面质量情况。

(8)经济性好。资源丰富，价格低廉，制造简单和使用方便。

3. 切削液的种类

切削液可分为切削油、水溶液、乳化液三大类。

切削油的主要成分是矿物油，少数采用动物或植物油及复合油。采用矿物油时，可加入极压添加剂和防锈添加剂，以提高防锈和润滑性能。切削油的比热容小、黏度大、散热效果差，主要起润滑作用，降低工件表面粗糙度值，冷却作用较小，一般用于中等切削速度、低速重切削和精加工。

水溶液的主要成分是水，比热容大、流动性大、传热好、能吸收大量的热、汽化性能好，故冷却性能良好，能提高刀具寿命，减小热变形。水溶液还有稳定性好、配置方便、成本低等优点，但润滑作用差。在水中加入一定量的表面活性物质和油性添加剂，可配制成透明冷却水。加入一定量的水溶性防锈剂，可配成防锈冷却水。

乳化液是把乳化油用15～20倍的水稀释而成，主要起冷却作用。这类切削液的比热容大、黏度小，传热性较好，可以吸收大量的热量。但因其中水的成分较多，所以润滑和防锈性能较差。可加入一定的油性、极压添加剂(如硫、氯)和防锈添加剂，以提高其润滑和防锈性能。

4. 切削液的选用

切削液应根据加工性质、工件材料、刀具材料和工艺要求等具体情况合理选用。

选择切削液的一般原则是：根据加工性质，轴承套圈粗加工时，加工余量和切削用量较大，产生大量的切削热，因而会使刀具磨损加快，应选用以冷却为主的乳化液。精加工时，主要为了延长刀具的使用寿命，保证工件的精度和表面质量，最好选用极压切削油或高浓度的极压乳化液。

根据刀具材料，高速钢刀具加工时，用极压乳化液或极压切削油。硬质合金刀具一般不加切削液。

为了使切削液达到应有的效果，在使用时还必须注意：油状乳化油必须用水稀释后才能使用；切削液必须浇注在切削区域；硬质合金刀具切削套圈时，如用切削液必须一开始就连续充分地浇注，否则硬质合金刀片会因骤冷而产生裂纹。

六、切削时的振动

在车削时，车床、工件、刀具和夹具工艺系统会发生周期性的振动。在切削过程中，如果产生较大振动，工件已加工表面上就会出现条痕或布纹状痕迹，使表面质量显著降低，同时还会使车床和夹具中的连接件振动而缩短了使用寿命，从而被迫降低切削速度，影响了生产率的提高，同时还会引起噪声，造成机床和运动件的损坏。

振动可分为强迫振动和自激振动两种。

1. 强迫振动

强迫振动是物体受到振动的外力作用而产生，基本上是由下列情况引起的：

(1)由于不均匀的转动质量，如卡盘、带轮等离心惯性力而产生的振动。

(2)冲击力引起的振动。由于机床部件的转动或传动件的工作表面制造不良，安装不准，诸如刀架、主轴轴承、滑板镶条的磨损和振动等原因，使间隙过大；齿轮制造不精确，皮带的接头突然的接入运动或转换运动方向和液压传动脉冲等情况所引起的振动。此外，还有因粗加工留下的振纹引起切削状态的波动，断续车削(如车削表面不平或带凹槽的工件)，使运转不平衡，产生冲击而引起振动。

(3)有单元或崩碎切屑的存在。

(4)由于机床临近设备的振动经地基传导引起振动。

通过下述措施可以减少强迫振动：

(1)消除和减小刀架、轴承及其他结合件之间的空隙，以提高机床工艺系统的刚度。

(2)高速转动的机件，必需平衡且表面光滑，尽量使被加工表面的余量均匀，以保持运转平稳。

(3)将机床安装在刚性的基础上，使其牢固可靠，改进安装基础，使其能防振和隔振，如在基础上加有隔振填料层物质，把电动机装在远离机床主轴的地方。

(4)提高机床自身的抗振能力，在结构中采用各种消振器或阻尼器。

2. 自激振动

自激振动亦称颤动，是物体因为自身的阻力或内应力发生变化而产生，也称之为自发或自持振动。其产生的原因有：

(1)排出切屑时,切屑与刀具、刀具与工件之间的摩擦力发生变动。

(2)切屑层沿其厚度方向的硬化不均和工件材料本身的软硬不均。

(3)切削液性能不好、切削用量不当、刀具角度不合适、与工件接触的切削刃过长、刀尖圆弧半径太大、积屑瘤时生时灭,引起刀具前角的切屑横截面积的改变而导致切削力的波动。

(4)工件、刀具及夹具自身的刚性差或安装刚性差,如尺寸较小、悬伸过长等引起弹性变形;机床工艺系统中各连接部位的间隙及振动等使切削力波动。

(5)工件材料的弹性变形、上次进给留下的振痕引起切削力不均或波动(即再生自振)。

通过下述措施可以减少或消除自激振动:

(1)增大刀具前角,使用性能好的切削液,减小切屑与刀具的摩擦。

(2)增大刀具的主偏角,减小切削分力 F_p(背向力)和刀尖圆弧半径。

(3)避免将车刀刀杆装的悬伸过长,尽可能选用短而粗的刀杆,以提高刀具、机床工艺系统的刚性。

(4)尽量避免刀具产生积屑瘤。当车出的切屑宽而薄易引起振动时,可以减小切削宽度 b_D,而同时增大切削厚度 h_D 来减小或消除振动。切断刀的刀头不宜太宽,进给量也不宜太小,否则容易振动。

(5)改进刀具结构,采用消振刀具(如采用弹性刀杆或在车刀前刀面上做出宽 0.25～0.3 mm、50°～60°的负倒棱)和消振器(如用液压或摩擦式、冲击式消振器)或阻尼动力与阻尼吸振器。

(6)改善工件材料的切削加工性能。

综上所述,引起振动的影响因素主要是切削用量、刀具几何形状及角度、工件材料性能、加工方式及方法、机床工艺系统的刚性和消振情况等,可从提高工艺系统刚性、控制切削力的变化、改善刀具和工件切削性能等方面采取措施予以减少或消除。

第三节　车削加工刀具

对于车削加工来说,车刀是其重要的一部分,车刀的合理选用和正确刃磨对保证所加工产品的质量、提高生产效率有重要意义。

一、车削刀具材料

刀具材料一般是指刀具切削部分的材料。它的性能优劣是影响加工表面质量、切削效率、刀具寿命的重要因素。选用合适的刀具材料不但能有效地提高切削效率、加工质量和降低成本,而且往往也是解决某些难加工材料的工艺关键。

当前使用的刀具材料有四大类:工具钢(包括碳素工具钢、合金工具钢、高速钢)、硬质合金、陶瓷和超硬刀具材料(金刚石、CBN 等)。在轴承套圈类零件车削加工中一般使用最多的是高速钢和硬质合金,陶瓷和超硬刀具材料只用于对淬火后套圈的“以车代磨”加工。

轴承套圈车削加工中常用的合金刀片有普通硬质合金和涂层硬质合金。普通硬质合金刀片的材料有钨钴钛类、含 TaC(Nbc)合金类、YiC 类基合金类,其牌号有 YT5、YT14、YT15、YT30、YW1、YW2、YN10(替代 YT30)等,其中最为常用的为 YT5 和 YW2。涂层硬质合金(PVD、CVD)是一种复合材料,由于其拥有较好的综合性能,发展很快,目前在轴承套圈类零件的车削加工中被广泛应用,尤其配套于数控车床。

刀体的制作根据不同类型的车刀选用不同的材料。焊接车刀的刀柄一般选用普通碳钢或合金钢制作;机夹、可转位硬质合金刀具的刀体一般采用合金工具钢制作,如 9CrSi、GCr15 等。

二、车刀的分类

车刀按加工表面特征,可分为外圆车刀、端面车刀、切断车刀和内孔车刀等。

按车刀结构,可分为整体式、焊接式、机夹式和可转位式,它们的特点与用途见表 6-3-1。由于整体式刀头的切削部分完全靠刃磨得到,操作复杂,且整体采用高速钢,生产成本高,这种车刀在轴承套圈车削加工中应用很少。

表 6-3-1　车刀结构类型、特点与用途

类型名称	特　点	适用场合
整体式	用整体高速钢制造，易形成锋利的切削刃，刀具刚性好	小型车刀和加工非金属车刀
焊接式	可根据需要刃磨几何形状，结构紧凑，制造方便	各类车刀，特别是小刀具
机夹式	避免焊接内应力而引起刀具寿命下降，刀杆利用率高，刀片可刃磨获得所需参数，适用灵活方便	大型车刀、螺纹车刀、切断车刀
可转位式	刀片转位更换迅速，可适用涂层刀片，生产效率高，断屑稳定	用于普通车床，特别是自动线。数控车床用的各类车刀

1. 焊接车刀

硬质合金焊接车刀是将硬质合金刀片钎焊在刀杆槽内的车刀，焊接车刀的质量和使用寿命与刀片选择、刀槽形式、刀片在刀槽中位置、刀具几何参数、焊接工艺和刃磨质量有密切关系。

刀片形状主要根据车刀用途和主、副偏角的大小来选择，刀片长度一般为切削刃工作长度的 1.6～2 倍。切槽刀的宽度应根据工件槽宽来决定，切断刀的宽度可按经验公式 $B=0.6\sqrt{d}$估算，d 为被切工件直径。

焊接式车刀刀槽的选择也很重要，常用的焊接式车刀的刀槽有开口槽、半封闭槽、封闭槽和坎入槽。铁路轴承套圈类零件车削加工车刀槽常用开口槽，配用刀片为 A1、C3 型等。

刀片在刀槽中的安放位置，应使刃磨面积减少和可重磨的次数增多。一般车刀同时刃磨前面和后面，因此刀片平放作出的刀槽前角比刀片前角大 5°～10°，刀杆后角也比刀片后角大 2°～4°。这样做的目的是为了提高刃磨效率和减少磨削硬质合金用的砂轮消耗。

普通车刀外形尺寸主要是高度、宽度和长度。刀柄截面形状一般选用矩形，其高度 H 按机床中心高选择，如表 6-3-2 所示。当刀柄高度尺寸受到限制时，可加宽为正方形，以提高其刚性。刀柄的长度一般为其高度的 6 倍。切断车刀工作部分的长度需要大于切削的总厚度。

表 6-3-2　常用车刀刀柄截面尺寸

机床中心高(mm)	150	180～200	260～300	350～400
正方形刀柄截面 H^2(mm^2)	16^2	20^2	25^2	30^2
矩形刀柄截面 $B\times H$(mm^2)	12×20	16×25	20×30	25×40

2. 机夹车刀

机夹车刀是采用机械加固方法，将预先加工好的但不能转位使用的刀片加紧在刀杆上的车刀，使用中刀刃磨损后可以进行多次重磨后继续使用，但带有压制好断屑槽的刀片不能进行重磨。

机夹式车刀要求刀片加固可靠，重磨后能调整切削刃位置，结构简单和可靠断屑。常用夹紧结构有上压式、自锁式和弹性压紧式等。

3. 可转位车刀

可转位车刀是采用机械固定的方法，将可转位刀片加紧在刀杆上的车刀。可转位车刀主要由刀片、刀垫、杠杆、螺钉和刀柄等元件组成，刀刃磨钝后可方便地转位或更换刀片后继续使用。可转位车刀夹紧结构很多，最常用的几种结构有杠杆式、楔钩式、楔销式、上压式、偏心式、螺销上压式、压孔式。

可转位车刀在铁路货车轴承套圈车削加工中应用最为广泛，与焊接车刀相比，具有许多优点：

(1)由于避免焊接、刃磨时高温所引起的缺陷，有合理槽型与几何参数，因而提高了刀具寿命。

(2)刀刃磨钝后，可迅速更换新刀刃，大大减少停机换刀时间；可使用涂层刀片，能选用较大的切削用量，因而提高了生产效率。

(3)刀片更换方便，便于推广使用各种涂层、陶瓷、立方氮化硼(CBN)等新型刀具材料，有利于推广新技术、新工艺。

(4)可转位车刀和刀片已标准化(可参照标准号 GB/T 2076 至 GB/T 2081 的国家标准)，能实现一刀多用，减少储备量，简化刀具管理。

但是，可转位车刀目前尚不能完全取代焊接车刀，因为在刃形、几何参数等方面还受刀具结构与工艺限制。

三、成形刀具

成形刀也称样板刀，是把切削刃的形状制成与被加工零件的回转外形轮廓素线相同，将工件一次加工成形并满足工艺要求的刀具。主要优点有：刀具制造精度高、可重磨次数多、刀具寿命长、参加切削的切削刃总长度长、互换性好、加工质量稳定、精度高（保证加工精度可达 IT7～IT8，表面粗糙度 R_a 值可达 1～5 μm）、生产效率高等。但是，成形车刀对工人的技术水平要求较高，车床的刚性要好，且刀具制造复杂、成本高，一般应用于大批量生产中，如铁路货车轴承内圈大内径、油沟、外圈牙口槽、倒角等就很适合应用成形刀加工。成形刀可以制造成焊接车刀、机夹车刀和可转位车刀的任何一种。

成形刀的类型按结构和形状可分为平体、棱体和圆体成形刀三类，按进刀方式可分为径向和切向成形刀，也可按工作时与工件轴线相应位置分为正装和斜装两种。形状简单的采用 YT15 硬质合金，复杂型面的采用高速钢制造。在铁路货车轴承套圈车削中应用较多的是平体成形刀，这种成形车刀具有结构简单，制造容易的优点，但重磨不方便，次数也较少，使用寿命也较短。选择角度时，前角一般取 8°～12°，纵向前角取 5°～20°，为减少或避免振动，后角一般在车外表时取 5°～7°，车内表面时取 10°～15°，车油沟时取 3°～7°。

成形刀切削刃上只有最边缘的一点与工件中心等高，而其他各点均低于工件中心，从而使得这些点的切削平面和基面都不相同，并且离这点距离越远，前角越小，后角越大，一般所指的成形刀的前角和后角是指刀具纵向剖面内切削刃最外一点的角度。刀具轮廓深度 p 小于工件轮廓深度，随 γ_p 和 a_p 值越大，相差也越大，为保证车削出的形状正确，刀具前刀面的截面形状在径向是不能与工件形状相同的。因此，在设计制造时，对刀具前刀面轮廓要进行修正，以保证工件的实际尺寸。

成形车刀的廓形主要用光学曲线磨床，数控线切割机床和数控磨床加工得到。加工后可通过光学仪器（如投影仪）检测，而在生产现场使用过程中和重新刃磨后可用样板简便检验。因此，成形车刀设计后还需设计成形车刀样板，通常设计相吻合的两块样板：一块“工作样板”是在成形刀车刀制造、使用或刃磨时用于检验成形车刀廓形的；一块“校对样板”是用于检验“工作样板”的磨损程度。样板的外形尺寸及各尺寸公差，样板的材料及热处理要求等均可参考有关样板设计资料选取。样板的制造应与成形车刀的制造采用相同数控程序同时加工。

四、车刀在使用时应注意的问题

1. 装刀时车刀不能伸出刀架太长，否则会相对减弱刀杆刚性，在切削时就会因振动而影响加工质量，甚至损坏刀具。一般伸出长度为刀杆厚的 1～1.5 倍。

2. 装刀时车刀刀尖应与工件中心同高，其允许误差一般不超过工件直径的 1%。粗车时，可稍高一些。安装时，常用机床尾架顶尖中心对刀尖中心。注意不要使切削刃与工件或机床碰撞或突然接触。也常使用零件来校对车刀位置，校对时必须注意轻微接触。

3. 刀杆轴线要与工件轴线垂直，否则主、副偏角会改变。

4. 装刀时用的垫片要平整，并与刀架对齐，应尽量减少使用片数，太多会引起刀具振动。

5. 车刀要安装牢固可靠，要紧固刀架螺钉压紧刀具。至少要用两个螺钉压紧，紧固时要轮换着拧紧。

6. 新刃磨好的车刀，在切削前应先试切，这在铁路货车轴承这种大批量生产中尤其重要。试切时的切削速度和深度要比正常加工时约低 1/4～1/5，一次工作行程后检查切削刃、切屑排出和工件表面粗糙度等情况。加工锻件毛坯时，第一刀要切得深一些，使刀尖能深入表面硬皮内，避免硬皮接触而保护刀尖。在进给情况下，要防止机床主轴停转，以免“扎刀”或“打刀”。

7. 车削过程中要经常观察刀具磨损情况，往往在切削中，工件材料组织不均匀，出现有硬质点或杂质，对刀尖十分不利，使切削力增大。如工件表面发现明亮的“条状”冷硬层或听到尖叫声，这是刀具严重磨损的征兆，不能再继续使用了，必须及时换刀。不然，等到刀具严重磨损或崩刃后在重磨，既浪费刃磨时间，又浪费刀具材料。

8. 使用完的刀具要擦拭干净保存起来，特别注意不要磕碰切削刃。

9. 加工中要专刀专用，不能随意调换乱用。否则，不但切削效果不好，还容易损坏刀具。

五、刀具的磨损与寿命

刀具的磨损是刀具与工件或切削的接触表面上因受摩擦作用，刀具材料微粒被工件和切屑带走而损坏的现象。

刀具磨损可以分为机械磨损、相变磨损和化学磨损三种主要原因，其次还有冲击和热电偶作用引起的磨损。

机械磨损是由于摩擦面高低不平，使相互啮合处在切削初期就被磨平而损耗。当使用切削刃材料耐热性高的刀具或切削脆性材料时，容易发生机械磨损。

相变磨损是由于切削温度高，刀头的工作部分受热而软化，刀具材料的金相组织发生相变，使硬度降低而造成的磨损。

化学磨损是指在切削温度很高的情况下(如达到 900 ℃以上时)，工件与刀具材料中的某些元素(如铁、钛、碳、钴、钨等)互相扩散到对方中去，改变了化学成分，使刀具材料变软、变脆而造成的磨损。

由于切削条件不同，刀具的磨损形式也不相同，基本上分为后刀面的磨损、前刀面的磨损、前后刀面同时磨损三种情况。当切削厚度大时，压力中心后移，前刀面压力大，则使后刀面的磨损变为前后刀面同时磨损。由于大多数情况下后刀面总是会发生磨损的，后刀面磨损量的大小对加工精度和表面粗糙度的影响较大，测量也比较方便，故一般都用后刀面的磨损量来表示刀具的磨损程度。

除上述几种正常磨损外，还有非正常的磨损或损坏，如突然崩刃、碎裂、剥落和卷刃等现象。

实际生产中不可能经常停车来测量刀具的磨损限度，所以常用机动时间(即刀具寿命)来表示刀具磨损限度的数值。

刀具刃磨后，从开始切削到已达到合理磨损限度所经过的切削时间称为刀具寿命，也就是刀具两次重磨之间纯切削时间的总和，即实际机动时间(min)。刀具寿命也有用加工同类零件的数量来表示的，称为刀具的尺寸寿命，在自动线上精加工时常用它。刀具总寿命是指一把磨好的新刀用到报废为止时的实际切削时间，或加工同类零件的总数量。

刀具的寿命是与刀具磨损直接有关的。影响刀具磨损的因素也就是影响刀具寿命的因素。主要有：

1. 工件材料的影响

(1)工件材料的强度大、硬度高、切削时的摩擦大、切削力大、切削温度也高，刀具磨损量就增加。

(2)材料塑性大，工件容易与刀具粘结，并且切削力和切削温度也都较大，加工硬化较严重，刀具较易磨损。

(3)材料脆性大，切削时刀具前刀面与切削的接触长度小，切削力和切削热集中在刃口附近，使刀具易于磨损。

(4)材料的导热性差，切削热不易传散，则刀具容易磨损。例如有色金属的热导率较大，刀具磨损就慢些，而不锈钢的导热性差，刀具磨损就快。

(5)材料金相组织对刀具的磨损和寿命也有影响，钢中的珠光体呈微粒状时，对刀具磨损影响较小；呈片状锯齿形时，对刀具磨损就很大。热处理状态不同、产生的铁素体、珠光体、马氏体、索氏体等组织的硬度也不同，刀具的磨损程度也就不同，马氏体硬而铁素体就要软些。

(6)各种材料的化学成分不同，刀具磨损也不相同，如钢中含碳、锰、硅成分高，刀具磨损较大。这是因为这些元素能产生高硬度的夹杂物，故一般含有合金元素的钢对刀具的磨损就较大，钢中含硫、磷等元素较多时，降低了材料的强度，产生润滑作用的夹杂物，刀具磨损较小。

2. 刀具的材料与几何形状的影响

(1)刀具材料的耐热性好，磨损就小，寿命高。要根据工件材料和切削条件合理选择材料，以减小磨损。

(2)当磨损发生在前刀面上，增大前角可使切削容易流出，变形和摩擦减小，切削力降低，磨损减小，但前角太大时，切削刃强度降低，散热性能变差，反而加剧磨损。这时后角可取小些，使楔角增大，散热好，不崩刃。

(3)当磨损发生在后刀面上，增大后角可减少工件与刀具的摩擦，从而减少了刀具的磨损。但若过大，则与前角过大的情况相同、散热性差，反而加快磨损。

(4)刀尖圆弧增大时，刀尖强度提高了，使切削刃工作长度增加，切削变薄。同时，变形也减小，温度降低，摩擦减小，散热性能改善，刀具磨损减小。反之，就会加剧刀具的磨损。

(5)副偏角增人时，刀尖角度变小，散热性能差，刀具强度变差，寿命降低。反之，会有利丁提高刀具强度和改善散热性能，减少磨损。

(6)刀具的刃磨质量高，表面很光洁平整，摩擦减小，刀具的磨损也将减小，如硬质合金刀具经研磨后，寿命可提高20%～40%。

3. 切削用量的影响

切削速度对刀具磨损影响最大，其次是进给量，而背吃力量影响较小。因为在一般刀具的磨损过程中，温度起最重要的作用，切削速度、进给量、背吃刀量对切削温度影响的程度正好与刀具磨损的影响一致。由摩擦产生的切削热而影响着切削温度，从而对刀具的磨损和寿命影响很大。

4. 冷却润滑条件的影响

注入切削液以改善传、散热条件，能起吸热、降温和润滑作用，减少摩擦造成的磨损，提高了刀具寿命。

对于在自动线生产中采用的刀具尺寸寿命，其影响因素中还有刀具的调整误差、工艺系统弹性变形及工件的尺寸分布等。

第四节　套圈车削加工的夹具

铁路轴承生产的特点是：专业性强，批量大，加工质量要求高。其套圈零件的结构特点是壁薄，受力后容易变形。鉴于此，对轴承套圈车削加工用夹具提出的主要要求是：夹持牢固、可靠；套圈变形小；定位精度高；动作迅速，操作省力；装卸、调整方便；使用寿命长；结构简单，制造容易。

为达到上述要求，轴承生产中广泛采用专用夹具，对于动作迅速操作省力的问题，由于大多轴承厂都是采用压缩空气系统和液压系统作为夹具动作的动力系统，所以问题已基本解决，而其他各条要求能否满足或满足的程度，则与各夹具的结构有关。车削套圈夹具依使用条件不同分为夹持毛坯表面和夹持光滑表面两大类。

一、夹持毛坯表面的夹具

轴承零件车削加工夹持毛坯的夹具使用较普遍的有以下几类：(1)动力卡盘(加卡盘爪)类；(2)弹簧卡盘类；(3)滑块夹具类；(4)自动车床棒料用弹簧加料头与送料头。

1. 动力卡盘

其构造如图6-3-5所示。卡盘由盘体1、楔心套2、卡盘爪3、紧固螺钉4、T形块5、滑块座6和连接螺钉7组成。一般工作时是与卡盘爪3组合使用的。当楔心套2被带动前后移动时，就通过6和5带动卡盘爪实现夹紧或放松动作，该夹具应用比较广泛。

2. 卡盘爪(简称卡爪)

有可调试、摆动式、齿形、锥形和特种形式等各种形式。又按卡盘爪本身性质分为软、硬两种，硬爪用碳

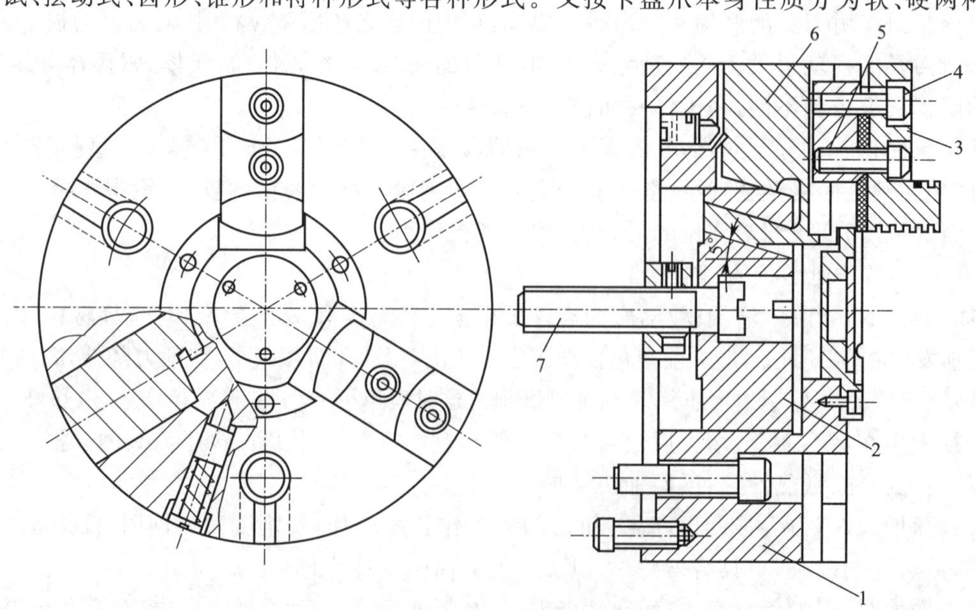

图6-3-5　楔式三爪自动定心卡盘

1—盘体；2—楔心套；3—卡盘爪；4—紧固螺钉；5—T形块；6—滑块座；7—连接螺钉

素工具钢制成，有的要经过淬火、渗碳等处理，以达到一定的硬度。下面介绍常用的几种卡爪。

(1)圆弧式浮动卡盘爪。图 6-3-6(a)是卡盘爪夹持外圈的工作图。三套为一对装在动力卡盘的滑座上，每一套长爪有两条棱边(刃)与工作接触，如 A、B 处，三个爪共六个接触刃，均布在套圈圆周上，卡爪与爪座之间为圆弧式松动配合。当卡爪上的两点受力不均时，卡爪可以在爪座内来回“浮动”，使两点的作用力趋于平衡。因此，使用这种卡爪夹紧套圈时，其圆周上所受的夹紧力较均衡，因而加紧变形小，这是他的最大优点。图 6-3-6(b)是卡爪夹持内孔的情形。不同套圈直径需要选用不同规格的卡爪。

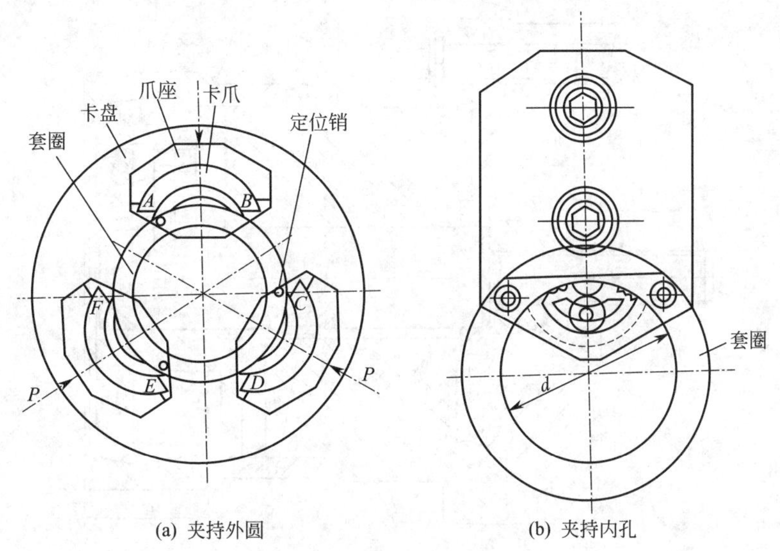

(a) 夹持外圆　　(b) 夹持内孔

图 6-3-6　圆弧式浮动卡盘爪

它的缺点是套圈找正中心比较困难和费时，中心不易找得很准，还易受毛坯表面质量的影响，夹紧后仍有可能有较大的偏心量。此外，结构较为复杂，制造困难。

(2)心轴式浮动卡盘爪。图 6-3-7 是它夹持外圈的工作图。其工作原理及优缺点与圆弧式浮动卡爪基本相同。其心轴 1 固定在动力卡盘的滑座上，爪座 2 套在心轴 1 上可绕心轴获得浮动。它是以带有齿纹的小平面接触工作，减小了工作表面凹凸不平对中心定位精度的影响，定位精度比圆弧式高，浮动性也更好，且制造业简单，但它的强度和夹持工件的牢固性较差。

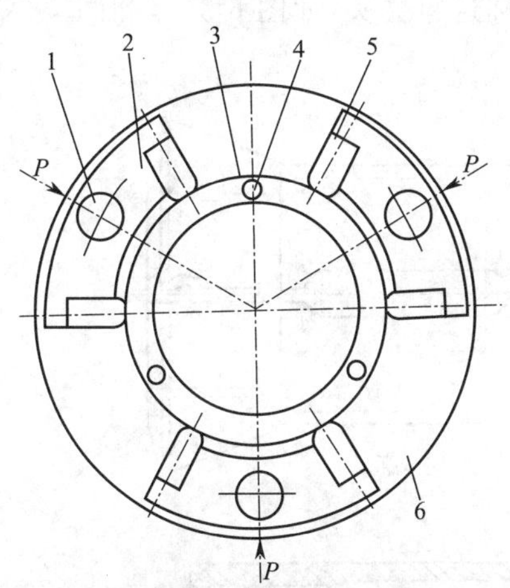

图 6-3-7　心轴式浮动卡盘爪

1—心轴；2—爪座；3—套圈；4—定位销；5—卡爪；6—卡盘

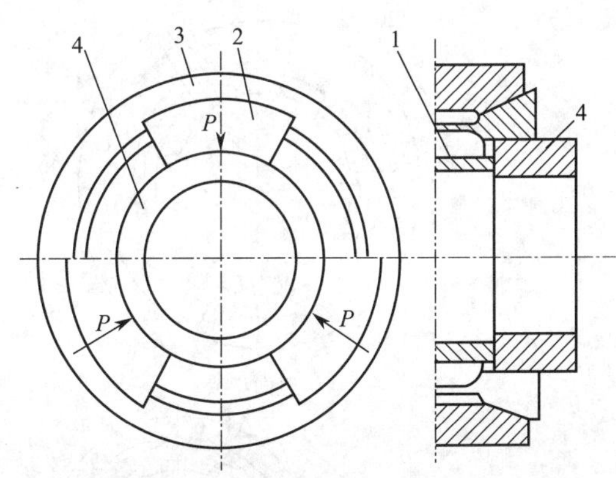

图 6-3-8　夹持毛坯表面用弹簧卡盘

1—定位套筒；2—瓣状夹块；3—卡盘体；4—套圈

3. 弹簧卡盘

图 6-3-8 是一种夹持毛坯面用的弹簧卡盘，用三瓣互成 120°的夹块夹紧套圈，夹块与工件也是圆弧面接触，找正容易；但瓣状夹块几乎没有通用性，需要之备的规格较多；涨缩量较小，不适应尺寸公差变化较大的毛坯。

4. 滑块夹具

如图 6-3-9 所示，夹具夹紧动作经过顶杆 8、滑块 7 传至三瓣用三个弹簧圈(5 和 6)系在一起的卡爪 4 来夹紧工件。三个弹簧圈收缩后，可使卡爪松开工件。卡爪在轴向与卡盘体的圆槽紧密配合，在径向可相对于滑块 7 浮动，使工件受力均衡。卡爪的移动量比较大，夹紧力也较大，适用于大型轴承套圈的车削加工。因卡爪的工作表面容易制成各种型面，故亦可用于加持曲面型内孔。在夹具加工范围内更换轴承型号，只需更换卡爪 4 和定位环 3 即可。

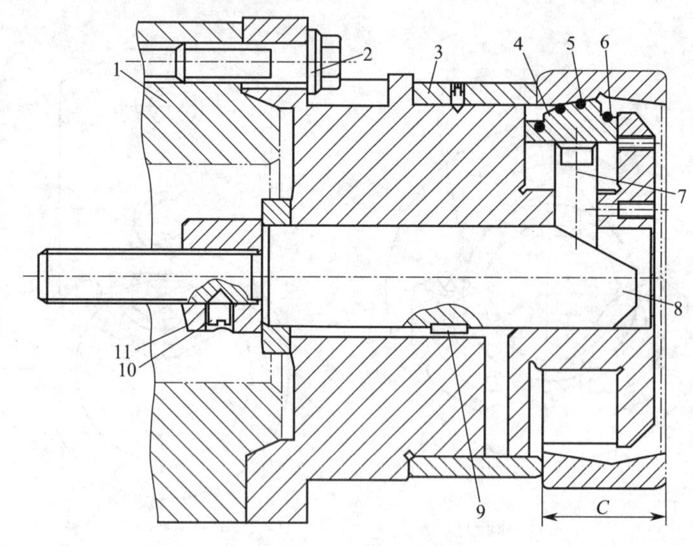

图 6-3-9　滑块夹具

1—爪座；2—垫圈；3、11—定位环；4—卡爪；
5、6—弹簧圈；7—滑块；8—顶杆；9—滑键；10—定位键

加工各表面最终是否能达到技术条件的各项要求，与第一道工序加工后的产品质量有很大关系。如加工精度不高，直接影响车削加工质量。因此，合理设计、选择和使用夹持毛坯表面的夹具是保证套圈车削加工质量的一个关键问题。上面提到的几类夹具在实际生产中造成套圈的变形问题并没有彻底解决，有待继续发展。

5. 自动车床棒料(管料)用弹簧夹头

分两种：一种用于夹紧棒料，称夹料夹头；另一种用于送料，称送料夹头，如图 6-3-10 和图 6-3-11 所示。

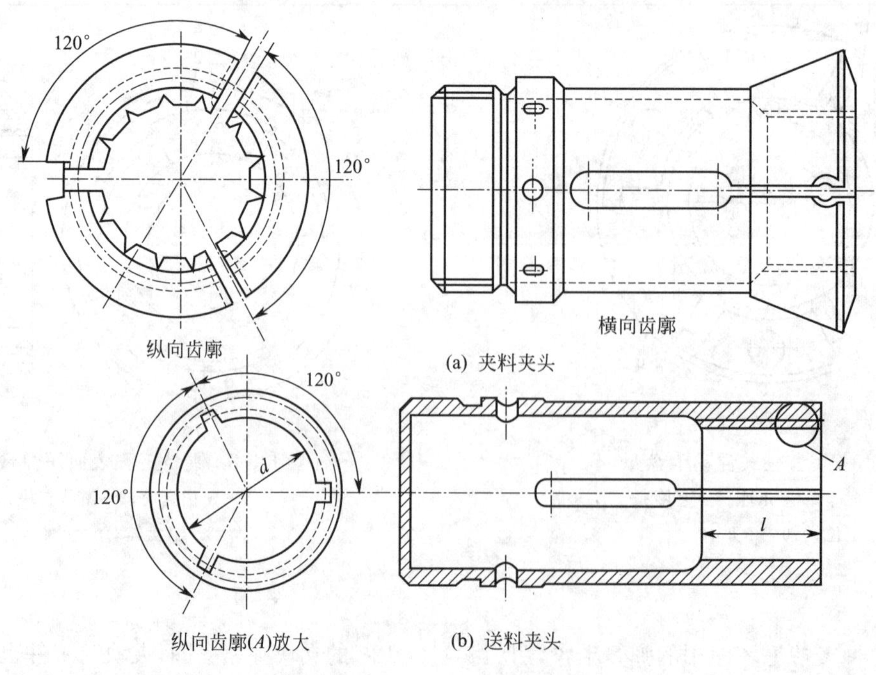

图 6-3-10　弹簧夹头

这是一种利用斜面作用的定心夹紧机构，夹紧力通过圆锥传来，使之弹性变形来夹持工件并自动定心。按对夹具体相对位置来分有推式、拉式及不动式三种。

对于某种型号的自动车床，其夹头的结构形式和大部分尺寸是确定的。加工不同型号的套圈时，只需要依所用棒料（毛坯）的直径，选择加持夹头的工作直径和送料架头的工作直径，使他们等于棒料直径即可。因夹持部分较长或是实心棒料，所以基本不存在加紧变性问题，但夹头制造精度要求高。

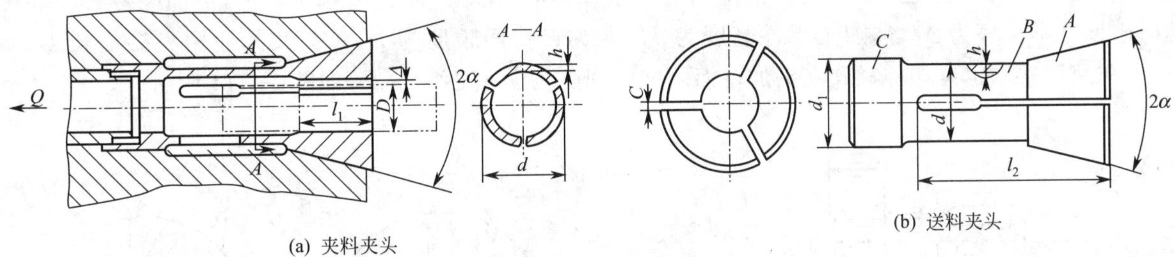

图 6-3-11　弹簧夹头的结构

二、夹持光整表面用的夹具

夹持已车削过而达到一定几何尺寸精度的光整表面的夹具与夹持毛坯面的夹具比较，着重应考虑：夹持力均匀，套圈夹紧变形小；基本上不损伤已车削的表面；套圈定心、定位精度高。主要夹具有弹簧夹具和软爪两大类。

弹簧夹具应用最普遍，尽管也有多种结构形式，但其工作原理都是类似的。

图 6-3-12 就是两种分别夹持内孔和外圆的弹簧夹具。弹簧夹头是整体的，其工作表面上制出许多等分

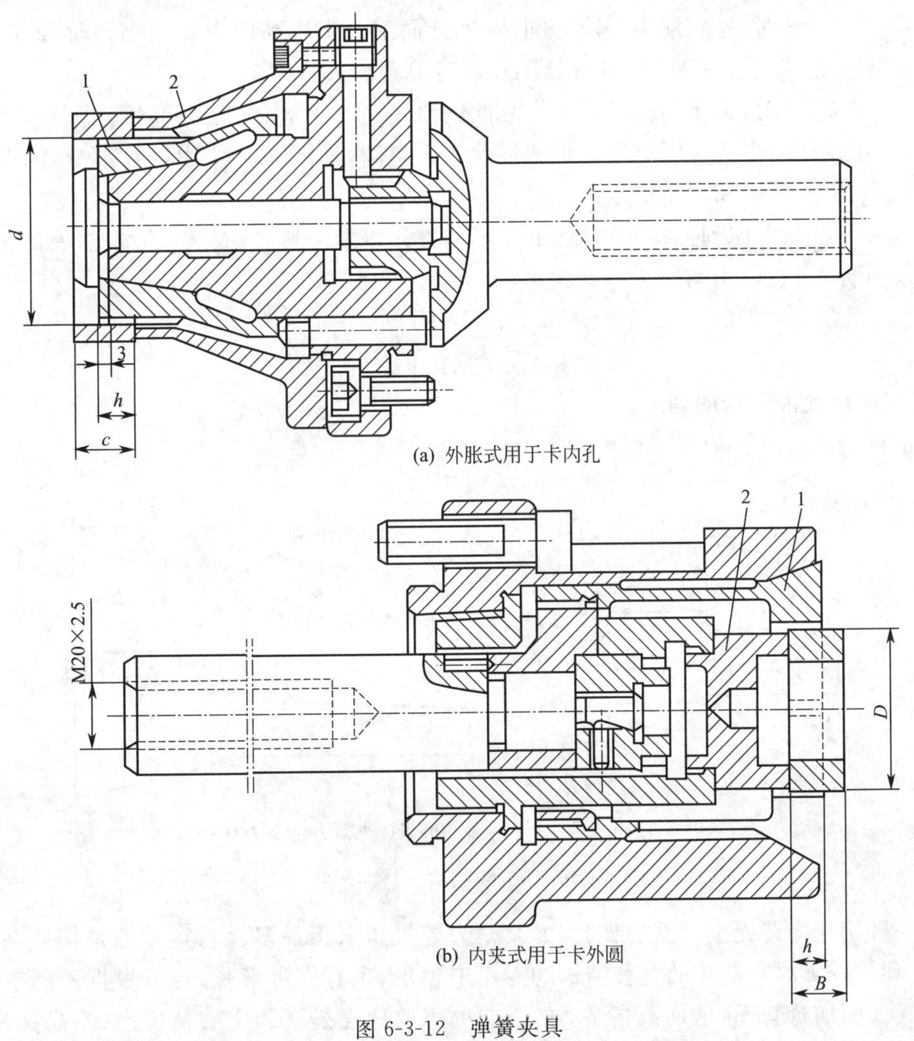

图 6-3-12　弹簧夹具

1—弹簧夹头；2—定位环

的矩形齿，以减小加紧变形，增加接触面积的摩擦力。工作时由拉杆的前后移动来实现夹紧和放松动作。每一规格的夹具都有一定的使用范围，在此范围内套圈的 $D(d)$ 或 $B(c)$ 改变时，只需要更换相应尺寸的弹簧夹头 1 和定位块 2 就行了，但该种夹具夹头的工作表面与套圈被夹持表面的轴向接触状况会受到套圈直径变化（公差）的影响而发生“张角”的变化，致使夹持面接触不够紧密，影响夹持效果。

另外，注意到弹簧夹具在轴承车削加工中由于夹头夹持面严重磨损而出现台阶报废的约占总报废量的 30%～40%。经分析，这主要是与夹头夹持面的大小和形状有关。如图 6-3-13 所示，被加工零件外装配倒角轴向坐标基本尺寸为 Δ_1，被加工零件高度为 H，夹头夹持面长度为 L，夹头实际使用夹持面长为 l，$l=(1/2\sim1/3)H-\Delta_1$，定位环外径和夹头加持面之间的间隙为 δ，有两种情况，如图 6-3-14 所示。

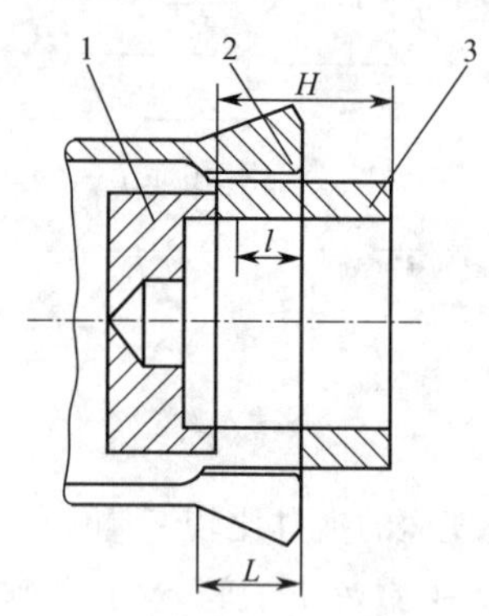

图 6-3-13 弹簧夹具夹持图

1—定位环；2—弹簧夹头；3—套圈

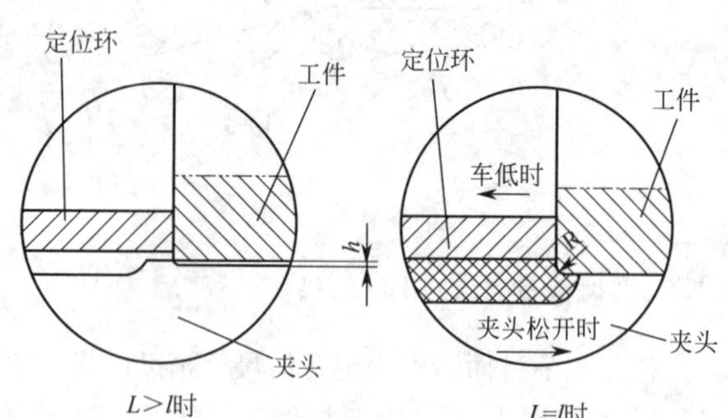

图 6-3-14 原结构夹持面形状

第一种情况，当 $L>l$ 时，夹头使用一段时间后，夹持面上会出现高度为 h 的小台阶，此时若将定位环车低后继续使用，h 台阶就会夹伤零件以致出现废品，同时浪费夹头。

第二种情况，当 $L=l$ 时，由于间隙 δ 和工作装配倒角 R 的关系，如定位环高度逐渐被车低时，夹头松开致使夹头前移，在定位环与夹头之间形成一个圆环状的大空隙，如图 6-3-14 中网纹部分，因而很容易使屑进入此空间，直接影响生产效率和产品质量。

针对以上两种情况和考虑到夹持的牢靠、上下料的方便以及能够自动掉料等情况，有的工厂对夹持面进行了如图 6-3-15 所示的改进，取得了良好的效果。

$$l=(1/2\sim1/3)H-\Delta_1$$

$$L=l+\Delta_1+\Delta_2$$

Δ_2 略大于定位环允许降低的高度。

对外胀式的弹簧夹头夹持面也同样可做类似的改进。

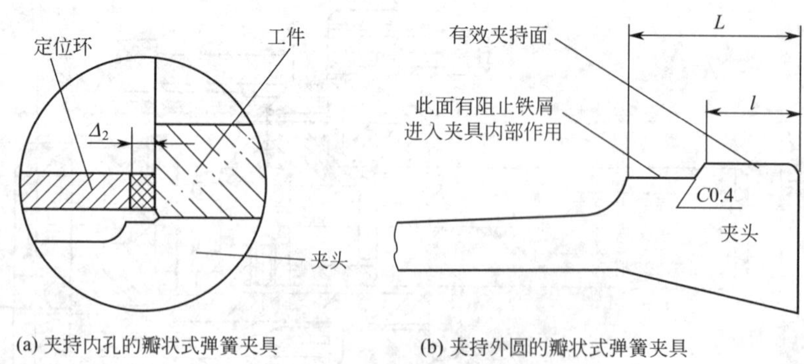

(a) 夹持内孔的瓣状式弹簧夹具　(b) 夹持外圆的瓣状式弹簧夹具

图 6-3-15 新结构夹持面形状

软爪也是一种用于夹持光整表面的夹具，尤其是数控机床采用最多。它实际上是用低碳钢、铝合金、铜合金、加布胶木和橡胶类材料制成的各种结构的专用卡盘爪，也有多种形式，且可根据不同工件的需要任意车制。软爪用圆弧面加持套圈，爪是不能浮动的。它的主要优点是套圈定心精度高，不易夹伤套圈表面，使用次数多，通用范围大，结构简单，容易制造。

加工软爪时要注意以下几个方面的问题：软爪应该在与使用时相同的夹持状态下进行车削，以免在加工过程中松动和由于反向间隙而引起定心误差。车削软爪内定位表面时，应在软爪尾部加一适当的圆盘，以消除卡盘端面螺纹的间隙。当被加工工件以外圆定位时，软爪夹持直径应比工件外圆直径略小，其目的是增加软爪与工件的接触面积。软爪内径大于工件外径时，会造成软爪与工件形成3点接触，当软爪内径小于工件外径时，会形成软爪与工件的6点接触，这在使用中都应该尽量避免。

三、夹紧力的计算

1. 夹紧变形对加工精度的影响

由于套圈的结构特点是壁薄，而完成车削加工又需要足够的夹紧力，这必然会引起加紧变形。加紧变形是套圈车削加工最关心的问题之一。动力卡盘的卡爪与套圈的接触点有3点($n=3$)、6点(浮动 $n=6$)、12点(双重浮动，$n=12$)，弹簧夹具可认为是均布的很多接触点(n 为无穷大)，它们对套圈的加紧变形是不同的。

套圈内孔和外圆车削加工中夹紧变形对加工精度的影响从第一道工序就开始，主要是圆度误差，并造成连锁反应，最终得到内、外圆都有圆度误差的套圈。而且夹紧力越大，加工后圆度误差就越大，所以应特别注意对套圈毛坯的第一次夹紧效果。

当各夹紧状态的夹紧力的总和不变时，加紧元件与工件接触点数越少，工件变形就越大，但是夹具结构会越简单，接触点数越多，工件变形越小，夹具的结构就相应复杂，这样就存着矛盾。当然，夹持粗糙的套圈毛坯表面时，由于卡爪与套圈毛坯面的接触不是很稳固，若使套圈不打滑需要接触点有较大的作用力，夹持毛坯面时接触点不能太多，重点是将变形控制在允许的范围内，也就是要确定合理的接触点数。

2. 夹紧变形分析

将套圈抽象为弹性曲杆，用弹性曲线表示，设有等分 n 点接触套圈，如图6-3-16所示，夹紧力为集中力，间隔均匀的作用在弹性杆上，两相邻作用力 P_n 间夹角为 2μ，则 $\mu=\pi/n$。

当套圈被看成是材料力学中的弹性曲杆时，其变形微分方程为

$$\frac{d^2S}{d\beta^2}+S=\frac{MR^2}{EJ}$$

式中 S——套圈径向变形量；

β——套圈上任一点 m 的位置参数；

M——对应于 β 处径向截面上的作用弯矩；

R——套圈变形前平均半径；

E——套圈材料的弹性模量；

J——套圈径向截面对其中心轴的惯性矩。

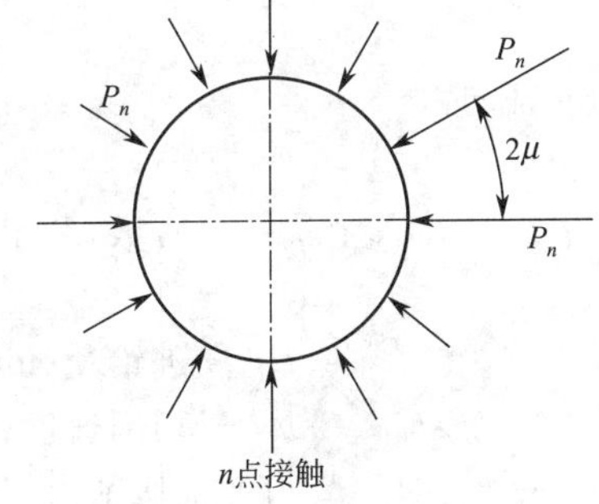

图6-3-16 n 点接触情况

由材料力学知，结构对称、受力对称的曲杆，其变形也必然是对称的。因此可以依需要取出一小部分对称曲线来研究，在对称截面内，切应力为零，求得

$$M=\frac{P_nR}{2}\left(\frac{\cos\beta}{\sin\mu}-\frac{1}{\mu}\right)$$

当 $\beta=0$ 和 $\beta=\mu$ 时，S 存在极值，利用该边界条件解得

$$S=\frac{P_nR^3}{2EJ}\left[\frac{\beta\sin\beta+(\mu\cot\mu+1)\cos\beta}{2\sin\mu}-\frac{1}{\mu}\right]$$

$$\beta\in[0,\mu]$$

m 点在 $\beta=0$ 位置时，沿半径向外位移量为 S_0，在 $\beta=\mu$ 位置时，沿半径向里位移量为 S_μ，由此总夹紧变形量 Δn 为 S 的极大值与极小值之差，即 $\Delta n=S_\mu-S_0$，则有

$$\Delta n=K\frac{P_nR^3}{4EJ}$$

其中 $K=\mu+(\mu\cot\mu+1)\dfrac{\cos\mu-1}{\sin\mu}$

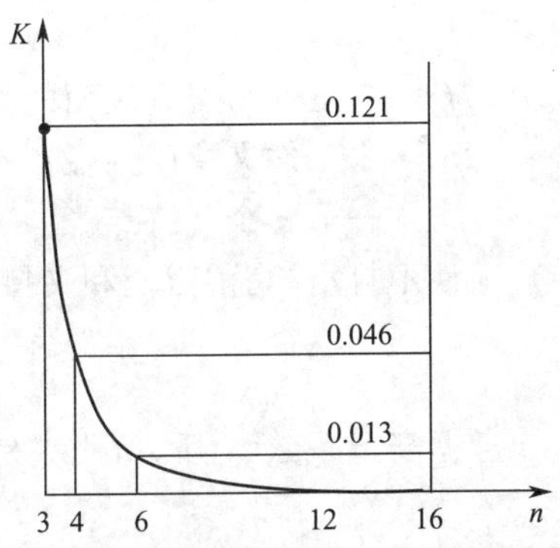

图6-3-17 夹紧变形曲线

给出不同的接触点 n，将 K 展现在图中，分析其变化规律。由图6-3-17

可以看出，随着接触点 n 的增加，K 的值逐渐减小，当 n 从 3 增至 6 时，曲线值的减小率异常显著，约 18 倍；而当 n 从 6 增至 12 甚至无穷大时，曲线值的减小率不明显，所以可以将 $n=6$ 当作“转折点”。

因此，在粗车套圈内孔时，卡爪数目 n 取 6 时，一般就可获得满意的精度，而且在原来 3 爪的基础上改为浮动的 6 爪夹具结构仍比较简单。六点接触的动力卡盘对套圈的定位加紧面的表面粗糙度要求不高，所以，目前轴承套圈的粗加工，三点接触的动力卡盘已基本上被六点接触的动力卡盘所代替。当然，实际应用中六点卡盘的六点不一定是在套圈圆周上均布，这与分析结果会有一点差异。

夹紧变形量 Δn 的计算式表明，夹紧变形量 Δn 与夹紧量 P_n 成正比，根据 Δn 允许的限度，存在夹紧力的最大极限值。在 n 确定的情况下，通过减少夹紧力可以减小夹紧变形，但当夹紧力小到某一值时，就会导致加工过程中工件相对卡盘转动（打滑），这是绝对不允许的，因此存在着最小夹紧力。

工件加工时不打滑的最小变形量仍超出最大允许变形量，那么就必须考虑增加接触点 n 了。

3. 夹紧力计算

在满足工件不打滑的前提下，尽量减小夹紧力，以减小加紧变形对加工精度的影响，计算最小夹紧力来保证工件与夹具间不打滑和力矩平衡。

切削力产生的切削力矩，在切削用量选定后，切削力是可以确定的，切削力矩即随之确定。而夹持力矩是由夹紧力产生的，夹紧力是可以调整的。

首先计算出切削力，得到切削力矩。图 6-3-18 是套圈车削加工时的受力示意图。

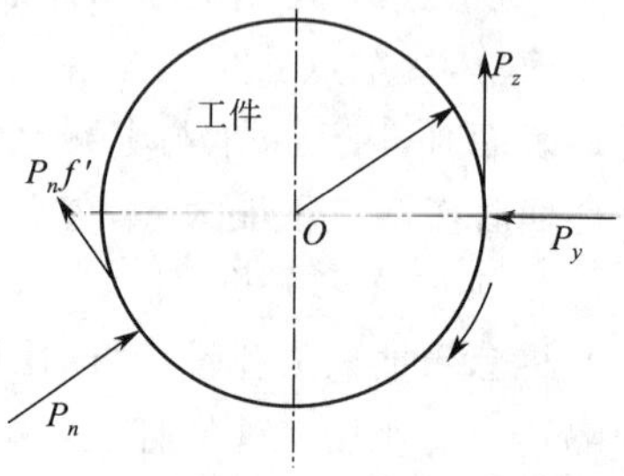

图 6-3-18　套圈车削时的受力示意图

切削力计算公式

通常切向力：

$$P_z=C_{pz}a_pf^{0.75}v^{-0.15}$$

径向力：

$$P_y=C_{py}a_p^{0.9}f^{0.6}v^{-0.3}$$

轴向力：

$$P_x=C_{px}a_pf^{0.5}v^{-0.4}$$

式中　C_{px}、C_{py}、C_{pz}——常数，和工件材料性能以及几何形状等因素有关。

a_p——背吃刀量（mm）；

f——进给量（mm/r）；

v——切削速度（m/min）。

一般只有 P_z 力产生切削力矩，切削力矩计算公式

$$M_{切}=\sum_{i=1}^{J}P_{zi}R_i$$

式中　J——切削时所用刀具总个数；

i——第 i 把切削刀具；

P_{zi}——第 i 把切削刀具切向切削力。

夹持力矩计算公式

$$M_{夹}=\sum_{n=1}^{n}P_{nh}f'R_D=nP_nf'R_D$$

式中　f'——工件与刀具表面的摩擦系数；

R_D——工件夹持面半径；

n——第 n 个夹持点。

工件不打滑，切削力矩和夹持力矩应该平衡，即 $M_{切}=M_{夹}$。则得最小夹持力：

$$P_{n\min}=\frac{M_{切}}{nf'R_D}$$

考虑安全系数 K 后，所用夹持力为

$$P_n=\frac{KM_{切}}{nf'R_D}=\frac{K\sum_{i=1}^{J}P_{zi}R_i}{nf'R_D}$$

安全系数 K 的确定，通常取 $K=1.5\sim2.5$ 之间，也可按下式来计算，

$$K=K_1\cdot K_2\cdot K_3\cdot K_4$$

式中　K_1——基本安全系数，考虑工件材质和加工余量不均匀，$K_1=1.2\sim1.5$；

K_2——加工状态系数，考虑加工特点，粗加工 $K_2=1.2$，精加工 $K_2=1$；

K_3——刀具钝化系数，考虑刀具钝化，一般 $K_3=1.1\sim1.3$；

K_4——切削特点系数，考虑切削情况，连续切削 $K_4=1$，断续切削 $K_4=1.2$。

第五节　车削加工工艺过程设计

轴承车削加工工艺过程的设计内容很多，也较复杂，设计的好坏直接关系到材料的利用率、生产效率、劳动强度、工具设备的消耗、加工成本等许多方面。一般工艺过程的设计随套圈的尺寸、生产批量的大小、锻件的情况、使用的设备、刀具的类型、加工精度的要求、基准面和加工方法的选择不同而不同。

一、车削加工方法和工艺路线

铁路货车轴承套圈车削的毛坯选用锻件，这种毛坯组织紧密，且形状和尺寸接近车工成品。锻件对车削加工的影响包括毛坯表面层坚硬，留量厚度不均，形状和位置误差大，车削粗定位误差大，车削效率低，易有残余热应力等。不过锻件毛坯适用性好，可在多种车床上加工使用，既适用于大批量生产，也适合单件、小批量生产，应用十分广泛。

正是锻件的车削加工不受设备、批量等条件限制的特点，因此在车削过程中既适合集中工序加工也适合分散工序加工，灵活性较大。

对于铁路货车轴承套圈零件的车削加工来说，从 20 世纪 70 年代开始，采用的主力设备为多刀半自动或自动车床，这类机床包括普通多刀车床和液压仿形车床。它们一般有纵、横两个刀架，每个刀架上可装 1～3 把车刀，分别用来加工不同性质的工作表面；对于仿形车床的纵刀架还具有仿形功能，能一次加工形状复杂的型面。机床布局为流水线，采用分散工序方法，每台车床承担一道工序，加工一到两个面，并切削出倒角，按工艺流程依次加工。

近年来，随着 CNC 技术的发展，采用数控车床加工铁路货车轴承套圈零件已普及，这就使集中工序车削法的优势得以充分发挥，一般是两台数控车床将内圈或外圈的所有表面车削成形。但是由于数控车床价格昂贵，车削量不如传统车床大，因此目前多刀半自动或自动车床仍在轴承厂家使用，加工密封座、中隔圈等零件，或者与数控车床连线，锻件毛坯粗车工序采用 CZ7232 型、C7220 型等设备加工，精车工序采用数控车床加工，其优缺互补，既提高了生产效率又保证了产品质量。

在工艺方法上，通常将套圈车削加工划分为两个阶段，其一是投料阶段，即粗车阶段，就是直接对套圈锻件毛坯的车削加工，它主要是完成两端面、外圆、内孔、滚道及大部分倒角等的粗车加工。另一个阶段是精整加工，即精车阶段，它是指在已粗车过的套圈端面、滚道、外圆、内孔等表面上再进一步切削，进一步提高加工质量和加工相关的油沟、字槽、牙口和倒角。

铁路轴承套圈类零件粗车加工一般都是两工序成形，即：第一工序主要完成车外（或内）表面和一端面；第二工序主要完成车内（或外）表面和另一端面，根据需要还可以不同程度地完成四个倒角的粗加工，剔除毛刺等。

铁路货车轴承零件粗车应用较多的是：外圈在 CZ7232 型液压自动卡盘仿型车床上加工，其他套圈类零件在 C7220 型液压仿形车床上加工。以外圈为例，粗车阶段两工序加工示意图见图 6-3-19。

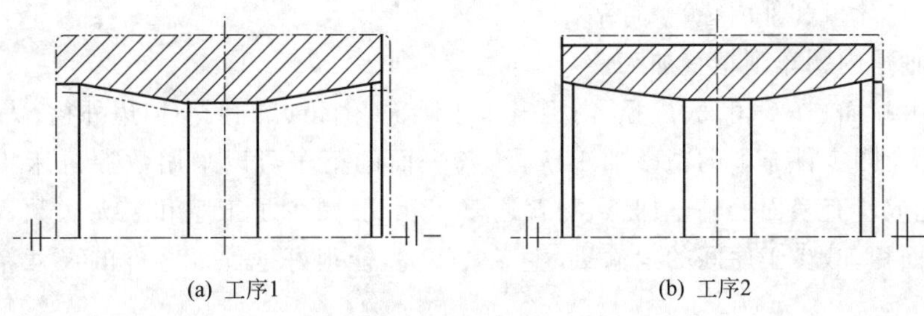

(a) 工序1　　(b) 工序2

图 6-3-19　外圈粗车两工序成形加工示意图

精整加工就是套圈投料加工后的剩余加工，以完成套圈车削加工阶段的全部任务。货车轴承套圈零件精整加工的内容及方法如下。

(1)分散工序法轴承外圈车削精整加工

工艺流程为：细仿外径、精车一侧端面→细仿两侧滚道、精仿外内径→精仿两侧滚道、粗仿两侧牙口→精仿外径、字槽→精车牙口、车外倒角→打字。

外圈牙口型面比较复杂，质量要求高，采用仿形加工难以保证形状，且槽内各尺寸和形状不易检验，为车削加工的难点工序，可在刚性良好的C7632型多刀半自动液压车床上采用牙口成形刀(牙口样板刀)，一次车削成形。另外，纵刀架可同时工作，完成外倒角的精车加工。这种方法生产效率很高，加工质量较稳定，其加工精度主要是靠刀具本身精度来保证，一般情况下，只要刀具的安装使用及刃磨均符合相关要求，就可以仅检验其中一部分尺寸达到合格要求，来判定其他被加工的表面尺寸和形状合格。但是由于牙口槽各处的车削量不均匀，易造成局部磨损而缩短刀具使用寿命，对操作者刃磨和装夹刀具的要求也高，成形刀的制造也较为复杂、成本也高。

(2)分散工序法轴承内圈车削精整加工

工艺流程为：细仿内径、精车大端面→细仿外形、精车小端面→精仿滚道及小挡边外径、车小油沟→车大挡边、车大油沟、车倒角→车倒角→粗仿大内径、车倒角→精车大内径→打字。

对有些轴承，如紧凑型铁路货车轴承，没有密封座，其内圈内表面有大、小两个内径尺寸，形状也较复杂，又是非磨削加工表面，粗糙度要求较高，可在C7632型多刀半自动液压车床上采用成形刀进行加工。

油沟一般设计在滚道与单边的交汇处，虽然很小，但其作用却十分重要：轴承工作中存储润滑油脂，避免该处应力集中和过大的发热，工艺上起“砂轮越程槽”的作用，防止加工过程中出现“留边”现象。因此，油沟的设计坐标尺寸、位置和形状要求还是很严格的，在车削加工过程中应该引起重视。

成形刀切削油沟时，油沟的形状、尺寸主要取决于油沟成形刀的形状和尺寸，以及成形刀的进给方向。要求油沟成形刀的切削面必须光滑，否则加工出的油沟内部易产生起线、划痕等缺陷，影响油沟的检查，甚至在热处理时此处会产生裂纹。加工时首先要刃磨好成形刀，较好的方法是采用磨刀对板来刃磨刀具。一般用画比例图的方法来确定油沟各部分的尺寸和角度，制成油沟成形刀和磨刀对板。考虑到加工中的弹性变形，比对板的刀口角度设计略大一点，这样车削后油沟经弹性恢复就会与要求更接近。另外也可用解析法计算刀具各部分的尺寸和角度。目前，很多生产厂使用数控车床，油沟的轮廓由车刀直接走出，省去了油沟刀制作和刃磨，加工质量得到稳定保证。

油沟位置在工艺上对磨削加工的影响很大，若调整不好，油沟偏向挡边或滚道，则磨削滚道和挡边时就容易出现“留边”，即靠油沟处留下未磨削的环带。解决办法就是严格控制切削油沟的进刀方向，使油沟刀具切削部分的中心线与油沟中心线重合。此外，油沟的深度也应严格控制。

(3)分散工序法轴承密封座车削精整加工

工艺流程为：精车或软磨外径→精仿内表面、车小端面外倒角→仿外斜坡、车大端面内外倒角。

软磨是指被加工工件本身硬度较低时进行的磨削加工，即工件在热处理之前进行的磨削。

(4)分散工序法轴承中隔圈车削精整加工

工艺流程为：精车或软磨外径→精车内径→切断→精车切断面、车内外倒角(→打字)。

(5)集中工序法轴承外圈车削精整加工

工艺流程为：车一侧外形(即一侧端面、外倒角、外径、滚道、牙口和字槽)→车另一侧外形(即另一侧端面、外倒角、外径、滚道、牙口和外内径)→打字

(6)集中工序法轴承内圈车削精整加工

工艺流程为：车大端面、外倒角、大内径、内径→车小端面、倒角、滚道、小挡边外径、大小油沟→打字

在铁路货车轴承套圈零件车削的精整加工阶段，各表面的精车可以采用数控机床集中加工，两个工序(用两台机床)即能完成所有表面的精车加工，与普通车床相比，减少了工序和装夹次数，大大节约劳动力和劳动强度，节省车间面积，减少工序间的运输量，生产效率高，能很好地保证零件的尺寸精度、位置精度和形状精度等。

使用数控机床时，需要编制车削加工数控程序，在一个程序段中，根据工艺文件上标注的尺寸，可以采用

绝对编程、增量编程或者二者混合编程，不管用哪种编程均要在数值前附上正负号。当工件的加工余量大时，为简化编程，数控装置常备有不同形式的固定循环，可进行多次重复循环切削。

数控车床坐标系统分为机床坐标系和工件坐标系，机床坐标系是机床固有的坐标系，通常情况下不随意改动。工件坐标系是编程时使用的坐标系，以工件原点为坐标原点建立的 X、Z 轴直角坐标系。为了编程方便，工件原点选在回转中心轴线与工件右端平面的交点较好，如图 6-3-20 所示。数控车床主要加工回转类零件，一般只有两个坐标轴，Z 轴是主轴的回转轴线，远离工件的方向为正，X 轴是与 Z 轴相垂直平面上的刀具运动方向，以远离工件轴心的方向为正。

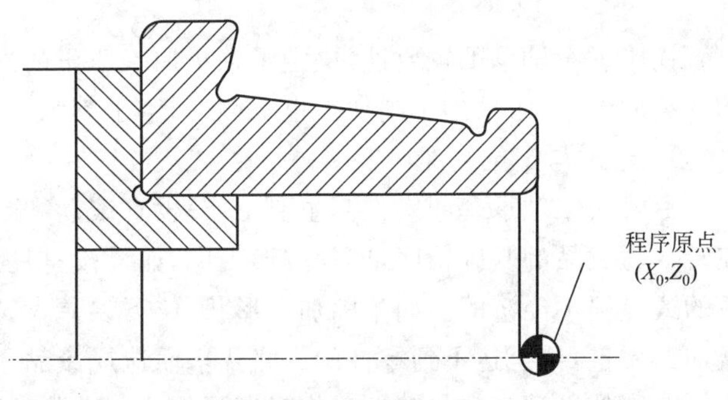

图 6-3-20　程序坐标原点

数控车削加工编程时，常认为车刀刀尖是一个点(刀位点)，而实际上刀尖是一个半径不大的圆弧。因此为提高加工精度，需要进行刀具补偿，尤其是加工铁路货车轴承外圈牙口槽、内圈大内径、油沟、倒角等复杂型面，若不用刀具补偿很难加工合格的产品。全功能的数控车床基本上都具备刀具补偿功能，刀具补偿又分为刀具位置补偿和刀尖半径补偿。

刀具位置补偿。在机床坐标系中，显示器上显示的 X、Z 坐标值是刀架左侧中心相对机床原点的位置；在工件坐标系中，X、Z 坐标值是刀位点相对工件原点的位置。机床在执行加工程序时，数控系统控制刀尖的运动轨迹，为使两个坐标系完整统一，就需要进行刀具位置补偿。刀具位置补偿包括刀具几何尺寸补偿和刀具磨损补偿，前者用于补偿刀具形状或刀具附件位置上的偏差，后者用于补偿刀尖的磨损。

在实际加工工件时，通常要使用多把刀具进行加工。作为基准刀刀位点的进给轨迹确定后，还要确定其他刀具的刀位点相对于基准刀刀位点的偏移量(即刀位偏差)，按照程序执行指令使刀架转动，实现换刀，再执行指令使非基准刀刀尖从偏离位置移动到基准刀的刀尖位置，然后按编程轨迹进给。刀具在加工过程中出现磨损，刀尖位置发生变化，也要进行位置补偿。

刀尖半径补偿。在数控编程时假设刀尖作为一点来考虑，但实际上，为保证刀尖有足够的强度和提高刀具寿命，车刀的刀尖均为半径不大的圆弧，如图 6-3-21 所示。按假设刀尖点编写的程序在车削加工端面、圆柱面时，切除的工件轮廓与编程轨迹是没有什么误差的。但在进行倒角、斜面(圆锥面)、圆弧等切削时会出现少切或过切等切削误差，如图 6-3-22 所示。这些切削误差直接影响工件的加工精度，而且刀尖圆弧半径越大，切削误差则越大。可见，对刀尖圆弧半径进行补偿是十分必要的。

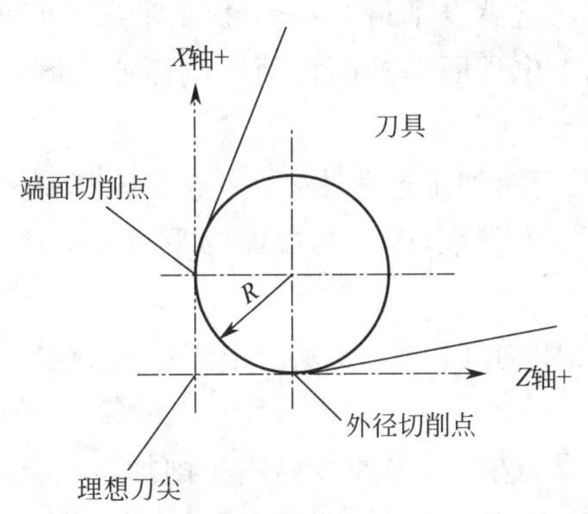

图 6-3-21　刀尖圆弧 R

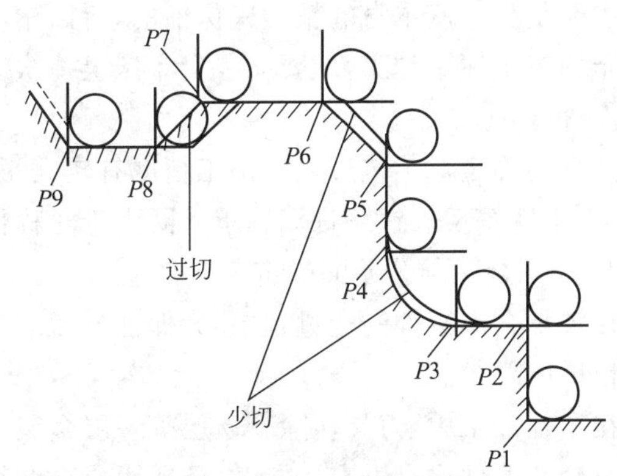

图 6-3-22　刀尖圆弧 R 切削时的现象

刀尖半径补偿就是计算出补偿量，再进行编程，以避免少切或过切现象的产生。在工件加工之前，编写程序中刀具补偿指令，要把刀尖半径补偿的有关数据输入到刀补存储器中，同时还要指定假设刀尖号，否则刀尖补偿就起不到作用。采用刀尖半径补偿后，切削出的工件轮廓与编程轨迹是一致的。

铁路货车轴承要求内、外圈上都要有永久性的标识，便于识别轴承，追溯产品生产过程和质量，外圈打印在字槽内，内圈打印在大端面上。为方便操作流程，打字安排在车削加工的最后工序。打字工序也是影响成品轴承质量的一个重要工序，是造成轴承残次品的因素之一。

为了保证内圈字迹在磨削加工中不致因打字面的实际留量不均而磨掉，打字工序本身应该严格控制好打印深度指标——字深。内圈打印字深并不是指打印后在打印面实际测得的痕迹深度，而是指窄端面到字痕底部的实际距离，控制字迹深度实际上就是控制冲头到工作台面的最小距离。

由于外圈打印在字槽内，字槽不再进行磨削加工，其字深相对浅一些，直接采用尖表尖测量出字痕深度即可。

二、车削加工质量的控制

铁路货车轴承的重要性，决定了轴承加工质量的高可靠性要求，也决定了各轴承零件的加工质量有较多和较高的要求，零件的车削加工也不例外，鉴于其承上启下的作用，加工质量也应重点控制。

1. 定位与定位基准

尽管对于轴承套圈来说其主要工作表面(滚动和配合表面)车削加工不是最终加工，但车削加工是从毛坯转变为成品的基础工序，亦是成形工序，如果没有良好的加工精度作基础，仅靠后工序来保证是完全靠不住的或是很不经济的。如车削加工形状、位置误差大，留量大、尺寸散差大等均会增加磨加工的工作量，影响磨加工质量，甚至达不到零件的最终要求而造成废品。

套圈的设计基准与轴承工作时套圈的使用安装基准是一致的，其基准有两个，一个是径向基准，一个是轴向基准。对于铁路货车轴承外圈来说就是外圆柱面和端面，对于内圈就是内径表面和大端面。为了能够保证加工精度就应遵循基准重合和基准统一的原则，也即一方面尽可能将设计基准作为工艺基准，使设计、定位、测量基准相重合，以避免其误差；另一方面尽可能使用统一基准去加工各个待加工表面，以保证各个表面间的相互位置精度。正确确定基准面的目的在于保证套圈的位置、形状和尺寸精度，其中又以保证位置精度更为重要，只有在保证位置精度的前提下，才有其他精度可言。

铁路货车轴承套圈的位置精度有以下几项主要原则要求：

(1)径向基准面(外圆、内孔)要与轴向基准面(外圈端面、内圈大端面)垂直。

(2)滚道、牙口表面的回转轴线要与径向基准面同轴。

(3)外圈滚道、牙口对称面要与基准端面平行。

(4)两端面要相互平行。

如何满足这些要求是进行工艺过程设计要考虑的重要问题之一。当然在加工时应首先加工出两个重要的基准面，再以此定位基准去加工其他各表面，这样才能更好地保证套圈各表面的精度。显然套圈的两个基准面相互垂直是保证整个套圈位置精度的前提，而利用车床的纵、横刀架同时加工所得到的两个加工面的垂直度主要是靠车床本身的精度来保证的，所以精度高，比较可靠。这就要求最好将套圈的两个基准面的加工合并于一道工序中加工，即要在一台车床上一次装卡中，同时加工出外圈的外圆柱面和端面或内圈的内孔和大端面。

基准的确定对工艺过程及加工精度有较大影响，在轴承套圈套圈加工过程中，大多数工序都要求基准端面定位，不能搞反。铁路货车轴承外圈由于对称性，两端面都可作为基准，因此两端面的平行差应严格控制。

2. 加工余量与公差的确定

在轴承套圈零件制造过程中，为保证最后的加工精度和表面粗糙度，一般要制定出工序间的加工余量及表面粗糙度要求。

在车削加工中，刀具切除变质层等一层金属，使零件符合要求，这层切去的金属叫车削加工余量，它的大小是由套圈锻件质量决定。同时，还要距成品图纸尺寸要求留有一定的磨削加工厚度余量，以保证工件最终通过磨削加工来达到尺寸和精度要求。

轴承套圈车削加工预留的磨削余量与公差不是一成不变的，是随着生产条件的变化而不断变化的。套圈的磨削余量和公差受到车削加工、热处理加工、磨削加工过程中生产率和加工质量两个相互对立因素的制约。若余量制定小了，虽然磨削加工效率提高，但过小也会造成磨削不出来，热处理及之前的加工痕迹或缺陷没有完全去除而留有黑皮，从而增加废品，降低效益，同时也将增加热处理加工难度；公差制定小了车削加工困难，生产效率低。若余量及公差制定得大了，虽然车削加工效率高，但却大大增加磨削加工的工作量，且由于工件余量散差大，增加磨削加工调整的难度和影响机床的稳定性，也增加了各种消耗。同时，对于渗碳零件还要增加渗碳层的深度，降低渗碳生产效率，增加无效工作量和热处理生产成本。总之，余量及公差制定的不合适就会增加轴承制造的质量和成本。

一般锻件套圈留给车加工的余量应考虑以下因素：

(1)用于锻造加热、退火的脱碳层，外圆和端面为 0.4～1.0 mm。

(2)车削时能保证去除锻件表面缺陷，如垫坑、折叠、裂纹和磕碰伤等。

(3)考虑补偿车加工精度差的留量。

(4)消除锻件几何形状误差，如壁厚差、圆度、垂直差等。

车削车加工后的套圈留给磨削加工的余量应考虑以下因素：

(1)热处理变形量、渗碳层深度影响的生产效率以及热处理后形成的脱碳层。

(2)消除车加工引起的几何形状误差。

(3)由于原材料不同，对热处理变形程度的影响也将不同。

(4)成品最终技术要求不同，余量大小也不同。

影响余量及公差的因素有很多，而且很多因素是牵连在一起的，互有影响，且要因和非要因是会相互转化的，有时某些因素的影响是主要的，当生产条件改善或变化后，另外一些因素的影响又变成了主要。热处理方式不同，高碳铬轴承钢与渗碳轴承钢，其余量和公差肯定是不同的。所以，实际生产中要准确弄清各因素在余量公差中所占的百分比是不太可能的，也没什么意义。实际中掌握和制定余量公差标准时，在充分考虑各因素的基础上，经过反复试验和生产实践，总结经验，找出平均合理的余量和公差数值，再逐步加以完善，然后制定成文件标准，投入生产实践应用。应用过程中，随着生产设施和流程的改变、工装的调整而不断改进。各轴承厂都制定有铁路货车轴承针对不同材料的各种磨加工余量和公差规范，不同轴承生产厂家的设备与技术基础不同，所制定的余量及公差标准亦不相同，因此，各厂的标准只能参考，不可完全照搬照抄。

3. 切削用量及切削规范

切削用量涉及切削速度 v、进给量 f(或进给速度 v_f)和背吃刀量 a_p。这些参数受到工件材料、刀具材料和其他技术、经济的制约，不能任意选取。切削用量直接影响着生产率和加工质量，选得低了，加工产品的机动时间长，生产效率低，不经济；选得高了，虽然机动时间短，生产效率高，但刀具使用寿命却降低了，加工质量无保证，还增加了工具、动力的消耗及劳动强度等。因此，为达到优质、高产、低消耗的目的，应合理选择切削用量，这对轴承的大批量生产意义更为重大。

在轴承套圈零件生产中，为方便选用切削用量，专门制定了轴承套圈车削加工切削规范，这是轴承套圈车削加工中一份十分重要的文件，也是制定劳动定额的重要依据之一。切削规范是在考虑各因素的基础上，经过反复试验和长期生产实践的应用、维修而制定出来的，对操作加工具有指导意义，实际加工中依具体情况从中选择最佳参数。

由于轴承套圈精车表面大多是一次进给车完，所以套圈粗车后的尺寸应根据精车的背吃刀量 a_p 确定。精车的背吃刀量 a_p 依据加工条件而定，要尽量小。

切削规范可以制成表格形式，也可用图表形式表示。表 6-3-3 为车加工铁路货车轴承套圈零件部分表面的切削规范，可供参考。

表 6-3-3 铁路货车轴承套圈零件车削加工切削规范

刀具材料	加工表面	粗车			精车		
		背吃刀量(mm)	走刀量(mm/r)	切削速度(m/min)	背吃刀量(mm)	走刀量(mm/r)	切削速度(m/min)
硬质合金或涂镀硬质合金	端面	5	0.3～0.5	220	0.4～1.0	0.12～0.3	260
	外径	3～5	0.3～0.5	220	0.4～1.0	0.12～0.3	260
	滚道	3～5	0.3～0.5	220	0.4～1.0	0.12～0.3	260
	牙口	2～3	0.3～0.5	220	0.4～0.6	0.12～0.2	260
	内径	3～5	0.3～0.5	220	0.4～1.0	0.12～0.3	260
	大内径	2～3	0.3～0.5	220	0.4～0.6	0.12～0.2	260
	倒角	2～3	0.3～0.5	220	0.4～0.6	0.12～0.2	260

4. 轴承套圈车加工技术条件

由于车削加工是套圈制造的中间环节，各工厂企业的生产水平不同，各加工阶段的加工能力不同，所以零件车加工技术条件行业内没有统一，由各制造单位自行掌握。

表面质量要求：

(1)淬火后不需要磨削加工的表面，其粗糙度应符合产品图样规定。

(2)淬火后需要磨削加工的表面，其粗糙度 $R_a=2.5\sim5\ \mu m$。

(3)经车削加工后的表面不允许有下列情况：锻压加工痕迹（黑皮、裂纹及其他）、毛刺、尖角、凹陷、凸出、刻痕、表面起伏的皱纹（车刀振动痕迹、麻点）、深的划痕和材料缺陷。

(4)套圈的打字质量必须符合产品图样和专业标准的要求。

套圈除各尺寸要满足尺寸公差外，其形状和位置精度要求还有：

(1)粗车套圈时，整个套圈及挡边的宽度变动量（平行度）要求不应超过相应的尺寸公差范围，若用非基准端面定位进行精整加工的套圈，则宽度变动量不应超过其宽度尺寸公差的1/2。

(2)内径和滚道素线的直线度误差不得超过其直径公差的1/4。

(3)基准端面的平面度不得大于宽度公差的1/4，非基准端面的平面度不得大于宽度公差的1/2，最低处不得小于加工工艺中规定的最小宽度。若端面的凸凹情况与划伤同时出现时，平面度应包括划伤。

(4)外、内套圈的外径尺寸小于或等于 200 mm 时，其单一直径变动量（椭圆度）不得大于其相应直径公差的1/2；若大于 200 mm 时，则不得超过其相应直径公差的2/3。

(5)车削加工后的平均直径变动量（圆柱度）不得超过相应尺寸公差的2/3。

(6)车削加工后的滚道、内径及外径的圆形偏差不得超过其相应直径尺寸公差的1/2。

(7)滚道角度偏差通常不用角度而用长度单位来表示，外锥面（内圈滚道）$\Delta2\beta$ 不得超过 ±0.05 mm，内锥面（外圈滚道）$\Delta2\alpha$ 不得超过 $-0.03\sim+0.07$ mm。

(8)外圈一滚道对另一滚道的径向跳动（同轴度）不得超过滚道直径尺寸公差的1/2。

套圈车削加工精度的各项具体数值要求，各生产厂家都有自己的内控标准或规定，并且随着生产技术的发展而不断提高。

5. 表面质量的保证

从技术条件来看，套圈车削加工对表面粗糙度的要求并不算高，但不能因此就忽视表面质量的控制，因为它同时还限制了许多除粗糙度以外的表面缺陷，处理得不好将会导致套圈热处理时表面开裂或者磨削加工时这些缺陷不能去除。如果表面有毛刺、起线、振纹的缺陷，若位置在油沟、牙口槽、内圈大内径表面、倒角就会影响轴承的装配质量和轴承的安装使用，若在需磨削表面上还会影响套圈磨削加工时的定位和加工精度。因此，车削加工表面质量与尺寸精度的质量相比同等重要，甚至更重要，可以从以下几个方面给予考虑：

(1)车床的刚度要好，功率要大，工作性能要稳定。

(2)刀具视加工表面性质不同，选择不同的几何参数，尤其是刀尖形状和角度及参加切削的刀刃宽度要合适，刀刃应保持锋利状态，遵循合理的切削规范及刀具合理使用和刀具刃磨制度。否则一旦失控，有的还不易被及时发现，将造成批量质量问题。

(3)及时清理刀具上的钢屑带，以免划伤已加工好的表面；及时清除残留毛刺和刀尖上的积屑瘤等。

(4)车削加工过程中的半成品、成品套圈要有合理的搬运工具和方法以减少划伤、碰伤等缺陷。

(5)对于装卡已车削加工好的表面加工其他表面时，要将卡具清扫干净，避免铁屑卡伤工件表面。

(6)零件加工后表面附着的钢屑要及时清理干净，以免影响后工序的加工。

(7)对于毛坯锻件应要求组织均匀紧密、留量均匀、无内部缺陷等。

6. 工艺规程的制定

轴承生产过程中，车加工的生产准备及管理工作都是根据工艺规程中的内容来组织进行的，车加工工艺过程设计的结果都体现在工艺规程当中。制定工艺规程，从而对相关人员的操作行为进行指导和规范，是车削加工技术工作的重要组成部分。

制定工艺规程、填写工艺卡片的内容及一般步骤为：

(1)理解零件图样和各项技术要求，对加工零件进行工艺分析，确定零件的车加工成品要求。

(2)确定或审查锻件毛坯尺寸。

(3)选择定位基准。

(4)拟定零件加工的工艺路线。

(5)选择各工序所应用的机床。

(6)选择各工序的刀具、夹具及其他辅助工具。

(7)确定相关尺寸和精度的测量方法和量具。

(8)确定各工序的加工余量和公差,对工艺文件要求复杂的零件绘制工序简图。

(9)确定切削用量。

(10)计算技术定额和填写工艺卡片。

第六节　车削加工设备

为提高轴承零件车削加工的效率和质量,轴承生产厂家已广泛使用数控车床。数控车床虽然解决了工序集中,生产效率高,加工的产品精度高,但其价格昂贵,所用刀具的价格也高,且不适合粗车工序的切削加工。目前,C7220 型、C7232 型、KDM-14 型、C7620 型、C7632 型等液压仿形车床及液压多刀半自动车床仍在部分轴承厂家使用,而精车工序采用一部分数控车床,多种设备并存,优缺互补。

一、液压仿形车床

铁路货车轴承套圈类零件车削加工常用的液压仿形车床有 C7220(C7225)型、C7232(CZ7232)型等。这类车床设置垂直分布的液压仿形刀架和下切刀架,结构紧凑,切削部位离操作者近,视线好,操作调整方便,生产率高,有较大的底部空间,利于排屑和冷却液回收。机床床身采取框架结构,刚性较好、适合强力切削。仿形刀架纵向导轨采用淬火镶钢导轨,以增强导轨的耐磨性和延长机床的使用寿命。液压仿形系统采用精度较高的四边控制仿形阀和自动调速阀,能内外仿形车削型面角$-45°\sim90°$的各种回转体,并有较高的仿形精度。

液压仿形车床由于刚性好以及其固有的仿形特性,被广泛地用于车削轴承套圈的内圆、外圆、滚道、端面及其他工序。在 20 世纪 70 年代,液压仿形车床是加工铁路货车轴承的主力设备,一般用 C7220(C7225)型设备车削加工内圈、密封座、中隔圈等零件的外形,C7232(CZ7232)型、KDM-14 型运用于外圈外形的车削加工。虽然近年来 CNC 技术发展迅速,但液压仿形车床有着加工效率高等独特的优势,目前在铁路货车轴承专业生产厂仍然被使用,有的厂家主要应用于粗车加工,为采用数控车床进行精车加工做准备。

二、液压半自动车床

液压半自动车床最为典型的为 C7620 型,该设备使用前后两个刀架同时进行切削加工,适用于内孔尺寸 ϕ30 mm 以上、外径 ϕ200 mm 以下的大批量毛坯圆环形工件的车削加工,具有液压卡紧、双刀架同时快进——工进——快退的自动循环,特别适用轴承套圈的车削加工,是轴承生产厂家较为普遍的设备。机床的前刀架用以纵向车削,如车外圆等,根据需要还可转动一定的角度,用于车削圆锥轴承的滚道。后刀架进行横向移动,进行车端面、车倒角等。车床前后刀架可以同时装几把车刀,在一次进给中完成几个不同尺寸表面的加工。另外前后两个刀架是通用的,可以互换。

液压半自动车床还有 C7632 型车床。该机床的半自动循环由液压、电气联合控制,液压系统采用变量油泵及组合控制板,电气系统采用先进程序控制线路。根据加工零件的工艺要求,调整行程开关挡铁和插销板上的插销,可以方便地选择所要求的循环动作。车床主轴的启动和停止由液压离合器控制,液压离合器的切断主传动的同时,还有刹车的作用。刀架的进给运动由液压驱动,上、下刀架可单独动作、依次动作或同时动作,上、下刀架还可转动一定角度来切削锥面。

在零件车削加工中,对于成形车刀加工的型面一般采用液压半自动车床,如外圈牙口、内圈大内径形状、油沟及倒角等,加工时机床前、后刀架同时动作,多个型面同时加工,减少装夹次数和机动时间等,生产效率高。

在以往的铁路货车轴承车削加工过程中，一般采用液压半自动车床与液压仿形车床连成专用生产线，以适应少品种大批量生产。

三、数控车床

数控车床又称CNC(Computer Numerical Control)车床，是用电子计算机数字化信号控制的车床。近年来，随着CNC技术的发展，数控车床广泛地应用于轴承套圈的车削加工中，特别是外形较为复杂的轴承套圈的精车，如铁路货车轴承的内圈、外圈。这种车床具有直线插补、圆弧插补及各种补偿功能，通过编程可以使零件加工精度很高，工件尺寸统一，为磨加工提供了方便，在复杂零件的批量生产中有良好的经济效果，同时也可大大缩短小批量产品的试制周期。

数控车床的主运动为工件相对刀具旋转，切削能由工件提供，由于采用了数控系统，机床具有快速性、灵活性和通用性。数控车床是一种高精度、高效率的自动化机床，具有广泛的加工工艺性能，可加工圆柱、圆锥、复杂回转轮廓面和各种螺纹。

数控车床与普通车床相比有以下优点：

1. 具有广泛的适应性和较大的灵活性，能适应不同零件的自动加工；
2. 具有高的生产效率；
3. 具有高的加工精度；
4. 能够完成普通机床难以完成或不能完成的复杂型面加工；
5. 工序集中，一机多用；
6. 使生产环境得到改善，并可大大地减轻操作者的劳动强度；
7. 可以实现精确的成本核算和生产进度安排；可以大大地减少在制品的数量，加速流动资金周转；
8. 是实现柔性加工的重要设备。

目前，铁路货车轴承生产厂家已大量使用数控车床来车削加工轴承套圈零件。

四、打字设备

内、外圈等零件在机床车削加工成形后，还要在内圈的宽端面和外圈的字槽内等部位进行轴承型号、制造单位代号、制造年月、材料批次号或生产顺序号的永久性标识，这些都需要依靠专用打字设备来完成。

内圈的打字设备有机械型、液压型，还有双工位的，可同时进行打印两件内圈。工作时有专门的上下料装置将内圈依次推移、带至冲头下实现打印，内圈打字效率很高，可一次将端面的所有标识都打印完成。但这种打字也有许多不足，它需要制作专用组合字头，费用高，并且每个字头上只要有一个字损坏或者生产日期过期，该字头就要报废。

铁路货车轴承外圈打字时，有的轴承生产厂家采用机械型、液压型设备，使用专用组合字头，在字槽内进行滚字或挤字，套圈依次推移，产品顺序号由六个数字序号字头组合而成，每加工一个工件，序号字头自动进位或换位。另外，有的轴承生产厂家采用气动打标机、台式点针打标机。这些设备都配备有强大的集成编辑软件，可以很方便地任意调整打印内容、字体、字高，制造日期、生产顺序号(流水号)能自动递增并记忆，历史打印内容查询方便，产品可追溯性强，并且模拟显示可直接在屏幕上观察标记效果。打印针一般采用进口整体钨钢，硬度高达92 HRC，可打标65 HRC以下的金属工件，并且打印针可修磨重复使用。这种打字方法相比用字头机械打印，可以减少打字废品，还不用制作字头，降低了工具费用。

第七节　车削加工的质量检查和常见问题分析

在轴承套圈类零件车削加工过程中或者对加工后的成品零件，还要进行加工质量的检查，以使产品受控。检查包括自检、互检和专检，除了通用项目以外，各轴承制造厂可以根据自身的加工手段和控制能力，对某些项目进行侧重检查。

一、车削零件的质量检查项目和检查方法

质量检查中的测量分间接测量、直接测量和极限测量。专用测量仪器对尺寸精度的测量一般是间接测

量，用卡尺、直尺或外形轮廓、平面度、厚度差等的测量是直接测量，样板类的检测多属于极限测量。

1. 高度（宽度）

(1)高度（宽度）尺寸——两端面间距离。测量时，测点应离开倒角。

(2)宽度变动量——被测套圈在仪器上旋转一周以上所测得的两端面间最大和最小距离之差。

(3)端面里外差（端面锥度）——端面从内向外直线移动测得的最大与最小示值之差。

(4)内圈端面翘曲度——采用 G803 仪器，内圈旋转一周以上测得的同一端面最大与最小示值之差。

2. 内圆（锥）面和外圆（锥）面

(1)直径尺寸——在内（外）圆（锥）面两端径向截面上，将套圈旋转一周以上所测得到的直径尺寸（与标准件尺寸比较）。测量时，测点要偏离倒角，测点至端面的距离一般应等于或大于两倍倒角的名义尺寸。滚道尺寸测量时，测量所得的尺寸并非测量截面的实际直径尺寸，而是滚道母线延长至基准端面所形成的直径尺寸。

(2)直径变动量——同一横截面上，将套圈旋转一周以上所测得的最大与最小直径之差，与尺寸测量同时进行。

(3)平均直径变动量（只适用于圆柱面）——不同的横截面上，测得的最大和最小单一平面平均直径尺寸之差。

(4)表面母线对基准端面的倾斜度变动量——以基准端面和圆（锥）面母线的一个点做支点，另一点做测点定位，将套圈旋转一周以上，在该测点上所测得的摆动量，即仪表上显示的最大值与最小值的代数差，其值等于两倍中心线的垂直差。测量时，测点和支点要在同一母线上，并要偏离倒角。

(5)圆度——最大最小理想圆之间最小半径差值。

可用圆度仪检测，但实际生产中多是在三角台上用三点法测量，将套圈旋转一周以上，同一横截面上所测得的最大与最小尺寸之差。车加工一般采用 60°三角台测量，仪器两支点采用不同的夹角，根据表 6-3-4 进行测量倍数的调整。

表 6-3-4 三点法圆度测量示值倍数

仪器测点夹角	120°	90°	60°	30°
测表反映的倍数	3	2	1	0.27

(6)直线性——一般采用直线性样板以光隙法检查，只允许表面母线是直的或是中间凸起的，不允许凹下。检查时，样板刀口部分应通过经过套圈中心线的纵截面，中间部分不透光。需要时，也可采用轮廓仪测量，或者采用 D724B 仪器，将工件表面母线调制水平，被测工件表面母线相对测点移动一个行程，测得最大与最小示值之差。

(7)滚道圆锥角度偏差——被测套圈实际圆锥角与名义圆锥角之间的偏差，一般以长度单位(mm)表示，测量时在相应的仪器上用标准件比较检查，将套圈旋转一周以上，仪表上显示的最大值与最小值的代数和即为圆锥角度差。

测量时圆锥角度偏与母线对基准端面的倾斜度变动量由同台仪器的同一块仪表显示数值。

(8)一滚道对另一滚道的径向跳动量（一滚道对另一滚道的两倍偏心）——在相应的仪器上，以一侧端面和滚道为支点，测点在另一侧滚道，将套圈旋转一周以上，测得的最大与最小直径之差。该数值反映外圈两滚道的同心度。

(9)厚度变动量——在壁厚测量的仪器上，将套圈类零件旋转一周以上测得的壁厚最大与最小示值之差。该数值反映零件内、外回转表面之间的同心度。

3. 其他部位尺寸

(1)外圈牙口深度

设计专用样板，采用光隙法测量，样板分大小范。当用大范时套圈端面处透光，用小范时下边透光，则牙口深度合格，否则为不合格。

(2)外圈牙口槽、内圈油沟及大内径的形状及位置

牙口槽、油沟及大内径的形状根据产品图的要求设计确定，主要靠成形刀具保证，对于数控车床加工时，

也可用刀尖轨迹车出。

油沟的深度和形状一般采用样板以光隙法测量，应用大小范，见图 6-3-23(a)，测量时样板应通过经过套圈中心线的纵截面。

检测方法也可使用轮廓仪检测，打出零件局部的轮廓，采用专用的分析软件测量出各项技术数据。检测时，工件在仪器上要夹持牢靠，且侧头触针要通过套圈中心线的纵截面。

(3)内圈小挡边位置和角度

小挡边位置指在通过轴承内圈中心线的纵截面上，滚道母线的延长线与同侧小挡边的延长线的交点至大端面的距离。

小挡边角度指小挡边在滚道一侧的斜坡与大端面的平行线的夹角。

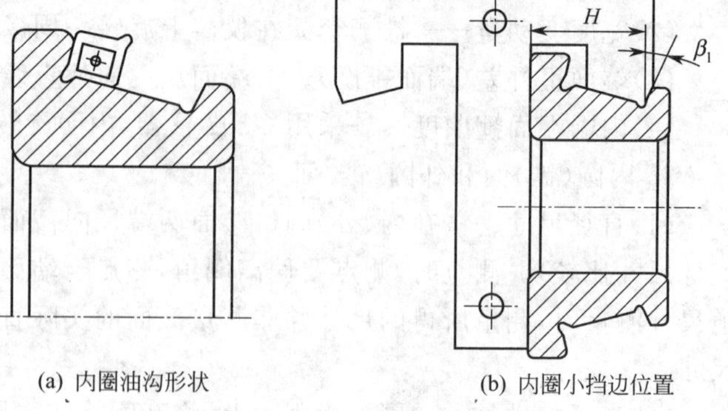

(a) 内圈油沟形状　(b) 内圈小挡边位置

图 6-3-23　样板光隙法测量

小挡边位置和角度采用样板检查，见图 6-3-23(b)，在测量位置的同时，以光隙法测量角度，测量时样板应通过经过套圈中心的纵截面，并紧贴在套圈端面，观察样板与挡边间的透光情况，当样板在外边接触时，小挡边角度小，而里边接触时，则小挡边角度大。若里外都不透光或透光均匀，以及靠里边或外边的接触量占单边长度的 60%以上时，产品为合格。

(4)内圈大挡边角度及厚度

大挡边角度是指在通过内圈中心线的纵截面上大挡边与滚道的夹角，用γ表示，一般采用样板以光隙法检查。检查时，样板应通过经过内圈中心线的纵截面，且样板的基面应紧贴滚道，然后看样板与挡边间的透光情况，通过大、小范进行判定。

大挡边厚度指车大挡边时在通过内圈中心线的纵截面上大挡边的延长线与滚道母线的延长线的交点至大端面的距离。测量时，用特制的表头同时靠紧内滚道母线和大挡边中间表面，利用标准高度块间接测量，所用的量尖镶嵌适当尺寸的钢球，见图 6-3-24。测量读取的厚度值为h_1，其计算公式为 $h_1=h+e$，其中 h 为图纸标注的内圈大挡边理论厚度尺寸，e 由下式计算：

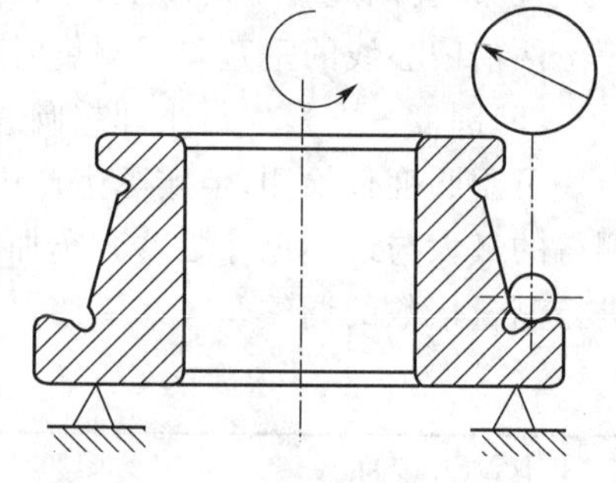

图 6-3-24　内圈挡边高度的测量

$$e=\frac{\Delta}{2}\left[\frac{\sin\left(90^\circ+\beta-\dfrac{\gamma}{2}\right)}{\sin\dfrac{\gamma}{2}}-1\right]$$

式中　Δ——所用钢球的直径；

β——滚道半圆锥角；

γ——滚道与挡边的夹角。

(5)密封座斜坡角度

斜坡角度指斜坡母线与套圈中心线的夹角。斜坡角度可用样板进行测量，如图 6-3-25 所示。测量时，以光隙法确定其质量，样板与斜坡接触 60%以上时产品为合格。

采用极限样板测量斜坡直径和角度时，样板应通过套圈的中心线。

当斜坡宽度大于 5 mm 时，斜坡直径和角度也可采用仪器以标准件测量。

(6)倒角

圆弧倒角的半径和坐标尺寸，非圆弧倒角的角度及坐标尺寸，分别用半径规、坐标尺和角度样板检查。图 6-3-26 为坐标尺测量倒角坐标尺寸示意图。

关于倒角问题，要严格控制倒角的坐标尺寸和有无一端面的倒角偏，两端面应对称的倒角出现不对称的现象，并注意倒角的圆弧半径、角度和倒角的表面质量等。在检查倒角时还要注意，高度或内、外径留量大时，倒角尺寸应偏大些，以保证去掉留量后倒角仍不会小；小倒角(非装配倒角)应尽量控制在下限；要控制车倒角的毛刺和因刀钝出现的粗刀纹、挤边。

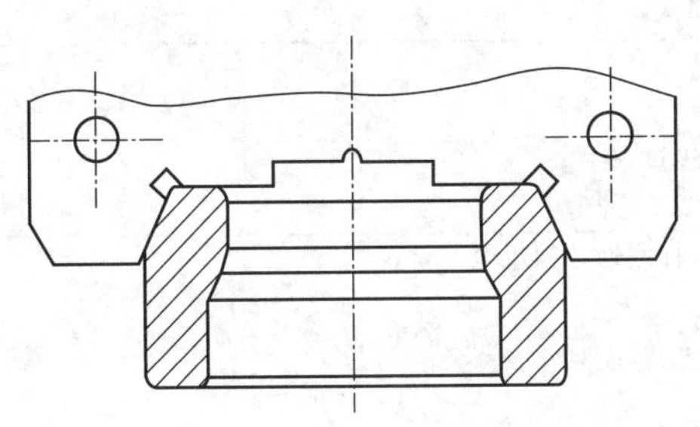

图 6-3-25　光隙法测密封座斜坡角度

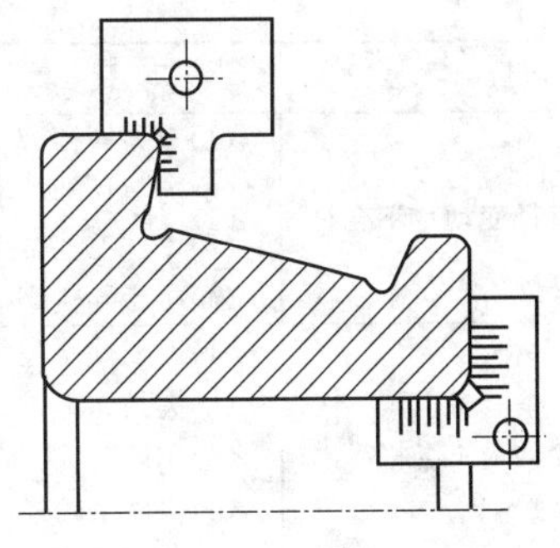

图 6-3-26　倒角坐标尺寸的测量

4. 打字质量

打字平均直径、字体、位置、字高、打印深度、字内凸起量和端面下沉量等。标志字迹端正、清晰、线条粗细均匀，标志齐全。

5. 所有加工表面的外观质量

包括表面粗糙度和缺陷(裂纹、黑皮、毛刺、伤痕、起线等)。对于表面外观质量，每道工序都要检查。

二、车削加工常见质量问题及原因分析

套圈类零件车削加工常出现的质量问题及原因分析见表 6-3-5。

表 6-3-5　轴承零件车削加工常见质量问题及原因分析

序号	质量问题	原因分析
1	尺寸精度超差	(1)看错工艺卡片要求的尺寸 (2)测量不准确，标准件用错或对表不准"跑表"，测量仪器未调整好 (3)操作调整机床不当，例如挡铁定位不准或变位、滑板未固紧、镶条松动、刻度未对准等 (4)刀具磨损或崩刃 (5)工件材料硬度不均匀 (6)机床主轴轴承损坏，间隙过大，主轴窜动
2	直线性不好，即圆柱或圆锥体母线不直，出现鞍形、鼓形、双曲线形等。	(1)工件装夹刚性差，夹紧力不当、夹具松动 (2)工件材质软硬不均，留量不均 (3)刀具钝化。刀具刃磨不好，磨损崩刃，形状和角度不正确，出现"让刀"抗力大 (4)车刀安装不正确。刀尖未对准工件中心，产生双曲线误差。刀杆伸出过长，刀杆与孔壁相碰 (5)机床主轴轴面窜动、径面跳动，导轨磨损、工艺系统刚性差
3	端面宽度变动量不好	(1)主轴窜动 (2)机床滑板镶条松动。丝杠弯曲，横刀架磨损与轨道不垂直 (3)夹具调整不当，夹具产生定位误差 (4)端面刀损坏。车刀磨损后抗力大、切断刀安装偏斜，切断面凸凹不平 (5)夹料不正，定位端面有大的磕碰伤，定位不佳 (6)定位端面选择不当(通常应以锻件的基准端面定位) (7)定位环上的铁屑未及时清理干净
4	单一径向平面内的直径变动量不合格	(1)机床主轴松动。主轴的径向跳动超差、轴承间隙过大 (2)工件毛坯直径变动量超差，夹料时产生弹性变形。毛坯壁厚差大，余量不均匀，对工件直径产生复映现象 (3)车刀磨钝。车刀损坏，使切削力增大 (4)夹具不正。卡爪与卡盘垫之间有脏物、切屑、氧化皮等，使夹紧力不均。使夹具与工件的接触点减少
5	圆度超差	(1)夹具设计或选用不当。套圈车加工一般采用六点夹持工件，即卡爪与工件六点接触。卡爪对套圈包容圆弧总长不应小于套圈圆周总长的 1/2 (2)夹紧力过大。当套圈被夹紧时产生弹性变形，套圈被加工表面在卡盘上时虽然被车圆了，但松开后恢复原形出现棱圆度
6	表面母线对基准端面的倾斜度变动量不合格	(1)工件夹持不牢，导致刀具刚切入工件时受力位置变动 (2)工件夹持宽度不够，毛坯端面不平或卡盘支承面上有脏物，导致夹料不正 (3)刀具磨钝。倒角刀、R 刀等横向刀具磨钝，未及时更换 (4)车床纵、横向刀架与进给方向不垂直

续上表

序号	质量问题	原　因　分　析
7	平均直径变动量不合格	(1)车刀磨钝、车刀使用不当 (2)刀架松动。滑板镶条松动、间隙过大 (3)工件毛坯锥度过大。车削时不能全部矫正过来 (4)机床导轨磨损。车刀进给时与主轴中心线不平行
8	厚度变动量不合格	(1)毛坯壁厚差大。切削抗力不均,车孔时刀杆刚性差很难全部矫正 (2)夹具体不正。产生定位基准位移误差 (3)车刀变钝。切削时“让刀”产生误差 (4)机床主轴径向跳动大 (5)清理不干净,装夹时垫有铁屑等杂物
9	表面质量差,已加工表面残留毛坯黑皮、划伤、鳞刺、毛刺、振痕、多棱状断屑痕迹和压边等	(1)毛坯余量不足或形状不规整,加工后仍残留黑皮 (2)刀架往复退回时或夹盘未矫正好而晃动,使刀具划伤已加工表面,应将前刀架退出一些 (3)刀具材料选用不当,刃磨不好、刃口形状、角度不正确(如卷刃、刀头太尖等),刀面不光滑平整,甚至刃口有缺陷,进给过大,切削力过大而振动大或闷车。如倒角车刀刃磨不好,操作不当,磨钝后又未及时更换 (4)排屑差,切屑缠绕在工件、刀具及夹具上,切削液浇注不到位,不但影响表面质量,严重都会造成烧伤乃至烧坏刀具和工件 (5)材料的切削加工性不好、软硬不均,引起振动和刀具的磨损而产生积屑瘤、粘刀、啃刀、扎刀和打刀现象而划伤工件已加工表面 (6)工艺系统的刚性不足等引起切削中的振动 (7)加工后的磕碰伤,切断面残留切屑未割断 (8)切削过程中,夹具松动,会损伤夹持面,刀具快进撞击工件,出现啃刀、扎刀和崩料 (9)纵向刀架导轨精度不好、磨损或松动;切削刃磨损变钝,留量过大而切削抗力也大,当进给快完时,切削抗力减小,车刀即向前移动将边缘部位车削表面切去一块,形成压边
10	打字下沉	(1)字头质量不好,特别是0,6,8,9这几个字的字头如刻的线条粗、角度大和深度不够,在打印时易出现下沉 (2)在打印过程中未及时清理字头上的脏物 (3)套圈高度尺寸不统一

第四章

热处理工艺及设备

随着铁路货车载重量及运行速度的提高，对货车轴承的整体性能要求也愈来愈高。铁路货车轴承工作条件极为复杂，轴承在运用中承受着各类不同的交变应力，轴承滚动表面不仅会承受高达几千兆帕的压强，而且在滚动中还会伴有滑动，此外还要承受冲击负荷，所以轴承要有高的硬度、强度、耐磨性和接触疲劳寿命，同时心部还须具有足够的强韧性。要满足这些性能要求，在原材料冶金质量得到保证的基础上，主要取决于轴承的热处理质量。

热处理是提高铁路货车轴承产品质量、延长使用寿命、提高机械效能的重要手段。正确地选择材料、合理地进行热处理，以期充分发挥钢材的潜力，成倍以至十几倍地提高轴承的使用寿命，因而，热处理正越来越得到国内轴承行业界的重视并获得迅速的发展。

第一节　轴承零件热处理技术要求

在滚动轴承的运动支承点上，进行着负荷传递和相对运动，各零件的相对运动性质不一样，所承受的作用力也不相同。轴承套圈滚动面与滚动体之间呈线接触的相对运动，是属于带有较小滑动的滚动运动，接触应力高达 1 500～5 000 MPa，它们所承受的载荷作周期性变化。当进入载荷区时，载荷迅速从零增加到极大值，而又从极大值减小到零。在这种载荷条件下，疲劳剥落、摩擦磨损、裂损等是轴承零件主要失效方式。为保证轴承的使用安全，轴承零件的材料及热处理质量应满足相应的技术要求。

一、套圈的热处理技术要求

套圈热处理技术要求，应符合产品样图及 JB/T 8881《滚动轴承零件渗碳热处理技术条件》要求。

1. 有效渗碳硬化层

轴承内、外圈渗碳是以碳原子渗入零件表面，使其表面获得共析和过共析成分的含碳量，通过表面含碳量的提高，而改善轴承零件的耐磨性及疲劳寿命，经过适当的热处理，提高内、外圈的性能，以满足其使用要求。因为零件的硬度和强度有一定的对应关系，所以，零件的高硬度层厚度得到保证，也就保证了零件的强度和疲劳寿命。

轴承内、外圈的有效渗碳硬化层深度，是根据内、外圈的有效壁厚和所承受的载荷而定的，滚动接触的最大剪切应力不在表面，而距表面有一定的距离，而且随着所承受的载荷的增加，最大剪切应力距零件表面的深度也增加。所以，成品轴承套圈有效渗碳硬化层深度必须符合产品图样的规定。

铁路货车轴承内、外圈有效渗碳硬化层深度的测量，按 GB/T 9450《钢件渗碳淬火有效硬化层深度的测定和校核》的规定，采用硬度法进行评定，在滚道面的任一位置，有效渗碳硬化层深度均应满足产品图的规定。

2. 表面含碳量

随着零件表面含碳量增高，碳化物数量增多，硬度很高的合金碳化物起到硬质点的作用，大大提高零件的耐磨性。零件表面的含碳量也是影响接触疲劳寿命的重要因素之一，随着渗碳层表面含碳量增加，疲劳寿命趋于上升。从轴承零件的使用分析，接触疲劳裂纹产生于表面内部最大剪切应力位置附近，改善最大剪切应力位置的材料强度，就必须提高最大剪切应力处的含碳量，从而提高该位置的强度和硬度。若表面含碳量较低，使用过程中，工件会产生压碎型深层剥离，表面含碳量较高，能明显改善最大剪切应力处的屈服强度，使其高于剪切应力，也能提高疲劳寿命，但表面含碳量的增加，容易形成网状或块状碳化物，形成的网状或块状碳化物位于基体相界面，在循环剪切应力作用下，容易形成疲劳源，从而降低其接触疲劳寿命。

铁路货车轴承内、外圈成品零件的表面含碳量应为 0.80%～1.05%，目标值为 0.9%～1.0%。在渗碳处理后，渗碳表面层的粗大碳化物深度不得大于单边留磨量的 2/3，实际生产中控制应更浅。成品零件工作表面残留的粗大碳化物应根据其大小、数量和分布，按 JB/T 8881《滚动轴承零件渗碳热处理技术条件》标准的第一级别图评定，第 1～2 级为合格。成品零件表面的网状碳化物应根据碳化物网的大小和封闭程度，按 JB/T 8881《滚动轴承零件渗碳热处理技术条件》标准的第二级别图评定，第 1～3 级为合格。

表面含碳量的检测，通常采用光谱分析的方法，检测渗碳工件（或试样）的表面直接得到含碳量；或者解剖渗碳（或二次淬火）产品制成金相试样，用金相分析的方法，将试样表面组织与标准图谱比较，从而检测出产品的表面含碳量。

3. 金相组织

内、外圈的热处理质量不仅决定于渗碳层的表面含碳量和渗碳层深度，而且应通过相应的热处理，才能得到优良的金相组织。

内、外圈经过渗碳、一次淬火的渗层组织为粗大的针状马氏体和残余奥氏体，由于渗碳层含碳量由表面向心部逐渐减小，马氏体针随之减小，残余奥氏体量也随之减少。

渗碳、一次淬火的渗层组织应按 JB/T 8881《滚动轴承零件渗碳热处理技术条件》标准的第四级别图评定，第 2～4 级为合格。不允许出现 1 级欠热和 5 级过热的组织，渗碳一次淬火＋低温回火后 4 级表层组织，见图 6-4-1。

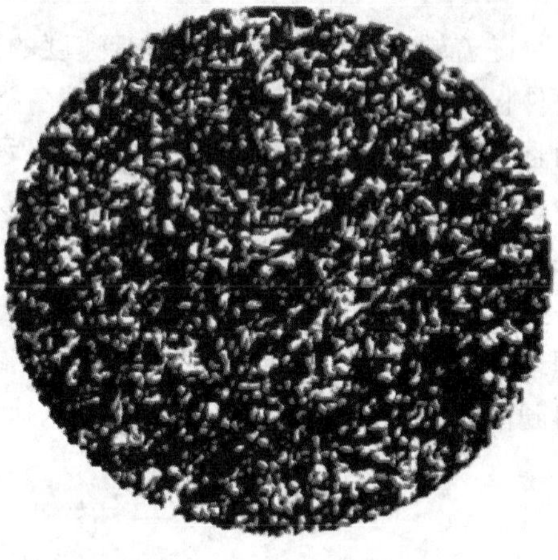

图 6-4-1

经过二次淬火后，渗碳层的金相组织为隐针、细小针状马氏体和均匀分布的细小颗粒状碳化物以及残余奥氏体。由于二次淬火温度较低(800～810 ℃)，渗碳层中的碳一部分(约 0.6%)溶入奥氏体中，另一部分则形成粒状碳化物，而粒状碳化物的存在，阻止了奥氏体晶粒的长大，淬火后隐针、细小针状马氏体。通过试验分析得知马氏体的碳浓度为 0.51%～0.61%。

二次淬火得到组织，按 JB/T 8881《滚动轴承零件渗碳热处理技术条件》标准的第五级别图评定，第 1～3 级为合格。二次淬火＋低温回火后 2 级表层组织，见图 6-4-2。

图 6-4-2

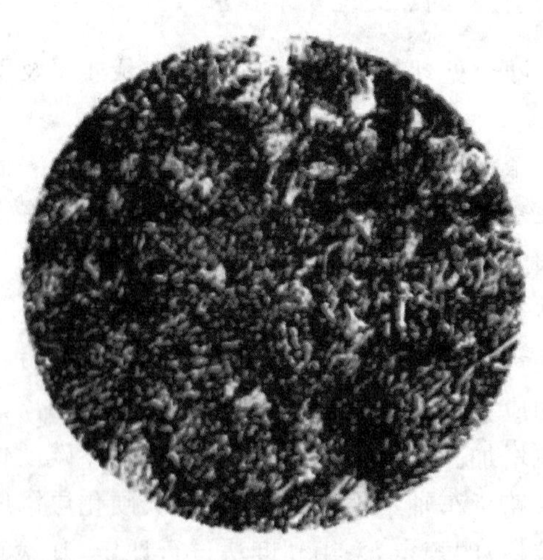

图 6-4-3

渗碳轴承内外圈经过渗碳、一次淬火、二次淬火，其心部金相组织为板条状马氏体、贝氏体和少量铁素体。可根据铁素体的数量和分布按 JB/T 8881《滚动轴承零件渗碳热处理技术条件》标准的第六级别图评定，第 1～3 级为合格。二次加热淬火＋低温回火后 2 级心部组织，见图 6-4-3。

4. 表面硬度与心部硬度

工件的硬度能够敏感地反映出钢材的化学成分及组织结构的差异，同时，它与强度存在着一定的对应关系，与疲劳寿命也有一定的关系，因而硬度值可以真实反映工件的热处理质量。

内、外圈成品表面硬度和心部硬度应符合产品图样规定。同一零件的表面硬度差应不大于2HRC。

内、外圈心部硬度的检测位置，见图6-4-4所示。

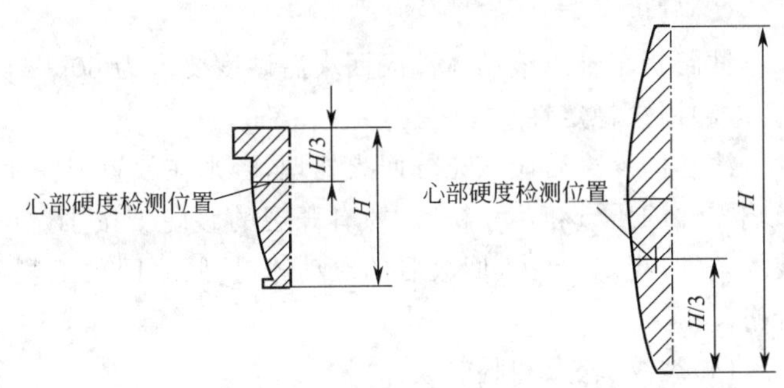

图6-4-4 内、外圈心部硬度的检测位置示意图

二、滚动体热处理技术要求

滚动体采用GCr15高碳铬轴承钢制造，冶炼方法为电弧炉冶炼、真空脱气、电渣重熔，供货状态为球化退火。

我国目前所生产的铁路货车轴承滚动体热处理方式是淬火＋低温回火，热处理后滚动体的金相组织、硬度、脱碳层、回火稳定性等，应符合产品图样规定及JB/T 1255《高碳铬轴承钢滚动轴承零件碳热处理技术条件》的要求。

1. 滚动体用GCr15高碳铬轴承钢的退火组织和硬度

用作滚动体加工的GCr15高碳铬轴承钢棒，供货状态为球化退火态，应严格控制材料的退火组织和硬度。

退火组织为细小、均匀、完全球化的珠光体组织；退火组织按GB/T 18254《高碳铬轴承钢》第6级别图评定，第2～4级为合格组织，允许有细点状球化组织，不允许有1级(欠热)、5级(碳化物不均匀)和6级(过热)组织。

网状碳化物按GB/T 18254《高碳铬轴承钢》第7级别图评定，合格级别为不大于2.5级。

带状碳化物按GB/T 18254《高碳铬轴承钢》第8级别图评定，合格级别为不大于2.0级。

碳化物液析按GB/T 18254《高碳铬轴承钢》第9级别图评定，合格级别为不大于1.0级。

热轧球化退火材的硬度应为190～240 HBW，冷拉退火材的硬度应为210～260 HBW。

2. 滚动体淬回火后技术要求

滚动体淬火、回火后，应按JB/T 1255《高碳铬轴承钢滚动轴承零件热处理技术条件》的规定，对金相组织、滚道面硬度、回火稳定性等项目进行检测。

(1)金相组织

GCr15钢制铁路货车轴承滚动体经过淬火、回火后，正常的金相组织为隐针、细小针状马氏体和均匀分布的细小残留碳化物、少量残余奥氏体以及少量的屈氏体组成。其中马氏体量为80%左右，碳化物量约占8%～10%，残余奥氏体量约占10%～15%。

滚动体淬火、回火后的金相组织中，隐针、细小针状马氏体是板条马氏体和针状马氏体的混合组织，它的碳浓度为0.60%左右，用金相显微镜只能观察到“白区”和“黑区”。在“黑区”中，合金碳化物多，基体中碳和合金含量略少，其硬度约为760 HV左右；在“白区”中，合金碳化物大部分溶入基体，基体中碳和合金含量较多，其硬度略高，为810～860 HV左右。“白区”一般分布在原奥氏体晶界处或个别奥氏体晶粒内部。

在淬火加热过程中，奥氏体晶界处和奥氏体晶粒内部细小合金碳化物首先溶解，这些区域的奥氏体，碳和铬的含量较多，马氏体点(Ms点)较低，随后的淬火冷却过程中，形成的马氏体中，针状马氏体较多，一般以针状马氏体为主，且残余奥氏体量较多，故在金相浸蚀时，不易被腐蚀，呈现“白色”；而在别的区域，合金碳化物溶解量相应较少，淬火后形成隐针马氏体和少量残余奥氏体，由于马氏体点(Ms点)较高，在形成马氏体时，析出微小共格碳化物，在金相浸蚀时，容易被腐蚀，呈现“黑色”。随着淬火温度的增高，合金碳化物溶解量增多，“白区”相应增多，“白区”中针状马氏体长大。

铁路货车轴承滚动体淬火、回火后马氏体组织的判定，按JB/T 1255—2001《高碳铬轴承钢滚动轴承零件碳热处理技术条件》第二级别图，根据马氏体针粗细程度、残留碳化物颗粒大小和数量按第二级别图评定，第1～5级为合格。

屈氏体的判定，按 JB/T 1255—2001《高碳铬轴承钢滚动轴承零件热处理技术条件》第三级别图，距工作面 3 mm 以内第 1～2 级为合格组织。

(2)硬度

铁路货车轴承滚动体淬火回火后硬度要求为 60～64 HRC，同一零件的表面硬度差应不大于 2 HRC。

(3)回火稳定性

滚动体淬火后应该充分回火处理，否则在放置或使用过程中，马氏体会继续分解，残余奥氏体继续转变，影响零件的质量和尺寸精度，并有开裂的倾向。按 JB/T 1255—2001《高碳铬轴承钢滚动轴承零件热处理技术条件》规定，淬火、回火后的滚动体，按照原回火工艺再次回火后，同一零件的硬度落差不大于 1HRC 为合格。

(4)裂纹、软点和脱贫碳

滚动体淬火、回火处理后不得出现裂纹、软点等缺陷；脱贫碳层深度不得超过零件单边加工余量的 2/3，保证磨削加工后全部消除脱贫碳层。滚动体成品不允许有脱碳或软点。裂纹、软点和脱贫碳等缺陷可以在淬火、回火处理后用冷酸洗的方法进行检查。

三、密封座热处理技术要求

密封座采用 GCr15 高碳铬轴承钢制造，冶炼方法为电弧炉冶炼、真空脱气，供货状态为热轧不球化退火态。

铁路货车轴承密封座热处理方式是淬火＋低温回火，热处理后的金相组织、硬度、脱碳层、回火稳定性等，应符合产品图样规定及 JB/T 1255《高碳铬轴承钢滚动轴承零件热处理技术条件》的要求。

1. 密封座球化退火组织和硬度

密封座用 GCr15 高碳铬轴承钢棒，经锻造、球化退火、车削后，进行热处理。

密封座经锻造后进行球化退火。退火组织为细小、均匀、完全球化的珠光体组织；退火组织按 JB/T 1255《高碳铬轴承钢滚动轴承零件热处理技术条件》第一级别图评定，第 2～4 级为合格组织，允许有细点状球化组织，不允许有 1 级(欠热)、5 级(碳化物不均匀)和 6 级(过热)组织。

网状碳化物按 JB/T 1255《高碳铬轴承钢滚动轴承零件热处理技术条件》第四级别图评定，合格级别为不大于 2.5 级。

球化退火后密封座零件的硬度为 179～207 HBW。

2. 密封座淬回火后技术要求

密封座淬火、回火后，应按 JB/T 1255《高碳铬轴承钢滚动轴承零件热处理技术条件》的规定，对金相组织、硬度、回火稳定性等项目进行检测。

密封座淬火、回火后马氏体组织的判定，按 JB/T 1255《高碳铬轴承钢滚动轴承零件热处理技术条件》第二级别图，根据马氏体针粗细程度、残留碳化物颗粒大小和数量按第二级别图评定，第 1～5 级为合格。

屈氏体的判定，按 JB/T 1255《高碳铬轴承钢滚动轴承零件热处理技术条件》第三级别图，距工作面 3 mm以内第 1～2 级为合格组织。

密封座淬火回火后硬度要求为 58～62 HRC，同一零件的表面硬度差应不大于 2 HRC。

金相组织、硬度、回火稳定性等项目的检测方法与滚动体一致。根据需要，还应对密封座的淬火变形进行检查。变形量应符合 JB/T 1255《高碳铬轴承钢滚动轴承零件热处理技术条件》附录 F 的规定或制造厂的规定。

第二节　套圈渗碳热处理

一、套圈渗碳的化学过程及工艺参数

1. 套圈渗碳的化学过程

套圈渗碳是在一定的温度下、在渗碳气氛中，保持一段时间，渗碳气氛中的活性碳原子吸附在工件表面上，并向内部扩散的一种热处理过程。渗碳的全过程包括渗碳剂的裂解、钢件表面吸收活性碳原子和碳原子

向内部扩散三个过程。在渗碳过程中渗碳剂的分解、吸收和扩散三个过程进行的速度相互之间应该配合协调，如果其中一个过程进行的速度过快或过慢，都会影响渗碳的速度和质量。在这三个过程中，扩散过程是最慢的，它是影响渗碳速度最主要的一个过程。

随着工业的不断发展，铁路货车轴承的质量要求越来越高，产品热处理设备的自动化程度、能耗、安全、环保越来越得到广泛重视。笨重的固体渗碳、污染环境的液体渗碳趋于淘汰，早期的井式渗碳炉也不适应新的要求，各种控制气氛热处理设备应运而生。大量的井式渗碳炉被改造为控制气氛式。我国八九十年代普遍采用煤油加甲醇滴入法控制碳势，这种方法简便，所耗投资少，但是炉内出现大量炭黑，碳势难以控制，而国外除个别厂家采用过醋酸乙酯滴入控制外，大部分采用原料气裂解后通入井式渗碳炉，这种方法可使炉内气氛中水蒸气达到平衡状态，炭黑少，易于控制碳势。单推盘、双推盘、三推盘乃至四推盘渗碳线推陈出新，生产效率高、能耗低，非常适合铁路货车轴承大批量生产的需要。

2. 渗碳工艺参数

影响渗碳化学反应的因素有渗碳温度、气氛碳势和渗碳时间。具体到渗碳工艺参数，就是渗碳温度、炉内气氛的碳势和渗碳时间。

(1)渗碳温度

提高渗碳温度是加快渗碳速度的有效措施，温度越高，原子能量越大，越容易发生迁移，因而渗碳速度加快。而且，随着温度的增高，钢中奥氏体对碳的溶解度增加，钢吸收活性碳原子的能力增大，表层与心部碳的浓度差加大，从而也加快了渗碳速度；渗碳温度的增高能够大大加速渗碳速度。但是，随着渗碳温度升高，钢的晶粒长大，工件变形增大，设备的使用寿命缩短，所以，高温渗碳至今未得到广泛应用。一般渗碳温度范围900～940 ℃。

(2)渗碳时间

渗碳时间和渗碳层厚度之间的关系是抛物线关系，渗碳初期，渗碳速度较快，随着渗碳时间增长，渗碳速度逐渐减慢。所以在满足性能要求的条件下，渗碳层厚度尽可能减薄，以节约能源并提高生产效率。

在生产实践中，因为渗碳速度和许多因素有关，钢的化学成分、渗碳温度、炉内气氛的碳势、设备结构等都会影响渗碳速度，所以，渗碳时间还要根据生产情况和长期的生产经验来确定。

(3)渗碳中的扩散过程

在高碳势的气氛中渗碳，可以加速轴承内、外圈表面吸收碳原子的能力，加快渗碳速度。但是，套圈的渗碳层碳浓度梯度太陡，会影响轴承质量。如果，渗碳气氛的碳势太低，渗碳速度就会太慢。因而提出高碳势下渗碳，当渗碳层深度接近技术要求时，降低气氛碳势，使表面高浓度碳原子进一步向内部扩散，降低表面含碳量，增加共析层和过共析层的厚度。这就是广为采用的渗碳—扩散工艺。

(4)渗碳后的冷却方式

内、外圈经渗碳、扩散降温后，通常采用油冷的方式冷却。内、外圈渗碳后油冷，可以避免工件表面氧化或脱碳，以及沿奥氏体晶界析出网状或块状碳化物。但是采用油冷，套圈表面和心部温差较大，产生很大的热应力和组织应力，增加套圈发生变形和开裂的倾向；为了减小变形，细化组织，避免渗碳层出现网状碳化物，和心部出现大量块状铁素体，在油冷之前可以将内、外圈温度随炉降至870～880 ℃再出炉油冷。

(5)渗碳热处理的前、后清洗

渗碳热处理的前、后清洗往往被人们所忽视，但是，它会影响产品质量，尤其是前清洗。如果在渗碳前未将套圈表面的油污、车削残留的切削液、防锈油等残留物清除，套圈在渗碳时，表面状态不一致，影响局部表面的受碳能力，导致渗不上碳、渗碳层不均匀、表面出现花斑等质量问题。同时大量残留物带入炉内，对于可控气氛渗碳热处理，可能还会影响渗碳气氛的碳势，造成批量不合格或报废。

内、外圈渗碳热处理前清洗的清洗剂，应按以下原则选用：对零件没有腐蚀、不会附着在零件表面对渗碳造成影响、不会对人员产生不良影响。

清洗剂应针对需要清洗的污物选用。如渗碳前产品残留有车削加工的切削液，应选用对切削液溶解能力强的清洗剂，如内、外圈表面油污较多，则应选用溶解油污能力强的清洗剂。清洗之后，应该增加清水冲洗、烘干等工序，才能进入渗碳炉渗碳。

渗碳淬火油冷后的后清洗，主要是清除淬火油，并能防锈，其清洗过程是碱水清洗、清水清洗、烘干。

(6)渗碳剂与碳势

气体渗碳所用的渗碳剂种类繁多，有甲烷、乙烷、丙烷、甲醇、煤油、笨、甲苯等，使用哪种渗碳剂应视设备状况而定，不同渗碳剂裂解后的CO、H_2 含量不同，水蒸气和 CO_2 含量所表示的碳势也不一样。

二、套圈渗碳热处理设备及工艺

套圈经车加工后进行渗碳热处理，渗碳设备的选择是根据渗碳层深度、套圈尺寸大小、批量大小等确定，选用的渗碳设备有推盘式连续炉、密封箱式多用炉、井式炉等。

各种渗碳炉的适用范围参见表6-4-1。

表6-4-1　渗碳炉的适用范围

项目＼炉型	连续炉	箱式多用炉	井式炉
渗碳层深度(mm)	1.5～3.5	0.5～5	0.5～5
套圈尺寸大小	中小型	中小型	大型
设备处理能力	大	小	小
能源消耗	多	少	少
综合生产成本	小	中	中
操作性质	连续式	循环断续	循环断续
生产效率	高	低	低

1. 连续式推盘渗碳炉生产线的特点

推盘式炉依靠推料杆、推链，间歇地把轨道上的料盘推入炉内和推出炉外。工件在炉膛内沿推料轨道向前运动，出炉淬火时，工件连同料盘一起出炉或进入淬火槽内冷却。

连续式推盘渗碳线具有产量大、生产效率高、炉内气氛稳定、自动化程度高等特点；所以特别适用于货车轴承套圈品种单一、大批量的渗碳热处理生产。

连续式推盘渗碳线的主要缺点是料盘反复进炉加热和出炉冷却，造成较大能源浪费，热效率较低，且料盘易损坏；装炉量变化或对不同产品零件实施不同技术要求时，常把原有的炉料全部推出，工艺更改适应性差；加热区、强渗区、扩散区、保温区相互连通，各区碳势相互干扰，渗碳区内的高碳势进入加热区，易在刚入炉升温套圈表面形成炭黑、影响套圈渗碳速度和渗碳后的表面质量；故障排除较为困难。

2. 连续式推盘渗碳炉生产线的结构

最早的连续渗碳炉是贯通型的，加热区、强渗区、扩散区相互连通，各区气氛的碳势相互干扰，渗碳区内的高碳势进入加热区，形成大量炭黑，沉积在工件表面，降低渗碳速度；渗碳区的高碳势进入扩散区，提高扩散区的碳势，达不到工件扩散的目的。为此，有的工厂在扩散区通入少量空气。以降低其碳势，实现扩散。为了防止各区之间气氛干扰，设计制造了各区之间有中间隔门的连续渗碳炉，这种设备虽然解决了各区之间的气氛相互干扰，渗碳质量稳定，但是，故障排除较为困难。为了增加渗碳能力，设计生产了双排、三排连续渗碳炉。这种设备的生产能力相当于普通连续路的两倍或三倍，大大提高了生产率，降低了能耗和成本，是值得推广的一种设备。

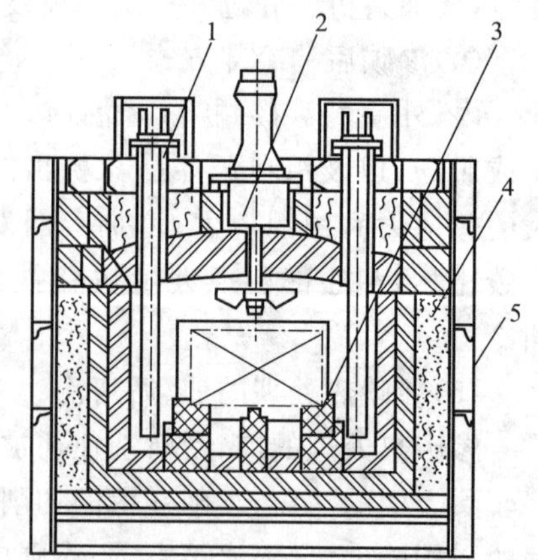

图6-4-5　推杆式渗碳炉炉膛结构

1—辐射管；2—风扇装置；3—SiC导轨；4—炉衬；5—炉架

(1)连续式推盘渗碳炉生产线需按工艺过程把炉子划分为不同区段，主炉一般由加热区、强渗区、扩散区和保温淬火区组成，各区之间以中门、拱墙隔开，使各区形成相对独立的温度、气氛控制区。强渗区、扩散区、保温区安装大直径、低转速、大流量的离心风机，强制气流循环。图6-4-5为单轨推盘炉炉膛结构形式。

(2)电热元件布置。电热辐射管常布置在炉膛两侧,以便炉顶安设风扇。

(3)导轨和料盘。导轨有金属导轨和非金属导轨,金属导轨常用 Cr25Ni20 钢制造,为防止导轨翘起、移位,常由拉杆固定到炉底支架上。非金属导轨常用碳化硅材质制造。料盘常用 Cr25Ni20 或高镍(33%～68%Ni)钢制造。

(4)推进料方式。推盘式炉有端进料和侧装料、底装料方式。端进料方式是炉料直接从前端推入,后端推出,推料简便,但炉气易溢出,造成炉内气氛不稳定和降温。故结合安全考虑常采用底装料和侧装料方式。

(5)装炉量。为了提高生产效率,发展了多排料盘,如双排、三排、四排等渗碳炉。

(6)防爆装置。前室和后室门及各排气口设置电点火装置,点火装置与前后室炉门开启及动作联锁。

(7)预氧化炉是用于渗碳零件表面进行预氧化,预氧化温度 450～500℃。预氧化使零件表面形成一层很薄的氧化层,增加渗碳的活化能力和渗碳层的均匀度。预氧化还能清除内、外圈表面未清洗干净的油脂,起脱脂作用。

预氧化炉的结构形式见图 6-4-6。

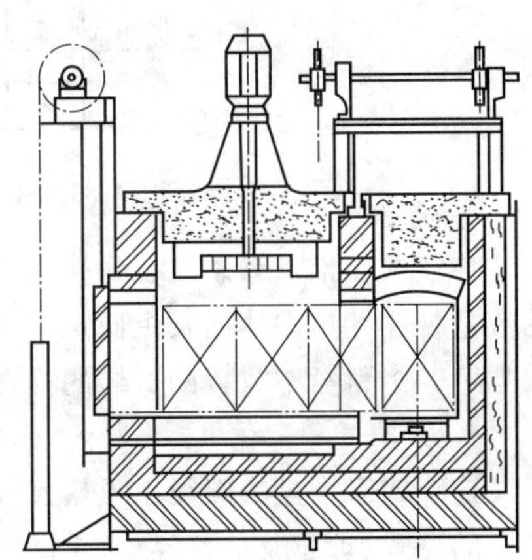

图 6-4-6　预氧化炉的结构形式

(8)淬火机构。淬火机构由淬火升降料台、淬火油槽、油槽内转移装置、油封罩、淬火油搅拌器、油冷却循环系统和油位控制器、淬火油加热装置、淬火油保护氮气装置等组成。

(9)清洗机。清洗机是单室双门浸、喷结构,由喷淋室、水槽、浸洗升降台、电加热、液位指示和油水分离装置等组成。

图 6-4-7 为爱协林双推盘渗碳线结构示意图。

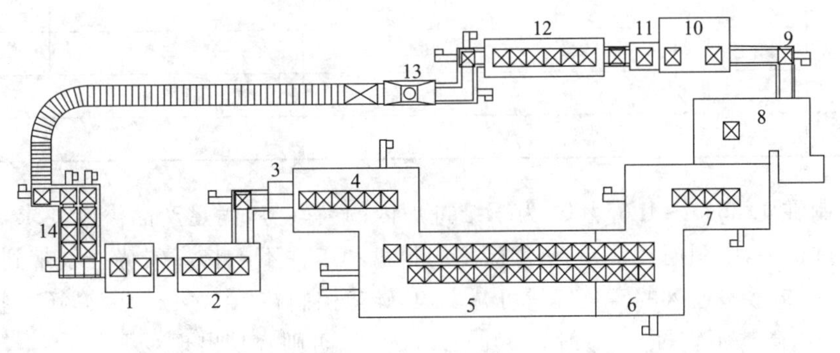

图 6-4-7　双推盘型连续渗碳热处理生产线

1—前清洗机;2—预氧化炉;3—底装料;4—加热区;5—强渗区;6—扩散区;7—保温区;8—淬火区;9—滤油台;10—后清洗机;11—干燥室;12—回火炉;13—风冷台;14—备料台

三、连续式双推盘渗碳生产线的渗碳工艺

以 352226X2-2RZ 货车轴承套圈为例,使用图 6-4-7 爱协林连续式双推盘渗碳线,渗碳工艺曲线如图 6-4-8 所示。

渗碳的工艺路线如下:

上料—前清洗—预氧化—加热—强渗—扩散—保温—淬火—后清洗—回火—下料

1. 套圈材料 G20CrNi2MoA。有效渗碳硬化层为 2.0～2.5 mm。表面碳含量为 0.9%～1.0%。

2. 渗碳炉料盘尺寸为 560 mm×560 mm×50 mm,每个料盘装 12 件外圈,套装 24 件内圈,生产效率为 350 kg/h,推料周期为 45～50 min。

3. 连续渗碳炉初期和末期的处置:

当炉内气氛稳定之后,开始进料。料盘和工件进出连续式双推盘渗碳线,势必会破坏炉内各区气氛的碳势并使之产生波动,为了维持各区气氛原来的碳势,各区的富化气随工件料盘的推入而逐一做适当调整。

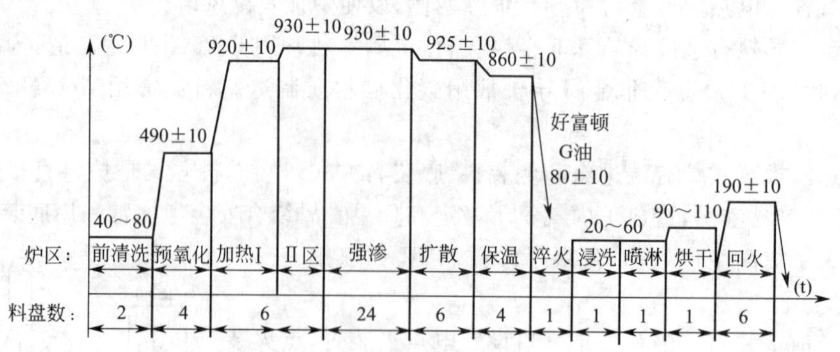

图 6-4-8 352226X2-2RZ 铁路货车轴承内、外圈渗碳热处理工艺曲线

连续式双推盘渗碳线装料初期,因炉内气氛不稳定,可以将车削废品工件装入料盘推入炉内,推入料盘的数量视连续炉炉体的长短而定,一般情况,以第一盘废品料盘出炉时,合格件推入强渗区为宜。这样,可以根据第一个料盘中放置的试样的检查结果,进一步调整渗碳区的富化气流量,以保证炉内气氛的稳定。

4. 保护气和富化气

连续式双推盘渗碳线用吸热式气氛,Rx 气为保护气(载气),富化气为甲烷、丙烷等。可控气氛的用量与炉子的型式、炉膛及前室容积、生产率、炉子气密性、炉门开启次数和炉内气氛要求(碳势、压力)等因素有关,爱协林连续式双推盘渗碳线每小时气氛的用量为炉膛容积的 2~4 倍;富化气的流量控制根据炉内产品表面积、装炉量、炉内碳势等要求,采用氧探头、碳控仪、电磁阀等自动控制,见表 6-4-2。

表 6-4-2 富化气的流量控制

渗碳室名称	室内容积(m^3)	保护气流量(m^3/h)	富化气流量(m^3/h)	碳势(%C)
加热室	6	12		
强渗室	24	36	3.5	1.25~1.35
扩散室	6	16	1.6	1.10~1.20
保温室	5	12	1	0.9~1.00

强渗区碳势控制在 1.25%~1.35%C,为了维持炉内的高碳势,满足产品渗碳要求,通入大量富化气。连续渗碳炉在运转过程中,中间门经常开启,渗碳室的料盘和工件不断将高碳势气氛带到扩散室,提高了扩散室气氛的碳势,所以扩散室通入的富化气量可减少,其碳势控制在 1.10%~1.20%C。扩散室温度控制在 870~880 ℃,因此炉内碳势不宜过高,一般 0.9%~1.00%C,否则容易出现炭黑。

5. 生产过程

内、外圈用料具装卡在料盘上,人工推入清洗前工位,推料机构自动将料盘推入前清洗(浸、喷)室,喷淋清洗结束后进入后清洗、风干室,清洗、风干后,推料机构将料盘推到上料台,上料推链将工件推到备料台上,经过备料台推链,将工件随料盘推入预氧化炉中氧化,氧化后的工件被推出预氧化炉,经转移推链进入底装料升降台,即渗碳炉换气室。周期时间到后,工件被电动推杆推入加热区加热;加热好的工件随料盘由高温推链推到强渗区和高温扩散区扩散。渗碳扩散后的工件随料盘由高温推链将工件推到淬火降温区。然后再由高温推链推到淬火槽的升降台上。淬火升降台下降淬火(淬火油温度为 60~80 ℃),淬火冷却后,转移推链将工件推到出料升降台上,出料升降台上升到位,再由出料推链将工件推到缓冲料台上。淬完火的工件随料盘由出料推链从缓冲料台上推到清洗机浸洗升降台上。经碱水浸洗、清水清洗后,工件被拉到转移料台上,经拉料机构将其拉到回火炉回火,回火完的工件被拉出,再由推链推到风冷台上,经风冷后的工件被推到风冷台后的辊道上,人工定期通过升降台将料盘降低,再拉到卸料辊道上。最后通过回转台实施人工卸料。

四、密封式多用炉种类及用途

密封箱式多用炉由前室、加热室及推拉料机构组成。前室既作装料的过道也是出料后炉料冷却淬火室。在前室上方有风冷装置,下方有淬火油槽。前室与加热室均密封。密封箱式多用炉的主要特点是工件在可控气氛中加热、渗碳，并在同一设备内淬火，克服了加热和淬火分离在两个设备进行的缺点，既保证产品质量又改善劳动条件和减少环境污染。

密封箱式多用炉可以同周期式回火炉、清洗机组成生产线，为适应不同生产需要有多种结构型式。

密封箱式多用炉是最受重视的设备之一，其功能和结构不断改进，各设备厂家不断将新材料、新技术、新工艺应用到该炉型上，以增加其实用性及竞争力。

密封箱式多用炉的基本结构见图 6-4-9。

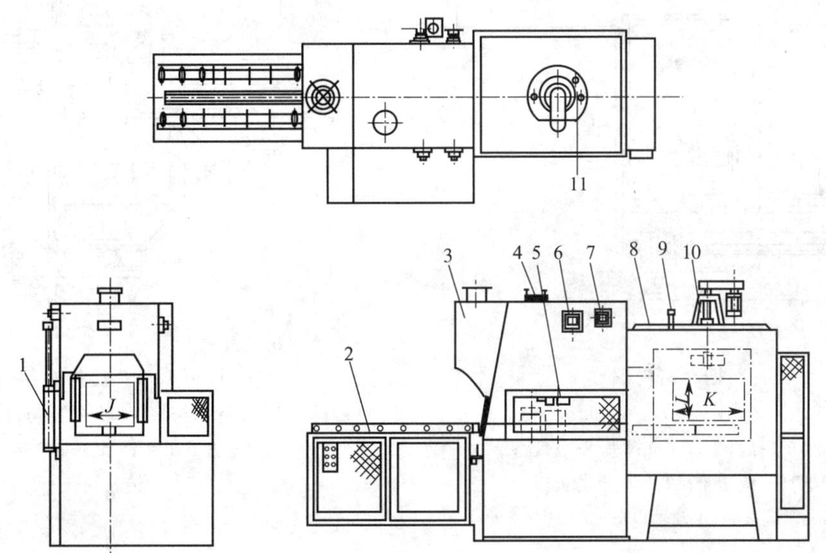

图 6-4-9 密封箱式多用可控气氛炉

1—前门装置；2—推料车；3—排烟罩；4—防爆装置；5—油槽搅拌器；6—升降装置；7—中间门装置；8—炉体；9—热电偶；10—炉内搅拌装置；11—TP 插入口

1. 前室

前室的结构主要由炉壳、升降台、淬火油槽、风扇、前门火帘、及防爆阀等组成。其结构的主要技术特点如下：

(1)前室的温控系统。从加热室溢出的可燃气体长期在前室燃烧并生成水蒸气，由于壁内外温差较大，水蒸气冷凝在前室壁上，为防止此现象发生，在前室两侧壁面和顶部设置冷却水管，或在壁上安装平油箱，充满循环油，油温控制在 70 ℃。

(2)在前室可设置较大风量的风扇，如某 120 kW 密封箱式炉，在前室顶部所装风扇的技术参数：功率 4 kW；转速 1 500 r/min；叶轮直径 500 mm；排风量 7 500 m^3/h。

(3)炉门密封及升降机构。前门常用斜炉门，靠汽缸升降或拉紧施压。前门一般用 15mm 的低碳钢板经磨削制成，在前门下端中央开有一长方形缺口，当前室的工件要推入加热室或加热室的工件要拉出前室时，露出长方形缺口，料车的传递推拉头及软链条由此入炉，因此外门框需磨削，炉门与门框之间的间隙应小于 0.12 mm，前室与加热室之间设有内炉门。

(4)升降台一般做成双层，上层用于进料及缓冷，下层用于淬火油冷及出料。升降台常采用双速，当工件入油时，其下降速度由快变慢。

(5)淬火油槽。淬火槽设有搅拌器、加热器、槽外油冷循环系统。为便于调整和控制淬火冷却速度，常设两台独立的搅拌器，且搅拌速度可变。工件入油后，在冷却过程中，可分段调整、控制淬火冷却强度。

2. 加热室

加热室由炉衬、加热器、气氛循环风扇及导风装置等组成。

炉衬有用抗渗砖或耐火纤维砌筑的，也有全部用耐火纤维的。气氛循环风扇安设在炉顶部，对 120 kW 的炉子采用功率为 2.3 kW，转速为 1 000 r/min，排风量为 6 000 m^3/h 的风扇，为加强循环效果，也常设置导向装置。为便于炉顶风扇安装、维修和密封，风扇装置常做成整体结构。在炉顶拱形砖上预先留出安装孔，用钢网包敷石棉绳作为密封垫，再用螺栓紧固。为保护风扇轴和润滑油，在轴承外部设水冷套或油冷装置。

加热器常用金属辐射管，悬挂在炉膛两侧，也有用 $MoSi_2$ 电热元件、非金属加热元件或燃气辐射管。$MoSi_2$ 电热元件性脆，需待炉子就位后才能从炉顶装入，垂直悬挂在炉衬与导流罩之间。

3. 推拉料机构

推拉料机构可分为单推料机和前、后推料机两种。如图 6-4-10、图 6-4-11。

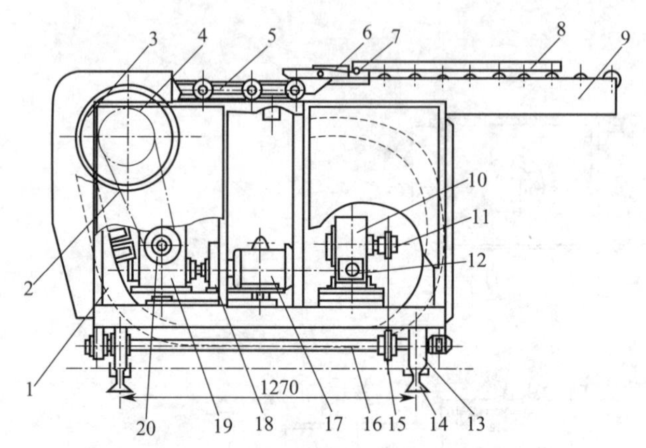

图 6-4-10 前推料结构图

1—链条导向箱；2—链条；3—主链轮；4、11、15、20—链条；5—开式滚动链条；6—推料头；7—拉料头；8—料盘；9—工作台；10、19—减速箱；12、17—电动机；13—车轮；14—轨道；16—主动轴；18—联轴节

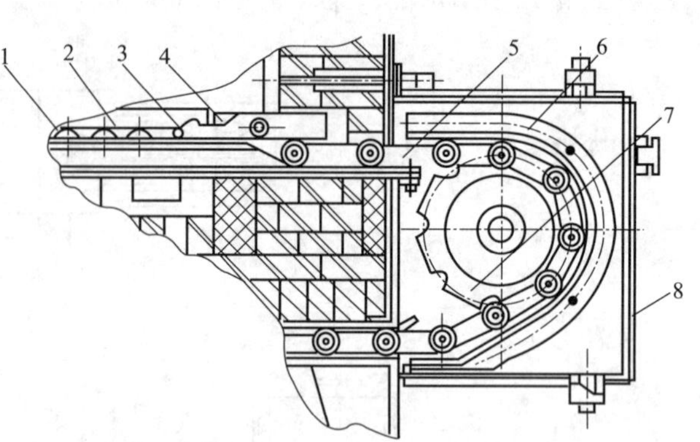

图 6-4-11 后推料结构图

1—滚轮；2—料盘；3—拉料钩；4—推料头；5—开式链轮链条；6—链条导向盘；7—主链轮；8—密封箱

4. 炉子安全装置

密封箱式炉易在前室发生可控气氛与吸入前室的空气混合而爆炸，设备设计和使用上考虑有：

合理安排操作规程，炉料推入前室后，需待前室内空气排除，排气管燃烧稳定后，才能打开中门，将工件送入加热室。

前室结构防爆，前室的容积在满足生产需要的前提下应尽量减少；前室内不应有易存气的死角；从加热室至前室的气体通道应在中间门下部；前室炉门下方设火帘和点火嘴。

前室排气管分设大小口径管，小口径管一般为 $\phi 20 \sim \phi 50$ mm；大口径管一般 $\phi 70 \sim \phi 100$ mm。

防爆盖常设在前室顶部，防爆盖的开启压力常在 40～89 kPa 范围内选择。

当加热室温度低于 750 ℃或可控气氛压力不足、或停水停气时由氮气自动供应装置自动供氮气。

电气互锁及完善的报警系统，电气、传动、压力、液位等异常实现电气互锁，再结合完善的报警系统，声光同时报警。

图 6-4-12 为密封箱式多用炉结构示意图。

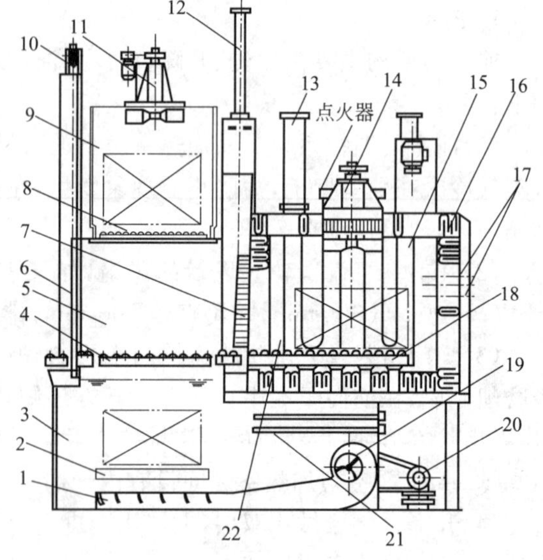

图 6-4-12 密封箱式多用炉结构示意图

1—淬火油导流槽；2—升降机淬火位；3—淬火油槽；4、8—升降式支承辊道；5—前门；6—外门；7—内炉门；9—顶冷室；10—外门提升滑轮；11—顶冷循环风扇；12—内炉门提升气缸；13—空气热交换器(4 根)；14—加热室循环风扇；15—辐射管；16—陶瓷纤维炉衬；17—热电偶；18—支承辊道；19—油搅拌器；20—油搅拌电动机；21—油加热电热辐射管；22—加热室

密封箱式多用炉可与回火炉、清洗机、装卸料车组成柔性生产线。

采用与密封箱式多用炉炉膛尺寸相适应的箱式回火炉。

清洗室内装有升降料台、活动喷头和清水储箱以及碱水储箱。清洗机底部装有浸入式电热管和膨胀杆式温度计控制温度。由液位监测器和电磁阀联合控制液位并自动补充新液。每个储箱的外侧均装有溢流管和废料排放管，由两台离心泵来完成两个储箱与清洗喷淋室之间的清洗液循环。

常用单向平面折叠式链条小车，其纵向和横向动作分别由两台带减速器的电机驱动，纵向推拉头的行程及停放料盘的位置由光电信号控制器控制。料车在各炉前的位置由碰头限位开关定位和连锁。

五、密封箱式多用炉渗碳热处理工艺

密封箱式炉具有工艺参数调整方便的特点，适用于小批量、多品种渗碳处理，是国内外广为采用的渗碳设备之一。

密封箱式多用炉的形式有一门二室、二门二室、二门三室等。一门二室式渗碳炉和二门二室渗碳炉都能连成生产线。

以 352226X2-2RZ 货车轴承套圈为例，使用密封箱式多用炉渗碳线，渗碳工艺曲线如图 6-4-13 所示。

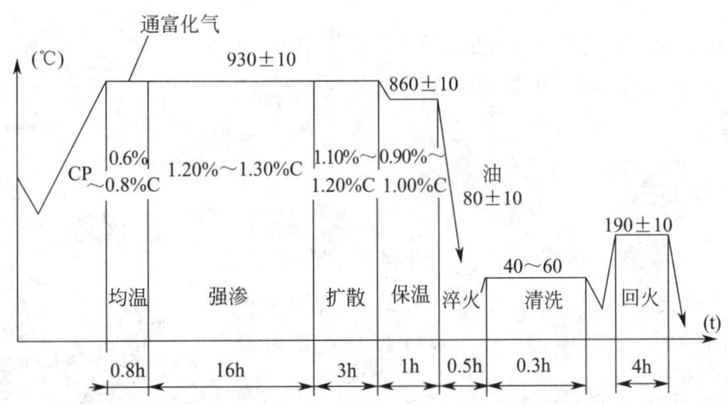

图 6-4-13　352226X2-2RZ 货车轴承套圈渗碳热处理工艺曲线

多用炉加热室炉膛有效尺寸为 1 500 mm×1 200 mm×800 mm，可以装轴承外圈 60 件，并套装 120 件内圈。

密封箱式多用炉消耗吸热式保护气(Rx)量不大，一般为炉膛容积的 3～5 倍。图 2-9 工艺曲线的密封箱式多用炉之炉膛容积为 2.6 m^3，保护气流量为 10 m^3/h。炉内压力为 240～300 Pa，保持炉内正压并形成一定压力，有利于渗碳。

新炉的炉砖、料盘、料筐、导轨等具有吸收碳原子的能力，会降低炉内气氛的碳势并使其上下波动。因此，对新炉或大修后的炉膛应进行较长时间的气氛时效处理，再装入产品生产。生产实践证明，短时间时效稳定不会影响工件的渗碳质量。另外，工件入炉时，炉温急剧下降，套圈温度较低，其表面易形成炭黑，所以，工件入炉后待炉温升高至 750～780 ℃后才能适量通入富化气。

富化气通入量和各工艺段碳势的关系。富化气通入量取决于炉内气氛的碳势和炉膛大小。强渗阶段内、外圈表面需要建立高碳浓度，气氛碳势也要求要高。若炉膛容积大，富化气流量也相应增加，炉内碳势一般为 1.20%～1.30%C。随着渗碳时间增长，富化气流量逐渐减少。在渗碳温度为 930 ℃的情况下，炉内气氛的 CO_2 值为 0.10%～0.15%时，套圈表层碳含量为 1%左右。当表面高碳碳浓度建立到一定的时候，减少富化气的通入量，使炉内碳势控制在 1.10%～1.20%C 左右，保证碳原子继续向里扩散达到要求的深度，同时保证套圈表面碳含量在 0.9%～1.0%。渗碳、扩散后期，碳势随温度降低而升高，为防止形成炭黑，少量通入富化气，保证炉内碳势为 0.9%～1.0%C 之间。温度降低至 860 ℃时，均热 0.8～1 h 后进行油冷，油温为 60～80 ℃。

六、井式渗碳炉结构及特性

井式渗碳炉这类炉子结构实际上是在井式炉膛中再加一密封炉罐，专为周期作业的渗碳、渗氮、碳氮共渗等所用。图 6-4-14 为标准型井式气体渗碳炉结构图。

1. 气流循环。在炉盖下端的风扇离心力的驱动下气流流向四周，把从滴注管滴入的渗剂搅动带入气流，气流在炉罐壁内壁与料框(或导向筒)的通道向下流动到炉罐底，再在风扇中心负压力作用下，气流经料框底的孔洞向上流入料框，把新鲜渗剂提供给工件。同时破除停滞在工件表面上非活性气体层，并吸入风扇

心不负压区，重新进行循环。在风扇下常吊挂一个挡风板，以防止气流直接从料框上方返回风扇。

2. 炉罐密封。炉盖与炉罐之间应由良好的密封，渗碳炉盖外缘宜加水冷橡胶圈密封，渗碳炉中轴用动态密封比较困难，常用方法有活塞式密封、迷宫式密封、密闭式电动机密封。电动机密闭是电动机连接风扇转轴，直接压紧在炉盖上，实现完全密封。

3. 炉罐及构件。料框、导风筒、炉罐、罐底座、料框底盘等应用耐热钢制造，通常用 CrMnN 铸钢制造，该钢最高使用温度 950 ℃，限制了炉子的工作温度。炉罐也常用 Cr25Ni20 钢制造，炉罐等构件受热时会变形和膨胀，要留膨胀的间隙。

4. 炉气气氛供应、测量、控制装置。炉盖上配有进气管或流体滴入管、排气管、测量炉温均匀性用热电偶引入管、碳势传感器插入孔或气管、试样检查孔等。

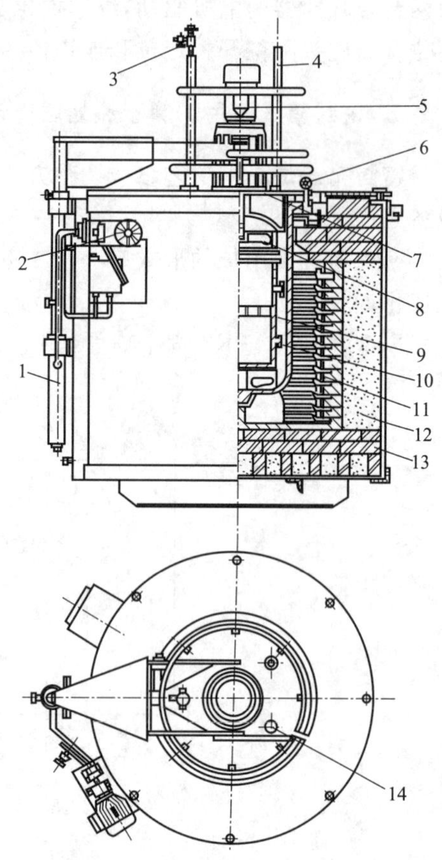

图 6-4-14 井式气体渗碳炉

1—油缸；2—电动机油泵；3—滴管；4—取气管；5—电动机；6—吊环螺钉；7—炉膛；8—风叶；9—料框；10—炉罐；11—电热元件；12—炉衬；13—炉壳；14—试样管

七、井式渗碳炉热处理工艺

井式渗碳炉是最早的气体渗碳设备，特点是价格低，操作简便，适用性强，所以，目前国内外还在大量使用；但是，井式渗碳炉生产效率低，劳动条件差，高温出炉时，工件表面氧化、脱碳等是它不可避免的缺点。

井式渗碳炉所用的渗碳气氛种类较多，有煤油滴注式控制气氛、煤油加甲醇红外线二氧化碳控制气氛、煤油加甲醇红外线 CO_2-CH_4 联合控制气氛、碳氢化合物裂解的吸热型控制气氛、还有煤油加空气控制气氛、醋酸乙酯滴入式控制气氛等。

以 352226X2-2RZ 货车轴承套圈为例，以前使用井式渗碳炉渗碳工艺曲线如图 6-4-15 所示。套圈材料 G20CrNi2MoA，有效渗碳硬化层为 2.0～2.5 mm，表面碳含量为 0.9%～1.0%。

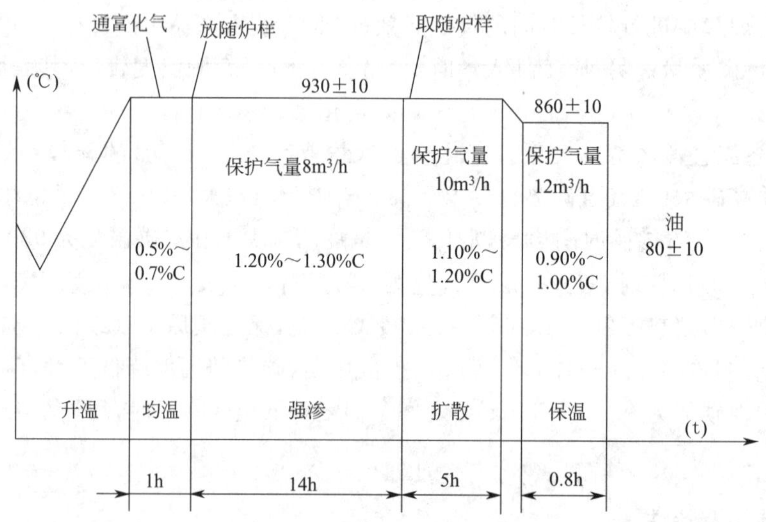

图 6-4-15 352226X2-2RZ 货车轴承套圈井式炉渗碳工艺曲线

铁路货车轴承内、外圈在炉内渗碳过程可以分为：升温、排气均温、强渗、扩散、保温五个阶段。吸热式保护气氛及富化气现已在井式炉上应用，它具有炭黑少、甲烷用量少、碳势稳定、容易控制等优点。

井式渗碳炉的容积为 ϕ1 800 mm×1 800 mm，总容积 4.6 m³，装炉量为 500～1 000 kg。

井式渗碳炉渗碳的基本过程：

1. 升温、排气均温阶段。在装炉过程中，大量空气进入炉内，炉内成为氧化性气氛，装炉后必须以最快的速度建立起一定的保护气氛，一般碳势控制在0.6%～0.8%C，将炉内大量的氧化性气氛置换出去，为炉温达到强渗温度后建立高碳势作准备，以保证套圈升到渗碳温度后能够大量吸收碳原子。一般升温到强渗温度后需要均温一段时间，保证炉内不同位置套圈和套圈表面与心部温度均匀一致，防止因局部温度较低，丙烷等富化气通入炉内后形成炭黑，附着在产品表面，影响产品表面的渗碳能力。均温结束、炉内气氛达到设定要求时，可以从排气孔挂放2～3件随炉试样。

2. 强渗阶段。强渗段炉膛内需要滴入或通入大量的渗碳剂如煤油或丙烷、甲烷等，碳势一般控制在1.20%～1.30%C，为工件提供充足的活性碳原子。强渗段结束，工件的渗碳层深度可达到工艺要求的下限1.9～2.0 mm左右。

3. 扩散阶段。强渗阶段结束后，渗碳层深度基本达到技术要求，但是，渗碳层的碳浓度梯度较陡、表面碳浓度较高。为了适当减少表面碳浓度，增加共析层和过共析层的深度，通过降低炉内气氛的碳势，将炉内气氛的碳势控制在1.10%～1.20%C，应减少富化气的通入流量。随着扩散时间延长，内、外圈渗碳层深度的增加，表面含碳量的变化趋于平缓。套圈渗碳层深度为2.0～2.3 mm左右，表面碳含量为1.0%左右。

4. 降温保温阶段。为了减小一次淬火时产生的热应力和组织应力，内、外圈不应在渗碳温度淬火，而应随炉降温到860～880 ℃。但温度不能过低，温度过低，内、外圈表面易导致析出网状或块状碳化物，也会影响套圈质量。为了防止内、外圈表面脱碳、贫碳，应再次减少炉内的富化气通入量，该阶段碳势一般控制在0.9%～1.0%C。为了使套圈内外温度均匀，所以，温度达到保温温度后应等温一段时间，等温时间的长短根据工件的有效壁厚和装炉量确定。

第三节 套圈二次加热淬火热处理

套圈经过渗碳、一次淬火后，残余奥氏体可达到35%以上，马氏体针粗大，硬度为60HRC左右，韧性低、脆性高，不能满足轴承套圈的技术性能要求。而且，一次淬火后，轴承内外圈的变形较大，涨缩量无法控制，难于满足磨加工的尺寸要求。所以，铁路货车轴承内、外圈渗碳、一次淬火后，必须进行二次加热并套在限形模具上淬火，以保证零件的尺寸要求。

一、套圈二次加热淬火热处理工艺参数

1. 加热方式

铁路货车轴承内、外圈二次淬火的热处理的加热方式可以有转底炉加热、辊棒炉加热、推盘炉加热、盐浴加热等。加热方式的不同，升温速度不同，一次淬火后的马氏体和残余奥氏体分解程度不同，二次淬火加热后奥氏体的碳浓度不同，因而，淬火后的残余奥氏体量、碳化物量、针状和板条马氏体相对比值均不同，最终的工件性能亦不相同。比如中频加热，加热速度过快，钢中残余奥氏体和马氏体来不及分解，所以过剩碳化物量少2%左右，固溶体含碳量最高0.8%左右。电炉和盐浴炉的加热速度相近，固溶体含碳量、过剩碳化物量、残余奥氏体量相近。

加热速度也影响套圈的机械性能，加热速度太快，奥氏体中碳浓度较高，淬火后，粗针状马氏体量相应增加，过剩碳化物量减少，工件的塑性下降，耐磨性下降。但是，加快加热速度可以增加残余奥氏体量，以提高产品的接触疲劳寿命。

2. 加热保护介质

二次淬火加热的保护介质近来发展迅速，陈旧的空气加热和盐浴加热，因为工件的表面氧化脱碳严重，非磨削面的氧化皮在使用过程中脱落，致使其使用寿命降低，盐浴加热使套圈淬火后表面有盐迹，难以清洗干净，会污染润滑脂，并使套圈生锈，国内外已经趋于淘汰。

吸热型保护气氛作为淬火加热的保护介质，炉内碳势调整方便，并能自动控制，保证套圈不氧化、不脱碳、不增碳，已广泛应用在轴承零件热处理中。

作为加热介质的还有放热性气氛、氨分解气氛、滴注式控制气氛及氮基气氛。虽然他们都能在保证套圈表面不氧化、不脱碳，因为他们存在种种问题而没有吸热式保护气氛使用那么普遍。

3. 加热温度

G20CrNi2MoA 钢制货车轴承内、外圈，一次淬火后，二次加热温度的通常选择为 800～810 ℃。该温度下奥氏体的碳浓度为 0.55%～0.60%，并能得到塑性较好的细小隐晶马氏体。

4. 保温时间

在正常加热温度下，保温时间取决于轴承套圈零件的有效壁厚、装炉量和加热设备。对于电加热炉来说，其保温时间按系数 0.8～1.2 mm/min 来计算，有效壁厚大的套圈，保温时间系数取下限；反之取上限。

5. 淬火方式与冷却

淬火方式有静止油浸入淬火、循环油浸入淬火、埋油喷射淬火、旋转喷射淬火等。淬火方式不同，套圈的冷却速度不同，喷射淬火可以大大缩短蒸汽膜阶段，因而冷却速度加快。现国内生产铁路货车轴承的厂家，大多采用淬火压床，使用限形淬火模具，在满足套圈热处理内在质量的前提下，同时满足套圈的变形、尺寸留磨量分配要求。

二、套圈二次淬火转底式炉生产线

1. 转底式炉生产线的特征和用途

转底式炉的底部是一个圆形或环形炉底，炉底与炉体分离，以油封、砂封或水封连接，由驱动机构带动炉底旋转，使放置在炉底的工件随同炉底旋转而实现连续作业。

在转底式炉炉体一侧设有装料口与出料口(或产品进出为同一炉口)。为实现保护气氛加热和化学热处理，炉门、炉底与炉墙间密封性好；炉顶设置风扇，驱动炉气循环、炉底上设凸起支架，以支承料盘，使工件加热均匀。

转底式炉结构紧凑，占地面积小，使用温度范围宽，对变更炉料和工艺的适应性强。

图 6-4-16 为转底式炉结构示意图。转底式炉加热采用电辐射管(或燃气辐射管)加热；为加强炉门密封的密封性，可用斜炉门，用汽缸拉紧炉门密封；为防止炉门门框变形，也常用水冷门框。

2. 转底式炉的主要结构组成

(1)炉膛。对较大型转底式炉，炉膛可划分为不同区段，如预热、加热；或预热、渗碳等区段。各区段也常设拱隔墙，使各区段温度、气氛保持相对独立。根据加热元件安装方式不同，普通渗碳气氛炉子，炉衬多用轻质抗渗碳砖作内衬或耐火纤维砌筑。炉膛内产品工位一般 13～26 个。

(2)炉顶。炉顶有拱顶和平顶不同形式，拱顶有错砌的弧形拱或用浇注耐火砖预制块砌筑。平顶采用耐火纤维毯折叠块构件，用锚固件固定在炉顶钢板上。对设有风扇的炉子，常在耐火纤维表面喷涂粘接剂，提高抗风蚀的能力。

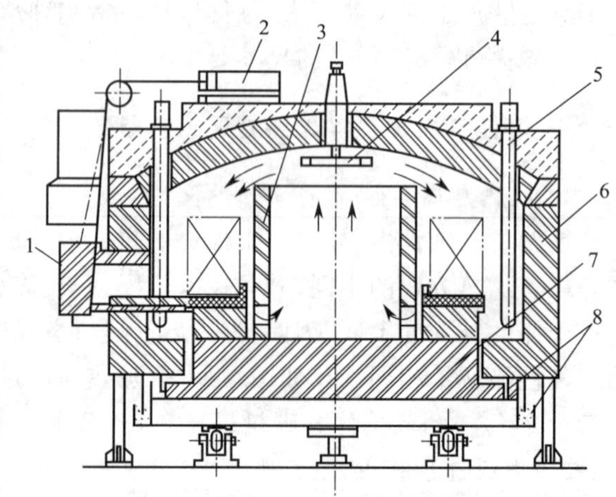

图 6-4-16 带气流循环系统的转底式炉结构示意图
1—炉门；2—气罐；3—导风筒；4—风扇；5—辐射管；6—炉衬；7—转动炉底；8—砂封

(3)炉底。炉底的底层常用标准耐火砖和保温砖砌筑，表面铺上金属底板。炉底和炉墙间保持一定间隙，称为环缝，环缝大小与炉子直径、炉衬材料等有关，一般为 40～80 mm，环缝下部常设有砂封或油封，为加强密封可以采用双刀密封。

(4)电热元件。有的电热元件用电阻丝支架在炉墙的托板砖上。有的电阻带挂在内外墙壁上，也有用金属辐射管垂直插在外环内四周或辐射管水平放置在金属托盘的上下两面。图 6-4-17 为环形转底式炉结构。

3. 内、外圈二次淬火工艺

采用转底式炉对铁路货车轴承内、外圈二次淬火进行二次加热淬火，以 352226X2-2RZ 型号为例，二次加热淬火的工艺曲线如图 6-4-18。技术要求及工艺说明如下：

二次淬火工艺路线：上料—加热—保温—限形淬火—清洗—回火

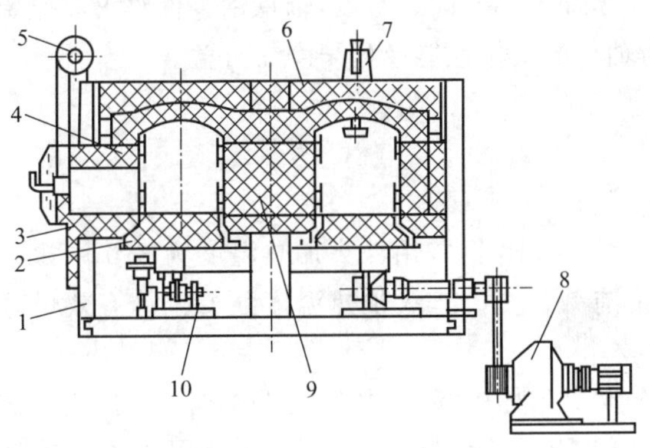

图 6-4-17 环形转底式炉结构

1—骨架；2—转动炉底；3—火帘装置；4—加热元件；
5——炉门升降机构；6—炉顶；7—通风机；8—传动机构；
9—炉衬；10—传动支承装置

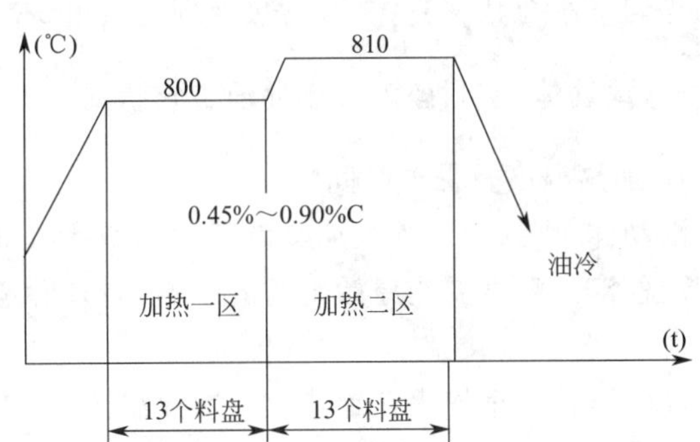

图 6-4-18 352226X2-2RZ 内、外圈转底式炉二次淬火工艺曲线

炉内共 26 个料盘。料盘尺寸为 670 mm×230 mm×35 mm。每个料盘装料：2 件外圈/盘；2 件外圈＋4 件内圈/盘。

加热一区温度为 800 ℃，加热二区温度为 810 ℃，推料周期为 4 min。

炉内保护气氛采用吸热型气氛或甲醇滴注保护气氛加热，以防止氧化脱碳，由于炉门开启较频繁，保护气流量较大。以吸热式保护气氛为例，为了保证炉内保护气碳势保持在 0.45%～0.90%C，保护气流量一般 8～12 m^3/h，另外少量通入富化气 0.3～0.8 m^3。一般新启炉，炉膛需要在较高碳势之下预渗一段时间，保证正常生产时，炉内碳势稳定，产品表面脱贫碳层深较浅，一般 0.1 mm 以内。

工件出炉时，机械手将内外圈转移至相应淬火工位，在最短时间内套在模具上，进行限形喷射淬火。套圈在转移出炉子后，停留时间尽量缩短，若温度降低太多，淬火后，渗碳层就会出现屈氏体组织，心部会出现块状贝氏体或铁素体组织，工件的表面硬度和心部硬度亦降低。经验证明，套圈出炉后停留时间小于 40 s，不会降低工件的表面硬度和心部硬度，并不会出现贝氏体组织。

淬火油温度一般为 40～60 ℃；淬火方式为淬火油喷射淬火；喷射压力一般不低于 0.15 MPa；工件的淬火时间 120 s 左右；油冷时间对工件淬火后的硬度及变形有影响，油冷时间过长，工件收缩量大，脱模困难；油冷时间太短，工件淬火后硬度降低，易出现软点。

转底式炉二次淬火的生产过程为：

内、外圈由人工放在链板式上料储料装置上，链条运转工件上升，工件被推料机构成套推到料盘上，并由转炉前进出料机械手送进炉内。在炉内加热到淬火温度、适当保温后，再通过转炉进出料机械手将工件从炉内取出，由推料机构推到压床辊棒上，压床拨料机构将工件推到内圈压淬工位，升降机械手将外套抓起放到外套压淬工位，进行压力淬火，外套淬火后再抓回原位，由压床横推料臂推到分料机构上，再到升降料台，由推料臂推至辊棒式清洗机上进行清洗，清洗后的工件自动进入冷清洗机进行冷清洗，然后经转移机构转移到回火炉进行回火。完成回火的轴承套圈自动滚到卸料台进行人工卸料。

第四节 滚动体、密封座的热处理设备及工艺

滚动体、密封座用 GCr15 钢制造。GCr15 淬火前的原始组织对淬火温度的选用范围、淬火开裂倾向和淬火后的机械性能都有较大影响。当淬火温度加热到 A_{c1} 以上时，过剩的碳化物逐渐溶解在奥氏体中；碳化物的溶解量及溶解速度除与淬火加热温度有关外，还与其表面积有关，即碳化物的形状有关；如果碳化物的形状为片状，对于等量的碳化物来说，其表面积较大，溶解速度及溶解量均较大；如果碳化物的形状为球状，其表面积较小，溶解速度及溶解量亦较小。同理，细片状比粗片状碳化物、细点状比大球状碳化物的溶解速度及其溶解量大。

因此，不同原始组织的轴承钢，其淬火温度的选用范围不同。在相同温度下淬火，得到的实际晶粒尺寸、

残余奥氏体量、硬度、冲击韧性、耐磨性、淬火开裂倾向、马氏体针大小不同。所以，轴承钢零件淬火前原始组织为均匀细小粒状珠光体，既为热处理提供组织准备，也为轴承的机械性能及延长寿命有益。

一、滚动体、密封座淬火热处理工艺参数

1. 加热温度及保温时间

滚动体、密封座的淬火加热温度对热处理质量影响很大。GCr15 钢常用淬火加热温度为 830～850 ℃。但其最佳淬火温度要受原始组织的影响，同时要考虑工件的有效尺寸。淬火加热温度随着工件有效尺寸的增大而升高。

高碳铬轴承钢淬火在加热过程中保温阶段，碳化物充分向奥氏体中溶解，并使奥氏体成分均匀化。铁路货车轴承滚动体、密封座的保温时间与加热方式、工件有效壁厚以及装炉量有关。以 160 kW 的网带式加热炉为例，密封座的淬火加热温度 845 ℃，加热、保温的总时间为 55 min。

2. 保护介质

滚动体及密封座的淬火加热时，为防止在高温加热的产生氧化和脱碳，可以采用不同的保护介质，保护介质因设备不同而有多种选择，如硼酸酒精、氮基气氛保护加热和吸热型可控气氛加热等。其中吸热型可控气氛应用较为广泛。

3. 淬火方式及冷却介质

为了保证淬火冷却时组织、硬度、及密封座淬火时的变形量，常常采用摇篮式、上下窜动式和油搅拌式等，目的都是为了缩短蒸汽膜阶段，以加剧淬火的冷却能力和淬火冷却的均匀性，同时减小薄壁件型的密封座的变形。高碳铬轴承钢制的滚动体、密封座的淬火一般选择油为冷却淬火介质。

二、滚动体、密封座淬火常用热处理设备及工艺

1. 输送带式炉结构及其生产线

输送带式炉是在直通式炉膛中装以传送带，连续地将放在其上的工件送入炉内，并通过炉膛送出炉外。它的优点是工件在加热过程中，加热均匀，不受冲击、振动，变形量小。主要问题是输送带受耐热温度的限制，承载能力较小，输送带反复加热和冷却，寿命较短，热损失较大。但此类设备的适用范围较广，广泛用于标准件、轴承、纺织零件淬火及回火，还可用于薄层渗碳和碳氮共渗等热处理。

输送带式炉炉膛通常划分为三区，预热区、加热区和保温区。炉膛结构有两类，即为有罐性和无罐性。有罐的密封较好，耗气量少，电热元件及炉衬不受炉气气氛的影响，其主要特点是炉罐费用高，寿命不长，炉罐安装风扇较为困难。无炉罐的炉膛结构简单，便于安装风扇，主要缺点是炉子密封性较差，耗气量较大。炉衬多用轻质砖和耐火纤维砌筑，炉衬结构有组装式、积木式结构。炉壳的上盖制成可拆式，便于维修。

输送带式炉电热元件，有罐的网带炉多采用电阻丝绕在芯棒上，单边引出的插入式无辐射管结构，布置在炉膛的上下两面，呈横向布置。无罐的网带炉可采用金属质或碳化硅质辐射管。电热元件分前、中、后三区布置，后区为保温区，常在炉子后端墙设电热元件，防止工件在淬火前降温。

输送带式炉网带，根据使用的温度条件选择相应的耐热网带。网带的传动大致有三种形式，即炉底托板驱动网带式、气动夹持网带推动式和用于无罐炉的套筒滚子链驱动式。网带的主要失效原因是网带反复经受加热和冷却的变化和气氛的腐蚀，造成脆断、挡片脱落，制造后未加消除应力，会造成使用中变形而失效。

输送带式炉炉罐，炉罐材料用得最多的是：～800 ℃时，采用 1Cr18Ni9Ti；＜1 000 ℃时，3Cr24Ni7N；1 100 ℃时，0Cr25Ni20。炉罐也有采用碳化硅材料制造的。炉罐厚壁与薄壁之分，大于 10 mm 为厚壁，多用于渗碳；小于 6 mm 为薄壁，多用于一般热处理。电热元件的安装位置不可距炉罐太近，以防局部强辐射或造成短路，损坏炉罐。

输送带式炉进口密封装置，由于炉子进料口处于开启状态，单独依靠炉气喷出，不足以将其密封。常设火帘，或设置可调节高度的倾斜活动门，或炉口悬挂耐火编织布，或设置喷射式炉气密封装置。

图 6-4-19、图 6-4-20 分别为有罐和无罐网带式炉的结构示意图。

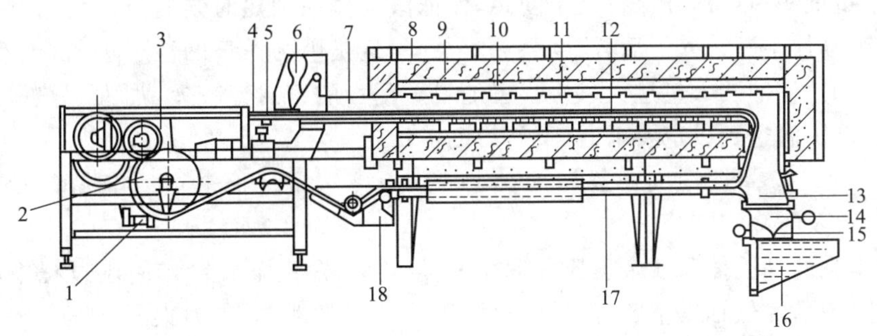

图 6-4-19 有罐网带式炉结构示意图

1—驱动鼓轮机构；2—驱动鼓轮；3—装料台；4—网带；5—炉底板驱动机构；6—火帘；7—密封罐；8—外壳；9—炉衬；10—炉膛；11—热电偶；12—活动底板；13—气体进口；14—滑道；15—淬火剂幕；16—淬火槽；17—网带退回通道；18—水封

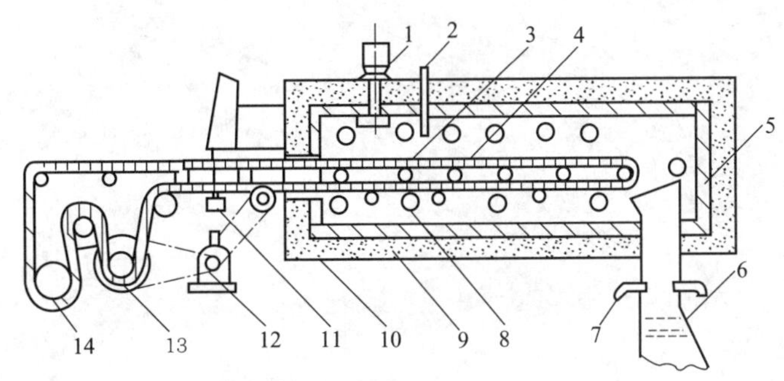

图 6-4-20 无罐网带式炉结构示意图

1—风扇；2—进气口；3—网带；4—托辊；5—抗渗层；6—淬火口；7—油帘装置；8—辐射管；9—保温层；10—炉壳；11—气帘装置；12—驱动电动机；13—传动轮；14—张紧鼓

2. 网带式炉热处理工艺

采用网带式炉对铁路货车轴承滚动体加热淬火，以 352226X2-2RZ 型号为例，加热淬火的工艺曲线如图 6-4-21。技术要求及工艺说明如下：

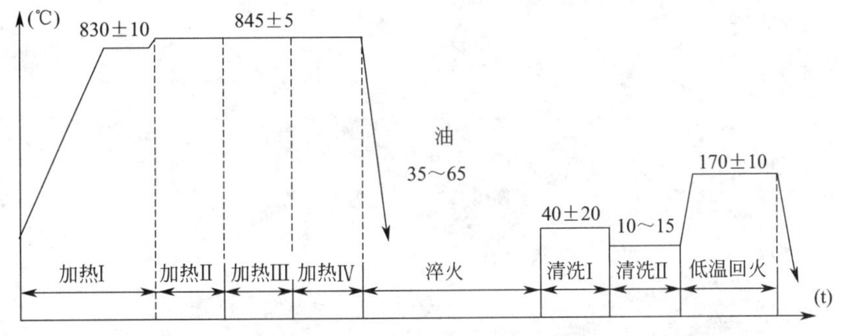

图 6-4-21 352226X2-2RZ 滚动体淬火热处理工艺曲线

(1)技术要求

352226X2-2RZ/04 铁路货车轴承滚动体淬火后硬度 63～66 HRC 之间；马氏体组织为隐晶、细小结晶马氏体和均匀分布的细小残留碳化物、少量残余奥氏体以及少量的屈氏体组成。

(2)热处理淬火工艺

352226X2-2RZ/04 货车轴承滚动体在网带式连续炉热处理淬火工艺是，第一区加热温度为 835 ℃，第二区加热温度为 840 ℃，第三区加热温度为 845 ℃，第四区加热温度为 845 ℃。总加热时间为 55 min。滚动体的加热采用甲醇滴注式保护气氛，防止滚动体表面被氧化、脱贫碳， 般炉内碳势控制在 0.6%～0.9%C，滚动体表面的脱贫碳层深不得超过半径方向留磨量的 2/3。滚动体在上料时，注意滚动体应该均匀平铺于网带，滚动体之间不得堆积、重叠，并保持一定间距，保证滚动体在加热时候的受热均匀，防止产品质量的不均匀。加热一区在滚动体不断进入炉后，温度会逐步下降，这是因为大量的滚子进入，虽然一区加热功率占总功率的一半，但如果工件的装入量过大、过快，再加之炉门口的密封性较差，加大了热散失，所以有时候需要停止网带的传动，待炉温达到设定要求后，重新启动传动。

淬火油温为 35～65 ℃，冷却时间一般为 10 min 左右。淬火油不停搅拌，同时窜动装置要不停上下窜动，保证滚动体的淬火及时冷却充分。

滚动体淬火后得到的马氏体和残余奥氏体是亚稳定组织，在室温放置或使用过程中，会发生转变或分解，导致滚动体尺寸变化，降低轴承精度，而且淬火马氏体组织脆性大、应力大、塑性低，容易开裂。所以，必须要回火处理。并在一定温度下促使马氏体分解，并使奥氏体稳定且部分转变，降低滚动体的表面硬度，提高塑韧性，消除淬火组织应力并稳定滚动体尺寸。回火温度为 165～175 ℃，时间 4～6 h。

第五章
磨削加工

磨削加工是用磨具以较高的线速度对工件表面进行机加工的一种方法，磨削加工精度能达到千分之一毫米，公差等级能达到IT4～IT6。对于轴承圆度误差和粗糙度等精度指标要求比较高，只有通过磨削加工来达到其最终的产品要求。

第一节　套圈的磨削加工

磨加工的方法很多，由外圆磨削、内圆磨削、平面磨削、无心外圆磨削、双端面磨削、滚道磨削、油石超精研磨等。磨削时，砂轮高速运转，工件则根据不同的磨削方式，作旋转运动、直线运动或其他更复杂的运动。

一、磨削加工的特点

与其他的切削加工相比，由于磨削加工时，切削刀具是砂轮，因而具有以下特点：

1. 砂轮的切削速度高。磨削时砂轮高速旋转。目前已采用45m/s的高速磨削。效能高。

2. 可以获得很高的加工精度和很细的表面粗糙度；由于磨加工是微量磨削的切削，因此，与其他相比，可以获得很高的加工精度。表面粗糙度 R_a 值达到1.25～0.08 μm，圆度误差0.1 μm。

3. 能加工各种材料。由于砂轮的特性不同，因此可以用来加工各种金属和非金属材料，而且还可以加工硬度很高的材料。如各种淬火钢和硬质合金等。这些高硬度材料用一般的切削工具很难加工的。

4. 在一次行程中能切除极薄的金属表面。

由于磨削加工有这些特点，所以主要用来进行精加工，

二、磨削加工的基本条件

1. 具备专用、高效、精密的加工机床设备；
2. 选用高效、可靠、灵便的工装夹具；
3. 选用优良、安全的磨具(砂轮、油石)；
4. 配备精准的主动测量仪器、仪表；
5. 保证磨削质量的金刚石修整器；
6. 具有高效清洁、防锈、防腐、无毒、无害长寿命的磨削冷却液及保证冷却液流量、压力、温度、洁净度等指标的冷却液供应系统装置；
7. 具有熟练的和一定操作技能的操作工人。

三、磨削用的磨具

(一)砂轮特性

磨削的磨具为砂轮，砂轮是有许多细小的棱形多角且较硬的磨粒和结合剂以适当的比例混合而成形后，再经过干燥、烧结、整形、静平衡、硬度测定、最高线速度试验等程序而制成的。砂轮的主要特性有七方面要

素来衡量:磨料、粒度、结合剂、硬度、组织、形状尺寸、最高工作线速度。各种特性的砂轮都有其适用的范围,须按具体的磨削要求合理的选择。

砂轮对磨削加工效果是多方面的,其中包括加工精度,表面质量和生产效率等。为了保证磨削的质量和磨削效果,要按照具体加工条件,正确选择砂轮。主要考虑选择的因素:

1. 工件材料的强度、硬度、韧性、导热性等;
2. 工件的热处理方法;
3. 工件的加工精度和表面粗糙度的要求;
4. 工件的磨削余量;
5. 工件的形状和尺寸;
6. 磨削加工的方式。

(二)轴承磨削砂轮选择

1. 磨料的选择(表 6-5-1)

表 6-5-1 磨料选择

磨料名称	代号	特　点
棕刚玉	A	有足够的硬度、韧性大、抗弯强度高、价格便宜
白钢玉	WA	比棕刚玉硬和脆,自锐性好、磨削力和磨削热较小
微晶刚玉	MA	强度高、韧性和自锐性好

2. 粒度的选择

(1)在粗磨工序时,为了高效率切除金属余量,选用粗粒度的砂轮。

(2)在精磨工序,为了达到较高的精度要求和表面质量,选择细粒度的砂轮。

(3)在成型磨削时,要选择细粒度的砂轮以保持砂轮工作面的轮廓形状。

(三)砂轮的修正

砂轮在磨削过程中,磨粒会发生钝化而丧失切削力或失去正确的几何形状,导致砂轮磨损。一般磨损分为三阶段:初磨损,正常磨损,最后磨损。修正砂轮应在第二阶段将要到第三阶段前进行较为恰当。

砂轮修正方法:

1. 金刚石修整器

将大颗粒的金刚石镶焊在特制的刀杆上,以金刚石为工具用切削形式来修整砂轮。

2. 金刚石笔修整

将颗粒较小的碎粒金刚石或金刚粉,用结合力强的合金结合剂结合起来,压入特制的金属刀杆上制成。

3. 金刚滚轮修整

将金刚粉或碎粒的金刚石用特制方法成型,制成金刚石滚轮,在专用的修正装置上与砂轮进行差速滚动,用于成型磨削砂轮的修整。

四、磨削用量选择

磨削时,必须先选择磨削用量。所谓磨削用量,是指磨削过程中与加工效果直接有关的几种切削规范,它包括砂轮圆度周速度、工件圆周速度、工件的纵向进给速度、砂轮的横向或垂直进给量等。合理选择磨削用量,对提高磨削加工质量和生产率有很大作用。

1. 砂轮圆周速度

砂轮外圆表面上任意一点在单位时间所经过的距离,叫做砂轮圆周速度,用 v_s 表示,其单位为 m/s。根据砂轮的直径和转速,砂轮圆周速度可用下式求得:

$$v_s=\frac{\pi D_s n}{1\ 000\times 60}(\mathrm{m/s})$$

式中 D_s——砂轮直径(mm);

n——砂轮转速(r/min)。

砂轮的圆周速度很高,其最大值决定于结合剂的种类的磨床的刚性,一般在 35~50 m/s 左右,高速磨削已达到 60～80 m/s 的水准。

砂轮圆周速度对磨削质量和生产有直接影响，当砂轮直径减小到一定数值时，砂轮的圆周速度也相应降低，砂轮的磨削性能也明显变差，此时应更换砂轮或提高砂轮转速。

2. 工件圆周速度

磨削外圆或内圆时，工件被磨削表面上任意一点在每分钟内所经过的距离，叫做工件圆周速度，用 v_w 表示，单位为(m/min)

$$v_w=\frac{\pi D_w n_w}{1\ 000}(\text{m/min})$$

式中　D_w——工件外圆或内圆的直径(mm)；

n_w——工件转速(r/min)。

在磨加工中，工件圆周速度比砂轮圆周速度低得多，二者的比例大致为

$$v_w=\left(\frac{1}{80}\sim\frac{1}{160}\right)v_s$$

粗磨时工件圆周速度应取高一些，精磨时工件圆周速度应取低一些。工件圆周速度一般为 10～30 m/min。

在实际生产中，一般工件直径是已知的，工件圆周速度应根据加工条件选定。但在加工时通常需要确定的是工件转速，为此可将上面的公式变换为：

$$n_w=\frac{1\ 000v_w}{\pi d_w}(\text{r/min})$$

或

$$n_w=\frac{318v_w}{d_w}(\text{r/min})$$

3. 纵向进给量和纵向进给速度

工件每转(或行程)沿着砂轮回转轴线方向所移动的距离，叫做纵向进给量，以 $f_{纵}$ 表示。其大小以砂轮宽度的百分数计算，单位为 mm/r。通常，纵向进给量的大小为：

$$f_{纵}=(0.2\sim0.8)b(\text{mm/r})$$

式中　b——砂轮宽度(mm)。

进给量的大小根据磨削方式决定：

一般粗磨，取 $f_{纵}=(0.3\sim0.8)b$；精磨时，取 $f_{纵}=(0.2\sim0.5)b$。

实际操作时，则可按纵向进给量相应调节磨床工作台的速度。

在单位时间内，工件沿着砂轮回转轴线方向相对移动的距离，叫做纵向进给速度，以 $v_{纵}$ 表示，单位为 m/min。纵向进给速度 $v_{纵}$ 与纵向进给量 $f_{纵}$ 之间有如下关系：

$$v_{纵}=\frac{f_{纵}\ n_w}{1\ 000}(\text{m/min})$$

式中　n_w——工件转速(r/min)；

$f_{纵}$——纵向进给量(mm/r)。

4. 横向进给速度和横向进给量

在单位时间内工件沿着砂轮径向进给的距离称为横向进给速度，以 $v_{横}$ 表示，单位为 mm/min。切入磨削时，工件每转沿着砂轮径向进给的距离称为横向进给量，以 $a_{横}$ 表示，单位为 mm/r，$a_{横}$ 与 $v_{横}$ 之间有如下关系：

$$a_{横}=\frac{v_{横}}{n_w}(\text{mm/行程})$$

当工件有往复运动时，横向进给量一般称为背吃刀量，用 a_p 表示，单位为 mm/行程，它是指工件待加工表面与已加工表面之间的垂直距离。在磨削内、外圆时，背吃力量可用下式表示(图 6-5-1)：

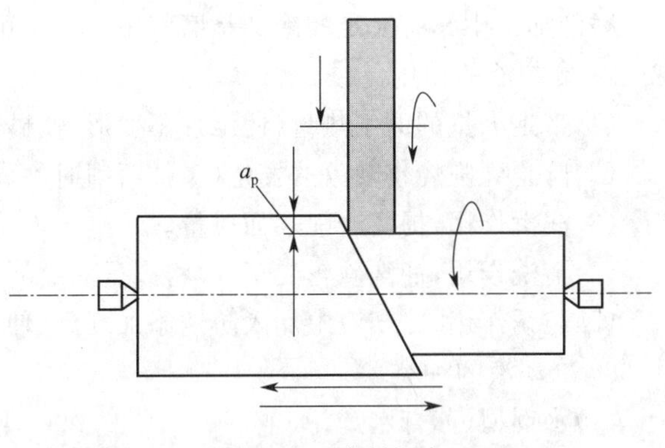

图 6-5-1　磨削深度

$$a_p=\frac{D-d}{2}(\text{mm/行程})$$

式中 D——加工前工件直径(mm);

d——一次行程后工件直径(mm)。

从图6-5-1中可以看出,横进给一次,对于外圆磨削的工件直径就减少 $2a_p$ mm,同理,对于内圆磨削的工件,内径增大 $2a_p$ mm。

五、套圈磨加工工艺方法制定的基本要素

(一)基本工艺

1. 根据轴承零件尺寸规格大小,磨削留量多少、精度等级不同等情况,可分粗、精磨二段或粗、细、精磨三段的工艺方式。

2. 在粗磨、精(细)磨之间可安排一次稳定处理(附加回火),温度在150 ℃以下,时间在4～6 h。

其目的是:

(1)消除粗磨时产生的磨削应力;

(2)消除因热处理淬火变形的内应力;

(3)减少淬火后残留奥氏体的含量,以保持尺寸精度的稳定性。

3. 加工工艺流程是首先加工轴承零件的基准面,一般外圈是以二端面及外径作为基准面;内圈是以大端面及外滚道作为基准面。基准面的选择时力求使用面、安装面、加工面、测量面四统一原则。

(二)夹具、工装

1. 加工中的夹具系选择无心夹具的夹持方式(除平面加工外,其余都为无心夹具),该种夹具的优点是:

(1)夹持力小,工件不易产生因夹持力而发生变形,影响零件的加工精度;

(2)套圈内外径的同心度精度不受机床主轴旋转精度影响;

(3)机械手上、下料便捷,有利于实现自动化生产,且便于返修处理加工;

(4)便于修磨、更换,可采用机外校准方式,以减少更换工夹模具的辅助时间,提高设备利用率及生产效率。

2. 选择高精度、高刚度、满足砂轮线速度35～80 m/s、长寿命的砂轮主轴。

砂轮主轴基本类型有:

(1)电主轴:功率直接由电动机驱动,通过电器变频达到转速调整。

(2)皮带主轴:功率由电动机通过皮带传递到砂轮主轴,通过变换皮带轮或电动机变频调速得到所需转速。

(三)磨　　具

1. 铁路货车轴承套圈是采用渗碳轴承钢,根据材料、磨削的线速度,粗、精磨等各因素选择磨削砂轮,砂轮是磨削加工中重要的磨削工具。

2. 砂轮在磨削过程中,磨粒会发生钝化而丧失切削力或失去正确的几何形状等的砂轮磨损。砂轮的修正方法、修正形式的选择很重要。

(四)冷 却 液

选择性能良好的磨削冷却液

磨削加工中具有充足的冷却是磨削工艺中不可缺少的要素之一。

1. 冷却液的作用

(1)带走大量的磨削热量(使工件不变形,使砂轮能正常工作)。

(2)防止磨削烧伤现象的发生(零件磨削时不允许有烧伤)。

(3)润滑作用,提高磨削表面质量。

(4)清洗作用,冲洗砂轮与工件,将大量的磨屑及脱落磨粒冲洗掉。

(5)防锈作用,冷却液中加入防锈添加剂后,使轴承零件表面增加抗氧化能力,减少锈蚀发生。

2. 冷却液的种类

(1)水剂型(苏打水)。

(2)油剂型(加入乳化油而形成微细颗粒的油包水悬浮液)。

(3)合成型(加入三乙醇胺、聚醚、油酸钠皂、亚硝酸钠等添加剂)具有较高冷却性能。可提高磨削速度。

六、轴承套圈磨削加工技术要求

(一)尺寸误差应在公差范围内,特别是套圈的宽度、外径、内径尺寸不许超差。

(二)形状误差应在允许的范围内。形状误差包括:

1. 端面的平面度、弯曲度 V_{Bs},V_{Cs}。
2. 单一径向平面内的内径(外径)变动量 V_{dp}(V_{Dp})。
3. 平均内径(外径)变动量 V_{dmp}(V_{Dmp}),振纹。
4. 单一径向平面内的内圈(或外圈)滚道直径变动量 V_{dip}(或 V_{Dep})。
5. 内圈(外圈)滚道圆锥角偏差$\triangle 2\beta$($\triangle 2\alpha$)。
6. 内圈大挡边厚度变动量 Sif。
7. 滚道表面素线的直线度 L_i(L_e)。

(三)位置误差应在允许范围内。位置误差包括:

1. 内圈(外圈)滚道对内(外)径表面的厚度变动量 K_i(K_e)。
2. 外圈外表面素线对基准端面倾斜度变动量 S_D。
3. 内圈基准端面对内孔的倾斜度变动量 S_d。
4. 内圈(外圈)滚道对基准端面的倾斜度变动量 S_{di}(S_{De})。
5. 外圈滚道对另一滚道的径向圆跳动 K_{er}。

(四)表面质量应符合标准。套圈磨削加工后的表面质量包括:

1. 装配面和工作面的质量(表面粗糙度 R_a 数值在标准之内)。
2. 装配面和工作面的质量缺陷(不允许有锈蚀、烧伤、磨裂、黑皮、粗磨痕、碰伤、划伤、装卡伤等机械加工的损伤)。

(五)磨削后的套圈不应有过大的磨削力和变形,在生产中要进行控制。

(六)通常零件磨削的工艺技术要求要大于成品的技术要求,以保证最终的成品质量。

七、磨削过程中工艺制定及管理

铁路轴承磨加工与一般机械和铁路部件加工不一样,轴承是大批量生产形式。轴承生产属于精密机械制造,套圈、滚子等必须通过磨加工。磨加工的尺寸和形状精度大都时以微米作为单位。表面粗糙度 R_a 值达到 0.1 μm,为了保证零件的加工精度和质量要求,要经过多道工序的加工,生产周期长。因此,在磨削加工过程中,必须要有严格的工艺规程和作业指导卡,同时要有产品质量检验制度。

(一)工艺规程制定

根据工艺设备的条件,尽可能考虑工艺的先进性,可靠地保证轴承零件达到各项技术标准。同时,也要具有高效率和低消耗的特点。工艺规程是随新技术和新装备的不断发展进行不断更新和变化的。

1. 套圈磨削工艺路线

根据磨削设备和套圈技术、质量要求,制定粗、细、精磨或粗、精磨工序。

加工顺序为先基面后其他。

2. 确定工序余量

工序余量应满足本工序消除上工序加工时留下来的质量不足,且圆满达到本工序的技术、质量指标。

3. 各工序的技术条件和检验项目

主要有加工面的尺寸精度、形状精度、位置精度、表面质量等。

4. 各工序采用的工艺装备

主要有机床、磨具、夹具、量具等。

5. 切削用量选用

根据磨削质量要求、设备、磨具情况,选用切削用量。

（二）工艺规程的管理

在磨削加工中，必须要严格按工艺规程执行。根据制定出来的工艺规程用工艺卡或作业指导卡形式，在生产现场作为工艺文件。现场工程师或技术管理人员应定期对工艺文件执行进行监督检查。对需调整和改进的合理化建议进行收集、整理，上报有关主管部门，以利改进。

八、套圈磨削工艺及方式

根据货车轴承套圈的形状及磨削部位，将磨削方式分类为：平面磨、外圆磨、内圆磨。

（一）外　　圈

外圈主要磨削面为两平面、外径面、两滚道面、两牙口面。

1. 外圈磨削工艺流程

粗磨两端面—粗磨外径面—粗磨滚道—粗磨牙口—（稳定回火处理）—精磨两端面—精磨外径—精磨滚道—精磨牙口—超精滚道

2. 外圈磨削过程

(1)平面磨削（外圈两端面）

① 磨削设备：立轴单头圆台面磨床 M7475、卧式双头端面磨床 M7675 等

② 磨削要求：热处理后的套圈进行磨加工，为了保证磨削后的套圈两平面能达到尺寸和形状精度要求，通常将平面分粗、终两次磨削。

③ 平面磨削方法

套圈端面不仅是轴承安装的基准面之一，也是磨加工各工序的主要工艺基准面之一。端面磨削是套圈磨加工的第一道工序，它的加工误差直接影响以后各磨削工序的质量。例如，端面磨削精度高，宽度变动量小，在无心外圆磨削时就可以得到合格的外径表面素线对基准端面倾斜度变动量的要求，为以后磨削内圆和滚道等工序提供可靠的工艺基准，保证各工序的加工精度。

磨削轴承套圈端面时通常采用砂轮端面磨削，磨削形式有两种：

立轴平面磨削：将几个套圈放在磁性工作台上，一面先磨削，然后再翻一面磨削。

卧轴双端面磨削：此方法是通过左右两个砂轮，将套圈的两端面同时磨削，此方法效率高。磨削后的平面弯曲度和平行差都比较理想。

④ 技术条件及检查方法

a. 套圈端面的技术条件

套圈宽度尺寸、套圈宽度变动量（V_{Cs}）、端面直线度、套圈平面度、表面粗糙度、外观（包括烧伤）、残磁等，其容许偏差均规定在工序间技术条件和其他技术条件之中。

b. 检查方法

套圈宽度尺寸和宽度变动量均可在 G904、G905 仪器上用标准件比较测量（图 6-5-2）。测量时，表尖测量点必须离开倒角和打字处。以避免产生测量误差，同时表尖应接触套圈的基准端面。被测套圈两端面间的距离，则是套圈宽度尺寸。被测套圈在仪器上旋转一周以上所测得的两端面间最大与最小距离之差为宽度变动量。

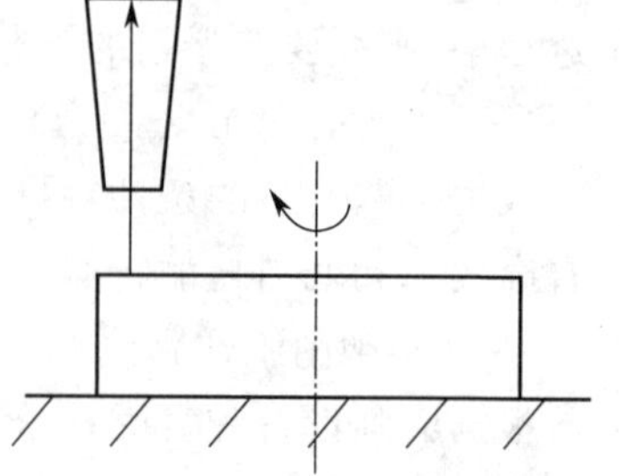
图 6-5-2　检查套圈宽度尺寸及宽度变动量

套圈端面的直线度，可用刀口形直尺紧贴端面检查，也可用仪器测量（图 6-5-3），端面的凸凹度 a－b，则为端面的直线度误差。其误差不应超过规定宽度变动量数值的 1/2。

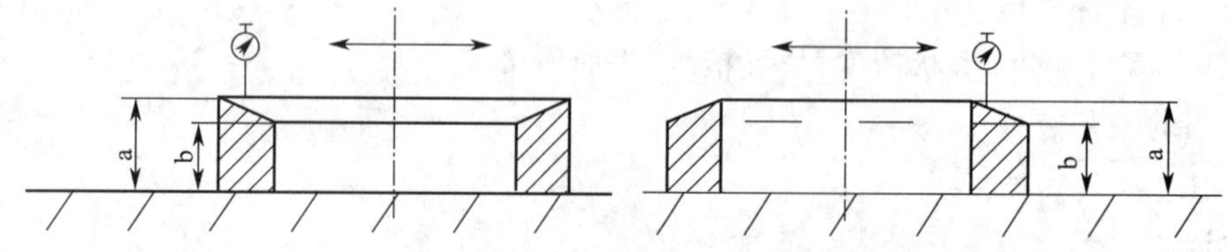

图 6-5-3　测量端面直线度

套圈平面度(图 6-5-4)用 G803 仪器测量。其测量方法如图 6-5-4(b)所示，仪器的三个定位支点必须相隔 120°，使仪表的测量点与套圈基准端面接触，并位于定位支点的正中间，这样才能测出平面度的正确值。

套圈平面度误差大都出现在推力轴承套圈和超轻、特轻系列轴承的外圈上(即薄壁套圈)，大都是由于端面钢模打字、热处理或磨端面时磁盘磁力过大等造成的。

在外观质量上，加工后的端面不允许有碰伤、车削痕、压伤、划伤和黑皮等缺陷。

残磁可用 CJZ-1 残磁检查仪或用小铆钉检查。在实际生产中，当用铆钉检查时，可参考下列规定：外径超过 130 mm 时，不应吸起 0.03 g 重的铆钉。

⑤ 磨削余量

采用卧轴双端面磨床加工套圈端面时，根据其工艺特性，对于两端面面积相等的轴承套圈，其宽度总余量应自动地平均分配于被加工的两个端面上。为了保证滚道和牙口的位置，车加工宽度尺寸必须严格要求。

(2)外圈外径面磨削

① 磨削设备型号：无心磨床 M1083，M10300 等。

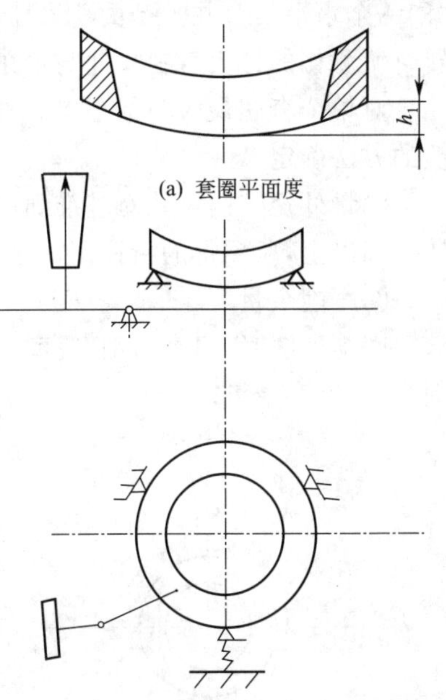

图 6-5-4　套圈平面的检验

② 外圆磨削要求：、轴承套圈的外圆是轴承的安装基准面之一，它与承载鞍相配合。为了达到互换目的，对其尺寸精度和形状位置的精度的要求都比较高。另外，外圈的外圆又是以后各磨削工序中(如磨削滚道、牙口等)的定位基准面，因而外圆的加工误差将直接影响这些工序的加工质量，所以外圆磨削是套圈磨加工过程中的重要工序之一。轴承套圈外圆磨削均根据工件的宽度、重量选择定位切入式磨或贯穿式无心磨等方法。

③ 外圆磨削方法

目前国内货车轴承的套圈在无心外圆磨床上磨削工件的方法主要是有切入法(横磨法)和宽砂轮通过磨削法两种。

a. 贯穿磨削法

轴承外径尺寸小于 ϕ250 时可在粗磨外圈时可用贯穿法磨削。贯穿法磨削时，导轮轴线必须在垂直面内倾斜一个角度，磨削时工件一边旋转一边纵向进给，穿过磨削区域。将工件放在送料架上，由人工或机械手的作用，将工件推入磨削区域，工件就边旋转边向前进给。穿过磨削区域，工件的加工精度和加工余量的切除，在贯穿中完成。

b. 切入磨削法

导轮轴线须与磨削轮轴线平行，磨削时，工件不穿过磨削区，是在修整成形的磨削轮和导轮以及托板、轴向定位挡铁组成的磨削区域里，一面旋转一面在导轮(或磨削轮)横进给作用下，靠近磨削轮进行磨削，直至磨去余量为止，然后导轮(磨削轮)后退，取出工件。

切入磨时，由于工件不必纵向进给，所以导轮轴线与砂轮轴线应基本保持平行。但为了使工件能靠紧定位挡铁，防止工件轴向窜动，往往将导轮在垂直面内转动一个倾斜的角度(约 1/4°～1/2°)。

④ 技术条件及检查方法

a. 外圆的技术条件

外径尺寸(D)，单一径向平面内的外径变动量(V_{Dp})，单个套圈最大与最小单一外径之差(V_{Dmp})，圆度误差，外径表面素线对基准端面的倾斜度变动量(S_D)，外观(包括烧伤)，表面粗糙度等。其容许偏差均规定于工序间技术条件和其他技术条件之中。

b. 检查方法

外径尺寸，单一径向平面内的外径变动量、单个套圈最大与最小单一外径之差、外径表面素线对基准端面的倾斜度变动量，均可在 D913、D914 等仪器上测量，其测量方法见图 6-5-5. 测量前必须调整好仪器，表尖和相对应的支点的连线要通过工件圆心(通称“找最大点”)，同时调整仪器各支点至端面的距离相等(通称

“同一个水平面”)并大于倒角尺寸的两倍。测量时，将套圈旋转一周以上，所测得的是直径尺寸。同时，在旋转时所测得的最大直径尺寸与最小直径尺寸之差，为单一径向平面内的外径变动量。

对单个套圈最大与最小单一外径之差的测量，习惯上采用通过套圈中心的同一纵向截面上两端直径之差的方法确定。

测量外径表面素线对基准面的倾斜度变动量仍可在上述仪器上测量，其测量方法见图 6-5-6 将套圈旋转一周以上，所测得的指针摆动量即是。

⑤磨削余量

磨削外圆时，粗磨、、细、终磨三工序的总余量通常在 0.7～0.9mm，粗磨余量是总余量的 60%左右，余下则为细、终磨余量。

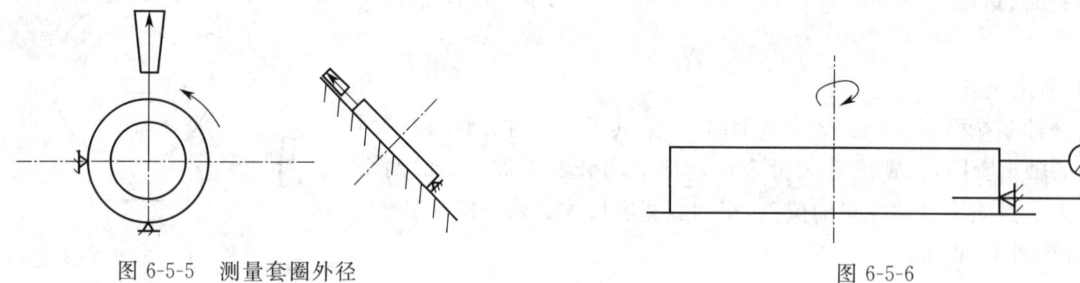

图 6-5-5　测量套圈外径　　　　图 6-5-6

(3)外圈牙口内圆磨削

外圈内表面部位(牙口)，设备采用内圆磨床。

①磨削设备型号：M2120A，3MB2025，T-177 等。

②磨削要求：

外圈的牙口尺寸是与密封组件相配合的，其尺寸精度和形状精度要符合技术要求。即牙口直径 ΔD_{Lmp}；单一径向平面内牙口直径变动量 V_{DLp}；牙口表面对外径面厚度的变动量 K_L.

③磨削方法

外圈牙口磨削是一种内圆磨削的方法，通常用粗、终两道工序完成全部磨削。

内圆磨削时，由于砂轮与工件成内切圆接触，砂轮与工件的接触弧比外圆磨削大，磨削热和磨削力都较大，工件容易发热或烧伤，因此要求磨削时冷却液要充足，磨削进给量不宜过大。一般在粗磨时采用先磨一牙口，再调一面磨另一牙口的方式。在终磨时建议采用两牙口同时磨削的方法。

④技术条件及检查方法

a. 技术条件

牙口内径尺寸、单一径向平面内的直径变动量 Vdp、圆度误差、外观(包括烧伤)、表面粗糙度等。其允许偏差(或数值)均规定在工序间技术条件之中。

b. 检查方法

牙口尺寸检查仪器为 D713。检查时用直径标准件进行比较测量法。在生产时要求尺寸 100%检验。

(4)外圈滚道磨削

①磨削设备型号：M2120，3MB2025，M2330，T-177 等。

②滚道磨削要求：滚道是轴承内、外圈的工作表面，是滚子滚动的轨迹。习惯上，把外圈滚道称为外滚道，外滚道的几何形状与内圈的内圆很相似，同属内圆表面，因此它们的工艺特性大同小异，所不同的是外滚道尺寸公差要求有些差异，但对形状精度，尤其是表面质量比内圆更严格，这是因为滚道的加工质量会直接影响轴承的使用精度、性能和寿命。在外圈滚道加工中起着主要、关键的技术指标有：单一径向平面内外圈滚道直径变动量 V_{Dep}；外圈滚道圆锥角偏差$\triangle 2\alpha$；一滚道对另一滚道的径向圆跳动 K_{er}；外圈滚道对外径表面的厚度变动量 K_e 等。

③滚道磨削方法：

外圈滚道磨削属于内表面磨削，其磨削基准是套圈的外径面。一般在磨削外滚道时采用的夹具为电磁无心夹具，无心夹具的支承为固定支承，砂轮直径尺寸受到工件内表面直径的限制，其切削性能没有磨削内圈滚道外圆磨削法那样理想。尤其是采用砂轮切入磨削时，每一磨粒在工件上磨削的轨迹不变，将会在滚道表面产生条状的磨痕，影响到滚道表面粗糙度的提高，这对工件的加工质量来说是不利的。为了改善磨削条件和工作表面质量，工件和砂轮在很小的行程内作纵向"振动运动"(即短促的往复运动)，从而有利于消除磨粒的磨削轨迹，提高加工质量。

由于滚道的形状精度、表面质量要求高，所以滚道的磨加工工艺一般可分粗、精两个工序。粗、精磨分别在不同精度的磨床上进行加工。

外圈滚道是双滚道，为了保证轴承运行的质量，在滚道粗磨工序可以采用两滚道调头单列磨削方法，在精磨时建议采用两滚道同时磨削的方法，以保证两滚道的同心度。

磨削时需要注意的是：由于砂轮与工件成内切圆接触，砂轮与工件的接触弧比外圆磨削大，切削液不易进入磨削区域，磨屑不易排出，容易造成砂轮表面堵塞，影响砂轮的磨削性能。因此磨削热和磨削力都较大，工件容易发热变形或烧伤。

精磨时采用两滚道同时磨削，双砂轮同时磨削，因此磨削面长度及磨削力都有较大的增量，故需要提高砂轮接长轴及砂轮生轴的刚度，以防止产生弯曲变形和振动，影响加工精度和质量。

④技术条件及检查方法

a. 技术条件

外滚道直径尺寸 D_e、单一径向平面内外圈滚道直径的变动量 V_{Dep}、外圈滚道圆锥角偏差 $\Delta 2\alpha$、外圈滚道素线对基准端面的倾斜度变动量 S_{De}、滚道直线度 L_e、外圈滚道对外圆的厚度变动量 K_e、一滚道对另一滚道的圆跳动 K_{er}、外观(包括烧伤)、表面粗糙度等必须符合技术条件的规定。

b. 检查方法

测量外滚道直径尺寸时，要用标准件进行比较测量。在测量过程中，将套圈旋转一周以上测得的尺寸即为滚道直径尺寸，在同一截面测得的最大和最小直径之差为单一平面内外滚道的直径变动量。

测量外圈滚道圆锥角偏差时，必须用圆锥滚道角度标准件进行比较测量(图 6-5-7)。圆锥角偏差是在支点 1 与测点 2 相距为 h 时，在直径方向所测得的偏差值。当被测套圈旋转一周时，可测得实际圆锥最大值 δ_1 和最小值 δ_2 的偏差，两者的代数和就是该滚道圆锥角实际偏差，用下式表示：

$$\Delta\alpha=\delta_1+\delta_2$$

式中　$\Delta\alpha$——圆锥滚道圆锥角实际偏差。

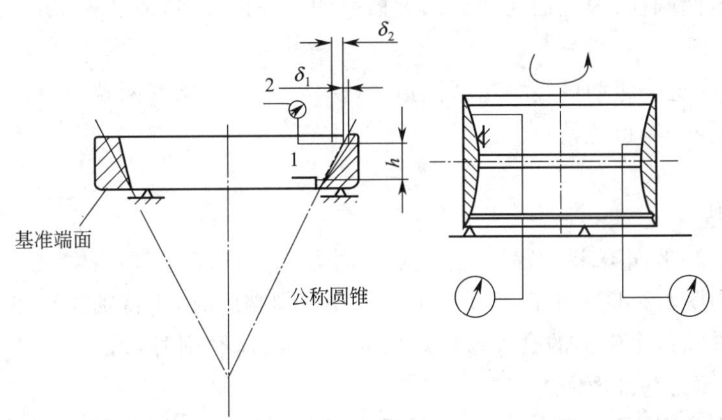

图 6-5-7　滚道圆锥角偏差的测量

测量外圈滚道素线对基准端面的倾斜度变动量时，可不用标准件对表。当被测套圈旋转一周以上时，表针的摆动范围即为该滚道素线对基准端面的倾斜度变动量(图 6-5-8)。在测量时往往规定其支点和测点相距 10 mm 的数值，当两支点的距离不是上述数值时，就必须进行换算，因为倾斜度变动量 S_{De} 值的大小与支点至测点的距离 h 有关，h 愈大，在表上反映的 S_{De} 值就愈大。其换算方法是，例如：当 h 等于 10 mm 时，允许的 S_{De} 值为 0.03 mm，则测量时允许的滚道素线对基准端面的倾斜度变动量值应为 $S_{De}=0.03/10\times h$ (mm)。所以 S_{De}＝技术条件规定数值×两支点距离/10(mm)。

双列圆锥轴承一滚道对另一滚道的跳动 K_{er}(一滚道对另一滚道的两倍偏心)，测量方法见图 6-5-9。

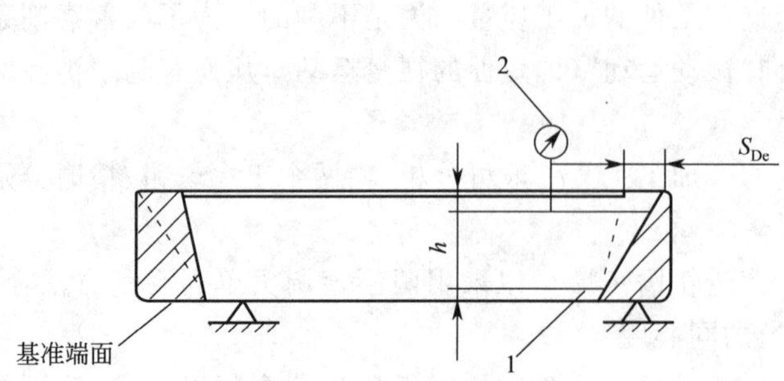

图 6-5-8 滚道素线对基准面倾斜度变动量测量

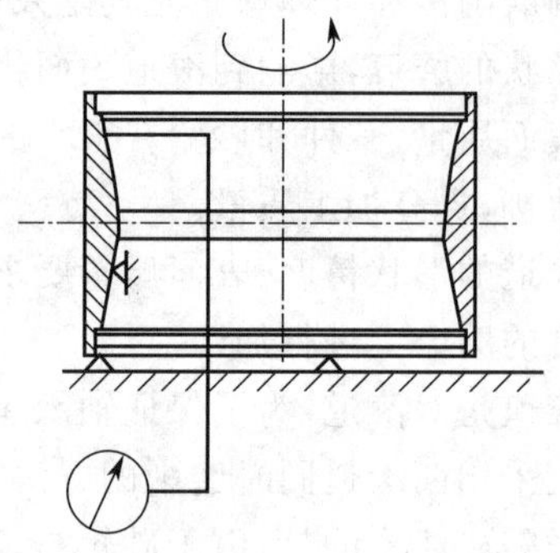

图 6-5-9 一滚道对另一滚道的跳动

滚道直线度 L_e 的检查采用轮廓仪检测。能直接读出形状、位置和数值。但这只能是在开机首件检验和过程抽样检验中进行。生产线大批量只能通过仪表来回拉直线性的方法检测。

圆锥滚子外圈滚道对外径的厚度变动量 K_e，一般在滚道的中部测量。

⑤磨削余量

铁路轴承套圈为渗碳钢，为了保证有效的渗碳层，热处理后的磨削余量不能太大。一般控制在 0.6～0.8 mm。

(5)外圈滚道超精

①超精设备型号：3MZ360，3MZ6125 等。

②超精要求：与内圈滚道超精要求一致。如果设备条件许可，外圈滚道的超精最好是两滚道同时超，这样能与双滚道同时磨的工艺一样，保证滚道的两倍偏心差小，效率高。通过超精加工后能改善滚道表面的粗糙度、降低滚道的圆度误差、提高滚道的几何精度、改善滚动表面的机械物理性能。

③超精方法：与内圈超精方法一样。超精通常分粗超和精超两种状态。超精时油石的压力、油石的振动频率、油石的振幅等都是关键。超精加工的油石压力与工件的材料和硬度、加工方法、油石特性、超精研的切削量、润滑油的黏度等有着密切的关系，例如在超精加工中，油石硬度高、润滑油黏度大，工件表面较粗糙的情况下，油石的压力应高些，反之，则应低些。

(二)内　圈

内圈主要磨削面为：两端面、内径面、大挡边、大挡边的外径面、滚道面。

1. 内圈磨削工艺流程

粗磨两端面—粗磨滚道—粗磨内径—粗磨挡边—(稳定回火)—精磨两端面—(磨大挡边外径)—精磨滚道—精磨挡边—精磨内径—滚道超精

2. 内圈磨削过程

(1)内圈两端面磨削

①磨削设备型号：立轴平面磨床 M7475，卧式双端面磨床 M7675 等。

②磨削要求：由于内圈与外圈两端面磨削要求一样在磨削端面时，应特别注意在套圈两个端面上的磨削留量分配，必须合理地去除每个端面的磨削余量。用 M7475 磨床磨削时，第一步先磨基面，第二步磨非基准面。内圈以宽端的打字面为基准面。

③磨削方法：与外圈磨削方法一致。由于内圈两端面大小不一样，一般用立轴平面磨床，大小端分别磨削。磨削时要合理分配好两端的磨削量。先要磨基面。打字面为基面。

④技术条件与检查方法：与外圈平面要求一致。

(2)内圈内圆的磨削

①磨削设备型号：3MZ2020D，MEW2015，3MK2016，T-127N 等

②磨削要求：内圆磨削是内孔的加工方法。轴承内圈的内圆是轴承与车轴配合的安装定位表面。为了保证轴承在安装时具有技术条件规定的配合性质和互换性，对轴承内圈孔径尺寸公差和形状位置精度均有严格的规定。在磨削时要粗、细、终三道磨削，根据粗、细、终工序不同的留量和设备精度要选择不同粒度的砂轮。

③磨削方法

由于内圆磨削具有一系列的工艺特点，致使内圆工序成为轴承生产过程中对加工工艺要求较高的薄弱（或瓶颈）环节。

内圆磨削与外圆磨削比较有以下特点：

a. 内圆磨削时，所用砂轮直径较小，砂轮容易磨钝，需经常修整和更换砂轮；另外，为获得有利的磨削速度，必须提高砂轮主轴转速，因而对工艺装备提出较高要求。

b. 内圆磨削时，由于砂轮与工件成内切圆接触，砂轮与工件的接触弧比外圆磨削大，因此磨削热和磨削力都较大，工件容易发热或烧伤。

c. 内圆磨削时，切削液不易进入磨削区域，磨屑不易排出，容易造成砂轮表面堵塞，影响砂轮的磨削性能。

d. 砂轮接长轴的刚性比较差，容易产生弯曲变形和振动，对加工精度和表面粗糙度都有很大影响，同时限制了磨削进给量的增大，影响生产效率。

e. 为控制内径尺寸公差，需在磨削中加装内径主动测量仪表。由于仪表测脚占据了内孔的一定空间，更加限制了砂轮外径尺寸的增加，影响了磨削效率。

由于上述因素的存在，又加上内圆工序尺寸精度及形位公差的严格要求。因此内圆磨削是轴承零件的关键工序之一，也是轴承磨加工生产过程中的薄弱环节。为了保证尺寸精度公差及对进给量的控制，在内圆磨削机床上通常装有自动测量装置。

④技术条件及检查方法

a. 技术条件

内径尺寸 d、单一径向平面内的内径变动量 V_{dp}、平均内径变动量 V_{dmp}、内圈基准端面对内径的跳动 S_d、圆度误差、外观（包括烧伤）、表面粗糙度等。其允许偏差（或数值）均规定在工序间技术条件之中。

b. 检查方法

内径尺寸，单一径向平面内的内径变动量可在 D923、D924 等仪器上测量，其测量方法见图 6-5-10。在调整仪器时必须正确地确定仪表架上的各支点位置，如找出最大点等，以保证测量精度。测量时，将套圈旋转一周以上所测量的是内径尺寸；在同一横截面上，将套圈旋转一周以上所测得的最大与最小直径之差为套圈单一径向平面的内径变动量。

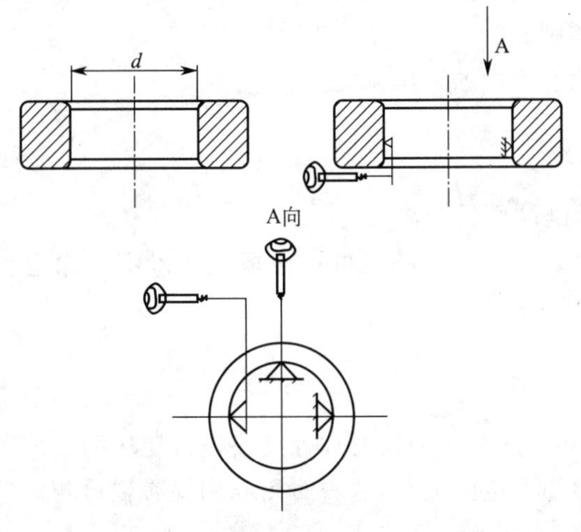

图 6-5-10 测量套圈内径

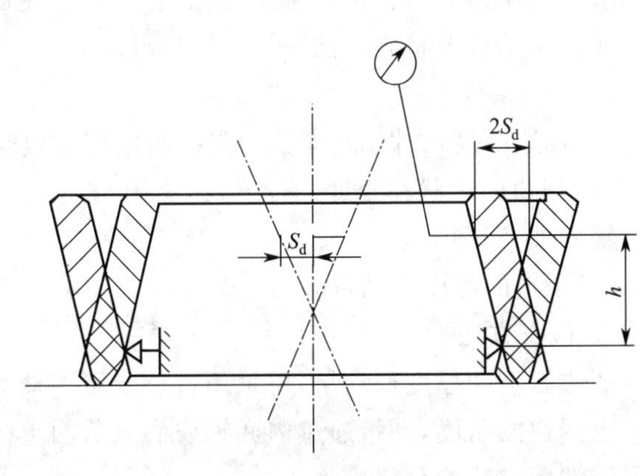

图 6-5-11

单个套圈最大与最小单一内径之差，是分别用端面定位所测得的两端直径之差。测量时，测点要远离套圈倒角。一般控制在 2 倍倒角尺寸。

内圈基准端面对内径的跳动可采用 D923、D712 等仪器检查，检查时以套圈的基准端面定位，内圆素线的一个点作支点，另一个点作测点，测点与支点在套圈圆素线上的距离要尽量大些，如图 6-5-11 所示，在该测点上所测得的摆动量，其值等于两倍 S_d。

$2S_d$ 值的大小与支点至测点的距离 h 有关，h 愈大，在仪表上反映的 $2S_d$ 值就愈大。一般技术条件中规定 $2S_d$ 值为 h 等于 10 mm 时的数值，如果在实际测量中 h 不等于 10 mm，则 $2S_d$ 的允许值应根据两支点实际距离按比例增大或缩小

即：两倍的 S_d 允许值＝技术条件规定的数值×两支点距离/10

内圆圆度误差可采用以下两种方法检查：一种方法是以测量内圈外圆的圆度误差来间接检查内圆的圆度误差，这是因为在无心夹具上加工内圆时以内圈外圆定位，而内圈外圆的圆度误差中的"棱"数会复映到内圆上的缘故。另一种比较直接和准确，检测方法是用圆度仪检测。

内圆素线的直线度以不超过技术要求的规定为准。

⑤磨削余量

内圆磨削余量过多会浪费工时，降低生产效率，增加砂轮的磨耗，内圆余量太少，不能消除上道工序的表面缺陷和热处理变形，达不到尺寸精度、形状精度和表面粗糙度的要求。所以在保证质量的前提下，磨削余量越少越好。以利于劳动生产率。通常内圆余量一般在 0.5～0.7 mm。

(3)内圈大挡边磨削

①磨削设备型号：3MZ2220D，3MK2216，T-127 等。

②磨削要求：内圈大挡边是轴承在运行中与滚子球基面解触的面，是轴向受力面。如果接触状况不良，就会产生很大的热量，破坏润滑条件。因此挡边的形状和表面粗糙度是关键点。通常要分粗、精两次磨削。

③挡边磨削的方法

a. 轴承内圈的挡边属于端面磨削范畴之内，但是圆锥轴承内圈大挡边的形状要求有下列特点：

(a)与内圈滚道有一个角度。

(b)根据轴承设计性能要求为直挡边。

(c)有较高的粗糙度要求。

b. 铁路轴承内圈大挡边要求直挡边，采用的磨削方式为：

(a)砂轮外圆周边磨削。

(b)采用切入法(或切入磨加小振荡)。

砂轮外径不可过大(保证粗糙度要求，防止挡边角度有干涉)。

圆锥轴承的大挡边在形状上有圆弧和直线两种形式，圆弧形挡边可采用筒形砂轮端面，或圆片砂轮的外圆面磨削，而圆锥直线挡边则只能采用圆片砂轮的外圆面磨削。

货车轴承内圈大档边是锥型直挡边，目前采用圆片砂轮圆周面磨削法来完成。

④技术条件及检查方法

a. 技术条件

(a)挡边厚度尺寸 Δ_{if}，即挡边素线与滚道素线交点至基准端面的距离。

(b)挡边的形状和角度(与滚道的夹角)，用测量仪器检测。生产现场也可用样板或标准滚子涂色检查进行辅助抽查。

(c)挡边的厚度变动量 S_{if}。

b. 检查方法

挡边厚度和厚度变动量，可采用备有专用夹球表尖的 G903\G904 型仪器和标准块进行比较测量。

大挡边的角度，系指通过内圈轴线的纵截面上的大挡边与滚道的夹角，检查时用专用检查仪检测。挡边的直线性用形状检测仪检测。

⑤磨削余量：挡边磨削是将热处理表面的脱碳层磨去后，使挡边尺寸精度、厚度变动量、形状和粗糙度达到规定的技术要求。通常余量在 0.15～0.25 mm。

(4)滚道磨削

①磨削设备型号：3ME2116，3MZ2116，3MZ2120D，T237CNC 等。

②磨削要求：

滚道是轴承内圈上的工作表面，是滚子滚动的轨迹。内圈滚道称为内滚道。内滚道的几何形状与外圈

的外圆很相似，同属外圆表面，因此它们的工艺特性大同小异，所不同的是内滚道尺寸公差、形状精度，尤其是表面质量比外圆更为严格，这是因为滚道的加工质量会直接影响轴承的使用精度、性能和寿命。

③滚道磨削方法

内、外圈滚道在磨削时，其定位基准是不同的，磨削外滚道是以套圈外径为定位基准；磨削内滚道是以套圈本身的内滚道为定位基准，即支滚道磨滚道，内滚道的加工精度比外滚道容易保证。另外，内滚道磨削砂轮直径不受工件直径的限制，因此可采用较大直径的砂轮，以提高磨削速度，从而提高了切削能力，而使表面粗糙度和加工精度都得到改善。

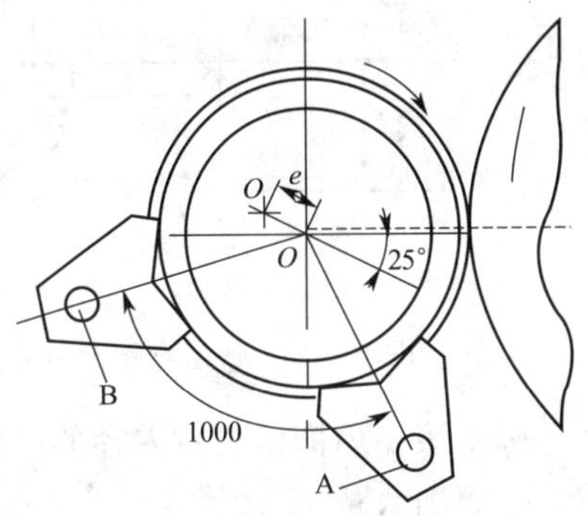

图 6-5-12　浮动支承夹具

磨削内外滚道都是采用电磁无心夹具。支承工件的夹具又分为固定支承和浮动支承两种。磨削内滚道时采用浮动支承，图 6-5-12。由于内滚道磨削时采用浮动支承，并以支滚道磨削滚道的方式进行加工，所以在磨削过程中明显减少滚道表面的划痕，同时还可以提高滚道的形状精度，尤其是圆度误差，这是提高了滚道的加工质量。由于滚道尺寸公差比较宽，所以一般不采用自动测量装置，而采用定程磨削来控制尺寸精度，其装置简单、调正方便，控制的尺寸完全可以满足工艺要求。

在磨削内圈滚道时，必须根据圆锥角将头架转动一个角度，内圈滚道在技术条件中规定其滚道素线形状要有一定的凸量，这是因为轴承在运转时，疲劳剥落而损坏的轴承大多数是在滚道的边缘处开始，试验和实际的结果证明，在滚道的边缘一带有很大的接触应力集中现象。其原因有两个：一是边缘效应，往往边缘应力比滚道中部分的应力大好几倍。另一个原因是轴承运转时套圈产生偏斜，滚子与套圈滚道的接触应力产生变化，边缘应力显著增加，其应力要比计算的应力大 1～2 倍，两种应力叠加，总应力比计算应力大 4～9 倍。为了消除边缘应力的集中和提高滚道的工作寿命，采取改变滚道素线的途径，使它成为带凸度的内滚道。因此内滚道的磨削加工有特殊性。

由于滚道的形状精度、表面质量要求高，所以滚道的磨加工工艺必须要分粗、细、终三个工序。粗和终磨要分别在不同精度的磨床上进行加工。

④技术条件及检查方法

a. 技术条件

滚道磨削工序的技术条件有如下项目：内滚道直径尺寸 d_i、单一径向平面内内圈滚道直径的变动量 V_{dip}、内圈滚道圆锥角偏差 $\Delta 2\beta$、内圈滚道素线对基准端面的倾斜度变动量 S_{di}、滚道直线度 L_i、内圈滚道对内圆的厚度变动量 K_i、外观（包括烧伤）、表面粗糙度等必须符合技术条件的规定。

b. 检查方法

测量内滚道直径尺寸时，要用标准件进行比较测量。在测量过程中，将套圈旋转一周以上测得的尺寸即为滚道直径尺寸，在同一截面测得的最大和最小直径之差为单一平面内内滚道的直径变动量。

测量内圈滚道圆锥角偏差时，必须用圆锥滚道角度标准件进行比较测量（图 6-5-13）。圆锥角偏差是在支点 1 与测点 2 相距为 h 时，在直径方向所测得的偏差值。当被测套圈旋转一周时，可测得实际圆锥最大值 δ_1 和最小值 δ_2 的偏差，两者的代数和就是该滚道圆锥角实际偏差，用下式表示：

$$\Delta 2\beta=\delta_1+\delta_2$$

式中　$\Delta 2\beta$——圆锥滚道圆锥角实际偏差。

测量内圈滚道素线对基准端面的倾斜度变动量时，可不用标准件对表。当被测套圈旋转一周以上时，表针的摆动范围即为该滚道素线对基准端面的倾斜度变动量（图 6-5-14）。在测量时往往规定其支点和测点相距 10 mm 的数值，当两支点的距离不是上述数值时，就必须进行换算，因为倾斜度变动量 S_{di} 值的大小与支点至测点的距离 h 有关，h 愈大，在表上反映的 S_{di} 值就愈大。其换算方法是，例如当 h 等于 10 mm 时，允许的 S_{di} 值为 0.03 mm，则测量时允许的滚道素线对基准端面的倾斜度变动量值应为 $S_{di}=0.03/10\times h$(mm)。所以 S_{di}=技术条件规定数值×两支点距离/10(mm)。

滚道直线度的检查采用轮廓仪检测。能直接读出形状、位置和数值。但这只能是在开机首件检验和过程抽样检验中进行。生产线大批量只能通过仪表来回拉直线性的方法检测。

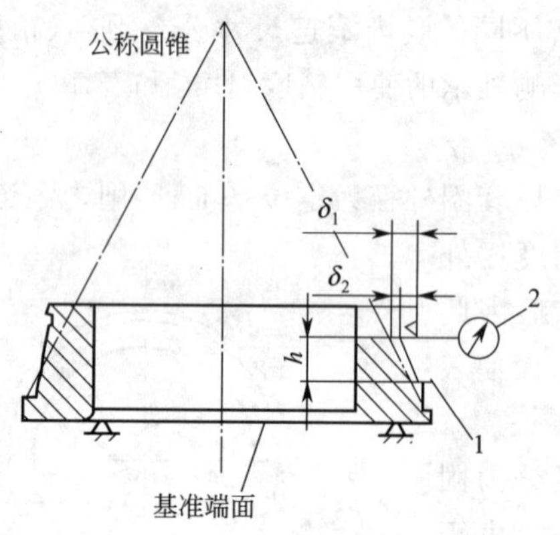

图 6-5-13 滚道圆锥角偏差的测量

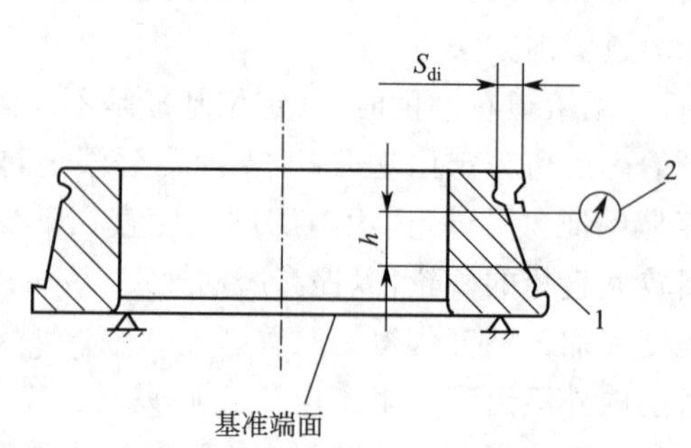

图 6-5-14 滚道素线对基准面倾斜度变动量测量

圆锥滚子内圈滚道对内径的厚度变动量 K_i，一般在滚道的中部测量。

⑤磨削余量

通常滚道磨削余量在 0.4～0.7mm(直径)。

(5)内圈滚道超精研

①超精研及其优点

超精研加工是用细粒度磨料的油石，以低压、快而短促的往复摆动作用于旋转的工件上，在良好的润滑冷却条件下所进行的提高粗糙度和几何精度的加工。

优点：

a. 能有效地减小圆形偏差

套圈滚动表面经过终磨加工之后，其圆周表面上往往存在多角的棱形误差和疏波及密波构成圆形偏差。油石超精则有效地减小圆形偏差。

b. 能去除磨削变质层、提高表面粗糙度

超精过程中，油石的工作硬度并不高，油石自锐性好，整个加工过程能自动地调整切削作用，其磨粒能够走出非常致密而均匀的运动轨迹。所以既能切除磨削变质层又能获得较佳粗糙度。R_a 值可达 0.10～0.025 μm。

c. 能使表面具有残留压应力

超精加工的切削深度很小，油石压力低，且受到良好的冷却润滑作用，一般加工区的温度在 50 ℃以下，所以工件表层不会受到热变形的影响，而是冷塑性变形，因而会在工件表面层形成残留压应力。当表面层残留应力为压应力时，滚动接触疲劳寿命就高；残留应力为拉应力时，接触疲劳寿命就低。拉应力愈大，接触疲劳寿命就愈低；反之，压应力增加时，会使滚动接触疲劳寿命提高。

d. 形成交叉网状磨削纹路，有利于表面润滑。

②超精研磨料及设备

a. 超精研的磨料为油石。

b. 超精研的冷却液为煤油。

c. 超精研设备型号为：内圈滚道超精机 3MZ3420A，VMUC180 等。

③超精研加工的工艺参数

a. 切削角 θ。超精研加工切削作用的强弱通常用切削角 θ 来表示，θ 是指瞬时切削速度与工件速度的夹角。如果简单地把磨粒的运动轨迹看成是多头的左、右螺旋线，则 θ 角就相当于螺旋外角。θ 角越大，切削作用就越大，生产效率越高，表面粗糙度值越大；反之，θ 越小，切削作用降低，生产效率低，表面粗糙度值越小。但是 θ 角的增大或减小有一定范围，切削角太小时，表面粗糙度值反而增大，其原因是由于超精研过程中切除金属量过小；切削角过大时，切除金属显著增加，切削过程一直延续下去，不能向光整阶段转换，因而表面粗糙度值也就较大。

b. 油石的振动频率。油石振动频率的高低是决定超精研加工效果的关键因素，它的影响要比工件的转速和油石的振幅显著。油石振动的目的是使每个磨粒在各个方向都受到力，促使油石自励。

油石频率提高，磨粒对工件切削次数增加，频繁地改变切削方向，有利于油石自励，切削作用加强，所以近几年来超精头的振动频率都向高的方向发展。但是，频率提高受到超精研加工磨头、机床与工艺系统的刚性及振幅的限制，所以超精研加工的频率根据粗、精、超的不同而不同。

c. 油石的振幅。油石的振幅越大，切削作用越强，生产效率越高。但振幅太大，磨粒运动的轨迹网纹变粗，不利于改善表面粗糙度。所以，精超时的振幅选得小一些，一般为 1～3 mm；粗超选得大一些，一般为 3～5 mm。

d. 工件的速度。工件速度增大，切削作用减弱，生产效率降低，对改善表面粗糙度有利。但是工件速度过大，会引起机床与工艺系统的振动，磨粒容易划伤工件表面，而且上工序的粗糙磨纹和缺陷不易消除，因此粗超时工件速度应低些，通常采用 15～20 m/min；精超时工件圆周速度可高些，通常采用 25～35 m/min。

e. 油石的压力。油石作用于工件表面单位面积上的压力越大，磨粒嵌入工件表面越深，切削量就大，加工效率较高。但是压力过大，磨粒容易脱落，切削作用一直延续下去而无光整阶段，润滑油膜不能形成，最后影响加工质量和生产效率。如果压力太低，钝化了的磨粒不易脱落，切削作用降低，不仅上工序留下的余量不易去除，而且油石与工件之间不易形成良好的接触，对降低工件表面粗糙度值和提高生产效率都不利。因此，油石的压力要选择恰当。

④超精研的技术条件和检查方法

a. 表面粗糙度。表面粗糙度的检查采用检测仪器和目测检查，目测检查必须要有标准件作为与工件的比较件。

b. 外观。外观采用目测检查，不允许有卡伤、碰伤、研伤及其他类型的伤痕，不允许有瘤及瘤伤：丝子、道子、条子等，不允许超过标准。

(6)内圈大挡边外径的磨削

①磨削设备型号：3ME2116 等。

②磨削要求：边外径主要是与密封组件相配，由于热处理后其尺寸和圆形偏差不好，且有氧化层，通过磨加工使其达到要求，而且使边外径与滚道的同心度得到保证，使密封组件的安装使用性能取得良好效果。一道磨削可以达到。

③磨削方法：与外圆磨削方法一样。采用切入法磨削。

④技术要求及检查方法：磨削边外径主要检查直径尺寸、圆形偏差。用标准件比较测量，测量仪表 D915。

(三)密 封 座

1. 密封座主要磨削：内径面、外径面、两端面。

2. 磨削工艺流程：磨两端面—粗磨外径面—粗磨内径面—精磨外径—精磨内径

(1)磨削设备：平面磨床 M7675，M7475 等。
外圆磨削 M1083，M2116 等。
内圆磨削 M2120，3M2015 等。

(2)磨削技术要求：按产品图样所规定的尺寸公差和精度要求执行。

(3)磨削方法：两端面磨削与套圈一样。
内径面磨削与内圈内径面一样。
外径面与外圈外径面一样。

(4)磨削技术条件：外径尺寸 D、内径尺寸 d、单一径向平面内的内径变动量 V_{dp}、宽度尺寸、套圈宽度变动量 V_{Cs}、表面粗糙度、外观(包括烧伤)、残磁等

九、磨削热及其对加工的影响

(一)磨 削 热

磨削时磨粒对工件的切削、刻划和摩擦作用，实质上都是使金属表面产生塑性变形，使得工件材料内部金属分子间产生相对移动，便产生内摩擦而发热；砂轮切削时速度很高，它又与工件表面产生剧烈的外摩擦

而发热；又因每一颗磨粒的切削是瞬时间的，只有万分之一秒，其热量即在瞬间生成，但又不能及时传散，所以在磨削区域的瞬时温度很高，一般可达 800～1 000 ℃。这样高的热量，势必造成工件表面高温。当磨削时我们所看到火化就是炽热的磨屑在空气中氧化、燃烧的结果。因此，在磨削过程中由于磨削作用而产生的热量，叫做磨削热。

(二)磨削热对加工的影响

磨削过程中，如果热的传散措施不好，工件表面瞬时高温很容易造成工件表面烧伤。所谓烧伤，是指工件表层(一般只有几十微米到几百微米深度)发生不均匀的退火，表面产生变软现象(对淬硬钢)；或者不均匀的淬火表面产生变硬现象(对未淬火钢)，从而大大降低了工件的使用寿命。严重烧伤的工件表面肉眼就可以看出，如表面出现焦黄色或黑色氧化膜。但对于轻微烧伤或氧化膜可能在磨削时被磨去时，肉眼是无法看出和辨别的，此时要用稀释的酸性溶液侵蚀，即用酸洗法检查零件有无烧伤。表面烧伤破坏了工件表层组织影响其使用性能和寿命。

轴承套圈用的材料是导热性较差的材料，在实际生产中，若操作不当，很容易烧伤。烧伤零件酸洗后其表面的烧伤往往是点(片)状分布。现将几种烧伤形式简单介绍如下：

1. 振纹烧伤：振纹烧伤是沿着表面振纹分布，主要是工艺系统的振动而产生；

2. 划痕烧伤：划痕烧伤是沿着砂轮磨痕分布，是由于砂轮磨粒不锋利造成；

3. 柱状烧伤：沿着零件轴向不等距分布，是无心夹具磁力不足，工件随着砂轮旋转而产生瞬时滑动而产生，此种伤痕较深；

4. 局部烧伤是由于磨削余量不均匀，磨屑厚度不一致而产生；

5. 表面均匀烧伤，是砂轮过硬，进给量过大，工件转速低等造成。

除了烧伤以外，工件表面瞬时高温也很容易造成工件表面产生应力而引起裂纹。任何机械零件是不允许有裂纹的。检查裂纹可采用磁化探伤法，当有裂纹的轴承在磁力探伤机上被磁化后，磁力线在裂纹处产生漏磁，裂纹两侧即成了两个磁极，就可以吸附磁性物质(磁铁粉)，因而裂纹处就被发现。探伤时尽可能使磁场方向与缺陷方向垂直。

此外，磨削高温引起不均匀热膨胀，还会影响工件几何精度，特别是精磨时，工件的圆度误差、直线误差等受到影响。

综上所述，烧伤、裂纹是磨削区域产生大量热量而又来不及散出所造成的，因此避免烧伤和裂纹的根本办法是：减少磨削热的产生和加速热量的散发。

磨削过程中，磨削热的产生和传散关系，可写成下列热平衡方程式

$$Q=Q_p+Q_f=Q_c+Q_w+Q_o+Q_j$$

式中　Q——磨削过程中产生总热量；

Q_p——变形功转变为热量；

Q_f——摩擦功转变为热量；

Q_c、Q_w、Q_o、Q_j——从磨屑、工件、砂轮周围介质(切削液、空气)传散的热量。

根据上述公式，防止烧伤可采取如下措施：

1. 选用恰当切削液，进行充分而均匀的冷却。

2. 选择合适的砂轮特性。磨料的切削性能对产生磨削热很大影响，磨料的硬度高、锋利，则切削性能好，可减少发热。另外从切削性能相比，白刚玉比棕刚玉好，单晶刚玉和铬钢玉又比白刚玉好，近几年使用了立方氮化硼，在提高切削性能方向在了较大发展。

砂轮硬度不能太硬，组织号不能太小，否则磨钝的磨粒不易脱落，在工件表面强烈地挤压、摩擦；砂轮塞实后，实际上失去了切削性能，并增加了砂轮和工件的接触面积，这些都导致磨削温度迅速升高，使工件表面产生烧伤。为了避免烧伤工件，可选用硬度较低，组织号大的砂轮，并要及时进行修整。大气孔砂轮的自锐性好，散热条件好，可以有效地避免烧伤。

采用树脂结合剂砂轮比陶瓷结合剂砂轮不易使工件烧伤。例如，在立式平面磨床中多用树脂结合剂砂轮(或砂瓦)，在镜面磨削或表面粗糙度值要求很小的磨削时，可采用树脂结合剂加石墨的细粒度

砂轮。

3. 合理选择磨削用量。磨削用量对磨削热有直接影响，减少背吃刀量，增大纵向进给量，提高工件圆周速度，都可以减低磨削温度，减少烧伤。

十、磨削过程烧伤检查

磨削过程中烧伤是影响轴承寿命及可靠性的一大要点，在磨削过程中必须监控。目前是采用酸洗法来检查磨削热产生的烧伤。酸洗是将工件经一定的酸液浸蚀后显示缺陷的手段。酸洗检查属宏观检查的重要方法之一。虽然硬度、显微组织是判断工件质量好坏的重要依据，但这些数据只能部分或微观地反映工件的性能，而酸洗宏观检验，则可以在更广阔的范围内简便迅速地反映工件的质量。因此只有将酸洗检查与硬度、金相等检验方法相结合，才能较全面地判定工件的质量。

轴承零件常用冷酸洗方法来检查烧伤，脱、贫碳，屈氏体软点和裂纹等表面缺陷。一般为抽验，有问题时，如条件允许，则也可100%酸洗后挑拣。

(一)酸洗前对套圈表面的要求

成品或磨削工序取样的工件，若表面有油脂、锈蚀、砂屑或其他粘积脏物时，应去脂或清理干净。

(二)酸洗工艺

1. 酸洗槽：酸洗成分按表6-5-2。

酸洗温度　室温

酸洗时间　约1 min

2. 流动冷水槽，清洗用。

3. 第一明化槽：溶液成分可采用表6-5-3中任意一种。

温度　　室温

时间　　10～20 s

表6-5-2　酸洗液的成分

	1	2	3
成　分	硝酸　3%～4% 水　余量	硝酸　5%～7% 水　余量	硝酸　16%～30% 水　余量
用　途	磨工或成品零件检验烧伤等表面缺陷	淬、回火后零件检查脱碳或贫碳	淬、回火后零件检查屈氏体软点、裂纹

表6-5-3　第一明化槽成分

名　称	1	2	3	名　称	1	2	3
铬酐	8%～15%	—	—	磷酸三钠(Na_3PO_4)	—	6%～9%	—
磷酸(H_3PO_4)	—	—	16%～30%	硫酸(H_2SO_4)	0.3%～0.4%	—	—
氢氧化钠(NaOH)	—	3%～5%	—	水(H_2O)	余量	余量	余量
高锰酸钾($KMnO_4$)	—	3%～5%	3%～5%				

4. 流动冷水槽，清洗用。

5. 第二明化槽：

溶液成分　盐酸(比重1.19)10%～15%

二氯化锡　　0.2%

金属锡　　每槽(约100kg)加100g

水　　余量

温度　室温

时间　1～2 min

6. 流动冷水槽，清洗用。

7. 中和槽：

溶液成分　　碳酸钠4%～6%

水 余量
温度 室温
时间 约 1 min

8. 流动冷水槽，清洗用。

9. 防锈槽。防锈液成分可采用表 6-5-4 任意一种。

表 6-5-4 防锈液成分

名 称	1	2	3	4
油酸钠皂	10%～15%	—	—	—
无水碳酸钠	—	—	0.5%～0.6%	—
磷酸三钠	—	—	—	10%～20%
三乙醇胺	—	8%～12%	—	—
亚硝酸钠	2%～3%	2%～3%	10%～15%	2%～3%
水	余量	余量	余量	余量

温度 室温
时间 约 1 min

零件在酸洗、清洗、明化、中和、防锈等槽中都应上下窜动，酸洗槽中硝酸的浓度可以根据零件酸洗后表面黑暗程度及尺寸消耗量进行适当调整，明化效果不好时，再重复进行一次。在配制第一明化槽时，应先加水，后加入硫酸，以免发生喷溅造成灼伤。

（三）酸洗后的检查

酸洗后零件表面湿润时，应立即在散光灯下逐件目检。

正常表面：均匀暗灰色

裂纹：磨削裂纹较细，应仔细观察。

烧伤：呈现出沿砂轮加工方向的暗黑色（有时中间呈亮白色）斑块，线条，或断续线条。

（四）酸洗过程中产生的问题及原因

1. 表面出现斑点（“花脸”），系去脂不良。
2. 酸洗后尺寸消耗不均匀，是因去脂不良或酸洗时叠靠在一起。
3. 酸洗后尺寸消耗过度，是因酸浓度过高，酸洗时间过长或工件腐蚀时温度过高。
4. 酸洗后表面颜色黑暗程度不够，是因酸的浓度过低或酸洗时间短。
5. 表面出现黑黄色雪花状斑点，是零件上粘有亚硝酸钠，在酸洗前没清洗干净。
6. 酸洗后表面暗黑，是因酸洗时间长而明化时间短，或明化槽变质。
7. 酸洗后表面粘有一层暗黑色或黄色物质，是因明化槽不起作用或明化以后清洗不干净。
8. 酸洗后表面有锈蚀，是因明化不足，中和不好或防锈不好

十一、磨加工工序间零件的防锈

金属零件与外围介质发生化学变化或电化学变化而引起的破坏叫做腐蚀。习惯上，人们把金属零件在大气中的腐蚀称为锈蚀，如轴承生锈等；把金属零件在高温下的腐蚀称为氧化，如套圈经过热处理后，表层产生的一层黑色氧化皮；在其他强烈的腐蚀性介质中的腐蚀同样也称为腐蚀，如轴承零件经过酸洗后，没有彻底清洗干净残留了酸液，引起生锈。但在实际生产中，人们往往把腐蚀与锈蚀不加以严格区分，总把金属零件的生锈也称腐蚀。

在轴承生产过程中，轴承零件表面，特别是工作表面，如滚道等，即使产生任何微小的锈蚀，都会降低轴承的疲劳强度，影响使用寿命。严重的锈蚀，还将导致轴承零件的报废。因此，在磨加工过程中对轴承零件的防锈列为重要的工艺工作之一，应制订专门的防锈规程。

（一）锈蚀的原因

1. 潮湿空气

由于空气中含有大量水分，特别时夏天的梅雨季节，当相对湿度超过70%时，光滑的零件表面就会吸附着一层薄薄的水分，即湿气吸附膜(其厚度小于1 μm，肉眼难以所见)；当湿度加大或温度降低时，会以“露珠”的形式凝结在零件表面上；继续凝结可汇聚成一层薄薄的水膜，在这种情况下，零件会很快产生锈蚀。

2. 酸性物质

在夏天，人手与零件接触后，会在零件表面上留下汗水。汗水的化学成分是食盐和有机酸(醋酸、乳酸等)的水溶液。被人手触摸过的零件若不及时进行防锈处理，就很容易锈蚀。

在冬季，空气中有较多燃烧后的废气和污物，如 CO_2、SO_2、H_2S 等有害的酸性气体，在潮湿的情况下，与水分接触后会产生各种无机酸，造成里零件锈蚀。

在检查磨加工零件烧伤时，经酸洗后的零件没彻底洗净残酸，也会引起锈蚀。

3. 腐蚀性碱、盐类

热处理采用盐浴(如 NaCl、$BaCl_2$)淬火时，零件的残盐没有很好地彻底清除，会导致以后磨加工工序产生锈蚀。带残盐的零件在磨加工时，盐类将溶解于切削液中，造成切削液变质，零件在磨削时会直接受其影响，造成锈蚀。

4. 尘埃和杂质

尘埃和杂质是促进腐蚀的媒介，它们具有吸湿性。当遇到空气中的水分时，便结成了微小的水珠，沉积在金属上产生腐蚀。因此，搞好文明生产是防锈工作的措施之一。

5. 不遵守防锈制度和防锈规程

在切削液中洗手、洗抹布、洗拖布和其他脏物等，都容易使切削液变质而失去防锈作用，造成零件锈蚀。

防锈材料的成分使用不正确和化验不及时，甚至用错防锈材料而造成锈蚀。

零件库房的地基要高，以防库内积水。库内应保持清洁，相对湿度控制在45%～60%，最高不大于70%；温度控制在10～25 ℃，最高不大于30 ℃，否则库存零件容易生锈。

(二)工序间的防锈方法

生产经验证明，轴承零件在加工过程中最容易锈蚀，这是因为轴承零件磨加工过程的周期较长，它的在制品、成品和返修品是经常分散而又不定期地在磨加工工序和中间仓库中周转。如轴承套圈，热处理后带着黑皮进入第一仓库(库存)→磨平面、外圆→第二仓库(库存)→磨滚动表面、磨内圆→第三仓库(库存)→超精研→第四仓库(库存)。由此可见，套圈周转期较长，所以必须加强磨加工工序间的防锈工作。在磨削过程中，零件的防锈措施主要是采用切削液，若工序间不采取防锈措施，套圈也极容易生锈。所以规定凡在工序间停留4 h以上而未能移交下工序加工的在制品，都必须进入中间仓库进行清洗、防锈工作，即中间仓库防锈。

中间仓库的防锈方法，可分槽式防锈和喷淋防锈两种。

1. 槽式防锈。其方法比较简单，工件的清洗、防锈都在盛有清洗液、防锈水的水槽中进行。先把装满工件的铁框全部浸入到75～85 ℃的清洗液中，然后上下窜动4～5次，时间为1～5 min，取出后再浸入到盛有防锈水的水槽中，以同样的方法进行操作，取出后可置放于中间仓库。

经上述防锈处理的工件，如在指定日期内(5～10月份期间，防锈有效期为20天；11～4月份期间，防锈有效期为30天)仍不能移交到下工序继续加工，就需要重新进行防锈处理，否则工件将失去防锈效能。

2. 喷淋法。是一种比较先进的防锈工艺，它不受潮湿气候的影响。防锈前首先对工件进行清洗(清洗的方法与槽式相同)，然后整齐地堆放在中间仓库，中间仓库设有喷淋装置(像淋浴一样)，在堆放工件的上、下装有不同角度的几排喷嘴(如农药喷雾器的尼龙喷嘴)，防锈水由水泵经管输送到喷嘴，从不同角度喷淋到堆放整齐的工件上，以达到防锈的目的。防锈水可循环使用，每隔4～5 h喷淋一次，每次喷淋3～30 min(视工件多少而定)，如白班在上班、中午、下班时共喷3次，二班在晚饭后及下班时共喷2次。防锈水的成分应每周分析1～2次，及时调整浓度，一般1～2个月更换一次。

表6-5-5、表6-5-6所示为某一种槽式防锈和喷淋防锈工艺与配方。

表 6-5-5 槽式防锈

工序	成分比例（%）	工艺规程						备注
		温度（℃）	时间（min）	化验周期（天）	更换周期（月）	清洗方式	防锈周期（天）	
清洗	Na_2CO_3：1～1.5 $NaNO_2$：0.25～0.5 自来水：余量	75～85	1～2	3～4	半月	上下窜动	6～10	用槽式防锈，夏天至少 5～6 天防锈一次，冬天至少 10 天防锈一次
防锈	Na_2CO_3：0.3～0.5 $NaNO_2$：20±5 自来水：余量	室温	1～2	3～4	1			

表 6-5-6 喷淋防锈

工序	成分比例（%）	工艺规程				备注
		温度（℃）	时间（min）	化验周期（天）	更换周期（月）	
喷淋	$NaNO_2$：5～7 Na_2CO_3：0.3～0.5 三乙醇胺：0.5～0.8 自来水：余量	室温	15～25	1	4～6	1. 每班至少喷二次，夏季中午增加一次 2. 有条件的单位可用软水配制防锈水，以消除套圈表面白膜

超精研加工后的工件，工件表面沾有的矿物油脂和金刚砂等，必须彻底清洗干净后，才能进入半成品库。放进半成品库中的轴承套圈，同样要进行防锈，其配方与磨加工后进入中间库的清洗和防锈有所区别，它采用水溶性清洗剂清洗，其防锈工艺和配方如表 6-5-7 所示。另外，工件在光整加工前，必须出去工件上残留的亚硝酸钠。因此，要进行彻底清洗。

表 6-5-7 水溶性清洗和防锈

工序	成分比例（%）	工艺规程					适用范围
		温度（℃）	时间（min）	化验周期（天）	更换周期（月）	清洗方式	
清洗	煤油 100	室温	1～2		1	槽子	超精后的套圈
清洗	664：2～3	室温	1～2		1	槽子	
清洗	664：2～3	75～85	1～2		1	槽子	
漂洗	流动清水		1～2			槽子	
防锈	三乙醇胺：2～4	室温	1～2	1	1	槽子	

十二、磨削加工工序质量控制

工序质量控制，一般指加工过程质量的控制。广义地说，它包括了对加工过程质量的控制和对加工产品本身质量的检验两个方面。从纵的方面看，工序控制应该从序前的预防控制开始，到序间的及时发现和消除缺陷，直到序后防止再发生的整个控制过程。工序质量控制要贯彻预防和把关相结合，自控与专检相结合的原则。铁路轴承磨加工由于是大批量生产，因此，磨加工工序的质量控制好坏直接影响最终的总装质量和寿命。

（一）制定工序质量控制计划

1. 工序质量控制的目的和对象

工序质量控制的目的，是保证工序能稳定地生产合格产品，使工序质量的波动处于允许的受控范围之内。

工序质量控制的对象，以控制目的来定，应是工序形成的特性值（尺寸、形状、表面粗糙度）波动的范围。由于对这些特性值技术上已有要求，因此除了控制特性值波动的范围大小外，还要控制特性值波动的中心位置。

工序质量的特性值波动范围和中心位置是由众多的工序因素决定的，而这些工序因素中有少数几个因素对工序能力起支配作用。所以工序质量控制的对象应该是主要工序因素变化的范围。

2. 制定工序质量控制计划的必要性

套圈从热处理后进行磨加工到成品零件，磨削需要十几道工序，对于加工的每一道工序，工艺人员虽对一些工序因素提出了要求，但对工序质量特性值的一致性则考虑较少，以致工序质量的波动有超越控制界限的可能，因此需要对一些关键工序制订工序质量控制计划。

3. 编制工序质量控制计划

根据铁路轴承的技术要求和工厂的加工设备条件，编制工序质量控制计划按顺序应做以下几项工作：

(1)确定应控制的特性值；

(2)画出显示特性形成过程的流程表；

(3)确定质量控制点；

(4)进行工序能力调查；

(5)分析工序因素，确定其主导因素；

(6)编制工序控制点的控制文件。

(二)工序质量控制方法

1. 几种常用的控制方法

(1)自控：自控有两种形式，一是操作者的自我控制，二是机械装置的自动控制。

①操作者的自控。操作者通过自控得到了数据，将数据与规格对比，根据数据符合规格的程度，作出是否要调整的判断。操作者的自控是调动工人搞好质量的积极性，进行工序控制，确保产品质量的一种有效方法。

②机械装置的“自控”。是指机械利用其本身的功能自动控制，自动对工序或产品进行测量，并将测得数据与规格进行对比。根据测量值符合规格的程度对操作装置发出不同的指令，进行不断的调整，从而实行工序调节，达到控制的目的。

(2)工序质量控制点：工序质量控制点的日常控制应是：监视工序能力的波动，检测主导工序因素的变化，调节主导工序因素的水平。

通过监视工序能力波动可得到主导工序因素变化的信息，然后检测各主要工序因素，对有异常变化的主导工序因素及时地进行调整，使工序处于持续稳定状态。

主要工序因素的控制。在生产技术准备阶段，已通过工序调查和分析，用工序质量表的形式确认了主导工序因素，并针对每个主要工序因素制定控制标准。在制定过程中应执行这些标准。

监视工序能力的波动。监视工序能力波动的工具很多，如概率纸，控制图等。

控制效果的确认和控制手段的调整。确认的工作有两点：一是检查主导工序因素的波动是否处于标准范围内；二是计算工序能力指数，看其是否达到要求。

工序控制手段的调整有控制图中控制界限线的调整和主导工序因素的调整。

(3)信息处理。各种数据是反映工序控制效果的重要信息，工序控制系统应对这些数据的记录、分析、处理、反馈作具体规定。要明确规定记录的格式，分析处理人员，分析处理方法、反馈的渠道、反馈的频率等。

2. 控制图的分类

(1)常用的控制图根据控制的质量特性值数据不同，可分为两大类：计量值控制图、计数值控制图。

(2)$\overline{X}$—R 及 P 控制

3. 不同类型生产工序的控制

(1)大量或成批生产加工工序的质量控制

大量或成批生产加工工序的加工零件品种单一，设备固定，工艺文件齐全，详细具体，一般可采用控制图进行控制。

操作者按规定进行抽样检验，做好记录，并在控制图上打点。发现不合格或点子排列异常，点子越出控制界限时都应停止操作，检查原因，进行调整。若产生异常波动的原因是主导工序因素发生了变化，则应修改工序质量控制点的有关控制文件。

(2)单件、小批量加工工序的质量控制

操作者的技能应满足工序的质量要求并严格按工艺规程进行操作，坚持全数检验。

(3)流水生产线的工序质量控制

一般应在关键工位设置工序质量控制点，用统计工具来分析数据中心对于公差中心的偏离和分散程度。

(4)主要工序因素的控制

①设备的质量控制：设备质量控制的要点，是合理使用和保养设备，定期进行检查，及时维修判定机械能力。机械能力值用 $8\delta m$ 表示，机械能力指数为 C_m，则：

$$C_m=\frac{T}{8\delta_m}$$

δ_m 也可用下式估计

$$\delta_m=\frac{\overline{R}S}{d_2}$$

式中 $\overline{R}S$——移动极差的平均值；

d_2——系数，其值由表 6-5-8 确定。

表 6-5-8 d_2 系数值

n	2	3	4	5	6	7	8	9	10
d_2	1.128	1.693	2.059	2.326	2.534	2.704	2.847	2.970	3.173

当 $C_m \geqslant 1$ 时，机械能力判定为充分。

当 $C_m \leqslant 1$ 时，机械能力判定为不足。

②工装的质量控制

a. 工装经检验合格，才能交付使用。

b. 工装在使用过程中，按规定的检定周期和磨损极限进行检定和维修。

c. 材料外协件在制造过程中进行的质量控制，要求做到不合格的不投产。

d. 计量器具、测试仪器的质量控制，要建立良好的量值传递系统，和周期检定。

e. 工艺变更控制，应按规定的程序修改工艺文件，并对更改后的零件质量进行评定，验证更改的影响。对工艺文件应定期复审检查。

f. 严格工艺纪律，要有一套严格的工艺纪律检查考核制度，要不断进行工艺整顿，提高工艺水平。

(5)工序能力

工序能力，是指工序处于稳定状态下的实际加工能力，即稳定地生产合格品的能力。由于产品质量或工序质量总是成正态分布的，分布的集中位置用平均数 μ，分散程度用标准误差 σ 定量表示。只要工序稳定，质量分布的分散范围总是大致在 6σ 之内，如图 6-5-15 所示。超出这个范围的质量数据是很少的，一般小于 1%，我们称 6σ 为工序能力。

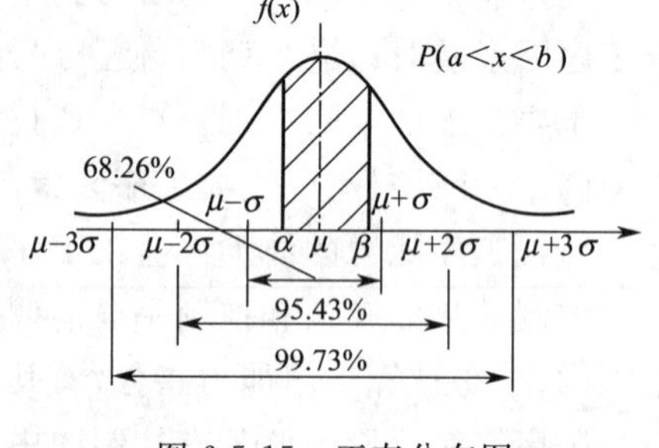

图 6-5-15 正态分布图

工序能力的作用是用来衡量生产过程中人、机、料、法、环境等是否能满足产品质量。

①计算

表达工序能力满足加工质量要求的程度，通常用工序能力指数 C_P 表示。

$$C_P=\frac{\text{质量标准}}{\text{工序能力}}=\frac{T}{6\sigma}$$

式中 T——公差范围；

σ——标准误差。

通常标准误差可用样本的标准误差 s 来估计，平均数 μ 用 $\overline{X}$ 来估计，见图 6-5-16。

$$s=\sqrt{\frac{1}{n}\sum_{i-1}^{n}(X_i-\overline{X})^2}$$

$$\overline{X}=\frac{1}{n}\sum_{i-1}^{n}X_i$$

a. 对于双向公差，工序分布中心与标准中心重合，见图 6-5-17。

$$C_D=\frac{T}{6\sigma}\approx\frac{T_U-T_L}{6s}$$

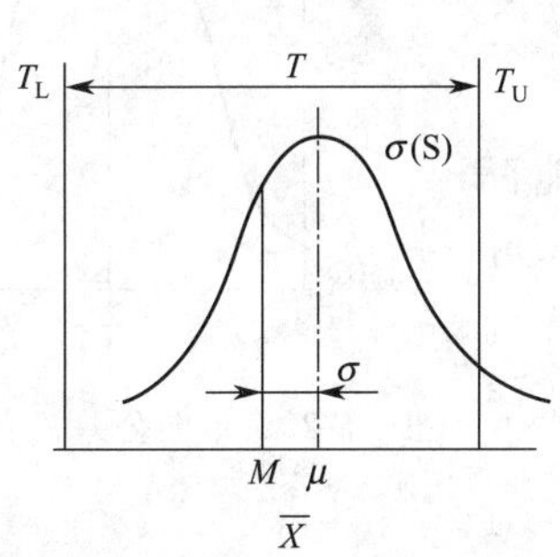

图 6-5-16　正态分布

μ—工序(总体)均值；δ—工序(总体)标准误差；

X—样本均值；S—样本标准误差；T_U—规格上限值；

T_L—规格下限值；T—规格范围($T=T_U-T_L$)；

M—规格范围的中心值；$M=\frac{T_U+T_L}{2}$；

ε—中心偏移量($\varepsilon=|\mu-M|\approx|\overline{X}-m)$

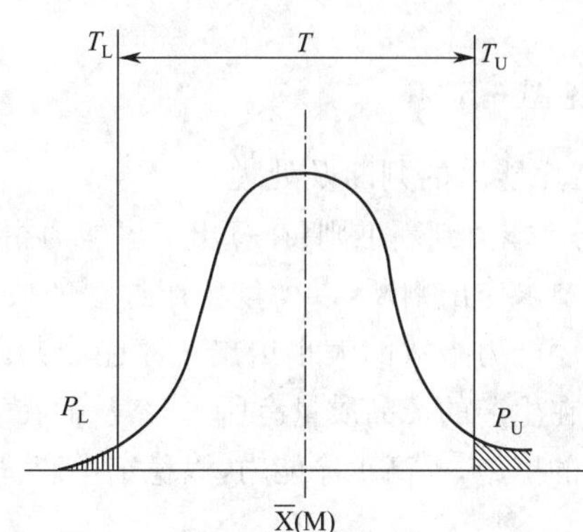

图 6-5-17　双向公差，分布中心与标准规格中心重合

$\overline{X}$—分布中心；

P_U—超上误差的不合格品率；

P_L—超下误差的不合格率

b. 双向公差，工序分布中心与规格中心有偏移，此种情况如图 6-5-18，工序能力指数用 C_{PK} 表示。

$$C_{PK}=(1-K)\frac{T}{6\sigma}\approx(1-K)\frac{T}{6s}$$

$$K=\frac{\varepsilon}{\frac{T}{2}}=\frac{|\overline{X}-m|}{\frac{1}{2}(T_U-T_L)}$$

或

$$C_{PK}=\frac{T-2\varepsilon}{6\sigma}$$

式中　C_{PK}——修正后的工序能力指数；

ε——偏移量；

K——偏离系数。

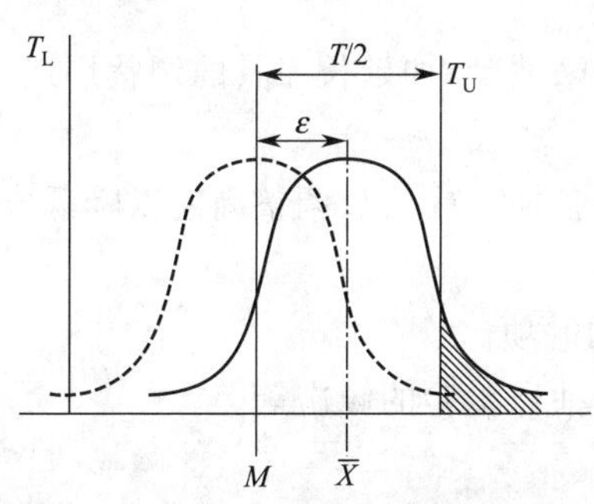

图 6-5-18　双向公差，分布中心有偏移

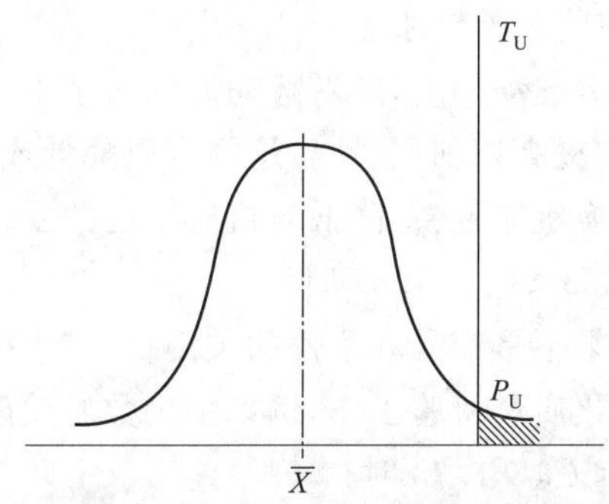

图 6-5-19　单向公差只有上误差要求

c. 单向公差只有上误差要求：只有单向公差要求的产品，测量数据的分布一般不为正态分布，但可近似地认为数据在平均值接近规格中心的一侧服从正态分布。见图 6-5-19。

此时 C_P 的计算公式为：

$$C_{PU}=\frac{T_U-\overline{X}}{3\sigma}\approx\frac{T_U-\overline{X}}{3s}$$

当 $\overline{X} \geqslant T_U$ 时，则 $C_{PU}=0$，即工序能力远远满足不了产品规格的要求。此时，工序可能出现的不合格品率为 50%～100%。

d. 单向公差只有下误差要求：此时工序能力指数 $C_{PL}=\frac{\overline{X}-T_L}{3\sigma} \approx \frac{\overline{X}-T_L}{3s}$，见图 6-5-20。

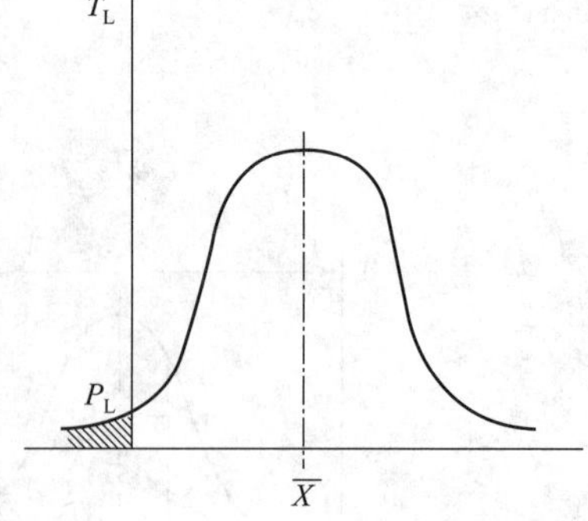

图 6-5-20 单向公差只有下误差要求

② 工序能力的判断及处理

a. 工序能力判断准则：在算出工序能力指数以后，要对工序能力能否满足规格要求作出判断，以衡量生产过程的质量水平。为了便于分析，可以根据工序能力指数的大小给出工序能力判断标准，见表 6-5-9。这样就可以对正在生产的产品质量有所了解，从而在管理上有重点地把对该工序采取相应的措施，提高工序能力，以稳定生产符合规格要求的产品。

表 6-5-9 工序能力判断标准

工序能力指数	工序能力满足规格的程度	工序能力指数	工序能力满足规格的程度
$C_p>1.67$	过　剩	$1.00>C_p\geqslant 0.67$	不　足
$1.67>C_p\geqslant 1.33$	理　想	$0.67>C_p$	严重不足
$1.33>C_p\geqslant 1.00$	正　常		

表 6-5-9 中的判断准则，对于 C_{PK}、C_{PX}、C_{PL} 同样适用，为了进一步说明偏离系数 K 的影响，再列出表 6-5-10 供分布中心值不易调整的工序参考。

表 6-5-10 有偏离系数工序能力的判断准则

工序能力指数 C_p	偏离系数 k	对平均值应采用的措施
$1.33<C_p$	$0<k<0.25$	不必调整
$1.33<C_p$	$0.25<k<0.50$	引起注意
$1.00<C_p\leqslant 1.33$	$0<k<0.25$	密切观察
$1.00<C_p\leqslant 1.33$	$0.25<k<0.50$	采取措施

b. 处置：用工序能力指数 C_P 值判定工序能力后，应提出处置对策，使工序能力保持在适宜的水平上。

当 $C_P>1.67$ 时：

ⓐ提高产品质量要求，该质量特性如系产品的关键项目，则提高其质量要求，对改善成品的性能、寿命有利，此时应将公差缩小。

ⓑ放宽波动幅度，或者移动波动的水平，意味着允许较大的外来波动，如延长刀具的调整周期，放宽对刀尺寸范围，提高切削用量等，这样可以降低成本或提高工效。

ⓒ更换机床设备、降低对机床精度的要求，改用精度较低的设备加工或延长调整周期以降低成本。

当 $1.33<C_P\leqslant 1.67$ 时：

ⓐ如果不是产品和零件的关键特性，则措施同 $C_P>1.67$ 时的ⓑ项。

ⓑ简化质量检验工作，例如把全数检验改为抽样检验，或减少抽样检验的频次等。

当 $1<C_P\leqslant 1.33$ 时：

ⓐ必须对工序过程进行控制和监督，以便及时发现异常波动；

ⓑ若对产品采用抽样检验时，则抽样方案必须合理；

ⓒC_P 值接近 1.0 时，出现废品的可能性增大，应对影响工序能力的主要因素严加控制。

当 $0.67<C_P<1$ 时：

ⓐ分析离散程度(σ)大的原因，制定措施加以改进；

ⓑ实行全数检验，剔除不合格品；

ⓒ在不影响产品质量的条件下，可以考虑放大规格范围。

当 $C_P \leqslant 0.67$ 时：

ⓐ一般应停止加工，找出原因，采取措施，改进工艺，提高 C_P 值；

ⓑ必须进行全数检验，找出不良品。

(6)工序产品质量的检验

工序间产品质量的检验，在大批量生产中应该采取图 6-5-21 的闭环体系：

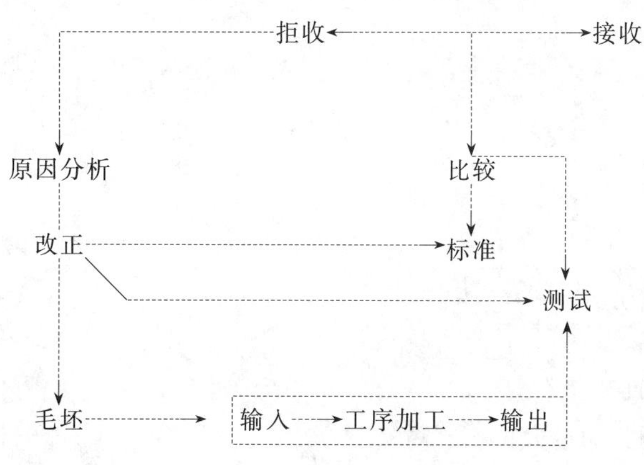

图 6-5-21　闭环体系

上工序毛坯经过加工后进行测试并与规定的技术标准比较，合格的接收，不合格的拒收。对拒收的产品必须进行原因分析，如系上工序毛坯影响，应反馈到上工序改正并提供新的合格毛坯，如系加过程中的影响，应该找出原因，改进工序质量，对改进后加工的产品再进行第二循环的检验。

工序产品质量的检验主要有以下几种形式：

①首件检验：机床经调整后进行正式生产前的第一件(批)产品，或每班开始加工的第一件(批)产品称为首件，必须在机床旁边进行严格的检验。检验的内容包括：

a. 所有量具仪器是否正常，并在规定的使用期限之内，记录并隔离不合格量具。

b. 所有工夹具是否正常，并在规定的使用期限之内，记录并隔离不合格量具。

c. 检验首件，并将结果做好记录。

这些验证工作应首先由操作者自己完成，确信各项工序因素正常，产品符合技术要求后再通知检验员检验。一般说，操作者不能对自己加工的产品进行验收(“自检工人”除外，但“自检工人”必须经过严格的考核并制定一套周密的自检程序)。首件检验不合格时，必须找出原因进行重新调整加工，未经首件检验合格，不得进行正式生产。

②巡回检验：巡回检验是在规定的任意时间间隔里照顾各个不同检验点(管理点)的检验方法。在小型工厂中，检验员往往采取这种形式，他们既负责首件检验，又采取巡回的方式验收各不同检验点(管理点)的产品。

大批量生产中，为了对工序质量进行控制，除工人自控外，检验员也采取巡回检验方式到辖区各机台进行抽样检验作为辅助的控制检验形式。有的则在巡回检验中直接验收产品，这时可以采用统计的抽样验收方法。

③完工检验：完工检验是指对工序进入稳定状态后加工的全部产品进行的检验。完工检验在本工序仍属序件检验范畴，如果由下序进行，则属接收检验的范畴。在大批量生产中，完工检验往往在隔离的检验站进行。完工检验的方法有 100%检验和抽样检验两种。100%检验实际上并不能挑出全部缺陷或缺陷品(不合格品)，事实证明，在采用控制图等工具持续保证工序处于控制状态下，同时采用统计的抽样方法验收产品是最完善的完工检验方式。可以采用的抽样验收程式包括 ZBJ11020、JB/CQ84、JB/CQ69 等。

上面几种检验形式并不是孤立应用的，往往被综合采用，互相配合，互相穿插进行。有的情况下，一个检验员可以进行几种检验；而另外的情况下，可由某一部分检验员分工某一种检验，而作为一个集体共同完成全部的工序检验工作。

十三、磨削过程中常见的质量问题

(一)平面磨削

1. 立轴平面磨床 M7475

(1)宽度变动量大;

(2)套圈平面度误差大;

(3)端面直线度误差大;

(4) 端面烧伤;

(5)端面粗糙或有磨纹不好。

2. 双端面磨床 M7675

(1)宽度变动量大;

(2)端面磨纹不整齐及磨伤。

(二)外圆磨削

1. 外圆磨床 M1083、M10300 等

(1)单一径向平面内外径变动量大;

(2)圆度误差;

(3)振纹;

(4)单个套圈最大与最小单一外径之差及素线直线度误差大;

(5)表面粗糙度大;

(6)外径表面素线对基准端面倾斜度的变动量;

(7)表面烧伤。

2. 内圈滚道的磨削,M2116 等

(1)单一径向平面内滚道直径变动量超差;

(2)滚道角度超差;

(3)滚道素线对基准端面的倾斜度的变动量超差;

(4)滚道圆度误差超差。

(三)内圆磨削

1. 内径机床 M2120 等

(1)加工尺寸超差;

(2)单一径向平面内内径变动量超差;

(3)平均内径变动量超差;

(4)基准端面对内径的圆跳动超差;

(5)表面粗糙度差或有烧伤痕迹。

2. 外圈滚道的磨削 M2025、M2330 等

(1)单一径向平面内滚道直径变动量超差;

(2)一滚道对另一滚道跳动超差;

(3)滚道角度超差;

(4)滚道素线对基准端面的倾斜度的变动量超差。

十四、磨削机床

(一)磨床简介

在机械制造业中使用的磨床种类很多,根据用途不同,磨床可分为通用磨床和专用磨床。外圆磨床、内圆磨床、平面磨床、工具磨床等都属于通用磨床;在轴承制造业中使用的球轴承套圈沟磨床、滚子轴承套圈滚道磨床等属于轴承专用磨床。但由于轴承工业的发展,为提高磨削效率,且达到轴承磨削加工的工艺要求,为轴承零件加工而开发的平面、外圆滚道,挡边,内圆超精研等轴承专用磨床大量

生成和应用。

(二)磨床型号的编制

我国的机床型号是根据 JB 1838—1985《金属切削机床型号编制方法》编制的，其型号采用汉语拼音字母和阿拉伯数字组成。型号的排列顺序为：机床类别、机床的特性、机床组别和型号、机床的主要规格及机床重大结构改进的顺序等，现以数控轴承内圆磨床的型号加以说明。

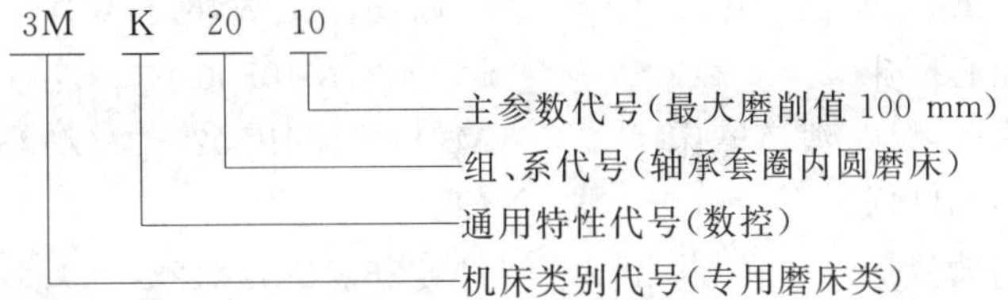

编制机床型号，将每类机床划分为十个组，每个组又划分为十个系(系列)。组、系划分的原则如下：

在同一类机床中，其结构性能及使用范围基本相同的机床，即为同一组。在同一组机床中，其主参数相同，并按一定公比排列，工件及刀具本身和相对的运动特点基本相同，而且基本结构及布局形式相同的机床，即为同一系。

机床型号是机床产品的代号，由汉语拼音字母及阿拉伯数字组成。型号中有固定含义的汉语拼音字母(如类代号及通用特性代号以及有固定含义的结构特性代号)按其相对应的汉字字意读音。没有固定含义的汉语拼音字母(如无固定含义的结构特性代号及重大改进顺序号)，则按汉语拼音字母读音。

铁路货车轴承的套圈滚道磨床为专用磨床，专用机床的编号。

专用机床的编号方法：

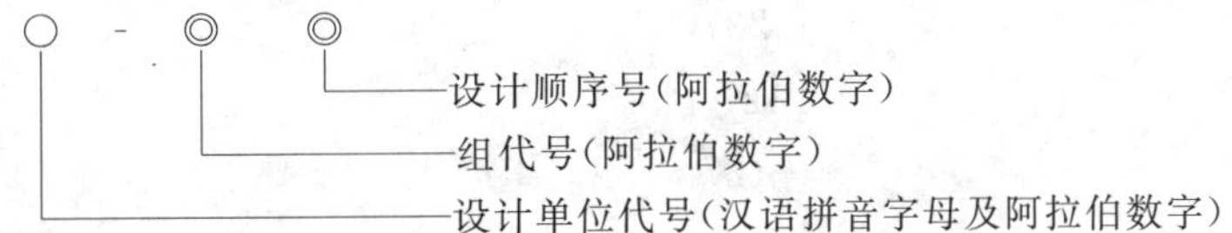

1. 设计单位代号

(1)机床厂代号。机床厂代号由所在城市名称的大写汉语拼音字母及该工厂在该城市建立的先后顺序号或机床厂名称的大写汉语拼音字母组成，位于编号之首位。

(2)机床研究单位代号。机床研究单位代号由研究单位名称的大写汉语拼音字母组成，位于编号之首位。

2. 专用机床的组代号

专用机床的组代号，用一位阿拉伯数字表示。数字由 1 起始，位于设计单位代号之后，并用“-”分开，读作“至”。

专用机床的组，按产品的工作原理划分，由各机床厂、所根据本厂、所的产品情况，自行确定。

3. 专用机床的设计顺序号

专用机床的设计顺序号，按该单位的设计顺序列，由“001”起始，位于专用机床的组代号之后。

(三)机床自动线的编号

1. 机床自动线代号

由通用机床或专用机床组成的机床自动线，其代号为“ZX”(读作“自线”)，位于设计单位代号之后，并用“-”分开，读作“至”。

机床自动线的设计顺序号的排列与专用机床的设计顺序号相同，位于机床自动线代号之后。

2. 机床自动线的编号方法

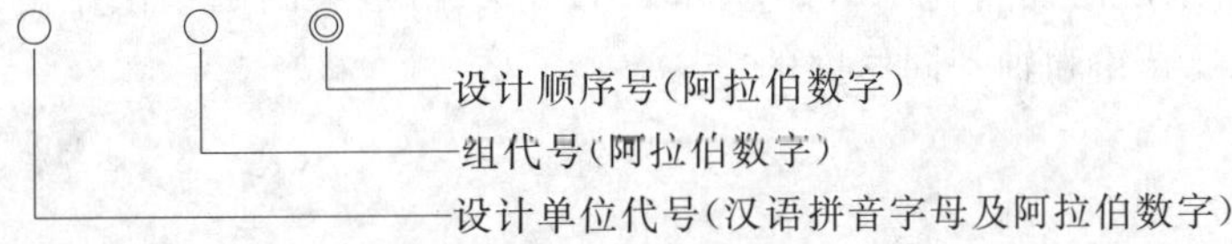

机床自动编号示例:北京机床研究所以通用机床或专用机床为某厂设计的第一条机床自动线,其编号为:JCS-ZX001。

(四)铁路轴承套圈磨加工设备

1. 国内轴承厂通常用单机加工设备

(1)外圈加工

磨两端面	立磨、双端面磨床	M7475,MKW7675
磨外径	无心磨床	M1083,M10300
磨滚道	内圆磨床、滚道磨床	M2120,3MB2025,3MZ2330
磨牙口	内圆磨床	M2120
超精滚道	超精机	3MZ360,3MZ6125

(2)内圈加工

磨两端面	立磨	M7475
磨滚道	外圆磨床	M2116,3MZ2120D
磨挡边	挡边磨床	3MK2016,3MK2220
磨内径	内圆磨床	M2120,3MK2015,3MZ2020D
超精滚道	超精机	VMUC180,3MZ3420

2. 国内轴承厂用先进全自动加工设备

(1)外圈

两滚道两压口同时磨削机床	T-177

(2)内圈

滚道磨床	T-237CNC
挡边磨床	T127
内径磨床	T-127

第二节　滚子磨加工及检测

滚子是滚动轴承中重要的元件,滚子质量的好坏对轴承的寿命和性能(振动、噪声等)有很大影响。轴承使用和试验表明,滚子轴承中滚子是最薄弱的零件,因此,提高和保证滚子的质量是至关重要的。圆锥滚子的示意图见图 6-5-22。

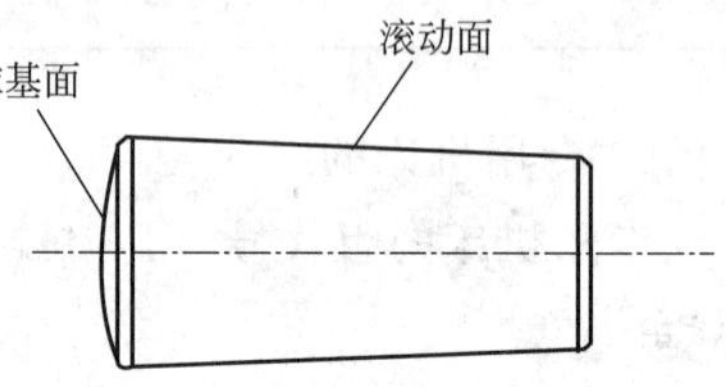

JB/T 10235《滚动轴承 圆锥滚子 技术条件》规定了圆锥滚子的要求,铁路货车轴承滚子还应满足铁路货车轴承专用图纸的要求。

图 6-5-22

一、滚动表面的磨削

1. 锥滚子外径滚动表面的磨削方法

圆锥滚子外径滚动表面的磨削方法有三种:贯穿磨削、止推磨削和切入磨削。止推磨削和切入磨削生产效率低,劳动强度大,直径尺寸不易控制,因此,适用于小批量生产和加工直径较大的滚子。铁路货车轴承滚子一般直径在 25 mm 左右,长度在56 mm以下,适合贯穿磨削。

螺旋轮贯穿磨削是将无心磨床的导轮换成钢制的螺旋导轮(见图 6-5-23)。通过螺旋导轮旋转时挡边的推动及槽面的带动,实现滚子的前进运动和旋转运动。贯穿磨削的特点是生产效率高,加工精度高,尺寸差容易控制,适应大批量生产中型和小型圆锥滚子。

2. 贯穿磨削的设备

贯穿磨削圆锥滚子所采用的设备有 XF004A 和 3M6050 等,是磨削圆锥滚子的专用设备。XF004A 是双支承无心磨床,采取螺旋导轮和轴一同修磨的方法。

XF004A 主要参数:

(1)磨削最大直径:$\phi5\sim\phi25$ mm

(2)磨削最大长度:50 mm

(3)磨削最大角度:8°

(4)砂轮规格:P500 mm×200 mm×305 mm

(5)螺旋轮规格:ϕ300 mm×350 mm

(6)砂轮转速:1 300 r/min

(7)螺旋轮转速:20～100 r/min(无级调整)

(8)螺旋轮回转角度:±3°

(9)砂轮与螺旋轮中心连线至拖架底面高度 221 mm

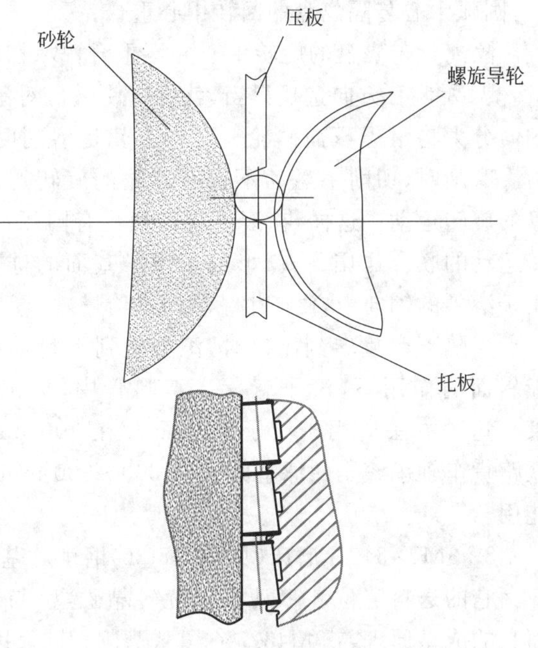

图 6-5-23 螺旋轮贯穿磨削

二、基面的磨削

磨削圆锥滚子球基面有三种方法,一种是在 3M4310,3M4325,3M4372 等往复式磨削设备上单个磨削,另一种是在 3MT4320-200,3MT4320-300 等通过式磨削设备上贯穿磨削,还有就是在 3MT4340A 机床上磨削。

1. 在 3M4325 等磨床上往复式磨削球基面,磨削简图如图 6-5-24 所示。

砂轮轴心线和滚子轴心线处在一个水平面上。为了把滚子基面磨成球面,需转动砂轮座,使砂轮轴心线以 O_s 为中心在水平面上旋转一个角度 α,然后横向移动砂轮座,把砂轮平均直径处调整到滚子基面的中心。这时,两条轴心线相交于 O,O 点就是欲磨球面的球心。加工时,砂轮和滚子围绕各自的轴心线旋转,通过进给产生磨削,再通过工件座的往复运动完成卸料和装料动作,实现工作循环。

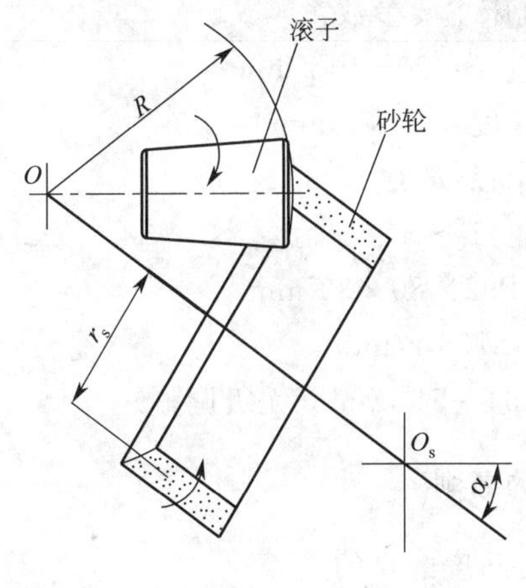

图 6-5-24 往复式磨削球基面

这种磨床没有砂轮修整装置,砂轮的正确形状是在磨削过程中自然形成的。开始磨削的时候,砂轮端面的形状并不适应欲磨的球面,即砂轮端面上各个点与 O 点的距离并不完全相等。距离 O 点最近的地方将最先参与磨削,但也最先脱粒损耗。随着砂轮的不断损耗,参与磨削的面积不断扩大,当整个砂轮的端面都参与了磨削的时候,可以认为砂轮端面上的各个点与 O 点的距离都相等。这就是说砂轮端面的形状是一个球带。砂轮端面形成球带以后,磨削工作即进入正常阶段。在正常阶段中,砂轮仍将不断产生损耗,但损耗的结果,只会减少砂轮的高度,并不改变砂轮端面的球带形状。图 6-5-24 是正常阶段的砂轮正在光磨滚子基面的情形。

往复式球基面磨床采用筒形砂轮。砂轮座的旋转角度 α 可按下式计算:

$$\alpha=\arcsin\frac{r_s}{R}$$

式中 α——砂轮座旋转角度;

r_s——砂轮的平均半径;

R——滚子球基面曲率半径。

这种方法生产效率低,因为用套筒定位,所以精度差。只适用于大型圆锥滚子。

2. 3MT4320-300 等通过式磨床上磨削球基面,如图6-5-25所示。

滚子经送料机导向落入弹簧软管内,经弹簧软管进入送料器,随着隔离盘的旋转,滚子以小头在前,大头在后的次序间歇地进入隔离盘的等分齿内,卧置于磁盘的锥面上。随着隔离盘顺时针的转动,滚子在围板的引导下进入磨削区。隔离盘的下面是磁盘,磁盘的底座中装有激磁线圈,通入直流电以后便产生磁场,把滚了吸紧在磁盘上。由于磁盘的转速比隔离盘快,且旋转方向相反,当磁盘旋转时,就以摩擦力带动滚子快速旋转,砂轮位于隔离盘和磁盘的内侧,它的母线被修整成圆弧形,圆弧半径等于被磨滚子球基面的曲率半径,圆弧中心与隔离盘的回转中心重合。

隔离盘与磁盘的旋转中心并不重合,故设计了一个偏心量 e,只要偏心方向选择得当,就可以使磁盘对滚子摩擦力的轴向分力将滚子压向砂轮。这个力就是磨削时的轴向进给力。磨削时,切削主运动不仅有砂轮的旋转运动,还有隔离盘的旋转运动。这样,在滚子自转和具有圆弧母线的砂轮旋转运动的联合作用下,就形成了滚子基面的球面形状,而作用于滚子的轴向力,便产生了轴向进给量。

当隔离盘旋转到出口时,滚子碰到下料挡板,在下料挡板斜面的作用下,滚子就落入接料管中,加工过程即告结束。这种方法适用于滚子球基面 R 在 300 mm 以下的,而铁路货车轴承滚子的球基面 R 在 500～800 mm之间,所以不能用。

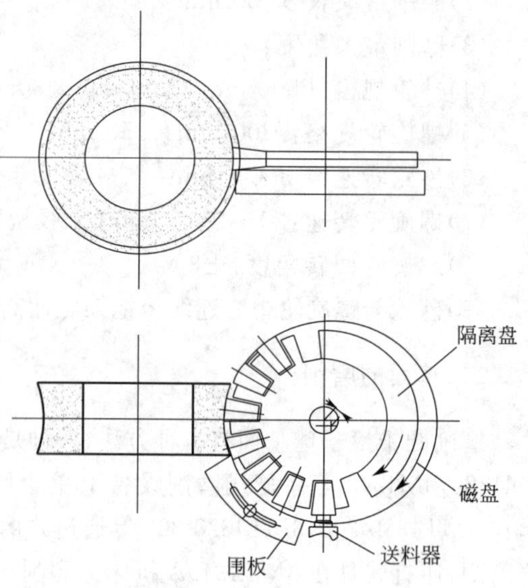

图 6-5-25 通过式磨削球基面

3. 3MT4340A 磨床(见图 6-5-26)磨削球基面。

它的送料定位和带动滚子旋转靠磁盘,与通过磨一样,而它的成型原理与 3M4325 往复式磨削相同。因为滚子靠旋转磁盘定位,磁盘可在机床上修磨,所以加工滚子精度高。加工是连续的,效率也高。滚子球基面 R 可在 300～∞之间任意调整。铁路货车轴承滚子球基面就是在该设备上磨削加工的。

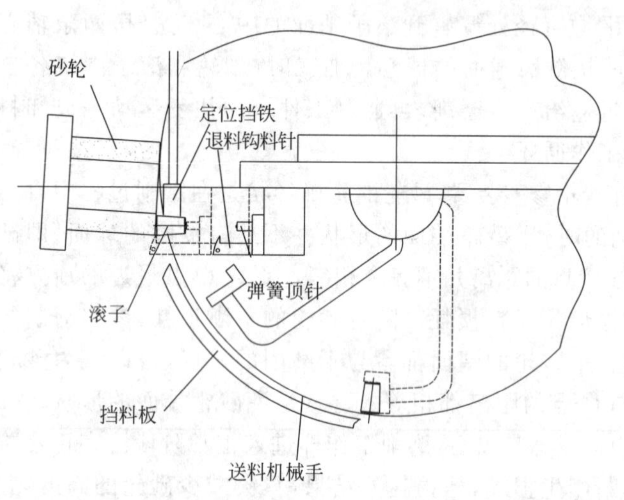

图 6-5-26 3MT4340A 磨床磨削球基面

3MT4340A 机床主要参数:

(1)磨削最大直径:ϕ20～ϕ45 mm

(2)磨削最大长度:35～70 mm

(3)加工球面半径:R300～∞

(4)工件半锥角:1°～3°

(5)砂轮规格:B92×80×32 mm

(6)砂轮转速:4 735 r/min

(7)磁盘转速:34～51 r/min(无级调整)

三、外径凸度的磨削

1. 滚子母线带凸度的目的

现有的铁路货车轴承圆锥滚子外径母线是对数母线,这就是滚子凸度的一种,也是最好的凸度形式。20 世纪 50 年代初期,前苏联发现铁路轴承大部分的损坏都源于滚子的边缘接触剥落。1954～1956 年间,他们把滚子两端磨成一个斜坡(图 6-5-27),取得了很好的效果。20 世纪 80 年代,197726 滚子就采用这种形式。产生边缘损坏的原因就是应力集中。

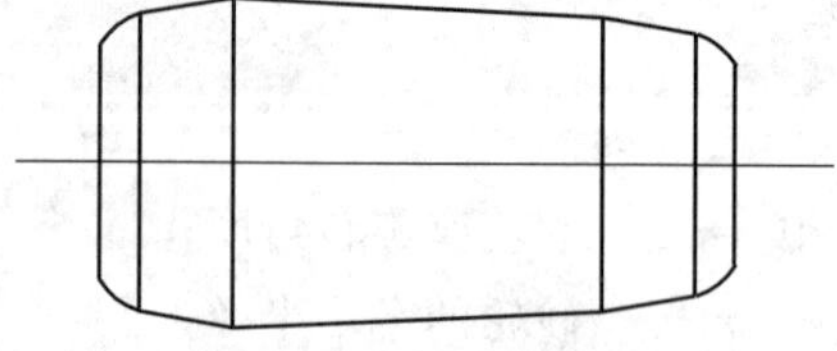
图 6-5-27 外径凸度的磨削

应力集中的原因有两个:

(1)边缘效应。对两个不同长度的物体施加压力时,在较短的那个物体的边缘就会产生很大的应力集中。实验证明,不同长度的圆柱体边缘部分接触压力等于中间部分的 2～3 倍。

(2)倾斜。倾斜的原因是:轴承的制造误差,轴和承载鞍的制造误差,轴的变形以及作用于承载鞍上的负荷不对称。影响倾斜的套圈和滚子的制造误差包括套圈的锥度、凹凸度、滚子的锥度、角度差。

为了减少边缘效应和倾斜对轴承的负荷能力和寿命的危害,拟订了很多措施,归结起来就是减少制造误差和改变滚子的纵断面形状。把滚子两端磨出斜坡或使滚子中间凸出,这就是凸度滚子,在轴承中形成修正线接触。使用实践和轴承试验都证明滚子带凸度后可显著的提高轴承的使用寿命。

2. 滚子母线凸度形式

(1)全凸型:滚子母线是一个较大的 R 曲线,适用于普通精度的滚子,负荷小时有应力集中。

(2)半凸型(坡):滚子两端母线被修型。适用于精密轴承的滚子。过渡处有应力集中。

(3)对数型:滚子外径母线是两条以上的对数曲线合成的,是最好的凸度形式。加工工艺复杂,适用于特别重要的轴承。各种形式滚子的应力分布见图 6-5-28。

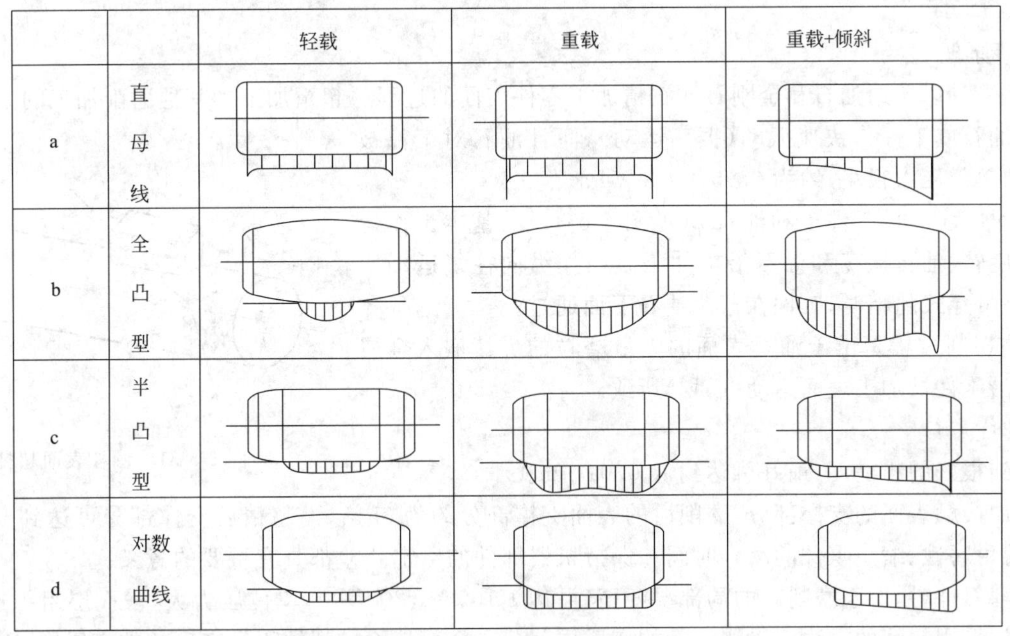

图 6-5-28 各型滚子的应力分布

3. 滚子母线的凸度加工

圆锥滚子凸度的加工方法有切入式和贯穿式。切入式适用于大型滚子。20 世纪 80 年代,197726 半凸滚子也是采用切入式。圆锥滚子凸度的贯穿磨削推行的难点主要在要有圆锥滚子凸度导轮磨床,以前曾经采用机械仿型的凸度导轮磨床,但是加工精度差,需要多次反复调试。目前已经试制成功数控导轮磨床,加工精度高,调整方便,为推广圆锥滚子凸度贯穿磨创造了有利条件。

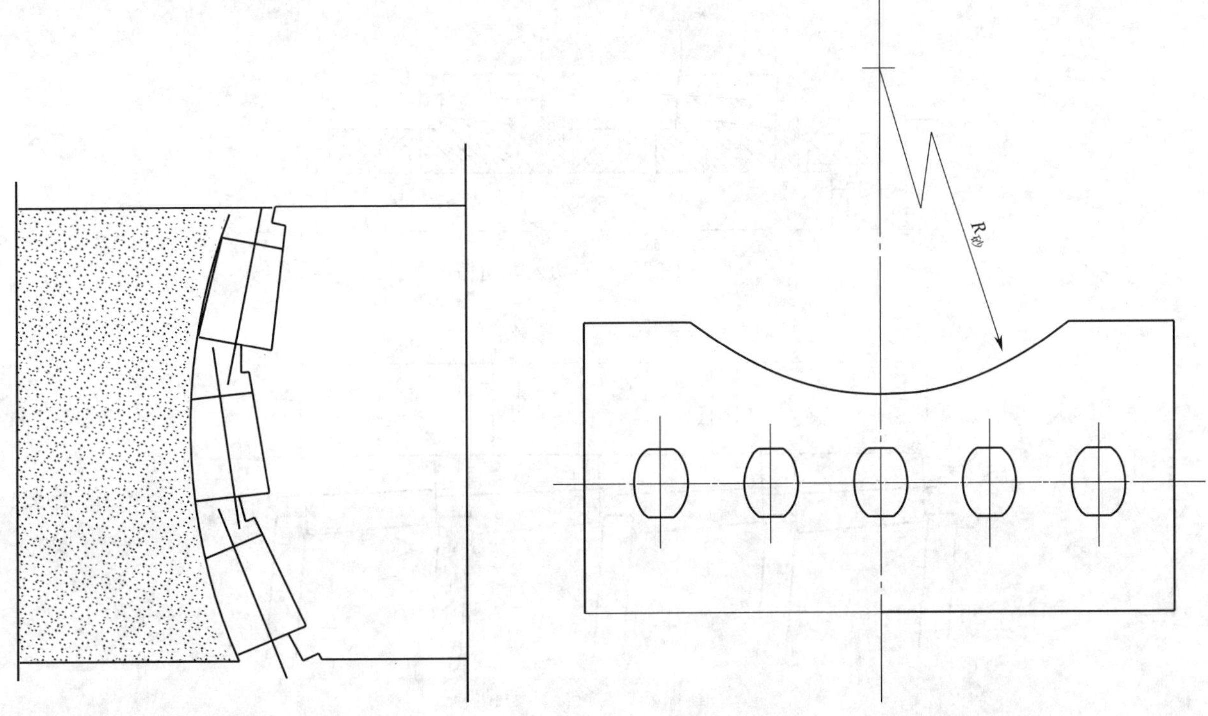

图 6-5-29 圆锥滚子凸度的磨削

图 6-5-30 修整砂轮靠模板

圆锥滚子凸度的磨削也是在 XF004A 机床上进行的。不同的是螺旋导轮要磨成 R 形(见图 6-5-29),还要配备上对应的修整砂轮 R 的靠模板(见图 6-5-30)以修整砂轮。圆锥滚子凸度贯穿磨根据设计图纸的需要即可磨出全凸的滚子,也可磨出半凸(坡)的滚子。

四、外径的超精

1. 超精原理

超精是一种以普通油石和金刚石油石精加工零件表面的过程。超精加工和其他磨削加工的方法的最大不同点是,油石或工件作快速振动(振荡运动),而且油石对工件被加工表面的单位压力很小,约为 0.05～0.3 MPa。

超精圆柱表面时,工件 1 和油石 2(见图 6-5-31)的基本工作运动,由工件旋转、油石振荡和油石沿被加工表面作纵向往复运动所组成。无心贯穿式超精时,工件在振荡油石下面通过。

超精的切削过程是由于油石表面的大量磨粒的尖棱嵌入金属表面层,并沿工件被加工表面运动(插划)所致。

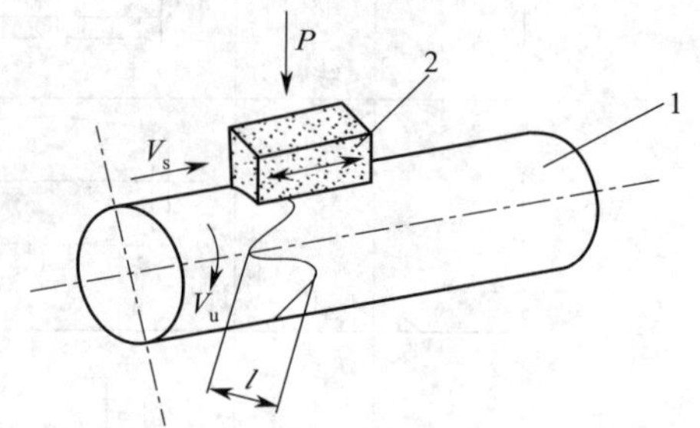

图 6-5-31　圆柱表面超精

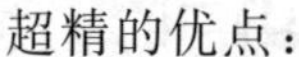

超精的优点:

(1)得到很好的粗糙度,最好可达到 R_a0.01 μm。

(2)增加接触表面的支撑部分,磨削后的表面支撑部分约为 35%,而超精后支撑部分可达到 95%,这对增加零件的耐磨性、缩短零件的磨合时间和保持机器部件的给定公差都具有重要的意义。

(3)磨削工件时,由于磨削区的局部温度高(可达 1 100～1 200 ℃),单位压力大,表面层组织遭到破坏,形成变质层,采用超精的方法可以将工件的变质层部分或全部消除。超精不会产生新的变质层,因为超精时压力小,工件表面温度上升不高(不大于 50 ℃)

(4)滚子超精可得到全凸、半凸凸度形式,和磨加工凸度配合可得到理想的对数曲线型式。

但超精对滚子的角度差、直径变动量等是不能修正的。

2. 超精方法

圆锥滚子外径的超精有两种方法:无心切入式(见图 6-5-32)和贯穿式(见图 6-5-33)。切入式超精适用于小批量和大型滚子。中小型滚子采用无心贯穿式超精。

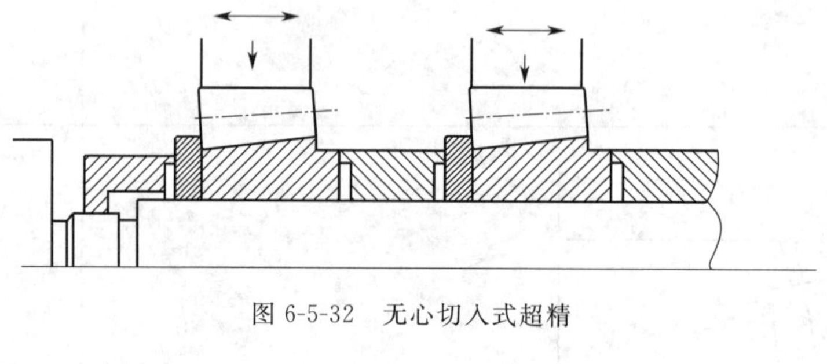

图 6-5-32　无心切入式超精

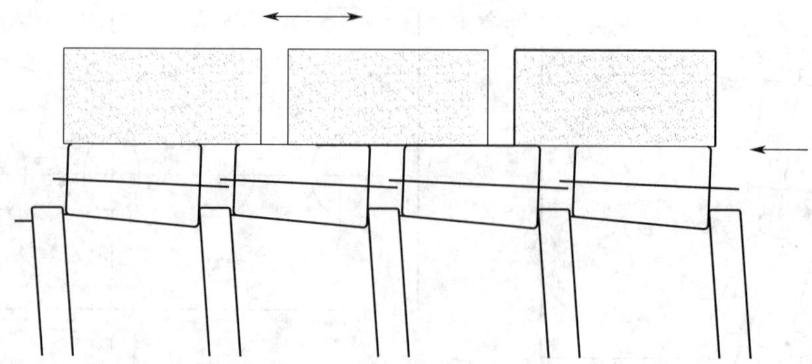

图 6-5-33　贯穿式超精

无心贯穿超精加工时,工件是由两个沿同一方向旋转的超精导辊(前导辊和后导辊)带动旋转和移动的。被加工的工件顺次地通过不同粒度和硬度的振荡油石。前面几块油石的粒度粗,而后面几块油石的粒度细。

前后油石的压紧力也不一样。因此，前面几块油石保证切除金属的主要留量和修正圆度及波纹度。后面几块油石保证改善表面粗糙度。

3. 圆锥滚子外径母线凸度的超精

圆锥滚子外径贯穿超精时，超精前辊和后辊工作面角度相同(见图 6-5-34)，滚子轴线在水平面的投影和滚子的前进方向一致，即所谓直进式超精，用这种方法超精出来的就是全凸滚子。当两个超精导辊的工作面角度不同，滚子轴线在水平面上的投影和滚子的前进方向成一个角度，这就是斜进式超精，这种超精辊可加工出半凸的圆锥滚子。

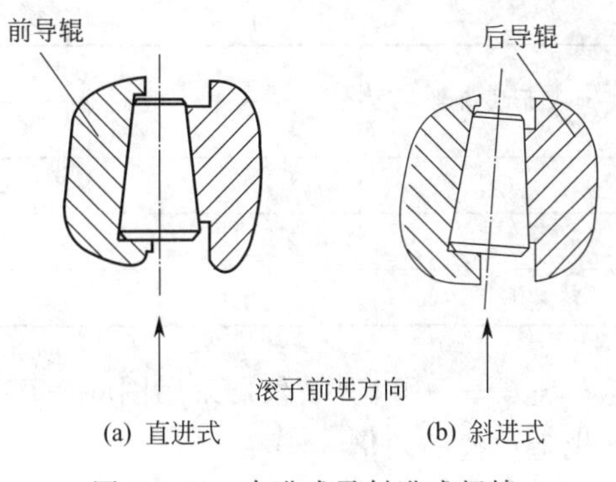

图 6-5-34　直进式马斜进式超精

对数母线滚子的超精，要根据滚子产品设计要求凸度量的大小，采用磨全凸或半凸与超精全凸或半凸的恰当配合，即可得到适合的对数母线。

五、滚子的检测

V_{DWP}——用 D051 仪器检查，两点法检测，一般测量滚子长度中部。滚子旋转一周，最大值与最小值之差即是 V_{DWP}(见图 6-5-35)。为了保证产品的质量定期用圆度仪测量。

$\Delta 2\phi$——用 D744 仪器测量，用标准滚子对平，滚子两端直径之差即是 $\Delta 2\phi$ 见图 6-5-36。

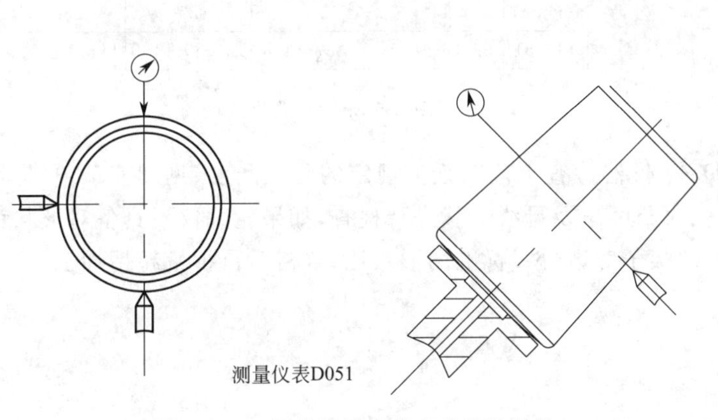

图 6-5-35　圆锥滚子直径变动量的测量

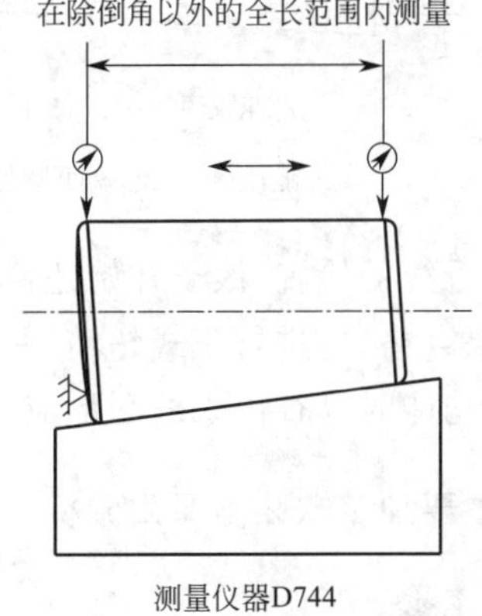

图 6-5-36　圆锥滚子圆锥角偏差的测量

ΔCir——用 G903 仪器在 90°和 120°三角台上测量，滚子旋转一周量得的最大值和最小值之差即是产品图纸规定的圆度误差的两倍(见图 6-5-37)。滚子圆度误差的测量值，由于滚子外径上所呈现的波(棱)数不同，有的放大 3 倍，有的放大 2 倍、有的不放大。放大倍数表见表 6-5-11。为了保证产品的质量定期用圆度仪测量。

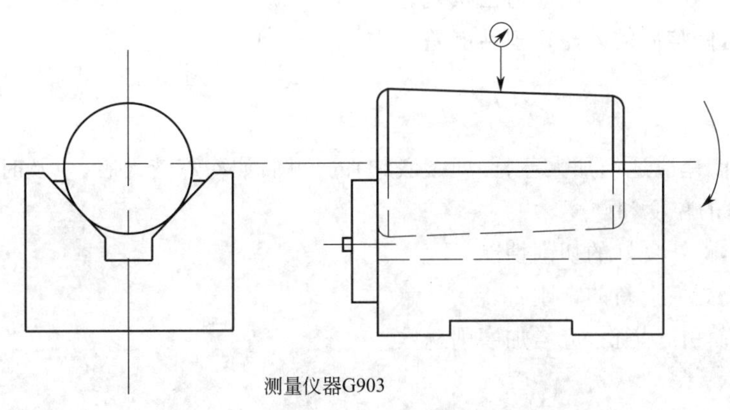

图 6-5-37　圆锥滚子圆度误差的测量

表 6-5-11 放大倍数表

V 形块角度	波数									
	3	5	7	9	11	13	15	17	19	21
60°	3	—	—	3	—	—	3	—	—	3
90°	2	2	—	—	2	2	—	—	2	2
120°	1	2	2	1	—	—	1	2	2	1

S_{DW}——用 C742 仪器采用图 6-5-38 所示的方法，旋转滚子一周，测试仪所示最大差值不得超过产品图纸规定数值的两倍。

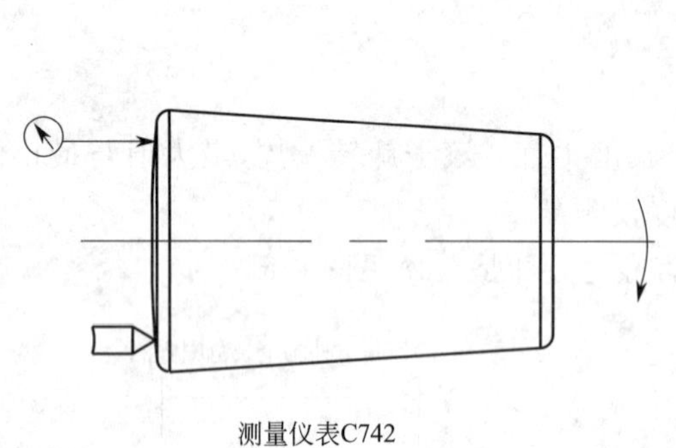

图 6-5-38 圆锥滚子基准端面圆跳动的测量

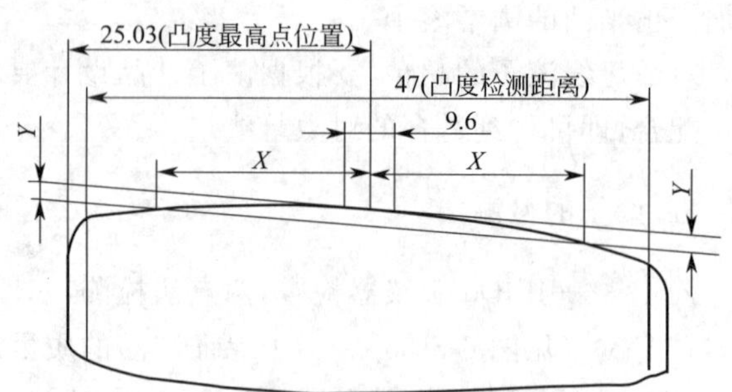

超精凸度的测量位置 X 及凸度值 Y

X(mm)	14	21	23	23.3
Y(μm)	0.326+0.5	4.837±1.5	12.159±1.5	14.857±1.5

图 6-5-39 对数母线的检查

对数母线的检查：滚子开始超精时，先用 D744 仪器检查工艺图纸上规定的几点凸度（见图 6-5-39）是否合格，如果合格，再进行正式超精，并采用轮廓仪对凸度量及母线形状进行检查，如果轮廓仪不具备对形状评定的软件功能时检查出来的图形应与事先绘好的滚子对数母线标准图形对比，合格后再批量超精加工。

六、主要加工缺陷与原因分析

1. 外径烧伤

滚子经酸洗后，外径上出现黑色断续条纹即为烧伤。烧伤时因为磨削区局部温度太高，使表面层组织发生变化，产生变质层，影响轴承的使用寿命。因此，滚子不允许有烧伤。

外径烧伤产生的原因：

(1)冷却液性能差，冷却液流量调整太小，冷却部位不对，冷却液太脏。

(2)砂轮的粒度过粗，硬度过高。

(3)未及时修整砂轮，砂轮的切削能力已很差。

(4)金刚石已用钝，修整后的砂轮切削性能差。

(5)磨削量过大。

外径烧伤的消除方法：

(1)如冷却液的性能差应适当加大苏打（即碳酸钠）的比例；如冷却液太脏，应及时更换。

(2) 合理选择砂轮的粒度和硬度。

(3)及时修整砂轮，保持良好的切削性能。

(4)金刚石用钝，应更换上新的金刚石。

(5)若磨削量太大而引起烧伤，应增加磨削遍数。

2. 直径变动量 V_{DWP} 大

产生原因：

(1)托板安装过高，磨削时滚子转动不平稳，有跳动。

(2)螺旋轮严重偏心。

(3)螺旋轮紧固不牢,有松动。

(4)砂轮磨钝,切削能力差。

消除方法:

(1)适当降低托板的高度。

(2)更换或返修螺旋轮,解决偏心问题。

(3)必须紧固好螺旋轮,不使其松动。

(4) 及时修整砂轮,保持良好的切削性能。

3. 外径圆度误差 ΔC_{ir} 大

在无心磨床上加工圆锥滚子外径时,常见的圆度误差有三棱、五棱和七棱。滚子外径圆度误差大,对轴承的旋转精度、噪声和使用寿命都有影响。

外径圆度误差大产生的原因:

(1)上工序的圆度误差过大,本工序未改掉。

(2)托板安装过低,滚子中心高出砂轮中心太少。

(3)螺旋轮严重偏心。

(4) 螺旋轮紧固不牢,有松动。

(5)螺旋轮转速太快,滚子转动不平稳。

(6)螺旋轮挡边不规则或滚子大端面不规则,滚子转动过程有窜动。

(7)螺旋轮主轴有窜动。

外径圆度误差大的消除方法:

(1)若上工序圆度误差过大,本工序改不掉,应从工艺上采取措施。如增加磨削遍数,逐步消除圆度误差,或降低本工序的螺旋轮转速,适当提高托板高度,以便大幅度减少圆度误差。

(2)适当提高托板高度

(3)更换或返修螺旋轮,以解决偏心及挡边不规则问题。

(4)安装螺旋轮时,必须把螺帽紧固好。

(5)降低螺旋轮转速。

(6)检修机床主轴。

4. 角度偏差 $\Delta 2\phi$ 大

角度偏差大产生的原因:

(1)螺旋轮槽面角度不对。

(2)砂轮修整不好,磨削位置不正确

(3)长时间未修整砂轮,砂轮形状改变。

(4)托板安装偏高或偏低。

角度偏差大的消除方法:

(1)修整砂轮时,应使磨削位置正确。否则应重新修整。

(2)磨削过程中,如因砂轮损耗引起角度偏差变大,应在角度偏差超差之前修整砂轮。

(3)若螺旋轮槽面角度正确,砂轮修整良好,则滚子角度偏差与托板安装高低有关:托板偏高,滚子大头大;托板偏低,滚子小头大。故解决办法是:滚子大头大,托板向下降;滚子小头大,托板向上升。

(4)若托板高度调整适当,砂轮修整良好,而磨削后的滚子角度偏差不合规格,可根据角度偏差超差的多少,选择不同的解决办法:

①角度偏差超差不多,可采取调整托板高度的方法解决,即滚子大头大,托板向下降;滚子小头大,托板向上升。不过,托板高度的调整量不能过大,否则会引起其他问题,如托板过低,滚子圆度误差大;托板过高,滚子直径变动量大,容易产生振纹等。

②角度偏差超差较多,应更换或返修螺旋轮。

5. 基准端面圆跳动 S_{DW} 大

采用3MT4340A机床磨加工滚子基面，要定期修磨磁盘。更换加工滚子型号时，要及时修磨磁盘。这样就能保证滚子端面圆跳动达到要求。

七、滚子的磨加工过程

以353130B滚子为代表介绍滚子的磨加工过程，具体见表6-5-12。在实际加工中各制造厂根据各自的不同设备与技术加工过程有所不同。

表6-5-12 滚子的磨加工过程

序号	工序名称	设备	砂轮型号	序号	工序名称	设备	砂轮型号
1	粗磨外径	3M6050	P500X200X305A80KV	8	探伤	CJW-1500	
2	细磨外径	XF004A	P500X200X305A80LB	9	超精外径	SM468.1	
3	精磨外径	XF004A	P500X200X305A80KR	10	清洗		
4	磨球基面（Ⅰ）	3MT4340A	B92X80X32KR100	11	外观检查		
5	磨球基面（Ⅱ）	3MT4340A	B92X80X32KR100	12	尺寸选别		
6	终磨外径	XF004A	P500X200X305A80KR	13	退磁	退磁机	
7	磨坡	XF004A	P500X200X305A80KR	14	涂油包装	涂油包装机	

因为几种铁路货车轴承滚子（包括352226X2-2RZ、352132A等）尺寸相差不大，因此，其他型号的滚子的加工过程基本上也是这样。所不同的是因为每个滚子型号的对数曲线方程不同，即凸度大小不同，所以只是终磨外径和磨坡工序有所变化，有的需要磨坡（半凸），有的需要磨凸（全凸），其他工序完全相同。

第六章
轴承零件的探伤

轴承的制造质量直接关系到货车的运行安全,在制造时轴承必须通过无损检测来保证轴承零件的质量。无损检测是在不损坏被检测物的结构和使用性能的情况下,利用声、光、热、电磁、射线及化学等方法,来揭示其内部或表面存在的缺陷。从而保证被检测物的内在质量和使用时的可靠性。

第一节　轴承零件无损检测

无损检测常用的有磁粉(MT),超声波(UT),射线(RT),涡流(ET)和渗透(PT)等五种方法。

无损检测的分类:

1. 超声波检测。主要用来检查零件或原材料的内部缺陷和部分表面缺陷。一般不受材质限制。
2. 射线检测。能检测工件内部缺陷,通过射线拍照,缺陷显示直观。
3. 磁粉检测、渗透检测和涡流检测,三种都属于表面缺陷无损检测方法。

表 6-6-1 列表说明三种表面缺陷无损检测方法的特点。

表 6-6-1　三种表面缺陷无损检测方法的特点

项目＼方法	磁粉检测(MT)	渗透检测(PT)	涡流检测(ET)
方法原理	磁力作用	毛细渗透作用	电磁感应作用
能检测出的缺陷	表面和近表面缺陷	表面开口缺陷	表面及表层缺陷
缺陷部位的表现形式	漏磁场吸附磁粉形成磁痕	渗透液的渗出	检测线圈输出电压和相位发生变化
显示信息的器材	磁粉	渗透液、显像剂	记录仪、示波器或电压表
适用的材质	铁磁性材料	非松孔性材料	导电性材料
主要检测对象	铸钢件、锻钢件、压延件、管材、型材、焊接件、机加工件及使用过的上述工件	任何非松孔性材料工件及使用过的上述工件,不受工件材质及形状限制	管材、线材和工件探伤材料状态检验和分选;镀层、涂层厚度测量,工件形状简单、单一
主要检测缺陷	裂纹、发纹、白点、折叠、夹杂物、冷隔	裂纹、白点、疏松、针孔、夹杂物	裂纹
缺陷性质判断	能大致确定	能大致确定	难以判断
检测速度	较快	慢	很快
污染	较轻	较重	无污染

根据滚动轴承的加工工艺和使用状态。五种无损检测方法中磁粉检测方法,较为适用于货车用滚动轴承制造及修理过程中对轴承零件表面及近表面缺陷的检测。

第二节　铁路货车轴承零件的磁粉检测

磁粉检测(Magnetic Particle Testing,缩写符号为 MT),又称磁粉检验或磁粉探伤,属于无损检测五大常规方法之一。

一、磁粉检测原理

铁磁性材料工件被磁化后，由于不连续性的存在，使工件表面和近表面的磁力线发生局部畸变而产生漏磁场，吸附施加在工件表面的磁粉，在合适的光照下形成目视可见的磁痕，从而显示出不连续性的位置、大小、形状和严重程度。

二、磁粉检测适用范围

1. 适用于检测工件表面和近表面尺寸很小，间隙极窄的铁磁性材料，如可见检测出长 0.1 mm、宽为微米级的裂纹和目视难以看出的缺陷。

2. 适用于检测马氏体不锈钢和沉淀硬化不锈钢材料，但不适用于检测奥氏体不锈钢材料（为1Cr18Ni9）和用奥氏体不锈钢焊条焊接的焊缝，也不适用于检测铜、铝、镁、钛合金等非磁性材料。

3. 适用于检测未加工的原材料（如钢坯）和加工的半成品、成品件及在役与使用过的工件。

4. 适用于检测管材、棒材、板材、型材和锻钢件、铸钢件及焊接件。

5. 适用于检测工件表面和近表面的裂纹、白点、发纹、折叠、疏松、冷隔、气孔和夹杂等缺陷，但不适用于检测工件表面浅而宽的划伤、针孔状缺陷、埋藏较深的内部缺陷和延伸方向与磁力线方向夹角小于 20°的缺陷。

三、磁粉检测基本操作步骤

磁粉检测最基本的六个操作步骤是：

1. 预处理；
2. 磁化工件；
3. 施加磁粉或磁悬液；
4. 磁痕分析和评定；
5. 退磁；
6. 后处理。

四、磁粉检测优点和局限性

1. 磁粉检测的优点

(1)能直观地显示出缺陷的位置、大小、形状和严重程度，并可大致确定缺陷的性质。

(2)具有很高的检测灵敏度，能检测出微米级宽度的缺陷。

(3)能检测出铁磁性材料工件表面和近表面的开口与不开口的缺陷。

(4)综合使用多种磁化方法，几乎不受工件大小和几何形状的影响，能检测出工件各个方向的缺陷。

(5)检查缺陷的重复性好。

(6)单个工件检测速度快，工艺简单，成本低，污染轻。

(7)磁粉探伤-橡胶铸型法，可间断检测小孔内壁早期疲劳裂纹的产生和扩展速率。

2. 磁粉检测的局限性

(1)只能检测铁磁性材料。

(2)只能检测工件表面和近表面缺陷。

(3)受工件几何形状影响（如键槽）会产生非相关显示。

(4)通电法和触头法磁化时，易产生打火烧伤。

五、探伤人员

1. 从事磁粉探伤检验人员必须符合中国无损检测学会或有关部门对无损检测人员资格等级鉴定规定的资格要求。取得 GB/T 9445 中规定的Ⅱ级无损检测人员技术资格证书，方可独立进行磁粉探伤操作。

2. 已具有探伤等级资格的人员，每年应通过相应的视力检查。经矫正的视力应在5.0以上，色盲者不应从事磁粉探伤工作。

六、探伤设备

探伤设备通称探伤机，探伤机主要能建立起所必需的磁通。探伤机利用电磁感应原理，按电流区分，有直流电探伤机和交流电探伤机。

1. 直流探伤机，因直流电能渗透到金属内部，对近表面的裂纹等缺陷显示性较强，其剩磁对磁粉的吸力较强，便于重复检验。局限性是只适用于湿法探伤，不适合干法探伤。而通过整流获得的直流电正好克服了这个局限。

2. 交流探伤机。由于交流电的趋肤效应，使得对表面裂纹的缺陷的检测零敏度提高。从实用角度来说，使用方便，结构简单。所以一般工厂多用交流式的。

过去，轴承厂所用的磁粉探伤机，大部分都是通用性型的磁粉探伤机，随着技术的发展和质量提高及生产的需要，近几年来专门适用于铁路轴承套圈和滚子的专用探伤机不断试制出来，并已大量应用于生产中。

(1)所有磁粉探伤机应符合JB/T 8290《磁粉探伤机》标准的规定，轴承零件磁粉探伤一般采用交流磁粉探伤机。

(2)用剩磁法进行磁粉探伤时，交流磁粉探伤机应配备断电相位控制器，以保证零件磁化后有足够而稳定的剩磁。

七、磁　　粉

1. 磁粉应具有高的磁导率，低的矫顽力和剩磁。

2. 用于轴承零件探伤的磁粉粒度为不小于320目。

3. 新购置的磁粉验收时，称样试验，按重量计算，须有98%(重量比)的磁粉通过320目标准筛。

4. 磁粉的悬浮性，用酒精沉淀法进行测量，酒精和磁粉明显分界处的磁粉柱高度不低于200 mm，不允许出现没有明显分界的情况。

5. 磁粉颜色与被测零件的陪衬度要有利于观察磁痕。

6. 铁路轴承零件探伤所用磁粉，必须是经过认证的专业磁粉生产厂家的产品，经检验合格者方可投入使用。

八、磁 悬 液

1. 磁悬液浓度

磁悬液配制时浓度，用每升液体中所含磁粉的克数来表示：15～30 g/L。

用每100 mL磁悬液中所含磁粉的体积来表示1.2～2.4 mL/100 mL。

使用中的磁悬液浓度为1.2～3.0 mL/100 mL。

2. 油磁悬液的配制

将称量好的油取出少许，且与磁粉均匀混合，使磁粉全部润湿，搅拌成糊状。然后边搅拌边加入其余的油，使其充分混合均匀。

3. 磁悬液定期更换

根据探伤工作量、季节变化及磁悬液清洁度，定期检查，发现不符合要求时应及时调整或更换，但最长更换周期不得超过3个月。

4. 用非荧光磁粉探伤时，变压器油与煤油的比例为1∶1～1∶3。

九、探伤检查区域照明度要求

探伤工作间应清洁明亮，观察磁痕显示时白光照度不得低于500 lx。

十、对被测零件的要求

1. 被检查零件在探伤前应清除油、铁锈、毛刺、纤维、金属屑等赃物。

2. 被检查零件上的油孔等在探伤前应塞住，以免探伤后难以清除磁粉。

3. 采用通电法磁化时，应将零件与电极接触区的不导电层去掉，电极上要加铜网或铝垫，以减少接触电阻。

4. 无论采用何种方法进行磁化，轴承零件均不允许产生烧伤、变形。

十一、磁粉探伤程序

1. 剩磁法检查时的主要程序

(1)零件表面准备；

(2)通电磁化，通电时间为 0.5～1 s；

(3)施加磁悬液，往零件上浇磁悬液 2～3 次，或将零件浸入磁悬液中约 30 s，然后缓慢取出，静置 1～2 min；

(4)观察；

(5)退磁；

(6)零件的清洗和防锈；

(7)检查结果的记录。

2. 连续法检查时的主要程序

(1)与剩磁法大体相同，区别在于零件的磁化与施加磁悬液同时进行。一般是在浇注磁悬液的同时通电 1～3 s，停止浇注磁悬液后再通电 2～3 次，每次 0.5～1 s。

(2)用连续法检查时，从磁化之后到磁痕观察结束之前，零件之间不得相互碰撞或与其他铁磁体相接触，以免产生磁写。

(3)磁悬液喷嘴的压力和流量应调节适宜，喷出的磁悬液不得把正形成的磁痕冲洗掉。

十二、磁化方法

1. 周向磁化法

当电流通过零件本身或零件中心孔内铜棒时，产生一个与电流方向垂直的闭合周向磁场，可以发现与电流方向平行的纵向缺陷。

(1)穿棒磁化法(中心导体法)

当电流通过零件中心孔内铜棒以磁化零件。铜棒位置在正常状态下应处于零件中心以获得均匀磁场。当轴承内、外圈外径大于 100 mm 时，可使铜棒与内、外圈偏心设置(偏置芯棒法)，每转动 90°分段磁化；有效磁化距离大约是芯棒直径的 4 倍，要有 10%的磁化重叠区。

(2)直接通电法

将电流直接通过零件本身进行磁化。

2. 纵向磁化法

将零件置于通电线圈或电磁铁产生的磁场内，可发现与零件轴向垂直的周向缺陷(横向缺陷)。

(1)线圈磁化法

将零件置于通电螺管线圈内，在零件内产生纵向磁场的方法，可检出零件的周向缺陷。

(2)磁轭法

将零件置于电磁铁两极之间，形成闭合回路，在两接触点间产生磁场。

(3)感应电流法

将零件作为变压器的次级线圈，使交变磁通在零件上感应产生周向电流的磁化方法，感应电流产生的磁场为环形，可发现套圈内、外壁和端面的周向缺陷。

3. 复合磁化法

同时在零件上施加两个或两个以上不同方向的缺陷，合成磁场的方向不断地变化(形成摆动磁场或旋转磁场)，一次磁化即可检查出零件上多个方向的缺陷。复合磁化只适用于连续法检验。

十三、磁化规范

1. 周向磁化规范

(1)轴承零件周向磁化时，其磁化电流值按下式计算：

$$I=\frac{HD}{320}$$

式中　D——零件直径(mm)；

H——磁场强度(A/m)，由轴承钢材在轴承相应处理状况下的磁化曲线选定。

(2)我国普遍采用的周向磁化标准规范是：

工件表面磁场强度：剩磁法为 8 000 A/m；连续法为 2 400 A/m。

(3)一般轴承零件，磁化电流按表 6-6-2 选取。

表 6-6-2　磁化电流的选择

检查方法	交流	直流	全波整流	半波整流
剩磁法	25～45D	35～60D	20～40D	12～20D
连续法	8～15D	10～20D	7～15D	4～8D

(4)磁粉探伤中，对磁化起作用的是电流的峰值，若电流指示的不是峰值电流，则按表 6-6-3 换算。

表 6-6-3　磁粉探伤中的换算

电流类型	电流表指示	换算关系	电流类型	电流表指示	换算关系
交流	有效值	峰值$=\sqrt{2}$有效值	单相全波	平均值	峰值$=\pi/2$平均值
直流	平均值	峰值=平均值	三相半波	平均值	峰值$=2\pi/3\sqrt{3}$平均值
单相半波	平均值 两倍平均值	峰值$=\pi$平均值 峰值$=\pi/2$平均值	三相全波	平均值	峰值$=\pi/3$平均值

(5)铁路轴承零件周向磁化规范按表 6-6-4 采用。

表 6-6-4　铁路轴承零件周向磁化

钢　　种	用　　途	磁化电流剩磁法	连续法
GCr15SiMn	货车轴承内、外圈	$I=(30～40)D$	$I=(15～18)D$
G20CrNi2MoA	机车轴承和货车轴承	$I=(30～40)D$	$I=(13～15)D$
GCr15	滚子	$I=(30～40)D$	$I=(18～20)D$
GCr18MoA	客车轴承	$I=(30～40)D$	$I=(18～20)D$

(6)偏置芯棒法磁化规范

若工件直径大，设备的功率不能满足时，可采用偏置芯棒法磁化，应依次将芯棒紧靠工件内壁(必要时对工件接触部位的芯棒进行绝缘)停放在不同位置，以检测整个圆周，在工件圆周方向表面的有效磁化区为芯棒直径的 4 倍，并应有不小于 10%的磁化重叠区。其磁化电流值按下式计算：

$$I=(8～15)D \quad \text{(A)}$$

式中　D=芯棒直径+2 倍工件壁厚(mm)。

2. 纵向磁化规范

铁路轴承零件采用感应电流法和磁轭法，纵向磁化磁势套圈 NI=2 000～12 000(安匝)，滚柱 NI=300～1 200(安匝)。

十四、试块和试片

其作用是用于检查探伤设备、磁粉和磁悬液的性能，连续法中的工件表面有效磁场的方向以及操作是否适当。

1. 实物试块：轴承零件探伤时，须根据所探测的零件配备相应的带有自然裂纹的实物零件试块。

2. 标准试片：轴承零件探伤必须配备 A-15/50 和 D-15/50 试片。

其分子表示槽深，分母表示板厚。

分数值越小，灵敏度越高，反之亦然。

正确使用方法是：将试片粘贴在工作表面，要完全密合，无槽面朝外，不要盖住试片的槽部。用后洗净、擦干。干燥后涂上防锈油保存。

十五、退　　磁

1. 磁粉探伤后合格零件必须退磁。

2. 已退磁的轴承零件，其剩磁大小须符合有关技术文件的规定。

3. 已退磁的轴承零件应远离正在工作的磁化设备或退磁线圈 1.5 m 以外。

第七章
轴承零件的磷化处理技术

铁路货车轴承在使用中采用的是无轴箱设计方式，轴承暴露在大气中，为了防止在空气中的腐蚀、氧化、锈蚀等，须对轴承进行表面防腐处理。表面防腐处理的工艺技术有多种方式，经过多年的使用验证，铁路货车轴承的表面采用理化防腐处理是十分有效的。

第一节　磷化处理基本原理

一、磷化处理概述

1. 磷化处理的概念

磷化处理是指将钢铁零件放入磷酸盐溶液中进行浸泡，使金属表面获得不溶于水的磷酸盐薄膜的这一过程。其目的是使产品表面附有一层磷化膜，色泽光亮，均匀同一，具有防腐蚀性能。

2. 磷化膜的性质

磷化膜呈灰色至灰黑色的结晶状态，厚度一般为 5～15μm 的范围内，因在磷化膜生成的同时，基体金属表面部分溶解在磷化液中，所以不改变零件尺寸。

磷化膜与零件的基体金属结合在一起，很牢固。磷化处理后，原金属的机械性能、强度、磁性等基本保持不变，磷化膜有较高的电绝缘性质，若在其表面涂装油漆后可提高它的耐电压性质。磷化膜有松孔，与油漆有较高的结合力，可作为油漆底层。

3. 磷化处理的种类

(1)按磷化处理温度分：按处理温度可分为常温、低温、中温、高温四类。常温磷化就是不加温磷化。低温磷化一般处理温度 30～45 ℃。中温磷化一般 60～70 ℃。高温磷化一般大于 90 ℃。就目前的生产情况而言，主要是中温磷化和高温磷化。高温磷化液主要由磷酸锰铁盐和硝酸盐组成，中温磷化液主要由硝酸锌、硝酸钙等组成。

(2)按磷化成膜体系主要分为：锌系、锌钙系、锌锰系、锰系、铁系、非晶相铁系六大类。

锌钙系磷化槽液主体成分是：Zn^{2+}、Ca^{2+}、NO_3^-、$H_2PO_4^-$、H_3PO_4 以及其他添加物等。形成磷化膜的主体组成(钢铁件)：$Zn_2Ca(PO_4)_2\cdot 4H_2O$、$Zn_2Fe(PO_4)_2\cdot 4H_2O$、$Zn_3(PO_4)_2\cdot 4H_2O$。磷化晶粒呈紧密颗粒状(有时有大的针状晶粒)，孔隙较少。

锰系磷化槽液主体组成：Mn^{2+}、NO_3^-、H_2PO_4、H_3PO_4 以及其他一些添加物。在钢铁件上形成磷化膜主体组成：$(Mn,Fe)5H_2(PO_4)_4\cdot 4H_2O$。磷化膜厚度大、孔隙少，磷化晶粒呈密集颗状。

(3)按磷化膜的厚度分类

按磷化膜厚度(磷化膜重)分，可分为次轻量级、轻量级、次重量级、重量级四种(GB 6807—1986)。次轻量级膜重仅 0.1～1.0 g/m^2，一般是非晶相铁系磷化膜。轻量级膜重 1.1～4.5 g/m^2。次重量级磷化膜厚 4.6～7.5 g/m^2，由于膜重较大，膜较厚(一般>3 μm)。重量级膜重大于 7.5 g/m^2。

二、磷化膜形成的基本原理

磷化过程包括化学与电化学反应。一般认为，磷化成膜过程包括酸的浸蚀作用、促进剂的氧化作用、磷酸的多级离解和磷酸盐沉积成膜四个过程。

1. 酸的浸蚀作用使基体金属表面 H^+ 浓度降低

$$Fe-2e \longrightarrow Fe^{2+}$$
$$Fe+2H_3PO_4 = Fe(H_2PO_4)_2+H_2\uparrow$$
$$2H^++2e \longrightarrow 2[H] \longrightarrow H_2\uparrow \tag{1}$$

2. 促进剂的氧化作用加速上述反应向右进行，进一步导致金属表面 H^+ 浓度的急剧下降。

$$[O]+[H] \longrightarrow [R]+H_2O$$
$$Fe^{2+}+[O] \longrightarrow Fe^{3+}+[R] \tag{2}$$

式中[O]为促进剂(氧化剂)，[R]为还原产物，由于促进剂氧化掉第一步反应所产生的氢原子，加快了反应(1)的速度，进一步导致金属表面 H+浓度急剧下降。促进剂的氧化作用同时，也将溶液中的 Fe^{2+} 氧化成为 Fe^{3+}。

3. 磷酸根的多级离解

$$H_3PO_4 \longrightarrow H_2PO_4^-+H^+$$
$$\longrightarrow HPO_4^{2-}+2H^+$$
$$\longrightarrow PO_4^{3-}+3H^+ \tag{3}$$

由于金属表面的 H+浓度急剧下降，导致磷酸根各级离解平衡向右移动，最终为 PO_4^{3-}。

4. 磷酸盐沉淀结晶成为磷化膜

(1)高温锰系磷化反应的机理和特点

$$3Me(H_2PO_4)_2 = 3MeHPO_4+3H_3PO_4$$

式中：Me 代表锰、铁离子。

$$3Fe+3H_3PO_4 = 3Fe(H_2PO_4)_2+3H_2\uparrow$$
$$3MnHPO_4+Fe = MnHPO_4+FeHPO_4+H_2\uparrow$$

综合上述各式反应如下：

$$3Mn(H_2PO_4)_2+4Fe = Mn_3(PO_4)_2+4FeHPO_4+4H_2\uparrow$$

锰系磷化膜是由 $Mn_3(PO_4)_2 \cdot 3H_2O+FeHPO_4 \cdot 2H_2O$ 的混合结晶组成。

在零件与溶液的接触面上，磷酸氢盐和磷酸盐的浓度不断地增加，当它们达到过饱和时即结晶沉积在金属表面上，晶粒继续增长，直至生成不溶于水的磷化膜。随着磷化膜的生成，使零件表面与溶液隔离从而使作用中断，磷化过程便告结束。根据槽液中析出氢气泡的多少，可以判断磷化膜的生成过程是否完结。

(2)中温锌钙系磷化反应的机理和特点

在磷酸二氢钙或硝酸钙磷化液中，钙与锌、铁共同形成复合磷化膜结晶，化学反应如下：

$$Fe+2H_3PO_4 = Fe(H_2PO_4)_2+H_2\uparrow$$
$$3Zn(H_2PO_4)_2+4H_2O = Zn_3(PO_4)_2 \cdot 4H_2O+4H_3PO_4$$
$$2Zn(H_2PO_4)_2+Fe(H_2PO_4)_2+4H_2O = Zn_2Fe(PO_4)_2 \cdot 4H_2O+4H_3PO_4$$
$$2Zn(H_2PO_4)_2+4H_2O+Ca(H_2PO_4)_2+3H_2O = Zn_2Ca(PO_4)_2 \cdot 7H_2O+4H_3PO_4$$

锌钙系磷化膜是由 $Zn_3(PO_4)_2 \cdot 4H_2O+Zn_2Fe(PO_4)_2 \cdot 4H_2O+Zn_2Ca(PO_4)_2 \cdot 7H_2O$ 的混合结晶组成。

磷酸盐沉淀与水分子一起形成磷化晶核，晶核继续长大成为磷化晶粒，无数个晶粒紧密堆集形而上学成磷化膜。钙离子的加入的磷化膜结晶细而均匀，呈圆柱形，耐腐蚀性能强。

在钢铁表面生成不溶性磷化膜的同时，磷化液中也同样产生不溶性磷酸盐沉淀。磷化渣是固体 $FeHPO_4$、$Fe_3(PO_4)_2 \cdot Zn_3(PO_4)_2$、$FePO_4$ 的混合物。它粘附在槽体和加热管表面，逐渐形成硬化层，影响加热效果。它粘附在零件表面，使磷化膜附灰，影响膜层外观质量。要想减少沉渣量就必须降低 Fe^{3+} 的产生量，即通过两个方法：降低磷化液的 H^+ 浓度(低游离酸度)减少 Fe^{2+} 氧化成为 Fe^{3+}。

第二节 磷化前表面处理

由于生成磷化膜的化学反应完全取决于磷化液与金属表面的良好接触，要得到良好的磷化膜，金属表面在磷化前必须把油脂、锈、氧化皮等清除干净，才能获得均匀、细致、密实的磷化膜。

一、除 油 脂

1. 有机溶剂脱脂法

有机溶剂清洗对去除碱液难以除净的高黏度、高熔点的矿物油脂，具有较好的效果。常用的有机溶剂为汽油。零件经有机溶剂清洗后应待表面的溶剂完全挥发后才可进入磷化处理工序。用于脱脂的有机溶剂，应就具有溶解性强、挥发性好、不易着火、毒性小、对零件没有腐蚀性和价格低廉等要求。

2. 强碱液清洗

强碱液除油脂是一种传统的有效方法。它是利用强碱对植物油的皂化反应，形成溶于水的皂化物达到除油脂的目的。纯粹的强碱液只能皂化除掉植物油脂而不能除掉矿物油脂。因此人们通过在强碱液中加入表面活性剂，一般是磺酸类阴离子活性剂，利用表面活性剂的乳化作用达到除矿物油的目的。强碱液除油脂的使用温度都较高，通常＞80 ℃。常用强碱液一般以氢氧化钠为主，加入碳酸钠、磷酸三钠等。处理时间：5～10 min，处理方式一般为浸泡式。

强碱液除油脂需要较高温度，能耗大，对设备腐蚀性也大，并且材料成本并不算低，因此这种方法的应用正逐步减少。

3. 低碱性清洗液清洗

低碱性清洗液碱性低，一般 pH 值为 9～12。对设备腐蚀较小，对工件表面状态破坏小，可在低温和中温下使用，除油脂效率较高。特别在超声清洗时使用，除油脂效果特别好。低碱性清洗剂主要由无机低碱性助剂、表面活性剂、消泡剂等组成。无机型助剂主要是硅酸钠、三聚磷酸钠、磷酸钠、碳酸钠等。其作用是提供一定的碱度，有分散悬浮作用。可防止脱下来的油脂重新吸附在工件表面。表面活性剂主要采用非离子型与阴离子型，一般是聚氯乙烯 OP 类和磺酸盐型，它在除油脂过程中需要加入一些消泡剂，处理温度为常温～50 ℃，处理时间为 1～5 min。

4. 超声波清洗法

超声波清洗是一种新的清洗方法。此法操作简单、清洗速度快、质量好。超声波清洗属于物理清洗，把清洗液放入槽内，在槽内作用超声波。通常把频率高于 20 000 Hz 的机械波称为超声波，它有机械震荡之功效。液体中超声波产生的震动，其声强较大，聚焦后甚至超过 70 000 W/cm^2，声压可达上百个大气压，而位移只是微米级，加速度为重力加速度的几百万倍以上。可见，超声波的强烈震荡在击碎、搅拌、扩渗透等中都起着重大作用，用此来对零件表面进行超声波清洗能去除金属表面的任何氧化物或污垢。

(1)去除原理

超声波使液体介质不断受到压缩和拉伸。我们知道液体能压，不能拉。因此，若其拉力足以破坏液体间分子的内聚力时，液体就会断裂，形成几乎真空的孔穴，再遇到压缩时，这些空穴便发生崩溃，在崩溃瞬间，空穴周围形成强烈的激波，压强可达到几千大气压；同时由于液体的破裂和压强的突变，产生了极高的局部温度，引起电离，发生放电发光现象，即空化效应，空化效应产生的激波大大增强了超声波的机械作用，因而使得清洗效果明显提高。与此同时，超声波在液体中还具有能加速溶解和乳化作用等。因此，对于采用一般常规清洗方法难以达到清洗要求，以及几何形状比较复杂、带有各种小孔、弯孔等工件的清洗，效果更好。

(2)清洗溶液

超声波清洗液采用低碱性清洗液。

(3)清洗设备

超声清洗系统必须具备三个基本元件：盛放清洗液的槽、将电能转化为机械能的换能器以及产生高频电信号的超声波发生器。

①超声波脱脂清洗槽

为船形结构，装入弱碱、弱酸清洗剂，工件悬挂在传动连上，在清洗液中匀速通过，清洗时间为 0.5～3 min。换能器以锆钛酸压电陶瓷材料经特殊工艺制成，每个清洗槽 4 个，共 8 个。固定在清洗槽的相对两侧的侧板上，其功能是将超声波电源产生的高频振荡电能转换成振动机械能，发射至槽内清洗介质中，产生机械作用和空化效应，实现高效清洗的目的。加热管蛇形固定在清洗槽的另一侧板上，用于调整清洗液的温度。

②换能器和发生器

超声清洗系统最重要的部分是换能器。现存两种换能器，一种是磁力换能器，由镍或镍合金制成；一种压电换能器，由锆钛酸铅或其他陶瓷制成。

(4)影响清洗效果的几个因素

①与频率的关系：一般频率越低空化效果越明显，但噪声相对较高，适用于物体面相对平正的物体。频率越高，空化效果越差，但噪声相对较低，适用于微孔盲孔较多的物体及电子晶体等。

②与温度有关：槽液温度是影响清洗效果的重要因素之一。温度过低，反应速度慢，电离速度也慢，不利于清洗，温度高有利于清洗效果，但换能器允许操作温度有限，故不能大于 45 ℃，实际槽液温度在30～45 ℃内最好。对于超声除油清洗液，pH 值较高时，温度取其下限，PH 值较低时，槽液温度也应相应提高。对于超声除锈清洗液，槽液温度应为室温。

③与清洗液有关：清洗液采用弱碱性水剂清洗剂，其乳化剂乳化了工件上的残油，加速了反应速度。乳化剂含量过高，不仅造成浪费，而且还增加槽液黏度，使之容易起泡，反而不利于清洗，因而应控制乳化剂的含量。一般来说，清洗液的黏度越低含气量越高，清洗效果越好。

④与清洗液的深度及被清洗物的位置有关。

二、除锈及氧化皮

金属表面由于大气腐蚀或在氧化性气氛中热处理而覆盖有各种盐类或氧化物，在磷化前必须清洗干净。

1. 酸洗除锈

酸洗除锈、除氧化皮的方法是工业领域应用最为广泛的方法。利用酸对氧化物溶解以及腐蚀产生氢气的机械剥离作用达到除锈和除氧化皮的目的。酸洗中使用最为常见的是盐酸、硫酸、磷酸。盐酸酸洗适合在低温下使用，不宜超过 45 ℃，使用浓度 10%～45%，还应加入适量的酸雾抑制剂为宜。硫酸在低温下的酸洗速度很慢，宜在中温使用，温度 50～80 ℃，使用浓度 10%～25%。磷酸酸洗的优点是不会产生腐蚀性残留物(盐酸、硫酸酸洗后或多或少会有少会有 Cl^-、SO_4^{2-} 残留)，比较安全，但磷酸的缺点是成本较高，酸洗速度较慢，一般使用浓度 10%～40%，处理温度可常温到 80 ℃。

2. 喷砂除锈

第三节 磷化处理

一、磷化处理工艺

金属零件表面的油脂、锈蚀、氧化皮等赃物清除干净后便可进行磷化处理。一般都是采用把零件浸于磷化液中进行磷化处理的浸液法。

1. 高温锰系磷化处理工艺

(1)除油

材料成分：金属清洗剂 3～5%

温度：75～80 ℃

时间：除干净为止

操作方法：上下窜动 3～5 次

(2)流动自来水清洗

温度：室温

时间：1～2 min

操作方法：上下窜动 3～5 次

(3)流动自来水清洗

温度：室温

时间：1～2 min

操作方法:上下窜动 3～5 次
(4)高温磷化
材料成分:磷化液 176 kg　水　1 000 kg
温度:96～98 ℃
时间:3～5 min
操作方法:全浸
(5)流动自来水清洗
温度:室温
时间:1～2 min
操作方法:上下窜动 3～5 次
(6)流动自来水清洗
温度:室温
时间:1～2 min
操作方法:上下窜动 3～5 次
(7)补充处理
材料成分:磷化膜封闭剂　25kg　水　1 000 kg
温度:60～70 ℃
时间:1～2 min
操作方法:上下窜动 3～5 次
(8)流动自来水清洗
温度:室温
时间:1～2 min
操作方法:上下窜动 3～5 次
(9)防锈
材料成分:机械油 100%
温度:105～110 ℃
时间:3～5 min
2. 中温磷化工艺流程
(1)除油
材料成分:金属清洗剂 3%～5%
温度:75～80 ℃
时间:2 min
(2)流动自来水清洗
温度:室温
时间:2 min
(3)流动自来水清洗
温度:室温
时间:2 min
(4)磷化
材料成分:磷化液∶水为 1∶3(体积比)
温度:(65±5)℃
时间:16 min
(5)流动自来水清洗
温度:室温
时间:2 min

(6)补充处理

材料成分:磷化膜封闭剂 25kg 水 1 000 kg

温度:60～70 ℃

时间:1～2 min

(7)流动自来水清洗

温度:室温

时间:2 min

(8)防锈

材料成分:水溶性防锈油 6%～8%

温度:室温

时间:3 min

操作方法:喷淋

二、影响磷化膜质量的因素

1. 除油

磷化处理时,要求金属表面干净,否则未除清油污的地方把金属与磷化液隔离,使得此处难以形成磷化膜,造成整个零件不同步反应,形成花斑。

2. 除锈

金属表面由于大气腐蚀或在氧化性气氛中热处理而覆盖有各种盐类或氧化物,在磷化处理前必须用酸清洗干净或采用抛丸处理,把上述杂质除去,一般的说,酸洗是在进一步磷化前使金属表面活化的一种方法,通常采用盐酸酸洗。酸洗时间一定要控制在工艺要求范围内,酸洗时间过长,表面易造成过腐蚀,生成的磷化膜易多孔粗糙。

3. 除油除锈后水洗

除油除锈后的工件要进行水洗,如不进行水洗,可将除油剂带入磷化液里,由于一般除油剂均为碱性,所以会中和游离酸而产生大量的沉渣,使磷化膜挂灰。如不进行水洗,也可能将除锈剂(酸剂)带入磷化液中,抑制反应的进行,使成膜离子减少,造成磷化膜粗糙不均匀,甚至产生锈膜。

4. 磷化温度

磷化剂不同,所要求的工作温度不同。磷化温度高有利于膜的生成,温度升高能加速金属铁溶解,促进磷化反应速度加快,并且使磷化膜附着力提高,但温度过高能促进亚铁离子的氧化,使游离酸不稳定,溶液混浊,在同等条件下,高温磷化比中温磷化溶液中沉淀物多。相反,磷化温度低,则反应速度减慢,磷化膜成膜时间长,生成的磷化膜太薄过疏,甚至有可能在规定的时间内不能形成完整的磷化膜。

5. 总酸度、游离酸度

总酸度是指溶液中磷酸二氢盐和各种盐类水解后产生的酸度,它的高低反映磷化溶液中 Fe^{2+}、Mn^{2+}、Zn^{2+}、Ca^{2+}、H^{+} 等各种金属离子的总和。游离酸度是指磷化液中 H^{+} 浓度(含有部分游离磷酸)。

总酸度高能提高磷化膜的沉积速度,磷化膜层薄而细密,可降低磷化成膜的温度,总酸度过高时,会使磷化膜表面产生粉状挂灰现象;总酸度低时,会影响磷化成膜的沉积速度和耐腐蚀性。

游离酸度过高,会使磷化膜形成缓慢,膜层结晶粗大、疏松,耐蚀性降低;游离酸度过低,磷化膜薄甚至没有磷化膜。

6. 酸比的影响

游离酸度与总酸度的比值,称为酸比。

酸比越大,磷化膜越薄,结晶越细,但沉淀增多;酸比越小,磷化膜越厚,结晶越粗。酸比与处理温度有一定的关系。一般高温磷化处理时,酸比为 1∶(4.5～6);中温磷化处理时,酸比为 1∶(10～20)。

7. 金属离子的影响

(1)Mn^{2+} 离子:Mn^{2+} 离子是高温锰系磷化液中的主要离子。Mn^{2+} 的存在可以使磷化膜均匀,颜色较深,提高膜的耐腐蚀性、耐磨性和吸附性。Mn^{2+} 含量过高则膜的晶粒粗大,耐腐蚀变差;Mn^{2+} 含量过低则使晶粒太细，有磷化不上的趋势。

(2)Fe^{2+} 离子：一定量的 Fe^{2+} 能增加磷化膜的厚度，提高力学强度和耐腐蚀性能。但 Fe^{2+} 在高温时很容易被氧化成 Fe^{3+}，并转化为磷酸铁沉淀，使游离酸升高，造成磷化膜结晶几乎不能进行；Fe^{2+} 含量过高时，还会使磷化膜结晶粗大，表面产生白色浮灰。Fe^{2+} 含量过少时，磷化膜很薄，结晶偏细，有磷化不上的趋势。

(3)Zn^{2+} 离子：Zn^{2+} 离子是中温锌系磷化液中的主要离子。Zn^{2+} 含量高能形成更多的结晶核心，加速磷化反应速度，磷化膜结晶细致。Zn^{2+} 含量过高，磷化膜晶粒粗大，膜脆，表面灰分增多；Mn^{2+} 含量过低时，磷化膜疏松、发暗，甚至有磷化不上的趋势，降低了耐腐蚀性。

(4)Ni^{2+} 离子：Ni^{2+} 离子可使成膜速度加快，降低膜重，使晶格的排列更完整，可增强磷化膜的抗腐蚀性能。

8. 五氧化二磷(P_2O_5)的影响

五氧化二磷来源于磷酸根(PO_4^{3-})，它的含量高时，能加快磷化速度，使磷化膜致密，晶粒闪烁发光，含量过高时，能抑制磷酸的离解，同时使金属铁在溶液中的溶解减慢，所得到的磷化膜较厚，粒子粗大多孔；含量过低时，磷化膜发暗多孔，甚至磷化不上。

9. 硝酸根(NO_3^-)的影响

磷化溶液中硝酸根(NO_3^-)起催化剂作用，含量高能加速磷化反应速度，使磷化膜致密均匀，还能提高磷化膜的耐腐蚀性能，含量过高时会使磷化膜变薄，易产生黄色斑点。

10. 沉渣的影响

由磷化膜成膜机理可知，在磷化成膜过程中产生沉渣是不可避免的。随着磷化处理的不断进行，处理液中沉渣量也不断增加。沉渣量过高就会影响磷化膜的质量，使其表面挂上一层灰，直接影响工件的磷化质量。

11. 水质的影响

(1)清洗用水：前处理后，水洗不净，将油污、酸、碱等杂质带入磷化液，会严重影响磷化膜的质量。磷化后，水洗不净，磷酸盐、酸等溶液吸附于多孔的磷化膜内，会降低磷化膜的耐腐蚀性能。

(2)配制磷化液用水：不含有影响磷化处理的矿物质成分是可以使用的，含有悬浮不溶物浑浊度高的水不能用，因为悬浮不溶物容易形成磷酸盐沉淀。硬度和碱度过高的水不适宜，硬度尤其重要，$CaCO_3$ 最高 300 mg/L，硬度过高，生成的沉渣多水中的氯化物是最有害的，氯化物能被牢固地吸附在晶间缝隙中，在清洗时极难除去，含量不应超过 1 g/L。

12. 钢的种类及表面状态的影响

(1)不同成分的基体金属对磷化膜有明显不同的影响：

低碳钢磷化容易，结晶致密，颜色较浅；中、高碳钢和合金钢磷化较容易，但结晶有变粗的倾向，磷化颜色深而厚；最不利于进行磷化的是含有较多铬、钼等合金元素的钢。磷化膜随钢中碳化物含量和分布的不同而有较大差异，因此，对不同钢材应选用不同的磷化处理方法。

(2)表面状态：

①前工序加工时产生的缺陷，如磨削烧伤、局部未淬上火、表面组织碳浓度不均、磕碰伤、光洁度差异等，都会使磷化膜的颜色不一致。

②在前处理时，如果除油槽碱性太大，会造成过腐蚀，使钢铁表面孔隙大，磷化膜结晶粗糙。

13. 杂质的影响

除磷酸、硝酸以外的酸，如硫酸根、氯离子以及金属离子铝、铬、铜都是有害杂质。硫酸根、氯离子会减低磷化反应速度，并使磷化膜疏松多孔易生锈，铝、铬、铜离子会使膜层耐腐蚀性下降。

第四节　磷化处理常见故障、产生原因及解决方法

一、磷化膜结晶粗大的原因及解决方法

1. 零件表面出现酸或碱过腐蚀。控制酸或碱的浓度，并减少零件在酸洗、碱洗槽中的时间。
2. 表面带有残酸。应调整中和槽内的 pH 值和充分水洗。
3. 亚铁离子过高。用双氧水降低亚铁，升高温度。

4. 溶液里硝酸根不足。添加硝酸钙或硝酸镍。

二、磷化膜结晶过细、磷化膜薄的原因及解决方法

1. 磷化时间短、温度低。适当提高温度和延长磷化时间。
2. Fe^{2+}离子含量过低。应加入经除油处理过的铁丝或铁粉。
3. 总酸度过高。加水稀释溶液或加磷酸盐，调好酸的比值。
4. 零件表面有硬化层。用强酸腐蚀表面或喷砂除去表面硬化层。

三、磷化膜抗蚀能力下降和生黄锈的原因及解决方法

1. 磷化零件表面有残酸，加强酸洗后中和与水清洗。
2. 磷化槽液温度低。调整至规定范围内。
3. 零件表面出现酸或碱过腐蚀。控制酸或碱的浓度，并减少零件在酸洗、碱洗槽中的时间。
4. 游离酸度过高。调整游离酸度，加碳酸锰。
5. 磷化膜结晶粗大或过细。调整酸比。
6. 磷化溶液中缺少磷酸盐。补充磷酸盐。
7. 磷化溶液中含有Cl^-杂质。加强酸洗后的水洗处理。

四、工件表面没有形成磷化膜的原因及解决方法

1. 零件表面有大面积油污。应加强除油处理，除净油污。
2. 五氧化二磷的含量过低。应补充磷酸盐。
3. 磷化溶液里渗入杂质。应更换磷化溶液。
4. 零件表面有加工硬化层。用强酸腐蚀表面或喷砂处理。
5. 磷化时间短、温度低。适当提高温度和延长磷化时间。

五、工件局部表面没有形成磷化膜的原因及解决方法

1. 工件局部除油不净。应加强除油处理，除净油污。
2. 工件与工件之间部分表面接触。应保持工件之间有间隔，避免接触。

六、磷化膜有斑点、发花、色泽不均的原因及解决方法

1. 前处理除油不良。提高除油溶液浓度或温度，延长除油时间。
2. 零件表面氧化皮和锈蚀未除净。加强酸洗或提高温度和延长时间。
3. 磷化液温度低。应提高温度。
4. 零件因热处理加工方法不同。调整酸度，使表面漏出金属晶粒。

七、磷化膜发红、抗蚀能力下降的原因及解决方法

1. 酸洗液里铁渣附在表面。更换酸洗液。
2. 铜离子渗入磷化溶液。注意不用铜的挂具及不用铜加热管。

八、磷化零件有黄白色沉淀物的原因及解决方法

1. 溶液中有沉淀物。及时清理槽底的沉渣。
2. 磷化溶液没冲洗掉。加强磷化后的清洗。

第五节　磷化膜的质量检验及磷化溶液的检验

一、磷化膜的质量检验

磷化膜的质量检验包括零件的外观检查、耐腐蚀性能检验、厚度检验。

1. 外观

表面颜色:用肉眼观察要求磷化膜的表面为灰色至黑灰色,结晶均匀、连续细腻、致密完整,无锈斑、油花、亮点。

表面清洁:磷化后的产品不允许显示手指纹、水纹痕迹,磷化后的产品不允许有挂灰。

表面磕碰伤:磷化后的产品不允许有磕碰伤,对不符标准的产品必须修平后,重新进行磷化处理。

2. 耐腐蚀性能

(1)检验方法及标准:硫酸铜溶液点滴法:用脱脂棉蘸上酒精,在冷却的零件表面擦拭,待酒精挥发后,即在零件表面上滴上硫酸铜溶液,同时启动秒表,记下溶液由天蓝色变成土红色的时间,即为磷化膜的抗腐蚀能力。要求 3 min 为合格。

(2)标准硫酸铜点滴液成分、含量如下:

0.5N$CuSO_4 \cdot 5H_2O$	40 mL
10% NaCl	20 mL
0.1NHCl	0.8 mL

注:该试验有效期为一星期。

3. 厚度

采用涂层测厚仪进行测量,磷化层厚度一般是根据产品图的设计要求而定。

二、磷化溶液的检测

1. 磷化溶液的检测项目

游离酸度、总酸度。

2. 磷化溶液检测所用的试剂

标准氢氧化钠溶液、甲基橙指示剂、酚酞指示剂。

3. 磷化溶液的检测方法要点

游离酸和总酸度的计算,一般用"点"表示,滴定 10 mL 磷化液至指示剂终点时所耗用 0.1N 标准氢氧化钠溶液的毫升数为游离酸的"点"数,滴定 10 mL 磷化液至酚酞终点所耗用 0.1N 标准氢氧化钠的毫升数为总酸度的点数。

4. 磷化溶液检测操作方法及计算方法

用 10 mL 移液管吸磷化液 10 mL 于 250 锥形瓶,加入 100 mL 水及甲基橙指示剂 3～4 滴,以标准氢氧化钠溶液滴定至橙黄色为终点,记录耗用量为 AmL;加入酚酞指示剂 3～4 滴,继续用标准氢氧化钠溶液滴定至溶液由黄色转为淡红色为终点,记录耗用量为 BmL(BmL 中包括 AmL)。

$$\text{游离酸度(点)}=\frac{A \cdot N}{0.1}$$

$$\text{总酸度(点)}=\frac{B \cdot N}{0.1}$$

式中　N——氢氧化钠标准溶液当量浓度(N)。

A——耗用氢氧化钠标准溶液体积(mL)。

B——耗用氢氧化钠标准溶液体积(mL)。

第六节　磷化处理的工艺设备

一、高温锰系磷化处理的工艺设备

1. 各种处理槽

各种槽子内有加热管、排水管、蛇形蒸汽加热管。

2. 蒸汽加热系统

3. 起重设备

将使用的各种槽子按工艺要求次序，排列于同一中心线上，在中心线上方安装单轨起重设备电动葫芦。

二、中温锌钙系磷化处理的工艺设备

中温磷化处理采用全自动磷化生产系统，对高温磷化的操作系统进行了全新改进，以行车替代电葫芦吊，电加热自动恒温控制系统代替蒸汽加热，系统由 PLC 自动控制，行车运行、生产节拍实现定时化。

1. LHZ-10/1T 型自动中温磷化生产线由槽体(10 只)、机架、双勾门式自动行车(两辆)、两种工件吊筐，水加热槽、脱脂附槽、上、下料小车和电控等部分组成。

2. 生产线有 10 个槽体，按工艺流程排列分别为超声脱脂除油槽、清洗 1 槽、清洗 2 槽、磷化 1 槽、磷化 2 槽、磷化 3 槽、磷化 4 槽、清洗 3 槽、后处理槽、清洗 4 槽。

3. 上、下料工位由工人将装有工件吊框的小车拉出(推进)以满足磷化线自动生产节拍所需要的工装时间，小车到位后行车才能有完成装(卸)下一吊框动作的信号。小车不到位，行车将停车等待。小车到位后带自锁。吊框由行车放入各溶液槽。

4. 生产线配有两台双吊门式自动行车，分别从脱脂→磷化槽，水洗 3→水洗 4 槽。每辆行车的行走、起吊、换框都是根据 PC 中设定的程序在每个动作点上给予信号来完成。行车行走、起吊的速度都由变频器来调速，正常情况设定为固定速度。每辆行车的吊钩都有最大负荷量，不能超过规定的重量。

5. 脱脂槽体材料为 SUS312 $\delta=3$，采用超声波清洗，超声波功率不低于 7.6 kW，每组超声波工作时均有独立的超声显示，并且有启停控制，吊框进入溶液槽体后启动超声，提出时停止。

脱脂槽有脱脂附槽，以便清除油及杂物。脱脂槽上方有油污溢流配置。保证表面浮油能自动溢出，使出槽的工件不挂油。脱脂槽下方有沉渣接受盘，便于提起清理，脱脂槽配连续循环过滤系统，循环泵有启停控制，开始工作时自动启动循环泵，停止工作时自动停止。

脱脂槽位两种加热方式：(1)隔套水浴加热(2)附槽中电加热。脱脂槽中的温度可设定并且自控。脱脂附槽的作用是对主槽内的清洗液起到搅动和换液的作用，换液能把工件在主槽表面的油不断地溢流到附槽中，并由附槽中的油水分离器分离出清洗液。液泵抽取粗过滤和油分的清洗液，再经过精滤器送到主槽中，精滤器带堵塞报警装置，提醒操作者能及时进行反冲。

6. 清洗槽为电加热管直接加热，温度为自行控制。

7. 磷化槽为不锈钢材质(SUB316　$\delta=4$)，采用隔套水浴加热，即将磷化槽后面的热水槽中的热水通过水泵将热水传送到磷化槽的隔套中，热水槽是对脱脂槽、磷化 1～4 槽进行热交换的，槽内的水由两只液位器控制。当水位少到一定的时候保护电加热管，将会自动切断所有加热电源，平时水少，将通过电磁阀控制自动加水。热交换是通过热水泵来完成的。各槽内液体的温度将控制泵的开闭。为了便于清理槽底，磷化槽体底部结构为船形结构，槽底有排水口。外罩制作材料 A3(须防锈处理)，中间有硅酸铝保温。

磷化槽另设结晶沉淀箱，其作用使抽取磷化槽底部的磷化结晶进行沉淀，隔日把沉淀好的磷化液回放到各磷化槽，渣排掉，抽取是自动的。它通过一只防腐磁力泵，四只防腐电磁阀由时间来控制分别对磷化槽底部的沉渣进行抽取，沉淀后清洁的磷化液回放为手动。

8. 挂具悬挂产品在脱脂、清洗、后处理时，都有不小于 50 mm 的抖动动作，30～40 次/min。在磷化处理时，产品在进入槽体时，上下摆动 5 次后再静置反应。振动机构采用单驱动齿轮，两边凸轮抬起振动，振幅为 50 mm。

9. 磷化线有整体机罩，内有排雾装置，罩内水雾可以通过排雾装置排净。

10. 输送带式连续清洗机是采用内部喷淋方式对磷化后的零件表面磷化结晶物进行处理，清洗液为水溶性防锈油，温度为室温。

11. 电控部分为单独的三只柜(其中控制柜 1 只，供电柜 2 只)磷化线所有的可变工艺参数都可以在电柜上做出调整，全线由 PC 实现程序控制。

第八章

油封、保持架制造技术

轴承油封和保持架是铁路货车轴承的两个主要配件。油封的作用是保持轴承在整个运用过程中使其内部始终具有良好的润滑环境，保持架的作用是保持轴承内部滚动体处于正确的工作位置，它们的质量直接关系到轴承的性能表现。

第一节　油封的制造技术

一、油封的生产工艺流程

轴承油封的生产主要有以下五个过程。一是骨架的制造，冲压模的设计和制造决定了骨架尺寸精度，对于尺寸精度要求较高的骨架，需考虑钢板板厚差对模具的适应性或进行整形处理；需车削加工的应设计合适的装卡台具，这样才能确保加工后的骨架尺寸不会发生变化。二是骨架的处理，包括磷化和涂粘合剂，对于全包胶油封骨架，磷化是为了与橡胶粘合的需要，对于半包胶骨架，尤其是装配在轴承上与外界接触的，要确保磷化质量，满足防腐蚀的需要；涂粘合剂的工艺以及粘合剂品种的选择也很重要，否则很难保证橡胶与金属骨架的粘合强度，进而影响橡胶油封的质量。三是混炼胶的制造，配方设计、配料、混炼是该过程的关键，配方决定了胶料的物理性能，而油封的性能也取决于硫化胶的性能，由于涉及的原材料品种多，在配料时应分门别类，不可配错料，混炼应掌握好工艺参数，保证配合剂分散均匀，性能稳定，工艺性能好；胶料半成品制造要求形状和质量要准确，使其装模速度快、硫化后油封的胶边薄而均匀，才能保证油封的尺寸稳定。四是硫化，多采用自动推出设备，大模板、多模腔、撕边模，硫化采用 PLC 自动控制的高温短时间工艺，实际生产中根据胶料硫化曲线确定正硫化点，按生产设备模具情况确定最佳的硫化工艺参数，不断提高生产效率。五是整修，对于比较大的油封，多数采用手工剪修，这就要求操作者认真、细心，采用撕边模要求较高的模具加

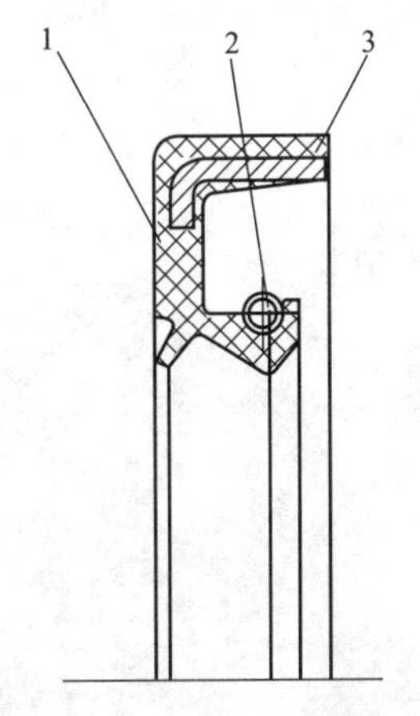

图 6-8-1　197726 橡胶油封

1—橡胶；2—弹簧；3—骨架

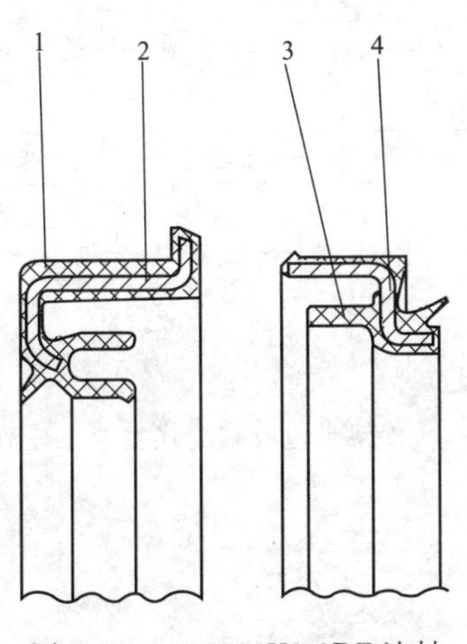

图 6-8-2　352226X2-2RZ 油封

1、3—橡胶部分；2—外骨架；4—内骨架

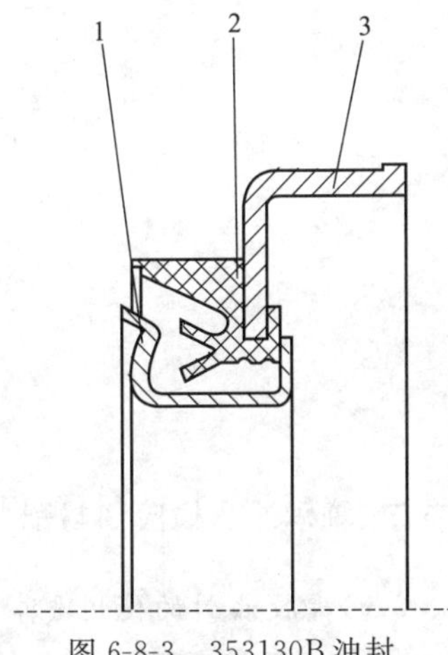

图 6-8-3　353130B 油封

1—内油封；2—橡胶；3—外骨架

工精度及选用合适的模具材料；对于组合式油封还要在内、外油封之间注入油脂，采用合适的模具工装进行装配。

目前，除云南的米轨铁路仍在使用197720接触式橡胶油封（见图6-8-1）外。国内货车轴承油封主要有两类，一类是分体迷宫式橡胶油封，如352226X2-2RZ型迷宫油封（见图6-8-2）、353130X2-2RZ型迷宫油封、353130A型迷宫油封等，其内、外油封属于骨架全包胶式油封；另一类是组合迷宫式橡胶油封，如353130B型轴承用LL油封（见图6-8-3），属于半包胶组合迷宫式油封。下面是这两类油封的生产工艺流程图。其他类型的油封，如SKF197726整体式油封基本相似，不再单独介绍。

（一）骨架全包胶式油封生产工艺流程图（图6-8-4）

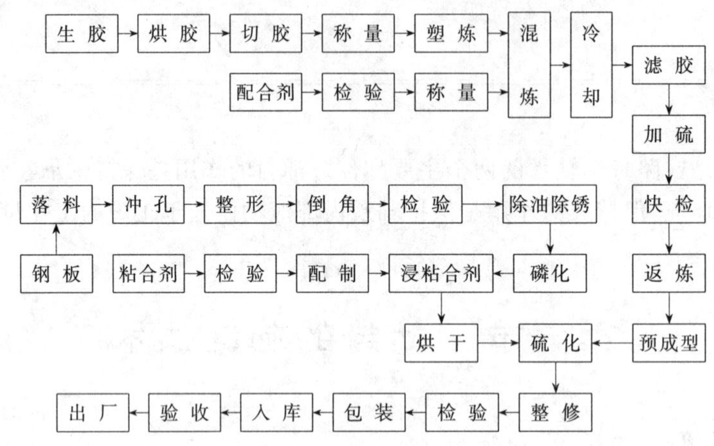

图6-8-4 骨架全包胶式油封生产工艺流程图

（二）骨架半包胶装配式油封生产工艺流程图（图6-8-5）

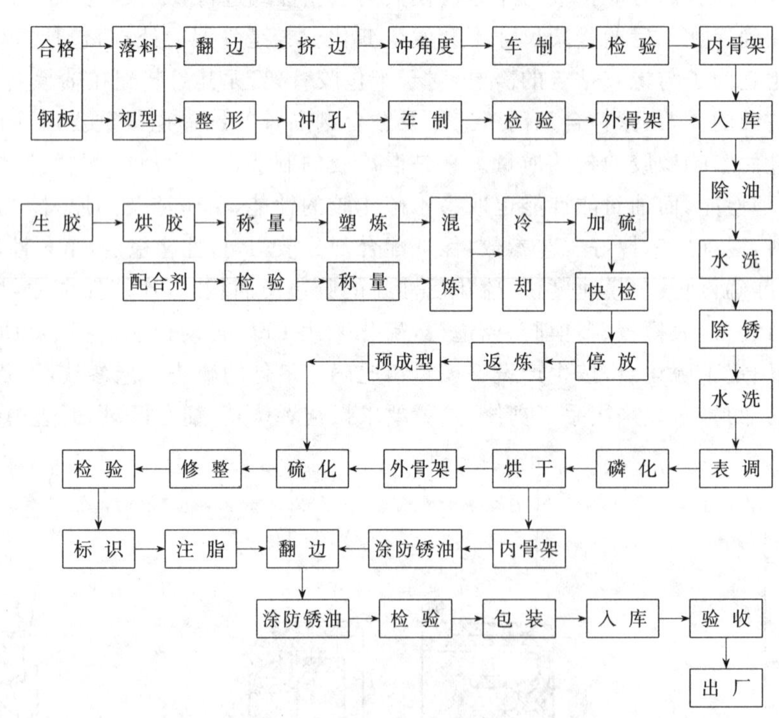

图6-8-5 骨架半包胶装配式生产工艺流程图

二、轴承油封橡胶油封配方的设计

（一）橡胶油封的使用要求

1. 使用环境条件

环境温度：−45～+120 ℃

接触介质：锂基润滑脂、中强碱水（浓度不大于6%，时间不超过10 min，温度不高于80 ℃）。

2. 使用寿命要求

货车滚动轴承橡胶油封的质量与性能应能在上述使用环境条件下保证一个厂修期或5年。

（二）橡胶油封的橡胶物理性能要求

由于设计理念的不同，以及油封的密封型式不同，分体迷宫式密封与组合迷宫式密封在橡胶物理性能要求上有相似的地方，也有不同之处。在橡胶的硬度、扯断强度、脆性温度的要求基本相当；在热空气老化性能方面，组合迷宫式密封试验条件更苛刻一些，其胶料颜色要求为非黑色，因为非碳黑填充的胶料耐高温性能更优；因为分体迷宫式密封为非接触式密封，外油封要与密封罩、内油封与密封座装配，所以在压缩永久变形性能方面要求较低；在橡胶的耐油性能方面，分体迷宫式密封要求是1号、3号标准油的体积变化，而组合迷宫式密封是耐Ronex MP润滑脂的性能变化（更接近实用条件）。

（三）配方设计

对于橡胶油封的生产来说，橡胶配方设计是一个非常重要的环节，它直接关系到产品的密封性能和使用寿命，也关系到生产是否能够顺利实现。胶料配方设计的基本原则：一是根据油封的主要物理性能要求，确定主体材料的品种和配合体系，进行一系列试验，使胶料性能满足产品要求；二是在符合产品标准要求的基础上，考虑加工工艺可行性、可靠性；三是选用适当的原材料，达到降低成本，考虑生产成本的经济性。

1. 主体材料品种的选择

丁腈橡胶是由丁二烯（$CH_2=CH-CH=CH_2$）和丙烯腈（$CH_2=CH-CN$）经乳液共聚而制得的一种高分子弹性体，有高温乳液聚合（50 ℃）和低温乳液聚合（5 ℃），目前主要采用低温乳液聚合。其平均分子量约70万。化学结构式为：

$$-\!\!\left[(CH_2-CH=CH-CH_2)_x-(CH_2=\underset{\displaystyle CN}{\underset{|}{C}}H)_y\right]_n$$

丙烯腈是一种极性很强的化合物，在各种基团中腈基的负电性最大。随着丙烯腈含量的增加，丁腈橡胶的内聚能密度迅速增高，溶解度参数增加，大分子极性增加，使其性能产生变化。

在通用橡胶中，丁腈橡胶的耐油性最好。丁腈橡胶的各项性能都不同程度地受到其丙烯腈含量的影响，因此选择丁腈橡胶品种时，首先考虑其丙烯腈含量。由于中国铁路货车应用地域广，低温性能必须考虑，即脆性温度不高于−45 ℃与玻璃化转变温度（用DSC测试）不高于−25 ℃；同时考虑耐油性能，也就是耐铁道车辆用润滑脂性能；对于组合迷宫式油封还要考虑压缩永久变形性能。表6-8-1列出了丁腈橡胶丙烯腈含量与性能的关系。

表6-8-1　丁腈橡胶丙烯腈含量与性能的关系

丙烯腈含量（%）	21	29	33	41
脆性温度（℃）	−45	−40	−36	−20
ASTM3号油体积变化率（%）	+49	+32	+17	−10
压缩永久变形（%）	16	25	29	34

由表3-4-1可以看出，随着丁腈橡胶中结合丙烯腈含量的增加，低温性能变差，耐油性能提高，压缩永久变形增大。综合考虑几项主要物理性能，选用中丙烯腈丁腈橡胶（丙烯腈含量25%～30%），或者采用中高丙烯腈丁腈橡胶（丙烯腈含量30%～35%）与低丙烯腈丁腈橡胶（丙烯腈含量24%以下）并用，作为轴承油封的主体材料。

2. 硫化体系的选择

橡胶硫化体系包括硫合剂、硫化活性剂如硫化促进剂。丁腈橡胶的硫化体系主要有四种，硫磺硫化体系、含硫化合物硫化体系、过氧化物硫化体系以及树脂硫化体系。

（1）硫磺硫化体系硫化的胶料，随着硫磺用量的变化以及促进剂品种的不同选择，物理性能有较大变化。与其他硫化体系胶料相比，其物理机械性能较好；但压缩永久变形较高，而且由于该硫化体系形成的交联键主要是多硫键，多硫键较单硫键和双硫键的键能低，所以硫化胶的老化性能差。

(2)含硫化合物硫化体系形成的交联键主要是单硫键和双硫键，所以硫化胶的热老化性能比较好。由于含硫化合物在丁腈橡胶中的溶解度比较小，所以在硫化后的产品表面易出现喷霜现象。

(3)过氧化物硫化体系可形成键能较高的—C—C—交联键，所以硫化胶料的特点是耐热老化性能好，压缩永久变形小；同时混炼胶的硫化速度慢，热撕裂强度不好(出模时易产生废品)，但加入少量硫磺可改进热撕裂性能。

(4)树脂硫化体系硫化的胶料具有极好的耐热性，但硫化速度慢需高温长时间硫化，生产效率低。

对于油封而言，常用的是含硫化合物硫化体系和过氧化物硫化体系，或者是两个硫化体系的并用，不同厂家有不同的选择。

能加快硫化反应速度、缩短硫化时间、降低硫化温度并能提高或改善硫化胶的物理机械性能的配合剂，称为硫化促进剂。丁腈橡胶常用的硫化促进剂(按化学结构分类)主要有噻唑类、次磺酰胺类、秋兰姆类等。噻唑类的主要品种有2-硫醇基苯并噻唑(促进剂M)、2-硫化二苯并噻唑(促进剂DM)；次磺酰胺类的主要品种有N-环己基-2-二苯并噻唑次磺酰胺(促进剂CZ)、N-氧二乙撑-2-苯并噻唑次磺酰胺(促进剂NOBS)；秋兰姆类常用品种有促进剂TMTD等。不同的硫化剂具有不同的特点，从硫化临界温度、硫化活性、硫化速度，以及对炼胶工艺性能的影响、对硫化胶物理性能的影响、在橡胶中的溶解度等，均存在差异。单一品种的促进剂在使用中各有其局限性，所以实际上很少单独使用。大多数采用两种或者多种促进剂并用的方式。如促进剂CZ和促进剂TMTD并用，或促进剂D和促进剂DM并用等。

硫化活性剂中，无机活性剂通常采用氧化锌，其常用量为3～5份；有机活性剂常采用硬脂酸，用量为1～1.5份。加入硫化活性剂，可提高硫化胶的交联密度，提高硫化胶的耐热老化性。

3.补强填充体系的选择

丁腈橡胶属于非结晶性无定形聚合物，本身强力较低，必须经补强后才具有实用价值。常用的补强剂有炭黑、白炭黑等。在非黑色制品中采用白炭黑作为补强剂。炭黑的品种较多，不同的品种对硫化胶的物理性能产生不同的影响(见表6-8-2)。对于炭黑补强胶料，粒径越小，其扯断强度、硬度越高，低温性能越好，但热老化性能越差(伸长率变化越大)。炭黑的种类和用量对压缩永久变形影响不大；炭黑的种类对耐油性影响不大，但用量对耐油性影响却较大。这是因为硫化胶被油溶胀时，炭黑却不被溶胀，其用量越大，相对体积变化率就越小。作为油封用胶一般选用中等粒径的炭黑，如N550，或选用N330与N770并用，可获得比较好的综合性能及较好的加工工艺性，其用量一般为50～80份。对于灰色胶料，可选用白炭黑作为补强剂，其硫化胶耐热性较好，但压缩永久变形性能差。常用的填充剂有碳酸钙、陶土等。

表6-8-2 补强剂种类和用量对丁腈橡胶性能的影响

补强剂种类		N990			N770			N550			N330			白炭黑	
平均粒径范围(nm)		201～500			61～100			40～48			26～30				
用量	无	50	75	100	25	50	75	25	50	75	25	50	75	39	59
硬度(JIS)	4.6	59	66	72	58	67	76	60	71	82	61	72	81	72	80
扯断强度(MPa)	2.3	10	11	9.6	16	18	20	20	25	28	24	30	29	27	31
压缩永久变形(%) 100 ℃×70 h	45	33	32	38	30	28	28	30	29	28	30	29	29	61	79
脆性温度(℃)	−39	−31	−29	−27	−38	−35	−34	−42	−42	−36	−38	−39	−39	−28	−27
伸长率变化(%) 120 ℃×70 h	−33	−35	−76	−66	−50	−44	−41	−70	−56	−27	−55	−60	−54	—	—
燃油B体积变化(%) 120 ℃×70 h	42	35	31	28	38	34	30	39	34	30	38	34	29	—	—

4.软化体系的选择

在配方中加入软化剂有以下几个方面的作用：

(1)增加胶料的可塑性，改善橡胶的加工性能；

(2)使生胶易浸润各种配合剂，使配合剂在胶料中分散均匀；

(3)提高硫化胶的耐寒性。

在选用时既要考虑对硫化胶物理性能的影响，同时也要考虑其与橡胶的相容性。由于油封胶料对低温性能要求较高，所以选用耐寒性较好的癸二酸二辛酯（DOS）或己二酸二辛酯（DOA）。考虑到相容性的影响，可并用其他软化剂，如邻苯二甲酸二丁酯（DBP）、液体丁腈橡胶等，一般用量在 10～30 份。

5. 其他

为防止产品在储运和使用过程中由于温升而产生的热氧老化，确保油封质量，选用防护性能优良的并用防护体系，加入 1～3 份防老剂。在灰色胶料中为了白炭黑更易分散，需加入适量的偶联剂和分散剂。

三、轴承油封橡胶硫化模具

模具是保证油封形状和尺寸的先决条件。模具的好坏直接决定着橡胶油封的尺寸精度、外观质量，也在很大程度上影响着硫化设备的利用率、检修工序的效率以及胶料的消耗，同时也影响模具的寿命和硫化工人的劳动强度。以上各个因素在模具设计、加工时均要考虑到。模具设计应遵循下列原则：

1. 要充分了解油封用橡胶材料的种类、橡胶的硬度和收缩率；
2. 橡胶油封分型面、撕边槽、余料槽的合理选定；
3. 模具结构合理、定位可靠、模腔数量适当、便于加工和使用；
4. 模具材料应有足够的强度和刚度，力求外形小、重量轻。

模具分型面的设计必须考虑到制品工作面、脱模、制品外观要求等因素。制品的工作面分为静态和动态两种，静态工作面用于固定密封部位，动态工作面用于活动密封部位。如全包胶骨架油封，外油封的外径和内油封的内径为固定密封，外油封的内径和内油封的外径等为活动密封。设计时模具的分型面应尽量避开制品工作面。模具分型面选取不当，往往给制品取出造成困难，生产效率低、影响产品质量和外观。

对于骨架油封要充分考虑骨架的定位方式，同时要选取适当的部位，以保证产品的尺寸精度；同时考虑制品排气和取出方便，否则产品易产生气泡、缺料等现象。

模具的定位方式多种多样，常用的有圆柱面、圆锥面、斜边、导柱导套等定位方式。圆锥面定位（又称自定位）适用于环状制品多层模板定位，定位可靠、使用方便，加工精度高。导柱导套定位适用于模芯端而无定位作用的模具结构，导柱导套经热处理、精磨后配合精度高，耐磨损，使用寿命长、更换方便，但加工繁琐。油封单腔模采用锥面定位，将单腔模镶嵌在模板上形成多腔模，模板采用导柱导套定位。

在橡胶油封模具尺寸的设计中，重点是对油封软唇口收缩率的计算。橡胶油封在硫化后有一定的收缩，因受到骨架及形状的约束，使得橡胶收缩时不能像纯胶件那样呈现规律性变化。虽然有经验数据可以借鉴，但产品结构各有特点，这就需要通过试验最后确定。

在胶料配方确定之后，其标准收缩率就相对稳定。为对模具验证得出正确结论，应选用合格并处于中间硬度的胶料进行试验；严格控制硫化条件；试件硫化好后停放后剪修，在检测条件下停放 48 h，最后用投影仪测量断面尺寸，用万能工具显微镜在非接触下测量尺寸，然后修正模具，这样可确保油封生产时的尺寸满足要求。

四、轴承油封骨架处理及粘合剂

（一）骨架处理

金属骨架是轴承密封的重要组成部分，在密封装置中起耐压、支撑、定位和导热的作用。353130B 型油封的内骨架还起到组合密封的作用。为了使橡胶与骨架紧密结合成一个整体，必须在两者的界面用粘合剂粘接。为了使橡胶与金属紧密粘合，必须对骨架进行表面处理。因为一是为了加工和防锈的需要，金属骨架表面有油脂；二是骨架会生锈或被污染；三是金属是亲水性物质，在空气中其表面可能形成水膜；四是骨架表面太光滑。基于以上因素都会对橡胶与金属的粘合产生不利影响，必须将金属骨架表面的防锈油、污物以及锈蚀清除干净，再经过磷化或喷砂处理，这样才能保证橡胶与金属粘合牢固。由于货车油封的尺寸比较大，采用喷砂处理可能使骨架产生变形，所以多数企业采用磷化处理。

对于全包胶骨架，磷化只是为了与橡胶粘合的需要。对于 353130B 型油封外骨架，因为装配在轴承上与外界接触的，对磷化质量要求比较高，要满足防腐蚀的需要，应按密封罩的防腐要求控制；而 353130B 型油封内骨架要与外油封配合起密封作用，粗糙度应小一些，所以多数选择中温磷化液，通过控制磷化时间，以满足两者的要求。

(二)粘合剂选择

由于丁腈橡胶属于极性橡胶,在硫化过程当中与金属骨架粘合不很困难。热硫化型粘合剂在国内应用较多的有两种,一种是酚醛树脂型粘合剂,如 RM-1、TD-870 以及 Romhas 的 THIXON 粘合剂,该类粘合剂成本低,用工业酒精作溶剂,配制成 12%～20%的粘合剂溶液,经过浸或喷涂将粘合剂上在需与橡胶粘合的骨架表面,但需经过预固化工序;另一种是含卤粘合剂,如 Chemlok 系列中 CH205、CH220 以及 Megum 系列中 Megum3270、Megum100 产品,该类粘合剂成本高,用甲乙酮或二甲苯按 1∶3 或 1∶2 稀释后使用,不需经过预固化工序,只需经过干燥即可,但在使用过程中应经常搅拌。两种粘合剂各有优点,均可使用。

五、轴承油封制造工艺

(一)胶料制造

1. 生产准备

原材料进厂按原材料检验标准进行检验,合格材料按品种分类入库。生胶用切胶机切成 5～10kg 左右的楔形。生胶切好后,将外包装塑料膜撕净,需经外观检查,并注明胶种,放在架子上,严禁落地。称量和配合是按照配方上规定的各种配合剂的品种、规格、数量进行配伍的一个过程。对配合操作的具体要求是细致、准确、不漏用料、不错用料。配合剂的称量,一般多采用集中称量法。由于生产规模不同,称量和投料分为两种方式:一种是手工称量和投料,另一种是自动称量和投料。手工称量是用各种不同类型的磅秤来进行的。配料时,应先熟悉配方的,了解配方有无变化及变化内容清楚后再进行配合。配料用秤规格及称量公差,按表 6-8-3 执行。每配完一批料要按 10%抽样确认无误之后,再把料按规定地方码放整齐。自动称量是用小料自动称量系统和上辅机系统,采用电脑控制,自动称量。

表 6-8-3 配料用磅秤规格及误差要求

称 量 对 象	最大用秤规格	称量公差
硫磺、促进剂、防老剂等小料用量不超过 300 g	1 000 g 天平	±1 g
超过 300 g 的硫磺、促进剂、防老剂、氧化锌、软化剂等	5 000 g 台秤	±5 g
炭黑、白炭黑、碳酸钙、生胶、塑炼胶	50 kg 磅秤	±50 g

2. 塑炼及混炼

塑炼是通过机械剪切变形力,或者通过操作时与空气中的氧进行作用引起自动氧化,以及通过塑解剂产生自由基反应等致使分子断裂,橡胶失去弹性被塑化的现象。对生胶进行塑炼的目的是使其具有一定可塑度,容易混入配合剂而得到均匀的混炼胶。随着塑炼的进行,门尼黏度的降低,硫化胶的物理机械性能和耐老化性能等也会随之降低;但如果门尼黏度太高,混炼时配合剂不易混入,混炼时间会加长,压出的半成品表面不光滑,重量不易控制,硫化时流失胶边较多,甚至造成废品率高,特别是硫化后产品的使用寿命会受到损害。所以塑炼胶的门尼黏度应适中,以满足后续加工过程的加工性能要求为标准。混炼工艺一般要求塑炼胶的门尼黏度在 60 左右,所以对于门尼黏度低于 60 的生胶可以不塑炼,如日本合成橡胶公司生产的 N220S(结合丙烯腈 41%)门尼黏度为 56,韩国 LG 公司生产的 NBR7150(结合丙烯腈 29%)门尼黏度为 54。对于门尼黏度高于 60 的生胶需塑炼,如日本合成橡胶公司生产的 N220SH(结合丙烯腈 41%)门尼黏度为 80,则必须进行塑炼。

混炼的目的就是把各种配合剂均匀地分散在橡胶中,使胶料组合成分完全均匀一致,使配合剂,特别是炭黑等补强剂,在混炼过程中还必须为生胶所湿润,形成良好的胶体系统,否则会影响混炼胶的物理机械性能。丁腈橡胶混炼的特点是混炼生热较大,在高温和高机械应力作用下,有时会产生结构化,进而影响加工性能,所以必须注意冷却,严格控制混炼温度,尤其密炼机混炼应控制排胶温度低于 130 ℃。硫磺在丁腈橡胶中溶解度比较低,混合分散困难,应在混炼开始时加入。

丁腈橡胶一般采用开炼机塑炼、混炼。也可以采用密炼机塑炼、混炼。丁腈橡胶用开炼机混炼,不易包辊,粉料分散困难,胶料生热比较大,因此需要采用 40～50 ℃的低辊温、小辊距、小容量(比一般橡胶低 20%～30%)和慢加料的方法操作,在加料的过程中始终要有包辊胶,以利于配合剂的分散,否则出现脱辊现象,混炼会欲速不达。下面以 XK-400 开炼机为例,介绍丁腈橡胶的开炼机混炼工艺。

设备型号：XK-400，前、后辊速比：1∶1.27，容量：20 kg，前辊温度 40～50 ℃，后辊温度 45～55 ℃。具体操作顺序见表 6-8-4。

表 6-8-4　开炼机混炼法

操　作　顺　序	辊距(mm)	需要时间(min)	累计时间(min)
先用小辊距、冷辊将塑炼胶压软，使胶料包辊	3～4	1	1
加硫磺，割胶并翻炼	3～4	2	3
加氧化锌、硬脂酸、防老剂	3～4	2	5
加入一半的炭黑、白炭黑、碳酸钙	4～6	5	10
将剩余的补强剂和增塑剂加入	4～6	5	15
加入促进剂或过氧化物，翻炼至配合剂吃尽	4～6	3	18
薄通，三包二卷	1～2	7	25
下片，约 500 mm 宽、1 000 mm 长 4～5 片，挂片冷却	7～8	5	30

注：表中需要时间和累计时间为大约操作时间，并非工艺规定时间

采用密炼机混炼，劳动效率高，职工的劳动卫生条件好。但由于摩擦生热大，排胶温度高，需采用两段混炼法。密炼机转速 40 r/min，混炼时间 220 s，排胶温度低于 130 ℃。加料顺序与开炼机混炼基本相同，只是促进剂和过氧化物在二段混炼时加入。混炼结束经开炼机压片，胶片冷却机冷却，停放待用。二段混炼在开炼机上进行，与开炼机混炼后几工序相同。

3. 混炼胶的快速检验

每一车胶应做硬度、比重检验，同时用硫化仪做硫化曲线与标准曲线对比，检验合格后流入下道工序。同日同机台生产的胶料以不多于 300 kg 为一批，在同一批中抽取一辊胶料，按规定的工艺条件硫化试片，进行四项基本物理性能检验，包括硬度、拉伸强度、扯断伸长率，作为转序出库检验，转序检验合格，下工序方可领用。

4. 半成品胶料制备

将合格的混炼胶进行返炼。开车前清扫各部位，以防带入其他胶料。可以掺不超过 30% 的回压胶，落盘三次，上车时转 90°打三角包三个，表面应无气泡、光滑，调整至工艺要求厚度，以工艺要求长度为宽下片。挂架冷却后，按工艺要求重量裁料，装入备料箱。

(二)骨架处理

将合格的骨架进行磷化处理。骨架在存放的过程中应有适当的环境，避免生锈。以 353130B 型油封为例，其自动磷化线的磷化的处理工艺见表 6-8-5。新配磷化液，首先磷化标准试片，按标准 GB/T 9792—2003

表 6-8-5　骨架磷化工艺

序号	名称	溶液成分(份)	温度(℃)	时间(min)	操作方法	备　注
1	脱脂 1	碱洗液	60～80	15	浸泡、气缸振动	
2	脱脂 2	碱洗液	60～80	15	浸泡、气缸振动	
3	冷水洗	流动冷水	室温	1	浸泡	
4	酸洗	盐酸	室温	0.4	浸泡	
5	冷水洗	流动冷水	室温	1	浸泡	
6	中和	中和液	60～80	1	浸泡	
7	冷水洗	冷水	室温	1	浸泡	
8	磷化	磷化液　1 水　4	70～80	10～20	浸泡 气缸振动	内骨架 10～15 min 外骨架 15～20 min
9	冷水洗	冷水	室温	1	浸泡	
10	热水洗	热水	>90	1	浸泡	
11	烘干	热空气	>100	15		
12	外观	要求磷化膜颜色一致，结晶细密无沉淀物附于表面，均匀无空白，无锈				
13	浸油 涂粘合剂			2～3		内骨架浸油 外骨架涂粘合剂

测量磷化膜重量，试片磷化数据符合：内骨架单位膜重 5～20 g/m²，外骨架单位膜重 15～30 g/m²，骨架磷化、烘干后，合格方可生产。调整槽液时，磷化膜以重量法检查。对于全包胶骨架，可适当缩短磷化时间。

磷化液总酸度＝70～110 点，游离酸度＝7～12 点为合格。内骨架浸涂水置换型防锈油，涂油后自然干燥，隔开装箱待用。磷化后的外骨架不得用赤手触摸。外骨架用自动喷胶专用设备喷粘合剂。

对于全包胶骨架，多数采用酚醛树脂型粘合剂，经浸胶、振动，使粘合剂在骨架表面形成均匀的涂层，然后在烘道内进行固化，时间 20～26 min，温度 140～150 ℃。烘道内应通过鼓风机使空气流动循环，使骨架受热均匀，保证烘干质量。固化后的骨架应经粘合试验合格后方可继续生产。将骨架放入专用箱待用。

（三）硫　　化

硫化是在一定的温度和压力下，经历一段时间，使橡胶由线性分子结构变成立体网状结构的化学反应过程，也是橡胶由塑性状态变为高弹状态的过程，从而使橡胶获得宝贵的物理机械性能，满足密封工况的要求。通过硫化可以使橡胶与骨架粘合成密封件整体，同时使密封件具有一定的几何形状和规定的尺寸精度，确保使用要求。

温度、时间和压力是油封硫化的三个要素。通过压力闭合模具，使胶料流动充满模腔；防止胶料产生气泡，提高胶料的致密性，确保产品尺寸。硫化压力一般在 18～20 MPa。硫化温度是硫化反应的最基本条件，对于丁腈橡胶而言，较适宜的硫化温度在 170～180 ℃，注射机硫化可更高。硫化温度过高，易出现缺胶、流痕、接头不良等质量问题；温度过低，硫化速度慢，生产效率低。硫化温度和硫化时间是互相制约的，配方和硫化温度确定后，可用硫化仪做出该胶料的硫化曲线，确定出合适的硫化时间。相比而言，丁腈橡胶的硫化平坦期较长，为确保性能，可将工艺硫化时间稍长于理论硫化时间。根据不同的硫化温度，硫化时间多在4～7 min。

硫化多采用自动推出平板硫化机，对于形状复杂的油封，使用带抽真空的设备，可提高产品的合格率。也有使用注射机，该设备可预热胶料，使胶料的流动性好，实现高温短时间硫化。

（四）剪修、检验

1. 由于自动推出平板硫化机的应用，模具磕碰的机率很小，使多模腔、撕边模应用较多，减轻了剪修的工作量。部分胶边多采用手工剪修。

2. 按产品的质量要求，应对油封的外观进行 100％检验。质量要求如下：

(1)橡胶油封的基本内径(d)、基本外径(D)各面不容许有气泡、杂质和凹凸缺陷。

(2)橡胶油封其余各表面的外观质量，包括气泡直径、杂质面积、凹凸、修边痕迹、毛刺高度或剪损深度、合模错位等要符合产品质量要求。

3. 尺寸检查

(1)油封的主要尺寸依据产品图样要求最长每三个月对每套模具的产品抽验 2 件，如有一项不合格时应 100％检查，检查结果做好记录，以备验收时用。

(2)油封尺寸检查应在硫化 72 h 后进行，其在计量环境温度下放置不得少于 48 h。产品出厂检测温度条件为(20±2.5) ℃。

(3)直径尺寸应测取均等三个直径的算术平均值，宽度测取均等三点的算术平均值。内、外油封装配直径的圆度公差为取三等分或多等分测得最大与最小直径差之半。

4. 油封用胶料，除对每批胶料进行基本物性进行检查外，每季度应对全项性能进行检验。并出具检验报告备查。

（五）整　　理

对于组合迷宫式油封，如 LL 型在剪修、检验后，应进行以下工作：产品生产日期标记，须标记生产的年、月；预注脂，LL 油封注脂用朗士力(RONEX)MP 润滑脂，或铁道Ⅳ型润滑脂，注脂量(3.5±1)g，允许唇口两侧有少量溢出；与内油封装配、翻边，在翻边后，不允许有凹陷及翻边部位翘起导致尺寸不合格和翻过现象，双手按圆周方向相对转动内、外油封进行扭矩检验，转动时手感轻松的为装配合格品；按图纸要求两个方向检查内油封内径；在内、外油封磷化膜处均匀刷一层防锈油。

（六）包装、贮存、运输

由于橡胶油封使用材料的原因，禁止与酸、碱、油类、有机溶剂等物品及能产生臭氧的装置同贮于库房。

在包装、贮存、运输和拆箱备用时都要防尘、防潮、防挤压、防阳光直射，且禁止靠近热源。对于特殊油封，在包装时件与件之间应有一定的支撑，以防止磕碰变形。

第二节　轴承保持架制造技术

轴承保持架传统上采用低碳钢、铝合金或黄铜等金属材料经机械加工而成，随着高性能工程塑料的发展，工程塑料保持架已越来越多地被应用于轴承上。

我国铁路货车圆锥滚子轴承原来大量使用的钢保持架，主要通过冲压模具和剪板机、冲床、车床等设备把低碳钢板加工成保持架，其生产工序一般包括：剪板、落料、初形、成形、冲工艺孔、冲窗孔、冲底孔、压坡、扩张、车边、光拭震动或热处理去应力、磷化等。由于结构、材质、冲压工艺等因素的影响，钢保持架存在运转单向性、微裂纹、加工应力和质量波动大等问题。剪板和冲压生产中噪声和危险性较大，磷化过程中产生有污染的工业废水和废气，不利于员工职业健康和安全，也不利于环境保护。钢保持架在铁路货车轴承应用中因存在断裂问题，易引发热轴甚至热切轴事故，现已逐步被可提高轴承可靠性和安全性的，具有良好加工性和自润滑性、良好的韧性和弹性、低摩擦低磨损的工程塑料保持架取代。

本节主要针对铁路货车圆锥滚子轴承用工程塑料（塑钢）保持架（如图 6-8-6 所示）制造技术进行介绍。

一、工程塑料保持架生产工艺

我国铁路货车轴承目前大量使用的工程塑料保持架在制造中采用了增强增韧聚酰胺（尼龙）材料，主要为 25% 玻璃纤维增强尼龙 66，以下简称为“玻纤强化尼龙 66”。工程塑料保持架一般采用螺杆式注塑机和注塑模具成型，然后对通过检验的产品进行后处理，再进行成品检验，最后进行封装。

注射成型是热塑性塑料成型中应用最广泛的一种清洁加工方法，其具有生产周期短、能一次成型外形复杂、尺寸精确的塑料制品等特点，因此，是一种既经济又先进的成型技术。铁路车辆轴承用工程塑料保持架制造采用了这种先进的成型技术，生产过程清洁、安全、环保。

图 6-8-6　工程塑料（塑钢）保持架

（一）保持架生产工艺流程如下：

原料检验⟶原料干燥⟶注射成型⟶产品检验⟶后处理及密封⟶检验⟶封装

工程塑料保持架在生产中应首先进行原材料检验，然后进行原材料干燥，采用注塑机注射成型，再进行产品检验、后处理和密封及最终成品质量检验，最后进行成品包装。保持架注射成型过程是：先进行原料烘干，然后将烘干的塑料颗粒自动输送到螺杆式注塑机料斗内，通过螺杆转动将粒料输送到加热的料筒中，使其受热熔化至流动状态，在螺杆高速高压作用下，熔体被压缩并快速向前移动，由喷嘴射出，注入模具型腔，经冷却定型后，打开模具取出产品。

1. 原材料的检验

对玻纤强化尼龙 66 材料的主要检验项目有：基体成分、密度、熔点、玻纤含量、玻纤长度和直径、吸水率、拉伸强度、弯曲强度、缺口冲击强度等。

（1）基体成分

基体材料的检验一般通过红外光谱仪来完成。红外光谱法基本原理为：将一束不同波长的红外光照射到物质的分子上，当红外光与物质的分子相互作用时，若能量与分子的振动及转动的能级差值相当，某些特定波长的红外光被吸收，同时分子从低能态向高能态（激发态）跃迁，入射光的强度衰减就以吸收光谱的形式被红外光谱仪记录下来，形成红外光透过率与波长的曲线，即这一分子红外吸收光谱。每种分了都有其组成和结构决定的独有的红外吸收光谱，通过红外光谱分析可以

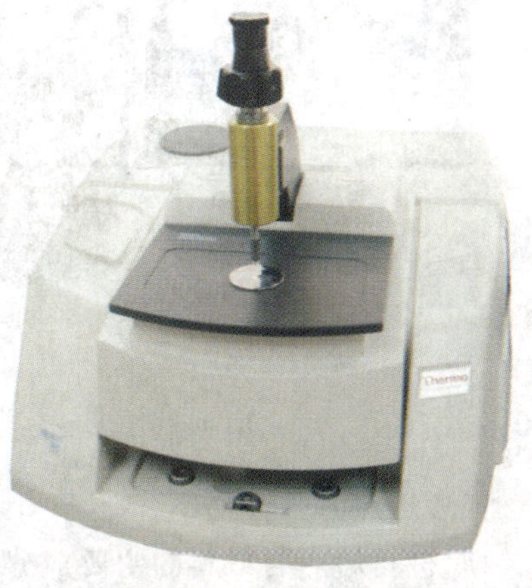

图 6-8-7　红外光谱仪

对分子进行结构分析，是目前鉴定材料成分和监测材质变化的先进技术。在保持架生产过程中，利用红外光谱分析来判断材料中的主要聚合物基团并监测其变化。红外光谱仪如图 6-8-7 所示，尼龙 66 的红外光谱见图 6-8-8。

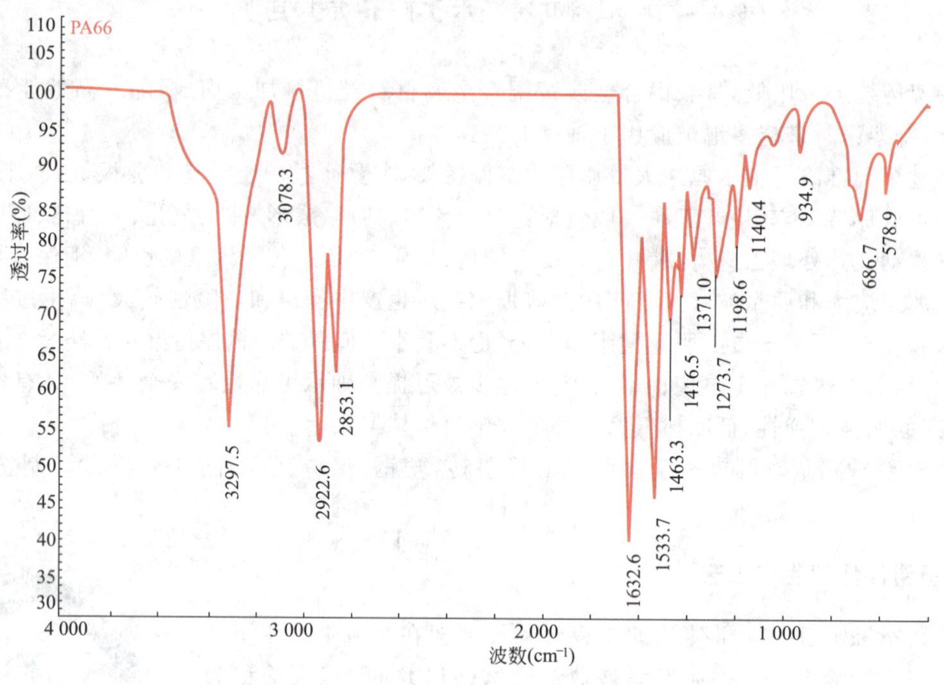

图 6-8-8　尼龙 66 的红外光谱

(2)密度

保持架生产中需要对原材料和产品进行密度检测。可通过精密天平称取样品质量，再用图 6-8-9 所示气体密度仪测出样品体积，从而完成材料密度的测定。

(3)玻纤含量与尺寸

玻纤强化尼龙 66 中的玻纤含量可以通过马弗炉和精密天平来完成。马弗炉的作用是通过高温加热原材料将玻纤分离出来。通过天平称取样品和玻纤质量，计算出玻纤百分含量。玻纤的长度和直径可利用偏光显微镜和电子成像测量系统(图 6-8-10)对分离出的玻纤进行测量。

图 6-8-9　密度仪

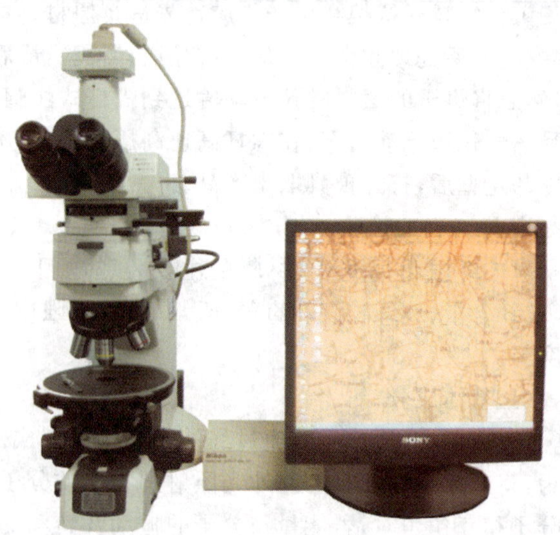

图 6-8-10　偏光显微镜和成像测量系统

(4)熔点

原材料熔点与材料的主要成分密切相关，其对注塑机料筒及喷嘴温度、模具热流道温度等参数的设定有重要影响。可以利用图 6-8-11 所示差示扫描量热仪 (DSC)测出玻纤强化尼龙 66 原料的熔点，DSC 曲线如

图 6-8-12 所示。

(5)吸水率及力学性能

材料的吸水率一般通过精密电子天平对标准试样吸水前后质量变化进行测定，拉伸强度和弯曲强度按国标《塑料拉伸性能试验方法》(GB/T 1040)和《塑料弯曲性能试验方法》(GB/T 9341)检测方法采用电子万能试验机对注射样条进行检测，缺口冲击强度采用冲击试验机对经切口加工后的注射样条按 ISO 标准《硬质塑料简支梁冲击试验方法》(ISO 179-1)进行检测。

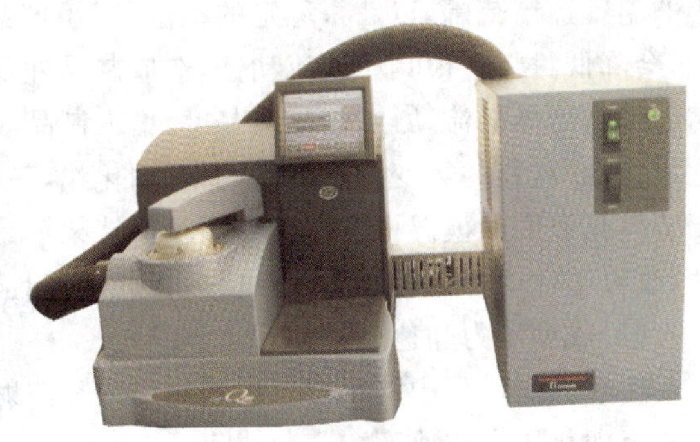

图 6-8-11　差示扫描量热仪（DSC）

2. 原材料干燥

聚酰胺类塑料在分子结构中因含有亲水的酰胺基，容易吸湿，是一种吸湿性塑料。水分含量高时，成型中会引起熔体黏度下降，从而使制品表面出现气泡、色泽不均、流纹等缺陷，影响产品的外观，并会使得制品的机械强度下降影响产品的使用性能。为了保证顺利成型，成型前必须对保持架所用的玻纤强化尼龙 66 材料进行干燥处理，以使含水率降到 0.2%以下。采用除湿干燥机进行原料干燥时，一般条件设定为：温度 80 ℃，干燥时间为 1～4 h，有时需要根据原材料的含水率情况调整干燥参数。

原材料的含水率一般采用水分检测仪进行检测，生产前和过程中应对原料进行水分含量监控，以保证产品质量稳定性。检测水分的仪器有多种，最好使用卡尔·费休水分测定仪（如图 6-8-13 所示），能够避免加热过程中其他分解物的影响，实现材料中水分的精确测定。

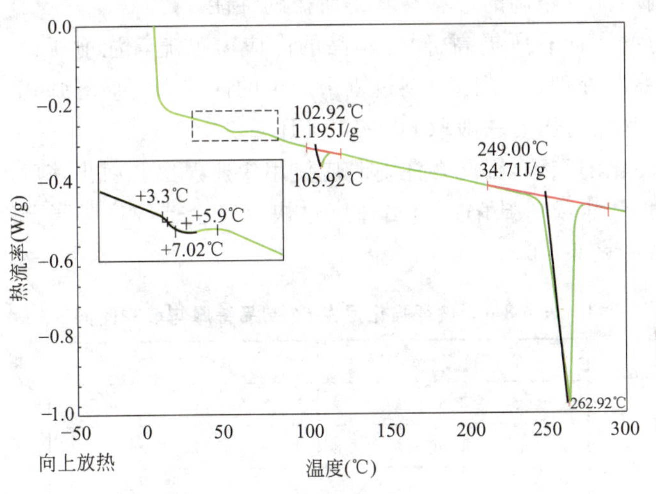

图 6-8-12　玻纤强化尼龙 66 的 DSC 曲线

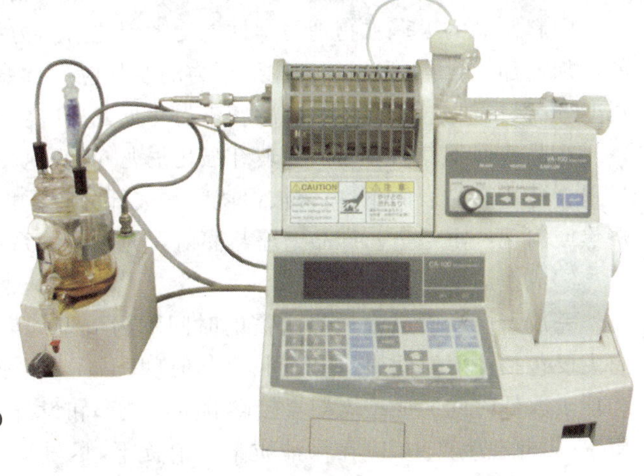

图 6-8-13　卡尔·费休水分测定仪

3. 注射成型工艺条件

(1)成型温度

①料筒温度

生产保持架所用螺杆式注塑机料筒温度的分布，一般从料斗一侧(后端)起至喷嘴(前端)止逐步升高，以使塑料温度平稳地上升，达到均匀塑化的目的。料筒温度的选择应保证塑料塑化良好，能顺利完成注射又不引起塑料分解。料筒温度应根据塑料的熔点来确定，螺杆式注射机料筒温度可比塑料熔点高 10～30 ℃。

②喷嘴温度

喷嘴温度通常略低于料筒的最高温度。纯聚酰胺的熔体黏度很低，喷嘴一般采用自锁式(如弹簧针阀式喷嘴)以防止熔融材料流涎，但玻纤强化尼龙 66 黏度较高，应采用直通式喷嘴，并配加热圈以保持喷嘴温度稳定。

③模具温度

模具温度是指模具型腔表面温度，主要影响熔体的流动性、结晶程度及冷却时间，对塑料制品的内在性能、表面质量和生产效率影响很大。成型玻纤强化尼龙 66 保持架时，模具温度一般在 80～120 ℃内选择更小的温度控制范围，以获得稳定的模温，减小产品翘曲变形并获得良好的表面质量及熔接强度。如模温过低，会降低材料在模具中的流动性，造成制品外观不良、熔接痕强度下降并可能出现表面纤维外露。模温过高会提高熔体的流动性、制品结晶度，增大制品收缩率，造成制品易出现飞边、烧焦等缺陷，此外由于玻纤强化尼龙 66 材料的热变形温度高，而且固化快，高模温会加长产品成形周期，降低生产效率。采用油或水介质调节模具温度的模温机可对工程塑料保持架模具的温度实施有效、可靠的自动调节，可提高塑件尺寸的一致性，改善塑件内部结构和降低内应力。此外模具与机器模板间的隔热装置也是必要的。

(2)成型压力和速度

注射成型过程中的压力包括塑化压力和注射压力两种，这些压力都直接影响塑料的塑化和制品的质量。

①塑化压力和速度

螺杆式注塑机预塑(熔胶)时，螺杆顶部熔融材料在螺杆旋转后退时所受的压力称为塑化压力，也称背压。背压大小可通过调整液压系统中的溢流阀来调节，一般调节中，塑化压力的确定应在保证制品质量的前提下，越低越好。对于玻纤增强材料除非螺杆进料不顺利，否则应避免使用背压。因背压会使螺杆多做额外的功，会使玻纤受较高的剪切力而被破坏，降低产品的机械性能。

在塑化玻纤强化尼龙 66 时，螺杆的转速应调整至使得螺杆的后退时间至少是用来熔化塑料所需时间的 75%。太快的螺杆转速会造成玻纤的断裂与破坏而降低材料机械性能。

②注射压力与速度

注射压力是以螺杆顶部单位面积对塑料所施的压力。其作用是:推动料筒中的塑料向前移动，使塑料混合和塑化;使塑料获得足够的充模速度和流动长度，在冷却前充满模腔;保压阶段注射压力应能压实型腔中的塑料，并对塑料因冷却而产生的收缩进行补料，使制品保持精确的形状和获得所需的性能。

塑料制品的大多数物理力学性能均随着注射压力增大而有所提高，同时制品的内应力也随着注射压力的增加而加大，所以采用较高注射压力的制品应进行稳定处理，以消除成型过程中产生的内应力。玻纤强化尼龙 66 保持架成型时，因其黏度较未强化尼龙 66 高，其注射压力一般取 80～120 MPa。

产品表面不良大多是因为玻纤强化尼龙 66 快速固化的结果，因此在注射时应使用快速射出。射出速度过慢会造成产品表面不良，常被误认为是玻纤分布不均和水纹等缺陷。射出速度过快有时会造成产品局部烧焦或出现严重毛边。产品壁厚与注射填充时间关系见表 6-8-6。

③成型周期

完成一次注射成型过程所需的时间称为成型周期。它主要包括注射时间、保压时间、冷却时间、开闭模时间和顶出取件时间。成型周期直接影响生产效率和设备利用率，因此在生产中，应在保证质量的前提下，尽量缩短成型周期。玻纤强化尼龙 66 保持架的成型周期一般取 40～70 s。

表 6-8-6　玻纤强化尼龙 66 制品壁厚与填充时间

产品壁厚(mm)	填充时间(s)
0.8	0.5
1.6	2.0
3.2	3.0

注:以上建议是基于熔胶温度为 290 ℃，模具温度为 98 ℃时

4. 后处理

玻纤强化尼龙 66 保持架注射成型后，根据产品使用的需要，要进行适当的后处理，借以改善和提高制件的性能。

当工程塑料保持架需要在较高温度下使用时，保持架要具有较好的尺寸稳定性，应对其进行稳定处理。稳定处理的实质是:使被迫冻结的分子链得到松弛，从而消除这一部分的内应力;提高结晶度，稳定结晶结构，提高塑料保持架的弹性模量和硬度，降低断裂伸长率，稳定尺寸。

如果工程塑料保持架使用工况较好，无特殊要求，可不进行后处理。

如果要提高工程塑料保持架使用中柔韧性和冲击强度，消除内应力和稳定尺寸，应进行调湿处理。铁路货车轴承用工程塑料保持架需进行调湿处理。

(1)稳定处理

稳定处理一般采用 120 ℃以上的热油对保持架进行处理。

(2)调湿处理

调湿处理时如采用水煮工艺，一般是将工程塑料保持架放入沸水中煮 2～5 h，达到含水量标准要求后，

缓慢冷却至室温再取出；此外，也可采用蒸汽方法调湿处理。如只需要提高产品柔韧性和抗冲击性、稳定尺寸也可采用滴水方法进行调湿处理。

5. 保持架标志、包装与储存

工程塑料保持架应在产品非工作面标注制造单位代号、保持架装用轴承型号、模具号、生产年月等标志。保持架在吸湿处理后应及时用塑料袋密封，主要防止在环境中因空气流动引起保持架再吸湿或干燥，密封后的产品装入包装箱。包装后的产品储存时应放置在干燥通风的库房内，禁止紫外线或太阳光直射，远离热源，不得与酸、碱接触。

(二)注塑成型缺陷与对策

注塑生产中可能会出现欠注、烧焦、表面不良、翘曲 、空洞、流痕、飞边、熔接痕等缺陷，有些缺陷会影响到产品使用性能。工程塑料保持架生产过程中常见缺陷的原因及解决办法见表 6-8-7。

1. 欠注

熔料进入型腔后没有充填完全，导致制品缺料叫做欠注或短射。欠注常发生在制品薄壁无或流动路径的末端区。另外注射量不足、料斗无料、进料遭异物阻塞、止回阀磨损等也会造成欠注。

2. 烧焦

是指位于制品上靠近流动路径末端或气穴区域的暗色或黑色小点，其形成原因是模腔内的空气无法逃逸，受压缩造成高热而烧焦。

3. 表面不良

是指制品表面粗糙、无光泽、玻纤增强制品表面露纤等缺陷。表面不良与注射速度过低、模具温度过低、注射压力低、模具排气不良、料温过低、模具表面粗糙、材料水分过高等因素有关。

4. 翘曲

翘曲指由于制品内部收缩不一致导致内应力不同引起变形。尼龙 66 属结晶性材料，其翘曲变形的趋向远大于非结晶材料。结晶型工程塑料的收缩相对较高，对于采用玻纤强化尼龙 66 注射成型的保持架，其翘曲受玻纤分布、模温过高或过低以及模温不均的影响较大，此外还受流道系统不对称、浇口尺寸不均及脱模过快等许多因素影响。由于玻纤在产品中分布的方向性，玻纤增强工程塑料保持架在注射成型时受壁厚差别造成的收缩影响比较轻微，造成产品变形的主要原因是增强纤维在平行于流动方向和垂直于流动方向的收缩差异。

5. 空洞

制品内产生的空洞可能是气泡或缩孔。

缩孔是因为制品冷却时，制品壁厚差异太大，在厚壁处局部收缩没有足够的塑料补偿而形成的真空洞。气泡主要是水蒸气或材料包裹空气而形成的空洞。注塑生产过程中，若材料含水量过高、注射速度过快、熔料中夹有空气、模具排气不良、塑料的热稳定性差等都会导致塑件表面或内部就出现细小的气泡。

6. 流痕

流痕是制品在浇口附近形成的涟波状的表面瑕疵，其产生原因是制品温度分布不均匀或塑料凝固太快，熔体在浇口附近产生乱流、形成冷塑料或是保压阶段没有补偿足够的塑料所致。造成流痕的因素包括：料温太低、模具温度太低、注射速度太低、注射压力太低、流道或浇口尺寸狭小。

7. 飞边

当塑料熔料被迫从分型面挤压出模具型腔产生薄片时便形成了飞边，薄片过大时叫做披风。飞边多发生在模具的不连续处(通常是分模面、排气孔、排气顶针、滑动机构等)。产生飞边原因主要有塑料过量充填、锁模力不足、料温太高、模具缺陷及工艺条件控制不当等。

8. 熔接痕

熔接痕是工程塑料熔体加工成型中出现的一种常见缺陷。按产生方式不同可分为热熔接痕和冷熔接痕。熔体在模腔内流动中碰到障碍物(如嵌件)后，分成两股或多股熔体，绕过障碍物，分开的熔体又重新汇合并继续流动，这时所形成的熔接痕为热熔接痕；当注塑件尺寸或体积较大，为缩短注塑时间，常采用多浇口的方式，当两股相对流动的熔体相遇后不再产生新的流动，这时所产生的熔接痕称为冷熔接痕。熔接痕的产生不仅使塑料件的外观质量受影响，尤其使塑料件的力学性能如冲击强度、拉伸强度、断裂伸长率等受到不同程度的影响。铁路货车轴承用工程塑料保持架主要为21孔和23孔两种形式，为多浇口设计。多浇口存在，使保持架在注塑成型中熔接痕是不可避免的，一般产生于大端圆环(大圈)和小端圆环(小圈)。如果产品表面出现明显的缺口状熔接痕，将会大大降低保持架的机械性能。

表6-8-7　工程塑料保持架注射成型中问题及对策

对　策	欠注	烧焦	表面不良	翘曲	制品有空洞	流痕	飞边	熔接痕处强度低
增加射出压力	2		3	3	3	4		2
降低射出压力		6					2	
提高料温	4		5	5		1		5
降低料温		2						
提高保压和时间					2			
降低射出速度		3		1			3	
提高射出速度	3		1		4	3		1
加大喷嘴孔径	6	5			6			
提高模温	5		2			2		4
均匀模温				4				
降低模温				2**			4	
加大浇口尺寸	8	4			5	5		
扩大模具排气口	7	1	4					3
干燥材料			7		7			6
饥饿式喂料	1				1			
均匀充模					8			
减少供料				6				
使用多浇口	9			1				
模腔抛光			6					
加大锁模力							1	
修理模具							5	

注:1. 以上对策顺序如数字所示;2. ** 表示产品表面质量更差。

二、保持架的质量检验

铁路货车圆锥滚子轴承用工程塑料保持架生产时，一般对产品进行以下项目检查：

(一)一般性质量检查项点及方法

1. 径向游动量(径向游隙)

径向游动量是圆锥滚子轴承保持架质量的一项重要检查项点，它直接影响保持架运转灵活性。径向游动量检测一般采用扣外圈和不扣外圈两种方式。检测时先将滚动体、保持架和内圈组成的内组件放在支撑工装上，以限制其移动，在不扣外圈测量时，百分表触点应处在保持架窗梁的中间位置(如图6-8-14)；当扣外圈测量径向游动量时，用百分表测量时其触点应接触保持架大端外径处(如图6-8-15)。如图中箭头所示径向移动保持架，先用手将保持架前后平稳移动直至感到一个硬点位(保持架前后移动过程中滚子可能微微倾斜)，手指的作用点必须位于测量方向上，两个极限位置间距离为保持架的径向游隙；径向游动量应满足保持架的技术要求。

2. 旋转灵活性

将外圈套上内圈组件，用手转动进行正反两个方向的旋转灵活性检查，应转动灵活、无阻尼、卡滞现象，保持架不碰内外套圈。

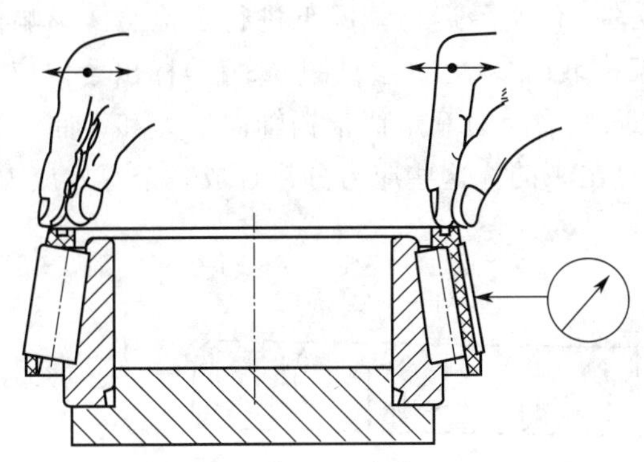
图 6-8-14　径向游动量测量(不扣外圈)

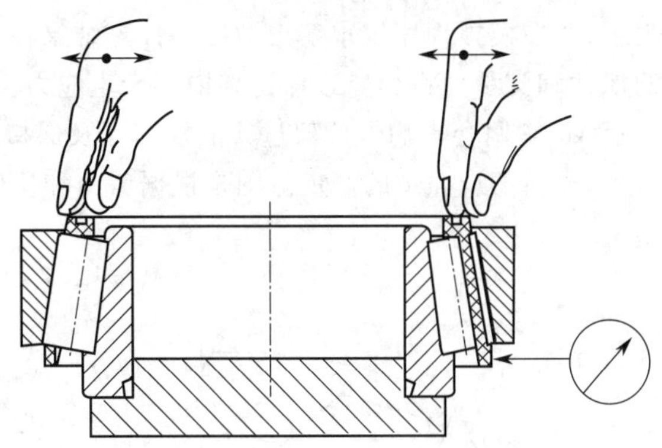
图 6-8-15　径向游动量测量(扣外圈)

3. 尺寸

保持架尺寸和公差应符合相应图样的规定,生产中进行检测的产品主要尺寸项点有:保持架窗孔长度、大端外径及圆度、小端内径、宽度等,测量时一般采用数显游标卡尺、高度尺等量具。

4. 表面和内部质量

(1)保持架外观应完整,表面应平整、光滑;

(2)不允许有结构性损坏,如裂纹、破损、折断等;

(3)与滚子组件接触的任何边缘不应有毛刺,非工作面的毛刺高度不大于 0.2 mm;不允许有超过 0.3 mm深度的机械性损伤,如划伤、磕碰伤等缺陷;

(4)任何表面不允许漏出玻纤;

(5)不允许有明显的变形、熔接痕和流痕;

(6)距表面 1 mm 以内区域不允许有孔隙,内部允许直径 1 mm 以下的孔隙;

(7)内部不允许存在杂质。

(二)产品机械性能试验

铁路货车滚动轴承用工程塑料保持架作为功能件,根据其使用中受到频繁振动和冲击等特点,需要对产品进行机械性能评价,以满足可靠性和安全性需要。制品的机械性能与原材料性能指标、模具设计与制作、成型设备与工艺条件等密切相关。在实际生产中通过对制品机械性能检测结果的分析,可以协助我们来确定、调整产品的工艺条件或对模具的相关部分作以调整,以确保制造出性能优良的工程塑料保持架。

针对工程塑料保持架的使用工况、存在熔接痕等情况,国外对保持架在轴承中受力进行了模拟分析和计算。我国铁路货车轴承工程塑料保持架机械性能检测现一般进行弯曲试验和窗孔拉伸试验,用于产品质量检验与控制。

1. 保持架受力计算方法

试验证明对保持架过梁强度的检测是很有意义的。测试力将直接施加于各个保持架过梁。轴承使用中的准静态径向和轴向负荷已形成标准。但实际的使用过程要比理论状态复杂的多,因此要对实际使用过程中的保持架进行受力分析,必须首先建立起一个与实际情况最接近的模拟状态,即建立一个科学的受力模型,以便于对复杂系统进行力值的分析。在国际上已经开展了这方面的相关研究,对保持架的受力进行了深入的研究。

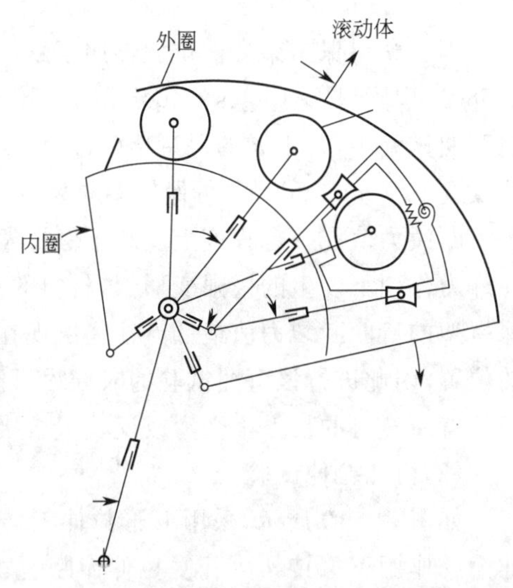

图 6-8-16　保持架受力状况模拟的动态模型图

在德国波鸿的卢尔大学计算保持架受力二维模型方法的基础上,国外又开发了一种模拟模型,以便检查铁路运输中特有的振动和冲击负荷下机车车辆轮对轴承保持架的弹性。保持架是一个弹性结构,它的质量均匀分布在保持架过梁的重心上。这些保持架过梁是通过弹簧相互连接起来的,这些弹簧具有径向、切线方向的刚性和抗弯刚性(参见图 6-8-16)。滚动体质量的运动以微分方程式表示，并在模拟程序里求解出数字。计算结果在可以想到的一切实际运行情况下进行了检验。影响保持架的惯性和支承力将会导致保持架内部产生应力。在保持架横截面模型上(参见图 6-8-17)标出了内应力 F 和力矩 M，它们会影响保持架过梁的横断面及保持架圈。轴向应力 σ 的额定值根据轴向应力和弯曲力矩计算得出，而剪切应力 τ 的额定值则是根据剪力和扭转力矩计算出来的。这些应力分量合成一个等效应力。

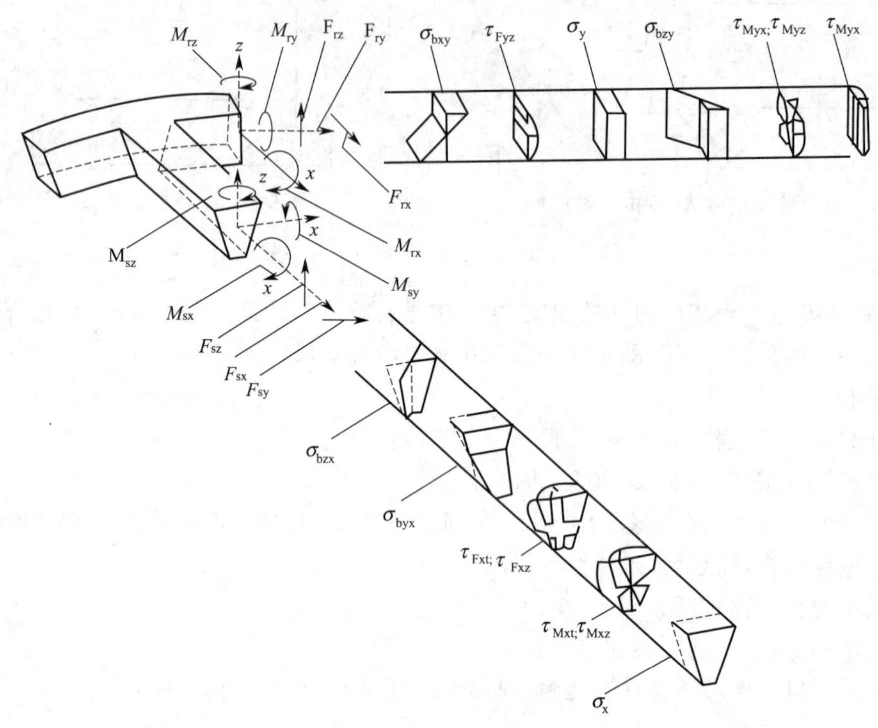

图 6-8-17　力、力矩及在保持架圈和保持架过梁上产生的应力

在从保持架圈到保持架过梁的过渡中，由于方向的改变力线密度越来越大，因而产生应力集中。公称应力与应力集中系数相乘便可得出等效应力。根据有限元法(FEM)，保持架窗孔的半径和保持架圆环、保持架过梁的尺寸用于系数的计算。这种模型使准确确定保持架应力和相应的保持架几何结构的优化成为可能，基本上可以适用于所有的保持架材料。

2. 保持架机械性能试验

我国铁路货车圆锥滚子轴承保持架的机械性能一般在常温下通过弯曲试验和窗孔拉伸试验来检验，用以评价保持架在成型后熔接痕处强度。产品机械性能测试评价方法如下：

(1)弯曲试验

工程塑料保持架弯曲试验参照了欧洲标准《Railway applications-Axleboxes-Rolling bearings》(DIN EN 12080)，中附录 D《Cages of polymeric material》中规定了塑料保持架弯曲试验的最小特性值和检验方法。在弯曲试验中，将干燥的保持架(含水率≤0.1%)置于电子万能试验机两个平板中间被压缩直至断裂，试验速度 5～10 mm/min，测得保持架断裂时的最大径向压力以及压力方向的最大形变量(挠度)，如图 6-8-18 所示。断裂力值在一定程度上反映了保持架在外力作用下薄弱环节发生断裂时的临界点，挠度则表征保持架在外力作用下发生的极限变形，与材料的韧性和工艺条件的设置有关。试验表明，圆锥滚子轴承用工程塑料保持架的弯曲断裂力值最低点往往出现在保持架小端圆环熔接痕的位置，即两股熔融料在流动过程中相接的位置，因此进行该弯曲试验的时候尽可能使最大受力位置接近熔接痕位置，这样测得力值就非常接近熔接痕位置断裂时的最大承受力或反映了熔接痕处强度。保持架弯曲断裂力值应达到技术标准要求。

(2)窗孔拉伸试验

如图 6-8-19 所示，采用 L 形拉伸工装对保持架同一窗孔两侧的窗梁(过梁)分别施加拉力，在该横向拉伸力的作用下保持架窗孔受拉伸而断裂，拉伸速度 10～20 mm/min，测得拉断时的最大拉力值。保持架在实际的使用过程中每根窗梁可能受到来自滚子非正常的横向作用力，该力与 p 的方向基本一致，因此该值可表征在非常情况下，滚子振动致使保持架窗梁断裂所需力值的大小，也能反映产品熔接痕处的熔接强度大小。拉伸卡具应满足：当加到保持架上的拉力增加时，能保持或增加对试样的夹持力，且不会在夹具与保持架接触位置引起保持架过早破坏。窗孔拉伸断裂力值应达到技术标准要求。

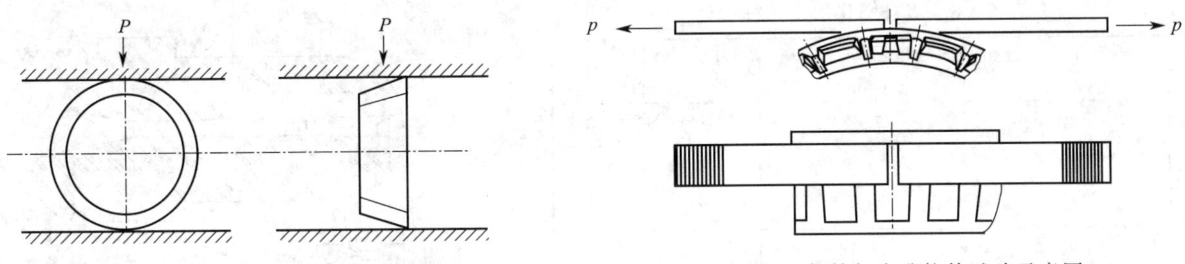

图 6-8-18　保持架整体弯曲试验示意图

图 6-8-19　保持架窗孔拉伸试验示意图

保持架的弯曲试验和拉伸试验采用万能试验机来完成的，现在更多地采用具有数字闭环测控系统的电子万能试验机。万能试验机的示值误差不超过 1%，保持架径向拉伸断裂载荷，应在试验机测量范围 15%～85%之间。需要注意的是断裂力值的大小和试验工装的设计结构有着直接的关系，不同的工装结构可能会使测得的力值有着很大的差异，应尽可能防止试样相对于试验工装滑动。

三、注塑生产设备

（一）注　塑　机

1. 注塑机概念

注塑机是指能使热塑性塑料或热固性塑料在加热机筒中经过加热、剪切、压缩、混合和输送作用，熔融塑化并使之均匀化；然后借助螺杆向塑化好的物料施加压力，迫使高温熔体充入到闭合模具的模腔中，经过冷却和固化后而形成具有一定几何形状和尺寸精度的塑料制品的成型机械。

2. 注塑机的结构

一般注塑机主要由以下四部分构成，预塑-注射系统、锁模系统、控制系统和其他机构四大部分构成。典型的卧式通用型往复螺杆式注塑结构如图 6-8-20 所示。

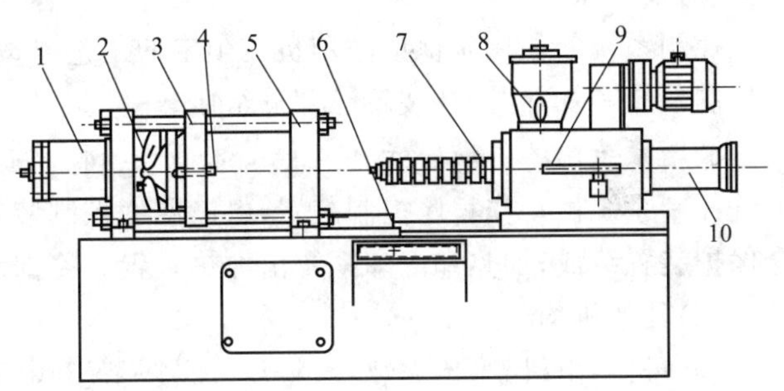

图 6-8-20　卧式注塑机结构示意图

1—锁模液压缸；2—锁模机构；3—动模板；4—推杆；5—定模板 6—控制台；7—料筒加热器；8—料斗；9—计量装置；10—注射液压缸

（1）预塑-注射系统

该系统是由预塑装置和注射装置组成。其功能主要有三个方面：①均匀加热和塑化一定量的塑料；②在一定的压力和速度下，将定量的熔融材料注射到模腔内；③当注射结束后，对模腔内的熔融材料进行保压。

预塑装置主要由螺杆、螺杆头、料筒、喷嘴、计量装置和加热装置等组成。注射装置由射台、注射油缸、螺杆驱动装置和射台移动油缸组成。

注射玻纤强化尼龙制品时，需采用适用于热塑性材料的螺杆式注塑机。针对玻纤增强材料为提高使用寿命，螺杆和料筒应采用双金属等耐磨材质和表面硬化处理工艺制造，螺杆的设计可参照图 6-8-21 和表 6-8-

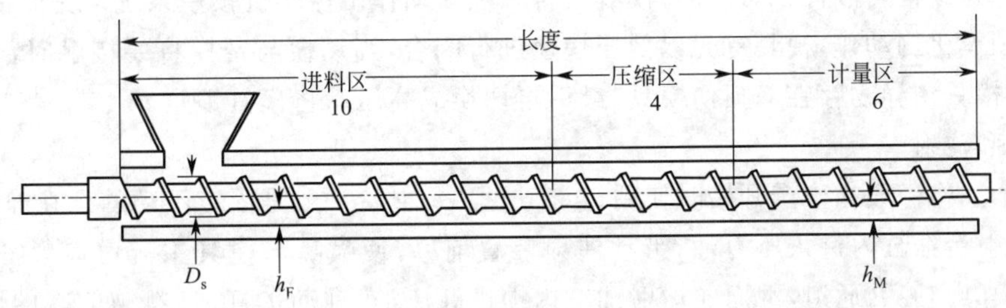

图 6-8-21　螺杆结构

8，螺杆长径比应至少在20以上。因玻纤强化尼龙黏度较大，因此喷嘴内头部内径要比一般尼龙使用的喷嘴头部内径大约25%，通常采用逆锥形喷嘴，其结构设计见图6-8-22。

表6-8-8　玻纤强化尼龙螺杆设计

螺杆外径(D_S)(mm)	进料区深度(h_F)(mm)	计量区深度(h_M)(mm)
40	7.62	1.78～2.03
50	8.13	2.03～2.54
63	9.65	2.54～3.05
90	11.18	3.05～3.56
115	12.70	3.56～3.81

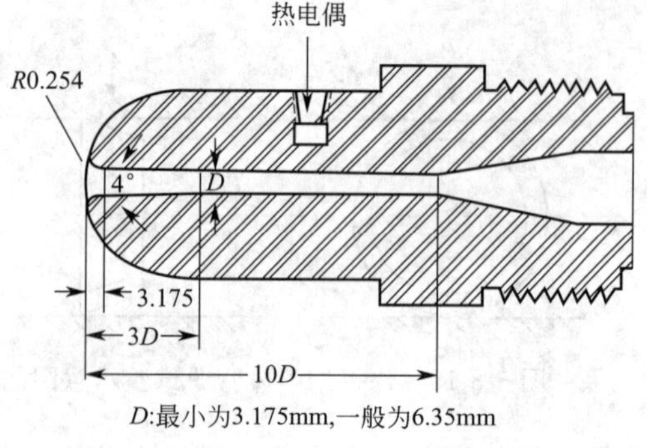

图6-8-22　逆锥形喷嘴

(2)锁模系统

锁模系统有锁模装置、调模装置和制品顶出装置组成，其主要功能有：①实现模具的开启与闭合；②提供足够的锁模力；③顶出制品。

注塑机的锁模装置可分为曲柄式、液压式和曲柄连杆液压式。

不同型号的注塑机其顶出装置也各不相同，设计的模具要与之相适应。注塑成型机的顶出机构大致分为以下几类：

①中心顶杆液压顶出(圆锥滚子轴承保持架属于这种顶出)。

②两侧双顶杆机械顶出。

③中心顶杆液压顶出与两侧双顶杆机械顶出联合作用。

(3)控制系统

控制系统的作用是保证注塑机按预定的工艺参数和动作程序，准确有效地进行工作。它由液压系统、电气控制系统和加热/冷却装置三部分组成。

液压系统由各种液压元件(如泵、油马达、阀、蓄能器、冷却器)和回路(如管路及管路控制装置)等组成；电气控制系统由动作程序控制装置、料筒温度控制装置、液压泵电机控制装置、故障检测报警控制装置和安全保护装置组成；加热和冷却系统由加热装置和冷却水管路等组成。

(4)其他机构

其他机构由机架、传送装置、料斗、加料装置和润滑装置等机构组成。

3. 注塑机工作流程

生产中注塑设备由合模开始至下一循环合模开始为一个注塑周期，其中主要有锁模、射座前移、注射、保压、冷却及预塑、开模、顶出制品等动作。塑料制品生产工艺循环程序路线见图6-8-23(图中箭头为位置到达或计时完成)。

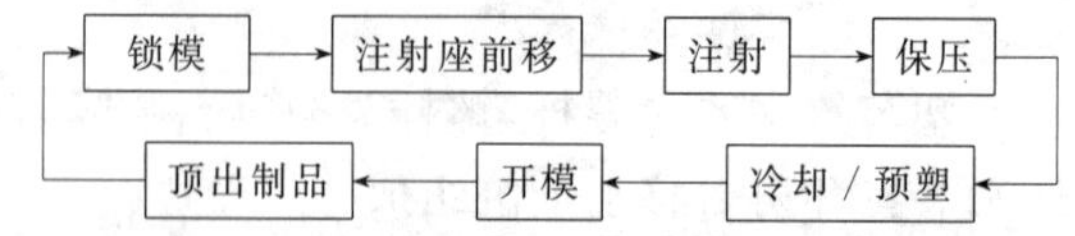

图6-8-23　注塑成型生产工艺循环程序路线

(1)锁模

将模具装卡到注塑机模板上后，进行冷却系统连接，在确认模内无异物存在或模内嵌件无松动时，模具闭合。锁模动作由注塑机锁模系统来完成，按照受控的压力和速度向前推动锁模机构动作，模具首先以低压快速进行闭合，当动模与定模将要接触时，合模系统自动切换成低压，以防止模具内异物存在而损伤模具，最后再切换成高压而将模具锁紧。

(2)射台前移和注射

射台前移这个动作一般在生产开始时使用；生产过程中，射台一般是固定不动的。在确认模具达到所要求的锁紧程度后，射台油缸内进入压力油，带动注射装置前移，使喷嘴与模具主流道口紧密贴合，接通了喷嘴—模具流道—模具型腔的通道，继而向注射油缸内提供高压油，推动螺杆，将料筒前端的熔融材料以高压高速注入模具型腔，并排除模具型腔中的气体。

(3)保压

当熔融材料充满模具型腔后,为防止熔融材料的倒流,弥补模具型腔内的熔融材料因冷却而产生的收缩,螺杆还需对模具型腔内的熔融材料保持一定时间的压力,此阶段称为保压。保压时,螺杆微量前移。

(4)冷却/预塑

当保压进行到模具型腔内的熔融材料失去了从浇口倒流的可能性时(即浇口处熔融材料冷凝封口),注射油缸内的保压压力即可卸去,此时,对有些注塑机的合模油缸内的高压也可卸去),以使制品在模具型腔内充分冷却定型。在制品冷却定型的同时,螺杆在驱动装置的驱动下转动,预塑下一周期所需的熔融材料。因制品冷却和螺杆预塑同时进行(有时可延时预塑),所以在一般情况下,要求螺杆预塑时间不超过制品冷却时间。

(5)开模和顶出制品

模具型腔内的制品经冷却到一定程度后,锁模装置开启模具。在顶出装置作用下自动顶出制品,由操作人员或机械手取出制品。

注塑机一般有自动、半自动和手动三种工作方式。工程塑料保持架在注塑生产过程中,一般均采用自动方式,只有注塑机合模、注射和保压、冷却和预塑、开模、顶出和机械手取件等动作。采用螺杆式注塑机时,塑料制品注塑工艺过程如图 6-8-24 所示。

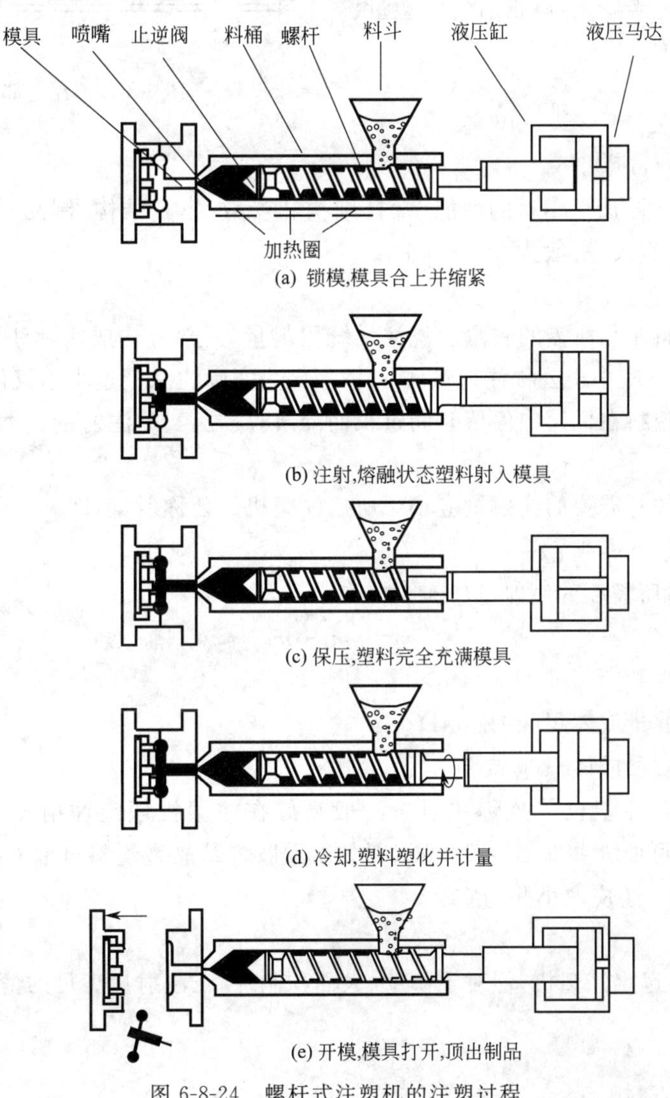

图 6-8-24 螺杆式注塑机的注塑过程

4. 注塑机参数的校核

为使工程塑料保持架能够成型并有良好的品质,一般生产要关注和校核注塑机以下几方面参数:

(1)最大注射量

注塑机注射量是指注塑机在注射螺杆(或柱塞)做一次最大注射行程时,注射装置所能达到的最大射出量,其对产品的成型及品质具有重要意义。注射量以体积计量即为注射容积。根据不同的定义内容,分为理论注射容积、注射容积和当量注射容积等。

①理论注射容积

注射时螺杆所能排出的理论最大容积,称之为注塑机的理论注射容积,即螺杆的截面与行程的乘积。

$$V_e=\frac{\pi}{4}D_s^2s$$

式中 V_e——理论注射容积(cm^3);

D_s——螺杆直径(cm);

s——螺杆注射行程(cm)。

②公称注射量

注塑机在工作过程中,注射量达不到理论值,也不需要达到理论值。因为塑料的密度随温度、压力的变化而变化,同时在注塑时,熔融材料在压力下可能沿螺槽存在发生反流等现象(一般发生在螺杆头无止逆装置),因此,注塑量需要作适当修正,修正后的注塑量称为公称注射量,计算方式为:

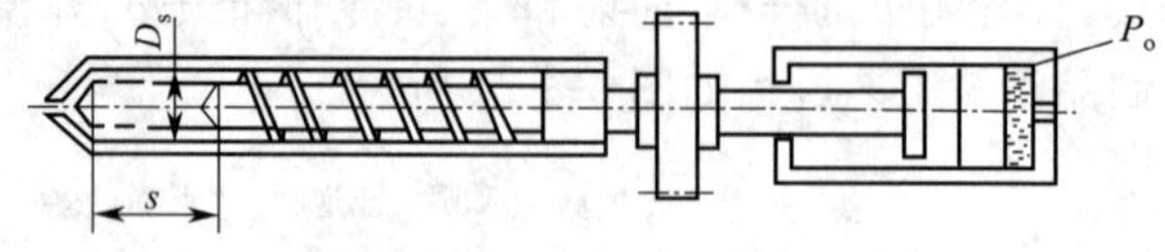

图 6-8-25 注射部分结构示意图

$$G_1=\alpha V_e=\frac{\pi}{4}D_s^2s\alpha$$

式中 G_1——公称注射量(cm^3);

α——射出系数,与被加工塑料的性能、螺杆结构和参数、模具结构、制品形状、注射压力和速度、背压的大小等有关,一般为0.7～0.9。

③ 实际注射量

在使用注塑机时,塑料制品所需的料量及浇注系统用料量(两部分构成实际注射量)一般在公称注射量的25%～75%为好,最低不应小于公称注射量的10%。因为实际注射量过小不仅使注塑机的加工能力得不到充分发挥,而且还会因塑料在机筒内停留时间过长而降解;反之,实际注射量过大时,制品不能成型或达不到质量标准要求。

设计模具时,成型制件所需要的注射量应小于所选注塑机的公称射量,即 $m\leqslant G_1$

式中 G_1——公称注射量(cm^3 或 g);

m——塑件成型时所需要的注射量(cm^3 或 g)。

而
$$m=nm_s+m_j$$

式中 n——型腔个数;

m_s——每个塑件的质量或体积(g 或 cm^3);

m_j——浇注系统的质量或体积(g 或 cm^3)。

根据生产经验的总结,注塑机的公称注射量一般最好在注塑机额定注射量 G 的80%左右,即 $G_1=0.80G$。对非结晶型塑料可取大些即 $G_1=0.90G$,对如聚酰胺等结晶型塑料可取 $G_1=0.85G$,对于高黏度充模比较困难的塑料品种,G_1 还应取小些为宜。

(2)锁模力(合模力)

通常根据注射量初步选定注塑机,但对于薄壁、大面积制件,在注射量满足的情况下,应对锁模力进行校核,即

$$F\geqslant pA$$

式中 F——注塑机额定锁模力(N);

A——制品加上浇注系统在分型面上的总投影面积(mm^2);

p——型腔内平均压力(MPa),一般取20～40 MPa。

模腔压力 p 是注射压力经喷嘴、流道、型腔损耗后剩余的压力,约为注射压力的25%～50%。

玻纤强化尼龙制品也可按每平方英寸的成型品投影面积最小 50 kN 锁模力进行锁模力计算。

(3)注射压力

成型制件所需要的注射压力是由塑料品种、注射喷嘴的结构形式、制件形状的复杂程度以及浇注系统的压力损失等因素决定的,其一般在 70～150 MPa 范围内选取。注塑机的最大注射压力要大于成型制件要求的注射压力,即

$$F > F'$$

式中 F——注塑机最大注射压力(MPa);

F'——成型制件所需的注射压力(MPa)。

(4)模具厚度和开模行程

①模具厚度(H_m)

模具厚度设计必须满足:

$$H_{min} \leqslant H_m \leqslant H_{max}$$

式中 H_{min}——注塑机允许安装的最小模厚,即动、定模板间的最小开距(mm);

H_{max}——注塑机允许安装的最大模厚(mm)。

②开模行程(S)

注塑机的开模行程是有限制的,取出制件所需的开模距离必须小于注塑机的最大开模距离。开模距离可分成下面两类情况校核。

第一种:注塑机开模行程一定与模厚无关时的校核。这主要是指液压机械式的锁模机构,其最大开模行程不受模厚影响,是由连杆机构的最大冲程决定的。对于如图 6-8-26 所示的两板式单分型面注塑模(圆锥滚子轴承保持架模具即属于这种),开模行程可按下式校核

$$S \geqslant H_1 + H_2 + (5 \sim 10\ \text{mm})$$

式中 H_1——脱模距离(顶出距离)(mm);

H_2——制件高度,包括浇注系统在内(mm);

S——注塑机最大开模行程(移动模板行程)(mm)。

三板式双分型面注塑模(带针点浇口的注塑模)如图 6-8-27 所示。三板式双分型面注塑模开模距离需要增加定模板与浇口板的分离距离 a,此距离应足以取出浇注系统凝料,这时

$$S \geqslant H_1 + H_2 + a + (5 \sim 10\ \text{mm})$$

脱模距离(顶出距离)H_1 常等于模具型芯的高度,但对脱模斜度较大(圆锥轴承保持架即属于这种)或内表面为阶梯状的制件,有时无需顶出型芯的全部高度,即可取出制件,如图 6-8-28 所示。故脱模距离 H_1 需视具体情况而定,以制件能顺利取出为宜。

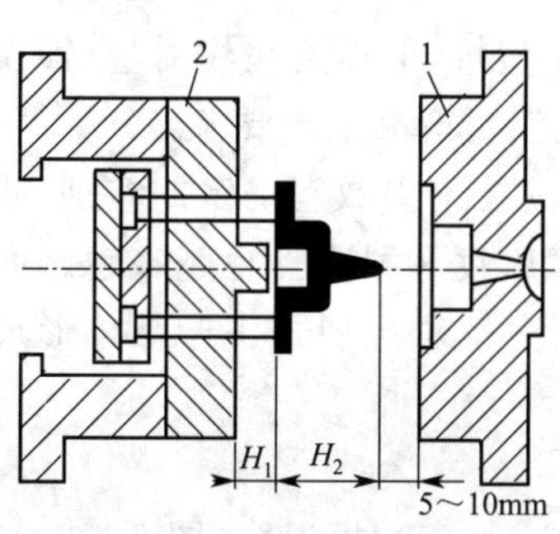

图 6-8-26 单分型面模具开模行程的校核

1—定模;2—动模

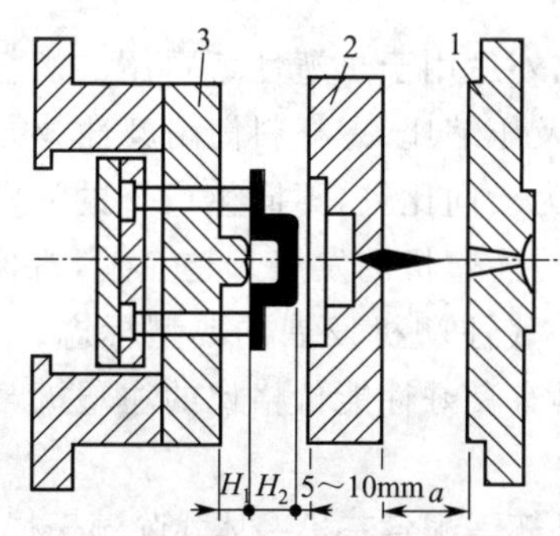

图 6-8-27 双分型面模具开模行程的校核

1—定模;2—型腔板;3—动模

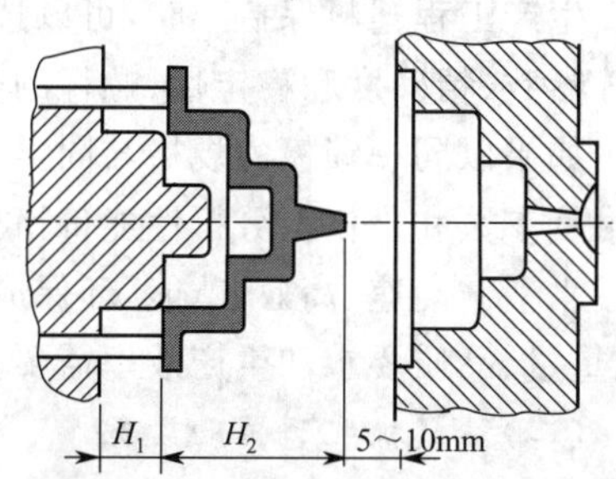

图 6-8-28 制品内表面为阶梯状时开模行程的校核

第二种:注塑机开模行程变化与模厚有关时的校核(如图 6-8-29)。这主要是指全液压式合模机构,其最大开模行程等于移动模板和固定模板之间的最大开距离 S' 减去模厚 H_m。

对于单分型面注塑模，可按下式校核：

$$S=S'-H_m \geqslant H_1+H_2+(5\sim10\ \text{mm})$$
$$S' \geqslant H_m+H_1+H_2+(5\sim10\ \text{mm})$$

式中 S'——注塑模板间的最大开距(mm)；

H_m——模具厚度(mm)。

对于双分型面注塑模，按下式校核

$$S= S'-H_m \geqslant H_1+H_2+a+(5\sim10\ \text{mm})$$
$$S' \geqslant H_m+H_1+H_2+a+(5\sim10\ \text{mm})$$

③ 当模具需利用开模行程完成侧向轴芯时，应考虑其行程(图 6-8-30)。

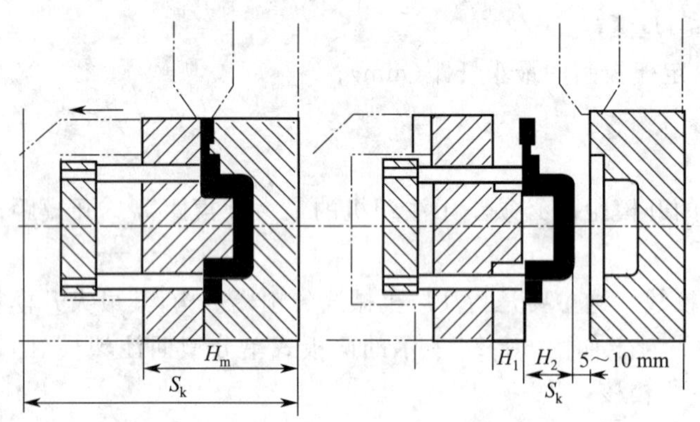

图 6-8-29 开模行程与模具厚度有关时开模行程的校核

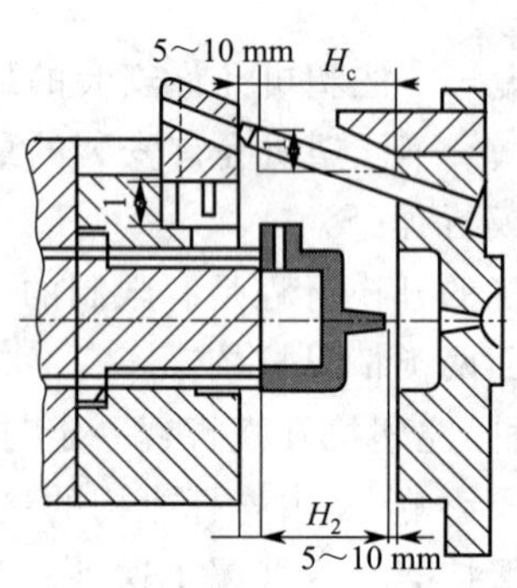

图 6-8-30 有侧向轴芯时开模行程的校核

H_c 为完成侧向抽芯距离所需的开模行程，当 $H_c>H_1+H_2$ 时，则以上几个校验公式中的 H_1+H_2 项均用 H_c 代替；当 $H_c \leqslant H_1+H_2$ 时，仍用原公式进行校核。

(5)模具与注塑机安装部分相关尺寸校核

①设计模具的长、宽总体尺寸时要与注塑机模板尺寸和拉杆间距相适应，保证模具能穿过拉杆间的距离装卡到模板上。

②模具的主流道中心线应保证与料筒、喷嘴的中心线相重合，模具上的定位环尺寸要与注塑机定模板上的定位孔尺寸一致且采用较松的间隙配合，注塑机喷嘴的球面半径应小于或等于与之相接触的模具主流道始端的球面半径。

③动模与定模的模脚尺寸应与注塑机移动模板和固定模板上的螺钉排列尺寸相匹配，以保证模具顺利牢固地安装到注塑机上。

生产工程塑料保持架时，可以选用国内外适用于热塑性塑料用的螺杆式注塑机，但需要在注射量、锁模力等参数、精确度和稳定性、螺杆的长径比及压缩比、螺杆料筒耐磨性等方面能满足产品生产要求。

如果以同一锁模力规格与同类型机器为横向比较，不同生产厂的注塑机，其技术参数有一定的差别，我们可从参数和价格上分析性能价格比。目前注塑机的发展日趋完善，机器的精密度和科学性也越来越趋向尖端水平。高速、高效、节能、环保成为新一代注塑机发展的典型标志。因此，一般根据所加工产品外形尺寸、重量、品质要求和生产效率需要，购买具有良好性能价格比的注塑机。

(二)注塑机配套辅助设备

工程塑料保持架生产中除了注塑机之外还需配备三机一体式除湿干燥机(图 6-8-31)、模温机(图 6-8-32)、冷冻机等辅助设备，这些辅助设备能实现注塑生产自动烘干原料、输送原料和稳定的模温控制，其选择必须与注塑机生产效率、材料干燥要求、模温控制要求相匹配。为了进一步提高注塑设备的生产自动化，可以为设备安装匹配的机械手(图 6-8-33)。注塑机配备机械手后，可以改善员工劳动条件、实现安全生产，并且能够在节省人力、提高生产效率、稳定产品质量、降低废品率、降低生产成本、增强企业的竞争力等方面起到极其重要的作用。

图 6-8-31　除湿干燥机

图 6-8-32　模温机

四、注塑模具

(一)保持架模具的构成

铁路货车轴承工程塑料保持架注塑模具一般为一模一腔，并由动模和定模两部分组成，动模安装在注塑机的移动模板上，定模安装在注射机的固定模板上。在注射成型时动模和定模闭合构成浇注系统和型腔。开模时动模与定模分离以便取出制品。根据模具中各个部分起的作用，一般可将注塑模分为以下几个基本组成部分。

1. 成型部件

成型部件由型芯和凹模组成。型芯形成保持架的内表面形状，凹模形成保持架的外表面形状。合模后型芯(组件 12)和凹模(组件 11)便构成了模具的成型部分(如图 6-8-34 所示)。按工艺和制造要求，有时型芯或凹模由若干拼块组成，有时做成整体，对一些难加工的部位还会采用镶件。

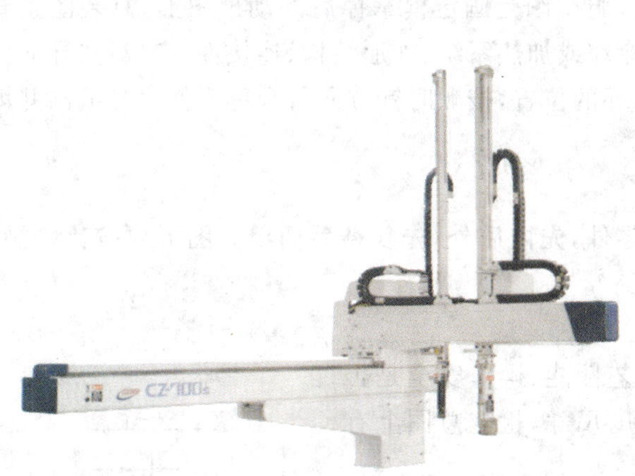

图 6-8-33　机械手

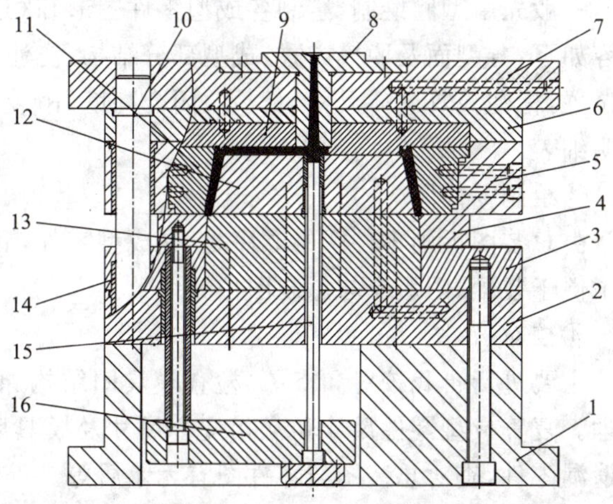

图 6-8-34　保持架模具结构图

1—动模座板；2—动模垫板；3—型芯固定板；4—推环；5—型腔固定板；6—定模垫板 7—定模座板；8—定位环；9—型腔底板；10—导柱；11—凹模；12—型芯；13—型芯座；14—导套；15—中心顶杆；16—推环固定板

2. 浇注系统

浇注系统又称为流道系统，它是将塑料熔体由注射机喷嘴引向型腔的一组进料通道，常由主流道、分流道、浇口和冷料穴组成。浇注系统的设计十分重要，它直接关系到保持架成型质量和生产效率。

3. 导向部件

为了确保动模与定模合模时能准确对中，在模具中必须设置导向部件。在保持架注塑模中采用了四组导柱与导套来组成导向部件，有时还需在动模和定模上分别设置互相吻合的内、外锥面来辅助定位。

4. 顶出机构

在开模过程中，需要有顶出机构将保持架及其在流道内的凝料推出或拉出。如在图 6-8-34 保持架模具示意图中，顶出机构由推环、推环固定板、中心顶杆等组成。

5. 调温系统

为了满足注射工艺对模具温度的要求，需要有调温系统对保持架注塑模的温度进行调节。对于热塑性塑料用注塑模，主要是设计冷却系统使模具冷却。保持架注塑模冷却的常用办法是在模具内开设冷却介质通道，利用循环流动的冷却水或导热油带走模具的热量。模具的加热除可用冷却介质通道通热水或热油外，还可在模具内部和周围安装电加热元件。

6. 排气系统

排气系统的作用是将模腔中原有的空气和成型中产生的气体顺利地排出，以免制品产生气泡、疏松等缺陷，并可以改善模具填充和熔接痕处的强度。注塑模常用的方式是在分型面处开设排气沟槽，此外模具的型芯与模具顶杆等的配合间隙也可起到排气作用。

(二)保持架注塑模的设计

1. 设计程序

(1)依据工程塑料保持架产品图样，针对保持架形状结构及生产批量，确定注塑模的结构，脱模形式及型腔数量、型腔排列等。

(2)选择与注塑模相匹配的塑料注塑机，并了解其注射容量、锁模力、注射压力、模板尺寸、顶出装置及尺寸、喷嘴直径、喷嘴球面半径、模具定位环尺寸、模具最大厚度、模具最小厚度，模板行程等。

(3)绘制模具图

①绘制模具

依据产品选用的工程塑料模塑收缩率范围和设计者的工作经验，确定保持架主要部位的模塑收缩率(如内径、外径、窗孔长宽和总体宽度等)计算出型腔尺寸及画出成型零件之间的相互位置和连接零件等。

②绘制总装图

一般先由型腔绘制，绘制各成型零件图形和相互位置，俯视图是画定模拿掉后的动模图形，总装图主要内容如下：分型面及脱模方式、成型部分结构、浇注系统、冷却或加热系统、外形结构、连接件、定位件、导向件的位置，标注模具总体尺寸(长、宽、闭合高度)吊装模具套环的位置，按顺时针方向将全部零件序号编出并填写明细表。

③绘制零件图

由总装图拆画零件图的顺序是：先成型零件，后结构零件，先内后外，先复杂后简单。图形要按比例画，为了便于装配，图形应与总装图位置一致。

④校对、审图

主要进行自我校对和审图，检查模具图结构原理、工艺性能、操作安全是否合理。复算成型零件尺寸和互相配合尺寸及模具闭合高度尺寸，检查总图上有无遗漏零件，查对总装图与零件图有无矛盾等。

绘制模具图时，现在已大量采用计算机辅助制图软件，如 AutoCAD、Pro/E、CAXA 等设计软件。

2. 设计原则

(1)浇注系统的设计

①主流道的设计

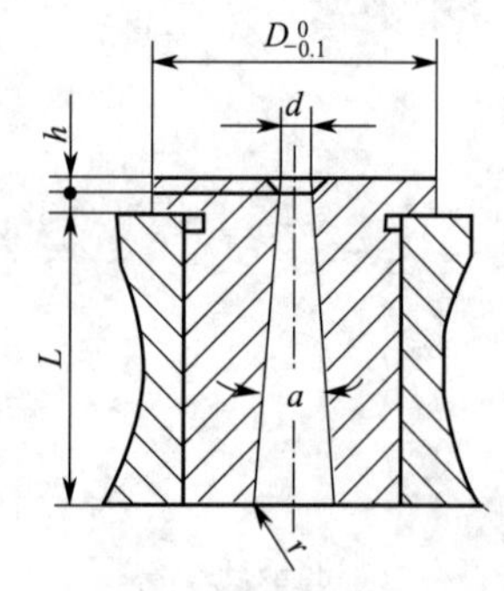

图 6-8-35　主流道的结构图
1—浇口套；2—定模板

主流道是指喷嘴口起至分流道入口处的一段通道，它与注射机喷嘴在同一轴心线上，如图 6-8-35 所示主流道应设计成圆锥形，其锥角 a 为 3～6°，内壁粗糙度为 R_a0.4。主流道大端处呈圆角，其半径常取 r=1～3 mm。主流道进口直

径 d 应比喷嘴直径大 1 mm 左右，以便于脱模。主流道应与喷嘴紧密贴合，其对接处设计成半球形凹坑，一般其半径 R 应大于喷嘴半径 2 mm 左右，凹坑深度 h 取 5 mm 左右，主流道长度 L 应尽量短，一般不超过 60 mm。有时为节约材料、减小压力损失，主流道也常采用带加热圈的热流道。

②分流道的设计

分流道是主流道与浇口之间的部分，其作用是在压力损失最小的条件下，将来自主流道的熔融料，以较快的速度送到浇口以便充模。分流到设计时应考虑尽可能减小在流道内的压力损失和尽可能避免熔体温度降低，同时还要考虑尽量减小流道的面积。常用的流道截面形状有圆形、梯形、U 形（如图 6-8-36 所示）。圆形断面直径 d 一般取 5～12 mm；U 形断面分流道半径 R＝2～5 mm，深度 h＝$2R$，脱模斜角 α 取 5～10°；梯形断面分流道宽度 b 一般在 4～10 mm，高度 h＝(2/3)b，斜角 α 取 5～10°。

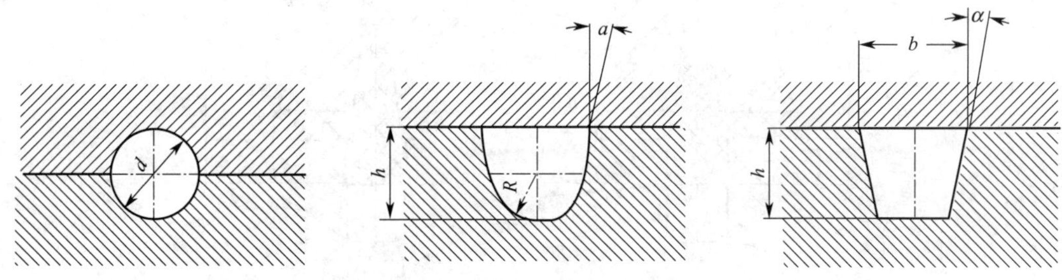

图 6-8-36　圆形、U 形和梯形断面的分流道形状

③分流道的分布形式

单型腔模具：分流道的数量与产品窗孔数量密切相关，为了保证工程塑料保持架有较好的形位公差，一般以 3、5、7、9 奇数为宜，有时也设计成与窗孔数量一致。如：352226X2 型保持架分流道数可以设计 5 个或 20 个，353130B 型保持架分流道数可以设计为 7 个或 23 个。目前铁路货车轴承保持架生产多采用单型腔多浇口设计。

多型腔模具：一般根据模具结构、设备规格、生产批量的大小确定保持架模具型腔数。多型腔数量以 3～6 个为宜，为了保证各个型腔均衡进料，型腔为径向布局，图 6-8-37 是单型腔和多型腔模具分流道分布情况。

④浇口的设计

浇口是指流道末端与型腔之间的一段细短通道。其作用是使从分流道来的熔融料以最快的速度进入并充满型腔，型腔充满后，浇口能迅速冷却封闭，防止型腔内还未冷却的热料回流。成形玻纤强化尼龙制品的浇口形式很多，浇口的形式与大小对制品成型质量影响较大。

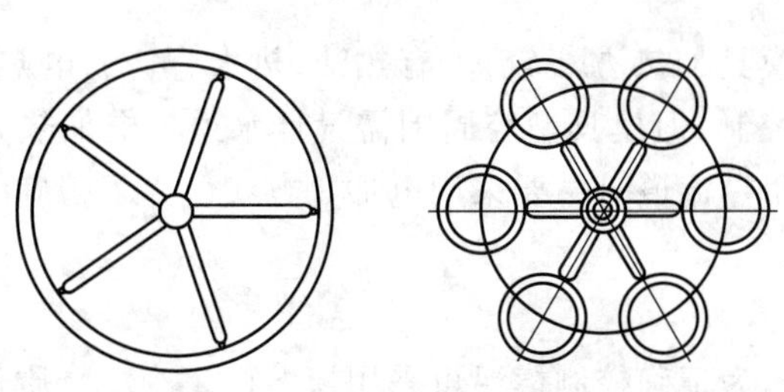

图 6-8-37　单型腔（左）和多型腔（右）模具分流道的设计

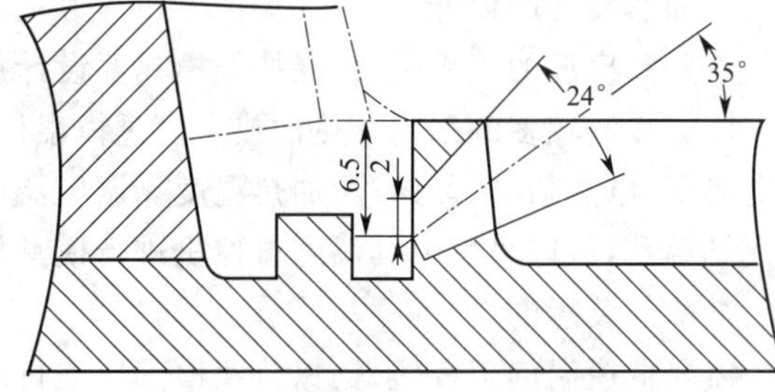

图 6-8-38　潜伏式浇口结构

保持架模具主要采用潜伏式浇口，如图 6-8-38 所示，潜伏式浇口又称剪切浇口或隧道式浇口，这种浇口与分流道成一定角度，并有能在开模时自动切断产品与浇注系统凝料的刃口。潜伏式浇口一般选择在制件侧面较隐蔽处，可以不影响塑件的美观。根据保持架窗孔数量不同浇口数量可设计为 5 个、6 个、7 个甚至设计成与窗孔数量一致。玻纤强化尼龙熔体流动时会产生玻纤取向的现象，并且流动方向和垂直方向的收缩量不同而使产品产生翘曲变形，而浇口位置的选择与尺寸的均一性对避免产品的翘曲非常重要，圆锥滚子轴承保持架浇口一般位于小端圆环内径面上。

⑤冷料穴的设计

冷料穴是用来存储注射间隔期内由于喷嘴端部温度低造成的冷料及熔体流动的前锋冷料，冷料进入型腔，将会影响产品的质量。冷料穴一般设计在主流道的末端，当分流道较长时，分流道的末端有时也会设置冷料穴。冷料穴直径要稍大于主流道大端直径，以利于冷料流入。冷料穴一般兼有分模时将主流道凝料从主流道衬套中拉出并滞留在动模一侧的作用。常用的冷料穴有带“Z”形拉料杆(顶杆)的冷料穴和倒锥形冷料穴。图 6-8-39 为冷料穴的设计。

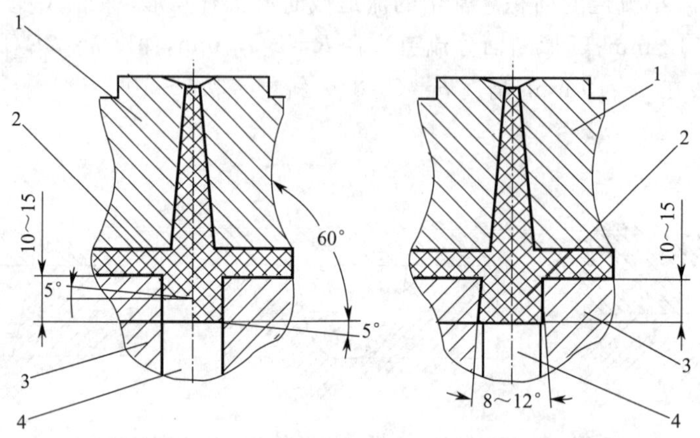

图 6-8-39 “Z”形拉料杆冷料穴(左)及倒锥形冷料穴(右)

1—定模；2—冷料穴；3—动模；4—拉料杆(顶杆)

(2)顶出机构的设计

将制品从模具型腔或型芯上顶出的装置称为顶出机构。工程塑料保持架一般采用顶杆或推环顶出机构。其设计要点为：

①顶出力作用点应尽可能靠近型芯。同时顶出力应施于塑件刚度、强度较大的部位，作用面积也应尽可能大一些。

②顶出机构所有顶杆应与顶出孔保持同心，推环与型芯孔保持同心，使其运动灵活、可靠。

③顶杆或推环与孔的配合间隙可适当大些，一般可在 0.02～0.03 mm，以便于注射成型时空气排出。

(3)加热和冷却机构的设计

工程塑料保持架根据材质的不同，对模具温度要求有较大差异，玻纤强化尼龙 66 保持架模具温度一般要求在 80～100 ℃，为使模温相对稳定，一般采用模温机进行加热或冷却的自动控制；而尼龙 6 和尼龙 1010 保持架模具要求模具温度在 40 ℃以下，主要对模具进行冷却系统设计。

①加热装置的设计

需要高模温的工程塑料，保持架模具要设计加热装置，模具加热方法较多，有热油、热水、蒸汽、电热等。现在模温控制较多的采用导热油或水通过模温机进行自动控制，但模具型腔周围需设计水道。电加热方式有电热环、电热板、电热棒等，加热温度靠调压器调节，当采用热流道时主要采用电加热方式。为了精确的控制模具温度，可以采用模具温度自控机进行模具加热的控制。

②冷却装置的设计

需要低模温的工程塑料，保持架模具应进行冷系统设计，为精确控制模温可采用模温机。冷却介质普遍用水或导热油。水孔直径一般取 $\phi8$～$\phi25$ mm，水孔边缘距型腔表面在 10～15 mm，水孔各处离型腔的距离应一致，进出水管接头与模具连接时应垫橡胶密封圈密封。模具进出口管接头的位置应设计在注射机背面，以不影响操作机床。

(4)排气系统的设计

设计排气系统的排气槽时，应遵循以下原则：

①排气槽尽量开设在分型面上。如果分型面上因设排气槽而产生飞边，也易随制品脱出。

②排气槽最好设计在制品料流的末端，以利于排气。

③一般排气槽开设在分型面上，槽深取 0.025～0.1 mm，槽宽 1.5～6.0 mm，以不产生飞边为限。注射

强化尼龙的模具更需要良好的排气设计，一般距模腔 0.75 mm 的位置其排气槽设计深度至少要有 0.05 mm，再向外则应加深到 0.75 mm 并一直通到模具外部。

(三)注塑模的加工原则

1. 工程塑料保持架注塑模的制造与冲压保持架模具的制造方法基本相同。要考虑到工程塑料的特性和保持架的特点，以及模具的要求来加工。

2. 当成套模具闭模后型腔应无缝隙，制品无飞边和毛刺。

3. 制造动模和定模时保持其安装基准面的平面度应至少达到国家标准《形状和位置公差 未注公差值》(GB/T 1184)中的 7 级公差，锁模面的平面度为 GB/T 1184 中的 6 级公差，模腿等高两平面的平行度为 GB/T 1184 中的 5 级公差，导柱孔及导套孔与动模和定模的锁模面的垂直度为 GB/T 1184 中的 4 级公差，以保证锁模后，动、定模锁模面能密合，不使塑料熔体外泄，不使制品产生飞边。组成型腔的各个零件(如内径型芯、外径型芯、顶杆、推环等)，要严格保持各个零件图上指出的，尖角部位的尖角，尤其接合处部分的尖角。

4. 适当降低表面粗糙度的数值，这里是指组成型腔的各个零件的表面与保持架直接接触的表面。降低表面粗糙度以提高保持架的表面质量，特别是与滚动体作用的表面，同时也减轻因摩擦造成的磨损，以延长模具的使用寿命，并降低脱模时的强行推出力。

目前，注塑模具采用很多先进的加工技术。在整个模具的制造过程中，模具粗加工采用高速铣床、高速磨床等。精加工采用数控加工中心、CNC 低速走丝精密线切割、高精度电火花等精密加工设备，并采用三坐标测量仪、投影测量仪等先进检测设备对模具进行测量。模具设计与制造中广泛应用 CAD/CAE/CAM 等软件，提高了设计速度、设计水平和加工效率。

第九章

轴承的装配

滚动轴承的装配是轴承加工当中的重要环节。轴承装配就是通过将轴承各个零件按照一定的方法、步骤组装在一起，从而使其达到预期的目的，发挥应有性能的工艺过程。轴承的装配并不简单，有精度的要求，有游隙和预加载荷的要求，有清洁度的要求，也有振动和噪声的要求等。铁路货车轴承是双列圆锥滚子轴承，铁道部对此类轴承装配也有一定的要求。

第一节　轴承装配的基本知识

一、滚动轴承装配概述及意义

滚动轴承是一种通用性很强、标准化程度很高的机械基础件。由于各种机械有着不同的工作条件，对滚动轴承在载荷能力、结构和使用性能等方面都提出了各种不同要求，因此滚动轴承有各式各样的结构形式来满足各种使用场合的需要。

滚动轴承的生产中，从套圈的毛坯制造到全部零件加工完毕，大约有上百道工序，而轴承的装配则是其中最后的关键工序。滚动轴承装配虽然不像其他机械装配那样复杂，但由于轴承往往起到重要的传动和支撑作用，轴承运转的好坏直接影响到安装使用的性能，而完美的轴承装配又能在各前工序合格加工的基础上，将轴承零件组装起来，使轴承应有的性能得到最佳的发挥，这就是轴承装配的重要性。装配工作的好坏直接影响轴承的产品质量和性能。轴承生产是高效率、高精度的机械加工，零件需要经过长时间、多工序才能够达到相当高的尺寸精度、旋转精度和表面粗糙度，以满足标准和使用的各项性能指标要求。要保证轴承零件的加工精度不被破坏，这就要求装配轴承不仅要文明生产，而且全部装配过程应是在一定的工艺规程下进行。在滚动轴承装配过程中，还有很多专门技术和配套计算，这就要求装配工人要具备相当的计算能力和一定的熟练程度，才能够满足轴承装配工作的需要。

由于滚动轴承的性能优越，用途十分广泛，为保证在不同场合、不同用途中都能够得到充分的使用，滚动轴承种类也是多种多样的。而不同种类的轴承，其装配的技术要求与装配方法各不相同，这些标准的要求和用户特定使用场合下的个性化要求多已转化为装配操作的作业文件的规定，熟练掌握实际轴承装配的专项操作技能，更高层次的人员还要了解所装配轴承的性能。

综上所述，滚动轴承装配的实质就是通过一定的方法和步骤，将经过精密机械加工过的满足轴承零件工序间技术条件要求的合格轴承零件，组装成轴承成品的工艺过程，并且达到作业文件规定的技术要求。滚动轴承是具有独立特性的旋转标准零部件，在不同的机械设备中起着举足轻重的作用，而轴承的这些特性经过装配过程才加以组合形成，因此轴承装配至关重要。

二、轴承装配的一般过程和要求

（一）轴承装配的主要特点和一般过程

一般认为滚动轴承是由六部分组成：外圈、内圈、滚动体、保持架、密封和润滑。滚动轴承的装配，基本分为三个步骤：第一步是将内圈、外圈和滚动体、隔圈进行选配、分组，保证零件相互间的配合关系，如保证轴承公称宽度符合一定的公差要求等。第二步是组装轴承内圈组件合套，以便把滚动体分置在轴承的套圈内，使其旋转灵活且不至于散落，以利于滚动轴承的安装和使用。第三步是注脂和加装密封装置。

铁路货车圆锥滚子轴承是成批量生产，其轴承零件工作表面精加工的经济精度的误差范围多在 0.01～0.03 mm。这样的制造误差决定了轴承的装配不能随意装配，就得采用一定的选配方法，这也说明装配能力和水平与磨加工的水平是密切相关的。所谓选配，即轴承选择配套的过程，就是将相应的内、外套圈及滚动体相互选择配合，以达到规定的公称宽度的公差值要求。铁路货车轴承是 350000 型双列圆锥滚子轴承，其装配是控制两内圈之间中隔圈的宽度尺寸保证轴向游隙。

在轴承的整个装配过程中或装配后，还伴随有大量的检验过程要进行。其中，轴承装配工序质量的检验和轴承成品质量指标的检验，都是十分必要和严格的。经过成品检验合格后的轴承，才能够涂油、包装出厂。涂油、包装过程一般是采用自动线进行的，其质量较好，生产效率很高。

（二）轴承装配的质量指标和基本要求

轴承装配的质量指标主要有：通用要求、精度公差、游隙值、振动与噪声、注脂量等。铁道部有具体规定，如铁运〈2007〉98 号文《铁路货车轮轴组装检修及管理规则》中对此通用要求、精度公差、游隙值等有明确的规定。

1. 轴承通用要求

轴承通用要求包括：残磁、表面质量、清洁度、旋转灵活性、包装等。其中表面质量，包括标志、外观、表面粗糙度等，不允许有磕碰伤、裂纹、压伤、黑皮、毛刺、锈蚀等现象。旋转灵活性，指经过合套装配后的成品轴承，转动起来应没有卡死、卡滞、骤停等不良现象。

2. 精度公差

精度公差包括外形尺寸公差、形位公差和旋转精度公差。尺寸公差、形位公差和旋转精度公差是指轴承装配成成品后，成品轴承的内径、内圈宽度、外径、外圈宽度、公称宽度、径向跳动、轴向跳动等技术参数，它是轴承性能的直接表现形式。滚动轴承尺寸公差、形位公差和旋转精度已经被列为国家标准或行业标准，经过了科学分析和实际验证，这些参数的大小直接影响安装和使用精度。

3. 轴承游隙

轴承游隙依据测量方向的不同分为轴向游隙和径向游隙。从轴承的设计和使用方面可以将游隙分为设计游隙、原始游隙、安装游隙和工作游隙。

轴承装配后达到的游隙是原始游隙，在安装后游隙又有变化称为安装游隙（或称配合游隙），而轴承在实际运转过程中的游隙称为工作游隙。轴承工作时，温升使套圈温差变化，会使安装游隙减少，同时负荷作用使滚动体和套圈产生弹性变形，又会增大游隙。一般情况下工作游隙略大于安装游隙，安装游隙小于原始游隙。为了得到最满意的工作性能，应选择适宜的工作游隙。

游隙的作用：方便轴承各项旋转精度的测试；为轴承安装留有余地；使滚动体与滚道表面之间形成油膜，起润滑作用；减少摩擦，得到良好的旋转灵活性；轴向游隙可以消除因温升膨胀引起的轴挠曲，给轴向伸长量留有余地。

轴承通过一定量的负游隙要求，可以使轴承具有一定的预紧载荷，目的是提高轴承的刚性，也可提高轴承的使用寿命。当预加载荷超过最佳范围的上限时，轴承刚性递增不大，而摩擦和发热却急剧增加，轴承寿命急剧下降。当游隙过大时，承受载荷的滚动体数量较少，滚动体承受的最大载荷较大，轴承寿命也会降低。图 6-9-1 示意出轴承寿命与游隙的关系。游隙的选择，除应考虑轴承的工作条件（如载荷、转速、温度等）和轴承使用性能要求（如振动和噪声、摩擦力矩、旋转精度等）外，还要考虑轴承安装后游隙的收缩量、工作温差对游隙的影响。轴承原始的径向游隙已经被列为国际和国家标准，经过科学计算和实际验证，其数值大小与轴承的工作性能和寿命长短密切相关。

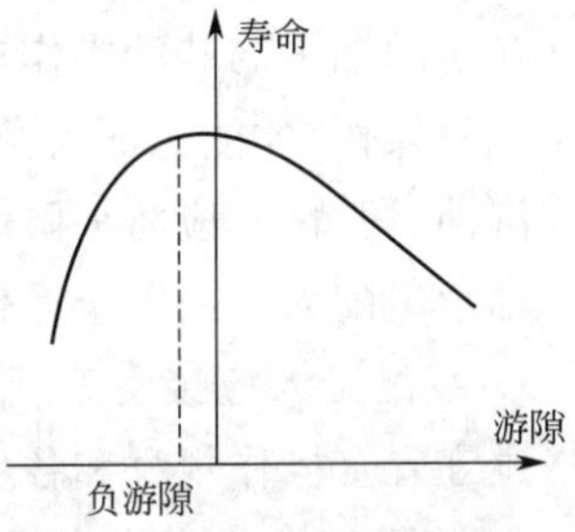

寿命
游隙
负游隙

图 6-9-1　轴承寿命与游隙的关系

4. 轴承的振动与噪声

滚动轴承的振动与噪声主要来源于轴承制造方面的原因，滚动体与内圈、外圈滚道表面几何形状误差等，其中滚道波纹度的影响最大，其次是圆度和表面粗糙度。在滚动体和内、外圈三者中，滚子的滚动表面几何精度对轴承振动和噪声影响最大。

5. 注脂量

轴承有向单元化发展的趋势，轴承单元带有密封装置，并预先加注轴承润滑脂。注脂量依据轴承内部有效运转空间，注脂量少不能保证润滑，注脂量过多易造成轴承运转后油脂溢出和轴承发热。以下是铁路轴承注脂量及方法的具体要求：

(1)润滑脂要求

轴承内应填注经检验合格的铁道车辆滚动轴承Ⅳ型润滑脂，其检验项目及技术要求见表 6-9-1。

表 6-9-1　铁道车辆滚动轴承润滑脂质量检验项目及要求

序号	检测项目	单位	技术要求		质量标准	试验方法
1	工作锥入度	0.1 mm			265～295	GB/T 269
2	滴点	℃	不低于		180	GB/T 4929
3	钢网分油	%	100 ℃，24 h 不大于		5.0	SH/T 0324
4	水分	%	不大于		痕迹	GB/T 512
5	相似黏度	Pa·s	$D=10\ s^{-1}$，−20 ℃ 不大于		1 800	SH/T 0048
6	杂质含量	个/cm^3	>10 μm	不多于	5 000	SH/T 0336
			>25 μm		3 000	
			>75 μm		500	
			>125 μm		0	

(2)注脂方式

①注脂重量：注脂总量为注入轴承内部和油封唇口(20～40 g)的油脂总和。

②注脂方式：注脂方式由原来油脂全部从中隔圈部位一次注入改成从 2 个内圈组件的滚子大端面部位和中隔圈部位分两次注入。如从 2 个内圈组件的滚子大端面部位先注脂，可以在中隔圈部位注脂过程中进行匀脂；如从中隔圈部位先注脂，必须在 2 个内圈组件的滚子大端面部位注完脂后再匀脂。

③注脂重量分布

2 个内圈组件和中隔圈部位的油脂重量分布如下：每个内圈组件的油脂位于滚子与保持架横梁之间及滚子大端面上，油脂重量约为总注脂量的 25%左右。注脂后匀脂前大端面部位的每个滚子上都必须有油脂存在。中隔圈部位的油脂位于中隔圈与外圈内径面之间，油脂重量约为总注脂量的 40%左右，须保证注脂总重量符合规定。

三、轴承装配的生产环境要求

(一)轴承装配的安全生产

在滚动轴承的装配操作过程中，安全生产是十分重要的。尤其是操作压力机的工作人员，必须按照安全操作规程操作，才能保证人身安全和设备完好。轴承装配中的压力机械出现事故比较多，轴承装配间常有煤油或汽油、润滑油，应防火防燃。

轴承装配人员的安全操作规程包括以下几方面：

1. 装配工人应接受工厂的各级安全教育，认真执行国家有关安全生产及劳动保护的政策、法令和规定，严格遵守安全操作规程和各项安全规章制度。

2. 装配工人应有安全操作合格证方能上岗操作。凡是安全操作考核不及格、学徒工和实习人员，未经过许可不允许上岗操作。

3. 装配工人上岗时，必须将劳动保护用品穿戴整齐。

4. 装配用的压力机械应有安全保护装置。

5. 轴承及其零件的搬运应轻拿轻放，一方面可以保证轴承表面不被磕碰伤，另一方面可保护工作人员的人身安全。

(二)轴承装配的文明生产及工作环境要求

1. 轴承装配的文明生产

文明生产是工厂管理的一项十分重要的内容，体现了现代企业的管理水平。它直接影响工厂产品质量的好坏，影响机械设备的操作与运行，影响工、夹、量具的精度和寿命，也影响工人操作技能的发挥。尤其对于轴承装配工序这种集体作业场合，工人在半手工、半机械、半脑力、半体力的条件下操作，文明生产至关重要。

在正常生产条件下，文明生产应做到以下几个方面：

(1)装配车间班组与岗位设立应健全。组织生产，任务下达应做到各负其责，分工合作。

(2)操作工应分工明确，有岗有人，产品始终应处于有机合理受控的流动中。

(3)装配工作地面要清洁。

(4)装配过程中流动着的轴承零部件，应轻拿轻放，以免磕伤、划伤零件表面。

(5)装配过程中的轴承零件应摆放整齐，并随时注意保持工作台及工作地面清洁。

(6)调整使用各种轴承测量仪器时应按照相应的操作规程进行。

(7)装配滚动体时应只允许存放一组偏差。以免偏差混乱影响装配质量。

(8)下班或工作结束应及时整理，剩余零件退库时，应保护好标识，工具、仪器应擦拭干净和保养归位，并做好交接班。

(9)做好现场的“5S”(整理、整顿、清扫、清洁、素养)管理。

2. 滚动轴承检测、组装、存放工作间环境质量要求

铁道部对铁路货车滚动轴承组装、存放工作环境质量有严格的要求：

(1)工作间内空气清洁度

①定性检查

目视要求：滚动轴承检测、组装、存放工作间内的空气中不得有明显漂尘，在专用测试板上不得有明显落灰层。

白布检查：以洁净的棉白细布(不得使用棉丝、毛巾或白纱布)擦拭时，白布上不得有明显污迹。

②定量检查

以专用测试板做定量检查时，24 h 的落尘量应符合下列要求：

轴承检测工作间的落尘量$\leqslant$80 mg/m^2；

轴承存放、组装工作间的落尘量$\leqslant$120 mg/m^2。

(2)工作间地面清洁度

①定性检查

目视要求：工作间地面应呈原色，不得存有油泥、杂物。

手感要求：工作间地面用手触摸时，手感不得有明显的颗粒物存在。

②定量检查

工作间内的温度：轴承检测、组装工作间内的温度要求为 16～30 ℃，温度每天检查并记录。

③工作间内的湿度

a. 轴承检测、组装工作间内的相对湿度均不得超过 60%。

b. 轴承存放间内的相对湿度不得超过 60%。

c. 湿度每天检查并记录。

环境清洁度定性检查每周不少于 2 次，定量检查每月进行 1 次，且在定性检查合格后第二天进行。

(3)轴承检测工作台及检测工卡量具的清洁度要求

定性检查：

目视要求：轴承检测工作台及检测工卡量具应无可见的污垢、灰尘和锈迹。

手感要求：轴承检测工作台及检测工卡量具用手触摸时，手感不得有明显的颗粒物存在。

白布检查：以洁净的棉白细布(不得使用棉丝、毛巾或白纱布)擦拭轴承检测工作台及检测工卡量具时，白布上不得有明显污迹。

第二节 轴承装配工艺过程

一、铁路货车圆锥滚子轴承的装配流程

1. 铁路货车圆锥滚子轴承的结构及特点

圆锥滚子轴承属于外圈与内圈组件可分离的结构，特别适用于径向载荷和单向轴向载荷或者二者合成载荷，且承受能力大。圆锥滚子轴承的内、外圈滚道均有角度，即使轴承承受纯径向载荷，也会有轴向分力产生。双列圆锥滚子轴承同单列圆锥滚子轴承配对使用一样，可是轴向力相平衡。双列圆锥滚子轴承立体图见图 6-9-2。常见铁路货车圆锥滚子轴承的结构形式是双内圈双列圆锥滚子轴承 350000 型，见图 6-9-3。

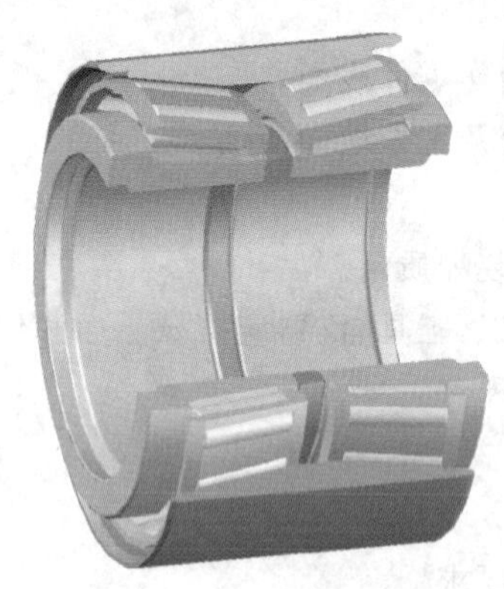

图 6-9-2 双列圆锥滚子轴承立体图

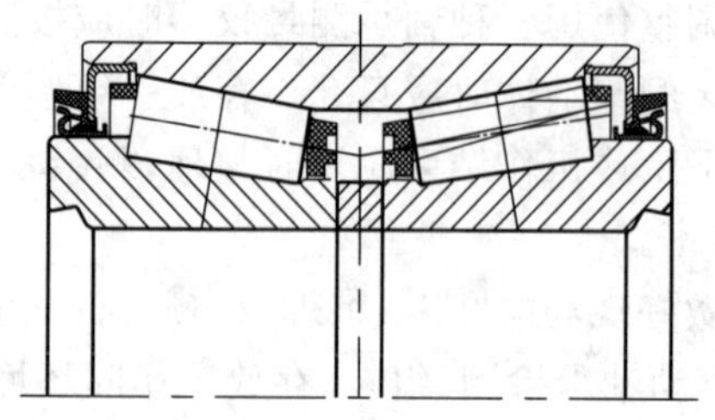

图 6-9-3 35000 型双列圆锥滚子轴承结构

2. 铁路货车轴承装配过程

铁路货车圆锥滚子轴承装配流程图见图 6-9-4。

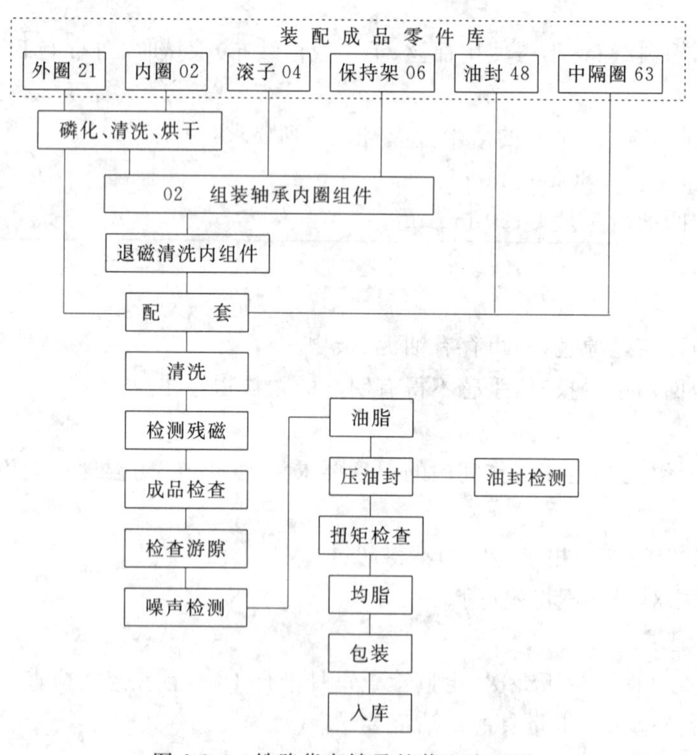

图 6-9-4 铁路货车轴承的装配流程图

一般装配过程：

(1)将内圈、外圈、滚子退磁、除油清洗；

(2)在保持架内放足滚子，将内圈放入保持架及滚子中；

(3)在压力机上压装保持架，并保证旋转灵活性，形成内圈组件；

(4)内圈组件退磁、清洗；

(5)将内圈组件放在外圈中，测量出两个小端面之间的距离；

(6)根据轴向游隙要求，选配中隔圈；

(7)检查灵活性、外观及规定的其他检查项目；

(8)清洗、烘干、涂油；

(9)用尼龙捆扎带捆好整套轴承，包装、入库。

3. 轴承装配后的清洗

装配前零件清洗是为了除去零件表面的尘渣、油迹，防止装配滚道表面黏附灰尘，有利于合套后清洗。装配后的清洗，一般在轴承清洗机上进行，其目的是解决脏物及灰尘对轴承旋转灵活性的影响和轴承游隙、旋转精度、振动和噪声、摩擦力矩测量和使用寿命的影响。

装配后的轴承清洗，一般时在轴承清洗机上进行。清洗机按轴承型号和一定的加工范围进行专门设计，自动化程度各有不同。清洗液大多采用汽油、煤油或水剂，汽油清洗除油性好，但是有危险，或者采用冲洗式。轴承的内、外圈应有相对的转动，这样清洗效果会好些。

二、轴承装配的配套计算

1. 圆锥滚子轴承主要尺寸

(1)外形尺寸

圆锥滚子轴承外形尺寸包括轴承外径 D、内径 d、公称宽度 T、接触角 α、内圈宽度 B、外圈宽度 C、内组件有效宽度 T_1、外圈有效宽度 T_2。

(2)轴承内部尺寸

①外圈部分尺寸

外圈滚道尺寸 D_e 和接触角 α 已在标准中给出。

②滚子部分尺寸(见图 6-9-5)

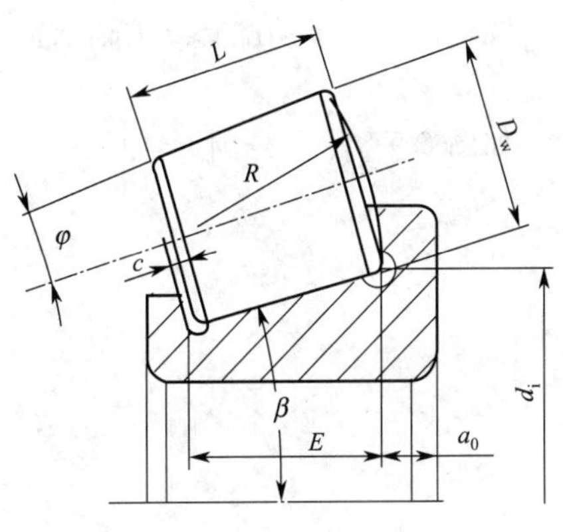

图 6-9-5　圆锥滚子与内圈尺寸

滚子母线长度 L'：$L'=E/\cos\beta-\varepsilon$

式中　E——滚道宽度；

ε——滚子与滚道挡边的间隙(取值范围 0.2～1 mm)；

β——内滚道母线与轴心线夹角。

滚子长度(不计球基面高度)L：

$$L=L'\cos\varphi$$

式中　φ——滚子母线与滚子中心线夹角，产品图中给出。

滚子大端球基面高度 L''：$L''=R-R\cos\varphi$

式中　R——滚子球基面圆弧半径，产品图中给出，为考虑公差的最大极限值。

滚子直径(大端)D_w：$D_w=2R\sin\varphi$

滚子数量 Z：

经验公式：$Z=4.9\times\dfrac{D+d}{D-d}$(取整数)

滚子全长(含球基面高度)L_n：

$$L_n=L+L''=L+R(1-\cos\varphi)$$

③内圈部分尺寸(见图 6-9-5)

内圈滚道尺寸 d_i：　$d_i=2R\sin\beta$

内圈滚道母线与中心线夹角 β：$\beta=\alpha-2\varphi$

④保持架的部分尺寸(见图 6-9-6)

保持架窗孔长度 L_b：　$L_b=L_n+\varepsilon_1$

式中　ε_1——窗孔长度方向与滚子的间隙值，取值范围 $\varepsilon_1=0.3\sim0.8$ mm。

(3)轴承实际宽度 T_s

T_s 的尺寸变动量 ΔT_s 与各因素的变动量有关，见图 6-9-7。

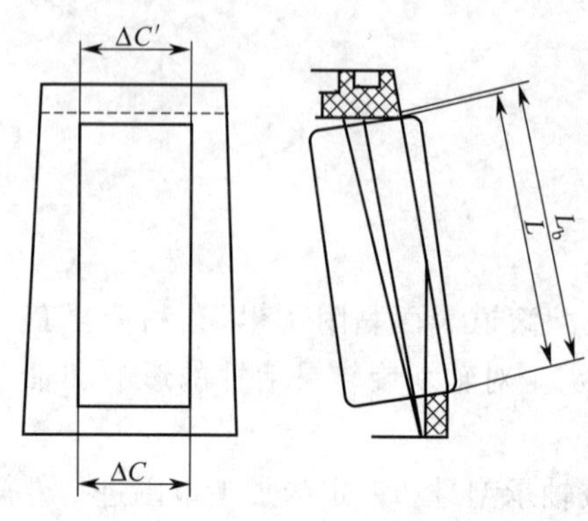

图 6-9-6 保持架窗孔尺寸

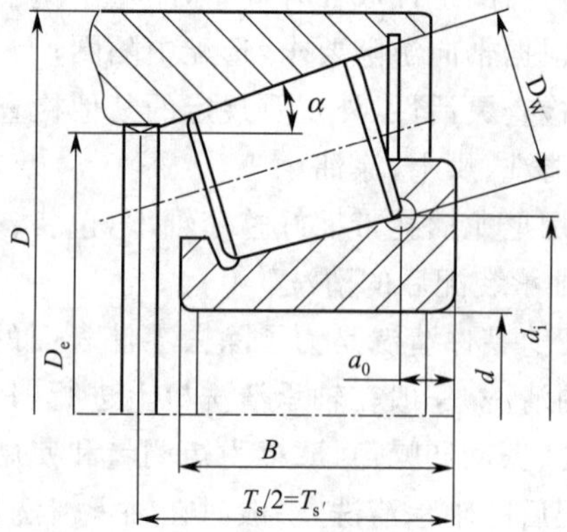

图 6-9-7 圆锥滚子轴承主要尺寸

$$\Delta T_s = K_e \Delta D_e + K_i \Delta d_i + K_a \Delta a_0 + K_w \Delta D_w$$

式中 ΔD_e——外滚道尺寸变化量；

Δd_i——内滚道尺寸变化量；

Δa_0——内圈大挡边高度变化量；

ΔD_w——滚子直径尺寸变化量；

K_e、K_i、K_a、K_w——各部分尺寸的影响系数。

2. 保证轴承宽度的轴承配套计算

圆锥滚子轴承的配套要求轴承宽度合格，计算不考虑接触角的偏差等因素的影响，分析保证轴承宽度的配套计算问题。

如图 6-9-8 中示意圆锥轴承各零件的几何关系，图中可知：

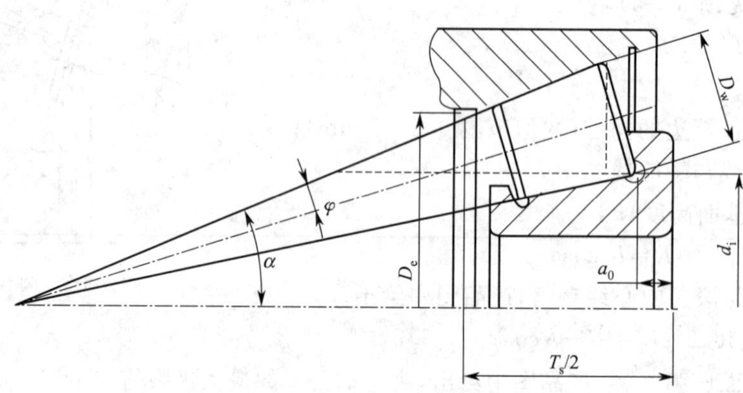

图 6-9-8 圆锥滚子轴承各零件几何关系

$T_s = T_s(a_o, d_i, D_w, D_e, \alpha, \varphi)$

$T_s/2 = a_o + D_w[\sin(\alpha-\varphi) + \cos(\alpha-\varphi)/\tan\alpha] - (De - d_i)/2\tan\alpha$

$\quad = a_o + D_w[\sin\alpha\cos\varphi - \cos\alpha\sin\varphi + (\cos\alpha\cos\varphi - \sin\alpha\sin\varphi)/\tan\alpha] - (D_e - d_i)/2\tan\alpha$

整理得：$T_s/2 = a_o + D_w\cos\varphi/\sin\alpha + d_i/2\tan\alpha - D_e/2\tan\alpha$ (6-9-1)

或：$T_s = 2a_o + 2D_w\cos\varphi/\sin\alpha + \cot\alpha d_i - \cot\alpha D_e$

式中 α——外滚道与轴心线夹角，即接触角；

φ——滚子半锥角；

T_s——轴承宽度尺寸

a_o——内圈大挡边宽度尺寸；

d_i——内圈滚道直径尺寸；

D_w——滚子直径尺寸；

D_e——外圈滚道直径尺寸。

3. 影响轴承宽度的技术质量分析

(1)内圈大挡边宽度的变化对轴承宽度的影响

在图 6-9-9 中,设大挡边宽度增加了一段 AD,即大挡边与内滚道交点由 A 变化至 C。若用滚道定位测量挡边,则测得大挡边宽度变化量 Δa_0 等于 AB,而不是 AD,如图 6-9-9 中所示。

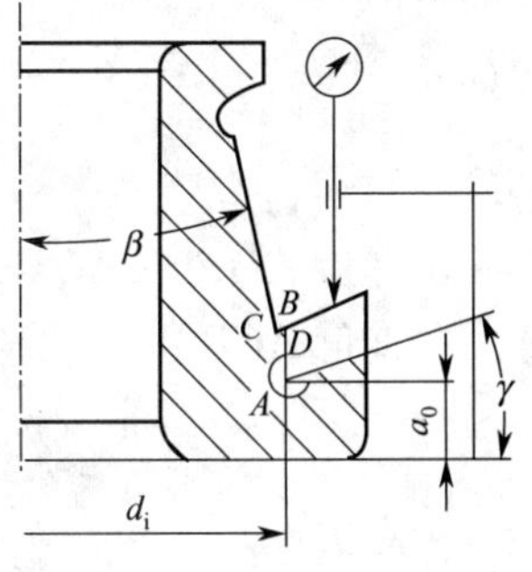

图 6-9-9　大挡边宽度变化对轴承宽度的影响

于是有:$CD=AC\sin\beta;AD=AC\cos\beta;AB\approx AC$

$$\Delta a_0=AB=AC \tag{6-9-2}$$

$$AD=\Delta a_o\cdot\cos\beta \tag{6-9-3}$$

同时,内滚道直径 d_i 随 a_0 的增加将减小一个量 $2CD$:

$$\Delta d_i=2CD=2AD\cdot\tan\beta=2\Delta a_0\cdot\cos\beta\cdot\tan\beta \tag{6-9-4}$$

Δa_0 对 T_s 的影响,应是 AD 与 $2CD$ 之综合,对(6-9-1)式取关于 a_0 的增量有:

$$\Delta T_a=AD+\cot\alpha\cdot\frac{\Delta d_i}{2}=\Delta a_0\cdot\cos^2\beta-\Delta a_0\cdot\cot\alpha\cdot\cos^2\beta\cdot\tan\beta$$

$$=\Delta a_0\cdot\cos^2\beta(1-c\tan\alpha\tan\beta)=\Delta a_0\cdot\frac{\sin(\alpha-\beta)}{\sin\alpha}$$

上式整理将 $\alpha-\beta=2\varphi$ 代入可得:

$$\Delta T_a=\Delta a_0\cdot\frac{\sin2\varphi}{\sin\alpha} \tag{6-9-5}$$

若令:

$$K_{a0}=\cos\beta\frac{\sin2\varphi}{\sin\alpha} \tag{6-9-6}$$

则:

$$\Delta T_a=K_{a_0}\cdot\Delta a_0 \tag{6-9-7}$$

一般情况下,内圈大挡边高度的变化对轴承宽度的影响大约是 1∶0.3 的关系。

(2)内滚道直径变化对轴承宽度的影响

内滚道直径变化对轴承宽度的影响情况,如图 6-9-10 所示。A_1B 为 $\Delta d_i/2$,即滚道直径变化量的一半。AD、A_1D_1 分别垂直于滚子母线,也分别垂直于外、内滚道母线,当滚子母线沿内滚道有 A_1D_1 位移时,对称的滚子另侧母线的平移量为 AD,$AD=A_1D_1$。

在直角△ADC 中:$AC=AD/\sin\alpha$

在直角△A_1D_1B 中:$A_1D_1=A_1B\cos\beta$

$$\because A_1D_1=AD$$

则有:

$$AC=\frac{A_1B\cdot\cos\beta}{\sin\alpha}=\Delta d_i\cdot\frac{\cos\beta}{2\sin\alpha} \tag{6-9-8}$$

AC 即为内滚道直径变化 Δd_i 对 T_s 的影响,即

$$\Delta T_{di}=\Delta d_i\cdot\frac{\cos\beta}{2\sin\alpha} \tag{6-9-9}$$

其中:

$$K_{di}=\frac{\cos\beta}{2\sin\alpha} \tag{6-9-10}$$

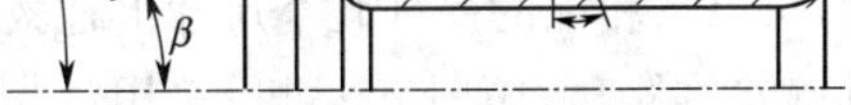

图 6-9-10　内滚道直径变化对轴承宽度的影响

则:

$$\Delta T_{di}=K_{di}\cdot\Delta d_i \tag{6-9-11}$$

同内滚道的情况相似,一般情况下,内滚道直径的变化对轴承宽度的影响大约是 1∶2 的关系。

(3)圆锥滚子直径变化对轴承的影响

圆锥滚子直径 D_w 的增量 ΔD_w 对轴承宽度 T_s 的影响量 ΔT_{SDW} 可由式(6-9-1)推出:

从图 6-9-10 所示　　$AB=\Delta T_w$

AC 垂直滚动体母线,AD 垂直滚动体轴心线。

则：

$$AD=\frac{\Delta D_w}{2}$$

$$\angle CAD=\varphi$$

在直角 ADC 中 $AC=AD\cos\varphi$

在直角 ACB 中

$$\Delta T_w=AB=\frac{AC}{\sin\alpha}=\frac{AD\cos\varphi}{\sin\alpha}=\frac{\cos\varphi}{\sin\alpha}\Delta D_w \tag{6-9-12}$$

若令：

$$K_w=\frac{\cos\varphi}{\sin\alpha} \tag{6-9-13}$$

$$\Delta T_w=K_w\Delta D_w \tag{6-9-14}$$

一般情况下，滚子直径的变化对轴承宽度的影响大约是 1：4 的关系。

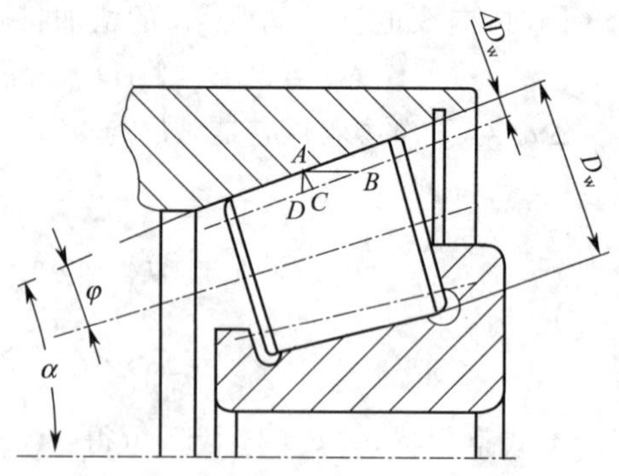

图 6-9-11 圆锥滚子直径变化对宽度影响

(4)外滚道直径变化对轴承宽度的影响

从(6-9-1)式可知，外滚道直径 D_1 的增量 ΔD_1 对轴承宽度 T_s 的影响量 ΔT_{De} 为：

$$\Delta T_{De}=-\Delta D_e/2\cdot\cot\alpha \tag{6-9-15}$$

若令：

$$K_{De}=-\frac{1}{2}\cdot\cot\alpha \tag{6-9-16}$$

则：

$$\Delta T_{De}=K_{De}D_e \tag{6-9-17}$$

一般情况下，外滚道直径的变化对轴承宽度的影响大约是 1：2 的关系，也就是说当外滚道直径增加 1 μm 时，轴承宽度大约增加 2 μm。

(5)轴承宽度偏差的计算

综上所述可知，单列圆锥滚子轴承宽度偏差 ΔT_s 的计算公式为：

$$\begin{aligned}\Delta T_s&=\Delta T_a+\Delta T_{di}+\Delta T_w+\Delta T_{De}\\&=Ka_0\Delta a_0+K_{di}\Delta d_i+K_{Dw}\Delta D_w+K_{De}\Delta D_e\end{aligned} \tag{6-9-18}$$

从上面的分析，可看出圆锥滚子直径的变化对轴承宽度的影响最大，在滚子加工过程中应减少整批滚子加工的尺寸散差，提高装配的合套率。

当轴承配套零件制造过程中出现超过允许公差范围(即过磨或欠磨)时，可以将这些零件的实际偏差乘以各自的影响系数 K_{a0}、K_{di}、K_w 或者 K_{De}，即可知它们影响轴承宽度的程度，然后，根据公式中与它配套的零件方面进行补救。

在实际生产中，对外圈已超差，内组件组装后也不能满足要求，即各零件的加工如果不能完全符合工艺尺寸偏差的要求，或者发生一定批量的零件相配合的尺寸超差，为了使这类零件能配套，挽救一批过磨的零件，可以从相配的另外几个尺寸上补救，国家标准对过欠磨偏差有一定的限度要求。为了把一批内滚道尺寸负偏差值的套圈配上套，可以采用“加大”滚子直径来补救，但是必须全面考虑，加大滚子直径偏差应在保持架的窗口间隙允许情况下。

为了实现轴承的互换，对内圈和滚子相关尺寸的极限偏差，应根据加工控制的难易程度进行调配，使组件的有效宽度达到 ΔT_{1s}的要求，而外圈滚道的偏差应使外圈的有效宽度达到 ΔT_{2s}的要求，同时 $\Delta T_{1s}+\Delta T_{2s}\leqslant\Delta T_s$，这就是各零件尺寸极限偏差的分配方法。合理制定轴承套圈的滚道尺寸及磨加工偏差范围，以获得较高的合套率。因此，装配圆锥滚子轴承要控制 ΔT_{1s}，其测量方法是用制造的外圈标准件来代替圆锥轴承外圈放在内组件上，测量轴承的高度。但外圈标准件的尺寸偏差最好接近“零”值，如果有偏差必须减去该偏差值对轴承宽度的影响。

装配工根据平时遇到的轴承型号，按照影响圆锥滚子轴承宽度的四个因素，计算各个系数，列成表格，以备配套时使用。

例如：圆锥滚子轴承实际宽度（装配高）的验算

已知某种双列圆锥滚子轴承已知条件如下，验算轴承宽度偏差是否满足 T_s 范围 $-1.16\sim+0.06$ 的要求？

$\Delta d_i={}^{-0.03}_{-0.07}$ mm，$\Delta D_e={}^{+0.07}_{+0.03}$ mm，$\Delta a_0=\pm0.03$ mm，$\Delta D_w=\pm0.01$ mm，$\alpha=9°58'15''$，$\beta=8°6'$，$\varphi=57'$

解：①外滚道直径偏差的影响：

$$K_{D_e}=\frac{-1}{2\tan\alpha}=\frac{-1}{2\tan9°58'15''}=-2.844$$

$$\Delta T_{De\min}=K_{De}\Delta D_{e\max}=(-2.844)\times(+0.07)=-0.199(\text{mm})$$

$$\Delta T_{De\max}=K_{De}\Delta D_{e\min}=(-2.844)\times(+0.03)=-0.085(\text{mm})$$

②内滚道直径偏差的影响：

$$K_{di}=\frac{\cos\beta}{2\sin\alpha}=\frac{\cos8°6'}{2\sin9°58'15''}=2.859$$

$$\Delta T_{di\min}=K_{di}\Delta d_i=2.859\times(-0.03)=-0.0858(\text{mm})$$

$$\Delta T_{di\max}=K_{di}\Delta d_i=2.859\times(-0.07)=-0.20(\text{mm})$$

③圆锥滚子直径偏差的影响：

$$K_w=\frac{\cos\varphi}{\sin\alpha}=\frac{\cos57'}{\sin9°58'15''}=5.774$$

$$\Delta T_w=K_w\Delta D_w=5.774\times(\pm0.01)=\pm0.058(\text{mm})$$

④大挡边高度偏差的影响：

$$K_{a0}=\frac{\sin2\varphi}{\sin\alpha}=\frac{\sin(2\times57')}{\sin9°58'15''}=0.1915$$

$$\Delta T_a\min=K_{a0}\Delta a_0=0.1915\times(-0.03)=-0.006(\text{mm})$$

$$\Delta T_a\max=K_{a0}\Delta a_0=0.1915\times(+0.03)=0.006(\text{mm})$$

⑤各因素相加：

$$\begin{aligned}\Delta T_{s\min}/2&=\Delta T_{De\max}+\Delta T_{di\min}+\Delta T_w+T_{a\min}\\&=(-0.085)+(-0.20)+(-0.058)+(-0.006)=-0.349(\text{mm})\end{aligned}$$

$$\begin{aligned}\Delta T_{s\max}/2&=\Delta T_{De\min}+\Delta T_{ai\max}+\Delta T_w+T_{a\max}\\&=(-0.199)+(-0.0858)+(+0.058)+(+0.006)=-0.221(\text{mm})\end{aligned}$$

双列圆锥滚子轴承实际宽度偏差 $T_s={}^{-0.48}_{-0.70}$ mm，在控制 $-1.16\sim0.06$ 范围之内。

4. 中隔圈宽度及轴承轴向游隙的计算

350000 型双列圆锥滚子轴承，这种结构的轴承在两内圈之间加有一定宽度尺寸的中隔圈，以产生及控制轴承轴向游隙。图 6-9-12、图 6-9-13 为双列圆锥滚子装配时中隔圈调整轴向游隙和中隔圈尺寸确定的示意图。

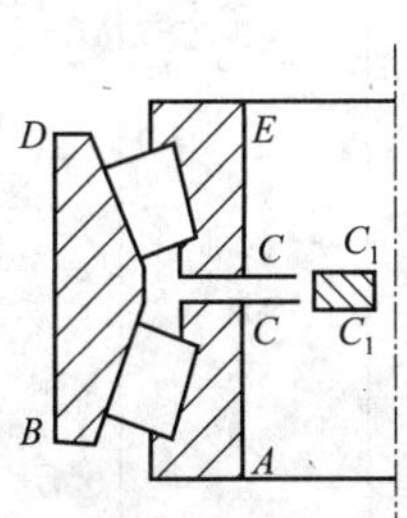

图 6-9-12 双列圆锥滚子轴承轴向游隙的调整

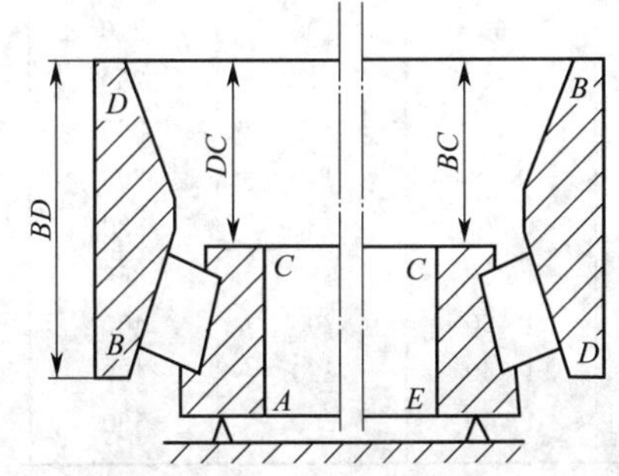

图 6-9-13 中隔圈尺寸确定

若 G_a 为规定的轴向游隙，中隔圈的宽度 C_1C_1 为

$$C_1C_1=CC+G_a \tag{6-9-19}$$

确定 CC 时，先将一个内圈组件放在工作台、平板或 3～4 块为一组的支撑块上，把外圈放在内圈组件上，测量 DC，翻转外圈再放入另一内圈组合件上，测量 BC，并测量外圈 C_1 值，$BD=C_1$，于是，图中两内圈小

端面距离 CC 由下式决定

$$CC=DC+BC-BD \tag{6-9-20}$$

即有：$C_1C_1=DC+BC-BD+G_a$　　(6-9-21)

利用大型深度百分尺外加标准件测量 DC、BC、BD，按式(6-9-20)求得 CC 值，将轴向游隙 G_a 的要求取平均值，代入式(6-9-19)计算，求得 C_1C_1，即为选配的中隔圈宽度尺寸。

经过选配后合适的中隔圈，使用化学酸水蚀写等方法将宽度尺寸标出，同时将相配的轴承各零件编以相同的生产编号。

双列圆锥滚子轴承的径向游隙规定见有关标准或规定，可参见表 6-9-2，轴向游隙通过下式进行计算。

$$G_a=G_r/\tan\alpha \tag{6-9-22}$$

式中　α——外滚道母线相对轴心线夹角；

G_a——轴向游隙值；

G_r——径向游隙值。

双列圆锥滚子轴承的实际宽度 T_{2S} 为两内圈及中隔圈的实际宽度之和，即 $T_{2S}=AC+CD+C_1C_1$

(6-9-23)

表 6-9-2　双列及四列圆锥滚子轴承径向游隙　　单位：μm

公称内径(mm)		第 2 组		第 0 组		第 3 组		第 4 组	
超过	到	最小	最大	最小	最大	最小	最大	最小	最大
—	30	10	20	20	30	40	50	50	60
30	40	12	25	25	40	45	60	60	75
40	50	15	30	30	45	50	65	65	80
50	65	15	30	30	50	50	70	70	90
65	80	20	40	40	60	60	80	80	110
80	100	20	45	45	70	70	100	100	130
100	120	25	50	50	80	80	110	110	150
120	140	30	60	60	90	90	120	120	170
140	160	30	65	65	100	100	140	140	190
160	180	35	70	70	110	110	150	150	210
180	200	40	80	80	120	120	170	170	230
200	225	40	90	90	140	140	190	190	260
225	250	50	100	100	150	150	210	210	290
250	280	50	110	110	170	170	230	230	320
280	315	60	120	120	180	180	250	250	350
315	225	70	140	140	210	210	280	280	390
225	400	70	150	150	230	230	310	310	440
400	450	80	170	170	260	260	350	350	490
450	500	90	190	190	290	290	390	390	540
500	560	100	210	210	320	320	430	430	590
560	630	110	230	230	350	350	480	480	660
630	710	130	260	260	400	400	540	540	740
710	800	140	290	290	450	450	610	610	930
800	900	160	330	330	500	500	670	670	920
900	1 000	180	360	360	540	540	720	720	980
1 000	1 120	200	400	400	600	600	820		
1 120	1 250	220	450	450	670	670	900		
1 250	1 400	250	500	500	750	750	980		

第三节　轴承的防锈和包装

轴承从装配合格到用户使用，要经过运输、储存等等较多的环节。为了防止在正常条件下发生锈蚀，轴承要有严格的防锈和包装措施加以保护，保证用户启封轴承时能正常使用。

一、轴承锈蚀的原因

即使轴承零件的材料中含有铬、镍元素，相对普通钢材抗锈蚀能力强，但是金属都有一种共性，凡接触到酸、碱、盐、水等都会发生锈蚀或腐蚀。

1. 金属产生腐蚀的机理

金属产生腐蚀的根本原因，在于按照热力学的稳定性进行判定，金属比金属的腐蚀产物更具不稳定性。经过冶炼从化合物中转化过来的金属具有较高能量，有向低能量的腐蚀产物转化的倾向，相对来说金属比腐蚀物更不稳定。所以金属极易与周围的氧、硫、水、酸、碱等介质发生作用，自发地回到原来的化合状态，在转化过程中伴随着腐蚀过程并放出能量。

金属腐蚀是金属和介质发生化学反应的结果，主要分为化学腐蚀和电化学腐蚀。化学腐蚀的特点是腐蚀产物直接在发生反应的金属表面生成膜，膜的厚薄和松密程度决定了是起保护作用还是继续腐蚀。常见的化学腐蚀有金属在非电解液中的腐蚀，如苯、石油等有机物的腐蚀，金属在干燥的气体介质中生成的气体腐蚀(如氧化)。金属与电介质相互作用而发生的腐蚀，同时有电流出现的称为电化学腐蚀。金属在大气中的腐蚀主要是电化学腐蚀，一般在金属表面不生成保护膜，因此比化学腐蚀危害更严重。

影响金属腐蚀的原因很多，有金属合金元素本身的特点，如碳素钢更易腐蚀，也有大气中各种因素的影响。大气温度和相对湿度对腐蚀影响较大，当相对湿度低于 65%时，温度和湿度不会引起腐蚀，否则湿度越高，腐蚀越大。大气中的氧气、二氧化硫、氯化钠等盐雾、灰尘等，都加速了金属的腐蚀。

2. 轴承装配过程中造成锈蚀的因素及预防

装配作业区的环境条件影响轴承零件的锈蚀。如装配零件库没有温湿度控制，库内温差变化较大，零件表面产生凝结水珠促使生锈；任意存放雨具、就餐、饮水等习惯破坏了装配间及库房的环境。又如装配间没有落尘量的控制，人员较多，没有严格更鞋制度，闲散人员随便出入和通行，人和车子流动量大，造成尘土飞扬，装配间的清洁度被破坏。

生产过程中在制品经常接触酸、碱等腐蚀性物质，若处理不当会促使生锈。如采用酸蚀法补标记，中和处理不好而产生腐蚀。另外退磁不净，灰尘被吸附在零件表面，清洗困难，也会产生锈蚀。

防锈规程执行不严也会对零件的锈蚀造成影响。如没有严格按规定对库存零件进行防锈处理，或防锈液配制不合乎标准；不带防锈手套，不定时洗手去手汗而促使轴承零件生锈。

加工合格的零件在装配零件库一般只是作短期的存放，若超过 8h(炎热季节 4h)不能装配时，要做防锈处理，采用有效期三个月的防锈液。较长时间不能装配时，在防锈液有效期内零件应按规格上货架，临近到期时，重新检查防锈。为防止零件生锈，装配间要保证温差小，控制环境的相对湿度，并要净化空气。

二、轴承装配后的防锈

1. 轴承防锈期

出厂轴承的防锈期是从出厂之日开始，在合理的运输和正常的库房保管条件下，到防锈油失效为止的时间，一般分为半年、一年、两年。

合理的运输是指运输过程中采取防雨淋措施，不与酸、碱、盐等腐蚀性化工介质直接接触，不发生搬运中的破损、破封。

正常的库房保管条件是指储存轴承的仓库其周围附近无腐蚀性气体，轴承不能日晒雨淋，冬天库房内禁止用煤炉采暖，库内空气流通，温度保持在 25 ℃±10 ℃，相对湿度不大于 80%。

防锈期半年，适用于大批量发货到同一用户，短期内投入装机使用的轴承。防锈期一年，适用于一般轴承。防锈期两年，适用于要求较高的轴承。

2. 常用防锈材料

防锈材料的选用应符合国家环保要求，尽量采用环保型的材料，逐步减少使用磺酸钡类防锈材料。常用的防锈材料有油膜防锈(或称防锈润滑油)，主要是油膜；脂膜防锈油(包括液态防锈脂，溶剂稀释型防锈油，热涂石油防锈脂等三类)，主要是指脂膜或油膜混合膜，储存安定性要求存放一年后，各项技术指标无变化；乳化型防锈油及其他防锈水剂，以水为稀释剂，主要是油水混合膜或水膜；气相防锈剂及气相防锈油，为含挥发性缓蚀剂的片粒、纸类、薄膜和矿物油类。防锈材料的质量要严格符合有关标准的规定。

轴承按其技术条件、用途不同，以及用户的具体要求，应选用不同类型的防锈材料，保证轴承自出厂之日起在规定的防锈期内不应锈蚀。

3. 润滑脂

铁道车辆滚动轴承采用Ⅳ型润滑脂

三、轴承的包装

1. 内包装

为了保护涂油后轴承上的油膜，使油膜不会在移动中被擦掉和长期放置被挥发掉，也使油膜不与外界介质接触，保持防锈油的长期稳定性、放置变质，不使轴承防锈失效，要对轴承进行内包装。

铁路货车轴承常用内包装的材料和方式有：

(1)用聚乙烯塑料。

(2)用聚乙烯薄膜(厚 0.05～0.08 mm)单套裹包。

(3)用尼龙塑料薄膜热合塑封。

(4)用耐油纸、牛皮纸单套裹包后，再用塑料薄膜热合塑封。

(5)外径在 300 mm 以上的轴承，单套内包装一般可以采用不同包装材料二或三层缠裹，内层用聚乙烯薄膜聚乙烯复合纸，中间层用尼龙紧固带或用塑料编织紧固带紧固，外层用防水高强度塑料带缠裹。当中间层用的尼龙紧固带质量很高的情况下，可以采用二层包装。

2. 外包装

外包装常用纸箱或木箱，纸箱用打包带捆扎，木箱用钢带应收紧，做到牢固可靠。包装箱尺寸要考虑恰当的排列方法，能够合理装入集装箱中或者托盘上。

外包装上应进行标志，标志的内容包括轴承的型号、数量、出厂日期、生产厂家、商标、储运标志等等，应符合有关标准的规定。

轴承的包装代表了轴承制造企业的形象，可以赋予它防锈以外更大的功能。

第四节 轴承装配工艺规程

一、工艺规程的作用与编制原则

1. 工艺规程的作用

工艺规程主要有以下作用：

(1)工艺规程是组织生产的指导性文件。生产的计划和调度、工人的操作、质量的检验都应以工艺规程为准则。

(2)艺规程是生产准备工作的依据。在产品投入生产以前，要做好大量的技术和生产准备工作，所以这些工作都按照工艺规程进行安排和组织。

(3)工艺规程还具有资料作用。在新建或扩建加工车间时，可参考同类企业的工艺规程进行设计，计算配套设备的种类和数量，确定车间的面积和布局。

2. 编制工艺规程的原则

编织工艺规程应遵守的原则为：

(1)质量原则。工艺规程要能可靠地保证各项技术条件的实现，还要避免或减少质量问题的发生，融汇纠正与预防的思想。

(2)效率原则。工艺规程应满足生产效率的要求，确保生产任务的完成。

(3)经济原则。工艺规程应当使加工制造尽可能经济，尽量减少人力、物力和时间的消耗，降低生产成本。

优质、高效、低耗是工艺规程编制的主导思想，这些原则相互联系，应有机统一。如装配过程中某个质量或技术问题突出，就应设法调整设备，改进工艺，变由人控制为由机器控制等等，这些都要从全局出发，利用系统工程理论优化选择。

3. 工艺规程的相对性和绝对性

工艺规程本身的合理性往往是暂时的和相对的。在某一时段它是合理的，但在另一时段，由于客观条件的变化，可能显得不是十分合理，必须相应的变化。

但是，工艺规程的执行性是绝对的。工艺规程一经确定，任何人都必须理解和坚决执行，必要时，相关人员都要经过培训。不经批准，任何人都不能随意更改工艺规程。若需要更改，要经过一定的程序，获得批准后方可更改，并且注明更改文件号、更改标记、更改人和更改日期。

二、装配工艺规程

装配过程及操作方法，取决于企业生产的规模、产品的数量、设备现状、磨加工零件的质量、企业的技术水平及管理现状，特别是专业化的程度。

每一种轴承，除了相似的装配加工过程外，都有具体的装配要求，体现在尺寸精度、旋转精度、游隙、注脂量、实际宽度、摩擦力矩、接触角等方面。因此在总的装配工艺流程图之外，对每一种轴承还要制定专门的装配工艺规程。规程包括装配工艺过程卡、成品检查规程、设备操作规程、相关质量要求等等。

轴承装配工艺过程卡是对轴承具体工序编排和具体要求体现的工艺规程，由工艺人员编制，是给所有有关轴承装配的人员，包括操作工、检查员、技术及生产管理人员阅读和执行的文件。

铁道部对 350000 型的铁路货车轴承装配部分工序进行规定。352226X2-2RZ 轴承的装配工艺见表 6-9-3。

表 6-9-3 铁路货车轴承装配工艺过程卡片

轴承类型及型号	双列圆锥滚子轴承 352226X2-2RZ 装配工艺		编号	ZGY-352226X2-2RZ
序号	工序名称	技 术 要 求	设备工具/方法	操 作 说 明
1	零件清洗退磁	清洁度符合 Q141106	清洗退磁机	防止磕碰伤
2	压装内外油封	1. 外油封压入密封罩，两件应密贴。如在压贴后存在间隙，宽度应不大于 0.3 mm 2. 内油封与密封座端面与端面间之差 0.2～0.5 mm 3. 压装接触状态见 Q141106	专用压装设备 塞尺 样板 专用检查器	1. 压装前须在油封配合面上均匀地涂上一层润滑脂或润滑油 2. 油封、密封座放入压装胎具中应放置正位 3. 压装时以压力机施以 20～30 kN 的压力压装
3	压装内组件	1. 塑钢保持架应符合 Q141106 标准 2. 不同列组的滚子不得混淆 3. 保持架径向游动量为 0.15～0.55 mm	手工	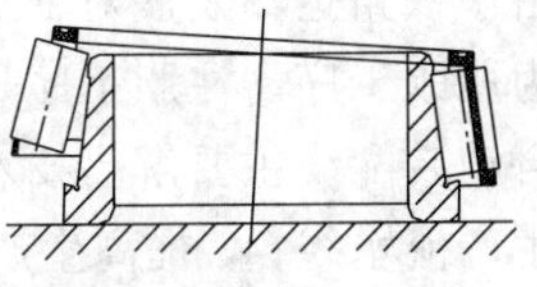 保持架平放在工作台上，配套滚动体装入保持架窗孔，将内圈放入，使一侧滚动体进入滚道后，翻转 180°，以手的力量进行内组件组成（上图示）。

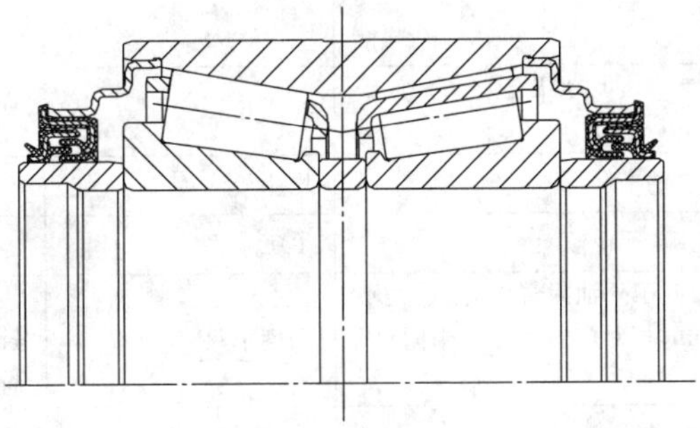

续上表

序号	工序名称	技 术 要 求	设备工具/方法	操 作 说 明
4	内组件退磁清洗	清洁度符合Q141106	退磁清洗机	防止磕碰伤
5	检查内径相互差	同一轴承两内圈内径相互差不大于0.012 mm	内径百分表	两内圈距大端面15 mm处的Δd_{mp}值之差
6	配套			合套在更换中隔圈时，应双手水平持内组件轻放入外圈或从外圈内轻轻取出。
7	检测残磁	残磁强度不大于0.3 mT(3 GS)	残磁仪	
8	检查K_{ea}	K_{ea}不大于0.025 mm	B7136	按检查方法进行
9	检查K_{ia}	K_{ia}不大于0.02 mm	B7236	按检查方法进行
10	装配高	装配高$150^{+0.71}_{-0.51}$mm	深度卡尺G903	按检查方法进行
11	检查轴向游隙	轴承轴向游隙:0.60～0.70 mm	轴向游隙检测机	
12	噪声检测	低频50～300 Hz 中频300～1 800 Hz 高频1 800～10 000 Hz	噪声检测机	
13	注脂	1. 采用铁道车辆滚动轴承Ⅳ型润滑脂 2. 注脂总量为400～440 g(含油封唇口20～40 g)； 3. 注脂方式:先从2个内组件的滚子大端面部位注脂，后在中隔圈部位注脂过程中进行匀脂；两端注脂量均为110 g，中间注脂重量为170 g	注脂机电子秤	注脂重量分布:每个内组件的油脂位于滚子于保持架横梁之间及滚子大端面上，注脂后匀脂前大端面部位的每个滚子上都必须有油脂存在。中隔圈部位的油脂位于中隔圈与外圈内径之间注脂，须保证注脂总重量符合规定
14	压外油封组件	将外油封组件压入轴承外圈内。密封装置A面，不得高于外圈端面。	压罩机	
15	扭矩检查	外圈与密封罩间的扭矩不得小于122.5 N·m	扭矩仪	
16	均脂		均脂机	
17	装内油封组件	安装位置正确，不得倾斜	手工	
18	检查内油封与外油封端面之差	内油封端面低于外油封端面时，最大不应大于1 mm，相对旋转时应无卡阻、摩擦现象	深度卡尺	轴承密封装置组成后。观察内油封与外油封端面之差。当内油封端面低于外油封端面时，用深度卡尺检测
19	装塑料袋	按Q14756标准	手工、热合机	塑料袋必须封口
20	装箱捆扎尼龙带	按Q14756标准	打包机	尼龙带捆扎成#字式
21	成品入库	严防磕伤	运输车	

在装配工艺过程卡中，要给出轴承的外形示意图，写明轴承名称和型号；对成套轴承技术要求进行规定；描述装配各工序具体操作步骤，每一步骤操作用的设备或仪器等信息；所操作步骤的具体要求等。这些是为了告诉装配相关人员，装什么轴承，达到什么目标。

三、自动装配线

由于铁路运输发展对轴承的需求，迫使生产节拍加快，加工设备自动、数控化应运而生，使手工装配生产线成为瓶颈工序。注脂工序是人工加脂不但加脂量不准确，而且劳动强度大，效率低；检测扭矩需送检。

自动装配线主要解决技术问题:1. 充脂均匀；2. 实时在线检测扭矩；3. 形成自动注脂、压罩、测扭矩、匀脂的生产流水线；4. 提高生产效率，降低生产成本。

1. 自动装配生产线主要结构

主要结构:是由注脂、压罩、测扭矩、均脂、传动等装置构成。注脂装置是由注脂缸、注脂头及信号装置构成；压罩装置是由两个压装气缸、两个压装头、推动器、翻转装置和两个机械手组成；扭矩装置有两个汽缸，扭转心轴、扭矩传感器、数字信号处理电路和旋转编码器组成；均脂装置是由两个汽缸带动推动爪和外夹爪，电机带动扭转轴组成。

2. 各装置加工工作原理

注脂机的结构原理：注脂机结构原理是由传送链板带动轴承进入注脂装置，先由电子秤称轴承净重，而后推动器推动轴承运动(右移)，推动器同时带动三套轴承运动，即带动第一套轴承从电子秤处到注脂头下方，同时带动第二套轴承由注脂头下方到另一电子秤，同时带动第三套轴承从电子秤到下一传送链板处。入口阻止器阻止待加工轴承进入。充脂孔连接高压输脂泵，注脂孔连接注脂头，上下两注脂头有多个注脂孔，注脂时分别对准轴承两端面内外圈中间的滚子之间注脂，上注脂器中间伸出一注脂头，该注脂头深入轴承内孔的内套与中隔圈之间注脂。由高压输脂泵将油注入上下定量器(即注脂缸)，上注脂缸同时给轴承两端面注脂，下注脂缸给轴承中间注脂。接近开关发出信号，通电控滑阀通电汽缸活塞移动，带动注脂缸动作，把油脂注入轴承，实现一次注脂。如此循环，实现连续注脂。

压罩结构原理：传送链板带动注脂后轴承进入压罩装置，机械夹持爪夹持一件事先码好的密封罩压罩上升、前进到压罩头下方，压罩装置是由汽缸活塞推动压罩头压紧密封罩；推动器同时推动四套轴承运动，即带动第一套轴承从压罩装置处到翻转装置下方，同时带动第二套轴承由翻转装置下方到另一，同时带动第三套轴承从压罩装置处到测扭矩装置，同时带动第四套轴承从测扭矩装置到均脂装置处；翻转装置是上下两组汽缸压动夹持爪，夹持爪夹持在轴承的外圈两端面上，密封罩高出外圈端面，由于自重轴承下内圈端面也高出外圈端面，所以翻转 90°时，不会掉落，翻转后夹持爪退回；推动器推动轴承，轴承进入另一压罩装置，与前组压罩装置相同原理同时压轴承另一端面密封罩；推进器又推动轴承到检测扭矩装置处。

检测扭矩原理：汽缸活塞将扭转心轴推到与轴承内孔距端面 15 mm 处，在轴上固定着：能源环形变压器的次级线圈、信号环形变压器初级线圈和轴上印刷电路板，电路板上包含整流稳定电源、仪表放大电路、V/F 变换电路及信号输出电路。轴受扭的电信号通过扭矩传感器和数字信号处理电路及旋转编码器将信号显示在显示屏上。本系统的能源输入及信号输出是由两组带间隙的特殊环型变压器承担的，因此实现了无接触的能源及信号传递功能。

均脂结构原理：由两个汽缸活塞带动推动爪和外夹爪加紧需均脂轴承外圈，扭转轴与内圈结合，电机带动扭转轴转动。

3. 各装置操作步骤

注脂操作步骤：传送链板带动待注脂轴承到电子秤称轴承净重，推动器推动轴承到注脂头处，接近开关发出信号，上下注脂头同时给轴承两端和中间注脂，注脂后推动器做下一循环推动动作，将轴承带到另一电子秤称轴承毛重，信号装置将注脂量反映在显示屏上。

压罩操作步骤：传送链板带动待压罩轴承到压罩装置下方，接近开关发出信号机械夹持爪夹持一密封罩上升、前进到压罩装置的压罩头处，汽缸活塞推动压罩头将密封罩紧压在轴承端面上，推动器推动压完一端密封罩的轴承运动到翻转装置处，翻转装置的两组汽缸活塞推动夹持爪夹持该轴承翻转，翻转后夹持爪退回，推动器推动该轴承到另一压罩装置，与前组压罩装置相同步骤压罩，压完第二端密封罩后推动器推动轴承到检测扭矩装置处。

检测扭矩操作步骤：汽缸活塞将扭转心轴推到与轴承内孔距端面 15 mm 处，扭转心轴扭动，轴受扭的电信号通过扭矩传感器和数字信号处理电路及旋转编码器将信号显示在显示屏上。汽缸活塞将扭转心轴退回原位，推动器推动该轴承到均脂装置处。

均脂操作步骤：由两个汽缸活塞带动推动爪和外夹爪加紧需均脂轴承外圈，扭转轴与内圈结合，电机带动扭转轴转动实现均脂。

第五节　轴承装配质量检测

成品轴承检测的方法和要求涉及面较广，对轴承成品通过的质量要求、游隙要求、尺寸和旋转精度质量要求的质量检测进行阐述。另外，还对轴承检测所用的仪器做一些简单介绍。

在对轴承成品及零件进行检验时。还要遵循一定的检验规则。规则包括如何取样，检验项目中哪些是主要项目．哪些是次要项目，检查水平和接收质量限等。检验规则可以是通用的规定，也可以是轴承制造企业自行的规定，但不能低于行业标准的要求。本章将对轴承成品检测的原理、方法进行说明。

一、轴承成品通用质量要求的检测

1. 轴承通用要求的检测

(1)轴承残磁的检测

轴承的残磁，对轴承的使用寿命有很大影响，有残磁的轴承，不仅不容易将残留在轴承工作表面上的金属末清洗掉，甚至某些设备在工作中所产生的铁末，也可能被吸附在轴承的工作表面，这样就会加速轴承的磨损，从而使其寿命降低。残磁的测量，执行标准 JB/T 6641《滚动轴承 残磁及其评定方法》。

测量残磁时采用霍尔效应原理，所谓霍尔效应是：在磁场中放置载电流导体时，磁场垂直于电流流动方向，而产生的横向电场则垂直于磁场和电流。检测时将轴承置于非导磁工作台上，用装有霍尔元件的探头进行探测，霍尔元件与被测表面相距(1±0.05) mm，并要避免地磁场的影响(见图 6-9-14)。残磁用磁感应强度表示。其单位采用毫特(mT)。

具体测量方法是：残磁测量采用霍尔效应原理，测量仪必须具备 1mT 的量程和±3%的精度。仪器配备的规格为：4 mm×2 mm×0.2 mm 霍尔元件平面与被测面相距 $\delta=(1\pm0.05)$ mm。(见图 6-9-14)残磁测量时以测得的最大值为该轴承的残磁值。不允许在导磁工作台上和大于地磁场强度的环境磁场中测量。

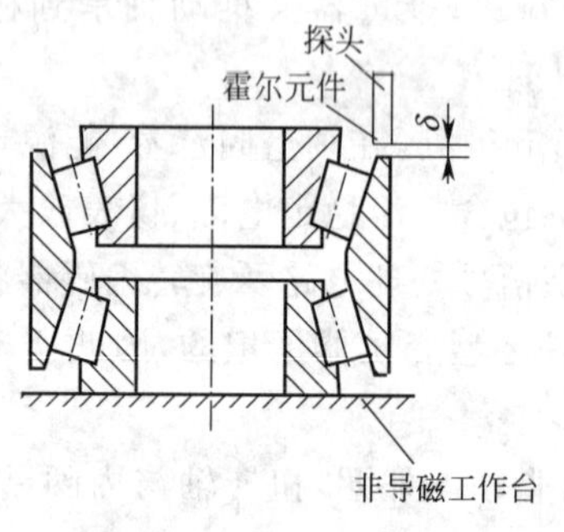

图 6-9-14　残磁测量

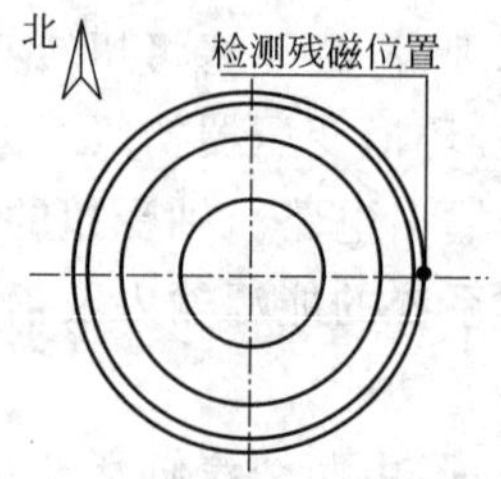

图 6-9-15　残磁测量轴承放置方向

测量轴承端面残磁时，探头垂直于轴承端面位置，测量轴承倒角处和滚动体残磁时，探头可适当倾斜，但倾角不大于 45°。

当轴承套圈或滚动体上的残磁接近于规定值时，应先将轴承端面处于平放位置，再将该处置于东西方向以减少地磁场的影响进行测量(见图 6-9-15)。残磁在轴承上的分布是随机的，测量时，探头在轴承上的测量位置不可以预先设定，探头的运动方式应使其可到达轴承上任何被测部位，固定探头的测量方式是不适用。

残磁值不应超过表 6-9-4 规定。

表 6-9-4　轴承残磁限值

轴承公称外径(mm)	超过	—	30	50	120	250
	到	30	50	120	250	430
残磁最大值(mT)		0.4	0.5	0.6	0.8	1.0

注：外径大于 430 mm 的轴承残磁限值按产品图样的规定

成套铁路货车圆锥滚子轴承残磁强度要求不大于 240 A/m(3 Gs 或 0.3 mT)。

(2)表面质量的检测

轴承的表面质量包括表面粗糙度、各种裂纹、卡碰伤，烧伤、黑皮、锈蚀、麻点、铆接(或焊接)质量和标志质量等。执行 CSBTS TC98.54《滚动轴承零件 套圈和滚子外观质量要求》、JB/T 7501《滚动轴承 零件表面粗糙度测量和评定方法》。铁道部对货车轴承有具体要求，如 98 号文中针对各个规格进行了规定。

(3)清洁度的检测

铁道部对铁路货车轴承清洁度的定量检查方法规定如下：

清洗操作方法：

①清洗轴承零件及其附件时，对可分解的零件要全部分解，对不可分解的轴承零件组件在清洗过程中要施行转动清洗，清洗时用尺寸合适的洁净刷子将每个零件刷洗三遍，再用没有清洗过零件的新清洗液冲洗两遍，收集清洗液待查。

②清洗测试板时，将已取样的测试板放入盆中，用洁净刷子刷洗三遍，再用没有清洗过零件的新清洗液冲洗两遍，收集清洗液待查。

③用 300～360 目滤网过滤清洗后的清洗液。

④将滤有杂质的滤网置于称量瓶中，放入 100 ℃±5 ℃的烘箱中烘干 60 min，取出后再置于干燥器中冷却 30 min，然后用万分之一分析天平称重(G2)待用，(以两次称重值相差不大于 0.4 mg 为准)。

轴承及其附件杂质按下式计算：

$$W=G_2-G_1$$

式中　W——杂质重量(mg)；

G_1——过滤前滤网重量(mg)；

G_2——过滤后滤网重量(mg)。

(4)旋转灵活性的检测

对轴承旋转灵活性的检测，一般是处于水平位置进行检查，通常是内圈固定，外圈旋转，旋转时是否存在异常声音及阻滞现象。一般轴承旋转时间长，停止的缓慢，灵活性好；反之，转的时间短，有急停现象，灵活性就不好。

二、铁路货车轴承装配的检测

在轴承游隙及其他精度检测时，一般都需要使用仪器，轴承专用检测仪器介绍。

1. 轴承专用检测仪器型号介绍

轴承专用检测仪器型号由四部分组成。

(1)仪器型号第一部分，是轴承专用检测仪器被测参数代号，详见表 6-9-5。

表 6-9-5　轴承专用检测仪器被测参数代号表

序号	检测参数	代号	读音	备　注
1	旋转精度	B	摆	端面跳动、径向跳动
2	游隙	X	隙	
3	摩擦力矩	M	摩	摩擦力矩、旋转灵活性
4	声音	S	声	噪声、振动
5	表面质量	Z	质	
6	其他	Q	其	残磁检测仪等

(2)仪器型号第二部分，是表示被测轴承的类型代码表示，其代码详见表 6-9-6。

表 6-9-6　被测轴承类型代号

代号	被测轴承类型代号	代号	被测轴承类型代号
0	深沟球轴承	5	螺旋滚子轴承、关节轴承
1	调心球轴承	6	角接触球轴承
2	圆柱滚子轴承	7	圆锥滚子轴承
3	调心滚子轴承	8	推力球轴承、推力滚子轴承
4	(长圆柱)滚子轴承，滚针轴承	9	各类型轴承通用

(3)仪器型号第三部分,表示被测轴承零件的种类,详见表 6-9-7。

表 6-9-7　被测轴承零件种类代号

代号	被测轴承零件种类代号	代号	被测轴承零件种类代号
0	内、外圈,或轴圈、座圈	5	钢球
1	外圈或座圈	6	铆钉
2	内圈或轴圈	7	备用
3	保持架	8	备用
4	滚子	9	轴承成品(装配后的测量)

(4)仪器型号的第四部分,表示仪器能够测量的轴承或零件的最大或最小直径,其有三种不同情况:

①仪器可测轴承及其零件的最大尺寸等于或大于 10 mm 者,型号的第四部分为两位以上数字,按仪器可测量的最大尺寸的 1/10。例如:

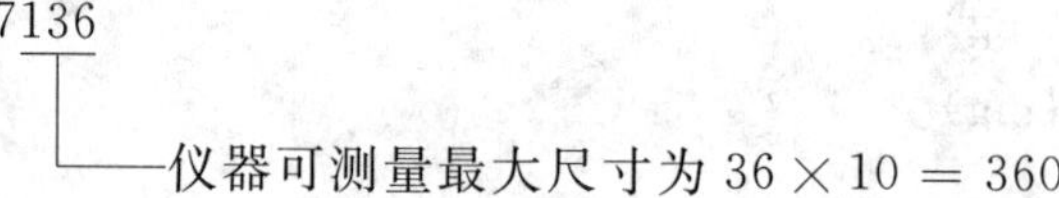

②可测轴承、套圈或保持架最小尺寸小于 10 mm 者,型号的第四部分为一位数,按仪器可测量的最小尺寸。

③生产中广泛使用的老仪器编号的第四部分,多数是以系列号表示的,一般 3 比 2 的测量尺寸大,而比 4 的测量尺寸小。例如:D922 可测内径至 10 mm;D923 可测内径至 100 mm;D924 可测内径至 140 mm;D925 可测内径至 240 mm。

④区别符号

两种或两种以上的仪器型号相同时,基本测量原理相同,在原有基础上有改进,可在型号尾部加注"A"、"B"、"C"……以示区别。

2. 圆锥滚子轴承成品游隙的检测

铁路货车双列圆锥滚子轴承轴向游隙的测量

常用仪器是双列圆锥滚子轴承轴向游隙翻转测量仪(见图 6-9-16),测量原理:仪器有上、下两个内胎将轴承内圈定位和压紧,指示仪测头指在外圈上端面,转动外圈,使轴承下面一列滚子的大端面与内圈大挡边良好接触后,读取指示仪上的一个测值,扳动手柄,使轴承连同指示仪一起翻转,外圈靠自重下沉,同样转动外圈稳定后,读取指示仪翻转前后两个极限位置上的差值即为轴承轴向游隙值。

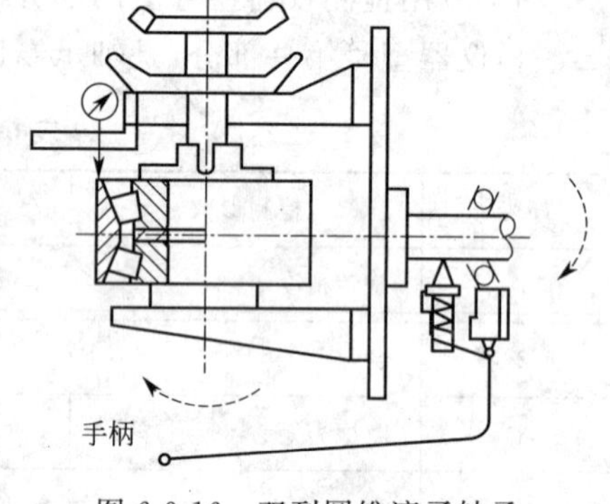

图 6-9-16　双列圆锥滚子轴承轴向游隙的翻转测量

双列圆锥滚子轴承轴向游隙按理论合套的方法控制,其调整方法按 JB/T 8236《滚动轴承 双列和四列圆锥滚子轴承游隙及调整方法》标准执行。

3. 轴承成品外形尺寸精度及旋转精度的检测

(1)轴承成品外形尺寸精度的检测

铁路货车双列圆锥滚子轴承是双内圈,在装配时两内圈的内径相互差有严格要求,一般小于 0.013 mm,采用内径百分表。

(2)旋转精度的检测

图 6-9-17 为轴承外圈径向跳动 K_{ea} 的测量示意图,从图中可以看出表尖与外圈外径表面与滚动体中间部位对应接触,在直径方向测量,外圈旋转一周以上,指示表最大与最小读数之差即为 K_{ea}。图 6-9-18 为轴承内圈径向跳动 K_{ia} 和轴向跳动 S_{ia} 的测量示意图,从图中可以看出外圈是标准样圈,内圈在载荷负荷块作用下旋转一周以上,表 1 内径表针测得是成套轴承内圈径向跳动 K_{ia},而内圈端面表针测得是轴承轴向跳动 S_{ia}。轴承外圈轴向跳动一般在翻转仪上测得。

(3)套圈宽度的测量(图 6-9-19)

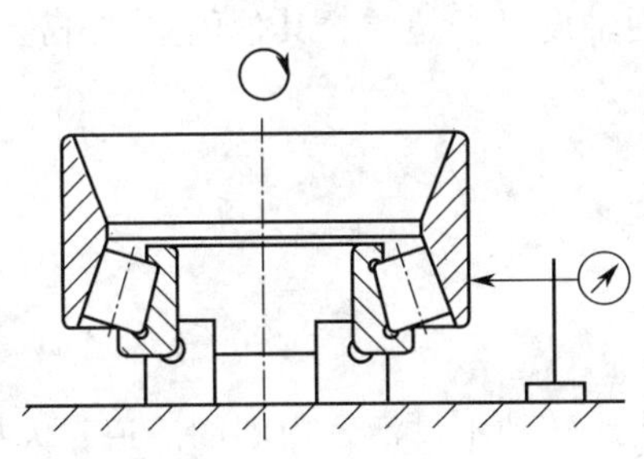

图 6-9-17　成套轴承外圈径向跳动 K_{ea}

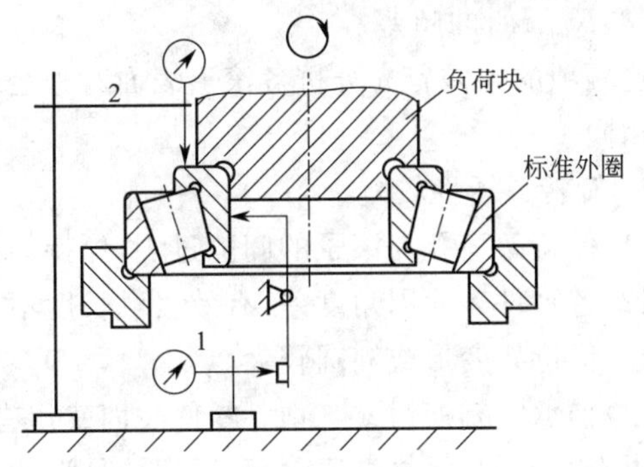

图 6-9-18　成套轴承内圈轴向、径向跳动 S_{ia}、K_{ia}

简要说明：用标准量块比较测量，将内圈大端面置于平台上，将负荷胎放在外圈大端面上，将负荷胎端面缺口处朝向指示仪，移动轴承使指示仪置于外圈大端面上，旋转外圈若干次，使滚动体与套圈两滚道接触良好，务必达到最小宽度，读取指示仪读数。同时检测其宽度变动量。负荷值按 GB/T 307.2《滚动轴承　测量和检验的原则及规定》。

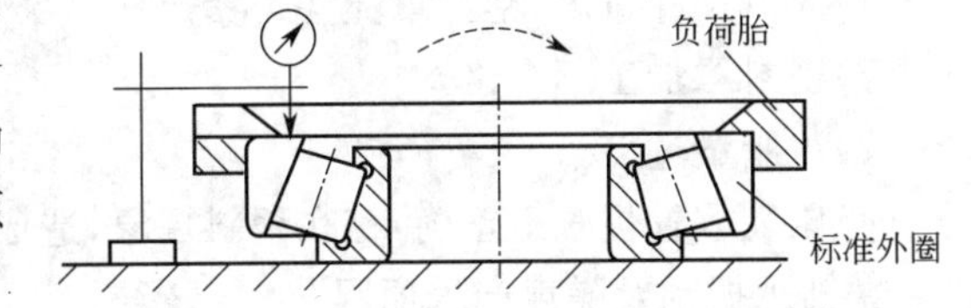

图 6-9-19　圆锥滚子轴承内组件实际有效宽度的测量

圆锥滚子轴承有互换的和不互换的两种。所谓互换的，是指任意一个外圈与内组件(即滚子、保持架和内圈压装成一体的组合件)组成套后，其实际宽度 T 和其他要求都应符合产品图或技术条件规定的公差范围。而不互换的，只保证外圈与经选配后的内组件组成套后的实际宽度 T 和其他要求合格。

三、装配过程质量问题分析

1. 尺寸精度超差

(1)外径尺寸及内径尺寸超差一般是磨工超差造成而流入装配。

(2)由于轴承库存时间较长，金属组织不稳定或回火没有达到消除应力稳定尺寸而造成尺寸变化，这在使用当中也会出现。

(3)装配检查环境温差大，标准件与套圈等温时间不够。

圆锥滚子轴承宽度超差时，应分析滚子直径偏差和滚道直径偏差是否超过规定值，解决办法一般均要更换内组件或外圈，按照各自公差影响公称高度偏差的方向调换，直至达到公差范围。

2. 影响内径组配尺寸的因素

(1)工作责任心。

(2)操作者技术水平的影响。如测量时用力大小、读数准确性、对仪器仪表失灵的判断、调整和对表技巧等。

(3)仪器及仪表示值的稳定性、测力的均匀性等。

(4)测量时温度变化的影响。

(5)被测套圈的几何形状公差的影响。

3. 旋转精度的超差原因分析

(1)S_{ea}的超差

①外滚道母线对基准端面倾斜度变动量超差；

②外圈基准平面的轴向跳动量超差。

③外滚道母线与轴心线的夹角超差，或者与内组件的接触角不匹配，产生外滚道表面与滚子表面接触不良。

(2)S_{ia}的超差

除内滚道的轴心线与基准面的倾斜度变动量超差外，还有保持架的变形及滚了组直径变动量的影响。其他因素与外滚道的各项因素相同。

(3)K_{ia}、K_{ea}的超差

这两项的超差首先分析各滚道表面对外径或内径表面的不同轴度是否超差。其他因素与外滚道的各项因素相同。

4. 旋转灵活性较差

(1)保持架窗孔与滚子的间隙过小,保持架径向窜动量过小。

(2)各零件表面因角度差,有效接触长度不够。

(3)保持架变形或椭圆较大。

(4)轴承内有油污或赃物。零件表面残留有防锈油,有黏性造成转动不灵活。内圈的滚道与大挡边处的油沟边缘有毛刺、污物没清除,防锈液结晶没洗净。

(5)内、外滚道表面有严重的凹陷现象(可用直线性滚子表面刮色法或直线样板检测)。

5. 密封装置松动或漏脂

(1)牙口尺寸过大,密封罩无法装紧。

(2)密封罩加工不合格。

(3)注脂量过多。

(4)压装放置位置不正确,存在歪斜现象,造成压装密封罩偏斜。

6. 轴承振动及噪声产生原因

轴承的噪声与振动两者密切联系,伴随轴承转动共同发生,但又有区别,噪声大小和振动大小不一定同步,二者之间对应关系。

(1)承振动产生的原因

①滚动体的振动。轴承受载荷后,滚动体在转动中,由于所处位置、载荷的变化,接触部位弹性变形不同而产生振动。径向游隙愈大,轴承振动愈大;滚动体个数增加,振动值随之降低;转速高则振动大。

②滚动表面的波纹度引起振动。波纹度是制造过程中产生的零件表面的微观不平度,是产生噪声和振动的主要原因。就套圈、滚动体、保持架比较而言,影响最大的是滚动体表面的波纹度,其次是转动套圈滚道表面的波纹度,再次为静止套圈滚道表面的波纹度。

③零件表面粗糙度引起的振动。深沟球轴承零件工作表面的粗糙度也影响振动,当 R_a 值大于某数值时,振动显著上升。如果表面局部有不规则砂轮磨削痕迹,则振动更大。

④保持架引起的振动。保持架兜孔内表面粗糙度和形状不规则,影响摩擦,加大振动。

⑤工作表面的伤痕引起振动。零件工作表面存在碰、卡、划伤或者其他缺陷,引起冲击,是造成振动和噪声的直接原因。

⑥轴承内部污物和尘埃引起振动。由于清洗不净,在转动轴承时,振动和噪声表现忽大忽小。

(2)构成噪声的几种来源

①滚动摩擦声。滚动体在滚道上滚动摩擦时产生声音,是轴承的基本声。但声音大小与滚动轴承结构有关,球轴承比滚子轴承声音小,重系列轴承比轻系列轴承声音大,球多比球少的声音小,精密轴承比普通级轴承声音小。

②滚动摩擦声。滚动体或套圈与保持架之间时断时续的滚动摩擦声。

③冲击振动声。工作表面有伤痕或者缺陷,在转动时引起碰击声。各种污物、尘埃混入滚动工作表面,产生摩擦和冲击声。

四、铁路货车轴承振动噪声质量及其检测

早在20世纪30年代欧洲就已经开始滚动轴承振动与噪声技术的研究,当时主要是针对电机轴承减振降噪来展开的。1945年二次世界大战结束后,日本轴承的研究方向由军工转向民用市场,开始对轴承振动与噪声进行系统的研究。1960年制定出世界第一个有关轴承噪声的国家标准 JIS B1548《滚动轴承声压级测量方法》。美国从军用角度开始滚动轴承的噪声的研究,1954年针对军舰、潜艇所用轴承制定出 MIL-B-17931《船舰技术条件》,该标准对世界低噪声、低振动轴承的技术发展有着广泛的影响,目前还在使用的安得鲁振动测量方法就是那个时期的产物。随着轴承生产制造技术的不断提高,低噪声轴承从20世纪80年代

开始就已经可以批量生产，但主要还是应用在电机和家电产品上。后来由于低噪声轴承的生产对机床的精度、振动和噪声要求进一步提高，导致机床行业对变速箱轴承提出降低异常声响的要求，逐渐发展到对轴承振动有效值和噪声的声压级提出具体要求。我国机床行业从 20 世纪 90 年代开始对所使用的轴承提出振动、噪声要求，也就是从那个时期起，我国轴承行业开始对机床轴承振动、噪声技术展开研究的。

近年来，随着机电产品的发展，一些精密机械和高档家电对轴承的音质控制提出了相当严格的要求。为降低轴承振动、改善轴承品质，提高轴承的无异音合格率，国外在产品设计、加工工艺、工装设备、洁净度控制、钢球加工及保持架改进等诸多方面都取得了有益的经验。如日本 NSK 的 6202“静音”轴承噪声值仅 26 dB 左右。除加工工艺外，润滑脂对轴承的振动和噪声有较大影响。国外一些著名轴承公司均采用轴承专用脂来降低轴承的振动和噪声，如 SKF 公司按照不同的温度、转速、载荷等使用条件以及轴承尺寸大小来选用不同的轴承专用脂；NSK 公司相继开发了 AV2、NS7 和 NSC 等低噪声轴承专用脂，较好地控制了噪声，延长了轴承的噪声寿命。目前国外常见的轴承异音在线检测主要有两种方法，一是测量轴承振动的峰值，用峰值因子来判别轴承是否有异音。另一种方法是在测振仪上接示波器，通过示波器上的波形幅值及波的形状来控制。这两种方法都取得了较好的效果。

在铁路轴承方面，铁路货车轴承寿命达 150～200 万公里，可实现十年无更换；铁路客车轴承如日本、意大利的高速列车速度可达 350 km/h，行驶寿命为 150～300 万公里，可靠度 80 万里达 90%。

若想进一步提高铁路轴承的可靠性，就必须提高铁路轴承振动噪声质量水平，因为振动也可以看作一系列大小、速度不等的脉冲运动的集合，这种脉冲连续不断的作用在轴承工作表面上，其结果轻则导致轴承工作温度过高，重则造成轴承工作表面早期疲劳，对轴承的可靠性影响极大。

铁路轴承低振动、低噪声的研究是伴随着铁路运输一次次提速而逐步展开的。早期的铁路车厢所用轴承都是滑动轴承，这种轴承具有承载大、噪声低的优点。但其缺点也是致命的，一是启动力矩大；二是极限转速低，远不能满足铁路轴承的高速要求。因此，在上个世纪中叶，发达国家就普遍采用滚动轴承替代滑动轴承。我国从 20 世纪 80 年代起开始在铁路运输中大规模采用滚动轴承。90 年代开始对铁路轴承振动噪声质量进行研究。本节针对铁路货车轴承振动、噪声质量及其检测技术作一系统介绍，以供有关参考。

1. 基本知识

振动与声学分别是两个较为系统的专业，详细的介绍需要很多的篇幅。为缩小篇幅，本节只将我们在轴承振动与噪声检测中常用的知识作一介绍。

(1)机械振动

机械振动是指物体相对某一参照物的往复运动。一般来讲，物体的振动大多比较复杂，为便于讨论我们以简谐振动为例，振动物体的位移 x 可以用下式来描述：

$$x=A\sin(\omega t+\phi) \tag{6-9-24}$$

式中　A——振动物体距参照物的最大位移；

ϕ——初相角，指振动物体起振前的初始位置；

t——时间；

ω——角频率。

$$\omega=2\pi f \tag{6-9-25}$$

f 为物体每秒钟振动次数，称为频率，单位赫兹(Hz)。物体每振动一次所需要的时间为周期 T。显然：

$$T=\frac{1}{f}=\frac{2\pi}{\omega} \tag{6-9-26}$$

在机械系统中，所有的刚性物质都有其固有的频率特性，一般我们用固有频率 F 来描述它：

$$F=\frac{1}{2\pi}\sqrt{\frac{k}{m}} \tag{6-9-27}$$

式中　k——振动系统的弹性系数，对于机械系统可以理解为系统刚度；

M——振动系统的质量。

通过上式可以看出，系统的刚度越大，固有频率越高，系统质量越重，固有频率越低。对于铁路货车轴承来说，其振动模型简化如下图 6-9-20 所示：

轴承工作时，外圈固定不动，可以将轴承外圈系统作为一个振子，其重量为 m；弹簧的弹性系数为 k，这样我们就可以估算出其固有频率。当轴承旋转时产生的振动频率 f 接近或等于系统的固有频率时，系统将发生共振，从而导致轴承损坏速度加快。因此轴承生产厂家在轴承加工时避免这一现象的产生。

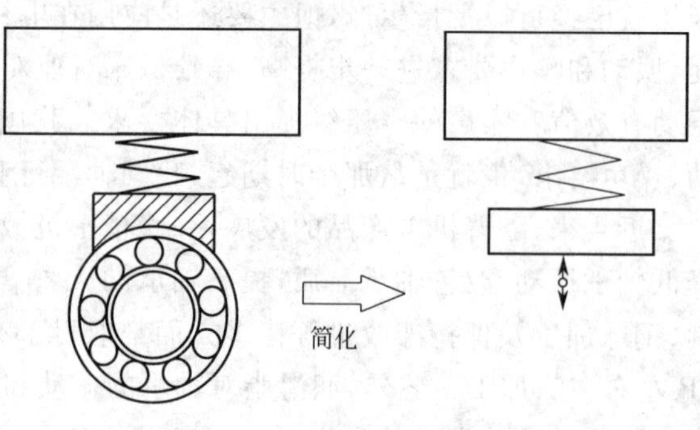

图 6-9-20 振动模型简图

利用(6-9-24)式描述的是振动位移，在机械行业利用振动位移来评价振动质量其实际意义不大，因为振动不仅仅是机械系统的位移变化，更重要的它是机械系统振动能量的反映。以简谐振动为例，其振动能量 E 可以用下式来描述：

$$E=\frac{1}{2}m\omega^2 A^2 \tag{6-9-28}$$

从上式可以看出，当把工作时不动的轴承外圈作为振子，对一种轴承来说 m 为常量，所以轴承的振动能量不仅与振幅 A 有关，还与轴承的振动频率有关。因此仅仅用位移来评定轴承的振动是不完整的。

我们把(6-9-25)式对时间 t 求导，得出下式：

$$V=A\omega\cos(\omega t+\phi) \tag{6-9-29}$$

上式是用振动速度来描述的简谐振动数学模型，从中可以看出，振动速度就包含了频率分量。对比(6-9-28)式和(6-9-29)式，用速度方法来描述的振动，与振动能量还有一定的差距，于是人们想到了振动加速度。对(6-9-29)式再一次求导，得出简谐振动加速度表达式：

$$a=-A\omega^2\sin(\omega t+\phi) \tag{6-9-30}$$

根据牛顿第二定律来解释，振动加速度与振动冲击力成正比，当振动物体质量一定时，振动加速度直接反映振动脉冲力的大小，从力学角度来看，采用振动加速度来评价振动水平的大小有很好的实际意义。

比较(6-9-29)式和(6-9-30)式，振动加速度与频率的平方成正比，而振动速度仅与频率成正比，也就是说，振动加速度对高频振动比振动速度敏感，人的耳朵也是对高频声音比较敏感(指 20 kHz 以下)，因此，用加速度的方式控制轴承振动质量也可以有效的控制轴承的噪声质量。但是，在 50 Hz～20 kHz 频带内采用通频带测量时，加速度测量对低频分量的反映不如速度测量敏感。如果加速度采用分频带测量方式，就可以很好解决这一问题。

加速度测量有一个难以解决的问题，由于加速度测量是一般都是采用压电传感器，这类传感器的质量不能做的很小，所以用这种传感器制作的测量系统频率响应都比较低，一般在 1～3 kHz 之间，不能满足实际使用要求。但是，在实际工作中，人们往往都是采用比较的方法来衡量轴承的振动质量，而对轴承的真实振动水平并不感兴趣，这时采用加速度测量也能取得满意的效果。另外，加速度压电传感器由于具有灵敏度高、成本低、坚固耐用等特点，至今仍在轴承工业得到广泛的应用。

(2)声学基本知识

从机械的角度来看，机械振动通过空气的传播就产生了声音。因此我们说振动是声音的发源地。由于声音是通过改变空气压力变化的方式来传播的，这种压力变化我们称为声压。人类所能感受的声压范围是：20～20 000 000 μPa(微帕[斯卡])，20 μPa 相当于一个标准大气压的 50 亿分之一，它能使人的耳膜偏移不足一个氢分子直径的距离。同时人的耳膜又能承受比 20 μP 高出 100 万倍以上的声压。在实际工作中，如果我们采用微帕斯卡作为声音测量单位，由于数据太大会给测量带来很大麻烦。为解决这一问题，人们把测的声压数据按下式进行处理：

$$SPL=20\text{Log}\left(\frac{P}{P_0}\right) \tag{6-9-31}$$

式中 P——实际测得的声压；

P_0——值为 20 μPa；

SPL——声压级，单位分贝(dB)。

这样 20～20 000 000 MPa 就折算成 0～120 dB，人的最小听阈为 0 dB，最大听阈为 120 dB，130 dB 就是痛阈。

从(6-9-31)式可以看出，分贝不是测量的绝对单位，它是一个比照值，是一个无量纲量。声压每增加 10 倍，分贝数增加 20 dB，40 dB 相当于增加 100 倍。

采用分贝的好处是它比帕斯卡更接近人类对响度的感知性，因为人耳对声响的反应与帕斯卡的对数成正比。声压增加一倍，分贝增加 6 dB，但是若让人感觉到声音有原来两倍那么响，需要把声压级提高 10 dB。人耳能感觉到的最小声压级变化是 3 dB。

人的听阈还与频率有关，图 6-9-21 是人耳的听阈示意图。

从图中可以看出，人的耳朵在 3 kHz 左右最为敏感，低于 50 Hz 就不十分敏感了，因此，利用人的听觉来判断轴承低频振动是有其局限性的。而高于 20 kHz 的声音人耳是听不见的，称之为超声波。

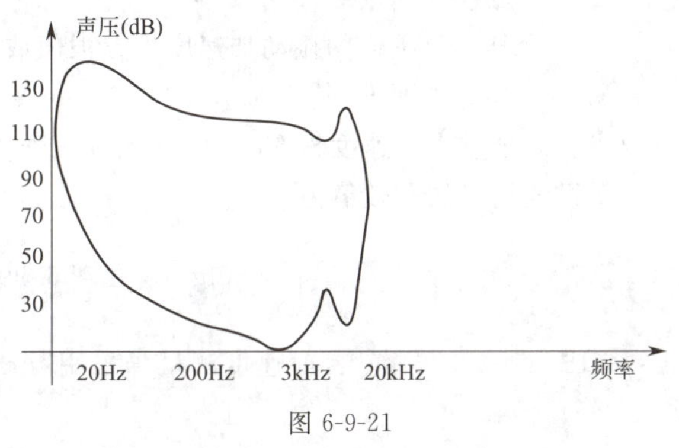

图 6-9-21

2. 轴承振动与噪声测量常用的物理量

(1)滚动轴承在实际运转中所产生的振动、噪声信号是一个非常复杂的信号，图 6-9-22 是我们常见的轴承振动加速度信号时域图。

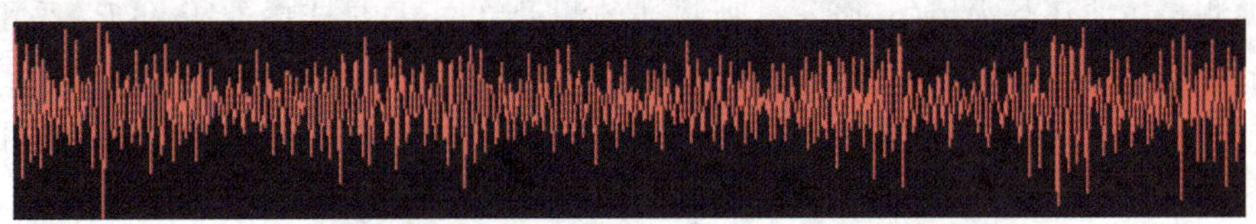
图 6-9-22 轴承振动加速度信号时域图

对于上图的随机信号我们通常采用以下几种方法对其进行评定：

①有效值(RMS)

$$RMS=\sqrt{\frac{1}{T}\int_0^T X^2(t)\,\mathrm{d}t} \tag{6-9-32}$$

有效值是轴承振动水平的综合反映，是轴承振动质量的一个重要指标，几乎所有振动检测都需要这个参数。

②峰值 X_{max}

在 T 时间内，轴承振动信号的最大值。

③峰值因子 σ

$$\sigma=\frac{X_{max}}{RMS} \tag{6-9-33}$$

峰值因子是一个相对量，同样也是一个无量纲量，它主要反映轴承异常声响。

④峭度 K

$$K=\frac{\frac{1}{T}\left(\int_0^T X(t)-\bar{X}\right)^4}{\left[\frac{1}{T}\left(\int_0^T X(t)-\bar{X}\right)^2\right]^2} \tag{6-9-34}$$

峭度也是一个相对量，它也是常用做反映轴承异常声响的参数。

⑤峰值计数(P/R)

在样板内，取大于峰值与有效值之比的 z 倍的峰值个数。该参数用于表面缺陷诊断和异常声响判定。

除上述参数外，还有平均值、高峭度和解调幅值等参数有时也被应用到轴承振动质量检测当中，但是其效果与上述五个参数相比没有显著特点，所以应用较少，这里就不一一论述。

人们在轴承在实际振动质量检测中发现，检测的有效值和峰值其数值变化太大，给记录和识别带来很多麻烦，于是参考声学测量办法，对测量结果取对数，按 JB/T 5314—2002 规定，振动加速度级 L 由下式确定：

$$L=20\lg\frac{a}{a_0} \tag{6-9-35}$$

式中 L——振动加速度级(dB)；

a——某一范围内的振动加速度均方根值或轴承振动加速度峰值(m/s^2)；

a_0——参考加速度，其值为 9.81×10^{-3} m/s^2。

显然，一个重力加速度为 60 dB。在实际工作中，当使用一个峰值为一个重力加速度的正弦波校准振台时，测量系统输出的有效值为：

$$20\lg\frac{a_0}{a_0\sqrt{2}}=56.99\approx57\ \text{dB}，而不是 60 dB。$$

按 JB/T 5313 规定，目前速度测量仍采用 μm/s 为单位，因此其测量数据比较大，测量时数值确定困难。

还有一种速度测量单位：安得鲁(Anderon)，其数学定义为：2π 微英寸/秒的速度值，因为读起来麻烦，所以通常称为安得鲁。这种单位目前在欧美使用较多。

(2)声音检测常用物理量

目前，声音的测量主要还是采用(6-9-31)式所描述的测量单位，只是式中的 P 和 P_0 采用的是利用(6-9-32)式计算出来的有效值而已。

声音测量通常采用的仪器称为声级计。在等强度的情况下，由于人的耳朵对不同频率的声音反应是不同的，因此，使用等强度频率特性的声级计测得的结果往往与人耳的听觉有很大差异。例如：一个振动为 50 Hz 的声源，其声压级达到 90 dB，你所感觉就像 1 kHz 声源 70 dB 那么响，而实际上这两个声压已经相差 10 倍。为描述这一现象，人们根据人耳的频率特性绘制出等响曲线见图 6-9-23：

为了解决上述问题，人们在设计声级计时，人为的对拾取的声信号进行加权，这种加权方式又称为计权网络。目前国际上采用计权网络有“A、B、C、D”，其频率特性见图 6-9-24：

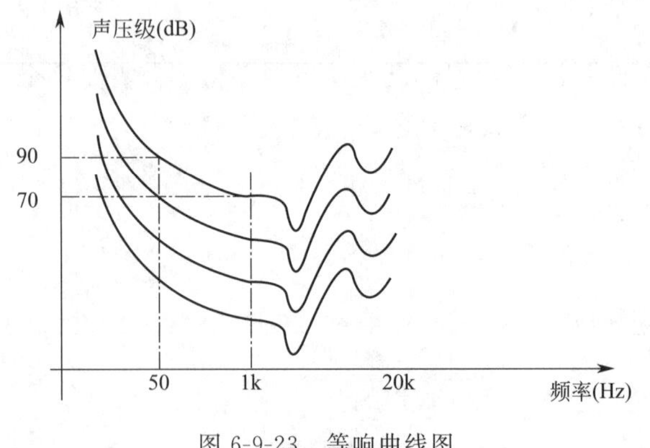

图 6-9-23 等响曲线图

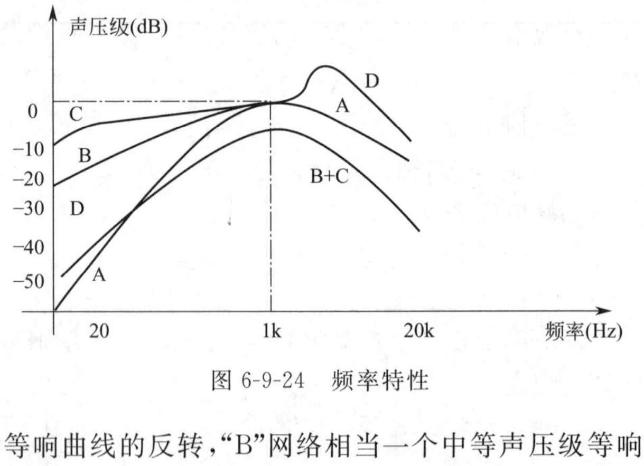

图 6-9-24 频率特性

“A”计权网络对信号的加权方式相当于低声压级时等响曲线的反转，“B”网络相当一个中等声压级等响曲线的反转，“C”网络相当一个高声压级等响曲线的反转，“D”是专用于飞机噪声测量的计权网络。

另外，声级计一般还有线性网络，这种网络对所有信号都不加权。

因为用“A”网络测量的声压级与人耳的感觉最为相近，所以这种网络应用也最普遍，一般在分贝后面加“(A)”字样都表示是采用“A”计权网络。“B”和“C”网络主要用于纯音检测，而我们所接触的声音绝大部分都不是纯音。所以，这两种网络很少应用。

3. 铁路轴承振动质量检测

在轴承的实际生产过程中，由于受环境的影响，对铁路轴承进行噪声检测是比较麻烦的。在一般机械系统中，因为振动是噪声的发源地，因此通过控制轴承振动质量的方法来控制轴承噪声也能获得很好的效果。大部分轴承生产厂家都是通过对轴承振动质量的控制来间接控制轴承噪声质量。所以，在这里我们仅仅介绍铁路轴承振动质量检测。

轴承动性能质量主要就是指振动质量。轴承振动是如何影响可靠性的，下面我们从理论上加以分析：

轴承旋转时产生的振动主要是由轴承工作表面微观几何误差所引起的。为便于分析，我们将轴承展开见图 6-9-25，并做两个假设：

滚动体和外滚道表面是一个理想刚性几何图形。

内滚道展开的波形是一正弦波。

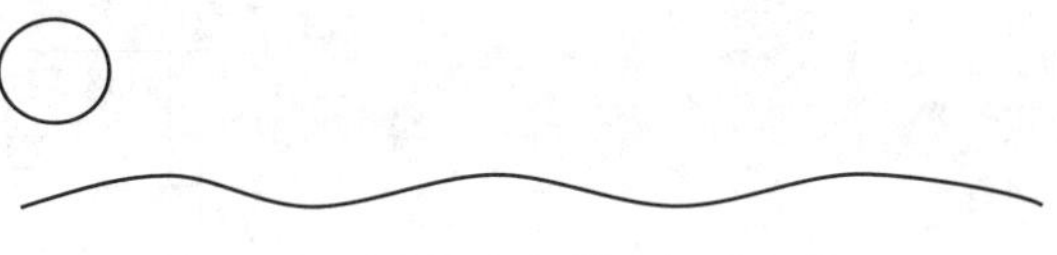

图 6-9-25　轴承旋转时产生的振动的轴承展开

当滚动体向前滚动时，滚动体中心产生的振动位移可以近似用下式来描述：

$$X=A\sin(\omega t) \tag{6-9-36}$$

振动速度表达式：

$$V=A\omega\cos(\omega t) \tag{6-9-37}$$

加速度表达式：

$$a=-A\omega^2\sin(\omega t) \tag{6-9-38}$$

式中　X——振动位移；

V——振动速度；

a——振动加速度；

A——波纹峰值；

ω——角频率；

t——时间。

当时间一定时，振动速度与 $A\omega$ 成正比，振动加速度与 $A\omega^2$ 成正比。由此看来，轴承的振动加速度不仅与波纹的峰值有关，而且与频率 ω 有关。当列车运行速度提高一倍时，频率 ω 也增加一倍，依据(6-9-26)式，振动加速度将增加 4 倍。当质量一定时，根据牛顿第二定律，振动冲击力也增加 4 倍。

推论：当一套轴承运转速度提高一倍时，其振动冲击力将增大 4 倍。因此，为提高轴承的可靠性，就必须降低轴承的振动。

鉴于以上原因，对铁路货车轴承的振动质量进行检测是十分必要的。目前在我国对铁路货车轴承振动质量在线检验已经开始应用。

下面以 352226X2-2RZ 为例，阐述铁路货车轴承振动检测方法：

(1)仪器的构成

这是一台双通道具有 SPC 功能的计算机振动测量虚拟仪器。

①硬件构成

主要硬件系统框图见图 6-9-26。

②硬件特点

为提高信噪比，前置放大器采用差动输入。

8 挡程控放大器放大量分别为 $2^0\sim2^7$，用以扩大仪器动态量程，提高 A/D 采样精度；

高通滤波器和低通滤波器均采用阻带衰减大于 40 dB 的切比雪夫有源滤波器，满足 JB/T 5313 要求；

A/D 转换精度为 12 位；数模转换频率大于 20 kHz，满足最大测量频率为 10 kHz 的需要；

I/O 系统采用高速并行可编程芯片，可提供 24 路输入/输出接口；与 PLC 通信接口采用光电隔离技术；

为减少电源波动的影响，模拟电路采用独立的直流稳压电源供电；

内部程控信号发生器分别提供 200 Hz、1 kHz 和 3 kHz 交流正弦信号，作为标准信号源对仪器进行自校准。

所有硬件均装在一台工控机中，通过微机接口插槽完成与微机的通信联系。

(2)软件编制

全部软件采用 C 语言编制，总程序框图见图 6-9-27。

a 通道：

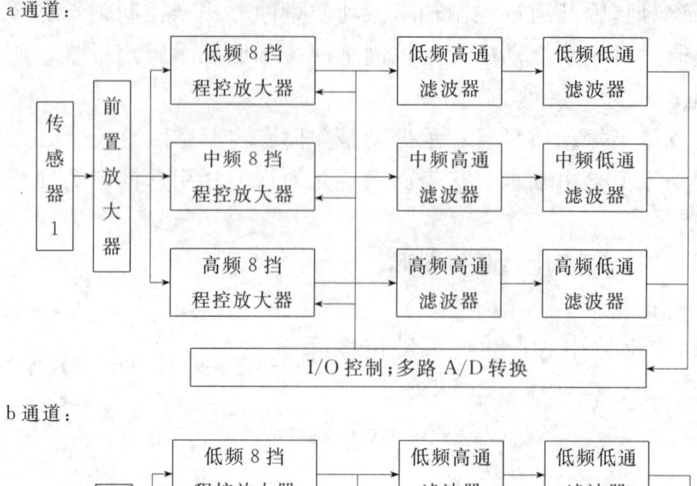

b 通道：

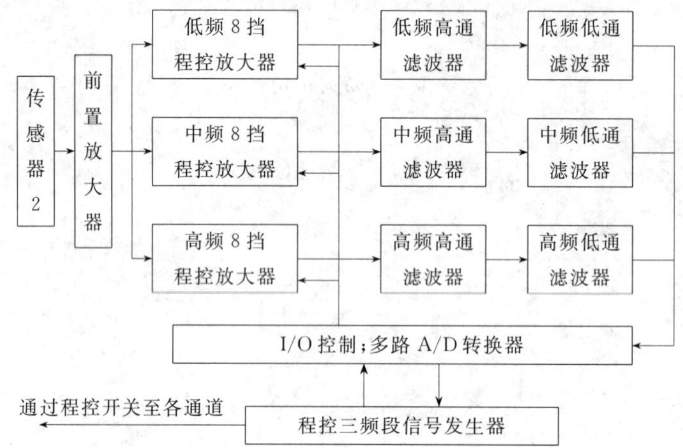

图 6-9-26 主要硬件系统框图

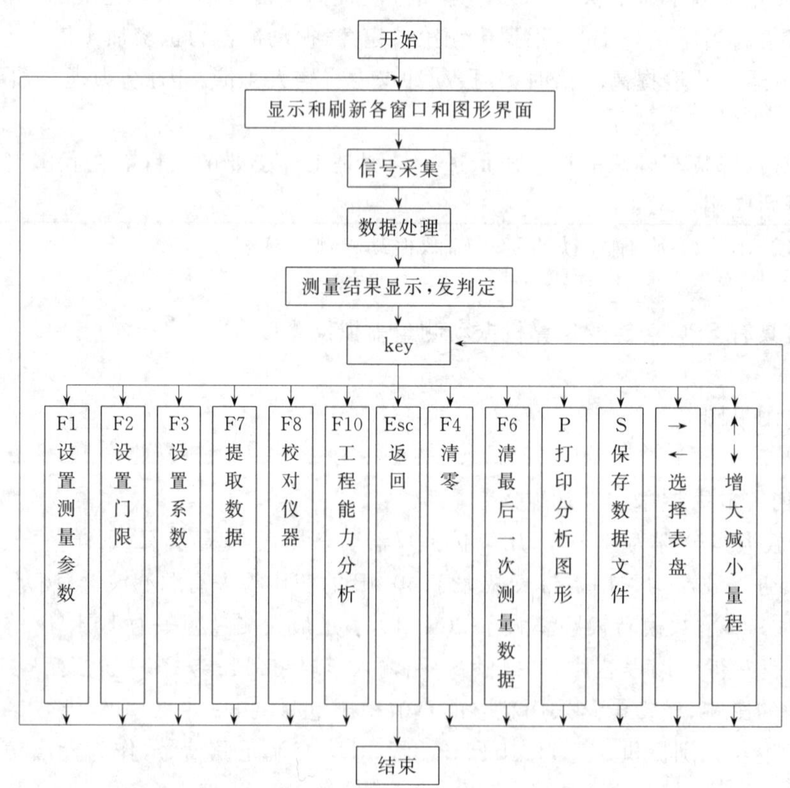

图 6-9-27 总程序框图

(3)数据采集

程序框图见图 6-9-28，六个通道依次调用上述程序完成一次总的样本采集。

①数据处理程序流程(图 6-9-29)

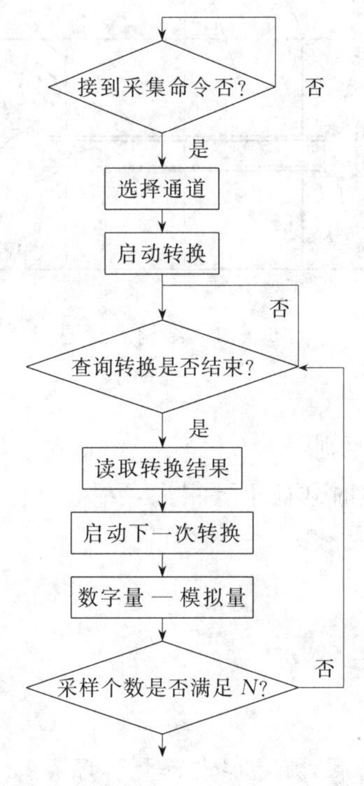

图 6-9-28　数据采集程序框图

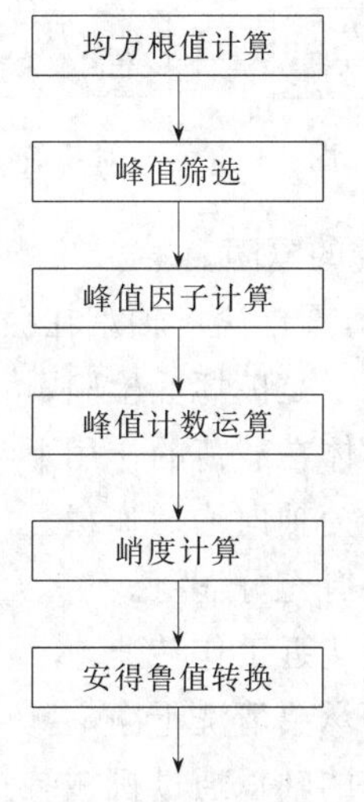

图 6-9-29　数据处理程序流程

②数据显示

a. 系统每测量 5 次,取平均值更新显示,更新时间间隔大约 1 s 左右。

b. 每次测量后,系统都将采集的样本送示波区更新显示,这就是实时振动波形。

③数据存储

a. 本系统只保存新 50 个样本的数据。

b. 保存每天一天之内任意时刻的合格率。

④参数设置

系统可以根据需要设置如下参数:

a. 产品型号;

b. 测量日期;

c. 检测参数的门限;

d. 测量平均次数;

e. 峰值计数阀值。

⑤数据打印

a. 可以随时打印最新 50 件样本的检测数据。

b. 可以随时打印最新 50 件样本的质量趋势图、直方图。

⑥网络通信,数据共享

功能:编制数据调用程序,通过制造厂家局域网,可以实时观察生产质量情况。

(4)仪器的标定

为了保证检测仪器的准确性,就必须对检测仪器进行校对。在实际应用中可以利用 B&K 仪组成以下校对系统,见图 6-9-30。

(5)检测流程

目前,我国铁路货车轴承都是采用双列圆锥滚子轴承,其结构示意图见图 6-9-31:

这种轴承从运动机构角度看主要有 4 部分:1 个双滚道外圈,2 个由滚动体,保持架和内圈组成的内组

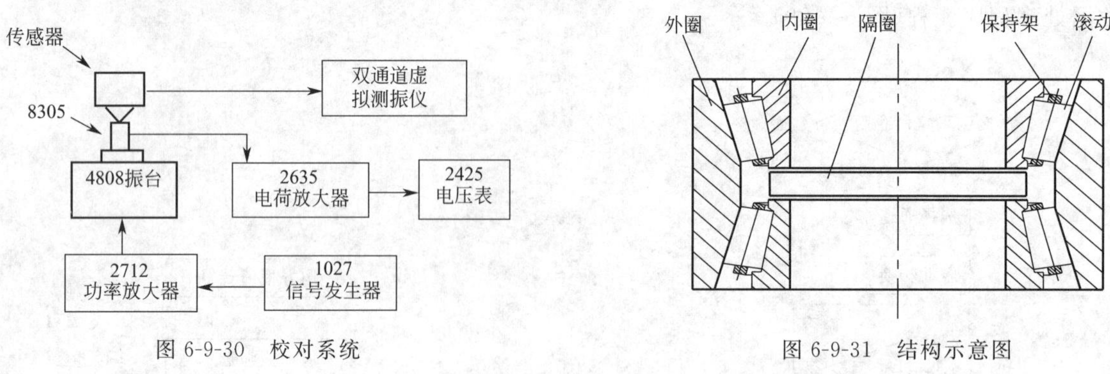

图 6-9-30 校对系统　　图 6-9-31 结构示意图

件，1 个浮动放置的隔圈。

在轴承行业，圆锥滚子轴承在振动测量时一般都遵循以下几个原则：

①振动检测不是破坏性检验，检验后的轴承还要使用，所以检验时载荷不要很大，要保证所有滚动体在载荷的作用下与滚道紧密接触。

②载荷方向为轴向均匀加载。

③测量时要有充分润滑。

④测量转速接近工作转速。

⑤测量前轴承要清洗干净。

将清洗干净的轴承通过机械装置传送到图 6-9-32 所示的初始位置，开始振动检测程序：

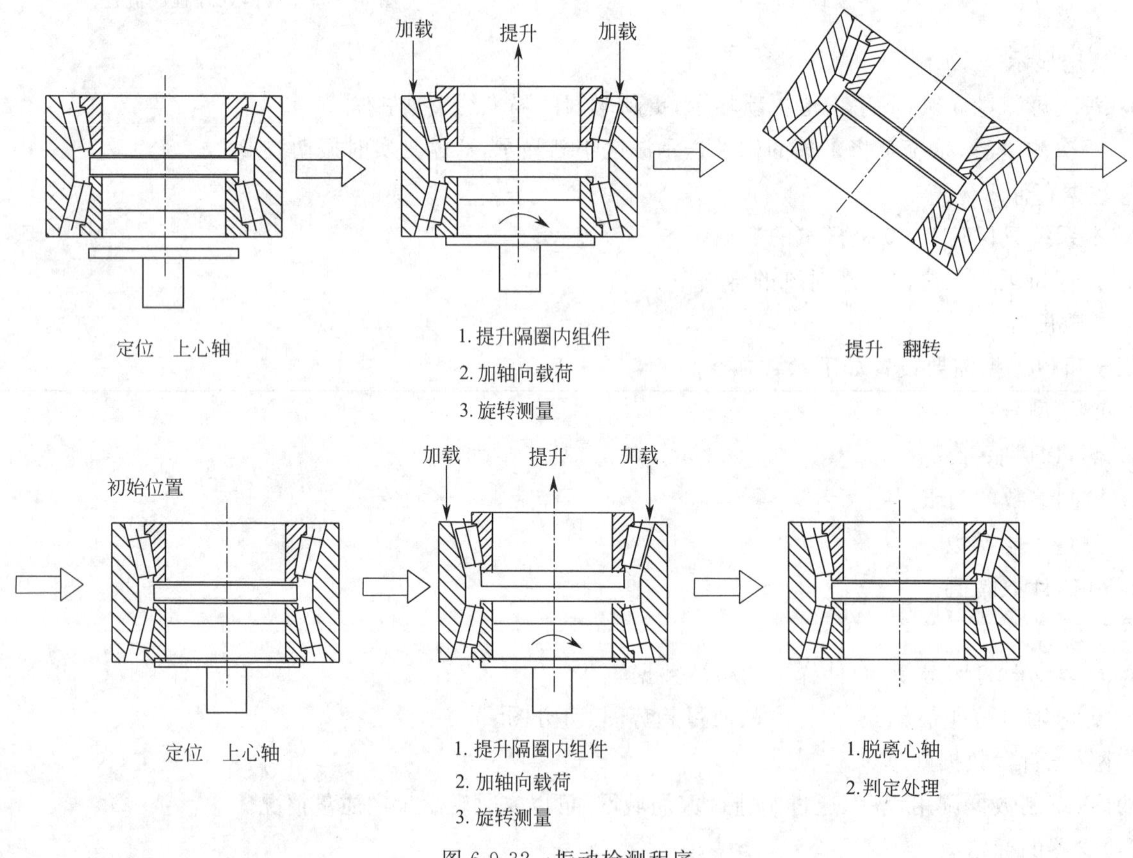

图 6-9-32 振动检测程序

a. 定位准确后将驱动心轴插入轴承内径。

b. 通过机械手提升隔圈和内组件，同时对外圈进行加载。启动驱动心轴进行低速磨合旋转，过一段时间后使转速逐渐达到测量转速。振动传感器运行到指定位置，对轴承振动有效值进行监测，待示值稳定后开始进行数据拾取，完成一列轴承的测量。

c. 卸掉载荷，隔圈和上内组件复位，将轴承运送到提升、旋转工位，将轴承翻转，然后将轴承下降，传送到下一工位。这时系统将判断刚检测的那一列轴承是否合格，如果不合格，则终止检测，执行剔除程序。

d. 如果刚检测的一列轴承合格，则系统重复①、②步骤，完成对轴承另一面的振动检测。

e. 两列轴承都检测完毕后，系统对检测结果进行判定，合格的进入下一工位，不合格则执行剔除程序。

在实际工作中，如果振动检测的上工位或下工位连接其他（游隙检测等）自动检测工位，则还要考虑轴承振动检测的节拍问题，否则无法组成生产连线。

（6）检测标准的制定

①振动安得鲁标准确定

取 20 套振动质量较好的轴承进行振动检测。

按式（6-9-39）计算标准差 S：

$$S=\sqrt{\frac{\sum_{i=1}^{20}(X_i-\overline{X})}{N-1}} \qquad (6\text{-}9\text{-}39)$$

对于一批正常生产的轴承样本来说，其振动质量分布特性与大多数质量特性一样，符合和接近正态分布，可以用正态分布曲线来描述，见图 6-9-33。

轴承振动质量检测属于单侧公差，由此可以估算出 $\overline{X}+3S$ 代表 99.86％的产品质量水平，可以初步作为质量控制标准。从生产线上任意抽取 20 套产品，进行低频、中频和高频振动测量，对测量数据进行统计分析，按均值＋3 倍的均方根差的规则得出铁路货车轴承在测振工位的振动安德鲁标准为：低频：50 ；中频：90；高频：210。

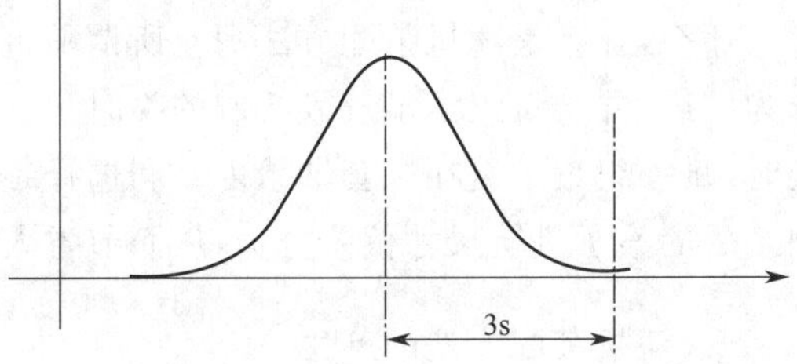

图 6-9-33　振动质量正态分布曲线

②峰值计数标准确定（缺陷判定）

无磷化层轴承振动测取内、外滚道缺陷各 2 套；滚动体磕伤 4 套，大滚子 4 套，小滚子 4 套。对缺陷部件进行多次的振动检测分析，测量结果初步确定峰值计数标准为 10。

（7）质量统计分析

在测量参数区：分别显示前后（Ⅰ、Ⅱ）工位所测量的峰值因子和峭度值及所达到的质量水平。质量统计区分别显示总测量个数、总合格率和 A1 组、A2 组、A3 组和 A4 组合格率。

工序能力分析：根据最后 50 件样本的质量水平，画出三个频段的直方图，计算并显示出各频段的平均值、最大值、最小值、50 件样本合格率、C_p 值，总合格率、A 组、A1 组、A2 组、A3 组、A4 组合格率。

C_p 值是工序能力指数，是衡量工序能力的一个重要指标，其计算方法见式（6-9-40）。图 6-9-34 中的直方图和 C_p 值都是动态的实时值，可以随时监视动态质量情况。

$$C_p=\frac{T_U-\overline{x}_L}{3S} \qquad (6\text{-}9\text{-}40)$$

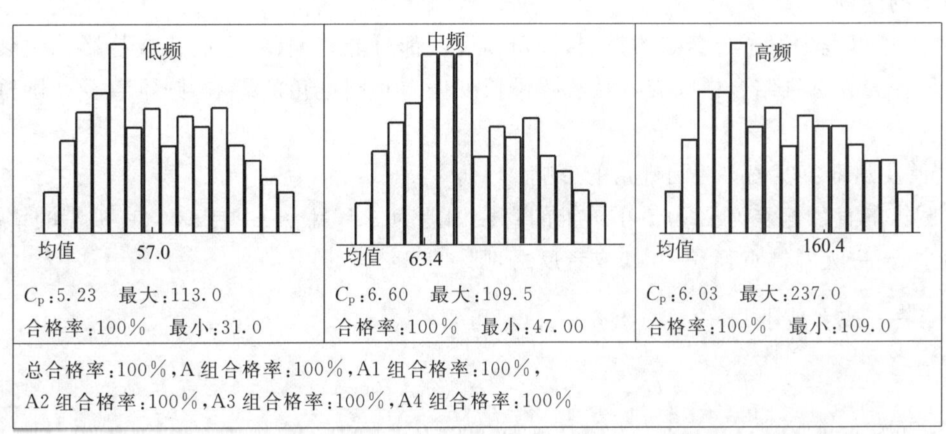

图 6-9-34　50 件 352226×2－2RS 振动质量直方图

轴承的振动是指轴承在工作时,轴承的表面相对于某一参照物的往复运动。这种振动可以是周期的,也可以是随机和伪随机的。铁路运输的提速能给我们带来巨大的经济效益,同时也隐含着较大的风险,随着速度的不断提高,这种风险也将越来越大。如果我们不能有效的降低风险,提速就是一句空话。所以,人们想尽各种办法,千方百计地提高铁路运行的可靠性。其中,提高铁路轴承振动噪声质量,是保证铁路运输可靠性的一个重要手段。

第六节 圆锥滚子轴承随机装配原理

在圆锥滚子轴承的滚子和内、外滚道都是圆锥面,加工过程中滚子与套圈的直径、锥角和长度都可能有偏差,它们直接将影响组装后圆锥接触面的大小。一般的圆锥结合的质量和使用性能,主要取决于内、外圆锥的圆锥角偏差、圆锥直径偏差及其形状误差(圆锥的圆度误差和素线直线度误差)的大小。但在圆锥滚子装配过程中,由于内圈、滚动体以及外圈都为圆锥面,因而圆锥滚子装配过程受滚动体的加工质量因素影响非常突出。当前,在轴承零件加工中,滚子的质量控制是国内轴承零件加工过程中的薄弱环节。因而目前圆锥滚子轴承成品装配工艺中,随机装配方法逐步发展并得到了越来越广泛的应用。

那么,什么是随机装配方法呢?所谓随机装配方法,是指在生产现场按照终加工顺序将圆锥滚子每 n 粒分为一组,并将每组滚子放入特制的临时包装工具内(如塑料管、塑料袋、塑料保持架以及盒子等),在成品装配时,每一组滚子装在一套轴承内。和选择装配相比,随机装配有许多的优点。譬如:缩简了工序,不必对终加工后的滚子进行尺寸偏差分选,从而节省人力物力,有很大的经济效益。

一、随机装配方法的产生

圆锥滚子轴承的传统装配方法,是把加工完成的成品滚子放在一起,经过选别机或人工进行尺寸分组,或由机床加工控制尺寸,最后再装配到保持架里。选别机在进行圆锥滚子分选时只能测量一个点,不能分选滚子的角度;也不能避免由于产品不清洁造成的定位精度不准,使分选精度下降;同时又无法避免产品的卡伤、磕碰伤和锈蚀的发生。目前,国内圆锥滚子选别机的设计制造技术尚未完全成熟,因而圆锥滚子的尺寸分组的问题严重影响到其装配质量。

1. 圆锥滚子轴承装配的特殊性

圆锥滚子轴承的装配计算中,通过理论分析和算例说明:一般,轴承配套零件的尺寸偏差可以满足成品轴承宽度偏差的要求;因此,单列圆锥滚子轴承的装配可以采用互换法。但是,在实际生产中,影响轴承宽度的因素不仅仅是尺寸偏差,还有形位偏差(其中,滚道及滚子的凸度影响较大);另外,相配零件的有关角度偏差也对轴承宽度有较大影响。这样,按互换法条件下的圆锥滚子轴承装配的计算方法进行装配,往往会使理论值与实际值差别较大。如,理论计算出宽度偏差合格,但实际装配后却不合格。尤其是配套零件的生产,由于种种原因,会出现过磨、欠磨或尺寸偏差呈偏态分布现象。于是,为保证装配质量,会发生某些配套零件堆积或供不应求的问题。

如前所述,加工过程中滚子与套圈的直径、锥角和长度都可能有偏差,它们直接将影响组装后圆锥接触面的大小。以下探讨在圆锥结合中圆锥直径及圆锥长度偏差对圆锥角的影响、圆锥直径及圆锥角偏差对基面距的影响。

2. 圆锥直径及圆锥长度偏差对圆锥角的影响

当设最大圆锥的直径偏差为 ΔD,最小圆锥的直径偏差为 Δd,且令 $\Delta D=\Delta d$。在极端的情况下,即当最小圆锥直径最小,而最大圆锥直径最大时,或者反之,则

$\frac{\alpha}{2}$将增大 $\Delta\frac{\alpha^{+}}{2}$,或者减小 $\Delta\frac{\alpha^{-}}{2}$。由图 6-9-35(a)可得:

$$\Delta\frac{\alpha^{+}}{2}=\arctan\frac{\Delta D\cos^{2}\frac{\alpha}{2}}{2L+\frac{\Delta D}{2}\sin\alpha} \tag{6-9-41}$$

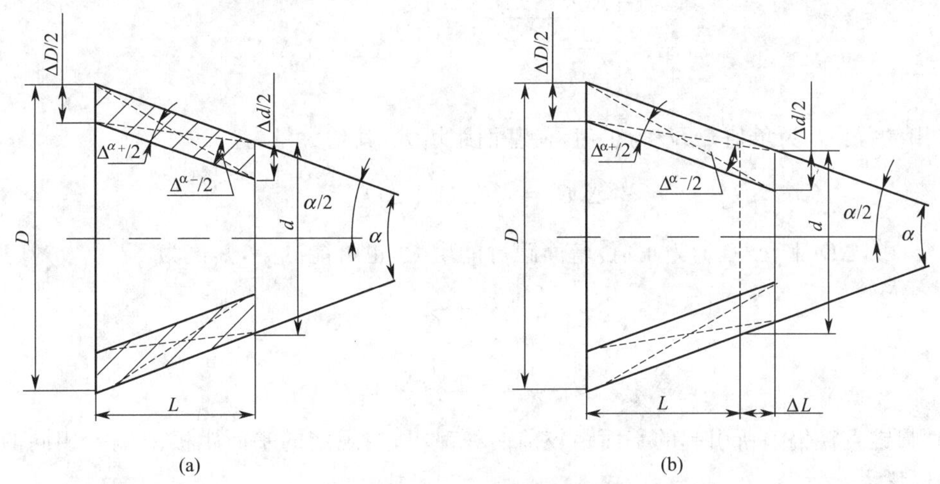

图 6-9-35　圆锥直径偏差及长度偏差对锥角的影响

$$\Delta\frac{\alpha^{-}}{2}=\arctan\frac{\Delta D\cos^{2}\dfrac{\alpha}{2}}{2L-\dfrac{\Delta D}{2}\sin\alpha} \tag{6-9-42}$$

如果还存在圆锥长度偏差 ΔL[图 6-9-5]，则

$$\Delta\frac{\alpha^{+}}{2}=\arctan\frac{\Delta D\cos^{2}\dfrac{\alpha}{2}}{2(L+\Delta L)+\dfrac{\Delta D}{2}\sin\alpha} \tag{6-9-43}$$

$$\Delta\frac{\alpha^{-}}{2}=\arctan\frac{\Delta D\cos^{2}\dfrac{\alpha}{2}}{2(L+\Delta L)-\dfrac{\Delta D}{2}\sin\alpha} \tag{6-9-44}$$

由于圆锥素线角$\frac{\alpha}{2}$产生偏差（增大或减小），将使内、外圆锥在大端或小端局部接触。

3. 圆锥直径及圆锥角偏差对基面距的影响

(1)圆锥直径对基面距的影响

如图 6-9-36 所示，O—O 为基本圆锥的素线，设内、外圆锥最大、最小圆锥直径的偏差分别为 ΔD_i、ΔD_e、Δd_i、Δd_e，且 $\Delta D_i=\Delta d_i$，$\Delta D_e=\Delta d_e$。

图 6-9-36(a)中，ΔD_i 为正值，ΔD_e 为负值，内、外圆锥结合时，外圆锥沿轴线向右移，直到与内圆锥表面接触，使基面距 E_a 减小，其减小量为：

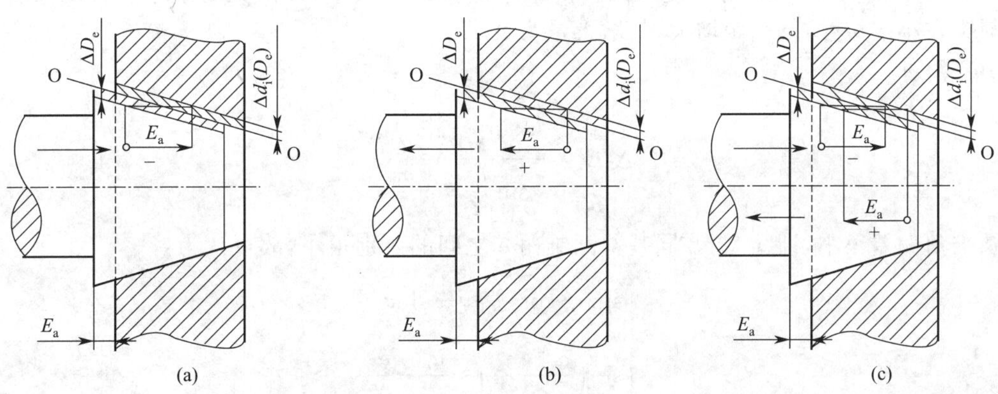

图 6-9-36　圆锥直径偏差对基面距的影响

$$\Delta_1 E_a=\left(\frac{\dfrac{\Delta D_i}{2}+\dfrac{\Delta D_e}{2}}{\operatorname{tg}\dfrac{\alpha}{2}}\right)=-\frac{1}{C}(\Delta D_i+\Delta D_e) \tag{6-9-45}$$

图 6-9-36(b)中，ΔD_i 为负值，ΔD_e 为正值，使基面距增大，其增大量为

$$\Delta_1 E_a=\frac{1}{C}(\Delta D_i+\Delta D_e) \tag{6-9-46}$$

图 6-9-36(c)中，ΔD_i 和 ΔD_e 均为正值，基面距可能增大，也可能减小，其值为

$$\begin{cases}\Delta_1 E_a=\pm\dfrac{1}{C}\Delta D_i\\ \Delta_1 E_a=\pm\dfrac{1}{C}\Delta D_e\end{cases} \tag{6-9-47}$$

显然，此时圆锥直径偏差所引起的基面距较前两种都小，在规定的基面距极限偏差相同的情况下，圆锥直径的公差可以增大。

(2)锥角偏差对基面距的影响

为了分析方便，假设：内、外圆锥直径均无偏差；以内圆锥的最大圆锥直径 D_i 为基本直径，基面距位于大端。

在图 6-9-37 中，因为 $\alpha_i<\alpha_e$，将会使内圆锥的最小圆锥直径增大，外圆锥的最小圆锥直径减小，即 $d_i<d_e$。于是内、外圆锥在大端接触，由此所引起的基面距变化很小，可以忽略不计。但由于内、外圆锥在大端局部接触，接触面积小，将使磨损加剧，且可能导致内、外圆锥相对倾斜，影响其使用性能。

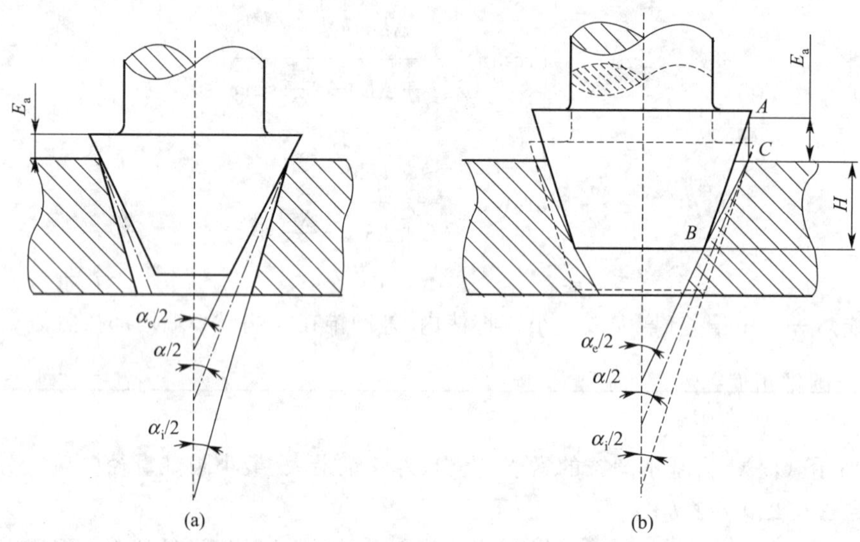

图 6-9-37 锥角偏差对基面距的影响

在图 6-9-37 中，因为 $\alpha_i>\alpha_e$，将会使外圆锥的最小圆锥直径减小，外圆锥的最小直径增大。即 $d_i<d_e$。于是内、外圆锥在小端接触，基面距增大，其增大量为 $\Delta_2 E_a$。

由△ABC 可知：

$$\Delta_2 E_a=\frac{H\sin\left(\dfrac{\alpha_i}{2}+\dfrac{\alpha_e}{2}\right)}{\sin\dfrac{\alpha_e}{2}\cos\dfrac{\alpha_i}{2}} \tag{6-9-48}$$

通常，圆锥角偏差很小，即 α_i 和 α_e 同基本圆锥角 α 之间的差别很小，故可认为：

$$\begin{cases}\sin\dfrac{\alpha_e}{2}\cos\dfrac{\alpha_i}{2}\approx\dfrac{1}{2}\sin\alpha\\ \sin\left(\dfrac{\alpha_i}{2}-\dfrac{\alpha_e}{2}\right)\approx\dfrac{\alpha_i}{2}-\dfrac{\alpha_e}{2}\end{cases} \tag{6-9-49}$$

再将$\dfrac{\alpha_i}{2}-\dfrac{\alpha_e}{2}$的单位由分换算成弧度(1′相当于 0.000 3 rad)，式(6-9-49)可改写为

$$\Delta_2 E_a = \frac{0.0006\left(\frac{\alpha_i}{2}-\frac{\alpha_e}{2}\right)}{\sin\alpha} \tag{6-9-50}$$

对于常用的工具锥，其锥度一般很小(例如 $C=1:20$)，可取 $\sin\alpha\approx 2\mathrm{tg}\frac{\alpha}{2}=C$，于是：

$$\Delta_2 E_a = \frac{0.0006\left(\frac{\alpha_i}{2}-\frac{\alpha_e}{2}\right)}{C} \tag{6-9-51}$$

考虑到圆锥直径偏差和圆锥角偏差往往同时存在，故基面距的最大可能变动量为

$$\Delta E_a = \frac{\Delta D_e - \Delta D_i}{C} + \frac{0.0006H\left(\frac{\alpha_i}{2}-\frac{\alpha_e}{2}\right)}{\sin\alpha} \tag{6-9-52}$$

或

$$\Delta E_a = \frac{1}{C}\left[\Delta D_e - \Delta D_i + 0.0006H\,\frac{\alpha_i}{2}-\frac{\alpha_e}{2}\right] \tag{6-9-53}$$

式中，ΔD_e 和 ΔD_i 的正负符号视实际的圆锥直径偏差方向而定，计算时应加注意。

经验指出，圆锥结合的质量及其使用性能，主要取决于内、外圆锥的圆锥角偏差、圆锥直径偏差及其形状误差(圆锥的圆度误差和素线直线度误差)的大小。对于一般用途的圆锥结合，可以只规定圆锥直径公差，形状误差应在直径公差带之内，圆锥角偏差也有直径公差加以限制，根据给定的圆锥直径公差，可以计算基面距的允许变动量，这样便于用锥度量规按基面距偏差进行检查。

当对圆锥结合质量要求较高时，仍可只规定其直径公差，但在图样上应注明圆锥锥度和素线直线度误差允许占直径公差的比例。

当对圆锥结合质量要求很高时，应分别单独规定圆锥角公差及其形状公差。例如用以传递很大扭矩的圆锥结合(采用过盈配合)，应单独规定内、外圆锥的圆锥角公差。因为，如图 6-9-38 所示，为抵抗使内、外圆锥产生相对轴向位移的工作力矩所需的摩擦力矩 M_r 与 $\sin\frac{\alpha}{2}$ 成反比：

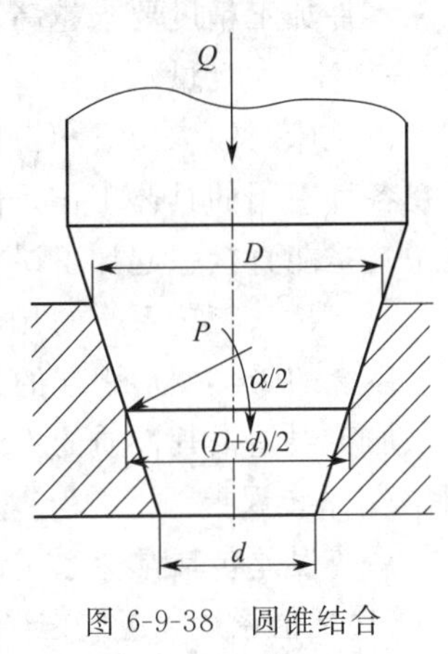

图 6-9-38　圆锥结合中的作用力

$$M_r = f\,\frac{Q}{\sin\frac{\alpha}{2}}\,\frac{D+d}{4} \tag{6-9-54}$$

式中　f——摩擦系数；

Q——生产正压力 P 的轴向压入力。

4. 随机装配方法的产生

随机装配方法的产生和发展，是以轴承的选择装配为基础的。标准规定，可分离的外圈，必须具有互换性。因此，选择装配时，不能对外圈进行选别。对于其他配套零件，都安排有终检分类工序，以选择相应的零件进行合套。圆锥滚子的分选，可以将一套轴承内滚子的尺寸相互差控制在很小范围内，这就为成品轴承宽度的满足奠定了基础。

在终加工中，影响滚子尺寸的误差因素很多，有随机性误差，也有系统性误差。但无论哪种误差，在极短时间内，它们所引起的相邻滚子的尺寸相互差不大。若直接将这相邻的几粒滚子装在一套轴承内，就可以省去分选工序而达到同样的装配质量。于是，作为一种新技术，随机装配方法就产生了。

二、圆锥滚子直径误差与随机装配的本质

如前所述，影响滚子尺寸的误差因素很多，有随机性误差，也有系统性误差。

1. 影响加工误差的因素

在设计机械零件时，零件的几何参数是通过要素的尺寸、要素的形状及相互位置等给定的，在零件的制造中，即使同一生产条件下也不可能加工出完全相同的零件，实际零件的几何尺寸会偏离设计零件的几何参

数。因此从工艺角度来看，零件的几何参数必须允许一定范围的波动，而从零件的设计、工作方面来看也不必使零件的几何参数绝对准确。正是由于加工实际中这种偏离量的存在，机械加工中产生了“加工精度”这样一个概念。滚动轴承零件的生产中也存在这样的问题。

加工精度是指零件加工后的实际几何参数(尺寸、形状和位置)与理想几何参数的符合程度，他们之间的偏离程度则称为加工误差。实际几何参数与理想几何参数符合程度越高，加工精度越高。实际加工中，若加工误差值控制在给定的加工精度相应的公差范围内就认为保证了加工精度。

一般机械加工精度是在零件工作图上给定的，包括：零件的尺寸精度，即加工后零件的实际尺寸与零件理想尺寸相符的程度；零件的形状精度，即加工后零件的实际形状与零件理想形状相符的程度；零件的位置精度，即加工后零件的实际位置与零件理想位置相符的程度。加工精度的三个方面既有区别又有联系，在许多情况下是相互影响的，应使之相协调。对于三方面的几何参数理想值可理解为：尺寸的公差带中心；绝对的平面、柱面、锥面、球面等几何形状；绝对的平行、垂直、同轴、同心等位置参数。常见的获得加工精度的方法有：试切法，即试切—测量—再试切—直至测量结果达到图纸给定要求的方法；定尺寸刀具法，即用刀具的相应尺寸来保证加工表面的尺寸；调整法，即按零件规定的尺寸预先调整好刀具与工件的相对位置来保证加工表面尺寸的方法；自动控制法，即使用一定的装置(自动测量或数字控制)，在工件达到要求尺寸时，自动停止加工。

零件加工精度要求越高，就越难加工，加工成本就高，生产效率下降。滚动轴承零件加工的特点是高精度、高效率、大批量。

由机床、夹具、刀具和工件组成的机械加工工艺系统(简称工艺系统)会有各种各样的误差产生，这些误差在各种不同的具体工作条件下都会以各种不同的方式(或扩大、或缩小)反映为工件的加工误差。工艺系统中凡是能直接引起加工误差的因素都称为原始误差。工艺系统的原始误差主要有：加工前的误差(原理误差、调整误差、工艺系统的几何误差、定位误差)；加工过程中的误差(工艺系统的受力变形引起的加工误差、工艺系统的受热变形引起的加工误差)；加工后的误差(工件内应力重新分布引起的变形以及、测量误差)等。

加工误差按其性质的不同，可分为系统误差和随机误差(也称偶然误差)。

2. 系统误差

系统误差包括常值系统误差和变值系统误差

(1)常值系统误差：在连续加工一批工件中，其加工误差的大小和方向都保持不变或基本不变的系统误差，称为常值系统误差。原理误差，机床、刀具、夹具、量具的制造误差等原始误差，都属于常值系统误差。如铰刀的直径偏大 0.02 mm，加工后一批孔的尺寸也都偏大 0.02 mm。①与加工时间(顺序)无关；②预先可以估计；③较易完全消除；④不会引起工件尺寸波动(常值系统误差对于同批工件的影响是一致的，不会引起各工件之间的差异)；⑤不影响尺寸分布曲线形状。

(2)变值系统误差：在连续加工一批工件中，其加工误差的大小和方向按一定规律变化的系统误差，称为变值系统误差。刀具的正常磨损引起的加工误差，其大小随加工时间而有规律地变化，属于变值系统误差。①与加工时间(顺序)有关；②预先可以估计；③较难完全消除；④会造成工件尺寸的增大或减小(变值系统误差虽然会引起同批工件之间的差异，但是按照一定的规律而依次变化的，不会造成忽大忽小的波动)；⑤影响尺寸分布曲线形状。工艺系统的热变形，在温升过程中，一般将引起变值系统误差，在达到热平衡后，则又引起常值系统误差。

(3)随机误差

在连续加工一批工件中，其加工误差的大小和方向是无规则地变化着的，这样的误差称为随机误差。毛坯误差(加工余量不均匀，材料硬度不均匀等)的复映、定位误差、夹紧误差(夹紧力时大时小)、工件内应力等因素都是变化不定的，都是引起随机误差的原因。①预先不能估计到(是随机的)，但有一定的统计规律；②较难完全消除，只能减小到最小限度；③工件尺寸忽大忽小，造成一批工件的尺寸分散(在一定的加工条件下随机误差的数值总在一定范围内波动)。

随机误差和系统误差的划分也不是绝对的，它们之间既有区别又有联系。例如：加工一批零件时，如果是在机床一次调整中完成的，则机床的调整误差引起常值系统误差；如果是经过若干次调整完成的，则调整误差就引起随机误差了。误差性质不同，解决的途径也不同。对于常值系统误差误差，若能掌握其大小和方向，就可以通过调整消除；对于变值系统误差，若能掌握其大小和方向随时间变化的规律，则可通过自动补偿消除；对随机误差，可采用统计分析法，缩小它们的变动范围。

3. 圆锥滚子直径误差性质

圆锥滚子轴承成品装配质量指标有：轴承宽度、旋转精度、振动和噪声等。影响这些指标的主要因素是滚子的加工质量：尺寸误差、形位偏差和表面波纹等。其中直径误差是影响随机装配质量的主要因素。以下讨论圆锥滚子直径误差性质。

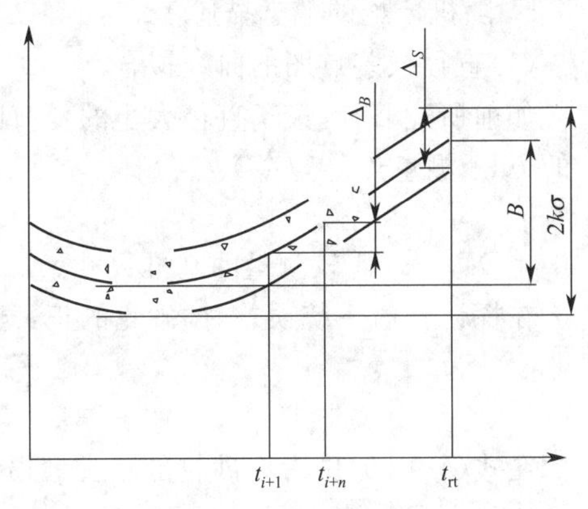

图 6-9-39　误差点图

图 6-9-39 为在一次调整下加工某钢质滚子的直径误差点图。

由图可知：影响直径尺寸 D_w 的随机误差瞬时分布范围为 Δ_S；变值系统误差最大值为 B。

前面在探讨随机误差的因素时，我们已经知道影响随机误差的因素很多，例如原始误差、材料性质均匀性等，在问题的实际处理过程中，没有必要逐一查明这些因素，而仅需把握其统计规律即可。

在正常生产条件下，随机误差符合正态分布规律，若 $B=0$ 则其瞬时分布范围为：

$$\Delta_S = 2k\delta_W \tag{6-9-55}$$

式(6-9-55)中，δ_W 为滚子尺寸 D_W 的均方根偏差；均方根偏差 δ_W 的值仍可依据均方根偏差计算式计算：

$$\sigma_W = \sqrt{\frac{\sum_{k=1}^{N}(X_k - \overline{X})^2}{N}} \tag{6-9-56}$$

式中　σ_W——滚子尺寸 D_W 的均方根偏差；

　　X——统计量，此处指 D_W；

　　k——为分布系数。

变值系统误差的因素也很多，各因素的作用效果不同，对滚子直径而言，常见的且比较重要的有砂轮磨损和工艺系统热变形。

砂轮的正常磨损对滚子直径的影响规律为：

$$\eta(t) = k(t - t_p) + \eta_p \tag{6-9-57}$$

式中　k、t_p 和 η_p——均为常数；

　　　　t——连续加工滚子的数目，也可看作时间变量。

热变形对滚子直径的影响规律为：

$$\xi(t) = \xi_p(1 - e^{-\tau t}) \tag{6-9-58}$$

式中　ξ_p 和 τ——均为常数。

4. 随机装配的本质

为保证装配质量，装在同一套轴承内的 n 位滚子的直径相互差 Δ_n 必须小于或等于技术条件所要求的直径相互差$[\Delta_n]$，即

$$\Delta_n \leqslant [\Delta_n] \tag{6-9-59}$$

在正常生产条件下，随机误差的分布范围也是很小的，它和加工顺序关系不大，而且分布范围的值 $\Delta_S < [\Delta_n]$；因此，若仅考虑随机误差，则加工后的滚子在装配时是互换的，不必分选，也不必按加工顺序进行装配，均可满足装配要求。

变值系统误差的分布范围 B 是很大的，它和加工顺序有密切关系，其值远远超过$[\Delta_n]$，但是，由于变值系统误差的变化特性很好，，因此，相邻的 n 粒滚子直径差别也仍然是很小的(可参见图 6-9-39)。一般，$\Delta_B < [\Delta_n]$，若按加工顺序装配，完全可以满足装配要求。

于是可知，随机装配的本质在于按加工顺序严格控制变值系统误差对滚子直径相互差的影响，而次要考虑随机误差。

到此为止，可以精确定义：按滚子加工顺序进行装配叫做随机装配，因此，如果用“顺序装配”代替“随机装配”，可以更恰当地表征这种装配方法的本质。

5. 随机装配的数学描述

(1)直径误差点图的曲线拟合

如前所述,影响滚子直径大小的变值因素有砂轮磨损和系统热变形,因此,可用下式逼近直径误差点图上的 N 个测量点(t_i, D_{Wi}):

$$D_W(t)=D_{W0}+\eta(t)+\xi(t) \tag{6-9-60}$$

式中 D_{W0}——比较测量的基准尺寸。

在探讨变值系统误差时,砂轮的正常磨损以及热变形对滚子直径的影响分别为:

$$\eta(t)=k(t-t_p)+\eta_p$$
$$\xi(t)=\xi_p(1-e^{-\tau t})$$

在式(6-9-60)中考虑砂轮的正常磨损以及热变形对滚子直径的影响规律,则式(6-9-60)变为:

$$D_W(t)=D_{W0}+k(t-t_p)+\eta_p+\xi_p(1-e^{-\tau t}) \tag{6-9-61}$$

简化式(6-9-61),得:

$$D_W(t)=-A+kt-\xi_p e^{-\tau t} \tag{6-9-62}$$

式(6-9-62)中:

$$A=kt_p-\eta_p-\xi_p-D_{W0}$$

式(6-9-62)中常数 A、K、ξ_p 和 τ 的确定应使 $D_W(t)$和 N 个测量点 $D_{Wi}(t_i)$的误差平方和为最小。

$$Q=\sum_{i=1}^{N}(D_W-D_{Wt})^2 \tag{6-9-63}$$

求(6-9-63)式的极小值可采用拉格郎日乘子法来求解,通过应用拉格郎日乘子,可使求等式约束条件下函数的极小点成为求拉格郎日函数的驻点。这种引进待定乘子,将有等式约束的寻优问题转化为无约束的寻优问题的做法,称为拉格郎日乘子法。即:

$$\begin{cases}\dfrac{\partial Q}{\partial K}=2\sum\limits_{i=1}^{N}(kt_i-A-\xi_p e^{-\tau t_1}-D_{Wi})t_i=0\\ \dfrac{\partial Q}{\partial A}=2\sum\limits_{i=1}^{N}(kt_i-A-\xi_p e^{-\tau t_1}-D_{Wi})=0\\ \dfrac{\partial Q}{\partial \xi_p}=2\sum\limits_{i=1}^{N}(kt_i-A-\xi_p e^{-\tau t_1}-D_{Wi})e^{-\tau t_i}=0\\ \dfrac{\partial Q}{\partial \tau}=2\sum\limits_{i=1}^{N}(kt_i-A-\xi_p e^{-\tau t_1}-D_{Wi})t_i\xi_p e^{-\tau t_i}=0\end{cases} \tag{6-9-64}$$

考虑到 $t_i=1,2,\cdots,N$,由上式可解出:

$$\begin{cases}A=\dfrac{\sum(kt_i-\xi_p e^{-\tau t_i})}{N}-\overline{D}_w\\ \overline{D}_W=\dfrac{\sum\limits_{i=1}^{N}D_{Wi}}{N}\\ k=E\xi_p+c\end{cases} \tag{6-9-65}$$

式(6-9-65)中:

$$\begin{cases}E=\dfrac{12\left(\sum\limits_{i=1}^{N}t_i e^{-\tau t_i}-\dfrac{N+1}{2}\sum\limits_{i=1}^{N}e^{-\tau t_i}\right)}{(N+1)(N-1)}\\ c=\dfrac{12\sum\limits_{i=1}^{N}D_{Wi}t_i}{(N+1)N(N-1)}-\dfrac{6\overline{D}_W}{N-1}\\ \xi_P=\dfrac{-\sum\limits_{i=1}^{N}\left[\dfrac{-c}{2}(N+1)+\overline{D}_W-D_{Wi}+ct_i\right]e^{-\tau t_i}}{-\sum\limits_{i=1}^{N}\left[Et_i-e^{-\tau t_i}-\dfrac{1}{N}\sum\limits_{i=1}^{N}(Et_i-e^{-\tau t_i})\right]e^{-\tau t_i}}\end{cases} \tag{6-9-66}$$

另外，上述式中均使用了变量 τ，在计算过程中，τ 的值由下式确定：

$$\sum_{i=1}^{N} kt_i - A - \xi_p e^{-\tau t_i} - D_{Wi})t_i e^{-\tau t_i} = 0 \qquad (6\text{-}9\text{-}67)$$

(2)n 粒滚子的直径相互差

由逼近直径误差的方程：

$$D_W(t) = D_{w0} + \eta(t) + \xi(t)$$

可得相邻 n 粒滚子直径的变值系统误差为：

$$\Delta_B = \mathrm{Max}\{D_{wj}\}_n - \mathrm{Min}\{D_{wj}\}_n \quad j \in [i, i+n-1] \qquad (6\text{-}9\text{-}68)$$

同时考虑变值系统误差 Δ_B 和随机系统误差 Δ_S，就是 n 粒滚子直径相互差为：

$$\Delta_n = \Delta_B + \Delta_S \qquad (6\text{-}9\text{-}69)$$

6. 工艺过程的控制

(1)实现随机装配的条件

综上所述，可知实现随机装配的条件为：

$$[\Delta_n] \geqslant \Delta_B + \Delta_S \qquad (6\text{-}9\text{-}70)$$

若现场工艺不满足上式，就不能采用随机装配方法。欲使上式成立，必须对工艺过程加以控制。

(2)随机误差的控制

生产中，可以掌握的随机因素主要是滚子原始误差 Δ_0。设滚子磨前形状误差为 Δ_0，工件转动一周后，滚子形状误差变为 Δ_1，则 Δ_0 和 Δ_1 的关系可由下式表示：

$$\varepsilon_1 = \frac{\Delta_1}{\Delta_0} \qquad (6\text{-}9\text{-}71)$$

表中 ε_1 表示工件转动一周的误差复映系数。

(6-9-71)式就表明了滚子磨削时，工件转一周的误差复映规律。下面将以该式为基础推出工件转 m 周的误差复映规律并给出误差复映系数的具体表达式。

$\Delta_0 = a - b$，磨削时，1 点和 2 点名义磨削深度不同。则对应于这两点的系统变形 y_1 和 y_2 及实际磨削深度 a_{p1} 和 a_{p2} 也分别不同。图 6-9-40 中 R 为磨后理想半径，于是可知：

$$\Delta_1 = (R + y_1) - (R + y_2) = y_1 - y_2$$

而

$$a = R + y_1 + a_{p1}$$

$$b = R + y_1 + a_{p2}$$

则

$$\Delta_0 = a - b = (y_1 - y_2) + (a_{p1} - a_{p2})$$

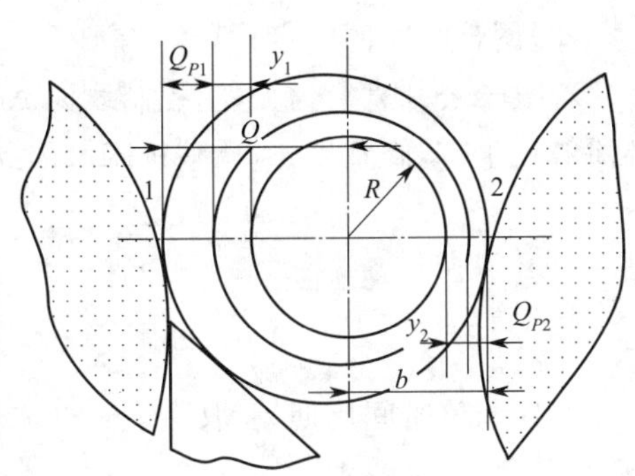

图 6-9-40 滚子磨削过程中的误差复映规律

将上述 Δ_1 和 Δ_0 代入(6-9-71)式，有

$$\varepsilon_1 = \frac{y_1 - y_2}{(y_1 - y_2) + (a_{p1} - a_{p2})} \qquad (6\text{-}9\text{-}72)$$

(6-9-72)式中，y 和 a_p 是有如下关系的：

$$y = \frac{P_y}{K} \qquad (6\text{-}9\text{-}73)$$

$$a_p = K_m P_y \qquad (6\text{-}9\text{-}74)$$

式中 p_y——y 向磨削力。

由(6-9-73)和(6-9-74)两式可得：

$$a_p = K_m K y \qquad (6\text{-}9\text{-}75)$$

式(6-9-75)中 K_m——磨削常数；

K——工艺系统刚度。

将(6-9-75)式代入(6-32)式可得：

$$\varepsilon_1 = \frac{1}{1 + K_m K} \qquad (6\text{-}9\text{-}76)$$

式(6 9 76)就是工件转一周时的滚了磨削误差复映系统的表达式。

由(6-9-76)式可知，ε_1 仅和 K_m 和 K 有关，而 K_m 和 K 均为常数。因此，ε_1 为一常数，这就不难用数学归

纳法推出工件转 m 周时的误差复映系数为：

$$\varepsilon_m=\varepsilon_{m-1}=\cdots=\varepsilon_2=\varepsilon_1=\varepsilon \tag{6-9-77}$$

于是，工件转 m 周后，内圆表面形状误差 Δ_m 为：

$$\Delta_m=\varepsilon_1\varepsilon_2\cdots\varepsilon_{m-1}\varepsilon_m\Delta_0=\varepsilon^m\Delta_0=\left(\frac{1}{1+K_mK}\right)^m\Delta_0 \tag{6-9-78}$$

(6-9-78)式就是内圆磨削误差复映规律的定量描述。

一般，K_m 和 K 均为大于零的数，因此误差复映系数 ε 总是小于 1 的正数。这表明内圆磨削后，其表面误差总是会减小的；另外，增加工件转数 m，会使加工误差 Δ_m 值下降。

以上我们探讨的是某一粒滚子加工过程中的误差复映规律，用同样的分析方法，我们可以得到加工前后相邻 n 粒滚子直径相互差的关系。

若相邻 n 粒滚子直径相互差为 Δ_{n_0}，则加工后直径相互差为：

$$\Delta_{nm}=(1+KK_m)^{-m}\Delta_{n0} \tag{6-9-79}$$

式中　K_m——磨削常数；

K——工艺系统刚度；

m——加工过程中，滚子的转数。

由于 Δ_{mn} 和 Δ_s 成正比，因此，据(6-9-79)式可知下列措施有益于保证随机装配质量：

①提高工艺系统刚度 K；

②减小工件终磨前直径相互差 Δ_{n0}；

③增加滚子转数 m。

变值系统误差主要是砂轮磨损和系统热变形。对于热变形的控制比较简单，可在生产前空转机床，使系统达到热平衡以后再正式进行生产，此时 $\tau\to+\infty$。

对于砂轮磨损，可通过正确选用砂轮来控制。通常，精磨时使用较硬的砂轮。实际上，粗磨时仍可使用较硬的砂轮，须合理布置无心磨削的几何布局，使工件处于稳定的运动状态。

保证随机装配的顺序控制特征的有效方法是使滚子从粗磨到精磨或超精加工始终保持一定的顺序。具体做法是用管子按顺序连接粗磨、精磨和超精加工工序，实现终加工连线生产。

(3)调整时间的确定

若滚子公称直径为 D，上控制线为 ΔD，下控制线为 ΔD_s，则当实际滚子直径 D_W 超出上、下控制线时，就必须停止生产，修整砂轮，调整机床。因此，两次调整之间的时间周期 t_τ 由下式确定：

$$D_W+\frac{1}{2}\Delta_S\leqslant D+\Delta D_S$$

$$D_W-\frac{1}{2}\Delta_S\geqslant D+\Delta D_X \tag{6-9-80}$$

临界调整时间周期 t_{TL} 取决于

$$D+\Delta D_s=[D_w+\frac{1}{2}\Delta_S]=t_{TL1} \tag{6-9-81}$$

或者

$$D-\Delta D_x=\left[D_W-\frac{1}{2}\Delta_S\right]_t=t_{TL2} \tag{6-9-82}$$

t_{TL} 为 t_{TL1} 和 t_{TL2} 中较小者，故有：

$$t_{TL}=\min(t_{TL1},t_{TL2}) \tag{6-9-83}$$

在式(6-9-83)中，若 $t_{TL}<1$，则应按下式选择 t_{TL} 值：

$$t_{TL}=\max(t_{TL1},t_{TL2}) \tag{6-9-84}$$

随机装配是一种先进的装配方法，除了本章的研究外，在国内已有比较成熟的经验可供借鉴。读者也可结合实际情况探索出适宜单位的具体工艺方法。

如在曲线拟合时，可选择拟合曲线：

$$D_W=at^b \tag{6-9-85}$$

或者

$$D_W = a_0 + a_1 t + a_2 t^2 + \cdots + a_p t^2 + \cdots \qquad (6\text{-}9\text{-}86)$$

可能会得到更好的结果。

第七节　轴承的装配技术的发展趋势

当前，我国轴承装配技术的发展十分迅速，工艺、装备不断出新，轴承装配质量、装配效率不断提高。同时，也应看到，由于轴承品种日益繁多，轴承的功能不断得到增强，不可能仅用一项装配技术或装配自动线，来全部完成某一类型轴承的装配。因此，发展轴承装配技术仍是摆在我们面前的突出矛盾，仍需不断推进的课题。

轴承装配技术的发展，受轴承技术和应用的发展所推动，同时也受到轴承加工制造水平的影响。这体现在：一方面，轴承的发展，大量新技术的应用，轴承使用的更新，使轴承的结构形式不断发生改变，轴承新品种层出不穷。除了将这些轴承新产品的零件按要求加工成功以外，如何将他们进行装配，从而使轴承的整体性能发挥出来，满足使用的需要，就成为轴承装配永无止境的研究课题。另一方面，轴承零件加工技术的提高，轴承装配技术水平就必须与其相适应，以满足市场竞争这个大环境的需求。随着轴承零件加工自动化的不断推广和应用，磨装自动线连线或一体化也提到了当前的议事日程上来。

一、轴承新品种的装配技术

轴承的新品种不断增加，老的加工方式不断更新，轴承的装配也随之不断增加新的内容。轴承的新品种繁多，每一个品种都有具体的装配要求，这些要求千差万别，因此轴承的装配过程也是丰富多样的，本章仅以圆锥滚子轴承例子，来说明轴承技术和应用的发展，给轴承装配技术的不断进步创造了条件。

1. 有零件可互换要求的轴承装配

套圈可互换与不可互换两种技术条件下，单列圆锥滚子轴承的装配高要求是不同的，零件可互换时，装配高公差较大。而现在，为了保证轴承零件的统一，在此基础上再分零件互换与不可互换两种情况，由此给轴承的加工和装配带来了难度。

2. 有成组使用要求的轴承装配

用户对轴承使用的要求越来越细化，越来越高。使用当中有时一组轴承同时工作，这些工作的轴承之间在位置、承受载荷的分配等方面的关系很重要，往往需要精心挑选甚至再次加工后，再将他们组合到一起。实现这个目标最快捷和有效的措施，就是将有成组使用要求的轴承，由轴承制造厂家来完成装配，成组提供给用户。目前，成组使用的轴承越来越多。

径向承受载荷条件下，轴承组配的情况也很多，比较常见的有四列圆锥滚子轴承。这些轴承就是将四套单列轴承成组的要求，转化成一套多列轴承轴承来实现，并且对结构进行相应调整，是空间更加紧凑。此外，其中一部分轴承还要满足零件互换性的要求。这些轴承在装配时，都要对每列之间的尺寸，游隙，角度等相互差按照成组使用的理念进行控制，否则如果某一列承载过大而损坏，将导致整套轴承失效，而这一列的损坏，还不容易修补。

3. 有密封要求的轴承装配

带防尘盖和密封圈的轴承已经非常普及，带密封结构的支持还在不断增加。轴承是精密易损件，在一些重要的场合，轴承都有轴承箱的机械密封或其他形式的密封加以保护。这些密封部件的使用，占了大量的体积空间，于是人们又逐渐将密封装置到轴承上来，并且不断改进和优化。

比较成熟和大量使用的带密封装置的轴承，是铁道车辆、汽车等交通工具使用的车轴和轮毂轴承、轧机轴承等。这些轴承的密封装置结构多样化，针对不同的使用场合均有其独特的优越性。带密封的铁路轴承，是双列圆锥滚子轴承。轴承在装配时，除了注脂量要求以外，对密封组装的要求也有严格的规定。一般情况下，这类轴承的密封都又带钢骨架的橡胶密封件，而且分内、外密封，外密封与外圈配合，内密封与内圈或内圈的辅件配合。而内、外密封之间还要达到一定的位置关系，才能达到密封整体效果，或直接靠钢骨架连接一体的 LL 型油封也是与内外圈紧密配合达到整体效果，这些轴承通常要求长寿命，免维修。所有这些要求，除了要求各相关零件应合格以外，好的装配质量也是保证密封装置可靠运行的关键之一。

二、轴承装配自动化技术

各种轴承类型的装配自动化生产线不断地进行研制、生产、运用、更新，支持生产效率、装配质量在不断提升，操作人员的老大强度逐渐降低，但是操作人员的综合素质要求也在提高。

圆锥滚子轴承自动装配内组件示意图见图 6-9-41。

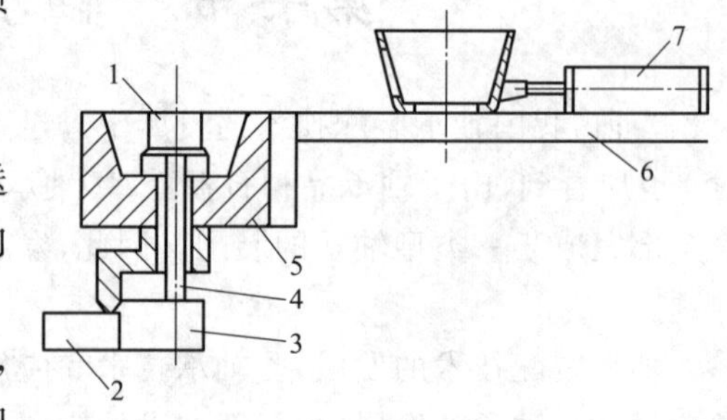

图 6-9-41 组装件示意图

1—内模；2—外模凸轮；3—内模凸轮；4—顶杆；5—外模；6—平台；7—油缸

1. 放保持架。筐形保持架大端朝上排列在料道中等待送料，旋转圆盘每转动一工位的同时，油缸推动保持架落入压装内组件的模具中。

2. 校准保持架位置。在此工位固定支架装有一薄弹簧片，当转动圆盘带动保持架转过来时，弹簧片的尖角插入保持架兜孔中，由于弹簧片固定，可将保持架拨到统一的位置。

3. 装滚子。装入滚子时，外模凸轮使顶杆上升，使外模接近装滚子器的漏斗，接住滚子。

4. 校准滚子位置。见图 6-9-42，此工位靠校准拨叉往外扩张将滚子推入保持架中，把滚子拨正，便于下工位内圈放入。拨叉支点在内模上，并有弹簧使拨叉上部始终向内模收缩，内模上升，使拨叉杆下部收缩，上部外扩，拨动滚子，而当内模下降时拨叉杆上部又缩回到内模中去。

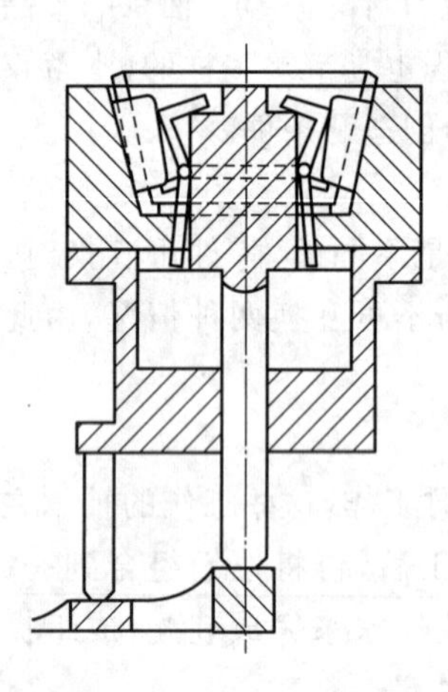
图 6-9-42 校准滚子位置

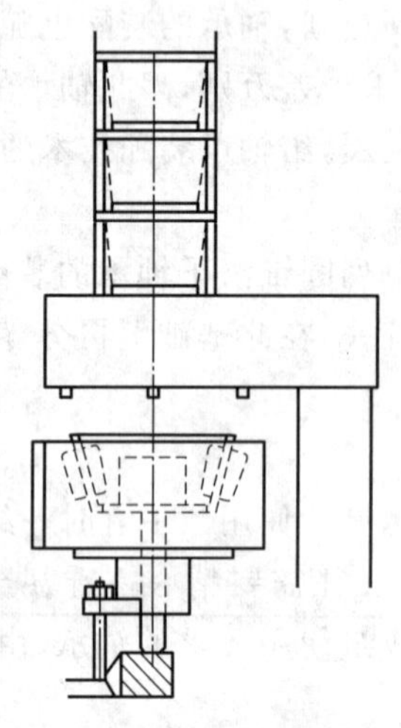
图 6-9-43 放内圈装置

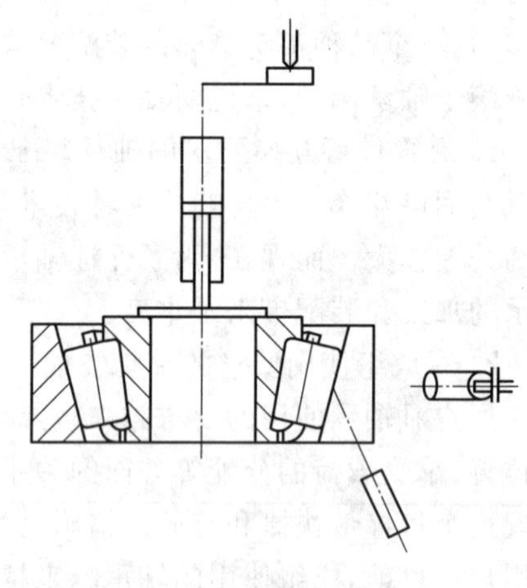
图 6-9-44 光电感应检测

5. 放内圈。见图 6-9-43，内、外模在此工位一齐上升撞到控制器，使内圈料架中一个内圈落入模具中，当圆盘再次转动时，内模下降，内圈接触滚子后，小挡边通过滚子小端。

6. 紧缩滚子。压靠保持架大端面，将保持架外径进行少量收缩，使滚子不能从保持架中脱出，为下一工位做准备。

7. 过渡工位，将装完滚子的内套从模具中顶出，在油缸的作用下推到第九工位。

8. 空位。

9. 检查。见图 6-9-44，用光电感应检查装入滚子数量是否缺少和装的位置是否正确。外模上轴向有缺口，内圈转动时，光线经缺口照到滚子外径面上，经反射至光电转换器进行查数。检查装的滚子是否大小头倒置，利用一个微型开关。正常时，滚子大头在上，开关断开。当滚子小头在上时，内套将垫高，使开关闭合发出剔除信号。

10. 收缩保持架。将保持架完成收缩，形成内组件。

附　　录

轴承成品及零件常用公差术语

轴承在实际生产中，有许多常用公差术语，过去所应用的旧标准现由新国标所取代。新国标等效地采用ISO/TC4国际标准，通过规定统一的公差术语使我国与国际设计、工艺人员等在评定产品质量时有一个共同语言，以利质量标准的贯彻及产品质量的提高。铁路货车轴承执行同一标准。附表1术语引用GB/T 7811—2007/ISO 15241:2001及JB标准。

附表1　术语代号及含义

序号	代号	含　义	序号	代号	含　义
1	B	内圈公称宽度	28	S_{De}	外圈滚道对基准端面的倾斜度变动量
2	ΔB_s	内圈单一宽度偏差	29	$\Delta 2\beta$	内圈滚道圆锥角偏差
3	V_{Bs}	内圈宽度变动量	30	$\Delta 2\alpha$	外圈滚道圆锥角偏差
4	C	外圈公称宽度	31	S_{if}	内圈大挡边厚度变动量
5	ΔC_s	外圈单一宽度偏差	32	D_W	滚子公称直径
6	V_{Cs}	外圈宽度变动量	33	V_{Dwp}	单一平面滚子直径变动量
7	d	公称内径	34	L_W	滚子公称长度
8	Δd_s	单一内径偏差	35	2φ	滚子圆锥角
9	Δd_{mp}	单一平面平均内径偏差	36	$\Delta 2\varphi$	滚子圆锥角偏差
10	V_{dp}	单一平面平均内径变动量	37	S_{Dw}	滚子端面对外表面的跳动
11	V_{dmp}	平均内径变动量	38	D_{wmp}	单一平面滚子平均直径
12	D	公称外径	39	V_{DwL}	滚子直径变动量
13	ΔD_s	单一外径偏差	40	$V_{2\Phi L}$	滚子圆锥角变动量
14	ΔD_{mp}	单一平面平均外径偏差	41	G_r	轴承径向游隙
15	V_{Dp}	单一平面平均外径变动量	42	G_a	轴承轴向游隙
16	V_{Dmp}	平均外径变动量	43	T	成套轴承公称宽度
17	ΔC_{ir}	圆度误差	44	T_s	成套轴承实际宽度
18	K_i	内圈滚道对内孔的厚度变动量	45	T_1	内组件有效宽度
19	K_e	外圈滚道对外径的厚度变动量	46	ΔT_{1s}	内组件实际宽度偏差
20	S_d	内圈基准端面对内孔的倾斜度变动量	47	T_2	外圈有效宽度
21	S_D	外圈外表面对基准端面的倾斜度变动量	48	ΔT_{2s}	外圈实际宽度偏差
22	S_i	内圈滚道对底面的厚度变动量	49	K_{ia}	成套轴承内圈径向跳动
23	S_e	外圈滚道对底面的厚度变动量	50	K_{ea}	成套轴承外圈径向跳动
24	V_{dip}	内圈单一平面滚道直径变动量	51	S_{ia}	成套轴承内圈端面轴向跳动
25	V_{Dep}	外圈单一平面滚道直径变动量	52	S_{ea}	成套轴承外圈端面轴向跳动
26	K_{er}	外圈一滚道对另一滚道的径向的圆跳动	53	L_i	内圈滚道直线度
27	S_{di}	内圈滚道对基准端面的倾斜度变动量	54	L_e	外圈滚道直线度

第七篇

铁路货车轮轴组装、检修技术及管理制度

轮轴组装质量决定了轮轴的安全和寿命及是否满足使用要求。轮轴在运用中,可能会发生疲劳、磨耗,轴承脂和橡胶件还会发生老化等故障。轮轴检修是及时发现零部件故障缺陷并把各种故障缺陷消灭在萌生状态的有效措施,从而防止轮轴带病运行,消除事故隐患。

轮轴组装主要有两种,一是轮轴新组装,就是车轮、车轴及轴承均为新品进行的组装;二是轮轴重新组装,轮轴在检修中,更换车轮、车轴中任一件为新品的组装,主要是恢复轮轴基本性能。

为了实现轮轴安全可靠的运行,就必须建立轮轴检修制度。铁路货车轮轴检修在货车定期检修的框架下,在寿命管理体系内,实行以状态修为主,换件修和专业化集中修为辅的检修制度,并采取先进的检查手段。

铁道部部属国铁货车轮轴实行资产管理。而备用轮轴(轮对)管理是实现资产管理的最好方法。备用轮轴(轮对)是指存放在检修单位的可以使用的良好轮轴(轮对)和待修理、修理中及待解体的不良轮轴(轮对)的统称。

第一章

轮轴组装

一、基本要求

轮对组装分为轮对新组装和轮对重新组装。轮对新组装是以新制车轮及车轴按新制(原型)技术标准组装;轮对重新组装是以旧车轮和旧车轴(拼修)、旧车轮和新车轴(换轴)及新车轮和旧车轴(换轮)按厂修技术标准组装。轮对新组装的目的是满足新造货车、补充检修货车使用需要,重新组装的目的是恢复轮对的性能。

轮对新组装工序包括车轴、车轮选配→尺寸复核→轮对压装→轮对轮座镶入部超声波探伤→轮对尺寸检测→轴端标记刻打→轮对涂漆防护→轮对检查验收。

轮对重新组装工序包括车轴、车轮选配→尺寸复核→轮对压装→轮对轮座镶入部超声波探伤→车轮踏面加工→轮对尺寸检测→轴端标记刻打→轮对涂漆防护→轮对检查验收。

同一车轴上应组装同型号、同材质的车轮,轮对型号以车轴型号为准。同一车轴上组装的两个车轮轮辋宽度差:铸钢车轮不大于 5 mm,辗钢车轮不大于 3 mm。

当不符合组装要求时,轮对分解后原车轮与原车轴不得重新组装。

二、轮座、轮毂孔选配和加工

车轴轮座采用数控车轴车床加工,终加工采用磨削或滚压工艺,加工后表面粗糙度应达到 R_a 1.6 μm;终加工采用滚压工艺时,轮座经车削加工表面粗糙度应达到 R_a 3.2 μm 后方可进行滚压加工。轮座加工后的直径和圆柱度应符合规定限度,并且大端在内侧,同一车轴上两端的轮座直径差不大于 3 mm。为组装方便,轮座加工时轮座外侧应有一圆锥形引入段。

车轮轮毂孔采用数控立式车床或数控镗床加工,轮毂孔圆柱度不大于 0.05 mm,并且大端应在内侧,轮毂孔内径面粗糙度应达到 R_a 6.3 μm。车轮踏面采用数控车轮车床加工。

车轴和车轮应同温 8 h 后对轮毂孔及轮座进行加工、测量、选配和组装。轮座与轮毂孔采取过盈配合,配合过盈量为轮座直径的 0.8‰～1.5‰。

三、组装要求

轮对组装前,轮座表面及轮毂孔内径面应洁净,均匀涂抹纯植物油(禁止采用桐油)。组装时应采取保护措施,防止轴颈磕碰伤及轴颈端部蹾粗。

车轮压装时采用轮对全自动压装机或轮对自动组装单元,微机控制,自动记录。车轴纵向中心线与压力机活塞中心线应保持一致,车轴纵向中心线与车轮轮辋内侧平面相垂直,车轮压入速度应均匀并保持一致。压装压力传感器、位移传感器或压力曲线记录器应定期检定。

压力曲线不合格时,不得将退下的原车轮与原车轴进行第二次压装,在原车轴表面无损伤的情况下,可重新选配其他车轮进行压装,原车轮经重新加工轮毂孔后方可使用。

1. 轮对压装最终压力

轮对压装最终压力按轮毂孔直径计算，每 100 mm 直径尺寸的压装压力：40 钢车轴为 343～539 kN；50 钢车轴为 343～588 kN。

2. 压装压力曲线

压装压力曲线理论长度计算公式如下：

$$L=(S+A-K-r)i$$

式中　L——轮对压装压力曲线理论长度；

S——车轮轮毂孔长度；

A——伸出于轮毂孔外端之轮座长度；

K——轮座前端锥形引入段长度；

r——车轮轮毂孔内侧之圆弧半径；

i——压力指示器之传达系数。

组装后突悬部分不计入压装压力曲线，压力曲线应符合下述规定：

(1)压装压力曲线应均匀平稳上升，其曲线投影长度不小于理论长度的 80%，起点陡升不得超过 98 kN，全部曲线不得有跳动。

(2)压装压力曲线中部不得有下降，平直线长度不得超过该曲线投影长度的 10%，平直线的两端均应圆滑过渡。

(3)压装压力曲线末端平直线长度不得超过该曲线投影长度的 15%。末端下降曲线的长度不得超过该曲线投影长度的 10%，压力下降值不得超过按该轮毂孔直径计算的最大压力的 5%，如末端平直线和下降同时存在，而压力下降值又不超过规定时，其合并长度不得超过该曲线投影长度的 15%。

(4)压装压力曲线的最高点压力，不得大于按该轮毂孔直径计算的最大压力；曲线终点的最小压力，不得小于按该轮毂孔直径计算的最小压力。

(5)压装压力曲线开始上升点与终点(按该轮毂孔直径计算的最小压力点)连成一直线，曲线应全部在此直线以上。

(6)每个车轮的压装压力曲线图上应填写下列内容：轴型、轴号、组装单位代号、左右侧别、车轮制造标记、轮座直径及轮毂孔直径(或配合过盈量)、最终压力、压装年月日等，并由操作者、工长、检查员和验收员签章。

压装压力曲线图示例见图 7-1-1～图 7-1-20。

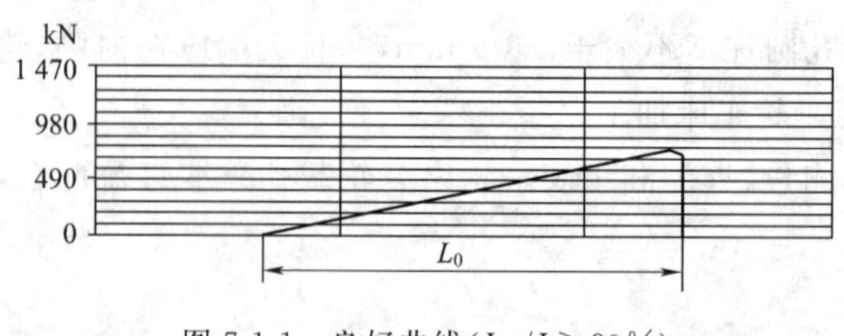

图 7-1-1　良好曲线($L_0/L\geqslant 80\%$)

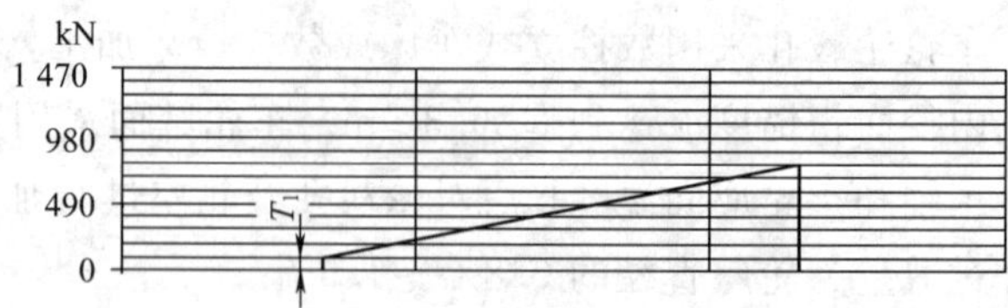

图 7-1-2　合格曲线(陡升 $T_1\leqslant 98$ kN)

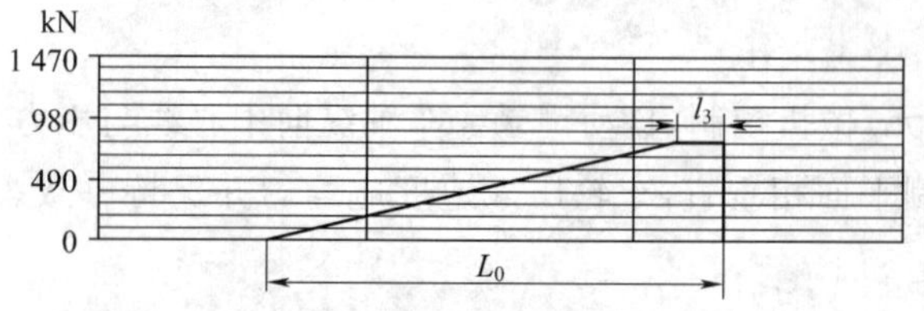

图 7-1-3　合格曲线(末段平直线 $l_3/L_0\leqslant 15\%$)

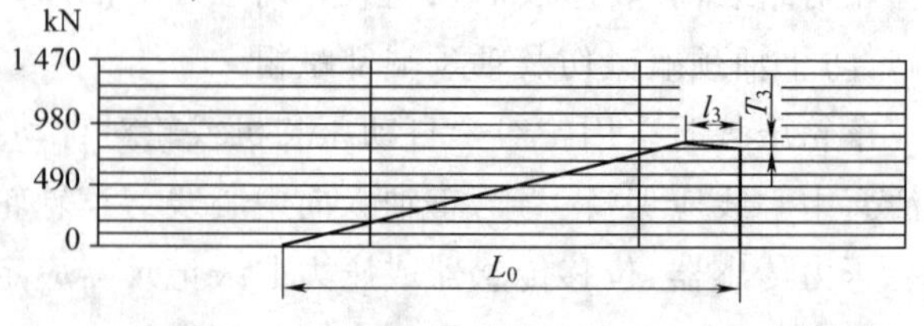

图 7-1-4　合格曲线(末段下降 $T_3/T_{max}\leqslant 5\%$，$l_3/L_0\leqslant 10\%$)

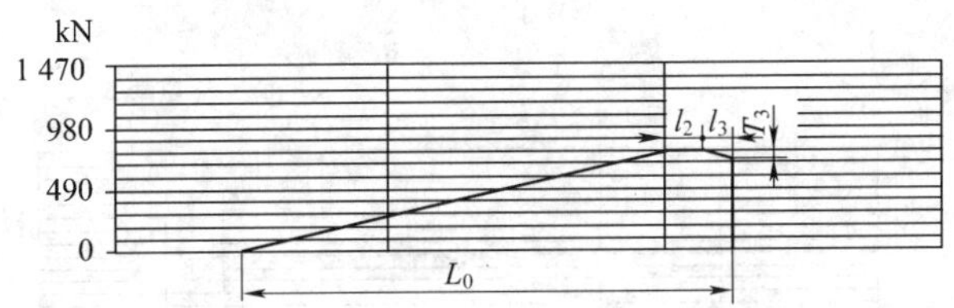

图 7-1-5 合格曲线(末段平直线与下降 $(l_2+l_3)/L_0 \leqslant 15\%$,$T_3/T_{max}<5\%$)

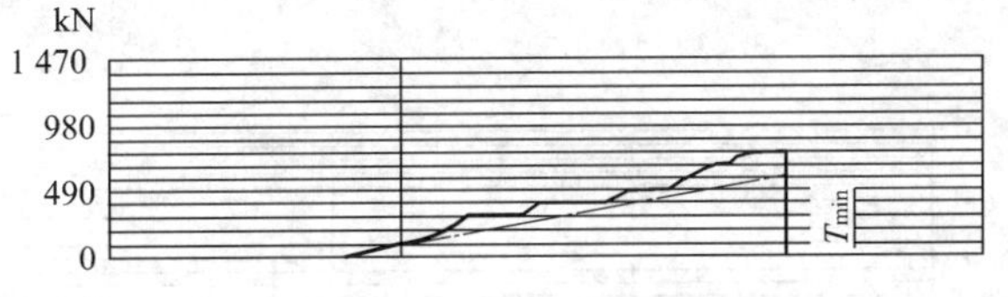

图 7-1-6 合格曲线(中间低凹)

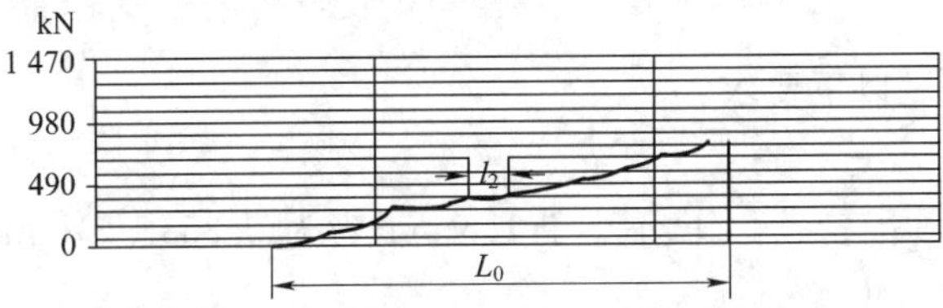

图 7-1-7 合格曲线(中间平直线 $l_2/L_0 \leqslant 10\%$)

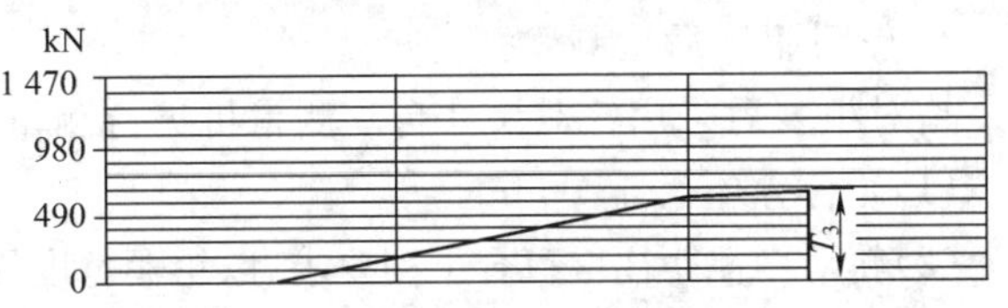

图 7-1-8 合格曲线(最小压装力 $T_3 \geqslant T_{min}$)

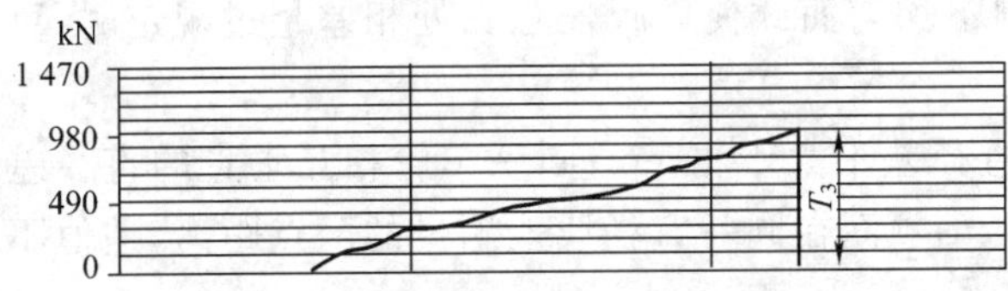

图 7-1-9 合格曲线(最大压装力 $T_3 \leqslant T_{max}$)

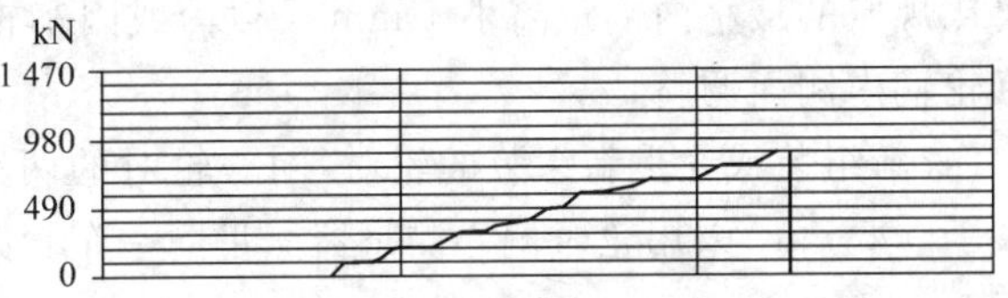

图 7-1-10 不合格曲线(各段平直线长总和/$L>20\%$)

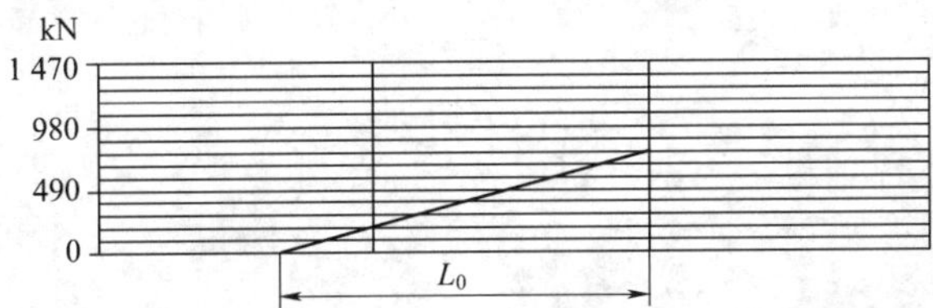

图 7-1-11 不合格曲线(曲线短 $L_0/L<80\%$)

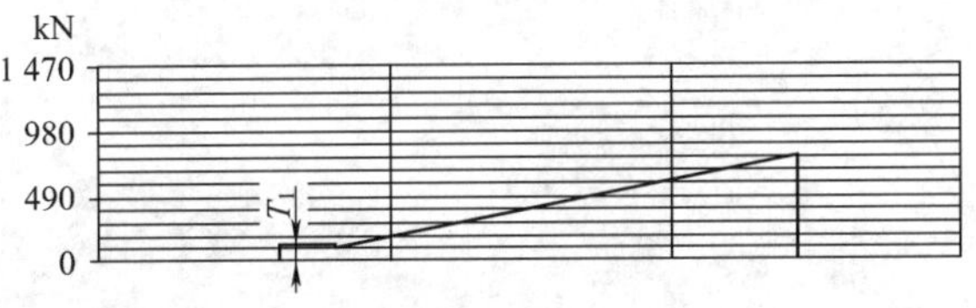

图 7-1-12 不合格曲线(陡升超过 $T_1>98$ kN)

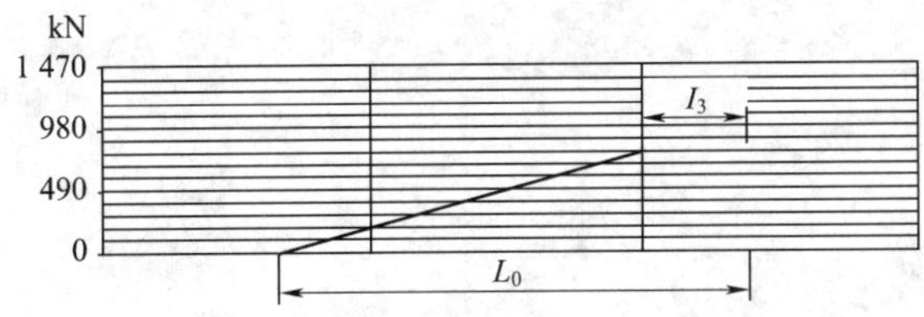

图 7-1-13 不合格曲线(末段平直线 $l_3/L_0>15\%$)

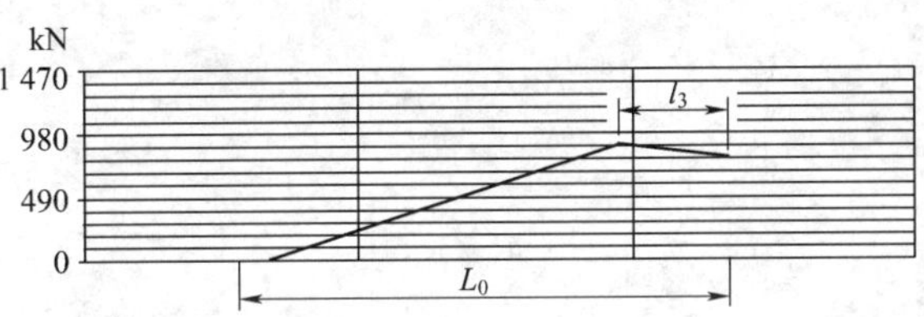

图 7-1-14 不合格曲线(末段下降线长 $l_3/L_0>10\%$)

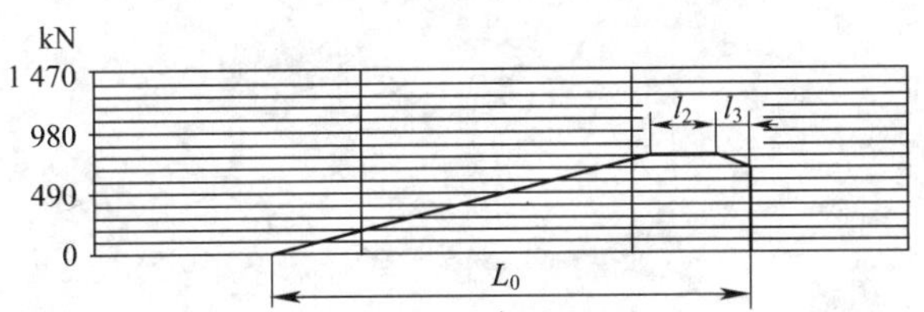

图 7-1-15 不合格曲线[末段平直线和下降线长超过 $(l_2+l_3)/L_0>15\%$]

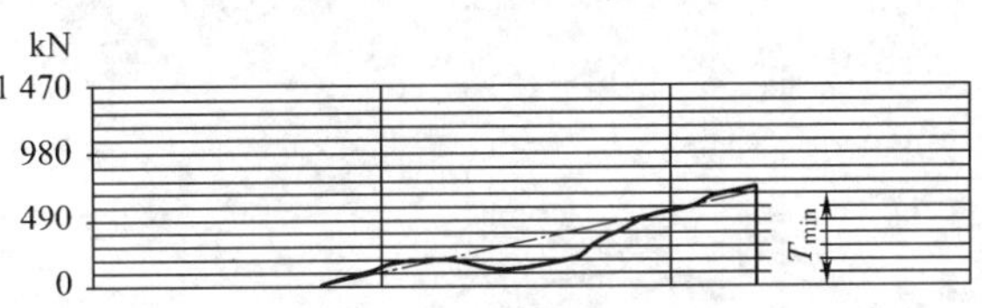

图 7-1-16 不合格曲线(中间凹下)

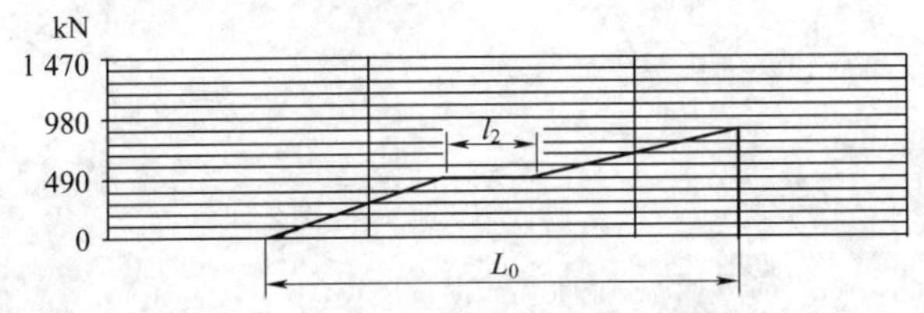

图 7-1-17 不合格曲线(中间平直线长 $l_2/L_0>10\%$)

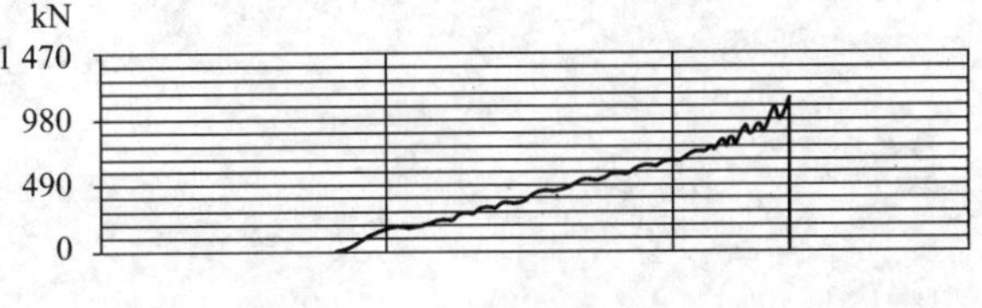

图 7-1-18 不合格曲线(中间下降、跳动)

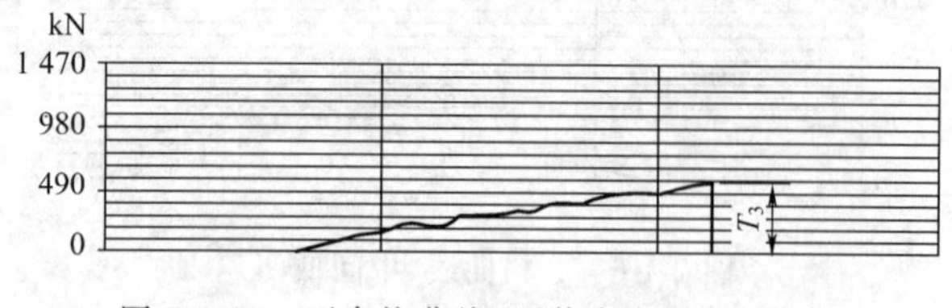

图 7-1-19 不合格曲线(压装力小，$T_3 < T_{min}$)

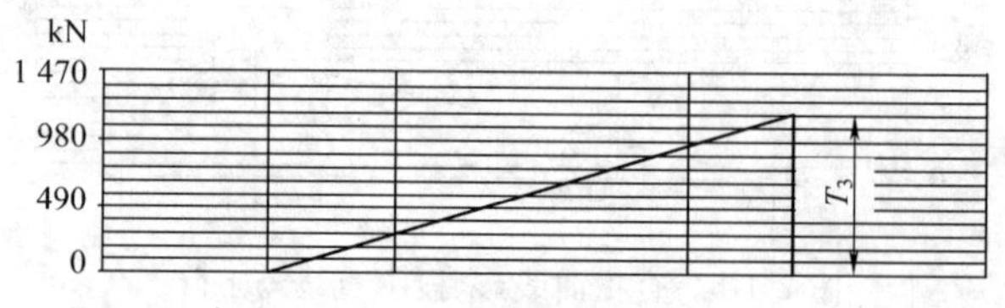

图 7-1-20 不合格曲线(压装力大，$T_3 > T_{min}$)

3. 轮对组装后检测

轮对组装后采用轮对尺寸自动测量机进行测量，应满足以下要求：

(1)轮位差不大于 3 mm。

(2)轮对内侧距离应符合下列要求，以轮辋宽度最小者为准：轮辋宽度不小于 135 mm 者为(1 353±2)mm；轮辋宽度为 127 mm 及以上至不足 135 mm 者为 $1\ 355^{+2}_{-1}$ mm。

(3)轮对内侧距离任意三处差不大于 1 mm；轮对内侧距离小于规定尺寸时不得向外侧压调；轮对内侧距离比规定的最小内侧距离小 1 mm 及以内或因车轮碾制不均匀而致使内距任意三处相差超过规定时，可旋修轮辋内侧面调整。

(4)新组装或经重新组装的轮对，同一轮对的两车轮直径差不大于 1 mm；同一车轮相互垂直的直径差不大于 0.5 mm；采用轮对偏心测量器测量同一车轮踏面与轴颈面在同一直径线上测量的两点距离，差值不大于 0.6 mm。

第二章

铁路货车轮轴检修制度

一、我国现行铁路货车检修制度

根据《铁路技术管理规程》:"车辆实行定期检修,并逐步扩大实施状态修、换件修和主要零部件的专业化集中修",目前中国铁路货车实行的是计划预防修理制度框架内的状态修,按修理内容分为定期检修和运用维修(即日常维修)两类,但已逐步渗透有计划状态修的思想,在计划预防修理制度的框架下,引入并且逐步扩大状态修、换件修和专业化集中修的范围。

(一)定期检修

定期检修主要以车辆使用时间(或里程)为标准,即从车辆出厂或上次修理日期算起,经过一定的期限后对车辆进行一定程度的计划修理,部分配件根据实际情况实施状态修、换件修。

货车定期检修修程分为厂修、段修、辅修,货车走行部为滑动轴承者,还有一级修程即轴检。厂修一般在车辆修理工厂进行,主要任务是彻底恢复车辆的基本性能,使其修理后的技术状态满足使用要求;段修一般在车辆段进行,主要任务是维护车辆的基本性能,保证安全可靠地运送货物;辅修、轴检在站修作业场内进行,主要任务是恢复车辆制动、车钩缓冲装置和滑动轴承等重点部位的基本性能,是对在厂、段修期后不能保证使用一个段修期的部件在两次段修期中间施行的辅助性检修,保证这些部件在运用中保持良好的状态。目前,我国绝大多数货车只有厂、段修两级定期检修修程。

目前在试验研究阶段的定检修程还有大修、全面检查修、状态检查修,按规定的走行里程进行检修,由于我国铁路货车具有全国运行、无固定配属的特点,只是从 2003 年开始在大秦线运用货车上采用,修程设置、检修内容和技术要求分别与厂修、段修、辅修相对应。

(二)运用维修

货车列检的内容包括技术检查和故障修理两个方面,任务是保证车辆在运用中有良好的技术状态,防止事故发生,确保行车安全。列检作业场负责对到达、始发和中转的货物列车进行技术检查,并对发现的故障在列车停留允许的条件下进行修理;对一些较大的难以一时修复的故障,则将车辆从列车中摘下,送入站修作业场进行临时修理(简称临修),其他部分进行检查和维修,使之符合车辆运用标准。已经取消辅修修程的车辆发生临修时,要进行全面检查、重点修理,修理部位恢复到段修标准。

随着检查手段的不断提高,干线上车辆的运用维修已逐步实施有计划的状态修、换件修。

二、我国铁路货车轮轴检修制度

(一)轮轴检修修程设置和主要内容

1. 轮轴检修制度设置及其主要依据

轮轴主要承担着车辆承载和移动的功能,一旦失效,不仅会丧失其基本功能,还会使铁路行车中断,引发更大的经济损失。

铁路货车轮轴检修在货车定期检修的框架下,在寿命管理体系内,实行以状态修为主、换件修和专业化集中修为辅的检修制度,并采取先进的检查手段。

轮轴检修作为车辆检修的内容之一，主要结合车辆检修同步进行，利用车辆检修时间、检修能力开展，其检修制度与货车的检修制度相互制约、相互依附，但又相对独立，从车辆上分解或更换下来的轮轴按其自身的检修制度进行检修，轮轴的检修制度本身又包括轮对、轴承等部件的检修制度，彼此相对独立、相互影响。

寿命管理体系的建立是实施轮轴状态修、换件修的重要前提，便于明确零部件设计、制造时强度等指标的储备，合理统一质量标准，缩小零部件技术状态的差异，从而制订合理、经济的检修标准和要求，避免"过剩修"和"不足修"。

(1)轮轴检修制度设置主要考虑的技术因素

轮轴检修制度设置主要考虑5个技术因素：一是社会的科学技术发展水平，二是设计与维修理念，三是技术结构，四是配件性能的稳定性和偶发故障的发生概率，五是制造、修理的工艺和质量水平。

①社会的科学技术发展水平。主要包括原材料技术水平、检查测量技术、管理技术及手段。原材料主要是耐腐蚀性、抗疲劳性和耐磨损性，这与冶炼、加工以及成型等技术有关，性能指标越高，即配件的可靠性越高，发生失效的周期越长。检查测量技术主要是精度、准确度和关联度，与利用光电技术、成像技术以及计算机处理等项技术有关，这些技术应用越广泛，程度越高，则越能及时、准确地发现故障或判断被检对象的技术状态对车辆失效的影响程度。

②设计与维修理念。实际是指在设计时对整体结构及其各组成部分采取"无"维修的检查修理策略。"无"维修是指在一定使用周期内不需要进行分解检查修理的程度，目前主要采用"使用寿命"的概念，并且各主要零部件的"使用寿命"接近或一致。

③技术结构。主要包括设计参数、材料特性和结构的可靠性。设计参数主要是各主要零部件技术指标裕量的科学性，既要考虑正常的使用工况，又要考虑非正常的使用工况，特别是要考虑使用后的性能指标的衰减和维修时的恢复程度。材料特性主要是耐腐蚀性能、抗疲劳性能、耐磨损性能以及加工性能，特别是机械性能与加工性能的关系。结构的可靠性主要是结构易发生失效的程度以及局部失效对整体性能品质影响的程度。

④配件性能的稳定性和偶发故障的发生概率。稳定性主要是配件性能衰减的速率，指从开始使用(包括维修后)到发生故障或配件相应性能失效的时间间隔或运行里程，这与故障种类、数量、发生的频繁程度、故障发展的速率和造成的后果有关。偶发故障的发生概率主要是超出设计、制造以及维修范围因使用或原材料的特殊原因导致失效发生的可能性，以及这种失效被发现的可能性和可控性，最终使这种失效不会导致严重的后果。

⑤制造、修理的工艺和质量水平。先进的工艺是保证较高和稳定质量的先决条件，制造工艺水平的程度既是实现设计性能的基础，也是减少制造误差和缺陷程度的基本途径。检查修理工艺水平的程度标志着检查的及时性、全面性和修理的彻底性、恢复性程度，体现车辆基本使用性能满足设计要求的实际使用周期的程度。

(2)轮轴的故障形式及规律

①磨耗。由于摩擦件表面的状态、尺寸、形状和材质发生变化导致技术性能的降低或失效，通常与车辆的运行里程、配件材质、车辆载荷、运行速度、线路断面和等级有关。轮轴常见的磨耗有车轮踏面和轨道面间的磨耗、轴承滚子与滚道面间的磨耗、轴承密封罩或密封装置与配合面间的磨耗。磨耗是车轮检修规定的主要依据。

②疲劳裂损。配件在载荷的作用下，产生裂纹并扩展而导致技术性能的降低或失效，通常与车辆的运行里程、配件材质、车辆载荷、运行速度、车辆使用时间等有关，这里把因外力过大或结构缺陷引起的裂损视为材料的疲劳周期被缩短。轮轴零部件常见的疲劳裂损有轮辋内部疲劳裂纹及裂损、车轮踏面裂损及剥离、辐板或辐板孔裂纹及裂损、轮缘裂纹及缺损、轮毂裂纹、轴颈(卸荷槽)裂纹及冷切、轮座裂纹及冷切、轴承滚道面(滚动面)麻点、剥离、裂损等。疲劳裂损是轮对检修制度设置的主要依据，也是轴承检修制度设置的主要依据之一。

③变质。油脂、车辆配件与外界物质或环境介质发生化学反应而使油脂、配件的组织和性能发生不可逆变化，产生技术性能的降低或失效，通常与车辆使用时间、货物种类、使用环境有关。通常，对油脂类而言是指变质，对橡胶、工程塑料等合成材料类而言是指老化。轮轴零部件常见的变质是油脂变质、密封装置老化

等。油脂变质是轴承检修制度设置的主要依据。

④腐蚀。零件表面与周围环境介质发生化学或电化学反应产生的表面损伤现象，通常与车辆使用时间、货物种类、使用环境有关。轮轴零部件常见的腐蚀有轴颈根部（卸荷槽）部位腐蚀、轴身腐蚀、车轮表面锈蚀、轴承零件各表面腐蚀等。腐蚀是轮对、轴承修程设置要考虑的重要因素之一。

⑤变形。在载荷的作用下配件的几何形状改变而造成技术性能的降低或失效。通常与载荷、使用时间、使用环境、材质等有关。通常，此类故障常与变质故障伴生，也可能因载荷过大、材料特性低、受非正常外力作用而产生。这里主要是指永久性变形，也称之为塑性变形。轮轴零部件常见的变形有轴颈、轴身弯曲，轴承内、外圈滚道面压痕等。

⑥意外损坏。在设计未考虑的外力等因素作用下配件改变形状、位置、结构、材质等而造成技术性能的降低或失效。通常与非正常作业、事故、使用中不正常的冲撞、装卸作业、拆卸、组装质量、材料质量等有关。轮轴零部件常见的意外损坏有前盖、轴端螺栓松动、变形、丢失等，密封罩窜出，轴承内、外圈滚道面、滚子滚动面凹痕，轴颈拉伤，轮座拉伤，车轴、车轮、轴承零件磕碰伤，轴承零件划伤，轴承电蚀或遭受水浸、火灾等。

2. 轮对检修修程设置

轮对检修修程分为定期检修和状态修两大类。定期检修分为厂修和段修，主要结合货车厂修和段修进行。状态修结合货车辅修和运用维修进行。

轮对的厂修、段修和状态修，分解检查的范围、检查的项目、检查的标准、修理和更换的标准为阶梯形设置，逐级降低，低级修程是对高级修程的补充，高级修程是对低级修程的保证。

(1)厂修

轮对厂修的目的是恢复轮对的性能，修复的轮对要达到厂修限度。一般情况下，车轮需要退卸，轮对按段修限度标准无法修复，需要按厂修标准进行修复，或检修后轮对要装到厂修货车上时，轮对进行厂修。轮对厂修一般在货车检修工厂和铁路局车辆段车轮车间进行，主要实施计划预防修理和集中修，轴承全部退卸，对轮对进行全面检查、检测和探伤，根据车轮、车轴的技术状态决定是否退轮，修复后达到厂修限度要求的轮轴方可装车使用。

(2)段修

轮对段修的目的是维护轮对的性能，保证车辆运行安全。一般情况下，车轮不需退卸，轮对需要按段修标准修复，货车站修时轮对无法修复，或检修后轮对要装到段修货车上时，轮对进行段修。轮对段修是在定期修的框架内，实行状态修、换件修，轮对要求进行全面检查、检测和探伤，轮对上的轴承根据具体状态决定是否需要退卸，修复后达到段修限度要求的轮对方可装车使用。轮对段修一般在车辆段进行，也可在货车检修工厂或车轮车间进行。

(3)状态修

轮对状态修结合货车站修、运用维修进行，主要进行外观检查和换件修，外观检查状态不良的轮轴才进行修理，影响车辆运用时则先更换同型号状态良好的轮轴装车，换下的轮轴进行集中修。

货车站修（辅修、临修）时轮对在站修作业场内进行外观检查、状态修理，对有规定尺寸限度的部位进行测量，同时对轮对不符合辅修限度要求的外观缺陷进行处理，处理后取消辅修车辆的轮对应符合段修标准；对于部分在车辆工厂进行专项提速改造的专用车辆，轮对的检修工作则由该工厂自行承担。货车运用维修时轮轴在列检作业场进行外观检查、状态修理，主要是看外观是否有异状，运转声音是否正常，温度是否有变化，有问题的扣车更换轮对做临修。

3. 轴承检修修程设置

轴承检修修程分为一般检修和大修。轴承一般检修的目的是维护轴承的性能，主要内容是对轴承零部件进行清洗、外观检查、手工修磨、尺寸检测，轴承外圈进行湿法磁粉探伤，除工程塑料保持架有缺陷需要更换外，原则上内圈组件不分解，更换保持架时滚子装回原内圈组件上。轴承大修的目的是恢复轴承的性能，主要内容是轴承彻底分解、清洗、外观检查、尺寸检测，零件表面磨削加工、超精或抛光、表面磷化，内圈、外圈、滚子、密封座进行荧光磁粉探伤。

(二)铁路货车轮轴检修技术管理机构设置

中国铁路货车轮轴检修实行铁道部、铁路局、车辆段三级管理；铁道部对货车检修工厂、轴承大修工厂实行行业管理，进行技术指导和产品质量验收。

1. 铁道部：统筹指导、检查货车轮轴检修和运用维修管理；提出轮轴检修发展规划；制定、发布轮轴检修技术政策、检修标准和技术、管理要求；组织轮轴新技术、新材料、新工艺的研究和推广；进行铁路货车轮轴检修单位的资质管理；提出年度轮对新组装等计划和备用轮轴的管理和调配；组织轮对、轴承检修质量抽查、检修工艺对规和专用检修设备、器具使用管理和检查；提出轮轴信息化建设方案，组织轮轴信息化建设；组织车辆重要行车安全监控系统的建设和应用管理；开展轮对、轴承安全和质量动态分析，制定对策、措施；进行轮轴检修质量验收。

2. 铁路局：指导、检查、协调车辆段货车轮轴检修和运用维修管理；组织车辆段贯彻执行部颁技术规程、规则、技术标准和要求；制定轮对、轴承检修工艺、实施细则和检测、试验办法，审批列检所技术作业过程，并监督指导执行；建立车辆（含轮轴）技术管理体系，制定车辆（含轮轴）技术管理程序；提出年度轮对新组装等计划和备用轮轴的管理和调配；组织、指导轴承一般检修，组织监督大修、新造轴承质量；组织车辆段进行轮对、轴承检修质量鉴定、检修工艺对规和专用检修设备、器具使用管理和检查；组织车辆段开展备用轮轴及部件管理工作；提出轮轴信息化技术方案、建设、设备、应用技术管理；负责组织车辆段车辆重要行车安全监控系统的建设和应用管理；组织车辆段进行轮对、轴承安全和质量动态分析，制定对策、措施；进行车辆段检修轮轴的质量验收管理；提出车辆段无损探伤工的培训计划和组织考核、管理。

3. 车辆段：实施铁路货车轮轴检修和运用维修工作，车辆段检修车间进行轮轴段修，有轮对分解能力的检修车间可进行轮轴厂修，车轮车间进行轮轴厂修或段修，站修作业场结合车辆辅修、临修进行轮轴状态修，列检作业场进行轮轴外观检查；贯彻执行铁道部、铁路局颁发技术规程、规则、技术标准和要求；执行铁路局制定的轮对、轴承检修工艺、实施细则和检测、试验办法，并编制作业指导书；建立车辆段车辆（含轮轴）技术管理体系；进行轴承集中一般检修，监督大修、新造轴承质量；开展轮对、轴承检修质量鉴定、检修工艺对规和专用检修设备、器具使用和管理；进行备用轮轴及部件管理工作；进行轮轴信息化建设和应用及其技术管理；负责车辆重要行车安全监控系统的建设、使用及其管理；开展轮对、轴承安全和质量动态分析，制定对策、措施；进行无损探伤工的培训和考核、管理。

4. 货车检修工厂：实施铁路货车轮轴厂修工作，可结合车辆修程进行轮轴段修、状态修工作；贯彻执行铁道部颁发技术规程、规则、技术标准和要求；制定并贯彻实施轮对、轴承检修工艺规程；建立车辆（含轮轴）技术管理体系；进行轴承一般检修，监督大修、新造轴承质量；开展轮对、轴承检修质量鉴定、检修工艺对规和专用检修设备、器具使用和管理；进行备用轮轴及部件管理工作；进行轮轴信息化建设和应用及其技术管理；开展轮对、轴承安全和质量动态分析，制定对策、措施；进行无损探伤工的培训和考核、管理。

5. 轴承大修工厂：实施轴承大修工作；贯彻执行铁道部颁发技术规程、规则、技术标准和要求；制定并贯彻实施轴承大修工艺规程；建立轴承大修技术管理体系，制定轴承大修技术管理程序；开展轴承大修质量鉴定、检修工艺对规和专用检修设备、器具使用和管理；进行备用轴承管理工作；进行轴承信息化建设和应用及其技术管理；开展轴承安全和质量动态分析，制定对策、措施；进行无损探伤工的培训和考核、管理。

第三章

铁路货车轮轴检修工艺

第一节　概　　述

由于轮轴的车轴、车轮和轴承等主要零部件在使用中会出现疲劳、磨耗、弯曲、老化等故障，轮轴检修是及时发现零部件故障缺陷并把各种故障缺陷消灭在萌生状态的有效措施，从而防止轮轴带病运行，消除事故隐患。

经过多年的发展，目前我国铁路货车轮轴已全面实现滚动轴承化，且以装用无轴箱双列圆锥滚子轴承的轮对为主型轮轴，所以在本章仅介绍货车主型轮轴的检修，对于现存极少数的滑动轴承轮对和有轴箱圆柱滚子轴承轮对的检修内容不再涉及，文中所提到的轮对和轴承原则上分别表示无轴箱双列圆锥滚子轴承的轮对和无轴箱双列圆锥滚子轴承。

一、各种修程的主要内容及其联系与区别

轮轴厂修的内容主要包括轮轴收入、轴承判定修程，车轮除锈、辐板孔打磨，轴承退卸，轮对清洗除锈，轮对荧光磁粉探伤，轮对超声波探伤，轮对收入外观检查、尺寸检测，轮缘、踏面加工，轮对落成检查和尺寸检测，轴承一般检修，轴承附件检修，轴承选配压装，轴向游隙检测，轴承磨合测试，轮轴油漆、防护，轮轴交检交验等。对于需要解体的轮对，还要进行车轮退卸，车轴车轮外观检查、尺寸检测，车轴荧光磁粉探伤，车轴轮座加工，车轮轮毂孔加工，轮对重新组装，必要时进行车轴轴颈等级修、防尘板座等级修、轴身加工、新补充轮对新组装等工作。

在车辆段车轮车间和在货车检修工厂进行的轮轴厂修根本的区别在于车轮车间厂修轮轴一定退卸车轮，但货车检修工厂不一定退卸车轮。这是因为车辆段的厂修轮轴均是由检修车间在进行段修收入外观检查、探伤或检修过程中发现有部件报废或段修无法修复的缺陷，需要轮对重新组装或车轴加工时，才集中送达检修的。

轮轴段修的内容主要包括轮轴收入，轴承外观检查，车轮除锈、辐板孔打磨，轮对清洗除锈，轮对荧光磁粉探伤，轮对超声波探伤，轮对收入外观检查、尺寸检测，轮缘、踏面加工，轮对落成检查和尺寸检测，轴承附件检修，组装轴承前盖等附件，轴向游隙检测，轴承磨合测试，轮轴油漆、防护，轮轴交检交验等。必要时进行轴承退卸、轴承一般检修、轴承选配压装。

轮轴段修与轮轴厂修大部分工序设置和工艺要求是相同的，并且从修理方式上都分为需解体检修和不需解体检修(在车轮车间厂修的轮轴除外)。二者的主要区别在于：

(1)检修限度整体低于厂修。

(2)轴承退卸、压装范围不同，段修时并非所有的轴承均退卸，当使用年限或外观检查符合退卸条件时才退卸，如：在6个月内到达大修周期、转动有异音、轴向游隙超限；相应的只有退卸轴承的才需要重新选配压装。

(3)防护范围不同，不退卸轴承的轮轴在清洗除锈、轮缘踏面旋修等工序时要做好轴承防护，以防止内部轴承进水和铁屑。

(4)超声波探伤范围不同，轮轴厂修对轴颈部位只进行磁粉探伤检查即可，而段修对超过首次组装质保期的轮对，除全轴穿透和轮座镶入部外，还应对不退卸轴承轮对的轴颈根部或卸荷槽部位施行超声波探伤检

查，同时轴端使用轴承脂作耦合剂。

(5)分解加工范围不同，车辆段检修车间一般不具备轮对分解和重新组装的能力，除车轮轮缘、踏面旋修外，段修不进行轮对解体和重新组装，只有厂修才能进行轮对的解体检修或报废处理，故轮对解体、车轴加工、轮毂孔加工、轮对重新组装、新补充轮对新组装均由厂修承担。

(6)质量记录不完全相同，轮轴段修时填写《轮轴卡片》(车统—51C)，货车检修工厂进行轮轴厂修时填写《轮轴卡片》(车统—51D)，车轮车间进行轮轴厂修时填写《轮轴卡片》(车统—51A)，须实现不同条件下轮轴制造、组装、检修及装车使用等信息的可追溯性。

在车辆段运用车间站修所施行货车辅修、临修以及在列检所进行列检时，都要对轮轴进行外观状态检查，状态不良者须更换并回送就近的车辆段检修车间进行段修。辅修重点是对轴承进行转动检查和外观检查，对轴身裂纹、打痕、碰伤、电蚀等表面缺陷、车轮轮辋、轮缘厚度、表面缺陷进行检查，与段修相比，范围进一步缩小，限度进一步放宽。摘车临修主要包括轮对不良、轴温超过规定、轴承零件裂损、密封罩及轴端螺栓脱出等情况下更换轮对，对非施修部分车轴、车轮裂纹和车轮磨耗、剥离、擦伤、缺损、凹陷等表面缺陷进行检查。列检则是对车轮踏面磨耗、剥离、擦伤、缺损等表面缺陷，对热轴、轴承零件裂损、脱出、松动等缺陷进行运用可靠性外观检查，在干线上通过车辆轴温智能探测系统(THDS)、货车故障轨边图像检测系统(TFDS)、车辆滚动轴承故障轨边声学诊断系统(TADS)、车辆运行品质轨边动态监测系统(TPDS)等车辆动态监测设备对运用车辆进行动态监控。

二、轮轴常用检修方法

1. 检测方法

检测方法的发展经历了非接触式—接触式—非接触式的过程。轮轴常用的检查方法包括目测、量具检测和设备、仪器检测。目测是最简单、最传统也是最直观的非接触式方法，但其缺点是要求人员经验高，并且无法准确测量数值。量具检测适用于接触式检测尺寸范围，目前在铁路货车检测方法中使用范围最广，主要包括样板和各种检测尺，如轴颈外径千分尺、轮对内距尺、轴颈圆弧样板，优点是制作、使用方便；缺点是量具使用时间长了会有磨损，造成检测不准确，并且样板无法准确测量数值。设备、仪器检测是智能化、自动化检测的方向，既有接触式检测方法，也有非接触式检测方法，如轴承零件尺寸检测仪及数据采集设备、探伤设备等，优点是自动化程度高，检测准确，能够自动采集数据，方便查询统计，减轻人员工作量；缺点是需要经常检查维护以确保设备、仪器状态良好，并且目前我国新开发制造的轮对等全自动测量设备不太成熟，性能不太稳定，还不能完全满足生产需要。

2. 修理方法

货车轮轴常用的修理方法主要分为机械加工、手工磨修、表面处理三大类。机械加工主要包括车轴车削、磨削(含成型磨削)、钻削、滚压，车轮车削，大修轴承内、外圈滚道面、外圈外径面、外圈两端面、内圈大挡边、滚子滚动面和球基面、中隔圈、密封座端面磨削加工和表面超精或抛光。手工磨修主要包括砂纸打磨、砂轮磨修两种，轴承一般检修缺陷用砂纸打磨，车轮辐板孔边缘用砂轮磨修，车轴表面轻微的缺陷用砂纸蘸油打磨。表面处理主要包括对大修轴承的内、外圈密封座的磷化。

三、轮轴检修工艺线概述

经过30多年的发展，轮轴检修工艺越来越系统、成熟，为提高轮轴组装及检修质量，各轮轴检修单位在铁道部的统一指导下，逐步开始建立相应的轮轴工艺线，并建立了相应的轮轴管理系统。轮轴厂修单位建立五条工艺线：轮轴(轮对)检修工艺线，轮对分解工艺线，车轴、车轮加工及组装工艺线，无轴箱滚动轴承一般检修工艺线，无轴箱滚动轴承压装工艺线。轮轴段修单位建立四条工艺线：轮轴(轮对)检修工艺线，轮对分解工艺线，无轴箱滚动轴承一般检修工艺线，无轴箱滚动轴承压装工艺线。轴承大修单位建立轴承大修工艺线。

在工艺线调整和建设时，以严格控制和保证轮轴组装、检修质量为中心，对关键工序实现数控加工、自动检测，充分体现货车轮轴"检修及加工数控化、检测及组装自动化、过程管理信息化、生产组织集约化"的特点。在硬件设施方面，配备的设备应满足25 t轴重轮轴的分解、组装、检测及轴承压装、退卸和E型车轮、车轴加工的相关技术要求，同时保证原有工艺装备对目前仍占多数的21 t轴重轮轴的检修。在软件设施方

面，各工序岗位应配有工艺标准或作业指导书，要按照工艺流程合理顺畅、工艺标准具体规范可行、工艺装备配套完善、产品质量稳定可控、过程管理信息自动采集、数据准确、人员素质达标的原则开展工作，确保货车轮轴工作各项技术标准的贯彻执行和落实，使轮轴检修质量稳定提高。

第二节　铁路货车轮轴厂、段修工艺

一、铁路货车轮轴厂修工艺流程

铁路货车轮轴厂修工艺流程如图 7-3-1 所示。

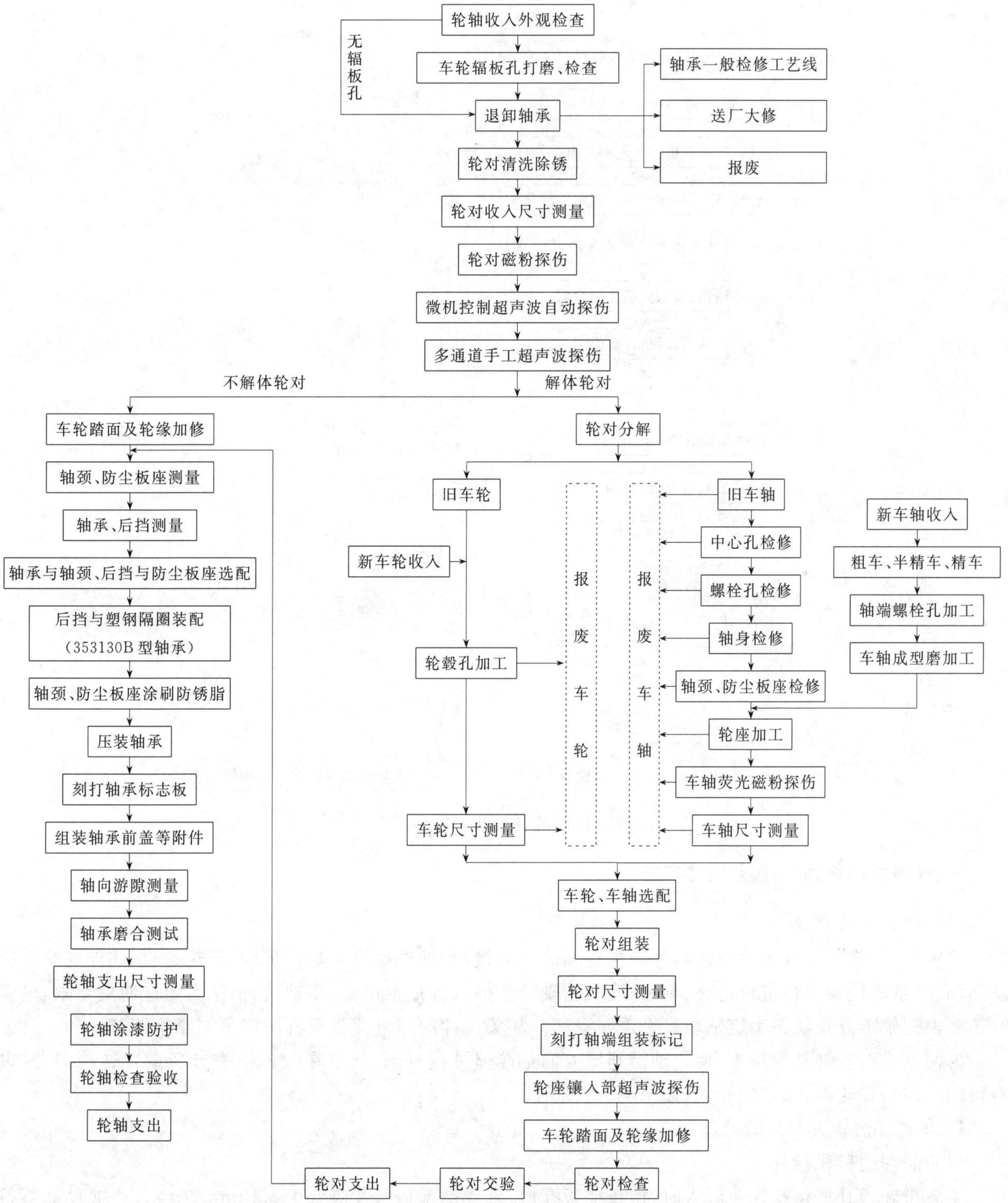

轮轴收入外观检查
无辐板孔
车轮辐板孔打磨、检查
轴承一般检修工艺线
退卸轴承
送厂大修
报废
轮对清洗除锈
轮对收入尺寸测量
轮对磁粉探伤
微机控制超声波自动探伤
多通道手工超声波探伤
不解体轮对
解体轮对
车轮踏面及轮缘加修
轴颈、防尘板座测量
轴承、后挡测量
轴承与轴颈、后挡与防尘板座选配
后挡与塑钢隔圈装配（353130B 型轴承）
轴颈、防尘板座涂刷防锈脂
压装轴承
刻打轴承标志板
组装轴承前盖等附件
轴向游隙测量
轴承磨合测试
轮轴支出尺寸测量
轮轴涂漆防护
轮轴检查验收
轮轴支出
轮对分解
旧车轮
新车轮收入
轮毂孔加工
车轮尺寸测量
报废车轮
报废车轴
旧车轴
中心孔检修
螺栓孔检修
轴身检修
轴颈、防尘板座检修
轮座加工
车轴荧光磁粉探伤
车轴尺寸测量
新车轴收入
粗车、半精车、精车
轴端螺栓孔加工
车轴成型磨加工
车轮、车轴选配
轮对组装
轮对尺寸测量
刻打轴端组装标记
轮座镶入部超声波探伤
车轮踏面及轮缘加修
轮对检查
轮对交验
轮对支出

图 7-3-1　铁路货车轮轴厂修工艺流程图

二、铁路货车轮轴段修工艺流程

铁路货车轮轴段修工艺流程如图 7-3-2 所示。

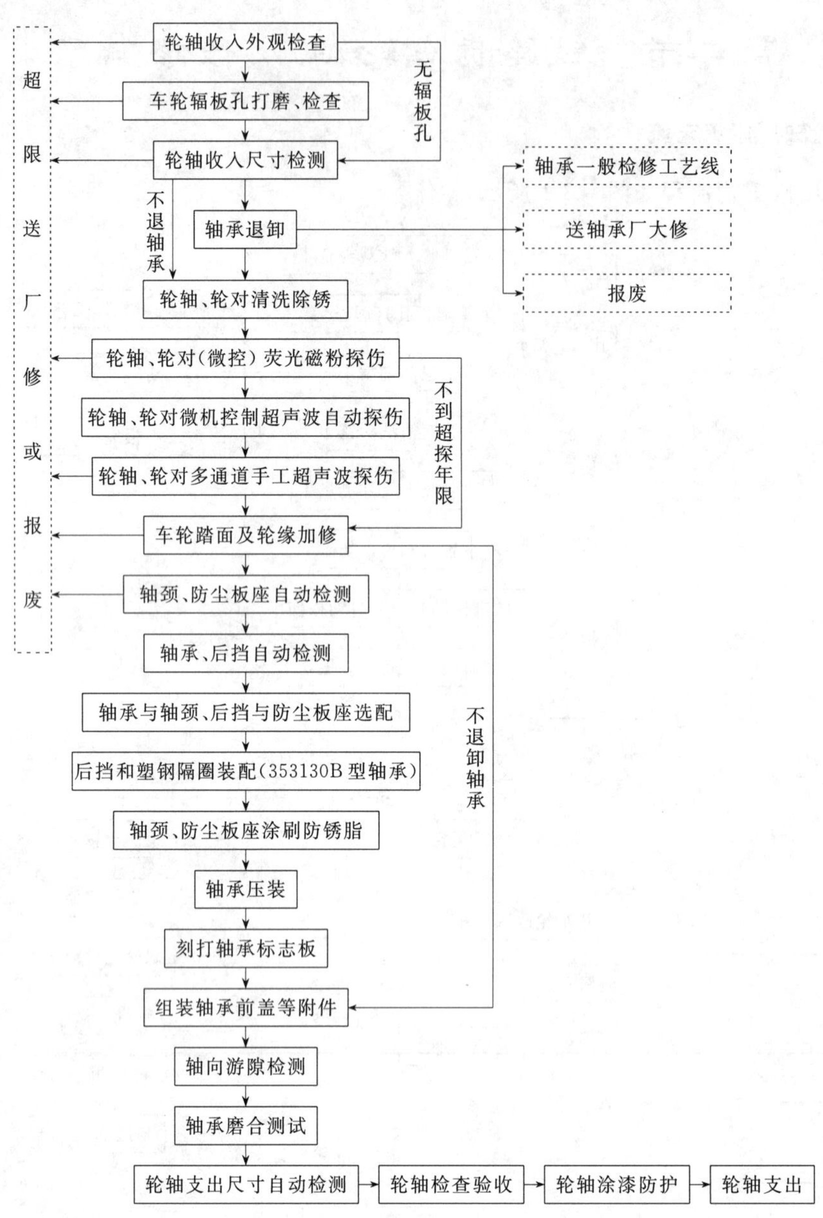

图 7-3-2　轮轴段修工艺流程图

三、铁路货车轮轴厂、段修检修工艺

(一)轮轴收入检查

轮轴厂、段修时的收入检查包括外观检查和尺寸测量，轮轴外观检查是对车轴、车轮、轴承的外观状态以及车轴、轴承的使用寿命进行检查、判定，确定轮轴的整体状态是否正常，车轴、轴承是否超过使用年限，段修时还要根据轴承外观状态确定轴承是否需要退卸。相关尺寸的测量项目及方法详见本章第四节。

为便于进行轮轴外观检查，使轮轴沿圆周方向都能够被检查到，通常在收入检查处所设置转轮器，并设有可随时控制转轮器转、停的开关，如图 7-3-3 所示。

1. 车轮外观检查及故障处理

(1)辐板孔打磨、检查

车轮带辐板孔的待检轮对收入时，检查辐板孔内、外侧倒圆角尺寸应大于 $R2$ mm，未经打磨或尺寸不符时使用砂轮机磨修(见图 7-3-4)，目的是降低因工艺原因而设计的辐板孔周边产生的应力集中。车轮内侧辐

图 7-3-3 可随时控制转停的转轮器

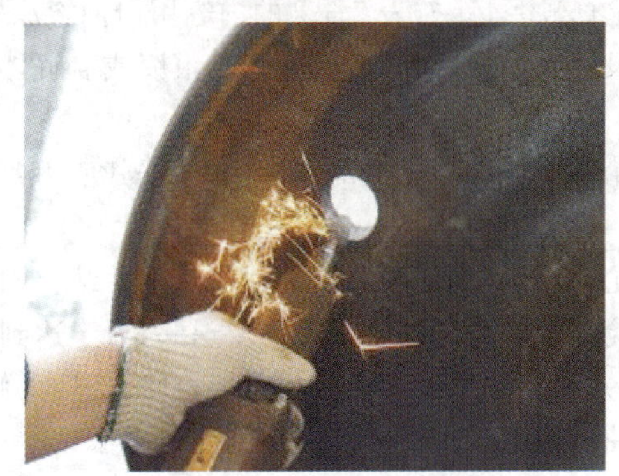
图 7-3-4 棒型砂轮机磨修辐板孔示意图

板孔周围表面应进行打磨除锈，目测检查辐板孔周边有无裂纹缺陷存在，便于探伤工序对车轮辐板孔内侧部位进行磁粉探伤检查。发现轮对辐板孔周向裂纹，厂修时长度超过 5 mm、段修时长度超过 15 mm 者，以及车轮周向裂纹扩展方向大幅度偏离圆周方向或径向裂纹者，应进行解体报废处理。

厂、段修发现辐板孔周向裂纹长度在 5 mm 范围内的轮轴如装车使用时，不允许装用在提速或增载车辆上；车轮辐板孔周向裂纹长度在 5～15 mm 范围内的轮轴，允许铁路局系统车辆段装用在临、辅修的非提速货车或局管内运用频次较低的路用货车上。辐板孔周向裂纹长度在 5 mm(厂、段修车用)、15 mm(临、辅修车用)以内的可用轮轴，使用“样冲”在裂纹端头刻打深度约为 0.2 mm 的标记，并用白油漆(最好是白色反光油漆)在裂纹车轮外侧辐板孔周边涂打内径 60 mm、外径 70 mm 的圆环标记，以便于列检作业人员确认并重点检查其外观状态。

辐板孔裂纹故障在规定限度以内的轮轴，要将故障情况填写在《轮轴卡片》的轮对故障栏内，填写示例为：WL2-5。其中 W—代表车轮；L—代表左侧；R—代表右侧；2—代表整个车轮辐板孔裂纹条数；5—代表该车轮最长的裂纹长度，单位为 mm。

(2)车轮表面其他故障的处理

对于车轮踏面裂纹、缺损、粘有熔化金属，轮缘缺损、裂纹、碾堆等故障缺陷，应进行旋修加工；对于车轮轮毂外径面有重皮时，可磨修清除，磨修深度不大于 3 mm，磨修后应保证轮毂壁厚及壁厚差符合限度要求。

上述故障缺陷无法消除或各部尺寸超过限度要求，以及车轮轮辋、轮毂、除辐板孔部位规定以外的辐板裂纹，辗钢车轮有铲槽、轮辋外侧及辐板上存在沿圆周方向的重皮等故障情况者，判定为车轮报废并进行解体处理。

2. 车轴检查及故障处理

按照车轴寿命管理的要求，根据轴承标志板和轴端标记判定车轴的使用年限，50 钢及进口车轴使用时间满 25 年、40 钢车轴使用时间满 22 年、轴端有“＋＋”标记的车轴使用时间满 20 年、RD_2 型 D1 等级车轴使用时间满 20 年以及车轴使用时间满 20 年有横裂纹等情况须解体报废。

遇有脱轨事故车辆上卸下的轮轴段修时，回送厂修后再进行轴颈弯曲度的检查，超过规定限度时判定车轴解体后报废。

检查车轴无制造时间或制造单位代号、RD_2 型 K1、K2 等级车轴、轴颈由于燃轴而碾长或弯曲、轴颈及防尘板座有电焊打火或电蚀等情况时，车轴应解体报废。

使用游标卡尺、外径千分尺测量轴身、轴颈、防尘板座有一处尺寸超限，轴颈蹾粗，中心孔损伤影响加工定位，以及厂修时测量轮位差超限的轮轴进行解体后加工修理，轮位差的测量方法详见第四节。经加工修理的车轴超过规定限度时报废。

经过尺寸测量和外观检查确定轮轴的车轴、

表 7-3-1 轮轴检修项目及修程涂打标记

检修项目及修程	标记	涂 打 位 置
换车轮	△	涂打在该车轮的辐板内侧面上
换车轴	Φ	涂打在车轴轴身上
旋修踏面	//	涂打在任一车轮轮辋内侧面上
旋修轴颈	///	涂打在任一车轮轮辋内侧面上
重新组装	○	涂打在任一车轮的辐板内侧面上
退轮检查	→	涂打在车轴轴身上，指向待检查处

车轮检修项目后，按表7-3-1的内容用白油漆涂打相应的检修标记。

段修收入检查判定车轴、车轮报废或需解体后加工修理的轮轴，回送车轮(或轮轴)车间进行厂修处理。

3. 轴承的检查及故障处理

轮轴厂修时轴承全部退卸，并根据其使用年限和状态确定轴承是否需进行一般检修、送厂大修或报废处理。

轮轴段修时，根据轴承的使用年限并结合轴承的使用状态进行退卸，对于未达到使用时间(或里程)且经外观检查状态良好的轴承不需要退卸，对于达到使用时间(或里程)以及经外观转动检查有异常的轴承进行退卸，并确定轴承是否需进行一般检修、送厂大修或报废处理。收入检查时，要使用轴向游隙测量仪测量轴承的轴向游隙，应符合规定限度，测量方法见本章第四节。轴承的外观转动检查方法传统上主要是靠人工左右转动轴承外圈，通过手感凭经验判断轴承转动是否正常、内部零件转动有无异音、卡滞。一是看轴承的外观故障特征，检查两端的密封罩部位是否有渗出的油脂，用手指捻摸油脂中有无颗粒状或片状的金属粉末混入油脂中，若感觉有金属粉末，则说明轴承内外圈滚道或滚子存在剥离故障；二是左右转动轴承外圈，若转到某一处时手感振动，并有异音、阻滞或在某一处转动不灵活，则内外圈滚道或滚子滚动面可能发生了剥离，如转动时感觉到严重卡滞时，则可能是保持架破损后滚子变形、破碎或内外圈滚道大面积剥离。尤其是车轮踏面有擦伤、剥离或局部凹下的轮轴，对轴承要重点进行转动检查。近年来，也曾有一些单位研制出轴承故障诊断装置，作为轴承故障诊断的辅助设备安装于轮轴检修线上使用，但由于技术还不是特别成熟，设备诊断结果往往与人工转动检查结果的兑现率有一定的偏差，所以还没有在轮轴段修单位全面推广使用。从检修自动化的角度来讲，轴承故障的诊断技术将来还是有待于逐步完善设备的功能，使自动诊断故障的技术更加成熟，进而实现轴承故障的自动诊断，以降低人工作业的劳动强度，提高不退卸轴承故障诊断的准确率。

轮轴段修不退卸轴承检查除通过转动对轴承内部的故障进行判断外，外观检查还包括以下的内容，如有异常则按规定退卸轴承：检查轴承是否有标志板、标志板标记是否清晰、有无标记打错而导致无法判断轴承压装时间和单位的情况；轮轴上装用的是否还是钢保持架轴承；车轮踏面擦伤或局部凹陷深度是否达到2 mm及以上；车轮踏面剥离、缺损是否超过运用限度；轴承(包括外圈、密封座、密封罩、橡胶油封、前盖、后挡、轴端螺栓等)外观是否有裂纹、碰伤、松动、变形和其他异状；轴承密封是否失效，有无甩油、混砂、混水或油脂变质现象；电焊作业是否导致电流通过轴承；轮轴是否是脱轨或颠覆车辆上卸下的；轴承是否遭受过水浸或火灾；轴承是否发生过热轴故障；国产RD_2型40钢车轴使用时间是否达到20年。

轮轴段修收入检查时，对于不需退卸轴承且不需旋修车轮踏面以及不需超声波探伤检查等情况的轮轴，轴承的前盖无需打开，则根据轴承标志板中轮对首末次组装的日期判定是否对车轴施行超声波探伤检查；打开轴承前盖的轮轴，应结合车轴轴端的组装标记判定是否对车轴进行超声波探伤检查。

根据轴承的外观检查和使用年限情况，按规定判定轴承的退卸情况、修程及轮轴超声波探伤修程后，按表7-3-2的内容用标记笔或白油漆在规定位置书写表示相应修程的标记符号。

轮轴收入检查完毕后，将各部相关尺寸、故障情况和检修项目等各项内容填写到《轮轴卡片》内，并录入HMIS系统工位微机中。

表7-3-2 修程标记符号及涂写位置

修　程	标记	书写或涂打位置
超声波探伤	C	任一车轮辐板内侧面
退卸轴承	T	退轴承一侧车轮辐板外侧面
报废轴承	×	轴承外圈
大修轴承	○	轴承外圈
一般检修轴承	◇	轴承外圈

(二)轴承退卸

在货车开始滚动轴承化初期，大约在20世纪80年代后期至20世纪90年代初期，因退卸轴承数量较少，轴承退卸、压装技术相对落后，当时使用的是移动式退卸、压装小车，其优点是在一定范围内移动方便，在同一处所即可完成轴承的退卸、压装，但操作起来比较繁琐，需使用拉杆、引导套等，且压装力也难以控制。随着货车滚动轴承数量的不断增加，轴承退卸、压装技术也得到了发展，一些设备生产厂家研制了固定式轴承退卸机，如图7-3-5(a)所示，并在轮轴检修流水线上安装使用，大大提高了轴承退卸效率。

固定式轴承退卸机具有单端和双端退卸轴承的功能，使用该设备退卸轴承时，应保证退卸机活塞中心与车轴中心在同一直线上。退卸轴承过程中，应防止磕伤轴颈和轴承零件滑落损伤。近年来，随着70 t级货车陆续到达定检周期，为保证25 t轴重的轴承退卸检修，有些单位对既有的轴承退卸机进行了技术改造，

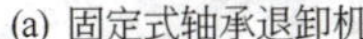

(a) 固定式轴承退卸机

(b) 可更换的轴承卡板

图 7-3-5　固定式轴承退卸机示例(1)

将退卸轴承的卡板制作为可更换的，如图 7-3-5(b)所示，以满足不同规格轴承的退卸要求。有些单位对原有的轴承退卸机进行了更新，设备生产厂家根据用户的要求，设计制造了同时可满足多种型号轴承退卸的固定式轴承退卸机(如图 7-3-6 所示)，轴承后挡卡套通过液压油缸控制行程，方便了生产现场的使用。

图 7-3-6　固定式轴承退卸机示例(2)

轴承退卸的原理是通过卡板卡住轴承后挡部位，液压油缸活塞伸出定位，使轴承后挡卡套相对于活塞的距离缩短，后挡卡套通过卡板带动轴承后挡克服轴承及后挡与车轴过盈配合的紧固力而达到退卸轴承的目的。固定式轴承退卸机在后挡卡套抬起(或张开)的状态开始工作，主要工作过程是：液压油缸前移到位→卡套落下卡住后挡→油缸活塞伸出定位→液压油缸后移到位→后挡卡套抬起→取下轴承及后挡。

根据轴承使用年限和外观状态，退卸后的轴承按一般检修、送轴承厂大修或就地报废三种方式进行处理。

1. 送轴承大修厂的轴承有以下主要几种情况：新造轴承压装后达到寿命管理规定的使用时间或运行里程(自首次压装时间开始计算)；新造轴承经外观检查和尺寸精度检测，故障、缺陷超过一般检修规定，但又未达到报废条件；退卸的新造 197726 型钢保持架轴承；退卸的新造 352226X2-2RZ 型轴承，内圈未经磷化处理者。其中后面的两种情况，随着落实技术政策时间的推移，出现的几率已很少或基本不存在了。

2. 轴承由退卸单位就地报废主要包括以下情况：各型大修轴承达到寿命管理规定的使用时间或运行里程者；车辆颠覆或重车脱轨后的全车轴承；由于电流通过引起局部放电而造成斑点、凹槽或槽纹等表面电蚀损伤的轴承；锈蚀严重，不能正常转动的轴承；发生燃轴或火灾被损伤的轴承；外圈破损的轴承；已做过大修的轴承又出现一般检修无法修复的缺陷；规定不做大修的轴承出现一般检修无法修复的缺陷；内、外圈均出现制造、大修单位或年代不清的轴承；工程塑料保持架从内圈组件上退下或脱落的 197726TN 型轴承；其他无修复价值的轴承。

3. 退卸后未达到大修或报废的寿命管理年限或里程的各型新造、大修、检修轴承，判定为进行一般检修。此项要求包括除经轴承外观检查状态良好的轴承外，还包括以下几种情况的轴承：车轮踏面擦伤、局部凹陷深度达到 2 mm 的轮轴上的工程塑料(塑钢)保持架轴承；车轮踏面剥离、缺损超过运用限度的轮轴上的轴承；轴承密封座碰伤、裂纹、松动，密封罩及橡胶油封松动、变形，前盖、后挡、轴端螺栓碰伤、裂纹、松动、变形，以及其他异状；轴承密封失效，有甩油、混砂、混水或油脂变质现象；转动轴承有异音、卡滞或其他不正常现象；轴承的轴向游隙大于 0.75 mm；电焊作业导致电流通过轴承；空车脱轨轮轴的同　转向架上的所有轴承；轮轴上遭受水浸或火灾的轴承；发生热轴故障的轴承；制造时间为 2001 年 1 月～2004 年 9 月期间装有钢保持架且内圈未经磷化处理的352226X2-2RZ型轴承，从2006年开始结合一般检修并换装工程塑料保持架，到2009年已基本换装完毕。判定一般检修的轴承在外圈上注明轴承自编号，应保证轴承编号的唯一性，并能够对前次的压装时间、类别等信息进行追溯。

（三）轮对除锈

为保证探伤质量，探伤前使用轮对冲洗除锈机对需探伤的车轴外露部位进行冲洗除锈，包括退卸轴承轮对的防尘板座、轮座外侧外露部位和有辐板孔车轮的辐板孔内侧周边也要进行除锈，使被探测的部位露出基本金属面，图7-3-7为两种轮对除锈机的示例。车轴轴身往往粘上一些比较顽固的油漆等污物，难以去除，为使轴身更加清洁，满足探伤要求，通常提前在车轴轴身上涂刷适量的脱漆剂。

图7-3-7　轮对清洗除锈机

轮轴段修时如不需退卸轴承时，防尘板座及轮座外侧的外露部位可不除锈，这些轮轴应加装橡胶防护套对轴承进行防护，防护套应尽量与车轮轮毂外侧端面密贴，以免冲洗除锈时轴承内部进水。

（四）轮轴、轮对、车轴探伤

轮轴、轮对、车轴磁粉探伤用于探测车轴外露表面或近表面的缺陷和有辐板孔车轮内侧辐板孔周边的缺陷，目前货车轮轴磁粉探伤全部采用复合磁化的荧光磁粉探伤法。超声波探伤主要用于探测车轴内部的缺陷、轮座镶入部的缺陷和不退卸轴承轮轴的轴颈根部或卸荷槽部位的缺陷，也可用于对车轴表面缺陷的探测，目前货车轮轴超声波探伤采用横波探伤法和纵波探伤法。

轮轴、轮对清洗除锈后，对车轴外露部位（轮轴段修如不退卸轴承时，防尘板座及轮座外侧的外露部位除外）、有辐板孔车轮的内侧辐板孔部位施行复合磁化荧光磁粉探伤检查。对于超过轮对组装质量保证期的轮轴、轮对，每次施行段修及厂修时，都要对车轴施行全轴超声波穿透探伤检查，对轮座镶入部施行超声波探伤检查；轮轴段修如不退卸轴承时，还要对车轴轴颈根部或卸荷槽部位施行超声波探伤检查。根据轴承标志板内容或轴端组装标记，按月计算轮对第一次组装剩余保证期不能达到下次段修到期月份时，应对车轴进行超声波探伤检查。近年来，尽管新制车轴取消了轴颈卸荷槽，但还是发生了几起车轴冷切事故，而且都是在轴颈根部或卸荷槽部位，这其中有新型车轴，也有旧型车轴。为此，考虑在2007年12月31日以前，有些单位的新制车轴尚未全部使用成型磨床进行车轴终加工，组装后的轮轴检修时可能还存在带有轴颈卸荷槽的车轴，所以要加强在此之前首次组装的轮轴的车轴各部位的全面探伤检查。对轮轴厂修单位来说，增加了在此期间首次组装的轮对仍处于第一次保证期内的车轴轮座镶入部位的超声波探伤检查。

轮对厂修时，对解体后的车轴各部位、再加工部位及需换轴组装的新制车轴的再加工部位施行复合磁化荧光磁粉探伤检查。新制车轴组装前、检修车轴重新组装前对车轴施行全轴穿透探伤检查；轮对组装后对轮座镶入部施行超声波探伤检查，以检查在轮对组装过程中是否造成轮座镶入部位的损伤。

磁粉探伤和超声波探伤是发现车轴裂纹缺陷的关键工序，是预防车辆冷切轴事故的重要手段，对操作人员、仪器、设备、探伤材料及作业过程等有比较严格的要求，具体的探伤工艺内容详见本书第八篇第一章。

（五）轮对解体

轮对解体是指将车轴和两个车轮进行分解，是轮轴厂修修程的一项工作，所使用的设备为轮对分解压力机(如图 7-3-8 所示)。检查轮对分解压力机性能正常,轴颈防镦粗装置无变形。确认轮对分解标记无误后,将轮对吊至轮对分解压力机工位。

图 7-3-8 轮对分解压力机

压退良好车轴的轮对时轴颈要加装保护套,并在解体端加装防镦粗装置(如图 7-3-9 所示)。车轴的中心线与压力机活塞中心线应保持一致,压退时的最大压应力不超过车轴材质的下屈服强度,达到最大压应力不能退下车轮时,可在车轮的轮毂部位均匀加热后再压退,但加热温度不得超过 200 ℃;仍不能退下时,可用乙炔焰切割车轮,但不得损伤车轴。卸下车轮和存放车轴时不得碰伤轴颈,车轴、车轮应分型号按待加修、报废分别存放,良好车轴吊放在存轴架上。

图 7-3-9 加装轴颈防镦粗装置示意图

判定为需进行解体检修的轮对,要根据送修故障情况对各部位进行全面检查和尺寸测量,准确判定施修范围和施修方法。车轴、车轮各种情况的故障,有可能是单一存在于同一轮对上,也有可能是多种并存于同一轮对上,即有些轮对是因一个车轮有故障而解体报废,有些是因两个车轮有故障而解体报废,有些是因车轴有故障而解体报废,还有些是因车轴和两个车轮均有故障而解体报废。如收入检查时判定车轴和两车轮其中之一属于可修理范围时,待修轮对应按规定进行车轴除锈和探伤检查,否则直接进行解体报废。

1. 进入厂修的轮对遇有下列情况之一者退轮解体后进行检查:轴端无组装日期及组装单位责任钢印(进口轮对除外);经复合磁化荧光磁粉探伤或超声波探伤检查,确认车轴裂纹延伸至轮座或轮座裂纹;经超声波探伤检查确认车轴透声不良或难以判断;经超声波探伤检查确认轮座镶入部接触不良;轮对内侧距离及内侧距离三处差超限;经厂修测量轮对轮位差超限;出现其他需要退轮检修的故障。

2. 轮对厂修遇有下列情况之一者,解体后应进行加工修理:轴颈、防尘板座有一处尺寸超限;轴颈及防尘板座表面有磕伤、碰伤、拉伤、划伤、凹痕、锈蚀、棱形、鞍形、鼓形及螺旋波纹等状态;轴颈有镦粗现象者;轴身裂纹,表面有打痕、碰伤、磨伤及电焊打火等状态未超过限度者;轴端螺纹或轴端螺栓孔损伤不能起紧固作用者;中心孔损伤影响加工定位者;出现其他需要解体后加工修理的缺陷。

3. 解体后的车轴有下列情况之一者进行报废处理:车轴无制造时间或制造单位代号;RD_2 型 K1、K2 等级车轴;使用时间达到 20 年的国产 RD_2 型 40 钢车轴轮对需退轮时;车轴裂纹超限而不能修复;经超声波探伤检查确认透声不良;轴颈、防尘板座、轮座、轴身等有一处尺寸超过规定限度而不能修复;轴身弯曲超限;脱轨车辆的车轴轴颈弯曲大于 0.15 mm;轴颈由于燃轴而碾长或弯曲者;轴颈及防尘板座有电焊打火或电蚀;其他需要更换车轴者。

4. 解体后的车轮有下列情况之一者进行报废处理:车轮轮辋厚度小于规定限度;车轮轮辋宽度小于 127 mm;经厂修测量车轮轮毂长度小于 170 mm;车轮踏面及轮缘裂纹、缺损、剥离经旋修无法消除;车轮辐板孔周向裂纹长度超限、扩展方向大幅度偏离圆周方向或存在径向裂纹;辗钢车轮轮辋外侧及辐板上有沿圆周方向的重皮;车轮轮辋裂纹无法消除或辐板(不包括辐板孔)、轮毂裂纹;辗钢车轮有铲槽;其他需要更换车轮者。

(六)车轴加工修理

1. 检修车轴的轴身故障修理

车轴轴身打痕、碰伤、磨伤及电焊打火等故障缺陷的深度不大于 2.5 mm 时，使用角向磨光机进行打磨，消除缺陷周边的毛刺、棱角，经打磨后的缺陷部位应光滑，修磨后的车轴可继续使用。

轴身打痕、碰伤、磨伤及电焊打火等缺陷深度大于 2.5 mm 以及轴身横向裂纹深度不大于 2.5 mm 或轴身弯曲的车轴，使用数控或仿形车床进行车削加工，图 7-3-10 为一种波兰仿形车床。对于轴身横向裂纹的车轴首先旋除缺陷后，经复合磁化荧光磁粉探伤检查确认无裂纹时，再加旋 0.5 mm。检修车轴轴身纵向裂纹总数不超过 3 条，单个长度不大于 60 mm，并且不在同一断面上时可不处理；超过上述规定时旋除裂纹，经复合磁化荧光磁粉探伤检查确认无裂纹，并且直径符合规定限度者可使用。将轴身缺陷旋除的同时要对车轴轴身全部进行车削加工，加工部位进行复合磁化荧光磁粉探伤检查后不得存在裂纹。

图 7-3-10　仿形车床

轴身车削加工步骤为：(1)将车轴吊装到位，确认顶尖孔良好，卡紧车轴。(2)使用外径千分尺测量轴身直径，确认旋削量(如图 7-3-11)。(3)校对仿形样板的位置。(4)选择适当的车削参数，走刀量、切削速度、切削深度和走刀次数等要与车轴的旋削量相符。

测量加工后的轴身尺寸应符合要求，加工后的轴身直径可比原型公称直径减少 4 mm，粗糙度须达到 $R_a3.2$ μm。

图 7-3-11　测量轴身尺寸示意图

2. 轴端螺栓孔的加工修理

检修车轴轴端螺栓孔不能起紧固螺栓的作用时，可将原螺栓孔堵焊。堵焊螺栓孔前，要将螺栓孔内的铁屑及杂物清理干净，将相应直径的螺杆前端车削制成 120°角后旋入到螺栓孔中，后端距车轴端面为 2～4 mm，然后把螺栓孔堵焊，堵焊后要修磨处理，使轴端面平整。

使用三孔钻孔机在轴端面相对于原螺栓孔移位 60°重新加工螺栓孔，图 7-3-12 所示为一种三孔钻孔机。若改制螺栓孔的轴端有永久保留的标记，钻孔前应做好记录，加工完毕后将永久保留的轴端标记依次转打在新的扇区内。

根据轴型选择相应刀具，钻头、扩孔刀具、丝锥规格的选择见表 7-3-3。检查车轴轴颈尺寸应符合规定要求，轴颈及中心孔无磕、碰伤。

按表 7-3-4 确定相应轴型的钻孔深度 h、攻丝深度 s、螺纹直径 d 及三孔中心直径 a 的尺寸。钻、扩孔时要检查钻、扩孔导套位置，确认位置正确后开始操作。按图 7-3-13 所示进行螺栓孔加工，钻、扩孔后测量孔径及深度应符合图纸要求。

图 7-3-12　三孔钻孔机

表 7-3-3　钻头、扩孔刀具、丝锥规格选择表　　单位：mm

序号	轴型	钻头直径	扩孔刀直径	丝锥直径
1	RB_2	16.5	19.5	M20
2	RD_2	19.5	21.5	M22
3	RE_{2B}，RE_{2A}，RE_2	20.5	23.5	M24

表 7-3-4　轴端螺栓孔主要参数表　　单位：mm

轴型	h	s	d	a
RB_2	55^{+5}_{0}	40^{+2}_{0}	M20-6H	64
RD_2	55^{+5}_{0}	40^{+2}_{0}	M22-6H	85
RE_{2B}，RE_{2A}，RE_2	60^{+5}_{0}	45^{+2}_{0}	M24-6H	100

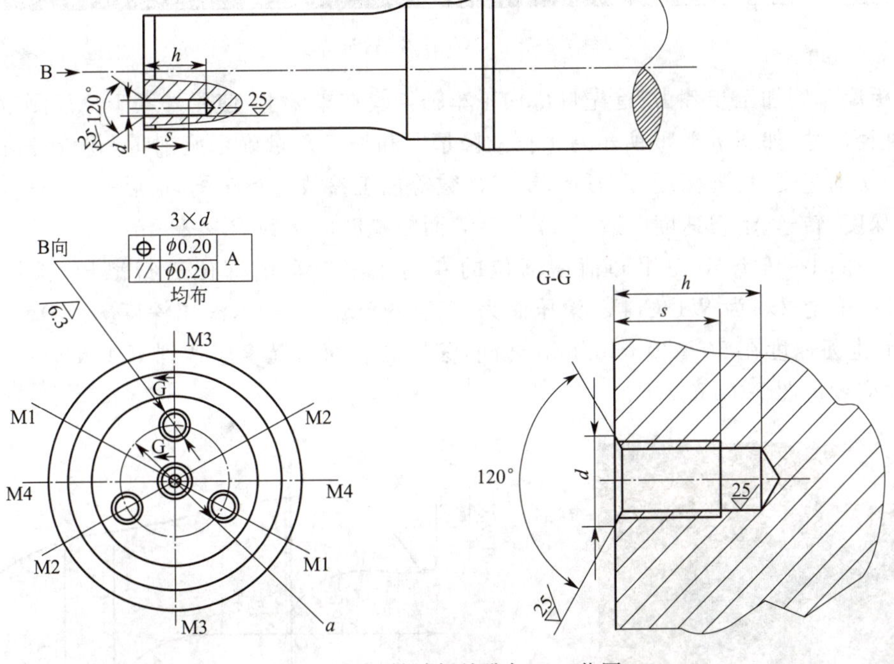

图 7-3-13　轴端螺栓孔加工工艺图

钻孔、扩孔合格后，螺栓孔要进行攻丝。攻丝前，要清理孔内的铁屑等杂物，引导丝锥对准孔中心。攻丝时操作应平稳，如有异常立即停止操作，进行检查。攻丝完毕后将孔内铁屑杂物清理干净。

轴端螺栓孔加工后用螺纹塞规进行检查。用螺纹塞规通端测试时应能旋合通过，用螺纹塞规止端测试时，新改制的螺纹在距端面 3 扣内应能止住，且止规手试时不得有明显晃动。检修的螺纹有损伤或滑扣时，累计不得超过 3 扣，且不得连续，毛刺须清除；用螺纹塞规止端测试时，在距端面 5 扣内应能止住，且止规手试时不得有明显晃动，如图 7-3-59(b)所示。

新改制的轴端三个螺栓孔须用三孔位置度综合量规进行检查，应符合规定要求，如图 7-3-14 所示。

为降低车轴两端堵焊螺栓孔对超声波穿透探伤的影响，车轴轴端螺栓孔只可移位加工一次，轴端螺栓孔一端已堵焊时，另一端不得再堵焊。

图 7-3-14 三孔位置度量规检查轴端螺栓孔示意图

3. 检修车轴的轴颈、防尘板座加工修理

(1)车轴轴颈、防尘板座缺陷超限需降等级修时，轴颈有卸荷槽结构(图样 GB/T 12814-2002-07-1 中 F 型方案)的 RD_2 型车轴采用车削加滚压的加工工艺，车削和滚压要在同一数控或仿形车床上进行加工，图 7-3-15 为一种仿形车床。

轴颈、防尘板座加工顺序为：车削轴颈、卸荷槽、轴颈后肩圆弧→车削防尘板座(防尘板座降等级修)、轮座前肩圆弧→滚压卸荷槽、轴颈后肩圆弧→滚压防尘板座→滚压轮座前肩→磨修轴颈。

图 7-3-15 CW6163A 普通车床

轴颈、防尘板座车削加工步骤为：首先将待加工车轴卡紧在车床上，使用外径千分尺测量轴颈、防尘板座需加工部位的直径尺寸(如图 7-3-16 所示)，根据故障情况和加工余量确定旋削量，并校对仿形样板的位置。然后再调整确定切削速度、切削深度、走刀量、走刀次数等加工参数进行车削，最后一次车削应采用三角形不重磨刀具，切削深度、转速、走刀速度应适当，车削后表面粗糙度应达到 $R_a3.2\ \mu m$。

车削完毕后，在同一车床上使用卸荷槽部位的专用压滚对车削部位进行滚压，滚压应采用直径为 110 mm弹性滚轮，滚轮材料为 W18Cr4V，滚压面为直径 16 mm 的半圆，滚压深度为 0.01 mm，工件转速为 330～400 r/min，走刀速度在 50～70 mm/min 之间，滚压后表面粗糙度应达到 $R_a1.6\ \mu m$。轴颈卸荷槽、防尘板座部位尺寸应满足图 7-3-17 要求。

图 7-3-16 外径千分尺测量直径尺寸

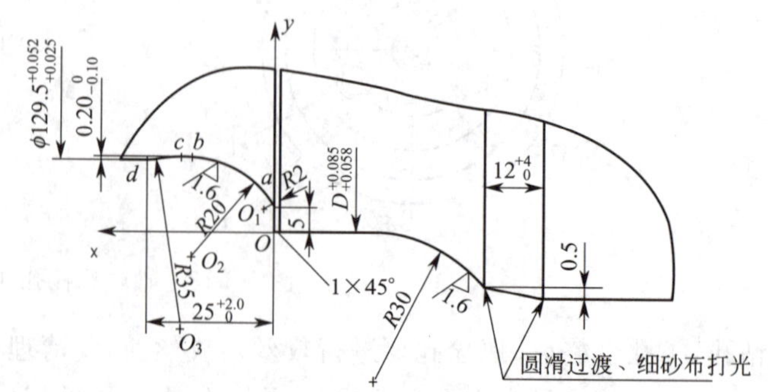

图 7-3-17 RD_2 型 D1 等级 F 型方案轴颈卸荷槽、防尘板座部位尺寸示意图

(2)图样 GB/T 12814-2002-07-1 中 RD_2 型车轴的 E 型方案和 RE_{2B} 型车轴，轴颈都是无卸荷槽的结构，

50 钢的新制车轴轴颈部位也取消了卸荷槽结构，所以等级修时轴颈、防尘板座都是采用成型磨削工艺进行终加工，图 7-3-18 所示为一种成型磨床。磨削前设定适当的磨削参数，操作磨床进行磨削加工。为保证磨削加工质量，要根据成型磨床性能、砂轮技术指标等，规定修整砂轮频次，定期对砂轮进行修整，修整砂轮前、后磨加工的首、末根车轴须认真检测。

轴颈、防尘板座降等级修理后，使用外径千分尺测量轴颈、防尘板座直径尺寸，使用长度游标卡尺检查轴颈、防尘板座长度尺寸，轴颈、防尘板座直径、长度应符合规定限度；用表面粗糙度样板或测量仪进行对比、测量应符合要求；用圆弧样板检测，间隙不得超过 0.02 mm；测量两端轴颈长度之差不大于 1 mm；轴颈端部引导坡引入段的长度 10_{-3}^{0} mm，其直径差不超过 1 mm；引入段和过渡部分加工表面粗糙度 $R_a1.6$ μm 并圆滑过渡，图 7-3-19 为利用粗糙度测量仪测量轴颈部位的粗糙度。

图 7-3-18 车轴成型磨床

图 7-3-19 粗糙度测量仪测量示意图

防尘板座等级修时，采用磨削或车削的方法加工，原有防尘板座卸荷槽须消除，加工后直径及过渡圆弧应符合图样要求。轴颈和防尘板座可分别进行降等级修理，但防尘板座降等级而轴颈未降等级的车轴不视为等级车轴。

(3)轴颈和防尘板座其他故障缺陷的手工修理

轴颈及防尘板座部位有锈蚀时，可用 00 号砂布蘸油后进行手工打磨，打磨后允许留有轻微痕迹。

车轴卸荷槽或轴颈根部圆弧部位有锈蚀时，用 00 号砂布蘸油打磨后，凹陷深度不得大于 0.05 mm，经探伤检查无裂纹时方可继续使用。但轴颈卸荷槽或根部圆弧部位锈蚀比较严重的车轴，则应进行报废处理，因为该部位的锈蚀缺陷通常会诱发疲劳裂纹的产生。

轴颈上在距轴颈后肩 50 mm 以外部位存在的纵向划痕深度不大于 1.5 mm，或擦伤、凹痕总面积不大于 60 mm^2、深度不大于 1.0 mm 时，均可清除毛刺后使用。当然，在距轴颈后肩 50 mm 以内部位是不允许存在上述缺陷的。

轴颈上在距轴颈后肩 80 mm 以外部位存在宽度、深度均不大于 0.5 mm 的横向划痕时，可用 00 号砂布蘸油打磨光滑，经探伤检查确认不是裂纹时可使用；轴颈上在距轴颈后肩 80 mm 以内部位不得存在横向划痕，但由于密封座和中隔圈所引起的凹陷环带，其深度不大于 0.05 mm 时，可用 00 号砂布蘸油打磨光滑后使用。

防尘板座上存在的纵向划痕深度不大于 1.5 mm，或擦伤、凹陷总面积不大于 40 mm^2，深度不大于 1.0 mm 时，可以清除毛刺后继续使用。

轴颈端部蹾粗时应进行机加工修理；轴颈引入部磕碰伤时，可消除局部高于原表面的堆积金属，并用 00 号砂布蘸油打磨光滑后使用。

轴颈后肩端面锈蚀或局部碰伤时，可消除局部高于原表面的金属，并用 00 号砂布蘸油打磨光滑后使用。

4. 检修车轴轮座的加工修理

检修车轴轮座部位的横向裂纹深度不大于 0.3 mm，旋修后经复合磁化荧光磁粉探伤检查确认无裂纹时，再加旋 0.5 mm，直径比原型公称直径的变化量为 ϕ_{-6}^{+3} mm 者可使用。裂纹深度大于 0.3 mm 且不大于 2.5 mm，旋修后经复合磁化荧光磁粉探伤检查无裂纹时，再加旋 0.5 mm，直径符合规定限度者可使用。但组装成轮对后，须在车轴端面轮对组装及组装责任单位钢印下刻打“＋＋”标记。裂纹深度大于 2.5 mm 的车轴应报废，不再加工修理。

(1)轮座车削加工使用普通或数控车床，图 7-3-20 所示为一种普通车床。

轮座车削加工步骤为：

①卡紧车轴。使用外径千分尺测量轮座直径(如图 7-3-21 所示)，确认车削量。车轴轴颈部位加装防护垫。

②粗旋轮座圆锥形引入段，然后车削轮座，由轮座前肩向后肩走刀，各部尺寸及精度符合图样要求。粗加工走刀量、切削速度、切削深度符合粗加工要求。

③精旋圆锥形引入段，引入段长度和精度符合图样要求，精旋轮座，由轮座前肩向后肩走刀，轮座精度符合图样要求，表面粗糙度须达到 $R_a3.2\ \mu m$，精加工走刀量、切削速度、切削深度应符合精加工要求。

④使用外径千分尺测量车轴轮座直径尺寸，使用钢板尺测量轮座和圆锥形引入段长度尺寸，使用粗糙度检测仪测量轮座加工后的粗糙度，应符合图纸要求，车轴检查合格后，将车轴吊装在指定地点，存放在车轴存放架上。

图 7-3-20　C630 型普通车床示意图

图 7-3-21　外径千分尺测量轮座直径示意图

轮座外侧引入段的长度 RD_2 型车轴为 12^{+4}_{0} mm，RE_{2B}型车轴为 10^{0}_{-2} mm，其直径差不超过 0.5 mm。引入段和过渡部分加工表面粗糙度 $R_a3.2\ \mu m$。

(2)车轴轮座的终加工采用磨削或滚压工艺，加工后表面粗糙度应达到 $R_a1.6\ \mu m$。终加工采用滚压工艺时，车削后加工表面粗糙度应达到 $R_a3.2\ \mu m$ 后方可进行滚压加工。通过生产实践证明，磨削加工的车轴轮座表面粗糙度要优于滚压加工，且加工尺寸更易于控制，所以车轴轮座终加工全面推广了磨削加工工艺。图 7-3-22 为一种外圆磨床，轮座磨削步骤为：

①卡紧车轴。

②用外径千分尺测量轮座直径，确认磨削量。

③磨削轮座。主轴转速、工件移动速度、磨削深度应符合要求。磨削后轮座直径尺寸、圆柱度及表面粗糙度等符合图纸要求。

④使用外径千分尺测量轮座直径尺寸，使用粗糙度检测仪测量轮座磨加工后表面粗糙度，车轴检查合格后，将车轴吊装在指定地点，存放在车轴存放架上。

图 7-3-22　MQ1350B 型外圆磨床

5. 脱轨或颠覆事故车辆上卸下的轮轴，解体后在车床上对车轴进行轴颈弯曲测量，轴颈弯曲测量时以车轴中心孔为基准，磁力千(百)分表测头与轴颈中心线垂直，且靠近轴颈后肩处，旋转 1 周后测量轴颈半径尺寸的跳动量，其值小于 0.15 mm 时可继续使用，超过此限度时车轴应解体报废。

6. 中心孔故障及处理

检修车轴要逐个检查中心孔，如有损伤，将影响下道工序车轴加工的精度，中心孔损伤时，可消除局部高于原表面的堆积金属，但修复后缺陷面积不大于原中心孔圆锥面积的 1/8。损伤面积大时，可将中心孔堵焊，堵焊后使用中心孔钻在钻床上进行加工修理，重新加工后的中心孔各部尺寸应符合图样要求。

车轴轴颈、防尘板座、轮座经机加工或手工修理后的尺寸应符合表 7-3-5 规定的限度标准，包括轴身在内的各加工部位应进行磁粉探伤复探检查，对车轴内部进行超声波穿透探伤检查。为发现轮对组装过程中轮座部位的挫伤，轮对重新组装后还应对车轴轮座镶入部进行超声波探伤检查，避免有轮座挫伤等缺陷的轮轴装车使用。

表 7-3-5 车轴轮座、防尘板座、轴颈尺寸一览表 单位：mm

项目 型别	轮座		防尘板座		轴颈	
	原型	厂修	原型	厂修	原型	厂修
RD_2	194^{+1}_{-2}	194^{+3}_{-6}	$165^{+0.085}_{+0.058}$	$165^{+0.085}_{+0.020}$	$130^{+0.052}_{+0.025}$	$130^{+0.052}_{+0.010}$
			$164.5^{+0.085}_{+0.058}$	$164.5^{+0.085}_{+0.020}$	$129.5^{+0.052}_{+0.025}$	$129.5^{+0.052}_{+0.010}$
			$164^{+0.085}_{+0.058}$	$164^{+0.085}_{+0.020}$		
			$163^{+0.085}_{+0.058}$	$163^{+0.085}_{+0.020}$		
RE_{2B} RE_{2A}	210^{+1}_{-2}	210^{+3}_{-6}	$180^{+0.085}_{+0.058}$	$180^{+0.085}_{+0.020}$	$150^{+0.068}_{+0.043}$	$150^{+0.068}_{+0.025}$
			$179.5^{+0.085}_{+0.058}$	$179.5^{+0.085}_{+0.020}$	$149.5^{+0.068}_{+0.043}$	$149.5^{+0.068}_{+0.025}$
			$179^{+0.085}_{+0.058}$	$179^{+0.085}_{+0.020}$		
RE_{2A}			$178^{+0.085}_{+0.058}$	$178^{+0.085}_{+0.020}$		

（七）车轮的手工修理及旋配车轮轮毂孔

车轮轮毂的外径面有重皮时，可使用磨修机具手工磨修清除，磨修的深度不大于 3 mm，磨修后应保证轮毂壁厚及壁厚差符合规定限度，铸钢车轮的轮毂壁厚：21 t 轴重车轮≥29 mm，23 t，25 t 轴重车轮≥31 mm；辗钢车轮的轮毂壁厚：21 t 轴重车轮≥32 mm，23 t，25 t 轴重车轮≥35 mm。同一车轮的轮毂壁厚差不大于 10 mm。

车轮轮毂孔使用立式车床进行加工，图 7-3-23 所示为一种立式车床。为提高车轮轮毂孔加工精度、合格率及加工效率，目前大都使用数控立式车床。

轮毂孔加工步骤为：

（1）选配车轮，按轮径尺寸成对选配并测量轮毂厚度。

（2）找平、对正、卡紧车轮。找平：点动旋转车轮，使用划线尺缓慢靠近轮辋内侧面，找到轮辋内侧面与划线尺接触的第一点，查看车轮旋转 1 周轮辋内侧面其他部位与该点的距离，调整车轮垂直位置，使整个车轮轮辋内侧面 1 周均匀接触划线尺，此时车轮处于水平位，内侧面水平偏差不大于 0.5 mm。对正：点动旋转车轮，使用划线尺缓慢靠近轮缘最高点，找到轮缘与划线尺接触的第一点，查看车轮旋转 1 周轮缘其他部位与该点的距离，调整车轮水平位置，使整个车轮轮缘最高点 1 周均匀接触划线尺，此时车轮处于正位，圆周偏差不大于 0.6 mm。

图 7-3-23 C512A 型立式车床示意图

（3）测量车轴轮座尺寸，轮座加工表面粗糙度、圆柱度、圆度等符合规定要求，且表面无磕碰伤，以轮座中部测量直径尺寸为选配尺寸。根据选配尺寸确定车轮轮毂孔的旋削量。

（4）粗车轮毂孔及圆弧。使用内孔粗刀，并选择适当的切削速度、切削深度和走刀次数进行车削。

（5）精车轮毂孔及圆弧。粗车为精车预留量为 0.2 mm，符合要求后，使用内孔精车细刀，选择适当的切削速度、切削深度等加工参数进行精车。

轮毂孔加工后，使用内径千分尺测量轮毂孔内径（见图 7-3-24），尺寸应符合车削前计算尺寸，车轮轮毂孔加工后的圆柱度不大于 0.05 mm，并且大端须在内侧，轮毂孔与轮毂内侧端面的过渡圆弧半径均为 $R3$～4 mm，外侧端面的过渡圆弧半径为 $R3$～4 mm 或倒角为 3 mm×45°～4 mm×45°，使用粗糙度检测仪测量轮毂孔内径，内径面粗糙度须达到 $R_a6.3\ \mu m$，如图 7-3-25 所示。

同一车轴上应组装同型号、同材质的车轮，但E型车轮可组装在轮座直径不小于192 mm的21 t轴重车轴上，轮对型号以车轴型号为准。压装压力曲线不合格的轮对，退下的原车轮与原车轴不得进行第二次组装，检查原车轴表面无损伤时，可重新选配其他车轮进行压装，退下车轮的轮毂孔必须重新加工合格后方可使用。同一车轴上组装的两个车轮轮辋宽度差：铸钢车轮不大于5 mm，辗钢车轮不大于3 mm。

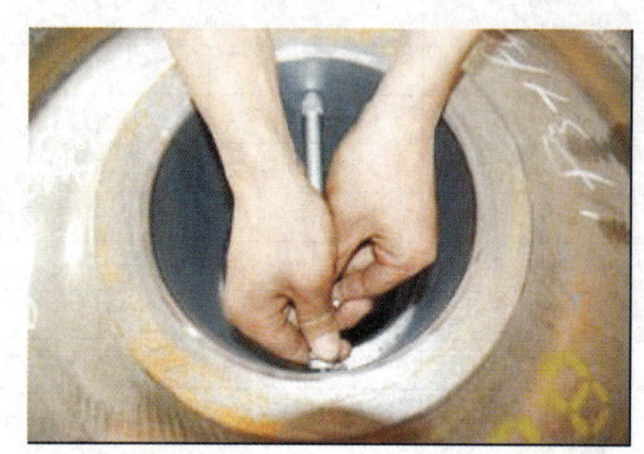
图 7-3-24　内径千分尺测量轮毂孔示意图

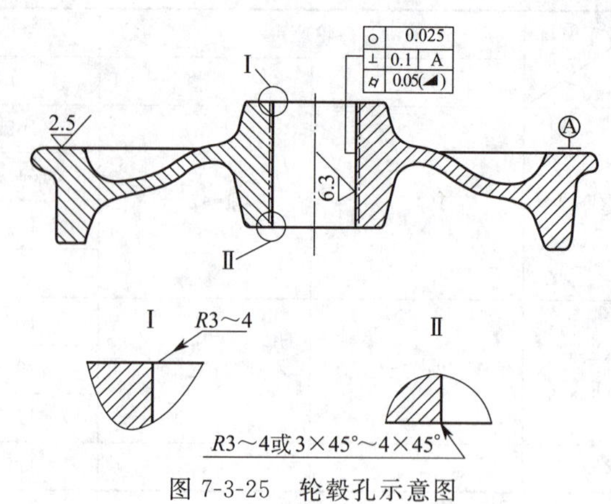

图 7-3-25　轮毂孔示意图

（八）轮对重新组装

轮对重新组装使用轮对顶压机或轮对全自动组装机（或轮对自动组装单元）进行轮对组装作业。图 7-3-26所示为一款轮对全自动组装机。

图 7-3-26　轮对组装机

轮对压装步骤为：

（1）将车轴吊放在组装架上。确认选配号，在车轴中央部划中线。

（2）测量轮座、轮毂孔尺寸，并计算压装吨位。轮座与轮毂孔采取过盈配合，配合过盈量为轮座直径的0.8‰～1.5‰。压装压力计算：轮毂孔直径每100 mm最大压力值为：40钢轴539 kN、50钢轴588 kN，最小压力值为343 kN。即最大压力值$=D\times539(588)/100$(kN)，最小压力值$=D\times343/100$(kN)，D为轮座直径（单位为mm）。

（3）吊装车轮。擦净轮毂孔内不洁物，均匀涂上清洁植物油，套上导套与车轮。

（4）压装轮对。将轮对吊放在压装机小车上，调整高度，使车轴中心线与压力机活塞中心线一致。压装速度在30～200 mm/min范围内，并填写“车统—57”与轮对组装记录。

压装压力曲线符合要求。轮对压装记录“车统—57”与记录簿填写齐全正确。使用轮对内侧距离检查尺测量三处均布的轮对内侧距离，三处差不大于1 mm，轮对内距须符合限度要求，使用轮位差尺测量轮对两轴肩至车轮内侧面的距离之差，轮位差不大于3 mm（见表 7-3-6）。

表 7-3-6　轮对内距和轮位差限度表　　单位:mm

修程	限度	轮辋宽 135 mm 及以上	轮辋宽 127～135 mm	内距三处最大差	轮位差
原型	最大	1355	1357	≤1	≤3
	最小	1351	1354		
厂修	最大	1356	1359	≤3	≤3
	最小	1350	1354		
段修	最大	1356	1359	≤3	—
	最小	1350	1354		

轮对重新组装后,须刻打轮对组装标记。轮对组装及组装单位标记为:“×××”,矩形框长 12 mm,高 7 mm,框内刻打轮对组装单位代号,字体高 5 mm,如:“904”。轮对组装年月日分别用 2 位阿拉伯数字表示,字体高 7 mm,如“051014”。轮对第一次组装标记必须在车轴制造标记所处扇区按顺时针方向排列的下一个扇区内刻打,排列位置如图 7-3-27 所示,轮对第一次组装标记必须永久保留。

轮对再次组装时,组装标记在轮对第一次组装标记所处扇区按顺时针方向排列的下一个扇区内刻打,左端打满后在右端刻打,依次类推。各扇区均打满后,依次选择第二次及以后各次组装标记中可不保留者,将该扇区的所有标记全部磨除,重新刻打组装标记。

车轴的轮座上有深度大于 0.3 mm 且小于 2.5 mm 的横裂纹经旋除后再组装成轮对时,在本次组装标记的扇区内增加刻打“++”标记(字体高、宽均为 7 mm),带有“++”字标记的扇区内的所有标记须永久保留,如图 7-3-28 所示。

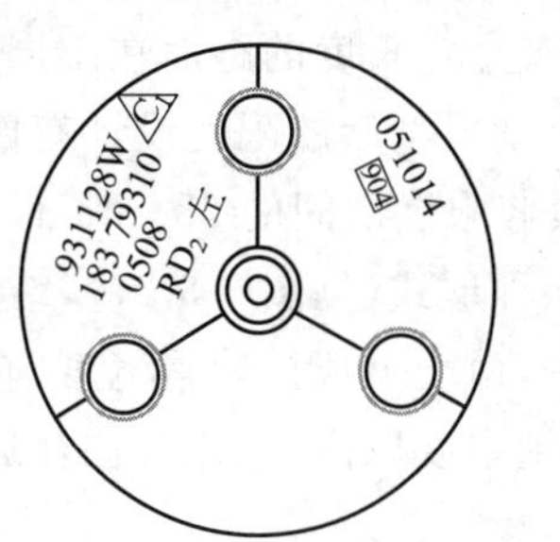

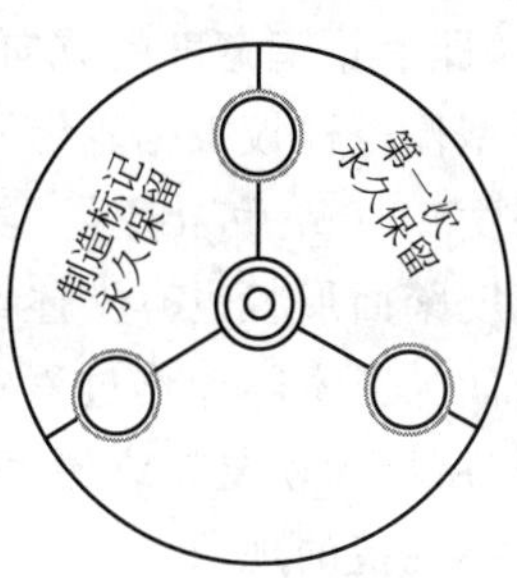

图 7-3-27　轮对组装标记

车轴轴颈直径比原型公称直径小 0.5 mm 的等级车轴,在本次组装日期和组装单位下面刻打 D1 标记,字体高 7 mm,等级车轴标记须永久保留,如图 7-3-29 所示。

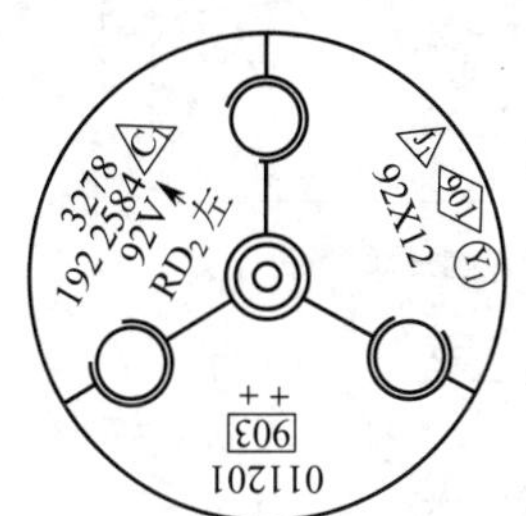

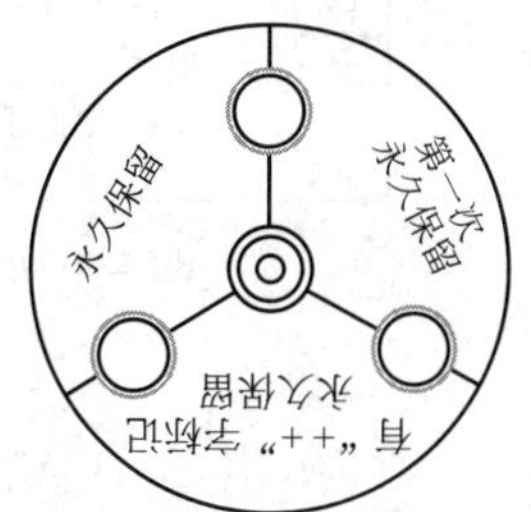

图 7-3-28　轮对组装的“++”字标记

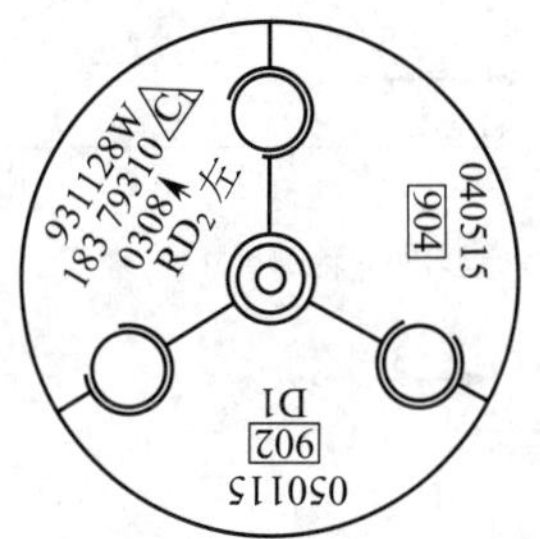

图 7-3-29　等级车轴标记

(九)轮轴、轮对检修及轮对重新组装后的车轮踏面及轮缘加工

车轮踏面及轮缘旋修的作用是对踏面外形尺寸或踏面损伤超过规定限度的车轮采用数控车床按磨耗型(LM 型)踏面的外形进行加工和修理,恢复车轮外形尺寸,保证轮对正常使用。如车轮踏面有裂纹、缺损、剥离、擦伤、局部凹陷、碾宽、踏面圆周磨耗超过规定限度及踏面上粘有熔化金属;车轮轮缘厚度磨耗超过规定限度或轮缘垂直磨耗、缺损、裂纹、碾堆;同一轮对的两车轮直径差超过规定限度;同一车轮相互垂直的直径差超过规定限度;同一车轮踏面与轴颈面在同一直径线上测量的两点距离差超过规定限度等故障缺陷需要进行加工修理。

目前车轮踏面及轮缘旋修加工使用的设备都是数控车轮车床,其外形结构如图 7-3-30 所示。

早期的车轮车床采用的是样板仿形的加工方式,踏面的形式也从锥形踏面改进为更适合于钢轨面形状的磨耗型(LM 型)。样板仿形是在车床上安装一些踏面仿形样板,依据样板的形状通过联动装置来控制车

图 7-3-30　数控车轮车床

刀的走行轨迹，实现对车轮踏面及轮缘的旋修。这些样板是根据不同轮辋宽度的车轮加工恢复为不同轮缘厚度的踏面形状而设计的，既能够保证车轮踏面形状和尺寸折合限度要求，以便与钢轨面良好地配合，使车轮在钢轨上正常转动，又能够减少加工时的车削量，延长车轮的使用寿命。这种车削加工通常也称为经济旋修，即沿轮辋宽度的方向有一定长度的踏面在 1 周内不需旋修，就是现在所说的留有黑皮。当时的车轮踏面成型检查样板根据轮缘厚度成型后的限度设计有四个等级，即按照原型限度 32 mm、厂修限度 30 mm、段修限度 26 mm 和介于厂、段修限度之间的 28 mm 而设计的，但对于安装于车床上的仿形样板来说，同一轮辋宽度踏面形状也有上述四种形式(见图 7-3-31)，结合几种轮辋宽度后，则仿形样板需在车床上安装有多种。踏面加工实际操作过程中，由于需根据轮辋宽度、轮缘厚度等尺寸频繁地选择相应的样板，操作过程比较繁琐，所以为恢复轮缘厚度到限度以内，工作者往往通过手工赶刀的方式凭经验操作，容易产生旋修后踏面形状不规范的现象。

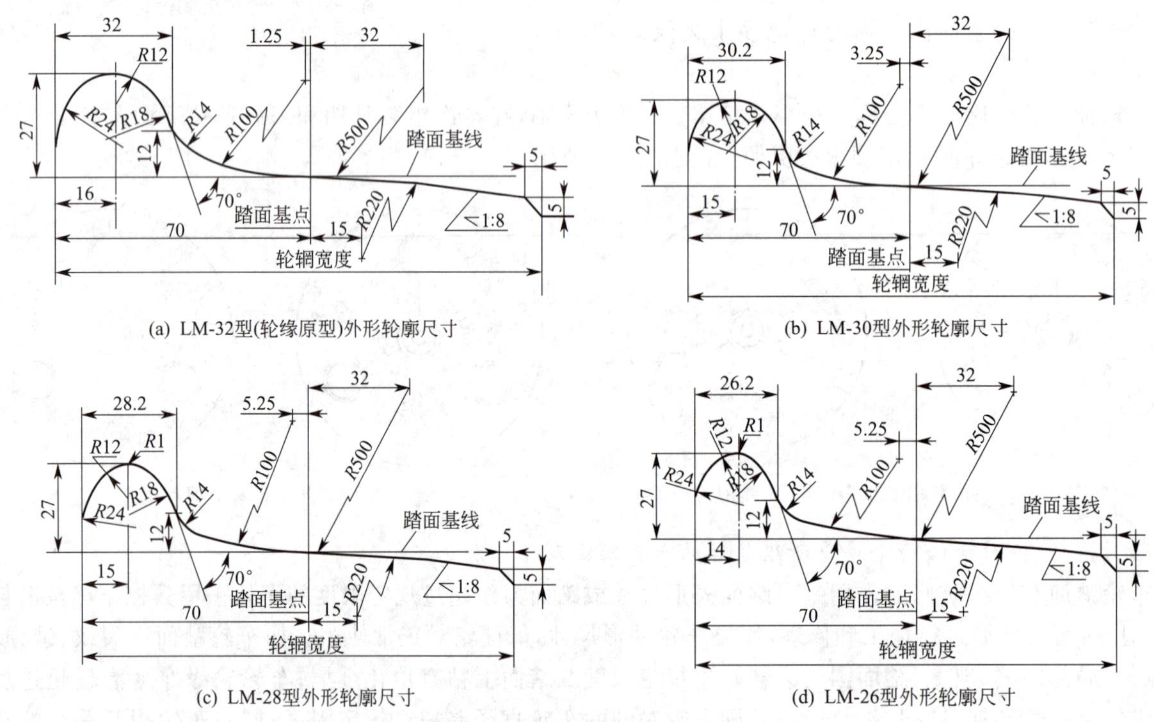

(a) LM-32型(轮缘原型)外形轮廓尺寸

(b) LM-30型外形轮廓尺寸

(c) LM-28型外形轮廓尺寸

(d) LM-26型外形轮廓尺寸

图 7-3-31　同一轮辋厚度的车轮踏面外形轮廓尺寸

随着技术的进步，数字电子控制技术被应用到了车轮车床上，原来样板仿形加工程序被设计成应用软件来控制车轮加工车床，即所谓的数控车轮车床。数控技术的应用，使车轮踏面的加工手段产生了很大程度上的改进，设备操作方法更为简便，加工质量也有了大幅度的提高。因此，数控车轮车床得到了广泛的推广使用。如今，根据车轮轮辋宽度、轮缘厚度等相关尺寸，通过选择相应的加工参数，可对存在故障缺陷的车轮踏面加工出多种轮缘厚度等级的符合限度要求的车轮踏面外形，如图 7-3-32 和表 7-3-7 所示。

表 7-3-7　LM 型车轮踏面轮缘外形系列尺寸

型　号	A	B	C	R
LM	16	32	1.25	0
LM-31.5	15	31.5	1.75	0
LM-31	15	31	2.25	0
LM-30	15	30.2	3.25	0
LM-29.5	15	29.5	3.75	0
LM-29	15	29	4.25	0
LM-28	15	28.2	5.25	1
LM-27.5	15	27.5	5.25	1
LM-27	14	27	5.25	1
LM-26	14	26.2	5.25	1

每班经旋修加工后的第一条轮对，踏面及轮缘形状应使用相应轮缘厚度的成型检查样板进行检查，踏面原型的成型检查样板示例见图 7-3-33。检查方法是：将检查样板放在旋修后的车轮踏面上，样板的垂直边紧靠车轮轮辋内侧面，轮缘左右方向的间隙之和应不大于 1 mm，踏面和轮缘高度方向的间隙均不应大于 1 mm。

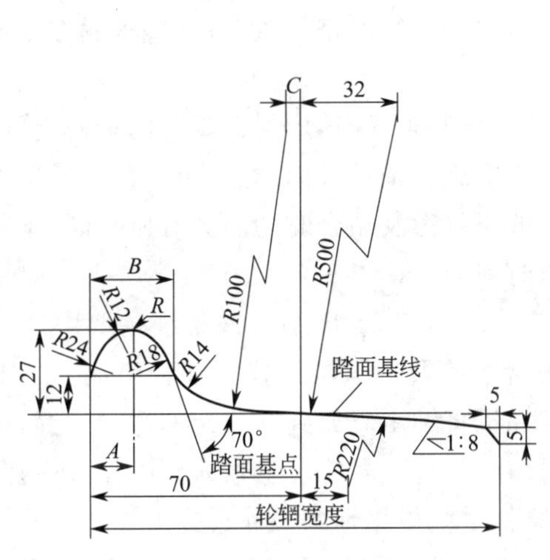

图 7-3-32　LM 型车轮踏面轮缘外形示意图

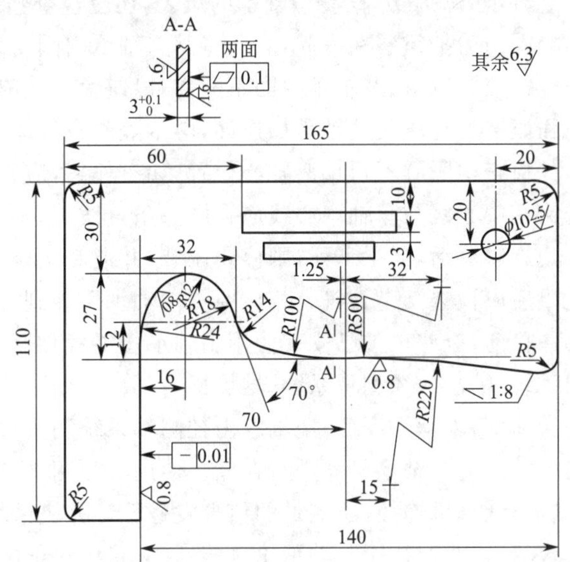

图 7-3-33　踏面原型的成型检查样板示意图

检修及重新组装后的轮轴、轮对，经数控车轮车床旋修后的车轮踏面及轮缘，踏面圆周磨耗深度及轮缘厚度等相关尺寸须符合厂、段修及以上限度要求，其轮缘高度必须恢复到(27±1)mm，其加工部位应使用粗糙度对比样块(或粗糙度测量仪)进行检查，表面粗糙度必须达到 $R_a25\ \mu m$。提速轮轴的车轮无论是否旋修，其两车轮直径差均不得大于 1 mm，同一车轮相互垂直的直径差不大于 0.5 mm，且车轮踏面及轮缘旋修后不得留有黑皮。非提速轮轴同一车轮相互垂直的直径差不大于 0.5 mm；车轮踏面及轮缘旋修后，轮缘外侧及踏面部位可局部留有黑皮，但连接部位应平滑过渡，经旋修后同一轮对两车轮直径差不大于 1 mm；踏面及轮缘旋修后留有黑皮及未经旋修者，两车轮直径差不大于 2 mm。同一车轮踏面与轴颈面在同一直径线上测量的两点距离差：未旋修踏面者不大于 2 mm；旋修踏面者不大于 0.6 mm。车轮踏面及轮缘存在的各种外观故障缺陷须全部旋除，仅旋除车轮轮辋外侧踏面碾宽时，其倒角应符合 5×5 mm 的限度要求。

踏面车削加工前的注意事项，一是设备操作者须穿好防护服装并戴上防护眼镜，以免车削过程中铁屑伤及身体；二是不退卸的轴承要加装轴承防护套，退卸轴承的轴颈部位要加装轴颈防护套，以防止铁屑进入轴承油封处或伤及轴颈表面。

(十)轴承压装

检修轮轴与新组装轮轴压装轴承的过程相同,均采用固定式轴承压装机,其中固定式轴承压装机采用微机控制的方式,还增加了数据存储、压装力曲线、打印和超、欠压报警功能。图 7-3-34 为一种型号的轴承压装机。

图 7-3-34 固定式轴承压装机

轴承与轴颈是采用冷压装过盈配合固定在一起的,压装前应进行轴承与轴颈、后挡与防尘板座的测量选配。目前一般采用外径千分尺测量轴颈和防尘板座尺寸,采用内径千分尺(表)测量轴承内径和后挡内径,按照测量的尺寸对车轴轴颈选配轴承,对防尘板座选配后挡,测量位置及选配过盈量应符合规定的要求。

为避免轴承内径面与轴颈在压装时划伤以及防止运用后轴颈根部或卸荷槽、轴颈后肩、防尘板座锈蚀,轴承压装前应向轴颈根部或卸荷槽、轴颈后肩、防尘板座配合面上均匀涂刷 PR-1 型专用防锈脂,向轴颈表面涂刷 2 号极压锂基脂,涂层厚度均不低于 1 mm。将选配好的后挡套入轴颈并贴靠防尘板座,不得反装,摆放须正位,再将选配好的轴承摆放到压装机支架上。

对于 353130B 紧凑型轴承的压装,还应检查塑钢隔圈是否完好,应无断裂等缺陷。轴承压装前,先将塑钢隔圈与后挡组装在一起,然后将其与轴承内圈组装在一起,组装须到位,最后整体压装轴承。压装时应保证塑钢隔圈、后挡及轴承内圈不分离,以避免塑钢隔圈损坏。一旦分离,须严格检查,符合要求者方可重新组装和压装。经压装的轴承如退卸,塑钢隔圈应报废。

检查中隔圈不得偏离轴心位置,如有偏离,应将其推回原位。压装轴承时,应保证轮对的轴向定位,压装机活塞中心线与车轴中心线应在同一条直线上,轴承压装过程中应旋转轴承外圈,在整个压装过程中必须保持其旋转灵活,如果卡死,则停止压装,并退卸检查。各型轴承的压装力及贴合时的压力有所不同,压装过程完成后应检查其是否符合相应要求。轴承压装到位后,其保压时间为 3~5 s。

目前,有些单位已安装使用了轴承智能存取优化选配系统,如图 7-3-35 所示。该系统主要由计算机控制系统、轴承内径测量系统、堆垛机、存放架、输送线及小车、报警系统及轴颈测量仪等部分组成。其工作程序为:合格轴承入库后,经轴承内径测量系统测量尺寸后,由堆垛机将轴承码放到存放架的适当位置,按轴承码放的位置将轴承尺寸进行存储。使用轴颈测量仪测量轴颈尺寸,并将轴号等信息输入到测量仪中,测量完毕后与计算机连接,将测量的信息发送至计算机系统中,由计算机系统根据轴颈尺寸选择最为合适的轴承配套。然后,按照待压装轴承轮对的顺序,将优化选配完毕的轴承由堆垛机取下,放在输送小车上,通过输送线运送到轴承压装机处进行压装。该系统自动化程度较高,大大提高了轴承与轴颈的选配精度,减少了人为误

(a) 轴承智能存放库

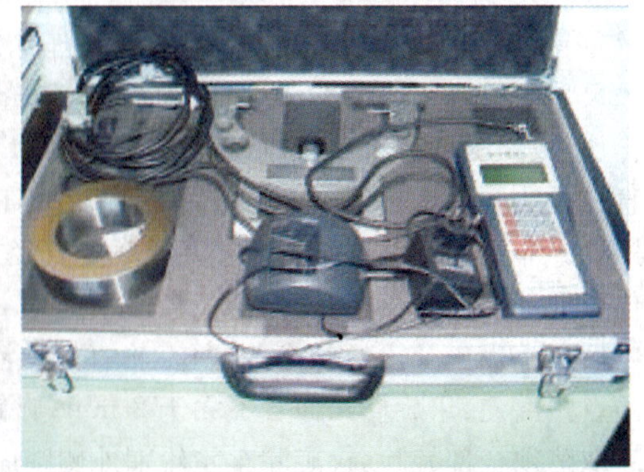
(b) 轴颈测量仪及样环

图 7-3-35 轴承智能存取优化选配系统

差，并降低了工人的劳动强度，是轴承测量选配的发展方向。

轴承压装完毕后，应进行到位检查，用标志板打号机刻打轴承标志板标记，按零件安装顺序“轴端螺栓→防松片→轴承标志板→前盖→施封锁”关闭轴承前盖，并测量轴承压装后的轴向游隙。图 7-3-36 为两种形式的轴承标志板打号机。

(a)

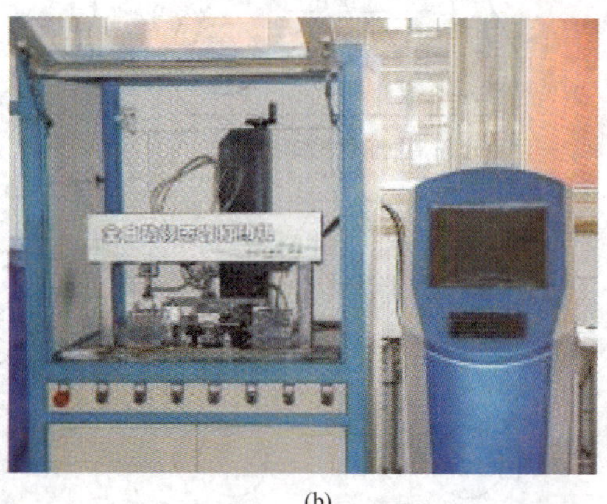

(b)

图 7-3-36　轴承标志板打号机

无轴箱双列圆锥滚子轴承标志板是刻打轴承检修及判别运用时间等信息的关键附件，使用厚度为0.5～1.0 mm 的软性不锈钢板按要求制作，目前主要分为 21 t 轴重和 25 t 轴重轴承用两种规格的标志板，见图 7-3-37。刻打内容分为 A，B，C，D 四栏，分栏线可以不设，也可以设虚线，A，B，C，D 字母不打在标志板上。轮轴左、右轴承的标志板略有区别，刻打内容如表 7-3-8 所示，刻打示例如图 7-3-38 所示。

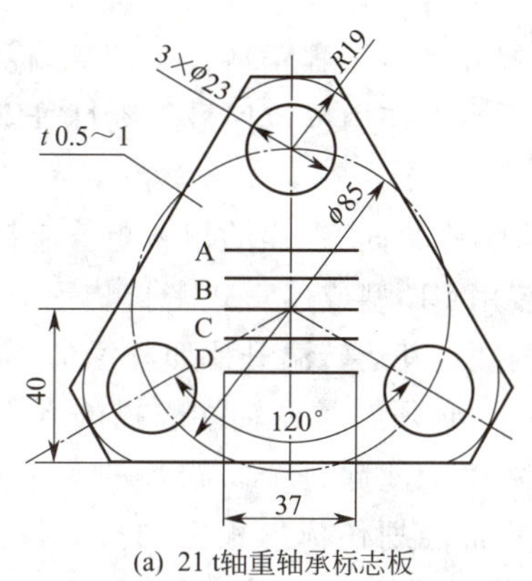

(a) 21 t轴重轴承标志板

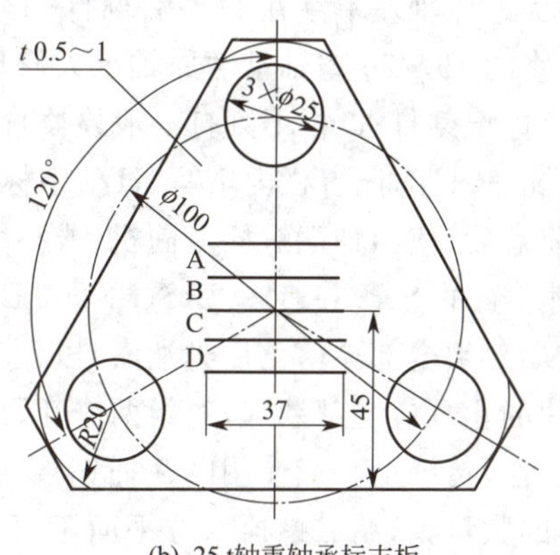

(b) 25 t轴重轴承标志板

图 7-3-37　无轴箱双列圆锥滚子轴承标志板示意图

表 7-3-8　轴承标志板标记刻打内容

左　端	右　端
A 栏：轴承首次装用年月，等级轴承标记，轴承制造（大修）厂代号，轴承分类代号	A 栏：轴承首次装用年月，等级轴承标记，轴承制造（大修）厂代号，轴承分类代号
B 栏：轮对第一次组装年月日，左，轴号	B 栏：轮对最后一次组装年月日，轮对组装单位代号
C 栏：轴承本次装用年月日	C 栏：轴承本次装用年月日
D 栏：轴承本次装用及一般检修单位代号，一般检修标记	D 栏：轴承本次装用及一般检修单位代号，一般检修标记

标志板刻打时应注意的事项：

(1)轴承分类代号中，新造轴承代号为等边三角形“△”，高度为 10 mm；大修轴承代号为直径 10 mm 圆圈“○”，轴承分类代号 “△”或“○”套打在轴承制造（大修）厂代号外边。

(2)轴承标志板的标记须使用标志板打号机刻打（或激光刻写），阿拉伯数字、汉字字体高为 5 mm，厂代号字体高为 3 mm，标记深度应不小于 0.2 mm，行间距为 3 mm。右端 B 栏不同内容间空两个数字的距离。

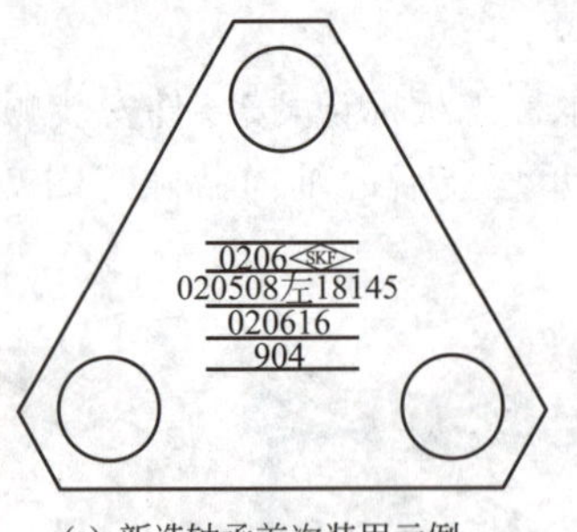

(a) 新造轴承首次装用示例

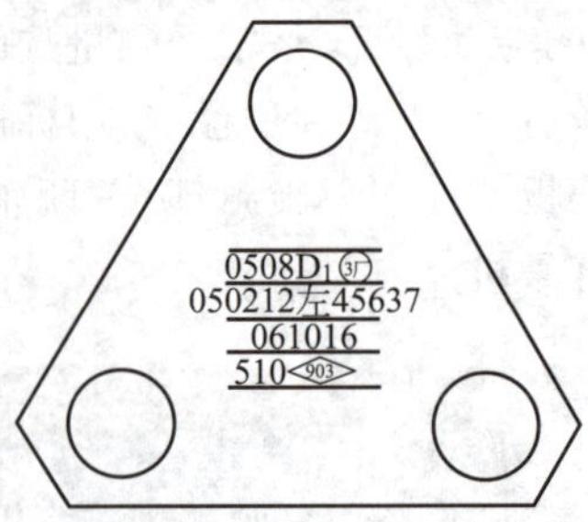

(b) 轴承为外单位检修本单位压装示例

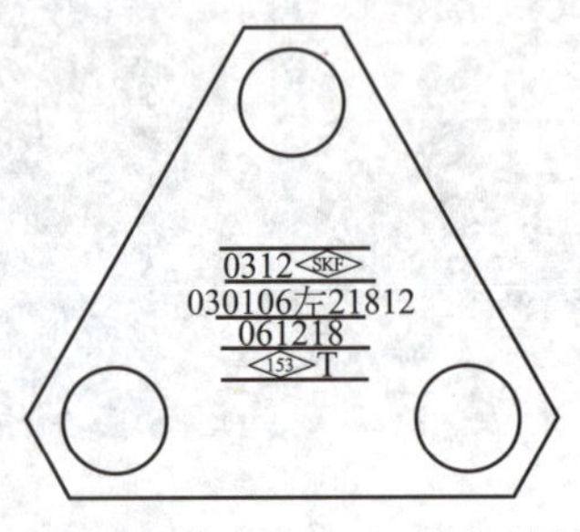

(c) 提速轮轴一般检修轴承压装示例

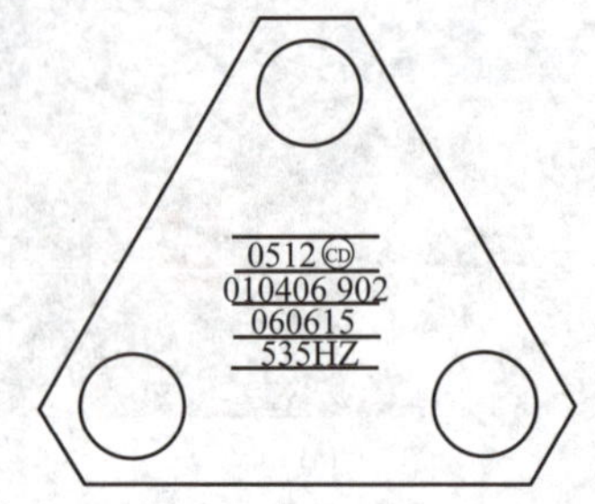

(d) 换装工程塑料保持架轴承压装示例

图 7-3-38　标志板标记刻打示例

(3)轴承是经本单位一般检修并压装的，在轴承本次装用单位代号外边套打轴承一般检修菱形框"◇"标记，高度为 10 mm，长度为 22 mm；轴承是经外单位进行一般检修而由本单位压装的，在轴承本次装用单位代号后面刻打轴承一般检修单位代号，并套打轴承一般检修菱形框"◇"标记。

(4)RD_2 型提速轮轴左端须在 D 栏后刻打"T"字标记。

(5)做过大修的 197726 型轴承送原轴承大修单位进行检修和换装工程塑料保持架后，标志板 A 栏按原轴承大修时间及标记刻打；D 栏不刻打一般检修标记，须在轴承本次装用单位代号后刻打"HZ"字标记，字高 5 mm，并在"车统－51"的记事栏内填写"HZ"字标记。

轴承关闭前盖后，使用轴端螺栓紧固机(或扭力矩扳手)将螺栓紧固，螺栓的扭力矩值应符合规定。针对装用 LL 型密封装置的 SKF353130-2RS(SKF TBU150)型、装用 LL 型或迷宫式密封装置的 SKF197726 型轴承，轴端螺栓端部须全部涂白色反光油漆，以便于列检人员辨别，其运转温升比照外温加 40 ℃掌握。

轴端防松片的止耳应全部翘起，每组两个止耳中至少有一个必须贴靠在轴端螺栓的六方平面上。翘起防松片止耳的工作，传统上一般使用闸瓦插销或类似的物品来逐个翘起每个防松片的 6 个止耳，若累积起来，不但翘止耳的数量大，贴靠螺栓六方平面不规范，而且还常常会划伤标志板已刻打的标记，导致标记不清。为解决这些问题，相关厂家设计制作了一种专用工具，被称为防松片止耳扳手(见图 7-3-39)，这种工具只需将工作端贴靠在轴端的 3 个螺栓端头部位，向上扳动手把即可翘起其中的 3 个防松片止耳，再向下扳动手把又可将另外 3 个止耳翘起，现场使用比较方便，提高了工作效率，保证了止耳翘起质量且不会损伤标志板标记。

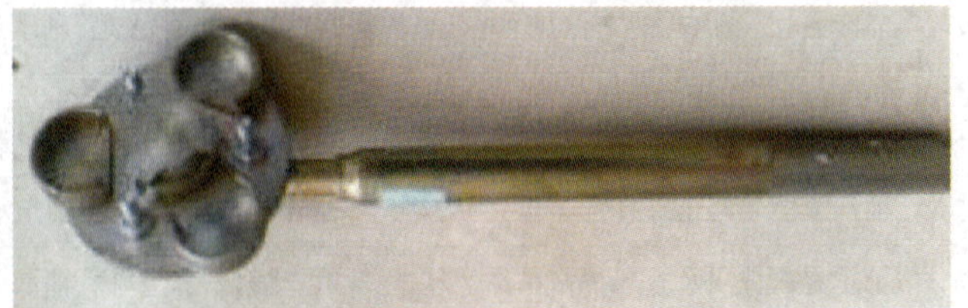

图 7-3-39　防松片止耳扳手

轮轴装车使用前，无论是未经退卸的轴承还是新压装的轴承，均应使用轴承磨合机对轴承进行磨合测试。轴承磨合时转速不得低于 200 r/min，轴承磨合时间不得少于 5 min。不具备测温功能的磨合机，轴承磨合完毕，轮轴推出后，须用远红外测温仪对轴承温度进行复查测试，从轴承的一端密封罩处测起，连续测量到另一端密封罩处。磨合后的轴承任何一处温升均不得超过外温加 40 ℃，磨合温度超过外温加 40 ℃或出现温度急剧上升状况时，须分解检查、分析原因。图 7-3-40 为一台微机控制轴承磨合机，它具有微机控制系统、磨合系统和温度自动测量系统，可同时进行两条轮轴的磨合，特别是对于货车段修不退卸轴承的轮轴也需进行轴承磨合的情况，提高了磨合效率，满足了生产节拍的要求。

(十一)轴承附件检修

图 7-3-40　微控轴承磨合机

1. 轴端螺栓、轴承前盖、后挡等配件应进行清洗检查，轴承前盖、后挡不应有裂损、变形、磕伤及其他影响使用的缺陷。

2. 为防止迷宫式密封装置的外油封端面与轴承前盖、后挡对应部位产生摩擦而导致的热轴故障，应对352226X2-2RZ(TN)型、SKF197726 型、197726TN 型轴承前盖和后挡护缘内径及护缘高度采用检测样板进行检测，不符合样板规定的应对护缘内径、根部及护缘高度进行补充机械加工或报废，但梅花形旧型前盖检测不合格时不允许再加修使用，一律报废。在 1998 年以前，197726 型轴承使用的都是接触式密封装置，当时前盖、后挡的护缘根部圆弧半径为 $R5$ mm，1998 年改用迷宫式密封装置以后的一段时间内，曾经对原有的前盖、后挡内径面进行过普遍的加工改进，将护缘根部的 $R5$ mm 的圆弧加工为 $R1$ mm 的圆弧，以满足迷宫式密封装置的使用要求。轴承的前盖、后挡与密封座配合处沟槽的深度为 $3.5_{-0.5}^{\ 0}$ mm，沟槽深度为 3.5～4 mm 时，须对图 7-3-41(a)中前盖的 F 面、图 7-3-41(b)中后挡的 E 面进行补充加工；大于 4 mm 时报废。护缘内径尺寸应符合 $190_{+0.145}^{+0.305}$ mm 的尺寸要求。护缘高度为 $11.5_{0}^{+0.2}$ mm，大于 12.2 mm 时须补充加工，检测方法见本章第四节。

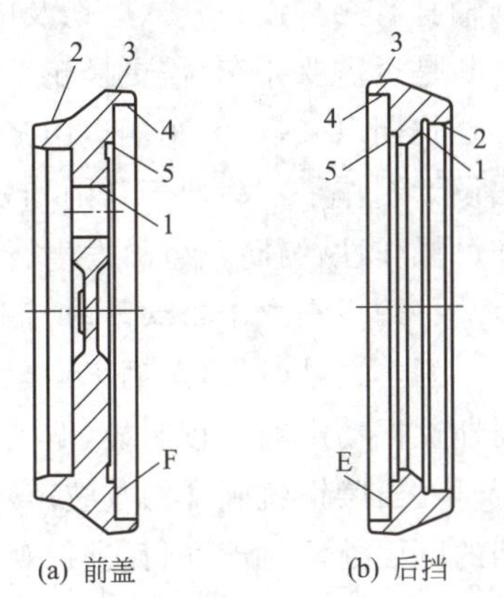

图 7-3-41　轴承前盖、后挡示意图

3. 后挡的翘曲变形应在平台上检测，用塞尺检测不得超过 0.3 mm；后挡与防尘板座配合面上允许有总面积不超过 40 mm²、深度不超过 1.0 mm 的擦伤、凹痕及深度不超过 1.5 mm 的纵向划痕存在，但应将棱角、毛刺清除；超限时报废。

4. 轴端螺栓为 35 号钢制品，并带有锻造的 35 号钢标记、制造年、制造厂标记；轴端螺栓不得有滑扣、拉长、裂纹，有锈蚀、毛刺应清除；有磨损时用螺纹环规检查(见本章第四节)。

第三节　铁路货车轮轴运用维修与临修

一、铁路货车轮轴的运用维修

我国的铁路货车由铁道部统一集中配属，常年在全路流动，因此，货车的修理、管理和使用原则上没有固定的单位，但如行包快运车辆、双层集装箱平车及双层小汽车运输车等采用固定配属、检修划一、专项管理的方式。铁路货车的运用维修又称日常检修，以前一直是在列车检查修理所(简称列检所)进行，站、段生产力布局调整后，是在运用车间进行。货车运用车间是车辆段的主要生产车间，是货车运用工作的重要组成部分，管辖一个或几个货车运用作业场及站修作业场，负责管辖范围内的货车安全防范系统探测站、事故救援站、故障抢修站的日常运用及管理工作。货车运用作业场包括：列车检查修理作业场(以下简称列检作业场)、装卸检修作业场、技术交接作业场、国境站技术交接作业场、配属专用列车整备作业场(以下简称专列整备作业场)等。货车运用工作主要任务是：货物列车的技术检查和试风作业，及时发现和修理车辆故障，消除安全隐患，保证列车质量符合规定的技术标准；利用区间货车安全防范系统，对运行车辆进行动态检查、检测；扣留定检到期、过期车以及需要摘车施修的技术状态不良车；运用货车质量管理、评价、监督和索赔工作，进行列车质量监控和新造车、定检车质量监督，反馈质量保证期内的货车质量问题，指导货车新造、检修和运用工作；沿途甩车故障处理，恢复车辆运用状态；办理事故车、故障车的回送工作；整列回送检修车时，负责车辆进行回送前的整修工作；参加铁路货车交通事故调查及协助事故救援，负责铁路货车行车设备故障的调查与处理，等等。列检作业场分为特级、一级、二级列检作业场。列检作业场的设置须满足铁路运输需要，在保证行车安全的前提下，考虑列车到达、始发、中转以及编组工作量、车流方向、路企直通、机车交路、车场设置、运行区段、线路对车辆运行的要求和车辆检修等条件合理布局，在编组站、区段站、大量装卸货物的车站和作业量较大的战略装卸车点设置列检作业场，既要保证行车安全，也要防止设置过多或重复作业。特级列检作业场设置在路网性和区域性编组站的到达、始发等车场。一级列检作业场设置在列车编组作业量较大以及大量装卸货物的其他编组站、区段站的车场。二级列检作业场设置在列车编组作业量较小且中转列车较多的区段站、中间站。装卸作业量较大的战略装卸车点和路企直通作业量较大车站须设置列检作业场时，由铁路局根据作业量情况确定列检作业场等级。在接近长大下坡道区间的车站，对列车自动制动机试验及制动检修有特殊要求的，可根据需要设置二级列检作业场。列检作业场对列车技术检查作业性质分为：到达作业、始发作业、到发一次作业、中转作业。近年来，随着我国铁路改革的不断深入，运输站、段进行了生产力布局调整，货物列车逐步向长交路、直通车的方向发展，取消了一些列检作业场，延长了列车的运行区段，提高了车辆的使用效率，缩短了货物到达时间，同时也给车辆运用维修工作带来严峻的考验。

轮轴的日常检查和维修是铁路货车运用维修的重要内容之一，列检作业场对轮轴的检查范围主要有以下几方面：车轮踏面有无擦伤、剥离、圆周磨耗及局部凹下超限或熔渣导致周期性打击钢轨的现象；车轮轮辋、踏面及轮缘、辐板等部位是否存在裂纹或磨耗过限的故障缺陷；轴承外观有无超限裂损、甩油以及密封罩脱出等故障，同时根据5T系统预报的故障对相应的轴承进行重点检查确认；检查车轮表面有无裂纹以及车轴轴身有无打痕、碰伤、磨伤及电焊打火等深度是否超过规定限度。根据轮轴各种外观故障特征和主要尺寸判断是否需要扣车，需更换轮轴的车辆扣车后回送就近的站修作业场进行临修。

长期以来，广大车辆运用工作者根据车辆检查的实际情况，总结出了许多判断轮轴故障的经验，想方设法设计制作了一些便于判别和处理故障的工具，这些好的经验做法对发现和处理轮轴故障有较强的实用性和可操作性，为防止事故发生、保证行车安全做出了重大贡献。

(一)列车中车轮故障的判别经验

列车进站时，对车辆车轮运行中的故障特征进行判断，首先是听车轮走行时的声音，若车轮在运行中的周期性振动声响比较明显，振动力比较大，则说明车轮可能存在踏面剥离、擦伤或局部凹下等故障；若车轮运行时发出蹭钢轨刺耳的吱吱声，说明车轮轮缘过薄，有可能超限；车轮踏面剥离故障要沿圆周检查，对闸瓦遮挡的踏面处，要撬开闸瓦进行观察；若车轮辐板、辐板孔以及轮毂与车轴轮座的镶入部边缘透出红色铁锈，或用检点锤敲击车轮轮辋部位时声音比较短且沉闷，则说明可能有裂纹故障存在，针对固定循环使用的整列货车易产生车辆车轮单侧轮缘磨耗的情况，重点对轮缘进行检查。出现这些现象时，在列车技检作业时就要对相应的车轮进行重点检查。

(二)列车中轴承故障的判别经验

轴承故障的存在，严重地威胁着行车安全。为了防止轴承的热轴故障和热切轴事故，经过多年的运用实践，逐步摸索总结出一套行之有效的“听、看、摸、捻、转、诊、鉴”的“七字”检查方法。

一是“听”列车进站或二次启动时的车轮振动声响和轴承转动的异常声音。列车进站检查是早期发现轴承故障的首要环节，车辆在运用中存在的如踏面剥离、局部擦伤等缺陷，致使车轮在运行中振动过大，对轴承及零部件产生极为有害的影响。列车二次启动后，速度比较慢，各种杂音少，有利于仔细辨听轴承转动声音。所以，在列车进站检查时，精力要集中，对振动较大的轴承要加强检查，及早发现轴承故障。

二是“看”轴承外观故障特征，针对存在车轮踏面、擦伤、剥离、缺损等故障的轮轴，重点判断轴承是否有甩油、密封罩脱出等异常现象。发生故障的轴承，一般从外观上会有所反映，不同的故障反映出来的特征也不相同。在检车时重点检查轴承外圈有无破损、裂纹，如发现一侧轴承外圈有缺损的故障，应检查另一侧的外圈是否也同样发生缺损的故障，最好起轴转动全面检查；检查轴承及附件有无磕碰的痕迹，重点检查磕碰处有无裂纹发生；检查轴承有无甩油、渗油的现象，车辆地板、车轮辐板及侧架有无甩出的油迹；检查轴承密封罩是否脱出，看轴承密封装置的A面不得高于外圈端面(如图7-4-19所示)；检查车轮踏面状态，如发现有严重的擦伤、剥离或缺损时，由于长期运行车轮产生的振动，易造成轴承内部故障。

三是“摸”轴承温度，鉴别异温处所。检查中如发现轴承温度异常时，要通过轴温对比，准确确定故障部位。对比方法是同一转向架同侧两套轴承前后比，同一侧面四套轴承比，同一辆车八套轴承比，对红外线预报和手摸发现的高温轴承，要使用轴承测温仪测量轴承温度，并反馈给红外线值班员，做好记录。若发现轴承温度超过规定，油脂溢出，轴承有异响时，进行扣车处理。

四是“捻”轴承甩出的油脂中是否有金属粉末。辨别甩油的部位，重点是密封罩与前盖或密封罩与后挡之间甩出的油脂，多为轴承发生故障后的油脂。辨别油脂是否呈银灰色，是否有亮光和铁粉，用手指捻摸油脂是否有颗粒状感觉。如果油脂呈银灰色，则说明轴承内部金属零件磨损严重。对热轴的轴承，可以通过鉴别其油脂的方法判断轴承故障，因为轴承的钢保持架全部更换为工程塑料(塑钢)保持架后，通过轴承甩出的油脂不易发现保持架破损故障。

五是“转”动轴承是否有异音、卡滞，判断轴承内部是否存在故障缺陷。对于THDS系统预报的高温、高值轴承及TADS系统一级、二级轴承报警，特别是外观有异状的轴承，要坚持勤起轴转动检查，目前大多使用便携式轴承故障诊断仪，也可凭手感转动检查。首先确认轴向游隙是否超限，然后左右转动轴承外圈，检查轴承外圈有无裂纹，转动时手感是否有异音，如外圈无裂纹，轴向游隙不超限，转动灵活、平稳、无卡滞，则轴承属正常可继续运行。若外圈每转到某一处时手感振动，并有异音和阻滞或在某一处转不动，即为内、外圈滚道剥离或滚子破损。

六是“诊”断轴承故障，检车员、工长、车间干部对轴承共同会诊判断，判明故障真伪。对发现轴承有异状的轮轴以及THDS系统预报的热轴车辆，相关人员共同进行外观检查和起轴转动检查，作出综合分析和认真鉴别，经测温、会诊处理后，于开车前及时将真实信息反馈给红外线值班员做好记录。特别是THDS、TADS、TPDS系统中有两个以上预报时，要对轴承进行重点全面检查。

七是“鉴”定轴承故障，对轴承进行分解鉴定，并做好鉴定记录。对于列检作业场扣修的轮轴故障车辆，送往站修作业场进行临修更换轮轴，更换下来的故障轮轴及时回送至检修车间进行检修，运用部门和检修部门要做好信息沟通和反馈工作，必要时可以请运用部门和相关的轴承生产单位共同对故障轴承进行分解后鉴定，查找故障发生的根源，追溯质量责任，积累经验，制定相应的整改措施。

通过列检作业场对轮轴的技术检查作业，运用货车的轮轴应符合运用要求，车轮无裂损，轮辋厚度、轮缘厚度、轮缘垂直磨耗、轮缘内侧缺损、踏面圆周磨耗、车轮踏面擦伤及局部凹下、踏面剥离长度以及车轮踏面缺损等不得超过运用限度，滚动轴承外圈无裂损，密封罩无脱出，前盖、后挡无影响轴承正常转动的严重磕碰伤和变形，承载鞍正位无裂损。

二、铁路货车轮轴的临修

铁路货车的辅修和临修工作是在站修作业场进行，其主要任务是维护货车的运用基本性能，努力缩短车辆休车时间，加快车辆周转，满足运输需要，保证行车安全。辅修的工作范围是对车辆制动装置、车钩缓冲装置进行检修，对车辆主要零部件实行换件修和专业化集中修，对转向架、轮轴、车体及底架进行外观检查和状态维修。临修的工作范围是对列检作业场扣留的未到达定检期的故障车进行故障处理，并检查主要零部件的状态，包括对破损程度较轻的事故车进行修复。站修作业场应设在有列检作业场的编组站、较大区段站和大量装卸车的厂、矿、林、港所在地的站场上，其位置便于取送车辆，应有与外界相通的汽车道路，同时要考虑有一定的发展余地。

货车轮轴的临修主要是在站修作业场对辅修车和列检作业场扣修临修车的故障轮轴进行更换，对列检作业场回送临修车的轮轴故障进一步确认，站修作业场更换下的故障轮轴回送本段的检修车间进行检修，所以站修作业场通常要存放一定数量的良好备用轮轴。货车进行辅修和临修时，对轮轴的外观检查是重点内容之一，发现有异状时需要测量车轮轮辋厚度、轮缘厚度、踏面圆周磨耗、踏面擦伤及局部凹下深度、踏面剥离长度等主要尺寸限度，检查轴身、车轮各部有无裂纹存在，车轮辐板孔裂纹长度及轴身打痕、碰伤、磨伤或电蚀等缺陷的深度是否超限，踏面上有无熔化的金属黏着，车辆是否发生过空车或重车脱轨及颠覆事故等；对于轴承需要检查前盖、外圈、密封罩、后挡有无裂纹、碰伤、松动、变形，轴承密封是否失效、甩油、混砂、混水或油脂变质、油脂中有无铁粉，轴端螺栓是否折断、丢失或松动，是否发生过热轴故障，是否遭受水浸或火灾等。遇有上述故障缺陷或尺寸超过规定限度时，站修作业场应更换轮轴。轴承的外观检查顺序一般是：承载鞍挡边→轴承后挡→后密封罩→轴承外圈→前密封罩→前盖→轴端螺栓→施封锁→轴承标志板→防松片。轴承的转动检查大多使用便携式轴承故障诊断仪，也可凭手感转动检查。

更换的良好轮轴应按现车的轮径尺寸进行选配，用轮径检查尺依次测量故障轮轴的轮径尺寸以及与故障轮轴同一转向架良好轮轴的轮径尺寸、另一转向架良好轮轴的轮径尺寸。更换临修车辆上的轮轴各部尺寸应符合辅修限度要求，同一转向架轮径差不大于 25 mm，同一车辆轮径差不大于 50 mm。同一转向架不允许混装不同型号的轮轴，轮轴左端应装在车辆奇数位上。

站修作业场更换下来的故障轮轴，注明故障名称及原装车的车号、位数等信息，做好记录后及时回送检修车间进行检修。站修作业场备用轮轴的管理应执行《铁路货车轮轴组装、检修及管理规则》的相关规定。

第四节　铁路货车轮轴检修检测技术

轮轴检修时，通常以车轮踏面圆周磨耗、轮缘厚度、轮缘高度、轮辋宽度、轮辋厚度、踏面外侧碾宽、踏面擦伤深度和长度、踏面剥离深度和长度、轮缘垂直磨耗、车轮直径、轴身直径、轮对内侧距离、轮位差等尺寸限度来评价轮对的故障情况和修复程度，确定其使用性能正常与否。

一、车轮踏面部位主要尺寸限度的测量

车轮的主要尺寸限度包括踏面圆周磨耗、轮缘厚度、轮缘高度、轮辋宽度、车轮踏面外侧碾宽、轮辋厚度、踏面擦伤深度和长度、踏面剥离深度和长度、车轮轮缘垂直磨耗等。目前国内测量车轮轮辋、轮缘、踏面及相关缺陷尺寸的一种普遍使用的测量工具是 LLJ-4A 型铁道车辆车轮第四种检查器（如图 7-3-42 所示），它具有测量上述 11 个尺寸限度的功能（原 LLJ-4 型只有 9 种测量功能）。其主要特点是从根本上改变了原我国铁路车辆车轮以轮缘顶点为基点向下 15 mm 测量轮缘厚度的方法，这种检查器以车轮踏面滚动圆（即距车轮轮辋内侧 70 mm 处的基线）为基点测量轮缘厚度，轮缘厚度测点始终保持距车轮踏面滚动圆向上 12 mm 的恒定数值，不会因踏面磨耗而改变，符合 LM 型车轮踏面的设计要求且测量数据准确。

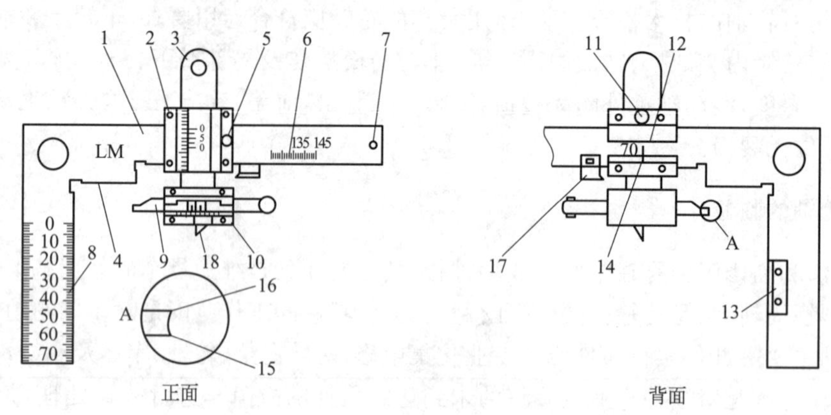

图 7-3-42　LLJ-4A 型铁道车辆车轮第四种检查器构造图

1—主尺；2—踏面磨耗测尺尺框；3—踏面磨耗测尺；4—轮缘高度测量定位面；5—尺框紧固螺钉；6—轮辋宽度测尺；7—止钉；8—轮辋厚度测尺；9—轮缘厚度测尺；10—轮缘厚度测尺尺框；11—踏面磨耗测尺紧固螺钉；12—滚动圆中心定位线；13—定位角铁；14—踏面磨耗尺框滚动圆刻线；15—轮缘厚度测头；16—垂直磨耗测头；17—定位挡块；18—踏面磨耗测头

LLJ-4A 型铁道车辆车轮第四种检查器的主尺 1 为直角形，其垂直尺身（又称轮廓厚度测尺 8）正面刻有长度双刻度线，水平尺身的背面刻有车轮滚动圆中心定位刻线 12。踏面圆周磨耗测尺 3 和轮缘厚度测尺 9，通过踏面圆周磨耗测尺尺框 2 和轮缘厚度测尺尺框 10 组合在一起，从而形成了整体的联动结构形式。

为保证车轮检查器测量操作的稳定和数据准确可靠，在轮辋厚度测尺 8 的背面安装有定位角铁 13。

测量车轮踏面圆周磨耗、轮辋厚度、轮缘厚度、轮缘高度时，首先将踏面圆周磨耗测尺框车轮滚动圆刻线 14 与主尺背面上的车轮滚动圆中心定位线刻度 12 对齐（或用定位挡块 17 定位，方法是先把尺框 2 推向最左侧，再把踏面磨耗测尺 3 推向最上方后，将尺框 2 向右拉，拉不动为止）。拧紧踏面圆周磨耗尺框紧固螺钉 5，将踏面圆周磨耗测尺 3 推向最上方，再将轮缘厚度测尺 9 推向最右侧。然后将车轮检查器立放在车轮踏面上，主尺的轮辋厚度测尺 8 贴靠在轮辋内侧面上，其尾端指向车轴中心线，使车轮检查器的踏面磨耗测量定位面 4 与车轮轮缘顶部接触，按下述步骤测量各部位尺寸。

(一)踏面圆周磨耗的测量方法(如图 7-3-43 所示)

踏面圆周磨耗尺框背面滚动圆刻线 14 与主尺背面滚动圆中心定位线 12 对齐,拧紧尺框紧固螺钉 5;将轮辋厚度测尺 8 贴靠车轮内侧面,轮缘高度测量定位面 4 贴靠轮缘顶点;移动踏面圆周磨耗测尺 3,使其测头 18 与踏面接触,测尺 3 与尺框 2 相重合的刻线所对应的示值即为踏面圆周磨耗。

车轮踏面圆周磨耗的检修限度:轮对厂修≤3 mm,段修≤5 mm,超过此限度者须加工修理,使其恢复到限度以内。

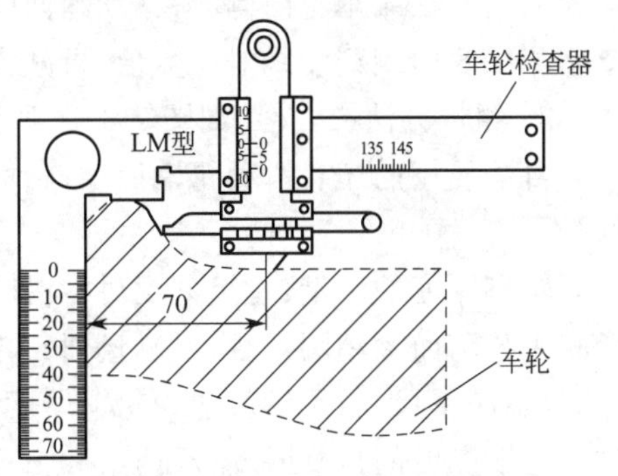

图 7-3-43 测量踏面圆周磨耗、轮缘厚度、轮缘高度、轮辋厚度示意图

(二)轮缘厚度的测量方法(如图 7-3-43 所示)

踏面圆周磨耗尺框背面滚动圆刻线 14 与主尺背面滚动圆中心定位线 12 对齐,拧紧尺框紧固螺钉 5;将轮辋厚度测尺 8 贴靠车轮内侧面,轮缘高度测量定位面 4 贴靠轮缘顶点;踏面圆周磨耗测尺 3 的测头 18 与踏面接触;移动轮缘厚度测尺 9,仅测头 15 点与轮缘外侧面接触时,读取轮缘厚度测尺 9 上面刻线与轮缘厚度尺框 10 刻线相重合的示值即为轮缘厚度。

轮缘厚度的检修限度:

(1)三轴及多轴转向架的中间轮对:厂修≥19 mm;段修≥17 mm。

(2)其他各型:厂修≥28 mm;段修≥26 mm。

(3)其他各型暂行检修限度为:厂修≥26 mm;段修≥25 mm。*

轮缘厚度磨耗超过规定限度时应旋修加工,恢复到允许限度以内。但由于旋修增加轮缘厚度时,轮辋厚度必然要减少,所以对于轮辋厚度较小的车轮,若因恢复轮缘厚度的限度而导致轮辋厚度低于允许限度者,则该车轮就没有再旋修加工的必要,通常凭工作者的经验可直接判定解体报废。

(三)轮缘垂直磨耗的测量方法(如图 7-3-43 所示)

测量轮缘厚度的同时,如果垂直磨耗测头 16 接触轮缘外侧面,则说明车轮轮缘垂直磨耗超限,其限度是由轮缘根部向顶点方向垂直磨耗 15 mm 时为到限。轮缘垂直磨耗超限者,须加工修理,以恢复轮缘的基本形状。

(四)轮缘高度的测量方法(如图 7-3-43 所示)

用标准轮缘高度数值加上踏面圆周磨耗正、负数值,即为实际轮缘高度数值。LM 型踏面标准轮缘高度为 27 mm。

轮缘高度的检修限度:经旋修加工后的轮缘,其高度必须恢复到(27±1)mm。

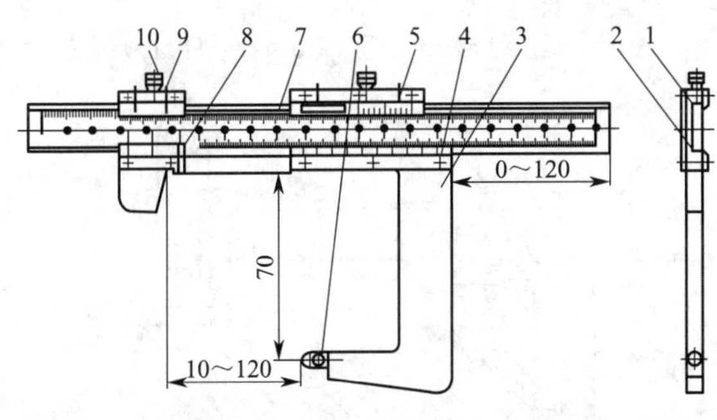

图 7-3-44 轮辋厚度、踏面碾宽测量尺

1—弹簧片;2—左尺框;3—右尺框;4—下游标;5—上游标;6—测砧;7—尺身;8—左下游标;9—左上游标;10—螺钉

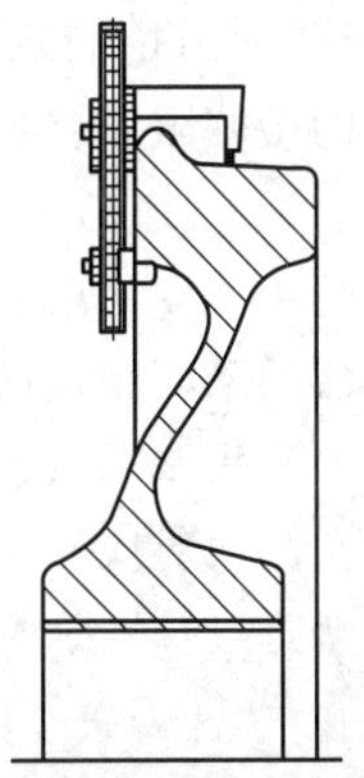

图 7-3-45 轮辋厚度测量示意图

* 需要注意的是,2007 年以后的一段时期,货车厂修和段修时,车轮轮辋厚度、除三轴及多轴转向架的中间轮对以外的其他各型轮缘厚度的检修限度执行的是暂行规定,是根据当时车轮检修和使用实际情况,在保证行车安全的前提下比规定的检修限度有所放宽。但段修提速货车如装用无裂纹辐板孔车轮时,应按规定的轮辋厚度≥28 mm、轮缘厚度≥26 mm 的段修限度执行。(轮辋厚度的暂行检修限度参考本条注文)

（五）轮辋厚度的测量方法

1. 测量方法一：使用 LLJ-4A 型铁道车辆车轮第四种检查器（如图 7-3-43 所示）

踏面磨耗尺框背面滚动圆刻线 14 与主尺背面滚动圆中心定位线 12 对齐，拧紧尺框紧固螺钉 5；将轮辋厚度测尺 8 贴靠车轮内侧面；移动踏面圆周磨耗测尺 3，使其测头 18 与踏面接触，读取轮辋内侧边缘与轮辋厚度测尺 8 内侧刻度线对应数值，再减去踏面圆周磨耗数值，即为轮辋厚度。

2. 测量方法二：使用如图 7-3-44 所示的轮辋厚度、踏面碾宽测量尺

目前使用的还有一种轮辋厚度、踏面碾宽测量尺，该测量尺是为测量轮辋厚度和踏面外侧碾宽而设计的。

轮辋厚度的测量：左尺刻度对零，拧紧左尺框紧固螺钉。将测量尺左、右两定位面与车轮内侧面贴靠，球形测头与踏面滚动圆接触，斜测量面与轮辋相应面贴靠，拧紧右尺框紧固螺钉，松开左尺框紧固螺钉，移动左尺，取出测量尺，右尺示值即为轮辋厚度，如图 7-3-45 所示。

轮辋厚度的检修限度：厂修≥30 mm；段修≥28 mm。暂行检修限度为：厂修≥28 mm；段修≥26 mm。轮辋厚度若小于规定的限度，则不能再继续使用，整个车轮须进行报废处理。

（六）轮辋外侧碾宽的测量方法

1. 测量方法一：使用 LLJ-4A 型铁道车辆车轮第四种检查器（如图 7-3-46 所示）

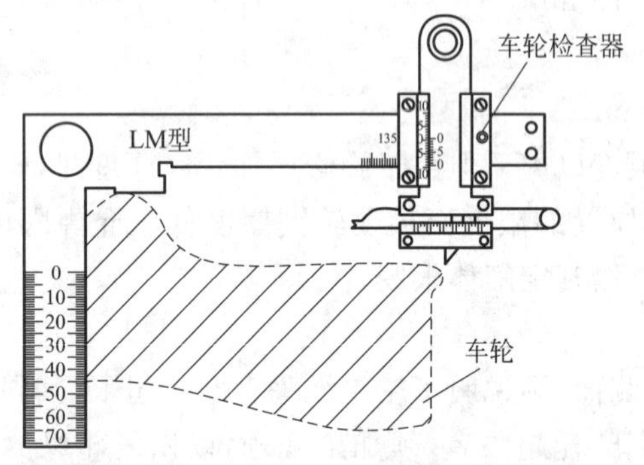

图 7-3-46　测量轮辋外侧碾宽示意图

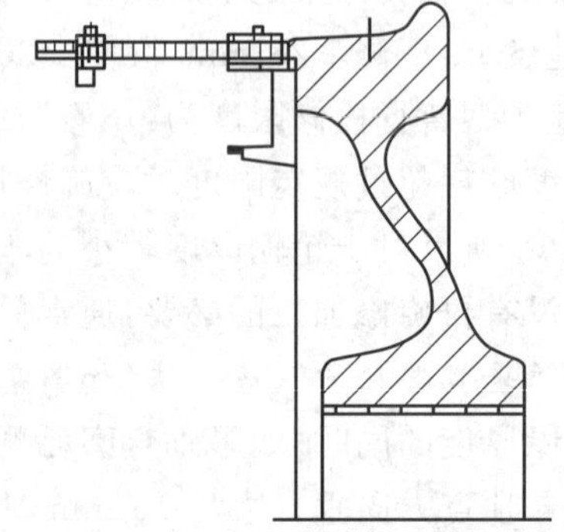
图 7-3-47　踏面外侧碾宽测量示意图

将踏面圆周磨耗测尺尺框 2 推向右侧，使踏面圆周磨耗测尺 3 的测头贴靠（或指向）车轮外侧边缘，用钢板尺接触轮辋外侧面，踏面圆周磨耗测尺 3 测头对应的刻度线，即为车轮轮辋外侧碾宽数值。

2. 测量方法二：使用如图 7-3-44 所示的轮辋厚度、踏面碾宽测量尺

踏面外侧碾宽的测量：将右尺框与轮辋外侧面贴靠，移动尺身与最大碾宽处接触，拧紧右尺框紧固螺钉，取下测量尺，右尺示值即为轮辋外侧碾宽数值，如图 7-3-47 所示。

轮辋外侧碾宽的检修限度：轮对厂修时不得存在，段修≤5 mm。轮对段修＞5 mm 时应加工修理，将其消除。

（七）轮辋宽度的测量方法（如图 7-3-48 所示）

将第四种检查器的踏面圆周磨耗测尺尺框 2 推向右侧，使踏面圆周磨耗测尺 3 的测头贴靠（或指向）车轮外侧面，读取踏面圆周磨耗测尺尺框 2 左侧面对应轮辋宽度测尺 6 的数值，即为轮辋宽度。如果踏面有碾宽，应减去踏面碾宽数值，即为轮辋实际宽度。

根据轮辋宽度的尺寸限度来控制轮对内侧距离的尺寸，以适应轮对在钢轨上正常运转和确保车轮安全搭载量，轮辋宽度小于 126 mm 的轮对不得使用。轮对厂修时，轮辋宽度小于 127 mm 的车轮须解体报废。

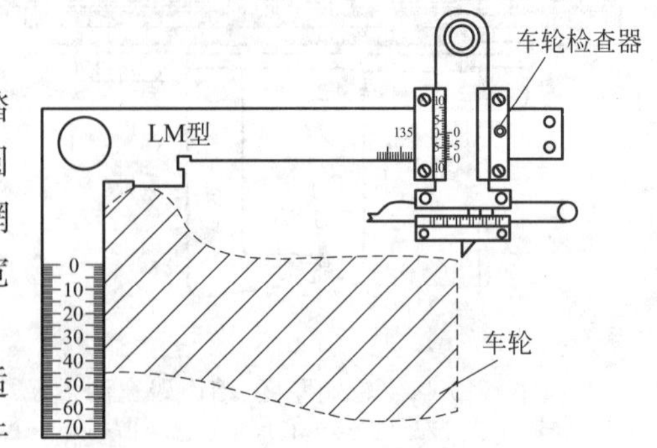

图 7-3-48　测量轮辋宽度示意图

（八）踏面擦伤及局部凹下、踏面剥离深度的测量方法（如图 7-3-49 所示）

移动第四种检查器的踏面圆周磨耗测尺尺框 2 和踏面圆周磨耗测尺 3，使踏面圆周磨耗测尺 3 的测头对准踏面擦伤部位最深处，并紧固踏面圆周磨耗尺框紧固螺钉 5，读取踏面圆周磨耗测尺 3 上面刻线与踏面

圆周磨耗测尺尺框 2 刻线相重合的数值，做好记录，然后沿车轮圆周方向移动主尺 1，测量同一圆周未擦伤部位的踏面圆周磨耗深度，两个量值的差值，即为踏面擦伤及局部凹下、踏面剥离深度。

踏面擦伤及局部凹下的检修限度：厂修时不得存在；段修时非提速货车上装用的轮轴≤0.5 mm，提速货车及提速改造车上装用的轮轴≤0.2 mm。段修超过此限度时应加工修理，消除缺陷。

图 7-3-49　测量擦伤深度示意图

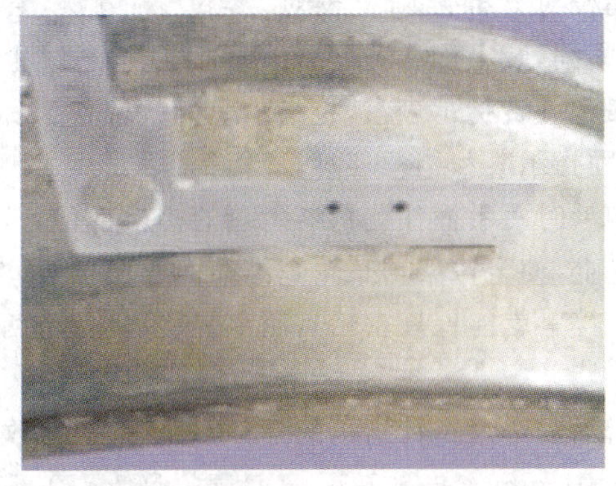

图 7-3-50　测量擦伤、剥离长度示意图

（九）踏面擦伤、剥离长度的测量方法（如图 7-3-50 所示）

用第四种检查器的轮辋厚度测尺 8 的外刻线，沿车轮圆周方向测量擦伤的长度，即为踏面擦伤、剥离长度。

踏面擦伤、剥离长度的检修限度：厂修时不得存在；段修时非提速货车上装用的轮轴，1 处不大于 20 mm，2 处每 1 处均不大于 10 mm；提速货车及提速改造车上装用的轮轴剥离须彻底清除周边空心部分后再进行测量，剥离 1 处长度不大于 15 mm，2 处每一处长度均不大于 8 mm。段修超过此限度时应加工修理，消除缺陷。

若车轮擦伤、剥离较严重，为消除缺陷而导致轮辋厚度小于规定限度时，则可直接判定车轮报废，不再进行加工处理。

二、车轮直径的测量

同一车轮要测量相互垂直的两处直径，即以踏面滚动圆为基准，测量同一车轮沿圆周任一两等分处车轮的两个直径值，其平均值为该车轮的直径尺寸；最大与最小直径尺寸之差值，即为同一车轮相互垂直的直径差。目前使用的车轮直径检查尺主要有以下两种：

1. 第一种车轮直径检查尺如图 7-3-51 所示。测量方法：左测尺对正 750 定位，拧紧紧固螺钉。将轮径尺从车轮内侧放置车轮踏面，使两端测爪的定位基准面贴靠轮辋内侧面，两端测头与踏面接触。移动右测尺测头找最大直径，右测尺与尺框所对应的示值为车轮直径。

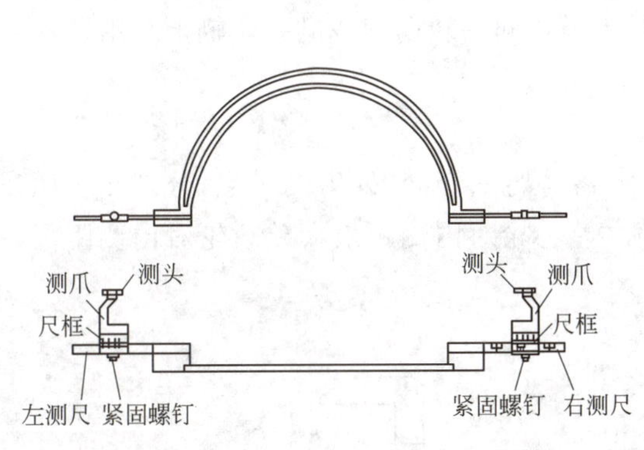

图 7 3 51　车轮直径检查尺

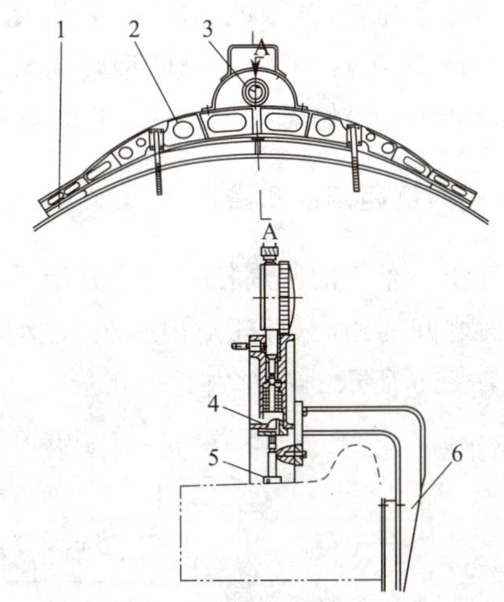

图 7 3 52　仪表式车轮直径检查尺

1—测量块；2—构架；3—指示表；4—传动装置；5—测头；6—定位架

2. 第二种车轮直径检查尺如图 7-3-52 所示，为仪表式车轮直径测量器，它是根据与车轮踏面的三个接触点间的距离显示出车轮的直径，较为轻便，而且显示数值较为精确。由测量块 1、构架 2、指示表 3、传动装置 4、测头 5 和定位架 6 组成；用于校对测量器零位的标准圆是一段圆弧结构，校对器如图 7-3-53 所示。

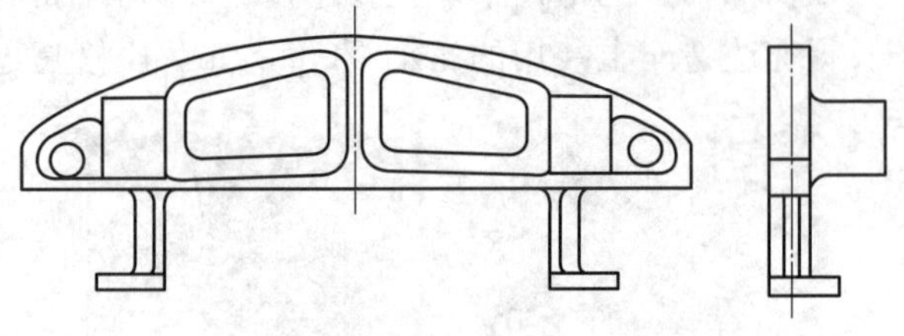
图 7-3-53 校对器

在校对器标准圆上校对"零位"的方法：装上指示表，稍紧固，装上测头，放置于标准圆上，通过上下移动指示表和旋转指示表盘，将指示表读数调整为标准圆直径，紧固指示表和指示表盘。

测量时两手握住测量器两端的构架部位，放置于被测车轮上，使定位架与车轮基准端面靠紧(因为有磁性，只要一接触就能保证密贴)，两手轻轻下压，至两测量块均与车轮踏面接触即可从指示表中读出车轮直径数值。

指示表中短指针指示的是 10 mm 以上的数，长指针指示的是 10 mm 以下的数，分度值为 0.1 mm，可估读到 0.01 mm。如图 7-3-54(a)读数是 1 230.64 mm，图 7-3-54(b)读数为 826.77 mm。

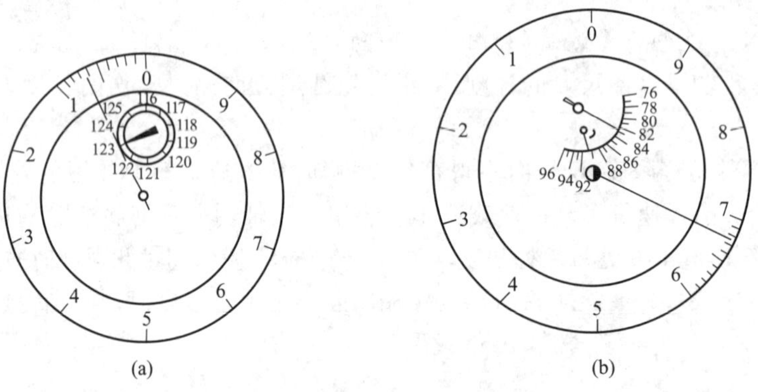

图 7-3-54 指示表图例

轮轴厂、段修时同一车轮相互垂直的直径差的检修限度均为≤0.5 mm。同一轮对两车轮的直径差为同轮对两车轮直径差：未经旋修加工的非提速轮对，厂、段修的检修限度均为≤2 mm；未经旋修加工的提速轮对和经旋修的轮对，厂、段修的检修限度均为≤1 mm。大于规定限度者须旋修加工至符合限度要求。

同一转向架最大与最小车轮直径差为同转向架车轮直径差，其限度标准为：装用交叉支撑装置及运行速度为 120 km/h 的转向架，厂修≤10 mm、段修≤15 mm；装用转 8G、转 8AG 型转向架进行 120 km/h 完善改造时，厂、段修均≤10 mm；其他型转向架，厂修≤15 mm、段修≤20 mm。同一车辆最大与最小车轮直径差为同车辆车轮直径差，其限度标准为：装用交叉支撑装置及运行速度为 120 km/h 的转向架，厂修≤20 mm、段修≤30 mm；装用转 8G、转 8AG 型转向架进行 120 km/h 完善改造时，厂、段修均≤20 mm；其他型转向架，厂修≤30 mm、段修≤40 mm。不符合此限度规定的轮对不得在同一转向架或同一车辆上装用。

三、轮对内侧距离的测量

在轮对任一车轮的圆周任一三等分处，以轮辋内侧面距轮缘顶部 45 mm 处为测量点，分别测量两车轮轮辋内侧面之间的距离(即轮对内侧距)，最大与最小内侧距之差为轮对内侧距最大差。轮对内侧距离一般使用如图 7-3-55 所示的轮对内距尺测量。

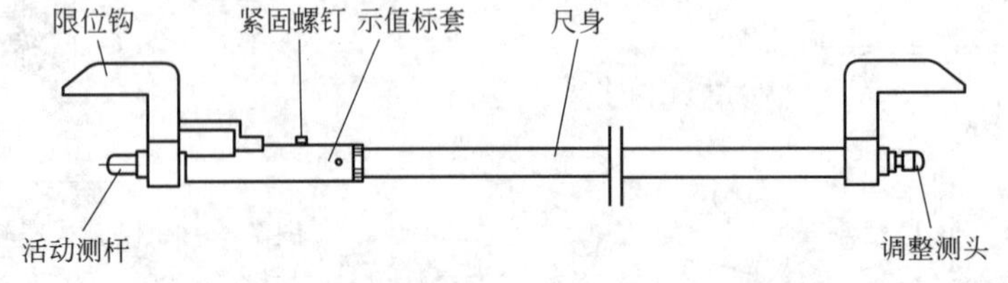

图 7-3-55 LLJ-NJ-A 型轮对内距尺

测量方法：将内距尺两端定位面置于两车轮轮缘顶点，以轮辋内侧面距轮缘顶部 45 mm 处为测量点，尺身平行于车轴中心线，使调整测头与任一侧车轮内侧面接触，移动活动测杆使其与另一侧车轮的内侧面接触，再移动活动测杆找最小距离，活动测杆与标套所对应的示值为轮对内侧距离。

测量三处轮对内侧距离，三处测点的位置角度差应为 120°，即按轮对圆周三等分测量。最大与最小内侧距之差为轮对内侧距最大差。检测时如图 7-3-56 所示。

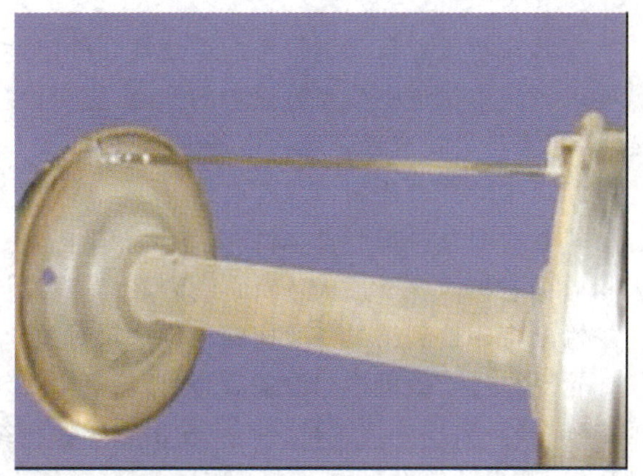

图 7-3-56　轮对内侧距离测量示意图

轮对内侧距离须适应钢轨距离的要求，以保证轮对能够在钢轨上正常运行。为此，根据不同的车轮轮辋宽度，制定了轮对内侧距离的限度标准：轮辋宽度为 127～135 mm 者，轮对内侧距离限度范围为 1 354～1 359 mm；轮辋宽度为 135 mm 以上者，轮对内侧距离范围为 1 350～1 356 mm；轮对段修时，车轮轮辋宽度126 mm至不足 127 mm 者，其内距符合 1 357～1 359 mm 时可继续使用，凡需厂修解体修理的车轮不得再出厂使用。轮对内侧距离的三处最大差限度：厂、段修均为≤3 mm。轮对任何一处内侧距离超过规定限度，均应进行解体检查修理。

另外，轮对内侧距离的三处最大差还是衡量轴身是否弯曲的数据指标，即轴身弯曲是否超限以测量轮对内侧距离的三处最大差是否超限为准。

四、轴身直径的测量

用长度游标卡尺测量车轴轴身的直径尺寸，应符合限度要求。目前使用的轮轴轴身均为等直径的，不像以前有两端粗、中间细的轴身。轴身直径的检修限度：各型轮轴的轴身实测直径比原型公称尺寸的减少量不大于 4 mm，超过此限度者须解体报废。

五、轮对有关尺寸的自动测量

目前轮对尺寸的测量，大都使用上述轮对检查器具，用人工方法进行测量，测量时不但劳动强度大，效率低，而且容易造成漏检或测量误差。为解决现场这一实际问题，有关单位和科研机构研制开发了一些新型的 CCD 镭射扫描轮对几何尺寸微机检测系统。系统在硬件技术、软件技术和机械构造上是目前较先进的轮对自动检测设备，具有独特的结构和特点，可自动测量轴身直径、车轮直径、踏面圆周磨耗、轮缘厚度、轮辋厚度、轮辋宽度以及轮对内侧距离等尺寸，基本能够满足车辆厂、段修轮对测量尺寸的要求，是未来轮对检测的发展方向。图 7-3-57 所示为一种轮对尺寸自动测量机结构图。

图 7-3-57　轮对尺寸自动测量机

（一）该测量设备的特点

1. 优点：

(1)测量原理上，采用了先进的 LK 系列 CCD 镭射位移传感器和 32 位高速 RISC 处理器以供信号处理，可提供长距离、高精度的测量，而不受工件表面颜色、形状和干扰光线的影响。

(2)镭射位移传感器测头对工件的动态扫描，采用了光栅式传感器进行动态同步线位移、垂直位移和角位移控制。

(3)被测轮对以轴中心定位，轮对旋转采用摩擦轮驱动，微机实时控制，实现了各型轮对的在线检测。

(4)该系统检测精度高，速度快，一条轮对沿圆周方向间隔 120°检测三等分位置的尺寸，只需 3 min。后续改进的设备改为 2 个测头同时测量，效率可提高 1 倍，将测量时间缩短到 1 min 30 s。

(5)采用多路分屏、高清晰度显示图像技术查看标志板和踏面缺陷。

(6)微机软件界面清晰，操作简便。

2. 缺点

有些轮对尺寸自动测量机的重复性和稳定性不高，自动测量的数据与手工测量的数据有一定的误差，这就要求研制单位进一步完善设备的性能，提高设备的可靠性和数据测量的准确性，满足使用单位现场应用的要求，切实将科技成果转化为生产力。

(二)轮对自动检测工作过程

轮对检测全过程为：轮对推入→预上轮挡料→自动进轮→落轮→靠轮→人工读入轴承标志板内容并输入相应标志板内容→进入轮对自动测量(轮对每周相隔 120°循环测量 3 次)→微机进行数据处理→检测头复位→输出打印检测结果→摩擦轮复位→轮对顶起推出。

轮对自进入微机检测设备后，从顶轮机构将轮对推入到检测完毕，顶轮机构将轮顶起并推出，其检测各项指标内容、数据处理、数据储存、输出打印检测结果等一系列工作均由微机控制系统自动完成，无需人工处理，大大减少了轮对尺寸检测工作量，减轻了工人的劳动强度。

六、轴身打痕、碰伤、磨伤及电焊打火深度的测量

遇有车轴轴身打痕、碰伤、磨伤及电焊打火者，使用深度测量尺测量其深度尺寸，以轴身无磨伤、打痕、碰伤及电焊打火处为基准，测量磨伤、打痕、碰伤及电焊打火最大深度。深度测量尺如图 7-3-58(a)所示。

测量方法：将测量尺的工作面与轴身贴靠，滑尺对准轴身磨伤、打痕、碰伤及电焊打火最深处，移动主尺，主尺与滑尺所对应的示值即为磨伤、打痕、碰伤及电焊打火深度[见图 7-3-58(b)]。

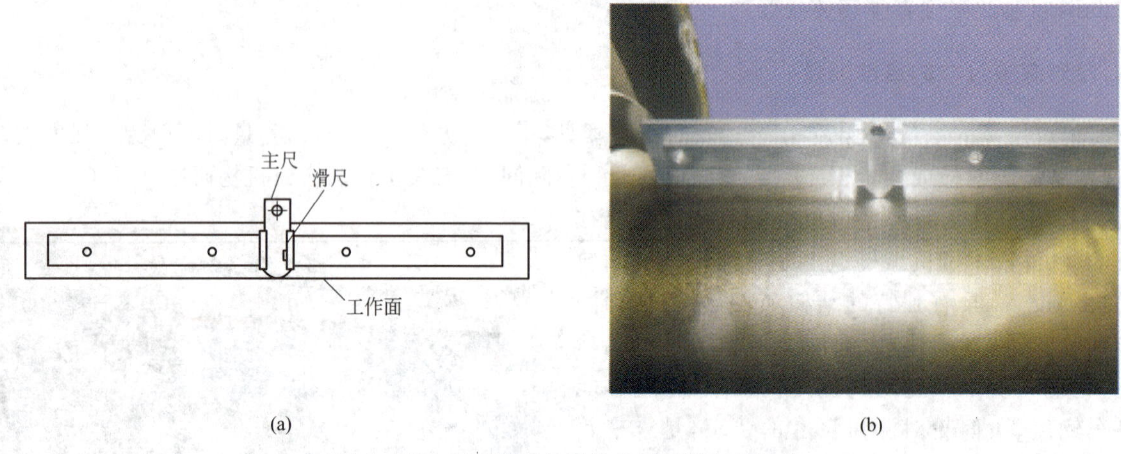

图 7-3-58　深度测量尺及轴身损伤深度的测量

轴身上的缺陷深度不大于 2.5 mm 时，应用磨削工具将其打磨光滑，消除棱角后可继续使用。超过此限度时应回送厂修修理，旋修轴身将缺陷消除。

七、轴端螺栓孔螺纹的测量

车轴轴端螺栓孔螺纹使用螺纹塞规进行旋合检查，螺纹塞规如图 7-3-59(a)所示。测试时塞规通端应能旋合通过，通端通过长度表示螺纹的有效工作长度；螺栓孔螺纹有损伤或滑扣时，累计不得超过 3 扣，且不得连续，有毛刺时须清除；止端测试时应在距端面 5 个螺距内止住且手试不得有明显晃动，如图 7-3-59(b)所示。

我国货车目前主要有轴颈直径为 130 mm 和 150 mm 的两种主型轮轴，其轴端螺栓孔直径分别为 22 mm 和 24 mm，所以应分别使用 M22 和 M24 两种螺纹塞规检查。螺栓孔损伤不能起紧固作用时须进行厂修修理。

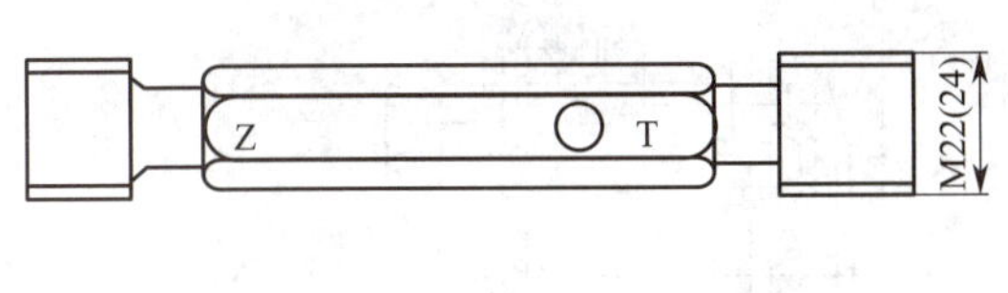

(a) 螺纹塞规

(b) 测量轴端螺栓孔

图 7-3-59　轴端螺栓孔用螺纹塞规及测量

八、轮位差的测量

轮位差从旧的概念上来说，是指轮对两轴颈端面至同侧车轮轮辋内侧平面的距离之差。由于新型车轴设计基准的变化，新的轮位差概念是指两轴肩至车轮轮辋内侧平面的距离之差，即轮对两端的轴颈后肩至同侧车轮轮辋内侧平面的距离之差。厂修轮轴退卸轴承后，需使用轮位差检查尺测量轮对的轮位差(见图 7-3-60)，轮位差超过 3 mm 限度的轮对进行解体检修。轮轴段修时则不需掌握该限度尺寸。

九、轴承轴向游隙的测量

轴承压装后及轮轴段修收入检查时，要使用轴向游隙测量仪测量轴承的轴向游隙。图 7-3-61 为磁座百分表，图 7-3-62 为扭矩式轴向游隙测量仪，这两种均为目前常用的轴向游隙测量仪。测量时，应左右转动轴承 3～5 圈，在轴向推拉力 294～490 N 下测量轴向游隙，应不超过 0.75 mm 的限度值，超过此限度的轴承应退卸检修。

图 7-3-60　轮位差检查尺测量示意图

图 7-3-61　磁座百分表

1. 测量方法一：使用磁座百分表，将磁座置于轴承外圈适当部位，调整活动杆，使量表测头与轴承前盖外端面或车轮轮辋外侧平面接触并有一定的测量值，用力向前推动轴承外圈，到位后调整量表的表盘至 0 位，再用力向后拉动轴承外圈，到位后量表的示值即为轴向游隙值。

2. 测量方法二：使用扭矩式轴向游隙测量仪，将测量仪置于轴承外圈，扳动偏心轮手柄，卡紧轴承外圈，量表测头与车轮轮毂外端面接触；轴向向后缓慢扳动扭矩扳手，达到力矩定值，保持该状态并调整百分表至零位；再轴向向前扳动扳手，达到力矩定值时百分表显示的值为轴承轴向游隙。

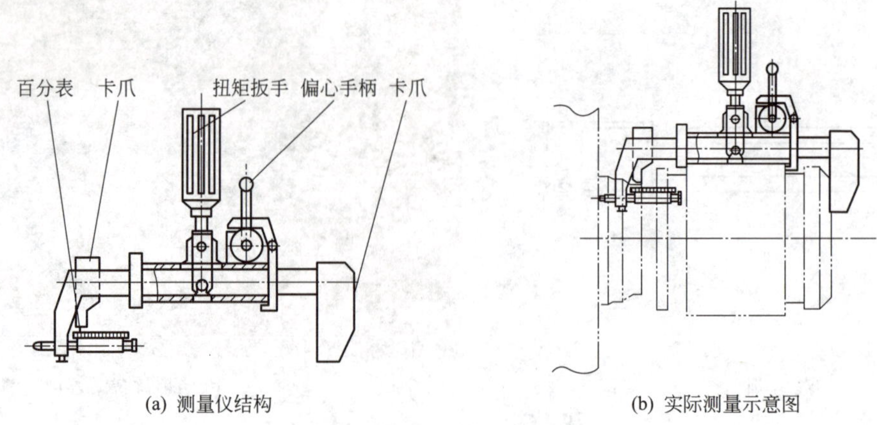

(a) 测量仪结构　　(b) 实际测量示意图

图 7-3-62　扭矩式轴向游隙测量仪

十、352226X2-2RZ(TN)型、SKF197726 型、197726TN 型轴承前盖和后挡的检测

（一）护缘内径的检测

该型轴承使用的前盖、后挡护缘内径的测量一般使用护缘内径检查样板（如图 7-3-63 所示），它是根据护缘内径 $\phi190^{+0.305}_{+0.145}$ mm 的尺寸限度进行制作的，分为通端（“T”端）和止端（“Z”端）。测量时，样板的通端通过前盖、后挡护缘内径且样板的止端测量前盖、后挡护缘内径止住者为合格，如图 7-3-64 所示。也可使用内径游标卡尺直接测量前盖、后挡护缘内径的尺寸，应符合限度要求，但操作起来不如使用护缘内径检查样板的测量方法方便、快捷。

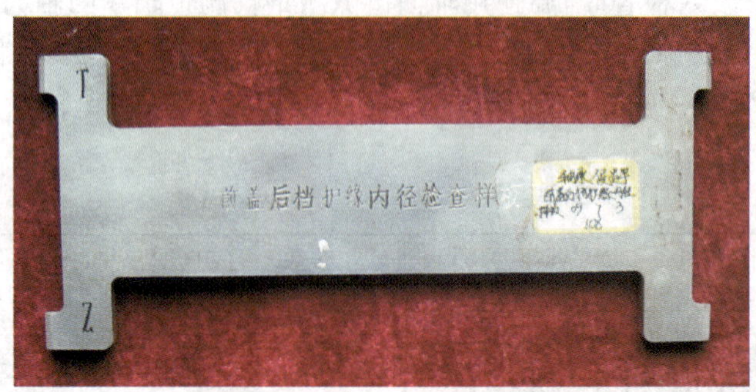

图 7-3-63　前盖、后挡护缘内径检查样板

（二）护缘高度的检测

测量方法一：前盖、后挡护缘高度尺寸的检测通常使用深度游标卡尺（如图 7-3-65 所示），其限度超过 12.2 mm 时应进行补充加工。测量时，游标卡尺的两定位角置于前盖、后挡护缘的端面进行定位，使其垂直于前盖、后挡的内平面，移动测尺与前盖、后挡的内平面接触后所测得的尺寸即为前盖、后挡护缘高度尺寸，如图 7-3-66 所示。

测量方法二：使用护缘高度检测样板测量前盖、后挡的护缘高度，如图 7-3-67 所示。测量时，用样板的 12.2 端检查护缘高度，将前盖、后挡与密封座配合的沟槽朝上平放，样板垂直于前盖、后挡的平面，用 12.2 端与护缘部位贴靠，样板与前盖、后挡护缘上端面有缝隙时护缘高度为不超限，与前盖、后挡护缘上端面接触且样板的下部与前盖、后挡的平面有缝隙时，则护缘高度超过 12.2 mm 的限度，应进行补充加工。

（三）与密封座配合处沟槽深度的检测

测量方法一：前盖、后挡与密封座配合处沟槽深度尺寸的检测通常使用深度游标卡尺（如图 7-3-65 所示），其限度为 $3.5^{\ 0}_{-0.5}$ mm，超过 4 mm 时应报废。测量时，游标卡尺的两定位角置于前盖、后挡的内平端面

(a) 样板通端通过前盖护缘内径

(b) 样板止端止住前盖护缘内径

(c) 样板通端通过后挡护缘内径

(d) 样板止端止住后挡护缘内径

图 7-3-64　前盖、后挡护缘内径样板检测示意图

图 7-3-65　深度游标卡尺

(a) 测量前盖护缘高度

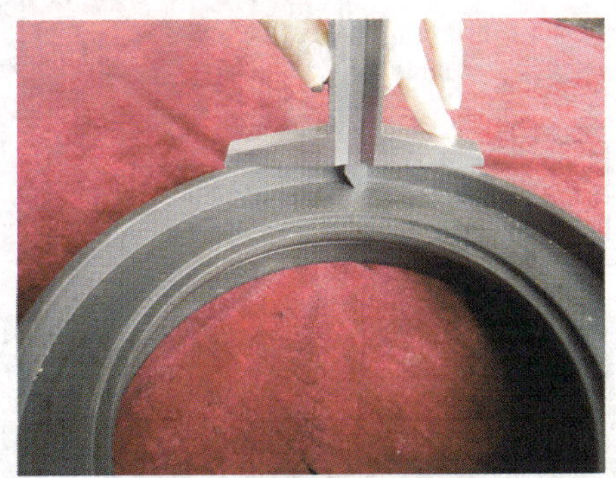
(b) 测量后挡护缘高度

图 7-3-66　深度游标卡尺测量护缘高度

进行定位，使其垂直于前盖、后挡的内平面，移动测尺与前盖、后挡沟槽的底面接触后所测得的尺寸即为前盖、后挡沟槽深度尺寸，如图 7-3-68 所示。

测量方法二：使用沟槽深度检测样板测量前盖、后挡沟槽深度，如图 7-3-69 所示。测量时，用样板的3 端和 3.5 端分别插入前盖、后挡与密封座配合处沟槽，若样板 3 端或 3.5 端插入时与前盖、后挡内平面(即沟槽

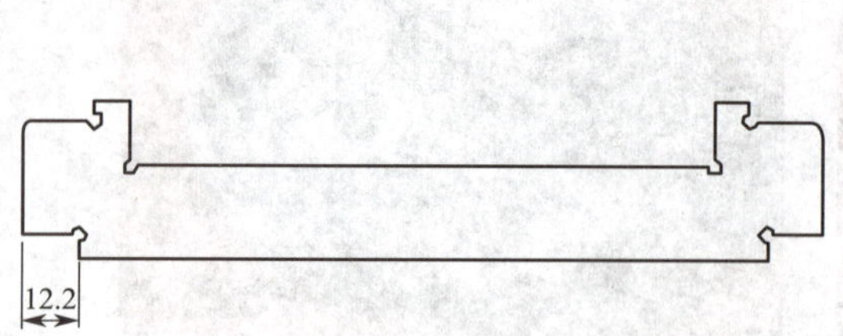

(a) 护缘高度检测样板

(b) 样板检测护缘高度

图 7-3-67　前盖和后挡护缘高度样板检测示意图

(a) 前盖沟槽深度尺寸的测量

(b) 后挡沟槽深度尺寸的测量

图 7-3-68　前盖、后挡沟槽深度尺寸测量示意图

上平面)及沟槽底面均接触,说明沟槽深度为 3 mm 或 3.5 mm,分别为合格的下限和上限值;若样板 3 端插入与前盖、后挡沟槽上平面接触后而与沟槽底面稍有间隙,并且样板 3.5 端插入与前盖、后挡沟槽底面接触后而与沟槽上平面有间隙,说明沟槽深度在 3～3.5 mm 之间,属合格范围;若样板 3 端插入与沟槽底面接触后而与沟槽上平面有间隙,说明沟槽深度不足 3 mm;若样板 3.5 端插入与沟槽上平面接触后而与沟槽底面有间隙,并且用样板 4 端插入与沟槽底面接触后而与沟槽上平面有间隙,说明沟槽深度在 3.5～4 mm 之间,可对前盖、后挡的沟槽上平面进行加工,使沟槽深度符合限度要求后使用;若样板 4 端插入与沟槽上平面接触后而与沟槽底面有间隙,说明沟槽深度超过了 4 mm,则前盖、后挡应报废处理。使用此检查样板的缺点是对于样板与沟槽上平面及沟槽底面的微小间隙不便于观察和准确判定,不像使用第一种测量方法那样直观地读取数值。

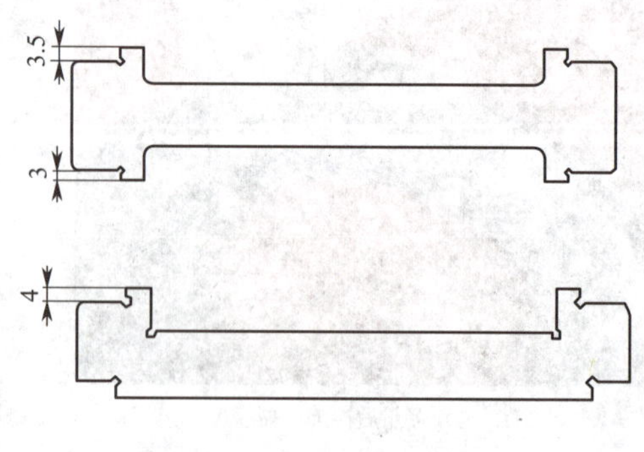

(a) 沟槽深度检查样板

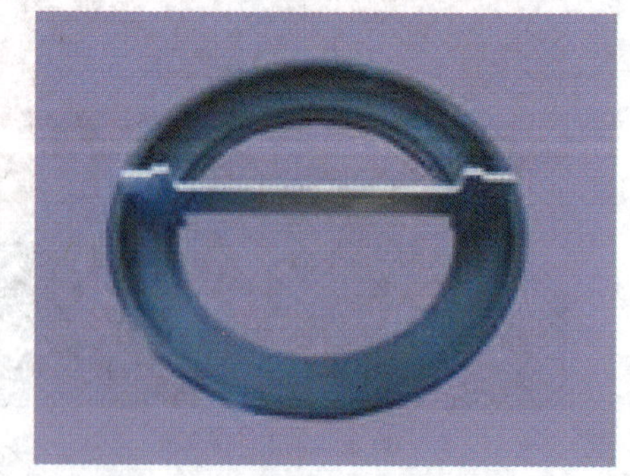

(b) 沟槽深度样板检测

图 7-3-69　前盖、后挡沟槽深度样板检测示意图

十一、轴端螺栓螺纹的检测

轴端螺栓的螺纹有磨损时,使用螺纹环规进行检查,螺纹环规分为螺纹通规和螺纹止规两种,图 7-3-70

所示为 M24 螺栓的螺纹环规，M22 螺栓的螺纹环规类同。螺纹通规测试螺栓旋合通过、螺纹止规测试螺栓旋合止住时(如图 7-3-71 所示)，轴端螺栓的螺纹为合格，否则轴端螺栓应报废处理。

(a) 螺纹通规

(b) 螺纹止规

图 7-3-70 M24 螺栓的螺纹环规

图 7-3-71 螺纹通、止规测试螺栓示意图

第四章
轴承一般检修技术

轴承一般检修的目的是维护轴承的使用性能，是对轮轴厂、段修退卸后未达到送大修或报废条件的轴承进行的状态修。其主要特点是：轴承零件不进行机加工，只进行外观检查和关键尺寸检测，对一些细小的表面缺陷可用细砂布或油石磨修；一般情况下，内圈组件不需分解，但需检查内圈滚道、滚子表面和保持架的状态；两内圈组件和外圈要求原套原位组装，不得反装。由于轮轴厂修时的轴承全部退卸，所以符合一般检修条件的轴承比轮轴段修时的数量要多。

轴承一般检修的基本工艺流程为：轴承初洗脱脂→轴承分解及编号→外圈除锈→零件清洗→外圈探伤→外圈清洗→零件外观检查、手工修磨→尺寸检测→刻打（刻写）检修标记→清洗、烘干或脱水→油封组装→密封罩选配组装→扭矩检查（353130B型轴承除外）→注油脂→均匀油脂→密封座组装（根据轴承结构）→轴承包装。此工艺流程为基本工序的设置，根据各检修单位的自身情况，个别工序的顺序在实际设置时可能有所不同，特别是采用了三点注油脂工艺的单位，密封罩选配组装及扭矩检查的工序则应放在注油脂和均匀油脂的工序之后。

一、轴承脱脂、分解、清洗

为使一般检修轴承清洗质量更高、清洗速度更快，清洗前应先进行脱脂处理，一般使用气暴脱脂机（如图7-4-1所示）。脱脂介质加热后对轴承进行高压脱脂，根据轴承脱脂情况，可调整加热气暴时间，达到气暴脱脂效果，由于轴承的内圈组件装用的都是工程塑料（塑钢）保持架，无论是气暴脱脂还是轴承清洗，其温度均应控制在80 ℃以内。

轴承脱脂前应使用密封罩分解机分解密封罩（21 t轴重的系列轴承也可先脱脂、后分解），将轴承推入拔罩机工位，开启拔罩按钮，检查机械爪伸展到位后，自动将密封罩拔下，353130B型轴承LL型密封装置的退卸应使用专用工具和方法。密封罩拆卸后，应保持轴承内圈组件在轴承外圈内的原位，分解后的密封罩或LL油封须报废，不得再次使用。为保证同一套轴承两内圈组件与外圈原滚道一一对应、原套原位，轴承分解后须编号，先用砂布在轴承内圈大端面适当位置，打磨清除磷化层，露出金属表面，再用电、风动刻字笔或酸笔在两内圈大端面打磨的位置刻写与外圈上相同的编号，并刻写内圈组件与外圈对应的位置标记。

图7-4-1　轴承气暴脱脂机

轴承零件须使用轴承清洗机进行两次清洗，轴承清洗机应有温度监控功能，清洗液应采用中性、低泡沫防锈的金属清洗剂，如图7-4-2所示的货车轴承除锈清洗机还同时具备了外圈除锈的功能。清洗液循环使用者，循环系统应有过滤装置，储液槽内应有油、水分离装置，清洗液须定期更换，并清洗过滤装置和清除储液槽内的油污。轴承零件清洗时，须做到零件旋转喷洗，并防止保持架磕碰伤和离心力对保持架的冲击。

经过两次清洗后的轴承零件应符合以下质量要求：均须符合清洁度要求，不合格的轴承重新清洗；目视检查时，轴承零件表面及沟角处不得存在肉眼可见的污垢、水分、灰砂、纤维物、锈斑和其他污物；手感检查时，滚动轴承各零部件的工作表面用手触摸时，手感不得有颗粒物存在；擦拭检查时，用洁净的棉白细布擦拭轴承各零部件的工作表面后，白布上不得呈现污迹。检查时，严禁赤手触摸轴承零件。

图 7-4-2　货车轴承除锈清洗机

轴承外圈外表面应使用外圈除锈机进行除锈，但不得损伤轴承外圈，也不得使用锤、锉刀等打磨轴承外圈表面。除锈后应将轴承外圈内外表面擦拭干净，并将外圈放入与之原配套的零部件的轴承盒内，不得混放。

二、轴承零件的外观检查

检查、检测间室温 16～30 ℃，相对湿度≤60%，24 h 的落尘量≤80 mg/m^2。检测作业人员穿戴洁净的工作服、工作帽，手应洁净并戴针织白手套，视力达到 1.0 以上。检查轴承零件的清洁度符合要求，将轴承放在检查平台或检查架上并借助于灯光放大镜进行检查，轴承在检修过程中严禁接触工作台等设施的金属面。对检查过程中发现可修复性缺陷须按要求修复，并做好记录。发现超出一般检修范围的缺陷轴承，确定需送厂大修的应组装、注油脂后用白油漆在外圈上涂打“○”字标记，并在“辆货统—405”、“辆货统—406”、“辆货统—407”中记录；确认已报废的用白油漆在外圈上涂打“×”字标记，并在“辆货统—408”、“辆货统—409”、“辆货统—410”中记录。

新造轴承经外观检查，外圈、内圈、滚子任一零件存在超过一般检修规定的故障缺陷，但又未达到报废条件者送厂大修。遇有以下情况的轴承应报废处理：已做过大修的轴承又出现一般检修无法修复的缺陷；内、外圈均出现制造、大修单位或年代不清的轴承；其他无修复价值的轴承。轴承零件外观缺陷状态及故障类别详见表 7-4-1。

表 7-4-1　轴承零件外观缺陷状态及故障类别

序号	缺陷名称	零件名称	缺陷状态	故障类别		
1	裂损	各零件	裂纹、破损			C
2	电蚀	内圈、外圈、滚子	电蚀凹坑、金属熔融或洗衣板状波纹沟			C
3	烧附	轴承零件工作面	金属表面粘附有被迁移的熔融性金属			C
4	麻点	内圈、外圈、滚子	麻点直径≤0.2 mm	A	B	
			麻点直径>0.2 mm，有手感			C
5	碾皮	内圈、外圈、滚子	碾皮深度≤0.025 mm	A	B	
			碾皮深度>0.025 mm			C
6	剥离	内圈、外圈、滚子	滚动面出现剥离			C
7	磕碰伤	内圈、外圈、滚子	碰伤长度≤0.5 mm	A		
		内圈、外圈	碰伤面积≤3 mm×3 mm		B	
		滚子	碰伤面积≤1 mm×1 mm		B	
8	划伤	轴承零件工作面	划伤无手感	A		
			划伤有手感，但能修复者		B	
9	擦伤	轴承零件工作面	深度≤0.025 mm		B	
			深度>0.025 mm			C

续上表

序号	缺陷名称	零件名称	缺陷状态	故障类别		
10	凹痕	内圈、外圈、滚子	凹痕无手感	A		
			凹痕有手感，但能修复者		B	
			凹痕有手感，不能修复者			C
11	压痕	内圈、外圈	条状压痕（在冲击载荷作用下，滚子对内外滚道产生的压痕）			C
12	热变色	内圈、外圈、滚子	呈浅黄色	A		
			呈黄色或浅棕红色		B	
			呈棕红色或紫蓝色			C
13	腐蚀	轴承零件各表面	锈迹	A	B	
			蚀刻		B	
			蚀坑			C
14	微振磨蚀	轴承内外圈滚道面；内圈端面及内径面	轻微的微振磨蚀修磨后尺寸精度在限度内		B	
			严重微振磨蚀			C
15	拉伤	内圈内径	内径表面轻微的机械性损伤，修磨后尺寸精度在限度内		B	
			内径表面严重拉伤			C
16	环形条纹	内圈、外圈、滚子	深度≤0.025 mm，条数不大于4条	A		
			深度>0.025 mm			C
备注	轴承零件工作面外观缺陷程度分为A、B、C三类。 A类：缺陷对轴承性能和使用安全性没有影响，修复与否均可使用，例如轴承内圈端面色斑，滚道面正常均匀磨耗等； B类：缺陷对轴承性能和使用安全性有一定影响，但经修复可再使用，例如轴承内圈、外圈滚道凹痕、锈蚀等； C类：缺陷对轴承性能和使用安全性有严重影响，不得再修复使用，例如轴承内圈、外圈滚道面压痕或剥离等。					

（一）轴承外圈的外观检查

轴承外圈必须全数进行外观检查，检查外圈滚道面时，应将外圈放置到外圈检查台架上，两滚道面分别转动1周检查，对缺陷部位确诊故障性质。

（二）内圈组件的外观检查

内圈组件应进行转动灵活性检查，每套轴承内组件左、右转动3～5圈，转动应灵活无卡滞、异音。轴承内圈组件全数进行外观检查。

检查353130B型轴承内圈组件时需从塑钢保持架上带有标记"▼"的窗孔中取出1粒滚子，检查内圈滚道和滚子引导面，检查后将滚子放回原位，取放滚子时，不得损伤滚子端面和内圈滚道面，不得造成保持架变形。

检查内圈组件时，应将内圈套到内圈组件检查台上，不得损伤滚子端面和内圈滚道面，不得造成保持架变形，可用粉笔在内圈小端上涂打记号，保证转动1周检查。要仔细检查保持架兜孔上、下窗梁根部是否有裂纹，内圈小端面是否有裂损，检查内圈滚道面状况时，托起保持架，使内圈随同转动，在转动过程中进行故障检查，判断故障性质。

检查滚子时，应将内圈放置到检查台架上，缓慢转动内圈带动滚子转动检查，在保持架窗梁上用粉笔涂打位置记号，保证全数检查滚子。检查滚子是否有裂纹、剥离等现象。

轴承内圈及滚子组件不得分解，搬运及清洗过程中应避免工程塑料（塑钢）保持架脱落。工程塑料（塑钢）保持架从内圈组件上脱落后必须更换新的工程塑料（塑钢）保持架，同时必须进行滚子直径尺寸相互差检查，不同列组件的滚子不得混装。

工程塑料（塑钢）保持架有下列缺陷之一的不能继续使用，应更换新品：有裂纹、裂损、折断等；有严重的磕碰伤；有明显的变形；与滚子接触的窗口表面有毛刺；表面磨出玻璃纤维，有粗糙或多孔的区域等；工程塑料（塑钢）保持架与内圈组件分离，但197726TN型轴承工程塑料（塑钢）保持架从内圈组件脱落时整套轴承应报废；划伤、磕伤等机械性损伤缺陷深度大于0.3 mm；有凹凸缺陷、分层、熔接线和液体流动状痕迹。工程塑料（塑钢）保持架在小端面上均布有制造单位代号、模具号、轴承型号及制造年月（年份后两位、月份两位)等制造标识,字高 2.5 mm,字迹应清晰,不清晰或没有者不得使用。

更换保持架时,应遵循同一轴承的两个内圈组件使用相同型号、相同规格、相同厂家的保持架的原则。另外,353130B 及 SKF 公司生产的系列轴承分为新造、大修两种塑钢保持架,在检修需更换保持架时,应根据新造、大修的类别选择相应的新造或修理用塑钢保持架。

(三)密封座外观检查

密封座应在专用盒内存放,不得放在地板上,不得混放。密封座要逐件检查,发现有缺损、断裂、裂纹、变形,工作面严重磨损、锈蚀(工作面上出现间断或连续蚀坑,并有明显手感)者应报废。遇有轻度锈蚀,允许使用油石打磨,磨修后其尺寸精度符合限度要求者允许使用。

(四)检查中隔圈

中隔圈清洗干净后,表面无油污,工作面不得有碰伤凸起,有凸起时应使用 00 号细砂布或油石消除,磨修部位应平整。中隔圈裂纹、变形者更换新品。

轴承零件有轻微的磕碰伤、划伤、锈蚀等缺陷时,可用油石或 00 号砂布蘸油修磨。经处理的轴承零件工作表面及配合面须平滑,在不影响轴承零件的轮廓尺寸时可使用。

三、轴承外圈探伤

为发现外圈存在的裂纹缺陷,进行一般检修的轴承外圈须进行磁粉探伤检查和喷淋,探伤后的外圈和未经探伤的零件均需进行剩磁检查,剩磁应符合规定。轴承外圈探伤详见第八篇第一章。

四、轴承零件的尺寸测量

轴承零件、组件的检测须在符合清洁度标准要求的工作间内进行,工作间室温 16～30 ℃,相对湿度≤60%,24 h 的落尘量应≤80 mg/m^2。检测人员须穿戴洁净的工作服、帽,手应洁净并戴针织白手套,视力须在 1.0 以上。各种设备仪器、仪表和量具须经国家评定的有二级以上计量合格证的单位定期检定。轴承测量仪、量具每日开工使用前须用标准样圈、样块校对并做好记录。检测前,轴承测量仪、标准样圈(块)、轴承零件在轴承检测间至少同温 4 h。每日完工后使用棉布擦拭仪器、量具并采取防尘措施。

近年来,随着科技的发展,轴承检测普遍采用了数显方式,采集到检测数据后通过微机自动记录测量结果、判断检测数据是否合格,并自动生成《铁路货车圆锥滚子轴承退卸及检修记录单》(辆货统—403A),提高了检测效率和测量精度,便于进行轴承检测的信息化管理。轴承检测前应将待检测轴承的退卸日期、原标志板 A 栏内容、退卸原因、轴承编号以及轴承制造(大修)工厂和年月等信息输入微机,测量各部尺寸时,应确定轴承编号、制造(大修)工厂及年月等信息,以轴承内圈大端面标记为准。

(一)外圈尺寸测量

1. 外圈外径尺寸使用 D901 型轴承测量仪(见图 7-4-3)检测,测量方法:在距外圈端面 30 mm 处测量外圈的外径面直径尺寸,外圈在仪器上转动 1 周以上,其直径尺寸为相互垂直直径的平均值,测量的最大读数与最小读数之差即为外圈单一径向平面内的外径直径的变动量。

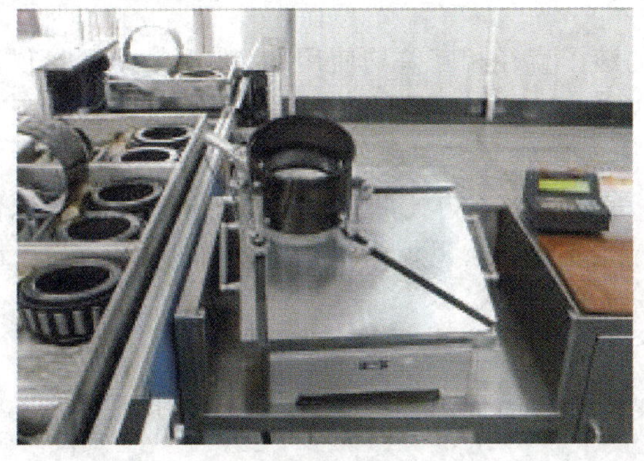

图 7-4-3　轴承外圈外径测量仪(D901)

图 7-4-4　轴承外圈牙口测量仪(D713A)

2. 外圈牙口直径使用 D713A 型轴承测量仪(见图 7-4-4)检测,测量方法:测量部位为距端面 6.5 mm

处，两端分别测量。外圈在仪器上转动1周以上，两相互垂直直径的平均值，即为所测牙口直径，测量其最大值与最小值之差即为外圈牙口单一径向平面内直径的变动量。

（二）轴承内圈组件尺寸测量

1. 内圈内径尺寸的测量

352226X2-2RZ(TN)型、SKF197726型、197726TN型轴承内圈内径尺寸使用D713A型轴承测量仪(见图7-4-4)检测，测量位置在距内圈大端面15 mm处的内径面上；353130B型轴承内圈内径使用D725T型轴承测量仪(见图7-4-5)检测，测量位置为距内圈大端20 mm、距内圈小端7 mm处。

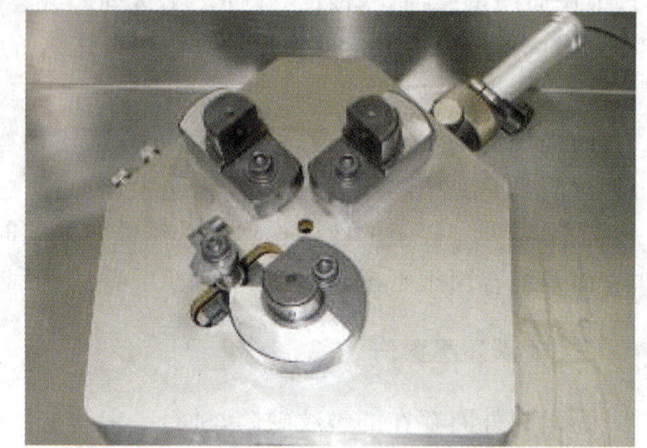

图7-4-5　轴承内圈内径测量仪(D725T)

测量方法：内圈在测量仪上转动1周以上，两相互垂直直径的平均值即为内圈内径；测量的最大读数与最小读数之差为内圈单一径向平面内的内径直径的变动量；所测得两内圈内径值之差即为同套轴承两内圈内径直径相互差。

2. 内圈大端面磨耗深度的测量

352226X2-2RZ(TN)型、SKF197726型、197726TN型轴承内圈大端面磨耗深度使用G724A型轴承测量仪(见图7-4-6)检测，353130B型轴承内圈大端面磨耗深度使用G725T型轴承测量仪(见图7-4-7)检测，测量部位均为内圈大端面平面。

测量方法：内圈相对于仪器触头平移，显示的最大值与最小值之差即为内圈大端面磨耗深度。

图7-4-6　轴承内圈大端面磨耗深度测量仪(G724A)

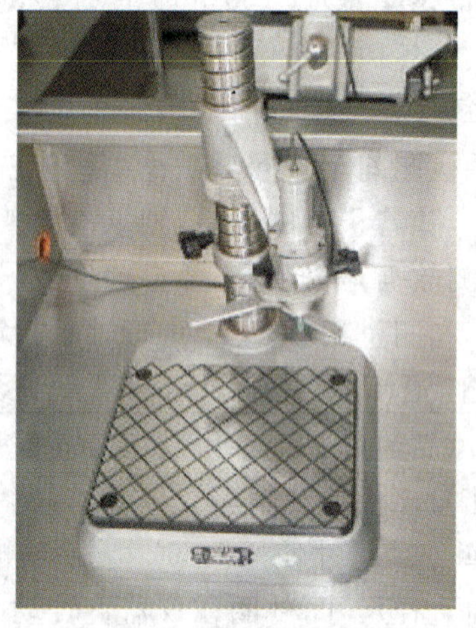

图7-4-7　轴承内圈大端面磨耗深度测量仪(G725T)

3. 滚子直径相互差的测量

352226X2-2RZ(TN)、SKF197726及353130B型轴承的滚子直径相互差均使用D744型轴承测量仪(见图7-4-8)检测，如保持架脱落时(197726TN型除外)，对该列滚子的直径尺寸相互差进行测量，不同列组件滚子不得混装。

测量方法：滚子放在测量仪上转动1周以上，两相互垂直直径的平均值即为滚子直径。限度标准：SKF197726、353130B型轴承的滚子直径相互差不大于0.005 mm，352226X2-2RZ型轴承不大于0.003 mm。

4. 保持架径向游动量的测量

353130B及SKF公司生产的系列轴承不需检测保持架径向游动量，352226X2-2RZ(TN)型、197726TN型轴承使用X734型轴承测量仪(见图7-4-9)检测。

测量方法：先将内圈组件放在X734型测量仪上，再将压块放在组件上，不得冲击表的测头。仪器清零后，用手搬动负荷架，沿仪表测头方向对保持架适当用力，使保持架径向移动到极限位置后，记录仪表读数

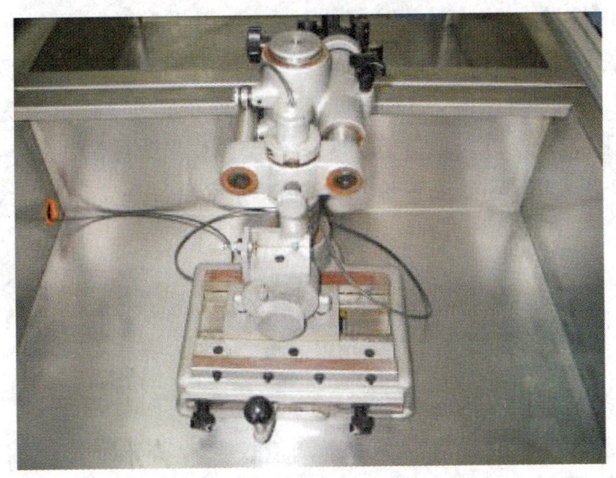
图 7-4-8　滚子直径差测量仪(D744)

图 7-4-9　保持架径向游动量测量仪(X734)

a_1;仪表清零后,再用手搬动负荷架,沿相反方向适当用力,使保持架径向移动到另一极限位置,记录仪表读数 a_2。读数 a_1 与 a_2 之差的绝对值即为保持架径向游动量,应符合 0.15～0.70 mm 的限度标准。每隔 120°测量三点径向游动量的数值,三点的平均值应不大于 0.55 mm。

5. 353130B 型轴承内圈大挡边外径的测量

353130B 型轴承应使用 D914T 型轴承测量仪(见图 7-4-10)检测内圈大挡边外径。

测量方法:内圈大挡边在测量仪上转动 1 周以上,两相互垂直直径的平均值即为内圈大挡边外径,其值应符合 $199.23^{+0.05}_{0}$ mm的限度要求。

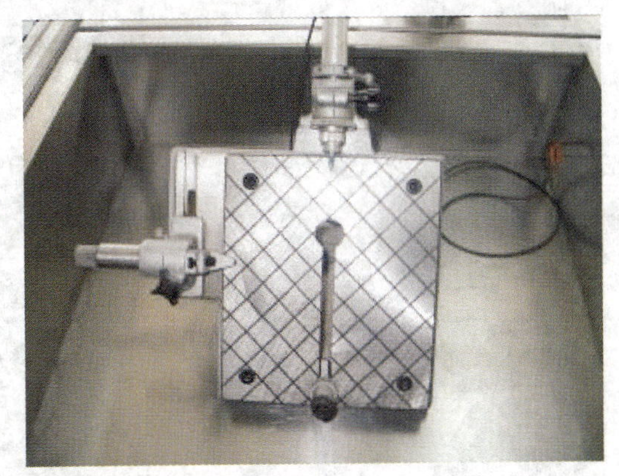
图 7-4-10　轴承内圈大挡边外径测量仪(D914T)

6. 轴向游隙及装配高的测量

352226X2-2RZ(TN)型、SKF197726 型、197726TN 型轴承使用 X794A 型轴承测量仪(见图 7-4-11)检测;353130B 型轴承使用 X794B 型轴承测量仪(见图 7-4-12)检测。

图 7-4-11　轴向游隙、装配高测量仪(X794A)

图 7-4-12　轴向游隙、装配高测量仪(X794B)

(1)装配高的检测

按操作步骤使用标准件校对仪器,重复几次,当显示数值稳定后,输入标准件的实测数值,仪器校对合格后方可进行检测。装配高为两内圈、中隔圈装于外圈时,两内圈大端面之间的距离,其值应符合规定限度,超限者调换中隔圈。

(2)轴向游隙的测量

测量仪采用比较法测量，使用中应定期用标准件进行校验。被测轴承定位、压紧后，用手转动被测轴承外圈，转动多圈后当检测分机的示值趋于稳定，显示数为最大时，轴向游隙示值清零。启动"旋转"按钮，旋转体带动被测轴承转动180°，动作完成后，用手转动轴承外圈，转动多圈，当轴向游隙示值趋于稳定，显示数为最小时，此数值的绝对值即为该轴承的最大游隙值。测量完毕后，启动"正位"按钮，旋转体带动被测轴承转动到"0"位，最后旋动"松开"按钮将被测轴承推出旋转体进入下料道，测量完毕。轴向游隙超过规定限度者，应选择合适宽度的中隔圈重复测量，直至符合标准。

(三)轴承密封座尺寸的检测

353130B型轴承取消了密封座，所以没有此项要求。352226X2-2RZ(TN)型、SKF197726型(装用LL型油封者除外)、197726TN型轴承需检测密封座的尺寸。

1. 密封座内径使用D925型轴承测量仪(见图7-4-13)检测。

测量方法：测量部位为密封座内径面(与轴颈接触面)中间部位。密封座放于测量仪上转动1周以上，相互垂直两直径的平均值即为密封座内径尺寸，测量仪表的最大值与最小值之差即为密封座内径单一径向平面内的变动量。

2. 密封座外径使用D724A型轴承测量仪(见图7-4-14)检测。

图7-4-13　密封座内径测量仪(D925)

图7-4-14　密封座外径测量仪(D724A)

测量方法：测量部位为密封座外径非磨耗处。密封座在测量仪上转动1周以上，两相互垂直直径的平均值即为密封座外径尺寸，测量仪表的最大值与最小值之差即为密封座外径单一径向平面内的变动量。

3. 密封座宽度：使用游标卡尺测量3处密封座宽度，取平均值即为密封座宽度。

4. 内油封与密封座按规定进行压装后，密封座组件放在内油封检查器上，旋转检查应灵活、无卡阻。有卡阻者须更换新品，以防止装车使用后引起热轴故障。

(四)新品密封罩及LL型密封装置(LL油封)的尺寸检测

轴承进行一般检修时，密封装置(不包括密封座)必须更换为新品。352226X2-2RZ(TN)型、197726TN型轴承装用的是迷宫式密封装置，其外油封与密封罩过盈配合组装在一起；353130B型轴承装用的是LL型密封装置(LL油封)；SKF197726型轴承既可以装用迷宫式密封装置，也可以装用LL型密封装置(LL油封)。

1. 新品密封罩尺寸的检测

(1)密封罩牙口外径尺寸使用D901型轴承测量仪(见图7-4-3)进行检测。

测量方法：测量位置为密封罩牙口配合面中间部位，仪表触头对准牙口配合面中部，在测量仪上转动密封罩1周以上，两相互垂直直径的平均值即为密封罩牙口外径尺寸，测量仪表的最大值与最小值之差即为密封罩单一径向平面内牙口配合面直径的变动量。

(2)密封罩高度使用游标卡尺测量密封罩3点高度，取平均值即为密封罩高度值。

(3)密封罩与外圈牙口配合过盈量不小于0.15 mm。

(4)测量外油封与密封罩间隙:使用塞尺测量外油封与密封罩间隙。其限度为:当连续或累计间隙长度大于全周的1/3时,间隙宽度应不大于0.3 mm;当连续或累计间隙长度不大于全周的1/3时,间隙宽度应不大于0.5 mm。

(5)外油封与密封罩按规定进行压装后,密封罩组件放在外油封检查器上,旋转检查应灵活、无卡阻。有卡阻者须更换新品,以防止装车使用后引起热轴故障。

2. 新品LL型密封装置(LL油封)的检测

LL型密封装置(LL油封)的牙口配合面直径使用D915型轴承测量仪(如图7-4-15所示)进行检测。

测量方法:测量位置为牙口配合面直径,仪表触头对准牙口配合面,在测量仪上转动LL油封1周以上,两相互垂直直径的平均值即为LL型密封装置(LL油封)的牙口配合面直径,测量仪表的最大值与最小值之差即为LL油封单一径向平面内牙口配合面直径的变动量。

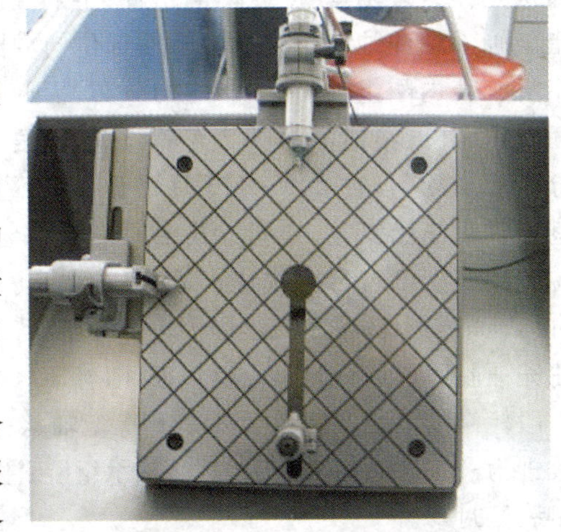

图7-4-15　LL油封牙口配合面直径测量仪(D915)

轴承各零件经检测后均应符合限度标准,尺寸超限或不合格者按相应的修程进行处理,判定报废者,用白油漆涂打"×"报废标记;判定送厂大修者,用白油漆涂打"○"标记。检测后的各型配件应按判定处理方法分类存放,不得混放。各零件测量后,测量者须将测量结果填写在《铁路货车圆锥滚子轴承退卸及检修记录单》(辆货统—403A)内,修程栏应填写"A,B,C"代号,其中:A代表不需要修理;B代表需要修理;C代表报废。测量者须在检测栏内签章。

五、刻写轴承检修标记

轴承经一般检修后,组装前在外圈和内圈上刻写一般检修标记、检修日期和检修单位代号。轴承检修标记应使用酸笔或刻字机刻写,不得损伤滚道,禁止用钢印刻打,采用酸笔刻写时必须用中和液揩拭。

一般检修标记的菱形框"◇"套写在检修单位代号外面,如:"◇153"。检修日期的年月日采用2位数字,检修单位代号以铁道部公布的单位代号为准。经一般检修的钢保持架352226X2-2RZ型轴承换装工程塑料(塑钢)保持架后,在内、外圈轴承制造型号标记后刻打(刻写)"TN"标记及换装年月(年份后2位、月份2位)。数字及字母标记字体高度为5 mm。标记刻写在外圈内径面中间处非滚道工作面上和两内圈的大端面上(如图7-4-16所示)。

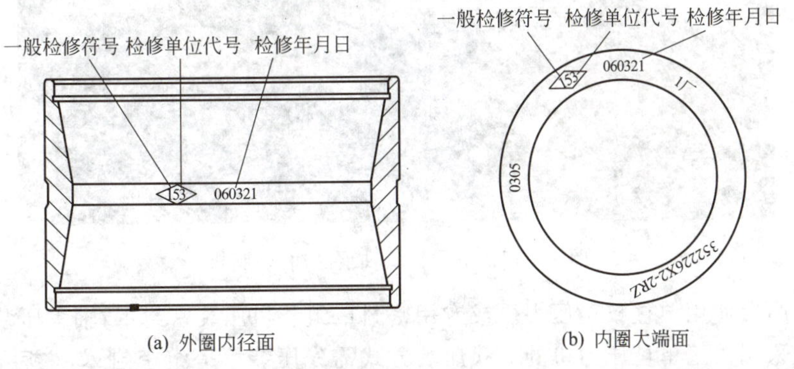

图7-4-16　轴承一般检修标记刻写位置示意图

轴承零件检测、刻写标记后也应进行喷淋处理,清除附着的杂质。经烘干或脱水的轴承零件,表面及沟槽部位不得有余水或残存的煤油。

六、轴承组装

轴承组装是指依靠密封罩牙口与外圈牙口的过盈配合,将检修完毕、注完油脂的轴承外圈、两内圈组件和中隔圈组装为可直接向轮对轴颈上压装使用的成品轴承。其中352226X2-2RZ(TN)型、SKF197726型、

197726TN 等型的轴承组装后还需安装选配合格的密封座，而 353130B 等型轴承已取消密封座结构，所以不需此项程序。

针对轴承零件组装和填注油脂的两个工序的顺序，在此进行一下介绍。以前轴承一般检修的程序，通常是先组装轴承外圈、内圈组件、中隔圈及密封罩等零件，测试密封罩扭矩合格后，再进行轴承注油、匀脂。轴承填注油脂都是从中隔圈部位向内圈及滚子之间一次性注入，控制油脂重量符合规定后，使用匀脂机旋转内圈组件，使油脂均匀分布，因密封罩已组装完成，除轴承抽样检查外，不易进行注油后滚子表面及内、外圈滚道面油膜状态的检查，也很少关注滚子及滚道面的油膜状态。为使滚子及滚道面的油脂分布更加均匀，自 2007 年 5 月 1 日起，新造、大修的 352226X2-2RZ 型及大修的 197726TN 型轴承率先改进了轴承注脂工艺，注脂方式由原来油脂全部从中隔圈部位一次注入改为从两内圈组件的滚子大端面部位和中隔圈部位分两次注入，即三点注脂。轴承匀脂时，若是从两个内圈组件的滚子大端面部位先注脂，可以在中隔圈部位注脂过程中进行匀脂；若从中隔圈部位先注脂，则必须在两个内圈组件的滚子大端面部位注完油脂后再进行匀脂。近年来，随着 70 t 级货车用 353130B 等型待检修轴承数量的逐渐增多，承担轴承一般检修的单位在建设 353130B 等型轴承一般检修检修工艺线时，也逐步将各型一般检修轴承的注脂工艺改进为三点注脂的方式。为此，轴承组装、注脂的工序也改变为先将内圈组件、中隔圈、外圈装配注脂后，再组装密封罩。

轴承注脂前应使用电子秤对轴承零件进行称重，记录轴承重量 G_1，轴承注油后再进行轴承称重，记录注油后的轴承重量 G_2，轴承注油量为注脂后重量 G_2 与注脂前重量 G_1 的差值。通过三个部位填注的油脂重量以及填注油脂的总重量应符合规定要求。轴承使用的油脂目前全部为铁道车辆滚动轴承Ⅳ型润滑脂，使用的设备为轴承注脂机，注油脂后还应使用匀脂机进行匀脂，图 7-4-17 所示为一种轴承注油、匀脂机，它不但同时具备了轴承注脂后通过转动外圈匀脂的功能，还同时具备 21 t 轴重和 25 t 轴重两种规格轴承的注脂工位。

图 7-4-17　电子秤及轴承注油、匀脂机

轴承经注脂、匀脂后使用单柱校正压力机或专用密封罩组装机压装密封罩，轴承压装密封罩分为立式压装和卧式压装，其中采用校正单柱压力机的立式压装方式需先压装第一组密封罩，之后轴承调头安放，再压装第二组密封罩，图 7-4-18 所示为单柱校正压力机，可按相应规格的轴承更换压装胎模。密封罩压装前要确认位置标记，保证内圈组件与外圈原套原位，一一对应，不得错位，压装时密封罩摆放在外圈牙口部位上要正位。

密封罩组装完毕后应进行到位检查，逐套检查轴承密封装置的 A 面，不得高于外圈端面(如图 7-4-19 所示)。352226X2-2RZ(TN)型、SKF197726 型(装用 LL 油封者除外)、197726TN 型轴承压装后用密封罩扭矩检测仪(机)测试，在 122.5 N・m 的扭矩作用下不得出现松动情况。图 7-4-20 所示为一种卧式轴承密封罩扭矩检测机。密封罩扭矩检测合格后，须将选配良好的密封座安装到轴承上。

图 7-4-18　单柱校正压力机

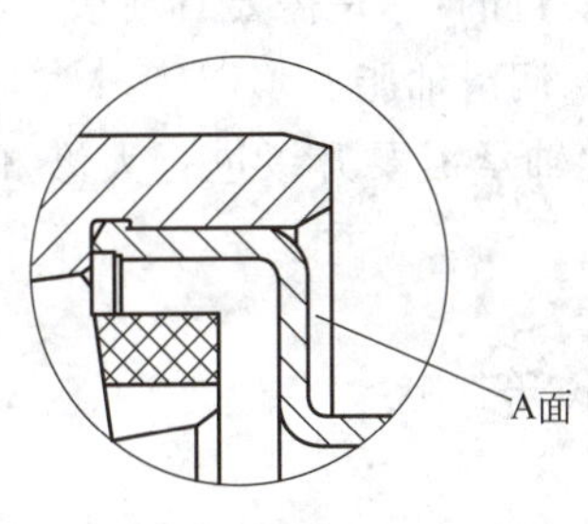

图 7-4-19　密封罩压装到位检查示意图

图 7-4-20　卧式轴承密封罩扭矩检测机

353130B 型轴承压装 LL 型密封装置后，测量最小间隙 b 值应符合 0.70～1.10 mm，外圈端面与密封装置端面间距 e 值应符合(1.36±0.1) mm，如图 7-4-21 所示。

一般检修轴承若本单位使用可不进行包装，但存储期不应超过 1 个月。若需运送时，须使用塑料袋(或包装纸)进行包装，包装要严密，以防止雨水浸入。为避免轴承磕碰，两端应加装防磕碰垫圈后装入包装盒内，使用打包机、包装带进行捆绑，打包机见图 7-4-22。

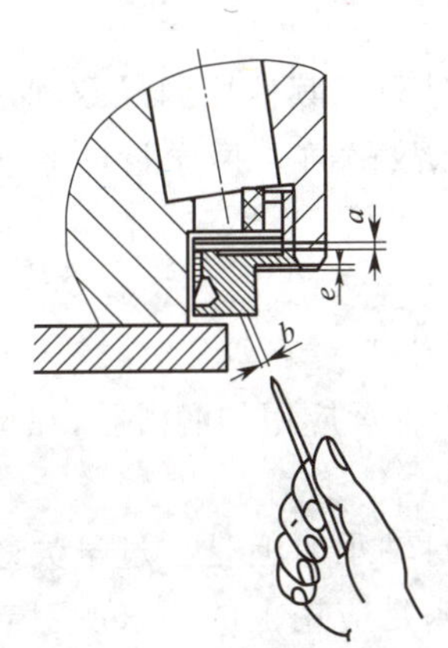

(a) LL型密封装置间隙b值测量

(b) LL型密封装置间距e值测量

图 7-4-21　压装 LL 型密封装置测量 b 值、e 值示意图

图 7-4-22　打包机

轴承存放间的相对湿度不大于 60%，码放高度不得超过 4 层。搬运或装卸轴承时，不得乱扔、乱摔，防止轴承零件磕碰伤。

第五章

铁路货车轴承大修

每个轴承在投入实际使用前都有一个预先计算的预期使用寿命，我们通常称之为计算寿命。即使是在完全正确的条件下，轴承也是需要进行必要的维护和保养，来达到一定的寿命使用周期。这些维护保养包括例行的检查、检测以及定期的润滑油脂和密封系统的更换。

在轴承运行到一定的里程(年)之后，对铁路货车滚动轴承进行大修的主要目的：一是需要对轴承的内部状态进行检查以保证轴承的安全运用；二是需要更换磨损了及老化了的油封和润滑油脂。

此外，提前失效的轴承在进行一般检修后，对于那些一般检修不能修复的轴承需要升级进行大修，以延长这些轴承的实际使用周期。

第一节　轴承的过早失效及对策

由于各种原因，在实际使用中并不是所有的轴承都可以达到这个预期的计算寿命。这种情况我们称之为轴承的过早失效。

研究表明，除了直接的制造质量原因以外，一般轴承60%以上的早期失效是由于疲劳、润滑、污染、压装拆卸及搬运等因素而导致的。对于铁路货车轴承的提前失效，我国目前正在开展这方面的研究，但目前我国货车滚动轴承在可投入大修的轴承中，仍然只能达到85%～86%的修复率，这就说明有约14%～15%的轴承在运用到大修周期的时候就提前退出了使用。

一、疲　劳

轴承过载、保养不当或被忽视，最后都会由轴承来承担其后果：在过早失效的轴承中由这些原因所引起的占到了34%。

突发或意外的故障是能够得到适当控制的。在车辆及轴承的运行期间，对于过载或其他原因导致轴承发出的“早期报警”信息可以通过车辆轴温智能探测系统(THDS)、车辆滚动轴承故障轨边声学诊断系统(TADS)及列检和段修来及时发现轴承的早期故障。

二、润　滑

轴承在运行时，正确的润滑才能使轴承的运行性能达到最佳状态。选择适用于轴承应用的润滑脂，在正确的时间间隔使用适量的润滑脂，是达到轴承最大使用寿命的关键。

虽然铁路货车轴承在运用中是属于‘免维护’的轴承(即预先填充润滑脂的密封轴承)，但是在过早失效的轴承中，仍然有一定比例的轴承是由于使用润滑剂的技术参数不正确或不足以满足应用上的要求所引起的。不可避免的结果是：缺少正确润滑的轴承将会远在预期使用寿命到来之前就失效。

由于轴承的实际运用中，忽略润滑经常会导致各种问题。因此，使用优良性能的润滑油脂，以获得最佳的润滑效果，实现有效润滑，有助于显著地减少轴承的故障及维护成本。

三、污　　染

轴承是精密的部件，如果轴承和它的润滑剂不能远离污染物，则轴承无法有效地运行。虽然货车轴承在轴承出厂时已经按要求预装了润滑脂，但在所有过早失效的轴承中仍至少有一定比例(14%)的轴承是因于污染的原因所导致。

针对铁路货车车辆在全国各地运行使用的复杂地域环境，适用于这种复杂工况及运行环境的特殊密封系统就显得尤其重要。

四、压装、拆卸及搬运

压装是轴承生命周期中的关键阶段之一。如果未使用正确的方法和工具来正确地压装轴承，轴承的使用寿命会缩短。在轴承装压装不到位或轴端紧固力不够，都会导致轴承在运用中的松动，这将使轴承承受额外的载荷、摩擦和振动，从而加速轴承的疲劳、缩短轴承的使用寿命。

经过一定的时间的运用，轴承由于定期检修及各种原因需要退卸，使用正确的方法把轴承拆下来极其重要，使用正确的拆卸方法、工具将有助于防止损坏轴承零件，因为这样才不会影响到之后轴承的一般检修以及大修。

所有过早失效的轴承中有一部分是由压装、拆卸不当和未意识到采用正确的压装、拆卸工具以及不当的包装、搬运方式所引起的。要进行正确和有效的安装与拆卸，不同的安装可能需要使用机械的、液压的或加热的方法。

因此，轴承必须使用合适的包装及运输搬运方式，同时基于专业的工程技术知识，采用专业的工具和设备，使装配工作正确而又有效率，这是获得轴承最大化的无故障运行时间的一个重要步骤。

第二节　大修轴承技术的发展

铁路货车滚动轴承在实际运用一定的里程或时间后需要进行相应的维护或修理，以使轴承在生命周期中的整个阶段获得最大使用寿命。我国铁路货车滚动轴承自1979年开始正式投入装车使用以后，我国铁路货车车辆从此步入了滚动轴承化的时代，并逐步开始形成了轴承一般检修和轴承大修的两级修程管理模式，这对于我国铁路货车轴承的运用及维护起到了重要的作用。

国外对于铁路轴承普遍实行状态检修(类似我国的一般检修)，各国根据其铁路线路的运营管理模式，对于状态检修的具体技术条件及修理后的轴承的运用管理方式也是各有不同。铁路货车轴承的大修，是根据我国铁路的实际情况自行研究和摸索出的一种独有铁路轴承检修方式。

一、大修轴承技术的历史

轴承大修是一般检修的技术补充，是对新造轴承的技术补充。新制的货车滚动轴承经过规定时间的运行使用后将在厂、段修时进行检查，有早期失效特征的轴承将予以退卸进入一般检修，这些轴承将在进行清洗、分解成组件后，进行外观检查，对于一些细小的表面缺陷，可以按技术标准对表面用砂纸打磨，重新将原组件组装后填注新的油脂及更换新的密封之后继续投入使用。

由于我国铁路运输实行的是客、货混合的运输组织模式，为了保证列车运输的安全，我国对货车轴承的检修及安全可靠性提出了更高的要求，货车轴承在一般检修时不允许采取砂轮打磨的修理方式，因此货车轴承一般检修的修复率低于国外轴承状态修的修复率水平，直接影响了货车的检修和运用。对于那些在一般检修中不能修复的轴承，有必要实行高一级的修理方式。20世纪80年代初期，在一般检修的基础上摸索出一套我国货车滚动轴承大修技术模式，通过不断地改善和实践，逐步形成了一套完整的大修技术及管理规则。1989年铁道部正式颁布了《货车无轴箱滚动轴承大修的规定》(辆货[89]13号)，用于指导我国铁路货车轴承的大修及技术管理。

二、轴承大修的目的及特点

铁路货车轴承经装车使用一定期限后，退卸进行检修，检修分为一般检修和大修。轴承经过一定时间的运用,其尺寸、形状都已丧失了原始精度,表面的质量也已发生变化(表面划痕、疲劳等),因此,须将轴承清洗干净后分解成单个零件,在规定的尺寸公差范围内,通过对主要零件(内圈、外圈、滚子等)工作表面进行再次加工,通常是采用磨加工的加工方法,使轴承零件达到大修标准规定的要求后重新组装使用,保证大修后轴承的质量和可靠性。

1. 恢复精度

对于那些在一般检修中不能修复的轴承,都统一返回到轴承的专业大修工厂进行再造性的修复,经过修复后的轴承其精度都要恢复到新造轴承的技术等级。

2. 去除表面疲劳层

轴承在经过一定时间的运用之后,滚(滑)动面会产生一定的表面疲劳层,在一定的限度内通过重新磨削可以直接去除表面疲劳层,这对于轴承疲劳状态及运用性能的改善具有重要作用。

3. 密封、油脂性能的恢复

由于密封胶料及油脂的老化特性,在轴承运用到一定的里程及时间后,其性能会逐步降低。大修时对原油脂及密封全部更换新品,这将直接恢复密封系统的密封及油脂的润滑性能。

第三节 轴承大修与新制、一般检修的关系及差异

一、大修轴承与新制轴承的差异

1. 原材料

新制轴承初始状态为原材料,从原材料成型开始到最终成为产品。大修轴承原始状态为到检修期的退卸轴承。

2. 性能

新制轴承从原材料、锻造、车加工、热处理、磨加工、组装等几个制造过程,通过锻造和热处理工序,有物理和机械性能的改变过程。

大修轴承仅有磨削加工,仅改变尺寸与形状及表面质量,不会改变其内在的性能。

3. 尺寸精度控制

新制轴承磨削是一个制造单位一个工序一个工艺要求,被加工零件的尺寸离散型小。加工尺寸精度容易保证。

大修轴承是修磨多个厂家不同工序不同工艺要求的并已运行过的零件,其原始尺寸离散型大、精度差异大,磨削加工尺寸精度控制难度高。

4. 磨削基准精度

新制轴承磨削基准为新加工的基准。基准面的精度好,为后续加工能提供较高的基准和精度保证。

大修轴承磨削有些基准面是原基准面,精度等级上已有一定的丧失,对后续的加工精度会产生一定的影响。

5. 公差等级

新制轴承的尺寸精度和形状精度的公差等级为同一等级。

大修轴承的修磨的形状精度、尺寸精度为同一等级,而非修磨加工尺寸和形状都低于新制的等级。

6. 总装配高

大修轴承的总装配高低于新制轴承。

7. 轴承的标记

新制轴承和大修轴承在轴承的标记上完全不同,须刻打原材料的炉号代号。

大修轴承的标记刻打必须在原新制标记清楚的条件下,再刻打大修标记。

二、轴承的大修与一般检修的区别

1. 与一般检修的相同点

(1)修复经过使用后到检修期的轴承;

(2)轴承修理前须清洗、脱油脂；
(3)轴承的密封组件换新件；
(4)更换新的润滑脂；
(5)重新刻打标记；
(6)关键尺寸及工作面表面质量全项检测。
2. 与一般检修的差异点
(1)大修轴承全部分解成单个零件修理；
(2)套圈、滚子其滚动工作面须通过机加工进行修理；
(3)保持架全部更新；
(4)轴承零件不需要原件组装；
(5)套圈、滚子的工作面精度恢复到原精度；
(6)套圈、滚子每一个都须进行探伤检查；
(7)轴承零件需要再次的磷化。

三、轴承大修与新制、一般检修的关系

新制轴承经过装车运行到检修期，拆下检查，如果轴承没有丧失尺寸和形状精度，则进行一般检修，目的是恢复轴承的密封、润滑性能。经过检查，轴承已丧失尺寸和形状精度，通过一般检修后无法恢复精度和延长寿命，则进行大修，目的是恢复轴承的尺寸、形状精度，恢复密封及润滑性能，延长轴承的使用寿命。

第四节 轴承大修的技术

轴承的大修是在保证原设计的结构尺寸及性能要求前提下，通过磨削(包括抛光、超精)等机加工方法，将轴承零件尺寸和形状恢复精度，将原运行过的滚动表面疲劳层磨去，延长轴承的使用寿命。

一、轴承大修工艺流程

根据轴承大修的目的和要求，制定如下工艺流程：

轴承清洗分解→轴承零件一次探伤→轴承零件表面抛光和磨削加工→轴承零件检测→轴承零件二次探伤→轴承零件磷化→轴承清洗、打标、组装→轴承包装。

二、轴承大修工艺规程制定

(一)工艺线制定
1. 大修轴承根据其特点，在制定工艺时要从以下三条线制定工艺规程：
(1)分解、清洗线工艺规程；
(2)零件磨修线工艺规程；
(3)轴承组装线工艺规程。
2. 三条线工艺规程基本内容
(1)分解、清洗线
①设备：拆套机、清洗机；
②清洗介质：无腐蚀性的水剂清洗液；
③达到要求：除去所有的油脂。
(2)零件修磨线
大修轴承磨修设备及磨具。
①设备
大修轴承因修磨前的原始尺寸和精度离散性大，选用单机半自动化的磨削设备。
通常设备为：外圈——平面磨床、外圆磨床、滚道磨床、超精机；

内圈——滚道磨床、挡边磨床、超精机；

滚子——外圆磨床、球基面磨床、超精机。

②磨具

大修轴承因磨削余量有限值，在磨削时要分粗、终两次，通常根据不同磨削要求选用磨具，应选用脱粒好的、磨削热产生小的砂轮。

③磨削流程：外圈流程、内圈流程、滚子流程。

④达到要求：磨修后的各零件的尺寸精度、形状精度及表面质量符合标准要求。

(3)轴承组装线

①设备：注脂及匀脂机、压罩装置、扭矩检测仪、游隙检测仪、清洗机、打标机、传动等装置。

②达到要求：组装后的轴承符合产品图样技术及标准要求。

③组装间的清洁度、温度、湿度符合相关要求。

(二)检测项目制定

1. 大修轴承的各个零件各项检测要求高，按技术要求，在工艺上应重点考虑磨削。

2. 大修轴承零件的磨削余量有限值，工艺制定上必须要保证。

3. 修理后的轴承须保证可靠性要求。

三、磨修工艺技术要求

大修轴承只能进行磨削(包括抛光、超精)等机加工的方法修理。大修的尺寸公差和精度等级须符合《铁路货车轮轴组装、检修及管理规则》(铁运[2007]98 号)第二篇第 8 章“轴承检修限度表”的要求。对零件磨削加工的技术要求如下：

(一)外　　圈

1. 尺寸误差应在大修标准规定的公差范围内，特别是套圈的宽度、外径、滚道尺寸不许超差。

2. 形状误差应在允许范围内。形状误差包括：

(1)端面的平面度、弯曲度；

(2)单一径向平面内的外径变动量 V_{Dp}；

(3)平均外径变动量 V_{Dmp}(振纹)；

(4)单一径向平面内的外圈滚道直径变动量 V_{Dep}；

(5)外圈滚道圆锥角偏差 $\Delta 2\alpha$；

(6)一滚道对另一滚道的径向圆跳动 K_{er}。

3. 位置误差应在允许范围内。位置误差包括：

(1)外圈滚道对外径表面的厚度变动量 K_e；

(2)外表面素线对基准端面倾斜度变动量 S_D；

(3)外圈宽度变动量 V_{Cs}。

4. 表面质量应符合标准。套圈磨削加工后的表面质量包括：

(1)装配面和工作面的粗糙度；

(2)装配面和工作面的质量缺陷(不允许有锈蚀、烧伤、磨裂、碰伤、划伤、装卡伤等机械加工的损伤)。

(二)内　　圈

1. 尺寸误差应在公差范围内，特别是内径尺寸、大挡边宽度尺寸不许超差。

2. 形状误差应在允许范围内。形状误差包括：

(1)端面的平面度、弯曲度；

(2)单一径向平面内的内径变动量 V_{dp}；

(3)平均内径变动量 V_{dmp}(振纹)；

(4)单一径向平面内的内圈滚道直径变动量 V_{dip}；

(5)内圈滚道圆锥角偏差 $\Delta 2\beta$；

(6)内圈大挡边厚度变动量 S_{if}；

(7)滚道母线对基准端面倾斜度的变动量。

3. 位置误差应在允许范围内。位置误差包括：

(1)内圈滚道对内径表面的厚度变动量 K_i；

(2)内圈滚道的形状、凸度；

(3)内圈宽度变动量 V_{Bs}。

4. 表面质量应符合标准。套圈磨削加工后的表面质量包括：

(1)装配面和工作面的粗糙度；

(2)装配面和工作面的质量缺陷(不允许有锈蚀、烧伤、磨裂、碰伤、划伤、装卡伤等机械加工的损伤)。

(三)滚　　子

1. 直径尺寸和长度尺寸误差应在标准范围内；

2. 形状误差应在规定误差范围内，形状误差包含：

(1)单一径向平面内滚子直径变动量 V_{Dwp}；

(2)圆度误差 Δc_{ir}；

(3)球基面的圆跳动 S_{Dw}；

(4)圆锥角的误差 $\Delta 2\phi$；

(5)滚子外径面素线形状。

(四)其余非磨削加工的工作面

其余非磨削加工的工作面必须进行除锈和复测标准规定的尺寸和精度。

四、大修轴承磨修限值要求

货车用滚动轴承的套圈其新制材料采用渗碳钢，由于成品零件的有效渗碳层在 1.5～2.3 mm 之间，因此大修修磨最大的量必须严格控制。

轴承零件的表面加工限度应符合表 7-5-1 的规定。

表 7-5-1　轴承零件表面加工限度

序号	零件名称	磨修部位	磨量(mm)	备　注
1	外圈	滚道	单面≤0.10	终加工须超精处理
		外径面	直径≤0.15	
2	内圈	滚道	单面≤0.10	终加工须超精处理
		挡边	单面≤0.10	
3	滚子	滚动面	直径≤0.08	终加工须超精处理
		球基面	单面≤0.10	按实际尺寸磨削，不得无凹穴
4	中隔圈	两端面	—	—
5	密封座	两端面	单面≤0.15	—

五、轴承零件的大修过程及方法

(一)轴承及零件的清洗、分解

1. 清洗

轴承大修前，必须将轴承整套清洗，清洗时采用的清洗介质须对轴承零件无腐蚀作用，清洗后的零件表面、孔及沟角处应无明显的油垢。

清洗设备：采用电加热或蒸汽加热的、可脱油脂的清洗机。设备应带有油水分离装置和过滤装置。

清洗液：采用水剂清洗液。

2. 分解

清洗干净后，轴承的零件、组件必须全部分解，按零件名称和制造年代分别存放并设明显的识别和跟踪标志。保持架和密封罩组件一律报废。

3. 防锈

由于采用水剂清洗，所有的油污及表面的防腐膜都已清除。因此，清洗后的轴承零件必须进行防锈处理。

(二)轴承零件一次探伤

清洗分解后待修理的轴承零件先进行探伤检查。

1. 探伤要求

采用复合磁化法。

由于轴承在运行过程中受外部条件的影响，使得轴承出现裂纹、大的磨坑等不可修的缺陷，因此，轴承零件分解后，内圈、外圈、滚子和密封座必须施行复合磁化磁悬液探伤检查，全面发现各部位的裂纹缺陷，发现裂纹的零件必须报废。

探伤的具体操作方法及要求，与新制轴承的相同。

2. 退磁要求

探伤合格的零件将转入磨修工序。为了保证磨修的质量，轴承零件探伤后必须进行退磁，退磁完后使用磁强计检测其剩磁，要求不超过 240 A/m(3 Gs)。

3. 清洗要求

轴承零件探伤后，需进行(喷淋)清洗，去除零件表面附着的磁粉，并作防锈处理。

(三)轴承零件的修磨

1. 可修磨零件及部位

轴承内、外圈滚道面；外圈外径面；外圈两端面；内圈大挡边；滚子滚动面、球基面；中隔圈；密封座端面出现可以修复的缺陷时允许进行相应的磨削加工和表面超精或抛光。

2. 需用机加工修磨的零件

(1)外圈

①外圈修磨流程

研磨(磨)两端面→磨外径→(磨滚道)→精磨滚道→超精滚道→砂毛刺与锐角。

②研磨(磨)外圈两端面、外径、滚道的目的

外圈的两端面和外径面由于长期暴露在空气中，严重锈蚀，但这又是外圈滚道修磨和测量的基准，因此，必须将两端面和外径面通过磨加工方法，保证其达到规定的精度要求。

滚道面是滚动面，经过运行后，表面有疲劳源，也有可能产生了变质层。通过磨加工将表面疲劳和变质部分去除，将滚动面恢复新的状态。

③磨削要求及方法

a. 外圈两端面的磨削：

磨削轴承外圈端面时通常采用砂轮端面磨削，磨削形式有两种：立轴平面磨削和卧轴双端面磨削两种。目前在国内的大修承修厂基本采用立轴平面磨为主。

磨削设备型号：平面磨床 M7475 等。

磨削要求：将同年代的和相近两年的外圈，用换面磨的方法，在容许磨削量的范围内分配好两端的磨削量，进行平面磨削。

技术条件：外圈宽度尺寸、外圈宽度变动量(V_{Bs}或V_{Cs})、端面直线度、套圈平面度、表面粗糙度、外观(包括烧伤)、残磁等，其容许偏差均要符合铁道部相关标准规定。

研磨两端面：用手工研磨的方法，将两端面表面锈蚀和毛刺去除，修复基面精度。

b. 外圈外圆磨削

轴承外圈的外圆是轴承的安装基准面之一，它与承载鞍相配合。为了达到互换目的，对其尺寸精度和形状位置的精度的要求都比较高。另外，外圈的外圆又是以后磨削滚道的定位基准面，因而外圆的加工误差将直接影响后工序的加工质量，所以外圆磨削是套圈磨加工过程中的重要工序之一。目前，国内大修厂的外圈外圆磨削，采用单个磨削的方法。

磨削设备型号：外圆磨床 3M2150 等。

磨削要求:将同年代的和相近两年的外圈,在容许磨削量的范围内分配好粗、终磨的留量,进行外圆磨削。

技术条件:轴承外圈外径尺寸,单一径向平面内的外径变动量(V_{Dp}),单个套圈最大与最小单一外径之差(V_{Dmp}),圆度误差,外径表面素线对基准端面的倾斜度变动量(S_D),外观(包括烧伤),表面粗糙度等。其容许偏差均要符合铁道部相关标准规定。

c. 外圈滚道磨削

轴承外圈滚道由于长期在受载情况下被滚动,滚道面出现不同程度的滚动痕迹,原有的精度都已丧失。外圈外圆和端面重新修磨后,滚道对基面的基准也已变了。为了保证大修轴承的使用质量和寿命,因此,外圈的滚道必须进行磨削。

磨削设备型号:滚道磨床 3M2330 等。

磨削要求:将同年代的或相近两年的外圈,在容许磨削量的范围内分配好粗、精磨的留量,进行滚道磨削。由于套圈为渗碳钢,为了保证表面的渗碳层和碳浓度,磨削时在达到精度的条件下,磨削余量越小越好。

技术条件:滚道直径尺寸 D_e、单一径向平面内滚道直径的变动量 V_{Dep}、滚道圆锥角偏差 $\Delta\alpha$、滚道素线对基准端面的倾斜度变动量 S_{De}、滚道直线度、滚道对外圆的厚度变动量 K_e、外观(包括烧伤)、表面粗糙度等必须符合铁道部相关标准规定。

d. 滚道超精

滚道磨削后,为了提高轴承的压应力,改善表面的质量,提高表面粗糙度。大修轴承滚道磨削后,还需进行超精加工。

超精与磨削的差异:超精研的磨料为油石;超精研的冷却液为煤油。

超精研设备型号:外圈滚道超精机 3MZ360 等。

超精要求:将外圈磨削合格后零件,在超精设备上逐个进行滚道超精,超去磨削的波峰,使滚道表面形成交叉网状磨削纹路,有利于表面润滑。

技术条件:表面粗糙度、外观不允许有划伤、碰伤、研伤及其他类型的伤痕,不允许有瘤及瘤伤:丝子、道子、条子等,滚道的形状精度不允许超过标准。

e. 非磨削面的除锈与砂光

外圈外圆面的中间环带有套圈新制时的打印标志,大修时只能采用砂纸打磨除锈的方式,原有的新制标记不能除掉。

外圈的牙口尺寸不能磨削,用砂纸去除毛刺与锈蚀,按大修标准复验尺寸,合格后可以组装。

外圈的端面和外径面由于经过磨削后有锐角,需用砂纸打磨成光滑。

(2)内圈

①内圈修磨流程

砂大端面——磨滚道——磨挡边——超精滚道

内圈的内径和端面因是加工和使用的基准面,因此,大修轴承的内圈的内径面和端面不能进行机械磨削。大端面在平面砂纸上进行表面砂光,使其能保证后续磨削有正确的基准。

②磨内圈滚道面、挡边的目的

滚道面是滚动面,经过运行后,表面有疲劳源,也可能已产生了变质层。通过磨加工将表面疲劳和变质部分去除,将滚动面恢复新的状态。

内圈的大挡边在运行过程与滚子球基面接触,有滚动和滑动摩擦,因此,挡边面有损伤甚至有少量内圈挡边面出现表面滑动烧伤痕迹,通过磨削后将其恢复到原始精度和表面质量。

③磨削要求及方法

a. 内圈滚道面的磨削

磨削设备型号:滚道磨床 3M2120 等。

磨削要求:将同年代的或相近两年的外圈,在容许磨削量的范围内分配好粗、精磨的留量,进行滚道磨削。由于轴承为渗碳钢,为了保证表面的渗碳层和碳浓度,磨削时在达到精度的条件下,磨削余量越小越好。

技术要求:滚道直径尺寸 d_i、单一径向平面内滚道直径的变动量 V_{dip}、滚道圆锥角偏差 $\Delta\beta$、滚道素线对基准端面的倾斜度变动量 S_{di}、滚道直线度、滚道对内径的厚度变动量 K_i、外观(包括烧伤)、表面粗糙度等必须符合铁道部相关技术标准的规定。

b. 内圈大挡边磨削

磨削设备型号:挡边磨床 M2116 等。

磨削要求:将同年代的或相近两年的内圈,在容许磨削量的范围内分配好粗、终磨的留量,进行挡边磨削。由于轴承为渗碳钢,又经过运行,在粗磨挡边时要控制好磨量及冷却条件,防止磨削烧伤。磨削时在达到精度的条件下,磨量越小越好。

技术要求:挡边厚度尺寸即挡边素线与滚道素线交点至基准端面的距离、挡边的形状和角度(与滚道的夹角)、挡边的厚度变动量、外观(烧伤)、表面粗糙度等必须符合铁道部相关技术标准的规定。

c. 滚道超精

滚道磨削后,为了提高轴承的压应力,改善表面的质量,提高表面粗糙度,大修轴承滚道磨削后,还需进行超精加工。

超精研设备型号为:外圈滚道超精机 3MZ180 等。

超精要求:将内圈滚道终磨合格的零件,在超精设备上逐个进行滚道超精,超去磨削表面的波峰,使滚道表面形成交叉网状磨削纹路,有利于表面润滑。

技术要求:表面粗糙度、外观不允许有划伤、碰伤、研伤及其他类型的伤痕,不允许有瘤及瘤伤:丝子、道子、条子等,滚道的形状精度不允许超过标准。

(3)滚子

①滚子修磨流程

粗磨外径→粗磨球基面→精磨球基面→细磨外径→精磨外径→磨(超)对数曲线→超精。

②滚子外径面、球基面磨削的目的

滚子的外径面和球基面是滚动工作面,经过运行后,表面有疲劳源,也有可能产生了变质层。通过磨加工将表面疲劳和变质部分去除,将滚动面恢复原始精度的状态。

③磨削要求及方法

a. 外径面磨削

磨削设备型号:XF004A 无心外圆磨床。

磨削要求;将滚子按同年份和同尺寸集中进行修磨,为了保证大修滚子的最终质量和恢复原始精度,根据容许的磨削量分粗、细、终三道磨削。磨削时机床应连线生产,以减少过程滚子表面的碰伤。

技术要求:滚子直径尺寸 D_w;滚子单一平面内直径变动量 V_{DWP};滚子圆锥角偏差 $\Delta 2\phi$;滚子圆度误差 ΔC_{ir};滚子素线形状及数值;外观质量(烧伤);表面粗糙度等必须符合《铁路货车轮轴组装、检修及管理规则》(铁运[2007]98 号)第二篇中第 8 章"轴承检修限度"的所有规定。

b. 球基面的磨削

磨削设备型号:球基面磨床 3MT4340A 等。

磨削要求:滚子球基面在使用过程中由于与内圈大挡边处有滑动摩擦,会产生较高的热量,因此,球基面有运行热的烧伤。在磨削时一定要将此烧伤表面修磨掉,同时还要防止新的磨削烧伤。磨削量一定要控制好。

技术要求:滚子长度尺寸 L_W、球基面的曲率半径 R_w、滚子基准端面的跳动 S_{DW}、外观质量(烧伤)、表面粗糙度等必须符合铁道部相关技术标准的规定。

c. 滚子尺寸的分选要求

滚动轴承为了保证滚动体在运转时受力均衡,要求同一组滚子其直径尺寸、长度尺寸及角度差都要在一定的规值内,因此,完工合格的零件还需进行分选规值:批直径变动量 V_{DWL};批角度变动量 $V_{2\Phi L}$;批长度变动量 L_{WL}。规值按新造轴承技术条件规定执行。

d. 滚子外观质量要求

经过修磨后的滚子,其外径面和球基面不允许有肉眼可见的锈点、划痕、烧伤等现象。

(4)轴承外圈牙口、内圈内径面、内圈大端面及密封座内、外径面不允许磨削加工,但须对规定的项点进行 100%检测。

(5)修磨外观质量:

经过磨修的轴承零件,其表面粗糙度、几何精度必须符合新造产品图样的规定,工作表面不得存在任何缺陷、烧伤、脱碳和软点。

(6)轴承零件不能修复时,可用新制零件代替,其尺寸精度、几何精度可按大修轴承限度标准执行。

(四)轴承零件二次探伤

经过磨削加工的零件表面,要进行再次探伤。

1. 探伤要求

采用复合磁化法。

将经过表面磨削加工的轴承零件(内圈、外圈、滚子)再次进行复合磁化磁悬液探伤检查,全面发现各部裂纹缺陷,发现裂纹的零件必须报废。探伤要求按探伤技术标准执行。

2. 退磁要求

轴承零件探伤后必须退磁,并使用磁强计检测剩磁,须不超过 240 A/m(3 Gs)。

3. 清洗要求

轴承零件探伤后必须进行(喷淋)清洗,去除表面附着的磁粉,并进行防锈处理。

(五)轴承零件表面加工后的检查

轴承零件在修磨后磷化前,按标准须进行全项检查。

1. 检查项目

(1)尺寸

①外径、外圈宽度、滚道尺寸、牙口尺寸、滚道角度;

②内径、挡边尺寸、滚道尺寸、滚道角度;

③滚子外径、滚子长度、角度。

(2)形状

①端面的平面度、弯曲度;

②单一径向平面内的内径(外径)变动量 $V_{dp}(V_{Dp})$;

③平均内径(外径)变动量 $V_{dmp}(V_{Dmp})$;

④单一径向平面内的内圈(或外圈)滚道直径变动量 V_{dip}(或 V_{Dep});

⑤内圈(外圈)滚道圆锥角偏差 $\Delta\beta(\Delta\alpha)$;

⑥内圈大挡边厚度变动量 S_{if}。

(3)位置误差

①内圈(外圈)滚道对内(外)径表面的厚度变动量 $K_i(K_e)$;

②外表面素线对基准端面倾斜度变动量 S_D;

③圈基准端面对内的跳动 S_d;

④套圈宽度变动量 V_{Bs}(内圈)或 V_{Cs}(外圈),即过去的两端面不平行度。

(4)表面质量

①装配面和工作面的质量(粗糙度);

②装配面和工作面的质量缺陷(不允许有锈蚀、烧伤、磨裂、黑皮、粗磨痕、碰伤、划伤、装卡伤等机械加工的损伤)。

2. 检查仪器及标准件

尺寸、形状、位置项目的检查通常在轴承专用检查仪上进行。检查前必须用专用的标准件进行校验。标准件和仪器须定期进行检定。

(六)大修轴承零件磷化处理

轴承内、外套圈;密封座等零件表面加工后须按图纸要求进行表面磷化处理,磷化质量必须符合标准规定。磷化的原理、工艺和方法和标准与新制轴承一致。

1. 磷化后套圈外观检验标准

(1)轴承零件表面的磷化层厚度应均匀并符合规定标准，色泽应一致，不得出现花斑现象。颜色应为灰色和黑灰色。

(2)膜层应是连续、均匀和细致牢固的结晶。

(3)不许有疏松的磷化膜层、锈蚀、绿斑及没有磷化的空白点。

2. 耐腐蚀性

各零件表面磷化层的耐腐性能用标准硫酸铜溶液进行测试，在 3 min 内不得发生腐蚀。

3. 磷化膜层厚度

磷化膜层厚度符合产品图样的设计技术要求。

(七)轴承清洗、打标、组装

1. 大修轴承组装工艺流程

轴承零件退磁、清洗→内径分组、分年份→刻内圈大修标记→组装内组件→合套、配游隙→整套清洗→注油脂、匀脂→压密封罩→外圈大修标记→装密封座→包装。

2. 组装工艺、要求和方法

(1)将内圈、外圈、滚子退磁、除油清洗；

(2)将内圈、外圈按原新制年份分类并做好标记，分别进行组装；

(3)将内圈大端面上刻打大修标记及型号、日期；

(4)在保持架内放足滚子，将内圈放入保持架及滚子中；

(5)在压力机上压装保持架，并保证旋转灵活性，测量保持架的径向游动量，形成内圈组件；

(6)内圈组件退磁、清洗；

(7)将内圈组件放在外圈中，测量出两个小端面之间的距离；

(8)根据轴向游隙要求，选配中隔圈；

(9)复验轴承轴向游隙；

(10)检查灵活性、外观及规定的其他检查项目；

(11)清洗、烘干；

(12)称重、注脂、匀脂；

(13)用压力机装入轴承两端密封装置，并检查密封罩扭矩；

(14)在轴承外圈外圆中间环带上刻打大修标记、日期及大修流水号；

(15)装入塑料袋，贴上合格证，用尼龙捆扎带捆好整套轴承，包装、入库。

3. 组装后重点检测的项点

(1)装配高

轴承组装时必须使用专用量具测量轴承的装配高尺寸，其值必须符合规定。

(2)保持架的游动量

轴承组件应进行正反两个方向的旋转状态检查，做到无阻尼、卡滞现象，对保持架的游动量进行检测。

(3)轴承的轴向游隙

由于经过再次磨削，尺寸脱离原图纸，在配游隙时须要配大修专用中隔圈。测量游隙时须严格控制。

(4)密封罩必须使用新品，密封罩压入后必须实施扭矩检查，在规定扭矩下不得松动。

4. 大修轴承与新制轴承组装时的差异

(1)大修轴承零件上都有原制造的年份，按铁道部大修轴承的管理要求，轴承组装时同一套轴承各零件制造年代应尽可能保持一致，如不一致时，除新制零件外允许以相邻的三年为一个年代(即 1990 年制造的轴承零件可与 1988 年、1989 年或 1991 年、1992 年制造的轴承零件组装在一起)。

(2)轴承内圈内径尺寸和精度必须进行复查，复查合格的内圈进行选配组装，两内圈内径差必须符合规定限度。

(3)按年份和内径分选后的内圈，在组装前须在大端面上用激光刻字机刻打大修日期和大修厂的代号。

(4)轴承保持架必须使用新品，轴承内圈、滚子及保持架组装后，必须检查保持架的各部外观状态，因内圈滚道直径和滚子直径比新制的小，组装后必须每一个组件都应检查保持架的游动量，其值应符合规定。

(5)轴承内必须填注经理化检验合格的铁道车辆滚动轴承Ⅳ型润滑脂(SKF197726 按相应规定),油脂的填注量必须符合规定;轴承注油后必须进行旋转,使油脂均匀分布。

(6)安装密封座时必须在油封唇口上涂抹少量(约 5 g)润滑脂,以保护油封。

(7)外圈打标

轴承组装后必须在外圈规定部位采用激光刻字机刻写大修标记、大修日期、大修生产号、型号、大修单位代号。标记应清晰、准确。在圆圈内打上修理厂代号。

(八)轴承包装

1. 大修轴承的防锈、内包装按 JB/T 3034—1993 执行;外包装按 JB/T 3017—1991 执行。

2. 大修轴承包装箱上必须采用绿色字样及标记,并应有大修轴承字样,在轴承大修厂代号外边套大修(圆形)标记。

六、大修轴承磨修过程中常见的问题

(一)外　　圈

1. 两端面

(1)宽度变动量大;

(2)套圈平面度误差大;

(3)端面直线度误差大。

产生原因:原端面磨损严重;机床加工时调正不好。

2. 外径

(1)外径面尺寸超差;

(2)单一径向平面内外径变动量大;

(3)圆度超差;

(4)振纹;

(5)单个套圈最大与最小单一外径之差及素线直线度误差大;

(6)表面粗糙度大;

(7)外径表面素线对基准端面倾斜度的变动量;

(8)表面锈蚀、凹陷。

产生原因:由于外圈面锈蚀严重;承载鞍与外径面磨损严重;磨削余量不够;机床调正不好。

3. 外圈滚道

(1)单一径向平面内滚道直径变动量超差;

(2)一滚道对另一滚道跳动超差;

(3)滚道角度超差;

(4)滚道素线对基准端面的倾斜度的变动量超差。

产生原因:原滚道磨损严重;形状超差大;磨削余量不够;外径面基准没磨好,影响了滚道圆度。

(二)内　　圈

1. 内圈滚道

(1)单一径向平面内滚道直径变动量超差;

(2)滚道角度超差;

(3)滚道素线对基准端面的倾斜度的变动量超差。

产生原因:因原内圈大端面基准磨损超差,磨削基准不好;机床调正不到位。

2. 内圈大挡边

(1)挡边尺寸超差;

(2)挡边平行差超差;

(3)挡边形状不好;

(4)表面质量不好、烧伤。

产生原因：机床调正不好、磨削砂轮、冷却不到位。

（三）滚　　子

1. 外径面烧伤

滚子经酸洗后，外径上出现黑色（或白色）断续条纹即为烧伤。烧伤时因为磨削区局部温度太高，使表面层组织产生二次淬火或高温回火后组织，产生变质层，影响轴承的使用寿命。因此，滚子不允许有烧伤。

外径烧伤产生的原因：

(1)冷却液性能差，冷却液流量调整太小，冷却部位不对，冷却液太脏。

(2)砂轮的粒度过粗，硬度过高。

(3)长时间未修整砂轮，砂轮的切削能力已很差。

(4)金刚石已用钝，修整后的砂轮切削性能差。

(5)磨削量太大。

2. 直径变动量 V_{DMP} 大

产生原因：

(1)托板安装过高，磨削时滚子转动不平稳，有跳动。

(2)螺旋轮严重偏心。

(3)螺旋轮紧固不牢，有松动。

(4)砂轮磨钝，切削能力差。

3. 外径圆度误差 ΔC_{ir} 大

在无心磨床上加工圆锥滚子外径时，常见的圆度误差有三棱、五棱和七棱。滚子外径圆度误差大，对轴承的旋转精度、噪声和使用寿命都有影响。

外径圆度误差大产生的原因：

(1)上工序的圆度误差过大，本工序未改掉。

(2)托板安装过低，滚子中心高出砂轮中心太少。

(3)螺旋轮严重偏心。

(4)螺旋轮紧固不牢，有松动。

(5)螺旋轮转速太快，滚子转动不平稳。

(6)螺旋轮挡边不规则或滚子大端面不规则，滚子转动过程有窜动。

4. 角度偏差 $\Delta 2\phi$ 大

角度偏差大产生的原因：

(1)螺旋轮槽面角度不对。

(2)砂轮修整不好，磨削位置不正确。

(3)长时间未修整砂轮，砂轮形状改变。

(4)托板安装偏高或偏低。

第五节　大修轴承管理要求

轴承大修管理的主要特点是：

(1)目前新轴承制造厂有六家，专业大修理厂二家，新造和大修厂总共是八家可以承担轴承大修，因此大修是国内同型号新造的轴承混修制。

(2)铁道部经过近二十年的大修工作，在管理要求及制度上已形成了大修的管理标准体系，所有大修轴承的管理必须严格按铁道部的管理标准执行。

一、管理标准

1989 年，铁道部正式颁布了《货车无轴箱滚动轴承大修的规定》（辆货[89]13 号），用于指导我国铁路货车轴承的大修及技术管理。经过 20 年的轴承大修工作，管理标准不断完善。铁道部于 2007 年颁布了《铁路货车轮轴组装、检修及管理规则》(铁运[2007]98 号),作为轴承大修管理标准,各铁路局和铁路货车造修厂、轴承大修的承修单位都必须按此执行。

二、技术标准及管理

大修轴承的技术标准根据不同产品型号,制定不同的技术要求和标准。现有的轴承型号大修,其技术标准按《铁路货车轮轴组装、检修及管理规则》(铁运[2007]98 号)中的轴承检修限度及轴承产品图样等执行。

轴承大修技术标准的制订,由铁道部组织制定并颁布。所有相关的技术标准的管理归属铁道部。大修工厂严格按技术标准执行。在没有得到铁道部书面批准前,任何承修单位无权改变技术标准。

三、基本管理要求

1. 生产资质管理

滚动轴承大修工作由铁道部统一管理,轴承大修单位的认证、批准和管理,轴承大修宏观生产计划的下达由铁道部运输局负责。轴承送修地点由各送修单位自己选择,可采用招投标形式或市场化的运作形式,在有资质的单位中选定。

2. 大修轴承资产的归属管理

中国的铁路货车无固定配属。因此,货车用滚动轴承实行互换性修理方式,轴承的大修由铁道部统一管理。各单位的送修轴承和备用轴承是铁道部的资产。轴承送大修单位属于委托修理,轴承经过大修后,大修承修单位必须按铁道部规定的修复率和修理周期返回送修单位。大修轴承作为资产归属铁道部管理。

3. 设立专人管理

轴承从退卸、送修、修理到返回的全过程管理,铁道部有专业管理要求,铁道部下属的各铁路局车辆主管部门、车辆段和轴承大修单位及铁路货车造修工厂设专人负责轴承大修的管理工作,掌握本单位轴承大修的全面情况,做好全面的数据统计和分析。

4. 修理周期管理

为了保证送修单位轴承的周转和管理,承修单位必须在规定的期限内负责对委托修的轴承修竣后及时返回。一般修理周期在 50 天之内。

5. 大修轴承验收管理

根据铁道部的管理要求,所有大修单位都必须派驻铁道部验收员,并建立健全完整的验收管理办法,代表用户在轴承修理全过程中进行监督管理,对大修后的合格轴承进行抽样验收。

四、大修轴承寿命管理

1. 产品质量保证期

经过承修单位大修后的轴承,自装车之日起,在正常的运用条件下由承修厂承担质量保证,保证期按铁道部相关规定。

2. 寿命期

大修轴承的寿命期,自首次装车之日起,计算其使用时间或运行里程。寿命期限执行《铁路货车轮轴组装、检修及管理规则》(铁运[2007]98 号)中的规定。

五、轴承大修的基本条件和要求

1. 基本条件

(1)轴承大修的承修单位是经过铁道部生产条件认证和批准的货车轴承制造厂或轴承修理厂。各大修单位要具备库房、厂房、修理设备、清洗设备、管理人员、技术人员及熟练的操作工。

(2)轴承大修在工艺流程上必须具备三条线,在工序控制上必须做到四隔离。

三条线:清洗、分解线,零件磨削线,检查组装线。

四隔离:可修品与废品、成品与返修品、人修品与新制品、不同型号大修品。

除专业大修轴承厂外,新造轴承生产厂必须把轴承的大修放在在独立的车间施行。轴承的分解清洗、检查测量、重新组装应分开。轴承修理车间的作业场地、工作台及工具均应保持清洁，检测间、组装间的室温应保持在 16～30 ℃之间，清洁度等要求必须符合铁道部管理要求。

2. 基本要求

(1)建立全面管理办法

根据铁道部对大修轴承管理要求，为了保证轴承大修过程中严格按标准和规程执行，确保轴承大修后的质量，各承修单位必须建立如下管理办法：

①轴承入厂管理办法；

②轴承外观鉴定办法；

③轴承出厂管理办法；

④轴承零件质量检查及验收办法；

⑤轴承成品质量检查及验收办法；

⑥轴承大修关键工序质量管理办法；

⑦轴承大修工序质量控制办法；

⑧轴承大修生产周期管理办法；

⑨轴承检测、组装、存放工作间及轴承清洁度检测制度；

⑩计量管理办法；

⑪化验管理办法；

⑫外购件及外协件入厂复查办法等。

(2)建立大修轴承数量与质量统计制度

需要大修的送修轴承应是组件齐全且原套整套送修，单个零件不能送修和大修。送修单位要将每套送修的轴承建立管理台账，承修单位要建立数量管理的台账并进行质量统计和分析。

(3)建立报废轴承管理制度

按铁道部管理要求，大修承修单位要建立报废轴承标色、存放、处置等管理制度。所有报废整套轴承及零件，一律不能作为补充件使用。废品处置须在驻厂验收室监督下进行。

(4)产品质量管理

承修单位必须健全大修轴承从入厂、鉴定、修复、返还全过程的管理制度及修理过程和修竣产品的质量检验制度，每套修竣的轴承必须报铁道部驻厂验收员验收和签认。

(5)轴承的存放要求

待修轴承和修竣轴承应分别存放，实行严格的隔离。所有的滚动轴承及零件、组件必须实行有效的保护，防止腐蚀和沾染尘土。存放轴承的库房应满足可控湿度的条件。

(6)质量信息收集及管理

承修单位要建立质量信息反馈制度，成立信息反馈机构，做好质量跟踪和改进工作。

六、大修轴承送修及入厂鉴定要求

(一)流　　程

送修单位送需修轴承到厂→轴承入厂鉴定→可修轴承存放轴承库→轴承清洗分解→轴承零件按年份分类→轴承零件入待修区。

(二)送修及鉴定要求

1. 轴承大修单位在接到送修轴承后，将轴承整齐码放在指定的位置，点清数量，复核送修单。然后在 20 天内会同铁道部驻厂验收人员，严格按《铁路货车轮轴组装、检修及管理规则》中关于入厂轴承外观鉴定办法对轴承进行外观鉴定，并填写《铁路货车圆锥滚子轴承送厂大修及入厂鉴定记录单》(辆货统—417)。记录表由验收人员签认盖章，厂、验双方各自存档，保存期 2 年。

2. 为了保证大修后轴承的质量及修复率，对送修的轴承承修单位必须 100％进行外观鉴定。凡外观鉴定发现下列情况之一时，经铁道部驻厂验收员签认，可整套报废，并从返回轴承数中予以扣除：

(1)由于电流通过引起局部放电而造成斑点、凹槽或槽纹等表面电蚀损伤的轴承 。

(2)锈蚀严重,不能修复的轴承。

(3)外圈破损的轴承。

(4)制造时间已达到或超过12年的轴承(2003年7月1日后制造);

制造时间达到或超过9年的轴承(2003年7月1日前制造)。

(5)已经做过一次大修的轴承。

(6)内、外圈制造厂家、制造年代都看不清的轴承。

(7)其他无修复价值的轴承。

经过鉴定外观可以大修的轴承,应按型号分开堆放,分别作好标色,进入修理区待修理。

经过鉴定外观确定报废的轴承,涂上红色的油漆"×"标记,放入废品箱或废品区,严格隔离,不得进入大修区域。

3. 经鉴定可修复轴承,必须按规定办理轴承入厂手续,堆放入库,并进行防锈处理。

(三)鉴定管理要求

1. 鉴定工作必须是由经过培训合格的专人负责完成;

2. 对鉴定报废的轴承必须建立好质量、数量台账。

3. 按待修品与废品隔离要求,做好管理工作。

(四)报废轴承处置和轴承修复率

1. 各车辆段及各货车造修工厂送大修单位的修理轴承,应是可以大修的,在送修轴承中,其整套报废原则上不应超过3%。

送修的轴承必须是原套送修、配件齐全、组装完毕、包装良好。凡散件送修的将不予修理。如果在送修轴承中出现缺件、散件和明显不可修复的轴承零件时,承修单位及时报请送修单位派人处理,列入不可修复轴承并从送修轴承总数中剔除,并据此计算修复率。

2. 根据铁道部相关的文件规定,轴承经入厂鉴定合格后实际投入修理的修复率不低于85%,SKF197726型轴承不低于86%。超额修复轴承按超额单价结清,大修单位须定期将修复轴承按送修轴承比例返回送修单位;其余15%(SKF197726型为14%)视为报废,由轴承大修单位以1套修复轴承抵换返还送修单位。

3. 经轴承大修单位和驻在验收鉴定确认报废的轴承,须在轴承上涂打明显的"×"字报废标记,并在铁道部驻在车辆验收人员监督下集中对轴承内、外圈进行破环性处理,单独存放。一般规定存放期为3个月,以便送修方查看。

在轴承大修单位报废的整套轴承,由验收员监督,按铁道部运输局的有关规定办理;如轴承大修单位代为处理,残值按规定上交铁道部或送修单位,送修单位和承修单位做好账务的交接工作。如送修单位自行处理的,承修单位将报废轴承做好标记后返还送修单位。

(五)大修轴承的验收制度

1. 铁道部在各修理厂派驻验收员,对滚动轴承的大修过程和产品质量实行监督和验收。

2. 铁路货车大修轴承,必须符合大修技术质量要求,工厂经修理合格的轴承须经驻厂验收员签字认可。

3. 竣修轴承包装前的成品按1%~2%的标准抽验,批量为100套,合格水平为0.1;凡不合格批全部返工。

4. 轴承大修抽样验收后须验收员填写抽样检查验收记录单,并按批量签发合格证。

第六章

铁路货车轮轴主要检修限度的确定

轮对中有些检修限度是历史的延续，对于那些经过多年的运用考验被证实没有问题的也没有修改必要的限度都被延续下来，而在新型号部件设计时又往往是依据已有的检修限度进行的，如轮辋厚度、轮辋宽度、轮对内侧距等。有些限度是随着运用条件的改变而改变的，如同一轮对左右车轮轮径差。多数情况下，检修限度是运用性能和运用成本进行平衡的产物。下面对轮对几个主要检修限度进行分析。

一、踏面圆周磨耗深度

《铁路货车轮轴组装、检修及管理规程》(以下简称《轮规》)规定，各级修程和运用中踏面圆周磨耗深度限度分别为：厂修 3 mm，段修 5 mm，辅修 7 mm，运用 8 mm。

以前的锥形踏面轮缘初始高度(滚动圆距轮缘顶点的垂直距离)是 26.1 mm，现在使用的 LM 型踏面轮缘初始高度是 27 mm 。锥形踏面滚动圆到踏面最外侧的垂直距离 h 为 4.5 mm，LM 型踏面为 4.7 mm，h 值见图 7-6-1。

运用中踏面圆周磨耗深度与下列因素有关：

(一)与车辆下部限界和钢轨附件是否发生干涉

我国铁路 38 kg/m 钢轨轨顶面距鱼尾板螺母最小距离为 46.8 mm，见图 7-6-2，其他型号钢轨该距离都大于这个值。

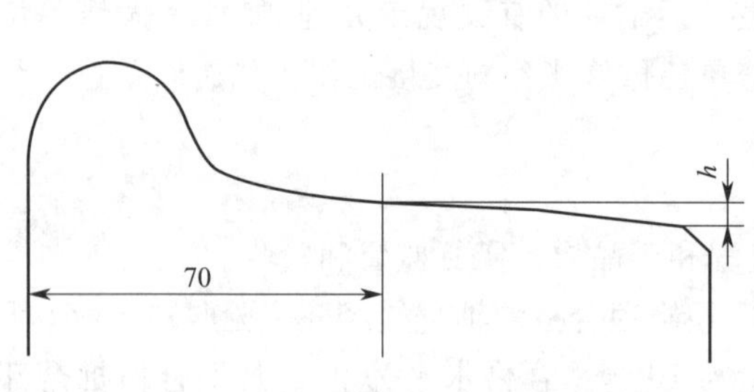

图 7-6-1　h 值示意图

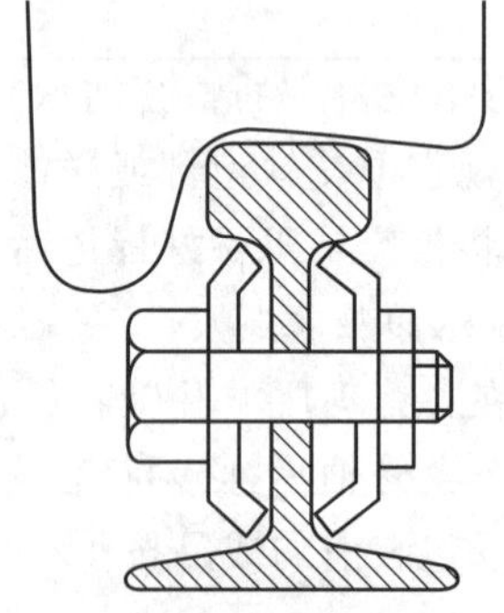

图 7-6-2　钢轨鱼尾板与轮缘的关系

1999 年及 2007 年的《铁路技术管理规程》规定：50 kg/m 钢轨最大垂直磨耗为 10 mm，60 kg/m 钢轨最大垂直磨耗为 11 mm。1999 年和 2006 年的 GB 50090《铁路线路设计规范》规定：平交道口轮缘槽深度为 45～60 mm。

根据上述规定可知，运用中轮缘高度应小于 34 mm。

运用中的轮缘高度等于轮缘初始高度加踏面圆周磨耗深度。由此算得：当所有有关限度都达到极值——轮缘槽深度为最小值 45 mm，轮缘槽处轨面垂直磨耗达到最大值 11 mm 时，锥形踏面圆周最大磨耗深度应为 7.9 mm，LM 型踏面圆周最大磨耗深度应为 7 mm。而《轮规》踏面圆周磨耗深度限度为 8 mm，LM 型踏面圆周磨耗深度超过最大允许值 1 mm，锥形踏面圆周磨耗深度超过最大允许值 0.1 mm。这种最不利情况同时发生的可能性极小，因此多年以来也没有出现问题。

（二）车辆通过道岔时对钢轨的影响

如果踏面圆周磨耗过大，将使得踏面成为凹形。当车辆通过道岔车轮由基本轨向尖轨过渡时，车轮将产生上下跳动，易砸坏尖轨及横向冲挤基本轨，使轨距加大，如图 7-6-3。

（三）车辆通过曲线时车轮运行状态

踏面之所以设计成带有一定斜度的形状，是为了使车辆通过曲线时轮轨接触点处同一轮对两车轮产生一定的半径差，以便车轮以滚动方式通过曲线。如果踏面磨耗过深，踏面没有斜度或出现倒斜度，外曲线侧车轮只能以连滚带滑的方式通过曲线。

（四）踏面修形周期

如果踏面圆周磨耗限度过小，将缩短旋轮周期。

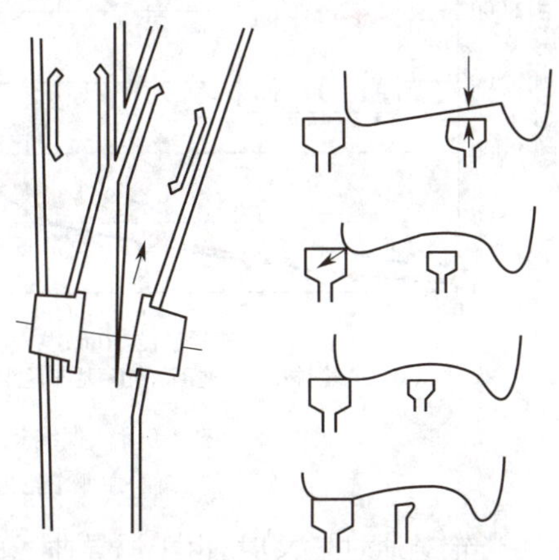

图 7-6-3 车轮严重磨耗后通过倒道岔时的几种情况

二、同一轮对左右轮半径差

《轮规》规定，厂段修时，经压装和旋修者和提速轮对未经旋修者两车轮直径差不超过 1 mm，非提速轮对未经旋修者两车轮直径差不超过 2 mm，对运用没有规定。

轮对存在左右车轮直径差，将引起下列问题：

轮对向轮径小的一侧发生横移，转向架和其他轮对也将相应发生横移；存在轮径差的轮对横向轮轨力比其他轮对大。当一、四位轮对左侧车轮直径比其他轮小 1 mm，2 mm，…时，直线 80 km/h 轮对横移量随轮径差的变化曲线见图 7-6-4，直线 80 km/h 轮轨横向力随轮径差的变化曲线见图 7-6-5。

随着轮径差的增大，特别是当通过曲线且小轮径车轮处于外轨侧时，小轮径车轮极易发生轮缘接触钢轨，引起小轮径车轮轮缘磨耗。

两车轮踏面磨耗功率增大，小轮径侧车轮踏面磨耗功大于大轮径侧车轮。图 7-6-6 显示了直线运行时 1 位轮对左右轮磨耗平均功率随半径差的变化。

由于小轮径车轮磨耗功率大于大轮径车轮，小轮径车轮的踏面磨耗将形成恶性循环。从图 7-6-6 可以看出，当左右车轮半径差达到 3 mm 后，两轮踏面磨耗功率明显增大。在同样的轮径差下，速度越高磨耗功率越大。

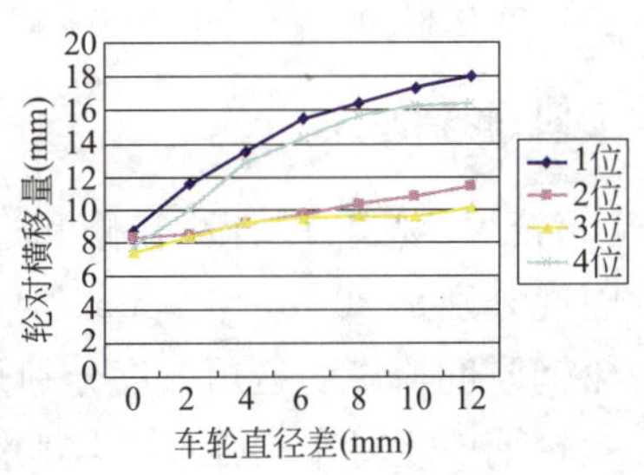

图 7-6-4 直线 80 km/h 轮对横移量随轮径差的变化曲线

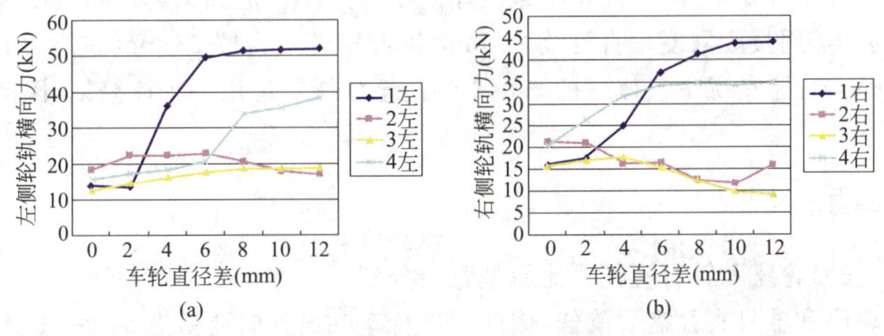

图 7-6-5 直线 80 km/h 轮轨横向力随轮径差的变化曲线

三、轮对内侧距

《轮规》规定：厂修、段修和辅修轮对内侧距最大和最小值分别为 1 359 mm 和 1 350 mm，列检测量时超过最大轮对内侧距而内侧距不大于 1 361 mm，其内侧距加一个最厚的轮缘厚度之和小于 1 391 mm 时，可继续使用。

《铁路技术管理规程》规定：辙叉心作用面至护轮轨头部外侧的距离小于 1 391 mm，或翼轨作用面至护轮轨头部外侧的距离大于 1 348 mm。

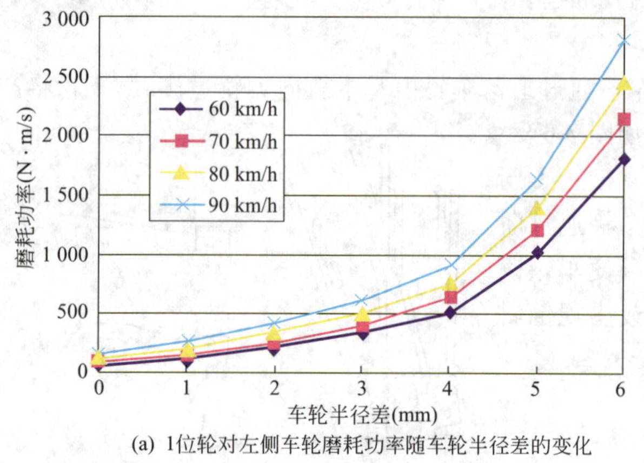

(a) 1位轮对左侧车轮磨耗功率随车轮半径差的变化

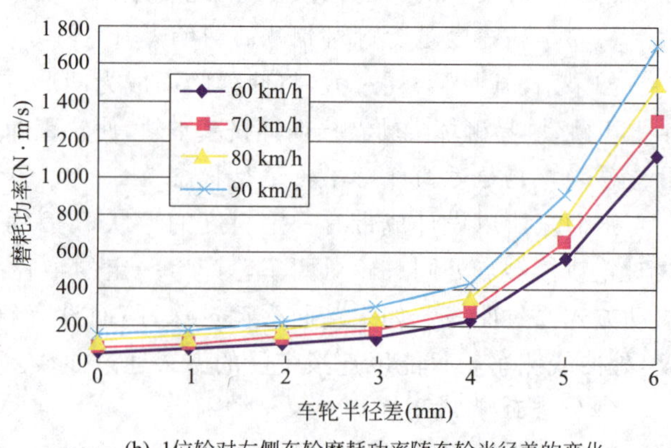

(b) 1位轮对右侧车轮磨耗功率随车轮半径差的变化

图 7-6-6　直线运行时 1 位轮对左右轮磨耗平均功率随半径差的变化

注:左侧车轮为计算模型中指定的产生半径差后车轮直径小的车轮。

当轮对通过辙叉时,由于诱导曲线的存在,外侧车轮轮缘外侧必然紧贴辙叉心作用面,内侧车轮轮辋内侧面必然贴近护轮轨头部。由图 7-6-7 可知,轮对最大内侧距加一个最厚的轮缘厚度之和应小于 1 391 mm;轮对最小内侧距减去重载下两车轮轮缘的向内位移应小于 1 348 mm。

如果一个轮缘最大厚度按 32 mm 考虑,则最大轮对内侧距 1 359 mm 加 32 mm 正好等于 1 391 mm。考虑在载重条件下两轮缘向内侧共位移 2 mm,则最小内侧距 1 350 mm 减去 2 mm 正好等于 1 348 mm。

图 7-6-7　轮对与道岔的关系

1—基本轨;2—护轮轨;3—翼轨;4—辙叉心;5—诱导曲线;6—尖轨

四、轮辋厚度

《轮规》规定:厂、段、辅修和运用中无辐板孔车轮轮辋厚度限度分别是 30 mm,28 mm,24 mm 和 23 mm,有辐板孔车轮轮辋厚度辅修和运用限度分别是 25 mm 和 24 mm。

轮辋厚度对车轮强度有较大影响。在其他条件相同的情况下,轮辋越薄,车轮的强度越低。特别是在制动热负荷作用下,热量绝大多数都由轮辋吸收。因此轮辋越薄,热容量越小,在长大坡道制动下轮辋的温度越高,车轮的热应力也将相应增大,同时当温度超过 350 ℃时,车轮材料的机械性能也开始下降,因此轮辋报废厚度不宜过小。但如果轮辋报废限度过大,将造成浪费。我国铁路货车车轮轮辋运用报废限度一直延续 23 mm,因此车轮一直按 23 mm 进行设计。

为了减少临修扣车,正常情况下段修后的车轮要保证至少能够运用一个段修期,因此段修限度值要高于运用限度值。

五、车轴轮座和轴身直径

《轮规》规定:厂、段修轮座和轴身直径可比原型直径分别减少 6 mm 和 4 mm。

由于伤损,车轴轮座和轴身直径需要旋修,因此在进行车轴设计时要留有余量。这个余量应等于车轴寿命周期内所需要旋修的总量,是由运用检修经验总结的。目前《轮规》规定的限度是历史的延续,新的车轴都是根据这个限度进行设计。这两个位置的直径主要影响车轴的强度,因此车轴设计都按直径到限尺寸校核强度。

第七章
铁路货车轮轴管理

第一节　铁路货车轮轴造修资质管理

一、轮轴制造资质管理

铁路货车轮轴及零部件实行生产资质管理，装车使用的车轴、车轮、轴承及附件制造由铁道部批准资质的厂家承担。轮轴使用和装车单位对外购零部件进行复检。

轮对新组装由铁道部批准的铁路货车轮轴制造和厂修单位（货车造修工厂、车辆段车轮车间等）承担。

二、轮轴检修资质管理

根据检修单位的生产条件、生产能力，同时考虑集中资源、专业修理，轮轴厂修和重新组装一般在经过铁道部批准的铁路货车造修工厂（含公司，下同）、车辆段的车轮车间或检修车间进行。轮轴段修一般在经过铁道部批准的车辆段检修车间进行，有时也在车辆段车轮车间或铁路货车造修工厂进行。

轮轴外观检查一般在站修作业场或列检作业场进行。

轴承大修、一般检修分别由铁道部批准资质的轴承大修厂、货车检修工厂或车辆段进行专业化集中修。货车检修工厂均具有轴承一般检修能力，经过铁道部批准即可做相应型号轴承一般检修。铁路局系统通常采取一般检修轴承进行集中检修的方式，每个铁路局一般设置一至两个车间承担全局货车轴承的一般检修工作，经过铁路局组织的生产质量认证后报铁道部备案即可承担轴承一般检修任务，也有个别铁路局未开展轴承一般检修，委托其他单位进行检修。

第二节　铁路货车轮轴寿命管理和质量保证

一、寿命管理

产品使用寿命是指产品投入使用直到报废为止所经历的全部时间或载荷周期，使用寿命由其制造质量、运行操作、日常保养、维修等因素决定。产品寿命管理就是通过某种行之有效的手段和方法延长使用寿命，该概念来源于人体寿命管理。

为完善货车检修制度，推进货车修制改革，我国铁路货车零部件寿命管理工作经过十几年的研究，已经初步建立起了比较全面的要求，从20世纪90年代在转8A型转向架摇枕、侧架上开始实施，在铁路货车四级检修规程中也作了比较系统的规定，但相应的制度和要求不完整，仍然处于一个不断探索、建立体系、深入开展的阶段。货车车轴、轴承已经开始实行寿命管理，车轮由于强度无法满足与车轴匹配的使用时间，以及加上历史原因，暂时未规定使用寿命。在使用寿命统计时，时间统计精确到月。

（一）车　　轴

车轴的使用时间自轮对首次组装时间开始计算，当首次组装时间不明时，以车轴制造时间为准，按轮对入检修单位的收入鉴定月份计算。车轴有下列情况之一时报废：

(1)50 钢及进口车轴使用时间满 25 年；

(2)40 钢车轴使用时间满 22 年；

(3)车轴使用时间满 20 年有横裂纹时；

(4)RD_2 型 D1 等级车轴使用时间满 20 年；

(5)轴端有“++”标记的车轴，使用时间满 20 年；

(6)长大货物车、机冷车轮对使用时间满 30 年；

(7)滑动轴承车轴使用时间满 20 年。

(二)轴　　承

轴承的使用寿命以新造或大修轴承的使用时间或里程为准，新造、大修轴承的使用时间或里程自首次压装时间开始分别计算。

1. 无轴箱双列圆锥滚子轴承

(1)各型新造轴承达到表 7-7-1 规定的使用时间或里程者，送轴承大修单位做大修或检修。

(2)大修、检修轴承达到表 7-7-1 规定的使用时间或里程者，整套报废。

表 7-7-1　新造、大修、检修轴承使用时间或里程

序号	轴承型号	新造轴承使用时间或里程	大修轴承使用时间或里程	备　注
1	353130B(C353130)	8 年或 80 万 km	8 年或 80 万 km	
2	353130A	8 年或 80 万 km	7 年或 70 万 km	
3	CTBU150 (SKF ITALY V OR-7030A)	8 年或 80 万 km	8 年或 80 万 km	
4	SKF353130-2RS (SKFTBU150)	8 年或 80 万 km	8 年或 80 万 km	
5	TBU150 (SKF ITALY V OR-7032)	8 年或 80 万 km	8 年或 80 万 km	
6	353130X2-2RZ	8 年或 80 万 km	7 年或 70 万 km	
7	TAROL150/250TVP 808997	8 年或 80 万 km	8 年或 80 万 km	
8	AP150	8 年或 80 万 km	40 万 km	
9	352226X2-2RZ(TN)	4 年或 40 万 km	7 年或 70 万 km	2004 年 9 月 1 日以前制造的钢保持架轴承
		5 年或 50 万 km		2003 年 7 月 1 日以前制造的轴承换装工程塑料保持架
		8 年或 80 万 km		2003 年 7 月 1 日及以后制造的轴承装用、换装工程塑料保持架
10	SKF197726	5 年或 50 万 km	5 年或 50 万 km	1998 年 1 月 1 日至 1999 年 3 月 30 日制造
		8 年或 80 万 km	7 年或 70 万 km	1999 年 3 月 30 日以后制造
11	197726TN	—	5 年或 50 万 km	
12	197726	4 年或 40 万 km	4 年或 40 万 km	
13	AP130	8 年或 80 万 km	—	检修轴承使用时间或里程：8 年或 80 万 km
14	197720	3.5 年	—	使用时间满 10 年报废
15	197730	3.5 年	—	使用时间满 10 年报废
16	NJ3226X1,NJP3226X1	3 年或 80 万 km	—	使用时间满 10 年(机冷车 16 年)或 200 万 km 报废
17	42726QT,152726QT	3 年或 80 万 km	—	使用时间满 10 年(机冷车 16 年)或 200 万 km 报废

2. 有轴箱圆柱滚子轴承

滚动轴承运行里程达到 200 万 km(或使用时间达到 10 年，机冷车 16 年)者报废。

二、质量保证

在国际标准中，质量保证是指为了提供足够的信任表明实体能够满足质量要求，而在质量体系中实施并根据需要进行证实的全部有计划和有系统的活动。质量保证的目的是提供信任，获信任的对象有两个方面：

一是内部的信任，主要对象是组织的领导；二是外部的信任，主要对象是客户，由于质量保证的对象不同，所以客观上就存在着内部和外部质量保证。质量保证实际上不是技术要求，而是商务要求，在本书中我们更加关注的外部质量保证，是指在保证期限内，车辆在正常运用和维护条件下不得发生的质量故障。

在铁路货车四级检修规程和《铁路货车轮轴组装、检修及管理规则》中，已对铁路货车零部件，特别是轮轴部分的质量保证内容做了比较系统的论述。

货车车轴、车轮、轮对、轴承实行质量保证，时间统计精确到月，其质量保证内容如下：

(一)车轴制造的质量保证

在规定的车轴使用寿命期内，凡由于车轴材质和制造质量问题而造成的行车事故，应由车轴制造单位承担事故责任；凡由于车轴材质和制造质量问题而造成的危及行车安全的车轴缺陷，由车轴制造单位免费更换。

(二)车轮制造的质量保证

在车轮的整个使用期内，凡由于车轮材质和制造质量问题而造成的行车事故，应由车轮制造单位承担事故责任；凡由于车轮材质和制造质量问题而造成的危及行车安全的车轮缺陷，由车轮制造单位免费更换。

(三)轮对组装、轮对(轮轴)检修的质量保证

1. 轮对组装的质量保证

(1)质量保证期限

无轴箱双列圆锥滚子轴承 40 钢车轴的轮对为 5 年，50 钢车轴的轮对为 6 年，滑动轴承和有轴箱圆柱滚子轴承的轮对为 4 年。

(2)质量保证内容

①在组装质量保证期内轮毂松动、轮座裂损时由组装单位负责。

②第一次组装的轮对在组装质量保证期内，轮座镶入部、轴颈、防尘板座或轮座外侧的外露部位发生断轴事故时，由组装单位承担事故责任；但轴承(或轴承内圈)如经退卸，轴颈发生断轴事故时由重新压装轴承的单位负责。超过轮对组装质量保证期时，由向车辆上安装的单位负责。

③经过两次及以上组装的轮对在组装质量保证期内，轮座镶入部发生断轴事故时，由轮对末次组装单位承担事故责任。超过轮对组装质量保证期时，由向车辆上安装的单位负责。

2. 轮对(轮轴)检修的质量保证

(1)轮对(轮轴)：在 1 个段修期内不发生因检修质量问题而造成的行车事故。

(2)车轮：在 1 个段修期内保证无旧痕裂损(规定限度内辐板孔裂纹除外)。

(3)车轴：厂修保证在 1 个段修期内车轴轮座镶入部及外露部位不裂损；段修保证在 1 个段修期内车轴经超声波探伤的部位和磁粉探伤的部位不裂损。

(四)轴承的质量保证

1. 新造轴承的质量保证

(1)无轴箱双列圆锥滚子轴承

①质量保证内容

a. 新造轴承自首次装车之日起，在质量保证期限内，确因轴承材料缺陷原因造成的行车事故，由轴承制造单位承担事故责任。

b. 新造轴承自首次装车之日起，在质量保证期限内，确因轴承制造质量原因造成的行车事故，由轴承制造单位承担事故责任。

c. 新造轴承自首次装车之日起，在质量保证期限内，运用中发现的由于材料缺陷或制造质量原因造成的故障轴承，由轴承制造单位免费更换。

②质量保证期限

质量保证期限如表 7-7-2 所示。

(2)有轴箱圆柱滚子轴承

有轴箱圆柱滚子轴承自首次装车之日起，在质量保证期限内，由于轴承材料缺陷和制造质量问题而造成的行车事故，由轴承制造单位承担事故责任，对由于材料缺陷和制造质量原因造成的轴承故障，由轴承制造单位免费更换。

表 7-7-2 铁路货车轴承新造、大修质量保证期限表

序号	轴承型号	新造质量保证期限	大修质量保证期限	备注
1	353130B(C353130)	8年或80万km	8年或80万km	
2	353130A	8年或80万km	7年或70万km	
3	CTBU150(SKF ITALY V OR-7030A)	8年或80万km	8年或80万km	
4	SKF353130-2RS(SKFTBU150)	8年或80万km	8年或80万km	
5	TBU150(SKF ITALY V OR-7032)	8年或80万km	8年或80万km	
6	353130X2-2RZ	8年或80万km	7年或70万km	
7	TAROL150/250TVP 808997	8年或80万km	8年或80万km	
8	AP150	8年或80万km	40万km	
9	352226X2-2RZ(TN)	5年或50万km	7年或70万km	2003年7月1日以前制造
		8年或80万km		2003年7月1日及以后制造
10	SKF197726	5年或50万km	5年或50万km	1998年1月1日至1999年3月30日制造
		8年或80万km	7年或70万km	1999年3月30日以后制造
11	197726TN	—	5年或50万km	
12	197726	5年或50万km	5年或50万km	
13	AP130	8年或80万km	—	
14	197720	3.5年	—	
15	197730	3.5年	—	
16	NJ3226X1、NJP3226X1	3年或80万km	—	
17	42726QT、152726QT	3年或80万km	—	

注:使用时间和运用里程以先到者为准,下同。

2. 大修轴承的质量保证

(1)质量保证内容

①大修轴承自首次装车之日起,在质量保证期限内,确因轴承大修质量原因造成的行车事故,由轴承大修单位承担事故责任。

②大修轴承自首次装车之日起,在质量保证期限内,运用中发现的由于大修质量原因造成的故障轴承,由轴承大修单位免费更换。

③大修轴承自首次装车之日起,在质量保证期限内,确因轴承零部件材料缺陷原因造成的行车事故,由轴承零部件制造单位承担事故责任。

(2)质量保证期限如表 7-7-2 所示。

3. 一般检修轴承的质量保证

自装车之日起,在1个段修期内,由于一般检修质量问题而造成的行车事故,由一般检修单位承担事故主要责任。

4. 轴承压装的质量保证

(1)轴承自压装之日起,在1个段修期内出现轴承压装松动等压装质量问题时由轴承压装单位负责。

(2)由于压装质量问题而造成的行车事故,由压装单位承担事故责任。

5. 轴承外观检查的质量保证

货车段修时,经外观检查确认良好而不需退卸的轴承,可继续装车使用,并由装车单位承担3个月的外观检查质量保证责任。

(五)补充说明

实行寿命管理的车轴、轴承,当剩余寿命小于1个段修期时,经检查确认质量状态良好可继续装车使用,并由装车单位承担超出使用质量保证期部分的质量保证责任。

需要说明的是,尽管货车零部件质量保证内容已经有了比较系统的规定,但由于相关实施制度、配套的

反馈程序和要求不完善，实际上操作得并不到位。

第三节　备用轮轴管理

备用轮轴(轮对)是指存放在检修单位的可以使用的良好轮轴(轮对)和待修理、修理中及待解体的不良轮轴(轮对)的统称。轮轴(轮对)安装在车辆上时，属于车辆的组成部分，包括在车辆的价值内。

备用车轴(车轮)是指存放在检修单位的新购置并已投入使用(已出库)的新车轴(车轮)，已加工未组装成轮对的、加工修理中或待加工修理的良好车轴(车轮)，待报废的不良车轴(车轮)的统称。

备用轴承是指存放在检修单位的新购置并已投入使用(已出库)的新轴承，良好、待检修、修理中、待送厂大修及委托轴承大修厂修理的轴承的统称。

备用轮轴、备用轮对、备用车轴、备用车轮和备用轴承(简称备用轮轴及部件，下同)是国有固定资产，按管理权限实行资产、技术和数量归口分级管理、逐级负责，是货车检修管理工作中的重要内容之一，直接关系到车辆检修任务的完成。

一、管理机构及职责

铁路局、铁路货车造修工厂等铁路货车轮轴造修单位对轮轴及部件的技术和管理工作负责，配备专职轮轴技术管理人员。

铁路局的车辆主管部门是本局备用轮轴及部件技术和管理工作的归口领导部门，对本局备用轮轴及部件组装、检修、使用的技术指导和资产的数量管理负全面领导责任。车辆段检修、运用车间是备用轮轴及部件维修、保存及使用的单位，对其各项原始记录、日常核算表报及台账的填写和日常保养负全部责任。车辆段车轮车间是轮轴或轮对供应及专业修理和轴承保存、使用及维修单位，对轮轴及部件的各项原始记录、核算表报及台账的填写和日常保养负全部责任。

轴承大修厂是轴承专业修理、保存及供应的基地，对轴承的各项原始记录、表报及台账的填写和保养负全部责任。

根据备用轮轴管理要求，铁路货车轮轴造修单位应加强技术、生产、设备、财务、调度管理，加强三检一验等各项责任制度，编制先进合理的组装及检修工艺，不断采用新技术、新材料、新工艺，不断革新工艺装备，总结先进经验，提高检修质量和效率，降低成本，全面完成轮轴及部件的检修任务。

二、备用轮轴及部件的管理

(一)铁道部所属单位的备用轮轴及部件资产管理

铁道部所属单位的备用轮轴及部件资产属铁道部，铁道部运输局委托铁路局车辆主管部门进行资产和数量管理。由铁路局车辆主管部门指定车辆段建立固定资产管理台账，办理固定资产的列账、列销手续；铁路局车辆主管部门、车辆段均建立动态管理台账，技术、调度、财务部门定期核对，做到数量一致、账账相符、账物相符。

铁道部所属单位报废货车卸下的可利用轮轴、轮对也纳入资产管理，办理列账手续时，按新组装轮轴、轮对价格的30%计价入账。

办理备用轮轴、备用轮对固定资产管理台账的列账手续的情况有：新组装或换轴、调入或购入、由报废车上卸下。

办理备用轮轴、备用轮对固定资产管理台账的列销手续的情况有：车轴报废、调出。

(二)铁道部所属单位的备用轮轴及部件数量管理

1. 车辆段检修(运用)车间备用轮轴、轮对管理

以下情况办理增加统计手续：调入或购入的轮轴、轮对；由报废车辆上卸下的轮轴；由检修车上卸下的轮轴。

以下情况下办理减少统计手续：调出的轮轴、轮对；向检修车上安装使用的轮轴。

使用的统计台账为《车辆段检修、运用车间轮轴(轮对)保有、收支及修理台账》(车统—54-1)。

2. 车辆段车轮车间备用轮轴及部件数量管理

以下情况下办理增加统计手续：调入或购入的车轴、车轮；备用轮对解体后的车轴、车轮；新组装、换轴、换轮或拼修的轮轴、轮对；调入的轮轴、轮对；委托修理的轮轴、轮对。

以下情况下办理减少统计手续：调出的车轴、车轮、轮轴、轮对；报废的车轴、车轮；经加工组装成轮对的车轴、车轮；解体的轮对。

使用的统计台账为《车辆段车轮车间轮对、车轴、车轮保有、收支及修理台账》(车统—54-2)。

(三)铁道部所属单位的备用轮轴、备用轮对定量管理

为保证修车需要和轮轴修理周转，车辆段应保有一定数量的良好备用轮轴和备用轮对，可保有一定数量的不良备用轮轴和备用轮对，但车辆段检修车间保有备用轮轴、备用轮对中的不良轮轴、轮对总数量不超过备用轮轴、轮对总数的25%。

备用轮轴、轮对数量由各铁路局车辆主管部门根据各车辆段修车任务，每年核定一次并报铁道部运输局备案。当备用轮轴和备用轮对总数与实有数量不符时，其不足和多余部分报铁道部运输局进行调剂。

车辆段检修车间备用轮轴、备用轮对保有数量按式(7-7-1)核定：

$$G=0.03\times\text{年度站修车任务数}+0.20\times\text{年度厂、段修任务数之和} \tag{7-7-1}$$

车辆段车轮车间良好备用轮轴、良好备用轮对保有数量按式(7-7-2)核定：

$$G=0.06\times\text{负责轮对供应的车辆段检修车间的年度货车厂、段修任务数之和} \tag{7-7-2}$$

(四)备用轮轴、轮对的组装及检修

备用轮轴、轮对检修时，检查人员应做全面检查，确定检修项目及修程并涂打相应标记，正确填写《轮轴卡片》(车统—51)。探伤人员还应对车轴、车轮进行磁粉和超声波探伤检查，并按规定填写各项探伤记录，签字备查。修理后，按照“三检一验”制度进行轮轴、轮对落成检查验收，填写《轮轴卡片》(车统—51)。

轮轴、轮对的检修项目及修程标记按规定涂打，标记高约为100 mm。

车辆段检修车间需要入车轮车间修理的轮轴、轮对，在轴身(或辐板)上用白铅油注明入车轮车间原因，并在发送前填写《轮轴、轮对、车轴发送单》(车统—50A)传递给车轮车间，作为轮轴、轮对修理的原始依据。车辆段车轮车间根据检修车间填写的《轮轴、轮对、车轴发送单》(车统—50A)及轴身(或辐板)上注明的入厂原因进行复查，确定检修项目及修程后，填写《轮轴卡片》(车统—51)，列入修理计划。

(五)备用车轴、备用车轮的报废管理

备用车轴、备用车轮的报废管理见本章第四节。

(六)备用轮轴及部件调拨管理

备用轮轴及部件的调拨分为有偿调拨和无偿调拨。

铁路局管内各车辆段之间的调拨由铁路局车辆主管部门批准。铁道部所属各单位之间或向路外单位的调拨由铁道部运输局装备部批准。

备用轮轴、备用轮对、备用车轴、备用车轮调拨时，调出单位填写《轮轴、轮对、车轴发送单》(车统—50A)和《车轮发送单》(车统—50B)，递交调入单位。调入单位清点数量，检查质量；对于轮轴、轮对和车轴调入单位还应建立《轮轴卡片》(车统—51)。调出、调入单位还要办理收支和管理台账的列销和列账手续。

(七)备用轮轴及部件存放、保管及保养

存放单位应设置足够的存放库或存放场；而且为防止轴颈锈蚀和轴承进水，存放场还应设防雨、雪棚，地面硬化。车辆段运用车间存放的备用轮轴由专人管理和保养。

良好、待检修、不良的备用轮轴、备用轮对、备用车轴、备用车轮，应在存放库或存放场内按种类、型号分类存放，并设标志牌，备用轮轴、轮对堆码存放不超过3层，要求周转使用，良好的备用轮轴最长存放期不超过6个月，超过者退检轴承。

存放的轮对轴颈、防尘板座涂防锈油(或油脂)，并加装橡胶或塑料保护套；轮轴不得开盖存放。每月至少检查一次轮对的轴颈和防尘板座油层状态，应无锈蚀；每半月至少转动检查轮轴的轴承一次，每次应转动2圈以上。

(八)轮轴、轮对运输管理

为防止因装卸不慎和运输途中的冲撞造成轴颈、轴承磕碰伤，各储存单位应配备至少一辆轮轴运输专用

车及相应的轮轴运输专用托架，执行运输规定；在运输过程中一律安装轴颈、轴承专用保护套，轮对在安装轴颈专用保护套前，轴颈、防尘板座还应先涂防锈油（或油脂）。

各铁路局车辆主管部门组织制订轴颈、轴承专用保护套交接管理制度。

（九）铁道部所属单位的备用轮轴及部件的保有收支动态管理

铁路局车辆检修调度主管部门、车辆段调度设有《车辆轮对动态报告》（车调报—3），车辆段各检修、运用车间设有《车辆段检修、运用车间轮轴（轮对）保有、收支及修理台账》（车统—54-1），车轮车间设有《车辆段车轮车间轮对、车轴、车轮保有、收支及修理台账》（车统—54-2）。

车辆段收到外单位发来的或车间收到其他车间发来的轮轴、轮对，按《轮轴、轮对、车轴发送单》（车统—50A）核对无误后，填写《轮轴卡片》（车统—51）的收入项目。

车辆段向外单位发送的或车间向其他车间发送的轮轴、轮对，应填写《轮轴卡片》（车统—51）的支出项目，并在发送前填写、传递《轮轴、轮对、车轴发送单》（车统—50A）。

《轮轴卡片》（车统—51）记载的收支、修理动态，每日统计一次，并登记在《车辆段检修、运用车间轮轴（轮对）、轮对保有、收支及修理台账》（车统—54-1）及《车辆段车轮车间轮对、车轴、车轮保有、收支及修理台账》（车统—54-2）中。

车辆段在调拨车轴、车轮时，按《轮轴、轮对、车轴发送单》（车统—50A）和《车轮发送单》（车统—50B）核对无误后，登记在《车辆段车轮车间轮对、车轴、车轮保有、收支及修理台账》（车统—54-2）中。

（十）轮轴检修原始记录、表报、台账管理

1.《轮轴卡片》（车统—51）

车辆段收到外单位发来的轮轴、轮对、车轴，车辆段检修车间收到车轮车间发来的或从检修车、报废车上卸下的轮轴、轮对，车轮车间收到检修车间发来的轮轴、轮对，运用车间收到检修车间发来的轮轴，检修车间收到运用车间发来的轮轴，均由收入车间填写《轮轴卡片》（车统—51）的收入项。

车辆段向外单位发送的轮轴、轮对、车轴，车辆段检修车间向检修车辆上安装或向车轮车间发送的轮轴、轮对，车轮车间向检修车间发送的轮轴、轮对，运用车间向检修车间发送的轮轴，检修车间向运用车间发送的轮轴，均由发送车间填写《轮轴卡片》（车统—51）的支出项。

在轮轴、轮对检修过程中，《轮轴卡片》（车统—51）随轮轴、轮对一起传递到相关岗位，并按有关规定填写。

2. 轮轴、轮对（车轴）探伤记录

轮轴、轮对（车轴）经磁粉或超声波探伤检查时，探伤者填写《铁路货车轮轴（轮对、车轴、车轮）超声波（磁粉）探伤记录簿》（车统—53A），发现轮对（车轴）缺陷时，填写《铁路货车轮轴（轮对、车轴、车轮）超声波（磁粉）探伤发现缺陷记录卡》（车统—52A）。

磁粉探伤设备、超声波探伤仪、微机控制超声波自动探伤机每班开工前进行探伤性能综合灵敏度校验后，探伤者填写《磁粉探伤机（器）日常性能校验记录》（辆货统—424）、《超声波探伤仪日常性能校验记录》（辆货统—425）、《多通道超探仪日常性能校验记录》（辆货统—426）和《轮轴微机控制超声波自动探伤机日常性能校验记录》（辆货统—427）。

磁粉探伤设备、超声波探伤仪、微机控制超声波自动探伤机每季度全面性能检查后，探伤工填写《磁粉探伤机（器）季度性能检查记录》（辆货统—428）、《超声波探伤仪季度性能检查记录》（辆货统—429A）《多通道超声波探伤仪季度性能检查记录》（辆货统—429B）、《轮轴微机控制超声波自动探伤机季度性能检查记录》（辆货统—430）。

3.《轮轴、轮对、车轴发送单》（车统—50A）和《车轮发送单》（车统—50B）

各车辆段、车辆段各车间之间发生轮轴、轮对、车轴调拨时，发送前由发送车辆段或车间填写《轮轴、轮对、车轴发送单》（车统—50A）。车辆段之间调拨时填写一式 5 份，1 份自存，1 份传递给接收车辆段，1 份交车辆段调度，另 2 份作为财务清算或资产列账、列销用；车辆段各车间之间调拨时填写一式 3 份，1 份自存、1 份交收轮车间、1 份交车辆段调度。

车辆段车轮车间、车轮制造工厂、车辆轮轴造修单位之间发生车轮调拨时，应填写《车轮发送单》（车统—50B）。

4. 车辆段的备用轮轴及部件的收支、保有，备用轮对解体及修理等信息于每日18:00前通过HMIS系统逐级上报铁道部运输局。

三、备用轴承管理

(一)备用轴承日常管理

铁道部所属单位的备用轴承是铁道部的资产，日常管理工作由车辆段检修车间、车轮车间、车间调度、轮轴专职及主管检修副段长或总工程师分工逐级负责，内容包括轴承定量的核定、轴承报废及送厂大修的管理、轴承检修各项数据统计分析及上报等工作。

路外铁路货车轮轴造修单位备用轴承的日常管理工作，由车间调度、轮轴专职及主管检修车间主任或总工程师分工逐级负责，内容包括轴承定量的核定、轴承报废及送厂大修的管理、轴承检修各项数据统计分析等工作。

各单位应建立轴承报废、轴承大修、新造(大修、一般检修)轴承入段(厂)复验、轴承及附件、轴承间清洁度定期检查和运用中轴承的质量信息反馈等管理制度，并成立新造、大修、一般检修轴承入段(厂)复验、轴承报废、轴承送厂大修专项鉴定组和清洁度定期检测鉴定组。

(二)轴承的报废管理

轴承的报废管理见本章第四节。

(三)轴承大修管理

轴承大修工作由铁道部统一管理，铁道部运输局负责轴承大修技术标准的制订、轴承大修单位的认证和批准、轴承大修宏观生产计划的下达和轴承送修地点的协调统一。

1. 送大修单位管理

轴承送大修单位大修属于委托修，轴承经大修后，承修单位按规定的修复率和修理周期返回送修单位。

各铁路局车辆主管部门、车辆段和轴承大修单位及铁路货车造修工厂均设专人负责轴承大修的管理工作，掌握本单位轴承大修的全面情况，进行全面的数据统计和分析。

铁路局车辆主管部门负责制定本局轴承大修年度计划，按照铁道部划分的送修区域确定本局各单位向轴承大修单位的送修数量，督促各单位对送修轴承进行鉴定，掌握本局管内各单位轴承送修数量、修复周期和轴承复验后的质量状态，协调各送修单位与轴承大修单位的数量和质量关系。

轴承送厂大修时按鉴定制度和轴承送大修条件，逐套核对轴承退卸、检修原始记录，检查轴承技术状态，详细填写《铁路货车圆锥滚子轴承送厂大修及入厂鉴定记录单》(辆货统—416)，注明每套轴承的送修原因。且送大修轴承的零组件应齐全，原套整套送修，外圈上涂打大修"○"字标记，并包装良好(可使用旧包装箱重新打包)，轴承包装箱上标明送修单位。

2. 大修单位管理

轴承大修单位应建立健全质量保证体系，制定轴承入厂管理办法，轴承外观鉴定办法，轴承出厂管理办法，轴承零件质量检查及验收办法，轴承成品质量检查及验收办法，轴承大修关键工序质量管理办法，轴承大修工序质量控制办法，轴承大修生产周期管理办法，轴承检测、组装、存放工作间及轴承清洁度检测制度，计量管理办法，化验管理办法，厂协件及外协件入厂复查办法等。

轴承大修单位接到送修轴承后，应于20日内会同铁道部驻在车辆验收人员，严格按入厂外观鉴定办法对轴承进行外观鉴定，并填写《铁路货车圆锥滚子轴承送厂大修及入厂鉴定记录单》(辆货统—416)的入厂鉴定栏内容和《铁路货车圆锥滚子轴承送厂大修回执单》(辆货统—417)。

送轴承大修单位的轴承整套报废原则上不超过3%。轴承经入厂鉴定合格后实际投入修理的修复率不低于85%，SKF197726型轴承不低于86%。超额修复轴承按超额单价清算，大修单位定期将超额修复轴承按送修轴承比例返回送修单位。轴承大修单位应根据本单位的大修能力，储备一定数量的良好轴承，以供周转使用，并根据确定的生产周期，及时向送修单位返回修竣的轴承。

轴承大修单位应建立质量信息反馈制度，成立信息反馈机构，对发往用户的轴承质量状态实施跟踪，建立信息卡，征求用户意见，不断提高轴承大修质量。

3. 大修轴承检查验收管理

轴承大修单位应建立健全质量检验制度，制定大修轴承零件、组件和成品质量检查验收办法，每套修竣的轴承都应带有本单位检查部门签发的合格证，发往用户的轴承须具有铁道部驻厂(公司)车辆验收室签发的合格证，每批至少1个。

铁道部驻轴承大修单位的验收员对轴承大修生产过程、工艺装备进行检查，对轴承大修质量实行监督和验收，对轴承大修生产工序的零件、组装后的组件和包装前的成品进行验收。

使用单位对返回的大修轴承，应按规定对零件、组件进行入厂(段)复验和抽样验收。

4. 标记与包装

大修轴承的防锈、内包装按 GB/T 8597《滚动轴承　包装》执行；外包装按 JB/T 3016《滚动轴承　包装钉板箱　技术条件》执行。大修轴承包装箱上采用蓝色字样及标记，并有"大修轴承"字样，在轴承大修单位代号外套打大修(圆形)符号。

原已做过大修的 197726 型钢保持架轴承，由原轴承大修单位进行检修和换装工程塑料保持架后，在包装箱上"197726TN"字样后面标明"HZ"字样。

(四)轴承一般检修管理

轮轴厂、段修时，应对轴承进行全面检查，确定轴承修程并涂打白色修程标记，正确填写《轮轴卡片》(车统—51)，标记高约为 80 mm。

轴承一般检修严格执行"三检一验"制度，工作者、工长、质检员、验收员逐级负责，验收员在轴承检修全过程中实行工序监督、抽样验收。

一般检修轴承的防锈、内包装按 GB/T 8597《滚动轴承　包装》执行；外包装按 JB/T 3016—2004《滚动轴承　包装钉板箱　技术条件》执行。

轴承零件、组件在轴承一般检修过程中要求轻拿轻放，以免磕碰伤保持架和其他零件。

(五)备用轴承动态管理

铁路局车辆主管部门、车辆段(含检修车间及车轮车间)应编制《铁路货车圆锥滚子轴承检修统计分析月(年)报》(辆货统—413)。

轴承大修和一般检修单位填写各相关原始记录和台账，并将大修及一般检修轴承的数据于当日录入 HMIS，逐级上报铁道部运输局。

购置的新造轴承、大修轴承、一般检修轴承，经入段复验合格，入库后填写《铁路货车圆锥滚子轴承出入库台账》(辆货统—412)。轴承收入检查、修程确定，轴承退卸年限、类别及生产厂别，大修轴承的年限、缺陷及生产厂别，报废轴承年限、缺陷及生产厂别，轴承的检测、压装，轴承大修单位的轴承入厂鉴定及修理情况，每日汇总统计一次。轴承大修单位专项鉴定组每月对送厂大修的轴承和报废轴承进行一次鉴定，全数核对轴承及各项原始记录，并填写轴承大修、报废鉴定记录。

对于判定送大修的轴承，送修单位和轴承大修单位分别在送厂前鉴定和入厂后外观鉴定时，填写《铁路货车圆锥滚子轴承送厂大修及入厂鉴定记录单》(辆货统—416)。车辆段(含检修车间及车轮车间)一式6份，1份自存，1份报铁路局车辆主管部门，4份寄送轴承大修单位；轴承大修单位按批次将《铁路货车圆锥滚子轴承送厂大修及入厂鉴定记录单》(辆货统—416)返回送修单位，按月返回所属铁路局车辆主管部门。

车辆段(含检修车间及车轮车间)将《铁路货车圆锥滚子轴承送厂大修及返回台账》(辆货统—415)的有关内容按月汇总并按送修厂别上报铁路局车辆主管部门。轴承大修单位将《铁路货车圆锥滚子轴承入厂大修台账》(辆货统—414)的有关内容，按月分类汇总并送交铁路局车辆主管部门。《铁路货车圆锥滚子轴承送厂大修及返回台账》(辆货统—415)和《铁路货车圆锥滚子轴承入厂大修台账》(辆货统—414)由铁路局车辆主管部门按季汇总，并于次季 20 日前上报铁道部运输局。

车辆段每月对轴承检修情况汇总统计一次，填写《铁路货车圆锥滚子轴承检修统计月(年)报》(辆货统—413)，并于次月 10 日前逐级上报铁道部运输局。

轴承大修单位每月对轴承大修情况汇总统计一次，填写《铁路货车圆锥滚子轴承大修统计分析月(年)报》(辆货统—420)，并于次月 10 日前上报铁道部运输局。

(六)备用轴承的存放、运输

铁路货车轮轴造修单位应设有备用轴承存放库，存放库内应设有轴承存放架或存放柜，轴承的码放高度不超过4层。搬运或装卸轴承时，要轻拿轻放，防止轴承零件磕碰伤。

进行一般检修的轴承应进行防锈处理。

库存轴承应周转使用，新造轴承自组装后至其压装前的总存储期不超过1年，其中在轴承生产单位不超过6个月，在使用单位不超过6个月；大修轴承自送修到返回送修单位不超过2个月，在使用单位存储不超过6个月；一般检修轴承若无包装，存储期不超过1个月。

(七)轴承检修原始记录、表报、台账的管理

由车辆上卸下的轴承检修时，均需全面填写《轮轴卡片》(车统—51)。

1. 圆柱滚子轴承检修记录

圆柱滚子轴承检修时，应填写《铁路货车圆柱滚子轴承检测记录单》(辆货统—401)和《铁路货车短圆柱滚子轴承组装记录单》(辆货统—402)。

2. 圆锥滚子轴承检修记录

圆锥滚子轴承一般检修时填写《铁路货车圆锥滚子轴承退卸及检修记录单》(辆货统—403)。

判定为送大修的轴承填写《铁路货车圆锥滚子轴承送厂大修记录单(簿)》(辆货统—405)、《铁路货车圆锥滚子轴承送厂大修年限及生产厂别统计表》(辆货统—406)、《铁路货车圆锥滚子轴承送厂大修缺陷及生产厂别统计表》(辆货统—407)。

判定为报废的轴承填写《铁路货车圆锥滚子轴承报废记录单(簿)》(辆货统—408)、《铁路货车圆锥滚子轴承报废年限及生产厂别统计表》(辆货统—409)、《铁路货车圆锥滚子轴承报废缺陷及生产厂别统计表》(辆货统—410)。

轴承压装时填写《轮轴卡片》(车统—51)。

车辆段(含检修车间、车轮车间)收入或压装轴承时填写《铁路货车圆锥滚子轴承出入库台账》(辆货统—412)。

轴承大修前，轴承大修厂在入厂前鉴定和入厂后外观鉴定时填写《铁路货车圆锥滚子轴承送厂大修及入厂鉴定记录单》(辆货统—416)；轴承大修时，填写《铁路货车圆锥滚子轴承入厂大修台账》(辆货统—414)、《铁路货车圆锥滚子轴承送厂大修及返回台账》(辆货统—415)。

轴承大修零件、大修成品抽样检查验收时，分别填写《铁路货车圆锥滚子轴承大修零件抽样检查验收记录单》(辆货统—418)和《铁路货车圆锥滚子轴承大修成品抽样检查验收记录单》(辆货统—419)。

轴承检测仪每日校验后填写《轴承检测仪开工前校验记录簿》(辆货统—421)。

轴承检修工作每月汇总统计一次，填写《铁路货车圆锥滚子轴承检修统计分析月(年)报》(辆货统—413)。

轴承大修工作每月汇总统计一次，填写《铁路货车圆锥滚子轴承大修统计分析月(年)报》(辆货统—420)。

发送一般检修轴承时填写《轴承发送单》(车统—50C)。

3. 轴承探伤记录

轴承零件探伤机季度性能检查后填写《磁粉探伤机(器)季度性能检查记录》(辆货统—428)。

轴承零件探伤机日常灵敏度检查后填写《磁粉探伤机(器)日常性能校验记录》(辆货统—424)。

一般检修轴承零件探伤时填写《铁路货车滚动轴承零件磁粉探伤记录簿》(车统—53B)；发现轴承零件缺陷时，填写《铁路货车滚动轴承零件磁粉探伤发现裂纹记录簿》(车统—52B)。

4. 各项原始记录、台账、表报须按保存期限妥善保存，一般不出车间，未经本单位领导批准，不得将原始记录、台账、表报带出本单位。

第四节　报废轮轴管理

一、车轴、车轮的报废管理

备用轮对经解体后，车轴、车轮实行单件报废制度。报废的车轴、车轮在轴身、车轮辐板内侧面上用白铅油划“×”字标记，并在轴颈、踏面部位进行破坏性切割处理，深度不小于10 mm。

轮对(车轴)报废后应及时补充良好的轮对(车轴)。

二、铁道部所属单位的车轴、车轮报废管理及手续

铁道部委托铁路局车辆主管部门负责处理车辆段报废的备用车轴和备用车轮,其他任何部门无权处理,对报废车轴、车轮的残值,在折合成轮对完成向铁道部的定额上缴残值任务后,余额全部列入货车修理营业外收入。

铁路局车轴、车轮的报废工作每季统一办理一次。

车辆段主管领导、技术专职、质检员、验收员等组成专项鉴定小组,根据车轴、车轮的报废条件进行鉴定,车轴报废时填写《车轴报废鉴定记录单》(车统—55A),车轮报废时填写《车轮报废鉴定记录单》(车统—55B),一式3份,同电子文档一并报铁路局车辆主管部门,铁路局审核后形成《轮对(车轴、车轮)报废申请表》(车统—55C),并同"车统—55A"、"车统—55B"各1份同电子文档于次季10日内报铁道部运输局装备部审批。铁道部运输局装备部审批后将《轮对(车轴、车轮)报废审批表》(车统—55D)交付中国铁路物资总公司1份,返铁路局车辆业务主管部门2份,铁路局车辆业务主管部门返车辆段1份。

铁路局车辆主管部门每季10日内将《车轴报废统计分析表》(辆货统—431)、《车轮报废统计分析表》(辆货统—432)同时报铁道部运输局装备部。

三、轴承的报废管理

报废单位应建立轴承报废鉴定制度,鉴定组按轴承报废条件,逐套核对轴承退卸、检修原始记录,检查轴承技术状态并进行鉴定。判定报废的轴承,用白铅油在轴承外圈上涂打报废"×"字标记,并在铁道部驻在车辆验收人员监督下集中对轴承内、外圈进行破坏性处理,单独存放。

送大修的轴承低于修复率15%(SKF197726型为14%)的部分视为报废,由轴承大修单位以1套修复轴承抵换返还送修单位。

在轴承大修单位报废的轴承,由验收员监督,按铁道部运输局的有关规定办理;轴承大修单位代为处理的,残值按送修轴承与修复轴承的差数上缴铁道部。

第五节　轮轴信息化管理

一、综合要求

铁路货车轮轴管理信息系统的建设和应用是轮轴制造、检修单位生产资质的基本条件和质量标准之一,货车轮轴组装、检修及管理应进行信息化建设,符合HMIS技术规范的要求,数据完整、准确、及时,实现工位录入或装备自动采集,实现轮轴技术全过程管理和质量追溯。

铁路货车轮轴管理信息系统是HMIS的重要组成部分,由铁道部、铁路局、车辆段(工厂)大三级系统和车辆段(工厂)、车间(分厂)、工位小三级系统构成。各级应用单位都应逐步建立铁路货车轮轴管理信息系统,采集轮轴造修信息,将铁路货车轮轴管理信息系统纳入本单位的技术和生产管理体系,制定相应的管理制度和实施办法,保证系统正常运行。

铁路货车轮轴管理信息系统通过铁道部网络安全平台实现同铁道部数据的交互,应具有与"行车安全监控系统"、"车号自动识别系统"等相关系统的信息接口,实现货车轮轴造修、运用、监控等信息共享,其基础数据编码由铁道部统一组织按照HMIS相关要求编制、发布,各应用单位可根据工作中的实际情况,及时提供基础数据编码的修改建议。

信息系统输入、输出的原始记录、台账、表报是货车轮轴制造及检修的原始资料,是进行轮轴全过程管理、掌握造修质量、进行质量追溯的重要依据,应项目齐全、内容准确,输入、输出符合HMIS技术规范的要求,货车轮轴基础信息须实现电子存储、交互、上报,利用信息系统采集并打印记录进行保存,逐步替代手工记录,实现无纸化管理,信息存储年限应符合轮轴原始表报存储要求。

铁路货车轮轴管理信息系统可通过自动采集、人工读取或转储采集、手工录入等方式进行信息采集,信息系统数据自动采集是指在轮轴检修过程中由微控、工控智能设备自动采集或由其他信息系统提供的信息,

通过双方的接口实现信息的自动采集。人工读取或转储采集是指在工序中由微控设备自动采集信息，并由人工通过数据导出、导入实现系统的数据采集。信息系统数据自动采集是发展的趋势，但不论采取哪种采集方法，信息采集、存储、处理、传输、检索均应及时、准确、完整。各级主管领导每月至少核查一次分管范围内的系统信息数据，工程技术人员每周至少核查一次。

铁道部、铁路局、车辆段(工厂)网络和硬件配置应按铁路车辆信息化规划总体要求进行，保证轮轴生产、管理信息的正常存储、传输和应用，轮轴造修现场建立有线或无线网络并可采用射频标签、条码标签、射频阅读器、现场地面追踪探头、移动 PDA 等硬件实现轮轴造修数据的采集与过程的跟踪。使用的微控、工控智能设备须具备铁路货车轮轴管理信息系统数据交换的接口。

二、轮轴信息采集基本工位配置

铁路货车轮轴管理信息系统在轮轴造修过程中应实现工位级信息的采集与工序流程控制。根据货车轮轴造修基本工艺线建设要求，以下基本工位应设置数据采集接口，安装工位微机，实现工位的数据采集。

(一)轮轴检修工艺线

轮轴收入、轴承退卸、磁粉探伤、超声波探伤、踏面旋修、关盖、轴承磨合、检查验收、轮轴竣工、轮轴支出等工位，站修还包括更换轮轴工位。

(二)轮对分解工艺线

轮对解体、车轴磁粉探伤、车轴检查、车轮检查等工位。

(三)车轴、车轮加工及组装工艺线

车轴加工包括车轴收入、超探、粗加工、轴端三孔加工、半精加工、精加工、磁粉探伤、检查、验收等工位。

车轮加工包括轮毂孔加工等工位。

轮对组装包括选配压装、标记刻打、超探、踏面旋修、磁粉复探、检查、验收等工位。

(四)无轴箱滚动轴承检修工艺线

轴承分解、轴承外圈探伤、轴承检测、轴承组装等工位。

(五)无轴箱滚动轴承压装工艺线

轴承选配、轴承压装、标志板刻打、关盖、轴承磨合、检查、验收等工位。

三、轮轴信息化管理输入、输出数据规范

轮轴信息的输入、输出数据应规范，实现产品质量可追溯及管理信息化、规范化、现代化。轮轴信息化管理原始记录、表报、台账明细及要求如表 7-7-3、表 7-7-4 所示。

表 7-7-3　轮轴信息化管理输入原始记录、表报、台账明细及要求

顺号	编号	名　称	适 用 单 位	保存期限
1	车统—50A	轮轴、轮对、车轴发送单	铁路货车轮轴造修单位	3 年
2	车统—50B	车轮发送单	铁路货车轮轴造修单位	3 年
3	车统—50C	轴承发送单	铁路货车轴承检修单位	3 年
4	车统—51A	轮轴卡片	车辆段车轮车间	7 年
5	车统—51C	轮轴卡片	车辆段检修车间、运用车间	3 年
6	车统—51D	轮轴卡片	铁路货车造修工厂	7 年
7	车统—52A	铁路货车轮轴(轮对、车轴、车轮)超声波(磁粉)探伤发现缺陷记录簿	铁路货车轮轴造修单位	工厂、车辆段车轮车间 6 年，车辆段检修车间 3 年
8	车统—52B	铁路货车滚动轴承零件磁粉探伤发现裂纹记录簿	铁路货车轴承检修单位	6 年
9	车统—53A	铁路货车轮轴(轮对、车轴、车轮)超声波(磁粉)探伤记录簿	铁路货车轮轴造修单位	工厂、车辆段车轮车间 6 年，车辆段检修车间 3 年
10	车统—53B	铁路货车滚动轴承零件磁粉探伤记录簿	铁路货车轴承检修单位	6 年
11	车统—57	轮对压装压力曲线图表	铁路货车轮轴新造、厂修单位	7 年

续上表

顺号	编号	名　称	适 用 单 位	保存期限
12	辆货统—401	铁路货车圆柱滚子轴承检测记录单	铁路货车轮轴检修单位	工厂 6 年、车辆段 3 年
13	辆货统—402	铁路货车圆柱滚子轴承组装记录单	铁路货车轮轴造修单位	工厂 6 年、车辆段 3 年
14	辆货统—403A	铁路货车圆锥滚子轴承退卸及检修记录单	铁路货车轮轴造修单位	3 年
15	辆货统—403B	铁路货车圆锥滚子轴承退卸及检修记录单	铁路货车轮轴造修单位	3 年
16	辆货统—403C	铁路货车圆锥滚子轴承退卸及检修记录单	铁路货车轮轴造修单位	3 年
17	辆货统—414	铁路货车圆锥滚子轴承入厂大修台账	轴承大修单位	5 年
18	辆货统—415	铁路货车圆锥滚子轴承送厂大修及返回台账	车辆段检修车间、轮轴车间、轴承大修单位	5 年
19	辆货统—416	铁路货车圆锥滚子轴承送厂大修及入厂鉴定记录单	车辆段检修车间、轮轴车间、轴承大修单位	5 年
20	辆货统—417	铁路货车圆锥滚子轴承送厂大修回执单	铁路货车滚动轴承大修单位	3 年
21	辆货统—418	铁路货车圆锥滚子轴承大修零件抽样检查验收记录单	铁路货车滚动轴承大修单位	5 年
22	辆货统—419	铁路货车圆锥滚子轴承大修成品抽样检查验收记录单	铁路货车滚动轴承大修单位	5 年
23	辆货统—421	轴承检测仪开工前校验记录簿	铁路货车滚动轴承一般检修单位	3 年
24	辆货统—424	磁粉探伤机(器)日常性能校验记录	铁路货车轮轴、轴承造修单位	3 年
25	辆货统—425	超声波探伤仪日常性能校验记录	铁路货车轮轴造修单位	3 年
26	辆货统—426	多通道超探仪日常性能校验记录	铁路货车轮轴造修单位	3 年
27	辆货统—427	微机控制超声波自动探伤机日常性能校验记录	铁路货车轮轴造修单位	3 年
28	辆货统—428	磁粉探伤机(器)季度性能检查记录	铁路货车轮轴、轴承造修单位	3 年
29	辆货统—429A	超声波探伤仪季度性能检查记录	铁路货车轮轴造修单位	3 年
	辆货统—429B	超声波探伤仪季度性能检查记录		
30	辆货统—430	轮轴微机控制超声波自动探伤机季度性能检查记录	铁路货车轮轴造修单位	3 年

表 7-7-4　轮轴信息化管理输出原始记录、表报、台账明细及要求

顺号	编号	名　称	适 用 单 位	保存期限
1	车统—54-1	车辆段检修、运用车间轮轴(轮对)保有、收支及修理台账	车辆段检修车间、运用车间	3 年
2	车统—54-2	车辆段车轮车间轮对、车轴、车轮保有、收支及修理台账	车辆段车轮车间	3 年
3	车统—55A	车轴报废鉴定记录单	铁路货车轮轴厂修单位	6 年
4	车统—55B	车轮报废鉴定记录单	铁路货车轮轴厂修单位	6 年
5	辆货统—404	铁路货车圆锥滚子轴承退卸年限及生产厂别统计表	铁路货车轮轴检修单位	3 年
6	辆货统—405	铁路货车圆锥滚子轴承送厂大修记录单(簿)	铁路货车轴承送大修单位	3 年
7	辆货统—406	铁路货车圆锥滚子轴承送厂大修年限及生产厂别统计表	铁路货车轴承送大修单位	3 年
8	辆货统—407	铁路货车圆锥滚子轴承送厂大修缺陷及生产厂别统计表	铁路货车轴承送大修单位	3 年
9	辆货统—408	铁路货车圆锥滚子轴承报废记录单(簿)	铁路货车轮轴检修单位	3 年
10	辆货统—409	铁路货车圆锥滚子轴承报废年限及生产厂别统计表	铁路货车轮轴检修单位	3 年
11	辆货统—410	铁路货车圆锥滚子轴承报废缺陷及生产厂别统计表	铁路货车滚动轴承一般检修单位	3 年

续上表

顺号	编号	名　称	适 用 单 位	保存期限
12	辆货统—411	铁路货车圆锥滚子轴承检修及压装统计表(簿)	铁路货车轮轴检修单位	3 年
13	辆货统—412	铁路货车圆锥滚子轴承出入库台账	铁路货车轮轴检修单位	3 年
14	辆货统—413	铁路货车圆锥滚子轴承检修统计分析月(年)报	铁路货车轮轴检修单位	3 年
15	辆货统—420	铁路货车圆锥滚子轴承大修统计分析月(年)报	铁路货车滚动轴承大修单位	5 年
16	辆货统—431	车轴报废统计分析季(年)报	车辆段检修车间、车轮车间，铁路货车轮轴厂修单位	3 年
17	辆货统—432	车轮报废统计分析季(年)报	车辆段检修车间、车轮车间，铁路货车轮轴厂修单位	3 年

第八篇

无损检测和 5T 技术

产品质量是企业生存的命脉,运行安全是铁路运输的基础。

货车是铁路运输的重要装备,轮轴是货车走行部的关键部件,轮轴质量对行车安全有着直接影响。在使用过程中,轮轴会在各种应力的作用下产生疲劳缺陷,在运行过程中也会出现各种非正常现象,对行车安全构成极大威胁。无损检测技术和 5T 技术,是确保轮轴修造质量和运行安全的重要技术措施。

经过几十年的发展,我国货车轮轴无损检测工作取得了巨大的进步和成功,在轮轴的制造、使用和维修过程中发挥了重要作用,取得了显著成绩,而 5T 技术也在车辆运用状态的监控方面发挥了巨大作用。但就整体而言,我国轮轴检测和监控技术与发达国家相比还有一定的差距,尤其与迅速发展的我国铁路事业相比还有许多不足,难以适应日益发展的铁路运输新形势,无损检测工作和 5T 技术需要不断发展和完善。

第一章

轮轴无损检测技术

无损检测技术是一项新兴的技术学科，从20世纪20年代后期起步，40年代得到快速发展，1941年美国无损检测学会成立，1943年创办会刊“材料评价”，标志着这一技术逐步走向向成熟，1955年第一届世界无损检测会议的召开，则标志着这门学科在世界范围内的建立。

无损检测技术的发展大体分如下三个阶段：20世纪20～30年代为无损探伤，即利用声、光、热、电、磁、射线等探测产品或部件的各种宏观的内部或表面缺陷，并判定缺陷的位置、大小、形状和种类等。第二阶段称无损检测，对于发达国家来说，开始于20世纪70～80年代，特点之一是增加了物理量的测量，如温度、厚度、残余应力、硬度、密度、浓度、晶粒度、液位、流量等；特点之二是按照某种方法标准和质量标准进行检测，称无损检测或无损检查。第三个阶段为无损评价，即材质和缺陷的定量评价或对产品做出检修周期和安全使用寿命的评估等，谋求产品的节能、省料、高效等高参数设计和安全使用。

无损检测的对象以金属材料为主，而金属材料又以钢铁为主。近些年，复合材料、陶瓷材料检测的研究和应用明显增多。铁路是钢铁用料大户，也是较早开展无损检测工作的部门之一，我国在建国初期即对钢轨和车轴开展无损检测，以确保行车安全，无损检测在铁路上的应用，也推动和促进了无损检测技术的发展。

没有检测就没有数据，没有数据就没有产品的质量，或没有高质量的产品，人们总是优先将物理学的新发现和各种新技术用于产品质量的检验和安全性能的监督，因而无损检测技术总是处于快速发展的过程中。近年来，先进的数字技术、自控技术、计算机技术、信号处理技术和网络技术等得到迅速发展，从而有力促进了无损检测技术的发展和提高，无损检测技术正朝着集成化、数字化、自动化、图像化和网络化方向发展。

第一节　无损检测简介

一、无损检测概念

(一)无损检测和探伤

在不破坏被检测对象物理化学性能和几何完整性的情况下，对其表面和内部参数或性能进行测量，称为无损检测。如果检测的目的是发现伤损，则称为无损探伤。在大多数情况下，如无特殊说明，无损检测实际上指的就是无损探伤。

无损探伤的显著特点是不具破坏性，因而可实现对检测对象的100%检测，即可实现对100%的检测对象及每个检测对象的100%部位进行检测。它不仅可用于材料、设备在生产制造过程中的质量检验，也可用于设备、装备、器材在使用过程中安全性能的监督和检查，是现代工业不可缺少的质量保证手段。

不过，无损检测的检测结果往往不够“精细”，在大多数情况下，只能给出缺陷的有无，而无法准确给出缺陷的大小或性质。

(二)缺陷和伤

“缺陷”是一个用来说明材料性能的总的概念，是指材料在连续性、纯洁度和均匀性方面的不足，或者说在这三方面遭到了破坏，如果出现了这种情况则统称为该材料具有“缺陷”。广义上讲，介质中的非一致性、非均匀性、非连续性都可称为缺陷，如夹杂、气孔、偏析、疏松和各种裂纹等，严格讲晶体中的一个位错即为一个缺陷。

“伤”是指金属材料在几何上的连续性遭到破坏，如裂纹、分层、缩孔、夹渣等，实际上指的是宏观缺陷。

“缺陷”的概念比“伤”的概念大得多，“缺陷”包含了“伤”，“伤”是“缺陷”的一种或其中的一部分。

二、无损检测方法

国际公认的常规无损检测方法有五种：超声波探伤（UT）、射线探伤（RT）、磁粉探伤（MT）、涡流探伤（ET）和渗透探伤（PT）。除五大常规无损检测方法外，还有多种非常规无损检测方法或无损检测新技术，其中包括声发射、红外检测、激光超声、电磁超声、相控阵技术和磁记忆检测等。

目前各种无损检测方法有互相借鉴、互相补充和相互融合的趋势。

（一）超声波探伤

1．基本原理

超声波检测的理论基础是声波的传播特性、衰减特性和在界面上的反射及折射规律。超声波是一种机械波，是机械振动在弹性介质中的传播过程，实际上是能量在介质中的一种传递形式。超声波在传播过程中，如果遇到缺陷、粗大晶粒或其他障碍物（声特性阻抗与周围介质不同的介质），会产生反射、折射、散射和衍射等现象，这些现象带有传播路径上的所有信息，通过接收反射回波或穿透波，便可检出工件中的缺陷。

2．特点和适用性

（1）超声波探伤能够在工件或材料内部及表面传播，因而可以探测内部及表面缺陷，广泛用于锻件、轧制件、焊缝等材料的检测。

（2）探测范围大，探伤灵敏度高，可以探测数百甚至数千毫米处的缺陷。

（3）能够很方便地对缺陷定位。

（4）超声波探伤是一种相对测量，或比较测量，需要将未知缺陷与已知缺陷进行“比较”才能进行正确判伤，因而探伤前需要首先在试块（已知缺陷）上或工件上对设备进行校准，其中包括探伤灵敏度校准和测距校准，使探伤系统达到规定的探伤能力和显示范围，才能进行有效的探伤作业。

（5）探伤结果不直观，一般只有专业探伤人员才能对探伤图形进行判读。探伤结果易受人为因素的影响。

（6）不宜对晶粒粗大、表面粗糙和形状复杂的工件或材料进行探测。

（二）磁粉探伤

1．基本原理

磁粉探伤的理论基础是磁力对磁性材料的作用：铁磁性工件（或材料）磁化后，其表面或近表面缺陷处的磁力线会逸出工件而形成漏磁场，此时，若在工件表面喷撒磁粉或磁悬液，漏磁场处会形成磁粉的聚集，即形成磁痕，从而检出工件表面或近表面缺陷。

目前货车轮轴磁粉探伤使用的是复合磁化荧光磁粉探伤法，具有较高的检测灵敏度和检测效率。

2．特点和适用性

（1）磁粉探伤适用于铁磁性材料中非铁磁性缺陷的检测，铁路货车轮轴和其他零部件大多是铁磁性材料，如车轮、车轴、轴承部件、摇枕侧架和钩缓系统等都是铁磁性材料，都可进行磁粉探伤。

（2）由于磁场的趋肤效应和材料的屏蔽作用，磁粉探伤只能检测表面和近表面缺陷。在车辆检修过程中主要检测疲劳缺陷或疲劳裂纹，这些缺陷主要产生在工件的表面，因而磁粉探伤在车辆检修过程中得到了广泛的应用。

（3）检测灵敏度高，一般能够检出数微米宽或数十微米深的缺陷。

（4）探伤结果直观，能够显示缺陷的位置、大小、形状和严重程度，并可大致判定缺陷的性质。在能够进行磁粉探伤的地方，一般应优先选用磁粉探伤。

（5）使用复合磁化方法，能够同时检出各种方向的缺陷，检测速度快、效率高，并且几乎不受工件形状和大小的影响。

（三）涡流检测

1．基本原理（图8-1-1）

涡流检测的理论基础是电磁感应:当载有交变电流的检测线圈靠近导电工件时,由于电磁感应,工件中会感生出涡流,同样由于电磁感应,该涡流会向空间辐射反作用电磁场。当工件表面存在缺陷或导电性能变化时,涡流的大小、分布、相位及流动形式等会受到影响,涡流产生的反作用磁场也相应发生变化,进而使检测线圈的阻抗发生变化,通过测定检测线圈阻抗的变化,就可检出工件的缺陷及导电性能的差别。

涡流检测主要用于检测导体材料中非导体性的缺陷,也可用于材料的分选和测厚。由于趋肤效应,检测线圈只能在工件表面和近表面激发出涡流,因而涡流检测也只能用于表面或近表面缺陷的检测。

2. 特点和适用性

(1)是一种非接触式的检测方法,可发现油漆层或涂层下的缺陷。

(2)检测速度快,易于实现自动化。

(3)表面、近表面缺陷检出灵敏度高。

(4)能在高温状态下进行检测。

(5)检验结果可以实时显示和通过磁带机、光盘和软硬磁盘记录长期保存,且可在必要时回放重现,并进行分析。

(6)检测结果不直观,有时需要磁粉探伤或渗透探伤等方法进行复查。

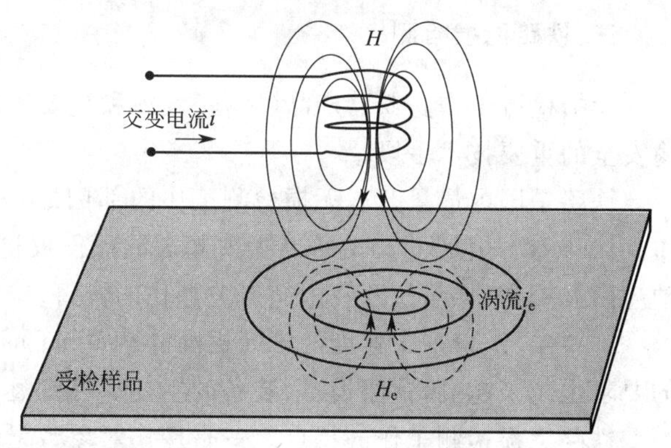

图 8-1-1 涡流检测原理

(四)射线探伤

1. 基本原理

射线探伤的理论基础是射线在工件中的穿透性、衰减性和感光材料的光化学作用或光电作用。

探伤用射线具有很强的穿透能力,一般能够穿透数十毫米甚至数百毫米厚的钢板。射线在工件中穿过时,强度会逐渐减弱,即产生衰减,穿过距离越远,衰减越大。如果在射线穿过的路程上存在缺陷,如气孔、夹杂、裂纹等,相当于在该方向上传播距离减小,相应的强度衰减也小,穿过工件后射线强度会发生与缺陷有关的强弱变化,用胶片接收这些射线,由于光化学作用,胶片会产生与射线强度有关的明暗差别,从而显示缺陷的存在。

除射线照相检验技术外,图像增强器射线实时成像检测技术和射线 CT 检测技术得到迅速发展,近些年射线检测进入数字时代,成像板、线阵列射线实时成像检测和 CR 技术都获得很好的应用。

2. 特点和适用性

(1)射线探伤最明显的特点是适用性强,基本上不受工件材质和状态的影响,能够检测内部缺陷,在铸件、焊缝探伤中得到广泛的应用。

(2)射线探伤结果显示直观,并且能够长期保存,能够显示缺陷的大小、位置、分布和大致确定缺陷的性质。

(3)实际三维的工件显示二位的图像,缺陷有相互重叠的现象。

(4)射线探伤需要严格的防护和需要专门的曝光室,不宜连续作业。

(五)渗透探伤

1. 基本原理

渗透探伤的理论基础是毛细现象。将渗透液喷涂敷在被检工件表面,或者将工件浸泡在渗透液中,由于毛细作用,或由于液体的表面张力,渗透液会渗透到表面开口的缺陷中。去除表面残留的渗透液,待干燥后施加显像剂,由于毛细作用,渗透到缺陷中的渗透液会被吸附出来,聚集在缺陷开口处,通过观察,便可检出缺陷的存在。如果渗透液中带有颜料,如红色,也称为着色渗透探伤,缺陷迹痕显示为红色。如果渗透液中带有荧光材料,也称为着荧光渗透探伤,在紫外灯照射下,缺陷迹痕辐射荧光,便于观察。

渗透探伤有如下六个基本操作步骤:

预处理和预清洗→渗透→去处→干燥→显像→检查。

2. 特点和适用性

(1)渗透探伤不需要专门的设备,只需要三种基本的探伤材料(渗透剂、显像剂、清洗剂)和一些辅助器材或工具，成本相对较低，使用方便。

(2)检测结果显示直观，能够确定缺陷的位置、长度和形状等。

(3)能适用于各种材质，但不适用于有孔洞的材料，因可能会造成干扰，也不适用于表面粗糙的工件，因不宜去除多余的渗透液。

(4)渗透探伤只能检测表面开口的缺陷。

(5)渗透材料对人体有害，需要进行防护和通风设施。

三、铁路无损检测

无损检测工作是铁路产品(装备、设施和重要零部件等)检修工作中的重要环节，无损检测是确保铁路运输安全的重要技术手段。

铁路是国内最早开展无损检测工作的部门之一，早在建国初期，一些铁路工厂或部门即开展了探伤工作。1950年铁道部进口瑞士共振式超声波探伤仪检查钢轨，1951年铁道科学研究院与铁路工厂一起开展车轴超声波探伤研究，拉开我国超声波探伤的帷幕。

近些年，随着列车速度的不断提高和载重量的不断增加，运营安全越来越重要，相应地对无损检测工作的要求也越来越高，铁路设备、装备的主要部件都逐步开展了探伤工作。

铁路无损检测工作的特点之一是探伤对象数量大、品种多、分布广，其中包括250余万条轮轴、9万多公里的线路钢轨和400多万个钢轨焊接接头需要进行日常探伤检查。这些检测对象分布在铁路沿线或各地，因而需要庞大的探伤队伍从事探伤工作，到目前为止，铁路行业探伤人员已超过1.4万人，其中专门从事轮轴和机车车辆其他零部件探伤的人员就有4 000余人。

铁路无损检测主要用于在役产品的维护与检修，同时也用于新制产品的质量检查。对于在役产品，检查的主要对象是疲劳缺陷，在许多场合，一旦发现疲劳缺陷工件即需停止使用，因而无损检测工作的重点是如何发现缺陷，如何提高探伤的可靠性。对于新制产品，情况则有所不同，检查的主要对象是材质缺陷和制造缺陷，这些缺陷的检出往往并不困难，困难的是如何判定缺陷的大小，这直接决定着材料或者工件是否合格，因而新制产品探伤的重点和难点是如何提高判伤的准确性和正确性。

铁路无损检测工作大体分为两部分，一部分是工务产品的检测，包括钢轨、道岔和钢轨焊缝等，主要由工务段负责探伤；另一部分是机车车辆零部件的检测，包括车轴、车轮、摇枕侧架和轴承等，由车辆段、机务段和30余个铁路工厂负责探伤。从探伤方法上，五种常规探伤方法在铁路上均得到很好的应用，其中应用最多的是超声和磁粉两大探伤方法。工务方面的产品，如钢轨、道岔和焊缝等，基本全部使用超声波法进行探伤。机车车辆零部件，如车轴、车轮、齿轮和轴承等，则主要使用超声和磁粉两种方法进行检测。射线探伤法主要用于一些铸件和焊缝检查，涡流法则主要用于机车气阀和轮芯、连杆等表面缺陷的检查。

四、车辆零部件探伤

车辆零部件数量繁多，形状和结构复杂，其中既有锻件、铸件，又有轧制件和焊缝等，形式上则有板材、棒材和各种型材等。

探伤部件与车辆走行部分有关的较多，如车轴、车轮、轴承、转向架、交叉杆、制动梁和闸瓦等；另外还有与车辆连接有关的车钩和缓冲器等。这些部件一般都直接与运行安全有关，在制造和使用过程中都需要进行无损检测。

车辆零部件探伤主要是用超探法和磁探法，其中：

超声波探伤：主要用于车轴、车轮及其组装后的轮轴探伤。

磁粉探伤：用于各种锻件、铸件表面缺陷，尤其疲劳裂纹的探测。

射线探伤：主要用于重要铸件和焊缝探伤。

渗透探伤：主要用于车辆焊缝探伤，也可用其他探伤方法检测结果的核查。

车辆零部件探伤分为新制和在役两种情况。其中新制产品的探伤方法、标准等多借鉴于美国AAR标准、欧洲EN标准和ISO标准，有些产品甚至直接等效采用或等同采用国外同类产品的标准，有些则要进行某些修改，以适应国内情况，因而国内有些标准中会同时带有多种国外先进标准的痕迹。

大部分车辆零部件探伤都属于常规的机械部件的探伤，与其他部门相应部件的探伤几乎一样。但有些部件则有所不同，主要是这些部件在使用中有时需要组装在一起，较典型的是车轴、车轮和轴承等组装成的轮对，各部件彼此相互遮挡，不分解时探伤十分困难。探伤工作的难点不是探伤技术能否满足探伤要求，而是在具体的工况下，探伤技术如何实施。

第二节　超声波探伤基础知识

一 机械振动和机械波

（一）机械振动

1. 机械振动

物体沿着直线或曲线在某一平衡位置附近所做的来回往复的运动，称为振动，或机械振动。振动最突出的特点是具有重复性和周期性。在图 8-1-2 所示的情况中，如果向下拉动安装在弹簧一端的小球然后松手，小球便会在弹簧作用（弹性力）下上下运动，这种运动就是振动。平摆的运动则是机械振动的另一例子，当平摆移离其平衡位置然后放开后，摆也就在其平衡位置附近作机械振动。在摩擦力可忽略的情况下，上述振动规律都是余弦函数或正弦函数性质的，这样的振动称为简谐振动，或谐振动。

2. 振动的特征量（物理学描述）

为了描述机械振动的特性，需要引入一些特征量，常用的特征量有：

（1）振幅（A）——从平衡位置到振动最大位移之间的距离。

（2）周期（T）——质点完成一次全振动所需要的时间。

（3）频率（f）——质点在单位时间内完成全振动的次数。

按照以上的定义，容易看出，频率与周期是互为倒数的，即：

$$f=\frac{1}{T} \tag{8-1-1}$$

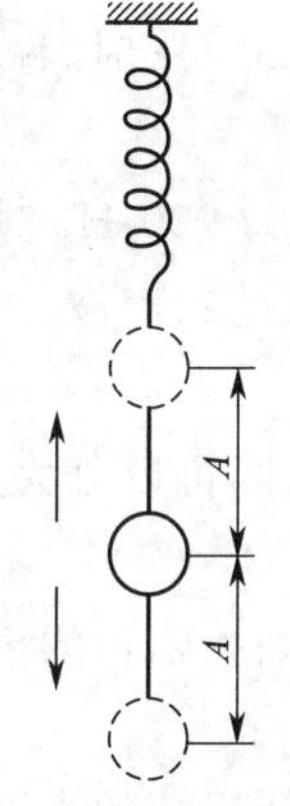

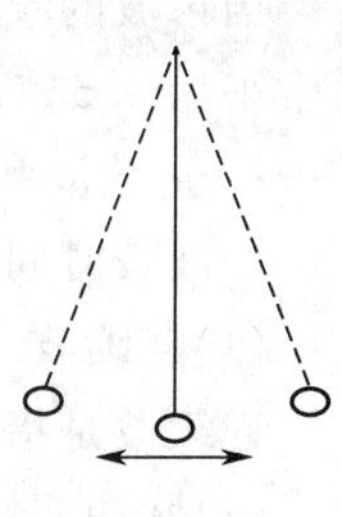

图 8-1-2　振动

3. 机械振动的方程及图像（数学描述）

为了描述机械振动，在数学上，可以使用代数方程的形式来描述简谐振动：

$$y=A\cos(\omega t+\varphi) \tag{8-1-2}$$

同时，也可以使用几何图像的方式来形象地描述质点位移随时间的变化规律，如图 8-1-3 所示。

（二）机械波

1. 波动及其分类

振动在介质中的传播的过程称为波动，或简称波。波动可以分为电磁波和机械波两大类，电磁波是电磁振荡在介质中的传播，而机械波则为机械振动在弹性介质中的传播。

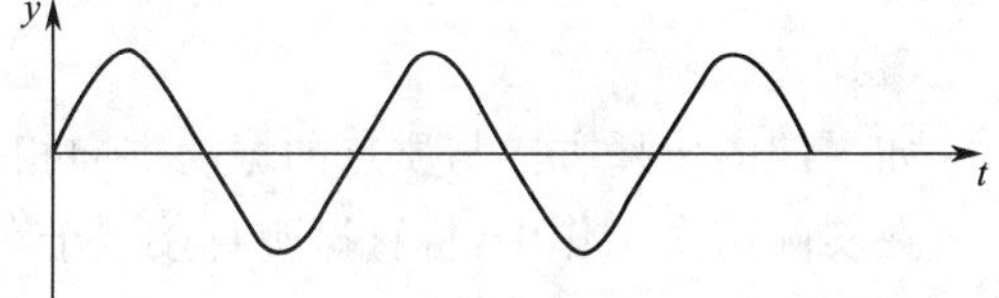

图 8-1-3　振动位移与时间的关系

2. 机械波和声波

当一个质点处于某种弹性介质中时，质点的机械振动往往不是孤立的，其周围的质点可能要受到影响，从而使振动在介质中进行传播，于是便产生了波，这种波即为机械波或弹性波，其中声波是最常见的一种机械波。

3. 声波的描述

波动的本质是机械振动在介质中的传播，它也有振幅、频率、周期等特征量，为了描述波动，也可以使用方程和图像的方法。波动方程(8-1-3)描述的是波线上任意一点在任意时刻的位移情况，因此与振动的图像表达的含义是不同的。

$$y=A\cos(\omega t-kx+\varphi) \tag{8-1-3}$$

式中　y——波中 x 处质点在 t 时刻的位移；

　　x——距声源的距离；

ω——角频率或圆频率，$\omega=2\pi f$；

k——波矢量，$k=\frac{\omega}{c}=\frac{2\pi}{\lambda}$；

φ——波的初相位。

4. 声波产生的条件

声波是机械振动在介质中的传播过程，要产生声波，首先必须有振动；同时，振动质点的周围还必须存在能够传递振动的弹性介质，即机械波的产生需要有两个基本条件：

(1)振动——波源。

(2)弹性介质——传播振动。

二、声波及其分类

1. 声波和超声波

声波作为机械波，按频率的不同，可以分为三类：

(1)可闻声波

频率范围处于20～20 000 Hz之间的声波，是人的听觉刚好能感受到的范围，称为可闻声波。

(2)次声波

当声波的频率低于20 Hz时，称为次声波。

(3)超声波

当声波的频率高于20 000 Hz时，称为超声波。次声波和超声波不可闻。在对钢材等金属材料探伤时，通常采用0.5～10 MHz的超声波。

2. 连续波和脉冲波

声波按时间的连续性，可以分为连续波和脉冲波两类。

(1)连续波

连续波是指持续时间无限长的声波，在观察的时间内，声波是连续不断的。

(2)脉冲波

脉冲波是指持续时间很短的声波，在观察时间内，波动不是连续的。脉冲波可以是一个单一的脉冲，也可以是每间隔一段时间就发出一个的脉冲组。在目前的工业探伤过程中，采用的主要是脉冲波。

3. 超声波的种类

根据声波的传播方向和质点振动方向的关系，声波可以分为纵波、横波、表面波和板波等多种不同类型的声波。

(1)纵波

如果波的传播方向与质点的振动方向相一致，则这样的波称为纵波，通常用L表示。

在实际探伤工作中，将直探头直接置于车轴端面进行穿透探伤检查时，探头向车轴内发射的就是超声纵波。

纵波可以在任何状态下的弹性介质中传播，也就是说既可以在固体中传播，也可以在液体和气体中传播。

(2)横波

如果波的传播方向与质点的振动方向相垂直，则这样的波称为横波，通常用T或S表示。横波在介质中传播时，介质会相应地产生剪切形变，故又称为剪切波或切变波。

在实际探伤工作中，从轴身上对轮座部位进行探伤扫查时，探头向轴内发射的声波就是超声横波。

由于横波传播时质点和质点之间的作用力为剪切力，而液体和气体都不能承受剪切力，所以横波不能在液体和气体中传播，而只能在固体介质中传播。

(3)表面波

只在固体介质表面传播的波称为表面波。其中最常见的一种表面波为瑞利表面波，最早被科学家瑞利所发现，通常用R表示。

理论上说，表面波可以用来检测车轮踏面的裂纹、剥离、擦伤等缺陷。

表面波只能在固体表面传播，其传播深度一般不大于一个波长。

(4)板波

在薄板中传播的声波称为板波，广义的板波也包括在棒材中和管材中传播的声波，板波的最大的特点是介质界面之间都充满声波，声波的传播要受到介质表面的制约，因而也称为制导波。蓝姆波是最常见也最主要的一种板波。

4. 超声波的波形

声波在无限大且各向同性的介质中传播时，根据波阵面形状的不同，可以将声波分为平面波、球面波和柱面波等。

波阵面是指同一时刻介质中振动相位相同的点联成的不间断的面。

(1)平面波

波阵面的形状：无限大平面；

波源的形状：无限大平面；

各质点振幅为恒量，不随距离变化而变化。

(2)球面波

波阵面的形状：球面；

波源的形状：点状；

各质点振幅与传播距离成反比。

(3)柱面波

波阵面的形状：同心圆柱面；

波源的形状：直线；

各质点振幅与传播距离的平方根成反比。

(4)活塞波

波阵面的形状：靠近声源处近似于平面，远离声源处接近于球面；

波源的形状：有限大小的平面。

各质点振幅与距离的变化关系较为复杂，在距波源较近的区域内，有很多极大值和极小值的变化，在较远的区域上，随距离的增加振幅减小。实际探伤中所使用的探头就是活塞波声源。

三、超声波在单一介质中的传播

1. 波长、频率和声速

(1)波长

波中两个相邻的振动相位相同的点之间的距离称为波长，常用希腊字母 λ 表示。超声波在介质中传播时，质点每振动一次(一个周期)，声波在介质中刚好传播一个波长的距离，如图 8-1-4 所示。波长是长度量，探伤中常用的超声波波长大多在毫米数量级。

(2)频率

波中质点内每秒(在单位时间)振动的次数称为波的频率，也就是说，声波的频率就是波中质点的振动频率。频率的单位为赫[兹]，符号为 Hz，每秒振动一次频率为 1 Hz，振动两次为 2 Hz，振动 1 百万次则为1 MHz。

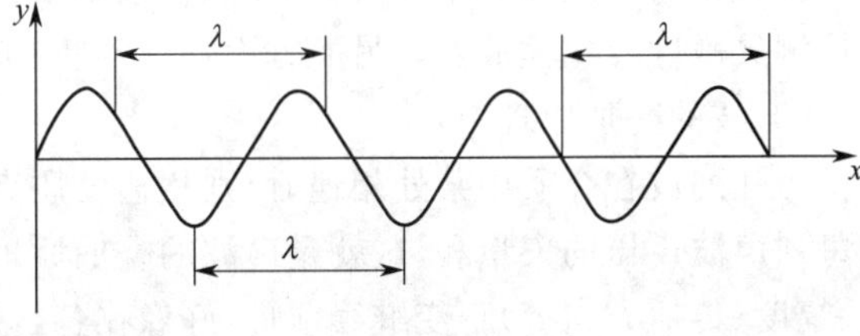

图 8-1-4　波长

(3)声速

单位时间内(如 1 s)声波在介质中传播的距离叫做声速。根据声速、波长和频率的定义，可以看出三者满足如下关系：

$$\lambda=\frac{C}{f} \tag{8-1-4}$$

①固体介质的声速

在固体介质中，可以传播各种波型的超声波，但同一介质中波型不同时，其声速的值也不同，纵波声速 C_L、横波声速 C_T 和表面波声速 C_R 分别如下式所示：

$$C_L=\sqrt{\frac{E}{\rho}\cdot\frac{1-\sigma}{(1+\sigma)\cdot(1-2\sigma)}}$$

$$C_T=\sqrt{\frac{G}{\rho}}=\sqrt{\frac{E}{\rho}\cdot\frac{1}{2(1+\sigma)}} \tag{8-1-5}$$

$$C_R=\frac{0.87+1.12\sigma}{1+\sigma}\cdot\sqrt{\frac{G}{\rho}}$$

式中 E——介质的弹性模量；

G——介质的切变横量；

σ——介质的泊松比；

ρ——介质的密度。

从以上公式中可以看出：

a. 固体介质中的声速不仅与波型有关，而且与介质的弹性和密度有关。

b. 在同一固体介质中，$C_L>C_T>C_R$。

②液体和气体介质中的声速

液体和气体介质中只能传播纵波，声速亦由材料的弹性和密度决定，不过，在液体和气体中，声速受温度影响较大。

2. 声波的传播特性

(1)散射和衍射现象

超声波在传播过程中，如果遇到障碍物(声特性阻抗与周围介质不同的介质)，就可能产生若干现象，这些现象与障碍物的大小有关。

如果障碍物的尺寸比超声波的波长小得多，则它们对超声波的传播几乎没有影响。

如果障碍物的尺寸甚小于超声波的波长，则波到达障碍物后将使其成为新的波源而向四周发射声波；如果障碍物的尺寸与超声波的波长近似，则超声波将发生不规则的反射、折射和透射，这些现象均是波的散射。

如果障碍物的尺寸比超声波的波长大得多，则声波在障碍物上产生反射和透射。如果障碍物的声阻抗与周围介质的声阻抗差别甚大，则在障碍物界面上主要产生超声波的反射而几乎无透射，此时在障碍物后面将形成一个声影区。不过，由于声波是一种波动，可绕过障碍物的边缘而向障碍物后面传播，即存在所谓的洐射或绕射现象，使得声影区随着离障碍物距离的增大而逐渐缩小，到一定的距离后会完全消失。此现象本质上是声波的干涉。

(2)散射和衍射对探伤的影响

由于散射的原因，超声波在遇到粗糙界面或材料内部粗大晶粒时，超声波的衰减将变得严重。为减小这种衰减，可以使波长变长，或使频率降低。

波长是由声速和频率决定的，在同样频率下，纵波比横波的波长长，因而纵波衰减较慢，穿透能力较强，但检测灵敏度要比横波低。另一方面，对于同一波型，频率高，则波长短，检测灵敏度高，但衰减较快。

(3)波的叠加原理

当几列波在介质中某处相遇时，则相遇处质点的振动是各列波所引起振动的合成。合成声场的声压等于每列声波声压的矢量和，这就是声波的叠加原理。相遇后各列声波仍保持它们各自原有的特性(频率、波长、幅度、传播方向等)不变继续前进，好像在各自的传播过程中没有遇到其他波一样，也就是说波的传播是独立的。

(4)干涉

一般来说，振幅、频率、周期都不同的几列波在某一点叠加时，这一点的振动将是很复杂的。一种简单而重要的情况是由两列频率相同，波型相同，相位相同或相位差恒定的波的叠加，即相干波的叠加。相干波叠加后的声压频率与两列声波原来的频率相同，而幅度则与两列波在不同位置上的相位差有关，在某些位置上的振动会始终加强，而在另一些位置上的振动则会始终减弱或完全抵消，即产生所谓的干涉现象。

(5)惠更斯原理

波动起源于波源的振动，波的传播须借助于介质中质点之间的相互作用。对于连续介质来说，任何一点的振动将引起相邻质点的振动，所以，波前在介质中达到的每一点都可以看作是一个新的波源(即子波源)，并向前发出球面子波，这就是惠更斯原理。当波在不均匀的或各向异性的介质中传播时，可用惠更斯原理求出新的波阵面和波的传播方向，此时波阵面的形状和波的传播方向与前一时刻都可能发生变化。

3. 超声场的特征量

介质中有超声波存在的区域称为超声场，声场可用声压、声强、声阻抗来描述。

(1)声压

在有声波传播的介质中，某一点在某一瞬间所具有的压强与没有声波存在时该点的静压强之差称为声压。声压的单位是帕[斯卡](Pa)。

声压是个交变量，可写成 $p(t)=p\cos(\omega t-kx+\varphi)$，在实用上，比较两个超声波并不需要对每个时间 t 进行比较，只需用其幅度作比较。因此，通常就把声压幅度简称声压，用符号 p 表示。可以证明，对于无衰减的平面余弦行波来说 $p=\rho cu$(式中 ρ 为介质密度，c 为介质中声速，u 为质点振动速度)。

声压的大小(随传播距离的变化)与波形有关，平面波声压是恒量，球面波声压与距离(a)成反比，即：$p\propto\frac{1}{a}$，柱面波声压与距离的平方根成反比，即：$p\propto\frac{1}{\sqrt{a}}$。

(2)声阻抗

由 $p=\rho cu$ 可知，在同一声压 p 的情况下，ρc 越大，质点振动速度 u 越小；反之，ρc 越小，质点振动速度 u 越大，所以把 ρc 称为介质的声特性阻抗(简称声阻抗)，以符号 z 表示。可以看出，声阻抗也就是介质中某点处的声压与该点处质点振动速度的比值。

声阻抗能直接表示介质的声学性质，在超声检测领域内所采用的许多方程中，经常出现介质密度与声速的相乘积，而不是其中某一个值，因此常将 ρc 作为一个独立的概念来理解。

(3)声强

在垂直于声波传播方向上，单位面积上在单位时间内所通过的声能量称为声强度，简称声强(或声的能流密度)。对于简谐波，常将一周期中的能流密度的平均值作为声强，并用符号 I 表示，即 $I=\frac{1}{2}\cdot\frac{p^2}{z}$，式中 ρ 为介质密度，z 为介质的声阻抗。

可见，在同一介质中，声强与声压的平方成正比。

(4)声压和声强的分贝表示

由于声强的变化范围非常大，数量级可以相差很多，用通常数字表示和运算很不方便，并且人耳对声音响度的感觉近似地与声强的对数成正比，于是采用对数来表示这一关系，即：

$$\Delta=\lg\frac{I_1}{I_2}\text{(贝尔)} \tag{8-1-6}$$

在实用上，贝尔这个单位太大，使用起来十分不便，于是取其 1/10 作为一个新单位，称为分贝尔，或分贝，用符号 dB 表示，(8-1-6)式可写成：

$$\Delta=10\lg\frac{I_1}{I_2}\text{(dB)}=20\lg\frac{p_1}{p_2}\text{(dB)} \tag{8-1-7}$$

对于垂直线性良好的仪器，声压与回波高度成正比，即：

$$\frac{p_1}{p_2}=\frac{H_1}{H_2} \tag{8-1-8}$$

因此，回波的高度也可以用 dB 来描述。如：欲将一高度为 80％的回波变为 40％，可利用衰减器将回波衰减 6 dB。

$$\Delta=20\lg\frac{p_1}{p_2}=20\lg\frac{H_1}{H_2}=20\lg\frac{80\%}{40\%}=6\ \text{(dB)}$$

也可看出，波高每降低一半需衰减 6 dB，如欲将 60％的波高降为 30％，需要衰减 6 dB；从 30％降为 15％，也要衰减 6 dB；所以，从 60％降为 15％需衰减 12 dB。反之，若需升高 1 倍(升至原来的 2 倍)，则需增益 6 dB；若需升高至 4 倍，则需增益 12 dB(图 8-1-5)。

四、超声平面波在界面上的反射与透射

(一)垂直入射

1. 声压反射率与声压透射率

当声平面波垂直入射到声阻抗不同的两介质的大平界面时，如图 8-1-6 所示，则入射波能量(声强为 I_0，声压为 p_0)的一部分进入介质Ⅱ，称为透射波(声强为 I_t，声压为 p_t)，另一部分能量被界面反射回来，仍在介质Ⅰ中传播，称为为反射波(声强为 I_r，声压为 p_r)。

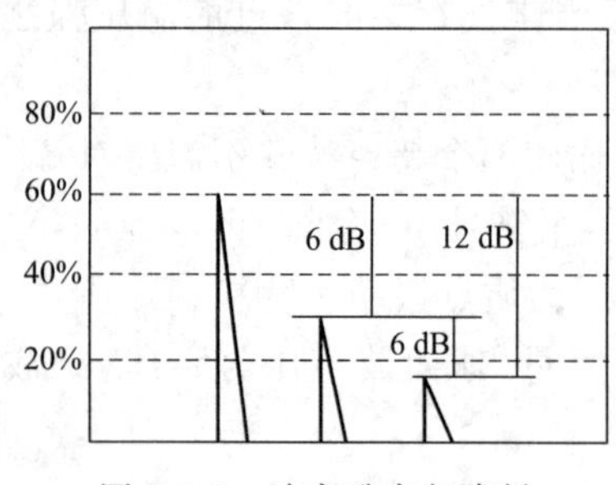

图 8-1-5 波高升高与降低

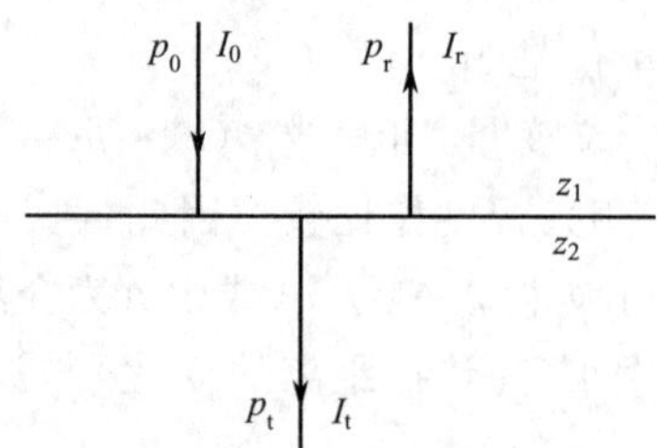

图 8-1-6 声波的反射和透射

根据能量守恒规律

$$I_0 = I_t + I_r \tag{8-1-9}$$

按照力的平衡原则

$$p_0 + p_r = p_t \tag{8-1-10}$$

另外，在界面上质点的振动速度是连续的：

$$\frac{p_0}{z_1} = \frac{p_r}{z_1} = \frac{p_t}{z_2} \tag{8-1-11}$$

在实际检测工作中常用反射波声压(p_r)与入射波声压(p_0)的比值表示声压反射系数 r，根据声压连续和振速连续的边界条件可推出

$$r = \frac{p_r}{p_0} = \frac{z_2 - z_1}{z_2 + z_1} \tag{8-1-12}$$

用透射波声压(p_t)与入射波声压(p_0)的比值来表示声压透射系数 t，且有

$$t = \frac{p_t}{p_0} = \frac{2z_2}{z_2 + z_1} \tag{8-1-13}$$

对声压反射率和声压透射率的公式，进行如下讨论：

(1)从公式的形式上可以看出，在垂直入射时，r 和 t 只与介质两侧的声阻抗有关。

(2)若 $z_1 \gg z_2$，则 r 趋于 -1，而 t 趋于 0，即超声波几乎发生全反射，但反射波的相位与入射波的相位相反。在用纵波对车轴进行穿透探伤时，底面反射波就是在钢/空气($z_1 \gg z_2$)界面发生的全反射。

(3)若 $z_1 \ll z_2$，则 r 趋于 1，而 t 趋于 2，即超声波几乎发生全反射，反射波的相位与入射波相同。t 虽然较大，但由于此时的透射波处于第二介质中，$z_2 \gg z_1$，而 $I = p^2/(2z)$，因此，透射波的能量仍然很小，远不会大于入射波的能量，这与能量守恒定律并不矛盾。

在探伤过程中，若使超声波从空气透入工件，则 $z_1 \ll z_2$，因此透射能量很低，为使超声波有效透入工件中，需要提高 z_1 的值，这也是探伤中要使用耦合剂的原因。

(4)若 $z_1 \approx z_2$，可以看出 $r \approx 0$ 而 $t \approx 1$ 后，这时声波几乎没有反射而全部从第Ⅰ介质透射入第Ⅱ介质。

(5)界面两侧声阻抗相差越大，反射的声压越高；反之，界面两侧声阻抗相差越小，则反射的声压越低。

(6)按照力的平衡原则和声压反射率、声压透射率的定义，容易看出：$1 + r = t$。

2. 往复透射比

如图 8-1-7 所示，入射声压为 p_0 的声波经 z_1/z_2 界面部分透射到第二介质中，并在底面由空气界面完全反射后又透射过 z_2/z_1 界面，$\frac{p_t}{p_0} = \frac{2z_2}{z_1 + z_2}$，$\frac{p'_t}{p_0} = \frac{2z_1}{z_1 + z_2}$并得到声压 p$'_t$，返回声压 p'_t与入射声压 p_0 之比即为声

压往返透射比 T_p，由

可得：

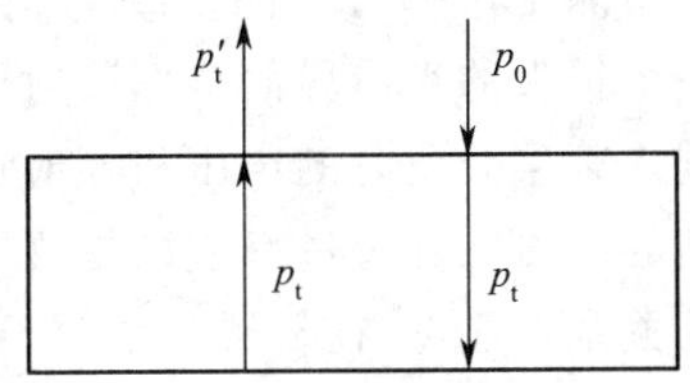

图 8-1-7　往复透射

$$T_p=\frac{p_t}{p_0}\cdot\frac{p_t'}{P_t}=\frac{4z_1z_2}{(z_1+z_2)^2} \tag{8-1-14}$$

（二）倾斜入射

1. 波型转换和反射、折射定律

（1）波型转换

超声波倾斜入射到异质界面上，除了产生与入射波类型相同的反射波和折射波外，还可能产生与入射波类型不同的反射波和折射波，这种现象称为波型转换。

波型转换只有倾斜入射时才会发生，垂直入射时不会产生。

（2）反射-折射定律

如果超声波由一种介质以纵波（或横波）形式以某一角度倾斜入射于异质界面上，将会产生反射纵波（或横波）。与此同时，由于波型转换，又可产生反射横波（或纵波）。同时，在介质Ⅱ中，还会产生折射纵波和折射横波。见图 8-1-8。

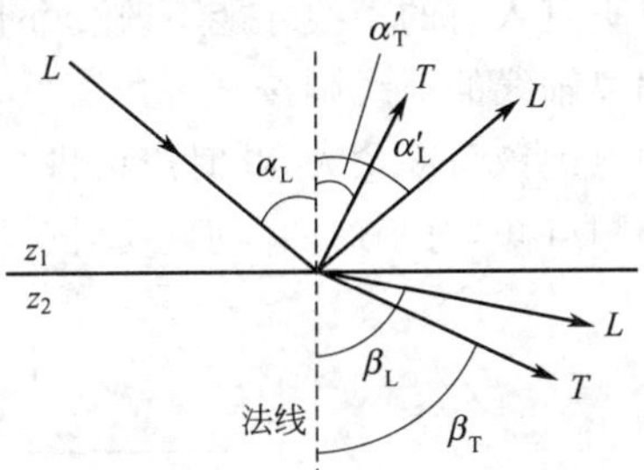

在图 8-1-8 中，C_{L1}，C_{T1} 分别为第Ⅰ介质中的纵波速度和横波速度，C_{L2}，C_{T2} 分别为纵波和横波在第Ⅱ介质中的速度，纵波入射角为 α_L，纵波反射角为 α_L'，横波反射角为 α_T'，纵波和横波在第Ⅱ介质中的折射角分别为 β_L，β_T，则入射角、反射角和折射角之间有如下关系：

$$\frac{\sin\alpha_L}{C_{L1}}=\frac{\sin\alpha_L'}{C_{L1}}=\frac{\sin\alpha_T'}{C_{T1}}=\frac{\sin\beta_L}{C_{L2}}=\frac{\sin\beta_T}{C_{T2}} \tag{8-1-15}$$

图 8-1-8　波型转换

从以上公式中容易得出：

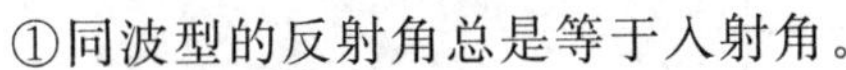

①同波型的反射角总是等于入射角。

②声速越大，对应的角度也越大，即同一介质中横波总比纵波更靠近法线。

2. 临界角

（1）如果入射波为纵波，且 $C_{L2}>C_{L1}$，则 $\beta_L>\alpha_L$（图 8-1-9）。且 β_L 随着 α_L 的增大而增大。当 $\beta_L=90°$ 时，所对应的纵波入射角称为第Ⅰ临界角，用符号 α_{I} 表示。在第Ⅰ临界角以后，介质Ⅱ中只有折射横波存在。第Ⅰ临界角可用下式求得：

$$\alpha_{\mathrm{I}}=\arcsin\frac{C_{L1}}{C_{L2}} \tag{8-1-16}$$

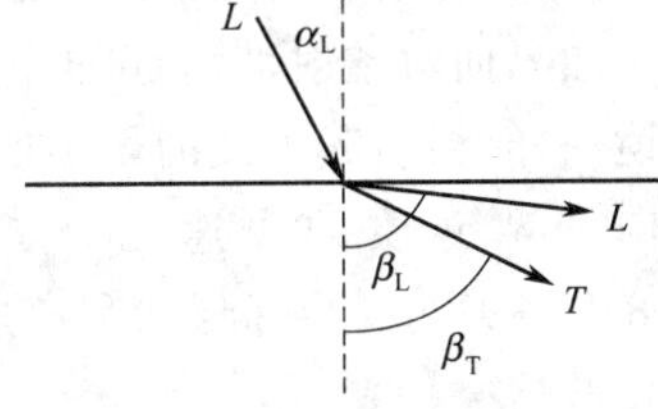

图 8-1-9　纵波临界角

（2）如果入射波为纵波，且 $C_{T2}>C_{L1}$，则 $\beta_T>\alpha_L$，且随 α_L 的增大 β_T 亦增大。当 $\beta_T=90°$ 时，纵波的入射角称为第Ⅱ临界角，用符号 α_{II} 表示。α_{II} 可用下式求得：

$$\alpha_{\mathrm{II}}=\arcsin\frac{C_{L1}}{C_{T2}} \tag{8-1-17}$$

（3）如果入射波为横波，斜射至固体/气体界面，将会产生反射横波和反射纵波，且 $\alpha_L'>\alpha_T'$（图 8-1-10）。当入射角 α_T 达到某一数值时，可使 $\alpha_L'=90°$，定义此时的横波入射角 α_T 为第三临界角，用 α_{III} 表示（图 8-1-10）。

$$\alpha_{\mathrm{III}}=\arcsin\frac{C_T}{C_L} \tag{8-1-18}$$

根据临界角的定义可以看出，$\alpha<\alpha_{\mathrm{I}}$ 时，第二介质中同时存在着折射纵波和折射横波，而 $\alpha_{\mathrm{I}}<\alpha<\alpha_{\mathrm{II}}$ 时，第二介质中只存在折射横波而没有折射纵波。

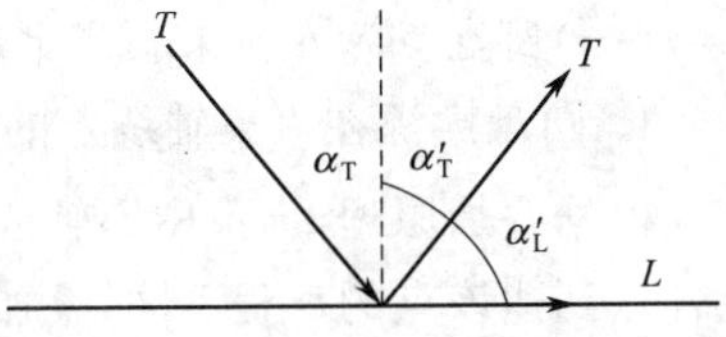

图 8-1-10　横波临界角

3. 斜入射时的反射系数和透射系数

反射定律和折射定律仅说明反射波和透射波的方向而没有涉及它们之间的声压关系。斜入射时这种关系计算比较复杂，下面以纵波斜入射至有机玻璃/钢界面时的情况为例来说明。

当纵波斜入射至有机玻璃 /钢界面时，也可做出反射声压和折射波声压与入射角之间的关系图，但在超声检测工作中，我们更感兴趣的是纵波从第Ⅰ介质向第二介质斜入射时，透过界面在第二介质中传播，并在一个很大的光滑界面全部反射回来，再次透过界面进入第Ⅰ介质时的声压和入射纵波声压之比(即所谓的声压往复透过率或往复透射率)与入射角之间的关系。显然，往复透过率等于声波从第Ⅰ介质到第Ⅱ介质的透射系数与从第Ⅱ介质到第Ⅰ介质的透射系数的乘积。图 8-1-11 为有机玻璃/钢界面的往返透过率与纵波入射角之间的关系。

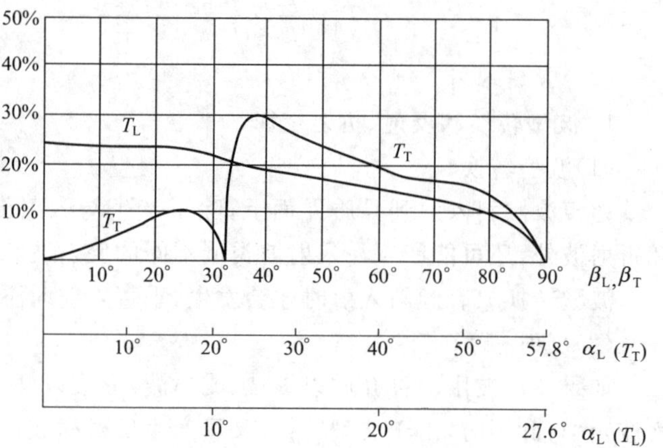

图 8-1-11 声波在有机玻璃/钢界面上往复透过率

超声波倾斜入射声压反射率与透射率不仅与声阻抗有关，而且与波型和入射角度有关。

(三)曲界面上的反射和透射

如果平面波入射到曲界面(球面或柱面)上，只有垂直入射的声线才能不改变角度地反射或透射，偏离轴线的声线则按某一角度反射和折射，声线离轴愈远该角度愈大，此时声束将会聚焦或发散。凹界面和凸界面时的反射如图 8-1-12 所示。由简单的几何作图可知，对于球凹界面，反射后将会聚于一个焦点上。对于球凸界面，则声束反射后将是发散的。

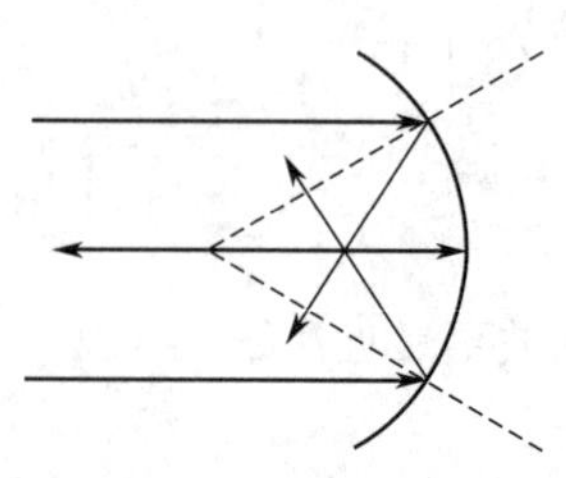
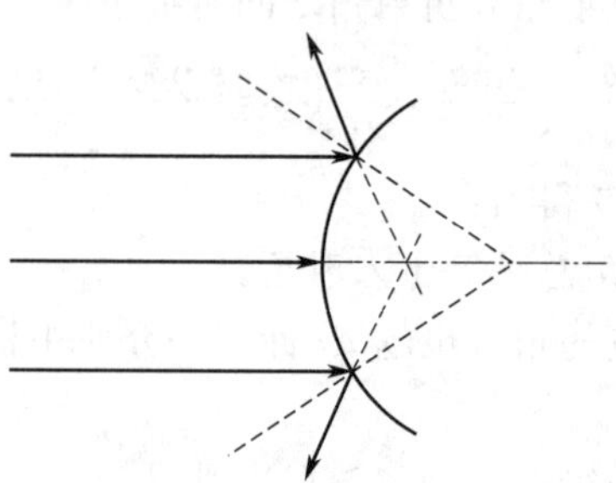

图 8-1-12 在曲面上的反射

可见，反射波的聚焦与发散性只与界面形状有关。

曲界面对透射波所起的作用，就像光学上聚焦透镜和发散透镜一样，会引起声波的聚焦或发散，聚焦或发散与界面的弯曲方向和两介质的声速比(c_2/c_1)有关，并且遵从折射定律。图 8-1-13说明了界面形状和声速相对大小不同时透射波的聚焦与发散情况。

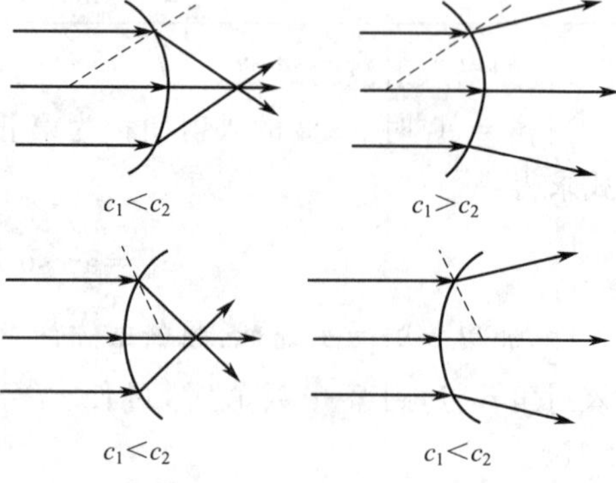

图 8-1-13 在曲面上的透射

五、圆盘声源的声场

圆盘声源是指一种平面状的圆形振子，当它沿平面法线方向振动时，表面各点的振动幅值和相位都相同，类似于活塞的运动。

(一)圆盘声源在声束轴线上的声压分布

1. 圆盘声源在声束轴线上的声压公式

根据叠加原理，声束中心轴线上任何一点处的声压，等于声源上各点辐射的声压在该点的叠加。由于源上各点到达该点的声程不同，叠加时有相位差，因而在整个声束轴线上会出现声压极大值和声压极小值的波动，其声压分布规律如图 8-1-14 所示。

图中横坐标 a 代表声束中心轴线上一点与声源的距离，p_0 为声源初始声压。

2. 近场区长度

声轴线上最后一个声压极大值点到声源的距离称为近场长度，以 N 表示，当晶片直径 D 远大于波长 λ 时，

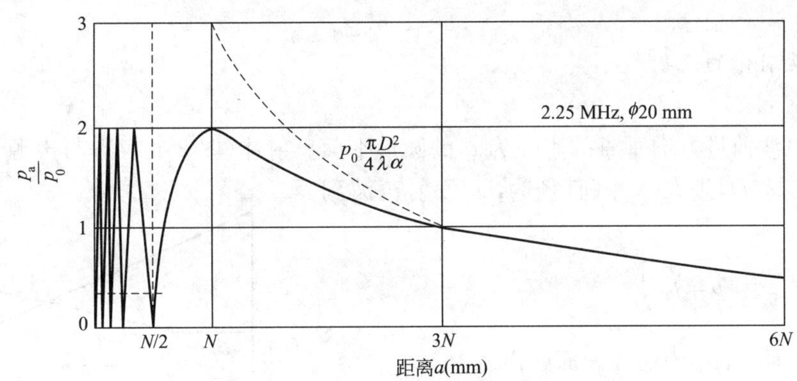

图 8-1-14　轴线上的声压分布

$$N\approx\frac{D^2}{4\lambda}=\frac{A}{\pi\lambda} \tag{8-1-19}$$

式中，A 为晶片的面积。

对方形晶片来说，如果把方片的一边长度看作 D，按上式也能算出方形晶片近场长度的大致数值。

由(8-1-19)式可见，晶片尺寸越大，频率越高，则 N 越大。

距离小于 N 的范围称为近场，距离大于 N 的范围称为远场。图 8-1-14 中还表示出了远场中球面波声压的变化规律。可以看出，在距离 $a>3N$ 时，圆盘源轴线上的声压与球面波声压之间的差别已甚小，此时，声压近似为：

$$p=\frac{p_0 A}{\lambda a} \tag{8-1-20}$$

3. 指向性

图 8-1-15 形象地给出了圆盘源声源在远场的声压分布，可以看出声场内有主声束和副瓣声束之分，超声波能量的主要部分集中在主声束内(80%以上)，这种声束集中向一个方向辐射的性质叫做声场的指向性。

在远场中第一个声压为零的方向，刚好是主声束和副声束的分界线，这个方向与中心轴线之间的夹角 θ_0 可用来表示声束的指向性，称为指向角，如图 8-1-15 所示。

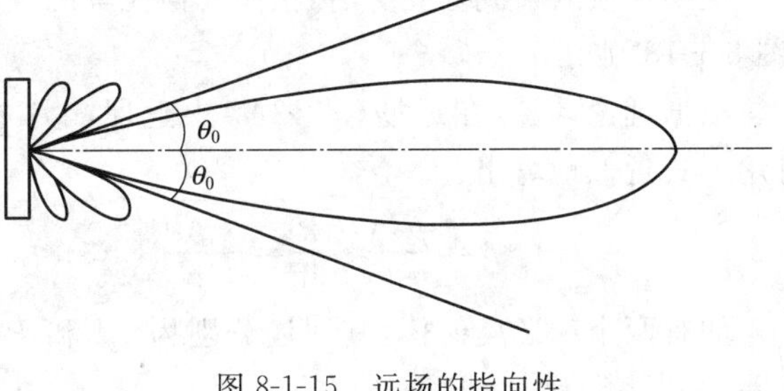

图 8-1-15　远场的指向性

指向角 θ_0 可用下式表示：

$$\sin\theta_0=\eta_0\frac{\lambda}{D} \tag{8-1-21}$$

式中　η_0——声源形状系数，圆晶片取 1.22，方晶片对 1.0；

λ——传播介质中声波的波长；

D——圆声源的直径、方声源的边长。

显然，声源的直径(边长)D 愈大，波长 λ 愈短，θ_0 愈小，指向愈尖锐；尺寸相同时，方晶片的指向性要比圆晶片好。

对于圆形晶片，指向角可近似写成：

$$\theta_0=1.22\frac{\lambda}{D}(\text{rad})\approx 70\frac{\lambda}{D}(°) \tag{8-1-22}$$

对于方形晶片则有：

$$\theta_0\approx 57\frac{\lambda}{D}(°) \tag{8-1-23}$$

4. 未扩散区

在近场区，对于圆晶片，当距离 $a\leqslant b$ 时(图 8-1-16)，可以认为超声能量还未扩散，而集中在以晶体面积为底的圆柱体内，$\overline{ob}$段称为未扩散区，$\overline{ob}$以远声波以 θ_0 的斜率扩散，则称为扩散区，θ_0 称为半扩散角，实际上就是前面的声场指向角。按几何关系：

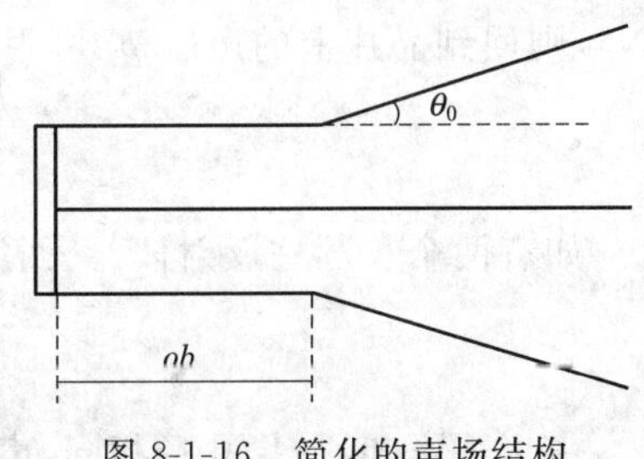

图 8-1-16　简化的声场结构

$$\overline{ob} \approx 1.67N \tag{8-1-24}$$

(二)规则形状反射体的反射

1. 平底孔反射

假设有一个与声波前进方向垂直的直径为 d 的圆形平面反射体(图 8-1-17),与声源相距 a,落在远场中($a>3N$),且 $d<0.4a\lambda/D$,则在晶片(直径为 D)发射声波到达 a 处时的声压是:

$$p=p_0\frac{A}{\lambda a}$$

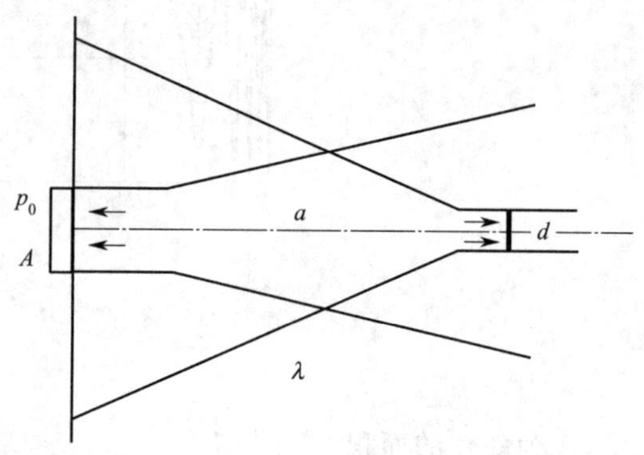

图 8-1-17 平底孔反射

式中 $A=\frac{\pi D^2}{4}$ 为晶片面积,p_0 为晶片表面的声压。

因反射体小且为全反射,即反射体将接收到的声压 p 完全反射回来,根据惠更斯原理,该反射体可视为一新的声源,其声压幅为 p,使超声波向晶片方向反射。反射波与入射波一样也是扩散的,其中一部分能量被晶片接收,晶片接收到的声压 p_r 应如(8-1-25)式所示:

$$p_r=p\frac{s}{\lambda a}=p_0\frac{As}{\lambda^2 d^2} \tag{8-1-25}$$

式中 $s=\frac{\pi d^2}{4}$ 为圆形反射体的面积。此式表示圆形平面缺陷产生的回波声压与缺陷面积成正比,此式对方形或其他形状小的平面缺陷也同样成立。

如有两个平底孔,其回波分别为 p_1 和 p_2,则二者相差的分贝数为:

$$\Delta=20\lg\frac{p_1}{p_2}=40\lg\frac{d_1}{d_2}+40\lg\frac{a_2}{a_1} \tag{8-1-26}$$

由上式可知:如果孔径相同,声程增加 1 倍,则声压降低 12 dB。如果声程相同,孔径增加 1 倍,则声压升高 12 dB。

2. 球形反射体

当超声波入射到球孔上时,按照几何光学的观点,超声波会向各个方向反射,回到晶片的超声波就很少(图 8-1-18)。

根据理论计算,在远场($a>3N$)中返回晶片的声压 p_r 可用下式近似地算出:

$$p_r=\frac{p_0 A}{\lambda a}\cdot\frac{d}{4a}=\frac{p_0 Ad}{4\lambda a^2} \tag{8-1-27}$$

如有两个球形反射体,其回波分别为 P_1 和 P_2,则二者相差的分贝数为:

$$\Delta=20\lg\frac{p_1}{p_2}=20\lg\frac{d_1}{d_2}+40\lg\frac{a_2}{a_1} \tag{8-1-28}$$

由上式可知:如果孔径相同,声程增加 1 倍,则声压降低 12 dB。如果声程相同,孔径增加 1 倍,则声压升高 6 dB。

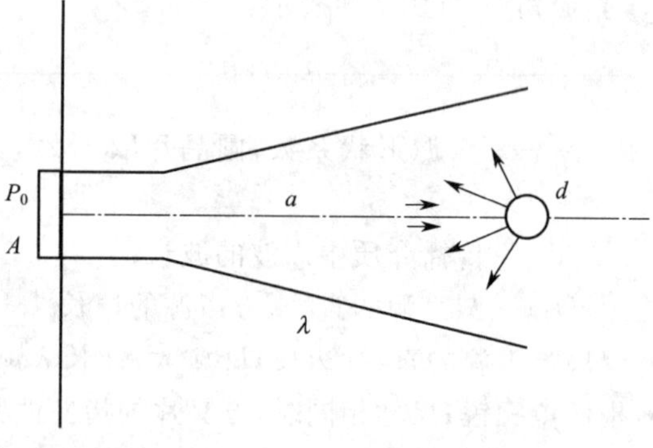

图 8-1-18 球孔反射

3. 长圆柱孔(横孔)

当反射体是较小的圆柱侧面时(图 8-1-19),只要圆柱长度 L 大于超声束宽度,反射体处于远场($a>3N$),则回到晶片上的声压 p_r 可用下式近似地表示:

$$p_r=p_0\frac{A}{\lambda a}\sqrt{\frac{d}{8a}} \tag{8-1-29}$$

如有两个长圆柱反射体,其回波分别为 p_1 和 p_2,则二者相差的分贝数为:

$$\Delta=20\lg\frac{p_1}{p_2}=10\lg\frac{d_1}{d_2}+30\lg\frac{a_2}{a_1} \tag{8-1-30}$$

由上式可知:如果孔径相同,声程增加 1 倍,则声压降低 9 dB。如果声程相同,孔径增加 1 倍,则声压升高 3 dB。

4. 大平面的反射

如果一个与超声波前进方向垂直，大于超声束宽度的大平面，大平面处于晶片的远场($a>3N$)，超声波束入射到该平面上又被完全反射回探测面，相当于声波传播了 $2a$ 的距离(见图 8-1-20)，设晶片接收到的声压为 p_B，则：

$$p_B=p_0\frac{A}{2\lambda a} \tag{8-1-31}$$

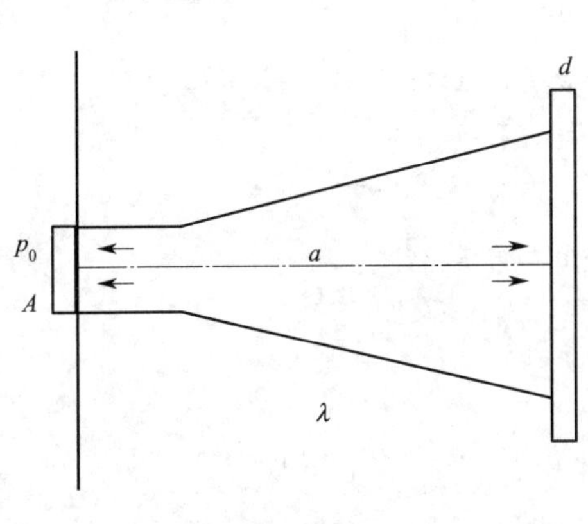

图 8-1-19　长横孔反射

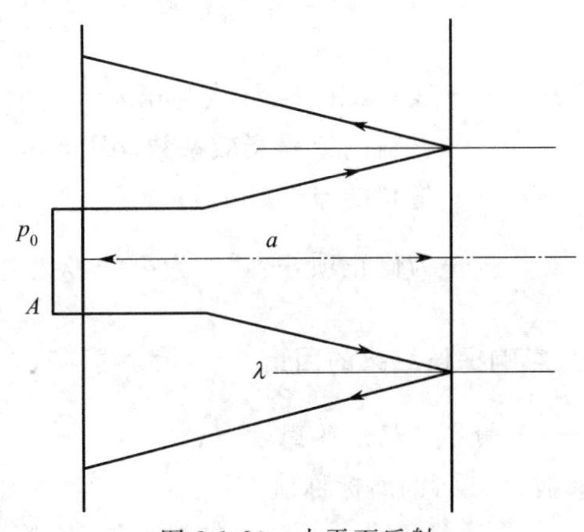

图 8-1-20　大平面反射

如有两个大平面，其回波分别为 p_1 和 p_2，则二者相差的分贝数为：

$$\Delta=20\lg\frac{p_1}{p_2}=20\lg\frac{a_2}{a_1} \tag{8-1-32}$$

由上式可知：如果声程增加 1 倍，则大平面的声压降低 6 dB。

六、超声波在传播过程中的衰减

前面讨论了声波在无衰减介质中的传播，现在讨论存在介质衰减时的情况。超声波在实际介质中传播时，总是存在着衰减，其能量或声压将随传播的增大而逐渐减小，这种现象称为衰减。

(一)引起衰减的原因

1. 扩散衰减

在声波的传播过程中，随着传播距离的增大，非平面声波的声束不断扩散增大，因此单位面积上声能(或声压)随距离的增大而减弱，这种衰减称为扩散衰减。

扩散衰减仅取决于波的几何形状而与传播介质的性质无关。在远离声源的声场中，球面波的声压 p 与至声源的距离成反比，而柱面波的声压 p 与至声源距离的平方根成反比。对于平面波，声能(或声压)不随传播距离而变化，不存在扩散衰减。

2. 散射衰减

实际工件材料不是绝对均匀的，例如材料中有外来杂质、金属中有第二相析出和晶粒的任意取向等，都会导致整个材料声阻抗不均匀，从而引起声的散射。被散射的超声波在介质中沿着复杂的路径传播下去，这种衰减称为散射衰减，衰减的强弱与材料的晶粒大小和波长(受频率和声速的影响)的相对长度有关。

3. 吸收衰减

超声波在介质中传播时，由于介质的黏滞性而造成质点之间的内摩擦，从而使一部分声能转变成热能。同时，由于介质的热传导，介质的稠密和稀疏部分之间的热交换导致的声能损耗，以及由于分子弛豫而造成的声能吸收等，这些现象造成的衰减称为吸收衰减。

(二)衰减规律和衰减系数

对于平面简谐波来说，声压衰减规律可用下式表示：

$$p=p_0 e^{-\alpha x} \tag{8-1-33}$$

式中 p_0——为入射到材料界面上时($a=0$ 处)的声压；

p——为超声波在材料中传播一段距离 a 后的声压；

α——为衰减系数。

需要指出的是，对于大多数固体和金属介质来说，通常所说的超声波的衰减，即由 α(衰减系数)表征的衰减仅包括散射衰减 α_s 和吸收衰减 α_a 而不包括扩散衰减。

对于上下面平行的试件的衰减系数可用下式进行计算：

$$\alpha=\frac{\Delta_{m-n}-20\lg\frac{n}{m}}{2(n-m)T}(\mathrm{dB/mm}) \tag{8-1-34}$$

式中 Δ_{m-n}——表示试样第 m 次与第 n 次底面回波幅值的 dB 差($n>m$)；

α——材料的单程衰减系数(dB/mm)；

T——材料的厚度(mm)；

$20\lg\frac{n}{m}$——为修正项，实际上为第 m 次和第 n 次底面回波间的扩散衰减。

七、影响探伤结果的因素

(一)影响定位精度的因素

1. 波束方向偏离标称值

(1)探头质量不良，如：波束轴线歪斜、K 值和入射点标称值与实际值不一致等。

(2)试件的表面状态、探测面形状、边界等因素也可能引起定位误差。

2. 测距标定和读数不准确

缺陷位置的获得是通过屏幕读取的，如果测距本身的标定是不精确的，那么，结果必然存在误差。

3. 仪器性能不良

(1)数字仪器的采样频率较低，甚至时钟频率较低都会影响定位精度。

(2)模拟仪器的水平线性误差较大。

(3)模拟仪器时基刻度本身存在误差。

4. 探头的指向性

探头的指向性越好，定位误差越小，反之误差越大。

5. 工件实际声速与设定值或试块声速不一致。

(二)影响定量精度的因素

1. 仪器及探头特性的影响

(1)衰减器精度和垂直线性的影响

A 型脉冲反射式超声波探伤仪是根据相对波高来对缺陷定量的，而相对波高常用衰减器来度量，因此衰减器精度直接影响缺陷定量精度，衰减器精度低，定量误差大。同时，仪器的垂直线性好坏也将影响定量的精度，垂直线性误差大，定量误差也大。

(2)探头形式和晶片尺寸的影响

由于实际缺陷的部位和方向的不同，应采用不同形式的探头，晶片尺寸影响近场区的长度和指向性，因此对定量也有一定的影响。

2. 耦合和衰减的影响

(1)耦合的影响

为了减小界面两侧的声阻抗的相对大小，在探头与工件接触面上需加耦合剂，目的是排除探头与工件表面的空气，从而使超声波有效地透入试件中。如果耦合剂的声阻抗不同，则声压透射率不同，因此实际探伤中，在试块上和工件探伤中必须使用同一种耦合剂。

另一方面，耦合层的厚度也会影响声压透射率，因此探伤中，对探头施加的压力大小会影响回波高度，进而影响对缺陷的定量。

(2)衰减的影响

由于实际工件和试块的衰减情况不同，因此探伤中要适当地进行补偿，补偿时还要考虑回波位置的声程。

3. 试件几何形状和尺寸的影响

由于试件表面和底面的形状不同，超声波在不同的界面可能产生反射波的聚焦或发散，在粗糙度不同的界面上，散射衰减也不同，这些因素必然会影响对缺陷的定量。

4. 缺陷自身的影响

(1)缺陷形状

通过前面规则形状反射体的声压公式可以看出，不同形状的缺陷其回波的高度是不同的，对于给定的探头(晶片尺寸和频率一定)，形状不同的缺陷随声程的变化规律亦不同。

(2)缺陷取向

当缺陷与声束方向垂直时，回波最高，当有倾角时，缺陷波高随入射角的增大而急剧下降。

(3)缺陷波的指向性

反射波的指向性与缺陷的大小有关，当缺陷较小时，缺陷波能量呈球形分布，而缺陷较大时，反射波可看成镜面反射，此时，缺陷指向性对回波高度影响较大。

(4)缺陷表面粗糙度

对于表面粗糙的缺陷，当声波垂直入射时，声波被散射，同时各部分反射波由于有相位差而干涉，使缺陷回波高度随粗糙度的增大而下降。当声波倾斜入射时，缺陷回波高度随凸凹程度与波长的比值增大而增高。当凸凹程度接近波长时，即使入射角度较大，也能接受到反射波。

(5)缺陷性质

由于缺陷性质的不同，缺陷表面两侧的声阻抗比也不同，进而声压反射率也不相同，回波的高度自然也不同。

八、探伤灵敏度和仪器校准

超声波探伤是一种相对测量，或比较测量，需要将未知缺陷与已知缺陷进行“比较”才能进行正确判伤，因而探伤前需要首先在试块(已知缺陷)上或工件上对设备进行校准，其中包括探伤灵敏度校准和测距校准，使探伤系统达到规定的探伤能力和显示范围，才能进行有效的探伤作业。

(一)探伤灵敏度及其校准

探伤灵敏度有各种各样不同的表示方法，其中应用较多也较直观的表示方法是用测距与缺陷当量大小的乘积法，即用某测距上可探出的最小缺陷直径与该测距的乘积来表示。如 ϕ2 mm×100 mm 平底孔，即表示能探出 100 mm 测距处 ϕ2 mm 平底孔当量的缺陷。在很多情况下，探伤灵敏度表示式中的测距往往就是探伤的最大测距。

探伤灵敏度需要根据探伤标准、规范或使用要求进行校正，不可随意调低，也不可盲目调高，灵敏度调低会造成漏检，调高则可能造成误判。

校准探伤灵敏度常用的基准主要有两种，一种是试块，另一种是工件自身，如利用工件的底面或其他轮廓面等。使用试块校准探伤灵敏度时，由于人工缺陷和待探测的缺陷不会完全一样，试块和工件一般也都存在着很大差异，因而需要对缺陷形状、大小和声程进行补偿或修正，同时还要进行表面耦合补偿和材质补偿等。另外需要注意的是，如果校准灵敏度和探伤时使用的不是同一种耦合剂，还需要进行耦合剂补偿。利用工件的界面校准探伤灵敏度时，往往只需对缺陷类型、尺寸和声程进行补偿或修正。

校准方法和补偿值确定后，探伤灵敏度的调节过程则相对简单，步骤如下：

1. 将试块上的人工伤波或工件底波的幅度调整到基准高度(一般在 50%～80%之间)。

2. 然后再根据确定的补偿值进行补偿。

例如，某工件高 100 mm，要求探伤灵敏度为 ϕ2 mm×100 mm 平底孔，用工件底面校准探伤灵敏度，根据计算，补偿值为 31.4 dB。具体调节步骤如下：先将工件完好部位的底波调整到 80%，再将仪器灵敏度提高(增益或把衰减器释放)31.4 dB，即为规定的探伤灵敏度。

（二）测距校准

1. 测距校准有两个目的：

一是校准零点，即将晶片到入射点之间的一段声程，包括保护膜、斜块和耦合剂等之间的声程移出屏幕，使得扫描刻度线的零点或计时的起始点与声波进入工件的那一时刻（入射点处）相对应。

二是校准比例，即通过调节时基线扫描速度改变刻度线与测距之间的比例，使每格代表的声程或深度是一个便于读取的数值，其比例一般为5或10的整数倍。另外，应注意使探测范围内的所有回波都能显示在屏幕上，并尽量使波形拉开些，以便于区分判断。

对于数字探伤仪，回波声程和深度等能够自动测量，是用测到的声波传播时间和设定的声速相乘而求得，不需根据回波在屏幕上的位置读取，因而扫描线比例的调节已无关紧要，只要校正零点和保证显示范围就可进行探伤。

2. 测距校准需要两个已知测距的反射波。

对于直探头，一般为试块或工件的两次底面回波，两底波之间的声程刚好是试块或工件的厚度。对于斜探头，可以用CSK-1A试块的R50 mm圆弧、R100 mm圆弧的两次回波，其之间的声程为两圆弧面的半径差，即50 mm。也可用一、二次声程分别探测方形试块的上下棱角，两棱角波之间的深度刚好是试块的高度。

3. 测距校准要使用两个旋钮或功能键。

一是扫描，包括粗调和微调，扫描的作用是改变扫描线的扫描速率，或刻度线的比例。二是水平移位或扫描延迟，该旋钮或功能键只能使扫描线左右平移，而不能改变刻度线的比例。

4. 测距校准调节步骤：

根据工件大小或需要的探测范围，很容易确定刻度线的比例。比例确定后，两已知测距反射波应该出现的两刻度线位置也就确定了，调节时只要用扫描和移位两个旋钮，将两个反射波的前沿与各自对应的刻度线两两对齐，就达到了测距校准的两个目的。

数字探伤仪与模拟探伤仪在缺陷定位方面有很大不同，在模拟探伤仪中，缺陷声程（或位置）是根据缺陷波在屏幕上的位置测定的，因而需要对测距进行标定。而在数字探伤仪中，缺陷声程是根据测出的声时和事先设定的声速自动算出的，与缺陷波在屏幕上的位置无关，一般不需要进行测距标定，只需要校准零点和调节显示范围，使缺陷波能够显示在屏幕上就可进行探伤。

九、超声检测新技术

（一）电磁超声（EMAT）

电磁超声是指利用电磁力激发超声波的方法和技术，该技术有两种激励，一种利用磁致伸缩力激发超声波，仅适用于铁磁性材料，尤其是表面附着一层氧化皮的情况时，多用在钢厂检查钢坯缺陷，用较小的偏磁场就可激发超声。另一种机理是利用洛伦兹力激发超声，其方法是在被检工件表面激发一高频涡流，同时施加一偏磁场，涡流与偏磁场相互作用产生一交变力，即洛伦兹力，该交变力便可在被检工件中激发出频率与自身频率相同的声波。洛伦兹力激发超声适用于任何金属（导电）材质工件。

电磁超声的最大优点是不需耦合介质，因而可实现非接触探伤，其主要缺点是转换效率较低，一般比压电换能器低30～40 dB，即近两个数量级。为获得足够高的超声波，必须加大激励电流和外加磁场，使设备和探头变得十分庞大。

（二）相控阵技术

相控阵技术是利用若干阵元（晶片）组成阵列式换能器，并通过控制各阵元的发射、接收时序实现声束扫查的技术。该技术不需移动探头，就能实现声波的扇形扫查、水平扫查，同时能很方便地控制声束聚焦。该技术在车轮探伤和带制动盘车轴探伤中得到了很好的应用。该技术的最大特点是利用电子技术就可实现声波的扇形扫差、水平扫差和空间聚焦，其局限性是在同样情况下，相控阵探头的灵敏度和信噪比较之同样大小的常规换能器低一些。

电磁超声和相控阵技术只是激发、接收超声波或形成超声波束的方法不一样，其他方面，包括在介质中的传播规律和在缺陷上的反射规律等都与普通的压电超声完全一样。

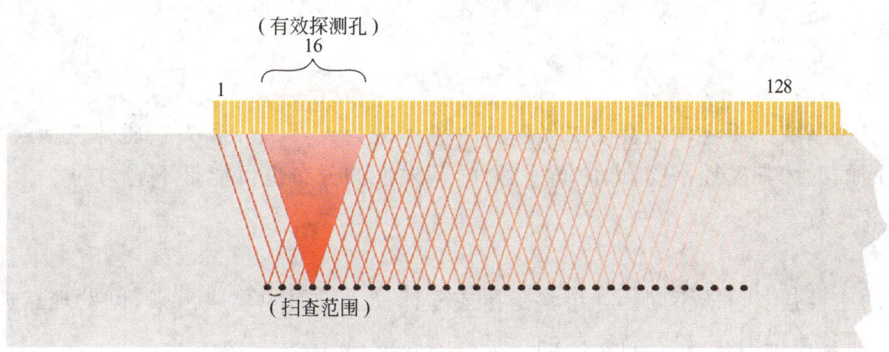

图 8-1-21　水平扫查

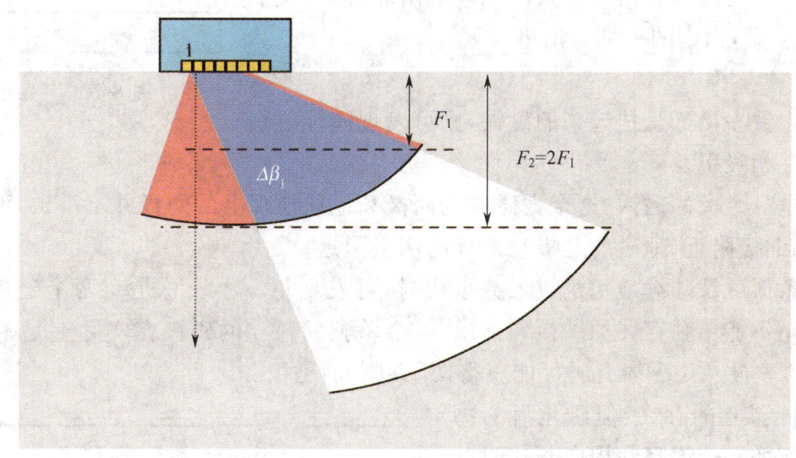

图 8-1-22　扇形扫查

第三节　磁粉探伤基础知识

一、基本原理和方法分类

（一）磁粉探伤基本原理

磁粉探伤是五种常规无损探伤方法之一，其基本原理是：铁磁性工件（或材料）磁化后，其表面或近表面缺陷处的磁力线会逸出工件而形成漏磁场，此时，若在工件表面喷撒磁粉或磁悬液，漏磁场处会形成磁粉的聚集，即形成磁痕，从而检出工件表面或近表面缺陷的存在。

（二）磁粉探伤方法分类

1. 按施加磁粉的方式

干法——直接将磁粉分散撒在工件表面上进行探伤的方法。

湿法——将磁粉弥散在液体介质中配成磁悬液，靠液体的流动带动磁粉移动进行探伤的方法。

2. 按施加磁粉的种类

荧光磁粉法——使用荧光磁粉进行探伤的方法，荧光磁粉是在普通磁粉颗粒外附着上荧光物质后的磁粉，在紫外光照射下可以发射荧光，有利于磁痕的观察。

非荧光磁粉法——使用非荧光磁粉进行探伤的方法，依靠磁粉对白光的反射来观察磁痕。

3. 按施加磁粉的时间

连续法——外磁场存在的同时施加磁粉的探伤方法。

剩磁法——撤去外磁场后，再施加磁粉的探伤方法。

（三）缺陷方向与磁场方向之间的关系

1. 当缺陷方向与磁场方向相互垂直（成 90°）时，缺陷处磁粉聚集最强。

2. 缺陷方向与磁场方向相平行（成 0°）时，缺陷处不产生磁痕。

二、磁　　场

(一)磁　　性

磁体能够吸引铁制或铁质物体的性质叫做磁性。磁体分为天然磁体和人造磁体两大类,无论哪种磁体都具有磁性。不同的磁体其磁性不同,即使同一磁体,其磁性的分布也可能是不均匀的。

(二)磁极及其性质

1. 磁极

磁铁各部分的磁性强弱可能不同。如果将磁棒或磁针投入铁屑中再取出来,可发现靠近两端的地方吸引的铁屑特别多,即磁性特别强,磁性特别强的区域称为磁极,见图 8-1-23。

如果将磁铁棒或磁铁的中心支撑或悬挂起来,并使之能在水平面内自由转动,则磁铁棒的两极总是分别指向地理的南北方向,我们称指北的一端为北极(N),指南的一端为南极(S)。

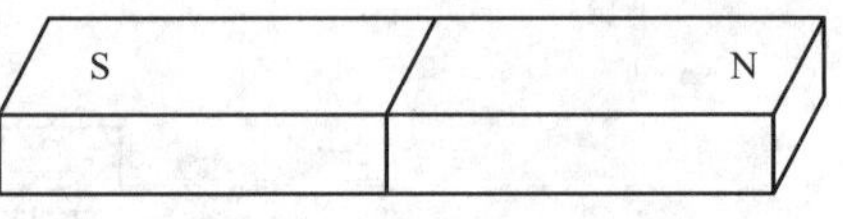

图 8-1-23　条形磁铁的磁极

2. 磁极的性质

(1)如果用另一磁铁去接近悬挂起来的磁铁,则可发现同性磁极互相排斥,异性磁极互相吸引。

(2)整个地球也是一个大的磁铁,这个大磁铁的两极和地球地理上的两极并不一致,而是稍微偏开一点,地磁的南极在地理的北极附近,地磁的北极在地理的南极附近。

(3)当试图把一条形磁铁陆续地切割成无数小块时,可发现每一小块总是有两个磁极,见图 8-1-24。由此可知,磁铁的极性是不能单独存在的。换句话说,一个单独的孤立的磁极在实际上是不存在的,磁棒的每个 N 极必须有对应的 S 极。长磁棒有时可能获得两个以上的磁极。

(4)虽然磁极不能孤立的存在,但磁化后的物体却可以没有磁极,例如一个钢环在周向磁化时就没有磁极。

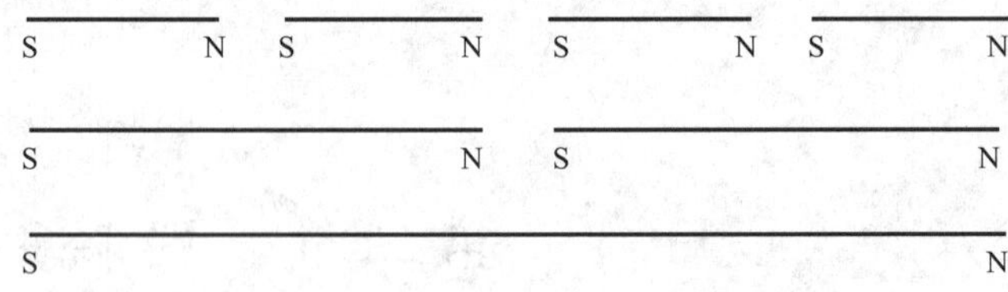

图 8-1-24　磁极不可分割

(三)磁极间的相互作用

磁极间互相排斥或互相吸引的力量称为磁力。两个磁极间的磁力与两个磁极强度的乘积成正比,而与它们之间的距离的平方成反比。磁力为斥力还是吸力取决于两个磁极的极性。

(四)空间磁场的描述

1. 磁场

磁铁不但对铁块有吸引力,一块磁铁对另一块磁铁也有作用力,而且磁铁对铁块或其他磁铁施以作用力时,用不着彼此直接接触,这是由于磁体附近存在着磁场。所谓磁场,就是磁力可以到达的空间。

2. 磁场强度

为了描述磁场的特性,经常引入磁场强度的概念。磁场强度是矢量,具有大小和方向。在磁场中任意一点处放一单位正磁极(N 极),作用于该磁极上磁力的大小定义为该点处磁场强度的大小,而磁力的方向则为磁场强度的方向,因此也可以说,作用于某点处单位正磁极上的磁力即为该点处的磁场强度。将一个磁针放在磁场内,静止时,磁针 N 极所指的方向就是磁场方向。

磁场强度用符号 H 表示。在法定单位制中,磁场强度单位的名称是安[培]每米,符号为安/米(A/m)。在工程上,磁场强度单位用奥斯特(Oe)表示,其换算关系为:

$$1\ \text{A/m}=0.0125\ \text{Oe}\qquad 1\ \text{Oe}=80\ \text{A/m}$$

1 A/m 等于 1 根通以 1 A 电流的直长导线在相距 $1/2\pi$ m 处产生的磁场强度。

3. 磁力线

磁场虽然看不见,但可以用磁力线形象地表示出来。制作磁力线时要遵循如下约定:磁力线上任一点处的切线方向应与该点处的磁场方向一致,而单位面积上磁力线的数目则应与磁场强度的大小成正比。因此,磁力线的疏密程度反映着磁场各点的强弱。在磁场强度大的地方,磁力线密一些,在磁场强度弱的地方,磁力线就稀一些，条形磁铁的磁力线见图 8-1-25。

磁力线具有以下特性：

(1)从磁体外部看，磁力线从磁体的N极开始而终止于S极，或者进入邻近磁体的S极，最终形成闭合的曲线。

(2)由于磁场内某一点只可能有一个磁场方向，所以磁力线是一些互不相交的曲线。

(3)同性磁极间(例如N与N或S与S)磁力线有互相排挤的倾向，这是同性磁极相斥的结果。

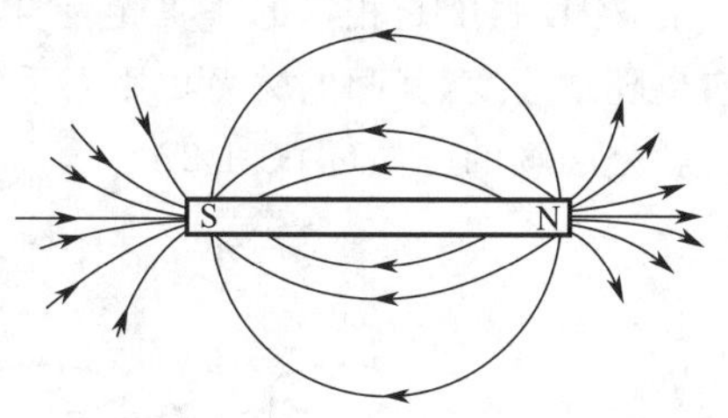

图 8-1-25 条形磁铁的磁力线

(4)异性磁极间磁力线有缩短长度的倾向，这是异性磁极相吸的结果。

4. 磁化

凡是能够影响磁场的物质，都称为磁介质。磁介质放入磁场中要产生附加磁场，使原来的磁场发生变化，这种现象叫做磁介质的磁化。

5. 磁感应强度

将磁性物体放入磁场内，物体得到磁化，除了原来的外磁场之外，物体内部还产生自己的附加磁场，外磁场和附加磁场叠加起来的总磁场，称为磁感应强度，用符号 B 来表示。

磁感应强度和磁场强度一样，也是一个矢量，为了形象地描述磁感应强度，可以使用磁感应线的概念。与磁力线相类似，磁感应线上每一点处的切线方向代表该点处磁感应强度的方向，磁感应强度值的大小则等于穿过垂直力线的单位面积上的磁感应线的根数，所以，磁感应强度又称磁通密度。

磁感应强度在法定单位制中的单位是特[斯拉](T)，在工程上常使用高斯(Gs)，它们之间的关系是：

$$1\ \mathrm{T}=10^4\ \mathrm{Gs}$$

6. 磁通量

磁感应强度 B 和截面积 S 的乘积叫做磁通量，或称磁通，用符号 Φ 表示：

$$\Phi=BS \tag{8-1-35}$$

或者说，磁感应强度为单位面积上的磁通量：

$$B=\frac{\Phi}{S} \tag{8-1-36}$$

磁通量的法定单位名称是韦[伯]，符号 Wb，在工程上常用麦克斯韦(Mx)表示：

$$1\ \mathrm{Wb}=10^8\ \mathrm{Mx}$$

每平方米面积上通过一条磁感应线代表 1 T 的磁感应强度，一条磁感应线就是 1 Wb。

7. 磁导率

磁导率表示材料被磁化的难易程度，因为各种材料的导磁能力是不同的，所以，磁导率便反映了各种材料导磁能力的强弱。磁导率的符号用 μ 表示，单位是特·米/安(T·m/A)，单位名称为亨[利]每米(H/m)。

真空中，磁导率是一个常数，用 μ_0 表示：

$$\mu_0=4\pi\times10^{-7}\quad(\mathrm{H/m})$$

为了比较各种材料的导磁能力，我们把任一种材料的磁导率和真空磁导率的比值，叫做该材料的相对磁导率，用 μ_r 表示：

$$\mu_r=\mu/\mu_0 \tag{8-1-37}$$

其中 μ_r 为一纯数。

三、电流的磁场

实验证明，电流周围和我们所熟悉的磁体周围一样也存在着磁场，这种现象称为电流的磁效应。

(一)通电圆柱导体的磁场

1. 磁场的形状和方向

当电流流过直长圆柱导体时，磁场是以导体中心为圆心的同心圆形状(图 8-1-26)。在半径相等的同心圆上，磁场强度是相等的。实验表明，磁场的方向与电流的方向有关，当导体中的电流方向改变时，磁场的方向也随之改变，其间的关系可用右手定则确定：用右手握住导体，伸直拇指指向电流方向，其余四指卷曲的方向就是磁场的方向(图 8-1-27)。

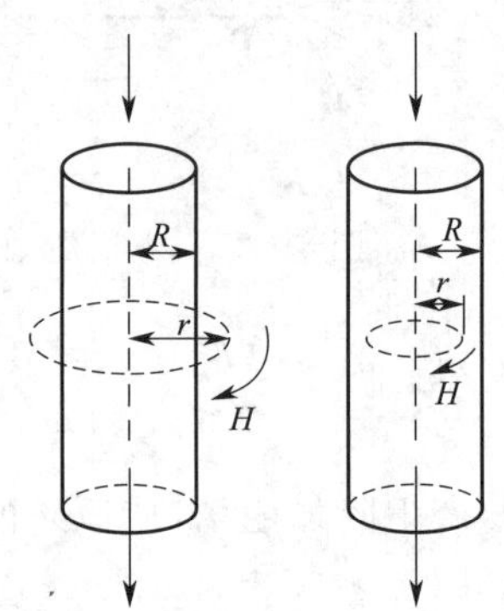

图 8-1-26 通电圆柱导体的磁场

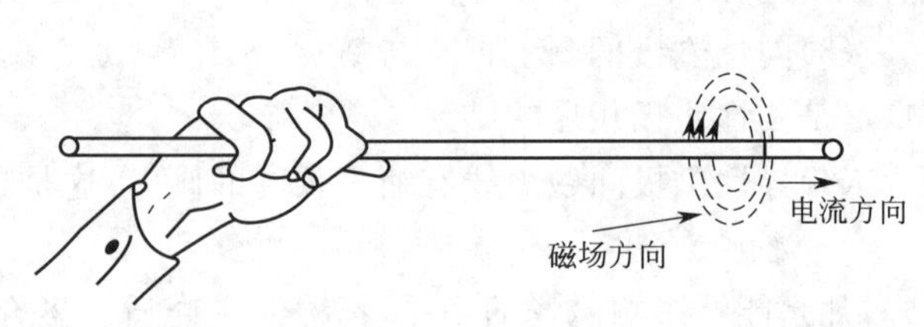

图 8-1-27 通电圆柱导体右手定则

2. 磁场强度的大小

(1)直流电

①导体外($r>R$)

通电直长导体周围各点处磁场强度的大小与导体中的电流强度 I 成正比，而与该点至导体中心的距离 r 成反比，于是有：

$$H=\frac{I}{2\pi r} \tag{8-1-38}$$

式中 H——磁场强度(A/m)；

I——电流强度(A)；

r——距导体中心距离(m)。

②导体表面($r=R$)

对于导体表面的磁场强度，如果导体半径为 R，则表面磁场强度为：

$$H=\frac{I}{2\pi R} \tag{8-1-39}$$

③导体内部($r<R$)

导体内部的磁场强度，可近似地用下式计算：

$$H=\frac{Ir}{2\pi R^2} \tag{8-1-40}$$

(2)交流电

交流电由于有趋肤效应，所以在导体内的电流密度分布不均匀，并且主要集中在表层，越靠近导体表面电流密度越大，越深入内部则电流密度越低，相对应的磁场分布也有同样的规律，如图 8-1-28 所示。

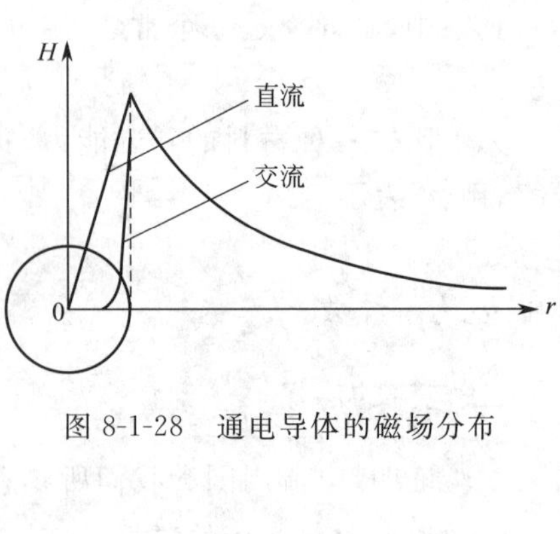

可见，通电导体周围的磁场与通电导体的材料无关，对于直流电，圆柱导体内的 H 与 r 成正比，圆柱导体外的 H 与 r 成反比，它们在导体表面连续。另一方面，可以看出，不管通以直流电还是交流电，通电圆柱体中心的磁场强度恒等于零。

图 8-1-28 通电导体的磁场分布

(3)磁化电流的计算

在实际探伤过程中，为了对工件进行有效的磁化，需要确定磁化电流的大小，当采用直接通电法探伤时，按通电导体表面磁场强度公式(8-1-38)，可以换算出电流的大小。

$$I=2\pi R\cdot H \quad (A) \tag{8-1-41}$$

式中 R 单位为米(m)，H 单位为安/米(A/m)。

在实际使用中，通常使用工件的直径，且单位为毫米(mm)，因此，上式可变形为：

$$I=\frac{HD}{320}(\mathrm{A}) \tag{8-1-42}$$

式中，D 单位为毫米(mm)，H 单位为安/米(A/m)。

为了确定磁化电流值，首先应确定给定工件的表面磁场强度 H 的值，然后根据工件的尺寸确定磁化电流的大小。在使用连续法和剩磁法时，H 的值差别很大，因此，探伤中应先确定方法(连续法、剩磁法)，然后确定电流值。对于连续探伤法，铁路上一般要求电流 I 达到(8～10)D(A)，不过，对于轴、轮等碳素钢，在大多数情况下，H 只要达到 2 000～2 500 A/m，即 I 达到(6～8)D(A)就可满足探伤要求。

(二)通电螺线管的磁场

通电螺管线圈产生的磁场是与线圈轴线大体平行的纵向磁场，其方向可以用螺管线圈的右手定则来确定：用右手握住线圈，使四指指向电流方向，与四指垂直的拇指方向就是螺管线圈内部的磁场方向(图 8-1-29)，外部磁场的方向如图 8-1-30 所示。

图 8-1-31 中，通电螺管线圈中心的磁场强度可用下式计算：

$$H=\frac{NI}{L}\cos\alpha=\frac{NI}{\sqrt{L^2+D^2}} \tag{8-1-43}$$

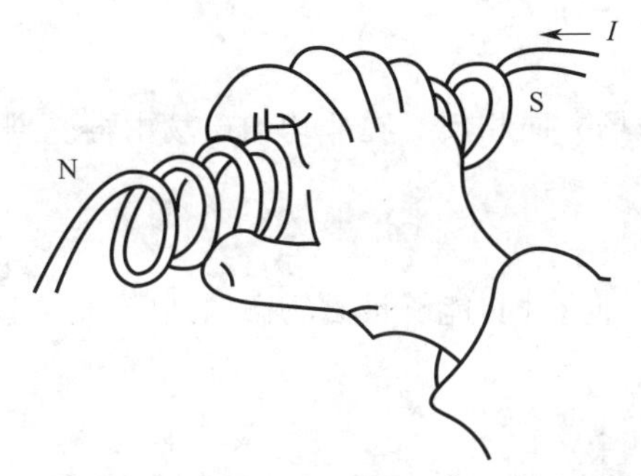

图 8-1-29　螺管线圈右手定则

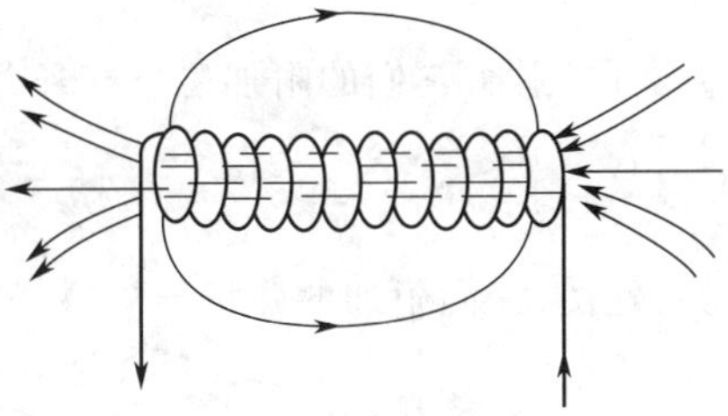

图 8-1-30　通电螺管线圈的磁场

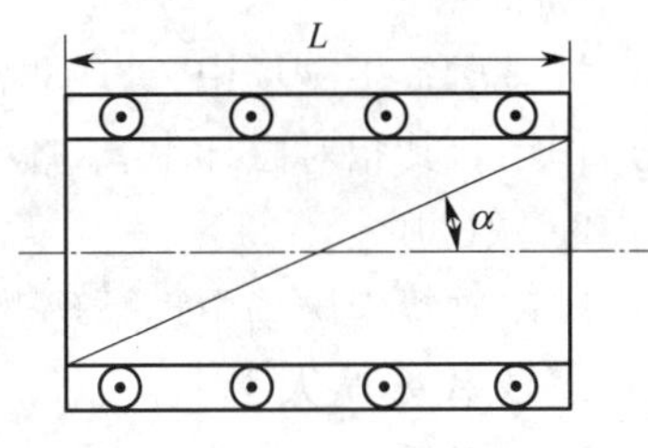

图 8-1-31　螺管线圈

式中　H——磁场强度(A/m)；

N——螺管线圈匝数；

I——电流(A)；

L——线圈长度(m)；

D——螺管线圈直径(m)；

α——线圈对角线与轴线的夹角。

通过以上公式可以看出，通电螺管线圈中心处的磁场强度与 N 和 I 的乘积(磁势)成正比，而与通电螺管线圈的对角线长度成反比。

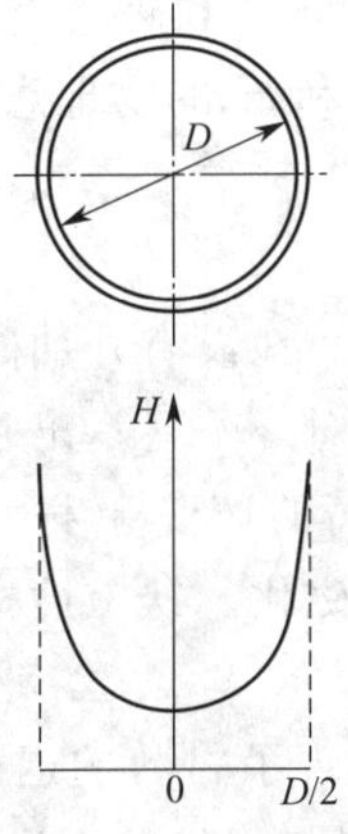

图 8-1-32　螺管线圈横断面上磁场分布示意图

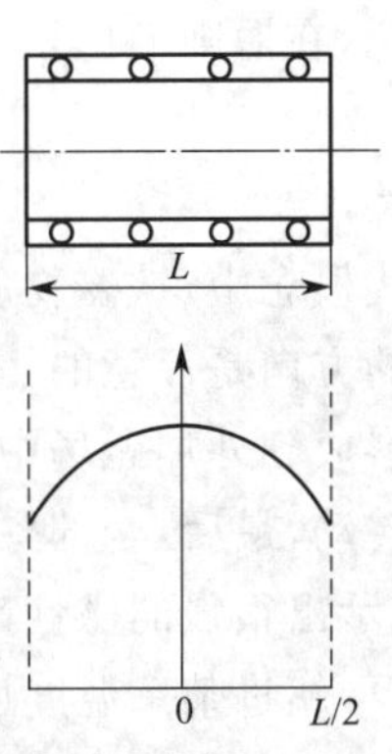

图 8-1-33　螺管线圈轴线上磁场分布示意图

在有限长螺管线圈的横截面上，靠近线圈内壁处的磁场比中心较强，见图 8-1-32。而在螺管线圈的中心轴线上，中心最强，端头较弱，见图 8-1-33。

(三)螺线环的磁场

在环状试样上，见图 8-1-34，缠绕通电电缆，称作螺线环，所产生的磁场沿着环的圆周方向。磁场大小可近似地用下式计算：

$$H=\frac{NI}{2\pi R}=\frac{NI}{L} \tag{8-1-44}$$

式中　H——磁场强度；

N——电缆匝数；

I——电源(A)；

R——圆环的平均半径(m)；

L——圆环的平均长度(m)。

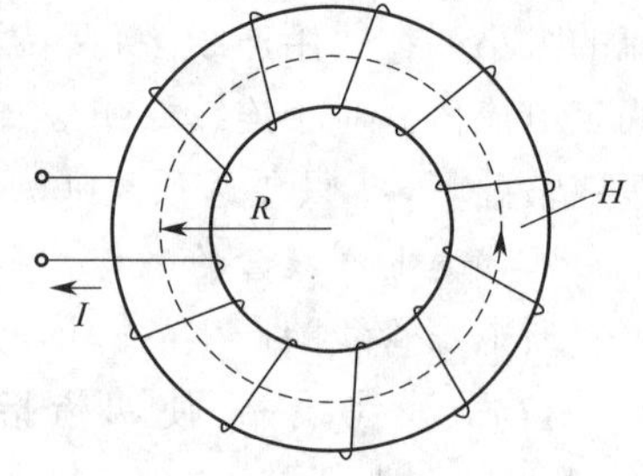

图 8-1-34　螺线环

四、磁介质的磁化

(一)磁介质的分类

不同的磁介质在磁场中产生不同的磁化效果，据此将磁介质分为三类：

1. 抗磁质

抗磁质置于磁场中，呈现非常微弱的磁性，它们的附加磁场与外磁场方向相反。在非均匀磁场中会受到排斥作用。其相对磁导率 μ_r 略小于 1。

2. 顺磁质

顺磁质置于磁场中也呈现微弱的磁性，它们附加的磁场与外磁场方向相同，能够被磁场微弱地吸引。其相对磁导率 μ_r 略大于 1。

3. 铁磁质

铁磁质置于磁场中，能够产生很强的与外磁场方向相同的磁场，磁化特别显著。其相对磁导率 μ_r 远远大于 1。

在工程上，习惯将铁磁质称为磁性物质，而把抗磁性和顺磁性称为非磁性物质。

(二)磁场强度与磁感应强度的关系

磁场强度 H、磁感应强度 B 与磁导率的关系可用下式表示：

$$H=\frac{B}{\mu} \quad 或 \quad B=\mu\cdot H \tag{8-1-45}$$

在真空中：

$$H=\frac{B}{\mu_0} \quad 或 \quad B=\mu_0 H \tag{8-1-46}$$

上式说明在真空中，如果存在着磁场强度 H，由于磁感应，会出现 $\mu_0 H$ 的磁感应强度。换句话说，真空中如果有磁感应强度 B，则存在着 B/μ_0 的磁场强度。由此可见，用磁场强度 H 和磁感应强度 B 这两个物理量表示磁场的概念，在原则上也是可以的，但不应当混用，应当充分理解 B 和 H 的物理意义以及它们之间的关系。

(三)磁　　畴

在磁性的现代概念中，铁磁物质的铁磁特性来源于其内部的磁畴结构。在没有外加磁场的情况下，磁畴在铁磁物质内部的方向是任意的，它们各自的磁性互相抵消，就整体说来，对外不显示出磁性。

当把铁磁材料放到外加磁场中去时，磁畴就会受到外磁场的作用，磁畴的畴壁会发生移动，同时磁畴还会向外磁场方向转动，最后，全部磁畴都转向外磁场方向，这个过程就叫做磁化。铁磁性材料磁化之后，就变成了一块磁铁，显示出很强的磁性来。

在高温情况下，超过某一温度后，磁体的磁性会消失而变为顺磁质，实现了材料的退磁。这一临界温度称为居里点。从居里点以上的高温冷却下来时，只要没有外磁场的影响，材料仍然处于退磁状态。

对于永久磁体来说，其内部的磁畴按一定方式排列，在某一方向占有优势，在此方向上显示出较强的磁性。

(四)磁化曲线

铁磁材料在磁化过程中,材料中磁感应强度 B 和磁场强度 H 的关系曲线,即 B-H 曲线叫做磁化曲线,它反映了材料磁化程度随外磁场变化的规律。

1. 磁化曲线的获得

各种铁磁材料的磁化曲线都具有类似的形状,当把磁性材料放在线圈中磁化时,开始时外磁场 $H=0$,铁磁材料未被磁化,因此 $B=0$,在 B-H 曲线上这一状态相应于坐标原点 0。当线圈中电流逐渐增加,因而 H 也增加时,初始阶段(oa 段)B 增加得很慢;第二阶段(ab 段)B 增加得很快;第三阶段(bm 段)B 的增加缓慢下来,过了 m 点,当外磁场再增加时,B 基本不再增加,这个现象叫做铁磁材料的饱和。此时,铁磁材料的磁畴全部和外磁场方向一致,即使再增加外磁场,铁磁性材料的附加磁场也不能再继续增加了。

由此可以看出,铁磁材料的磁铁感应强度 B 是外磁场和铁磁性材料附加磁场强度之和,也就是铁磁材料内部的合成总磁场强度。

一块铁磁材料从未被磁化的状态逐步磁化,磁感应强度 B 由零逐步增加直到饱和点 m,所对应的磁化曲线称做起始磁化曲线,如图 8-1-35 中的曲线。

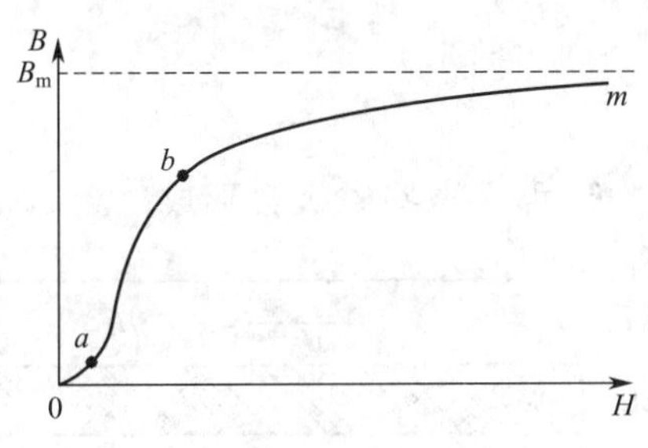

图 8-1-35 铁磁材料磁化曲线

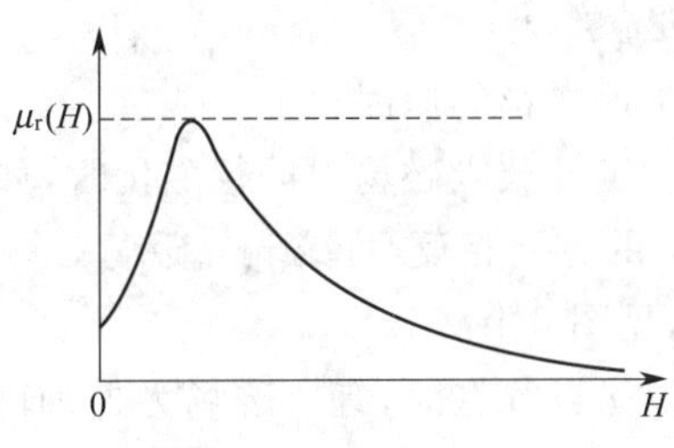

图 8-1-36 μ_r-H 曲线

磁化曲线上每一点的 B 与 H 之比是在该磁场值下材料的磁导率。铁磁材料的磁导率 μ 不是常数,相对磁导率 μ_r 也不是常数,μ_r 随磁场的变化关系见图 8-1-36。

从 m 点开始减小磁化线圈中的电流,即减小磁场 H 时,B 也相应减小,但并不沿着原来的 om 曲线下降,当线圈中的电流减小到零,即 $H=0$ 时,B 并不为零,而是具有一定的数值 B_r,B_r 称作剩余磁感应强度,简称剩磁。为了使 B 减少至零,必须外加反向磁场,使 B 降到零所必须加的反向磁场 H_c 称为矫顽力。

如果反向磁场强度继续增加,材料就会呈现与原来方向相反的磁性,同样可达到饱和点 m',当 H 从负值回到零值时,材料具有反向的剩磁 $-B_r$,磁场过零后再在正方向增加,曲线经过 H_c 又回到 m 点,完成一个循环,见图 8-1-37。由此可知,当外加磁场强度从正到负,又从负到正做周期性变化时,试样内的磁感应强度是沿着一条对称于坐标原点的闭合曲线变化的,这条闭合曲线叫做材料的磁滞回线。

2. 铁磁性材料的特点

根据上面阐述,可将铁磁材料的特点简单小结如下:

(1)高导磁性

能够在外磁场中强烈的磁化,即能产生非常强的附加磁场。它的磁导率很高,相对磁导率可达数百、数千、数万甚至更高。

(2)磁饱和性

铁磁材料由于磁化所产生的附加磁场,不会随外磁场的增加而无限地增加。当外磁场达到一定程度后,全部磁畴的方向都与外磁场方向一致,附加磁场不再增加,呈现磁饱和状态。

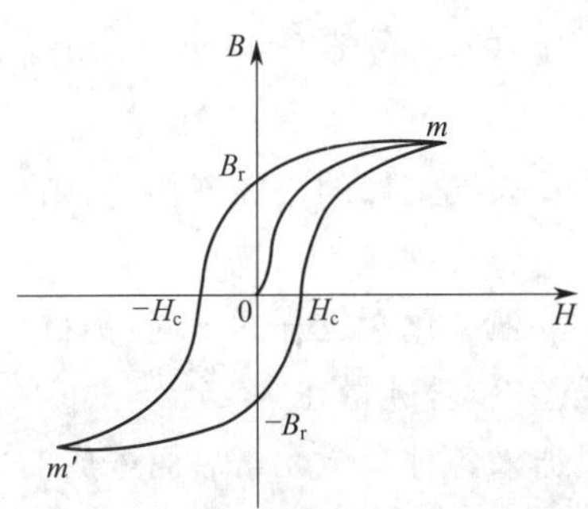

图 8-1-37 磁滞回线

(3)磁滞性

当外加磁场的方向发生变化时,磁感应强度的变化滞后于磁场强度的变化。当磁场强度减到零值时,铁磁材料在磁化时所获得的磁性不能完全消失,还要保留一定的剩磁。

3. 铁磁性材料的分类及其特点

铁磁材料根据矫顽力 H_c 的大小可分为软磁材料和硬磁材料两大类。其性能特点如下:

(1)软磁材料

特点是矫顽力 H_c 很小,剩磁 B_r 非常容易消除。磁滞回线狭长,见图 8-1-38,磁滞特性不显著。软磁材料只能使用连续法探伤。

(2)硬磁材料

特点是矫顽力 H_c 很大,剩磁 B_r 也大,磁滞回线所包围的面积大,见图 8-1-39,磁滞特性非常显著。硬磁材料可以使用剩磁法探伤,也可以用连续法探伤。

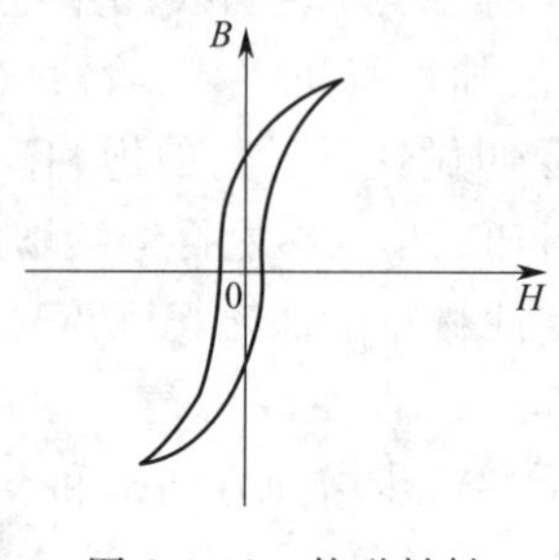

图 8-1-38　软磁材料

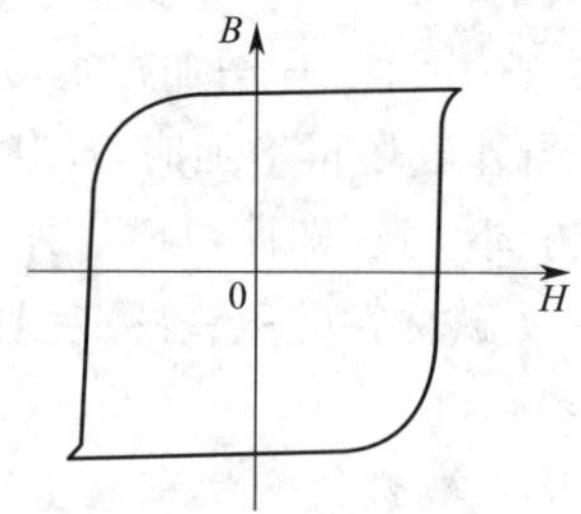

图 8-1-39　硬磁材料

(五)退　磁　场

1. 产生退磁场的原因

当将一工件放入磁场中进行磁化时,如果工件端头产生了磁极,那么这些磁极会形成磁场 ΔH,ΔH 与外磁场 H_0 的方向相反,可减弱外磁场对物体的磁化作用,因而称为退磁场,见图 8-1-40。

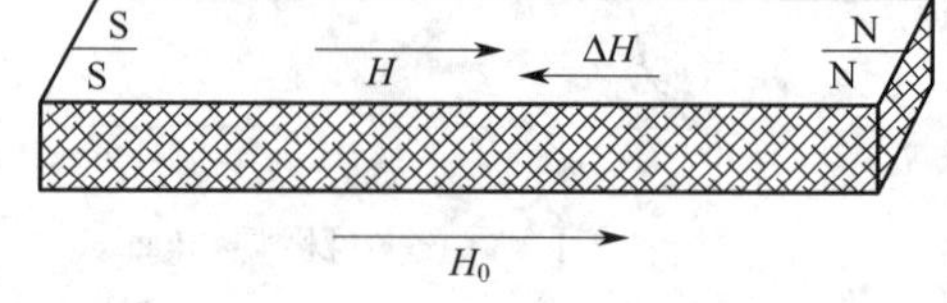

图 8-1-40　退磁场示意图

当有退磁场存在时,有效磁场为外加磁场与退磁场的差。在常用的磁化方法中,线圈法是产生退磁场最大的一种方法。

2. 影响退磁场的因素

如果工件被磁化时产生了退磁场,则退磁场的大小与下列因素有关:

(1)外加磁化场的大小

外加磁场越大,工件磁化越好,退磁场也就越大。

(2)工件的形状

工件长度与直径的比 L/D 影响退磁场的大小,L/D 的值越大,退磁场越小;反之则越大。需要注意的是,如果工件的截面不是圆,则 D 的值应按等效面积的圆的直径计算,即:

$$D=2\sqrt{\frac{S}{\pi}} \tag{8-1-47}$$

有时等效直径 D 也可按下式近似计算:

$$D\approx\sqrt{S} \tag{8-1-48}$$

如果工件的截面不均匀,则应按截面最大处的值进行计算。

(六)钢材磁性

根据化学成分的不同,钢材分为碳素钢和合金钢。碳素钢是铁和碳的合金,含碳量低于 0.25%时称为低碳钢,含碳量在 0.25%~0.6%之间时称为中碳钢,含碳量高于 0.6%时则称为高碳钢;合金钢是在碳素钢里加入各种合金元素后而炼成的钢。

矫顽力与钢的硬度有着相对应的关系,即随着硬度的增大而增大。

影响钢材磁特性的因素主要有下面几项:

1. 晶粒大小的影响　晶粒愈大,磁导率愈高,矫顽力愈小;相反,晶粒愈细,磁导率愈低,矫顽力愈大。

2. 含碳量的影响　对碳钢来说,在热处理状态相近时,对磁性影响最大的合金成分是碳,随着含碳量的增加,矫顽力几乎成线性增加,最大相对磁导率则随着含碳量的增加而下降。

3. 热处理的影响　钢材处于退火与正火状态时,其磁性差别不很大;而退火与淬火状态的差别却是较大的。一般来说，淬火可提高矫顽力和剩余磁感应强度；而淬火后随着回火温度的升高，矫顽力有所降低。

4. 合金元素的影响　由于合金元素的加入，材料的磁性被硬化，使矫顽力增加。

5. 冷加工的影响　随着压缩变形率增加，矫顽力和剩余磁感应强度均会增加。

五、磁感应线的折射和磁路欧姆定律

(一)折射定律

当磁通量从一种介质进入另一种介质时，在界面上满足如下边界条件：

1. 磁场强度 H 的切向分量连续，在图 8-1-41 的情况有：

$$H_1 \sin\alpha_1 = H_2 \sin\alpha_2 \tag{8-1-49}$$

2. 磁感应强度 B 的法向分量连续，在图 8-1-41 的情况有：

$$B_1 \cos\alpha_1 = B_2 \cos\alpha_2 \tag{8-1-50}$$

磁通量穿过界面后的量值不变，但当两种介质的磁导率不同时，磁感应线穿过界面后的方向会发生变化，进而影响到磁感应线的密度即磁感应强度的大小发生变化。这种磁感应线在界面上方向发生变化的现象称作磁感应线的折射，与光波或声波的折射极其相似，将(8-1-49)式和(8-1-50)式的两边分别相除，可得如下磁感应线折射定律：

$$\frac{\tan\alpha_1}{\tan\alpha_2} = \frac{\mu_1}{\mu_2} = \frac{\mu_{r1}}{\mu_{r2}} \tag{8-1-51}$$

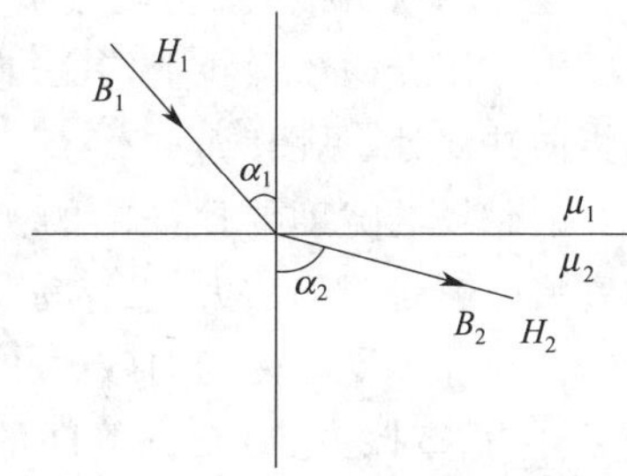

图 8-1-41　磁感应线的折射

(二)磁路欧姆定律

磁感应线所通过的闭合路径叫磁路。

铁磁材料磁化后，不仅能产生附加磁场，而且还能够把绝大部分磁感应线约束在一定的闭合路径上，见图 8-1-42。

磁路可用电路来模拟。设一密绕螺线环的面积为 S，长度为 L，介质的磁导率为 μ，环中的磁场强度度为：

$$H = \frac{NI}{L} \text{及} \Phi = BS = \mu HS \tag{8-1-52}$$

可以推出：

$$\Phi = \frac{\mathrm{NI}}{\frac{L}{\mu S}} \tag{8-1-53}$$

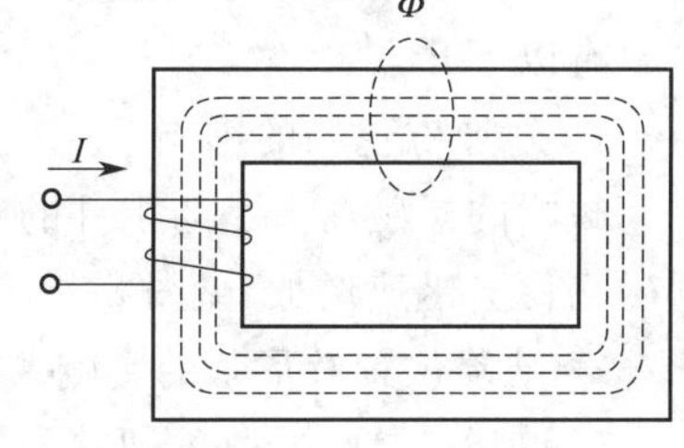

图 8-1-42　磁路

上式中，NI 称为磁动势(磁势)，$\frac{L}{\mu S}$ 称为磁阻，用 r_m 表示，即有：

$$r_m = \frac{L}{\mu S} \tag{8-1-54}$$

可见，磁阻随磁导率的增加而下降，随路径的增加或截面积的减小而增加。

由(8-1-53)式可以看出，磁通量与磁势成正比，与磁路的磁阻成反比。磁势越大，磁通量越大，反之则越小；磁阻越小，则磁通量越大，反之则越小。还可看出，磁路越长，磁阻越大，磁通量越小；磁路的截面越大，磁阻越小，磁通量越大。

六、漏 磁 场

(一)漏磁场的形成

如果一个环形磁铁的两极完全熔合，见图 8-1-43(a)，便没有磁感应线的离开或进入，不呈现磁极，因而也不会吸引磁粉；如果磁铁有空气隙存在，则两端分别形成 N 极和 S 极，见图 8-1-43(b)，磁感应线由 N 极发出而进入 S 极，此时，若将磁粉撒在环上，两极处便会吸引磁粉；图 8-1-43(c)所示的环形磁铁上有一个裂纹，裂纹的两侧面形成磁极，部分磁感应线在裂纹处由 N 极进入空气再折回 S 极，形成漏磁场，该处便会吸引磁粉。所谓漏磁场，即是在磁铁的缺陷处或磁路的截面突变处，磁感应线离开或进入表面时所形成的磁场。

缺陷漏磁场形成的原因，是由于缺陷的磁导率远低于钢铁的磁导率，磁感应线会优先通过磁导率高的工件，这就迫使一部分磁感应线从缺陷下面绕过，形成磁感应线的压缩。但是，这部分材料可容纳的磁感应线数目也是有限的，所以，除一部分磁感应线继续原来的路径仍从缺陷中穿过外，会有一部分磁感应线逸出工件表面，遵循折射定律几乎从钢材表面垂直地进入空间，绕过缺陷，再折回工件，形成了漏磁场。

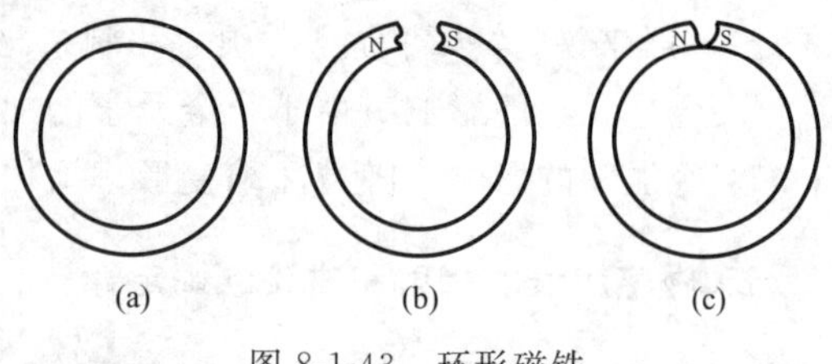

图 8-1-43 环形磁铁

（二）缺陷的漏磁场特点

缺陷处产生漏磁场是磁粉探伤的基础，但是，漏磁场是看不见的，还必须有显示或检测漏磁场的手段。磁粉探伤，顾名思义是通过磁粉的集聚来显示漏磁的。漏磁场对磁粉的吸引可看成是磁极的作用，如果有磁粉在磁极区通过，则将被磁化，也呈现N极和S极，并沿着磁感应线排列起来。当磁粉的两极与漏磁场的两极相互作用时，磁粉就会被吸引并加速移到缺陷上去。漏磁场磁力作用在磁粉微粒上，其方向指向磁感应线最大密度区，即指向缺陷处，见图8-1-44。

漏磁场的宽度要比缺陷的实际宽度大数倍至数十倍，所以磁痕能够将缺陷放大，很容易观察出来。

磁粉除了受漏磁场的磁力作用之外，还受重力、液体介质的悬浮力、摩擦力、磁粉微粒间的静电力等外力的作用，磁粉是在这些外力的共同作用下，被吸引到缺陷处的。

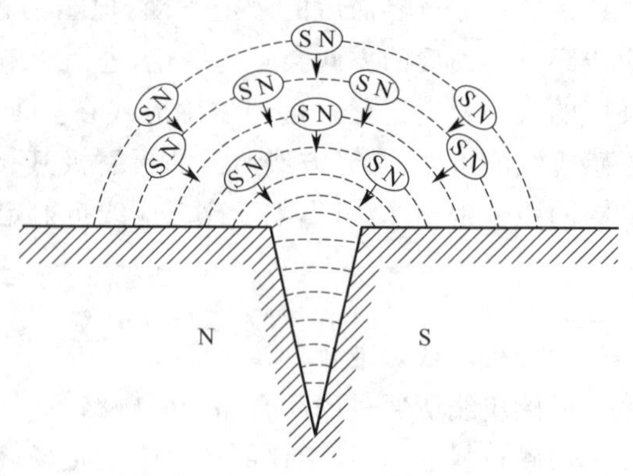

图 8-1-44 磁粉受漏磁场吸引

（三）影响漏磁场的因素

漏磁场的实际强度并不大，同时又受到工件和缺陷的影响，因此，很难从理论上计算出一个任意漏磁场的大小，而其大小对检测的结果有着十分重要的影响，所以有必要讨论影响漏磁场的因素，概括起来说影响漏磁场的因素主要有以下几点：

1. 外加磁化场的影响

缺陷的漏磁场大小与工件的磁化程度有关，一般来说，当钢材的磁感应强度达到饱和值的80%左右时，漏磁场便会迅速增加，见图 8-1-45。

2. 缺陷位置及形状的影响

(1)缺陷的埋藏深度，即缺陷上端距钢材表面的距离，对漏磁场的影响见图 8-1-46。

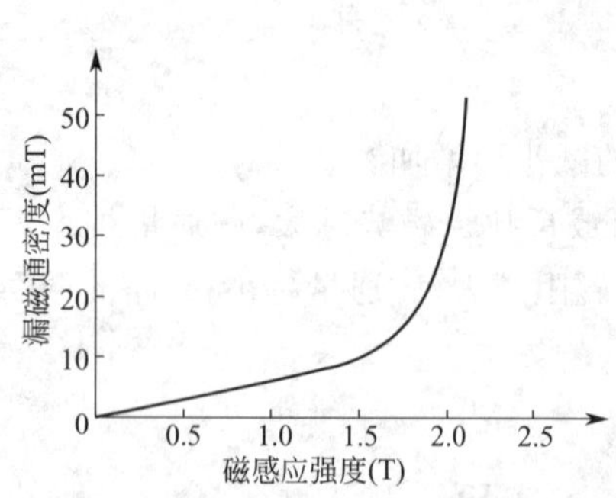

图 8-1-45 漏磁场与钢材磁化程度的关系

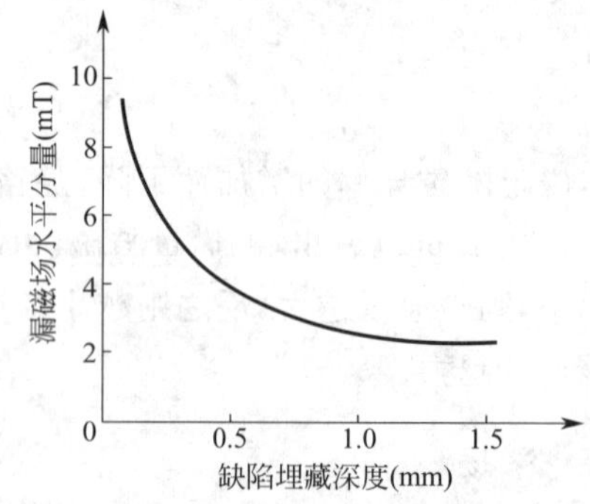

图 8-1-46 缺陷埋藏深度对漏磁场的影响

(2)裂纹垂直于钢材表面，漏磁场最强也最有利于缺陷的检出，若与钢材表面平行，则几乎不产生漏磁场。缺陷与钢材表面由垂直逐渐倾斜成某一角度，而最终变为平行，即倾角等于零时，漏磁场也由最大下降至零，其下降曲线颇类似于曲线由最大值降至零值的部分，见图 8-1-47。

(3)同样宽度的表面缺陷，如果深度不同，产生的漏磁场也不同。在一定范围内，漏磁通的增加与缺陷深度的增加几乎呈线性关系，见图 8-1-48。

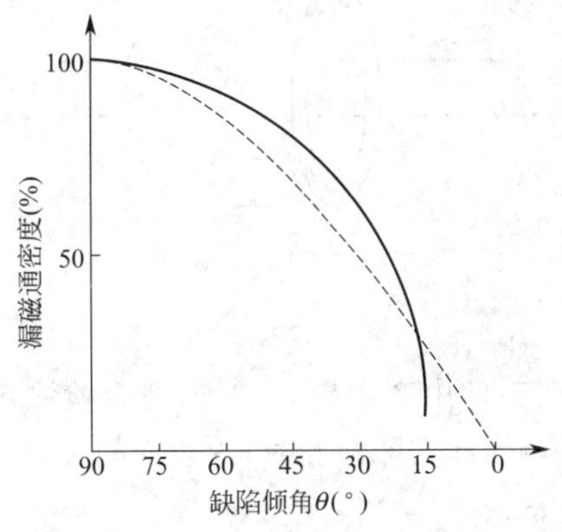

图 8-1-47　漏磁场与缺陷倾角的关系

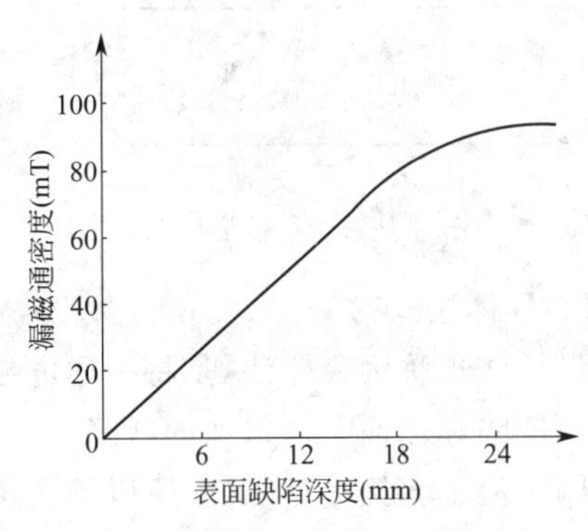

图 8-1-48　漏磁场与缺陷深度的关系

(4)当缺陷的宽度很小时,漏磁通随着宽度的增加而增加,当宽度很大时,漏磁通反而要下降,见图 8-1-49。

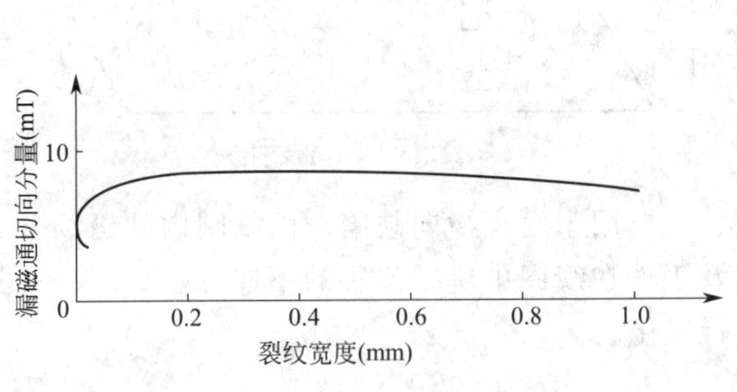

图 8-1-49　裂纹宽度对漏磁场的影响

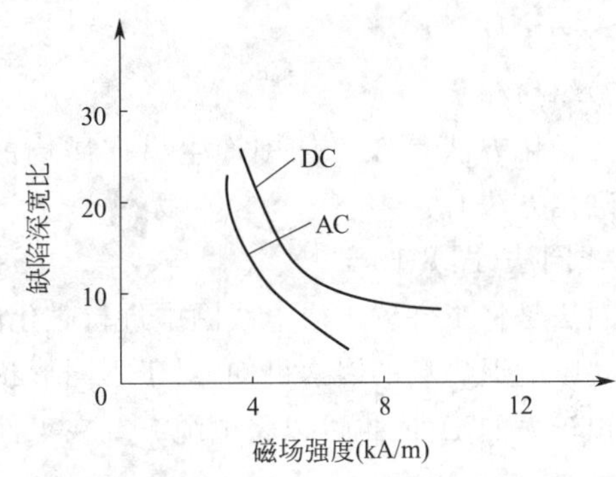

图 8-1-50　缺陷深宽比检出所需磁场之关系

(5)缺陷深度与宽度之比值是影响漏磁场的一个重要因素,这比单独考虑深度或宽度更有意义。缺陷的深宽比愈大,漏磁场愈大,缺陷愈容易发现。图 8-1-50 为采用剩磁法时深宽比不同的缺陷与检出所需磁场强度的关系。

3. 钢材表面覆盖层的影响

工件表面的覆盖层也会导致漏磁场的下降,图 8-1-51 为漆层厚度对漏磁场的影响。因此在一般情况下,对被检测工件的表面状态是有要求的。

4. 工件材料及状态的影响

钢材的磁化曲线是随合金成分、含碳量、加工状态及热处理状态的不同而变化的,因此,材料的磁特性不同,缺陷的漏磁也不同。

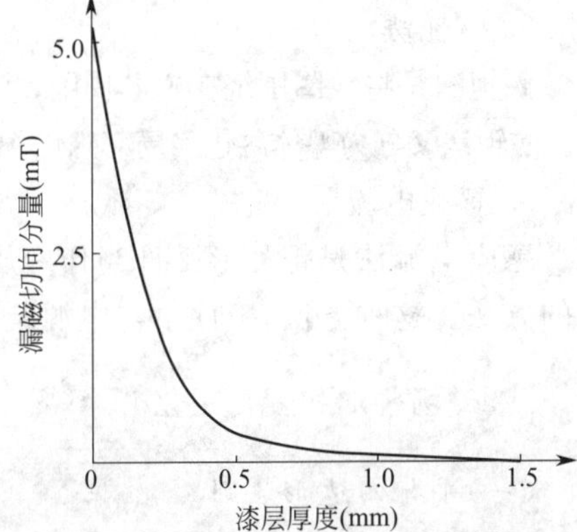

图 8-1-51　漆层厚度对漏磁场的影响

七、常用磁化方法

磁粉探伤所使用的磁化方法有通电法、线圈法、磁轭法、中心导体法、支杆法、感应电流法和辅助通电法等多种方法,对工件的磁化方式有周向磁化、纵向磁化和多向磁化等多种形式。

(一)周向磁化

所谓周向磁化,是指在工件上产生周向磁场的磁化方法。按照磁粉探伤理论和工件的实际情况,常用的周向磁化方法有:

1. 直接通电法(图 8-1-52)

直接通电法是使电流直接流过工件,相当于通电导体的磁场。它在工件表面产生周向磁场,因而可以检测出与电流流向平行的缺陷。由于电流直接流过工件,为达到探伤所需要的磁场强度,电流一般较大,因此通电时间不宜过长。

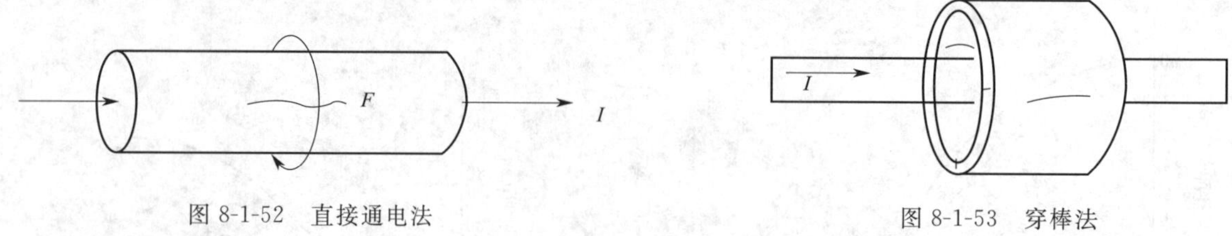

图 8-1-52　直接通电法　　图 8-1-53　穿棒法

2. 中心导体法

中心导体法也称为穿棒法，是将一通电导体穿过工件的孔，在工件中产生周向磁场，适合检测工件内外表面的纵向缺陷和端面上辐射状的缺陷。由于内表面更靠近导体，因此实际检测时，内表面的灵敏度比外表面要高。因电流不直接流过工件，所以不会烧伤工件。见图 8-1-53。

3. 支杆法(图 8-1-54)

支杆法是用两个活动电极将电流通入工件中，在电流的周围产生磁场。支杆法产生的磁场是一个畸变的周向磁场，凡和磁场方向垂直的缺陷都有较高的检测灵敏度。由于电流流过工件，易烧伤工件，因此不适合表面粗糙度要求高的工件。

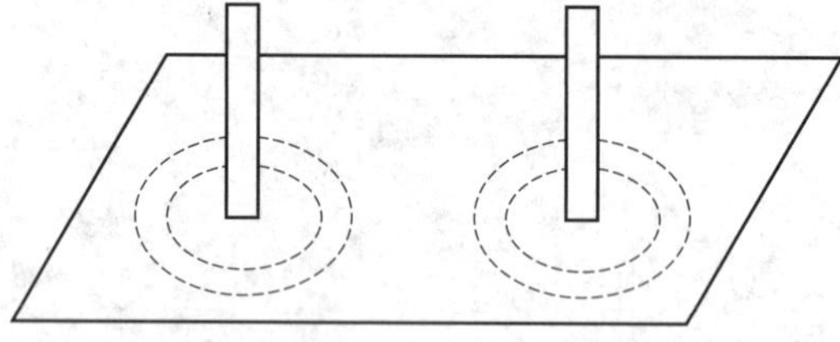

图 8-1-54　支杆法

(二)纵向磁化

纵向磁化方法是在工件中产生纵向磁场的方法。常用的纵向磁化方法有：

1. 线圈法(图 8-1-55)

线圈法是将工件置于通电线圈中进行磁化的一种方法，主要用于发现横向缺陷。由线圈内的磁场分布的规律和影响退磁场的因素可知，对于不同形状的工件以及工件在线圈中所处位置的不同，磁化效果不同。对于体积较大的工件，也可以将电缆缠绕在工件的外面进行磁化。

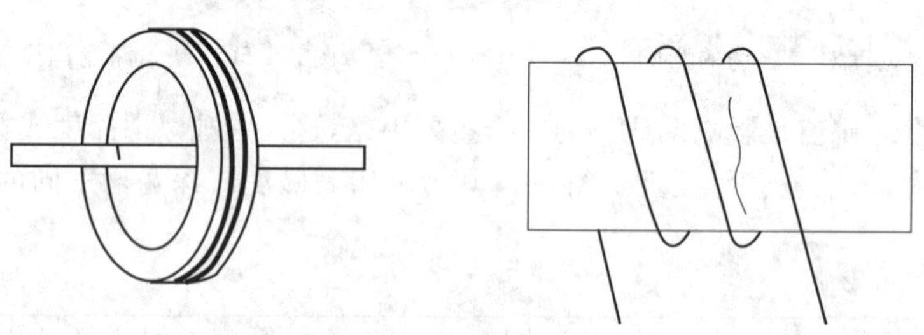

图 8-1-55　线圈法

2. 磁轭法

磁轭法是将线圈围绕在磁芯周围，然后用磁芯磁化工件的一种方法。磁轭法也可以使用永久磁体直接磁化工件。磁轭法又分为整体磁化和局部磁化，整体磁化适合小工件的整体一次磁化，局部磁化则适合大工件的分段磁化。

3. 感应电流法

感应电流法是把环形工件当作变压器的次级线圈，使交变磁场在工件上产生感生周向电流，从而磁化工件的方法。这种方法，工件不与电源装置接触，也不受机械压力，适合检测薄壁环形工件。

八、磁场叠加和复合磁化

(一)平行四边形法则

当对工件进行磁化时，实际上就是在工件表面建立起一个磁场，磁场的方向和大小与磁化电流或磁化方式有关。当用不同的磁化方法同时对工件磁化时，工件表面会存在多个不同的磁场，分别与各自的磁化方法相对应。这些不同的磁场会按照平行四边形法则相互叠加，最终合并成一个磁场。工件表面实际的磁场，是这些磁场叠加后的结果。

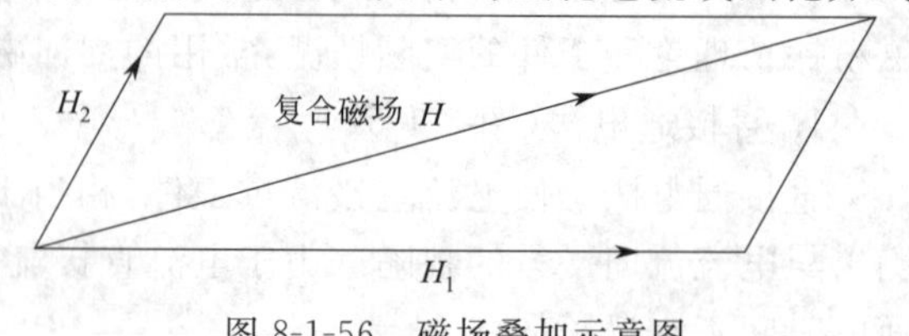

图 8-1-56　磁场叠加示意图

图 8-1-56 给出了两个磁场相互叠加时的平行四边形法

则:以某时刻两磁场的磁场强度矢量为两边作平行四边形,则该平行四边形对角线的方向和长度即分别代表该时刻复合磁场的方向和强度。

(二)复合磁化

复合磁化是指同时使用两种或两种以上的磁化方法对工件进行磁化。磁场的方向随时间的变化而变化,从而可检测出各个不同方向的缺陷。

常用的复合磁化方法有两种,即旋转磁场法和摆动磁场法。

1. 旋转磁场

在相互垂直的方向上分别进行交流磁化,两磁化方式会在工件表面建立起两个相互垂直的交流磁场,其方向和强度都随时间而变化。由于相位不同,两磁场叠加后的合成磁场的方向会随时间的变化而变化。如果两磁场的频率相同,相位差恒定,合成磁场会在两交流磁场决定的平面内旋转,形成椭圆形磁场,如图8-1-57所示。特别地,当两交流磁场的幅度相等,相位差为90°时,复合磁场会在一个圆内旋转,对任何方向的缺陷检测效果都一样。

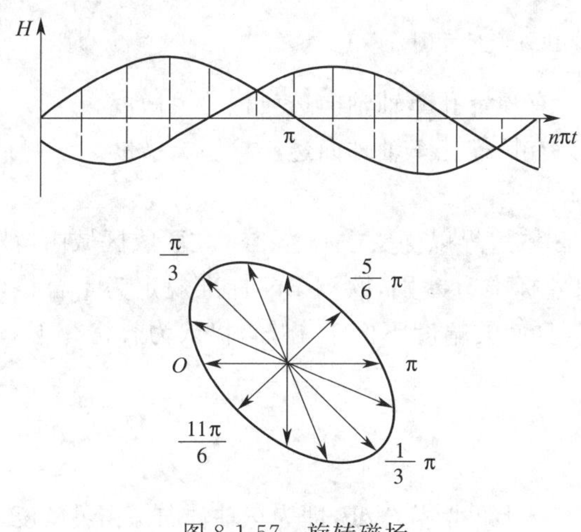

图 8-1-57　旋转磁场

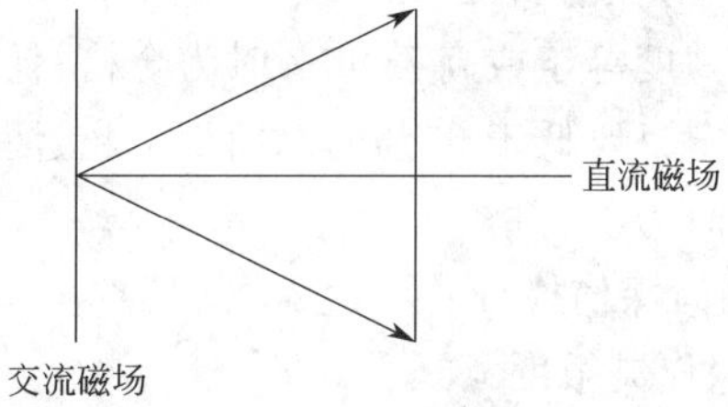

直流磁场

交流磁场

图 8-1-58　摆动磁场

2. 摆动磁场

如果在工件某一方向上进行为直流(或整流)磁化,另一方向进行交流磁化时,工件表面的两磁场一个为直流(或单向变化)磁场,另一个为交流磁场,复合后的磁场为摆动磁场。复合磁场会在交流磁场的两个正负方向之间摆动,达到对不同取向缺陷进行检测的目的,如图 8-1-58 所示。特别地,当直流磁场和交流磁场相互垂直,且交流磁场的最大值与直流磁场相同时,则可产生摆动角度为 90°的摆动磁场,磁场最大方向在 45°角方向上。当交流磁场的最大值大于直流磁场时,磁场最大方向在大于 45°角的方向上;小于直流磁场时,磁场最大方向则在小于 45°角的方向上,即合成最大磁场会偏向较强的磁场一侧。

第四节　车 轴 探 伤

车轴是车辆走行部的关键部件,其质量对行车安全有着直接影响。在制造和使用过程中,车轴会产生各种缺陷,尤其是在使用过程会在各种应力的作用下产生疲劳缺陷,即疲劳裂纹,对行车安全构成极大威胁。用无损检测方法及时发现或检出这些缺陷,是确保行车安全的重要技术措施。

车轴探伤分为超声波探伤和磁粉探伤两种不同的方法,其中超声波探伤主要用来检测内部或压装部位的缺陷,而磁粉探伤则是用来检测表面或近表面缺陷。

车轴无损检测分为新制车轴无损检测和在役车轴无损检测两种情况,前者在车轴制造工厂或制造车间进行,后者在车辆的修理工厂和车辆段进行。

一、超声波探伤

(一)新制车轴超声波探伤

新制车轴超声波探伤一般使用 2～5 MHz 的超声纵波,国内一直沿用 2.5 MHz 的超声纵波,探伤内容包括轴向透声检查、轴向探伤检查和径向探伤检查三个方面。

1. 轴向透声检查

主要检查车轴透声性能(晶粒度)和内部材质缺陷,使用专门制作或指定的试块校正检查灵敏度。

(1)检验灵敏度

①车轴无顶针孔时:置2.5P20Z探头于图8-1-59所示的TS-1(40钢车轴)或TS-1W(50钢车轴)试块上探测试块底面,调整仪器使第10次底波波高刚好达到垂直满幅度的90%,再增益6 dB的试块形状补偿和4~6 dB的耦合补偿,作为无顶针孔车轴向透声检验灵敏度。

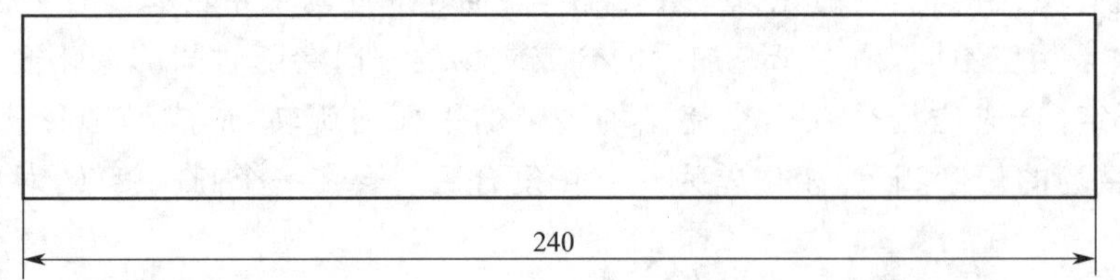

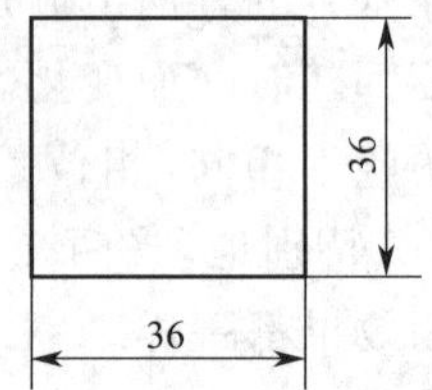

图8-1-59 TS-1和TS-1W试块外形尺寸图

②车轴有顶针孔时:在第①条的基础上再增益3 dB,作为有顶针孔车轴轴向透声检验灵敏度。

③车轴有螺栓孔时:在第①条的基础上再增益6 dB,作为有螺栓孔车轴轴向透声检验灵敏度。

(2)质量标准

透声检查的验收区域为车轴端面1/2半径以内的区域,区域边界以探头中心为准。在验收区域内,被检车轴底波高度等于或高于90%时为合格,低于90%时,国内外标准有差别,欧洲EN标准规定为不合格,国内标准规定只要低于90%的总面积不超过验收区域的1/16,且底波幅度不低于45%,仍认为合格。不满足上述条件时为不合格。

2. 轴向探伤检查

(1)探伤灵敏度

在第1条轴向透声检查无顶针孔车轴透声检验灵敏度的基础上再增益3 dB,即为车轴轴向探伤灵敏度。

(2)质量标准

目前国内执行如下质量标准:自车轴端头至车轴中心,在0~380 mm范围内,缺陷尺寸不大于ϕ3 mm平底孔当量为合格,在380~760 mm范围内,缺陷尺寸不大于ϕ6 mm平底孔当量为合格,在760 mm~车轴中心范围内,缺陷尺寸不大于ϕ10 mm平底孔当量为合格,否则为不合格。

3. 径向探伤检查

(1)探伤灵敏度

①缺陷波幅度法

探伤灵敏度为ϕ3 mm平底孔当量:从TS-2试块(图8-1-60)轴颈、轮座和轴身上分别探测1号、4号和7号ϕ3 mm平底孔,将各平底孔孔波幅度调整到满幅度的50%,并进行必要的耦合补偿,再增益4 dB,作为各部位内部缺陷的探伤灵敏度。

②底面回波衰减法

在TS-2试块轴身上探测ϕ7 mm锥孔处底波(圆周面反射波),并将该处底波调整到满幅度的50%,再进行必要的耦合补偿,作为径向探伤底面回波衰减法探伤灵敏度。

(2)质量标准

以车轴中心线为轴线,以0.25ϕ(ϕ为成品车轴轴颈直径)为半径作一圆柱面:

①在圆柱面以内:发现缺陷时,需用底面回波衰减法进行复探,若复探时缺陷处底波低于50%,则车轴不合格,否则合格。

②在圆柱面以外:若缺陷当量大于ϕ3 mm平底孔,则车轴不合格;若缺陷当量不大于ϕ3 mm平底孔,需用底面回波衰减法进行复探,若复探时缺陷处底波低于50%,则车轴不合格,否则合格。

(二)在役轴超声波探伤

1. 情况简介

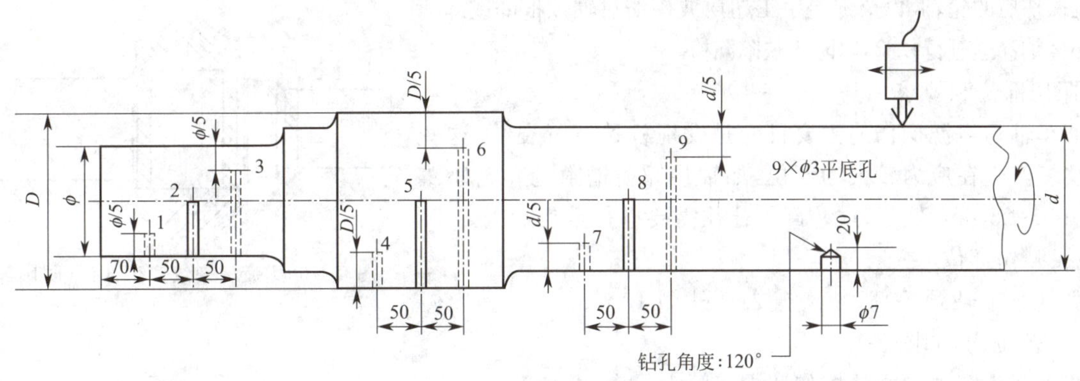

图 8-1-60　TS-2 车轴径向探测试块

在轮轴使用过程中，由于材质、加工工艺、运用条件等多种因素的影响和交变载荷的持续作用，车轴的轮座镶入部、轴颈根部或卸荷槽部位以及轴身等处容易产生疲劳裂纹。为防止冷切事故发生，确保运输安全，在轮轴检修中引入无损检测技术是十分必要的。

超声波探伤技术应用于我国铁路货车轮轴的探伤已有几十年的历史，在提高轮轴检修质量和保证行车安全方面发挥了重要作用。轮轴超声波探伤早期一直使用单通道模拟超声波探伤仪，即每台仪器只能连接一个探头，对轮轴的一个部位进行探伤，而每条轮轴需要对 6～8 个部位进行探伤检查，所以需要频繁更换探头和校准仪器，或者需要配备多台探伤仪，使用起来很不方便。在 20 世纪 90 年代后期，一些设备生产厂家将数字技术和计算机控制技术应用到了超探仪上，在模拟超探仪的基础上研制出了数字式多通道超声波探伤仪并推广应用，极大方便了车轴超声波探伤工作。这种多通道探伤仪实际上也是单通道探伤仪，只是利用数字技术存储了多个探伤工艺，并安装了多个探头插座，能够同时连接多只探头，使用时只需根据需要切换到存储的探伤工艺就可进行不同部位的探伤扫查，起到了多通道探伤仪的作用，使用十分方便。

目前这种多通道超声波探伤仪已发展有多种不同的型号，以满足不同用户的需要，例如：NDC-1 型、KW-4 型、CTS-8005A^{Plus}型、BLC-201L 型等，一台仪器即可满足轮轴多个部位的探伤检查，减少了探伤仪的使用数量。

在同一时期，轮轴微机控制超声波自动探伤机也逐步推广使用。轮轴微机控制超声波自动探伤机有多种机型：货车轮轴的超声波探伤机（C 型机），普通客车轮轴和货车轮轴的超声波探伤机（D 型机），兼容 RD_2，RE_2，RE_{2A}，RE_{2B}型轮轴的超声波探伤机（H 型机），其外形结构如图 8-1-61 所示。

图 8-1-61　轮轴微机控制超声波自动探伤机外形结构图

轮轴微机控制自动探伤机主要由超声系统、机械系统、电气控制系统和计算机控制系统等部分组成，具有自动和手动两种操作模式，自动模式的基本作业过程为：人工上料→落轮→测轮径对中心→轴端探头机构上升、轴身探头下落→轴身探头部位喷耦合液→按微机键盘或鼠标开始探伤→转轮器驱动轮轴转动、轴身探头往返移动→探伤过程完成→轴端探头机构回落、轴身探头上升、喷液停止→下料。探伤过程中若发现缺陷则在微机荧光屏轮轴示意图的相应部位进行显示。

目前一般在轮轴检修流水线上设置轮轴微机控制超声波自动探伤和轮轴手工多通道超声波探伤两个工序，经自动探伤机探伤后的轮轴，再全部经手工超声波探伤对轴颈根部或卸荷槽部位和全轴穿透进行复验，以防止缺陷漏检。

2. 探伤部位和要求

轮轴车轴超声波探伤的主要目的是发现各种疲劳裂纹，这些疲劳裂纹多产生在应力较大的部位，如轴颈卸荷槽附近和轮座镶入部边缘 5～25 mm 处等，这些部位往往需要进行重点扫查。

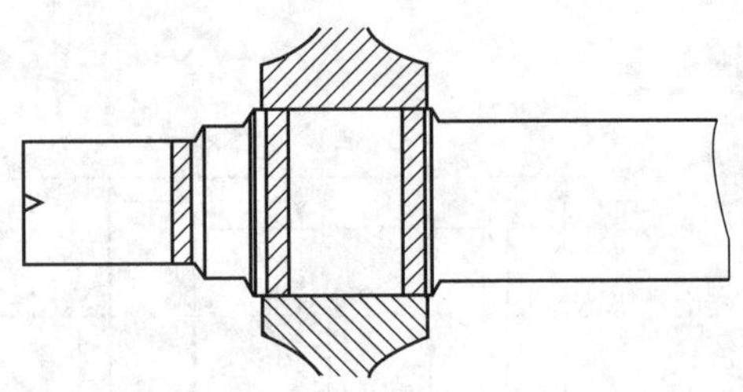

图 8-1-62 疲劳裂纹产生部位(阴影部分)

(1)探测伤部位

主要是车轴轴颈根部、轮座镶入部外侧 10～30 mm 和内侧 5～30 mm 范围内，如图 8-1-62 所示。

纵波直探头穿透检查的探伤范围实际上是车轴全部。

(2)探伤频率

超声波的频率对探伤结果有着直接的影响。频率高时，声波波长短，指向性和分辨力好，缺陷定位精度高，能量集中，发现小缺陷的能力强，但散射现象严重，衰减大，远场声场覆盖范围小。频率低时，则波长长，衰减小，穿透力强，远场声场覆盖范围大，有利于远距离的缺陷和取向不良的缺陷的检测，但分辨力低，绕射现象严重，对小缺陷的检出能力差。

对于车轴探伤，横波探头一般选用 2.5 MHz。轴颈根部或卸荷槽部位干扰信号较多，不易分辨，探头频率宜高些，一般可选用 4～5 MHz，有利于提高探伤分辨力。镶入部小角度纵波探头的探测距离远，宜选用 2.5 MHz 的频率，有利于提高探伤灵敏度。

(3)探伤灵敏度

一般为 1 mm 深人工裂纹，为防止漏检，确保行车安全，随着探伤技术的提高，今后探伤灵敏度有可能提高到 0.5 mm 深裂纹当量。

(4)探伤方法

轮轴超声波探伤逐步形成了如下三种方法：

一是 0°探头纵波探伤法：主要对车轴的透声性能和内部大缺陷进行探测；

二是小角度纵波探伤法：从轴端对轴颈和轮座镶入部进行探测；

三是横波探伤法：主要从轴身对轮座镶入部及其他镶入部进行探测。

上述三种探伤方法各有所长，使用中可相互配合，完成对车轴各不同部位的全面扫查。

①纵波探伤法

纵波探伤法是使用纵波直探头从车轴端面进行扫查，能够对车轴全长进行检测。纵波探伤法具有探测范围广、扫查速度快、探伤灵敏度高等特点，是超声波探伤中十分重要的一种方法，也是车轴探伤最早使用的探伤方法。

车轴纵波探伤的目的主要有两个，一是对车轴进行纵向透声检验，以便发现车轴内部缺陷，包括晶粒粗大、夹杂、疏松、缩孔等车轴内部材质缺陷或加工缺陷。二是检测疲劳大裂纹，由于声波几乎与疲劳裂纹垂直，能够有效避免轮心波、台阶波及其他各种波的干扰，因而有很高的可靠性，可以很好地弥补横波探伤法和小角度纵波探伤法的某些不足或失误。不过，由于受车轴台阶和侧壁效应的影响，纵波检测大裂纹的灵敏度较低，一般只能探测出深度 4～5 mm 以上的裂纹。

车轴透声情况的判断是根据车轴端面回波的高度，使用的是一种底面回波高度法。影响底面回波高度，或者说影响端面回波高度的因素很多，不仅仅是材质晶粒和内部缺陷，还包括端面平整度、钢印、顶针孔、螺孔等，因而透声检验是一种综合检验。目前国内现行的车轴透声质量标准，是针对热处理以后、精加工以前的毛坯车轴而言的，车轴还没有加工台阶和螺栓孔，端面反射情况会与成品轴有较大差别，与轮轴车轴的差别可能会更大些，端面回波高度有时要差 3～6 dB。因而，在对轮轴车轴进行穿透检验时，若发现端面回波与新轴标准有差异时，应注意区分端面钢印、顶针孔、螺栓孔、台阶以及轮饼等对回波幅度的影响。实际上，对在役轮轴车轴而言，穿透检验的目的已不再是检查车轴的透声性，而应是发现大裂纹。

a. 迟到波

车轴纵波探伤时，由于车轴侧面的影响，会出现迟到波。如图 8-1-63 所示，当工件长度远大于其截面直径时，由于声波的扩散，一部分声束会掠入射到工件测面上，在侧面上的入射角接近于 90°，在反射波中，除有反射角度接近于90°的反射纵波之外，还会有反射角度接近于33°的反射横波。其反射纵波传播到底面后，与直达声波一起返回探测面，被探头接受后即形成工件底波。

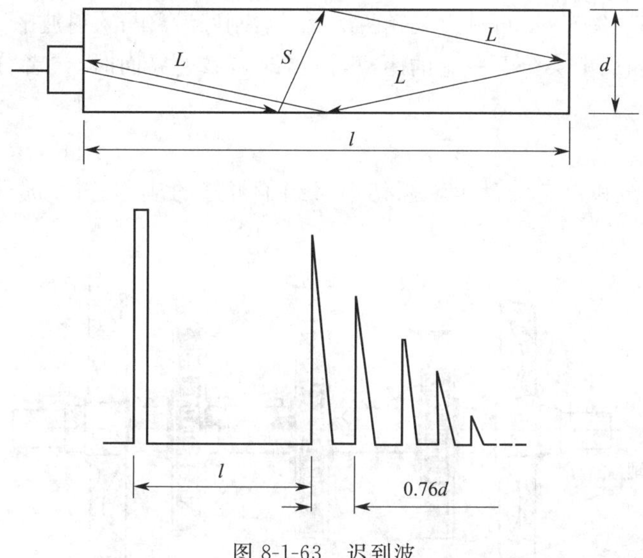

图 8-1-63　迟到波

而反射横波传播到工件对面后会再次被反射，同样会再次产生反射横波和反射纵波。其横波成分会继续向对面传播，纵波成分则经底面反射回到探测面，被探头接收后形成反射回波。该回波不仅传播的路程较长，而且一段路程为超声横波，其声速较慢，因而回到探测面的时间也较迟，在屏幕上出现在底波之后，故称为迟到波。经一次横波声程的迟到波称为一次迟到波，经两次横波声程的迟到波称为二次迟到波等等。

迟到波是等间距的，其间距也等于底波与第一次迟到波之间的间距 n，n 可由下式近似求得：

$$n=0.76d \tag{8-1-55}$$

式中 d 是工件两侧面间的宽度，在车轴探伤中，d 为声波反射处的车轴平均直径。

b. 轴内迟到波

形成迟到波的根本原因是变形波，只要有变形波存在，并且能够构成垂直反射条件，就可形成迟到波，不一定都出现在底波之后。如工件内的缺陷、车轴轮座镶入部后肩台阶，都可形成迟到波，有时也称为缺陷迟到波或轴内迟到波。

②小角度纵波探伤法

使用小角度纵波从车轴端面对轴颈或镶入部进行探伤，小角度纵波探伤法使用的是超声纵波，但又是斜入射，因而在某种意义上具有纵波探伤和横波探伤的双重特点。小角度纵波探伤主要用于探测轴颈部位和各种镶入部的疲劳裂纹，其最大优点是探伤速度快，效率高，其缺点是干扰信号较多，探测轮座镶入部外侧时会存在一定的盲区。

③横波探伤法

在不退轴承(或轴承内圈)的情况下，横波探伤是从轴身上对镶入部内外侧进行扫查。在退轴承情况下，横波探伤也可从轴颈上对轮座镶入部进行扫查。

横波探伤的主要优点是探伤灵敏度高，干扰信号少，检测部位没有盲区，是目前车轴探伤可靠性最高的一种探伤方法。其不足之处是探测面为曲面，耦合条件不如平面。

为了对镶入部全面探测，探头需要沿圆周方向扫查1周，在前后方向的扫查则应保证主声束遍及镶入部宽度的全部。当内外侧用同一角度的探头从轴身扫查时，探头在前后方向上移动的距离也至少为一个镶入部宽度，扫查的起点距镶入部后沿的距离 m 为：

$$m=d\cdot\tan\beta \tag{8-1-56}$$

式中 d 为轴身和镶入部的平均直径；β 为探头折射角的角度。

车轴疲劳裂纹近似垂直于车轴侧面，对车轴进行横波探伤时，声波与裂纹表面不垂直，而是倾斜入射，声波无法直接反射回来，反射回波主要依赖于两种机理，一种是裂纹表面的散射，二是裂纹与车轴

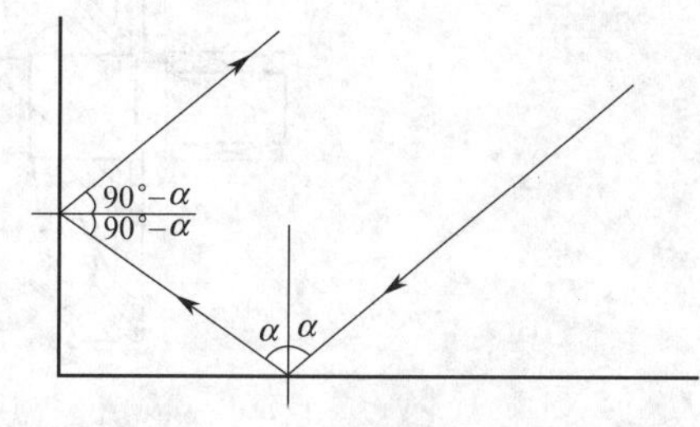

图 8-1-64　直角反射示意图

侧面构成的直角反射，其中直角反射一般占主导地位。

如图 8-1-64 所示，当声波以 α 的角度入射到直角的某一边上时，会以同样 α 的角度反射到另一边。在另一边上的入射角和反射角度都为 $90^\circ-\alpha$，可见声波经两次反射后刚好沿着与入射波平行的方向返回到探侧面。

反射波与入射波在探测面上会分开一定的距离，但当缺陷靠近界面时，二者分开的距离较小，可用同一探头进行接收。

④相控阵技术应用

相控阵技术在车轮探伤和带制动盘车轴探伤中得到了很好的应用，探头放置位置和声波扫查方式如图 8-1-65 和图 8-1-66 所示。

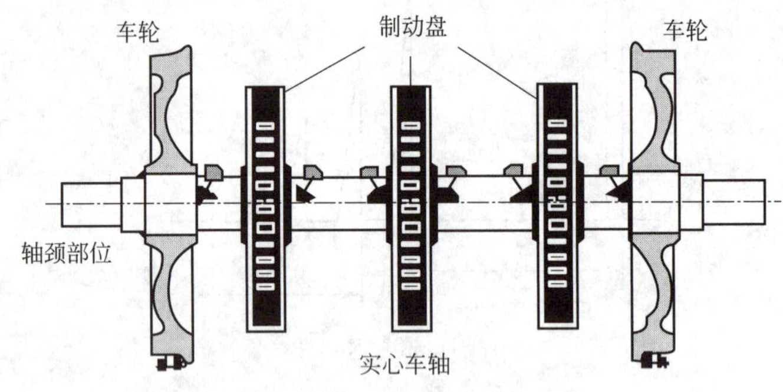

图 8-1-65 车轴相控阵技术探伤

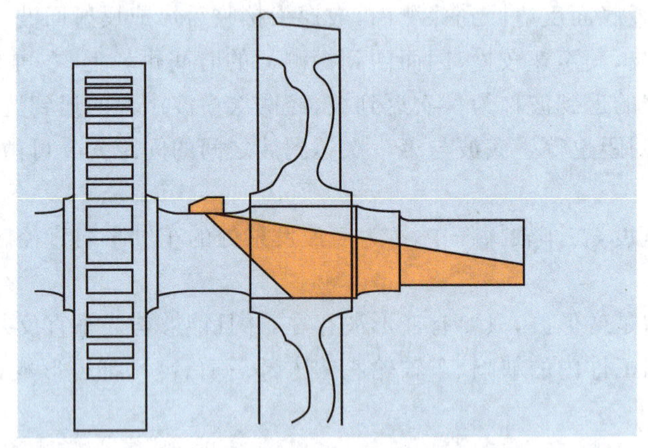

图 8-1-66 相控阵技术声波扇形扫查

3. 轮轴车轴超声波探伤工艺要点

(1)探头选择

轮轴车轴各部位探伤所用探头的频率、探测面、探头类型和折射角的选择见表 8-1-1，各种探头的探测面和探测部位见图 8-1-67。探头入射角 α 值与折射角 β 值满足如下折射定律：

$$\frac{\sin\alpha}{C_1}=\frac{\sin\beta}{C_2} \tag{8-1-57}$$

式中 C_1 为探头有机玻璃斜块；C_2 为车轴中的纵波声速或横波声速。

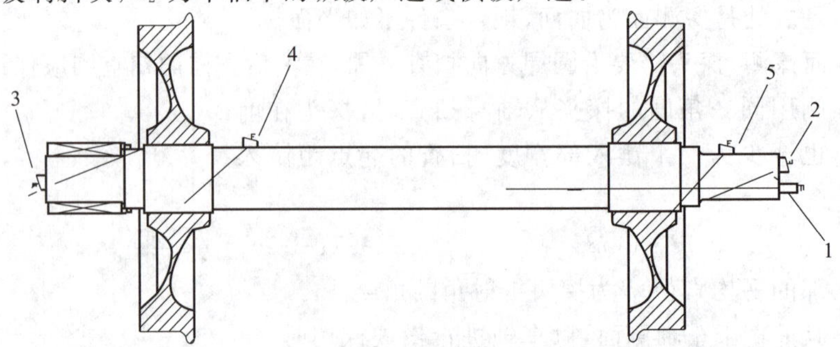

图 8-1-67 轮轴探伤时各型探头探测面和探测部位示意图

1— 0°直探头；2—轴颈小角度纵波探头；3—镶入部外侧小角度纵波探头；4—镶入部内、外侧横波斜探头；5—镶入部外侧横波斜探头

表 8-1-1 探头频率、探测面、探头类型和探头角度推荐表

探测部位	频率(MHz)	探测面	轮轴型号	探头角度(折射角)或类型	备注
全轴	2.5	两端面	各型	2.5P20Z 直探头	
轴颈根部或卸荷槽处	4～5	轴端面	RD_2,RE_2,RE_{2A}	23°～25°小角度探头	
			RE_{2B}	27°～28°小角度纵波探头	
镶入部外侧	2.5	轴身	RD_2	55°	可任选其中一种或两种方法
			RE_2,RE_{2A},RE_{2B}	52°～56°横波斜探头	
		轴颈	RD_2	52°横波斜探头	
			RE_2,RE_{2A},RE_{2B}	52°～56°横波斜探头	
	2.5～4	轴端面	RD_2	16°～19°小角度纵波探头	
			RE_2,RE_{2A},RE_{2B}	20°～23°小角度纵波探头	
镶入部内侧	2.5	轴身	RD_2	45°横波斜探头	
			RE_2,RE_{2A},RE_{2B}	45°～55°横波斜探头	

(2)耦合剂选择

耦合剂可选用机油。不退卸轴承在车轴两端面探测时,为防止机油对轴承脂造成污染,可使用轴承脂作耦合剂。但要注意校验探伤灵敏度和探伤作业,应使用相同的耦合剂。

(3)探伤操作

①穿透检查

a. 仪器标定:

首先对仪器测距和探伤灵敏度进行标定。使用 0°直探头并置于 TS-1(或 TS-1W)标准试块上,用机油或铁路专用轴承脂做耦合剂,调整仪器的相关按键、旋钮及参数,将试块第 10 次底面回波调至荧光屏水平满刻度的第 10 大格,此时屏幕上每 1 大格代表车轴实际长度 2 400 mm(见图 8-1-68)。

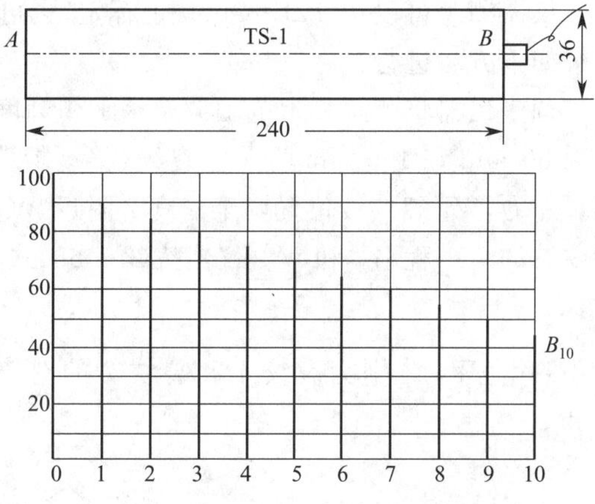

图 8-1-68 直探头在 TS-1 型试块上测距标定示意图

对于数字超声波探伤仪,只需正确输入声速和校正仪器零点,并调整屏幕显示范围,使车轴底波能够显示在便于观察的位置上,如水平显示范围 2 400 mm 左右,就可进行探伤,不一定要校准测距。

探伤灵敏度校准有两种方法:

(a)使用 TS-1(或 TS-1W)标准试块

调整仪器灵敏度,使第 10 次底面回波高度达到荧光屏垂直刻度满幅的 80%,此时应保有 30 dB 以上的调整余量。在此基础上再释放 10～14 dB[具体以轴端钢印深浅、是否锈蚀而定,对耦合(4～6 dB)、钢印(2～4 dB)、中心孔(2 dB)、螺栓孔(2 dB)等因素产生的超声波穿透能力下降进行补偿],以此作为穿透检查的探伤灵敏度。

(b)直接在实物试块上标定

从实物试块端面探测试块底面,调节仪器的相关按键、旋钮及参数,使试块底面的第二次反射波显示在屏幕水平满刻度的 80%～90%之间,波高达到荧光屏垂直满幅的 80%。在此基础上进行必要的增益补偿,如对于 RE_2 型车轴一般可增益 8～12 dB,作为穿透检查的探伤灵敏度。见图 8-1-69。

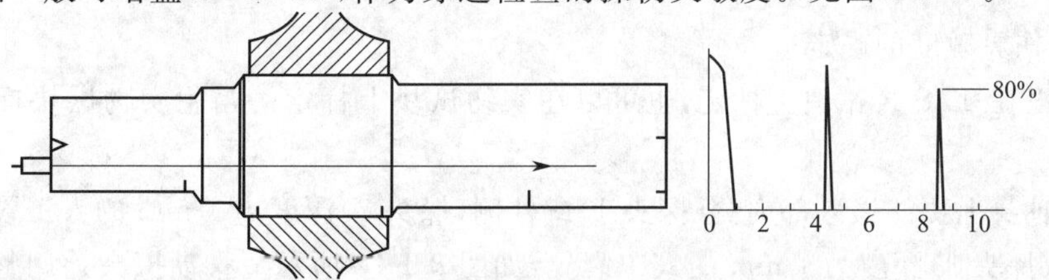

图 8-1-69 穿透检查时在 RE_2 型实物试块上标定示意图

b. 扫查：

确定探伤灵敏度后，在实际探测轮轴时，只允许调节增益或衰减量，其他与灵敏度有关的按键、旋钮及参数等均不得调整，以保持探伤灵敏度不变。

全轴穿透扫查须在车轴两端面分别进行，转轮器应停止转动。扫查时，探伤灵敏度可适当提高，以不出现干扰杂波为准。按图8-1-70方式移动，即一面沿轴端面径向前后移动探头，一面沿圆周方向移动，并同时观察回波的变化。探头扫查范围应遍及轴端面的可移动区域。

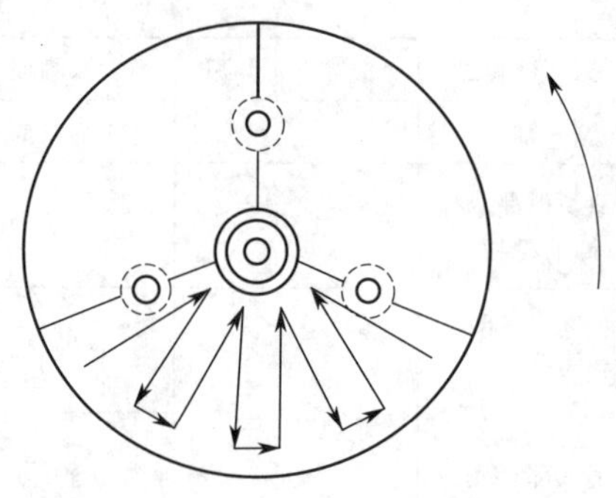

图 8-1-70　直探头在轴端面的扫查方式

c. 质量判定：

(a)大裂纹的判定

如发现底面回波与始波间有可疑回波出现，应采取不同的判定方法。可疑缺陷处于轴身外露部位时，须用磁粉探伤方法确认；可疑处于镶入部时，则须用横波或小角度纵波探伤方法判定。

(b)透声性能的判定

透声检查的验收范围为车轴端面的1/2半径以内，在验收范围内，只要底波高度达到80%即为合格。达不到80%时需要具体分析，主要是我国车轴的透声性能在不同时期有不同的质量标准。2001年以前，验收范围内的底波幅度达不到满幅度的80%但不低于30%，且其面积不超过验收范围的1/16，仍认为合格；2001年以后的车轴，底波达不到80%但不低于40%，且其面积不超过验收范围的1/16，同样认为该轴合格，否则判为透声不良。

② 轮座镶入部横波探伤检查

a. 横波探头测距标定：

仪器测距可以在TZS-R试块上标定，也可以在实物试块上标定。当用数字探伤仪和实物试块标定时，可按如下方法进行：

调整仪器将测距显示范围调至水平满刻度400 mm左右，从RE_2型实物试块轴身探测底面垂直距离分别为80 mm和160 mm两人工裂纹，移动探头和调节仪器，使两裂纹波分别达到最高并调至垂直满幅的80%左右，W_1裂纹波位置调至刻度2附近，W_2裂纹波位置调至刻度4附近，如图8-1-71所示。分别读取两裂纹波的总声程W_1和W_2，仪器按(8-1-58)式校准零点W_0：

$$W_0 = 2W_1 - W_2 \qquad (8\text{-}1\text{-}58)$$

式中：W_1，W_2分别为裂纹1和裂纹2的总声程，即等于人工裂纹的实际声程与探头斜楔内声程(W_0)之和。

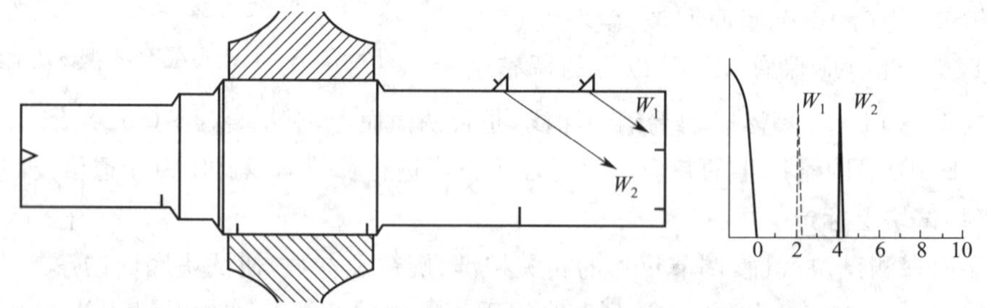

图 8-1-71　RE_2型实物试块测距标定

b. 横波探头探伤灵敏度的确定：

探伤灵敏度可以在TZS-R试块上标定，也可以在实物试块上标定。当用实物试块标定时，可按如下方法进行：

从实物试块的轴身上探测镶入部内侧(探头1)或外侧(探头2)深度为1 mm的人工裂纹，也可以从轴颈上探测镶入部外侧(探头3)深度为1 mm的人工裂纹，如图8-1-72所示。移动探头并调整仪器，使裂纹波达到最高再调至垂直满幅度的80%，然后进行试块人工裂纹补偿和耦合补偿(一般2～4 dB)，以此作为横波斜探头的探伤灵敏度。

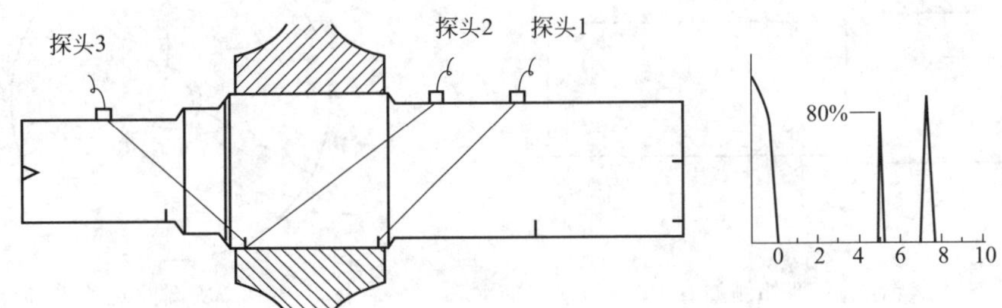

图 8-1-72　RE_2 型实物试块探伤灵敏度校准

c. 小角度纵波探头测距标定：

在 RE_2 实物试块上标定：调整仪器，将测距显示范围调至水平满刻度 400 mm 左右，仪器转换至标定状态，参照图 8-1-71 横波斜探头标定的情况。从 RE_2 实物试块轴身分别探测底面垂直距离为 80 mm 和 160 mm 两人工裂纹，移动探头和调节仪器，使两裂纹波分别达到最高并调至 80%左右，W_1 裂纹波位置调至刻度 2 附近，W_2 裂纹波位置调至刻度 4 附近。分别读取两裂纹波的总声程 W_1 和 W_2，仪器按(8-1-58)式校准零点 W_0。

d. 小角度纵波探头探伤灵敏标定：

使用小角度探头在实物试块端面探测镶入部外侧 1.0 mm 深人工裂纹，移动探头使人工裂纹波达到最高并调至垂直满幅的 80%，如图 8-1-73 所示。然后再进行试块的人工裂纹补偿和耦合补偿(一般 2～6 dB)，以此作为镶入部外侧小角度纵波探伤灵敏度。

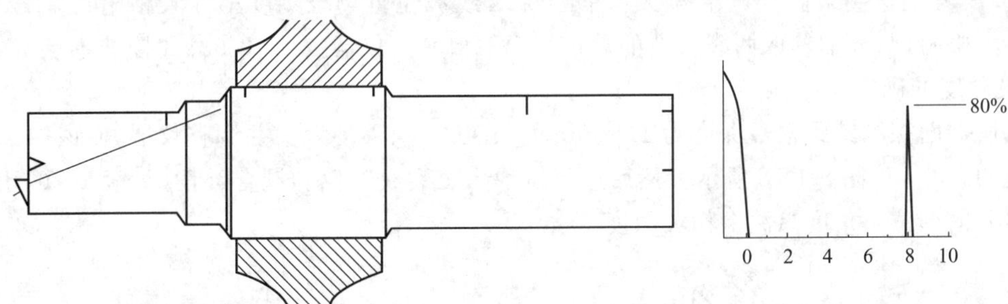

图 8-1-73　RE_2 实物试块探伤灵敏度校准

e. 横波探头扫查：

确定探伤灵敏度后，在实际探测轮轴或车轴时，只允许调节增益或衰减量，其他按键、旋钮及参数等均不得调整。

扫查时如提高探伤灵敏度发现缺陷后，灵敏度应恢复到规定的探伤灵敏度，再对缺陷进行判定。

探头的移动区域必须保证轮座内、外侧探测区域之和大于轮座全长，即保证探头主声束覆盖轮座全长。横波探头的扫查示意图见图 8-1-74～图 8-1-76。

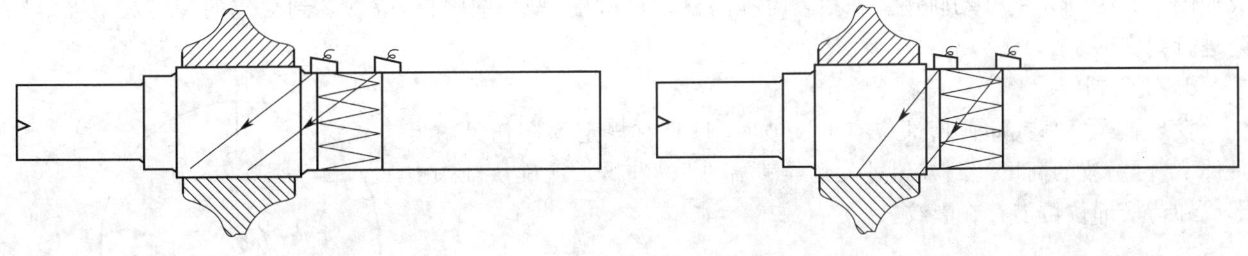

图 8-1-74　从轴身对镶入部外侧扫查　　　图 8-1-75　从轴身对镶入部内侧扫查

f. 小角度纵波探头扫查：

使用小角度纵波探头从轴端面对镶入部外侧进行扫查，一般仅用于对横波探伤结果的核查。扫查时，轮轴应停止转动，探头指向中心孔，作步进式往复移动，如图 8-1-77 所示，同时探头在 3°～5°范围内转动。

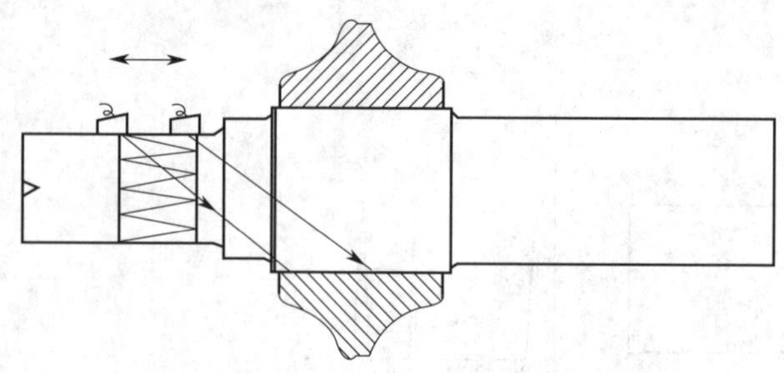

图 8-1-76 从轴颈对镶入部外侧扫查

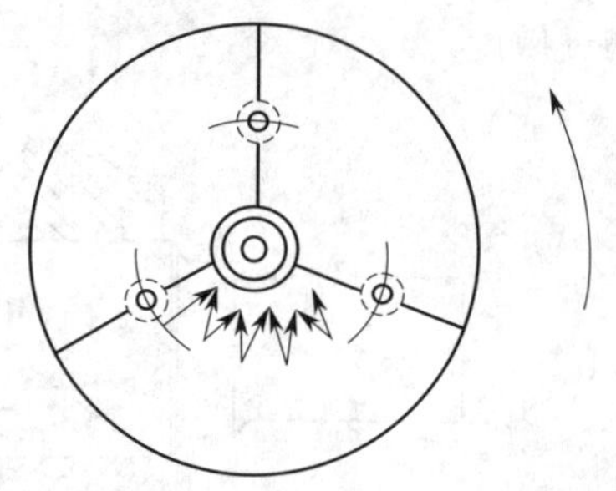

图 8-1-77 从端面对镶入部外侧扫查

g. 缺陷判定：

(a) 轮座镶入部发现可疑波时，需重新对探伤灵敏度进行确认，并使用多种探测方式进行核查。只有在规定的探伤灵敏度条件下，所发现的裂纹波高度达到或超过荧光屏垂直满幅的80%，判定该条轮轴存在裂纹缺陷。

(b) 探伤过程中如果发现没有轮毂波（轮心波）出现，且始波后面有林状波及杂波出现（或提高灵敏度后有林状波及杂波出现），影响正常探伤时，则应判该车轴局部透声不良。

③轴颈根部或卸荷槽部位探伤检查

轮轴轴颈根部或卸荷槽部位探伤检查：采用小角度纵波探伤方法在车轴两端面进行探测。

a. 测距标定：

将测距显示范围调至水平满刻度代表纵波深度 300 mm 左右，仪器转换至标定状态，参照图 8-1-71 横波标定的情况。从实物试块轴身探测底面垂直距离分别为 80 mm 和 160 mm 的两人工裂纹，移动探头和调节仪器，使两裂纹波分别达到最高并调至 80%左右，W_1 裂纹波位置调至刻度第 3 大格附近，W_2 裂纹波位置调至刻度第 6 大格附近，分别读取两裂纹波的总声程 W_1 和 W_2，仪器按(8-1-58)式校准零点 W_0。

b. 探伤灵敏度的确定：

从实物试块端面探测轴颈根部深度为 1.0 mm 的人工裂纹，移动探头并调整仪器，使该裂纹波最高并调至垂直满幅度的80%，如图 8-1-78 所示。然后进行试块人工裂纹补偿和耦合补偿（一般 4～6 dB），以此作为轴颈根部或卸荷槽部位小角度纵波探伤灵敏度。

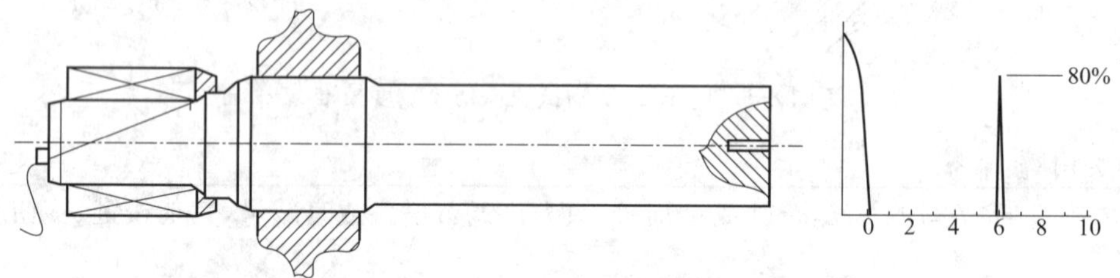

图 8-1-78 轴颈根部或卸荷槽探伤灵敏度标定

c. 扫查：

扫查时，探头指向中心孔，探头在中心孔与轴端螺栓孔之间的环形区域内作往复移动，并偏转 3°～5°，形成如图 8-1-79 所示的移动轨迹。如扫查时提高探伤灵敏度，发现缺陷后，应恢复到规定的探伤灵敏度对缺陷进行判定。

d. 缺陷判定：

发现轴颈根部或卸荷槽部位有可疑波时，只有在规定的探伤灵敏度条件下，可疑波的高度达到或超过荧光屏满幅的80%时，才能确认轴颈根部或卸荷槽部位可能存在裂纹。

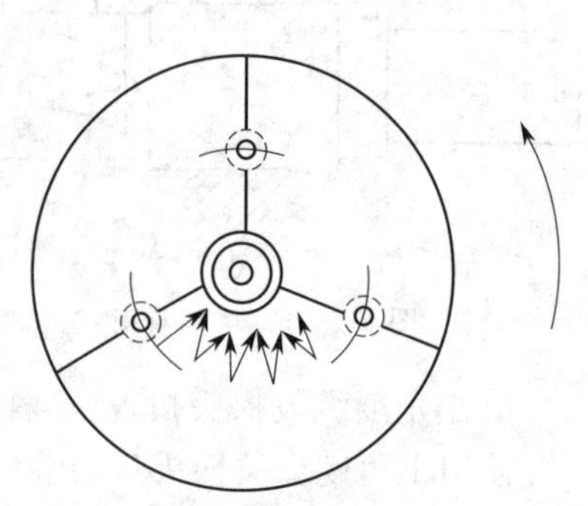

图 8-1-79 轴颈根部或卸荷槽探伤扫查

二、磁粉探伤

(一)情况简介

车轴磁粉探伤主要用于探测车轴表面或近表面缺陷，其中最主要的是探测各种疲劳裂纹。

车轴磁粉探伤同样可以分为新制车轴和轮轴车轴两种情况，前者主要探测材质缺陷和制造缺陷，后者则主要探测疲劳裂纹，二者的探测技术和方法是相同的。新制车轴或光轴的探伤部位为车轴的整个外表面，轮轴车轴探伤部位仅为车轴的外露表面，不退轴承或不退轴承内圈时，一般不要求探测防尘板座及轮座外侧的外露部位。

为确保探伤质量，探伤前应对需探伤的车轴外露部位进行冲洗除锈，轮轴如不需退卸轴承或轴承内圈时，防尘板座及轮座外侧的外露部位可不除锈，使被探测的部位露出基本金属面。车轴轴身往往粘着一些比较顽固的油漆，难以去除，为使轴身更加清洁，满足磁粉探伤要求，通常提前在车轴轴身上涂刷适量的脱漆剂。轮轴段修时遇有不需退卸的轴承在进入除锈机前，应加装橡胶防护套对轴承进行防护，防护套应尽量与车轮轮毂外侧端面密贴，以免冲洗除锈时轴承内部进水。

我国早期使用便携式磁粉探伤器检查轮轴车轴，轴身部位使用磁轭探伤器，又称马蹄形电磁铁，轴颈部位使用环行探伤器。便携式探伤器小巧轻便、不烧损工件，因而得到广泛的应用。不过，这些探伤器的磁化方式是单向的，使用的是干法磁粉，检测效率低，可靠性差。对于环形探伤器，一般只能检测一个方向的裂纹缺陷，而对于马蹄形探伤器，每条轮轴需要沿车轴圆周方向进行六等分探伤，由于探把与车轴的磁力吸合，又要随时喷洒磁粉，劳动强度很大，也难以覆盖全部探测面，容易造成缺陷漏探的现象。

从 20 世纪 80 年代中期开始，一些科研单位和设备生产厂家陆续研制成功了 3000 型半自动磁粉探伤机，其磁化方式为周向和纵向合成的复合磁化，能够同时对轴身、轴颈等外露部位各个方向的缺陷进行探伤，可以采用荧光磁粉探伤，也可采用普通湿法探伤。这种探伤机不但能够全部覆盖探测面，减少缺陷漏探现象，还大大减轻了工人的劳动强度，很快在轮轴检修单位得到了推广。

近些年我国研制了微机控制轮轴磁粉探伤机，推广复合磁化荧光磁粉探伤，同时增加了对车轮内侧辐板部位的探伤功能，明显提高了轮轴磁粉探伤的准确性和可靠性。

目前，国内有多个厂家生产轮轴磁粉探伤设备，图 8-1-80 为一种常见的 CJW-3000 型轮轴荧光磁粉探伤机，具有手动和自动两种操作方式。其基本作业过程为：上料→转轮、喷液→停止转轮、夹持工件→磁化、停止喷液、磁化→夹持装置松开→轮轴随时转停并观察磁痕→退磁→下料等，其中在上料后和下料前暗室拉帘应闭合形成暗室，以便进行荧光磁粉探伤。

图 8-1-80　CJW-3000 型荧光磁粉探伤机

（二）车轴复合磁化

车轴复合磁化主要由两种方法复合而成，其中一种为直接通电法，另一种为线圈法，可在车轴上产生摆动磁场或旋转磁场。

1. 摆动磁场

车轴中直接通以整流电或直流电，线圈中通以交流电，即整流（或直流）磁场与交流磁场叠加，在车轴表面产生摆动磁场。摆动磁场的大小和方向都随时间而变化，磁场在车轴表面不同方向上是不均匀的，最大磁场在两磁场最大时的合成方向上。目前车轴磁粉探伤设备中主要使用这种复合磁化方法。

2. 旋转磁场

车轴中和线圈中都通以交流电，即两交流磁场叠加，在车轴表面产生旋转磁场。目前两交流磁场的相位差为 120°，这样可直接利用三相交流电中的两相进行磁化，实现起来较容易，但合成磁场为椭圆旋转，车轴表面不同方向上的磁场分布是不均匀的。在纵向磁场和周向磁场幅度相等时，最大磁场在与车轴轴线成

30°或60°角的方向上；当两磁场幅度不相等时，最大磁场会偏向较强的磁场一侧。如果将电流的相位差能调整到90°，则可得到圆形旋转磁场，在各个方向上的磁场强度都一样，但实现起来较困难。

在线圈法中，根据线圈的不同形式又可分为开合式线圈、通过式线圈、异型线圈和其他形式线圈等多种不同的类型，并可根据轮轴形状合理布置线圈，因而车轴表面不同部位上的磁场可以相对均匀些。

另外，复合磁化也可采用通电法和磁轭法两种方法进行复合，该方式较传统、可靠，缺点是由于轮饼的影响，磁场分布往往不够均匀，国内目前没有采用这种方式。

（三）磁化规范

磁化规范的选取，实际上就是磁化电流或安匝数（磁动势）的选取。磁化规范选择合适时，磁化场能够刚好将被检工件磁化到接近饱和状态（约饱和值的80%），这样既可最大限度的形成漏磁场，同时也不至于产生过多的背景干扰。

对于轮轴探伤，不同车轴的磁性能会有所差别，所需的磁化规范也会有所不同，严格说来，磁化规范应根据材料各自的磁化曲线来确定。不过，一般情况下，车轴表面的磁场强度只要能达到2 000～2 500 A/m之间，就可保证探伤效果，过低可能会造成漏检，过高则可能出现杂乱显示。另外，轴向和周向两个方向的磁场强度要尽量一致，也可使轴向磁场稍微强一些，以确保不同方向的缺陷尤其是横向缺陷的有效探测。

磁化规范的选择应使工件表面磁场强度 H 至少达到2 000 A/m，一般情况下可选取 H=（2 400～3 200）A/m。

1. 周向磁化电流的选择

周向磁化电流按以下公式计算：

$$I = H \cdot D/320 \tag{8-1-59}$$

式中　I——电流强度（A）；

H——磁场强度（A/m）；

D——车轴最大直径（mm）。

磁化电流 I 一般要求达到：

$$I=(8\sim10)D \tag{8-1-60}$$

2. 纵向磁化电流的选择

纵向磁化电流的选择应使该电流激发的纵向磁场能够与周向磁场相匹配，实际探伤时可按如下简易方法进行确定：

使用探伤机单向磁化功能，将周向磁化电流从最小值逐步增大，直至能使A型试片刚能显示，此时的电流值设为 I_1。按同样的方法确定能使A型试片刚能显示的纵向磁化电流值 I_2，I_1 和 I_2 的比值即为周向磁化电流与纵向磁化电流的匹配比例。按(8-1-60)式确定周向磁化电流值后，再根据匹配比例确定纵向磁化电流值。

（四）器材、暗室和照明

在对不同工件探伤时，对暗室、器材、紫外灯和白光灯的要求几乎是一样的，或者说暗室、器材、紫外灯和白光灯的技术指标基本上是由其自身决定的，或由磁粉探伤方法所决定的，与检测对象的关系甚微。本节讨论的技术指标，多数给出的是一定的范围，该指标不仅适用于车轴磁粉探伤，同样也适用于车轮磁粉探伤和轴承探伤。

当工件形状和表面状况不同时，技术指标的选择可以有所差别，例如磁粉粒度和磁悬液黏度，工件表面粗糙时，可选用粒度大些的磁粉，相对于平面工件而言，用于圆形工件的磁悬液黏度或流动性可适当小一些，以利于形成稳定的磁痕。

磁悬液由荧光磁粉与液体介质配制而成。每升磁悬液中所含磁粉的重量(g/L)或每100 mL磁悬液沉淀出磁粉的体积(mL /100 mL)称为磁悬液浓度。前者称为磁悬液配制浓度，后者称为磁悬液体积浓度，体积浓度一般用锥形管进行测量。磁悬液浓度会影响到缺陷的显示，浓度过低，由于没有充分的磁粉形成磁痕，会使显示不够清晰，甚至而造成漏检；浓度过高，则会在工件表面滞留过多的磁粉而使背景变差，掩盖缺陷的显示。

车轴磁粉探伤的器材、暗室和照明等的一般技术要求如下：

(1)紫外灯辐射光波长为320～400 nm，中心波长为365 nm。

(2)紫外灯在探测面的辐照度，要求不低于800 $\mu W/cm^2$。

(3)暗室中车轴附近的白光照度应不大于20 lx。

(4)采用非荧光磁粉探伤法时，工件表面的白光照度应大等于500 lx。

(5)磁粉(湿法)颗粒直径：一般要求不大于0.045 mm(320目)。

(6)磁悬液载液：水或油。用水作载液时，要按一定的比例添加乳化剂、消泡剂、防腐剂和防锈剂；油质载液可使用无味煤油或无味煤油与变压器油的混合液 。

(7)磁悬液体积浓度：一般为(0.1～0.6)mL/100 mL 。

(五) 综合灵敏度试验

磁化规范确定后，要进行综合灵敏度试验，或称为灵敏度校验。灵敏度试验可以使用带有已知自然缺陷的轮轴，已知缺陷应符合要求(一般应较小)，也可使用标准试片。

我国的标准试片有 A_1 型、C型、D型和 M_1 型四种不同的类型，轮轴探伤使用15/50的 A_1 型试片，习惯上也简称为A型试片。试片上的分数值15/50代表试片的厚度为50 μm，刻槽深度为15 μm。试片由退火电磁软铁制作，磁导率远比车轴的高，有一定的“聚磁”作用，很容易被磁化，再加上试片表面平整光滑，因而在比较低的磁场下就能形成清晰的磁痕。

A型试片是磁粉探伤不可缺少的器材，能够起到如下重要作用：

1. 用于系统综合灵敏度试验，即可用于检验探伤设备、磁粉或磁悬液的综合性能，当磁痕显示清晰时，至少可证明磁粉或磁悬液的质量是合格的。同时还可近似给出磁场的相对强弱，如磁痕显示2/3周时的磁场强度要比显示1/3周时高些，相应地探伤灵敏度也高些。

2. 给出磁场在不同方向上的大体分布。

3. 检验探伤工艺规程或探伤方法是否妥当。

4. 提供磁痕式样。在试片上很容易得到清晰的磁痕显示，就像超声探伤中的试块一样，很容易得到反射回波，为工艺试验提供方便。

不过，A型试片无法给出车轴表面磁场的确切量值，不能仅靠试片的显示来判断检测灵敏度是否合适，检测灵敏度应靠磁化规范来保证。应注意的是，磁化规范合适时，或检测灵敏度合适时，A型试片应能清晰显示，但A型试片清晰显示时，并不表示检测灵敏度已经满足要求。另外，A型试片只适用于连续法探伤，而不适用于剩磁法探伤。

(六)车辆轮轴荧光磁粉探伤作业

1. 探伤前的准备

(1)综合灵敏度校验

每日开工前，应进行综合灵敏度校验。将15/50A型试片粘贴在轮轴车轴轴颈部位、轴身的中央部位，进行复合磁化，观察周向和纵向磁化电流指示，应符合磁化规范的要求，A型试片各沟槽应显示清晰。

(2)磁悬液浓度检查

取样前对磁悬液充分搅拌，用梨形沉淀管接取100 mL，沉淀30 min后，观察磁粉柱高度，浓度不符合规定时须重新调配。

(3)表面处理

探伤前，轮轴表面锈蚀、油垢、灰尘须经高压冲洗机冲洗干净，被探测部位表面须露出基本金属面，除锈质量不符合探伤要求者，不得进行探伤作业。

2. 探伤范围的确定

轮轴解体后的车轴各部位。

3. 磁化规范的确定

(1)周向磁化电流的选择

采用复合磁化或直接通电法时，周向磁化电流按下式计算：

$$I=\frac{H\cdot D}{320}=(8\sim10)D \tag{8-1-61}$$

式中　I——磁化电流强度(A)；

H——磁场强度(A/m)；

D——车轴最大直径(mm)。

车轴材料属碳素钢，探伤的主要目的又是检测疲劳裂纹，因而不必采用过高的磁化规范，一般情况下，磁化电流只要能达到(6～8)D,探伤灵敏度就可满足探伤要求。

(2) 纵向磁化磁势的选择

磁势或磁化电流的选择,与填充系数和探伤要求等因素有关,在中高填充系数和采用分布式线圈的情况下,纵向磁势一般可在12 000～16 000安匝之间。

4. 3000型轮轴专用磁粉探伤机一般操作程序

(1)将手动-自动开关置于自动位置上。

(2)按照磁化规范调节磁化电流。

(3)按上料动作,即可完成送料→缓冲→滚动→喷液→电极夹紧→充磁→电极松开、线圈松开→磁痕观察→退磁等一系列程序动作,然后按下料,工件自动卸出,操作过程结束。

(4)用磁强计在车轴两端中心孔处测量剩磁。

5. 缺陷判定

(1)重复确认

在探测过程中出现缺陷磁痕时,须对磁痕详细记录和标记,然后抹掉磁痕,重新磁化车轴(先退磁后磁化),进行重复确认,当缺陷磁痕再次显示,且其位置、尺寸和形状与第一次显示的磁痕相同时,方可判定为缺陷车轴。

(2) 裂纹和发纹磁痕特点

①裂纹

裂纹是工件在制造或使用过程中,由于金属的连续性被破坏而形成的缺陷。在干法探伤中,磁痕特点比较突出,裂纹磁痕一般为锯齿形,两端呈尖角状,磁粉聚集的图像不规则,但清晰、密集。

②发纹

发纹是由于原材料中的微小气孔、针孔、金属或非金属夹杂物等,经锻轧而形成的原材料缺陷。其磁痕一般呈直的或微弯的细线,磁粉聚集的图像细长、平直。

应注意的是,上述磁痕特征只有在干法探伤中才比较突出,在荧光磁粉探伤中,各种磁痕往往都表现为一条亮线,其自身形状特点一般不太明显。

③横向裂纹和横向法纹

磁痕延伸线与车轴轴线的夹角≥45°的裂纹或发纹称为横向裂纹或横向发纹。

磁痕延伸线与车轴轴线的夹角<45°的裂纹或发纹称为纵向裂纹或纵向发纹。

6. 退磁

轮轴探伤后应进行退磁处理。退磁后,在距探伤机4 m以外用磁强计在车轴两端中心孔处测量,剩磁应符如下规定:

(1)车轴剩磁应不超过0.5 mT(5 Gs)。

(2)车轴(新制车轴或光轴)应不超过0.5 mT(5 Gs)。

(3)轮轴车轴应不超过0.7 mT(7 Gs)。

(4)轮轴(带轴承)应不超过1.0 mT(10 Gs)。

7. 质量标准

(1)新制车轴

我国目前执行的质量标准如下:

①各部位均不允许存在横向裂纹、纵向裂纹和横向发纹。

a. 裂纹:因金属的连续性被破坏而形成的缺陷。

b. 发纹:由原材料中的微小气孔、针孔、金属和非金属夹杂物等经锻轧而形成的原材料缺陷。

c. 横(纵)向裂纹和横(纵)向发纹:磁痕的延伸线与车轴轴线的夹角大于或等于45°者称为横向裂纹或横向发纹,小于45°者称为纵向裂纹或纵向发纹。

②车轴表面允许存在一定量的纵向发纹,其限度与车轴部位和发纹情况有关。

(2)轮轴车轴

轮轴车轴各部位均不允许存在任何方向的裂纹和横向发纹。

第五节 车 轮 探 伤

一、超声波探伤

(一)新制车轮探伤

新制车轮探伤主要检查车轮中的材质缺陷和制造缺陷,如夹杂、疏松、缩孔、折叠和各种表面裂纹等。车轮内部缺陷使用超声波法进行探测,表面和近表面缺陷则主要使用磁粉法进行探测。

1. 质量要求

目前国内辗钢车轮有两个标准与探伤有关,一是车轮探伤标准,方法上等效于欧洲标准,质量标准为 ϕ3 mm当量平底孔。另一个是车轮标准,其中探伤部分接近于美国标准,质量标准为 ϕ3.2 mm 当量平底孔,二者差别不大,在车轮生产过程中实际上是执行车辆标准。修订中的辗钢车轮基本上是等效采用欧洲标准。

国内铸钢车轮探伤标准基本上等效采用美国铸钢车轮标准,差别之处是将质量标准的英制单位换算成公制单位并取整数,如将 0.125 英寸换算成 3 mm。

(1)辗钢车轮

货车车轮主要执行辗钢车轮质量标准中 3 级车轮标准,不要求对辐板和轮毂探伤。

①轮辋

内部缺陷:不应有大于等于表 8-1-2 规定的当量平底孔缺陷。

透声性能:在轴向检验时,回波衰减不应高于 4 dB。

表 8-1-2 轮辋标准缺陷直径

车轮级别	1 级	2 级	3 级
轮辋标准缺陷直径(mm)	1	2	3

②辐板

辐板不应有:10 个以上大于等于 ϕ3 mm 平底孔当量缺陷;大于等于 ϕ5 mm 平底孔当量缺陷。2 个允许存在的缺陷之间的距离至少应为 50 mm。

③轮毂

内部缺陷:轮毂内不应有 3 个以上大于等于 ϕ3 mm 平底孔当量的缺陷或大于等于 ϕ5 mm 当量的平底孔缺陷。2 个允许存在的缺陷之间的距离至少应为 50 mm。

透声性能:在轮毂端面扫查时,回波衰减不应高于 6 dB。

(2)铸钢车轮

只要求对轮辋部位进行超声波探伤。

内部缺陷:不应有大于等于 ϕ3 mm 当量平底孔缺陷。美国 AAR 新标准 ϕ1.5 mm 当量平底孔缺陷,目前在实际生产过程中执行 ϕ1.5 mm 当量平底孔。

透声性能:回波衰减不应高于直径 10 mm、深 3 mm 的凹球面孔造成的衰减。

2. 试块

车轮试块采用与被检车轮相同规格(或相似外形尺寸及相同生产工艺)、无自然缺陷、透声性能良好的车轮或一部分车轮制作,主要用于探伤系统标定和缺陷大小的评定。

(1)辗钢车轮试块

①轮辋轴向检测试块(图 8-1-81)

②轮辋轴向透声检验试块(图 8-1-82)

③轮辋径向检测试块(图 8-1-83)

④轮毂检测试块(图 8-1-84)

⑤辐板检测试块

辐板检测试块人工缺陷位置为“e”的函数,其在圆周方向的分布距离至少为 100 mm。

a. 当 $e \leqslant 10$ mm 时

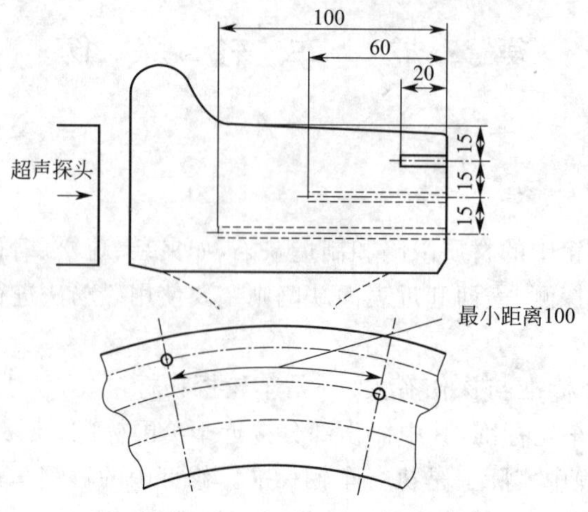

图 8-1-81 轮辋轴向检测试块

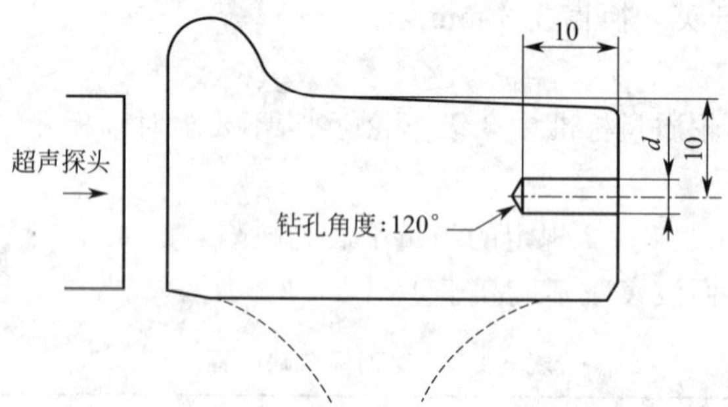

图 8-1-82 轮辋轴向透声检验试块

注:孔径 d 由试验确定,一般可取 ϕ7 mm。

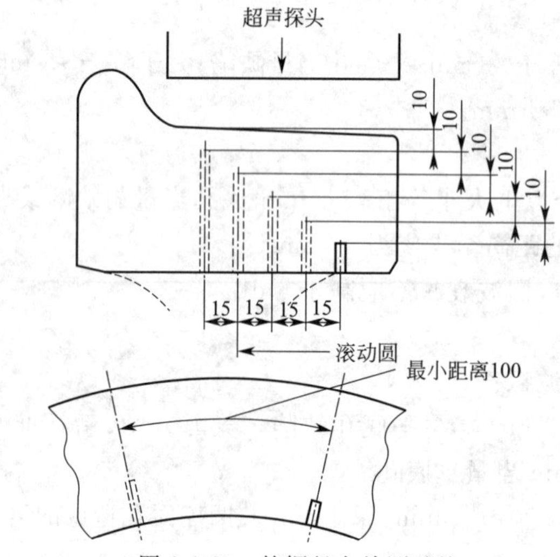

图 8-1-83 轮辋径向检测试块

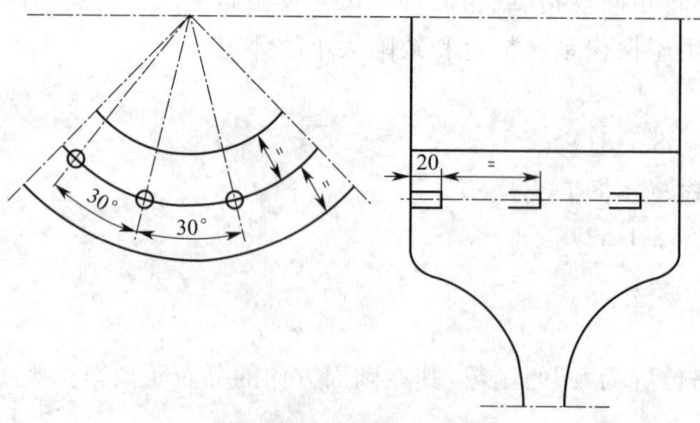

图 8-1-84 轮毂检测试块

在辐板内表面 5 mm 下有一直径为 3 mm 的平底孔；

在辐板内表面 5 mm 下有 1 个直径为 5 mm 的平底孔。

b. 当 10 mm＜e≤20 mm 时

在辐板内表面 5 mm 和(e−5) mm 下有 2 个直径为 3 mm 的平底孔；

在辐板内表面 5 mm 和(e−5)mm 下有 2 个直径为 5 mm 的平底孔。

c. 当 e＞20 mm 时

在辐板内表面 5 mm、0.5e mm 和(e−5)mm 下有 3 个直径为 3 mm 的平底孔；

在辐板内表面 5 mm、0.5e mm 和(e−5)mm 下有 3 个直径为 5 mm 的平底孔。

其中“e”被定义为辐板平均厚度。

(2)铸钢车轮试块

①轴向检测试块(图 8-1-85)

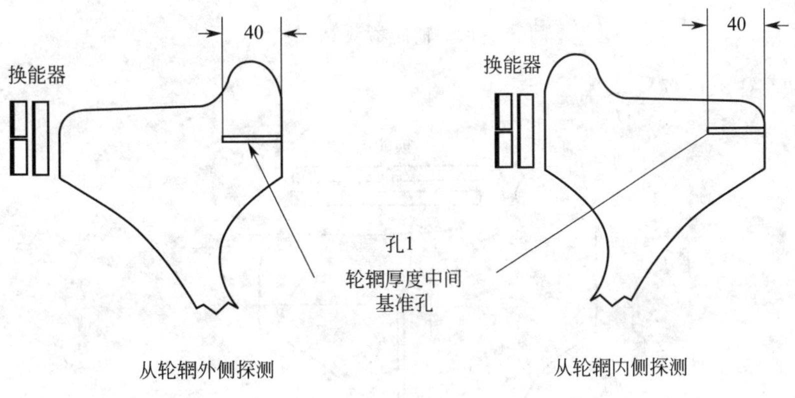

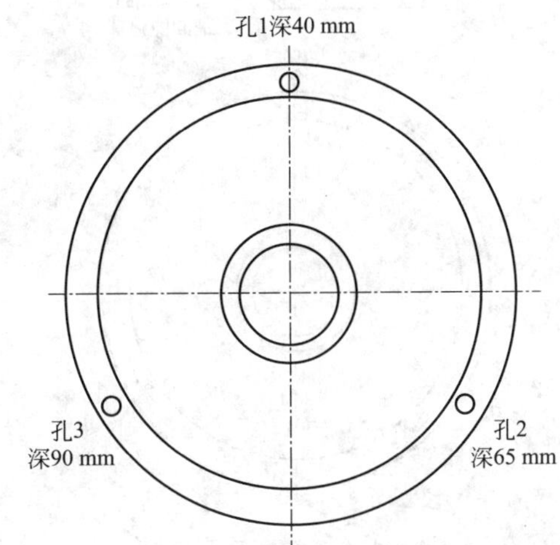

图 8-1-85　轮辋轴向探测试块

1 号基准孔主要用于仪器标定；2 号和 3 号附加孔用于 DAC 曲线制作。

②轴向检测替代试块(图 8-1-86)

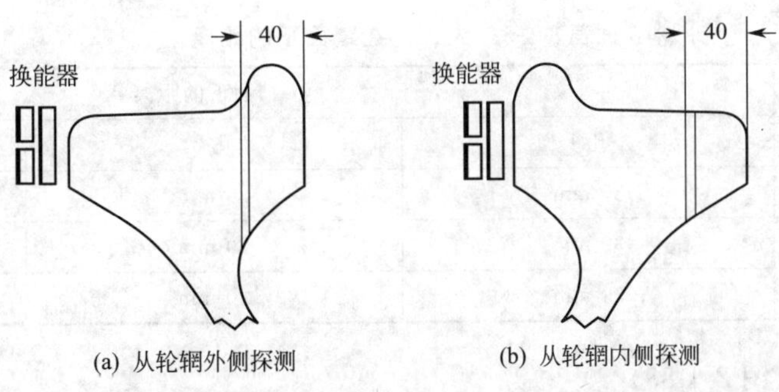

(a) 从轮辋外侧探测　(b) 从轮辋内侧探测

图 8-1-86

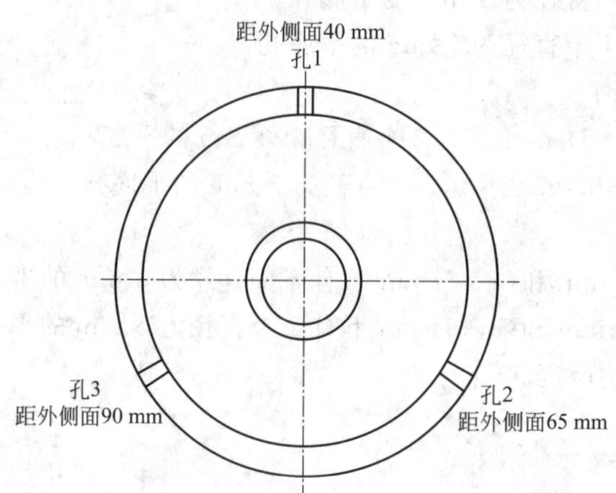

图 8-1-86 轴向检测替代试块

③径向检测试块(图 8-1-87)

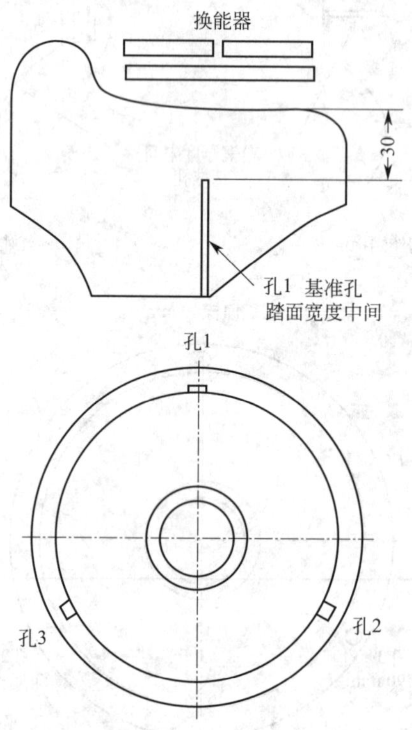

图 8-1-87 径向检测试块

1号基准孔主要用于仪器标定；

2号和3号附加孔用于DAC曲线制作。

对于不同的磨耗轮，各人工孔的加工位置见表 8-1-3。

表 8-1-3 人工孔在踏面下的距离

轮　型	踏面下的距离		
	孔 1	孔 2	孔 3
一次磨耗轮 2 孔	30 mm	20 mm	
二次磨耗轮 2 孔	30 mm	20 mm	
多次磨耗轮 3 孔	30 mm	20 mm	60 mm

④轴向穿透检测试块(图 8-1-88)

⑤径向检测试块(图 8-1-89)

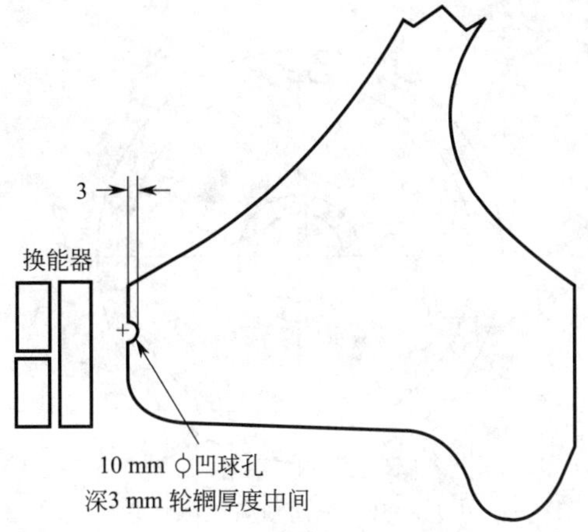

图 8-1-88　轴向穿透检测试块

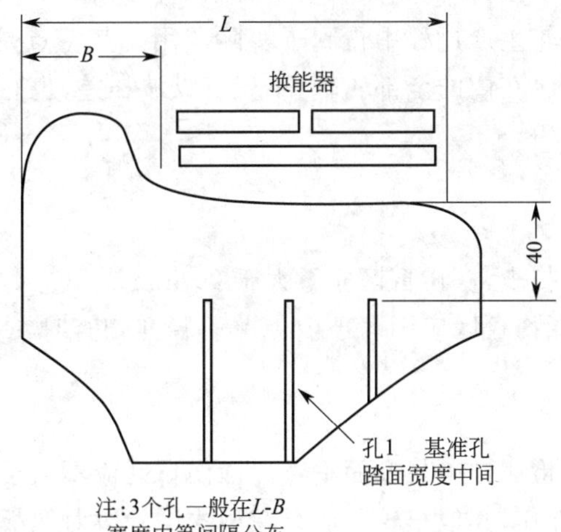

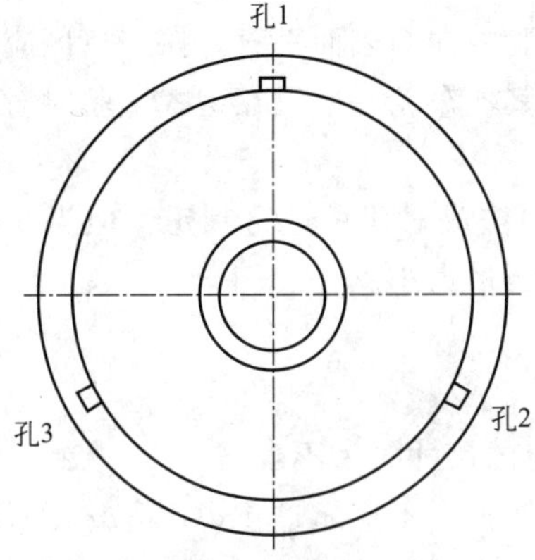

图 8-1-89　轮辋径向检测试块

⑥轴向检测试块(图 8-1-90)

3. 探伤方法

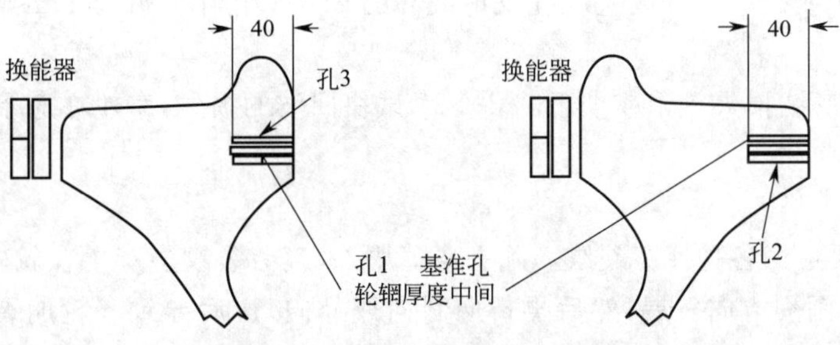

图 8-1-90

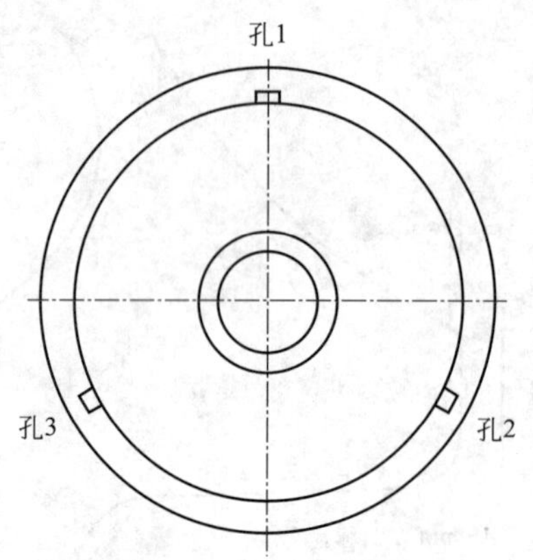

图 8-1-90 轮辋轴向检测试块

车轮超声波探伤一般使用 2～5 MHz 的超声纵波，国内一直沿用 2.5 MHz 的超声纵波。

近几年，相控阵技术在我国车轮生产过程中得到了实际应用。其特点是扫查范围广，扫查方式多，几乎没有盲区，声场几乎覆盖到包括轮缘在内的全部轮辋，不仅有纵波扫差，也有横波扫查，可有效提高探伤的可靠性。

4. 扫查

(1)轮辋

轴向扫查：从轮辋内侧面进行扫查，探伤盲区应不大于 20 mm。

径向扫查：从踏面进行扫查，探伤盲区应不大于 10 mm。径向扫查时，一般要求使用双晶探头。

扫查范围为整个轮辋。

(2)辐板

应从辐板内外侧面进行扫查，检测方向与表面垂直。探伤盲区应不大于 5 mm。

货车车轮辐板不要求超声波探伤，其他车轮一般只在型式试验时对辐板部位进行超声波探伤。

(3)轮毂

应从轮毂的两个端面进行扫查，检验方向与表面垂直。探伤盲区应不大于 20 mm。

货车车轮轮毂不要求超声波探伤，其他车轮一般只在型式试验时对轮毂部位进行超声波探伤。

5. 缺陷大小判定方法

缺陷大小采用距离波幅曲线(DAC)法或对比法进行判定。但当缺陷声程大于单晶片探头 3 倍近场长度时，技术上可以采用计算法求缺陷的当量大小。

6. 缺陷处理

(1)辗钢车轮

①当缺陷超过第 1 条质量要求规定的尺寸时为不合格。

②除非另有规定，轮辋轴向底面回波损失不应超过 4 dB，轮毂底面回波损失不应超过 6 dB。当发现轴向回波损失超过上述规定值时，应做进一步试验，当确认回波损失是因为内部缺陷或组织不良引起时为不合格。

(2)铸钢车轮

①凡缺陷反射波等于或高于同深度基准孔反射波高的 25%，相当于 ϕ1.5 mm 当量平底孔，车轮将予以报废。

②在轴向探测时，凡底波损失等于或大于图 8-1-88 试块回波的损失，车轮亦应予以报废。

(二)在役车轮探伤

1. 车轮疲劳缺陷

使用中车轮探伤主要检测各种疲劳裂纹。除剥离掉块外，疲劳裂纹多产生在轮辋(或轮箍)踏面下 10～30 mm 范围内，一般先沿圆周方向发展，然后再折向斜向或径向，最后导致车轮崩裂，是一种十分危险的缺陷。

根据疲劳裂纹的不同取向，疲劳裂纹可以分为三类：

周向裂纹：有时也称为水平裂纹，基本上沿圆周方向或水平方向发展，到一定程度会拐向踏面，最终导致车轮崩裂或产生大的掉块。

径向裂纹：沿车轮半径方向发展，是车轮中最危险的缺陷，可直接导致车轮崩裂。

斜裂纹：与车轮半径方向呈一定角度的疲劳裂纹。

2. 超声探伤方法

超声探伤法包括有纵波法、横波法和表面波法等多种形式，其中：

纵波法：使用双晶探头从车轮踏面进行扫查，主要检测周向疲劳裂纹，但对于危险性很大的径向疲劳裂纹几乎不具有探测能力。

横波法：主要用于各种斜裂纹和径向裂纹的检测，折射角度在 62°以上的超声横波，则可用于轮辋在装车状态下的检测。

表面波法：主要用于行进中列车车轮的自动检测。

3. 在线自动探伤

车轮自动检测一般使用 0.4 MHz 的瑞利表面波，探测深度约 10 mm。探测器安装在一段特制的钢轨上，当列车通过时完成对轮辋的检测。也可采用纵波法从轮辋踏面进行探测，不过这种方法只能探测周向裂纹，且需要数十只甚至上百只探头，实施起来十分困难。

德国曾利用电磁声技术探测车轮，利用洛伦兹力激发超声。具体作法是在钢轨上镶嵌一蛇形线圈，同时施加一偏磁场，根据电磁感应原理，线圈中的高频电流会在轮辋踏面上激发一高频涡流，高频涡流与偏磁场相互作用产生一高频交变力，该交变力便可在轮辋中激发出频率与自身频率相同的声波。

4. 轮辋不动车探伤技术简介

(1)基本原理

在不动车情况下对车轮轮辋进行探伤，使用的是大角度超声横波。声波在轮辋中传播时，会因圆周界面的制约而产生多次反射，沿图 8-1-91 所示的折线方向向前传播。探头不动时，声波轴线探测的是几段折线，扫查时，相当于声波围绕轮箍圆心旋转，声波轴线探测到的实际上是踏面下一层连续的壳层，其厚度为一次声程的弦高 h_0。这种方法的一个显著特点是声波只入射到具有聚焦作用的外圆凹面上，因而没有发散损失，传播距离大大增加，一般 4 次以上声程仍有足够高的探伤灵敏度，并且只需在一个跨度内扫查，就可实现对轮箍的全部探测。

最大探测深度 h_0：

$$h_0=R(1-\sin\beta) \tag{8-1-62}$$

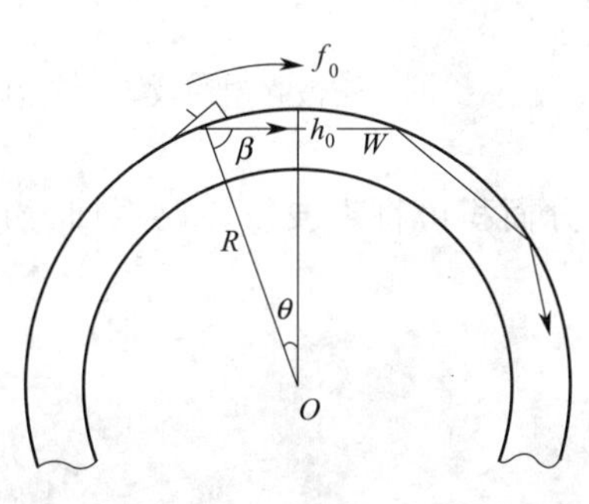

图 8-1-91　轮箍横波探测

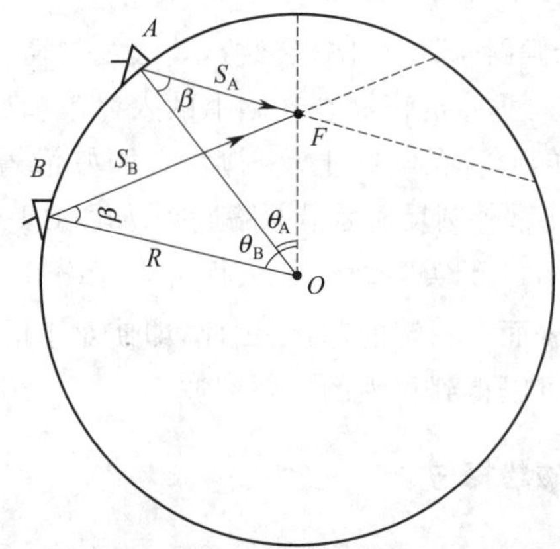

图 8-1-92　缺陷的检测

(2)缺陷的检测

探头沿着踏面扫查时，轮箍中的点状缺陷 F 有两个位置都可探测到，也即在一次扫查过程中，该缺陷能够探测到 2 次。一次在如图 8-1-92 中的 A 点，此处探测声程较短，小于弦长的 1/2，有时称为短声程。另一次在 B 点，此处探测声程较长，大于弦长的 1/2，有时称为长声程。

(3)声波在缺陷上的入射角

由于探测面是圆周面，探头扫查时声束的方向在不断变化，因而在缺陷上的入射角也在不断的变化，如图 8-1-93 所示。

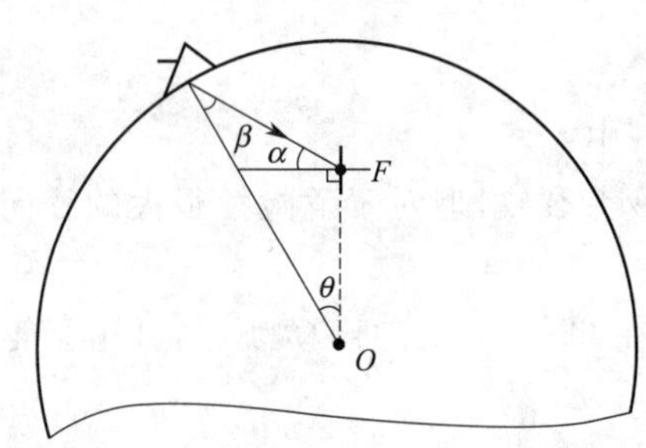

图 8-1-93　声波在缺陷上的入射角

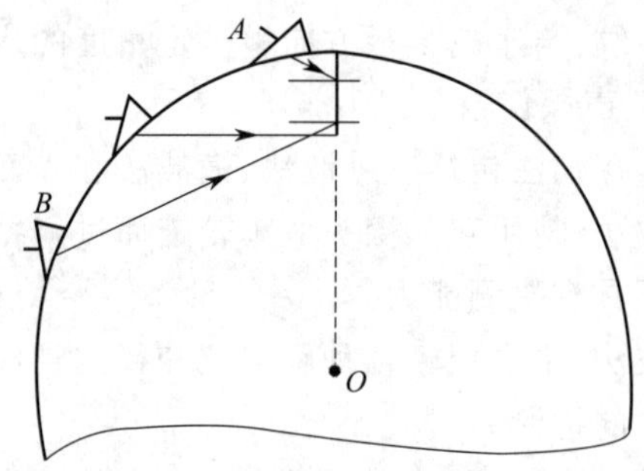

图 8-1-94　声波在缺陷上的扫查

如果缺陷已扩展到圆周表面，且下端点刚好处于 h_0 处，则声波在缺陷上的入射角从(90°$-\beta$)逐渐变小直到 0°，然后又从 0°逐渐变大直到(90°$-\beta$)，在整个扫查过程中，入射角在±(90°$-\beta$)之间变化，如图 8-1-94 示。

(4)声波的汇聚

声波在圆周界面上反射后，会产生类似聚焦作用的汇聚现象，如图 8-1-95 所示。经过多次反射后，会产生多次聚拢，使能量主要集中在踏面下一层壳层内。

(5)斜裂纹的探测

轮辋疲劳缺陷，除了周向和径向裂纹外，还经常产生与径向呈一定角度的斜裂纹，有意义的是，大角度横波探伤方法对斜裂纹同样具有很强的检测能力。

在使用组合探头探伤的情况，轮辋内声场范围很宽，几乎到处都充满声波，或者说各个方向都有声波传播，因此，当探头扫查一个跨度后，任何一条径向缺陷，不管处于什么部位，总会有一束声波与其相垂直。

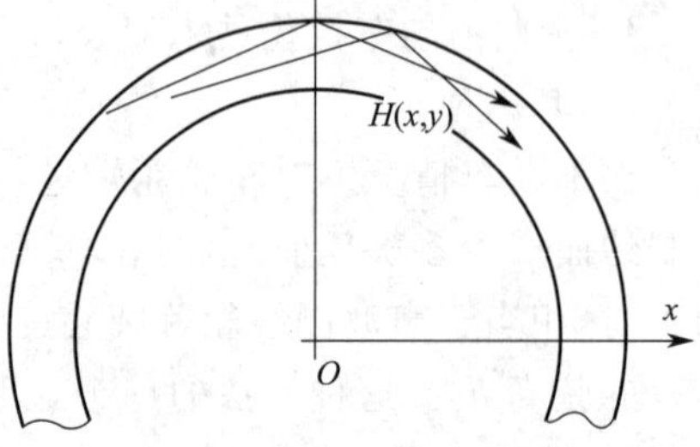

图 8-1-95　声波的汇聚

探头在轮辋踏面上扫查时，声波在裂纹上的入射角会发生变化，最大时，可变化±(90°$-\beta$)，由此可推得，对于靠近踏面的平面状缺陷，即使有±(90°$-\beta$)的倾角，也总存在一个扫查位置，在这个位置上声波是垂直入射的。

对于倾斜 45°的缺陷(裂纹)，其法线与径向的夹角也为 45°，与径向垂直的声波在缺陷上的入射角和反射角都等于 45°。这样，声波在缺陷上反射后，会刚好沿着半径方向传播，再经轮辋外圆反射后沿原路返回，如图 8-1-96 所示。

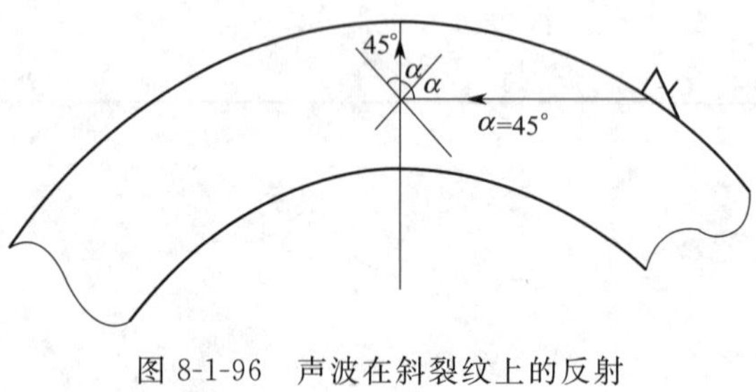

图 8-1-96　声波在斜裂纹上的反射

另外，由于实际裂纹的表面并非十分平整，一般呈沙滩状，即表面有一定的起伏，因此，即使对于周向裂纹，也总存在部分面积可将声波按原路返回，当缺陷面积较大时，可以得到很强的反射回波。

二、磁粉探伤

(一)新制车轮探伤

新制车轮探伤主要检查车轮中的材质缺陷和制造缺陷，如夹杂、疏松、缩孔、折叠和各种表面裂纹等。车轮内部缺陷使用超声波法进行探测，表面和近表面缺陷则主要使用磁粉法进行探测。

1. 探伤要求

车轮磁粉探伤一般采用复合磁化荧光磁粉探伤法，表面磁场强度要求不低于 2 000 A/m。

车轮磁粉探伤应在最终机加工后、抛丸和防腐处理前进行。探伤范围为整个车轮表面(轮毂孔除外)。宜采用连续法进行荧光磁粉探伤检查。

2. 暗室、器材和照明

紫外灯在探测面的辐照度，欧洲 EN 标准规定比较高，要求不低于 15 W/m²(1 500 μW/cm²)，其他要求同车轴磁粉探伤的要求。

3. 磁化方法

磁化电流可以是交流电流、脉动电流或脉冲电流(至少 3 个脉冲)，也可以是直流电流。

磁化方法应能保证对径向、周向和踏面上各种方向缺陷的有效检测，可以选用复合磁化法、线圈法或磁轭法等，不允许采用支杆磁化方法。

复合磁化可以使用穿棒法加磁轭(或线圈)法或穿棒法加感应电流法等。

线圈法和磁轭法有不同的形式，分别如图 8-1-97 和图 8-1-98 所示。

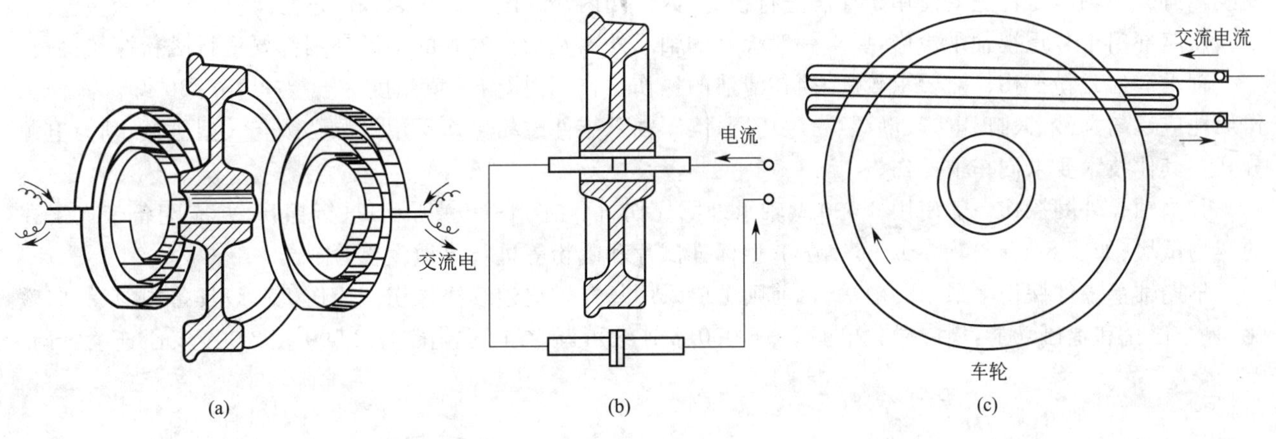

图 8-1-97　线圈磁化法

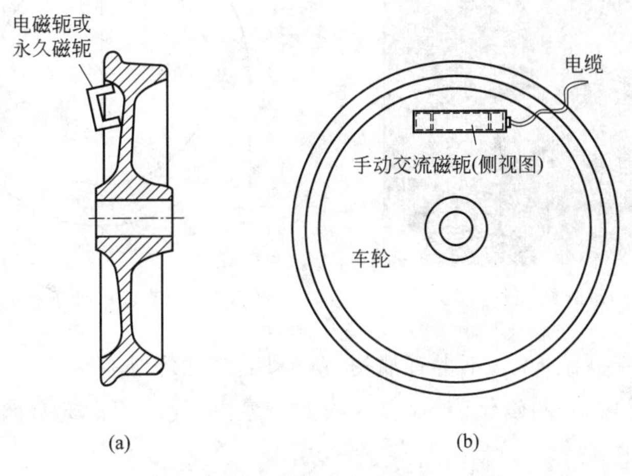

图 8-1-98　磁轭磁化法

4. 磁化规范

磁化规范的确定，应能保证被检区域任何一点处磁场强度的幅值应至少达到 2 000 A/m 或表面磁感应密度应大于 4 mT，用 15/50A_1 型试片检验综合灵敏度时，试片刻槽磁痕显示应清晰，采用复合磁化方式磁化时，磁痕显示应清晰、完整。

5. 退磁

磁粉探伤后应对车轮进行退磁处理，其剩磁应不大于 7×10^{-4} T(特[斯拉])。

6. 质量要求

车轮被检表面不允许有裂纹，非裂纹性缺陷应不超过 6 mm。

(二)在役车轮探伤

在役车轮磁粉探伤主要检查车轮在使用过程中产生的各种表面疲劳裂纹，目前仅局限于检查辐板孔裂纹。辐板孔裂纹多产生于辐板孔的中部，沿辐板的圆周方向发展，严重时会造成车轮崩裂，危及行车安全。

辐板孔裂纹可以采用目视(打磨后)法、磁探法、涡流法甚至渗透法等多种方法进行检测,比较简单可靠的方法应为磁粉探伤法。

目前辐板孔裂纹检测是与轮轴车轴探伤一起进行的,具体方法和要求可参照本教材车轴磁粉探伤工艺要点。

第六节 滚动轴承零件磁粉探伤

一、概　　述

滚动轴承是货车走行部的重要组成部分,对车辆运行安全有着重要影响,车辆燃轴事故大多与轴承质量或故障有关。轴承零件主要使用磁探法进行检查,内外圈内部缺陷则使用超探法进行检查。

铁路部门十分重视轴承检修,要求一般检修的轴承外圈及抽样检查的轴承外圈都要进行磁粉探伤检查。

轴承零件磁粉探伤作业要求较高,须在清洁的探伤工作间进行,环境温度一般要求 10～30 ℃。探伤工作场地应远离翻砂、锻打、电焊、潮湿、粉尘场所;滚动轴承零件磁粉探伤所用电源必须与大型机械、动力电源分开。其他技术要求同车轴探伤。

我国轴承外圈探伤一般使用 6 000 型轴承外圈探伤机(如图 8-1-99 所示)进行探伤,并应配备带人工孔的实物试块(如图 8-1-100 所示)、A1-15/50 型标准试片和磁粉等进行灵敏度检验。

早期轴承零件探伤多采用剩磁法,目前则主要采用复合磁化连续法探伤。探伤机一般具备周向、纵向磁化、复合磁化和退磁功能,周向磁化电流 0～6 000 A 连续可调,纵向磁化磁势 2 000～12 000 安匝连续可调。

图 8-1-99　6000 型轴承外圈探伤机

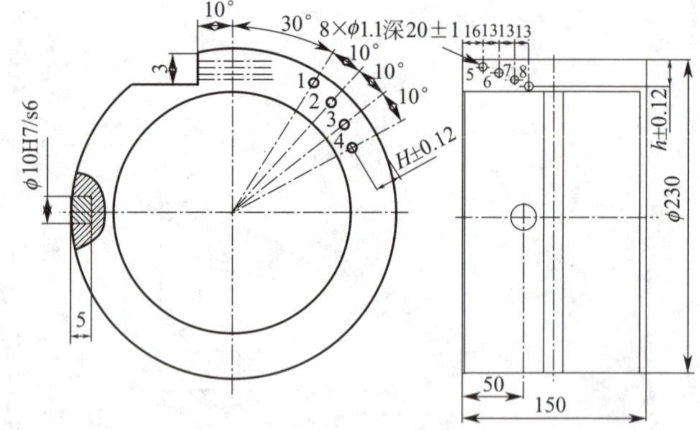

图 8-1-100　货车轴承外圈磁粉探伤用实物试块示意图

探伤作业前,外圈表面应擦拭干净,不得有油污、锈蚀、毛刺和纤维等杂物,外圈须露出基本金属面(允许存在磷化膜和除锈后的锈迹)。外圈磁化前,要首先喷洒磁悬液,使其表面充分湿润。喷洒磁悬液应缓流、均匀、全面覆盖。

外圈退磁后,应测量剩磁,注意使零件与探伤机的距离不少于 1 m。测量剩磁位置是轴承外圈端面处。未经探伤的轴承零件应全部进行剩磁检查,剩磁超标者须进行退磁处理。

轴承外圈经探伤检查后须经喷淋处理,然后进行其他检测,喷淋后轴承外圈表面应无附着的磁粉、杂质及碱性物质,冲洗轴承可用洁净的清水或煤油。

二、探伤工艺要点

(一)磁化规范确定

1. 周向磁化规范

(1)周向磁化时,磁化电流按下式计算:

$$I = H \times D/320 \tag{8-1-63}$$

式中　I——电流强度(A);

H——磁场强度(A/m);

D——轴承零件外径（mm）。

(2)周向磁化电流选择范围

①材质为 GCr15SiMn 的轴承零件：$I=(15\sim18)D$。

②材质为 G20CrNi2MoA 的轴承零件：$I=(13\sim15)D$。

③材质为 GCr15 钢制轴承零件：$I=(18\sim20)D$。

④材质为 GCr18MoA 钢制轴承零件：$I=(18\sim20)D$。

2. 纵向磁化规范

(1)轴承滚子纵向磁化磁动势 $NI=300\sim1\,200$ 安匝。

(2)轴承内、外圈纵向磁化磁动势 $NI=2\,000\sim12\,000$ 安匝。

(3)轴承零件灵敏度实物试块上的第 2 个人工孔应显示清晰。

(二)性能校验

性能校验应包括如下项目：常规检查、系统灵敏度试验、磁粉及磁悬液检验、磁痕分析和退磁效果检查等。其中 A 型试片粘贴方法如下：

1. 轴承内、外圈、应使用 A1-15/50 型标准试片。滚子应使用 D1-15/50 型标准试片。

2. 试片应粘贴在轴承内、外圈和滚子易发生裂纹的部位。

3. 实物试块被粘贴试片的部位，应擦拭干净，无锈蚀、油污及灰尘，露出金属面并保持干燥。

4. 粘贴试片时，试片带沟槽面应与实物试块表面密贴，带有"+"字沟槽的试片，应有一条线与工件轴线平行，胶带沿试片四周呈井字形粘贴牢固。试片粘贴后应平整、牢固，胶带纸不应遮盖试片的沟槽部位。

(三)探伤作业

1. 轴承零件磁化时，磁悬液应充分湿润工件，喷洒的磁悬液应缓流、均匀，全面覆盖工件。

2. 喷洒磁悬液的同时磁化轴承零件，通电时间为 1～3 s。停止喷洒后，还应再通电磁化 2～3 次时，每次 0.5～1.0 s。周向磁化电流和纵向磁化电流应符合磁化规范的要求。

3. 轴承滚子采用通电法磁化时，滚子与电极间应接触密贴，不应产生打火现象。

4. 探伤时注意观察工件表面，检查有无缺陷磁痕。确定有缺陷的工件应在缺陷部位做好标识。

(四)退　　磁

1. 轴承零件探伤后，要对良好轴承零件逐件进行退磁处理。

2. 轴承零件退磁后，应逐个进行剩磁检查，其剩磁不超过 0.3 mT(3 Gs)为合格。未经探伤的轴承零件应全部进行残磁检查，残磁超标者应做退磁处理。

(五)质量标准

轴承内圈、外圈及滚子的任何部位均不允许存在裂纹。

第二章
车辆运行安全监控系统(5T 系统)

车辆运行安全监控系统(5T 系统)是利用红外测温、力学检测、声学诊断、图像检测等检测手段和信息化技术,对运行中的客、货车辆进行动态检查,确保车辆运行安全。

一、THDS 系统

车辆轴温智能探测系统(Train Hotbox Detection System,简称 THDS),对红外线系统安装智能跟踪装置,实现对热轴车辆的车次、车号、轴位的精确预报和跟踪;配备适应时速 350 km/h 探测的高性能光子探头,能对动车组进行探测;并将单点预报改为系统监控、集中报警,见图 8-2-1 和图 8-2-2。

图 8-2-1　THDS 轨边探测装置

二、TPDS 系统

车辆运行品质轨边动态监测系统(Train Performance Detection System,简称 TPDS),是利用轨道平台,检测运行车辆的轮轨作用力,分析计算脱轨系数、轮重减载率等安全指标,集中预报动力学性能不良车辆,减少车辆脱轨事故,同时监测出货物超、偏载和车轮踏面擦伤、剥离等。见图 8-2-3。

三、TADS 系统

车辆滚动轴承故障轨边声学诊断系统(Train Acoustic Detection System,简称 TADS),是利用轨边噪声采集阵列,实时采集运行车辆滚动轴承噪声,及早发现轴承早期故障。重点检测货车滚动轴承内外圈滚道、滚子等故障,防范切轴事故。见图 8-2-4。

TPDS 用于对轴承损伤的诱因进行报警,TADS 用于及时听出轴承内部早期故障,THDS 是防范热切轴事故的最后关口,三个系统联合使用,大大提高了防范热切轴事故的综合能力。

四、TFDS 系统

货车故障轨边图像检测系统(Train of moving Freight car Detection System,简称 TFDS),是利用轨边

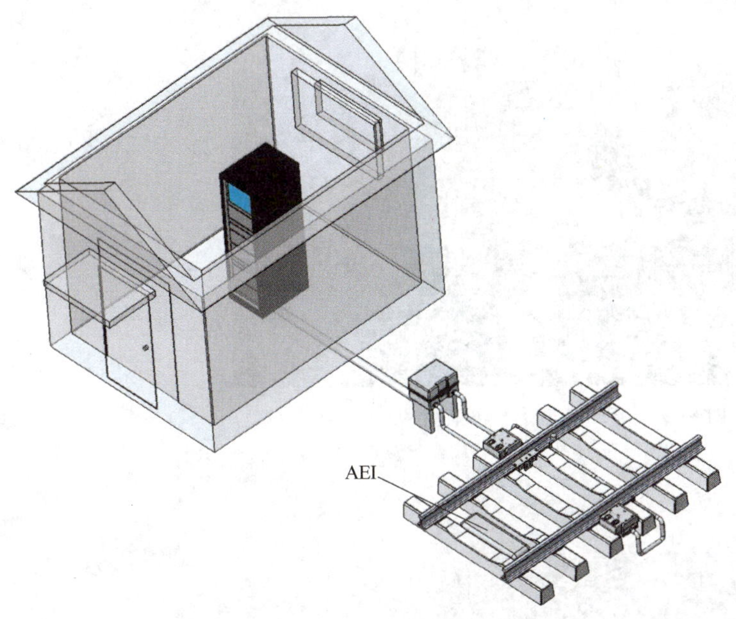

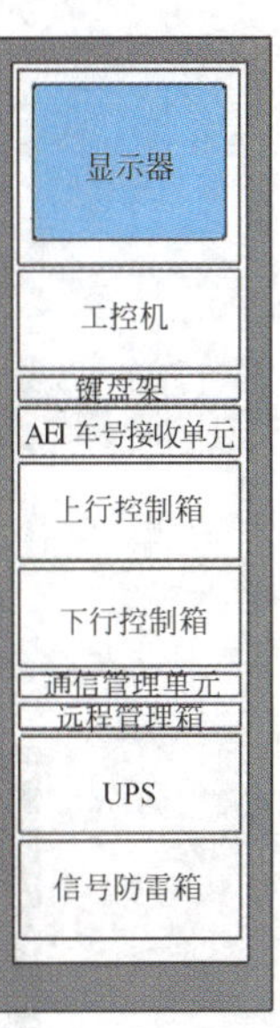

图 8-2-2 THDS 探测站设备示意图

图 8-2-3 TPDS 轨边探测装置

图 8-2-4 TADS 轨边探测装置

高速摄像头，监测运行货车走行部、制动梁、悬吊件、枕簧、大部件、车钩缓冲装置等安全关键部位，图片实时传到室内终端进行分析，发现故障。该系统重点解决列车长交路运行，途中无技检作业的问题。安装该系统后，列检作业距离由原来的 200 km 延长至 1 500 km 以上。该系统还用于对各列检作业场进行故障预报，提高作业效率，严防故障漏修。见图 8-2-5 和图 8-2-6。

图 8-2-5 TFDS 轨边探测装置

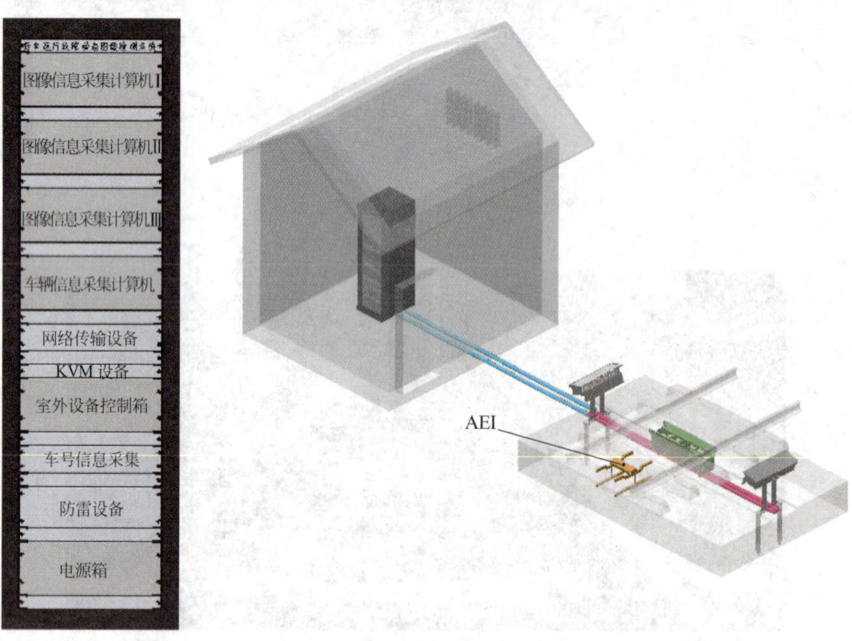

图 8-2-6 TFDS 探测站设备示意图

五、TCDS 系统

客车运行安全监控系统(Train Coach Running Diagnosis System,简称 TCDS),通过车载检测装置对运行客车的供电、空调、电源、车门、火灾、轴温、制动系统、转向架等 10 余个关键部位进行实时监测、诊断和报警,并以无线方式实时传输到地面监测中心,实现地对车的状态监控,加强重点部位的安全防护。利用监测记录数据还可指导库检作业,提高检修生产效率。见图 8-2-7。

图 8-2-7 TCDS 车载检测装置

第九篇

轮轴故障

作为铁路货车重要安全走行部件——车轮、车轴及轴承，为了铁路运行安全，轮轴的质量应是优良的、技术应是先进的。但是，在生产过程的质量是有波动，同时由于运用工况、环境条件等等因素的变化，可能出现轮轴故障，即“失效”。

针对失效的出现我们的对策是什么？我们不是一味的首先采取“坏之即换”的方式，如果这样做将可能导致更大灾难性事故发生，找出原因、总结分析并在此基础上采取相应对策是唯一的、科学的解决问题的办法，这样它所伴生出来的一个独特的学科就是“失效分析”，失效分析工作不仅是查找失效原因，同时也是材料进步的基础，因此有人说“材料的进步在于材料的破坏”，这句话从某个角度看也有一定道理。

失效分析是人们认识事物本质和发展规律的逆向思维和探索，是变失效为安全的基本环节和关键，是人们深化对客观事物的认识源头和途径。在失效分析中，通常将各类失效进行分类，从技术角度可按失效机制、失效零件类型、引起失效的工艺环节等分类，从质量管理和可靠性工程角度可按产品使用过程分类。早期失效率高的原因是产品中存在不合格的部件；晚期失效率高的原因是产品部件经长期使用后进入失效期。机械产品中的磨合、电子元器件的老化筛选等就是根据这种失效规律而制定的保证可靠性的措施。失效按其工程含义分为暂失效和永久失效、突然失效和渐变失效，按经济观点分为正常损耗失效、本质缺陷失效、误用失效和超负荷失效。产品的种类和状态繁多，失效的形式也千差万别，因此对失效分析难以规定统一的模式。失效分析可分为整机失效分析和零部件残骸失效分析，也可按产品发展阶段、失效场合、分析目的进行失效分析。失效分析的工作程序通常分为明确要求、调查研究、分析失效机制和提出对策等阶段。失效分析的核心是失效机制的分析和揭示。失效机制是导致零件、元器件和材料失效的物理或化学过程，此过程的诱发因素分为内部因素和外部因素。在研究失效机制时，通常先从外部诱发因素和失效表现形式入手，进而再研究较隐蔽的内在因素。在研究批量性失效规律时，常用数理统计方法，构成表示失效机制、失效方式或失效部位与失效频度、失效百分比或失效经济损失之间关系的排列图或帕雷托图，以找出必须首先解决的主要失效机制、方位和部位。任一产品或系统的构成都是有层次的，失效原因也具有层次性，如系统—单机—部件(组件)—零件(元件)—材料。上一层次的失效原因即是下一层次的失效现象，越是低层次的失效现象，就越是本质的失效原因。

在几十年对铁路货车轮轴跟踪、统计的基础上，本篇搜集了大量实物案例，运用失效分析技术手段对各类样品进行了科学的分析和研究，例举了铁路货车车轮、车轴及轴承这三大部件的典型故障案例，对典型失效伤损进行了科学分类并从机理上进行了分析，同时提出了相应对策，通过这些分析和总结，以期不断提高产品质量和提升材料等级，优化结构设计，适应不同运用条件，满足中国铁路货车快速、重载的要求。

第一章
失效分析简述

第一节　失效分析工作方法

失效分析的实施步骤和程序旨在保证失效分析顺利有效地进行，但是产品的失效常常是千变万化，很难制定一个统一的失效分析程序。因此，其细节的制定应根据失效事件的具体情况（失效部件的类型及其失效的严重性等）、失效分析的目的与要求（是为机理研究、技术改进，还是为法律仲裁等）以及有关合同或法规的规定来决定。一般失效分析的程序为：保护失效现场；失效现场取证和搜集背景资料；制订失效分析计划；执行失效分析计划；综合评定分析结果；研究补救措施及预防措施；起草失效分析报告；评审失效分析报告；提出失效分析报告；反馈失效分析结果。

失效分析及失效的防止好比医生治病，正确的诊断、配合对症下药才能将病治好，这是紧密联系的两个方面。其主要思路一是"撒大网"逐个因素排除的思路；二是残骸分析法，其中"断口"是断裂失效分析重要的证据，它是残骸分析中断裂"信息"的重要来源之一。失效分析的基本思路包括以下几个方面：

1. 对具体服役条件下的零部件进行具体分析，从中找出主要的失效形式及主要失效抗力指标。

2. 运用金属学、材料强度学和断裂物理、化学、力学的研究成果，深入分析各种失效现象的本质，以主要失效抗力指标与材料成分、组织、状态的关系，提出改进措施。

3. 根据"不同服役条件要求材料强度和塑性、韧性的合理配合"这一规律，分析研究失效零部件现行的选材、用材技术条件是否合理，是否受旧的传统学术观念束缚。

4. 采用局部复合强化，克服零部件上的薄弱环节，争取达到材料的等强度设计。

第二节　裂纹判断方法

失效分析工作者或现场技术人员为通过观察断口或裂纹形态找出最初始起源位置，准确判断出裂纹形态、走向及识别裂纹源，应掌握以下几个基本技能。

1. 分析裂纹形成和发展顺序时可利用 T 型法则和分叉法则。

若有如图 9-1-1 所示的 2 条相连的裂纹，由于同一部件上后形成的次生裂纹不可能穿越原有的（或先出现的）主裂纹而扩展，所以可按 T 型法则判定先出现的主裂纹。

若有如图 9-1-2 所示的多条呈分叉形状的裂纹，则汇合裂纹发生于前，而分叉裂纹发生在后，即分叉法则。通常主裂纹较支裂纹宽而长，裂纹源区一定在主裂纹部位。

2. 按匹配情况确定裂纹源区。

若断开的两匹配断口有如图 9-1-3 所示的缝隙则源区在箭头所指的最宽处，即按匹配情况确定裂纹源区。

3. 按断口上"人"字形走向确定裂纹源区。

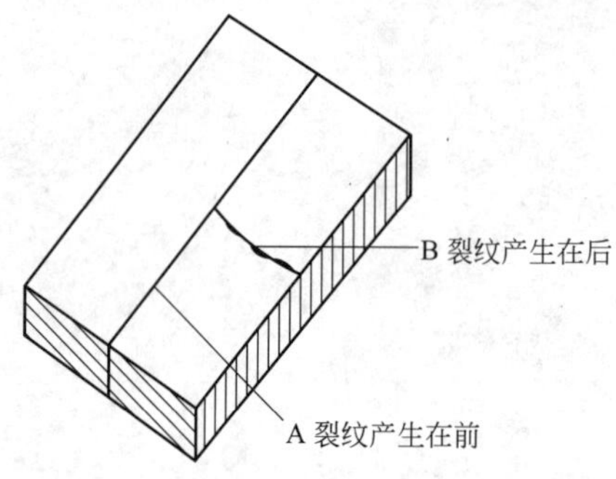

图 9-1-1　寻找裂纹源区的 T 型法则示意图

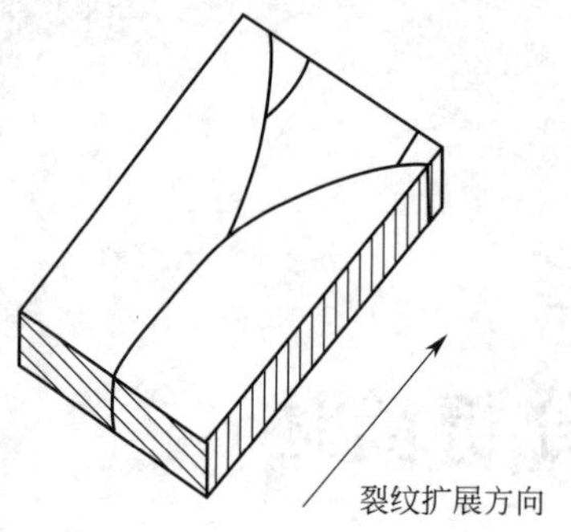

图 9-1-2　寻找裂纹源区的分叉法则示意图

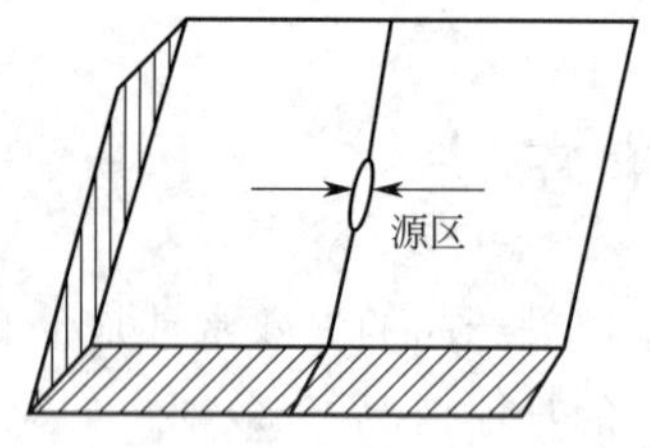

图 9-1-3　按匹配情况确定裂纹源区的示意图

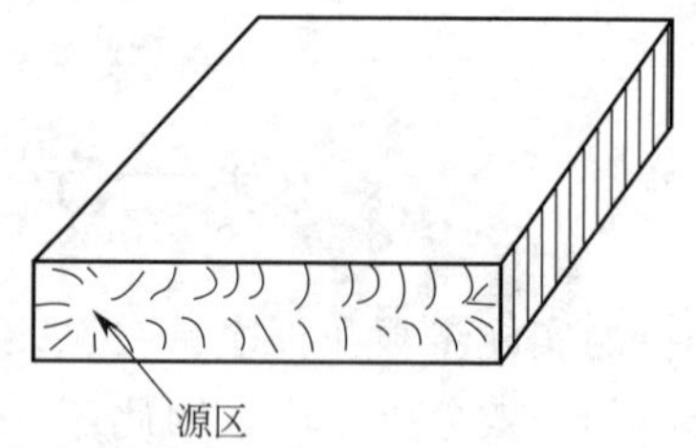

图 9-1-4　按断口上“人”字形走向确定裂纹源区的示意图

若在断口上有如图 9-1-4 所示“人”字形纹路，当表面无应力集中情况时，源区在两组“人”字形的汇合处。在有应力集中情况时，则情况相反。

4. 按断口上的放射棱线确定裂纹源区。

若在断口上有如图 9-1-5 所示放射棱线，则源区在放射棱线的发源处。

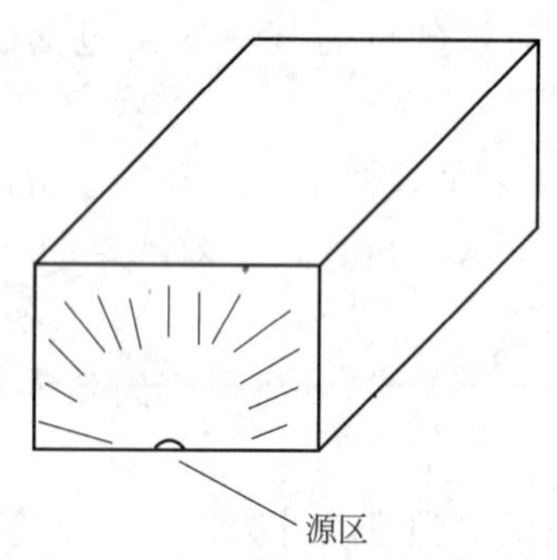

图 9-1-5　按断口上的放射棱线确定裂纹源区的示意图

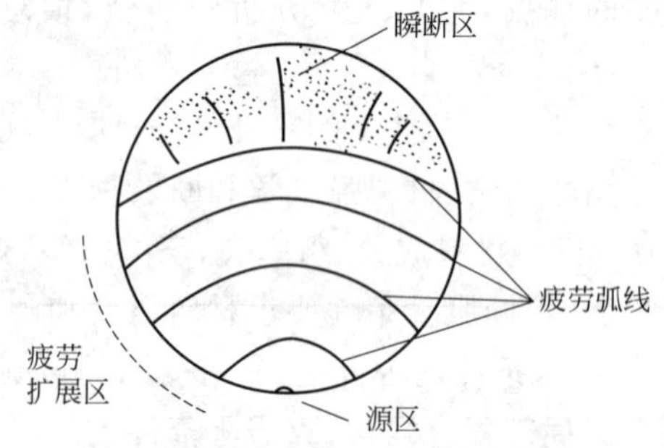

图 9-1-6　按断口上的疲劳弧线来确定裂纹源区的示意图

5. 按断口上的疲劳弧线来确定裂纹源区。

若断口上有如图 9-1-6 所示的疲劳弧线，则根据弧线来确定源区。但当部件在周边有缺口时，疲劳弧线很快外转，分析时应予以注意。

6. 多块断裂判断分析。

当部件断裂成多块时，在不碰伤断口的前提下，应一块一块地将它们拼凑起来。由于断口的各部位都有一定的变形量，通常是后断的各块之间配合程度好些，而先断裂的部位，因应变位移大而配合程度差些。这就形成断裂“宽先窄后”的断口配合规律。结合图 9-1-1～图 9-1-6 所示的图例，就可以从多块断口中识别出断裂源。

第三节　失效分析试验检测技术

进行失效分析需要多种试验检测技术和仪器来实现，它们都有自己的特点和使用范围，主要包括：无损检测（超声波探伤、磁粉探伤），还有 X 射线探伤仪，Y 射线探伤仪、涡流探伤仪、荧光着色技术等。化学成分分析常用来检测分析的是五元素：C，Si，Mn，S，P，除此以外，还常采用 X 光能量色散谱仪（EDAX），X 射线波谱分析仪(WDAX),电子能量损失谱、离子散射谱、离子质谱和激光拉曼谱等原理研制的分析仪器等手段对常规以外其他元素进行分析。力学性能测试从广义上检测材料常规机械性能,另外还有材料断裂性能指标。还有低倍组织检验,金相分析等。失效分析中最重要的断口分析可以采用目测、放大镜、体视显微镜、扫描点子显微镜等来进行断口的宏微观分析,通过对断口的颜色、粗糙度、花纹、唇口、边缘情况等内容的分析及断口面(或者说裂纹面)上大范围的断裂特征,而且可观察到晶粒范围内、晶界上、微孔内、缺陷内和不同取向的微观平面等显微区域特征。晶体结构分析通常采用X光结构分析仪、X光衍射仪及超声波发生仪等进行分析。

第二章
典型故障

第一节　崩轮及裂损

一、故障特点

车轮裂损多表现为车轮沿径向裂开或整体崩裂成数块。在列车运行中有可能造成列车颠覆事故。

产生崩轮或裂损的主要原因有以下几个方面：非正常强烈制动、内部冶金缺陷或制造工艺缺陷、辐板孔裂纹等。

二、制动条件恶劣，制动系统不佳造成的车轮崩裂

车轮踏面承受超过正常工况下的制动热，与车轮路面裂纹的产生有直接关系，这也就是约束热膨胀理论（热疲劳理论）对此的解释。实验表明，车轮钢的强度将随着温度的升高而下降，表 9-2-1 为国产 CL60 钢的屈服极限随着温度变化的试验数据。

表 9-2-1　CL60 钢的屈服极限随着温度变化

试验温度（℃）	200	300	500	600	700	800
屈服极限（MPa）	600	500	353	181	73	39

拉伸屈服极限和压缩屈服极限随温度变化的示意图见图 9-2-1。

当车轮被强烈制动时，其轮辋踏面表层形成一受热层，由于受热层的热膨胀受到轮辋冷金属基体的约束，在受热层内产生周向压缩应力，随着制动过程中车轮受热层温度升高到图 9-2-2(a)中的 T 时，由热处理、加工硬化和热膨胀所形成的周向压应力之和达到车轮钢的屈服极限而使受热层局部产生塑性变形，温度进一步升高，受热层普遍屈服，产生较大的塑性变形，从而使受热层的周向压缩应力松弛，其后随着受热层的冷却，在受热层内产生了周向拉应力，以后的每次制动都将重复受热层由周向拉应力下降→周向压应力→发生塑性变形→周向拉应力这一低周应变疲劳的循环过程，即热疲劳，见图 9-2-2(b)，这个过程需要极高的热输入，否则难以改变原有的应力状态。由受热引起的低周应变疲劳是十分严酷的疲劳过程，经较少周次的循环后就会萌生疲劳裂纹，我们将它称之为热裂纹，在热裂纹形成过程中，有时伴生马氏体白层的出现。因此，如制动不能使踏面表层温度升高到足以改变踏面下区域的应力状态，也就不会产生踏面热裂纹。

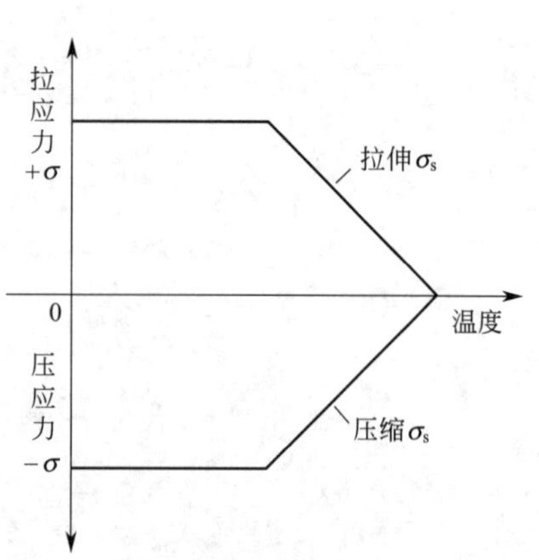

图 9-2-1　拉伸屈服极限和压缩屈服极限随温度变化

另一种对热裂纹出现的解释是马氏体理论，它认为在热裂纹形成的区域内有马氏体形成，由于高碳马氏

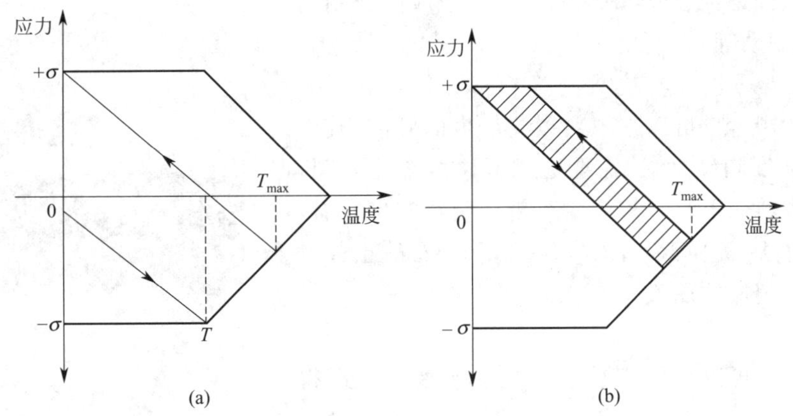

图 9-2-2　热疲劳过程示意图

体非常脆，它的形成在回火处理过程中，将伴随体积改变，继而产生应力变化的现象发生，即马氏体的出现导致热裂纹的产生，然而我们发现在多数情况下，深度超过半毫米时，组织却并不发生变化(由热引起的)，但在同样情况下热裂纹的深度通常会达到 6～7 mm；另外，伴随马氏体表层所产生的应力是压应力，如果马氏体被回火，则应力会减小，但仍保持压应力状态，众所周知的是压应力会阻止裂纹的产生，这就很难解释大量马氏体的出现如何会产生裂纹。

踏面下区域的应力状态决定裂纹扩展的最终结果，热裂纹发展通常可归纳为两种形态：

1. 由于剧烈制动的时间短促，因此热影响层深度很浅而小于加工硬化层，当热裂纹垂直发展到加工硬化层内时，其尖端受到加工硬化层压应力所封闭而不再沿车轮径向发展[图 9-2-3(a)]，但热裂纹车轮在与钢轨滚动接触应力(剪切应力)作用下，机械疲劳裂纹从热裂纹尖端产生，并与踏面呈一定倾角扩展，当疲劳裂纹互相连接时，就形成踏面掉块[图 9-2-3(b)]。

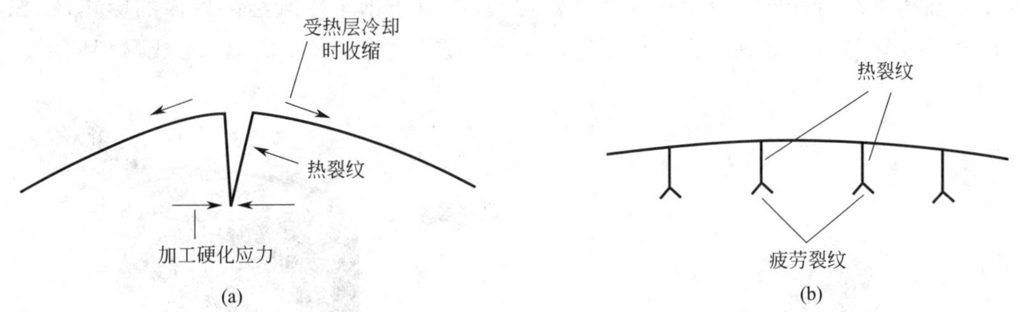

图 9-2-3　热剥离掉块产生过程

2. 剧烈制动保持的时间较长，踏面下应力状态变化的范围较大，热影响层较深，热处理和加工硬化形成的压应力松弛，使热裂纹得以向车轮径向扩展，从而造成车轮径向断裂。

车轮热裂纹的损伤性质是：疲劳裂纹萌生以热疲劳应力为主，疲劳裂纹的扩展是以接触疲劳为主的综合作用的结果。在踏面出现热影响层是萌生热疲劳裂纹的原因，当主裂纹向内扩展时，热应力和组织应力减小，接触应力逐渐对裂纹的扩展起主要作用，此时的疲劳裂纹逐渐转向，相邻的热裂纹尖端的转向疲劳裂纹相遇时，会形成踏面浅层掉块等踏面表面损伤，如果踏面热影响层较深时，则热疲劳应力将会对疲劳裂纹的扩展起主导作用，热裂纹将向径向扩展，如不及时发现将导致径向崩裂而严重危及行车安全。

如图 9-2-4 所示即为由于制动热造成的车轮径向崩裂。

对于由于制动造成的车轮开裂，有以下几方面的对策措施：改善制动系统和制动材料，使车轮踏面散热良好，合成闸瓦的使用对踏面制动车轮会施加更为沉重的热负荷，这是由于合成闸瓦的导热性比铸铁闸瓦差的缘故。从以下几方面考虑：

(1)制动

车轮热裂纹的产生与制动工况好坏有直接关系，因此在防止热裂纹产生或热裂纹已经产生时，首先应考虑机车车辆的制动条件是否合适,调整制动工况或改踏面制动为非踏面制动(如盘式制动等)。

(2)车轮材质

一般认为较低的碳含量可以减少热裂纹产生的倾向,其前提应是不降低车轮的强度和硬度,这需要通过低碳合金化实现,但合金化会导致不可预料的困难。从一些车轮热裂纹实例来看,这并不是很好的解决办法,例如 R7 车轮[ω(C)≤0.52%]也曾发生热裂纹导致车轮径向裂损的现象。

(3)车轮形状

改进车轮辐板形状可以改善车轮受力状态,使受热情况得以重新分布,如改直辐板为 S 形辐板或深盆形辐板等,这样可以使热裂纹的产生得以减少。

图 9-2-4 由于强烈制动产生的制动热裂纹导致车轮径向崩裂

(4)闸瓦

改进与这种现象相关的闸瓦材质和形状,使车轮踏面散热良好,合成闸瓦的使用对踏面制动车轮会施加更为沉重的热负荷,这是由于合成闸瓦的导热性比铸铁闸瓦差的缘故。

车轮热裂纹产生后,如果裂纹较浅,损伤车轮可以通过旋修消除踏面裂纹,在不超过轮辋规定使用极限时,车轮仍可继续使用。

三、内部冶金缺陷或制造工艺缺陷造成的崩轮

车轮存在严重的冶金缺陷——异型偏析和内裂,是造成车轮早期崩裂掉块(见图 9-2-5～图 9-2-9)和行车事故的主要原因之一。由于异型偏析部位是 C,Mn,Si,P 元素偏高,表明钢水在钢包内合金化时加入的合金量过多或加入的合金在钢包内没有完全熔化和均匀分布,钢水吹氩搅拌不够或钢水温度偏低。钢包内成分不均匀的钢水在铸锭时可能同时分流进入几个钢锭模内,由于钢水冷凝结晶规律的影响,C,Si,Mn,P 等元素在钢锭的柱状晶区与中心等轴晶区交界处等部位产生成分偏析和杂质聚集,形成异型偏析。

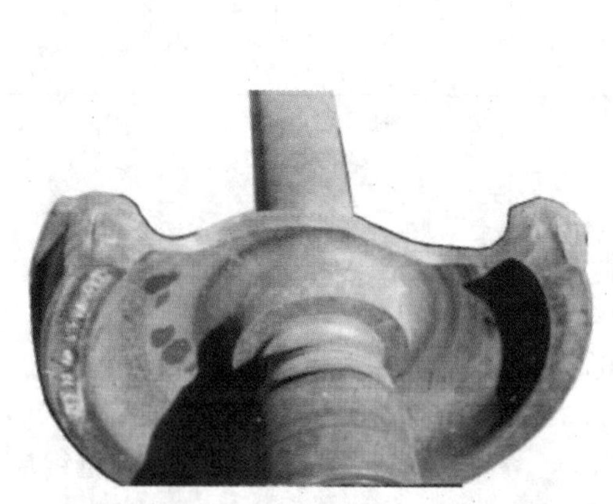

图 9-2-5 由于车轮冶金缺陷造成的崩轮(异型偏析)

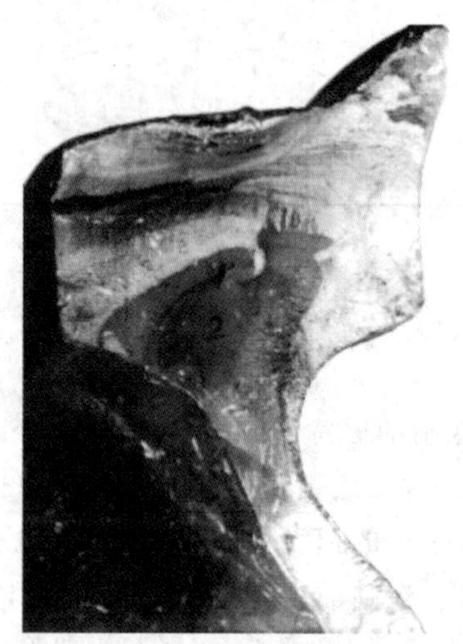

图 9-2-6 车轮崩裂断口

车轮材质存在偏析时势必会形成宏观组织差异,并由此而产生组织应力,对车轮正常的残余应力分布造成影响。

车轮裂损是一个由局部到整体的发展过程。全过程按其特征可分为裂纹的起源、扩展,最终导致断裂等三个阶段。由于应力状态和大小,材质性能和质量,裂纹部位的截面形状与尺寸的不同,断裂过程三个阶段的明显程度和断口形貌特征也不相同。

(一)车轮应力状态及其与断裂形态的关系

车轮应力状态是指车轮实际承受的载荷类型(拉、压、切应力)、大小、方向和分布位置。车轮主要承受轮

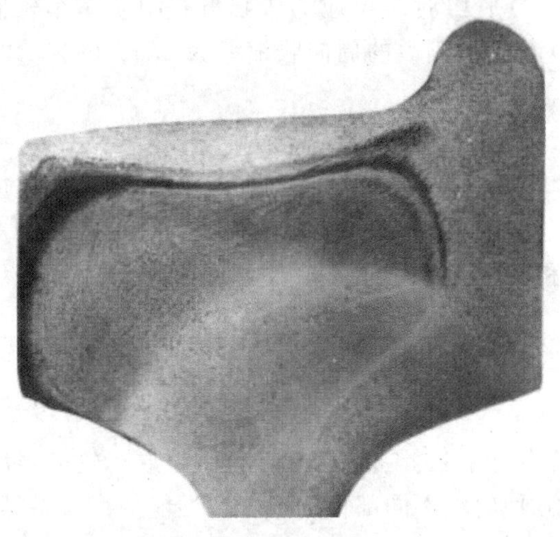

图 9-2-7 崩裂车轮低倍组织形貌(严重异型偏析)

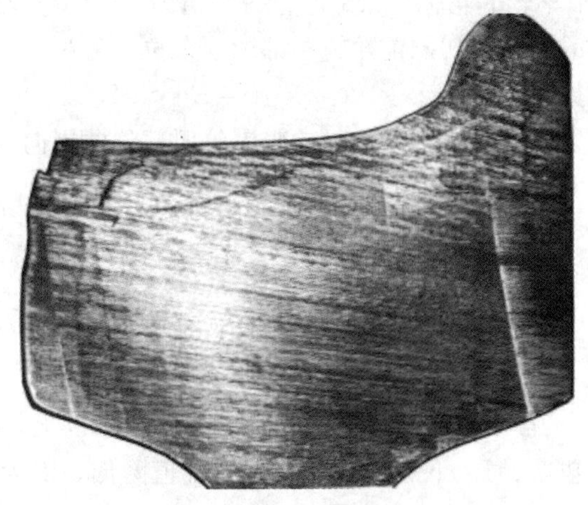

图 9-2-8 车轮径向切片显示裂纹形貌

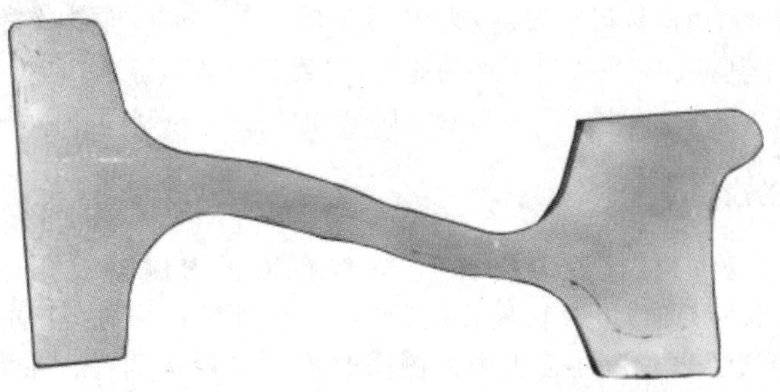

图 9-2-9 车轮径向切片低倍组织显示翻皮形貌

轨接触应力和摩擦力、辐板弯曲应力、制动热应力、车轮残余应力等。崩裂掉块车轮的裂纹源区是位于踏面下 50 mm 左右(轮辋中心)部位,而轮轨接触应力和摩擦力是分布在踏面层厚度 10~15 mm 部位,弯曲应力的最大值(约 500 MPa)是位于辐板与轮辋和轮毂过渡部位,上述应力和裂纹源区的驱动力无关。制动热应力将随着制动次数的增加而使踏面层逐渐转变成为残余拉应力状态,由于崩裂掉块车轮属早期破坏,金相检验结果也表明在踏面层没有观察到因制动不当产生的热影响层,所以制动热应力的影响可忽略不计。

车轮残余应力的大小和分布与车轮热处理工艺有关,属于淬火内应力类型。淬火内应力主要有热应力和组织应力两种。热应力是车轮踏面淬火时,轮辋横断面内外温度差导致热胀冷缩不一致而产生的应力。同一断面内外收缩变形量不同,相互间会产生作用力。冷至室温后,踏面淬硬层将为压应力,轮辋中部至辐板部为拉应力,组织应力是车轮热处理冷却过程中,由于各部位冷却速度不同或成分偏析等原因造成组织转变不同时,引起内外比容的不同而产生的内应力。车轮钢组织的硬度愈高,其比容增大和造成体积膨胀,体积膨胀的组织将受压应力作用,反之,硬度低的组织将受拉应力作用。车轮踏面为周向压应力,将能抑制或减缓各种损伤,特别是抑制制动热裂纹沿径向方向疲劳扩展。

残余拉应力将会促进脆性裂纹的萌生和扩展,并且扩展方向是垂直于最大拉应力方向。轮辋中部至辐板部位金属在热处理淬火时与踏面金属的温差最大,也是最后冷却的部位,所以该部位应为残余拉应力状态。从理论上的定性分析可知,该部位沿圆周方向分布的拉应力值要大于沿径向方向的拉应力。如果车轮质量符合要求,该部位的残余应力不会引起内部裂纹的萌生和发展,如果该部位内部缺陷在横断面方向的投影面积很小,在径向方向的投影面积较大时,则径向内应力将会促使裂纹的萌生和发展,其裂纹面垂直于轮辋横断面;如果该部位存在有圆球形类型缺陷或不规则形状缺陷,则周向拉应力将会促进裂纹的萌生和扩展,其裂纹面平行于轮辋横断面方向。

(二)裂纹源部位的残余应力和断裂力学性能估算

残余应力是材质不同部位的弹性变形受到相互约束和达到平衡状态的结果,因而可以根据车轮轮辋淬火层的残余压应力的检验结果来估算车轮辐板至轮辋中部的平均周向拉应力。已知进口货车车轮抽检50个车轮的轮辋切口缩小量平均值为2.58 mm,对于840D车轮切割后的周向收缩率为2.58/(π×840)=0.98‰,因此切割前轮辋中部的残余拉应力为:

$$\sigma=E\cdot\varepsilon=2.1\times10^{5}\ \text{N/mm}^{2}\times0.98‰=205\ \text{MPa}$$

为简化运算,本文设轮辋裂纹源部位的周向拉应力为205 MPa,设该部位的径向拉应力值为周向拉应力的80%,即为164 MPa。

另外,根据有限元法计算,车轮在运行过程中承受纵向和横向载荷时,在轮辋中心踏面下50 mm处均产生50 MPa的周向应力。

综上所述,车轮在正常运行过程中,在轮辋中心踏面下50 mm处承受的周向应力(包括残余应力)约为300 MPa。

正常车轮的K_{IC}值一般在55 MPa$\sqrt{\text{m}}$以上,由于崩裂车轮中存在严重的异型偏析,导致车轮的强度过高,塑性、韧性下降,必然造成其K_{IC}值降低。因为异型偏析致使轮辋不同部位的成分和性能的巨大差异,用试样测定其K_{IC}值不可能代表裂纹源区的真实数值。因此本文采用对裂纹源的大小及其断裂状态来估算其K_{IC}值。经观测崩裂车轮断口裂纹源处有一直径为2 mm的核心,其后裂纹呈快速扩展,如上所述,裂纹源处承受约300 MPa的周向应力,由此算得其K_{IC}值为25.6 MPa$\sqrt{\text{m}}$。可见,崩裂车轮的K_{IC}值仅为正常车轮的一半左右,这就大大降低了其抵抗裂纹失稳扩展的能力,导致车轮早期崩裂。

对于冶金缺陷或制造工艺缺陷,生产厂提高冶金质量、加强工艺控制,同时运用中加强探伤检查。

四、辐板孔裂纹造成的崩轮

车轮辐板孔裂纹为典型的机械疲劳裂纹,它一般在辐板内侧辐板孔边萌生(见图9-2-10~图9-2-13),在辐板内侧(沿圆周方向)以及辐板孔壁(平行于车轴轴线方向)上同时向前扩展。根据裂纹长度的不同,有的裂纹穿透了辐板后在辐板内外侧同时沿着车轮圆周方向继续向前扩展;有的没有穿透辐板。在车轮辐板工艺孔边缘向两侧发展为周向裂纹,会造成辐板贯通裂纹,使辐板与轮辋脱离,并可能造成列车脱轨。

辐板孔裂纹是一个疲劳裂纹,由初始的微细裂纹逐渐扩展成具有一定长度的宏观裂纹。车轮在运用过程中,辐板孔边受到的径向的拉应力是疲劳裂纹的萌生应力条件,当这种应力超过了材料的疲劳极限,疲劳裂纹便得以萌生。

车轮运用中的各种工况使其受到机械载荷和制动热负荷的作用,经过理论计算与分析认为:无磨耗车轮在辐板孔位置正常的情况下不易发生裂纹萌生;磨耗20 mm车轮在辐板孔位置正常的情况下也不易发生裂纹萌生;车轮在辐板孔位偏向轮缘时较易发生裂纹萌生,特别是长坡道制动工况最为恶劣;垂向+横向机械载荷下辐板孔边裂纹位置处应力已接近疲劳极限,使该条件下车轮萌生裂纹。

图9-2-10 由于车轮辐板孔裂纹造成的车轮裂损

图9-2-11 车轮崩裂掉下的轮辋部分形貌

图 9-2-12 车轮轮辋部分崩裂脱落后拼合形貌

图 9-2-13 辐板孔裂纹源及疲劳扩展形貌

五、内部夹杂物导致的疲劳掉块

在车轮接触面下一定深度范围(一般在轮轨接触踏面下 15～20 mm 左右)处，存在较大尺寸的链状夹杂物是产生裂纹萌生的主要原因，由于夹杂物与车轮母材之间的弹性性能和热性能间存在差异，所以在轮轨接触应力作用下以及冷却过程中将造成非均匀的应力场，Al_2O_3 的弹性模量(3.9×10^5 MPa)大于车轮钢的弹性模量(2.0×10^5 MPa)，则 Al_2O_3 夹杂物将比周围母材承受较大的载荷，从而使夹杂物附近的应力降低。Al_2O_3 的热胀系数(8.0×10^{-6} MPa)小于母材的热胀系数(13.28×10^{-6} MPa)，那么在热处理的冷却过程中，它要比周围母材收缩得慢，在母材和夹杂物交界处产生拉应力。在轮轨接触应力作用下，首先在 Al_2O_3 球形夹杂物极点处产生应力集中，将造成夹杂物与母材脱开或是使结合紧密的夹杂物本身破碎，从而形成空穴，而后在继续加载的过程中，应力集中程度更大并会在此处产生裂纹。列车运行时，在车轮接触面下一定深度范围是轮轨接触剪应力最大分布区，如该区域存在有非金属夹杂等冶金缺陷，则夹杂物在剪应力作用下会成为疲劳裂纹源和疲劳扩展，轮轨接触剪应力是列车运行时轮对所固有的，当裂纹源成核并在剪应力作用下促使裂纹萌生时，列车运行速度越快，裂纹扩展也将越快。如图 9-2-14 所示为存在于车轮轮辋中的 Al_2O_3 球形夹杂物。

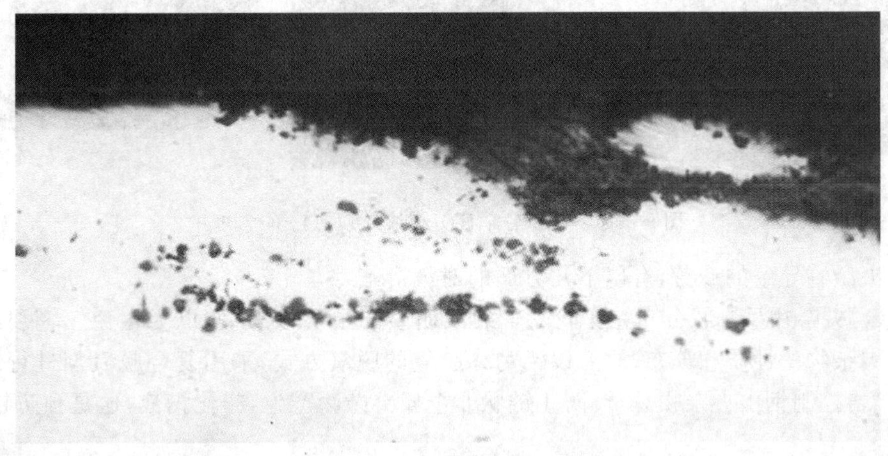

图 9-2-14 存在于车轮轮辋中的 Al_2O_3 球形夹杂物

轮辋裂纹最初是在夹杂物与母材交界面处成核，或者是夹杂物本身先破裂，而后裂纹向母材中扩展。无论哪种情况，我们在考虑问题时，都可将夹杂物视为缺陷或裂纹看待。内部裂纹(或缺陷)的疲劳极限为：

$$\sigma_{\omega i}=1.56(\mathrm{HV}+120)/(\sqrt{\mathrm{A}_i})^{1/6}$$

式中 A_i 单位是 μm^2；$\sigma_{\omega i}$ 单位是 MPa。

由上式可见，夹杂物尺寸越大，它所造成的缺陷在垂直于最大主应力方向上的投影面积越大，疲劳强度值就越小，就越容易萌生疲劳裂纹。那么究竟多大尺寸的夹杂物才能够萌生轮辋裂纹呢？这个临界尺寸不仅与疲劳强度有关，而且与外加载荷有关，即需结合轮轨接触应力来考虑。踏面下夹杂物所在处的最大主应力 $\sigma_{max}=\sigma_{wi}$（缺陷的疲劳极限）为萌生轮辋裂纹的临界条件。

$$\sigma_{max}=\sigma_{wi}=1.56(HV+120)/(\sqrt{A_c})^{1/6}$$

对于 Al_2O_3 球形夹杂物，$A_c=\pi R_c^2=\pi d_c^2/4$，代入上式求得萌生轮辋裂纹的 Al_2O_3 球形夹杂物的临界直径计算公式为：

$$d_c=\frac{2}{\sqrt{\pi}}\left[\frac{1.56(HV+120)}{\sigma_{max}}\right]^6$$

式中 d_c 单位是 μm，σ_{max} 单位是 MPa，HV 是维氏硬度值。

裂纹源处存在较大颗粒的非金属夹杂物，属于冶金制造缺陷（见图 9-2-15、图 9-2-16）。轮辋部位存在制造缺陷如轧制裂纹及折叠裂纹等也是导致轮辋疲劳裂纹扩展的诱因。

图 9-2-15　发展到轮辋内侧面的轮辋裂纹

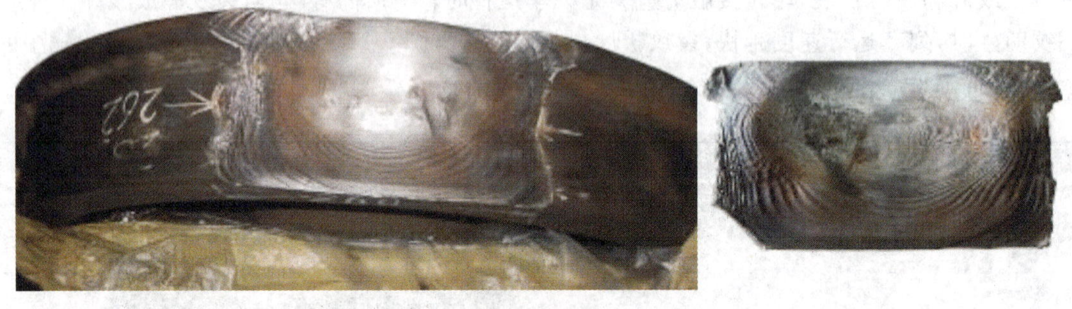

图 9-2-16　由于轮辋疲劳裂纹导致的轮辋掉块

对由于内部夹杂物导致的疲劳，有以下几方面的对策措施：

1. 球状 Al_2O_3 夹杂物呈链状分布是车轮轮辋裂纹萌生的主要原因，所以为避免轮辋裂纹的萌生，就需要改变车轮钢中夹杂物的性质和分布；改变以铝为终脱氧的脱氧方式，采用复合脱氧剂进行终脱氧，提高车轮钢冶金质量，严格控制钢中夹杂物总量，防止链状非金属夹杂物产生，净化钢液，这是预防轮辋裂纹的最有效措施之一。

2. 调整热处理工艺，如采用较高的回火温度可以提高车轮钢的疲劳门槛值，从而抑制轮辋裂纹的扩展；采用较长回火时间的热处理工艺制度，可以达到充分消除残余应力、稳定组织、均匀各部分性能的目的；改造淬火台，积极试验轮缘向上的淬火工艺，减少制造时的内应力，所有这些调整热处理工艺的措施对预防轮辋裂纹都是积极有利的。

3. 加强轮辋超声波探伤及表面的磁粉探伤检查，有效预测、预防轮辋裂纹，减少乃至防止因轮辋裂纹导致的行车事故的发生。

第二节 冷 切 轴

车轴的冷切与材料质量、结构设计、加工装配状态、运用工况和维护质量等几个方面紧密相关，它是外部因素（载荷应力）和内部因素（材料特性、结构形式、表面状态）综合作用的结果，虽然这种作用错综复杂，但在特定工况下的损坏，总是有其固有的规律和特征。车轴冷切后，往往会在断口面及其周围留下与断裂过程有关的痕迹，因此说，断口真实地记录了裂纹形成、扩展和最终断裂的全过程。车轴冷切失效分析，就是通过宏观和微观的方法，正确地显现断面的断裂花样及周围的组织结构特征，以揭示断裂过程的机理，判别断裂类型，确定断裂原因，进而提出相应的改善方法，防止类似断轴事故发生。

本节从历年来车轴冷切事故失效分析案例中，选取部分车轴裂断的典型照片，使读者能快速、准确地进行判断，了解其成因与危害性。

一、故障机理

有关调查统计数据显示：如果车轴不遭到意外的损坏，它最终的损坏形式必然是裂纹，这是特定工况下赋予车轴的损坏规律。

（一）微动磨蚀

微动磨蚀是物体表面在摩擦和周围腐蚀介质的共同作用下所发生的损坏现象。当两个处于任意介质（包括大气）中互相接触的物体表面既受法向力的作用，又发生周期性的相对滑移时，就会产生微动磨蚀。微动磨蚀也就是摩擦腐蚀，不同的只是其滑移幅度较小而已。

车辆在运行过程中，轮座压装区内具备上述两个产生微动磨蚀的基本条件：一是接触表面间的接触压力即法向力；二是车轴与车轮相互传递负荷时，其接触表面总会产生微小的相对滑移。据测定，相对滑移值通常在 0.01～0.03 mm 范围内。微动磨蚀首先发生在接触压力（即法向力）最大的部位。在轮座的压装区内，接触压力的分布在宏观和客观上都极不均匀。宏观上，接触压力沿轴向呈 U 形分布，即轮毂孔内部的接触压力较小且均匀，轮毂孔两侧剧增，也都在两侧呈现高度应力集中；微观上，接触压力的分布与接触状态有关。

众所周知，无论装配表面加工得如何精确，装配后总不能达到完全接触的状态。宏观上是若干微小区域的接触，这些区域称为接触斑；微观上是接触斑中若干点的接触，这些点称为接触点。在机械加工中，接触斑的总面积通常只能达到额定接触面积的 5%～15%，接触点的总面积更小，只达 0.01%～0.10%。这意味着，与额定接触压力相比，接触斑的接触压力较高，接触点的更高，其中，接触斑边界上接触点的接触压力因边界应力集中效应可达极大值。综合宏观和微观现象可知，在接触区内，轮毂孔两侧接触斑边界上接触点的接触压力最高。正因如此，微动磨蚀也就首先发生于此，又因轮毂孔内侧所受的综合压力较大，故其损坏的可能性较大。微动磨蚀的过程见图 9-2-17。

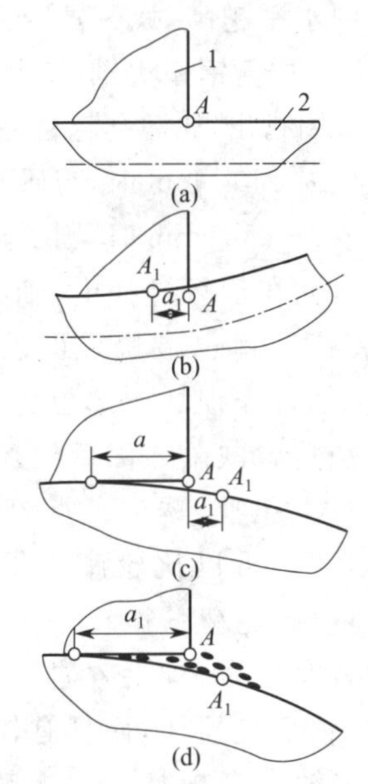

图 9-2-17 微动磨蚀的过程
1—轮毂；2—车轴；(a)压装后；(b)加载时弯曲变形；(c)旋转 180°后，微动磨蚀的产物形成；(d)微动磨蚀的产物从端部抛出，微动磨蚀的形态同样取决于接触压力

当交变应力低于轮座的疲劳极限时，根据接触压力的大小，可能出现如下几种形态：

(1)接触斑上的剧烈磨损；

(2)高压接触点间的黏结、撕裂和剥落；

(3)剥落后经氧化的金属硬粒子或充当磨料加剧磨损，或压伤、擦伤表面。

当压装区内的种种应力集中因素致使交变应力大于轮座的疲劳极限时，则微动磨蚀可直接在接触斑边界上形成疲劳裂纹。

压装对车轴寿命的影响不仅在于它会自发产生微动磨蚀，还会由此而导致摩擦疲劳。所谓摩擦疲劳，乃接触表面因微动磨蚀损坏以致材料疲劳极限下降的现象。其实质是微动磨蚀造就的腐蚀点、穴充当应力集中源，从而使材料抵抗疲劳破坏的能力降低。微动磨蚀越严重，摩擦疲劳也越剧烈。

实际上，轮座一经压装，宏观和微观的应力集中因素已导致其疲劳极限开始下降，微动磨蚀又加剧了这种下降趋势。以 RD_2 型车轴为例，压装前轮座的疲劳极限为 124.2 MPa，压装后下降至 60 MPa，不及原来的 1/2。如果压装质量恶化，疲劳极限还将降低。

通常，微动磨蚀只在轮座表面上形成腐蚀点、穴。如果交变应力低于轮座的疲劳极限，是否会出现疲劳裂纹呢？对此，各国进行了大量试验。日本的试验指出，直径为 100 mm 的 40 钢车轴压装后，疲劳极限为 100 MPa，但当交变应力为 70 MPa 时，其压装区即出现疲劳裂纹。美国的试验指出，直径为 241 mm 的碳钢车轴压装后，疲劳极限为 77 MPa，但诱发疲劳裂纹出现的最小交变应力却仅为 35 MPa。

车辆在运行过程中，轮座所受的应力低于其疲劳极限。在压装质量较好的情况下，微动磨蚀形成的腐蚀点、穴深度较小，即使它们作为裂纹核而使形核期丧失，这些裂纹核长大成裂纹源仍需要极长的时间。考虑到车辆有效工作的非连续性，因此，仍可视其具有"无限寿命"。但是，当压装恶化时，微动磨蚀激烈，疲劳极限大幅度下降，轮座表面呈现深度破坏。在此情况下，不仅丧失形核期，甚至还会丧失部分或全部核长大期，这样车轴的寿命就会大大降低。

（二）表面缺陷

当轮座和轴身（特别是中部）带有严重的缺陷时（如较深的腐蚀点、穴，压痕，刀痕，皮下夹杂等，它们即可作为裂纹源而在较小的应力下扩展。例如，当缺陷深度为 3 mm 时，其扩展只需 85 MPa 的应力；如缺陷在轮座内侧，超载 25%的峰值应力（约 85 MPa）即可使其扩展；如缺陷在轴身中部，则满载的峰值应力（约 90.2 MPa）就足以使其扩展。

车轴各部位的疲劳极限与应力集中水平有关。后者在很大程度上取决于表面粗糙度。表面越粗糙，应力集中水平越高，疲劳极限则越低。毂孔的表面粗糙度同样影响轮座的疲劳极限。图 9-2-18 是直径为 55 mm 的 35 钢正火轴（$R_a=0.16\ \mu m$）以不同过盈压装在表面粗糙度不同的轮毂后，其疲劳极限的变化情况。该图指出，轮毂孔越粗糙，轮座的疲劳极限越低；过盈越大，粗糙度对疲劳极限的影响越厉害。例如，当过盈为 0.04 mm 时，与研磨孔（$R_a=0.32\ \mu m$）相比，粗磨孔（$R_a=2.5\ \mu m$）使轮座的疲劳极限下降 4.8%；当过盈为 0.08 mm 时，则下降 10.3%。

车辆在运行过程中，轴身不仅会疲劳，而且因其受力最大，疲劳过程也最快。可以设想，假如轮座不存在微动磨蚀，车轴首先损坏的部位将是轴身。也就是说，轴身因无微动磨蚀造就缺陷才滞后损坏。如果类似缺陷预先人为提供（如刀痕、压痕、锈蚀斑点等），则其滞后期将得以补偿。条件具备时，再以比轮座快得多的速率完成疲劳破坏过程。由此可见，轮座的微动磨蚀和轴身的表面质量是一对矛盾，当前者突出时，轮座先损坏，但冷切的危险性较小；后者突出时，轴身先损坏，而且有较大的冷切危险性。

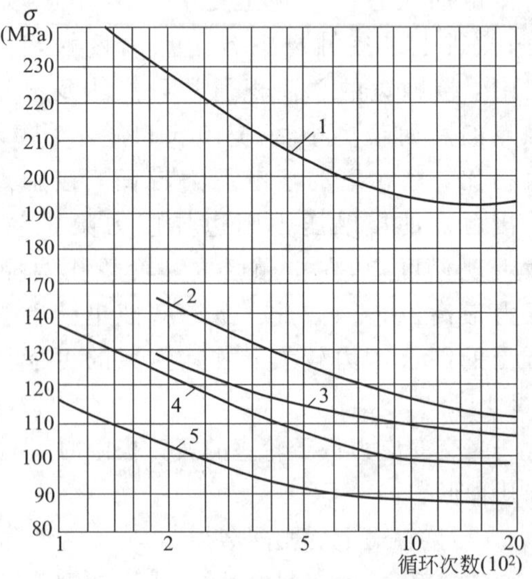

图 9-2-18　压装轴的疲劳极限

1—光轴；2—压装轴（过盈 0.04 mm，$R_a=0.32\ \mu m$）；
3—压装轴（过盈 0.04 mm，$R_a=2.5\ \mu m$）；
4—压装轴（过盈 0.08 mm，$R_a=0.32\ \mu m$）；
5—压装轴（过盈 0.08 mm，$R_a=2.5\ \mu m$）

车轴和车轮是通过接触斑来达到紧固和传递负荷的。如果轮座和轮毂孔的几何形状误差较大，或两者的误差值相差较大时。接触斑总面积将减少，其边界上的应力集中水平将增大，微动磨蚀损坏的程度将加深，轮座的寿命将随之降低。试验和实践均表明，压装区内的疲劳破坏一般总起源于因几何形状不精确而导致的凸棱和凸台部位。

（三）压装不良

所谓压装质量，是各压装参数的综合影响结果。尽管压装不可避免地会导致轮座疲劳极限下降，但下降的程度却取决于压装质量。在良好的压装状态下，疲劳极限下降较少(1/3)，在恶劣的状态下，可下降 3/4。这说明，对于提高车轴寿命，压装极富潜力。以 D 轴为例，未压装前轮座的疲劳极限为 124.5 MPa，压装后，如下降 1/3，则为 83 MPa；如下降 3/4 ，则为 31.1 MPa。这意味着，在额定载荷作用下(平均应力 41.5 MPa)，前者不形成裂纹，后者则会形成裂纹；如车辆超载致使交变应力大于 83 MPa，虽然两者都会形成裂纹，但由于前者的疲劳极限是后者的 2.67 倍，因此前者的寿命将是后者的 50 倍。由此足以说明车轴的寿命何以会存在巨大的差异。

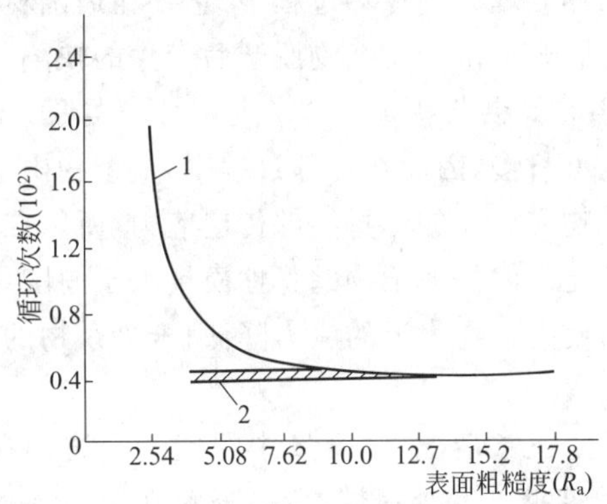

图 9-2-19　车轴寿命与轴身表面质量的关系

1—机械加工表面；2—锻造表面

(四)车轴钢坯内在质量

除压装质量外，轴坯质量也影响到车轴的寿命。在两次热加工过程中，缩孔、疏松等缺陷可消除，但夹杂难以消除。材料在疲劳破坏过程中，裂纹核一般都源于表面，有时也源于皮下的严重缺陷。因此，露头或隐于皮下的夹杂都可能作为裂纹核而取代形核期，使车轴的寿命降低。

车轴钢坯中成分偏差可能的形成原因及其危害：由于钢液在铸锭结晶过程中选择性结晶形成化学成分呈不均匀分布的枝晶组织，铸锭中的粗大枝晶在轧制时沿变形方向被拉长，并逐渐与变形方向一致，从而形成碳及合金元素的贫化带(实质上是条)和贫化带彼此交替堆叠，在缓冷条件下，先在碳及合金元素贫化带(过冷奥氏体稳定性较低)析出先共析铁素体，将多余的碳排入两侧的富化带，最终形成以铁素体为主的带；而碳及合金元素富化带(过冷奥氏体稳定性较高)，在其后形成以珠光体为主的带，因而形成了以铁素体为主的带与以珠光体为主的带彼此交替的带状组织。成分偏析越严重，形成的带状组织也越严重。

由于带状组织相邻带的显微组织不同，它们的性能也不相同，在外力作用下性能低的带易暴露出来，而且强弱带之间会产生应力集中，因而造成了总体力学性能降低，并具有明显的各向异性。

具有带状组织的钢件，热处理时需要重视碳及合金元素在奥氏体中的均匀化问题。通常完成奥氏体转变(铁素体消失)比较容易，但欲使碳特别是合金元素均匀化是相当困难的。通常碳的均匀化需要在 950 ℃以上，合金元素的均匀化则需要在 1 100 ℃以上。均匀化时间由带状组织带宽、带间浓度差和要求均匀化的程度而定。以带状组织带宽 0.101 cm、带间 Mn 的浓度差为 0.16%，要求减小至 0.14%为例，在 1 100 ℃下需要的扩散时间可用下式求得：

$$C=C_0\exp(\frac{D\cdot t\cdot \pi^2}{l^2})$$

式中 C 和 C_0 分别为均匀化处理后和前的浓度差；D 为均匀化元素的扩散系数(Mn 在 1 100 ℃为 2×10^{-11} cm^2/s)；t 为扩散时间 s；l 为带的宽度 cm。结果得出 $t=2.06\times10^5$ s，即 5.72 h。

在 950 ℃以下热处理一般都不可能消除合金元素偏析，但是可采用电渣重熔，增大钢液结晶速度、增大锻造比、提高终轧(锻)温度和扩散退火等技术来避免或减轻。虽然常用热处理不能消除合金元素偏析，但可使碳趋于均匀化，在这种情况下，如果采用较快的冷却速度，使过冷奥氏体在较低温度下转变，碳不能或不能充分扩散到碳化物形成元素富化区，因而可以看出(如淬火)或改善(如等温正火)带状组织形貌，但合金元素偏析的危害依然存在，如果再加热奥氏体化缓冷，仍然会形成带状组织。如果奥氏体中合金元素含量不均匀，将导致其晶粒长大倾向不一，碳化物形成元素富化区易残留未溶碳化物和降低碳原子扩散速度而抑制晶粒长大，贫化区晶粒则容易长大，故易出现混晶组织。淬火时合金元素贫化区的淬透性低，易形成非马氏体组织。渗碳淬火时混晶中的粗大晶粒形成粗大针状马氏体和大量残留奥氏体，都具有较低的力学性能。此外，因成分偏析引起膨胀系数和相变前后比容差异增大，使零件淬火变形增大。

夹杂物对车轴疲劳裂纹萌生及扩展的影响：材料中的夹杂物与母材的弹性、塑性和热性不同，这些差别在热处理后的冷却过程中和加载过程中将造成应力场的非均匀性。如果夹杂物的热膨胀系数大于母材的，在热处理后的冷却过程中，它要比周围材料收缩得快，使母材与夹杂物交界处产生拉应力，引起夹杂物与母材脱开。由于夹杂物脱开后产生的缺陷，在以后的加载过程中就起到了孔穴的作用，例如 CaO，MnO，MgO，MnS 等夹杂就属于这一类。另一类像 Al_2O_3 等夹杂物，它们的热膨胀系数小于母材，在冷却过程中，收缩得比母材慢，因此在冷却过程中，夹杂物内造成压应力，而夹杂物周围表现出切向拉应力，即镶嵌应力。因为夹杂物交界面的母材能够传递应力，所以在加载过程中，夹杂物本身的弹性、塑性都会影响其周围材料的力学性能。假如夹杂物的弹性模量大于周围母材的，夹杂物与其附近的母材相比，在加载时，将承受较大的荷载，而使夹杂物附近的应力降低；若夹杂物的弹性模量小于母材的，它将承受较小的荷载，而使其周围的应力升高。

通常情况下，金属中的疲劳裂纹都在与自由表面相交的滑移带上萌生，单独的各表面晶粒中循环塑性切变产生滑移带，所以分解在剪切平面上的切应力大小是控制滑移带起动的主要因素。滑移面上的循环载荷将在晶粒的自由表面上产生挤出和挤入，它们沿滑移面相继加深成晶体学裂纹。在一个表面晶粒中产生的晶体学裂纹将逐渐扩展到附近的晶粒，在这个过程中，裂纹将失去晶体学特征。作用在裂纹表面的应力是推动短裂纹扩展的动力，裂纹闭合对短裂纹扩展率起的作用不大，可以认为在整个加载范围内，短裂纹总是张开的。另外，短裂纹的扩展率对平均应力水平不敏感，主要受应力范围控制。概括起来说，就是切应力范围控制裂纹萌生，与裂纹平面垂直的应力分量幅度控制非晶体学短裂纹的早期扩展，而同方向上的平均应力水平对较长裂纹的扩展起较大作用。下面讨论空穴和夹杂物对裂纹萌生的具体作用。

空穴或脱开母材的夹杂物为晶体学裂纹成核提供了自由表面，自由表面上的空穴和金属内部的空穴都是如此。最大应力范围在空穴的赤道上，最大切应力范围也将在此产生并作用在与轴向成 45°的一组平面上。一旦在表面晶粒上产生了晶体学裂纹，它将扩展到其邻近的晶粒中，而这时的短裂纹实际上是在轴向应力范围(最大主应力范围)作用下扩展，这个应力范围的最大值就在空穴的赤道上。非晶体学裂纹在赤道平面上扩延，而使空穴被裂纹围绕，最初裂纹受空穴引起的增大后的应力作用，扩展一段之后主要受外加应力范围的作用，这种分析不论对内部空穴和脱开的夹杂物以及表面的空穴和脱开的夹杂物都适用。有限元计算表明，这两种情况的应力值相差很小，因此裂纹扩展率的差别也不会大。但是，当空穴或脱开的夹杂物周围形成环状裂纹时，则表面上的扩展较快，因为半圆形表面裂纹的应力强度因子大于内部圆形裂纹的应力强度因子，而应力强度因子范围又是裂纹扩展推动力的重要度量。因此可以明确指出，空穴和脱开的夹杂物是裂纹萌生和早期扩展的优先地带，仅有的差别就是表面的比内部的扩展快，这要围绕空穴或脱开了的夹杂物形成环形裂纹后才能实现。

以上介绍的是球形空穴或热膨胀系数大于母材，在冷却过程中比母材收缩快而易于脱开的夹杂物对裂纹萌生的作用，在冷却过程中比母材收缩慢的夹杂物对裂纹萌生的作用分析如下：

在冷却过程中，夹杂物收缩慢的情况下，裂纹萌生有两种方式：一种是夹杂物先开裂，然后裂纹传到母材；另一种是母材先开裂。我们先讨论第一种情况，夹杂物对裂纹萌生和早期扩展的影响，主要是其周围应力分布的影响，特别是轴向应力起主要作用。如果夹杂物先开裂，裂纹通过交界面传到母材，一旦裂纹进入母材之后，裂纹尖端在轴向应力范围作用下扩展，这个应力范围的大小取决于裂纹平面离开赤道平面的高度。因为最大的应力范围靠近夹杂物的极点，此处的轴向应力范围大于外加应力范围，应力集中系数＞1；而赤道上的轴向应力范围是小于外加应力的，所以母材中裂纹的最初扩展速率对裂纹平面与夹杂物赤道面之间的高度很敏感。以上仅就外加机械应力而言，夹杂物极点附近的轴向应力是主要影响因素，那热应力影响应当如何考虑呢？如前所述，夹杂物周围的热应力基本上是对夹杂物的切向拉应力和垂直夹杂物的压应力(经向的)。虽然在赤道平面上扩展的裂纹承受的垂直拉伸热应力大于靠近极点平面上扩展的裂纹承受的垂直拉伸热应力，但是作为静态应力的热应力估计在裂纹萌生和早期扩展中不起主要作用，其影响程度可暂不考虑。

对于夹杂物外围母材中先萌生裂纹的情况，如果自由表面是产生晶体学裂纹的先决条件，那么裂纹只能萌生在表面夹杂物附近，而内部夹杂物将不可能具备这种条件。在夹杂物的经向上，热应力是压应力，在环向上是拉应力，这些静应力可能影响每一次循环加载的塑性屈服，但不可能影响表面晶粒剪切带中的反向塑性，循环塑性基本上受机械载荷的剪切应力范围的影响。夹杂物交界面母材一边的最大应力范围位于极点下方附近，如果外加应力是拉伸的，在这个区域内，所有的主应力和范围也都是拉伸型，并且最大主应力范围大于外加的应力范围。当靠近赤道时，一个主应力变成压应力，最大主应力范围也小于外加应力范围。最大切应力范围在极点下方附近，并且最大主应力的方向靠近轴向。由于夹杂物交界面上的径向热应力是压应力，它可以防止夹杂物与母材脱开，而使循环应力传过交界面，对夹杂物而言，裂纹的扩展不是对称的，基本上在夹杂物的一侧。

高强钢的疲劳断裂源不总是在表面上，常常与表面有一定距离，形成所谓的鱼眼状断口，在“鱼眼”的中心处存在各种形状的夹杂物，因此非金属夹杂物对高强钢的疲劳强度有很大影响。在高强钢疲劳断裂源上观察到鱼眼状花样是很普遍的现象，这表明疲劳裂纹最初是在夹杂物与母材交界面处成核，或者开始阶段是夹杂物本身先破裂，然后裂纹向母材中扩展。大家知道，中、低强钢无缺口试样的疲劳极限不是裂纹萌生的临界应力，而是在滑移带或晶粒边界上形成的裂纹不扩展的门槛应力。在评价高强钢疲劳强度时，必须把这新的疲劳极限概念考虑进去。换句话说，夹杂物可以看成等效的缺陷或空穴，因为不管在夹杂物与母材交界面还是在夹杂物内部存在裂纹，非金属夹杂物内各种应力将被松弛，裂纹本身相当于自由表面。在下面的讨论中，我们就把夹杂物视为缺陷或裂纹。

对高强钢而言，疲劳源通常距表面有一定距离，若夹杂物离表面的深度为 h，则夹杂物处的名义应力 σ' 为

$$\sigma'=\sigma\frac{(r-h)}{r}$$

式中 r 为试样的半径。当夹杂物所在位置的名义应力幅度 σ' 大于所预计的疲劳极限 $\sigma_{\infty}{}'$，夹杂物就成为断裂源了。

影响疲劳极限的不仅是夹杂物的尺寸，还有夹杂物的位置。在中、低强钢中，夹杂物和在生产过程中形成的各种缺陷的尺寸小于临界值；母材中滑移带裂纹或晶界裂纹常常是疲劳断裂源，如果夹杂物和各种缺陷的尺寸控制在小于与硬度有关的临界值以内，就能获得高的疲劳极限。

除少数塑性变形大的等截面构件其表面疲劳裂纹是由滑移引起的之外，大多数工程结构材料的疲劳裂纹主要是由应力、应变集中和应力梯度造成的，而且疲劳裂纹就萌生在切口或其他几何不连续处。

那么如何降低或减少夹杂物对车轴疲劳性能的影响呢？

1. 清除夹杂物

一般可以在炼钢氧化期时使钢液良好地沸腾，以有效地清除夹杂物，并在出钢后浇注以前镇静一段时间(5～10 min)，使夹杂物在钢液中上浮(尺寸大、密度小的夹杂物上浮快)，采用炉外精炼处理能更有效地清除钢液中的夹杂物。

2. 改善夹杂物形态

改善夹杂物的形状和分布也能有效减轻夹杂物的有害作用。如采用稀土合金对钢液进行处理，以使多角形氧化物和条状硫化物变为球状的稀土硫氧化物。

二、车轴材质不良及车轴冷切

(一)特　　征

因车轴材质不良造成的车轴内部疲劳裂纹往往从表面无法观察到，只有通过超声波探伤检查才能发现。车轴材质不良主要包括材料成分偏差、组织异常、夹杂物级别超标、疏松、残余缩孔等。在车轴运行中，裂纹往往从车轴内部缺陷处萌生，然后逐步扩展，最终导致疲劳裂断。

(二)典型案例及原因分析

1. 材料成分偏差、组织异常导致车轴冷切

某煤水车车轴在运行中发生断裂，断裂位置在轴颈到轴肩的变截面圆弧过渡区，断裂车轴的材质为 40 钢，服役约 30 年 10 个月。车轴断口面具有以下特征(图 9-2-20)：断面分四

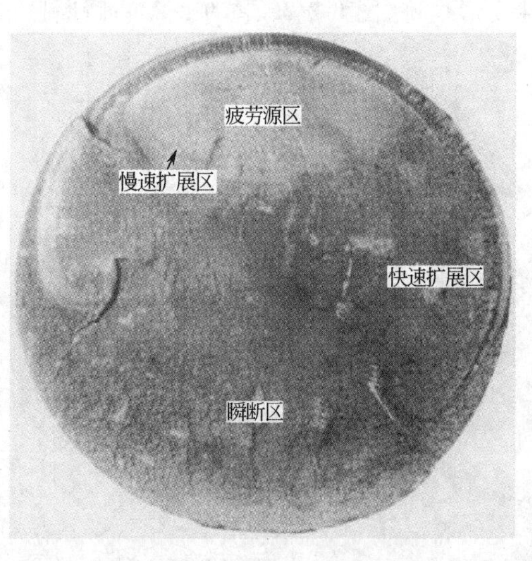

图 9-2-20　车轴断口面特征

个区:疲劳源区、裂纹慢速扩展区、快速扩展区和瞬断区。源区在断口内部,形状近似圆形,其中心距最近处边缘约 20 mm,源区断口呈亮灰色冰糖状,边缘有多条向四周放射的台阶;慢速扩展区为源区外部浅灰色椭圆区,其表面平整光滑,只在靠近快速扩展区的边缘才能见到呈椭圆形的贝纹线;快速扩展区在慢速扩展区外部,断面较粗糙,从慢速扩展区到快速扩展区形成多条台阶;瞬断区呈圆底 W 形,位于断口一侧,约占整个断口的 40%。

在酸浸试片上,发现几条长约 10 mm 的裂纹,这些裂纹主要分布在距轴表面 1/4～1/2 半径的环形区域内,说明该轴这一区域的材质缺陷较严重,所以萌生裂纹。该车轴的化学成分分析结果如表 9-2-2 所示,可见该轴 C,Cr,Ni 含量比标准高得多,Mn 的含量以及夹杂元素 S 含量也比标准高。

表 9-2-2　断裂车轴的化学成分(%)

	ω(C)	ω(Mn)	ω(Si)	ω(S)	ω(P)	ω(Cr)	ω(Ni)	ω(Cu)
3385 号 B 型轴	0.58	0.88	0.28	0.051	0.048	0.79	1.13	0.06
TB/T 451—1996	0.35～0.45	0.50～0.80	0.15～0.35	<0.045	<0.05	<0.30	<0.30	<0.25

由于铁路货车车轴是中碳结构钢经锻造及后续的热加工而成,因而车轴钢中元素偏析,成品车轴化学成分可能超出标准规定的成分范围。成分偏析一种是聚集偏析,可造成局部组织粗大。一种为元素偏析,在合金中某个元素偏析严重。

2. 夹杂级别高、存在粗大塑性夹杂物引起车轴冷切

现场发现的因夹杂级别高、存在粗大塑性夹杂物引起的车轴突然断裂的断口呈柱面锥形,单源起裂,源在轴表面,断口面与轴横截面约成 45°角,说明断口为典型扭矩作用下的疲劳断口。金相观察:断裂车轴塑性夹杂(硫化物)级别为:塑性夹杂集中分布 3.5 级,超过有关标准规定。而该轴化学成分、力学性能等均符合有关标准。该轴疲劳断裂的主要原因是材料内部塑性夹杂级别较高,存在较为粗大的塑性夹杂物。

3. 空洞引起车轴冷切

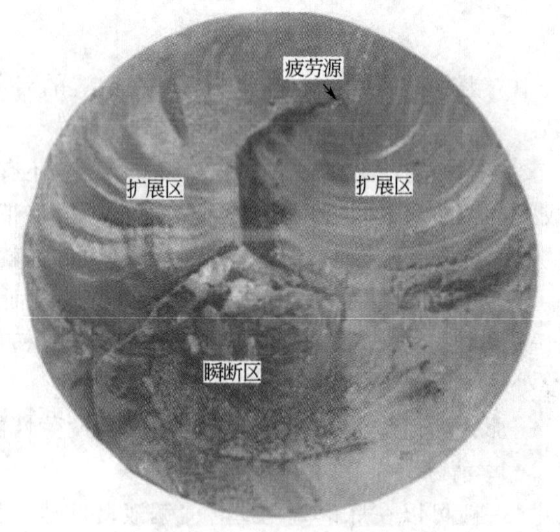

图 9-2-21　断口呈不对称外凸形

现场发现 D 型轴在运行途中,轴颈部距轴端 220 mm 处突然发生断裂,宏观检查发现断口呈不对称外凸形(图 9-2-21、图 9-2-22);单源起裂,疲劳源在轴内部,扩展区内贝纹线呈螺旋上升状,中心在疲劳源点,贝纹线较宽、深,且间距不等;扩展区内的台阶侧面 L 及瞬断区的边界侧面 P_1、P_2 都几乎与断口垂直,并且 L 和 P_1 面宏观上呈朽木状和层片岩石状,没有任何塑性变形痕迹(图 9-2-22、图 9-2-23);瞬断区占断口的 40%。

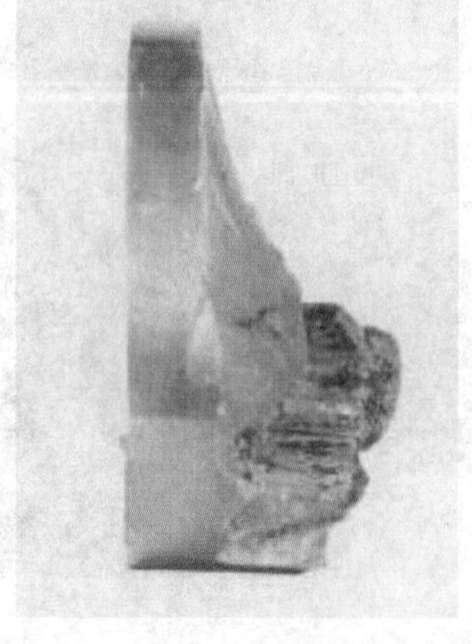
图　9-2-22

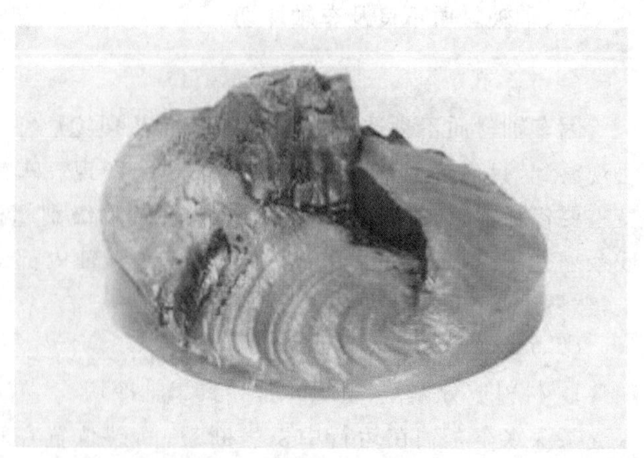
图　9-2-23

上述特征说明:(1)车轴内部存在缺陷;(2)车轴载荷应力的变化很大;(3)L、P_1 两个面是在很大的剪应力下形成的;(4)车轴的塑性较差;(5)车轴断裂前承受的载荷应力很大。通过金相观察发现:车轴横截面与疲劳源同一环形带上,有许多聚集状小孔洞(图 9-2-24);疲劳源下部纵向截面上,可以见到铁素体严重偏聚(图 9-2-25)。说明该轴内部存在严重疏松和微观成分偏析等冶金缺陷。

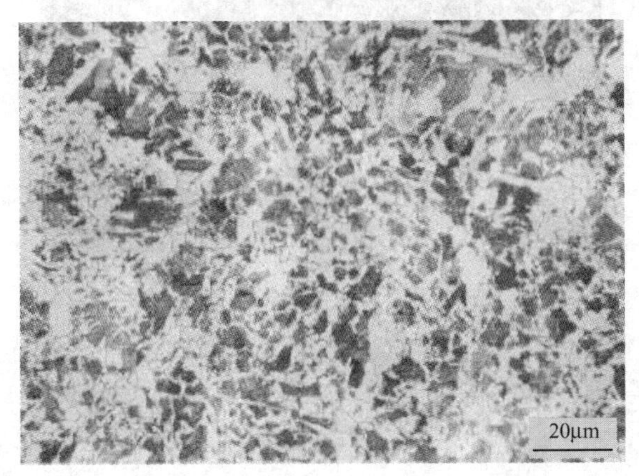

图 9-2-24　聚集状小孔洞

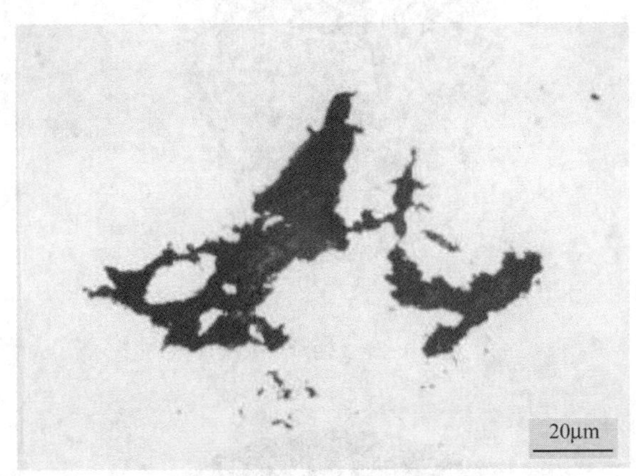

图 9-2-25　铁素体严重偏聚

车轴内部严重冶金缺陷及成分偏析的存在,是导致车轴疲劳断裂的主要原因。

三、表面加工不当引起车轴冷切

1. 特征

因表面加工不当造成的车轴冷切,冷切裂纹起始处的车轴表面加工质量不符合相应标准规定。表面加工不当造成表面粗糙度过大或存在缺陷,存在应力集中,萌生裂纹,由于裂纹不易发现,易造成弧形多源或线源,扩展速度较快,很可能造成车轴冷切。有关数据表明:当表面粗糙度(均方根偏差 R_q)大于 8.9 时,车轴的寿命与锻造的相近,在 8.9～5.7 之间时,寿命随表面质量的提高缓慢增加,小于 5.7 时,寿命急剧增加。卸荷槽加工粗糙主要表现在车轴卸荷槽表面有目测可见的车削刀痕,达不到标准规定 R_a=1.6 μm 的要求。在车轴运行中,车削刀痕根部的应力集中导致疲劳裂纹萌生和扩展,最终疲劳裂断。

2. 典型案例及原因分析

(1)表面加工粗糙引起的车轴卸荷槽冷切

现场发现一货车车轴在车辆运行中发生冷切,造成车辆脱轨事故。该轴材质为 40 钢,轴号 5682,RD_2 型,裂断位置在距离轴端约 208 mm 处的卸荷槽部位(图 9-2-26～图 9-2-28)。从第一次组装到冷切事故发生为 7 年 7 个月,为早期裂断失效。

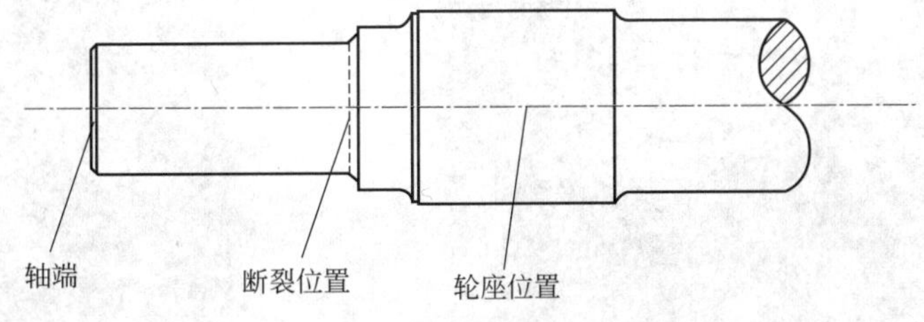

图 9-2-26　实物断轴断裂位置示意图

宏观检查发现:①用细实线将断口分为 A,B,C 和 A′四个区域。A 区为断口的主裂纹源区;B 区为裂纹扩展区;C 区为瞬时断裂区;A′区为次裂纹源区(图 9-2-29)。②断口附近轴的外表面,从轴颈后肩圆弧过渡区延伸到轴颈表面较为粗糙,主要为过深的加工刀痕(图 9-2-30、图 9-2-31)。经与粗糙度标准试块比较,发现粗糙度介于 R_a=3.20 μm 和 R_a=6.30 μm 之间,不符合 GB 12814—1991《RD_2 型车轴》精加工图纸中对该部

图 9-2-27 轴承一侧断口

图 9-2-28 轮饼一侧断口

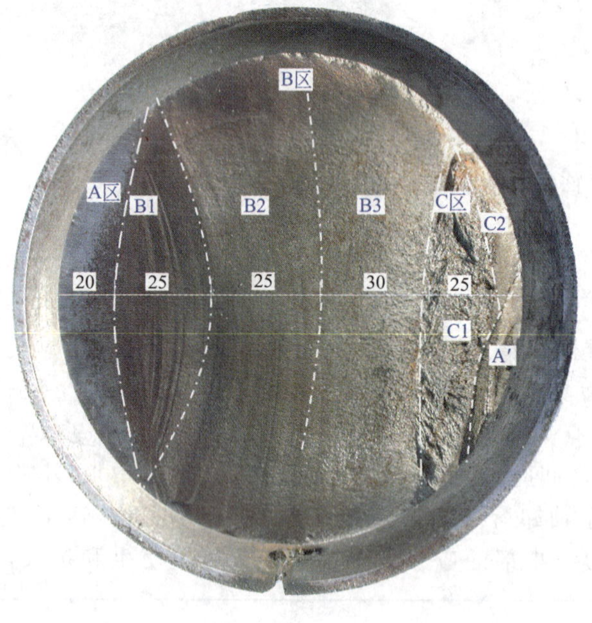

图 9-2-29 断口各区域宏观分析示意图

图 9-2-30 实物断轴近轴靠近裂纹源区

位表面粗糙度 $R_a=1.60\ \mu m$ 的要求(图 9-2-32)。

图 9-2-31 实物断轴近轴靠近裂扩展区圆周面

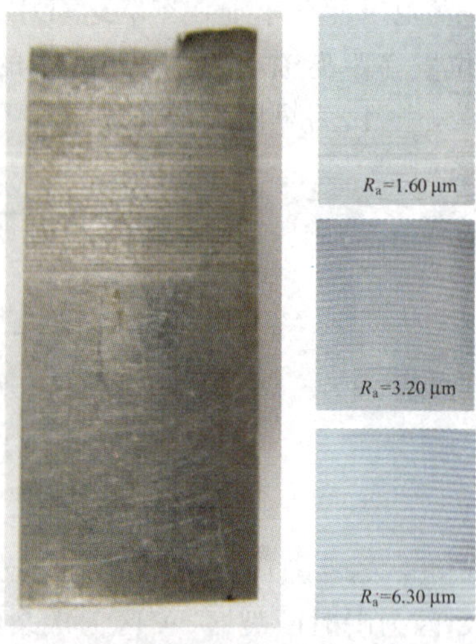

图 9-2-32 实物断轴近轴面圆周与粗糙度标准试块的对比

扫描电镜观察断口发现：在A区和A′区均看到：靠近断口处的轴表面加工粗糙，加工刀痕根部有多条平行于断口的微裂纹（图9-2-32）。上述观察结果表明，引起车轴疲劳断裂的宏观裂纹，系轴表面局部加工粗糙区域沿车削刀痕萌生的微裂纹扩展连接而成。金相检查发现：主裂纹源区轴表面加工刀痕深度为0.086 mm。

该车轴发生裂断的主要原因是：断口附近的轴表面加工不当，有过深的加工刀痕，形成应力集中诱发裂纹。

（2）表面局部加工粗糙引起的车轴轮座冷切

现场发现的D型轴在运行中，轮座内侧镶入部5～10 mm处发生断裂。该轴材质为40钢，服役约12年，最后一次超探在1982年12月。

宏观检查发现：疲劳源在轴表面，靠近源区的扩展区内，可以见到从边缘指向断口内部的台阶（图9-2-33），说明断口为多源起裂。源区侧面轴表面的粗糙度为$R_a=3.2\ \mu m$（图9-2-34），低于有关标准规定。扫描电镜观察发现轮座表面局部区域加工粗糙，有许多沿车削刀痕分布的微裂纹（图9-2-35），在靠近断口处的轮座表面上，也可以见到沿周向即车削方向分布的微裂纹，断口与这些微裂纹基本平行（图9-2-36），说明引起车轴断裂的宏观裂纹，是由这些沿车削刀痕萌生的表层微裂纹扩展连接而成。此外，该轴化学成分、力学性能、酸浸低倍组织、金相组织、晶粒度和夹杂物等，均符合有关标准。

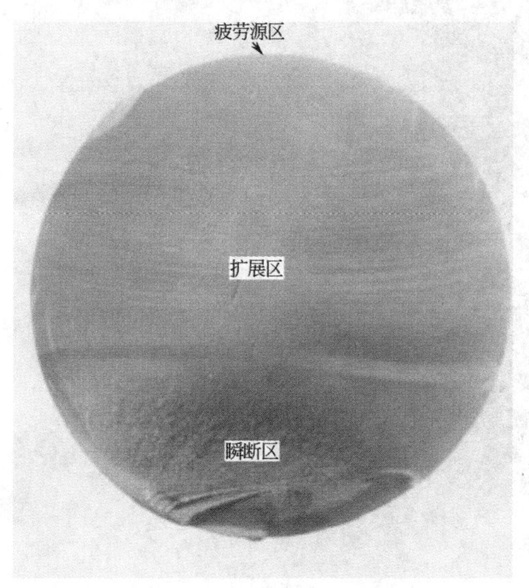

图9-2-33　疲劳源在轴表面，靠近源区的扩展区内存在从边缘指向断口内部的台阶

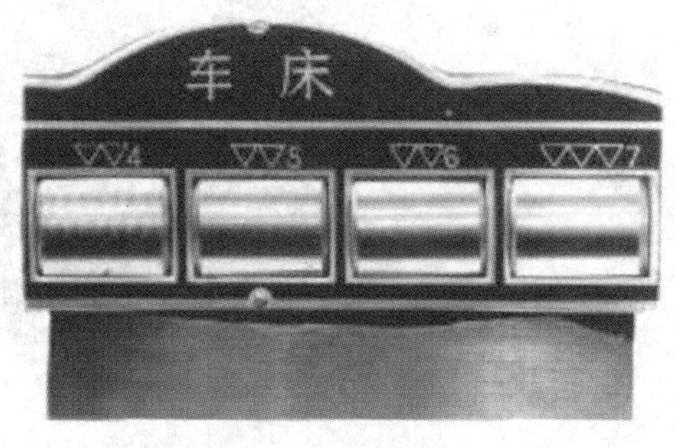

图9-2-34　源区侧面轴表面的粗糙度为$R_a=3.2\ \mu m$

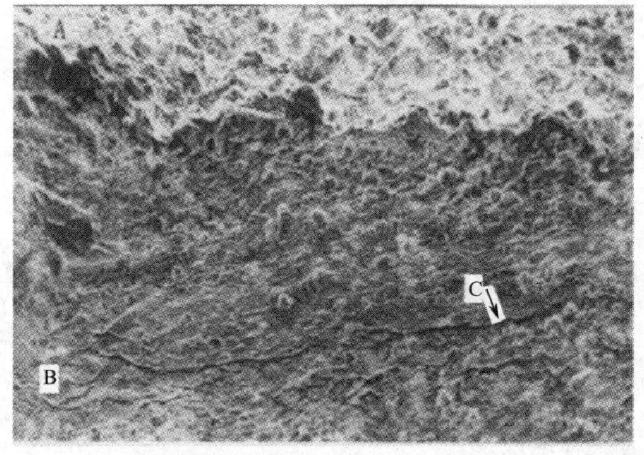

图9-2-35　轮座表面局部区域加工粗糙，有许多沿车削刀痕分布的微裂纹

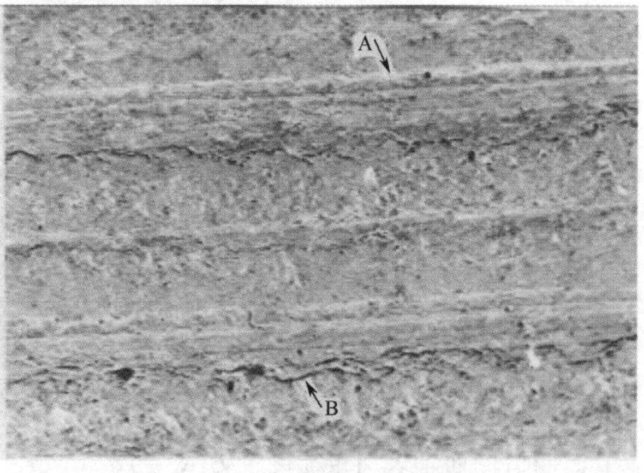

图9-2-36　断口与这些微裂纹基本平行

该轴断裂的主要原因是轮座表面局部区域加工粗糙，加工过程中进刀量大，使表层产生过高残余拉应力，加上轮轴装配引起的拉应力和载荷应力共同作用，导致裂纹沿车削刀痕萌生，并最终造成车轴疲劳断裂。

(3)表面刀痕过深导致车轴轮座冷切

一列货车在运行中车轴发生断裂，断裂位置在轮座镶入部距轮毂内端面 3～5 mm 处，断面直径为 184 mm。该轴为 D 型轴，轴号是 5518，从第一次组装到发生断裂共运行了 19 年零 9 个月，最后一次厂修在 1991 年 9 月。宏观检查发现：

①断口基本为平断口(图 9-2-37)；四周边缘存在许多台阶；扩展区内贝纹线清晰，并很快弯曲成波纹状；瞬断区在断口内部，靠近一侧边缘，呈条带状，面积约占整个断口的 20%。这些特征说明，断口为多源起裂，源在轴表面、远离瞬断区一侧的疲劳源为主裂纹源，靠近瞬断区一侧的是次生裂纹源(图 9-2-38)；断口四周边缘存在应力集中；裂纹扩展时，载荷应力变化较频繁，但应力值不大；瞬断前，载荷应力在正常范围；断口具有典型旋转弯曲载荷作用下、低应力、高应力集中疲劳断裂特征。

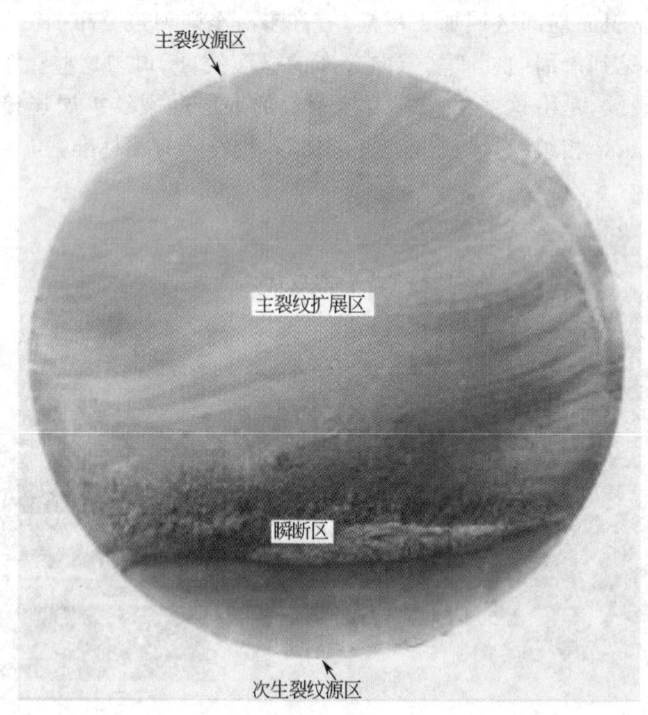

图 9-2-37 断口形貌

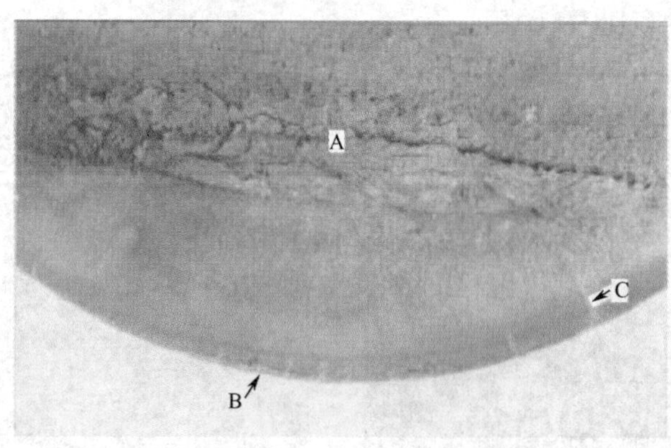

图 9-2-38 断口瞬断区和次生裂纹源区

②断口侧面轴表面粗糙度仅为 $R_a=12.5\ \mu m$，低于有关标准规定。

扫描电镜观察发现：源区侧面轮座表面沿车削刀痕有微裂纹萌生，断口面与这些微裂纹平行，说明造成车轴轮座疲劳断裂的裂纹，是从车削刀痕根部萌生的。

金相检查：断轴夹杂分布为，硫化物集中分布 3.5 级，氧化物分布 3.5 级，均超过有关标准规定的不大于

3 级的要求；从源区纵向试样上测得，源区侧面轴表面的平均高低不平度为 90 μm。该轴化学成分、力学性能、酸浸低倍组织、金相组织和晶粒度等，均符合有关标准。

该轴轮座表面加工刀痕过深，引起缺口效应，是导致车轴裂纹萌生并最终断裂的主要原因。

四、采用非正常工艺造成车轴冷切

(一) 特　　征

非正常工艺造成的冷切往往不易用肉眼发现，但借助于无损探伤手段和微观分析手段可以发现起裂处存在非正常工艺导致的缺陷特征。

比如有的轴身表层沿周向补焊 1 圈，再按规定进行机加工，表面完全正常。投入运用发生了冷切，断口为疲劳断裂。断口特征为沿轴表面环形线源，裂纹源区有明显的塑性变形；瞬断区在断口中部。

有的由于制造或维修过程操作不当，在轴身存在基本沿车轴横向或斜向的铲痕。在车轴运行中，轴表面铲痕处产生应力集中，由此萌生疲劳裂纹，可能造成车轴冷切事故。

(二) 典型案例及原因分析

1. 非正常补焊车轴发生冷切

1989 年 9 月，发生了一起货车车轴轴身断裂事件，构成重大行车事故，断口距左侧轮座 39 mm，断口部位的直径为 174 mm。该轴为 RD_2 型进口车轴。从组装之日到发生断裂仅运行了 36 天。

断口宏观检查(图 9-2-39)发现：

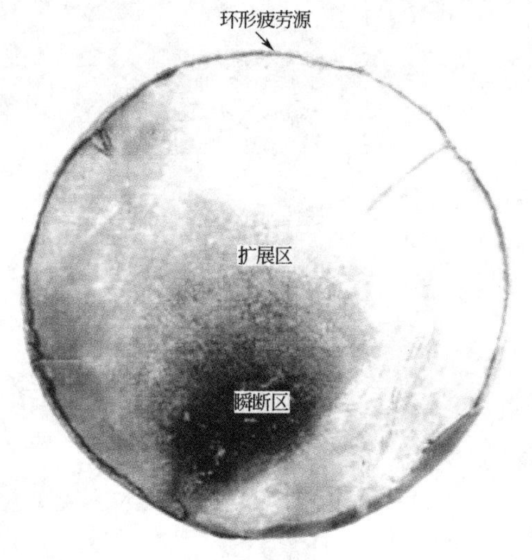

图 9-2-39　断口宏观照片

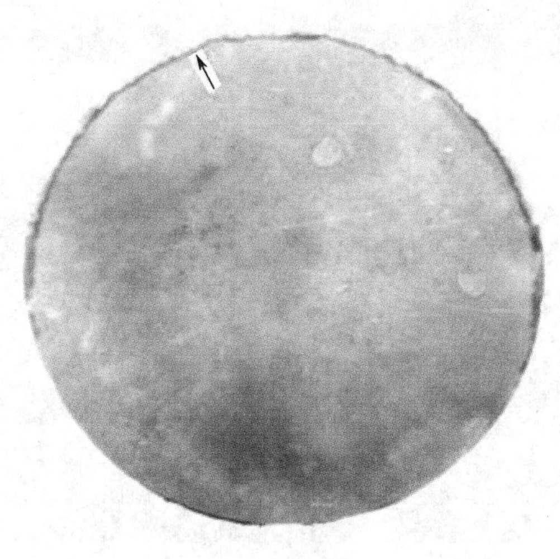

图 9-2-40　车轴低倍酸浸照片

(1)断口附近的侧表面未发现其他裂纹，加工粗糙度符合标准；

(2)在断口面上，从周边向内 5 mm 范围内的环形区有较大的宏观塑性变形，个别区域有挤伤和擦伤；

(3)在断口面的中部，可以清晰地看到海滩状贝纹线，据此可确认，该轴的断裂性质是疲劳断裂；

(4)在断口面上，距周边 5 mm 左右的环形带有许多大小不等的台阶和裂纹起裂点，所以该轴的疲劳裂纹源不仅具有多源特征，而且呈环形分布；

(5)疲劳裂纹扩展区相当宽，而且比较平坦，说明裂纹在扩展过程中，载荷应力变化很小；

(6)瞬时断裂区在断口中部。

低倍酸浸试片发现：在低倍酸浸试片上(图 9-2-40)，有一周边在 5 mm 左右的环形带，色调为浅灰色，与心部的中灰色成鲜明的对照，环形带上有多处宏观缺陷，最大的是一个三角形空洞，面积约 4 mm^2，洞内有流动的痕迹；并且，在浅灰与中灰的交界处，有一条约 1 mm 宽的深灰区；浅灰区的化学成分异常，碳含量为 0.16%，仅为心部基体组织的 1/3，Si 含量为 0.50%，Mn 含量为 0.92%，比心部高出近 1 倍。

金相检查表明：金相检查发现在浅灰区内与深灰区相接部分，金相组织为重熔形成的柱状晶，在深灰区内与浅灰区相接的部分，为过热粗大晶粒(图 9-2-41)。

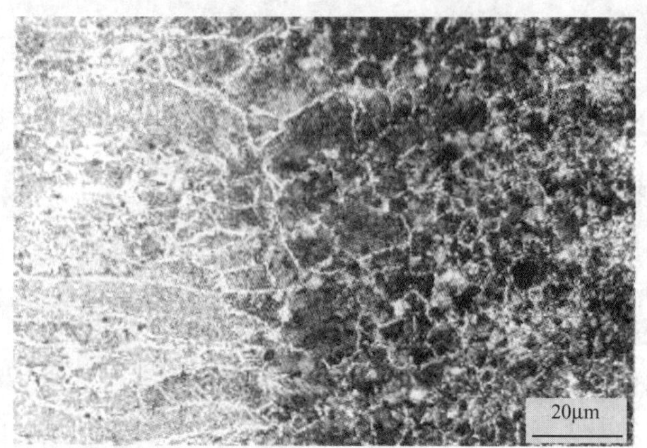

图 9-2-41 金相组织

车轴心部的化学成分、力学性能、金相组织、晶粒度、夹杂物等理化数据均符合车轴外购协议书。

上面分析检验所获得的证据一致说明：该轴在生产制造过程中，断口部位轴身上，在宽度 25 mm 左右、深度约 5 mm 的环形层内，采用了非正常的补焊工艺，造成车轴在短期运行中，发生早期疲劳断裂。

2. 轴身铲痕与车轴冷切

某轴身铲痕基本沿车轴横向或斜向。在车轴运行中，轴表面铲痕处产生应力集中，由此萌生疲劳裂纹。如图 9-2-42 和图 9-2-43 所示。

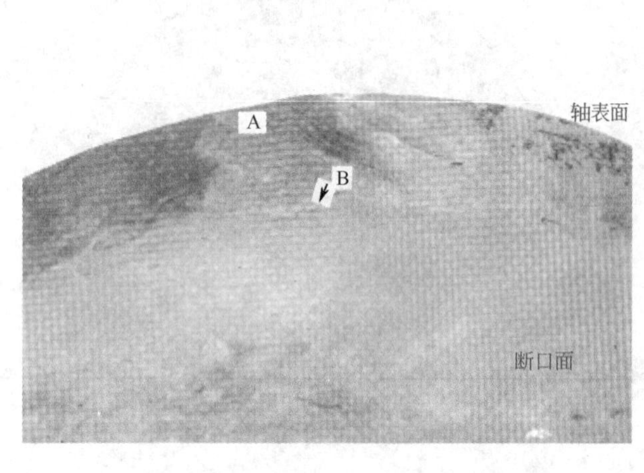

(a) A为铲痕(深达4 mm,宽约15 mm),B为疲劳源

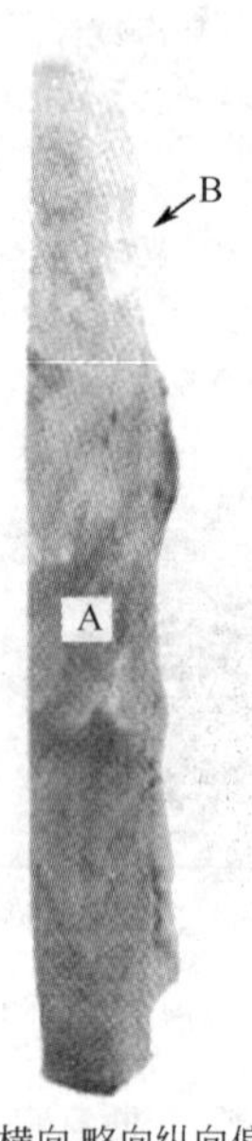

(b) A为铲痕(铲痕基本沿轴横向,略向纵向偏转约30°角),B为断口面

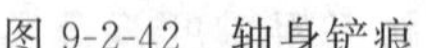

图 9-2-42 轴身铲痕

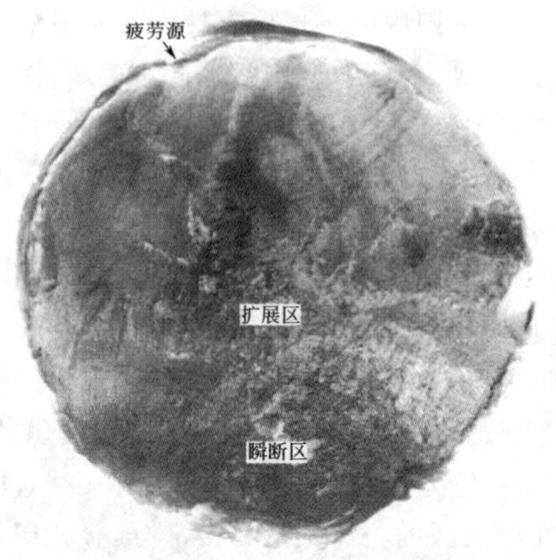

图 9-2-43 轴身中部铲痕造成的疲劳裂断断口

五、组装不当导致车轴冷切

（一）特　　征

裂纹起裂部位存在因组装不当导致的微观局部变形或撕裂等缺陷特征，造成组织不连续，进而萌生微细裂纹，在交变应力的作用下扩展，最终冷切。

（二）典型案例及原因分析

1. 轮对压装不当导致车轴轮座疲劳断裂

2004 年 5 月 27 日，一货物列车在运行中，机后 47 位 C_{62B} 4629385 车第一位轮对一位轴运行方向右侧轮座发生冷切，构成车辆险性事故。断轴轴号：13206；轴型：RD_2；材质：50 钢；第一次组装时间：2001 年 8 月 12 日；最近一次段修时间：2003 年 3 月。车轮号：211432CO；轮型 BZ：HDZA；材质：铸钢。

13206 号轴裂断断口主要部分（裂纹源区和疲劳裂纹扩展区）在车轴轮座镶入部距轮毂孔外侧向内 25 mm左右处（即车轴端面约 324 mm），如图 9-2-44(a)所示；而断口瞬断区斜向轮毂孔外边缘；此裂断位置极为少见[图 9-2-44(b)]。

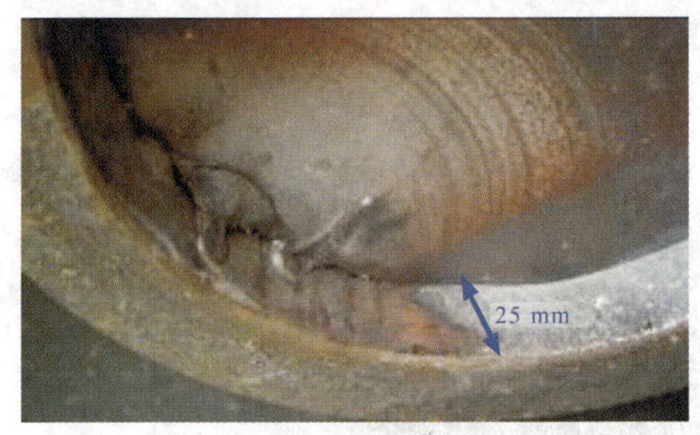

(a) 断口在车轴轮座外侧向内约 25 mm 处

(b) 裂断车轴轮对形貌

图 9-2-44 极为少见的车轴裂断位置

断口轴身侧主要特征为：裂纹源在轴表面；在裂纹源上有 3 个金属块状物小包覆盖者（一大二小）；右侧还有一个多源起裂形成的台阶；疲劳裂纹源区为银灰色，表面细平，约占断口面积 10%。疲劳裂纹扩展区为起伏明显的疲劳贝纹线；色调丰富而特别：中部为黑红色，两侧为深红色，接近两边缘又为黑红色；扩展区约占断口的 78%（图 9-2-45、图 9-2-46）。

图 9-2-45 轴身侧断口全貌

图 9-2-46 断口轴身侧裂纹源区

瞬断区呈现为银灰色，表面粗糙，裂纹面的走向偏向轮座外边缘，并在瞬断区左侧有一个半圆形的缺口（图 9-2-45），瞬断区面积约占整个断口面积的 12%。

轴头侧断口特征（图 9-2-47）基本与轴身侧断口特征相吻合，但色调整个发黑。由于事故发生后，它在地面滚动，接触物质较多，除原始损伤外还有附加损伤。

图 9-2-47 轴头侧断口全貌

轴头侧断口裂纹源附近轮座表面有严重的纵向拉伤:长度约 25 mm、宽度约 120 mm(图 9-2-48)。

图 9-2-48 轴头侧断口裂纹源区对应的轴表面有纵向损伤

根据宏观分析和判断,在断口裂纹源区对应的轴身侧轮座表面存在重要的伤损信息。所以轴轮分离一定要保护好车轴轮座表面,决不能用退轴的方法,而是想办法把轮毂孔掰开,再将车轴轮座部分小心取出。

当断轴从轮毂孔中完整取出时,在断口裂纹源对应的轴轮座表面和轮毂孔组装表面都有大面积的损伤。轴轮座表面损伤最为严重(图 9-2-49),目测可见的损伤范围宽约 115 mm,深度约 90 mm。主要特征为四组相似挤压带状区,区内有挤压损伤的典型特征:鱼鳞片带和挤压包。每个区一般有 2 个凸起挤压包,挤压包高度范围:1.2～3.8 mm;每个挤压包各自对应一定长度的鱼鳞片带,带长分两种:一种长约 90 mm、宽约 30 mm;另一种稍短,长约 55 mm、宽约 30 mm。鱼鳞片的方向与组装时轮毂孔对轮座表面作用力方向一致,挤压包在鱼鳞片带的前端。

断口裂纹扩展区对应轴轮座表面在紧靠断口的边缘有宽度约 8 mm 的黑色区(图 9-2-50),基本无宏观损伤。只是在裂纹扩展区对应的左侧轴表面有一单独的锥形损伤(图 9-2-51),在断口边缘附近是锥尖,轮座表面内是锥的圆头,整个长度约 62 mm,圆头处的宽度约 10 mm,锥头高度约 1.2 mm。在轴轮座表面损伤区所有鱼鳞片带的方向都从断口指向轮座内侧。

图 9-2-49 轴轮座表面断口裂纹源区对应的最大范围损伤区

图 9-2-50 扩展区对应轴表面紧靠断口边缘的黑色区

图 9-2-51 轴轮座表面对应的疲劳裂纹扩展区靠近断口单独锥形损伤

图 9-2-52 疲劳源区上存在从边缘指向心部的台阶

2. 轴承与车轴组装不当导致轴颈冷切

1986 年 3 月，发生一起车轴轴颈断裂事故，事故轴为 08303 号轴。从组装到断裂该轴整个运行时间不到 2 年，断裂部位在车轴上轴承配合部内边缘附近。将断轴连带轴承内圈一起从现场拿到车间后，轴承内圈自行开裂。

(1)宏观检查

①疲劳源区可见几条从边缘指向心部的台阶；扩展区贝纹线清晰而有起伏，并且，在距轴表面很近的部位就能见到贝纹线，这些贝纹线随载荷谱的变化有规律地分布在断口面上，瞬断区由一个在断口内部形状近似椭圆形的区域和一个三角形剪切唇组成，总面积约占整个断口的 11%(图 9-2-52)。

断口宏观特征说明：疲劳裂纹多源起裂，源在轴表面；裂纹形成后，很快进入中速扩展阶段，扩展过程中，载荷应力变化较大，而且，裂纹沿轴表面的扩展速度高于沿源区直径方向的扩展速度；断裂时，载荷应力值并不很大，车轴最后连接部分是在剪应力作用下瞬间快速剪断的。

②检查装配在断口部位轴表面上的轴承，发现在轴承内圈装配面内边缘与断口源区对应位置上，有一个约 50 mm^2 的异常区(图 9-2-53)。

(2)扫描电镜观察

在源区侧面靠近断口处的轴表面上，可以见到有小裂纹存在，并且，在断口表层还可以看到明显的塑性变形痕迹和粗滑移带(图 9-2-54)。说明源区侧面轴表面上，存在较高的应力集中；裂纹萌生时的应力很大。

图 9-2-53 轴承内圈装配面内边缘与断口源区对应位置上的异常区

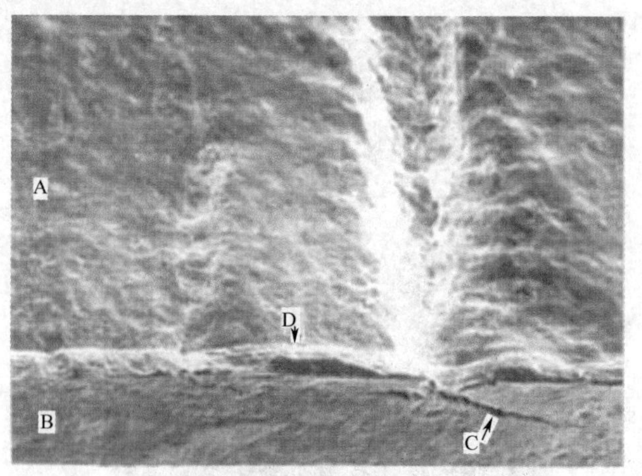

图 9-2-54 断口表层塑性变形痕迹和粗滑移带

由于轴承与车轴组装不当，在轴颈上轴承配合部内侧边缘产生高应力集中，是导致裂纹萌生、车轴早期疲劳断裂的主要原因。

六、轴身意外损伤导致车轴冷切

(一)典型故障特征

裂纹起裂部位存在意外磕碰伤等意外损伤特征，损伤成为疲劳裂纹萌生点，在交变应力的作用下，扩展并最终导致车轴冷切。

(二)典型案例及原因分析

1. 横向过深碰痕引起轴身冷切

2270 号 D 型轴，1991 年 12 月在运行途中，距一位轮轮座内侧 740 mm 处突然断裂。从第一次组装到断裂，该轴共服役约 30 年零 9 个月，最后一次轴检时间为 1991 年 10 月。

宏观检查：单源起裂，源在轴表面(图 9-2-55)；裂纹扩展区较为平整，瞬断区较大，约占断口的 35%。上述特征说明，疲劳裂纹扩展时，载荷应力变化较小；最终快速断裂时，载荷应力值较大。

疲劳源侧面轴表面上有一条较深的碰痕，深达 3.4 mm；碰痕基本沿车轴横向(图 9-2-56)。

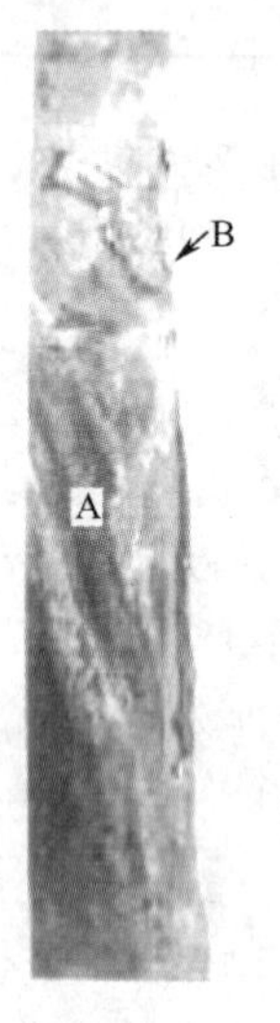

图 9-2-55

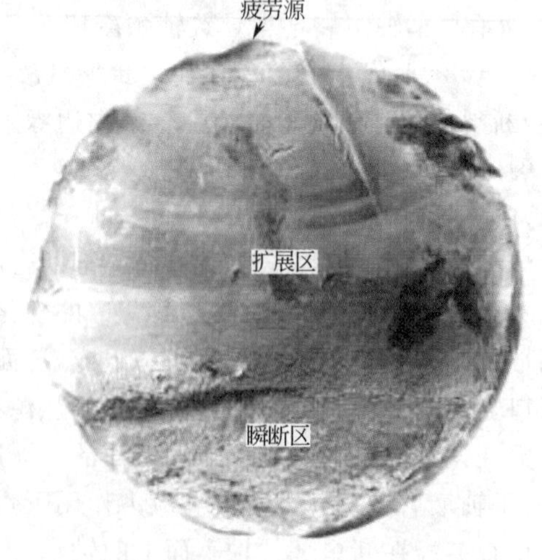

图 9-2-56

该轴酸浸低倍组织等符合有关标准。

轴身横向碰痕引起缺口效应、产生局部高应力集中，是导致车轴疲劳断裂的主要原因，因此应尽量避免碰伤轴身。对于轴身已有损伤且深度不超限的车轴，必须按规定清除锐角后再继续使用。最好在继续使用前，对损伤部位进行一次探伤，证实其底部无裂纹后再继续投入运用。

2. 表面横向凹痕引起轴身冷切

1992 年 1 月，19336 号 D 型轴轴身中部断裂，断裂部位距一侧轮柄 715 mm。截止到事故发生日，该轴服役约 21 年零 9 个月。

宏观检查：单源起裂，源在轴表面；扩展区约占断口的 65%，其内贝纹线较宽疏；瞬断区呈半月形，位于断口一侧(图 9-2-57)；疲劳源侧面轴表面上有一凹痕，约深 2 mm，该凹痕沿车轴横向分布(图 9-2-58)。

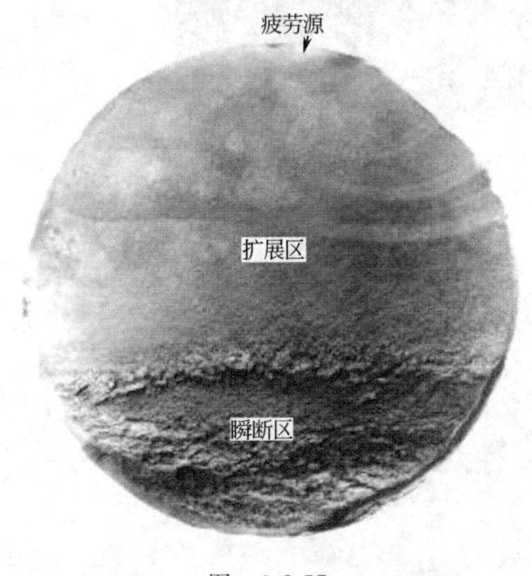

图　9-2-57

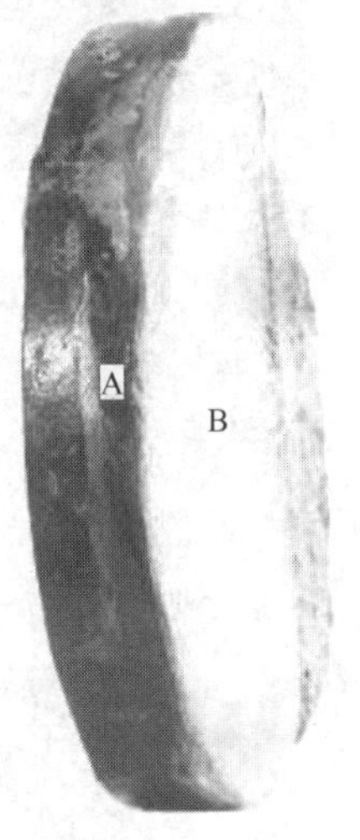

图　9-2-58

表面横向凹痕是引起该轴轴中疲劳断裂的原因之一。

七、轮座表面微动氧化蚀坑造成冷切

(一)特　　征

裂纹起裂部位低倍下存在微动摩擦腐蚀坑特征，微观上腐蚀坑的底部具有裂纹尖端扩展特征。

(二)典型案例及原因分析

1990 年 12 月，8851 号 D 型轴在运行途中，轮座内侧镶入部 3.5 mm 处发生断裂。从第一次组装到断裂，该轴共服役约 18 年零 10 个月，最后一次厂修在 1990 年 2 月。源区边缘有许多细小台阶，这些台阶集中分布在约 1/10 的断口周边上；扩展区较平整，其内可见细而密的贝纹线；瞬断区位于断口一侧，呈月牙形，约占断口的 30%(图 9-2-59)。说明断口为多源起裂，源点较集中；疲劳裂纹扩展时，载荷应力变化较频繁；最终快速断裂前，载荷应力并不太大，处于正常范围。

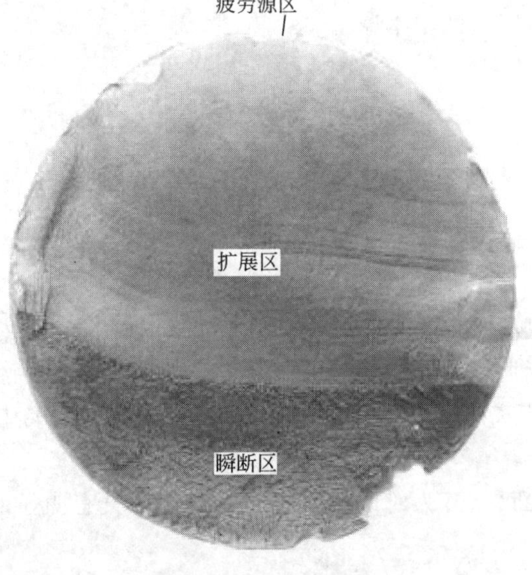

图 9-2-59　轮座内侧镶入部断裂断口宏观特征

图 9-2-60　疲劳源区侧面轮座表面上，有许多微动氧化腐蚀坑

金相和扫描电镜观察：发现疲劳源区侧面轮座表面上，有许多微动氧化腐蚀坑（图 9-2-60、图 9-2-61），并且，存在与腐蚀坑相连的微裂纹，这些微裂纹有的因断口边缘受到挤压擦伤而变成沿轴纵向分布（图 9-2-62）。

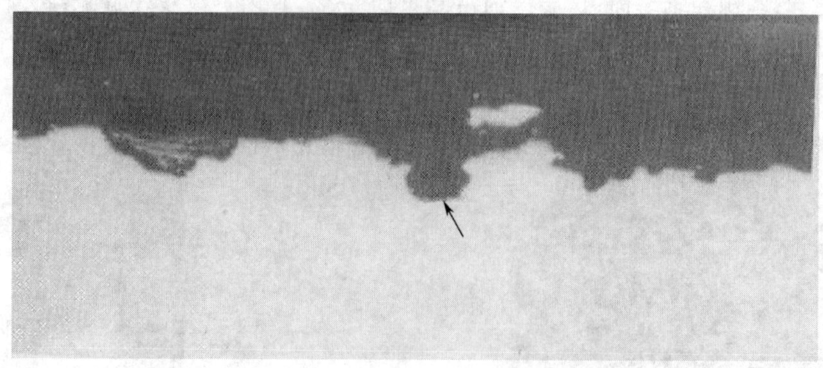

图 9-2-61 疲劳源区侧面轮座表面上，有许多微动氧化腐蚀坑

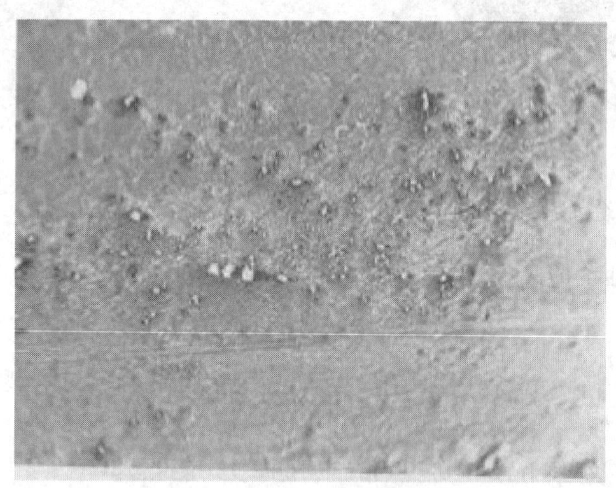

图 9-2-62 与腐蚀坑相连的微裂纹

上述特征说明，轮座内侧镶入部表面因微动氧化而形成腐蚀坑，在外加应力作用下，腐蚀坑处萌生横向微裂纹，微裂纹逐渐扩展连接成宏观裂纹，宏观裂纹继续沿轴横截面扩展造成车轴断裂。

该轴化学成分、酸浸低倍组织、金相组织、晶粒度和夹杂物等，均符合有关标准。

轮座表面的微动氧化腐蚀坑是导致 8851 号 D 型轴疲劳断裂的根本原因。

八、因外界强腐蚀物质造成的冷切

（一）特　　征

裂纹起裂部位低倍下存在强腐蚀介质作用的腐蚀坑特征，微观上腐蚀坑的底部具有裂纹尖端扩展特征。腐蚀坑底部存在应力集中现象，进而在交变应力作用下诱发疲劳裂纹。

（二）典型案例及原因分析

某车 1 位轴右端卸荷槽发生冷切，构成行车一般 A 类事故。该冷切车轴裂断发生在车轴右端卸荷槽部位，来样包括断裂位置车轴轴颈一侧和轮座一侧，轴上带有轴承、后挡等配件，如图 9-2-63 所示。后经线切割将外部的轴承等配件去除，将车轴取出，经测量断裂位置距离车轴右端面约为 206～208 mm（由于断口面呈非对称皿形，故断口周边距车轴右端的距离略有差异）。

宏观检测与分析发现：67352 号车轴冷切所形成的两个断口（互为对偶）特征非常相似，均具有明显的疲劳断口特征，如图 9-2-64 所示。

车轴（轮座一侧）断口面的裂纹源呈现多裂纹源特征，共有 3 处裂纹源区，裂纹萌生均起裂于车轴表面。其中，较大裂纹源区（主裂纹源区）与较小的 2 个裂纹源区（次裂纹源区）在断口上相对分布。具体详见

图 9-2-63　67352 号车轴冷切端(右端)来样宏观特征

(a) 轮座一侧断口

(b) 轴颈一侧断口

图 9-2-64　67352 号车轴冷切所形成的两个断口(互为对偶)

图 9-2-65的标注。

主裂纹源和次裂纹源均呈现为多点起裂特征，其中，主裂纹源区车轴周向长度约为 60 mm，径向宽度约为 15 mm；主裂纹的扩展区宽度(径向方向)约为 95 mm。而较大次裂纹源区域的车轴周向长度约为35 mm，径向宽度约为 10 mm。主裂纹和次裂纹的扩展区前沿相汇，将瞬断区分隔成两个区域，如图 9-2-65 所示。

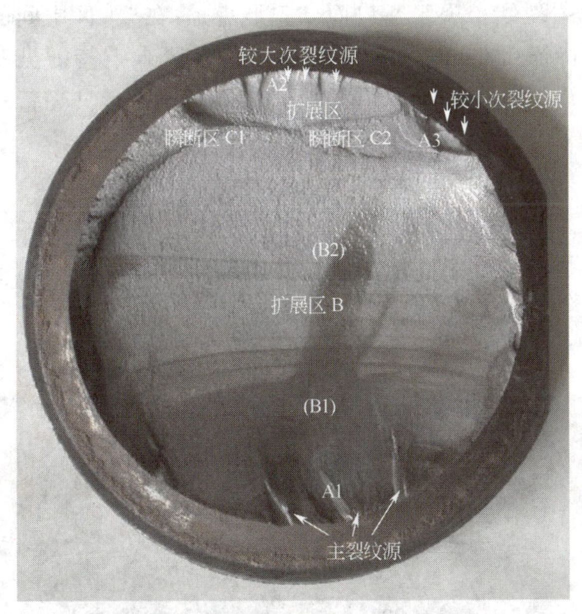

图 9-2-65　车轴(轮座)一侧断口疲劳特征

图 9-2-66　67352 号车轴左端一侧卸荷槽表面的宏观特征

此外，还在断口面上发现两处明显“亮带”，其中断面近中央偏左的那条长度约 100 mm，宽度约为 15 mm，基本从主裂纹源区开始延伸至主裂纹扩展区域接近末端；另外一条在主裂纹源一侧断口面左下方，长度约 65 mm，宽度约为 13 mm。上述两条亮带，从宏观上看为疲劳裂纹产生后两侧断口对磨的痕迹。67352 号车轴左端一侧卸荷槽表面的宏观特征如图 9-2-66 所示，未见明显腐蚀特征。此外，该侧轴颈亦未见压装、磕碰等损伤现象。

对断口附近车轴轴承配件表层腐蚀对比分析可以看出：断裂卸荷槽所在的车轴右端的后挡的两侧分别与轴肩和挡圈接触的部位的腐蚀程度均明显恶劣于车轴左端的后挡，这表明车轴右端后挡的这两个位置所受的腐蚀程度要比该车轴左端后挡相同位置所受的腐蚀程度要大。断口附近所取的金相试样的观察结果表明，车轴（轴颈一侧）断口主裂纹源车轴表面观察到的一个腐蚀坑最大深度约为 0.195 2 mm。同时，腐蚀坑处的金相组织和内部的基体组织无差异，均为铁素体＋珠光体组织。断口上亮带边沿为塑性变形特征，存在组织变形。

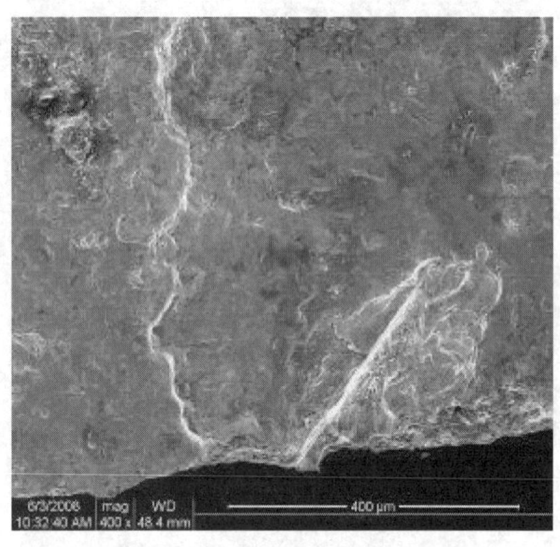

图 9-2-67　主裂纹源区断口面微观形貌（一）

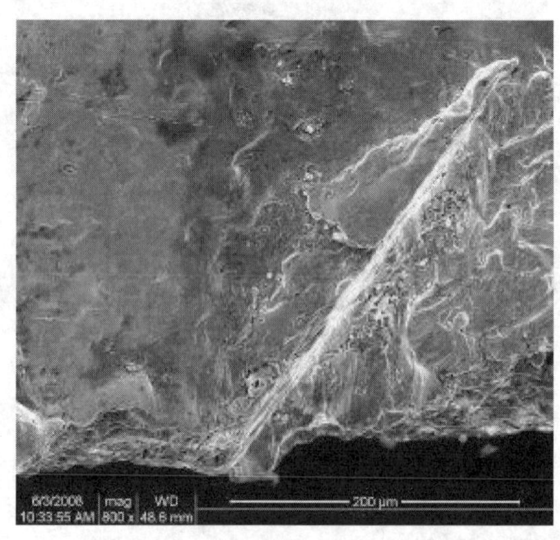

图 9-2-68　主裂纹源区断口面微观形貌（二）

扫描电镜分析主裂纹源区断口面微观形貌是：磨亮区较为平坦，在两台阶之间可见断口边缘轴表面的缺陷（图 9-2-67、图 9-2-68），并观察到台阶处的二次裂纹（图 9-2-69、图 9-2-70）；非磨亮区断口边缘可见腐蚀特征和平行于断口面的横向微裂纹（图 9-2-71、图 9-2-72）。主裂纹扩展区断口面微观形貌是：在 B1 区中间的亮带挤压特征明显（图 9-2-73），亮带以外区域可见疲劳特征（图 9-2-74）；B2 区快速扩展区末端特征见图 9-2-75、图 9-2-76。次裂纹源区相对于主裂纹源区不甚光滑，快速扩展区形貌如图 9-2-77 所示，未见亮带特征，如图 9-2-78、图 9-2-79 所示。

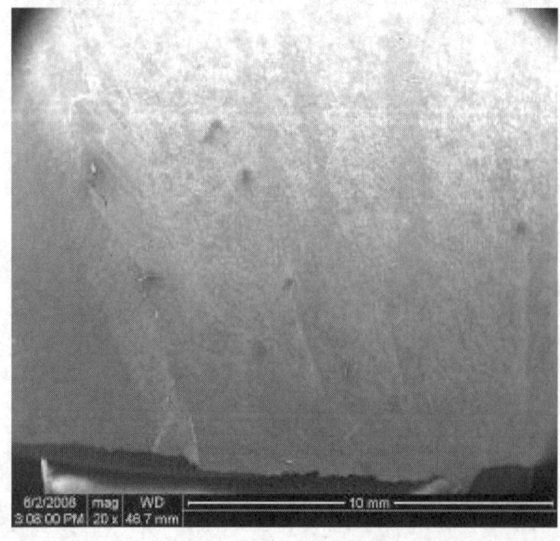

图 9-2-69　主裂纹源区台阶处的二次裂纹（一）

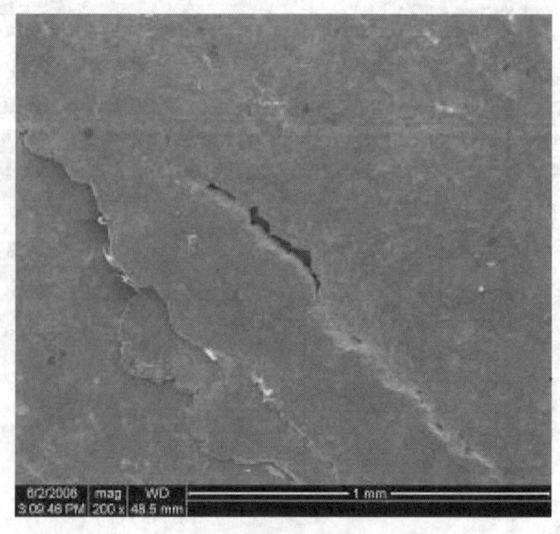

图 9-2-70　主裂纹源区台阶处的二次裂纹（二）

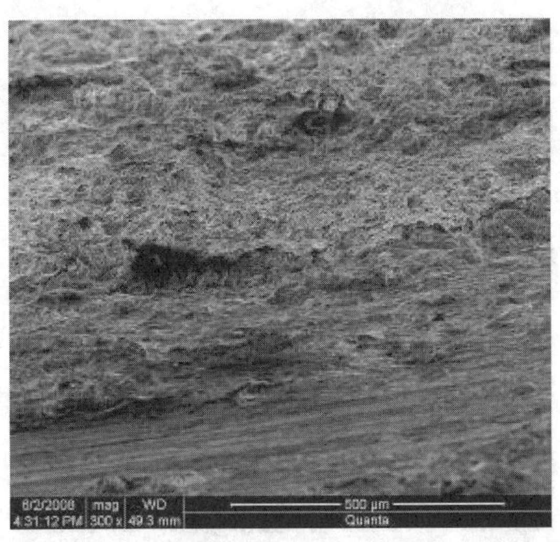

图 9-2-71　非磨亮区断口边缘特征(一)

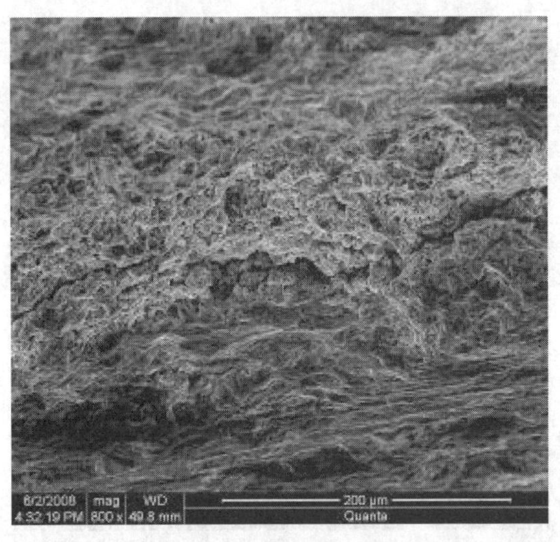

图 9-2-72　非磨亮区断口边缘特征(二)

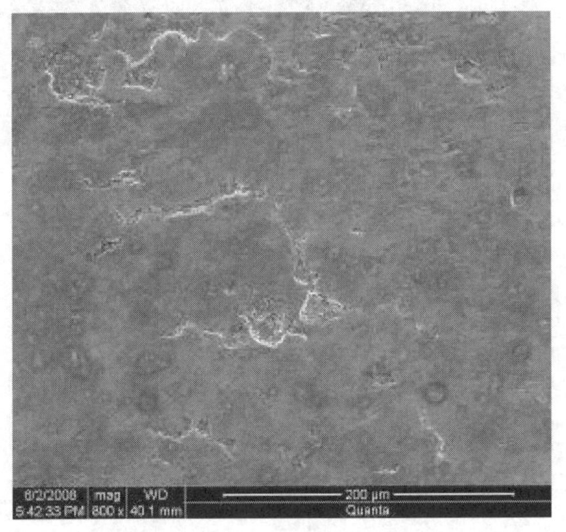

图 9-2-73　B1 区中间的亮带挤压特征

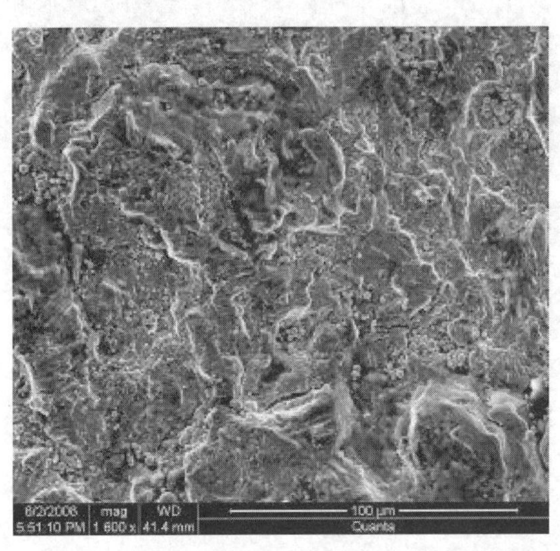

图 9-2-74　亮带以外区域可见疲劳特征

图 9-2-75　B2 区快速扩展区末端特征(一)

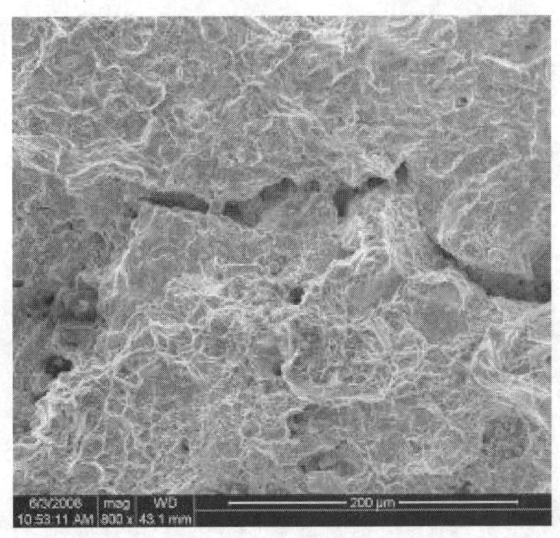

图 9-2-76　B2 区快速扩展区末端特征(二)

图 9-2-77 次裂纹源对应的快速扩展区形貌

图 9-2-78 次源区形貌

图 9-2-79 次源区放大形貌

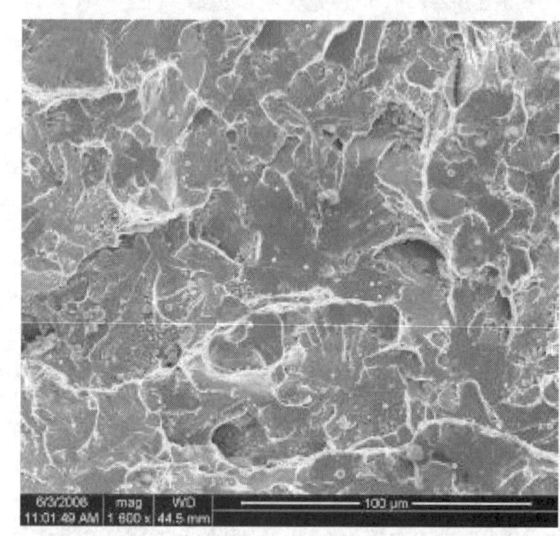

图 9-2-80 瞬断区解理形貌

瞬断区 C1 微观形貌为解理和韧窝的混合特征(图 9-2-80、图 9-2-81),瞬断区 C2 微观形貌特征见图 9-2-82所示。可见,相比较来说主裂纹源区的车轴表面腐蚀程度更重一些。

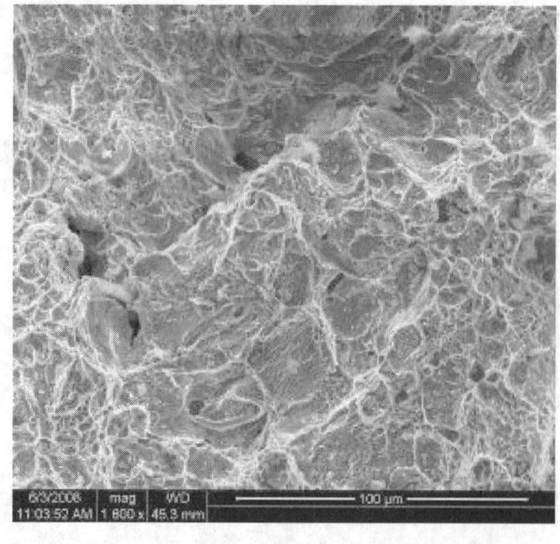

图 9-2-81 瞬断区韧窝形貌

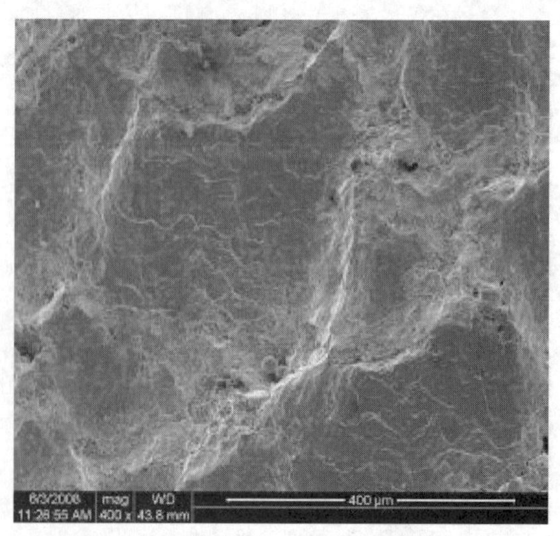

图 9-2-82 瞬断区 C2 微观形貌特征

此外，在车轴（轴颈一侧）断口主裂纹源区边缘可见轻度刀痕，但该刀痕与断口起裂位置不在同一平面上，而是呈现一定角度。这表明，裂纹源不是起裂于刀痕，见图 9-2-83 和图 9-2-84。

图 9-2-83　加工痕迹和主裂纹源区边缘呈一定角度（一）

图 9-2-84　加工痕迹和主裂纹源区边缘呈一定角度（二）

X 射线能谱腐蚀产物元素分析结果可见除车轴基本元素外，明显腐蚀位置以及腐蚀坑内部异常元素含有 Cl，Ca 元素，而其他位置未见明显 Cl 元素或含量极低。

车轴右端（卸荷槽断裂位置所在的一端）的后挡两侧与轴肩及挡圈配合位置腐蚀物的能谱分析结果相近，典型谱线和结果如图 9-2-85 及表 9-2-3 所示。可见，其主要异常元素成分与断口处腐蚀物能谱成分分析结果基本相同，主要为 Na，Ca 元素和 Cl 元素等。

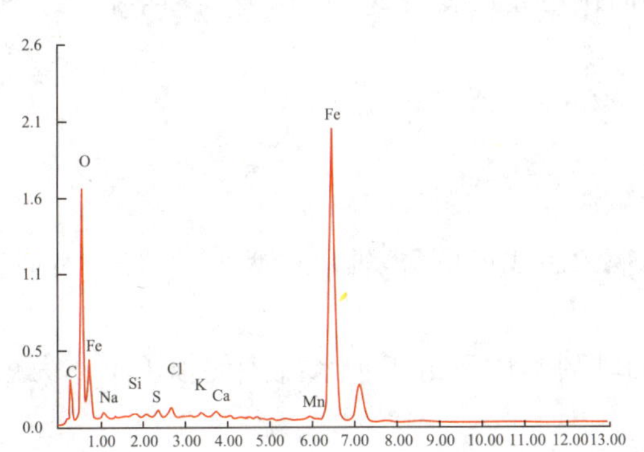

图 9-2-85　后挡上腐蚀附着物能谱分析曲线及数据

表 9-2-3　后挡上腐蚀附着物能谱分析结果

单元	W_t(%)	A_t(%)
CK	00.20	00.60
OK	20.83	46.47
NaK	01.53	02.37
SiK	00.43	00.55
S K	00.40	00.45
ClK	00.88	00.88
K K	00.37	00.33
CaK	00.65	00.58
MnK	00.97	00.63
FeK	73.75	47.14

在车轴卸荷槽部位近断口轴表面有较多的腐蚀坑、较厚的腐蚀产物，在变截面靠近后肩附近有 1 圈微动摩擦腐蚀产物，由高度大约 1.5 mm 的一串腐蚀产物小包组成。说明卸荷槽部位轴表面受到较强腐蚀介质的作用。在 X 光衍射物质结构分析中除去基体物质结构外，确定异常物质就是 NaCl。这样，可以确认较强腐蚀介质为 NaCl 水溶液。

断口对偶面基本为凹、凸形。在断口上由于裂纹起裂点先后时间的差异，主裂纹源区和相面的两个次裂纹源区扩展速度不一样，裂纹扩展区断口边缘裂纹萌生状态有差异，使得凹、凸形断口不对称。

裂纹起裂为多源，形成了一个主裂纹源区 A1（图 9-2-65 的下部）和位于主裂纹源区对面的两个次裂纹源区 A2，A3（图 9-2-65 的上部），三个裂纹源区约占整个断口 20%。在裂纹源区均有多源在不同平面起裂形成的台阶。实际上在裂纹扩展区的轴表面也有许多裂纹起裂点，只不过由于主裂纹和次裂纹的先期扩展，应力的重新分布，其他后起裂点的裂纹扩展被抑制了。

裂纹扩展区 B 面积较大，约占整个断口的 70%，在裂纹扩展区 B 均有明显的疲劳条带。根据裂纹扩展区 B 的深、浅色调又可分为两个区 B1，B2，前者扩展速度较慢，后者扩展速度较快。由于断口凹、凸形的不对称性，在断口中部偏右和断口左下部在疲劳过程中形成两片摩擦痕区。

瞬时断裂区被主裂纹扩展区和次裂纹扩展区分成了两部分：C1（右面一个小的近似等腰三角形）、C2（左边一个有两个弧边的长三角形），瞬时断裂区较小，约占整个断口的10%。

裂纹萌生在车轴卸荷槽部位，距轴端206 mm处，即轴颈平直段向变截面过渡的交接位置。这是车轴卸荷槽部位的结构应力集中处，同时也是腐蚀坑较多、较深的部位，在腐蚀坑底部上更要乘一个较大的应力集中系数，则在结构应力集中位置附近的范围内，在多个较深的腐蚀坑上首先萌生裂纹，这些裂纹萌生点在不同的平面上扩展，形成大的台阶为主要特点，这就是主裂纹源区（A1）。

在主裂纹萌生不久，在主裂纹源区（A1）的对面轴表面，以相同的方式萌生多个次裂纹萌生点，但随着主裂纹的向前推进，并形成主裂纹源区（A1），次裂纹向前推进逐步受到抑制，当形成次裂纹源区（A2，A3）后基本上就停止扩展。

断口的主要面积是主裂纹形成的裂纹扩展区B，它的前期B1裂纹扩展速度较慢，所用时间较长，B1区被氧化成深色。而它的后期B2裂纹扩展速度较快，所用时间较短，B2区基本未被氧化，所以是浅色。但裂纹扩展区B左右两侧断口边缘萌生点的状态不一样，使得B区与右部轴表面起裂点连接，而未能与左部轴表面起裂点连接。

当主裂纹扩展区与次裂纹扩展区相遇，剩余断口面积承受能力低于断裂强度时，冷切就发生了。

车轴在腐蚀介质中，受浸蚀而形成多源、环状腐蚀坑。腐蚀坑处产生应力集中，易于诱发疲劳裂纹，从而缩短疲劳裂纹萌生寿命。在腐蚀条件下，即使在很低的交变应力作用下，也将会引起疲劳裂纹的形成和扩展，这样占车轴大部分寿命的裂纹萌生寿命早已丧失。加之腐蚀坑环状分布，裂纹萌生点也环状分布，应力集中更加严重，使得萌生的显微裂纹很快转变为宏观裂纹，并形成了三个宏观弧形裂纹源区，宏观裂纹的扩展速度更快，最终造成车轴发生短寿命的早期失效。

该车轴产生冷切的原因是：由于断裂车轴卸荷槽结构特点的存在，使得外界强腐蚀物质（盐类）进入到卸荷槽部位后在此形成富集，导致车轴卸荷槽部位受到严重腐蚀并形成多源环状腐蚀坑，在外界交变应力作用下，卸荷槽部位的结构应力集中与腐蚀坑的底部应力集中共同作用导致裂纹萌生并引发车轴早期失效断裂。

第三节　热　切　轴

一、故障机理

发生热切轴故障时轴颈通常会被碾长并切断，伴随着车辆的脱线或颠覆，轴承严重发热烧毁，有时甚至可出现轴承组件的局部熔化黏着。

热切轴都是因轴承先发生故障再引发车轴故障的。热切轴的本质是由于轴承故障使轴承工作失效、发热，导致车轴强度下降、变形、缩颈、拉长，最终切断车轴。

轴承发生故障后如不能及时发现，就有可能演变为热切轴。如轴承内部出现剥离、裂纹、压痕、润滑不良等缺陷后，会使轴承内部组件的正常运动受阻，增大相互运动的阻力，同时使轴承内部温度升高。通常情况下，轴承内部温度升高后又会使这些已出现的缺陷情况加剧，这样两方的因素互相促进，将很快使滚子的有序运动状态遭到破坏，发生失稳并使内圈与轴颈产生相对滑动，随之而产生大量摩擦热。在热和载荷的共同作用下，轴颈被拉伸、碾长，最终被切断。

由于外部运用工况的因素，使轴承承载过高并产生组件失效，也可导致热切轴故障。

另外，由于内圈松动或密封装置不良等因素导致的轴承温度异常升高也有可能演变为热切轴故障。

防止热切轴的重点在于提高轴承质量，对故障轴承进行失效原因分析并提出防范对策，轴承故障的诊断以及轴承发热过程的探测与报警等方面。目前，我国铁路车辆运用方面大量采用了车辆轴温智能探测系统对运用车辆的轴温进行实时监控，使得车辆发生热切轴的可能性明显降低，发生几率明显减少，在防止热切轴方面发挥了重要作用。

二、外圈剥离造成的热切轴

图9-2-86是轴承内圈及切断的轴颈，图9-2-87是轴承外圈与后排内圈。该故障轴承的外圈与承载鞍已

经变形卡滞不能分离，保持架、隔圈及油封的橡胶部分全部熔化，部分滚子与内圈间出现熔化粘连。

图 9-2-86　轴承内圈及切断的轴颈

图 9-2-87　轴承的外圈及后排内圈

由于在切轴过程中，该轴承已受到较高温度的作用，使其外圈的金相组织发生明显变化，其渗碳层中出现了粗针状马氏体和大颗粒碳化物，如图 9-2-88 所示，其心部组织中出现了大量块状铁素体，如图 9-2-89 所示，这些都是正常轴承外圈中不允许存在的异常组织。

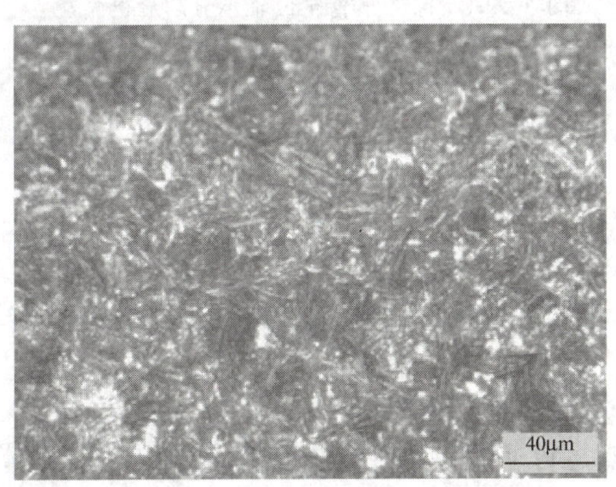

图 9-2-88　外圈渗碳层的组织

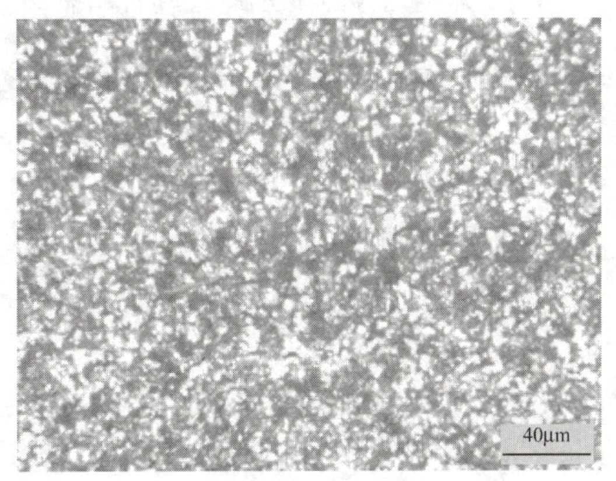

图 9-2-89　外圈心部的组织

该轴承外圈表面硬度已降低到 33 HRC，而正常轴承外圈的表面硬度范围为 59～63 HRC。

三、车轮踏面擦伤导致的热切轴

车轮路面出现擦伤后，运行时车轮每转动 1 周，擦伤位置与钢轨接触并产生径向冲击，这种径向冲击通过车轴传递给轴承，即对轴承产生附加的冲击载荷作用。当车轮踏面擦伤程度严重时，对轴承产生的附加冲击载荷也将明显增加。此外，由于车轮转动的周期往复，附加冲击载荷的作用也是周而复始的。

这种反复作用的附加冲击载荷会使轴承组件的疲劳寿命大大缩短，并可能在较短时间内即出现组件失效，比如滚道面剥离、密封装置失效等，尤其是会对保持架产生明显破坏。轴承内部组件失效后，特别是出现保持架故障后，轴承各组件的正常运动状态遭到破坏，轴承将很快失稳，继续运行后将很有可能演变为热切轴故障。

相关的研究和理论计算表明，当车轮踏面出现 50 mm 长的擦伤时，车轮的最大冲击载荷将比正常情况下的最大载荷至少增大 2 倍以上。而且，车轮擦伤不仅会影响其本身的冲击载荷，也会对同一转向架的另一个轮对产生严重影响，使另一轮对的冲击载荷明显增加。更为恶劣的情况是，当同一转向架的两个轮对都存在擦伤时，在相互叠加的作用下后果将更加不利。如果车轮无擦伤，车轮在平直轨道上运行时，车轮中心点的运动轨迹为直线，车轮与钢轨为点接触、运行平稳，而当车轮踏面擦伤后，其受力状态和轮心运动轨迹都发生了变化，当车轮擦伤处与钢轨接触时，车轮与钢轨间的接触状态由原先的点接触变成了面接触，因此其轮心的运动已由直线运动变为折线运动了，此时车轮受到一个冲击力的作用，由于车轮是刚体，所以车轮受到冲击力的同时，轴承也受到了同样的冲击力。

当车轮由于碾边等原因出现局部不圆时，其结果与擦伤相似，也会产生非常高的冲击载荷作用，从而导致轴承等部件的损伤。

根据对现场运用状况的调研，车轮擦伤或不圆出现时将会对轴承的保持架产生严重破坏，例如在某次检修中发现货车车轮出现了较大面积的擦伤和剥离（见图 9-2-90），将轮对轴承退卸检查时发现轴承已经严重损伤，保持架完全破碎（见图 9-2-91）。

图 9-2-90　车轮踏面上大面积擦伤和剥离

图 9-2-91　擦伤车轮轮位轴承分解后的情况
（保持架完全破碎，滚子与内外圈严重剥离）

第四节　热　　轴

一、故障机理

热轴一般表现为轴承温度超过规定限度，严重情况下可出现冒烟、火星、热变色等，并可伴随有轴承组件的变形、烧毁和脱落等。

热轴故障发生后必须尽快将车辆拦停并做相应处理，否则将有可能造成切轴事故。

目前，多数热轴故障可通过车辆轴温智能探测系统发现，也可通过人员检查或目测发现。

当轴承内部出现异常时，滚动组件间的阻力增加，从而产生较多摩擦热，使轴承温度升高。

热轴发生的原因与轴承本身故障有直接关系，一般来讲可能有以下几方面原因：

(1)密封装置发生异常磨损。

(2)密封罩发生松动、脱落等故障。

(3)轴承组件接触关系出现异常。

(4)油脂发生老化等问题。

(5)轴承组件出现剥离、裂纹等缺陷。

(6)内圈与轴颈的配合出现松动。

除此之外，由于轴承本身制造质量或外部条件不当等方面的原因也可能造成热轴故障。

二、外圈制造质量问题导致的热轴

图 9-2-92 是热轴发生后现场轴承的外观情况，由于受热的作用，轴承内圈和轴颈已经发蓝，前排滚子已经散落，保持架与油封装置完全破坏。图 9-2-93 是被碾长的轴颈。

图 9-2-94 是在外圈滚道面上发现的内部裂纹，裂纹附近为全脱碳的铁素体组织，如图 9-2-95 所示，测量裂纹及其附近组织的显微硬度（见图 9-2-96），可见全脱碳的铁素组织硬度远低于未脱碳区域。根据判断该裂纹为原始制造裂纹。

由于轴承外圈中存在原始裂纹，使其在运用中发生裂纹扩展，破坏了轴承内部的滚动接触条件，使轴承内部温度急剧升高，最终发生热轴故障。

图 9-2-92 发生热轴故障外观

图 9-2-93 发生热轴故障后被碾长的轴颈

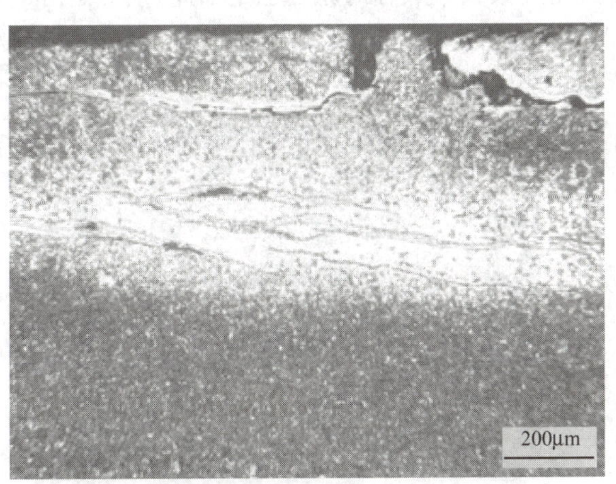

图 9-2-94 外圈滚道面渗碳层内部裂纹

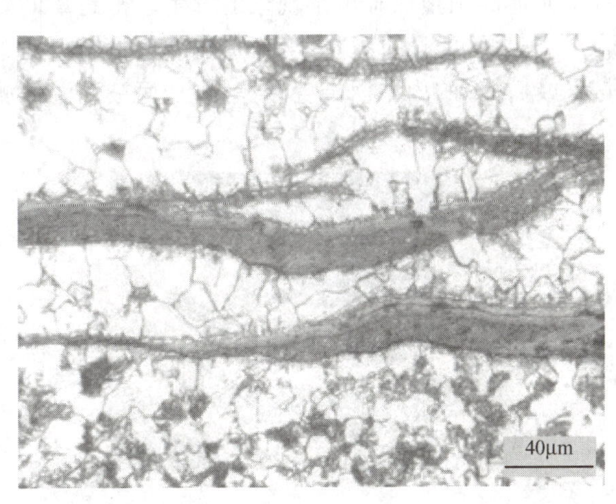

图 9-2-95 外圈滚道面渗碳层内部裂纹局部放大

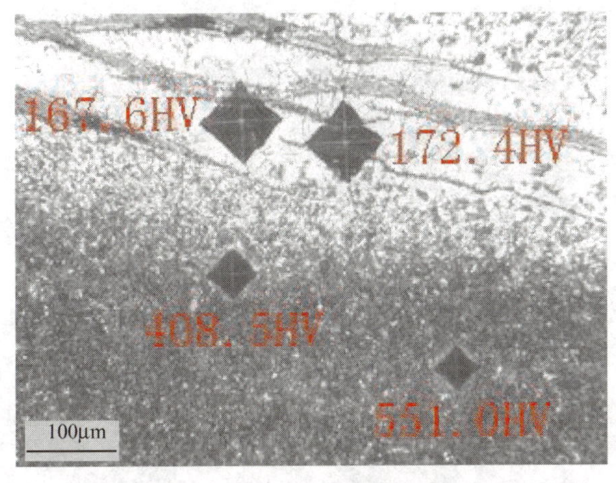

图 9-2-96 外圈滚道面渗碳层内部裂纹及附近组织显微硬度

图 9-2-97 一粒滚子垂直于滚子的排列方向

三、保持架断裂导致的热轴

保持架断裂后，极易造成热轴、燃轴事故，对行车安全威胁很大，应特别加以注意。图 9-2-97 为一起经车辆轴温智能探测系统发现的热轴事故案例，主要原因是轴承的钢保持架断裂后，滚子之间的间隙变大，在运用中由于综合因素的作用，使其中一滚子垂直于滚子的排列方向，严重阻碍了其他滚子的正常滚动。若不能及时发现，将会造成热切轴事故。

四、密封罩或外油封故障导致的热轴

发生密封罩或外油封脱出故障后，易造成车辆轴温智能探测系统预报车辆高温热轴甩车，从而影响运输秩序。

密封罩脱出大多为先期的局部偏脱引起的，在此期间因热轴甩车的轮轴分解后，密封罩外油封端面有与轴承前盖（或后挡）内平面摩擦的痕迹，外油封局部被磨损甚至露出钢骨架（见图 9-2-98），在前盖（或后挡）与外油封端面对应的部位有 1 周摩擦痕迹（图 9-2-99），同时密封罩与外圈牙口配合处的外端面往往有与承载鞍挡边摩擦后的光亮痕迹；而分解轴承后，常常会发现在密封罩与外圈牙口的配合部位有“细铁丝”状的物体（见图 9-2-100），这是密封罩与外圈配合面的凸台被剪切后形成的。密封罩脱出的原因主要是由于轴承组装时密封罩偏压或密封罩制造质量问题等导致密封罩牙口凸台被剪切损坏，使密封罩与外圈牙口部位配合过盈量不足，但在轴承组装前又不易被发现，经过一定时间的运用后，致使密封罩局部脱出，但因密封罩与外圈不是完全脱出，尚有一定的配合过盈量，导致密封罩端面与前盖（或后挡）的内平面没有了间隙而产生相对摩擦，从而造成预报热轴甩车现象的发生。密封罩的外油封脱出导致预报热轴的原因也是如此，主要是由于外油封与密封罩配合过盈量不足，造成外油封与密封罩之间的间隙过大（见图 9-2-101），使外油封端面与轴承前盖（或后挡）的内平面产生摩擦热，从而被轴温探测系统预报热轴甩车。

图 9-2-98　密封罩偏脱、外油封端面磨损

图 9-2-99　前盖内侧端面摩擦痕迹

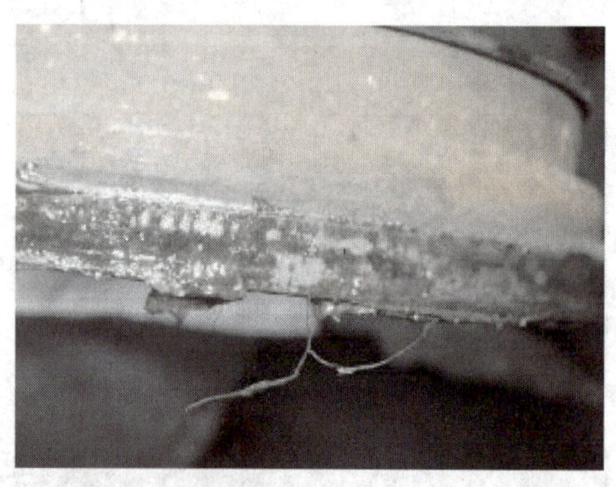

图 9-2-100　密封罩配合部位的细“铁丝”状物体

图 9-2-101　外油封与密封罩间隙过大

第三章
其他缺陷

第一节　车　轮　缺　陷

一、踏面剥离

(一)伤损性质

车轮、轮箍是机车车辆的重要走行部件,在使用中其受力状态复杂、服役条件恶劣及其材质或制造上的缺陷等会产生各种损伤,而且多发生在车轮踏面,最常见的为踏面剥离。在运用中车轮踏面整个圆周或局部出现不规则网状裂纹、龟纹状裂纹或层状金属剥落,从长期研究和机理分析来看,车轮剥离主要分为制动剥离、接触疲劳剥离、擦伤剥离三种;从材料失效机理上主要可以归结为两类:一类是由交变接触应力引起的接触疲劳损伤,另一类是由摩擦热循环引起的热疲劳损伤。剥离的产生会加大现场旋修工作量,降低车轮使用寿命,造成经济损失。

(二)产生原因

制动剥离是由于在不合适的制动条件下,闸瓦与车轮接触部位产生高热导致车轮表面金属相变等,踏面制动时,轮瓦接触部位的摩擦产生高热使踏面局部瞬时加热到相变点温度以上,随后冷却时形成所谓热机械作用的马氏体白层,脆硬的马氏体白层在轮轨接触应力、热应力和组织应力作用下极易碎裂和薄片状脱落,在随后轮轨接触应力作用下,将发展成为大面积剥落掉块。车轮踏面制动剥离前所产生的热裂纹起源于热影响层的马氏体白层处。由制动产生的热影响层和热应力是指踏面局部金属受制动摩擦热作用,引起金相组织和残余应力状态变化的物理现象。当制动工况不合适或车轮滚动中长时抱闸将使踏面制动部位不均匀地和持续地摩擦生热,摩擦生热的温度达到钢的相变点 723 ℃以上时,轮瓦接触部位的细珠光体组织转变成奥氏体,随后冷却时依不同的冷却速度转变成淬火组织或不完全淬火组织,即表层为淬火组织,次表层为不完全淬火组织和回火组织。热影响层的深度取决于最恶劣的一次制动热输入的影响,在相同的制动热影响作用下,热影响层的厚度和热应力只取决于摩擦热温度及其持续时间和温度梯度。钢的化学成分只影响热影响层处马氏体转变的厚度和硬度,不同硬度和厚度的马氏体转变层,在轮轨接触应力和热应力作用下产生裂纹的倾向无明显差别。马氏体白层硬度很高,是萌生裂纹的主要原因,裂纹的扩展速率和扩展方向与车轮的残余应力状态有关。

轮辋经热处理后沿轮辋圆周方向将产生压缩应力,周向残余压应力可以减缓或抑制踏面上疲劳裂纹沿径向扩展。因此,当车轮踏面出现较浅的热影响层时,轮辋仍为残余压应力状态,产生于马氏体白层处的裂纹的扩展主要受轮轨接触应力控制,疲劳裂纹扩展方向逐渐倾斜和转向到平行于踏面,导致形成剥离掉块伤损。

接触疲劳剥离是由于轮轨接触应力累积应变所致,通常与车轮硬度、强度有关,车轮钢的接触疲劳抗力主要取决于钢的强度和夹杂物的含量和大小。GB 8601—1988《铁路用辗钢整体车轮》,规定了普碳车轮踏面下 30 mm 处的抗拉强度为 910～1155 N/mm²。实物车轮踏面接触应力作用部位的抗拉强度一般约为 1 000 N/mm²,屈服强度 s_S 约为 600 N/mm²,其剪切应力屈服强度 t_S 约为 s_S 的 0.7 倍,此时的 t_{45max} 位于踏面下 3～4 mm 部位处。但如列车在小半径曲线上行使时，则 t_{45max}将可能大于钢的 t_S，并且位于踏面表面，即三向载荷作用下的剪切应力超过了钢的剪切屈服强度，将使车轮踏面表层金属产生严重的塑性变形，致使珠光体层片碎裂而形成微孔洞，并由此萌生疲劳裂纹，疲劳裂纹源位于踏面表层并呈多源特征，当应力循环达到一定周期后，则裂纹沿与踏面成一倾角(约 45°)向轮辋内部扩展，最终会在踏面发展成疲劳掉块形成剥离。

擦伤剥离是由于车轮与钢轨之间出现局部摩擦或滑动摩擦，摩擦高热导致车轮表面金属相变，出现硬而脆马氏体，并在随后轮轨接触作用力下该部位剥落，运行中的车轮，当紧急制动或制动力过大时，都将会产生抱闸，由于列车仍具有一定的惯性力向前运动，当惯性力大于轮轨黏着力时，就会出现轮轨滑行或蠕滑现象，因而产生不同程度的摩擦热，这种摩擦热的温度很高，极易达到相变点以上，即高温奥氏体相，在迅速冷却时，硬而脆的马氏体便形成，这种热损伤现象为擦伤。随着车轮的滚动运行，马氏体部位极易碎裂、脱落，由擦伤而引起的剥离便形成，即局部擦伤剥离。

踏面剥离见图 9-3-1～图 9-3-6。

图 9-3-1　车轮踏面制动剥离形貌

图 9-3-2　车轮踏面剥离处金相形貌
(马氏体形成及起源于马氏体的剥离裂纹)

图 9-3-3　踏面擦伤剥离(掉块)形貌

图 9-3-4　车轮踏面接触疲劳剥离形貌

(三)预防措施

此类现象是一个系统工程，应从车轮材质、机车车辆设计、线路条件、环境因素、驾驶工况、轮轨匹配等多方面进行系统化研究，不可单方面考虑问题。

二、踏面制动热裂纹

(一)伤损性质

车轮踏面周向存在较规则的“刻度”状裂纹，一般出现在踏面闸瓦制动方式下。

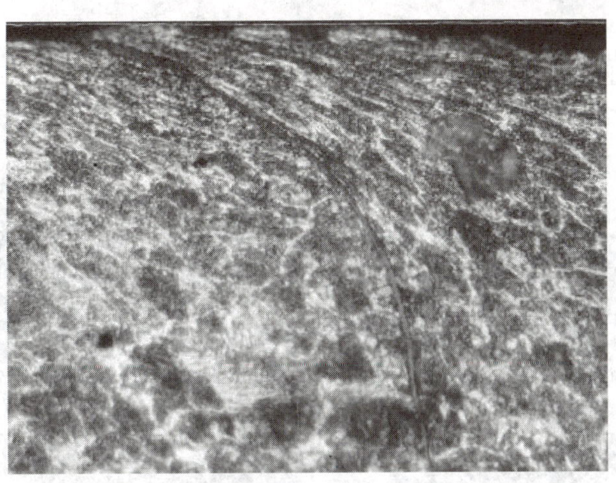

图 9-3-5 车轮踏面接触疲劳剥离区域金相组织形貌

（组织变形及随变形层方向一致的裂纹）

图 9-3-6 踏面一周剥离形貌

（二）产生原因

制动条件恶劣。见图 9-3-7～图 9-3-9。

图 9-3-7 车轮踏面刻度状制动热裂纹形貌

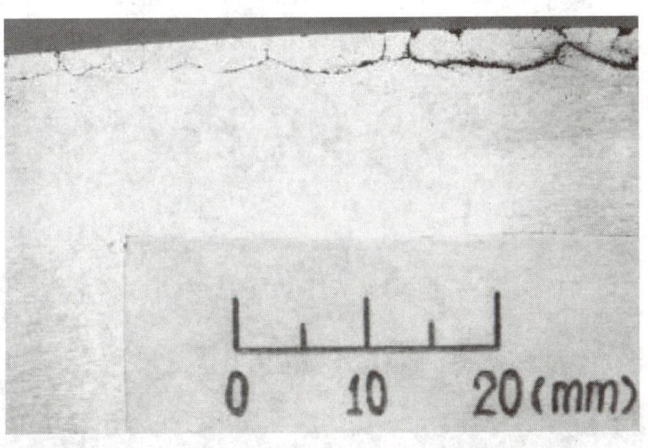

图 9-3-8 热裂纹车轮踏面纵向切片裂纹形貌

三、轮缘根部热裂纹

（一）伤损性质

车轮轮缘根部存在“蟾蜍”皮状微细裂纹。一般危害性不大，微细裂纹可不进行处理，裂纹较深时直接旋修即可。

（二）产生原因

列车在弯道行驶时，由于轮缘与钢轨之间的接触和摩擦而产生热应力，在这种热应力的作用下轮缘跟部产生细小裂纹。见图 9-3-10。

图 9-3-9　金相显微镜下观察到热影响组织及热裂纹形貌

图 9-3-10　车轮与钢轨之间摩擦造成的轮缘根部热裂纹

四、轮缘焊补裂纹

（一）伤损性质

主要表现形式为轮缘上有径向短裂纹或导致轮辋径向裂开。在列车运行中有可能造成车轮径向崩裂。

（二）产生原因

由于采用了非正常的焊补工艺和焊材，在焊补区域出现马氏体、魏氏组织等有害组织，造成该区域与车轮母体之间的组织差异。见图 9-3-11～图 9-3-13。

图 9-3-11　经打磨后显示的车轮轮缘多处径向裂纹形貌（绿色圆圈所示）

（三）预防措施

在不掌握成熟的焊补工艺和技术的前提下，不得轻易对车轮进行焊补。

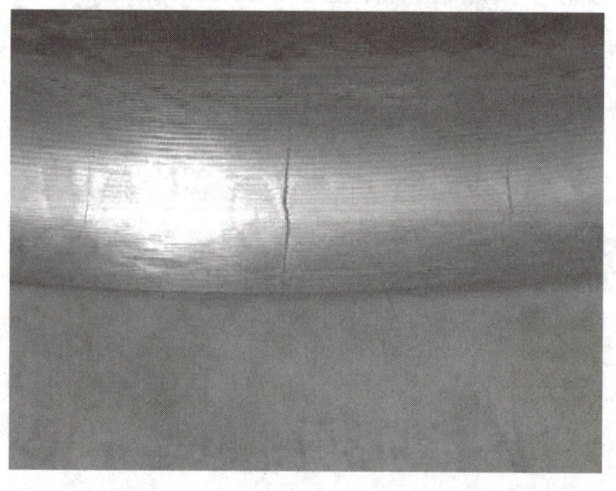

图 9-3-12　轮缘裂纹局部放大

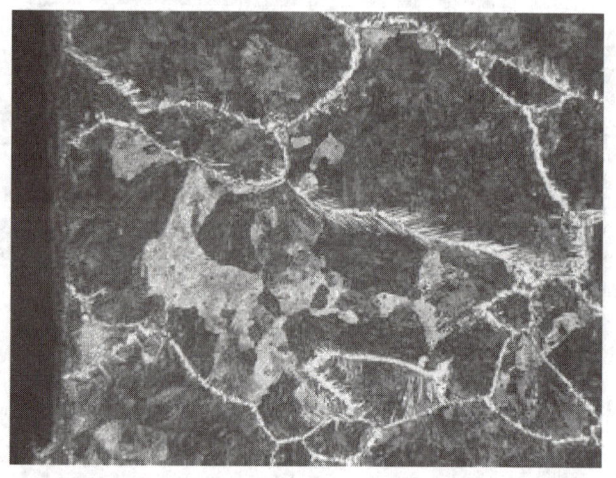

图 9-3-13　焊补区域金相组织形貌（非正常的魏氏组织、马氏体）

五、车轮踏面擦伤

（一）伤损性质

车轮踏面呈现类似椭圆形痕迹，该部位局部凹陷，一般情况一条轮对的两个车轮对称部位均能看到擦伤形貌。擦伤深度较深时，会降低列车运行平稳性，产生震动并对轴承等部件产生危害。这种损伤情况在目前车轮的运用中出现较为普遍，对这种损伤的认识也比较清楚，从金相观察来看，损伤部位有较厚的马氏体层，正如前所述，马氏体层的出现是由于车轮承受过高热的结果，因此它也属于车轮热损伤范畴，而这种损伤的特点大多数情况下是对称，所以应与车轮制动热裂纹所产生的热源区分开来，它的热源是由于车轮被锁住而在钢轨上滑行所产生的热，经研究表明，由于这样的原因而产生的热不会导致热裂纹的形成。虽然由于车轮的滑动可引起组织的变化，但在制动车轮的圆周表面并未发现热裂纹的存在。

（二）产生原因

在制动过程中，由于多种因素影响（如司机操作不当、制动系统不佳、轮轨黏着力降低等），造成车轮被抱死，导致车轮与钢轨之间产生强烈摩擦，摩擦热使车轮踏面局部产生相变，形成硬而脆的马氏体组织，严重时会导致擦伤处剥离掉块。如果在运行期间发生车轮锁定，则轮轨原先较小的接触表面由于滑动摩擦而遭磨损呈椭圆状，并且接触表面扩大（在新的轮、轨断面上椭圆表面的长轴为 3～8 mm）。随着车轮在钢轨上滑动，就会发热，而导致整个车轮轮辋上滑动部位周围区域受热并发生组织上的变化，产生马氏体，由于马氏体的硬脆性，随着车轮的滚动，马氏体部位极易碎裂、剥落，而导致车轮踏面损伤，这种损伤称之为擦伤。

车轮擦伤的出现是由于在停车或紧急制动时，由于轮轨间剧烈摩擦使踏面形成近似于椭圆形的伤痕。摩擦产生的高温使踏面金属组织变硬变脆。在列车荷载多次作用下，较浅的擦伤可能由于与钢轨磨耗而消失，较深或多次重复擦伤可能发展成为踏面剥离。擦伤车轮是可以通过旋修修复的，另外通过加装车轮防滑器或其他方法可以防止擦伤出现的几率。见图 9-3-14、图 9-3-15。

（三）预防措施

条件允许情况下加装有效的防滑器系统；改善制动条件；提高司机操作水平，尽可能避免紧急制动。

图 9-3-14　车轮踏面擦伤形貌

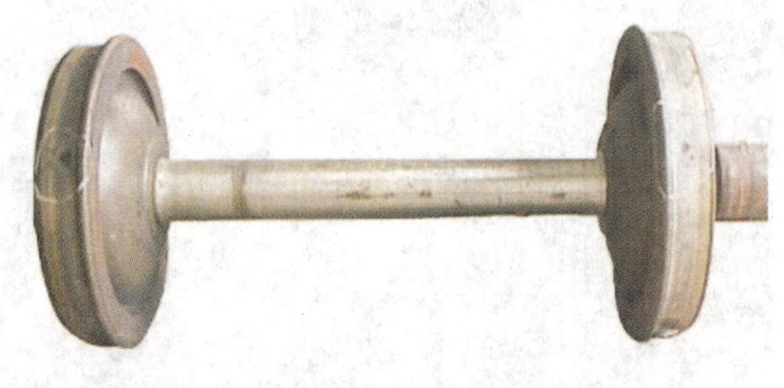

图 9-3-15　一条轮对上两个车轮踏面对称部位擦伤形貌

六、车轮踏面“斜裂纹”

（一）伤损性质

车轮踏面靠近轮辋外侧面处存在约呈 45°角方向的排列规则的斜向裂纹（见图 9-3-16），该处有时会看到因斜裂纹导致的剥离现象，该部位产生剥离。

（二）产生原因

列车在弯道行驶时，特别是在曲率半径较小的弯道处，由于轮轨之间的滚动接触应力过大，造成了材料接触表面的一种滚动接触疲劳伤损。

（三）预防措施

合理进行轮轨之间的匹配（包括硬度、强度、踏面形状等），采用有效降低轮轨作用力的转向架结构和形式。

图 9-3-16 车轮踏面"斜裂纹"

七、车轮踏面伤痕

(一)伤损性质

车轮踏面存在压入物痕迹或压入状麻坑。影响表面质量及美观,一般不会造成严重危害。

(二)产生原因

由于厂区专用线钢轨表面存在硬物(如焊瘤等),以及加工组装车间内轨道不能清理干净,对车轮表面造成损伤。见图 9-3-17～图 9-3-19。

图 9-3-17 车轮踏面异物压入损伤

图 9-3-18 车轮踏面损伤的厂内专用线钢轨表面焊瘤

(三)预防措施

对轨道和车间进行清理;如缺陷较大采用旋修方式去除。

八、踏面熔着

(一)伤损性质

主要表现形式为车轮踏面局部出现熔化现象,该种损伤多出现在踏面闸瓦制动方式,降低了车轮使用寿命,深度超限将导致车轮无法再次旋修而报废。

(二)产生原因

由于强烈制动,闸瓦与车轮踏面接触部位产生高热,使局部熔化。见图 9-3-20。

(三)预防措施

改善制动系统;尽量避免紧急制动;采用散热效果良好的闸瓦。

图 9-3-19 车轮踏面划伤

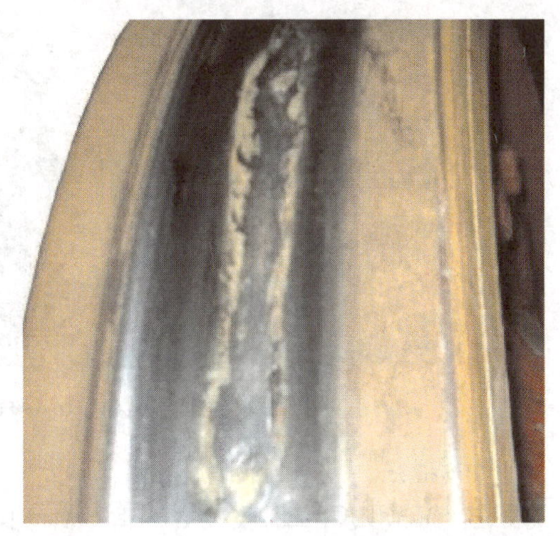

图 9-3-20 车轮踏面熔着导致拉伤

九、轮缘裂纹及缺损

(一)伤损性质

车轮轮缘局部存在裂纹,或轮缘局部缺损、掉块,一般这种情况下的轮缘会出现较严重的碾堆特征,易造成脱轨。

(二)产生原因

列车在小曲线半径的弯道行驶时,由于轮缘使用过薄等因素,钢轨与车轮轮缘接触处产生较大的接触应力,这种较大的接触应力超过材料本身的屈服极限,不仅造成轮缘表面产生明显的塑性变形层,同时也使轮缘位置产生严重的异常磨耗和顶部碾堆。轮缘顶部的碾堆部位作为应力集中区,在随后接触载荷的作用下萌生裂纹并发生疲劳扩展,最终导致轮缘裂纹和缺损掉块。见图 9-3-21、图 9-3-22。

图 9-3-21 轮缘缺损形貌

图 9-3-22 轮缘裂纹

(三)预防措施

避免轮缘使用过薄;加强该部位的检查与检修;改善轮轨接触状态,降低车轮在使用过程中承受的接触载荷。

十、车轮轮缘碾堆及轮辋外侧面碾边

(一)伤损性质

轮缘顶部翻边(碾堆)和轮辋外侧面处翻边(碾边);降低车轮使用寿命,可能会产生局部缺损。

(二)产生原因

大多数情况是在弯道行驶时,钢轨与车轮轮缘和轮辋外侧面处接触处产生较大的接触应力,这种较大的接触应力超过材料本身的屈服极限,造成该部位发生金属累积塑性流动变形。见图 9-3-23。

图 9-3-23 轮缘碾堆及轮辋外侧面碾边形貌

(三)预防措施

合理进行轮轨硬度匹配,改善轮轨接触状态,降低车轮在使用过程中承受的接触载荷;直接进行旋修处理。

第二节 车 轴 缺 陷

一、轴身焊修裂纹

(一)伤损性质

轴身焊修裂纹,裂纹的形状和特征多沿车轴横向。

(二)产生原因

轴身焊修所致。车轴轴身经焊修处理,并在焊修处形成空洞及组织不良现象,这样在后续运用过程中,焊修位置就萌生了裂纹并在外加的交变载荷作用下向前(车轴内部)扩展,与此同时,焊接区域与轴身基体结合界面处也萌生裂纹并扩展,如图 9-3-24～图 9-3-26 所示。

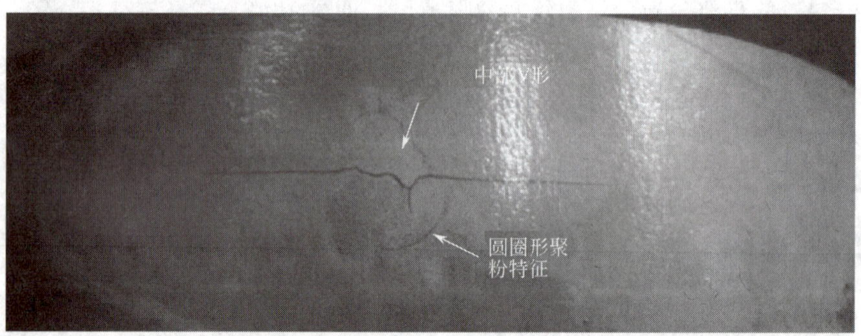

图 9-3-24 车轴轴身裂纹探伤结果

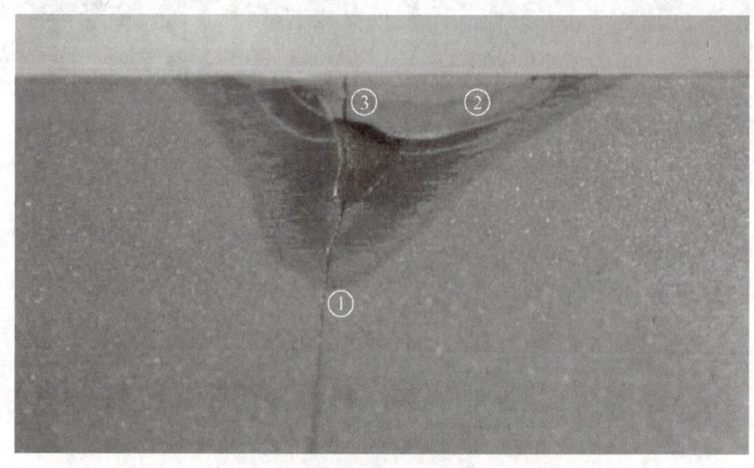

图 9-3-25 车轴轴身裂纹横切面金相磨面特征

（三）预防措施

避免焊修处理。

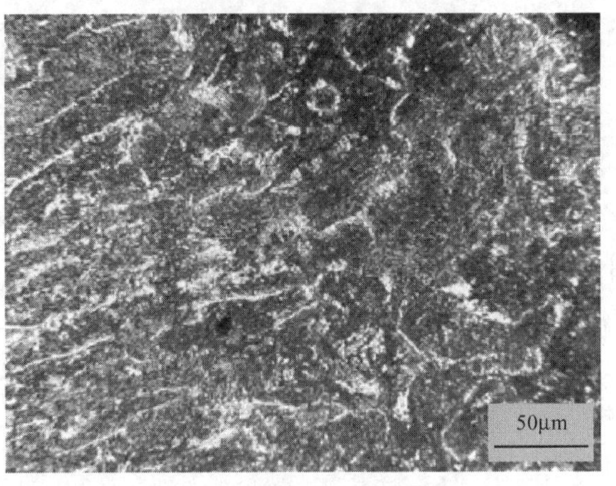

图 9-3-26　③位置特征：铸态枝晶状

二、轮座微观塑性变形

（一）伤损性质

轮座表面存在显微凹痕，且各段深度不一。

（二）产生原因

轮座表面存在显微凹痕，且各段深度不一，较浅处为圆弧前端，可见塑性变形特征，不存在裂纹尖端特征；而较深处则有一定的疲劳损伤特征。这是因为两车轴的轮座聚粉部位均为车轴运用的高应力区，在车轴运用过程中，该部位表面微观塑性变形处在交变应力作用下产生的疲劳累积损伤。见图 9-3-27～图 9-3-29。

（三）预防措施

避免高应力部位磕碰。

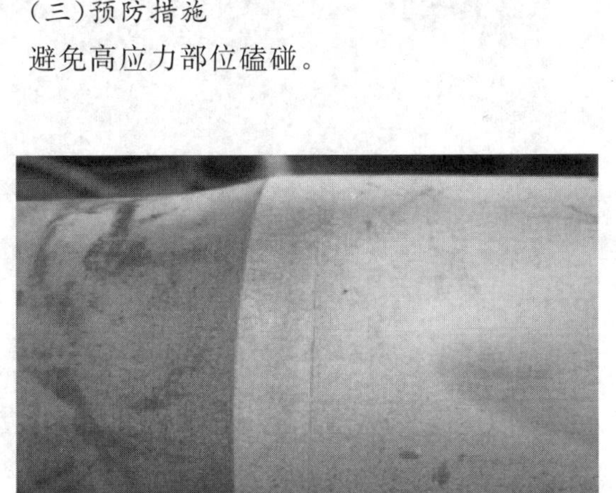

图 9-3-27　轮座部位横裂纹宏观特征

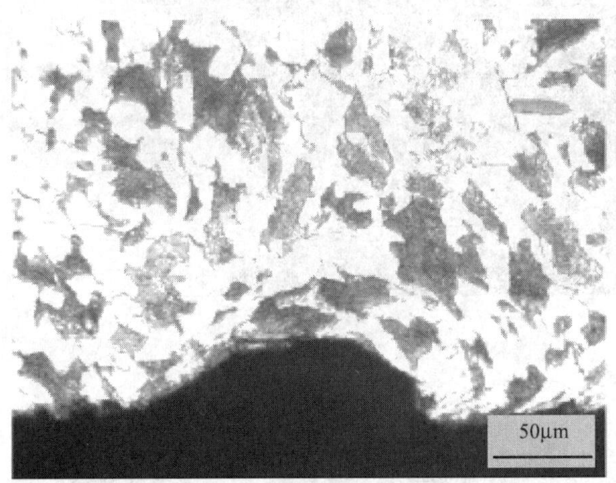

图 9-3-28　轮座裂纹聚粉部位横切面金相塑性变形特征

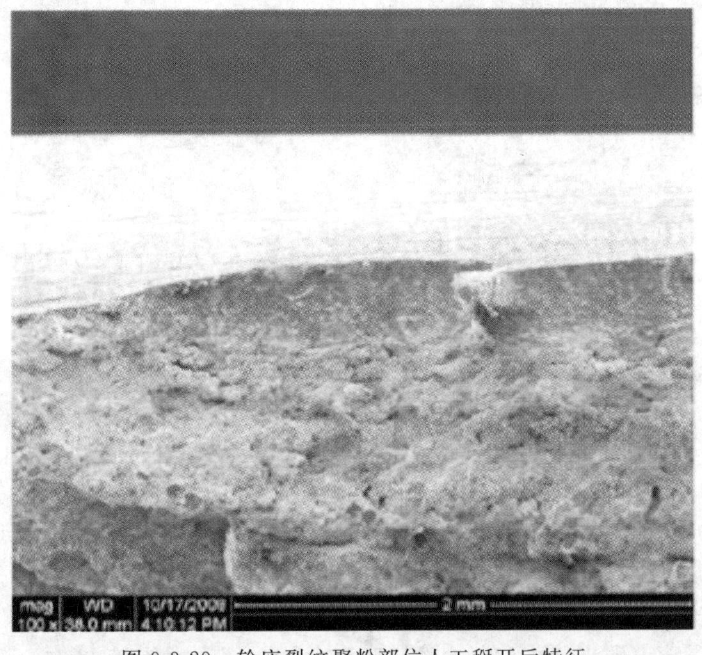

图 9-3-29　轮座裂纹聚粉部位人工掰开后特征

三、轮座裂纹

(一)伤损性质

轮座微裂纹。

(二)产生原因

轮座局部部位受到过大的剪应力作用,产生“挤搓”效应,造成表面组织异常变形损伤,导致疲劳裂纹萌生并扩展,形成微细裂纹。见图 9-3-30～图 9-3-33。

(三)预防措施

加强轮对压装前车轮、车轴配合部位检查,严格控制压装质量;加强车轴全轴各部位探伤,防止漏探。

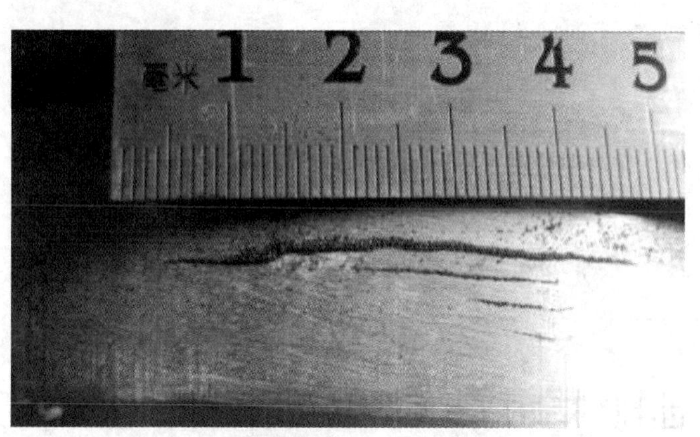

图 9-3-30 2044 号车轴轮座裂纹聚粉特征

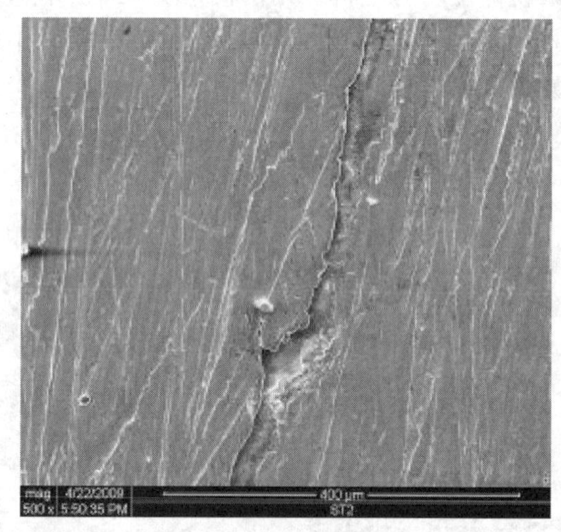

图 9-3-31 轮座表面裂纹附近挤压特征

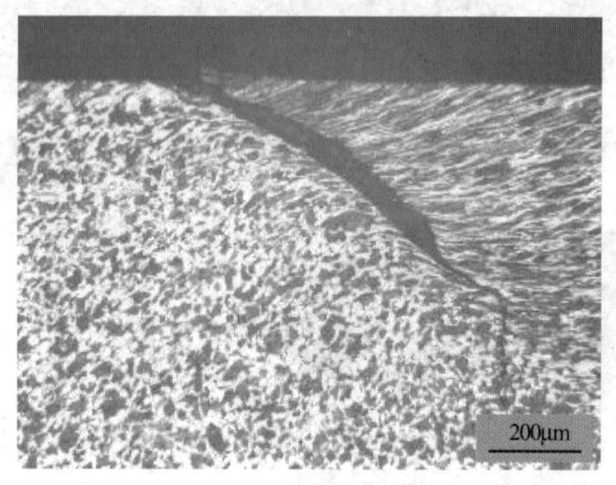

图 9-3-32 轮座裂纹横切面典型变形特征

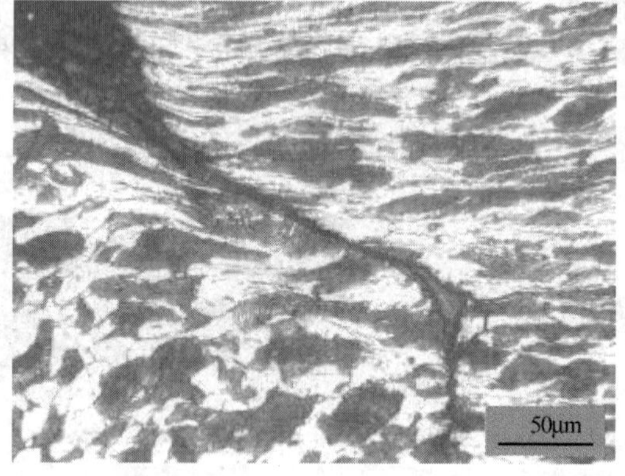

图 9-3-33 轮座裂纹尖端放大特征(基体内部)

第三节 轴 承 缺 陷

货车轮对用轴承通常是由内、外套圈,滚子,保持器,油脂和密封等部分组成。当轴承工作时,轴承内、外套圈和滚子承受高频、变应力的作用,载荷集中作用在滚动面的很窄的线形区域上,因此轴承零件在工作时,滚子和套圈表面的单位面积上要承受很大的应力作用,一般高达 1 500～5 000 N/mm^2。滚子和套圈间不仅存在滚动,而且存在滑动,所以在滚子与套圈之间还存在着滑动摩擦。总之,轴承组件的工作条件及受力状态十分复杂,并且各组件的伤损类型也有所不同,按照运用现场所有可能发现的故障表现形式可将轴承伤损分为以下几种类型:剥离、滚道碾皮、滚道变色、滚道麻点、锈蚀、滚道面粗糙、电蚀、与承载鞍接触不良、裂纹或裂损、磕碰伤、微动磨损、凹痕、压痕等。

铁路货车滚动轴承是一种典型的承受接触疲劳的零件，由于抗接触疲劳性能是材料的一个系统性能，因此很难总结出一个简单的材料组织结构对接触疲劳性能影响的规律，但实践证明两者存在密切的关系。一般情况下，在接触疲劳中裂纹的萌生是主导过程，因此材料硬度越高，裂纹越难于萌生，接触疲劳寿命也越长。在实际的滚动或滑动接触过程中，表面层总会发生不同程度的塑性变形与加工硬化现象，即循环硬化会使表层硬度提高，从而使实际起作用的已不是材料的原始硬度，而是发生硬化后的实际硬度。

接触疲劳过程极其复杂，影响因素很多，工况条件(如载荷、速度、摩擦力、润滑等)、材料的组织结构、性能参数、表面状况及环境条件等都有重要的影响，应该给予足够的重视。

一、剥　　离

(一)伤损特征

剥离是轴承零件工作表面在高接触应力的循环作用下产生的金属片状剥落现象，具有一定的深度和面积，表面呈凹凸不平鳞状，具有尖锐的沟角，通常呈现疲劳扩展特征的海滩状条纹。剥离形式主要有条状剥离、点状剥离、片状剥离、块状剥离等。其中，块状剥离是一种较新类型的剥离形态。

(二)伤损原因

剥离形成的基本原因主要有以下几个方面：

1. 滚动接触疲劳损伤。

2. 轴承承受过高的接触载荷或冲击载荷等异常载荷，如与承载鞍配合状态不良或车轮踏面有严重擦伤等，造成局部过载疲劳。

3. 轴承组件材料纯净度低或热处理工艺不当。

4. 轴承组装不当导致组件之间附加接触应力过高。

5. 润滑不良。

(三)伤损实例

1. 由于夹杂物造成的滚道剥离(图 9-3-34～图 9-3-37)

图 9-3-34　轴承外圈剥离

图 9-3-35　轴承内圈剥离

2. 由于腐蚀造成的外圈滚道剥离(图 9-3-38)

该轴承拆卸时发现油脂有混水现象，轴承组件有锈蚀，因此判断造成该轴承外圈片状剥离的原因为锈蚀。

3. 由于载荷异常造成的外圈滚道剥离(图 9-3-39)

4. 由于表面质量不佳造成的内圈滚道剥离(图 9-3-40)

5. 由于热处理不当造成的内圈滚道剥离(图 9-3-41～图 9-3-43)

图 9-3-36 剥离滚子

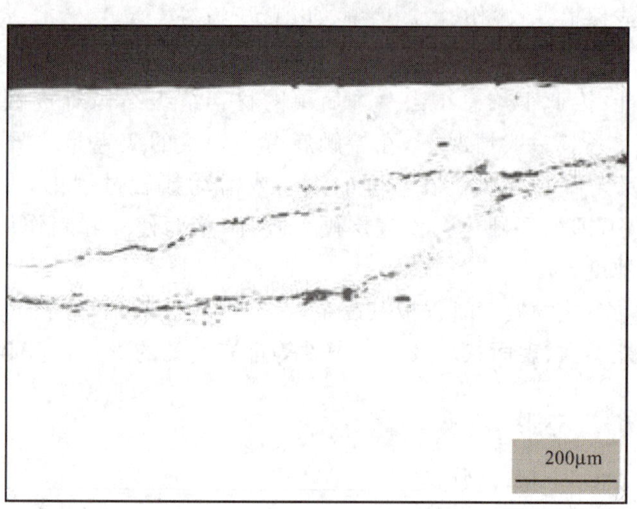

图 9-3-37 剥离位置靠近表面的大颗粒夹杂物

图 9-3-38 由于腐蚀造成的外圈滚道剥离

图 9-3-39 由于载荷异常造成的外圈滚道剥离

图 9-3-40 由于表面质量不佳造成的内圈滚道剥离

图 9-3-41 由于热处理不当造成的内圈滚道剥离

二、碾 皮

(一)伤损特征

碾皮是轴承组件表面由于滚动接触应力或微观滑动摩擦的作用而产生的极浅层的疲劳剥落,发生极薄的金属起皮现象,本质上属于一种表面剥离,一般剥离深度很浅,多为微米级,有手感,肉眼观察可见碾皮区域光洁度变差。

一般碾皮多发生于滚子表面。

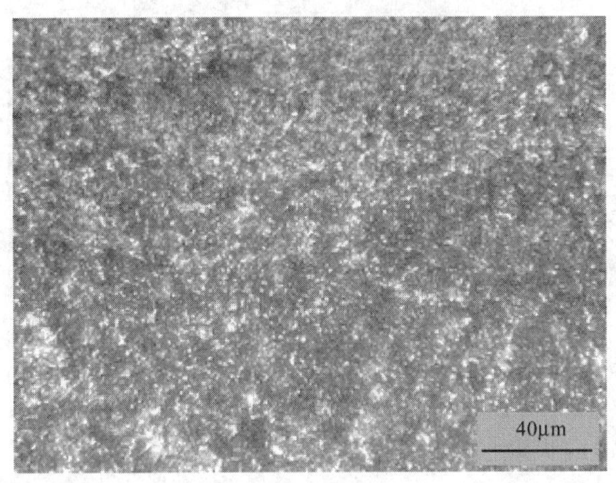

图 9-3-42　渗碳层组织

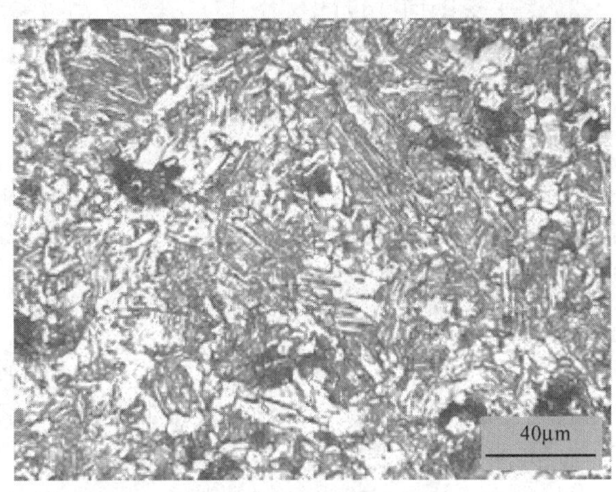

图 9-3-43　心部组织

(二)伤损原因

1. 组件工作表面早期疲劳。

2. 材质热处理不良造成表面抗接触疲劳性能下降。

3. 润滑不良。

4. 过载应力作用。

(三)伤损实例

滚子碾皮见图 9-3-44。

图 9-3-44　滚子碾皮

三、变　　色

(一)伤损特征

滚动面发生肉眼可见的颜色变化，呈淡黄色、黄色、淡棕色、棕红色、紫蓝色或蓝黑色。

(二)伤损原因

变色是由于温度升高致使零件表面产生氧化的现象，大多属于润滑不良或接触疲劳性质，产生的原因有：

1. 润滑不良或油脂老化变质。

2. 轴承装配不当或游隙过小。

3. 轴承滚动表面加工粗糙。

4. 过载。

(三)伤损实例

1. 外圈滚道变色(图 9-3-45)

图 9-3-45　外圈滚道变色

图 9-3-46　内圈滚道变色

2. 内圈滚道变色(图 9-3-46)

3. 滚子滚动面变色(图 9-3-47)

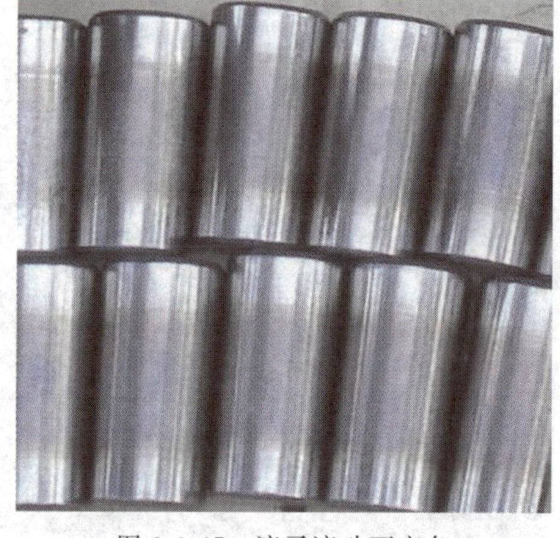
图 9-3-47 滚子滚动面变色

四、麻　点

(一)伤损特征

滚道表面出现分散或聚集的细小斑点，有一定深度，并有手感，多出现在滚道面上，有时也出现在滚子球基面或内圈滚子引导面上。

(二)伤损原因

1. 属于接触疲劳性质，在滚动接触应力的循环作用下，在金属亚表层形成微观裂纹，并逐渐发展成凹坑状的微小剥离。

2. 组件工作面表层或亚表层微小区域内存在夹杂物或大颗粒碳化物时，承受接触载荷作用而萌生小面积剥离。

3. 装配不当或润滑不良造成过高的接触应力作用也可产生小面积点状剥离。

(三)伤损实例

1. 外圈滚道麻点(图 9-3-48)

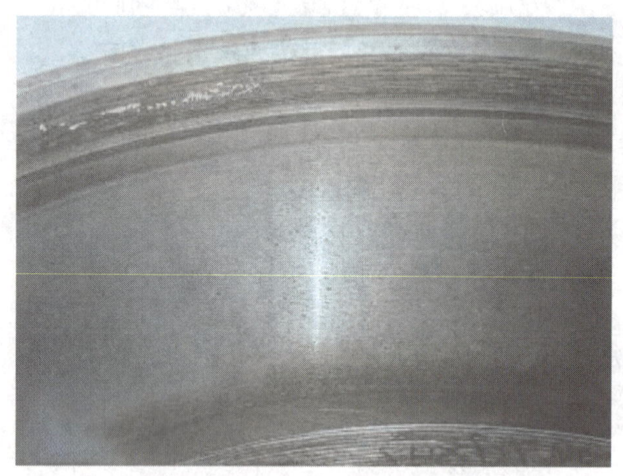
图 9-3-48 外圈滚道麻点

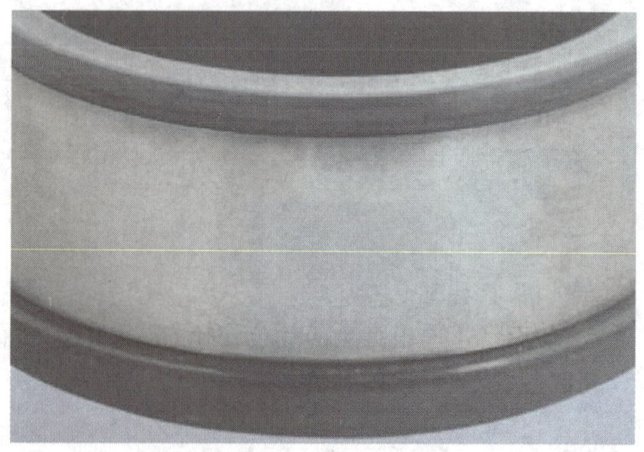
图 9-3-49 内圈滚道麻点

2. 内圈滚道麻点(图 9-3-49)

3. 滚子滚道麻点(图 9-3-50)

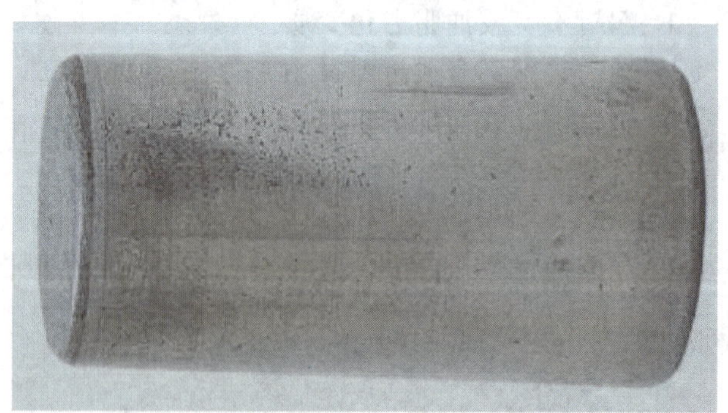
图 9-3-50 滚子滚道麻点

五、腐　蚀

(一)伤损特征

轴承组件工作面产生肉眼可见的锈迹，或润滑脂中出现氧化铁棕红色。

腐蚀按不同程度分为锈迹、蚀刻和蚀坑。锈迹呈点状、斑块状或条状，颜色呈淡黄色、黄色、浅灰色或红褐色，尚无深度；蚀刻呈点状、条状或片状，颜色呈灰黑色，稍有手感；蚀坑：呈点状、条状或片状，颜色呈红褐色或黑色，手感明显。

(二)伤损原因

零件表面与周围环境介质发生化学或电化学反应产生的表面损伤现象。产生的原因：

1. 轴承内部或润滑脂中混有水、酸、碱类物质。

2. 密封不良。

3. 轴承在空气湿度较大的环境中工作发热，在停止运转时迅速冷却形成冷凝水而导致腐蚀。

4. 清洗、组装、存放和使用不当。

（三）伤损实例

1. 外圈滚道腐蚀(图 9-3-51)

图 9-3-51　外圈滚道腐蚀

图 9-3-52　内圈滚道腐蚀

2. 内圈滚道腐蚀(图 9-3-52)

3. 滚子腐蚀(图 9-3-53)

图 9-3-53　滚子腐蚀

六、滚道面粗糙

（一）伤损特征

整个滚道表面光洁度低，多数情况下可见规则的机械加工纹路，加工痕迹明显，它与滚动面麻点或碾皮有区别。

（二）伤损原因

滚道面粗糙属于轴承加工缺陷，一般是由于轴承磨加工工艺控制过程中出现异常所致。

（三）伤损实例

外圈滚道面粗糙见图 9-3-54、图 9-3-55。

七、电　　蚀

（一）伤损特征

组件的滚道面、挡边或端面出现不规则的斑点、凹坑或密集的小坑，有金属熔融现象。在放大镜下观察电蚀产生的弧坑呈火山喷口状，手摸有触感。

当电流通过运转中的轴承而连续击穿油膜时，则形成条状平行沟蚀(俗称洗衣板状)。

（二）伤损原因

电蚀的根本原因是由于轴承内部有电流通过，在金属间接触位置击穿油膜放电，产生高热，局部点接触位置形成材料的高温熔化。

图 9-3-54　外圈滚道面粗糙

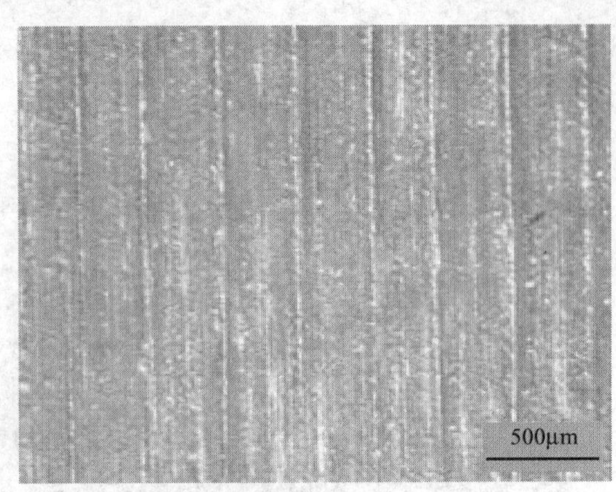

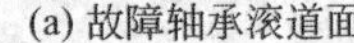
(a) 故障轴承滚道面

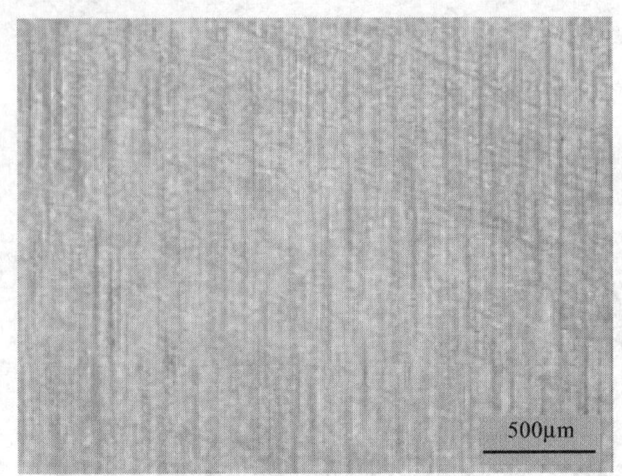

(b) 正常轴承滚道面

图 9-3-55 外圈滚道面放大对比

轴承电蚀属于外部因素导致的伤损，通常发生电蚀时较难被发现，但电蚀造成的危害较大，可在短时间内引起剥离，导致轴承失效。

(三)伤损实例

1. 外圈滚道电蚀(图 9-3-56、图 9-3-57)

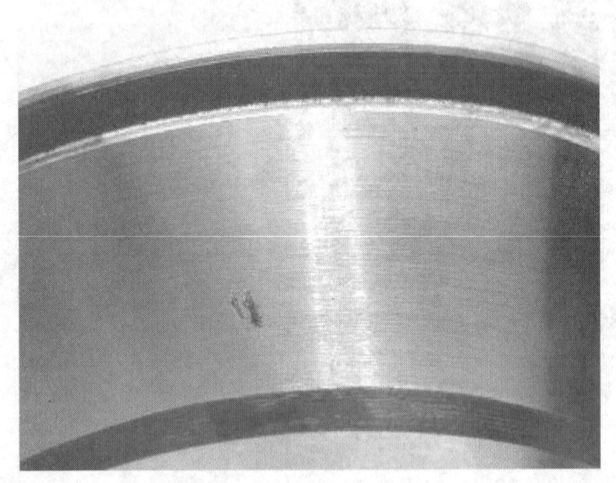

图 9-3-56 外圈滚道电蚀

图 9-3-57 图 9-3-56 中电蚀位置放大

2. 内圈滚道电蚀(图 9-3-58)

(a)

(b)电蚀位置放大

图 9-3-58 内圈滚道电蚀

八、与承载鞍配合不良

(一)伤损特征

轴承外圈外表面出现明显的不均匀摩擦、磨损或卡压痕迹(图9-3-59)。

图　9-3-59

(二)伤损原因

与承载鞍鞍面配合不良,产生局部接触,在轴承外圈外表面留下接触痕迹。

轴承与承载鞍配合不良严重时可能会导致轴承组件由于承载不均而伤损失效。

导致外圈受力不均,局部应力过大。

九、裂损或裂纹

(一)伤损特征

轴承零件金属的连续性遭到破坏而产生的损伤,组件出现肉眼可见裂纹或整体开裂。

裂纹呈线状,方向不定,有一定长度和深度,有时肉眼不可见,磁化后有聚粉现象。

(二)伤损原因

1. 可能与轴承运用中承受异常载荷有关,这种异常载荷可能来自于装配不当、与承载鞍配合不良或承受冲击载荷等因素。

2. 可能与轴承制造质量有关,如材质缺陷(有夹杂物、折叠、白点等冶金缺陷)、热处理不当、磨加工操作不当等。

3. 可能与材质疲劳等因素有关。

(三)伤损实例

1. 由于异常横向载荷导致的外圈裂损(图9-3-60～图9-3-62)。

图9-3-60　由于异常横向载荷导致的外圈裂损

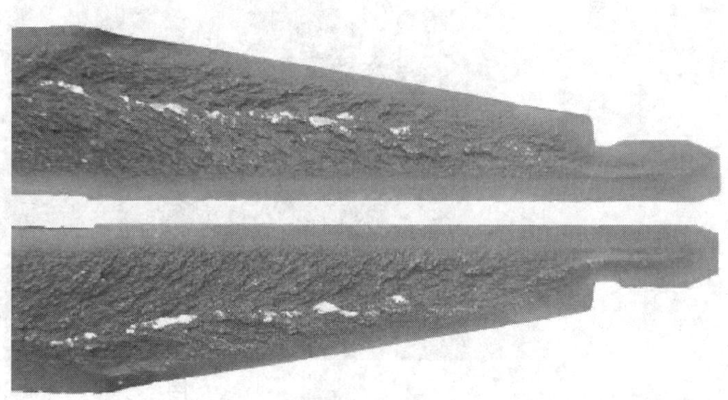

图9-3-61　耦合断口

2. 由于与承载鞍配合不良导致的外圈裂损(图9-3-63～图9-3-65)。

3. 磕碰产生的外圈裂纹(图9-3-66)

将裂纹部位进行清洗并观察,见图9-3-67。

十、磕 碰 伤

(一)伤损特征

轴承零件间或轴承零件与其他硬物间相互碰击而产生的零件表面机械性损坏。组件表面有碰撞、卡压、刮擦等痕迹,触摸有手感,有时会从磕碰处产生裂纹。可能发生在轴承零件各表面。

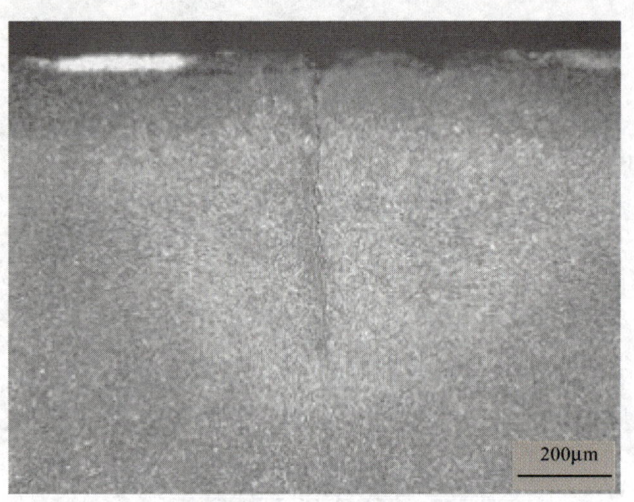

图 9-3-62 起源于外表面摩擦位置的裂纹

图 9-3-63 开裂的外圈

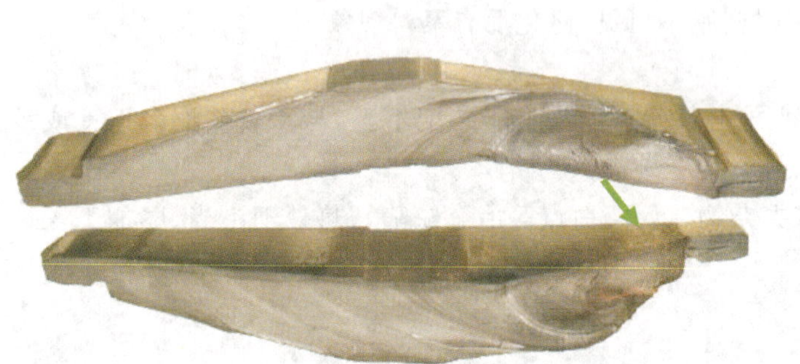

图 9-3-64 外圈通裂断口的对偶面

图 9-3-65 外表面压痕

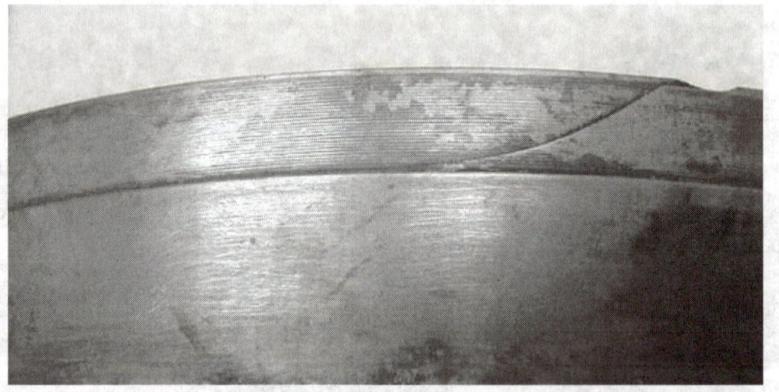

图 9-3-66 外圈裂纹

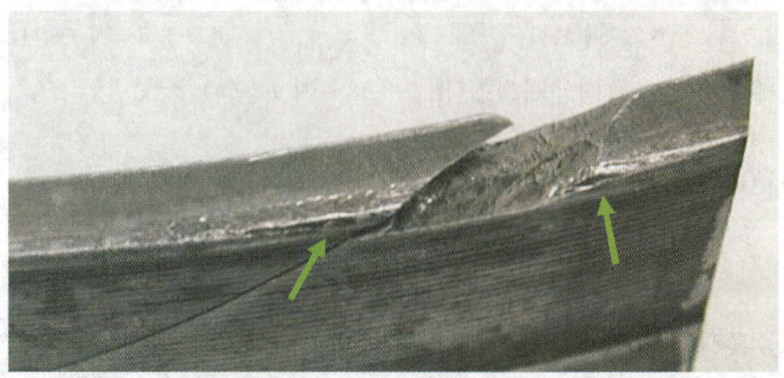

图 9-3-67 裂纹起始位置处有明显的磕碰痕迹(如箭头所指)

(二)伤损原因

轴承搬运或组装过程中发生碰撞所致。

(三)伤损实例

装配时产生的外圈磕碰伤见图 9-3-68、图 9-3-69。

图 9-3-68　外圈磕碰伤

十一、擦　　伤

(一)伤损特征

在轴承组件工作表面沿滚动方向出现一定长度和深度的因滑动摩擦而产生的金属迁移现象,属表面机械性损伤。可发生在轴承组件的各个工作表面。

(二)伤损原因

形成的擦伤的可能原因主要有轴承游隙过小;润滑不良或润滑脂中含有杂质;轴向预负荷过大。

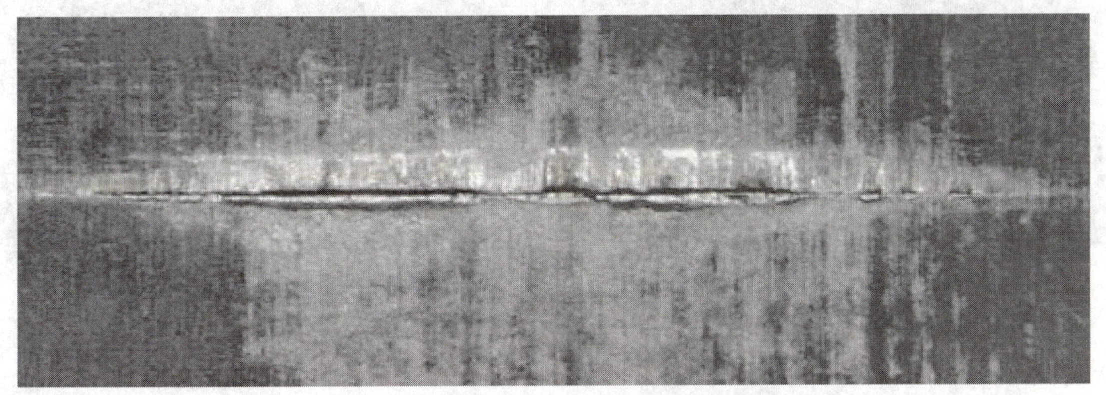

图 9-3-69　外圈磕碰伤裂纹的视频显微镜观察图像

(三)伤损实例

1. 内圈滚道擦伤(图 9-3-70、图 9-3-71)

图 9-3-70　内圈滚道擦伤(1)

图 9-3-71　内圈滚道擦伤(2)

2. 滚子滚动面擦伤(图 9-3-72)

十二、烧　　附

(一)伤损特征

轴承组件工作表面产生热熔性金属黏着。

(二)伤损原因

1. 轴承游隙不当。
2. 润滑不良或润滑脂中含有杂质。

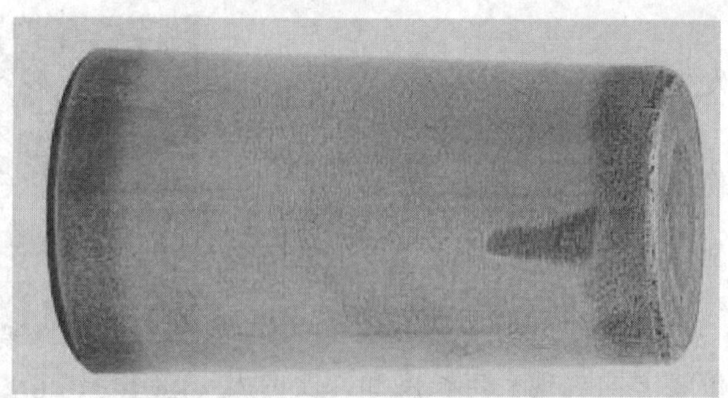

图 9-3-72 滚子滚动面擦伤

3. 擦伤严重引起急剧温升而形成。

(三)伤损实例

内圈烧附见图 9-3-73、图 9-3-74。

图 9-3-73 内圈烧附(1)

图 9-3-74 内圈烧附(2)

十三、内圈拉伤

(一)伤损特征

轴承向轴颈上压装或从轴颈上退卸时,内圈内径面产生的机械性损伤。内径面有与轴线平行的刮擦痕迹,严重时有金属移位或表面有附着金属。

(二)伤损原因

1. 压装或退卸轴承时,内圈内径面或轴颈表面有硬性颗粒。

2. 轴承内圈或密封座的内径倒角过渡不圆滑。

3. 轴承组装时不正位。

4. 组装过盈量过大。

(三)伤损实例

伤损实例见图 9-3-75。

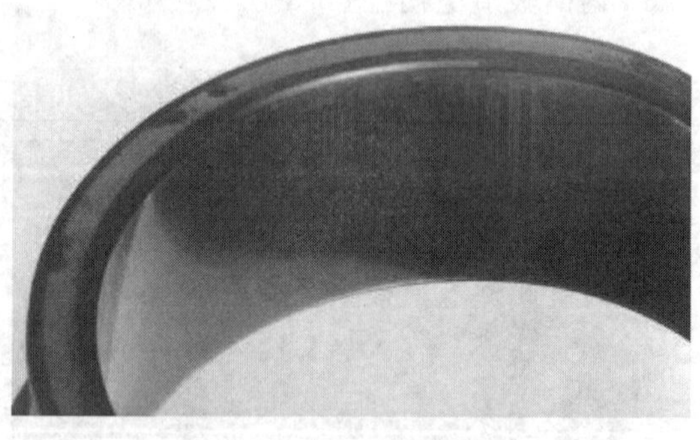

图 9-3-75 内圈拉伤

十四、划 伤

(一)伤损特征

硬颗粒或物体尖刃部与轴承零件接触并有相对移动而产生的表面线状机械性损伤。伤损痕迹呈线状,方向不定,有手感的光亮沟纹。

(二)伤损原因

1. 粗鲁作业。

2. 油脂中含杂质。

(三)伤损实例

1. 外圈划伤(图 9-3-76)

图 9-3-76　外圈划伤

图 9-3-77　内圈划伤

2. 内圈划伤(图 9-3-77)

3. 滚子划伤(图 9-3-78)

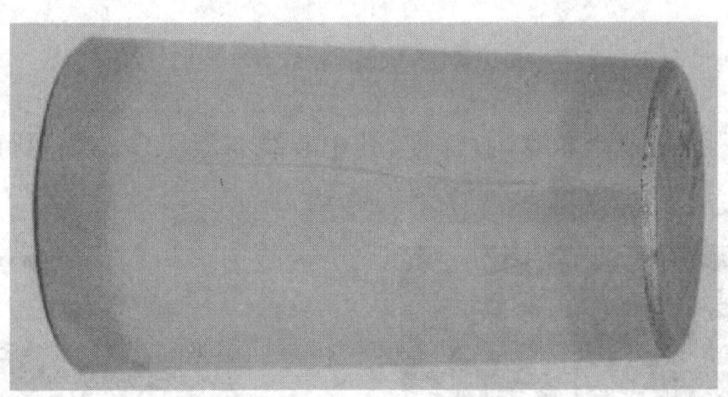

图 9-3-78　滚子划伤

十五、微动磨损

(一)伤损特征

组件配合面出现深色压痕或磨损,附近有氧化铁粉末或油脂中出现氧化红色。

(二)伤损原因

轴承较长时间处于非运转状态并受振动作用;轴承装配不当。

(三)伤损实例

内圈端面的微动磨损见图 9-3-79。

图 9-3-79　内圈端面的微动磨损

十六、凹　　痕

(一)伤损特征

轴承组件工作面出现有一定深度的凹痕。

(二)伤损原因

不规则的凹痕可能是由于轴承内部清洁度不够,出现其他硬质颗粒并在滚道间挤压后形成的。

另有一种凹痕是轴承制造过程中磨加工工艺控制不当造成的,此种凹痕形状较规则。

(三)伤损实例

磨削加工凹痕见图 9-3-80。

凹痕位置放大观察如图 9-3-81 所示。

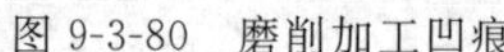

图 9-3-80 磨削加工凹痕

图 9-3-81 图 9-3-80 的放大观察图像

从凹痕位置的放大观察中可见其内部仍保留有磨加工的痕迹。凹痕处的金相组织未见有组织变形，如图 9-3-82 所示。

十七、压　　痕

(一)伤损特征

出现在外圈或内圈滚道上，压痕呈条状，有深度，其中心线与滚子中心线平行，边缘光滑且与滚子轮廓相吻合。

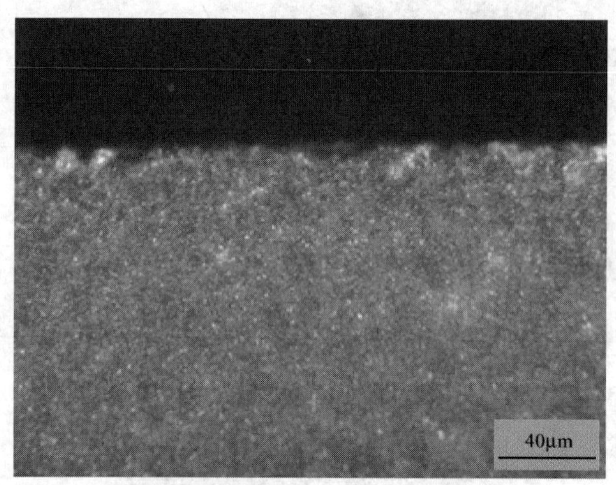

图 9-3-82 凹痕处渗碳层表面的金相组织

图 9-3-83 外圈滚道压痕

(二)伤损原因

因受过大冲击载荷作用，滚子使轴承内、外圈滚动面产生的塑性凹陷；或者由于内、外圈滚道面硬度不足。

(三)伤损实例

1. 外圈滚道压痕(图 9-3-83)

2. 内圈滚道面压痕(图 9-3-84、图 9-3-85)

十八、保持架伤损

(一)伤损特征

保持架伤损可表现为磕碰伤、变形、磨损、断裂、熔化等。

(二)伤损原因

1. 对于钢保持架，可能的伤损原因有：

图 9-3-84　内圈滚道压痕(1)

图 9-3-85　内圈滚道压痕(2)

(1)存在冲压应力和微裂纹。

(2)受到滚动体的摩擦和磨损。

2. 对于工程塑料保持架,可能的伤损原因有:

(1)轴承温度过高,达到工程塑料软化点或熔点,引起保持架变形或熔化。

(2)工程塑料保持架熔接线熔接强度低,造成断裂。

(3)保持架材料中存在杂质,造成强度下降。

3. 此外,无论是钢保持架还是工程塑料保持架,受到频繁的振动和冲击也容易造成裂纹或断裂。

(三)伤损实例

1. 磨损和断裂的钢保持架(图 9-3-86)

图 9-3-86　磨损和断裂的钢保持架

图 9-3-87　受外力损伤的工程塑料保持架(1)

2. 受外力损伤的工程塑料保持架(图 9-3-87、图 9-3-88)

十九、油封伤损

(一)伤损特征

轴承油封伤损可表现为唇口油脂渗漏、甩油、唇口变形、密封罩窜出、油脂污染变质等。

(二)伤损原因

1. 油封胶料选材不当。

2. 油封主要尺寸不符合要求。

3. 由于配合件面表面糙度差等原因,造成密封唇部拉伤或磨损。

(三)伤损实例

伤损实例见图 9-3-89。

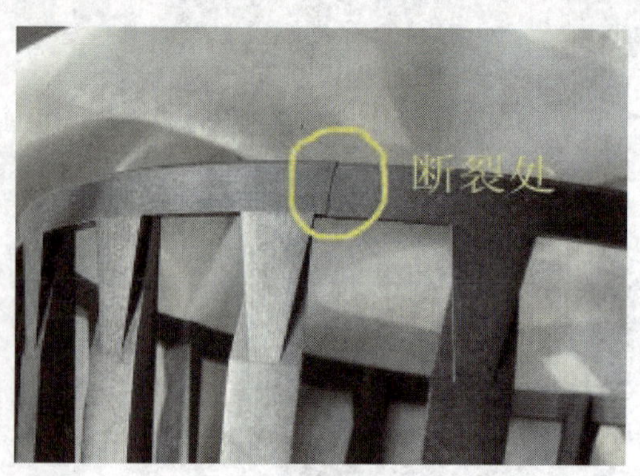

图 9-3-88 受外力损伤的工程塑料保持架(2)

图 9-3-89 油封伤损

第十篇

轮轴技术展望

建国至今,中国铁路货车轮轴技术不断进步和发展。当今我国经济高速发展的客观实际对铁路运力提出了更高的要求,铁路货车快速、重载成为发展趋势。2012 年,我国将建成九条客运专线和四条货运通道,大轴重、大吨位货车必将投入使用,同时快速货车的运营速度也将得到更大的发展,这必然对铁路货车轮轴提出更高的要求。新材料、新工艺、新技术是保证铁路货车高效稳定、运用安全的重要保证和基础。近年来,轮轴在形式设计、材质工艺、产品制造和检测等方面开展了一系列前瞻性工作并逐步得到应用。

本篇重点针对我国铁路货车快速、重载发展的客观趋势,从轮轴材料技术、制造技术、检修技术等方面的技术发展进行了展望。

第一章
车　轮

一、结　　构

快速货车的运营速度预见为 160 km/h，轴重不超过 18 t，运行线路应为全路范围内的准轨铁路（客运和货运专用线除外），为了满足列车制动要求，快速货车宜采用轴盘或轴盘加轮盘制动。重载货车的最高运营速度 100 km/h，轴重 27 t 及以上，运行线路为重载专用线路，制动方式主要为踏面制动。

为了满足快速货车车辆下部限界要求，同时为了减轻车轮磨耗和提高轴承使用寿命，车轮直径应定为 915 mm。踏面外形与列车的运行速度、运行线路和车辆状态有关，对列车的运行性能影响较大。160 km/h 货车可以使用目前在客货车上运用情况良好的 LM 型踏面外形车轮，200 km/h 货车车轮的踏面外形还有待于研究。随着社会的发展进步，对生存环境的更高要求，降低噪声也将是快速货车的发展趋势，与之相适应的降噪车轮也将被研制和使用。

大轴重货车的特点是载荷大，包括轮轨之间的机械载荷和制动热负荷。为了降低轮轨接触应力，提高热负荷承载能力，重载货车车轮直径应随轴重的增加而增大，30 t 轴重车轮直径宜为 ϕ915 mm，更大轴重车轮直径应更大。S 形和盆形辐板具有强度高、刚度合理的优点，适合重载车轮。

二、材　　料

（一）贝氏体钢车轮

和国外相比，我国车轮钢品种比较单一，几十年来货车轮均选用 CL60（铸钢 ZL-B）钢种，组织状态为铁素体-珠光体，这种钢的显著特点为：碳是决定强、韧配合的关键因素，如我国的 CL60 级车轮的强度等级为 1000 MPa 左右，断裂韧性在 50～60 MPa · $m^{1/2}$（欧洲的 R7 钢车轮的强度等级为 900 MPa 左右，断裂韧性超过 80 MPa. $m^{1/2}$）。随着生产厂在冶炼、轧制等方面技术水平的不断提高，工装、检测设备的更新换代及企业逐步接受先进的质量管理体系，目前因车轮材质缺陷（如夹杂、偏析等）造成的车轮损伤甚至崩裂事故已大幅度减少，针对目前车轮所出现的问题，对车轮材料研究应重点放在解决踏面剥离和擦伤上。对于碳素钢车轮，从耐磨性、接触疲劳强度方面考虑，高碳为好，但材料抵抗热损伤型剥离、内部疲劳裂纹扩展的能力较差，而低碳则相反，因此，碳素钢无法在车轮各项使用性能之间作出良好的协调。在研究的同时要兼顾车轮钢的抗热损伤性能、抗接触疲劳性能和耐磨性能，从成分设计、冶炼工艺、热处理工艺及相变等方面对车轮进行广泛的研究。需要指出的是，在研究过程中完全把国外经验照搬到中国是不可行的，因我国的线路条件复杂，南北差异较大，客货共运线路为主，网运密度较大，这些综合因素可以说任何国家都与我国不同，因此我们所研究并制造出的应是适合中国国情的车轮，而且这种车轮的综合性能应优于国外同类车轮。

基于以上问题，已经进行了“贝氏体钢车轮”的研究，贝氏体钢车轮研制的主要目的是针对目前普通车轮在使用过程中存在热损伤剥离的问题。研究路线有两个方面，一个是使用等温贝氏体钢，一个是使用空冷贝氏体钢。

等温贝氏体钢的工艺过程主要是采用等温淬火的热处理方法，获得稳定的贝氏体组织，此种方法的工艺稳定性较好，同时对钢合金化的要求相对较宽，冶炼工艺较容易实现，但其热处理工艺较复杂，热处理的成本高。空冷贝氏体钢的工艺过程主是采用加热后空冷即可获得贝氏体组织，但用该方法获得的贝氏体稳定性不如等温贝氏体，工艺稳定性较差，并且空冷贝氏体钢对合金化成分的要求比等温贝氏体钢更高，同时对冶炼和合金化的要求较高，合金元素的加入量也更多，因此钢的冶炼成本也会大幅度提高，同时合金元素的较大增加给冶炼提出了较高要求，如操作不当将造成材料的重大缺陷。

通过一系列对比试验和研究确定贝氏体车轮钢采用等温贝氏体钢。与 CL60 钢车轮相比，等温贝氏体钢车轮的抗热损伤性能有了极大提高，可以从根本上解决目前车轮中存在的热致剥离问题。通过大量的前期基础研究完成了贝氏体车轮钢的合金设计和工艺设计，工业性试验验证了研究结果，贝氏体钢车轮具有优异的综合力学性能。表 10-1-1 为无碳化物贝氏体车轮工业试验结果，图 10-1-1 为贝氏体车轮系列冲击试验结果。

表 10-1-1　无碳化物贝氏体车轮工业性试验结果

部位	屈服强度(MPa)	抗拉强度(MPa)	延伸率(%)	面缩率(%)	断面硬度(HBW)	断裂韧性($MPa \cdot m^{1/2}$)
轮辋	860	1090	14.5	50.0	298～366	127
辐板	585	1020	13.0	36.5	274～298	
轮毂	590	990	12.0	22.5	286～307	

(二)新材质重载车轮

长期以来，我国铁路货车车轮均为 CL60 钢制造。在 20 世纪 90 年代以前，我国货车轴重通常不超过 21 t，在这种条件下 CL60 钢车轮的性能基本可以适应车辆运行条件的需要。近年来随着我国铁路不断提速和重载，货车轴重逐渐从 21 t 提高到 23 t，再到 25 t，而车轮的制造材料却没有变化，即使是对于大秦线这样的重载专线，所使用的 E 型车轮也仅是在原 D 型车轮基础上进行了外形优化而成的，车轮材质依然沿用 CL60 及 ZL-B 钢，踏面外形仍采用与 60 kg/m 钢轨匹配的设计。根据近期对大秦线进行的初步现场调研，目前所使用的车轮中无论辗钢车轮还是铸钢车轮，实际使用效果均不理想。

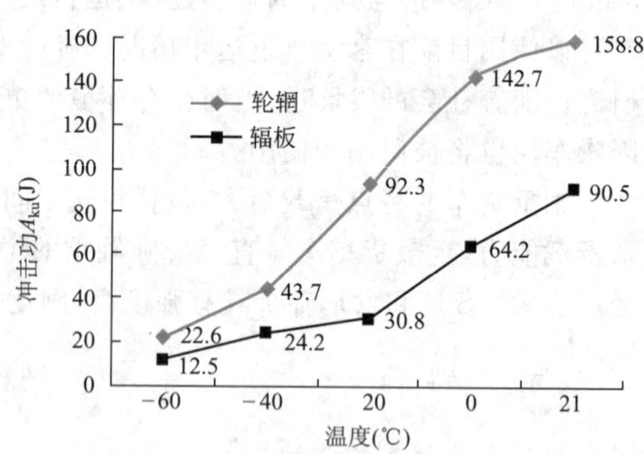

图 10-1-1　轮辋、辐板冲击功与温度的关系

根据已有的车轮失效分析案例显示，在重载运输条件下，车轮的失效形式与普通条件下有所不同，鉴于目前的调研情况并不全面，我国目前所使用的 E 型车轮性能指标是否适应大秦线重载列车的运营条件(载重、钢轨及线路等)要求，需要进行深入的调查、研究和论证。

美国在重载运输方面一直处于世界领先地位，其在轴重 25 t 以上的货车上所使用的车轮全部为 C 级钢制造。通过多年来实际运用情况看，C 级钢车轮在重载货车上的使用状况良好，这一点是值得我们借鉴的。

根据国内重载铁路的实际运用条件要求及今后的发展方向，国内已经开展了新材质重载货车车轮的相关研究。

新材质的重载车轮用钢的研究方向可以基本确定为：

(1)以大秦线运输条件为输入条件，研究适应大秦线车轮使用的钢种；

(2)使车轮热处理后稳定地获得较高硬度，提高其抗接触疲劳剥离、非正常磨耗的能力；

(3)由于重载运输仍将以高摩合成闸瓦踏面制动为主，因此车轮钢本身须具有较小的马氏体转变倾向以缓解热致剥离；

(4)韧性指标与目前的车轮钢相当，以保证安全性；

(5)制造成本与目前车轮持平。

通过适当调整目前的车轮钢中碳及其他合金元素含量，在保持车轮钢的韧性水平的基础上，通过其他强化方式提高车轮钢的强度和相变温度。车轮钢的含碳量是决定材料磨损量的主要因素，随着含碳量的增加，其抗磨损能力也随之提高。从现有重载车轮运用经验来看，一般是提高含碳量的同时，采用微量元素合金化的方法提高钢的韧性，减轻车轮对裂纹、擦伤和剥离的敏感性，增强车轮抗剥离的性能。因此为了达到重载车轮的目标，保持现有车轮钢的韧性水平，通过其他强化方式提高车轮的强度，提高钢种的临界温度，降低热裂的可能性，是我国重载车轮的发展方向。

按照以上研究方向，国内已研制出适用于 25 t 及以上轴重的新材质辗钢 CL65、CL70 车轮以及铸钢 ZL-C车轮。大量性能研究和试验证明，新材质重载货车车轮的抗磨耗性能得到显著提高，同时抗热损伤性能与现有车轮相当。

从图 10-1-2、图 10-1-3 所示的磨耗曲线中可以看出，两种新材质车轮试样的磨耗性能均比现有普通车轮有明显提高。与普通 CL60 钢车轮相比，CL70 钢车轮的抗磨耗性能提高约 40％；与普通 ZL-B 钢车轮相比，ZL-C 钢车轮的抗磨耗性能提高约 30％。

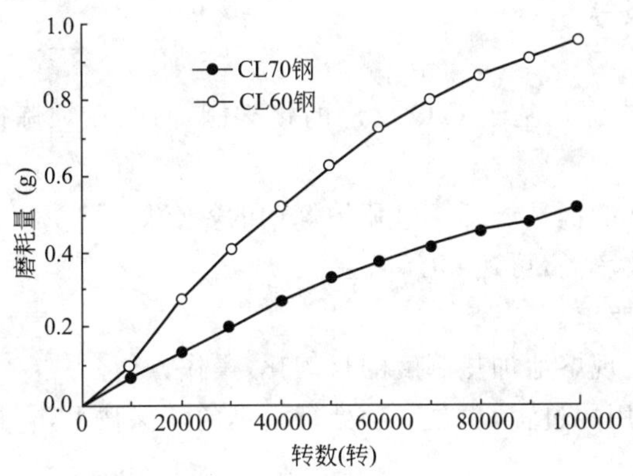

图 10-1-2　新材质 CL70 钢车轮与普通 CL60 钢车轮试样的磨耗曲线

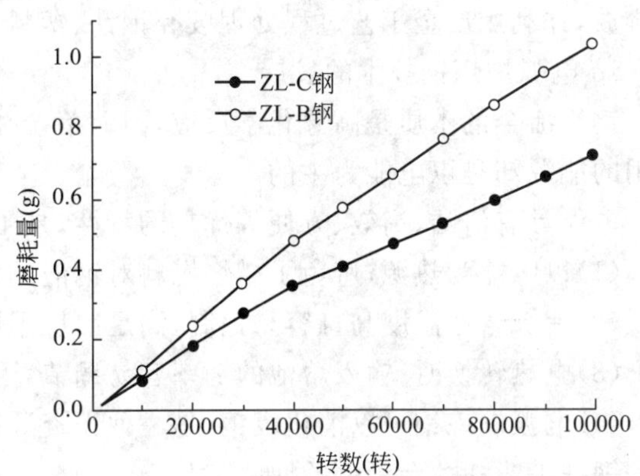

图 10-1-3　新材质 ZL-C 钢与普通 ZL-B 钢车轮试样的磨耗曲线

从目前已有的新材质重载货车车轮装车考核的结果看，国内研制的新材质重载货车车轮的各项性能均可满足我国目前重载货车的实际使用要求。

（三）关于货车车轮钢种的发展展望

货车车轮钢种的发展方向是与货运技术政策的发展息息相关的。根据铁道部的货运发展规划，货车将继续向提高轴重和快速化两个方向发展。因此，货车车轮的钢种也必须与之协调发展。

首先看大轴重火车车轮的发展方向问题。在安全状态下，提高大轴重车轮的耐磨性和使用寿命仍然是问题的焦点。国外大轴重矿石车用车轮的技术条件在车轮硬度指标上提出了更高的要求。典型的情况如澳大利亚 40 t 轴重矿石车的技术条件中，提出了如下的特殊要求：

（1）车轮碳含量为 0.72％～0.82％；

（2）车轮表面硬度为 341～388 HBW；

（3）表面下 10 mm 不得有异常组织。

我们注意到，在这个条件中碳含量超过了共析点 0.77％，晶粒间将会出现先共析渗碳体的存在，但同时在车轮踏面下出现魏氏组织或上贝氏体等有害组织的可能性也在增加。

2009 年，AAR 发布车轮标准修改的交流函，提出发展 AAR-D 级钢，在原 AAR-C 级钢的基础上，通过合金化的方法，提高车轮的硬度，来适应轴重增加的要求。

这是一个新的动态，即为了保证车轮有足够的耐磨性和寿命，无论采取合金化还是继续提高碳含量的方法，都需要继续提高车轮的硬度。因此，提高车轮的硬度以及由此带来的技术措施，将成为今后一段时间重载货车车轮的发展方向。

在看看快速货车车轮的发展。快速货车，速度较快、轴重较低，适合与保鲜产品、箱包快递以及轻量化货物运输，从一定意义上类似于客运列车的发展。这类车轮的要求也与此相吻合，即要求一定耐磨性和抗热裂纹形成能力，因此降低碳含量的同时，保持现有车轮的硬度不变或有所提高的技术措施，将是这一类车轮的研究方向。

三、制　　造

(一)车轮钢冶炼铸造技术发展展望

钢铁材料是人类社会最主要使用的结构材料，也是产量最大、应用最广泛的功能材料，在经济发展中发挥着举足轻重的作用。现代炼钢法最早起始于1856年英国人H. Bessemer发明的酸性底吹转炉炼钢法，该方法首次解决了大规模生产液态钢的问题，奠定了近代炼钢工艺方法的基础。

历经150多年的发展历程，钢铁工业已成为高度成熟的产业。但是钢铁工业在科技进步方面仍面临着很大的压力，这主要表现在：(1)要求有更高的生产效率。钢铁冶金生产过程大量消耗原材料和能源，从生态环境和可持续发展方面考虑，必须对现有生产工艺流程进行改进以提高效率，降低消耗。(2)要求产品具有更高性能。以车轮为例，运行速度由原来的时速60 km提高到今天的400 km，将来要求有更快的速度，这就要求进一步提高钢材性能。(3)要求对环境更加友好。这就要求尽量减少废弃炉渣、烟尘、NO_x、SO_x、CO_x的排放，并利用冶金工艺过程处理废弃钢铁、塑料、城市垃圾等。

1. 电弧炉炼钢技术的发展

钢铁冶金的本质是高温化学反应，因而冶金中传统的能源是基于C-O反应的化学能，而电弧炉炼钢所使用的能源却是以电能为主的。

电能具有清洁、高效、方便等优越的特性，是工业化发展的优选能源。电弧炉炼钢的特点如下：

(1)以电能为热源，避免了燃烧燃料对钢液的污染，热效率高，可达65%以上。

(2)冶炼熔池温度高且容易控制，满足冶炼不同钢种的要求。

(3)电热转换时，输入熔池的功率容易调节，因而容易实现熔池加热制度的自动化，操作方便。

(4)电弧炉炼钢可以消化废钢，是一种铁资源回收再利用的过程，也是一项处理污染的环保技术，它相当于是钢铁工业和社会废钢的回收工具。

(5)炼钢过程的烟气污染和噪声污染容易得到控制。

(6)设备简单，炼钢流程短，占地少，投资省，建厂快，生产灵活。

当今钢铁生产可分为“从矿石到钢材”和“从废钢到钢材”两大流程。相对于钢铁联合企业中以高炉-转炉炼钢为代表的常规流程而言，以废钢为主要原料的电弧炉炼钢生产线具有工序少、投资低和建设周期短的特点，因而被称为短流程。

传统的电弧炉炼钢操作集炉料熔化、钢液精炼和合金化于同一熔池内，它要经历熔化期、氧化期和还原期，这使得在电弧炉内既要完成熔化、脱磷、脱碳、升温的工序，又要进行脱氧、脱硫、去气、去除夹杂物、合金化以及温度和成分的调整，因而冶炼的周期长，既难以保证对钢材越来越严格的质量要求，又限制了电弧炉炼钢生产率的提高。现代电弧炉炼钢工艺只保留了熔化、升温和必要的精炼操作，如脱磷、脱碳，而把其余的精炼过程均转移到二次精炼工序中进行。电弧炉炼钢工艺上的改进提高了电弧炉设备的能力，使其能够以尽可能大的功率来进行熔化、升温操作，而把只需要较低功率的操作转移到钢包精炼炉内进行。越来越完善的二次精炼技术，完全能满足钢液清洁度和严格的成分、温度控制的要求。

2. 连铸电磁搅拌器的发展

20世纪90年代，电磁搅拌技术日趋成熟，其应用也日益广泛。在小方坯、大方坯、圆坯和板坯的连铸工艺中均采用了电磁搅拌，同时新的电磁搅拌技术也在不断地被开发、研制和应用。目前用于连铸机上的电磁搅拌器按搅拌器安装位置的不同大致可分为以下几种：中间包加热用电磁搅拌器HEMS，结晶器电磁搅拌器MEMS，二冷区电磁搅拌器SEMS和凝固末端电磁搅拌器FEMS。

(1)中间包加热用电磁搅拌器HEMS

该种电磁搅拌器是连铸过程中的钢水温度在中间包内始终保持在液相温度30 ℃或40 ℃，目前正被推广应用，其投资和运行成本比等离子加热要小，并且是中间包二次效果更佳。

(2)结晶器电磁搅拌器MEMS

该电磁搅拌器是目前各种连铸机均使用的装置，由于它对改善铸坯的表面质量、细化晶粒和减少铸坯内部夹杂及中心疏松有着明显的作用，所以被特别推崇选用。它一般安装在结晶器内的下部，以便不影响液面测量装置的使用。连铸机电磁搅拌器种类和使用频率见图10-1-4。

(3)二冷区电磁搅拌器 SEMS

二冷区电磁搅拌器 SEMS 又可分为冷却一段电磁搅拌器 S1EMS 和冷却二段电磁搅拌器 S2EMS。冷却一段电磁搅拌器 S1EMS 只适用于小方坯连铸机。它的功能与 MEMS 类似,所以两者不重复使用,但 S1EMS 安装在结晶器外的一段足辊处。更换、维修十分方便,若要获得 MEMS 同样的搅拌效果,则 SEMS 所需要的功率要小得多,因此在投资和运行成本上比较经济。冷却二段电磁搅拌器 S2EMS 此种电磁搅拌器是促进铸坯晶粒细化的有效手段,它一般与 MEMS 或者 S1EMS 一起使用,在大方坯和板坯连铸机上可以选用。

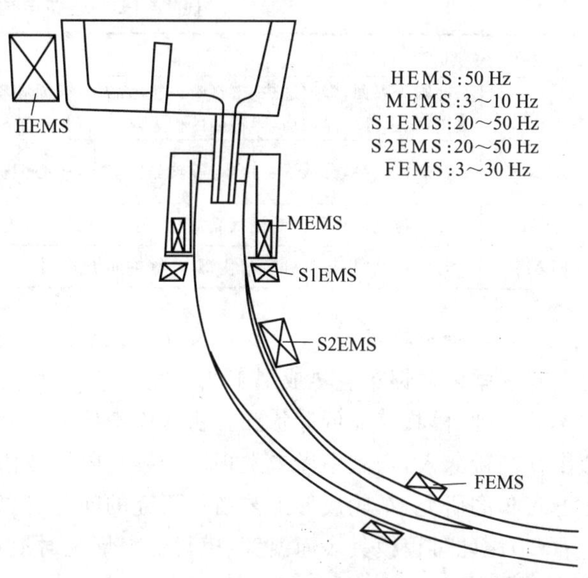

图 10-1-4 连铸机电磁搅拌器种类和使用频率

(4)凝固末端电磁搅拌器 F-EMS

凝固末端电磁搅拌器一般在浇注对碳偏析有严格要求的含碳高的钢种时必须使用。它是在铸坯将要凝固完毕时进行的,是用来进一步减轻中心偏析、中心疏松和 V 形偏析的有效措施。由于在铸坯的最终凝固区,凝固壳的厚度较厚,搅拌器一般都采用 10～20 Hz 的低频电源供电。

凝固末端电磁搅拌经常和结晶器电磁搅拌 M-EMS 或二冷区电磁搅拌 S-EMS 同时使用,进行组合搅拌 C-EMS。组合搅拌技术一般有二冷区分段搅拌 S1＋S2 及 M＋F,S＋F,M＋S＋F。组合搅拌能综合单一搅拌的优点,增大搅拌的有效作用范围,产生宽且晶粒较细的等轴区,同时可避免白亮带的恶化。据日本神户制钢厂的经验,对一些质量有特殊要求的钢种,特别是高碳钢,在采用组合搅拌的条件下,不但等轴晶比率较高,偏析度较小,而且还可以消除因搅拌而产生的白亮带。从经济上来说,组合搅拌系统的投资成本大,仅适用于那些难于铸造的合金钢和高碳钢的连铸工艺。各种组合搅拌形式如图 10-1-5 所示。

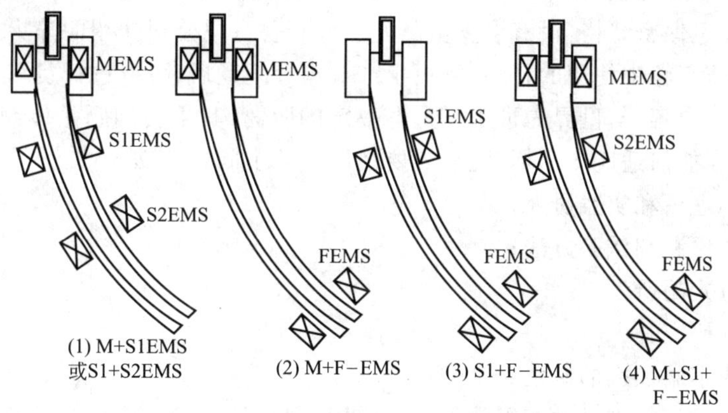

图 10-1-5 各种组合搅拌形式

电磁搅拌在连铸中的作用效果体现为改善铸坯质量,简化生产工艺过程和产品性能(见表 10-1-2)。通常,铸坯质量提高的主要标志有:①减少铸坯中夹杂物及气体的含量,提高纯净度。采用结晶器电磁搅拌时,铸坯皮下夹杂物可以大大降低,从而减少了伴生的其他缺陷。②扩大等轴晶区,提高等轴晶率。一般认为过热度为 10～50 ℃时,电磁搅拌可使等轴晶区宽度从 17％增加到 47％,但浇注钢种不同,获得的等轴晶率不同。③改善中心偏析,减少铸坯内部裂纹、疏松和缩孔。采用合适的电磁搅拌方式,铸坯中心碳和硫偏析程度都会显著减轻。中心偏析与搅拌形式有关,通常组合搅拌的效果更好。由于凝固收缩出现的“搭桥”可能在铸坯中心产生管状的连续缩孔,采用电磁搅拌可以减轻或避免这种缺陷,可以提高铸坯内部致密度,有效防止内部裂纹和中心疏松的产生。

表 10-1-2 连铸电磁搅拌的冶金作用与效果

作用方式	冶金作用与效果
MEMS	冲刷凝固面，降低过热度，打断柱状晶晶梢，表面和皮下夹杂物减少，表面和皮下气孔和针孔减少，坯壳生长均匀，以下裂纹减少，细小等轴晶增加，等轴晶区扩大，中心偏析和疏松改善
S1EMS	打断柱状晶，分散浓化钢水，等轴晶区扩大，中心偏析改善，中心疏松和缩孔减少，皮下夹杂物及皮下气孔和针孔减少
S2EMS	热流与机械作用打断柱状晶，加速搅拌区的混合，增加等轴晶率，改善中心偏析和疏松，减少中心裂纹
FEMS	打断柱晶"搭桥"，分散浓化钢水，等轴晶扩大，中心偏析改善，中心疏松和缩孔减少

（二）辗钢车轮成型、热处理以及加工技术

我国整体辗钢车轮热成形工艺研究水平与世界先进水平存在差距，辗轧车轮热成形工艺存在着变形过程不甚合理、模具寿命低等状况。物理模拟研究仅做了定性分析，而生产经验的通用性较差，有限元数值模拟工作尚待深入，文献中尚未发现用三维有限元数值模拟方法对车轮压轧工艺系统研究，较多的仅限于对预成型工步的研究，车轮成形工艺尚待研究的问题有以下几个方面：

(1)压轧过程模具表面温度、模具受力情况对模具磨损的影响。

(2)工件形成折叠等表面缺陷研究。

(3)定量分析产生表面折叠的临界尺寸和工具形状部位。

(4)预成型工步的合理设计对成形过程的影响。

(5)车轮偏心产生原因和改进措施。

(6)轧制工序的有限元数值模拟，最佳压下量的设定，轧辊摩擦对车轮成形的影响，轮辋表面折叠、裂纹的产生工况等。

在装备问题上，我国马钢的第三条车轮生产线，是世界上最新的车轮生产线。其自动化水平高，工艺紧凑，采用四级信息系统，装备水平基本代表了当前车轮生产的最高水平。日本的辗钢车轮成型用的旋转锻压机，设备原理比较先进，但介绍材料少，也没有成为世界发展的主流。

淬火加热技术，长期以来变化不大。由于环境发展、节能减排的需要，清洁能源的采用，需要在电加热技术上给予关注，尤其是高频加热技术，可以很好地解决局部加热问题，实现性能的控制。淬火台是必需的保证设备，但各家在此问题上保密严格，没有多少文献。意大利鲁奇尼公司介绍的淬火技术很有参考价值。虽然这一技术是在生产高速车轮中使用的，但在解决生产节奏等问题后，可以进行货车车轮的生产。我国热处理工艺研究的手段和工作内容，与世界先进水平上有一定的距离，其主要问题是体制上的，我们对于热处理工艺的研究更多地局限在如何适应产品标准上，需要在以下几个问题上做一些工作：

(1)车轮性能预测的理论和实践研究；

(2)发展新型车轮的预测和试验方法；

(3)新型车轮淬火方式的研发；

(4)车轮残余应力的研究；

(5)淬火介质和低成本添加剂的研发。

随着铁路的进一步发展，特别是动车组的大规模使用，列车的制动方式发生了变化，车轮辐板多采用水平方式，配有高精度的辐板孔以安装制动装置，这对车轮加工提出了新的要求。为简化工艺流程，国际上又提出了车轮加工中心的概念，主要设计思路是将辐板孔、注油孔加工和车轮的车削加工在一台机床上完成，高效地完成车轮所有部位的精加工。铁路车轮加工中心设计理念是使用冷却液进行湿加工切削操作的机床，可以用于车轮成形车削，轮毂的粗、精镗，轮毂内凹槽的成型车削，钻孔，攻螺纹以及用于从轴上卸载车轮的液压管连接部分的端面加工。

第二章
车　轴

一、设　　计

1. 高速货车车轴

(1)基本结构

160 km/h 货车车轴还是采用实心结构为宜;如果制造和检修设备允许,200 km/h 货车车轴采用空心结构较好,可以减轻簧下重量,否则实心结构也可。轴颈中心距为 2 000 mm,轴颈直径为 130 mm,车轴与车轮及制动盘能够实现突悬组装。

(2)高速货车车轴选材

由于 160 km/h 货车速度不高,其对韧性要求不高,可以采用目前国内普通客货车通用的 LZ50 车轴钢。对于 200 km/h 货车,应采用强度和冲击韧性相对较高的 EA4T 等合金材料,以降低簧下重量,提高车轴耐冲击性能。

2. 重载货车车轴

新一代的重载货车的轴重是 30 t,最高运营速度 100 km/h。

(1)结构

车轴轴颈根部和防尘板座根部仅采用了无卸荷槽一种形式,车轴轮座与车轮突悬组装,轴颈根部为成型磨加工的 *R*40 mm 圆弧。车轴轴颈载荷中心到轴肩的距离为 115 mm。为方便出口,轴颈载荷中心距定为 2006.6 mm,与 AAR 标准的 K 轴相同。

(2)重载货车车轴选材

车轴材质采用 LZ50 钢。

二、材　　料

1. 车轴钢合金化及强化技术

随着铁路重载的发展,减轻车辆本身的重量是提高车辆运力的重要手段之一。目前我国使用的货车车轴基本上是碳素钢,但由于碳素体的强韧性是有一定限度的,合金材料的强度远远高于碳钢,要达到同样的强度,合金车轴的尺寸就可以大大减少,重量也随之降低,从而增大车辆的实际载重量,因此,使用高强度的合金车轴是提高车辆运力的手段之一。

国外选用的车轴材料也不尽相同,日本、韩国、美国等国家多用中碳钢;欧洲国家多用低合金钢。表 10-2-1是一些国家选用的车轴钢化学成分。

表 10-2-1　国外主要车轴钢钢号

钢号	标准	使用区域	相当于我国钢号
EAIN	EN13261	欧洲(德国)	35Mn(正火)
EA1T	EN13261	欧洲(德国)	35Mn(淬火)
EA4T	EN13261	欧洲(德国)	25CrMoV

续上表

钢号	标准	使用区域	相当于我国钢号
22MnCrV5	UIC811	欧洲(法国)	—
25CrMo4	UIC811	欧洲(法国)	25CrMoV
42CrMo4	UIC811	欧洲(法国)	42CrMo
C35e	UIC811	欧洲(法国)	35Mn
SFAQ	JIS E 4502	日本	25CrMnMoV
SFA55	JIS E 4502	日本、印度	35Mn
SFA60	JIS E 4502	日本、韩国	45Mn
SFA65	JIS E 4502	日本	35CrMn2MoV
S38C	JIS E 4502	日本高速	40Mn
50	MAr101	美国、越南	50

由此可见国内外车轴材料一般分为两大类,即碳素钢及合金钢,但都属于碳钢范畴。车轴钢合金化的目的就是添加合金元素达到强韧化目的,Cr,Ni,Mo 等合金元素是车轴钢合金化的主要元素。具体说来,Mo 是使其晶粒细化、提高综合性能的首选元素。Cr 能够增加钢的淬透性,促使淬火及回火后工件整个截面上获得较均匀的组织。Ni 是提高钢材韧性最有效的合金元素。多种合金元素的复合加入,反映在性能上,则由单一性能到优良的综合性能,从而可以满足车辆在不同载荷状态的需要。但由于 Ni,Mo 的价格昂贵,使材料的成本增加。综合性能、资源和成本等多种因素,车轴钢成分设计中,在满足设计要求的组织和性能前提下,应控制 Ni,Mo 的含量。

由此可见,实现铁路车辆装载量、高速度又好又快的发展,车轴必须有实质性的突破改革,开发高强度、高韧性、高塑性车轴用钢成为必然。结合我国资源,品种研究基础以及车轴运行安全的要求,新车轴开发主要从两个系列考虑:

(1)Cr-Mo 系列合金车轴钢

中低碳 Cr-Mo 钢具有良好的强韧性能,符合重载高速车辆车轴的要求,是新车轴的首选,如:EA4T,35CrMo 等。

(2)Cr-Ni-Mo 系列合金车轴钢

中低碳 Cr-Ni-Mo 钢在 Cr-Mo 钢的基础上,进一步增加适量的 Ni,使钢的强度、韧塑性进一步提高,属更高一级车轴的首选钢种。

此外,车轴要求钢材具有良好的疲劳强度,钢材中的宏观和微观缺陷将造成应力集中,而且本身常常就是裂纹源,因而,车轴钢材的冶金质量就显得十分重要。为此,国外已开始较普遍地采用钢包脱气、真空冶炼等精炼方法生产车轴用钢。车轴钢要求良好的强韧性配合,必须严格控制钢中硫、磷等杂质元素。硫在钢一般以 MnS 夹杂物形式存在,压力加工后沿轧制方向呈条状分布,使材料的各向异性增大。磷对钢的韧性,尤其是低温韧性影响较大,金属断裂是一个裂纹萌生和扩展的过程。根据裂纹形核与扩展机理,夹杂物往往是钢在受力后的裂纹源与扩展路径。研究表明,钢中夹杂物或其产生的孔洞相当于微小缺口,在交变载荷作用下会产生应力集中,使材料在较低的应力水平下引起交变滑移和微裂纹形核,成为疲劳裂纹萌生的裂纹源,从而降低疲劳强度。除疲劳性能外,断裂韧性、冷脆倾向等同样受钢中夹杂物含量的影响。因而,提高钢的冶金质量,严格控制钢中硫、磷等杂质元素,可显著改善与冶金质量敏感的力学性能指标。此外,成分偏析是钢,特别是较大截面钢件中普遍存在的现象。钢的偏析包括化学成分和非金属夹杂物的不均匀分布。钢中硫、磷等元素含量偏高,均导致成分不均匀分布倾向增大。通常,非金属夹杂物含量越少,钢的淬透性越高。车轴钢冶炼时必须充分脱气,防止形成层化,即氢引起的裂缝。

另外,满足铁路运输个性化要求的车轴钢的开发。车轴失效分析表明,由于运输货物,如盐、碱、酸等腐蚀车轴,腐蚀坑作为疲劳裂纹源,将导致车轴疲劳失效。因此未来可为特殊货物专用运输车辆配备专用车轴,材质选用不锈钢。

车轴表面强化技术。在高速轮对中,车轴既要轻量化,又要保证有足够的疲劳强度,以确保在整个服役期间不因疲劳裂纹而损坏，甚至切轴，所以提高车轴疲劳强度一直是各国高速车辆的努力目标。依据欧洲标准，高速铁路采用合金钢车轴，常选用25CrMo4，30CrNi3，30CrMoA 等材质，其强化技术采用车轴调质处理后，轮座部位喷钼，其余部位采用滚压表面强化。由于喷涂层与基体结合强度较小，滚压强化层较浅，对车轴的材质、喷涂及滚压工艺要求较高，成本亦较高。国内的车轴通常采用调质处理（或正火处理）后滚压强化处理，但其强化层较浅，硬度较低，对疲劳强度和耐磨性的改善十分有限。选择高速铁路用车轴钢材时，除了需要保证原材料具有良好的性能外，还要选择合适的热处理工艺，以确保车轴的机械强度性能和适当的热处理变形。进一步研究高速铁路用车轴的强化技术，确保车轴良好的强度和韧性综合性能，这是提高我国高速铁路用车轴的承载能力和疲劳寿命的技术方向。

2. 车轴钢连铸技术

我国铁道车辆车轴钢的生产一直采用模铸、初轧开坯和锻造成型的工艺，但国外模铸与连铸工艺生产的钢坯均可用于制造铁道车辆车轴，如美国、日本等发达国家的标准就规定可采用连铸坯生产车轴。随着“转炉（超高功率电炉）炼钢—炉外精炼—连铸”先进钢铁生产工艺的快速发展，连铸工艺生产的品种包括过去特种钢的典型品种——高碳铬轴承钢、不锈钢、铁道用重点品种重轨钢等，品种范围越来越宽，在钢的纯净度、成分、组织及性能均匀性、表面质量等方面均大大优于模铸工艺生产的钢。

有关试验数据表明：连铸工艺生产的车轴钢和模铸工艺生产的车轴钢相比，在成分均匀性、气体含量、夹杂物总量、非金属夹杂评级等方面均优于模铸工艺生产的车轴钢，即连铸工艺生产车轴钢的纯净度要超过模铸钢的水平。此外，连铸工艺生产车轴钢的疏松级别比模铸钢低，偏析程度也比模铸钢轻。连铸工艺生产车轴钢无皮下裂纹、皮下气泡、皮下夹杂等缺陷；钢坯的两端平整，无剪切变形，钢坯的表面质量比模铸钢优良，有利于车轴的加工及磁粉探伤合格率的提高。即使在压缩比小于模铸钢的情况下，连铸工艺生产车轴钢由于采用 LF＋RH 精炼及保护浇铸，大大提高了钢的纯净度，并通过连铸结晶器电磁搅拌、低过热度浇铸及对铸坯施行轻压下等，改善了连铸坯内部组织的致密度和化学成分偏析，连铸钢内部质量得到极大提高，用其锻造的车轴的组织、性能完全能够满足铁道车辆车轴用钢技术条件的要求。因此，连铸技术是值得在车轴领域深入研究的课题。

三、制　　造

“高速、重载”是国内乃至国际铁路运输的发展方向，其中“重载”不仅意味着单节车辆的载重量增加，同时要提高整车的载重量；而“提速”后的一个重要问题时车辆制动时间要短，以保证行车安全。为达到此目的，时速 200 km 以上的高速列车普遍采用空心轴，以此为鉴，探讨使用空心轴是提速货车车轴制造技术的发展方向之一。

鉴于以下特点，空心轴更适用于“高速、重载”车辆：

(1)降低车轴自身重量，从而减轻车辆自重，在不降低轴重性能的条件下，相对增加车辆载重量；

(2)车轴重量减轻有利于减轻车辆簧下重量，便于缩短车辆制动时间；

(3)通过合理的制造工艺，可以实现节约车轴原材料的目的；

(4)空心轴内部通孔结构是实现对装配状态下的车轴外表面进行裂纹检查的必要条件。其方法是用自动化超声波探伤设备，采用适当角度的探头对车轴内孔表面扫查，对车轴外表面(特别是轮座和轴颈压装部位的疲劳裂纹)实施超声波探伤检验。这种检查疲劳裂纹的方法，可以缩短车辆检修时间，降低检修成本，大大提高铁路车辆运行品质。

目前国际高速铁路用空心轴采用在实心轴基础上加工内孔的方法，而且为了满足对内孔扫查的目的，空心轴的内孔全部为直通孔，因此空心轴制造的主要工艺难点和需要突破的关键技术在于：研究科学、合理的加工工艺技术，以保证内孔加工的精度和质量。

在现有空心轴制造技术基础上，研究如何进一步提高原材料的利用率、降低切削加工成本、保证空心轴整个壁厚范围内车轴力学性能和金相组织的均匀性和一致性，是未来空心轴制造技术的发展方向。具体来说，可以从以下几个方面进行深入研究和探讨：

(1)锻造工艺技术方面，采用厚壁管为原材料，并用带芯棒锻造方式直接锻造出带有直通孔的空心轴锻件，以达到提高原材料利用率和减少内孔加工余量，从而提高生产效率、降低生产成本的目的。

(2)热处理工艺技术方面,无论采用碳素钢还是合金钢制造空心轴,都应结合材料特性和锻件结构特点,研究“淬火＋回火”或“正火＋淬火＋回火”等热处理工艺技术在货车车轴热处理工艺中的应用,以提高车轴的综合性能。

(3)机械加工方面,目前采用LZ50钢“两次正火＋回火”热处理制造空心轴的过程中,最突出的内孔加工问题是,采用钻孔后镗孔工艺加工的内孔表面粗糙度很难达到产品图纸的要求,必须增加内孔珩磨做为最终加工工序。但是,珩磨后的内孔表面粗糙度又远远高于产品图纸的要求。所以,应在综合考虑经济性和符合性的基础上,进一步结合空心轴材料加工特性,确定合理的工艺参数,以实现钻孔后镗孔即可保证内孔表面粗糙度要求的目的。

(4)尺寸检验方面,重点是研究精确测量深孔内外表面同轴度和内孔圆柱度、直线度的测量工具,以保证后续压装工序产品质量,并为超声波探头扫查内孔面提供良好的耦合效果做充分准备。

(5)内孔面质量检验方面,目前对空心轴内孔面采用的内窥镜检验仍是一种宏观检验,还不能较为准确地量化缺陷的深度和长短。所以,采用超声波表面波或成像原理等对车轴内孔实施检验才是对空心轴内孔面质量控制的必要手段。

(6)空心轴的推广应用,将使车轴内部缺陷检验的重要性尤为突出。采用多通道、多种类型探头同时完成空心轴内、外表面和内部缺陷的自动化超声波探伤将成为较为经济、有效的检测手段之一。

(7)“重载、提速”对空心轴外表面的质量检验提出了更高的要求,因此采用磁粉探伤方法检验空心轴外表面缺陷时,必须提高磁粉探伤的综合检验灵敏度。为此,必须增加对磁悬液的污染程度、水断试验、最佳显示效果下的浓度试验等试验,同时应研制新型紫外辐照灯管,提高车轴被测表面的紫外辐照度。

此外,随着铁路运输向“重载、快捷”方向发展的要求,以及车轴钢坯制造技术由“模铸—轧制”向“连铸—轧制”工艺技术的拓展和应用,车轴超声波探伤的作用显得更加重要,对车轴同时进行轴向和径向两个方向的探伤,以及实现自动化探伤是车轴超声波探伤的发展趋势。

第三章
轴　承

一、设　　计

1. 高速货车轴承

采用无轴箱双列圆锥滚子轴承。

2. 重载货车轴承

采用无轴箱双列圆锥滚子轴承，由承载鞍与转向架侧架连接。轴承外形尺寸定为 ϕ160 mm×ϕ270 mm×170 mm×195 mm(内径×外径×外圈宽度×装配高)。轴承内圈挡边为锥挡边。滚道为圆弧凸度形式，滚子端面为球基面，素线为对数凸度形式。在密封结构上，国内外较多采用迷宫唇式，由内、外油封装配而成，但具体形式多种多样(如附加回流槽或泵压结构等)；另外也有采用小缝隙油封结构(或迷宫油封的一种)。通过不断改进结构形式，使被密封的油脂通过其小间隙、长流程、多曲路、多气室时增大流动阻力和能量消耗，从而达到更好的双向密封的作用。

二、材　　料

套圈采用 G20CrNi2MoA 渗碳轴承钢(电渣重熔)，滚子采用 GCr15 高碳铬轴承钢(电渣重熔)，其化学成分、非金属夹杂物、热轧退火状态硬度等应符合相关的规定。保持架采用工程塑料。润滑采用铁道车辆Ⅴ型润滑脂；密封采用迷宫式密封装置。

铁道车辆滚动轴承润滑脂经过几十年的发展，润滑脂的性能得到了极大提高，满足了我国铁路货车轴重 25 t，速度 120 km/h，换脂周期 8 年或 80 万 km 轴承润滑的要求。为提高铁路货运运能，我国铁路货车轴重将进一步提高。随着轴重的提高，轴承摩擦磨损将会加大，润滑条件也会变得更加苛刻，需要研制满足 30 t 轴重铁路货车滚动轴承润滑脂。

润滑脂的性能主要决定于基础油、稠化剂及添加剂组成。从国外铁路货车滚动轴承润滑脂发展趋势看，复合锂皂稠化合成基础油制成的复合锂基润滑脂具有良好的性能，是铁道车辆滚动轴承润滑脂的发展方向。复合锂基润滑脂使用温度范围更宽，使用温度上限可达 150 ℃，轴承寿命较普通锂基润滑脂大大延长。因此，我国从 2005 年开始，采用半合成基础油，复合锂钙皂稠化剂和高性能抗氧剂、防锈剂、极压抗磨剂，研制了铁道车辆滚动轴承Ⅴ型润滑脂。

目前铁道车辆滚动轴承Ⅴ型润滑脂已完成了室内理化分析试验、性能评定试验和轴承台架试验，试验结果数据见表 10-3-1。试验结果表明：铁道车辆滚动轴承Ⅴ型润滑脂具有良好的高低温性、机械安定性、胶体安定性、抗氧化性、极压抗磨性、抗水性、防锈性和长寿命性。其中极压抗磨性、抗氧化性、高低温性、轴承寿命比铁道车辆滚动轴承Ⅳ润滑脂有明显提高，可减少轴承的摩擦磨损，延长润滑脂的使用寿命，满足 30 t 轴重铁路货车滚动轴承润滑的需要。

三、制　　造

轴承的制造工艺直接关系到轴承的品质，新的制造技术的应用可提高轴承的可靠性。

表 10-3-1 铁道车辆滚动轴承V型润滑脂试验数据

项　　目	试验数据	试验方法
外观	褐色	目测
工作锥入度,0.1 mm	274	GB/T 269
延长工作锥入度(10万次与工作锥入度差值),0.1 mm	21	GB/T 269
滴点(℃)	279	GB/T 3498
腐蚀(T_2 铜片,100 ℃,24 h)	合格	GB/T 7326 乙法
钢网分油(100 ℃,24 h)(%)	1.8	SH/T 0324
水分(%)	无	GB/T 512
相似黏度(−30 ℃,10 s^{-1})(Pa·s)	904	SH/T 0048
防腐蚀性(52 ℃,48 h)(级)	合格	GB/T 5018
水淋流失量(79 ℃,1 h)(%)	2.0	SH/T 0109
极压性能(四球机法) P_B 值(N) P_D 值(N)	 981 3 089	SH/T 0202
极压性能(梯姆肯法),OK值(N)	178	SH/T 0203
滚筒安定性(80 ℃,50 h),试验前后工作锥入度之差,0.1 mm	52	SH/T 0122
抗磨性能(四球机法)(392 N,60 min)(mm)	0.35	SH/T 0204
氧化安定性(99 ℃,500 h,0.758 MPa),压力降(MPa)	0.055	SH/T 0325
蒸发量(99 ℃,22 h)(%)	0.16	GB/T 7325
轴承寿命(125 ℃)(h)	>1 960	ASTM D3336

(一)车削加工的发展趋势

1. 车削加工设备的发展趋势

继续推进液压仿形车床的发展。在我国铁路货车轴承的生产中,C7220型和C7232型液压仿形车床以其独特的性能优势起过一定的积极作用,应在此基础上进一步发展新一代的液压仿形车床,以提高轴承产品的质量和劳动效率。

数控车床的发展特点如下所述:

(1)高速、高精密化

高速、精密是机床发展永恒的目标。为满足这个复杂多变市场的需求,当前轴承机床正向高速切削、干切削和准干切削方向发展,加工精度也在不断地提高。另一方面,电主轴和直线电机的成功应用,陶瓷滚珠轴承、高精度大导程空心内冷和滚珠螺母强冷的低温高速滚珠丝杠副及带滚珠保持器的直线导轨副等机床功能部件的面市,也为机床向高速、精密发展创造了条件。

数控车床采用电主轴,取消了皮带、带轮和齿轮等环节,大大减少了主传动的转动惯量,提高了主轴动态响应速度和工作精度,彻底解决了主轴高速运转时皮带和齿轮等传动的振动和噪声问题。采用电主轴结构可使主轴转速达到10 000 r/min以上。

直线电机驱动速度高,加减速特性好,有优越的响应特性和跟随精度。用直线电机作伺服驱动,省去了滚珠丝杠这一中间传动环节,消除了传动间隙(包括反向间隙),运动惯量小,系统刚性好,在高速下能精密定位,从而极大地提高了伺服精度。

直线滚动导轨副,由于其具有各向间隙为零和非常小的滚动摩擦,磨损小,发热可忽略不计,有非常好的热稳定性,提高了全程的定位精度和重复定位精度。

通过直线电机和直线滚动导轨副的应用,可使机床的快速移动速度由目前的10～20 m/mim提高到60～80 m/min,甚至高达120 m/min。

(2)高可靠性

数控机床的可靠性是数控机床产品质量的一项关键性指标。数控机床能否发挥其高性能、高精度和高效率,并获得良好的效益,关键取决于其可靠性的高低。

(3)数控车床设计CAD化、结构设计模块化

随着计算机应用的普及及软件技术的发展,CAD技术得到了广泛发展。CAD不仅可以替代人工完成繁琐的绘图工作,更重要的是可以进行设计方案选择和大件整机的静、动态特性分析、计算、预测及优化设计,可以对整机各工作部件进行动态模拟仿真。通过对机床部件进行模块化设计,在设计阶段就可以看出产品的三维几何模型和逼真的色彩,还可以大大提高工作效率,提高设计的一次成功率,从而缩短开发设计周期,降低设计成本,提高市场竞争能力。

(4)功能复合化

功能复合化的目的是进一步提高机床的生产效率,使用于非加工辅助时间减至最少。通过功能的复合化,可以扩大机床的使用范围,实现一机多用、一机多能,工件一次装夹即可完成全部加工。

(5)智能化、网络化、柔性化和集成化

智能化的内容包括在数控系统中的各个方面:为追求加工效率和加工质量方面的智能化,如加工过程的自适应控制,工艺参数自动生成;为提高驱动性能及使用连接方面的智能化,如前馈控制、电机参数的自适应运算、自动识别负载、自动选定模型、自整定等;简化编程、简化操作方面的智能化,如智能化的自动编程、智能化的人机界面等;还有智能诊断、智能监控等方面的内容,以方便系统的诊断及维修等。

数控装备的网络化将极大地满足生产线、制造系统、制造企业对信息集成的需求,也是实现新的制造模式,如敏捷制造、虚拟企业、全球制造的基础单元。网络系统向开放、集成和智能化方向发展。

数控机床向柔性自动化系统发展的趋势是:从点(数控单机、加工中心和数控复合加工机床)、线(FMC、FMS,FTL,FML)向面(工段车间独立制造岛、FA)、体(CIMS、分布式网络集成制造系统)的方向发展,另一方面向注重应用性和经济性方向发展。柔性自动化技术是制造业适应动态市场需求及产品迅速更新的主要手段,是各国制造业发展的主流趋势,是先进制造领域的基础技术。其重点是以提高系统的可靠性、实用化为前提,以易于联网和集成为目标,注重加强单元技术的开拓和完善。数控机床及其构成柔性制造系统能方便地与CAD,CAM,CAPP及MTS等联结,向信息集成方向发展。

2. 车削刀具的发展趋势

用于车削加工的刀片一直以涂层硬质合金为主,要求刀片寿命长、可靠性高、能适应高速切削等特性。由于工件锻件毛坯净成形技术的发展,加工余量逐渐减小,使切削更稳定,因此刀具寿命就成了选择刀具的关键。另外,提高刀具的使用效率也是发展方向,已经出现了在不降低切削表面粗糙度的情况下提高进给量的特殊刀尖形状(具有修光刃效果的形状)的可转位刀片。

(1)刀具材料

车削用可转位刀片以涂层硬质合金为主这一点一直保持不变,近年来新型涂层和基体材料的开发有了很大进展,以实现高速切削和提高刀具寿命。如金属陶瓷具有很高的抗黏结性,在40 HRC以下钢材的精加工时可进行高速切削。使用金属陶瓷涂层,就可以既能保证表面粗糙度值低,又能通过提高耐磨性达到延长刀具寿命的目的。

车削用可转位刀片采用CVD涂层工艺提高涂层的结合强度和可靠性,其耐磨性和抗崩刃性能不断提高,而且黏结现象减少,刀片刃口更加锋利。

(2)刀刃形状

前角三维复杂曲面形状的断屑槽可以减小切削阻力,双面断屑槽适用于小深度轻切削,单面断屑槽适用于大深度重切削。

刀刃形状采用三维CAD设计方法,结合成形技术的进步,精确实现自由曲面的成形。例如刀刃部位的细微倒棱形状更有利于切削性能的提高。切槽和切断刀,可采用独立断屑槽形状和刀尖部位能承受切削力的凹形,通过压制成形制成形状复杂的高性能刀片。

特殊的刀刃形状可满足中、粗切削中高速快进给的切削条件,抑制边界磨损的发生,提高切屑处理能力。在刀尖圆弧与直线刀刃连接处增加类似于铣刀刀片修光刃功能的刀刃,在不降低表面粗糙度的情况下,可提高进给速度,但进行CNC切削时,由于它与传统圆角刀片的刀刃位置不同,编程时需要进行修正。

(3)刀柄的发展

在追求高效率、高精度的切削过程中,刀柄的作用也越来越大。

车削中通常采用可转位车刀，其刀片装夹的刚性对工具寿命的稳定、延长以及加工精度起着决定性作用，合理的刀柄结构将更加充分地发挥刀片的性能，如广泛使用的固定销和压板压紧并用的固定方式具有很高的刚性及可靠性。

随着CNC复合车削中心的普及，出现了能与其通用的工具设计方案，车削刀具与刀柄集成一体，实现与加工件的最佳接近，来保证稳定而精密的切削。复合型刀柄可同时安装三把不同的车刀，节省了换刀时间，可完成粗车、精车不同工序的同时连续加工，刀柄配有可同时向两把车刀供应冷却液(空气、切削液、喷雾冷却剂)的注孔，来保证冷却。

CNC复合车削中心的多功能化使得切削加工呈现刀具多样化和操作简单化，推动了车削加工技术的发展，车削加工工艺过程也将随之而进步，从而不断提高效率，降低消耗，最终使得零件车削加工的质量得到稳定提升和可靠的保障。

3. 车削工艺的发展趋势

车加工时使用切削液可以改善切削热对加工系统的影响，有利于延长刀具寿命、提高加工表面质量。但是切削液会带来有害物质的排放，从而影响环境和操作者的身心健康，或者增加加工成本。因此，从绿色环保的需要出发，应发展先进的"干切削"加工技术。

选用高性能硬质合金刀具及新型涂层刀具，例如使用增加含钴量的超细晶粒硬质合金刀具，并在表面涂覆含有TiAIN的涂层，提高刀具的强度、韧性以及刀具表面组织的耐热性、耐磨性，降低热导率，抑制热量的传散。此外，使用陶瓷、CBN、PCD刀具在一定范围内进行高速干切削。

干切削时，需要选择合理的刀具几何参数，通常增大刀具前角，减小流屑阻力使排屑通畅。通过改变刀尖圆弧半径，采用负刃倾角、负倒棱，减小偏角，来提高刀具强度。另外，在机床上安装管道，利用刀具内孔传送高压空气、冷空气，增大排屑及冷却作用，还可在刀具表面覆盖固态润滑剂。

(二) 磨加工的发展趋势

中国铁路货车轴承从滑动轴承改为滚动轴承，其加工工艺及条件已发生了很大的变化，滚动轴承的零件必须通过磨削加工提高轴承的精度和寿命，因此，在初期，各轴承生产厂家采用国内的轴承专用磨床进行磨加工，这些设备刚性都很好，但全为手动机床，产品的精度保证及稳定性与要求相比还有差距。在20世纪80年代中后期，国内有些工厂分别从日本、意大利、美国等引进了磨床，这使得国内货车轴承生产工艺水平有了大的提高。随着中国铁路的快速发展，货车轴承已与国际先进水平接轨，因此，对轴承的制造质量提出了更高的要求——装备保工艺、工艺包质量、质量保安全。对轴承零件加工除尺寸精度要求外，对外观碰伤也提出了要求，而原进口机床全是单机生产，零件上下料过程由操作工自己完成。随着国内货车的提速及重载，轴承规格越来越大，现在国内轴承生产厂已开始通过引进国外的先进自动生产线对设备进行更新换代，如机床全是数控的，在机床上加有主动测量仪，使得生产过程中工件尺寸的变化转变为电感量的变化。电感量的变化经主动控制仪的内部转化电路，转化为变化的电压信号，经放大器处理后发出信号去控制相应的执行机构。这样，加工后的产品尺寸稳定性好，合格率高。同时，通过机外检测装置再次100%检测，将产品质量完全由装备来保证，减少了人为的影响。机床和机床之间通过自动传送带连接和上下料，改变了制造过程中的磕碰伤。这些设备已具有国际同等水平。

高科技的发展也是机械制造技术的快速发展，国际上现正在研究一些更先进的加工设备，从部件的改进及电脑控制系统的优化再加上工业机械人，这使得机加工制造全部电脑程序化，把人为因素降到最低线。这样，轴承制造的不合格率将从现在的千分之几降到万分之几甚至百万分之几。

(三) 磷化技术的发展及趋势

目前，在国内铁路轴承生产过程中采用的高、中温磷化，都存在一系列问题:如结晶体的处理。尽管有些工厂已用自动流水线式的方式，但都不能自动消除结晶体，特别是高温磷化更容易在发热管边上有结晶体。同样，在除渣和除垢时要用酸，这些都会产生环保问题。

国际和国内现都在研究新的磷化液和磷化工艺。为使磷化实现清洁生产，国内开发了一种用于钢铁表面涂装前处理的清洁型常温锌锰系磷化液，实现了磷化液的所有分子均能参加成膜反应，且产物为磷化膜、水、沉渣或在磷化膜干燥过程中挥发物的设计思想。该磷化液不含亚硝酸盐、重金属，在常温下快速磷化，可生成彩色磷化膜，磷化前免表面调整，磷化后免水洗，另有常温下的环保型磷化工艺。

(四)轴承装配技术的发展趋势

当前,我国轴承装配技术的发展十分迅速,工艺、装备不断推陈出新,轴承装配质量、装配效率不断提高。同时,也应看到,由于轴承品种日益繁多,轴承的功能不断得到增强,不可能仅用一项装配技术或装配自动线来全部完成某一类型轴承的装配。因此,发展轴承装配技术仍是今后我们不断研究的课题。

轴承装配技术的发展,受轴承技术和应用的发展所推动,同时也受到轴承加工制造水平的影响。这体现在:一方面,轴承的发展,大量新技术的应用,轴承使用的更新,使轴承的结构形式不断发生改变,轴承新品种层出不穷。除了将这些轴承新产品的零件按要求加工成功以外,如何将它们进行装配,从而使轴承的整体性能发挥出来,满足使用的需要,就成为轴承装配永无止境的研究课题。另一方面,轴承零件加工技术的提高,轴承装配技术水平就必须与其相适应,以满足市场竞争这个大环境的需求。随着轴承零件加工自动化的不断推广和应用,磨装自动线连线或一体化也提到了当前的议事日程上来。

轴承的新品种不断增加,老的加工方式不断更新,轴承的装配也随之不断增加新的内容。轴承的新品种繁多,每一个品种都有具体的装配要求,这些要求千差万别,因此轴承的装配过程也是丰富多样的,本章仅以圆锥滚子轴承为例来说明轴承技术和应用的发展,给轴承装配技术的不断进步创造了条件。

(1)有零件可互换要求的轴承装配

套圈可互换与不可互换两种技术条件下,单列圆锥滚子轴承的装配高要求是不同的,零件可互换时,装配高公差较大。而现在,为了保证轴承零件的统一,在此基础上再分零件互换与不可互换两种情况,由此给轴承的加工和装配带来了难度。

(2)有成组使用要求的轴承装配

用户对轴承使用的要求越来越细化,越来越高。使用当中有时一组轴承同时工作,这些工作的轴承之间在位置、承受载荷的分配等方面的关系很重要,往往需要精心挑选甚至再次加工后,再将它们组合到一起。实现这个目标最快捷和有效的措施,就是将有成组使用要求的轴承,由轴承制造厂家来完成装配,成组提供给用户。目前,成组使用的轴承越来越多。

径向承受载荷条件下,轴承组配的情况也很多,比较常见的有四列圆锥滚子轴承。这些轴承就是将四套单列轴承成组的要求,转化成一套多列轴承来实现,并且对结构进行相应调整,使空间更加紧凑。此外,其中一部分轴承还要满足零件互换性的要求。这些轴承在装配时,都要对每列之间的尺寸、游隙、角度等相互差按照成组使用的理念进行控制,否则如果某一列承载过大而损坏,将导致整套轴承失效,而这一列的损坏,还不容易修补。

(3)有密封要求的轴承装配

带防尘盖和密封圈的轴承已经非常普及。轴承是精密易损件,在一些重要的场合,轴承都有轴承箱的机械密封或其他形式的密封加以保护。这些密封部件的使用,占用了大量的体积空间,于是人们又逐渐将密封装置转到轴承上来,并且不断改进和优化。

该类轴承在装配时,除了注脂量要求以外,对密封组装的要求也有严格的规定。一般情况下,轴承的密封都带有钢骨架的橡胶密封件,而且分内、外密封,外密封与外圈配合,内密封与内圈或内圈的辅件配合。而内、外密封之间还要达到一定的位置关系,才能达到密封整体效果,或直接靠钢骨架连接一体的 LL 型油封也是与内外圈紧密配合达到整体效果,这些轴承通常要求长寿命,免维修。所有这些要求,除了要求各相关零件应合格以外,好的装配质量也是保证密封装置可靠运行的关键之一。

参 考 文 献

[1] 赵少汴,王忠宝.抗疲劳设计——方法与数据[M].北京:机械工业出版社,1997.

[2] 程育仁,缪龙秀,侯炳磷.疲劳强度[M].北京:中国铁道出版社,1990.

[3] 张允真,曹富新.弹性力学及其有限元法[M].北京:中国铁道出版社,1983.

[4] 徐灏.机械设计手册[M].北京:机械工业出版社,1998.

[5] 刘泽九.滚动轴承应用手册[M].北京:机械工业出版社,1996.

[6] 刘泽九,贺士荃.滚动轴承的额定符合与寿命[M].北京:机械工业出版社,1982.

[7] 王振华.实用轴承手册[M].上海:上海科学技术文献出版社,1991.

[8] 章守华.合金钢[M].北京:冶金工业出版社,1981.

[9] 章守华,吴承建.钢铁材料学[M].北京:冶金工业出版社,1992.

[10] 濑户浩藏.轴承钢[M].北京:冶金工业出版社,2003.

[11] 钟顺思,王昌生.轴承钢[M].北京:冶金工业出版社,2002.

[12] 姜锡山.特殊钢缺陷分析与对策[M].北京:化学工业出版社,2006.

[13] 郭建,邱之静,龚惠芳.整体铸钢车轮断裂力学性能研究[J].铁道物资科学管理,1995,13(6).

[14] 邢丽贤,张颖智,林吉忠.车轮钢Ⅱ型裂纹的疲劳及断裂试验研究[J].中国铁道科学 1998,19,(1).

[15] 李建明.摩擦金属学[M].北京:冶金工业出版社,1990.

[16] 《金属机械性能》编写组.金属机械性能(修订本)[M].北京:机械工业出版社,1982.

[17] S. Kumar. Influence of Car Tonnage and Wheel Adhesion on Rail and Wheel wear:A Laboratory Study. Transaction of the ASME[J]. Journal of Engineering for Industry,1986,108(1-2).

[18] 外山和男,坂本东男.铁道车轮磨耗的研究[J].润滑,1987,32(1).

[19] 四方车辆研究所踏面形状研究课题组.SY-50 型机车车轮磨耗形踏面[J].铁道车辆,1987,(9-10).

[20] 李家驹.车轮和钢轨硬度匹配的研究[J].中国铁道科学,1984,5(1).

[21] Rabinowicz,E. Wear Coefficients-Metals[M]. Wear Control Handbook ASME,1980.

[22] 林吉忠.金属材料的断裂与疲劳[M].北京:中国铁道出版社,1989.

[23] 中国机械工程学会材料学会.机械产品失效分析与质量管理[M].北京:机械工业出版社,1986.

[24] N.E. 弗罗斯特.金属疲劳[M].北京:冶金工业出版社,1984.

[25] 林吉忠.金属的缺陷、载荷与疲劳[M].北京:中国铁道出版社,1993.

[26] 邵荷生.摩擦与磨损[M].北京:煤炭工业出版社,1992.

[27] 刘家浚.材料磨损原理及其耐磨性[M].北京:清华大学出版社,1993.

[28] Karel Mitura,Csc. Intensive braking as the cause of thermal damaging of railway wheels[J]. Rail Internationl,1981:7-9.

[29] 李慧,钢铁冶金概论.北京:冶金工业出版社,1993.

[30] 苏世怀,江波.马钢高质量车轮生产技术开发[J].材料工程,2008(2):32-33.

[31] 顾建国,苏世怀,龚志翔.马钢高质量圆坯连铸技术开发[J].钢铁,2004,39:217-220.

[32] 龚志翔.高速车轮的冶炼及浇铸技术探讨[J].马钢科研,1996,(4):29-34.

[33] 钟斌,吴勇中,陈刚.国内外车轮生产工艺对比分析[J].江西冶金,2003,23(4):12-15.

[34] 于阳.电炉电炉炼钢新工艺、新技术与质量控制实用手册[M].北京:当代中国音像出版社,2005.

[35] 冯聚和,艾立群,刘建华.铁水预处理与钢水炉外精炼[M].北京:冶金工业出版社,2006.

[36] 包燕平,冯捷.钢铁冶金学教程[M].北京:冶金工业出版社,2008.

[37] 王新华.钢铁冶金——炼钢学[M].北京:高等教育出版社,2007.

[38] 蔡开科,程士富.连续铸钢原理与工艺[M].北京:冶金工业出版社,1994.

[39] 吴扣根.圆坯连铸结晶器电磁搅拌过程数学模拟与实验研究[D],上海:上海大学,2004.

[40] 张森林,陈伟庆.连续电磁搅拌 600 问[M].北京:中国科学技术出版社,2007.

[41] Г.А. 比比克.火车车轮的制造[M].苏星译.北京:冶金工业出版社,1990.

[42] 程必福,蔡钊,李恺,等.车轮轮箍生产[M].北京:冶金工业部工人视听教材编辑部,1991.

[43] 秦国庆.车轮生产现状及发展趋势[J].河北冶金,1998,(6):9-11.

[44] 安涛,王成永,李怀明.我国车轮轮箍的质量现状和发展[J].中国冶金,1998,(2):28-31.

[45] 阎盛龙．铁路用整体碾钢车轮热变形工艺评述[J]. 马钢技术，1997，(1):37-41.

[46] 杨发昌，朱宇宙．车轮在热轧生产中的偏心问题[J]. 钢铁，1980，(1):49-58.

[47] 章国胜．热轧车轮的偏心及解决办法[J]. 马钢科研，1997，(4):35-38.

[48] 章国胜．车轮压痕新工艺探讨[J]. 马钢技术，1997，(1):17-18.

[49] 张磊．车轮轧机轧制力的计算[J]. 马钢科研，2001，(3):19-21.

[50] 秦国庆，韩静涛，李连诗．七辊卧式车轮轧机调整参数的分析计算[J]. 北京科技大学学报，1999,21(3):258-260.

[51] 张高萍，武立仓，刘会强．马钢火车轮生产系统技术改造[J]. 轧钢，2000,17(4): 34-36.

[52] 孙友松，刘天湖，肖小亭．面向新世纪的塑性加工技术[J]. 锻压技术，2000，(2):59-60.

[53] 王志诚．火车车轮制造新工艺实验研究和数值模拟[D].北京：清华大学,1993.

[54] 裴兴华，王广春，张辉，等．火车车轮摆辗成形模拟实验研究[J]. 锻压技术，1995，(3):33-36.

[55] 裘哲．马钢火车车轮锻压工艺及模具改进的实验研究[D].北京:清华大学,1992.

[56] D. GUY, F. G. WILSON. Forging Developments for Railway and Ring Rolled Products [A]. C. M. SELLARS, G. J. DAVIES eds, Hot Working and Forging Processes [C], Lond: The Metals Society, 1997: 204-208.

[57] B. C. Miller, M. J. Ward, K. Davey. The Numerical Simulation of Potential Forming Problems in Railway Wheel and Tyre Manufacturing Process [A]. The International Conference on Forging and Related Tech [C]. Birmingham U. K. April. 1998: 201-216.

[58] M. J. Ward, B. C. Miller, K. Davey. Simulation of a Multi-stage Railway Wheel and Tyre Forming Process [J]. Journal of Materials Processing Technology, 1998, (80-81): 206-212.

[59] K. Davey, B. C. Miller, M. J. Ward. Efficient Strategies for the Simulation of Railway Wheel Forming [J]. Journal of Materials Processing Technology, 2001,118(1-3):389-396.

[60] 张旻翊，孙雪坤，王国栋，等．数值模拟技术在我国钢铁工业中的应用现状与展望[J]. 钢铁研究，2000，(2):53-58.

[61] 王志诚，王祖唐，胡忠．火车车轮制造新工艺数值模拟[J]. 塑性工程学报，1995，2(4):3-11.

[62] 许章泽，李胜祇，闫军，等．火车车轮压痕工艺数值模拟[J]. 安徽工业大学学报，2002,19(4):281-283.

[63] 许章泽，李胜祇，闫军，等．火车车轮预成型过程的有限元分析[J]. 重型机械，2002,(6): 35-38.

[64] 郭玉玺．辗钢车轮的低应力设计与制造[J]．太重技术导报,1997,(1):21-33.

[65] 郭玉玺．辗钢车轮在塑性成形中变形分配的研究[J]．太重技术导报,1997,(1):8-16.

[66] 郭玉玺．试论车轮车轮的逐步成形技术[J]．大型铸锻件,1998,(4):38-45.

[67] 郑伟生,刘会英．我国大圆弧辐板系列高速辗钢车轮的研制与开发[J] 铁道车辆,2000，38(3):15-18.

[68] 李小宇,安涛,沈晓辉,等．货车车轮残余应力的产生与分布研究[J]. 铁道车辆,2007,45(7):1-5.

[69] 李小宇．"三机组"辗钢车轮生产线及其工艺技术水平分析[J]. 机车车辆工艺,2006,(4):9-11.

[70] 李小宇．两种车轮压轧线成形工艺对比分析[J]. 热加工工艺,2006,35(21):107-108.

[71] 安涛,李胜祇,李小宇,等．重载车轮对机械性能要求的研究[J]. 铁道车辆,2006,44(11):3-6.

[72] 安涛,沈晓辉,章静,等．车轮热处理过程中残余应力的分析[J]. 重型机械,2007,2(273):47-50.

[73] 安涛,肖峰,程德利,等．KKD 车轮淬火加热动态测温试验及分析[J]. 工业加热,2004,33(4):48-50.

[74] 安涛,付斌,沈晓辉,等．火车车轮淬火过程数值模拟 [J]. 计算机辅助工程,2006,15(1):123-126.

[75] 李翔,许章泽,安涛,等．火车车轮成形工艺现状与展望[J]. 锻压装备与制造技术,2004,39(1):14-16.

[76] 李翔,许章泽,安涛,等．薄轮辋、深盆形车轮的热成形工艺[J]. 钢铁研究学报,2007,19(11):40-43.

[77] Wertheimer T B. Thermal Mechanically Coupled Analysis in Metal Forming Process [A]. Pittman J F T, Wood R D, Alexander J M, et al. eds. Numerical Methods in Industrial Forming Processes [C]. SWANSEA: Pineridge Press Ltd., 1982: 425-434.

[78] 许章泽,李翔,安涛,等．火车轮预成型压缩比数值模拟[J]. 热加工工艺,2004,170(4):28-30.

[79] 许章泽,谢峰．反辐板机车轮的生产研制[J]. 机车车辆工艺,2006,256(2):1-2.

[80] 吴江淮,许章泽．辗钢车轮立式轧机辊系的调整方法[J]. 铁道机车车辆工人,2006,(2):21-24.

[81] 张磊,杨宁国,许章泽,等．用 Superform 指导 DJ4 机车齿轮芯毛坯锻造工艺设计[J]. 锻压技术,2008,33(4):101-103.

[82] 许章泽,李翔,张磊,等．火车车轮热成形金属流动规律数值模拟[J]. 锻压技术,2008,33(3):141-143.

[83] 沈晓辉,安涛,闫军,等．840 车轮预成型过程的有限元分析[J]. 钢铁研究学报,2005,17(1):30-34.

[84] 付斌,安涛,沈晓辉,等．火车车轮淬火过程中的温度场[J]. 钢铁研究学报,2007,19(9):13-15.

[85] 张磊,沈晓辉,闫军,等．车轮压弯成形有限元分析[J]. 安徽工业大学学报,2007,24(3):266-268.

[86] 沈晓辉,闫军,安涛,等．车轮轧制成形过程有限元分析[J]. 钢铁,2006,4(3):13-15.

[87] 沈晓辉,张磊,闫军,等. 基于有限元分析的火车轮模具CAD的研究与开发[J]. 重型机械,2005,(4):23-25.
[88] 沈晓辉,闫军,安涛,等. 车轮热处理过程中的变形分析[J]. 中国冶金, 2007,17(7):19-23.
[89] 沈晓辉, 赵亚琼,安涛,等. 热处理工艺对车轮残余应力的影响[J]. 钢铁,2007,(10):68-71.
[90] 许章泽. 火车车轮S形辐板成形研究[J]. 热加工工艺,2006,35(13):74-76.
[91] 秦国庆,韩静涛.车轮不同生产方式及特性分析[J].锻压技术,1999,(6):31～34.
[92] 王晓冰.铸钢车轮制造工艺与设计[J].冶金丛刊,2000,(4):40～43.
[93] 陆文华,李隆盛,黄良余.铸造合金及其熔炼[M].北京:机械工业出版社,1996.
[94] 孟爽芬.造型材料[M].哈尔滨:哈尔滨工业大学出版社,1996.
[95] 中国机械工程学会铸造专业学会.铸造手册[M].第2卷:铸钢.北京:机械工业出版社,1994.
[96] 邓安华.金属材料简明辞典[M].北京:冶金工业出版社,1992.
[97] 魏华胜.铸造工程基础[M].北京:机械工业出版社,2002.
[98] 曹瑜强.铸造工艺及设备[M].北京:机械工业出版社,2003.
[99] William C. Vantuono.货车车轮设计[J].国外铁道车辆,2003,(4):44～46.
[100] 罗敬堂.铸造工实用技术[M].沈阳:辽宁科学技术出版社,2004.
[101] 卢小虎.铸造工入门[M].合肥:安徽科学技术出版社,2005.
[102] 陈士梁.铸造机械化[M].北京:机械工业出版社,1988.
[103] 丛勉.铸造手册[M].第2卷:铸钢.北京:机械工业出版社,1994.
[104] 施廷藻,王玉玮.铸造实用手册[M].沈阳:东北大学出版社,1994.
[105] 张启富,王文清.铸造流涂新工艺[M].北京:冶金工业出版社,1998.
[106] 崔忠圻.金属学与热处理[M].哈尔滨:哈尔滨工业大学出版社,2000.
[107] 陈国桢,肖柯则,姜不居.铸件缺陷和对策手册[M].北京:机械工业出版社,2002.
[108] 安阁英.铸件形成理论[M].北京:机械工业出版社,1990.
[109] 陈平昌.材料成型原理[M].北京:机械工业出版社,2001.
[110] 刘致远.铸造CAE技术的应用[J].中国铸造装备技术,2003(6):26～29.
[111] 孙逊,安阁英,苏仕方.铸件充型凝固过程数值模拟发展现状[J].铸造,2000,49(2):84～88.
[112] 刘高,邓建丽,梁昌玉.有限体积法在滑坡滑动过程模拟中的应用[J].地球科学进展,2007,22(11):1129～1133.
[113] 柳百成,荆涛.铸造工程的模拟仿真与质量控制[M].北京:机械工业出版社,2001.
[114] 徐瑞.材料科学中数值模拟与计算[M].哈尔滨:哈尔滨工业大学出版社,2005.
[115] 荆涛.凝固过程数值模拟[M].北京:电子工业出版社,2002.
[116] 李依依,李殿中,朱苗勇,等.金属材料制备工艺计算机模拟[M].北京:科技出版社,2006.
[117] Hansen P N. Modeling of Solidification Processes in Castings Using FDM-Techniques [A]. State of the Art of Computer Simulation of Casting and Solidification Processes, Symposium[C]. France:1986. 27～38.
[118] Hansen P N,Sahm P R. 3-D Geometric Modeler-implicit FDM Solver Package for Simulation of Shaped Casting Solidification [A]. Modeling of Casting and Welding Processes II. USA:1984. 243～250.
[119] Kim C W,Ruhlandt G K. 3-D Finite Element Method Program for Casting Solidification Simulation [A]. Modeling and Control of Casting and Welding Processes, Proceedings of the Third Conference[C]. USA:1986. 557～564.
[120] Svensson Ingvar L,Lundbaeck Erik. Simulation of Grey Cast-Iron Solidification in a Shaped Casting [A]. Proceedings of the 2nd International Conference on Numerical Methods in Industrial Forming Processes: NUMIFORM 86[C]. Sweden:1986. 373～379.
[121] Ohnaka Itsuo,Zhu Jin Dong. Computer simulation of fluid flow and heat transfer of the bench mark test by 'DFDM/3DFLOW'[A]. Proceedings of the 7th Conference on Modeling of Casting, Welding and Advanced Solidification Processes [C]. UK:1995. 971～974.
[122] Sugiyama A,Ohnaka I, Iwane J,et al. Direct observation and numerical simulation of mold filling [A]. Proceedings of Modeling of Casting, Welding and Advanced Solidification Processes - XI [C]. France:2006. 127～134.
[123] 刘高,邓建丽,梁昌玉.有限体积法在滑坡滑动过程模拟中的应用[J].地球科学进展,2007,22(11):1129～1133.
[124] 眭润舟,黄健求.数控编程与加工技术[M].北京:机械工业出版社,2001.
[125] 刘福顺,汤明.无损检测基础[M].北京:北京航空航天大学出版社,2002.
[126] 邵泽波.无损检测技术[M].北京:化学工业出版社,2003.
[127] 周建南.钢铁生产工艺装备新技术[M].北京:冶金工业出版社,2006:283-284.

[128] 编辑委员会.新编钢水精炼暨铁水预处理 1500 问[M].北京:中国科学技术出版社,2007.

[129] 许汝钟,徐明华.电弧炉炼钢问答[M].北京:冶金工业出版社,1995.

[130] 王延薄.金属塑性加工学——轧制理论与工艺.北京:冶金工业出版社,1988.

[131] 赵坚等.优质钢缺陷[M].北京:冶金工业出版社,1991.

[132] 赵坚等.优质钢缺陷[M].北京:冶金工业出版社,1991.

[133] 朱学仪等.钢的检验[M].北京:冶金工业出版社,1992.

[134] 王仲仁.锻压手册[M].第 2 版第 1 卷.北京:机械工业出版社,2002.

[135] 戚翠芬.加热炉[M].北京:冶金工业出版社,2005.

[136] 张志文.锻压工艺学[M].北京:机械工业出版社,1985.

[137] 汪大年.金属塑性成形原理[M].北京:机械工业出版社,1985.

[138] 张代东.机械工程材料应用基础[M].北京:机械工业出版社,2001.

[139] 樊东黎,徐跃明,佟晓辉.热处理工程师手册[M].第 2 版.北京:机械工业出版社,2005.

[140] 宋志哲.无损检测[M].北京:中国劳动社会保障出版社,2007.

[141] 盛永华,徐洁.磨削加工禁忌实例[M].北京:机械工业出版社,2007.

[142] 郑文虎.车工现场操作技能[M].北京:国防工业出版社,2007.

[143] 侯增寿.金属热加工实用手册[M].北京:机械工业出版社,1996.

[144] 卜炎.实用轴承技术手册[M].北京:机械工业出版社,2003.

[145] 董均果.实用材料手册[M].北京:冶金工业出版社机械工业出版社,2000.

[146] 马亚良,陈仁竹.滚动轴承质量控制[M].北京:中国计量出版社,2004.

[147] 鄂大辛.成形工艺与模具设计[M].北京:北京理工大学出版社,2007.

[148] 盛国裕.滚动轴承质量检验[M].北京:中国计量出版社,2005.

[149] 夏新涛,马伟,颉谭成,等.滚动轴承制造工艺学[M].北京:机械工业出版社,2007.

[150] 吕炎等.锻件组织性能控制[M].北京:国防工业出版社,1988.

[151] 汪传稷,陆大启,吴继贤,等.渗碳轴承用钢及热处理[M].北京:兵器工业出版社,1989.

[152] 中国机械工程学会热处理学会.热处理手册[M].北京:机械工业出版社,2008.

[153] 樊东黎等.热处理工程师手册[M].北京:机械工业出版社,2004.

[154] 中国机械工程学会热处理学会分会.新编热处理设备选型设计使用手册[M].北京:中国知识出版社,2005.

[155] 樊东黎,潘健生,徐跃明,等.中国材料工程大典(第 15 卷),材料热处理工程[M].北京:化学工业出版社,2005.

[156] 景国荣,杨增远.G20CrNi2MoA 钢表层含碳量与机械性能研究[J].轴承,1986,(21).

[157] 雷作釺,胡梦珍.金属的磷化处理[M].北京:机械工业出版社,1992.

[158] 上海市化学化工学会,上海涂装公司.涂装前处理[M].北京:机械工业出版社,1991.

[159] 谢遂志,刘登祥,周鸣峦.橡胶工业手册第一分册[M].北京.化学工业出版社,1992.

[160] 梁星宇,周木英.橡胶工业手册第三分册[M].北京.化学工业出版社,1992.

[161] 杨清芝.现代橡胶工艺学[M].北京.中国石油出版社,2003.

[162] 刘印文,刘振华,刘涌.橡胶密封制品实用加工技术[M].北京:化学工业出版社,2002.

[163] 中国南车集团戚墅堰机车车辆工艺研究所.采用聚酰胺保持架提高轮对轴承的可靠无性[J].国外机车车辆工艺,2003,(4):15.

[164] 工程塑料应用编辑委员会.轴承工程塑料保持架的制造与应用[J].工程塑料应用,1994,22(1):21-35.

[165] 屈华昌.塑料成型工艺与模具设计[M].北京:机械工业出版社,2001.

[166] 刘来英.注塑成型工艺[M].北京:机械工业出版社,2005.

[167] 陈青葵,卢金重,史兆侠.注塑成型[M].北京:化学工业出版社,2007.

[168] 胡亚民.塑料模具的设计与制造问答[M].北京:机械工业出版社,2005.

[169] J·霍林.摩擦学原理[M].北京:机械工业出版社,1981.

[170] 李建明.摩擦金属学[M].北京:冶金工业出版社,1990.

[171] 林吉忠.金属的缺陷、载荷与疲劳[M].北京:中国铁道出版社,1993.

[172] D. H. Stone, G. J. Movar. Wheel shelling and spalling-An interpetive review, rail transportrtion-1989, RTD[J]. American Society of Mechanical Engineer, 1989, 3:19-32.

[173] Karel Mitura, Csc. Intensive braking as the cause of thermal damaging of railway wheels[J]. Rail Internationl, 1981:7-9.

[174] 周素霞,谢基龙,宋占勋.影响车轴疲劳强度关键因素的研究[J].机械制造,2007,64(521):65-67.

[175] 刘志明，孙守光，缪龙秀．车轴裂纹扩展寿命的分析与计算方法[J].中国铁道科学，2008，29(3)：89-94.
[176] 姜新春.轴颈碰划伤和锈蚀对车轴使用寿命的影响[J].铁道车辆，2002，40(5)：93-94.
[177] 刘学文，邢丽贤．货车 RD_2 型车轴轴颈卸荷槽裂纹的调查分析[J]．铁道车辆，1999，37(8)：31，51.
[178] 郭志仁.车轴寿命谈[J].车辆工艺，1992，(6)：5-13.
[179] 宋子濂，史建平．车轴断裂失效分析图谱[M].北京：中国铁道出版社，1995.
[180] 林吉忠，刘淑华．金属材料的断裂与疲劳[M].北京：中国铁道出版社，1989.
[181] 张斌.铁路车轮、轮箍失效分析及伤损图谱[M].北京：中国铁道出版社，2002.